U0920575

2003
北京社会科学年鉴

北京市社会科学界联合会 编著

北京出版社

图书在版编目（CIP）数据

北京社会科学年鉴（2003）/北京市社会科学界联合会编著 .—北京：北京出版社，2003

ISBN 7－200－05150－0

Ⅰ. 北…　Ⅱ. 北…　Ⅲ. 社会科学－北京市－2003－年鉴　Ⅳ. C121－54

中国版本图书馆 CIP 数据核字（2003）第 121298 号

责任编辑　岳民英　汪劲莲　张秋月　徐　威　刘青文
装帧设计　张延宁
责任印制　李文宗

北京社会科学年鉴（2003）
BEIJING SHEHUI KEXUE NIANJIAN
北京市社会科学界联合会　编著
*
北　京　出　版　社　出　版
（北京北三环中路 6 号）
邮政编码：100011
网　址：www. bph. com. cn
北京出版社出版集团总发行
新　华　书　店　经　销
北京市昌平长城印刷厂印刷
*
787×1092　16 开本　55.5 印张　彩插 74 页　1760 千字
2003 年 12 月第 1 版　2003 年 12 月第 1 次印刷
ISBN 7－200－05150－0
C·99　定价：160 元

北京市社会科学界联合会《北京社会科学年鉴》编辑部
地　　址：北京市朝阳区北四环中路 33 号
邮政编码：100101
联系电话：64855817　64871405
E-mail：sklwh@vip. sina. com

《北京社会科学年鉴》编辑委员会名单

编 辑 说 明

一、《北京社会科学年鉴》是一部反映首都北京社会科学发展状况和学术动态的资料工具书，由北京市社会科学界联合会主持编纂。

二、本年鉴以马列主义、毛泽东思想、邓小平理论和“三个代表”重要思想为指导，坚持党的基本路线，坚持“双百”方针，解放思想，实事求是，力求年鉴在编纂中的科学性、客观性。

三、本年鉴宗旨：努力为党和政府决策提供社会科学方面的参考；为社会各界了解社会科学提供信息；为社会科学工作者从事学术研究提供资料和借鉴；记录北京地区社会科学事业发展的进程，促进哲学社会科学全面发展和繁荣。

四、本年鉴收录的资料来自在京的社会科学教学、研究和科研管理等机构。

五、本年鉴从2000年起逐年编纂出版。当年出版的年鉴记述上一年的内容。部分资料隔年收录。

六、本年鉴的体裁以条目为主，兼有文章。基本栏目为：特载、学科综述、学术论文选摘、科研课题、获奖成果、学术活动、机构、学术团体、社科理论期刊、大事记、附录。

《北京社会科学年鉴》自首卷本于2000年出版后，历卷年鉴都得到了社科界同仁及有关领导的关爱，并对本年鉴的编辑工作提出了许多宝贵意见。我们在广泛听取意见和认真总结经验的基础上，不断对本年鉴的内容和编辑工作进行调整和改进，努力提高年鉴的质量。由于我们的学术水平、编辑能力和工作经验的局限，本卷《北京社会科学年鉴》仍会有不少缺点、疏漏和不足，恳请广大读者不吝赐教，我们将在今后的编辑工作中竭力改进，使之逐步完善。

本卷年鉴在资料收集、编写过程中，得到了有关单位、部门和学者的大力支持，在此表示衷心感谢！

《北京社会科学年鉴》编辑部

2003年10月

The Editors' Notes

1. *The Beijing Social Science Yearbook* is a reference book, which covers the development of social sciences and academic events in Beijing, the capital of China. It is compiled by the Beijing Federation of Social Science Circles.

2. In compiling this yearbook, we have followed the guidance of Marxism-Leninism, Mao Zedong Thought, Deng Xiaoping Theory and the important thought of "Three Represents" and adhered to the basic line of the Communist Party of China, the policy of "letting a hundred flowers blossom and a hundred schools of thought contend" and the principle of emancipating the minds and seeking truth from facts. We have tried our best to be as objective and scientific-minded as possible in compiling this yearbook.

3. The aim of this yearbook is to provide the Party and government departments with social science materials for their reference in policy-making, give people of various circles information about social sciences, supply social scientists with materials needed for their academic research, record the progress of social science studies in Beijing and work for the all-round development of philosophy and social sciences.

4. The materials of this yearbook were collected from the institutions which engage in social science teaching, social science research or social science research management in Beijing.

5. *The Beijing Social Science Yearbook* was first published in 2000. Each edition of the yearbook contains materials about the previous year. Some materials of the yearbook are collected every other year.

6. This yearbook is mainly composed of item entries. It also includes articles. The standing columns of the yearbook are: *Specials*, *Surveys of Various Areas of Study*, *Selected Academic Theses*, *Subjects of Scientific Research*, *Award-Winning Academic Achievements*, *Academic Activities*, *Institutions*, *Academic Organizations*, *Social Science Theoretical Journals*, *Major Events of the Year* and *Appendix*.

Ever since its inception in 2000, each edition of our yearbook has been well received among our colleagues in the social science circles and the leaders of the departments concerned, who have given us encouragement and support and have made many valuable comments on our editorial work. On the basis of extensive solicitation of opinions and the summing-up of our past experience, we have constantly made adjustments and improvements in the content and the editorial work of the yearbook in an effort to raise its quality. However, because of our limitations in regard to academic level, editorial ability and working experience, some shortcomings, slips or inadequacy may still be found in the present volume. We sincerely hope that our readers will not hesitate to criticize us. We will make further effort to improve our editorial work.

We would like to express our heartfelt thanks to many scholars, institutions and departments concerned for their great help in the data-collection and the compilation of the present volume.

The Editorial Department of
the Beijing Social Science Yearbook

2002年11月8日，江泽民同志在中国共产党第十六次全国代表大会上代表第十五届中央委员会作报告

（新华社摄影部供稿）

2002年11月15日，新当选的中共中央总书记胡锦涛和中央政治局常委吴邦国、温家宝、贾庆林、曾庆红、黄菊、吴官正、李长春、罗干在人民大会堂与采访十六大的中外记者见面

（新华社摄影部供稿）

2002年4月28日，在五四青年节即将到来之际，中共中央总书记、国家主席江泽民来到中国人民大学考察工作， 亲切看望学校的师生员工。中共中央政治局常委、国务院副总理李岚清，中共中央政治局委员、北京市委书记贾庆林随同考察

（新华社摄影部供稿）

2002年7月16日，中共中央总书记、国家主席、中央军委主席江泽民来到中国社会科学院考察工作。图为江泽民考察时参观电子阅览室

（新华社摄影部供稿）

2002年9月8日，在我国第18个教师节到来之际，中共中央总书记、国家主席江泽民出席在北京人民大会堂举行的北京师范大学建校100周年庆祝大会，并发表重要讲话

（新华社摄影部供稿）

北京师范大学建校100周年庆祝大会会场

2002年5月31日，中央党校省部级干部进修班毕业典礼在中央党校举行。中共中央总书记江泽民出席典礼并发表重要讲话

（新华社摄影部供稿）

2002年12月15日，中共中央总书记胡锦涛在北京中南海会见学习贯彻十六大精神中央宣讲团的成员并座谈。胡锦涛在听取大家的发言后发表重要讲话

（新华社摄影部供稿）

2002年12月4日，首都各界在北京人民大会堂集会，隆重纪念中华人民共和国宪法公布施行20周年。中共中央总书记、国家副主席胡锦涛出席大会并发表重要讲话。大会由全国人大常委会委员长李鹏主持。中共中央政治局常委吴邦国、温家宝、贾庆林、曾庆红、罗干出席了大会

（新华社摄影部供稿）

2002年12月26日,中共中央政治局集体学习宪法。中共中央总书记胡锦涛主持学习并发表讲话

(新华社摄影部供稿)

2002年3月4日，中共中央政治局常委、国家副主席胡锦涛来到中土大厦，看望出席全国政协九届五次会议的社会科学界和新闻出版界委员，并与大家共商国是。图为胡锦涛与委员握手

（新华社摄影部供稿）

2002年12月8日，中共中央政治局常委、国务院副总理温家宝来到北京中国革命博物馆，兴致勃勃地参观正在这里举办的“谱写现代化建设的新篇章——1998-2002年国债建设成果图片展”

（新华社摄影部供稿）

2002年11月1日，我国著名高等学府中国人民大学迎来建校65 周年华诞。中共中央政治局常委、全国人大常委会委员长李鹏出席庆祝大会暨吴玉章奖颁奖仪式，向中国人民大学的全体师生员工和广大海内外校友表示热烈祝贺，向获得吴玉章奖的各位专家学者表示祝贺和敬意

（新华社摄影部供稿）

2002年4月12日，博鳌亚洲论坛首届年会在海南博鳌开幕。这是国务院总理朱镕基在开幕式的主题大会上做主旨演讲

（新华社摄影部供稿）

2002年11月24日，首都理论界召开学习贯彻十六大精神座谈会

到会领导、专家学者在会上发言

首都社会科学界学习江泽民同志考察中国人民大学时的重要讲话

到会领导、学者在会上谈学习体会

首都理论界召开各类研讨会、座谈会，认真学习邓小平理论和“三个代表”重要思想

2002年12月14 日至 22日，北京市社会科学界联合会和北京师范大学共同主办“2002学术前沿论坛”。图为以“小康社会：创新与发展”为主题的主论坛（上图）和部分分论坛（下图）

北京市社会科学界联合会首次应邀参加北京科技周，自然科学和社会科学携手共担科普任务。右图为著名学者龚育之作为社会科学界的代表，以《社会科学与大众生活》为题做电视访谈节目。下图为现场听众

社会科学著名学者在“北京科技周科普高峰论坛”宣讲科技与人文的关系

2002年9月17日至19日，由北京市社会科学界联合会主办的“2002北京社会科学普及周”在京举行

精彩的讲座

热心的听众

现场社科咨询活动

北京市第七届哲学社会科学优秀成果评奖工作，是对2000年至2001年期间全市哲学社会科学研究成果的一次全面检阅。图为评奖工作现场及部分获奖成果

北京大学举办
各类社科学术会议

中国人民大学
开展各类学术活动

清华大学社科建设不断发展

中国政法大学的重大学术活动

中央财经大学举办部长论坛

前中国人民银行行长戴相龙到中央财经大学作报告

中央财经大学举办外国专家讲座

北京广播学院
举办各类学术会议

国家行政学院举办理论研讨会

北京市党校系统不断推进教学改革

首都师范大学不断加强学术研究工作

首都经贸大学召开各类学术研讨会

中共北京市委党史研究室召开《彭真在北京》出版座谈会

北京市人民政协理论与实践研究会举办理论研讨会

目 录

·科研课题·

·获奖成果·

政治学（含思想政治工作、党建、统战）

经济学

社会学（含人口学）

法学

民族学　宗教学

城市科学

历史学（含党史、中外史、考古）

教育学　心理学

语言文学

文化艺术

管理学（含人才学、信息学）

综合（含新闻、国际关系、其他）

中国社会科学院2001年主要学术活动

·机　构·

Contents
(Condensed)

Specials

Surveys of Various Areas of Study

Selected Academic Theses

Subjects of Scientific Research

Award-Winning Academic Achievements

Academic Activities

The academic activities (symposiums, conferences, etc.) conducted in 2002 *involved discussions on the following subjects:*

·特 载·

江泽民考察中国人民大学时强调
必须大力促进我国哲学社会科学事业的发展繁荣

（2002 年 4 月 28 日）

本报北京 4 月 28 日讯 春风徐徐，芳草凝绿，今天的中国人民大学处处洋溢着欢乐的气氛。在五四青年节即将到来之际，中共中央总书记、国家主席江泽民来到这所以人文社会科学为主的重点大学考察工作，亲切看望学校的师生员工。他强调：我们要始终高度重视哲学社会科学在治党治国和建设有中国特色社会主义事业中的巨大作用，高度重视哲学社会科学领域高等教育的改革和发展，高度重视改善哲学社会科学研究和人才培养的条件，高度重视哲学社会科学研究领域重大课题的攻关，高度重视为哲学社会科学发展作出杰出贡献的学者的成就和作用。他要求各级党委和政府以及全社会共同努力，大力促进我国哲学社会科学事业的发展繁荣。

中共中央政治局常委、国务院副总理李岚清，中共中央政治局委员、北京市委书记贾庆林随同考察。

中国人民大学是我们党创办的第一所新型大学，前身是诞生于抗日战争烽火中的陕北公学，有着光荣的传统和优良的校风。毛泽东、邓小平等老一辈无产阶级革命家生前对中国人民大学寄予厚望。65 年来，中国人民大学广大师生发扬“始终奋进在时代前列”的优良传统，勤俭办学，艰苦奋斗，积极探索，求真务实，使学校成为我国人文科学、社会科学、管理科学教育研究的重要基地，为马克思主义在中国的传播和普及，为我国哲学社会科学的发展和繁荣，为我国社会主义革命、建设和改革事业的发展作出了重要贡献。

下午 3 时许，江泽民总书记兴致勃勃地来到中国人民大学，校园一片沸腾。数千名大学生列队欢迎江总书记的到来，“总书记好!”的欢呼声响彻校园。江泽民频频向大学生们招手致意，向大家问好。

江泽民在学校党委书记程天权、校长纪宝成等的陪同下，先后参观了中国人民大学 65 年成就展、文史阅览室、电子阅览室，还同师生们亲切交谈，详细了解了学校的科研、教学和学生的学习情况。他饶有兴趣地观看了图书馆的特色藏品，包括毛泽东同志读过的《资本论》和陕甘宁等解放区的出版物。江泽民在吴玉章先生的雕像前驻足，与大家一同回顾了这位首任校长、杰出教育家的办学业绩。他还兴趣盎然地观看了学生艺术团民族乐团的排练，对他们的精彩演奏表示赞赏。

随后，在亲切热烈的气氛中，江泽民与中国人民大学的师生代表进行座谈。纪宝成校长汇报了学校实践“三个代表”重要思想，创建以人文社会科学为主的世界知名的一流大学的工作情况；清史研究所教授戴逸、法学院院长曾宪义、财政金融学院院长陈雨露和学生代表分别发了言。大家畅谈了 21 世纪对高等教育特别是哲学社会科学高等教育提出的新任务、新课题，认为在人才培养、学科建设、科学研究、社会服务等方面都应与时俱进，作出新的努力。著名清史专家戴逸还建议国家组织力量，加快大型清史的编写工作；曾宪义院长谈了近年来我国法学教育走向世界的情况。

在听取了师生们的发言后，江泽民作了重要讲话。他首先代表党中央、国务院，向中国人民大学的全体师生员工，向全国高等院校的师生员工和广大教育工作者致以诚挚的问候。他衷心祝愿中国人民大学在新世纪创造新的成就，为祖国、为人民、为社会主义现代化建设作出更大的贡献，成为以人文社会科学为主的世界知名的一流大学。

江泽民说，去年8月，他在北戴河与国防科技和社会科学专家座谈时强调了哲学社会科学的重要性，指出哲学社会科学与自然科学同样重要，培养高水平的哲学社会科学家与培养高水平的自然科学家同样重要，提高全民族的哲学社会科学素质与提高全民族的自然科学素质同样重要，任用好哲学社会科学人才并充分发挥他们的作用与任用好自然科学人才并充分发挥他们的作用同样重要。对这“四个同样重要”，大家都很认同，现在的关键在于落实。

江泽民说，哲学社会科学，主要是帮助人们解决世界观、人生观、价值观，解决理论认识和科学思维，解决对社会发展、社会管理规律的认识和运用的科学。掌握必备的哲学社会科学知识，对于人们正确认识纷繁复杂的社会现象，提高道德素养和精神境界是十分重要的，对于领导干部特别是高级干部学会讲政治、懂全局，驾驭复杂形势、研究战略策略、提高领导水平更是十分重要的。各级党委和政府要关心哲学社会科学的发展，积极创造支持科学探索、鼓励学术创新的社会环境和学术氛围。

江泽民在讲话中对我国广大哲学社会科学工作者提出五点希望：

希望大家增强创新意识，在推动理论创新、制度创新、科技创新方面不断取得新的成绩。与时俱进是马克思主义的理论品质，也是我国哲学社会科学保持蓬勃活力的重要保证。哲学社会科学工作者应适应变化着的时代条件，积极进行创造性的理论探索，努力为推动理论和实践的发展作出自己的贡献。

希望大家深入改革开放和现代化建设的实践，努力对全局性、战略性、前瞻性的重大课题作出科学的理论回答。尤其要注重对人民群众创造的新鲜经验进行科学总结和理论概括，不断深化对当代中国经济社会发展规律的认识，为党和政府的决策服务，为改革开放和现代化建设服务。

希望大家既立足中国又面向世界，努力继承和弘扬中华民族的优秀文化，积极学习借鉴各国人民创造的有益文化成果。中华文化博大精深，为人类文明进步作出了不朽的贡献，我们应结合时代精神加以继承和发展。同时，我们要拓展眼光，积极吸取人类文明的一切优秀成果。只有这样，我们才能更好地建设有中国特色社会主义文化。

希望大家坚持严谨治学、实事求是、民主求实的学风。要甘于寂寞，淡泊名利，力戒浮躁，潜心钻研；要认真读书，多思慎思，关注现实世界，注重学术积累；要厚积薄发，出精品，出上品；要加强团结、和谐合作，在学术研究中相互切磋，共同进步。要不断研究和提高教学质量，特别要加强基础课程和重点学科的建设。古人说：“经师易遇，人师难遭。”大学的老师要做传授知识的“经师”，更要做善于育人的“人师”，以自己良好的思想和道德风范去影响和培养学生。

希望大家坚持用马克思主义的立场、观点和方法来指导哲学社会科学的发展。是否体现了中国先进生产力的发展要求、中国先进文化的前进方向和中国最广大人民的根本利益，是衡量我国哲学社会科学性质、方向和水平的根本尺度。广大哲学社会科学工作者要不断增强贯彻“三个代表”要求的自觉性和坚定性。

江泽民最后说，我们正处在社会主义改革开放和现代化建设的伟大时代。在这样一个时代，哲学社会科学是大有作为的。全国哲学社会科学战线的广大同志们，要肩负起历史重任，勤奋工作，与时俱进，为我国哲学社会科学的发展和繁荣，为中华民族的伟大复兴谱写新的篇章。

座谈会结束后，江泽民又兴致勃勃地来到学生食堂，同正在就餐的学生们愉快交谈，询问了他们的生活情况和学校的伙食状况。欢声笑语交织在一起。

随同江泽民考察的还有中共中央办公厅主任王刚，中共中央政策研究室主任滕文生，教育部部长陈至立等。

（原载《人民日报》2002年4月29日）

首都理论界座谈学习江泽民考察中国人民大学重要讲话进一步推动哲学社会科学事业发展

（2002年5月8日）

本报北京5月8日讯 今天，首都理论界举行座谈会，来自首都哲学社会科学界的专家学者畅谈学习江泽民同志考察中国人民大学时重要讲话的体会。

与会专家学者一致认为，这篇重要讲话是江泽民同志去年8月在北戴河亲切会见部分国防科技和社会科学专家时发表关于哲学社会科学的重要讲话之后，又一次关于新世纪发展繁荣我国哲学社会科学事业的重要文献。这一重要讲话再一次重申了“四个同样重要”的科学论断，进一步深入论述了发展哲学社会科学的重要意义，并对广大哲学社会科学工作者提出了五点希望。这不仅是对哲学社会科学工作者的希望和要求，也是哲学社会科学领域必须坚持的五条重要原则。江泽民同志指出：“是否体现了中国先进生产力的发展要求、中国先进文化的前进方向和中国最广大人民的根本利益，是衡量我国哲学社会科学性质、方向和水平的根本尺度。”这一重要论断进一步深化了在哲学社会科学领域贯彻落实“三个代表”重要思想的认识，必将进一步推动我国哲学社会科学事业的发展。

与会专家学者认为，江泽民同志的重要讲话进一步明确了哲学社会科学肩负的历史使命，充分表达了党对哲学社会科学的殷切期望，为哲学社会科学工作指明了方向，对广大哲学社会科学工作者是极大的鼓舞和鞭策。江泽民同志指出，哲学社会科学主要是帮助人们解决人生观、世界观、价值观，解决理论认识和科学思维，解决对社会发展、社会管理规律的认识和运用的科学。这个定性是十分精辟的，哲学社会科学工作者在这方面负有重要的历史使命。

与会专家学者认为，社会科学工作者要实现自己的历史使命，就要增强创新意识，不断进行理论创新，努力为推动理论和实践的发展作出自己的贡献；就要深入改革开放和现代化建设的实践，努力对全局性、战略性、前瞻性的重大课题作出科学的理论回答；就要既立足中国又面向世界，努力继承和弘扬中华民族的优秀文化，积极学习借鉴各国人民创造的有益文化成果；就要坚持严谨治学、实事求是、民主求实的学风；就要坚持用马克思主义的观点、方法来指导哲学社会科学的发展，增强贯彻“三个代表”要求的自觉性和坚定性。

此次座谈会是由北京市社会科学界联合会组织召开的。

（原载《人民日报》2002年5月9日）

高度重视、大力发展我国哲学社会科学事业

（2002年5月9日）

《人民日报》评论员

4月28日，江泽民同志在考察中国人民大学时的重要讲话中强调指出：我们要始终高度重视哲学社会科学在治党治国和建设有中国特色社会主义事业中的巨大作用，高度重视哲学社会科学领域高等教育的改革和发展，高度重视改善哲学社会科学研究和人才培养的条件，高度重视哲学社会科学研究领域重大课题的攻关，高度重视为哲学社会科学发展作出杰出贡献的学者的成就和作用。

江泽民同志这个要求，站在时代前列，反映时代精神，不仅指出了哲学社会科学在实现中华民族伟大复兴中巨大的不可替代的作用，而且紧紧抓住了发展繁荣哲学社会科学紧迫的必须解决的重大问

题；不仅展现了我国哲学社会科学发展繁荣的壮丽前景，而且为全党同志和全国人民特别是广大哲学社会科学工作者指明了前进方向。各级党委和政府要认真学习贯彻江泽民同志的重要讲话精神，关心哲学社会科学的发展，全党同志和全社会要积极投入发展繁荣我国哲学社会科学的伟大事业，大力促进我国哲学社会科学事业的发展繁荣。

一个民族要想站在科学的最高峰，就一刻也不能没有理论思维。人类历史上，那些在哲学社会科学领域作出了杰出贡献的思想巨人，都对社会的发展和进步起了巨大的推动作用；那些自然科学领域的科学家，往往也是他所处时代或所在国家的思想家；那些站在自然科学高峰的民族，往往也是站在理论思维高峰的民族。我国古代先进的哲学思想，曾使我们民族在自然科学领域遥遥领先；我国近代的封建统治和思想专制，也使我们民族在自然科学领域日渐落后。我们党始终重视哲学社会科学的建设。新中国建立以来，我国哲学社会科学在推动包括自然科学在内的各项事业发展中发挥了重要作用。20多年前，一场真理标准的大讨论，推动我们国家进入了新的发展时期，迎来了我国自然科学发展的春天。实践证明：哲学社会科学与自然科学同样重要，培养高水平的哲学社会科学家与培养高水平的自然科学家同样重要，提高全民族的哲学社会科学素质与提高全民族的自然科学素质同样重要，任用好哲学社会科学人才并充分发挥他们的作用与任用好自然科学人才并充分发挥他们的作用同样重要。

我们正处在改革开放和社会主义现代化建设的伟大时代。伟大时代呼唤着哲学社会科学的更大发展，哲学社会科学的发展繁荣推动着伟大时代的进程。贯彻“三个代表”要求，全面建设小康社会、加快推进社会主义现代化建设，迫切需要理论创新、制度创新、科技创新。在三个创新中，理论创新是首要的、基础的。在理论创新中，哲学社会科学肩负着重要责任。在发展繁荣哲学社会科学中，仅仅依靠哲学社会科学工作者是不够的，需要全党同志和全社会同心协力。

生动丰富的建设有中国特色社会主义实践，为哲学社会科学的发展繁荣提供了坚实基础，开辟了广阔前景。我国哲学社会科学事业大有可为。我们坚信：有以江泽民同志为核心的党中央的重视和关心，有各级党委、政府和全社会的共同努力，有广大哲学社会科学工作者的勤奋工作，我国的哲学社会科学事业必将与时俱进，蓬勃发展，为中华民族的伟大复兴作出新的贡献，谱写新的篇章。

（原载《人民日报》2002年5月9日）

江泽民在中央党校省部级干部进修班毕业典礼上强调
高举邓小平理论伟大旗帜，全面贯彻“三个代表”要求
与时俱进努力开创建设有中国特色社会主义事业新局面

（2002年5月31日）

江泽民强调，我们党要坚定地站在时代潮流的前头，团结和带领全国各族人民，实现推进现代化建设、完成祖国统一、维护世界和平与促进共同发展的历史任务，在建设有中国特色社会主义的道路上实现中华民族的伟大复兴。这是历史和时代赋予我们党的庄严使命。

本报北京5月31日讯 中央党校省部级干部进修班毕业典礼今天在中央党校举行。中共中央总书记江泽民出席典礼并发表重要讲话。他强调指出，在我国进入全面建设小康社会，加快推进社会主义现代化的新的发展阶段，全党同志和全国上下一定要高举邓小平理论伟大旗帜，全面贯彻“三个代表”要求，努力开创建设有中国特色社会主义事业新局面。

出席典礼的有中共中央政治局常委李鹏、朱镕基、尉健行、李岚清。典礼由中共中央政治局常委、中央党校校长胡锦涛主持。

江泽民指出，进入新世纪，我国进入了全面建设小康社会，加快推进社会主义现代化的新的发展阶段。国际局势正在发生深刻的变化。世界多极化和经济全球化的趋势在曲折中发展，科技进步日新月异，综合国力竞争日趋激烈。形势逼人，不进则

退。我们党要坚定地站在时代潮流的前头，团结和带领全国各族人民，实现推进现代化建设、完成祖国统一、维护世界和平与促进共同发展的历史任务，在建设有中国特色社会主义的道路上实现中华民族的伟大复兴。这是历史和时代赋予我们党的庄严使命。

江泽民指出，开创建设有中国特色社会主义事业新局面，必须高举邓小平理论伟大旗帜，全面贯彻“三个代表”要求。“三个代表”同马克思列宁主义、毛泽东思想和邓小平理论一脉相承，反映了当代世界和中国的发展变化对党和国家工作的新要求。“三个代表”是我们党的立党之本、执政之基、力量之源，是加强和改进党的建设、推进我国社会主义制度自我完善和发展的强大理论武器。联系党成立以来的全部历史经验，总结我们党带领人民建设有中国特色社会主义事业必须坚持的基本经验，归结起来就是，我们党必须始终代表中国先进生产力的发展要求，代表中国先进文化的前进方向，代表中国最广大人民的根本利益。

江泽民强调，贯彻“三个代表”要求，关键在坚持与时俱进，核心在保持党的先进性，本质在坚持执政为民。全党同志要牢牢把握这个根本要求，不断增强贯彻“三个代表”要求的自觉性和坚定性。贯彻好“三个代表”要求，必须使全党始终保持与时俱进的精神状态，不断开拓马克思主义理论发展的新境界；必须把发展作为党执政兴国的第一要务，不断开创现代化建设的新局面；必须最广泛最充分地调动一切积极因素，不断为中华民族伟大复兴增添新力量；必须以改革的精神推进党的建设，不断为党的肌体注入新的活力。

江泽民强调，坚持解放思想、实事求是的思想路线，弘扬与时俱进的精神，是党在长期执政条件下保持先进性和创造力的决定性因素。我们党能否始终做到这一点，决定着中国的发展前途和命运。坚持与时俱进，就一定要看到《共产党宣言》发表一百五十多年来世界政治、经济、文化、科技等发生的重大变化，一定要看到我国社会主义建设发生的重大变化，一定要看到广大党员干部和人民群众工作、生活条件和社会环境发生的重大变化，一定要充分估计这些变化对我们党执政提出的严峻挑战和崭新课题。要使党和国家的事业不停顿，首先理论上不能停顿。否认马克思主义的科学性，丢掉老祖宗，是错误的、有害的；教条式地对待马克思主义，也是错误的、有害的。我们一定要适应实践的发展，以实践来检验一切，用发展着的马克思主义指导新的实践。

江泽民强调，马克思主义执政党必须高度重视解放和发展生产力。党的先进性是具体的历史的，必须放到推动当代中国先进生产力和先进文化的发展中去考察，放到维护和实现最广大人民的根本利益的奋斗中去考察，归根到底要看党在推动历史前进中的实际作用。我们党要承担起推动中国社会发展的历史使命，必须始终紧紧抓住发展这个执政兴国的第一要务，把保持党的先进性和发挥社会主义制度的优越性，落实到发展先进生产力、发展先进文化、维护和实现最广大人民的根本利益上来。把握住这一点，就从根本上把握了人民的愿望，把握了社会主义现代化建设的本质。

在谈到党和国家新世纪的奋斗目标时，江泽民说：经过全党和全国各族人民二十多年的艰苦努力，我们胜利实现了现代化建设“三步走”战略的第一、第二步目标。一个十二亿多人口的发展中大国，人民生活总体上达到小康水平，这是改革开放和现代化建设的丰硕成果，是中华民族发展史上一个新的里程碑。综观全局，21 世纪头一二十年，对我国来说，是必须紧紧抓住并且可以大有作为的重要战略机遇期。党的十五届五中全会提出，从新世纪开始，我国进入了全面建设小康社会，加快推进社会主义现代化的新的发展阶段。全党和全国上下要抓住机遇，坚持深化改革、扩大开放、促进发展、保持稳定，团结和带领全国各族人民坚定不移地实现我们的奋斗目标。

在谈到经济建设和经济体制改革时，江泽民指出：在新世纪新阶段，发展要有新思路，改革要有新突破，开放要有新局面。要集中力量解决好关系经济建设和改革全局的重大问题，使经济总量、综合国力和人民生活再上一个新台阶。要以完善社会主义市场经济体制为目标，继续推进市场取向的改革，从根本上消除束缚生产力发展的体制性障碍，为经济发展注入新的活力。要从根本上改变粗放型经济发展方式，以提高经济效益为中心，注重依靠科技进步和加强管理，提高经济增长质量；注重实施可持续发展战略，节约和合理使用资源，加强环境生态保护和建设；注重地区、城乡协调发展和社会全面进步。要适应经济全球化和我国加入世贸组织的新形势，在更大范围、更广领域、更高层次上参与国际经济技术合作和竞争，拓展经济发展空间，全面提高对外开放水平。

江泽民强调，公有制为主体、多种所有制经济共同发展，是我国社会主义初级阶段的一项基本经济制度。通过实行这个基本经济制度，逐步消除由于所有制结构不合理对生产力发展造成的羁绊，大大解放和发展了生产力。实行这样的基本经济制度，是我们党对建设社会主义的长期实践的总结，必须坚定不移地加以坚持。要根据解放和发展生产力的要求，进一步深化对公有制为主体、多种所有制经济共同发展这一基本经济制度含义的认识，在实践中不断完善这一制度。

在谈到发展社会主义民主政治时，江泽民指出，发展社会主义民主政治，建设社会主义政治文明，是社会主义现代化建设的重要目标。必须适应经济发展和社会全面进步的要求，在坚持四项基本原则的前提下，继续积极稳妥地推进政治体制改革，发展有中国特色社会主义民主政治，巩固民主团结、生动活泼、安定和谐的政治局面。党的领导、人民当家作主和依法治国的统一性，是社会主义民主政治的重要优势。发展社会主义民主政治，最根本的是要坚持党的领导、人民当家作主和依法治国的有机结合和辩证统一。推进政治体制改革，要从我国国情出发，坚定不移地走自己的政治发展道路，坚持社会主义政治制度的自我完善和发展。我们要发展的是有中国特色社会主义民主政治，决不照搬西方政治制度模式。要着重加强社会主义民主政治制度建设，实现社会主义民主政治的制度化、规范化、程序化。

江泽民指出，我们必须在发展社会主义经济、政治的同时，加强社会主义精神文明建设，大力发展面向现代化、面向世界、面向未来的，民族的科学的大众的社会主义文化，不断丰富人们的精神世界，不断增强人们的精神力量。要坚持先进文化的前进方向，全面建设和繁荣我国的文化事业。要坚持和巩固马克思列宁主义、毛泽东思想、邓小平理论在意识形态领域的指导地位，用“三个代表”要求统领社会主义文化建设。要立足于改革开放和现代化建设实践，着眼于世界科学文化发展前沿，积极进行文化创新，不断增强有中国特色社会主义文化的吸引力和感召力。要把培育和弘扬民族精神作为文化建设的一个极为重要的任务，使广大人民在建设有中国特色社会主义的征途上，始终保持奋发有为、昂扬向上的精神状态。

在谈到党的建设时，江泽民强调：努力开创建设有中国特色社会主义事业新局面，必须毫不动摇地坚持和改善党的领导，全面推进党的建设新的伟大工程。在新的历史条件下，加强和改进党的建设，一定要高举邓小平理论伟大旗帜，认真贯彻“三个代表”要求，保证党的路线方针政策全面反映人民的利益和时代发展的要求；一定要坚持党要管党、从严治党方针，进一步解决提高党的领导水平和执政水平、提高拒腐防变和抵御风险能力这两大历史性课题，始终保持党同人民群众的血肉联系；一定要准确地把握当代中国社会前进的脉搏，改革和完善党的领导方式和执政方式、领导体制和工作制度，使党的工作充满活力；一定要把思想建设、组织建设、作风建设有机结合起来，把制度建设贯穿其中，既立足于经常性工作，又抓紧解决存在的突出问题。通过锲而不舍的努力，保证我们党始终是中国工人阶级的先锋队，同时是中国人民和中华民族的先锋队，始终是中国先进生产力的发展要求、中国先进文化的前进方向和中国最广大人民根本利益的忠实代表，始终是建设有中国特色社会主义事业的领导核心。

江泽民指出，加强和改进新形势下党的群众工作，对于巩固党的执政基础具有决定性的意义。我们党的最大政治优势是善于组织群众、宣传群众、联系群众，党执政后的最大危险是脱离群众。在任何时候任何情况下，都必须坚持党的群众工作路线，把实现人民群众的利益作为我们一切工作的出发点和归宿。共产党员首先是党的干部都要学习和掌握新形势下做好群众工作的本领和方法，团结和带领群众不断前进。全党同志始终保持共产党人的蓬勃朝气、昂扬锐气、浩然正气，永远与人民群众心连心，我们党的执政基础就坚如磐石。

最后，江泽民特别强调要维护和增强团结。他号召全党同志坚持讲大局、讲团结、讲稳定，紧密团结在党中央周围，切实做好改革发展稳定各方面的工作，以优异的成绩迎接党的十六大召开。

胡锦涛在主持会议时指出，江泽民总书记的讲话十分重要。讲话高屋建瓴，内涵丰富，思想深刻，论述精辟，对于更好地团结和动员全党高举邓小平理论伟大旗帜，全面贯彻“三个代表”要求，为实现历史和时代赋予我们党的庄严使命而努力奋斗，具有十分重要的指导意义。希望同志们认真学习和深刻领会江泽民总书记的重要讲话精神，坚持讲大局、讲团结、讲稳定，扎扎实实地做好各项工作。

出席毕业典礼的还有丁关根、田纪云、李长春、李铁映、吴邦国、吴官正、迟浩田、张万年、罗干、姜春云、贾庆林、钱其琛、黄菊、温家宝、曾庆红、吴仪、司马义·艾买提、王忠禹、肖扬、韩杼滨、王兆国、宋健、白立忱，中央军委委员于永波、王克、王瑞林、曹刚川、郭伯雄、徐才厚。

各省、自治区、直辖市和计划单列市、新疆生产建设兵团的主要负责同志，中央和国家机关有关部门的主要负责同志，军队各大单位和武警部队的主要负责同志，中央党校省部级干部进修班学员出席了会议。

（原载《人民日报》2002年6月1日）

江泽民考察中国社会科学院发表重要讲话强调 大力加强我国哲学社会科学建设 为有中国特色社会主义事业服务

（2002年7月16日）

本报北京7月16日讯　中共中央总书记、国家主席、中央军委主席江泽民今天来到中国社会科学院考察工作。江泽民强调，建设有中国特色社会主义，需要在实践和理论上不懈进行探索，不断在实践的基础上提出创新的理论，用发展着的理论指导实践。在这个实践和理论的双重探索中，哲学社会科学具有不可替代的重要作用，哲学社会科学工作者是一支不可替代的重要力量。我们必须始终重视哲学社会科学，加快发展哲学社会科学。

江泽民强调，建设有中国特色社会主义，应是我国经济、政治、文化全面发展的进程，是我国物质文明、政治文明、精神文明全面建设的进程。哲学社会科学建设，是社会主义精神文明建设的重要组成部分，又是为推进社会主义社会的物质文明、政治文明、精神文明建设服务的。我们不仅要大力发展自然科学，而且要大力发展哲学社会科学，并用这些方面的知识来全面提高全体人民的思想道德素质和科学文化素质。

上午9时，江泽民和随行的中共中央政治局委员、中宣部部长丁关根，中共中央政治局委员、国务院副总理温家宝来到中国社会科学院，受到专家学者和职工的热烈欢迎。在中共中央政治局委员、中国社会科学院院长李铁映的陪同下，江泽民首先参观了中国社会科学院建院25周年成果展。江泽民一边听取情况介绍，一边详细了解中国社会科学院的建设、科研和教学情况。随后，江泽民参观了该院图书馆馆藏古籍善本和电子阅览室，察看了多媒体计算机的操作演示。江泽民还观看了该院老干部合唱团的排练。

随后，江泽民来到第一学术报告厅，与专家学者们座谈。座谈会上，李铁映汇报了中国社会科学院的发展情况和学科建设情况。陈筠泉、李学勤、汪同三、夏勇、袁靖、邢广程、郎樱、卓新平、马大正、沈家煊、张卓元等同志，先后就按照“三个代表”要求进行理论创新，全面贯彻“双百”方针，繁荣历史科学，加强宏观经济预测为经济发展服务，加强法学研究为建设社会主义法治国家服务，文理结合加强重点学科和重点研究室建设，在研究重大问题中锻炼成长，献身哲学社会科学研究事业，处理好基础研究、应用研究和对策研究，组织跨学科力量加强边疆问题研究，端正学风促进社会科学健康发展，紧密联系实际研究经济发展与改革等问题发言。

在认真听取大家的发言后，江泽民发表了重要讲话。江泽民首先代表党中央、国务院，向中国社会科学院全体同志，向全国哲学社会科学工作者，表示诚挚的问候。

江泽民强调，建设有中国特色社会主义这项前无古人的伟大事业，要求我们必须建设一支强大的哲学社会科学队伍，中央也需要掌握一支从事哲学社会科学研究的专门队伍。中国社会科学院是中央直接领导的国家哲学社会科学研究机构，在哲学社会科学研究方面肩负着重要职责。面对新世纪的新形势和新任务，我们一定要办好中国社会科学院。

江泽民指出，要推进改革开放和现代化建设，要把建设有中国特色社会主义事业不断推向前进，就必须深入了解社会，不仅要深入了解中国社会，还要全面了解世界这个大社会；不仅要了解社会发展的历史，而且更重要的是要研究当今社会发展的现实问题。这就需要我们加强理论研究和理论创新，加强哲学、经济学、政治学、国际政治和经济学、法学、历史学、民族学、新闻学、人口学、社会学、文学、语言学、考古学等各学科的研究。要大力加强对各门传统学科的研究，大力加强对各门新兴学科和交叉学科的研究，大力加强各门学科的理论和体系的建设，大力加强各门学科的方法和手段的建设。在科学技术迅速发展的今天，哲学社会科学尤其要加强对信息技术等先进手段的运用。要努力使我国哲学社会科学的发展成为我们正确认识世界和改造世界，推动理论创新和先进文化发展，促进党和国家决策的科学化民主化，推进改革开放和现代化建设的重要力量。我国哲学社会科学界要努力担负起认识世界、传承文明、创新理论、咨政育人、服务社会的职责。

江泽民对加强哲学社会科学建设提出了五点要求。第一，要坚持以马克思主义为指导。这是我国哲学社会科学沿着正确方向健康发展的根本保证。坚持以马克思主义为指导，最重要的是要善于把马克思主义的基本原理同中国的实际相结合，不断推进马克思主义的中国化，在实践中丰富和发展马克思主义。第二，要坚持解放思想、实事求是。只有坚持解放思想，实事求是，与时俱进，我国哲学社会科学才能蓬勃发展、充满活力。要加强对全局性、前瞻性、战略性重大理论和实践问题的研究，在研究和解决重大课题的过程中推动哲学社会科学各学科的发展。要深入实践，深入群众，既立足中国实际，又放眼世界大势，努力从人民群众广阔而丰富的实践中提炼研究题材，汲取思想养分，提出真知灼见，创造学术精品，为国家发展和民族振兴服务。第三，要坚持“二为”方向和“双百”方针。哲学社会科学研究应坚持为人民服务、为社会主义服务的方向，坚持“百花齐放，百家争鸣”的方针，提倡理论创新和知识创新，鼓励大胆探索，在实践中不断认识真理、服从真理、发展真理，努力建设具有中国特色、中国风格、中国气派的哲学社会科学。第四，要坚持优良的学风。要坚持严谨而不保守，活跃而不轻浮，锐意创新而不哗众取宠，追求真理而不追逐名利。做人、做事、做学问相统一，是中华民族的优良传统。只有坚持老老实实地做人，踏踏实实地做事，扎扎实实地做学问，才能成为一名对祖国和人民有贡献的学问家。第五，要坚持和改善党对哲学社会科学事业的领导。各级党委和政府都要加强对哲学社会科学研究工作的领导，加大支持力度，同时要认真研究和把握哲学社会科学研究工作的规律，改进领导方式，不断提高领导水平。要全面落实党的知识分子政策，尊重知识、尊重人才，充分调动广大哲学社会科学工作者的积极性、主动性和创造性，认真听取他们的意见和建议，重视他们的研究成果，关心他们的学习、工作和生活，做他们的知心朋友，为加快发展哲学社会科学多办实事。

江泽民强调，当今世界的人才竞争是全方位的，不仅包括领导人才、科技人才、管理人才的竞争，也包括文化人才的竞争，当然也就包括哲学社会科学人才的竞争。各级党委和政府，各组织人事部门、宣传部门、教育部门和各哲学社会科学研究机构、高等院校、党校等等，要共同努力，进一步形成哲学社会科学人才培养、激励、选拔和任用的良好机制，促进哲学社会科学优秀人才茁壮成长。各级领导干部尤其是主要负责同志，既要具有比较丰富的自然科学知识，又要具有比较丰富的社会科学知识，这样才能够善于讲政治，善于驾驭复杂局势，从宏观上把握社会主义现代化建设的规律，不断提高决策和领导水平。

江泽民最后指出，在推进社会主义现代化建设和实现中华民族的伟大复兴的历史进程中，我国哲学社会科学任重道远，大有可为。希望全国哲学社会科学界的同志们团结奋斗，开拓创新，为加快发展我国的哲学社会科学，为建设有中国特色社会主义事业不断作出新的贡献。

成立于1977年的中国社会科学院，前身是中国科学院哲学社会科学部。建院以来，社科院培养了一大批高水平的研究人才和优秀管理人才，全院共完成学术著作6600余部、论文77000余篇、研究报告11000余份，为改革开放和社会主义现代化建设、为繁荣我国的哲学社会科学发挥了重要作用。

陪同考察的还有中共中央办公厅主任王刚，中共中央政策研究室主任滕文生等。

（原载《人民日报》2002年7月17日）

在庆祝北京师范大学建校一百周年大会上的讲话

（2002 年 9 月 8 日）

江泽民

老师们，同学们，同志们，朋友们：

在美好的金秋时节，在又一个教师节到来之际，我们来参加北京师范大学百年校庆的隆重集会，感到十分高兴。党中央、国务院对我国教育事业的改革和发展是高度重视的，对全国广大教师和教育工作者是十分关心的。

在这里，我代表党中央、国务院，向北师大的全体师生员工和海内外校友，表示热烈的祝贺！向全国一千多万教师和广大教育工作者，致以诚挚的问候！

一百年前，北京师范大学的前身——京师大学堂师范馆开始招生，开启了中国现代高等师范教育的先河。这个历史事件，从一个重要方面，反映了当时备受帝国主义和封建主义压迫的中国人民对新文化、新知识的追求，体现了在苦难中觉醒的中华民族振兴教育、变革图强的愿望。

一百年来，伴随着中国人民为争取民族独立、国家富强和人民幸福而奋斗的历程，北京师范大学不断成长和发展。北师大的师生们曾积极投身于“五四”、“一二九”等反帝反封建的革命运动，表现了崇高的爱国主义精神。在新文化运动中，北师大成为传播新思想和提倡新文化的重要阵地，李大钊、梁启超、鲁迅、钱玄同等曾在这里弘文励教。北师大培养了一大批道德高尚、学业精深的人民教师和国家需要的优秀人才，涌现出了许多杰出的革命家、教育家、科学家和社会活动家，为党和人民的事业作出了重要的贡献。

一百年来，北师大的广大师生，以对祖国和人民的高度责任感，努力实践“学为人师，行为世范”的校训，形成了爱国进步、诚信质朴、求真创新、为人师表的优良传统。北师大已经发展成为师资力量雄厚、学术声誉远播的著名学府，并正在向以教师教育为主要特色的世界知名的高水平大学迈进。

当今时代，科技进步日新月异，国际竞争日趋激烈。各国之间的竞争，说到底，是人才的竞争，是民族创新能力的竞争。教育是培养人才和增强民族创新能力的基础，必须放在现代化建设的全局性战略性重要位置。近年来，各级党委、政府和教育战线的同志们，积极贯彻落实科教兴国战略，做了大量工作，取得了突出的成绩。我们要继续坚定不移地实施科教兴国战略，不断培养大批合格的有中国特色社会主义的建设者，不断造就大批具有丰富创新能力的高素质人才，不断提高全民族的思想道德素质和科学文化素质。这是实现中华民族伟大复兴的必然要求，也是我国社会主义教育事业的历史任务。

要完成这一历史任务，必须不断推进教育创新。教育创新，与理论创新、制度创新和科技创新一样，是非常重要的，而且教育还要为各方面的创新工作提供知识和人才基础。只有按照“三个代表”要求，大力推进教育创新，不断发展有中国特色社会主义教育事业，才能不断为我国经济和社会发展培养高素质的劳动者、建设者、管理者和领导者。

进行教育创新，首先要坚持和发展适应国家和社会发展要求的教育思想。要坚持党的教育方针，坚持教育为社会主义事业服务，坚持教育与社会实践相结合，同时要十分注意研究和解决教育面临的新情况新问题，深入探索新形势下教育发展的规律，更新教育观念，确立与二十一世纪我国经济和社会发展需要相适应的教育观和人才观。

进行教育创新，关键是通过深化改革不断健全和完善与社会主义现代化建设要求相适应的教育体制。要扫除制约教育发展的体制性障碍，努力提高教育资源的利用效益，优化教育结构，扩大教育资源，进一步转变政府管理教育的职能和模式，增强学校依法自主办学的能力。推动教育体系的创新，逐步形成适应终身学习需要的学习型社会，满足人民群众多样化的学习需求。推动学校教育、社会教育和家庭教育紧密结合、相互促进，加强各级各类教育的衔接和沟通。

进行教育创新，根本的目的是要推进素质教育，全面提高教育质量。要改革教学的内容、方法和手段，完善人才培养模式，充分吸纳当代自然科学和人文社会科学的最新成果，建立符合受教育者全面发展规律、激发受教育者创造性的新型教育教学模式，形成相互激励、教学相长的师生关系，努力创造有利于创新人才成长的良好教育环境和社会环境，使每一个受教育者都能充分发挥自身潜能，激发学习成长的主动性，实现全面发展。

进行教育创新，必须充分利用现代科学技术手段，大力提高教育的现代化水平。要通过积极利用现代信息和传播技术，大力推动教育信息化，促进教育现代化。进一步完善学校的计算机网络，加快数字图书馆等教育公共服务体系建设。加强中小学校的信息技术教育，推动信息技术课程和教材建设。采用音像录放等设施，尽快把优质教育资源传输到广大农村，提高农村中小学教学质量。

进行教育创新，必须面向现代化、面向世界、面向未来，加大教育对外开放的力度。要密切关注世界教育发展的大趋势，在继承中华民族优秀教育传统的基础上，积极吸收人类文明的一切优秀成果，借鉴世界上先进的办学经验和管理经验，提高我国教育的国际竞争力。

贯彻党的教育方针，推进教育创新，培养大批高素质人才，离不开教师的辛勤工作。我国广大教师，要率先垂范，做先进生产力和先进文化发展的弘扬者和推动者，做青少年学生健康成长的指导者和引路人，努力成为无愧于党和人民的人类灵魂的工程师。要进一步建立和完善适应我国教育发展需要的、开放灵活的教师教育体系，努力造就一支献身教育事业的高水平的教师队伍。全国各级各类师范院校，都要适应新形势新任务的要求，深化改革，锐意进取，为建设有中国特色教师教育体系作出新的贡献。这里，我对全国广大教师提几点希望。

希望我们的教师志存高远、爱国敬业。人民教师的神圣职责，就是传授知识，传承民族精神，弘扬爱国主义，为祖国和人民培养合格人才。教师要忠诚于人民教育事业，以培育人才、繁荣学术、发展先进文化和推进社会进步为己任，积极引导和帮助青少年学生树立正确的世界观、人生观、价值观，教育他们立志成为有中国特色社会主义建设的栋梁之材。教师要始终牢记自己的神圣职责，并在深刻的社会变革和丰富的教育实践中履行自己的职责，百折不挠，奋勇直前。

希望我们的教师为人师表、教书育人。教书者必先强己，育人者必先律己。教师的道德、品质和人格，对学生具有重要的影响。教师要注重言教，更要注重身教。教师的日常工作虽然是平凡的，但教育工作的意义却是很不平凡的。教师应该自觉加强道德修养，率先垂范，既要有脚踏实地、乐于奉献的工作态度，又要有淡泊明志、甘为人梯的精神境界，以自己的高尚人格教育和影响学生，努力成为青少年学生的良师益友，成为受到全社会尊敬的人。

希望我们的教师严谨笃学、与时俱进。教师在教育创新中承担着重要的使命。教师富有创新精神，才能培养出创新人才。教师应该具备求真务实、勇于创新、严谨自律的治学态度和学术精神，努力发扬优良的学术风气和学术道德。当今时代，新知识层出不穷，知识更新周期不断缩短，每个人都需要加强学习、终身学习。教师是知识的重要传播者和创造者，连接着文明进步的历史、现在和未来，更应该与时俱进，不断以新的知识充实自己，成为热爱学习、学会学习和终身学习的楷模。

百年大计，教育为本。教育大计，教师为本。中华民族素有尊师重教的优良传统。在老师面前，做学生的不论走到哪里，做出了什么业绩，对老师的感激和爱戴之情永远不会改变。我至今仍清晰地记得我的小学、中学和大学老师们给予我的有益教诲和影响，始终对他们充满着感激之情。长期以来，我国广大教师，特别是广大农村和边远贫困地区的教师，在艰苦清贫的条件下恪尽职守，默默耕耘，为祖国的教育事业无私奉献，涌现出了许多可歌可泣的先进人物，充分体现了陶行知先生当年倡导的“捧着一颗心来，不带半根草去”的崇高精神。这种平凡而又伟大的精神，永远值得我们学习和发扬！

全党、全社会都要满腔热情地关心和支持教育工作。各级党委和政府要关心教师的工作和生活，千方百计地为广大教师办实事、办好事，尊重教师的劳动，进一步提高教师的社会地位，使中华民族尊师重教的优良传统不断发扬光大。

老师们、同学们！

我国已经进入了全面建设小康社会、加快推进社会主义现代化的新的发展阶段，正在向现代化建设第三步战略目标迈进。在亿万人民为把我国建设成为富强民主文明的社会主义现代化国家而进行的伟大奋斗中，我国广大青年一定可以大有作为。

全国广大青年们，勇敢承担起建设祖国的历史重任，为祖国和中华民族的美好未来而不懈奋斗！

（新华社北京9月8日电）

在首都各界纪念中华人民共和国宪法公布施行二十周年大会上的讲话

（2002年12月4日）

胡锦涛

同志们，朋友们：

我国现行宪法，从一九八二年十二月四日第五届全国人民代表大会第五次会议通过并公布施行以来，已经二十年了。今天，在全国上下认真学习贯彻党的十六大精神的热潮中，我们隆重纪念宪法公布施行二十周年，在全社会进一步树立宪法意识和宪法权威，切实保证宪法的贯彻实施，这对于推动全党和全国各族人民为全面建设小康社会，开创中国特色社会主义事业新局面而团结奋斗，具有十分重要的意义。

中华人民共和国宪法是我国的根本法，是治国安邦的总章程，是保持国家统一、民族团结、经济发展、社会进步和长治久安的法律基础，是中国共产党执政兴国、团结带领全国各族人民建设中国特色社会主义的法制保证。宪法以法律的形式确认了我国各族人民奋斗的成果，规定了国家的根本制度、根本任务和国家生活中最重要的原则，具有最大的权威性和最高的法律效力。全国各族人民、一切国家机关和武装力量、各政党和各社会团体、各企业事业组织，都必须以宪法为根本的活动准则，并负有维护宪法尊严、保证宪法实施的职责。

我国现行宪法是在一九五四年宪法的基础上，根据党的十一届三中全会确定的路线、方针、政策，总结新中国成立以来我们建设社会主义的长期实践经验，特别是汲取“文化大革命”的教训，经过全民讨论，由第五届全国人民代表大会第五次会议通过的。随着改革开放和社会主义现代化建设的不断发展，一九八八年、一九九三年、一九九九年，七届全国人大一次会议、八届全国人大一次会议、九届全国人大二次会议又分别对宪法的个别条款和部分内容作了必要的修正，确立了邓小平理论的指导地位，明确提出坚持改革开放，规定了我国社会主义初级阶段的基本经济制度和分配制度，明确了非公有制经济的法律地位，规定了国家实行社会主义市场经济，实行依法治国、建设社会主义法治国家，中国共产党领导的多党合作和政治协商制度将长期存在和发展等内容。宪法全面体现党在社会主义初级阶段的基本路线，集中反映全国各族人民的共同意志和根本利益，认真贯彻社会主义的民主原则和法治精神，切实保障公民的自由和权利，科学规范国家权力，充分适应我国经济、政治、文化发展以及各项社会事业发展的要求，明确提出逐步实现工业、农业、国防和科学技术的现代化，把我国建设成为富强、民主、文明的社会主义国家的宏伟目标。

二十年来的实践证明，我国宪法是一部符合国情的好宪法，在国家经济、政治、文化和社会生活中发挥了极其重要的作用。

——宪法保障了我国的改革开放和社会主义现代化建设。宪法明确规定，国家的根本任务是沿着建设有中国特色社会主义的道路，集中力量进行社会主义现代化建设；国家在社会主义初级阶段坚持公有制为主体、多种所有制经济共同发展的基本经济制度，坚持按劳分配为主体、多种分配方式并存的分配制度；坚持改革开放，发展社会主义市场经济。这为我们深化改革、扩大开放、促进发展提供了坚实的法律保障。二十年来，我们紧紧抓住经济建设这个中心，深化经济体制改革，扩大对外开放，解放和发展社会生产力，推动我国综合国力和人民生活不断迈上新的台阶。我们已经实现了现代化建设“三步走”战略的第一步、第二步目标，实现了人民生活总体上由温饱到小康的历史性跨越。现在，我国已经开始实施现代化建设的第三步战略部署，进入了全面建设小康社会、加快推进社会主义现代化的新的发展阶段。

——宪法促进了我国的社会主义民主建设。宪法规定，中华人民共和国的一切权力属于人民，人民行使国家权力的机关是全国人民代表大会和地方各级人民代表大会。二十年来，我们不断发展社会主义民主，实行民主选举、民主决策、民主管理和民主监督，保证人民依法管理国家事务，管理经济文化事业，管理社会事务。作为我国根本政治制度的人民代表大会制度不断完善和发展。

各级人大及其常委会认真履行宪法赋予的职

责，在发展社会主义民主和健全社会主义法制中发挥了重要作用。我们坚持和完善中国共产党领导的多党合作和政治协商制度，保证人民政协发挥政治协商、民主监督和参政议政的作用，巩固和发展了最广泛的爱国统一战线。我们坚持民族区域自治制度，巩固和发展平等、团结、互助的社会主义民族关系，促进了各民族的共同繁荣进步。我们进一步扩大农村、城市和企业的基层民主，保证人民群众依法直接行使民主权利，依法管理自己的事情，创造自己的幸福生活。

——宪法推动了我国的社会主义法制建设。宪法是立法和法律实施的基础和依据。二十年来，我们加快立法步伐，提高立法质量，制定了一大批法律、行政法规和地方性法规，以宪法为核心的中国特色社会主义法律体系已经初步形成，国家经济、政治、文化和社会生活的各个方面已经基本做到有法可依。各级行政机关建立健全执法机构，严格依法行政，行使权力的方式和程序进一步规范化、法制化，行政复议、行政诉讼和国家赔偿的法律制度已经建立。我们积极进行司法体制改革，促进和保障公正司法，推动各级审判机关和检察机关依法独立公正地行使审判权和检察权。以普及宪法知识为主要内容的法制宣传教育广泛开展，全社会的宪法意识和法制观念进一步增强。

——宪法促进了我国人权事业和各项社会事业的发展。宪法对公民的基本权利和义务作了全面的规定，为广大人民群众充分享有民主权利，在国家生活中发挥积极性、主动性、创造性提供了可靠的法律保障。二十年来，我们根据宪法制定了一批保护公民基本权利的法律，签署了一批保护公民权利的国际公约，尊重和保护人权，建立和健全社会保障体系，动员全社会的力量扶助困难群众，推动我国人权事业取得了显著进展。我们按照宪法关于加强社会主义精神文明建设的明确规定，大力实施科教兴国战略，积极发展教育、科技、文化、卫生、体育等各项事业，深入开展思想道德建设，不断提高公民思想道德素质和科学文化素质，不断推进社会全面进步。

二十年的经验告诉我们，只要认真贯彻实施宪法，坚持和完善宪法确立的各方面的制度和体制，就能保证改革开放和社会主义现代化建设不断向前发展，保证最广大人民的根本利益不断得到实现，保证国家安全和社会稳定、实现长治久安。

二十年的经验还告诉我们，改革开放和社会主义现代化建设的蓬勃发展，是宪法得以充分实施和不断完善的根本原因。实践没有止境，宪法也要随着实践的发展而不断完善。要适应改革开放和社会主义现代化建设的发展要求，根据实践中取得的重要的新经验和新认识，及时依照法定程序对宪法的某些规定进行必要的修正和补充，使宪法成为反映时代要求、与时俱进的宪法。

党的十六大把发展社会主义民主政治，建设社会主义政治文明同建设社会主义物质文明、精神文明一起作为全面建设小康社会的重要目标，这是我们在建设中国特色社会主义的实践中取得的新的重大认识，也是我们继续建设中国特色社会主义事业必须完成好的重大任务。建设中国特色社会主义，必须坚持以经济建设为中心，不断解放和发展社会生产力，大力发展社会主义物质文明，同时必须大力发展社会主义政治文明和社会主义精神文明，为现代化建设提供有力的政治和法律保障，提供强大的精神动力和智力支持。我们一定要按照党的十六大的要求，发展社会主义市场经济、社会主义民主政治和社会主义先进文化，不断促进社会主义物质文明、政治文明和精神文明的协调发展，推进中华民族的伟大复兴。

发展社会主义民主政治，最根本的是要把坚持党的领导、人民当家作主和依法治国有机统一起来。党的领导是人民当家作主和依法治国的根本保证，人民当家作主是社会主义民主政治的本质要求，依法治国是党领导人民治理国家的基本方略。正确认识和处理好这三者之间的关系，才能把全党和全国各族人民的意志和力量进一步凝聚起来，意气风发、团结一致地去实现党的十六大提出的全面建设小康社会的奋斗目标，落实党的十六大对我国经济、政治、文化等各方面工作作出的部署。

在整个改革开放和社会主义现代化的进程中，我们都必须坚持依法治国的基本方略。依法治国，就是广大人民群众在党的领导下，依照宪法和法律规定，通过各种途径和形式管理国家事务，管理经济文化事业，管理社会事务，保证国家各项工作都依法进行，逐步实现社会主义民主的制度化、法制化。实行依法治国的基本方略，是坚持和改善党的领导的必然要求，是完成党的十六大作出的各项战略部署的必然要求，是促进我国社会主义物质文明、政治文明和精神文明协调发展的必然要求，也是巩固和发展民主团结、生动活泼、安定和谐的政治局面的必然要求。

实行依法治国的基本方略，首先要全面贯彻实施宪法。这是建设社会主义政治文明的一项根本任务，也是建设社会主义法治国家的一项基本性工作，要长期抓下去，坚持不懈地抓好。

全面贯彻实施宪法，必须加强宪法宣传教育，提高全体人民特别是各级领导干部和国家机关工作人员的宪法意识和法制观念。必须在全社会进一步树立宪法意识，维护宪法的权威，使宪法在全社会得到一体遵行。要在全社会广泛宣传宪法，让宪法家喻户晓、深入人心，使广大人民群众认识到宪法不仅是全体公民必须遵循的行为规范，而且也是保障公民权利的法律武器。各级各类学校尤其是各级党校和干校都要开展宪法教育。要把宪法教育作为党员干部教育的重要内容，使各级领导干部和国家机关工作人员掌握宪法的基本知识，树立忠于宪法、遵守宪法和维护宪法的自觉意识。要坚持把依法治国和以德治国结合起来，不断加强全民族的思想道德建设，促进依法治国基本方略的实施。

全面贯彻实施宪法，必须健全宪法保障制度，确保宪法的实施。二十年来，我国宪法的实施状况不断改善，依照宪法和法律办事正在成为社会普遍的行为准则。但也要看到，在发展社会主义市场经济的新形势下，由于法律和体制不健全以及执法人员自身素质不完全适应等问题，有法不依、执法不严、违法不究的问题还不少，一些不同程度的违宪现象仍然存在。要抓紧研究和健全宪法监督机制，进一步明确宪法监督程序，使一切违反宪法的行为都能及时得到纠正。全国人大及其常委会，要从国家和人民的根本利益出发，在立法过程中充分保障宪法规定的公民的自由和权利；要切实担负起监督宪法实施的职责，坚决纠正违宪行为；要切实履行解释宪法的职能，对宪法实施中的问题作出必要的解释和说明，使宪法的规定更好地得到落实。地方各级人大及其常委会要切实保证宪法在本行政区域内得到遵守和执行。各级国家行政机关、审判机关和检察机关都要坚决贯彻宪法，依法行政，公正司法，不断提高执法人员的素质和执法水平。任何组织或者个人都不得有超越宪法和法律的特权。

全面贯彻实施宪法，必须坚持党的领导，党的各级组织和全体党员都要模范地遵守宪法，严格按照宪法办事。我们党是中国最广大人民根本利益的忠实代表，我们党的宗旨就是全心全意为人民服务。宪法是在党的领导下和广泛发扬民主的基础上制定的，反映了党的路线和方针政策，反映了全国各族人民的利益和意志，是党的主张和人民意志相统一的体现。党的十六大明确提出，党要坚持依法执政，各级党委和领导干部必须增强法制观念，善于把坚持党的领导、人民当家作主和依法治国统一起来，不断提高依法执政的能力。这对于加强和改善党的领导，改革和完善党的领导方式和执政方式，提高党的执政能力和执政水平，具有极其重要的意义。党的各级组织和全体党员都要模范地遵守宪法，严格按照宪法办事，自觉地在宪法和法律范围内活动，团结带领广大人民群众不断创造改革开放和社会主义现代化建设的新业绩。

同志们，朋友们!

党的十六大把“三个代表”重要思想同马克思列宁主义、毛泽东思想、邓小平理论一道确立为我们党必须长期坚持的指导思想，科学总结党领导人民建设中国特色社会主义的基本经验，提出全面建设小康社会的奋斗目标，对我国新世纪新阶段的改革和发展作出了全面部署，这对我们党和国家事业的发展具有重大的现实意义和深远的历史意义。各地区、各部门都要按照中央的要求，认真学习和深入领会党的十六大精神，扎扎实实地把党的十六大精神落实到各项工作中去。

全党同志和全国各族人民，紧密团结在党中央周围，高举邓小平理论伟大旗帜，全面贯彻“三个代表”重要思想，坚持依法治国的基本方略，切实保证宪法的贯彻实施，万众一心，奋发图强，与时俱进，开拓创新，不断把中国特色社会主义事业推向前进!

（新华社北京12月4日电）

在纪念毛泽东同志《在延安文艺座谈会上的讲话》发表六十周年座谈会上的讲话

（2002年5月22日）

丁关根

同志们：

今天我们在这里隆重集会，满怀深情，纪念毛泽东同志《在延安文艺座谈会上的讲话》发表六十周年。

毛泽东同志是伟大的马克思主义者，伟大的无产阶级革命家、战略家和理论家。六十年前在中国抗日战争的艰苦岁月，毛泽东同志发表《在延安文艺座谈会上的讲话》，要求革命文艺工作者提高认识，统一思想，振奋精神，加强团结，坚持正确的文艺方向，为完成民族解放任务作出积极贡献。《讲话》把马克思主义基本原理同中国革命具体实际相结合，运用辩证唯物主义和历史唯物主义的立场、观点、方法，确定了党对文艺工作的基本方针，指明了文艺为什么人的问题是一个根本的问题、原则的问题，论述了文艺与人民、文艺与政治、文艺与生活、文艺与时代、内容与形式、继承与创新、歌颂与暴露、普及与提高、世界观与文艺创作等一系列重要问题，提出了许多富有创造性的理论观点。《讲话》是一篇马克思主义的光辉文献，是毛泽东思想的重要组成部分。在《讲话》精神指引下，广大进步文艺工作者端正创作方向，转变思想感情，纷纷从“象牙塔”和“亭子间”走出来，以崭新的精神面貌，奔赴艰苦卓绝的抗日前线，深入救亡图存的火热斗争，充分发挥了革命文艺的重要作用。

六十年来，《讲话》精神与时俱进，丰富发展。在社会主义建设时期，毛泽东同志提出了百花齐放、百家争鸣，倡导洋为中用、古为今用。在改革开放之初，邓小平同志发表了《在中国文学艺术工作者第四次代表大会上的祝词》，指出了文艺工作在社会主义现代化建设事业中的重要责任和文艺发展的根本道路，强调人民是文艺工作者的母亲，人民需要艺术，艺术更需要人民，社会主义文艺要为培养“四有”新人作出贡献，把最好的精神食粮奉献给人民。在改革开放的新阶段，江泽民总书记发表了《在中国文联第六次全国代表大会、中国作协第五次全国代表大会上的讲话》和《在中国文联第七次全国代表大会、中国作协第六次全国代表大会上的讲话》，强调了当代文艺工作和文艺工作者的历史使命和崇高职责，提出了繁荣发展文艺的指导思想和基本原则，要求作家艺术家在人民的历史创造中进行艺术的创造，在人民的进步中造就艺术的进步，创作出更多无愧于伟大时代、无愧于伟大人民的优秀作品。党的三代领导核心的光辉篇章，集中体现了我们党的文艺思想、文艺路线、文艺方针，是我们党对马克思主义文艺理论的独特贡献。今天，我们隆重纪念《讲话》发表六十周年，重温三代领导人关于文艺工作的重要指示精神，对于进一步促进社会主义文艺事业繁荣健康发展，具有十分重要的意义。

《讲话》发表的六十年，是党的文艺队伍不断壮大的六十年，是当代中国文艺事业不断繁荣发展的六十年。一代又一代文艺工作者与人民同心、与时代同行，一批又一批高扬民族精神、极富艺术感染力的优秀作品相继涌现、催人奋进。文艺繁荣发展，已经成为我国改革开放生机勃勃、社会生活健康向上的一个重要标志。面对新的世纪、新的任务，我们要继续学习毛泽东同志《在延安文艺座谈会上的讲话》精神，坚持以马克思主义为指导，高举邓小平理论伟大旗帜，贯彻“三个代表”重要思想，坚持为人民服务、为社会主义服务的方向和百花齐放、百家争鸣的方针。工作中，要弘扬主旋律、提倡多样化，多出优秀作品；要深入生活、深入实际，贴近时代、贴近群众，增强自身素养，增强社会责任感；要继承民族优秀文化传统和革命文化传统，吸收世界文化优秀成果，与时俱进，发展创新；要尊重知识、尊重人才，尊重文艺规律、尊重作家艺术家的创造性劳动；要一手抓繁荣、一手抓管理，把社会效益放在首位，努力实现社会效益和经济效益的统一。

纪念《讲话》六十周年，首先要坚持先进文化的前进方向。坚持先进文化的前进方向，就是要按照“三个代表”要求，努力发展面向现代化、面向世界、面向未来的，民族的科学的大众的社会主义文化，促进全民族思想道德素质和科学文化素质的不断提高，为我国经济发展和社会进步提供精神动力和智力支持。文艺是民族精神的火炬，人民奋进的号角。我们的文艺应该使人民团结，使他们进步，使他们同心同德，向前奋斗。在新世纪社会前进的历史洪流中，文艺要以自己的独特形式和艺术魅力，反映社会发展的本质和主流，展现改革开放和现代化建设的生活现实，讴歌人民群众创造历史的奋发精神，塑造社会主义的新人形象。文艺工作者应该努力提高思想道德修养和科学文化素养，树立正确的世界观、人生观、价值观，树立远大抱负和崇高追求，自觉体现先进文化的根本要求，自觉投身改革开放的伟大实践，宣传科学理论，传播先进文化，弘扬社会正气，倡导科学精神，塑造美好心灵，用更多更好的精神食粮丰富人民群众的文化生活，为繁荣文艺，为培养有理想、有道德、有文化、有纪律的社会主义新人作出贡献。

纪念《讲话》六十周年，一定要深入群众、深入生活。每个时代进步的文学艺术总是同人民和民族休戚与共。“一切革命的文学家艺术家只有联系群众，表现群众，把自己当作群众的忠实代言人，他们的工作才有意义。”社会生活是文艺创作的惟一源泉，社会实践存在着文学艺术最生动、最丰富、最基本的原料矿藏。如火如荼的改革开放，正热情呼唤着文艺的发展与进步。我们的文艺工作者应该到人民群众中去，到火热生活中去，与人民群众的思想感情打成一片，从人民群众丰富的实践中汲取营养，深刻生动地表现波澜壮阔的社会生活，深刻生动地表现人民群众深邃博大的精神世界，以更多的优秀作品不断满足群众的文化需求。

纪念《讲话》六十周年，一定要尊重文艺规律、尊重作家艺术家的创造性劳动。文艺创作是一种富有个性的创造活动，是一种复杂的精神劳动。尊重文艺规律、尊重作家艺术家的创造性劳动，是我们党领导文艺的一条重要原则，也是促进文艺繁荣发展的重要前提。倡导“两个尊重”必须充分发扬艺术民主，鼓励文艺工作者焕发激情、施展才华，保证有个人创造性和个人爱好的广阔天地。同时应该强调，一个有追求有成就的文艺家总是有着高尚的情操，包含着强烈的社会责任感。文艺工作者应该以人类灵魂工程师的标准要求自己，严肃对待自己所从事的崇高职业，认真考虑作品的社会效果，自觉承担以优秀作品鼓舞人的光荣职责。

纪念《讲话》六十周年，一定要多出优秀作品、多出优秀人才。优秀文艺作品是一个国家、一个时代文艺发展水平的标志，代表文艺繁荣的方向。质量高、精品多，才能赢得群众赞赏、赢得社会支持。文艺工作者应该把精品意识落实到创作和生产的全过程，精心策划，精益求精，创作更多思想性、艺术性、观赏性统一，具有强烈吸引力感染力，经得住历史检验的优秀作品。文艺精品离不开创新，创新推动着文艺前进。我们要努力继承民族优秀文化传统，积极借鉴世界文明先进成果，造就一批坚持马克思主义文艺观、文化素养好、富有创造才华、德艺双馨的文学艺术家，实现文艺形式、风格、流派的充分发展，实现题材、体裁、主题的极大丰富。紧跟时代，把握趋势，用坚实的创新成果，弘扬光大中华民族优秀文化，以鲜明的中国风格和中国气派，堂堂正正、气宇轩昂地走向世界。

纪念《讲话》六十周年，一定要重视文艺理论、重视文艺评论。文艺理论体现着一个国家和民族对于文艺规律的认识水平。我们要高度重视文艺理论建设，认真研究文艺创作新情况，让马克思主义的文艺理论在与时俱进中保持旺盛的生机和活力。要大力倡导积极健康的文艺评论，以对文艺事业的负责态度，以对人生和社会的深切体验，着力撰写准确鲜明、见解深刻、有说服力、有感染力的评论文章，探索文艺规律，交流创作经验，推荐优秀作品，批评错误倾向。文艺评论要实事求是，团结鼓劲，与人为善，以理服人，把鲜明的原则性和严谨的科学态度结合起来，为繁荣文艺事业营造良好氛围。

同志们：国运昌盛，文运必兴。21世纪将是有中国特色社会主义再创伟业、更加辉煌的世纪，也将是我国社会主义文艺群星灿烂、百花争艳的世纪。让我们紧密团结在以江泽民同志为核心的党中央周围，高举邓小平理论伟大旗帜，认真贯彻“三个代表”重要思想，牢记人民的嘱托，响应时代的呼唤，解放思想、实事求是、团结一致、开拓创新，用多姿多彩的笔墨描绘人民奋斗的业绩，用昂扬激越的音符奏响人民奋进的乐章，迎接党的十六大，迎接中华民族的伟大复兴。

（原载《人民日报》2002年5月23日）

认真学习贯彻十六大精神，全面推进首都现代化建设

（2002年12月）

刘　淇

刚刚闭幕的中国共产党第十六次全国代表大会是一个团结、胜利、奋进的大会，对于党和国家事业的发展具有重大而深远的意义，必然在我们党的发展史上留下不可磨灭的光辉篇章。我们北京市各级党组织和广大党员、干部、群众，热烈祝贺十六大的圆满成功，衷心拥护十六大精神和大会通过的各项决议。

江泽民同志在十六大所作的《全面建设小康社会，开创中国特色社会主义事业新局面》的报告，高屋建瓴、博大精深、内容丰富、大气磅礴，集中体现了全党智慧，反映了全国人民的心愿。报告从历史和时代的高度，科学总结了13年来的基本经验，完整体现了十六大的主题，深刻阐明了贯彻“三个代表”重要思想这个灵魂，阐明了坚持党的思想路线、解放思想、实事求是、与时俱进的精髓，阐明了我们党在新世纪坚持举什么旗、走什么路、实现什么目标等重大问题，对我国改革开放和社会主义现代化建设作出了全面部署，是我们党在新世纪新阶段的政治宣言和行动指南，是一篇马克思主义的纲领性文献。

当前和今后一个时期，摆在全市人民面前的首要政治任务，就是要认真学习、全面贯彻十六大精神。通过围绕主题，把握灵魂，结合实际，狠抓落实，切实把全市广大党员、干部、群众的思想和行动统一到十六大精神上来，同心同德地完成十六大确定的各项任务，开创首都更加美好的未来。

一、充分肯定辉煌成就，进一步增强未来发展的信心

十六大高度评价了党的十三届四中全会以来在改革开放和现代化建设波澜壮阔的历史进程中，以江泽民同志为核心的第三代中央领导集体带领全党和全国人民在改革发展稳定、内政外交国防、治党治国治军各方面取得的巨大成就。这13年是我国经济持续快速发展、综合国力大幅度跃升的时期；是人民生活水平大幅提高，得到实惠最多的时期；是我国社会长期保持安定团结、政通人和的时期；也是我国国际影响显著扩大，民族凝聚力极大增强的时期。我国GDP达到9.59万亿元，比1989年增长近两倍，年均递增速度达到9.3%，增长速度多年稳居世界第一，精神文明建设、民主法制建设和党的建设都取得了丰硕的成果。这些成就的取得来之不易，创造的经验弥足珍贵，为中华民族的伟大复兴奠定了坚实的基础。

13年来，首都北京伴随着伟大祖国的前进步伐，同样取得了辉煌的历史性成就。全市经济保持了持续快速健康发展的良好势头，2001年与1989年相比，国内生产总值由456亿元增加到2846亿元，增长了6.2倍，年均增速达到10.4%；固定资产投资额由139亿元增加到1530亿元，增长了11倍；社会消费品零售额由266亿元增加到1593亿元，增长了6倍；地方财政收入由71亿元增加到507亿元，增长了7倍。提前5年实现了国内生产总值翻两番，提前两年实现了人均国内生产总值翻两番，人均国内生产总值超过了3000美元，人民生活在小康的基础上向更加富裕迈进。在经济发展的同时，首都的改革开放全方位拓展，成功申办了奥运会和举办了大运会，国际影响日益扩大。城市建设日新月异，生态环境大为改善，适应现代化国际大都市发展需要的城市管理新格局初步确立。精神文明建设成效显著，广大市民的素质和城市文明程度进一步提高。民主法制建设扎实推进，首都安全稳定的局面进一步巩固。党的建设全面加强，党组织的创造力、凝聚力和战斗力明显增强。全市上下呈现出了一派“人心齐、抓机遇、求发展”的喜人景象。

13年来首都发展的成就充分证明，只要我们坚持党的基本理论、基本路线、基本纲领和基本经验不动摇，努力实践“三个代表”的重要思想，就可以不断取得首都现代化建设的新胜利。事实胜于雄辩，全市人民从看得见、摸得着、尝得到的深刻变化中，极大地振奋了构筑幸福生活的精神，坚定了开创美好未来的信念，鼓舞了全面建设小康社会的斗志。回顾过去，北京正在一步步地走向繁荣稳定、兴旺发达；展望未来，全市人民更加豪情满怀、意气风发。首都的明天必定更加美好。

二、坚持以“三个代表”为指针，进一步坚定未来发展的方向

全面贯彻“三个代表”重要思想是十六大的灵魂，也是贯穿十六大报告全篇的主线。“三个代表”重要思想，科学总结了我们党全部历史经验，既坚持了马克思主义的基本原理，又反映了时代对党和国家工作提出的新要求，是我们党与时俱进、理论创新的最新成果，是加强和改进党的建设的强大思想武器。始终做到“三个代表”，是我们党的立党之本、执政之基、力量之源。这次十六大的一个历史性贡献，就是把“三个代表”重要思想和马克思列宁主义、毛泽东思想、邓小平理论一道确立为我们党的指导思想，具有划时代的意义。我们要不断增强贯彻“三个代表”重要思想的自觉性和坚定性，在“三个代表”重要思想指引下奋勇前进。

贯彻“三个代表”重要思想，必须始终把发展作为党执政兴国的第一要务。发展，关乎事业兴衰；发展，才有说服力、吸引力、凝聚力。经过建国50多年特别是改革开放20多年的建设与发展，首都北京发生了翻天覆地的变化。积蓄了科技、教育、人才、信息等比较优势，综合经济实力显著增强。但与世界发达国家的首都和地区相比，与国内一些兄弟省市特别是沿海发达地区相比，仍有不小的差距。我们必须进一步增强使命感和紧迫感，坚持以经济建设为中心不动摇，聚精会神搞建设，一心一意谋发展。在新世纪、新阶段，发展要有新的思路，要有世界眼光、战略思维，要着眼大局、立足市情。依靠发展，大幅度提高首都综合经济实力和竞争能力；通过发展，有效地解决我们前进道路上遇到的种种矛盾和问题；继续深化改革，从根本上消除束缚生产力发展的体制性障碍；坚持把科技作为先进生产力的集中体现和主要标志，以提高经济效益为中心，不断提高发展的质量；注重实施可持续发展战略，处理好人口、资源、环境和发展之间的关系，使发展具有坚实的基础和强大的后劲。

贯彻“三个代表”重要思想，必须最广泛最充分地调动一切积极因素。妥善处理各方面的利益关系，充分调动和凝聚一切积极因素，是十六大提出的一个重要要求。推进首都现代化同样需要调动方方面面的积极性。我们要采取一切可以采取的措施，调动一切可以调动的力量，利用一切可以利用的资源，实现首都发展的最佳要素配置。要积极争取在京中央机关、国务院各部委、驻京部队各单位的支持。有了他们的支持，北京发展建设就快，质量效益就好，这是北京工作中的最大优势。要采取更加有效的措施，增强北京的集聚力，进一步加强同兄弟省市特别是周边地区的全方位的交往与合作，吸引更多的国内外投资。毫不动摇地鼓励、支持和引导非公有制经济发展，创造公平的市场竞争环境，进一步发挥好非公经济在促进首都经济繁荣、方便群众生活、扩大就业门路等方面的积极作用。加快制订和实施首都人才发展战略，加大发现、培养、使用、吸引各方面人才的力度，形成人才辈出、事业兴旺发达的局面。

贯彻“三个代表”重要思想，必须努力把广大人民群众的根本利益实现好、维护好、发展好。全心全意为人民群众谋利益，是党的全部工作的出发点和落脚点，也是衡量党的建设搞得好与不好的根本标准。我们要按照十六大的要求，坚持党的群众路线，始终把维护群众的利益作为工作的第一职责，把群众的呼声作为改进工作的第一信号，把群众是否满意作为衡量工作的第一标准。从市级领导到基层党员，都要坚持从群众中来、到群众中去的工作方法和优良作风，积极主动地深入基层、贴近群众，想群众之所虑，急群众之所难，谋群众之所求。坚持为人民群众办实事的工作制度，坚持市委、市政府每年为人民群众办60件实事。当前，认真研究解决好群众最为关心的就业、住房、医疗、环境、治安和收入等问题。采取有力措施，进一步拓宽就业门路，健全城市居民最低生活保障制度，帮助下岗职工、低收入者等克服工作和生活上的暂时困难；集中力量加快城区危旧房改造，解决好拆迁、安置等难点问题；认真搞好城镇职工基本医疗制度改革，解决群众看病难、医疗费用高等问题；下大力量解决郊区农民特别是山区农民的增收问题；加快城市环境、交通设施建设，维持市场秩序，搞好社会治安，为群众创造舒适、便利、安全的生活环境。

三、明确奋斗目标，进一步加快未来发展的步伐

十六大报告明确提出全面建设小康社会的目标，具有鲜明的中国特色，反映了现阶段中国社会经济发展的客观要求，体现了时代精神。全面建设小康社会，不仅是要提高人民群众的生活水平和质量，还要更加着眼于中国特色社会主义经济、政治、文化等方面的全面建设，使我国经济社会得到全面发展。与此相适应，十六大报告全面部署了我国在经济、政治、文化建设方面的各项任务。这一宏伟蓝图鼓舞人心，催人奋进。有了这样的目标和任务，就有了凝聚全党全国各族人民共同奋斗的基点和前进方向。

十六大报告同时强调，有条件的地方可以发展得更快一些，在全面建设小康社会的基础上，率先基本实现现代化。这完全符合首都现代化建设的实际，体现广大市民的意愿。我们要在十六大精神的指引下，以“新北京、新奥运”为主题，紧紧抓住21世纪头20年这一重要战略机遇期，按照“发展要有新思路，改革要有新突破，开放要有新局面，各项工作要有新举措”的要求，全面推进首都经济建设、文化建设和民主政治建设，加快在全国率先基本实现现代化的步伐。

率先基本实现现代化，就必须大力发展先进生产力，努力实现首都经济的新发展。要坚持以发展为主题，以结构调整为主线，以改革开放和科技进步为动力，以提高人民生活水平为根本出发点，大力发展符合首都经济方向的高新技术产业、现代制造业和现代服务业，不断增强首都经济的综合实力和国际竞争力。国民经济保持9%左右的年均递增速度，经济结构不断优化升级，经济增长质量和效益稳步提高，力争到2008年实现人均GDP达到6000美元的目标。在经济增长和社会进步的基础上，实现城乡居民收入年均增长6%左右，生活品质大幅度提高。同时，按照“高标准规划城市、高质量建设城市、高效能管理城市、高水平经营城市”的要求，进一步加强城市建设与管理，构筑起现代化国际大都市的基本框架。

率先基本实现现代化，就必须按照发展先进文化的要求，努力实现首都文化建设的新突破。要立足于首都现代化建设的实践，着眼于世界文化发展的前沿，以充分发挥全国文化中心功能为依托，以博大精深、兼容并蓄、与时俱进、争创一流为特色，以促进社会全面进步和人的全面发展为目标，推进首都的文化建设。坚持弘扬和培育民族精神，加强思想道德建设，加快教育科技等各项事业的发展，积极发展文化事业和文化产业，深入开展群众性精神文明创建活动。通过大力发展具有首都特色的先进文化，创造一流的市民素质、人文环境、服务水平、社会风气，努力使首都文化建设走在全国前列，使北京成为优秀文艺作品创作的中心，对外文化交流活动的中心，各类杰出艺术和专业人才汇聚的中心以及展示中华民族优秀文化和当代中国文明进步的重要窗口。

率先基本实现现代化，就必须按照建设社会主义政治文明的要求，努力把北京建设成为民主法治之都、文明有序之都、安全稳定之都。要大力发展社会主义民主，坚持和完善人民代表大会制度以及共产党领导的多党合作和政治协商制度，积极推进基层民主政治建设，逐步扩展群众参与讨论、决定基层公共事物和公益性事业的领域，保障人民群众行使参与民主管理、民主监督的权利，巩固和发展民主团结、生动活泼、安定和谐的政治局面。全面推进依法治市，加强立法、行政执法、司法和法制宣传教育等各项工作，逐步把首都各项事业纳入法制化、规范化轨道，实现有法可依、有法必依、执法必严、违法必究。建立健全维护首都安全稳定的长效机制，为确保首都的长治久安提供坚实的保障。

十六大报告提出要“努力办好2008年奥运会”，这对正在筹办奥运会的北京来说，是个极大的鼓励和鞭策。我们一定加倍努力，加紧做好各方面工作，全面启动和实施“奥运行动规划”，全面落实“绿色奥运、科技奥运、人文奥运”的理念。同时，坚持把筹办奥运会与推进城市建设结合起来，把筹办奥运会与促进经济发展结合起来，把北京办奥运和全国受益结合起来，注重提高经济效益和场馆的赛后利用。我们完全有信心、有能力不辜党中央和全国人民的重托，以最优美的环境、最完备的设施、最先进的技术、最优质的服务，奉献一届最出色的奥运会，为中国和世界体育留下独特的遗产。

四、切实加强和改进党的建设，进一步夯实未来发展的政治保证

把十六大精神全面落到实处，关键在党，必须加强和改进党的建设。十六大报告提出加强和改进党的建设必须做到四个“一定要”，这既是对过去党建工作的经验总结，又充分体现了“三个代表”的要求，是新时期党的建设的重要方针。我们要把这些要求贯穿于现代化建设的全过程和党的建设的各个方面，不断推进党的建设新的伟大工程，为首都各项事业的健康发展提供坚强有力的政治保证和组织保证。

我们一定要高举邓小平理论伟大旗帜，全面贯彻“三个代表”重要思想，保证党的建设和各项工作始终沿着正确的方向前进。全市128万党员和所有干部，要继续深入学习十六大精神，自觉坚持实践“三个代表”重要思想，成为勤奋学习、善于思考的模范，勇于实践、锐意创新的模范，立党为公、执政为民的模范。着力提高全市各级党组织和领导干部科学判断形势的能力、驾驭市场经济的能力、应对复杂局面的能力、依法执政的能力和总揽全局的能力，进一步解决提高党的领导水平和执政水平、提高拒腐防变和抵御风险能力这两大历史性课题。适应新形势新任务，在实践中掌握新知识，积累新经验，练就新本领，保证市委的决策及其执行反映人民群众的根本利益和时代的要求。

我们一定要准确把握当代中国社会前进的脉搏，改革和完善党的领导方式和执政方式、领导体制和工作制度，使党的工作充满活力。在坚持党的领导的前提下，努力探索实现党的领导的途径和形式。党委要按照总揽全局、协调各方的原则，加强对人大、政府、政协、群众团体以及社会各个方面的领导，并通过科学化、规范化、制度化的机制，支持各方依法履行各自的职责。把坚持党的领导同发扬人民民主、严格依法办事、尊重客观规律有机结合起来。各级党委要善于领会和贯彻中央的路线方针政策，加强调查研究，充分论证协商，集中精力抓住全局性、战略性、前瞻性的重大问题，抓住事关群众切身利益和社会普遍关注的热点、难点问题，创造性地开展工作。

我们一定要把党的思想建设、组织建设和作风建设有机结合起来，把制度建设贯穿其中，既立足于做好经常性工作，又抓紧解决存在的突出问题。进一步加强党的思想理论建设，牢牢把握并自觉做到解放思想、实事求是、与时俱进。继续深化干部人事制度改革，建设一支能够担当重任、经得起风浪考验的高素质的领导干部队伍。以提高素质、优化结构、改进作风和增强团结为重点，把各级领导班子建设成为坚持贯彻“三个代表”重要思想的坚强领导集体。切实加强党的基层组织建设，增强党的阶级基础和扩大党的群众基础，坚持抓好党风廉政建设和反腐败斗争，落实“八个坚持，八个反对”的要求，以好的党风带动政风、行业风气和社会风气的好转，以实际行动密切我们党同人民群众的血肉联系。

党的十六大开启了新的伟大进军的征程。我们要紧密团结在党中央周围，倍加顾全大局，倍加珍视团结，倍加维护稳定，沿着十六大指引的方向，万众一心，奋发图强，全面开创首都改革开放和社会主义现代化建设的新局面。

（原载《前线》2002年第12期）

·学科综述·

马克思主义

科学社会主义与国际共产主义运动

闫志民　周春明

2002年，首都从事科学社会主义与国际共产主义运动研究的理论工作者，坚持解放思想、实事求是、与时俱进，开展积极的理论探索和理论创新，无论是在学术论著方面，还是在学术论文方面，都取得了一系列丰硕的研究成果。

一、关于对党的十六大和“三个代表”重要思想的研究

党的十六大召开后，首都理论界掀起了学习十六大精神和“三个代表”重要思想的新高潮。金冲及的《全面建设小康社会》、冷溶的《新世纪具有重大而深远意义的盛会》、李捷的《十六大的历史性贡献》、陈晋的《发展当代中国先进文化的几个问题》①等文章，从不同的视角，探讨了党的十六大取得的重大成就。

张贺福的《论十六大历史性决策和历史性贡献的理论意义——兼论“三个代表”重要思想被确立为党的指导思想的逻辑必然》②一文，从历史背景、理论创新的必然等八个方面，全面研究了“三个代表”重要思想的基本内涵、时代特征、理论意义和历史地位。

由李崇富、姜辉撰写的《论“三个代表”的理论贡献》③一文，深入地诠释了江泽民“三个代表”重要思想，认为其继承并发扬了马克思主义与时俱进的创新品格；指出“三个代表”重要思想贯穿着一切从实际出发这一马克思主义的科学精神，敏锐地抓住并正确回答时代提出的新课题，从而为马克思主义增添了鲜活的时代内容，推动了马克思主义与中国实际相结合的进程，形成了马克思主义中国化的最新的重大成果。该文倡导我们要以“三个代表”重要思想为指导，与时俱进，创造性地解决我们所面临的国际国内重大问题，推进中华民族的伟大复兴。

闫志民的《发展先进文化的重要内容和中心环节》④一文，对思想道德建设在发展先进文化中的地位和作用，作了系统和深入的论述。刘建军在《共产主义理想追求的新阐释》⑤一文中，对怎样有效地进行理想信念教育进行了探讨，认为一个人精神上的升华，在理想与信念中应突出信念，在目的与过程中突出过程，在社会政治理想与个人道德理想中重视个人道德理想，在终极性与非终极性中重视非终极性。

梁树发在《新时期马克思主义理论创新主题的几点思考》⑥一文中认为，每一时期的马克思主义理论创新都有确定的主题，它以潜在的形态存在着，需要理论家们自觉去把握。新时期理论创新的主题仍然是建设社会主义问题，它包含若干分主题，是一个主题系统。该文引起学术界的关注。

如何保持党的先进性，巩固党的执政地位？曹长盛在《执政党建设的新发展》⑦一文中指出：由于国际形势、国内情况和党自身状况发生了深刻而重大的变化，所以中国共产党作为中国特色社会主义事业的领导力量，必须全面推进党的建设的伟大工程。党的十六大报告和新党章对于建设一个什么样的党和怎样建设党这一问题，在党的指导思想、党的性质、思想建设、组织建设、作风建设、建设总目标这六个方面，全面系统地发展了马克思主义政党建设的理论，极大地推进了执政党建设的发展。

黄宗良在《共产党执政规律的历史启示》[8]一文中，总结近百年来世界社会主义的实践经验，尤其是苏中两大社会主义大国正反两个方面的历史经验，提出了影响共产党自身生死存亡、社会主义事业兴衰成败的若干执政规律。

姚桓在《执政党建设理论是常青的科学》[9]一文中指出，必须科学地把继承与发展马克思主义政党学说统一起来，在继承的基础上发展，在发展的过程中继承，是保持执政党建设理论和执政党活力的关键；执政党理论创新是充满风险的，要进入理论的新境界，要依靠实事求是的思想路线和制度化的党内民主；“三个代表”重要思想正是在新的历史条件下回答了建设什么样的执政党和怎样建设执政党的问题，是当代中国共产党人对执政党建设的最新认识，也是进一步探索的起点。

全华在《中国共产党关于保持党员先进性要求的历史发展》[10]一文中明确提出，能否保持共产党员的先进性，是马克思主义政党在其存在和发展的各个历史时期都必须面对的一个非常重大的问题。中国共产党对保持其党员先进性的要求是多方面、多层次、多角度的。以中国共产党党章，同时兼及其相关文献对这一问题的若干规定和论述为线索，考察中国共产党对这一问题的认识与实践的历史发展，对我们结合新形势、新任务的要求，大力加强党的自身建设有重要意义。

许先春的《马克思主义中国化的新成果、新境界》[11]一文，从逻辑起点、理论创新的新成果、“三个代表”重要思想的内涵和意义等角度，研究了江泽民为推进马克思主义中国化作出的重要理论贡献。而庄福龄的《论“两个先锋队”》、吴潜涛的《以德治国方略及其现实意义》、秦宣的《实践“三个代表”，实现人的全面发展》等论文也值得认真一读。

李润海、王传利撰写的论文《跳出政权兴亡周期率：我党三代领导集体的不懈奋斗和追求》[12]，以政权兴亡周期率为主线，全面阐述了中国共产党三代领导集体的反腐败历程，探讨了不同历史时期的反腐败斗争的特点，运用马克思主义关于无产阶级政党和政权建设原理，总结了中国共产党反腐败斗争的经验与教训，论述了其内在的规律，提出了解决问题的基本对策与途径。

怎样有效地遏制党内存在的消极腐败现象，王传利的《论中国执政党动员型反腐败模式》[13]一文，对我们党的动员型反腐败模式进行了认真的思考，提出了自己的见解。认为我国采取的是执政党动员型反腐败模式，属于典型的人为设计型反腐败模式，其特点是：执政的中国共产党是反腐败的领导者、组织者和推动者；反腐败的动因来自中国共产党的宗旨、性质、使命所产生的必然要求；是借助于中国共产党所支配的政治、组织、思想上的资源而实施的；是为了巩固社会主义国家制度，维护和加强中国共产党执政的合法性地位，以便更好地为人民服务，完成自己的历史使命。党的三代领导集体对执政的合法性地位所面临挑战的深刻反省与体悟，成为形成执政党动员型反腐败模式的动因。中国共产党具有得天独厚的政治资源，具有独到的政治组织、政权效能和社会基础，这一切构成了他在中国当前社会生活、国家生活中的强大影响力和号召力。尽管党内的腐败现象尚未得到根本遏制，一定程度上影响了党群关系，干群关系，但是几十年来形成的党的优良传统仍然以巨大的惯性发挥着作用，影响和感染着新一代党的传人，党与人民群众之间仍然存在着一种良好的互动性关系，人民敢于向党提出自己的看法，以配合党的建设，党善于听取来自广大人民群众的意见，呈现一种信任与被信任、代表与被代表的关系，自然产生领导与接受领导的关系，为执政党动员型反腐败模式的建立奠定基础，使之成为现实。

二、关于邓小平理论研究

在新的一年里，首都理论界关于邓小平理论的研究取得了一系列值得关注的重要成果，其中有代表性的是：由江流、赵曜任主编，三十几位教授组成课题组的国家社科基金重大委托项目的研究成果《社会主义精神文明论》（吉林大学出版社，2002年9月版）。该书第一编思想理论建设，由徐鸿武主编。本编紧密结合国际共运和我国的历史经验与当前的实际，着重论述了理论建设、理想信念建设的重要性及其基本内容；全面论证了坚持与发展马克思主义的辩证统一，具体展开论述了马克思主义与时俱进发展的内容，强调必须用科学的态度对待马克思主义。第二编文化发展战略，由赵明主编。该编强调新世纪既不是西方和美国人的世纪，也不可能是东方与中国人的世纪，它应该是属于包括东西方各民族在内的整个人类的世纪，是东西方文化交流、融会的世纪。中国面临的文化挑战，从内部看主要来自于西化论、新儒学以及宗教热；从外部看主要来自于西方国家推行的和平演变战略。第三编伦理道德规范，由许启贤主编。该编从新时期的特点出发，从各个具体领域分别阐述了应该如何建立相应的道德规范问题，有许多探索创新的研究成果。第四编社会思潮透视，由秦德芬主编。该编对那些积极的、进步的、向上的、能促进我国社会主义事业发展的正面思潮，只是点到为止；但对那些消极的、落后的、腐朽的、严重侵蚀人们的思想灵魂、干扰破坏社会主义事业发展的负面思潮，都给予特别关注，列出十大思潮加以评述。

许耀桐撰写的学术专著《新飞跃　新阶段——邓小平理论与马克思主义》（经济科学出版社，2002年4月版），是国家社科基金项目的最终研究成果。该书在深化邓小平理论研究方面的重要特点是，研究的视角新、结论新和方法新。该书不是一般地研究邓小平理论与马克思主义的关系，而是在已有研究成果的基础上，着力于研究邓小平是怎样实现了马克思主义的新飞跃，邓小平理论为什么是马克思主义发展的新阶段。该书中最引人注意的是，提出邓小平理论中实现马克思主义发展新飞跃的指导理论是社会主义初级阶段论和“一个中心、两个基本点”的理论；提出邓小平理论是紧紧围绕着当代社会主义实践中的重大问题，即“什么是马克思主义”、“什么是社会主义”、“什么是资本主义”、“怎样建设社会主义”展开论述的，邓小平理论科学体系是在回答和解决这些问题的过程中生成的。作者在研究的过程中把理论分析、历史分析与结构分析、比较分析结合起来，在学术界已有研究成果的基础上，有所突破，提出了新的见解。

李贺林撰写的《邓小平政治发展思想概论》一书（北京出版社，2002年3月版），是国家社会科学基金项目的最终研究成果。该项成果认为，邓小平理论是马克思主义的关于我国经济发展、政治发展、文化发展的科学理论，是有中国特色社会主义的发展理论，而邓小平的政治学说，就是有中国特色社会主义的发展政治学理论。邓小平政治发展思想，是指导我国社会主义现代化进程中政治发展的科学理论，是马克思主义同我国政治发展实际相结合的产物。邓小平在将马克思主义同我国政治发展实际相结合的过程中，创造性地提出了一系列重要论断，解决了我国现代化进程中政治发展所面临的重大问题，形成了有中国特色社会主义政治发展的科学体系，对发展政治学在中国的发展作出了重要贡献。该书从我国政治发展的根本取向和基本目标，实现我国政治发展的基本途径和主要内容，政治体制改革和精神文明建设是实现我国政治发展的重要条件等方面对邓小平的政治发展思想进行了较为系统的阐述。

秦宣主编的《邓小平理论研究述评》一书（中国人民大学出版社，2002年版），整理、汇集了近年来学术界研究邓小平理论的主要成果，提出了需要进一步研究的问题，为更好地从事邓小平理论教学与研究提供了较为翔实的参考资料。

此外，中央文献研究室结合邓小平同志南方谈话发表10周年，开展了多方面的研究。冷溶的《重温南方谈话，学习“七一”讲话》[14]一文，探索了南方谈话的重大意义、深刻内涵和南方谈话与江泽民“七一”讲话的辩证关系以及如何以正确的态度对待马克思主义的问题。张贺福在《南方谈话与中国共产党人的马克思主义新觉醒》[15]一文中，从弘扬中国共产党人解放思想、实事求是的思想风尚，开启科学对待资本主义的新阶段，科学地总结中国社会主义实践和世界社会主义事业的历史经验等视角，论述了南方谈话对中国共产党人大力弘扬解放思想、实事求是、与时俱进的思想风尚所起到的历史性作用，从而进一步揭示了南方谈话的历史地位。

三、关于对马列主义、毛泽东思想及社会主义重大基本理论问题的研究

马克思主义基本理论始终是本学科研究的重点领域。2002年在这一领域的突出成果有：李崇富和姜辉主编的《马克思主义150年》一书（学习出版社，2002年6月版）。该书回顾了马克思主义、科学社会主义150年来的重大变化，以严谨科学的态度、精神和方法，考察了马克思主义诞生150多年来与时俱进的历史进程和发展规律，揭示了马克思主义在当代社会生活中的地位和功能，思考它在新世纪的历史命运及其对世界历史演进的重大影响。该书有助于人们用科学的态度对待马克思主义，提高理论创新的自觉性和坚定性。

智效和撰写的论文《辨正马克思的社会主义观》[16]，结合学术争论，从五个方面讨论了马克思关于共产主义社会第一阶段实行社会所有制，不存在商品经济，不存在阶级和国家等基本观点，认为这些预见是科学的符合逻辑的结论，并无空想成分。论文指出，马克思是从劳动者获得彻底解放的高度来认识什么是社会主义的，社会主义是以过渡时期完成了消灭阶级的任务为前提的。20世纪以来的社会主义远未完成马克思讲的过渡时期的历史任务，不能从社会主义发展过程的角度，用对现实社会主义的认识，混淆、取代甚至否定马克思的社会主义观。

智效和的另一篇论文《列宁是否改变了马克思的社会主义观》[17]，在梳理列宁著作中关于“社会主义”和“共产主义”这两个词的用法的基础上，着重论证了列宁的合作社思想、在苏维埃制度下利用和发展商品货币关系的思想，与马克思关于社会主义实行社会所有制、不存在商品货币关系的思想是一致的；列宁关于在共产主义社会第一阶段国家还没有消亡的思想，并不意味着列宁承认在这个阶段还有作为阶级统治工具的国家存在。列宁有关新经济政策的思想是对马克思过渡时期理论的重大发展，不能把他的这些思想说成是关于共产主义第一阶段（社会主义）的思想。

类似的论文还有许征帆撰写的《在理论联系新实际上下功夫——〈评马克思主义是发展的理论〉》，庄福龄的《马克思恩格斯的世界历史理论与邓小平的理论创新》，张雷声的《从世界资本主义体系的形成与发展看经济全球化的本质》，赵汇的《关于资本主义发展阶段及其论争》等。

对于毛泽东思想的研究，2002年首都学术界取得了一系列引人注目的新成果，其中有代表性的是：梁柱主编的《毛泽东民主政治建设思想探析》（北京大学出版社，2002年版）一书，在充分肯定以毛泽东为代表的中国共产党人在民主革命时期所创立的人民民主传统的前提下，力求较全面深入地研究毛泽东在社会主义时期民主政治建设的思想，从不同角度、不同层次广泛探讨毛泽东民主政治建设的方向、内容和特点，并注意结合新中国成立以来民主政治建设的历史经验，既充分肯定毛泽东关于民主政治建设思想的理论和现实意义，又实事求是地指出他的失误和有待于完善的方面。注意从马克思主义关于民主政治理论的发展上，从国内外社会主义建设的历史经验中，论述和考察毛泽东关于社会主义民主政治建设的许多观点的理论价值和现实指导意义。

逄先知、李捷的《一篇重要的马克思主义理论著作的诞生——〈关于正确处理人民内部矛盾的问题〉形成过程》[18]一文，系统研究了毛泽东《关于正确处理人民内部矛盾的问题》一文从酝酿到形成的整个过程。沙健孙的《毛泽东论新民主主义文化》[19]一文，从五个方面对毛泽东新民主主义文化的思想进行了比较系统的梳理。另外，沙健孙撰写的《关于社会主义改造的若干问题》[20]，《对毛泽东新民主主义文化思想的一点辨证》[21]，《论我党在民主主义革命时期对中国资本主义经济的政策思想》[22]等文章都值得一读。鲁振祥在《孙中山·辛亥革命·三民主义：毛泽东半个世纪论说述要》[23]一文中，对于毛泽东对辛亥革命、孙中山的历史地位和思想遗产等问题的评价，进行了探索。

在这一年中．对党的第一代其他领导人思想的研究也取得一些重要成果。王双梅的《紧紧地同人民在一起——刘少奇关于中国共产党与人民群众关系的理论与实践》[24]一文，探讨了刘少奇同志关于党执政后如何进一步加强党和人民群众的血肉联系的思想以及他是如何模范地带头实践的。曾自的《周恩来文物保护思想与西部大开发》[25]一文，从文物保护事业的重要性、文物保护与经济发展的关系、开发和利用历史文化遗存要从人民长远利益出发等角度，挖掘了周恩来关于保护文物与推动社会发展辩证关系的思想。

正确认识社会主义与资本主义的相互关系，科学评价20世纪资本主义和社会主义的发展历程，历来是当代社会主义研究必须回答的重大问题。黄宗良、孔寒冰的新著《社会主义与资本主义的关系：理论、历史和评价》（北京大学出版社，2002年版），以史为主线，史论结合地阐述了一个多世纪以来，特别是十月革命以来，社会主义和资本主义两种“主义”、两种制度、两种不同制度的国家在政治、经济、文化、军事、外交各个方面的对立、冲突和争斗以及相互交流、借鉴和协作的关系，总结其历史经验，对人们正确认识两制关系有着积极的启迪作用。

赵曜发表的两篇学术论文对这个问题作了比较深入的探讨。《资本主义在20世纪为什么能“死里逃生”和“转危为安”》[26]一文认为：资本主义在20世纪上半期经历了1929年的经济危机和两次世界大战之后，预感到“末日来临”。资本主义在下半个世纪所以能“死里逃生”和“转危为安”，基本原因是实行了国家对经济的宏观调控，推行社会福利政策，掀起新科技革命，不再用战争手段解决资本主义各国之间的矛盾，把灾难和危机转嫁给发展中国家。《社会主义大好形势为什么得而复失——20世纪社会主义从高潮转向低潮的原因分析》[27]一文则强调指出，世界社会主义在20世纪上半期有过两次发展高潮，但在下半期未能保持住大好形势，从高潮转向低潮。主要原因是：现实的社会主义国家在探索中发生重大失误，没有及时跟上新科技革命的潮流，没有及时跟上改革的潮流，同时，国际共产主义运动发生了严重的争论和破裂。

四、关于政治民主与政治文明建设

政治民主与政治文明建设是2002年本学科研究的热点问题，一系列新的研究成果引起社会的普遍关注。许耀桐撰写的《关于社会主义政治文明的若干思考》[28]一文，对社会主义政治文明建设进行了较为系统的阐述。论文明确指出："社会主义政治文明"是一个创新概念。"政治文明"的提法，早在1844年马克思就使用了。江泽民论述"政治文明"，其贡献在于第一次明确提出了"社会主义政治文明"的新概念。这是对马克思主义政治学理论的创新和发展。我们党将建设社会主义政治文明，作为全面建设小康社会的重要目标，把社会主义政治文明同社会主义物质文明、社会主义精神文明相并列，突出了社会主义现代化建设全面发展的三个完整的目标。在以往20多年中，我们党虽然没有提出"政治文明"，但事实上，改革开放以来我们党也一直在进行着政治文明建设。社会主义政治文明表现为一个多层次的结构。政治文明大抵分为三个层次：政治意识、政治制度和政治行为。社会主义政治文明建设要着眼于政治发展。一是继续推进政治体制改革，通过改革，巩固和完善我国的社会主义政治制度。二是采取积极稳妥、逐步推进的方针，避免出现操之过急的现象。三是制度创新，为政治文明建设不断注入新的活力。四是进行政治教育，提高公民的政治素质，正确行使政治权利。五是借鉴、吸取资本主义社会政治文明中一些合理因素，但绝不照搬西方政治制度的模式。

徐鸿武的题为《经济全球化与我国社会主义民主政治创新》[29]的论文指出：经济全球化给我国民主政治建设提供了强大的助推力，也带来了巨大的挑战：要求我国改革权力过分集中的政治体制，促进国家权力的社会化；扩大经济、政治和社会生活的自由度和增强自主化。在改革的过程中，我国应始终坚持社会主义方向；加快改革步伐；推行公开政治；倡导参与政治，强化服务政治；健全责任政治；厉行法治政治等。在另一篇题为《维护人民群众的政治利益与社会主义民主政治建设》[30]的论文中，徐鸿武指出：人民群众的利益主要包括经济利益、政治利益与文化利益三个组成部分，缺少任何一个方面都是对人民群众利益的背叛和侵犯。人民群众政治利益的核心内容是宪法规定的公民的民主权利。维护人民群众的政治利益，首先正确认识人民群众的整体利益与社会发展整体目标的统一联系；正确处理政治与经济的辩证关系，提高领导者维护人民群众政治利益的自觉性和责任感；提高广大人民群众维护自身政治利益的觉悟性和战斗精神。

加强社会主义民主政治建设，就必须加快政府职能转变，严格按照世贸组织规则和我国作出的承诺，积极推进政府管理体制和工作作风的转变。彭兴业在《治理官僚主义，改进行政作风》[31]一文中提出，中国"入世"首先是政府治理方式入世和工作作风入世。官僚主义这个最令人深恶痛绝的政治病症，严重威胁着党和国家的政权机器，败坏国家和政府形象，动摇执政党和国家政权根基。作者以治理理论为框架，深入分析了官僚主义的危害，阐述了产生官僚主义的五大根源，进而提出了治理官僚主义的十条途径，为从根本上治理官僚主义、匡正党风政风提供理论依据。

五、关于我国阶级阶层问题研究

密切关注新时期我国社会阶级阶层的新变化，是近年来首都理论界研究的新视角。闫志民主编的《中国现阶段阶级阶层研究》，是国家"九五"委托研究项目的最终成果（中共中央党校出版社，2002年4月版）。书中对十一届三中全会以来我国阶级阶层变化和各个阶级阶层的现实状况进行了系统和深入的研究，明确提出了我国现阶段阶级阶层关系的特点和发展趋势，回答了我国现阶段阶级阶层研究中的许多重大理论和实践问题，对如何正确处理我国的阶级阶层关系提出了若干具有战略意义的意见。闫志民的论文《改革开放以来阶级阶层关系的新变化》[32]，侧重对党的十一届三中全会以来我国阶级阶层关系存在着两大趋势、发生的六大变化进行了分析。两大趋势，即消灭阶级差别的趋势和阶级关系现代化的趋势。六大变化是：阶级关系从过去以阶级斗争为纲转到以经济建设为中心；在生产持续发展和拉开收入差距的基础上，出现先富群体和下岗失业人群；阶级的基本格局没有发生变化，但每个阶级本身都发生了重大变化；分层化的趋势十分明显，出现了六个新的社会阶层；人们在不同所有制、不同行业、不同地区间流动频繁，出现了一些新的流动性的或过渡性的群体；阶级矛盾已不是社会的主要矛盾，形成了我国社会矛盾的新格局。

李拓的《和谐与冲突——新时期中国阶级阶层结构问题研究》一书（中国财政经济出版社，2002年2月版），以改革开放以来我国社会结构变化为研究的横截面，从科学社会主义的角度，运用马克思主义的阶级阶层理论，对中国新时期现代化进程中的阶级阶层结构分化与组合进行系统研究。首先从理论和实际相结合的角度，揭示了现代化与阶级阶层结构的互动关系。然后在对阶级阶层分化的历史过程以及影响社会阶级阶层结构分化的内在机制描述和揭示的基础上，肯定了这种分化对社会主义现代化的积极影响和历史进步意义，并重点就阶级阶层分化所产生的矛盾与冲突对现代化进程的负面影响进行剖析，对阶级阶层分化所产生的若干重大理论问题进行新的概括。在此基础上提出可操作性政策建议。

六、关于国外社会主义研究

2002年对于国外社会主义的研究更为深入。黄宗良、林勋主编的《共产党与社会党百年关系史》(北京大学出版社，2002年版）一书，阐述了从19世纪末至20世纪初世界社会主义运动发生分裂以来百年间，共产党和社会党之间的对立、斗争或联合、协作，以及相互转化及其力量的此消彼长，比较了两党的主张，总结了两党关系史的经验教训。

曾枝盛的《后马克思主义》一书（台湾扬智文化股份有限公司，2002年版），比较精练地阐述了后马克思主义的产生、主要派别及基本观点。后马克思主义是随着后现代主义而兴起的一种思潮，它具有反叛和批判精神，对资本主义进行了猛烈批判，大体分左中右三翼；强调话语世界，把一切视为语言符号系统。

黄继峰的《东欧新马克思主义》一书（中央编译出版社，2002年版），比较全面地介绍了产生于20世纪50年代的东欧“人道主义马克思主义思潮”，包括前南斯拉夫“实践派”，以沙夫和科拉科夫斯基为代表的波兰“哲学人文学派”，前捷克斯洛伐克“存在人类学派”，匈牙利“布达佩斯学派”，以及民主德国新马克思主义学派等，并作了客观评价。

靳辉明的论文《发达资本主义国家共产党的理论和政策作了哪些调整》[33]，比较全面地论述了20世纪90年代以来，由于科学技术和生产力的迅猛发展，当代资本主义在经济、政治和文化等方面都发生了许多新的变化，这些变化给发达国家的社会主义力量尤其是发达国家的共产党带来了巨大的影响和冲击。因此，从苏东剧变，尤其是90年代中期以来，这些国家的共产党纷纷调整自己的理论和政策，以适应新的社会实践的要求。该文全面地概括了发达资本主义国家共产党在理论和政策上所作的探索与调整，阐述了其实践情况，预测了发达资本主义国家共产党的发展前景。

曹长盛的论文《怎样认识西欧社会民主党的调整变革》[34]主要评述了20世纪90年代以来，西欧社会民主党为什么要进行调整变革，怎样进行调整变革以及调整变革的实质。文章认为，随着苏东剧变、两极格局终结，经济全球化和科技革命的深入发展，资本主义国家经济结构和社会阶级结构的变化和利益多元化趋势的发展，价值取向呈现多样性和错综复杂的局面，致使社会民主党的理论政策面临困境和挑战，因而需要在理论上和实践上进行调整变革。近10多年来，各社会民主党主要在五个方面进行了调整变革，即修改补充价值观念和思想理论；调整经济纲领，构建新的经济；调整福利政策，改革福利体制；进行党的改革，促进党的现代化；调整对外政策，突出人权和人道主义干预。文章指出了这次社会民主党的调整变革是社会民主党历史上的第三次变革，实质一脉相承，都是为了增强资本主义的活力，履行管理和维护资本主义的职能，起资本主义制度主要支柱之一的作用。

李青宜的《“西方马克思主义”论当代资本主义》[35]的系列文章，比较全面地论述了“西方马克思主义”关于当代资本主义的基本观点，通过“西方马克思主义对当代资本主义的批判，更加坚定人们对社会主义必然代替资本主义的信心”。

段忠桥在《西方马克思主义不是马克思主义吗?》[36]一文中认为，马克思主义有原本意义（马克思恩格斯学说）和引申意义（后来马克思主义者创立的理论），西方马克思主义也属于引申意义的马克思主义，不能简单地把西方马克思主义者的探索排斥在马克思主义之外。承认这一点并不等于搞指导思想多元化。

对目前国内外流行的政治社会思潮，一些学者撰文进行了剖析。

靳辉明的《论人道主义的历史演进和基本内涵》[37]一文，回顾了人道主义的历史演变和历史作用，在此基础上概括出人道主义的基本内涵和主要特征，最后分析了马克思主义与人道主义的关系，指出马克思主义不存在“人学的空场”，更不是“反人道主义”，只是马克思主义认识和解决人的问题的思路有所不同，不是从抽象的人、抽象的人性出发，去说明社会生活和人的发展，而是主张从社会关系和历史发展出发，去说明人和人的发展问题。作者认为这是我们今天认识和解决人的问题的惟一正确方法，也是我们研究人学问题必须坚持的正确原则。

赵曜的《当代中国社会思潮透视》[38]一文，认为社会思潮是重要的社会意识现象。自由主义、社会主义、民族主义是当今世界三大主流意识形态和社会思潮。在当代中国，社会思潮不仅异常活跃，而且呈现出空前的多样性。从巩固和发展社会主义事业的角度，如下一些社会思潮特别需要注意和研究。一是愚昧迷信、伪科学思潮，二是经济私有化思潮，三是新自由主义思潮，四是保守主义思潮，五是历史虚无主义思潮，六是民主社会主义思潮，七是殖民文化思潮，八是民族分裂主义思潮，九是拜金主义思潮，十是利己主义思潮。研究社会思潮是新时期加强精神文明建设的一项重要内容。首先，研究社会思潮，有助于了解社情民意。其次，研究社会思潮，有助于调节社会矛盾。再次，研究社会思潮，有助于提高人们的政治鉴别力和政治敏感性。第四，研究社会思潮，有助于抵制落后的和腐朽的思想的侵蚀。最后，研究社会思潮，有助于建设有中国特色社会主义的文化。

（作者：闫志民，北京大学教授；周春明，北京行政学院教授）

注：

①《党的文献》，2002年第6期。
②《马克思主义研究》，2002年第6期。
③《光明日报》，2002年7月11日。
④《人民日报》，2002年9月19日。
⑤《教学与研究》，2002年第4期。
⑥《教学与研究》，2002年第6期。
⑦《中国特色社会主义研究》，2002年第6期。
⑧《前线》，2002年第5期。
⑨《学习时报》，2002年5月13日。
⑩《北京大学学报》（哲学社会科学版），2002年第5期。
⑪《党的文献》，2002年第5期。
⑫《清华大学学报》，2002年第1期。
⑬《科学社会主义研究》，2001年第1期。
⑭《党的文献》，2002年第2期。
⑮《教学与研究》，2002年第3期。
⑯《经济科学》，2002年第4期。
⑰《政治学研究》，2002年第2期。
⑱《党的文献》，2002年第4、5、6期。
⑲《北京大学学报》，2002年第5期。
⑳《思想理论教育导刊》，2002年第1期。
㉑《高校理论战线》，2002年第4期。
㉒《马克思主义研究》，2002年第4期。
㉓《党的文献》，2002年第1期。
㉔《党的文献》，2002年第3期。
㉕《党的文献》，2002年第1期。
㉖《马克思主义研究》，2002年第1期。
㉗《中共中央党校学报》，2002年第1期。
㉘《国家行政学院学报》，2002年第5期。
㉙《国家行政学院学报》，2002年第6期。
㉚《理论视野》，2002年第5期。
㉛《新视野》，2002年第3期。
㉜《求是》杂志《内部文稿》，2002年第4期。
㉝《中国党政干部论坛》，2002年第7、8、9期连载。
㉞《中国党政干部论坛》，2002年第6期。
㉟《学习时报》2002年4月8日、15日、22日、29日。
㊱《马克思主义研究》，2002年第6期。
㊲《学海》，2002年第2期。
㊳《中国特色社会主义研究》，2002年第1期。

邓小平理论研究

唐洲雁

2002年，首都理论界、学术界关于邓小平理论研究的特点，具体说来，主要有以下四个方面：

第一，指导思想更加明确。2002年是党的十六大召开之年，也是全党上下开动脑筋，积极思考，与时俱进，不断创新的一年。上半年，江泽民在“5·31”讲话中指出，“三个代表”重要思想同马克思列宁主义、毛泽东思想和邓小平理论是一脉相承的科学体系，这一科学的论断，统一了全党的认识，指明了邓小平理论研究的根本方向；下半年，十六大提出“高举邓小平理论伟大旗帜，全面贯彻‘三个代表’重要思想”，这不仅是搞好党的各项工作的指针，而且为学术界今后进一步开展邓小平理论研究提供了根本的指导思想。可以说，以十六大精神为指导开展研究，乃是2002年首都学术界关于邓小平理论研究的第一个显著的特征。

第二，组织协调比较得力。首都邓小平理论研究的队伍相对比较集中，人才优势明显。中宣部、中央党校、中央文献研究室等单位在研究中起到了带头作用；中国社科院、教育部、国防大学等单位的邓小平理论研究中心起到了中坚作用。为了更好地发挥这种集体优势，配置学术资源，2002年1月，北京市邓小平理论研究中心宣告成立。作为全国七家邓小平理论研究基地之一，中心得到了中共北京市委、市政府的高度重视和大力支持，有机构(市委宣传部主管、办公室挂靠在社科联)，有人员(正式编制11人)，有经费（每年拨款不低于100万)，有刊物（《中国特色社会主义研究》)，既保持北京地方特色，又发挥首都优势，形成了较高的学术起点。本着建好队伍、选好课题、用好经费、出好成果的工作宗旨，中心建立了包括100多位知名学者在内的“专家人才库”，充分利用社科联106个学会和已有的近500人的“北京市中青年社科人才百人工程”队伍，积极开展工作。经过近一年的摸索，中心的各项工作都已经步入正轨，在2002年组织、协调首都邓小平理论研究工作中，发挥了重要作用。

第三，研究内容相对集中。邓小平理论是当代中国的马克思主义，对它的研究，必然要涉及到当代中国理论与实践的方方面面。首都学术界除继续围绕邓小平理论的科学体系，邓小平理论在各方面的应用和发展，邓小平理论与马列主义、毛泽东思想的内在联系，以及邓小平理论在马克思主义中国化过程中的历史地位等问题开展深入研究之外，还围绕着邓小平发表南方谈话10周年的纪念活动，着重研究了从南方谈话到江泽民的“七一”讲话这10年来的理论与实践、逻辑与历史，全面总结了党的第三代中央领导集体对邓小平理论的丰富和发展，充分说明了“三个代表”重要思想与邓小平理论一脉相承的内在联系。

第四，研究的视野有所拓展，研究的方法有所突破。过去，关于邓小平理论与毛泽东思想的比较研究，一直是学术界的热门话题。进入2002年以后，随着江泽民“5·31”重要讲话的发表，特别是随着十六大把“三个代表”重要思想写入党章，关于这一重要思想与邓小平理论的关系，开始成为关注的焦点。人们的视野不再局限于“两次飞跃”、“两大理论成果”这样一些提法和论断，而是结合建党80多年来、改革开放20多年来的历史，尤其是十三届四中全会以来13年的历史，以及南方谈话发表10年来的历史，进行深入广泛的研究；研究的方法也不再是一些简单的类比，而是深入到了80多年来一些重大历史事件、重大理论创新活动和重要理论著作、讲话之间的比较研究，强调要以与时俱进的科学态度和不断创新的理论品质来指导研究活动，因而使得这一领域的研究更加深入、全面、具体。

正因为具备了以上四个方面的特点，2002首都理论界、学术界关于邓小平理论的研究，取得了比较突出的成绩和显著的进步，发表了大量高水平的理论文章，出版了一系列重要的科研著作，并召开了若干有影响的学术会议。下面仅对这一年的研究情况作一个简要的综述。

一、关于南方谈话研究的新进展

1992年初，邓小平到南方视察期间，发表了一系列重要讲话，为改革开放和现代化建设指明了方向。这些谈话不仅在当时引起了强烈的反响，而且在此后的10年间，始终得到了理论界、学术界的密切关注。2002年，是南方谈话发表10周年。在全党深入学习江泽民“七一”讲话和“三个代表”重要思想的时候，首都理论界、学术界重温了邓小平的南方谈话，并将这一谈话及其蕴涵的邓小平理论与“七一”讲话及其蕴涵的“三个代表”重要思想，进行了深入的比较研究。有关单位还举办了“纪念邓小平南方谈话10周年理论研讨会”，在学术界引起了较大的反响。

1. 南方谈话的基本内容

南方谈话的篇幅虽然不长，但涉及的内容却十分丰富，有着深刻的科学内涵。学者们普遍认为，南方谈话比较全面地论述了社会主义的本质问题，改革也是解放生产力的问题，“三个有利于”的标准问题，“发展就是硬道理”的问题，坚持“两手抓，两手都要硬”的问题，以及坚持党的基本路线一百年不动摇的问题，等等。这些内容实际上涉及了中国特色社会主义理论和实践的方方面面，形成了一个科学的思想体系。

邢贲思认为，南方谈话在以往论述的基础上，对生产力问题的认识有不少的深化。它提出社会主义社会不仅要发展生产力，而且要解放生产力，这在马克思主义发展史上还是第一次，既是对马克思主义生产力理论的发展，又对我国社会主义建设实践具有重要的指导意义；它把是否有利于发展社会主义社会的生产力，增强社会主义国家的综合国力和提高人民的生活水平，作为判断问题的标准，既发展了马克思主义认识论，又发展了马克思主义的生产力理论；它作出的“发展就是硬道理”的重要论断，加深了人们对于生产力重要性的认识，提高了各级领导干部任何时候都不忘记抓发展的自觉性①。

冷溶认为，南方谈话的内容，可以从三个方面来把握和学习。一是关于社会主义的论述。它对社会主义的一系列重大理论问题提出了新的论断，在马克思主义发展史上第一次科学地概括了社会主义本质，深刻阐发了社会主义也可以搞市场经济的理论，进一步论述了社会主义初级阶段的长期性和复杂性。二是关于党的基本路线一百年不动摇的论述。它强调发展是硬道理，抓住机遇，加快发展，主要是发展经济；坚持四项基本原则，坚持改革开放，两手抓、两手都要硬；要警惕右，但主要是防止“左”。三是关于党的建设的论述。它指出中国的事情关键在党，关键在人，对党的思想建设、组织建设、作风建设等几个方面，作出了全面的阐发[②]。

李红锋从十个方面全面、系统地论述了南方谈话的主要内容，认为这是一篇在我国改革开放和现代化建设即将进入新阶段的关键时刻发表的里程碑式的重要文献，是对建设中国特色社会主义理论的纲领式总结。它的内容博大精深，不但高度概括了邓小平理论的一系列重要的新思想、新观点、新论断，而且极大地丰富、拓展和深化了邓小平理论的科学体系和思想内涵，因而也是邓小平理论走向成熟的集大成之作[③]。

2. 南方谈话的理论意义和现实意义

肖枫系统地考察了南方谈话的时代背景，认为这一谈话对当时中国社会主义的前途和命运具有决定性的意义。首先，它顶住了国际上反共反社会主义的逆流，从社会主义发展总趋势和当今所处的时代高度，指明了社会主义代替资本主义的不可逆转性及其道路的长期曲折性；其次，它在社会主义遭受挫折的国际背景下，在吸取苏东剧变经验教训的基础上，为中国社会主义的发展提出了正确的战略策略，指明了前进的方向；再次，它以“中国怎么办”为重点，以“如何巩固和发展社会主义”为核心，创造性地提出了一系列精辟的论断和光辉的思想，使世界社会主义运动在遭受大挫折之后又出现了“柳暗花明”的新局面[④]。

张贺福认为，南方谈话开启了中国共产党人马克思主义新觉醒的新时代，成为引发中国共产党人马克思主义新觉醒的教科书。这主要表现在三个方面：一是它在重大历史关头再次树立了以马克思主义的态度对待马克思主义的光辉典范，进一步使解放思想、实事求是、与时俱进成为中国共产党人的高度自觉；二是开启了中国共产党人科学对待资本主义的新阶段，为深化党在社会主义初级阶段的基本理论和基本路线，为拓展建设中国特色社会主义的新路径，奠定了最具突破性的思想基础；三是科学地总结了中国社会主义实践和世界社会主义事业的历史经验，为中国共产党人进一步探索什么是社会主义、怎样建设社会主义，提供了新的思想增长点[⑤]。

张武认为，南方谈话从思想上来说是进一步解放思想的宣言书，从实践上来说是深化改革、促进发展的动员令，从理论上来说是马克思主义发展的新境界。因此，它不仅对我国正在进行的改革开放和现代化建设事业具有长远的指导意义，而且为与时俱进，不断丰富和发展马克思主义树立了光辉的典范[⑥]。

正是通过上述研究，首都理论界、学术界在这个问题上取得了以下共识：第一，南方谈话实际上是邓小平对党的第三代中央领导集体所作的一次政治嘱托和政治交待，表现了他对党的事业高度的历史责任感和对新的领导集体的高度信赖；第二，这个谈话为党的十四大的召开奠定了重要的思想基础，是十四大取得成功的重要保证；第三，作为邓小平理论走向成熟的代表性著作，它在理论上起着承先启后、继往开来的作用，为第三代中央领导集体继承和发展这一理论奠定了基础，提供了依据；第四，它不仅从理论上解决了“什么是社会主义”的问题，而且从实践上解决了“怎样建设社会主义”的问题；第五，它总结了我国改革开放的根本经验，澄清了一些理论是非，启迪和解放了人们的思想，对我国社会主义建设事业具有长远的指导意义。

3. 南方谈话与理论创新

对于这个问题，学者们一致认为，南方谈话凝聚着与时俱进的优秀品质，创造性地提出了一系列深刻的理论观点和科学论断，是一篇充满了创新精神的光辉历史文献。学习南方谈话，就是要学习它与时俱进地对待马克思主义，与时俱进地观察当今世界，与时俱进地研究改革开放后的中国。

赵智奎指出，南方谈话提出的一系列创新思想，对于中国社会主义现代化建设起到了至关重要的作用。通观这篇充满理论创新的著作，我们看到了一个伟大的马克思主义革命家、政治家、理论家、战略家的胸怀、勇气和魄力；看到了一个马克思主义者所具有的与时俱进的理论品质；看到了邓小平作为理论创新的倡导者，是中国特色社会主义理论的创立者，是理论创新的导师和旗手[⑦]。

庞元正认为，南方谈话通篇充满了理论创新的精神，这种创新精神主要表现在四个方面：一是在重大的历史关头勇于推进理论创新，二是抓住阻碍社会前进的要害问题推进理论创新，三是按照“三个有利于”的根本价值取向推进理论创新，四是以“大胆地试、大胆地闯”的精神推进理论创新向实践创新的转化[8]。

温乐群认为，南方谈话是坚持理论创新的集中体现和重大成果，它所体现出来的理论创新原则和要求包括：坚持马克思主义的基本原理，坚持解放思想、实事求是的科学态度，勇于回答和解决实践中提出的新问题，不断进行理论创新；坚持群众路线，尊重群众的首创精神，不断深入群众调查研究，归纳总结人民群众从实践中创造出来的新经验；坚持用马克思主义的宽广眼界观察世界，研究世界经济、政治、文化发展的新情况和新问题，从世界发展的全局把握其基本特点和总体趋势，进而作出新的判断、新的回答；全面地审视历史发展，科学地总结历史经验，准确地概括历史规律，形成新的理性认识。它所体现出的创造性思维方式包括：整体性和系统性，战略性和宏观性，实践性和主体性[9]。

4．南方谈话与“七一”讲话的比较研究

2001年，在庆祝中国共产党成立80周年纪念大会上，江泽民发表了“七一”讲话，全面系统地阐述了“三个代表”重要思想。这一讲话与邓小平的南方谈话，是当代中国共产党人交相辉映的两大智慧结晶，是马克思主义创新史上一脉相承的统一的科学体系。要研究邓小平的南方谈话，就不能不研究江泽民的“七一”讲话；反之，要研究“七一”讲话，也不能不涉及南方谈话。正因为如此，关于二者的比较研究，已经成为首都学术界的一个热点问题。

冷溶认为，南方谈话与“七一”讲话，都是在重大历史关头，在全党需要对面临的重大理论问题和实践问题作出深刻回答的关键时刻发表的。它们贯穿着一个同样的主题，就是解放思想、实事求是、与时俱进，根据新情况，坚持和发展马克思主义；它们反映了一个同样鲜明的立场，就是我们党要一切从人民的利益出发，始终代表最广大人民群众的根本利益[10]。

赵智奎指出，南方谈话与“七一”讲话无论在理论上还是实践上都是一脉相承的。首先，它们的精神实质是一致的：南方谈话是中国共产党吹响进一步改革开放的号角，它的思想精髓是“解放思想、实事求是”；“七一”讲话是中国共产党迈入新世纪的政治宣言，它的思想精髓是“实事求是、与时俱进”。其次，它们都产生于当代中国重大的历史转折关头：南方谈话产生于20世纪90年代初，社会主义正处于低潮，改革开放处在重要关头；“七一”讲话产生于21世纪初，国际国内形势发生重大变化，中国特色社会主义事业处于关键时刻。再次，它们在理论上和现实中的作用是相同的：南方谈话是邓小平理论体系形成的重要标志，它的发表为即将召开的党的十四大做了思想上、理论上的准备；“七一”讲话是党的第三代中央领导集体思想体系系统化的重要标志，它的发表，为即将召开的党的十六大做了思想上、理论上的准备[11]。

陈明显等研究者认为，“七一”讲话是对南方谈话的创新性发展。这一发展主要表现在以下三个方面：第一，它深化了南方谈话“关键在党”的有关论述。“七一”讲话从进一步提高党的执政能力和领导水平，提高拒腐防变和抵御风险能力这两个重大历史性课题的高度，全面深刻地揭示了党的建设的基本规律，从理论和实践的结合上丰富和发展了邓小平的建党思想。第二，拓宽了南方谈话主题的理论领域。如果说南方谈话科学地回答了“什么是社会主义，怎样建设社会主义”这个中国特色社会主义理论的主题的话，那么“七一”讲话则不仅深刻地揭示了党的建设的规律，而且深刻地揭示了党的执政规律，规定了党执政的基本方向、基本准则和基本要求，把“什么是社会主义，怎样建设社会主义”与“建设一个什么样的党，怎样建设党”有机地统一起来，这是对南方谈话主题的进一步拓展，是对马克思主义党建观、执政观的新认识、新发展。第三，实现了从南方谈话主题到对党的性质认识的飞跃。“七一”讲话顺着南方谈话的理论思路，对党的性质作了科学的界定，构建了以保持党的先进性为中心的党建理论，既包含着发展生产力，推进先进文化，提高人民生活水平的事实判断，又揭示了发展生产力与推进文化建设，维护人民根本利益相吻合的价值取向，从而实现了对党的性质认识的飞跃[12]。

二、关于党的第三代中央领导集体对邓小平理论创新和发展的研究

关于这一问题的研究，一直是近年来首都理论界、学术界的热门话题。进入2002年以后，全党上下对十三届四中全会以来13年的理论和实践，进行了全面的总结和回顾，最终形成了十六大报告中概括的十条基本经验。这十条基本经验的第一条，就是“坚持以邓小平理论为指导，不断推进理

论创新”。正是围绕十六大的召开和对十六大精神的学习，学者们把有关党的第三代中央领导集体对邓小平理论继承和发展的研究，推进到了一个新的阶段。

在研究中，大家一致认为，13年来，尤其是南方谈话发表10年来，以江泽民为核心的第三代中央领导集体在全面推进中国特色社会主义的伟大实践中，根据国内外形势的发展和面临的新情况、新问题，在深刻总结国际社会主义运动的历史经验和我国改革开放以来新鲜经验的基础上，提出了一系列新思想、新观点，创造性地丰富和发展了邓小平理论。这种丰富和发展，涵盖了社会主义现代化建设的各个领域，体现在经济、政治、文化以及科技、教育、外交、国防和党的建设等各个方面，形成了一个新的科学的思想体系。

金冲及指出，十六大总结的十条基本经验，既高举了邓小平理论的伟大旗帜，又体现了党的第三代中央领导集体对邓小平理论的丰富和发展。这十条基本经验都是用两句话来表达的。大体上说来，前一句讲的是必须坚持什么，后一句讲的是在新的实践中又有哪些丰富和发展。这种表述方式，本身就体现了二者之间继承和创新的统一[13]。

龚育之认为，十五大报告和七一讲话这两个纲领性文件，是以江泽民为核心的党中央在实践中继续丰富和创造性地发展邓小平理论的重大成果和集中体现，是继邓小平南方谈话之后，以巨大的政治勇气和理论勇气，面对时代和实践发展中出现的新情况，研究和解决新问题，提出和探索新结论的新的解放思想、实事求是的宣言书。其中十五大报告的主要理论贡献有：一是高举邓小平理论的旗帜，从回顾20世纪和面对21世纪的历史高度，论述了邓小平理论的历史地位和指导意义；二是进一步展开了社会主义初级阶段理论，提出党在初级阶段的基本纲领，绘制了到21世纪中叶中国继续发展的蓝图。“七一”讲话根据时代发展的需要，把加强党的建设提上了议事日程，全面阐述了“三个代表”重要思想的深刻内涵，提出了按照“三个代表”要求加强和改进党的建设，继续为实现党的基本路线所确定的历史任务而奋斗的目标，因而可以说是进入新世纪后江泽民最重要的一篇讲话[14]。

石仲泉指出，自党的第三代中央领导集体形成以来，在理论上几乎年年有创新，对丰富和发展邓小平理论作出了巨大的贡献。比如，1991年江泽民纪念建党70周年的讲话，第一次论述了什么是中国特色社会主义的经济、政治和文化；1992年党的十四大报告，对邓小平建设有中国特色社会主义理论的主要内容作了系统的论述和阐发；1993年在学习《邓小平文选》第3卷报告会上的讲话中，江泽民提出要用邓小平建设有中国特色社会主义的理论武装全党；1994年召开的十四届四中全会，提出了在新的历史条件下加强党的建设的总纲领和总要求；1995年江泽民提出正确处理社会主义现代化建设的十二大关系，发展了毛泽东的《论十大关系》和邓小平的南方谈话；1996年十四届六中全会关于加强社会主义精神文明建设若干重要问题的决议，丰富和发展了十二届六中全会关于社会主义精神文明建设指导方针的决议；1997年十五大报告正式使用“邓小平理论”这个科学称谓，并从四个方面对邓小平理论作了精辟的论述，从而基本上完成了对邓小平理论的构建；1998年江泽民在纪念十一届三中全会20周年大会上的讲话中，从10个方面系统总结了改革开放的伟大成就；1999年的“三讲”教育活动，对新的历史条件下如何加强党的建设进行了有益的探索；2000年江泽民视察南方，首次发表了关于“三个代表”重要思想的谈话；2001年的“七一”讲话，则是全面系统地阐述了“三个代表”重要思想；2002年党的十六大，把“三个代表”重要思想写入党章，实现了我们党在指导思想上的与时俱进。石仲泉认为，在10多年来对邓小平理论不断的继承和发展过程中，第三代中央领导集体完成了两次最重要的理论创新。第一次是在南方谈话提出社会主义也可以搞市场经济的重要思想之后，通过党的十四大报告和十四届三中全会关于建立社会主义市场经济体制若干问题的决定，对社会主义市场经济的目标要求、基本原则、主要特点、总体规划和一系列政策规范，进行了全面的阐述，初步构建了社会主义市场经济理论；第二次是从2000年初江泽民视察广东高州，到2001年发表“七一”讲话，全面、系统地阐发了“三个代表”重要思想[15]。

三、关于邓小平理论与“三个代表”重要思想的关系研究

在研究党的第三代中央领导集体对邓小平理论的创新和发展过程中，不可避免地要涉及到邓小平理论与“三个代表”重要思想的关系问题。学者们一致认为，以江泽民为核心的党中央对邓小平理论创新和发展的最重大的成果，就是提出了“三个代表”重要思想。这一思想既是我们党13年来全部实践和认识的新的历史经验的总结，又是对邓小平理论的坚持和发展，是马克思主义与当代中国实际相结合的最新成果。弄清这一重要思想与邓小平理论继承和发展的内在联系，不仅是建设中国特色社会主义事业发展的需要，而且也是邓小平理论本身发展的需要。2002 年，江泽民在“5·31”讲话中指出，“三个代表”重要思想同马克思列宁主义、毛泽东思想和邓小平理论一脉相承，这不仅为学术界的相关研究提供了根本的指导思想，而且也进一步推动和促进了这一研究的全面开展。

在对这一问题的研究过程中，首都理论界得风气之先，起到了积极的带头作用，取得了丰硕的成果。冷溶指出，坚持“三个代表”重要思想与坚持马列主义、毛泽东思想、邓小平理论，是完全统一的。在新的历史条件下，坚持“三个代表”重要思想，就是坚持马列主义、毛泽东思想、邓小平理论。因此，我们要把学习“七一”讲话和“三个代表”重要思想，同学习马列主义、毛泽东思想特别是邓小平理论结合起来，要深刻理解“七一”讲话是对马克思主义的新发展、新贡献，积极倡导求真务实、勇于创新、与时俱进的精神，坚持在解放思想中统一思想。在这个问题上，要按照中央的要求防止两种错误倾向：一种是用教条主义、本本主义的态度对待马克思主义，一种是否定马克思主义基本原理、否定党的四项基本原则[16]。

黄宏、张传家认为，邓小平理论与“三个代表”重要思想是当代中国共产党人交相辉映的两大智慧结晶，是马克思主义创新史上一脉相承的统一的科学体系。首先，它们的主旨是完全统一的，即都是着眼于党和国家的长远发展；其次，它们都贯穿着一条解放思想、实事求是的红线，渗透着与时俱进的马克思主义理论品质；再次，“三个代表”重要思想作为江泽民理论创新的标志性成果，作为马克思主义中国化的又一个飞跃，它既继承了邓小平理论的基本立场、观点和方法，又以“超越老祖宗”的勇气，对邓小平理论作出了创新性的重大发展[17]。

李红锋认为，“三个代表”重要思想对邓小平理论的继承和发展，主要表现在三个方面：第一，它坚持了马克思主义的本质，在新的历史条件下进一步回答了什么是马克思主义和怎样坚持马克思主义的重大理论问题；第二，它坚持了社会主义的本质，立足于当代中国的具体实际，紧跟世界进步潮流，着眼于新的实践和新的发展，进一步回答了什么是社会主义和怎样建设社会主义的问题；第三，它坚持了马克思主义的建党学说，总结了我们党 80 多年的历史经验，借鉴世界各国政党兴衰成败的经验教训，进一步回答了建设一个什么样的党和怎样建设党的问题[18]。

总之，关于邓小平理论与“三个代表”重要思想的关系问题，对 2002 年的学术界而言，还是一个新兴的课题。这个问题的提出，不仅是邓小平理论发展的需要，而且也是“三个代表”重要思想发展的需要。如果说，在年初学术界关于这一研究中涉及的许多具体问题，如“三个代表”重要思想的理论体系问题、邓小平理论未来的发展阶段问题等等，还存在着一些不同的看法的话，那么，随着“5·31”讲话的发表，特别是随着十六大的召开，大家的思想便统一起来了。十六大把“三个代表”重要思想写入党章，与马克思列宁主义、毛泽东思想和邓小平理论一起作为全党的指导思想。对此，学者们一致认为，这反映了我们党在指导思想上的与时俱进。“三个代表”重要思想作为毛泽东思想、邓小平理论的继承和发展，全面体现了我们党在新时期的基本理论、基本路线、基本纲领和基本经验，涵盖了经济、政治、文化各个领域，反映了我们党对中国特色社会主义规律性认识的不断深化。

四、关于新时期邓小平理论研究的总结和回顾

十五大以来，随着邓小平理论写入党章，作为全党的指导思想，关于邓小平理论的研究，有了突飞猛进的发展，上了一个新的台阶。对这一理论研究的历史和现状作一个全面的总结和回顾，无疑是一件十分有意义的事情。特别是随着邓小平诞辰 100 周年的日益临近，这种总结和回顾就显得尤为重要。实际上，此前的学术界已经有不少人在陆陆续续地做这方面的工作，但大量的研究成果，却是比较集中地出现在 2002 年。

为了给首都高校“两课”教师从事邓小平理论教学与研究提供方便，中国人民大学出版社出版了由秦宣主编的《邓小平理论研究述评》一书。该书对近年来邓小平理论研究中涉及的一些重大研究成果、研究趋势进行了总汇式的述评；对这一研究领域的历史、现状和存在的问题作了全面的介绍，并提出了今后深入开展研究的若干建议；在每章的末尾，编者还列出了部分参考文献和有代表性的作品。因此它不仅对高校理论课教师开展教学与研究提供了方便，而且对广大理论工作者从事邓小平理论的研究也大有助益。

与此相对应，高等教育出版社 2002 年出版了《国外邓小平理论研究评析》一书。该书全面考察了近年来国外邓小平理论研究的起源、研究的历史阶段和主要学派，评析了国外学者对邓小平理论研

究的基本观点、基本方法。作为教育部推荐的研究生教学用书，与前一本书堪称姊妹篇，使广大读者从总体上对国内外邓小平理论研究的状况有了一个更加全面的认识和了解。

与上面两本书着重于横向介绍邓小平理论研究状况的做法不同，另一些作者和单位开始注意按年代划分来纵向介绍这一研究的进展情况。《北京社会科学年鉴》实际上从2001起就已经开始在做这一方面的工作，其中的“学科综述”栏目第一条就是介绍邓小平理论的研究情况。2002年，社科文献出版社还出版了由李慎明主编的《邓小平理论研究前沿报告（2001）》一书。该书组织中国社科院系统的有关专家、学者，针对过去一年来邓小平理论研究的前沿问题，包括一些重大的现实问题和深层次的理论问题，难点、热点问题，有针对性地开展研究和点评，然后汇编成册，成为一本颇具特色的综述性著作。

除此之外，首都学者还就不同的专题写出了一批邓小平理论研究的述评文章，对各个领域的研究情况进行了分门别类的研究和介绍。比如郭思敏、王颖的《邓小平南方谈话研究综述》，重点介绍了南方谈话发表以来的研究情况；张曙的《南方谈话以来国内邓小平理论研究述评》，重点介绍了近10年来的邓小平理论研究的进展。另一些作者在对研究成果进行总结的同时，还指出了研究中存在的问题和今后进一步改进的方法与途径。如金以枫、王颖的《邓小平新时期统战理论研究的回顾与前瞻》指出，对这一问题研究的全面展开主要是在1993年以后，取得的两大成果是：对邓小平新时期统战理论有了明确的定性、定位和定向；对其历史的继承性和现实独特性作了充分的阐释。存在的三个薄弱环节是：缺乏严谨的学术规范，与邓小平其他方面的理论联系研究不足，未进入相关学科内部考察其科学性⑲。唐洲雁、王小梅的《邓小平理论对马克思列宁主义、毛泽东思想的继承和发展研究述评》一文指出，十一届三中全会以来，学术界关于这一问题的研究，是随着邓小平理论本身的形成和发展而不断深化的，同时也是随着党的第三代中央领导集体对这一理论的不断总结和科学定位而逻辑展开的。20多年来，这一研究中的不足主要表现在：研究的深度不够，研究的视野不开阔，研究的方法有一定的片面性；改进的措施在于：用历史的方法来开展研究，用发展的眼光来认识问题，从总体的高度来加强综合性研究，从方法论的角度来拓宽研究的领域⑳。

最后，需要指出的是，2002年首都理论界、学术界关于邓小平理论的研究，除了主要集中在以上四个方面之外，在其他一些领域如邓小平理论的科学体系、内在逻辑、现代化思想以及人的全面发展思想等方面，都取得了大量的研究成果。仅以邓小平理论与当代中国理论与实践的发展研究为例，人民出版社就出版了苏星主编的《邓小平社会主义市场经济理论与中国经济体制转轨》，王鑫的《邓小平发展观与当代中国实践》，北京大学出版社出版了吴树青主编的《邓小平理论与当代中国经济学》，宁骚、关海庭编著的《邓小平理论与当代中国政治学》，经济管理出版社出版了陆学艺的《邓小平理论与当代中国社会阶层结构变迁》，党建读物出版社出版了王怀超、秦刚等的《邓小平理论与中国现代化》，新华出版社出版了毕宪顺的《邓小平理论与中国特色社会主义规律》，等等。限于篇幅，这里不再一一介绍。

（作者：中共中央文献研究室研究员）

注：

①《南方谈话和生产力问题》，《中共党史研究》，2002年第2期。

②《重温南方谈话，学习“七一”讲话》，《党的文献》，2002年第2期。

③《邓小平理论伟大旗帜和江泽民“三个代表”重要思想》，《从邓小平南方谈话到江泽民“七一”讲话》，中央文献出版社，2002年版。

④《南方谈话与社会主义的前途》，《中国特色社会主义研究》，2002年第1期。

⑤《南方谈话与中国共产党人的马克思主义新觉醒》，《教学与研究》，2002年第3期。

⑥《改革与发展的强大思想武器》，《光明日报》，2002年1月19日。

⑦《与时俱进、永无止境的理论创新》，《当代中国史研究》，2002年第2期。

⑧《让理论创新成为引导社会进步的强大动力》，《中共天津市委党校学报》，2002年第2期。

⑨《南方谈话与理论创新》，《中共长春市委党校学报》，2002年第2期。

⑩《光辉的文献，伟大的理论》，《从邓小平南方谈话到江泽民“七一”讲话》，中央文献出版社，2002年版。

⑪《与时俱进、永无止境的理论创新》，《当代中国史研究》，2002年第2期。

⑫《南方谈话与中国经济社会发展》，中共中央党校出版社，2002年版。

⑬《中国共产党在新世纪之初的行动纲领》，《人

民日报》，2002年11月19日。

⑭《从南方谈话到“七一”讲话》，《北京日报》，2002年2月25日。

⑮《党的第三代领导集体对马克思主义理论的伟大创新》，《解放军报》，2002年3月14日。

⑯《重温南方谈话，学习“七一”讲话》，《党的文献》，2002年第2期。

⑰《邓小平南方谈话与江泽民“三个代表”重要思想》，《从邓小平南方谈话到江泽民“七一”讲话》，中央文献出版社，2002年版。

⑱《邓小平理论伟大旗帜和江泽民“三个代表”重要思想》，《从邓小平南方谈话到江泽民“七一”讲话》，中央文献出版社，2002年版。

⑲《邓小平理论》，2002年第3期。

⑳《毛泽东邓小平理论研究》，2002年第6期。

“三个代表”重要思想研究

辛国安

2002年，全党通过学习江泽民的“5·31”重要讲话和十六大报告，对“三个代表”重要思想的时代背景、实践基础、科学内涵、精神实质和历史地位的认识达到了新的高度；在认真贯彻“三个代表”重要思想的根本要求、始终做到“三个代表”上取得了新的成效。首都广大理论工作者在深入研究“三个代表”重要思想方面取得了一系列令人可喜的重要成果，为不断开拓马克思主义理论发展的新境界做出了不懈的努力。

一、“三个代表”重要思想提出的时代背景和社会历史条件

“三个代表”重要思想，是在国际形势发生重大变化的历史条件下对党的建设面临的严峻考验的科学回应，是我们党在新的历史条件下对马克思主义执政党的先进性理论的丰富和发展，是我们党对中外无产阶级政党长期执政的历史经验的深刻总结，也是我们党在新的历史条件下对党的根本任务和前进方向的进一步明确。

有的学者认为，当代世界的深刻变化是“三个代表”重要思想提出的国际背景，“三个代表”重要思想是在国际形势发生重大变化的条件下对党的建设面临的严峻考验的科学回应。20世纪80年代末90年代初，伴随着东欧剧变和苏联解体，世界开始多极化进程，这一过程必然充满着各种政治力量的激烈斗争，这对中国共产党在错综复杂矛盾的世界中，在各种政治文化力量激荡中始终保持先进性提出了更高的要求；经济全球化已成为不可阻挡的历史潮流，对所有国家特别是像中国这样发展中的大国的发展带来空前的机遇和严峻的挑战，如果没有正确的对策就会陷入更加不利的地位；以信息技术和生物技术为核心的现代科学技术的迅猛发展，不仅影响和改变着国家的经济结构、综合国力，而且影响政治格局、改变人类社会生活，同时也增加了包括我国在内的广大发展中国家通过学习发达国家的先进技术和经验，实现赶超的难度。面对国际范围内各种复杂的矛盾和问题，我们党能否抓住机遇，抵御各种风险和战胜各种困难，继续把中国特色社会主义事业推向前进，领导中国人民实现中华民族的伟大复兴，是关系广大人民根本利益、关系国家兴衰、关系党和社会主义前途命运的重大问题。“三个代表”重要思想提出的出发点和着眼点就在这里①。

有的学者还指出，国际共产主义运动正反两个方面的历史经验是“三个代表”重要思想提出的历史依据，“三个代表”重要思想是对中外无产阶级政党长期执政的历史经验的深刻总结。国际共产主义运动的历史经验表明：党的建设是一个十分严峻的历史任务，也是一个十分艰难的历史过程。在一个半世纪的历史长河中，世界各国无产阶级政党在自身建设方面几乎无一例外地走了许多弯路，尤其是取得执政地位的党在如何执政、如何巩固执政地位的问题上，留下了许多发人深省的教训。原因虽然颇多，其中最根本的原因，就是背离了社会生产力的发展要求，背离了先进文化的前进方向，背离了广大人民群众的根本利益。而在20世纪后半期，社会主义走进了低谷，往往同执政的共产党在“三个代表”方面出现一系列失误联系在一起。苏联解体的原因是多方面的，但最根本的原因是没有抓好党的建设，失去了广大人民群众的支持。戈尔巴乔夫后来在总结苏联解体的教训时曾感叹：“最关键的是不能失去人民的支持。……失去了人民的支持，就失去了主要的资源，就会出现政治冒险家和

投机家。这是我犯的错误，是主要的错误。”中国共产党80年发展的历史也表明，党要巩固自己的执政地位，永葆社会主义事业的青春和活力，必须把解放和发展生产力作为自己的根本任务，始终代表先进生产力的发展要求，这是立党的根基；必须创造具有本国特色而又符合时代要求的新文化，始终代表先进文化的前进方向，这是立党的支柱；必须不断解决人民日益增长的物质文化需要与落后的社会生产力之间的矛盾，始终代表最广大人民的根本利益，这是立党的源泉。我们党只有按照“三个代表”的要求，进一步增强党的凝聚力和战斗力，适应新的情况，抓住机遇，迎接挑战，才能使中国特色社会主义事业充满生机和活力，使中华民族巍然屹立于世界民族之林，带动世界社会主义运动从低潮走向新的高潮②。

不少学者认为，当今中国的发展变化，也是“三个代表”重要思想形成的重要原因。一方面是国内环境发生重大变化。改革开放尤其是社会主义市场经济的发展，引起的社会变革呈现前所未有的广度和深度，新的实践创造新鲜经验的过程中，新事物新问题层出不穷，广大党员干部和人民群众工作、生活条件和社会环境发生重大变化。这一切，使我们的社会既充满着生机活力，又对我们国家提出了严峻挑战和崭新课题。另一方面是党的处境、任务发生了两大转变，即“我们党已经从一个领导人民为夺取全国政权而奋斗的党，成为一个领导人民掌握着全国政权并长期执政的党；已经从一个在受到外部封锁的状态下领导国家建设的党成为在全面改革开放条件下领导国家建设的党。”这两大变化，集中地反映了我们党80年发展所取得的全部胜利、成就和进步。同时，又反映了我们在今天所面临的全部挑战和考验。与此相伴随，中国共产党还面临两个特别突出的挑战，即“第三代、第四代现象”的挑战和由于市场经济和开放出现的“一些人，特别是一些青年理想、信念危机”的挑战。在这种变幻了时空的处境下，作为执政的中国共产党应当如何在世界的坐标系里找准自己的历史方位，推动党和国家事业的继续发展？取决于我们对时代和中国新变化要求的准确把握。正是在这个意义上，“三个代表”重要思想的产生不仅是一种正确回应，而且是一种历史必然③。

二、“三个代表”重要思想的理论来源和实践基础

任何思想的产生都不是偶然的，都有其形成的理论来源和实践基础。

有的学者指出，从哲学上深入研究“三个代表”重要思想的理论基础，对于深刻理解“三个代表”重要思想的科学内涵，全面贯彻“三个代表”重要思想的根本要求，具有重要的理论意义和现实意义。并且认为：(1) 坚持一切从实际出发，能动地反映当代中国和世界的新变化，是“三个代表”重要思想的认识论基础。“三个代表”重要思想洞察当今世情的新变化，深刻把握人类社会发展规律，是马克思主义认识论的新结晶；“三个代表”重要思想洞察我国国情的新变化，深刻把握社会主义建设规律，是依据能动的革命的反映论所得出的新结论；“三个代表”重要思想洞察中国共产党党情的变化，深刻把握共产党执政规律，是马克思主义实践观的新成果。(2) 坚持实事求是，清醒观察并科学把握社会主义社会基本矛盾运动的规律，是“三个代表”重要思想的社会观基础。人类社会充满着矛盾，正是社会的矛盾运动推动着社会的发展。“三个代表”重要思想运用历史的眼光，根据马克思主义社会基本矛盾的原理，进一步揭示了中国特色社会主义社会基本矛盾运动的新内涵。一方面，“三个代表”重要思想升华了马克思主义的生产力论，体现了发展作为执政兴国第一要务的新要求；另一方面，“三个代表”重要思想升华了马克思主义的文化导向论，拓展了在马克思主义指导下促进社会主义文化发展的新思路。(3) 坚持执政为民，始终以维护、发展最广大人民群众的根本利益为最高标准，是“三个代表”重要思想的群众史观基础。坚持执政为民、坚持为广大人民群众谋利益，这是中国共产党根本宗旨的最通俗、最深刻的概括，是“三个代表”重要思想的又一哲学基础。“三个代表”重要思想正是从执政为民这个本质要求出发，综观当今社会变革主体力量和共产党执政地位变化的新特点，丰富和发展了以人民群众为本的唯物史观，系统展示了我们党的群众史观的立场、观点和方法。这主要表现在三个方面：一是“三个代表”重要思想深刻反映了人民群众是历史创造者的真谛，科学地展现了人民群众是推动社会发展的主体力量；二是“三个代表”重要思想深刻反映了以最广大人民根本利益为最高标准的群众史观的本质，科学地展示了共产党人根本宗旨的哲学根基；三是“三个代表”重要思想深刻反映了政

党、阶级、群众之间的辩证关系，科学地展现了一切依靠群众、一切为了群众的群众路线[④]。

有的学者认为，“三个代表”重要思想与马克思主义、毛泽东思想、邓小平理论之间是流与源的关系。(1) 马克思主义为“三个代表”重要思想提供了深厚的理论基础：首先，马克思、恩格斯高度关注生产力的发展，认为生产力是“人类全部历史的基础”。“老祖宗”的论述是提出“代表中国先进生产力发展要求”的理论源头。其次，马克思、恩格斯特别重视要实现两个彻底的决裂，而同传统的观念实现最彻底的决裂，则属于思想文化领域或者说精神文明建设的问题，这与发展先进文化或者说代表先进文化的前进方向是一脉相承的。再次，马克思、恩格斯反复申明无产阶级政党没有自身特殊的利益，表明了无产阶级政党的根本宗旨在于全心全意为人民谋利益，全心全意为人民服务。江泽民提出中国共产党始终代表中国最广大人民的根本利益，正是源于马克思、恩格斯对无产阶级政党宗旨的科学定位。(2) 毛泽东思想为“三个代表”重要思想提供了丰富的精神营养：一是毛泽东对生产力问题始终是十分关注的，在党的七大上，首先鲜明地提出了政党政策好坏的生产力标准，他在发展生产力问题上的一系列科学论述，为孕育“三个代表”重要思想提供了借鉴；二是毛泽东倡导建设新民主主义文化，他在《新民主主义论》中提出的民族的、科学的、大众的“高度文化”实质上就是社会主义的先进文化，其发展方向实质就是先进文化的前进方向；三是毛泽东在《〈共产党人〉发刊词》中把“建设一个全国范围的、广大群众性的、思想上政治上组织上完全巩固的布尔什维克化的中国共产党”的任务，比喻成一件“伟大的工程”，并一生为之倾注了大量的心血，进行了艰苦的理论著述，其中蕴含着“三个代表”重要思想的精神实质。(3) 邓小平理论为“三个代表”重要思想提供了直接的生长土壤：邓小平的政治嘱托催生了“三个代表”重要思想；“三个有利于”思想启迪了“三个代表”重要思想；“科学技术是第一生产力”的著名论断孕育了“三个代表”重要思想；两个文明协调发展的思想方法论指导了“三个代表”重要思想；邓小平的人民观引发了“三个代表”重要思想[⑤]。

有的学者认为，江泽民“三个代表”重要思想的提出有其科学的理论依据和现实依据。它是马克思主义唯物史观、我国社会主要矛盾、社会主义本质理论在党建实践中的运用和发展，是对我党性质和宗旨的新概括和新体现，是对我党历史经验的科学总结，是新形势下对各级党组织和全体党员提出的新要求[⑥]。

有的学者指出，“三个代表”重要思想，是三代领导集体实践“三个代表”的经验总结。认为中国共产党80年的历史，就是“三个代表”的探索史、实践史。从成立之日起，我们党就自觉地挑起了“三个代表”的历史重担，就在实践“三个代表”。毛泽东带领党制定的新民主主义的政治、经济、文化纲领体现了“三个代表”的要求，而毛泽东所领导的新民主主义革命的伟大胜利，又是“三个代表”在世界东方大国的第一次成功实践。在社会主义革命和建设时期，毛泽东积极探索出一条中国式的社会主义改造道路，在领导人民建设新国家、创造新生活，实践“三个代表”的过程中迈出了新的步伐。以邓小平为核心的第二代中央领导集体制定和实行的一整套建设中国特色社会主义的路线方针政策，反映了党对人类社会发展规律，对社会主义建设规律、对执政党建设规律的正确认识和把握，符合当代中国先进生产力的发展要求，符合中国先进文化的前进方向，符合中国人民的根本利益，是继第一代领导集体之后对“三个代表”成功而生动的实践。江泽民正是在正确认识和准确把握国际国内新形势、党所肩负的历史任务和党的建设遇到的实际问题的基础上，总结执政党自身建设的经验和“三个代表”的伟大实践，作出了“三个代表”重要思想的新的理论概括[⑦]。

有的学者认为，“三个代表”重要思想，深刻揭示了国内改革与发展的新形势对党的建设和国家工作的总要求。经过20多年的改革与发展，我国已进入了现代化建设的关键时期：本世纪未来5至15年，是全面建设小康社会，加快推进社会主义现代化的重要历史阶段；以社会主义市场经济为目标和方向的经济改革进入关键阶段；随着经济市场化的发展，我国社会结构进入多样化新阶段，社会经济成分、组织形式、就业方式、利益关系、分配方式的日益多样化，不仅给社会经济的结构带来了许多新的特点，而且给党的建设和国家工作提出了许多新要求；与经济社会多样化发展趋势相适应，我国社会阶层正发生着极其深刻的变化；随着市场经济的深入发展和经济社会转型步伐的加快，如何积极稳重地推进政治体制改革，防止和消除腐败现象，成为发展社会主义民主、建设社会主义政治文明的一项迫切任务。这些新情况、新变化，就是社会实践对我们党的新要求，也是“三个代表”重要思想产生的重要实践基础[⑧]。

三、“三个代表”重要思想的科学内涵和精神实质

关于“三个代表”的科学内涵，江泽民在庆祝中国共产党成立80周年大会上的重要讲话中，已经有了一个科学的经典的界定，大家都熟知了。关于“三个代表”重要思想作为一个系统的科学理论，其科学内涵，2002年尚无权威性的概括和表述，但也有不少学者作了一些有益的探讨。

有的学者认为，“三个代表”重要思想涵摄了一个动态、开放的意义结构系统。它不仅横向地表现在其三个部分内容之间的有机联系上，而且纵向地表现在其意义结构的立体感、层次性，由此决定了这一重要思想三个方面的丰富内涵：一是唯物史观内涵：“一体两翼”式的理论构架，发展了社会主义“两个文明论”，并赋予其明确的价值指向。其中，一体就是代表中国最广大人民的根本利益。它集中体现了“人民主体论”的价值观，构成“三个代表”重要思想的精神内核和价值灵魂。两翼就是代表中国先进生产力的发展要求，搞好社会主义物质文明建设；代表中国先进文化的前进方向，搞好社会主义精神文明建设。这两个“翼”，依据于人民利益这个“体”，表现为相辅相成的双向互动关系，并在理论上获得了“一体两翼”式的跃动型立体结构，很好地体现了与时俱进的创新品格。二是发展观内涵：从发展哲学层面表达了一种社会经济文化坚持“以人为本”原则的可持续发展观。“三个代表”重要思想凸显“发展”这个主题；就发展内涵而言，“三个代表”重要思想坚持社会经济和文化的协调发展，是一种兼容经济和文化的全面、系统的发展观；在发展主体上，“三个代表”重要思想体现了“以人为本”的发展原则，其表现之一是把维护中国最广大人民的根本利益作为社会主义两个文明发展的出发点和归宿，这集中体现了“三个代表”重要思想的先进性、人民性。表现之二是强调“人的现代化”，并视之为发展的本质和关键；在人与自然、人与人的关系上，“三个代表”重要思想内含了可持续发展观。三是党建内涵：作为21世纪全面推进党的建设新的伟大工程的理论指南，它很好地体现了“三个统一”：(1)“三个代表”重要思想在形成过程中，体现了历史与逻辑的统一，它既是新时期中国现代化建设时代精神的逻辑体现，又是对历史的逻辑总结。(2)“三个代表”重要思想在理论形态上，体现了立场、观点和方法的统一，就是说，“三个代表”重要思想既是立场，又是观点和方法，是三者的有机统一体。因为这一思想集中体现了“两个先锋队”的立场，高度概括了中国马克思主义党建理论的最新观点，全面涵摄了党在新时期建设的方法论原则。概括起来就是从工人阶级和人民群众的立场出发，建设一个“三个代表”的党，按照“三个代表”重要思想的原则来建设党。这三者的有机统一，既是“三个代表”重要思想科学性的集中体现，也是我们正确理解“三个代表”重要思想科学内涵的关键。(3)“三个代表”重要思想在指导21世纪党的建设新的伟大工程中，体现了理论与实践的统一，就是说作为中国的马克思主义党建理论，“三个代表”重要思想具有强烈的实践目的，直接服务于提高党的执政能力和领导水平、提高拒腐防变和抵御风险能力的现实目标。理论与实践的统一，既是“三个代表”重要思想的内在要求，又是我们正确理解和贯彻“三个代表”重要思想所必须坚持的基本原则⑨。

有的学者在《“三个代表”的科学内涵》文章中，从三个大的方面为我们深刻把握“三个代表”重要思想的科学内涵，提供了指导性线索和方法论原则：一是从“三个代表”重要思想的时代意义上把握其科学内涵。认为对“三个代表”重要思想的科学内涵，首先要着眼于时代大背景，联系我们党的建设新的伟大工程和建设有中国特色社会主义的伟大实践，联系党的基本理论、基本路线、基本纲领，从它适应实践的需要、解决历史的课题的时代意义上去把握。指出，“三个代表”重要思想是着眼于解决在充满机遇和挑战的新世纪“建设一个什么样的党，怎样建设党”提出的党的建设的总纲领；“三个代表”重要思想是着眼于回答我们党的立党之本、执政之基、力量之源作出的重大战略性思考；“三个代表”重要思想是着眼于深化对共产党执政的规律、社会主义建设的规律、人类社会发展的规律的认识形成的理论体系。二是从“三个代表”重要思想的本质要求上把握其科学内涵。认为江泽民在“七一”重要讲话中指出“‘三个代表’重要思想的要求，是我们党保持先进性、始终成为建设有中国特色社会主义坚强领导核心的基本要求”。这是帮助我们从精神实质上把握“三个代表”重要思想科学内涵的一个极其重要的论断。“三个代表”重要思想是站在时代的高度对党的建设根本问题进行新的认知的大思路，体现了新形势下对党的先进性的根本要求。第一，代表中国先进生产力的发展要求是保持党的先进性的根本条件。我们党为什么具有先进性，为什么有资格领导中国革命、建设和改革事业？从根本上讲，是因为我们党是以

与先进生产力相联系的工人阶级作为自己的阶级基础的，代表了中国先进生产力的发展要求。第二，代表中国先进文化的前进方向是保持党的先进性的内在要求。共产党是在先进文化的孕育下产生、发展和壮大的，它与先进文化的这种与生俱来的天然联系，内在地规定了党的先进性。共产党之所以能够代表先进生产力，把握历史发展的规律，承担起战胜资本主义、实现共产主义的伟大使命，和它代表着先进文化的前进方向是分不开的。第三，代表最广大人民的根本利益是保持党的先进性的前提和归宿。马克思主义认为，政党是一定阶级利益的政治代表；代表全体劳动人民的利益，这是共产党不同于历史上一切其他阶级政党的最根本的特点；共产党之所以成为工人阶级先锋队，代表最广大人民的根本利益是最重要的内在规定。三是从“三个代表”的辩证统一上把握其科学内涵。认为“三个代表”不是几个观点的简单组合，而是由一系列互相联系、互相促进的具有丰富内涵的观点共同构成的有机的统一整体。“三个代表”从经济、政治、文化三个基本方面，更为鲜明、更为集中地揭示了新时期党的建设和党的各项工作的本质要求，从而形成了适应新的形势需要，解决新的时代课题的新的理论体系。这个体系包含着五个方面的统一。即：(1)“三个代表”三者之间的辩证统一，先进生产力是基础和前提，先进文化是灵魂和旗帜，最广大人民的根本利益是主体和目的，三者统一于党建设新的伟大工程和建设有中国特色社会主义的伟大实践。(2)“三个代表”重要思想把党的性质、宗旨、任务高度统一起来，不仅使我们对党的先进性有了更加深刻的理解，而且有助于我们在新的历史时期更加自觉地把坚持党的性质、保持党的先进性，同实现最广大人民的根本利益以及社会主义现代化建设的伟大实践结合起来，使党在建设有中国特色社会主义事业中获得生机和动力。(3)“三个代表”重要思想进一步从保持和体现党的先进性的高度，把加强党的自身建设和发挥党的领导作用有机地结合起来。(4)“三个代表”重要思想体现了党的先进性的质的规定与时代发展新的要求的统一，即创造性地以动态的表述方式，阐述了新形势下党的先进性的内涵，把保持党的先进性的要求同当今世界生产力和人类文明进步的发展方向联系起来，同党在社会主义初级阶段承担的历史任务联系起来，同中华民族21世纪实现现代化的奋斗目标联系起来，这就把党的先进性的概括提升到内在本质的新的高度。(5)“三个代表”重要思想体现了党的建设规律与社会发展规律的统一，进一步阐明只有正确把握生产力和生产关系的矛盾运动，正确把握物质文明和精神文明的辩证关系，正确处理党和人民群众的血肉联系，才能始终保持党的先进性，这就把党的先进性建立在社会发展规律的基础上，把保持党的先进性的要求和顺应时代发展的趋势联系起来，使党的进步本质与社会发展规律达到高度的统一[⑩]。

四、“三个代表”重要思想的历史地位和指导意义

党的十六大把“三个代表”重要思想写入党章，与马克思列宁主义、毛泽东思想和邓小平理论一起，确立为我们党必须长期坚持的指导思想。这是一个历史性决策和历史性成果，在我们党历史上具有里程碑意义。科学阐明“三个代表”重要思想的历史地位和指导意义，一定要坚持毛泽东倡导的以马克思主义态度，从历史的、理论的和现实的角度加以展开。

有的学者认为，“三个代表”重要思想，认真吸取了世界社会主义运动的历史教训，是我们党80年历史经验的深刻总结。江泽民在“七一”讲话中总结我们党80年的三大历史经验：一是必须始终坚持马克思主义基本原理同中国具体实际相结合，坚持科学理论的指导，坚定不移地走自己的路；二是必须始终紧紧依靠人民群众，诚心诚意为人民谋利益，从人民群众中汲取前进的不竭力量；三是必须始终自觉地加强和改进党的建设，不断增强党的创造力、凝聚力和战斗力，永葆党的生机和活力。这是中国共产党和中国革命、建设、改革事业从小到大、从弱到强、从一个胜利走向一个胜利的成功之奥秘。这些基本经验集中到一点，就是中国共产党从成立起，就旗帜鲜明地要求自己，要始终代表中国先进生产力的发展要求，代表中国先进文化的前进方向，代表中国最广大人民的根本利益。相反，这也是东欧国家剧变，苏联解体，执政的共产党丧失政权的要害所在[⑪]。

有的学者认为，“三个代表”重要思想是马克思主义中国化的最新成果。指出，从马克思、恩格斯、列宁到毛泽东、邓小平，都非常重视生产力在社会发展中的决定性作用，强调无产阶级在夺取政权以后要大力发展社会生产力。江泽民则不仅把发展先进生产力视为我们党的根本任务，而且进一步把是否代表中国先进生产力的发展要求作为衡量党是否先进的根本标准之一。这一思想是对马克思主义执政党先进性理论的创新和升华。从马克思主义创始人到毛泽东和邓小平，一贯重视文化在社会发展中的重要作用。江泽民则认为，代表中国先进文化的前进方向是中国共产党作为执政党的又一本质规定，也就是说，发展先进文化不仅是中国共产党的历史任务，而且是党始终保持先进性的题中应有之义。这一思想同样是对马克思主义执政党先进性理论的伟大创新和重大贡献。马克思、恩格斯指出，历史活动是群众的事业；毛泽东和邓小平反复阐明，中国共产党的根本宗旨是全心全意为人民服务。江泽民则把“代表中国最广大人民的根本利益”作为我们党一切工作的出发点和归宿，并把它与代表中国先进生产力的发展要求、代表中国先进文化的前进方向统一起来，共同作为党的先进性的本质规定，从而对党的性质作出了符合当今中国实际和时代转换的新概括。这是对马克思主义的创造性发展⑫。

有的学者认为，“三个代表”重要思想，是中国特色社会主义的行动指南，是中国共产党新世纪初的政治宣示。指出，“三个代表”重要思想是全面建设小康社会、开创中国特色社会主义事业新局面的指路明灯。始终做到“三个代表”，是我们党的立党之本、执政之基、力量之源。我们党作为执政党，担负着领导建设中国特色社会主义伟大事业的重任，肩负着团结和带领全国各族人民，推进社会主义现代化建设，实现中华民族伟大复兴的庄严使命。我们党要代表中国先进生产力的发展要求，就必须始终紧紧抓住这个执政兴国的第一要务，聚精会神搞建设，一心一意谋发展；要完善和发展社会主义制度，就必须大力发展中国特色社会主义文化，用“三个代表”重要思想统领社会主义文化建设，积极进行文化创新，不断增强中国特色社会主义文化的吸引力和感召力；要发展先进生产力和先进文化，就必须同时发展社会主义民主政治，建设社会主义政治文明。不论是建设社会主义民主政治，还是发展社会主义经济和文化，其根本动力和不竭的源泉都是人民群众的创造力和人民群众的历史主动性。因此，加强与人民群众的血肉联系，代表人民群众的利益和要求，对于巩固党的执政基础，推进社会主义制度的自我完善和发展，具有决定性意义。从新世纪开始，我国进入了全面建设小康社会、加快推进社会主义现代化的新的发展阶段，特别是21世纪的头20年，是我们必须紧紧抓住并且可以大有作为的重要战略机遇期。在拥有近13亿人口的大国执政的中国共产党，举什么旗，走什么路，实现什么目标，为世人所关注。“三个代表”重要思想不仅是指引我们实现全面建设小康社会宏伟目标的理论武器，而且也是中国共产党的庄严承诺，是中国共产党人在新世纪初的伟大的政治宣示。“三个代表”重要思想在世界社会主义发展中的历史意义和历史地位，必将随着时间的推移而更加充分地显示出来⑬。

（作者：《中国特色社会主义研究》杂志编审）

注：

①② 秦宣：《“三个代表”重要思想提出的时代背景和社会历史条件》，《中共天津市委党校学报》，2002年第2期。

③ 段华明、张造群：《论“三个代表”重要思想的新颖性》，《岭南学刊》（哲学社会科学版），2002年第6期。

④ 朱有志、何艮等人的观点，见《光明日报》，2002年10月18日。

⑤⑦ 文选德：《“三个代表”重要思想的源和流》，《湖南日报》，2002年6月4日。

⑥ 廖良初：《论江泽民“三个代表”重要思想提出的理论和现实依据》，《当代中国史研究》，2002年第1期。

⑧ 包心鉴：《马克思主义与时俱进的最新成果》，《中共天津市委党校学报》，2002年第3期。

⑨ 张晓东：《“三个代表”思想的三维意义结构》，《毛泽东邓小平理论研究》，2002年第5期。

⑩ 秋石：《论“三个代表”的科学内涵》，《求是》，2002年第5期。

⑪陈雪薇：《江泽民“三个代表”重要思想及其历史地位》，《党政论坛》，2002年第7期。

⑫⑬景天魁：《论“三个代表”的历史地位》，《光明日报》，2002年12月2日。

国外马克思主义研究

徐崇温

一、关于西方马克思主义思潮性质的讨论

我国学术界从20世纪70年代末开始系统引进和研究西方马克思主义思潮以后，就不断出现思想认识上的分歧：在1983年我们党提出反对精神污

染和资产阶级自由化时，我国学术界有些同志就倾向于接受苏联东欧一些学者把西方马克思主义说成是“打着新马克思主义旗号的反马克思主义”的看法，从性质到作用均把西方马克思主义说得一无是处，予以全盘否定。例如，说它“在马克思主义外衣的掩盖下，贩卖资产阶级私货”，“在本质上和马克思主义相对立”，而且“从它诞生之时起，就在无产阶级革命实践中起着消极作用”，“极大地损害着进步的革命运动”。而当我们党强调改革开放的时候，我国学术界有些同志就倾向于接受西方新左派把西方马克思主义说成是“马克思主义的现代化”，“发达资本主义国家的马克思主义”的看法，把西方马克思主义说成就是“马克思的实践唯物主义”、把它等同于马克思主义，或鼓吹指导思想多元论，这样那样的反对用马克思主义作为指针去评析西方马克思主义思潮，甚至说什么西方马克思主义所“开辟的道路的确就是我们理论工作者今天正在进行的改革之路”。这种情况早在1986年8月在长春召开的国外马克思主义研究现状学术讨论会上已初见端倪，而从1988年开始在这个问题上展开的不同意见的分歧，更爆发为一场历时多年、扩展到《人民日报》等10多家报刊杂志乃至海峡对岸的、有关西方马克思主义性质的讨论和论战。在这场讨论和论战由于种种原因沉寂了多年之后，近年来又重新活跃起来，有些同志再次提出西方马克思主义就是马克思主义，于是又重新引发了对这个问题的讨论和争论。

在近年来重新引起的争论中，主张和反对把西方马克思主义说成就是马克思主义的双方，主要围绕着以下三个问题来展开自己的意见：

1. 以柯尔施为代表的西方马克思主义同列宁主义的关系

主张把西方马克思主义说成就是马克思主义的一方①认为，列宁的哲学是20世纪马克思主义哲学发展的主流，西方马克思主义则是其必要补充，因此把西方马克思主义同列宁主义对立起来（指徐崇温在《“西方马克思主义”》一书中提出的：“西方马克思主义在对现代资本主义的分析和对社会主义的展望，在革命的战略和策略等问题上提出了不同于列宁主义的见解”）缺乏根据，因为事实只是由于东西方具体条件不同，文化背景不同，因而西方马克思主义在回答西欧革命道路的战略策略乃至理论的侧重点不同于列宁罢了。

反对把西方马克思主义说成就是马克思主义的另一方②则指出：正是柯尔施本人在其主要代表作中把列宁和考茨基作为“新老正统派”一方，同以卢卡奇和柯尔施本人为代表的“今天的无产阶级运动中一切批判的进步的理论趋向”作为另一方，在“一切主要的和决定性的问题上”明确划分开来和对立起来的，所以，这种对立是柯尔施自己安置，而非别人强加的；而从柯尔施对列宁提出的种种批评和指责来看，西方马克思主义同列宁主义的关系，并不是一种因为具体条件、文化背景不同而在战略策略和理论侧重点上不同的“相互补充”关系，而确实是一种相互对立的关系。在讨论的过程中，主张把西方马克思主义说成就是马克思主义的一方在申述自己的观点时，不经意地道出了问题的根源：认为列宁这种模式的马克思主义哲学主要是一种知识论模式的哲学，它注重的是如何认识整个世界的一般规律和本质；而柯尔施以及早期西方马克思主义者则从“实践”的角度来理解和解释马克思主义哲学，在这种解释传统中，自然条件的地理和宇宙的发展并不构成它的出发点，柯尔施由此批判马克思恩格斯的后继者不理解马克思主义哲学的这一理论特质，相反地却把马克思的唯物主义哲学看作是一种脱离人类实践和历史、一般的社会哲学或者社会学理论，并用这种哲学去论证马克思的历史和经济的科学，而柯尔施认为这不过是多余地把他们自己哲学的落后性重新带入到马克思主义理论中。正是这种哲学理念的差异，导致了柯尔施对列宁唯物主义哲学的批评。反对把西方马克思主义说成就是马克思主义的另一方，则针对着这种说法指出：既然柯尔施认为只有西方马克思主义才是真正的马克思主义，而列宁主义则把自己哲学的落后性重新带入马克思主义理论，使之脱离人类实践和历史，那就彻底否定了所谓西方马克思主义是列宁主义的“必要补充”的说法，而把明明同列宁主义相对立的西方马克思主义硬说成是对列宁主义的“必要补充”，这不过是在搞一种叫做“跪着造反”的把戏罢了。

2. 以葛兰西为代表的西方马克思主义的哲学观点同马克思的实践唯物主义的关系

主张西方马克思主义就是马克思主义的一方认为，葛兰西实际上深刻地理解了马克思唯物主义哲学的真精神，高扬了马克思实践唯物主义的大旗，真正做到了马克思主义哲学的理论与实践的科学统一，认为马克思的唯物主义哲学作为一种批判的、系统的哲学世界观，在马克思那里体现为一种以人的实践为基础的实践本体论。

反对把西方马克思主义说成就是马克思主义的

另一方则认为，马克思的新唯物主义世界观具有两个基本点：既强调劳动实践具有创造财富、改造世界的巨大历史作用，把劳动实践引进世界观；又始终坚持外部自然界的优先地位，坚持劳动实践所受自然的制约性，这两个基本点都是不可或缺的。而且在这里，外部自然界的优先地位并不只是一种不构成出发点的科学前提，而是必须时时处处由此出发去观察和处理问题的基本出发点。抛掉了这个出发点，实践就会成为一种无中生有的东西，这种哲学就谈不上是什么实践唯物主义，而只能是一种行动唯心主义；而葛兰西虽然以有力的方式重申了在马克思主义几十年的发展历程中长期遭到忽略和偏离的、马克思在《关于费尔巴哈的提纲》中表述的新唯物主义世界观的问题，但他并没有正确解决他所尖锐地提出的这个极其重要的问题。一是因为他把唯物主义混同于旧唯物主义；二是因为他把马克思在上述《提纲》中提出的新唯物主义世界观，错误地理解成是把唯物主义和唯心主义两种彼此片面的立场综合而成的实践哲学的更高水平；三是因为葛兰西的实践哲学所确立的，是一种使外部自然界依存于人、依存于人的实践，使之成为实践内部对立的同一性中一方的“实践一元论”。这样，葛兰西的实践哲学就偏离了马克思的新唯物主义世界观，实际上对马克思的哲学作了一个和普列汉诺夫、苏联模式方向相反的歪曲，而陷入到唯心主义中去了。所以，把西方马克思主义说成就是马克思主义，这只是表明完全不是从马克思的新唯物主义的高度来观察和评析葛兰西的实践哲学，而是用葛兰西的实践哲学去曲解马克思的新唯物主义。

3．西方马克思主义的内涵和界定

主张把西方马克思主义说成就是马克思主义的一方认为，西方马克思主义实际上反映了在当代西方社会历史条件下马克思主义理论的运用和发展，它必然包括西方共产党、工人党在马克思主义理论指导下的革命实践和理论，也包括西方共产党、工人党的理论家在马克思主义理论指导下的革命实践和理论，也包括西方共产党内的理论家、西方进步的知识分子的理论探索和理论思考。

反对把西方马克思主义说成就是马克思主义的另一方，则认为在我国引入西方马克思主义思潮时，按照西方学术界的习惯用法，用西方马克思主义这个概念去特指卢卡奇、柯尔施等人发轫的、不同于列宁主义而又自诩为马克思主义的那股西方理论思潮，而并不泛指西方研究马克思主义的各种理论思潮，更不包括以马克思列宁主义为指导思想的、西方国家共产党人的意识形态。如果有人不同意这个习惯用法，认为西方马克思主义应指西方所有研究马克思主义的各种思潮，那就必须要按照这个实际内容来重新界定这个所谓的西方马克思主义。反之，要是不分青红皂白地把各种思潮搞在一起来个一勺烩，通通说成就是马克思主义，那么，在西方学术界来说，这是没有根据的乱说一通，而在我们这样的社会主义国家学术界来说，这还是在搞指导思想的多元化。而要是一方面把以马克思列宁主义作为指导思想的西方共产党的思想体系在口头上说成是西方马克思主义的主要内容，另一方面却又以卢卡奇、柯尔施等发轫、与列宁主义相对立的西方马克思主义作为实际上的主要内容，那问题就更为严重，因为这是在以一种掩人耳目的迂回手法来搞明修栈道、暗度陈仓，以便实现指导思想多元化的把戏。

二、关于研究西方马克思主义的方法论问题

在有关西方马克思主义思潮性质的讨论中，上述争论双方也就西方马克思主义研究的方法论问题展开过讨论，这里主要涉及三个问题：

一是主张把西方马克思主义说成就是马克思主义的一方认为，不应把马克思主义归结为几条凝固化的原理，并以此作为评价和衡量西方马克思主义的标准，说这样就会生吞活剥地把西方马克思主义同马克思主义在理论侧重点、理论主题、哲学理论建构上的不同，看成是理论思潮上的不同和对立。而反对把西方马克思主义说成就是马克思主义的另一方则指出，要是否认马克思主义作为一种思想、主义，包含有基本原理和由此构成的科学体系，以及一些个别论断；要是不把这些基本原理和科学体系当作马克思主义自身的基本规定性和对于其他事物的基本区别性，那又怎么能辨别它是马克思主义、而不是别的什么主义呢？而在用马克思主义评定西方马克思主义性质的时候，虽然要把西方马克思主义同它所由以产生的历史条件、文化渊源联系起来，但这些并不能提供判定西方马克思主义思潮性质的依据。西方马克思主义同马克思主义的不同，就主要之点来说，既不是历史条件、文化传统的不同，也不是理论侧重点、理论主题、哲学原理建构上的不同，而是无产阶级的马克思主义同左翼激进主义思潮的不同。

二是主张把西方马克思主义说成就是马克思主义的一方认为，20世纪马克思主义发展的突出特点在于，出现了各种导源于马克思恩格斯的唯物史观的多种形态的马克思主义理论，只有从这种一源多流的发展观出发，才能避免那种惟我独马、惟我独革的独断做法。反之，反对把西方马克思主义说成就是马克思主义的另一方，则认为为了判定一种思潮的性质，仅仅看它渊源何处，那是完全不够的，更主要的还得看它的基本内容、基本观点。如西方国家的社会民主党在第二国际第四次代表大会以前，在纲领上绝大多数党都是以马克思主义的思想体系为依据的，但在那以后它们却从纲领到实践充当起“资本主义病床边的医生”来了，难道能够因为它们的思想体系在历史上也曾经导源于马克思，而不顾它当前的理论与实践，把马克思主义的桂冠强加给西方社会民主党吗？

三是主张把西方马克思主义说成就是马克思主义的一方认为，不能简单地以唯物、唯心来判断西方马克思主义，否则就不能真正理解它们的理论论题。反之，反对把西方马克思主义说成就是马克思主义的另一方，则以葛兰西为典型，指出虽然西方马克思主义揭露和批评了第二国际的新康德主义和苏联模式的机械唯物主义等弊端，但它们却并没有因此而站到马克思的新唯物主义立场上来。在这种情况下，从唯心、唯物的角度去评判西方马克思主义思潮，在指出和肯定其批评旧唯物主义和实证主义的同时，又揭示其唯心主义的性质，以及它同马克思的新唯物主义的区别和对立，又究竟有什么不能真正理解其理论主题的地方呢？难道强调其历史条件、文化传统与别的思潮不同，就能够把西方马克思主义基本理论的唯心主义性质变成只是一个理论形态、理论主题的问题吗？显然不能。

此外，有人在写文章评论张一兵的《无调式的辩证想象——阿多诺〈否定的辩证法〉的文本学解读》(三联书店，2001 年版）时，也提出了如何从文本学等等角度研究西方马克思主义的方法论问题③。

文章认为，在这方面，必须正确解决三个基本的方法论问题：一是应该以什么方式来理解西方马克思主义这个术语，它是一个与当代世界历史发展进程无涉的、一成不变的、思辩的哲学阵营或血统，还是一场扎根时代的重大发展、与历史保持紧密的批判关系、与时俱进的理论运动？二是我们应该依据什么来评判西方马克思主义哲学与马克思主义哲学的关系，是以马克思对自由资本主义社会的具体认识结论为尺度来衡量它的背离或背叛，还是以马克思主义科学的批判方法为基准来理解它对马克思主义的继承和发展？三是依据什么来定位西方马克思主义哲学，是依据生活在特定历史情景中的我们的马克思主义哲学观，还是依据这些思想家在当时精神生活中的具体位置？

文章认为，综观国内西方马克思主义哲学研究，无论是过去还是现在，占据支配地位的其实都是第一种方法论取向，即根据我们的分类观念，将特定的西方马克思主义者的观念进行主题式分割，并自以为认识和批判的就是它的思想，而在这种具有暴力性的主客体关系中，我们认识的其实只是我们投射在他者身上的影子。与此形成鲜明对照的是，文章认为，张一兵的《无调式的辩证想象》为我们今后的科学研究提供了一个全新的方法论平台：它一是重构阿多诺《否定的辩证法》乃至整个西方马克思主义主流与现代资本主义同一性体制的批判关系。就是说，在切入主题之前，他首先恢复了阿多诺的否定的辩证法与现代工业文明（工具理性）的对应关系，从而得以作为思的在场者进入它的蒙太奇之中，把握它的丰富性。二是重构阿多诺或者说法兰克福学派与马克思的对话关系，通过深入细致的文本学研究，最终证明马克思哲学的活的灵魂是它作为方法的科学的历史批判研究，法兰克福学派、特别是阿多诺始终力图运用马克思主义科学的历史批判理论去分析、批判当代资本主义同一性体制，他们的意识形态批判和美学批判其实是马克思的资本批判在意识形态和美学领域中必然而合理的运用或再生产。三是重构阿多诺与德国现代哲学主流的批判关系，使人看到《否定的辩证法》这一看似杂乱无章的文本乱石场，实际是一个针对从胡塞尔到海德格尔的德国现代资产阶级哲学主流的八卦阵。通过这种认真的文本分析和理论解码，得出的三点简单然而又极其惊人的结论是：首先，《否定的辩证法》的深层理论和方法论基础是马克思的《1857—1858 年经济学手稿》中的科学的历史批判理论，阿多诺把马克思主要用于批判资本主义经济的东西运用到了对资本主义社会的总体批判；其次，阿多诺的哲学建构是在对海德格尔的批判过程中完成的，阿多诺之于海德格尔犹如马克思之于黑格尔；再次，阿多诺是西方马克思主义哲学的终结者和后马克思思潮的开启者，不理解阿多诺的《否定的辩证法》就不可能真正理解后现代及其保守性。

但也有文章对张一兵在《回到马克思》和《走进马克思》两本书中的文本学研究方法论提出与此相反的意见④。文章说，张一兵的《回到马克思》一书的内容提要指出“本书是国内第一次基于《马克思恩格斯全集》历史考证第 2 版（MEGA 2）摘录笔记和手稿的最新文献”，张一兵的“《走进马克思》一书的内容简介则称该书是立足于《马克思恩格斯全集》历史考证第2版（MEGA 2）”，但遍稽《走进马克思》一书没有一个MEGA 2的注释；而《回到马克思》一书绝大部分引用的仍是中文版，仅有的MEGA 2的为数很少的注释，也只是限于告诉人们马克思的某一文本刊登于MEGA 2的某一卷。因此，该文认为，这种研究虽有文本学研究之名，其实并不是以马克思思想和文本为本位来展开自己的工作，而是以文本解读为契机和手段推出一个自己心目中的马克思形象，并进而像作者所渴望的那样向人类思想宝库推荐自认为有价值的论点。

三、关于阿尔多塞的结构主义马克思主义

2002年度发表的有关法国哲学家、结构主义马克思主义者阿尔多塞的论文，泾渭分明地分为肯定阿尔多塞的结构主义马克思主义和否定阿尔多塞的结构主义马克思主义的双方。

肯定阿尔多塞理论的一方，从赞成阿尔多塞的核心理论范式，到称赞他的理论反人本主义、一直到称赞他的代表作《保卫马克思》。

关于阿尔多塞的核心理论范式，肯定者说它是阿尔多塞全部哲学理论的核心范式，是进入阿尔多塞理论逻辑大厦的惟一路径。可是在过去国内的相关研究中，这一关键词的深刻内容和基本语境却被严重地遮蔽了。他认为，问题在于这是内在于总体并建构总体结构的特定结构，是作为现代科学认识论研究中心的主导性理论框架（或称认知结构），是对客观问题的一个具体的主观回答，并且是以一种理论体系表现出来的问题体系。阿尔多塞认为，哲学之问不是思想的现成生产、生存和发生，这与他所说的认识不是反映而是生产的说法相一致。对此，肯定者称赞说，阿尔多塞这里的思考是异常深刻的，阿尔多塞比海德格尔科学的地方是将这种追问落实在无主体的客观发生之上；马克思的历史唯物主义超出旧唯物主义的一个关键方面，就是从感性实体中超拔出来：他从直观物中发现了在特定历史情境中的生产活动，并从生产活动中又抽象出生产方式，而阿尔多塞的问题式的真正现实基础是一定历史条件下的社会结构，所以，这是一种历史唯物主义的理论命意⑤。

关于阿尔多塞的理论反人本主义，肯定者在其文章标题中就把它定位为“马克思主义最重要的基本原则”，并就此进行论证说，大写的“人”是思想的基础，马克思主义理论逻辑却不是从“人”出发的。因此，以《1844年经济学哲学手稿》来重构马克思主义哲学的企图，只能是一种资产阶级意识形态的历史伪造，肯定者认为阿尔多塞的这个辨识是基本正确的。对于阿尔多塞所说马克思在《1844年经济学哲学手稿》中所主张的那个站不住脚的论点是历史是主体（即在异化劳动中被异化的人类本质）的异化过程的历史的说法，肯定者也认为这一点，阿尔多塞没有完全说错。肯定者还认为，在1845年以后，马克思开始同一切把历史和政治归结为人的本质的理论即理论上的人本主义彻底决裂。马克思对自己的费尔巴哈信仰进行了根本清算，把作为一种总体理论框架的人本主义当作意识形态加以抛弃，从理论上拒绝了人本主义。所以，成熟的、真正的马克思主义就是理论上的反人本主义。肯定者还强调说，阿尔多塞的这种批判性界说一直到今天还存在积极的理论意义，主体哲学是资产阶级意识形态在哲学上的表现形式⑥。

关于阿尔多塞的代表作之一《保卫马克思》，肯定者认为阿尔多塞第一个观点鲜明地提出了要在科学的立场上保卫马克思的口号，在西方马克思主义的历史上，这是划时代的重重一笔。这是因为，在苏共20大以后，一些人对斯大林以及苏共在特定历史时期失误的批评，在思想根源上被错误地诱导到一种人道主义的注解中去了，把许多罪行都归因于斯大林个人对人性的粗暴践踏和蔑视，由此从逻辑理论上得出的结论便是要恢复马克思主义沦丧的人学本质了，情绪和义愤恣意充当其哲学，人的悲剧性生存情境反转伪托成一种人学狂热，以一种意识形态反对另一种意识形态，这是社会主义国家（包括中国）从教条主义时代断裂中发生的共生性现象。邓小平及时地终止了这种形而上学式的美学救赎论，是因为他深知现实的中国大地首先需要的是非人的科学与生产力的真实发展。肯定者还说阿尔多塞在面对传统意识形态消解时，为防止意识形态（人本主义）复活所提出的四大科学原则基本是正确的。这四大科学原则，一是解构教条主义的强制，的确会使研究工作获得真正的自由；二是超出教条主义的阴影，能够使我们开始真正科学意义上的研究工作；三是否定了教条主义的独断式的妄自尊大，我们可以了解和承认国外过去和现在的成就，真实地认识我们自己；四是摆脱了教条主义的僵化观念，我们可以充分认识到马克思并没有终结马克思主义哲学，还有大量的工作需要我们去做。结论是：要真正摆脱意识形态，恢复马克思主义的科学形态，惟一的途径就是重返历史，回到马克思那里去，这与那种动辄大谈马克思主义哲学新发展的传统意识形态是根本异质的理论态度⑦。

否定阿尔多塞的结构主义马克思主义的另一方，则认为肯定阿尔多塞的一方所提出的这种“回到马克思”，虽然其本意是重新解读马克思的原著，以努力呈现马克思文本和其思想发展历程的原象，但其解读带有浓重的阿尔多塞的结构主义马克思主义的痕迹：第一，其解读方法在很大程度上是对阿尔多塞的症候阅读法的仿效，其写作方式无非是把阿尔多塞所说的“表层结构”和“深层结构”换成了“文本表层语句”和“话语的隐性逻辑”，他所追问的“文本表层语句”之后，更深一层的“话语的隐性逻辑”，实际上也就是阿尔多塞所挖掘的“表层结构”之下的“深层结构”；第二，他的所谓马克思思想发展进程中的“非连续性”说，基本是接受了阿尔多塞的“认识论断裂”说，所不同的是，阿尔多塞认为马克思的著作中只存在一个意识形态和科学之间的断裂，而他讲的“非连续性”的转变则有两次，但说到底，还是阿尔多塞“认识论断裂”说的翻版；第三，他解读马克思原著的新发现与阿尔多塞对马克思原著的看法大体相同，他对阿尔多塞的仿效决定了他的解读必然会得出与阿尔多塞大体相同的结论⑧。

在否定阿尔多塞结构主义马克思主义的另一方中，还有人写文章揭示《回到马克思》一书的阿尔多塞情结：文章不同意《回到马克思》关于在马克思的《1844年经济学哲学手稿》中人本主义异化逻辑线索始终占主导地位、是统摄性的权力话语，而从现实出发的客观逻辑线索始终是不自觉的和隐性的，直到在《关于费尔巴哈的提纲》中，马克思才第一次自觉地真正打破旧有的人本主义异化史观逻辑，使马克思的话语在一个全新的理论框架中科学地重写重构等说法，而认为在《1844年经济学哲学手稿》中马克思已经在资本主义的经济现实中发现了共产主义的主观条件，在那里，马克思把唯物主义现实线索与人本主义相结合，构成了一个特殊的过渡性的理论整体：以资本主义现实为批判对象，而以人本主义类本质为批判依据，同时又预示了对上述两条线索结合成的理论整体的扬弃，这就为未来思想发展奠定了两个理论质点，一个是提出“人怎样异化”的问题，这个问题的提出，就是对劳动异化论的超越；另一个质点是《1844年经济学哲学手稿》还“把工业看成人的本质力量的展示”，为解决人类的发展本质问题提供了一个思维方向，后来成为马克思生产力概念的思想前提。在《德意志意识形态》中，马克思虽然以生产力取代人的类本质而成为共产主义社会形式的规定因素，但马克思并没有像《回到马克思》一书所认为的那样完全放弃人本主义论证方式，而是对它进行了进一步的人本主义改造。所以，在《关于费尔巴哈的提纲》以后的历史唯物主义，是《1844年经济学哲学手稿》的发展和改造形式，而并不是像《回到马克思》一书所说的那样，似乎马克思重构了一个“异质”、“全新”的理论架构。在此基础上，文章还批评了被《回到马克思》一书认为“包含了重要的合理成分”的阿尔多塞的断裂论：那种断裂论的实质是两种理论框架的逻辑断裂，认为1845年标志着马克思思想中两种理论框架——由意识形态到科学认识的转变。在阿尔多塞创立断裂论30多年以后，《回到马克思》一书又重新跳进断裂论的陷阱，而事实却是从《1844年经济学哲学手稿》到《关于费尔巴哈的提纲》其间并没有一个统摄性思路的转换，并没有一个理论范式的转变，并没有一个思想发展的断裂带，断裂论对于解读马克思学说的建构过程是不成立的。最后，文章还对《回到马克思》一书所认同的阿尔多塞的结构主义马克思主义解读方法提出质疑：阿尔多塞把马克思的学说理解成一个结构，必须采取给精神病人看病时所采用的那种通过对马克思本人来说是无意识的失语、遗忘、沉默等症候去发现的症候解读法去解读，而《回到马克思》一书正是从阿尔多塞方法所说的这种所谓无意识中，去构造出马克思本人根本没有觉察到的理论结构的。例如，马克思在《黑格尔法哲学批判》中就已得出市民社会的物质生活关系决定国家形式和法的关系这样的社会唯物主义，《回到马克思》一书却偏偏不顾马克思的这个有意识的论述，而去求助于无意识的症候，反复强调马克思那时“恰恰远离社会唯物主义”，从而有意识地为其断裂论解读制造根据。《回到马克思》一书还继承了阿尔多塞的“同时态解读法”和“框架转变解读法”，否定了马克思思想发展的连续性，错误地把马克思学说的同化生成过程解读成两个完全断裂的阶段，而其根源则在于，它忽略了马克思本人有意识的文本表述，硬要从隐匿的症候中去发现真义，因此，所谓隐匿的症候不过是解读者自己的主观希望，结果是声称“回到马克思”，却有可能回到阿尔多塞⑨。

四、关于卢卡奇的社会存在本体论

2002年在北京地区杂志上发表的有关卢卡奇的论文，主要是以卢卡奇在晚年对马克思主义本体论的建构为主题的。

为什么卢卡奇要在晚年致力于建构马克思主义本体论？文章认为，这主要是为了要更新社会主义，使其通过彻底的改革而再生，为这样的事业奠定理论基础，为了给马克思主义的现代化提供一个基础。在马克思主义的发展史上，列宁和他领导的党曾经从实践和理论的方面更新了马克思主义基本的和总的历史趋势，特别是把人类朝着真正的人类的方向发展的趋势加以具体化和现实化；葛兰西等人也曾在20世纪20年代尝试着为这种努力进一步制定某种理论，但自从斯大林把持了马克思主义的话语权以后，这些努力就遭受了挫折而宣告终止。但斯大林所建构的马克思主义哲学却放弃了应有的哲学功能，沦为一种政治策略，具体地说，就是只关注政治经济状况，而不关心人本身的存在和发展问题，而且由于斯大林这种从策略主义、官僚主义的角度加以歪曲的马克思主义占据着垄断地位，再加上斯大林式的社会主义又犯了许多错误，致使马克思主义实际上处于危机之中。影响所及，由于没有把马克思主义的本体论思想建构出来，就无法使人类朝着真正的人类的方向发展。

那么，卢卡奇从1964年一直到1970年的晚年，在《社会存在的本体论》一书中到底建构了一种什么样的马克思主义的本体论呢？文章认为，马克思从最简单的形态运动中概括出了存在的根本共性，这就是在承认存在本身就是一个不可逆转的过程的基础上，提出一种包含一切存在的统一的本体论。卢卡奇认为，存在着无机自然、有机自然和社会这样三大存在形态，也即自然存在和社会存在这样两种存在方式，所谓存在是一个不可逆转的过程，意味着社会存在是以自然存在为前提、是自然存在的发展结果，但社会存在又是一个不能用低级存在的特性来加以说明的高级形态的存在，所以，马克思主义的本体论必然是社会存在的本体论。由于自从人类产生并形成社会以后，存在物中首次出现了主体和客体，存在物之间的发展变化不再是只受因果规律的支配，就连纯粹的无法控制的自然世界也引起目的论的设定，所以，卢卡奇认为，目的论设定是社会存在本体论的根本特性，而把人的主体性当作社会本体论的实际内涵。这样，卢卡奇就以马克思主义的名义呼唤哲学对人的存在状态的关注。

卢卡奇建构的马克思主义本体论有什么当代意义？与那种认为卢卡奇的建构会模糊马克思主义哲学与旧哲学的本质区别，从而取消马克思主义在哲学领域所实现的革命性变革的意义的观点相反，文章认为，卢卡奇的马克思主义本体论建构正是在这一点上体现出独特的当代意义：长期以来，人们在充分估计马克思主义哲学的革命性变革的意义的时候，实际上存在着一种把马克思主义哲学同哲学的形而上学传统完全割裂开来，认为它并不需要满足人们对形而上学的欲望的倾向。然而，在后工业社会，由于物欲主义泛滥，人的精神家园破灭，科学发展愈益失去控制，科学主义的基础动摇，知识和信仰已不再能满足生存的需要和生活的必须，出现了后工业社会的形而上学危机。有的西方哲学家把海德格尔将关于存在的哲学与关于人的哲学结合起来的做法，看作是当代形而上学倾向特征的体现，卢卡奇则从发展马克思主义哲学的角度吸取了资产阶级哲学中出现的这种时代性转变：认为科学的发展导致了未知领域的增加，只有在本体论的形式中，才能把握这些事实；认为反对物质主义对人的操纵，追求有意义的生活就是寻找新的本体论，这也是后工业社会对哲学提出的新要求。在这个意义上，把人的改造看成马克思主义的中心任务将意味着马克思主义的一个崭新的阶段；同时，也只有马克思主义的本体论，才能承担起人们在对未来展望时所需要的一种充满理想色彩的哲学理念。社会存在本体论的必要性就在于，只有在社会实践本体论的基础上，有见识、有选择能力和有勇气摆脱各种物化趋势的人，才能够看到人类存在这个问题是与自己的存在有关的，才能够看到这个问题为自己走向自己的存在指出了途径，才能够去实现这种存在。所以，恢复马克思主义应有的形而上学功能，这绝不是离开马克思主义，而是复兴作为信仰体系的马克思主义⑩。

五、关于葛兰西的文化领导权思想

葛兰西是西方马克思主义思潮的创始人之一，在他的众多的理论构思中，意识形态和文化上的领导权思想是受到人们较为普遍和经久的关注的问题之一。2002年在北京地区报刊上发表的有关葛兰西的文化领导权思想的文章，侧重从马克思和列宁对于这一思想形成的影响和葛兰西对这个概念的创新性两个方面来加以展开。

文章认为，马克思和列宁的一些理论是葛兰西文化领导权思想的直接来源，虽然它们从来也不是马克思主义经典作家的主要概念，但是，马克思的国家与阶级意识理论、列宁的领导权思想，又同葛兰西的文化领导权思想有着密切的联系。

有些西方学者和庸俗马克思主义者把马克思的

国家理论归结为工具论、简化论或还原论、暴力论，认为马克思缺乏民主国家的理论，马克思关于国家的理论不能解释战后资本主义国家所依靠的并不是在经济上占统治地位的阶级的强制统治，而是其统治也得到大多数人口的同意与支持这个事实，正是葛兰西在这一点上填补了马克思主义的空白，他们把葛兰西对文化领导权中服从和同意的强调看作是对马克思主义的一次革新与创举。文章在具体分析了马克思早期几篇论文中有关国家的论述之后指出：相比早期的“普遍理性与利益”的国家观念，马克思在后来的确扩展了国家研究的视角，虽然他偏重于国家的政治社会特征的分析，有把国家等同于政治社会的倾向，但“理性国家”的观念只是被他融进对国家的工具特征的分析中，并未完全取消，而那些来自市民社会对理性国家的同意的特征，也同样融进了统治阶级的统治中，马克思认为这是理论上的矛盾，而在真实中存在着“国家”的现实。而葛兰西则认为完整的国家、广义的国家不等于政治社会，而是政治社会和市民社会的结合，所以，他就把在马克思那里政治社会与市民社会不分的特征，明确地加以分开，同时又把统治（或强制）与“同意”明确分开。关于市民社会，马克思是从生产与交换的角度来谈论的，他认为市民社会不是精神发展的一个阶段，而是受生产力制约、同时也制约生产力的社会交往组织和物质生活关系的总和，全部政治和思想上层建筑的基础。总之，在马克思那里，因为市民社会是经济基础领域里的东西，所以，国家不是市民社会的基础，相反地，要到从政治经济学角度解释的市民社会中去理解国家；而葛兰西则把市民社会划归意识形态的上层建筑，是完整的国家或广义的国家的一部分，是一个创造与传播思想的技术手段。在葛兰西那里，上层建筑分为政治社会与市民社会这样两个相互渗透的部分，政治社会强制市民社会的成员服从它，主要利用议会、法院、选举取得公众的支持，通过教育使民众接受资产阶级的世界观、政治观，而市民社会对政治社会的渗透也不必然是反抗的，市民社会中的霸权组织，如政党和有组织的教会，在特殊的历史时期和条件下，往往会变质成为统治阶级国家机构中的一部分。正是市民社会和政治社会的复杂联系，强制与同意的共同默契，解释了为什么资本主义一些发达国家没有爆发无产阶级革命的原因。无产阶级要推翻资产阶级的统治，首先要在资产阶级的市民社会中夺取文化—意识形态的领导权，重新把政治社会吸收到市民社会中去（也就是达到马克思早期所坚持的理性国家状态），随着市民社会的扩大并占领政治社会，政治社会也就消失了。

关于阶级意识，马克思认为无产阶级会形成革命的意识，这是不成问题的。列宁则否定工人阶级意识形成的自发性，而强调阶级意识的外部灌输性。葛兰西似乎综合了马克思和列宁的思想。他与列宁一样，认为工人阶级意识不能完全自发地从生产环境和阶级斗争中产生，需要杰出精英从外部系统地把革命意识灌输进去，形成群众意识，但葛兰西又不完全否认自发性，他认为群众本身拥有一些“常识”，即对社会日常生活未加批判的世界观，这是一种既包含真理成分，又大多以未加批判的论据为基础的从属阶级的世界观，需要有知识分子利用文化领导权以系统、融贯、批判的方式加以改造，以便创造新文化。

列宁在《怎么办?》一书中的立论，更是葛兰西形成其领导权思想的重要来源，葛兰西强调列宁在反对各种经济主义倾向时，重新估计了文化斗争阵线的作用，并提出了领导权（统治加思想和道德的领导）的理论作为对国家——武力（无产阶级专政）理论的补充，作为马克思主义理论的当代形式，统治（强制）是一种行使政权的方法，而领导权则是保障以广泛赞同为基础的政权的稳定性方法。

葛兰西的领导权思想受马克思和列宁的影响，又有所发展和创新：一是他把这个概念从适用于无产阶级，扩展到也适用于资产阶级，使之成为一般阶级斗争的一个特征；二是他把文化、道德、知识因素也放入到这个概念中，把无产阶级的道德和知识作为领导权的核心，认为文化领导权是夺取政权和执行政权的前提。而在列宁那里，领导权概念的主要意思是在涉及所有阶级、阶层的广泛的群众运动中，工人阶级的先锋队政党应起政治领导权的作用；它一般是指无产阶级在民主革命中的领导权；列宁所说的领导权是内在于权力斗争与“统治”（强制）之中的，是工人阶级及其代表为争取大多数群众而采取的策略，而且只有在革命取得真正性的与关键性的胜利之后，才能获得；此外，对于列宁来说，领导权与统治是在广泛的政治过程中融为一体的[11]。

六、关于哈贝马斯的生活世界理论

哈贝马斯曾经是法兰克福学派第二代的主要代表之一，现在更是西方马克思主义各派大师中间硕果仅存的一位，“生活世界的殖民化”是哈贝马斯交往行动理论中的一个概念。2002 年在北京地区报刊杂志上发表的论文对哈贝马斯生活世界理论的探讨，主要围绕着这一理论在当今的现实意义而展开。

文章认为，生活世界理论是哈贝马斯出于强烈的现实关怀，作为对现代社会危机的回应而提出来的。在现代世界，科学技术理性的工具主义特征，连同其数学化、程序化、抽象化、机械化的特征，渗透并流行于社会结构的各个领域，致使人与人之间只有在职业上的分工所决定的权力交往和为物质需求而进行的金钱交往，充满友谊和情感的语言交往显得日益困难，形成了“生活世界殖民化”的危机。解救之道在于重塑和维护生活世界，所以，哈贝马斯强调交往合理性与生活世界的内在统一性，力图为人们撑起一个理想的意义世界和精神家园，达致生活世界的合理化。但是，由于哈贝马斯将现实物质生活、人的对象化活动排除在生活世界之外，忽略了现实生活的特定的社会形式，缺乏对资本主义社会矛盾的实质的深刻理解，把社会冲突仅仅归结为是由社会文化的压抑性与舆论结构的不合理性所造成，而且仅仅从制度的理性化和社会文化系统、意识形态方面去寻求摆脱危机的出路，这就必然使其重塑生活世界的方案带有明显的浪漫色彩和乌托邦性质。

一是哈贝马斯把语言交往看作是生活世界的中心内容，主张通过建立“理想的商谈情景”或“合理的语义交往结构”，来恢复作为主体际共同视界的生活世界，这显然片面夸大了语言在社会交往实践中所起的作用。

二是哈贝马斯把复杂的人类社会活动截然地划分为目的合理的行为和交往行为，把人与人之间在生产过程中结成的社会关系完全抽象为“理解”关系或“对话”关系，把交往实践仅仅看作展开与主体之间的交互性意识活动，这就割裂了人的言语行为和实践活动之间的内在联系，使他只能从认同资本主义现状的立场上去考察社会的合理性，而把资本主义所造成的危机和矛盾看作根源于人与人之间的不信任、不理解。哈贝马斯的交往行动合理化遵循着从生产范式倒退的路线，他所憧憬的生活世界模式最终只能是一种主观设定的、缺乏现实根基的语言乌托邦。

三是哈贝马斯把生活世界合理化的实现，完全寄希望于道德理性的提高，把道德实践知识的发展作为社会发展变革的决定性因素，也是不切实际的。他把交往活动仅仅看作是一种道德实践活动，把建立理想的道德规范，看作是对整个社会变革的法宝，这是在把问题本末倒置。

但是在另一方面，哈贝马斯的生活世界理论对于启发我们从社会一体化整合的角度来考察当代社会，建构合理的、健全的社会关系，寻找一条符合中国国情的现代化发展路途又有一定的借鉴意义，或许可以给我们一定的启迪。因为当前中国现代化所必须解决的一个根本问题，就是要在大力弘扬现代工业文明主导精神的同时，发展文化启蒙和现代教育事业，推动社会运行体制的民主化、理性化和法治化进程，建立适合社会主义市场经济的理性原则的平等的、自由自觉的、民主的、法治的交往模式，防止正常的主体间交往关系沦为金钱关系和物与物的关系，实现人际关系的民主化，促进社会经济、政治、文化价值系统的平衡演进，以确保我们行政管理、经济决策、文化创造等各个层面的社会活动的健康发展。

（作者：中国社会科学院研究员）

注：

①王雨辰：《当代西方马克思主义研究之我见》，《江汉论坛》，1997年第9期；《当代西方马克思主义研究中若干问题的辨析》，《马克思主义研究》，2000年第1期；《我们到底应当怎样认识和评价当代西方马克思主义》，《马克思主义研究》，2002年第2期。

②徐崇温：《关于西方马克思主义研究中若干问题的辨析》，《江汉论坛》，1999年第1期；《评“西方马克思主义”就是马克思主义论》，《马克思主义研究》，2000年第5期；《再评“西方马克思主义”就是马克思主义论》，《马克思主义研究》，2002年第6期。

③张亮：《西方马克思主义哲学研究的方法论问题——兼评张一兵的〈无调式的辩证想象〉》，《天津社会科学》，2002年第5期。

④聂锦芳：《目前马克思主义哲学研究中的史论关系问题省思》，《哲学动态》，2002年第9期。

⑤张一兵：《问题式：阿尔多塞的核心理论范式》，《哲学研究》，2002年第7期。

⑥张一兵：《反人本主义：马克思主义最重要的基本原则——析阿尔多塞的主体哲学批判》，《人文杂志》，2002年第3期。

⑦张一兵：《阿尔多塞与〈保卫马克思〉》，《马克思主义研究》，2002年第5期。

⑧《重释历史唯物主义与“回到马克思”——访段忠桥教授》，《哲学动态》，2002年第9期。

⑨郝敬之：《〈回到马克思〉的阿尔多塞情结》，《哲学动态》，2002年第9期。

⑩黄力之：《走向马克思主义哲学功能的全面化

——论卢卡奇对马克思主义本体论的建构》,《哲学研究》,2002年第11期。

⑪孙晶:《葛兰西的文化领导权思想》,《马克思主义研究》,2002年第3期。

⑫任恺:《哈贝马斯“生活世界”学术管窥》,《马克思主义研究》,2002年第4期。

哲 学

马克思主义哲学

王 东 陈海峰

2002年马克思主义哲学的研究,继续着千年之交世纪思考带来的活跃走向。围绕着马克思主义哲学创新、创立21世纪马克思主义哲学新形态目标,哲学界众多学者著文立说,在往年研究的基础上,发表了一系列观点,呈现出百花齐放、百家争鸣的新局面。这一年的马克思主义哲学研究,表现出研究主题更为集中,探讨更为深入的特点。对马克思主义哲学解读法、哲学观、存在论、创新观、全球化、中国化、文明观等七个重大问题,学者们进行了集中的思考与探讨,形成了马克思主义哲学创新的七个重要生长点。

1999年南京大学张一兵发表了《回到马克思——经济学语境中的哲学话语》一书,特别突出地提出了对马克思哲学文本的五大解读模式问题,由此引发了“回到马克思”与解读模式的大讨论。2002年,南京大学孙伯鍨、张一兵又主编了《走进马克思》一书;上海复旦大学刘放桐发表新著《马克思主义与西方哲学的现当代走向》;俞吾金发表专著《实践诠释学——重新解读马克思哲学与一般哲学理论》;陈学明等发表新著《走进马克思——苏东剧变后西方四大思想家的思想轨迹》;北京师范大学杨耕发表专题论文集《为马克思辩护》;吉林大学孙正聿发表新著《马克思辩证法理论的当代反思》;武汉大学何萍、李维武出版新著《马克思主义中国化探讨》;苏州大学任平出版专著《当代视野中的马克思》;中央编译局罗杰明发表新著《马克思恩格斯思想研究(1833—1844)》。在一年的时间里,就有十来部研究马克思哲学的学术专著出版,充分说明这一研究正在重新走向活跃。

一、解读法

研究和发展马克思主义哲学,首先离不开对马克思哲学的解读问题。“回到马克思”,“走出马克思”等先前口号的提出,更唤起了学者们对马克思主义哲学解读法的关注。以什么方法研究马克思主义哲学,如何看待马克思的文本,如何处理文本与现实的关系,这些问题都亟待我们的探讨。许多专家学者各抒已见。

陈先达认为,马克思主义哲学和哲学史的研究必须立足现实,体现马克思主义与时俱进的理论品格,同时应该具有世界眼光和感染力。当前马克思主义哲学的研究水平有待提高,不要再追究国外争论已久的问题,历史的研究也不能再停留在按原著顺序叙述的水平上。他指出,并不能一般反对回到马克思,如果真的对马克思的一段话或某一原理发生误解和错误,那回到马克思即回到马克思恩格斯的原来的经典论述是应该的。但如果把回到马克思变成一个普遍的口号,变成马克思主义原理和历史的研究方向,甚至变成按照自己的意图和需要来重构马克思、重新解释马克思,这就容易导致对历史的曲解①。

徐崇温认为,在马克思主义的发展史上,从马克思恩格斯以来的马克思主义者一直坚持使马克思主义与时俱进的态度,这是马克思主义发展史中的主流。马克思主义与时俱进同“回到马克思”或“走出马克思”截然不同,其区别不在于要不要马克思,而在于怎样对待马克思;不在于是否看到马克思主义应该随时代、科学、实践的发展而发展,而在于变化的方向。马克思主义与时俱进的发展过程,是一个不断创新又不断继承的过程,是一个在坚持中发展、又在发展中坚持的过程,正因为这样,马克思主义经历一百多年的不断创新、与时俱进的发展历程,始终又是一个永葆生机和活力、一脉相承的科学真理的统一体②。

许全兴认为,当前解读马克思时至少要注意以下三点：首先，应把马克思的著作放在一定的历史过程中来读；其次，要完整、准确地理解马克思主义哲学，不仅要读马克思的著作，而且还要读马克思的亲密战友恩格斯的哲学著作；再次，要对历史经验和当代现实有一个正确的把握。社会主义发展过程中出现的失误确实同教条主义有关，同在哲学上忽视实践论、忽视生产力论、忽视对个人的重视等有关，从苏联传入的哲学教科书体系亟须加以改造和变革。但社会主义发展过程中的失误同承认物质本体论无关，同唯物辩证法无关。我们的失误恰恰是由于违背辩证唯物主义和历史唯物主义的结果，是离开了实事求是思想路线的结果③。

俞吾金认为，任何历史的文本，在被以后的世代不断地进行诠释的过程中，其意义总是开放的。马克思的文本和思想也面临着同样的命运。只有充分地认识到这一点，我们才不会沉湎于“回到马克思”的梦幻中。我们所要做的，不是抽空自己，返回到纯粹的、不受任何认识“污染”的马克思那里去，而是自觉地运用马克思的话语和思想，回应当今世界中引发我们兴趣的、有待解决的问题，从而阐明马克思思想的当代意义④。

陈学明认为，在今天已完全变化了的环境下研究马克思主义哲学，必须着重注意以下几点：其一，必须具有强烈的历史责任感和使命感。其二，必须迅速走出对马克思主义经院式、学究式的研究路子。其三，必须为解决当代中国和当代世界的现实问题提供马克思主义的思路。其四，必须把注意力集中于对马克思主义的当代意义的探讨与阐述上。其五，必须在马克思主义研究中求同存异，加强马克思主义研究者之间的协作⑤。

张一兵认为，马克思主义哲学研究本身是一个带有新质的创造过程，只有首先从方法上形成自觉，才有可能达到我们真正希望达到的目标。马克思学说本身的意境必然随着不同的方法、每个研读者的不同成见而呈现为特定的解释话语。人们以为是马克思的东西，恰恰是由一定的先见所决定的，并且这种先见发生作用的途径是在读与写的过程中被双重重新建构的。我们必须在进入马克思学说这一研究对象之前自省到这一点，因为只有在对对方保持自觉的前提下，人们才有可能在一定的理论负载中遵循一定的原则，历史地、具体地理解马克思及其文本，并赋以一种新的解释或现实意义⑥。

何中华认为，在对待马克思主义哲学的态度问题上，只有创造性的解读马克思才是科学的态度。“回到马克思”的口号，如果把它绝对化，就有可能陷入理解的误区。因为并不存在一个供人们回到的绝对中立的文本。而“告别马克思”的口号则完全否定马克思主义哲学的内在生命力，无视马克思主义哲学的与时俱进的自我超越本性和能力，从而把马克思主义哲学当作一种封闭的体系加以拒绝，反映了对马克思主义哲学精神的无知。正确的态度应该是：力求站在当今时代的高度，对马克思主义哲学进行“再认识”，以便创造性地诠释马克思。这种诠释的结果应当是既符合时代精神的变迁及其要求，同时也符合马克思主义哲学“文本”所提供的意义的可能性空间⑦。

北京大学哲学系一向注重马克思主义的经典文本研究。多位学者撰写了一系列文章，集中探讨了马克思主义哲学研究中的文本研究、现实问题研究及其关系问题。《人民日报》对此做了专题报道。

赵家祥认为，要发展马克思主义，首先要知道马克思主义经典作家曾经提出过什么问题，他们是如何解决这些问题的？哪些问题正确解决了，其经验是什么？哪些问题没有正确解决，甚至理论上有失误，其教训是什么？在他们提出的问题中，哪些还没有解决，我们应如何去解决这些尚未解决的问题？还有哪些应该提出的问题没有提出来，我们应如何把它们提出来并加以解决？根据新的实践和新的需要，我们应该提出什么样的新问题并加以解决？如果不考虑这些问题，发展马克思主义就会失去根基、流于空谈⑧。

王东认为，当前马克思主义哲学研究要创新，首先应实现解读模式的根本突破与重大创新，即要突破“以苏解马”、“以黑解马”、“以海解马”乃至“以恩解马”的传统解读模式，依据马克思本人的哲学文本，采用“以马解马”的新模式，真正揭示马克思哲学革命在人类哲学史、认识史上引起的划时代变革。为此，我们必须重新解读最能代表马克思哲学革命原生形态实质的四部曲：1844 年的《巴黎手稿》、1845 年的《费尔巴哈论纲》、1846 年的《德意志意识形态》第一章、在《资本论》逻辑上做出《辩证法》体系的哲学构想。这样才能实现 21 世纪的哲学创新和哲学观创新⑨。与时俱进的实事求是精神、实践精神、创新精神，这是比“马克思文本”更深层的“马克思精神”。我们不仅需要回到马克思，而且需要发展马克思，用马克思的精神回答当今时代的种种重大现实问题。只有把文本研究和现实问题研究有机结合起来，才能既推进文本研究，又使现实问题研究得到坚实的理论支撑，通过两者的积极互动，来促进马克思主义哲学的繁荣和发展[10]。

丰子义认为，近年来，对于如何推进马克思主义哲学研究，学术界有两种较有代表性的看法：一种主张加强对马克思主义经典文本的研究，回到马克思，重新解读马克思；另一种主张面向当代社会实践，加强对现实问题的研究，凸现马克思主义哲学的当代性。这两种主张就其指向来说确实不同，但并非截然对立。如果是全面、辩证地理解文本研究和现实问题研究，那么，这两种主张完全可以一致起来。事实上，这两种研究是相互影响、相互依赖的，不能用一极排斥另一极的方法来对待。使这两者保持合理的张力，正是推进马克思主义哲学研究的正确途径[11]。

聂锦芳认为，处于21世纪的我们如何研究19世纪马克思的文本，是一个必须严肃对待的问题。新时代马克思的文本研究要对过去的文本研究历史进行清理和总结，对过去的文本解读方法进行反思和更新，需要在方法论上做如下思考：其一，在文本解读的方式上，过分强调文本的现实价值和意义阐发是否会影响对文本本身完整性、准确性的把握？其二，当我们面对文本的时候，是否需要充分估计到思想与文本之间的复杂情形？其三，在解读文本的过程中，解读者角色、身份意识是否有强化与限定的必要[12]？他强调指出，如果承认马克思研究是一种科学性研究，那么它首先是历史研究、人物研究、学说研究，而不能完全把它归结为现实研究、时代研究、实践研究。真正把马克思的文本作为一个客观的对象来进行解读和探究，包括对诸如产生背景、写作过程、版本渊流、文体结构、内容与思想、研究历史与最新动态以及现实价值与意义等多个方面，一一进行详实的梳理、考证、分析和阐发，这是马克思主义研究的永恒性基础[13]。

二、哲学观

2002年7月，中国社会科学院哲学研究所、《中国社会科学》杂志与吉林大学在长春吉林大学召开了《全国马克思哲学观学术研讨会》。吉林大学高清海、孙正聿重点介绍了他们在马克思哲学观研究上的理论探索，并以此作为哲学创新契机。李德顺、刘奔、陈晏清、朱德生、赵家祥、王东等人，就马克思哲学观问题，发表了意见。

庄福龄认为，马克思主义之所以能够不断地创新，不断地发展，不断地与时俱进，关键在于有一个科学的马克思主义观，也就是对马克思主义有一个正确的看法。科学的马克思主义观的实质、核心和灵魂，就在于理论创新，就在于既要继承又要发展，既要坚持又要创新，或者说在于与时俱进。科学的马克思主义观，中心的意思就是要用马克思主义的态度对待马克思主义。他指出，要用马克思主义的态度对待马克思主义，应该遵循以下几方面：第一，要以理论和实践相统一的态度，而不是用教条主义的态度对待马克思主义。第二，要以不断学习、永不满足的态度去对待马克思主义。第三，用尊重实践、尊重群众的态度对待马克思主义。第四，要以解放思想、实事求是的态度对待马克思主义[14]。

陈先达认为，哲学的存在是多元的，哲学并没有一个惟一标准的样板。哲学具有历史性、民族性、个体性特征，因而在哲学自身范围内我们无法回答什么是哲学。要理解哲学，必须超出哲学的范围，从哲学与非哲学，特别是与实证科学在对象、问题、方法、功能等方面的区别中来揭示哲学的本质。马克思主义哲学由于它以自然、社会和人类思维规律为对象，是一种具有科学性的哲学，同时它以无产阶级和人类解放为目标，充满着对人的自由和全面发展的深切人文关怀。马克思主义哲学由于它的科学性和价值性的统一，迄今为止，它仍然是我们认识与改造世界最锐利的武器[15]。

王东指出，面向21世纪的马克思主义哲学新形态，我们可以称之为系统化的“新唯物主义”。新唯物主义从马克思本人的思想轨迹来看，主要有“三新”：第一，新唯物主义实质上是辩证唯物主义，首先新在方法上。第二，新唯物主义同时也是历史唯物主义，新在研究对象上。第三，新唯物主义也就是实践唯物主义，新在逻辑起点与哲学功能上。新唯物主义不是彼此对立的“三个主义”，而是“一个主义，三种名称”，更确切点说，是“一个主义，三种规定”：即马克思主义——新唯物主义；这种新唯物主义，在方法上是辩证的，在对象上从自然存在扩展到社会存在，在功能上从仅仅解释现存世界转向能动改造世界[16]。

李德顺认为，探讨马克思主义哲学的基本形态和结构，不是也不应该是重新造成一个封闭的单一体系。作为一个世界性的思潮，马克思主义自诞生以来就一直存在着所谓“一源多流”的情况，即同是起源于、根据于马克思、恩格斯的论述，却表现出东西方各国马克思主义以不同方式阐述、以不同方式应用和发展的多种走向和具体风格。不论具体的形态如何多样化，马克思主义的基本原理，即根本的立场、基础性的方法、核心的理念和观点，应该是逻辑一贯的，并且是现实有效的；但最重要的是，要把马克思主义当作是一个活着的、开放的先进思想之流，而不是一套凝固的、封闭的教条⑰。

刘放桐认为，对马克思本人的哲学理论形态和真实意义，大致可以提出如下几点设想：第一，马克思主义哲学是将唯物主义和辩证法统一的哲学，可以称为辩证唯物主义或辩证唯物主义和历史唯物主义，但也可以有其他名称。是否坚持和维护马克思主义哲学的标志在于是否坚持和维护马克思主义哲学的基本精神，而不在于使用了什么名称。第二，马克思主义哲学是革命无产阶级世界观的理论体系，但它不是一种体系哲学。马克思主义哲学是在反对以思辨形而上学、独断论、基础主义和本质主义等为特征的近代体系哲学的斗争中形成和发展起来的，与后者有着根本区别。第三，马克思主义哲学是一种以唯物主义为基础、以主客统一为特征的实践哲学。第四，历史唯物主义是马克思主义哲学的核心⑱。

陶德麟认为，马克思的哲学的特点，马克思的哲学所造成的革命正在于它把实践看作理解“全部社会生活”的钥匙。可是这并不等于说马克思抛弃了旧唯物主义肯定过的前提，或者反对旧唯物主义关于世界的物质性的论断。马克思的哲学确实超越了旧唯物主义，也超越了唯心主义，但这种超越不是对造成唯物唯心对立的哲学基本问题置之不理，不作回答，不是抛弃它们在回答那个问题时的正确的成分，而是在肯定它们的正确成分的基础上作出更高的综合，把认识水平提高一步。如果只说到唯物主义的这个论断为止，当然不是马克思的哲学；可是如果连起码的一般的唯物主义命题也不承认，那就更不是马克思的哲学⑲。

杨学功认为，在最一般的意义上，与传统哲学的抽象概念化的体系结构的特点相分离，马克思把哲学变成了关注现实世界的活的思想。马克思哲学在哲学史上所实现的变革，不仅表现在它的具体理论观点与旧哲学迥然有别，而且首先表现在它的哲学观与旧哲学根本不同。它改变了哲学的对象、性质和功能，改变了哲学问题的提法和探讨哲学问题的思维方式。我们只有首先深刻地理解马克思的哲学观，才有可能把握马克思哲学变革的实质和意义⑳。

三、存在论

马克思存在论也是本年度的一个热点问题。2002年5月，第二届全国马克思哲学论坛以“马克思的本体论思想及其当代意义”为主题在上海复旦大学和上海市委党校召开，北京哲学界众多学者出席了论坛，并发表了很多有价值的见解。一年来，学者们相继发表论文、观点，对马克思存在论思想进行了更加深入的思考和解读。

黄楠森认为，应给本体论或存在论一个正确的定位，从而为马克思主义哲学的体系创新开辟道路。哲学的核心是世界观，世界观是对整个世界的整体研究或规律研究。本体论是世界观中最重要的构成因素，作为世界观各个构成要素的基础，本体论可以看作世界观的第一个分支。马克思主义哲学占主导地位的是唯物主义本体论。我们现在的辩证唯物主义和历史唯物主义还是拼凑起来的体系，远没有完成科学形态的理论建构，因此，马克思主义哲学研究不仅有跟上时代的问题，也有体系本身的重新研究和体系创新的问题，而讨论马克思的本体论思想，对于正本清源，深刻把握马克思主义的世界观，无疑具有重要意义㉑。

丰子义认为，目前学术界争论的焦点，主要不在于马克思主义哲学有没有本体论，而关键在于如何理解和看待马克思主义哲学的本体论。由于任何理解总是和它特有的方法联系在一起的，因而要准确地理解和把握马克思主义哲学的本体论，必须注意考察马克思研究本体问题的方法论。他从四个方面提炼了马克思研究本体论的方法：（1）从“关系”的观点看待本体问题；（2）从活动、过程的观点来看待本体问题；（3）从生存论的角度来研究本体问题；（4）从“人”的观点看待本体问题㉒。

陈先达认为，如果要给马克思主义哲学本体论以名称的话，不如称之为辩证唯物主义本体论。马克思主义哲学的本体论理论是一个包括重大问题的问题域。例如，自然、物质、社会、实践、规律、运动，等等，都是它的重要范畴，把它们对立或割裂开来，都会歪曲马克思主义哲学本体论的本质。他认为，马克思主义哲学不能归结为生存哲学或生存论哲学。不把颠倒的世界颠倒过来，没有一个合理的社会，就不会有合理的生存环境。人的生存问题，说到底是一个正确处理人与自然的关系问题、正确处理人与社会关系的问题。否定物质世界的客观实在性，无视世界的客观性，无论在理论上或实践上都必然陷入困境㉓。

韩庆祥认为，马克思哲学的本体论既不是物质本体论，也不是实践本体论，而是感性实践生成本体论。这种本体论是一种开放性的、建构性的、过程性的、中介性的、感性的、动态性的本体论。马克思哲学的“新”和“现代”集中表现在它关注的主题是“人的生活世界”或“现存的感性世界”，而不是整个物质世界。马克思的感性实践生成本体论是对传统本体论的扬弃，这样的本体论是马克思哲学发生划时代变革的根本所在，它使马克思哲学成为一种崭新的形态[24]。

俞吾金认为，马克思在哲学上的划时代的贡献是创立了历史唯物主义，历史唯物主义乃是本体论革命的产物，换言之，历史唯物主义也就是马克思的新本体论。这种新本体论，就其实质而言，乃是生存论的本体论，而在马克思那里，生存的最本质的内涵就是生产。从本体论研究的角度看，马克思广义生产理论的核心和实质是社会生产关系，在这个意义上也可以说，马克思的本体论本质上是社会关系本体论，而马克思关于实践、异化意识形态、上层建筑和社会革命的理论都是从这种本体论的基础上被引申出来的[25]。

高清海认为，对马克思的哲学来说，根本不存在什么“恢复不恢复”本体论的问题。马克思否定的是传统的以“绝对化”为基本特征的“本体思维方式”，并没有简单的抛弃本体论。马克思的哲学不是宗派理论，而是一种与一切旧哲学都根本不同的全新哲学形态。如果一定要说马克思的哲学只能是什么本体论而不应该是其他，这不仅在思想上容易陷入绝对化，还必然会引起不同本体论见解之间无休止的无谓之争[26]。

孙正聿认为，本体论旨在寻求“何以可能”的根据；寻求“什么”何以可能，构成特定的本体论。马克思的本体论革命包含着三重内涵：一是把本体论对“何以可能”的追问定位为对“人的解放何以可能”的寻求，实现了本体论的理论内容的变革；二是把对“人的解放何以可能”的寻求诉诸对人的历史活动的理解，实现了以唯物史观为依托的理论基础的变革；三是把对“人的解放何以可能”的寻求诉诸人对自己既定状态的扬弃，从而变革了传统本体论把对“何以可能”的追问定位为某种“永恒在场”的研究方式，实现了本体论与“革命的、批判的”的辩证法的统一[27]。

孙伯鍨认为，马克思主义哲学所提供的只能是正确的世界观和方法论，而世界观与方法论决不等于传统意义上的本体论，马克思主义哲学不是体系哲学，因而不承认有什么最高原因或绝对实体，因而也不认为有作为体系哲学的绝对开端的世界本体。马克思主义哲学的革命意义主要不在于从近代认识论走向现代认识论，也不在于以一种新型的本体论体系取代西方传统的本体论。马克思主义哲学的特征在于：立足于当代社会实践，对人们的现实生活条件和历史发展进程进行科学考察和反思批判，它是面向现实的批判精神和彻底改造社会的科学方法论[28]。

张奎良认为，必须从马克思的哲学革命变革的宗旨和使命出发，把本体论问题放到“解释世界”和“改造世界”的框架内，才能给马克思的本体论思想以正确的诠释和定位。马克思终结了传统的思辨形而上学本体论，但却继承和光大了人类的形而上学情结和追求，并以人和人的实践活动为底蕴，深刻地回答了世界本真存在的追问。关爱生命，提高人的素质，促进人的全面发展，这就是马克思本体论思想的当代价值所在[29]。

衣俊卿认为，本体论不只是哲学的具体论题或论域，它首先是哲学的本性，是人之生存所内在的本体论诉求和终极关怀的理性表达或自觉澄明。在哲学的演变中，存在着两种基本的本体论范式：其一是以过去为定向的、还原式的、决定论的本体论范式；其二是以未来为定向的、开放式的、生存论的本体论范式。马克思的哲学通过对现代哲学的深刻影响，在超越以过去为定向的、还原式的、决定论的传统本体论范式和确立以未来为定向的、开放式的、生存论的本体论范式的哲学转折中起到了决定性的作用[30]。

邹诗鹏认为，要论证马克思哲学思想的当代性或当代意义，就不能回避它之于现代性难题有何价值问题。马克思哲学是执行着现代社会自我批判的现代哲学，内在地具有对现代性的批判精神和超越向度，实质上是终结了一切哲学形而上学的历史性的“生存—实践”哲学。实践—生存论是马克思实践哲学中蕴含的作为当代哲学生存论转向的目标与方向的生存论理论与结构。当代哲学生存论转向的起点应当是马克思的实践哲学，包括通过马克思实践哲学获得理解的生存哲学。只有在马克思实践哲学中，当代哲学生存论转换的目标及意义才能得到合理的阐释与理解。它是马克思实践哲学当代性的理论表达形式，同时也是马克思实践哲学富于自我批判与超越精神的理论表现形式[31]。

四、创新观

2001年7月，根据黄楠森、陶德麟、赵凤岐、陈先达等6位哲学家倡议，由中共中央党校、中国社会科学院、北京大学与深圳市共同主办了“中国共产党与马克思主义哲学创新”理论研讨会，来自全国20多个省市的170多位专家学者到会。黄楠森主编的专题论文集《中国共产党与马克思主义哲学创新》，在2002年出版。书中收入了黄楠森、徐崇温、杨春贵、石仲泉、董京泉、陶德麟、刘放桐等著名专家的论文。创新观，特别是哲学创新观问题是一个中心议题。

庞元正认为，马克思主义哲学只有紧跟时代，与时俱进，不断创新才有可能真正成为时代精神的精华，成为引领实践的科学的世界观和方法论，成为指导亿万群众认识世界、改造世界的强大思想武器。而我们要使哲学与时俱进，引领实践，就必须使哲学深深扎根于实践，善于从当代科学和人类实践的最新发展中吸取新鲜营养。在知识创新、技术创新和管理创新成为经济生活重要现象的当代，创立创新劳动理论和创新劳动价值论，已经成为实践发展的迫切需要[32]。

杨耕认为，密切关注变化中的实际，随着实践的发展而不断进行理论创新，这是马克思主义的科学本性。江泽民在论及迎接党的十六大的思想理论准备工作时，强调要“以实际问题为中心研究马克思主义”，这一命题实际上是对马克思主义发展史和社会主义发展史的科学总结，同时又为我们如何坚持和发展马克思主义指明了方向。而“三个代表”思想则是“以实际问题为中心研究马克思主义”的典范，这是一种发展着的马克思主义，我们必须用这种发展着的马克思主义指导新世纪的新的实践，这是我们不断取得建设有中国特色社会主义事业胜利的根本保证[33]。

孙正聿认为，在新世纪发展马克思主义哲学，就不仅必须持之以恒地坚持“面向现实”的哲学研究，而且需要自觉地以哲学的方式“面向现实”。面向现实，这是哲学生命的源泉，也是哲学创新的源泉。哲学面向的现实不是各种实例的总和，而是各个时代的时代精神。哲学不是以解释世界为目的而面向整个世界，而是以改变世界为旨趣而面向整个时代。哲学以反思实践的方式而实现自身的改变世界的目的，并以自我批判的方式而实现自身的与时俱进[34]。

衣俊卿认为，全球化时代哲学研究的合理定位应当是回归文化批判，这是哲学的本分，也是全球化进程的内在要求。目前我们的哲学研究中存在着两方面的弱点：一是缺少对哲学本性的深刻认识，常常把许多非哲学的使命加到哲学的身上；二是对全球化的文化逻辑缺乏足够的认识，还停留于对全球化的表面化、工具性的理解。因此，哲学需要一次深刻的自我解放，回归自己的本分。作为全球化时代的文化批判，哲学应当包含几个重要的维度：从文化的层面重新审视人类社会历史的演进机制，梳理人类现有的文化精神资源，培育全球化时代中国的新文化精神[35]。

张一兵认为，马克思主义哲学必须站在时代的前沿，面向具体的社会历史条件。在世界范围内，中国的马克思主义哲学有着与其他地域的马克思主义话语的显著不同，因为独特的社会历史条件决定了：它不再与经典作家对资本主义的历史批判的语境直接保持一致，而是与有中国特色的社会主义道路的历史进程保持高度的统一性。这就决定了在走向21世纪的过程中，中国马克思主义哲学面临着三个历史性课题：科学地解剖当代发达资本主义，总结社会主义的历史经验从而回答新的时代条件下社会主义的可能走向，以及阐明在全球化资本主义条件下中国特色社会主义发展道路的历史内涵。这也就是当代中国马克思主义哲学的三大历史语境[36]。

五、全球化

全球化问题随着全球经济一体化的进程在近些年凸现出来。2002年，学者们从不同角度继续阐述着对全球化及其引发问题的看法。

赵家祥、丰子义发表了新著《马克思东方社会理论的历史考察和当代意义》。丰子义、杨学功还发表了新著《马克思世界历史理论与全球化》。他们专门系统深入地研究了马克思世界史观，并以此为指导，研究了当代经济全球化的新趋势，从世界史观的新高度，对马克思亚细亚生产方式理论及其现实意义，作了新的开掘。丰子义认为，应当全面地、完整地理解马克思的思想，以求达到对全球化实质的准确把握。如果系统地把握马克思有关世界历史论述的话，可以清楚地看到，马克思并不是一般地谈论世界历史的实质，而是更多地从过程的角度，即从历史发展的角度来谈论其实质的。从其发源和形式来看，所谓全球化实质上是资本的全球化；从其发展的趋势和未来结果看，全球化的实质又是共产主义的。既然全球化的实质主要涉及共产主义和资本主义的问题，那么，今天我们面对全球化，关键是要处理好社会主义和资本主义的关系[37]。

李德顺认为，在全球化进程中，多元文化之间的冲突与融合，核心是价值和价值观上的冲突和融合。理解价值观的本质特性，是考察全球化进程必不可少的理论前提和思想基础。把握价值和价值观多元化的重要启示是：一是要清醒面对多元化的现实；二是要勇于坚持自我主体性。认真地考察理解价值观所具有的特性，并以清醒合理的方式对待之，将有助于全球化进程的健康发展[38]。

俞吾金认为，全球化作为一种行为或活动，是与行为或活动的主体不可分割地联系在一起的。必须把全球化和积极推进全球化的主体联系起来进行考察。只有当我们不再停留在表面上，即以无主体的方式泛泛地谈论全球化的时候，我们的认识才会获得深化，才会深刻地理解关于全球化的各种迥然不同的见解存在的理由。不能把全球化简单诊断为西方化，西方化完全是一个虚假的问题，普世化倒是一个应该引起高度重视的问题。真实的问题乃是蕴含在西方文化中的普世化价值，如人权、自由、民主、平等、公正、信用等观念的传播问题。这才是全部问题的要害所在。任何国家要走现代化的道路，都无法回避这些普世性的价值[39]。

汪信砚认为，全球化有两个层面：事实层面和价值层面。虽然马克思在其世界历史理论中也曾涉足全球化的价值层面，但他的世界历史理论主要还是立足于全球化的事实层面，特别是立足于其中的社会关系这个具体层面而提出的。而同时立足于全球化的事实层面和价值层面，对全球化问题作整体性的思考，是当代的全球化理论与马克思的世界历史理论的一个重要不同点。今天，同时立足于这两个不同的层面，既从整体人类的生存和发展的高度来研究全球化，也从我们民族的当前实践和未来发展的角度来研究全球化，是我们今天发展马克思的世界历史理论，创立有中国特色的马克思主义的全球化理论的关键所在[40]。

王南湜认为，可以把马克思的社会转型理论加以推广，用来说明全球化过程。这一理论认为，在民族国家范围内，市场经济的兴起导致人们的社会关系从直接依赖类型向间接依赖类型的转变，并导致能提供统一的法律秩序和采取民主政治形式的现代民族国家的兴起。把上述社会转型理论推广到全球社会范围内，就可以把经济全球化理解为全球市民社会的兴起，而这最终将可能导致全球范围内统一的法律秩序和民主政治的建立。当然，达到这一点可能需要经历一个非常曲折而漫长的历史时期[41]。

任平认为，马克思主义，特别是其哲学世界观内容具有两个方面：对全球化一般本质、结构和发展趋势的理论反思，以及受旧全球化时代制约而存在着严格的边界条件制约的方面。马克思主义产生于旧全球化时代。马克思主义哲学，无论其具有生命活力的基本价值理念，还是必须加以发展的成分，都源于她是对资本全球化反思的理论产物[42]。

张劲松认为，全球化对于发展着的当代马克思主义既是挑战又是机遇。马克思主义具有与时俱进的品质，对于经济、政治和文化日益走向全球化的中国来说，经济全球化对马克思主义的经济理论提出了挑战，政治全球化对马克思主义的意识形态理论提出了挑战，文化全球化对马克思主义的指导思想提出了挑战，因而必须在全球化语境中丰富和发展马克思主义，用马克思主义的基本原理去解释和指导中国参与全球化运动[43]。

刘放桐发表的新著《马克思主义与西方哲学的现当代走向——当代哲学向何处去?》，比较研究了马克思哲学变革与现代西方哲学的现代转型，认为对于二者之间的共性与差异进行深入比较研究，是我们面向经济全球化新时代，坚持与发展马克思主义哲学的重要理论途径之一。

六、中国化

马克思主义哲学中国化问题也是2002年的个热点。特别是对“三个代表”重要思想、综合创新、马克思主义哲学中国化与中国文化现代化等问题，学术界作了更深层次的探讨。

关于对马克思主义中国化的最新最重大的成果“三个代表”重要思想的探讨，李铁映指出，江泽民的“七一”讲话是历史性的文献。讲话科学地总结了中国共产党80年的历史经验，全面、深刻地阐述了“三个代表”重要思想，提出了一系列重大的理论和实践问题，提出了一系列新论断、新观点、新概括，在许多方面都有重大的理论创新，是马克思主义在当代中国发展的新篇章[44]。

石仲泉认为，“三个代表”重要思想是马克思主义理论的伟大创新。党的三代领导核心都具有理论创新的伟大品格。以江泽民为核心的第三代领导集体对马克思主义进行了两次伟大创新，从“三个代表”思想的提出到“七一”讲话是第二次伟大创新，“七一”讲话将“三个代表”思想提升到一个新的高度[45]。

崔新建认为，马克思主义哲学的中国化既是马克思主义哲学在中国发展的必然趋势，也是中国传统哲学现代化的必由之路。新世纪马克思主义哲学的中国化有两个基本含义：首先，马克思主义哲学中国化与中国传统哲学现代化是一个问题的两个方面。其次，在中国，马克思主义哲学的创新同马克思主义哲学的中国化，也是一个问题的两个方面。马克思主义哲学的创新或中国化应包括三个方面的内容：首先，在社会现实的层面上，实现马克思主义哲学与中国社会实践的结合，使之成为当代中国人解决现代化和民族复兴问题的思想武器。其次，在学术的层面上，实现马克思主义哲学与中国哲学、中国文化的结合，使之成为当代中国哲学与文化的一个有机组成部分。最后，在个人生活的层面上，实现马克思主义哲学与大众人生观、价值观的结合，使之成为当代中国普通大众的基本思维方式和行为方式⑯。

张立波认为，中国文化的马克思主义化是20世纪中国文化现代化的重要组成部分，马克思主义哲学中国化是中国哲学现代化的重要组成部分。在此意义上，当代中国哲学的建构，离不开马克思主义哲学的中国化。但目前尚有一些基础性的问题需要探讨，诸如：马克思主义中国化何以既是中国式的又是马克思主义的？传统文化何以生成现代化？如何看待具体继承与抽象继承？如何建构马克思主义中国化和儒学精神财富马克思主义化的总体目标系统？所有这些问题，都需要马克思主义与中国传统哲学的双向反思和互动⑰。

在这方面，有两部专著值得注意。一部是何萍、李维武合著的《马克思主义中国化探讨》，比较系统深入地研究了马克思主义中国化的“思想源头——文化环境——解答问题——思潮关系”四大问题，其中特别强调了中国化的文化环境问题。毛泽东哲学思想不仅继承了中华民族文化经典中的精英文化，而且继承了中国民间文化，尤其是农民文化思想精华；而邓小平理论的哲学基础融化了中国传统哲学中以民为本的哲学智慧，和而不同的辩证法，革政鼎新的变法精神。另一部是郭建宁主编的《当代中国马克思主义哲学新探》。该书特点是集中探讨了改革开放新时期，马克思主义中国化过程中遇到的新问题，如实践观问题，主体性问题，交往观问题，文化观问题等。

七、文明观

改革开放20多年来，文化观乃至文化哲学问题，是形成的研究焦点之一。据统计，这方面的文章有近千篇之多，学术专著也有近20部。2002年不仅在这方面有大量论文问世，而且出版了3本书，其中一部是集体著作，两部是个人专著。

第一本书是由李鹏程作序、李小娟主编的专题论文集《文化的反思与重建》（黑龙江人民出版社）。书中荟萃了在这个新领域中全国许多专家学者的40多篇论文。李鹏程在序言中提出了“文化哲学在新世纪的学术使命”这个重要命题，全书分三个层次探讨了“走向新世纪的文化哲学”：（1）文化哲学的重构；（2）世纪之交的人类文化精神；（3）哲学理性精神的重建；（4）中国文化的转型；（5）世纪之交的文化哲学探讨。

第二本书是何萍新著《马克思主义哲学与文化哲学》（武汉大学出版社）。作者长期从事这方面研究，而这本新著则是作者这方面研究的一部总结性著作，集中探讨了如何在马克思主义哲学指导下，开创富有时代精神与中国特色的文化哲学问题，提出了许多有启发性的新见解。

经过十年准备、五年写作，王东的《中华文明论——多元文化综合创新哲学》三卷本，由黑龙江教育出版社于2002年出版发行。作者多年来一直主张马克思主义、中国特色社会主义的综合创新文化观，并相继发表了一系列文章。本书是作者系统深入阐发综合创新文化观的一次新尝试，试图赋予张岱年首创的这一文化主张以更系统化、更理论化的新形态，乃至首创多元文化综合创新哲学，以及贯穿这种全新文化理念的中华文明论。该书的思想主旨是：从逻辑与历史、理论与实践的统一之中，系统阐发综合创新文化观，借以揭示中华文明起源的历史过程与世界历史地位；科学回答中国文化问题，特别是“中国文化向何处去”的新世纪发展问题；从文化哲学的理论思维高度，探讨中国文化现代化发展战略和中华文明的现代复兴之道，中华文明文化基因的综合创新之道。全书176万字，提出了9大学术创新：（1）20世纪中国考古大发现的新概括；（2）中华文明起源研究的新探索；（3）龙与中华文明精神、中国文化基因的新探讨；（4）中国文化发展主线的新揭示；（5）20世纪中国文化四次大讨论的新总结；（6）融合司马迁、摩尔根、马克思、恩格斯为代表的“中、西、马”三大文明论的新尝试；（7）马克思主义综合创新文化观的新形态；（8）创造21世纪中国文化、世界文化的新理念；（9）中华文明世界历史地位的新判断⑱。《人民日报》《光明日报》等全国性有影响的报刊，对该书作了介绍与评价，该书也受到张岱年、黄楠森等著名学者的好评。该书提出的有些问题，也引起不同学术观点的进一步深入探讨。

总之，在新世纪、新千年的历史起点上，中国马克思主义哲学研究出现了四个引人注目的新走向、新趋势、新特点：正在走向活跃气氛、解放思想，正在走向百花齐放、百家争鸣，正在走向与时俱进的理论创造，正在走向努力创造面向21世纪的中国化的马克思主义新形态。

在这个重要的研究领域里，出现了万马奔腾的可喜局面，其中北京哲学界也起了重要作用。在重新评定的马克思主义哲学重点学科过程中，马克思主义哲学在全国评定了7个重点学科点，北京占了其中3个——北京大学、中国人民大学、北京师范大学。中国社会科学院、中央党校、清华大学等单位，在马克思主义哲学研究中，也有不可忽视的雄厚力量。怎样进一步发挥北京这方面的学术优势、人才优势、学术资源优势，在马克思主义哲学创新中起到更大作用，更是我们进一步努力的方向，这将有助于我们充分发挥北京作为政治中心、文化中心、国内外交往中心的历史作用。

（作者：王东，北京大学教授；
陈海峰，北京大学硕士研究生）

注：

①陈先达：《处在夹缝中的哲学》，《现代哲学》，2002年第1期。

②徐崇温：《马克思主义是与时俱进的科学理论》，《中国社会科学院研究生院学报》，2002年第1期。

③许全兴：《完整、准确地理解马克思》，《理论视野》，2003年第1期。

④俞吾金：《后现代视野中的马克思》，《天津社会科学》，2002年第5期。

⑤陈学明：《我们今天如何研究马克思主义哲学?》，《哲学研究》，2002年第2期。

⑥张一兵：《方法的前置与自觉：马克思何以呈现》，《学术月刊》，2002年第6期。

⑦何中华：《论马克思主义哲学的生命力》，《烟台大学学报》，2002年第2期。

⑧赵家祥：《阅读原著、澄清误解、继往开来》，《学术月刊》，2003年第1期。

⑨⑯王东、刘军：《哲学创新与哲学观创新——马克思哲学革命正副主题与四部曲》，《社会科学辑刊》，2002年第6期。

⑩王东：《论文本研究与理论创新的关系》，《学术月刊》，2003年第1期。

⑪丰子义：《如何看待文本研究与现实问题研究》，《学术月刊》，2003年第1期。

⑫聂锦芳：《马克思文本研究史的初步清理与方法论省思》，《哲学研究》，2002年第6期。

⑬聂锦芳：《目前马克思哲学研究中的史论关系问题省思》，《哲学动态》，2002年第9期。

⑭庄福龄：《马克思主义发展脉络与理论创新》，《邓小平理论学习与研究》，2002年第4期。

⑮陈先达：《论哲学和马克思主义哲学》，《江汉学刊》，2002年第6期。

⑰李德顺：《新世纪，新发展——关于马克思主义哲学的几个问题》，《吉首大学学报》，2002年第1期。

⑱刘放桐：《关于马克思主义哲学理论形态问题的几点思考》，《学术研究》，2002年第1期。

⑲陶德麟：《从马克思的两段话引起的几点看法》，《现代哲学》，2002年第2期。

⑳杨学功：《马克思哲学观的合理总结与当代确认》，《天津社会科学》，2002年第4期。

㉑黄楠森：《马克思的本体论思想及其当代意义——第二届"马克思哲学论坛"述要》，《中国社会科学》，2002年第5期。

㉒丰子义：《马克思本体论思想的方法论》，《天津社会科学》，2002年第6期。

㉓陈先达：《论马克思主义哲学本体论及其当代价值》，《江海学刊》，2002年第3期。

㉔韩庆祥：《实践生成本体论：马克思本体论思想解析》，《江海学刊》，2002年第6期。

㉕俞吾金：《马克思的本体论思想及其当代意义——第二届"马克思哲学论坛"述要》，《中国社会科学》，2002年第5期。

㉖高清海：《马克思对"本体思维方式"的历史性变革》，《现代哲学》，2002年第2期。

㉗孙正聿：《解放何以可能——马克思的本体论革命》，《学术月刊》，2002年第9期。

㉘孙伯鍨：《"存在论转向"与方法论革命——关于马克思主义哲学本体论研究中的几个问题》，《中国社会科学》，2002年第5期。

㉙张奎良：《马克思的本体论思想及其当代意义》，《现代哲学》，2002年第2期。

㉚衣俊卿：《人之存在与哲学本体论范式——兼论马克思哲学的本体论意蕴》，《江海学刊》，2002年第4期。

㉛邹诗鹏：《生存论转向与马克思的实践哲学》，《现代哲学》，2002年第1期。

㉜庞元正：《论哲学与时俱进、引领实践——访庞元正教授》，《哲学动态》，2002年第8期。

㉝杨耕：《以实际问题为中心研究马克思主义》，《教学与研究》，2002年第11期。

㉞孙正聿：《哲学如何面向现实?》，《江苏社会科学》，2002年第2期。

㉟衣俊卿：《哲学：在全球化时代重新定位》，《河北学刊》，2002年第3期。

㊱张一兵：《三大历史语境：面向21世纪的中国马克思主义哲学》，《江苏社会科学》，2002年第2期。

㊲丰子义：《全球化与社会主义》，《新视野》，

2002年第2期。

㊳李德顺：《价值观的人文本性》，《湖南师范大学社会科学学报》，2002年第6期。

㊴俞吾金：《“全球化”问题的哲学反思》，《学术月刊》，2002年第5期。

㊵汪信砚：《全球化问题研究的方法论思考》，《新视野》，2002年第2期。

㊶王南湜：《新的全球秩序何以可能》，《河北学刊》，2002年第4期。

㊷任平：《新全球化时代与马克思主义哲学：挑战和应答》，《江苏社会科学》，2002年第2期。

㊸张劲松：《全球化：马克思主义面临的时代挑战》，《学术论坛》，2002年第6期。

㊹李铁映：《马克思主义中国化的最新成果——学习江泽民同志“七一”讲话和“三个代表”重要思想》，《马克思主义研究》，2002年第3期。

㊺石仲泉：《“三个代表”重要思想是对马克思主义理论的伟大创新——学习江泽民同志“七一”讲话》，《马克思主义与现实》，2002年第1期。

㊻崔新建：《马克思主义哲学的中国化与理论创新》，《新华文摘》，2002年第7期。

㊼张立波：《比较视域中的马克思主义哲学研究》，《学术研究》，2002年第9期。

㊽王东：《中华文明论——多元文化综合创新哲学》（上、中、下），黑龙江教育出版社，2002年版。

中国哲学

姚春鹏

一、学术活动

2002年1月15日，中国社会科学院哲学研究所邀请美国夏威夷大学安乐哲教授举办了题为“儒家民主主义”的演讲与讨论会。

2月7日，由中国社会科学院哲学研究所、《中国哲学史》编辑部等单位联合召开了“儒家与宗教”学术研讨会，海内外30余位专家学者出席了会议。

3月1日，《韩国实学思想史》首发式暨东亚实学讨论会在中国社会科学院举行。

4月18日至20日，中国哲学史研究回顾与展望学术研讨会在井冈山召开。会议由中国哲学史学会、南昌大学哲学与公共管理学院、江西社会科学院哲学研究所联合举办。讨论的问题有：(1) 中国哲学史研究与现状；(2) 中国哲学对当今世界哲学和人类社会发展可有之贡献；(3) 如何进一步拓展中国哲学史的研究；(4) 关于中国哲学史研究人才的培养问题。

8月11日至13日由国际儒学联合会、中国孔子基金会和山东社会科学院共同主办的“儒学与全球化”国际学术研讨会在青岛市举行。主题是：(1)“全球化”的含义及特点；(2) 儒学与“全球化”的关系；(3) 儒学何以回应全球化的挑战。

11月，为加强孔子与儒家的研究，中国人民大学孔子研究院成立，其宗旨是：继承优秀传统文化，弘扬孔子思想精华，提高国民人文素质，建设人类美好未来。

二、儒家哲学研究

2002年儒家哲学研究主要集中在典籍整理、学派流变、儒家思想及其现代意义和儒家与宗教等方面。

（一）儒家典籍学派研究

典籍的梳理是哲学义理研究的基础，特别是随着郭店楚简和上海博物馆藏战国楚竹书的发表，加强了新出土资料和已有文献的综合研究。有学者将郭店简《性自命出》与传世儒家文献《中庸》《孟子》作了比较，认为三者都讨论了性、命问题。都把“性”看作为来自天命的，就这方面说，它们的思想是相通的。但由于它们对“性”各有不同的解释，又有不同的特点。《性自命出》以情释性，《中庸》受其影响，也以情释性，而《孟子》与《性自命出》《中庸》不同，主张以社会道德观念释性，提出了天赋道德观念的人性善思想。这一思想直接来自《五行篇》。《性自命出》、告子的以生理心理情感欲望释性，最后为荀子所发挥，提出了人性恶的思想，从而形成了战国时期在人性论上的两条不同的发展路向[①]。有学者探讨了郭店简《五行》篇与思孟学派的关系，认为《五行》篇中“形于内”的“德之行”与“不形于内”的“行”实际是一种双重道德律，它与郭店简其他篇目中的“仁内义外”说表达的是一个意思，这是理解《五行》思想的关键；《五行》对以后的孟荀均产生影响；根据

《五行》的思想和特点，将其看作《子思》的作品可能较合适[②]。有学者将上海博物馆藏《孔子诗论》与《郭店楚墓竹简》相关篇章结合起来，并联系传世相关文献，探讨了儒家诗乐思想源流[③]。还有学者对郭店楚简《性自命出》与上海博物馆藏简《性情论》的关系，上海博物馆《诗论》简的形制、编连、复原与校释等问题进行了研究。

关于学派流变，有学者认为思孟学派是子思学派和孟子学派的合称，因二者具有某种思想一致性而被联系在一起，在历史上它们曾是独立存在的。由于后人的发挥特别是"道统"论的影响，思孟学派穿上不同的外衣，呈现出斑驳的面貌[④]。有学者对传统认为孟子为子思门人之弟子的观点提出质疑，认为《子思子》《孔丛子》等书所载的姓孟名轲字子车的儒者，并非孟子，而是与孟子同名的子思弟子[⑤]。有学者认为由于受传统和历史的影响，学术界对荀学的性质和定位，仍然存在着问题。无论是从儒家学说上还是在道统上，荀学都是孔子儒学的继承者和光大者，是毫不动摇地维护和弘扬儒家学术统一理想及人格和社会政治理想的重镇[⑥]。

有学者研究了儒家典籍的解释方式，认为中国先秦时期，已有数种对古代经典注释的书，其中三种注释方式最为典型。第一种可称为历史事件的解释，如《左传》释《春秋》、《公羊传》释《谷梁传》；第二种是《系辞》对《易经》的解释，可叫作整体性的哲学解释；第三种是《韩非子》的《解老》《喻老》，可叫作实际运作型的解释。尽管每种对经典解释的著作中也会包含其他类型的解释方法，但上列三种方法具有很鲜明的特点，可能对后世影响最大[⑦]。有学者探讨了儒家典籍的形成过程。认为早期儒家六部典籍的经典化，主要经历了：(1) 从"书"、"典"到"经"的"经典"之名的确立；(2) 不断流传、编纂、汇集、增删和定本；(3) 排序和整体意义的符号化；(4) 不断被称引、理解和解释；(5) 体制化和制度化等过程。正是由于这些相互联系和互动的过程，早期儒家典籍才得以经典化和权威化[⑧]。

(二) 儒家思想研究

关于儒家思想研究主要集中于："礼"、"仁"、"天"与"命"等范畴。关于春秋时期礼乐文化的发展变化过程，有学者认为随着春秋后期政治危机的来临，礼乐文化由前期对礼的形式的关注，转向后期对礼的合理性的关注，礼文化的重点由"礼乐"转化为"礼政"。礼作为政治秩序原则的意义在政治理性化的过程中突出出来，而思想家的关注焦点，不再是那些华丽典雅的仪典文化，而更关注现实生活世界的混乱与安宁[⑨]。关于孔子礼学思想的作用，有学者认为，它是在继承周代文明基础上对当时理想文明的新构思。它不仅经纬着等级秩序，规范着人们的言行，调节着社会各方面的生活，而且有一套独特的集权与民主相结合的决策程序。"以礼让为国"是以文明为先导的对社会政治和人的精神道德的综合治理，这加速了中国封建社会的文明进程，是促成中国社会在一定历史时期内高度繁荣的主要政治原因[⑩]。关于荀子的礼学，有学者从礼学之本体根源论、礼之缘起、礼学之人本文化论和礼学之社会政治论多个视角勾勒其理论内涵[⑪]。荀子由论礼之起源，而论及人之自然欲望和社会欲求之发展和实现。他认为，人欲天然，凡人相同；欲不可去，求不可尽；纵欲有害，任情不能。欲不可尽却可以求近尽，纵欲有害却可以节而制之。荀子既不主张禁欲，亦不主张寡欲，恰恰力倡节求导欲、养欲给求，其实现途径是礼仪制度和行为规范。他认为，以"礼"来"别而养欲"、"分而导求"，是使自然欲望的扩张与物质财富的保障相持而长、个人需求的发展与社会规范的制约相适不悖的最佳选择[⑫]。关于孔子的仁，有学者认为仁作为儒学体系的核心概念，其所以高于其他诸德，在于它是作为一种基本的原则和精神而贯注于诸德并统摄诸德，此即所谓"全德之名"。"全德之名"的理论价值在于它把仁从伦理道德的范畴系列中提升出来，突出了仁的哲学意义[⑬]。有学者认为儒家"天命"意义就在于赋予自我以本真性。从原始儒家的思想来看，自我的本真所是在于天命。"生命"就是"生"作为天命而被给出，人之为人，就在于人身上承担的天命。自我之本真性来源于自我与天之间的终极伦理。正是对终极伦理的认同性领悟构成着人的自我。人与天的终极伦理是生存意义上的，当天仍具有位格神的性质时，终极伦理就意味着人与天的本真共在。当天以及天命作为实际生活的一个指引时，终极伦理就成为人对于自身天赋之神圣性的觉悟[⑭]。

(三) 儒家思想的现代意义

儒家思想作为一种有益于我们民族发展的可以转化利用的巨大传统资源，一直是学者关注的焦点。2002年学者们的研究主要集中于儒家的"诚信伦理"、"德治"、儒家思想与行政、儒家与社会发展、儒家哲学与生态以及儒家"和合"学等方面。有学者认为儒家诚信伦理传统作为一种重要的精神资源在现代社会仍有价值，但其局限性也是显而易见的，只有经过转型、更新，才能适应现代社会的要求，成为现代社会诚信的伦理基础。具体说来，应从诚信伦理观念、诚信伦理生活、诚信伦理制度三个层面对儒家诚信伦理进行现代诠释和整合[15]。儒家的诚信伦理要在市场经济中发挥重要作用，应实现：(1) 由“从礼近义”到“平等求利”；(2) 由“心性诚信”到“责任诚信”；(3) 由“人格诚信”到“契约信用”的转化和扩展[16]。

有学者对德治实现路径进行了探讨，认为从政体上说，按照孟德斯鸠的论述，只有共和模式才适合于德治；从文化上说，孔子和柏拉图分别建立了两种不同的德治模式。柏拉图的道德结构体系是现代社会得以发生的根本动力，原始儒学在此则具有不可逾越的结构性障碍，从历史图式来看，原始儒学只有与共和结合起来，实现由道德统治向道德治理的转换，才有可能充当现代社会的组织资源[17]。还有学者从人性论角度对中西“德治”与“法治”的重大差异作了比较。在人性恶的预设下，西方政治哲学强调用法治的形式对人进行强制性约束，而其中包含的却是对自由、平等、权利、个体之价值目标的肯定和追求。中国政治哲学则在人性善的预设下，主张用发掘先天善心和道德教化的方式进行政治治理，追求政德合一，礼仪仁爱，上下尊卑，修己安人，个人、家庭、国家一体化的整体主义目标。建设社会主义民主政治，就是要建立起法治政治，法治与德治应该相辅相成。关键在于，中国传统的德治思想必须突破和超越人治范畴，必须区分私人领域和公共领域，才能为中国当代的政治建构提供有益的文化资料[18]。有学者指出先秦儒家德治思想的内在逻辑是：道德社会是先秦儒家德治思想追求的理想目标，德治是实现理想的道德社会的根本途径，具体的德治手段是教化和统治者的表率作用[19]。

有学者认为，以“温良恭俭让”指导行政决策，具有重大现实意义。从行政决策的角度来看，“温”要求决策目标的设定不能过高或过低，要适度持中，恰如其分。“良”要求决策的指导思想，必须坚持有益于经济和社会的发展，坚持为大多数人服务。“恭”要求对民要恭，谋事要恭，做事要恭。“俭”要求爱惜财物，节省开支，反对铺张浪费。“让”要求礼让为政，既要善于让人发表意见，又要善于让步和善于让利[20]。

有学者通过对儒家传统与新加坡模式关系的研究认为，文化对经济的作用只有在经济发展的客观要求下，通过一定的社会组织形式和运行机制体现出来，脱离了特定历史条件和社会需要的抽象的文化从来不具有现实的理论价值。与其说是儒家为新加坡乃至东亚的现代化提供了精神动力，不如说是现代性的社会制度和经济生活重新塑造了新的儒学传统，为从儒学中分离出有利于现代性的思想资源创造了条件[21]。

有学者认为在儒家“仁爱”观念中，蕴涵着与现代生态伦理相契合的合理因素。儒家“仁民而爱物”和“万物一体”的思想，是将人类所特有的道德情感贯注于自然万物，要求人把万物当成自己的同类甚至血肉相连的一部分来爱护，强调人对自然万物负有不可推卸的道德责任，这是一种极有理论价值和现实意义的生态哲学资源。科学的态度辅之以儒家式的道德意识和生命情怀，应该是现代人类对待自然万物的最合理态度[22]。还有学者认为孔子是儒家生态哲学的开创者。孔子虽然没有明确提出“生态哲学”这个概念，但在他的思想言论中包含着丰富的生态意识，并影响到后来儒学的发展。儒家的“天人合一”之学是从孔子开始的，孔子的“天人合一”之学与生态哲学有极大关系[23]。另外有学者认为张载的天人合一说是中国古代最具代表性的生态哲学。其最大特点是承认自然界有内在价值，而自然界的内在价值是靠人类实现的。这对于保护生态平衡与人类可持续发展具有重要的现实意义[24]。

张立文教授近年来力倡和合学。他认为体现中国人文精神的儒学的忧患、乐道、和合和笃行精神的宗旨是对于生命的关怀。面对21世纪人与自然、人与社会、人与人、人的心灵以及文明之间的冲突，并由此五大冲突而造成的生态、社会、道德、精神和价值五大危机，可以从儒学人文精神中获得和生、和处、和立、和达、和爱等五个中心价值观，以此作为化解人类五大冲突和危机之道[25]。

（四）儒家与宗教

关于“儒家与宗教”的关系，特别是“儒家是否宗教”的问题近期又成为国内学界关注的热点。对这一问题绝对肯定或绝对否定的回答都是少数，多数学者认为对于“儒家与宗教”的关系应当从多方位多角度来把握才有意义。

关于儒家是否宗教，有人认为是一个假问题，是意识形态而非学术问题。有人认为，讨论儒家是否宗教、或者说这个问题是真是假，都有一个前提立场，如果仅停留在这个立场，很难把问题说得绝对。要搞清儒家是否宗教，核心问题是能否给出中国自己的宗教定义。有人认为儒家是否宗教是近代西方学科分野下产生的问题，所以这可能不是一个有效的提问方法。有人认为，儒学在本质上是一种以人为本的文化体系，不是以神为本位的，基本上没有彼岸世界，因此不是宗教。有人认为，儒学是人文主义，不是宗教。它有宗教因素，可以称为宗教人文主义，在日常生活中能够代替宗教的作用，但不能因此称为人文主义宗教。

相反，有人认为儒家是否宗教，不是假问题，但是第二位的问题，而第一位的问题是中国有没有一种宗教。有人从中西文明发展的不同路向，指出中国社会及其文化的一个重要特点是多种成分复合的“连续性”进展。当以西方文化概念来评判中国文化时，应该在不同的分辨之间保持一定的张力。就儒教的基本倾向而言，它是现时主义的道德哲学或人文哲学，但也有一定的宗教性。当西方的宗教概念不仅讲“神道”而且扩展到“终极关怀”时，依此标准，儒教可称之为“道德宗教”或“人文宗教”。有人切换到孔子“敬鬼神而远之”的态度讨论儒学是否宗教问题。认为“敬”体现了人与鬼神的精神交流，也可以说是“近”，体现了人对鬼神的理性自觉精神。对鬼神的“远”就是要政、教分离，即不能把什么都归于宗教。儒学的特点在于和社会现实的密切联系，这是宗教代替不了的。对于如何看待儒家是不是宗教，有人认为儒家是不是宗教的“是”不能理解为“曾经是”，而应该理解为“应当是”或者“可能是”。儒家曾经是不是宗教已经不重要，而它是否必要、如何可能被展现为一种当前和未来有意义的宗教或者具有宗教关怀的人文传统的重要性则上升了。

有人认为“儒家与宗教”问题本身可以做两种理解：一个是儒学是不是宗教。一个是儒学与宗教的关系。有人认为儒家是不是宗教，应该区分两个东西，一个是宗教与信仰，一个是原初儒学和后世儒学或儒教。宗教与信仰之间存在着复杂关系，信仰不等于宗教，宗教必有信仰。儒家学说，近于有信仰无宗教的状况。有人认为儒家与宗教关系问题的讨论的实质是对“文化主体的重建”这样一个时代课题的回应与解决。有人认为，对“儒学与宗教”的讨论不应该仅仅停留在“儒学是否宗教”这一问题上，而应该扩展其研究的目标与视野。从宗教的视角来研究儒学，加深以往儒学研究中某些缺乏反省的层面、向度的认识，那么这个讨论就是非常有意义的，其开展具有非常广阔的前景㉖。

（五）儒家易学哲学

有学者认为《易经》的产生，与上古社会环境、文化氛围密切相关，是当时天与人、因与果、天命不易与靡常冲突融合的产物。《易经》中最具特色的是辩证的变易观。《易传》实现了由《易经》卜筮向义理的转化，“太和”是其人文精神的精髓。《周易》智慧对中西方均产生了重要影响㉗。有学者对易学史上有代表性的卦爻符号系统的演变及其理论意义，进行了梳理和剖析。认为通行本卦序形成一个因果系列，其中隐藏着阴阳对立面相互配合、相互转化的理论思维；帛书本卦序则体现了阴阳对立，以类相从的观念；孟京卦气说是对当时天文气象学的概括和总结，用以表示阴阳二气消长运行，天地万物兴衰成亡的过程，构成一个贯通天人的自然哲学系统；邵雍、朱熹的次序图是要说明八卦和六十四卦的形成乃一自然而然的阴阳交错、不断分化和组合的过程，并以此解释世界形成的过程；其方位图阐发了阴阳消长之理，天地终始之变的理论思维㉘。关于朱熹易学，有学者认为朱熹追求《周易》一书的本来面貌时，提出了“易本卜筮之书”的命题，突破了经学的传统观念。他以阴阳对待和阴阳流行概括易学中的阴阳变异学说，进一步发展了中国古代的辨证思维；他以程颐体用一源说解释周敦颐的《太极图说》，将汉唐以来易学哲学中的宇宙生成论体系，转变为本体论体系，对儒家哲学的发展作出了重要贡献㉙。

三、道家哲学研究

关于《老子》的传布与思想发展。有学者认为《老子》一书大体经过了老聃、老莱子、太史儋这样三个时期才最终写定而流传于世。《老子》中的“德”论、“道”论、“礼”论等当为老聃首创；而给“道”披上神秘外衣，提出“贵虚”并阐发“无为”之说，盖为老莱子的补充；《老子》书中的“圣人”和治国之论、权术之言，以及对于道、德、仁、义、礼的位置与次序的排定，可能是太史儋所作的工作。老子思想体系大约经历了三个时期才最终形成㉚。有学者对《老子》治道的渊源进行了追溯。证明传说中的远古“垂拱之治”同老子道家与“无为而治”之间具有内在关联。作者首先从早期的文献中确认“垂拱之治”是中国远古的一种为政之道和经验；然后论证“垂拱”之治的基本意义与“无为而治”的相近性；最后考察了“无为而治”同“垂拱之治”的关联，认为“无为而治”主要来源于“垂拱之治”㉛。《老子》是一部道家的哲学名著，是没有争论的。另有学者提出《老子》也是一部兵书。其主要论点是：《老子》中确实含有丰富的辩证法思想和精彩的用兵之道，《老子》所阐发的战争论，提出的一系列军事谋略思想和战争指挥艺术，为中国历代兵家所推崇[32]。

有学者对《庄子》各篇进行了详细研究。认为庄子诸篇中对于仁义学说的不同态度只是发展过程中一个阶段的庄子学派的表现，而并非全部。《让王》篇对仁义的充分肯定与《庄子杂篇》对仁义的抨击大相抵牾，这反映了儒道两家，在战国中期曾经历了相知、争鸣与融会三个阶段[33]。而《外物》篇是庄子后学发挥道家思想的一篇重要著作。其中提出的“与其誉尧而非桀，不如两忘而化其道”是理解庄子相对主义理论的重要论述；其所提出的“彼教不学，承意不彼”，深刻地表达了庄子学派顺应自然的教育观念[34]。《盗跖》也是保存庄子后学思想资料的重要篇章。该篇从各个方面着力破除“君子”与“小人”、圣人与俗人的区别，断定各种身份的人之间在遵循“无为”的原则面前是一致的。该篇所提出的“无以为”具有特殊重要的思想史意义。《盗跖》篇的作者在道家理论的基本思路上实现了“无为”理论的转变，替“无为而无不为”思想的出现铺平了道路[35]。还有学者以庄子、《列子》为中心，从形而上的角度对魏晋以前道家学派的梦论与生死论展开研究。认为梦论、生死论是构成原始道家根本道论的两大基石。通过从哲学高度沉思梦、生死两种基本的生命现象，原始道家思想家将其玄冥难测、不可言谈的道贯通于现实的人生界。这就使得道家的道论拥有一种人文关怀[36]。有学者比较了先秦儒道死亡观，认为在对待死亡问题上，儒家重生轻死，对死亡存而不论；道家则由反对悦生恶死，进而歌颂、赞美死亡。在对死亡本质的认识上，儒家认为死由命定，是天意的体现；道家则认为死是气聚气散的结果；同时二者又都认为死亡本质上是一种安息。在对待死亡价值问题上，儒家强调把死亡落实到道德价值的开拓上；而道家则坚决反对给死亡以价值判断，强调避死全身才是人生之根本。在超越死亡的途径上：儒家认为只要生活充实，为理想而奋斗，创造了某种永恒之物，便可超越死亡；而道家则强调通过“心斋”“坐忘”，达到与大道合一，从而实现死而不亡[37]。

关于郭象，有学者认为，其历史哲学在中国思想史上独树一帜。它否定了宇宙发生过程的存在，认为世界没有绝对的“开始”和“时间”，人类社会不存在必然性历史退化，仅是时移世异。圣人治国之“迹”不同，而以无心顺应时代变化的治国之道“所以迹”却是相同的，因势利导实施礼乐教化、刑名法术甚至军事征服都是无为。圣人之间不存在优劣之分，面临乱世的后王治国难度更大。为了扭转西晋玄学的虚无主义倾向，郭象以黄老历史哲学误读《庄子》，将该书注释成积极入世的经典[38]。

四、宋明理学研究

宋明理学历来是中国哲学研究的重点，2002年同样涉及理学研究的各个方面。关于程朱理学，有学者指出，体用一源说乃其宗旨与核心。程颐提出“体用一源，显微无间”这一命题，解释理和象、理和事的关系，认为现象乃本体自身的显现，本体又同现象融为一体，不相分离，以此宣扬万事万物皆依理而存在的理本论。朱熹依此原则讨论理事关系，并解释《太极图说》，认为从太极到万物化生的过程，乃太极之理自身的逻辑展开或现实化，从而提出了理在事上、理在事先和理本气末说，完成了建立理学派本体论的任务。其本体和现象非一非二，不即不离的理论思维，对以后哲学的发展起了重大影响[39]。

有学者为吴澄的心学观作出辨析。指出在元代就有人认为，“以心为学”源自佛老，陆学被目为心学，其中不无贬损之意。而吴澄则认为，这种观念基本上是一个误会：心学不独指陆学，从尧舜直到周程诸子无不以心为学；儒家有着足以与佛老之学颉颃的心学传统。吴澄的这一新见，从直接的意义上说，是为陆学进行了辩护，而其更广的意义则是为心学正名。首先做的工作是指出从尧舜到周程诸子的心学成分，其次是对儒家心学与佛老之学作出区分[40]。

关于阳明后学王龙溪，有学者指出，“念”是其思想中一个非常重要的观念。基于“本念”与“欲念”、“正念”与“邪念”的区分，龙溪晚年反复强调的一念工夫具有丰富的思想内涵。龙溪的一念工夫不仅在自己的思想系统内统合了用力于良知心体的先天正心工夫和用力于经验意识的后天诚意工夫，更使王阳明以诚意为中心的致良知工夫论得到了进一步的深化[41]。通过对中晚明阳明学核心人物王龙溪的良知信仰论的考察，不仅构成儒学史研究的重要内容，还可以为中西方的比较宗教学研究提供丰富的素材，可以在一个比较宗教学的视野中揭示中晚明阳明学宗教化的基本特征与不同取向[42]。

关于泰州学派，有学者指出何心隐继承泰州家风，走出了理学话语包括阳明心学的语境。何心隐通过对理学传统范畴心、性、欲与泰州学派重要范畴身、家的重新定位与审查，指出儒家道德性命之学的重构必须走出内向化的思路[43]。关于陈乾初，多年来研究者都认为其思想已脱离宋明儒学传统。对此，有学者提出了不同看法，认为陈乾初思想属心学系统[44]。

有学者从宋明道学的视野来考察船山对《四书》的诠释。认为船山读《大学》说，其中以正心说和诚意说为其核心，呈现出其独特的心性—工夫论。船山有关《大学》的讲法，可以说是"接着"程朱讲的，但不是"照着"程朱讲的，他不是传统意义上的程朱学派，但受到程朱学派的较大影响。船山的《大学》解释是明清之际儒学的一部分，其心性—工夫论虽未及开展到清代儒学以接受理论和实践的辩证，但在儒学思想史上也确有其意义[45]。对于戴震猛烈批评程朱理学理欲观，学者指出，从学术批评的角度来说，戴震的推理过程存在误读现象，他并没有完整把握朱熹的心性论思想以及朱熹对"心"、"欲"等概念的具体规定，混淆学术批评与政治批评是造成戴震误读的主要原因[46]。

五、佛教哲学研究

在佛教方面，学者们对佛教人物、教派纷争、佛教思维方式、近代佛教理论发展及佛教复兴方式等问题进行了研究。

关于禅宗二十八祖中前七祖的真实性问题一直为人们所怀疑，有学者通过大量史料研究证明：在阿育王前后时代，佛教出现了七位当时公认的领袖，即前七代持法者的存在是毫无疑问的，这同时表明佛教确实存在着代代相承的历史传统，因而后来的禅宗世系说有比较充分的根据，并非是后世有意编造祖统[47]。

有学者讨论了初唐佛性诤辩问题。通过对窥基、慧沼与法宝之间思想斗争的分析，究明了唯识新译今学与如来藏学思想的分歧所在，进而阐明了中国佛学与印度佛学义理系统的分别。作者指出，初唐佛性诤辩已经具备了宗派之争的规模，辩者已经尝试从某一特定立场出发来系统化流传中土的诸种佛教经论教说，因此通过佛性问题的讨论，不仅可以大致透析出不同佛学体系的根本分歧，而且也可以从中寻绎出佛性教说与中国心性传统在表达结构上的内在关联[48]。

有学者认为中国佛教直觉思维方式方法的演变，大体经历了三个阶段：一是汉魏西晋时代，这时主要是受印度佛教禅学和般若学两个系统的影响，表现为以移植为主，修持各式各样的禅观和般若直观；二是东晋十六国南北朝时代，主要流行禅观和般若直观的直觉修持方式；三是隋唐时代以来佛教诸宗阐扬各具特色的直觉方式方法，尤其是禅宗更是拓展了禅悟的修持方式，极富创造性[49]。

在近代中国佛教复兴的过程中，就理论上的贡献而言，有学者认为吕澂对佛教心性论的新诠释是非常重要的。由于他看到了佛教处理人生问题心性化的特点，他才能够进一步揭举出中、印佛学的根本差异。因为对于"宇宙心性化"的处理，本质上必然包含着泯灭欲望、安于保守（性觉）和满足欲望、积极进取（性寂）两种倾向。在吕澂看来，这正是中印佛学心性论的根本差异。作者指出这种说明实际上是站在实现佛学现代转换的时代高度对佛学所作的新的诠释[50]。

关于太虚佛教理论的缺憾。有学者指出，虽然今天人生佛教已经成为中国佛教思想的主流，但太虚当时所要解决的主要问题是中国佛教所面临的急迫的生存困境，因而不可能对"人生佛教"的负面问题，作更多的反思。作者认为客观清理太虚与梁漱溟关于人生佛教问题的争论，为我们反思"人生佛教"思想与实践的负面问题，为我们把握"人生佛教"的理论难题提供了一些线索[51]。

当今人类社会的现代化及其引发的基本矛盾的变化，关乎整个人类的命运和世界的发展。有学者认为具有宇宙整体理念、追求生命超越的宗教人文精神的中国佛教哲学，可以为调整人的心灵，进而调整人与人的关系、人与自然的关系，提供世俗社会政治、经济、法律所缺乏的某种解决思路。把佛教哲学思想运用于缓解人类社会的基本矛盾，必将有助于调适人类的生存需要，减少人类的现实痛苦，增进人类的和谐友爱，提升人类的精神素质，继而促进人类社会的和平和共同发展[52]。

六、近现代哲学研究

在近现代哲学研究中最受人关注的还是冯友兰、熊十力诸人。关于冯友兰，有学者认为他在哲学上的贡献是：（1）提出哲学就是人学；（2）以哲学代宗教；（3）提出"新儒家"、"新道家"的新概念[53]。有学者分析了冯友兰新理学体系，认为冯先生一方面继承程朱理学在事先的本体论原则、伦常观念和天人合一的思想模式，另一方面又对其加以改造。他用西方哲学思想解释、改造和印证程朱理学思想，把中国哲学史上有代表性的学说综合到理学的论域之中，并且运用逻辑分析的方法对程朱理学的基本观点作出理论上的论证，创立了新理学体系[54]。还有学者对新理学体系的矛盾和化解这种矛盾提出了自己的看法。认为新理学是一个广泛整合的哲学系统，而新理学却陷入了分析与建构、是与应、抽象了解与精神境界的内在紧张。许多人认为，缓解新理学内在紧张的一个路向就是放弃形式化、分析化、知性化的努力，在精神实质上回归传统。该作者认为还存在另一种解构—重构路向，就是发展新理学自身所遵循的“学”的意识。这一解构路向，使“后新理学”之哲学成为纯粹分析、客观描述之“学”。这一解构路向不是与传统更近而是更远[55]。

有学者对洪谦和冯友兰关于形而上学之争作出分析，认为这既是逻辑实证主义者和新实在论者之间的争论，也是西方哲学和中国哲学之争。洪谦坚持维也纳学派反形而上学的哲学立场，冯友兰却坚持形而上学的立场。冯友兰认为，理世界是实在的。但对于逻辑实证主义者来说，这样的理世界的实在是有疑问的，它不应该成为哲学的对象，所以形而上学的理论是没有意义的。冯友兰则认为哲学的主要功能是提高人的境界，为人的境界提供哲学的基础，因此人生哲学是哲学的核心，哲学自有其不同于科学之处。所以他竭力要为他的人生哲学提供形而上学的基础。作者认为，无疑冯友兰的哲学观是正确的，是有价值的[56]。另有学者对冯友兰建国后哲学思想的发展作了概要描述，认为从总体上看，冯友兰在20世纪50年代对自己过去思想学说的批判是社会环境和社会话语作用于他的结果，当然其中也配合着他一定程度上的自愿成分。到耄耋之年冯先生对人生境界说进行纯学术探讨时，他则力图使自己的旧说加深加密更加合理化，但由于他仍在固定的理论思路和整体框架中运思，所以取得的进展不是很大[57]。

有学者对熊十力的哲学观作出解读。熊十力主张必须在哲学和知识论之间划界，哲学的范围就是本体论，知识论不在哲学的范围之内。本体论讨论的是终极实在的问题，讨论的方法是直指本心的性智。而知识论是向外追求，其方法是分析思辩。因此知识论不同于哲学，它应属于科学的领域。作者指出熊十力这一看法是对西方哲学中知识论的误解。西方哲学的知识论的核心问题虽与本体论有所区别，但在本质上仍然是一脉相承的。本体论关心终极的实在，知识论则关心我们是通过什么途径或什么方法才能达到终极实在这样的问题，其方法并不是纯粹向外追求。然而，熊十力也正确地看到了西方哲学中的知识论并不能使人达到实在[58]。

还有学者分析了中国新实在论学派。20世纪二三十年代，西方哲学界的新实在论运动在中国得到积极的回应，并形成了中国的新实在论学派，其主要代表人物是金岳霖、冯友兰和张岱年。认为中国的新实在论者与其说着意于西方新实在论思想在中国的传播，毋宁说更着意于新实在论思想在中国的创新；他们基于中国的哲学传统，对知识与价值的关系问题采取了“划界”的处理方式，强调哲学应面对认识论和形而上学两个世界[59]。

七、关于“中国哲学”的研究

近来关于“中国哲学”合法性问题成为学者们关注的话题，由此加深了人们对哲学的类型、中国哲学的特质等问题的探讨。有学者认为，对中国哲学“合法性”问题的研讨，关乎中国哲学的核心。胡适和冯友兰作为“中国哲学”的主要奠基人，他们的工作从一开始即面临着合法性危机。近年来学者们对这一问题的分析，正是从对胡适和冯友兰模式的反思开始。在当前情况下，我们关注中国哲学的“合法性”问题，就是要充分关注中国思想的特殊性，以便在“哲学”的视域，发现更多中国人在方法论和价值观上的独特之处[60]。有学者指出冯友兰注重甄别“中国哲学”与“哲学在中国”、“照着讲”与“接着讲”、“中国的哲学”与“中国底哲学”、“就哲学说”与“就民族说”、“现代性与传统性中的中国哲学”等观念，凸现了后“五四”时期中国哲学家对中国哲学的现代化与民族化的诉求与实践[61]。关于哲学类型，有学者认为哲学有求真、求善与求美之分。中国哲学与西方哲学是不同类的，各有自己的特点和侧重点，因此，不能用西方的模式来衡量、剪裁中国哲学。中国哲学有些精华可以作为现代社会某些方面的指导与参考。中国哲学中的天下观、大一统观等，都是有价值的，对于霸权主义与恐怖主义的当代社会大病，有治疗作用[62]。

有学者对“天人合一”和“理一而分殊”这两个中国哲学的基本命题作了分析。认为天人合一是一个复杂命题，天是多义的，主要有自然的天和神灵的天两种意义。人也是多义的。这里的合，不是两个东西的相加与结合，而是说天与人有某一种联系，或有一致性。天人合一，是在多种意义上讲的，既有上天与皇帝的精神感应，也有人与自然界的和谐统一。只讲一种是片面的。几种意义经过阐释和转换可以供现代借鉴[63]。有学者认为“理一而分殊”是中国传统哲学重要命题。这一命题首先是儒家仁义反对墨家兼爱说的伦理命题，继而这一命题从伦理命题发展成为哲学命题。其中得益于佛教的推进作用。而且这一普遍哲学命题在具体应用时在方法论上曾出现过争论。通过这一命题的意义扩充和历史发展，可以发现中国传统哲学本质和发展规律。作者指出中国传统哲学不同于西方哲学重认识求知识，它着重于讲德行重实践，因而中国传统哲学命题的原始意蕴往往肇始于伦理实践领域，正因为如此，中国传统哲学的发展往往因缺乏纯理性化和形而上学化的内在张力而需要外来哲学的冲击。按照作者的观点，中西文化交流是中国哲学现代化的必要条件，同时“理一而分殊”的理论模式对未来世界哲学的发展也具有一定的认识意义[64]。

八、中西哲学比较研究

从中西比较的角度，学者对中西哲学诠释学、伦理学及主体性等问题作了研究。有学者指出哲学诠释学面对的基本问题是语言与存在的关系问题。在对这个基本问题的看法上，中国哲学发展了不同于西方哲学诠释学的传统，即突出了人的主体性问题。西方哲学诠释学关注的主要问题有两个：道与言，而中国哲学诠释学关注的问题有四个：道、言、智、境。中国哲学诠释学具有逻辑自足性与自恰性，它在历史的展开过程中呈现为思想理论的圆环[65]。

有学者指出，古希腊时期的哲学家们认为，知识即美德，二者是同一的。但在近代的康德那里，现象与本体界的分野，使得知识与智慧（美德）产生断裂，这体现在其三个批判理论中。在现代使古希腊的知识与智慧的联系与融通得以恢复的，是具有深厚中国传统文化功底的熊十力。他探求了“转智成识”和“由智化境”的问题[66]。关于中西方伦理学的根本差别，有学者认为，中国伦理学不具有西方伦理学的“自律”概念。“自律”概念的渊源可以追溯至古希腊，自从它被延用到道德领域以来，已经成为西方伦理学的核心概念之一。儒家伦理学以重视人的社会属性和道德人格的塑造著称，那么它所讲的道德人格是否具有“自律”这一向度呢？作者的回答是否定的。作者认为，儒家伦理学所讲的道德人格虽然强调主体的独立选择，但该“独立选择”不是西方伦理学所说的严格意义上的自律[67]。关于牟宗三对康德哲学的批判改造，有学者指出，最高善说是康德道德哲学中的一个重要组成部分。牟宗三晚年对康德此说的理论意义，对康德“至善在实践上是如何可能的”问题之解决模式等，从新儒学立场提出了批评意见，并试图依据晚年创构的圆教模式，对问题作出新的规定和说明。牟先生的这一思想是现代新儒学对康德最高善说的一次批判性超克[68]。

关于主体性，有学者指出，孔子指明了一条与现代性西方在自然的征服中、在人的自然欲望的膨胀中建构主体性的方式完全不同的别开生面的后现代性的主体性建构之路：克己，虚我，爱人，换言之就是主体性在对他异的承认、参与和责任承担中完成其自身的建构。主体在通过与他者的交往而被建构出来之前应当设想为无，即不绝对化自我，不绝对化和本体化自我所认定的目标，相反应当是在永远没有完结的与他异的相互作用中走向不能预先确定的主体性[69]。

（作者：曲阜师范大学副教授。
本稿由北京大学李中华教授审定）

注：

①许抗生：《〈性自命出〉〈中庸〉〈孟子〉思想的比较研究》，《孔子研究》，2002年第1期。

②梁涛：《简帛〈五行〉新探——兼论〈五行〉在思想史中的地位》，《孔子研究》，2002年第5期。

③李锐：《儒家诗乐思想初探》，《中国哲学史》，2002年第1期。

④梁涛：《思孟学派考述》，《中国哲学史》，2002年第3期。

⑤郭沂：《孟子车非孟子考：思孟关系考实》，《中国哲学史》，2002年第3期。

⑥王中江：《荀学与儒学的学统和道统》，《南昌大学学报》，2002年第1期。

⑦汤一介：《论中国先秦解释经典的三种模式》，《北京行政学院学报》，2002年第1期。

⑧王中江：《经典的条件：以早期儒家经典的形成为例》，《中国哲学史》，2002年第2期。

⑨陈来：《春秋礼乐文化的解体和转型》，《中国文化研究》，2002年秋。

⑩杨庆存：《华夏文明的构建与古代政治的经纬——孔子礼学思想体系的重新审视》，《郑州大学学报》，2002年第2期。

⑪张奇伟：《荀子礼学思想简论》，《中国哲学史》，2002年第2期。

⑫张奇伟：《“欲不可去”与“欲不可尽”——论荀子关于人之欲求价值观》，《人文杂志》，2002年第3期。

⑬白奚：《“全德之名”和仁圣关系——关于“仁”在孔子学说中的地位思考》，《孔子研究》，2002年第4期。

⑭唐文明：《本真性与原始儒家“为己之学”》，《哲学研究》，2002年第5期。

⑮鄯爱红：《儒家诚信伦理的现代诠释》，《中国人民大学学报》，2002年第5期。

⑯鄯爱红：《儒家诚信道德的现代转化》，《孔子研究》，2002年第5期。

⑰梁晓杰：《德治及其中国路径的比较与反思——兼论原始儒学现代化的一种选择》，《孔子研究》，2002年第3期。

⑱田薇、胡伟希：《从人性论的差异看中西政治哲学理念的分殊》，《东岳论丛》，2002年第3期。

⑲冯国超：《论先秦儒家德治思想的内在逻辑与历史价值》，《哲学研究》，2002年第7期。

⑳王世明：《"温良恭俭让"与行政决策》，《孔子研究》，2002年第3期。

㉑罗传芳：《儒家传统与新加坡模式》，《哲学研究》，2002年第6期。

㉒白奚：《仁爱观念与生态伦理》，《首都师范大学学报》，2002年第1期。

㉓蒙培元：《孔子天人之学的生态意义》，《中国哲学史》，2002年第2期。

㉔蒙培元：《张载天人合一说的生态意义》，《人文杂志》，2002年第5期。

㉕张立文：《儒学人文精神与现代社会》，《南昌大学学报》，2002年第2期。

㉖《关于"儒家与宗教"的讨论》，《中国哲学史》，2002年第2期。

㉗张立文：《〈周易〉的智慧》，《周易研究》，2002年第1期。

㉘郑万耕：《卦爻符号系统的演变及其意义》，《中国哲学史》，2002年第4期。

㉙郑万耕：《朱熹易学简论》，《江西社会科学》，2002年第2期。

㉚晁福林：《论老子思想的历史发展》，《孔子研究》，2002年第1期。

㉛王中江：《老子治道历史探源——以"垂拱之治"与"无为而治"的关联为中心》，《中国哲学史》，2002年第3期。

㉜葛荣晋：《老子与兵家》，《中华文化论坛》，2002年第1期。

㉝晁福林：《从庄子的仁义观看儒道两家关系——〈庄子·让王〉篇索隐》，《人文杂志》，2002年第5期。

㉞晁福林：《读〈庄子·外物〉札记》，《北京师范大学学报》，2002年第2期。

㉟晁福林：《从〈盗跖〉篇看庄子后学的"无为"思想》，《山东社会科学》，2002年第2期。

㊱张广保：《原始道家道论的展开——道家形而上的梦论与生死论》，《中国哲学史》，2002年第3期。

㊲靳凤林：《先秦儒道死亡思想之比较》，《孔子研究》，2002年第5期。

㊳王晓毅：《郭象历史哲学发微》，《文史哲》，2002年第2期。

㊴郑万耕：《程朱理学的体用一源说》，《孔子研究》，2002年第4期。

㊵方旭东：《为心学一辩——元代吴澄的心学观》，《哲学研究》，2002年第1期。

㊶彭国翔：《明儒王龙溪的一念工夫论》，《孔子研究》，2002年第4期。

㊷彭国翔：《王畿的良知信仰论与晚明儒学的宗教化》，《中国哲学史》，2002年第3期。

㊸任文利：《何心隐的思想及其定位》，《中国哲学史》，2002年第3期。

㊹王瑞昌：《陈乾初思想的心学定位》，《中国哲学史》，2002年第3期。

㊺陈来：《道学视野下的船山心性学——以〈读四书大全说〉的大学部分为中心》，《中国哲学史》，2002年第3期。

㊻王世光：《学术与政治之间——论戴震对程朱理欲观的批评》，《中州学刊》，2002年第2期。

㊼徐文明：《阿育王与前七祖》，《中国哲学史》，2002年第4期。

㊽张志强：《初唐佛性诤辩研究——以窥基、慧沼与法宝之辩为中心》，《中国哲学史》，2002年第4期。

㊾方立天：《中国佛教直觉思维的历史演变》，《哲学研究》，2002年第1期。

㊿刘成有：《吕澂对佛教心性论的现代诠释》，《中国哲学史》，2002年第4期。

51程恭让：《从太虚与梁漱溟的一场争辩看人生佛教的理论难题》，《哲学研究》，2002年第5期。

52方立天：《中国佛教哲学的现代价值》，《中国人民大学学报》，2002年第4期。

53钟肇鹏：《冯友兰在中国哲学史上的地位》，《哲学研究》，2002年第6期。

54宋志明：《新理学对程朱理学的继承与改造》，《中州学刊》，2002年第2期。

55陈鹏：《将分析进行到底：新理学之后的一种路向》，《哲学研究》，2002年第3期。

56胡军：《重建还是拒斥形而上学——从洪谦和冯友兰关于形而上学的论争谈起》，《东岳论丛》，2002年第1期。

57刘东超：《自我批判和反思——建国后冯友兰对人生境界说的重新认识述析》，《理论探讨》，2002年第4期。

⑱胡军：《知识论与哲学——评熊十力对西方哲学中知识论的误解》，《北京大学学报》，2002年第2期。

⑲胡伟希：《中国新实在论思潮的兴起》，《中国人民大学学报》，2002年第4期。

⑳干春松：《中国哲学和哲学在中国——关于中国哲学“合法性”的讨论》，《江海学刊》，2002年第4期。

㉑陈来：《中国哲学的近代化与民族化——从冯友兰的哲学观念说起》，《学术月刊》，2002年第1期。

㉒周桂钿：《中国哲学的性质及其当代价值概述》，《福建论坛》，2002年第5期。

㉓周桂钿：《释“天人合一”——兼论传统价值观的现代意义及其现代转换》，《山东社会科学》，2002年第1期。

㉔洪汉鼎：《从诠释学看中国传统哲学“理一而分殊”命题的意义变迁》，《北京行政学院学报》，2002年第2期。

㉕胡伟希：《道·言·智·境：中国哲学诠释学传统及其问题》，《孔子研究》，2002年第1期。

㉖胡伟希：《从康德到熊十力：“知智之辨”》，《文史哲》，2002年第2期。

㉗王云萍：《儒家的道德人格是自律的吗？——一种比较分析的视角》，《孔子研究》，2002年第1期。

㉘程恭让：《牟宗三对康德最高善说的呼应、批评与超克》，《孔子研究》，2002年第3期。

㉙金惠敏：《孔子思想与世界和平——以主体性和他者性而论》，《哲学研究》，2002年第2期。

西方哲学

杜丽燕

一、学术会议和学术著作

2002年，西方哲学界召开了几次比较有影响的学术会议。

8月，中华外国哲学史学会和云南大学联合举办外国哲学年会，主要探讨形而上学问题。

9月18日至20日，武汉大学人文学院哲学系与台湾佛光大学人文学院哲学系联合主办“海峡两岸西方哲学东渐学术研讨会”。会议主要议题是：反思百年西学东渐的得与失；西学对中国社会、思想及哲学的影响；西学进入中国后的变形；如何进一步推进西学东渐等。出席会议的学者49人，列席20人。

10月11至14日，在北京大学举行“维特根斯坦和二十世纪分析哲学国际研讨会”，会议主办方为北京大学外国哲学研究所。30多名海内外维特根斯坦专家，就维特根斯坦哲学的解释和评价、维特根斯坦对20世纪分析哲学的影响等问题，进行了广泛深入的讨论和交流。这些学者分别来自于美国约翰·霍普金斯大学、芝加哥大学、纽约大学、纽约市立大学研究生中心、爱荷华大学，英国牛津大学，奥地利格拉茨大学，以色列特拉维夫大学和本·古利昂大学，希腊雅典大学和希腊美国学院，韩国荣塞大学，台湾中央研究院和政治大学，香港浸会大学，北京大学和中国社会科学院等机构。

据不完全统计，出版的著作有：张志伟：《是与在：意义世界对逻辑经验世界的超越及一种反对Aesthetics的艺术哲学导论》，中国社会科学出版社，2001年版。车铭洲主编：《现代西方思潮概论》，高等教育出版社，2001年版。陈学明、马拥军：《现代西方哲学——苏东剧变后西方四大思想家的思想轨迹》，东方出版社，2002年版。赵敦华：《西方哲学的中国式解读》，黑龙江人民出版社，2002年版。赵敦华：《现代西方哲学新编》，台湾五南出版公司，2002年版。王晓朝：《罗马帝国文化转型论》，中国社会科学文献出版社，2002年版。傅有德主编：《犹太名人传·思想家卷》，河南文艺出版社，2002年版。宋继杰主编：《Being与西方哲学传统》，河北大学出版社，2002年版。张祥龙、杜小真、黄应泉合著：《现象学在中国》，首都师范大学出版社，2002年版。

《外国哲学》由北京大学外国哲学研究所改版并主编，改版后第1期于2002年出版。

二、讨论的问题

希腊哲学东渐问题

2002年，希腊哲学的研究热潮不减。仅就论文的数量而言，希腊哲学研究居榜首，其中希腊哲学东渐问题，尤为受人瞩目。

杨适在《希腊人的ontology的意义》[①]一文中指

出，自罗素以来，现代哲学向 ontology（本体论）发起挑战，至今已经近百年。中国学人一直对如何理解西方哲学的 ontology（关于 or 或 orcoc 的学问）和如何翻译（being）这个根本范畴进行了细致的探讨。半个世纪以前，陈康先生对将 being 译作“存在”、“有”提出质疑，认为翻译成“是”才合乎希腊文原意。几年前，王太庆先生和汪子嵩先生又用一些新的观点证明陈康先生的意见是正确的。

庞学铨在《也谈关于 ontology 的翻译》[②]一文中则认为，如何理解 ontology 这一重要概念，对于研究西方哲学的存在理论关系极大。而对这一概念的理解，又取决于对 to be 的理解。国内学界看法历来有异。近年来，研究者的倾向是认为将其翻译成“是”最为准确。庞先生根据美国学者卡恩的研究成果，讨论了 to be 的多种用法、多重涵义。认为它的主要和基本用法确实是“是”，即作系动词用。不过，即使作为系动词用时，它也可以表示“是者”、“存在”，包含“是者”和“存在”的意义。至于它究竟表示“是”，还是“存在”或者别的意义，要看使用该词的是处于什么时代，何种语境，哪个哲学家而定。因此，与此相关的 ontology 一词如何理解和翻译，也应该视情形而定。

张祥龙在《象、数与文字——〈周易·经〉、毕达哥拉斯学派及莱布尼兹对中西哲理思维方式的影响》[③]一文中指出，易象的如下特点使《周易·经》能成为中国古代哲理思维的一个重要源头。(1) 象符系统有自身推演机制。(2) 象符形式极其简易，具有结构主义语言学所讲的由对子构成的“区别性特征”，但其表现维度又非常多样。这是西方的演绎系统所不具备的。(3) 这些象符的功能主要不是去象征现成的事物，而是以极丰富的变易可能为新象或变通样式的当场构成提供了一个潜在的支持的“边缘境域”。(4) 象只在这种变通之中才触及到辞，做出预言。这样，象与辞的关系就得到根本改善，而与按图索骥式的预言术很不同。因此，《易》鼓励的是一种注重变易过程、原发想象直观和捕捉将来时机的艺术型思维。毕达哥拉斯学派也具有思维推演精神，认为“数是万物的本原”，对西方科学与哲学产生深远影响。但是，它对数与言的关系的学说在传统西方哲学中并不成功，主要原因就是十进制的数与几何图形与古希腊语相距过远，其间缺少“象”的环节。莱布尼兹通过他发明的数字二进制，使得毕达哥拉斯的广义的推演理想向现实化迈进了一大步。二进制使数字的表达方式大大简化，出现了某种“数字象”的形态。与此相关，莱布尼兹设想了一种能让哲学思想完全演绎化的“普遍文字”。也正是出于这个背景，他在传教士提供的“《周易》六十四卦方圆圈”中看出了二进制和伏羲演绎智慧。这些思想是毕达哥拉斯主义与《周易》之间的一座悬桥。通过它，双方可以更清楚地意识到两者的某种类似和巨大差异。

德国古典哲学

2002 年度，德国古典哲学方面的论文陡然增多，这可能与世界范围内的黑格尔哲学升温不无关系。

徐向东在《莱布尼兹的偶然性概念》[④]一文中指出，偶然性概念是莱布尼兹形而上学中的一个中心概念，在莱布尼兹的研究者中激起了广泛的批判兴趣。由于一些研究者对此概念与莱氏形而上学的其他概念之间的关系不太清楚，因而对于他的偶然性概念的研究有种种不尽人意之处。他认为，若想准确地理解莱布尼兹偶然性概念，必须把这一概念放在莱氏对上帝与世界的关系中加以分析。如果从这一角度讨论问题，就可以清楚地看到，莱布尼兹对偶然性的解释，符合他对人类自由和道德必然性的说明。

段德智、李文潮在《试论莱布尼兹的现象主义与单子论的内在关联》[⑤]一文中指出，西方对莱布尼兹的系统研究，差不多是从 19 世纪中叶以后才开始，百年的莱布尼兹研究虽然取得了不俗的成绩，但颇有一些令人遗憾之处。总的倾向就是用种种方式肢解莱布尼兹。近年来，又出现了一种新的肢解：“中年莱布尼兹”的现象主义和“晚年莱布尼兹”单子主义的对立。作者从所谓青年莱布尼兹的旨趣入手，以期证明中年莱布尼兹的现象主义与晚年莱布尼兹的单子主义的一致性和内在关联，指出，莱布尼兹不是到晚年才提出单子论的。莱布尼兹青年时代提出的“实体”、“灵魂”、“统一体”、“单元”、“单一”、“实体形式”和“隐德莱希”等概念，它们的基本内涵与单子在本质上并无二致。他晚年最重要的著作《以理性为基础的自然的和神恩的原则》《单子论》，依然用上述这些概念界定他的“单元”概念，并把它作为单子的同义词。因此，莱布尼兹在中年开始使用的“单元”概念，是在青年时代开始酝酿形成，在中年时代使用，晚年在“终极实存”这一严格意义上使用的哲学范畴。

应该承认，“物体哲学”或“现象主义”在中年莱布尼兹思想中，确实占有非常突出的地位。莱布尼兹在中年就提出“简单实体”学说，但是却一直在探讨“物体哲学”或“现象主义”，是因为他必须面对当时的哲学家提出的三个问题：(1) 物体能够独立存在吗？（笛卡尔和霍布斯）(2) 物体的“实在本质”如果不是广延，究竟应该是什么？（洛克）探讨这些问题，不仅构成了莱布尼兹的物体哲学或现象主义，而且建构了他的单子论体系。莱布尼兹的物体哲学内容虽然非常丰富，但是，归结起来无非是一句话：“物体是现象，是由实体堆积而成的现象，是有良好基础的现象。”因此，莱布尼兹物体哲学提出的第一个问题就是：为什么以广延为本质属性的物质自身不能成为实体？这是莱布尼兹向当时的欧洲哲学界提出挑战的一个重大问题。由此引出了第二个重大问题：真正的或终极的实在究竟是什么？第一个问题是物体主义解决的问题，第二个问题则是单子论解决的问题。莱布尼兹认为，既然有广延、有部分的事物不能成为实体，那么没有广延、没有部分的简单事物就应该是实体了。这样简单、没有广延、没有部分的实体不是别的，就是单子。这鲜明地表达了中年莱布尼兹的现象主义与老年莱布尼兹的单子论的内在联系。

既然无广延、无部分的事物能够成为有广延有部分事物的实体。那么二者是如何形成这种相互关联的？换句话说，它们之间的中介是什么？作者认为应当从莱布尼兹的两种实体学说：简单实体与复合实体寻找答案。复合实体就是有形实体。有形实体兼有两个方面：“有形”实体和有形“实体”。这一两面功能使复合实体承担两个功能，即与有形、有部分、有广延的物体形成关联；同时也可以与绝对简单、没有部分、没有广延的实体形成关联。因此，复合实体是两种学说的中介。

章忠民的《黑格尔的秘密与解构》[⑥]从当代哲学的视角探讨黑格尔对安瑟尔谟上帝存在的本体论证明的批判，指出，对这一问题的考察不仅呈现出黑格尔哲学的秘密，而且显露出当代形而上学与传统形而上学的差异。黑格尔一生，对基督教神学的态度前后有很大的变化。青年黑格尔一方面继承了康德、费希特的传统，颂扬道德的主体力量，另一方面又不同于康德，康德认为神学因素不可认识，因而应该将神学从一切知识中驱逐出去。黑格尔反对基督教神学，是因为它认为道德律令是外在于我们的，是被给予的。在黑格尔看来，把道德律变成强加于人的东西，与人的自由与尊严格格不入，任何人都不能放弃自己给自己制定法律及自己负责处理法律的权利，如果他放弃了这种权利，他就不再是个人了。黑格尔认为，希腊精神就是历史的道德理想，在希腊，个人的道德理想与整个民族的民主集体性相一致。希腊民主政治的崩溃，才使个人的主体性与社会整体的集体活动之间，产生了不可解决的矛盾。罗马帝国的腐化是基督教诞生的摇篮，实证的基督教由此产生，基督教与个别主体性的对立也就随之产生。所谓基督教的实证性，就是指法规性、法定性、强制性、奴役性和压迫性。青年黑格尔的目标就是要恢复非实证的古代宗教，恢复主体的道德自主性，恢复人的自由和尊严。黑格尔对于基督教道德实证性的批判，是黑格尔哲学的重要基础，他日后的哲学就是在这一基础上发展起来的。

黑格尔凭借对安瑟尔谟关于上帝存在的本体论证明的批判和改造，消解基督教的实证性。第一，黑格尔用绝对观念代替了上帝观念，上帝在黑格尔那里就是无限的、客观的、无人身的思想、理性或精神，是绝对理念，是一切存在的共同本质和根据。绝对观念通过不断的自我否定的矛盾运动证明自己。一方面，绝对观念在不断演化和发展中外化出自然、社会和人的思维，另一方面，又由此不断返回自身。这就解决了观念与存在的对立，因为绝对观念包含着存在，而绝对的存在也就是观念。第二，实体即主体。安瑟尔谟把上帝的存在，上帝的客观形式视为宾词，黑格尔指出应当把这一切看作我，即每个能思维的主体，而不是宾词。第三，凡是合乎理性的东西就是现实的；凡是现实的东西就是合理的。绝对完满的观念（上帝）与实在，（绝对）理性与现实（存在）只是一分为二，二而为一的东西。如果你囿于感性和知性的藩篱，束缚于常识、习俗，就无法认清，也没有勇气承认这一点。反之，认识并把握了这一点，就进入了理性的视界。哲学的最高目的就是确认思想与经验的一致，并达到自觉的理性与存在于事物中的理性的和解，亦即达到理性与现实的和解。章忠民认为，黑格尔对安瑟尔谟上帝存在的本体论证明的继承和发展太完美了，从而使这一证明在黑格尔手中变得天衣无缝。一方面，他使上帝的绝对合理性无可怀疑，另一方面，又使这一证明改变性质，由此宣布上帝退位。理性本来是证明上帝存在的工具，此时却成了证明的对象——上帝本身，成了上帝的上帝，理性杀死了上帝。

现代哲学

尚新建在《索绪尔的“哥白尼革命”》[⑦]一文中指出，索绪尔猛烈地批判了“命名论”，从而彻底颠覆了自苏格拉底以来的传统语言观。他通过符号的任意性原则，将语言理解为一个社会制度和关系结构，不仅创立了语言学，并且借助语言学的示范作用，提出“世界的本质乃关系而非事物，社会文化结构永恒”的原则，改变了人们的科学观。索绪尔的学说是语言学上的一次“哥白尼革命。”

“哥白尼革命”的内涵在于，他不再将词语看作我们生活中把握实在的辅助工具，而是认为，我们对实在的理解，实质上依赖于我们对言语符号的社会应用，言语符号构成我们所运用的语言。词语不是人们生活的边缘，而是中心。正是由于索绪尔改变了词语的性质，从而导致了语言学的一场革命。索绪尔所批判的传统语言观，可以追溯到柏拉图。柏拉图在《克拉底鲁篇》中描述过所谓的“命名论”。他的命名论反映了传统语言观的基本原则：理解语言就是理解一事物的名称如何与该事物发生关系，因此语言并非完全起源于人；研究语言的“科学”方法就在于提示人们在历史长河中，如何不断发展出新的声音符号，以表示自然预先赋予的各类事物。名称的正确与否取决于事物的自然本性，语言的基础是外界的实在。

在索绪尔看来，这种语言理论根深蒂固，却十分幼稚。其错误有三：(1) 它假定有现成的观念先于语词而存在。语词的功能似乎仅仅是为了表示它们。事实上，语言的基础并非名称，许多语词并非事物或观念的名称。人们发现一个语言符号与一个感性对象相对应，那纯属偶然，并不能代表整个语言。命名论假定首先有对象存在，然后才有符号。这意味着符号的基础是外部对象。似乎只有到语言之外，凭借与某种独存的事物发生关系才能理解符号，才能理解语言。在索绪尔看来，这等于完全否定了语言的自主性。其实，符号的意义是在语言的范围内规定的，无须到语言外部寻找根据。(2)“它没有告诉我们，名称本质上是声音的，还是心理的。”无论取谁，都暗示名称与名称所表达的事物实质上是分离的，二者分属不同的领域。声音与心理的对立或相斥，恰恰反映了命名论的一个基本原则，即名称与名称所表达的事物彼此外在。尽管二者也可以用某种方式联系在一起，但那是外在的连接。索绪尔批判的，正是这种分立的格局，从而维护了语言的独立性，用语言内部的因素解释语言。(3) 它诱使人们以为名称与事物的联系是非常简单的作业，尽管事实并非如此。在命名论者眼中，既然被命名的事物早已存在，那么，名称与事物之间的关系必然相当简单，无非是用一个符号标记罢了。然而，这种观点忽略了时间中的各种复杂变化。

索绪尔的首要原则是符号任意性原则。索绪尔认为，能指与所指是任意的。因为我所说的符号是能指与所指结合而成的整体，所以可以简单地说，语言符号是任意的。任何一个能指或所指，都没有什么天然的属性或性质，非得与某个特定的所指或能指相结合。某个能指为什么与所指联系在一起，期间没有任何理由或动机，也没有任何限定，完全是任意的。从理论上讲，一个能指亦有可能与任何一个所指联系在一起，一个所指亦有可能与任何一个能指联系在一起。我们没有理由说这个联系比那个联系更好、更适合，因为任何联系都没有道理可言。任意性指的就是能指与所指之间这种无拘无束的关系。索绪尔的任意性原则，把我们引向对语言的全新理解，即语言是一种特殊的社会制度，一个系统，一个结构，其性质是社会的、文化的，其本质属性是结构属性。

因此，可以说，索绪尔语言学革命的作用不仅仅限于语言学范围，它同样深刻影响了其他各门学科和各个领域。这正是索绪尔的价值所在。

陈亚军在《超越绝对主义与相对主义》⑧中指出，超越绝对主义和相对主义的对立是普特南哲学的内在追求。普特南在追求这一目标的过程中经历了两次重大转变，即由科学实在论向内在实在论转变，再由内在实在论向自然实在论转变。每一次转变都是向生活实践的进一步皈依。内在实在论由于尚未真正摆脱形而上学实在论的思维方式，故显出自身学理上的不融贯。而自然实在论在生活实践的层面上，纠正了传统二元论的思维方式，坚持了实在论的追求，而又抛弃了实在论的形而上学的包袱，在绝对主义和相对主义之间，普特南找到了一条中间道路。

孙毅《论祁克果“单个个人”概念》⑨一文，主要探讨祁克果最重要的范畴“单个个人”概念。单个个人是祁克果思想的核心范畴，他让人在他的墓碑上镌刻的仅有的几个字就是“单个的个人”。祁克果所说的“单个个人”是相对于自身而言的单纯性和完整性，而非相对于“他者”而言的隔绝。在祁克果看来，单个的个人，从基督教的观点看，是一个决定性的范畴，而且对于基督教的未来也是决定性的。成为一个单个个人与成为一个真正的基督徒是一回事，因为成为一个基督徒的途径与人作为一个单个个人的人个体化地转向上帝相关。这样从一种宗教意义来讲，这个范畴是指人的一种生活，即个人与上帝相沟通的生活。个人对自己的认识以上帝为终极的参照系，显露出在这个参照系中的单个个人，既非日常所言个人，也非政治或伦理意义上的个人，而是指一种神学意义上的自我，即直接呈现在上帝视野中的自我。

单个个人范畴还有生存论上的意义。就生存论意义而言，单个个人的基本含义，是指个人的一种存活方式，而与单个个人相对立的公众人，也需要从生存方式上去理解。因而祁克果所说的公众人不是指社会学意义上的个人集合，而是指人的这样一种生存方式，即生存于其中的人，有意无意地依赖于某种来自众人的势力，这种势力影响或者替代了本应由个体做出的决定，并因此而影响或替代了本应由个体所承担的责任。

单个个人范畴有几个具体内涵：第一，内向性。所谓个人的内向性是指个人面对自己的一种严肃的关切态度，一种充满了无限激情的态度。它有其自身的生存含义，不能从心理学层面上理解这一特点。祁克果所说的内向性指的是具体个人指向自身的关系，其中更多的是情感和意愿的关系，当然也包含着理智对这些因素的思索。这种内向性关系最大的特点，它是非对象性的。单个个人在当下不可能把自己看作一种客观现成的对象，因而不能理智地认识和把握。在日常生活世界中，个人首先是借着某种意愿或情感来面对或逃避自己的。内向性的含义主要是信仰和激情的内向性，仍然是个人与上帝之间的个人性关系。第二，主体性。我们不能在黑格尔意义上或者传统意义上理解主体性。对于祁克果来说，主体性与个体的主体思想者或者生存主体相关联。对于具体的生存主体而言，生存的存在有一个最重要的区别，这就是可能与现实的区别。其次是思想（理智）与意志的区别。可能性的实现，以个人意志的决断为前提。从这一角度看，具体人的生存，可以被看作从具有不确定的可能（潜能）到现实的过程。这个过程也是单个个人的志趣、意愿和决断得以展现的过程。

政治哲学

政治哲学日趋引起学人的重视，相关方面的研究论文、著作、译作逐渐增多。其中译著的数量颇丰。

石元康的长文《政治自由主义之中立性原则及其证成》[10]，详细探讨了政治自由主义的中立性原则。他认为，自由主义是现代多元社会的基础，它以一种政治理论的形态出现。由于价值的多元化，因而政治自由主义在建构其原则时，不能以任何整全理论的价值观为基础，它必须采取中立性原则。政治自由主义的中立性概念，是界定自由主义的最重要的概念。所谓中立性是指对于不同的价值观不应该采取任何立场，而应该保持中立。拉莫指出，现代人最重要的一个经验，是人们对于“什么是完美的人生”这个问题，有不同的意见，而这种分歧是一种合理的分歧。罗尔斯也提出相同的看法。他把这一现象命名为合理的多元主义。在罗尔斯思想中，多元主义意味着合理的分歧。

解决合理分歧可以有许多方法。办法之一是政府采取高压手段，下令禁止他不喜欢或者他认为是错误的价值观。在多元社会，这种方法通常不能为人们所接受。办法之二是让所有的整全理论共存，每个人凭借自己的自由去选择自己认为正确的人生观及价值观。前提是当这些价值观与公正有冲突时，前者必须让步。这种局面就是百花齐放的自由社会。这类自由社会的哲学基础是什么呢？康德的自律原则和穆勒的个体性原则，都是为解决这一问题提出的。这些原则都可以被看作是个人主义的哲学。而个人主义是一种整全的理论，它对于价值源泉、性质等都提出了一套系统的说法。罗尔斯把康德和穆勒的自由主义称作整全的自由主义，原因就在于此。如果自由主义要作为多元社会的基础，它就不能是一种整全理论，而必须做一个政治的转向，成为政治的自由主义。既然在多元社会人们不可能有统一的价值观及宗教理念，那么社会如何寻找统一的基础呢？大家都接受公正原则。在公正原则下的统一是自由主义式的统一。在这种统一方式下，大家在可以不违反公正原则的前提下，追求自己认为最美好的人生。要建立公正的原则，惟一的方法是把所有的价值都放在括号里，不要用它们。这就是罗尔斯所说的回避法。只有这样，才对所有的价值观都公平。因此，中立性概念自然而然地出现了。

谁应该保持中立？第一，在建立公正原则时，我们要保持中立；第二，政府应该中立。中立又可以分为程序的中立和目标的中立。自由主义认为，这些方法都有不尽人意之处，自由主义认为，还是回避法最好。中立性的根据何在？作者认为，它的根据应该是价值的怀疑主义和价值的主观主义。所谓主观主义是指斯宾诺莎式的，即“不是由于一件东西有价值，我们才去追索、希求、企望它，而是因为我们去追索、希求、企望它，我们才认为是好的。”这就是所谓主观主义的态度。而怀疑主义的态度，则可以采取温和怀疑主义和极端怀疑主义的态度。中立态度必须在这二者之中预设一个。

此外，《政治构成主义的悬空状态》[11]；《关于理性主义自由观的再思考》[12]；《从人性论的差异看中西政治哲学理念的分殊》[13]；《论黑格尔的利益观》[14]；《试论黑格尔的自由观》[15]；《康德历史哲学中的先验主义》[16]；《德国古典哲学与世界历史理念》[17]；《有地狱，没有天堂》[18]；《当代自由主义对社群主义理论挑战的回应》[19]；《古典自由主义及其哲学基础》[20]；《欧克肖特和中国自由主义》[21]等都围绕政治哲学的相关内容展开讨论。可以说，政治哲学热是西方哲学研究的一大看点，相信有关政治哲学的研究，未来定会出现更多的有创见的力作。

（作者：北京市社会科学院研究员）

注：

①②《浙江学刊》，2002年第4期。

③《哲学门》，2002年第1期。

④《外国哲学》，2002年第15辑。

⑤《哲学研究》，2002年第9期。

⑥《北方论丛》，2002年第2期。

⑦《外国哲学》，2002年。

⑧《厦门大学学报》（哲学社会科学版），2002年第1期。

⑨《外国哲学》，2002年版。

⑩《哲学门》，2002年第1期。

⑪韩水法：《云南大学学报》，2002年第2期。

⑫储昭华：《浙江学刊》，2002年第1期。

⑬田薇、胡希伟：《东岳论丛》，2002年第2期。

⑭陈林、深韵霞：《江苏大学学报》（社会科学版），2002年第2期。

⑮刁隆信：《西南师范大学学报》，2002第第3期。

⑯王平：《社会科学家》，2002年第4期。

⑰薛华：《学术月刊》，2002年第10期。

⑱余慧元：《同济大学学报》（社会科学版），2002年第4期。

⑲顾肃：《哲学动态》，2002年第11期。

⑳王磊：《哈尔滨学院学报》，2002年第11期。

㉑张汝伦：《云南大学学报》，2002年第1期。

科学技术哲学（自然辩证法）

曾国屏　张成岗

2002年，对自然辩证法学科发展的回顾与展望仍在继续，科学技术的哲学问题研究再度受到重视，对STS的热点进行了专门的研讨，信息网络哲学和工程哲学的研究是两个亮点，自然辩证法公共课教材建设和专业研究生培养受到重视。

一、自然辩证法学科发展的回顾与展望

中国自然辩证法事业在20多年的蓬勃发展中取得了辉煌业绩，新领域不断被开拓，新方法和理论层出不穷，这种快速发展的形势将学科的自我反思和建构的重要性进一步凸现出来。

刘孝廷认为，中国的自然辩证法研究，从“文革”后成立全国性的学术组织算起，到目前为止经历了自然观时期、科学论时期、STS（科学、技术与社会）时期、发展论阶段等四种范式，现在已经发生了传统淡化、队伍分化、对象虚化等的“力量转移”，而“重振自然辩证法雄风”需要重新集结在它伟大的传统下，自觉迎接范式的转换，为此，需要向学派的内在性进军、投入对发展的全面研究、强化学科队伍建设等①。

刘华杰撰文指出，自然辩证法（科学技术哲学）学科长期以来就面对着学科定位的尴尬。20世纪90年代，“自然辩证法”突然间变成了“科学技术哲学”，如此变动的理由主要为：①与国际接轨；②自然辩证法属哲学学科，新的学科自然归于哲学一级学科之下，理所当然变成科学技术哲学。但是，这种名称变化导致语义收缩，使原有的研究范围大大缩小。实际的效果是，使有中国特色的科学技术研究学派被人为分解，原有的学科大交叉被当作不规范和累赘抛到一边，名义上有一小部分转向纯粹的科学技术哲学，更多的则是在“科学技术哲学”题下做着与“哲学”关系不大的科技政策与管理、科技社会学等研究，还有相当一批人在从事科学的文化研究和科学思想史研究。刘华杰认为，在大科学时代欲全面了解科学技术的本性，需要从多种角度并采取多种方法来研究科技，最重要的视角包括科学哲学、科学史和科学社会学，其次还有传播学、经济学及政治学的角度等。中国高校需要成立专门以科技为研究对象的系级建制，称“科技学”系是一种考虑②。

任元彪对20世纪中国科学技术哲学的发展进行了简要总结。他认为20世纪中国科学技术哲学的主要学术来源是现代西方科学哲学及其学术传

统、马克思主义哲学的自然辩证法传统和中国传统哲学中的自然哲学传统。其发展经历了20世纪30年代以前的“科学为本”阶段、30至40年代的多种流派竞争阶段、50至80年代初中国自然辩证法学派成形和发展阶段及其后的国际化开始阶段等4个不同阶段。其中前两个阶段是“科学为本”观念支配时期，后两个阶段是马克思主义科学技术哲学支配时期。其特色在于巨大的社会影响、现实关怀的基本品格和人文关怀的优良传统等方面③。

2002年8月6日至9日，中国自然辩证法研究会（学术工作委员会和青年工作委员会）和中国科学院研究生院联合召开“2002年全国自然辩证法学术发展年会”。70多位专家学者参加的会议内容相当丰富，自然辩证法学科建设是其中的重要议题。朱训理事长和王国政秘书长专门谈了如何开展自然辩证法的学科建设、课程建设以及学术发展研究问题，指出无论是学会改革、学科和课程建设还是学术研究发展都要体现时代精神。副秘书长张明国作了“以学术发展研究推动自然辩证法学科建设”的报告，论述了在自然辩证法学科层次及其分支学科层次上寻找学术生长点和突破点的问题，对自然辩证法学科调整谈了自己的看法。孟建伟教授主要谈到了学科定位问题，认为加强科学文化哲学的研究，可以跳出西方科学哲学的困境，开辟出自己的研究道路④。

二、科学技术的哲学问题研究再度受重视

自然科学中的哲学问题的研究，是自然辩证法、科技哲学的一个研究难度较大的基本学术方向，经历了近些年的沉寂之后，再度受到关注。2002年11月9日至10日由清华大学、北京师范大学、中国自然辩证法研究会共同主办的“科学技术中的哲学问题研讨会”格外引人注目，与会者达百人，超出大会组织者的预计⑤。

清华大学人文学院院长胡显章在开幕式的致辞中指出，研究科学技术中的哲学问题具有非常重要的意义，既是科技哲学中的前沿性问题也是基础性问题，清华大学非常重视科技哲学的发展，科技哲学已成为学校的重点学科。中国自然辩证法研究会副理事长兼秘书长王国政在致词中指出，新世纪之初，自然辩证法学科面临新的发展机遇，在此背景下召开“科学技术中的哲学问题研讨会”意义深远；为了推进学科发展必须学习科学技术的最新知识、必须注意与自然科学家进行长期的合作、必须完善学科建制。北京师范大学王德胜教授以及特邀嘉宾北京大学黄楠森教授也都在开幕式上讲话。

第一场大会报告上，国际著名的英国学者齐曼(John Ziman）作了“Believing in Science（信赖科学)”的专题报告。他的报告涉及科学的认识论、社会学和本体论，引起了与会者的兴趣，给了我们较深入的思考。吴彤在《20世纪后半叶中国自然科学哲学问题研究的历史、现状和若干问题的思考》的报告中，较全面地总结了中国20世纪50年代后的自然科学哲学问题研究的历史、现状，并通过国内外文献比较研究，对自然科学哲学问题是科学哲学研究主流的观点给予论说，对了解中国自然科学哲学问题研究以及未来发展趋势作了基础性的解读。刘晓力的《计算主义质疑》的报告，则从认知科学等多个视角展示了计算主义和非计算主义各种纲领在计算机科学、脑科学和认知科学发展进程中的各种争论，对于计算的功能和局限作出了尽量客观的分析，对计算主义作了基于“数学是算法不可穷尽性”立场的评价。孙小礼以《关于科学研究方法论的几点想法》为题的报告，特别强调了研究中的方法论问题，认为方法论是进一步推动科学技术哲学研究的重要基础，并且强调了模型方法的作用。

第二场“科学技术的元理论问题”大会报告中，王巍以《认知意义的判断标准》为题，报告了逻辑经验主义认知意义判断标准的失效，以整体论思想挽救认知标准的努力，以分析哲学的方法提供了一个解读研究的新规范。张成岗则从文本考证出发，研究了结构主义与历史主义学派在认识论特征上的同时性与同质性，从科学哲学的视角对阿尔都赛的科学认识论进行了解读，并指出了做此研究的方法论意蕴。薛伟江尝试运用协同学思想对后现代主义哲学进行解读，并且试图说明它们的不同主要在于讨论的问题不同，而不是各异的范畴和表达形式的不同。董春雨以《对称性与人类认识发展》为题，从对称性与人类对美、对自然的认识关系的研究出发，对“对称性与非对称性，对称性是客观的、还是主观的，对称性是否是自然界深层本质?”做了一定程度的讨论。远道而来的墨西哥大学黄翔博士讨论了“人类理性的生物学制约”问题，对进化心理学的主要论点做了分析和批评。季国清探讨了“科技哲学在新的综合中的再生”问题，指出，只有具有较好的人文文化温床，才能产生科学，科学哲学必须为此努力。

在第三场“物理、生物和心智科学的哲学问题”大会报告中，薛晓舟报告了物理科学领域前沿的哲学问题：超玄/M理论真空的哲学问题，指出了对此问题进行探讨的四点本体性启示。刘兵则用丰富的材料介绍了F. 伦敦的哲学研究与科学工作，展示了一个从事纯哲学研究的哲学博士，在科学舞台上是如何屡屡建功立业的。李建会在《论生命的本质》的报告中认为，信息是生命的本质。任晓明的“生命本质新论”，则对生命提出了一个属性综合判断。魏屹东在“认知科学的哲学意蕴”中探讨了在认知科学领域中出现的各种主要的哲学观点，并指出哲学家能为认知科学做的一些具体工作，指出了哲学家工作的几个重要特性。而从事科学研究的周昌乐则就“关于人工意识研究途径的哲学思考”问题提出了自己的见解，对计算主义提出了质疑，并对科学哲学研究中的若干倾向从科学研究的角度进行了评析。

该会议还安排了“科学技术的元理论问题”、“物理、生命与心智科学的哲学问题”、“技术哲学与科技伦理学”和“复杂性与系统科学中的哲学问题”四个小组的分组报告。在各个分会场，与会代表围绕相关主题，积极发言、热烈讨论。一些分组报告引起大家的兴趣，例如，蒋劲松在《理论对于经验的主导作用与整体主义》报告中，指出理论对经验的指导作用，认为经验的产生受理论启示并且在理论背景下才有意义。阎莉在《超分子化学——带给化学研究的新视角》的报告中，对超分子化学带给化学家研究方式的变化和思维观念的变革进行了探讨。鲍鸥的《全球学——对地球文明的新思考》，以翔实的材料展示了俄罗斯在全球学研究上的进展，发表了自己在相关问题上的看法。杨玉辉指出程序是信息科学和生命科学的一个核心范畴，郭磊则对达尔文的进化论做了公理化与自组织描述的尝试。

“技术哲学与科技伦理学”分组报告中，李正风在《虚拟现实技术的哲学分析》的报告中认为，对虚拟现实技术进行深入哲学分析是推进有关问题研究的关键，他剖析了虚拟现实中主客体之间的融合互动性。曹南燕的《科学研究中的利益冲突》报告，从科学研究层面讨论了科学研究中利益冲突的表现形式、产生原因、社会后果及其处理对策。高亮华在《技术决定论批判》报告中，深入反思了技术决定论，深度解读了PC时代的TD，从人文的视角剖析了社会技术化的后果，并对其做了有力的批判。曾国屏的《当代科学技术中的若干问题鸟瞰》的报告，对当代科学技术发展变化的特征及其前沿问题对哲学的挑战做了概括式的反思与前瞻，认为科学技术的发展涉及真善美及义和利，指出马克思主义哲学在当代的更大发展在一定程度上依赖于对以上问题的回映与解读。卢风在《科学、民主与良知》的报告中，批判了科学主义，探究了当今科学范式与牛顿时代科学范式的差异，指出科学需要被置于民主监督之下，才能保证其自我纠错机制的功能正常。

在《复杂性与系统科学中的哲学问题》报告中，刘孝廷报告了作为元未来学对象的未来之复杂性，分析了未来复杂性的特点、复杂性的根源和未来的相关性结构，指出了研究未来复杂性的意义和把握未来复杂性的方法。秦书生试图将自组织的理论应用于对技术系统的演化分析，剖析了技术系统的自组织机制。周文臣提出所有的研究都离不开对系统所做的存在论假设。肖显静立足当代复杂性科学的进展，对本体论、认识论上的简单性原则进行了批判，指出简单性原则的应用应当以不损害科学认识的正确性为原则。文成伟则阐释了一个混沌理论在社会系统中应用的数学模型，分析了其应用意义和前景。

2002年，在科学技术哲学问题研究上，也出版了一些学术著作。李建会的个人文集《与真理为友：现代科学的哲学追思》⑥较有影响。文集比较系统地探讨了当代生命科学哲学研究的一些主要问题，包括“生命科学哲学的兴起”、“论生命的本质”、“功能解释与生物学的自主性”、“历史特异性与生命科学的规律”、“还原论、突现论与世界的统一性”等论文，特别是作者从人工生命的理论和实践出发，比较系统地提出了计算主义的世界观，书中这方面的文章共有7篇。

三、STS的专题研讨及学术研究

STS是当前自然辩证法、科学技术哲学界研究的热点。这是科技社会化、社会科技化时代的必然。2002年，《中国社会科学》杂志社邀请了科学哲学界一些专家学者，组织了“科学、技术与社会发展”的笔谈。

李醒民对有关科学论的几个问题发表了自己的观点。他认为Science Studies应该译作“科学论”而不是“科学学”。在“科学技术”和“科技”这个名词上，他认为“科学技术”一词会模糊科学、技术二者的差别，误导科学政策的制定，妨碍以自由探索为特征的科学，尤其是基础科学研究的进展，从而最终贻害于高新技术的发展。此外，还对国民科学教育的深化、科学意识的增强、科学素养的提高、科学心智框架的形成也有百害而无一利。在“科学主义”批判和“反科学”上，他首先对

“科学主义”的双重含义进行了界定，指出了“科学主义”的合法性和进步性，进而指出，20世纪90年代以来，在中国学术界，尤其是在人文学者圈子内，科学主义被当做科学或科学家的罪名和罪愆而大受鞭笞的现象是极不正常的；他认为，我们应当反对的是“反科学”思潮，而不是“科学主义”。在关于当前“科学精神”的讨论上，他认为，当前科学精神的讨论不应当只停留在玄思、随想、心得、体会之类的肤浅层面，而只有把科学精神注入科学文化中，才有可能重塑21世纪的中华民族的新文化。

胡新和就“科学的社会作用”这一论题阐述了自己的立场。他指出，科学之所以成为整个人类思想文化中发展最为迅速、最为积极和革命的因素，成为人们关注的焦点，原因尽管多种多样，但其中最根本的原因就是科学在本质上的批判精神，即科学的批判品格一直贯穿着科学活动本身。他认为，20世纪初开始的科学革命和其后半叶以来的新技术革命，酝酿并昭示着如下的观念变革：实在观的变革、思维方式的转换、科学理性的拓展、社会角色的演进。他指出：无论就科学自身的进展，还是其带来的哲学观念的变革而言，科学的批判品格都体现了科学实践的精髓，体现了开拓创新的精神，因而表现为一种与时俱进的品格。

刘大椿对现代科技革命与社会变革进行了反思。他通过近代科学革命与现代科技革命的对比，认为近代科学革命与现代科技革命的不同在于，前者是思想的大解放、大革命，后者则主要体现为对生产力发展的直接推动。科技与生产的融合，给生产力的构成带来了革命性的变化：科学技术可以渗透入新的劳动工具和劳动对象之中，也可以提高劳动者的技能和科学文化素养，还可以使生产过程的管理更加合理。最终，科技含量成为生产力中的首要因素。他指出，现代科技革命究其实质，是生产力革命，是管理革命和知识革命，同时，也是人类解放最重要的物质条件。现代科技革命引发了亘古未有的社会巨变，这些社会变革主要表现为：生产力革命、管理革命、知识革命、人的解放、社会的转型（都市化、理性化、能力本位等），他还对这些变革进行了具体阐释。

殷登祥对STS研究的当代课题发表了自己的看法。他首先指出在STS研究中存在一些模糊认识，比如，STS有两种含义：一指科学、技术与社会（Science, Technology and Society），另一指科学技术研究（Science and Technology Studies）。他指出，两者不应混淆，国内对前者介绍较多，对后者介绍较少，对两者之间的关系也不太清楚。他认为，从STS（科技与社会）的新视角，深入研究科技进步如何促进社会发展，而社会发展又怎样需要和推动科技进步，不仅对发展马克思主义的科技观和社会历史观有重要理论价值，而且对促进我国生产力的跨越式发展，在新世纪提前实现社会主义现代化，有重大的实践意义。他指出在STS研究中，有几个问题值得关注，即：科技与经济结合的人文社会机制、科学与技术的关系、科学技术的双刃剑作用、科学技术与安全、高科技与人文、人与自然。

如下的一些研究成果也是值得注意的。

针对社会广泛知识化和知识广泛社会化，全球化进程不断推进，一方面使“学术活动”对于社会进步具有越来越突出的意义，成为关键性的战略资源；另一方面，使“学术”国际化成为重要的发展趋势。如何准确地理解“学术”国际化的内涵、当代特点和意义，从而在国际化过程中提升自己的学术水平，争取更大的发展空间，是值得思考的重要问题。清华大学李正风、曾国屏，香港中文大学杜祖贻在合作论文中，分析了学术国际化的内涵，指出学术国际化的根据在于知识的可共享性，科学共同体是学术国际化的制度性载体，并初步探讨了学术国际化的当代特点，以及经济全球化与学术国际化的关系⑦。

刘华杰从语义学的角度分析了“反科学”的种种内涵。他认为，“反科学”表面上是一个清楚的词汇，实际上有不同的所指。有人由于对科学的无知而反科学，有人因发现科学力量的过分强大而反科学，有人则只是把反科学当标签贴给对方而试图取得竞争优势。通过语义学分析，汉语中种种可能的反科学得到了澄清⑧。

肖峰指出，技术的社会实现是技术发展的一个重要环节，决定着技术的发展是否有意义和前景，其中技术经济一体化、技术创新、科技成果转化等主要表达了技术社会实现的经济向度，而技术的个别实现和一般（整体）实现则体现了一种哲学的分析，是推进技术的社会实现时不容忽视的一个视角⑨。

孙和平、孙赛初指出，在现代技术所支持的文明世界中发生的灾难日益增多，但它的发生和发展与自然的“不可预见性”以及人类对自然的对象性关系相关。他们根据海德格尔和爱尔兰根学派的米特尔斯特拉斯（Juergen Mittelstrass）等人的观点，认为当代技术在一定程度上反映了人在理性层面上的主体性丧失状况，因而要改变这一状况并不直接涉及经验层面的科学技术的发展，而涉及我们在理性层面上与自然的关系以及我们主体自身状况的改变[⑩]。

四、网络哲学的深化与工程哲学的提出

信息技术、网络技术对于塑造我们的时代的社会生活的重要性怎么说也不为过，信息网络技术所引起的哲学问题自然受到了学界的关注与反思，并出现了一批论文。2002年10月出版的《塞博空间的哲学探索》[⑪]，是作者在多年探索基础上形成的一部有分量的哲学专著。

《塞博空间的哲学探索》一书对塞博空间（Cyberspace）的哲学、文化、伦理和生产模式的变革等位于学科前沿的基本问题，进行了大胆探索。书中从交互主体的视角提出并分析了"虚拟实践"问题，从技术与主体相互建构的角度考察了塞博文化功能并进行了个案分析，从信息权利的新角度剖析了塞博空间的伦理问题和伦理构架，从需求与生产关系的历史演变角度分析并提出了未来自助经济及自主生产模式。该书在对网络技术及其相关问题进行的哲学探索中，具有相当大的原创性，体现了关于信息和网络哲学研究的深化。

技术哲学近年来逐渐走红，日益引起学界关注。与技术紧密相关的工程也引起学界关注。在经过多年探索的基础上，2002年7月出版的《工程哲学引论——我造物故我在》[⑫]一书，成为一个标志性进展。

作者在《工程哲学引论——我造物故我在》一书中，论证了工程哲学作为一门独立的哲学分支学科的合法性问题，阐释了工程哲学的基本主题、基本内容及其与认识论的对比，内容涉及工程过程的计划阶段、工程过程的实施阶段、用物和生活阶段，并对"四个世界"和"天地人"合一进行了思考。该书不仅具有学理上的重要性，而且对于自然辩证法界如何开拓新领域也颇有启发意义。

五、教材建设与研究生培养

自然辩证法教材建设是2002年自然辩证法界的工作重点之一。在3月份的中国自然辩证法研究会理事会议上，黄顺基汇报了教育部组织召开的《自然辩证法概论》教学改革研讨会以及关于组织编写自然辩证法教学要点、教学大纲以及《自然辩证法概论》教材的情况。他建议把组织编写新的《自然辩证法概论》教材工作作为2002年的工作重点之一，以此加强自然辩证法的教材及课程建设[⑬]。

针对此问题，吴义生提出编写新教材要有继承性，即要吸取前两本教材在内容、体系以及基本理论等方面的优点，在继承的基础上进行创新，要重视研究军事辩证法，争取在教材中有所体现。魏宏森主张要把创新作为编写教材的指导思想，要把教材建设与教师队伍建设相互结合起来，以便使我们的队伍后继有人。李昌同志指出，要以教学大纲为基础，通过教材建设和教学改革，力争把自然辩证法建设成一个主学科。曾国屏主张要把教学大纲和教材的编写和与之相关的学术研讨和师资培训结合起来进行，以便提高我们的工作效率。王玉平提出自然辩证法工作者要积极面向经济建设主战场、科学前沿创新主战场和教学主战场，要对目前的队伍和知识体系进行调整，以实现工作重点及理论体系的转移。邱仁宗主张自然辩证法工作者要积极研究目前存在的各种生命伦理学问题（如克隆人问题等）。姚监复提出自然辩证法工作者要积极研究农业生态问题，要保护我国的生物基因与人类基因资源，防止外来不良生物物种的入侵，以此保护我国的生物物种资源不受侵犯。张法瑞提出要联合各门自然科学与技术的"硬专家"一起研究转基因技术等一些生物技术。彭瑞骢主张在研究克隆人所涉及的伦理学问题的时候，要分清其研究界限：一方面要禁止用克隆技术繁殖人，而另一方面要支持运用克隆技术通过克隆患者所急需的某些器官，来达到治病救人的目的。魏发臣教授提出自然辩证法工作者要用自己的思维方式和理论，设计出中国百年发展模型，以此为国家提供可供借鉴和可操作的意见和建议。

首都北京是中国自然辩证法、科学技术哲学的重镇。清华大学作为新增博士点单位，为了促进学科建设和研究生培养，于2002年9月5日专门组织召开了"科技哲学博士点建设咨询座谈会"。到会的有：清华大学兼职教授、东北大学陈昌曙教授，中国社会科学院金吾伦教授，北京大学任定成教授、吴国盛教授，中国人民大学欧阳致远教授，以及本校5名科技哲学博士生导师和本专业师生共约20余人。

陈昌曙除了指出在建设博士点的努力中要关爱师生健康之外，重点谈了如何发挥博士生主动性问题以及把好"开题"重要环节的问题。他认为，虽然博士点的建设要靠该博士点的负责人来统筹规划，但一个博士点建设得如何，在很大程度上取决于该博士点所招收的博士生的素质、思想活跃程度等等；与博士生导师指导博士生的观念相对，一位博士生导师的水平在很大程度上取决于博士生对导师的“指导”，包括学生带着老师去看书，不仅需要博士生导师指导博士生，而且也需要博士生“指导”博士生导师；不仅要名师出高徒，而且也要“高徒出名师”。另外，他还强调，博士生一定要阅读国外最先进的文献，在开题报告中必须要有一定比例的外国文献。陈昌曙教授最后指出，清华大学组织召开科技哲学博士点建设工作很重要，国内很多高校包括已拥有博士点的高校和正在申请博士点的高校，都在盯着清华的动作。

金吾伦认为，了解到清华大学科技哲学博士点的情况，很受鼓舞。他赞成陈昌曙的意见，强调健康非常重要。他着重谈了中国的科技哲学如何努力与国际接轨的问题，他认为，博士生对一个博士点具有非常重要的作用，因为很多学校的SCI的论文都是在校博士生发表的。他指出，在科技哲学等文科博士生培养上也应当与国际接轨，比如引入SSCI标准等等。

清华大学文科处处长、科技哲学博士生导师蔡曙山坦陈，在清华大学发展文科不是摆设、不是形式，而是要具有实质性的动作。他指出，科技哲学的博士点在清华大学文科中的地位相当重要。这主要是因为：第一，清华大学有先进科学和尖端技术的大背景，为科技哲学的学科提供了很好的认识材料；第二，科技哲学的学科在清华大学发展历史悠久，涌现出了一批该领域的著名学者。目前该学科的教师队伍也非常强，为该学科的进一步发展提供了很好的条件。

任定成教授介绍了北京大学培养博士生的一些具体做法。他指出，北京大学科技哲学博士点的一个共识是弱化研究方向、扩大培养口径。他认为，培养博士生过程中要注重基础、注重前沿、注重能力，一定要注重学术建设、注重博士生知识的增长，还要培养博士生的能力，比如学习能力、做事能力、生存能力与合作能力。

吴国盛谈了培养博士生的体会。他认为，在博与专的关系上，博士生一定要专，如果博而不专就培养不出可与其他学科相比的尖端人才，这正是当前中国的科技哲学专业的博上生培养中亟待解决的一个问题。他指出，不能以问题研究代替学科建设，不能以科学+X的问题研究代替学科建设。他说，在如何有效整合学科中新生的创新力量和学科中固有的保守力量是一个重要课题，如何使科学技术学体制化也还需走一段很长的路。

最后值得一提的是，科学文化传播事业在2002年得到了进一步发展，预示了良好的发展前景。其中，北京大学成立了科学传播中心，中国科学院科学史所成立了科学文化研究组，上海交通大学成立了科学史与科学传播研究中心，一批“科学文化人”的文章也产生了较大的影响。

（作者：曾国屏，清华大学教授；
张成岗，清华大学博士）

注：

①刘孝廷：《自觉迎接自然辩证法的范式转换》，《自然辩证法研究》，2002年第1期。

②刘华杰：《多管齐下研究科学》，《自然辩证法研究》，2002年第1期。

③任元彪：《20世纪中国科学技术哲学简述》，《自然辩证法研究》，2002年第4期。

④胡新和：《打造学术品牌 振兴学科建设——记2002年全国自然辩证法学术发展年会》，《自然辩证法研究》，2002年第5期。

⑤张成岗：《科学技术前沿的哲学之思——“科学技术中的哲学问题”学术研讨会纪要》，《自然辩证法研究》，2003年第4期。

⑥李建会：《与真理为友：现代科学的哲学追思》，上海科技教育出版社，2002年版。

⑦李正风、曾国屏、杜祖贻：《试论“学术”国际化的根据、载体及当代特点与趋势》，《自然辩证法研究》，2002年第3期。

⑧刘华杰：《“反科学”种种：一种语义分析》，《北京大学学报》，2002年第4期。

⑨肖峰：《论技术的社会实现》，《自然辩证法研究》，2002年第2期。

⑩孙和平、孙赛初：《自然的“不可预见性”、现代技术灾难与人类主体性》，《自然辩证法通讯》，2002年第3期。

⑪曾国屏、李正风、段伟文等：《赛博空间的哲学探索》，清华大学出版社，2002年版。

⑫李伯聪：《工程哲学引论——我造物故我在》，大象出版社，2002年版。

⑬黄顺基：《关于“自然辩证法概论”教学基本要求修订的基本思路》，《思想理论教育导刊》，2002年第8期。

伦理学

罗国杰　葛晨虹

2002年的北京伦理学研究，除了延续2001年的基本理论研究外，还有一些突出的研究热点。

一、公民道德建设研究

《公民道德建设实施纲要》的制定颁布，使公民道德建设成为2001年以来伦理学探讨的主题，并赋予了伦理学与时俱进的新的内容。2002年北京伦理学界继续围绕公民道德建设与社会主义市场经济的关系，以及与儒家传统伦理、可持续发展、WTO和全球化等问题，展开了更广泛深入的理论探讨。

2002年北京伦理学界举办和参与了一系列相关学术研讨会。由中国伦理学会主办，云南大学、云南财贸学院承办的第十一次全国伦理学年会，5月在云南召开。由中国人民大学伦理学与道德建设研究中心与曲阜师范大学共同举办的“公民道德建设基础理论”学术研讨会，7月在山东日照召开。由北京市委宣传部、首都文明办召开的“建设新北京、办好新奥运，加强首都公民道德建设座谈会”，8月在北京召开。《求是》杂志社政治理论部和中共望城县委主办的“雷锋精神”与公民道德建设理论研讨会，3月在雷锋的家乡——湖南望城召开。国际儒学联合会、北京东方道德研究所、新乡日报社联合举办的“儒家伦理与公民道德学术研讨会”，5月在河南新乡召开。

理论研究主要围绕以下几方面问题展开。

1．公民道德建设的内涵和特征。学者们认为加强公民道德规范的制定、宣传和教化工作，是公民道德建设的重要目标和任务，道德在社会中的作用往往取决于作为主体的基本道德规范在社会成员中的知晓度、信奉度和践行度[①]。在某种意义上，公民的道德人格是评价公民道德综合素质的最重要的标准。

2．公民道德建设与社会主义市场经济建设的关系。专家学者普遍认为，公民道德建设是市场经济道德建设的基础。它关系到整个社会主义道德建设的成败，《公民道德建设实施纲要》为我们的道德教育找到了一个切入点和突破口。公民道德建设作为社会主义道德建设的重要目标，对发挥社会主义道德对经济发展和社会进步的促进作用十分重要[②]。

3．公民道德建设与中国传统伦理的关系。学者认为儒家伦理是中华文化与中华民族不断凝聚与发展的一种精神动源，今天进行公民道德建设，仍需要从中国文化精华当中去寻求智慧[③]。在公民道德建设与可持续发展、与WTO、与全球化等方面问题上，专家学者也有不少论述和见解。

2002年有关公民道德建设方面的出版物主要有：罗国杰、仓道来主编的《中国公民道德读本》（河北人民出版社），李春秋、张君、高雅珍等主编的《公民道德建设通论》（青岛出版社），北京师范大学价值与文化研究中心组织、韩震主编、袁贵仁撰写序言的《美德故事丛书》（河北少年儿童出版社），中央教育科学研究所德育中心组织编写的《公民道德建设知识丛书》（北京大学出版社）。

二、“以德治国”方略的研究

把“以德治国”上升到治国方略的高度来认识，这是我们党在执政方式、治国方略上的重大创新，如何落实“以德治国”治国方略，为现代化建设提供强大的精神动力，这是全国上下关注的焦点，也是当前伦理学研究的热点之一。2002年北京伦理学界围绕以德治国的基本理论、古今中外德治比较、德治与法治、以德治国的贯彻和实践等问题，组织参与了一系列学术研讨会议，展开了广泛深入的理论探讨。中央党校哲学部、社会发展研究中心和深圳市新世纪文明研究会联合举办了“以德治国与中国社会发展”理论研讨会。会议围绕道德在社会发展中的作用等问题进行了研究探讨。广西朱熹思想研究会举办的“朱熹思想与以德治国”学术研讨会于7月下旬在广西北海召开。会议就朱熹的“德治”思想、“德刑”并施思想与公民道德建设等内容进行了交流研讨。

在理论问题的研究上主要聚焦于以下方面：

1．以德治国基本理论研究。一般认为，社会经济愈加发展，对道德的要求也就会愈来愈高。道德既是“治国”的“方略”，又是立国的根基[④]。

2．关于德治与法治的研究。虽然德治与法治是有区别的，但从治国方略的高度上看，两者是一个紧密结合的整体，有机地统一于建设中国特色社会主义市场经济的实践中。学者认为，当前市场经济的进一步发展，使我国政治、法律生活更加迫切地需要道德为决策或立法提供伦理依据⑤。

3．古今中外德治比较研究。对中国传统“德治”与“以德治国”历史渊源和理论渊源的探讨是2002年的研究热点。一大批专家学者从多个角度，对中国古代“德治”与“以德治国”二者的关系、吸收与借鉴、发展与创新等问题进行研究，指出“以德治国”是对中国传统“德治”的继承和扬弃，是适应时代需要的理论创新⑥。

4．贯彻实践以德治国的研究。在以德治国的实践中，“官德”的重要性被突出强调。有学者认为，以德治国就是要从严治党，从严治政，“国家之败，由官邪也”（《左传》）⑦。关于提高全民族道德素质问题，学者认为，既要有最基本的道德原则约束，而且还要把外在的道德准则，转化为内心信念，才能形成真正有道德的人⑧。此外，在以德治国与制度建设、与社会主义行政道德建设、与社会主义文化建设等方面的研究上，专家学者们也发表了许多见地颇深的论述和看法。

2002年在“以德治国”研究上，出版了一些具有代表性的专著，其中有罗国杰、夏伟东、关健英、扬宗元所著《德治新论》（研究出版社），中央党校、国防大学和国家行政学院的专家学者联合编写的《以德治国概论》（红旗出版社），焦国成主编的《德治中国——中国以德治国史鉴》（中共中央党校出版社），龚群主编的《以德治国论》（辽宁人民出版社），还有中国政法大学崔永东所著《道德与中西法治》（人民出版社）。

三、诚信问题研究

诚信问题是我国当前面临的重要现实问题。“明礼诚信”等二十字公民道德规范的提出，以及党的十六大提出的“以诚实守信为重点”加强思想道德建设，都为我们当前对诚信问题的研究指明了方向。一年来，学者们围绕诚信危机、诚信对社会的作用和价值、中外诚信传统以及诚信建设等问题进行了深入探讨，对指导我国重建诚信文明具有深刻意义。

学者们认为，当前我国社会面临着诚信危机，诚信危机某种意义上是一种道德危机。对我国诚信危机的产生根源，学者们从不同的角度和方面进行了探讨。有学者认为，市场经济本身所蕴含的机制并不能产生诚信。我国社会目前的失德、失范现象的重要根源和信仰的动摇和危机相关⑨。有学者指出，只信钱而不信其他，将经济增长看作头等大事是现代社会的特征，这种经济主义价值导向是拜金主义盛行的深层根源⑩。学者们普遍认为，诚信对社会交往具有十分重要的作用，特别是在发展市场经济的过程中，要尤其加强诚信建设。诚信是个体道德的基石，是社会秩序良性运行的基础，是规范的社会主义市场经济可持续发展的必要条件，诚信的缺失是一种社会灾难⑪。

如何建设诚信是学者们对诚信问题研究的落脚点。“打造诚信社会”是近年来学者们的标志性口号之一。学者们普遍认为，无论是中国的传统诚信，还是西方现代的制度诚信，都各有利弊，不能为我们现在的诚信建设提供现成的答案。诚信建设必须是中西方结合，吸取精华，剔除糟粕，才能应对现代诚信带来的种种问题。而相对于中国以个体道德修养作为诚信基础的传统人格诚信来说，中国目前诚信建设的重点应放在建立制度诚信上⑫。

关于具体的诚信建设，学者们见仁见智。有学者把权利意识的确立看作是重建中国诚信伦理的关键，提出应以权利平等为价值，特别是要对产权予以自觉维护。认为当前解决中国的诚信与道德问题的着眼点是重新构筑中国的信仰体系，因为道德是信仰的表达方式，人们是因为有信仰而遵守道德⑬。

四、经济伦理与企业伦理研究

世界的经济伦理学研究起源于20世纪70年代。中国的经济伦理学研究，则是在20世纪90年代建设社会主义市场经济体制的过程中发展起来的。伴随着经济体制改革的深化和发展，经济生活中越来越多的问题引起了人们的广泛关注，经济伦理学也因而成为近年来研究的热点问题之一。学者们以建立与社会主义市场经济相适应的道德体系为主题，通过召开研讨会、撰写文章，广泛深入地思考了市场经济与道德、公平与效率、经济制度伦理、企业伦理等具体问题，取得了积极的成果。

2002年10月，在京众多从事经济伦理学研究的专家学者前往河南郑州参加了第三次全国经济伦理研讨会。中国人民大学伦理学与道德建设研究中心是大会承办方之一。

1．公平与效率问题是近年来我国社会的热点问题，也是经济伦理学要着重解决的问题之一。学者们普遍认为，坚持效率优先与兼顾公平是我们应把握的基本立场之一，提出要把效率与公平的统一作为社会主义道德建设的重要目标，在全社会形成“注重效率、维护公平”的价值观念⑭。

2．何为经济伦理学及其研究范围是经济伦理学学科建设的基本问题。经济伦理学是经济学与伦理学的交叉学科，经济伦理是人们在现实的社会经济活动中产生并对其评价和制约的道德观念。它包括两个方面的内容，一是直接产生于人们的经济生活和经济行为中的道德观念及其理论，二是人们对这种道德观念和理论的认识和评价系统。有学者指出在经济关系中产生的、由一定的人格主体进行的、以一定自觉意志相对待的关系，就是经济伦理关系[15]。

3. 企业伦理是近年来随着我国企业制度改革与发展兴起的热点问题之一。学者们指出，企业伦理建设是社会主义市场经济的内在要求，需要解决的一个重要问题是如何实现社会主义制度与市场经济的有效结合。中国企业伦理文化的建造，首先在于作为企业伦理文化主体的独立法人地位的塑造。加强中国企业伦理建设，应着重解决以下问题：注重以人为本，提高员工素质。自觉用社会主义主导价值观激励员工。可持续发展作为企业理念。经营理念上，坚信社会整体性需要是企业的长远利益。企业伦理是练就自身优势的不竭源泉[16]。也有学者把企业区分为宗法、契约、事业三种类型的企业团队，并把全员人才观看作企业人力资源开发的伦理起点[17]。

4. 学者们还对经济制度伦理做了研究，指出经济制度伦理即社会的管理者、统治者、领导者对于人们的经济活动进行治理的伦理，也就是经营管理者的伦理，主要包括所有制和分配制度的伦理[18]。

四、全球化背景下的普遍伦理研究

2002年，学者们对全球化背景下的普遍伦理的探讨主要集中在“普遍伦理如何可能”这一问题上。有学者指出，基于一种“弱伦理模式”或低度普世化的立场，通过由多元文化对话到公共理性共识的文化解释，寻求道德共识，从而建构一种低限度的可行的普世伦理。学者们认为在文化多元、政治多极和经济利益主体多样化的实际条件下，建立一种“弱伦理模式”的普世伦理是可以合理期待的[19]。也有学者认为，全球伦理的现实基础呈现出一系列的两难，即全球一体化趋势与多元化趋势的矛盾、作为普遍价值的主体与作为特定群体成员之角色的分裂、伦理价值与实际利益的冲突。现实生活的这种两难处境，必然使得全球伦理的实施也处在两难处境之中：普遍价值与相对主义的两难、“是”与“应当”、鼓吹与实施的两难，等等。超越全球伦理两难处境的努力是一个漫长曲折的历史过程。从现实基础来说，它有赖于经济、科学技术、社会、文化等方面全球一体化的现实发展，以及这一发展引起的不同国家、文化之间关系的调适。从道德主体的品质来说，超越全球伦理两难处境，取决于人类主体在“世界史”的形成和发展中自身品质的发展。在相当长的时期内，全球伦理面临的主要挑战就是如何超越这些两难处境[20]。

还有学者强调，“普世价值如何可能”是在提问：普遍价值如何存在？普世价值通过何种方式和方法认识是可能的？并指出普遍价值存在于普遍的和共同的人性中，存在于人们的社会共同体生活中，存在于人们的社会交往实践普遍化或普遍社会交往实践历史性进程中；只有采取约定论或约定主义立场，才能达到对普世价值的正确认识；只有充分民主的机制和全球化的健康发展才能保证普世价值的充分实现[21]。

2002年，许多重要学术会议也都涉及到普遍伦理的问题。10月在清华大学召开的“中美哲学论坛”上，有人尝试从信仰的角度阐释金规则作为一种道德律令是如何在现实中起作用的[22]。12月，在台北举行的“第三届两岸伦理学术研讨会”上，有专家提出，尊重是全球的底线伦理原则。因为尊重是最基础的道德，它是人类各民族在漫长的历史发展中逐渐积淀形成的基本伦理理念或“最起码的道德共识”，把尊重作为全球的底线伦理原则，符合当前经济全球化发展的趋势。在经济全球化条件下，各国政府和各社会团体以及世界组织等团体，要积极提倡、宣传“尊重”这一全球共识的伦理原则；要普遍开展针对“尊重”伦理原则的教育[23]。

黑龙江人民出版社出版了万俊人的专著《现代性的伦理话语》。

五、克隆技术的伦理研究

对治疗性克隆技术，各国政府目前在这一问题上尚没有达成一致意见。而对生殖性克隆人技术，各国政府基本上持禁止研究的立场。

欧洲议会微弱多数通过议案反对克隆人。英国政府禁止生殖性克隆。美国国会通过了全面禁止克隆人的法案。俄罗斯杜马5年内禁止克隆人类胚胎。日本明文禁止克隆人。克隆性医疗本身也在伦理问题上存在争议。中国卫生部明确表态反对克隆人实验。意大利众议院通过了人工生殖方面的禁止法案。联合国成立专门特设委员会进行研究。欧盟在实施第6个研究计划期间，将不向任何克隆人的研究项目提供资金。德国联邦议会通过一项议案，敦促在全球范围内全面禁止包括生殖性与治疗性在内的人类胚胎克隆试验。联合国教科文组织总干事呼吁国际社会立即禁止和惩罚所有以克隆技术繁殖人的行为[24]。

国内关于克隆人问题的反应，与国际上的相差不大，反对的声音大于支持的声音。

支持的声音认为，科学无禁区，技术发展阻挡不住，因此没有必要反对克隆。支持克隆人的理由：一是可以解决不孕或不婚生子等问题。二是人类的科学技术就是在不断向自身挑战的过程中发展的。三是人类的智能可以解决克隆人带来的可能的各种社会后果。四是中国需要在克隆技术方面加强研究，否则会在国际竞争中落伍。哪个国家首先掌握某项重要技术，哪个国家就拥有了优势与主动。许多国家公开态度明确表示禁止，但实际上很可能仍有组织和个人在研究。如果我们坐等其他国家掌握，就可能给我国带来极其不利的后果[25]。

也有学者不主张对克隆人简单地支持或否定[26]。主张应该区分开邪教和科技发展，其次要考虑科技条件的成熟与不成熟，一旦科技条件成熟了，也不是一概不允许克隆人。

反对克隆人的呼声占据社会主流。据新浪网调查表明，有68%的人坚决反对克隆人。在社科理论界反对克隆人的也占多数。学者们反对的理由大体概括如下。一是我们是否有权拿人的生命做试验研究？二是“人是什么”的问题将遇到前所未有的挑战。三是有可能导致人类的基因退化。四是将扰乱社会人伦关系。五是有可能给人类带来战争和霸权的灾难。六是人类法律将面临新的难题。七是有可能带来对被克隆的人的不尊和不公。总之，这一类观点主张可以加强克隆技术的研究，但应当禁止克隆人的研究。认为治疗性克隆可以予以鼓励和支持，克隆人应该严格禁止。有学者提出的“要克隆技术，不要克隆人”，是对这一类观点的一个概括[27]。

针对克隆技术，学者们还提出了几点我国的对策和建议。一是应敦促在全球范围内全面禁止生殖性人类胚胎克隆试验，达成有效的、尽可能广泛的全面禁止克隆人类胚胎协议。二是我国要加强克隆技术的研究。德国曾对从事基因方面的研究做了严格规定。结果，德国的基因研究不过三年就落后于先进国家。1993年，德国取消了这一法律。三是为防止基因技术的滥用，可制定一套相应的管理办法，尤其要制定严格的法律。四是设立相关专门委员会机构。一些发达国家早已成立了国家级的“生命伦理委员会”，负责审理监督有关生命科技研究的重大问题。建议我国尽早成立直属于国务院的专门的“生命伦理委员会”，以加强对克隆技术的有利促进和管理。五是要认真研究克隆人对人类社会产生的利和弊，以及克隆人技术所带来的各种可能的社会后果。建议在国务院“生命伦理委员会”下设立专门的克隆技术社会伦理研究中心，并拨付必要的研究经费。六是加紧相关立法的论证、调研工作，审慎出台相关法律制度[28]。

六、网络伦理研究

2002年我国计算机信息产业与互联网络呈现出加速发展势头，与之相关的网络伦理道德问题的研究也成了国内各界人士普遍重视的前沿性课题。综观国内研究现状，这一课题研究主要围绕以下几个方面展开：网络伦理问题的表现；网络伦理问题产生的根源，网络道德秩序的构建。

北京地区学术界关于网络伦理研究的专门学术会议尚未见报道，但有不少的学术会议不同程度地讨论了网络伦理的问题，与网络伦理密切相关的会议主要有：7月，国际科联（ICSU）中国委员会在北京召开了“科技伦理问题及其对社会的影响”专题研讨会。10月，中国社会科学杂志社和浙江大学人文学院在杭州主办了“当代科技革命与哲学创新”学术研讨会。与会学者对虚拟网络空间的伦理问题作了较深入的探讨。12月，中国社会科学杂志社和上海华夏社会发展研究院在上海共同主办了“数字化与21世纪人文精神”学术研讨会。与会学者围绕数字化的本质和数字化时代的特征，数字化时代人文精神的建构等问题进行了广泛而热烈的讨论。

北京地区学术界主要围绕以下几方面对网络伦理进行了探讨：

1. 关于网络技术的伦理意义。学者普遍认为网络为社会提供了一种新的交往方式，提升了人际交往的层次，并产生了一种新的网络亚文化群体[29]。

2. 关于网络伦理面临的问题与困境。网络道德建设面临着各种复杂的问题与困境，有学者将之概括为“八对矛盾”，即电子空间与物理空间；网络道德和既有道德；信息内容的地域性和信息传播方式的超地域性；通讯自由与社会责任；个人隐私与社会监督；信息共享与信息独有；网络的开放性与网络安全；网络资源的正当使用和不正当使用等[30]。

3. 关于网络时代的性伦理。性关系的虚拟性是网络时代性伦理的新动向。学者指出，“网恋”

为青年人的恋爱择偶开辟了一个新天地，但“网恋”也将虚拟性移植到现实的择偶恋爱中，带来了人们性关系的虚拟化、虚假化倾向，从而对现实世界的性伦理产生了不可忽视的消极影响[31]。

4. 关于网络道德秩序的建构问题。网络道德秩序的建构是目前网络伦理研究的重点问题。学者强调应加强对计算机专业人员的伦理规范，应超越科学的认知理性和技术的工具理性，站在人文理性的高度关注科技，以保证科技始终沿着为人类服务的正确轨道健康发展[32]。有学者认为，在构建网络伦理的过程中，全民原则、兼容原则、互惠原则和自由原则是人们在进行网络交往中可以参照的主要行为准则[33]。但也有学者强调建立网络伦理和加强网络管理，认为任何技术、法律规范都不能代替道德规范[34]。

除了上述热点问题外，2002年北京伦理学界在行政伦理、管理伦理、环境伦理、中国传统伦理思想、西方伦理思想等方面，也都有相应的研究。

（作者：中国人民大学教授）

注：

①夏伟东：《论我国公民道德建设应该遵循的若干原则》，《教学与研究》，2001年第12期。

②罗国杰：《关于公平与效率的道德思考》，《求是》，2002年第1期。

③王殿卿：《“儒家伦理与公民道德学术研讨会”致词》，2002年5月25日；金可溪：《公民道德的基本规范对我国优良传统道德的批判继承》，《青海社会科学》，2002年第4期。

④罗国杰：《新中国道德建设的回顾与展望》，《齐鲁学刊》，2002年第5期；宋惠昌：《寻找公共行政的伦理视角》，《光明日报》，2002年2月17日。

⑤江雪莲：《伦理学与当代社会》，《光明日报》，2002年5月21日。

⑥焦国成：《关于诚信的伦理学思考》，《中国人民大学学报》，2002年第5期；李兰芬：《中西方德治思想比较研究》，《道德与文明》，2002年第6期。

⑦章炳元：《重视“官德”建设》，《解放军报》，2002年1月10日。

⑧魏英敏：《以德治国与提高全民道德素质》，《党政干部学刊》，2002年第8期。

⑨房宁：《搞清诚信与市场经济的关系》，《思想理论教育导刊》，2002年第8期。

⑩卢风：《论当代中国的诚信危机》，《孔子研究》，2002年第5期。

⑪焦国成：《关于诚信的伦理学思考》，《中国人民大学学报》，2002年第5期。

⑫宋希仁：《商品交换中的伦理关系》，《湘潭大学社会科学学报》，2002年第5期。

⑬房宁：《搞清诚信与市场经济的关系》，《思想理论教育导刊》，2002年第8期。鄯爱红：《儒家诚信伦理的现代诠释与整合》，《中国人民大学学报》，2002年第5期。

⑭罗国杰：《建立与发展社会主义市场经济相适应的道德体系》，《人民日报》，2002年1月29日。

⑮宋希仁：《商品交换中的伦理关系》，《湘潭大学社会科学学报》，2002年第5期。

⑯邹广文：《当代中国的企业伦理建设》，《理论学习》，2002年第7期。

⑰欧阳润平：《中国企业伦理文化调查报告》，《道德与文明》，2002年第1期。

⑱王海明：《经济制度伦理新探》，《华侨大学学报》2002年第1期。

⑲万俊人：《普世伦理如何可能》，《现代哲学》，2002年第1期。

⑳孙美堂：《全球伦理如何可能》，《中共济南市委党校，济南市行政学院，济南市社会主义学院学报》，2002年第1期。

㉑程广云，韩璞庚：《论普世价值如何可能》，《学术月刊》，2002年第5期。

㉒王韬洋：《道德、宗教与文化》，《清华大学学报》（哲学社会科学版），2003年第1期。

㉓孙春晨：《“第三届两岸伦理学术研讨会”综述》，《道德与文明》，2003年第1期。

㉔资料来源于新浪网

㉕中国人民大学伦理学与道德建设中心：《“克隆技术理论座谈会”综述》，《高校理论战线》，2003年第3期。

㉖陈瑛：中国人民大学伦理学与道德建设中心：《“克隆技术理论座谈会”综述》，《高校理论战线》，2003年第3期。

㉗罗国杰、丘仁宗、许启贤、甘绍平等：中国人民大学伦理学与道德建设研究中心：《“克隆技术理论座谈会”综述》，《高校理论战线》，2003年第3期。

㉘罗国杰、丘仁宗、许启贤、陈瑛、夏伟东、甘绍平等：参见中国人民大学伦理学与道德建设研究中心“克隆技术理论座谈会”综述，《高校理论战线》，2003年第3期。

㉙《网络世界中的伦理——访中国人民大学教授刘大椿》（专家访谈），《人民日报》，2002年6月22日；严耕：《北京日报》，2002年2月4日。

㉚陆俊：《网络伦理的理性构建》，凤凰网，2002

年3月21日；刘须宽：《论网络伦理的困境》，《哲学动态》，2002年第7期。

㉛安云凤：《科技时代性伦理问题的向度》，《全球化进程中的伦理建设研究》，党建读物出版社，2002年版。

㉜路甬祥：《加强科学伦理和道德建设》，中新网，2002年12月11日。

㉝陆俊：《网络伦理的理性构建》，凤凰网，2002年3月21日。

㉞张震：《网络时代伦理》，四川人民出版社，2002年版。

美　学

董志强

一、重要学术活动

2002年5月25日，《中国美学范畴丛书》出版座谈会在中国人民大学举行。

10月18—21日，由中华美学学会、中国社会科学院和北京第二外国语学院联合举办的“美学与文化：东方与西方”北京国际学术研讨会在京召开。

二、主要出版著作

《走向跨文化美学》，王柯平著，中华书局；《康德与中国现代美学思想》，杨平著，东方出版社；《审美之思——理的审美化存在》，张晶著，北京广播学院出版社；《美学前沿》，蒲震元、杜寒风主编，北京广播学院出版社；《艺术符号学——苏珊·朗格美学思想研究》，吴风，北京广播学院出版社；《会通精神——对中西美学思想的认识》，杜寒风著，北京广播学院出版社；《影视美学》，彭吉象著，北京大学出版社；《消解与重构——艺术作品的本质》，董志强著，人民出版社。

三、成果综述

（一）美学原理：

1. 关于美学学科的建设

进入21世纪，经历百年发展的中国美学将走向何处，一直是当下美学界关注的核心问题。而这一问题的实质所涉及的也就是对美学的学科性质重新反思以及如何建构未来的中国美学的问题。叶朗指出，20世纪中国美学的基本进程是：在引进西方文化的同时进行中西文化的沟通，这一进程体现出的一个重要倾向是力求中西美学的融合；21世纪我们应该继续推进这个进程。中国传统美学在未来美学的建构中将发挥重要作用，因此，对中国美学思想的深刻性要有充分的重视和进一步的研究、挖掘①。汝信也提出，只有立足于中华民族自己独特的审美观念、审美方式，才能建构有当代中国特色的美学理论，中国美学才能真正走向世界②。

近年来，实践美学与后实践美学的争论一直是美学界的一个重要话题，而争论的一个核心问题是实践是否可以作为建构美学的本体？对此，聂振斌认为，实践美学混淆了哲学本体论和美学本体论、美的起源与美的本质，应该将它们区分开来。美虽起源于物质生产的社会实践，但毕竟是早已脱离实践而独立存在的精神现象。因此，马克思主义的实践论只能作为美的哲学基础而不能代替美的本质论；美学本体论应建立在文化人类学的基础上③。与聂振斌提出的以文化人类学本体取代实践本体的观点不同，徐碧辉认为，实践美学的困境并不在于把美学建立在实践基础上，而在于把美学的哲学基础与美学本身混为一谈了。她提出，在现代社会，随着生产方式和生活方式的改变，实践的内涵不再仅仅意味着改造世界的物质性活动，而且也包括制度变革、人际交往以及对对象的精神性的体验、感受，就此而言，审美活动是一种精神性的实践活动。因此，经重新界定的实践概念仍是建立美学理论的哲学基础。但以实践概念作为美学的哲学基础并不等于美学理论本身必须从实践概念出发去建构。从实践观点出发建构美学，意味着不是把审美看作孤立的精神和心理现象或低级的认识方式，而是把审美现象放到整个历史实践过程中来考察它的特性④。区别于上述两种观点，彭锋从另一角度提出了对此争论的看法。他认为，实践美学与后实践美学的争论在某种意义上是一种误读，因为后实践美学对实践美学的批判模式是：实践美学强调A而忽略了B；另一方面实践美学实际上并没有忽略B，甚至也强调B。因此，实践美学的真正问题，不是在它强调什么、忽略什么的问题，而是在它同时认可的那些互相矛盾的不同层次上的美究竟怎样才能完善地统一起来的问题。实际上，实践美学与后实践美学具有共同的理论来源，即对非实践的现代性自律美学的认同，都认为审美是一种自由的、超现实的精神活动。因此，要走出实践美学的困境的实质，在于如何走出西方现代性自律美学。而西方当代美学正在发生一种美学的“实践转向”，即从自律美学的强调审美的认识特性转向强调审美的实践特性，并直接将艺术和审美等同于实践。如果以此为借鉴，则摆脱美学困境的最重要方式，不是争论实践美学，而是进行美学实践⑤。

关于美学学科的重建，彭锋撰文分别从西方当代美学和蔡元培的美学思想的启示出发，认为应走出西方传统的“狭义的”现代性自律美学视野而走向一种“作为哲学方法论”的“广义美学”。他在文中指出，从西方的现象学美学到当下活跃的新实用主义美学，显示出对美学的一种新的理解：美学不只是哲学的一个分支学科，在某种意义上，它是整个哲学大厦的基础；当代德国美学家沃尔夫岗·威尔什更明确提出“美学是第一哲学”的观点，因此美学具有一般方法论的意义。美学应回到鲍姆嘉通对美学的原初定义，将美学的研究范围扩展到广大的感性生活领域。而在中国现代美学史上，对美学进行这种最广义理解的是蔡元培。蔡元培在教授美学课程时，不仅讲授理论，而且伴随着具体的艺术操作的示范。对他来说，美学就是具有最广泛意义的美育实践，而美育应渗透到社会生活的各个方面。因此，对蔡元培美学思想的重新审视，可以为今天的美学学科建设提供重要的启示⑥。王德胜认为，新世纪的美学建构应该在自身内部充分肯定审美现代性问题的内在理论建构意义，而这正是20世纪中国美学所忽视了的东西。审美现代性的核心在于寻找并确立个体存在、感性活动的本体地位⑦。

2. 具体美学问题研究

美的本质。“美的本质”问题曾是传统美学研究的核心。进入20世纪，随着语言分析哲学的崛起，这一问题被认为是虚假的或没有意义的“形而上学命题”而抛弃。董志强认为，事实上“美的本质”问题并没有因此而获得真正的解决，当代美学应重新审视“美的本质”这一传统命题，并对其进行一种现代转换，以汲取传统美学的深刻洞见。他在《美的本质问题的现代转换》一文中，通过对“美”的使用历史的语义分析，区分出“美”的10种基本含义并将其转换为现代美学概念，从而揭示出“美的本质”是一个多层次的内涵丰富的问题，仍将是美学研究所必须关注的焦点之一。“美是什么”之所以是一个长期争论不休的问题，原因之一就在于“美”的含义的丰富性使得争论常常不是在同一个层面上进行。“美”的每一种含义其实也就构成了“美的本质”问题的一个层面，而这些层面之间又有着本质的内在关联及不同程度的相互交叉。这些复杂的关联和交叉正是有待于进一步研究的问题所在。因此，“美的本质”实际上不是“一个”问题，而是一个庞大的“问题群”。美学史上所出现的“美”的定义，往往只是局限于“美”的某一个层面，并以此来否定其他的层面，把一个原本十分丰富复杂的问题简单化了，从而导致“美”的本真含义的遮蔽⑧。

审美客体与审美对象。审美客体与审美对象是两个基本的美学概念，二者在时下的理论语境中常常被当作同义概念在使用。有两位学者同时撰文对这两个概念的语义进行辨析。张永清认为，在汉语语境中，客体属于认识论范畴，对象的使用范围则要广泛得多；在现代西方哲学中，客体指独立于意识之外的某种自在之物，对象则指在意识活动中与意识行为相对的意识相关项。审美客体主要属于认识论哲学范畴，它与审美主体一道构成美学领域中的认识论模式；现代西方美学之所以选择使用审美对象而避免使用审美客体，主要在于力图打破美学理论中的认识论模式，在存在论和价值论等理论视野中来探究各种审美现象⑨。董志强则立足于汉语语境的美学理论建构本身，从客体与对象这两个概念的汉语表达式所蕴涵的存在论意义出发，将审美客体与审美对象区分为审美活动中事物呈现的两种不同方式和两个不同的层次。审美客体是事物的现成化的显现方式，在审美活动中就具体表现为具有客观性和普遍性的事物的形式存在；审美对象则是事物的一种根植于存在本身的呈现，是在当下的审美活动中由主客体互动而建构生成的，因此，审美对象具有意向性和个体性。在审美中真正与事物发生交道的是审美对象层面而不是审美客体。审美活动的发生，实质上就是从审美客体到审美对象的生成，而审美对象也就是“意象”——我与世界的融合⑩。

科技与艺术。现代社会高新科技的发展对艺术和审美带来了巨大的冲击，科技发展在创造巨大的物质财富的同时，也极大地压缩了人类的想像空间并破坏了诗意栖居的社会生态环境，因此对科技与审美的关系的反思成为当代美学面临的重大课题。对此，毛崇杰认为，首先要消解艺术“进步”的虚假观念，因为艺术的发展与科技的发展并非是同步的；高科技带来的超真实、符号化与虚拟性，使得必须对艺术真实的概念进行重新反思；而与高科技相对抗的后现代艺术表现出来的“直接性”，反映的其实是掩盖在高科技下面的社会的物化和商品化。因此，所谓的“艺术终结”问题归根结底不是高科技本身，而是把人当作物来生产的商品拜物教的生产方式与人和人的艺术相敌对[11]。董学文指出，如果说科学与艺术是一枚硬币的不可分的两面的话，那么把科学沦为艺术的手段或工具，或者把艺术沦为科学的手段或工具，则人类的真正的创造基础就会遭到双重打击。因此，艺术与科学虽不可分，却不能整合成“一面”，否则，人类的精神结构势必带来人为的缺陷[12]。

（二）中国美学史

1. 个案研究

石涛。石涛的《画语录》在中国美学史上具有独特的贡献。朱良志撰文对石涛美学思想中的三个核心概念——一画、蒙养和生活进行了阐释。他认为，一画是石涛独创的画学概念，主要是在禅宗影响下形成的。一画不是道，不是线，而是法。一切具体的法则是有为法，而一画是无为法，是最高的法，至法无法，无法即法本身。石涛强调这一无为之法，意在使画家解除一切来自于传统、概念、物欲、笔墨技法等束缚，进入到创作的自由境界中。所以，一画的核心是要发掘人的创造力，这一创造力是人的自性的显现，而如何使这一创造灵明自在兴现，惟有通过妙悟的认识途径才能达到。石涛的一画说，不是一个关于画法的理论，而是一种侧重于建立自性本体的理论，这一自性本体可以称为创造本体。一画可以说是一种体物方式，一种创造原则，一种创作心境，甚至可以说是一种人生境界[13]。与一画密切关联在一起的是“蒙养”和“生活”这一对概念。关于这两个概念的解读，历来众说纷纭，有相当大的意见分歧，是石涛画学研究中的一大难点。朱良志认为，石涛引入蒙养概念，是为了深化他的一画学说；蒙养是石涛直接取资《周易》，而在两宋理学影响下铸造的一个画学概念。这一概念所要表达的意思主要有以下三点：①天蒙——顺应自然之道；②鸿濛——天地之元气，一画来自于蒙养，蒙养就是一画之原、物象之原。③童蒙——艺术真实论思想，蒙即童蒙，即真。故蒙养概念的基本意思是强调回归天道，以贞一不杂之理来持养性情，以达圆融之境。“生活”这一概念表达的是绘画的审美理想，主要包含三层意义：一指生意，即万物的生香活态；二指生机，即生生相连、彼此激荡的“势”；三是生理，即天地无所不在的创造力。生意、生机、生理三者是一体贯通的，生理为本，生意是外在显现，而生机乃是由生理之本转为生意的中介环节。故画得“生活”，则自臻高致[14]。

宗白华。章启群在《重估宗白华——建构现代中国美学体系的一个范式》[15]中，从形上学的构成及其最高境界、对中国艺术理想与时空观的发现和宗白华的独特方法三方面，对宗白华的美学体系进行了描述和分析。他认为，宗白华的学术领域极为广泛，中学、西学的各种哲学流派无不涉猎；在中西广博深厚的学术背景下，他确立了对于中西哲学和美学思想研究的比较意识和观念，并在此基础上建立了一个贯通古今中外，汇通文史哲，沟连艺术、宗教甚至科学的中国形上学体系，而艺术和审美境界则是这一形上学的最高境界。对宗白华学术研究中思维特色的探讨，有助于在当代建构中国自己的美学体系。

其他个案研究。聂振斌撰文从四个方面论述了《乐记》的艺术哲学思想：①从主客两个方面建立了乐的本源论；②从形式创造切入论述了乐的审美特征；③从乐与礼的关系入手论述了乐的功能；④建构了儒家“天人合一”的艺术境界[16]。朱良志撰文对《林泉高致》的美学思想与北宋理学之间的渊源关系进行了梳理[17]。彭锋撰文对冯友兰美学思想的三个层次进行了分析[18]。

2. 范畴研究

审美观照。张晶撰文指出，审美观照这个概念来源于中国传统美学。审美观照不是一般的观看、观察，而是审美主体在进入特定的审美情境后，以充满独特情韵的眼光来看对象物的观赏与晤对。中国古典美学中审美观照的主要方式，是“仰观俯察”、“远观近察”的“流观”。中国的审美观照方式与传统哲学中的道家、佛家与理学都有某些内在的联系。审美观照是在艺术创作中摄取、形成审美意象的重要途径；中国文学艺术的独特韵味与意境，是与其独特的审美观照方式密切相关的[19]。

儒家审美人格。袁济喜撰文提出，儒家美学的焦点投注在对人格的塑造上，审美人格论是儒家思想的重要内容；儒家美学通过将“天心”与“人心”相会通，将“温柔敦厚”作为审美格调的企划，建构了自己的审美人格论，使其人格学说具有了最高的精神意蕴。因此，从人格角度去解析儒家美学与文化的奥秘，是一条要径[20]。

3. 宏观描述

袁济喜撰文对中国传统美学的生生品格进行了描述，认为传统美学的生生品格缘于中华民族文化一以贯之的民族认同心理和忧患情结，并表现在它所具有的超越时代的民族性与文化共性，以及它的极度的包容性上；这种生生品格使得传统美学具有强烈的生命活力，能历经冲撞而走向未来[21]。蒲震元撰文论述了传统美学中合天人、通道艺的文艺本体观所体现的大宇宙生命美学实质及其重要理论内涵[22]。

（三）西方美学史

1.20世纪西方美学

如果说20世纪的中国美学基本上是一个西方美学与中国传统美学相融合的过程，那么我们又该如何从整体上看待和把握20世纪西方美学自身发生的变化？对此，有三位学者分别撰文发表了自己的看法。张法认为，对于西方20世纪美学，应该从它与古典美学的关联、从世界史历程和新的全球化境遇来理解其意义。20世纪西方美学不仅是一个时空概念，而且是一个具有逻辑含义的概念，即从世界历史进程来看，20世纪的西方美学属于现代和后现代的美学，而此前的西方美学可以看作是统一的古典美学。古典美学由三个面构成：美的本质、审美心理和艺术，并统一于美的本质而表现为一元的美学；20世纪美学则开始于对美的本质的拒斥和消解，因此只有审美心理和艺术两面，并由于缺失了统一的一面，而主要表现为不可通约的多元性以及非体系性，在现象上呈现为不同流派的繁荣。就20世纪美学自身来看，60年代是现代和后现代的分水岭。形式、表现、隐喻、荒诞是现代美学的四大范畴，结构主义代表着现代思想完成的顶峰。后现代表面上看是对美学的消解，实际上则是美学的深入。这在现象上就表现为：美学，作为学科呈现凋零；作为词汇却无所不在。西方20世纪美学的这种发展进程，意味着在全球化的交往中，西方美学向非西方美学的靠拢[23]。高建平认为，对20世纪西方美学进行总体描述是极为困难的，因为“西方”这一概念本身具有文明、宗教、文化、种族等多重含义，并且在西方本身也存在着中心与边缘之别，不同的国家之间并非是同步发展；尽管如此，对20世纪西方美学作一总体的描述仍然是必要的也是可能的。而从总体的趋向看，20世纪西方美学主要经历了三次大的转向。第一是心理学转向，肇始于19世纪末而延伸至20世纪中叶，人们不再从哲学体系推导对于艺术和审美现象的结论，而是从心理学寻求答案。第二是语言学转向，在这一转向中，索绪尔起着关键的作用；20世纪中叶出现的分析美学则一度占据美学的统治地位。第三是文化学转向，发生于20世纪末，艺术不再被认为是自律的，而被看作是与市场、政治等关联在一起的文化现象[24]。牛宏宝指出，与西方传统美学相比，西方现代美学经历了四个方面的转变：①传统美学话语遵循身体劳作与物之物性之间“交互转让”的有机原则，现代美学和艺术话语则诞生于主体对世界进行肢解和符号编码的历史语境；②主体在现代美学话语构成中居主宰地位，并经历了由非理性主体霸道到被消解的转变；③语言逐渐上升为现代美学话语的核心；④传统的“美”已被现代的崇高、丑和荒诞所取代[25]。

2.分析美学

分析美学是20世纪英美美学界盛行的重要美学流派，其思想源自于后期维特根斯坦哲学。然而，彭锋认为，分析美学对维特根斯坦的发展其实是建立在对他的严重误解上。维特根斯坦美学可以分为两个方面：一方面是他肯定地或正面说出的思想，另一方面是他否定地或隐约暗示的观念。前一方面的核心思想是对艺术批评、艺术语言和艺术概念的分析；后一方面的核心思想是对一种审美化伦理生活的自觉追求。分析美学主要是对前一方面的发展；分析美学的式微，显示了这方面思想的局限性。而就当今学术背景来看，维特根斯坦后一方面的思想相对来说更为重要。这方面，由当代美国新实用主义美学予以发展，并且显示出其思想的特殊魅力和优势。由此给我们的启示是：美学究竟是增加客观知识还是追求美好生活，是一个值得深思的问题[26]。

3.其他研究

肖鹰在《美学与现代生活》[27]一文中，以现代文化发展变化对人类生存的基本影响为背景，探讨美学与现代生活之间的矛盾关系，揭示美学对于现代生活的独特意义。该文围绕着“自我”这个中心概念，着重分析“美”、“崇高”两个核心美学概念的文化内涵和历史演化；把被抽象化和普遍化的美学思想还原到历史深处，从而更进一步地发掘它们的文化价值。作者认为，在新世纪的背景上，美学存在着危机；新的美学需要经历一个从“自我”中心到“世界整体”的审美意识转换。海德格尔的美学已经提示了这个转换，中国传统美学则为之准备了丰富的资源。

徐碧辉撰文对西方马克思主义美学进行了阐释。她认为，在经典马克思主义相对来说较薄弱的领域，特别是在艺术和文化问题上，西方马克思主义作出了独特的贡献。她在文章中从艺术与现实的关系及艺术对现实的批判功能、新感性理论作为人类追求精神解放的一种理解、对大众文化的批判三个方面，论述了西方马克思主义美学对马克思主义的贡献和对我们的启示㉘。

此外，金惠敏撰文对叔本华美学中的"天才"概念进行了分析。她指出，叔本华将天才界定为一种纯粹的认识而非创造，并形象地喻为"世界之眼"。作为一种认识，天才的特殊性在于：不依据根据律，对欲望的弃绝，以永恒理念为对象；作为认识主体，天才与科学家绝缘，与普通人相对立㉙。高艺撰文论述了席勒美学思想中的对人的"完整性"的追求。他认为，席勒的核心思想，就是通过审美途径来追求人的"完整性"生成，使人达到和谐、自由、幸福的境地㉚。扬平撰文论述了康德美学对中国现代美学的内在影响：一是深刻影响了中国现代美学家；二是改造了中国美学的思维方式㉛。肖鹰撰文对西方现代艺术概念的发展历程进行了描述㉜。

（作者：北京大学博士生。
该文由北京大学叶朗教授审定）

注：

①徐碧辉：《跨进21世纪的门槛——访叶朗教授》，《哲学动态》，2002年第10期。

②《21世纪中国美学的使命》，《学术月刊》，2002年第5期。

③《百年中国美学六题》，《文艺研究》，2002年第1期。

④《21世纪马克思主义美学的构想》，《哲学动态》，2002年第1期；《主客体之分与新世纪美学的建构》，《学术月刊》，2002年第9期。

⑤《从实践美学到美学实践》，《学术月刊》，2002年第4期。

⑥《作为哲学方法论的美学》，《哲学研究》，2002年第3期；《从狭义美学到广义美学——兼论蔡元培美学的现代意义》，《北京大学学报》（哲学社会科学版），2002年第3期。

⑦《审美现代性问题与21世纪中国美学研究》，《学术月刊》，2002年第5期。

⑧《文史哲》，2002年第5期。

⑨《汉语语境中的审美对象与审美客体》，《江苏社会科学》，2002年第5期。

⑩《审美客体与审美对象》，《哲学研究》，2002年第10期；董志强：《消解与重构——艺术作品的本质》第四章，人民出版社，2002年版。

⑪《科技腾飞与艺术终结》，《文艺研究》，2002年第1期。

⑫《科技进步与艺术发展矛盾关系断想》，《文艺研究》，2002年第1期。

⑬《"一画"新诠》，《北京大学学报》（哲学社会科学版），2002年第6期。

⑭《〈石涛话语录〉"蒙养""生活"两概念释义》，《中国学术》，2002年第11辑。

⑮《文学评论》，2002年第4期。

⑯《"大乐与天地同和"——〈乐记〉的艺术哲学思想》，《江苏社会科学》，2002年第5期。

⑰《〈林泉高致〉和北宋理学精神》，《社会科学战线》，2002年第5期。

⑱《冯友兰美学思想的三个层次》，《衡阳师范学院学报》，2002年第1期。

⑲《论中国古典美学中的审美观照》，《现代传播》，2002年第2期。

⑳《论儒家审美人格的构成》，《中国人民大学学报》，2002年第2期。

㉑《论传统美学的生生品格》，《中国人民大学学报》2002年第6期。

㉒《"由人复天"、"艺与道合"及其他》，《文艺研究》，2002年第1期。

㉓《20世纪西方美学三题》，《三峡大学学报》（人文社会科学版），2002年第5期。

㉔《海南广播电视大学学报》，2002年第3期。

㉕《西方现代美学话语转换的四个方面》，《哲学动态》，2002年第2期。

㉖《分析美学对维特根斯坦的误解》，《文艺研究》，2002年第2期。

㉗《浙江学刊》，2002年第6期。

㉘《艺术与人类解放之路——西方马克思主义美学的启示》，《浙江社会科学》，2002年第2期。

㉙《纯粹认识或世界之眼——论叔本华美学中的天才》，《人文杂志》，2002年第2期。

㉚《审美——艺术——自由——论席勒美学思想中人的"完整性"追求》，《北京大学学报》（哲学社会科学版），2002年第4期。

㉛《康德美学在现代中国》，《中国社会科学院研究生院学报》，2002年第3期。

㉜《美学与现代艺术概念》，《哲学研究》，2002年第9期。

逻 辑 学

吴家国

2002年，北京地区逻辑学界的学术活动有新的起色和突破，研究成果在质量和水平上有新的提高。从学术活动看，首先，北京市逻辑学会分别于11月下旬和12月下旬先后举办以“非形式逻辑与批判性思维”为主题的大型学术研讨会和以“逻辑学的创新与发展先进文化”为主题的逻辑学术前沿论坛；其次，北京的一批逻辑工作者先后参加了4月底在北京召开的（由中国人民大学承办的）“第二届全国逻辑与认知学术研讨会”、6月下旬在太原召开的“全国现代逻辑学术研讨会”、10月下旬在泉州召开的“中国逻辑史学术研讨会”、11月中旬在天津召开的“全国经济·逻辑·创新学术研讨会”、11月下旬在南京召开的“全国科学逻辑学术研讨会”；尤其值得提到的是，北京的部分逻辑工作者应邀出席了6月底首次在台北召开的“海峡两岸逻辑教学学术会议”和10月上旬在武汉召开的“第三届东亚符号学国际会议”。在这些学术会议上，与会的北京地区逻辑工作者都有论文或报告发表。从公开出版的研究成果看，学术著作和教材主要有：《逻辑、语言和信息》（邹崇理著）、《逻辑、语言与思维》（王路、刘奋荣主编）、《司法判决与法律推理》（王洪著）、《逻辑与知识创新》（黄顺基、苏越、黄展骥主编）、《互逆主义逻辑与Super－Prolog语言》（周训伟著）、《逻辑学是什么》（陈波著）。此外还有一批学术论文分别在《哲学研究》《自然辩证法研究》（2002增刊）等刊物上发表。具体说来，上述研究成果的内容主要涉及现代逻辑、归纳逻辑与科学逻辑、语言逻辑、逻辑的应用与法律逻辑、逻辑史、辩证逻辑、逻辑观与逻辑学的学科建设等。下面分别简述之。

一、现代逻辑

对现代逻辑的研究主要涉及符号逻辑、哲学逻辑、人工智能中的逻辑等几个方面。

在符号逻辑方面主要有两篇文章，一是许涤非的《双主体知识逻辑研究》，一是余俊伟的《对推理规则在非经典逻辑中失效的分析》。前文在介绍双主体认知逻辑的语义后指出，这种逻辑的语义是可能世界的语义，但与标准的可能世界语义不同：其一，区分了现实世界与可能认知世界；其二，有效性的定义不同，认知逻辑语义的模型有效性只需要在现实世界中真就可以。尔后作者给出了双主体认知逻辑的几个系统，包括寻找交流对象的系统，挑选学习对象的系统，解答系统，以及不敷衍的解答系统，并且证明了这些系统的可靠性和其中一些系统的完全性①。后文对经典逻辑的一些推理规则进行了分析，认为强化前件规则对虚拟条件句确实是失效的，但传递规则、逆换规则和析取前件消去规则并没像希尔皮南所说的那样失效了。如果对同一性替换规则加上模态方面的限制条件，则这个规则可以用于模态语境。此外，作者认为奎因对存在概括规则在模态语境中失效的分析并不完全准确②。

在哲学逻辑方面主要有三篇文章，张清宇在《极小的弗协调U.S时态命题逻辑》一文中，建立了一个以时态算子U和S为初始符号的极小的弗协调命题逻辑系统，给出了该系统的形式语言和语义，给出了公理模式和推理规则，并且给出了可靠性定理和完全性定理③。张家龙在《可能世界是什么》一文中，系统地讲述了莱布尼兹的可能世界理论，介绍了以刘易斯为代表的模态柏拉图主义和以克里普克为代表的温和实在论。他表示不同意这两种实在论观点，主张模态结构论。认为可能世界不具有本体论的地位，在直观上可以作各种具体的理解，诸如事态、命题集、时期，等等。其一般的理解是各种可能状态。在模态逻辑的形式语义中可能世界只是框架（W，R）或模型（W，R，D，V）中一个组成部分即集合W的抽象元素④。刘壮虎在《必然性的逻辑分析》一文中，用现代逻辑处理命题性质的一般方法讨论命题的必然性。认为必然性是命题的一般性质，命题是使之为真的可能世界的集合。同时，分析了关系语义学（可能世界语义）如何处理必然性，并指出其不足之处。此外，他还用领域语义学讨论必然性的本质特征，并讨论了一些重要类型的必然性⑤。

在人工智能中的逻辑方面，刘奋荣在《缺省逻辑如何研究非单调推理》一文中，介绍了人工智能中刻画非单调推理的缺省逻辑、自认知逻辑等。认为自认知逻辑是通过一个人的知识库的变化来体现推理的非单调性，缺省逻辑是通过把不具有普遍性但描述了典型情况的常识表示为缺省来体现推理的非单调性。自认知逻辑和缺省逻辑尽力刻画的是演绎推理之外的推理机制，这个推理机制实际上是一个动态的容错推理机制，由于认识的局限性，常识的不可靠性，人们的推理需要不断调整，以获得正确的结论⑥。此外，周训伟在其专著《互逆主义逻辑与 Super－Prolog 语言》中，讲述了 Prolog 语言，构建了互逆主义逻辑系统，讨论了基于 Prolog 语言和互逆主义逻辑的 Super－Prolog。互逆主义逻辑是面向计算机的逻辑，Super－Prolog 是互逆主义逻辑应用于人工智能领域的产物⑦。

二、归纳逻辑与科学逻辑

归纳是不是逻辑？逻辑学界对此有不同的看法。王雨田在《逻辑学中怎能没有归纳逻辑——评唯演绎主义的归纳观》一文中针对王路表述的“归纳不是逻辑”的观点发表了自己的看法，他认为：归纳不仅是方法，归纳也有推理。归纳与演绎一样，不仅有推理，而且有形式结构，但二者的推理形式是有区别的。亚里士多德并没有说过逻辑的本质就是“必然地得出”。归纳之所以是逻辑，很重要的一个根据在于它与演绎是密切联系和互补的。现代归纳逻辑中以演绎系统为工具解决归纳问题的尝试失败了，但结合科学实践来研究归纳逻辑的方向是正确的⑧。王路在《再论“必然地得出”——回答王雨田等人的批评》一文中坚持认为：“必然地得出”刻画的是演绎，因此，逻辑是沿着这个方向建立和发展的，亚里士多德逻辑是如此，现代逻辑也是这样。这是一个基本的历史事实。归纳不是逻辑，因为它不具有“必然地得出”的性质。但是，我们并没有说不能进行归纳的研究，更没有说归纳本身的研究没有意义⑨。

“无限全称命题概率为 0”的问题是现代归纳逻辑发展过程中遇到的一个重要问题，熊立文在《无限全称命题概率为 0 与归纳概率逻辑》一文中分析了卡尔纳普和波普尔得出“无限全称命题概率为 0”结论的原因，介绍了欣迪卡和宁尼鲁托的归纳逻辑系统。说明卡尔纳普不是把已有事例与无穷多个事例之比作为概率，而是将全称语句转化为单称语句的合取，在无穷试域中采用 c 函数，得出全称事实句的先验概率为零及有穷证据的先验概率是小于 1 的正数的结果，这是导致无限全称命题确证度为 0 的原因。该文认为，“无限全称命题概率为 0”是归纳概率逻辑发展早期由于理论不成熟而产生的问题，这个问题在 20 世纪 70 年代已经解决⑩。

关于科学逻辑，于祺明发表《对科学发现推理的再认识》一文。该文指出，以往逻辑推理只限制在演绎推理和数理逻辑的狭窄的范围内，经不起科学家实践活动的检验，常常与展现在历史纪录和研究草案中的科学活动不一致，把科学家许多密切相关的实践内容、贯常运用的有效方法排除在科学推理之外。现实存在的许多卓有成效的、创造性的推理方法不能只靠诸如经典逻辑推理来加以描述。该文认为，模型化推理是以思维模型为中介或工具，由一个或几个前提推出结论的思维形式。按照思维模型的不同，可分为性质相似模型化推理、功能相似模型化推理、形式相似模型化推理。逻辑学应把模型化推理列为自己的研究任务，建议设计足以操作的非言语表象的逻辑系统，构建一种新的逻辑类型——科学发现的逻辑，并预测其未来的发展前景是十分广阔的⑪。

三、语言逻辑

在语言逻辑方面，邹崇理的研究成果比较突出，他在一年内出版了一本专著，发表了两篇文章。在《逻辑、语言和信息》这本专著中，作者力图把自然语言变成一种计算机可以处理的信息。为此，他构造了两个系统：一个是专门刻画量化意义的汉语部分语句系统（这是西方学者所没有做的工作）；另一个是体现聚合语义的一元谓词的一阶逻辑系统。就前者而言，作者先把汉语量词分为简单量词和复合量词，再把复合量词分为可划归的和不可划归的两种，对不可划归的复合量词进行专门定义，进而提出新的技术手段定义体现聚合语义的汉语量词。另一方面，作者从刻画逻辑推理出发对该系统进行了扩展，通过其中广义量词的解释说明传统逻辑的对当关系推理、换质换位及三段论推理的有效性。就后者而言，由于作者在解释汉语的聚合语义时采用了一些与 Link 等人的处理方式不同的技术手段，据此提出的刻画聚合语义的一阶逻辑系统，其语义理论就显得比较简明。同时，作者还证明了这个系统的可靠性和完全性⑫。在《信息流逻辑》一文中，作者介绍了美国学者巴尔维斯和英国学者伽贝等人提出的关于信息流逻辑的基本概念，包括信息场景、信息通道、信息流、信息构架和信息网络等，还介绍了信息流逻辑的语形表达式以及信息流逻辑的公理系统和一些重要的定理，并简要讨论了这个系统的可靠性和完全性。尔后，作者凭借信息流逻辑提供的手段对语用交际图式进行了描述与分析⑬。在《刻画自然语言聚合语义的逻辑系统》一文中，作者认为一阶逻辑的方法直觉依据充分，学术背景流长，可在一阶逻辑框架内描述自然语言的聚合语义。进而他采用递归定义由原子个体域生成扩展的个体域，确定了解释聚合语义的结构，构造出聚合谓词逻辑的公理系统（简称CPL），并证明了它的可靠性和完全性。作者认为，PCL是受Link等人的启发作出的，但前者较后者有特色：尽可能不依赖代数格的概念，而仅从两三条定义推出交换律和结合律，这样，显得简洁⑭。

语言逻辑方面的研究成果还有两篇文章。蔡曙山在近年来相继发表《命题的语用逻辑》和《量化的语用逻辑》的基础上，又发表了《模态的语用逻辑》一文。在这篇文章中，他认为命题的语用逻辑、量化的语用逻辑和模态的语用逻辑是语言行为理论和语用逻辑研究的三个重要的子系统，而模态语用逻辑的实质是高阶模态逻辑，它们使用相同的形式语言⑮。张秋成在其所发表的《意义组合原则在自然语言逻辑中的适用性》一文中，论证了弗雷格的意义组合原则不仅适用于逻辑人工语言，也同样适用于自然语言。在自然语言逻辑研究中应贯彻意义组合原则。意义组合原则正确地回答了“人类何以能够凭借有限的基本词汇意义理解他们从未听到过的句子”这一语言学及语言哲学中的重大问题。因此它对自然语言逻辑研究具有重要指导作用和方法论意义⑯。

四、逻辑应用与法律逻辑

21世纪，人类将进入知识经济时代。在知识经济时代，在知识的生产、交流和使用的过程中，逻辑学还有没有用？这是一个值得研究与回答的重大研究课题。由黄顺基、苏越、黄展骥主编的《逻辑与知识创新》一书对此作出了肯定的回答。该书在“绪论”中明确指出：“知识生产过程包括两方面：一方面是知识的交流，通过听、说、读、写获得知识；另一方面是知识的生产，通过研究与发展（科学发现、技术发明、直觉与灵感等）生产知识。知识交流没有语言作为交流的工具不可能进行，没有逻辑作交流的规范也无法实现。知识的生产要形成概念，作出判断，进行推理，建立理论，没有语言，没有逻辑是不能想像的。”⑰接着，该书分五篇概述了各主要逻辑分支在知识创新中的作用：第一篇，传统逻辑在知识创新中的作用，其中包括逻辑是知识生产、交流和使用的工具，逻辑在知识创新中的批判功能等；第二篇，数理逻辑在知识创新中的作用，其中包括数理逻辑推动计算机科学的发展等；第三篇，哲学逻辑在知识创新中的作用，其中包括逻辑悖论与科学理论创新，模态逻辑与可能世界，道义逻辑的系统构建，模糊逻辑与复杂性科学等；第四篇，科学逻辑在知识创新中的作用，其中包括归纳逻辑与科学理论的发展，科学逻辑在科学发现中的作用，科学逻辑在科学解释与科学辩护中的作用等；第五篇，其他思维形式在知识创新中的作用，其中包括辩证思维在知识创新中的作用，创造性思维在知识创新中的作用等。

法律逻辑是逻辑应用的一个重要领域。有关法律逻辑的主要研究成果反映在王洪所写的专著《司法判决与法律推理》中。该书首次提出事实推理、法律推理与审判推理的概念，明确区分了法律领域中三种不同的推论。该书将法律解释和法律漏洞补充整合为法律推理的一部分，深入分析了法官所面临的法律缺陷或法律漏洞，将其概括为五种：法律不明确、法律文字与立法本意相悖、法律未规定、法律冲突、“恶法”。在此基础上，探讨了司法判决论证中的法律推理问题，首次表述了法律推理的形式、方法和规则，建构了法律推理新的逻辑体系，并从形式逻辑理性、实践理性或目的手段理性、价值理性三个角度探讨了法律推理的合理性⑱。

要搞好逻辑应用，必须重视逻辑普及。陈波所著的《逻辑学是什么》在这方面作出了贡献。该书的内容是沿着两条不同的路线展开的：一条是历史的线索，跨越历史的时空，与历史上伟大的逻辑学家们短暂的会面，约略地知道了他们大致的性格和贡献，也约略知道了逻辑学的来龙去脉和历史发展。另一条线索就是逻辑学的体系框架和基本内容，引领读者诸君获得对逻辑学的轮廓性了解和总体性把握⑲。该书分八个题目依次讲述了：逻辑起源于理智的自我反省，逻辑是关于推理和论证的科学，命题逻辑，词项逻辑，谓词逻辑，归纳逻辑，批判性思维，逻辑学的地位。

五、逻辑史

逻辑史包括中国逻辑史和外国逻辑史两部分。

在中国逻辑史方面发表的主要研究成果有三篇。

《名辩艺术魅力漫谈》（董志铁）在考察了先秦辩者、辩士及察士们的言论及理论创造后指出：所谓名辩艺术，指发端、成长于春秋战国时期，以名家、墨家、儒家旬子等人的著作、思想为代表，围绕“两可”、“名实”、“坚白”、“同异”、“有穷、无穷”等问题，假物取譬而展开的论辩所体现的思辩方法。其核心是对名、辞、说辩等思维形式及其规律的研究。而这与西方传统逻辑所研究的内容，实质上是相通、相同的[20]。

《墨家逻辑产生与作用机理探析》(孙中原)在列举了大量材料，进行了缜密地论证后指出，墨家逻辑是中国古代逻辑的典型。中国文化的轴心时代春秋战国的百家争鸣和科学认识是墨家逻辑的产生基础和作用对象。墨家逻辑中包含有“施诸四海而皆准，行诸百世而不悖”的逻辑普遍真理，值得认真地研究、继承和弘扬，使这一优秀的历史文化遗产在新时期继续发挥其对社会和文化的积极作用[21]。

《用现代逻辑的语言层次观看〈墨经〉逻辑》(杨武金)指出：从对象语言和元语言的区分来认识《墨经》逻辑是十分重要的。《墨经》逻辑由于受古汉语的制约和影响，还没有将命题形式和推理形式作为直接的研究对象，但是它通过研究具体推理所体现的推理方式，揭示了逻辑的一般理论和规律。例如《大取》中的“三物必具，然后足以生……则必困矣”一段已是对推理和论证作最一般的研究，提出了推理或论证所必须遵守的理由原则、形式有效原则和同类相推原则。《经说上》中的“或谓之牛，或谓之非牛，是不俱当。不俱当必或不当，不当若犬”一段就是用语义学概念来表达矛盾律理论。该文的结论是：《墨经》逻辑从对象语言的角度看主要是形式逻辑，那么，它从根本上说应该是用元语言来体现的逻辑理论和规律[22]。

在外国逻辑史方面发表的主要研究成果有：余俊伟的《试论弗雷格的指称理论》和王路访美后写的访谈录《逻辑的创新和应用》。前文认为：对于弗雷格的指称理论总体上应予以肯定。弗雷格通过对语言的细致入微的分析把语词严格区分为涵义和所指，这在语言哲学发展历程上有重要意义。弗雷格第一个把关于语词的这个基本观点推广到语句上，认为语句的指称是真值，在理论上为二值逻辑做了充分的论证。弗雷格指称理论的不足之处是，在分析过程中过分强调了涵义决定指称，因而忽视了涵义的来源问题。事实上，人们通过语言表达思想，给出一个语词，它的涵义与某对象的特征相符，则该语词就指称这个对象，否则就不指称。这时才有涵义决定指称。而在当初语词获得意义之时，可以说是指称决定了涵义[23]。后文谈到了辛梯卡的治学经历、他的老师冯·奈特，以及与现代西方许多逻辑学家、哲学家的交往及他们的思想。介绍了辛梯卡对自己提出的新逻辑：独立——友好(IF)一阶逻辑的评述，特别提到了辛梯卡对逻辑在创新和应用中的重要作用所发表的看法。辛梯卡说：“我认为逻辑是重要的，不仅对数学，而且对一般的日常语言，特别是对哲学问题的分析，都是重要的。逻辑不仅是知识性的东西，而且会对我们的智力方式和兴趣方向产生影响。最重要的是，这种影响往往是根本性的，因为由此会带来哲学问题的重要发现和发展[24]。”

六、辩证逻辑

辩证逻辑研究的对象是什么？辩证逻辑能不能形式化？这是我国逻辑学界(尤其是研究辩证逻辑的人们)十分关注的问题。就这两个问题，金顺福先后发表了两篇文章。

在《辩证逻辑的基本思维形式》一文中，作者认为：辩证逻辑研究具有综合性的辩证思维，其基本思维形式应是概念和概念体系(科学理论)。为了论证这一观点，作者引述了马克思主义经典作家和当代著名哲学家亨佩尔的言论，如马克思曾说：正如从简单范畴的辩证运动中产生群一样，从群的辩证运动中产生系列，从系列的辩证运动中又产生整个体系。在论述概念体系时，作者通过分析《资本论》的逻辑结构，论证了在辩证思维的概念运动中，无论从抽象概念发展到具体概念，还是从基本概念发展到理论，其内在矛盾总是通过判断而分化和外在化，尔后又经过推理使各个矛盾和矛盾双方达到新的基础上的统一，完成从抽象上升到具体，从而使认识向客观真理逼近。其构成范畴体系的基本模式为：范畴——群——系列——体系[25]。

在《关于辩证逻辑形式化》一文中，作者认为：当前，首先应研究清楚辩证思维的“形式结构”，然后才有可能使用形式语言来表现、刻画它。辩证逻辑的核心内容是研究概念的辩证运动，思维如何从抽象上升到具体。在未搞清楚此问题之前，不应生搬硬套地用数理逻辑的某个分支语言而使辩证逻辑在丧失其特征的条件下变成现代数理逻辑的一个分支。作者分析了赵总宽所著《数理辩证逻辑导论》中DPA系统存在的一些问题，认为该系统是不成功的，在此基础上构造其他系统也就难望成功。作者认为，辩证逻辑形式化可以探索，如通过弗协调逻辑来研究对立统一规律的形式化问题等，但是，在辩证逻辑这门学科尚不成熟的情况下，谈论如何对它形式化为时尚早。形式化不是判断辩证逻辑是不是逻辑的标准。当前切忌随意套用现代逻辑的符号公式去研究辩证思维的外表结构[26]。

除上述问题外，关于辩证逻辑与创新思维的关系问题，也继续引起一些辩证逻辑研究者的探讨。王庆英发表的《辩证逻辑——创新的逻辑》一文，认为无论是知识创新还是技术创新，都是人们能动地认识世界和改造世界的过程，其本质都是提出假说或假设的过程。创新思维都带有主观猜测性和假定性，其思维形式与经典逻辑所研究的思维形式有本质的不同。创新概念是思维主观假设出来的，其外延具有不确定性。创新命题所陈述的对象及其属性在当前仅存在于理想世界中，其真值具有未定性。由创新命题组成的创新推理其前提不一定都是已知为真的，其结论也不一定都是真值确定的，推理形式复杂多样。作者还列举了创新过程中思维常用的信息组合法、逆向思维法、两面神思维法、克弱转换法等一系列辩证思维方法。最后得出结论：创新思维形式和方法都带有辩证性质，应是辩证逻辑研究的对象，辩证逻辑应成为一门研究创新思维形式、规律及其方法的创新逻辑㉗。另外，苏越发表的《论逻辑在知识创新中的作用》一文，认为辩证逻辑是知识创新的导航器。辩证逻辑的理论与方法，就其本质而言，是一种创新的理论和创新的方法。创造性思维方法是确定性与非确定性相统一、相似性与相异性相统一、单元性与多元性相统一、形象性与抽象性相统一的方法㉘。

七、逻辑观与逻辑学的学科建设

多年来开展的关于逻辑观的争论仍在继续。吴家国发表《我的逻辑观》一文，针对王路的观点表达了自己的看法：演绎推理确实是推理的主体，这一点必须首先肯定，但是它决不是推理的全部。逻辑发展到今天，它已经是一个以演绎为主体的、多层次多分支的学科群体，其中除演绎外，还包括归纳逻辑、论证逻辑、辩证逻辑等。因此应提倡树立大逻辑观。作者还认为：一方面，我们应当承认传统逻辑确有不少缺陷和局限性，今天看来它的某些内容确实过时了，没有多大用处了；但是，另一方面我们应当看到，传统逻辑并非全部内容都过时了，没有用了，它的主要内容和精华至今还有用，并未过时，例如定义和划分的方法，三段论和假言推理、选言推理以及二难推理，同一律、矛盾律和排中律等，今天的人们在日常思维和语言表达中，都还离不开它们。因此作者主张在高等学校逻辑教学中应保留传统逻辑的主要内容㉙。王路在《再论“必然地得出”》一文中回答吴文时，在坚持归纳逻辑和辩证逻辑都不是“必然地得出”，因而都不是逻辑的同时，仍然认为传统逻辑已经过时，如说“传统逻辑的核心内容是命题推理和三段论，当然是有用的。学比不学肯定也是有好处的。但是，由于有了现代逻辑，它不仅比命题推理和三段论更好，而且完全能够取而代之。因此，我们说传统逻辑没有用了㉚。”此外，袁正校在一次研讨会上提出，现代逻辑的基础比传统形式逻辑更广泛，应用比传统形式逻辑更普遍，因此，在当代高等教育中，现代逻辑应成为本科生的基础课和必修课，成为素质教育的核心课程㉛。

关于逻辑学的学科建设问题，北京地区的逻辑工作者近年来也开展了讨论。蔡曙山提出，逻辑学的研究要适应时代要求。建国50年来，我国逻辑学的教学与研究经历了以传统逻辑为主的阶段，传统逻辑向现代逻辑过度的阶段，普及现代逻辑的阶段和数理逻辑以后的发展阶段。他建议当前应在加强基础逻辑研究的同时积极开展哲学逻辑、语言逻辑、计算机与人工智能逻辑的研究㉜。王雨田提出，对逻辑学的创新要从整体上看，要从科学理论的演化过程来分析。创新有层次区别，要分清范式、硬核和保护带问题，分清整体的创新和分支的创新，分清范式的改革和对理论的修补进化过程。逻辑学范式的改革要由逻辑学家和多学科协作逐步实现。他建议编写文理通用的逻辑教材，培养通用和专才相结合的人才㉝。赵总宽提出，20世纪70年代前后，发生了以简单思想系统为适域的现代形式逻辑向以复杂思想系统为适域的当代逻辑学的转向。当代逻辑学是在当代的科学、哲学和常识的基础上兴起的，它扩展了形式逻辑的适域，具有促进高新技术发展，促进知识经济发展和促进先进文化发展的重大意义。他建议要加强对当代逻辑学的创新研究㉞。

（作者：北京师范大学教授）

注：

①②⑭⑯《自然辩证法研究》2002增刊。

③⑥王路、刘奋荣主编：《逻辑、语言与思维》，中国科学文化出版社，2002年版。

④《哲学动态》，2002年第8期。

⑤《哲学研究》，2002年第2期。

⑦周训伟：《互逆主义逻辑与Super－Prolog语言》，中国科学技术出版社，2002年版。

⑧《哲学研究》，2002年第3期。

⑨㉚《哲学研究》，2002年第10期。

⑩《北京师范大学学报》，2002年第3期。

⑪《自然辩证法研究》，2002年第10期。

⑫邹崇理：《逻辑、语言和信息》，人民出版社，2002年版。

⑬《哲学研究》，2002年第9期。

⑮《清华大学学报》（哲学社会科学版），2002

年第3期。

⑰黄顺基，苏越，黄展骥主编：《逻辑与知识创新》，中国人民大学出版社，2002年版。

⑱王洪：《司法判决与法律推理》，时事出版社，2002年版。

⑲陈波：《逻辑学是什么》，北京大学出版社，2002年版。

⑳《北京师范大学人文学科教授讲演录》，北京师范大学出版社，2002年版。

㉑《信阳师范学院学报》，2002年第1期。

㉒《广西师范学院学报》（哲学社会科学版），2002年第2期。

㉓《北京化工大学学报》（社会科学版），2002年第3期。

㉔《世界哲学》（京），2002年第5期。

㉕《哲学研究》，2002年第7期。

㉖《广州大学学报》，2002年第3期。

㉗《广州大学学报》，2002年第2期。

㉘《湘潭师范学院学报》，2002年第1期。

㉙《湘潭师范学院学报》，2002年第2期。

㉛㉜㉝㉞《北京社科联》，2003年第1期。

宗教学

黄夏年

2002年的中国大陆宗教研究的趋势是：总体上仍然是沿着以往的发展方向前进，宗教学研究仍然是学术研究较为热门的学问之一。具体的研究情况如下：

一、宗教学理论研究

2002年出版的宗教学研究的著作约有43本，王作安著的《中国的宗教问题和宗教政策》[①]针对当代中国宗教的实际情况和中国宗教与世界宗教的关系，以及怎样认识当前宗教的本质与现象等问题，做了理论性的阐述和解疑答惑的工作，是一本既有理论又有实践，又可操作的指导性著作。作者分析了我国现阶段宗教的特点，敏锐地看到“宗教的背后是群众问题”，强调宗教工作不仅是信仰和信徒的简单问题，其背后深层次的原因乃在于我国有1亿多的信教群众，以及10亿多不信教的群众。作者结合近年来的实践经验，提出：“可以从爱国、守法、团结、进步这四个方面来考察，积极引导宗教与社会主义社会相适应的基本内涵。”这样就为宗教与社会主义社会相适应的问题，划定基本的框架，同时又指出，“宗教与社会主义社会相适应”，主体是宗教界；“积极引导宗教与社会主义社会相适应”，主体是党和政府，较好地解决了宗教界与党和政府的关系，对新时期的宗教工作提出了有益的借鉴。张志刚的《宗教学是什么》[②]一书，将宗教学作为一门新兴的、交叉性或综合性的人文学科来加以评介。全书由三部分构成：“引论”刻意突出这门新学科的倡导者缪勒的方法论主张——“只知其一，一无所知”；“上篇”着眼于“里程碑式的思想家”，勾勒了宗教人类学、宗教社会学、宗教心理学、宗教语言学和宗教文化学的主旨要义；“下篇”围绕着一个核心问题——宗教是什么，从宗教与理智、宗教与情感、宗教与意志、宗教与终极、宗教与对话等角度展开了深思。孙晶的《印度吠檀多不二论哲学》[③]一书，是有关印度哲学研究的一部学术新成果。在传统的精细考据、校勘方法与现代科学分析、思想研究相结合方面做了尝试，不仅为学界研究提供了一个有关印度吠檀多哲学的参考文本，从而肯定了对印度古典哲学经典进行翻译和研究的现实意义和学术价值。何希泉主编的《周边地区民族宗教问题透视》[④]一书，对俄罗斯、哈萨克斯坦、吉尔吉斯斯坦、塔吉克斯坦、乌兹别克斯坦、土库曼斯坦、印度、巴基斯坦、阿富汗、斯里兰卡、孟加拉国、尼泊尔、不丹、印度尼西亚、马来西亚、菲律宾、文莱、新加坡、泰国、缅甸、越南、老挝、日本、朝鲜、韩国、蒙古国等26个我国周边国家的民族、宗教基本情况、现存问题及历史渊源、相关国家政府的政策措施、经验教训作了较为详细的论述，值得相关领域研究人员、党政领导干部及对民族宗教问题感兴趣的读者一读。

在学术论文方面，王兆国的《积极引导宗教与社会主义社会相适应——学习江泽民同志在全国宗教工作会议上的讲话》[⑤]指出，江泽民在全国宗教工作会议上的讲话，在总结建国50多年来的理论探讨和实践经验的基础上，系统阐述了宗教与社会主义社会相适应的基本理论和方针政策，丰富和发展了马克思主义宗教观，从理论和政策上解决了宗教与社会主义社会的关系问题，对新形势下全面贯彻党的宗教信仰自由政策、依法对宗教事务进行管理，坚持独立自主、自办教会的原则，提供了理论依据，也必将对宗教在社会主义条件下存在并与所处的时代和社会相适应方面产生积极影响。他强调，积极引导宗教与社会主义社会相适应，是我们党在理论和实践中不断探索得出的科学论断。特别是新时期以来，我们党在总结建国以来正反两方面经验教训的基础上，全面贯彻落实党的宗教政策，逐步提出和明确了积极引导宗教与社会主义社会相适应这一命题。如今这一命题的内涵表述为，积极引导宗教与社会主义社会相适应，不是要求宗教界人士和信教群众放弃宗教信仰，而是要求宗教界人士和信教群众热爱祖国，拥护社会主义制度，拥护共产党的领导，遵守国家的法律、法规和方针政策；要求他们从事的宗教活动要服从和服务于国家的最高利益和民族的整体利益；支持他们努力对宗教教义作出符合社会进步要求的阐释；支持他们与各族人民一起反对一切利用宗教进行危害社会主义祖国和人民利益的非法活动，为民族团结、社会发展和祖国统一作出贡献。学诚在《对新世纪中国宗教的一些思考》[6]一文中提出，要客观、公正、全面、科学地看待宗教的社会历史作用。认为每个人都有终极关怀的需要，决定了人必须要有某种形式信仰的需求。不同宗教以及同一宗教的不同派别之间的冲突、争端、战争并非常态。各大传统宗教都是人类智慧的伟大宝藏，尤其是在铸造道德价值上无与伦比的有力工具。更加开放的中国需要更加开放的宗教。宗教与现代化、科学、民主，并非互相对立，而是唇齿相依，相辅相成的。宗教是社会道德（包括社会公德、职业道德、家庭美德）建设的宝贵资源，也是社会主义精神文明建设的一个强有力的因素。作者强调，今后一要大力加强对宗教理论的研究，二要下大力气培养一批能融会中西，博古通今，明晰当今世界宗教状况，又有中国宗教深厚功底的宗教界人才。

高长江的《从全球化视角看宗教复兴运动》[7]认为，20 世纪 80 年代以来日益增强的全球化趋势，对地球文明与人类社会生活产生了深刻影响，宗教运动便是这种影响的一种情境互动，或者说，它就是当代全球化体系中的一部分，是全球化尤其是文化全球化所引发的一场文化运动。这场宗教复兴运动与其说是修复破损的信仰，还不如说是修复破损的社会。（当然也有对社会的破坏，如宗教极端主义与分裂主义）它已经变成了一场社会文化运动及政治运动，成了全球化的一部分，是因全球化而起的一种逆全球化思潮，是用神话的双脚到记忆的远方去追寻被压抑、被遗忘的共同体的想像。其一，这场声势浩大的宗教复兴运动是一些非西方国家利用宗教这种文化形式对西方的全球文化扩张的一种抗拒，是本土化对异邦化的一种反击，是重新确认与强化民族文化认同，重建精神家园的一种努力。其二，宗教复兴运动也可以理解为对全球化所造成的文化同质化的一种逆反，是一种“差别普遍性”的形式，也可以说是复兴民族文化，重构民族文化身份，重塑民族个性的一种民族文化运动。其三，宗教复兴运动是对在全球化体系中被压抑、被销蚀、失败了的民族国家的权力的复述。其四，全球化创造的风险社会，尤其是风险的普遍化，是这场宗教复兴运动的精神——心理动因。如果说本土化、个性化、强化民族国家权威与抗拒全球风险是一种逆全球化的宗教思潮的话，那么，宗教信息传播的现代化则是一种顺应全球化的宗教运动。全球化既是挑战又是机遇，这句话对于解释 20 世纪末叶的这场全球宗教复兴运动同样是合适的。卓新平的《全球化与当代宗教》[8]认为，全球化进程中的世界宗教已形成极为复杂的局面。在科技发展、信息革命推动下，人类社会全方位进入到全球化的氛围中，宗教并没有消沉、退隐，而是更加活跃、突出。各宗教之间及其内部正呈现出保守与革新共在、衰落与复兴相继、冲突与和解并存、竞争与合作同行的多元景观。此外，各种新兴宗教以及被称为“伪宗教”、“准宗教”或“邪教”的膜拜团体也已悄然而至，且来势迅猛，与传统主流宗教的现代发展形成鲜明对照。在“全球化”社会发展中，我国宗教融入当代社会的步伐将会加快。各大宗教会明显淡化其“出世”的传统特征，而更多地选择“面世”、“入世”，进入当代社会，参与现实生活。在理论上，我国宗教将会把其教义思想与现实社会需求相结合，研究并解决人们在精神生活、心理层面的问题及需求。在实践上，我国宗教将会更多地投身于社会服务和社会福利事业，积极参与社会援助、社会救济，以求用活生生的社会实践来见证其信仰。我国宗教在理论和实践上的这种发展意向，势必会凸显其在全球化进程中的思想、政治、社会、文化、民族及国际意义。总之，全球化进程已使宗教问题更为明显和突出，也增加了其敏感性和复杂性。我国宗教工作和宗教研究在这一新形势下已不能因循守旧，而必须与时俱进，以实事求是的科学精神来研究新问题，获得新突破。王小朝的《文化视域与新世纪宗教文化研究的基本走向》[9]强调，文化视域的形成是20世纪宗教文化研究的主要成就，宗教与文化的关系是这一研究的核心问题。作者在考察了20世纪宗教学研究的重大转折及其与一般文化研究的关系之后，指出新世纪宗教文化研究的两大基本走向：第一，信仰论的探讨，第二，宗教与道德相结合的可能性探讨。赵凯荣的《从后现代到后现代科学》[10]认为，后现代宗教将宗教解释为一种象征、一种精神、一种文化，然而问题仍然存在着。任何人类精神包括作为人类精神需要的后现代宗教不仅有其积极的一面也会有其消极的一面，因此不能因为它是人类精神或者是人类必需的精神就予以大力推崇，对于宗教来说更是如此。李兰芬的《历史变迁中的宗教传统与宗教学术研究》[11]认为，走过近两百年历程的宗教学研究者，已经越来越清楚地意识到："也许，归根结底，比较宗教研究目前所需要的并不是一种严格的方法论的'或此或彼'，尽管确实有人会继续发展某一种方法而不是另一种方法；假如学术界拒绝从一个方法论的极端走向另一个极端，并且不受诱惑，去诅咒已过时的或局部过时的各种态度，那么，就会取得多得多的成就。宗教研究必须是各种互补的（而不是对抗的）方法的聚会场所——历史方法，社会学方法，现象学方法，哲学方法，心理学方法。那些坚持自己的态度、排斥任何可设想的其他选择的人们已给过去的宗教研究带来了很大的损害。让我们希望，这样的独断论已成为过去。只有当各种方法和态度汇合在一起，我们才有希望理解和正确评价宗教的全部复杂性……"现代人类社会的发展改变了宗教在人类生活中体现其地位和作用的方式，也改变了人类面对宗教的方式。但是，只要宗教仍然对人类发生作用，传统学术中面对和理解宗教的方式，就一定会在某种意义上，仍然保留在现代学术面对和理解宗教的学术方式中。金宜久的《宗教在当代社会的蜕变》[12]认为，当前世界宗教发生的变化表现为：宗教日益重视社会参与和政治参与，日益发挥其文化的社会功能，宗教国家化的发展趋势以及宗教与社会冲突和民族冲突的关系日趋紧密。这一切与宗教的蜕变有密切的关系而又有所不同。由于它的蜕变，使宗教极端主义成为当代宗教的一个新的动向，造成这种变化的原因在于宗教政治化。但是宗教极端主义并不仅仅在伊斯兰教中存在，在其他宗教中也以不同形式、不同程度存在。分析这个情况，旨在说明宗教与政治、宗教问题与政治问题、宗教与宗教极端主义是不同的概念，也是不同领域的问题，我们不能等同看待，混为一谈。宗教问题是思想问题、信仰问题、意识形态问题，以及与之相应的宗教行为问题，可是宗教极端主义者在布道宣教名义的掩盖、庇护下，利用宗教从事暴力恐怖、分裂国家等极端主义活动，就不是什么宗教问题而是政治问题了。既然属于政治问题，有关国家对它打击、遏制也就是理所当然的了。

吕大吉的《中国传统宗教与传统道德的历史关联》[13]认为，我国道教和佛教所神圣化的道德乃是以儒家伦理为代表的封建宗法道德，其实际的社会效果无非是把封建宗法社会中的种种人际关系和封建宗法制度，用神圣化了的道德混凝土固结起来，变成超稳定的社会结构。金刚的《从"会通儒学"看外来宗教适应中国的道路》[14]一文认为，外来宗教在中国的生存、传播和发展过程中，有一种不约而同的努力倾向——以多种方式"会通儒学"，特别是尽力阐明佛儒、伊儒、耶儒相通或同源。"会通儒学"活动不仅使外来宗教因适应中国的具体国情而获得了良好的发展环境，而且推动了中外思想文化的顺利交流，对21世纪外来宗教如何与我国社会相适应，从而积极服务社会，促进自身发展，都具有极其重要的启迪意义。陈金龙的《论1958—1960年中国宗教制度的民主改革》[15]一文，对解放后我国的宗教制度的民主改革，做了回顾与分析，指出这是一次伟大的社会变革，它是中国社会制度民主改革的重要组成部分。没有宗教制度的民主改革，中国社会制度的改革就是不完全的、不彻底的，实行真正的宗教信仰自由的政策也是不可能的。

王志跃的《德教的儒教概念》[16]一文对关于德教是否是一种宗教，提出了看法，认为德教是以儒学说宗教，主要是基于儒学的立场把德教理解成一种宗教的。德教概念中包含了儒学的基本内容，把德教看成是宗教也是基于儒家文化的立场，以儒学说德教，因而，要理解德教概念，就要把它放到儒学的思想框架之中，从儒学的角度着手，假如缺乏对概念中所包含的儒学内容的了解，就不可能真正理解德教。这是我国学术界第一篇从理论上去研究德教的文章。

二、佛教研究

2002年出版佛教研究的书籍共100本左右。除了已有的由佛教界出资编纂的《华林》[17]和《觉群·学术论文集》[18]出版了第二集外，还新出版了《中国禅学》（柏林寺）、《曹溪禅研究》（南华寺）、《戒幢佛学》（苏州西园寺）、《寒山寺佛学》（苏州寒山寺)、《闽南佛学》（厦门南普陀寺）等读物。方立天著的《中国佛教哲学要义》一书，从中国哲学史发展的脉络来解读、诠释中国佛教哲学的思想，并采用问题解析体来展现中国佛教哲学的内容。“总论”论述了佛教哲学的形成、历史演变和思想体系。“人生论”编分别阐述中国佛教的因果报应论、神不灭论、涅槃观念的演变与发展、对“佛”的涵义的转换与拓展，以及净土观念的类别与转型。“心性论”编是本书的重点，在概述印度佛教心性论的思想后，着重阐明了中国佛教心性论的哲学范畴网络、南北朝时代佛教三大心性论思潮、天台宗的性具善恶说、华严宗的自性清净圆明说、三论、唯识和密诸宗的心性论。本编对禅宗的心性论着墨较多，分别论述了慧能前禅师的心性思想、《坛经》的心净自悟说、荷泽宗的灵知心体说、石头宗的灵源皎洁说、洪洲宗的平常心是道说、临济宗的一念心清净与无事是贵人说。随后还就儒与佛和道与佛心性思想的互动等关系作了专题论述。“宇宙论”编论述了中国佛教的宇宙结构论、现象论和本体论。最后的“实践论”编也是本书的侧重点之一，分别论述了中国佛教的伦理观、禅修论、直觉论、语言观和真理观。书末附有征引与参考书目、主要人名索引。本书被认为是我国近20年来研究中国佛教哲学的第一部有影响的著作，具有里程碑意义。

这一年召开的佛教学术会议共七次，它们是：中日敦煌学术会议、第三届中国天台山文化学术研讨会、五台山佛教文化国际学术会议、纪念赤松和尚创建黔灵山弘福寺330周年学术研讨会、“大乘佛教与当代社会”研讨会、曹溪南华禅寺建寺1500周年禅学研讨会、都市寺院与人间佛教研讨会等⑲。

佛教研究的论文一直是佛教研究的重要方面。方立天的《中国佛教哲学的现代价值》⑳认为，中国哲学的现代价值在于，其重要原理日益得到充分阐发，并经创造性诠释后，其作用开始彰显；把佛教哲学思想用于缓解人类社会的基本矛盾，必将有助于调适人类的生存需要，减少人类的痛苦，增进人类的和谐友爱，提升人类的精神素质，进而促进人类社会的和平共处和共同发展。童鹰的《从可持续发展看佛教的生态人文主义意识》㉑一文认为，佛教的哲理、教理、伦理和教制等方面蕴涵有丰富的生态人文主义意识，是实施可持续发展战略的一种可供开掘、解读和活化的文化资源。孙健灵的《佛教经济学论纲》㉒一文，强调佛教经济学既要以经济学的理论和方法来研究佛教活动、探讨佛教与经济的相互影响，又要以佛学思想来观照经济活动，并寻求对主流经济学可能实现的改造。其主要内容应包括三个方面：一是佛教活动及其经济功能，二是对佛教活动的经济分析及其限度，三是佛教的经济观及对主流经济学“人性假设”的批判。它期望着对西方主流经济学的拓展与超越，也包含着对人类和平共处的向往与追求。李向平的《二十世纪中国佛教的“革命走向”——兼论“人间佛教”思潮的现代性问题》㉓一文指出，传统佛教向现代佛教形态的转型，本应伴随着中国现代社会的新陈代谢而自我完成。然而，由于这一新陈代谢的过程往往为汤武革命的历史重构不断地遮阻，故尔现代佛教形态的获得，无法在社会变迁或社会分化的基础上进行，只能服务于新式国家宗教的再建。从革命佛教到佛教的三大革命，直至自我认同的思想改造等等，不断复制的便是汤武革命的历史的、内在的逻辑。李广良的《佛法与革命——太虚大师的革命思想》㉔一文认为，太虚尽管是革命思潮的拥护者和积极参与者，但佛家智慧使他充分地看到了外在的、急功近利式的社会政治革命的局限性和虚妄性，他期望的是生命的净化和自由，因为污浊的生命不可能使政治革命带来美好的社会，依靠历史的政治行动来建立最终理想社会的企图是注定要破产的，真正的革命要建立在真正的信仰基础上。但20世纪的大多数中国人对信仰的态度，使他的革命思想显得不合时宜。在今天看来，他的革命思想却显示出独特的价值，在此基础上可以创建一套新的政治佛学，即建立一套系统的佛教政治理论，说明佛教对现实社会政治形态的理解，以及佛教信众参与政治的规范与限制。何建明的《黄宗仰与中国近代佛教文化的振兴》㉕一文指出，宗仰是辛亥革命前后著名的寺僧革命家和近代佛教复兴运动的重要代表，被梁启超称为“我国佛教界中第一流人物”。从辛亥前后中国社会文化变迁的角度，深入阐发宗仰对近代佛教文化振兴运动的历史性贡献是必要的。他在近代率先突破了佛法与世法相分割的藩篱，积极宣传和实践佛教救世理念；面对世变和寺僧界新旧矛盾冲突，自觉倡导和开展佛教革新活动；以惊人的毅力成功地发起、组织和主持了近代规模最大的一次藏经——《频伽精舍大藏经》的校刊活动。刘成有的《论吕澂对佛教积极人生论的阐释》㉖一文指出，在吕澂看来，从原始佛教到晚期大乘佛教，其解决人生趋向的人生论内容，在不同时期侧重点虽有所不同，但“重要而有进步意义的成分一向都是保留着的”。不管是“即世”还是“转世”，都包含着“正觉与出离”的内容。从根本上说，人生实践的立足点都是去苦求乐，只不过在追求“善法欲”的“人生正向”方面，更加强调智慧的运用，更加强调对个人认识的调整并由此引发个人行为以及生存环境的改造，从而实现染尽净满的转依归宿罢了。更为重要的是，佛家人生论中的这种积极内容，是佛教适应现代社会、实现现代转换的基本因子。当然，吕澂的这一新解释，明显带有解释学的特征。他对该问题论证得头头是道，但传统佛教在龙树与世亲阶段毕竟没有发掘出吕澂所希望的积极人生来。这充分说明，吕澂的新解释是适应时代要求的重新发挥，是他自己的“新佛学”，其目的无非是要实现传统佛教的现代转换。这也正是吕澂佛教人生论的价值所在。黄夏年的《当代中国佛教教育三题》[27]一文认为，学修关系失衡是当代佛学院教育出现的一种较为普遍的现象，就佛教教育的层面而言，“修”与“学”是既相对又统一的。“学”是理论，“修”是实践，“修”是目的与结果，“学”是方法和手段，两者之间应该呈现出正比的关系，是良性的互动，把握它们适度的关系才是最合理的。

吴忠伟的《居士佛教与佛教中国化——评潘桂明先生〈中国佛教居士史〉》[28]一文认为，佛教中国化的进程（主题、方向等）其实与居士佛教的发展状况密不可分，息息相关。谭伟的《中国居士佛教略论》[29]一文认为，居士佛教是未来中国佛教发展的主要趋势之一，强调僧伽佛教与居士佛教的互动发展中，佛教会朝着世间化、现实化、居士化方向发展。张永攀、吕科的《国际互联网与我国佛教网站资源分析》[30]一文，通过翔实的数据，介绍了当前我国佛教网站的得与失，尤其介绍了这些佛教网站的不足之处，同时对佛教网站的未来发展也提出了自己的看法，应该说这是一篇有重要参考价值的文章，特别值得佛教界人士的反思。

严耀中的《试论佛教史学》[31]一文认为，佛教史学对中国佛教形成的影响是：(1) 为佛教在中土的传播留下了清晰而可靠的脉络。(2) 成为缔造佛教各宗的要素。(3) 为佛教教团乃至所有信徒树立一种形象规范。(4) 甄别伪经，批判异说。(5) 出现了一批出家的佛教史学家，壮大了“学问僧”的队伍。(6) 成为现实世界与彼岸世界之间的纽带。白文固的《宋代僧籍管理制度管见》[32]一文，针对宋代佛教管理制度的研究现在还不是很充分，从深层次的角度，进一步考述了宋代佛教中的度僧、籍帐和度牒的管理制度，指出在度僧中存在常度与敕度并行、在籍帐中全帐与敕帐交叉制约、度牒与戒牒和六念并用，以及坟寺和童行均系籍帐的几个特点，修正了以往研究的错误，同时又指出宋代管理佛教是空前强化的，既是唐宋以来编户齐民籍帐管理制度的必然结果，也是佛教适应能力与妥协性格的曲折反映。游彪的《宋代佛教寺院基层组织及其特征初探》[33]一文，分析了佛教寺院的基层组织体系相当复杂，依据寺院的不同性质、规模的大小等因素而设立数量不等的僧职。指出在通常情况下，寺院设有住持、副住持、监寺僧、知事僧等，他们构成了寺院上层，也是寺院的统治阶层，具体负责处理寺庙各方面的事务。与前代相比，宋代寺院基层僧职出现了很大变化，僧职的选拔，尤其是寺庙住持的任用有多种途径，但选拔过程中不可避免地出现这样那样的弊端，这是封建人治社会的必然结果。纪华传的《菩提达磨碑文考释》[34]一文，认为达摩碑文是在728年至732年之间由禅宗的某位弟子假托梁武帝撰写的，反映了北宗禅法的思想特色，但碑文出现后，又为南宗所利用，对后来的灯录和禅宗史产生过影响。吴敏霞的《从唐墓志看唐代女性佛教信仰及其特点》[35]一文，通过大量唐代出土墓志中所记载的关于唐代女性佛教信仰的内容，作了概括性叙述，揭示了唐代女性佛教信仰的主体、缘由及其信仰特点，从而为唐代佛教的研究特别是唐代女性佛教的研究提供了可资参考的资料。吴明娣的《中国古代陶瓷佛教造像述略》[36]一文指出，中国陶瓷佛像是佛教艺术传入中国后，逐步被民众尤其是下层民众接受、改造，实现本土化、乡土化的典型例证，直接反映了东汉以来各个时期民众（主要是下层民众）对佛教的认识程度、崇信状态和民间艺术的审美特征。此外，自唐代起，陶瓷佛教造像被上层社会采用，一部分陶瓷造像趋于精致化后，不再只是作为村社小寺和普通百姓家的供奉，而被请进都市名刹，成为大雅之堂的陈设，甚至被供于宫廷佛堂和皇家寺院。这类陶瓷佛教造像体现了统治阶层的宗教观念，显示了上层社会的审美趣味。

吕建福的《密教哲学的基本论题及其重要概念》[37]一文，针对学术界对密教哲学的不同认识尤其以“六大缘起”作为整个密教哲学的核心概念，提出密教哲学主要是讨论菩提心的问题，这是密教哲学的基本论题。密教的菩提心思想由大乘经论讲的发菩提心功德和菩提心十二义的概念演变而来，具有本体论的含义。清净、空性尤其大乐、光明以及明空无二、空乐双运等是密教哲学特有的概念，道果、大手印、大圆满等法也是表示菩提心思想的概念。李四龙的《智顗“一念心”的解脱内涵》[38]一文认为，南北朝时期，地论师、摄论师都在“心意识”之外求证“真心”，无法从理论上保证众生解脱成佛的逻辑必然性。智顗则认为，解脱成佛不必离开“心意识”。他所说的“一念心”，是无明与法性和合的“一念心”。智顗解脱论的特点概括为“互具相即”。他用三千世间代表一切法，在一念心与一切法之间，既不是一念心生起一切法，也不是一念心含藏一切法。众生在观察这种不可思议的境界时，应当明白一切众生始终处在“互具相即”的关系里。吴可为的《唯识学中的几个难题》[39]一文指出，涉及唯识学中的几个疑难问题，包括五种性说、种子的本有与新熏、阿赖耶识的种现分位、阿赖耶识的多元性。唯识学中这类问题还有很多，通过对这几个问题的分析与探讨，我们可以发现以体系严谨缜密著称的唯识哲学中所隐含着的一些并未给予充分解释的论题，但在大乘如来藏体系里完全可以给出合理的解释，这对于深入思考和评价在现代佛教研究中备受争议的大乘如来藏体系不无参考意义。吴学国的《佛教唯识思想与儒家心学本体论》[40]一文指出，佛教唯识学一方面进入中国正统观念，都必须经过一些自我调整，所以心学的心论与佛教的唯识学有本体论的旨趣区别；另一方面本土思想背景也决定了中国唯识思想的许多特点，因此在唯识思想与中国传统思想之间，就一直存在着诠释学的对话。中国佛教的“真心缘起”思想与儒家心学的本体论，就是“视域融合”的结果。

杜继文的《洪州系的农禅学和农业乌托邦》[41]提出，农禅不是一人一时创造出来的，它的出现有一个时代的大背景，即战乱和饥饿导致北中国农民大逃亡，形成了流动人口的“流民”，继而再变为游僧，从而彻底改变了佛教传统，使禅门思维方式起到根本的变化。崇尚自然，尊重自性（天性），特立独行，任性逍遥，不接受任何人为的束缚和名教的琢磨，则是洪州宗系农禅派大师们的创造。在中国佛教史上，包括整部禅宗史，如此自觉，如此明确地把“独立”、“自由”纳入修行实践的目标，也应该首推怀海。听任自然，是怀海自由观的基石。他关于自由的理论，就抽象性言，没有离开佛教哲学基础，而且主要是般若学的，到了《古尊宿语录》，指导思想已经归结到被改造了的法相唯识学上了。古代中国农业社会主义乌托邦理想，惟一实现了的，就是怀海山居创立的农禅社会。我们也可视为这是佛教社会主义的一种形态，有典型意义。陈永革的《经世佛教与出世解脱：论晚明佛学复兴的困境及其反思》[42]一文，结合晚明佛学复兴思潮中圆融与还原的两大思想取向，以中国佛教修正成佛的修行观念为主线，透过救法与救世的互动进程，对晚明佛学复兴思潮所表现的末世佛法与经世佛教、救世人格与出世解脱、即生成佛与即世教化、即法救世与即世护法等四个方面的两难处境进行了理性探讨。指出，以佛教经世思潮为导向的晚明佛学复兴的困境，正是佛教中国化与佛教世俗化并进的困境。这种困境，本源于与小农社会经济结构密切相关且以儒家观念为本位的弘法理念。

黄夏年的《南五台与北五台——兼论印光法师与高鹤年居士的友谊》[43]一文，对陕西终南山南五台作了一些考证，同时简要说明南五台与北五台的关系，指出两个五台山都以地望形势而命名，再由佛教使他们成为著名的中国佛教的菩萨道场。这是他们的共同点。但是两者之间并没有必然的联系，其名字相同，仅仅是因为他们在地望上的共同特征而已。南五台作为中国古代首都——长安附近的名山，对中国佛教的宗派建设留下了不可磨灭的贡献，加快了印度佛教中国化的进程，这在历史上应当书上一笔的。北五台作为中国佛教的四大名山之一，对推动佛教在中国的世俗化或民间化的过程起到了巨大的推动作用，其贡献也不可抹杀。这就是他们的不同点。刘长久的《佛教入滇及其途径综论》[44]一文，对学术界提出的有关佛教何时传入云南的意见，做了系统梳理。指出比较正确的说法是，佛教传入南诏当在中唐，至劝丰佑时大盛，传入途径是多源的。廖国一的《佛教在广西的发展及其与少数民族文化的关系》[45]一文，结合文献记载和东汉至南北朝早期佛教文化遗物的考古发现，可以推测大约在西汉时期佛教就已经从印度通过海路传到了广西地区。到了唐代，广西佛教空前繁荣，其中桂林是我国南方佛教的中心之一，是中原地区高僧大德向往的佛教圣地。宋、元、明、清时期，广西佛教缓慢发展。抗日战争时期，桂林、桂平等地的佛教进一步发展，成为广西两个重要的佛教文化中心地。佛教传入广西，对壮、瑶、仫佬、侗等少数民族的文化产生了一定的影响，并与当地少数民族固有的原始宗教信仰、民俗等结合起来，成为具有地方和民族特点的佛教文化。黄大年的《略论辽东佛教传布》[46]一文，对辽东佛教的历史演变作了较为详尽的描述，明确其佛教始于两晋之际，特别受慕容前燕的佛教影响而日趋隆盛，后传入高句丽，继而日本。辽东是佛教东传必不可少的中转站。这一文化移植，一开始就体现了双向性的特点。4世纪中叶佛教正式传入高句丽，民间的传入略早于此。高句丽僧道朗在我国江南兴摄山之学，其法脉创三论大业，即是这一特点的充分体现。而今，这一文化交流，又不期而然地将中韩日三国这一佛教黄金纽带显现了出来。对三国乃至亚洲地区的和平、发展，产生深远的影响。

王天津的《发掘藏传佛教精髓　保护自然环境的积极内涵》[47]一文认为，藏传佛教在今日西藏有很大的影响，其部分内涵对保护自然环境有积极意义。为了进一步挖掘藏传佛教与社会主义相适应的积极因素，需要按照党的政策，大胆探索挖掘宗教文化崇尚人地和谐的有益势能，并在十个方面进行探索性的工作，特别是主要运用于植树种草、恢复植被过程中，如此可以进一步调动信教群众从事环境建设的积极性，保持社会安定团结，促进西部大开发。王启龙的《藏传佛教对元代经济的影响》[48]一文认为，由于元代对藏传佛教崇奉有加，使之处于惟我独尊之特殊地位，从而不但对元代政治产生了不可忽视的消极影响，而且对元代的经济发展产生了极其严重的破坏作用，致使国力日渐衰落。

三、道教研究

这一年我国道教研究的专著约有15本，杨立华的《匿名的拼接——内丹观念下道教长生技术的开展》[49]一书，以唯名论的方式讨论内丹观念的产生、开展及其在思想史上的具体结果，可以视为一次观念的考古。揭示了内丹观念产生的匿名性质，即观念之间偶然的连接、拼合并非由某个或某些“作者”完成，而是由“弱写作主体”完成的。内丹在经由一系列偶然——曲解、附会和联想而产生之后，它就开始发挥观念实体的作用。在内丹的名义下，为各种长生技术的融合提供了空间和可能。在唐宋之际，内丹渐渐发展成为一种技术。作为一种自我技术的内丹，在经由宋代整体文化氛围中的禁欲取向的洗礼之后，渐渐地失去了自身的技术性格，开始了向一种作为生活方式的内丹道的演进。金元之际的异族入主，出于某种形塑文化身份的需要，作为个体的生活方式的内丹道开始向真正意义上的教团宗教转变。金元全真道的出现，构成了内丹观念发展的顶点。

重要的学术论文有，丁常云的《集领袖与学者于一身的天师张宇初》[50]一文认为，张宇初是明以后最杰出的道门领袖，是承前启后、继往开来的一代宗师，也是继张继先后最有才华的教内学者。作为道门领袖，他为振兴道教，不遗余力；作为教内学者，他又为加强道教文化建设，尽心尽力。他将以明代道教的振兴者而载入史册。同时，由于他在明初这个特定的历史条件下，适应时代，驾驭全局，倡导三教合一，从而对道教教义思想的发展有着重要的贡献，在道教史上具有特定的历史地位。桑宝靖的《女冠才媛鱼玄机——中国道教文化史的光彩一页》[51]一文认为，鱼玄机的诗歌以其独特成就和深远影响，在我国古代女性文学史上占有不可忽视的地位。她的诗歌能够冲破封建道德的束缚，把自己的人生感受表现得恣意荡漾、自由洒脱，从而在中国女性诗人的作品中大放异彩，与她初则身为艺伎、后来又出家为女冠的经历、体验有直接关系。玄机初踏入人生旅途，就遭受巨大的磨难，这成为她遁入道门的一个原因。而她出家到咸宜观，在那里又进行了人生另一段颇具波折、颇为浪漫的活动，则与唐时长安女冠的具体情形有关。入道不但是她人生的一大转折，也进一步推动了她的诗歌创作。女道士的身份不但改变了她自身的环境，也充实了她的人生，从而使她的诗歌创作进入一个新的境界。从这个意义上讲，她的成就也可以说是道教对唐代文学的贡献。

盖建民的《闵一德与道教“医世”思想》[52]一文提出，道教“医世”思想，根植于中华传统，体现了道教在社会现实中修身济世利人的教义，是道教适应社会发展、顺应时代要求的产物。其所蕴涵的医治社会弊病，调摄与纠治人与人、人与自然、人之身心内外关系的种种见解和观点，有其现代价值和意义。我们应重视并汲取道教“即身治世”的医世思想，引导道教面向社会生活，关注社会生活，发扬道教文化优良传统和精神，诸如道法自然的行为原则，天人和谐的生态智慧，虚静恬淡、抱朴守真的精神境界，崇俭抑奢的生活信条；乐人之善、济人之急、救人之危的伦理精神；重人贵生、性命双修的养生思想，匡正时弊，净化社会风气，促进社会物质生活和精神生活的和谐有序和可持续发展，使古老的道教与时代前进的步伐合拍，让道教的“真精神”在21世纪绽放异彩。戈国龙的《论内丹学中的阴阳交媾》[53]一文认为，在终极的超越境界里，人体完全统一到太虚本体中，就像波浪融进了海洋，人的有限的存在被融进了无限的境界，从后天的阴阳对待返还到先天的阴阳和谐的“道体”之中，这就是内丹学“阴阳交媾”的终极的意义。李大华的《生命之悟——对一种宗教哲学思维方法的研究》[54]一文，通过若干道教主要人物和经典，对道教的这种思维方式进行分析。强调"悟"有两个基本形式：一是对象之悟。悟道得道，都以对象的独立自存为前提，把对象变成自我。悟是一种生命智慧，它既不是知，又包含了知；既是体验的，又是知识的。二是道机之悟。有两个方面：一是天机，也即阴阳动静之机；二是人机，人机也即人的机缘、心机。人机与天机有着同一性，对生命之机的了悟，也就是对天机的了悟。

朱谦之的《老子史料学》[55]系哲学史史料学专文，主要是以批判的分析现存的哲学著作为主，以《老子》为例，说明在中国哲学史史料学里，所包含的工作有考订、校勘、训诂、辑佚等方面。张桥贵的《道教传播与少数民族贵族文化的认同》[56]一文，提出在民族形成和融合的过程中，共同的宗教信仰强化了民族构成诸要素中共同文化的要素。道教在少数民族贵族中的广泛传播和深远影响，都体现了中国各民族对中华道教文化的认同感。我国多民族大家庭的凝聚力和向心力，正是在文化的认同中逐渐培养和发展起来的。金泽的《民间信仰的聚散现象初探》[57]一文指出，民间信仰之"散"的路径形成横竖二条路线的交叉。从纵向的角度来说，民间信仰由原生性宗教演变而来，再变为民俗，在宗教观念、情感、行为和组织四个要素方面，宗教性越来越少，越来越"俗"化。从横向的角度来说，新的造神运动虽有许多荒唐的产物，但明显地沿着将原有的自然神灵人格化的道路继续推进，没有人格化的将其人格化，已经人格化的再来一次，或多次的英雄人物化或历史化。民间信仰的演变路线不仅有下行的"散"的走向，而且有上行的"聚"的路径，这是人为的作用。它有可能"上升"为主流的宗教。孔祥涛的《论罗教、大乘教的道统和辈分制——青帮辈字由来考》[58]一文将明清历史档案资料、民间教派宝卷与当代调查资料相结合，对罗教和大乘教的道统与辈分制做了较为深入的研究，指出罗教的道统在罗祖在世时就已经编就，大乘教的辈分制是受到佛教的影响，为宗法社会的产物。

四、伊斯兰教研究

这一年出版的伊斯兰教学术著作有10余本。张文德著的《中亚苏非主义史》[59]一书在参考和利用中外学者研究成果的基础上，综合运用了宗教学、民族学、历史学等学科的理论方法，对中亚苏非主义的历史第一次作了全面系统的探讨，以苏非派推动中亚游牧民族伊斯兰化为重点，着重探讨了中亚三个主要苏非教团在不同时期、不同地区与地方政权的关系，分析了苏非主义对中亚社会政治和思想文化的影响。唐孟生著的《印度苏非派及其历史作用》[60]一书，对传入南亚地区的苏非派思想做了研究，概括了它的特征。

历声的《新疆历史上的短命分裂政权——"东突厥斯坦伊斯兰共和国"覆灭》[61]一书，对20世纪在新疆出现的分裂政权"东突厥斯坦伊斯兰共和国"的出笼及其覆灭的过程作了较详细的介绍，认为它是军阀混战、农民起义暴动此起彼伏的特定历史时期偶发的一次分裂运动的产物。它不得人心，违背了人民群众的意愿。刘一虹的《阿拉伯理性主义的传统与发展》[62]一文认为，将"阿拉伯"和"伊斯兰"联系在一起，或以"阿拉伯文化"包含"伊斯兰宗教文化"是符合事实的，而将两者割裂开来，甚至将它们对立起来的学说和做法是荒谬的，阿拉伯学者称之为"文化的误区"。阿拉伯文化的两面性（即传统的阿拉伯伊斯兰文化本色与西化、现代化色彩）是注定要被时代所赋予的特质，因为传统是不能被抹杀的，阿拉伯理性主义必将从辉煌灿烂的过去迈向丰富多彩的未来。王宇洁的《教法学家的统治：历史渊源及其现实困境》[63]一文认为，建立政教合一的政体，将宗教权威和政治权威融为一体，是许多现代伊斯兰复兴主义者的梦想。伊朗伊斯兰革命就是这一梦想在20世纪最著名的一次实践。霍梅尼"教法学家统治"的理论是对什叶派政治理念的重大创新，旨在克服自伊玛目隐遁之后，什叶派伊斯兰教历史上宗教权威和政治权威相分离给建立政教合一的政体带来的障碍。可是，1989年以来伊朗的政治现实却显示出这一理论所面临的困境。这似乎预示着，即使作为伊玛目代理人的教法学家，也无法在今天将两种权威真正集于一身，建立一个政教合一的理想政体。沙宗平的《大化循环，尽返始终：清初回族思想家刘智哲学观初探》[64]一文，讨论了刘智的哲学基石"真一论"和"人论"的思想，认为他在吸收回族学者王岱舆、马注等学者的研究成果的基础上，终于构建了以"真一说"为基础，以"人论"为主要内容的中国伊斯兰教哲学。"真一说"吸收以了儒家的"太极说"，并将其与伊斯兰教有关"真主独一"的教义结合起来。"人论"是讨论所谓"小世界"（人）的问题，包括伊斯兰生命学说，认识论和归真论。

热依拉·达吾提的《维吾尔族麻扎朝拜与伊斯兰教》[65]一文系统地考察了麻扎朝拜的历史、种类和活动，指出维吾尔族的麻扎朝拜活动与其他伊斯兰教国家的圣墓朝拜的异同，以及维吾尔族在朝拜对象和活动内容上的特点。麻扎朝拜受到当时流行于新疆的萨满教、英雄崇拜、袄教、佛教、景教等各种信仰的影响，并与伊斯兰教什叶派的圣徒观念掺杂糅合在一起，尤其是苏菲主义依禅派教徒对其教派领袖（即依禅）的狂热崇拜对麻扎朝拜更是影响深远。依禅派信徒们围绕着其所崇拜的依禅们的麻扎举行宗教活动，这一特点丰富了麻扎活动内容并且扩大了麻扎的影响。而伊斯兰教的苏菲派、中亚的和卓朝拜使麻扎朝拜更加深化并上升到顶峰。

五、基督宗教研究

这一年出版的基督宗教的著作约有50本。雷立柏著的《古希腊罗马与基督宗教》[66]一书对古代文化和基督宗教之间的张力进行了全面的分析，强调古希腊罗马文化在很多层面与基督宗教的精神具有明显的对比和反差。从自然观、时间观、语言、人性的尊严、工作观、婚姻与家庭、社会和政治、宗教观和伦理道德等方面来阐述基督教如何弥补古代的缺陷。作者特别强调，惟独基督宗教所提供的文化因素使得“现代性”事件成为可能。古希腊罗马文化和中国古代文化具有一定的相同性。本书使“中国——基督教”的对话成为“中国——古欧洲文化——基督教”和“古代——现代性”的多面交谈。对于“古人”的尖锐批评促进反思，应该导致更详细的分析。本书立场明确、思路清晰、掌握的资料多、深入浅出、创造性强，实乃一部相当有说服力的新奇著作，也是我国50年以来第一本比较全面地谈论古代文化与基督宗教关系的著作。杨慧林著的《圣言·人言：神学诠释学》[67]一书是以神学诠释学为专题的第一部中文著作。该书以“‘圣言’与‘人言’的现代语境”为引，以“神学诠释学的人文学价值”作结，详尽介绍和分析了西方诠释学传统的神学背景，现代诠释学与基督教神学的关联，神学诠释学在当代西方的最新发展，以及基督教神学在异质语境中所面临的问题等。其中引证了大量的神学诠释学原典，并论及当代神学思想家近几年的新作和有关争论，从而比较完整地勾勒了神学诠释学的发展轨迹及其目前的理论形态。在作者看来，人文学的价值追寻和意义诠释，或许会在神学的维度下被逼向最后的解决。戴桂菊著的《俄国东正教会改革（1861—1917）》[68]一书，探讨了帝俄晚期俄国东正教会改革和革新运动的全过程，指出教会改革的进步意义在于打破了教会神职服务阶层——白神品的封闭性，为教会与社会对话和融合提供了必要前提。20世纪初的两次教会革新运动使俄国教会实现了自主管理，政教矛盾最终得到解决。俄国教会改革不仅加速了教会管理机制的民主化进程，而且引起了国民对信仰问题的思考。教会改革促进了世俗神学的发展，导致了俄国“白银时代”新宗教哲学的复兴。民间教派的神学探索也是在教会改革的推动下进行的，它为俄国文化注入了基督新教神学、哲学和伦理学等成分。研究帝俄晚期的教会改革是揭示俄国东正教历史地位与作用的重要窗口。赵春晨等著的《基督教与近代岭南文化》[69]一书依据大量中外文资料，比较全面系统地考察和论述了近代岭南文化与基督教的相互关系，包括近代基督教在岭南传播的情况、传教士在岭南的文化教育活动、岭南知识界对基督教的回应、知识界代表人物的基督教观以及岭南基督教本土化等问题。本书提出了对近代岭南文化与基督教相互关系的整体性认识。认为，自明代中叶利玛窦等耶稣会士将天主教传入岭南之后，中国传统文化就在这里与一种异域文化开始了互识与对话的过程，其中由于文化本身的差异，以及传承者与接受者各自民族立场、政治理念的不同，尤其是鸦片战争后帝国主义利用基督教会在华进行侵略的事实，导致了基督教与岭南主流文化之间的矛盾和冲突。但是，作为一种西来的宗教文化，基督教数百年来在中国岭南的活动，又是同西学东渐和东学西渐的两大潮流相伴随的。近代基督教与岭南主流文化之间，既有冲突，又有交融；两者逐步从冲突走向交融，而在交融中又始终存在差异和冲突的因素。历史经验证明，基督教应当适应中国社会，适应岭南主流文化的发展走向，方能生存与发展，并融入于岭南文化整体之中；同时，作为岭南的主流文化，对于基督教这种具有广泛影响的宗教文化，采取包容、汲纳和积极引导的态度，也是十分必要的。杨慧林著的《基督教的底色与文化延伸》[70]一书汇集了作者近年来有关基督教研究的主要论文。试图从神学、文学和文化等不同角度深入发掘基督教思想的人文学意义。其中第一部分侧重神学诠释学、神学伦理学和神学美学的理论架构；第二部分主要描述基督教精神与西方文学的内在关联；第三部分则重点分析中国文化语境对基督教提出的问题和挑战，以及当代神学在“全球化”、“世界伦理”等文化论说中的延展。

近年来，中国基督教已经引起学术界的广泛重视，并且日益成为当前学术研究的一个重心所在。邱树森的《元亡后基督教在中国湮灭的原因》[71]一文认为，蒙元时期基督教第二次传入中国内地，从西北和蒙古少数民族地区，元大都周围，直到江浙及福建沿海，传播范围较广。聂思脱里派在中国有西京（今山西大同）、汗八里（即大都，今北京）、可失哈尔（今新疆喀什）、唐兀（今宁夏）四个教区；方济各会在大都设总主教，在泉州设分主教。但是元朝灭亡后，基督教与佛教在唐武宗灭佛后一样很快湮灭了。从基督教群体太小、未能走向中国化、在高层中缺少支持、内部教派之争和与其他宗教的争斗五个方面探讨其失败的原因。王立新的《“文化侵略”与“文化帝国主义”：美国传教士在华活动两种评价范式辨析》[73]一文，对近代来华的传教士活动的两种评价，做了追根溯源式的梳理，指出了他们的各自内涵和得失与局限性。认为中国学界的“文化侵略”说虽然反映了部分历史真实，但乃是将大革命时期的政治口号直接转化为学术术语，是从单一政治视角审视复杂的社会文化问题，因此无法对传教运动的多方面影响作出全面、客观的评价；美国学界的“文化帝国主义”理论从后殖民的视角为传教史研究提供了更广阔的视野，但简单地把分析后现代与后殖民时期文化关系的范式直接应用于近代中国，忽视了传教运动在现代性传播过程中的作用，低估了中国文化精英自主选择，抵制文化控制以及维护自身文化认同的能力。汤开建的《顺治朝全国各地天主教堂教友考略》[73]一文对以往出现的几种顺治朝的教堂教友数字重新做了统计，根据各种资料，最后得出的数字是教堂356座，教友255180人。谭树林的《早期来华基督教传教士与近代中外文期刊》[74]一文认为，早期来华基督新教传教士在传教方式上有别于耶稣会士的一个重要方面，就是在中国境内外创办一些中外文报纸期刊，作为其传教的手段。最早的中国近代报刊几乎全由外国传教士创办。这些中外文期刊，不仅促进了基督教在华人中的传播，推动了近代中西文化交流的进程，而且开我国近代报业之先河，为中国近代报刊业的发展提供了先进的印刷技术和编辑排版方式，在中国新闻史、报刊史及出版史上占有重要地位。有关中国基督教的文章数量众多，兹不再引。

以上我们概括了2002年度的我国宗教学的研究情况。值得指出的是，本文主要介绍以北京地区的刊物、出版物，或者是居住在北京的作者为主的学术成果。

（作者：中国社会科学院宗教所副编审）

注：

①宗教文化出版社，2002年版。

②北京大学出版社，2002年版。

③东方出版社，2002年版。

④时事出版社，2002年版。

⑤《求是》，2002年第10期。

⑥《中国政协》，2002年第8期。

⑦《世界宗教研究》，2002年第1期

⑧⑨⑩《世界宗教研究》，2002年第3期。

⑪《世界宗教研究》，2002年第4期。

⑫《世界宗教研究》，2002年第2期。

⑬《社会科学战线》，2002年第5期。

⑭《中央社会主义学院学报》，2002年第3期。

⑮⑯《世界宗教研究》，2002年第3期。

⑰中华书局，2001年版。

⑱商务印书馆，2001年版。

⑲关于各次学术会议的情况，可以参见《佛学研究》2002年刊，中国佛教文化研究所出版。

⑳《中国人民大学学报》，2002年第4期。

㉑㉒《佛学研究》，2002年刊。

㉓㉔《世界宗教研究》，2002年第3期。

㉕《佛学研究》，2002年刊。

㉖《世界宗教研究》，2002年第1期。

㉗《戒幢佛学》第一卷。

㉘《佛学研究》，2002年刊，中国佛教文化研究所。

㉙《社会科学战线》，2002年第5期。

㉚《西安电子科技大学学报》（社会科学版），2002年第4期。

㉛《史学理论》，2003年第2期。

㉜《世界宗教研究》，2002年第2期。

㉝《佛学研究》，2002年刊。

㉞《世界宗教研究》，2002年第4期。

㉟㊱《佛学研究》，2002年刊。

㊲《世界宗教研究》，2002年第1期。

㊳㊴《佛学研究》，2002年刊。

㊵《北京社会科学》，2002年第2期。

㊶《佛学研究》，2002年刊。

㊷㊸㊹㊺㊻㊼《佛学研究》，2002年刊。

㊽《中国藏学》，2002年第1期。

㊾北京大学出版社，2002年版。

㊿[51][52][53]《世界宗教研究》，2002年第1期。

[54]《世界宗教研究》，2002年第4期。

[55][56]《世界宗教研究》，2002年第2期。

[57]《西北民族研究》，2002年第2期。

[58]《清史研究》，2002年第3期。

[59]中国社会科学出版社，2002年版。

[60]经济日报出版社，2002年版。

㉑《中国边疆史地研究》，2002年第6期。
㉒《哲学研究》，2002年第4期。
㉓《世界宗教研究》，2002年第3期。
㉔《回族研究》，2002年第2期。
㉕《世界宗教研究》，2002年第2期。
㉖社会科学文献出版社，2002年版。
㉗上海译文出版社，2002年版。
㉘社会科学文献出版社，2002年版。
㉙上海人民出版社，2002年版。
㉚黑龙江人民出版社，2002年版。
㉛《世界宗教研究》，2002年第4期。
㉜《历史研究》，2002年第3期。
㉝《清史研究》，2002年第3期。
㉞《世界宗教研究》，2002年第2期。

经 济 学

政治经济学

卫兴华 邱海平

一、经济理论著作的出版

林丽琼、李郁芳、吴江主编的《经济热点问题探索》（上下两集）（经济科学出版社出版）是由"全国高校社会主义经济理论与实践研讨会"第十五次大会提供的论文汇编而成的，共四篇：关于劳动和劳动价值论、关于收入分配、关于农业和农村经济发展问题、综合经济问题。

由求是杂志社图书资料中心编的《劳动和劳动价值理论研究参考资料》一书（红旗出版社出版），收入陈征、胡培兆、卫兴华、萧灼基、王天义、杨承训、杨国昌、李义平、高尚全、刘海藩、钱伯海、程恩富、胡代光、晏智杰、洪银兴、蔡继明、杨圣明、苏东斌、刘诗白、何伟等人的论文。其中有些观点差异很大，代表了各派的意见。

胡钧、樊建新主编的《深化认识劳动价值论过程中的一些问题》（经济科学出版社出版）一书，收入胡代光、有林等三十几位学者的论文或综述。共五部分：正面阐述和发展、争鸣和论战、分配问题、剥削问题、综述。

顾海良和张雷声著的《马克思劳动价值论的历史与现实》（人民出版社出版）一书，阐述了马克思从劳动价值论的反对者向赞成者的转变；《资本论》与劳动价值论的科学方法和理论体系；19世纪和20世纪之交劳动价值论的命运；马克思劳动价值论的发展；当代资本主义与劳动价值论的新课题；劳动价值论与当代社会主义经济理论及实践；劳动内涵的新变化；价值创造的意义；价值转化形态；国际价值的新形态等。全书的核心思想是坚持与发展劳动价值理论。

白暴力著的《劳动价值论热点问题》（经济科学出版社出版）一书，着重研究了价值转型问题，并论述了"三要素创造价值理论的演进与理论困难"、"边际生产力理论的理论困难"、"边际效用价值理论与劳动价值理论"、"劳动价值理论的科学发展"。

白暴力的另一专著《价值与价格理论》（中国经济出版社出版），提出了一个"六层次统一的价值价格理论"，第一层次是价格的本质，第二层次是价格最终基础，第三层次是价格直接基础，第四层次是市场价格运行，第五层次是绝对价格或价格总水平，第六层次是价格制定和价格管理。作者主要研究了前五个层次的问题。

郑志国的专著《劳动价值论坚持和发展研究》（人民出版社出版），主要观点是肯定和发展劳动价值论，主张"从四个层面拓展劳动价值论研究"，"对一切否定劳动价值论的观点给予必要的分析和批评"。

赵凌云著的《劳动价值论新探》（湖北人民出版社出版）一书，提出："构建中国社会主义市场经济条件下的价值理论，不能离开马克思劳动价值理论这一科学基础"，"劳动价值理论有巨大的历史张力和理论张力"，批评了用"效用价值论"、"均衡价格论"、"要素价值论"、"知识价值论"取代劳动价值论的观点，不赞成用"要素价值论"来说明收入分配多元化的问题，也不赞成只谈继承劳动价值论，不敢做任何创新与发展，不赞成一些人在批驳一些观点时，“仍然习惯于运用马克思的语录，照本宣科，不做任何创新，完全无视实践的发展及其提出的新问题”。

郭京龙、李翠玲主编的《聚焦劳动价值理论在中国理论界》（中国经济科学出版社出版）一书，对近些年来我国学术界关于劳动和劳动价值理论的讨论分成十个方面的问题，并撷录了每个问题上比较有代表性的论文。

逄锦聚、柳欣、周立群主编的《社会主义劳动与劳动价值论研究》（南开大学出版社出版）一书，是南开大学政治经济学研究中心与中国社会科学院经济研究所于2001年10月举办的全国劳动价值理论学术研讨会的论文集。

劳动保障部劳动工资研究所著的《劳动价值与分配新论——社会主义社会劳动和劳动价值理论及其应用研究》（中国劳动社会保障出版社出版）一书，总体上否定劳动价值论，主张要素价值论、效用价值论、广义价值论。提出“要把要素产权收益论和价值贡献报酬论作为社会主义市场经济条件下收入分配的新的理论基础”。该书对价值提出的界定是“一般而言，广义的价值是指人们对各种事物是否于己有用及其有用程度所做出的判断。比如，氧气、阳光、水分是人类生存必不可少的条件，因而具有价值；绿树、青草、鲜花、秀美的风景，是人类良好的生活环境，因而具有价值……在敌我作战中，一个险要的地形对于守方而言就具有有利防守的价值……就人的价值而言，如果一个人的能力很强，素质很高，又乐于奉献，努力为国家、为人民服务，这个人就很有价值，反之，则价值很小或无价值”。“广义概念的价值，是指事物的功能对人们各种需求所产生的作用。”“商品价值是商品功能满足人民物质、精神生活和生产消费需求的作用。”

黄泰岩、杨万东主编的《经济热点问题研究进展报告》（经济科学出版社出版）一书，是对经济理论与实践热点问题研究的综述，是中国人民大学中国经济改革与发展研究院研究报告系列之一。

吴树青任顾问，逄锦聚、洪银兴、林岗、刘伟主编的《政治经济学》（高等教育出版社出版）一书，是高等学校经济类核心课程教材。全书分为四个部分：导论，第一篇政治经济学一般原理，第二篇资本主义经济，第三篇社会主义经济。

纪宝成、杨瑞龙主编的《中国人民大学·中国经济发展研究报告2002·经济全球化条件下的中国经济增长》由中国人民大学出版社出版。

王天义和申振东著的《经济学热门话题的争论》、刘永佶著的《民权国有——作为所有者的劳动者对国有企业改革的思考》和苏东斌和钟若愚著的《劳动价值学说史略》均由中国经济出版社出版。

王检贵著的博士论文《劳动与资本双重过剩下的经济发展》（上海三联书店出版），获得国务院学位委员会全国优秀博士论文奖。王国刚著的《中国资本市场热点研究》由中国城市出版社出版。

《卫兴华经济学文集》（两卷本）（经济科学出版社出版），主要收入了卫兴华1987年以后发表的论文，包括马、恩、列、毛、邓经济思想研究；社会主义初级阶段理论及其基本经济制度研究；计划与市场、社会主义商品经济与市场经济问题研究；劳动价值理论和收入分配理论研究；经济改革问题研究；宏观经济运行研究；经济增长与经济发展问题研究；政治经济学的教材建设与经济学的构建发展问题研究等多方面的内容。

李义平著述的《经济学百年》（天津人民出版社出版），从社会主义市场经济的现实需要出发，对一百多年来经济学史上的主要经济学理论流派进行了有选择性的介绍和评论。王振中主编的《政治经济学研究报告》（3）（社会科学文献出版社出版），主题是转轨经济的政治经济学研究，是自2000年以来出版的第三部政治经济学研究论文集。

柳欣、张宇主编的《政治经济学评论》（第一辑）（中国人民大学出版社出版），是由中国人民大学经济学院和南开大学经济学院合作出版的系列论文集的第一辑。该书收入了国内外作者在政治经济学理论研究方面的若干新成果。

二、对劳动价值理论讨论的进一步深人

1. 对劳动价值理论研究的总体情况

主张在坚持劳动价值理论的前提下发展劳动价值理论的观点成为主流观点，完全否定劳动价值理论的观点成为我国经济学界的绝对少数。然而，在究竟如何发展马克思的劳动价值理论的问题上，经济学界的看法仍然不完全一致，主要的分歧在于，有的人认为，在新的历史条件下，发展劳动价值理论就必须扩展价值范畴的内涵，把非劳动要素确定成价值的源泉。而大多数学者则坚持认为价值的源泉只能是劳动这一要素，把非劳动要素认作价值的源泉实质上是用要素价值理论代替了劳动价值理论。

胡代光认为，我国有人提出各种生产要素共同创造价值的观点，或者提出社会劳动共同创造价值（包括物化劳动也创造价值）的观点，这些见解并

非在新的历史条件下，发展了马克思的科学劳动价值论，倒是像回复到马克思所批判的19世纪上半叶萨伊的生产三要素（劳动、资本和土地）共同创造商品价值论和詹姆斯·穆勒、麦克库洛赫等李嘉图主义者的庸俗价值论，且还有所“创新发展”①！

赵凌云认为，劳动价值论是革命性和科学性统一的理论体系，必须予以坚持。马克思的劳动价值论不是绝对的、锁闭的，而是开放的、可以发展的。劳动价值论是不断随着社会主义经济实践与认识的发展而发展的；由于实践与认识的局限，迄今为止劳动价值论的发展主要限于它的外围层次；伴随实践与认识的进一步发展，还必须进一步发展劳动价值论。反对有人主张的用西方经济学的观点取代劳动价值论②。

张雷声认为，无论社会制度发生了怎样的变化，无论经济水平怎样发达，无论参与商品价值形成的要素怎样复杂，惟有劳动才是商品价值创造的本源。把劳动的范围由活劳动扩大到物化劳动上，从现阶段实行的按生产要素分配的分配制度中去界定创造商品价值的要素范围，把价值创造与价值分配混为一谈，对深化劳动和劳动价值论的认识是极为不利的③。

王珏和肖晖针对晏智杰的《劳动价值学说新探》提出不同意见：“那种妄图以所谓的现实已经超越了劳动价值理论的适用条件为由而断章取义地曲解马克思的劳动价值理论、杜撰出所谓的劳动价值理论‘新突破’的理论……是一个根本性的原则问题”。“其实质就是否认马克思揭示的历史唯物主义的社会发展规律，就是否认社会主义革命和建设的道路，就会否定中国共产党的领导”④。

蒋绍进和罗郁聪批评晏智杰为了宣传他的“生产要素价值论”，“肆意曲解劳动价值论。他设立三个所谓马克思价值分析暗含的前提条件，把自己的观点强加给马克思”，“他把原始的物物交换看作是马克思劳动价值论立论的根据”，“这是完全不懂得马克思从抽象上升到具体的叙述方法”。卫兴华也发表长文，评论晏智杰对马克思劳动价值理论的误解⑤。

杨国昌认为，马克思的劳动价值论是一元论，只有劳动才是价值的源泉。先进科学技术离开了活劳动的中介环节，其自身并不能创造价值；物化劳动是社会生产力中的重要因素，但它如果不同活劳动相结合，只不过是一堆无用之物；服务业的劳动也参与价值的创造，但需要具体分析，只有对社会有益的活劳动才创造新价值⑥。

左大培认为，马克思劳动价值论并不是社会主义社会实行“按劳分配”的理论依据。马克思并没有以劳动价值论来否认资本主义社会“按要素分配”的现实。在马克思看来，非劳动生产要素的私人所有者由这一类要素获得收入，首先靠的是这一类生产要素的私人所有制。马克思的劳动价值论本质上是一个为人类发展而设置的评价体系。在马克思本人的思想中，关于劳动是人类及其社会存在和发展的决定因素、非劳动者依赖劳动者而生存的观点是最基本的思想，劳动价值论只是他的这一唯物主义历史观在经济理论上的具体体现⑦。

李炳炎认为，在当前关于劳动价值论的讨论中，要做到既坚持马克思劳动价值的基本原理，又结合中国和世界经济发展的实际来创造性地发展这一科学理论，必须解决三个关键问题：一是准确区分价值的创造与财富的创造；二是准确区分价值的创造与价值的分配；三是准确扩展生产劳动的内涵⑧。

黄家骅认为，在我国长期的社会主义经济建设中，劳动价值论起着不可估量的指导作用。同时，马克思的劳动价值论也有需要完善的地方，如马克思区分生产劳动和非生产劳动的论述需要更详尽地体系化；马克思关于“价值一元决定论”需要更信服的实际依据；马克思关于自然资源无价值的论断，需要更一致的逻辑推断过程；马克思关于两种社会必要劳动时间与价值的关系问题，需要更周到的论述来填补其间的空白点。现代市场经济中五个条件的变化，对劳动价值论的解释范围作了新的铺垫。这五个条件的变化是：从价值的平均决定到边际决定的转变，使得价值决定方式发生了变化；从完全信息市场假定到非完全信息市场的现实转变，使价值形成和价值实现的条件不同了；从实物经济主导到金融经济主导的转变，使得价值、价值量、价值规律的涵义都受到强烈的冲击；市场主体的新格局出现，使得要素收入成为主导性收入来源，价值分配的重要性超过价值生产；由于产权分散化和利润共享化的实现，同样改变了价值创造和价值分配的内部构成。现代市场经济向我们展现了前所未有而且又纷繁复杂的经济现象，绝非按照劳动价值论的现成说法就可以一劳永逸，只有面对现实，勇于探索，才能有理论创新的通途⑨。

蔡继明认为，传统的理论认为，价值是惟一由劳动决定的，非劳动收入是非劳动要素所有者凭借其要素所有权对剩余价值的无偿占有。事实上，非劳动要素所有权仅仅是参与分配的法律依据，非劳动要素参与分配的价值基础或价值尺度，是它们各自在价值创造中所作的贡献[10]。

晏智杰针对卫兴华不赞同他背离（曲解）马克思的原意、对劳动价值论进行否定的商榷意见，批之为“本本主义”，继续主张“劳动价值论同现实的差距与矛盾”、“劳动价值论的理论缺陷”等[11]。

2. 劳动价值理论与收入分配的关系以及如何认识剥削问题

卫兴华认为，剥削有合法的与非法的两类，对待剥削的态度不能简单地从道义的原则去看，而应当用历史唯物主义的观点去研究。即使是马克思和恩格斯，也并不是只讲剥削的不合理性，他们提到在一定的历史阶段下剥削制度具有进步性。例如，恩格斯就曾经指出，奴隶制代替原始公社制度，野蛮的剥削制度代替原始的公有制度是一种历史的进步。马克思也曾经论述过：与奴隶制度和封建制度相比，资本主义剥削方式在三个方面具有进步性，即有利于生产力的发展，有利于社会关系的发展，有利于向进步的社会制度过渡[12]。

白暴力认为，从表象上看剥削问题似乎是按要素贡献分配是否具有合理性的问题，但实际上按生产要素的贡献进行分配必须解决分配主体的落实，即分配的主体必须由生产要素的所有者承担。因此，剥削问题事实上是生产要素所有权的关系问题，从而剥削就是人与人之间对要素所有权的关系问题[13]。

岳福斌提出，对剥削的研究必须以马克思主义理论为基础。由于各种历史原因，过去学术界对剥削的定义存在内涵过于狭窄而外延过于宽泛的问题，因此应当对剥削范畴重新进行定义。马克思主义理论所说的剥削，特指凭借生产资料的占有权和垄断权无偿占有别人劳动的一种经济行为。因此，现实中那些凭借暴力和政治权力等手段谋取利益的行为不能被视为剥削。剥削问题是一个收入分配的问题。是否存在剥削的问题指的就是对剩余价值的分割是否有理有据，合理合法。如果对剩余价值的分割有理有据，合理合法，从而使每个利益集团都得到了应该得到的有法律依据的收益，那么这种分配方式中就不存在剥削；相反，如果生产资料的所有者凭借对生产资料的所有权，通过不合理、不合法的手段获得收入，那么这种收入就是剥削收入。虽然地租、利润和利息在马克思的论述中都被看作是剥削收入，但现实中这些收入并不都是剥削。不仅私营企业中存在剥削，国有企业中政府如果无偿占有了应该归其他主体的利益，那么这种行为也是一种剥削行为。按照合理合法的标准对剥削的判断，“合法”指的就是是否存在政策的支撑点，而“合理”指的就是在C+V+M这一公式中，C和V是否得到了足够的补偿[14]。

李玉峰认为，当前学术界有两种错误的观点。一种观点认为，应当以合法与否来判断是否属于剥削。另一种观点认为，应当以生产要素多元价值论作为判断剥削的基础。这种观点背离了马克思主义劳动价值理论，认为土地、资本和劳动三种生产要素在生产过程中都参与价值创造，因此三种生产要素分别获得地租、利润和工资。判断是否存在剥削必须以马克思主义理论为基础，以是否凭借对生产资料的占有而无偿占有他人劳动为标准。按照这种标准，当前我国私营经济中必然存在剥削。但是剥削的存在在目前社会条件下具有其合理性。因而在理论上应当承认它，在政策上应当引导它、限制它[15]。

钱津认为，承认剥削存在，同时又允许剥削存在，并不是要利用资本收益来保护生产资料所有者个人，而是要从整体上保护社会的生存发展。到目前为止，人类社会的发展还没有达到满足人们物质消费的程度，因此为了促进社会生产力的进一步发展，就必须给予生产资料所有者一定的收益补偿，利用剥削的机制，在客观上达到保护生产资料的作用[16]。

文魁提出了剥削研究中应当遵循的四项原则，即对剥削理论的研究不能模糊以马克思主义理论为基础问题；对剥削理论的研究不能模糊消灭剥削这一社会主义的发展目标；对剥削理论的研究不能用现在的眼光去考察剥削历史；对剥削的研究不能脱离当前我国的社会主义初级阶段的实践[17]。

张维达、吴宇晖认为，马克思的劳动价值论是揭示价值的源泉，不是规定分配问题。按劳分配是社会主义的分配原则，是由公有制决定的，不是由劳动价值论决定的。我国有些学者指出两者不是同一的根据，没有内在联系，这是正确的。那种认为劳动价值论是按劳分配的理论基础的观点，或者认为按劳分配是价值规律的延伸的观点，都是一种误解。资本主义社会商品经济很发达，并不存在按劳分配的原则，而是按劳动力价值的转化形式参与分配。然而，在社会主义商品经济条件下，实行按劳分配原则，不能按劳动直接分配个人消费品，只能通过价值的迂回形式来实现[18]。

谷书堂、王璐认为，劳动创造价值并决定分配的观点是一种误解，因为国民生产总值和国民收入等以不变价格表示的总量指标，在现实生活中反映的是使用价值总量即社会财富量的变化，而不是价值总量的变化。可见，国民收入的分配实际上也是使用价值即社会财富的分配，而不是价值量的分配。而使用价值即物质财富的创造是由劳动、资金和土地等各种生产要素共同作用的结果。所以包括劳动在内的各种生产要素的所有者，都会按照它们各自所起的作用（即贡献）分到应得的份额。因此，结论是：在资源稀缺的条件下，不同生产要素的所有者按照这些要素在生产中所起的作用决定物质产品的分配比例[19]。

王大超认为，剥削应分直接剥削与间接剥削，主要剥削与次要剥削，私有剥削与公有剥削，我们应全面地历史地理解剥削问题。马克思的劳动价值理论和剩余价理论主要揭露了资本主义的直接剥削，而现代社会经济中剩余价值的来源正是从传统的直接途径向现代的间接途径转化，存在着间接剥削。如果将经济领域中凭借对生产资料私有权的垄断无偿占有他人劳动成果的行为视为私有剥削的话，那么在现实生活中，我们还会发现存在着大量的其他类型的剥削，即某类人虽然并不拥有法律意义上的生产资料或流通资料的所有权，但却凭借对生产资料、流通资料及一切可支配利益关系的管理与控制权，同样可以无偿地、大量地占有他人的劳动成果，随着我国经济体制改革的逐步深化，这种公有剥削已成为愈演愈烈的一种经济行为[20]。

邱海平批评了对马克思劳动价值理论的这样一种流行的错误理解：马克思主义经济学为了维护工人阶级和劳动人民的利益，主张劳动创造价值，用劳动价值理论证明了资本家及地主对工人剩余价值的剥削，从而批判和否定了资本家和土地所有者阶级。邱海平认为，马克思的全部理论并不单是为了维护工人阶级和劳动人民的利益而主张劳动创造价值的观点；把劳动价值理论理解为一种在道德上为劳动和劳动者辩护的理论，进而理解为在经济上消灭剥削和实行按劳分配的理论根据，这不是马克思的观点。劳动价值理论和剩余价值理论并不是"剥削有罪论"[21]。

赵振华认为，深化对劳动价值论的认识，其关键和落脚点都是对剥削问题的认识或再认识。他提出，作为经济学意义上的剥削，指的是除了按生产要素分配以外的一切其他收入。并提出了这样几个观点：第一，剥削与财产多少和收入多少没有必然关系。第二，要产生剥削行为，必须具备一定的经济条件和政策法律条件，经济条件主要是劳动力除了自己的生存之外，能够提供劳动剩余，从企业来看，赢利是剥削的基本条件。从政策法律条件上看，凡是照章纳税、具备完善的社会保障和劳动保障、工人工资达到了当地最低工资标准、自觉遵守中华人民共和国法律的企业就不具备剥削的法律条件。第三，私有财产不一定产生剥削。第四，剥削既存在于生产和流通领域，也存在于社会的各个角落。第五，剥削的主体不仅可以是个人，而且也可以是法人，如垄断行业利用垄断地位制定垄断高价，损害消费者的利益，同样属于剥削行为。第六，不劳而获不一定就是剥削。第七，用剩余劳动养活的人不一定就是剥削者。第八，雇佣劳动不一定都产生剥削。我国的家庭服务人员如保姆等与雇主之间显然不存在剥削关系。第九，马克思的剥削理论有缺陷，主要有：马克思把资本家的管理劳动看作是剥削活动，假定资本是没有风险的，假定资本家投资于企业都是赢利的，没有分析资本家的剩余价值为国家上缴的税收用于政府开支、保障国家安全、转移支付和发展社会公益事业的部分[22]。

蔡继明认为，所谓剥削，就是在利用（开发）他人拥有的生产要素时所付报酬低于其贡献，其实质是对他人要素贡献的无偿占有。因此，非劳动生产要素参与分配的价值基础是它们各自在价值创造中所作的贡献，在市场经济条件下，经济资源即生产要素的贡献就是边际产品收益，即最后增加一单位生产要素所引起的总收益的增加，它等于边际产品乘以边际收益。剥削是对他人生产要素贡献的无偿占有，以非劳动生产要素为基础的非劳动收入不具有剥削性质。所谓按生产要素分配，本质上是按各种生产要素（包括非劳动要素）在价值创造中所作的贡献进行分配[23]。

3．对于西方经济学家否定劳动价值理论的观点的剖析和批判

白暴力对一些西方经济学家对劳动价值理论的否定进行了概括总结，他把这种否定划分为三个阶段和两种类型，并对西方经济学家的有代表性的否定性观点，如均衡价格理论和边际生产力分配理论、否定价值转形论、多余论等进行了分析批判，得出了这些西方经济学家对马克思劳动价值理论的否定是不能成立的总结论[24]。

杨玉生对西方经济学家围绕马克思的劳动价值理论所进行的争论进行了述评，重点介绍了恩格斯和希法亭对庞巴维克的批判；德赛以及爱德华·内尔和森岛通夫对于萨缪尔森的批判；苏珊·希麦尔维特、西蒙·莫恩、伊藤诚和安沃·塞克对斯蒂德曼

的批判；介绍了多布、斯威齐、曼德尔、德赛等经济学家对马克思劳动价值理论的论证和肯定。他还介绍了邓肯·K. 弗利和迪梅尼尔·热拉尔对马克思劳动价值理论的新解释㉕。

（作者：中国 民大学教授）

注：

①胡代光：《深化对劳动和劳动价值理论的研究和认识》，《经济学动态》，2002年第1期。

②赵凌云：《劳动价值论的理论体系特征及其发展》，《经济评论》，2002年第1期。

③张雷声：《理解劳动价值论发展劳动价值论》，《高校理论战线》，2002年第1期。

④王珏、肖晖：《是劳动价值论研究的重大突破，还是重大误解？——有感于〈再评晏智杰教授的〈劳动价值学说新探〉〉》，《转轨通讯》，2002年第3期。

⑤蒋绍进、罗郁聪：《劳动价值论与"生产要素价值论"》，《当代经济研究》，2002年第3期。

⑥杨国昌：《深化劳动价值论的研究要正确理解价值的源泉》，《中国经济问题》，2002年第2期。

⑦左大培：《重新理解劳动价值论》，《社会科学战线》，2002年第6期。

⑧李炳炎：《关于重新认识马克思劳动价值论的若干问题》，《南京经济学院学报》，2002年第1期。

⑨黄家骅：《坚持·完善·创新——论现代市场经济的实质和劳动价值论的本质》，《东南学术》，2002年第1期。

⑩蔡继明：《非劳动生产要素参与分配不等于剥削》，《学习论坛》，2002年第1期。

⑪晏智杰：《本本主义不是科学的研究态度与思维方式》，《高校理论战线》，2002年第9期。

⑫卫兴华：《马克思主义经典作家的剥削观与我国的现实》，《经济学动态》，2002年第3期。

⑬⑭⑮⑯⑰北京市邓小平理论研究中心：《剥削与劳动价值理论研讨会综述》，《中国特色社会主义研究》，2002年第2期。

⑱张维达、吴宇晖：《关于劳动价值论中的分配问题》，《当代经济研究》，2002年第2期。

⑲谷书堂、王璐：《价值创造、产品分配与剥削关系的嬗变》，《南开经济研究》，2002年第6期。

⑳王大超：《关于剥削范畴的历史比较与反思》，《税务与经济》，2002年第3期。

㉑邱海平：《关于新一轮劳动价值理论的争论——兼谈如何科学评价马克思的劳动价值理论》，《河南社会科学》，2002年第1期。

㉒赵振华：《刍议剥削问题》，《中国经济问题》，2002年第1期。

㉓蔡继明：《非劳动生产要素参与分配不等于剥削》，《学习论坛》，2002年第1期。

㉔白暴力：《西方经济学对劳动价值理论否定的演进、类型和分析》，《中国特色社会主义研究》，2002年第1期。

㉕杨玉生：《评西方经济学界关于劳动价值论的争论》，《广播电视大学学报》（哲学社会科学版），2002年第1期。

宏观经济学

陈享光　卫兴华

一、通货紧缩研究

近些年来，我国经济增长受到通货紧缩的困扰，居民消费价格从1998年开始变为负增长，2000年略有上升，但从2001年9月开始，消费价格又陷入持续负增长状态，到2002年12月末，居民消费价格已有54个月是负增长。工业品出厂价格，主要原材料、燃料、动力购进价格与消费价格走势大体一致。通货紧缩问题依然成为经济学界关注的问题之一。

一种意见把通货紧缩的原因归结为货币政策的"紧缩"效应。认为货币政策的"紧缩"效应，是造成经济增长速度持续下滑和通货紧缩趋势挥之不去的主要原因之一。因此，应对这种"紧缩"政策进行调整，以切实实行"积极的"、"宽松的"货币政策，也就是扩张性货币政策①。有的从我国货币供给的具体结构分析了货币政策产生的紧缩性效应，认为目前我国货币供给增长率虽然明显高于实际经济增长率加通货膨胀率，但要看这几年货币运用结构上所存在的问题：一是投向实体经济的份额相对缩小，二是投入实体经济的资金又大都集中在大中城市和大型企业，真正投到农村和民营企业以及中小企业的份额较小。因此，难免产生实体经济活动中货币偏紧的结果②。

还有的从短期政策操作的角度分析了物价下

降、通货紧缩反弹的成因。第一，货币政策的导向致使企业部门出现“货币供给偏紧”；第二，货币供给中高流动性货币供给相对放慢，一定时期内不被直接动用的准货币过多；第三，银行存贷差持续扩大，银行将过多的货币投到了不直接推动经济增长的领域（如央行的准备金及超额准备金、政府债券购买等）。因此，作为短期性对策选择，当前应突出强调在继续坚持稳健货币政策框架下，进一步放松货币，通过货币的结构性松动，改变普遍存在的萧条预期，抑制通货紧缩趋势③。

另一种意见不同意上述看法，认为，当前我国货币政策并无“紧缩”效应，目前发生的通缩态势与其无关。近年来，我国广义货币供给平均增长率加物价上涨率之和平均高出 6 至 7 个百分点。因此，不能说这一时期的货币供给是紧缩性的。这也是当前占主流的观点④。

二、内需不足的研究

内需不足是我国近几年宏观经济运行的一个基本态势。它的存在在某种程度上直接导致通货紧缩趋势的存在和经济增长的乏力。政府近年来采取了多项启动内需的财政、货币政策，但却见效不大。所以，探讨需求不振的原因，寻找启动内需的有效途径仍是理论研究中的一个热点。

关于需求不足的原因。对需求不足原因的分析多集中在消费需求不足上，在这方面有两种观点。一种意见认为收入分配不均是需求不足的重要原因。有的学者根据对收入分配与总需求关系的认识，建立了一个用于解释我国消费不振的理论框架，证明了收入分配不均是造成总消费需求不足的重要原因。他们根据不同收入群体的平均储蓄倾向，将收入从高到低分为四个层次。通过将这四个层次中人均财富的对比，解释了我国消费不振的重要特征。我国当前总储蓄中的相当大部分是由极少数高收入阶层拥有；高收入阶层的消费倾向和预防性储蓄倾向低，而遗赠储蓄倾向高。这是我国当前消费不振的关键。所以，仅仅将预防性储蓄看作是消费不振的主要原因是不完全的⑤。

另一种观点把消费不足的原因归结为收入相对分散化和消费品销售需要收入相对集中化的矛盾。持这种观点的学者认为，市场经济的发展是一个人均收入不断提高，主导消费品不断变化的过程，但是，随着生产力的发展，在我国当前出现了收入相对分散化和消费品销售需要收入相对集中化的矛盾，这最终导致了当前主导消费品的销售的断层，构成我国消费不足的主要原因⑥。

对于扩大需求的对策研究，主要提出了两方面的政策建议。一是以结构调整带动扩大内需，并提出近期结构调整的领域：培育、推动住宅、汽车等新型主导产业；放宽行业限制；加强行业重组，提升制造业整体水平；放宽农民进城限制⑦。二是针对当前主导消费品销售断层，认为启动消费的最有效手段是信贷消费。因为利用信贷消费可以实现收入的相对集中化，即由银行将分散收入集中起来，分期分批贷给每一个想购买消费品而苦于资金不足的居民，从而实现消费结构的升级与转换，扩大需求⑧。

三、宏观经济政策的研究

（一）财政政策

1. 关于积极财政政策退出问题

自 1998 年以来我国实施积极财政政策至 2002 年已有 4 年时间，这期间国家共发行了 5100 亿元国债，带动了银行贷款与地方投入，形成了两万多亿元的建设规模，对我国这些年保持持续高速增长作出了突出贡献，这是不争的事实，也是“成功的范例”⑨。但是，随着积极财政政策的实施，我国的债务依存度也迅速提高，债务总额大量增长，相应带来一些问题。在这种情况下，是否要继续实施积极的财政政策，成为宏观经济学研究的一个重要问题。对于这一问题，国内有如下两种有代表性的观点：

第一种观点认为，积极财政政策虽然具有一些负面影响，但不应退出，应对其内容进行必要调整，继续实施积极财政政策。积极财政政策的退出，需要三个条件：一是国际形势明显好转，外需增长强劲；二是国内投资和消费需求形成自主成长机制；三是财政赤字和国债余额占 GDP 的比重达到或超过警戒线。目前看来，国际经济形势缓慢恢复，但不确定因素仍在。国内投资和消费需求自主成长机制缓慢形成，但不能替代政府投资的拉动。国债余额占 GDP 比重尚未达到警戒线，财政赤字占 GDP 比重逼近警戒线，但还有伸缩余地。另一方面，我国经济形势明显还处于总供给大于总需求，现实经济增长率低于潜在的增长率，通货紧缩现象存在的阶段，这种情况也要求我们宏观调控的政策取向应以适度从松为宜。鉴于上述情况，积极财政政策还不能淡出，只需对其内容加以调整⑩。

第二种观点认为，积极财政政策是短期性的，不应将其中期化，甚至长期化，应看到这项政策存在的各种消极效应和可能带来的风险，降低这项政策的力度，让积极财政政策逐步淡出。他们认为，这几年经济的较快增长，主要得益于扩张性经济政策，虽然当前这项政策的强度和力度尚未出现减弱迹象，但其边际效应已明显出现递减趋向。尽管近几年它推动了内需增长，但在启动经济主体内生增长机制方面却并未起到积极作用。对久已存在的潜伏的财政危机不但未起到防范和化解作用，相反，增加了隐患。因此，扩张性政策应逐步淡出，适时转型，宏观政策重点由支撑经济快速增长转向化解财政金融风险，扩大最终消费需求，实现经济持续稳定发展。持这种观点的同志认为，淡化扩张性政策并不意味着完全停发国债，立刻消灭赤字，也不意味着简单地用紧缩政策取而代之[11]。

有的学者在肯定积极财政政策作用的同时，认为仅仅依靠国债投资拉动，毕竟不是长久之计。虽然我国债务余额与赤字占 GDP 的比重都在接受范围之内，但考虑我国的财政风险不能简单看这两个比例，还要仔细分析我国财政自身的特点，权衡各方面得失。此外，积极财政政策的效益也呈逐步递减趋势，项目储备越来越少，所以，它不能也不宜成为我国中长期宏观政策。当然，迅速淡出，目前也不具备条件，因为缺乏替代其退出后促进经济增长的力量。因此，积极财政政策短期内还要实施，但应开始降低力度，逐步淡出，而不能继续加大政策力度[12]。

有的学者对财政政策的效应及国债与通货膨胀的动态稳定性进行了实证分析，通过这种分析，他们认为总体上积极财政政策不能长期持续。何时退出，取决于多种条件。因为积极财政政策是当前宏观经济形势严峻程度、政治家数量扩张偏好和政治周期等变量的增函数；是边际效应递减、财政风险、国际趋势、培育市场力量的减函数，积极财政政策的走向，是由积极财政政策的这两方面因素共同决定的。根据我国的政治和经济状况，积极财政政策的肯定力量还将在一段时期持续和占上风，因此，积极财政政策有望在 2005 年以后退出[13]。

2. 减税问题

我国的现行税制是在 1993 年经济过热、通货膨胀的背景下制定的，许多政策都带有抑制投资和消费的目的。但是，1998 年以后，有效需求不足成了制约我国经济增长的主要因素，并出现了通货紧缩趋势。这种情况下，现行税制和税收政策的一些规定便与我国扩大需求、抑制通货紧缩、促进增长的宏观调控目标不相适应。再加上，近两年税务部门加大了征管力度，税收收入高速增长的背景，于是提出了要不要减税的问题。在这一问题上有两种截然相反的主张，一种主张减税，一种反对减税。

主张减税者认为，我国实际税负水平高，减税不仅有必要，而且有可能。由于我国处在经济转轨时期，应综合考虑税收问题。首先，税收作为政府活动的财源，其规模大小，是增是减，直接取决于政府支出的规模。如果我们必须减税，则有关减税的安排与压缩政府支出规模的举措必须同步出台。并且，减税与减支相权，后者应放在优先位置。否则，减税单兵突进的结果可能就是“以债补税”，或“以费补税”。第二，为应对当前的通货紧缩，税收和支出政策应进行调整和改革，凡属于制度性变革，作为长期战略确立的调节事项，可纳入税收政策，也就是说，减税不是权宜之计而应是战略措施，致力于制度创新。第三，减税并非因为当前“增税”不适于宏观目标而致，当前税收收入高速增长是经济增长、征管力度加强与“费改税”的结果，而不应该是背离减税政策的结果。第四，当前中国，企业、居民所承受来自政府的负担，并非只有税收。事实上，非规范的政府收入比作为规范性政府收入的税收还要多。因此，在为企业和居民减负的安排中，与其减税，不如减费。第五，“实际”税负水平由税基、税率和实际征收率等因素决定。由于现在实际征收率有较大提高，与 1994 相比，我国的实际税负水平已有相当提高，就税制本身而论，确有减税的必要与可能[14]。

有学者通过对我国宏观税负的实证分析发现，从宏观税负来看，实行积极财政政策这几年，税收收入超常增长，大大高于 GDP 增长速度，这同实质上是扩张性的财政政策的调控方向明显不一致。从结果上看，4 年来我国税收弹性系数和宏观税负的提高，说明我国实际上执行的是增税政策，国民经济的税收负担提高了。从有利于经济持续发展看，我国应采取适度减税政策[15]。

还有的学者认为，1994 年新税制后连年增长的税收，也是导致现在经济衰退的重要原因之一，因为税收对总需求具有较大的收缩效应。目前税收政策的紧缩作用，被增发国债进行投资抵消或掩盖了。这种税收的高速增长在经几年时滞后将对经济产生严重紧缩作用，届时积极财政政策退出将陷入困境。因此，必须采取减税措施[15]。

关于如何减税，学界尽管有不同的具体主张，但其基本思路是一致的，那就是，鉴于我国财政收入占 GDP 比重仍然偏低，通过大规模减税扩张需求的条件尚未具备，应该对现行税制和税收政策进行适当的结构性调整，其着力点主要包括：增值税转型，公平内外资企业所得税，合理调整消费税目、税率，提高个人所得税起征点，优化税率，加快税费改革等。

反对减税者认为，我国财政收入占 GDP 比重还比较低，只有百分之十几，国外为 30% 左右，在我国尚需提高“两个比重”的要求下，减税是不当的；同时我国的税制结构不是所得税为主体，这种体制的减税效应不大。

（二）货币政策研究

1. 关于稳健的货币政策研究

在内需不足，经济增长依然受到通货紧缩困扰的情况下，是实行稳健的货币政策，还是实行积极或扩张性的货币政策？对于这一问题大多都认为，应继续坚持稳健的货币政策。这是因为：我国国有企业负债率过高，贷款有效需求不足；商业银行自我约束能力弱，不良贷款比例过高；影响经济发展的主要原因是经济结构失衡，而不是货币供应不足。在此情况下，如果实行过分扩张的货币政策，不但无益于防止出现通货紧缩趋势，而且还会危害宏观经济健康发展[16]。

有的学者对货币政策有效性进行了实证研究，分析了货币供给的“溢出”效应对货币的“中性”或“非中性”的影响。实证分析证明了随着我国由资源约束型短缺经济向需求约束型过剩经济过渡，货币对实质经济的影响处于由“非中性”向“中性”转变的过程之中，货币政策对扩大有效需求、刺激经济增长的作用逐渐减弱，从而排除了以货币政策的独立操作来扩张有效需求、支持经济增长的可行性；从我国经济的实际运行状况分析，实施积极的财政政策至少存在着货币存量、国民储蓄和政府投资三个方面的空间，财政扩张有充裕的资金来源和通畅的投资渠道，“挤出”理论并不成立，因而毫无必要为弥补财政的资金缺口动用扩张的货币政策。旨在实现并维持经济的稳定增长的稳健的货币政策，其定位应该是介于紧缩与扩张之间的中性货币政策。它将货币供应量增长目标与经济增长目标挂钩，具有操作上的独立性、灵活性和主动性[17]。

2. 关于货币政策的中介目标选择问题

我国货币政策在 20 世纪 90 年代经历了从直接调控到间接调控的转变。货币政策的最终目标被确定为“稳定货币，并以此促进经济增长”，货币政策的中介目标从贷款规模转向了货币供应量和基础货币。近几年，随着我国经济的发展和通货紧缩趋势的发生，对于货币政策中介目标选择出现了争论。

一种意见认为，目前货币供应量与产出、物价之间仍然具有很大的相关性，而且可以通过利率、再贷款、公开市场操作对其加以调节。因此，中国目前仍需把货币供应量作为货币政策操作的中介目标。有的对我国利率、货币供应量的可测性、可控性及相关性进行了实证分析。分析表明：货币供应量在当前作为我国货币政策的中介目标依然具有现实合理性，目前我国并不具备选择利率作为中介目标的条件。随着金融对外开放及金融自由化的推进使货币供应量可测性与可控性减弱，我国可以一方面加强央行宏观调控，另一方面积极创造以利率作为中介目标的条件[18]。

第二种意见认为，不宜把货币供给继续作为货币政策的中介目标。这种观点认为，货币供应量虽然与经济增长有一定的相关性，但其作为货币政策中介目标的可控程度与可测性都日见下降。在通货膨胀被控制住之后，在低利率的货币政策运行了一段时间后，我国经济当中的一些深层次矛盾就显现出来，这些矛盾并没有在货币供应量上得到应有的反映，也无法单靠货币供应量调节和解决。货币供应量已经不能全面反映货币运行规模与结构问题。因此，货币供应量作为中介目标，到了该改革的时候了[19]。另有学者认为，货币供给是内生的，利率则是外生的。对我国而言，货币供给具有较强的内生性，而利率则是几乎完全的外生性。因此，目前我国货币政策中介目标应转向利率调控为主的间接型货币调控模式。我国目前利率改革的方向不能是追求单纯的利率市场化，而应是一个多元的间接利率调控体系[20]。

3. 关于货币政策有效性的研究

比较普遍的观点是，货币政策是有效的，但其有效性在我国受到这样或那样的限制。有的学者运用格兰杰因果检验和预测分析方法，对中国 1993—2001 年间的货币政策传导机制进行实证分析，他们发现：中国的货币政策是通过信用渠道和货币渠道的共同传导发挥作用的，相比之下信用渠道占主导地位。但在我国经济转轨时期，信用渠道的传导障碍在很大程度上限制了以其为主要传导途径的货币政策有效性，因此增加有效信用供给成为提高当前我国货币政策有效性的关键[21]。

有的学者认为，货币政策未能实施有效的反周期货币供给管理操作，影响了货币政策的效果。他们依据利率管制制度下 IS－LM 模型的配额均衡推导出中国总需求函数 Y=D（M/P，R），蕴涵仅货币政策有效而财政政策完全无效的需求管理政策含义。在此基础上运用货币政策效应测度的特定指标体系和算法程序，考察了1981年以来中国货币供应与国民收入的历时动态及其协同运动性质，有关类型化解释结果表明，其间中国货币政策未能实施有效的反周期名义货币供应管理操作，而基于货币政策规则的货币供应目标比较也揭示了1998—2000年间中国货币政策存在紧缩倾向[㉒]。

4．关于货币政策与通货膨胀之间的关系

对货币政策和通货膨胀之间关系的研究，更多侧重于实证方面。通过对中国经济的实证分析，有的学者发现，在中国经济中消费物价指数与货币指数之间存在长期均衡的稳定关系，这说明从长时段角度看，货币是消费物价变动的主要影响因素。从短期看，货币增长率对通货膨胀的影响主要有两阶段：第一阶段是新增的基础货币对通货膨胀的影响，时间短，影响小，只是基础货币增长率的3.2%；第二阶段是广义货币对通货膨胀的影响，时间长，影响大，短期内通胀主要是广义货币引起的。因此，通过持续的资本市场创新，增加各种金融衍生品和各种直接投资机会，就可以吸收大量新增基础货币，减少广义货币的增加，降低对通货膨胀的压力[㉓]。

有的学者在将中国货币政策运用于检验泰勒规则的过程中发现：对中国货币政策的反应函数GMM估计表明，通胀率对利率的调整系数小于1，这是一种不稳定的货币政策规则，在这一制度下，通货膨胀或通货紧缩的产生和发展有着自我实现机制。同时指出，我国的货币政策对通胀率的反应不足，而对产出的反应过度[㉔]。

（作者：中国人民大学教授）

注：

①王松奇：《扩张性货币政策：选择理由及操作建议》，http://www.stocknews.com.cn/ztyj/hgjj/200204100723.htm

②夏斌：《当前企业货币资金是紧还是松》，《经济日报》2002年7月12日。

③刘国光、刘迎秋：《结构性松动货币，抑制通货紧缩趋势》，《经济研究》，2002年第10期。

④戴根有：《对当前货币政策有关争议问题的看法》，http://www.stocknews.com.cn/ztyj/hgjj/200207-100481.htm

⑤朱国林等：《中国的消费不振与收入分配：理论和数据》，《经济研究》，2002年第5期。

⑥周学：《消费信贷：一个比政府投资更能启动内需的宏观调控手段》，《经济学动态》，2002年第5期。

⑦刘世锦：《以结构调整带动扩大内需》，《宏观经济研究》，2002年第1期。

⑧周学：《消费信贷：一个比政府投资更能启动内需的宏观调控手段》，《经济学动态》，2002年第5期。

⑨项怀诚：《中国财政体制改革的实践与积极的财政政策》，《经济学动态》，2002年第6期。

⑩刘国光：《中国现实经济增长率的提示与政策取向》，《经济学动态》，2002年第11期。

⑪于祖尧：《解析经济形势　探讨政策走向》，《经济学动态》，2002年第8期。

⑫吴树青：《关于当前宏观经济形势和宏观经济政策》，《经济理论与经济管理》，2002年第9期。

⑬马拴友：《积极财政政策：评价与展望》，《管理世界》，2002年第5期。

⑭高培勇：《减、分税与抉择》，《经济理论与经济管理》，2002年第8期。

⑮马拴友：《积极财政政策：评价与展望》，《管理世界》，2002年第5期。

⑯戴相龙：《中国今后几年的货币政策》，《国际金融研究》，2002年第4期。

⑰吴军：《稳健货币政策的理论思考》，《金融研究》，2002年第11期。

⑱丁文丽、刘学红：《中国货币政策中介目标选择的理论研究与实证分析》，《经济科学》，2002年第6期。

⑲吴晶妹：《评货币政策的中介目标——货币供应量》，《经济评论》，2002年第3期。

⑳周诚君：《外生利率下的货币政策中介目标选择》，《经济评论》，2002年第5期。

㉑周英章、蒋振声：《货币渠道、信用渠道与货币政策有效性——中国1993—2001年的实证分析和政策含义》，《金融研究》，2002年第9期。

㉒郑超愚，《中国总需求函数及其货币政策含义》，《金融研究》，2002年第5期。

㉓刘伟等：《货币扩张、经济增长与资本市场制度创新》，《经济研究》，2002年第1期。

㉔谢平、罗雄：《泰勒规则在中国货币政策中的检验》，《经济研究》，2002年第3期。

微观经济学

陈享光　卫兴华

一、企业理论

1. 关于企业性质的研究

现代企业理论的一个基本命题，是将企业理解为一组合约关系的联结。企业这组合约的本质是什么？有的学者认为，企业的性质在于企业是市场中由要素所有者签订的一组不完备的要素使用权交易合约的履行过程。要素使用权交易合约的履行过程包括要素投入，要素使用权（核心是剩余控制权）的行使以及要素增值的分配（核心是剩余索取权的行使）以及企业组织资本与组织资产的创造和使用等，这一过程融交易功能与生产功能于一体。该组合约的关键内容在于企业剩余索取权与剩余控制权的安排。作为要素使用权交易合约的履行过程，企业与市场是不能截然对立分离的，即要素市场、资产及服务市场等与要素使用权交易合约的签订与履行是互为基础，互相促进的①。

有的学者通过对科斯替代逻辑的反思，重新考察了企业与市场的相关关系，认为交易费用的提出虽然打开了新古典企业的“黑箱”，但是由此来解释企业的性质，其结论与现实相悖。他们建立了一个趋于古典的分析框架，发现企业与市场是分别建立在两种不同但有紧密相关性的分工基础上的，因而它们各自的性质及其相互关系源于一般分工与个别分工各自的性质及其相关关系——企业是要素所有者为分享“合作剩余”而达成的合约，而市场则是商品所有者交换比较优势的制度安排。两者互补而不相互替代。这一结论较好的解释了实体经济中不论是企业规模，还是企业数量都在不断扩张，同时市场范围随之不断扩展，两方面相互促进、正相关推进发展的现实②。

关于公有制企业的性质问题，有学者认为，相对于私有企业的市场合约性，公有制企业是政治性组织。这种政治性表现在三个方面：产生和经营的目的及手段具有政治性、产权基础需用政治规则以及管理结构包含政治程序。正是这种政治性决定了公有制企业的双层代理结构，决定了公有制企业的低效率③。

2. 关于治理结构的研究

在对治理结构的研究中，股东至上主义的理论受到一些学者的怀疑和批评。有的学者认为，企业组织不是单个个体的机械组合，而是组织成员个体活动及其相互作用的整体和不断演化的有机体，在本质上是以知识分工为基础的组织成员个体之间专业化生产与协作的组织形式和契约形式，具有“生产”与“契约”两重属性。相应的，企业治理也不仅仅是一个单纯的“契约”问题，而是两种基本规定性及其相应作用和演化的结果。从现实性看，企业组织的专业化生产是组织成员个体决策的分工和协调及其相应的决策权的分配过程。在决策权的分配过程中，企业组织的决策效率同时面临知识成本和代理成本的双重约束。在这种双重约束下，企业决策权的最优配置是企业知识分工和知识积累及其演化发展的结果，是企业最优所有权分权的常态④。

有的学者通过对近来美国公司信誉危机的分析，说明“一元制”公司治理是美国公司发生信誉危机的制度性根源。主要表现在：股东至上主义的理念；公司决策过度集中于单一组织及个人，主要依靠公司外部监管的监督约束机制；过分崇尚股权鼓励机制。这次美国公司会计丑闻事件为我们敲响了警钟，应尽快扭转目前这种美国化趋势，回到《公司法》厘定的基本框架上来，按照“二元制”公司治理的构想来探索我国公司治理的走向⑤。

有的学者从企业权力的变化角度探讨了公司治理结构及其转变。认为企业中人力资本的所有者和非人力资本所有者权力的大小，取决于个体对有价值的资源的控制权。由于企业契约是不完全的，所以企业中的权力需要通过进行不断的谈判来重新界定。在20世纪初期和中期，由于非人力资本相对于人力资本更为稀缺，可以为企业创造更多的价值，所以企业的权力掌握在非人力资本所有者的手中。但是随着人力资本的所有者在企业中的作用越来越重要，企业中的权力逐渐掌握在人力资本所有者手中。这种企业权力的变化必然引起公司治理结构的变化。在人力资本所有者在企业中逐渐拥有更大权力的条件下，仅仅从解决代理问题的角度来理解公司治理是远远不够的。应从单纯的讨论如何追求出资者价值的最大化转向设计如何控制和留住人力资本所有者的机制[6]。

有学者从股权结构的“质”和“量”两个方面，对我国上市公司的股权结构与公司治理效率进行了实证分析。他们发现：我国的上市公司中，国有股比例与公司绩效显著负相关，法人股比例与公司绩效显著正相关，流通股比例与公司绩效不存在显著相关性，这说明国家股东治理效率低下，法人股东在公司治理中起到积极作用，分散的流通股东在证券市场浓重的投机气氛下很难在公司治理中有所作为；股权集中度与公司绩效呈显著的倒U型曲线关系，这说明适度集中的股权结构更有利于公司治理机制的发挥，使公司治理效率趋于最大化[7]。

二、消费理论

1. 关于消费函数研究

消费函数在经济分析中具有重要作用，一些学者结合我国的国情尝试建立消费函数。他们采用跨期最优消费选择理论和相对风险厌恶（CRRA）效用函数，建立了一般形式的消费函数，然后结合具体通货膨胀和收入增长的预期形成机制推导出消费函数的各种可能形式。在所推导出的消费函数的理论结构基础上，他们根据中国经济的具体情况，特别是农村和城镇具体约束条件中的差异，估计了农村和城市的消费函数[8]。

有学者在分析我国政府支出与居民消费之间的关系时，建立了一个居民消费的跨期替代模型。他们首先引入了一个政府支出与居民消费具有不完全替代性质的居民有效消费函数，同时引入一个个人风险效用函数，建立了一个改进 Tsung-wu Ho 居民消费的跨期替代模型，然后通过这一模型，利用计量经济方法研究了中国政府支出对居民消费的影响：短期内，中国政府可能通过增加政府支出的方式增加总需求，但在长期均衡时政府支出完全挤出了民间消费支出[9]。

2. 关于消费者行为特征研究

20世纪90年代以来，我国居民消费行为发生了一些变化，有的学者把这种变化概括为：（1）平均消费倾向下降；（2）边际消费倾向下降；（3）农村居民边际消费倾向总体低于城镇居民边际消费倾向。这些变化很难用通常的绝对的收入假说、永久的收入假说或生命周期假说来说明。有的学者考察了不确定性和流动性约束及其对我国居民消费行为的影响，对上述变化作了新的解释。他们认为：（1）制度变革增加了消费者不确定性预期，产生预防性储蓄；（2）流动性约束压低了消费者的当期消费；（3）低收入和不确定性、流动性约束导致了居民的短视行为；其中不确定和流动性约束的增强是我国居民消费倾向下降的主要原因[10]。

有学者研究发现：中国居民消费具有跨时最优的特点，在考虑环境约束的条件下，预期和机会成本变量对消费需求具有正常的影响；对于农村居民而言，影响其消费的主要是本期收入、收入增长率和通货膨胀率，而存款利率对其消费无显著影响；对于城镇居民而言，影响其消费的主要是本期收入、通货膨胀率和存款利率，而其可支配收入的增长率对其消费的影响是存在的[11]。

另有学者认为，收入分配严重不均是导致我国总消费不振的一个重要原因。但是，与传统观点认为收入与消费倾向简单的关系不同，他们认为中国的平均总消费倾向在收入水平上呈马鞍形。产生这种现象的原因，是遗赠储蓄倾向与收入水平正相关，而预防性储蓄与收入水平负相关，后者是中国及其他类似结构的经济体独有的特征[12]。

三、市场及市场结构问题

1. 关于垄断与竞争的研究

对于垄断问题的研究，主要集中在对我国自然垄断及自然垄断行业的改革问题上。有的学者认为，自然垄断产业多为网络性产业，必须考虑其全程全网联合作业和统一兼容性质；而且具有显著的规模经济性和范围经济性，分拆必然导致经济效应的丧失。从总体上看，我国自然垄断产业的真正症结在于政企不分而非垄断；就反垄断目标而言，由于我国自然垄断产业的垄断多为行政割据型垄断，而不是经济集中型垄断，经济集中型垄断只是一种垄断结构，与垄断行为没有必然联系，所以我国自然垄断产业的反垄断应该指向包括行政割据型垄断行为在内的各种垄断行为，而不应该指向垄断结构，特别是经济集中型垄断结构[13]。

电信业是我国自然垄断产业改革的先导，其管制与竞争问题是近些年学术界讨论的一个热点问题。有的认为，当前对电信业的研究更多地放在放松管制和电信市场SCP（结构—行为—绩效）模型的分析研究上，忽略了对电信管制机构本身的研究，包括管制机构体系设置的合理性、权责范围、相关部门间的监督制衡等方面，而管制机构本身的体制问题有可能直接影响到管制的效率，从而影响电信产业的改革与发展。基于此，他们比较分析了美英两国的电信管制体制并从中提炼出了值得我国借鉴的经验和启示[14]。

我国某些行业普遍出现的过度竞争引起人们关

注，有人提出竞争会导致经济效率劣化的论断。对此有不同看法。有的学者认为，分析竞争与效率的关系应从本质上认识竞争，竞争是厂商的行为特征，与完全竞争不是一个概念，竞争关键在于竞争的自由。在实际的经济中，竞争的自由往往受到限制，由此导致的效率损失与竞争无关。“过度竞争”与垄断一样，是竞争自由受到限制的结果。因此“过度竞争”的低效率不应归因为竞争，而应归因于限制竞争的因素，在我国这些因素包括企业制度缺陷和一些行业的行政性禁入、禁出等⑮。

2. 关于不同行业市场结构问题的研究

由于我国处于经济转型过程中，统一的市场体系还没有形成，对市场结构问题的研究主要集中在对不同行业市场结构问题的研究上。在对中国制造业的市场结构的研究中，有的采用H指数将我国制造业市场结构划分为6种基本类型：高度寡占型、低度寡占型、低集中竞争型、分散竞争型、高度分散型和极端分散型。在此基础上，根据前8位集中率（CR8）和企业数量大小，对各种基本类型进行细分。研究发现，无论是与美国还是日本相比，目前我国制造业市场结构都属于一种典型的高度分散的竞争型市场结构，绝大部分行业的市场集中度很低，产业组织高度分散化。在各个制造业行业中，原子型结构是一种普遍存在的现象。从提高资源配置效率和增进消费者福利的角度看，我国今后需要的将是一个以促进有效竞争为基本目标的适度集中的寡头主导型市场结构⑯。

在对我国农产品市场结构的研究中，有的学者认为，我国农产品结构表现为如下特征：在农产品的首次销售中，数量众多、组织化程度较低的农户面对着相对较少的买方，在最终销售中，是相对较少的卖方面对众多的、分散的消费者，如此，形成了一个双喇叭形的结构。这样的市场结构中，农户处于相对不利的市场地位，买卖双方缺乏有效的竞争。我国农产品市场结构不仅具有喇叭型的典型特征，而且在各种因素影响下，得到不断强化，其喇叭口径更大，使农户处于绝对不利的市场地位。这种结构形成与不断强化的原因在于：（1）农产品经营风险防范机制与调控体系的不完善；（2）农户生产规模受到农业生产要素供应体系的制约；（3）农户自身组织化受到各方限制，发展缓慢；（4）缺乏抑制农产品流通组织垄断情况机制⑰。

在对我国投资银行业的市场结构研究中，有的学者发现：中国目前投资银行业的市场结构基本上是垄断与竞争并存，近年来垄断因素逐步加强，但是这一趋势却根植于人为垄断。中国投资银行业超额利润也源自这一人为垄断因素。同时，由市场结构所决定的中国投资银行业的市场行为十分单一，业务竞争严重趋同。因此，为了在金融业开放与平缓冲期内形成可与国外投资银行相抗衡的竞争力，政府应逐步解除人为垄断，使中国投资银行逐步走向行业的自然垄断或集中；同时中国的投资银行也应实行产品差别化策略，积极向创新型和引申型业务拓展⑱。

跨国直接投资是否会导致垄断行为，一直是国内外关注争论的问题。有学者对此进行了研究，他们认为，从中国的实践看，虽然跨国公司规模大，而且在海外市场上有垄断愿望和垄断行为，但是，与许多国家较早时期的封闭状况相比，进口商品的竞争，多家跨国公司之间的竞争以及东道国国内企业的竞争，会大大减少少数企业在东道国市场上居于控制地位、谋取垄断利润的可能性。将“跨国公司”视为一个利益整体，认为“跨国公司已经垄断了中国市场”是不恰当的。因为不同的外商投资企业来自不同的跨国公司，有各自独立的利益，在中国市场上主要是竞争关系而不是稳定的串谋关系，因此，即使外商投资企业总体上占有较高份额，但若这个份额由多家跨国公司分割，就应视为竞争性市场而不是垄断性市场⑲。

有的学者以家电业为例，解释了跨国投资大量进入非但没有引起中国家电业市场集中度明显提高，甚至在20世纪90年代末还表现出集中度提高阻滞的现象。他们认为，造成这种情况的原因在于，跨国公司在1990年大规模进入中国家电市场具有“战略性防卫”性质。再加上我国许多家电企业都是以内资国有资本和跨国公司合资形式存在，也使得跨国公司间、国有资本之间难于合并、兼并。因此，他们认为，至少在一定时期内，跨国公司大规模进入家电市场并不利于市场集中度的实现⑳。

（作者：中国人民大学教授）

注：

①谢德仁：《企业的性质：要素使用权交易合约之履行过程》，《经济研究》，2002年第4期。

②黄桂田、李正全：《企业与市场：相关关系及其性质》，《经济研究》，2002年第1期。

③盛宇明：《论公有制企业的政治性及双层代理结构》，《经济学动态》，2002年第1期。

④杨端龙、刘刚：《双重成本约束下的最优企业所有权安排——企业共同治理的经济学分析》，《经济学（季刊）》，2002年第1卷第3期。

⑤沈越：《从美国公司信誉危机看“一元制”公司治理的缺陷——兼论我国公司治理框架选择》，《当代经济研究》，2002年第12期。

⑥李自杰、许远娜：《权力变化与公司治理结构的转变》，《当代经济研究》，2002年第10期。

⑦杜莹、刘立国：《股权结构与公司治理效率：中国上市公司的实证分析》，《管理世界》，2002年第11期。

⑧孙稳存、彭彩霞：《中国消费函数的分析与估计》，《经济科学》，2002年第6期。

⑨谢建国、陈漓高：《政府支出与居民消费——一个基于跨期替代模型的中国经验分析》，《经济科学》，2002年第6期。

⑩汪红驹、张慧莲：《不确定性和流动性约束对我国居民消费行为的影响》，《经济科学》，2002年第6期。

⑪孙稳存、彭彩霞：《中国消费函数的分析与估计》，《经济科学》，2002年第6期。

⑫朱国林等：《中国的消费不振与收入分配：理论和数据》，《经济研究》，2002年第5期。

⑬戚聿东：《我国自然垄断产业分拆式改革的误区分析及其出路》，《管理世界》，2002年第2期。

⑭于良春、黄莉：《英、美电信产业管制体制之比较研究及其对我国的启示》，《经济评论》，2002年第5期。

⑮李保明：《竞争的自由与经济变革》，《经济评论》，2002年第4期。

⑯魏后凯：《中国制造业集中与市场结构分析》，《管理世界》，2002年第4期。

⑰马龙龙、裴艳丽：《我国农产品市场结构及其形成和不断强化的原因分析》，《管理世界》，2002年第10期。

⑱莫学斌等：《人为垄断下的超额利润，趋同化竞争与业间合作》，《经济评论》，2002年第6期。

⑲江小涓：《跨国投资、市场结构与外商投资企业的竞争行为》，《经济研究》，2002年第9期。

⑳贺俊、毛科君：《市场开放、组织变迁与产业绩效》，《经济评论》，2002年第6期。

国际经济学

陈享光　卫兴华

一、国际贸易战略和贸易政策的研究

流行的国际贸易战略通常是建立在比较优势理论基础上的，这种贸易战略的适应性或有效性还有待于理论和实践的检验。有的学者认为，在贸易自由化和经济全球化的过程中，虽然一小部分发展中国家获得了较快的经济增长，但是发展中国家从总体上来说并没有缩小与发达国家的差距，收入差距在发展中国家与发达国家之间持续拉大。这种差距拉大的一个基本原因就是因为发展中国家贸易条件的持续恶化。他们认为，比较优势战略并非对所有国家在任何环境下都普遍适用，当少数发展中国家利用现有比较优势参与国际分工时，它们能够获得较多的比较利益；但是随着越来越多的国家进入国际市场，贸易条件就会持续恶化，造成“合成谬误”。因此，相对落后的发展中国家不能再简单地利用现有的比较优势，特别是基于自然资源的外生比较优势，而应当推动技术进步，利用内生的比较优势来改变自身在长期发展中的总的比较优势，在动态中改变比较优势等级，从而在较优的国际分工地位上参与国际分工。这样才能实现经济的持续增长，缩小与发达国家的差距[①]。

有的学者认为，在国际贸易中存在着比较利益陷阱，即一国（尤其是发展中国家）完全按照比较优势生产并出口初级产品和劳动密集型产品，在与技术和资本密集型产品出口为主的经济发达国家贸易中，虽然能获利，但贸易结构不稳定，总是处于不利地位，从而落入“比较利益陷阱”。出现这种情况的原因，就在于比较优势战略忽略了产业结构调整、技术进步和制度创新等动态贸易利益。如今国际贸易的目的已不是互通有无，调剂余缺，而在于占领市场，分享国际间有限的，分配极不均匀的技术、人力资源和技术创新的成果。要想获得国际贸易中的利益就必须将本国产品的比较优势转化为竞争优势，实施竞争优势战略。因为，比较优势更多地强调各国优势的潜在可能性，竞争优势则更多的强调本国优势的现实态势。有比较优势的产品不一定具有竞争优势，按比较优势所确定的贸易形式也并不一定会转化为现实的贸易形式，只有在比较优势产品转化为竞争优势产品之后，这种转变才能完成[②]。

有的学者认为，我国加入世贸组织后外贸政策应作相应调整。他们认为，传统自由贸易理论成立的前提条件与国际贸易运作的现实所存在的矛盾，显示出贸易自由化的渐进性；完全自由贸易政策实施的保障条件揭示出贸易自由化过程的渐进性逻辑。由于贸易自由化的渐进性逻辑与国家的存在，在世界经济与贸易发展中，自由贸易与保护贸易总是交织在一起，既没有完全的自由贸易，也没有完全的没有保护。我国加入世贸组织后，短期对外贸易政策应定位在没有自由化过程中的合理保护，即开放型有管理的自由贸易政策。这种贸易政策的基点是适度贸易保护，目标是扩大出口③。

二、人民币汇率问题理论

我国采取何种汇率制度，人民币是继续钉住美元，还是采取更加灵活的汇率制度，是学界普遍关注的一个问题。有的学者认为，在中国出口贸易结构没有改变，国内金融市场不完全的情况下，人民币钉住美元制可能还要走更远的路。有的学者认为，目前钉住美元制的选择与国内金融市场的不完全，政府与经济代理人的浮动恐惧，我国出口导向的对外贸易政策和国际环境的约束有关。钉住美元制对中国经济的总体增长是有好处的，汇率稳定对外贸出口和资本流入起到了稳定预期的作用。但是，钉住美元制削弱了货币政策的效力，增加了财政政策的压力和实质经济部门调整的压力，也使央行承担了巨大的外汇风险，影响资源的总体配置效率。这种制度在资本管制有效的情况下是可以维持的。从长远看，从固定走向灵活将是人民币汇率制度的未来取向。当前，中国迫切需要解决的是改善目前的贸易结构，完善和培育金融市场，把人民币汇率制度的平稳过渡与国内的整体改革联系起来④。

对人民币实际汇率问题，学界作了很多研究。有的采取计量方法实证分析了自20世纪50年代中期至2000年期间人民币实际汇率状况，估计出了人民币均衡实际汇率，进而测算了实际汇率错位状况。其研究结果表明：在计划经济时期，人民币实际汇率长期被高估。改革开放后，均衡实际汇率长期处于贬值状况，现实的实际汇率长期被低估。在亚洲金融危机期间，人民币实际汇率出现了明显高估：1997和1998年高估分别达18.3%和18.5%，到2000年实际汇率的高估状况得到根本性缓解，仅为8.8%⑤。有的通过采取双边贸易模型计算出人民币的有效汇率指数并对照国际货币基金组织测算并公布的人民币有效汇率指数，也得出同样的结论：20世纪90年代以来人民币实际有效汇率呈现明显的V型，1993为V型底部。1995年以前人民币基本上是低估的，自1996年开始高估，至1999年程度下降为6%⑥。

有的学者运用动态一般均衡的方法，对加入世贸组织后，我国关税税率调整、货币供应量增长率改变、财政政策调整对人民币实际均衡汇率的长期效应进行了分析。研究表明，降低进口品关税使人民币面临贬值压力，而政府增加税收，减少对贸易品的消费则有利于人民币的保值和升值。而国外实际利率下降，实际货币供应量增长率降低都将引起人民币均衡汇率贬值⑦。

关于人民币汇率的调整问题，有的学者认为，我国应当实行微量调整汇率以适应国际经济中对我国人民币升值的压力，适度降低利率以适应美元利率，率先在出口企业中实行增值税转型。这样做既降低了我国金融风险，又拉动了外需的增长，还保持了内需的持续发展以及对外贸的吸引力。同时使经济对汇率、利率和税率的变化引起的波动减少到最小⑧。

三、国际投资问题研究

1.关于外国直接投资的研究

（1）关于影响外国直接投资的因素。有的学者通过对全球58个国家1996—1998年27个投资环境因子的分析，说明了一个国家利用外国直接投资的多少，由其潜在的和现实的市场规模、盈利机会、城市化水平和偿还外债的能力四个因子决定；通过对我国1978—2000年34个投资环境因子的分析，说明改革开放后我国外国直接投资的年际变动主要受现实的市场规模和应用性科技发展水平的影响；通过对全国30个地区2000年30个投资环境因子的分析结果显示，一个地区当年和累计FDI（外国直接投资）主要由各地区经济外向度，应用性科技发展水平和通信设施状况决定，当年外国直接投资还受公路交通发展水平的影响⑨。

有的学者采用计量分析方法，研究了人力资本存量对外国直接投资区位选择及投资规模的影响。其结果显示，除了市场容量、劳动成本、市场化水平等因素以外，人力资本存量是影响外国直接投资区域性选择和投资规模的重要因素。因此，他们认为，各地区应增加人力资本积累，以提高利用外资的能力⑩。

（2）关于外商直接投资对我国经济的影响。外商直接投资对中国区域经济增长的影响更多地作为实证问题来研究。有的学者利用1985—1999年的时间序列和横断面数据，对外商投资对中国区域经济增长的影响进行了实证分析，说明改革开放以来，我国区域经济发展中所呈现出的典型的二元结构特征与外商投资分布的不平衡密切相关。其结果表明，在此期间，东部发达地区与西部落后地区之GDP增长率的差异，大约有90%是由外商投资引起的。因此，在实施西部大开发战略、加快中西部地区发展的过程中，应积极引导外商投资投向中西部地区，对于缩小地区差别具有重要意义[11]。

对此也有学者提出了不同的观点。他们运用多维方差分析模型，对我国地区间GDP差距、国内投资数量差距、国内投资效率差距、FDI数量差距和FDI效率差距等关键因素进行分析研究，发现FDI的区域分布并不能有效解释各地区经济的不平衡状况，相反，国内投资的区域差距、特别是投资效率上的显著差别，是造成区域经济差距长期存在的主要因素。因此，以消除投资效率差异为核心的区域政策取向至关重要[12]。

有的学者认为，外商直接投资对中国经济发展做出的贡献体现在对GDP增长、技术进步、产业结构升级、扩大出口和提升出口商品结构、增强研究与发展能力的贡献等许多方面。虽然我国内资已比较充裕，外资企业对国内市场的占有率不断上升，我们还应继续积极利用外资。此时吸引外商投资的最大意义，是提高资金的配置效率和促进资产质量的改善。因为提高资产质量所需的创造性资源如人力资本、技术水平、技术开发与使用能力，国际市场开拓能力、管理能力、对客户需求的理解能力等，都会随着跨国公司的投资一同进入国内。外资不仅可以推动中国经济的持续增长，还能改变中国经济增长的方式，提高中国经济增长的质量[13]。

另有学者利用计量模型检验了我国外商的资本流入对实际汇率的影响，研究结果表明，外国直接投资的流入会对一国实际汇率产生影响，而这主要取决于外国直接投资的用途。如果一国是小国经济，且外国直接投资主要流入贸易品生产部门，那么就会引起实际汇率的升值。由于我国一直是引导外资投资于工业部门（主要是贸易品生产部门），而非服务业，因此外国直接投资的流入导致我国实际汇率的升值，尤其是1993年以来，随着外国直接投资流入绝对数量和相对数量的大量增加，这种影响更加显著[14]。

（3）关于我国资本外逃与外国直接投资的关系的研究。有的学者采用相关分析、因子分析和因果分析三种计量分析方法，分析了中国资本外逃与外国直接投资之间的关系，研究表明，中国资本外逃与外国直接投资之间存在着显著性很强的正相关关系，并且因子分析与因果分析的结果也支持这一结论，说明驱动中国资本外逃的主要因素不是投资环境恶化，中国资本外逃在很大程度上是由于对内资和外资采取的差别政策待遇或制度性缺陷导致非法资本“洗钱”行为引起的。中国的资本外逃很大程度上是“过渡性资本外逃”[15]。

2. 关于我国对外直接投资的研究

随着我国实施“走出去”战略，已有越来越多的企业走向世界，参与对外直接投资。传统的钱纳里“双缺口”模型与我国现实不符，不能成为我国对外投资的依据。有的学者对此进行了研究。他们在对我国资金供给与需求、资金效率以及其他资源状况进行分析的基础上，提出了资金均衡动态模型，为我国对外直接投资提供了理论依据。他们认为，目前我国本币储蓄和外币储备处于该模型较高的双丰裕位置，宏观与微观决策偏好相背离。通过对外直接投资，使投资者或以自有外汇或用人民币购汇进行对外直接投资，可同时从储蓄和外汇两个方面拉动投资，把我国目前的本外币存量优势转化为流量优势，从而达到模型中的“稳定回归点”。同时，从国家战略角度看，如果对外直接投资与吸引外国直接投资之间长期存在着严重失衡状态，将会导致国际收支表中直接投资利润汇回项目的较大逆差，从而对宏观经济的持续稳定发展产生不利影响。因此，从宏观上分析，我国也应加快对外直接投资的步伐[16]。

四、关于资本账户管制的研究。

我国加入世贸组织后，许多学者认为，由于资本项目管制的成本太大，而且加入世贸组织势必削弱资本项目管理的有效性，因此，中国需要加速推进资本项目自由化。对此，有的学者提出了不同看法。他们认为，我国虽然加入了世贸组织，但仍应该继续实行资本项目管制，特别是要加强对短期资本流动的控制。因为诸多原因使得快速开放资本项目管制的风险和代价都很大：（1）三元悖论，即独立的货币政策、固定汇率、资本自由流动三个目标不可同时实现；（2）银行过度惜贷症；（3）短期资本流动的风险；（4）资本市场的信息不对称；（5）转轨经济中的资本外逃等。同时，他们提出，为适应加入世贸组织后面临的新挑战，中国可以改进资本项目管制的方法，如针对短期资本流动征收登记费；加大外债登记管理的力度；加大对银行系统审慎监管的力度；建立适时的电子管理系统等[17]。

另有的学者认为，一个国家是否实现资本项目货币可兑换，主要取决于该国的经济状况，特别是市场制度建设水平。中国仍是一个低收入的发展中国家，经济和金融的基本面和结构上都存在很多问题，特别是金融市场的弱小和不规范，巨额的不良金融资产、脆弱的银行体系等，这些问题存在的内在原因是市场制度建设的缺陷。因此，中国加入世贸组织虽然标志中国经济进一步融入世界经济，但并不意味着要加速实现资本项目货币可兑换，而应将其视为长远目标，采取积极态度，抓紧市场制度建设，同时对资本项目实行有限度、有区别的逐步开放政策⑱。

（作者：中国人民大学教授）

注：

①徐建斌、尹翔硕：《贸易条件恶化与比较优势战略的有效性》，《世界经济》，2002年第1期。

②王佃凯：《比较优势陷阱与中国贸易战略选择》，《经济评论》，2002年第2期。

③仲鑫：《贸易自由化渐进性与中国外贸政策的适应性》，《经济理论与经济管理》，2002年第3期。

④李婧：《解析人民币钉住美元制》，《管理世界》，2002年第9期。

⑤林伯强：《人民币均衡实际汇率的估计与实际汇率错位的测算》，《经济研究》，2002年第12期。

⑥李亚新、余明：《关于人民币实际有效汇率的测算与应用研究》，《国际金融研究》，2002年第10期。

⑦卜永祥、秦宛顺：《关税、货币政策与中国实际均衡汇率》，《经济研究》，2002年第5期。

⑧许岩：《汇率、利率、税率：名义和实际》，《经济社会体制比较》，2002年第2期。

⑨张长春：《影响FDI的投资环境因子分析》，《管理世界》，2002年第11期。

⑩沈坤荣、田源：《人力资本与外商直接投资的区位选择》，《管理世界》，2002年第11期。

⑪魏后凯：《外商直接投资对中国区域经济增长的影响》，《经济研究》，2002年第4期。

⑫武剑：《外商直接投资的区域分布及其经济增长效应》，《经济研究》，2002年第4期。

⑬江小涓：《中国的外资经济对增长、结构升级和竞争力的贡献》，《中国社会科学》，2002年第6期。

⑭王志鹏：《论外商直接投资对实际汇率的影响》，《经济评论》，2002年第2期。

⑮杨海珍、Frank R. Gunter：《中国资本外逃与外国直接投资关系的实证分析（1984—1999）》，《经济学（季刊）》，2002年第1卷第3期。

⑯卢力平、李瑶：《对外直接投资与资金均衡模型》，《国际金融研究》，2002年第7期。

⑰张晓朴：《入世后中国应对国际资本流动的政策选择》，《经济社会体制比较》，2002年第4期。

⑱李庆云：《中国进入WTO与资本项目可兑换》，《经济科学》，2002年第5期。

宏观经济管理理论与政策

吴晓求　方　芳　张云飞

宏观经济管理是通过分析经济运行态势，确立管理目标及手段，并制定宏观经济政策的政府经济管理行为，其目的是使国民经济在总量平衡的基础上，达到结构均衡，从而实现宏观经济效益、提高人民生活水平和生活质量。鉴于近年来经济形势的变化，宏观经济管理研究的主要方向是如何扩大内需，提高就业率，以及评价积极财政政策和稳健的货币政策的效果。此外，对我国当年的宏观经济运行态势的主要影响因素以及政策取向等也作进一步的探讨。

一、宏观经济管理目标

在确立宏观经济管理目标时，专家学者们在基于充分认识宏观经济运行态势的基础上，分析了我国当年宏观经济运行中存在的主要矛盾及其形成的原因，并提出促进就业增长是经济发展的优先目标。

2002年宏观经济运行中存在的矛盾很多，其中最主要的是就业问题。2003年的政府工作报告中提到“各级政府要把改善就业环境、增加就业岗位确定为其重要职能”，这是第一次将它提到这样一个高度。其原因是近几年是我国劳动力供给的高峰期，每年新增劳动力达到1200万至1300万人；2001年底再就业服务中心的下岗职工有515万人，还有680万登记失业人员；农村约有1.5亿剩余劳动力需要转移。估算每年能新增加的就业岗位为800万个左右。2002年二季度调查表明，劳动力总量供大于求，求人倍率为0.74（求人倍率=需求人数/求职人数）。有学者认为2002年后一段时期是我国建国以来的就业第五次高峰①，国家计委经济研究所副所长杨宜勇用了“十分严峻”四个字来描述当前所面临的就业环境。

中国加入世贸组织一年来，专家学者尽管对就业形势总体认为“不乐观”，但就加入世贸组织因素对就业的影响还是持乐观态度。国家计委经济研究所副所长杨宜勇认为，加入世贸组织一年后受出口带动经济增长的影响，我国企业“走出去”初见成效，而且由于有一个过渡保护期，对加入世贸组织的冲击起了弱化或延迟作用，加上外资进入中国的速度加快，使得加入世贸组织对中国的经济和就业的影响总体上产生利大于弊的效果，当然这是从短期来看的。劳动和社会保障部劳动科学研究所副所长莫荣则认为就目前而言，加入世贸组织提供的就业岗位稍微高于失业人数，但随着加入世贸组织影响的深入，还不能断定未来情况会如何变化②。

中国劳动力资源的丰盛造成了目前巨大的就业压力。随着科技的进步、资本有机构成提高、产业结构升级，经济增长所能吸纳劳动力的弹性系数每况愈下。中国就业问题的出现是经济转型过程中，为提高经济效率而付出的代价，是计划经济向市场经济转型的成本。探究就业问题的原因，有的学者认为就业增长取决于经济增长的趋势，目前我国的经济增长在总体上是抑制就业机会的扩大。2002年经济增长仍是一个向潜在增长区间“恢复”的过程，它使就业有一定程度的改善，但还难以带来就业机会的实质性扩大。同时，在我国的经济增长中，第三产业和中小企业发展速度相对较慢，也加剧了近一阶段的就业压力。而且在失业问题上我国只通过城镇的登记失业率来反映失业状况，存在着低估的现象，另外也存在就业增长的“高估”问题，这突出表现在国有企业的隐性失业上③。

中央党校研究室一些专家认为劳动力闲置不得其用，危害很多：一是没有工作，没有收入，消费能力低下，导致消费不足，使消费的增长不能跟上日益增长的生产，结果生产过剩；二是失业的人过多，或者很多人年纪未老就退休在家，一方面国家能收上来的社会保障金减少，另一方面社会保障的支出增大，财政状况变得十分紧张；三是如果闲置的劳动力资源过多，而要从生产经营过程中提取较多的社会保障基金来保障他们的生活，则产品的成本就会加大，整个国家产品的竞争力下降；四是如果闲置失业在家的人太多，城镇贫困人口增加，社会各阶层的收入和生活差距会拉大，社会将处在不稳定状态之中。

发达国家社会保障实力雄厚，保障体系健全，失业可以忍受。而中国的社会保障较为薄弱，体系很不健全，居民失业则会陷入困境。因此在经济政策的选择上，解决失业问题在宏观经济管理中的位置要比发达国家重要得多④。

二、宏观经济运行及其影响因素

总体看来，2002年的经济运行好于年初的预期，其主要原因是扩大内需、扩大对外开放的宏观经济政策，促进了投资、消费和出口三大需求的上升，有力地拉动了经济快速增长。这主要表现在扩大内需政策到位，固定资产投资迅猛增长，投资增长开始转向政府和民间共同推动。消费支出稳步上升，实际增幅与2001年基本持平，外需状况好于预期，出口呈现恢复性增长。但是经济运行中也存在着不少问题：价格指数持续走低、通货紧缩压力依然如故、经济增长的内在动力偏低及总需求不足，产业结构调整面临着艰巨的任务，就业和再就业压力沉重仍是制约国民经济发展的主要矛盾。这种状况的持续与2002年我国面临的国际和国内经济环境因素有关。

（一）国际经济因素

2002年是中国加入世贸组织的第一年，我国在改善外国货物进口环境的同时，国外的出口环境也得到改善。一是国外对我国商品的限制相对放松，由于加入世贸组织，我国商品面对着更广阔的市场，进一步加大了来自国外的需求。更重要的是美国、俄罗斯及东南亚一些主要国家经济开始复苏，拉动了我国外贸出口的增长。二是美元贬值客观上增强了我国出口的竞争力，有利于我国产品的出口。同时，国家鼓励出口政策也起了很大作用。

但国际经济因素对国内经济增长的作用机制很不稳定，主要表现在以下几个方面：一是政策刺激作用下降，2002年提高退税率的空间已不大，一些政策受到世贸组织规则的限制而逐渐取消，同时政策的效应也在递减。随着一些领域的对外开放，关税税率进一步下降，造成部分商品进口激增。二是由于我国的产业水平较低，竞争能力较弱，政府的管理体制和方式还存在许多不适应，企业涉外经验不足，故而抵御外部冲击的能力还比较弱⑤。三是国际经济面临着不确定因素。我国的外贸依存度已达44%（2001年），国际经济环境的任何变化，都难免对我国产生影响。由于受美国对伊战争、美日经济增长缓慢等因素的影响，世界经济面临很多不确定因素，增长速度可能会下降。根据欧美主要金融机构对2003年世界经济的预测，2003年实际增长率将保持在2%。如果出现大的反复，我国经济仍将面临较大困难；四是人民币面临升值压力。由于美元不断走低，我国出口增长较快，国际社会要求人民币升值的压力也越来越大。如果人民币升值，会在一定程度上削弱我国出口的国际竞争力⑥。

（二）国内经济因素

从宏观经济层面看，当前我国经济发展中存在着一些问题，主要表现为两个比较少见的组合：一是在经济增长速度回升的同时，物价持续下降，通货紧缩趋势反弹；二是经济增长保持较高速度，但下岗失业率却上升。而在市场经济一般情况下，经济增长率与物价升降呈同向运动，与失业率反向运动，这是中国的较特殊现象，理论界对此作出了如下解释。

对于从2001年11月以来到2002年全年，消费物价的连续负增长这个问题，有关学者提出了关于物价水平的三个可能性解释。一是当前物价指数是否正确地反映了实际的物价水平，是否存在对物价水平低估的现象。因为从统计技术上说，消费物价指数涵盖的一篮子商品和服务的权重应大体反映中国家庭和居民平均的消费支出构成，而当前统计数字调整可能跟不上经济生活的变化。二是即使发生温和的通货紧缩也有一些合理的因素，即有可能是科技进步和劳动生产率的提高而导致同质商品价格水平的下降。三是经济结构调整缓慢也可能会加剧通货紧缩，而扩大内需政策不能完全解决通货紧缩问题，因为扩大的内需可以使坏企业和好企业一样生存下来，宽松的货币政策如低利率将刺激更多的新投资，过剩的行业可能更加过剩⑦。

有的学者认为，结构性矛盾是通货紧缩趋势反弹的深层原因。全球技术进步提高了劳动生产率，商品生产成本和价格下降。2001年以来世界经济陷入低谷加剧了原已存在的全球性生产过剩，导致国际商品价格下跌，并通过进口和市场竞争影响到国内价格。近几年我国虽大力进行结构调整，但长期重复建设造成的工业产能过剩，多数商品供大于求的情况并未根本改变，不少企业为削减库存，进行价格战，也加剧了价格下跌趋势。从需求方面看也存在一系列结构性矛盾。一是在投资与消费上，过分向投资倾斜；二是城乡消费水平差距扩大；三是在居民消费品种上服务性消费比重偏低，而商品性消费供大于求，价格下降；四是在投资需求方面，过分依赖国债项目和政府其他公共投资的带动⑧。

还有学者从经济体制方面来分析造成通货紧缩的原因。认为宏观经济政策在拉动消费需求上能起一些作用，如改变人们的收入预期和支出预期，可以直接增加人们的收入，如政府增加对公务人员的工资支付、增加对社会保障的支出；也可间接增加人们的收入如减税、降低某些公用事业的收费等。对居民实施消费信贷，降低利率以刺激人们减少储蓄增加消费，刺激投资以增加就业从而增加消费。但消费需求依旧不足，有许多因素是来自体制性障碍，如受体制影响，国企效益低下、就业增长放缓、下岗失业增多以及社会保障制度建立滞后等改变了人们的支出行为，使得人们增加储蓄推迟当前的消费。由于收入分配体制的原因，收入差距呈扩大趋势，高收入群体的较低消费倾向和低收入者的消费能力较弱，成为居民消费率下降的主要原因。近年来农村扶贫工作虽取得了一些成效，但随着农产品供求格局变化，农产品价格持续下降，农民收入增长缓慢，一些地区农民返贫现象比较突出，使得城乡差距继续扩大。在投资需求上，由于国企及国有银行的体制性因素，也存在自发投资不旺的现象。在增加出口方面，也仍然有一些体制性方面的问题，如出口退税、民营企业自主经营进出口等方面的障碍⑨。

2002年经济增长的显著特点是投资增长开始转向政府和民间共同推动，新消费热点推动消费稳定增长将成为一种长期趋势。但民间投资增长的机制还不够稳定，份额也依然偏小。在当前我国加快体制改革和结构调整的历史时期，以住房、汽车为代表的新一轮消费结构升级将是一个较为缓慢的过程，期待出现像以家用电器为主的第二次消费革命那样的排浪式消费结构升级很不现实。当前住房特别是汽车消费出现的爆发式增长，主要是体制、消费政策、消费环境逐步宽松，多年来被压抑的消费需求集中释放的结果。国家计委宏观经济研究院经济形势分析课题组认为，目前我国内需稳定增长机制不完善的原因主要来自以下三个方面：

一是投资和消费之间还未完全形成良性循环机制。主要表现在居民消费倾向下降阻碍了扩大投资传导消费的政策效果，尽管国家采取了一系列旨在减少银行储蓄增加居民消费的政策措施，但城乡居民储蓄增势仍然未减；城乡之间、地区之间、城市居民之间、农村居民之间收入差距进一步扩大导致消费结构升级缓慢；就业形势的严峻使扩大投资带动消费的乘数作用大大减弱。二是货币政策性扩张与体制性紧缩并存，导致货币政策传导机制不畅，对民间投资扩张形成明显制约，实体经济货币供应偏紧，特别是中小企业，普遍面临严重的资金短缺。突出表现在金融机构中大量存款得不到有效利用，存贷差进一步扩大。三是农村投入严重不足，导致农民收入增长放慢，农村消费市场疲软，农村发展明显滞后于城市，已成为影响进一步扩大内需和实现新一轮经济扩张的重要瓶颈⑩。

三、宏观经济政策实施效果的分析与评价

2002年的经济成果与前几年持续的宏观经济政策分不开。政府针对经济社会发展中的重大经济问题，如三农问题、就业与收入分配、社会保障等问题出台了不少政策，同时积极的财政政策和稳健的货币政策对经济改革与发展也起到了较大的作用，理论界对这些政策实施效果的评价主要如下：

（一）针对“三农问题”的经济政策

2002年的农村经济形势继续向好，主要表现在：农业结构调整步伐加快，优质和专用农产品种植面积明显扩大；乡镇企业稳步增长，为农民提供的就业机会继续增加；国家宏观经济政策不断向农业农村方面倾斜，农民收入有所增长。但是，目前农村仍然存在着几个亟须解决的问题：比如城乡居民的收入差距仍在扩大、农村基础设施供给严重滞后、一些地方农民负担仍然偏重，乡镇企业和农户融资困难的矛盾还没有根本缓解。针对上述现象，有学者认为，这是由于国家的农业政策是以产品目标和农民自身提供农村公共物品目标以及所采取的具体政策措施所致。所以目前“三农”政策必须进行调整。首先是国家的农业政策必须从产品目标尽快向收入目标过渡，要紧紧盯住农民收入目标来制定农村相关政策；其次是将农村公共物品的供给由依靠农民自身向以国家为主的政策目标过渡，让农民能享受到最基本的国民待遇。具体来说，目前需要调整的政策措施包括，第一是财政和国债投入结构，对农村中小型基础设施建设的投资力度要加大；第二要坚持农村税费改革，进一步减轻农民负担；第三是现行农业补贴结构要进行调整，因为据测算，目前我国对农业的综合支持量（AMS）仅为2%，对农民的直接补贴几乎为零；第四是由于我国金融制度向城市倾斜，致使农村金融制度供给短缺，资金供给异常不足，政府应进一步优化农村融资环境，解决农民贷款难的问题⑪。

从宏观经济政策弥补市场缺陷出发，有学者认为，目前的“三农问题”在于没有有力实施“给农民增收开辟第四条渠道”的政策性建议（前三条增收渠道是指增加农产品产量与提高农产品价格、发展乡镇企业、进城务工），该政策具体内容就是政府通过调整财政与金融政策，将资金配置到农村，让农民在农村基础设施建设中挣到钱。认为这种发展战略的根本性调整不仅对农业、农村、农民是有利的，而且对城乡与非农产业的发展也是有利的，给农民增收开辟出第四条渠道这一措施也会产生综合性效果，因为农民在农村基础设施建设中挣到了钱，就会增加农产品、工业品的消费，也会减少进城务工的人数，这样，原来的三条增收渠道的供求关系就会发生有利于农民的变化，从而产生连带的增收效应⑫。

从2003年的政府工作报告看，政府对“三农”问题的认识已提升到了一个新的高度。在政府工作报告中第一次明确提出“三农”概念，“继续把发展农业和农村经济、增加农民收入，作为经济工作的重中之重”。在内容表述上，2003年的政府工作报告也与以往有着明显不同。2002年比较强调农业自身的结构调整，比如，2002年的政府工作报告中提到“积极推动传统农业向现代农业转变，大力推广优良品种和先进适用技术”，在内容上比较偏重于品种、品质、质量等产品结构方面，从农业内部强调调整比较多。而2003年的政府工作报告中虽然在农业问题方面着墨不多，却提出要“推动县域经济发展”，提出加快城镇化进程，加强对农村富余劳动力转移的协调和指导，维护农民进城务工就业的合法权益。这表明2003年更强调农村经济的战略结构调整，注重城乡经济共同协调发展的关系，而不再是一般的农业结构问题⑬。

（二）就业和收入分配政策

就业使劳动者在为社会提供商品和服务的同时获得劳动收入，使劳动者成为社会经济活动的参与者，获得社会的承认。就业与收入密切联系在一起，就业和收入分配政策的实质，就是如何在经济社会的各个发展阶段处理好公平与效率的关系。

近年来国家在解决就业问题上出台了较多的政策，1998年至2001年的5100亿元的国债投资创造了500万个就业机会；针对下岗职工采取了一系列减免税费的措施，对下岗职工再就业尽管力度不是很大，但还是产生了积极的效果。而另一方面，政府尽管大力支持第三产业，同时第三产业的总体规模也在继续扩大，但第三产业的增长速度还是相对滞后，其在GDP中所占的比例也在下降。据计算，第三产业的就业弹性系数是第二产业的五倍以上，而目前的政策效果对促进就业的力度显得偏小。

有学者指出，目前我国就业问题的严重性主要不在失业率上，而主要反映在其复杂性上，由于各种矛盾交织，如：已失业人员和大量新增劳动力并存，下岗职工再就业与农村劳动力进城相碰撞，增加了就业与提高效率的矛盾，增加了解决的难度。由于经济增长还不足以解决我国的就业问题，因此还需要寻找各种途径提高就业弹性。改革开放以来的经验表明，非国有部门的快速发展是吸纳过剩劳动力的主要渠道，而目前的经济增长主要是通过国有部门投资实现的，从而使经济增长和充分就业这两大目标之间出现了矛盾。为此，要采取就业优先的增长模式[14]。

2002年上半年虽然城乡居民人均收入有较快增长，但城镇居民人均可支配收入的增幅比农村居民的人均现金收入的增幅高了近12个百分点，这使得近年来城乡居民收入差距扩大之势继续恶化。2002年1至8月份，城市社会消费品零售总额同比增长9.9%，而农村社会消费品零售总额同比增长为6.6%，县及县以下消费品市场占全国消费品市场份额由2001年的37.4%进一步下降到36.5%。有学者指出：当前占全国总人口2/3的农村市场萎缩，对拉动经济增长是极为不利的。2002年出台不少针对农村经济的收入政策，如中央和地方财政加大对农业科技投入的力度，完善农产品市场体系建设，降低农产品流通成本，推进农村税费改革，精简县乡机构，加大财政转移支付力度等切实减轻农民负担的一系列措施，但城乡收入差距扩大矛盾并未好转。当前农民收入的增长缓慢是制约农村经济发展的重大因素，这个问题需要下更大的力气加以解决，否则，我国整体的消费增长和结构升级都将由于农民消费需求的萎缩而难以实现[15]。

（三）社会保障政策

随着中国社会保障制度改革的进展，一个政府主导、责任分担、社会化、多层次化的新型社保制度正在全面取代原有的国家负责、单位包办、板块分割、封闭运行的缺乏效率的社保制度。但由于强调为国有企业改革配套，改革决策的理性不足、决策与管理权限分散、建制权责统放不分、长期忽略乡村社保制度建设、对民间与市场的功能认识不清且有极端倾向、过分夸大个人责任等，都对社保制度的建设造成了明显的负面影响。目前中国的社保制度存在的具体问题，一是社会保障覆盖面狭窄，在城市，国有企业下岗职工基本生活保障、失业保险、城镇居民最低生活保障制度三条保障线未能覆盖到城镇全体社会成员；在农村，社会保障以家庭自我保障为主，绝大多数村镇尚未建立社会保障网，初步建立社会保障网的也主要是解决养老问题和进行最低生活保障试点。二是筹资机制不够合理，基金收缴困难，来源不稳，影响社会保障的正常运转。此外，在立法上也明显滞后，政府在社会保障方面“缺位”与“越位”并存，一方面社会保障的资金受财力制约不能充足保证，另一方面，其他相关改革不到位，政府必然负担着一些本应由市场负担的费用：负担企业大量或明或暗的各种生活补贴、福利照顾等[16]。

在是否建立统一社会保障体系问题上，2002年曾展开过一场论争。一方赞同建立统一社保体系，并把农民纳入全国统一的社会保障体系中。其理由主要有二：一是有助于国企改革，转移和减轻国有企业的社会包袱；二是保障社会稳定，有助于减轻社会转型的阵痛[17]。另一方则认为统一社保经济上根本不可行，在13亿人口的发展中国家要建立社会保障体系，在经济上是“乌托邦”式的“洋跃进”，非但无助于国企改革，还会拖垮整个财政体系。其次建立统一社保制度会严重削弱中国劳动力密集产业的国际竞争力，外资将流向没有社保的劳动力廉价国家，从而削弱而非加强社会稳定。第三违背当前小政府大市场的世界改革潮流，将在体制上重演西方和东欧的错误道路[18]。

现实的政策导向似乎为这场论争的解决提供了答案。在2003年的政府工作报告中明确提出建立和完善社会低收入群体的救助制度。同时还提出，对低收入群体不光要有现金的帮助，还要在他们的家庭、住房、医疗等方面提供一系列的帮助。这表明将来政府的工作重心将向这方面转移，特别是公共财政的扶助力度会大起来。原来从来没有提到过的农村社会保障问题，也在2003年的政府工作报告中得到体现，这是政府第一次把农民列入政府的保障之中。虽然仅仅提到新型农村合作医疗制度试点工作，但将来政府肯定会把农村整体的社会保障问题提到议事日程上来。国务院已经下发文件，中央财政、地方财政以及个人都出一部分钱来建立农村的合作医疗，并已开始运行[19]。

四、宏观经济政策取向

在对宏观经济总体运行态势及影响因素的既有判定及对宏观经济政策的分析和评估基础上，许多专家学者、政府官员提出了诸多政策建议。总的宏观经济政策取向是：继续培育内需增长的基础，促进投资与消费的良性循环，加快金融体制改革，疏通储蓄向投资转化的渠道，更好地实现财政政策与货币政策的有机结合。2002年时任国务院副总理的温家宝在全国计划会议上指出要保持宏观经济政策的连续性和稳定性，强调要继续坚持扩大内需的方针，实施积极的财政政策和稳健的货币政策，推进经济结构战略性调整，着力解决经济生活中的突出矛盾和问题，保持经济社会的稳定和发展[20]。

具体的政策着力点主要集中在以下几个方面：

（一）继续扩大内需，保持宏观经济适度快速增长

鉴于当前国内外经济运行态势，2003年在继续保持宏观经济政策稳定性和连续性的同时，扩大内需的重点要从短期政策向长期制度建设过渡，将促进内需增长的短期政策与建立新的内需增长机制结合起来。国家计委宏观经济研究院经济形势分析课题组认为，2003年我国仍将实施积极的财政政策，但在投资力度和投资结构方面宜作适当调整。由于连续五年政府投资使城市公共产品供给和基础设施建设上了新的台阶，加大对农村农业的投入将具有非常重要的意义。为此首先国债投资应适度向农村基础设施和社会事业建设倾斜，多采用以工代赈的方式，增加农民务工收入，改善农村生活条件。其次要发挥税收对宏观经济的调控能力，加快调整税收结构，进一步扩大投资与消费空间。具体措施是：合理确定中央与地方的财政收入分配比例、分步推行增值税转型、加强个人所得税的征管和提高起征点；完善税收优惠政策，刺激新消费热点。在继续坚持稳健的货币政策的同时，可根据价格走势适当增加货币政策操作的灵活性。同时要加快金融体制改革，不断完善货币政策传导机制。一要将狭义货币供应量预测目标提高到15%左右；二要增加直接融资比重，扩大股票市场和债券市场规模，促进储蓄和民间资本向资本市场分流；三要尽快建立专门为中小企业服务的中小金融机构，加大对农村信用社的支持力度，适当放松抵押贷款条件和贷款利率浮动幅度，努力缓解中小企业、农民和县域经济贷款难的问题[21]。

也有学者认为，目前扩大内需的政策重点应放在促进消费需求的增长上。由于前期投资的不断扩大，原先许多有利投资的环境条件正在逐步消失，特别是通过财政发行国债和银行增加配套贷款来扩大投资规模的空间已经有限，而目前扩大消费需求政策的选择空间较大。认为促进消费需求的关键是提高居民收入水平和消费意愿。为此，首先要从改善收入分配结构和收入分配方式入手，增加中等收入阶层居民的货币收入，提高居民收入的平均消费倾向；其次要积极采取措施努力增加农民的收入和消费；最后要大力培育新的消费热点，制定和完善相应的消费政策，促进消费结构升级。同时要积极拓展农村的需求和发展空间，各级地方政府应当尽快制定适当的政策措施来加快小城镇的投资和建设步伐[22]。

（二）加强宏观调控，“继续实施积极的财政政策和稳健的货币政策”

2003年的政府工作报告，在谈到对当年工作的安排时，报告的第一条就是扩大国内需求问题，其中提到了“继续实施积极的财政政策和稳健的货币政策”。这表明继续通过积极的财政政策来拉动需求，带动整个经济的快速发展，仍在一段时期内会成为国家经济政策的主线。在具体措施上，2003年的政府工作报告明确提出要发行1400亿元的长期建设国债，2002年提出的额度是1500亿元。2003年这些资金将主要用于“续建项目和收尾项目”。同时，2003年的政府工作报告特意提出“对一些地方房地产投资增长过猛、高档房地产开发过多的现象，应引起高度警惕，避免盲目开发带来的风险和损失”。继续实行适度财政扩张政策的具体措施是：继续扩大公共支出，适当调整税收政策和制度，稳定公债发行，强化财政投融资功能[23]。在加强财政政策和货币政策的协调作用、搞好宏观调控方面，许多专家学者的政策建议是：第一，在扩张性财政政策的边际效应逐步下降的情况下，应加速金融体制改革的进程，从货币政策的传导机制上为未来财政政策的“淡出”创造条件，加强金融政策对保持国民经济适度快速增长的调控作用。第二，适度加强货币政策的力度，以替代部分财政政策的作用，尤其在目前民间投资有所启动之时，可以更多地考虑利用利率杠杆减弱国债直接投资强度。第三，使用适当的财政政策手段为货币政策提供操作空间，促进金融创新。第四，落实对中小企业的财政贴息、担保贷款等措施，加快中小企业发展[24]。

（三）促进就业增长目标的政策选择

有学者指出，扩大就业在当前是发展和稳定的结合点。目前我国的物价持续下降，为解决上升为主要矛盾的就业问题提供了较大的余地。应当利用这个时机在扩大就业方面采取更有力的政策措施，如鼓励灵活多样的就业形式，发展劳动力市场，积极支持已成为就业主渠道的中小企业发展，促进非

国有经济加快发展，对吸纳下岗职工再就业和净增加就业岗位的企业，给予必要的政策支持和融资方便等[25]。在“中国经济形势分析与预测2002年秋季座谈会”上，绝大部分与会专家认为应把促进就业作为经济社会发展的基本优先目标，并作为考核各级地方政府政绩的重要指标，使各级政府在制定产业政策、投资政策、招商引资、结构调整以及发展新的经济组织时，充分考虑劳动力资源的开发和利用，把创造就业机会作为优先考虑的经济指标之一。

政府对就业问题要做的工作应包括，改进和强化就业服务，创造有利于扩大就业的政策环境。培育和规范劳动力中介组织，完善劳动力市场服务体系，建立公共就业服务制度。要建立城乡一体化的劳动就业管理体制，及时废除限制农民进城就业的不合理地方政策。此外，各级政府要从宏观经济决策角度考虑，把农民就业纳入国民经济和社会发展的总体战略，把农民转移就业率作为政府工作政绩的考核指标。同时要进一步为拓展服务业就业空间创造有利条件，2003年将重点支持旅游业和社区服务业的发展，增加旅游业投入。尽快研究制定推进社区发展建设的相关政策建议，指导各地社区服务业的发展，努力增加社区就业容量[26]。

党的十六大制定了我国在新世纪新阶段全面建设小康社会的宏伟蓝图和行动纲领。2002年的经济发展，又使我国站在更高的历史起点上，尽管发展的困难重重，但只要理论界实务界及时的监控和分析宏观经济运行态势，并采取相应积极有效的经济政策，则宏观经济管理目标就一定能实现。

（作者：吴晓求，中国人民大学教授；
方芳，中国人民大学副教授；
张云飞，中国人民大学硕士研究生）

注：

①唐福勇：《就业：入世之后是增是减》，《中国经济时报》，2002年12月23日。

②杨宜勇、黄燕芬：《就业的形势、环境和对策》，《2003：中国经济形势分析与预测》。

③国家计委宏观经济研究院课题组：《当前宏观经济与就业形势分析》，《经济日报》，2002年10月18日。

④胡鞍钢：《中国如何应对高失业阶段的挑战》，《经济观察报》，2002年7月8日。

⑤刘南昌：《论继续坚持及完善财政政策的必要性与可行途径》，《2003：中国经济形势分析与预测》。

⑥刘新民：《今年我国出口形势严峻 对策建议》，《中国经济时报》，2003年3月5日。

⑦郝中华：《中国经济发展的主要矛盾及宏观经济政策取向》，《当代经济研究》，2002年第5期。

⑧林兆木：《中国经济走势：审慎乐观》，《瞭望》，2002年第35期。

⑨董辅礽：《解决有效需求不足的体制原因》，《经济学动态》，2002年第7期。

⑩国家计委宏观经济研究院经济形势分析课题组：《培育内需增长的基础　促进投资与消费良性循环》，《宏观经济研究》，2003年第1期。

⑪马晓河：《今后两年“三农”政策的选择》，《宏观经济研究》，2002年第11期。

⑫胡鞍钢、温铁军等：《农业·农村·农民》，《群言》，2002年第6期。

⑬朱镕基：2003年3月在第十届全国人民代表大会第一次会议上的《政府工作报告》。

⑭许保利：《失业和就业问题的原因、影响及对策》，《国有资产管理》，2002年第10期。

⑮周志太：《财政支持 供给创新 增加农民收入》，《改革》，2002年第4期。

⑯肖行：《我国社会保障问题讨论综述》，《经济理论与经济管理》，2002年第10期。

⑰张英平：《驳陈平的“短视国策”和“洋跃进”论》，《中国改革》，2002年第7期。

⑱陈平：《建立统一的社会保障体系是短视国策》，《改革内参》，2002年第9期。

⑲《经济参考报》编辑部：《从政府工作报告看经济政策走向》，《经济参考报》，2003年3月7日。

⑳温家宝：《保持宏观政策的连续性和稳定性》，《中国经济导报》，2002年12月10日。

㉑国家计委宏观经济研究院经济形势分析课题组：《培育内需增长的基础　促进投资与消费良性循环》，《宏观经济研究》，2003年第1期。

㉒窦祥胜：《扩大内需的乘数效应分析》，《经济纵横》，2002年第4期。

㉓《经济参考报》编辑部：《从政府工作报告看经济政策走向》，《经济参考报》2003年3月7日。

㉔中国社会科学院“中国经济形势分析与预测”课题组：《中国经济形势分析与预测（2002年秋季报告）》。

㉕张玉玲：《吴敬琏：解决就业问题必须大力发展中小企业》，《光明日报》，2002年4月10日。

㉖国家计委社会发展司：《就业与再就业：形势严峻，任务紧迫》，《宏观经济管理》，2003年第1期。

财税理论与政策

吴晓求　桂荷发

2002年是我们国家发展史上具有重大意义的一年，中国共产党第十六次全国代表大会的召开，极大地调动了全国各族人民全面建设小康社会的热情。在世界经济增长明显趋缓的不利环境下，国民经济继续保持了较快增长，社会各项事业进步，人民生活水平进一步提高。2002年，全国财政收入18914亿元，比预算增加899亿元，比上年增长15.4%；全国财政支出22 012亿元，比预算增加899亿元，增长16.5%，收支相抵，支出大于收入3098亿元。其中，中央财政收入11 020亿元，增长12.8%，中央财政总支出14 118亿元。

过去的5年里，我国财政制度建设和财政宏观调控取得很大成绩，主要表现在五个方面，一是健全了财政收入的稳定机制；二是转移支付规模迅速扩大，促进了社会经济的协调发展；三是财政结构进一步优化，较好地服务了国民经济和社会发展的大局；四是财政宏观调控作用明显增强，促进了国民经济持续快速稳定增长；五是财政管理日趋规范，依法理财水平不断提高。

一、关于建立公共财政框架问题

逐步建立公共财政框架，是今后一个时期我国财政改革的主要目标。李岚清指出，当前推进和加快公共财政改革，要重点抓好以下三个问题：一是要着力深化“收支两条线”改革，这是当前建立公共财政最重要的内容，也是促进我国经济、社会发展非进行不可的一项重大改革。二是要确保所得税收入分享改革顺利实施。这项改革有利于打破市场封锁，避免重复建设，也有利于税制的公平和统一，这项改革不仅是利益格局的调整，而且是机制的转换和财政体制的完善，是公共财政改革的一项重大措施。三是要进一步调整和优化支出结构，坚决贯彻“一要吃饭，二要建设”的原则，保证事关国家安全和政权建设的重点支出，确保机关事业单位职工工资特别是教师工资按时足额发放，大力清理和压缩不符合公共财政和世界贸易组织规则要求的各项开支，减少、取消影响公平竞争的各种财政补贴①。

项怀诚指出，对建立公共财政框架的研究和探讨已经取得了一定的成果，形成了一些共识，但还有待进一步深化。今后的研究中要注意把握以下几个方面：一是要重点研究建立公共财政支出框架问题。二是要充分重视研究构建规范的公共收入制度问题。三是要注意研究健全监督检查机制问题②。

王传伦教授提出，建立和健全我国公共财政体制，是根据我国国情、完成改革和发展两大任务，探索解决财政工作现实问题的实践过程。兼顾效率与公平、政府与市场配合，是建立和健全公共财政框架的原则。公共财政体制的建立和健全，应该注意三点：一是公共财政体制并非是从某个理论模型中推导出来的，而是财政实践的结果。二是公共财政体制应不断健全、充实和变革，在发展中愈益完善。三是在我国社会主义市场经济体制的建立中，公共财政应兼顾效率和公平，目标是经济的持续发展和社会的进步③。

李元江等人认为，社会主义市场经济的公共财政制度体系包括四个方面：一是构建公共财政体制，包括建立分级自治财政体制、建立级次预算制度和建立政府间公共财政转移支付制度。二是构建公共预算制度，包括确立公共预算的原则、明确公共预算主体和启动公共预算程序。三是构建公共支出制度，包括明确公共支出的范围、完善公共支出体系、建立公共支出管理制度和谨慎的转移支付制度。四是构建公共收入制度，包括明确公共收入的范围、完善公共收入体系和建立公共税收制度④。

关于公共财政支出问题，谢瑞通过对中国和部分国家财政支出结构的比较研究指出，由于各国政治、经济体制及文化传统不同，各国中央政府的职能范围也不完全相同，但作为市场经济条件下的政府，其财政也有共同或类似之处的范围，具体而言，这些共同或类似之处的范围是：行政管理、国防、教育、社会保障与福利、基础设施、公用事业、环境保护等。中央政府各项支出的幅度及所处地位是不相同的，其中，提供教育、卫生、社会保障与福利及住房与社区环境等社区和社会服务的支出占绝对主导地位，是中央财政的主要职能。财政支出结构的国际比较对调整和优化我国财政支出结构的启示是：应该明确财政支出应遵循的基本原则；科学界定财政支出范围，提高支出结构的效率；政府要加大对国民经济有重大影响领域的投资力度；提高政府行政工作效率，增强财政调控能力；保证教育、科技等方面的支出⑤。

徐仲民认为在构建公共财政框架的过程中，应该建立财政风险防范机制。公共财政框架的风险包括思想意识形态的风险、政府管理体制的风险、财政运行机制的风险、国有企业发展的风险以及市场经济调控的风险。公共财政风险防范机制包括：创新理财理念，转变政府职能；规范政府预算，推行部门预算；强化财政收入，提高三个比重；加大支出改革，保证公共需求；完善财政监督，建立预警系统；科学规划方案，加快工作进程⑥。

二、关于加入世贸组织后的财税改革与应对措施

加入世贸组织后，我国经济进一步融入世界经济体系，对外开放将进入一个新的发展阶段。作为一个负责任的大国，中国政府将恪守世贸组织规则和各项协议，切实履行加入世贸组织的各项承诺。从2002年1月1日起，中国政府开始履行关税减让协议，将关税总水平由15.3%下降到12%，涉及5300个税目的税率有不同程度的降低。到2005年，中国关税总水平将降至10%。同时，中国政府还将继续对各类财税优惠措施和财政补贴政策进行全面清理，取消不符合中国政府对外承诺和世贸组织规则要求的财政补贴方式。中国政府还将进一步清理和规范行政审批制度，对能够用市场机制运作代替行政审批的项目，通过市场机制来处理，加快转变政府对经济的管理方式。中国政府还将按照国际惯例进一步提高财政透明度。加入世贸组织对我国财税政策及管理方式的挑战是全方位的⑦。

杨灿明等人认为，为适应加入世贸组织，我国的财税政策调整是当务之急。一要加强财政法制建设，包括要清理、修订和制定相关的法律、法规、规章制度，要灵活运用世贸组织规则。二要改革财政管理制度，包括推进财税制度改革，强化财政机制建设；规范财政管理行为，减少市场扭曲；提高财税政策的透明度、公开性和统一性；加快社会保障体系建设；加强财政监督，将财政内部监督、审计监督、司法监督、公众监督等多种监督方式结合起来，增强财政监督的综合威慑力，并坚决查处财务分配中的违规违纪行为，提高财政资金的使用效益。三要运用关税政策维护国家经济利益，包括：力求财政收入不随关税税率下降而下降；利用关税政策促进有效竞争。四是要完善加入世贸组织后的税收政策，包括完善出口退税政策；统一内外资企业所得税；改革个人所得税制；制定电子商务税收政策⑧。

刘溶沧认为，加入世贸组织后，我国应该进行财税政策调整与政策创新，重点抓好五个课题：一是加强和改善政策基础，做到政企分离，政府决策和执行过程透明化，政府管理规范化与法制化，要制定和调整我国新时期财政政策的法制基础，完善财政的基本制度。二是调整政策适应性，按照公平、公正的原则，为各类不同企业创造平等竞争的市场和财税环境及一视同仁的“国民待遇”，调整加强社会保障预算和社保政策，进一步调整和加强财政投资政策，增强国民经济发展后劲。三是提高政策透明度，按照世贸组织的规则，包括财税在内的各项法规、政策、制度、措施都须予以公布，增强公开性、透明度和可预见性。四是增强政策应变力，必须把财政政策的制定和调整，放在公共财政的框架内来加以审视和考虑，尽力扩大财政投资的“乘数效应”，抓好对财政风险的防范。五是注重政策的协调配合，尤其是财政政策与货币政策的双向协同，要以现代市场经济、开放经济为基础，以廓清、重构财政、金融职能为切入点，以解决企业突出问题、提高我国企业市场竞争力为基点，以保证经济社会稳定为重点，以扩大内需、调整优化产业结构为关键点，发挥财政、货币政策各自的功能以及加强两者之间的协调配合⑨。

于海峰等人认为，世贸组织规则下的公共财政政策选择，应该高度关注以下五点，一是要立足于国家经济的安全保障和危险的预防。当前要在按照世贸组织规则要求降低我国关税水平的同时，积极调整关税的税率结构，按照国民待遇原则或无歧视原则规范我国的减免税政策，充分利用世贸组织规则中关于反倾销税、反补贴促进贸易自由公平的手段，保护我国民族产业，维护国家经济安全。同时，财政应该增加对世贸组织规则有关技术壁垒的研究与应用的投入。二是要建立合理有效的再分配机制，增加对基础设施、环境保护、文教设施、企业技改等方面的资金投入，加快小城镇建设，吸纳农村剩余劳动力，缩小城乡差距，加快社会保障体系的建设。三是要强化国家重要产业和主要领域的投资，解决三农问题，加大对科技投入的力度，增加教育投入的水平和质量，支持和促进国有经济的发展。四是要增加人才资源的投入，提高科技人才的工资水平，建立公务员工资水平提升机制。五是要实现区域经济均衡发展，继续扩大中央财政对西部地区的投入力度，对西部地区要实行有别于发达地区的财税体制，为其腾飞打好财力基础[10]。

加入世贸组织后，我国税制也需进一步改革和完善。马海涛认为，今后我国税制改革可以从七个方面入手，即统一内外资企业所得税，调整关税政策，完善增值税，改革个人所得税制度，适时开征社会保障税，尽快开征遗产税和赠予税，以及尽快研究制定电子商务税收政策[11]。

三、关于积极的财政政策问题

从1998年下半年起，我国开始实施积极的财政政策。连续四年的积极财政政策，促进了国民经济持续稳定增长，为国民经济的长期可持续发展奠定了坚实的基础，提高了我国的国际地位，丰富了我国政府加强宏观调控的经验。积极的财政政策应该什么时候淡出，引起了政界和学界的高度关注。项怀诚指出，从当前情况看，马上淡出的条件并不成熟，原因有四：一是世界经济增速放缓，我们面临的国际经济形势比亚洲金融危机时还要严峻。二是通货紧缩趋势尚未得到有效遏制，物价总水平还比较低。三是社会投资和居民消费增长仍然缓慢，还没有成为拉动经济增长的主动力。四是为了确保原来开工的国债项目，需要相应增加后续国债投资。继续实施积极财政政策的有利条件有三：一是有继续实施积极财政政策的空间，赤字率和债务负担率在可承受的范围内。二是居民储蓄率较高，资金和其他生产要素比较充裕，利率和价格水平比较低，适当增发国债，不仅成本低，而且有物资保障，不会引起通货膨胀。三是积极财政政策还有实施的条件，国家的重点建设及人们的吃、穿、住、行等方面，都有很大的投资和消费潜力。项怀诚还认为，在实施积极的财政政策过程中，保持税制的相对稳定是符合国情的正确选择[12]。

叶振鹏等人认为，在今后经济调整的相当长时期，内需不足的状况将继续存在，经济增长的压力将取代通货膨胀的压力成为经济发展中的突出问题，在此景况下，扩张性财政政策就是一种必然选择，积极的财政政策还要继续实施下去。近期和未来财政政策的着力点是：(1) 财政政策与货币政策的配合。在松紧搭配上，在目前情况下，明显的是应该采用松的货币政策，配合扩张性的财政政策，两者共同发挥作用，促进经济尽快走向良性循环。在机制的契合上，一方面是扩张性财政政策应该为货币政策发挥作用拓展空间，提供条件；另一方面，货币政策要为财政政策创造宽松的市场环境，使财政政策适应并促进以市场为基础配置资源机制的形成。(2) 财政政策目标的调整。从追求经济增长到关注经济发展。在推进经济结构演进中实现经济增长，核心是解决城乡二元结构问题；在解决失业中实现经济增长，核心是支持第三产业和劳动密集产业；持续稳定地实现经济增长，提高经济增长的质量。(3) 财政政策的作用方向。短期是需求管理，长期是供给管理。(4) 财政政策的着力点，改变收入分配格局。此外，积极的财政政策必须具有发挥有效作用的制度基础，其制度前提是现代预算，目前推进预算制度改革的要求十分迫切[13]。

王保安认为，2002年积极财政政策的要点是：(1) 继续发行长期建设国债，增加国债投资，投资方向继续向中西部地区倾斜。(2) 加快农村税费改革，继续推进其他各项税费改革。(3) 进一步完善出口退税机制，促进出口增长。(4) 积极推进财政支出改革，用制度规范保证财政支出效益的提高。(5) 深化"收支两条线"管理改革，加强综合财政预算管理。(6) 调整和完善分配制度，加快社会保障体系建设。(7) 推进投融资体制改革，优化宏观资源配置方式。(8) 加大结构调整力度，促进区域经济发展和产业结构优化[14]。

财政部办公厅积极财政政策课题组认为，近期的积极财政政策，要注重短期政策与长期政策的有机结合，为经济发展中长期目标服务，要注重政策的调整与衔接。(1) 合理运用国债政策，加强国债管理，包括支持产业结构战略调整，改进国债发行办法，深化国债的市场化改革等。(2) 调整税收政策，激活社会投资。(3) 规范转移支付制度，支持西部大开发。(4) 调整政府支出范围，加强社会保障支出。此外，要进一步加大改革力度，不断改革和完善预算管理制度，以更好地保证上述财政政策的实施[15]。

国家计委宏观经济研究院宏观经济形势分析课题组认为，积极的财政政策作为一项短期的宏观调控政策，淡出是其必然结果，但积极财政政策淡出必须具备以下条件：(1)民间投资必须能稳定回升并替代积极财政政策对投资的拉动作用。(2)经济结构调整是否见成效。(3)通货紧缩的压力是否已经基本消失，甚至已出现通货膨胀的现实危险。(4)外需是否稳定增长。当前，应该努力调整积极财政政策的方向和内容，为经济的发展和改革创造良好的外部环境。一要调整财政支出结构，强化财政政策的公共职能。二要采取有效措施，激活民间投资。三要以财政资金支持改革深化和结构调整[16]。

四、关于是增税还是减税问题

我国近年来实施的积极财政政策，主要采用了增发国债，扩大财政支出的办法。在实施积极财政政策的过程中，未采取大规模减税政策，保持了税制的基本稳定。项怀诚指出，这是由我国国情所决定的。原因有三：一是当前我国经济、税收环境制约了减免税效应的发挥。二是以间接税为主体的税制结构制约了减免税政策的调控力度。三是目前我国税负在世界上处于较低水平，大量重点支出又需要国家财力保障，减免税空间不大。当然，我国不宜实行大规模减税政策，并不意味着减免税这个政策工具就放弃不用。实际上，近几年来，我国在保持税制基本稳定，没有出台增加企业负担的税种，没有提高涉及企业负担的税率的情况下，仍实行了一系列减轻社会和企业负担的措施⑰。

吴俊红等人认为，我国没有大幅减税的实际空间。因为，第一，我国长期实行减税让利政策，宏观税负不仅在发达国家，而且在发展中国家都是非常低的。第二，当前我国企业和居民负担过重的关键不在税收，而在于税外收费。在这样的收入机制下，讨论进一步减税，并不能减轻企业和居民的负担，只会是国家减税而纵容地方收费，形成税减费增，预算内减、预算外增甚至制度外增的后果。第三，在我国目前的税收征管水平、纳税人的纳税意识和法制条件下，一旦减税形成一种政策环境，则会破坏正在健全的依法治税的环境，造成大量的税收流失，形成许多税收漏斗。当前，应该加速推进“费改税”步伐，把减税的意图纳入“费改税”进程，通过规范政府收入机制而加以实施，改革直接税系，调整间接税系，完善出口税系，改革税收优惠办法⑱。

安体富认为，当前，我国应当采取适度的减税政策，通过完善税制，改进那些阻碍经济发展的税制规定，把应该减的税减下来。原因在于：(1) 目前我国企业的税费总负担是过重的，这不利于提高企业的竞争力。(2) 我国的主要税种——增值税和企业所得税的税率偏高。(3) 减税对经济发展能起到促进作用。(4) 降低名义税率并不意味着减收。当务之急是要尽快完善增值税和所得税制⑲。

梁朋认为，从宏观税负水平来分析，我国大口径的宏观税负已经处于一个较高的水平，而且还有加重的趋势，因此应采取一些措施减轻税费负担。从微观税负水平来分析，当前各类企业之间税负差别过大，税负不公平的现象比较严重，尤其是国有企业的负担偏重。因此，税收制度本身存在着对税负进行调整的客观要求，应通过税负有增有减的调整，实现税负公平和税制完善。当前最迫切需要进行改革和调整的是两个方面，即进一步改革和完善增值税税制，统一和完善内外资企业所得税制度⑳。

姚轩鸽认为，连续七年的税收超常增长，引发了社会各界关于减税问题的争论，但当前的争论存在四个问题：一是“减税”概念的乱用。各家对“减税”的理解分歧很大，往往根据论证所需，交叉乱用“减税”概念。二是对结论导出的大前提认识不一。三是对到底该不该减税的判断标准不一，正是由于判定标准的不同，自然会引起观点各异、甚至对立的争论。四是论证缺乏科学性。各方往往为了论证自己的观点，走以偏概全的路子㉑。

金人庆从三个方面论述了“有增有减，结构调整”的税收宏观调控政策：第一，我国现阶段不宜实行大规模减税政策。第二，为应对1998年以来的通货紧缩趋势，我国实际上出台了不少减税政策。第三，在保持税收与经济发展同步，或者略高于经济发展速度的前提下，税收政策可以根据经济发展的需要，作出有增有减的结构调整。当前，我国借鉴西方国家的经验教训，运用税收手段加强宏观调控，应当重点把握好以下两点，一是在保持财政收入稳定增长的前提下，继续实行有增有减、结构调整的税收政策。二是出台各项税收宏观调控政策要把握好时机和力度，稳步推进㉒。

（作者：吴晓求，中国人民大学教授；
桂荷发，中国人民大学博士）

注：

①李岚清：《新形势下的积极财政政策和公共财政改革》，《经济日报》，2002年4月1日。

②⑦项怀诚：《当前财政改革发展中需要重点研究的几个问题》，《四川财政》，2002年第2期。

③赵登华：《加快建立公共财政体制——访中国人民大学教授王传伦》，《经济日报》，2002年6月17日。

④李元江等：《社会主义市场经济的公共财政制度研究》，《财政研究》，2002年第1、2期。

⑤谢瑞：《中国与部分国家财政支出结构比较研究》，《现代财经》，2002年第7期。

⑥徐仲民：《公共财政框架下的财政风险防范机制研究》，《中央财经大学学报》，2002年第6期。

⑧杨灿明、赵福军：《加入WTO后财税政策的改革取向》，《财政与税收》，2002年第7期。

⑨刘溶沧：《我国入世后的财政政策调整与政策创新》，《财政研究》，2002年第6期。

⑩于海峰、姚凤民：《WTO规则下的公共财政

政策选择》，《财政与税务》，2002年第11期。

⑪马海涛：《加入WTO与完善税制》，《中国财政》，2002年第2期。

⑫⑰项怀诚：《积极的财政政策：宏观调控的成功实践》，《求是》，2002年第6期。

⑬叶振鹏、焦建国：《积极的财政政策：近期取向与制度基础》，《经济学家》，2002年第3期。

⑭王保安：《2002年：中国财政政策的背景与要点分析》，《财政研究》，2002年第3期。

⑮财政部办公厅积极财政政策课题组：《近期经济形势和财政政策选择》，《财政与税收》，2002年第1期。

⑯国家计委宏观经济研究院宏观经济形势分析课题组：《积极财政政策效应分析及调整方式研究》，《财政与税务》，2002年第2期。

⑱吴俊红、陈永彪：《积极财政政策与税制改革》，《财政与税务》，2002年第8期。

⑲安体富：《当前中国应采取适当减税政策》，《财政与税务》，2002年第1期。

⑳梁朋：《适度减税：我国目前税收政策的选择》，《经济理论与经济管理》，2002年第4期。

㉑姚轩鸽：《当前减税争论的分歧在哪里?》，《财政与税务》，2002年第9期。

㉒王迎晖：《金人庆重申：有增有减》，《经济参考报》，2002年7月3日。

金融理论与政策

吴晓求　魏建华

经过2001年的全方位探讨后，2002年，金融理论界有关加入世贸组织带给中国金融业的机遇与挑战的话题渐趋减少。人们更关注的是，在这一大背景下，中国金融业应该怎样行动，也就是说，应该怎样针对中国金融业存在的问题，探讨具体的解决办法。

这一年，金融理论界注意到，国有独资商业银行问题是金融领域的一个特殊问题。国有独资商业银行具有独特的经济地位和政策意义，它们既发挥过其他金融机构难以比拟的作用，现在又面临巨大的困难，如何加快国有独资商业银行的改革步伐，显然是一个现实而又紧迫的问题。诸如国有独资商业银行存在的公司治理结构问题等；针对近来关于建立民营银行的呼声，理论界也对建立民营银行的时机、需要扫除的障碍以及应该注意的问题等展开了讨论。中国经济的持续高速增长备受国内外瞩目，但在高增长的同时，我国依然没有完全摆脱有效需求不足的困扰，有些国家甚至有人认为中国在向外输出退货紧缩。针对这些问题，理论界展开了讨论；证券市场的发展仍然是理论界关注的话题。除了公司治理结构的问题有了进一步深化之外，人们还将研究视野进一步拓展，研究证券市场的发展与货币政策的关系。

一、金融发展与经济增长

世界经济的发展历史表明，金融抑制和金融过度都会损害经济增长。处于转型时期的中国经济要实现持续、健康、快速发展，必须能够正确把握金融发展与经济增长的关系，建立起与经济快速增长相适应的现代金融体系，这关系到金融体制改革与经济体制改革的成败，也关系到第三步发展战略目标能否顺利实现。

有学者认为，金融发展与经济增长、金融深化与经济增长有着非常密切的关系。通过实证分析，学者们认为，我国金融的发展是十分迅速的，但就金融结构看，我国金融发展中仍存在比较严重的金融抑制问题，具体表现为市场结构不健全、金融产品结构单一、融资结构不合理、融资体制存在制度性障碍等。金融市场不健全形成的金融抑制不仅制约了民营和中小企业的发展，也降低了整个社会的资源配置效率，损害了经济增长①。

另有学者指出，在现代经济中，经济运行与金融活动是相伴进行的。经济的发展必然伴随着金融总量的增长，金融总量的增长对经济增长起着十分重要的推动作用，提供着强有力的支持，在经济与金融相互促进的增长关系中，二者的增长速度不一定完全一致，特别是在经济货币化与金融化加速进行的过程中，金融总量的增长往往比经济的增长更快。金融结构在一定程度上反映着金融与经济发展的层次和经济金融化的深度。在经济与金融发展过程中形成的金融结构，既是经济与金融发展的客观结果，又是经济与金融发展的重要体现，它还反映着经济金融化过程中的虚拟程度或泡沫程度，亦即反映着经济与金融发展中的风险程度。中国目前的金融结构虽然较改革开放之前有了较大的变化和改善，但在金融产业结构、金融市场结构、融资结构、金融资产结构等方面仍然不够合理，制约了金融效率和国际竞争力的提高，影响了金融的发展及其对经济的贡献。随着经济发展和改革开放的深入，特别是面临加入世贸组织后的挑战，如何在改革开放的进程中主动通过金融结构的调整来优化金融发展的层次和效率，已成为当前经济和金融发展中亟待研究解决的重大问题，而问题的解决依赖于金融体制改革的进一步深化②。

还有学者从货币政策的角度来论证金融与经济发展的关系。有学者认为，稳健的货币政策促进了国民经济的稳定健康发展：第一，稳健的货币政策是在国家扩大内需方针指导下与积极的财政政策相配合的一项宏观经济政策，担负着积极促进国民经济稳定和发展的重任；第二，稳健的货币政策既是一项中期的金融稳定政策，更是一项年度的宏观经济调节政策，其政策内容既有稳定的连续性又有年度调节的针对性；第三，稳健货币政策的执行效果证明是积极而稳健的，适当增加货币供应，规范引导信贷投向，满足了国民经济增长的需要，促进了国民经济的战略性调整；第四，针对当前国际国内需求双趋弱的情况，货币信贷政策有必要在防范风险的前提下，对促进经济增长发挥更为活跃的主动性作用③。

根据相关分析，学者们纷纷提出对策建议。有学者提出：第一，所制定的货币政策既要体现防范风险的意识，又要促进经济发展。第二，尽早处理四大国有商业银行的不良资产，化解金融风险，提高商业银行运作效率。第三，激励机制和约束机制并重。稳健的货币政策既需要适当扩大货币供应量，又需要将银行信贷资产的风险降到最低限度。这就需要银行家既从自身商业利益出发去发现和搜寻一切有利可图的贷款机会，与此同时又将风险降到最低限度。前者为贷款激励机制，后者为风险约束机制，两者要相辅相成。第四，积极发展和培育中小金融机构特别是非银行金融机构。国家应从市场准入、业务范围开展等方面扶持中小金融机构的发展，从而促进中小企业的发展④。

另有学者提出，鉴于我国金融深化程度已较高和金融发展中存在多方面金融抑制的现实，我国金融适度发展的当务之急是消除金融抑制和防范金融过度并举，加快金融体制改革，致力于完善金融结构。具体包括：一是结合入世和金融业对外开放提供的发展机遇，加快金融市场结构的调整步伐，尽快建立起多层次、能够提供全方位金融服务的市场体系，重点是发展证券市场和建立健全面向中小企业的金融服务体系、大力推进企业债券市场的发展，改善企业融资结构。二是鼓励金融机构进行金融创新，在加快金融业电子化和网络化建设的同时，尽快推出期权、货币互换等衍生工具，择机推出利率期货、货币期货，完善衍生市场，为企业经营与投资提供必要的规避或分散金融风险的工具。三是要加快金融机构法人治理结构的改造，建立健全金融机构的内部风险控制机制，增强金融机构对金融风险的自我防范能力。四是进一步改革金融监管体制，在分业监管和增强市场监管作用的基础上，加强监管机构之间的协调与配合，提高统一监管能力，在促进金融业稳健发展的同时，防范金融泡沫化。五是在全社会进行信用观念的宣传教育，形成良好的遵法守信环境。六是保持虚拟经济与实体经济的基本匹配，尤其是防止房地产泡沫⑤。

还有学者专门从稳健货币政策的角度强调五个结合：第一，稳健货币政策的执行与国民经济结构调整相结合；第二，稳健货币政策的执行与推进金融改革相结合；第三，稳健货币政策的执行与促进改进商业银行的贷款营销机制相结合；第四，稳健货币政策的执行与监管指标的适当调整相结合；第五，稳健货币政策的执行与央行的资产负债调整相结合⑥。

根据目前中国经济和金融发展阶段以及金融结构的状况，有学者提出，在未来一段时期内，金融体制改革应该特别关注以下几点：一是加快资本市场的发展，提高直接融资的比重；二是加快发展多元化金融机构体系，有效推动国有商业银行的改革；三要建立风险投资机制，促进经济结构的调整和改善；四要努力提高金融资产增长的质量，抑制（防止）金融发展中过度虚拟化的倾向⑦。

二、国有商业银行改革

我国的银行体系经过 20 年的发展取得了令人瞩目的成绩，建立了统一的银行体系。然而国有独资商业银行改革滞后使银行体系不能充分发挥作用。学者们研究后得出的结论是：第一，国有独资商业银行改革滞后阻碍了经济增长和经济体制改革。具体表现为改革滞后的国有独资商业银行效率低下，降低了全社会储蓄转化为投资的效率，使一些颇具发展潜力的企业得不到必要的资金，导致我国经济中持续高速增长的潜力得不到充分发挥；国有独资商业银行改革滞后使人民银行缺少有效促进经济增长的货币政策工具，导致中央政府在实施宏观调控的时候货币政策作用下降，不得不更多地依赖财政政策。第二，国有独资商业银行改革滞后直接影响全局的机制及其变化。第三，改革滞后会加重银行业系统性风险，其中最大的风险就是国有独资银行不良贷款比例过高，此外，流动性风险也非常严重[8]。

国有商业银行改革最核心的内容是什么？有学者提出，建立良好的公司治理机制是国有商业银行改革的核心[9]。我国国有商业银行的公司治理结构主要存在以下缺陷：其一，所有者缺位。国有商业银行的所有权属于国家，但在实践中，缺乏有效的代表国家行使所有者权利的董事会（或类似机构），没有一个真正对国有资产负责的持股主体，公司治理结构中也没有国家股股东的地位，在这种情况下，很难使商业银行的经营目标符合国家作为所有者的目标。其二，管理者激励机制的欠缺。商业银行的管理者虽掌握着庞大的资源，但却缺乏追求盈利的动机。因为在现行体制下，在选拔管理者时，是从多方面素质综合考虑选拔，而不会单凭利润等硬性指标选拔。这种缺乏激励机制的后果是难以形成优胜劣汰的机制，这也是现阶段银行惜贷的主要原因。其三，内部人的自利行为。这主要表现为经营层决定商业银行发展、经营和分配等重大事项时，往往个人独断专行；经营行为短期化；过度发放信贷；过分的在职消费以及工资、奖金等收入增长过快，侵蚀利润等。此外，商业银行经理层还利用政府行政上的超强控制推脱责任，把经营性亏损和政策性亏损混为一体，将经营性亏损推脱为政策性亏损，由此转嫁自己的风险[10]。

针对国有商业银行公司治理结构存在的问题，学者们认为应该采取措施认真加以解决。首先应实行股份制改革，促进股权结构合理化。实行股份制，原有体制下产权的单一结构将被打破，取而代之的是多元产权主体所形成的独立的法人财产权，有助于商业银行恢复经济人的本性，从而降低非经济目标在总目标中的权重。其次是按照现代企业制度要求，分步对国有独资商业银行进行综合改革。主要是完善内部法人治理结构，分别设立股东代表大会，董事会和监事会，使所有权、经营权和监督权互相分开，明确划分董事长、监事长和行长（总经理）职责，并规范其运作。此外，中央银行要加强对商业银行法人治理结构的监管，尽快颁布《股份制商业银行公司治理指引》，将商业银行法人治理结构的合法性、合规性逐步纳入中央银行对商业银行的检查内容。对不合法、不合规的商业银行应限期整改，限期不改者可予以处罚[11]。

另有学者则提出了更为具体的治理措施：（1）确立清晰的战略目标，并使之阶段性量化。一个好的大银行战略必须要容纳四个要素，即银行产业的未来发展方向，银行现有的和潜在的竞争优势，贯彻盈利的公司价值理念以及阶段性目标明确。（2）重组业务流程，形成矩阵组织结构。银行业务流程的重组有三个步骤，即明确业务种类，细分工作岗位及其要求，以价值最大化为原则整合流程。（3）建立量化的核算体系。当务之急是要建立分部门核算体系，以量化各部门对银行的贡献或给各部门“定价”。（4）开发和培育人力资源。（5）强化风险管理和内控制度。（6）建立多样化、高透明的激励机制。（7）实现充分的信息披露。（8）建立健康负责的董事会[12]。

三、民营银行的建立

近一段时间以来，关于民营银行的话题又多了起来。有学者认为，发展民营银行有五大好处：一是促进我国银行体制结构的改革与完善；打破由国有或准国有经济一统银行业经营的局面，提高银行业的竞争水平和效率，最终促进国有银行的改革深化；二是针对民营企业融资难的问题，将民营银行的发展定位于为民营企业融资提供服务，可以成为中小企业融资的手段之一；三是加大银行业和信贷市场的竞争力度，提高国有银行的经营水平，为应对外资银行的进入进行“演练”；四是将民间融资合法化，减轻非法融资的危害；五是对民间资本实行国民待遇，即对外开放的领域对民间资本也应开放[13]。

有学者甚至认为，开放民营银行是金融改革的核心。不过，我们必须认真吸取邻国教训：第一，在开放金融领域的时候绝不能放松对金融风险的监督管理；第二，不能让特权集团或者军队、司法部门来办民营银行；第三，不能让大企业来主办银行；第四，更不能毫无条件地让外国资本进入金融业[14]。

同样有不少人对民营银行提出了质疑。他们认为：（1）实际上据以设立民营银行的依据（国有银行存在信息成本劣势）并不成立。（2）民营银行资金来源值得怀疑。民营银行同国有银行相比，最大的不利就在于其规模、信誉低。因为国有银行有国家作为担保，国家不可能让他们倒闭。（3）在我国目前的金融形势下，民营银行的设立不可能真正展开银行业的竞争，从而提升金融行业的竞争力。因为我国存在严格的金融管制，即严格的利率管制和银行业务的管制。（4）民营银行的竞争力值得怀疑。（5）民营金融机构的建立会给脆弱的金融体系增加监管风险[15]。

有学者首先明确表示，民营银行准入不宜成为金融改革首选。因为按开放所谓“民营银行”的方案来解决中小企业融资难问题就目前情况看绝非是一种现实的可行选择。不仅如此，以我国金融目前的状况，由于四大国有商业银行存在巨额不良资产，尤其是中小金融机构包括城市商业银行和相当部分农村信用社仍处于生存与发展的困境之中，因而降低金融风险不能不成为当前金融改革首先需考虑的。其实，如果中小金融机构出现风险动荡，作为中小商业银行的新生民营银行很难不受影响而顺利成长。因此在短时期内，放开民营银行准入限制不应当成为当前改革的优先选择。不过，学者们也清楚地认识到，限制民营银行市场准入并不等于限制民营金融发展，并不意味着金融主管当局不允许民间资本进入银行业，事实上按照《商业银行法》规定，我国不允许私人办银行，但允许私人参股银行。随着金融改革的深入，不仅四大国有银行股份制改造需要大量的民间资本参与，而且全国10家股份制银行，特别是111家城市商业银行、近4万家法人农村信用社正处于改革发展的十字路口，迫切需要从产权结构入手，引进对盈利要求强烈的战略投资者特别是民间资本，健全公司治理结构，形成良好的管理层激励约束机制，从根本上引导城市商业银行朝现代银行方向发展。因此，可以说在较长一段时期内，城市商业银行和农村信用社对民间资本有着内在的需求。如何引导民间资本对城市商业银行和农村信用社进行“民营化”改造，开辟除国有商业银行股份制改造之外的第二战场，也许更为迫切[16]。

四、通货紧缩：判断与应对

2001年底以来，我国价格总水平再次持续下降，2002年上半年，全国居民消费价格总水平比上年同期下降0.8%。我国是否出现了通货紧缩，应采取哪些对策措施，专家、学者有不同的看法。

有学者认为，当前并不存在什么通货紧缩。宏微观运行指标的反差说明国民收入分配关系恶化，致使市场经济基本矛盾和主要矛盾交叉激化，严重阻碍经济结构的调整升级。通货膨胀和通货紧缩都是货币现象，胀、缩之差在于货币供应量。通货紧缩是货币供应量低于经济运行客观需要的货币流通量，政府少发了纸币，货币由于紧缺而升值，引起物价下降。通货紧缩必然引起物价下降，但物价下降不一定是通货紧缩引起的。近年来的统计资料证明政府没有少发纸币，货币供应量是充足的，连续8次降息，银行存差3万多亿。可见物价下降不是由货币供应量不足引起的[17]。

不过，还是有许多学者认为，存在通货紧缩，应对其进行客观、认真的分析：（1）通货紧缩并不必然是洪水猛兽。相反，应当清醒地看到，通货紧缩有好、坏之分。在好的通货紧缩情况下，是新的投资领域的不断开发和生产率的不断提高造成供给的大规模增加，从而导致物价普遍下跌；相反，在坏的通货紧缩下，由于旧技术以及旧产品仍然在经济活动中占据统治地位，投资领域不断缩小，生产率也难以提高，于是导致旧产品大量过剩；与此同时，这种过剩导致就业减少和收入不断下降。（2）通货紧缩是多种因素共同作用的结果。其中最为重要的，因而起着关键作用的，还是科学技术的发展周期，以及以科学技术周期为基础的经济运行的长周期。因此，通货紧缩是常见的现象。（3）在康德拉季耶夫长波的现阶段，整个经济处于创造性破坏的过程中。这个时期的实体经济基础是科学技术的革命周期。它造成传统产品的大规模过剩。因此，我们采取适当的对策，是要防止通货紧缩的恶化，继续实行扩大内需的方针[18]。

为防止通货紧缩恶化，学者们提出了应对措施。他们认为应该采取的措施有：（1）进一步降低贷款利率，以降低实体经济活动部门的融资成本，刺激企业和个人的有效需求。（2）还应考虑进一步下调准备金利率和超额储备金利率，以挤出商业银行持有的过多货币准备。（3）应着手考虑适当放松对汇率的管制，进一步完善结售汇制度，扩大企业自主运用外汇权，充分发挥市场调节汇率的作用，降低企业对外交易的融资成本。这也是充分发挥货币政策调节作用的一个重要方面。（4）既要采取有效措施鼓励现有商业银行扩大对中小企业的贷款业务，也要考虑尽快出台允许和鼓励专为民营企业、中小企业服务的非国有社区性股份制中小银行发展的政策，通过发展这类银行，满足民营企业、中小企业和农村的投资与贷款需求[19]。

摩根斯坦利首席经济学家斯蒂芬·罗奇在其名为《中国因素》的研究报告中称，“中国已成为美国经济收缩的一个主要因素，是全球通缩的火车头”。斯蒂芬·罗奇首先肯定，近8%的经济增长使中国成为全球迄今经济增长最快的国家。但是，该报告同时指出，“中国令人瞩目的成功也会带来意想不到的后果，并且影响全球，不断上升的通缩风险是要点所在”。报告说，“中国2002年8月份的消费物价指数比上年同期下降了0.7%，1996年至2001年期间，中国在亚洲对美出口增长额中所占比例高达50%，中国已成为美国经济收缩的一个主要因素。”有学者指出，该报告的前提就是不存在的。单纯的物价下跌并不能称为通缩。如果物价下跌的同时导致经济衰退或伴随着经济衰退才能称为通缩。但是我国在物价低位运行的同时，经济是高速增长的。所以，不能判定中国经济已经进入通缩，更不能说“中国输出通缩”。中国物价长期低位运行，学者认为有几个重要原因。首先，技术进步和劳动生产率提高使单位生产成本下降，产品价格自然会下降。其次，由于技术和管理的进步，投入的增加，企业规模的不断扩大，生产能力的迅速增长使供给充裕，当然也产生了重复建设造成的部分过剩及消费需求，特别是农村消费需求不足等问题。另外，体制改革使人们预期支出心理在增强，消费预期不好也导致需求不足。不能说中国低价格产品进入美国市场就导致了美国的通货紧缩，只能表明中国劳动生产率的提高，单位产品成本的下降和国际竞争力的增强[20]。

五、证券市场与上市公司

中国的证券市场自2001年6月股市下跌以来，一直处于低迷状态。除股市自身的运作规律之外，上市公司的业绩不理想，也是股市不活跃的重要原因；而公司业绩差的一个重要原因是公司的股权结构和公司治理结构不够完善。

有学者根据描述性统计和实证分析的结果，得出以下主要结论：(1) 上市公司绩效越好，股权集中度越高。这说明公司绩效是影响上市公司股权集中度变动的一个主要因素。(2) 上市公司规模越大，股权集中度越低的假设不成立。(3) 上市公司中国有股比例越低，股权集中度越低。(4) 发起人法人股比例越低，股权集中度越低。(5) 上市公司中募集法人股比例越高，股权集中度越低。这说明募集法人股比例是影响上市公司股权集中度变动的一个主要因素。(6) 上市公司中流通股比例越高，股权集中度越低。这说明流通股比例是影响上市公司股权集中度变动的一个主要因素。(7) 上市公司行业分布与股权集中度变动具有内在关联。

上述结论不仅有助于正确理解我国上市公司近年股权集中度形成和变动的原因，而且对于我国选择有效调整上市公司股权集中度与股权结构的途径，进而提高上市公司绩效也有着重要的启示[21]。

如何解决上市公司存在的公司治理结构问题，学者们提出了自己的看法。有学者认为，首先，应该构建适合中国国情的证券市场监管规则和法律环境。应建立包括对上市公司及其相关中介机构行为规范的法律制度，增强对上市公司行为的约束，增加违规成本。国内上市公司普遍由原企业部分资产和负债重组而来，不可避免地形成集团公司（大股东）“一股独大”的股权结构和关联交易格局。因此需要设置与西方成熟股票市场不同的监管规则。如实施相应的表决制度和议事程序，由独立董事进行重大交易的程序监督，通过提高对某些特定投资项目表决权的有效比例来限制大股东的权力，采取业内人士提出的募集资金专户管理的对策，减少上市公司投资行为的随意性，等等。其次，应增强资本市场对上市公司的外部约束。竞争性的商业化、专业化职业咨询评价结构不断推出的上市公司战略、业绩、公司治理质量以及中介机构行为的评价标准和结果，通过权威媒体公布，对上市公司和中介机构行为产生外部压力，能促进上市公司和中介机构行为的规范化；对家族或民营企业，则改变公司业务重组规划。西方家族企业上市时，股权结构大都比较简单；亚洲地区的家族或民营企业往往业务多元化，容易形成家族集团控股、金字塔或相互持股的上市公司股权结构，股权结构相当复杂。因此，国内民营企业上市重组时，尽可能要求形成简单的股权关系和结构，规避循环、多层的复杂股权关系，而不是简单地限制家族股份比例。另外，对主营业务自由现金流稳定、成长机会基本达到极限的地方垄断性公用事业上市公司，可以将国有股转换为地方社会保障基金或保险公司具有表决权的优先股。可将以实业投资扩张为目的的国有股转换为偏好现金红利、追求收益稳定的金融投资[22]。

2001年开始的股市走熊，也引发了人们对资本市场稳定健康发展问题的思考。有学者对我国的资本市场进行了全方位的审视，认为：(1) 从企业利润和国际竞争力看，我国的证券市场还没有进入可持续发展阶段；(2) 中国经济处于生产过剩阶段，不支持股市短期利好，如果出现利好，一定是投机昌盛，不能持久；(3) 股市不具备短期走牛的条件，但也有长期稳定或利好的因素；(4) 证券市场对非成熟经济（即处于发展阶段的）国家是奢侈品，对成熟经济或接近成熟经济的国家，则是发展和扩张的支柱，甚至是经济核心；(5) 从国际经验和中国成功的发展经验来看，证券市场的发展要谨慎，开放更要慎重，要避免危机丧失元气；(6) 加入世贸组织后，中国证券市场的重心不应放在抬高股市价格和指数之上，而应保持平稳发展，把奢侈品转化为必需品和公益产品。因此，应该让更多的合格企业进入，或是让已经进入股市的企业更加规范自己的行为，增加透明度和中小投资者的决策参与程度，特别是要把资金真正用于具有长远战略的项目和产品、产业，这需要政策指导和社会的共同参与㉓。

中国资本市场发展的历史不长，出现一些问题在所难免，关键在于必须制定有效政策，采取有效措施，来解决这些问题。有学者提出如下政策和措施：(1) 将国有股份转为可流通股份。通过减持国有股的方式使政府逐渐退出竞争性领域，使股份公司的股东大会、董事会、监事会形成较为合理的相互制约机制，从而完善公司内部治理结构。参照配股程序，将国家股分次逐步配给社会公众股股东。价格的确定可根据每股净资产和每股收益来确定。对社会法人股，可采取按比例的方式分批在市场上流通。在当前的财政形势下，出售国家股的收入应全部作为财政收入，作为社会保障资金的专门用途。(2) 降低国库券利率，使之低于同期银行存款利率。这一方面可使国库券发行的承受主体逐步从居民转移到金融机构；另一方面有助于企业债券市场的发展。如果使国库券利率低于银行存款利率，则居民存款一部分会转移到其他金融资产，这对于商业银行的资产结构优化是非常有帮助的。国库券利率下调也有助于提高企业债券的吸引力。如果在国库券利率下调时，适当放宽对企业的债券利率的限制，则企业债券市场的发展将会得到长足进步。(3) 在企业并购过程中，应将被并购方企业的职工接收这一条件取消。相应地将因并购而失去工作的职工纳入社会保障体系，由财政提供资金来源。这是促进企业并购市场发展的重要举措。(4) 实行企业集团合并纳税的政策。从企业集团的角度来看，可以获得延期纳税的好处、提高风险承受能力以及降低纳税成本等；从社会的角度看，允许合并申报纳税有利于企业集团的发展，可以增加集团对兼并企业的吸引力，从而减少因企业破产而带来的大量失业以及资源的浪费。考虑到我国目前征管水平落后，税收环境复杂的现状，企业集团合并纳税政策上必须进行严格的规范，对合并纳税的资格主体进行界定㉔。

（作者：吴晓求，中国人民大学教授；
魏建华，中央财经大学副教授）

注：

①⑤米建国、李建伟：《我国金融发展与经济增长关系的理论思考与实证分析》，《管理世界》，2002年第4期。

②⑦王广谦：《金融研究》，2002年第5期。

③⑥景学成：《金融研究》，2002年第4期。

④胡少雍、刘青：《当代财经》，2002年第2期。

⑧金融改革与金融安全课题组：《银行业开放与国有独资商业银行改革》，《管理世界》，2002年第4期。

⑨黄金老：《建立良好公司治理机制是国有商业银行改革的核心》，《经济导刊》，2002年第1期。

⑩⑪⑫张小松：《商业银行公司治理结构的若干思考》，《武汉金融》，2002年第1期。

⑬尹龙：《发展民营银行：几个关键问题的争论》，《金融研究》，2002年第12期。

⑭徐滇庆：《开放民营银行是金融改革的核心》，《财经时报》，2002年10月11日。

⑮张吉光等：《民营银行真有这么神?》，《经济学消息报》，2002年5月31日。

⑯王自力：《民营银行准入：目前还宜缓行》，《金融研究》，2002年第11期。

⑰刘福垣：《通货紧缩子虚乌有，物价下降系结构调整所致》，《中经网 * 联会论坛》，2002年9月20日。

⑱李扬：《对通货紧缩仍应引起足够重视》，《宏观经济研究》，2002年第2期。

⑲刘国光、刘迎秋：《结构性松动货币 抑制通货紧缩趋势》，《经济研究》，2002年第10期。

⑳姚景源：《中国不是世界通缩的火车头》，《中华工商时报》，2002年10月25日。

㉑冯根福等：《中国上市公司股权集中度变动的实证分析》，《经济研究》，2002年第8期。

㉒朱武祥：《股权结构与公司治理》，《证券市场导报》，2002年1月号。

㉓陈炳才：《对中国证券市场发展和开发前景的一些认识》，《金融研究》，2002年第4期。

㉔熊长金：《资本市场发展与相关政策研究》，《金融研究》，2002年第5期。

法　学

法　理　学

朱景文　叶传星

法理学研究2002年又有一些新的进展。除了围绕法治问题的探讨进一步深入以外，又逐步形成了一些新的理论研究的“亮点”，如法律与全球化、法律方法论及法律职业的研究等。据粗略估计，本年度发表的各类法理学文章约有700余篇（人大复印资料）。出版的学术专著约40余部（依据本文作者所能见到的著作而作的不完全统计）。本年度召开的比较重要的法理学学术会议主要有：中国人民大学法律与全球化研究中心举办的法律与全球化研讨会、中共中央党校举办的依法治国与党的领导研讨会、中国社会科学院法学所举办的以法律与全球化为主题的研讨会、中国政法大学举办的国际人权法高级研讨班等。本文就本年度的重要论文作简要回顾并就来年的学术研究方向作一展望。

一、关于法哲学的基本问题

有学者指出，法的有效性有社会学、伦理学和法律教义学三个理解维度，它们各自关注实际效果、内容正确和形式合理。三种视角下的法的有效性，在理论上分别对应着民间法、自然法和国家法，但在经验层面上，这三种法并非仅是国家法。当前各种法的“实效性危机”，源于民众对支撑着它们的权力缺乏足够的信任和认同，而权威的失落，根本上在于中国正在进行着的应激型现代化运动。要完成向现代化的转变同时又依赖秩序的力量，对规范类型的选择和倚重，与各种社会组织在现代化运动中的作用相关，积极行为的国家的不可替代性等因素，确定了国家法这种正式制度安排的正当性及其中心地位①。

有学者研究了法的确定性问题。法的确定性由法的外在确定性和内在确定性构成。法的外在确定性指法为人类提供秩序化的、有序性的社会生活。它是法的功能所在，是法的首要价值。这是由资源稀缺这一事实所决定的。法的内在确定性指法自身的确定性，包括法作为社会规范以明确性、普遍性和强制性为特征，以及法以行为为对象。它是法的外在确定性得以实现的前提。法的确定性的相对性是由人的需要的某种不确定性、客观世界的确定性和不确定性的并存、法实现确定性的能力的有限所决定的②。另有学者认为，法的模糊性是法的绝对属性，法的确定性只在相对意义上存在。法的模糊性是指法律所具有的归属不完全的属性，它有与法的普遍性相伴而生的基本技术特征，表现在法律语言的模糊性、法律裁判的模糊性、法律与道德界限的模糊性等多方面③。

关于法律诠释学的研究在近年来逐步成为学术界的热点话题。本年度在这方面又有一些论文。有学者研究了法律诠释学与法律解释学的关系。法律诠释学对于法律解释是一种带有先见的理解。理解是法律文本与理解者两个世界的沟通，在沟通中内在地创造着判决依据的立场，试图颠覆法律解释学只是借助各种方法去寻求判决与法律一致性这一思维定式。然而，它放弃法律文本解释的标准，抛开法律文本作者的意图而过度钟爱理解者的主观态度的主张，也遭遇到有力的批评。因而，一是强调内容，一是注重方法的这两种法律解释观互不可替代，解释无诠释会流于空洞，诠释无解释则走向盲目④。

有学者讨论了法律权利的概念，指出法律权利是在法律规则预设的条件实现的情况下，由代表着社会和国家的预约性意见的法律规则所承认的、一定的主体对某种行为的三种状态——做、暂时不做或永久放弃——作自由选择并付诸行动时，他人的不可阻碍、不可侵犯性，也即法律承认的主体行为的正当性。社会成员们对一种行为作正当评判的依据就是“不得损害他人”这种无害性标准。法律权利并不仅仅表示着权利主体与义务主体的关系，还表示着法律权利与国家的关系、义务主体与国家的关系、社会其他成员们与国家的关系、法律权利主体与社会其他成员们的关系、义务主体与社会其他成员们的关系[5]。另有学者指出，权利是主体在谋取和实现利益的过程中所产生和拥有的并得到特定社会确认和保障的资源，义务是人们在特定社会中通过利益的反射所付出的成本，是以期望和信任关系为依托，并以规范化了的行为为表现的自我职责和社会职责的统一体。法律意义上的权利和义务就是这种一般意义上的权利和义务在法律领域里的特殊化和具体化[6]。

二、关于法律职业问题

法律职业共同体的建构是法治化进程中越来越受到关注的重要理论和实践问题。围绕此问题，学者们发表了一些重要观点。有学者指出，法律职业共同体是由法官、检察官、律师、法学学者所构成的，是一个意义共同体、事业共同体、解释共同体、利益共同体，表现为独立和互涉的特征[7]。学者们关于法律职业共同体的性质也初步形成了一些共识，如从职业利益的角度，认为法律职业者是经济人，是利益共同体；从职业的精神层面，认为法律职业者具有共同的伦理、目标、价值观、心理倾向、阶层感、归属感、荣辱与共感等，是伦理共同体、价值共同体、意义共同体；从职业技能角度，认为法律职业者具有共同的法律语言、思维方式、推理方式及辨析技术、业务特性、知识技能等，是语言共同体、知识共同体、符号共同体等。但学者们在这几方面所强调的侧重点有所不同[8]。

有学者指出，统一司法考试有利于法律职业者素质的提高和法律职业阶层的形成。世界各国都注重通过法律职业的建构来保证司法产品的高品质。中国传统社会权力结构的二元冲突体现在司法上，即司法的政党化、行政化和地方化。法律职业阶层的兴起是中国向现代社会转型的结构力学，是司法独立的保障[9]。

法学教育对法律共同体的生成有重要的推动作用。有学者指出，法学教育天生就具有二重性，即职业培训性和学术研究性的二重对立，并因此而形成了不同的法学教育理论、目标、模式、内容和方法。作者通过追溯中西法学教育的发展史，力图理清二重性在法学教育中的作用及实践性法律教育模式出现和发展的必然性。作者在这一基础上对法学教育的宗旨、模式、内容和方法等问题提出了新的看法[10]。

有学者把律师职业的发展趋势归纳为：(1) 律师职业的正规化和非正规化的相辅相成；(2) 律师数量与社会经济的发展程度的相关曲线的变化；(3) 律师职业发展的两个模式：政府模式和商业模式的关系；(4) 律师业务的中心从诉讼到非诉讼的转移；(5) 律师服务的国际化[11]。

三、关于法律和全球化的理论

有学者指出，全球化问题是一个跨学科问题，法律与全球化研究不应该也不可能仅仅局限在法律范围之内。现在所说的法律全球化实际上只是经济和社会生活其他领域正在进行的全球化的法律表现。不可能有脱离经济和社会生活其他领域的所谓的法律全球化，而经济和社会生活的全球化没有法律的体现和保证也必然是不完善的。法律全球化研究还应当提倡法学内部法理学和国际法学的跨学科交流。还要以开放的学术心态对待全球化过程中所提出的种种有争议的问题，开展百家争鸣。这些问题大致包括：法律与全球化的一般理论、全球化与国家主权、国际人权与国内法、世贸组织与中国法制等[12]。

有学者讨论了全球化背景下的国家主权问题。主权是国家的身份，而非国家的权力，这种身份来自于明示默示的约定。作为国家身份的主权是不能分割、不能让渡的，所谓“主权限制”，除非是外来的强制，其实是主权的行使方式。国家行为受到限制并不一定是主权受到限制。全球化对主权有很多影响，如“主权弱化”、“主权销蚀”、“主权让渡”等。全球化使国家间的联系日益频繁紧密，国家之间的约束越来越多，但国家只是承受着更多的契约义务的约束，而其主权者的身份并没有被减损，反而越来越健全[13]。

有学者指出，人权外交现象是人权与主权的关系中的重要问题之一。人权与亚洲价值的冲突也成为国际上关注的法学理论问题之一。看待人权外交有三个视角是必要的。其一，人权外交中存在着国家利益的冲突，并往往表现为主权冲突。其二，人权外交中存在着价值体系竞争问题。西欧文明以自由主义为核心，东亚文明把权威主义和民主主义融为一炉，形成了以德治为核心的价值体系。这两种价值体系都有各自的意义，在文化和正义观层面并没有优劣之分。亚洲国家对西方人权观提出质疑并主张与之不同的亚洲式人权观。这实际上表明了两个价值体系的冲突与竞争。其三，如何为全球化的秩序建立起新的制度性、规范性基础的问题。人权问题恰恰最典型地反映了东西方之间在价值观上的根本差异。中国在优先考虑生存权和经济发展权时，也必须更多地考虑市民的自由、参政权以及政治民主化问题[14]。

有学者指出，世贸组织是法律全球化的重要表现之一，而加入世贸组织对我国的法制建设的推动主要表现在如下方面：（1）加快了法律的技术和信息化。（2）加快了法律的职业化和法律的共同体化。（3）将推进中国法制的现代化。由加入世贸组织而推进的法制改革包括：法律的市场化、法律的透明化、法律的一元化和法典化、司法审查制度的建立和健全。（4）推动中国法律的全球化。（5）加快了法学教育的全球化[15]。

（作者：朱景文，中国人民大学教授；叶传星，中国人民大学副教授）

注：

①郑永流：《法的有效性与有效的法——分析框架的建构和经验实证的描述》，《法制与社会发展》，2002年第2期。

②李琦：《法的确定性及其相对性——从人类生活的基本事实出发》，《法学研究》，2002年第5期。

③陈云良：《法的模糊性之探析》，《法学评论》，2002年第1期。

④郑永流：《出释入造——法律诠释学及其与法律解释学的关系》，《法学研究》，2002年第3期。

⑤张恒山：《再论法律权利》，《中外法学》，2002年第3期。

⑥张江河：《对权利义务问题的新思考》，《法律科学》，2002年第6期。

⑦张文显、卢学英：《法律职业共同体论》，《法制与社会发展》，2002年第6期。

⑧强昌文等：《呼唤中国的法律职业共同体——“中国法治之路与法律职业共同体”学术研讨会综述》，《法制与社会发展》，2002年第5期。

⑨贺卫方、魏甫华：《改造权——法律职业阶层在中国的兴起》，《法制与社会发展》，2002年第6期。

⑩王晨光：《法学教育的宗旨》，《法制与社会发展》，2002年第6期。

⑪朱景文：《关于律师职业发展中的几个问题》；张文显等主编：《司法改革报告：法律职业共同体研究》，法律出版社，2003年版。

⑫朱景文在“法律与全球化”学术研讨会上的发言，《法学家》，2002年第6期。

⑬车丕照：《身份与契约——全球化背景下对国家主权的考察》，《法制与社会发展》，2002年第5期。

⑭季卫东在“法律与全球化”学生研讨会上的发言，《法学家》，2002年第6期。

⑮张文显在“法律与全球化”学术研讨会上的发言，《法学家》，2002年第6期。

宪 法 学

胡锦光　王丛虎　刘飞宇

2002年是现行宪法颁布实施20周年，理论和实践部门举办了多种形式的纪念活动。宪法学者们以此为契机，取得丰硕的研究成果。据不完全统计，此年度本学科共出版各类专（译）著、教材近20部，公开发表论（译）文100余篇。

一、宪法学术交流概况

2002年7月，厦门大学法学院举办了基本权利保障研讨会；9月14日，中国人民大学宪法与行政法治研究中心举办了现代宪法解释研讨会，其主题有：宪法解释基本范畴、宪法解释功能、宪法解释程序、国外宪法解释理论研究的新动态；9月25日，中国社会科学院法学研究所举行纪念现行宪法颁布20周年学术研讨会；10月15日至18日，中国法学会宪法学研究会于中南财经政法大学召开了宪法学年会，其主题有：现行宪法颁布实施20周年的主要成就与进展、宪法实施中的基本经验与存在的问题、如何进一步发挥宪法在依法治国中的作用、中国宪法发展展望；11月28日至29日，中国法学会于北京举办了市场经济与宪政建设国际研讨会。12月27日至28日，上海交通大学法学院举办了十六大以后的宪法和法制发展研讨会。

二、主要专（译）著、教材

据不完全统计，出版和翻译的宪法学著作有：沈宗灵著：《比较宪法——对八国宪法的比较研究》，北京大学出版社，2002年版；［日］三浦 隆著，李力、白云海译：《实践宪法学》，中国人民公安大学出版社，2002年版；王希著：《原则与妥协——美国宪法的精神与实践》，北京大学出版社，2002年版；邓世豹著：《授权立法的法理思考》，中国公安大学出版社，2002年版；程洁著：《宪政精义：法治下的开放政府》，中国政法大学出版社，2002年版；肖北庚著：《宪政法律秩序论》，中国公安大学出版社，2002年版；胡肖华著：《宪法诉讼原论》，法律出版社，2002年版；王光辉主编：《通向宪政之路——宪法监督的理论和实践研究》，法律出版社，2002年版等。

三、主要热点综述

（一）关于宪法基本理论的研究

1. 宪法概念、价值及观念

有学者认为，宪法经历了从古代、近代到现代的变迁，三者之间既有历史上的延续性，又有内涵上的差异性。中国传统宪法不再具有充分的说服力，宪法的概念应回归到宪法的本质，即确立国家权力的实现形式、规范国家权力的运行①。有学者认为，宪法的价值是人们对宪法产生的预期需求，民主、平等、保护人权等宪法价值实施的积极结果，而不是价值本身。宪法的功能包括分配政治权力、规范国家权力、预防社会混乱和调解利益关系②。有学者认为，宪政不仅仅是一个制度事实，而是一个内涵多维价值的价值体系。自由与宪政是互动的，而宪政的目标又在于通过限制公共权力，保障公民的基本权利与自由③。

有学者认为，法治和德治是相互依存、不可或缺的两种治国方式，两者的理性统一构成宪政。宪政是法治的最高形式，同时也为整个法律体系提供了必要的道德根基。作为法治和德治的理性统一，宪政是任何国家实现长治久安的必由之路④。也有学者认为，依法治国已经入宪，德治应该与法治这一宪法原则相融。我国传统的德治有许多和法治并不相融，应该对传统的德治进行彻底的改造，才能合乎宪法原则⑤。

2. 宪法解释

有的学者认为，宪法解释是宪法适用的前提，没有宪法解释就没有宪法的适用。宪法解释是连接制宪目的与宪法适用的中间环节，是架起宪政理念与社会现实的桥梁。宪法解释只有和宪法适用联系在一起，只有和具体的个案联系在一起，才有存在的合理根据。而我国的宪法解释权是一种与法的具体适用相分离的抽象性解释，难免会流于空泛，甚至成为普法性的解说和宣传⑥。

有的学者指出，在中国存在着宪法解释，这方面的解释案例表现为：（1）扩大宪法效力范围，即将宪法规定适用的范围，扩大到宪法没有明确规定的场合。（2）公民行使选举权的解释。（3）裁决立法冲突。但我国的这三种形式的宪法解释也反映出宪法中的法律解释制度虚设、缺位带来的严重问题。法制工作委员会作为全国人大常委会的工作机构之一，其作出的宪法解释和法律解释尽管事实上具有拘束力，行使了全国人大常委会的职权，但与建设法治国家的宪政目标不符，不具备制度上的合宪性。其解释的公开性和权威性不足⑦。

有的学者认为，宪法解释权归属于司法机关有其合理性，是对民主价值的补充，是对“多数者裁决”原则的制约，因为多数的无限权威是一种坏而危险的东西，它会增加民主所固有的立法与行政的不稳定性，给自由带来致命的危害。同时，由于诉讼身份与成熟性原则、“政治问题”回避审查原则、法律的合宪性推定原则、法律的合宪性解释原则的存在，司法机关掌握释宪权不仅不会破坏三权分立原则，而且是对分权制衡原则的补充⑧。

3. 宪法与社会现实

有的学者认为，宪法社会学是通过分析宪法的社会基础及存在的外在环境，帮助人们认识、理解宪法现象及其调整的社会关系。国家与社会的分离是宪法关系存在的前提，公域与私域的界分是限权政府的存在基础，公权与私权的对峙是古典基本权利的宪法表现，社会权利是国家与社会相互渗透的产物⑨。

有的学者认为，加入世贸组织使宪法至高无上的地位受到挑战，要求我国的立法不仅要以宪法为依据，还要与世贸规则相衔接。加入世贸组织使我们面临一个庞大的条约群，但我国宪法对如何适用国际条约未作明确规定。加入世贸组织可以借助外力促进宪法实施，有助于建立规范的社会主义市场经济，增强人们遵守规则的意识⑩。

（二）关于宪法制度的研究

1. 宪法诉讼制度

有学者认为，诉讼作为程序性权利，它是为保障公民实体权利而必须存在的“权利救济权”，因此，诉权的实现受到限制就会影响公民实体权利的实现。为此，必须建立以解决宪法正义为目标的宪法诉讼制度⑪。也有学者认为，宪法诉讼既是宪政法治存在的基本标志，也是宪政法治实现的必要条件。因此，没有宪法诉讼，就没有宪政⑫。

2. 人民代表大会对法院的监督制度

有学者认为，人大进行个案监督是权力机关充分行使职权的体现，是人民代表大会制度不断完善的标志。人大对司法机关的工作行使监督权有明确的法律依据。人大的监督必须通过个案，如果不能介入个案，监督就只能是一句空话。个案监督与司法独立并不矛盾，因为司法的独立权不是无限的，当司法不公时，就该受到制约。监督的必要性和价值在于避免司法机关打着独立的招牌滥用职权[13]。

但有学者提出不同看法，认为人大对法院的个案监督存在严重侵犯法院审判权和人大代表以权谋私的现象。人大纵容当事人拒不执行法院的生效判决，表现出严重的地方保护主义；申诉方的法定代表人作为人大代表介入案件的监督程序，使人大成为一些个人、单位的代表，出现了新的权力腐败；人大对正在审理的案件提出具体处理意见，并限期结案，使人大成为事实上的法官。人大监督必须以保障法院独立审判为前提，要做到这一点，人大就不能对法院的个案进行监督[14]。

也有学者认为，法院向人大报告工作，必然加剧审判权的行政化。首先，从法院内部的组织形态看，如果由院长对本院所有法官的审判活动承担责任，实质是在推行行政首长负责制，院长成为本院权、责的最终承受者，会使庭审活动流于形式；其次，从法院系统的纵向结构看，如果要上级法院的院长对下级法院的审判活动承担责任，实质上是按照行政机关的模式来设置审判机关，使上级法院异化为下级法院的领导机关；再次，会导致司法权的地方化，一些地方法院为了保证工作报告能够在人大顺利通过，不得不刻意同人大代表搞好关系[15]。

3．检察制度

有的学者认为，检察权难以归结为司法权，因为检察权不具有被动性、终结性和独立性。检察机关与法律监督机关之间不存在必然的、内在的联系。将检察权归结为法律监督权不符合国家权力分配的宪政原理，不符合科学诉讼机制的构建原理，混淆了诉讼关系和法律监督关系。中国检察权的属性应定位于行政权，因为检察权的行使具有主动性，检察权中的侦查权具有明显的行政性，检察官一体化是检察权运行的基本要求[16]。

有的学者则认为，不能否定检察机关现有的地位和作用。列宁的法律监督思想仍然是我国检察机关设置的理论基础。因为列宁对国家的政权体制和法律体系，都有相当深刻的研究；列宁的法律监督思想即使在苏联本土没有得到完全实现，也并不意味着在中国就没有意义；我国检察机关的建设，发展了列宁的理论。应当科学理解“国家法律监督机关”的含义，检察机关是国家的法律监督机关，但并不意味着检察机关是一个全面监督国家法律实施的机关，也没有去统揽法律监督权[17]的必要。

（三）关于基本权利的研究

1．基本权利理论

有的学者认为，基本权利的效力源于宪法本身的效力，具有广泛性、具体性、现实性、可诉性的特点。基本权利的效力一般有三种形式：对国家权力的效力；对私人之间活动的效力；基本权利的放射效力。基本权利在私人关系中的效力需要肯定，逐步扩大基本权利的效力范围。基本权利效力通过普通法律得到具体化只是实现其效力的基本形式，但不是惟一的形式。基本权利即使被具体化以后仍保留其自身的效力，制约普通法律的实施过程。目前在宪法与法律的关系上出现了基本权利被虚化的现象，有时我们无意识中削弱了宪法效力的优先性原则，片面强调基本权利通过普通法律具体化的必要性，忽视了发挥基本权利自身功能的意义[18]。

有的学者研究了基本权利的民法效力，认为在传统宪法理论中，宪法只以国家权力作为约束对象，基本权利条款不能适用于私法领域。但现代德、美宪法理论将宪法效力逐步向司法部门拓展，这是现代宪法发展的普遍趋势。我国宪法在民事领域的适用是有条件的：在普通法对具体事项缺乏相应规定时，法院可以适用宪法的基本权利条款，这时能起到填补立法空白的作用；宪法规范与其他法规相冲突时，可以直接适用宪法规范，这时能有效地解决法律冲突问题[19]。

有的学者认为，宪法基本权利应当作为法院审判案件的法律依据，同时，法院适用宪法基本权利审判案件是有条件的：(1) 如果侵害基本权利的行为符合法律禁止规定的构成要件，而法律禁止规定对个人提供的保护强度，与宪法对个人提供保护的强度相当，应遵循法律“适用优先原则”；(2) 如果个人受到侵害的权利属于宪法保障的范围，而法律对于此类侵害行为没有明确的禁止性规定，也没有具体的保护性规定，法院得直接援引宪法基本权利的条款进行审判；(3) 如果侵害个人权利的行为既符合民事法律的构成要件，也符合行政法律的构成要件，而民法与行政法对基本权利保护的强度与范围不及宪法，法院得直接援引基本权利的规定进行审判[20]。

2．平等权问题

有的学者指出，平等是一项宪法原则。平等有其他权利所没有的“比较性”特质；平等的性质具有依附性，在没有其他权利作为对象的情况下，根本无法独立地主张平等权。平等原则的适用范围和效力应该涵盖立法领域。我国所有的立法主体所制定的规则都不得与平等原则相抵触；对平等原则的侵害主要来自立法；从世界各国的宪政实践看，公民在立法上的平等已经成为共识[21]。

有的学者分析了我国教育平等权方面的争议，例如规定照顾性的分数政策；规定不同的地区实行悬殊的录取分数线；附带歧视条件的录取，如某民办学校拒收父母离异学生。并提出了保护教育平等权的具体对策[22]。在分析我国平等工作权的障碍时，有学者指出其主要表现为：(1) 从涉及单位看，既有国家机关，也有非国家机关。歧视性原因是户籍、身高、年龄、政治面貌、长相、婚姻、住房、血型等。(2) 城乡之间、工农之间主要因为身份、户籍等原因而影响平等工作权的实现，农民在获得就业权方面受到极不平等的对待。(3) 性别歧视是我国比较突出的一个问题。该学者认为侵害平等工作权的做法违反我国宪法精神，也不符合人权保护的世界趋势。并对公民平等权的保护提出了建议[23]。

3. 沉默权研究

有的学者认为，从沉默权的渊源看，那些确立沉默权制度的西方国家，首先是将沉默权作为一项宪法权利予以确认的，诉讼法有关沉默权的规定是宪法规定的具体化。沉默权是言论自由的应有之意，言论自由包括说的自由与不说的自由，即在任何场合下保持沉默的自由。我国“坦白从宽，抗拒从严”的刑事政策，背离了宪法的原则和精神。在宪法中确认沉默权，是宪政制度发展的必然要求[24]。

4. 环境权问题

有的学者认为，公民环境权是指公民享有良好生活环境、合理利用自然资源和使自然资源免受恶化的权利。环境权的提出是人类环境问题发展的必然产物。我国应当确立公民环境权的宪法地位；在宪法诉讼或违宪审查制度中创立公民环境权的救济途径；完善现行的环保行政诉讼制度，包括放宽原告的起诉资格，公民对环保监督机关未依法履行义务的，可向法院起诉，公民认为环保部门审批项目不当，引起环境破坏可能的，可向法院起诉[25]。

有的学者认为，传统宪法是在非持续发展模式上建立起来的，反映了“人类利益至上”的立法倾向，法理基础存在缺陷，以保护当代人的权利为核心。应当将法律生态化的理念注入传统宪法中，建立生态主义的宪法法理基础，确立当代人与后代人、人与自然的宪法价值取向，确立可持续发展的宪法地位，确认资源享有的代内和代际公平[26]。

在基本权利的研究方面，学者们还研究了选举权、教育权、财产权保护、科学技术发展与基本权利保护、表达自由与审判独立的关系、发展权等问题[27]。

（四）关于宪法适用的研究

针对“齐玉苓案”，学者们仍然在进行探讨。其研究的热点表现在：法院能否适用宪法判案？在民事案件中能否直接适用宪法？在刑事案件中能否适用宪法？

1. 法院能否适用宪法判案

一派观点认为，宪法是行为规则，但不是裁判规则。宪法并不规定公民犯罪时如何定罪量刑，不规定合同的有效、无效和如何追究违约责任，不规定结婚、离婚的条件及分割财产的标准，因此宪法不是裁判规则。由于宪法条文不具备裁判规则的逻辑结构。宪法的任务，是确定国家生活的基本原则、基本制度，并不为法院裁判民事案件确立裁判基准[28]。

有的学者认为，在普通的民事案件中不能直接适用宪法条文，因为对于私人侵害基本权利的案件是通过民法调整的，用宪法对公民之间的权利侵害案件进行调整，显然超越了宪法的调整范围，实际上是将违宪行为的概念泛化，不仅不利于维护宪法的权威，反而会起相反的效果[29]。

有的学者认为，最高人民法院的司法批复虽然文本很短，但却包含了丰富的信息以及制度创新的契机。首先，这一司法解释的宗旨是通过司法救济措施来有效保障公民的基本权利，前提条件是宪法上有明确的规定但没有具体化为具体的法律条文。其次，最高法院以司法解释的形式静悄悄地进行了一次宪法解释，把对受教育权的保护推广到私人之间行为的层面。有人指责最高法院的批复违反了现行的法律解释体制，这是没有道理的，因为该项解释的内容只涉及审判依据问题，没有正面阐述宪法条文的内容。第三，这次解释是针对个别案件的部分内容附带进行的，不具有抽象性、普遍性。第四，附带审查与审查主体的分散化相配合，这意味着今后很可能允许地方法院直接引用宪法条文作出判决。第五，这次教育权判决也许能够开启人权诉讼的先河。这一创举值得整个社会给予高度评价，也有必要尽快通过修宪程序或立法程序使之制度化[30]。

有的学者认为，宪法应该具有直接适用性，美国司法审查制度的确立过程可以为我们提供借鉴和启迪。立法权在人民代表大会制度下存在被滥用的可能，有必要深刻反思人民代表大会制度下的权力制约问题。最高人民法院适用宪法的权力中自然蕴涵着对法律进行违宪审查的内容，但最高法院在

“齐玉苓案”的批复中并未挖掘出隐含于宪法中的违宪审查权。适合挖掘司法审查权的案件应该是公法案件，行政诉讼制度的确立最终会产生一种建立、实施违宪审查制度的社会需要[31]。

2．宪法能否在刑事案件中适用

有的学者认为，法院直接适用宪法条文审判案件有范围的限制，不像适用普通法律审判案件那样，可以适用于民事、行政和刑事案件，而是只能适用于除刑事案件之外的其他案件。也就是说，法院不得在刑事审判中直接援引宪法条文作为定罪量刑的法律依据[32]。

有的学者则认为，在刑事审判中适用宪法，是控制国家刑罚权，是刑罚机能由社会保护向人权保障方面倾斜的需要。宪法虽然没有规定什么行为是犯罪，但规定了公民的基本权利和自由，刑罚只能惩罚犯罪行为，而不能惩罚宪法保护的行为。法院定罪量刑不需要援引宪法，但可以把宪法条款作为认定被告人无罪的直接法律根据。如果法院不适用宪法判案，就剥夺了被告人运用宪法条款作无罪抗辩的权利[33]。

（五）关于公民宪法意识的研究

有些学者组织了中国公民宪法意识调查。调查的内容有：公民的宪法知识，公民的宪法理念，公民对于宪法功能的认识；公民的基本权利意识，包括公民的基本权利知识，公民对于基本权利保护的感受和评价，公民行使基本权利的情况，公民对国际人权公约的了解程度；公民对宪法实施的评价；公民对宪法修改的认识，包括公民对宪法修改的反应，公民对宪法修正案语句的理解程度，公民对修宪程序民主化的认识等问题。宪法意识调查，一方面为定量分析公民的宪法意识提供了第一手材料，另一方面也为评价我国普法教育的效果，总结宪法实施的经验，提供了客观依据[34]。

也有学者专门组织大学生进行“宪政的观念”的讨论。针对“良性违宪”问题，大学生们对“良性违宪”的内容、主体、效果以及宪法与改革等问题展开讨论，展示了当代大学生的宪政观念[35]。

四、宪法学研究展望

在当今信息社会里，中国法治建设的难点和重点问题会越来越集中于宪法层面。为此，宪法学者应立足于社会主义初级阶段的中国国情，与时俱进，对法治建设中出现的问题，提出可行、有效的对策和方案。同时，宪法学者还应该充分吸收和借鉴外国宪法理论，与中国的宪政实践结合起来，既加强宪法基础理论研究，更要关注对现实生活中宪法问题的分析，促进宪法价值在社会现实活动中得以实现。宪法学者应当进一步开拓视野和研究领域，用宪法学的方法和理论，去研究那些原来只为普通法关注的领域，提高宪法理论对于其他部门法的辐射和指导功能。宪法学者还应研究宪法理论向公民宪法意识的转化途径，用新的宪法精神和理念指导普法工作，为提高全民族的宪法意识水平作出贡献。

（作者：胡锦光，中国人民大学教授；
王丛虎、刘飞宇，中国人民大学讲师）

注：

①馨元：《宪法概念的分析》，《现代法学》，2002年第2期。

②朱福惠：《宪法价值与功能的法律分析》，《现代法学》，2002年第3期。

③占美柏：《略论宪政自由之维》，《法学评论》，2002年第2期。

④张千帆：《法治、德治与宪政》，《法商研究》，2002年第2期。

⑤周永坤：《寻求宪法原则下的德治》，《法学》，2002年第4期。

⑥苗连营：《中国宪法解释体制反思》，《中国法学》，2002年第6期。

⑦周伟：《宪法解释案例实证研究》，《中国法学》，2002年第2期。

⑧张翔：《分权制衡原则与宪法解释》，《法商研究》，2002年第6期。

⑨郑贤君：《宪法的社会学观》，《法律科学》，2002年第3期。

⑩王蔚：《“入世”与中国宪法》，《政治与法律》，2002年第2期。

⑪莫纪宏、张毓华：《诉权是现代法治社会第一制度性权利》，《法学杂志》，2002年第4期。

⑫江国华：《无诉讼即无宪政》，《法律科学》，2002年第1期。

⑬魏兴荣、王珍行：《论人大进行个案监督的现实性和必要性》，《宪法研究》（第一卷），法律出版社，2002年版。

⑭刘瑞华：《论人大的个案监督》，《现代法学》2002年第4期。

⑮张择涛：《法院向人大汇报工作与司法权的行政化》，《法学评论》，2002年第6期。

⑯焦洪昌、姚国建：《宪政背景下中国检察权的定位》，《宪法研究》（第一卷），法律出版社，2002年版。

⑰韩大元、刘松山：《论我国检察机关的宪法地

位》，《中国人民大学学报》，2002年第5期。

⑱韩大元：《论社会变革时期的基本权利效力问题》，《中国法学》，2002年第6期。

⑲徐振东：《宪法基本权利的民法效力》，《法商研究》，2002年第6期。

⑳周伟：《宪法基本权利的司法问题研究》，《金陵法律评论》，2002年春季卷。

㉑焦洪昌：《关于“公民在法律面前一律平等”的再认识》，《中国法学》，2002年第6期。

㉒朱应平：《教育平等权的司法保护》，《政治与法律》，2002年第3期。

㉓朱应平：《论我国公民平等工作权的宪法保护》，《法学》，2002年第2期。

㉔殷晓虎、房保国：《沉默权的宪法思考》，《现代法学》，2002年第1期。

㉕张力刚、沈晓蕾：《公民环境权的宪法学考察》，《政治与法律》，2002年第3期。

㉖陈泉生：《论生态危机对传统宪法的挑战》，《法制与社会发展》，2002年第2期。

㉗详细观点请参见莫江平：《选举权的误区》，《社会科学家（桂林）》，2002年第4期；陈宏光：《论选举权的享有、限制与剥夺及其法律救济》，《安徽大学学报》（哲社版），2002年第3期；李修琼：《教育权有关问题的思考》，《政治与法律》，2002年第5期；李曙光：《论宪法与私有财产权保护》，《比较法研究》，2002年第1期；李震山：《“复制人”科技发展对既有法律思维与制度之冲击——以基本权利保障为例》，《中外法学》，2002年第5期；乾宏、程关松、陶志刚：《论表达自由与审判独立》，《中国法学》，2002年第3期；汪习根：《论发展权与宪法发展》，《政治与法律》，2002年第1期。

㉘梁慧星：《少女失学何须宪法断案——宪法司法化的冷思考》，《法学天地（南京）》，2002年第4期。

㉙萧蔚云：《宪法是审判工作的根本法律依据》，《法学杂志》，2002年第3期。

㉚季卫东：《合宪性审查与司法权的强化》，《中国社会科学》，2002年第2期。

㉛杨海坤、朱中一：《从行政诉讼走向宪法诉讼——中国实现宪政的必由之路》，《法制与社会发展》，2002年第1期。

㉜周伟：《宪法基本权利的司法问题研究》，《金陵法律评论》，2002年春季卷。

㉝王德志：《宪法在刑事审判中的价值》，《宪法研究》（第一卷），法律出版社，2002年版。

㉞韩大元、王德志：《中国公民宪法意识调查报告》，《政法论坛》，2002年第6期。

㉟马玲：《当代大学生宪政观念管窥》，《法商研究》，2002年第2期。

行政法学

胡锦光　刘飞宇　王丛虎

2002年，行政法学研究的重点集中在公法理论、信息公开、行政程序、WTO与中国行政法、行政强制、行政诉讼的修改等领域；立法与研究的共栖较明显；研究上采用法律经济学、博弈论、社会调查、案例等方法；研究视角上注意与社会学、政治学、行政学的融合；研究的深度有所提高，对法律制度在该国的功能、历史文化背景、现实运行状况的分析有所增强；研究梯次上，注意吸收过去的研究成果；研讨阵地多样化，网络论坛成为打破“话语权”的新途径。

一、行政法学术交流概况

本年度召开的研讨会主要有：2002年1月29日，“行业协会管理权之司法审查研讨会”在北京大学北京召开；2月21日，“WTO与行政法研讨会”在国家行政学院召开；5月，“政府信息公开与行政程序法研讨会”在天津召开；5月6日，“走向21世纪的中国行政法与中国行政法学专题研讨会”在北京召开；7月1日，“中国政务信息化建设发展研讨会”在北京召开；7月，“行政法学年会（行政程序法典化）”在呼伦贝尔召开；9月16日，“北京大学《行政程序法（试拟稿）》研讨会”在百年纪念讲堂举行；9月17日，“全国城市管理相对集中行政处罚权工作研讨会”在杭州召开；11月9日，“行政诉讼法修改问题研讨会”在中国政法大学举行，提出了“行政诉讼法（修改建议稿）”；11月23日，主题为“行政法的发展及其环境”的东亚行政法学会第5次学术总会在日本名古屋召开；11月30日，“涉及WTO行政案件司法审查高级研讨会”在清华大学召开；12月19日，“中德行政程序法学术研讨会”在三亚举行。

二、主要专（译）著、教材介绍

据不完全统计，本年度主要的行政法学论著有：胡锦光、莫于川著：《行政法与行政诉讼法教程概论》（中国人民大学出版社）；莫于川著：《行政指导要论——以行政指导法治化为中心》（人民法院出版社）；俞荣根、莫于川著：《中国走向行政法治的回顾与展望》（重庆人民出版社）；文正邦主编：《法治政府建构论——依法行政理论与实践研究》（法律出版社）；信春鹰编：《公法》（第三卷）（法律出版社）；翁岳生编：《行政法》（上、下）（中国法制出版社）；陈新民著：《中国行政法学原理》（中国政法大学出版社）；马长山著：《国家、市民社会与法治》（商务印书馆）；董炯著：《国家、公民与行政法（一个国家—社会的角度）》（北京大学出版社）；傅思明：《中国司法审查制度》（民主法制出版社）；余凌云：《警察行政权力的规范与救济——警察行政法若干前沿性问题研究》（中国人民公安大学出版社）；程洁著：《宪政精义：法治下的开放政府》（中国政法大学出版社）；杨海坤、关保英著：《行政法服务论的逻辑结构》（中国政法大学出版社）；郑鹏程著：《行政垄断的法律控制研究》（北京大学出版社）；王学辉、宋玉波等著：《行政权研究》（中国检察出版社）；袁曙宏、宋功德著：《WTO与行政法》（北京大学出版社）等等。

三、相关法律法规的情况

2002年的行政立法主要有：《政府采购法》（6月29日）、《行政区域界线管理条例》（7月1日）、《最高法院关于行政诉讼证据若干问题的规定》（10月1日）、《最高法院关于审理国际贸易行政案件若干问题的规定》（10月1日）、国家计委颁布的新《政府价格决策听证办法》。于2003年1月1日施行的《广州市政府信息公开规定》是国内第一部地方政府信息公开规章，在中国信息公开立法史中将有先驱者的地位。其他需要关注的立法活动有：《行政程序法》《行政强制法》《行政许可法》《公民身份证法》（讨论稿）《监督法》《政府信息公开条例》。

四、行政法学研究的主要问题

（一）公法理论

2002年对于公法理论研究最为深入的无疑是“行政法平衡理论与准政府组织”课题组发表的组合论文，多维度、多视野、多方法的论述颇为精致。有学者对证监会作为行使强大行政职权的事业单位在运用“法律、法规授权的组织”进行界定的时候所面临的“捉襟见肘”的窘境进行分析[①]。有学者基于对学校招生、管理的实际考察，对由此产生的纠纷应当遵循民事诉讼还是行政诉讼问题进行具体解答，并对大陆法系的大学自治与法律保留是否适用于中国提出疑问[②]。有学者在对现行的有关村民委员会职责的中央、地方立法进行梳理的基础上，结合乡镇政府对村委会的控制，指出村委会与其说是村民民主、自治理念的体现，不如更加准确的定位为国家治理体系的延伸[③]。有学者基于村委会侵权之事实，在比较民事诉讼、行政裁决和人民代表大会监督体制后，得出行政诉讼是“最不坏的选择”的结论，并尝试以“公共职能”标准界定公法适用范围[④]。有学者指出，行业协会的契约性权力应逐渐走向法制化[⑤]。有学者认为，行政立法对社会关系的调整将趋于谦抑——行政立法对私人权利与自由的干预符合比例原则，对市场经济的干预应该进行成本受益的分析[⑥]。有学者认为社会自治权的功能在于对抗国家公权对社会的挤压与侵蚀，与国家公权构成分离与制衡的良性互动关系[⑦]。有学者认为，现代社会已经从“机械团结”转向“有机团结”，需要确立回应型行政模式，通过非强制行政行为，统合多元利益，培育社会自治[⑧]。行政权力主体模式的多元化、非管制化的国家社会关系的调整、交涉性的增长为代表的行政程序的变革带来了行政模式中的“同意因素”的生长[⑨]。有学者从自由主义深具的对国家权力不信任的角度出发，提出在公共服务领域引入竞争机制[⑩]。有学者从我国法文化传统的角度分析行政指导行为的合法性[⑪]。有学者对行政指导与依法行政之间的关系进行了深入研究[⑫]。有学者对政府在以因特网为基础的电子商务时代如何改变行政立法、执法、救济等行为的方式问题进行了论述[⑬]。有学者在对黑哨案件中的中国足协的地位进行分析后得出结论，公共行政在内涵上由原来的国家行政扩展到“国家行政”与“自治行政”，自治组织在微观、动态的层面应受行政法的调整，从而形成自治行政法的新领域[⑭]。

（二）信息公开

随着透明度规则的逐步落实，信息公开制度无疑是2002年行政法研究的又一亮点，《环球法律评论》的“信息公开”专题无疑是最好的组合论文。有学者从经济学角度分析了保守信息秘密的诱因，提出保守秘密可以使政府免于因犯相应的错误被提起诉讼，可以给予特殊利益集团施加更多影响力和控制力的机会[⑮]。有学者对美国政府信息公开制度的最新状况进行研究，提出对言论自由的重要补充是明确禁止联邦政府援引版权法律保护联邦政府信息，并对美国信息公开制度存在的如何界定政府机关和私营企业在提供信息产品和服务上的界限等问题进行了细致入微的实证分析[16]。有学者对日本信息公开制度进行细致评述，缜密分析其成因以及法律根据，对不公开信息的构成要素提出了独到见解[17]。有专家从政府保密工作的角度分析大量的非国家秘密被定为国家秘密的原因[18]。有学者在对中美间政府出版物交换工作进行描述的基础上分析该制度的基本特点[19]。有学者提出，对知情权概念的产生、发展进行考察，不能忽视其对政府职能的变化、政府活动与公民利益关系的进一步密切、大众传媒对信息的日益垄断、国家秘密的不断增加、现代社会公民的民主参与意识等因素的影响[20]。有学者借用米尔恩行为权和接受权的分类，指出把知情权看作是表达自由的从属权利忽略了知情权主动性的一面[21]。有学者在中国传统文化中的人本、民主思想中寻找政务公开的理论依据[22]。有学者提出，WTO所要求的政府透明度必将推动国内实现“阳光下的政府”，信息自由和信息公开将促使信息垄断的文化专制主义和愚民政策的失灵[23]。有学者就信息公开立法的战略步骤提出建议，认为应该先进行地方规章的试点立法，在条件成熟以后再进行全国性的行政法规的制定，之后再由立法机关制定统一的法律[24]。有学者认为，行政公开是行政法平衡精神的体现[25]。有学者提出，中国信息公开制度中存在的主要问题是政府压力所导致的保密主义[26]。有学者提出，保密利益与公开利益的权衡比较结果决定政府对信息公开法治制定时设置阻力的大小，在压力型体制下的官员选任机制等因素决定了中国信息公开法治化的艰难[27]。有学者批评了凡不是保密的文件都应该公开的错误认识，提出除保密事项之外的其他一些政府信息同样不能对民众公开，对我国政府信息中的档案文件的公开问题提出独特见解[28]。有学者从利益衡量角度对知情权和隐私权进行分析，认为知情权之所以取得先机是因为知情权所涉及的权益更多的是为整个社会所需要，而隐私权体现的是个人的利益[29]。有学者提出，如果公开的信息涉及第三人利益时，政府在告知申请人之前应给予第三人核实信息，提出意见的权利[30]。有学者指出，行政程序法中的公开请求权与情报公开法中的情报公开请求权之间是一种相互重合并且互相补充的关系，但二者在法律根据、请求权人等方面存在较大差别[31]。有学者对情报公开诉讼进行个案研究，分析现行救济框架可以借用的本土资源以及缺憾[32]。有学者对澳门资讯公开制度与其他国家的制度进行比较研究[33]。有学者对日本市民团体对情报公开诉讼制度的推动作用作了介绍[34]。有学者整合了各国行政公开立法[35]。有学者收集了美国宪政史上著名的信息自由案例[36]。

（三）行政程序

有学者提出，行政程序法在制度设定上，要充分展示“以权利制约权力”的理念，让相对人更加积极地参与行政[37]。有学者认为，行政程序法典的立法形式应该采取“通则性法典”的形式，采用“原则”＋一般规定＋特别规定的结构[38]。有学者对世界各国行政程序法典的内容架构进行了详尽分析[39]。有学者提出，中国未来的行政程序法将是一部对行政权力进行系统规范，内容十分丰富的大行政程序法典[40]。有学者从“最低限度公正”的独特视角分析了行政程序中的“公正与效率”问题[41]。有学者从比较法角度对公务回避制度的总体架构提出了独特观点[42]。有学者分析了行政管辖权的冲突类型，并提出了解决规则[43]。有学者提出，应该明确国务院行政机构的设置原则、条件、职责、权限[44]。有学者从法律价值以及社会实践的需要探讨行政法中的信赖保护原则[45]。有学者提出，应该像普通法那样，把合理性原则仅仅作为司法审查的一个技术，作为法院权力运行的宪政基础，而不仅是行政法的一项基本原则[46]。

（四）WTO与中国行政法

有学者提出，WTO要求重新界定国家、社会和个人（包括个人的延伸体法人和非法人）的权力（利）范围和空间，要求重构政府和市场的关系，这对我国的行政组织法带来了挑战[47]。有学者对非歧视性规则在行政程序立法中的具体问题进行了探讨[48]。有学者对WTO的法院独立性给我国带来的冲突作出回答，提出最好的解决方案是设立独立于地方权力机关和地方法院的行政法院[49]。有学者提出：WTO基本法律原则不仅适用于行政法中调整政府实施的与世贸有关的行为的规范，而且适用于行政法其他规范。WTO原则所体现的公开、公平、公正，自由理念是整个行政法和法治的价值取向，行政法需要这些价值取向[50]。有学者对行政机关提出的司法审查能否解决各类专业技术问题作出回答，指出司法审查的立足点是审查行政机关和行政行为是否遵循法治要求，在这方面，法院具有精通法律、严守法律程度和熟悉证据规则等优势[51]。

（五）行政强制

有学者基于能动法治主义和参与型行政理念，

从实证角度对行政强制中的和解进行了探讨[52]。有学者提出以“基础行为与执行行为分离并且已经生效”作为区分行政强制措施与行政强制执行的标准[53]。有学者从“禁止私力救济原则”对行政机关自行强制执行制度的影响作出分析[54]。

（六）行政救济

有学者延续实证方法研究行政诉讼受案范围，提出“2000年解释”的规定在一定程度上是承认和巩固既有的扩张，通过对行政诉讼受案范围实践的考察，可以隐约看见一个由法官、学者及社会公众组成的对应当适用的法律规范的共识决定着法律内容的法律共同体[55]。有学者区分了行政诉讼的起诉人与原告，并将“2000年解释”第12条中的“法律上的利害关系”界定为“一种起诉人可以期望通过诉讼得到法律保护的、现实存在或必然出现的、切身的、直接的利害关系”[56]。有学者认为，授权不只是法律法规的正式授权，还应包括政府批准该组织成立时已经认可的职能范围，应该将这种非权力组织纳入行政诉讼范围[57]。有学者从行政行为的形式划分、前提性行政行为的特征以及行政与民事关系的交合三个方面，对行政诉讼的合法性审查问题提出了独特见解[58]。有学者提出，现代证据法相关理论不能否认“依据”的证据属性[59]。有学者提出，“毒树之果”、“警察圈套”等证据在行政诉讼过程中应视为非法证据[60]。有学者对规范性文件行政复议制度进行了批判，提出应该建立起不以具体行政行为为规范性文件诉愿制度的基础、不以规范性文件的高低选择复议审查主体的“理性模式的新构架”[61]。有学者指出，将违法行政规范性文件所应承担的责任的性质归属于政治责任和违宪责任的观点是值得商榷的，其责任的性质应该属于具体的法律责任，应确立起以法院为主的责任追究体制[62]。有学者对国家违反欧盟法律对个人造成的损失如何承担赔偿责任的问题进行了研究[63]。

（七）其他

有学者在对福州王凯锋案进行分析之后得出结论，公务员有权不服从上级违法命令，其合理性基础是公务员对上级的服从是职务的服从而不是身份的服从，具有适当限度的不服从是稳定宪政制度的需要[64]。有学者在对现行法律规定的收费制度进行实证分析后得出“涉费法律比例较少，绝大部分没有对收费依据、收费资金管理以及使用、责任等作出规定”的结论[65]，有学者认为，要实现人治许可向法治许可的转变，必须将各项许可的成本和利益进行公正分配[66]。

五、行政法学研究的展望

学术研究是一个继往开来的活动，我们认为，以下问题将成为新一年行政法学界研究的重点区域：

1．公法理论的深入研究。学者将借助“市民社会与国家”的分析模型，对行政权的运行范围、公法人、第三部门、参与行政等问题展开研究。

2．信息公开问题。随着立法进程以及透明度规则的具体要求，信息公开的研究将会逐渐转向细致，研究重点将会集中在信息公开制度成因以及信息公开与隐私、国家秘密之间的利益衡量问题。

3．行政救济制度。研究重点将会集中在如何构建符合WTO要求的“独立的”、“公正的”审查机构；如何构建卓有成效的国家赔偿制度无疑也是研究重点。

4．行政程序法、行政诉讼法、行政强制法、行政许可法无疑也继续是研究的重点。

（作者：胡锦光，中国人民大学教授；
刘飞宇、王丛虎，中国人民大学讲师）

注：

①董炯、彭冰：《公法视野下的中国证券管理体制的演进》，《行政法论丛》（第5卷），法律出版社，2002年版。

②沈岿：《公立高等学校如何走出法治真空——学校与学生的关系维度》，《行政法论丛》（第5卷），法律出版社，2002年版。

③何海波：《村民自治与个体权利救济——论村民委员会在行政诉讼的被告地位》，《行政法论丛》（第5卷），法律出版社，2002年版。

④章永乐、杨旭：《村民自治与个体权利救济——论村民委员会在行政诉讼中的被告地位》，《行政法论丛》（第5卷），法律出版社，2002年版。

⑤黎军：《行业组织管理及其权力来源——一个行政法的视角》，《行政法论丛》（第5卷），法律出版社，2002年版。

⑥袁曙宏、李洪雷：《新世纪我国行政立法的发展趋势》，《行政法学研究》，2002年第3期。

⑦周安平：《社会自治与国家公权》，《法学》，2002年第10期。

⑧崔卓兰、蔡立东：《从压力型行政模式到回应型行政模式》，《法学研究》，2002年第4期。

⑨石红心：《从“基于强制”到“基于同意”——论当代行政对公民意志的表达》，《行政法学研究》，2002年第1期。

⑩张书克：《“服务行政”理论批判》，《行政法学研究》，2002年第2期。

⑪莫于川：《行政指导行为的合法性研究》，《重庆大学学报》（社会科学版），2002年第8卷第1期。

⑫莫于川：《依法行政与行政指导》，《苏州大学学报特刊》（东吴法学）2002年号。

⑬高家伟：《论电子商务与行政法的范围和手段》，《行政法学研究》，2002年第2期。

⑭高家伟、张玉录：《论“黑哨”中的行政法问题》，《政法论坛》，2002年第3期。

⑮【美】斯蒂格利茨著，宋华琳译：《自由、知情权和公共话语》，《环球法律评论》，2002年秋季号。

⑯周汉华：《美国政府信息公开制度》，《环球法律评论》，2002年秋季号。

⑰朱芒：《开放型政府的法律理念和实践（上）——日本信息公开制度》，《环球法律评论》，2002年秋季号。

⑱郭杰：《我国政府保密工作的现状》，《环球法律评论》，2002年秋季号。

⑲程真：《中国政府出版物的现状》，《环球法律评论》，2002年秋季号。

⑳张庆福、吕艳滨：《论知情权》，《江苏行政学院学报》，2002年第1期。

㉑袁春鹃、张志泉：《行政信息公开的理念与现实》，《山东行政学院学报》，2002年第2期。

㉒张超：《政务公开的理论依据》，《当代法学》，2002年第4期。

㉓郭道晖：《“入世”对我国政治体制改革的挑战》，《法商研究》，2002年第2期。

㉔王丛虎：《“入世”后中国构建透明政府的战略选择》，《北京行政学院学报》，2002年第5期。

㉕崔建宇、崔建洲：《知情权与行政公开制度》，《山西青年管理干部学院学报》，2002年第2期。

㉖皮纯协、刘飞宇：《我国行政公开制度的现状及走向》，《法学杂志》，2002年第1期。

㉗杨福忠：《试论我国政府信息公开法治化的实现条件及所面临的障碍》，北大法律信息网。

㉘周汉华：《中美政府公开制度异同》，《公法研究》，商务印书馆，2002年版。

㉙陈红：《论行政资讯公开制度中的隐私权保护》，《浙江工业大学学报》（社会科学），2002年第3期。

㉚应松年、陈天本：《政府信息公开法律制度研究》，《国家行政学院学报》，2002年第4期。

㉛刘莘、吕艳滨：《情报公开法若干问题研究》，《公法研究》，商务印书馆，2002年版。

㉜刘飞宇：《情报公开诉讼考》（上、下），北大法律信息网。

㉝刘飞宇：《内地、澳门情报公开诉讼制度比较研究》，北大法律信息网。

㉞赵正群：《交际费、食粮费情报公开诉讼及其意义——日本行政诉讼在20世纪90年代的新发展》，《行政法论丛》（第5卷），法律出版社，2002年版。

㉟冯国基著：《面向WTO的中国行政——行政资讯公开法律制度研究》，法律出版社，2002年版。

㊱唐纳德等著，梁宁等译：《美国大众传播法：判例评析》，清华大学出版社，2002年版。

㊲邢鸿飞：《行政程序立法中的三组关系》，《法学》，2002年第9期。

㊳王锡锌：《行政程序立法：一个基于实际的评估》，《法学》，2002年第9期。

㊴王万华：《行政程序法典化之比较》，《法学》，2002年第9期。

㊵王万华：《行政程序法的内容选择及中国立法的选择》，《行政法学研究》，2002年第2期。

㊶王锡锌：《正当法律程序与“最低限度的公正”——基于行政程序角度之考察》，《行政法学研究》，2002年第2期。

㊷李元起：《公务回避制度的比较与思考》，《国家行政学院学报》，2002年第1期。

㊸章剑生：《行政管辖制度探索》，《法学》，2002年第7期。

㊹任进：《国务院行政机构的若干问题》，《行政法学研究》，2002年第3期。

㊺黄学贤：《行政法中的信赖保护原则》，《法学》，2002年第5期。

㊻余凌云：《论行政法上的比例原则》，《法学家》，2002年第2期。

㊼薛刚凌：《WTO与行政组织法的改革》，《政法论坛》，2002年第1期。

㊽杨寅：《行政程序立法与WTO规则》，《政法论坛》，2002年第1期。

㊾马怀德、葛波蔚：《WTO与中国行政诉讼制度的发展——兼论对现行行政诉讼法德修改》，《政法论坛》，2002年第1期。

㊿姜明安：《WTO法律原则与中国行政法》，《政法论坛》，2002年第1期。

(51)孔祥俊：《WTO法律对我国司法审查制度的影响》，《政法论坛》，2002年第1期。

(52)杨建顺：《行政强制中的和解——三环家具城案的启示》，《南通师范学院学报》（哲社版），2002年第1期。

(53)胡建淼：《行政强制措施与行政强制执行的边

界划分》，《法学》，2002年第6期。

(54)傅士成：《行政机关自行强制执行程序的几个问题》，《行政法学研究》，2002年第2期。

(55)何海波：《行政诉讼受案范围：一页司法权的实践史（1990—2000）》，《北大法律评论》，第4卷第2辑。

(56)杨寅：《行政诉讼原告资格新说》，《法学》，2002年第5期。

(57)杨解君：《中国“入世”与行政诉讼制度变革》，《法学》，2002年第4期。

(58)吴偕林：《行政诉讼合法性审查三题》，《法学》，2002年第6期。

(59)赵清林、杨小斌：《规范性文件也是行政诉讼证据——兼与甘雯先生商榷》，《行政法学研究》，2002年第3期。

(60)金诚：《行政诉讼非法证据的内涵界定》，《行政法学研究》，2002年第3期。

(61)张淑芳：《规范性文件行政复议制度》，《法学研究》，2002年第4期。

(62)刘松山：《违法行政规范性文件之责任追究》，《法学研究》，2002年第4期。

(63)许睿等：《欧盟法中的国家责任原则探析》，《法学评论》，2002年第1期。

(64)刘松山：《论公务员对违法命令的不服从》，《法商研究》，2002年第4期。

(65)王成栋等：《行政收费的法治建设——对中国现行法律涉及收费规范的整理及分析》，《行政法学研究》，2002年第3期。

(66)萧泽晟、冯慧：《走出行政许可的尴尬困境》，《政法论坛》，2002年第1期。

刑 法 学

韩玉胜　杨　华

一、刑法学研究的基本情况

（一）学术会议

（1）中国法学会刑法学研究会于10月17日至21日在西安召开了中国法学会刑法学研究会2002年年会。来自全国各法律院校、中央和地方政法机关的专家、学者和司法部门工作者共计300余人参加会议，会议收到学术论文240余篇。会议议题为三个方面：犯罪构成与犯罪成立基本理论研究，保障社会稳定方面的刑法学热点问题研究，西部地区犯罪问题研究。

（2）国际刑法学协会中国分会于4月21日在深圳市召开了国际刑法问题研讨会。此次研讨会是为2004年北京举办第17届国际刑法学大会以及各个议题的预备会议作准备，集中围绕2004年第17届国际刑法学大会“未成年人的刑事责任问题”、“国际经济交往中的腐败犯罪”、“刑事诉讼原则在纪律程序中的作用”、“国际法与国内法的一事不再理原则”等四个主要议题展开深入的探讨。

（3）香港大学法律学院与中国人民大学刑事法律科学研究中心于4月26日在香港大学联合举行了当代国际刑法与国际犯罪问题学术研讨会。研讨会分“国际刑法的理论与原则”、“国际刑事管辖”、“恐怖主义犯罪及其惩治的国际合作”以及“其他国际犯罪及其惩治”等四个单元进行了专题研讨。

（4）澳门检察律政协会与中国人民大学刑事法律科学研究中心于4月29日在澳门联合召开了区际刑事司法协助法律研讨会。来自内地法律院校、科研机构、中央和地方司法机关，澳门检察院、各级法院和有关法政机关、法律院校，香港律政司、廉政公署、保安局，台湾法律院校等方面的专家学者以及澳门有关各界的嘉宾，共约200人出席了研讨会。会议分别围绕“区际刑事司法协助的原则性问题”、“不同区域的法律冲突”、“区际刑事司法协助之协议内涵”、“区际合作打击跨国犯罪”、“区际刑事司法协助中管辖权的划分”等议题，进行了专题发言和深入研讨。

（5）最高人民法院《人民司法》编辑部分别于8月、11月、12月在成都、武汉、上海、北京先后召开四次会议，就刑罚的适用及其价值取向问题进行研讨，是有关我国刑事法治建设的重要系列学术会议。

（6）中国社会科学院、丹麦人权中心和湘潭大学于12月9日至10日在湘潭大学联合召开了死刑问题国际讨论会，来自美国、丹麦、韩国、立陶宛和中国的专家学者40余人、湘潭大学的师生百余人参加了研讨会。与会的专家学者就四个专题进行了热烈的发言、评论和提问。这四个专题是：死刑的法理思考，死刑的存废，死刑与人权，死刑及其限制。

（二）学术成果

2002年刑法学的学术成果较为丰硕，出版了一批颇有力度和分量的专著。据不完全统计，发表刑法学论文达千余篇，刑法学著述近百部。这些论文和著述既能紧密结合刑法实践，又充分体现了创新意识；不仅在研究方法、研究视角上有突破，在基础理论的研究视野上也有扩展。对刑法中的一些重大理论和实际问题从不同的层面进行了研究和阐述，具有较高的学术价值和实践意义。

二、刑法学中争议问题的讨论

（一）关于刑法总论问题的研究

1.关于犯罪概念问题

有的学者认为，我国刑法中的犯罪概念是混合犯罪概念，这是一种科学合理的犯罪概念类型，正是因为这种犯罪概念中规定了社会危害性理论才更显其合理性。社会危害性理论不但不与罪刑法定原则相冲突，反而体现出与罪刑法定相一致的价值立场，主张继续以社会危害性为中心的我国刑法理论是可行的，也是必要的①。

有的学者认为，我国刑法中犯罪圈的划定是由刑法第13条的正文和但书两段结合共同完成的，即犯罪是社会危害达到一定程度而应予刑罚制裁的违法行为。并认为我国刑法第13条关于犯罪的立法定义，采用了刑事违法性和社会危害性相结合，规范标准和非规范标准互为补充的复合标准。行为罪与非罪的判定，不仅要受刑事违法性的形式制约，而且要受社会危害性的实质限定②。

有的学者认为，刑法上的犯罪概念应该是形式概念，即犯罪是违反刑事法律规范，应当受到刑法处罚的行为。此外还需要确立刑事诉讼法上的犯罪概念，以确定某一具体行为是否实际受到刑法追究。刑法上的犯罪和诉讼法上的犯罪是两个层面上的概念，应对二者加以区别③。

有的学者从主客观相统一原则出发，认为犯罪的形式概念与实质概念之间是存在矛盾冲突的，无论采用形式化、实质化还是二者结合的犯罪概念，都不可能真正消除矛盾，而只是强调矛盾的某种主要方面以及试图使矛盾向有利于自己目的的方向转化，或试图维持矛盾，处于一种平衡状态。究其实质，仍然是一个如何理解“主客观相统一”的问题。而且选择什么样的犯罪概念也与一国刑法所偏重的是主观主义还是客观主义有关④。

2.关于犯罪构成问题

有的学者从犯罪构成的社会功能出发，认为犯罪构成的敛缩反映了社会公正性的要求，犯罪构成的扩张反映了社会功利性的要求。只有联系社会实践和社会总体价值判断，才能把握住犯罪构成的现实发展变化⑤。

有的学者分析了犯罪构成与犯罪阻却事由的关系，认为从刑事立法角度而言，犯罪阻却事由与犯罪构成是基于同一虚拟事实所设定的具有不同内容要求的法律规范形式，两者是一种并列关系；从刑事司法角度而言，犯罪构成与犯罪阻却事由是基于同一事实而引用的具有不同价值取向的价值评价体系，两者是一种基础与上层的关系⑥。

有的学者主张，应该在重塑我国的犯罪构成模式的基础上，通过能动的刑事司法构筑一个对行为先进行违法性形式审查再进行违法性实质审查的双层审查机制。在形式违法性审查的基础上，通过实质违法性审查，“软化”成文法，保证个案得到公正处理，使立法的一般公正（形式正义）更好地转化为司法的个别公正（实质正义）⑦。

3.关于正当防卫问题

有的学者认为，应将刑法第20条第3款规定的防卫行为称为“特殊防卫权”或“特别防卫权”，认为特殊防卫是普通的正当防卫的一种特定表现形式，二者有联系也有区别。并详述了刑法第20条第3款中的“行凶”和“杀人、抢劫、强奸、绑架”的含义⑧。

有的学者认为，刑法第20条第3款的规定是由第1款引申出来的，第1款和第3款是包容关系，将第3款称为无限防卫权、无过当防卫权或特殊防卫均不妥⑨。

有的学者认为，在司法实践中应以防卫行为的危险性与侵害行为的危险性相平衡来认定防卫行为是否过当为宜。主张加强主观认识因素在认定防卫行为是否过当时的作用，对防卫人一定程度的认识偏差在司法上给予认可；由于防卫后果的不可完全预测性，不能要求防卫人准确判断防卫后果与不可测的侵害后果相适应⑩。

4.关于单位犯罪问题

有的学者认为，私营企业应为刑法意义上的单位，非公有制经济与公有制经济法律地位完全平等，应当给予同等的法律保护；将私营企业排除在单位犯罪主体之外，缺乏法律依据并且在司法实践中会产生种种弊端⑪。

有的学者则认为，私营企业能否成为单位犯罪主体，应根据国家的有关法律规定，并结合我国的有关实际情况，具体问题具体分析⑫。

有的学者认为，现行刑法中的累犯制度不适用于单位犯罪，论证了构建单位累犯制度的必要性与可行性⑬。

5. 关于刑罚问题

有的学者概括了大陆法系国家的6种量刑模式，分别分析了报应刑论、目的刑论对量刑标准的影响，并探讨了责任与预防的关系，认为凡影响责任和预防必要性的事实都是量刑中的事实因素⑭。

有的学者对我国刑法中有关罚金刑的罪名进行了统计，发现过失犯罪罚金刑的适用率远远低于故意犯罪，认为这与罚金刑的基本功能极不适应，还可能产生轻罪重罚、重罪轻罚的问题，并建议对一些贪利性犯罪，如贪污贿赂罪配置相应的罚金刑⑮。

有的学者认为，刑罚适用的价值目标，不应当将研究停留在"正义、秩序、效率"等涵盖面极大的概念上，而应放在刑罚适用的具体内容和表现形式上，这样才具有实践意义。刑罚适用的价值目标能否真正成为我国刑罚适用的价值取向，关键在于刑罚适用的主体（即法院和法官）审判个案决定刑罚时作何种选择⑯。

有的学者认为，刑罚制定个别化能够提高刑罚规定的明确性，为刑罚裁量、刑罚执行个别化提供制度性资源，促进刑罚制度的进步及促进刑罚观念个别化，因而应倡导刑罚制定的个别化，并建议我国刑法应当对刑罚裁量的事实根据予以规定⑰。

（二）关于刑法各论问题的研究

1. 关于贪污罪问题

有的学者认为，贪污罪包括狭义和广义两种。狭义的贪污罪是指国家工作人员利用职务上的便利，侵吞、窃取、骗取或者以其他手段非法占有数额较大的公共财物的行为。广义的贪污罪是指国家工作人员及其他管理、经营国有财产的人员，利用职务上的便利，非法占有所在单位的公共财物或其他财物或者依法应当交公的礼物，数额较大的行为⑱。

有的学者认为，我国刑法规定了一种"正贪污罪"（刑法第382条第1款），三种以贪污罪论的"准贪污罪"（刑法第382条第2款、第394条、第271条第2款、第183条第2款）。三种准贪污罪虽然不完全符合贪污罪的标准构成要件，但法律规定以贪污罪论⑲。

有的学者把定量分析方法应用于贪污罪的处刑实践，并依此建立贪污罪的量刑基准体系，以准确确定被告人应当承担刑事责任的数量⑳。

2. 关于受贿罪问题

有的学者认为，非国家工作人员勾结国家工作人员伙同受贿可以构成受贿罪的共犯。共同受贿犯罪要坚持共同犯罪共同负责的原则㉑。

有的学者认为，刑法第382条第3款不是法律拟制，而是注意规定。一般主体与国家工作人员相勾结、伙同受贿的，成为受贿罪的共犯；国家工作人员使请托人向第三者提供贿赂时，故意接受贿赂的第三者与国家工作人员成为受贿罪的共犯；以各种形式帮助行贿或者受贿的，分别成为行贿罪或受贿罪的共犯，而非介绍贿赂罪；受贿罪的共犯人应当对所参与的共同受贿数额负责，追缴受贿所得时原则上应采取连带追征，但在各受贿人均有追征能力的情况下，采取分配追征。并认为介绍贿赂可以分别视为行贿或受贿的教唆犯、帮助犯看待，没有必要规定为独立的罪名㉒。

有的学者认为，非国家工作人员能构成受贿罪共犯；单位也能作为贿赂罪共同犯罪的主体，并具体分析了国家工作人员与公司、企业人员共同受贿、单位与自然人共同实施受贿、行贿行为等案件的处理㉓。

3. 关于责任事故犯罪问题

有的学者认为故意制造事故的案件在我国确实存在，建议增设故意制造事故罪㉔。

有的学者认为，我国刑法中，责任事故犯罪的法定刑往往轻于普通的过失犯罪是不合适的，并认为刑法中的责任事故犯罪的法定刑刑种过于单一㉕。认为本罪犯罪主体的范围太窄，建议对该犯罪的主体不作任何限制；并将现行的规定修改为完全的空白罪状㉖。

有的学者认为，刑法第134条规定的罪过形式仅限于犯罪过失。对于企业、事业单位职工出于间接故意而违章造成严重危害结果的，应以某种故意危害公共安全罪追究刑事责任㉗。

4. 关于足球"黑哨"问题

有的学者认为，中国足球职业联赛的裁判员的裁判活动不具有公务活动的性质，将"黑哨"行为认定为国家工作人员受贿于法无据。裁判员也不是公司、企业的工作人员，依照现行刑法的规定，"黑哨"行为不能以犯罪论处㉘。据此，有的学者建议在刑法中设立"职务受贿罪"㉙。

有的学者认为，中国足协的法律性质是社会团体，其从事的活动是管理社会公共事务，受其聘任或聘请的裁判员担任足球职业联赛裁判工作属于从事公共管理事务，"黑哨"行为可按受贿罪论处㉚。

还有的学者认为，"黑哨"行为应以公司、企业人员受贿罪论处[31]。

5. 关于巨额财产来源不明罪问题

有的学者认为，从规范层面看，该罪实行行为方式为不作为。尽管该罪受到舆论的攻击，但是应当认为并非该罪在立法上的阙失，而是整个反腐败机制疏漏所致，因而并不能由此否定该罪立法上的正当性[32]。

有的学者从刑事政策的视角分析了我国刑法中的巨额财产来源不明罪。认为本罪属于典型的不作为犯罪，但设定其义务来源的制度前提很不充足，为此建议应作好制度前置。从规范层面，认为本罪惩罚的重点在于对"说明义务的不履行"，而非其非法财产的状况或非法取得的行为。建议对本罪的规定进行修改，并将该罪改为"对巨额财产来源拒不说明或作虚假说明罪"[33]。

还有的学者认为，巨额财产来源不明罪法定刑太低，使刑法体系失衡，应提高法定刑，或取消巨额财产来源不明罪，非法财产按贪污罪论处[34]。

6. 关于黑社会性质组织犯罪问题

有的学者认为，黑社会性质组织是犯罪集团向黑社会组织过渡的形态。黑社会组织应当具备下列特性：地下社会性、组织严密性、行为暴力性、经济敛财性、政治腐蚀性、地方称霸性。黑社会性质组织与黑社会组织只是发展阶段上的低级与高级之分，在本质上并无二致。并阐述了黑社会性质组织犯罪的主客观构成要件[35]。

有的学者认为，从概念种属关系上看，黑社会性质组织被包含在外延更广的犯罪集团范畴之内。黑社会性质组织应具备四个特征：（1）成员较多、有较为严密的组织性；（2）牟取经济利益，有一定经济实力，得以维持该组织的稳定存在；（3）行为方式的暴力性；（4）为非作恶影响的广泛性，所谓称霸一方（在一定区域或行业范围内）。认为最高人民法院2000年关于黑社会性质组织的司法解释中"保护伞"的规定弊大于利[36]。有的学者则认为，司法解释关于"保护伞"的规定是黑社会性质组织必不可少的而且是关键性的特征，也是司法实务的要求[37]。

有的学者认为，符合司法解释所规定的四个特征的，不一定是黑社会性质的组织；反之，不符合上述四个特征的，也可能是黑社会性质的组织。并认为没有必要在黑社会性质组织是否具有"保护伞"的特征上纠缠。司法解释虽然旨在限制黑社会性质组织的范围，但未能达到其目的[38]。

还有的学者认为，黑社会性质组织犯罪同其他财产型犯罪一样，其最根本的目的是为了追求非法经济利益，具有贪利性，对该种犯罪应增设财产刑，以便从根本上彻底摧毁黑社会性质组织犯罪的再生条件[39]。

（作者：韩玉胜，中国人民大学教授；
杨华，中国人民大学硕士研究生）

注：

①刘艳红：《社会危害性理论之辨析》，《中国法学》，2002年第2期。

②储槐植、张永红：《善待社会危害性观念——从我国刑法第13条但书说起》，《法学研究》，2002年第3期。

③葛磊：《刑事法治领域犯罪概念的建构》，《中国律师》，2002年第2期。

④齐文远、周详：《对刑法中"主客观相统一"原则的反思——兼评主观主义与客观主义》，《法学研究》，2002年第3期。

⑤许发民：《犯罪构成的社会功能》，《刑法论丛》第6卷，法律出版社，2002年版。

⑥杨兴培：《论犯罪构成与犯罪阻却事由的关系》，《政法论坛》（中国政法大学学报），2002年第6期。

⑦梁根林、付立庆：《刑事领域违法性的冲突及其救济——以社会危害性理论的检讨与反思为切入》，陈兴良主编：《刑事法评论》（第10卷），中国政法大学出版社，2002年版。

⑧高铭暄：《正当防卫问题研究》，《刑法论丛》第6卷，法律出版社，2002年版。

⑨郭泽强、蒋娜：《刑法第20条第3款与第1款关系研究——兼论第20条第3款条款的意义》，《法学家》，2002年第6期。

⑩赵妍妍：《试论正当防卫》，《国家检察官学院学报》，2002年第6期增刊。

⑪韦一奇：《私营企业应为刑法意义上的单位》，《人民检察》，2002年第1期。

⑫郭敏峰：《单位犯罪主体若干问题探讨》，《人民检察》，2002年第8期。

⑬胡杨成：《单位累犯刍议》，《人民检察》，2002年第3期。

⑭冯军：《量刑概说》，《云南法学》，2002年第3期。

⑮汪红飞：《罚金刑适用范围之立法评析》，《刑事法杂志》，2002年第4期。

⑯邓修明：《论我国刑罚适用的价值取向》，《人民司法》，2002年第8期。

⑰翟中东：《刑罚制定个别化问题研究》，《国家检察官学院学报》，2002年第3期。

⑱王作富、唐世月：《贪污罪定义辨析》，《国家检察官学院学报》，2002年第3期。

⑲周其华：《贪污罪几个问题的研究》，《国家检察官学院学报》，2002年第4期。

⑳张庆旭：《定量分析法在贪污罪量刑基准体系构建中的应用研究》，《中国刑事法杂志》，2002年第1期。

㉑姜伟、侯亚辉：《共同受贿犯罪若干问题探讨》，《中国刑事法杂志》，2002年第2期。

㉒张明楷：《受贿罪的共犯》，《法学研究》，2002年第1期。

㉓赵秉志、许成磊：《贿赂罪共同犯罪问题研究》，《国家检察官学院学报》，2002年第1期。

㉔汤啸天：《关于增设故意制造事故罪的建议》，《中国刑事法杂志》，2002年第1期。

㉕王俊平：《责任事故犯罪刑事责任之比较》，《中国刑事法杂志》，2002年第4期。

㉖王俊平：《我国刑法中的责任事故犯罪立法之检视》，《国家检察官学院学报》，2002年第3期。

㉗刘志伟、梁剑：《重大责任事故罪若干疑难问题研讨》，《河南省政法管理干部学院学报》，2002年第2期。

㉘王作富、田宏杰：《“黑哨”行为不能以犯罪论处》，《政法论坛》，2002年第6期。

㉙焉捷、杨家君、王跃东：《设立职务受贿罪的立法建议》，《中国律师》，2002年第10期。

㉚曲新久：《“黑哨”行为已构成受贿罪》，《政法论坛》，2002年第6期。

㉛于宛等：《刑法理论关注社会热点问题——足球“黑哨事件”、“伤熊”事件刑法学术研讨会综述》，《法学家》，2002年第4期。

㉜时延安：《巨额财产来源不明罪的法理研析》，《法学》，2002年第3期。

㉝卢建平：《刑事政策视野中的巨额财产来源不明罪》，《刑事法杂志》，2002年第1期。

㉞朱向东：《应修订刑法第395条第1款》，《法学杂志》，2002年第6期。

㉟张文、许永强：《黑社会性质组织辨析》，《贵州警官职业学院学报》，2002年第5期。

㊱储怀植：《解读黑社会性质组织罪》，《刑事法判解研究》，2002年第1期。

㊲赵秉志：《关于黑社会性质的组织犯罪司法解释的若干思考》，《刑事法判解研究》，2002年第1期。

㊳张明楷：《黑社会性质组织认定之我见》，《刑事法判解研究》，2002年第1期。

㊴朱勤：《黑社会性质组织犯罪应增设财产刑》，《人民检察》，2002年第7期。

民商法学

林　嘉　姚　辉　林　敏

在2002年里，北京的学者们在民商法学研究领域里异常活跃，其研究的重点和焦点主要集中在以下几方面：

一、民法典的编纂

民法典的制定及相关问题的研究仍然是过去一年里民法学界的热点。学者指出，民法典编纂必须处理好基本法与单行法、英美法与大陆法、公法与私法、民法与商法、主体法与行为法、强行法与任意法的关系①。关于民法典体系，有关讨论仍然围绕是否取消债法总则、侵权行为法是否独立成编、知识产权能否纳入民法典等焦点展开。有学者主张民法典中人格权不应单独成编，认为民法典的进步性应体现在价值取向上，而编纂体例属于形式的科学性问题；以前各国民事立法并无先例；民法通则列举人格权仅是权宜之计；人格权与其他民事权利不同，与主体不可分离，是主体对于自身的权利，而非对自身以外人与物的权利，因此不存在所谓“人格权关系”，仅在侵害时发生损害赔偿的债权关系②。

二、物权法

关于制定“物权法”还是“财产法”问题曾在2001年引起争论。许多学者在2002年对此进一步发表见解，其中肯定物权法的观点占据主流。有学者指出，我国当前的民事立法应当采纳物权的概念，制定一部系统、完整的物权法而不是财产权法。财产法是英美法的概念，采纳财产权法而非物权法将使民事立法在体系上脱离大陆法而向英美法靠拢，从而冲击我国的立法模式。与物权的概念比较，财产是一个上位概念，而物权是一个下位概念，物权本身是财产权的一种，两者不可相互替代[③]。随着物权法草案建议稿的完成，学者更多地关注物权法的体系。以总则、所有权、用益物权、担保物权和占有为基本结构的体例为多数学者所认可，但学界也有不同的建议与理论尝试。关于物权行为，有学者认为，物权行为是客观存在的，物权行为的独立性和无因性仅针对买卖、互易、赠与等移转所有权的行为，不能因为否定其无因性而否定整个物权行为[④]。关于物权变动中的动产交付，有学者主张在立法上坚持生效要件主义的一贯立场，确认现实交付、简易交付、拟制交付三种交付类型，不规定占有改定和指示交付；认为动产交付行为在性质上属于表意行为与事实行为的结合[⑤]。另外，有学者对水权问题颇为关注，成为特别法上物权研究的一个亮点。学者认为，水权由水资源所有权派生出来，是水资源所有权的下位概念，具有私权与公权的混合性质；水权基本上不具有排他性，应通过优先性规则来解决水权人之间的利益分配[⑥]。

三、合同法

合同法已施行数年，关于合同法的研究也不再停留于立法或结构体系的争论，而是深入到各个具体制度及规则的层面。例如，有学者探讨了绝对无效与相对无效，无效行为是否撤销的问题[⑦]。有学者针对私法中的信赖规则展开研究，比较了信赖规则与缔约过失责任的异同，认为我国合同法采纳了信赖规则的具体制度，但对作为一般原则的信赖规则尚认识不足[⑧]。有学者对违约责任和侵权责任的区分进行研究，从违反义务的性质、侵害对象、是否事先存在合同关系、侵害后果四个方面确定了两种责任的区分标准[⑨]。

在具体合同的研究方面，有学者指出，消费者交易合同中的消费者应是自然人，法人购买消费品应受合同法调整；不应以动机或购买的标的物作为判断消费者的标准；医疗关系作为一种合同关系属于“消法”调整范围[⑩]。有学者针对司法实践讨论了基于合同义务、附随义务发生的经营场所车辆管护义务的问题，认为其处理无统一的模式，应当具体个案判断[⑪]。对于旅游合同这种新型交易，有学者指出旅游合同有名化的必要，论证了违反旅游合同的精神损害赔偿问题[⑫]。

四、侵权行为法

有学者对人身损害赔偿法律制度提出批评，认为现有体系较为混乱，司法解释在人身损害赔偿法律体系中的地位过于显赫，法律规定和司法解释的内容相互冲突[⑬]。侵权责任方面，有学者主张在确立不作为不承担过错侵权责任的原则的同时，也对这一原则作了某些行为人应当承担积极作为义务的例外的限制[⑭]。传统民法认为损害是非法行为导致合法权益受损的结果，但有学者提出反对意见，认为损害既可因违法行为所致，也可因合法行为、事实行为或自然事件而生，因此损害并非仅仅是侵权责任的构成要件，而是一种具有广泛含义的法律事实[⑮]。对于人格权保护中的一般人格权，学者认为，现代民法从注重财产保护发展到强调人格利益的保护，一般人格权系从具体人格权抽象而来，是自然人人格利益的总和，具有解释、创造、补充法律的功能。一般人格权是对人类自由和尊严的保护，因此只能适用于自然人[⑯]。

五、知识产权法

著作权法于 2001 年 10 月修订，在 2002 年的研究中，有相当数量的论文因此集中于相关条文的理解和完善上。此外，网络环境下的著作权问题也仍然是讨论的焦点。商标法修订后引入了司法审查程序，这被认为更多地凸显了把商标权作为一种私权的理念变革。另外，专利法修改中一些有争议的问题也是讨论的热点。

六、商法总论

有学者认为，传统上对商法的定义，或者是从调整对象着手，或者是从商法所规范的内容着手，都属于“一维”定义，而在我们加入 WTO 的新的历史时期下，应该从商法所调整的对象、目的、内容、方法研究着手，才能正确回答什么是商法这一基本问题。其认为，商法是调整市场交易关系行为规范的总称；商法规范的内容为交易组织关系和交易行为关系；与时俱进的方法是研究商法的基本方法；发展社会生产力是商法的基本目的[⑰]。

在商法总论方面，学者们探讨与争议最多的还是商法的地位问题，也就是私法体系中商法与民法的关系问题。有学者从商法调整对象的角度反思了商法的基本问题，认为商法的调整对象在于法律关系主体的平等性与行为的营利性。商事行为无非是营利性的民事行为，因而，不能以列举式划定商事行为的范围，商事行为应当由民法调整；商法主要是商主体法，传统的商法范围已无法涵盖现代的商事关系，所以，商法典存在的合理性受到质疑。该学者认为，现代商法应当是一个开放的体系[⑱]。但也有学者从票据法、海商法等特别法着手论证商法的独立性，认为其与民法既非并列关系，亦非合一关系，而是交叉关系[⑲]。

另外，有学者探讨了商法中的诚实信用原则，认为作为基本原则的诚实信用原则无论在起源上还是在发展上都与人类的交易行为有着密切联系，诚实信用原则是以善意真诚、守信不欺、公平合理为内容的强制性法律原则。诚实信用原则的经济基础、历史发展、学术研究趋势都表明它是商法的基本原则。但商法中的诚实信用原则与民法中的诚实信用原则在调整对象、基础、内容等方面都有着显然的区别⑳。

七、公司法

关于一人公司，有学者认为，传统的公司理念对公司立法承认一人公司不利，应强调公司制度的本质特征为公司是独立于其出资人的法人，而不在于其社团性㉑。在股东与债权人利益保护方面，有学者指出，为改善我国目前股份公司的治理结构，保护投资者的利益，应确立控制股东的注意义务和忠实义务并建立违反义务后的民事责任机制㉒。有学者主张引入“设立中公司”的概念，认为公司独立法律人格的获得是一个渐次生成的动态过程，这一过程与公司设立行为相伴而生，在这一过程中引入“设立中公司”的概念并赋予其一定的权利能力极具理论价值和现实意义。有学者认为应通过采取“区别对待主义”的立法模式，明确母子公司关系构成的持股比例，规定公司持股达到一定比例时的通知义务等措施，建立和完善对公司相互持股进行法律规制的制度㉓。有学者还探讨了“经理股票期权”的法律问题，认为它在现代企业制度中具有积极作用，实践中需要为这一制度的运行创造良好的法律环境。因此，要适时修改《公司法》《证券法》等相关法律；另一方面，在设计公司治理结构的相关制度时，真正做到激励与约束并重㉔。

八、证券法

证券民事责任制度是整个证券法律制度不可或缺的组成部分，其建立与完善十分重要。证券民事责任制度既是我国现行实践中亟待解决的一个重大课题，也是证券法领域内学者们探讨的焦点问题。有学者探讨了证券民事责任的基本框架，将证券民事责任的构成要件概括为五个：主体、主观状态、违法行为、损害事实、因果关系，并进行了详细分析㉕。

有学者指出，证券内幕交易的民事责任现行机制在举证等方面存在现实缺陷，在实践中无法有效运行，有学者主张可以借鉴日本在这方面的新做法，即将内幕交易问题与基于“不公开情报”的救济联系在一起考虑，以信息披露机制弥补内幕交易救济制度的不足㉖。

九、票据法

针对加入世贸组织后我国票据法的完善，有学者讨论了票据的无因性、空白票据、票据参加制度、伪造背书、票据涂销和背书涂销等问题。基于适应“入世”后国际贸易和国际支付的需要，指出了我国现行票据制度与国际接轨的必要性㉗。

十、保险法

有学者通过对我国保险法关于受益人的有关规定进行分析后指出，保险法在受益人的指定和受益人丧失受益权的规定方面存在漏洞，并针对该问题的解决提出了一些自己的思路㉘。保险人的合同解除权是保险人享有的一项重要权利，对于维护保险人的合法权益具有重要意义。有学者探讨了保险人的合同解除权，认为，保险人的法定解除权仅限于法律规定的几种情形，而目前在保险人的约定解除权方面存在很多问题，需要进一步规范，规范时要遵循保证公平和有所限制的原则；《保险法》对于保险人行使合同解除权的方式、保险人合同解除权的消灭等问题都未作规定，可以适用《合同法》的有关规定㉙。

十一、破产法

在学者们的探讨中，制定一部新的《破产法》的呼声越来越高。在这一领域，学者们研究的焦点集中在对一些过时规则的修改以及新规则的创设上。有学者探讨了新破产法起草中的几个重要问题，认为新出台的破产法的适用范围不仅应扩大到非国有企业、合伙企业、个人独资企业和商自然人，还应扩大到个人（自然人）㉚。无独有偶，也有学者指出，我国现行破产法只适用于企业法人破产的规定，已不足以解决我国实践中大量债务不能清偿的问题，在设计灵活多样的程序制度的同时，新的破产法应当适用于自然人和企业法人㉛。还有学者指出，在进一步完善新破产法草案时，应当着重考虑破产法在推动国有企业改革、加强金融保障、维护社会稳定等方面的重要作用㉜。

（作者：林嘉、姚辉，中国人民大学教授；林敏，对外经济贸易大学讲师）

注：

①江平：《中国民法典制订的宏观思考》，《法学》，2002 年第 2 期。

②梁慧星：《民法典不应单独设立人格权编》，《法制日报》，2002 年 8 月 4 日。

③王利明：《物权概念的再探讨》，《浙江社会科学》，2002 年第 2 期。

④谢怀栻、程啸：《物权行为理论辨析》，《法学

研究》，2002年第4期。

⑤屈茂辉：《动产交付制度研究》，《中国法学》，2002年第4期。

⑥崔建远：《水权与民法理论及物权法典的制定》，《法学研究》，2002年第4期。

⑦王利明：《关于无效合同确认的若干问题》，《法制与社会发展》，2002年第5期。

⑧马新彦：《信赖规则之界定》，《法制与社会发展》，2002年第3期。

⑨王利明：《违约责任和侵权责任的区分标准》，《法学》，2002年第5期。

⑩王利明：《消费者的概念及消费者权益保护法的调整范围》，《政治与法律》，2002年第2期。

⑪杨立新等：《饭店、旅店车辆管护义务及其损害赔偿》，《法学家》，2002年第5期。

⑫宁红丽：《旅游合同研究》，《民商法论丛》，2002年第22卷。

⑬杨立新：《人身损害赔偿问题研究》（上）（下），《河南省政法管理干部学院学报》，2002年第1、2期。

⑭张民安：《论不作为过错的侵权责任》，《法制与社会发展》，2002年第5期。

⑮宁金成、田土城：《民法上之损害研究》，《中国法学》，2002年第2期。

⑯尹田：《论一般人格权》，《法律科学》，2002年第4期。

⑰徐学鹿：《商法概念多维性研究》，《法学杂志》，2002年第1期。

⑱赵旭东：《商法的困惑与思考》，《政法论坛》，2002年第1期。

⑲王小能、郭瑜：《商法独立性初探》，《中外法学》，2002年第5期。

⑳徐学鹿、梁鹏：《商法中之诚实信用原则研究》，《法学评论》，2002年第3期。

㉑朱慈蕴：《一人公司对传统公司法的冲击》，《中国法学》，2002年第1期。

㉒王保树、杨继：《论股份公司控制股东的义务与责任》，《法学》，2002年第2期。

㉓甘培忠：《论公司相互持股的法律问题》，《法制与社会发展》，2002年第5期。

㉔甘培忠：《"经理股票期权"的法律分析》，《政法论坛》，2002年第2期。

㉕杨益：《论证券民事责任法律制度》，《中央财经大学学报》，2002年第11期。

㉖顾肖荣：《日本证券内幕交易的民事责任》，《法学》，2002年第1期。

㉗高子才：《论"入世"后我国票据法的修改与完善》，《人民司法》，2002年第1期。

㉘杜颖：《对我国保险法受益人规定的思考》，《经济经纬》，2002年第4期。

㉙卞江生：《论保险人的合同解除权》，《保险研究》，2002年第10期。

㉚李曙光：《关于新破产法起草中的几个重要问题》，《政法论坛》，2002年第3期。

㉛邹海林：《关于新破产法的适用范围的思考》，《政法论坛》，2002年第3期。

㉜王卫国：《略论新破产法起草的几个目标》，《政法论坛》，2002年第3期。

诉讼法学

陈卫东　汤维建　刘计划

一、刑事诉讼法学部分

（一）研究概况

2002年，刑事诉讼法学研究的课题愈来愈广泛，研究趋于深化。对司法改革进程中出现的新现象、新事物，学者们给予了充分的关注。

本年度召开的学术会议及学术出访活动主要有：（1）5月，中国政法大学刑事法律研究中心、诉讼法学研究中心在北京召开证据法国际研讨会；（2）7月，中国人民大学诉讼制度与司法改革研究中心在北京召开"英国刑事审前程序"国际研讨会；（3）8月，刑事诉讼法学专业委员会在贵阳召开控辩双方诉讼权利模式研讨会，集中研讨了辩诉交易制度引入我国的必要性、可行性以及具体制度设计等问题；（4）11月上旬，诉讼法学研究会在南京召开全国诉讼法学年会，就证据制度、刑事审前程序等问题进行了研讨；（5）9月至10月，中国政法大学刑事法律研究中心组团赴俄罗斯等国考察证据制度；（6）10月，中国人民大学诉讼制度与司法改革研究中心组团赴英国考察保释制度。

据不完全统计，本年度出版的学术著作主要有：陈光中等主编：《中德不起诉制度比较研究》；陈卫东、徐美君译：《美国刑事法院诉讼程序》；宋英辉、吴宏耀著：《刑事审判前程序研究》；甄贞主编：《刑事诉讼法学研究综述》；锁正杰著：《刑事程序的法哲学原理》；宋世杰主编：《证据学新论》；张建伟著：《刑事司法体制原理》；王新清著：《区际刑事司法协助研究》；王进喜著：《刑事证人证言论》；崔敏著：《刑事诉讼法学的学科前沿问题》；马贵翔著：《刑事司法程序正义论》；陈光中主编：《沉默权问题研究——兼论如何遏制刑讯逼供》；杨正万著：《刑事被害人问题研究——从诉讼角度的观察》；谢佑平、万毅著：《刑事诉讼原则：程序正义的基石》；程荣斌主编：《外国刑事诉讼法学》；张泽涛著：《论司法的民主监督》；梁玉霞著：《论刑事诉讼方式的正当性》；高一飞著：《刑事简易程序研究》；李交发著：《中国诉讼法史》；陈卫东主编：《刑事诉讼法实施问题对策研究》；杨宇冠著：《非法证据排除规则研究》；叶青主编：《中国审判制度研究》；陈光中、江伟主编：《诉讼法论丛》第7卷，等等。

（二）研究的主要问题

1．关于诉讼理念及诉讼制度的变革

有学者认为，“中立”是司法公正的内在要求和体现，贯穿于诸多诉讼原则和制度之中。从中立性理念出发，在制度上完善或保障法官中立、检察机关在审前程序中保持中立、鉴定机构中立、看守所在侦查机关与被羁押人之间保持中立，是我国诉讼改革的当务之急①。

2．关于司法改革与司法公正

有学者认为，法院向同级人大及其常委会汇报工作制度存在理论缺陷：第一，将会导致责任主体归属不明；第二，违背诉讼制度的基本法理，因为这种做法实质上是在法院推行行政首长负责制；第三，将会导致司法权的行政化。应该取消法院向人大汇报工作的做法②。

有学者认为，应以司法主体性理念作为司法制度设计和改革的出发点和落脚点③。也有学者认为，程序影响刑罚效果。应改革刑事诉讼程序，实现程序公正，以获得刑罚最佳效果④。还有学者认为，在我国，刑事诉讼程序的公正性受到轻视或忽视，为了实现程序公正，应增强与实现程序的独立性、民主性、控权性、平等性、公开化、科学性⑤。

3．关于检察权的研究

有学者认为，检察机关的基本职能是公诉，检察权在本质上主要表现为公诉权，检察权在本质属性和终极意义上应属于行政权。检察机关在刑事诉讼中的各项权力都是具体的诉讼程序性权力，与所谓的法律监督机关、法律监督权并不存在必然的关联性。应按照检察机关就是公诉机关的思路去改革司法制度，建立以公诉机关为核心、主导的审前程序，同时改革现行的逮捕和其他侦查措施的审查批准制度⑥。有学者则认为，法律监督机关设置具有价值合理性。该学者分析了法律监督机关存在的法理基础、宪政基础、社会基础，最后论证了把检察机关作为法律监督机关来设置的现实合理性⑦。

二、民事诉讼法学部分

1．学术活动情况

本年度召开的比较重要的民事诉讼法学术会议主要有：2002年8月8日至10日在中国人民大学法学院召开的“比较民事诉讼法国际研讨会”，与会学者就诉讼模式和审级制度、法院调解等问题进行了深入细致的探讨；9月28日至20日，在北京召开的“审前程序与庭审方式改革研讨会”；12月3日至6日，在南京师范大学召开的2002年诉讼法学年会，年会主题是民事诉讼法的修改和建议程序的完善；11月，最高人民法院在湖北宜昌召开主题为“程序公正与诉讼制度改革”的全国法院第14届学术研讨会；12月召开了全国法院民商事审判工作会议。

本年度发表的学术论文数量可观，涉及面广，几乎涵盖了民事诉讼各重要理论制度及程序制度。出版的专著、教材、译著主要有：齐树杰主编：《英国证据法》（厦门大学出版社，2002年7月版）；何文燕、廖永安著：《民事诉讼理论与改革的探索》（中国检察出版社，2002年10月版）；李国光主编：《最高人民法院关于民事证据若干规定的理解与适用》（中国法制出版社，2002年10月版）；梁书文主编：《民事诉讼管辖司法解释诠释》（中国法制出版社，2002年8月版）；杨立新、汤维建主编：《民事诉讼法教学参考书》（中国人民大学出版社，2002年8月版）；汤维建主编：《民事诉讼法案例分析》（中国人民大学出版社，2002年10月版）；杨荣新主编：《民事诉讼法修改的若干基本问题》（中国法制出版社，2002年12月版）；常怡主编：《比较民事诉讼法》（中国政法大学出版社，2002年12月版）。

2．关于民事诉讼法的修改

有学者认为，对民事诉讼法修改的重要前提是对现行民事诉讼法的体系结构进行调整，调整的方法是先分化、再统一。所谓先分化，是指将执行程序、证据制度、破产程序、事诉讼程序、非诉讼程序、涉外程序等从现行民事诉讼法中分离出去，然后再将他们统一起来，形成一个以民事诉讼法为中心的关系法规范体系⑧。

3. 关于调解

有学者认为，法院调解制度的改革势在必行，并提出以下改革完善措施：对人民调解协议实行审核制；设置庭前调解制度；修改调解协议生效的条件；增加对恶意调解实行强制措施条款；将“有人民法院主持调解”改为“有法院主持当事人进行诉讼和解”；对法院调解实行审级限制⑨。

有学者认为，人民调解的非约束力是该制度无法与时俱进的瓶颈，要解决这一问题必须借助于国家强制力，通过人民调解制度与诉讼机制的连接确保其约束力，并通过法院的执行力保障权利义务的实现。我国应当制定一部专门的人民调解法确认人民调解协议的法律效力⑩。

民事诉讼法的修改和完善是今后一段时间内重点研究的课题。对此，应当着眼于我国加入世贸组织后民事司法现代化和对当事人基本程序保障的需要，把握司法改革的方向，根据市场经济条件下民事诉讼共同的基本法理，建立健全民事诉讼的机制。在总结过去民事诉讼实践经验的基础上，进行反思，明确民事诉讼法修改的目标和步骤，争取早日建立起适合我国国情和现代化要求的民事审判机制和民事权利保护体系。

（作者：陈卫东、汤维建，中国人民大学教授；刘计划，中国人民大学讲师）

注：

①陈光中、汪海燕：《论刑事诉讼的“中立”理念》，《中国法学》，2002年第2期。

②张泽涛：《法院向人大汇报工作与司法权的行政化》，《法学评论》，2002年第6期。

③左卫民、朱桐辉：《谁为主体，如何正义——对司法主体性理念的论证》，《法学》，2002年第7期。

④汪建成、谢安平：《论程序公正与刑罚效果》，《政法论坛》，2002年第1期。

⑤谢佑平、万毅：《论司法改革与司法公正》，《中国法学》，2002年第5期。

⑥陈卫东：《我国检察权的反思与重构》，《法学研究》，2002年第2期。

⑦张智辉：《法律监督机关设置的价值合理性》，《法学家》，2002年第5期。

⑧汤维建、卢正敏：《民事诉讼法修改与完善若干问题探讨》，毕玉谦主编：《中国司法审判论坛》，2002年第2卷。

⑨冯战平、韩轩等：《法院调解制度改革的思考》，《法律适用》，2002第9期。

⑩张卫平：《人民调解：完善与发展的路径》，《法学》，2002年第12期。

经 济 法 学

吴宏伟　朱大旗

一、2002年经济法学研究概况

2002年，经过经济法学界同仁的共同努力，经济法学研究取得了较为丰硕的成果。

（一）学术会议

本年度召开的经济法学术会议主要有：2月3日至7日，全国人大财政经济委员会在京主持召开“中华人民共和国破产法草案修改论证会”，来自政府职能部门、司法部门和高校、研究机构的专家学者就破产法草案进行探讨，形成了立法草案，并上报人大财经委审议；6月18日，中国人民大学经济法学研究中心主持召开学术研讨会，就我国经济法发展历史、经济法在我国市场经济中的地位，以及经济法学理论的脉络、精髓和发展等问题进行了专题研讨；9月13日、14日，中国社会科学院法学研究所在京主持召开“竞争政策与经济发展国际研讨会”，来自德国、日本、韩国、委内瑞拉、我国台湾地区以及国内的专家学者，就各国竞争政策、竞争法治与本国经济发展的关系作了探讨；9月14日、15日，清华大学法学院召开了“全球竞争经济体制下的公司法改革”研讨会，来自美国、德国、日本、我国台湾地区等国家和地区以及国内的专家学者参加了会议；10月21日、22日，华东政法学院主办了“新世纪经济法学理论创新与学科建设高级专家研讨会”，国内教学机构的教学科研人员参加了会议；10月25日—27日，第十届全国经济法理论研讨会暨中国法学会经济法学研究会成立大会在长沙召开，会议选举了领导机构并就经济法理论与实践的重要问题进行了全面深入的讨论；

10月27—31日，“中国法学会财税法学研究会2002年年会”在张家界召开，近百名专家学者参加了会议；12月7日，中央财经大学法律系主办召开了“中国财经法律论坛”，就财税、经济相关法律问题进行了研讨。

（二）科研成果

本年度出版的经济法学类教材主要有：首都经济贸易大学出版社出版的高等院校商法经济法专业核心课程精品系列教材《税法教程》（徐孟洲、谭立著）和《公司法教程》（陈乃蔚主编），法律出版社出版的《财税法教程》（刘剑文著），学苑出版社出版的《中国经济法基础理论》（刘文华著、1987年手稿）；文集和论丛主要有：法律出版社出版的《经济法论丛》（徐杰主编、第三卷），中国法制出版社出版的《经济法学评论》（史际春和邓峰主编、第二卷），中国方正出版社出版的《经济法论丛》（漆多俊主编、第六卷），人民法院出版社出版的《全球化背景下的经济法制建设——经济法文集》（顾功耘主编），机械工业出版社出版的《中国经济法精粹》（法苑精粹编辑委员会编、2002年卷），法律出版社出版的《20世纪外国经济法的前沿》（何勤华主编）、《宏观调控法制文集》（刘文华主编）、《财税法论丛》（刘剑文主编、第一卷）、《探究经济和法互动的真谛》（史际春论文集）；论著主要包括：法律出版社出版的《经济法新论》（赵康、谭玲著），中国检察出版社出版的《市场法治论》（邱本著），北京大学出版社出版的《税法专题研究》（刘剑文著），中国工商出版社出版的《税法新论》（王惠著）、中国人民大学出版社出版的《WTO与中国金融监管法律制度研究》（马卫华著），中国政法大学出版社、元照出版公司（台湾）《公平交易法新论》（赖源河编审），复旦大学出版社出版的《欧盟的企业合并政策——经济学与法律分析》（醒民著），法律出版社出版的《中小企业法研究》（郑之杰等著）、《国有独资公司前沿问题研究》（李建伟著）、《破产法专题研究》（王欣新著）等。

二、经济法研究的热点问题

（一）关于经济法总论

1. 关于经济法的调整对象

经济法的调整对象，是经济法学研讨的基本理论问题。因此，众多专家学者在对该问题进行讨论时，从不同的角度、不同的层面发表了相关的观点。有学者提出“我国经济法调整对象的创新性法律思路”，即借鉴WTO规则通过独立的条约立法和条约司法机制，严格区分政治与经济、行政与经济、外交与法律的思路，探索并建立独立于行政立法和司法机制的经济法调整模式①。

2. 关于经济法的地位、体系

有学者提出，我国最高权力机关将有中国特色社会主义的法律体系划分为七个法律部门，其中包括经济法，它标志着经济法地位的确立，具有重要意义②。有学者认为，可将经济法定位为市场条件保障法，属于社会法范畴③。有学者认为，经济法目的中“正义、秩序、效率”的含义与传统民法、行政法部门存在着显著差异，经济法应当是独立的法律部门④。专家学者们还从法的功能、奉行的原则、调整手段等层面论证了经济法与民商法、经济法与行政法的区别与联系，以说明经济法的独立地位与相应的体系。

3. 关于经济法的理念、原则、价值和目标

有学者呼吁确立符合社会化客观要求的经济法理念，通过其主导、能动作用，使社会主义市场经济及其法治建设包括法学和经济法学的研究，跃上一个新的台阶⑤。有学者指出，价值取向和基本原则是经济法的核心和灵魂，它关系到经济法的地位和性质问题；两者的逻辑关系是学习和研究经济法基础理论的切入点⑥。有学者认为，社会公正、效益和经济安全是经济法价值的基石⑦。还有学者认为，经济法的价值可分为两种：一是目标价值，即社会整体效益的最大化；二是功能价值，即实质正义、经济秩序和事实自由⑧。

4. 经济法视野内的政府、市场和其他主体问题

本年度较为集中地讨论了政府问题。有学者认为，经济法“入世”就是政府权力法定原则的确立，一切干预权力都应当是法定的，越权无效⑨。有学者分析我国干预不足和过度干预并存现象的原因，认为界定政府干预的范围时要考虑干预行为的替代性、干预行为的不完美性、干预行为的动态博弈性⑩。

有学者对社会团体进行研究，认为法律应特别关注其目的、资本与财务等内部运作、活动及竞争问题，对其主体资格予以确认和规范。对社会团体主体资格的法律规制应当体现结社自由与社团管制的平衡，因其公私融合特征而应与民事主体、行政主体有所区别⑪。还有学者试图从国有股减持的失败中发掘一些深层次的问题，认为国有股减持失败的原因归根结底在于政府和市场的关系处理失当⑫。

5. 关于经济诉讼问题

学者们继续研究经济诉讼或经济法的程序及司法保障问题。总的来说，本年度发表的文章仍倾向于以经济公益诉讼为中心，建立独立的经济法诉讼制度。

(二) 关于经济法主体制度

1. 关于国有企业改革

有学者提出，国企改革必须走多元化模式之路，同时要遵循“分权制衡制度理论、功利主义思想基础、竞争性动力逻辑、效益最优化指挥原则和改革模式多元化方法论”进行制度设计⑬。有学者认为，应当认清现代公司制度的两大精髓即明晰的产权主体制度和有效的公司治理机制，以及二者对于国有企业公司化改革的重要意义⑭。还有学者认为，国有股权承担国家职能的使命，这在市场经济条件下会越来越重要，同时强调要对非国有股东的利益进行保护⑮。

2. 关于独立董事和监事会制度

在本年度，独立董事制度仍是讨论的热点问题。有学者认为，独立董事能够保证董事会行为符合公司全体相关利益者的要求，但该机制价值的实现有赖于其内容设计的合理性⑯。有学者通过对美国公司法外部董事制度的利弊分析，认为外部董事的引入是完善我国公司监督机制的有效手段之一⑰。有学者在考察、借鉴德国公司法中的监事会制度的基础上，对我国公司法的监事会制度提出了完善意见⑱。

3. 关于破产法的修改

有学者强调破产法的私法属性，主张主体平等和程序自治的基本理念⑲。有学者提出，应着重考虑破产法在推动我国国有企业改革、加强金融保障和维护社会稳定等方面的重要作用⑳。也有学者强调保护破产企业职工利益，充分考虑破产企业职工的救济安置等问题㉑。有学者对我国破产分配程序中的工资债权、社会保险费、国家税收等取得优先权地位的“公共政策”基础作了分析㉒。有学者根据恶意破产中行为人通常采用的手段，从建立预警系统、完善规章制度、强化组织职能、严格法律程序、限制破产免责范围等方面提出防治该类行为的对策㉓。有学者提出，应当通过打击破产犯罪，防范利用法人破产制度进行欺诈，并废除企业注销制度，建立起强制性清算制度㉔。

(三) 关于经济管理、调控法

1. 关于“宏观调控法”

有学者分析了宏观调控法的内涵、本质特征、立法价值和立法基本原则等，提出了“宏观调控法治化”和“宏观调控法理论‘法治化’”的主张㉕。有学者认为，宏观调控法是调整在宏观调控活动中发生的特定社会关系的法律规范的总称；它以经济成长、充分就业、经济稳定和总量平衡作为直接的价值目标㉖。有学者认为，基于宏观调控法的自身特点，在立法中要对宏观调控权的形式、程序做出规定，建立公开制度、咨询制度、听证制度、协商制度，逐步改变对管理者的法律义务、法律控制甚为薄弱的局面㉗。

2. 关于财税法

有学者认为，改革现行预算制度也是建立政府采购制度的需要，应实行部门预算和国库统一收支，行政事业单位不再设置单独账户，由国库直接向企业、个人支付报酬，包括货物、工程、服务的价款或报酬以及行政事业单位工作人员的工资㉘。有学者认为，“依法治税”以税收本质特征理论、社会主义市场经济宏观调控理论、公共财政理论以及社会主义民主与法治理论为依托，吸收了税权法定主义的精华，已成为我国依法治国的重要内容。要实现依法治税的目标，必须处理好依法治税与税收计划、扩大内需、加入 WTO 的关系，转变观念，建立相应的工作机制㉙。有学者认为，应调整直接税和间接税的比重，继续推行费改税改革，堵塞避税漏洞，完善所得税、增值税、政府采购和幼稚工业保护法等法律法规㉚。在税收征管方面，有学者认为，税收征管的价值取向应为“服务于经济发展，服务于纳税人，服务于全社会”，要引进风险机制，加强关于节约征管成本、提高征管效益、建立纳税评估制度、纳税环境等问题的研究，继续加强涉外税收征管和国际税收合作㉛。

3. 关于金融法

有学者认为，目前我国的银行法过分强调金融市场整体安全秩序和国有财产的安全，疏忽了银行自身的自主、效益和公平竞争的价值目标，在立法精神、透明性、市场准入、法律体系的协调和监管等方面与 WTO 规则有着冲突㉜。有学者认为，应调整分业经营和分业管理制度，摒弃过多政府干预因素，实现市场杠杆调节，并加强和完善金融监管制度㉝。有学者认为，电子货币是以现有通货为基础的二次性货币；在我国，应当只有银行信用机构才能发行电子货币，并受国家货币政策的约束；建议对电子货币的法律执行和跨国使用，应关注新技术，减少使用障碍，降低电子货币供应的竞争㉞。

4. 关于对外贸易法

有学者认为，要按WTO的有关规则，审查我国现行外资立法，从宏观和具体措施上对其加以重构[35]。有学者提出，外贸法的修改应明确其地位、性质、修改目的、范围及其与海关法的关系等，对于外贸法与其实施条例、对外贸易管理机构、针对不同类型国家的贸易安排、服务贸易问题以及四地关税制度一体化等应做出具体规定[36]。有学者认为，我国应建立一个统一、公正、透明的对外贸易法律体系，《对外贸易法》作为我国对外经济贸易的基本法，应从多方面加以完善[37]。

另外，专家学者们还针对“产业政策法”、“国有资产管理法”等有关经济管理、调控法的问题进行了深入的研讨。

（四）关于经济活动法

1. 关于反垄断法

有学者认为，反垄断法对竞争关系的调整，是在民商法的基础性调整之上的二次调整，它具有国家干预性、社会本位性和经济政策性等，这些都体现了经济法的性质和特征[38]。有学者认为，反垄断法不仅是深化经济体制改革的手段，还是推动政治体制改革的催化剂，同时反垄断法的出台有利于克服行业垄断。反垄断法出台的最大阻力应是来自政府部门[39]。也有学者认为，我国反垄断立法中还有重大理论问题和实践问题没有弄清楚，应暂缓制定[40]。

在反垄断法的制订中，行政垄断问题成为关注的焦点之一。有学者认为，我国行政性垄断产生的根源在于计划经济体制，要剔除行政性垄断，必须在反垄断法中明确行政性垄断的违法构成要件，准确界定行政性垄断的范围[41]。也有学者认为，反垄断法规制的行为具有经济性，规制的主体具有生产经营性，这些都不同于行政性垄断，而且反垄断法的制裁措施不足以惩罚行政垄断，所以对于行政垄断应由行政执法调整[42]。有学者认为，我国反垄断立法应借鉴国际通行规则，结合行政性垄断等国内突出问题，来选择具体立法模式和立法运作设计[43]。有学者提出了反垄断的量化标准问题，主张建立反垄断立法和政策制定的民主机制，并重视程序设计，以保证反垄断法的科学性、高效率[44]。

关于公用企业，有学者认为，在这一领域，管制将主要存在于剩余的自然垄断环节，并趋于以促进有效竞争为导向，立法重点应在于完善行业专门法，重建政府管制法律制度，实现反垄断法主管机构与行业管制机构相互配合，维护竞争秩序的统一[45]。有学者认为，“反垄断法”原则上也要适用于公用企业，对其不能一般地适用除外，但相对于有关公用事业的专门立法而言，反垄断法起的是辅助和兜底作用[46]。

2. 关于竞争法的其他问题

在本年度，学界还针对反不正当竞争法的有关问题，如竞业限制、商业秘密、知识产权的竞争法保护、低于成本价销售、商业折扣、竞争立法的思路、消费者权益的保护等问题进行了深入的研讨。

三、经济法学研究的展望

展望未来，经济法学研究在重视部门制度的同时，仍需加强总论的研究，以进一步明确、弘扬适应社会化市场经济及其法治要求的经济法理念，完善经济法学体系，以求经济法学能在我国法学中谋得稳固的一席之地。

实践是检验真理的标准，无论是总论抑或具体制度研究，都不是为学问而学问。经济法学只有投入实践的大舞台、大课堂，才有价值和用武之地，获得立法、司法、政府管理部门、社会暨民众的认可和重视，对国家的改革开放、经济发展发挥其应有的积极影响和促进作用。

面对我国经济和社会发生深刻变革、加入世贸组织等形势，经济法学应进一步了解、借鉴发达国家市场经济法治的经验教训，把握其真谛而非知其皮毛，真正做到洋为中用。所以，经济法学在反思的同时，更要与时俱进，这也是经济法学面临的一项新的挑战。

（作者：吴宏伟，中国人民大学教授；
朱大旗，中国人民大学副教授）

注：

①周林彬：《WTO规则与我国经济法调整对象的再思考》，《政治与法律》，2002年第1期。

②刘隆亨：《经济法在我国法律体系中地位的确立与发展》，《法学论坛》，2002年第1期，

③赵万一：《对经济法若干基本理论问题的重新思考》，《现代法学》，2002年第4期。

④竺效：《论经济法之法律目的》，《西南政法大学学报》，2002年第3期。

⑤史际春、李青山：《论经济法的理念》，第十届全国经济法理论研讨会论文。

⑥李晓安：《经济法价值取向与基本原则的内在逻辑探讨》，《法学杂志》，2002年第2期。

⑦程志、郑杰芳：《论经济法的价值目标取向及其实现保障》，《当代法学》，2002年第1期。

⑧贾海燕：《经济法的价值分析》，《法学论坛》，2002年第6期。

⑨王新红：《论政府权力法定原则》，《当代法学》，2002年第7期。

⑩应飞虎：《政府干预范围的界定与确保》，《当代法学》，2002年第7期。

⑪雷兴虎、陈虹：《社会团体的法律规制研究》，《法商研究》，2002年第3期。

⑫甘培忠：《国有股减持中的政府与市场——国有股减持困境的经济法分析》，《法学家》，2002年第4期。

⑬阳东辉：《国有企业改革的法哲学基础及多元模式构想》，《法商研究》，2002年第1期。

⑭湖夏冰：《公司制简论》，《中南财经政法大学学报》，2002年第1期。

⑮王研：《国有股权的职能及其法律调整》，《法学》，2002年第3期。

⑯董新凯：《谈对董事会的控制问题——兼谈独立董事制度》，《法律科学》，2002年第1期。

⑰李昕：《论美国公司法中的外部董事制度》，《法制与社会发展》，2002年第5期。

⑱陈艳：《论我国公司监事会制度的立法完善》，《当代法学》，2002年第7期。

⑲李永军：《重申破产法的私法精神》，《政法论坛》，2002年第3期。

⑳王卫国：《略论新破产法起草的几个目标》，《政法论坛》，2002年第3期。

㉑王欣新：《试论破产立法与国企失业职工救济制度》，《政法论坛》，2002年第3期。

㉒韩长印：《破产优先权的公共政策基础》，《中外法学》，2002年第3期。

㉓张琳：《论恶意破产行为及其防止对策》，《法学论坛》，2002年第5期。

㉔肖建华、王淇：《破产清算制度的完善与债务欺诈之防范》，《法学杂志》，2002年第4期。

㉕李昌麒、胡光志：《宏观调控法若干基本范畴的法理分析》，《中国法学》，2002年第2期。

㉖洪治纲、汪鑫：《论宏观调控法的概念和特征》，《法学杂志》，2002年第1期。

㉗漆多俊：《宏观调控立法特点及其新发展》，《政治与法律》，2002年第1期。

㉘郑瑞志：《中国政府采购的特殊性及其影响——从经济和法律的视角》，《社会科学》，2002年第7期。

㉙刘隆亨：《依法治税的目标、理论与途径》，《中国法学》，2002年第2期。

㉚蔺翠牌：《中外税制改革与税法比较研究》，《法学杂志》，2002年第2期。

㉛李志萍、刘隆亨：《对我国税收工作的理性思考》，《法学杂志》，2002年第2期。

㉜李金泽：《加入WTO后中国银行法制的局限性及其克服》，《法律科学》，2002年第2期。

㉝刘秀芳：《WTO与中国金融立法完善》，《当代法学》，2002年第3期。

㉞朱泊玉：《关于电子货币的法律问题》，《法学杂志》，2002年第1期。

㉟安丽：《WTO规则与中国外资法重构》，《法商研究》，2002年第3期。

㊱张国元：《外贸法修改之管见》，《法学》，2002年第11期。

㊲马德才：《“入世”与我国对外贸易法的完善》，《甘肃政法学院学报》，2002年第2期。

㊳王先林：《反垄断法的基本性质和特征》，《法学杂志》，2002年第1期。

㊴《我国反垄断法的制度——王晓晔教授访谈》，《法学杂志》，2002年第5期。

㊵李长青、马红梅：《反垄断法应暂缓制定》，《法制日报》，2002年3月6日。

㊶林军：《对我国行政垄断及其法律规制的思考》，《政法学刊》，2002年第1期。

㊷杨仕兵、许艳艳：《对反垄断法规范行政垄断的质疑》，《皖西学院学报》，2002年第3期。

㊸陈俊：《WTO与中国反垄断立法》，《北京大学学报》，2002年第1期。

㊹徐孟洲、侯作前：《论反垄断法中的量化问题》，《法学杂志》，2002年第3期。

㊺曹博：《公用企业竞争与管制立法探析》，《法学》，2002年第6期。

㊻史际春：《公用事业引入竞争机制与“反垄断法”》，《法学家》，2002年第6期。

环 境 法 学

周 珂 杨子蛟

一、学术研究概况

2002年北京市的环境法学研究呈现出蓬勃发展的态势，取得了可喜的成绩。越来越多的有识之士投入到环境法学的理论与实践中来，尤其是众多中青年学者的加入为环境法学的研究注入了新的活力。

10月由国家环保总局、环境资源法学研究会和西北政法学院在西安主办了2002年中国环境资源法学研讨会，参加者达创纪录的200余人，其中来自北京市的资深学者和青年学者占了相当的比重。此外，环境资源保护实际工作部门和人民法院对环境资源法学和环境案件研究更加重视。这一切都表明，环境资源法作为一门新兴学科的强大生命力，也预示着环境资源法学研究的广阔前景。

2002年北京市环境法学研究的发展主要还体现在：

（1）科研力量发展。一批环境资源法教学科研机构和硕士点成立，除了专职研究人员外，越来越多的相关学科的学者关心和参与环境资源法的教学和科研活动，环境资源法学研究从初期的封闭状态日益走向开放，日益与法学的其他分支学科和相关的自然科学相融合。

（2）科研水平提高。近年来，全国环境资源法学研究会强调提高学术研究质量，防止学术研究中的低水平重复问题，提倡国内研究的超前性和预见性，国际研究要跟踪先进研究领域和课题。从本年度出版和发表的研究成果来看，已经与往年以普及型研究为主显著不同，高水平的研究成果增多，较资深的学者致力于学术攻坚，青年学者也追求高起点的研究。大部分研究成果无论是理论深度、研究视野，还是开拓创新、联系实际，均有可圈可点之处。例如，《环境资源法论丛》第2卷收录的一批青年学者的论文，体现了勇攀学术高峰的勇气，也反映了当前环境资源法的研究趋势。

（3）学术空气活跃。本年度北京市环境资源法学的其他主要学术活动有：由中国政法大学环境资源法研究和服务中心、英国驻华大使馆等共同主办的中国西部环境诉讼疑难案件研讨会；由中国社会科学院法学研究所和法国驻华大使馆等共同主办的中法“环境法与经济”研讨会；此外，中国环境科学学会2002年的年会及其他环境保护机构、组织举办的学术会议亦有环境资源法学的学者参加并做学术报告或提交论文。

（4）研究成果丰富。本年度北京出版的及北京学者完成的主要环境资源法论著有：韩德培主编的《环境资源法论丛》第二卷（法律出版社），王曦主编的《国际环境法与比较环境法评论》第1卷（法律出版社），国家经贸委资源节约与综合利用司组织编辑和编译的《清洁生产知识丛书》（学苑出版社、中国检察出版社），曹明德著《生态法原理》（人民出版社），王灿发主编的《环境纠纷处理的理论与实践》（中国政法大学出版社），王曦主编的《联合国环境规划署环境法教程》（法律出版社）和曲格平主编的《环境与资源法律读本》（解放军出版社）等。

二、环境资源法学的主要热点问题

（一）可持续发展与环境法理论研究

2002年中央人口资源环境座谈会指出，环境保护工作是实现经济和社会可持续发展的基础。如何发挥后发优势走出一条经济发展与环境保护相协调的路子，是我们面临的最严峻挑战。可持续发展依然是国际社会环境保护的核心问题。9月在南非约翰内斯堡召开的可持续发展世界首脑会议通过了《约翰内斯堡可持续发展宣言》和《可持续发展实施计划》，提出了实施可持续发展的具体目标。中国政府承诺坚持不懈地作出努力，义无反顾地承担责任，坚定不移地走可持续发展之路。一年来，学者们对我国可持续发展的理论和实践问题进行了深入的研究和探索。

在由中国社会科学院法学研究所和法国驻华大使馆等共同主办的中法“环境法与经济”研讨会上，可持续发展是会议的主题之一。与会的中外专家学者对可持续发展的理论和实践问题进行了广泛深入的研讨，特别是联系企业兴建与环境风险、外商投资、环境影响评价、环境监控与处罚、环境责任制度与环境法律援助、环保产业与环境服务等实务，重点放在可持续发展的实施，这与约翰内斯堡会议的精神是一致的。会上有学者提出了中国实施可持续发展既要考虑中国的国情，也要防止其异化，真正使其成为中国长期的经济发展战略。

在可持续发展研究方面，有学者提出环境公平是实施可持续发展战略的中心任务①。环境公平最早为蔡守秋教授提出，是指在环境资源的使用和保护上所有主体一律平等，享有同等的权利，负有同等的义务，从事对环境有影响的活动时，负有责任防止对环境的损害并尽力改善环境，除有法定和约定的情形，任何主体不能被人加给环境费用和环境负担；任何主体的环境权利都有可靠保障，受到侵害时能得到及时有效的救济，对任何主体违反环境义务的行为予以及时有效的纠正和处罚。有学者提出可持续发展观的观念困境问题，认为可持续发展观同主流意识形态之间的碰撞，是处于不同发展阶段的两种经济模式间的碰撞，即经济现代化进程中的中国模式和完成了工业化，步入后工业时代的西方社会发展模式间的冲突。可持续发展观念的提出，事实上并未给环境法带来相应的价值规范层面的支持，环境法要提倡多元化的视角，成为开放性的法律，要通过强调环境法律行为的工具主义指向、强化程序理性的观念、建立有效的法律反思机制，实现在社会变迁中的自我调整②。有学者分析了以需求诱致型为标志的温州模式的环境行政方式拓展效应，研究环保与经济发展双赢范式。认为市场主体的成长及主体意识的确立区别于国家环境利益主体的第二、第三法律主体的法律地位，维护他们的相应权益已成为历史的必然，并逐渐形成一个新的模式运作体系，以突现环境利益中的私人性与地域性，环境利益的重新整合要求环境法律机制的变革③。有学者提出，可持续的经济增长方式是从生化经济到阳光经济的转变，所谓阳光经济或绿色经济强调采用新的具有更高生产力水平的绿色技术，注重协调人与自然之间的关系，关注经济发展的可持续性④。我国《清洁生产促进法》的制定是我国实施可持续发展战略的一部重要的专门立法，有学者指出了立法方面存在的不足，提出了法律修订、完善配套的建议⑤。循环经济立法的研究在我国尚属开端，国家环保总局韩敏等的论文介绍了国外的立法情况，分析了循环经济立法的意义，并对我国立法的调整与完善提出建议⑥。

在环境立法研究方面，学者们对区域环境立法这一紧迫而又疑难的问题予以充分关注，并取得重要的研究成果，有些研究成果已经或正在被有关部门采纳。此外，学者们还对跨行政区域水污染法律问题⑦、西部旅游开发与人文生态环境的法律保护问题⑧、西部地区土壤保护法律问题⑨、西部开发中的生态环境法制建设问题⑩、西部地区绿色食品开发的法律保障⑪等进行专题研究，并提出法律对策。关于环境资源法的调整对象问题，有学者提出我国环境法应将人口关系纳入其研究视野⑫。不少学者对环境权的研究严肃而执着，有学者提出，环境权本质上是一种非法律权利属性的习惯权利⑬。有学者认为纯粹意义上的环境权是公民有获得环境资源提供的舒适性享受的权利；广义环境权系建立在环境资源上的一切权利种类，包括狭义环境权及自然资源权、排污权等⑭。有学者结合环境概念的研究论证公民环境权的体系构建，指出我国《环境保护法》中环境概念的局限性，分析了公民环境权的内容和应具有的特征⑮。

此外，环境资源物权制度的研究开始引起关注，关于水资源制度、土地物权制度、矿权等问题均有研究，但总体来看研究的规模还远远不够。

（二）环境保护市场化法律问题

本年度环境资源法学研讨会的主题是“适应市场机制的环境法制建设问题”，环境保护市场化法律问题居突出地位。排污权交易研究是一个热点问题。蔡守秋的论文《论排污权交易的法律问题》系统地介绍了国内外排污权交易法的发展情况，研究了推行排污权交易的经济学理论，分析了排污权交易的性质、目的和作用，论证了建立我国排污权交易的内容和途径，即在法律上确认排污权并建立排污权市场，确认排放减少信用，确立抵消政策、气泡政策、排污银行政策，确立排污权交易的法定程序⑯。

关于环保产业，学者们进一步研究了环保产业发展的政府责任，指出环保产业的发展离不开政府的强力干预，而政府责任的实现方式要从以往单纯的命令——控制型向多元混合型的新模式转变，要更多地采用行政指导与行政合同等方式，引导企业自觉采用新的环保技术，促进环保产业的发展⑰。有学者研究了环境合同制度的构建问题，分析了环境合同的形式特征，如绝对意思自治的淡化、普遍意志的介入、主体范围的扩大，研究了合同的本质内容，即国家环境管理权、公民环境权以及二者的协调，论述了环境合同的类型、结构及订立和履行⑱。有学者研究了环境资产化管理法律制度，分析环境资产化管理的市场调控、行政管理和社会参与诸机制的功能，设计环境资产的产权管理制度、环境资产经营管理制度、环境资产宏观管理制度⑲。此外，学者们还就城市污水处理和危险废物处置市场化、环境资源法经济激励机制、环境监测市场化、营利性治沙的法律机制等问题进行了研究。这些研究成果注重理论联系实际，体现了法学与自然科学的结合，针对性和可操作性强，标志着我国环境资源法学研究的进步与成熟。

（三）环境与贸易法律问题

我国加入世贸组织后环境与贸易法律问题引起学者们的广泛关注，论文的数量最多，研究的深度比往年更进一步。有学者重点研究了发展中国家如何应对绿色壁垒问题，指出发展中国家一方面要尊重和支持环境保护，另一方面要禁止环境保护措施超过必要限度，坚持非歧视原则，利用国际法和自身的集体优势，通过双边和多边谈判，合理合法地消除绿色壁垒，争取自身利益[20]。有学者论证了我国应对贸易和环保问题的国际和国内两方面的法律对策，强调要增强国民的环保意识，完善我国的环保立法和环保贸易体系，完善环境标志制度，引进先进环保技术，发展环保产业，增强市场竞争力[21]。学者们对绿色壁垒的研究不但更全面也更客观，例如从绿色壁垒的双重性分析入手，指出绿色壁垒的双重性质，一方面它被一些发达国家用来限制发展中国家的产品或服务，另一方面，它在客观上又确实起到了保护环境的作用；一方面对于发展中国家来说构筑自己的绿色高地要付出较高的成本，另一方面，从长远来看这是有必要的。因此，我国在制定冲破绿色对策的同时，还应制定合理利用绿色壁垒的对策，以保护我国的经济利益和环境利益[22]。此外，学者们还就“入世”后我国环境保护的一些具体问题如实验动物保护、农业环境资源、环境质量监督与检验检疫、野生动物保护、绿色地球村、ISO14000标准、环境税、绿色包装、生物多样性等进行分析研究，许多研究成果是具有开拓意义的。

（四）国家环境安全法律问题研究

国家环境安全问题依然是国内外日益关注的重大问题。中国环境科学学会将其作为本年度年会的中心议题，环境资源法学的学者对国家环境安全问题的研究已经从基础原理研究逐步深入到与具体制度相结合的实务性研究。例如，有学者从我国环境安全角度结合国际经验的比较，研究了完善我国减灾法制的体系、立法模式、行政体制和司法功能问题[23]。有学者研究了我国生物安全管理和转基因生物安全管理问题，并提出立法建议[24]。有学者分析了我国“入世”后生态安全面临的挑战问题，自由贸易对发展中国家生态安全的威胁主要是污染的越境转移、资源的过度消耗和生态退化、现代生物技术所涉及的生物安全问题等，对我国更严峻的问题还包括：国际产业结构调整可能导致的新一轮生态侵略、经济转型时期市场失灵对环境管理形成冲击、国内管理体制的欠缺可能使发展经济和保护环境产生新的矛盾、外来物种转基因产品问题、国际环境贸易竞争可能对我国新兴环保产业的巨大冲击等，并提出加强我国生态安全法律调控的对策[25]。

（五）环境司法研究

随着我国环境案件的增多，对环境司法特别是环境案件审判研究提出了更高的要求。2002年10月在西安举行的中国西部环境诉讼疑难案件研讨会上，来自司法机关、环境执法机关、律师界、国内外的环境法学者共同对我国环境司法的理论和实践问题进行了热烈而深入的研讨。2002年在武汉召开的环境资源法高级研讨会上，有关环境司法的论文也占有相当大的比重。有学者对环境民事侵权适用无过错责任原则提出质疑，认为无过错责任与民法内在的价值和理念极为对立、冲突，它不是真正意义上的法律责任，我国环境侵权领域完全采用过错推定是合理可行的，并论证了将社会法适用于无过错环境污染受害者补偿的可行性[26]。学者们对我国环境诉讼中如何理解举证责任倒置、举证责任分配、环境侵权的责任要件，如何规范监测、调查报告、鉴定工作，以保证其公正有效，如何进行环境污染损害的证据保全，如何解决环境损害执行难等问题有各种不同的看法，但一致认为，鉴于目前我国环境资源法学界青年学者居多，而以往环境司法的薄弱，加强环境司法研究特别是疑难案件的研讨，将有助于环境法学水平和学者综合素质的提高，这对于环境资源法学的发展尤为必要。

三、环境资源法学研究的展望

党的十六大提出了全面建设小康社会的目标，环境法制建设和环境法学研究也面临着与时俱进，继承发展的问题。全面建设小康社会的目标在环境资源领域大体上可分为两个部分：

一是经济方面的目标，即实现不断增强可持续发展能力、改善生态环境、显著提高资源利用效率的目标。要求环境资源法学应当在以往研究污染防治为主的基础上，加强自然资源法或生态保护建设法的研究。为此，环境资源法基础理论研究亟待解决和突破以下瓶颈问题：第一，环境资源法的理论体系如何适应上述发展目标的需要；第二，环境与自然资源物权制度的研究。上述问题又涉及环境资源法的诸多具体方面，重点问题如：可持续发展型工业化道路的法制促进、环境保护与深化企业改革、环境保护市场化问题、海洋开发和国土资源综合整治法律问题、西部开发和区域经济协调的环境保护问题、水资源保护、农村环境保护问题、城市化和中小城市环境保护问题等。

二是社会方面的目标，即促进人与自然的和谐，推动整个社会走上生产发展、生活富裕、生态良好的文明发展道路。它涉及环境资源法的具体问题，如：我国环境问题与社会主要矛盾关系研究、环境保护由行政主导型向法制综合型发展、环境保护的法治与德治、加强环境法制中的民主政治建设、精神文明建设与人文生态环境法研究、环境保护公众参与和公民环境意识问题、环境安全与公民的生存权、环境法的社会保障功能研究、环境立法空白填补、权力制约监督与环境决策机制研究、环境行政管理体制改革与环境执法问题、司法改革与环境司法研究、全面提高对外开放水平对环境法制建设的新要求、国际政治经济旧秩序对国际环境保护的影响、环境保护的国际合作与单边主义等。

（作者：周珂，中国人民大学教授；杨子蛟，中国人民大学硕士研究生）

注：

①文同爱：《论实施可持续发展战略的中心任务》，2002年环境资源法学年会论文集。

②鄢斌：《社会变迁中的环境法——以环境意识为中心的社会学阐释》，《环境资源法论丛》（第2卷）。

③钭晓东等：《环保与经济发展的双赢范式研究》，2002年环境资源法学年会论文集。

④曹明德：《可持续的经济增长方式——从生化经济到阳光经济（生态经济）的转变》，2002年环境资源法学年会论文集。

⑤成红：《我国清洁生产立法现状及完善的法律思考》，2002年环境资源法学年会论文集。

⑥韩敏等：《论我国循环经济立法》，2002年环境资源法学年会论文集。

⑦黄政：《跨行政区域水污染的矛盾和冲突》，2002年环境资源法学年会论文集。

⑧李亚红：《论西部旅游开发与人文生态环境的法律保护》，2002年环境资源法学年会论文集。

⑨戈华清：《西部地区土壤保护法律制度分析》，2002年环境资源法学年会论文集。

⑩罗世荣等：《西部开发中的生态环境法制建设的思考》，2002年环境资源法学年会论文集。

⑪田其云：《略论我国西部地区绿色食品开发的法律保障途径》，2002年环境资源法学年会论文集。

⑫夏少敏：《环境法应研究人口法律关系》，2002年环境资源法学年会论文集。

⑬谷近德：《论环境权的属性》，2002年环境资源法学年会论文集。

⑭胡静：《论环境权的要素》，2002年环境资源法学年会论文集。

⑮周训芳：《环境要领的选择与公民环境权体系的构建》，2002年环境资源法学年会论文集。

⑯蔡守秋：《论排污权交易的法律问题》，2002年环境资源法学年会论文集。

⑰王小萍：《论环保产业发展的政府责任》，2002年环境资源法学年会论文集。

⑱吕忠梅等：《构建环境合同制度》，2002年环境资源法学年会论文集。

⑲罗吉：《环境资产化管理法律制度探讨》，2002年环境资源法学年会论文集。

⑳马燕等：《试论发展中国家应对绿色壁垒》，2002年环境资源法学年会论文集。

㉑戚道孟等：《论GATT/WTO法律制度与中国的对外贸易、环保问题》，2002年环境资源法学年会论文集。

㉒王树义：《从绿色壁垒的双重性看我国应当采取的对策》，2002年环境资源法学年会论文集。

㉓王权典：《论环境安全视角下我国灾害防治法制建设》，2002年环境资源法学年会论文集。

㉔王小军：《我国生物安全管理法律问题研究》，《解读我国转基因生物安全管理法》，2002年环境资源法学年会论文集。

㉕周珂等：《我国"入世"后生态安全面临的挑战及法律对策》，中国环境科学学会2002年学术年会论文汇编。

㉖赵红梅等：《对环境民事侵权适用无过错责任原则的再思考》，2002年环境资源法学年会论文集。

国际法学

余民才　班永陟

一、概述

2002年我国国际法学在基础研究、运用研究和交叉研究方面继续深化和扩展，呈现出如下特点：

其一，学术活动活跃。中国国际法学会4月在上海与复旦大学法学院联合举行了题为“21世纪初的中国与国际法”研讨会，就打击国际恐怖主义、WTO法、国际环境法和经济全球化下的国际民商事争议解决等法律问题进行了研讨。中国海洋法学会8月在厦门与厦门大学共同举办了“纪念《联合国海洋法公约》签署20周年”学术研讨会，就20年来国际海洋法的发展和国内海洋法的实践进行学术研讨和交流。外交部条约法律司和国家海洋局国际合作司主办，中国国际法学会、中国海洋法学会、中国大洋协会和中国海洋学会协办，于11月在北京举行了“纪念《联合国海洋法公约》签署20周年”研讨会，来自各涉海职能部门的官员和学术机构的专家学者就签署公约后的新发展及我国在海洋执法中出现的新问题进行了交流和讨论。10月由国家航天局主办、北京航空航天大学法学院协办的“中俄国家空间立法论坛”在北京航空航天大学举行。中国人民大学国际刑法研究所在4月与香港大学法学院共同举办了“当代国际刑法与国际犯罪问题”学术研讨会。中国政法大学在11月举行了“国际人权法高级研讨会”。北京市法学会国际法学研究会12月在北京大学举行了学术年会。这些学术会议提供了对当前重点、热点国际法问题进行讨论和交流的平台，促进了理论界对这些问题的普遍关注和深入研究。

其二，著述丰硕。出版或翻译的专论有：《少数人权利的法理》（周勇，社会科学文献出版社）、《国际海洋法法庭研究》（吴慧，海洋出版社）、《演变中的国际法问题》（江国清，法律出版社）、《当代国际法学理论与实践研究文集：国际公法卷》（丁伟、朱榄叶主编，中国法制出版社）、《〈公民权利和政治权利国际公约〉批准与实施问题研究》（陈光中主编，中国法制出版社）、《国际刑事法院研究》（王秀梅，中国人民大学出版社）、《国际刑法问题研究》（张智辉主编，中国方正出版社）、《批准与执行：国际刑事法院罗马规约手册》（赵秉志、王秀梅译，中信出版社）、《WTO与中国的司法审判》（曹建明主编，法律出版社）、《中国加入WTO法律问题专论》（杨国华，法律出版社）、《世贸组织规则与我国新法律法规》（胡振杰、何平，人民法院出版社）、《国际商法》（沈四宝等编著，对外经济贸易大学出版社）、《最新国际货币金融法》（赵威，人民法院出版社）、《国际税法》（张志勇，人民法院出版社）、《国际金融法上的次级债权》（沈达明编著，对外经济贸易大学出版社）、《中国国际私法立法问题研究》（赵相林主编，中国政法大学出版社）。

出版的教材和资料有：《国际人权法教程》（国际人权法教程项目组编写，中国政法大学出版社）、《国际法教学参考书》（余民才、程晓霞编著，中国人民大学出版社）、《现代国际法原理解析》（江伟钰著，中国人民公安大学出版社）、《国际法》（邵津主编，北京大学出版社、高等教育出版社）、《海洋法基本文件集》（刘振明编著，海洋出版社）、《国际人权文件选编》（北京大学法学院人权研究中心编，北京大学出版社）、《国际法》（梁淑英主编，中央广播电视大学出版社）、《加入世界贸易组织法规文件汇编》（上、中、下3卷，国务院法制办公室编，中国法制出版社）、《加入世界贸易组织重要法律法规文件及释义》（上、中、下3卷，中国法制出版社）、《中国加入世界贸易组织法律文件》（对外贸易经济合作部世界贸易组织司译，法律出版社）、《服务贸易领域外商投资法律法规汇编》（对外贸易经济合作部外国投资管理司编，中国法制出版社）、《倾销与反倾销法律与实务手册》（1～4卷，新华国际经贸WTO法律咨询中心主编，中国商业出版社）。

其三，传统研究领域继续受到重视。有学者在案例分析的基础上对国际海洋法法庭的作用提出了如下评价：虽然该法庭并非是解决海洋法争端机制中惟一的法律机构，但却处于独特的重要地位，特别是在关于“船只和船员的迅速释放”、规定“临时措施”以及有关海底争端的案件中，国际海洋法法庭的管辖权是强制性的，任何缔约国都必须接受[①]。有些学者继续对国际私法的范围展开讨论，认为国际私法在当前主要是国内法，但将来随着科技及全球化的发展，也一定会演变为主要是国际私法性质，并最终过渡到完全是国际法性质[②]。

其四，重点、热点问题研究突出，注重提供解决现实法律问题的方法和途径。有相当多的学者对反国际恐怖主义和 WTO 的相关法律问题进行了深入研究。

二、主要研究的问题

（一）国际法的发展与作用

国际法的发展是以主权为基础的。主权是一个容易引起争议的概念。有学者对主权提出了一种全新的观念，认为主权作为一个法律概念，它所表达的与其说是权力，不如说是身份。国家的这种身份来自于明示或默示的约定。作为国家身份的主权是不能分割、不能让渡的。主权在国际社会中仅表明一国具有与其他国家平等的身份，这即表明主权所受的限制，即一国的权力不能超越其他国家之上。国家受到限制不等于主权受到限制。所谓“主权限制”，除非是外来的强制，其实是主权的行使方式。全球化使国家承受着更多的契约义务的约束，但这未减损国家的身份[③]。21世纪的国际关系仍然是以主权国家为基础。“不干涉”才是国际法的原则，也是对国家主权的限制。国际法就是这样在变与不变中发展着[④]。

国际法作为规范国际关系的法律，其作用是多方面、多层次的。有些学者着重从国际法和国际组织法的角度探讨了政府间国际组织与全球化的关系，认为政府间国际组织是全球化的巨大推动力量，在一定意义上充当了全球化进程中的造法者、执法者、管理者和争端解决者的角色。而全球化发展的内在要求又推进着政府间国际组织向纵深扩展。因此，全球化进程与政府间国际组织呈现出一种互为表里的互动关系。一方面，国际组织作为全球化的动因和载体，推进着这一时代浪潮的涌动；另一方面，国际组织又承受着全球化的挑战和冲击，正在进入一个新的发展阶段。国际组织与成员国国家主权的关系，国际组织的权利能力与行为能力、组织结构、职能范围，以及与非政府组织的关系等，都面临在全球化进程中调整、改革和提升的需求[⑤]。有学者专门研究了国际法在 WTO 体制中的作用，将 WTO 规则定位为国际法一般规则的一部分，即在某些方面相对于一般国际法的某些规则构成的某些特殊规则，但这并不意味着 WTO 规则是国际法全部规则的特殊法规则。国际法中的 WTO 规则是国际法一般规则中的特殊规则，同时也构成国际法的一般规则。该学者认为，国际法在 WTO 中的作用有两个方面：一是国际法规则在 WTO 规则适用中可作为事实；二是在 WTO 规则的解释中作为可参考的法律，WTO 的内涵和外延都已经超出了经济和贸易的范畴[⑥]。

（二）武力控制

禁止使用武力或武力威胁是国际法的一项基本原则，具有强行法的性质。在联合国宪章的集体安全体制下，只有自卫或安理会授权或采取的行动才是法律所许可的。有学者对安理会授权使用武力问题进行了探讨，认为授权使用武力是安理会为恢复国际和平与安全而建议采取的行动，联合国会员国根据安理会的这种建议自愿决定是否动用武力，会员国在安理会授权下动用武力一般属于单独或集体自卫性质。但这种使用武力不仅要受一般国际法有关条件的限制，还要受所授权的军事目的的限制。安理会不仅可以授权使用武力，也可以通过决议要求停止一切武力行动包括自卫。安理会在控制一切武力方面享有最终决定权。该学者还分析了“9·11”事件后美国对阿富汗的使用武力问题，并提出了一些问题[⑦]。有学者则分析了人道主义干涉在国际法上的地位，认为19世纪式的人道主义干涉极容易被强权国家所利用，不应当使其合法化；而发生在国家内部的严重人道主义问题需要采取必要的人道主义行动。解决的办法就是在现行联合国安理会制度下完善安理会采取人道主义干涉行动的程序制度。具体来说应当完善以下两项制度：第一，完善对人道主义问题的调查程序；第二，完善采取人道主义干涉行动的决策程序[⑧]。

（三）国际人权法的实施

实施是人权保护的核心，包括国际和国内两个层面。在国际上，实施国际人权条约的机制包括报告制度、国家间指控制度和个人申诉制度。而国内实施是国际人权条约实施的关键。有学者分析了《经济、社会、文化权利国际公约》以及《公民权利和政治权利国际公约》下缔约国义务的性质、特点、形式和约束力，强调这两个国际人权公约下缔约国的义务是多层次的，既包括程序上的义务，又包括实体上的义务；既有签署行为产生的义务，又有批准行为产生的义务；既有强制性的义务，又有非强制性的义务；既有明示的义务，又有默示的义务，是一个内容丰富、结构完整的义务体系。该学者因此提出，对于缔约国来说，只有根据两个国际人权公约的不同要求来履行自身应尽的义务，才能通过履行两个国际人权公约来促进本国人权保护水平的提高[9]。

在我国实施《公民权利和政治权利国际公约》下的人权保护义务的一个重要前提是批准该公约，而批准又涉及如何使国内法与该公约协调的许多法律问题。有些学者对《公民权利和政治权利国际公约》的实质条款逐条对照我国法律进行了对比分析，认为我国现行法律规定与该公约中的有关要求基本上协调一致，一部分经过修改或努力，矛盾是完全可以消除的。因此总的说来，对于该公约的批准和实施，我国是基本具备条件的。这些学者建议，在批准该公约时，我国应尽量不作保留，把保留和声明的条款减少到最低限度。但是对于表达自由和结社自由权，则应当作出在我国宪法、工会法及其他相关法律所允许的范围内实施的解释性声明。他们还提出，根据我国国情，在将来修改完善宪法时，应当明确国际法与国内法的关系。对于我国国内法与条约规定不一致的，有条件修改的，尽量修改，对于那些一时难以修改的，则坚持“优先适用国际条约”的原则。这样就可以避免在各单项立法中一一进行规定的繁琐做法[10]。有学者还提出，要正确地在我国履行两个国际人权公约下的义务，应当采取“转换”模式，实行以我为主的人权保护策略。与此同时，应当不断提高人权保护的法治化的水准，特别是应当尽量发挥宪法在保障基本权利方面的作用，建立科学和规范的人权保护体系[11]。

国际人权法的发展对国际法上的国家责任制度提出了新问题，有学者从对妇女暴力行为的角度对此作了讨论。该学者分析了对妇女暴力行为概念的定义、国家责任的构成以及责任的形式和承担方式，认为虽然目前并无专门规定对妇女暴力行为的普遍性国际公约，但是仍然可以通过解释现存的国际人权公约，特别是《消除对妇女一切形式歧视公约》的规定，找到国家承担国际义务的法律依据。对妇女的暴力行为，无论是由国家或政府官员还是私人在公共或私人生活中做出，都可能成为或转化为国家行为。但是当国家因对妇女的暴力行为而承担国家责任时，其责任形式与在国际法的其他领域所承担的责任形式不同。实现国家责任的方式也比较有限[12]。

（四）反恐怖主义

恐怖主义已公认为是人类的公害，是对国际和平与安全的重大威胁，打击恐怖主义是国际社会面临的共同任务。但如何界定恐怖主义一直是困扰国际社会的问题，不同的视角对恐怖主义有不同看法，因此一直没有一个普遍公认的定义。有学者提出定义恐怖主义概念应该包括7个基本要素，即动机、目的、手段、主体、对象、评价标准和不易确定性。基于这些要素，该学者对恐怖主义提出了如下理论定义：恐怖主义是一种全人类共同谴责的暴力行为；它的产生动机源于政治、社会和个人等因素；其目的是以制造恐怖为形式，来实现政治、社会、个人的目的；其手段主要是制造恐怖；其主体可以是个人、团体、有组织犯罪集团和国家代表；所侵害的对象主要是平民，被害人不确定；恐怖分子往往采用“中和技术”与双重标准，把自己美化为自由的斗士、民族英雄；由于评价标准的差异与内涵外延的不易确定性，恐怖主义与战争、刑事犯罪的区别也是不易确定的。该学者还认为，对恐怖主义的定义应该建立起一个定义体系：一是简明的广义定义；二是全面的理论定义；三是执法部门的可操作的定义[13]。

许多学者认为，恐怖主义活动是一种犯罪。有学者分析了恐怖主义犯罪的概念、本质和惩治措施，将恐怖主义犯罪定义为组织、策划、领导、资助、实施以对人身和财产造成重大损害或制造社会恐怖气氛的暴力、威胁或威胁方法，危害公共安全的行为；认为恐怖主义犯罪是具有严重社会危害性的国际犯罪，而非纯正的政治犯罪；在惩治恐怖主义犯罪上要有国际观、国家观、标本兼治观和集体安全合作观[14]。在人类反恐怖主义的努力中，一套规范体系发展了起来，这被称为反恐怖主义法。有学者研究了国际反恐怖主义法的概念和性质、逐渐编纂与发展、国际恐怖主义犯罪以及惩处国际恐怖主义的国际法律机制，认为国际反恐怖主义法是国际社会有关恐怖主义犯罪和处罚的规章、制度和原则、规则的总称。其基本特征包括：(1) 国际反恐怖主义法是具有强制性的法律规范，而不是一种道德规范。(2) 国际反恐怖主义法不是单一的法典，更不是国际统一法典。(3) 明确国家之间在惩处恐怖主义犯罪方面的职责和义务；在性质上，国际反恐怖主义法本质上属于国际法范围的公法，它构成了惩罚恐怖犯罪的国际刑法的有关组成部分，也是反恐怖的国际合作法，因此同时兼具强行法和软性法的特性；它是由诸多法律制度、规章、规则和原则构成的，它的最主要任务是调整国家之间在预防和惩处恐怖主义中所结成的社会关系，所以不能把世界各个国家的反恐怖国内法当作是国际反恐怖主义法[15]。有学者还讨论了我国惩治恐怖主义犯罪的立法发展与完善，认为我国刑法修正案（三）在适用中还存在一些问题，应该确立恐怖主义犯罪的罪名及概念，明确恐怖主义犯罪侵害的客体，恐怖主义犯罪的种概念应该包括放火、爆炸、暗杀、网络恐怖犯罪和资助行为等10类犯罪[16]。

"9·11"事件突出地表明，有效打击恐怖主义离不开密切的国际合作。有学者分析了控制恐怖主义犯罪国际法律合作的历史，特别是国际社会在这方面取得的新进展，即1997年制止恐怖主义爆炸的国际公约和1999年制止向恐怖主义提供资金的国际公约。通过对比分析，该学者认为，1997年公约所构建的打击恐怖主义的法律机制在70年代打击恐怖主义公约所建立的法律规则的基础上，扩大和改进了国际法律合作机制，并特别强调遵守国际法基本原则。1999年公约又在1997年公约基础上规定了一系列打击恐怖主义犯罪的新措施，如资助恐怖主义罪、法律实体的责任和没收犯罪收益等。该学者还评论说，这两个公约虽然在确立打击恐怖主义犯罪的国际规则方面取得了突破性进展，但公约确立的规则还没有完全从"纸面上的规则"变成国际社会"实际遵守的准则"，因此提出应尽快制定控制恐怖主义犯罪的全面公约[17]。有学者则对惩处国际恐怖主义的国际法律机制，如管辖权、司法协助、引渡、调查取证合作和执法合作等进行了具体分析[18]。有学者还专门分析了对恐怖主义犯罪的刑事管辖权，认为有关反恐怖主义的国际公约确立了属地管辖权、属人管辖权、保护性管辖权和普遍性管辖权原则，要求各缔约国将恐怖主义犯罪作为可引渡的犯罪，排除在"政治犯不引渡"原则之外[19]。

除了法律上的合作外，受恐怖主义袭击的国家诉诸武力是有效打击恐怖主义的一个不可或缺的重要手段。有学者对"9·11"事件后安理会通过的几个决议与美国军事打击"基地"恐怖组织及塔利班行动的合法性之间的关系提出这种看法：对于美国的反恐行动，合理的解释可能是，安理会不仅同意美国以自卫的形式反恐，并且以默认的方式同意了这次反恐的目标，从而创造了一个自卫的先例。没有安理会的同意，谈不上美国目标的合法性。国际社会之所以反对美国进一步扩大反恐战争，之所以要求进一步的反恐必须经过安理会的授权，原因就在于此。该学者还认为，安理会在"9·11"事件后的反应证明了联合国解决危机的作用，这种作用有三个方面：第一，确定问题的性质；第二，采用非武力措施；第三，同意以自卫方式动武及自卫限度。不过，联合国在控制一切武力方面仍有很长的路要走[20]。

许多学者还认为，军事打击国际恐怖主义必须遵守《联合国宪章》及其他国际法准则，如国家主权和领土完整原则、不干涉他国内政原则和人道主义原则。联合国在国际反恐怖行动中应发挥主导作用[21]。

（五）争端解决

对这个问题的研究主要涉及WTO争端解决机制和国际民商事争端解决。有学者专门分析了WTO争端解决机制的上诉审查程序，认为上诉机构使DSB的体制更完备，更具有公正解决争议的功能[22]。有学者评价说，上诉机构的设立对于更加准确地解释条约、促使争端各方增强执行专家组和上诉机构报告的自觉性有推动作用。它使WTO争端解决具有司法性的特征，强化了WTO的法纪[23]。有学者进一步分析了WTO争端解决机制的司法节制原则[24]。另有许多学者则从案例的角度分析WTO争端解决机制的适用及其指导意义。有学者详细介绍了美国启动201条款保护本国钢铁业一案，认为美国在该案中不同程度地违背了WTO《保障措施协议》的规定和原则，美国不能以国内法为由违背其承担的国际义务。这是中国"入世"后第一次利用世贸规则来解决贸易争端，对我们学习利用世贸的争端解决机制解决争端有重要意义[25]。有学者从美国与印度对进口产品数量进行限制一案中得出如下启示：认真学习和掌握WTO各项协议及其条款的原则精神，正确理解和把握各协议条款的含义，适用程度和范围，对于每一个成员国，尤其是发展中国家都是至关重要的[26]。有学者以美国、印度药品及农用化学品专利保护纠纷为例，分析了专家组和上诉庭的决断根据与推理过程，总结了经验教训和DSU下的争议技巧[27]。还有学者通过相关案例分析了争议解决中的举证责任和非违法之诉问题[28]。

国际民事争端解决的一个重要前提是管辖权的确定。不方便法院是法院确定管辖权的重要制度。有学者认为采用不方便法院有助于实现公平与效率，且不与国家主权原则矛盾，但应以互惠原则为前提，且针对的是对我国影响不大的案件[29]。有学者却持相反观点，认为这一制度缺乏合理性，没有统一的适用标准，且赋予审案法官过多自由裁量权，很容易被当事人或法院操纵，往往导致适用结果不一致，造成惊人的拖延，所以我国法院不宜适用[30]。有学者分析了挑选法院的方式、原因、国内和国际措施，认为国际私法的价值定位是实现诉讼正义和实体正义，要使设计的国际私法规则达到这一要求，必须重新综合考虑链接管辖权，法律选择规则和判决的承认与执行三者之间的双向互动的三角关系，选择法院与管辖权仅仅是同一个问题的两面，因而应对管辖权法律加以改革，使无利益法院不再对非居民行使不公平之管辖权，也使审判的法院，在多数案件中皆有利益，并适当的适用法律[31]。有学者认为我国一直不强调禁止一事两诉的原则，有过多强调主权、具体掌握界限不够明确和不利于国际协调与合作等弊端，并提出了完善的几点设想[32]。

国际商事仲裁在国际经济争端中起着日益重要的作用，其原因之一是国际商事争议可仲裁范围的不断扩大。有学者探讨了国际商事争议可仲裁范围的含义、成因，其在各国立法和实践中的体现以及发展趋势，并对中国有关规定的实践进行分析，指出其优点与不足[33]。有学者对国际商事仲裁裁决的国籍及其适用法律作了分析，认为国际商事仲裁裁决应当有其国籍，而决定其国籍的标准一般实行地域的标准，即具有裁决作出地国的国籍；裁决地国的法院有权对在其境内作出的仲裁裁决行使司法监督，根据一方当事人的请求，依法撤销仲裁裁决；仲裁裁决经裁决地国的法院依法撤销后，一般不再具有法律上的拘束力，被请求承认与执行外国仲裁裁决的国家根据《纽约公约》中的相关规定，应该拒绝承认与执行该外国仲裁裁决[34]。有学者还探讨了在线仲裁的近期发展、所面临的问题以及我国在线仲裁的发展方向与模式[35]。

（六）国际刑法

有学者讨论了国际刑法渊源的合法性，认为国际刑法的合法性不仅在于其形成基础，而且在其渊源构成上更是得到国际社会的普遍认可。国际刑法作为国际法的分支，其渊源有别于国内法和国际法的渊源。国际刑法形成与发展的方式不同于国家刑法，其合法性不可能只满足某个国家政治和法律上的需要，也不可能以国家为主体调和国家之间产生的争端。国际刑法与国际法的渊源虽然大体一致，但呈多元性。公约、国际习惯法和一般法律原则是国际刑法的直接渊源。此外，国际刑法还具有附加的间接渊源，即国际和区域人权法、世界大多数法律制度公认的刑法的一般原则以及国际犯罪学和刑罚学方面出现的法律规范[36]。而有学者则认为，在目前的现状下，国际刑法的渊源应当只包括国际条约和国际习惯，一般法律原则、司法判例和学者学说不能作为国际刑法的渊源[37]。有学者分析了前南国际刑庭的建立及管辖原则对国际刑法和常设国际刑事法院的影响，认为前南法庭的历史命运虽将随其使命的完成而结束，但其历史功绩不可磨灭。该法庭不仅传承了纽伦堡和远东军事法庭的原则及审判精髓，而且在很大程度上延展了国际刑事审判的原则与理论，并为以后的国际刑事审判以及常设国际刑事审判机构的建构提供了可行性的先导模式[38]。有学者探讨了罪刑法定原则与国际刑法的关系，认为罪刑法定并不是国际刑法的一项原则，因此有必要在国际刑法中引入该原则，并存在这样的可能性[39]。有学者对国际刑事审判机构中法官的资格和产生、法庭的组成、专案法官与法官的待遇、法官的工作、法官回避与弹劾法官等作了逐一分析与评论[40]。有学者具体分析了种族灭绝罪概念的产生、定义和罪行构成特征，认为灭绝种族罪是一种严重危害人类和平与安全的国际罪行。这种罪行的构成要件包括：属于严重危害人类和平与安全罪行的范畴，在客观方面表现为实施了违反国际公约、习惯国际法以及其他规范性的国际法律文件，造成严重后果的行为，主体是自然人，其主观特征表现为故意，只有当某人在故意或明知的情况下实施这类犯罪行为才以犯罪论处。该学者最后评价说，经过50多年的理论与实践探索，国际社会已经逐步形成了一套较为完整的理论体系和惩治灭绝种族罪行的模式。但有关灭绝种族罪行的本质特征与司法认定仍存在许多亟待深入探讨的课题[41]。还有学者结合联合国通过的国际刑事司法准则，分析了我国的刑事司法改革问题。该学者认为，我国刑事司法正在逐渐摆脱以专政为核心的刑事司法理念，向以人权保障为依归的刑事司法理念演进。在这一过程中，引入国际刑事司法准则十分必要，其中包括价值上的转换、制度上的改革和规范上的更新。在处理国际刑事司法准则与中国刑事司法改革的关系时，必须处理好国际化与本地化、积极与稳妥、引入与容通的关系[42]。

（七）WTO基本法律制度

有学者认为，WTO的基本规则有最惠国待遇、国民待遇、透明度等8种，同时还有国际收支平衡、新兴产业保护等5种例外[43]。有学者认为WTO对投资措施的管制主要规定在TRIMs协议和SCMs协议中，它们的地位是平等的，规定的义务是累积性的，可以同时得到履行。如果某一问题同时涉及两个协议，则必须根据这两个协议不同的适用范围作出推论，促使各协议下的权利得到救济[44]。有些学者集中讨论了贸易与环境的关系。有学者指出，现在的世界趋势是贸易与环境相协调，体现出对环境的保护[45]。有学者认为，一国采取的与贸易相关的环境措施，无论是根据一国国内法还是根据多边环境条约，都会导致WTO内部成员间的争端。WTO争端解决机制对类似争端的解决，体现了贸易与环境在WTO内部协调的新迹象[46]。有学者进一步评论说，环境与贸易冲突的本质是发达国家的环境标准和措施与发展中国家的经济利益和发展权利之间的矛盾，并提出了“入世”后我国应对协调贸易与环境问题的法律建议[47]。

（八）“入世”对我国法制的影响

“入世”对我国法制的影响是多方面的。在行政法方面，有学者认为，我国行政法律制度与WTO九项基本法律原则所体现的公平、公正、自由、开放的价值观念尚存在较大差距，必须重塑现行制度，以适应现代化、全球化要求。有学者认为，WTO直接和间接涉及我国的行政组织法，必须进行全方位改革[48]。有学者探讨了行政法上与WTO相关的几个问题：中央和地方关系问题、政策与法律的统一实施问题、规章制度和法律实施中的透明度问题、行政机构的中立性问题等等[49]。在知识产权法方面，有学者认为，我国的知识产权法律制度经过几次全面修改完善，已完全符合WTO有关规则与我国所做承诺，我国已建立起一套先进完善的知识产权法律制度[50]。有学者则表达了不尽相同的看法：我国为“入世”对知识产权所作的改进仍然存在不足，商标法主要是为“入世”而修订的，但也还存在实体和程序等方面值得重视或值得继续研究的问题。另外，“入世”给我们立法者和司法者带来了一种全新的法律体系，我们思想上要有所更新[51]。有学者认为，面对我国“入世”后的经济全球化趋势，立足于我国公司法实践，应大胆借鉴国际先进立法、判例与学说，全面修正《公司法》势在必行[52]。有学者认为，加入WTO后，中国税法在市场经济发展过程中形成的国际化、法治化以及私法化趋势必将继续得到强化，从而使中国税法在内外因素的综合作用下不断完善和发展[53]。还有学者认为，WTO法律体系必然会对国际私法的发展带来较大的影响[54]。

在司法审判方面，有学者认为，WTO对我国司法审查制度的影响是多方面的，包括司法审查的范围，审查程度，司法独立，诉权的保护范围，乃至司法审查的公正、效率原则等，必须抓住“入世”带来的契机，完善国内司法审查制度。我国应改变司法体制中“非中立化、行政化、神秘化和地方化”的现状，和WTO规则接轨，实现司法审判的公平、公正和公开[55]。我国的刑事司法必须尽快达到刑事司法国际标准[56]。WTO也为我国民诉制度的改革提供了动力和压力。在涉外民商事审判方面，WTO的影响主要体现在涉外民商事审判中的适用、涉外民商事审判的透明度和涉外民商事审判的公正与效率问题三个方面。我国必须解决人民法院的国际吸引力的营造，区际法律冲突和涉外民事审判中法官忽视适用冲突法规则的问题[57]。关于WTO与中国的法治建设，有学者从五个方面来论述：“入世”对涉外经济贸易案件的影响，WTO法律制度与中国相关法律及司法审判的比较，知识产权的司法保护，依法行政和司法救济以及法律、法规的统一性问题[58]。

至于WTO协议如何在国内适用，学者对此提出了不同的解决方法。有学者认为，WTO协定作为我国加入的多边贸易条约，既可以在我国直接适用，也可以在我国间接适用，两种方式的结合是WTO协定在我国适用的最佳方式。有学者则认为，WTO协定不应并入我国的国内法[59]。

（九）法律适用

法律适用是国际私法的核心内容，学者们从不同方面进行了论述。有学者认为，整个法律选择方法的价值追求演进历程可以从两个角度分析，一是从法律背后的价值追求分析，由形式正义到实质正义；一是反映了秩序与正义的矛盾运动：偏于秩序的传统选择方法长于稳定性，但却失于非公正性；偏于公正的现代法律选择虽长于灵活性，但失于不确定性，而“最密切联系原则”的几种修正版本则博采众长，通过立法技巧运用，使稳定性和灵活性都得以保证，从而实现了秩序与公正的完美结合[60]。有学者认为，法律规避仍作为一种制度在合同法领域没有充足的存在理由，而且违反了合同法的扩大当事人意思自治范围的发展趋势。虽然法律规避在我国法律上没有依据，但我国立法应将这一点明确化[61]。有学者探讨了国际代理法律适用问题，针对中国代理制度的缺点提出了两点建议：吸纳《中华人民共和国国际私法示范法》中有关本人与代理人关系及代理人、本人与第三人的规定，并增加代理权法律适用的规定；可以考虑加入海牙《国际代理法律适用公约》[62]。

有学者还对英国法院和布鲁塞尔公约处理国际诉讼竞合的方法进行了比较，认为我国在今后的立法和司法实践中既要接受大陆法系国家的方法，也要适当采纳英美国家的一些合理做法，如不方便法院原则，灵活地根据案情在认为有必要时中止本国诉讼等，但是，不应采纳英国法院所采用的禁诉命令制度[63]。

（作者：余民才，中国人民大学副教授；班永陟，中国人民大学硕士研究生）

注：

①吴慧：《从“蒙特·卡夫卡”号案析国际海洋法法庭的地位和作用》，《国际关系学院学报》，2002年第1期。

②章尚锦：《也论国际私法的范围》，《法学杂志》，2002年第3期。

③车丕照：《身份与契约——全球化背景下对国家主权的观察》，《法制与社会发展》，2002年第5期。

④程晓霞：《国际法中的变与不变》，《法学家》，2002年第5期。

⑤饶戈平、黄瑶：《论全球化进程与国际组织的互动关系》，《法学评论》，2002年第2期。

⑥周忠海：《论国际法在WTO体制中的作用》，《政法论坛》，2002年第4期。

⑦李鸣：《联合国安理会授权使用武力问题探究》，《法学评论》，2002年第3期。

⑧肖凤城：《国际法对人道主义干涉的否定与再考虑》，《西安政治学院学报》，2002年第1期。

⑨莫纪宏：《两个国际人权公约下缔约国的义务与中国》，《世界经济与政治》，2002年第8期。

⑩⑪中国政法大学刑事法律研究中心、中国法学会研究部：《关于批准和实施〈公民权利和政治权利国际公约〉的建议》，《政法论坛》，2002年第2期。

⑫白桂梅：《论国际法上对妇女暴力行为的责任》，《中外法学》，2002年第3期。

⑬王大伟：《对恐怖主义定义的困惑》，《中国人民公安大学学报》，2002年第3期。

⑭⑯王秀梅：《论恐怖主义犯罪的惩治及我国立法的发展完善》，《中国法学》，2002年第3期。

⑮赵永琛：《国际反恐怖主义法的若干问题》，《公安大学学报》，2002年第3期。

⑰邵沙平：《控制恐怖主义犯罪与国际法律合作》，《求索》，2002年第1期。

⑱赵永琛：《国际反恐怖主义法的若干问题》，《公安大学学报》，2002年第4期。

⑲陈静娴：《论对恐怖主义犯罪的刑事管辖权》，《公安大学学报》，2002年第3期。

⑳李鸣：《在联合国框架下解决危机——评“9·11”事件后安理会反恐决议》，《政法论坛》，2002年第4期。

㉑钱文荣：《国际反恐斗争中的若干国际法问题》，《和平与发展》，2002年第2期。

㉒桁林：《WTO争议解决机制的上诉审查程序》，《政法学刊》，2002年第2期。

㉓李居迁：《WTO上诉程序简论》，《国际经济法论丛》第5卷，法律出版社，2002年版。

㉔杨国华：《WTO争端解决中的司法节制原则》，《法学杂志》，2002年第1期。

㉕张丽英：《从美国启动201条款谈保障措施制度》，《政法论坛》，2002年第4期。

㉖尹立：《从实例中学习WTO规则——美国诉印度对进口产品数量进行限制一案的研究和思考》，《政法论丛》，2002年第1期。

㉗郭雳：《WTO争端解决的个案剖析与启示——以美国、印度药品及农用化学品专利保护纠纷为例》，《法学评论》，2002年第4期。

㉘黄东黎：《从美国进口羊毛衫案看举证责任》，《人民法院报》，2002年11月4日；《日本胶卷与相纸案和非违法之诉》，《人民法院报》，2002年8月12、19日。

㉙奚晓明：《不方便法院制度的几点思考》，《法学研究》，2002年第1期。

㉚胡振杰：《不方便法院说比较研究》，《法学研究》，2002年第4期。

㉛赵相林、邢钢：《论国际民事诉讼中的挑选法院》，《比较法研究》，2002年第2期。

㉜奚晓明：《涉外民商事诉讼中的一事两诉》，《人民司法》，2002年第6期。

㉝张浩：《对国际商事争议可仲裁范围的探讨》，《法学杂志》，2002年第2期。

㉞赵秀文：《论国际商事仲裁裁决的国籍及其撤销的理论与实践》，《法制与社会发展》，2002年第1期。

㉟李虎：《在线仲裁初探》，《国际经济法论丛》第5卷，法律出版社，2002年版。

㊱高铭暄、王秀梅：《国际刑法渊源合法性论要》，《吉林大学社会科学学报》，2002年第5期。

㊲㊴黄芳：《论罪刑法定原则与国际刑法的关系》，《法学家》，2002年第3期。

㊳王秀梅：《前南国际刑事法庭的创立及管辖原则》，《现代法学》，2002年第3期。

㊵刘大群：《国际刑事审判机构中的法官》，《法学家》，2002年第6期。

㊶王秀梅：《论灭绝种族罪》，《法商研究》，2002

年第5期。

㊷陈兴良:《国际刑事司法准则与中国刑事司法改革》,《山东公安专科学校学报》,2002年第1期。

㊸张德修:《WTO争端解决中的司法节制原则》,《法学杂志》,2002年第1期。

㊹钱晓强:《论WTO相关协议对投资措施的管制》,《法律与社会》,2002年第4期。

㊺高风:《多边贸易规则与多边贸易环境——从可持续发展世界首脑会议上的一场争论想到的》,《环球法律评论》,2002年冬季号。

㊻张若思:《世界贸易组织内的"环境"争端》,《环球法律评论》,2002年冬季号。

㊼周珂、王权典:《我国"入世"后环境与贸易问题的法律审视》,《法学家》,2002年第5期。

㊽姜明安:《WTO基本原则与中国行政法》;薛刚凌:《WTO与行政组织法的改革》,《政法论坛》,2002年第1期。

㊾应松年、王锡锌:《WTO与中国行政法制度改革的几个关键问题》,《中国法学》,2002年第1期。

㊿胡振杰:《加入WTO对我国知识产权法律制度的影响》,《法学杂志》,2002年第2期。

[51]郑成思:《中国"入世"与知识产权保护》,《当代法学》,2002年第4期。

[52]刘俊海:《中国加入世贸组织后公司法的修改前瞻》,《中国法学》,2002年第6期。

[53]刘剑文、熊伟:《WTO体制下中国税法发展的趋势》,《中国法学》,2002年第3期。

[54]杜新丽、李瑞跃:《WTO规则对国际私法发展的影响》,《政法论坛》,2002年第4期。

[55]周忠海:《论国际法在WTO体制中的作用》,《政法论坛》,2002年第4期。

[56]孔祥俊:《WTO法律对我国司法审查制度的影响》,《政法论坛》,2002年第1期;樊崇义、肖建华:《WTO与刑事诉讼法律制度改革》,《政法论坛》,2002年第2期。

[57]杨荣新、肖建华:《WTO与我国民事诉讼改革》,《政法论坛》,2002年第2期;赵相林、耿勇:《WTO与中国涉外民商事审判》,《政法论坛》,2002年第4期。

[58]曹建明:《WTO与中国的法治建设》,《比较法研究》,2002年第2期。

[59]肖又贤:《从条约法原理看WTO协定在我国适用》,《河北法学》,2002年第5期;车丕照:《"入世"后我国政府履行世界贸易组织条约义务的若干问题》,《国际经济法论丛》第6卷。

[60]姜茹娇、王娇莺:《论国际私法中法律选择方法的价值追求——兼论最密切联系原则的勃兴与修正》,《比较法研究》,2002年第3期。

[61]潘峥争:《合同准据法选择中的法律规避问题》,《比较法研究》,2002年第1期。

[62]宣增益:《国际代理法律适用研究》,《政法论坛》,2002年第6期。

[63]李旺:《英格兰法院关于国际诉讼竞合的法律规则》,《比较法研究》,2002年第3期。

法律史学

曾宪义　叶秋华　赵晓耕　王云霞

在2002年度,北京学者在法律史研究领域不断辛勤耕耘,取得不少成果。据不完全统计,本年度北京地区学者在法律史领域共出版专(译)著和教材30余部,发表论文近100篇,提交年会和研讨会论文100余篇。

一、主要学术活动

(一)中国法律史学会2002年学术年会

新世纪以来,中国法律史学的研究呈现出百花齐放、百家争鸣的勃勃气象。在对过去的回顾与总结的基础上,学界进一步深入地探讨中国法律史学的学科建设及其未来的发展方向问题。由中国法律史学会主办、上海大学法学院承办的"中国法律史学会2002年学术年会"11月21日至25日在上海召开。来自全国各大学、科研机构的100多位法律史学者参加了年会,其中大多数是中青年法律史学者。在这次会议上,大家在充分肯定几十年来中国法律史研究与教学的成就基础上,对中国法律史学的学科体系、课程设置、研究方法、学风问题等重要领域进行了深入的讨论,提出了很多有价值的设想和建议。与会学者提交的60多篇论文将结集出版。

(二)中国近代法制学术研讨会

11月1日,恰逢中国人民大学校庆暨纪念朝阳大学成立90周年之际,"中国人民大学法律文化研究中心”与“朝阳法学研究中心”共同举办了“中国近代法制学术研讨会”，来自全国各地的原朝阳大学老前辈、老学长和在京的近200位法律史学者参加了关于近代法制的学术讨论。会议采取主题发言和评议的形式，就中国近代法制建设的总体进程、朝阳大学与法制近代化的关系、近代法制与法学教育、近代部门法的产生与发展、近代法制建设的历史意义等问题进行了深入的讨论。与会学者近40篇论文将结集出版。

（三）全国外国法制史研究会第十五届年会

8月8日至10日，全国外国法制史研究会第十五届年会暨20世纪外国司法制度改革研讨会在贵州大学召开。来自全国各高校、科研院所的百余名学者出席了本届年会，其中北京代表约30名。与会者围绕“英美司法制度改革”、“日本司法制度改革”、“亚非地区司法制度改革”三个主要议题展开了热烈的讨论，并就外国法制史研究与教学的信息进行了沟通。另外，理事会还评出了全国外国法制史研究会2001年度优秀论文奖。并向优秀论文获得者颁发了证书。

二、主要专（译）著、教材介绍

在本年度出版的专（译）著和教材中，以下几种尤其值得关注：

公丕祥的《东方法律文化的历史逻辑》①一书是作者十余年来研究马克思东方法律文化思想的总结，也是其法制现代化研究计划的有机组成部分之一。本书从法学角度系统地论述了马克思的东方法律文化思想，分别就古代东方法律文化的形成、近代欧洲思想家的东方法律文化思想、世界历史与东方社会法律文化、传统东方法律文化的社会机理与固有逻辑、西方法律文化对东方的冲击以及马克思东方社会理论与中国法制现代化等几个方面进行了详细的阐述。

王云霞的《东方法律改革比较研究》②一书是迄今所见第一部以近现代东方主要国家的法律改革为主题的综合性专著，它的问世在一定程度上推动了法律史和比较法的研究。该书共分四章。前三章对儒家、印度和伊斯兰三大法律文化圈的传统特色和法律改革的背景、动因、途径、进程及其发展趋势进行了宏观论述和探讨，又从宪政、民商法、刑法、诉讼制度等方面对法律改革的后果进行具体比较和剖析。第四章专门论述当代中国法律改革的进程、成就与不足。

何勤华、李秀清主编的《东南亚七国法律发达史》③是国内第一部系统论述东南亚七国法律发达史的著作，由导论、印度法、韩国法、马来西亚法、菲律宾法、新加坡法、泰国法、越南法八章组成。导论部分从宏观上对上述7个东南亚国家法律发展演变的历史、法律的基本制度、主要特色以及其与中国当代法律发展的关系作了简要的阐述；后7章则从微观上具体论述各国法律发展的历史和主要的法律制度。

徐国栋主编的《罗马法与现代民法》④（第三卷）中专设了罗马法研究和罗马法传播史研究两栏，收录了中外10位著名罗马法专家的相关论文。其中有意大利著名的罗马神法专家弗朗切斯克·西尼教授的《罗马宗教—法律制度中的人与神》、阿尔多·贝特鲁奇的《保护与企业主缔约的第三人制度的起源》、奥利维罗·迪里贝尔多的《关于时下对十二表法的研究现状的一些思考》等译文。

何勤华主编的《20世纪外国经济法的前沿》⑤一书是全国外国法制史研究会第十四届年会的论文集。本书由七个部分组成。第一部分是特稿，收录了两篇从宏观角度对经济法的发展进行论述的论文；第二部分是主题论文，收录了24篇论述世界上各主要国家经济法的发展与演变的论文；第三部分是专题论文，收录了9篇与经济法百年发展相关的前沿问题的论文；第四部分是论点精粹，摘录了与会代表提交年会的13篇论文的精华；第五部分是法典评述，收录了4篇介绍世界各国法典的文章；第六部分是专访，刊登了对徐国栋教授的采访记录；第七部分是附录，是本次年会研讨活动的总结和成果报道。

卡尔·N·卢埃林是美国法律现实主义运动的主要干将，他的《普通法传统》⑥一书将影响上诉法院判决稳定性的十四个因素作为讨论背景，对有助于实现判决可预期性和稳定性的技术手段进行了深入的分析，藉此阐明普通法司法传统的真意。本书的一个独特之处是讨论进程的展开并不依靠业已精选过的、唾手可得的判例，而是未经处理的判例。另外一个独特之处是着重于对个案可估量性的讨论。

《比较法的力量与弱点》《英国法与法国法：一种实质性比较》和《比较法律文化》是比较法学的经典著作。鉴于这套丛书对我国比较法学界产生的深远影响及其本身具有的经典价值，清华大学出版社特予以修订重印。《比较法的力量与弱点》⑦是当代德国著名比较法学家伯恩哈德·格罗斯菲尔德教授的代表作。本书内容涉及比较法与立法、司法、国内法、国际法的关系，还对文化与法律、地理与法律、语言与法律、宗教与法律做了经典论述，是比较法领域具有国际影响的力作。《英国法与法国法：一种实质性比较》[8]是国际比较法学著名学者、法国比较法学家勒内·达维的著作之一。本书首先比较了英国与法国的法律传统、思维方式、结构与分类，随后从宪法、行政法、合同法、侵权行为法、商法、劳动法以及法院组织与诉讼程序等方面对英国法与法国法进行了具体的比较分析，并以英国与法国为典型对英美法系与大陆法系的异同及发展趋向进行了研究。《比较法律文化》[9]是美国学者H.W. 埃尔曼的代表作，本书内容包括法律文化的概念、法律的渊源、法律的目的、法律职业者、法律的方法与手段以及法律限度等。作者结合法学、文化学和政治学对法律文化进行了比较分析，含有许多独到的见解。

封丽霞的《法典编纂论：一个比较法的视角》[10]也是清华大学出版社推出的"比较法学丛书"之一。该书从比较法的视角对法典编纂的成就、理论与技术做了系统的分析研究。作者首先从内涵、外延上对法典和法典编纂概念问题进行梳理，在此基础上围绕法典编纂的历史与成就、理论沿革与价值争论、技术与方法等问题逐步展开论述。最后着眼于中国的法典编纂实践，通过对中国法典法与判例法进行的历史与现实考察，探讨中国选择法典化道路的必然性以及中国法典化的具体原则、目标、方法与意义等问题。

蒋为廉的《普通法和公平法原则概要》[11]通过一系列完整的澳大利亚经典判例，比较系统地介绍普通法体制的结构和运作、思维模式和论证方法以及带有普通法体制显著特点的一些概念、法理、原则和规则。本书立足于通过一系列里程碑式的判例来揭示普通法审判体制的性质、特点和对某个法律问题的详尽看法。但该书将约定俗成的"衡平法"译为"公平法"还是引起了学界的争议。

在中国法制通史的教材编写方面，2002年度也有不少新的创建，例如湖南省法学统编教材《中国法制史》[12]在体例上首次突破了旧有教材在时间上的限制，将中国法律的起源定位在黄帝时代，并首次将中华人民共和国法制史的内容纳入教材篇章。

本年度出版的专（译）著和教材还有：曾尔恕主编的《外国法制史》（教育部人才培养模式改革和开放教育试点法学教材，中国政法大学出版社）、［爱尔兰］J.M. 凯利的《西方法律思想简史》（牛津法学教科书译丛，法律出版社），徐爱国、李桂林、郭义贵的《西方法律思想史》（21世纪法学系列教材，北京大学出版社），苏一星的《西方法律思想发展简史》（中国社会科学出版社），［德］奥托·迈耶的《德国行政法》（公法名著译丛，刘飞译）、［日］棚濑孝雄的《现代日本的法和秩序》（易平译，中国政法大学出版社）、《美英德法四国司法制度概况》（最高人民法院司法改革小组编，韩苏琳编译，人民法院出版社）等。限于篇幅，恕不一一介绍。

三、热点问题研究

（一）关于中国法制史的研究

2002年度关于中国法制史的科研成果，主要集中于通史、断代史、少数民族法制等领域，其中秦汉、隋唐、清朝等时期的法律制度仍然是研究的重点。在部门法研究上，刑事法律研究成果依然占较大比重，在司法、刑罚等方面有不少成果。一个可喜的现象是，由于研究的方法、视角等方面的创新和新材料的运用，关于古代民事法律的研究在本年度取得了长足进步，有可观的成果面世，尤其是一批年轻学者在这一领域作出了可喜的贡献。

1. 关于先秦法制史的研究

商代法制研究的发展与出土文物研究的深入密切相关，有学者对20世纪以来的甲骨文研究中关于商周法律制度的部分，以及古文字学家对与法律相关文字如法、礼、律等文字的研究做了一个综述和文献索引，总结了20世纪甲骨文法律史料的整理与研究状况[13]。对西周的刑事法律概貌做了宏观的描述[14]。商鞅改法为律的立法活动系我国法制史上之荦荦大端。对这一问题，近年来不少学者提出疑问，有学者通过对史实的考订与分析，对这些质疑作出了解答并认为商鞅改法为律确系历史事实[15]。

2. 关于秦汉法制史研究

秦汉时期法律制度的发展在中国法律制度沿革史上占有重要地位，由于大量珍贵出土文献的公布，本年度关于秦汉法制尤其是汉律的研究成为学术界的热点。

关于《二年律令》。2001年11月，文物出版社出版了《张家山汉墓竹简（二四七号墓）》，首次整理并公布了1985年在湖北张家山出土汉简中极为重要的法律文献《二年律令》。这一法律文献的公布对汉律研究意义极其重大，不亚于睡虎地秦简对秦律研究的价值。大陆和台湾简帛研究专家和法律史家着手对《二年律令》简文进行了初步的释读和研究。《张家山汉简〈二年律令〉汉律价值初探

(笔谈)》[16]一文，汇集了国内名家对《二年律令》研究价值的意见。李学勤参照各地出土汉简与秦简，指出了汉律与秦律之间的因袭继承的关系。徐世虹提出《二年律令》对汉代民法研究的价值。谢桂华分析了《二年律令》对研究汉初政治的意义。《二年律令》的公布将大大推进我国秦汉魏晋时期法制的研究。

其他关于秦汉法制史研究的成果。有学者分析了汉代的民事诉讼程序⑰。

3. 关于魏晋南北朝及隋唐法制史研究

隋唐法制史是中国古代法制发达的鼎盛时代，法制史学者对这一领域的研究一向十分注重。本年度也有若干有分量的论文面世，而且研究方法也从过去重视法典体系、法律条文、法规内容发展到注重法典的沿革及其与律学演进之关系。

关于隋律研究。有学者仔细分析了开皇律初次颁布和3年后的修订的异同，并提出了修律前后法律原则与刑制等方面的重要改变⑱。有学者从南北朝律学演进的角度出发，对比了《大律》与《开皇律》的异同，从法典体例、刑制流变等角度出发作了严密详尽的考订，质疑了陈寅恪与程树德贬低北周《大律》的传统学术观点，认为《隋律》对《大律》的继承并不少于北齐律⑲。

关于唐律研究。有学者对唐律罪名及其罪过与刑罚的问题进行了研究⑳。

4. 关于宋至清中期法制史的研究

宋元明清时期是中国古代帝制时期专制法制的发展由盛而衰的时期，但是封建法律却日益成熟，加之各类史料十分丰富，因此对这一时期的法制史研究也在不断深入。有学者探讨了元代民族立法的若干方面㉑。探讨法律制度与社会结构、社会功能、社会群体、社会生活、社会心态的关系，一直是中外社会史学界的热点话题，近年来，国内不少青年学者在这一领域也进行了有益的探讨。有学者深入地研究了古代刑法与宗教的关系㉒。

5. 关于清末至民国时期的法制史研究

在2002年，这一时期法制史研究的特点是，宪政史与晚清修律研究依然是研究热点，但是研究的前沿领域已经开始逐渐向民事法律研究转移。清末以来，社会发生了巨大变革，这一时期由于科学技术与社会经济的发展，民事法关系的发展十分迅速。近年来国内外学界十分注重对明清时期的民事法律的研究，这一时期的官方档案、民间契约被大量整理出版，史料的发掘带动了理论研究的深入。对此将在下文另辟一节专论。

有学者从修律者政治上与学术上的局限性、晚清社会的发展程度、法律的普适性与地方性等角度出发进行了分析，指出修律活动对西方法律借鉴的成功之处与其局限性㉓。关于清末宪法草案的文献的发现无疑为对清末修律研究的进一步深入提供了重要史料。有学者初步介绍了这一珍贵史料㉔。

关于民国时期的法律研究，也取得了一定成果。有学者对南京临时政府成立后在法治主义、人道主义、民生主义等方面效仿西方国家进行的司法与制度改革做出评析，指出其改革封建传统私法制度，确认现代司法原则，建立现代司法制度的历史功绩㉕。

6. 关于法制通史的研究

2002年关于中国法制通史研究的成果较多，热点主要在于古代司法制度以及古代的民事法律制度等方面。有学者对中国古代诉讼文化传统进行了研究㉖。有学者研究了中国古代证据制度的重要组成部分——证人制度㉗。有学者梳理了近百年来学者关于中国古代有无民法这一争论的不同观点，指出赞同中国古代存在民法的三类观点即黄宗智等的法典中的民法原则说，陈顾远等的礼制民法说，梁治平等的习惯法民法说以及相应的三类否定观点，并在此基础上进一步从认识论和民法学学术史的角度进行了分析㉘。有学者对遗嘱继承这一重要民事法律问题作了研究，指出中国古代确实存在遗嘱继承制度，但是被继承人身份地位有严格限制，并且家族在继承活动中有一定特权㉙。

7. 关于地方法制史的研究

由于近年来社会学、人类学研究方法在法律史研究领域逐渐盛行，学界越来越重视以地方法制研究为对象的研究，以反思和检讨作为整体的中国古代法制史研究，并与之相互参照、映证。有学者深入地分析了山西经济发展与法律文化对票号这一特殊金融业务在山西的发展的影响㉚。

（二）关于中国法律思想史的研究

2002年的法律思想研究成果主要集中在先秦以及近代时期，这与中国传统法律思想的兴衰是吻合的。从研究方法上看，注重思想流派的沿革，注重不同法律思想之间的相互关系与影响，注重某一法律思想在整个历史潮流中的发展与演变及其与法律制度设计与司法实践的关系，已经逐渐成为法律思想史家研究的倾向。

1. 先秦法律思想研究

先秦法律思想研究主要仍然是儒道法三家，对法家法律思想的研究成果较多。注重各家之间法律思想的相互影响与联系，而不是孤立地按“人头”研究，是2002年先秦法律思想研究的特点。有学者认为慎到发展了彭蒙、田骈的思想，认为宇宙的“大道”通过事物的规律“理”体现出来，人类的理是自私的理性，因此主张君主遵循人性的自私之“理”而立法[31]。

2. 秦汉以后至清末的法律思想研究

自汉武帝正统法律思想确立后，我国法律思想的发展主要是体现在对该正统法律思想的不断完善上，因此这一时期法律思想史的研究成果也是围绕此核心思想而论。有学者对古代“原情定罪”，“原心定罪”等法律原则等进行分析，剖析了古代司法人员和社会大众追求“和谐”与“实质公平”的价值取向[32]。

清末法制变革以来，由于西学的引进，各家法律思想迭相辉映，在争鸣与碰撞中探索着法制近代化的道路。这一时期是法律思想史研究的重点，发表的相关论文有宁杰的《对沈家本论〈杀死奸夫罪〉的现代法理解说》[33]等。

3. 关于法律教育的研究

法律教育是近年来的法学研究的热点，扩展到法律史领域，中国法律史上的法律教育开始为学界重视[34]。有学者对《唐代明法考试制度初探》一文运用史料的错误及由此导致的观点偏差提出了商榷意见[35]。

（三）关于传统法律文化与比较法律文化研究

1. 关于传统法律文化研究

有学者运用文化人类学与社会学方法对宗族制度与传统法律的关系进行了较深入的探讨。作者在论述宗族制度的起源与本质的基础上，揭示了宗族制度与封建国法在内容上相互渗透、相互融合，在功能上相互配合、相互补充的关系，认为彻底肃清宗法观念的遗毒，对依法推进我国现代化进程具有重要意义[36]。有学者认为，传统德治思想要求统治阶层具有较高的道德素质，为保障德治的实施而将义务性的道德规范法律化，使权力道德的要求融于法律规范的形式[37]。

2. 关于比较法律文化的研究

从宏观角度把握中外法律与法律文化，进而为中国法治现代化提供本土和国际资源，是比较法律文化研究的基本任务。有学者认为，中西法律文化没有间断的交流滥觞于16世纪西方传教士来华之际。彼时传教士引进西方法律文化成果较之输出中国法律文化为少，更不如19世纪的新传教士。中国在这一过程中走向封闭失去了吸收西方法律文化精华的机会[38]。《中日法律的近代转型的比较分析》从日本学者的视角出发，分析了中日法律的近代转型的差异之处，认为其差异在于社会背景、变革过程、变法主体、立法目的等六个方面的不同[39]。

（四）关于外国法律史的研究

关于外国法律史的研究既有对外国法律史传统问题的深入探讨，也有对新领域的开拓。总体来讲集中于以下几个方面：

1. 外国司法制度改革

司法改革是现阶段我国法治建设的关键课题。全国外国法制史研究会第十五届年会围绕“外国司法制度改革”的议题展开了广泛的研讨，以期为我国司法改革提供必要的借鉴，提交的年会论文从多个角度对这一问题进行了论述。

有学者阐述了西方沉默权制度的诞生及其理论分析、西方沉默权制度的传播与发展和西方沉默权制度在当代的变革。文章认为，如何找到程序正义与实体正义之间的平衡，如何在社会公共安全与秩序和个人的权利、打击犯罪与保障人权之间找到平衡，对于沉默权的存在与发展是关键性的[40]。

有学者对近年来英国律师制度改革的进程及背景进行了梳理和分析，并对改革的前景进行展望。文章认为，今后几年英国律师制度能否彻底实现合并或者说单一化还很难预测。这既取决于民众对律师单一化的接受程度，也取决于整个司法制度的进一步改革，同时也取决于英国在欧洲一体化进程中所发挥的作用[41]。

2. 外国经济法的理论与实践

建设社会主义市场经济对中国而言是一个全新的课题，但也不是毫无经验可循。最近几年来外国法律史学者对西方的市场经济理论和实践进行了广泛、深入的研究。本年度公开发表的论文基本上涉及宏观调控法和市场规制法两个方面。

有学者论述了西方消费者保护法产生发展的法律文化背景和产生发展过程。文章认为，对消费者的法律保护是人类社会发展到一定阶段的产物，是在国家为维护商品经济的一般管理难以有效保护消费者应有权益的情况下出现的。现代消费者保护立法的产生和发展必须具备客观和主观两个方面的条件[42]。

日本法学家道重隆的文章简要回顾了日本中小企业立法的历史，并对新旧《中小企业基本法》进行了比较。作者在文章中将目前日本的中小企业法律制度分为中小企业现代化法制、中小企业组织化法制、承包企业保护法制、事业领域调整法制和结构转换促进法制五种类型，并分别加以论述[43]。

有学者论述了美国的农业开发及其立法、工业开发及其立法和科技开发及其立法。总结了美国西部开发立法的经验和教训，认为适时立法、重点立法、联邦和州并举立法、建立完善的西部开发法律体系和法制环境是美国西部开发立法取得成功的关键；在我国的西部开发立法过程中，要吸取美国对生态环境没有适时进行立法保护的教训，避免走“先开发后治理”的弯路[44]。

3. 西方法治理论与实践

我国是一个德治传统比较浓厚的国家，因此在实现法治国家的过程中，如何认识法治和德治之间的关系和各自的地位，是一个必须首先解决的问题。

有学者考察了西方法治的理论实践和中国古代的德治模式，指出人类关于法的经验和原理揭示了法治的含义和构成，法治在西方和非西方地区的历史和实践及其与德治的关系表明，法治之法应有道德性，但法治是现代社会的主流控制模式，是未来中国的必由之路[45]。

有学者认为，1885 年英国著名宪法学家戴雪在他发表的《英宪精义》一文中第一次明确界定了“法治”的含义，强调了法治原则，并指出戴雪强调的法治为法律至上、司法独立、司法救济和人人平等守法，主张贬抑日益扩张的行政权。虽然 50 年代的英国宪法学家对戴雪的法治提出质询和批判，但 20 世纪英国的法治理论是在对戴雪的法治观批判的基础上建构的，后人只能是批判、修补或发展[46]。

4. 关于法律移植问题

法律移植是近年来学者们讨论的一个热点，我国加入世贸组织之后对这一问题的研究就更加具有现实性和紧迫感。学者们基本上肯定法律移植的可能性，目前的研究主要集中于对法律移植实践的考察和移植过程中如何实现外来法与本土法融合的问题。

有学者通过对新中国全面移植苏联司法制度的历史进行梳理、研究和论证，得出了自己独到的见解。作者认为中国移植苏联司法制度具有形式主义、教条主义、功利主义和政治化的特点。但在这一过程中，中国法学界也曾努力结合自己的国情，有选择、有区别地对待苏联的经验，成功地移植了一些符合中国特色的司法制度，这是一种历史性的创造[47]。

有学者对近年来学者们争论的两个焦点问题——法律移植的概念和法律的可移植论与不可移植论做了归纳和总结。文章认为法律制度或规则是法律移植的基本产品，而法律意识或者法律环境等内容是法律移植必然伴随的副产品。移植者既可以是法律输出国，也可以是输入国。前者往往引起被动的法律移植，后者则会产生主动的法律移植。法律移植是可能成功的，但在不同社会制度、文化传统的国家间进行法律移植必须非常慎重[48]。

有学者从体例与内容两个方面对《大清新刑律》移植西方刑法的主要表现进行了具体分析。作者认为虽然《大清新刑律》在清末没有得到实施，但它的颁布使中国刑法走上了近代化的道路，并成为民国时期刑法的重要历史渊源，这实际上是《大清新刑律》移植西方刑法所发生效用的延续体现[49]。

5. 关于罗马法研究问题

罗马法研究在外国法制史领域是一个历久弥新的问题。除了物权、债权的传统领域之外，本年度发表的论文中出现了通过中西比较研究罗马法的新视角。

有学者先以列表的方式讲述了中国与西方的立法过程，然后从时间上、法律形式上对《唐律》与《民法大全》进行了比较。作者经过比较得出两个结论：一是《唐律》与《民法大全》基本上是同一时代的产物；二是《唐律》和《查士丁尼法典》《新律》皆为敕令之汇编，《学说汇纂》和《法学阶梯》是法律著作，而《唐律疏议》既是官方的法律解释，又是法学著作[50]。

有学者以罗马法的经典之作《法学总论》为主，并结合其他罗马法资料，与中国中古法典的集大成之作《唐律疏议》进行比较法学的研究。文章从一些主要方面对比分析了罗马法与唐律关于奴隶来源、法律地位、“个人权利”等方面的异同[51]。

有学者论述了罗马法债权理念的发展过程。文章认为，由罗马法发展起来的债权理念代表了罗马法的最高成就。罗马法债权理念发展的一般历程分为三个阶段，即人身性债权向财产性债权的过渡形成、债权理念与家父权理念的并存格局以及罗马法债权理念的扩充发展。作者指出这三个阶段展示了人类债权理念概念由原始状态向文明过渡的历程[52]。

德国法学家罗尔夫·克努特尔的《古代罗马法与现代法律文明》[53]一文论述了罗马法对后世产生深刻、绵长影响的诸多表现及原因。文章认为，罗马法之所以至今仍决定着现代法以及我们对法的思考，原因在于罗马法学家发展其法律的方式方法以及他们在发展过程中以为指引的价值因素。

四、法律史研究展望

本年度法律史的研究取得了很大的成绩，但这些成绩与我们应该为中国的法学事业所作的贡献、所起的作用相比还有一定距离。这尚需全体同仁再接再厉，抓住历史赋予的特殊机遇，为中国的社会主义法治建设尽自己应尽的责任。我们认为，应该在今后的研究中注意以下问题：

首先，法律史的研究同样应该与时俱进，注意与我国社会主义建设各个阶段所要实现的具体目标保持紧密联系，及时提供外国法制建设过程中取得的经验和教训。我们认为，以下问题值得注意：(1) 中国加入世贸组织之后，在法制方面如何与WTO规则相适应的问题急需借鉴其他国家的经验，但本学科在这方面提供的可资借鉴的东西极为有限，因此研究各世界贸易组织成员国加入世贸组织之前与加入世贸组织之后的法制变化对中国进行相关立法不无借鉴意义；(2) 国外关于开发不发达地区的立法经验和教训对我国制定西部大开发的政策与法律都是不可或缺的，我们在这方面的研究还比较薄弱，应继续加强；(3) 我国提出要于2010年建立比较完善的市场经济法律体系，但我国对于非市场经济国家向市场经济转化的法制经验和教训的研究还很不充分，还需要加强对外国的区域立法和产业立法等的分析研究；(4) 我国正在进行的基层民主改革碰到了一些问题，但目前可以应对的解决措施并不充足，我们可以对国外健全基层民主的法律制度进行研究，等等。

其次，法律史的研究应该更加注重与部门法学的结合，为各部门法学的发展提供法律史的支撑。我们认为，如下问题尤其值得关注：宪法方面，各国的宪法监督与解释制度在历史演进中的得失问题；在行政法方面，各国行政程序法的制定过程和运行效果；在民法方面，各国尤其是大陆法系国家如法国、德国等国民法典的编纂与完善过程。我们在以后的研究中既应该重视宏观性的整体研究，也不能忽视微观的、具体的研究，还应在国别部门法的历史上多下功夫，如系统研究英国的宪法史、法国的民法史和德国的经济法史等。

最后，加强学科建设，吸收国外法学以及历史学的研究成果。一方面应加大力量翻译国外学者关于法律史研究的著作和论文；另一方面，还应加强国际交流，力图以新的视角和研究方法开拓法律史研究的新领域，回应时代对本学科提出的新挑战。

（作者：曾宪义、叶秋华、赵晓耕，中国人民大学教授；王云霞，中国人民大学副教授）

注：

①公丕祥著：《东方法律文化的历史逻辑》，法律出版社，2002年版。

②王云霞著：《东方法律改革比较研究》，中国人民大学出版社，2002年版。

③何勤华、李秀清主编：《东南亚七国法律发达史》，法律出版社，2002年版。

④徐国栋主编：《罗马法与现代民法》，中国法制出版社，2002年版。

⑤何勤华主编：《20世纪外国经济法的前沿》，法律出版社，2002年版。

⑥［美］卡尔·N·卢埃林著，陈绪刚等译：《普通法传统》，中国政法大学出版社，2002年版。

⑦［德］伯恩哈德·格罗斯菲尔德著，孙世彦、姚建宗译：《比较法的力量与弱点》，清华大学出版社，2002年版。

⑧［法］勒内·达维著，潘华仿等译：《英国法与法国法：一种实质性比较》，清华大学出版社，2002年版。

⑨［美］H.W.埃尔曼著，贺卫方等译：《比较法律文化》，清华大学出版社，2002年版。

⑩封丽霞著：《法典编纂论——一个比较法的视角》，清华大学出版社，2002年版。

⑪蒋为廉著：《普通法和公平法原则概要》，中国政法大学出版社，2002年版。

⑫李交发、夏新华等编：《中国法制史》，湖南人民出版社，2002年版。

⑬李力：《20世纪甲骨文法律史料的整理及其研究——纪念殷墟甲骨文发现100周年》，《法律史论集》（第4卷），法律出版社，2002年版。

⑭赵晓耕：《西周的刑事法律制度》，《人民法院报》，2002年8月26日。

⑮吴建潘：《商鞅改法为律考》，《法律史论集》（第4卷），法律出版社，2002年版。

⑯《郑州大学学报》（哲学社会科学版），2002年第3期。

⑰徐世虹：《汉代民事诉讼程序考述》，《政法论坛》，2001年第6期。

⑱张先昌：《开皇律的修订及其在中国法制史上的地位》，《法学研究》，2002年第4期。

⑲叶炜：《北周大律新探》，《文史》，第54辑。

⑳魏地：《唐律中的罪过形式研究》，《当代法学》，2002年第7期。

㉑王东平：《元代关涉回回立法初探》，《中央民族大学学报》，2002年第6期。

㉒王立民：《中国古代刑法与儒道教：以唐宋明清律典为例》，《法学研究》，2002年第3期。

㉓傅建奇：《从清末修律的局限性看中国对西方法律的借鉴》，《法学杂志》，2002年第4期。

㉔俞江：《第一历史档案馆藏清末宪法草案稿本的后记说明》，《法律史论集》（第4卷），法律出版社，2002年版。

㉕邱远酋：《南京临时政府的司法制度改革》，《中州学刊》，2001年第11期。

㉖夏新华：《中国传统的诉讼原则》，《现代法学》，2002年第6期。

㉗蒋铁初：《中国古代证人制度研究》，《河南政法干部管理学院学报》，2001年第6期。

㉘俞江：《关于中国古代有无民法问题的再思考》，《现代法学》，2001年第6期。

㉙姜密：《中国古代非“绝户”条件下的遗嘱继承制度》，《历史研究》，2002年第2期。

㉚王继军、赵晓耕、刘涛：《传统法律文化与山西票号的兴衰》，《山西大学学报》，2002年第3期。

㉛王晓毅：《慎到的法律学说》，《东岳论丛》，2001年第6期。

㉜赵波：《浅析“原心论罪”》，《安阳师范学院学报》，2001年第12期。

㉝宁杰：《比较法研究》，2002年第3期。

㉞彭炳金：《试论唐代明法考试制度的几个问题》，《政法论坛》，2002年第2期。

㉟郑显文：《政法论坛》，2002年第2期。

㊱郑定、马建兴：《论宗族制度与中国传统法律文化》，《法学家》，2002年第2期。

㊲柴荣：《从中国传统法律文化看权力道德的法律化》，《内蒙古大学学报》，2002年第4期。

㊳王健：《晚清时期中西法律文化交流初探》，《华东政法学院学报》，2001年第6期。

㊴石田琢智：《政法论坛》，2001年第6期。

㊵叶秋华、张华：《西方沉默权制度的历史研究》，提交全国外国法制史研究会第十五届年会论文。

㊶王云霞：《从分立迈向合并——英国律师制度改革的基本走向》，提交全国外国法制史研究会第十五届年会论文。

㊷叶秋华、宋凯利：《论西方消费者保护法的历史演进》，《法学家》，2001年第6期。

㊸《日本中小企业立法演变及新动向》，《比较法学》，2002年第1期。

㊹邵芬：《美国西部开发立法及其经验教训》，《法学家》，2002年第5期。

㊺张中秋：《法治及其与德治关系论》，《南京大学学报》（哲学社会科学版），2002年第3期。

㊻张彩凤：《现代英国法治理论的经典表述》，《公安大学学报》，2002年第1期。

㊼何勤华：《关于新中国移植苏联司法制度的反思》，《中外法学》，2002年第3期。

㊽王云霞：《法律移植二论》，《公安大学学报》，2002年第1期。

㊾李秀清：《法律移植与中国刑法近代化》，《法制与社会发展》，2002年第3期。

㊿王宏治：《从中西立法过程比较〈唐律〉与〈民法大全〉》，《比较法研究》，2002年第1期。

51李天石：《从唐律与罗马法的比较看唐代奴婢的身份》，《比较法研究》，2002年第1期。

52虞政平：《罗马法债权理念的一般发展》，《政法论坛》，2001年第6期。

53《比较法研究》，2002年第4期。

政　治　学

政　治　学

王乐理

纵观本年度北京地区学者在政治学理论以及相关领域的研究成果，可以看到一个显著的现象：就是紧紧围绕中国自身的政治体制改革，学者们积极进行深度思考、理论创新和政策性建议，这一介入现实的意向凸显。

一、政治学理论

主权。黄嘉树等主张，可以将主权区分为主权所有权与主权行使权这两大部分，并认为行使权与所有权的分离模式有主动分离和被动分离两种类型，主动分离有利于主权所有权的实现，被动分离则会不同程度地造成对主权所有权的损伤①。聂露对西方近代以来的人民主权理论作了历史的梳理，其中包括对这一理论的诘难与反驳，并含蓄地批评了“社会主义民主建设不能以人民主权理论为基础”的观点②。

政治文明。郑慧对政治文明的含义作了全面的阐述，特别提出它结构上的复杂性。这种多元结构表现为政治主体文明、政治关系文明、政治意识文明、政治行为文明和政治制度文明③。于一认为，政治文明一般是指特定文明类型中的政治系统部分，或在具备正当性的政治制度、政治规则的基础上形成的良好的政治秩序④。

民主化。沈友军就中外学者在民主化的含义上提出的多种假说，作了概要分类比较和评论，并认为诺斯的制度变迁模型既能综合多种解释框架的优势，又能避免其缺陷⑤。

合法性。白钢、林广华认为，当代社会对合法性的普遍认识，是把合法性等同于社会公众对政治系统的认同和忠诚观念。他们指出：中国在实现现代化的过程中，必须克服目前已经萌芽、而且有可能扩大的合法性危机，以求保持政治稳定⑥。游斌深入到希伯来民族传统中，考察国家起源问题上对合法性的论证，认为这一传统开启了民众对国家的价值判断，形成后世的政治哲学传统。希伯来文明的价值在于：以基督教为媒介，这一民族的深层价值理念和意识结构潜移默化地进入西方文化的肌体之内，甚至为古典自由主义的国家观奠定了根本的文化基础⑦。张康之认为，自韦伯以来，社会学和政治学对合法性问题的讨论，进入了谋求合法性的权术性追求，这是科学的堕落，也是政治的堕落；哈贝马斯对合法性的研究也是有局限性的，他并没有超越合法性概念的思维陷阱⑧。

政党。金安平采纳福柯知识考古学的方法，对政党理论中的基本问题作了简要的系统分析，包括政党观念的形成（从派系到政党）、政党的原始属性（代表部分还是全体）、政党产生的根源（产生于歧异还是一致）等等⑨。

政治文化论。刘小林从对象、目的、功能和方法诸方面，比较了当代中、美两国学者在政治文化研究中的不同之处，并就其发生的原因做出自己的分析⑩。马庆钰的专著主体是分析中国传统政治文化的特质，主要是家长本位、权力崇拜、自律诉求、潜规则、均平取向五种，并设想了政治文化现代化的目标定位。作者摈弃几种泛化的观点，在概念上采用政治生活的心理说，在学理上也是可取的⑪。萧延中认为，在中国的传统文化当中，“宗”、“天”、“德”三大理念构成何以为“正”的价值准则，而“圣王”观念最终在理论上奠定了政治正当性的基础；圣王自身蕴含的血缘、天命和道德等多重含义，使他成为神圣化的公共符号载体；这一载体维系着中国政治中“道”与“势”的平衡，也使象征和礼仪在政治生活中占有突出的位置⑫。由房宁等人主持的项目，考察当代中国青年的国家与民族意识，以爱国主义和民族主义为主线，兼及国家与民族观念的其他方面，其中许多内容可以归入政治文化。例如，作者援引1994年针对城市青年的一次调查成果，说明被访者对中国近代以来的时代巨人、民族英雄有高度的认同感；再如，通过“毛泽东热”这种现象，分析青年们的社会政治心理与情感⑬。译文集《文化的重要作用——价值观如何影响人类进步》⑭广泛探讨了文化与经济发展、政治发展、性别、少数民族等因素的相互关联，这里文化的含义包括价值观、态度、信念、取向等内容，这是西方学者在这一领域研究中值得注意的一个动向。

政治发展论。按国别展开的成果比较多。关海庭等人按照历史阶段，分析了20世纪中国政治发展的重要代表人物和重大事件，同时剖析了政治稳定与村民自治等当代政治现象，将总的历程归纳为同现代化进程相联系的民主化和法制化过程⑮。吴楚克以苏联裂变为切入点，分析这一历史剧变与民族问题，例如与民族分离主义的关联，反思经典作家的民族理论，对当代民族主义的发展趋势和社会主义多民族国家的民族问题作了探讨⑯。张涛的课题很新颖，介绍了第二次世界大战后美国社会和谐思想产生的背景及特征，重点是布尔斯廷、霍夫斯塔特、哈茨的理论，并通过波特的理论展示这一思想中的国民性格反映，最后归纳其衰落的轨迹⑰。王新生围绕日本的“五五年体制”展示政治体制与经济现代化之间的关系，提出政府职能应该随着经济的发展而不断减弱，否则将阻止经济的进一步发展⑱。任一雄考察了当代泰国的政治体制，认为它的威权政治是历史上的专制制度的传承与延伸，是权威崇拜、等级观念、庇护关系等传统文化价值观的必然产物⑲。译文集《二十世纪西方现代化理论文选》[20]的组编，是有感于西方现代化理论在20世纪70年代末、80年代初的重新活跃。其中可以见到S·艾森斯塔特、S. 亨廷顿、W. 罗斯托、W. 摩尔、A. 英克尔斯、T. 斯考切波等理论家的文章。主编者大致总结了新近问世的理论的共同特征，肯定了后现代理论在核心概念和价值观上的创新。

二、中国政府与政治

中国政府体制。杨凤春对中国政府的基本结构作出清晰的界定，衡量与区分其中不同部分的功能和地位，重点是研究政府的核心构成成分[21]。陈红太使用了一个宽泛的政府体系概念，它包括执政党、人大、群众自治组织等行使公共权威的组织或机构，又包括选举制度和干部制度等相应的制度与体制。作者提出当代中国政府体系与政治研究的六维变量，有历史文化传统、经济体系、社会体系以及国际社会等因素[22]。王寿林对我国的民主模式提出一系列鲜明的观点，例如，民主应该保障私人生活领域个人平等的自由；公民权利是目的，国家权力是手段等，并针对党内监督体制不合理、制度不健全、机制不完善作了系统分析，阐述了相应政策[23]。刘靖华等介绍了美国政治学家B.G. 彼德斯关于政府创新的四种模式，即市场化政府、参与式模式、灵活反应式政府、松绑式政府，并且立足于全球化与信息化时代，提出从十个方面理解政府创新，例如，从特定的文化角度来理解，在风险中进行，在社会合作中进行，在市场观念下进行等[24]。王丛虎介绍了世界各国建立透明政府的有关制度，指出政府信息公开，建立透明、廉洁的政府是必然的发展趋势，并就“入世”后中国建立透明政府的紧迫性提出战略思考，包括落实宪法精神、从建立地方透明政府开始分步实施以及制定统一的信息公开法[25]。

公共行政伦理。张康之批评了现代西方管理行政或法制行政的弊端，如职能膨胀而能力衰减、财政支出增长而效率下降、行政人员的道德水平下滑现象。他认为，中国的公共行政改革不能重复西方现成理论提供的模式，在由管理行政向服务行政转变的过程中，必须加上公共伦理建设这一维度，使管理行政中曾经丧失的一切伦理精神复归。在这里，必须继承和发扬中国传统伦理精神中那些具有现代价值的因素，用以构建未来的社会制度与政府模式[26]。

意识形态。戴长征指出，在当代中国，意识形态话语的原创权属于国家，基层持有对这套话语管辖和解释的权力，群众则对之有选择性使用的权利，这三者在具体问题的利益纠结和纷争中，实际上利用意识形态话语展开了各种博弈活动[27]。

社会阶级与阶层。以陆学艺为首的课题组对当代中国社会结构的巨大变迁做出研究报告，第一部分提出当今中国的社会群体划分为十个阶层，即国家与社会管理者阶层、经理人员阶层、私营企业主阶层、专业技术人员阶层、办事人员阶层、个体工商户阶层、商业服务业员工阶层、产业工人阶层、农业劳动者阶层和城乡无业失业半失业者阶层。报告的第二部分就四个阶层做出专题报告，第三部分就深圳、合肥等五个县、市的社会阶层结构状况做出个案研究报告[28]。阎志民的研究则着眼于工人阶级、农民阶级、知识分子阶层、私营企业主阶层、个体劳动者阶层和企业家队伍等社会群体，专门分析了当前中国的先富群体、城镇贫困人口、农村贫困人口和失业人口，分析了这些阶级、阶层彼此间的多重矛盾[29]。

社团。王名等人根据公共选择理论、非营利组织理论、政府理论以及社团组织理论，对当代中国社团的历史与现状作了概述与归纳。作者把握政府选择模式向社会选择模式的转换这一历史契机，对中国各类社团发展的动力机制和组织变革做出经验总结和个案分析，对未来公民社会的建设提出展望[30]。

基层民主，分村、乡镇、县几个层次。景跃进从“两票制”的丰富实践入手，结合近年来逐渐凸显的农村“两委”（党支部与村委会）关系的紧张与冲突的现实，撰文分析，文章展开的层次是：党支部面临的挑战；两票制的发展与成熟；解决“两委”关系的两种模式，以及作者就村民自治的未来发展所作的思考[31]。高新军注意到当前农村产业结构调整和土地市场的建立与农村基层民主政治建设的紧密关联，认为中国正处于加快城市化的过程中，对农民的征地应付给足够的补偿费，否则会激化社会矛盾，而健全的土地制度与比较民主的村民自治制度有直接联系[32]。田小泓以吉林省梨树县和河北省迁西县农村妇女参与村委会选举为例，从制度安排的角度对农村妇女的政治参与行为模式作了分析，指出她们正在由政治保护下的被动等待，转向竞争体制下的主动参与[33]。马宝成以对山东秋村实地调查材料为依据，描述了村级治理过程中的国家管制现象，表现在计划生育管制、税费征收、兴办公益性事业、推动村委会选举以及国家权力在村庄经济和社会活动方面的非市场化管制，并探讨了国家管制对村庄民主造成的制约性影响[34]。2001年上半年，北京市农村地区进行了第五届村民委员会换届选举，此后，在农村基层组织建设、两委关系、基层民主程序建设和管理体制等方面，仍然存在一些值得注意的问题。袁达毅就此撰文作了总结[35]。

针对国内在乡镇民主发展与城市社区基层民主建设方面的研究缺失，彭宗超、钟开斌结合政务公开考察乡镇治理改革，例如就人事公开问题，介绍了公开选拔制、公务员信息公开制、民主公开评议制三种做法。李雪萍、陈伟东概述了城市社区公共事务管理民主化的具体形式，如居民小组自治、居民论坛、居民公决、社区文明建设督导委员会等，并提出为了保证社区居委会自治权利，区、街政府部门必须为社区组织提供所需的权力与经费[36]。宋月红注意到一种新生现象，即在当前中国的城市化过程中，出现农村社区向城市社区部分或整体转制的农村社会城市化，以及村民自治向城市居民自治转制的政治民主化等一系列发展机遇[37]。杨雪冬认为，县是国家构建框架中最全面的微观单位，在学术研究中却没有得到足够的重视。他在考察县一级治理的运行机制、财政及政绩、政治精英产生的同时，还独有特色地研究了当代中国流行的政治文本特征，例如，语言上的军事化风格、文本主体的交叉、格式上的严格顺序等。他在方法论上也鲜明地提出，当代中国问题的研究应该首先从挖掘自己的经验开始，对对象准确而全面的描述是研究的基本前提[38]。

三、当代西方政治思潮

民主社会主义。董礼胜对社会党国际的概况、民主社会主义发展的三个时期、其基本政治立场和理论观点作了概括，特别考察了当代社会民主党面对的理论困境：一是回归社会民主主义的概念，二是提出新的“第三条道路”[39]。当代英国思想家吉登斯的著作《第三条道路及其批评》[40]容纳了对第三条道路的六种批评意见，从全球化与知识经济的视角，深入论述了第三条道路的六项原则。欧阳景根选编的《背叛的政治——第三条道路理论研究》[41]属于译文集，包括西方学者对第三条道路的理论阐释，以及相对立的批评意见。

自由主义。何怀宏全面阐述了罗尔斯的正义理论以及向政治正义理论发展的内涵，其中对这位思想家生平、性格和思想形成过程的介绍，显得难得和值得重视[42]。

绿色政治。刘东国对欧洲各国绿党政治作了全方位的介绍，有专章概括绿党的组织结构以及在与选民的关系方面所作的创新性探索，例如，政治主体的转换，由阶级政治变为个人价值本位；手段的转换，由暴力革命和议会道路变为建设新型政党、党内关系以及与选民的关系[43]。

后现代主义。《哈贝马斯在华讲演集》[44]涉及这位德国思想家有关人权、伦理、实践、民族国家等重要概念的观点，其中“民主的三种规范模式”在政治理论上更为重要。讲演风格相对于论著而言显得浅显和集中，例如对第三种规范模式，即商议政治所作的设想。

民族主义。王联主编的《世界民族主义论》[45]依次介绍了世界民族主义在西方的起源，在东欧、亚非拉地区的兴起与发展，这一思潮与西方民族国家兴起的关联，亚非拉地区民族运动和民族冲突的表现与原因，以及民族主义与国际关系的历史联系，冷战后新一轮世界民族主义浪潮的发展。另外，中央编译出版社推出的“民族主义研究学术译丛”也包括一些值得注意的译著。

法西斯主义。译著《德国的浩劫》[46]包括以往一些专著和译著缺少的内容，例如，渗透在群众心理中的马基雅维利主义，纳粹主义与基督教的关联等等。

四、中西政治思想史与政治制度史

中国政治思想史。曹德本等对中国传统的德治思想作了较为全面的概述，认为它的伦理准则是义利统一，关键环节是贤者治国，核心内容是民本文化，理想追求是三大和谐，即人际和谐、群体和谐与天人和谐[47]。牛彤认为，在中国近现代民主立宪思想的发展过程中，孙中山的五权宪法理论占有重要位置。在孙中山五权宪法思想发展过程中，有一个引人注目的变化，就是在后期的宪制架构中，出现了一个新的结构，即国民大会，它意味着五权宪法原理的转变[48]。

西方政治思想史。何怀宏根据新资料介绍了古希腊哲学家赫拉克里特的逻各斯学说和有关政治思想，包括这位思想家批评、疏远现实政治生活的基本态度，指出逻各斯学说往往和最优秀的少数人联系在一起，反之，赫拉克里特似乎与多数人，包括接近多数人的人始终抱怀疑态度[49]。杨慧林的文化与文学专著《基督教的底色与文化延伸》[50]有一些章节包含政治思想史内容，例如，对基督教正典形成的过程分析；对路德重读《罗马人书》的解析；对近代西方理性意义的辨正等等，从政治思想史的视角来看，都是有史料发掘与理论启示价值的。曹卫东介绍了德国学者费切尔的新作《论卢梭的政治哲学：关于民主自由概念的历史》，书中主要观点是：卢梭是一个保守主义者。理由在于：其一，卢梭批评近代的技术文明和进步中的资本主义社会；其二，卢梭所主张的民主共和国有严格的条件限制，它的目的是超越资产阶级民主共和国，建立一个精神—道德的共和国；其三，卢梭对革命基本持反对态度，希望通过教育手段来改造人，以求推行平等主义的民主模式[51]。张桂琳从伯克批判天赋权利学说入手，系统概述了这位英国思想家的权利观、自由观、国家观、政体观、历史观以及传统、文明、改良和革命等相关的政治观念，对伯克政治哲学的历史地位重新作了评价[52]。陈刚对阿克顿的《自由史论》作了分析，指出它的主题是政治自由或公民自由，其基本理念是反对政治权力的绝对和无限制，包括反对绝对民主制。阿克顿认为，法国大革命的灾难也在于平等原则破坏了自由，实际上自由来自历史经验的积累，是由众多具体权利构成的[53]。译著《法理学的范围》[54]是19世纪英国分析法学派创始人奥斯丁的代表作，译者在序言中介绍了这一学派的历史地位。译著《美国自由的故事》[55]从经验与思想两个层面介绍了自由在美国历史中的丰富含义，特别指出美国民众的自由观是对立存在的价值复合体；某个群体的自由往往是通过另一个群体的不自由来界定的；自由的获得取决于对权力的掌握和对权力机制的运用。

中国政治制度史。立足历史而观照现实的意向很明显。高王凌在自己的论文集里考察了古代至近代中国社会中的政府角色或政府作用，认为在中国，政府从来具有第一等的重要地位，中国古代存在一个大政府时代，自那以后政府的作用时强时弱，中国文化传统中的因素并非都是发展进步的障碍[56]。卜宪群借用近50余年出土的考古资料和简牍资料，从多个视角研究秦汉官僚制度，对秦制、楚制与汉制的关系、三公九卿制度、秦汉官僚的类型等等问题，提出新颖的见解[57]。康沛竹从分析晚清灾荒现象这个特殊的问题入手，揭示了在一个表面上规范、完善的救荒体制下，官吏们往往贪污渎职、趁火打劫、弄虚作假、草菅人命的真实状态，并且发掘出当时学者一些有价值的环境保护方策，例如，郑观应提出的种树以防止水灾，兴办社会慈善事业以救济贫民[58]。杨德山从近代中国资产阶级政党学说的萌发谈起，介绍了"预备立宪"时期的政党理论、政党政治时代的有关问题争论、近代的"不党主义"以及孙中山的党建、党国学说和后期演变[59]。

西方政治制度史。张立平研究了美国政党的形成、结构与功能，介绍了民主党与共和党以及昙花一现的第三党与小党，分析了美国选举程序、选举政治与政党的联系[60]。

五、比较政治学

比较政治发展。关海庭对20世纪70至80年代的中俄体制改革作了比较研究，认为渐进转型模式的合理性，在于有益于处理价值观的一元性和多元性的辩证关系，保持转型过程中政策的连续性，而激进转型模式往往导致人们基本价值观念的严重冲突和对立，加重了社会控制的成本，阻碍了经济的恢复和发展[61]。

比较政党。张小劲通过对文献史的考察，提出比较政党研究的基本路径，将相关成果区分为政党组织研究和政党政治研究两大部分，指出这种区分体现了不同的学术理路，即政党研究的功能路径和结构路径的区别[62]。张小劲在对政党组织嬗变所作的综述中，得出一些富于启示意义的概括，一是政党嬗变的必然性，政党可以在整体社会变迁与政治体制的灵活反应之间充当减震器；二是变化的指向性，如组织内部的包容性增强、直接民主体制增生、成员个性化选择增多等等；三是变化中的理性选择，体现在政党的目标调整、手段调整、功能调整和策略选择几方面[63]。荣敬本等主编的《政党比较研究资料》主体是历史与现实中的世界各国政党体制发展特征，例如，在总结苏联决策机制与干部制度中的缺陷与教训时，指出这些体制限制了普通党员和干部主观能动性的发挥，而享受不到正当民主权利的党员不可能具有高度的责任感。

比较代议制。彭宗超对人大代表或议员的直接选举制度作了比较研究，将东西方各国直接选举制的发展模式划分为三大类型：一是以英美为代表的直接选举先行模式，二是以印度和一些社会主义国家为代表的直接选举与普遍选举相结合的并行模式，三是以苏联、中国为代表的直接选举后行模式。并且提出后发国家推行直选制的关键因素，很大程度上取决于主要政党，即政治统治精英对这一制度的理解、信仰和信心，主张在中国渐进加优先是提高直选层级的最优战略选择[64]。

正如本文开始指出的那样，对当前中国政治体制改革的极大关注，成为过去一年北京地区学者政治学研究的重中之重。表现在数量上，则是集中在中国政府与政治方面的成果远过于其他领域。对国外学术界现成概念和理论的评介性论文与著作在往年占据显著分量，2002年却相对减少，其中在各分支性领域累积的成果也少，例如对当代西方某个政治思想流派的介绍就是这样。与此相关，对中国古代和现当代政治制度的反思之作也明显增多，独特见解层出不穷。引人注意的是，即使是这方面的研究成果，也渗透了对当代问题的关照和思考。

同时，国内学者已经能够熟练地驾驭本学科国际通用的理论工具，他们的能力和自信心日益充盈，特别是在政治发展领域，按照国别设计的独立专著增多，研究走向细致和深化。政治文化研究方面的某些成果也有这个特点。这一发展趋势预示着未来几年会有更加丰硕的学术成果。加之2002年年末至2003年年初，学术界与传媒频频传出信息，党内民主、开门立法、让人大代表和民主党派有更多的机会就干部任命提名等等，受到人们的普遍重视。可以想象，政治学者面临着经验研究与理论创新的历史性机遇。

不足之处也可以列举几点。

其一，思想解放与理论创新尚有不足。可以讲，年内发表的不少论文与论著仍然缺少丰富的资料或理论引证，停步在简单的思考或狭隘的汇总上。但中国的政治体制改革呼唤理论创新。可以做一个比较。年末，李锐在党的“十六大”小组会上发言时，就党的民主化提出建议：终止领导干部在党、政、人大、政协四大机构轮流转任的现象；逐步实行政治局委员、常委与总书记在党代会上竞选产生的机制等等㉟。这番简短但观点鲜明的发言，肯定胜过许多平庸的长篇大论。

其二，近几年，其他省、市的出版社抓了一批经典理论著作与有关学术专著的系统介绍或翻译工作，例如，南京译林出版社策划的《人文与社会译丛》，就包括罗尔斯的《政治自由主义》、柏林的《自由四论》、阿克顿的《自由史论》、莫斯卡的《统治阶级》、哈耶克的《科学的反革命》等十分重要的理论原著。相比之下，北京地区不少大的出版机构在这方面似乎缺少整体规划，令人深感可惜，因为首都在科研力量、信息交流、历史影响等方面，占有充足的优势位置。

（作者：中国人民大学教授。
此稿由中国人民大学李景治教授审定）

注：

①黄嘉树、王英津：《主权构成：对主权理论的再认识》，《“转型中的中国政治与政治学发展”国际学术研讨会论文汇编》，第1册（内部发行）。

②聂露：《人民主权理论述评》，同上书。

③郑慧：《政治文明：含义、特征与战略目标》，《政治学研究》，2002年第3期。

④于一：《中外思想家论政治文明》，同上刊，同期。

⑤沈友军：《民主化解释：向一种新框架发展》，《天津社会科学》，2002年第3期。

⑥白钢、林广华：《论政治的合法性原理》，《天津社会科学》，2002年第4期。

⑦游斌：《希伯来传统的国家合法性问题》，《哲学研究》，2002年第3期。

⑧张康之：《合法性的思维历程：从韦伯到哈贝马斯》，《教学与研究》，2002年第3期。

⑨金安平：《对政党理念的知识考古学分析》，《山西师大学报》，2002年第3期。

⑩刘小林：《浅析中美政治文化研究的差异——对象、目的、功能与方法》，马德普等主编：《中西政治文化论丛》第二辑，天津人民出版社，2002年版。

⑪马庆钰：《告别西西弗斯——中国政治文化分析与展望》，中国社会科学出版社，2002年版。

⑫萧延中：《圣德：集体身份的符号建构——试论汉语语境中的政治正当性》，《“转型中的中国政治与政治学发展”国际学术研讨会论文汇编》，第1册。

⑬房宁、王炳权等著：《成长的中国——当代中国青年的国家民族意识研究》，人民出版社，2002年版。

⑭［美］亨廷顿等主编，程克雄译，新华出版社，2002年版。

⑮关海庭主编：《20世纪中国政治发展史论》，北京大学出版社，2002年版。

⑯吴楚克：《民族主义幽灵与苏联裂变》，中国人民大学出版社，2002年版。

⑰张涛：《美国战后“和谐”思潮研究》，人民出版社，2002年版。

⑱王新生：《政治体制与经济现代化：“日本模式”再探讨》，社会科学文献出版社，2002年版。

⑲任一雄：《东亚模式中的威权政治：泰国个案研究》，北京大学出版社，2002年版。

⑳谢立中、孙立平主编，上海三联书店，2002年版。

㉑杨凤春：《中国政府概要》，北京大学出版社，2002年版。

㉒陈红太：《当代中国政府体系与政治研究法》，经济日报出版社，2002年版。

㉓王寿林：《当代中国社会主义民主论》，中共中央党校出版社，2002年版。

㉔刘靖华：《政府创新》，中国社会科学出版社，2002年版。

㉕王丛虎：《“入世”后中国构建透明政府的战略选择》，《北京行政学院学报》，2002年第5期。

㉖张康之：《寻找公共行政的伦理视角》，中国人民大学出版社，2002年版。

㉗戴长征：《当代中国基层政治在意识形态话语结构下的运作》，《“转型中的中国政治与政治学发展”国际学术研讨会论文汇编》，第2册。

㉘陆学艺主编：《当代中国社会阶层研究报告》，社会科学文献出版社，2002年版。

㉙闫志民：《中国现阶段阶级阶层研究》，中共中央党校出版社，2002年版。

㉚王名等著：《中国社团改革——从政府选择到社会选择》，社会科学文献出版社，2002年版。

㉛景跃进：《两票制：组织技术与选举模式——兼论两委关系与农村基层政权建设》，《“转型中的中国政治与政治学发展”国际学术研讨会论文汇编》，第2册。

㉜荣敬本主编：《政党比较研究资料》，中央编译出版社，2002年版。

㉝田小泓：《农村妇女政治参与：从被动等待到主动竞争的制度安排——梨树县与迁西县农村妇女村委会选举参与》，《政治学研究》，2002年第4期。

㉞马宝成：《国家管制与村庄民主的行政化——山东秋村调查》，《北京行政学院学报》，2002年第5期。

㉟袁达毅：《村民自治中的问题与对策——北京市第五届村民委员会换届选举后的情况调查》，《北京行政学院学报》，2002年第6期。

㊱李凡主编：《中国基层民主发展报告2000—2001》，东方出版社，2002年版。

㊲宋月红：《城市化与村民自治的变迁》，《北京行政学院学报》，2002年第1期。

㊳杨雪冬：《市场发育、社会生长和公共权力构建——以县为微观分析单位》，河南人民出版社，2002年版。

㊴董礼胜：《社会党国际和社会民主党若干问题研究综述》，《政治学研究》，2002年第2期。

㊵孙相东译，中共中央党校出版社，2002年版。

㊶上海三联书店，2002年版。

㊷何怀宏：《公平的正义——解读罗尔斯“正义论”》，山东人民出版社，2002年版。

㊸刘东国：《绿党政治》，上海社会科学出版社，2002年版。

㊹中国社会科学院哲学研究所编，人民出版社，2002年版。

㊺北京大学出版社，2002年版。

㊻梅尼克著，何兆武译，三联书店，2002年版。

㊼曹德本、方妍：《中国传统德治思想研究》，《政治学研究》，2002年第1期。

㊽牛彤：《从宪政视角考察孙中山五权宪制中的国民大会》，《“转型中的中国政治与政治学发展”国际学术研讨会论文汇编》，第1册。

㊾何怀宏：《黑夜里亮起一盏灯》，《读书》，2002年第7期。

㊿黑龙江人民出版社，2002年版。

(51)曹卫东：《卢梭是个保守主义者》，《读书》，2002年第1期。

(52)张桂琳：《理性与传统：谁是权利的基础？——伯克政治哲学解读》，《政治学研究》，2002年第2期。

(53)陈刚：《自由的真义》，《读书》，2002年第11期。

(54)刘星译，中国法制出版社，2002年版。

(55)［美］方纳著，王希译，商务印书馆，2002年版。

(56)高王凌：《政府作用和角色问题的历史考察》，海洋出版社，2002年版。

(57)卜宪群：《秦汉官僚制度》，社会科学文献出版社，2002年版。

(58)康沛竹：《灾荒与晚清政治》，北京大学出版社，2002年版。

(59)杨德山：《中国近代资产阶级政党学说研究》，人民出版社，2002年版。

(60)张立平：《美国政党与选举政治》，中国社会科学出版社，2002年版。

(61)关海庭：《中俄体制转型模式比较研究——从价值观念看渐进转型模式的合理性》，中国人民大学书报资料中心《政治学》，2002年第3期。

(62)张小劲：《关于比较政党研究基本路径的历史考察及其思考》，《当代世界与社会主义》，2002年第1期。

(63)张小劲：《关于政党组织嬗变的研究框架：综述与评价》，《“转型中的中国政治与政治学发展”国际学术研讨会论文汇编》第1册。

(64)彭宗超：《公民授权与代议民主——人民代表直接选举制比较研究》，河南人民出版社，2002年版。

(65)李锐：《关于我国政治体制改革的建议》，《炎黄春秋》，2002年第12期。

社 会 学

社 会 学

郑杭生 冯仕政

关于2002年度北京地区的社会学研究概况，本文择其要者分为以下五个专题来叙述：

一、理论社会学研究

这里所说的“理论社会学”，既包括以整个社会学学科为思考对象的一般社会学理论，也包括为具体社会学问题提供理论思维和分析框架的中层社会学理论。

首先是社会学的学科制度问题。有学者认为，社会学的学科制度应该分为学科深层理念、学科规范体系和学科物质体现等三个层次。从中国社会学的发展过程来看，学科制度建设大体经历了一个“马鞍形”的曲折道路。当前学科制度建设的关键是按照“立足现实、开发传统、借鉴国外、创造特色”的方针实施理论创新和学科建设①。另有学者用学科制度视角考察了社会心理学主流历史话语的建构和再生产过程。他认为，在社会学心理学主流历史话语的建构和再生产过程中，发挥作用的主要是三种因素：学科机构中的精英、权威出版物的符号霸权和社会遗忘机制②。

在中国社会学的理论拓展方向问题上，社会过程的动态和辩证性质已经引起中国社会学界的注意。有学者提出，在建构社会学理论的过程中，可以借鉴西方的社会建构论思想③。有学者立足于中国“市场转型”的实际情况，提出建立“实践社会学”的主张。他认为，只有以“过程—事件分析策略”为核心的实践社会学方法才能把握中国市场转型的微妙之处④。此外，还有学者提出，我们应从以下两个方面强化中国社会学的“问题意识”：一是回应当今时代世界发展所提出的重大挑战；二是反思性地参与中国社会发展进程的建构⑤。

“单位”一直是中国社会学中的本土性研究课题，本年度继续有新作推出。有学者对单位制在当前是否以及在何种条件下会影响人们的社会行为进行了实证研究。结果表明，尽管人们对单位制越来越不满意，但单位制仍是当前中国社会中一种重要的行为约束机制⑥。另有一篇论文对“单位研究”做了总结。它认为，以往关于“单位”的研究实际上可以分为两个部分：一种是关于“单位组织”的研究，一种是关于“单位制”的研究。前者侧重研究组织的内部运行机制，后者则偏向于单位制的制度化过程。今后“单位研究”的重点应是单位制的变迁与中国市场转型之间的关系⑦。

在医学社会学方面，本年度有一项值得注意的研究。这项实证研究表明，人们的社会行为取向及其行为方式在很大程度上能够影响人们的身体健康，身体的功能性失调和器质性病变，往往是不良社会行为取向和行为方式不断刺激和反复作用的结果⑧。

除此之外，理论社会学方面还有若干关于社会生物学⑨、社会信任⑩、社会越轨⑪的研究。总的来看，本年度理论社会学方面的研究不够活跃。

二、社会分层研究

社会分层研究仍然是本年度社会学研究的重点和热点问题。这些研究可以大致划分为以下4类：(1) 关于社会分层的基本理论；(2) 中国社会分层的基本结构；(3) 社会各阶级阶层的基本状况；(4) 由社会分层而来的社会公正和社会发展问题。

（一）关于社会分层的基本理论

有学者认为，在社会变迁的背景下讨论社会分层结构的变化主要涉及两个主题——社会分层模式的变化及规律和社会不平等的变化及规律。从当前的研究状况来看，关于后者的研究比较多，而关于前者的研究则比较少。因此，有必要从理论上分析社会分层模式变化与制度转型之间的关系。该学者认为，由于制度安排的相对独立性，在社会变迁背景下，社会分层模式的变化不仅受到经济机制逻辑的影响，而且还要受到政治、社会、群体利益、文化以及传统等各种逻辑的影响，制度环境和变革过程决定了社会分层模式的变化。在自上而下的改良式变迁中，那些在变革中居于主导地位的社会集团，在社会分层结构中仍然会处于主导地位。因此，不管是“再分配—市场”的简单二分法还是“现代化—功能主义”的理论逻辑均无法解释复杂的社会变迁过程。具体到中国当前来说，在向市场转型的过程中，市场机制的发展可以在很大程度上改变资源分配的过程，但由国家主导的改良式变迁以及一系列制度性因素，决定了阶层间相对关系的模式并未发生根本性的重组，原有以阶层再生产为主要特征的相对关系模式在制度转型过程中仍然被持续地再生产出来。也就是说，社会分层模式的构成及变化，并非仅仅取决于经济机制或经济—技术理性的功能需求，而是同时在社会和政治的过程中被形塑，因而是特定制度环境和转型过程的共同结果[12]。

有学者将建国以来我国理论界关于社会分层的理论研究划分为五个阶段：新中国成立前后至1957年为第一阶段，我国的社会分层在此阶段表现出阶级分层的特征；1957年至1978年，我国社会主要根据人们的家庭出身、政治身份、政治立场和政治观点，将人们按照主观意识形态进行了政治分层，这是第二阶段；从1978年至20世纪80年代中期，我国主观的政治分层体系开始向“客观的阶级结构”回归，这一过渡时期可以称为第三阶段；80年代初期至90年代初，中国内地出现了贫富差距的大讨论，这是第四个阶段；90年代至今是第五个阶段，这一时期大陆分层研究模型的多元化趋势日益明显[13]。

（二）中国社会分层的基本结构

有学者认为，在考察中国社会分层的基本结构时，需要注意四个方面的问题：一是客观结构与解释框架问题，即由于我国现阶段阶级阶层结构极其复杂，因此，出现多种解释框架是必然的，各种解释框架有这样那样的局限或错误也是正常的，既不能彼此攻讦，更不能上纲上线。二是根本观点与具体论断问题，即在讨论阶级阶层的解释框架时，要分清马克思主义的根本观点和具体论断。三是阶层范畴与阶级概念问题，即阶层和阶级是两个既有联系又有区别的范畴。阶层指的是“社会资源和社会机会在不同社会群体中的分配方式或配置方式的差异”，而阶级则着重强调的是社会分工、生产资料的占有、财产所有制，特别是生产资料占有的决定性意义。从社会学角度来看，阶层是比阶级更大的概念，阶级只是一种特殊的社会阶层。四是社会进步与社会代价问题，即我国阶级阶层结构的变化同时伴生着社会进步和社会代价，社会学的根本目标就在于增促社会进步，缩减社会代价[14]。

关于中国社会分层的基本结构，有学者认为，我国正在面临一个“断裂的社会”。该学者认为，20世纪80年代以前是一个资源扩散的阶段，市场转型客观上具有“平等化”效应，而到了90年代则开始了一个“资源重新积聚”的过程。在此过程中，市场转型实际上发挥了社会剥夺和社会排斥作用，使整个社会的政治资本、经济资本和文化资本流向同一群体，形成了一个掌握“总体性资本”的精英集团，与此同时，也形成了一个被同时剥夺政治、经济和文化资本的“底层社会”。社会成员一旦被抛入“底层社会”，很难再向上流动，于是在精英集团和底层社会之间形成了一个社会断裂[15]。

在城市社会阶层的划分问题上，有学者认为，城市社会阶层的划分应以职业位置作为主要划分依据，同时考虑单位属性、制度因素和中国社会转型因素。据此，城市居民可以划分为7个阶层：（1）管理者阶层；（2）专业技术人员阶层；（3）办事员阶层；（4）工人阶层；（5）自雇佣者阶层；（6）私营企业主阶层；（7）其他不能确切区分的阶层[16]。

（三）社会各阶级阶层的基本状况

有学者认为，在我国，私营企业主阶层具有资本家和建设者双重品格，在实践上具有两面性：其活动有劳动的一面，但其财富的主要来源是占有雇佣劳动者的剩余价值[17]。关于中间阶层，有学者认为，随着中国社会产业结构的变化，一个可以被识别出来的“中间阶层”的雏形已经出现，但其行为边界目前还不很清晰，阶层认知尚处于萌芽状态。20世纪90年代以来出现的社会资源重新聚敛及其社会分化过程，有可能撕裂“中间阶层”，或使之重蹈20世纪20年代、30年代民族资产阶级的历史命运[18]。有学者认为，我国当前存在着一个被剥夺了政治、经济和社会机会的弱势群体，包括生理性弱势群体和社会性弱势群体。前者是任何社会中都存在的不幸者，后者则来自计划经济时期的基本阶级或阶层[19]。有学者分析发现，户籍制度仍然是阻碍城市农业户口阶层的地位获得和再流动的一个重要因素，使之在城市社会中长期处于边缘地位[20]。有学者在调查中发现，经济改革不但造成了利益的重新分配，而且重塑了社会认同的界限。“失业危机”就使工人阶层的社会认同发生了很大改变[21]。

（四）社会分层中的社会公正与社会发展

有学者认为，随着现代化进程和市场经济进程的推进，公正问题越来越凸显。为了建立一个“公正社会”，必须根据“共享社会成果”的深层理念实施制度创新。与此同时，他还提出了“公正的社会调剂原则”，认为社会调剂原则是与机会平等原则、按贡献分配资源原则相并列、相补充的一项重要原则[22]。有学者认为，解决转型时期弱势群体问题的关键是政策调整，当前在宏观政策上至少需要进行以下两方面的调整：一是从以部分先富为政策重点，转向以全体共富为政策重点；二是从效率优先、兼顾公平的原则，转向效率和公平并重的原则[23]。

三、社会政策与社会工作

社会政策在我国是一个亟待拓展的研究领域[24]。本年度有几篇关于社会政策基本理论的研究论文。有学者回顾了西方社会政策研究范式的演变，认为西方社会政策研究正在从单纯的政府决策向着多个社会主体共同决策转变；从再分配与消费取向向着生产和社会投资进入再分配领域转变。在此基础上，作者提出了关于中国社会政策研究的若干建议[25]。有学者考察了社会政策与公民权利之间的关系。她认为社会政策是公共政策的重要组成部分，但有其特殊性。其特殊表现在，社会政策更多的涉及对单个社会成员的基本需求的满足，而这一点又与公民权利的发展是相关的[26]。有学者认为，中国社会政策的基本目标应该从克服贫困转向消除社会排斥，因为社会排斥是贫困发生和再生产的内在机制[27]。

在社会工作方面，首先是城市反贫困工作。有学者认为，我国城市居民最低生活保障制度的出台有其深刻的社会经济背景，其建立经历了一个由点到面、由不完善到逐步完善的过程。但目前仍存在对最低生活保障制度理解不够、资金不能保证、宣传不够等问题，因此需要从目标定位、指导性标准、运行模式、实施环境等方面来进行理论反思和实施制度创新。他同时认为，我国城市扶贫工作需要从组织创新转向制度创新，在此过程中需要注意发挥民间组织在扶贫工作中的重要作用[28]。

其次是养老问题。有学者认为，老人家庭的空巢化和高龄化是中国都市社会养老问题面临的双重挑战。老年照料体系应以老年人自助互助为原则，以家庭支助为基础，以社区服务为依托，以国际和政府的法律、法规、政策为保障[29]。另有学者认为，在我国传统养老文化和当前的社会经济体系中，家庭成员是老年人日常生活照料资源的主要来源，这种状况在短时期内不会有大变化，但从长远来看，应该大力发展社区的助老照料服务[30]。

四、社区研究与社区建设

关于社区建设的基本理论框架，有学者认为，社区建设的总体理论是社会社区化或社会人文化：一是顺应社会发展向社区发展转移的必然趋势，复兴在现代化过程中被遗忘的落后社区；二是顺应社区共有原理或社区人文精神来建设大社会的客观要求，使整个大社会变成一个人际关系和谐、充满亲情、友情和人情的温馨社区[31]。有学者认为，社区文化是社区存在的一个重要现象，也是社区建设的一项重要内容，社区文化的发展程度将直接关系到社区建设的发展状况。因此，发挥社区文化在社区建设中的作用，对于推动我国社区建设的发展具有十分重要的意义[32]。

关于城市社区建设，有学者认为，我国城市社区建设应以居民自治为主导方向。一方面，居民应在文化认同、价值观、思想方法和生活方式上寻找社区认同和自组织基础，积极参与社区管理；另一方面，城市基层政府应及时充分授权给居民，培植“草根民主”，从而顺利建立起社区居民的自治体系[33]。有学者认为，城市社区建设可以被认为是改革开放后我国城市基层社会管理组织变革的第二个阶段，其意义无论是从深度上还是从广度上都要远远超过单纯的社区服务，其首要任务是为了建立和发展能够填补“单位制”解体后的真空，以及与城市社会其他重要转型特征相适应的新型城市基层社会的管理和控制机制[34]。有学者考察了我国城市社区中的自治组织，认为这类组织的出现将从根本上改变中国城市社会的面貌，对加速中国城市社会的现代化和民主化进程将起到巨大的促进作用[35]。

在社区研究方面，有学者考察了“社区”这一概念在社会学和人类学中的发展历程，认为由于社区形式的多样性和复杂性，社区的概念也不断得到丰富和发展。虚拟社区的出现要求我们有必要重新把握社区的概念[36]。还有学者考察了广东特殊的“城中村”现象。他认为，“城中村”现象表明，农民的终结和村落的终结是不同步的。村落终结的艰难，并不仅仅在于生活的改善，也不仅仅是非农化和工业化的问题，甚至也不单纯是变更城乡分割的户籍制度问题，而在于它最终要伴随产权的重新界定和社会关系网络的重组[37]。

五、农村与农民问题

关于中国乡村社会的基本结构，日本学者曾提出“村落共同体”假设，美国学者施坚雅曾提出“基层市场共同体”假设。这两个假设曾经引发大量的争论和研究。有学者在总结上述研究的基础上，探讨了中国乡村社会的基本结构及其变迁，并对乡村工业化导致的新的乡村社会结构单元——基层生产共同体做了比较详细的考察，对基层生产共同体的形成、特征以及对中国乡村社会基本结构的影响进行了比较深入的分析[38]。

在乡村政治方面，有学者认为，农村乡镇政权正在经历从“代理型政权经营者”向“谋利型政权经营者”的转变。即在改革之前的总体性社会中，乡镇政权主要是贯彻国家意志，服从和执行上级指令和政策，这一特性可以用“代理型政权经营者”这一概念来概括。而改革使政府间的利益分化，也使乡镇政权成为具有独立利益的集团。为了获取自身利益，它集多重角色于一身，既是国家利益的代理人，又是谋求自身利益的行动者，相对于改革前，这一角色可以概括为“谋利型政权经营者”[39]。有学者考察了农民的法律意识，发现由于受知识、文化传统和现实条件的制约，农民对法制系统保持着敬畏心理，但对法制系统的支持程度不是很高；乡村社会的法制化过程并不是一个简单的法律形式化过程，而是法律与生活现实的相互作用和相互适应的过程[40]。

在农村婚姻、家庭问题方面，有学者对20世纪40～90年代所有制和生产组织方式变革背景下农民的婚姻家庭变动和特征进行了分析，发现“土改”以后婚姻年龄由民间确立变为政府硬性约束，在集体组织网络之中，早婚行为被有效地抑制；生产资料的集体所有使传统家长权力失去发挥的基础，核心家庭由私有制时代的简单多数变为绝对多数；集体经济尽管没有消除贫困，但却将饥荒降低到历史上的最低程度，农民家庭人口的生存能力得以提高，人口的迅速增长与这种制度环境有密切关系[41]。有学者考察了农村外出妇女的生育意愿。定量分析结果表明，外出妇女和未外出妇女在生育意愿上存在差异，这种差异主要表现在两个方面：外出妇女的选择性人口学特征所带来的差异以及外出行为本身所带来的差异；外出对生育意愿的影响很大程度上是通过影响外出妇女的生活方式和其他观念而实现的[42]。

关于农民工问题，有学者对外出农民工的回流进行了研究。研究结果表明，外出人群与未外出人群在性别结构、年龄构成、婚姻状况、文化程度等方面存在比较明显的差异，而回流人群在人口学特征方面更加接近于未外出人群而不是外出人群。回流原因的调查表明：因外地就业困难而返乡的被动回流呈上升趋势，因个人原因或家庭原因的回流呈下降趋势，以回乡投资为目的的回流仅占回流劳动力的25%；绝大部分回流者回到了传统经济结构之中，返乡创业只是个别现象；回流农户的平均经济水平明显低于外出农户，与未外出农户不相上下；只要环境条件适合，一半以上的回流劳动力可能再次外出。这一研究结果表明，在今后相当长的一个时期内，农村劳动力外出是解决农民就业和农户收入增长的重要途径[43]。另有学者研究了农民工在城市中的就业问题。研究表明，作为城市外来人口的农民工，基本上是在“非正规部门”就业，“非正规就业”是其主要就业形式。在未来的几十年中，非正规就业会将是数以亿计的农民工的主要就业形式。因此，政府应充分认识非正规就业的正面社会功能，改变打击非正规就业的做法，规范非正规就业行为，发展非正规就业机会[44]。

以上五个方面构成了2002年度北京地区社会学研究的主题。不难看出，社会分层问题研究明显处于核心位置。除上述五个方面，还有一些关于恐怖主义[45]、多伴侣性行为[46]、再就业[47]等问题的研究，限于篇幅，不再一一提及。

（作者：郑杭生，中国人民大学教授；
冯仕政，中国人民大学讲师）

注：

①郑杭生：《社会学学科制度建设在中国的发展》，《新视野》，2002年第2期。

②方文：《学科制度精英、符号霸权和社会遗忘——社会心理学主流历史话语的建构和再生产》，《社会学研究》，2002年第5期。

③苏国勋：《社会学与社会建构论》，《国外社会学》，2002年第1期。

④孙立平：《迈向实践的社会学》，《江海学刊》，2002年第3期；《实践社会学与市场转型过程分析》，《中国社会科学》，2002年第5期。

⑤沈杰：《中国社会学的问题意识》，《江苏行政学院学报》，2002年第2期。

⑥李汉林，渠敬东：《制度规范行为——关于单位的研究与思考》，《社会学研究》，2002年第5期。

⑦李路路：《论“单位”研究》，《社会学研究》，2002年第5期。

⑧王召平，李汉林：《行为取向、行为方式与疾病——一项医学社会学的调查》，《社会学研究》，2002年第4期。

⑨彭新武：《社会生物学：基本主张及其缺失》，《社会学研究》，2002年第3期。

⑩梁克：《社会关系多样化实现的创造性空间

——对信任问题的社会学思考》，《社会学研究》，2002年第3期；王绍光、刘欣：《信任的基础：一种理性的解释》，《社会学研究》，2002年第3期。

⑪张翼：《社会学自杀研究理路的演进》，《社会学研究》，2002年第4期；张百庆：《"越轨"与秩序——社会学与人类学相关研究之比较》，《思想战线》，2002年第1期。

⑫李路路：《制度转型与社会分层模式变迁》，《江海学刊》，2002年第5期；《社会转型与社会分层结构变迁：理论与问题》，《江苏社会科学》，2002年第2期；《制度转型与分层结构的变迁——阶层相对关系模式的"双重再生产"》，《中国社会科学》，2002年第6期。

⑬李强、邓建伟：《我国社会分层理论的演进》，《学海》，2002年第4期。

⑭郑杭生：《我国社会阶层结构新变化的几个问题》，《华中师范大学学报》（人文社科版），2002年第4期。

⑮孙立平：《资源重新积聚——90年代中国社会分层的基本背景》，《科学决策》，2002年第3期；《资源重新积聚背景下的底层社会形成》，《战略与管理》，2002年第1期；《总体性资本与转型期精英形成》，《浙江学刊》，2002年第3期；《我们在开始面临一个断裂的社会?》，《战略与管理》，2002年第2期。

⑯郑杭生：《关于城市社会阶层划分的几个问题》，《人民日报》，2002年2月9日。

⑰陈志尚：《对私营企业主阶层的几点认识》，《北京大学学报》（哲学社会科学版），2002年第1期。

⑱张宛丽：《对现阶段中国中间阶层的初步研究》，《江苏社会科学》，2002年第4期。

⑲王思斌：《社会转型中的弱势群体》，《中国党政干部论坛》，2002年第3期。

⑳郑杭生、陆益龙：《城市中农业户口阶层的地位、再流动与社会整合》，《江海学刊》，2002年第2期。

㉑佟新：《社会变迁与工人社会身份的重构——"失业危机"对工人的意义》，《社会学研究》，2002年第6期。

㉒吴忠民：《论公正的社会调剂原则》，《社会学研究》，2002年第6期；《论共享社会发展的成果》，《中国党政干部论坛》，2002年第4期；《我们需要一个什么样的公正社会？》，《社会科学论坛》，2002年第7期。

㉓张峰：《解决转型时期弱势群体问题的关键是政策调整》，《中国党政干部论坛》，2002年第4期。

㉔吴忠民：《社会政策：一个亟待拓展的研究领域》，《中国党政干部论坛》，2002年第1期。

㉕杨团：《社会政策研究范式的深化及其启示》，《中国社会科学》，2002年第4期。

㉖杨伟民：《社会政策与公民权利》，《江苏社会科学》，2002年第3期。

㉗唐钧：《社会政策的基本目标：从克服贫困到消除社会排斥》，《江苏社会科学》，2002年第3期。

㉘洪大用、刘仲翔：《我国城市居民最低生活保障制度的实践与反思》，《社会科学研究》，2002年第2期；洪大用：《中国民间组织扶贫工作的初步研究》，《江海学刊》，2002年第2期；《城市扶贫：从制度创新到组织创新》，《社会》，2002年第3期。

㉙穆光宗：《中国都市社会的养老问题：以北京为个案》，《中国人民大学学报》，2002年第2期。

㉚贾云竹：《老年人日常生活照料资源与社区助老服务的发展》，《社会学研究》，2002年第5期。

㉛夏学銮：《中国社区建设的理论架构探讨》，《北京大学学报》（哲学社会科学版），2002年第1期。

㉜刘庆龙、冯杰：《论社区文化及其在社区建设中的作用》，《清华大学学报》（哲学社会科学版）2002年第5期。

㉝费孝通：《居民自治：中国城市社区建设的新目标》，《江海学刊》，2002年第3期。

㉞夏建中：《城市社区基层社会管理组织的变革及其主要原因——建造新的城市社会管理和控制的模式》，《江苏社会科学》，2002年第1期。

㉟于显洋：《城市社区管理与自治组织的发展》，《浙江学刊》，2002年第2期。

㊱胡鸿保、姜振华：《从"社区"的语词历程看一个社会学概念内涵的演化》，《学术论坛》，2002年第5期；《社区概念的发展历程》，《中国青年政治学院学报》，2002年第4期。

㊲李培林：《巨变：村落的终结——都市里的村庄研究》，《中国社会科学》，2002年第1期。

㊳刘玉照：《村落共同体、基层市场共同体与基层生产共同体——中国乡村社会结构及其变迁》，《社会科学战线》，2002年第5期。

㊴杨善华、苏红：《从"代理型政权经营者"到"谋利型政权经营者"——向市场经济转型背景下的乡镇政权》，《社会学研究》，2002年第1期。

㊵陆益龙：《论中国农民对法制系统的支持程度》，《学海》，2002年第5期。

㊶王跃生：《社会变迁与当代中国农村婚姻家庭

变动——一个初步的理论分析框架》，《中国人口科学》，2002年第4期。

㊷尤丹珍、郑真真：《农村外出妇女的生育意愿分析——安徽、四川的实证研究》，《社会学研究》，2002年第6期。

㊸白南生、何宇鹏：《回乡，还是外出？——安徽四川二省农村外出劳动力回流研究》，《社会学研究》，2002年第3期。

㊹李强、唐壮：《城市农民工与城市中的非正规就业》，《社会学研究》，2002年第6期。

㊺本—拉斐尔、景天魁、王俊秀：《全球化背景下的恐怖主义问题》，《社会学研究》，2002年第4期。

㊻潘绥铭：《社会对于个人行为的作用——以"多伴侣性行为"的调查分析为例》，《中国社会科学》，2002年第4期。

㊼赵延东：《再就业中的社会资本：效用与局限》，《社会学研究》，2002年第4期。

民 族 学

民 族 学

段伟菊

2002年民族学研究有以下几个特点：全球化和民族主义、民族发展与民族冲突问题继续受到关注；恐怖主义也日益成为与民族学相关的热门话题，并出现了相关文章；近几年在国内广为流行的"族群"与"民族"的关系问题仍然在本年度占有重要篇幅；人类学学科建设和田野工作的反思正得到进一步加强；分支民族学、人类学的研究领域进一步拓宽；藏学研究领域有较为重要的发现。

中国民族学学会第七届学术研讨会于7月16日至19日在湖北恩施举行。这是进入21世纪之后中国民族学界召开的一次大规模盛会。会议主要围绕民族传统文化的保护、开发与利用，民族学研究回顾与学科建设，民族社会、宗教与文化研究三方面展开发言和讨论①。6月21日，在北京举行了题为"田野调查与21世纪的中国人类学与民族学"的研讨会，来自北京各大学和研究机构的50多位学者参加了会议。会议就田野调查在21世纪中国人类学、民族学研究中的意义，田野的界定与变迁，田野调查的优势与局限性，田野调查中的立场与学风，田野调查的方法（特别是其他研究方法的引进和各种方法的互补），田野调查与文献研究的关系，田野调查的经验，以及田野调查在新时期遇到的问题等多方面议题，进行了广泛讨论②。

一、关于恐怖主义

一是从分析民族分裂主义与恐怖主义入手，一是分析了以种族主义为背景的暴力恐怖活动。

前者认为民族分裂主义是民族主义极端性的产物，与暴力恐怖主义具有天然的联系。当代民族分裂主义是对民族国家的误读和民族自决权滥用的结果。指出恐怖组织利用某些民族、宗教矛盾和民众情绪进行暴力恐怖活动的目的，是为了维护其以极端性和残暴性建立的"权威地位"和左右民众的能力。所以，不能将具有种族、民族和宗教背景的恐怖主义组织视为相关群体的代表，否则，只能扩大恐怖主义势力的群众基础，助长恐怖主义势力的嚣张气焰，从而掩盖恐怖主义势力反人类的极端性本质③。

后者认为西方列强在全球殖民主义扩张进程中对所谓"新大陆"进行残暴征服的实践，是当代恐怖主义的原型，以希特勒掌控下的第三帝国为代表的法西斯主义政权则是国家恐怖主义的典型。同时认为种族主义既是分裂人类统一性的罪恶之源，也是造成种族冲突及暴力恐怖活动的根源，而且种族主义的历史遗产在全球化时代依旧污染着人类社会，并借助现代科学技术的进步不断以新的方式表现出来，人类社会消除种族主义的斗争依然任重道远④。

二、民族和族群问题

20世纪60年代中期以后，ethnic group一词在美国和西欧国家的社会学、人类学和政治学等学科流行开来，用以分析这些国家基于种族、民族、语言、宗教、文化、习俗等要素基础上的"认同群体”。20世纪80年代以后，ethnic group这一术语在世界范围流行开来，在引入中国人类学、民族学界时，中文翻译有很多种，其中以“族群”最为通行。有学者从不同角度对此作了论述。一是关注ethnos（民族）及其派生的ethnic和ethnic group（族群）术语的源流，并就这一术语在西方国家早期（20世纪70年代以前）的含义演变和应用情况做了梳理。二是从美国等西方国家学界与官方应用ethnic group的实证为例，论述分析了西方国家应用这一词语的确指对象在理论和实践方面的矛盾，指出这一术语的流行属于西方国家“族类政治化”裂变的产物及其表现出的“后现代”话语的特点。三是进一步指出在理解和借鉴西方学术界有关ethnic group的概念及其理论时，如果简单做出民族（nation）是政治概念、族群（ethnic group）是文化概念这一泾渭分明的判断，而忽视西方国家在应用这一术语时的社会、政治背景和指称对象，就会因脱离国情实际而导致对这一概念及其理论的误读和应用于本土研究中的误导，以期说明在引进这一概念和应用于本土实践时需要全面认识其含义，从而实现符合中国国情的科学吸收与借鉴⑤。

有的学者根据欧洲委员会的相关文件中使用“民族”和“族群”的情况，从考察欧洲法律文书对相关概念的界定和使用入手，指出欧洲的“民族”和“少数民族”概念，无论是在定义的界定上还是在现实生活中，都具有鲜明的政治含义，而“族群”则相反。“民族”与“族群”的主要差异在于它们是否具有政治属性，这是我们理解“民族”实质的关键。充分认识“民族”的政治属性，将有助于我们消除在对待“民族”概念上的一些误解，有助于提高对民族平等和民族团结的理性认识，在实践上有利于各民族在国家层次上的整合⑥。也有的学者对族群关系进行了全面动态的分析。他们从呈现出相对性的构成民族的各种要素入手，指出当代世界的“全球化”是与地区之间、族群之间和民族之间的差异化、个性化并行的，这给当代族群关系注入了新的意义。民族属性呈现出日益显著的相对性特征冲击着传统的族群关系模式，使得矛盾性和相对性成为当代族群关系中的两个基本特点，当代族群关系也大体可划分为民族联合、民族分化两大基本类型⑦。

有的学者从目前民族学界讨论的与民族和族群问题有关的语言和语言群体范畴入手，指出语言和语言群体可能是不一致的，语言群体相对语言来说应该是第一性的，因为同一语言的使用者不一定有共同的语言交际行为和语言认同态度。在没有超方言的民族共同语或标准语的情况下，方言更接近语言群体，有更多的共同的交际行为和认同感。双语现象的出现使语言群体向更大的双语或多语的语言群体发展。同时指出，从语言使用和语言态度的角度，应该进一步区分语言群体人口的年龄、语言分布地区和语言使用场合等方面的双语状况，因为在这三个方面的不同情况下，使用母语还是第二语言是有很大区别的⑧。

有的学者以菲律宾和马来西亚为例，从民族学的角度，探讨华人与当地土著民族的关系，分析西方人殖民东南亚时期与东南亚国家独立建国之后华人与土著民族关系的情形，阐明东南亚不同族群之间的冲突主要不是由于文化的差异引起的，而是族群文化差异被政治化和经济化所使然⑨。

三、人类学学科基础建设、基本理论与方法研究

人类学学科的基础建设包括西方人类学名著的译介和普及人类学知识的教材撰写两方面。

前者如“现代人类学经典译丛”，第一批丛书主要译介了英国功能学派代表人物的主要代表作⑩，由我国著名社会学、人类学家费孝通作序，指出中国人类学恢复重建以来的新发展预示着21世纪中国人类学将迎来一个新的发展时期，也意味着人类学书籍的阅读群体，将有扩大之势。人类学者要为人类在新世纪的生存和发展解答一些难度空前的问题，为这个世界的“和而不同”作出应有的贡献。

国内学者撰写的教材，有的学者从“通论”的角度较为系统、完整地介绍了人类学的各分支学科。其中包括了近年来人类学在许多领域的最新成果，反映了当前人类学研究的重点、热点以及前瞻性课题。不仅有对国外人类学研究的介绍，而且还包含了撰写在教学与研究实践中积累的经验；不仅介绍了国外学者的田野个案，而且也将中国学者的田野工作和体会融入书中，凸显出“主位”研究与解释的观点⑪。有的学者从普及社科知识、提高人文素质的角度，面向专业内外的读者群，对人类学这门学科的概貌和基本特征加以通俗化的介绍，将中外著名人类学家的精辟论述贯穿始终，并包含了作者自己对这门学科理解和阐释的例证，可读性强，较大地凸显了“人类学是什么”这个主旨⑫。

潘光旦是中国著名社会学家、民族学家、优生学家。有的学者从潘光旦的学术生涯总结出人类学研究综合性取向的学术意义。指出潘光旦主张用多种学术理论、多种研究观察方法来思考问题，他在国民性研究方面提出的“位育”（adaptation）概念就是从综合性角度考虑到人类、历史、环境相互之间的关系而梳理出来的，正常的学术批评和讨论，也是潘先生综合性学术取向思想的一个重要组成部分⑬。有的学者从吴文藻引进西方文化理论的贡献谈起，指出吴文藻最早把西方社会学、民族学、文化人类学的研究理论全面系统地介绍到中国，并发扬光大，是一位杰出的先行者。包括一是首次引用了泰勒的文化定义，并紧紧抓住文化这个核心，着力介绍与阐释功能学派的理论；二是从文化的整体性理论出发，倡导社会学、文化人类学相结合的研究模式，重视社区，重视实地调查；三是关注中国国情，关注“现代”。他在倡导社会学、民族学、文化人类学研究的中国化方面也是一位杰出的先行者⑭。

有的学者在探讨中国社会组织原则时，认为将华南的宗族研究范式与华北的满铁研究传统结合起来，可以形成一条行之有效的学术实践路线，这就是追踪调查再研究模式。其所具有的学术魅力在于：(1) 方法论上，确立了一种将不同研究传统结合起来的研究取向，即追踪调查再研究模式；(2) 与国际汉学人类学界接轨；(3) 考察村落社会文化变迁的原委，洞悉社会转型期的实质，对处于传统与现代之间的华北村落社会提供一场人类学个案解说⑮。

四、分支民族学、人类学方面

在生态人类学方面。有的学者从中国是一个多民族、多种生态环境和多元文化的国家及民族文化与生态环境之间的关系密切入手，指出可持续发展的思想和战略是在寻求人文、资源和生态环境三者协调发展的过程中发展起来的。在现代化进程中，发扬民族传统文化中有利于保护生态环境和可持续发展的文化功能，是一项应当深入研究的重要课题⑯。

影视人类学方面。2002 年在兰州召开了影视人类学国际学术研讨会，会议的中心议题是“21 世纪影视人类学的发展”。围绕这一主题，与会专家学者就影视人类学学科体系建设、人类学影片与大众传媒、多媒体技术与人类学影片制作以及西部地区影视人类学资源优势与开发等相关议题展开了热烈讨论。有的与会者提出将研究视觉现象与人类文化现象的相互作用和相互关系也作为影视人类学的理论之一，影视人类学不仅仅记录“原始”和“落后”的群体，更应该记录变迁中的各种新的文化事项。影视人类学的普及包括对学术界的普及和大众的普及两方面。

政治民族学研究方面。有的学者在去年提出“民族共治论”之后，今年进一步就民族共治的理论基础与基本原理进行了阐述。通过对中国等多民族国家民族政治实践的考察，指出民族共治是与民族自治同时存在的事实，并通过对现代多民族国家民族政治理论和原理的论证与揭示，提出了“双向两层面民族共治”的命题。“双向共治”一是指参与管理，二是指接受管理；“两层面共治”一是指国家层面的管理，二是指民族自治地方层面的管理。民族共治是现时代民族发展和多民族国家统一建设的必然和合理要求，它与民族政治、民主和共和“三位一体”，是现代多民族国家民族政治生活的纲领性命题，而“自治”、“参与”等少数民族政治权利诉求和保障则属于子目问题⑰。

经济人类学研究方面。有学者首次将经济人类学与中国民族经济学进行了比较研究。指出美国经济人类学与中国民族经济学在研究范围上有诸多重叠交叉的部分，在研究方法上有诸多相通之处，在发展趋势上也都呈现出不断扩大其研究领域的倾向，但二者具有完全不同的理论源流和社会历史背景，所以在指导思想、研究目的、研究侧重点与服务对象等方面，又存在很大差异⑱。

语言人类学研究方面。有的学者以大量语言濒危现象为例证，对引起语言濒危的原因进行分析，认为产生语言濒危乃至消失的原因有两类，其中由于主动的语言转用造成的本族语丢失是产生当代语言濒危现象的主要原因。进一步对影响语言转用的人口比例、文化基础、经济优势等多种基本社会因素进行分析，提出这些社会因素互相交织在一起，对语言的使用发生综合的影响，最终由取得优势的因素决定语言的发展趋势。并提出最佳对策在于使用双语⑲。有的学者对 20 世纪 30 年代特别是 50 年代以来，赫哲语使用功能下降（包括使用的人数下降和使用的范围狭窄）的原因进行了分析，指出导致这一结果的主要社会文化因素有：赫哲族人口基数少且居住分散；生产、生活方式的改变；混合家庭的大量增多；赫哲人语言观念的改变等等。其中，赫哲族与其他民族大量建立混合家庭，在家庭中停止使用本民族语言，是赫哲语在较短时间内严重丢失的最主要原因⑳。

法人类学研究方面。有学者从禁忌的研究入手，指出禁忌作为人类社会曾经存在过的一种特殊的社会规范形式，在很大程度上扮演着法律的角色。随着社会的发展，那些为大多数社会成员所公认的禁忌成为习惯法或法的组成部分，巩固了它作为社会控制方式的强制性和权威性，并成为法律的重要渊源之一[21]。有的学者探讨了阿昌族习惯法的传承形式，分析了阿昌族习惯法的现实社会功能及其存在并产生作用的根源。指出正确处理处于现代社会转型期的阿昌族社会秩序问题，一是要正确认识和对待阿昌族习惯法，二是要正确处理国家制定法与阿昌族习惯法的关系[22]。

五、少数民族地区社会文化、民族风俗习惯研究

吐鲁番是东西方文化、农耕与游牧文化交融聚合的地方，是西域文化的缩影。有的学者通过吐鲁番具体文化现象和基本史实揭示出吐鲁番绿洲文化具有多元性、独特性、开放性的特点。指出分析这种文化形成的原因，对于从多视角认识西域文化无疑是一种有益的启示[23]。有的学者考察了 19 世纪中叶到 20 世纪初天地会在壮族地区的传播和发展情况，指出这一时期天地会的结社及其在壮族地区的活动，对近代中国和壮族社会发展都产生了影响[24]。有的学者探讨了云南丽江纳西族的传统文化功能的转移，认为近年来随着旅游业的兴旺，纳西族的传统文化也在发生着巨大变化，传统信仰正在发展成为文化产业，纳西族世代栖居的古城的价值已经超越了纳西族文化本身的价值，人们的生活面临着前所未有的选择。指出人们在追求现代生活方式的同时，其实是不可能彻底摆脱过去生活的影响的[25]。

有的学者在田野调查的基础上，结合历史文献资料，描述了裕固族帐房戴头婚的基本形貌，批驳了以古典进化论为依据，认为帐房戴头婚是古老母权制残余的学术观点。此外，还从裕固族与藏、蒙古等民族间的文化涵化以及其对宗教、生态和社会生活的文化适应这两个较大的方面，阐释了帐房戴头婚得以形成的原因[26]。有的学者通过对满族祭祖和萨满教的比较研究，得出结论认为，满族祭祖与萨满教既有联系，又有着本质的差异，这二者之间在指导观念、功能、供奉对象、作用等方面均有区别[27]。有的学者通过对白族的传统信仰——本主崇拜的研究看到，在大量的本土神话传说中，有一些与水有关的故事，反映了农耕经济对水的依赖及凝结于本主身上的原始崇拜的影子，还可以看到多种文化交流在这一特定领域里的反映[28]。

六、古代民族和民族关系研究

有的学者通过对元代屯田的考察，论述了元朝境内大量的人口流动、民族迁徙——包括汉族向边疆民族地区迁徙，少数民族向汉族地区迁徙，以及少数民族之间的迁徙。虽然元朝的统治者实行屯田的目的是为了解决军粮、开垦荒地、发展农业，但在客观上促进了人口的流动、民族的迁徙和边疆少数民族地区的经济发展以及民族融合[29]。有学者讨论了北魏孝文帝改制前拓跋鲜卑统治者最重要的祭天形式——西郊祭天，指出西郊祭天是拓跋部传统的天神崇拜、草原游牧民族的祭祀仪式与汉族的郊祀制度三者结合的产物，而其长期存在则是因为适应了三分结构的社会现实[30]。有学者探讨了肃慎民族的历史进程，由于特殊的地理环境和周边民族关系的影响，肃慎族从辽西地区到吉长地区再到牡丹江、黑龙江流域，在一个不断迁徙的过程中推演着本民族的历史。这一历史进程深刻影响了整个东北地区的历史面貌。指出廓清肃慎民族的发展脉络，是研究东北地区历史的关键[31]。

有的学者从西南民族的族属研究概略入手，归纳了西南族属研究方面的若干重要观点。指出认清西南古今民族的渊源关系，对国家的稳定及民族学科的发展有着极为重要的现实意义[32]。有的学者从西南边疆历史上人口迁移特点及成因分析入手，指出西南边疆今天的民族构成与不同历史时期各民族绵延不断的人口迁徙有密切关系。这些迁徙活动有向人口密度低的地区迁移、向南方迁移流动、从山地向山地的迁移、同族相聚的迁移、递进式的迁移五大特点，与今天的人口流动有异又有同，文化和生态环境是西南地区历史上人口迁移特点的决定性因素[33]。

七、藏族及藏学研究

有学者通过对西夏藏传佛教的研究认为，藏传佛教对西夏佛教乃至整个西夏文化影响很大，而西夏对于藏传佛教的东传又起到过非常重要的作用。西夏接受并发展藏传佛教有其民族渊源和历史基础，受到西夏和吐蕃两个民族政治关系的影响。藏传佛教在西夏的发展大抵以河西走廊为重点，并逐渐向西夏腹地延伸；藏传佛教对西夏的影响，主要在西夏中后期。设立帝师是西夏僧官制度的重要特点。新发现的文献表明，早在元世祖忽必烈封授八思巴为帝师一百年前，西夏就开始封设帝师了。西夏时期的文献出土、发现很多，其中不乏藏传佛教经典。西夏故地，还发现了大量藏传佛教的绘画和雕塑。藏传佛教对西夏的佛教建筑也有显而易见的影响[34]。

有的学者对“茶马古道”的历史作用和现实意

义进行了研究。指出它作为一条连接内地与西藏的古代交通大动脉，历经唐、宋、元、明、清，在历史上不仅促进了“茶马古道”沿线高原城镇化的发展，为汉、藏以及其他民族间的经济和文化交流作出了重要贡献，更重要的是历代中央王朝通过“茶马互市”和“茶马古道”，更加巩固了西南边疆，维护了国家的统一。在今天，“茶马古道”无论在自然资源还是文化资源上都是一条具有国际影响力的古道，因此它的旅游品牌效应具有不可复制性，拥有巨大的国际旅游市场潜力[35]。有学者从中华民族源流的宏观角度论述藏族作为中华民族不可缺少的一部分的历史渊源关系。指出自新石器时代起，中华大地上存在着三大考古文化系统和三大民族系统。这三大古老民族文化区域系统的更高发展层次便是中华民族的整体文化系统，证明中华民族文化的多源和多元一体的历史渊源。而从旧石器时代到新石器时代晚期藏族古代文化与中华大地上三大古老民族文化区域系统的历史渊源关系，特别是与中原文化的联系，证明藏族及其文化的起源和发展过程本身就是一个吸收和融合中华大地上三大民族系统文化成分的过程[36]。

有的学者介绍了具有藏传风格的绘画——唐卡的研究状况，回顾了从俄苏时期到苏联解体以后近一个世纪俄罗斯学者的研究情况以及国内的唐卡研究状况，并对近50年间，特别是近10年之内欧美学者对西夏唐卡研究的范围、研究方法等进行了述评。指出包括西夏唐卡在内的西夏藏传风格艺术研究在国内仍是一片有待学者开拓的领域[37]。有的学者探讨了青海东北部卓仓藏人的骨系等级婚制及其渊源，他们根据每个家族有无狐臭体味遗传及其程度，把整个社会划分成三个骨系阶层，每个阶层就是一个内婚群体。由于经济方面的原因，跨阶层婚姻在卓仓藏人中也是允许的，并使社会保持了一定的流动性[38]。

八、世界民族研究

有学者以大量详细的数据统计资料，介绍和论述了俄罗斯的人口现状和人口问题，指出苏联的解体，对俄罗斯的人口发展产生了极大的负面影响。这不仅是人口学家和社会学家所关注的课题，也引起了俄政府部门的高度重视[39]。

九、创见与争鸣

1997年，北京大学教授蔡华的专著《无父无夫的社会：中国的纳人》法文版出版，继之2001年5月纽约Zone Books出版社出版了英译本，在西方学术界引起较大关注。美国著名人类学家克利福德·格尔茨发表了书评，指出《纳人》一书是对布朗的“单系血统理论”和列维－施特劳斯的“联姻理论”的证伪，认为这是有关问题研究的一个重要贡献。他肯定了该书的详实的民族志实地考察和文献参考，但同时指出作者漏掉了一些难以界定而又极端重要的内容，例如纳人生活的基调和氛围，“主位”立场的困境等等[40]。有的学者以自己的实地调查研究资料驳斥了上述关于摩梭人是“无父无夫的社会”的提法，指出摩梭人中有一部分家庭存在着婚姻制度；摩梭人社会不但是一个有父亲的社会，而且他们关于父亲的概念比起其他任何一个人类社会来一点也不离奇[41]。

十、全球化与民族主义、民族问题

有的学者提出，在当今中国人的观念以及汉语的文献包括相当多的学术著作中，被频繁使用的“民族主义”一词，实际上并不完全与西方文献中出现的“nationalism”的涵义相同，甚至有超出“nationalism”的本来内涵而被过于泛化应用的趋势，这是由于长期以来人们对该概念的理解受诸多因素影响而导致产生了一部分歧义，或把凡带有“－ism”这个后缀的词语均简单对译为“主义”的后果之一。从语境分析出发辨识其中的真相，将会有益于学术的繁荣与发展，也有利于大众传媒与受众之间彼此进行互动[42]。

有的学者提出了国家具有民族属性的命题，指出国家的民族属性是在民族国家形成阶段明晰起来的，它的基本动因是全球化。在全球化迅猛推进的当今世界，国家的民族属性仍有着坚实的社会文化基础和经济基础，仍有着蓬勃的生命力；但在全球化时代的未来，民族国家属性的消解将不可避免，这种消解将使人类彻底摆脱民族主义政治的困扰，同时也将开启民族消亡的行程[43]。

有的学者从分析二战后的世界移民运动入手，认为它改变了原有民族国家内的民族构成，对现代民族国家及其政治制度提出了严峻挑战。指出了全球化进程中发挥国家的冲突调节机制和矛盾转化功能，改造滞后的政治结构，建构正确处理多民族国家内主体民族与少数民族关系的多元主义族际政治理论的迫切性[44]。

有的学者从分析文明的涵义以及文明与文化的关系入手，探讨了文明或文化的性质，指出文明或文化是半有机半无机的第三界，进而得出结论：文明本身不会冲突；因文明的不同而发生的冲突往往是由于不理解或误解引起的；文明具有功用性，它可以被某些恐怖分子或民族分裂分子拿来作为冲突的工具。由此，有力地驳斥了亨廷顿的文明冲突论[45]。

（作者：中央民族大学讲师。
该文由中央民族大学杨圣敏教授审定）

注：

①何星亮：《中国民族学学会第七届学术研讨会纪要》，《民族研究》，2002年第5期。

②参见《民族研究》，2002年第5期“田野调查与21世纪的人类学与民族学”研讨会文章摘登。

③郝时远：《民族分裂主义与恐怖主义》，《民族研究》，2002年第1期。

④郝时远：《种族主义与暴力恐怖活动》，《世界民族》，2002年第1期。

⑤郝时远：《Ethnos（民族）和ethnic group（族群）的早期含义与应用》，《民族研究》2002年第4期；郝时远：《美国等西方国家应用ethnic group的实证分析》，《中南民族大学学报》，2002年第4期；郝时远：《美国等西方国家社会裂变中“认同群体”与ethnic group》，《世界民族》，2002年第4期。

⑥李红杰：《论民族概念的政治属性——从欧洲委员会的相关文件看“民族”与“族群”》，《民族研究》，2002年第4期。

⑦李红杰：《全球化、民族要素的相对性与当代族群关系的特点》，《中南民族学院学报》，2002年第1期。

⑧黄行：《我国的语言和语言群体》，《民族研究》，2002年第1期。

⑨曾少聪：《东南亚华人与土著民族的族群关系研究——以菲律宾和马来西亚为例》，《世界民族》，2002年第2期。

⑩［英］马凌诺斯基著，费孝通译：《文化论》；［英］雷蒙德·弗思著，费孝通译：《人文类型》；［英］拉德克利夫－布朗著，夏建中译：《社会人类学方法》；［英］马凌诺斯基著，梁永佳、李绍明译：《西太平洋的航海者》；［英］埃文思－普里查德著，褚建芳、阎书昌、赵旭东译：《努尔人》。华夏出版社，2002年版。

⑪庄孔韶主编：《人类学通论》，山西教育出版社，2002年1月。周泓、雷亮中：《〈人类学通论〉评介》，《民族研究》，2002年第4期。

⑫王铭铭：《人类学是什么》，北京大学出版社，2002年版。

⑬王建民：《论人类学研究的综合性取向——从潘光旦先生学术生涯谈起》，《中央民族大学学报》，2002年第3期。

⑭祁庆富：《论吴文藻引进西方文化理论的贡献》，《中央民族大学学报》，2002年第4期。

⑮兰林友：《华北村落的人类学研究方法》，《中央民族大学学报》，2002年第6期。

⑯宋蜀华：《论中国的民族文化、生态环境与可持续发展的关系》，《贵州民族研究》，2002年第4期。

⑰朱伦：《论民族共治的理论基础与基本原理》，《民族研究》，2002年第2期。

⑱施琳：《经济人类学》，中央民族大学出版社，2002年版。

⑲徐世璇：《语言濒危原因探析——兼论语言转用的多种因素》，《民族研究》，2002年第4期。

⑳何俊芳：《赫哲语语言丢失的社会文化因素分析》，《中央民族大学学报》，2002年第2期。

㉑张冠梓：《禁忌：类同于法律属性的初级社会控制形态》，《中央民族大学学报》，2002年第4期。

㉒于维敏，文小勇：《阿昌族习惯法的传承与社会功能》，《中南民族大学学报》，2002年第5期。

㉓尚衍斌：《吐鲁番绿洲文化的特点及其形成原因》，《中央民族大学学报》，2002年第5期。

㉔方素梅：《天地会在壮族地区的传播和发展》，《民族研究》，2002年第1期。

㉕李劼：《纳西族传统文化功能的转移》，《中央民族大学学报》，2002年第3期。

㉖姚力：《裕固族帐房戴头婚再研究》，《民族研究》，2002年第3期。

㉗赵展、赵尔劲：《满族祭祖与萨满教形似而质异》，《中央民族大学学报》，2002年第3期。

㉘王晓莉：《白族本主神话中的水神崇拜》，《中央民族大学学报》，2002年第3期。

㉙蔡志纯：《略论元代屯田与民族迁徙》，《民族研究》，2002年第4期。

㉚杨永俊：《论拓跋鲜卑的西郊祭天》，《民族研究》，2002年第2期。

㉛范恩实：《肃慎起源及迁徙地域略考》，《民族研究》，2002年第3期。

㉜贾仲益：《西南民族研究中的族属研究及其意义》，《中央民族大学学报》，2002年第1期。

㉝苍铭：《西南边疆历史上人口迁移特点及成因分析》，《中央民族大学学报》，2002年第5期。

㉞史金波：《西夏的藏传佛教》，《中国藏学》，2002年第1期。

㉟格勒：《“茶马古道”的历史作用和现实意义初探》，《中国藏学》，2002年第3期。

㊱格勒：《略论藏族古代文化与中华民族文化的历史渊源关系》，《中国藏学》，2002年第4期。

㊲谢继胜：《黑水城出土唐卡研究述略》，《民族研究》，2002年第1期。

㊳扎洛：《卓仓藏人的骨系等级婚制及其渊源初探》，《民族研究》，2002年第4期。

㊴任国英：《俄罗斯的人口问题研究》，《中央民族大学学报》，2002年第1期。

㊵［美］克利福德·格尔茨著，吴乔摘译：《走访——评蔡华著〈无父无夫的社会：中国的纳人〉》，《民族研究》，2002年第1期。

㊶［美］施传刚著，杨春宇，胡鸿保节译：《摩梭是“无父无夫的社会”吗?》，《世界民族》，2002年第2期。

㊷姜德顺：《不同语境下的“民族主义”》，《世界民族》，2002年第1期。

㊸王希恩：《全球化与国家的民族属性》，《民族研究》，2002年第5期。

㊹王建娥：《移民地位与权利：对现代民族国家及其政治制度的严峻挑战》，《民族研究》，2002年第5期。

㊺何星亮：《文明会冲突吗》，《中南民族大学学报》，2002年第4期。

教　育　学

教　育　学

劳凯声

一、教育基本理论研究

（一）关于教育目的的研究

教育，作为培养人的社会活动，责无旁贷地要反映时代的变迁，并为未来社会培养合格的人才，因此，教育的目的首先成为教育研究者关注的对象。对教育目的的重新研究，在某种意义上是与转型时期教育的重新定位密切相关的。2002年，关于这一问题的探讨，其主要观点有：

1．教育目的将更多地注重个体的需要

有学者提出，教育在某种意义上可以视为一种服务，学习者或其家长都将变被动为主动，他们有权选择并获得满意的服务，学习者或其家长将更多地按照自己的设想来规划真正适合和有利于自己个性发展的教育目标[①]。还有学者认为，当前教育的本质规定是发展性、动态性、多样性。在这种情形下，教育的价值取向是个体的多样化发展，这种发展的前提是个体潜能的充分开发以及个体创造力的充分养成，其本质是个体主体性的高度弘扬[②]。

2．教育应更多地关注社会发展对学生的一般要求

有学者指出，教育、教学首先着眼点是共性，因此要有统一的教育目的、目标、统一的教育内容、组织，并在统一的时空内进行。过分强调个性化的教育是有害的，也是无法实施的[③]。

3．教育目的将转向培养创新性人才

有学者认为，教育过去仅仅传授知识和训练一般技能不能适应时代的要求，创新教育由此成为历史发展的必然[④]。

4．教育应培养公民

一些学者认为，社会主义民主政治建设的前提和基础在于整个社会公民素质的提高。基础教育必须立足于培养合格的社会公民[⑤⑥⑦]。

（二）关于教育交往研究

1．平等交往观

有学者认为，教育交往的特征是一种平等的关系。教育交往的过程是理解、对话与共享[⑧]。一些学者研究了教育交往中的对话，认为，对话要求主体的介入、在场，是主体间的平等，它意味着对象思维方式向关系思维方式的转化。对话作为一种生活方式，也意味着协调、宽容以及公共领域的出现，意味着多元化[⑨]。

2．平等与不平等的统一观

有学者认为，教育交往是在教育这一特殊社会领域内人们基本的活动方式，其特殊性表现为交往的平等与不平等的统一、“手段性”与“目的性”的统一、“互动”与“教育”的双重性质[⑩]。

3．审美观

有的学者从人类学出发，认为人类学视野中的

教育交往充满着审美的意味。教育交往的审美之维的核心是贯穿于整个交往实践的人性美，现代教育应在科学、道德、审美三个层面重建教育的合理性[11]。

4. 教育交往缺失观

有学者认为，当前教育中，教育交往是缺失的。其缺失表现为：(1) 直接交往减少，间接交往增加；(2) 交往的情感成分减少，非情感性交往增多；(3) 自主性交往减弱，非自主性交往强化。其原因在于：(1) 教育价值的偏颇；(2) 教师权威的绝对化；(3) 教学组织形式和教学方法的非交往性；(4) 教育管理的理性化倾向。为改变这一现象，教育交往必须以目的性价值统一工具性价值，并增强言语表达的外部组织的自由度、开放度[12]。

(三) 关于德育研究

德育一直是教育学界关注的焦点问题之一。讨论的背景是社会发展对人的道德提出的新要求。有学者提出，在当代社会，人与人之间的关系已经进入共生性状态，这种生存状态要求德育进行一系列的改革[13]。

2002年关于德育研究主要围绕德育目标、德育实效性以及德育模式等几个方面展开。有学者提出，新世纪的德育精神是人性化。这要求德育在培养目标上从物化走向人化，从限制走向解放；在培养方式上从灌输走向对话，最终在整体上使过去的分离式德育模式走向融合性德育模式[14]。

1. 对德育目标的探讨

有学者从德育的本体论、德育促进个体道德社会化以及德育实现的中介三个方面论证了德育改革与发展的价值取向是生活化[15]。还有学者从经济制度的角度研究了不同时期的道德价值取向。认为，与自然经济相适应的道德价值取向是礼教精神，与计划经济相适应的是螺丝钉精神，而与市场经济相适应的乃是“规范加创新”的主体精神[16]。

2. 对德育实效性差的探讨

有的学者认为，当前德育失效的原因在于传统的道德教育对人的内在需要的忽视，由此导致道德教育中的对象的主体地位缺失。有的学者认为，德育理论与德育实践之间的边界模糊不清是导致德育实效性差的重要原因。提出，德育有三个不同的层次，即作为工作界面的学校德育、作为教育界面的学校德育以及作为超教育界面上的学校德育，提出界面联接作为克服重智育轻德育的手段[17]。有的学者认为，在道德教育实践中，忽视情感型社会形态和契约型社会形态是学校德育实效性差的原因之一[18]。还有学者从经济学的观点，用成本一收益比较的方法分析了学校德育低效的原因。他们认为，德育低效的原因在于德行成本过高，提出对德行进行补偿的建议[19]。

3. 关于德育模式的探讨

目前关于这一问题的讨论主要有以下观点：(1) 对话式德育模式：有学者认为，提高德育实效性，必须正视并尊重教育对象内在需要的存在，道德教育必然走向引导和建构。新的德育模式将是一种对话的过程，教育者与受教育者共同参与德育过程，人的品德就不再是塑造甚至是改造的结果，而成为对话生成的产物[20]。还有学者认为，传统德育在内容上脱离生活世界、在方法上忽视学生的主体性，强调灌输导致德育的失效。而对话式德育模式有助于克服当前德育实效性差的弊端[21]。(2) 制度德育模式：有学者认为，要解决社会道德、社会风气问题，根本出路在于制度的完善，由此提出通过制度德性来培养学生个人品德的新的德育模式[22]。(3) 欣赏型德育模式：有学者提出一种新的德育模式，即欣赏型德育模式。其具体目标是，道德学习在欣赏中完成[23]。(4) 学校主体德育模式：刘德学在《整体构建学校主体德育模式的途径与方法》一文中[24]，提出构建主体德育模式，认为应从学生主体出发，构建以学生为中心、以活动为中心、以实践为中心的学校德育模式。

二、全面建设小康社会与教育发展研究

党的十六大提出全面建设小康社会的宏伟战略目标，全面建设小康社会对教育的要求是什么？教育如何为全面建设小康社会的发展战略服务？成为教育学术界关注的一个热点问题领域。众多学者和政府官员围绕教育贯彻“三个代表”的重要思想，不断实施教育创新，全面开发人力资源，建设终身教育体系和学习型社会，为实现全面建设小康社会战略目标服务等主题开展了深入讨论和研究。

(一)“三个代表”重要思想与教育创新

江泽民“七一”重要讲话和党的十六大报告全面论述了“三个代表”的重要思想，成为教育改革和教育科学研究的重要指导思想。许多学者和政府官员指出，要学习贯彻“七一”重要讲话和党的十六大精神，全面推进教育改革，开创教育工作新局面[25]。认为，“七一”重要讲话“是新世纪教育改革和发展的行动纲领”，教育界要“用‘三个代表’思想指导教育改革和发展，以‘三个代表’为标准衡量我们的各项工作，不断开创新世纪教育工作的新局面”[26]。

众多的学者以学习江泽民“9.8”讲话为背景，把贯彻“三个代表”的要求与推进教育创新密切联系起来，认为教育创新是教育领域贯彻“三个代表”重要思想的必然要求。有的学者指出，党的十六大明确提出了全面建设小康社会的宏伟目标，大力推进教育创新，既是实现这一宏伟目标的需要，也是实践“三个代表”思想的体现[27]。有的学者认为，教育创新必须要在教育思想观念上创新，要在教育制度上创新。认为教育创新要认真研究教育改革和发展中的实际问题；要认真总结我们自己的经验；要吸纳世界一切优秀文化成果；要充分利用现代科学技术手段；要开展教育研究，争取在教育理论上有所突破[28]。有的学者则提出了实施教育创新应注意的问题，强调要深刻领会教育创新与“三个代表”之间的内在联系；要进一步解放思想，实事求是，将高度的教育责任感和严肃的科学态度结合起来；要大力发展教育科学事业；要充分发挥地方、学校、社区、家庭和教师的积极性，全面提高广大教师的综合素质和创新能力；要重在实干，抓住教育实践中的基本矛盾和人民群众最关心的教育问题；要进一步加强教育法制建设[29]。有的学者突出强调了教育科学研究在教育创新中的意义，指出教育创新是指对不适应时代要求的教育进行整体性、深刻而彻底的变革。教育创新一定要以教育研究作为先导和基础。认为要发挥教育研究在教育创新实践中的作用，根本在于要用创新的精神激活教育研究的活力[30]。还有的学者强调了教育创新进程中要处理好教育创新与继承文化教育传统和借鉴人类一切文化成果的关系[31]。

（二）全面建设小康社会与人力资源开发

人力资源开发已成为热点问题。许多学者围绕观念更新、西部开发、全球化等就人力资源问题展开了热烈的讨论。

1. 树立人力资源是第一资源的观念

人口资源丰富、人力资源素质偏低、教育规模庞大、教育经费短缺是我国的基本国情。如果教育问题不解决很可能成为我国全面发展的制约“瓶颈”。应树立教育是人力资源开发的基础的观念，结合经济结构调整，抓好基础教育，大力发展职业教育和高等教育，实施人才开发战略，提高劳动者素质[32]。因此，许多学者一致认为，要把人口负担转化成人力资源，是我国进入21世纪的头等大事，而教育是人力资源建设的基础，是提高未来的劳动者能力和素质的基本途径，是增加人才资源总量和质量的根本途径。

2. 积极开发西部人力资源

自中央政府提出我国西部地区大开发的战略决策以来，学术界展开了积极热烈的讨论。我国实施西部大开发的战略目标之一，就是缩小西部与东部经济发展的差距。人力资本理论进一步揭示了人力资本与物质资本的关系，提出人力资本投资是支持物质资本收益率不下降甚至提高的关键因素。目前西部地区整体性人力资源水平还很低，政府必须扮演主导角色，通过政策引导、制度引导和支出引导，加强和改善西部地区人力资本投资，促进人力资源开发的市场化、产业化，从而推动西部大开发战略的顺利实施[33]。

3. 全球化背景下人力资源开发对策

在全球化浪潮下，许多人认为，必须放弃在自然经济、计划经济、封闭经济下产生的狭隘的旧思想、旧观念，树立开放意识、市场意识和全球化意识，必须坚决摒弃工业经济时代的思维定势（例如重物轻人等），树立知识经济的新观念、新思路（例如将知识、智能资源视为第一要素和核心要素等新观念）。在新经济时代，教育投资是一种比“资本投资”更为重要的“知本投资”，它在当代企业发展中的重要性越来越突出[34]。因此，必须坚决摒弃只重视“资本投资”而轻视教育投资的旧观念，实现从“资本论”向“人本论”（知本论）的转变。

（三）终身教育与学习型社会

党的十六大报告把建立终身教育体系和学习型社会作为全面建设小康社会进程中教育发展的重要特征。如何创建全民学习、终身学习的学习型社会，为全面建设小康社会提供强大的人才和智力支持，成为党的十六大以后教育学术界研究的一个重大课题。在国家教育部的组织下，由国内数十家研究机构的近百名专家学者组成的中国教育与人力资源问题报告课题组，对全面建设小康社会背景下我国终身教育体系和学习型社会的建设这一重大课题进行了专题研究。

中国教育与人力资源问题报告课题组编撰的研究报告《从人口大国迈向人力资源强国》提出了“创建世界上最大的全民学习、终身学习的学习型社会”的奋斗目标。认为形成比较完善的现代国民教育体系和构建终身教育体系，进而形成学习型社会，是新时期我国教育改革和发展的宏伟目标。完善现代国民教育体系应立足于建立开放的国民教育体系，构建具有国际竞争力的国民教育体系，建设富有弹性的学习制度。终身教育体系和学习型社会的创建要经过从理念倡导到体系建立的复杂进程。学习型社会是以学习者为中心，以个人的终身学习、社会的终身教育体系和学习型组织为基础，以保障和满足全体社会成员多样化的学习需求，使人人享有学习和发展的机会，实现社会的可持续发展。建设学习型社会的根本目的是促进人的全面发展。学习型社会的形成需要制度创新。“搭建一个竞争的、开放的，并能为全体人民与社会服务的现代国民教育与终身学习的制度平台是学习型社会的必然要求，也是实现小康目标过程中教育制度创新的基本任务。”该报告建议，应制定《学习型社会促进法》，以推动、规范和保障学习型社会的良性运行机制，要求各级人民政府把创建学习型社会纳入全面建设小康社会的重要任务之中。报告还提出了我国建设学习型社会的阶段和目标，提出“广泛开展学习型政党、学习型政府、学习型城市、学习型机关、学习型企业、学习型社区、学习型家庭创建活动，力争到2005年构筑起学习型社会的基本框架，到2010年构建起比较全面的学习型社会，到2020年，与实现全面小康目标同步，建成完善的学习型社会”[35]。

三、教育均衡发展问题的研究

（一）教育均衡发展的内涵

教育均衡发展主要包括空间结构与时间进程两个方面的含义。从空间结构来说，教育均衡发展主要是指区域之间、校际之间以及群体之间的教育均衡发展[36]。区域之间的教育均衡发展主要包括省域之间、市域之间、县域之间、乡域之间以及城乡之间教育均衡发展。校际之间教育均衡发展主要是指同一地区不同学校之间的教育均衡发展。群体之间教育均衡的发展主要是指弱势群体与强势群体之间的教育均衡发展[37]。此外，另有学者认为区域教育均衡发展还应该包括经济发达地区与经济欠发达地区的教育均衡发展[38]。从时间进程来说，教育均衡发展主要是指学生在接受教育的起点、过程和结果方面拥有相对平等的入学机会，得到大致均等的教育条件和教育资源，并能够获得尽可能的发展与成长[39]。教育均衡发展的实质不是要搞平均主义，也不是要搞千校一面的系统工程，而是要通过教育均衡发展政策与策略的实施，缩小我国经济发达地区与欠发达地区、城市与乡村之间教育发展上的差距，有效地提高我国教育发展的整体水平[40]，为更多的人提供更多的受教育机会。具体来说，教育均衡发展主要表现在三个层面上：在物质层面上追求优质教育资源的相对均衡配置，在制度层面上保障受教育权利的平等实现，在意识层面上关注每一个儿童潜能的最大程度的发展[41]。教育均衡发展本身并不是我们所追求的最终目标，它只是一个原则，是为了大面积地提高教育质量，鼓励不同学校不断地提高自己办学水平指导资源重新配置的一种新的教育发展理念或新的教育发展观[42]。

一般来说，教育均衡发展主要指向的是基础教育领域，重点是义务教育，同时还应该包括高中阶段的教育。但也有学者认为教育均衡发展还应该包括非义务教育阶段中的公立教育[43]。

（二）教育均衡发展的原则

均衡既是教育发展的一种理念，亦是教育发展的一种宏观的指导原则。基础教育的非均衡发展不仅会给教育本身的发展带来消极的影响，而且也会给社会公平与社会进步带来很大的消极影响。有学者认为这种消极影响主要表现在以下几个方面：第一，非均衡发展导致不同地区人口受教育程度产生差异。第二，基础教育非均衡发展导致社会中的一些群体面临不利的教育处境。第三，基础教育非均衡发展助长了性别教育差异。在实践中，基础教育的非均衡发展还表现在以下两个方面：其一，由于基础教育非均衡发展的存在导致了我国政府在“义务教育扶贫工程”中的努力成效受到抑制。其二，基础教育的非均衡发展还铸成学校等级意识和学生等级意识，并将这样的意识发散至整个社会[44]。为了有效地克服基础教育非均衡发展所带来的消极影响，促进基础教育向着均衡化的方向发展，多数学者认为基础教育发展必须遵循平等原则与补偿原则。但也有学者认为基础教育的均衡发展除了要遵循上述两个原则以外，还要遵循理性原则、市场原则[45]，以及受教育者利益最大化的原则[46]。

（三）实现教育均衡发展的基本策略

造成我国基础教育非均衡发展的原因，从宏观方面讲主要包括两个方面：一个是教育资源供给短缺，另一个是教育资源配置失衡。实现基础教育均衡发展的制约因素主要有三个：一是区域经济发展不平衡；二是教育政策上的非均衡导向，即以地方投入为主的经费投入政策、收费政策、评估政策以及公办学校改制政策等带有明显的不均衡性的特点；三是整个教育均衡发展的法制化环境不完善[47]。围绕着这三个方面的制约因素，很多学者都在如何实现基础教育均衡发展的问题上提出了自己的建议与主张。归纳起来，这些建议与主张基本上是在以下两个层面上提出的：一个是政府职能的层面，另外一个是社会力量或民间力量功能的层面。

大多数学者都共同认为政府在推进基础教育均衡发展的过程中应该负有不可推卸的责任，政府的一个很重要的职能就是要积极地推进制度创新，以促进基础教育的均衡发展。政府进行制度创新的职能主要表现在以下几个方面：（1）加大财政拨款力度，重点向基础薄弱学校、薄弱地区倾斜。（2）强化并完善教育督导评估，实现基础教育均衡发展的正确导向。（3）通过教育超前规划，优化学校布局，实现优质资源的最大化[48]。（4）实施区域的资源共享，促进教育资源在区域内流动。（5）规范办学体制改革，严禁优质教育资源流失[49]。（6）在义务教育阶段，要坚持“就近，免试入学”的原则，坚定不移地取消考试[50]。（7）推进学制改革，实行完全中学初、高中脱钩，建设一批“九年一贯制”学校[51]。社会力量在促进基础教育均衡发展的过程中，同样有着不可忽视的作用。但是，要想充分地发挥民办学校在促进教育均衡发展过程中的地位与作用，一方面就是要充分地调动民间力量，通过民间资金筹办高质量的学校，以此来满足人们多样化的需求。另一方面就是要充分地落实与提高民办学校的社会地位，缩小民办学校与公办学校在办学水平与质量上的差距[52]。

四、教育公平问题的研究

（一）教育公平的内涵

关于教育公平含义的解释范式主要有四种：第一种是从教育公平所具有的内在规定性来理解与解释教育公平的含义。认为“教育公平是对教育活动中人际间利益关系的反映、度量与评价”[53]。教育公平的度量标准包括教育发展的质与量两个方面[54]。它具有历史性、相对性、主观性、客观性、理想性等几个方面的特征[55]。第二种是从教育公平概念的外延来理解与解释教育公平的含义。认为教育公平主要包括以下几个方面：受教育权利平等、就学机会平等、学业成就机会均等以及教育效果均等[56]。另有学者认为教育公平这一概念的涵盖面很广，但归纳起来无外乎四大方面，即事实公平、做法公平、制度公平与道德公平[57]。第三种是从学科的视角来理解与解释教育公平的含义，它兼具前两种解释范式的特点。这种解释范式认为在不同的学科领域中，尽管教育公平的基本内含与本质不会发生改变，但是教育公平所指称的对象是不一样的。在经济学中教育公平指称的对象是能力与受教育程度相称或教育投资与受教育程度相称，在政治学中教育公平所指称的对象是受教育权利与义务相称，在法学中教育公平所指称的对象是教育自由与责任相称。第四种是从教育公平与教育平等对比性的角度来解释教育公平的含义。认为教育公平不等于教育平等。教育公平的基本内容就是实现利益分配的公平，这种利益分配的公平主要体现在三个阶段：（1）发展权利与发展机会的分配；（2）发展条件的分配；（3）发展水平与发展资格的认定[58]。

（二）高考录取与教育公平

近几年，为了提高高考选拔与录取的公平性，国家加大了考试、录取等方面的改革力度，这在一定的程度上缓解了高考选拔、录取制度公正性供给不足的矛盾，但是高考录取不公正的表现仍然非常明显。有学者认为我国现行的高考录取的不公正主要表现在录取比例失当、录取分数线严重倾斜、录取过程缺乏透明度三个方面。这种现象的产生既有历史的原因，也有现实的原因。具体来说主要有以下几个方面：计划经济的思维方式作祟、教育资源短缺及分布不平衡，教育改革措施不完善、不配套。提高高考录取制度的公平措施或途径主要有两个方面：一是深化教育改革。改革主要分三个步骤进行：第一步，在高考方式没有发生改变之前，努力提高测试标准的平等性与惟一性。第二步，实施分层管理。即面向全国招生的学校实行全国联考，面向地方的学校由各省组织考试和录取。第三步，条件成熟时取消高考制度，由各个高校自行组织考试。提高高考录取制度公正的另一个途径是依法治教。重点首先应着眼于制度的公平与完善。其次，是要提高受教育者的法制观念，再次是健全和完善法律本身的平衡功能[59]。另有学者认为要想推进高等教育机会均等的实现，必须要遵循教育的发展规律，为此必须要做到以下几点：促进教育资源的相对均衡、深化高考试题内容改革、探索高考模式的改进以及完善高考配套措施[60]。

（三）弱势群体受教育权利的保障与教育公平

弱势群体是否能够与社会上的强势群体享有相同的受教育权利是实现教育公平的一个很重要的标志。当前，社会上的受教育弱势群体主要存在以下几种类型：贫困地区的农村儿童（特别是女童）、下岗职工子女、流浪儿童以及流动儿童（农民工子女）等。近两年社会科学研究领域主要关注的是流动儿童的受教育权利保障问题。流动儿童受教育权利的剥夺与不平等主要和义务教育管理体制以及我国户籍制度有关。在促进流动儿童实现受教育权利的过程中，国家负有重要的责任。一般来说，促进流动儿童实现受教育权利的途径主要有以下几个方面：（1）打破现行的以户籍制度为依据的义务教育入学政策，实行适龄儿童按居住地原则接受义务教育制度。(2) 使公立学校成为吸收流动儿童就学的主要渠道。(3) 在工商税及房租中征收部分教育附加费作为流动人口子女的教育费用。(4) 建构公立学校内平等、无差别、无歧视的教育环境，消除流动儿童进入公立学校的心理门坎。(5) 采取灵活的办学方式及灵活的管理办法，提供周到的学习服务。(6) 积极探索流动人口子女就学的新形式[61]。

(四) 教育公平的基本原则与保障机制

与以往的研究不同，在2002年社会科学领域中对于教育公平的研究不仅加大了对教育公平原则问题的讨论力度，而且也对教育公平实现的政策基础以及制度安排等问题给予了一定程度的关注。有学者认为教育公平的原则不仅包括形式上的公平，而且也包括事实上的公平。现代意义上的教育公平原则主要包括保障原则、事前原则、事后原则、补偿原则四个方面[62]。此外，由于教育改革发展实践的需要，2002年对于公平原则问题的探讨已经深入到了基础教育课程改革的领域之中。有学者认为在课程决策的过程中，应该遵循以下两个方面的公正原则：(1) 课程政策应切实保障弱势群体享有与强势群体一样的最基本的课程权利（底线原则）。(2) 对于非基本课程权利，政府可给予一定的政策空间，允许不同的地区、不同的学校按照比例平等的原则给儿童提供不同层次的课程[63]。公正原则的确立为教育公平的实现提供了观念上的导引与行为上的规约。但是，要想由理念上的教育公平转化成现实的教育公平就必须要落实到制度改革的层面之中，实现制度上的创新与突破。制度创新就是要通过教育政策决策和实施建立公平的教育制度。它包括两个方面：一是教育制度要具备公平性的特征，二是要有一套好的制度形成与实施机制。具体来说，教育政策公平机制的建立主要包括以下几个方面：使教育制度具有可选择性的特征；建立地区间资源配置的平衡机制；建立弱势补偿的政策机制；决策活动中建立利益平衡机制；建立实质内容与操作程序平衡的政策机制以及加强对教育腐败与教育特权的监督[64]。

五、教育产业化、市场化和民营化研究

(一) 关于教育产业化的研究

对教育产业的认识，仍是教育的一个热点问题。由于社会主义市场经济体制的初步确立和教育改革的推进，关于这方面的研究突破了以往局限在纯理论上的教育能否产业化、教育产业化的成因等经院式的研究，而是以转型时期的教育现实作为研究的出发点。

首先，在观念层面对教育的产业性进行了重新认识，提出了发展我国教育产业的观念创新问题。指出教育的事业性和产业性，并不是教育的固定属性，而是对教育活动在某一历史阶段运行特征的规定，取决于人们对它是作为事业来运行有利还是作为产业来运行有利的主观判断[65]。其次，在实践层面从教育与经济的关系入手，研究了教育产业的形成及其发展，并对教育产业在不同历史时期的内涵进行了梳理和概括，探讨了在当前形势下发展教育产业所面临的机遇和挑战[66]。还有一些研究是从教育产业化的实施和运行上对教育产业化的范围和教育投资、管理、经营体制以及产权改革问题展开了讨论。另外，研究者还以开阔的视野，对教育服务产业的发展和高等教育产业化问题进行了国际比较，分别提出了今后发展教育服务产业的一些政策建议和发展我国高等教育产业的现实性、可能性和可行性。

(二) 关于教育市场化的研究

对教育市场化的研究是在消除了“教育市场化就是教育资源的配置完全由市场来控制，政府应完全退出教育领域”的误解基础上进行的。经验表明，西方教育的市场化只是将市场机制引入教育领域，在一定程度、一定范围内由市场来配置教育资源，政府在教育市场化后并不是退出教育领域，而只是政府职能改变[67]。教育市场化实际上是“准市场”而非“完全市场”，其中还包含有政府调控的成分。

对教育市场化问题的关注主要集中在对市场机制在教育领域的积极作用的理论探讨和引用市场机制为核心的教育制度创新问题。研究认为，要克服目前教育体制的种种弊端需要制度创新，在继续发挥政府主导作用的同时，必须发挥市场机制的积极作用来增强教育体制的整体活力，促进我国教育体制更快和更健康地发展。市场机制在扩大公众的教育选择权、促进教育公平和有效提高公共教育资源的利用效率方面，也都能够发挥积极作用，并且对于就业市场有着直接的、显著的贡献[68]。

但值得注意的是，从总体看，教育市场在我国发育的历史还不长，发育的程度还不高，因此当前特别需要进一步解放思想，加大改革开放的力度，在利用市场优势的同时，要注意在发展中逐步规范教育市场[69]。

(三) 关于教育民营化的研究

对教育民营化的研究集中在“教育民营”的理

念与制度创新设计，在以市场机制引进为核心的“教育民营”理念视野下的学校经营问题以及民办教育问题。

“教育民营”是指由非政府组织或公民个人对学校及其他教育机构进行经营管理的教育制度。主要包括两个方面，一是传统意义上的私立学校的创建和运营，二是运用市场经济的法则和机制管理公立和其他性质的教育机构和单位。由于私立学校和教育机构自身也必然采用市场法则运营，因此，教育民营化亦可概括为：运用市场法则和机制管理学校和教育机构的过程和趋势[70]。研究者提出，“教育民营”是社会主义民主的内在要求，它增进了教育公平和效益。在“教育民营”制度中，政府退出教育活动的微观管理领域，其职能在于维护和创设良好的制度环境。“教育凭证制度”和“开放一切（除军事等特殊领域的除外）教育服务领域”是“教育民营”制度框架中两个重要的组成部分。“教育民营”既是世界教育发展的重要趋势，也是解决中国教育问题的有效途径[71]。

在市场经济条件下，学校不仅有管理问题，还出现了经营问题。研究者在经营视野下，提出了各种形式的“民营”学校——民办学校、国有民营、合作办学、学校集团的经营理论及其运作模式，构建了以学校经营、学校连锁经营、学校特色经营、学校租赁经营等为主要运作模式的学校经营理论及其运作模式的初步框架；并对如何根据所构建理论及其运作模式实施学校经营提出了思路和建议[72]。

就教育发展的具体类型而言，民办教育是当前我国教育民营化的核心和主流。随着民办教育发展的日趋成熟和规模的不断壮大，对民办教育的研究也进入到微观领域和制度层面。针对我国民办教育发展的现状，研究者带着一种强烈的问题意识，有的着重探讨了民办教育发展的制度环境[73]，并对制约民办教育的不良竞争进行了制度分析[74]，提出了民办学校的改革效应[75]，并对民办学校资金来源、产权问题及学校管理等方面提出了一些真知灼见。另外研究者还对国外的私立学校、非国立学校和民营教育公司进行了介绍，以为我国的民办教育发展提供可资借鉴的参考。

六、素质教育与课程改革研究

（一）素质教育研究

全面推进素质教育是当前中国教育改革与发展的主要任务，也是21世纪北京基础教育改革的基本要求。在前几年相关研究和实践探索的基础上，2002年教育界乃至整个社会对素质教育的研究无论在广度或深度上都有所加强。

首先，关于素质教育的实施问题，一方面，学科教学研究者和教师继续就素质教育在各学科课堂教学中的具体体现进行探讨；另一方面，一些研究者开始对过去几年素质教育的实施现状、问题及根源进行了调查和反思。根据北京教育科学研究院基础教育研究所的调查[76]，北京市中小学推进素质教育的工作已经取得了一定的进展，但也还存在一些问题。例如，部分学校仍有忽略音、体、美、劳技等“非考试科目”以及兴趣小组等课外活动的情况；而且大部分课堂教学仍采取灌输——接受的传统方式。教师、家长，以及整个社会对学校教育教学评价的认识仍然比较注重评价的甄别和鉴定功能，比较看重考试分数。此外，由于教育教学制度对教师工作的过度要求，教师的生存压力和职业压力逐渐加重。

面对素质教育推进过程中出现的各种问题，一些学者开始从政治、经济、社会文化等角度对素质教育的内涵、特点、推进策略等问题展开了广泛的研究。一些学者将素质教育与教育公平以及制度改革联系起来，指出素质教育的推行之所以步履维艰，效果不很理想，主要原因是我国当前存在“教育资源不足与教育需求旺盛之间的矛盾”[77]。另一些学者通过政策对比和政策分析指出，我国的素质教育政策缺乏系统的理论论证和数据分析，容易出现不同人对素质教育这一概念的不同理解，甚至一些教育工作者和家长会因为片面的理解而在素质教育实践上出现偏差。而且，现有的素质教育政策对宏观问题和象征性的政策问题涉及较多，而对具体的可操作的配套措施却着墨不多[78]。这在一定程度上使教育实践工作者“心有余而力不足”，明明知道该进行素质教育，却不知道如何去做。

（二）课程改革研究

在2001年国家颁布《基础教育课程改革纲要（试行）》之后，教育理论和实践工作者对中小学课程改革及相关问题展开了广泛的研究。人们越来越认识到课程改革的复杂性和系统性，并开始对课程改革展开日益深入的理论探讨和实践反思。

北京市将21世纪的课程改革奋斗目标定位于“在选择中学习选择，在尝试中学会负责，在参与中发展自我”、“以学生发展为本”、“让学生创造性地学，让教师创造性地教”、“课程建设的主动权，应该放在教师手上”等要求[79]。2002年9月，北京市的海淀区和宣武区正式作为课程改革实验区，开始在其中小学中全面展开课程、教材、教学方式等方面的改革实验。其间，不少学校、教师，以及教研人员根据实践需要，对课程改革相关文件进行深入的学习和思考，领会课程改革的精神实质和操作要点，并撰文探讨新课程和新教材的特点以及转变教学方式和学习方式的具体做法。

另一些研究者根据其他课程改革实验区的实践，对课程改革实验及新课程推进的部分问题及其制约因素进行了讨论。这些讨论比较多地集中在综合实践活动以及校本课程开发等方面。其共同观点是，课程改革是一项复杂的系统工程，它需要基础教育观念、教学方式、管理体制、考试评价、教师培训等多方面的全面和配套变革；需要教育理论研究者和实践工作者携手合作，让中小学教师在操作中学习、研究、体会和创造。

此外，一些理论研究者从课程论和教学论等角度对课程改革的一些理论问题进行了比较深入的探讨。一些研究者指出，课程改革应该把课程与教学作为一个有机整体来综合考虑。如果在理论上用“课程实施”、“实践的课程”等替代“教学”，那么很多事实上存在的教学问题将被忽视。而课程改革也只能是教育内容的改革，或者只是课程标准、课程指南、教科书等课程文本出现变化，而教育教学的实践活动却仍停留在老路上。为此，课程（论）和教学（论）应该被理解为和而不同的关系，课程改革也应关注教学过程和教学行为，在课程改革策略方面重视引导教师关注教学中的课程问题，注重提高教师对教学行为的自主调控能力和对教学中不确定情境的灵活反应和决策能力[⑧]。从另一个角度，改革开放以来我国中小学涌现出大批成功的教学改革案例，但这些改革大多是单项改革或单科改革，由于缺乏整体结构上的规划，其成效十分有限。因此，成功的教学改革也必须依赖于课程改革的整体推进[⑨]。

关于课程改革中的教师和学生地位，一方面，课程改革具有改造学生生活和重塑教师生活的意义[⑩]，其目标应指向为学生提供一种现实的有意义的生活，以及使教师享有教学生活的幸福。另一方面，课程改革赋予教师甚至学生开发和建设课程的主体地位，这既体现了新课程“以学生发展为本”的理念，又反映了课程建设民主性的特点。在这样的课程体系下，教师需要实现其角色转变：从知识的传授者转变为学生学习的引导者和促进者，从课程的执行者转变为课程的设计和开发者，而且要逐步加强与其他学科、其他学校教师，以及家庭和社会各界的沟通和合作，以组织和协调各种影响学生发展的因素。但是，教师角色的这种转变不仅对教师的专业素质及相应的教师培训和教师教育提出了更高要求，而且还需要对教师人事管理制度以及教学评价体系等作相应的调整和变革。

七、教师专业化和教师教育转型研究

教师教育是当代世界各国教育改革的一个重要组成部分，各国政府都认识到教师教育是教育改革成败的关键。教师教育作为整个教育事业的生产母机，其质量高低和培养过程的好坏直接关系到一个国家教育事业的成败，乃至一个国家的前途和命运。对于教师专业化的探讨今年继续深入发展，其显著特征是与新课程改革紧密联系起来；此外，还涉及对教师专业化的目标、内涵的讨论，对国外教师教育改革经验的描述等等。

（一）新课程改革对教师教育的影响

为了应对新世纪的挑战，教育部启动了新一轮基础教育课程改革。教师作为新课程的实施者和建设者，他们的素质是关系课程改革成败的关键。教师在新课程中面临着挑战和机遇，同样，新课程也为教师教育的变革和发展提供了空间。为了应对新课程的挑战和机遇，教师教育也需要配套进行全面的改革。具体而言，新课程打破了过去以高度统一为特征的（如用统一的教材、教参规定了统一的教学内容，用统一的考试来体现统一的评价标准等）、充满确定性的基础教育课程环境。在新课程背景下，教学目标、教学内容与过程、教学评价等方面的多样性、变动性使教学的不确定性剧增。新课程的不确定性既增加了教师的“应急压力”，同时也为教师的创造提供了更大的空间。在新课程背景下，教师的角色与工作方式都将发生根本性的转变，他们将从传统的“知识传授者”向“学生发展的促进者”、“实践中的研究者”发展，他们将从与学生、家长、同事、教育管理人员彼此隔离走向与他们合作[⑪]。这种转变意味着，应当把帮助教师适应新的角色、新的工作方式所必需的知识纳入到教师教育的课程中。

（二）如何实施新课程的教师培训

基础教育课程改革与中小学教师培训是推进素质教育的两大关键。广大教师要在新课程实施中实现自身的发展；教师的专业发展又将成为课程改革目标达成的重要条件。树立与时俱进的教师教育理念，是时代发展的要求，也是基础教育课程改革的需要。作为教师教育重要组成部分和教师专业化主要阶段的教师培训，从“课程”这一教师专业活动最重要的领域切入，紧密结合基础教育课程改革，促进教师的专业发展和整体素质的提高，是既合规律又合目的的。

当前正在全国展开的以基础教育课程改革为核心内容的中小学教师继续教育，应当树立与时俱进的培训理念，变革培训的模式与方法。有人认为，新课程的教师培训要从以下五个方面更新观念：着眼深层建构——以课程“理解”促进观念更新，用通识教育统领具体操作，让信息输入推动“经验”改组；坚持面向实践——确立解决实际问题的方向，倡导理论联系实际的学风，创设直面真实任务的情境；注重专业发展——重视教师专业素质的整体性，分析教师专业需求的多样性，考虑教师专业发展的渐进性；强调参与互动——拓宽教师自主与合作的空间，鼓励教师审视并提升自己的经验，组织教师积极参与培训的过程；依托基层学校——学校是教师发展的立足之地，学校是教师研修的最佳场所，学校是教师培训的有力支撑[84]。

（三）教师教育的分化与整合

在启动和推进教师教育专业化过程中，将教师作为一个整体概念是必要的。但不同层次及类别的教育及其服务对象各具特性，教师专业化的基点、目标、内涵和取向也各有质的规定性。我国现有教师近1200万，其中，小学教师586万，中学教师396万，差不多占教师总人数的80%。这显然是教师专业化的主体、重点和难点所在。但中小学教师之间有着许多重要的分野，这种分野是外部造成的还是职业自身规定的？应当是水平层次（量的）之别，还是性质类型（质的）之别？这种分野的合理性和依据何在？对世界师范教育发展的研究发现，各国中小学教师教育专业化水平经历了“分化——整合——整合基础上分化”的过程。正是通过这种整合和分化的交互递进，中小学教师教育水平实现了整体性提升[85]。因此，有人认为，我国教师教育应通过层次、机构和专业的整合与分化，变体制改革为功能保障，提高中小学教师的专业化水平。

（四）高师教育发展战略

如何构建高等师范教育的发展战略，不仅直接关系我国基础教育的质量，而且关系到我们国家和民族的发展与未来。有人认为，在提高高校教师人力资本质量的所有途径中，进一步加大对在职教师的培训力度是最可行、最便捷的。原因是：其一，高校人事制度改革已经比较深入；其二，由于高校教师工资的提高，对劳动力供给的调节作用已经进入了更高的平衡阶段；第三，高学历、高层次人才的供给始终是有限的，高等学校还要面临其他行业和国外与他们的激烈竞争；第四，我国高校教师的培训已经形成了完整的体系，调整培训的内容和重心不会增加过多的成本[86]。总之，要实现我国高校教师人力资本质量的迅速提升，必须进一步加强在职教师的继续教育，走一条追赶发达国家高等教育的捷径。

（五）借鉴国外经验

教师职业是一种专门职业，教师是履行教育教学工作的专业人员。教学工作专业水平的提高有赖于教师的专业发展。因此，教师的专业发展问题在20世纪80年代成为了欧美教育界的一个研究热点。有学者认为，教师专业发展理论研究包含了两个方面的描述：第一，一系列有关教师种种改变的描述。第二，有关引起教师改变的程序与机制的描述。教师专业发展理论中有关教师种种改变的描述实际上是对教师专业发展的阶段变化和教师专业发展的内涵变化的研究探讨；教师改变的程序与机制的描述实际上是对教师专业发展活动的基本原理、制度和途径的探讨。而教师专业发展活动的开展是建立在对教师专业发展阶段和内涵认识的基础之上的。有人在分析欧洲教师教育改革的动力和背景的基础上，探讨了欧洲教师教育改革的现状和所存在的问题，指出上述问题正为欧洲各国所认识，一个新型的融教师成长的各阶段为一体、更为开放的新型体系正在创建之中。欧洲各国的文化背景和历史传统不同，教师教育改革表现出了多样性的特征；另一方面，随着一体化进程的加快，欧洲国际性组织所发挥的作用也越来越重要，这就使得欧洲的教师教育改革又表现出相当程度的统一性，并继续朝着这一方向发展[87]。而上述这些都是值得我们借鉴的。

八、高等教育研究

变革社会的外部环境，既为高等教育的发展创造了机遇，也对中国现行高等教育体制和观念提出了挑战。与此相适应，有关高等教育领域的研究也显现出时代特点。

（一）高等教育的全球化

如何认识全球化对高等教育的影响，高等教育如何应对全球化的挑战，是高等教育研究的一个热门话题。

1．国际化与大学使命

全球化不是世界大同，伴随经济全球化的是政治多极化和文化多元化，加强文化沟通愈加重要。高等教育国际化的内涵是：本土化和国际化双向发展的关系，经济和社会发展的客观要求，其核心是现代大学正在逐步走向世界，国际化并不是要完全与国际接轨等四个方面[88]。21世纪中国大学特别是研究型大学至少应该肩负起培养人才、学术研究、社会服务、高等教育国际化等四个方面的历史使命[89]。大学的人文教育并非可有可无，应为实现人文教育与科学教育的整合并重创造条件，同时大学的人文教育也应服从于大学教育的理念与目标。大学人力资本开发和高等教育人才理念也是理解大学职能的重要方面。在全球化背景下，高等教育日益被看成为一种商品，并且日益私营化，大学的传统职能如教学和科研受到了削弱，发展中国家的高等教育尤其受到了严峻挑战。因此，高等教育必须服从教育和知识的逻辑而不是市场规则的问题应受到重视[90]。

2．加入WTO对中国高等教育的影响及对策

加入WTO加速了中国高等教育国际化的进程，也使大学的外部环境发生深刻变化。我国高等教育面临的挑战：一是高等教育市场，二是人才培养，三是人才流动，四是远程教育等。同时，科学技术的发展也在三个层面上影响高等教育的发展：高等教育的宏观发展方向；高等教育的专业设置、学科建设和人才培养模式；高等教育教学内容和教学方法的改革[91]。因此，需要采取两个方面的积极的对策：（1）提高政府管理高教市场的能力。具体应该从以下几方面着手：改革高校办学体制，形成多元投资办学体系；转变政府职能，全面提升政府管理能力；高教服务市场监管制度的完善；以国民待遇原则为指导，创造市场主体公平竞争的市场环境；法律法规建设[92]。制定相关法律，完善外部环境以推动高等教育体制改革。（2）尽快建立灵活的大学管理机制，及早完善大学的管理体制，以应对WTO带来的挑战和威胁。

3．创新与高等教育体制改革

江泽民2002年《在庆祝北京师范大学建校一百周年大会上的讲话》中提出：“进行教育创新，关键是通过深化改革不断健全和完善与社会主义现代化建设要求相适应的教育体制”，从教育创新的角度论述了继续进行体制改革的重要性。教育中直接影响高等教育发展的现存问题是：义务教育与非义务教育的关系；教育领域里的“公平”问题；高等教育的激励机制问题；高等教育的学科调整问题；建立高等教育的创新体系问题[93]。教育应是介于市场领域和政治领域之间的部分（第三部门），市场应当有限介入，政府应当保持它的调节功能[94]。我国高等教育规模的快速扩张以及大众化进程使高等教育公平问题日渐凸现，并愈益受到人们的关注。高等教育公平问题的实质归结为制度问题，高等教育公平要成为实践中可接受的现实，有赖于高等教育制度创新和政策调整[95]。

高等教育改革与创新应从两方面入手：（1）政府宏观管理体制改革：包括高等教育系统的运行机制，教育主管部门对高校实行有效管理的途径，高等教育投资体制改革。（2）高校内部管理体制改革，包括大学财务管理功能，学术管理，学校内部分权管理，大学的类企业行为，教授“治校”等。高等教育收费具有必要性与合理性，但收费的标准和政策以及助学贷款等问题应从教育公平角度加以创新。应从两方面着手建立中国现代大学制度：培育学术自由精神，建立大学内在制度；外在制度的建立要更多体现学术自由的要求，使学术自由的理念法律化[96]。市场经济条件下，高等学校应根据社会经济的发展需要，依据其内在规律和类别，实行自我优化、分类发展。我国公办高校转型比较可行的方向选择是转向第三部门领域。以此实现高等教育系统与经济系统的协调发展。一些学者强调通过大学—企业合作创新途径实现大学的服务职能和科技创新、增强高校竞争力[97]。

（二）高等教育发展战略

我国加入WTO后，经济、社会发展对教育提出了新挑战，为适应这一状况，有学者认为，我国教育发展必须在办学体制、投资体制、管理方式等四个方面做出重要的战略性调整，我国的教育改革必将进入由社会主义计划经济体制下的教育向社会主义市场经济体制下的教育加速转变的新阶段。例如，进入世纪之交后，我国各级各类教育的办学体制正在进行战略性的调整，这种调整具体表现在两个方面：一是办学权力再分配，二是办学主体再调整[98]。

对于高等教育怎样发展，世界各国都有自己的战略考虑，区别只是在于这种战略以何种形式出现，并以何种方式起作用。因此，许多人认为，不能简单地使用“补偿性增长”来解释建国后高等教育的发展历程，要看到中国高等教育发展的真正动力和可靠保证，在于自身发展理念的逐步转变。因此，有学者尝试将中国高等教育发展战略的演变过程划分为三个阶段，即“有限发展战略”起主导作用的阶段“稳步发展战略”起主导作用的阶段，以及“积极发展战略”起主导作用的阶段。我国的高等教育发展战略经历了这三个阶段的变化，既是由于社会背景变化影响，更是因为规模、速度等变化

引发高等教育内部思想观念的冲突与平衡，导致发展目标、发展原则与发展机制逐步调整，并最终促使战略及其理念发生转变的结果[99]。

（三）高等教育大众化与质量保证

伴随高等教育大众化时代的到来，高等教育数量增长与质量提高的矛盾日趋明显。世界各国都在试图研究和解决这对矛盾，许多学者对高等教育从“精英教育”向“大众化教育”过渡中的质量问题表示出极大的关注。

1．高等教育大众化与政策选择

大众化理论是我们寻找未来大众化出路的重要理论。但我国的高等教育发展有着极大的特殊性，大众化理论并不能解决我国高等教育大众化发展进程中的全部问题，目前还存在着对大众化理论的种种简单化理解。必须明确的是，高等教育大众化的实现并不仅仅意味着量的增长，更需要在高等教育系统的结构、功能等方面进行深刻转变；同时，不能过分夸大大众化理论在指导实践方面的作用，因为每个国家高等教育大众化道路的选择归根到底由其独特的政治、经济、文化所决定。我国高等教育大众化与西方国家业已完成的高等教育大众化有本质区别，主要表现在启动的动因和背景不同。影响我国高等教育大众化进程有许多因素，这些均取决于政府的制度性安排和政策调整。目前我国教育经费投入不足，将影响我国高等教育大众化进程，而政府在高等教育大众化过程中应承担重要责任[100]。高校经济困难学生资助制度的不完善已经影响到了教育公平，也使提高学费水平受到了限制。公立高校面临着财政困境，要继续推进高等教育大众化，高等教育财政政策有两种选择：一是继续扩充公立高校规模，提高公立高校学费水平，形成高收费公立高校为主的财政模式。二是限制公立高校规模，稳定或降低公立高校学费水平，以维持公平；大力发展全成本收费的民办高校，以完成大众化的数量扩充[101]。

2．大众化高等教育的质量保证

大众化时代是多种高等教育质量观并存的时代，不同质量哲学构成了高等教育层次分工的基础。我国高等教育大众化时代同时存在着学术质量观、社会需要质量观、个人导向质量观、市场导向的质量观，不同的高等学校在这不同的质量观中应有不同的选择和侧重，应该有各自的主导质量观[102]。目前，人们对制定高等教育质量标准的主体、高等学校教育教学质量评价机构的类型以及对高等学校所培养的学生质量的看法都正在转变或已经发生变化，必须建立全面的质量管理与监督体系。扩招后，经济发展相对缓慢的中西部和边远地区省市的高校，教学质量问题比较严峻。为此，要从硬件和软件上加大投入，培养更多高层次的师资，并建立多元教学全过程评估指标体系。另外，学生质量是高等教育质量的基础，生源更是高等教育质量的第一环节。应该在入学考试和招生中保证生源质量并帮助新生实现从中学生到大学生的顺利转变。同时，应重视学科建设，提高硕士、博士研究生的科研能力。

九、农村教育问题的研究

由于农村、农业、农民问题（“三农”问题）关系到国家的现代化进程，解决三农问题几乎是中国的头等大事。2002 年关于农村教育的研究也几乎是围绕这一时代主体进行的。从讨论所涉及的具体问题来看，主要有农村教育改革方向或曰价值取向问题、农村教育的结构问题、农村职业教育问题以及农民工子女教育问题。

（一）关于农村教育改革价值取向的研究

（1）农村教育及其改革应该面向农村实际需要：有学者认为，农村教育要面向三农，为农村服务。认为农村中小学要反映农村发展要求，培养出“知农、爱农、为农”的人才[103]。（2）农村教育及其改革应为农村社会转型服务：持这种观点的人认为，当前中国社会由泛农业化向非农化转变，农村经济结构从传统农业向工业、服务业转型。农村教育改革的方向是城镇化，即实现农村人向城市人的转化[104]。有人认为，农村教育应与农村城市化相适应，大力开展农民转岗培训和继续教育[105]。也有人则认为，农村教育改革的根本之路在于加快城市化进程，逐步打破城乡二元格局[106]。还有人认为，教育应为农村转移劳动力服务[107]。

（二）关于农村教育布点结构的研究

（1）城乡分割模式：传统城乡分割的特点是在农村地区设置中心学校，一些学者认为，农村教育布点应主要采取乡镇集中设点办学[108]。（2）城乡一体化模式：有的学者认为，农村教育应提高农村劳动力的素质，为农村剩余劳动力向城市转移作出贡献[109]。有的学者认为，应在城镇形成较大规模的教育中心，将乡村部分教育资源向城镇转移。扩大城镇学校办学规模，提高资源共享程度，通过各种方法吸引农民子女到城镇学校就学，实现农村教育与城市教育一体化发展。教育的布点应与城镇布点相适应，以满足农村城镇发展的功能需要[110]。

（三）关于农科教结合、三教统筹、农村职业

教育的研究

农科教结合以及三教统筹是传统农村教育的基本命题。2002 年关于这一问题的研究较少突破创新，基本上沿袭了过去的观点。

1. 由农科教结合走向“经科教文”相结合

学者们普遍认为，农村教育的问题在于学校脱离实际，脱离生产劳动。因此农村教育改革在于普通教育与职业教育的结合，培养适应农村需要的实用型人才[11]。解决这一问题的基本策略是农科教结合。有的学者提出，随着社会的发展，农村教育要从过去狭隘的农科教结合转向“经科教文”结合。即与当地经济产业部门以及文化部门结合[12]。

2. 三教统筹：从面向农村就业到面向城市就业

传统的三教统筹是面向农村的，仍然将城乡视为分割的两个部分。有的学者提出，改革农村学校课程设置，开设与当地实际情况结合密切的实用技术课程，为提高农民科技水平服务[13]。其中，绿色证书教育被视为基础教育与职业教育相结合的有效途径[14]。新的方案是，三教统筹要根据农村剩余劳动力向城市转移以及中国现代化的需要，面向城市，要有利于农村剩余劳动力向城市的转移以及在城市的就业。有的学者认为，城乡就业统筹是推动农村剩余劳动力转移的战略举措，农村职业教育面向新的职业，农村职业教育也应强调个性教育、创业教育与素质教育[15]，这也要求课程内容要适应农业结构调整和农业产业化的需要。

3. 农村职业教育

关于农村职业教育研究，2002 年主要关注的问题有两个方面：(1) 关于农村职业教育的发展态势：其一，农村职业教育处于低潮。持这种观点的人认为，农村职业教育在当前受到升学教育的严重负面影响，其发展处于低潮。如有学者认为，农村高中存在的一个问题是，普通高中与职业高中发展不协调，普通高中资源不足，职业高中某些资源闲置[16]。其二，农村职业教育将大有可为。有学者认为，适应农村剩余劳动力转移的需要，农村职业教育将有一个大的发展。随着农村经济结构的调整，职业教育应及时更新、优化专业和课程结构[17]。(2) 农村教育的改革方向：有学者认为，农村职业教育改革的一个方向就是农村职业教育的社会化。农村职业教育向高职发展。农村职教与农村成教、农村民办教育相结合。建立农村职教评估及监督保证机制[18]。

（四）关于农民工子女教育问题研究

随着农村剩余劳动力向城市转移，关于农民工子女教育问题日益凸现。学者们普遍认为，农民工子女入学难，参与教育的机会与权利不均等。学者们普遍强调要增强现行基础教育体制的接纳性，适应日益频繁的社会流动的需要，为农民工子女提供公平的教育机会。有学者提出，应充分发挥城市正规学校在扩大入学机会和提高教育质量方面的作用，让更多的流动人口子女进入正规学校学习；正规学校可在教育资源上为非正规学校提供支持。与此同时，也应规范非正规学校教育，提高教育质量[19]。一些学者认为：流动人口子女接受义务教育是流入地政府的责任。民工子女教育应以公办为主，民办为辅。可试用“教育券”制度，民工子弟学校可凭收取的“教育券”向有关部门领取等值的专款补充办学经费。通过各种渠道，最终使城市学校与民工子弟学校一体化[20]。

（作者：北京师范大学教授）

注：

①劳凯声：《中国教育面临市场挑战》，《现代教育报》，2001 年 12 月 7 日 A④。

②方展画：《发展性、动态性、多样性——对教育的重新理解》，《教育研究》，2002 年第 10 期。

③孙喜亭：《论“以人为本”和“育人为本”的教育观》，《高等师范教育研究》，2002 年第 4 期。

④李兴洲：《从教育目的的嬗变看创新教育的历史必然》，《现代中小学教育》，2002 年第 1 期。

⑤彭泽平：《培养公民还是培养人才——对我国基础教育培养目标定位的思考》，《教育理论与实践》，2002 年第 7 期。

⑥金生鈜：《成人教育与公民素质的培养——对成人教育目的的哲学思考》，《教育研究》，2002 年第 11 期。

⑦李萍、钟明华：《公民教育——传统德育的历史性转型》，《教育研究》，2002 年第 10 期。

⑧冯建军：《主体间性与教育交往》，《高等教育研究》，2001 年第 6 期。

⑨蔡春、扈中平：《从“独白”到“对话”——论教育交往中的对话》，《教育研究》，2002 年第 28 期。

⑩刘黎明：《在交往中建构个体——教育交往审思》，《华东师范大学学报》（教育科学版），2002 年第 2 期。

⑪徐书业：《人类学视野中的教育交往》，《江西社会科学》，2002 年第 8 期。

⑫吴全华：《现代教育交往的缺失、阻隔与重建》，《教育研究》，2002 年第 9 期。

⑬鲁洁：《关系中的人：当代道德教育的一种人学探寻》，《教育研究》，2002 年第 1 期。

⑭班华：《德育理念与德育改革——新世纪德育人性化走向》，《南京师范大学学报》（社科版），2002 年第 4 期。

⑮蒋一之：《“生活化”：德育改革与发展的价值取向》，《教育科学研究》，2002 年第 5 期。

⑯赵志毅：《规范与创新：德育本质问题刍议——兼论传统德育与现代德育的分歧》，《教育研究》，2002 年第 1 期。

⑰曹世敏：《学校德育边界论及其实践意义》，《教育理论与实践》，2002 年第 12 期。

⑱郑富兴：《现代学校道德教育与两种社会形态》，《教育科学》，2002 年第 2 期。

⑲曲正伟、杨颖秀：《德行成本：学校德育低效问题研究的新视角》，《教育科学》，2002 年第 6 期。

⑳范红霞、刘庆昌：《尊重学生需要，改进道德教育》，《教育研究》，2002 年第 6 期。

㉑聂荣鑫：《走向对话：一种新的德育模式》，《思想·理论·教育》，2002 年第 2 期。

㉒杜时忠：《制度德性与制度德育》，《教育研究与实验》，2002 年第 1 期。

㉓檀传宝：《论儒家德育思想的三大特色与优势》，《教育研究》，2002 年第 8 期。

㉔刘德学：《整体构建学校主体德育模式的途径与方法》，《教育科学研究》，2002 年第 2 期。

㉕陈至立：《学习贯彻十六大精神，开创教育工作新局面》，《人民教育》，2003 年第 3 期；袁贵仁：《学习贯彻“七一”重要讲话全面推进教育改革与发展》，《国家高级教育行政学院学报》，2001 年第 5 期。

㉖袁贵仁：《学习贯彻“七一”重要讲话全面推进教育改革与发展》，《国家高级教育行政学院学报》，2001 年第 5 期。

㉗毕诚、高宝立：《按照“三个代表”要求不断推进教育创新》，《教育研究》，2002 年第 12 期。

㉘顾明远：《试论教育思想和教育制度的创新》，《北京师范大学学报》（人文社科版），2002 年第 6 期。

㉙陈文博、钟秉林：《论教育创新》，《北京师范大学学报》（人文社科版），2002 年第 6 期。

㉚朱小蔓：《教育研究要为教育创新作出更大贡献——学习江泽民同志在北京师范大学建校 100 周年大会上讲话的体会》，《教育研究》，2002 年第 10 期。

㉛于建福：《教育的继承、借鉴和创新——学习江泽民“9·8 讲话”的思考和探讨》，《国家教育行政学院学报》，2003 年第 1 期。

㉜孙诚：《教育是人力资源开发的基础》，《中国电力教育》，2002 年第 4 期。

㉝揭建旺、倪星：《论西部大开发中的政府人力资源战略》，《探索》，2002 年第 5 期。

㉞王东升等：《经济全球化与中国人力资源开发对策研究》，《北京社会科学》，2002 年第 4 期。

㉟中国教育与人力资源问题报告课题组：《从人口大国迈向人力资源强国》，高等教育出版社，2003 年。

㊱申仁洪：《基础教育均衡发展的问题和对策——第 32 期广东教育沙龙综述》，《教育导刊》，2002 年 12 月号上半月。

㊲汪明：《基础教育均衡发展与对策》，《教育文摘》，2002 年第 6 期。

㊳尹伟民：《均衡发展：基础教育可持续发展的基石》，《中国教育报》，2002 年 7 月 26 日第 4 版。

㊴㊶申仁洪：《基础教育均衡发展的问题和对策——第 32 期广东教育沙龙综述》，《教育导刊》，2002 年 12 月号上半月。

㊵尹伟民：《均衡发展：基础教育可持续发展的基石》，《中国教育报》，2002 年 7 月 26 日第 4 版。

㊷㊸谈松华：《非义务的公立教育也应该均衡发展》，《人民教育》，2002 年第 4 期。

㊹㊻朱永新、许庆豫：《论基础教育的均衡发展》，《中国教育学刊》，2002 年第 6 期。

㊺石中英：《促进基础教育均衡发展的基本原则》，《人民教育》，2002 年第 12 期。

㊼韩清林：《推进基础教育均衡发展在操作层面上要解决的几个问题》，《人民教育》，2002 年第 4 期。

㊽周峰：《基础教育均衡发展的若干问题》，《教育研究》，2002 年第 8 期。

㊾尹伟民：《均衡发展：基础教育可持续发展的基石》，《中国教育报》，2002 年 7 月 26 日第 4 版。

㊿李连宁：《要从教育发展战略上思考和促进基础教育的均衡发展》，《人民教育》，2002 年第 4 期。

(51)国家教育发展研究中心专题组：《实现基础教育均衡发展的现状分析及对策选择》，《人民教育》，2002 年第 5 期。

(52)申仁洪：《基础教育均衡发展的问题和对策——第 32 期广东教育沙龙综述》，《教育导刊》，2002 年 12 月号上半月。

(53)张良才、李润洲：《关于教育公平问题的理论思考》，《教育研究》，2002 年第 12 期。

(54)柳海民、段丽华：《教育公平：教育发展质与量的双重度量——兼论我国的教育公平问题及对策》，《东北师范大学学报》（哲学社会科学版），2002年第5期。

(55)李润洲：《教育公平的基本特征》，《教育评论》，2002年第5期。

(56)张宏琼：《关于教育公平的思考》，《中国职业技术教育》，2002年第18期。

(57)田正平、李江原：《教育公平新论》，《清华大学教育研究》，2002年第1期。

(58)刘复兴：《我国教育政策的公平性与公平机制》，《教育研究》，2002年第10期。

(59)桥学杰：《教育公平：失衡与重建——以高考录取为例》，《郑州大学学报》，2002年第6期。

(60)刘晓瑜、潘东明：《高等教育机会均等与高考制度改革》，《教育研究》，2002年第2期。

(61)韩嘉玲：《促进弱势群体享受平等的教育机会》。（资料来源：中国网，2003年1月20日）

(62)田正平、李江原：《教育公平新论》，《清华大学教育研究》，2002年第1期。

(63)郭晓明：《论基础教育课程改革的公正问题》，《教育理论与实践》，2002年第4期。

(64)刘复兴：《我国教育政策的公平性与公平机制》，《教育研究》，2002年第10期。

(65)袁振国：《发展我国教育产业的观念创新与政策创新》，《教育研究》，2002年第4期。

(66)蒋国华：《教育产业的过去、现在和将来》，《当代教育论坛》，2002年第1期。

(67)向志强：《我国教育产业化理论研究的现状》，《教育评论》，2002年第5期。

(68)中国教育与人力资源问题报告课题组：《从人口大国迈向人力资源强国》，高等教育出版社，2003年。

(69)胡瑞文：《教育市场的利用和规范》，《求实》，2002年第23期。

(70)曲恒昌：《西方激进派的“一致性”理论与世界教育私营化的勃兴》，《比较教育研究》，2001年第6期。

(71)吴华、陈文千：《“教育民营”的理念与制度创新设计》，《浙江大学学报》（人文社科版），2002年第6期。

(72)靳希斌、任建华：《论学校经营》，《北京师范大学学报》（人文社科版），2002年第4期。

(73)王伟：《论民办教育的制度环境》，《教育发展研究》，2002年第4期。

(74)阎光才：《制约民办教育不良竞争的制度分析》，《教育与经济》，2002年第4期。

(75)赖得胜、李亚琪：《论民办教育的改革效应》，《河北学刊》，2002年第6期。

(76)北京教科院基教所：《北京市中小学实施素质教育问题扫描》（上、下），《中小学管理》，2002年第3、4期。

(77)顾明远：《教育公平与素质教育》，《教育发展研究》，2002年第1期。

(78)刘复兴：《素质教育政策与〈美国2061计划〉——教育政策决策和实施程序的比较分析》，《教育发展研究》，2002年第10期。

(79)文喆：《基础教育课程改革基本理念与课程改革实验监控问题》，《教育科学研究》，2002年第11期。

(80)杨启亮：《课程改革中的教学问题思考》，《教育研究》，2002年第6期。

(81)吴刚平：《教学改革的课程论意义》，《教育研究》，2002年第9期。

(82)《教学转型与基础教育课程改革》（笔谈），《教育研究》，2002年第9期。

(83)曾琦：《挑战与机遇：新课程背景下的教师教育》，《高等师范教育研究》，2002年第6期。

(84)周小山、严先元：《新课程的师资培训与教师教育改革》，《教育研究》，2002年第11期。

(85)阮成武：《整合与分化：中小学教师教育专业化的比较研究》，《比较教育研究》，2002年第11期。

(86)王国忠：《对新世纪高师教育发展战略方针的认识》，《中国高教研究》，2002年第8期。

(87)洪明：《欧洲教师教育改革的现状与问题》，《高等师范教育研究》，2002年第6期。

(88)王冀生：《高等教育国际化的科学内涵》，《现代大学教育》，2002年第1期。

(89)许智宏：《中国大学的历史使命和发展前景》，《中国大学教学》，2002年第9期。

(90)菲利普.G.阿特巴赫著，蒋凯译：《全球化驱动下的高等教育与WTO》，《比较教育研究》，2002年第11期。

(91)王守法：《新科技革命对高等教育的影响》，《科学管理研究》，2002年第3期。

(92)万丹：《高等教育市场中的政府角色——WTO对我国政府高等教育管理的挑战与对策》，《科技导报》，2002年第11期。

(93)顾秉林：《中国高等教育发展应关注的若干问题》，《清华大学教育研究》，2002年第1期。

(94)劳凯声：《社会转型与教育的重新定位》，《教育研究》，2002年第2期。

(95)张应强、马廷奇：《高等教育公平与高等教育制度创新》，《教育研究》，2002年第12期。

⑯周光礼：《学术自由与大学办学自主权》，《科技导报》，2002 年第 6 期。

⑰朱永新、杨树兵：《论高校与高新技术产业开发区的互动发展关系》，《教育研究》，2002 年第 4 期；余雅风：《基于资源观的大学——企业合作创新研究》，《北京航空航天大学学报》（社科版），2002 年第 1 期；王晓华：《大学服务职能拓展的世界性努力——美国和中国个案研究》，《比较教育研究》，2002 年第 1 期。

⑱张志勇：《关于我国教育发展战略调整的若干思考》，《教育研究》，2002 年第 11 期。

⑲张彤：《中国高等教育发展战略的演变与启示》，《青岛科技大学学报》（社科版），2002 年第 4 期。

⑳邬大光：《我国高等教育大众化的基本特征与政府的责任》，《教育研究》，2002 年第 3 期。

㉑袁连生：《中国高等教育大众化进程中的财政政策选择》，《教育与经济》，2002 年第 2 期。

㉒戚业国：《论高等教育大众化时代的质量观》，《高等师范教育研究》，2002 年第 2 期。

㉓㉘㉜李少元、任春荣：《21 世纪我国农村教育的深化改革》，《现代教育科学》，2002 年第 2 期。

㉔㉚余益中：《城镇化建设与农村教育改革》，《教育研究》，2002 年第 6 期。

㉕李水山：《农村城市化建设与其相应的农村教育发展对策研究》，《高等农业教育》，2002 年第 6 期。

㉖张晓峰、范国睿：《城市化视角下农村教育的问题与对策》，《忻州师范学院学报》，2002 年第 1 期。

㉗廖小官、许祥云：《关于农民增收的途径与系统构成及农村教育的基础地位》，《江西农业大学学报》，2002 年第 4 期。

㉙文喆：《农村教育要为农民产业转移服务》，《教育科学研究》，2002 年第 9 期；林毅夫：《解决农村贫困问题需要有新的战略思路》，《北京大学学报》（哲学社会科学版），2002 年第 5 期。

㉛王圣强、邹永东：《转变教育观念，改革教育模式，认真扎实地推进农村教育综合改革》，《贵州教育》，2002 年第 1、2 期。

㉝张宝臣：《论农村教育与农业发展关系》，《教育探索》，2002 年第 4 期。

㉞李水山、常英新：《农村基础教育和职业教育相结合的有效途径》，《教育与职业》，2002 年第 4 期。

㉟刘智元：《城乡就业统筹及对农村职业教育的相关思考》，《职业与教育》，2002 年第 4 期。

㊱袁桂林、秦玉友：《农村普通高中与职业高中关系调查研究报告》，《山东教育科研》，2002 年第 9 期。

㊲彭干梓：《把握农村职业教育发展的契机》，《职教论坛》，2002 年第 11 期。

㊳朱大伟：《论农村职教的适度超前发展》，《职教论坛》，2002 年第 1 期。

㊴赵学勤、梁威：《解决流动人口子女教育需要建立多元体制》，《教育科学研究》，2002 年第 11 期。

㊵侯靖方、方展画、林莉：《杭州市民工子弟学校调查报告》，《教育研究》，2002 年第 1 期。

心　理　学

张厚粲　赵守盈

2002 年，中国心理学的强劲发展势头有增无减，学术研究取得了更大的进展。北京的心理学研究与学术活动尤其活跃，成绩卓著。

下面从对外交流、教学与科研发展、心理学应用三个方面对 2002 年北京的心理学发展加以概述。

一、继续扩大对外交流，积极筹备 2004 年国际心理学大会，在提高我国心理学的国际地位方面取得新成绩

2002 年，北京心理学领域对外交流非常活跃，取得的成绩主要表现在以下几个方面：

（一）第 28 届国际心理社会筹备工作取得了重大进展

经过第 28 届国际心理学大会组委会及全国心理学工作者特别是北京心理学领域专家、学者的积极努力，第 28 届国际心理学大会的筹备工作在 2002 年取得了重大进展。

新年伊始，就在北京召开了第 28 届国际心理学大会（ICP2004）年度筹备工作会议。国际心理科学联合会（IUPsyS）前主席和联络人 Gery d' Ydewalle教授及美国心理学会（APA）首席执行官 Ramond Fowler 教授应邀参加。会议集中讨论了特邀演讲人和特邀专题研讨会，并对日程计划等进行了全面考虑。两位教授对于大会筹办工作的效率与进展表示赞赏，并表示将通过IUPsyS和APA渠道积极宣传ICP2004，争取更多的各国心理学家与会。截至5月20日，已有65位在各分支领域领衔的国际著名心理学家接受邀请作大会演讲人和专题报告人，已有150多位国际知名心理学家接受邀请组织专题研讨会，接受邀请为大会做报告和申请参加会议的专家学者人数还在不断增加。目前国际心理科学联合会（IUPsyS）所属成员国心理学会正在陆续推荐本国代表参加“青年心理学家”交流活动；大会专用网站 www. icp2004. org 已经开通，并不断更新，为世界各国及时提供最新进展情况报告；第一轮大会宣传品已经通过各种渠道散发，宣传工作正大力进行。

7月，国际应用心理学大会在新加坡召开，中国学者十多人出席会议，除去在几个领域作了学术报告外，还在会场设立摊位，积极宣传ICP2004。

为了进一步加强与日本心理学家的友好合作关系和号召日本心理学家于2004年来北京参加ICP2004，9月，国际心理科学联盟副主席张厚粲教授与中国心理学会理事长张侃研究员应日本心理学会主席东洋教授的邀请，参加了日本心理学会第66届年会。会上，张厚粲教授以“中国心理学——21世纪的新挑战”为题，介绍了中国心理学的历史发展，着重叙述了在20世纪初期中日心理学界的密切关系。张侃研究员以“32年后，重返亚洲——ICP2004之进展”为题，回顾我国竞办和筹办ICP2004的情况，并着重就日本心理学家如何参与ICP2004进行了宣讲。两位教授出席了日本心理学会全体常务理事的欢迎会，并参加了日本心理学会外事工作委员会的工作会议。此次交流取得很大成功，预计2004年日本将有1000人来北京参加大会。

应俄罗斯科学院心理所的邀请，由中科院心理研究所研究员吴瑞华、时勘和任孝鹏博士组成的代表团于10月4日—18日访问了俄罗斯。代表团走访了俄罗斯科学院心理所等著名的心理学研究机构，会见了大部分心理学研究机构的主要负责人，就中俄双方可能合作的领域进行了广泛而深入的交流，并发出邀请，希望他们能够参加ICP2004。俄罗斯心理学家们表示支持，现已提交了他们准备在大会上进行交流的专题。同时，还向中科院心理所赠送了一些图书，涉及了俄罗斯心理学研究的最新进展。

（二）与台湾的学术交流不断扩大

5月，台湾辅仁大学举行其心理系成立30周年庆祝大会。为了加强与原北平辅仁大学（1952年院系调整时与北京师范大学合并）的关系和联系，特邀原心理系的校友张厚粲教授和现北京师范大学心理学院负责人车宏生教授以及中科院心理研究所的王二平研究员赴台参加庆祝大会。会上，张厚粲教授详细介绍了原北平辅仁大学心理系的发展和教学情况，车宏生教授介绍当前的北京师范大学心理学院，均受到台湾心理学师生的热烈欢迎。这次访问取得极好的效果，进一步加深了海峡两岸心理学界的关系，有力地促进了交流。

11月，第四届华人心理学家学术研讨会和第六届华人心理与行为科技学术研讨会在台北联合举行。以北京心理学家为主的大陆学者由北京师范大学心理学院院长车宏生带队进行了广泛的学术交流，增进了两岸友谊。会议取得圆满成功，并约定下届大会在苏州举行。

（三）北京争得第17届国际人类工效学大会主办权

为了推动心理学的实际应用和国际学术交流，中科院心理研究所联合中国人类工效学会于2002年5月向国际人类工效学会（International Ergonomics Association，简称IEA）递交了由中科院心理研究所和中国人类工效学会在北京主办第17届国际人类工效学大会的申请。并派出中国人类工效学会理事长、国际人类工效学会执委张侃研究员赴智利首都向IEA执委会做申办报告。9月1日，IEA执委会以全票（33/33）赞成通过。第17届国际人类工效学大会将于2009年8月在北京召开。这是北京继1996年获得2004年举办第28届国际心理学大会（ICP2004）之后，又成功获得的一项大型国际会议的主办权，主办ICP2004大会的经验，必将有利于我们2009年国际人类工效学大会的召开。

（四）来自国外的荣誉

荆其诚先生荣获两项国外奖。美国心理学会为表彰荆其诚对国际心理学作出的突出贡献、对中国心理学发展开创的前瞻性业绩，以及与美国心理学界建立的长远友谊，特授予他特殊奖励。2002年1月，美国心理学会前主席，现任执行副主席、首席执行官 Raymond D. Fowler 教授代表美国心理学会，在北京联想大厦为荆其诚颁发了荣誉奖状。荆其诚先生成为国内首位获得该特殊奖励的心理学家。

又由于荆其诚先生从1983年参与创建中国和

联合国儿童基金会合作项目：组建“中国儿童发展中心”，开展中国独生子女研究，为培育人类下一代作出卓越的贡献，2002年荆其诚先生荣获了日本天皇儿科医生内藤寿七郎博士在中国创设的“中国内藤国际育儿奖”。10月24日在人民大会堂金色大厅举行第三届“中国内藤国际育儿奖”颁奖大会。

8月，中科院心理研究所施建农研究员在泰国曼谷召开的第7届亚太天才儿童会议（The 7th Asia－Pacific Conference on Giftedness）上，当选为新一届亚太天才儿童理事会主席（2002—2004）；北京大学心理系钱铭怡教授当选为世界心理治疗理事会（The World Council of Psychotherapy）副主席（2002—2005）。这是中国心理学专家学者共同努力的结果，也是我国心理学学术地位日益提高的证明。

（五）各方面的学术交流活跃

2002年，中科院心理研究所，北京大学心理系，北京师范大学心理学院，首都师范大学等几个单位分别邀请与接待国外专家来华讲学，派人到国外参加学术会议及其他学术交流活动，总人数过百。同时，北京心理学领域的学者间的交流与合作也有了新发展。8月20日，在北京大学心理系召开了在京心理学三校一所联络小组会议。北京大学心理系、北京师范大学心理学院、首都师范大学心理系的10位专家、学者出席了会议。会议就如何更好地发挥心理学的作用、如何联合解决国家亟须解决的重大问题进行了研讨，并就资源共享和工作经验的交流提出了很多有益的建议。经过商议，大家一致赞成今后由各个单位轮流负责召开联席会议，每半年召开一次。

二、教学与科研

从学术著作来看，2002年，中科院心理所发表论文140余篇；北京大学心理系共发表论文101篇；北京师范大学心理学院发表论文133篇，出版著作22部，并获第三届中国高校人文社会研究优秀成果奖10项，北京市第七届哲学社会科学优秀成果奖24项。另外首都师范大学以及其他教学与科研单位的专家学者们也发表了很多学术成果。这些成果涉及领域广，质量高，在国内外影响很大。

从科研立项与课题经费看，2002年北京心理学领域重大课题立项多，经费数目较大。北京师范大学共获纵向科研项目26项，资助科研经费总计818万元。北京大学心理系自筹经费300万元重点支持基础研究项目；由北京大学心理系教师作为主持人的7项国家自然科学基金和科技部重大科学研究基金，总金额达到243万元。中科院心理研究所创新试点经常性经费为每年650万元，其中所级重点创新项目“心理健康的适应基础”、“智能化中文人机界面的认知科学研究”、“我国社会经济转型期的心理行为研究”，分别获得150、130和100万元的经费资助。

（一）教学与科研机构的发展

我国第一个心理学院——北京师范大学心理学院正式成立。它的成立标志着我国心理学的科研、教学水平与教学规模已经达到一定的高度，同时，也有利于教学、科研资源的融合与合理利用，对吸引国内优秀科研与教学人才，把北京师范大学心理学院发展成国际著名的教学与科研机构将起到极大的推动作用。

根据中国科学院重点实验室“十五”发展规划，中科院心理研究所做出申报院心理健康重点实验室的决定，并成立了专门的筹备小组。召开两次专家论证会，对研究方向、目标、内容和各种基础、运行机制等进行了充分的讨论与整合，完成并递交了申请报告。

（二）学术会议

1月14日至17日，中科院心理研究所举办了以认知心理学的发展前沿为主题的第二次心理科学前沿论坛。国际心理科学联合会前主席、比利时鲁文大学 Gery d’Ydewalle 教授和美国心理学会首席执行官 Raymond Fowler 教授分别作了题为“The mind at the crossroad of multiple ongoing activities：A challenge to cognitive psychology”，“Early peripheral and foveal processing in fixations during scene perception（on eye movements in scene perception），“Revisiting scene primes for object locations”和“Emerging areas of psychological practice”的报告。来自北京及临近省份的近百名心理学界人士听了报告，并就报告进行了热烈的讨论。

8月，由中国科学院主办、心理研究所承办的中国科学院认知神经科学学术研讨会，在青岛市召开。这是国内首届认知神经科学领域的学术会议。来自国内外的267名代表出席了会议，与会者以青年学者为主是这次会议的鲜明特点。大会共收到论文摘要132篇，举办报告47场。围绕脑的神经解剖基础、知觉、注意、记忆、语言、意识等方面问题、认知神经科学的研究方法及认知老年化与临床认知障碍等问题进行了交流与探讨。此次会议报告质量高、内容广泛，反映了当前国际、国内认知神经科学领域最新研究状况和发展趋势。

10月，在北京大学召开学习与记忆认知神经科学国际研讨会。来自中国、美国、英国等国的九位著名认知神经科学家作了为期两天的主题报告，著名神经科学家、诺贝尔奖获得者佐佐木利根川进教授，以“条件性基因操作研究学习机制”为题做了第一场主题报告。国内百余位专家学者参加了研讨，中外学者从分子、细胞、系统、认知和行为等层次共同探讨学习与记忆以及其他心理过程的神经机制。

10月12日，在北京大学召开了大脑和心灵发展国际研讨会。四十位国内外心理学家围绕认知发展和学习、情绪等相关话题进行了为期两天的主题报告。国内百余位专家学者参加了研讨。中外学者从认知、行为和神经等层次共同探讨大脑与心灵发展以及其他心理过程问题。

（二）科研论著及其他科研成果

2002年，北京心理学领域的学者专家发表的大量学术论著，涉及心理学的各个分支。其中，认知心理、心理语言学、教育心理、发展心理、阅读心理、组织心理与管理心理以及心理统计与测量等成果较多。可从以下几个方面作概括介绍。

1. 认知心理

认知心理依然是心理学研究的热点，北京心理学界的学者与专家在这方面的成果主要集中在知觉、记忆、注意、表象以及认知神经等领域。

知觉是认知心理学中研究最为深入、成果最多的领域之一。韩世辉选择三例大脑损伤的病人，用选择识别等任务研究了复合刺激中小图形依赖空间相邻性或形状相似性进行知觉组织时，脑损伤对整体知觉的影响①。耿海燕、朱滢结合具体实验，对当前研究知觉觉知的神经相关物的三种不同研究思路进行了分析研究，提出知觉觉知内容的神经相关物在很多不同的皮层区域都有发现，表明觉知的内容不是在一个单一的意识系统中表征的，而更可能是每个有意识的知觉内容都是在相应的分析知觉信息的神经元中加以表征的②。

在记忆方面，值得关注的论文有：李波、韩凯发现，被迫回忆、自由回忆中，随着奖惩条件更加严格，被试报告出的项目数量有减少的趋势，以一定的数量为代价获得自由报告准确性的提高；被试对自已所记忆的项目的元监测是有效的、能够做出相当准确的评定③。刘新明、朱滢，对自我参照效应的心理机制、自我参照的脑成像研究以及自我参照效应研究的新趋势进行了深入探讨与系统论述④。郭春彦等对近年来无创条件下进行记忆编码研究的新进展做了探讨与述评，对记忆编码研究中ERP技术的优点、功能性脑成像技术（如PET、fMRI）对编码过程神经的研究及ERP技术的发展所起的推动作用进行了分析论证，并提出从技术手段上，结合高时间分辨率的脑电（ERP）技术与高空间分辨率的PET和fMRI技术进行相继记忆效应的综合研究，将是今后的研究发展方向⑤。陈宝国、彭聃龄的研究得出两条重要结论：启动基线的不同选择会对词语认知启动实验的结果产生不同的影响；在词语认知的启动实验中，最好选择与目标字词同质的无关字词启动作为衡量启动效应的基线⑥。王青、杨玉芳评述了语义启动发生的3种机制，并重点介绍了分布式记忆模型，探讨了启动效应可以激活语义知识的范围，提出关于语义启动的理论、单纯的语义启动是否存在、语义启动可以激活的知识范围、听觉材料的语义激活是值得进一步探讨和研究的问题⑦。

近年来，随着各种现代技术的出现，注意研究进展迅速。刘翔平与罗跃嘉等分别发表了题为《注意缺损多动障碍与巴克利的行为反应抑制模型》⑧和《视觉空间注意的事件相关电位研究》⑨的论文，反映了这一领域的研究进展。

在表象研究领域，林仲贤等在心理旋转能力的发展变化与年龄差异方面，发表了题为《儿童、青年及老年人心理旋转能力的比较研究》⑩的研究报告。

在认知神经心理学领域，韩在柱、舒华等，对认知神经心理学的基本假设和研究方法作了系统的阐述。指出认知神经心理学，通常以认知障碍的患者为研究对象，采用个案研究的方式，借助患者特定的相关和分离模式，尤其是双分离来探讨患者认知功能的受损或保留环节，进而推测出正常人的认知机制。开展该领域的研究需要在多学科领域的协作⑪。

此外，两篇关于认知观与元认知的研究论文值得关注。周国梅、傅小兰介绍了分布式认知的概念及分布式认知的历史渊源，阐述了分布式认知和个体认知的关系，以及描述这种关系的交互模型和同心圆模型，并结合实例分析了分布式认知的理论研究意义和实际应用价值⑫。汪玲、郭德俊以元认知知识、元认知体验、元认知技能作为基本维度编制元认知问卷，采用验证性因素分析技术，从实证的角度证实了元认知三要素的合理性⑬。

2. 心理语言学

北京学者在心理语言学方面取得的研究成果集中在语言理解、语言的产生、语言能力、字词识别等领域。

有关语言理解的研究，过去强调心理表征的建构，并且用有关概念的激活扩散，无关信息去激活来说明这种建构的过程，对抑制机制并未加以实质性的说明。陈永明等对语言理解中抑制的概念、分类和有关抑制机制的建构——整合模型、结构建构框架等理论作了详细介绍，并对语言内部无关或不适当信息干扰的抑制、对来自语言外部无关信息干扰的抑制以及跨通道语言理解过程中有关抑制的研究做了述评⑭。

近年来各种特殊群体在语言产生方面出现的加工困难激起了大量对语言产生过程，特别是正常人语言产生机制的研究。舒华从语言产生的研究传统、西方心理语言学研究的范式、语言产生的加工阶段、目前的主要理论模型及其争论四个方面对西方语言产生领域的研究传统与近年来的一些主要研究成果进行了总结，并指出了该领域研究中存在的问题以及未来的发展趋势⑮。

在语言能力的研究方面，苏彦捷等在总结以非人灵长类动物、正常儿童和特殊人群为对象进行的有关心理理论和语言关系的研究基础上，从比较和发展的角度进行了理论分析，并提出一定的语言能力水平可能是通过心理理论测试的前提条件，但二者有着不同的发展规律，并表现为复杂的共存关系⑯。

汉字识别与汉字加工是语言认知的研究热点之一。王爱平、张厚粲发现间隔效应是影响重复知育的主要因素之一，这可能反映出注意在重复知育效应中的作用⑰。韩布新指出在局部识别中声旁使用频率的影响和部件类型有交互作用。在整字识别中，声旁的使用频率有易化作用，声旁的组字频率的作用受到部件类型的影响，多部件组合声旁和组字频率对识别整字有易化作用⑱。

3．阅读心理

阅读能力是人们学习、工作成功最重要的能力之一，阅读心理研究也越来越多受到人们的重视。陈永明⑲、张必隐⑳、伍新春㉑、刘翔平㉒、孟祥芝㉓等在这一领域取得了值得关注的研究成果。有在字词层面的研究，也有句、篇层面的研究，有健康人群阅读心理的研究，也有阅读障碍方面的研究。

4．教育心理

北京学者在教育心理学领域取得的成果甚丰，覆盖领域甚广。

在教师心理研究领域，张学民等基于以往教师教学专长发展的理论，对选择注意与洞察力对教师课堂信息知觉加工速度与辨别力的影响力进行了研究㉔。

在学生同伴关系与社会交往方面，有三篇论文可以反映出该领域研究的新进展。方晓义指出友伴相互接纳和友伴地位与中学生的吸烟行为都有显著的关系㉕。邹泓等通过调查研究获得了初中生社会交往策略问卷的信、效度资料，深入探讨了初中生社会交往策略发展特点，同伴接纳水平不同的初中生在开始交往策略上的差异㉖。李伟和陶沙以北京423名大学生为被试，对大学生应对策略的特点及其与社会支持水平的关系作了调查研究㉗。

在师生关系领域的研究发现，不同年龄阶段的小学生在师生关系上表现出不同的特点。男女学生在师生关系的亲密性和反应性上有显著差异，学生的学业表现对师生关系有显著的预测作用㉘。郑日昌等发现知觉放任型领导不利于儿童同伴关系的发展，而知觉到民主与权威型领导对儿童的同伴关系影响不大；知觉到权威型领导有利于形成一个有凝聚力的班级团体，知觉到民主型领导行为有利于班级团体的调和㉙。

在学习心理领域的研究成果，主要涉及学科学习心理、学习动机、迁移、特殊学生学习心理等方面。在学科学习心理方面，刘儒德对小学生的数学学习观、语文学习观进行了调查研究㉚。在学习动机方面，郭德俊等研究了课堂环境目标对学生成就目标的影响㉛。张学民等对中学生学习动机、成就归因、学习效能感与成就状况之间的因果关系进行了研究㉜，在迁移方面，时勘等研究了影响培训迁移效果的因素㉝。在特殊学生学习心理方面，雷雳等对优生与差生的自我调节学习进行了对比研究㉞。

此外，在学生心理健康与不良行为领域也有不少研究和论文发表，如《高中生不良情绪状态的特点研究》（刘慧娟等）㉟、《幸福感：认知与情感成分的不同影响因素》（池丽萍）㊱、《中小学生校园欺负行为的调查研究》（陈世平等）㊲、《中学生创新心理素质与心理健康的相关研究》（王极盛）㊳、《实践生受欺负状况的某些预测变量》（雷雳等）㊴。

5．发展心理

发展心理学在整个心理学领域中有着非常重要的地位。在该学科诞生100年来，其研究领域不断拓宽，研究成果日益丰富。人们对心理发展的规律也有了越来越多的认识。在我国，发展心理学的研究也一直备受心理学社会和专业学者重视。2002年，北京学者在这一领域取得了丰硕的研究成果。

随着"毕生发展观"影响的不断扩大，发展心理学已经以个体生命的全过程为其研究对象，毕生心理发展的研究渐渐成为发展心理学的研究热点。王大华、申继亮等对控制发展理论作了详尽介绍，提出年龄是制约控制发展的一个基本因素，并对儿童、青少年期控制的发展及成人期与老年期的控制行为做了深入研究[40]。

在认知发展方面，北京师范大学心理学院进行了大量研究，发表了多篇论文。林崇德指出因果推理能力随着年龄的增长而逐渐提高，因果变化模式的获得在幼儿因果推理的过程中有着重要的意义[41]。沃建中研究了儿童加法策略的发展特点[42]。彭聃龄等研究了儿童理解时间副词的能力及策略[43]。

在情绪、情感的发展方面，陈会昌等对依恋研究的方法进行了总结探讨，概述了依恋研究领域中与不同年龄阶段相对应的三种影响较大的研究方法，即陌生情境法、依恋 Q5—set 以及成人依恋访谈，并对这些依恋研究方法的优缺点及方法之间的关系做了评述[44]。

在亲子关系方面，陈会昌等从亲子互动影响因素和亲子互动与儿童心理、行为发展的关系两个方面对亲子互动的有关研究进行了介绍与分析，并从有缺陷儿童的亲子互动和在亲子互动中父亲的作用方面，分析了亲子互动研究的进展[45]。刘红云等对亲子沟通对儿童的社会性发展、性行为及其他行为问题的影响以及亲子沟通与儿童自尊、自主性、自我效能感等之间的相关关系进行了深入探讨，对家庭结构、家庭满意度对亲子沟通的影响和亲子沟通的跨文化差异提出了一些新的见解[46]。

在行为发展研究方面，方晓义等提出4种以学校为基础的预防和干预青少年吸烟行为的模式，并对正在蓬勃兴起的家庭和社区预防和干预方案做了介绍，针对青少年吸烟预防和干预研究的发展趋势与方向提出了一些有价值的见解[47]。陈会昌等提出2岁儿童已具有一定程度的自我控制能力，已能使用一定的延迟策略，儿童对策略的使用不会因延迟满足情境的不同而出现显著差异[48]。

6. 组织心理与管理心理

以下几篇论文，可以大致反映出2002年北京学者在组织心理学与管理心理学领域的研究进展。

郭德俊等对组织中的心理契约的概念、特点、类型及研究热点进行了深入分析，提出了组织中的心理契约研究主要沿着心理契约的内容构成和心理契约的动态发展过程这两条主线展开，并分析了研究中存在的问题及未来的研究方向[49]；自我效能感在组织行为领域中的应用研究是组织心理学领域的一个研究热点，陆昌勤、方俐略从自我效能感的界定和测量、自我效能感的影响效果、影响自我效能感的因素三个方面对组织行为学中自我效能感的研究历史和现状作了评述，并分析了国内外在这方面的研究中存在的不足[50]；张勉等对1980年后雇员主动离职研究中4个有代表性的心理模型进行了详细评述，并对主动离职心理动因模型的发展方向提出一些独到见解[51]；张建新从人际信任的定义、组织中建立人际信任以及导致信任破坏的个人因素、人际互动因素以及组织环境、社会文化等宏观因素几个方面，对国内外对组织人际信任的研究进行了综合评述，从组织管理的角度展望了信任研究的未来方向[52]。

7. 心理统计与测量

心理统计与测量作为心理研究中收集信息与数据分析的基本工具，在心理学领域有着非常重要的地位。近年来，我国在这方面的研究进展逐渐加快。

张厚粲完成了与教育部合作的"中学生升学就业指导"研究课题，开发出中国第一个中学生升学就业指导测评工具——《中学生职业兴趣调查表》。研究发现国外的职业兴趣理论与中国文化背景下的实际情况并不完全相符，国外的职业指导测评工具不易直接翻译使用，应该立足国内，结合我国国情开发相应的测评工具。王二平等对绩效评定方法进行了研究，从基于行为的绩效评定方法的意义、绩效行为指标的获得、OCB和关系绩效、绩效评定的实验研究等方面对绩效评定方法的研究进展作了全面介绍[53]。李虹为Kansas婚姻满意感量表建立了北京和香港常模，为今后进一步建立全国大城市人群的婚姻满意感常模提供了依据，该研究也显示出社会历史因素在人们的婚姻满意感方面所起的作用。谢小庆等对计算机自适应测验技术的应用进行了研究，提出作为选题策略的新进展，以A-STR和BAS为代表的选题策略解决了在计算机自适应性测验中遇到的测验安全等很多问题，比传统的选题策略有一定的优势[54]。方平等讨论了结构方程的设计和估计方面的一些问题，介绍了结构方程在近期的一些发展以及在某些方面的最新应用，并指出结构方程的一些局限性也不容忽视，有待于进一步的发展与完善[55]。刘红云、孟庆茂提出用α系数估计测验的信度，其理论假设并不能得到严格满足，α系数值与测验的维度之间并不存在一一对应关系，利用内部一致性系数对项目进行取舍时必须谨慎[56]。

三、心理学的应用

运用心理学的研究成果解决经济与社会发展中的实际问题，是心理学发展的重要动力源泉，也是心理学研究的最终目的。

从2000年开始，由空军招飞中心组织，以各军区空军招飞人员骨干为主，并有海军招飞人员和卫生部、教育部考试中心干部参加的心理测试研究生班，经过两年十几门专业课程的学习，于2002年结业。38人得到了结业证书，另12人将继续完成论文争取硕士学位。这项工作是心理学为军队及政府部门人员选拔工作服务的一次具有重要意义的实践，对于心理学的进一步推广应用将起到积极的推动作用。

5月，北京市心理学会组织13位会员参加了北京市科协组织的为期两天的科技周咨询活动，为200余人进行了心理咨询服务。咨询内容包括老年心理咨询、社会心理咨询、儿童心理咨询、心理健康咨询等多个领域。市科协学会部领导亲临咨询现场，对咨询人员的工作给予了积极肯定。咨询活动中所遇到的各种问题，在一定程度上反映了当前社会中民众所关注的热点，对心理学确定今后的研究专题及工作重点具有一定参考价值。

7月4日，中科院心理研究所工程心理学实验室与中国空军招收飞行员办公室正式签订了委托研究协议，为我国空军飞行学员的心理选拔完成了空军方面要求提供的技术支持，这是心理学直接服务于社会的又一次重要实践。

由王二平、王文忠主持的反“邪教”研究课题，在研究邪教形成和活动的社会和心理基础上，确定辨识和防范邪教形成和活动的社会和心理指标，在为铲除邪教产生的社会土壤作贡献方面，已取得了初步成果。2002年课题组在北京市长安街街道办事处和江苏省开展调研，并得到中央有关单位和北京反“邪教”协会的支持，课题进展顺利。

（作者：张厚粲，北京师范大学教授；
赵守盈，北京师范大学博士研究生）

注：

①《视知觉组织在整体知觉中的作用》，《心理科学》，2002年第4期。

②《知觉觉知的神经相关物研究》，《心理科学进展》，2002年第2期。

③《记忆提取过程中元记忆监控的实验研究》，《心理科学》，2002年第2期。

④《记忆的自我参照效应》，《心理科学进展》，2002年第4期。

⑤《记忆编码过程的神经机制研究》，《心理科学》，2002年第1期。

⑥《基线选择影响词语认知自动实验结果的研究》，《心理学探新》，2002年第2期。

⑦《语义启动模型以及启动范围》，《心理科学进展》，2002年第2期。

⑧《心理科学进展》，2002第3期。

⑨《心理科学进展》，2002第3期。

⑩《心理科学》，2002年第3期。

⑪《认知神经心理学的基本假设和研究方法》，《心理科学》，2002年第6期。

⑫《分布式认知——一种新的认知观点》，《心理科学进展》，2002年第2期。

⑬《元认知元素的研究》，《心理发展与教育》，2002年第1期。

⑭《语言理解中抑制机制的研究概况》，《心理科学进展》，2002年第4期。

⑮《西方语言产生研究中的几个问题》，《心理科学进展》，2002年第3期。

⑯《心理理论和语言能力的关系》，《心理发展与教育》，2002年第2期。

⑰《在汉字加工中间隔效应对重复知育效应的影响》，《心理科学》，2002年第5期。

⑱《声旁类型与频率在汉字和部件识别中的交互作用》，《心理科学》，2002年第2期。

⑲《词汇歧义消解的研究概况》，《心理科学》，2002年第2期。

⑳《本体和喻体在隐喻句中理解中的作用》，《心理科学》，2002年第3期。

㉑《拼音在儿童分享阅读中的作用》，《心理科学进展》，2002年第5期。

㉒《阅读障碍儿童识字特点研究》，《心理发展与教育》，2002年第2期。

㉓《发展性阅读障碍的生理基础》，《心理科学进展》，2002年第1期。

㉔《小学教师选择注意与洞察力对课堂信息知觉的影响》，《心理发展与教育》，2002年第3期。

㉕《友伴关系及中学生的吸烟行为》，《心理发展与教育》，2002年第2期。

㉖《初中生社会交往策略的发展及其与同伴接纳的关系》，《心理发展与教育》，2002年第4期。

㉗《大学生应对策略的特点及其与社会支持水平关系的研究》，《心理发展与教育》，2002 年第 3 期。

㉘《小学生师生关系特点与学生因素的关系研究》，《心理发展与教育》，2002 年第 3 期。

㉙《教师领导行为与儿童同伴关系的研究》，《心理发展与教育》，2002 年第 3 期。

㉚《小学生数学学习观的调查研究》，《心理科学》，2002 年第 1 期；《小学生语文学习观的调查研究》，《心理发展与教育》，2002 年第 1 期。

㉛《课堂环境目标影响学生成就目标的实验研究》，《心理发展与教育》，2002 年第 4 期。

㉜《中学生学习动机、成就归因、学习效能感与成就状况之间因果关系的研究》，《心理学探新》，2002 年第 4 期。

㉝《培训迁移效果影响因素的初步研究》，《心理科学》，2002 年第 1 期。

㉞《优生与差生自我调节学习的对比研究》，《心理发展与教育》，2002 年第 2 期。

㉟《心理发展与教育》，2002 年第 2 期。

㊱《心理发展与教育》，2002 年第 2 期。

㊲《心理科学》，2002 年第 3 期。

㊳《心理科学》，2002 年第 5 期。

㊴《心理学探新》，2002 年第 4 期。

㊵《控制理论：诠释毕生发展的新观点》，《心理科学进展》，2002 年第 2 期。

㊶《因果变化模式与因果联结强度在幼儿因果推理中的作用》，《心理教育与发展》，2002 年第 4 期。

㊷《5—7 岁儿童加法策略的发展特点》，《心理发展与教育》，2002 年第 4 期。

㊸《4—6 岁儿童三种时间副词理解能力及策略的实验研究》，《心理发展与教育》，2002 年第 4 期。

㊹《依恋研究方法述评》，《心理发展与教育》，2002 年第 4 期。

㊺《亲子互动研究及其进展》，《心理科学进展》，2002 年第 2 期。

㊻《家庭亲子沟通与儿童发展关系》，《心理科学进展》，2002 年第 2 期。

㊼《青少年吸烟行为的预防和干预》，《心理科学进展》，2002 年第 2 期。

㊽《延迟满足情境中 2 岁儿童对行为的自我控制能力和延迟策略的使用》，《心理发展与教育》，2002 年第 1 期。

㊾《组织中的心理契约》，《心理科学进展》，2002 年第 1 期。

㊿《组织行为学中自我效能感研究的历史、现状与思考》，《心理科学》，2002 年第 3 期。

51《雇员自动离职心理学动因模型述评》，《心理科学进展》，2002 年第 3 月。

52《人际信任研究及其在组织管理的应用》，《心理科学进展》，2002 年第 3 期。

53《基于行为的绩效评定方法的研究进展》，《心理科学》，2002 年第 4 期。

54《计算机自适应测验选题策略的新进展》，《心理发展与教育》，2002 年第 4 期。

55《结构方程模式的发展与应用》，《心理科学进展》，2002 年第 3 期。

56《α 系数在使用中存在的问题》，《心理学探新》，2002 年第 3 期。

历　史　学

史学理论及史学史

吴怀祺

2002 年，首都史学工作者站在新的理论高度上，关心中国历史学向何处去，注意世界史学的变动，思考史学的未来。理论接续在先前讨论的基础上，探索在不断深化，不断开拓。

2002 年 5 月 25 日至 30 日，中国史学会和云南大学联合在昆明召开了“21 世纪历史学展望学术研讨会”。金冲及在开幕词中说：“在人类进入剧烈而深刻变化的 21 世纪的时候，中国历史学应该怎样发展，也遇到许多以前没有遇到过的新问题。这些新问题，大概是我们每个从事史学工作的学者都在思考的。正因为许多是以前没有遇到过的新问题，大家难免会存在一些困惑或没有完全弄清楚的问题。”他以举例方式，提出了几个当前史学理论界关心的大问题：新中国的历史学应该始终坚持马克思主义的指导地位；中国历史学的发展需要从人类一切文化成果，包括当代西方社会科学的研究成果和方法中吸取有益的营养；对前人留下的丰富的史学遗产中优良的东西，需要认真加以总结，并结合时代精神加以继承和发展。历史学有它特殊的社会功能：既要看重当前，又要顾及长远；既能直接地为正确认识和处理当前的现实问题发挥极为重要的作用，又能帮助人们增长智慧，用历史的眼光来看待世界的事物，提高国民的人文素质。历史学在研究的领域、方法、手段等方面应该创新，另外还有学风建设问题等。这些概括了新世纪伊始首都史学工作者共同关心的大问题①。

江泽民同志继2001年8月7日讲话后，又有2002年4月28日的讲话和7月16日考察中国社会科学院的重要讲话，这三次讲话促进了包括史学在内的整个社会科学的发展②。

当代史学理论发展深受经济全球化、世界史学思潮的影响。近几十年，西方历史科学出现三大新潮流：社会史潮流、文化史潮流和全球史潮流（所谓的新世界史）③，它波及中国历史学各个领域。

同时，中国近代史学经过百年的发展，诸多因素推动中国史学理论及史学史研究步入一个新的境界。总之，时代发展与思潮变动，要求首都的学人作出新的理论概括。

一、深化认识，开拓思路

史学理论探索取得进展主要体现在这几个方面。一是研究唯物史观在史学的指导地位的认识以及相关的史学理论问题。另一方面是研究世界思潮与时代的变化，对历史研究产生的重要影响，以及由此产生的史学理论问题。另外，努力从思维特点上总结史学思想的民族性体现。

（一）关于唯物史观与历史学的发展。2002年，在史学理论研究的诸问题中，这是最为热烈的话题，它是对上年度讨论的继续与深化。2001年11月北京师范大学史学理论与史学史研究中心举办“唯物史观与21世纪中国史学讨论会”后，《史学史研究》2002年第1、2期，辑录一组文章④。

有的文章通过总结老一辈马克思主义史学家胡绳成就⑤，具体阐明唯物史观指导历史研究的重大意义。无论在理论上还是在实践上，胡绳的历史研究显示出用唯物史观理论指导历史研究的重大意义。其一，唯物史观的理论从根本上科学地解决了史学与现实的关系；其二，在研究中，坚持唯物史观指导，才可以科学地处理历史研究的具体与抽象的相互关系。这里有史学功能的理论，也有研究方法论。正如文章所说的，“正是现实因素在历史研究中的深刻而变化着的作用，才使得历史学充满活力，不断生出新意，为人们提供更丰富、更深刻的历史认识。”“善于捕捉历史与现实的连接点，在深入揭示历史的真相，研究中有所发现、有所创新的同时，又能适应甚至满足人们认识现实的需要，这也许就是胡绳的历史著作读起来感到‘深刻，有味道’的一个原因。”中国传统崇尚“信史”，即“秉笔直书”，不避讳，不歪曲，不夸大，更不伪造，也是“按照历史本来的面目去说明历史”，但这个“说明”基本上限于对事实的记述，仅止于给研究提供一个事实基础，其内涵比较简单。与此相比较，胡绳所说的“按照历史本来的面目去说明历史”，作为一种研究工作，其内容要深刻、丰富得多。文章论述了坚持唯物史观与创新史学的关系。

为深化对唯物史观的认识，研究李大钊等老一辈马克思主义史学家的贡献，仍然是学人关注的课题。有的文章指出，李大钊对中国史学指导理论的选择以及在马克思主义唯物史观指导下所进行的史学实践，直接促成了中国史学发展史上最为先进科学的学科形态——中国马克思主义史学的诞生，为中国史学的发展开创了一个新的局面⑥。

《光明日报》8月27日发表《坚持百家争鸣，繁荣历史科学》一文，作者张海鹏总结史学界执行百家争鸣方针的历史经验，以期史学研究进一步发展和繁荣。

中共中央政策研究室哲学历史研究局组织编写的《史论十三篇》一书，是史学理论研究的一本著作，受到好评。该书由各自独立的13篇文章组成，内容广泛，涉及中国历代王朝的兴亡、古代文化和科技、历史上的人口问题、中外关系等方面，篇篇文章都贯穿着“以史致用”的思想⑦。

历史学是否是一门科学？这也是理解唯物史观的大问题。学人之间看法差异很大。有的文章作了综述，评述了上个世纪一百年来有关历史学根本性质的争议。历史学是否是科学的问题，在西方已讨论了200多年，在中国也争论了将近一个世纪。自20世纪80年代起，有不少学者对历史学的科学性提出怀疑，重又兴起对历史学性质的讨论。论争中的观点仍不外三种，即或是科学、或是艺术或其他东西、或二者兼有之。

这篇文章从“主张历史学是科学的不同目的”、“对历史学科学性的判断标准”、“‘科学’的历史学与自然科学的关系”、“历史学两重性的观点”、“对唯科学主义的批评与反思”等几个方面，评述了百年以来对这个历史根本的理论问题的诸家见解[⑧]。

（二）史学理论的进展，另一个重要特点是不完全满足于一般介绍外国各种史学流派的理论和方法论，更多是通过专门史的讨论、通过当代史学面临的时代的思潮的思考，阐明相关的史学理论。此外，还有对传统史学作出更为深入的理论性的研究。

1. 妇女史、性别史与史学理论

2002年，妇女史、性别史以及家庭史的研究成为首都史学界的一大热点，这一类文章在各类学术报刊中，占有相当大的比重。

《历史研究》2002年的第6期，专门组织以“历史、史学与性别”为题的“笔谈”。

概括起来，一是认为，妇女的这种“小历史”不仅可以补以往“大历史”之不足，扩展研究领域，而且对于建立新的史学观念与理论框架有所启迪，因而具有理论方法的意义；历史学研究与理论建设工作，面临西方后现代等理论体系的挑战。有的作者说：“虽然笔者对理论的殖民化倾向有一定忧虑，但是绝非主张闭目塞听、摒弃交流。笔者就在这种交流与碰撞中获得许多启迪，引发了许多思考”

有的学人追溯中国学人在这一领域的研究曾取得的成果，把明清性别妇女史与新史学问题联系起来进行讨论。

有的学人以为现在的妇女史研究，其理论基础主要是19世纪西方的社会理论（如自由、平等、博爱等），同时又受到后现代主义的影响；中国妇女史研究要发展，就必须从理论上努力进行探索，而非跟在某些西方学者后面亦步亦趋，否则就很难说是一种有深度的研究。

《光明日报》这一年对这一课题也相对集中地发表了一批文章。学者们开始意识到，以往单纯地把妇女填补到历史中去撰写妇女史的做法愈益显出简单和孤立的缺陷，这一缺陷使学者们感到有必要把妇女置于社会经济、政治、文化进程中来研究，要把妇女与对男性的认识结合起来考察[⑨]。《光明日报》还发表了《对东北沦陷时期妇女史研究的思考》《女性的历史记忆与口述方法》等。另外，《首都师范大学学报》2002年第1期发表刘文明的《妇女在中世纪西欧城市工商业中的作用与地位》等。

2. 全球史观

经济全球化趋势成为我们时代的一个重要特征。2002年，史学工作者对这一课题研究有更深入的思考。

在研究这一课题时，学人体会到要认真研究马克思的世界历史理论。经济全球化的一个本质特点，是经济生产活动超越了狭隘的民族界限，在空间和时间以及内容和形式上都实现了世界的一体化。……马克思的“世界历史”理论直到今天仍然是我们借以研究经济全球化问题的理论依据。由于过去的“狭隘的地域性”实践向“世界历史性”实践转变，因而，我们在从事经济建设的过程中，必须在头脑中自觉地树立起“大实践”的观念即“世界历史性”的实践观……这就需要我们在“世界历史性”实践的基础之上确立世界眼光即“世界历史性”的视野。“世界历史性”的实践活动和“世界历史性”的认识活动必然造就“世界历史性”的个人[⑩]。

20世纪下半期，伴随着对“西欧中心论”或“欧洲中心论”的批判，学术界出现了一种强调以“全球眼光”审视人类历史的“全球历史观”。这一现象是史学家们对20世纪世界历史变化和史学研究方法进行全面而系统的反思的结果。“全球历史观”的出现，反映了学者们在新的时代背景下认识历史及其变化的一种新的思维倾向，标志着史学观念的一次重大变革，它正在并必将对历史研究产生深远的影响。为此，搞清全球历史观的基本内涵、它是如何产生的，以及它应当建立在什么样的理论基础上等问题，对历史研究和史学学科自身的发展有着重要的意义[⑪]。

《学习与探索》等杂志都发表了一批论说全球化与史学的关系的文章。

在经济全球化的大背景下，中国史学应该以更加开放的态度、更加积极的步伐，主动参与和融入国际学术界[⑫]。

3. 口述史学理论与方法

口述史学讨论中较为集中的话题，是口述史学的意义、口述史学的主体性与口述史的客观性，而这又多和讨论西方口述史的论题联结在一起。有的文章指出：口述历史资源反映的是大众文化和大众记忆内容，收集整理这方面资源，有助于增强公民道德意识及其自觉的社会主人翁态度。为了准确深入地再现口述历史，发挥口述资源的作用，历史学者应在尊重史实并不断提高史料分析技能的前提下，善于去捕捉有用信息，把握好与被采访者在思想情感上进行沟通与交流的契机。口述历史应被积极运用到体察民意和改善社会环境的工作当中去。

从理论渊源上说，口述历史是西方马克思主义或左翼史学发展的一个重要产物。口述历史学者十分关心教育者或知识分子在知识创新与积累中的作用。他们一方面关心社会问题，要发掘和利用大众或多元文化成果，另一方面又明确意识到自己不可能游离于社会关系之外，这一认识对有效进行采访尤其重要。在世界上，美国学术界不仅将口述历史运用在西方马克思主义研究上，更主要的是把口述历史理论与美国多元文化研究紧密结合起来。多元文化的内容既可以在西方人文传统之内，也可以在其外[13]。

关于口述史学的客观性问题，有学者考察外国史学后，指出：主动性与互动性是口述历史研究本身所固有的特点，在一定程度上反映出口述历史研究的客观性质。客观性作为口述历史学的基本属性之一，贯穿于口述史研究的全过程。口述历史研究如果丧失了客观性，也就失去了其存在的价值。口述史料必须与文字史料和实物资料相互印证，口述史料所反映的内容必须符合具体的历史条件，也就是说，既要从宏观方面，也要从微观方面来检验口述历史研究的客观性[14]。

关于叙述历史、微观史学一些问题的探讨也有新的进展。有的文章对城市史研究进行了综合性评述[15]。总之，我们可以看出的是西方史学理论在中国产生的影响，无论是正面还是负面，都应当引起我们重视。后现代主义在史学上的回应正表现出来。

4．历史思维的民族特征的研究

传统史学的史学理论、史学思想研究不断深入。2002年，关于民族思维的研究日益受到重视。史学工作者体会到从民族思维特征上着手，可以从一个十分重要的方面，把对民族史学理论、史学思想研究引向深入。在传统史学思想研究上，学者注意把易学与史学联系起来，思考中国古代历史思维的民族性[16]。这就要求我们探索历史的内在的属性，单靠实证手段是不行的，更要靠辩证思维，而且在认识过程中还要一探再探，反复考验，反复修正[17]。

有的文章在总结近代史学科发展史中，涉及历史研究的思维问题。谈到历史变与不变的问题，指出：今日对中国近代史的研究已成世界性的学问，中西史学对话的必要性与日俱增。对于西方史学的长处，要以开放的心态予以充分肯定并学习参考之；但首先要对其真正了解，没有了解谈何借鉴，更不足以言对话。现在有些在西方已如日中天的新领域如阅读史、意象史、躯体史等，在中国内地便甚少见学人触及；类似生活史、家庭史、疾病史、性别史这些仍在发展的领域，我们也只有为数不多的学者摸索进行[18]。

二、史学史学科的总结与研究的进展

2002年是北京师范大学建校一百周年。《北京师范大学学报》结合庆祝北京师范大学建校一百年，出版专号，表明了中国近代学科的发展与北京师范大学的先辈所做的努力息息相关。其间，一批在国内外有较大影响的学科沛然兴起。中国史学史即是其中的一个学科。在白寿彝教授的长期耕耘下，这一学科走过了漫长的探索之路，在20世纪五六十年代进入创立阶段，而在八九十年代逐步走上学科建设的轨道，形成了一个稳定的学术群体，发表了一批有影响的学术著作，处于这一研究领域的前列，受到国内外同行的关注和重视。总的来看，这是一条不断探索的路。在这一过程中，逐渐形成的关于中国史学史学科建设的理论，提出的关于中国史学史领域一些重大问题的认识，这是中国史学史学科自身发展史总结的一个十分重要的方面[19]。

20世纪八九十年代，中国史学史学科逐步进入建设阶段。学科建设体现在以下几个方面：

（一）关于中国史学史学科建设的理论。

（二）关于中国史学史领域一些重大问题的认识和阐述。史学史领域的重要问题被提出来，加以研究，从而推进史学史学科的发展。

中国史学史领域的一些有代表性的问题：第一，对史学遗产的高度重视和精辟分析；第二，科学地认识历史发展过程；第三，全面深入地认识“史学的社会作用的发展过程”；第四，从时代特点把握史学面貌的系统研究；第五，关于中国封建社会史学的二重性问题；第六，对传统史学向近代史学转变作贯通的考察；第七，史学史对于历史教育的意义；第八，关于史学同经学、子学的关系；第九，关于中国史学史观念的发展。第十，关于中国史学史的分期。

（三）不断开拓中国史学史研究领域。对于新领域的开拓性研究，既是中国史学史研究发展的反映，又是中国史学史学科建设的标志之一。本学科在这方面的进展也是非常突出的。第一，关于史学批评的研究；第二，关于中国史学之理论遗产的研究；第三，从文化视角研究史学；第四，关于易学与中国史学之关系的研究。

（四）在关于发展史学史研究的设想上，白寿彝教授治学有两个特点，一是永无止境，二是重在创新。

中国近代史学史研究对于我国香港、澳门地区史学的研究得到学者的继续关注。这里应当提到的是，《史学理论研究》2002年第1期发表《澳门历史研究述评——兼谈中国与西方的观点和方法之沟通》，作者吴志良为澳门基金会管理委员会委员。文章表明，长期以来，人们很少关注澳门史学。20世纪80年代起澳门历史研究大力起步后，才有几篇史学评论的论文相继问世。近年来，在中外学者的共同努力下，澳门历史研究与澳门学无论从理论研究，还是基础科研上均有了长足的发展。可幸又可喜的是，借澳门回归祖国的东风，消除了许多政治上的干扰，中西文著作的互译逐渐多了起来，虽然还远远不够，可中西学者一起增进了解，把澳门历史研究推上一个新的台阶，在研究方法上得到了创新。

有的文章注意对西方史学研究发展史作出宏观鸟瞰式的讨论，论说了二战以后，西方史学不仅完成了战前即已开始的新史学取代传统史学成为史坛主潮的变化，同时新史学内部也在不断嬗变与更新，史学研究方向的转变、史学思想的变化和方法论原则的转换，扩大了史学的认识能力和研究领域，推动了新史学的迅速发展和不断变化。在西方史学丰富复杂的发展图景中，上述研究方向的转变、史学思想的变化和方法论原则的转换，只是其中一个方面，绝不是其全部。但这却是近20年来西方史学发展中很值得我们注意的一个方面[20]。

对日本史学家就中国历史、历史文献的研究，开始引起学人的关注。《史学史研究》2002年第1、2、3期都有相关文章发表。

三、继承发扬民族修史传统，关注史书编修

2001年的人大、政协会议上，史学界的代表曾建议中央政府组织专门力量新修“清史”。“新修清史工程”提到议事日程上。

专家学者以史学史发展史，论说了我国有易代修史的传统，积累了丰富的历史典籍。清朝灭亡以后，后继的民国政府很快启动了纂修清史的工作。1914年设立清史馆，1928年，基本修成《清史稿》一书，共536卷。然而，《清史稿》问题很大，其缺陷和错误，归结起来是：编纂者的立场偏激、内容错误百出、史实讹误不可胜数[21]。因此，诚如《光明日报》编者所说的，希望史学界“新修清史”的宏愿早日实现。

国内有的学者对此提出不同的看法，2002年4月20日《文汇报》发表了《“官修正史”可以休矣》。同年8月13日《光明日报》发表杨帆《也谈清史纂修——与〈“官修正史”可以休矣〉一文作者商榷》的文章，论说了这一史学工程的意义，许多专家学者特别是学界前辈对此表现出极大的热情，期待藉此实现多年的心愿，为中华民族文化的振兴和文明的传承献上一份厚礼。作者说：在新世纪伊始，提倡由中央政府组织专门力量修纂清史，绝非“离题太远”，更非“恍如隔世”，恰恰相反，这一举措具有重大的文化价值和强烈的现实意义。

此外，龚育之、金冲及等主编，线装书局出版的《中国二十世纪通鉴》，龚书铎等启动的《中国文化发展史》等，都是首都史学家修史的大事。

2002年首都史学工作者撰写并出版了一批史学领域内热点图书[22]。

2002年11月20日，第二届郭沫若中国历史学奖评奖结果揭晓，是首都史学界的一件大事。

（作者：北京师范大学教授）

注：

①金冲及：《“21世纪中国历史学展望学术讨论会”开幕词》，中国社会科学出版社，2003年3月版，第1～2页。

②于沛：《历史学：与时俱进的中国史学》，《北京日报》，2002年11月11日。

③《20世纪下半叶国际历史科学的新潮流》，《史学理论研究》，2002年第1期。

④瞿林东的《唯物史观与中国史学发展》、于沛的《21世纪唯物史观面临的挑战与机遇》、吴恩远的《一定要坚持唯物史观指导》，《史学史研究》，2002年第1期；史革新的《唯物史观在我国早期传播》等，《史学史研究》，2002年第2期；吴英、庞卓恒的《弘扬唯物史观的科学理性——与蒋大椿先生商榷》，《历史研究》，2002年第1期。

⑤徐宗勉：《胡绳史论二题》，《历史研究》，2002年第3期。

⑥李小树：《论李大钊在中国史学多元格局中的理论选择》，《北京社会科学》，2002年第3期。

⑦龚书铎：《鉴往知来 以史致用——读〈史论十三篇〉》，《人民日报》，2002年10月20日。

⑧黄敏兰：《20世纪中国史学界对历史学性质的理论思考》，《史学理论研究》，2002年第2期。

⑨薄洁萍：《社会性别与西方妇女史研究》，《光明日报》，2002 年 8 月 27 日。

⑩左亚文：《马克思“世界历史”理论的现代意蕴》，《光明日报》，2002 年，11 月 19 日。

⑪王林聪：《略论“全球历史观”》，《史学理论研究》，2002 年第 3 期。

⑫李文海：《“21 世纪中国历史学展望学术讨论会”结束语》，《21 世纪中国历史学展望》，中国社会科学出版社，2003 年版。

⑬齐小新：《口述历史在美国刍议》，《北京大学学报》（哲学社会科学版），2002 年第 3 期。

⑭杨雁斌：《重现与印证历史的历史学——口述历史学的客观性管窥》，《国外社会科学》，2002 年第 4 期。

⑮姜芃：《城市史是否是一门学科?》，《世界历史》，2002 年第 4 期。

⑯吴怀祺：《易学与古代历史思维》，《云南民族学院学报》，2002 年第 1 期；王前：《论“象思维”的机理》，《中国社会科学院研究生院学报》，2002 年第 3 期。

⑰田余庆：《关于历史现象的内在联系》，《21 世纪中国历史学展望》，中国社会科学出版社，2003 年版。

⑱罗志田：《见之于行事：中国近代史研究的可能走向——兼及史料、理论与表述》，《历史研究》，2002 年第 1 期。

⑲瞿林东、吴怀祺、陈其泰：《从创立走向建设——中国史学史学科发展的历程》，《北京师范大学学报》，2002 年第 5 期；瞿林东：《白寿彝史学思想浅论》，《北京社会科学》，2002 年第 2 期；周文玖、王记录：《白寿彝的治学经历及其史学史研究》，《河南大学学报》，2002 年 3 月；张剑平：《略论白寿彝先生对〈史记〉的研究》，《回族研究》，2002 年第 2 期；李传印：《白寿彝先生的历史教育思想》，《史学史研究》，2002 年第 1 期等。

⑳陈启能：《二战后西方历史学的发展趋势》，《学习与探索》，2002 年第 1 期。

㉑戴逸：《乖谬百出的〈清史稿〉》，《光明日报》，2002 年 3 月 19 日。

㉒贾建飞：《2002 年史学热点领域著作述评》，《学习时报》，2003 年 3 月 17 日。陈高华、徐吉军：《中国风俗通史》（上海文艺出版社），孙燕京：《晚清社会风尚史》（中国人民大学出版社），李尚英：《清代政治与民间宗教》（中国工人出版社），王俊义：《清代学术探研录》（中国社会出版社），汪学群：《王夫之易学》（社会科学文献出版社），吴怀祺：《中国史学思想通史》（黄山出版社）（宋辽金、元、明、清四卷），卜宪群：《秦汉官僚制度》。

中国古代史

罗新慧　王东平

本年度北京地区从事中国古代史研究的学者们付出了辛勤的劳动，现将主要研究成果综述如下：

一、主要学术交流活动

本年度北京地区古代史学界召开的重要学术会议中，配合新出竹简的研究，3 月 31 日至 4 月 2 日，由清华大学思想文化研究所与台湾辅仁大学文学院联合主办的“新出楚简与儒学思想国际学术研讨会”吸引了人们的目光。这次会议在北京清华大学召开，与会的百余位专家、学者就上海博物馆藏竹简《孔子诗论》《性情论》《缁衣》等篇目的编连考释、学派归属及学术、思想史意义等问题进行了深入的切磋和交流，一些学者还就新出材料对整个学术研究的意义进行了探讨。

盛世修史。辛亥革命爆发，清朝统治结束至今已经整整 90 年了，但是迄今为止，还没有一部质量上乘、令国人感到满意的清代史，因此，立即实施由政府立项资助、组织全国专家共同纂修大型清史这一世纪性文化工程，已成为史学界和社会各界有识之士共同的迫切要求。本年度关于清史编修的问题成为热门话题，一些学者探讨了《清史稿》编修中存在的问题，论证了重新纂修清史的意义以及可资借鉴的历史经验与教训①。编修工作，体例先行，新修清史应该采取何种体例，也受到学者的关注②。利用档案修史，是中国历史的优良传统。卷帙浩繁的二十四史，大都是根据档案文献撰修的。如果要撰修一部新的高质量的大型清史，必然需要充分利用现存的清代档案，于是有学者著文探讨在清史编修工作中如何利用好档案资料的问题③。

二、出土文献的整理与研究

由于近年来不断有青铜器及简牍出土，因此，学者们在出土文献、材料的整理及研究方面取得了不少新的成果。

金文研究方面。“夏商周断代工程”所提出的西周金文历谱，是多位学者反复研究、讨论的一项成果。历谱编竣之后，学界又对两件铭文历日可供稽考的青铜器成钟和士山盘进行了考察，结果表明它们都能顺利排入西周金文历谱中④。在青铜器研究方面，曲沃北赵晋侯墓地 M114 出土的叔夨方鼎依然是关注焦点。曾有学者提出叔夨就是唐叔虞的观点，但另一些学者提出不同看法，认为应是叔虞子燮父，一名一字。“厥土”即叔夨官职。另有人认为墓主除了是燮父外，还有可能是武侯宁族。关于叔夨方鼎的年代，学界基本达成共识即不晚于西周中期，具体时间仍有争议。还有学者强调叔夨方鼎的出土提醒我们对西周历法展开深入研究⑤。

新出文献材料的研究方面，除了郭店楚简外，去年底及本年度相继出版的上海博物馆藏战国楚竹书同样引起学者们广泛的关注。众学者就已公布的简文，从文字考释、竹简编连、成书年代及学派归属、文本对读、思想内涵及意义等多方面作了研究。其中《孔子诗论》受到学者们的普遍关注。就该简的成书年代及学派归属问题，多数学者认为是孔子弟子子夏作品，也有少数学者指出孔子弟子子羔也有可能传诗⑥。关于该简与《诗序》《毛传》的关系，有学者认为《诗序》不可能是子夏本人的作品，只能说是由子夏开始的《诗》学系统的产物，但《诗序》和《毛传》都确实受《诗论》思想的影响⑦。还有学者则从王权观念的变化角度指出，《诗论》应当是孔子及门弟子关于其师授诗内容的记载。孔子论诗，传子夏，到谢曼卿、卫宏的时代最终形成《诗序》⑧。《诗论》出土后，为人们理解诗之意义提供了新的角度。《诗论》中有论述《黄鸟》的内容，有学者进行了相关考察后，认为《诗论》所论的《黄鸟》当属《秦风》而非《小雅》⑨。此外，有学者将上海博物馆竹简《性自命出》篇与《中庸》《孟子》进行对比，指出三者皆言“性”、“命”，都把性看作是来自天命的，但它们对“性”各有不同的解释和思想特点⑩。

张家山汉简是 1983 年在湖北江陵张家山 247 号汉墓中发掘出土的，其内容有《二年律令》《奏谳书》《脉书》《蓄庐》《算数书》等，对研究汉代法律及汉初政治、社会制度等有重要参考价值。有学者对《二年律令》中《史律》的流传情况、学术史意义作了研究，指出《史律》简的出土有助于对汉律名称、制定时间等问题的回答⑪。还有学者依据这批汉简勾勒出汉代诉讼关系的基本轮廓⑫。此外，另有学者据此探讨了汉代二十等爵制中爵位的等序与权益、拜赐与削夺、继承与转移、爵位与增减及赎免刑罚等问题⑬。学者们还对《二年律令》《奏谳书》中所涉及的汉代的关津制度进行了考察⑭。

长沙走马楼吴简《嘉禾吏民田家莂》也受到学界重视。有学者指出其中的建安纪年简在时间上并没有逾越孙吴历史时期。其内容都是黄武以后追述前事时所写的，借以来遮掩孙吴尊奉曹魏法统的历史⑮。还有学者考察了其中的诸吏特别是州吏的身份地位问题，认为州吏在嘉禾四年、五年间“二年常限”田之定收田亩租额的变化，反映了其身份地位的低落⑯。

其他出土资料研究方面，北京保利艺术博物馆征集的青铜器遂公盨引起了学者们的兴趣⑰，他们比较一致地断定此器年代为西周中期后段；有学者指明作器者遂公即见于《春秋》经传的遂国之君⑱；此外，他们还探讨了该盨铭文的重要思想、学术史价值。另有学者对“作册丰鬲”之铭文进行释读，从形制等方面推断该器作者与伊簋记载的“命册尹封”为同一人，两器皆为周厉王时器⑲。

三、传统课题的新进展

古代文明的起源及其研究始终引起学者们的浓厚兴趣，有学者指出中国文明起源具有独立特殊性以及连绵不断的特点，并强调儒学是中国古代文明的核心问题⑳。

在政治史研究方面。有学者以祭祀动机为标准将商代后期祭祖仪式分为有具体目的和无具体目的两大类，并对具体仪式作了阐述㉑。另有学者考证了《尚书·盘庚》“中”篇“兹予有乱政同位，具乃贝玉”一句中的“贝玉”，指出它不是指财富，而是指丧礼中为死者实口的葬具，即“饭含”，比喻准备去死。这是盘庚用于劝导、吓唬贵族们的语言，与货币完全无关㉒。有学者通过对古代文献中有关路寝、宗庙、殡宫、五门、三朝等制度的资料进行系统的搜寻稽考，论定《尚书·顾命》行礼场所在寝殿而非宗庙㉓。还有人以春秋时代较早且普遍设县的晋县、楚县为典型考察了春秋时期县制的发展状况，认为此时的县制，既是邦的发展，又是邦的自我否定。尽管楚县与晋县各具特色，但基本趋势是一致的㉔。

秦汉魏晋南北朝史方面，专著类成果有《秦汉官僚制度》㉕和《品位与职位——秦汉魏晋南北朝官阶制度》㉖。有学者利用简牍文献材料重新考辨了汉代的亭、邮，认为汉代禁盗贼的亭与掌管民政的乡为平行关系，属于两个系统，邮在西汉时是地方文书传送机构之一[27]。还有学者对侯景江北防线的确立问题作了探讨，指出其基础有二，一为地方豪族对侯景的支持；二是东魏北齐所受自身局势的牵制[28]。有学者从“三长制”的设定年代、成效及“三长”的名称、地位等四个侧面对北朝“三长制”进行了新探索[29]。还有学者探讨了客家民居特征的历史渊源，并强调这种民居特点在客家民系形成中具有决定性意义[30]。

隋唐史方面。专著类的成果有《唐西州行政体制考论》[31]。有学者通过唐代刺史谒见观察使、节度使谒见宰相或朝廷使臣时穿的礼服——戎服“櫜鞬服”的研究，分析了唐代地方行政长官所具有的军事长官色彩[32]。有学者利用敦煌书仪和传世史料中相关书函，研究了唐后期五代中央和地方接待四方来使的礼仪机构和官员（在中央是客省和客省使，在地方则是客司与客将），探讨了藩镇体制下中央和地方在礼仪职司方面的对等与互接作用[33]。

明清史方面。有学者提出，大战略是清朝历史命运的制动力，清王朝的政权兴亡命运和清代社会发展演化的曲线为大战略的设计和运筹的状况所决定，既受到大战略实施主体所在集团利益和阶级利益的直接影响，也受到历史文化、社会环境以及最高决策者素质等因素的影响[34]。也有学者对清代官修本朝战争史的专门机构方略馆的设置年代进行了考证[35]。

法制史也受到重视。有学者研究了唐代格后敕的编纂及特点，认为，唐代格后敕承袭并发展了格的特点——适应性、变通性、灵活性，它能够及时地体现皇帝的意志，适应变化了的社会状况。但无论是从体系的完整性还是法律自身的稳定性与严肃性而言，均不如唐前期。唐代格后敕的编纂改变了我国封建社会法律编纂的格局，给后世以深远的影响[36]。有学者对清朝法制的学术价值、现实意义及其发展阶段与特点作了详尽的阐述，论述了清朝法制发展从兴起、成熟到衰亡的过程，认为清朝作为中国封建社会的末代王朝，不仅其经济超越了前代，在法制建设方面也取得了显著成就[37]。也有学者以道光、光绪年间陕西分家继产纠纷与诉讼案例入手，研究了清代法律与社会双方的互动关系[38]。

社会经济史研究领域。有学者结合考古材料考察了汉与魏晋南北朝犁的构成和铁的材质，认为两个时期基本相似，并指出以二者犁的差异去说明这两个时期生产关系、经济关系的演变显然是不合理的[39]。有学者对徽州文书中保存下来元明时代的一些退契进行研究，发现这些退还土地文书的背后常常隐藏着诉讼纷争，并进一步指出在处理这些土地纷争时，元代的社长和明代的里长、老人发挥着惊人相似的作用[40]。但是比较多的成果集中于探讨清代问题。财政制度方面，有学者以道光二十年（1840）为界，将清代分为前清与晚清两个阶段，从不同角度对这两个阶段的财政收入状况进行比较，研究了清代财政收入规模与结构变化，试图探究其发展趋势及规律[41]。也有学者研究了清代耗羡归公政策出台的前因后果[42]。税制方面，有学者对中西税法进行了比较研究，指出了学术界对清代税收法律制度的认知误区[43]。关于土地制度史研究中的“地租率”，也有学者指出，近年来学者们通过地主地租簿的研究已经发现，地租实收数量与租约规定的租额之间有着一个颇大的差距，研究地租率，应从“实收率”入手[44]。城市史的研究继续受到重视，有学者以明中叶至清中叶的苏州为例，考察了明清时代工业发展与城市发展的关系[45]，也有学者研究了清代作为大众化的社会空间的茶馆在城市社会生活中扮演的重要的角色[46]。在社会管理体制方面，有学者对清代精神病人管制措施进行研究[47]，也有学者通过典型案件的分析，研究清代的社会控制机制[48]。

在思想、文化研究方面。专著类的成果有《古代中国社会与文化》[49]《唐代策试考述》[50]。有学者藉出土竹简材料，缕析了老子思想的发展过程，指出老子思想体系大约经历了三个阶段的历史发展才最终形成：即春秋末年老聃首创今传本《老子》书中的“德”论、“道”论、“礼”论等；到春秋战国之际老莱子补充提出“贵虚”并阐发“无为”之说；再到战国中期太史儋强调“圣人”、治国之论和权术并对道、德、仁、义、礼等的位置和次序作了排定[51]。另有人对思孟关系进行了考察，认为孟子虽深受子思及其门人的影响，并与之构成思孟学派，但他并没有受业于子思或其门人。《子思子》《孔丛子》等书所载的那位姓孟，名轲，字子车的儒者，并非孟子，而是一位与孟子同姓名的子思弟子[52]。

近年来学术界对于禅思想史的研究一直维持着研究的热情，研究著作和整理的资料出版了多种，成绩显著，但是也有学者对禅思想史研究现状进行反思，提出了研究中存在的若干问题[53]。

对于李贽的研究是一个热点。9月6日至9日在湖北麻城市召开的纪念李贽逝世400周年和诞辰

475周年的国际学术研讨会，北京学者任继愈等为大会提供了论文并作了发言，《首都师范大学学报》发表多篇文章，对李贽生平事迹、政治活动、政治和学术思想进行了深入的研究[54]。清代文化史的研究也比较热烈，有宏观性的研究，如对清初儒学的经道合一论与学风演变进行研究[55]，对清代老庄研究进行探讨[56]，也有学者以代表性的人物或群体为例，进行剖析，例如有学者以戴震、阮元为例，对乾嘉时代汉学治学宗旨及其学术实践进行探析[57]，也有学者对清代学术史上颇有影响的礼学家凌廷堪的生年进行考订[58]。

宗教史方面。唐代是道教发展的鼎盛期，对当时的社会生活产生了重大影响，有学者考察了唐代道教宫观、道士和女冠以及伪滥道众的实际情况，对唐朝道教的发展规模作了客观中肯的研究[59]。明代太监以个人资财建寺修寺，是明代佛教乃至于明代社会生活中一个引人瞩目的现象，有学者著文对明代太监与佛教关系进行了深入的研究[60]。明清时代是中国伊斯兰文化发展中的重要时期，有学者著文对明清时代回族穆斯林汉译著述活动中将伊斯兰文化与中华文化结合的问题作了阐述[61]。

四、北京史地研究方面

自20世纪80年代以来，城市史研究已成为史学研究中的一个热点。在这一研究的热潮中，有关北京城市史的专著与论文也大量出现。作为“中国历史的缩影”，北京城市在中国历史上的地位与作用以及北京史研究的意义与价值，都是全国其他城市所无法替代的。有学者著文回顾了整个20世纪中外学者对北京史的研究状况[62]。北京自古以来就是一个多民族活动的区域，北京的发展是各民族共同创造的结果。本年度有多篇论文涉及历史上少数民族与北京城市发展的关系[63]。还有学者对北京历史上的驿站进行考证[64]。

（作者：北京师范大学副教授）

注：

①戴逸：《〈清史稿〉的纂修及其缺陷》，《清史研究》，2002年第1期；秦国经、高换婷：《清朝修史与〈清史稿〉编纂研究》，《清史研究》，2002年第3期。

②陈其泰：《纂修大型清史宜采用新体》，《清史研究》，2002年第1期。

③唐益年、李国荣、韩永福：《清代档案与清史修撰》，《清史研究》，2002年第3期。

④李学勤：《对“夏商周断代工程”西周历谱的两次考验》，《中国社会科学院研究生院学报》，2002年第5期；朱凤瀚：《士山盘铭文初释》，《中国历史文物》，2002年第1期。

⑤以上观点详见《曲沃北赵晋侯墓地M114出土叔夨方鼎及相关问题研究笔谈》，《文物》，2002年第5期，黄盛璋、朱凤瀚、刘雨、孙庆伟等人的发言。

⑥廖名春：《上博〈诗论〉简的作者和作年》，《齐鲁学刊》，2002年第2期。

⑦李学勤：《〈诗论〉说〈关雎〉等七篇释义》，《齐鲁学刊》，2002年第2期。

⑧晁福林：《从王权观念变化看上博简〈诗论〉的作者及年代》，《中国社会科学》，2002年第6期。

⑨晁福林：《上博简〈诗论〉与〈诗经·黄鸟〉论析》，《江海学刊》，2002年第5期。

⑩许抗生：《〈性自命出〉〈中庸〉〈孟子〉思想的比较研究》，《孔子研究》，2002年第1期。

⑪李学勤：《试说张家山简〈史律〉》，《文物》，2002年第4期。

⑫李均明：《简牍所反映的汉代诉讼关系》，《文史》，第60辑，中华书局2002年版。

⑬李均明：《张家山汉简所反映的二十等爵制》，《中国史研究》，2002年第2期。

⑭李均明：《汉简所反映的关津制度》，《历史研究》，2002年第3期。

⑮罗新：《走马楼吴简中的建安纪年简问题》，《文物》，2002年第10期。

⑯蒋福亚：《〈嘉禾吏民田家莂〉中的诸吏》，《文史哲》，2002年第1期。

⑰详见《中国历史文物》，2002年第6期，李学勤、裘锡圭、朱凤瀚、李零等人的文章。

⑱李学勤：《论遂公盨及其重要意义》，《中国历史文物》，2002年第6期。

⑲王冠英：《作册丰鬲铭文考释》，《中国历史文物》，2002年第2期。

⑳李学勤：《中国古代文明及其研究》，《齐鲁学刊》，2002年第4期。

㉑刘源：《商代后期祭祖仪式类型》，《历史研究》，2002年第6期。

㉒姚孝民：《“具乃贝玉”新说》，《中国史研究》，2002年第2期。

㉓刘起釪：《〈尚书·顾命〉行礼场所在路寝在宗庙异说考》，《中国史研究》，2002年第1期。

㉔郑殿华：《论春秋时期的楚县与晋县》，《清华大学学报》，2002年第4期。

㉕卜宪群：《秦汉官僚制度》，社会科学出版社，2002年版。

㉖阎步克：《品位与职位——秦汉魏晋南北朝官

阶制度》，中华书局，2002年版。

㉗吴荣增：《汉代的亭与邮》，《内蒙古师范大学学报》，2002年第4期。

㉘李万生：《论侯景江北防线确立的基础》，《中国史研究》，2002年第3期。

㉙侯旭东：《北朝“三长制”四题》，《中国史研究》，2002年第4期。

㉚黎虎：《汉魏晋北朝中原大宅、坞堡与客家民居》，《文史哲》，2002年第1期。

㉛李方：《唐西州行政体制考论》，黑龙江教育出版社，2002年版。

㉜黄正建：《唐代戎服“櫜鞬服”与地方行政长官的军事色彩》，《中国史研究》，2002年第4期。

㉝吴丽娱：《试论晚唐五代的客将、客司与客省》，《中国史研究》，2002年第4期。

㉞徐兆仁：《大战略是清王朝历史命运的制动力》，《中国人民大学学报》，2002年第3期。

㉟姚继荣：《清代方略馆设置年代记载小议》，《北京师范大学学报》，2002年第1期。

㊱侯雯：《唐代格后敕的编纂及特点》，《北京师范大学学报》，2002年第1期。

㊲张晋藩：《清朝法制史概论》，《清史研究》，2002年第3期。

㊳张小也：《从分家继产之讼看清代的法律与社会——道光、光绪年间陕西相关案例分析》，《清史研究》，2002年第3期。

㊴杨生民：《汉代与魏晋南北朝犁演变的历史考察》，《江西师范大学学报》，2002年第3期。

㊵周绍泉：《退契与元明的乡村裁判》，《中国史研究》，2002年第2期。

㊶申学锋：《清代财政收入规模与结构变化述论》，《北京社会科学》，2002年第1期。

㊷董建中：《耗羡归公政策究竟是如何出台的》，《清史研究》，2002第2期。

㊸张世明：《时间与空间：清代中国与西方在税法上的文化选择》，《清史研究》，2002年第3期。

㊹高王凌：《地租征收率的再探讨》，《清史研究》，2002年第2期。

㊺李伯重：《工业发展与城市变化：明中叶至清中叶的苏州（中）》，《清史研究》，2002年第1期。

㊻刘凤云：《清代的茶馆及其社会化的空间》，《中国人民大学学报》，2002年第2期。

㊼郝秉键：《清代精神病人管制措施考述》，《清史研究》，2002年第2期。

㊽王成兰：《从“陈四案”管窥康熙五十年前后的社会控制》，《清史研究》，2002年第2期。

㊾葛兆光：《古代中国社会与文化十讲》，清华大学出版社，2002年版。

㊿陈飞：《唐代策试考述》，中华书局，2002年版。

(51)晁福林：《论老子思想的历史发展》，《孔子研究》，2002年第1期。

(52)郭沂：《孟子车非孟子考：思孟关系考实》，《中国哲学史》，2002年第3期。

(53)葛兆光：《历史、思想史、一般历史——以唐代为例讨论禅思想史研究中的一些问题》，《唐研究》第八卷，北京大学出版社，2002年版。

(54)《首都师范大学学报》，2002年第6期，发表的关于李贽研究的论文有：任继愈：《李贽改革悲剧给后人的启示》；漆绪邦：《试论李贽的民本位政治思想》；张建业：《李贽的价值——纪念李贽逝世400周年诞辰475周年》；段启明：《“水浒三序”与忠义之辨——重读李贽〈忠义水浒传序〉》；牛鸿恩：《我所认识的李贽——李贽尊孔与反孔试论》。

(55)汪学群：《清初儒学的经道合一论与学风演变》，《中国史研究》，2002年第3期。

(56)刘仲华：《清代老庄研究概述》，《北京社会科学》，2002年第3期。

(57)黄爱平：《乾嘉汉学治学宗旨及其学术实践探析——以戴震、阮元为中心》，《清史研究》，2002年第3期。

(58)林存阳：《凌廷堪生年考》，《清史研究》，2002年第1期。

(59)王永平：《论唐代道教的发展规模》，《首都师范大学学报》，2002年第6期。

(60)程恭让：《明代太监与佛教关系考述（下）》，《首都师范大学》，2002年第4期。

(61)王东平：《明清回族汉译著述与伊斯兰教法的传布》，《世界宗教研究》，2002年第2期。

(62)邱国盛：《百年北京史研究综述》，《北京社会科学》，2002年第3期。

(63)凌弘：《民族大迁移造就了北京城》，《中央民族大学学报》，2002年第1期；一介：《历史上在北京建都的少数民族》，《中央民族大学学报》，2002年第1期。

(64)王灿炽：《北京密云驿站考》，《北京社会科学》，2002年第2期。

中国近现代史

宋小庆　张　皓　李文娟

一、中国近代史研究的进展概况

(一) 政治

贾熟村从一个微观的角度，揭示了太平天国地方政权的复杂性[①]，他还对太平天国时期常熟地区的阶级斗争状况进行了分析[②]。夏春涛指出，太平天国的毁灭偶像运动实质是要以一神替代众神[③]。他对以“邪教”说全盘否定洪秀全与太平天国的偏向提出质疑，并对由此反映出的学风问题提出批评[④]。贾熟村认为李秀成对太平天国的再振功不可没，但是集团壮大之后却越来越散漫而不可制；李秀成被俘后，提出“招降十要”，更是重大的污点[⑤]。他力图通过对石达开集团的考察，进一步彰显太平天国兴亡得失的内因[⑥]。朱东安从思想、政治的角度分析了曾国藩集团的形成和发展的原因[⑦]。

戊戌维新史的研究也有进展。茅海建以大量的档案史料，细化了戊戌政变的全过程，也对先前研究各说提出了自己的看法[⑧]。郭卫东认为，袁世凯告密是造成慈禧提前回宫发动政变的最直接原因[⑨]。

关于辛亥革命和清末新政。李文海、颜军认为，不能低估辛亥革命对现代化的促进作用[⑩]。李铁映特别强调要坚持以马克思主义的唯物史观指导史学研究[⑪]。郭卫东对清廷的自我崩溃进行了探讨[⑫]。李明伟认为，革命政治文化迅速传播，使以革命和排满来解决中国问题逐渐成为共识[⑬]。欧阳恩良[⑭]和牛贯杰[⑮]从不同角度分析了20世纪初兴起的暗杀风潮的原因。郭双林认为，在立宪与革命之间，章士钊只忠于学理，并未厚此薄彼[⑯]。张勇订正了相关史实，探讨了“革命军起、革命党消”这个口号在当时产生重大影响的原因[⑰]。耿云志认为，各省谘议局联合会只是一种联络性质的组织[⑱]。卞修全比较、分析了革命派和立宪派的宪政主张[⑲]。楚双志、马平安认为，清帝的废立、义和团的剿抚和对列强的和战问题上的失败和让步，为新政时期中央与地方的权力之争埋下伏线[⑳]。马平安指出，张之洞地方实力派的兴起是慈禧采取驾驭地方派系策略的产物，该派系的发展和异变是导致清亡的一个重要因素[㉑]。李细珠认为，晚清严格意义上的政治近代化始于戊戌维新运动，而清末十年的“宪政”则是一次真正意义上的近代化实验[㉒]。

(二) 思想、文化和教育

在人物思想方面，张昭军论述了章太炎儒学思想由传统向近代的转变[㉓]。王天根阐发了章太炎伦理思想的特点与意义[㉔]。他通过对严复、章太炎有关思想的剖析，揭示了中国近代民族主义理念诞生与发展的曲折历程[㉕]。王宪明对孙中山、严复关于知识、习俗与政治之间相互关系的论述作了梳理和比较分析[㉖]。张卫波指出，陈焕章在民国初年提倡尊孔，主要是为了保存和发扬国魂、国性和国粹，其失败主要缘于对时势的错判和对孔学的误读[㉗]。

关于社会思潮的研究。李存朴认为，《海国图志》在中日反响不同的原因，主要是中国未形成与《海国图志》的观念相近的社会群体[㉘]。夏明方指出，洋务派思想家对主导传统意识形态和民众信仰的灾异观进行的批判，未能转化为促进工业化实践的精神动力[㉙]。董贵成认为，维新派对西方的“科学方法”进行的探讨有助于思想的解放，对五四时期倡导科学精神起了先导作用[㉚]。黄兴涛考察了清末民初“中华民族”观念的出现、传播和内涵的演变[㉛]。他对“民族”的现代内涵及其在中文里出现的时间进行了考证[㉜]。梁景和、黄东提出，20世纪初年国民意识的发展是封建专制社会向近代民主社会演进的一个重要标识[㉝]。卢海燕对马克思主义在中国早期传播的历史文献进行了考释[㉞]。史革新认为唯物史观在中国的早期传播，有助于清末国人的反帝反封建斗争，为马克思主义在中国大地生根开花准备了一定的条件[㉟]。

在教育方面，郑师渠认为师范馆是京师大学堂学生高扬爱国精神的策源地，是近代中国高等师范教育的起点[㊱]。程歗、谈火生探讨了分科设学在近代学术转型中所起的作用，认为该模式是传统的内部变动和西学的外部输入错综交织的产物[㊲]。赵云田详述了清末新政期间新疆文化教育的发展情况及其特点[㊳]。

史革新指出，陈寿祺在主持鳌峰书院期间的种种努力为福建学术向近代方向转变做了必要的精神准备[㊴]。赵诚论述了晚清金文研究的概况、特色和贡献[40]。张越、叶建认为，近代学术期刊的出现对史学发展有重要的意义[41]。

（三）社会史、经济史研究

社会史研究一直是近年来的一个热点。王开玺对嘉道年间的京城保甲制度及社会治安问题作了研究[42]。王庆成探讨了晚清华北地区，主要是直隶省村落的外部形态[43]。他还研究了晚清时期直隶、山东一些州县村镇的人口问题[44]。赵英霞以乡土社会迎神赛社为视点，对近代山西民教冲突作了探析[45]。欧阳恩良指出，忠义思想是秘密会党伦理思想的核心，它直接取材于清代繁荣的民间文艺作品[46]。梁景和认为，民初人们把改造封建家庭制度与改造社会联系起来，蕴含了文化革命的深刻意义[47]。李明伟分析了城市社会阶层的变迁给中国现代化进程带来的影响[48]。杨东梁认为，东南地区近代化智力资源的积累，加快了社会改良和革命，加速了社会的变迁[49]。李长莉指出，中国近代家庭伦理的演化萌生，是城市化、商业化社会变动带来的家庭结构和生活方式变动的伴生物[50]。孙燕京从文化史、社会史的角度系统考察了晚清社会风尚的演变[51]。李长莉则着重研究了晚清上海社会生活的近代化问题[52]。

在经济史方面，林齐模通过论述太平天国战争对安徽田赋征收的影响，揭示了安徽传统社会向近代转型前的内部危机[53]。刘四平、李细珠认为，在近代币制改革中，张之洞充当了一个改革者的角色[54]。张世明考察了清代中国与西方税法的异同和清代中西税收制度变迁的动力和原因，分析了学术界对清代税收法律制度的认知误区[55]。周建波认为洋务运动期间形成的劳工雇佣与管理制度，是近代中国人在机器工业建立方面迈出的坚实一步[56]。祁美琴考察了晚清常关制度的确立、演变和衰落，认为常关的存在及其与海关的斗争，具有反侵略、维护关税自主权的特殊意义[57]。夏明方认为，国内有关近代华北农村社会的研究中存在着过分夸大经济增长的倾向，作者指出，所谓近代华北农户收入的大幅度提高和农村的发展，不是历史的真实[58]。申学锋、张小莉概述了1991年以来相关领域的主要成果[59]。

（四）人物

姜涛对《李秀成自述》某些内容进行了新的考证和解读[60]。马忠文认为，康有为1888年频频上书权贵很大程度上是受清议风尚的影响，主要是寻求出仕机会[61]。房德邻强调，康有为作为戊戌变法核心人物和维新运动领袖的历史地位不容怀疑[62]。孙向中分析了康有为创立孔教的得失[63]。王中江认为，与严复相比，梁启超更有资格充当西方社会达尔文主义在中国的代表人物[64]。李细珠认为，张之洞的《江楚会奏变法三折》推动了清末新政的开展，确立了张之洞在新政中的角色和地位[65]。马忠文论述了黄、张交谊及其在维新运动中的政治合作[66]。李细珠分析了张之洞在清末教育改革中所起的重要作用[67]。他探讨了张之洞的练兵思想和湖北新军的创建，并与北洋新军做了比较研究[68]。邹小站对章士钊、陈独秀从密切交往、共同革命，到分道扬镳的过程进行了考察[69]。

（五）对外关系史和边疆史地

茅海建指出，尽管光绪在戊戌变法期间积极推动外交礼节改革，但内心对外部世界仍有隔膜，这在一定程度上反映出中国外交近代化的艰难与无奈[70]。胡忠良利用中国第一历史档案馆所藏档案资料，对晚清欧洲人在华游历的有关问题进行了勾勒和分析[71]。许建英指出，帕米尔问题是列强侵略扩张的结果，但清政府对帕米尔悬案的形成也难辞其咎[72]。贾熟村评述了陈兰彬在中国外交史上的贡献[73]。刘存宽认为，1895年中俄《四厘贷款合同》和《声明文件》是俄国对华经济侵略方式发生转变的标志，是中俄经济关系史上的重大事件[74]。张建华认为，不平等条约概念是孙中山留给20世纪中国的一笔重要的遗产[75]。

关于边疆史地的研究，赵云田认为，清末川边改革既是为了抵御侵略，也是为了解决川边存在的问题[76]。他指出，清末西藏新政维护了清政府对西藏的主权，有利于抵御外来势力的侵略，文章还对导致西藏新政失败的原因做了分析[77]。他提出，新政期间东北进行的以调整官制和整顿吏治为主要内容的政治改革，是中国传统官制和西方近代官制合璧的产物[78]。他还回顾了20年来该领域所取得的成果，并对如何深化研究提出意见[79]。索文清考察了1908年达赖喇嘛在京的活动情况[80]。

（六）学科发展

由中国社会科学院近代史研究所“中国近代史研究学术动态课题组”集体完成、张海鹏执笔的《2000年中国近代史研究学术动态概述》[81]一文，系统总结了2000年中国近代史（1840—1949）的研究概况，并对如何加强薄弱环节的研究提出看法。张海鹏对中国大陆，特别是中国社会科学院近代史研究所有关民国史研究做了总结，并对中国近代史发展的基本线索做了新的探讨[82]。李文海对历史学科的建设提出了自己的意见[83]。张越、黄静概述了

20年来中国近代史研究的主要成就、存在的问题，以及对学者们未来研究走向的看法[84]。刘志琴、侯且岸和马勇对中国近现代史研究体系、研究范式的改造和调整，提出了意见[85]。赵世瑜就新史学的发展提出了设想[86]。姜涛对于晚清史与清代前中期史的整合，晚清史研究领域的拓展、研究方法的更新等问题做了探讨[87]。

二、中国现当代史研究进展和主要特点

（一）政治

首先，作为通史的组成部分，抗日战争史一直是北京学术界的研究热点，本年度的研究主要有几点：一是对敌我双方的研究。对我方，杨圣清恰当地评价了山西南部中条山地区人民对抗战的贡献[88]；对敌方，史桂芳着重分析了日本侵华的三种理论，即“东亚联盟论”、“东亚协同体论”和“大东亚共荣圈论”[89]。臧运祜探讨了“中国驻屯军司令部”于1936年9月15日制定的《1936年度华北占领地区统治计划书》，分析了其产生背景及侵略实质[90]。居之芬对日本在华北劳务掠夺体系与强制劳工人数若干问题作了研究[91]。

其次，共产党、国民党及中间党派相互之间关系及情况的研究，也是热点。朱红勤论述了中共的统一战线策略在牺盟会创建时期正确运用的作用及意义[92]。杨奎松重新探讨了皖南事变过程的国共关系，认为事变的发生带有相当的偶然性[93]；闻黎明探讨了中间党派在事变中的立场和主张[94]。邓野认为解放战争全面爆发前的南京谈判，实际上为双方合作的终结完成了最后的程序[95]；汪朝光认为双方的“和”不过是插曲，“战”才是主旋律[96]；刘统认为中共中央经历了一个从维护和平到准备战争的思想转变过程[97]。

再次，国民党史的研究本年度主要着重于国民政府成立以前。梁尚贤分析了国民党镇压广东农民运动的后果[98]。杨奎松探讨了蒋介石是如何走向“三·二〇事件”的，又是如何从“三·二〇事件”走向“四·一二事件”的[99]。

另外，新中国的政治研究，也十分显著，而且覆盖各个时期、各种问题。杨青认为，中华苏维埃共和国在政权体制方面为中华人民共和国的开国提供了有益的可资借鉴的历史经验[100]。庞松[101]和武力[102]对“三农”问题作了探讨。高化民探讨了1955年时的合作社问题[103]；辛逸则讨论了大公社所有制的变迁，并认为其主要特征是“一大二公”和“政社合一”的管理体制[104]。李正华总结了新中国立宪、修宪的主要特点[105]。鲁振祥认为邓小平提出的建设社会主义需要“几代、十几代、甚至几十代”的论断标志着中国共产党真正确立了社会主义长期性的观点[106]。李润海、王传利[107]及康沛竹探讨了三代领导集体是如何治理国家的[108]。

（二）外交

这一直是北京学术界研究的热点和重点。本年度研究的重点在于中共及新中国政府对外政策和关系。关于建国以前，赵建利、任学勇、周前胜探讨了抗战时期中共是如何争取美援的[109]；谭一青则分析了解放战争时期中共对美政策的制定实施及意义[110]；牛军在学术界有关研究基础上，进一步探讨了美苏国共四方的复杂关系[111]。

关于建国以后，成果更多。在宏观方面，章百家扼要地回顾了有关中共对外政策及新中国外交史研究的进展情况[112]。关于中美关系的研究，涉及各个问题，主要有：邓礼峰[113]和李丹慧[114]探讨了援越抗美政策的制定、实施、意义及其他有关的一系列问题。宫力[115]和李捷[116]探讨了中美两国建交情况。张植荣、蒋苏晋对美国政府一再声称的在钓鱼列屿问题上所谓中立立场提出质疑[117]；牛大勇则撰文探讨了美国“肯尼迪政府是怎样观察和对待中苏分歧的”[118]。关于中苏关系的研究，沈志华再次讨论了远东防空协定、长波电台及联合舰队等一系列问题[119]。关于中法、中日关系的研究，围绕着台湾问题而展开。潘敬国、张颖指出围绕着中法建交与法台断交，中、法、美相互之间展开了一场激烈的外交战[120]。李瑗指出台湾问题是影响中日邦交正常化的主要障碍[121]。

关于国民政府、国民党对外政策及关系，罗敏在探讨抗战时期国民党政府对越政策演变之后，讨论战后对越政策演变[122]。张北根探讨了1934年下半年到1935年底中美之间关于白银和币改问题的交涉情况[123]。他还和劳力论述了解放战争后期美蒋之间的矛盾[124]。汪朝光分析了中苏之间在东北经济问题上的交涉情况及影响因素[125]。

关于外国对华关系，李丹阳探讨了俄国布尔什维克（B）同中国无政府主义者及团体（A）的关系[126]。沈志华从专家援华角度，探讨了苏联对华关系的变化轨迹[127]。王蓉霞探讨了1925年关税特别会议前英国是如何确立对华关税政策的[128]。王建朗认为日本不肯顺应中国的形势变化，依然以旧思维、旧方式对待中国[129]。

（三）经济

关于建国前的经济研究，覆盖了金融、工业等领域。朱荫贵认为1927年到1937年是中国银行业快速发展的重要时期[130]。陈静对沦陷时期北平日伪的金融体系及掠夺手段的问题作了探讨[131]。田霞分析了抗战时期陕西工业的发展情况及原因[132]。

关于建国后的经济研究，涉及各个时期各个问题。刘美玲、赵月琴探讨了中央财政经济委员会的成立始末[133]。袁宝华探讨了1961年国民经济调整“八字方针”的提出背景[134]。郑谦以1970年北方地区农业会议为例，分析了当时的国内形势[135]。陈东林对走向市场经济的三线建设调整改造作了探讨[136]。黄道霞[137]、丁力[138]和张神根[139]，则对新中国的农业发展作了探讨。

（四）军事

关于军事方面的研究特点是：一是由于2002年是人民解放军建军75周年纪念，北京学术界以此为契机展开了建军问题研究。关于红军，刘国语探讨了土地革命战争时期红军建设的基本经验[140]；朱根生则讨论了有关西北红军的发展情况[141]。关于八路军、新四军的建设情况，何理对抗日战争时期人民军队建设的历史经验作了探讨[142]。关于新中国人民军队的发展，于化民探讨了科技对军队质量建设的作用[143]。二是对战争史的研究有所深入，而且覆盖各个时期。徐勇强调指出日军驻北平的甲一八五五部队及其分部是一支反人道、反国际法，担负研制、生产和使用细菌武器作战任务的侵略军队[144]。陈廉以东北为例，探讨了中共中央是如何具体实施“向南防御、向北发展”的战略方针的[145]。张皓探讨了解放战争为什么有三年、四年、五年等多种时间的说法[146]。牛军针对以往研究中存在的一些问题，认为越过三八线是从政治角度考虑出发的[147]。陈伙成从自己的经历中，对援越抗美反空袭作战问题作了探索[148]。秦克丽探讨了20世纪50年代以来的台海危机和经验教训[149]。袁正领指出新中国在各个时期进行了常规威慑实践是针对各种情况作出的，具有必然性[150]。徐奎论述了20世纪六七十年代的“全国大备战”的得与失[151]。

（五）人物

关于人物方面的研究主要体现在：一是研究中共领导人和革命家、政治家、军事家。金冲及从整体上探讨了老一代革命家在中华人民共和国开国过程中的历史贡献[152]。对于个人，主要有：陈铁健评价了陈独秀在抗日战争时期的地位和贡献[153]。李小树探讨了李大钊对中国马克思主义史学的发展所作的贡献[154]。王也扬认为毛泽东发动大跃进的原因之一是他要摆脱苏联模式，走自己的路[155]；陈晋的两篇论文[156][157]探讨了毛泽东对文化问题的思考和实践。王双梅对刘少奇的有关中国共产党与人民群众关系的理论方面的贡献作了探讨[158]。陈扬勇认为周恩来既希望老同志在“文革”中积极抗争，又希望能注意方式[159]；曾自对周恩来文物保护思想的探讨，对今天西部大开发提供了借鉴[160]。庹平探讨了朱德对华北抗日游击战争所作的贡献[161]。张皓探讨了邓小平在西藏和平解放过程中的地位和作用[162]；宋毅军认为邓小平在第二代向第三代领导集体顺利过渡的过程中发挥了决定性作用[163]。杨明伟探讨了江泽民对中国政府制定的一系列战略方针、措施以应对全球化所作的贡献[164]。李淑荣认为彭真主持制定《二月提纲》，力图把“文化大革命”置于党中央的正确领导下[165]。高秀用探讨了王树声对创建发展豫西抗日根据地的贡献[166]。二是国民党人物。曹国芳探讨了张治中同新疆联合政府之间的关系[167]。三是民主党派、无党派人士和爱国华侨。孙思源探讨了华侨企业家胡文虎对抗日战争的贡献[168]。四是文化、教育及其他方面的人物。赵夏探讨了顾颉刚对边疆问题研究所作的贡献[169]。宋志明认为张东荪的多元认识论虽然未能突破实证论的藩篱，但在中国哲学发展史上仍占有重要地位[170]。

（六）社会、思想、文化、学科、边疆史地等方面

近年来，社会史的研究成为热点，2002年也不例外。关于建国前，王玥指出军阀的纵毒行为导致烟毒前所未有地泛滥起来[171]。农伟雄指出日本利用鸦片入侵，导致西蒙地区鸦片泛滥[172]。王跃生认为冀南农村的分家行为与传统具有很强烈的延续性[173]。关于建国后，程美东从几个方面分析了“改革开放以来中国的人口结构状况”[174]，侯松涛探讨了“20世纪80年代中国农村的社会习俗变迁”[175]，王跃生则对社会变革与当代农村婚姻家庭变动的研究作了回顾和思考[176]。另外，李文总结和评价了近半个世纪以来中国城市化进程[177]。谭烈飞则指出北京作为古都、文化名城和新中国首都，其住宅建设应有历史的继承性和创新性[178]。

在思想方面，孙中山思想的研究是热点，蔡乐苏及曾静[179]、欧阳军喜[180]和舒文[181]等从不同角度进行了探讨。对于其他思想、思潮，黄道炫认为力行哲学的提出不但是当时社会某种政治的需要，也和蒋介石的哲学思想密切相关[182]；黄一兵分析了“新启蒙”思潮对中国启蒙运动改造的主要表现方面[183]；张太原分析自由主义和马克思主义从同属于“新思潮阵营”走向两条不同道路的情况[184]。李少兵探讨了一些宗教人士对宗教革新与发展的贡

献[185]。

关于文化与教育，徐秀丽认为平教会的扫盲运动对平民文化水平的提高产生了积极作用[186]。王存奎认为北大是中国民俗学的发源地[187]。王立新对“文化侵略”与“文化帝国主义”作了分析[188]。李琦认为建国初期全国高校院系调整总体上适应了当时的需要，但也出现了一些问题[189]。夏杏珍对20世纪六七十年代的两次文化政策的调整情况作了对比[190]。

关于学科发展研究，邓小咏分析了建国前藏学研究情况[191]。左玉河认为中国哲学会的成立是中国现代哲学走向成熟的标志[192]。陈其泰认为中国史学会主编的《中国近代史资料丛刊》堪称新中国历史科学的盛举[193]。

在边疆史地方面，孙宏年以治藏议案为中心，分析了国民政府治藏政策的内容和影响[194]。李养第、韩英则探讨了“改革开放以来我国民族区域自治制度的发展和实践”[195]的一些情况。

（作者：宋小庆、张皓，北京师范大学副教授；李文娟，北京师范大学研究生）

注：

①《太平天国时期的盛泽镇》，《广西师范大学学报》（哲社版），2002年第4期。

②《太平天国时期的常熟地区》，《黑龙江社会科学》，2002年第4期。

③《太平天国毁灭偶像政策的由来及其影响》，《广西师范大学学报》（哲社版），2002年第2期。

④《太平天国宗教“邪教”说辩正》，《山西大学学报》（哲社版），2002年第2期。

⑤《对李秀成集团的考察》，《史学集刊》，2002年第1期。

⑥《对石达开集团的考察》，《河北学刊》，2002年第6期。

⑦《关于曾国藩集团的社会来历》，《广西师范大学学报》，2002年第2期。

⑧《戊戌政变的时间、过程与原委——先前研究各说的认知、补证、修正》（1—3），《近代史研究》，2002年第4—6期。

⑨《再论戊戌政变中袁世凯的“告密”问题》，《清史研究》，2002年第1期。

⑩《走向现代化的必由之路——纪念辛亥革命90周年》，《中国人民大学学报》，2002年第1期。

⑪《科学地推进辛亥革命史研究——为纪念辛亥革命90周年而作》，《近代史研究》，2002年第1期。

⑫《视角转换：清朝覆亡原因再研究——为纪念辛亥革命90周年而作》，《史学月刊》，2002年第1期。

⑬《革命政治文化传播与清末民初政局》，《商丘师范学院学报》，2002年第4期。

⑭《辛亥暗杀风云的思想社会根源》，《青海社会科学》，2002年第2期。

⑮《试论清末革命党人政治暗杀活动的文化根源》，《燕山大学学报》（哲社版），2002年第4期。

⑯《在立宪与革命之间——试论武昌起义前后章士钊的政治思想》，《史学月刊》，2002年第3期。

⑰《再议“革命军起、革命党消”》，《清华大学学报》（哲社版），2002年第1期。

⑱《辛亥革命前夕的各省谘议局联合会》，《福建论坛》（人文社会科学版），2002年第2期。

⑲《清末资产阶级知识分子的宪政主张论析》，《天津社会科学》，2002年第5期。

⑳《清庚子前后中央与地方的政见之争》，《辽宁教育学院学报》，2002年第7期。

㉑《试论张之洞地方实力派的兴衰与中央集权之间的关系》，《辽宁教育学院学报》，2002年第1期。

㉒《晚清政治近代化的思想史阐释——读梁景和著〈清末国民意识与参政意识研究〉》，《首都师范大学学报》（社会科学版），2002年第1期。

㉓《试论戊戌维新时期章太炎的儒学思想》，《东方论坛》，2002年第5期。

㉔《章太炎的伦理思想及其影响》，《广西师范大学学报》（哲社版），2002年第1期。

㉕《宗法社会与近代民族主义——以严复、章太炎对〈社会通诠〉探讨为中心》，《学术论坛》，2002年第2期。

㉖《知识·习俗·政治——民国初年孙中山与严复对建国问题的反思与探索》，《清华大学学报》（哲社版），2002年第1期。

㉗《论民国初年陈焕章的尊孔思想》，《史学月刊》，2002年第4期。

㉘《魏源的〈海国图志〉与日本的〈海国图志〉时代》，《安徽史学》，2002年第2期。

㉙《略论洋务派对传统灾异观的批判与利用》，《中州学刊》，2002年第1期。

㉚《论戊戌维新派对科学方法的探讨》，《北京师范大学学报》（人文社会科学版），2002年第2期。

㉛《现代“中华民族”观念形成的历史考察——兼论辛亥革命与中华民族认同之关系》，《浙江社会科学》，2002年第1期。

㉜《“民族”一词究竟何时在中文里出现?》,《浙江学刊》,2002年第1期。

㉝《20世纪初年的文艺与国民思潮》,《首都师范大学学报》(社会科学版),2002年第5期。

㉞《清末民初中国出版物中的马克思主义》,《文献》,2002年第3期。

㉟《唯物史观在我国早期的传播》,《史学史研究》,2002年第2期。

㊱《论京师大学堂师范馆》,《北京师范大学学报》(人文社会科学版),2002年第5期。

㊲《分科设学和清末民初中国的学术转型》,《山西大学学报》(哲社版),2002年第2期。

㊳《清末新政期间新疆文化教育的发展》,《西域研究》,2002年第2期。

㊴《陈寿祺与清嘉道年间闽省学风的演变》,《福建论坛》(人文社会科学版),2002年第6期。

㊵《晚清的金文研究》,《古汉语研究》,2002年第1期。

㊶《近代学术期刊的出现与史学的变化》,《史学史研究》,2002年第3期。

㊷《嘉道年间的京城保甲制度与社会治安》,《历史档案》,2002年第2期。

㊸《晚清华北村落》,《近代史研究》,2002年第3期。

㊹《晚清华北村镇人口》,《历史研究》,2002年第6期。

㊺《乡土信仰与异域文化之纠葛——从迎神赛社看近代山西民教冲突》,《清史研究》,2002年第2期。

㊻《清代民间文艺的繁荣与秘密会党伦理价值取向》,《江苏社会科学》,2002年第5期。

㊼《民国初期“家庭改制”的理论形态》,《江海学刊》,2002年第2期。

㊽《清末民初城市社会阶层嬗变研究》,《社会科学辑刊》,2002年第1期。

㊾《晚清东南社会变迁与近代化智力资源积累》,《史学月刊》,2002年第11期。

㊿《家庭夫妇伦理近代变迁的民间基础》,《福建论坛》(人文社会科学版),2002年第5期。

51《晚清社会风尚研究》,中国人民大学出版社,2002年6月版。

52《晚清上海社会的变迁》,天津人民出版社2002年。

53《旧制度的危机——太平天国战争对安徽田赋征收的影响》,《安徽史学》,2002年第3期。

54《张之洞与晚清货币改革》,《历史档案》,2002年第1期。

55《时间与空间:清代中国与西方在税法上的文化选择》,《清史研究》,2002年第3期。

56《洋务运动期间的劳工雇佣与管理》,《文史哲》,2002年第1期。

57《晚清常关考述》,《清史研究》,2002年第4期。

58《发展的幻象——近代华北农村农户收入状况与农民生活水平辨析》,《近代史研究》,2002年第2期。

59《近十年晚清财政史研究综述》,《史学月刊》,2002年第9期。

60《重读〈李秀成自述〉》,《近代史研究》,2002年第5期。

61《1888年康有为在北京活动探微》,《浙江学刊》,2002年第4期。

62《论维新运动领袖康有为》,《清史研究》,2002年第1期。

63《维新变法中康有为的创教努力及其影响》,《史学月刊》,2002年第10期。

64《进化主义原理、价值及世界秩序观——梁启超精神世界的基本理念》,《浙江学刊》,2002年第4期。

65《张之洞与〈江楚会奏变法三折〉》,《历史研究》,2002年第2期。

66《黄遵宪与张荫桓关系述论》,《学术研究》,2002年第9期。

67《张之洞与清末新学制的制定》,《河北学刊》,2002年第6期。

68《张之洞与晚清湖北新军建设——兼与北洋新军比较》,《军事历史研究》,2002年第1期。

69《章士钊与陈独秀的合与争》,《炎黄春秋》,2002年第5期。

70《戊戌变法期间光绪帝对外观念的调适》,《历史研究》,2002年第6期。

71《从档案谈晚清欧洲人在华游历》,《历史档案》,2002年第2期。

72《试析清政府在帕米尔交涉中的对策》,《中国边疆史地研究》,2002年第3期。

73《中国首任驻美使节陈兰彬》,《学术研究》,2002年第3期。

74《维特与1895年中俄四厘贷款》,《黑龙江社会科学》,2002年第3期。

75《孙中山与不平等条约概念》,《黑龙江社会科学》,2002年第3期。

76《清末川边改革新探》,《中国藏学》,2002年第3期。

⑦《清末西藏新政述论》，《近代史研究》，2002年第5期。

⑱《清末新政期间东北边疆的政治改革》，《中国边疆史地研究》，2002年第3期。

⑲《清末边疆新政研究述评》，《清史研究》，2002年第3期。

⑳《一九〇八年第十三世达赖喇嘛晋京朝觐考》，《历史研究》，2002年第3期。

⑧1《近代史研究》，2002年第1期。

⑧2《民国史研究的现状与几个问题的讨论》，《近代史研究》，2002年第4期。

⑧3《关于历史学学科建设的几个问题——"二十一世纪中国历史学展望学术讨论会"的结束语》，《史学集刊》，2002年第4期。

⑧4《推进新世纪的中国近代史研究——"中国近代史研究的回顾与前瞻"研讨会纪要》，《高校理论战线》，2002年第6期。

⑧5分别见：《不拘一格求真知》，《中国近现代史研究范式与取向转换的思考》，《善待先人与中国近代史研究》，《北京行政学院学报》，2002年第4期。

⑧6《谣谚与新史学——张守常〈中国近世谣谚〉读后》，《历史研究》，2002年第5期。

⑧7《晚清史研究向何处去?》，《清史研究》，2002年第2期。

⑧8《中条山地区人民对抗日战争的重大贡献》，《抗日战争研究》，2002年第4期。

⑧9《试析中日战争时期日本的侵略理论》，《抗日战争研究》，2002年第1期。

⑨0《关于一份七七事变前夕日军阴谋侵占华北的机密文书的考论》，《抗日战争研究》，2002年第3期。

⑨1《关于日本在华北劳务掠夺体系与强制劳工人数若干问题考》，《抗日战争研究》，2002年第3期。

⑨2《中国共产党在牺盟会创建时期的统战策略及其作用》，《北京科技大学学报》（社会科学版），2002年第3期。

⑨3《国民党走向皖南事变之经过》，《抗日战争研究》，2002年第4期。

⑨4《皖南事变时期的中间党派》，《抗日战争研究》，2002年第4期。

⑨5《南京谈判与第二次国共合作的终结》，《历史研究》，2002年第2期。

⑨6《战与和的变奏——重庆谈判至政协会议期间的中国时局演变》，《近代史研究》，2002年第1期。

⑨7《"和平民主新阶段"研究》，《党的文献》，2002年第4期。

⑨8《国民党镇压广东农民运动及其影响》，《近代史研究》，2002年第2期。

⑨9《走向"三·二〇"之路》，《历史研究》，2002年第6期；《蒋介石从"三二〇"到"四一二"的心路历程》，《史学月刊》，2002年第6、7期。

⑩0《中华苏维埃共和国与中华人民共和国开国政权体制的比较》，《中共党史研究》，2002年第1期。

⑩1《"三农"问题与党对私人资本政策关系的历史追述》，《中共党史研究》，2002年第4期。

⑩2《中国共产党对"三农"问题的认识历程及其启示》，《党的文献》，2002年第5期。

⑩3《对1955年"砍"20万合作社的一管之见》，《党的文献》，2002年第1期。

⑩4《试论大公社所有制的变迁与特征》，《史学月刊》，2002年第3期。

⑩5《〈中华人民共和国宪法〉制订与修改、修正的历史考察》，《当代中国史研究》，2002年第5期。

⑩6《略谈"几代、十几代甚至几十代"论断的提出——邓小平南方谈话与社会主义长期性观点的最终确立》，《中共党史研究》，2002年第3期。

⑩7《跳出政权兴亡周期率——中国共产党三代领导集体的不懈奋斗和追求》，《清华大学学报》（哲学社会科学版），2002年第1期。

⑩8《治国先治水——党的三代领导人对水利战略地位的认识》，《中共党史研究》，2002年第1期。

⑩9《抗战时期中共中央争取美援工作述评》，《军事历史》，2002年第3期。

⑪0《解放战争时期中国共产党对美政策论析》，《军事历史》，2002年第3期。

⑪1《一九四五年至一九四九年的美苏国共关系》，《历史研究》，2002年第2期。

⑪2《中共对外政策和新中国外交史研究的起步与发展》，《当代中国史研究》，2002年第5期。

⑪3《援越抗美述略》，《当代中国史研究》，2002年第1期。

⑪4《中美缓和与援越抗美——中国外交战略调整中的越南因素》，《党的文献》，2002年第3期。

⑪5《通向建交之路的艰难跋涉——1972—1978年的中国对美政策》，《党的文献》，2002年第2期。

⑪6《从解冻到建交：中国政治变动与中美关系》，《党的文献》，2002年第5期。

⑪7《美国与中日钓鱼台列屿争端》，《中国边疆史

地研究》，2002年第3期。

⑱《肯尼迪政府是怎样观察和对待中苏分歧的》，《中国社会科学》，2002年第2期。

⑲《赫鲁晓夫、毛泽东与中苏未实现的军事合作》，《中共党史研究》，2002年第5期。

⑳《中法建交中的美台因素》，《当代中国史研究》，2002年第3期。

㉑《中日邦交正常化与台湾问题》，《当代中国史研究》，2002年第3期。

㉒《战后中国对越政策的演变》，《近代史研究》，2002年第1期。

㉓《中美关于白银和币改问题的交涉》，《北京科技大学学报》（社会科学版），2002年第4期。

㉔《解放战争后期美蒋“脱身”与反“脱身”的斗争》，《北京科技大学学报》（社会科学版），2002年第1期。

㉕《战后中苏东北经济合作交涉研究》，《近代史研究》，2002年第6期。

㉖《AB合作在中国个案研究——真（理）社兼及其他》，《近代史研究》，2002年第1期。

㉗《对在华苏联专家问题的历史考察：基本状况及政策变化》，《当代中国史研究》，2002年第1期。

㉘《1925年关税特别会议前英国对中国关税问题政策的确立》，《北京科技大学学报》（社会科学版），2002年第3期。

㉙《日本与国民政府的“革命外交”：对关税自主交涉的考察》，《历史研究》，2002年第4期。

㉚《两次世界大战期间的中国银行业》，《中国社会科学》，2002年第6期。

㉛《沦陷时期北平日伪的金融体系及掠夺手段》，《抗日战争研究》，2002年第3期。

㉜《抗日战争时期陕西工业发展探析》，《抗日战争研究》，2002年第3期。

㉝《中央财政经济委员会成立始末》，《当代中国史研究》，2002年第5期。

㉞《对国民经济的艰苦调整》，《当代中国史研究》，2002年第1期。

㉟《1970年前后国内形势的几个特点》，《中共党史研究》，2002年第5期。

㊱《走向市场经济的三线建设调整改造》，《当代中国史研究》，2002年第3期。

㊲《中国农业现代化道路述论》，《中共党史研究》，2002年第1期。

㊳《新时期农业和农村经济结构的战略性调整》，《当代中国史研究》，2002年第4期。

㊴《试析九十年代以来农村经济体制改革的主要进展》，《中共党史研究》，2002年第6期。

⑭⓪《成功的探索、伟大的创造》，《军事历史》，2002年第2期。

⑭①《西北红军发展的历史经验及历史地位》，《军事历史》，2002年第1期。

⑭②《抗日战争时期人民军队建设的历史经验》，《军事历史》，2002年第3期。

⑭③《科技强军推动军队质量建设实现历史性跨越》，《当代中国史研究》，2002年第4期。

⑭④《侵华日军驻北平及华北各地细菌部队研究概论》，《抗日战争研究》，2002年第1期。

⑭⑤《解放战争过渡阶段中共中央略取东北的战略方针与部署》，《军事历史》，2002年第2期。

⑭⑥《关于解放战争时期起讫问题的探讨》，《党的文献》，2002年第5期。

⑭⑦《越过三八线——政治军事考虑与抗美援朝战争目标的确定》，《中共党史研究》，2002年第1期。

⑭⑧《对援越抗美反空袭作战问题的思考》，《军事历史》，2002年第2期。

⑭⑨《四次台海危机及其启示》，《军事历史》，2002年第1期。

⑮⓪《论新中国建立后常规威慑思想与实践》，《军事历史》，2002年第1期。

⑮①《理性地认识和思考20世纪六七十年代的“全国大备战”》，《当代中国史研究》，2002年第5期。

⑮②《老一代革命家在中华人民共和国开国过程中的历史贡献》，《当代中国史研究》，2002年第5期。

⑮③《走向最后的觉醒——抗日战争时期的陈独秀》，《史学月刊》，2002年第4期。

⑮④《论李大钊在中国史学的多元格局中的理论选择》，《北京社会科学》，2002年第3期。

⑮⑤《论毛泽东关于“大跃进”的思想》，《史学集刊》，2002年第4期。

⑮⑥《毛泽东与先进文化论纲》，《党的文献》，2002年第1期。

⑮⑦《毛泽东与文化的社会主义转变》，《中共党史研究》，2002年第2期。

⑮⑧《紧紧地同人民在一起——刘少奇关于中国共产党与人民群众关系的理论和实践》，《党的文献》，2002年第3期。

⑮⑨《抗争与策略：对周恩来一九六七年一封信的探析》，《中共党史研究》，2002年第1期。

⑯⓪《周恩来文物保护思想与西部大开发》，《党的

文献》，2002年第1期。

⑯¹《朱德与华北抗日游击战争战略支点的部署及实施》，《党的文献》，2002年第3期。

⑯²《邓小平在西藏和平解放过程中的地位和作用》，《当代中国史研究》，2002年第2期。

⑯³《确立以江泽民为核心的第三代中央领导集体》，《中共党史研究》，2002年第6期。

⑯⁴《江泽民对经济全球化问题的战略思考》，《党的文献》，2002年第3期。

⑯⁵《彭真与〈二月提纲〉》，《当代中国史研究》，2002年第4期。

⑯⁶《王树声对创建发展豫西抗日根据地的贡献》，《军事历史》，2002年第1期。

⑯⁷《张治中与新疆联合政府》，《北京科技大学学报》（社会科学版），2002年第4期。

⑯⁸《简述胡文虎与抗日战争》，《抗日战争研究》，2002年第1期。

⑯⁹《顾颉刚先生对边疆问题的实践和研究》，《北京社会科学》，2002年第4期。

⑰⁰《评张东荪的多元认识论》，《中国人民大学学报》，2002年第4期。

⑰¹《北京政府时期的军阀与烟毒泛滥》，《北京科技大学学报》（社会科学版），2002年第2期。

⑰²《九一八事变后日本对西蒙的鸦片毒品入侵》，《抗日战争研究》，2002年第3期。

⑰³《20世纪三四十年代冀南农村分家行为研究》，《近代史研究》，2002年第4期。

⑰⁴《改革开放以来中国的人口结构状况》，《中共党史研究》，2002年第1期。

⑰⁵《20世纪80年代中国农村的社会习俗变迁》，《当代中国史研究》，2002年第3期。

⑰⁶《社会变革与当代农村婚姻家庭变动研究的回顾和思考》，《当代中国史研究》，2002年第5期。

⑰⁷《近半个世纪以来中国城市化进程的总结与评价》，《当代中国史研究》，2002年第5期。

⑰⁸《解放后北京城市住宅的规划与建设》，《当代中国史研究》，2002年第6期。

⑰⁹《弹性的符号——抗战时期中共言说中的孙中山与三民主义》，《清华大学学报》（哲学社会科学版），2002年第1期。

⑱⁰《苏俄及共产国际对孙中山革命思想的影响》，《清华大学学报》（哲学社会科学版），2002年第6期。

⑱¹《论国民党主要派别对孙中山建国思想的研究》，《清华大学学报》（哲学社会科学版），2002年第4期。

⑱²《力行哲学的思想脉络》，《近代史研究》，2002年第1期。

⑱³《20世纪30年代“新启蒙”思潮研究》，《中共党史研究》，2002年第2期。

⑱⁴《自由主义与马克思主义：〈独立评论〉对中国共产党的态度》，《历史研究》，2002年第4期。

⑱⁵《民国宗教“入世达变”问题研究》，《史学月刊》，2002年第11期。

⑱⁶《中华平民教育促进会扫盲运动的历史考察》，《近代史研究》，2002年第6期。

⑱⁷《北京大学与中国民俗学的建立》，《北京大学学报》（哲学社会科学版），2002年第4期。

⑱⁸《“文化侵略”与“文化帝国主义”：美国传教士在华活动两种评价范式辨析》，《历史研究》，2002年第3期。

⑱⁹《建国初期全国高等学校院系调整述评》，《党的文献》，2002年第6期。

⑲⁰《试论20世纪六七十年代两次文化政策的调整》，《当代中国史研究》，2002年第6期。

⑲¹《1949年前国内藏学研究文献回顾》，《中国藏学》，2002年第2期。

⑲²《中国哲学会成立缘由及其首次年会》，《北京科技大学学报》（社会科学版），2002年第3期。

⑲³《新中国历史科学的盛举》，《当代中国史研究》，2002年第2期。

⑲⁴《国民参政会与国民政府的治藏政策》，《中国边疆史地研究》，2002年第3期。

⑲⁵《改革开放以来我国民族区域自治制度的发展和实践》，《当代中国史研究》，2002年第4期。

中国共产党历史

张静如　王炳林

2002年，中国共产党召开第十六次全国代表大会，极大地促进了党史研究发展。为迎接、学习和贯彻十六大，党史学界推出了一批新的研究成果。党的十六大科学地总结了自十三届四中全会以来十三年的基本经验，为研究新时期党史指明了方向。党的十六大将“三个代表”重要思想写入党章，同马列主义、毛泽东思想和邓小平理论一起，确立为我们党必须长期坚持的指导思想，因此，对“三个代表”重要思想的研究也不断深化。党的十六大提出了全面建设小康社会的奋斗目标，由此也带动了现代化战略目标、工业化等问题的研究。2002年是邓小平视察南方10周年、彭真诞辰100周年，这些方面的研究也取得了新的成果。总之，这一年对党史研究来说，理论研究进一步深化，研究领域有新的拓展，研究成果更加丰富。

一、主要学术活动和主要著作

（一）“纪念邓小平南方谈话发表10周年理论研讨会”召开。为纪念邓小平南方谈话发表10周年，2002年1月，首都理论界、党史学界的专家学者召开了纪念研讨会，与会学者高度评价了邓小平南方谈话的重大意义，认为，南方谈话是科学社会主义又有了一个新的理论形态的重要标志，并为继续丰富和发展包括它自身在内的科学社会主义理论提供了解放思想的强大武器。中共中央文献研究室邓小平研究组等单位也在深圳联合举办了研讨会，目的是深切缅怀邓小平的丰功伟绩，并通过重温南方谈话，更深入地学习和理解邓小平理论和江泽民“七一”讲话，进一步做好统一思想的工作。

（二）纪念彭真诞辰100周年，《彭真在北京》一书出版。2002年10月11日，中共中央、全国人大常委会召开座谈会，纪念彭真同志诞辰100周年。会议认为，彭真是伟大的无产阶级革命家、政治家，杰出的国务活动家，同时也是首都社会主义革命和建设的主要奠基人，他于1948年12月担任北平（京）市委书记，1951年2月兼任北京市市长。他在担任中央领导工作的同时，仍负责北京市的工作，时间长达17年，为首都的建设和发展作出了杰出的贡献。为纪念彭真同志诞辰100周年，中共北京市委决定，由市委党史研究室组织编辑纪念文集《彭真在北京》，收入文章66篇。10月10日，市委党史研究室举行了出版座谈会，彭珮云在座谈会上说，彭真同志身上值得我们学习的地方很多，他有坚定不移的共产主义信念；实事求是，坚持真理，始终不渝地全心全意为人民服务的革命精神；不尚空谈，以可能达到的最高标准要求自己的工作。9月23日，北京地方党史研究会召开了“彭真与首都的革命和建设”座谈会，首都大专院校、党校、党史部门的专家学者数十人参加了座谈。与会人员对彭真领导首都革命和建设17年中的光辉业绩和重要思想进行了学习和阐发，表达了敬仰和缅怀之情。会议还就以前从未探讨过的彭真的史学思想做了阐发，指出，彭真同志关于北京党史工作的两次谈话包含着非常深刻的史学思想，主要是，第一，要用唯物主义而不是唯心主义历史观研究党史；第二，研究中共党史的目的是为现代化建设服务；第三，研究党史的前提和基础在于准确地掌握史料；第四，要进行科学的历史分期；第五，要注意区别后人对历史的分析和历史本身的事实；第六，研究中共党史应以当代党史为研究重点。

（三）“十一届三中全会以来中共党史研究的新进展”学术研讨会召开。总结十一届三中全会以来特别是十三届四中全会以来党史研究的新进展，是党史研究工作为迎接党的十六大作出应有贡献的重要举措。为此，中国中共党史学会、中国现代史学会、中共中央党校中共党史教研部、中共福建省委党校等单位于2002年4月联合召开了“十一届三中全会以来中共党史研究的新进展”学术研讨会。来自北京、福建、上海等地以及军队系统的40多位专家学者，就十一届三中全会以来中共党史学的理论和方法、中外关系史、中国共产党思想史、中国现代经济史、中国的经济体制改革、毛泽东和毛泽东思想、中国共产党文化史、第三代领导集体的理论贡献，以及中共领袖人物等研究的新进展，进行了深入的交流和讨论。

（四）中国中共党史学会学科建设专业委员会成立暨中共党史学科建设学术讨论会在中共中央党校举行。2002年7月14日召开的这次会议由中共中央党校党史教研部主办，中共中央党校、中国人民大学、北京师范大学、武汉大学、东北师范大学、湖南师范大学等6个中共党史专业博士学位授予点单位的专家学者出席了会议。中共党史学会学科建设专业委员会由张静如担任主任，王顺生、郭德宏任副主任，6个中共党史专业博士学位授予点单位的部分专家学者担任委员。成立该会的目的是，用一个组织的名义来有效地整合全国中共党史学科的力量，为促进中共党史学科的健康发展做一点实实在在的工作。与会同志围绕中共党史的学科定位、学术规范、人才培养、课程设置等问题进行了深入研讨。

（五）《中国共产党历史》第一卷出版。《中国共产党历史》第一卷是中共中央党史研究室在1991年出版的《中国共产党历史》上卷的基础上，经过全面修订、增编而成的。修订工作历时六年，十二次易稿，在党的十六大召开前夕，于2002年9月出版，10月18日召开了出版座谈会。该书坚持实事求是、与时俱进，充分吸收和利用20世纪80年代后期以来发表的民主革命时期的新史料和新的研究成果，对原上卷的内容作了许多重要的修改，进行了充实和增补，对一些难点、热点问题和党史上若干重大问题，作出了更为恰当的表述和评价，力求准确把握党史内涵，突出党的历史本质和主流。此外，在史实考证、文字表述、注释规范方面也做了大量工作。字数由原上卷的56万字增加到近74万字。

（六）《风雨历程——中国共产党认识与处理资本主义和资产阶级的历史经验》一书出版。该书是国家哲学社会科学“九五”规划重点课题的最终成果，由吴序光主编，北京师范大学出版社2002年1月出版。全书62万字，全面系统地总结了中国共产党自诞生以来在认识和处理资本主义和资产阶级问题上的政策演变和经验教训，并以较大篇幅研究了新时期私营经济问题。该书与此前出版的《中国民族资产阶级历史命运》（吴序光主编）和《中国共产党与私人资本主义》（王炳林主编）都是北京师范大学法政所在研究中国共产党与资本主义和资产阶级关系方面的重要成果。

二、主要学术观点

（一）新民主主义革命时期党史研究的新进展

中共中央党史研究室著的《中国共产党历史》第一卷，是一部反映中国共产党领导的新民主主义革命历史的力作，提出了许多重要的理论观点，对许多问题有新的阐述，是民主革命时期党史研究的集大成者。

1．深刻揭示中国革命的发展规律

该书从社会历史发展阶段的源头出发，全面考察历史发展的进程，将原来上卷以辛亥革命开篇，向前延伸到1840年，对19世纪后半叶中国社会半殖民地半封建化的进程以及各阶级、阶层的反抗斗争作了概要叙述，从“两个八十年”的高度，用深远的历史视角，深刻地说明中国共产党的诞生是中国近现代社会矛盾发展和人民斗争深入的必然结果。该书加强了对不同时期国内国际形势的阐述和分析，将重要历史时期和重大历史事件的发生、发展置于更为广阔的历史背景之中，突出党应对复杂局面的能力和作出决策的客观历史依据。在充实党领导的政治斗争、武装斗争、土地革命和根据地建设的同时，补充增写了党领导先进文化建设的内容，展示党始终代表中国最广大人民群众的根本利益，不断解放、发展生产力，发展先进文化的多彩画卷。全书最后的“中国新民主主义革命胜利的基本经验和伟大意义”的结论，对中国共产党的先进性和革命胜利的必然性及丰富经验作了深刻的论述。

2．关于陈独秀与大革命失败的责任问题

近年来，关于陈独秀对大革命的失败有无责任，有什么样的责任等问题有不同的看法，有的学者根据新近出版的史料，得出大革命的失败完全是由共产国际指导造成的，陈独秀犯错误完全是共产国际影响所致，不应对失败承担责任的看法。该书提出了新论断，在肯定共产国际对中共中央所犯错误有重大责任的同时，认为大革命的失败不应完全由共产国际负责。该书在充分肯定陈独秀作为党的总书记，对推动国共合作，领导五卅运动和上海工人三次武装起义、反对西山会议派和戴季陶主义、探索中国革命基本问题等方面的贡献的同时，也指出他对大革命失败，在党内负主要责任。该书在对陈独秀为首的党中央所犯错误的表述上，改正了以往通用的“右倾投降主义”的说法，改为“大革命后期，作为革命中坚的中国共产党的领导机关犯了以陈独秀为代表的右倾机会主义错误”[①]。主持该书修订工作的石仲泉在答《百年潮》记者问中，阐述了这样写的理由。他认为，唯物辩证法的一个基本观点是外因通过内因起作用。陈独秀为首的党中央接受一些错误的观点和指示，有组织服从的问题，但不是全部。一方面要充分看到共产国际对陈独秀的影响；另一方面，也要承认陈独秀在大革命期间犯的右倾错误，特别是大革命后期的右倾机会主义错误，首先是他本人对中国革命一些基本问题的不正确认识直接发展的结果。“二次革命论”的观点，是导致他妥协退让的理论根据。

3．关于土地革命战争时期党内出现的三次“左”倾错误问题

该书对党犯的三次“左”倾错误，给予了恰当评价。它不是把犯错误的人当成了反革命，而是当作同志，充分认识到由于中国革命的复杂性、艰巨性，由于国际国内形势的发展变化，也由于我们是在没有现成经验的条件下干革命的，因此犯错误有深刻、复杂的主客观原因和不可避免性。基于这样的认识，该书对路线斗争在标题上作了弱化处理，对三次“左”倾错误都不上章的标题，只上节标题。在标题的表述上，也按照错误的程度加以区别。对第一次错误，只称“左”倾盲动错误，不出现瞿秋白的名字。对第二次错误，称李立三“左”

倾冒险错误，不用“主义”二字。对第三次错误，称王明“左”倾教条主义。对1931年10月王明离开中国到莫斯科任中共驻共产国际代表团负责人后，国内中央所犯错误也不直接挂到王明的账上，而是说临时中央领导者的错误指导方针。这样看待党在这一时期的错误，体现了实事求是的思想路线，有助于总结经验教训。

（二）关于邓小平南方谈话的研究

为纪念邓小平南方谈话发表10周年，党史研究的刊物都开辟专栏，发表了若干专题研究论文，对邓小平南方谈话进行了深入研究，涉及的主要问题有以下几方面。

1. 南方谈话与理论创新

有研究者认为，南方谈话对改革开放和现代化建设的新鲜经验、建国后探索社会主义建设道路的历史经验，以及苏联、东欧建设社会主义兴衰成败的正反经验进行了总结，提出和深化了许多重要的理论观点，使建设有中国特色社会主义理论形成比较完备的形态，并且建构起了既是具有科学社会主义理论共性的，又同以往的理论形态有重大区别的新社会主义观。邓小平理论不仅是马克思主义在中国发展的新阶段，而且是科学社会主义理论创立以来形成的同具有马恩特质的理论形态很不一样的又一个理论形态的新阶段②。

有专家指出，我们纪念南方谈话，最重要的，是要学习邓小平理论创新的精神。这种创新精神，是政治勇气与理论勇气相统一的科学创新精神；又是在实践的基础上，坚持马克思主义与发展马克思主义相统一的科学创新精神；还是以中国实际问题为中心运用马克思主义与用宽广眼光观察世界相统一的科学精神。从邓小平南方谈话及其理论创新的特点中，我们可以体会到，理论创新不是主观上要创新就创新，要怎么创新就怎么创新，而是由客观实际的变化情况决定的。或者说，是实践走到哪里，历史走到哪里，理论创新就到哪里③。

有学者指出，南方谈话不仅集中蕴涵了理论创新的重大成果，而且集中体现了理论创新的基本原则和基本要求。坚持马克思主义的基本原理，坚持解放思想，实事求是，是理论创新的基本要求。尊重人民群众的首创精神，坚持群众路线，不断深入群众调查研究，归纳总结人民群众在实践中创造出来的新经验，从而创造出符合实际的新理论，这是创新的根本途径。坚持用马克思主义的宽广眼界观察世界，这是理论创新的又一重要原则。南方谈话集中体现了这些原则和要求，同时集中体现出邓小平的创造性思维方式，即整体性和系统性的思维方式，战略性、宏观性的思维方式，以及实践性和主体性的思维方式④。

2. 南方谈话和生产力问题

有专家认为，南方谈话把生产力理论推进到了一个新高度。邓小平提出在社会主义条件下不仅要发展生产力，而且要解放生产力，这在马克思主义发展史上还是第一次。按照邓小平的思路，在社会主义条件下解放生产力，既不是通过推翻社会主义基本经济制度的方式，也不是通过一般调节方式，而是通过从根本上改革现存经济体制以消除体制障碍的方式进行。这既是对马克思主义生产力理论的发展，又对我国的社会主义建设实践具有重要的指导意义⑤。

有研究者指出，邓小平南方谈话的发表，为中国的改革和发展进一步扫清了思想障碍。以南方谈话精神为指导，中国的经济体制改革实现了具有决定意义的两大突破，即确立社会主义市场经济体制和公有制为主体、多种所有制经济共同发展的基本经济制度。这两大突破，从理论和实践上都对中国的改革进程产生了深远影响。其意义，一是表明中国的改革将彻底摆脱旧模式，走出一条既符合国情，又适应时代发展潮流的社会主义道路；二是使经济体制改革得以结束“双轨制”的过渡形态；三是为中国融入全球化进程，实现全方位开放排除了一大障碍；四是消除所有制结构不合理对生产力的羁绊，进一步解放和发展了生产力⑥。

3. 南方谈话与江泽民“七一”讲话和“三个代表”重要思想

有专家指出，南方谈话和2001年江泽民的“七一”讲话，都是在重大的历史关头，在全党需要对面临的重大理论问题和实践问题作出深刻回答的关键时刻发表的。如果没有南方谈话，我们就不会有今天改革开放和现代化建设的新局面；同样，如果没有“七一”讲话和江泽民提出的“三个代表”重要思想，我们就无法在面对深刻变化着的国际国内形势时始终保持党的先进性，把邓小平开创的建设有中国特色的社会主义事业继续推向前进⑦。

有专家认为，党的十四大报告、十五大报告和“七一”讲话这三篇纲领性文件，是以江泽民为核心的党中央在实践中继续丰富和创造性地发展邓小平理论的重大成果和集中体现，是继邓小平南方谈话之后，以巨大的政治勇气和理论勇气，面对时代和实践发展中出现的新情况，研究和解决新问题，提出和探索新结论的解放思想实事求是的宣言书[8]。

（三）关于党的十六大所涉及的若干重大历史问题的研究

党的十六大科学总结了十三年的基本经验，由此推动了党史工作者对党的历史经验总结与理论创新的关系进行了研究。党史工作者还对十三年奋斗历程和基本经验进行了深入研究。十六大提出了全面建设小康社会的奋斗目标等问题，党史工作者也结合党的历史，对相关问题进行了深入研究。

1. 关于十三年基本经验

有专家指出，在改革开放中进行现代化建设的历史新时期，经历了三个发展阶段：第一个阶段是从十一届三中全会到邓小平南方谈话和十四大；第二个阶段是从南方谈话和十四大到20世纪末；第三阶段是从21世纪开始。从1989年6月十三届四中全会选出以江泽民为核心的新的中央领导集体算起，到2002年11月党的十六大召开，纵跨这二个阶段。十三年的基本经验，是改革开放以来党的基本经验的继承、深化、丰富和发展，也是建国以来党的基本经验的继承、深化、丰富和发展[9]。

有专家认为，善于总结经验，是我们党的一个优良传统。在回顾总结十五大以来五年工作及取得的巨大成就的同时，联系改革开放以来特别是十三届四中全会以来党和人民的奋斗历程，系统总结这十三年的基本经验，是十六大报告的一大特色。有专家对十三年实践及取得的基本经验作了三点评价：第一，这十三年实践取得的成就和基本经验，已经载入中国特色社会主义的光辉史册，载入中华民族伟大复兴的光辉史册；第二，这十三年实践积累的基本经验，加深了我们对“什么是社会主义、怎样建设社会主义”和“建设什么样的党、怎样建设党”这两个根本问题的认识，体现了马克思主义与当代中国实际和时代特征相结合的根本要求，为中国化马克思主义增添了新内容；第三，更为重要的是，这十三年实践积累的基本经验，特别是从中提炼出的“三个代表”重要思想，对于21世纪开创中国特色社会主义事业新局面，具有长远的指导意义[10]。

2. 关于全面建设小康社会问题

有专家指出，把全面建设小康社会确定为我国在21世纪初的奋斗目标，是根据邓小平关于我国社会主义现代化道路分三步走的总体战略部署提出来的。它符合我国国情和现代化建设的实际，符合党心民意。实现社会主义现代化不能急于求成，只能分阶段、分步骤地进行。这是我国现代化建设的重要指导思想。为了实现社会主义现代化，实施第三步战略部署需要50年左右，在时间上跨度比较大。从现在这样的基础出发，要达到中等发达国家的水平，是长期而艰巨的任务，仍需要经过分阶段、有步骤的努力。因此，在本世纪上半叶的50年中划出前20年作为全面建设小康社会的阶段是完全必要的。实现了这一步，我们就有更好的条件在以后的30年内基本实现现代化[11]。

3. 关于工业化问题

党的十六大提出，我们要走新型工业化道路，并把基本实现工业化作为全面建设小康的一个重要目标。党史工作者从历史的角度，考察了我国工业化的历程。有研究者认为，中国的工业化进程是19世纪六七十年代才开始的，但在此后的近100年时间里，中国没有一个政党像中国共产党那样思考过中国工业化本身的问题。中国共产党关于通过社会主义的办法把中国由农业国变为工业国的观点，从一开始就是明确的。中国的工业化在中国共产党执政后的发展速度比资本主义国家高，根据有两个：首先，在50年时间里，中国的工业化同西方资本主义发达国家相比，差距缩小了；其次，在50多年时间里，中国的工业化进展超过了印度等资本主义的发展中国家[12]。

有研究者论述了西柏坡时期党对工业化的初步探索，认为党在民主革命胜利前夕及时把握了历史大转折时期的工作重心和方向，确立了以经济建设为中心任务的指导思想和工业化的建设目标，并积极探索实现工业化的途径，即没收官僚资本，为工业化准备主导力量；制定“四面八方”政策，为工业化创造良好环境；培养重用经济干部，为工业化建设准备优秀人才。西柏坡时期的探索对今天现代化建设的启示：第一，搞社会主义现代化必须立足中国国情；第二，正确认识和对待资本主义，正确认识和处理社会主义和资本主义的关系；第三，特别注意警惕和防止“左”的错误干扰[13]。

有研究者探讨了土地改革与中国工业化的关系，指出，一个国家的工业化需要两个条件，一是工业资本积累的完成，二是大量富余劳动力的存在。建国初期的土地改革促进了中国工业化进程。在土地改革的三年中，整个工业增长了144%，这样巨大的增长与农村土地改革所提供的向工业转化的国家财富，以往向地主缴纳的几百亿斤粮食地租转化为国家财富，农民因生产和生活对工业产品需求量的扩大等因素紧密相关[14]。

（四）关于“三个代表”重要思想的研究

近年来，关于“三个代表”重要思想的研究不断深化，特别是党的十六大把“三个代表”重要思想写入党章，同马克思列宁主义、毛泽东思想和邓小平理论一起，作为我们党必须长期坚持的指导思想，从此，又出现“三个代表”重要思想研究的新高潮。（1）关于“三个代表”重要思想的形成问题。有研究者指出，“三个代表”重要思想的提出有科学的理论依据和历史与现实依据⑮。（2）关于“三个代表”重要思想载入党章。有学者认为，我们党在马克思主义中国化进程中不断实现指导思想上的与时俱进，为把“三个代表”重要思想确立为长期坚持的指导思想奠定了深厚的理论基础；我们党在中华民族伟大复兴的道路上不断开拓创新，为把“三个代表”重要思想确立为党长期坚持的指导思想，奠定了深厚的实践基础；把在加快推进社会主义现代化建设中起着巨大推动作用的“三个代表”重要思想，确立为党长期坚持的指导思想，是中国特色社会主义事业发展的客观要求⑯。（3）关于先进生产力问题。有学者对中国共产党代表先进生产力发展要求的基本经验进行了总结，指出，党代表中国先进生产力发展要求的经验是多方面的，但又主要体现在以下几个方面：第一，始终把解放和发展生产力作为党的根本任务；第二，根据先进生产力的发展规律和发展趋势发展生产力；第三，制定和执行正确的解放和发展生产力的路线和方针政策；第四，正确处理同资本主义的关系；第五，正确处理党的建设和代表先进生产力发展要求的关系⑰。（4）关于中国先进文化问题。有学者指出，作为执政党，中国共产党自身的文化建设，直接关系到它是不是能够保持先进性的问题。要设法在多元文化的文化土壤上拓展先进文化的生长和发展空间。要做到先进性与广泛性的统一，关键是不能脱离民族传统，不能缺少实践的可行性，不能超越历史的发展阶段⑱。

（五）关于党的三代领导集体的研究

对党的三代领导集体的若干重要思想进行比较研究，是近年来的热门话题。2002 年，这方面的研究进一步深化，特别是对第三代领导集体和江泽民的若干思想进行了深入研究，取得了新进展。

1. 关于党的三代领导人的科技战略思想

有研究者指出，新中国成立后的 50 年里，中共三代领导人在理论上成功地解决了我国科学发展的地位、立足点、动力、路径和支撑力量等一系列重大战略问题，逐步形成了有中国特色的科技战略思想，对中国科学技术事业的迅速发展起到了巨大的指导作用。在科技发展的地位问题上，党的三代领导人一以贯之地重视科学技术在国家发展和社会进步中的地位和作用，而且重视程度是不断提高的。在科技发展的立足点上，在坚持独立自主、自力更生的基础上，积极开展国际科技的交流与合作，从而极大地增强了自力更生发展我国科学技术的基础和实力。在科技发展的动力上，揭示出科学的本质就是创新，创新是科学技术发展进步的强大动力和源泉，使人们对创新的认识上升到新境界。在科技发展的路径上，党的三代领导人均认为科技工作应加强计划性，“有所为有所不为”，突出重点，照顾一般，系统地发展整个科技事业。在科技发展的支撑力量上，党的三代领导人都重视知识分子、科技人员在科技发展中的决定性作用，倡导和造就大批又红又专的知识分子队伍⑲。

有学者专题研究了江泽民的科学技术思想，指出，江泽民在科学技术发展方面发表了许多重要论述，形成了完整的发展科学技术思想，即全党必须深刻地理解科学技术是第一生产力的观点；把发展科学技术作为我国社会经济发展的指导思想，把经济发展真正转变到依靠科技进步和提高劳动者素质上来；树立创新思想，建立创新机制，抓住机遇，大力发展高新技术⑳。

2. 关于确立以江泽民为核心的第三代领导集体问题

有研究者提出，邓小平对建立第三代中央领导集体的思考由来已久。经过深思熟虑后，邓小平提出，要组成一个以江泽民为核心的中央领导集体，并提出了第三代领导集体成员应该具备的基本素质。一是要有一个好的形象：开阔的政治胸襟，坚持改革开放；二是要有一个年轻的面貌：年富力强，积极进取；三是要有一个高度的自觉性：亲密团结合作，注意维护核心；四是要有一个务实的作风：多干实事，取信于民㉑。

有研究者指出，党的第三代领导集体形成以来的十多年间，国际国内形势都发生了重大变化，时代呼唤着理论创新。纵观党的第三代领导集体理论创新的历程，可以清晰地发现以下鲜明的特点：一脉相承、宽广眼界、与时俱进、实践开拓、求真务实、整体推进、人民主体、忧患意识、科学体系㉒。

3. 三代领导人关于解决台湾问题的战略思想

有研究者指出，以毛泽东为代表的新中国第一代领导人经过长期的战略思考，逐渐形成了解决台湾问题的战略思想，即从单一用武力解放台湾的思路发展到武力解决与“一纲四目”并举的战略思想。“一纲”就是台湾必须统一于中国。“四目”就是四个基本政策：一是台湾统一于中国，除外交必须统一于中央外，台湾之军政大权、人事安排悉委任于蒋介石；二是台湾所有军政及经济建设经费不足之数由中央拨付;三是台湾的社会改革可以从缓;四是互约不派特务,不作破坏对方团结之事。以邓小平为核心的新中国第二代领导人,在新的历史条件下,在对解决台湾问题进行深入的战略思考与实践的基础上,逐步形成并成熟的“和平统一、一国两制”的战略思想正是对第一代领导人“一纲四目”战略思想的继承和延续,使之完善化、科学化、系统化、理论化,并使之成为当前乃至今后解决台湾问题的方针政策。以江泽民为代表的新中国第三代领导人在继承前两代领导人战略思想的基础上,根据国际国内不断变化的新形势,适时地提出了关于台湾问题的八项主张,丰富和发展了“和平统一、一国两制”的战略思想,并使之在实践中具体化[23]。

（作者：北京师范大学教授）

注：

①中共中央党史研究室著：《中国共产党历史》第一卷上册，中共党史出版社，2002年版。

②邓海江等：《从南方谈话到“七一”讲话：社会主义理论形态的伟大创新》，《中共党史研究》，2002年第2期。

③李君如：《向邓小平学习理论创新精神》，《中共党史研究》，2002年第2期。

④温乐群：《南方谈话与理论创新》，《北京党史》，2002年第2期。

⑤邢贲思：《南方谈话和生产力问题》，《中共党史研究》，2002年第2期。

⑥孙大力：《南方谈话与90年代的改革和发展》，《中共党史研究》，2002年第2期。

⑦冷溶：《重温南方谈话，学习“七一”讲话》，《党的文献》，2002年第2期。

⑧龚育之：《从南方谈话到十四大、十五大和“七一”讲话》，《北京党史》，2002年第2期。

⑨龚育之：《十三年：奋斗历程和基本经验》，《中共党史研究》，2002年第6期。

⑩李君如：《波澜壮阔的十三年》，《中共党史研究》，2002年第6期。

⑪金冲及：《全面建设小康社会》，《党的文献》，2002年第6期。

⑫朱佳木：《中国工业化与中国共产党》，《当代中国史研究》，2002年第6期。

⑬刘秀萍：《为共和国的工业化道路奠基》，《党的文献》，2002年第3期。

⑭白云涛：《土地改革与中国的工业化》，《北京党史》，2002年第1期。

⑮廖良初：《论“三个代表”重要思想提出的理论和现实依据》，《北京党史》，2002年第3期。

⑯李捷：《十六大的历史性贡献》，《党的文献》，2002年第6期。

⑰石国亮：《中国共产党代表先进生产力发展要求的基本经验》，《北京党史》，2002年第6期。

⑱陈晋：《发展当代中国先进文化的几个问题》，《党的文献》，2002年第6期。

⑲高峻：《党的三代领导人的科技战略思想》，《当代中国史研究》，2002年第5期。

⑳肖东波：《江泽民科学技术思想探析》《当代中国史研究》，2002年第4期。

㉑宋毅军：《确立以江泽民为核心的第三代中央领导集体》，《中共党史研究》，2002年第6期。

㉒张忠江：《党的第三代领导集体理论创新的时代背景和重大意义》，《当代中国史研究》，2002年第6期。

㉓宋伦：《新中国三代领导人关于解决台湾问题的战略思想》，《北京党史》，2002年第2期。

世界史

刘林海　郭家宏

2002年，北京地区的世界史研究在许多领域都有所发展，兹撮述如下。

一

刘家和从中国学者都很熟悉的“通史”一词入手，对东西方历史学的特点与差异进行分析。从字源学上看，西方关于世界史或地区国别史的著作中，并没有“通”字，因为西方语言里有好几个看来与“通史”相近的词，如General（一般性的、概括性的）、Universal（全体的、普遍的、共同的）、Global（空间范畴里的同一性）、Ecumenical（普世的）、Total（整体的），但其真实含义并非"通史"。中国人所说的"通史"中"通"字，主要指时间上的连续而言。西方并无某国"通史"之说，各种所谓的"通史"实际是中国人在翻译时加上去的，并不符合原作的特点。中西之间有着重通史与重普世史的特点之不同。西方所重的是普世史，而中国所重的是通史。西方普世史传统与中国通史传统区别的渊源在于，古代希腊罗马人的史学思想是人文主义加实质主义（反历史主义），而古代中国人的史学思想是人文主义加历史主义（反实质主义）。讨论和研究通史，实际上是在两个既有联系又有区别的层面上进行的，即通史体例（时间长）和通史精神（通古今之变），二者缺一不可。要古今有变而又相通，使得古代历史具备了直接性与间接性的统一。有古今历时性纵向之通，有空间里的共时性的横向之通。纵向的历时性的发展与横向的共时性的变化是一而二、二而一的。"通史作为传统，既是中国史学体例的一种表现也是史学精神的一种展现；如果推展而言，这也是中国文明发展的连续性与统一性相互作用的一种在精神上的反映。"①

王大庆从古希腊人的婚育观、城邦人口政策、雅典的公民人口数量、雅典公民的年龄构成和家庭人口规模等四方面，对古希腊的人口和人口思想进行初步探讨。指出，在古希腊人的观念中，结婚是为了传宗接代；在独立与自足的城邦理想下，城邦人口政策的出发点是保持一定的公民人数，防止过大或过小，其中公民条件的扩大与缩小、人口政策（鼓励和控制生育）、殖民等是常用的措施；雅典的公民人口数量虽然在希波战争和伯罗奔尼撒战争有所变化，但总的说来大约在三万左右，加上家属总人口在十万人左右；家庭则以两代同堂的居多②。

胡玉娟对罗马显贵（nobilis）进行分析。罗马的显贵是在贵族衰落与平民上层崛起的双重因素下产生的，到公元前3世纪，显贵取代贵族成为罗马社会的新贵。显贵的社会基础比贵族大，其统治具有氏族同盟的特色，他们是元老院的核心，在取得主宰地位后走向自我封闭，变得保守与反动。前3—2世纪前半期是其全盛期，前2世纪下半叶逐渐走向衰落，前2世纪末至前1世纪，全面崩溃。到帝国时代则名存实亡，其独立地位丧失，变成依附于王权的附庸。此外，她概述了学术界对古罗马平民问题的研究状况，并分析了存在的问题③。

杨共乐等根据以色列国出土的一块凯旋碑文的断片，指出古代以色列的大卫王存在的真实性④。

张绪山对中西交通史中的一些问题进行研究。他针对"中国境内发现罗马战俘城"、我国境内仍有罗马战俘后裔繁衍生息的说法，从学术史角度入手，结合有关史料，对这个问题进行辨析。指出，"罗马战俘城"说在我国的出现与流布起于澳大利亚人戴维·哈里斯，1989年3月他到中国考察，认定这座城——骊靬城在今甘肃永昌县。此后，又有报道说中国、澳大利亚和苏联三国史学家联合研究发现，西汉元帝时代设置的骊靬城是用作安置罗马战俘的，这座城市在甘肃永昌县境内。"永昌为罗马战俘城"之说已被一些人视为当然的历史事实。但是，从学术史的角度来说，这份功劳与哈里斯等无关，所谓"罗马战俘城"说既非新创之说，亦非确凿之论。实际上，牛津大学的德效骞（H. H. Dubs）早在1940年的《公元前36年中国人与罗马人的一次军事接触》一文中就提出这个问题，并认为汉廷为安置所俘的罗马士兵而特设边境城市"骊靬"。1988年6月出版的《中外关系史译丛》第4辑刊登他的文章。他的观点引起争论，赞同与反对的都有。但是从历史的角度看，骊靬为罗马战俘城之说，可谓与史实不符。卡雷战役并无所谓小克拉苏率军团突围之事；罗马战俘被送往安息东界木鹿城为安息人戍边；都赖水战役汉军所获俘虏被分配给了西域各国，并未东来；骊靬置县当在元狩二年（前121年）之后的十年中，汉朝廷在张掖郡置骊靬县，很有可能是以此炫耀于来往于商道的西方商人，传达与该国交往的愿望，以造成汉廷"威德遍于四海"的印象，取得西域各国"重九译，致殊俗"的效果；由于此地是东西交通要道，因此永昌地区具有外国容貌的居民不是来源于一次外部移民。此外，他还考察了6—7世纪拜占庭帝国与西突厥汗国的交往活动⑤。

二

中世纪领域里，封建西欧的政治、经济以及教会等是关注的重点。

欧洲封建政治史研究。马克垚指出，历史学刚开始时大都是政治史，中西的政治史研究各有特色。与经济史相比，政治史的综合比较研究要难一些，因为它受人的主观活动的影响更大，各民族、国家间的差异较大，不易做大范围的综合概括。由于受西欧中心论的影响，有很多似是而非的论断需要进一步研究，拿古代政治体制问题来说，如东方专制主义政体、君权与法律的关系、西方的专制主义等，都需要深入讨论，不能只是一些描述性的模糊印象[6]。彭小瑜从政治和法律的角度，辩证地分析了12世纪“文艺复兴”的政治含义。一方面，它有利于社会秩序的稳定，并更好的保证民众的正义需要；但另一方面，主流社会为了强化自己的同一性而残酷无情地迫害非主流社会。理性所构筑的法律体系一旦整合了教会和国家的秩序，也就为社会对少数异己和越轨分子的迫害铺平了道路。中世纪西欧社会的缺憾之一是，人们以为秩序的确立可以甚至必须以异己分子的消失为代价[7]。侯树栋对中古德国王权的演化道路及其阶段特点进行总结。中古德意志王权在邦国、王国和帝国三重政治体制的复杂作用中，走上一条独特的历史道路，王权呈不断下降、不断弱化的趋势，但也有阶段性，最终诸侯取得对王权的胜利，诸侯割据的形势成为德意志的基本政治局面[8]。

还有学者探讨了王与法的关系问题。孟广林认为，那种认定西欧中世纪是一个“主权在法”、“王在法下”的时代的说法并不正确。中古西欧所谓的“法大于王”、“王在法下”并非是一个始终通行于世并起决定性作用的政治准则，不应当将其夸张为一个经不起事实检验的历史神话[9]。蔺志强通过分析13世纪英国的国王观念，也得出相似的结论，认为西方学者强调的王在法下、王权有限等思想远非主流；相反，人们更多地强调的还是君权神授、王权至上的观念[10]。

从比较的角度探讨中西封建社会的异同，也是研究的热点。孟广林比较了中西君权神话现象。他的研究表明，中国与西欧的封建时代都有过君权神话现象，中国是“君权天授”，西欧则是“王权神授”。表面看来二者有类似的地方，如都视帝王为神命的君主，但实际上有很大的不同。西欧的王权神授植根于基督教神权政治文化传统，强调宇宙惟一的人格神“上帝”对国王终身的“授职”。中国的君权天授则基于儒学政治文化传统，宣称君主是神命“天子”。西欧王权的充分神化推动了封建君权的形成与发展，但也使之受到神权的制约，避免了剧烈的政治动荡。中国君权神化的不充分，君权缺乏神权的约束而易于高度集权，未能使君权托庇于神权，由此而常常陷入“大治”与“大乱”交替轮回的政治格局。这些现象，无疑是造成中西封建社会不同发展进程的一个重要原因[11]。李增洪认为，虽然中西方历史上都曾产生过“大一统”的理念，但发展结果则不尽相同。中国的“大一统”思想不仅无数次变成事实，而且深入人心，相比之下，欧洲自罗马帝国灭亡之后，“大一统”始终处于理念思维阶段，很少成为政治现实。中西方“大一统”理念的发展结果之所以不同，是因为两者政治实践的差别。中国历史上，政治统一一直是发展的主流，中国文化发展呈现不间断的、稳定的连续性，而欧洲文化发展明显地表现为间断的、不稳定的连续性，这种特点必然影响到西方政治的发展，使“大一统”失去了文化的支撑[12]。

马克垚从地主经济的定义、庄园制和租佃制、二元经济问题、利润和投资等方面对地主经济进行理论探讨，总结了地主经济的一些特征，但同时提出许多发人深思的问题。他认为，地主经济是封建经济的一个重要组成部分，其生产主要是为了满足封建主的消费需要。它存在一种二元结构，即自然经济和商品经济，其商品经济与资本主义商品经济有所不同；它是一种垄断经济，由于垄断地主占有土地和对直接生产者拥有各种超经济强制的权利，所以它的利润是非常高的；它是一种短缺经济，因为生产力不发达，所以供给与需求老是处于紧张状态。但是，对封建社会的经济学，仍有很多未知的东西，比如，如何看待封建经济条件下的商品生产与价值规律，如何估计商业化在封建社会中的作用，如何看待经济核算（投入产出、利润形成）、劳动生产率的提高，如何认识土地生产率与劳动生产率的关系等，都是需要进一步研究的问题[13]。

中世纪晚期的英国。郭方分析了16世纪英国的社会等级。英国的社会等级已脱离了中世纪传统的三个等级各司其职保持社会和谐的观念，财富、权力地位和生活方式逐步成为划分等级的主要标准。贵族和教士的特殊地位和角色意义大为弱化，市民地位上升，“乡绅兴起”，城乡劳动者的处境进一步恶化。尽管如此，英国在此后相当长时期内，仍是一个等级制国家而非“公民国家”，等级制度成为国家的重要统治手段[14]。施诚探讨了都铎王朝的财政政策。他认为，英国都铎王朝历代国王打破了中世纪封君封臣制度的束缚，采取各种措施扩大财政收入。这些措施不仅促使英国税收结构发生变化，而且导致税收原则和税收理论的突破，为英国建立近代国家财政奠定了基础。从亨利七世的个人财政政策来看，他虽然采取了一系列的扩大收入的政策，能依靠自己过活，但仍没有突破封君封臣关系的束缚，既没有给英国建立更加现代的收入制度奠定基础，也没有完成一场财政革命[15]。

教会史研究领域也有不少文章。刘城以英国教会为例，从税收角度考察了宗教改革前后教会与教廷及英国王权间关系的变化。中世纪教会的税收制度在本质上是一种权力关系，中世纪的英国教会处于教皇权与王权二元权力体系的统治之下，向两个权力主体履行纳税义务，既向罗马教廷纳税，也向以国王为首的世俗政府纳税。宗教改革引发了教会权力的大规模转移，英国教会转而处于“至尊王权”的一元权力体系统治之下，教职界也由此前承担的双重纳税义务走向单一纳税义务。但是，在这场教会财富的重新分配中，教职界的纳税负担不仅没有减轻，反而成倍增长，并以法律的形式固定下来，成为政府的一项重要财政资源。此外，她还对中世纪天主教会信仰的仪式化及其在不同阶段的作用进行了分析[16]。刘林海对加尔文一些问题进行探讨。加尔文在日内瓦的改革之所以获得成功，外部条件是重要因素；在政教关系上，他既反对合一说，又不赞成完全分离，而是主张双方在分权基础上的密切合作；加尔文的思想对近现代西方的自然科学产生了积极影响[17]。孟广林探讨了转型时期学术思潮与社会的互动关系。14至16世纪西欧社会从中世纪向近代社会的历史过渡，直接促使中古基督教“经学传统”的衰落与人文主义“圣经学”的勃兴，有力地推动了西欧的思想文化与社会政治的巨大变革，从根本上推动了宗教改革思潮的萌发，促进了西欧的思想文化与社会政治的历史转型[18]。此外，文艺复兴在利用古典文化资源的同时，也对基督教神学文化传统进行批判继承，显示了文化创新与文化传统关系的客观历史规律[19]。

此外，社会史方面也有文章面世，涉及城市妇女、骑士[20]、基督教会的婚姻理念[21]、近代早期印刷业与人文主义之间的互动关系等问题[22]。

三

2002年，北京地区世界近现代史研究呈现出多元化、多角度的景象，出现了许多开创性的成果，研究领域主要集中在几个方面：世界环境问题、现代化问题、殖民主义问题、20世纪资本主义反思问题，以及美国史、英国史、法国史、德国史问题、现代化国家关系史问题等。

齐世荣指出，学习世界史十分重要。通过学习世界史，可以了解人类历史自古至今的发展过程及其规律，从而看清人类的光明前途，坚定我们建设有中国特色社会主义事业的信心。中国是世界的一部分，中国离不开世界，建设有中国特色社会主义的事业要求我们必须了解世界，既要了解它的现状，也要了解它的历史。同时，借鉴世界历史经验，可以知兴替之道[23]。梁占军著文介绍了齐世荣在世界现代史领域、现代国际关系史、第二次世界大战史、苏联史、世界现代史资料建设、世界通史、史学理论和史学方法等领域的学术观点和学术成就[24]。

关于美国对意大利的外交政策齐世荣指出，意大利吞并埃塞俄比亚后，英国终止了对意大利的制裁并力图恢复先前与意大利的友好关系，几经周折，英国先后与意大利签订了关于地中海西部维持原状的宣言和英意协定，英国的目的在于维持地中海局势的稳定并分化意大利与德国，但英国一味迁就意大利，反而使意大利更加蔑视英国，英国对意绥靖政策终于破产[25]。

20世纪资本主义与社会主义研究。黄安年认为20世纪资本主义发展的制约因素主要有几个方面：科学技术革命、现代化进程、市场与政府、经济发展与经济周期、现代化改革、经济结构和社会结构、现代社会保障、经济全球化和区域化，政治民主化和思想文化多元化、战争与和平[26]。张宏毅以“长时段”和“整体”观点考察20世纪资本主义和社会主义，一方面，必然得出两种制度在20世纪以及今后相当长时期共存共处的结论，另一方面，也更深刻地揭示出资本主义某种根本性弊病和显示出社会主义的光明未来[27]。

世界环境问题研究。近年来梅雪芹作了较多的关注。她认为20世纪80年代以来，区域性和全球性环境问题更为突出，引起各国政府和全人类的高度重视，乃至出现了世界性的环境保护浪潮。并呈现出诸多突出的特征：(1) 环境保护融入国际政治领域；(2)环境保护制约着国际经济贸易活动；(3) 环境保护带动了产业结构的调整和环保产业的兴盛；(4) 环境保护深化了人们对环境问题的认识，改变了世人的自然观念[28]。她还指出，随着人类科技水平的不断提高和武器装备的日益精尖，战争对生态环境的破坏会不断强化和泛化。20世纪末的两场现代高科技战争——海湾战争和科索沃战争突出地显现了这一点。水体污染、大气污染、土壤破坏、战后平民大量地死亡，这一切向世人昭示：西方所谓的“干净的战争”其实比历史上任何一次战争对人类和环境所造成的灾难都更加广泛、深重和久远[29]。她的另一篇文章论述了英国19世纪科学家在环境治理上的作用。指出：罗伯特 A. 史密斯是19世纪英国著名的卫生化学家。他非常关注环境问题，不仅较早地开展了关于空气和水状况的研究，于1872年创造“酸雨”一词，而且受李比希的影响，努力将所掌握的科技知识运用于现实问题的解决之中，终生致力于治理工业污染的工作，为进一步治理工业污染作出了重大贡献。对史密斯及碱业检查团的任命体现了19世纪下半叶英国政府聘任专家顾问以科学决策干预社会经济事务的趋势[30]。

西方殖民主义及亚非拉史研究。高岱指出，有限的工业化既集中地体现了殖民统治对殖民地经济所产生的重要影响，也构成了殖民主义经济的一个基本特征。殖民统治的存在是导致殖民地有限工业化的根本原因，殖民地所存在的主客观条件是导致殖民地有限工业化的重要因素。但在不同类型的殖民地内所存在的主客观条件，也会对殖民地的工业发展产生不同的影响，使殖民地有限工业化程度呈现参差不齐、高低不一的特点[31]。英国殖民地开发公司是第二次世界大战后根据英国1947年《海外资源开发法》成立的一家国有公司，在英国殖民地从事活动。国内外对此研究不多。张顺洪利用不少第一手材料，试图从中国学者的角度对英国殖民地开发公司产生的背景、成立的目的和活动概况进行考察，并作简要的评析，认为成立殖民地开发公司是英国殖民地开发政策的一部分，是其要求充分利用殖民地资源这一总战略的产物[32]。包茂宏认为，文明的融合是以互相需要为基础的，不同文明间的交流具有时代特点，而且是双向的；以殖民主义形式表现出来的西方工业文明企图取代非洲传统文明是徒劳的，外来文明的“落地生根”取决于其在当地文明中是否有接榫点；在全球化时代，非洲摆脱“边缘化”的惟一出路在于以非洲传统文明为基础创造新文明[33]。江时学则论述了1994年爆发的墨西哥金融危机的根源及教训[34]。王彤认为，由于沙特王权坚持政教合一，因此沙特王国君主制是政教合一君主制[35]。李春放论述了伊朗巴列维王朝覆灭的原因和过程，认为，巴列维王朝突然覆灭是各种复杂因素相互作用的结果，其中国王的个人主观因素——他的性格、禀赋、心理、健康、能力、判断和决策等，也是导致巴列维王朝统治夭折的不可忽视的因素[36]。郭家宏论述了斯里兰卡现代化历程，指出斯里兰卡独立后，经济得到了一定的发展，但斯里兰卡现代化道路一直面临两个困境，即大规模的社会福利制度与经济发展相对缓慢的矛盾，经济发展与持续不断的种族冲突的矛盾。前一个矛盾经过改革已经有所改善，后一个矛盾却一直没有解决好，成了斯里兰卡现代化道路上最大的障碍[37]。

英国史研究。李世安论述了1951年艾德礼领导的英国工党政府在大选中失利诸多因素。认为当时工党政府处于极其不利的经济困顿时期，且在内外政策上有诸多失误不当之处，而保守党则趁此时机进行改革和政策调整。此外，工党失去执政党地位也与时机不好，运气欠佳有关[38]。赵军秀认为：1887—1892年间，法俄的接近以及法俄同盟的酝酿威胁着地中海的均势。在危机形势面前，英国军界对于继续坚持在土耳其海峡地区遏制俄国扩张的传统政策产生怀疑，但英国首相兼外交大臣索尔兹伯里并未准备放弃英国传统的海峡政策，更没有准备将君士坦丁堡和海峡让给俄国，并决心利用1887年《地中海协定》坚持这一政策[39]。她的另一篇文章指出，地中海协定对于英国摆脱外交孤立，维持地中海地区的“均势”起了重要作用，但是，英国既想享受同盟恩惠，又不愿承担同盟责任的外交策略，使地中海协定从一开始就存在着隐患，也是日后地中海协定终结的根本原因[40]。

美国史研究，本年度的研究成果颇丰。何顺果探讨了原来的英国特许商业公司怎样在北美的殖民过程中逐渐发生嬗变，又怎样在解决三大实际问题的过程中，一方面在经济上引入雇佣劳动制、白人契约奴和黑人奴隶制，另一方面则在管理上引入贵族的或平民的代议制，进而在内容和形式上为一个正在诞生的新的社会构建起一种独特的结构，从而对美利坚文明的历史起源作出社会历史学的系统解释[41]。李世安指出，跨国市民社会运动是美国人权外交的重要内容之一。20世纪80年代初，美国、英国、法国和德国等国家曾与东欧各国和苏联在70年代末成立的反对派一起，开展了跨国市民社会运动。20世纪末，美国再次强调开展跨国市民社会运动的重要性。美国强调灌输普世人权观的重要意义，并利用经济全球化，使用强制性执行手段等方式来推行美国的人权标准[42]。他还认为21世纪美国为了其全球扩张的需要，希望开展一个由美国领导的其理论基础是普世人权观的所谓的“跨国市民社会运动”，来制止所谓的违反“国际人权”准则的国家的人权实践，从而达到控制这个国家、称霸世界的目的[43]。牛可对1950年后十多年间美国因素在政策和制度层面上对台湾发展的影响进行深入考察。认为，虽然美国因素对战后台湾经济发展模式的形成有重大而深刻的影响，但并没有在台湾复制出符合“自由发展主义”理念的美式经济模式[44]。王立新认为对于近代来华传教士的活动，中国学界的“文化侵略”说虽然反映了部分历史真实，但乃是从单一的政治视角审视复杂的社会文化问题，因此无法对传教运动的多方面影响作出全面、客观的评价；美国学界的“文化帝国主义”理论简单地把分析后现代和后殖民时期文化关系的范式直接应用于近代中国，忽视了传教运动在现代性传播过程中的作用，低估了中国文化精英自主选择、抵制文化控制以及维护自身文化认同的能力[45]。金海认为20世纪70年代，美国民权运动表现出一些新的特征，在这种情况下，尼克松作为南方保守主义者的代言人和民权的促进者，必须找到一条解决这些问题的有效道路。尼克松在解决民权问题上的成就十分有限，文章揭示了政治家和他们所生活的社会环境之间的互动关系[46]。袁征认为20世纪70年代的美国国会的改革影响到了国会与行政当局的互动关系，影响到了当前国会的权力构架和运作方式，论述了这次改革的动力，改革的主要内容，改革表现出的特点[47]。周辉荣指出，19世纪美国妇女禁酒运动继承前一个年代的浪潮，将禁酒再一次推向高潮，然而，禁酒并不是他们惟一的活动目标，其影响也绝不仅仅局限于此，而是直指社会生活的方方面面，产生了广泛的社会影响[48]。刘东明认为杜鲁门政府的越南政策经历了一系列变化，由最初支持越南人民抗日和越南非殖民化，到转而支持法国重返越南。杜鲁门政府的越南政策为美国日后全面卷入越南战争奠定了基础。文章论述了这一转变的原因[49]。

德国史研究。徐健认为近代普鲁士官员的选拔和培训制度产生于18世纪，发展于19世纪。由考试来选拔官员，体现了普鲁士国家对知识和教育的尊重。官员的选拔制度在很大程度上打通了社会流通渠道，体现了资本主义社会公正和自由竞争的原则，也促成了官僚独立地位的增强。但另一方面，该制度中的某些保守因素，比如社会、政治和经济标准等，在选拔官员时也继续发挥着作用[50]。他还指出，普鲁士在19世纪初期工业化进程中实行了国家企业促进政策，这个时期国家的经济政策在吸收了自由经济思想的基础上，结合了本国文化传统中的一些特点和经济发展实际情况，其核心是通过各种教育手段，转变企业主观念，焕发人们从事工业活动的巨大热情，普鲁士工业化的成功正是这一政策推行的结果[51]。孙晓红指出，从德意志第二帝国工业化的历史背景和德国犹太人的社会状况来看，19世纪末20世纪初德国反犹主义政党和社团运动的兴起和发展，说明这一时期的反犹运动有深刻的社会经济根源和政治文化因素，对德国社会产生了广泛而深远的影响[52]。何兰认为，德国与伪满洲国在1936年缔结的《德满贸易协定》是德国对远东政策、特别是对伪满政策的一块界碑，它意味着德国已放弃不承认原则[53]。

法国史研究。郭华榕对恩格斯的一份社会调查作了分析，认为恩格斯的《从巴黎到伯尔尼》正是一篇具有珍贵的社会史史料价值的目击者记录。在这篇未完成的手稿中，恩格斯给了法兰西有关地区的风土人情以较好的评价。它是当时法国的社会情景、民间心态与自然风貌的写真，是后人研究法国近代历史的宝贵资料[54]。

苏俄史研究。吴恩远依据俄罗斯最新公布的档案材料和权威单位公布的数据，对苏联“镇压反革命”内涵进行了考证，同时还考证了被镇压人数的统计范围、政治犯含义及大清洗时间，并对运动中因“政治原因”而被逐出境的人数、被强迫迁徙的富农及其家属的人数，进行了较为详细的考证[55]。马龙闪指出，民粹主义作为落后农民国度特有的现象，是俄国沙皇专制制度走向危机和资本主义薄弱发展的产物，俄国所有各派别即最广义民粹主义的共同特征，是信仰和崇尚“人民”，以平民化崇拜反对文化崇拜，对资本主义怀着厌恶和恐惧，企图通过被理想化的农村公社，绕过资本主义，直接过渡到社会主义[56]。

日本史研究。武寅指出，日本近代民主制的建立，实质上是以资本主义生产方式的移入为根本目标和中心任务，以西方政体模式为参照和手段，对自身传统的政权组织形式进行扬弃的过程，这是一个伴随着资本主义经济关系的发育成熟而逐渐进行的漫长而曲折的历史进程。这个过程表明，采取任何政权组织形式，最终要根据政权建设的根本任务来决定[57]。

西方社会保障制度研究。黄安年指出，当代西方国家的社会保障制度类型不同，但是有着大致相同的发展进程：从不断扩大到相对收缩态势；由单纯扶贫转向开发扶贫；兼顾丰裕社会进程中不同弱势集团的贫困；协调社会保障安全网的完善和过度保障带来的新问题[58]。他还指出，美国社会保障制度有别于其他资本主义国家，主要有五大特点，研究这五大特点对于我国建立和完善社会保障制度有借鉴意义[59]。

国际关系史、中外关系史研究。徐蓝的文章指出，雅尔塔体系不仅具有大国强权政治的深深烙印，而且成为冷战爆发的地缘政治基础，但是雅尔塔体系作为反法西斯正义战争的产物，也反映了二战后的世界现实，他将和平共处原则也纳入了国际关系体系，推动了战后世界的和平民主独立与发展[60]。赵军秀分析了土耳其海峡问题与英俄中亚争端谈判及1907年英俄协约最终得以签订之间的内在关系。由于英国政府将解决海峡问题排除在协约之外，仅对俄国作出口头承诺，俄国也不遵守协约中关于波斯势力范围的划分。两国虽签订协约，关系依然十分紧张，这种状况一直持续到第一次世界大战[61]。茹莹指出，二战结束前，美国确立了以中国为主要支柱的战后远东国际秩序观，这不仅影响着美国的对华政策决策，而且使其远东战略深受中国国内形势的影响。出于抗衡苏联的需要以及意识形态上的考虑，美国不得不将支持蒋介石政权作为其对华政策的核心[62]。许海云指出，北约政治结构中的“政治协商制度”作用巨大，在不同时期表现出明显的强、弱之势[63]。他认为北约政治协商机制形成是由多种因素决定的，其基础在于战后欧洲冷战格局的变化，但其深层的原因还在于新形势下欧洲的国际合作实践，美、欧共同的社会思想传统以及美国扩张性、对抗性的外交策略和政策的巨大影响[64]。田小惠也指出，五国和约是二战后盟国处理战败国所签订的第一个也是惟一一个成功的和约。五国和约的签订，最重要的后果在于它为“杜鲁门主义”的出台在客观上提供了时机和借口[65]。张福财则认为，欧洲一体化进程的每一个阶段都受到美国对欧政策的影响[66]。

（作者：北京师范大学副教授）

注：

①刘家和：《论通史》，《史学史研究》，2002年第4期。

②王大庆：《古希腊的人口和人口思想初探》，《求是学刊》，2002年第6期。

③胡玉娟：《古罗马等级制度中的显贵》，《世界历史》，2002年第3期；《罗马平民问题的由来及研究状况》，《史学月刊》，2002年第3期。

④陈凤姑、杨共乐：《千古之谜终被解破——大卫王的真实性可以确认》，《辽宁师范大学学报》，2002年第2期。

⑤张绪山：《“中国境内罗马战俘城”问题检评》，《中国史研究动态》，2002年第3期；《6—7世纪拜占庭帝国与西突厥汉国的交往》，《世界历史》，2002年第1期。

⑥马克垚：《政治史杂谈》，《河南大学学报》（社会科学版），2002年第3期。

⑦彭小瑜：《12世纪“文艺复兴”的政治含义：理性霸权和迫害之风》，《河南大学学报》（社会科学版），2002年第3期。

⑧侯树栋：《德意志封建王权的历史道路》，《河南大学学报》（社会科学版），2002年第3期。

⑨孟广林：《中古西欧的“法大于王”与“王在法下”之辨析》，《河南大学学报》（社会科学版），2002年第3期。

⑩蔺志强：《13世纪英国的国王观念》，《世界历史》，2002年第2期。

⑪孟广林：《封建时代中西君权神化现象的比较研究》，《中国史研究》，2002年第2期。

⑫李增洪：《中西古代“大一统”理念之比较》，《首都师范大学学报》（社会科学版），2002年第5期。

⑬马克垚：《论地主经济》，《世界历史》，2002年第1期。

⑭郭方：《16世纪英国社会的等级状况》，《首都师范大学学报》（社会科学版），2002年第3期。

⑮施诚：《英国都铎王朝的税收与财政》，《首都师范大学学报》（社会科学版），2002年第3期；《亨利七世的财政政策》，《史学月刊》，2002年第4期。

⑯刘城：《英国教会：从双重纳税义务走向单一纳税义务》，《历史研究》，2002年第6期；《中世纪天主教信仰的仪式化》，《首都师范大学学报》（社会科学版），2002年第4期。

⑰刘林海、高中伟：《试析加尔文在日内瓦宗教改革成功的外部原因》，《西南民族学院学报》（哲学社会科学版），2002年第5期；刘林海：《分权与合作——加尔文的政教关系理论浅析》，《常德师范学院学报》（社会科学版），2002年第2期；《论加尔文对现代自然科学的积极影响》，《聊城大学学报》（哲学社会科学版），2002年第3期。

⑱孟广林：《中古西欧基督教“经学传统”的积淀与更新》，《河南大学学报》（社会科学版），2002年第1期。

⑲孟广林：《西欧文艺复兴对神学文化传统的批判继承》，《史学集刊》，2002年第3期。

⑳陈志坚：《西欧中世纪骑士的起源和演变》，《首都师范大学学报》（社会科学版），2002年第4期。

㉑李龙：《浅议12世纪前后基督教会的婚姻理念》，《首都师范大学学报》（社会科学版），2002年第2期

㉒郭灵凤：《伊拉斯谟与早期印刷业》，《内蒙古大学学报》（人文社会科学版），2002年第5期。

㉓齐世荣：《认真读一点世界史》，《世界历史》，2002年第4期。

㉔梁占军：《新中国成长起来的第一代世界史专家——齐世荣教授学术成就评价》，《高校理论战线》，2002年第2期。

㉕齐世荣：《论英国对意大利的外交政策》，《历史研究》，2002年第1期。

㉖黄安年：《20世纪资本主义发展的制约因素》，《史学月刊》，2002年第1期。

㉗张宏毅：《关于研究20世纪资本主义与社会主义的一个方法论问题》，《世界历史》，2002年第6期。

㉘梅雪芹：《20世纪80年代以来世界环境问题与环境保护浪潮分析》，《世界历史》，2002年第1期。

㉙贾郡、梅雪芹：《从历史的视角看现代高科技战争的生态环境灾难》，《北京师范大学学报》，2002年第1期。

㉚梅雪芹　张一帅：《罗伯特A. 史密斯——科学家与英国工业污染治理的历史个案》，《辽宁师范大学学报》，2002年第6期。

㉛高岱：《殖民主义统治对殖民地工业发展的影响》，《北京大学学报》（哲社版），2002年第6期。

㉜张顺洪：《英国殖民地开发公司活动述评》，《世界历史》，2002年第2期。

㉝包茂宏：《东西方文明在非洲的碰撞、融合与创生》，《世界民族》，2003年第1期

㉞江时学：《论1994年墨西哥金融危机》，《世界历史》，2002年第6期。

㉟王彤：《沙特王国君主制的伊斯兰特征》，《世界历史》，2002年第4期。

㊱李春放：《论伊朗巴列维王朝的覆灭》，《世界历史》，2002年第1期。

㊲郭家宏：《发展与种族对抗的困境——斯里兰卡》，四川人民出版社，2002年5月。

㊳李世安：《艾德礼政府与1951年英国大选》，《史学集刊》，2002年第4期。

㊴赵军秀：《简析1887—1892年索尔兹伯里的海峡政策》，《首都师范大学学报》（社科版），2002年第6期。

㊵赵军秀：《英国与两次地中海协定》，《史学集刊》，2002年第3期。

㊶何顺果：《美利坚文明的历史起源》，《世界历史》，2002年第5期。

㊷李世安：《评美国的跨国市民社会运动与人权外交》，《世界历史》，2002年第6期。

㊸李世安：《试析美国的“普世人权观”、“人权对话”与“跨国市民社会运动”思潮》，《人权》，2002年第1期。

㊹牛可：《美援与战后台湾的经济改造》，《美国研究》，2002年第3期

㊺王立新：《“文化侵略”与“文化帝国主义”：美国传教士在华活动两种评价范式辨析》，《历史研究》，2002年第3期。

㊻金海：《尼克松民权思想及其政策实践》，《世界历史》，2002年第6期。

㊼袁征：《论20世纪70年代美国国会的改革及其影响》，《世界历史》，2002年第1期。

㊽周辉荣：《19世纪美国妇女禁酒运动及其影响》，《史学月刊》，2002年第5期。

㊾刘东明：《试论杜鲁门政府的越南政策》，《首都师范大学学报》，2002年第2期。

㊿徐健：《近代普鲁士行政官员选拔与培训制度的形成和发展》，《北京大学学报》（哲学社会科学版），2002年第2期。

51徐健：《转型时期普鲁士官僚的经济改革思想和国家企业促进政策》，《史学月刊》，2002年第4期。

52孙晓红：《论德意志第二帝国时期的反犹运动》，《河南大学学报》（社科版），2002年第2期。

53何兰：《德国外交部与〈德“满”贸易协定〉》，《北方论丛》，2002年第1期。

54郭华榕：《〈从巴黎到伯尔尼〉：恩格斯的一份社会调查》，《史学月刊》，2002年第9期。

55吴恩远：《苏联“30年代大清洗”人数考》，《历史研究》，2002年第5期。

56马龙闪：《关于俄国民粹主义的几个问题》，《史林》，2002年第2期。

57武寅：《论日本近代民主制的建立》，《中国社会科学》，2002年第2期。

58黄安年：《当代西方国家社会保障制度的演变》，《求是学刊》，2002年第3期。

59黄安年：《论当代美国社会保障制度的特点》，《中共云南省委党校学报》，2002年第6期。

60徐蓝：《试论雅尔塔体系对战后国际关系的影响》，《历史教学》，2002年第5期。

61赵军秀：《土耳其海峡与1907年英俄协约》，《世界历史》，2002年第5期。

62茹莹：《二战结束前美国的远东战略与对华政策》，《国际关系学院学报》，2003年第2期。

63许海云：《论20世纪50—80年代北约对外战略中的政治协商制度》，《信阳师范学院学报》，2002年第2期。

64许海云：《北约政治协商制源起的历史分析》，

《河南师范大学学报》（哲学社会科学版），2002年第2期。

㊅田小惠：《试析战后五国和约的缔结及影响》，《烟台大学学报》（哲社版），2002年第1期。

㊆张福财：《试论战后美欧关系发展演变及欧洲联合一体化问题》，《北方论丛》，2002年第1期。

考 古 学

高成林　高崇文

2002年是北京文物考古发现和研究收获颇丰的一年。广大文物考古工作者经过踏实而艰苦的劳动，不仅在先秦时期的研究上有所突破，更重要的是在过去田野调查、发掘和研究都比较薄弱的辽金元明清时期也取得了重大进展。由于北京是数代都城之所在，因此，本年度的文物考古工作不仅为研究北京史提供了一批珍贵的资料，而且对研究北京城市的演变和发展具有重要的意义。此外，对现有馆藏文物进行深层次的研究和发掘，也是本年度工作的一个显著特点。

一、先秦时期

西周时期北京是燕国的都城所在。召公奭不仅是燕国的始封者，而且是周初的三公之一。有学者撰文对召公奭、燕国始封以及相关的史事进行了考察。该文首先通过对相关文献记载的梳理，论证召公不是文王之子，而是周人某支同姓部族的首领，召公在周初尊崇的地位与其部族的强盛有密切的关系，召公身份的辨析有助于了解先周时期姬周政权的构成和先周文化的形成、性质和内涵。同时，该文还通过对有关文献和金文材料的整理，重建了文、武、成王时期的召公事迹年表，并进而论定在武王克商后，召公率师北进建立燕国，后因武王早逝，三监作乱，召公被迫西归留守宗周故地，而以其子元克就封于燕等重大史事①。除此文外，关于燕国历史和考古的研究，还有一篇关于西周时期燕国青铜戈的研究文章②。

延庆军都山墓地是北京地区一处经过大规模发掘的山戎墓地，其中出土了一大批青铜器。有学者对军都山墓地出土青铜器的合金技术进行了研究。该文通过对军都山墓地出土青铜器合金成分的科学分析，认为以锡为主要合金元素的Cu－Sn－Pb三元合金技术体系在军都山墓地出土青铜器中已完全确立，尤其是兵器，其平均含锡量都较多地超过了平均含铅量，且含锡量不低，从而具有较高的强度和硬度。这一点与现代合金技术原理基本相符。据此可以认为，军都山墓地出土青铜器的合金技术已达到了较高的水平，并在一定程度上满足了当时山戎部族生存和发展的需要③。

关于北京地区文明起源及其诞生的环境氛围，有学者进行了研究。该文以学术界比较有影响的“三元素（文字、都市、金属器）”标准和“三历程（古文化—古城—古国）”与“三部曲（古国—方国—帝国）”理论对北京地区文明起源进行考察后认为，北京地区文明诞生的时代至迟在西周早期，它是在特殊自然环境和特定的人文环境合力推动下，以西周封燕为契机形成的阶段性文化结果，是一种次生型文明。北京地区文明的诞生显示出不同历史时期来自不同地区的诸古族通过长期的文化吸收、借鉴和融合，创造出一条以向心、稳定、求实、和谐为特点的可持续发展道路④。

除上述诸文外，有学者在对燕山南北商周之际青铜器遗存进行分群研究时也涉及了北京地区。该文通过分析认为，以平谷刘家河商墓为代表的A群遗存代表了移居北方的商代贵族与当地土著融合的青铜文化；以房山琉璃河西周铜器墓、顺义牛栏山铜器群、昌平白浮墓葬为代表的B群遗存反映出周初的燕国贵族既有周人，也有殷移民；周初的燕国文化中有较强的商文化因素，同时还受到了北方文化因素的影响；以延庆西拨子村铜器群为代表的E群遗存则代表了燕山南北地区与更北的草原地区有密切联系的文化遗存⑤。

二、辽金时期

龙泉务窑是一处具有代表性的北方辽金时期瓷窑遗址，位于北京门头沟区龙泉镇西北的龙泉务村。1958年发现，1975年复查后确认为辽代窑址，20世纪80年代基建施工时出土大量瓷片和琉璃三彩制品，其中发现有带“寿昌五（年）”（公元1099年，辽道宗耶律洪基最后一个年号）字样的琉璃釉炉残片。为解决龙泉务窑烧造的起止年代、烧成工艺以及辽代墓葬、塔基出土瓷器的归属等问题，1991—1994年，北京市文物研究所、中国文物研究所、门头沟区文物保管所等单位组成联合考古队，对龙泉务窑进行了正式发掘。本年度出版了此次发掘的报告。这次发掘面积为1278平方米，发现窑炉13座（其中5座保存较好）、作坊6座（其中4座保存较好）以及火炕（烘坯、睡人二种）、灶、灰坑等遗迹，出土各类瓷器、工具、窑具、铜钱等遗物8000余件。通过对这批资料的整理、研究，对龙泉务窑烧造的起止年代、窑址性质、生产工艺、流通范围等有了一个基本的了解。发掘资料显示，龙泉务窑创烧于辽代初期，一直延续到金代，是一处以商品性生产为主要目的的民间窑口。该窑产品有精、粗两种，主要生产日用粗瓷，少量生产高档精品白瓷和三彩器。其生产的瓷器在胎、釉的配方上颇具特点：胎中高铝、钠而低硅、铁；釉则从辽早期的钙质釉和辽中期的钙碱釉向辽末金初的碱钙釉过渡。尤其值得引起注意的是，该窑的绿釉产品部分系硼砂釉。众所周知，低温釉一般都是以铅的氧化物作为助熔剂，但铅是一种对人体有害的物质；而采用硼作助熔剂，既可以降低烧成温度，又对人体无害。过去一般认为，我国直到清康熙年间才从西方引进硼砂釉技术。龙泉务窑硼砂绿釉的发现，表明早在辽代我国已开始制作硼釉产品。该窑的产品，除主要在北京地区流通外，在河北三河县、张北县以及辽宁辽阳等地均有发现。该窑的发掘，不仅解决了窑址的时代、性质、生产工艺等问题，而且为辽金瓷器的分期断代提供了可靠的依据，并对探讨辽墓和塔基出土瓷器的产地以及与东北地区瓷窑和河北定窑的关系等问题提供了十分重要的资料⑥。

2000年4月，北京市文物研究所配合西南四环工程高架桥的施工在丰台路口南侧清理了一座辽代砖室墓，公布了该墓的发掘简报。此墓曾遭到较为严重的破坏，清理时仅存墓底铺地砖、部分墓壁和少量的随葬器物。该墓由墓门墙、甬道和墓室三部分构成。墓门墙位于南侧，从残存的部分来看，原有简单的仿木结构砖雕。甬道长120厘米，宽92厘米，其西壁有一个小龛；甬道内置三列封门砖。墓室平面为圆形，直径260厘米；墓室中后部铺地砖略抬升，形成一长方形的棺床。墓壁用砖纵向砌筑而成，西侧残高83～140厘米。顶应为穹隆形，已塌毁。墓室及甬道内原有壁画，现已不可辨。随葬品中瓷器多置于墓室东南部；陶冥器位于墓室西侧，沿墓壁排列；墓志应置于墓室南部，正对着棺床。该墓共出土各类随葬品43件，包括瓷器、陶器、一件葵花形铜镜和一盒墓志等。该墓所出瓷器按釉色可分为影青、青釉、白釉、酱釉等几种，器形有水注、碗、盘、盏托、托盏和罐等；陶器有执壶、六鋬锅、三足罐、甑、罐、铛、勺、剪等，多为轮制，均为泥质灰陶，表面施一层红彩，绝大部分陶器火候较高，只有塔式盖罐烧成温度较低。该墓所出陶瓷器，多与北京地区辽韩佚墓和彭庄一号辽墓所出相同。墓志一合，青石质，平面为方形。盖边长66厘米，厚4.5～7厘米，盝顶式，四周斜面上线刻十二生肖像，自上方正中顺时针排列；四角及四个侧面均刻有牡丹花图案。正面中央篆书"大契丹国故陇西李公故扶风县太君马氏墓志铭"，共4列，每列5字。志石边长77厘米，厚7～13.5厘米。四侧面均刻有牡丹花图案。正面正书41列，每列满文42字。墓志首题"大契丹国故朝议郎尚书水部郎中守幽都府蓟北县令赐绯鱼袋陇西李公扶风县太君马氏墓志铭并序"。墓志记载了墓主人夫妇的姓氏、家世、生平、卒年、葬地、子孙等情况。据此可知，墓主人"姓李氏，讳继成，字孝廉。其先陇西人也……于统和二十三正月六日寝疾薨于燕京西时和坊之私第，享年三十有四。当年二月二十五日于幽都县广老乡真宰里袝先茔而权窆焉。""夫人即宣政殿学士同正事门下平章事马得臣之长女……"，重熙一十二年（1043年）"薨于回车之公署，享年七十有四"。该墓葬尤其是墓志的发现，为研究北京以及辽代的历史、地理等提供了一批较为重要的资料⑦。有鉴于此，有学者撰文对墓志及相关内容进行了详尽的考证⑧。

1998年在西城区闹市口道路扩展工程中，发现了大量古代历史遗迹和遗物，其中包括多条人工古河道、战国时期的瓮棺葬、唐辽金时期的砖室墓群、不同时代的陶井和砖井以及金代的下水道遗迹和道路遗迹等。有学者撰文对之进行了介绍，并重点介绍了该处出土的马头遗骨及与之邻近的辽代砖室墓⑨。

在延庆县张山营镇的西面北山中，分布着一处古代人类居住的崖洞遗址——古崖居。关于古崖居的时代、居住者等问题，目前尚不清楚。有学者撰文认为，古崖居是唐末五代辽时期奚族居住的西奚遗址。该文还对奚族的迁徙过程、居留时间、生活习俗及影响、奚族历史以及奚王牙帐等问题进行了研究⑩。

金陵位于北京房山区西南的大房山麓，是金历代帝王、后妃及宗室的陵墓。明代后期，努尔哈赤崛起白山黑水之间，对明王朝构成致命的威胁。明为断绝女真的"龙脉"，对金陵进行了毁灭性的破坏。清朝入关后，对金陵进行了部分修复，但历经数百年的自然变迁和人为破坏，尤其是“文化大革命”期间的大规模破坏，金陵地面建筑现已荡然无存。为了解陵区范围内地下遗迹的分布情况，北京市文物研究所与房山区文化委员会共同对金陵尤其是距房山镇西北约9公里的门口村金陵主陵区进行了全面的调查工作。通过地面调查和考古钻探工作，对金陵主陵区地下遗存、陪葬墓的具体位置、形制、结构等有了梗概的了解。本年度，公布了金陵主陵区第二阶段的调查报告。主要介绍了对主陵区内石桥、神道、鹊台、西侧大殿、东侧大殿、明代所修关帝庙、清代所修小宝顶等的调查、钻探和试掘的情况，同时也介绍了在调查时收集到的大量建筑构件和饰件的情况⑪。

北京市文物研究所和石景山区文物管理所在石景山区五环路八角村抢救发掘了一座金代壁画墓。该墓由墓道、墓门、墓室三部分组成。墓道位于墓室南侧。墓道北端为墓门：拱券形门洞，门口残留两层竖立的封门砖，墓门内东西两壁下部各有一壁龛；墓门有影作门楼、立柱、屋檐和东西两侧风墙，东侧风墙上绘“出行图”，已漫漶，尚能看出着红色官服之人、黄驼等。墓室为圆形叠涩穹隆顶单室，内高225厘米、直径230～238厘米。墓壁以青砖砌出6根仿木结构立柱，立柱上有砖砌斗拱，以朱红敷色，灰色勾勒。以6根立柱为间隔将墓壁分为6个区间（包括门洞），由西向东分绘5幅壁画，每幅宽96厘米、高125厘米，内容均为家居生活场景。壁画之上为墓壁与墓顶的间隔区，以斗拱为界将其分为6个区间，分别与5幅壁画和门洞对应，其内按顺时针方向依次绘制十二生肖（东侧一组虎、兔已被破坏），每区间2个。间隔区之上为墓顶，已被破坏。原绘有壁画，现仅存三朵墨绘花卉。墓室后（北）部，有一砖砌棺床，与墓壁不相连，平面为长方形，侧面呈“工”字形，长134、宽91、高36厘米，其上有少量骨殖、铜钱和银簪等物。随葬品分别放置于墓门附近、棺床两侧及前（南）部，有瓷碗、执壶、盘、碟，陶罐、碗、三足鼎、鸡腿瓶以及铜钱等。墓中出土墓志一方，方形，边长67厘米，背面为盝顶式，未磨光。墓志共888字，33行，每行6～31字不等，记载了墓主人夫妇的家世、生平事迹、卒年、子女以及迁葬经过等内容。由墓志记载可知，墓主为赵励，曾在辽为官，后携家自燕京归宋，北宋宣和五年（1123年）卒，葬于汴京长庆禅院。宋靖康元年（金天会四年［1126年］）金灭北宋前夕，赵氏全家仓促迁归燕京。金天眷二年（1139年），其子亳秀“给假诣汴”，历尽艰辛终在汴京禅院废址找到其父尸骨。金皇统三年（1143年），赵励夫人吴氏卒于燕城之私第，其子孙将二人合葬于“燕城宛平县崇让里黑山之西南隅”。在此墓西南侧3米处，考古工作者后来又发现一座形制相同的墓。该墓破坏较甚，仅存墓底，出土各类器物20余件。从墓葬及随葬品的形制来看，此墓与赵励夫妇墓基本同时，估计应为赵氏家族墓。北京地区金墓过去发现不多，壁画墓更少，因此，这两座墓的发现就显得弥足珍贵⑫。赵励此人史书无传，但其一生经历宋金克辽、金克汴京等重大历史事件，而且其墓志所记有关北辽史事、辽宋金三国之间官吏的“换授”制度以及辽金时期北京地区的几处乡里建置等更是前所未见，对研究宋辽金史以及北京史地具有十分重大的意义。有鉴于此，有学者撰文对该墓志及相关内容进行了详细的考证⑬。

2000年11月，为配合广安大街工程，北京市文物研究所在磁器口路口西北侧清理了一座金代石椁墓，本年度公布了该墓的发掘简报。该墓平面为长方形，东西长220厘米、南北宽210厘米、高130厘米。墓室由8块大石板构成：顶板和底板各两块，东西并列放置；4块侧板呈子母榫状连接。该墓早年被盗，但仍出土了一批较精美的文物。计有白玉佩1件、白瓷粉盒1件、白瓷碗2件、白瓷瓶2件、黑瓷瓶1件；陶砚1件、陶斗1件、陶花槛1件；石笔架1件；墓志1合以及唐宋金时期的钱币若干等。墓志出于墓室南侧，已残，方形，边长45厘米，由志盖和志石两部分组成。盖为盝顶式，厚11厘米，残存顶面上可见阴刻的牡丹纹和“离”、“艮”二卦的符号。志石厚7厘米，首题“大金故修武校尉吕公墓志铭并序”，次行为“承直郎左拾遗兼 许王府文学飞骑尉赐绯囗鱼袋刘玑撰”。墓志记载了墓主人的家世、生平事迹以及卒年等内容。由墓志残文可知，墓主人吕恭，字敬之，其族“世为大家，列缙绅者代不乏人”，金天会元年（1123年），“燕土为宋人所得，时大饥馑，至于人相食，公散囗囗……囗囗众，因是宋人授以左班殿直……皇朝（金）更制，换授修武校尉”。关于该墓的年代，根据墓中出土瓷器、钱币以及墓志撰文者刘玑（《金史》有传）的经历，可推断其当在金大定元年（1161年）至大定七年（1167年）之间。该墓的发现，为研究北京史和宋金关系提供了重要的资料⑭。

金中都水关遗址是国务院公布的第五批重点文物保护单位之一，位于丰台区右安门外玉林小区，今凉水河以北70米处，1990年建筑施工时发现，并进行了考古发掘。此发现被评为“1990年中国十大考古发现”和“中国十年百大考古新发现”之一。它的发现，确立了金中都自城西“西湖”引水进入中都城，至“鱼藻池”过龙津桥向南，穿过“丰宜门”和“景风门”之间的南城墙下，流入金代护城河的确切水源路线，是研究中国古代都城水利设施的重要实物例证。鉴于该遗址的重要性，北京市文物部门对原址进行了就地保护。本年度发表了对该遗址中的木构件和发掘所留“关键柱”的保护报告⑮。

三、元明清时期

为配合元大都北土城花园路段的环境整治工作，进一步搞清楚此段城墙及城墙与水关的具体形制和结构，北京市文物研究所进行了考古勘探和发掘。该段城墙遗址东邻北太平庄路，西接花园路，北与小月河相邻，城墙呈东西走向。现存部分的城墙中部保存较高；北侧残缺不全，破坏较严重。经钻探可知，该段城墙墙体北界距地表0.8～1.2米，基础底部夯土残高1.2米，其西段北界距小月河67.5米，东段北界距小月河59米。西距水关30米处，城墙墙体北侧有一凸出的长方形土台，即为马面。水关南北向穿过城墙，北与排水沟相连，通往护城河。护城河与城墙东西向平行，现宽7.5米。据发掘可知，城墙由素夯土筑成，南北宽22.5米，断面呈梯形。水关叠压于城墙夯土之下，由砖石垒砌而成。东西两侧基本对称，东侧宽4.05米，西侧宽3.9米；水关券洞高3.45米，底宽应为3米。其结构由水关基础、顶部券洞、券洞砖基等组成。砌筑方法为：先在自然土上用夯平打，再用白灰、石片、土混合铺一层并用夯打实，然后再在夯好的三合土上平铺一层石条；底部铺好后，开始砌筑东西两壁的水关石基，共用7层石条；石基砌好后，然后修筑水关券顶，券顶用三层青砖与石灰错缝砌筑而成。券洞砖基是在7层石条的基础上南北平砌10层砖，起保护券洞的作用。砖基以上为夯土所压。水关底部铺有石条，中间高，两侧低，其上设有铁栅。水关北口保存较好，洞面砌筑整齐。洞口外夯土表面包有一层砖，东侧已脱落，西侧残存部分与砖墩相连。砖墩位于北洞口两侧，底大上小呈梯形从底层开始逐层内收，直至顶部与洞顶砖平齐，高2.6米，由青砖与白灰错缝砌筑。水关石基北出洞口4.15米，向东北、西北转角，形成一对燕翅，燕翅拐角与水关内壁成135°，残高0.7～1.3米。燕翅内海漫南北长4.35、宽3～13米。东侧燕翅砖墩下有一石条，其上带有题记“至元五年（1268年）二月石匠作头”，为水关的断代提供了重要依据。元大都水关遗址的发掘，再现了元朝城垣水关的形制，对研究元大都的排水系统具有重要意义，同时也为研究北京城市的演变提供了重要的实物依据⑯。

关于元代大护国仁王寺与西镇国寺的位置，近两年讨论较多。有学者撰文对之进行了考证，认为，元代大护国仁王寺位于元代广源闸下闸以东，西镇国寺在元昭应宫以西，皆在今尚存地名的白石桥附近⑰。

与以前历代帝陵相比，明代皇陵的陵园结构是一种全新的布局。有学者对明代皇陵的陵园结构进行了研究。通过仔细分析后认为，明代六处十八座皇陵由于建成时间的先后不一，陵园结构也有所变化。大体上来说，凤阳皇陵基本套用了宋陵制度；南京孝陵创立了新的陵园布局；北京长陵因之而小有改动；献陵以后各陵进入定型守成期，诸陵之间略有细微的差别⑱。

定陵是明神宗朱翊钧和孝端孝靖两位皇后的合葬墓，墓中出土的大量衣物，是研究明代帝后服饰制度的极为珍贵的实物资料。有学者撰文对之进行了研究⑲。

瓷质礼器是明代瓷器中的精品，有学者以北京故宫博物院所藏明代瓷质礼器为基础，探讨了明代瓷质礼器烧造的历史背景（即明代礼制的完备和在礼制活动中明廷对使用瓷质礼器的提倡），论述了明代瓷质礼器的历史价值和艺术价值，认为它不仅是明代礼制活动的载体之一，而且在中国陶瓷史上具有特殊的美学价值⑳。

随着城市改造和基本建设工作的大规模展开，最近几年，明清时期的太监墓时有发现。北京市文物研究所在北京工商大学基建工地发掘明代大型砖石结构的太监墓3座（编号为M1、M2、M3），其中M1居中，M2位于M1东侧，M3位于M1西侧。M1为单室墓，墓室长446厘米、宽280厘米。墓室内设有棺床，棺床前置墓志一合，墓志前放一商代兽面纹青铜罍，形体硕大，工艺精湛；棺床上散落一条由15块玉板组成的玉带和1000余枚嘉靖通宝，玉带上刻有云纹及桃形图案。墓室东西两侧各有一壁龛，内置2只茶叶末釉瓷罐、2只紫砂壶和4只紫砂杯。据墓志记载可知，M1墓主名赵芬，字兰谷，别号西漳，生前为御用太监。生于正德三年（1508年），七岁入宫，历侍武宗、世宗、穆宗、神宗四朝皇帝。武宗正德年间，因潜心经史被提为御用监太监。世宗时因才学出众，皇帝御赐“飞鱼”、“斗牛莽衣玉带”，官至凤阳守备，至穆宗隆庆四年（1570年），才因病辞官。穆宗时，其“宠荣恩遇则更加于先朝”。神宗万历年间，为乾清宫近侍，被特敕可于“内禁乘马”。死后，皇帝“敕谕宝钞，以光殡葬”。M2曾被盗。墓室内设有棺床，其上散落白玉带一条，玉带板根据不同形状，分别雕镂有双龙、单龙、云纹等双层纹饰，雕工精致，栩栩如生。该墓前室东西两壁各有一青石雕刻的立侍俑，保存完整。据出土买地券可知，墓主人姓董，为明代御用太监。M3规模最大，后室门楣上刻有“养性洞”三字。墓室内设有棺床，其上散落一条由13块玉板组成的玉带和钱币、玉石、紫水晶等物。玉带板根据不同形状，分别雕镂有单龙、云纹等纹饰，雕刻精细，造型生动。该墓出土一通小型石碑和一块买地券。据买地券记载可知，墓主人姓滑，名永形魂，生前为御用总理太监，生于嘉靖乙未年（1559年），死于万历乙未年（1595年）。这三座太监墓地处一处，一定程度上反映了明代太监有丛葬的习俗[21]。

2001年7月，延庆水利局佛峪口水库管理处在施工过程中，发现明代摩崖造像一处。该造像位于佛峪口水库大坝南40米处的一块花岗岩巨石上。石高5.4米，宽7米，南侧呈一平面，上刻三尊佛像，一尊居中，较大；另外两尊分居左右，较小。造像石上有明嘉靖十年（1531年）款。佛峪口一带历史上曾多次爆发山洪，估计此造像可能是当地百姓为祈求平安所造[22]。

含经堂位于圆明园东南部长春园的中央大岛上，南北长300米、东西宽150米，主体建筑群面积2万平方米，四周山水环绕，风景幽雅，内有宫殿景群20余处，是乾隆皇帝为自己预备的“归政娱老”之所，建于乾隆十年至三十五年（1745—1770年），是长春园中心区规模最大的一组寝宫型建筑景群，也是圆明园数以百计的景群中极具特色的一处。这里不仅汇集了南北造园艺术的精华，而且收藏极为丰富。咸丰十年（1860年）为英法联军烧毁。为实施《圆明园遗址公园规划》，北京市文物研究所圆明园考古队对长春园中的含经堂和澹怀堂遗址进行了发掘[23]。

在北京故宫的御花园中，建福宫花园（又称西花园）是规模较大、年代较早、造园艺术极高、曾经收藏文物珍宝最丰富的一座。花园占地4000平方米，其布局是以一个高大的建筑——延春阁为中心，周围分布着楼、堂、馆、斋、亭等园林建筑，曲折环绕，高低错落，变化有致。1923年一场大火将其烧毁。2001年，建福宫花园开始复建。有学者撰文对之进行了介绍[24]。

四、馆藏文物研究

北京地区文博单位数量众多，馆藏文物十分丰富，北京市文物局集各单位藏品之大成，编辑出版了大型图录《北京文物精粹大系》。该图录系从北京各文博单位所藏200余万件文物中精选而成，分石雕、石刻、陶瓷（上、下）、玉器、青铜器、古钟、佛造像（上、下）、金银器、书法、绘画、古籍善本、织绣、家具、工艺品等14个门类17卷，每卷前皆有一篇对本类器物的综合研究论文，具有极高的参考价值。为使读者对北京地区馆藏文物有一个概括性的了解，《北京文博》特将这14篇论文陆续刊出。本年刊出的论文包括碑帖（书法）[25]、织绣[26]、青铜器[27]、佛教造像[28]、玉器[29]等5个门类。

除这5篇综述性的论文外，还有学者对北京市文物研究所藏周氏藏拓[30]、大觉寺所藏契约文书[31]、清代西藏郡王颇罗鼐敬献给雍和宫的两尊佛像[32]、中国历史博物馆所藏士山盘[33]、作册封鬲[34]、保利艺术博物馆新入藏的一件铜盨[35]等文物进行了研究。

（作者：高成林，北京大学硕士研究生；
高崇文，北京大学教授）

注：

①孙庆伟：《召公奭、燕国始封及相关史事的考察》，《国学研究》第九卷，北京大学出版社，2002年版。

②李健民：《论燕国青铜戈》，《21世纪中国考古学与世界考古学——纪念中国社会科学院考古研究所成立50周年大会暨21世纪中国考古学与世界考古学国际学术研讨会论文集》，中国社会科学院考古研究所编著，中国社会科学出版社，2002年版。

③何堂坤、靳枫毅、王继红：《北京市延庆县军都山山戎青铜合金技术初步研究》，《北方文物》，2002年第2期。

④李维明、李海荣：《环境与北京文明的诞生》，《中国历史文物》，2002年第2期。

⑤杨建华：《燕山南北商周之际青铜器遗存的分群研究》，《考古学报》，2002年第2期。

⑥北京市文物研究所：《北京龙泉务窑发掘报告》，文物出版社，2002年12月。

⑦王清林、王朱、周宇：《丰台路口南出土辽墓清理简报》，《北京文博》，2002年第2期。

⑧周峰：《辽代〈李继成暨妻马氏墓志铭〉考释》，《北京文博》，2002年第3期。

⑨岳升阳：《西城区闹市口出土的马头遗骨》，《北京文博》，2002年第1期。

⑩赵其昌：《北京延庆县“古崖居”——西奚遗址之探讨》，《北京文博》，2002年第2期。

⑪宋大川、黄秀纯、陈亚洲：《金陵遗址主陵区第二阶段调查报告》，《北京文博》，2002年第3期。

⑫北京市文物研究所：《北京石景山发现罕见金代壁画墓》，《中国文物报》，2002年4月26日、6月5日；石景山文物管理所陈康：《石景山出土罕见金代壁画墓》，《北京文博》，2002年第2期。

⑬陈康：《金代赵公墓志考》，《北京文博》，2002年第4期。

⑭北京市文物研究所：《磁器口出土金代石椁墓发掘简报》，《北京文博》，2002年第4期。

⑮金中都水关遗址木构件保护课题组：《金中都水关遗址木构件保护阶段性成果报告》，《北京文博》，2002年第4期；王丹、卢迎红、董玉刚：《北京金中都水关遗址“关键柱”保护报告》，《北京文博》，2002年第1期。

⑯李华：《北京元大都水关遗址重现于世》，《中国文物报》，2002年10月18日。

⑰刘之光：《元代大护国仁王寺与西镇国寺位置的商榷》，《北京文博》，2002年第1期。

⑱刘毅：《明代皇陵陵园结构研究》，《北方文物》，2002年第4期。

⑲王秀玲：《定陵出土帝后服饰》，《北京文博》，2002年第2期。

⑳董健丽：《明代瓷质礼器概说》，《中国陶瓷》第38卷第1期（2002年2月）。

㉑北京市文物研究所：《北京明太监墓出土商青铜器》，《中国文物报》，2002年6月12日。

㉒刘满利、范学新：《延庆明代摩崖造像重现天日》，《北京文博》，2002年第1期。

㉓国家文物局：《2001年中国重要考古发现》之“圆明园含经堂与澹怀堂遗址”，文物出版社，2002年版。

㉔罗哲文：《复原大火烧毁的故宫花园》，《文物天地》，2002年第6期。

㉕张展：《北京碑帖收藏概述》，《北京文博》，2002年第1期。

㉖赵秀珍：《北京地区织绣艺术》，《北京文博》，2002年第1期。

㉗靳枫毅、郁金城：《北京地区出土青铜器概论》，《北京文博》，2002年第2期。

㉘黄春和：《北京地区的佛教造像艺术》，《北京文博》，2002年第3期。

㉙于平：《北京地区的玉器》，《北京文博》，2002年第4期。

㉚叶芷：《北京市文物研究所藏周氏藏拓整理记》，《北京文博》，2002年第1期。

㉛孙荣芬、张蕴芬：《大觉寺馆藏契约文书述略》，《北京文博》，2002年第4期。

㉜马兰、黄春和：《清代西藏郡王颇罗鼐敬献给雍和宫的两尊佛像》，《北京文博》，2002年第4期。

㉝朱凤瀚：《士山盘铭文初释》，《中国历史文物》，2002年第1期。

㉞王冠英：《作册封鬲铭文考释》，《中国历史文物》，2002年第2期。

㉟李学勤：《论赞公盨及其重要意义》；裘锡圭：《赞公盨铭文考释》；朱凤瀚：《赞公盨铭文初释》；李零：《论赞公盨发现的意义》，《中国历史文物》，2002年第6期。

语　言　学

中国语言学

宋作艳　孙洪伟　邱立坤　杨立权　陈保亚

本年度的中国语言学研究更加细致深入，呈现立体化，在此基础上，学者们进行了理论反思和探讨，提出了一些新的研究思路，并取得了一些成果。

一、普通语言学研究

有些学者紧紧抓住汉语的特点，进行了独立的理论探索，在字本位语法体系下初步构建起了汉语的框架。学者们认为汉语的基元单位是“语位”(grammeme)。语位相当于“单音节语素”，也相当于“汉字的义项”。汉语的特点是“单音节表意”。语位是“声位、形位、意位”三位一体的语言单位。具体讨论了汉语“声位”的类型、“形位”的结构、“意位”的标注。语位是汉语语法研究的基点，从语位出发可以逐步构建词、句子等各层次语言单位的“意合模式”①。同时，提出用语块理论来研究汉语的句子，认为汉语单句（事件）是语块的序列。一个单句有（7±2）个语块。在不受语境制约的“里层句”中，语块顺序取决于对时间序列的“摹象性”，主要有三条语序规律：时空事理先后律、时空地位大小律、信息旧新轻重律。在受到语境制约的“表层句”中，语块顺序取决于对交际情景的“应境性”。总之，汉语句子的语块序列取决于“认知理据性”和“交际调整性”的总和作用②。

有学者通过对早期汉语中绘景法采用的联绵字和“重言”手段以及词头“有”的语义标记功能的分析，把汉语绘景法的语义公式定义为：描摹对象+情状属性。指出绘景法是汉语的个性，这种编码方式对汉语的构词法和句法都产生了深刻的影响，表现在构词法上：(1) 重言词和连绵词在古今汉语中都占有一定的比例，状态词和一般的词有区别；(2) 汉语所谓词缀的功能都应该理解为表示语义的有标记，渗透着说话人的情感和交际意图，例如上古汉语中的“有”和现代汉语中的“儿”；(3) 存在大量的并立四字格；(4) 存在大量的重叠式构词。表现在句法上，主要是排序问题，汉语定语和状语的性质和印欧语存在重要差别，“被描摹的对象+对这个对象的描摹”非常独特，在具体的语篇中，用于描摹的语义有标记成分的放置比较灵活。作者最后倡导进一步从汉语的事实出发，探索更符合汉语事实的语义结构规律和语法结构规律③。

还有学者根据中国先秦和希腊古典时期思想家有关语言的论述，分别归纳整理出先秦和古希腊哲人的基本语言观念，并通过二者的比较探讨了这种最初对语言的基本把握与研究者所面对的语言特征的关系，论证了在此基础上形成的中西语言研究传统的根本性差异。希望通过对语言研究传统的溯源达到对不同的语言结构差异的深入认识④。

二、现代汉语研究

现代汉语研究的特点表现为：不是从单一的层面而是从语音、语法、语义、语用等多个层面考察问题，描写更加全面、细致，研究呈现立体化，这是最突出的一个特点；研究范围比较广，尤其对一些新问题新现象密切关注；注重新理论的探索。

（一）语音研究

2001 年 12 月 1 日至 3 日，“语文现代化与汉语拼音方案”国际学术研讨会在北京友谊宾馆召开。与会者通过讨论达成共识：汉语拼音方案作为拼写汉语的国际标准，简单方便，已经成为汉语走向世界的重要工具，特别是在网络信息时代，发挥的作用越来越大；台湾的“通用汉语拼音方案”不仅违背语言规律，而且不利于汉语拼写国际化。会后有学者专门撰文，把汉语拼音和台湾通用拼音进行了比较，指出通用拼音对字母方面的改动集中在三套塞擦音以及与之相配的擦音上：zh－jh；j－ji；q－ci；x－si.。再就是以 yu 代 ü，以 ueng 代 wong。学者们认为无论是在字母设置的科学性上，还是在方言的相容性和国际通用性等方面，台湾通用拼音都存在很大缺陷⑤。

有学者从语法、语用层面考虑节律边界问题，以句块模型取代直接成分模型作为观察普通话节律边界的基点，提出普通话的节律边界是语法、语用、节律模式不同层面条件共同作用的结果，语法的控制条件主要是句块边界和黏合、组合、等立三种结构类型的不同。语法边界与节律边界不一致的情况只发生在组合类结构中，该类结构的左端成分是节律上的“可跨界成分”。可跨界成分是否实现为节律跨界，句块或句块内成分是否归并为一个节律单元，则主要取决于节律模式。在去除衬字、衬头、赘尾等节律外成分后，普通话的节律模式在音步和停延段两个层级上都体现为“二常规、三可容、一四受限”。此外，语用方面的强调和话题化也会对节律产生影响⑥。

学者们更加注重通过声学语音学的实验分析来研究声调、语调以及韵律问题，韵律对语音研究的影响及与韵律相关的声学分析也引起了学者们的注意。有学者从声调和语调生成的客观物理过程及其相互作用的原理入手，阐述汉语语调的深层本质和内在结构，进而揭示声调与语调之间的复杂关系。初步的实验分析表明，语调是语句音高运动的模式，主要体现音阶的总体走势及其波动形式；声调是音节或词（组）的音高运动模式，包括音高升降曲折的形式（即调形）和相对的音阶特征。在语流中，声调与语调同时并存，两者的关系是音阶叠加的“代数和”，而不是调形叠加的“代数和”。它们相互依存、彼此制约：声调受语调的调节，其调形虽然相对稳定，但其音阶必须随着语调的波动而上下浮动或者下沉；语调存在于声调之中，必须通过各个声调的沉浮而得以实现[7]。有学者报告了普通话口语对话体韵律短语的时长特性和语句重音的声学分析结果。认为对汉语轻重音的研究不但要考虑音长、音域和音阶等声学相关量，而且还要考虑韵律结构的影响，并进行了部分相关统计，特别分析了不同韵律边界条件下，音高范围与重音的关系，音高上限与音长在重音和非重音条件下的关系。其统计分析结果将有助于正确设置语音合成的韵律参数，并为自动韵律标注系统提供声学语音学参量[8]。还有学者对普通话语句的韵律结构和基频 F0 高低线构建进行了相关研究。研究认为：(1) 韵律词是基频（F0）变化组，韵律词在由词汇词组成的更大韵律成分中起关键作用。韵律词与韵律词之间的 F0 重设和韵律词内部各音节 F0 的特有表现，是口语的一个重要特点；(2) F0 音域（F0 高低线之间的距离）和/或 F0 位置及时长跟重音相关。(3) 重音是汉语语调的一个重要成分，这是因为句中各个音节 F0 曲线（包括时长）的不同表现（不同 F0 位置和/或音域）主要受重音等的制约[9]。此外，还有学者从录音材料以及调查数据中发现北京话“什么”的口语形式是 she2me0、she3me0 最为常见，shen2me0 则很少出现，并通过语音实验对此做出了解释[10]。

（二）词汇研究

词汇研究注重结合语音、语用、句法、语义等层面，从新的角度对一些特殊的词类、词汇现象进行了更加深入的研究。有学者从语言范畴的连续性及言谈交际的角度出发，研究现代汉语中离合词离析现象的动因，认为汉语词与短语结构方式的共通性是产生离析现象的基础，动宾结构的言谈表达功能是其内在动因，言谈交际的促动是其外在动因[11]。还有学者从语义、句法上提出了关系动词的鉴定标准：关系动词的语义特征是表示其所连接的前后两个成分之间的同一或类属关系；句法特征之一是其后不能带表幅度或次数的数量词语，必须同时具备这两个特征的词才是关系动词。据此，筛出37个关系动词。从语言信息处理和对外汉语教学的需要出发，认为由关系词组成的句法结构为“主＋系＋表”[12]。有学者从音律制约和语用色彩表达的制约两方面揭示了“界”和“坛”两者功能的分化，并在此基础上讨论了词语的空位问题和占位问题及其制约因素，进而指出语义关系就是语义的时空分布，词汇学研究应该加强词语显隐及语义关系的动态描写和分析[13]。另外有学者基于语言类型学的理论框架，考察了汉语中的框式介词（指由前置词加后置词构成的、使介词支配的成分夹在中间的一种介词类型）[14]。

汉语字母词的研究引起了学者们的极大关注和讨论。有的学者根据汉语词汇的发展提出，现代汉语中有两种词，一是汉字词，占绝大多数；一是字母词，目前还不太多，而且大部分是外来语。字母词的出现，是改革开放政策的结果，信息社会的需要；同时是汉语借用外来语的一种新形式，很有发展前途。文章详细讨论了字母词的构词法及相关问题，如读法、写法、排检法等[15]。有的学者则针对目前字母词的读音、词形、排序等方面的混乱现象，主张在规定规范原则的基础上，参考现代汉字规范的“定形、定音、定量、定序”四个方面，提出外来字母的规范方法，并进而提出利用现代汉语语料库方法进行规范的设想[16]。有的学者认为所谓汉语字母词应该称为外文字母词语或带外文字母的词语，因为这些字母都是外文字母，不是汉语拼音字母[17]。而另有学者认为：外文字母的书写形式和读音并不能决定字母词语就不可能成为汉语词语；字母词语在汉语中的实际使用情况证明，像 CD、VCD、MTV、WTO 等词语确实已经成为汉语中的词语。字母词语是汉语中新出现的一种构词现象，哪些词语可以看作已经被汉语吸收，哪些还只是外语原装缩略语，哪些词语处于两者之间，需要作定量的动态分析[18]。

关于汉语词类问题，有专书出版，作者就词类划分的相关问题做了详细探讨，在此基础上根据一定的标准整理出了现代汉语词类系统。书中有两点值得注意：一是对词类的本质问题提出了一种崭新的、更为深刻的看法，认为词类从本质上说不是分布类，而是词的语法意义的类型，即词在组合中的意义类型，如陈述、指称、修饰等大的类型，以及实体、位置、计量单位、数量、指示等小的类型，因此，“词类实际上是以词的词汇层面的表述功能为内在依据进行的分类”；二是在汉语词类划分上提出了一种新的操作程序和方法，那就是“通过计算语法功能之间的相容度的办法来揭示语法功能同词类之间的关系”[19]。

有学者通过韵律构词学和韵律句法学之间的相互作用，分析和说明了汉语韵律构词和韵律句法之间的根本区别：韵律构词系统可以推导出“韵律词”和“最小词”的单位，韵律句法系统则可派生出“主管”与“受管”关系上的重音概念。换言之，韵律构词是“大小”或“长短”的问题，而韵律句法则是“核心重音”或“轻重结构”的问题。但两者均属韵律问题，因此，在特定的句法环境中，两者不免交互为用，既有矛盾又有调和，造成句法、词汇、韵律三方面融而为一的有趣现象[20]。

有学者从分布入手，采取分布和意义相结合的方式对副词进行了再分类，得到一个副词分类系统：（1）程度副词；（2）否定副词；（3）关联副词；（4）情态副词[21]。

（三）语法研究

语法研究的突出特点之一是注重多层面、多角度地审视一些句法难点问题，尤其注重语用层面的影响。例如：1. 对出现在句子谓语动词前状语位置上的多个副词的排列次序问题，有学者从句法、语义、语用和认知的角度做出解释，得出制约多项副词共现的三条语序原则：（1）范围原则，即语义统辖范围大的副词排在语义统辖范围小的副词前面；（2）接近原则，即语义上有述谓关系等语义联系紧密的成分尽可能靠近，特别是具有算子约束功能的副词尽可能地靠近受它约束的变量性成分；（3）语篇原则，即在语篇上有衔接功能的副词尽可能排在最前面。并用这些原则解释某些副词在语序上的可变性和灵活性。最后，抽象出概括性的多项副词共现时的语序规律：关联副词＞模态副词＞范围副词＞状态副词，并用功能语法的语言三大元功能（语篇功能、人际功能、概念功能）的思想来解释上述语序规律的语言功能方面的理据[22]。2. 针对把施事当作基本语义角色所遇到的困难，有学者提出施事的理解很大程度上取决于语用因素的观点，逐一考察了关乎施事语义角色的几个方面的因素：主语名词的词汇语义、动词的自主性、句式以及说话人的主观态度。结果表明，不论是名词、动词还是句式，只有那些自身凝结了语用规定意义的少数成员能明确地预测施事，其他的常规情况下，是不是理解为施事要看语用条件。施事常常与说话人的视点和感情合一，说话人的移情焦点优先占据句首位置的时候，叙述视点有可能离开常规施事位置，常规施事位置上就会出现弱施事成分，这是施事语用决定特征的另一面表现[23]。3. 有学者从语法、语义、语用三个层面考虑，探讨优选论框架下如何确认汉语主语，并与用原型论模式确认汉语主语的研究进行对比。研究表明，优选论不仅能容纳与确认主语有关的句法、语义及其篇章等方面的制约因素，而且可以更好地反映出各制约因素之间的互动。通过对汉语各种句型及相关因素的分析，提出了六个制约条件，其顺序依照重要程度排列如下：语义匹配制约/次语类制约≧排比制约/话题制约≧近距离制约/词类制约[24]。4. 对一些传统热点问题，也从新的层面进行了新的探索。通过把字句和一般动宾句的比较，论证把字句的语法意义是表示“主观处置”，即说话人主观认定主语甲对宾语乙作了某种处置。把字句的主观性主要表现在互有联系的三个方面：（1）说话人的情感；（2）说话人的视角；（3）说话人的认识[25]。有学者考察了汉语兼语式这一句法形式的认知语义基础，认为在类似于“张府让伙计送来了贺礼”这种句式所表达的语义场景中，第二个述谓结构（如“送来贺礼”）是整个事件的核心，也是句式的焦点成分，而第一个名词成分（如“张府”）和第二个名词成分（如“伙计”）分别是时间的间接施事与直接施事成分。文章提出了“双施力语义结构”这一概念，并从两个施力成分的强弱消长关系角度，分析了汉语兼语式与连动式、动补式、被动式在语义、功能上的差异。文章还从认知语义的角度对汉语使令动词的语法化及“使令兼表被动现象”进行了较为合理的解释[26]。此外，有学者运用及物性理论考察了“N的V”结构[27]。5. 有学者讨论了语义原则、信息结构和节律结构对于一个定名结构的语序所起的作用，得出了一些相应的控制规则，揭示了语义原则在各项规则中起到的基础作用，从动态分析的角度看到了语义、语用、节律和语法共同作用，对最终语序产生影响，从而为句法无法自治提供了新的例证[28]。

另一方面，在语法系统内部，学者们注意区分词汇、词组和句法层面，由此提出了一些理论设想，并初步用来解释一些疑难的语法现象。“语法的动态性”理论认为，词在句法层面上会产生词汇层面上未规定的语法性质[29]，有学者用这个理论对“吃了他三个苹果”这类结构的性质作了进一步解释，说明该结构分析为双宾结构的可取性，并对内部的动词和语义关系作了更加细致的描写，同时说明这类双宾结构从本质上说，跟“给了他三个苹果”还是有区别的[30]。并在此基础上对汉语句法研究进行了重新思考，认为过去所谓的汉语句法规则实际上包含了语法、语用两方面的规则。由于汉语没有严格意义的形态变化，因此在汉语句子里句法规则和语用规则是混杂在一起的。主张要把握汉语句法规则，应该首先研究清楚词组的基本构造规则，再探讨句子平面上的句法变化规则及其条件和语用变化规则及其条件[31]。

学者们对一些问题进行了新的思考，注重提取规则，追求解释的简单性、统一性。有学者认为汉语中的“了、着、过、在、将”等语言形式属于时态范畴，既表体的意义，又表时的意义。重新定义了汉语中的时态概念，认为时态表示一个事件的存在方式在不同时域中的变化。依据这个定义，对各个时态成分的语法意义作了新的解释㉜。另有学者指出“都”的不同分布可以用同一逻辑意义来统摄。在句法位置上，“都”必须要贴附在一个动词短语之前，而且必须在其所在的小句中找到其指向目标（即与“都”在语义上相关的名词性成分）。“都”的多个可能的指向目标共现时，对“都”的垄断力上可以排成以下的等级序列：特殊全称量化成分＞所有/每 NP＞普通复数意义的名词性成分。作者进一步针对含有多个“都”的可能指向目标的句子的合法性的判定，提出了一系列规则㉝。还有学者主张抛开一些一直以来纠缠不清的问题，循着先形式后意义的路子来考虑递系式。首先根据 VP1 是不是述宾关系分为两大类，是述宾关系的一类再根据宾语 NP 跟 VP2 是否有直接的语义关系分为两小类，宾语 NP 跟 VP2 有直接语义关系的再分为单宾和双宾两类，最后根据 NP 跟 VP2 在语义上的不同联系，分成若干小类。并比较了“递系式”和“兼语式”两种称呼，认为“递系式”的叫法更好㉞。述结式能构成形式繁多的句式，为对这些句式的句法、语义特点作出经济而有效的说明，有学者假设“NP_A + VC 了 + NP_P”为比较中性的、相对简单的、无标记的基础句式，其他句式都是基础句式通过移位、删除等操作推导出的派生句式，详细描写了各类述结式的推导过程㉟。

此外，学者们还对汉语句子中名词性成分包含着动词性成分意义的现象㊱、述补式“把”字结构中补语动词的虚化和弱化形式㊲、汉语话题的语法地位和语法化程度㊳进行了全面的考察研究。

三、汉语史研究

2002 年的汉语史研究加强了理论思考和总结，在充分调查语言材料的基础上，重新思考了汉语史中一些基本的理论问题；同时，学者们对语言事实的分析也更为严谨和细致，不论是对新材料的发现和运用，还是对旧材料的重新分析，都大大丰富了以往汉语史的研究。

（一）音韵研究

就如何看待我国的传统音韵学和如何利用汉藏语的比较进行古音研究等问题，学者们展开了讨论。有学者高度肯定了我国传统音韵学的巨大功绩，批评了目前利用汉藏比较进行古音研究中存在的比附等不严谨的态度，认为汉藏语比较还处于起步阶段，还没有太多可靠的例证用于古音研究㊴。有学者区分了构拟上古汉语元音系统的三种类型，从三个方面批评了折衷型存在的问题：(1) 韵部不是韵摄。指出折衷派所引以为据的“十三辙”带有人为的性质，与《诗经》元音系统缺乏可比性。(2) 开合和洪细都不是元音问题。重新审定折衷派的论据，指出其论据不能支持其观点。(3)“重韵”和“重纽”无需用元音来区分。指出用“重韵”、“重纽”作为证据来论证一部多元音犯了“盲从中古音”的错误。强调了韵部的重要性和传统的“古音韵至谐说”的观念㊵。有学者从现代音韵学的立场对审音方法进行了更为精确的界定，对其原理进行了更为准确的解释。并将古音研究中的审音方法分为七类，分别举例说明操作程序及运用范围㊶。另有学者则从汉藏语言的语言材料和猿猴、远古人的发音特点，对远古语言语音的面貌做了推测㊷。还有学者从古音学史的角度，探讨了宋代古音学形成的历史条件及社会基础，并讨论了宋代古音学的历史功绩及其是非问题㊸。

利用新的材料或通过对旧的材料的重新梳理，对前人观点提出修订。有学者穷尽考察了《说文》中的读若字和被注字读音在声调方面的关系，指出许慎时代已经有了平、上、去、入四个调类，但与《切韵》时代比起来，去声字还是比较少，后代的去声字多是从其他三声，尤其是平声和入声分化出来的㊹。有学者用后汉三国、两晋、唐、宋的汉译佛经的梵汉对音考察汉语的介音，认为介音 i 至少在东汉就产生了，从而证明《切韵》纯四等无介音的说法不合译经的事实㊺。另有学者通过对《切韵》以及与《切韵》时代相近的一些重要反切材料中轻重唇音混切的实质进行全面的考察，指出所谓的轻重唇音混切，实质上是轻唇音大量地作为重唇音的反切上字，而重唇音很少作为轻唇音的反切上字，由此认为当时轻重唇音已经分化，并用“词汇扩散”理论对其进行解释㊻。

有的研究结合汉语的情况发展了历史比较法原有的原则方法。有学者考察了中古禅母平声字的分化情况，指出禅母平声字在相同音节（反切相同）的条件下至今仍有相同的读音，认为这也是一种有条件的音变，并名之为“历时同音节原则”，提出“有音变条件”和“音变规律”是两个完全不同的概念，是研究语音变化的两个步骤。认为生理机制只是音变条件的一种体现，音变条件还可以从类推方式上制约音变，在此基础上考察禅母平声字的音变规律是以韵尾发音部位的高低为分化条件。文章还运用“历时同音节原则”考察了船母平声字和崇母仄声字的分化情况，认为船母平声字没有分化条件，崇母仄声字有分化条件且分化规律与禅母平声字相同[47]。

另外，有学者对先秦连绵词的声调进行了全面的研究[48]，还有学者探讨了藏语声母演变的几个问题[49]。

（二）词汇研究

有的研究对前人成果做了进一步的梳理和补充。有学者对《广雅疏证》中关于词和词关系的论述从现代语言学的角度进行了梳理，指出大致可分为三种情况，并对其中的某些现象用“同步引申”和“同步孳乳”进行了解释[50]。有学者对王力先生《同源字典》中标明“实同一词”的情况进行了分析，对其中情况复杂的约60组字进行了细致的考察，大致分为三种情况：意义和用法有分化、特指和共性。对古汉语词的同一性问题提出了一些思路[51]。

有学者对汉语同族复合词的构成规律及特点进行了考察，指出同族复合词在战国至东汉时期急剧产生，绝大多数的构成要素是音转同族词，结构类型为并列式。从总体上看，两词素的声母相近度高于韵母。与其他并列式复合词相比，并列式同族复合词的凝结力强；词义引申活泼，义位丰富；同素异序词多，异调逆序词也有别义功能[52]。

有学者对上古到明清的三十多种文献中的“具”和“俱”进行考察，指出二者虽然有通用的情况，但差别是很明显的。表现在词义有别；出现的语义环境有别；在句子中的语义指向不同。这种差别与两词的本义根本不同有着密切关系。“具”“俱”通用时，只有“具”通“俱”；“具”是“俱”的通假字，“俱”是为“具”的通假义所造的后起区别字[53]。

有学者则通过比较《论衡》和东汉佛典三音词语，从一些侧面总结了东汉词汇发展的特点。指出三音词语的普遍存在是东汉词汇的一大特点，而佛典中的三音词语更能反映新时期的特点。并分析了三音词语大量涌现的原因：首先是汉语复音化的大趋势；其次，大量三音节的外来译词也起到了推动作用[54]。

还有学者描写了近代汉语中最为常用的10个副词词尾，对其来源和语法化过程进行了分析，并在此基础上谈了对语法化理论的一些认识：传统所谓的“虚化”和西方学者所说的“语法化”并不完全等同，就副词词尾的形成来说，注重其源义的弱化乃至消失，称为“虚化”是合适的；注重其构词能力和类标志功能，称为“语法化”更为恰当。同意“重新分析是虚化的结果而非诱因”的说法，并指出重新分析一旦发生，就标志着一个虚化过程的终结[55]。

另外，有学者大量运用了对译的材料、对比的方法，论证了中古指代词“尔许”的来源是“尔所”。这些都大大深化了以往的研究[56]。

（三）语法研究

语法史的研究更趋深入，对材料的考察更为细致，对前人的观点多有修订，往往还有理论上的探讨。有学者对“给”字句、“教”字句表被动的来源进行了细致的考察，认为表被动的“给”字句是由表给予的“给$_1$”字句发展为表使役的“给$_2$”字句，再发展为表被动的“给$_3$”字句的，每一步都经过了在句式演变基础上的重新分析。然后通过类推，使得“给$_3$”字句成为和“被”字句一样的表被动的句式，最后完成“给”字句的功能扩展。并指出早在唐代，表使役的“教/交”字句就已经发展为被动句，可见从使役句到被动句是一种带规律性的演变。作者在此基础上还讨论了“语法化”、“类推”和“功能扩展”等问题，认为语法化和类推是推动语法发展的两股重大力量[57]。有学者对先秦到宋的文献进行了细致的梳理，对唐宋处置式的来源提出了新的看法。认为唐宋处置式分为两类：处置类和致使类。处置类来源于连动式，具体过程是：（1）东汉六朝时“将”在连动式中虚化，首先出现在“介（将）+宾+动+处所语/处所介词组”结构中，引出受事宾语表处置，处置式萌芽；（2）“处置（到）”中介词“将”引出受事宾语的功能进一步扩散，使得“动（将）+宾$_1$+动+宾$_2$（之）”连动结构在六朝至唐时发生重新分析，产生“介（将）+宾$_1$+动+宾$_2$（之）”式处置式；（3）发生共时变化，宾$_2$“之”脱落，产生“介（将）+宾+动”式处置式；（4）也可能存在先共时后历时的变化途径；（5）晚唐五代时“介（将）+宾+动”结构进一步复杂化，出现“介（将）+宾+状+动+补”形式；（6）“把”在唐中期以后也进入了处置式。并指出“以”字结构不是处置式，介词“将/把”与“以”的语法功能不同，构成的结构也有差异，不可能发生词汇替换。致使类处置式是由处置类处置式类推而来的，即介词“将/把”+受事宾语+动词——>介词“将/把”+施事/当事宾语

＋动词[58]。有学者对近代汉语中表詈称的特殊句式结构“我把你这（个）＋名词性成分”重新进行考察，认为这类句式不是一般意义上所说的“把”字句的省略，其中的名词性成分指称的有定性和有生性决定了它充当骂詈称谓语的特性[59]。有学者对古汉语中的“杀”的语义特征和功能特征进行了分析，指出“杀”意义既包括动作，又包含结果，这个动作具有“终结”特征。与语义特征相关的，“杀”在句法功能上具有及物性，所以先秦“杀”一般带受事宾语；“杀”和别的他动词共现于谓语结构并共同带一个受事宾语时，往往位于其后。并通过强调“杀”的“终结”语义特征，分析了认为“V_1 杀 NP”肯定是动补结构的错误看法的根源，并对“杀”由他动词变为自动词提供了解释[60]。学者们还将汉语语法史与方言语法、现代汉语语法结合起来考察，使三者互相验证。有学者考察了汉语方言中不同形式的差比句，发现越往北越接近普通话句式，越往南古汉语的遗存成分越多。而这种从南向北的变化，与汉语历史语法的发展正相吻合：古代汉语的差比句与现代汉语南方方言相接近，近代汉语的差比句则接近现代汉语北方方言[61]。有学者讨论了金元时期产生的一种作定语的比拟结构，通过对这一结构组成成分的分析，剖析这种名词性偏正短语的构成特征，以此来观察该类结构短语在多项定语中的语序[62]。有学者则运用生成语法的约束理论，分析古汉语中的“自”和“已”。指出在古汉语中，“自”是一个照应词，“已”是一个指代词，而现代汉语中的“自已”在形式和功能上都是古汉语“自”和“已”的并合，从而对现代汉语中“自已”既有照应词，又有指代词的特征做出了解释[63]。有学者通过方言资料和历史语料两方面的考察分析认为，汉语方言中表示先时、相当于“再说”的助词“着”不是源于“再说”的合音；而是由唐代以后表示祈使的“着”演化而来的[64]。

有些研究对上古汉语共时语法系统的研究提供了新的思路。例如，有学者用“变换”的方法，考察了谓词性向心结构和非向心结构的关系。考察结果表明：谓词性向心结构向非向心结构的变换是不自由的。变换的实现，既取决于修饰语的构成成分、语义类别、语义指向，又取决于充当中心语的动词的语义类别，以及附加成分的有无等[65]。有学者以沈玉成《左传译文》中对《左传》中谓词“出”的249处用例的91种译法为线索，探讨其中影响文献读解的因素，以及这些因素对语法分析的影响。认为影响谓词“出”读解的因素主要存在于与之相关的组合关系里，而这些因素对语法分析的影响主要有三个方面：（1）主语和谓词的非常规组合是造成读解多样化的主要原因，并会对谓词的语法性质和意义的发展变化带来影响。（2）常规组合中介宾结构的语法意义能够影响对谓词的读解，但不会影响谓词的语法性质和意义。（3）句法现象可以词汇化，面对变例时要注意区分是句法现象还是词汇现象[66]。另有学者讨论了《左传》中“枕之股”格式的句法和语义，作者先通过古人的注解，确定该格式是一个双宾语结构，进而全面考察先秦汉语中“枕”的用例，指出该格式与使动词“枕”的常用格式“N_1＋枕＋N_2＋以＋N_3”格式是平行的，其中的“股”应是工具语，并将其放在先秦的句法系统中考察，指出先秦的使动词双宾语结构的“N_3”都是工具语，进一步验证了作者的结论。具有方法论的指导意义[67]。

另有学者梳理了王力先生关系位理论的发展过程，认为关系位在王力的语法体系中是一个很重要的概念，关系位理论体现了王力在研究句法结构时语法形式和语法意义并重的思想[68]。

四、计算语言学

在计算语言学方面，学者们从中文信息处理的研究取向、语言知识库的建设和具体处理方案等方面进行了讨论。

在中文信息处理的研究取向方面，有学者撰文强调统计语言模型在当前信息处理研究中的重要价值，认为在从小规模受限语言处理走向大规模真实文本处理的过程中，统计语言模型的运用是一个不可抗拒的潮流。该文论述了统计语言模型相比于其他处理方法的优势所在，并提倡进行具有统一测试数据和统一计分方法的可比评测[69]。另一位学者则在探讨了开展汉语信息处理的技术路线并指出其困难所在之后，特别强调了语言知识库建设的重要性，文中还以其数十年的实践予以证明[70]。

另外，有学者提出将 HNC（概念网络层次）理论这一由计算语言学界发展出来的理论应用于汉语的研究。作者首先介绍了 HNC 创立 NLP 模式的几点思路，论述了为什么要用 HNC 研究汉语和如何用 HNC 研究汉语的问题，最后指出用 HNC 的 8 个网络研究词语，用 57 个基本句类研究语句，应该成为用 HNC 研究汉语的一种有效方法[71]。

在语言知识库的建设方面，有学者先后发表文章介绍了 CCD（中文概念辞书）和现代汉语语料库的建设情况。CCD 是北京大学计算语言学研究所开发的与 WordNet 兼容的汉语语义词典。CCD

中的"概念"用同义词的集合定义，CCD的主关系——概念之间的继承关系（即上下位关系）和一些附加关系使得CCD形成一个概念网络，其上的演绎规则是严格形式化的，可应用于中文的语义分析[72]。关于现代汉语语料库的建设，学者们则给出了经过大规模语料库处理检验的语料库加工规范[73]。在这一规范的指导下，北京大学计算语言学研究所完成了2700万字现代汉语语料库的加工，加工项目除词语切分和词性标注外，还包括专有名词（人名、地名、团体机构名称等）标注、语素子类标注以及动词、形容词的特殊用法标注。在语义知识资源的建立上，有学者提出信息抽取至少需要三个层面的语义知识：宏观的话语篇章知识、中观的论元结构知识、微观的逻辑结构知识，并在文章中阐述了研究这三种语义知识可资利用的几种理论和方法[74]。此外，中国科学院计算技术研究所介绍了该所建立的自然语言处理开放平台。该所鉴于国内信息处理学界缺乏资源共享、低水平重复建设严重的情况，建设了这一平台（www.nlp.org.cn）。该平台能够共享资源代码、语料库、词典、学术论文等各种资源，并支持协作式项目开发。这一平台的建设可能会为我国自然语言处理的研究提供有力的支持[75]。

在具体问题处理方面，有学者对现代汉语"是"字句进行了专项研究，获得了提取现代汉语"是"字句的自动标注规则，并进行了自动标注实验，无逗号句正确率达99%以上，有逗号句达89%[76]。另有学者则立足于语言本体研究，尝试从结构内部构成出发提出自动识别"$V_{双}+N_{双}$"结构类型的规则[77]。

针对目前计算语言学面临的一些根本问题，学者们通过召开研讨会加强了交流、学习与合作。2002年8月20日至23日，第一届学生计算语言学会议研讨会在北京大学召开。10月30日至11月2日，第二届中日自然语言处理专家研讨会在北京大学召开，北京大学计算语言学研究所承办了本次会议。会议主要交流了中日两国自然语言处理研究的现状与进展，在各自研究领域的经验、心得与成果，并探讨了中日两国专家开展深层次合作的可能与方式。

五、汉语方言学

在汉语方言学方面，学者们从方言语言现象的描写、方言历时分析与方言比较分析等方面进行了讨论。

在方言语言现象的描写方面，有两位学者分别描写了乌鲁木齐话[78]和太原话[79]的"给"字句。后者介绍了太原话的"给"作为动词、介词和助词的写法，比较详尽地描写了太原话"给"字句的三种类型，并比较了三种类型之间的不同。另有学者描写了襄樊方言重叠式的主要类型及其结构特点，对重叠式的形式标记"儿"、"子"等的色彩意义进行了一些新的探讨[80]。在对真实方言语料文本进行分析与描写方面，有学者对近7万字上海话口语语料的否定词和否定句式进行穷尽性统计分析，获得了不少句法学、语用学和类型学价值的观察结果。另有学者[81]对湖南临武（麦市）土话的音系及其演变进行了描写和分析[82]。还有学者描写和分析了南部吴语和徽语中正处于消亡过程中的入声演变方式，认为吴徽语中入声调首先延伸，即把原短调值拉长，然后或并入相同相近的调值，或单独成调[83]。另有学者考察了客家话反复问句中的合音现象[84]。

在方言历时分析和方言比较方面，有学者通过共时方言比较与历史资料分析讨论了语法化规律，认为南方方言的状态补语标记源自完成体标记（完成体助词或动相补语），由此提出汉语语法演变的一个命题：完成体标记（完成体助词或动相补语）→状态补语标记[85]。古吴语的北界是一个众说纷纭的问题，有学者撰文提出"港"字为古吴语和古楚语的共同特征，因此通过"港"在今地名中的保留可以推断出古吴语的北界为古淮河[86]。在方言分区方面，有学者结合方言比较和方言史，以知组读同端组、分音词和切脚词、古全浊声母的演变和入声韵等四条分区条件，提出晋语仍应独立为全国一级的方言区[87]。另有学者描写了连城客家话完成貌助词构成的句式，进而讨论了这些完成貌助词和句式的历史来源，指出这五个完成貌助词及其构成的句式应区分为三个层次：唐以前的层次（已、了）、唐宋的层次（来、得）和晚近的方言创新层次，并进一步描述了三个层次在现代连城客家话中的连用规律[88]。对于许多汉语方言中存在着的介音异常现象，有学者比较了汉语多个方言中洪与细、开与合的"异常对应"并结合民族语、域外借音和历代韵书韵图讨论成因，指出这些有关介音的"异常对应"其实是规则性语音演变的结果。方言和其他材料的比较显示出，存在着由e>……ua的元音分裂链式音变过程。文章还区分了"异常"i、u介音的不同成因[89]。北京话的儿化现象一直是学界密切关注的现象，有学者讨论了北京话儿化韵的产生过程，通过考察河北满城话和定兴话，提出北京话的儿化韵应该是在明清之间开始产生的，最初只有人辰儿、小言前儿两组，后来其他各组陆续生成，不久前才最后完成[90]。

还有学者讨论了汉语越语和湘南土话、粤北土话中并定母读音的关系，认为两者均为壮侗语底层或影响的反映，从而较好地解释了两种不同的语音表现[91]。

六、少数民族语言文字研究

7月15日至18日，中国民族语言学会第8届学术年会在呼和浩特召开。有学者在给会议提交的报告中，对以后的研究方向提出了系统的建议：加强少数民族语言的田野调查和描写研究；做好民族语的比较研究；重视语言的应用研究；进一步深化对民族古文字和古文献的研究[92]。

本年度，许多学者继续采用社会语言学的方法对少数民族语言文字的现状进行探讨：有的具体分析了导致语言濒危的原因和影响语言转用的复杂因素[93]。还有的学者从“语言群体”着眼，对中国民族语言的识别、方言划分和双语状况进行了探讨[94]。有的学者则比较了中国和苏联在建国初期民族文字的创制，在社会文字状况、民族政策与文字创制、字母选择取向、创制进程和成就、影响、失误等方面的诸多异同[95]。

（一）汉藏语研究

本年度，汉藏语学界有三大热点：“深层对应”、“语言类型”和“语言接触”。

对“深层对应”和“语义学比较法”的批评最早出现在2000年[96]。年初，有学者又著文提出了新的质疑，指出：同音异义字完全可以被另一种语言所借用，所以“利用‘深层对应’来确定亲缘关系，这种方法并非在所有的语言中都是适用的”。进而分析了深层对应在理论和实践上的缺陷[97]。对此，语义学比较法的倡导者做出了回应，指出，反对者的例证不太公允，只能说明一些后起的局部现象，不能证明汉语和藏语的实质性关系，也不能证明同音异义字可以借用；深层对应的方法只能初步寻找同源词，不能寻找语音对应规律；语义学比较法只是研究汉藏语比较语言学的一种方法，不应当任意扩展使用范围；仅凭“语音对当”，不足以分别本族词和借词[98]。其间，有的学者还对“语义学比较法”的理论价值进行了深入的阐发，认为语义学比较法是一种不必依赖语音系统的独立的方法[99]。

本年度，从语言类型学视角出发来重新分析同族、同系以至非亲属语言间关系的思路，继续得到许多汉藏语学者的重视和应用。如有的学者指出：伴随着汉藏语形态的简化和消亡，出现了一种新的构造派生词的手段——形态变体的分化：“同一个词的形态变体在后世方言可能会分化成为若干个不同的词，即几个形态变体被分别用来代表根词和派生词，或同出一源的派生词。”[100]

有学者则对藏缅语由黏着语而屈折语再演化为分析语的说法，提出了明确的怀疑，认为藏缅语中相当一部分黏着形式是由词虚化而来的，词的语法化是藏缅语的一个普遍特点；名词语法范畴暗示着藏缅语的黏着语素并不发达；而从语言事实出发也很难构拟出藏缅语动词时/体范畴的原始形式；黏着语素在藏缅语历史上并不占主导地位，不能因此改变它作为以单音型词根为主的孤立语的实质，更不能因此将其划为黏着型语言[101]。

还有学者结合大量非汉藏语的材料，分析了汉藏语SOV、SVO、VSO语序的类型，介词的类型，连词的类型以及领属定语、形容词定语与关系从句的问题[102]。有的学者则用藏缅语的事实来检验已有的关于形名关系参项的基本观点，重点考察了形名/名形与VO/OV的相互关系，以及领属性定语、关系从句定语修饰名词的差异。最后，他们指出，“藏缅语中三类定语和核心名词的语序基本不符合GREENBERG指出的第20条共性。”[103]

语言的接触关系和发生学关系是一个问题的两面。有学者结合汉藏语的材料对语言间深层影响的形式、结果和性质进行了全面的归纳[104]。借词是语言接触的重要表现形式。本年度，就有学者细致地分析了哈尼语中汉语借词的历史层次[105]。有的学者结合水语中汉语借词的层次讨论了水语声母由＊s－到h－的历史音变。并强调指出：“少数民族语言里各个历史层次的汉语借词读音，是我们了解汉语语音史的一扇窗口。”[106]

针对前几年发起的关于声调起源的论争，本年度，主张用历史比较法来研究的学者做出了新的回应。他认为“响度说”不符合汉藏语音节的响度顺序，无力解释汉藏语的声调起源的原因。进而，他再次重申了自己的解释：“协和说”、“辅音持续紧张度转移说”、“特征转移和功能转移同时不同步”以及“初始声调产生时，对立声调的语音特征同步转移”。同时，他还提出了两条基本的论证原则，“逻辑要严谨、方法要科学”；“论证要科学，论据要真实”[107]。

斯瓦迪士的“核心词”理论在民族语学界一直有不同的看法和争论。近来，有学者撰文论证了苗瑶语核心词和汉藏语系其他语族之间的词源关系和语源关系，认为斯氏的百词表“大体是合理的。这些核心词作为词汇中最稳定的部分，它们能反映一种语言或一个语群的来历”[108]。还有学者也指出100核心词比语音、语法更稳定，不易被借用，同时其衰变率在不同的亲属语言中基本相同。进而又以这100词为基础，采用词源统计分析法绘制出了澳越语的谱系树图式，并对其中一些语言的分化顺序和归属提出了新的看法。如南岛语和百越语最早分开，黎语、仡佬语、普标语、布央语和拉基语并不是一个独立的语支[109]。

此外，有学者著文讨论了开展汉藏语语法比较研究的重要性、与之相关的理论方法问题和有待加强的工作，强调指出，应该注重同源关系和并行关系的区分，要寻找适当的参照点，区分语法标记的优劣等级的不同形式，区分隐性和显性的不同语法特点，并区分语法现象的层次[110]。

本年出版的与汉藏语研究相关的专著有两部：其中一部系统讨论了历史语言学的相关理论，并且具体阐述了历史音变模型的基本原理[111]。另外一部则用大量的语料对汉藏语系语言和汉语方言进行了全面的比较[112]。

（二）阿尔泰语研究

语音研究向来得到阿尔泰语学者的关注。本年度，有的学者针对原始蒙古语的辅音构拟作出了反思，提出了新的原则和方案，主张：原始蒙古语辅音的构拟不应该以突厥语为基础；原始蒙古语的塞音和塞擦音是送气和不送气的对立，而非清浊的对立；构拟原始蒙古语的辅音应该遵循三个原则——要解决蒙古语发展的历史分期问题，要解决蒙古语语音史研究的方法问题，假设必须有客观的基础[113]。

同时，这一领域还出现了主动汲取西方语言学新思路和新方法的势头。如有的学者采用生成语法对阿尔泰语的构形成分进行了新的分析，他明确提出：“我们必须放弃传统语法在词平面上分析句法成分的做法，按这一做法我们永远不会得出正确的结论。”[114]再如有的学者采用“优选论”的分析方法，对鄂伦春语中性元音形式的特征进行了解释。他首先以制约条件的交互作用解释了中性元音在元音和谐过程中体现出的可透性特点，并进而说明了“以语音机制为基础的标记类制约条件有可能成为语言系统的组成部分。”[115]

（三）古语文研究

北方民族的古文字和古文献一直是国内民族文字研究的重心所在。值得注意的是，已经有学者对这一领域以往的研究成果做出了严肃的反思。作者结合自己曾参与的《文海研究》，回顾了西夏文献的以往研究，指出：迄今为止，我们尚未“科学地、完整地拟出西夏字音”；书中“提供的西夏字义译文未经验证，多有不实，甚至连自己都不知所云”。接着，结合大量的藏缅语材料对《文海研究》中的许多译文提出了商榷，并通过自我检讨对学术界的浮躁风气提出了批评。[116]

（四）朝鲜语研究

近年来，国内的朝鲜语研究者对汉语、汉字与朝鲜语文的关系进行了集中探讨。有的学者全面地总结了这一研究取向迄今为止所取得的具体成果[117]。有的学者则提出Parker的朝鲜汉字音之所以“极混杂”，是因为它反映了19世纪末到20世纪初高丽译音中来母的实际变化，进而指出高本汉对来母的拟音值得商榷[118]。此外，还有学者采用配价理论和论元结构理论，从自然语言处理和机器翻译的角度着手，强调词汇和语法的互动、词义和句义相融，初步制定出朝鲜语的论旨角色清单[119]。

综观本年度的中国语言学研究，最大的特点是多层面、多角度分析一些传统问题，注重提取一些规则，研究呈现细致化、立体化，对前人的观点多有修订，并在此基础上对以往的研究进行了反思，初步展开了理论上的探讨，并取得了一定成果。但总的来说，还是具体问题具体分析的文章居多，难以从一个更宏观的方法论的角度来分析问题，目的性、系统性不太强，因而对普通语言学的探讨比较少。学者们的反思也正说明，他们已经开始意识到这个问题，并开始寻找新的出路，认识到要想有新的发展，必须从语言事实出发，实现理论上的突破。明确研究的目的，抓住语言事实的根本特点、要解决的根本问题，从而建立自己的理论体系，这是大势所趋，也是以后研究的重点和方向。

（作者：宋作艳、孙洪伟、邱立坤，北京大学硕士研究生；杨立权，北京大学博士研究生；陈保亚，北京大学教授）

注：

①鲁川：《汉语的“语位”》，《语言教学与研究》，2002年第4期。

②鲁川、缑瑞隆、刘钦荣：《汉语句子语块序列的认知研究和交际研究》，《汉语学习》，2002年第2期。

③叶文曦：《绘景法、象似性和汉语的结构—附论上古汉语词头“有”（有字式）的语义功能和语义

的标记功能》，《纪念王力先生百年诞辰学术论文集》，商务印书馆，2002年版。

④李娟：《先秦与古希腊语言观念比较》，《语言学论丛》（第二十五辑），北京大学中文系《语言学论丛》编委会编，商务印书馆，2002年版。

⑤王理嘉：《汉语拼音方案运动的回顾兼及通用拼音问题》，《中国语文》，2002年第2期。

⑥王洪君：《普通话中节律边界与节律模式、语法、语用的关联》，《语言学论丛》（第二十六辑），北京大学中文系《语言学论丛》编委会编，商务印书馆，2002年版。

⑦曹剑芬：《汉语声调与语调的关系》，《中国语文》，2002年第3期。

⑧李爱军：《普通话对话中韵律特征的声学表现》，《中国语文》，2002年第6期。

⑨林茂灿：《普通话语句的韵律结构和基频F0高低线构建》，《当代语言学》，2002年第4期。

⑩刘芳：《北京话“什么”的口语形式》，《语言学论丛》（第二十五辑），北京大学中文系《语言学论丛》编委会编，商务印书馆，2002年版。

⑪王海峰：《现代汉语离合词离析动因刍议》，《语文研究》，2002年第3期。

⑫张宝林：《关系动词的鉴定标注》，《语言教学与研究》，2002年第4期。

⑬施春宏：《说“界”和“坛”》，《汉语学习》，2002年第1期。

⑭刘丹青：《汉语中的框式介词》，《当代语言学》，2002年第4期。

⑮刘涌泉：《关于汉语字母词的问题》，《语言文字应用》，2002年第1期。

⑯刘建梅：《现代汉字系统中外来字母规范浅议》，《语言文字应用》，2002年第1期。

⑰胡明扬：《关于外文字母词和原装外文缩略语问题》，《语言文字应用》，2002年第2期。

⑱李明：《也谈字母词语问题》，《语言文字应用》，2002年第4期。

⑲郭锐：《现代汉语词类研究》，商务印书馆，2002年版。

⑳冯胜利：《韵律构词与韵律句法之间的交互作用》，《中国语文》，2002年第6期。

㉑李泉：《从分布上看副词的再分类》，《语言研究》，2002年第2期。

㉒袁毓林：《多项副词共现的语序原则及其认知解释》，《语言学论丛》（第二十六辑），北京大学中文系《语言学论丛》编委会编，商务印书馆，2002年版。

㉓张伯江：《施事角色的语用属性》，《中国语文》，2002年第6期。

㉔潘海华、梁昊：《优选论与汉语主语的确认》，《中国语文》，2002年第1期。

㉕沈家煊：《如何处置“处置式”—论“把”字句的主观性》，《中国语文》，2002年第5期。

㉖项开喜：《汉语的双施力结构式》，《语言研究》，2002年第2期。

㉗王冬梅：《“N的V”结构中V的性质》，《语言教学与研究》，2002年第4期。

㉘方希：《黏合式多重定名结构的语序》，《语言学论丛》（第二十五辑），北京大学中文系《语言学论丛》编委会编，商务印书馆，2002年版。

㉙郭锐：《语法的动态性和动态语法观》，在“商务印书馆语言学出版基金发布会暨青年语言学者论坛—21世纪的中国语言学”（2002.1.17—18北京）会上发表。

㉚陆俭明：《再谈“吃了他三个苹果”一类结构的性质》，《中国语文》，2002年第4期。

㉛陆俭明：《汉语句法研究的新思考》，《语言学论丛》（第二十六辑），商务印书馆，2002年版。

㉜陈立民：《汉语的时态和时态成分》，《语言研究》，2002年第3期。

㉝董秀芳：《“都”的指向目标及相关问题》，《中国语文》，2002年第6期。

㉞陆俭明：《关于递系式》，《纪念王力先生百年诞辰学术论文集》，商务印书馆，2002年版。

㉟袁毓林：《述结式的论元选择及其句法配置》，《纪念王力先生百年诞辰学术论文集》，商务印书馆，2002年版。

㊱袁毓林：《名词代表动词短语和代词所指的波动》，《中国语文》，2002年第2期。

㊲沈阳：《述补式“把”字结构中补语动词的虚化和弱化形式》，《纪念王力先生百年诞辰学术论文集》，商务印书馆，2002年版。

㊳袁毓林：《汉语话题的语法地位和语法化程度—基于真实自然口语的共时和历时考量》，《语言学论丛》（第二十五辑），北京大学中文系《语言学论丛》编委会编，商务印书馆，2002年版。

㊴郭锡良：《历时音韵学研究中的几个问题》，《古汉语研究》，2002年第3期。

㊵何九盈：《上古元音构拟问题》，《纪念王力先生百年诞辰学术论文集》，商务印书馆，2002年版。

㊶耿振生：《古音研究中的审音方法》，《语言研究》，2002年第2期。

㊷金有景：《关于远古语言语音面貌的若干设

想》，《古汉语研究》，2002年第2期。

㊸张民权：《宋代古音学考论》，《首都师范大学学报》，2002年第1期。

㊹唐作藩：《〈说文〉“读若”所反映的声调现象》，《纪念王力先生百年诞辰学术论文集》，商务印书馆，2002年版。

㊺刘广和：《介音问题的梵汉对音研究》，《古汉语研究》，2002年第2期。

㊻张洁：《论〈切韵〉时代轻重唇音的分化》，《汉语史学报》第二辑，上海教育出版社，2002年版。

㊼陈保亚：《论禅船崇母的分化规律》，《纪念王力先生百年诞辰学术论文集》，商务印书馆，2002年版。

㊽孙玉文：《先秦连绵词的声调研究》，《语言学论丛》（第二十六辑），北京大学中文系《语言学论丛》编委会编，商务印书馆，2002年版。

㊾赵彤：《藏语声母演变的几个问题》，《语言学论丛》（第二十六辑），北京大学中文系《语言学论丛》编委会编，商务印书馆，2002年版。

㊿蒋绍愚：《读〈广雅疏证〉札记》，《纪念王力先生百年诞辰学术论文集》，商务印书馆，2002年版。

51张联荣：《〈同源字典〉中的“实同一词”》，《纪念王力先生百年诞辰学术论文集》，商务印书馆，2002年版。

52刘又辛、张博：《汉语同族复合词的构成规律及特点》，《语言研究》，2002年第1期。

53杨荣祥：《“具”“俱”之别及其源流演变》，《纪念王力先生百年诞辰学术论文集》，商务印书馆，2002年版。

54胡敕瑞：《从〈论衡〉与东汉佛典三音词语的比较看东汉词汇的发展》，《语言学论丛》（第二十五辑），北京大学中文系《语言学论丛》编委会编，商务印书馆，2002年版。

55杨荣祥：《副词词尾源流考察》，《语言研究》，2002年第3期。

56胡敕瑞：《“尔许”溯源——兼论“是所”“尔所”“如所”“如许”等指代词》，《汉语史学报》，第二辑，上海教育出版社，2002年版。

57蒋绍愚：《“给”字句、“教”字句表被动的来源》，《语言学论丛》（第二十六辑），北京大学中文系《语言学论丛》编委会编，商务印书馆，2002年版。

58刘子瑜：《再谈唐宋处置式的来源》，《语言学论丛》（第二十五辑），北京大学中文系《语言学论丛》编委会编，商务印书馆，2002年版。

59张美兰：《再论“我把你这个/这+名词性成分”句》，《河北师范大学学报》，2002年第1期。

60杨荣祥：《古汉语中“杀”的语义特征和功能特征》，《汉语史学报》第二辑，上海教育出版社，2002年版。

61赵金铭：《汉语差比句的南北差异及其历史嬗变》，《语言研究》，2002年第3期。

62张美兰：《从汉语比拟句式结构的发展看名词性偏正结构的构成》，《汉语学习》，2002年第1期。

63董秀芳：《古汉语中的“自”和“己”》，《古汉语研究》，2002年第1期。

64杨永龙：《汉语方言先时助词‘着’的来源》，《语言研究》，2002年第2期。

65殷国光：《谓词性向心结构向非向心结构变换的考察》，《语言研究》，2002年第2期。

66张猛：《从〈左传〉谓词“出”的91种译法看影响语法分析的若干因素》，《纪念王力先生百年诞辰学术论文集》，商务印书馆，2002年版。

67邵永海：《“枕之股”的句法和语义》，《语言学论丛》（第二十五辑），北京大学中文系《语言学论丛》编委会编，商务印书馆，2002年版。

68邵永海：《试论关系位》，《纪念王力先生百年诞辰学术论文集》，商务印书馆，2002年版。

69黄昌宁：《统计语言模型能做什么》，《语言文字应用》，2002年第1期。

70俞士汶、朱学锋：《关于汉语信息处理的认识及其研究方略》，《语言文字应用》，2002年第2期。

71林杏光：《为NLP创立模式，用HNC研究汉语》，《汉语学习》，2002年第3期。

72于江生、俞士汶：《中文概念词典的结构》，《中文信息学报》，2002年第4期。

73俞士汶等：《北京大学现代汉语语料库基本加工规范》，《中文信息学报》，2002年第5、6期。

74袁毓林：《信息抽取的语义知识资源研究》，《中文信息学报》，2002年第5期。

75刘群等：《自然语言处理开放资源平台》，《语言文字应用》，2002年第4期。

76吴云芳等：《是字句主语和宾语的自动界定》，《中文信息学报》，2002年第2期。

77李晋霞：《面向计算机的“$V_{双}+N_{双}$”结构类型研究》，《语言文字应用》，2002年第4期。

78周磊：《乌鲁木齐话“给”字句研究》，《方言》，2002年第1期。

79沈明：《太原话的“给”字句》，《方言》，2002年第2期。

80罗自群：《襄樊方言的重叠式》，《方言》，2002

年第1期。

㉛陈晖：《湖南临武（麦市）土话语音分析》，《方言》，2002年第2期。

㉜刘丹青：《上海方言否定词与否定式的文本统计分析》，《语言学论丛》（第二十六辑），北京大学中文系《语言学论丛》编委会编，商务印书馆，2002年版。

㉝曹志耘：《吴徽语入声演变的方式》，《中国语文》，2002年第5期。

㉞项梦冰：《客家话反复问句中的合音现象》，《语言学论丛》（第二十五辑），北京大学中文系《语言学论丛》编委会编，商务印书馆，2002年版。

㉟吴福祥：《南方方言几个状态补语标记的来源》（二），《方言》，2002年第1期。

㊱李小凡、陈宝贤：《从“港”的词义演变和地域分布看古吴语的北界》，《方言》，2002年第3期。

㊲李蓝：《方言比较、区域方言史与方言分区——以晋语分音词和福州切脚词为例》，《方言》，2002年第1期。

㊳项梦冰：《连城客家话完成貌句式的历史层次》，《语言学论丛》（第二十六辑），北京大学中文系《语言学论丛》编委会编，商务印书馆，2002年版。

㊴郑张尚芳：《方言介音异常的成因及e>ia、o>ua音变》，《语言学论丛》（第二十六辑），北京大学中文系《语言学论丛》编委会编，商务印书馆，2002年版。

㊵王福堂：《北京话儿化韵的产生过程》，《语言学论丛》（第二十六辑），商务印书馆，2002年版。

㊶王福堂：《汉越语和湘南土话、粤北土话中并定母读音的关系》，《纪念王力先生百年诞辰学术论文集》，商务印书馆，2002年版。

㊷孙宏开：《开创新世纪民族语文研究工作的新局面》，《民族语文》，2002年第6期。

㊸徐世璇：《语言濒危原因探析——兼论语言转用的多种因素》，《民族语文》，2002年第4期。

㊹黄行：《我国的语言和语言群体》，《民族研究》，2002年第1期。

㊺周庆生：《中苏建国初期少数民族文字创制比较》，《民族语文》，2002年第6期。

㊻丁邦新：《汉藏系语言研究法的检讨》，《中国语文》，2002年第6期。

㊼聂鸿音：《“深层对应”献疑》，《民族语文》，2002年第6期。

㊽邢公畹：《说“深层对应”——答丁邦新、聂鸿音两位先生》，《民族语文》，2002年第6期。

㊾邢凯：《关于语义学比较法的理论问题》，《民族语文》，2002年第5期。

⑩宋金兰：《汉藏语形态变体的分化》，《民族语文》，2002年第1期。

⑩李永燧：《论藏缅语黏着语素与语言类型学》，《民族语文》，2002年第2期。

⑩刘丹青：《汉藏语言的若干语序类型学课题》，《民族语文》，2002年第5期。

⑩戴庆厦、傅爱兰：《藏缅语的形修名语序》，《中国语文》，2002年第4期。

⑩陈其光：《语言间的深层影响》，《民族语文》，2002年第1期。

⑩沙加尔、徐世璇：《哈尼语中汉语借词的历史层次》，《中国语文》，2002年第2期。

⑩曾晓渝：《论水语声母＊s－>h－的历史音变》，《民族语文》，2002年第2期。

⑩瞿霭堂：《声调起源研究的论证方法》，《民族语文》，2002年第3期。

⑩吴安其：《苗瑶语核心词的词源关系》，《民族语文》，2002年第4期。

⑩陈保亚、何方：《核心词原则和澳越语的谱系树分类》，《云南民族学院学报》（哲社版），2002年第1期。

⑪戴庆厦：《关于汉藏语语法比较研究的一些理论方法问题》，《中央民族学院学报》（哲社版），2002年第2期。

⑪江荻：《汉藏语言演化的历史音变模型》，民族出版社，2002年版。

⑪张惠英：《汉藏系语言和汉语方言比较研究》，民族出版社，2002年版。

⑪孟和宝音：《原始蒙古语辅音构拟的基础》，《中央民族大学学报》（哲社版），2002年第3期。

⑪力提甫－达乎提：《阿尔泰语言构形成分的句法层次问题》，《中央民族大学学报》（哲社版），2002年第4期。

⑪李兵：《舌根后缩元音和谐系统中性元音的可透性》，《民族语文》，2002年第2期。

⑪黄振华：《西夏语同义词词源研究刍议》，《民族语文》，2002年第5期。

⑪张辉女：《汉字和汉语与朝鲜半岛语言的关系》，《民族语文》，2002年第5期。

⑪李得春：《关于来母的高丽译音》，《民族语文》，2002年第5期。

⑪毕玉德、刘吉文：《现代朝鲜语句子语义结构类型研究》，《民族语文》，2002年第5期。

英语语言学

王逢鑫

Chomsky在20世纪90年代对生成语法提出了重大改革，认为人脑中的语言官能就是普遍语法，是人的生物禀赋、语言习得的蓝图。语言的天赋属性决定了语言研究应该采取内在论的方法，即以隐性结构和解释原则为基础从理论上探索语言的内在属性。这样更利于对语言做出哲学层次上的诠释。Chomsky认为语言是进化的结果，他不承认是自然选择造就了语言，而坚持语言突现论的观点。戴曼纯指出：这些论断由于缺乏确凿证据，还须进一步论证①。

Chomsky的生成语言学是对结构语言学的一场革命，而认知语言学又是对Chomsky的生成语言学的一场革命。认知语言学从认知角度探讨人类的思维、语言及身体经验与外部世界之间的辩证关系，还研究语言与认知模式、知识结构、神经系统、心理、生物基础等之间的关系。要弄清这些关系，需将语义研究置于核心地位。从认知角度研究语义就产生了认知语义学，而且成为认知语言学的核心内容。王寅指出认知语义学越来越受到人们的关注。认知语义学观点各异，学派林立，主要有经验观、概念观、百科观、原型观、意象图示观、隐喻观、寓比观、相似观，以及认知模型与激活理论。认知语义学强调基于身体的经验和想像，把注意力真正转向人类的推理。其缺点是推理容易具有主观色彩，忽略了语境对隐喻理解的制约作用②。

特征理论和原型理论是语义解释以及语义获得的两种主要理论。特征理论是20世纪70年代出现的一种理论。国外有关个体言语获得的大量研究都是在这一框架下进行的。后来一些研究对特征理论提出了质疑，从而推动了语义获得研究。这些质疑也使特征理论的一些基本观点陷入了困境。原型理论主要是针对那些与特征理论不相符合的实验事实而提出来的。曹中平、杨秀华认为有必要分别从实验事实与理论逻辑两个方面剖析特征理论的问题，以期为这一领域的研究提供一些启示③。

国内学者对隐喻的研究更加深入。王逢鑫论述人们常常利用自己最熟悉的身体器官和部位构成身体隐喻概念，来认知、体验和感受其他领域的隐喻概念。身体隐喻是构建新的语言形式，包括词、词组等语言单位的重要理据。人们常借用身体某个器官或部位的功能特点构成隐喻概念，来认知另外一个领域的隐喻概念。相应的表示身体器官或部位的词具有喻义，来表示另外一个领域的概念。此外，功能变换、冗赘和错位也是构成身体隐喻的重要方面④。

语言学的“经济”概念最早是相对“冗赘”而提出来的。但是，确定话语经济与否，不能仅以用词多寡为依据。向明友提出在语用层面上将传统的经济语言重新界定为：经过优化配置、实现效用最大化的言语。在认识支配言语配置的基本规则的前提下，他构拟了指导言语优化配置的新经济原则，由言语配置的一般均衡准则、前提共识准则、择近准则、从众准则和言语生效准则构成⑤。

Sperber和Wilson在1986年出版的《关联性：交际与认知》一书中提出的关联理论是当代语用学的一个重要理论，将Grice的合作原则中的关联准则提升为“原则”，来取代整个合作原则，结果引起很大争论。1995年，他们在该书第二版的“后叙”中修改了关联理论。他们区分了认知关联原则和交际关联原则，明确提出存在两条关联原则，并修改了最佳关联假定。姜望琪认为以一条认知原则取代合作原则及其准则的想法不现实⑥。

历史语用学、历时语用学和文学语用学是语用学应用研究领域的三个具有相关隶属关系的新兴门类，在国外的发展尚不足十年，没有形成语用学研究的主流；在国内则很少有人涉足。王欣综述了三者的学科渊源、研究对象、范围和方法。历史语用学描述并理解一度存在，但已无法直接观察的语言社团中语言使用的规约；描述并解释言语规约的历史发展。历时语用学描述语言结构、语言功能和社会历史状况三者之间不停息的互动过程。文学语用学对文学作品进行专门的语用研究⑦。

功能文体学，特指以Halliday系统功能语言学为基础的文体学派，三十年来影响日益扩大。申丹对功能文体学作了进一步思考。她就文体与相关性准则、文学文本的情景语境、性质突出与数量突出，以及分析阶段与解释阶段之间的关系等问题进行了讨论⑧。

认知语言学的哲学基础是体验哲学，其中心内容主要包括三项基本原则：心智的体验性、认知的无意识性和思维的隐喻性。王寅认为：体验哲学是第一代认知科学和第二代认知科学的分水岭，也是语言符号相似性的认知基础。认知语言学是对Chomsky革命的一场革命[9]。

近年来认知语言学家的研究表明，人类的认知概念结构主要来自人的感知、活动、个体和社会的经验。而人们在认知客观世界的实体、状态和事件时，隐喻化起着举足轻重的作用。谢之君评述了Gunner Persson的图示隐喻与语义互补模式，认为它是隐喻性认知在语言学研究中的具体体现。Persson通过这个模式，将传统的语义分析理论和与之对立的原型理论进行了互补性的融合，使我们不但可以进一步了解隐喻性思维的价值，而且更重要的是对语言学本身有了一个全新的认识[10]。

构式语法是近几年才兴起的基于认知语言学之上的理论体系。构式是形式和语义的匹配，也就是说，构式在具体词语缺席的情况下也有其自身的语义和语用功能。同时，构式语法非常强调该理论的目的是解释语言的整体，包括一般规律和特定构式。董燕萍、梁君英认为：构式语法在理论层次上的主要问题是如何从构式语法现有相对孤立的研究中构建一个更加完整的语法体系；在应用层次上的主要问题是如何从构式的角度研究语言的习得、语言的产生和理解[11]。

模糊逻辑模型和交股模型，是心理语言学有关言语感知研究中解释言语听辨机制的重要模型理论。模糊逻辑模型运用模糊逻辑和原型等两个概念，生动明确地描述了言语听辨的过程，和言语在记忆中的储存情况。交股模型将各个层面的因素及影响都包括在言语听辨的过程中。这两个模型也各有自己的局限性。模糊逻辑模型主要强调语音因素的作用，而交股模型则误将听辨过程看作是去除交股中与目标词不相似的词的过程。汪福祥、蒋志森通过对这两个模型局限性的解析，将二者的优点重组，以寻找一种更为合理地解释言语听辨过程的新途径[12]。

语境对理解语篇意义具有重大作用，一向受到语言学家、语用学家、民俗学家、人类学家、哲学家和认知学家所关注。胡壮麟指出：追踪这些学者的研究，可以发现语境分析的方法，已从语言语境（即上下文），经由二元化（即语言语境和非语言语境），再经三元化（即语言语境、物理语境和知识共享），走向多元化（即世界知识、集体知识、特定知识、参与者、正式程度和媒体等）的趋势[13]。

近年来，国内应用语言学基本理论研究有了很大发展。于根元认为：交际理论是应用语言学基本理论之中居于总纲地位的理论，也是本体语言学与应用语言学高层次结合的纽带。在语言知识能力、语言交际能力和语言研究能力之外，还有一个更重要的、更高层次的语言能力，就是发挥语言能力的能力，或者说语言创造能力。层次、动态、中介、人文性和潜显理论，是应用语言学基本理论之中下位层次的相互关联的几个基本理论[14]。

从系统功能语法的角度探讨古诗英译，在我国尚不多见。黄国文从Halliday的功能语言学角度出发，对唐代诗人杜牧的《清明》一诗的几种译文进行了经验纯理功能分析。他试图通过语言学分析翻译作品，帮助我们从新的角度对一些翻译问题重新审视。他用功能语言学的分析框架来描述诗歌及其译文，检验了功能语言学在语篇分析和翻译研究方面的可应用性和可操作性[15]。

将功能语篇分析理论应用到章回小说及其英译文的对比研究，在国内外也不多见。徐珺以系统功能语言学作为理论指导，尝试性地对《儒林外史》的英译文（杨宪益与戴乃迭合译）进行了功能语篇分析，重点探讨了语篇体裁。语篇体裁反映了文化语境，主要通过纲要式结构和体现样式等两种方式来实现。《儒林外史》属于章回小说，具有特定的纲要式结构和体现样式。通过功能语篇分析可以看出：杨与戴的译文比较成功地反映了章回小说的语篇体裁的特点[16]。

卢德平认为Charles Sanders Peirce对符号研究的主要贡献，在于发现符号之所以成为符号，之所以能够通过一定的形式系统代替或代表不同于符号自身的其他事物、现象和过程，无非是由于符号的解释者依据一定的共同体或社会的规范所做的解释或认知。符号自身无所谓指称和表达，而是人把它当作如是观，是人这样理解和规定的结果。也正是人赋予符号以生命，并以符号为工具发展了自身。人类文明所经历的漫漫长路，可以说就是人运用符号承载文化、传递知识，并将人自身的劳动过程浓缩于符号系统的漫长历史[17]。

在现代词典编纂中，人们强调“语料先行”的原则，语料库建设起着重要作用。钱厚生分析语料库建设应注意语料采样、语料分析和处理及语料更新等问题。语料采样要注意口语、书面语、地域变体和专业语言的适当比例。语料分析和处理包括词频统计、索引生成、语法分析、语体分析、语义分析和搭配分析等方面。在建设语料库的同时，不可放弃手工资料的采集[18]。

语义韵是语料库语言学近年兴起的课题。卫乃兴讨论了语义韵研究的三种方法，即建立类连接，基于数据来概括和描述关键词的语义韵；计算搭配词，用数据驱动方法研究语义韵；数据与数据驱动相结合，建立语义韵结构。他指出语义韵研究可以丰富人们对语言规则的认识，加深对语言运作机制的理解，促使人们重视词语行为模式。同时也有助于英语教学，更加科学地教给学生典型、地道的语言，避免按照语法规则生造搭配[19]。

从50年代初提出机器翻译和人工智能研究课题至今，自然语言处理的研发历史已有50多年了。研究取得两点重要认识，即认识到对于句法分析，基于单一标记的短语结构规则是不充分的；而且短语结构规则在真实文本中的分布呈现严重扭曲。换言之，有限数目的短语结构规则不能覆盖大规模语料中的语法现象。这与原先的预期大相径庭。自然语言处理技术的发展在很大程度上受到这两个事实的影响。黄昌宁、张小凤认为近20年来这一领域堪称里程碑式的贡献有三，一是复杂特征集和合一语法；二是语言学研究中的词汇主义；三是语料库方法和统计语言模型。大规模语言知识的开发和自动获取是自然语言处理技术的瓶颈。因此，语料库建设和统计学理论将成为自然语言处理技术的主流和关键课题[20]。

50年来，自然语言处理研究目标由小规模受限语言处理走向大规模真实文本处理。近年来，大规模真实文本处理取得巨大成绩，表现为在信息检索、信息过滤和自动文摘、信息抽取以及多种文字的带标语料库的建立等方面有了实用化和商品化的成果。20年来，中文信息处理也有很大进展，但在一些社会急需的发展方向上尚未取得实质性的突破。黄昌宁指出统计语言模型在有可比评测的课题上具有优越性，在解决语音识别、词性标注和英语介词短语消歧等方面是个有用的工具。具有统一测试数据和统一计分方法的可比评测是推动科学技术进步的有力杠杆[21]。

我国自然语言处理研究在一定程度上处于一种低水平重复状态。由于缺乏一些公共的基础设施，很多研究工作都要花费大量的精力从底层模块做起，造成研究工作难以深入。刘群、张浩、白硕提出，可将开放式的开发模式应用于自然语言处理领域，并提出了一个面向中外的自然语言处理开放资源平台的设计方案。这个平台能够共享源代码、语料库、词典、学术论文等各种资源，并支持协作式的项目开发。随着参与者的增多和项目的发展，这个平台一定会为我国自然语言处理研究提供有力的支持[22]。

儿童的大脑正处在生长发育的阶段。因此，儿童语言障碍的语言学研究具有独特的意义。崔刚、张岳认为：这种研究不仅可以使我们进一步了解大脑和语言之间的关系，而且可以帮助我们研究儿童习得语言的规律。儿童语言障碍产生的原因在于先天或后天因素对大脑造成的损伤或发育不良，主要包括失语症、专门性语言障碍和兰达—克莱夫综合症等三种类型。国外对儿童语言障碍的语言学研究已经成为语言学和心理学的重要研究课题，而且研究成果为语言学和心理学的发展作出很大贡献。但是，儿童语言障碍的语言学研究在我国尚处于空白阶段[23]。

（作者：北京大学教授）

注：

①戴曼纯：《生成语法研究中的天赋论、内在论和进化论观点》，《外语教学与研究》，2002年第4期。

②王寅：《认知语义学》，《四川外语学院学报》，2002年第2期。

③曹中平、杨秀华：《语义获得的特征理论及其实验研究新进展》，《湖南师范大学教育科学学报》，2002年第1期。

④王逢鑫：《身体隐喻：构词理据、功能变换、冗赘和错位》，《外语与外语教学》，2002年第12期。

⑤向明友：《论言语配置的新经济原则》，《外语教学与研究》，2002年第5期。

⑥姜望琪：《再评关联理论—从"后叙"看 Sperber和 Wilson 对关联理论的修改》，《外语教学与研究》，2002年第5期。

⑦王欣：《90年代语用学研究的新视野——历史语用学、历时语用学和文学语用学》，《外语教学与研究》，2002年第5期。

⑧申丹：《功能文体学的再思考》，《外语教学与研究》，2002年第3期。

⑨王寅：《认知语言学的哲学基础：体验哲学》，《外语教学与研究》，2002年第2期。

⑩谢之君：《图示隐喻与语义互补模式——评Persson的隐喻语义观》，《外国语》，2002年第2期。

⑪董燕萍、梁君英：《走近构式语法》，《现代外语》，2002年第2期。

⑫汪福祥、蒋志森：《模糊逻辑模型与交股模型的解析与重组》，《外语教学》，2002年第6期。

⑬胡壮麟：《语境研究的多元化》，《外语教学与研究》，2002年第3期。

⑭于根元：《应用语言学的基本理论》，《语言文字应用》，2002年第1期。

⑮黄国文：《功能语言学分析对翻译研究的启示——〈清明〉英译文的经验功能分析》，《外语与外语教学》，2002年第5期。

⑯徐珺：《〈儒林外史〉英汉语语篇对比研究——系统功能语言学的尝试》，《外语与外语教学》，2002年第12期。

⑰卢德平：《皮尔士符号学说再评价》，《北方论丛》，2002年第4期。

⑱钱厚生：《语料库建设与词典编纂》，《辞书研究》，2002年第1期。

⑲卫乃兴：《语义韵研究的一般方法》，《外语教学与研究》，2002年第4期。

⑳黄昌宁、张小凤：《自然语言处理技术的三个里程碑》，《外语教学与研究》，2002年第3期。

㉑黄昌宁：《统计语言模型能做什么?》，《语言文字应用》，2002年第1期。

㉒刘群、张浩、白硕：《自然语言处理开放资源平台》，《语言文字应用》，2002年第4期。

㉓崔刚、张岳：《儿童语言障碍的语言学研究》，《外语与外语教学》，2002年第11期。

外国语言学（英语除外）

彭广陆　鲍　红　姚　婕

本文所涉及的对象主要是2002年间发表在北京地区出版的学术刊物或论文集上的与外语语言学(英语除外）有关的有代表性的学术论文以及北京地区学者出版的学术专著等，兼及北京地区学者在外地或国外的学术刊物上发表的学术论文。下面主要对日语语言学和俄语语言学的研究综述如下。

一、日本语言学研究

1. 主要学术活动

为纪念中日邦交正常化30周年，2002年全国各地举办了多种与日本有关的学术活动，下面重点介绍一下与日语研究有关的学术研讨会。

北京外国语大学日语系与北京日本学研究中心于3月23日至24日共同主办了“16—19th近代新词·译词的形成与交流”国际研讨会，共有20余名中、日、韩三国学者参加并宣读了论文。这一主题的研讨会是第一次在我国举行。

首都师范大学外国语言学及应用语言学研究所于5月17日至18日举办了首都师范大学外国语言学及应用语言学国际研讨会，不同语种的学者在一起宣读论文，介绍各自的研究成果，起到了相互沟通、相互促进的作用，受到与会者的一致好评。

北京外国语大学国际交流学院于8月24日至25日举办了“第五届国际汉日对比语言学研讨会”，共有来自中日两国的50名学者和研究生与会并宣读有关汉日语对比研究和汉日语本体研究的学术论文。

大连外国语学院于9月14日至16日举办了“第三届中日韩日本文化教育国际研讨会”，共有120余名中、日、韩三国学者与会并宣读论文。

北京日本学研究中心于9月28日至29日举办了题为“日本研究的深化与拓展”的大型国际学术研讨会，有来自中国、日本、韩国、澳大利亚等国的56名学者在分组会上宣读论文或进行评议，语言分组会围绕“日语研究的深化与拓展：语法研究的新发展、语料库语言学的新发展”，日语教学分组会围绕“中国日语教学研究的现状与展望：日语精读课教学研究、日语教学的改革方向”等主题进行了交流。

解放军外国语学院于10月18日至20日举办了“日本文化语言学学术研讨会”，有来自全国14所高等院校的20余名中日学者与会并宣读了论文。

由中国日语教学研究会主办、天津外国语学院承办的“东亚日语教育国际研讨会”于11月1日至5日在天津举行，共有来自中国、日本、朝鲜、韩国、新加坡、台湾、香港等国家和地区的176名代表与会并宣读学术论文，这也是近年来在我国举行的规模最大的与日语教学和日语研究有关的学术研讨会。

2. 普通语言学研究

彭广陆对通行的日语是黏着语这一观点进行了分析，指出根据语言类型学的分类，日语的确属于黏着语，但是也不能否认，日语谓词的词形变化具有明显的屈折语的特征。在传统的日语语法体系中，表示语法意义的附加成分被看作助动词和助词，而其实质是“词尾”或“构形后缀”[①]。

3. 语法学研究

杨诎人论述了日语语法的对立与连续的问题[②]；王忻发表了对日语语气（情态）范畴的见解[③]；于振领对定语从句中的谓词的述谓度的问题进行了探讨[④]；张威对决定否定辞“ない”的功能和意义的机制进行了阐述，并继续对结果可能的问题进行讨论[⑤]；彭广陆对定位不十分明确的“Nアル”这种形式进行了考察[⑥]。

4. 词汇学与语义学研究

谯燕对日语中叠字构成的副词的结构方式进行了描写[⑦]；魏丽春对日语外来词中ナ型形容词和スル型动词进行了历史的考察[⑧]；邱根成对日语汉语词研究的前提发表了自己的见解[⑨]；杨诎人对日语语义的对立和连续的特点进行了探讨[⑩]；高宁、黄珺亮以“南方”一词为例，考察了其词义流变的历史，并试图说明词义变化与社会、历史大背景的关系以及对译语进行历史选择的重要性[⑪]。

5. 语用学与文化语言学研究

徐昌华对日语的劝说语和责备语进行了语用的考察[⑫]，赵华敏对日语中反驳言语行为的类型及语用意义进行了系统的论述[⑬]；黄小丽从语言冲击力的角度分析了日语敬语的特点[⑭]。

6. 翻译理论与翻译实践研究

陶振孝、姚继中、高宁对日汉、汉日的翻译方法及其有关理论问题进行了探讨[⑮]；徐冰对中日之间的口语翻译问题进行了历史的回顾[⑯]；陶振孝、王成、林璋对日本文学作品的不同的译本、译法进行了比较分析[⑰]。

7. 语料库语言学

以《中日对译语料库的研制与应用研究》一书的出版为标志，我国日语语料库语言学研究在2002年取得了丰硕的成果。徐一平、曹大峰结合《日汉对译语料库》的研制开发，论述了语料库语言学以及语料库应用的有关问题[⑱]；周浩、施建军、戴宝玉对语料库的具体技术问题进行了探讨[⑲]。

8. 汉日语对比研究

2002年汉日语对比研究也获得了全面的丰收，许多论文就是应用《日汉对译语料库》的直接成果。在对比研究中，语法学方面的对比研究占有很大的比重。

王秋华、彭广陆对汉日语的代词、指示代词进行了对比[⑳]；章天明比较了汉日语中的格关系[㉑]；陈连冬对汉日语的限定表达方式进行了对比[㉒]；魏晓明以汉日语的委婉的表达方式为对象[㉓]、陈红以汉日语的方所表达方式为对象进行了考察[㉔]；冯良珍在对《古事记》电子文本语料进行整理、断句、分类标注的基础上，进行了汉语与日语表达方式的计量考察，以具有一定古汉语典籍阅读能力的人用汉语去阅读时所能够理解的程度为依据，提出了《古事记》中汉语表达方式占到60%以上这一结论，这一比值同时反映了7—8世纪日本语言文字书写对汉语的依赖程度[㉕]；张岩红、彭广陆、徐京梅、王学群对汉日语中的体的形式进行了对比[㉖]；俞瑞良、姚莉萍对汉日语的态的表达方式进行了考察[㉗]；曹大峰、徐一平、张兴、施建军对汉日语的语气问题进行了论述[㉘]；张兴、施建军和于日平对汉日语复句的表达形式进行了对比考察[㉙]；王键、马小兵、续三义对汉日语中的个别词语和语法形式进行了对比分析[㉚]。

薛豹对汉日语中并列结构的同形词进行了描写[㉛]；朱京伟从构词成分的角度比较了汉语的词汇与日造汉语词的异同，还对日本近代哲学用语的形成进行了系统的考察[㉜]。

赵杰对汉语和日语的音长、音高的异同进行了考察[㉝]。

二、俄语语言学研究

俄语语言学研究的热点仍然是语义学与语用学的研究，但拓宽了研究领域，发掘了新的研究角度；俄语语法学也是研究的重点，并更多地运用新兴的语言学科的理论与方法；计算语言学的研究受到了广泛的关注。

1. 语义学与语用学研究

隋然探讨了俄语交际单位研究中的语法范畴问题，指出了诗体文本中称名的有定与无定范畴的转换方式，阐述了以人为中心的现代语言学的研究特点，研究了基本交际单位与言语行为问题，剖析了会话重复反应语句的意向及情感等主观意义，描述了指示语间接言语行为，论证了礼貌范畴作为语用语言学范畴的性质，揭示了自然语言与逻辑语言的区别和关系，介绍和探讨了自然语言形式化描写的历史、现状以及面临的问题[㉞]。郭聿楷和何英玉在全面介绍语义学基本理论与语义学研究领域中的新理论，新信息的基础上，着重探讨了语言单位的意义实质和指称关系问题，并同时介绍了一些与语义学关系密切的逻辑学和语言哲学理论。郭聿楷还运用标记理论对俄语反义词的某些不对称特性，进行了颇具新义的分析和研究[㉟]。

武瑷华以述评的方式简要介绍了俄语指示现象

的研究成果，肯定了其在继承传统语言学研究的同时，注重俄语自身的特点，注重语言类型的描写，并分析了不同的研究方法与角度的内在联系，尖锐地提出了有待解决的问题㊱。王铭玉指出了有关语言符号意义界定的三种重要观点：方法论观、本体论观、认识论观的片面性，认为“完整”的意义不能仅仅通过一个层面来表达，而是贯穿于物质符号、语言符号和言语符号三个层面之中，并尝试性地提出了一种新的符号意义学说——意义的层级观㊲。杜桂枝概括和总结了俄罗斯的语用学研究，对其研究宗旨和对象、语用特征的表达方式和使用功能、语用学与语文学的界限等一些有争议的问题进行了探讨和研究。作者还简述了莫斯科—塔尔图符号学派产生的时代背景，其研究方向和宗旨，主要学术思想，对俄语乃至世界语言学产生的影响及作用㊳。李红儒界定了正常的言语交际情景，尝试建立说话人层级系统，并对说话人的一个次类——以外部实在为认知对象，以人的普遍认知规律为基础的说话人予以研究，进而建立该说话人次层级系统㊴。郝斌在肯定“配价 — 题元理论”的同时，明确指出了其研究方法论方面存在着一定的问题及“配价”并不等同于传统语法中的“搭配性”㊵。

在《俄语语言文学研究》创刊辑（语言学卷）中，李锡胤尝试用经过修改的格语法来表现事件结构：一个句子相当于一个事件，其中谓语动词代表关系，中心题元代表当事人，边际题元代表环境等；张家骅认为概念意义在内容上相当于概念内涵，是在意识和语词中反映的同类事物的概括属性和本质属性，而指物意义则是以语词符号或语词符号及其概念意义为一方，能够被其所指的同类事物为另一方的相互关系；郝斌简述了俄语句子情态性研究史；柴天枢详尽阐述了命题与模态及其相互关系；彭玉海分析和描写了命题语义的指称层级关系，其内部构造及同词汇语义和句法构造的相关性；何英玉分析了俄语中表人名词的指称潜能；杜桂枝论述了俄语构词中具有普遍意义的一些问题；于鑫研究了俄语句子中语义空位的原因和类型；张会森阐述了语用学与修辞学之间的关系，指出两者都是研究语言使用的学科；孙蕾归纳总结了指示语的基本属性；武瑗华证明了隐喻化命名是以约定为前提的虚拟和假设，均以约定为前提的隐喻与本义语言有着区别㊶。

2．语法学研究

2002年仍然是俄语语法学研究的丰收年。李勤、杨明天和李磊荣运用语义学、语用学、话语语言学等新兴学科的理论和方法，对现有的各种复合句类型在结构、语义、语用等各个方面进行了全面的分析和详细的描写，在此基础上提出了新的、具有更强解释力的理论体系，并尝试解决学术研究与教学实践及应用相脱节的问题㊷。史铁强和安利揭示了俄语口语中的名词、代词、形容词、数词、副词、动词、前置词、连接词、语气词、感叹词、分析性形容词、反应词、述谓评价词和动词感叹词的形态特点㊸。杨明天运用功能语法和语用学的基本观点，从意义到形式，对主观情态意义及其表达手段进行了较为系统的描写㊹。

鲍红详细对比了俄语中的词汇重复和词的重叠的构成、表达方式、语义及功能㊺。黄颖从认知语言学角度出发，用典型范畴理论对俄语名词的数范畴进行了全新的阐释㊻。王永在语用学层面上探讨了语气词的五种交际功能㊼。姜宏重新审视了俄语句子独立成分学说㊽。

3．汉俄对比研究

史铁强通过对大量语料的对比，指出了俄汉语篇衔接方式的异同，并从语言系统和文化传统的角度分析了存在差异的根本原因㊾。陈国亭探讨了俄汉语相应动词的语义支配能力和句法搭配情况，提出只有俄语动词才有零价现象和汉语动词所带题元不能超过三个的论断，揭示了俄汉语动词结构上的本质差别。作者还在阐明主语、主体和主位之间关系的基础上，指出了俄汉语句在语法、语义和语用三个层面上并不总是对应的基本现实，揭示了俄汉语中话题与话题型句的构成机制和各自特点以及根本区别㊿。靳铭吉论述了俄汉语中的名词会因其在句中的句法位置、语义及语用等因素而呈现不同的指称特点[51]。赵蓉晖在俄汉对比的基础上，描写了男女言语在语音方面的若干差异[52]。

4．翻译理论与实践及俄语教学研究

尹城认为应将文化符号学引入翻译理论与实践，以克服体现于语言符号的文化差异，从而准确传达文化符号意义，达到不同言语产物在文化上的等值[53]。杨仕章分析了文化信息量在文化因素传译中的作用，并从跨文化交际的角度，系统分析了文化因素传译的五个基本原则[54]。谢云才从翻译角度阐述了词的语言意义与言语意思的辩证关系，认为翻译是两种语言在语用基础上言语间的语义对比[55]。刘绯绯解析了外语教学法传承演进的基本规律及其对外语教学模式形成的作用，提出了“外语教学模式形成于外语教学法的演进，是外语教学法历史演进的飞跃”，进而阐释了这一新的研究视点对于建构俄语现代化教学模式的借鉴与启示[56]。

5. 文化语言学研究

凌建侯根据巴赫金的哲学—语言学理论为人文话语概括出了三个特征，即话语是人文研究的直接现实、对初反映的再反映、至少蕴含了研究者与他人话语的两种声音[57]。李向东提出建立“认知卡”作为消除空缺的手段[58]。徐琪揭示了先例现象所蕴藏的深厚的民族文化内涵[59]。

6. 词典学与计算语言学研究

郑述谱针对现有汉语词典条目结构所存在的缺陷，重新设计了对外汉语教学词典的条目结构，并对其进行了理论依据的论证[60]。傅兴尚详尽阐释了计算语言学与计算词典学，建造俄汉机器词典的基本原则，俄汉机器词典的信息结构和信息指派功能以及俄汉机器词典信息系统的建构技术[61]。易绵竹和薛恩奎探讨了意念词典和语义词典的性质和编纂原则以及它们在语言信息处理中的作用[62]。许汉成认为语料库语言学是当代俄语语言学理论和实践的新的重大课题[63]。外文出版社出版了《21 世纪俄语新词新义词典》，76 万多字，收词 6000 余条[64]。

7. 修辞学研究

张会森详细介绍了俄语修辞学理论及欧美与中国修辞学的某些理论，研究了传统修辞学的辞格理论、俄语常用辞格及对比修辞学的基本问题，对功能修辞学进行了反思和批评，描写和分析了俄语口语、科学语体的语言特点，提出了“语用修辞学”的新的研究方向[65]。王福祥主要介绍了现代俄语书面语和口语中常见的修辞手段和辞格的基本知识[66]。

8. 重大学术会议

5 月 13 日至 15 日，全国高校俄语专业“翻译与翻译教学研讨会”在山东大学外语学院俄语系举行，来自全国 21 所院校的 34 名代表参加了大会，提交论文近 30 篇。

9 月 16 日至 20 日，在蒙古首都乌兰巴托举行了“亚洲与太平洋地区国家俄罗斯语言与文化”国际论坛，来自蒙古、中国、日本、越南、俄罗斯的近 40 位代表做了发言。

10 月 16 日至 18 日，“第六届全国俄语语言与文化研讨会”在湖南师范大学召开，来自全国 26 所高校和研究机构的 57 名代表参加了大会。

11 月 15 日至 17 日，在洛阳解放军外国语学院举行了“全国高校俄语专业首届多媒体辅助教学研讨会”，来自全国 26 所高校和研究机构的 43 名专家学者出席了大会。

（作者：彭广陆，北京大学教授；鲍红，北京大学副教授；姚捷，北京大学研究生）

注：

①彭广陆：《对日语黏着语说的再认识》，《语言学研究》第一辑，北京大学出版社，2002 年版。

②杨诎人：《论日语语法的对立与连续》，《日语学习与研究》，2002 年第 2 期。

③王忻：《日语语气再考（上）（下）》，《日语学习与研究》，2002 年第 2、3 期。

④于振领：《連体構造にある「用言」の陳述度について（上）（下）》，《日语学习与研究》，2002 年第 2、3 期。

⑤张威：《否定辞「ない」についてのミクロ的分析——その機能と意義を実現するメカニズムをめぐって——》，《日语学习与研究》，2002 年第 1 期；《「アトピー性皮膚炎の治し方が分かる本」の意味構造を考える——結果可能表現の論理に基づいて——》，《日语学习与研究》，2002 年第 3 期；《有対自動詞による可能表現》，《日本学研究 11》，世界知识出版社，2002 年 6 月出版。

⑥彭广陆：《「Nアル」をめぐって》，《日本学研究 11》，世界知识出版社，2002 年 6 月出版。

⑦谯燕：《畳語副詞の構成》，《日本学研究 11》，世界知识出版社，2002 年 6 月出版。

⑧魏丽春：《外来語ナ型形容詞·スル型動詞に関する通時的研究》，《日本学研究 11》，世界知识出版社，2002 年版。

⑨邱根成：《试论汉语词汇研究的前提》，《日语学习与研究》，2002 年第 4 期。

⑩杨诎人：《论日语语义的对立与连续》，《日语学习与研究》，2002 年第 4 期。

⑪高宁、黄珺亮：《词义流变与译语的历史选择》，《日语学习与研究》，2002 年第 4 期。

⑫徐昌华：《关于劝说语的语用考察》，《解放军外国语学院学报》，2002 年第 2 期；《关于责备语的语用考察》，《日语学习与研究》，2002 年第 2 期。

⑬赵华敏：《论日语反驳言语行为的类型及语用意义》，《语言学研究》第一辑，北京大学出版社，2002 年版。

⑭黄小丽：《试论日语中的“语言”冲击力》，《日本学研究 11》，世界知识出版社，2002 年版。

⑮陶振孝：《翻译中的增补小议》，《日语学习与研究》，2002 年第 1 期；姚继中：《难以逾越的文化失真——兼论汉日·日汉译诗之得失》，《日语学习与研究》，2002 年第 2 期；高宁：《“和文汉读法”与翻译方法论》，《中国翻译》，2002 年第 4 期。

⑯徐冰：《中日之间口语翻译的历史回眸》，《日语学习与研究》，2002年第2期。

⑰陶振孝：《浅谈〈坊っちゃん〉的三个译本》，《中日对译语料库的研制与应用研究》，外语教学与研究出版社，2002年9月出版；王成：《翻訳研究と『中日対訳コーパス』—『坊っちゃん』の翻訳をめぐって》，《中日对译语料库的研制与应用研究》，外语教学与研究出版社，2002年版；林璋：《訳文の比較分析法——「雪国」の中国語訳をめぐって——》，《中日对译语料库的研制与应用研究》，外语教学与研究出版社，2002年版。

⑱徐一平：《关于〈中日对译语料库〉的研制和应用研究》，《中日对译语料库的研制与应用研究》，外语教学与研究出版社，2002年9月出版；徐一平、曹大峰：《21世紀の日中言語対照研究のために——コーパス言語学と中日対訳コーパス》，《中日对译语料库的研制与应用研究》，外语教学与研究出版社，2002年版；曹大峰：《パラレルコーパスの特徴と可能性研究——中日対訳コーパスの課題を考えて》，《中日对译语料库的研制与应用研究》，外语教学与研究出版社，2002年版。

⑲周浩：《中日対訳コーパスの中国語解析——形態素解析と品詞タグつけ、及び構文解析の前処理について》，《中日对译语料库的研制与应用研究》，外语教学与研究出版社，2002年版；施建军：《言語研究の立場からコーパス検索ソフトの機能を考える》，《中日对译语料库的研制与应用研究》，外语教学与研究出版社，2002年版；戴宝玉：《異なるコーパスによる出力結果の相違について》，《中日对译语料库的研制与应用研究》，外语教学与研究出版社，2002年版。

⑳王秋华：《汉日指示代词的对比研究》，《汉日语言研究文集5》，北京出版社、文津出版社，2002年版；彭广陆：《试论汉日语代词的语法地位》，《汉日语言研究文集5》，北京出版社、文津出版社，2002年版。

㉑章天明：《汉日格关系之比较》，《汉日语言研究文集5》，北京出版社、文津出版社，2002年版。

㉒陈连冬：《中日限定表現の比較の一試み》，《日本学研究论丛》第三辑，外语教学与研究出版社，2002年版。

㉓魏晓明：《中日委婉表达方式比较》，《日语学习与研究》，2002年第1期。

㉔陈红：《汉日语方所表达比较》，《日语学习与研究》，2002年第3期。

㉕冯良珍：《〈古事记〉中汉语与日语表达方式之计量考察》，《日语学习与研究》，2002年第4期。

㉖张岩红：《“していた+名词”的日汉对比研究》，《汉日语言研究文集5》，北京出版社、文津出版社，2002年版；彭广陆：《パーフェクトを表す「している」と対応する中国語の表現——「中日対訳コーパス」》，《中日对译语料库的研制与应用研究》，外语教学与研究出版社，2002年版；徐京梅：《「～了」とシテイル形式の対照研究》，《中日对译语料库的研制与应用研究》，外语教学与研究出版社，2002年版；王学群：《中国語の文中における“V着”とそれに対応する日本語の表現》，《中日对译语料库的研制与应用研究》，外语教学与研究出版社，2002年版。

㉗俞瑞良：《论“使”字句在日语表达中的处理方式——主语为「非情物」场合》，《日语学习与研究》，2002年第4期；姚莉萍：《中国語と日本語の受身文の構文と意味についての比較》，《中日对译语料库的研制与应用研究》，外语教学与研究出版社，2002年版。

㉘曹大峰：《作文コーパスによる日中モダリティ表現の対照研究——概言と確言——》，《中日对译语料库的研制与应用研究》，外语教学与研究出版社，2002年版；《中日对译语料库应用研究初探——“吧”字句的汉日对比方法及收获》，《中日对译语料库的研制与应用研究》，外语教学与研究出版社，2002年版；张兴、徐一平：《中国人学習者の日本語作文における命題目当てのモダリティ表現について——中国語との対照を含めて——》，《中日对译语料库的研制与应用研究》，外语教学与研究出版社，2002年版；徐一平、施建军：《日中作文コーパスから見た日本語の否定表现》，《中日对译语料库的研制与应用研究》，外语教学与研究出版社，2002年版。

㉘张兴、施建军：《「ナカヲ」構文の分析——中国語の“在…中”との対照を含めて》，《中日对译语料库的研制与应用研究》，外语教学与研究出版社，2002年版；于日平：《コーパス（corpus）の利用いついて——日本語の「から」文と中国語の「因為/所以」句の対照研究を中心に》，《中日对译语料库的研制与应用研究》，外语教学与研究出版社，2002年版。

㉚王键：《“する”与“作”在语法方面的对比》，《汉语学习》，2002年第4期；马小兵：《试论日语复合格助词“について”与汉语介词“关于”的对应关系》，《汉日语言研究文集5》，北京出版社、文津出版社，2002年版；续三义：《日语连体词“ある”的汉译——兼谈汉语的“有”“某”“一”》，《汉日语言

研究文集5》，北京出版社、文津出版社，2002年版。

㉛薛豹：《日中対立構造語の研究——日中同形語を中心として——》，《日本学研究论丛》第三辑，外语教学与研究出版社，2002年版。

㉜朱京伟：《構成要素の分析から見る中国制漢語と和制漢語》，《日语学习与研究》，2002年第4期；《明治期における近代哲学用語の成立——哲学辞典類による検証》，《日本语科学》第12号，国书刊行会，2002年版。

㉝赵杰：《论汉、日两语不同的音长特征》，《汉语学习》，2002年第4期；《论汉日语音高的同和异》，《汉日语言研究文集5》，北京出版社、文津出版社，2002年版。

㉞隋然：《现代俄语语义及语用若干问题研究》，首都师范大学出版社，2002年版。

㉟郭聿楷，何英玉：《语义学概论》，外语教学与研究出版社，2002年3月；《俄语反义词的不对称性》，《外语学刊》，2002年第4期。

㊱武瑷华：《俄语指示现象研究》，《当代语言学》，2002年第4期。

㊲王铭玉：《语言符号的意义》，《外语学刊》，2002年第4期。

㊳杜桂枝：《俄罗斯语言学中的语用学研究》，《外语学刊》，2002年第3期；《莫斯科—塔尔图符号学派》，《外语学刊》，2002年第1期。

㊴李红儒：《从语句的交际结构看说话人形象》，《外语学刊》，2002年第4期；《从阐释角度论正常言语交际情景中的说话人》，《俄语语言文学研究》（语言学卷），外语教学与研究出版社，2002年版。

㊵郝斌：《论"配价"和"题元"》，《中国俄语教学》，2002年第3期。

㊶《俄语语言文学研究》（语言学卷），第一辑，外语教学与研究出版社，2002年版。

㊷李勤，杨明天，李磊荣：《现代俄语复合句学》，上海外语教育出版社，2002年版。

㊸史铁强，安利：《俄语口语形态学》，外语教学与研究出版社，2002年版。

㊹杨明天：《俄语主观情态的语用研究》，上海外语教育出版社，2002年版。

㊺鲍红：《俄语中词汇重复和词的重叠》，《语言学研究》，第一辑，北京大学出版社，2002年版。

㊻黄颖：《试用认知语言学的典型范畴理论阐释俄语名词数范畴》，《俄语语言文学研究》（语言学卷），外语教学与研究出版社，2002年版。

㊼王永：《语气词在俄语口语中的交际功能》，《中国俄语教学》，2002年第1期。

㊽姜宏：《关于俄语句子独立成分的思考》，《中国俄语教学》，2002年第4期。

㊾史铁强：《俄汉语篇名词回指对比》，《俄语语言文学研究》（语言学卷），外语教学与研究出版社，2002年版。

㊿陈国亭：《俄汉语动词配价与题元参数》，《俄语语言文学研究》（语言学卷），外语教学与研究出版社，2002年6月；《论话题与话题型句》，《中国俄语教学》，2002年第2期。

51靳铭吉：《制约俄汉语名词指称的语言因素》，《俄语语言文学研究》（语言学卷），外语教学与研究出版社，2002年版。

52赵蓉晖：《俄语语音中的若干性别差异》，《中国俄语教学》，2002年第3期。

53尹城：《符号学与翻译学》，《中国俄语教学》，2002年第1期。

54杨仕章：《文化因素传译的基本原则》，《中国俄语教学》，2002年第3期。

55谢云才：《论翻译中的语义与语用对等》，《俄语语言文学研究》（语言学卷），外语教学与研究出版社，2002年版。

56刘绯绯：《外语教学模式是外语教学法演进的飞跃》，《中国俄语教学》，2002年第4期。

57凌建侯：《人文话语的对话分析》，《语言学研究》，第一辑，北京大学出版社，2002年版。

58李向东：《空缺现象与空缺研究》，《中国俄语教学》，2002年第4期。

59徐琪：《大众传播媒介中的先例现象》，《中国俄语教学》，2002年第1期。

60郑述谱：《〈汉语教学字典〉条目结构设计的理论依据》，《俄语语言文学研究》（语言学卷），外语教学与研究出版社，2002年版。

61傅兴尚：《俄汉机器词典信息系统的建构策略》，《中国俄语教学》，2002年第1期。

62易绵竹，薛恩奎：《意念词典·语义词典·机器翻译》，《俄语语言文学研究》（语言学卷），外语教学与研究出版社，2002年版。

63许汉成：《语料库：俄语语言学理论和实践的新课题》，《俄语语言文学》（语言学卷），外语教学与研究出版社，2002年版。

64《21世纪俄语新词新义词典》，外文出版社，2002年版。

65张会森：《修辞学通论》，上海外语教育出版社，2002年版。

66王福祥：《现代俄语修辞学概论》，外语教学与研究出版社，2002年版。

文　学

先秦两汉文学

常　森

2002年度北京地区先秦两汉文学研究的成果，可分为三块：一是新出土先秦两汉文学典籍的研究，二是对既往研究的反思，三是先秦两汉文学史以及作家、作品研究。

一、关于新出土文学典籍的研究

近年来，在先秦两汉文学领域的出土文献方面，对上海博物馆藏战国楚竹书《诗论》的研究最值得注意。自从2001年11月上海古籍出版社出版《上海博物馆藏战国楚竹书》（一）以来，包括二十九支完整及残缺竹简的《诗论》，引起了全世界相关学术领域的极大关注，其研究迅速成为一门显学。应该说，《诗论》的整理工作主要是由上海的学者完成，但《诗论》研究的中心无疑首推北京。

由上海大学古代文明研究中心以及清华大学思想文化研究所编辑、由朱渊清（上海大学）与廖名春（清华大学）担当执行主编的《上博馆藏战国楚竹书研究》一书，收录北京地区的成果主要有：李学勤《〈诗论〉的体裁和作者》（附录《〈诗论〉分章释文》）、彭林《〈诗序〉、〈诗论〉辨》、李锐《〈孔子诗论〉简序调整刍议》、庞朴《上博藏简零笺》、廖名春《上海博物馆藏诗论简校释札记》、胡平生《读上博藏战国楚竹书〈诗论〉札记》、姚小鸥《〈孔子诗论〉第六简释文考释的若干问题》、陈剑《〈孔子诗论〉补释一则》、刘乐贤《读上博简札记》、王志平《〈诗论〉笺疏》等。该书同时发表了由廖名春、朱渊清编撰的《上博馆藏战国楚竹书研究论文目录》，循此可以检索这一方面更多的论文以及重要新闻报道，颇便于研究者使用①。

由《中国哲学》编委会编辑的《经学今诠三编》即《中国哲学》第二十四辑，收录北京地区的成果主要有：李学勤《〈诗论〉与〈诗〉》、裘锡圭《关于〈孔子诗论〉》、姜广辉《关于古〈诗序〉的编联、释读与定位诸问题研究》（附录《古〈诗序〉复原方案》修正本）、李零《〈上海博物馆藏战国楚竹书〉（一）释文校订》、邢文《风、雅、颂与先秦诗学》等②。

《文艺研究》2002年第2期发表过一组笔谈，共八篇，其中北京地区的学者和成果有李学勤《谈〈诗论〉〈诗亡隐志〉章》、方铭《〈孔子诗论〉与孔子文学目的论的再认识》、姚小鸥《〈孔子诗论〉与先秦诗学》、廖名春《上海博物馆藏〈战国楚竹书·孔子诗论〉研究浅见》以及胡平生《做好〈诗论〉的编联和考释》。《新华文摘》2002年第7期摘要转发《新出土文献〈战国楚竹书·诗论〉与先秦诗学研讨》四篇，其中北京地区的成果有李学勤的《〈诗论〉说〈关雎〉等七篇释义》等。而庞朴主持的《简帛研究》网（www.bamboosilk.org）也首发了一大批研讨竹书《诗论》以及其他简帛文献的著论，可以检阅。

概括起来说，关于《诗论》竹简之编连、文字之隶定、字句之解释、作者和创作年代之探讨等基础性问题，是学术界研讨的热点；只有一小部分学者，从学术史方面，对《诗论》的内涵和价值做出了初步的论析。由于研讨《诗论》的成果太多，这里不可能一一介绍，惟选择对先秦两汉文学研究关涉较深者综述于下：

学界一般认为，《诗论》出自孔子弟子或再传弟子之手，其中不少内容乃是引录孔子本人对《诗经》的论说。曹道衡从地域文化以及学术史方面审视这一珍贵文献，认为它的发现说明了战国时楚国儒学之盛；认为它反映了战国中期以前儒家对《诗经》的看法，而后来汉代的齐、鲁、韩、毛四家《诗》学虽跟《诗论》有别，但无可否认地受到了《诗论》等先秦儒家著作的影响，其中《毛诗》似与《诗论》的说法最近，齐、鲁、韩三家可能因为用《诗》劝谏君主藩王，多少要“断章取义”，故相去甚远③。

方铭把《诗论》和孔子的诗学理论以及《诗序》联系起来考察，认为《诗论》的出版，因为收集有孔子及其后学关于诗乐及数十篇传世《诗经》

作品与部分佚诗的批评，证明了孔子与《诗经》的密切关系以及孔子在中国文化史上不可动摇的地位，在理论上为我们全面认识孔子的诗学理论提供了新材料和新眼界。《诗论》再次证明了《诗序》绝对不会是汉儒凭空杜撰的东西，而是在孔子之前就已经存在，又经孔子传承至后代。《诗论》所阐发的观点与《诗序》极为一致，而且由于论说语境和方式的差异，二者还可以互相说明。《诗论》是孔子教授弟子时讨论《诗经》话语的集结，比《论语》中孔子关于《诗经》的论说更见具体而贴近诗意。《诗论》不是对《诗经》某一篇主题的全面阐释，比《诗序》更见简洁和间接。就《诗论》的语境而言，其谈话场合和对象更接近于《论语》，其阐释诗旨又与《诗序》有一定的联系。这种解释体例以及话语形式和语境的差别，使《诗论》《论语》中论《诗》的内容以及《诗序》，在论说角度和方式上都不可能成为一个重合的文本。要了解《诗序》的价值，就要看《诗序》对《诗经》各篇主旨的看法跟《诗论》是否矛盾。如有矛盾，说明孔子没有阅读过《诗序》，《诗序》的价值就要大打折扣。如果不矛盾，则说明《诗序》在孔子之前就已经存在。而实际情况是，《诗论》对《诗经》主旨的评论是在《诗序》这个大框架下进行的，因此《诗序》肯定在孔子之前就存在了。《诗论》《诗序》的这种一致性，为我们重新认识孔子的文学目的论，提供了新的证据。孔子把诗纳入为人的存在服务的大系统中，诗为人类的福祉服务，不仅是体现喜怒哀乐的工具，而且更重要的是培养人格、实现美好政治理想的媒介；也就是说，文学必须体现以人为中心的思想，关心人的成长和生活④。

李学勤指出："从历史上的经验看，对这样内涵丰富的出土文献，肯定要经过长期探究琢磨，才能有深入的体认理解。"《诗论》跟传世的《诗经》学著作关系复杂，"现在看，《诗论》和《诗序》、《毛传》，在思想观点上虽有承袭，实际距离是相当大的……《诗序》不可能是子夏本人的作品，只能说是由子夏开始的《诗》学系统的产物。但无论《诗序》还是《毛传》，都确实有《诗论》的影子，这对于我们认识《诗》学传承，十分重要。"⑤

二、对既往研究的反思

对20世纪先秦两汉文学研究领域的一些大家，学界继续有些反思。有学者指出，作为一个有多方面成就的学者，游国恩首先是一位楚辞学家，是20世纪新楚辞学最主要的奠基人。其所谓新楚辞学，是针对20世纪以前传统楚辞学而言的。传统楚辞学重视小学方面的研究，宏观研究颇有不足。新楚辞学站在人类历史文化发展的高度来探求《楚辞》的形成及其特点，在研究方法和价值判断上，把《楚辞》研究与历史发展、政治态度、思想观点、文化背景、心理状态、社会感情、地理环境等因素结合起来。新楚辞学奠基工作的完成，以游国恩1926年出版的《楚辞学概论》为标志（由北新书局出版，商务印书馆于1928年再版）。该书在进行楚辞研究时，动态和静态结合，历史和现实结合，纵向和横向结合，表现出历史的整体的眼光，这是过去的研究者所没有的。也正因此，作者所建构的楚辞学研究体系既博大宏伟，又有坚实的科学性。与王国维、梁启超、陆侃如、谢无量等学者的成果相比，此书最全面、最深刻、最系统，因而也最成功。它标志着新楚辞学的架构的完全成熟，成为新楚辞学的一座里程碑。在研究方法上，游国恩不仅是新方法的开启者和实践者，而且还是传统楚辞学研究方法最忠实的传承者⑥。

对文学史写作以及人文社科研究定位的反思，是一个重要的话题。有学者指出，文学史研究应该属于历史研究范畴。这样说并不是排斥文学史的特殊性，因为它仍然是具有具体规定性研究对象的历史研究，是对历史的文学这一专门领域而非对整个历史的研究。文学史研究的目的首要是复原文学的历史（包括对文学观念的复原和文学活动的复原），而不是对某一时代的文学盖棺论定。然而，我们的数以百计的文学史却忙于总结文学的发展规律和问题变迁，在复原工作上就有了欠缺⑦。另外有的学者指出，人文社会科学的价值在有用于世，因此它或直接或间接，总是包含着学者所自处的现实立场，也就是说离不开对现实的规划和评判，离不开来自现实的价值判断。可是传统学科在今天越来越远离社会，学者以类相从，圈子越来越小，仿佛是精神贵族的俱乐部，过着一种鸡犬之声相闻、老死不相往来的学术生活。"传统"二字往往成为一个拒绝价值评判、傲视社会大众的借口。今天传统学科的基本命题仍是上世纪前半叶产生的，学者们不过是在此基础上，机械而迅速地孳生着大量似是而非的命题，叠床架屋，越来越琐碎、玄虚，由此制造出的大量学术"成果"，除了为枝上生枝提供土壤外，很难说有什么价值。文学、历史归根结底是社会大众的修养。传统文史学科的首要任务，当是在古代社会精神文化和当代社会精神文化之间充当桥梁。虽然学科一经成立就有其自身的目的，但若专务玄虚，就不免作茧自缚了。当前要端正学风，当先正心诚意，使学术本身确实成为追求真理、安身立命的事业。否则，即便有严格的学术规范，也无济于事[8]。

常森的新著[9]是比较全面地反思和批评20世纪先秦散文研究的成果。作者在引言中介绍了该书的主要追求以及它所处理的主要问题，其中说道："本书将以传统与现代文学观念的冲突为背景，深入探讨20世纪先秦散文研究理念艰难确立的过程；将对20世纪先秦散文研究具有普遍意义的范式，诸如地理时势决定论、存在决定意识的理念、元素分析法、文化人类学研究法，以及作为考释方法的边缘化、核心化、系统化等，做认真的提炼和深入的反思（同时还将论及传统的评点）；将细致剖析20世纪80年代以来，部分学者将文化人类学高标为国学研究第三重证据以及第三重论证法所蕴含的研究理念的深刻变异，以探讨学界在这一方面进行科学定位的原则和方法；还将深入揭示20世纪先秦散文研究的根本缺陷，诸如背离历史性原则、无视'预期中的读者'对创作过程及风格的深远影响等，以谋求在某些根本方面引导今后的研究走上正确的路。说到底，本书的目的就是要立足当前学术发展，审视以往百年有哪些著论或方法对当下仍有价值，进而从某些重要方面启示今后前进的门径和方向，至少是要引起学界对这一问题的广泛关注和深入研讨。本书的重点虽在20世纪先秦散文研究的历史进退和起伏上，但绝不满足于简单地按时间顺序，来罗列这一时期、这一方面的成果。因此，本书不是一般意义上的史，甚至不是一般意义上的史论。就某种意义、某些方面而言，它或者可以说是一部比较系统、深入、完整的专论。"

赵敏俐比较全面地回顾了以往的汉诗研究成果。他的文章共包括六个部分：（1）从魏晋到清末的汉代诗歌研究回顾；（2）从1920年到1949年以前的汉诗研究；（3）从1949年到1976年以前的汉诗研究；（4）新时期（即1976年以后到20世纪末）的汉诗研究；(5)20世纪港台和国外的两汉诗歌研究；(6)存在的问题和今后预测。作者认为，目前汉诗研究存在的问题是：其一，文献资料缺乏，考证方法存在偏差；其二，缺乏综合历史文化美学等学科领域对于汉诗进行系统综合的探讨[10]。

在反思方面，一个比较新颖而且有相当现实针对性的话题，是对"数码时代"、"声讯时代"给人文研究以及教学造成的正反面影响的省察。有学者指出，搞人文研究，占有材料后不仅需要广泛认真的阅读，而且需要在此基础上有综合分析和判断的能力，这是无法借助电脑和网络来完成的。切不能把学位论文等同于网络文章。网络文章的随意性，是以损伤内容的准确和严谨为代价的。而学界提出的"克隆文章"的现象（指某些人把自己的某篇文章稍加变化发表在不同刊物上，或者把已出版的书的内容分成若干篇文章重复发表），在现实生活中常可碰到。"克隆文章"不是一稿两投，作者似乎没有道义上的责任，但其不良影响比一稿两投更为严重。这样的文章即便多，也不过是"泡沫学术"，不能代表学术水平的提高和学术的发展。数码时代给人文研究带来的更深层的问题是做学问的基本方法有可能会改变。人们对网络产生依赖后，检索、使用的便捷会使很多人不再乐于苦读原著，传统人文学科最看重的"含英咀华"的涵咏功夫自然会面临巨大危机，甚至有失传的危险。作论文的速度或许是加快了，但是离研究对象却越来越远。并且，这种论文不是自然而然的长出来的一个鲜活的有机体，而是一块一块拼接、安装起来的模型和积木。传统学问的研究或多或少会被现代科技异化。所以，在享受计算机和网络所带来的巨大便利的同时，需要预防在先，及早消除它们可能带来的负面作用[11]。

又有的学者指出，在当今的"声讯时代"，由于整个社会文化、人文环境的变化以及传媒手段的多样化，中国古代文学史的教学正面临着许多新的难题和挑战。经济的增长以及人们对经济发展空前的关注和投入，使人类精神文化具有十分明显的功利性；以信息技术和生物技术为代表的现代科学技术突飞猛进，以强大气势将人类精神文化裹挟进应用性、实用性凸显的世俗峡谷，作为人类精神文化一个重要部分的文学特别是古典文学，要保持对今人理应具有并且确实也为今人所需求的超功利、纯审美的传统特性，遇到了突出的矛盾和强劲的挑战。坚持古代文学史课程传承古典文学"永恒性"的传统责任，进而弘扬古典文学的精神，并借以矫正"声讯时代"文学的偏颇，确实是古代文学课现在必须正视的新课题，对此应持与时俱进的态度，我们需要对教学内容和教学方法进行新的探索。在教学内容方面，一方面要继续保持古代文学史课的特性，另一方面则要传旧学而出新知，尤其是要用时代眼光来看待文学史，进而总揽古代文学的发展历程，并不断从古典作品中寻找出与当今人们知识需求、精神满足、激情抒发、心灵渴望和审美意愿相契合的成分。在教学方法和手段方面，阅读和理解经典作品仍是关键环节，激发学生的兴趣是首要的任务，要加大作品鉴赏的力度，并且能应用现代多媒体手段等[12]。

三、文学史及作家作品研究

（一）关于文学史研究方面，本年度值得介绍的成果主要涉及以下几个方面：

1. 关于春秋时期赋诗言志的问题

这一话题自古以来就为学界关注。有学者提出新的看法说，赋诗言志是春秋外交仪式上的一种特殊表达方式，当时真正的职业性外交家是行人，传统上由史官充任，他们还负责采集诗歌，目的是用于朝廷或其他正式场合的礼仪。诗歌为巫史行人的职业性修养，赋诗言志就反映了这一文化背景。诗歌用于仪式和谣占，被认为具有神秘的启示性，所以可以通过赋诗来观察个人的意志和命运。《国语·晋语》："风听胪言于市，辨妖祥于谣。"说明诗歌除了用于祝赞外，还可以判断吉凶（此即所谓谣占）。《尚书·尧典》："诗言志，歌永言，声依永，律和声，八音克谐，无相夺伦，神人以和。"就是说诗歌和音乐是人神沟通以达到和谐的手段，具有神性。正因为歌谣、诗歌是神性的，所以歌谣不但能被动反映人的命运，而且也能主动改变人的命运，以诗歌预言人或国家的命运就是顺理成章的事了[13]。

2. 关于汉武帝和儒家诗教

有学者指出，如果没有汉武帝时代，中国政治很难预料会是什么样的格局，中国诗史也很难预料会有什么样的走向。武帝时代对中国诗史最大的影响，就是儒家诗教从理论形态落实到了现实政治层面。武帝对儒家诗教的弘扬不仅体现在理论上、制度上，也体现在文学创作上。但即使是在实行了罢黜百家、独尊儒术政策的汉武帝之后，儒家真精神也从来没有真正被统治者接受过，亦没有真正被付诸实践，——他们所实行的只是外儒内法的"儒术"。儒家诗教的真精神同样没有被统治者接受过，——他们所实行的只是用儒学包装起来的"诗教"。武帝与儒家之间是利用与被利用的关系，他只是取我所需，为我所用。武帝本人的诗篇和赋作如《天马歌》《秋风辞》《悼李夫人赋》等，既不合正统的儒家诗教精神，又不合武帝自定的汉家诗教理论，实际上超越了两者。如果说汉家诗教理论在历史上所起的是消极作用的话，那么武帝诗赋在诗史上所起的作用则完全是正面的作用[14]。

3. 关于东汉中叶（汉和帝至汉质帝时期）的文坛格局、创作趋势以及汉末文学观念

蓝旭指出，东汉中叶以隐士和僚吏为主体的中下层文人群体崛起，形成了与宫廷文学对峙的局面。反映在文学创作上，则是讽谏传统的复兴以及抒情化、趣味化倾向的出现。其具体风貌，显示了这一时期文艺思潮和审美趣味的过渡性[15]。汉灵帝设立鸿都门学，其意义并不在文人社会地位的提高。在这里，发生变化的与其说是文士的地位，不如说是宫廷文学的审美趣味。鸿都门士得蒙擢进的才艺包括文赋、尺牍、小说、书画。就文学而言，除了极少数"颇引经训风喻"的高者，成"作者鼎沸"之势的，是"喜陈方俗闾里小事"、"连偶俗语，有类俳优"的制作，从内容到形式都呈现出趣味化、通俗化的特点。灵帝对这类作品的喜爱已不同于明帝、章帝以赋颂宣助风化的初衷，而完全出自娱乐或审美的需要。从士大夫抨击鸿都门学可以看到，文学地位的降低乃是由反腐败的政治态度、文学同政治分离的观念合力而成。在这场关于鸿都门学的争论中，双方的文学观念实际没有根本的差异，他们的分歧在于政治立场。不过，认为文学应从政治和经学中分离出来、文学无力也不必承担教化和理政的义务，并不意味着文学自觉的时代已经到来。独立和自觉是两码事[16]。

4. 关于音乐对先秦两汉诗歌形式的影响

赵敏俐就《诗经》《楚辞》、赋以及汉诗等作品来探讨音乐跟诗歌形式的复杂关系，指出：由于人们只是把《风》《雅》《颂》看成是音乐上的分类，由于我们已经不能重新耳闻目睹先秦古乐，所以在为此感到遗憾时，学者们并没有在《诗经》文学形式与音乐的关系问题上做进一步的思考。在这一方面，我们还有很多的工作可以做。一个明显的事实就是，音乐与《诗经》的关系不仅表现于《风》《雅》《颂》的乐调方面，而且表现在文学语言的形式方面。首先从章法上看，《周颂》里的诗几乎都以单章的形式出现；《雅》诗几乎都由多章构成，每一章的句子都很完整，且每一章的篇幅都比较长；《风》诗虽然也由多章构成，但大多数作品的章节数都少于《雅》诗，每一章的篇幅也较《雅》诗为短。这些显然是由《风》《雅》《颂》各不相同的音乐演唱体系决定的。再从文辞角度看，《周颂》里的诗句有相当数量都不整齐，词语也不够文雅，但大多数都非常古奥；《雅》诗的句子非常整齐规范，词语也特别典雅，有雍容华贵的气象；《风》诗的句子参差错落，轻灵活泼，通俗也是其基本风格。《风》《雅》《颂》在语言形式上形成这种区别，音乐所起的作用是不容置疑的。有什么样的乐调就有什么样的语言，音乐对语言形式的影响有时候是

主导性的。它对楚辞语言形式的影响，跟《诗经》相同。赋这种文体跟诗歌分途，与音乐的关系发生根本的变化，它已经完全不能歌唱。而是否配乐也是左右汉代诗歌艺术发展的重要因素，就汉初诗歌发展而言尤其如此。汉代的诗即"歌诗"得到新的发展，与新音乐的产生以及异族音乐的输入有关。他还指出，关注音乐与先秦两汉诗歌形式的关系，不是一个简单的研究角度转换的问题，而是关系到如何重新理解中国古代诗歌艺术本质的问题，开展这一方面的研究是深化中国诗歌研究的重要方面，应该引起足够的重视[17]。近几年来，学界对诗歌与音乐关系的重视已延伸到整个中国诗歌史领域。《文艺研究》编辑部与首都师范大学中国诗歌研究中心于2002年4月20日至22日在北京联合举办了"中国诗歌与音乐关系"学术研讨会。会上赵敏俐曾提议：(1) 全面、准确地把握中国诗歌的艺术形式，重视对历代诗歌发展与音乐关系问题的研究；(2) 突破"意识形态说"的文学史观念，深化对于中国诗歌艺术本质的认识；(3) 从艺术生产和消费的角度，对乐舞活动、诗的生产与社会生活等问题进行新的研究，——这是认识中国诗歌发展史的重要一环[18]。

5. 关于地域文化、地域文学的研究

曹道衡从较宽阔的文化视野中考察了关中文化兴衰的历史背景及其发展脉络，考察时间从西周时期一直到汉魏之际；作者还以陆贾、枚乘等人的创作为例，具体辨析了汉初楚地文化和关中文化错综复杂的关系，讨论了汉武帝以后关中文化高潮到来的政治、经济、文化方面的诸多因素，以及东汉文化中心迁移对关中文化的影响[19]。

（二）在作家作品研究方面，本年度成果大致集中在《诗经》、屈原与楚辞、汉赋作家作品以及汉代诗歌等几个方面：

1. 关于《诗经》

赵敏俐《周汉诗歌综论》（上编）收录了著者近20年来关于《诗经》研究的十篇文章。作者大学本科的毕业论文《〈毛诗序〉作者问题辨说》是一篇考据文章，后来的著述转向探讨《诗经》在中国文化史和文学史上的意义。作者在该书后记中综述自己对《诗经》研究的考虑和成果，说："《诗经》在中国文化中的地位是至高无上的，研究它在古代属于经学的范畴，'五四'以后把它当作一部文学作品来看待……这本是一件幸事。不幸的是，我们的文艺观过于'革命'，完全否定了传统的价值是非和审美判断标准，不爱后妃之德而喜桑中之恋；也轻易地抛弃了沉积于其中的优秀历史阐释传统，轻高雅而重野俗。……我以为，《诗经》作为中国封建社会之'圣经'的偶像可以打破，但是它在中国文化史上和文学史上的经典地位却无可动摇。因为在这部伟大的作品里，沉积了太多的中国文化的精华，它不仅是中国文学的源头，而且是一座不可逾越的高峰。于是，我试图……去解读《诗经》这部伟大作品在中国文化史上的意义，在它身上所体现的伟大的中华民族的文化精神，和由它所塑造的中华民族高尚的人文品格；同时也试图……对《诗经》丰富的艺术形态进行分析和描述，揭示它在中国文学史上的创作意义以及其所奠定的中国文学中的民族文化传统、创作批评原则和语言形式基础。……《诗经》不是一部普通的文学作品，它在今天仍然还是中国文化中的经典，只有了解了《诗经》，才能了解中国的文学传统、中国的艺术精神，甚至才能了解中国的文化人格。……学习《诗经》，不仅要培养高雅的审美情趣，还要培养高尚的人品，培育崇高的民族精神。"[20]

李山考证了《诗经·时迈》的创作时间和地点，认为该诗乃是西周开国之初在"天下中心"的"成"地（即后来的成周）大祭上天时的作品[21]。姚小鸥试图解决一个在《诗经》学史上长期没有得到解决的问题。他指出，《诗经·鲁颂》与《周颂》《商颂》相比，无论是在形式还是在内容方面都有很大不同，这些相异点在历史上不为人理解，从而使《鲁颂》在相当长的时期里得不到正确的历史与文化批评，或认为《鲁颂》根本就不应该被称为颂，否则不合礼制，名不副实。而《鲁颂》中的《駉》篇尤为人们批评的重点，比如《毛诗正义》说此诗"虽借名为'颂'，而体实《国风》，非告神之歌"等。姚小鸥试图以传世和出土两重证据廓清上述误会，证明《駉》篇之所以被列为《颂》诗，是因为它所歌颂的内容，符合古代社会对礼制国家主政者的布政要求。在《周颂》的早期核心篇目即《大武乐章》等诗篇中，对暴力的歌颂是主调。在春秋时期，鲁国存在着一个以僖公为主导的复兴周礼的运动。马政是西周礼制规范下国务活动的重要内容，其背景是周礼中重视武力的一面。从《鲁颂》作者与编者的角度来看，在僖公复兴周礼的努力中，包括马政方面的诸多成就足以告慰先人。故《駉》篇虽非战胜归来的告成诗，但是它反映的关于鲁国国家军力成就的内容，就性质来说，与"以其成功告于神明"的《周颂》在制度与文化精神方面相合。《駉》篇列入《鲁颂》之中，完全符合周代礼制的要求[22]。

2. 关于屈原和楚辞

近年来，越来越多的学者重视以新近出土文献来研究先秦两汉文学。在2002年楚辞学国际学术研讨会暨中国屈原学会第九届年会上，姚小鸥发表了《出土文献与楚辞研究三题》，第一篇为《郭店楚简与"屈原否定论"的若干问题》，利用《郭店楚简》的有关材料，对"屈原否定论"的若干论据加以辩驳；第二篇为《〈楚辞·九歌〉"与佳期兮夕张"解》，利用《阳汉简》与汉代碑刻等有关出土资料，对《湘夫人》若干内容（尤其是"与佳期兮夕张"句）进行新的解释；第三篇为《从〈九店楚简〉看〈离骚〉中的楚地民俗》，利用《九店楚简》中有关"生子"、"制衣"的民俗，分析《离骚》中的楚地民俗，并由此探索该诗的性质。

汉代以来，学界对屈原的人格向有争议，当代一般较少看到负面的评价。但方铭指出，屈原的人格有种种缺陷，他过高估计自己的才具，对世人缺乏客观全面的认识，因而找不到同盟军，陷入孤立无助当中，而只能自叹自怜自慰。就杀张仪以及联齐两个政治主张来看，他并非正确路线的代表。他对政治斗争的严峻性、残酷性缺乏认识，不过是一个缺少应变能力的书生之流，且身居左徒小官，无执政之职责，锋芒外露，而致重臣愤怒，失败是必然的。自傲与自卑恶性循环，性格中兼具坚强与软弱两种截然相反的因素。说他"名参君子场，行为小人儒"不能说没有道理。在追求美的理想、批评现实社会等方面，庄子与屈原有共性，但又具有实质差异，表现在他们美的理想的内涵各不相同、批判社会的深刻程度各不相同、对待现实社会的态度各不相同等[23]。

《楚辞》研究中争议最大的问题之一是《九歌》的作者及内涵。黄凤显认为，《九歌》源于古代南郢之邑、沅湘之间的民间"祠鬼"习俗（系一种驱鬼巫祭活动）。从驱鬼巫祭的角度说，它所驱除的对象是凶鬼和凶魂、冤魂；从祭祀的具体对象说，它所主祭的就是"国殇"，即为国英勇牺牲的楚国将士。一般来说，祭鬼活动中都应有一曲主祭歌，《国殇》就具有主祭歌的性质。它代表着《九歌》的命意和主旨，在《九歌》中处于最为显著和重要的位置，决定着《九歌》组诗的基调和性质，是认识《九歌》的关键。由《国殇》歌颂为国牺牲的楚将士这一性质所决定，《九歌》组诗跟其他屈原作品一样，基本上体现着爱国思想和主题，只不过表现得更加委婉，更加带有民间习俗和楚地文化的色彩罢了。《九歌》的得名亦当来自民间祭歌，跟古文献中的种种"九歌"称名无涉，与《离骚》中提到的"九歌"也大抵无关。《九歌》的篇数和结构问题应当这么看：11篇中，《国殇》为出殡时的主祭歌，《礼魂》为送神或安魂曲，这是驱鬼巫祭仪式中俗定的两项，不能跟其他9篇并列，其他9篇请神、娱神以慰灵的祭歌就是"九歌"，它们都是因《国殇》一诗的主旨而安排演唱的。既然《国殇》是为楚国已亡将士而举行的驱鬼活动和仪式的主祭歌，那么它就不是来自民间的底本，也不是民间巫师的传袭之作，而是独创的专文，具体说来就是屈原独创的作品。《国殇》以外的作品，应是屈原在民间祭歌基础上加工或改创而成的。《国殇》是这组诗的核心，代表着这组诗最明确、最具体的题旨，其他各篇则是围绕于主祭歌、服务于主祭歌的。《国殇》与其他篇章不是并排串联的关系，而是轴心和外围的关系。在《九歌》中，神和人、巫的关系是相当复杂的。有的诗人、巫登场而神祇并未出现，有的诗由巫觋扮演神祇而代神言行（演唱），同时可能有观众配合演唱。《东皇太一》应当只是众巫与众人的演唱，《云中君》以下8位神祇均应由巫觋来扮演，《国殇》只是主祭者独唱，一如后来念祭文或致悼词，其时全场静默，不再有巫舞等活动[24]。

3. 关于辞赋以及赋家与赋作

在辞赋研究方面，有学者指出，刘勰赋自《诗》出的观念直到今天还常常被广泛引用，但这个说法并不十分准确，也不符合赋作为文体发展的实际。在确定赋的体制方面，宋玉的赋向前迈出了决定性的一步。他出身寒微，虽为文士，在楚国宫廷中的地位实与倡优相似，常伴随国君左右，侍从游宴，调笑献媚，以求恩宠。这种社会地位和处境使他不可能写出像《离骚》《九章》那样有强烈个性的抒情诗，只能用赋这种形式，把思想感情隐藏起来，在铺张扬厉的描写中，在似赞如颂的美辞中，极含蓄地表达自己。从文体上说，楚辞是诗，以抒情为主，赋虽然间有韵语，但就总体来说是散文，最初以状物、叙事为主。二者固然有相互影响、前后继承的关系，但区别仍是主要的，各有独立发展的轨迹。作为楚文化土壤中孕育生长的楚辞，在战国时代得到迅速发展，很快达到鼎盛时期。屈原的创作标志着这一文体的完全成熟。但随着战国时代结束，出现了中央集权的大一统封建国家，经济、文化交流进一步发展，楚文化逐渐融入统一的文化中，失去它的特色，而与楚文化相依存的楚辞的衰歇亦不可避免。我们一方面可以说，楚辞的形制在骚体赋中得到了延续，另一方面则可认为《楚辞》出而楚辞亡。汉代骚体赋和大赋并行发展，有现实的根源。汉大赋应当时的政治需要而兴起，是为了给皇帝看的。这决定了汉大赋就总体而言不能不是歌颂的描写性的作品。当然其中也有作者对现实的认识，也表现了作者的思想品格，但这样的赋显然不能完全表达作者的思想感情。那时候的作家并非都是阿谀逢迎之徒，由于各种原因，他们有个人的感愤郁积于心，于是往往写另一种赋来抒发内心的苦闷、不安和愤慨，这就是骚体赋㉕。

此外有学者以《二京赋》《应间》《思玄赋》《归田赋》等为重点分析对象，研讨了东汉中叶，在士林分化、士风潜移的背景下，张衡作为"从容淡静"的士人，其心态发生的变化以及这种变化对他创作道路和作品风貌的影响；认为张衡赋的创作，体现出作者既秉承儒家道义传统，又向往个体解脱，既超脱尘俗，又留恋现实人生的思想性格及心路历程；而这种思想性格成就了其赋作的"清典"风格㉖。

4. 关于汉诗

赵敏俐《周汉诗歌综论》（下编）收录了著者近20年来关于汉代诗歌研究的十三篇文章。作者在后记中综述自己在汉诗研究方面的考虑和成果，说："相对于中国文学史中的其他段落，汉代诗歌研究是比较冷落的。这种冷落表现在两个方面，一是由于汉代流传下来的诗歌作品较少，相关的研究资料保存的也较少，这使得研究汉代诗歌相对困难；二是由于'五四'以来疑古思想的盛行，对于其中一部分的汉代诗歌，学者们又往往采取怀疑的态度，这使得在近百年来的汉代诗歌研究中存在着过多的误解和争论，让人难以为继。……随着研究的深入，我逐渐形成了自己的一些看法，觉得目前一些几乎成为学界'定论'的说法，尚有可探讨之处。人们习惯于人云亦云，却不愿意做深入而细致的研究。要而言之，我对自'五四'以来关于汉代诗歌，尤其是以《古诗十九首》为代表的文人五言诗产生于东汉末年的说法是不赞同的，认为那种根据某些并不可靠的'论据'轻易地否定古代记载的研究方法也是不够科学不够慎重的。从时代划分上，我也不同意中国中古诗歌从魏晋开始的说法，我认为汉代诗歌才是中国中古诗歌的开端。无论是汉代诗歌的表现形式、汉代诗歌所反映的社会内容、汉代社会的文学思想和汉代诗人的主体意识，都表现出与先秦时期的巨大不同而与魏晋以后的文学发展有着更为亲密的关系。这里收集的文章，主要就是对于这些看法的梳理。"㉗

（作者：北京大学副教授）

注：

①《上博馆藏战国楚竹书研究》，上海书店出版社，2002年版。

②《经学今诠三编》，辽宁教育出版社，2002年版。

③曹道衡：《读战国楚竹书〈孔子诗论〉》，《北京大学学报》（哲学社会科学版），2002年第3期。

④方铭：《〈孔子诗论〉与孔子文学目的论的再认识》，《文艺研究》，2002年第2期。

⑤李学勤：《〈诗论〉说〈关雎〉等七篇释义》，《齐鲁学刊》，2002年第2期。

⑥方铭：《游国恩与中国古代文学研究》，《淮阴师范学院学报》（哲学社会科学版），2002年第1期。

⑦方铭：《文学史与文学历史的复原：关于文学史写作原则及评价体系的思考》，《中国文化研究》，2002年春之卷。

⑧过常宝：《端正学风应先正心诚意》，《学术界》，2002年第1期。

⑨常森：《二十世纪先秦散文研究反思》，北京大学出版社，2002年版。

⑩赵敏俐：《20世纪汉代诗歌研究综述》，《文学遗产》，2002年第1期。

⑪费振刚：《数码时代的人文研究》，《南阳师范学院学报》，2002第1期。

⑫黄凤显：《民族院校中国古代文学史教学刍论》，《民族教育研究》，2002年第2期。

⑬过常宝：《从诗和史的渊源看"赋诗言志"的文化内涵》，《学术界》，2002年第2期。

⑭孙明君：《汉武帝与儒家诗教》，《文艺研究》，2002年第4期。

⑮蓝旭：《东汉中叶文坛格局与创作趋势》，《河南社会科学》，2002年第3期。

⑯蓝旭：《鸿都门学之争与汉末文人群体的文学观念》，《山东师范大学学报》（人文社会科学版），2002年第3期。

⑰赵敏俐：《音乐对先秦两汉诗歌形式的影响》，《社会科学战线》，2002年第5期。

⑱赵敏俐：《关于加强中国诗歌与音乐关系研究的几点思考》，《文艺研究》，2002年第4期。

⑲曹道衡：《关中地区与汉代文学》，《文学遗产》，2002年第1期。

⑳㉗赵敏俐：《周汉诗歌综论》，学苑出版社，2002年版。

㉑李山：《〈诗经·时迈〉篇创作时地考》，《河北学刊》，2002 年第 2 期。

㉒姚小鸥：《〈鲁颂·駉〉篇与周礼的关系及其文化意义》，《文学遗产》，2002 年第 6 期。

㉓方铭：《先秦文人君子人格的丰富性探讨：以屈原为中心的考察》，《中国文化研究》，2002 年冬之卷。

㉔黄凤显：《再论〈国殇〉与〈九歌〉》，《中央民族大学学报》（哲学社会科学版），2002 年第 3 期。

㉕费振刚：《汉赋概说》，《广西大学梧州分校学报》，2002 年第 2 期。

㉖蓝旭：《张衡的心态及其创作道路》，《中央民族大学学报》（哲学社会科学版），2002 年第 4 期。

魏晋南北朝隋唐五代文学

马自力

本年度北京地区魏晋南北朝隋唐五代文学研究，在文学理念、研究路向、学术视野和专题研讨方面都有了新的面貌和新的进展。以下分五个方面，对其主要特点加以概述：

一、确立新世纪的文学理念，倡导跨学科研究，成为本年度古代文学研究的主题

进入 21 世纪的第三个年头，古代文学研究的关注焦点由百年学科发展史的回顾与总结、新千年的学科建设构想与学风、学术规范建设的倡导，逐步转移到确立新世纪的文学理念和提倡跨学科研究上来。通过上年度末至本年度中召开的几次全国性文学学科会议和古代文学研讨会透露的信息，人们不难对这种学术发展的趋势有所了解和把握。

2001 年末，由北京语言文化大学人文学院主办的“中国古代文学思想与新世纪文学理念学术研讨会”在北京召开。与会的三十余位学者围绕新世纪的文学理念、体系建设、学术方法、学科交流、古典文学与现代文学精神的整合、文化传承与当下文化建设的关系与意义等古代文学研究面临的重大问题，进行了富有成效的研讨，并达成了一定程度的共识。其中比较引人注目的有三点：一是会议倡导民族文学精神和文学的现实关怀，认为文学研究应积极参与当今的文化建设；二是呼吁加强学科体系建设，尤其强调文学研究中的历史观念；三是强调增进学科交流，打破僵化的学科界限，特别是古代与现代的过分对立所造成的割裂和隔阂，力图达到研究视野和文学观念的古今贯通。这些内容，在一定程度上反映了古代文学研究学者在新的历史条件下，对于发展本学科的认真思考和积极探索，也在一定程度上体现了本学科发展的趋势。此外，1 月，由中国社会科学院文学研究所和华侨大学等单位联合主办的“中国思想史与文学史学术研讨会”；3 月，由中国社会科学院文学研究所和南京大学中文系主办的“文学研究中的跨学科发展研讨会”；5 月，由香港浸会大学中文系主办的“唐代文学与宗教学术研讨会”，也在不同程度上体现了上述学科发展的新特点。其中，以“唐代文学与宗教学术研讨会”所获得的成果较为丰硕和实在，并且属于本段研究的范围，值得在此特别一提。

会议设置了四次主题演讲，分别由台湾中研院文哲所李丰楙主讲《从误导到引导——唐人小说游仙类型的传承与创新》，日本京都大学小南一郎主讲《唐临的佛教信仰和冥报记》，四川大学项楚主讲《唐代的白话诗》，南开大学孙昌武主讲《心性之契合与文字之因缘——唐代文人的宗教观念和文学创作》。会议论文报告共计 39 篇，涉及唐代文学与佛教、道教、景教以及其他民间信仰等关系的探讨。若以文体分，则涉及诗歌、小说、散文等方面。其中诗歌方面，有龙显明的《唐代居士禅与诗歌》，韩理洲的《仙宗十友与唐诗的繁荣》，刘卫林的《皎然天机说与中晚唐诗论的禅玄互补》，张宏生的《体与用——佛禅思维方式与唐代咏物诗》等，以探讨文人诗为主；贾晋华的《传世寒山诗集中的禅诗作者考辨》，朱凤玉的《从王梵志寒山到庞蕴——论唐代白话诗的特色》，蔡荣婷的《唐代华亭得诚禅师拨棹歌所呈现的意涵》等，主要以白话诗为研究对象；周锡馥的《杜甫丹砂情意结》、陈万成的《杜牧与星命》、卢鸣东的《释道济儒——论卢仝的生命哲学》等，研究诗人与宗教的关系；王小盾的《唐代佛教诗歌的套式及其来源》，则专门考察诗歌体式。小说方面，有王国良的《唐五代仙境传说考述》，张鸿勋的《圣坛光环下的神女情结——以女神传说为中心》，郑阿财的《敦煌灵验记唐代入冥小说——以忏灭罪金光明经冥报传为主》等。张伯伟的《佛经科判与初唐文学理论》，汪春泓的《法苑与文场之间——神清北山录研究》，严寿澂的《韩柳与佛教——兼论二人思想所代表的文化意义》等，则涉及宗教文化与文学理论、文学思想等方面[①]。以上研究的作者，虽然许多来自京外地区，但从上述罗列的选题和研究路向来看，具有相当的代表性，充分体现了古代文学研究的勃勃生机和时代色彩，能够给人以多方面的启发。可以说，本年度北京地区魏晋南北朝隋唐五代文学的研究，就是在上述学术氛围和背景下展开的。

二、历史和文化史角度的渗人，为本段研究开辟了新的视野；学者们在努力恢复这一古代文学研究优良传统的基础上，取得了一批引人注目的成果

文学研究与历史和文化史研究的紧密结合，本来是古代文学研究的优良传统之一，但在相当的一段时期内，基本上被机械进化论和庸俗社会学所取代。新时期以来，古代文学研究学者力图恢复这一优良传统，并且赋予其以新的时代内容，陆续发表了一些文史结合的研究成果。这种努力和成效，在本年度的魏晋南北朝隋唐五代研究中显得十分突出。

本年度南北朝文学研究取得了长足的进展，其标志就是曹道衡先生发表了一系列相关论文。计有：《魏太武帝和鲜卑拓跋氏的汉化》[②]《西魏北周时代的关陇学术与文化》[③]《北朝黄河以南地区的学术与文化》[④]《略论南朝学术文艺的地域差别》[⑤]《从〈文选〉看齐梁文学思潮及其演变》[⑥]等。上述系列论文，从历史学和地域文化研究的角度，对南北朝文学的相关重要问题进行了综合性的考察，从而能够使人们在新的认识基础上，重新把握这一时段文学发展的基本趋势和总体特征。因此，它们对南北朝文学研究的总体格局，具有十分积极的推动意义。以《西魏北周时代的关陇学术与文化》为例，该文分别讨论了秦汉以来关陇地区政治、经济发展的发展背景，关陇地区著名的文化士族及其代表人物，西魏、北周的学术文化成就。作者对西魏北周时代学术文化的把握，吸取了陈寅恪先生的学术方法和风格，在描述和概括之间，每每给人以启发，如说北朝的学术和文化中心实在河朔，而关陇经长期战乱，要赶上南方和河朔，还得等到入唐以后，等等。

同样体现上述文史结合研究路数的，还有董希平的《六朝“隶事”传统》[⑦]、李少雍的《姚氏父子的文笔与史笔》[⑧]、马自力的《翰林学士及其活动与中唐文学》[⑨]等。而傅璇琮先生的《从白居易研究中的一个误点谈起》[⑩]，则从方法论上讨论了此类研究应当注意的一些问题，并提供了文史结合研究方法的一个具体范例。

大约在南齐，一种新的风气——“隶事”，开始在名士们中间流行：座中诸人举出一种物品，大家迅速列出自己所知关于此物的见闻，多者为胜；或者某人说一件关于某物的事而不明言相关之物，让另一人说出，如果猜中，则再换一事，如此循环不已。这种介于游戏和学术之间、以事相隶属的娱乐形式，是文人在记忆力、阅读量和学识素养等多方面的比赛，因而成为魏晋清谈后名士集会中的又一大景观。可以说，“隶事”的发生、发展与名士们的社会生活一直有着千丝万缕的联系，而它对于六朝文化史的影响，在很多方面也并不在此前的清谈之下。《六朝“隶事”传统》一文把文化史的观照和文学史的外部研究结合起来，分别考察了“隶事”与清谈的关系、“隶事”的盛况以及“隶事”传统的影响。作者还特别指出了六朝“隶事”传统对于当时和后代文学创作的意义。

隋唐时人姚察、姚思廉父子修撰的《梁书》《陈书》，与中国古代其他史书一样，兼具文学表征；姚氏父子不仅具有史才和史识，而且兼有“文心”与“诗肠”，这就为从文学角度考察《梁书》与《陈书》提供了必要的条件。《姚氏父子的文笔与史笔》即在梳理了二书成书过程的基础上，具体论述了姚氏父子的政治态度和修史叙事的笔法和技巧，着重分析了他们对于激烈战争场面的动人描写。本文可以说是从文学角度研究一般性历史著作的一个积极的尝试。

傅璇琮先生近年来对唐代翰林学士进行了集中的研究，但总体上基本处于史实及行事的梳理和正误阶段。一些学者利用现有研究成果和资料，尝试开展了相关的专题探讨，如具体考察翰林学士与中唐文学的关系。在中唐社会变迁和文学转型的过程中，翰林学士作为唐代政治制度变迁的产物，作为一类具有特殊地位和经历的文人或文人集团，曾经活跃在当时的政治和文化舞台，并扮演了十分重要的角色。翰林学士的主体显然是政治家或政客，同时他们中间也不乏现代意义上的文学家或文章家，他们的社会活动和文学创作，既体现了中唐的时代特征，又对后者产生了相当的影响。《翰林学士及其活动与中唐文学》一文对此进行了初步的考察，并由此探讨了翰林学士及其活动与中唐文学的种种关联。

对于作家行事与其文学思想和创作关系的重

视，是近年来古代文学研究中值得称道的现象。但由于长期以来学者在历史等基础领域功底的薄弱，往往出现一些史实方面的常识性问题，从而导致结论的谬误。《从白居易研究的一个误点谈起》指出了近年来白居易研究中的所谓“新见”所依据的史实错误，强调古代文学研究学者应加强基础知识的修养，文学史的研究要注意参照史学为依据。文章还以白居易为翰林学士期间的活动为例，论述了唐代翰林学士职能的特点及其对文士生活、思想和创作的重要影响。

三、学术史的总结，特别是著名学者的学术道路和治学方法的研究，逐步走向深入，并得到学术界的广泛关注

继近年来学术界积极开展学科史百年回顾和总结工作之后，对于大型研究专题或者著名作家的研究史进行总结和评述，成为本年度学术史研究的一个重点。在这方面，有刘扬忠的《中国诗史研究与撰著的世纪回顾》[11]、杜晓勤的《20世纪唐代文学研究历程回顾》[12]、李燕的《近五十年来沈约文学思想研究评述》[13]等。这些可以看作是学科史研究的深入和细化。而本年度学术史研究引人注目的突出的特点，则是学者研究的加强。在这方面，有方铭的《游国恩与中国古代文学研究》[14]、葛晓音的《通新旧之学达古今之理——论陈贻焮先生的古代文学研究》[15]、吴怀东的《学术理性与文学精神的会通——试述傅璇琮先生学术实践的重要特征》[16]等。

游国恩是20世纪新楚辞学的主要奠基人和成功实践者，也是20世纪传统楚辞学最忠实的传承者，同时他对蔡琰、陶渊明、南北朝民歌、白居易等还做过深入的探讨。他倡导以实证精神为灵魂的科学学风，反对浮根游谈。他博学、慎问、明辨，具有广博深入的学术视野和学术功底，朴实实证的学术态度，强烈的科学创新意识，强烈的文化使命感和社会责任感。所有这一切，都是游国恩以自己一生的实践为我们留下的宝贵财富。《游国恩与中国古代文学研究》一文即对上述诸方面进行了概括。

陈贻焮是出生于20世纪二三十年代，学成于五六十年代一辈学者的代表。他在20世纪80年代初提出了将义理、词章、考据、时代、作家、作品相结合的治学方法。他的研究虽然主要以作家作品的分析为主，但以《杜甫评传》为其代表作的这类研究，超越了对作家生平思想艺术的平面叙述，处处体现出他对文学史发展的总体把握和宏观思考，能够以敏锐的目光从更深的层面上发掘出一些关键问题，推进了对于这些作家的研究，为新一代文学史家更辩证地展开深入探讨奠定了基础。《通新旧之学达古今之理——论陈贻焮先生的古代文学研究》一文以具体的事例，对陈贻焮先生的治学特点和学术贡献，进行了细致的分析和客观的评价。

傅璇琮同样是20世纪50年代开始学术生涯的一辈学者，他的治学方法和特点可以用“文学的历史文化研究”、“文学的社会历史学研究”，或者“实学研究与文化探索的结合”、“文化学的批评方法”等来概括。他的学术实践，无论是80年代的唐代诗人丛考和唐代科举与文学研究，90年代的隋唐五代文学编年史写作，还是以后的唐代翰林学士专题探讨，都明显反映出个人独特的学理化追求，而以扎实系统的资料梳理和深邃独到的分析提炼出之，再加上他以独特的身份做了大量的学术研究的组织工作，所以具有极大的号召力和影响力，往往能够领风气之先。《学术理性与文学精神的会通》一文在考察了傅先生几十年学术实践过程的基础上指出，学术理性与人文关怀、文学精神的内在统一，是傅璇琮学术实践的重要特征。

许多现代学人都亲身经受过或正在经受上述这部分学者的影响，因而在倡导文学精神、强调学术创新的今天，开展对他们的学术实践的研究，探讨其治学方法和特色，对于今后古代文学研究的健康发展具有特别重要的意义：因为他们距离今天的学者并不遥远，他们的经历让人感到亲切，他们和许多现代学人一样，虽然经历了新旧之学观念的激烈冲突，却能够不为他人左右而自出机杼，表现了一种“既不屈旧以就新，又不绌新以从旧”的大家气度。所以对于现代学人而言，这种经验和态度，显然更具有实际的参考价值。

四、诗歌与音乐的关系，作为一个覆盖面较广的研究专题，经过理论和实践的论证，被正式纳人古代文学研究的视野

有些学者发表了一系列关于诗歌与音乐关系的论文和笔谈，其数量和势头之大，远远超过了以往几年，从而形成了一个突出的学术景观。其中有的泛论诗歌与音乐的关系，如赵敏俐的《关于加强中国诗歌与音乐关系研究的几点思考》[17]，洛地的《诗乐关系之我见》[18]；其余的笔谈和论文则大多以专题研讨的面目出现，如《文艺研究》2002年第4期发表的《笔谈：中国诗歌与音乐关系》一组文章中，包括姚小鸥的《汉魏六朝曲唱文本的破译及其在乐府文学研究中的意义》、吴相洲的《论永明体的产生与音乐之关系》，《社会科学战线》2002年第5期发表的笔谈中，包括赵敏俐的《音乐对先秦两汉诗歌形式的影响》等。

音乐与诗歌的关系研究，作为具体的个案和专题，一直未曾间断过，近几年也有一些学者进行过尝试，如吴相洲关于唐代歌诗与诗歌关系的研究，葛晓音和户仓英美对唐乐谱中声辞配合关系的研究等。但从学术展开的格局来看，基本上属于学者根据自己的兴趣自由选择论题的情形。而由首都师范大学中国诗歌研究中心出面牵头，倡导诗歌与音乐关系的研究，并进行研究项目的招标，此举在学术史上大概只有20世纪二三十年代北京大学提倡开展民谣搜集和研究可以相提并论。或许这种以一个学术组织为主导，进行大型集体性研究课题的组织和运作的形式，将会对今后的古代文学研究格局产生不可忽视的影响。其实，北京大学近年成立了中国文体研究中心，并举办有关学术研讨会；中国人民大学中文系也召开过文体研究方面的专题研讨会，都具有与此相似的性质和色彩。因此，本文将诗歌与音乐关系的专题研究及其倡导工作特别提出，以期引起学界的关注。

五、其他专题研究和问题探讨或商榷

（一）文学史发展重要时段的研究

刘宁的《唐宋之际诗歌演变研究——以元白之元和体的创作影响为中心》一书⑲，是近年来唐五代文学史宏观研究的重要成果。作者从元白的“元和体”在中晚唐和宋初的创作影响入手，考察唐宋诗歌的转型；同时又找到与“元和体”关系最密切的士人“文官化”的问题，来考察诗歌创作主体精神面貌的变化。葛晓音在该书《序》中指出，该书的主要创见体现在以下几个方面：一是立足于诗体和诗派的长远影响，对元白的“元和体”、晚唐体的艺术精神和创作新变作出了新的解释，辨清了这几种创作现象之间的复杂纠葛；二是对唐末五代诗人群体的分布及其不同的创作倾向作了全面清晰的梳理；三是在清理诗歌演变轨迹的同时，深入探索了这一演变流程的政治文化背景，从士大夫的出处进退这一直接关系到诗人精神面貌和生活方式的角度切入，找到了促使中晚唐到宋初政治环境变化的主要原因，即文官政治的兴起和门阀政治的衰落。

（二）文学史相关问题研究

这方面的研讨涉及哲学、宗教、思想史等诸多方面，但其主旨还是指向文学史发展的基本线索和相关问题。查正贤的《试论王勃的易学时命观及对其文学创作的影响》⑳，具体分析了王勃时命观念中的家学渊源，进而探讨了它给王勃的文学创作带来的影响。罗小东的《王维的禅修内涵与诗歌创作》㉑认为，王维的禅修前期以北宗为主，后期以南宗为主；受前者的影响，王维念佛、坐禅、归隐，受后者的影响，他“身心相离”，隐于朝和吏；他的诗歌创作也因此带有明显的前后期特点。过常宝的《思想还是姿态：李白儒道言说的意义》㉒对李白的思想特征及其实质，提出了不同以往的看法。作者指出，李白在《古风》中推崇儒家美刺观念，但他的诗歌缺少关怀民生的热情，毕生认同文学侍臣的身份；李白也常歌颂山林之隐，但在实践中或作为取仕的“终南捷径”，或为了炼丹向仙。所以，李白不是传统意义上的思想者。唐朝初盛时期宽松的意识形态环境培养了士人的个性精神，李白作为这一特殊文化的杰出代表，由于沉湎于超凡出俗的精神体验，从而在大众社会中缺席，并承担着巨大的孤独。儒道观念作为一种“公众意见”，可以帮助李白作为“他者”而体验在场的快乐。李白的儒道言说从一个侧面记录了李白的旷世孤独和奋力挣扎。陈铁民的《安史之乱前后的儒学复兴思潮与文体革新》㉓一文，将儒学发展与文体革新问题联系起来，指出唐代儒学日趋衰落，但安史之乱前后，又出现儒学复兴思潮，这种思潮是推进文体革新的直接动力。儒学复兴的倡导者萧颖士、李华等人都明确地提出了文体复古的观念，即为文效法魏晋以前，创立一种骈散相间、句式灵活、适合于阐扬儒道的新文体。

（三）文体研究

文体研究近年来十分繁荣，取得了丰硕的成果。葛晓音的《四言体的形成及其与辞赋的关系》㉔，从语言学的角度探讨了四言诗体的形成、嬗变和衰亡及其与辞赋的关系，通过分析《诗经》至魏晋四言诗的句式构成和篇章结构方式，试图发掘中国古代诗歌体裁生成和发展的某些规律。张海明的《唐代近体诗学的深化》㉕一文，主要考察盛唐近体诗学的发展，认为与初唐时期相比，此时诗学探讨的重心已不在安排声律对偶等外在的表现技巧，而转向经营兴象和创造意境等诗歌内在的审美构成上来，表现出一种由浅入深、由表及里的发展趋势。孙明君的《中国古代咏怀诗的基本类型》㉖一文认为，中国古代诗人认真地体悟着社会现实，思考着生命存在，咏怀诗就是其不同怀抱与情志的投射。他们的怀抱、情志大体指向三个方面：一是淑世情怀，二是超世情调，三是游世情趣。文章以曹操、曹植、阮籍、陶渊明、李白、杜甫、白居易等作家的咏怀诗为例，具体阐述了咏怀诗的三大类型。

（四）作家作品研究

作家作品一向是本时段研究的主要构成部分，因而其成果也琳琅满目。本年度发表的相关论文，计有汪春泓的《玄学背景下阮籍、嵇康之比较》[27]，孙明君的《关于阮籍〈为郑冲劝晋王笺〉的作年》[28]、《阮籍与司马氏集团之关系辨析》[29]，邓小军的《陶渊明〈述酒〉诗补证——兼论陶渊明在晋宋之际的政治态度及其隐居前后两期的不同意义》[30]，刘石的《李杜苏类型说》[31]，陈铁民的《李白与高适的人生设计》[32]，吴相洲的《略说杜甫的“小臣议论”》[33]，丁启阵的《杜甫、严武“睚眦”考辨》[34]，蒋寅的《韩愈七古声调之分析》[35]，陶文鹏的《论李商隐的幻象与幻境》[36]，以及张煜、吴相洲的《温庭筠〈菩萨蛮（小山重叠）〉的不同文化解读》[37]等。其中以刘石的《李杜苏类型说》，陈铁民的《李白与高适的人生设计》，张煜、吴相洲的《温庭筠〈菩萨蛮（小山重叠）〉的不同文化解读》较有特色。限于篇幅，这里不再评述。

（五）文论研究

与本时段研究相关的文论研究，在前几年的学术综述中较少涉及，现将其作为单独一类纳入。党圣元的《魏晋名理学与六朝审美主体精神》[38]认为，魏晋士人的超脱、旷达与潇洒的魏晋风度，构成了六朝审美主体精神的一个主要标志。魏晋名理学以“自然”为逻辑起点来建构天人新义及人的价值学说，给魏晋新型人格的形成与六朝审美主体精神的诞生从哲学基础、性命原则到理想人格、价值取向诸多方面提供了直接的思想资源。此外，汪春泓的《论曹丕〈典论·论文〉》[39]，童庆炳的《〈文心雕龙〉“道心神理”说》[40]，张少康的《清人论司空图〈二十四诗品〉》[41]、《〈二十四诗品〉绎意》[42]，也是本时段文论研究的重要成果，此不赘。

（六）问题探讨和商榷

不同学术观点之间的交流、商榷乃至论争，原本是学术发展中的正常现象，严肃和健康的学术论争尤其值得我们珍视。陈铁民的《关于文人出塞与盛唐边塞诗的繁荣——兼与戴伟华同志商榷》[43]一文，将文人出塞分为入幕、游边、使边三个方面，通过具体史实的考证，说明有的学者认为盛唐文人入幕是个别现象之说并不成立，指出入幕是盛唐文人仕进的一条主要途径，而文人出塞对盛唐边塞诗的繁荣起到了至关重要的作用。

（作者：中国社会科学杂志社编审）

注：

①系文：《香港浸会大学中文系召开“唐代文学与宗教学术研讨会”》，《文学遗产》，2002年第6期。

②曹道衡：《魏太武帝和鲜卑拓跋氏的汉化》，《齐鲁学刊》，2002年第1期。

③曹道衡：《西魏北周时代的关陇学术与文化》，《文学遗产》，2002年第3期。

④曹道衡：《北朝黄河以南地区的学术与文化》，《福州大学学报》，2002年第2期。

⑤曹道衡：《略论南朝学术文艺的地域差别》，《南京师范大学文学院学报》，2002年第3期。

⑥曹道衡：《从〈文选〉看齐梁文学思潮及其演变》，《国学研究》第十卷，北京大学出版社，2002年版。

⑦董希平：《六朝“隶事”传统》，《文史知识》，2002年第12期。

⑧李少雍：《姚氏父子的文笔与史笔》，《文学遗产》，2002年第6期。

⑨马自力：《翰林学士及其活动与中唐文学》，《国学研究》第九卷，北京大学出版社，2002年版。

⑩傅璇琮：《从白居易研究中的一个误点谈起》，《文学评论》，2002年第2期。

⑪刘扬忠：《中国诗史研究和撰著的世纪回顾》，《淮阴师范学院学报》，2002年第3期。

⑫杜晓勤：《20世纪唐代文学研究历程回顾》，《北京大学学报》，2002年第1期。

⑬李燕：《近五十年来沈约文学思想研究评述》，《北京科技大学学报》（社科版），2002年4期。

⑭方铭：《游国恩与中国古代文学研究》，《淮阴师范学院学报》，2002年第1期。

⑮葛晓音：《通新旧之学达古今之理——论陈贻焮先生的古代文学研究》，《文学遗产》，2002年第3期。

⑯吴怀东：《学术理性与文学精神的会通——试述傅璇琮先生学术实践的重要特征》，《中国文化研究》，2002年冬之卷。

⑰赵敏俐：《关于加强中国诗歌与音乐关系研究的几点思考》，《文艺研究》，2002年第4期。

⑱洛地：《诗乐关系之我见》，《文艺研究》，2002年第4期。

⑲刘宁：《唐宋之际诗歌演变研究——以元白之元和体的创作影响为中心》，北京师范大学出版社，2002年版。

⑳查正贤：《试论王勃的易学时命观及对其文学创作的影响》，《文学遗产》，2002年第2期。

㉑罗小东：《王维的禅修内涵与诗歌创作》，《中

国文化研究》，2002年冬之卷。

㉒过常宝：《思想还是姿态：李白儒道言说的意义》，《清华大学学报》，2002年第3期。

㉓陈铁民：《安史之乱前后的儒学复兴思潮与文体革新》，《东南大学学报》，2002年第4期。

㉔葛晓音：《四言体的形成及其与辞赋的关系》，《中国社会科学》，2002年第6期。

㉕张海明：《唐代近体诗学的深化》，《新亚论丛》，2002年第1期（新亚研究所，香港）。

㉖孙明君：《中国古代咏怀诗的基本类型》，《陕西师范大学继续教育学报》，2002年第1期。

㉗汪春泓：《玄学背景下阮籍、嵇康之比较》，《文艺理论研究》，2002年第3期。

㉘孙明君：《关于阮籍〈为郑冲劝晋王笺〉的作年》，《文史哲》，2002年第1期。

㉙孙明君：《阮籍与司马氏集团之关系辨析》，《北京大学学报》，2002年第1期。

㉚邓小军：《陶渊明〈述酒〉诗补证——兼论陶渊明在晋宋之际的政治态度及其隐居前后两期的不同意义》，《首都师范大学学报》，2002年第1期。

㉛刘石：《李杜苏类型说》，《求索》，2002年第1期。

㉜陈铁民：《李白与高适的人生设计》，《中国典籍与文化》，2002年第2期。

㉝吴相洲：《略说杜甫的“小臣议论”》，《山西师范大学学报》，2002年第4期。

㉞丁启阵：《杜甫、严武“睚眦”考辨》，《文学遗产》，2002年第6期。

㉟蒋寅：《韩愈七古声调之分析》，《周口师范高等专科学校学报》，2002年第1期。

㊱陶文鹏：《论李商隐的幻象与幻境》，《文学遗产》，2002年第5期。

㊲张煜、吴相洲：《温庭筠〈菩萨蛮（小山重叠）〉的不同文化解读》，《漳州师范学院学报》，2002年第1期。

㊳党圣元：《魏晋名理学与六朝审美主体精神》，《东南大学学报》，2002年第4期。

㊴汪春泓：《论曹丕〈典论·论文〉》，《江苏大学学报》，2002年第3期。

㊵童庆炳：《〈文心雕龙〉“道心神理”说》，《长江学术》第三辑，长江文艺出版社，2002年版。

㊶张少康：《清人论司空图〈二十四诗品〉》，《南阳师范学院学报》，2002年第5期。

㊷张少康：《二十四诗品绎意》，《江苏大学学报》，2002年第2、3期。

㊸陈铁民：《关于文人出塞与盛唐边塞诗的繁荣——兼与戴伟华同志商榷》，《文学遗产》，2002年第3期。

宋元明清文学

刘勇强　文　雯

在前两年的本学科综述中，我们都曾预计宋元明清文学研究进入新世纪后，将稳步进入丰收的阶段，这一预计在2002年已得到了初步的印证。一个基本的事实是，这一年仅专著就出版了20余种。而如果说2002年的宋元明清研究有什么特点的话，那就是学术界在盘点已有研究的基础上，对相关成果作了新的清理、整合与提高，从而为研究的进一步展开创造了又一个制高点和平台。这大致表现在三个方面，一是继续20世纪末开始的学术史的回顾，其中既有《20世纪中国文学研究》（其中宋元明清部分有四卷五册）这样的大型学术综述，也有《红楼风雨》这样的对单部作品研究的总结；二是个人研究成果的整理修订，如侯会《水浒源流新证》、张智华《南宋的诗文选本研究》等都是作者在历年发表的论文基础上结撰成书的；三是继去年北京师范大学中文系的“文化诗学丛书”外，本年中国人民大学中文系推出了“古典文学研究丛书”、北京广播学院推出了“文艺学与美学丛书”，其中都有宋元明清文学方面的专著，展示出各自的研究实力。当然，2002年的研究绝不仅仅是在已有基础上的总结，在不少方面，还有新的突破，以下就分别作一些介绍。

一、诗、词、文研究

宋元明清诗、词、文创作极为兴盛，时间长，作者众，重要现象与著名作家研究始终是研究者关注的重点。程郁缀的《唐诗宋词》①就以宏观论述见长。本书在体例上与一般文学史有所不同，它以山水田园、友情送别、咏史怀古等主题为中心，将唐诗宋词打通介绍，使读者能提纲挈领地把握古代诗词意象的运用与发展。将唐宋诗词打通来论述的还有《求索》杂志刊发的《文化视域中的李白与苏轼》专题五篇[②]。其中杨义的《诗魂的祭奠》探讨了二者与长江的生命和文化因缘，及由此而形成的共同意象与共同气质。刘扬忠《深入探究李白、苏轼其人的文化意义》分别以李白、苏轼为“唐型文化”和“宋型文化”的代表。赵仁珪《“诗人情味”最动人》认为苏轼的超人品格在于其至真至浓、至深至广的人情味。刘石《李杜苏类型说》从类型学的角度论李白、杜甫、苏轼风格，认为苏轼欣赏的是介于李、杜之间的萧散简远，即陶诗所代表的高风绝尘，李白为诗仙，杜甫为诗圣，苏轼就是二者之间的平常人。韩经太《诗意生存的精神传统及其现代意义》比较李白的清纯浪漫与苏轼徜徉于此岸和彼岸之间的特殊智慧的不同，并指出二者的相通在于共同构成了兼容孩童天真与老成淡泊的中国精神传统。

诸葛忆兵的《北宋词史》[③]则是作者继2001年出版的《徽宗词坛研究》后的又一力作。它是在已故词学专家陶尔夫《北宋词坛》及相关研究的基础上扩展而成的。《引言》部分对词作为音乐文学的性质及其起源、发展作了扼要的梳理，特别强调了词体兴起与宗教的关系与宋词的雅化过程，表现了作者描述宋词发展的独特视角。在接下来的五章中，分别论述了“晏欧词风与令词创作群体”、“柳永词风与慢词的兴盛”、“苏轼词风与苏门创作群体”、“清真词风与大晟创作群体”、“李清照及北宋后期其他词人”，这一以词风为主要关注对象，突出词体与创作群体的历史叙事，较之以往同类著作罗列词人词作的繁琐或以豪放、婉约两派统帅词史的简率，确有新颖之处。此外，诸葛忆兵本年还出版了一部论文集《宋代文史考论》[④]，其中所收十七篇论文中，既有对北宋“大晟词派”、宋代恋情诗实质的探索，也有对宋代二府三省制度、相权强化、洛蜀党争等的研究，体现了作者“打通文史”的学术追求。在词学研究方面，还有一些单篇论文。如诸葛忆兵《南北宋词异同评议》[⑤]一文以宏观的视角来审视两宋词的风貌，认为各有所长，不可偏废，立论公允。郑园《东坡咏物词的开创之功及其价值》[⑥]认为苏轼将自己的身世和独特的精神气质注入咏物词中，其比兴寄托一体在词史上产生了深远影响。周茜《吴文英词史地位述略》[⑦]一文总结了从南宋至20世纪80年代以来对于吴文英的认识和评价，提出吴文英词既不乏感怀时事的呜咽悲歌，又有缠绵悱恻的深情绝唱，在艺术上独树一帜。她的《明抄本〈梦窗词集〉述略》[⑧]则介绍了万历二十六年的明抄本《梦窗词集》及其版本优点。另外，刘石的《苏轼词选》[⑨]虽然规模不大，但在已出同类选本中仍有自己的特色。一是在注释中努力克服了前人注易不注难的通病，二是每篇词后所附讲析，评赏得当。

宋词之外的诗文研究相对来说稍嫌薄弱。马东瑶的《论北宋庆历诗风的形成》[⑩]从庆历年间的政治背景和学术风气出发，分析其时的主要诗人及文人集团，从而总结出庆历诗歌的独特性。左东岭的《论台阁体和仁宣士风之关系》[⑪]探讨明初台阁体缺乏情感深度与深刻蕴含的原因。清初诗词文研究则可谓冷中见热，潘承玉的《张潮：从历史尘封中披帷重出的一代诗坛怪杰》[⑫]介绍了张潮作为诗人身份的有关资料和他的佚诗及存世孤本《诗幻》。辛德勇《渔洋山人诗合集》[⑬]从版本目录学的角度介绍康熙刻本《渔洋山人诗合集》，并指出《渔洋精华录》在其基础上增删而成。周绚隆的《论迦陵词以文为词的倾向——兼评陈维崧革新词体的得失》[⑭]探讨了陈维崧以文为词的不同表现，指出其“得”在改进语言、扩大内容方面的创新意义，“失”在形式与内容关系失衡而流于松散粗豪。在清初文学研究中，吴梅村研究成果最为突出。叶君远是在吴梅村研究中卓有建树的专家，先后出版过《吴梅村年谱》《吴伟业评传》《吴梅村诗选》等著作。本年，又出版了《清代诗坛第一家——吴梅村研究》[⑮]。本书收录了作者的17篇论文，考证了吴梅村一生中几个重大事件的发生时间，订正以往年谱的乖误，提出了研究吴梅村的总体观点，并评价了“梅村体”的重要地位，以及对当时“娄东诗派”的影响。书后所附《吴梅村佚诗辑考》《吴伟业佚文辑考》也有很高的文献价值。与此同时，徐江的《吴梅村研究》[⑯]的出版，进一步显示出这一位明清之际的重要诗人受到学术界关注的程度。该书分上下编，上编探讨吴梅村的政治生涯与文学道路，下编分析他的诗词、戏曲和文论。与叶氏吴梅村研究系列著作相比，徐著稍简略，但在材料的发掘与运用上有所不同，对一些具体作品的分析，也不乏独到的感受与见解。

与诗、词、文相关的文学理论研究也有一些成果问世。前两年的本学科研究综述中，曾介绍了张智华对南宋诗文选本研究的若干单篇论文，这些论文实际上是作者的专著《南宋的诗文选本研究》[⑰]中的一部分。南宋人所编诗文选本有200多种，具有很高的文献价值和重要的理论意义，但一直没有系统全面的研究。本书在文献方面，考察了南宋诗文选本的种类及存佚情况，并对部分重要选本的版本源流进行梳理；在理论方面，探讨了南宋诗文选本的编选原则及其与古文理论、诗歌理论、学术风会的关系。这两方面都拓展了相关课题的研究领域与深度。

方回是宋元之际的著名诗人、诗评家，他的《瀛奎律髓》等著作，是指引后人步入唐宋律诗的指南和阶梯，在台湾早已成为热点，而内地却少有研究，詹杭伦的《方回的唐宋律诗学》[18]可以说填补了这方面的空白。本书在对方回生平、思想、著述及其诗歌综合考察的基础上，重点探讨了他对唐宋律诗学、特别是对杜甫和江西诗派的研究，肯定了他在中国诗学批评史上的杰出贡献。

汪春泓的《文心雕龙的传播和影响》[19]以主要篇幅论及《文心雕龙》在宋元明清的传播和影响，实际上也从一个侧面反映了这一时期文学理论的发展状况，如书中“刘勰对于北宋古文运动之文道关系论的启迪”、“明代性灵派等借助《文心雕龙》所展开的文学思想”、“比较分析《文心雕龙》对于钱谦益与王士祯的影响”等章节，都深化了以往文论史在相关课题上的研究。另外，汪龙麟《桐城派研究的世纪回顾》[20]一文对桐城派研究进行细致梳理，从对桐城派的总体价值判断、散文理论研究、散文创作研究三个方面勾勒出桐城派研究的学术图景。

二、小说研究

2002年的小说研究十分活跃，发表了一批高质量的论著，形成了若干热点，在研究方法上也有所创新。例如，用叙事学理论研究中国古代小说是近十几年比较热门的课题，罗小东的《话本小说叙事研究》[21]是这一课题的又一成果。全书分为上下二编。上编《话本小说的叙事话语与文体》探讨了话本小说的文体生成、叙事时间、叙事视角、结构形态。下编《话本小说的叙事类型与文化语境》则探讨了话本小说的叙事分类，尤其着重分析了神怪、婚恋、公案、社会世象等四大类话本小说。王昕的《话本小说的历史与叙事》[22]与罗小东著作内容相关，但角度有所不同。它以话本作者叙述故事的基本手段作为研究话本的切入点，突出了宋元话本叙事话语的职业化特点，同时，又对“三言二拍”和李渔的小说作了深入的分析，在话本小说这一研究成果丰富的领域，提出了不少新颖的观点。此外，宋若云的《如何讲述——试论拟话本的叙事特点》[23]一文也论述了拟话本小说虚拟情境的修辞策略、时间倒错、程式化的叙事格局、理念先行与主体提前定位以及灵活的叙事角度等叙事技巧。

另一个热点仍集中在《红楼梦》研究上。2002年，两位重量级红学家先后出版了新著，先有周汝昌的《红楼小讲》[24]，后有冯其庸的《论〈红楼梦〉思想》[25]和冯其庸、李广柏的《红楼梦概论》[26]。《红楼小讲》共分40讲，从《红楼梦》的版本异同到作品的思想倾向以及人物形象、艺术手法等，都有独到的分析。而《论〈红楼梦〉思想》则深入分析了《红楼梦》产生的时代及统治思想和社会思潮，从而指出曹雪芹对现实世界与程朱理学的批判，并反映了对未来社会的先进理想。自20世纪50年代以来，关于《红楼梦》思想的论争就一直没有停止过，冯其庸先后撰写过《红楼梦的时代及其他》等论文，认为《红楼梦》的思想是反映资本主义萌芽性质的新的民主思想，在红学界有广泛影响。本书实际上就是这一观点的总结。《红楼梦概论》也对《红楼梦》的基本问题如作者、版本、创作历程和思想艺术特点作了充分的介绍。这三部著作深入浅出，是两位红学大家精研《红楼梦》数十年成果的结晶。红学方面的著作还有丁维忠的《红楼梦：历史与美学的沉思》[27]。作者自20世纪80年代以来撰写了一批很有分量的红学论文，阐述了《红楼梦》是中国历史第三次大转折时代的镜子，是中国早期人文主义文学的代表作等重要看法。丁维忠还对《红楼梦》的成书过程以及程高本后四十回的改纂等作了专门的探讨，提出了一系列具有原创性的观点。作者将自己历年所发表的论文，整理为《论红楼》《论宝玉》《论续书》《论探佚》《论脂评》五编，使其学术观点自成系统，也更为鲜明。此外，杜景华的《红学风雨》[28]则是一部学术史著作。此类著作红学界已出版多种，本书的特点在于把20世纪红学放在现代学术史中去观察，使读者阅读此书不仅能够了解红学的全貌，而且对现代学术中所遇到的一些问题也有一定的了解。王兆胜的《〈红楼梦〉与中国20世纪文学》[29]一文则论述了中国20世纪文学史上的红楼梦情结，针对学界过于依凭西方文化参照而忽略中国传统文化的思维定式，阐述了《红楼梦》在个性解放、悲剧精神、女性形象塑造和叙事模式等方面的原型、示范作用。

红学论文有不少讨论了版本问题。刘世德《秋爽斋·秋掩斋·秋掩书斋》[30]从探春的住处问题出发推测创作过程，认为在认真全面的校订、润饰之前有原稿传世。他的《一个多余的安分守己的好人——〈红楼梦〉版本探微之一》[31]从周姨娘这个小角色推测创作过程中的修改，反映出精微的研究眼光。李致忠《永嘉函询论〈红楼梦〉》[32]指出程甲本为普通活字版，与武英殿聚珍版丛书无关。胡文彬《陶洙与抄本〈石头记〉之流传》[33]介绍了陶洙的家世及生平事略，以及与抄本《石头记》的关系。曹立波《〈红楼梦〉东观阁本评语对姚燮的直接影响》[34]简述了东观阁本的概况以及其批语对姚燮批评《红楼梦》的影响，如对于盛衰的感叹、对宝黛爱情的肯定、对人物性格特征的把握诸方面。潘承玉《续有关红学的新材料》[35]介绍了新发现的有关曹雪芹家世的档案史料五件，从清初两种稀见诗词总集中发现的曹寅佚诗四首、佚词二十六首以及从清初方志、文人别集中看到的曹寅遗事。

从艺术角度关注《红楼梦》的论文也不少。李小菊《跌宕生姿、意蕴无穷——〈红楼梦〉开头艺术研究》[36]、卜键《悲情如雾——第六十三回“群芳开夜宴”解读》[37]、沈治钧《石头、神瑛侍者、贾宝玉》[38]、杨茜《大观园里的守望者》[39]、周先慎《琐碎中有无限烟波——〈红楼梦〉欣赏》[40]、陈惠琴《精致而新鲜的感知表现——曹雪芹创作心理研究之二》诸文均是对《红楼梦》的文本细读，从不同角度深化了人们对《红楼梦》特点的认识。

《红楼梦学刊》2002年第4期还刊登了一组文章，讨论宣南地区与《红楼梦》的联系。其中有段启明《宣南文化与鲁迅“红学观”》、蔡义江《大观园与宣南文化》、张书才《〈红楼梦〉与宣南关系的历史考察》、马建农《北京宣南文化的社会文化氛围与〈红楼梦〉的传播》、胡文彬《梦里梦外大观园——兼论大观园在宣南文化中的地位》、孙玉明《漫谈大观园》等。这些论文指出《红楼梦》反映了宣南一带的社会风貌；琉璃厂是《红楼梦》传播之策源地；宣南地区是《红楼梦》最先普及之地，也是红学人物的基地。

红学之外，其他小说名著的研究也取得了引人注目的成果。如侯会的《〈水浒〉源流新证》[41]是《水浒传》研究中的一部很有分量的著作，它不但在《水浒传》的题材依据、成书过程等方面，提出了一系列新颖的观点，在论证方法上也有独到之处。全书共分五章，第一、三章重点讨论了《水浒传》对洞庭湖钟相、杨幺起义素材的借鉴与利用。作者首先概括了梁山起义的八个特点，如据水结寨的起义模式、梁山起义的规模、人员成分等，通过比对，显示《水浒传》的这些描写都与洞庭湖起义史实相符，而与历史上的宋江起义不吻合，表明《水浒传》很可能取材于洞庭湖史实。这一观点在学术界从未有人提出过，书中论证周详，足成一家之说。在《水浒传》的版本上，本书着重讨论了“吴读本”、“带诗本”和“未竟本”，这些版本都是现今不存在的版本，侯会主要根据作品的内证加以逻辑推理，例如，今本前十三回没有“出场诗”的反常现象，证明今本之前应有一个“带诗本”的存在。他根据《水浒传》百回本第十五回“七星聚义”人数上的矛盾，经过周密分析，断定《水浒传》在成书过程中，公孙胜应是后来加入的，而这些又都为《水浒传》今本成书嘉靖说，增添了重要的证据。可以说，侯会的上述观点在《水浒传》的研究中均有全局意义，而无论宏观论述，还是微观体察，都能落到实处，值得学术界认真思考。此外，侯会的论文《试论〈水浒传〉的悲剧历史底蕴——从梁山泊与祝家庄、曾头市的同构关系说起》[42]指出梁山泊与祝家庄、曾头市可能有共同的历史渊源即宋代的乡社民兵，以及南宋初的钟相、杨幺起义对水浒故事的影响。这种民兵与盗贼同构的现象，传达了封建乱世官逼民反的历史信息，揭示出乱世百姓的生存状态及其悲剧命运，显示出他对《水浒传》的研究还在向纵深拓展。

在《三国演义》方面，出现了一些争议。张志和近十年在《三国演义》的成书与作者问题上提出了一系列新的观点，就在学术界引起了广泛的关注和争论，《透视〈三国演义〉三大疑案》[43]就是他这些论文的汇集。张志和在国家图书馆发现了“明书林黄正甫刊《新刻考订按鉴通俗演义全像三国志传》”，遂将其与嘉靖本《三国志通俗演义》以及其他版本作比较对勘，得出了如下结论：《三国演义》的成书时间不在元末明初，而是在明中叶；明嘉靖壬午本《三国志通俗演义》不是该书的最早刊本，明黄正甫刊本《三国志传》才是该书的祖本，其成书时间比嘉靖壬午本约早20年以上；罗贯中不是《三国演义》的作者，也不是小说家。《三国演义》是由自北宋至明中叶的说书艺人和戏曲艺人长期演唱会说逐渐形成的。该书最后写定者是一位不知名的下层文人。这些观点与人们对《三国演义》成书及其作者问题的认识有重大的分歧，所以自提出以后，就受到徐朔方、章培恒、杜贵晨等学者的质疑。相信本书的出版，有助于商榷的进一步展开。涉及《三国演义》版本的重要论文还有刘世德的《〈三国志演义〉周曰校刊本四种试论》[44]，本文指出万历年间的周曰校刊本有甲、乙、丙三种，甲本刊行时间在乙本的万历十九年之前，推测为万历十年至十三年间；乙本和丙本大致相同，乙本若干页的版心下端有“仁寿堂刊”字样，推测为周曰校刊乙本利用了仁寿堂刊本的旧版片。在出版《三国志演义》小说中，竞争主要体现在“增补”上，周曰校刊本的增补有两个步骤，一是甲本增补了人物和情节，以关索为例，二是乙本增补了图像。而龙协涛的《用接受美学解读〈三国演义〉和〈水浒传〉》[45]运用接受美学理论，认为被称为作品的《三国演义》和《水浒传》应该理解为从民间流传到文人创作到接受传播这样一个动态的完整的真实存在。此文旨在探讨研究方法，试图在西方理论和中古文论中找到契合点。此外，葛维钧《〈西游记〉孙悟空故事的印度渊源》[46]通过文献比较，认为孙悟空源于以《六度集经》为代表的佛教故事，印度的哈努曼是其原型。刘辉的《明清时期的〈金瓶梅〉研究与批评》[47]，论述了明清时期李贽、张竹坡、文龙三大《金瓶梅》研究家的研究情况。王丽娜《〈金瓶梅〉在国外》[48]介绍了《金瓶梅》在国外的流传、译介情况。张国风的《〈儒林外史〉试论》[49]原是作者的博士论文，此前曾在台湾出版过，这次新版，作者又作了一些增补。全书分三章，论述了《儒林外史》的思想渊源、政治倾向及其在小说史上的地位。其中将吴敬梓的创作与时代思潮和社会现实紧密联系起来考察是本书的特色。

有关小说的论文还有不少，显示了北京地区学者研究角度的开阔。程毅中《从〈商调蝶恋花〉到〈刎颈鸳鸯会〉——〈宋元小说研究〉补订之一》[50]认为，《商调蝶恋花》是现存最早最完整的宋代小说家的话本，是新编小说的一个标本，与晚出的《刎颈鸳鸯会》是同类作品。张国风《〈太平广记〉在两宋的流传》[51]以丰富的文献资料勾勒了《太平广记》在两宋的流传情况。李广仓《金钱·爱情·人道——对〈杜十娘怒沉百宝箱〉的一种解读》[52]运用结构主义的批评方式，借助文本的形式化叙事矩阵，分析文本的深层叙事结构。于天池《中国的恐怖小说与〈聊斋志异〉的恐怖审美情趣》[53]从恐怖小说的角度分析古代志怪及《聊斋志异》，颇有新意。井玉贵《〈警世阴阳梦〉、〈清夜钟〉作者新考》[54]一文认为，《警世阴阳梦》是在大量抄录、改编《玉镜新谭》的有关内容基础上完成的，作者是“长安道人”，并且确定陆云龙为《清夜钟》的作者。侯忠义《蓝鼎元和他的〈鹿洲公案〉》[55]一文对文言公案小说专集《鹿洲公案》作者的生平、著作以及此书的版本和内容作了详细的论述。宋珂君《涅磐：宗教小说的结尾套路及其佛教“修行”寓意》[56]，以佛教涅磐思想影响宗教小说的结尾套路发端，从涅磐与死亡、解脱、荣耀三方面的象征意义入手，对明清宗教小说蕴含的佛教“修行”寓意尝试研究、揭示涅槃飞升的结尾套数与佛教“修行”之间的隐秘联系。刘勇强的《晚明“西湖小说”之源流与背景》[57]梳理了西湖小说以城市为依托的地域性之形成与嬗变，分析了它的文化背景与文学基础，认为西湖小说是中国古代小说史中的一个重要环节，并指出地域性作为一个有效把握小说艺术特征的角度，是有广阔前景的。他的《当代体验与历史关照的龃龉和融会——漫谈古代小说的解读与欣赏》[58]则探讨了古代小说在当代的接受中如何协调历史文化知识与当代文化背景关系的问题。

小说理论方面，金圣叹的小说理论一直是一个热点，白岚玲的《才子文心——金圣叹小说理论探源》[59]在现有研究的基础上，拓宽视野，追本溯源，围绕“以文为戏”、“因文生事”、“以形写神”、“精严、自然”等命题，将金圣叹的小说理论置于中国古代艺术思想发展史的背景之下进行微观参校和宏观梳理，从而获得对其理论总体精神和细部特征的客观体察和准确把握。其中如对“以文为戏”与“发愤著书”关系的讨论，对“因文生事”的多层面剖析，对金圣叹诸多“文法”精神实质的探究等，均富有新意。另外，本书的三个附录《袁无涯本〈出像评点忠义水浒全传〉评语明显受容与堂本〈李卓吾先生批评忠义水浒传〉评语影响者一览》、《金圣叹评本〈第五才子书施耐庵水浒传〉评语明显受袁无涯本〈出像评点忠义水浒全传〉评语影响者一览》及《金圣叹研究专著、论文索引》，对进一步研究金圣叹也有参考价值。

值得注意的是，一些以前很少注意的作家也开始受到关注。如顾太清是清代一位杰出的满族女作家，张菊玲的《旷代才女顾太清》[60]依据作者亲阅日本珍藏顾太清诗词全抄本《天游阁集》，解开了顾太清的身世之谜，澄清了种种不实之词。全书在重点研究顾太清词艺术成就的同时，描述了顾太清、奕绘的伉俪深情及他们唱和的风雅情趣，介绍了顾太清在京师与满汉才女结集的秋红吟社。本书还进一步论证了顾太清为《红楼梦》续书之一《红楼梦影》的作者，由此确证她为中国小说史第一位女小说家。

小说整理方面也有不少成果问世。许盘清、周文业整理的《〈三国演义〉〈三国志〉对照本》[61]是一个很有特色的《三国演义》整理本，此书将《三国演义》与《三国志》相关的段落一一对照排印，为研读《三国演义》提供了极大的方便。书后所附周文业的长文《〈三国演义〉数字化》，详细地介绍了他正在进行中并已取得初步成果的《三国演义》

数字化工程。这一工程第一批将已排印出版的8种版本数字化，同时利用图文对照产生新版本，在全文检索、分析同词脱文等方面，为研究者提供了一个利器。这一工程对整个古代小说的数字化研究也有推动和示范作用。

由刘世德、竺青主编的《古代公案小说丛书》本年又由群众出版社推出了《小五义》《续小五义》《李公案奇闻》《于公案奇闻》《海公大红袍全传》《海公小红袍全传》《清风闸》《警富新书》《九命奇冤》《杀子报》等10种。至此，这套古代公案小说丛书的白话小说部分已全部出齐。这套丛书不但规模庞大，而且校勘颇精，既便于一般读者阅读，也可供研究者参考。如《小五义》有明显的说唱艺术痕迹，金藏、常夜笛校点的《小五义》参校多种版本，除一些文字上的讹夺衍倒和明显错别字外，凡明清小说中习惯用字、俗字、同音假借字、方言用字及口语拟音字等，均予保留。这样的处理是十分可取的，它既不影响今天的读者的理解，又使研究者多少能领略一点说唱艺术文本的原貌。另外值得一提的是，这套丛书中的相当一部分作品，学术界几乎没有展开认真的研究。校点者所撰《校点后记》往往言简意赅，对后续研究的进行极富启发性。如金藏所撰《续小五义校点后记》指出《续小五义》在情节设计上与《水浒传》《七侠五义》的雷同，与《施公案》等书一样，实为说唱艺术风格通俗小说的一种格套。而在叙述文字方面，《续小五义》比《小五义》更加通畅，显然修订者下的功夫比前者更胜一筹，因此，《续小五义》又较少说唱艺术的痕迹。这些观点虽然点到即止，却是对中国古代小说发展了然于胸的精辟之论。

三、戏曲研究

2002年的戏曲研究论著虽不多，但也有一些水平较高的成果发表。李修生《20世纪元代文学宏观研究鸟瞰》[62]对20世纪以元代文学整体研究为对象的论著进行了简要的评价。而扎拉嘎《游牧文化影响下中国文学在元代的历史变迁——兼论接受群体之结构变化与文学发展的关系》[63]一文以元代为文学史上的一大转折，元代之前以雅为主，元代之后以俗文学为主，这一变化与游牧文化南下造成的元代文学接受群体的结构变化有关，而元代作家适应蒙古族喜爱歌舞的传统，元代社会中多民族语言并存的环境，乃是造成元代杂剧鼎盛的直接原因。

与戏曲关系较为密切的散曲研究，也有总结性的探讨。刘扬忠《20世纪中国散曲史研究与撰述评著》[64]回顾了20世纪散曲研究的学术史及其重要著作：早期散曲史的研究以任中敏的《散曲概论》为较早的一部初具“史”形态的散曲研究著作，卢前的《散曲史》则为元明清三代散曲的第一部通史，梁乙真于1934年推出了第一部断代散曲文学史《元明散曲小史》；新时期散曲史的研究与撰著呈现复苏和创新的势头。吕薇芬《元曲的用典使事》[65]则指出元曲的用典范围较窄，雅俗兼容，尤喜用戏曲小说中的典故，其用法有正用、反用、借用、化用，与其通俗性、娱乐性相关，但也形成了喜欢堆垛典故并进而滥用俗化的弊病。

在戏曲研究的一些重大问题上，也有若干论文发表。李简《也说“戏剧”与“戏曲”——读王国维戏曲论著札记》[66]对王国维戏曲论著中的“戏剧”、“戏曲”两个概念进行探讨：“戏剧”是一个宽泛的概念，包括成熟的戏剧和多种与舞台有关的演出形式；“戏曲”一词则或指真戏剧，或指戏中之曲，但主要用来指称真戏剧，即代言体的、包括歌舞、动作、故事诸因素的成熟戏剧，并非对中国传统戏剧形式的通称，与我们今天所讲的“戏曲”含义不同，且这一用法可能受到日语的影响。而范丽敏《中国古典悲剧价值论》[67]通过比较中西古典悲剧在题材、人物、冲突、结局等方面的差异，指出二者不同的悲剧价值：西方古典悲剧价值是一个从怜悯、恐惧到崇高的净化过程，中国古典悲剧价值则是一个从怜悯、悲愤到崇敬的教化过程；西方古典悲剧价值主要是审美同情，中国古典悲剧价值则主要是道德同情；在西方古典悲剧价值的获得过程中起作用的主要是理智上的理解、判断与思考，而在中国古典悲剧价值的获得过程中起作用的则主要是情感上的体验、识别与自证；西方古典悲剧价值的获得过程是审美情感从低到高、从平和到激越的一个展射过程，中国古典悲剧价值的获得过程则是一个从平和到激越又回归平和的过程。张哲俊《中国古典戏曲的浪漫喜剧品性》[68]认为中国古典戏曲多重视伦理正义的伸张，在表现情节过程中以抒情为主，大团圆结局体现出幻想性、想像性，同时也不失滑稽幽默，因而富有浪漫喜剧的品性。邓程《论戏曲程式化倾向形成的深层原因》[69]以文化人类学为切入口，通过中西对比，分析中国戏曲程式化形成的深层原因在于依从整体原则的中国艺术思维。康锦屏《中国古典戏曲语言的审美特征》[70]回顾戏曲语言美理论研究历程，并且提出戏曲作品语言美主要表现在：南北异制，各呈范型；曲白兼美，交相辉映；本色文采，合则双美；风格异趣，尽展才情。

还有一些论文涉及了戏曲史上较为具体的问题。如目连是印度佛教高僧，他的故事传说很早传入中国，对中国的宗教、民俗、文学、艺术产生深远影响。刘荫柏、毛小雨《目连本事及其流变考》[71]认为目连原型与目连戏中的形象相距甚远，在《毗奈耶杂事》中目连是个大逆子，而目连戏中却是个大孝子，目连戏根据的《盂兰盆经》当是一部伪经，是佛教为了在中国站住脚而与儒家结合的产物，是中国远古祭祖习俗的衍化，是佛道共同争夺的产物。吴书荫在《〈词谑〉的作者献疑》[72]一文中提出《词谑》的作者可能为李开先和康海两人。郑雷《从玉茗堂到咏怀堂——阮大铖与临川派》[73]从晚明思想解放运动的背景入手，分析阮大铖的思想特征：秉心学之末流，接受佛家六相圆融观念，又为传统功名思想所驱使，从而形成实用型人格，进而指出他是临川派作家中将剧作的文学性与舞台性结合得最为成功的一人，其作品执着于人世的悲欢，借佛老思想达成与现实世界的妥协，与汤显祖、吴炳、孟称舜等临川派诸家大异其趣。李玫《汤显祖的传奇折子戏在清代宫廷里的演出》[74]据现存清代宫廷演戏档案及一些零星史料，讨论汤显祖的戏曲在清代宫廷中的演出时间、内容、场合、演员、与民间演出的联系变化等诸问题。

除了上述单篇论文外，孟繁树的《中国板式变化体戏曲源流研究》[75]是本年重要的戏曲研究专著。长期以来，在戏曲史的领域里，板式变化体制和梆子腔的形成、发展史研究基本上是空白，本书基于梆子腔是板式变化体戏曲的鼻祖这一认识，对板式变化体戏曲产生的环境、条件和基础作了新的考察，论述了说唱词话与板式戏曲的关系、板式变化体戏曲在形成和发展阶段的特征以及各路梆子戏的形成，将板式变化体制和梆子腔的研究引向深入，对近代戏曲史、特别是声腔剧种史的研究也有参考价值。

最后，有必要作一点说明。尽管笔者在撰写历年的本学科综述时，努力搜集有关资料，但由于各种条件的限制，总难免有遗珠之憾。其中有些书出版于年底，没有来得及在当年的综述中介绍，如周传家、秦华生主编的《北京戏剧通史》[76]共分辽金元、明清、民国三卷，全面系统地论述了北京地区的戏剧发展历史，是一部不应忽视的重要著作。当然也有因其他原因未搜集到的，例如在去年的综述中，我们就因没有看到钱竞、王飚著《中国20世纪文艺学学术史》[77]而未加介绍。实际上，这是清代（乾嘉至近代）文艺学研究的一个重要收获。这部书不同于“清代文学理论批评史”或“近代文学理论批评史”，它的重点不在于全面评论这一时期各家各派的诗文理论观点，而着眼于把这两个世纪诗学、文章学等置于同期思想、学术文化因革变迁的背景中考察，从总体上把握文艺理论的基本格局和历史走向。由于本书是作为“中国20世纪文艺学术史”的“史前史”来设计的，因此，它还有另外一层学术意义，即探索从古代文艺理论到现代意义的文艺学这一时代性转型的历史必然性、转型的过程、取径及其轨迹。这两层意义都提高了本书的理论内涵，值得我们重视。类似这样的论著一定还有，尽管我们不能为自己的疏忽开脱，但我们相信，真正有价值的研究最终是不会被埋没的。还有一点能使我们稍微心安的是，同样的学术综述一直为学术界所关注，本文开篇提到的吕薇芬、张燕瑾主编的《20世纪中国文学研究》（2001年12月）为北京市哲学社会科学“九五”规划项目，同时列入新闻出版总署“十五”重点图书出版规划，就是20世纪中国学者对上古至20世纪90年代的中国文学的研究成果总汇。其中由张毅主编的《宋代文学研究》（上、下册），李修生、查洪德主编的《辽金元文学研究》，邓绍基、史铁良主编的《明代文学研究》，段启明、汪龙麟主编的《清代文学研究》分别对20世纪宋元明清文学研究的主要成果作了扼要的介绍，作为学术史的全面总结，是今后从事本学科研究工作不能绕行的重要参考书。从某种意义上说，也可以与自20世纪末开始编写的《北京社会科学年鉴》同主题学术综述联系起来看。

（作者：刘勇强，北京大学教授；
文雯，北京大学硕士研究生）

注：

①北京大学出版社，2002年版。

②《求索》，2002年第1期。

③黑龙江教育出版社，2002年版。

④中华书局，2002年12月版。

⑤《北方论丛》，2002年第1期。

⑥《北京大学学报》，2002年第2期。

⑦《中国文学研究》，2002年第3期。

⑧《中国典籍与文化》，2002年第3期。

⑨上海古籍出版社，2002年版。

⑩《文学遗产》，2002年第2期。

⑪《湖南社会科学》，2002年第2期。

⑫《苏州大学学报》，2002年第1期。

⑬《中国典籍与文化》，2002年第3期。

⑭《文史哲》，2002年第1期。
⑮中华书局，2002年版。
⑯首都师范大学出版社，2002年版。
⑰北京师范大学出版社，2002年版。
⑱中华书局，2002年版。
⑲学苑出版社，2002年版。
⑳《北京社会科学》，2002年第1期。
㉑学苑出版社，2002年版。
㉒中华书局，2002年版。
㉓《明清小说研究》，2002年第1期。
㉔北京出版社，2002年版。
㉕黑龙江教育出版社，2002年版。
㉖北京图书馆出版社，2002年版。
㉗黑龙江教育出版社，2002年版。
㉘长江文艺出版社，2002年版。
㉙《中国社会科学》，2002年第3期。
㉚《明清小说研究》，2002年第3期。
㉛《红楼梦学刊》，2002年第3期。
㉜《红楼梦学刊》，2002年第1期。
㉝《红楼梦学刊》，2002年第1期。
㉞《红楼梦学刊》，2002年第1期。
㉟《明清小说研究》，2002年第3期。
㊱《红楼梦学刊》，2002年第2期。
㊲《红楼梦学刊》，2002年第4期。
㊳《红楼梦学刊》，2002年第3期。
㊴《红楼梦学刊》，2002年第1期。
㊵《名作欣赏》，2002年第1、2期。
㊶华文出版社，2002年版。
㊷《文学遗产》，2002年第3期。
㊸中国社会科学出版社，2002年版。
㊹《文学遗产》，2002年第5期。
㊺《文史哲》，2002年第1期。
㊻《明清小说研究》，2002年第4期。
㊼《古典文学知识》，2002年第5期。
㊽《古典文学知识》，2002年第5期。
㊾中华书局，2002年版。
㊿《文学遗产》，2002年第1期。
51《文献》，2002年第4期。
52《名作欣赏》，2002年第4期。
53《文学遗产》，2002年第6期。
54《中国典籍与文化》，2002年第4期。
55《明清小说研究》，2002年第2期。
56《明清小说研究》，2002年第1期。
57《晚明与晚清：历史传承与文化创新》，湖北教育出版社，2002年版。
58《名作欣赏》，2002年第1、2期。
59北京广播学院出版社，2002年版。
60北京出版社，2002年版。
61江苏古籍出版社，2002年版。
62《古典文学知识》，2002年第1期。
63《文学遗产》，2002年第5期。
64《东南大学学报》，2002年第1期。
65《文史知识》，2002年第6期。
66《殷都学刊》，2002年第2期。
67《社会科学战线》，2002年第3期。
68《北方论丛》，2001年第1期。
69《河南社会科学》，2002年第1期。
70《北京教育学院学报》，2001年第4期。
71《艺术百家》，2002年第2期。
72《艺术百家》，2002年第2期。
73《华侨大学学报》（哲学社会科学版），2002年第3期。
74《文艺研究》，2002年第1期。
75文化艺术出版社，2002年版。
76北京燕山出版社，2001年版。
77上海文艺出版社，2001年版。

中国现代文学

姜 涛

自20世纪90年代中、后期以来，现代文学研究一直处在反思、调整和拓展之中。可以说，这一状态在2002年仍在持续。沿着既有的思路，不仅相关的研究成果仍然层出不穷，而且一些关系到学科发展前景的重大课题，也得到深入的讨论。

现代文学研究的兴起，是与20世纪80年代思想解放的历史进程相伴相随的。当时，出于对僵化意识形态束缚的反拨，以审美自律为核心的纯文学观念，逐渐上升为文学研究领域的支配性话语。但在开拓崭新视野的同时，纯文学的观念也造成了一定的问题，其中的一种表现是：那些更多体现超越时代之上的独立审美追求的作家作品，受到广泛关注，而那些与历史、政治不断摩擦的写作，却无形中受到忽略或贬抑。近年来，伴随着对纯文学话语的检讨，这些一度被冷落的文学资源又重新进入讨论的视野，有关“左翼”文学的重新评价，就是当下一个研究的“热点”。在2002年，《中国现代文学研究丛刊》专门组织了一次“左翼文学与现代中国”的笔谈，参加的讨论者从不同的角度切入了这一话题。其中，旷新年检讨了在20世纪80年代“重写文学史”思路的“翻烙饼”逻辑中，左翼文学被放逐的内在原因，并讨论了左翼文学的发生与五四的承接与断裂关系，以及左翼文学历史、政治关怀的合理性。冯奇的发言也重申了左翼文学的价值，即在左翼文学的实践中，通过审美的政治化，文学参与变革历史的能力被大大张扬。孟繁华则直接将左翼文学的经验，引入对当下中国文学现状的思考中，他认为在当下资本化、全球化的浪潮中，世界正处在不断的物化过程中。在此情形下，发扬左翼文学浪漫的、理想的、批判的、战斗的品格，能够抵抗庸俗的市侩气息。王富仁辨析了左翼文学与主流意识形态的关系，他认为左翼文学的兴起不只是理论提倡的结果，其背后有一批生活不安定的作家共同生存状态和对社会的感受形式。在左翼内部，其实也包含着不同的取向，在20世纪40年代左翼被解构了，在20世纪50年代以后占主流意识形态的是政治革命家的文艺观和文艺形态。另外一些讨论，采用了历史研究的方式，深入到了左翼文学的具体进程中：萨支山的研究，从“历史的叙述，已然存在于历史的发生中”这一命题出发，讨论了革命文学论争期，革命文学对五四的评价和阐释。李今则从翻译的角度，梳理了苏联的文坛论争、文学理论发展，通过翻译对中国左翼文学运动的影响。可以说，这些讨论都补足了我们对左翼文学资源的认识，一种鲜明的当下问题意识更是贯穿其中①。

与对文学资源的重新评价和挖掘相关的，是对于学科自身的考察，也成为本年度普遍关注的课题。在这方面，一批学者围绕现代文学的“当代性”进行的笔谈，值得在这里引述。众所周知，20世纪80年代，现代文学研究是一个令人激动的领域，不断与当下的社会现实形成紧密的对话，但随着各种复杂社会条件的展开，许多支撑这一研究的理论前提都变得天真、粗糙，甚至可疑了，不足以有效地与现实构成对话。在这种情况下，对“当代性”提倡，如问题的提出者王晓明所言，是要真正辨析现代文学研究的“本位”。这一本位不是超时空的，无论是20世纪80年代强调的“审美”，还是20世纪90年代强调的“学术规范”，都内涵着对应于当下历史的思想洞察力，而目前研究的“枯萎”，是更大范围的精神迷惘和萎顿。作为抵拒“枯萎”的方案，王晓明提出：“而研究者对当代生活的深切关怀，每每正是人文学术的活力的来源。”比起王晓明的理想主义取向，张新颖的发言则显出一种“中庸”的务实态度，他对“自命清高的封闭性学术”和“自以为掌握了当代性的夸夸其谈”都表示了怀疑，认为理解和把握是一个持续不断的过程，研究者必须意识到个人的、文学的方式的有限性。吴福辉的发言也冷静地分析了目前现代文学学科的发展趋向，并将所谓的“危机”归结为学科内部的矛盾，比如文化与文学的冲突，学科边界的尚未确定，价值判断的紊乱以及支撑学科的理论的资源错杂等。而罗岗的思考更多地切中了当下的具体问题，他对目前十分兴盛的“文化研究”提出了疑问：“它的意义是否仅仅限于在学术领域里再现了全球资本主义认可的国际分工，即从西方进口‘理论’，然后根据‘理论’对第三世界的‘原料’进行加工，最后再次‘出口’到西方世界。”在这一过程中，“文化研究”再生产出了资本主义体系的权力关系。由此，他提出了“读出文本”与“读入文本”相结合的方案，以期沟通文学和历史②。这些讨论都表达了现代文学研究对于崭新活力的向往以及对内在危机的敏锐感知，学科内在的超越或许就包含其中。

在现代文学研究的整体格局中，鲁迅研究一直占据核心位置，而且自成系统，甚至已构成一门独立的学科。王家平的论文就对此做出了细致梳理，他首先分析了几代研究者的优长与局限，在宏观描述了不同阐释体系的关联的基础上，他又评析了思想史、精神分析学、文化学、比较文学、文本形式及考据学等不同系统的路向、得失③。在2002年，一向热点不断的鲁迅研究界又掀起新的讨论：《鲁迅研究月刊》1999年第7期曾发表了汪卫东的《鲁迅国民性批判的内在逻辑系统》一文，提出中国国民性“原点”和“密码”可以以“私欲中心”四字概括。《鲁迅研究月刊》2002年第2期上，发表了竹潜民《中国国民性“密码”和“原点”探秘——兼与汪卫东先生商榷》一文，表示了不同的意见，认为中国国民性的“原点”和“密码”应是“自欺欺人”。为进一步深入探讨这一问题，一批专家学者在京组织了一个讨论会，就鲁迅的国民性批判问题展开研讨。会上，汪卫东、竹潜民再次重申了他们的观点，而其他学者从各自的角度阐发了自己的意见。其中值得关注的是，孙玉石、高旭东对这种追寻“原点”和“编码”的思维方式，提出了质疑。他们认为鲁迅是以自己的直接感悟和无休止的批判来辐射他的思想的，而不是在逻辑系统的思考中来论证的，用几个字来概括鲁迅国民性思考的意图是有问题的，具体、微观的洞见是更可行的方法。张恩和、钱理群等发言者也认为“自欺欺人”说与“私欲中心”说并不矛盾，不同的阐释间可以相互沟通，并从具体的历史语境出发，澄清了鲁迅国民性改造的现实有效性④。这一讨论在本年度，也激发了相关研究的产生，一批探讨国民性改造的论文相继发表，大大深化了我们对这一命题的理解⑤。

在上述热点讨论之外，有关学科性质的反思与边际的重置，更多地落实在具体研究中。20个世纪90年代中后期以来，为了使现代文学研究重获活力，突破学科的边际成了普遍的追求，除了思想史视野的持续扩张外，文学与出版、传媒的关系，文学生产的内在机制，文学史叙述的知识检讨等，都成为一时的潮流，这为理解现代文学与社会、历史的复杂关联，提供了更多的可能。在2002年，此类研究仍层出不穷。在报刊研究方面，成果尤为显著。陈平原的《新青年》研究，从报刊史、思想史和文学社团等多种维度，全面关照了《新青年》杂志的思想、文化内涵⑥。同样是讨论《新青年》，李宪瑜的研究则选取了一个微观、具体的角度，分析了《新青年》杂志“通讯栏”的构成，揭示了由“公共论坛”向“自己的园地”转变过程中，《新青年》杂志“同人性质”的生成。她的另一篇文章，对于《新青年》杂志上“孔教问题”与“文学革命”两大讨论，进行了对比研究，从而凸显出《新青年》“批评时政”与“固守学术”两种思路间的对话⑦。从“历史情境”出发，在绵密的资料清理中充分展现出历史的细节，这体现了20世纪90年代以来一种沉实、厚重学风的延续。同样属于这种思路的，还有杨早对五四时期北京大学出现的三本学生杂志的研究，通过对《新潮》《国故》《国民》的讨论，五四时期学生思想“众声喧哗”的状态被呈现出来⑧。陈方竞的研究也圈定在“北大”和《新青年》之间，他的提问却一改以往对大学与刊物互动关系的强调，转而探讨大学体制与同人刊物之间的冲突和矛盾，令人耳目一新⑨。此类研究还有谢晓霞对商务印书馆与《小说月报》的研究，作者认为商务具有文化人与生意人双重角色，既照顾到企业的利润追求，又尽量不失自己的文化身份和文化品位，因而《小说月报》以及在它前后创办的商务的各种期刊，是文化与商业同构的产物⑩。相对于新文化刊物研究的兴盛，对于其他类型的报刊的关注，在现代文学研究界似乎并不很多。在这方面，魏泉独辟蹊径，选取20世纪30年代上海一份旧派文人的刊物《青鹤》作为对象，在史料挖掘的过程中描述了现代历史进程中，一批身处边缘的旧式文人的生存、创作空间以及文学心态⑪。从某种角度看，上述研究都呼应着还原历史的思路，但作为一种热点，某种问题也似乎潜隐其中，那就是如果脱离了问题意识，只满足于现象和历史的陈述，那么“历史还原”的归宿便值得质疑了。

近年来，随着海外学术的不断渗透，反思现代性、文化研究等潮流强烈地冲击了现代文学研究的疆域，在拓展视野的同时，某种理论框架凌驾于历史情境之上的趋向也愈发明显，一些讨论似乎更多地满足了理论自身的运转，而忽略或削减了历史本身的复杂性。针对这一现象，一些研究者开始进行可贵的反省。譬如，“重估现代性”是20世纪90年代以来蔚为大观的思潮之一，“五四”以来现代文学、文化的诸多前提，都得到了细致的探询。但相关的“现代性批评”往往牺牲了文学发展的诸多细节，正如李怡在他的对“反思”进行反思的文章中指出的，“人们习惯于将‘现代性知识体系’视作西方文化的产物而不是中国文学在特殊时刻的自我选择”，在中国现代作家自我感受和艺术表达的特殊性中理解中国文学的“现代性”，并把握我们自己的这一“传统”，应当成为现代中国文学研究的重大课题⑫。在讨论20世纪中国现代性问题时，“上海”也是一个这几年现代文学研究领域的关键词，按照一般的思路，“上海”往往被处理成一块“飞地”，由于体现了普遍的现代性而遥遥领先于中国其他地域，李欧梵的《上海摩登》就是这方面的代表。针对这种理解，张旭东则认为讨论“上海”之于现代性的关系，不在于罗列外表摩登的都市特征，而应看到上海的现代性是在不平衡的、过度编码方面的不稳定的现代性，应该将其放在具体的社会、经济、政治和文化矛盾中去理解。他通过分析鲁迅、王安忆等有关上海的描写，提出对上海日常生活的具体性研究，有助于破除上海历史背后的神话⑬。较之上而两篇宏观性的研究，冷霜只选取影响很大的王德威《被压抑的现代性》一文为对象，进行细致分析。他以柯文、沟口雄三对近代中国思想史研究的方法论反思为理论起点，揭示出王德威的反思仍未摆脱“冲击—回应”模式，王文借助对“晚清”的发现，质询五四确立的现代尺度潜含着以欧洲现代性轨迹为普遍性标准的文学史假设，而他针对此而建立起来的新叙事仍然没有摆脱这种逻辑。通过对王文内在矛盾的分析，冷霜的讨论对当下时尚性的学术潮流，无疑具有一定的警醒作用⑭。

在学科边际的扩张中，还有一些新的学术增长点也在2002年浮出水面。首先，古典文学与现代文学的关联，一直是个讨论不尽的话题，但研究的难度也不容忽视，当一些其他学科的研究者涉足这个领域，新的可能或许就暗含其中。古典文学研究专家董乃斌，就以现代诗人何其芳与唐代诗人李商隐的创作因缘为题，讨论了他们之间超越时空的心灵契合，并从多方面作出了论证⑮。作为中国文学的集大成者，《红楼梦》与20世纪中国文学有深刻、内在的渊源关系，王兆胜的研究就选择这一视角，探讨了《红楼梦》在个性解放、悲剧精神、女性形象与叙事模式等方面，对现代文学具有的原型和示范作用⑯。除了历时的影响与承接外，共时角度的新旧关系也是一个饶有意味的话题。有关将旧体诗词引入现代文学史的呼声由来已久了，黄修己就此提出了新与旧"啼笑因缘"的说法，检讨了相关的论争，强调了旧体诗词与现代文学发展的重要关联，并呼吁研究界应正视这一历史中的文学现象⑰。其次，有关现代文学的接受问题，也曾引起过研究界的关注，但由于方法、材料方面的限制，一直看不到令人满意的展开。在2002年，有关新文学"阅读"状况的讨论值得注意。戴燕的论文研究了新文学发生期"写实主义"理论规则下一种相应的阅读方式的生成，及其与现代文学经典确立的关系⑱；与此思路相近的，还有姜涛对早期新诗阅读状态的分析，他首先讨论了作为一种"时尚"的新诗阅读的社会功能，既而以《三叶集》与《女神》的关联为个案，揭示出新的"阅读程式"的建立过程⑲。应当说，这些研究思路都显示了现代文学研究内部涌动的活力，而有关"翻译"问题的提出，更应看作2002年度一个值得关注的现象。许多研究者都不约而同地将目光投向了"翻译"：高玉提出，过去关注中西文学的比较研究缺乏深度的拓展，原因在于过分注意"事实的联系"，而对"事实的联系"是如何实现的，通过什么方式和途径实现的，却缺乏理论上的探讨。在他看来，影响不是通过原文实现的，翻译才是影响的"中介"⑳。持类似观点的还有王宁，在他看来，现代性在中国登陆，在很大程度上取决于翻译的中介作用，而翻译对现代文学经典的形成以及文学史的重写也起到关键作用，康有为、林纾等人的翻译工作，一种既不同于自己古代传统又迥异于西方文学的独特传统，已经形成㉑。在总体性的关照之下，一些翻译的个案也得到了深入考察。林纾是近代文学翻译的大家，但在他的翻译过程中，其传统文学的"前理解"以及传统的体验模式和小说笔法，如何渗透、改写了翻译的原本，是研究的一个焦点㉒。而20世纪30年代，上海新感觉派的兴起，从"翻译"的角度审视，原来也是"中介"影响下的产物，他们创造的新文体、都市新感觉，都与他们在吸收、介绍日本新感觉派时有意的侧重、夸大相关㉓。

在上述充满了反思气息、与学科内在性质与外在边界形成对话的研究之外，另一些"平实"的研究课题，也持续展开。其中，有关作家作品的研究虽然是最"传统"的项目，但也有可喜的收获。沈从文研究专家凌宇，为沈从文百年诞辰而作的《沈从文创作的思想价值论》，融会他多年的研究精华，从沈从文创作内含的湘西土著民族立场及情感倾向、人性与民族文化重构、"乡下人"与现代理性这三个方面，论述了其独特的思想价值㉔。致力于胡风研究的王丽丽，也在这个领域有所建树。她的《胡风文艺思想的整体思维特征》一文，剖析了胡风以"主观战斗精神"为核心的主客观化合论的三种理论样态，它们体现了整体思维的特征。同时，她还分析了胡风文艺思想呈现出的社会学的实践立场和目的对美学空间形成包围的"汉堡包"结构，其理论的特异和褊狭，以及与意识形态的纠缠均发端于此㉕。同样是讨论胡风的文艺思想，李俊国的研究则重在挖掘胡风理论体系中的两难之处，作者认为在胡风的思想中结合着民族解放与进步的历史哲学意识和对个体生命意识的尊重，这是他对于20世纪现实主义理论的超越之处，但正是由于对上述两种立场坚守不力，又使其文艺思想显出偏枯㉖。这些研究一方面加深了我们对具体作家、理论家的理解，另一方面又连缀着对20世纪文学史重大问题的思考，为学科增添着厚实的学术品质。

综观2002年的现代文学研究，可以发现这门曾一度辉煌的学科，目前正处在某种艰苦的自我转换期。如果说前几年"转换"的要求带来的活力令人欣喜的话，那么在这一年，更为复杂的状态显示出来，活力与危机、出路与困境、开拓与反思，都交织在一处，而可能的前景就包含在这种胶着状态之中。

（作者：北京大学讲师）

注：

①旷新年：《断岩深处的历史》；冯奇：《左翼文学论的性质和功能》；孟繁华：《左翼文学与当下中国文学》；王富仁：《关于左翼文学的几个问题》；萨支山：《“革命文学”论争中的文学史叙事》；李今：《苏共文艺政策、理论的译介及其对中国左翼文学运动的影响》。《中国现代文学研究丛刊》，2002 年第 1 期。

②王晓明：《面对当代生活的挑战》；张新颖：《无能的力量》；吴福辉：《学科的发展趋向及其内在矛盾性》；罗岗：《读出文本和读入文本——对现代文学研究和“文化研究”关系的思考》。《文学评论》，2002 年第 2 期。

③王家平：《20 世纪八九十年代鲁迅研究的生态系统》，《首都师范大学学报》，2002 年第 4 期。

④汪卫东：《国民性再思》；竹潜民：《让鲁迅回归民间》；林非：《有关鲁迅‘改革国民性’问题的一些想法》；孙玉石：《尊重鲁迅作为文学家的思想家的独特性》；张恩和：《理想与现实》；钱理群：《在〈鲁迅改造国民性思想研讨会〉上的发言》；高旭东：《鲁迅改造国民性研究的出路》等。《鲁迅研究月刊》，2002 年第 5 期。

⑤参见潘世圣：《关于鲁迅的早期论文及改造国民性思想》，高旭东《论鲁迅改造国民性的“笨人”策略》，《鲁迅研究月刊》，2002 年 9 期；程致中《鲁迅国民性批判探源》，袁盛勇《国民性批判的困惑》，《鲁迅研究月刊》，2002 年第 10 期。

⑥陈平原：《思想史视野中的文学——〈新青年〉研究》（上），《中国现代文学研究丛刊》，2002 年第 3 期。

⑦李宪瑜：《“公共论坛”与“自己的园地”：〈新青年〉杂志“通信栏”》，《中国现代文学研究丛刊》，2002 年第 3 期；《“孔教问题”与“文学革命”——论〈新青年〉杂志的两大讨论》，《现代中国》第二辑，湖北教育出版社，2002 年版。

⑧杨早：《五四时期的北大学生刊物比较》，《中国现代文学研究丛刊》，2002 年第 1 期。

⑨陈方竞：《“校”与“刊”相结合的北京大学透视》，《中国现代文学研究丛刊》，2002 年第 2 期。

⑩谢晓霞：《商业与文化的同构：〈小说月报〉创刊的前前后后》，《中国现代文学研究丛刊》，2002 年第 4 期。

⑪魏泉：《〈青鹤〉研究——三十年代上海旧式文人的生存和创作空间》，《中国现代文学研究丛刊》，2002 年第 1 期。

⑫李怡：《“重估现代性”思潮与中国现代文学传统的再认识》，《文学评论》，2002 年第 4 期。

⑬张旭东：《上海的意象：城市偶像批判与现代神话的消解》，《文学评论》，2002 年第 5 期。

⑭冷霜：《评王德威“被压抑的现代性”说》，《中国现代文学研究丛刊》，2002 年第 2 期。

⑮董乃斌：《超越时空的心灵契合——论何其芳与李商隐的创作因缘》，《文学评论》，2002 年第 5 期。

⑯王兆胜：《〈红楼梦〉与 20 世纪中国文学》，《中国社会科学》，2002 年第 3 期。

⑰黄修己：《旧体诗词与现代文学的啼笑因缘》，《中国现代文学研究丛刊》，2002 年第 2 期。

⑱戴燕：《“写实主义”下的文学阅读——中国文学史经典的生成》，《中国现代文学研究丛刊》，2002 年第 2 期。

⑲姜涛：《早期新诗的阅读问题》，《中国现代文学研究丛刊》，2002 年第 3 期。

⑳高玉：《翻译文学：西方文学对中国现代文学影响关系中的中介性》，《中国现代文学研究丛刊》，2002 年第 4 期。

㉑王宁：《现代性、翻译文学与中国现代文学经典重构》，《文艺研究》，2002 年第 6 期。

㉒杨联芬：《林纾与中国文学现代性的发生》；吴微：《“小说笔法”：林纾古文与“林译小说”的共振与转换》，《中国现代文学研究丛刊》，2002 年第 4 期。

㉓王志松：《刘呐鸥的新感觉小说：翻译与创作》，《中国现代文学研究丛刊》，2002 年第 4 期。

㉔凌宇：《沈从文创作的思想价值论——写在沈从文百年诞辰之际》，《文学评论》，2002 年第 6 期。

㉕王丽丽：《胡风文艺思想的整体思维特征》，《文学评论》，2002 年第 6 期。

㉖李俊国：《历史哲学观念与个体生命意识——胡风文艺思想评析》，《文学评论》，2002 年第 6 期。

中国当代文学

胡旭东

2002年北京地区当代文学领域的研究，取得了令人可喜的成绩。这些成绩主要集中在以下几个引起了众多学人关注的话题上：

一、关于“中国当代文学史”的书写和研究

洪子诚介于教材和个人史论的著作《中国当代文学史》出版以来，关于中国当代文学史的书写方式和研究可能性的讨论在近几年的当代文学领域一直是一个热点。随着时间向2002年推进，对这一问题的讨论已经推进到了更深的层次上。

《文学评论》发表了李杨和洪子诚两位学者就当代文学史写作进行沟通、商榷的书信。李杨认为，洪子诚所著的《中国当代文学史》在摆脱20世纪80年代占主导地位的文学史叙述方式方面取得了极大的成就，在突破“断裂论”、确立冷静的历史感、用系谱学方法反思“现代性”方面卓有成效，但他也对《中国当代文学史》提出了审慎的质疑，质疑点主要在于：其一，使用“一体化”与“多元”的概念分别描述20世纪50—70年代文学和80年代以后的文学其实隐含了本来想要突破的“二元对立”模式，“从前门赶走的等级制，又从后门悄悄溜了回来”①；其二，论述20世纪50—70年代文学的上篇和论述80年代以后文学的下篇在观念、方法甚至精彩程度上都发生了“断裂”，“在极为简略的‘80年代的文学环境’中，我们几乎看不到制度、权力对文学的规约”②。李杨在质疑之后提出，20世纪80年代以来的所谓“多元化”的世界或许是一种“程度更高的‘一体化社会’”③。

洪子诚在回信中诚恳地揭示了文学史写作过程中的一些复杂迂回的心境，包括对“价值中立”的“祛魅”，包括与两种以上的文学史叙述体系之间曲折的“对话”等等，解释了为什么虽然考虑再三但最终没有在“下篇”中论述“政治、市场、媒体、学术机构对文学产生的影响、干预、制约”④的原因。洪子诚最后提出了几个与当代文学史写作有关的问题希望引起讨论：一是“文学史写作中对方法、理论的过分迷信”⑤的问题，拿理论的框架强行整合一个同质性的、整一性的文学史景观，从而忽略了“‘历史’在统一主题之外的‘含混’的一面”⑥；二是认为许多话语的陈迹并未得到充分的研究，在“废除当代文学”的呼声中需要“挽留”这一概念，挽留的方式既不是绝对的“价值中立”，也是不是“翻烙饼”，而是“将创作和文学问题从特定的历史情境中抽取出来，按照编写者所信奉的价值尺度做出臧否”⑦。

2002年度北京地区在中国当代文学史的写作与研究方面最重要的一项成果就是洪子诚的新著《问题与方法：中国当代文学史研究讲稿》⑧。这本书以50年来中国文学的发展脉络和社会思潮的变迁轨迹为考察对象，从当代文学的体制、生产、资源等观察角度，关注当代作家生存和文学生长的环境，并从学科的生成和建构等问题出发，把当代文学纳入相关研究序列中加以探讨，通过对海内外卓有影响的文学史家研究状况的考察，提供了自己的思索和见解。这本著作既具有和《中国当代文学史》一脉相承的严谨而厚实的特点，又保留了课堂即兴发挥的轻松氛围和鲜活的口语风格，是近年来罕见的富有变革与创新意义的著述体例。

二、关于当代文学研究的“转向”

当代文学研究的“转向”问题是由程光炜在《南方文坛》2002年第4期上提出来的，他认为：“我们所说的转向，不是指历史的断裂，而是对历史的重新叙事，是对研究视角、学科话语和描述方式的重新建构。”⑨他就此话题组织了一系列文章进行讨论。在他自己的一篇名为《“后革命时代”的中国现当代文学》的文章里，程光炜认为当前的时代已经进入“后革命时代”，在这一时代中国现当代文学的研究视角和方法必须做出如下调整：（1）树立“现代性”在历史观和文学观上的主轴地位，“革命”只是现代性的诸多表现之一；（2）回到原生态的文学史图景之中，警惕非客观的遮蔽和删节；（3）避免将二元对立的研究模式扩大化；（4）提倡以“文化研究”取代“纯文学研究”。在同一话题下，洪子诚的文章里总结了对“转向”的一些印象，首先是现状研究的热情被史学研究的“时尚”所取代，其次是方法上从“外部研究”到“内部研究”、从“启蒙主义”到“历史主义”的偏斜⑩。洪子诚细究了这些变化产生的原因及其合理

性，但也表达了对这种“转向”的忧虑，担心这种“转向”会导致“失去必要的批判能力”、“自我更新和反思的要求是否因此而冻结、凝固”[11]。这组文章中的第三篇是孟繁华所撰写的《全球化语境与中国的文化问题：评戴锦华的当代中国文化研究》。孟繁华把戴锦华近年来的研究作为一个值得肯定的当代文学研究“转向”的个案加以肯定，认为她较早地意识到了大众文化时代的到来对研究者意味着什么，她通过自己和所指导的研究生们的研究实践明确了一种难能可贵的意识，即“‘大众’文化不但成了日常生活化的意识形态的构造者和主要承载者，而且还气势汹汹地要求在渐趋分裂并多元的社会主流文化中占有一席之地。简单的肯定或否定都无助于拓清这一斑驳多端而又生机勃勃的文化格局”[12]。

程光炜发表的《文化的政治隐喻》集中阐述了他在呼唤文化研究介入的前提下，对当代文学研究的“新的增长”的理解：其一，研究文艺体制、文艺政策的建立史，并考察它们是如何完成文学主题、题材、文学形象和创作方法的建构的；其二，始终坚持在不同的语境中把握文化与权力的关系和组合的方式；其三，应该给作品文本研究以更宽阔的文化视野和价值的弹性[13]。而贺桂梅的文章《重审“再解读”》则考察了20世纪90年代以来最先由海外学人实践后来传播至国内的“再解读”的研究思路在改造旧有的当代文学研究套路方面的得与失。她认为“再解读”对于20世纪40至70年代的文学如何建构起特定的历史叙述，在建构过程中经历了怎样的冲突和调整，最终是什么因素导致了这种叙述的“无效”等问题并未关注，所以它只能成为“启示”而不能整合完整的历史叙述[14]。

陈晓明发表的《现代性与文学研究的新视野》，是近几年来现当代文学领域的学者试图运用“现代性”的框架改造文学研究思路的风尚之中最新的一次尝试。他认为，“现代性”这个概念可以提供从整体上把握20世纪中国文学的理论框架，它使历史变异和承继关系显示出更为复杂的结构。这篇文章在梳理现代性的核心理论范畴的同时，试图提出深入到中国文学的内部中去探讨现代性的理论方案。他提出，“断裂”这个概念可以透视出中国现代性与文学的双重关系，文学既强烈地表达现代性的剧烈变革，同时又努力去掩盖和抚平历史的裂痕。文学的现代性并不仅仅体现在它所表达的一套社会理念方面，更重要的在于它的表达方式，它所显示出来的那种精神气质、态度和情感记忆方式[15]。

三、关于“50—70年代的中国文学”

近年来，对20世纪50—70年代文学的再认识在当代文学研究领域出现了较大的分野，一方面，一些研究者延续20世纪80年代以来的思路，认为20世纪50—70年代的文学因其“非文学”的属性而应受到漠视；另一方面，一部分学者却在“反思现代性”的大的背景下对20世纪50—70年代文学的价值以及对20世纪50—70年代文学进行研究的价值重新提出了肯定。

李杨发表了一篇名为《“文学史意识”与“50至70年代中国文学”》的文章。认为近年来当代文学界对“十七年文学”和“文革文学”的关注代表了一种当代文学研究中“文学史意识”的觉醒。他提出“文学史意识”的导向不是去寻找“真实”，而是去考察文学作为知识谱系的演变过程，它能够使研究者获得一种解构学科霸权叙述的能力。他强烈地反对在二元对立的模式之下将50至70年代的文学驱逐出“文学性”的视野，认为这是一种不加反思的排斥性制度。他呼吁对历史应该具有“理解之同情”[16]。

钱文亮的文章《当代文学史研究与“十七年文学”》，认为孤立地从所谓的“文学性”或“审美价值”的单一角度来处理“十七年文学”意义不大，因为所谓的“文学性”或“审美价值”本身就是需要质疑的。他指出，作为“新文化”实验的一个相当重要的组成部分，“十七年文学”付出的代价是惨重的，但它在探索进程中所带出的问题却是值得研究甚至值得借鉴的[17]。

程光炜发表的《关于50到70年代文学中的知识分子形象》是以“形象学”加文化研究的方法对50到70年代文学进行支脉梳理的一个成果。程光炜认为，在50到70年代的文学中，由可不可以写小资产阶级的讨论，对肖也牧等人小说的批评，王蒙等人在思想艺术上的探索，到反右运动，到“文革”文学，知识分子形象不断被修改、变异和调整，实现了身份的转换，这一转换显现出错综复杂的文化形态和类型[18]。

四、关于当代诗歌

自1999年诗坛爆发所谓“民间”和“知识分子写作”的论战，把诗歌问题重新推向公众视野以来，关于“90年代诗歌”的讨论一直是当代文学界的一个热点。2002年度关于这一话题，北京地区的学者继续展开了研究。

王光明发表了一篇名为《在非诗的时代展开诗

歌——论90年代的中国诗歌》的长文，全面梳理了20世纪90年代诗歌。此文从诗歌与时代的紧张关系入手，观察边缘境遇中20世纪90年代中国诗歌的反思与寻求。文章认为，20世纪90年代中国诗歌是反省的、过渡性的诗歌，不以形成某种典范或出现杰出诗人为标志，而以个人意识、感受力的解放和趣味的丰富性见长，具有疏离"重大题材"与共同性主题，用语言破解权力与暴力等方面的特点，同时以"反讽"、"叙事性"等语言手段探索了包容矛盾的现代性经验的可能性。王光明指出，这种诗歌的特殊意义在于它纠正了20世纪中国诗歌主流强调抒情批判而相对忽视言志，重视群、怨而兴、观不足的现象，重新理解和实践了五四时期提出的诗歌"具体性"的主张⑲。

钱文亮的《1990年代诗歌中的叙事性问题》，清理了20世纪90年代诗歌中的叙事性倾向以及部分诗人、批评家从诗学层面上对这一倾向的认识，指出这一倾向的意义在于，对于诗歌的"现代性"的认识在经过20世纪90年代的混乱之后，终于获得了建立于现代语言哲学之上的现代人文知识结构与视野⑳。敬文东的《我们时代的诗歌写作》，从文化心态史的角度考察了20世纪90年代诗歌的意义，指出诗歌是对"晚报时代"进行批判并最终导致走出"晚报时代"的有力武器㉑。

2002年度北京地区对"90年代诗歌"这一话题进行研究的最重要的成果是洪子诚主编的《在北大课堂读诗》一书。该书实际上是洪子诚主持的"近年来诗歌选读"课程的成果汇编，一批研究90年代诗歌的教师、学者、研究生在课堂上就"90年代诗歌"之中的部分经典作品进行了深入考究的细读，其目的在于超越"凭粗糙的印象"评判诗歌现状的风气，探究读者在面对当下诗歌时，"在态度、观念和方法等方面，需要做哪些调整"㉒。该书以对作品的细读为关注中心，却又不局限于作品。在最后一章"90年代诗歌关键词"中，胡旭东、钱文亮、姜涛、刘复生等人对20世纪90年代诗歌、叙事性、写作、身份、细读、民间刊物等关键词的梳理为更深入研究诗歌史打下了基础。

北京地区学者对当代诗歌的研究除了集中在"90年代诗歌"领域之外，也有一些全面反思新诗史的成果。比较有代表性的是吴思敬的《20世纪新诗理论的几个焦点问题》和郑敏的《中国新诗80年反思》。吴思敬的文章认为，20世纪新诗理论是伴随着新诗的诞生与发展，处于现代化进程中的一个全新的诗学形态。该文就贯穿20世纪新诗理论始终的几个焦点问题，诸如对诗歌现代化的呼唤，诗体解放与诗体变革，自由与格律的消长等作了梳理与辨析，并就这些问题在新诗理论研究中的意义与价值阐述了自己的看法㉓。郑敏的文章旨在追溯新诗的诞生和发展，主要探讨新诗语言方面所存在的问题。该文以新诗的传统的建立及其与古典汉诗的传统的关系为贯穿全文的视角，提出新诗能向古典诗词学些什么等一些想法，并对1985年以来的当代诗坛的某些现象提出了自己的批判性意见㉔。

除了上述四个热点之外，北京地区的当代文学研究在小说和文学的现状批评方面也涌现出了一些成果，譬如曹文轩的《论近20年来文学中的"流浪情结"》㉕、陈晓明的《无法深化的自我与现实——近期小说的审美意识流向》㉖、张颐武与陈晓民的对话《市场化时代：文学的困境与可能性》等等。

（作者：北京大学讲师）

注：

①②③④⑤⑥⑦李杨、洪子诚：《当代文学史写作及相关问题的通信》，《文学评论》，2002年第3期。

⑧洪子诚：《问题与方法》，三联书店，2002年版；

⑨⑩程光炜：《"后革命时代"的中国现当代文学》，《南方文坛》，2002年第4期。

⑪洪子诚：《我们为何犹豫不决》，《南方文坛》，2002年第4期。

⑫孟繁华：《全球化语境与中国的文化问题》，《南方文坛》，2002年第4期。

⑬⑭《社会科学报》，2002年5月23日。

⑮《文学评论》，2002年第6期。

⑯⑰《江汉论坛》，2002年第3期。

⑱《文学评论》，2002年第3期。

⑲《中国社会科学》，2002年第2期。

⑳㉑《文艺争鸣》，2002年第6期。

㉒洪子诚主编：《在北大课堂读诗》，长江文艺出版社，2002年版。

㉓《文学评论》，2002年第6期。

㉔《文学评论》，2002年第5期。

㉕《文学评论》，2002年第4期。

㉖《河南大学学报》（社科版），2002年第3期。

东方文学

刘安武

2002年的东方文学研究，虽然发表的论文和文章比2001年有所减少，但学术交流活动却比较活跃。印度文学研究会、日本文学研究会、东方文学研究中心都先后举行了学术讨论会，与会者踊跃，学术讨论交流气氛热烈，提供论文或论文摘要的数量都相当可观。印度文学研究会于3月召开了第九届年会暨学术研究会，与会者50多人，提供论文或论文摘要30多篇。日本文学研究会于10月召开了第八届年会暨学术研讨会，与会者80多人(包括日本、韩国学者12人)，提供论文及论文摘要近40篇。教育部人文社科重点研究基地、北京大学东方文学研究中心主办的"比较文学视野中的东方文学"研讨会于11月举行，与会者50多人，提供的论文和论文摘要近30篇。此外，中国外国文学学会在11月召开了第七届年会及学术讨论会，会上也有一批学者提供了论文或论文摘要。以上学术研究会的大多数论文将陆续发表或结集出版。

一、综合类文学

2001年10月11日，维迪亚达·苏莱普拉沙德·奈保尔获得诺贝尔文学奖。这位作家出生于西印度群岛的特立尼达，他的祖父是印度移民，他的国籍是英国，应该说印度是他的祖籍。由北京大学东方文学研究中心和东方学研究院编辑、由国际文化出版公司出版的《东方研究》刊登了两篇评介他的文章，显然是把他列入了东方作家的行列。这里，我们将他作为印裔的作家加以介绍。在获得诺贝尔文学奖前，由于我国内地只介绍过他的个别短篇小说，所以他不大为我国学术界所了解。只有梅晓云在《深圳大学学报》上发表了评述他的论文《在边缘写作》[①]。这是中国读者第一次看到对这位作家的评论。梅晓云在他获诺贝尔奖后写了《无根人的悲歌——从〈黑暗之地〉读解V.S.奈保尔》[②]、《处处无家处处家》[③]和《维·苏·奈保尔及其创作》[④]。在《东方研究》上还刊登了乔丽媛写的《寻根·颠覆·期待——从"印度三部曲"看奈保尔的民族情结》[⑤]。在《外国文学》上，同时发表了三篇评论和介绍奈保尔的文章和论文，即邹颉的《维迪亚达·苏莱普拉沙德·奈保尔其人其作》[⑥]《后殖民作家中的佼佼者——评2001年诺贝尔文学奖获得者V.S.奈保尔的创作》[⑦]，还有周长才写的评其最新的一部小说的《奈保尔的最新小说〈半生〉》[⑧]。这些论文和文章从不同角度介绍和分析了他出生的社会和文化背景，他的经历和所受文化传统的熏陶，他的许多作品的内容介绍、重点作品的分析和评论等等。从中可以看到在作家的作品中，大多剖析到他的祖籍印度的社会、文化、传统诸多方面，他的剖析是深刻而犀利的，而他的内心深处的感情又是深沉而执着的。正如乔丽媛在《寻根·颠覆·期待——从"印度三部曲"看奈保尔的民族情结》中所说的："奈保尔对母国的感情是复杂、微妙的，失根、愤怒、厌恶、绝望都不能概括他内心的感受。他一而再，再而三的'印度之旅'告诉我们：印度就是他所谓'想像的家园'，他在寻根的旅途中经历了漫长、曲折的族群认同过程，他对印度文明神话的'颠覆'，完全出于促其改善的'期待'。他的根不在英伦半岛，充其量不过是'英国文化的养子'，他真正的身份是印度的儿子!"

二、比较文学

与2001年比起来，比较文学方面的论文较少，且内容分散。李岩发表了《"海东谪仙"李奎报诗中的李白》[⑨]，概括了李奎报对中国李白的热爱，创作深受其影响，从而写出了许多蓬勃向上的浪漫主义长歌短篇，说明中国唐、宋文学对东北亚各国的影响是深刻而持久的，且是多样性的和多层次的。张哲俊写了《中日长篇小说的早熟与晚出——以〈源氏物语〉与〈三国演义〉为中心》[⑩]。作者认为：日本长篇小说与中国长篇小说都受史书的影响，但日本长篇小说比中国早了三百余年。造成这样大的差别的原因是：虽然中日长篇小说的形成都以历史叙事为基础，但是物语是独立的文类，不受历史叙事的牵制，而中国的小说却隶属史部，不是独立的文类概念，这极大地影响了中国长篇小说的形成。作者的另一篇比较文学的论文是《再论韩国汉文学与母语文学表现力之争》[⑪]。认为韩国学者以为母语文学的表现力一定高于汉文学，这种看法非常流行，但这是错误的。韩国文学史上最大的最杰出的作家几乎都是汉文学作家。否定了汉文学的表现力，也就意味着否定了整个韩国古典文学的价值。穆宏燕发表了题为《中波古典情诗中的喻托》[12]的文章。作者指出：中国有一部分古典情诗具有一种显著的喻托功能，即诗人以怨女思妇自比，以男女之情隐喻君臣关系，寄寓诗人在仕与隐方面的幽怨情怀。波斯中世纪诗歌中的情诗也同样具有喻托功能，即以情人间的情爱来隐喻诗人对真主的爱，寄寓诗人热烈的宗教情感。张鸿年发表了题为《风马牛不相及——质疑〈封神演义〉受〈列王纪〉影响的说法》[13]的文章，指出印度学者科亚吉的专著《伊朗和中国古代传说与风习》提出的中国的《封神演义》受《列王纪》影响的看法是没有任何根据的。薛克翘发表了《宋元平话中的佛教思想》[14]一文，文中列举了《宣和遗事》《武王伐纣平话》《七国春秋平话后集》《前汉书平话续集》《三国志平话》中所受佛教思想影响的人物、故事的诸多例证。

三、东北亚文学

关于朝鲜—韩国文学的研究方面，有一项重要内容在写2001年的材料时被遗漏了，现补记如下：2000年9月，由中央编译出版社出版了六卷本《韦旭昇文集》[15]。韦旭昇（1928—）是北京大学东语系教授，毕生从事朝鲜—韩国文学的教学和研究。研究东方各国文学的学者出文集者很少，该书的出版，是东方文学界特别是朝鲜—韩国文学界的一件很有意义的事。在研究朝鲜—韩国文学方面，何镇华写了《宋影及其作品》[16]，作者对这位戏剧家和小说家的作品作了介绍。兰明写了《大地的血色与血色的思考——韩国当代诗歌素描》[17]，作者以一种漫画似的手法介绍了韩国当代诗歌的某些特色。

关于日本文学，张伯伟写了《论日本诗话的特色——兼谈中、日、韩诗话的关系》[18]，作者提出，日本诗话的产生与受中国诗话影响引发的诗论风气有关。对中国诗话的批评是日本诗话的特点。另外，该文结合日本汉诗的演变，分析了日本诗话的“诗格化”和“小学化”特色，为中、日、韩诗话的交流提供了例证。杨伟写了《论大江文学中的“少年”形象》[19]，指出大江健三郎创作了一系列以少年为主人公的文学作品。随着作者本人思想的发展和认识的变化，作品中的少年形象也在相应地发生变化。作者试图从这些少年形象塑造和演变中去了解大江的文学思想，并从中发现大江思想的演变和新的观点。孟庆枢写了《诗化的缺失体验——川端康成〈古都〉论考》[20]。作者指出，川端康成的《古都》是一部复杂的作品，它不仅抒发了人与自然亲和的情愫，而且透过作品隐约透露川端康成在日本战败后的严重缺失体验。另一篇有关川端康成的评论文章是田鸣写的《川端康成文学中的传统文化情结》[21]。唐月梅写了《日本国剧的形成与发展——以文学剧本创作为中心》[22]，论述了日本歌舞伎发展成为“国剧”，文学剧本的创作起了巨大的作用，提高了其文学性和艺术价值。吴光辉写了《自然与生命调和“心境”——论志贺直哉〈暗夜行路〉的文学表现》[23]。志贺直哉是日本明治时期自然主义流派的代表作家，《暗夜行路》以东方式的调和思想和生命观念描绘了主人公以自我尊重为前提的复杂心路历程，表现了主人公在自然中寻求自我，完善自我的执著。这篇文章试图揭示和分析这部小说中生命与自然相调和的思想主题。高文汉写了《试析日本古代文学的特质》[24]，说明日本古代文学以自己的民族传统为主题，积极吸收外来的特别是中国的思想和技巧，从而形成自己的优良传统。王晓平写了《“国文学”：城堡外路宽几许》[25]，通过参加日本一次诗探索的学术会议，抒发了一些感想，这些感想涉及日本“国文学”、“汉文学”以及古代诗歌的比较和影响诸问题。王成写了《用文学传递冲绳的声音——评目取真俊的短篇小说〈水滴〉》[26]。目取真俊出生于1960年，1996年发表的小说《水滴》引起广泛反响，受到评论界的赞许。作者从身体变形的构思，水滴的象征意义，冲绳方言与日语的融合等侧面，分析了作品巧妙的结构和深沉的主题，指出作家在文学如何表达人类的记忆方面展示了独特的手法。

四、东南亚文学

和去年一样，研究东南亚诸国文学的文章很少，只有一篇，即裴晓睿写的《“永生”的悲哀——评泰国长篇小说〈永生〉的人文价值取向》[27]。《永生》（汉译本《克隆人》）是2000年出版的一部较新的作品，获东盟创作奖，作者是威蒙·塞尼农。论文作者认为这部克隆人的“小说给予读者的启示应该是：失去人文导向的现代科学技术无异于一头失控的猛兽，最终反遭吞噬的将是人类自己”。

五、南亚文学

关于印度文学研究方面出版了一部专著，那就是姜景奎的《印地语戏剧文学》[28]，这是作者在自己的博士论文的基础上加工而成，是我国研究印度戏剧的第一本专著。在古代文学方面，陈明写了《摩咥里利吒及其〈一百五十赞佛颂〉的传译》[29]。赞颂是古代梵语文学中的一种文体。文章对印度赞颂文学的代表人物之一摩咥里利吒的生平、作品及其代表作《一百五十赞佛颂》的传译过程作了探讨。在评论近现代文学方面有几篇评论泰戈尔及其作品的文章和论文。一是何乃英写的《全面认识泰戈尔，深入理解泰戈尔——喜读〈泰戈尔全集〉》[30]，作者对24卷本的《泰戈尔全集》的出版表现了兴奋的心情，充分肯定了有2/3的内容是第一次与中国读者见面这一事实的巨大意义，并坚信对进一步开展对泰戈尔的全面而深入的研究方面将起到积极的推动作用。黎跃进写了《整体、内在的〈戈拉〉——也谈〈戈拉〉的思想内涵和主人公形象》[31]，从社会层面评论《戈拉》转移到作品现象背后的本质，即作者趋向于"人"的宗教的宗教观。石海峻写了《泰戈尔眼中的东方和西方》[32]，论述泰戈尔是世界主义者，主张东西方要消除误解，认为否定西方文明是印度人的偏见，同样耻笑和蔑视印度文明是欧洲人的偏见。他渴望着东西方之间能够进行真正的沟通，他一生都在为此而进行着苦苦的思索和努力。魏丽明写了《泰戈尔文学起源思想探析》[33]，认为泰戈尔是一位具有执著美学追求的大家，他的文学思想丰富而辩证。他对文学的起源、功能、目的、意义、内容和形式、生活真实和艺术真实的关系问题都有独到而精辟的见解。作者还重点评介泰戈尔有关文学起源，文学表现论、结合论、人格论的思想，以求对作家的文学创作和文学思想有进一步的认识。魏丽明还有两篇论文评介印度现代作家介南德尔·古马尔，一是《心之灵的再现——介南德尔小说中的心理分析技巧的探析》[34]，另一篇是《诗是自由的，但诗人是不自由的——介南德尔·古马尔文学思想简论》[35]。前者认为：介南德尔的小说以心理为纬，以语言为经，构成一张意识之网。他的小说世界对外部世界进行了提炼化的心灵处理，通过对人物心理的刻画，展现出作家平凡、朴实而又蕴含深沉的个人感悟。后一篇文章认为：介南德尔主张创作自由，但不是没有任何约束的自由。他说过："诗是自由的，但诗人是不自由的，毕竟诗人要在韵律、节奏、语言、词句、内容、意义等的约束中进行创作。"作家的创作自由不能干涉别人的自由，不能违背社会的规范。任飞写了《论伯勒萨德〈神车〉的诗美特征》[36]。《神车》是作家、诗人伯勒萨德的著名短篇小说。作者在评论这篇作品时认为，《神车》没有超越小说这一体裁界限的同时，还具有诗的"韵"和诗的美，作家将印度古典诗学的技巧植入小说创作中，这不失为一种大胆的尝试，而且无疑也是成功的尝试。王旭写了《克里山·钱达尔小说创作的艺术性》[37]。作者从克里山·钱达尔的诸多作品中归纳出其独特的叙事结构，诗一般的优美语言和浓郁的浪漫主义色彩，使其作品达到了很高艺术境界，从而深深地感动着读者。

六、西亚文学

在西亚文学方面，我国翻译出版了18卷本的《波斯经典文库》[38]，包括了古代几位著名诗人的重要作品，有些还是第一次与中国读者见面，有些作品虽然过去有中文译本，但是从英语或俄语转译的，这一次全是由张鸿年等几位学者从波斯语原文译出的。这不仅对我国的波斯语语言文学界是一件大事，而且对整个外国文学界也是很有意义的。此外，我国维吾尔族学者艾赛提·苏莱曼写了《中世纪波斯文学中的"海米塞现象"——论"海米塞现象"的起源、发展和理论体系》[39]，论到的"海米塞"是指波斯语中的"五"、"五部"、"五卷"。至于五卷诗，则是始于诗人内扎米，他写了《秘宝之库》、《霍斯罗与西琳》《莱丽与麦吉侬》《七美人》《伊斯坎德尔传》等五卷诗。此后，形成了一种创作模式，有很多诗人创作了自己的五卷诗，但是只有包括内扎米在内的四位诗人是公认的成功的创作者，他们分别创作了被认可的各自的五部诗。论文的作者对他们分别作了介绍。

林丰民写了《阿拉伯现代文学的"他者"眼光》[40]，论述到在现代社会里，由于和外界的接触越来越多，包括作家在内的知识阶层的人士都在以"他者"的客观眼光重新审视阿拉伯国家的一夫多妻制、名誉罪、深闺制度等传统的陋习，揭示和批判这些落后事物的文学作品对推动阿拉伯妇女解放运动和社会发展起到了积极的作用。林丰民还写了《东方文艺创作的他者化》[41]，指出：近年来在阿拉伯、印度和中国等东方国家文艺创作领域不同程度地存在着"他者化"的现象。前一篇文章中的"他者"，是肯定的，是客观的第三者；而本篇中的"他者化"则大体等于"西方化"，含贬义。作者认为在文学创作领域存在着"为翻译而写作"，在影视创作方面"为获奖"而拍摄，在艺术领域为展览而绘画的现象。这种情况该引起人们"足够重视"。关于这类问题，还未听到反应。问题是否存在，存在的程度如何，应该如何解决，可能有不同的看法。另外，史锦秀写了《论〈一千零一夜〉中的宗教观念与人本意识》[42]。作者认为：《一千零一夜》中的故事，不论来自波斯、印度、埃及，都打上了阿拉伯的烙印，具有鲜明的阿拉伯色彩，它所体现的宗教观念与人本意识，是对立统一又相辅相成的关系。

田德蓓写了两篇文章，都是评介以色列后现代主义作家O.C.布卢姆的。一篇为《以色列后现代主义作家O.C.布卢姆》[43]，一篇为《O.C.布卢姆短篇小说的后现代叙事方式》[44]。前文认为以色列后现代主义文学发展很快，布卢姆是其中的佼佼者，她擅长各种文学体裁，在后现代主义小说的创作方面尤引人注意，她的创作推动了以色列文学的变化和发展。后文中说她以其对现实的关注和独特的叙事方式引起世人的关注。她以平静的语言和天真的心态来叙述似乎很平常的故事，并使之荒诞化，以期将意义完全消解，进而实现对现实的解构与悖论。

七、非洲文学

研究非洲文学的文章不多。郅溥浩写了《埃及现代文学的巨擘——论陶·哈基姆的小说、戏剧创作》[45]，论到他在埃及现代文学中的地位，评介了他的多种作品，特别是主要作品《灵魂归来》《乡村检察官手记》和《东方来的小鸟》，认为其中既有现实主义成分，又带有浪漫主义、象征主义色彩。他的戏剧创作则更多地体现了他的哲学思想，一种带神秘色彩的信仰。蒋和平写了《埃及1919年革命与纳吉布·马哈福兹的〈三部曲〉》[46]，分析了埃及1919年革命和作家的关系，并引证了作家本人的话。作家本人曾在著名的《阿拉伯人》杂志上这样说："我并未对这场革命本身进行传记式的描写。1919年的革命是我生活中最主要的事件，直到现在它仍然活在我的作品中，它在《三部曲》中的存在与作为艺术家的我休戚相关。"

任一鸣写了两篇文章，评介肯尼亚作家西昂戈。一篇题为《植根于非洲的作家尼古基·瓦·西昂戈》[47]，另一篇为《承载文化的语言——尼·瓦·西昂戈的民族语言创作观》[48]。前者主要介绍了这位当代肯尼亚作家的生平和创作，后者则主要是论述其作品，特别是其语言创作观。他认为后殖民作家应放弃殖民者的语言，而用自己的民族语言。他认为：语言和文化不可分割，失去语言就等于失去文化，用殖民者语言进行创作将面临失去民族文化的可能。故他坚持用英语写作的同时，也用肯尼亚民族语言吉谷裕语进行创作。

（作者：北京大学教授）

注：

①《深圳大学学报》，2000年第6期。

②⑱《外国文学评论》，2002年第1期。

③《读书》，2002年第1期。

④⑤⑯㉗㉛㉟㊲㊵㊷㊺㊻《东方研究》，国际文化出版公司，2002年版。

⑥⑦⑧《外国文学》，2002年第1期。

⑨《外国文学评论》，2002年第2期。

⑩㉓《外国文学评论》，2002年第4期。

⑪⑫⑲㉙《国外文学》，2002年第2期。

⑬㊶《国外文学》，2002年第4期。

⑭㉜㊱《南亚研究》，2002年第1期。

⑮《韦旭昇文集》，中央编译出版社，2000年版。

⑰《世界文学》，2002年第1期。

⑳㊴《外国文学评论》，2002年第3期。

㉑《外交学院学报》，2002年第2期。

㉒《日本学刊》，2002年第6期。

㉔《日本学刊》，2002年第5期。

㉕《读书》，2002年第7期。

㉖《外国文学》，2002年第5期。

㉘《印地语戏剧文学》，中国对外翻译出版公司，2002年版。

㉚㉝《国外文学》，2002年第1期。

㉞《南亚研究》，2002年第2期。

㊳《波斯经典文库》，张鸿年等译，湖南文艺出版社，2002年版。

㊸㊹㊼㊽《外国文学》，2002年第6期。

西方文学（不含英美）

喻天舒

在西方文学（不含英美）研究方面，2002年北京学者发表于各类学术刊物上的相关论文，其关注重心，多在对法、德、西、意等主要西方国家近现代作家作品意义的挖掘阐释和对其现当代文论家的理论思考的探讨发挥上。本文以下分"法国文学"、"德语文学"、"西班牙文学和意大利文学"三项，对笔者掌握的部分有关西方文学研究的学术论文与论著作一番简要的综述。

一、法国文学

2002年2月26日是法国大文豪雨果诞辰200

周年纪念日，法国把这一年命名为“雨果年”。为进一步促进中国的法国文化（文学）研究发展，增进中法两国间的文化交流与合作，2002年1月5日，中国法国文学研究会和北京大学外国语学院等18家文化机构，在北京国际饭店举行了规模空前的学术会议，隆重纪念雨果诞辰200周年。与会期间，数十位学者报告了自己雨果研究的最新成果。柳鸣九在首都学术文化界纪念雨果诞辰200周年大会的开幕词[①]中，不仅肯定了“文学上雄踞时空的王者”雨果在诗歌、小说、戏剧等文学创作方面的巨大功绩，而且进一步指出了雨果作为伟大的社会斗士的跨国界、跨时代的意义。吴岳添回顾了雨果作为法国浪漫主义文学运动领袖和具有丰硕创作成果的诗人、小说家、戏剧家在法国文学史上占据的重要地位和发挥的巨大影响，同时指出，雨果毕生所倡导的人道主义精神，在今天仍具有现实意义[②]。除了上述对雨果进行综合述评的文章外，还有不少学术论文针对雨果的具体作品进行了专题讨论，如李玉民的《〈悲惨世界〉——人类苦难的“百科全书”》[③]、管震湖的《〈巴黎圣母院〉——一部愤怒而悲壮的命运交响曲》[④]、郑永慧的《雨果的〈九三年〉——法国大革命的史诗》[⑤]等，都在联系现实中对雨果的经典之作再次作出了肯定性的高度评价。

与学者们热衷于探讨19世纪法国文学名家雨果的情形相类似，2002年北京学术界的法语文学研究兴趣，似多集中于对18世纪以来的近现代法国知名作家地位与作品意义的重新诠释上。

在受到中国学者普遍关注的法国作家中，活跃于18世纪西欧思想界的卢梭是出生年月较早的一位。吴岳添的专著《卢梭》[⑥]，分“辉煌而坎坷的一生”、“激进的启蒙思想家”、“与百科全书派的恩怨”、“丰富多彩的文学创作”和“卢梭对世界的影响”五章，对卢梭的生平与创作重新进行了全面的考察、述评。孙伟红的论文[⑦]，从自然与宗教、自然与社会、自然与自我三个层面分析了卢梭作品中“自然”的意义，并由此断言，“在卢梭那里，自然成为他摆脱现存秩序，追求理想的生存状态和自我形象的凭依”，“自然不仅为他的生命活力提供了一个可以自由舒展的空间，而且也为他的创造活动提供了一个永远的精神家园”[⑧]。

作为一个思考型的诗人，法国象征主义的一代宗师马拉美开风气之先，在19世纪末期就已直截了当地提出了“像文学这样的东西存在吗？”的文学本体论问题。秦海鹰的论文[⑨]，具体探讨了体现在马拉美的诗歌创作与文论作品当中的“偶然”、“绝对”、“虚无”等困扰诗人马拉美一生的文学本体论观念。该文作者并据此得出了“如果说文学本体意识的觉醒和文学观念的危机是现代文学区别于传统文学的最主要标志，那么马拉美的确称得上是现代文学和现代文论的重要奠基人，法国20世纪几乎所有的文论家和思想家，在论及文学语言革命和文学观念革命时都上溯到了马拉美的诗作和诗论”[⑩]的结论。

秦海鹰的另一篇论文[⑪]，在对应比较中分别讨论了两个恰于旅居中国期间完成了他们各自最著名的作品的法国后期象征主义诗人——出生于同一时代却从未有过个人交往的圣-琼·佩斯与谢阁兰的诗歌创作，阐述了两人精神世界中存在的同而又异的非基督教的神秘主义倾向，探讨了这一倾向对两位诗人诗歌创作的不同影响。在该文的结尾部分，作者还择要分析了圣-琼·佩斯理解中国诗歌时的隔膜认识，并据此提出了“对中国诗学（或者中国‘逻辑’）的任何阐释都应该以中国诗学传统与其他诗学传统的相异性为出发点”[⑫]的观点。

2002年5月，收入1949年诺贝尔文学奖获得者、法国著名文学家纪德大部分叙事作品的《纪德文集》，由人民文学出版社出版发行。罗芃在为这三卷本的《纪德文集》所作的《总序》[⑬]中，一方面回顾了纪德的生平及其创作经历，一方面重点分析了纪德“纯小说”作品的革新特色。该文指出，观照主观世界，表现个人内心经验，是纪德小说创作的出发点，在纪德的作品中，作家自己的经历、经验、感受、感情都被大量地摄入。与此同时，纪德在小说结构与叙事视角等创作技巧方面也做出了许多有意义的艰苦探索。文章由此认为，小说家纪德留给后人的最重要的财富，与其说是他的作品，毋宁说是体现在他作品之中的不懈探索精神。

马尔罗生前是法国20世纪著名的文学家、政治家和艺术评论家，他充满传奇色彩的一生犹如一部打开的小说，不断吸引着人们的解读与评注。刘自强的论文[⑭]，围绕马尔罗早年描写中国上海工人起义的小说《人类的命运》的政治主题，对作品的创作背景与作者的思想渊源进行了较为深入的探讨，同时也对作品特具的悲剧性、史诗性等艺术特点有所阐发。

法国最年轻的诺贝尔文学奖获得者加缪作为一代青年的精神导师，直到去世近半个世纪后的今天，其哲理体系的原创意义，仍然受到世界各国学者的关注。余乔乔[⑮]和柳鸣九的[⑯]论文，都涉及对加缪的“荒诞—反抗”哲理体系的考察。前文在概括阐述加缪作品哲理意义的同时指出，直接关注与思索人在现实生活中的生存方式和生活态度，在迎击所处时代的各种问题中发展自己的思想，是加缪“荒诞—反抗”哲理体系区别于其他众多哲学家的思想体系的特色所在。后文着重分析了加缪的具有世界影响的经典作品《局外人》的丰富社会现实内涵与人性内涵。文章认为，《局外人》以独特的视角、简洁的笔触揭示了现代司法体制罗织罪状、残杀人性精神道德的邪恶性质，并以独特的精神情调、沉郁的感情、深邃的哲理，通过作品主人公默尔索传达了对人类生存状况尴尬和无奈的清醒的荒诞意识。

萨洛特是法国新小说派的一员干将，她发表于1939年的小说《向性》被认为是法国20世纪50年代盛极一时的新小说的先驱，而她发表于1956年的论文《怀疑的时代》，又因率先质疑和挑战以巴尔扎克为代表的法国传统小说创作理念和方法，而成为法国新小说的重要理论文献。杨国政的论文[17]，针对萨洛特发表于20世纪80年代的自传作品《童年》进行分析，概括出《童年》一反传统自传叙事惯例，消解自传教谕和指涉功能的创作特性。文章在探讨了《童年》从“向性”这个窗口对作者心理真实的展现以及《童年》所特有的对虚构的批评者声音的引入后认为，像萨洛特的小说一样，萨洛特的自传《童年》也处处体现了作者对一切传统、成规、套式、惯例的怀疑精神。

文学批评成为引人注目的文学类别，是20世纪后期法语文学的一大特征。在众多影响文学批评产生的哲学体系中，法国哲学家德里达的解构主义是其中一个有特色的思想系统。德里达对西方形而上学传统的批判和对“什么是文学”问题的探讨，为法国内外的后现代主义文学批评提供了理论武器。萧莎的论文[18]，通过分析德里达的文学论与耶鲁学派的解构批评实践的联系与区别，指出了存在于德里达的解构主义哲学与以耶鲁学派为代表的解构主义批评间的既连续又断裂的关系，以及这种关系对于各类带有解构主义文论特征的批评理论在批评实践领域中的意义。该文的结论是，“解构主义或许不会永远是思想界的主流，但它的诞生，就意味着它再不可能全然从舞台上退出。解构主义作为一种幕后的声音，将永远对前台的演出提出警示”[19]。

除论文、论著外，一些与文学研究密切相关的法国思想家、文化艺术史家的具有相当学术难度的理论著作，如莫兰的《方法：思想观念》[20]、埃里亚德的《世界宗教理念史》[21]、达弥施的《云的理论》[22]以及法国拉鲁斯出版公司出版的《西方视觉艺术史》[23]的中译本的问世，也是2002年北京法国文学研究界值得一书的重要学术成果。

二、德语文学

随着德国启蒙运动的兴起，文艺复兴以来的若干世纪在西欧文学发展中一直处于相对落后地位的德语文学，不仅从18世纪下半叶开始跻身于世界文学之林，并且还以它出色的文学（美学）理论和创作实践影响了其他西方国家的文学进程。2002年北京德语文学界的研究焦点，正集中在对近二百多年来德语文学创作与理论的探讨上。

出现于18世纪70—80年代的德国狂飙突进运动，不仅把德国民族文学的发展推进到一个新的阶段，而且还成为整个欧洲浪漫主义文学运动的先导。作为狂飙突进运动的精神领袖，赫尔德是德国文学史上一位声名显赫的人物。曹卫东的论文[24]，着重考察了被某些德国学者誉为“狂飙突进的大宪章”的赫尔德的《一七六九年游记》的成书过程。文章指出，该书主要记述的不是旅途实录，而是作者的思想历程，是一部个人的心灵史。该游记中提出的三个核心概念——精神、情感、天才，不仅是赫尔德理论的基础，而且也构成了狂飙突进运动的前提。因此，“‘气韵生动’，不但是此书的基调，也成为了时代的主旋律。”[25]

作为世界文学史上最杰出的作家之一，歌德的文学创作打破了德国文学的闭塞状态，使德国文学具有了世界性的开放眼界。而以歌德的戏剧理论和实践为基础形成的魏玛戏剧学派，在西方戏剧史上同样占有一席之地。王建的论文[26]，从歌德的《演员规则》一文入手，比较性地考察了以歌德为代表的魏玛戏剧学派的以舞台实践为中心的戏剧观，与其前的古典主义戏剧观及与其同时兴起的现实主义戏剧观之间的区别和联系。借助戏剧交流模式理论，该文一方面肯定了歌德引入导演机制、凸显戏剧创作层面与接受层面的戏剧构想对未来戏剧发展方向的预示，一方面指出了歌德从保守立场反对舞台幻觉的时代局限。

席勒不仅是德国文学史上具有世界影响的诗人、剧作家——他既是狂飙突进运动的主将，又与另一位世界级的德国文学大师歌德通力合作，共同造就了德国古典文学的高峰；而且在美学方面，席勒的潜心研究也收获了引人注目的丰硕成果。高译的论文[27]，围绕席勒的美学名著《审美教育书简》，从体现在席勒著作中的“对希腊神性的向往”、“游戏冲动与活的形象”、“走向审美的自由王国”三方面内容出发，探讨了席勒美学思想的独创性，并由此肯定了把美学由单纯的形而上学引向客观现实，将审美游戏看作是解决社会现实问题即使人性趋于完整的手段与建立完整的美学理论构架，通过审美游戏使感性和理性有机地统一起来，实现美学由主观向客观的转向，是席勒对西方美学发展的突出贡献。

重视民间文学和热爱中古文化的艺术倾向，使只有短短25年人生经历的瓦肯罗德对德国浪漫主义美学见解的出现产生了巨大的影响，瓦肯罗德还由此成为德国浪漫主义理论与创作的先驱。瓦肯罗德生前发表的惟一作品，是有另一位德国浪漫主义作家蒂克参与、但以前者的创作为主的散文式的艺术评论《一个热爱艺术的修士的内心倾诉》。黄燎宇[28]和谷裕[29]的论文，均对瓦肯罗德的思想及其对后世的影响进行了比较深入的探究。前文从“艺术神圣论”与“艺术家的悲剧”两个角度，阐述了瓦肯罗德对“艺术家努力把艺术神圣化，可艺术神圣化又和艺术的边缘化结伴而行”[30]的状况所作的见解精到的反省。后文通过分析以敬畏和谦卑为核心的宗教虔诚结构在瓦肯罗德的《一个热爱艺术的修士的内心倾诉》中的具体体现，指出了《一个热爱艺术的修士的内心倾诉》为创造一个与世俗化的日常生活完全不同的世界，唤起人们对艺术所代表的“高贵、崇高和神性的东西”的追求、“感悟出人性的真谛”所作的真诚努力。

德国梵文研究的奠基人弗·施莱格尔同时也是德国浪漫主义文学的旗手。他在德国早期浪漫派的刊物《雅典娜神殿》上发表的许多表述文化见解的《片断》(著名的如《片断》第116条)，到今天已被人们视为德国浪漫主义的纲领性文件。李伯杰的论文[31]，通过对以弗·施莱格尔为代表的浪漫派的“交友”理念和实践的分析，提炼出蕴藏其中的浪漫主义文学的时代特征与文化意义。文章认为，德国浪漫派所提倡和实践的“交友”理念，是对那一时代社会关系变化和思想观念变迁的挑战性应答。这一理念既为德国浪漫派作品的问世提供了新型的生成条件，又促进了新型人际关系与学术风气在德国的形成。

托马斯·曼是20世纪德国文学家中具有世界声誉的小说家和文论家，他在第一次世界大战之前，就已因著名小说《布登勃洛克一家》的创作成功而蜚声文坛。李昌珂的论文[32]，对《布登勃洛克一家》的成书、出版过程和作品内容、人物等重新给予了介绍和述评。文章指出，在对时代、历史、社会的认识中昭示世纪之交的德国资产市民阶层生活状态及其文化、精神的颓废、崩溃，在对时代世相和社会风貌进行观照的同时，对作者自身的心路历程加以展露，乃是此书取得成就的关键所在。

布莱希特是20世纪最富独创性的戏剧理论家和剧作家之一。他的戏剧作品及其叙事剧理论，早已越过德国国界，风行于全世界，欧、美、亚各大洲的国家都曾上演他的戏剧，讨论他的理论。王建在探讨德国戏剧理论的论文[33]中，同样参照戏剧交流模式理论，以布莱希特在提出叙事剧理论以后创作的《潘提拉先生和他的仆人马提》一剧为对象，展开了对布莱希特叙事剧理论和实践的分析。文章通过对布莱希特戏剧的舞台考察，得出了与流行看法相左的结论。文章认为，在布莱希特的叙事剧中，表面上被凸现出来的演员和观众，实际上退居到了被动的位置，从属于戏剧交流模式中的创作和接受层。也就是说，布莱希特的叙事剧实际上是创作和接受层的戏剧形式。

在奥地利德语文学研究方面，2002年举行的两次相关学术会议不能不提。一次是由奥地利教育、科学、文化部和奥地利维也纳大学与北京大学外国语学院德语系共同发起举办的“2002年奥地利文学、国情、教学法研讨会”。在这次会议上，与会的8位奥地利专家学者阐述奥地利文学与国情的发言予人耳目一新之感，而25位中国学者从中国研究者的视角讨论奥地利文学的发言，也给来自奥地利的学者们以极大的启发。

有关奥地利德语文学研究的另一次会议，是由北京大学外国语学院、中国社会科学院外国文学研究所、作家出版社等文化机构联合组织的题为“奥地利作家穆齐尔和他的长篇小说《没有个性的人》”的学术讨论会。会议具体研讨了20世纪德语文学最重要的作品之一、奥地利作家穆齐尔的长篇小说《没有个性的人》的思想内涵、写作特点、国内外研究与译介状况。这次会议对穆齐尔这位在国内研究中一直被忽视而实际上开一代文学新风的20世纪重要作家的“把迄今为止德语文学史上的所有小说都远远甩在后面。……它涵括了当今整个世界”[34]的作品所作的考察研究，对奥地利德语文学研究在国内的进一步开展，是一个有力的促进。

三、西班牙文学与意大利文学

20世纪被人们视为西班牙诗歌的又一个“黄金世纪”，而有阿尔贝蒂、塞尔努达两位著名诗人参与其间的“二七年一代”，又是这一“黄金世纪”中最为耀眼的诗人群体。2002年西班牙文学研究的一件大事，是“纪念西班牙诗人阿尔贝蒂、塞尔努达百年诞辰暨国际学术研讨会”在北京的召开。这次会议不仅就阿尔贝蒂、塞尔努达两位诗人生平的丰富性与创作的多样性进行了介绍评价，而且就两位诗人对整个西班牙20世纪诗歌的影响以及西班牙诗歌对于中国诗歌创作的影响等议题，进行了相当深入的研讨。

洛尔卡是西班牙“二七年一代”诗人中影响最大的一位。赵振江的论文[35]，通过对洛尔卡诗作中传达出的“死的声音”、“爱的声音”和“艺术的声音”的探究，深入详尽地分析了洛尔卡的诗学思想与诗歌技巧。此外，赵振江的专著《西班牙与西班牙语美洲诗歌导论》，对西班牙诗歌韵律、西班牙诗歌简史等课题也进行了颇有新意的考察、论述。

在意大利文学研究方面，吕大年在其论文[36]中一方面通过对基督教罗马教会的伪造文件“君士坦丁赠礼”之来龙去脉的考证，阐明了西欧中古文化的某些特点；一方面围绕意大利人文学者瓦拉对“君士坦丁赠礼”的证伪，旁及但丁、彼得拉克等著名意大利人文主义作家，对文艺复兴时期意大利人文主义学者的文化立场、观点和方法进行了考论，既肯定了他们的学术造诣，又指出了他们的时代局限。

总体看来，2002年的西方文学（不含英美）研究有两大突出特点：第一是在法、德两国文学研究方面学术气氛更为活跃；第二是西方文学研究的主要兴趣集中在近现代。

（作者：北京大学副教授）

注：

①柳鸣九：《我们还需要雨果》，中国网，2002年2月19日。

②吴岳添：《雨果与法国文学》，中国网，2002年2月19日。

③李玉民：《〈悲惨世界〉——人类苦难的“百科全书”》，中国网，2002年2月19日。

④管震湖：《〈巴黎圣母院〉——一部愤怒而悲壮的命运交响曲》，中国网，2002年2月19日。

⑤郑永慧：《雨果的〈九三年〉——法国大革命的史诗》，中国网，2002年2月19日。

⑥吴岳添：《卢梭》，华夏出版社，2002年。

⑦孙伟红：《卢梭的自然观》，《欧美文学论丛》第一辑，人民文学出版社，2002年版。

⑧孙伟红：《卢梭的自然观》，《欧美文学论丛》第一辑，第290页，人民文学出版社，2002年版。

⑨⑩秦海鹰：《马拉美的文学本体论》，《欧美文学论丛》第一辑，人民文学出版社，2002年版。

⑪⑫秦海鹰：《接纳神性，拒绝上帝》，《欧美文学论丛》第二辑，人民文学出版社，2002年版。

⑬桂裕芳等译，纪德著：《纪德文集》第一卷，《总序》，人民文学出版社，2002年版。

⑭刘自强：《试论安德烈·马尔罗的〈人类的命运〉》，《国外文学》，2002年第4期。

⑮余乔乔：《加缪作品中的荒诞哲理》，《中国社会科学院研究生院学报》，2002年第4期。

⑯柳鸣九：《〈局外人〉的社会现实内涵与人性内涵》，《当代外国文学》，2002年第1期。

⑰杨国政：《怀疑时代的自传》，《外国文学评论》，2002年第2期。

⑱萧莎：《德里达的文学论与耶鲁学派的解构批评》，《外国文学评论》，2002年第4期。

⑲萧莎：《德里达的文学论与耶鲁学派的解构批评》，《外国文学评论》，第146页，2002年第4期。

⑳秦海鹰译，莫兰著：《方法：思想观念》，北京大学出版社，2002年版。

㉑董强译，埃里亚德著：《世界宗教理念史》，台北商周出版，2002年版。

㉒董强译，达弥施著：《云的理论》，台北扬智文化事业股份有限公司出版，2002年版。

㉓董强等译：《西方视觉艺术史》（法国拉鲁斯出版公司出版），吉林美术出版社，2002年版。

㉔曹卫东：《赫尔德的一七六九之旅》，《读书》，2002年第6期。

㉕曹卫东：《赫尔德的一七六九之旅》，《读书》，第86页，2002年第6期。

㉖王建：《试论歌德及其魏玛戏剧学派》，《国外文学》，2002年第1期。

㉗高译：《审美—艺术—自由——论席勒美学思想中人的“完整性”追求》，《北京大学学报》（哲学社会科学版），2002年第4期。

㉘黄燎宇：《瓦肯罗德与艺术问题》，《外国文学评论》，2002年第4期。

㉙谷裕：《试析〈一个热爱艺术的修士的内心倾诉〉艺术审美中的宗教虔敬经验》，《欧美文学论丛》第二辑，人民文学出版社，2002年版。

㉚黄燎宇：《瓦肯罗德与艺术问题》，《外国文学评论》，第102页，2002年第4期。

㉛李伯杰：《论弗·施莱格尔的“交友”思想》，《外国文学评论》，2002年第4期。

㉜李昌珂：《“房子盖好之后，死神就要来

了”——托马斯·曼〈布登勃洛克一家〉》，《欧美文学论丛》第一辑，人民文学出版社，2002年版。

㉝王建：《从布莱希特的〈潘提拉先生和他的仆人马提〉看叙事剧理论》，《欧美文学论丛》第一辑，人民文学出版社，2002年版。

㉞《欧洲文学史》第3卷，上册，第386页，商务印书馆，2001年版。

㉟赵振江：《西班牙当代诗坛的神话——浅析加西亚．洛尔卡的诗歌创作》，《欧美文学论丛》第一辑，人民文学出版社，2002年版。

㊱吕大年：《瓦拉和“君士坦丁赠礼”》，《国外文学》，2002年第4期。

俄罗斯文学

赵桂莲

一、文学理论探讨

《否定之后的思考》[①]针对近些年来我国文学理论教材建设中弃绝或回避社会主义现实主义原则的作法进行了深入的思考和反思。作者开门见山地指出，摆脱“苏联模式”的思路是无可指责的，但其极端作法却是错误的，这种极端具体表现在“否定多于研究，批判多于继承”，这种作法遵循的“不是历史唯物主义的态度”。对于社会主义现实主义、创作方法以及世界观与文艺创作的关系作者谈了自己的看法。他认为，社会主义现实主义的产生有其坚定的创作基础和思想基础，其内涵是丰富的，是纯粹文艺学的术语，应当把它同那些曲解其内涵的、远离现实主义的所谓“典范”作品区别开，它在具体实践中出现的最大失误不在于政治代替艺术、世界观代替创作方法，而在于它被奉为“统一”的、“惟一正确”的创作方法。关于创作方法问题，作者认为，它不是某些人所说的“伪概念”，它只关系到“怎样写”的原则，而“怎样写”所受到的四种因素的制约是任何创作都离不开的，创作方法理论范畴的运用，可以使批评家有意识地盯住文学活动中那些在不同作家个人标记之中反复重演的基本事实，并发掘其中所蕴涵的具有普遍意义的规范或范式。至于世界观与创作关系的理论问题，作者认为，“苏联模式”文艺学中的最大失误不在于该范畴本身，而在于提升了世界观的作用，却没有解决好世界观同创作的融通问题，用思想去简单地图解艺术。作者的结论是，这些范畴都应是中国当代社会主义文艺学的组成部分，目前文艺理论工作者要做的不是赶时髦，而是对其进行研究分析、甄别、去伪存真、重新阐发。该文刊发以后在学术界引起了强烈反响，编辑部紧接着刊登了另一篇与之争鸣的文章[②]。作者首先指出，前文没有吸收国内外最新研究成果，之后根据一些作家的具体遭遇批判了社会主义现实主义，数次指出作家的遭遇与执政者斯大林有关。从批判中可以看出，作者与张文的认识并非对立，因为张文同样反对“独尊”社会主义现实主义。最后，作者全力批判了社会主义现实主义是一种“开放体系”这种提法，在他看来，这种说法“并非什么高妙理论，而是一种被动适应，它的提出实际上是社会主义现实主义理论解体的前奏”，因此“大可不必将这个‘开放体系’吹得天花乱坠”。作者的结论是：“如果我们把社会主义现实主义不加分析批判地继承下来，作为建立我们的文艺学、发展社会主义文艺事业的圭臬，那会是一场灾难。”而从前面的综述中可以看出，这并非是张文所要达到的目的。

对巴赫金理论的关注仍旧是理论研究的重点。王宁的文章[③]在“文化研究”的框架中探讨了巴赫金对这种研究的贡献。作者认为，“文化研究”所具有的种种跨学科的特征使其毫无保留地接纳了具有同样特征的巴赫金的对话理论和狂欢化的话语策略；此外，巴赫金的平民意识和非精英意识打破了文学分类中的等级制度，这种特点自然会博得热衷于文学经典重构的文化研究者的青睐；再者，在作者看来，巴赫金的文化批评对当代文化批评具有启示意义。因此，作者认为，巴赫金与当代风靡西方学术理论界的文化研究有着密切的渊源和互动关系，他作为文化研究的主要理论来源之一所应有的地位应当得到重视。同样以巴赫金为论题的《对话乌托邦》[④]关注的不是该理论家的文艺理论本身，而是其对话理论引起的思想领域的“思维革命”，“对话”理论的实质是表明不同的意识形态都应该有其存在的空间，该理论所弘扬的新“思维革命”具有特别重要的现实意义。作者指出，虽然巴赫金描绘出的全民大团结、大联欢的“对话广场”不是现实的，但其永恒价值却在于他确立了自身的行为、存在和责任，以对话为基石构建出一个梦境中的乌托邦大厦，从而跨越了精神孤独与尴尬，实现了人道主义旗帜下“集体和历史的永生”。

林精华[5]从白银时代俄国文化领域对歌德创作的接受和理解的角度分析了俄罗斯文学从古典阶段向现代阶段转换时期所具有的诗学特征。作者认为，歌德是沟通两个世纪的俄国文化的中介之一，这首先基于白银时代很恰当地延续了俄国接受歌德的传统，并在延续中改造了歌德形象，从而给变革现实主义文学观念、建构人文主义诗学创造了良好语境；另一方面，白银时代所营造的新“歌德氛围”在一定程度上改造了读者的阅读趣味，以现代主义精神还原歌德形象，突出歌德创作的神秘主义、非理性主义和象征主义元素，这一作法在客观上促成了白银时代追求审美之诗学观念的形成，并且使俄国文学的发展具有一致性，使之与德国文学接近而与西方其他国家的文学区别开来。周启超[6]对苏联解体以来俄国的文论状况作了全面的概述。他认为，苏联解体以来的俄罗斯文论建设既没有与旧体系彻底决裂，也没有与西方全面接轨，而是仍旧保持了解冻时期至今在对立与对话中多流脉共存共生的发展态势，并且也没有因政治、经济上的重大变化而中断。具体说来，对本土文论资源的开采、对国外成果的接受以及在此双向进程中的创新形成了俄罗斯文论建设上开放中有恪守、解构中有建构的特点，批判与吸收、摈弃与继承、清理与建设、对话与创新是其基本特征，而且文学本体研究日益受到关注和重视。吴晓都的文章[7]聚焦于当下的俄罗斯文艺学和美学。作者通过切身的体验和感受全面介绍了俄罗斯美学家和文学理论家鲍列夫的理论体系和研究思路。作者认为，在全人类价值观的参照下研究美学是鲍列夫美学思想的一贯特点，也正是在这样的思维模式影响下，鲍列夫认为“缺少共同的诗学范式”是近几十年来各国皆没有出现世界级文学大师的原因所在，在他看来，俄罗斯作家应该也有条件担负起创立新的世界文艺范式的重任，这种能力和条件就蕴涵在俄罗斯悲剧性或苦难性的历史遭遇之中。但作者不完全认同这种观点，他认为鲍列夫得出这种结论是受俄罗斯悲剧意识浓厚的审美文化传统的影响过深，同时也与俄罗斯目前处于发展的低谷有关。

二、古典文学研究

近年来，随着人们思想的不断解放和视野的不断拓展，对俄罗斯古典文学的研究也在不断深入，这在2002年问世的一系列学术论著中都有所体现。

陈训明[8]采取考证学的研究方法、通过对普希金本人论述文学民族性与人民性的文章产生的背景以及与论战对象的辩论所进行的分析，廓清了俄语词汇“народность”在不同情境中的具体内涵和外延。作者认为，普希金主张的民族文学是面向社会各阶层的，不是专为上流社会服务的沙龙文学，也不是供市民消遣的通俗文学，而且，尽管民族性与人民性是两个完全不同的概念，但二者不仅不互相排斥，它们还能和谐并存，互为补充，遵循这样的原则进行创作才使普希金有资格被称为“最杰出的民族诗人和最杰出的人民诗人”。任光宣的文章[9]探讨了目前国内还研究不多的普希金的创作与宗教之间的关系。通过对具体文本的分析，作者认为，普希金的创作与宗教之间的联系是客观存在的，其作品的许多思想、形象、题材、情节乃至创作契机来自《圣经》，因此，不了解诗人与宗教的关系，就不能全面认识他的艺术世界，也不能真正地认识他。查晓燕的文章[10]围绕着“皇村现象”这一自普希金开始就在俄国诗歌中具有重要意义的“文化事实”展开对普希金与阿赫玛托娃诗歌创作思想的概述。作者认为，在“时间的回廊”中演变成为一个“客观的文化成果”的皇村通过个体记忆升华为群体记忆，成为俄罗斯民族文化积淀的组成部分，成为所有俄罗斯作家的精神故乡，它摆脱了“暂时性文学时间”的羁绊，隐匿在“永恒文学时间”里。顾蕴璞的研究[11]注重的是细致的文本分析，对诗人创作中意象的丰美性作了深入的结构分析，其分析过程和结论对于读者和研究者认识诗人创作的审美价值和思想价值具有重要的参考意义。王立业[12]通过对白银时代诗人眼中的屠格涅夫的总结，归纳出以下特点：该时期诗人对作家的兴趣不是整体，而是局部，不是他的现实主义，而是他的神秘倾向，但作家晚年创作中体现出来的更趋深沉的艺术风格和沉稳的思想特色为这些诗人留下了多棱体的探究空间。最近几年果戈理的创作思想引起了学术界的广泛关注，重新理解和评价作家的创作构成俄罗斯文学研究者新的焦点，这其中他的《与友人书简选》又成为了研究的重中之重。《“误解的旋风”》[13]一文的目的就在于梳理19世纪40—50年代俄国自该部作品问世时起就开始的批评史和来龙去脉，力图对其被“曲解”的历史作一番回溯，以还其历史的本来面目。通过对当时各派的代表性批评的回顾，作者总结道：总的来说，这一时期俄国的批评界对该部作品的否定声音是占主导地位的，但这些批评主要着眼于作家本人，而不是书本身和书中所涉及的内容本身，这种“误解的旋风”都是因为批评者没有理解作家本人的真实意图，没有真正理解这部书的价值和意义。

获得2002年北京市社会科学理论著作出版基金资助的《漂泊的灵魂》[14]一书，一问世就在学术界引起了强烈的反响，该书的突出之处体现在它视野的广阔、材料的翔实和分析的细致上。在俄罗斯传统文化的背景之上剖析陀思妥耶夫斯基创作的潜在内涵是本书的宗旨，因此，从俄罗斯民族所处的自然环境、历史命运、哲学思想、宗教文化、民俗习惯以及语言学诸个角度出发，作者论述了作家创作思想中的几个重要命题。此外，通过对俄罗斯民族之精神流浪气质产生的根源和表现所进行的论述和分析，该书深入挖掘出了形成上述命题的民族文化基础。该书作者发表的其他论著[15]遵循的是同样的研究思路。《生命是爱》一书的研究对象是托尔斯泰的长篇小说《战争与和平》，作者从思想、艺术、历史等角度对其进行了全方位的重新解读。但由于这部巨著所包含的思想无比宏大、复杂，仅仅依据作品文本本身不足以对其作出圆满的、深层次的解释，所以除作品本身的方方面面构成这部论著的一个中心以外，作家本人的总体哲学思想则是论述的另一个重心，两者是相辅相成、相得益彰的。在陀氏研究中，王志耕的论文[16]是一篇值得重视的文章。作者从作家本人诗学原则中所坚持的“在人身上发现人”出发，从宗教人类学的角度深入剖析了作家创作中体现的具有内在神性的这“第二个人”，诠释了作家创作的总体思想。该文作者的另一篇文章[17]从另一个侧面论述了陀氏的创作思想。在作者看来，《圣经·约伯记》中的精神本质影响着作家的整个创作，在某种意义上成为其作品的主旨，这种精神实质具体体现在对上帝的理性质询和蕴涵在启示性神秘信仰中的无条件皈依，作家的创作中充分体现出了这两种对立现象的统一形态。《美将拯救世界》[18]围绕着陀氏创作中的“美”的概念阐释了作家的创作思想。作者认为，作家心目中的美实际上就是人类存在的终极理想，是真善美的综合体，而抵达美的最佳途径是爱，其极致是爱的自我牺牲，《白痴》中蕴涵的是向死而生的末世论思想。雷永生[19]从哲学的层面对《宗教大法官》一章的本质意义进行了分析，作者认为，该章是对东方专制主义的人性辩白的揭露和批判，这里同时隐含着作家对俄国专制制度的批判。结合现实的不同社会制度，作者认为该章涉及的自由问题给人的思想启迪是深刻的。陈思红[20]着眼于对作家创作方法的探索，作者通过具体的事例详细分析了作家对内心独白形式的运用，归纳了作家创作中运用的内心独白的各种形式、特色和创新之处。

三、20世纪文学研究

综观研究者对古典和20世纪俄罗斯文学的透视角度和立场，可以把2002年称为“反思”、“重读”和“总结”年，这种特点在综述性论述和对具体作家具体作品的思想分析和艺术分析方面都体现得很明显。

任光宣和刘涛的文章[21]从“俄罗斯文学空间的统一与文学阵营的分裂”、“90年代俄罗斯文学的多元化、边缘化、市场化”、“90年代俄罗斯作家的媒体化、文学作品的网络化和文学语言的晦涩化”、“90年代俄罗斯文学的三个热点”这四个方面全面介绍了该时期的文学。作者认为，近距离的时空使得俄国的批评家难以把握全局，而作为外国学者的中国研究者却可以站在客观的立场上，通过对该时期的文学进程进行宏观把握和微观观察，对其进行确切的定位。张捷[22]对俄罗斯当今的文坛现状作了综述。他认为，由于俄罗斯国内政治经济生活和社会情绪的变化，文学界的情况也逐渐有所改变，传统派与自由派之间的敌对情绪有所缓和，裂痕也在逐渐弥合，不过他同时指出，2001年宣布成立的俄罗斯作家组织和作家协会联合会总的来说是出于物质利益的考虑，但由于思想分歧的存在以及今后可能出现的利益分配不均而产生的新矛盾和冲突，故现在还根本谈不上联合起来共同继承苏联文学的精神财富问题。刘亚丁[23]对所谓“新潮文学”作了较为全面的综述，作者认为，该文学样式是俄罗斯作家在恶劣的文学生态状态中寻找新的生存方式的外在标志，它表明，在多元世界之中，“严肃文学”与“通俗文学”之间的界限正被市场因素“填平”。张建华的综述文章[24]对俄国文学研究领域的最新状况作了全面的追踪和概述。通过对一些具有代表性的学术著述的分析，作者认为：虽然从整体上看，大多数新研究还缺乏一个明晰的体系性架构，但无论在文学史的宏观研究上，还是在作家、作品细部的分析上，都出现了一些突破，出现在一些研究成果中的新术语不仅是单纯的学术话语的更新，更是研究方法的变迁，这表明俄国的学者更为自觉地把哲学、文化纳入到自己的文学思考和透视范围中。在作者看来，俄罗斯文学研究中文化视角突显的趋势说明，学者们用新的方法和手段不断开启新的文学之门的过程，同时也是他们不断探索民族心灵世界和认识民族自身的过程。文力的文章[25]"反思"的是20世纪90年代初期俄国文学评论中的一些过激言论以及20世纪末期俄国文学评论的成熟。作者通过对几篇具有代表性并且产生过一定影响的批判苏联文学的文章所进行的反思，总结出20世纪90年代初期的批评具有情绪化色彩，20世纪末的文学评论中更多体现出的是沉稳安静和善解人意。在文章最后，作者对新的俄国文学史漠视一些我们耳熟能详的作家或作品表示了自己的不同看法，而且他的话使我们不由进行一番"反思"：在俄罗斯文学的研究中我们应当保持独立，以往一味追随俄国文学评论的时代应当成为过去了。林精华的文章[26]从俄国文学评论中的民族主义追求出发回溯了其两个世纪里文学史建设中的取舍。作者认为，19世纪的俄罗斯文学评论就已经体现出了其民族主义文学观，这种倾向一直延续至今，当下文学史叙述仍旧不断体现出民族认同感的感召力，这种情形显示出的是俄国民族主义与文学史建构之间的互动关系。吴泽霖[27]对苏联时期被禁而最近十几年来又被捧得很高的"回归文学"进行了深入的思考。他明确指出，评价回归文学，首先应当把其创作动因和受利用而产生的效果区分开；此外，回归文学从来就不是一个文学流派的有机"整体"，因此不应仅仅把其与所谓"正统文学"对立起来，而是应该与其形成相互参照、补充和对话的关系。只有这样，才有可能做到去伪存真，形成真正有机统一的苏联文学史，并且也只有这样，俄罗斯的文学传统和苏联文学之间、回归文学和"正统文学"之间的断层才会被历史地、批判地弥合。

还有一些文章同属"反思"和"重读"系列。针对目前一些"高度赞扬《不合时宜的思想》"的文章，黎皓智[28]表明了相反的看法。研究者通过分析高尔基与列宁在革命与文化的关系问题上存在的不同认识阐述了前者思想上的两极性，他认为，这种两极性必然导致作家哲学上的相对主义，使其不能顺应历史的必然，无法把握世界发展的规律，造成神秘主义、不可知论得以占领其思想中的空洞，其"不合时宜的思想"集中了当时一切进步知识分子忧国忧民的情怀，但又无法摆脱一个抽象的人道主义者的历史与时代的局限。《斯大林与高尔基》[29]一文的作者通过翔实的史料驳斥了一段时间以来视高尔基为斯大林的"帮凶"或与斯大林"对立"而被后者"除掉"这两种相反的论调。作者认为，对他们之间的是是非非应当在深入研究历史事实的前提下做出公正客观的评价。该文作者的另两篇内容基本相同的文章[30]同样是怀着历史的、客观的态度来评价近些年来围绕在法捷耶夫身边的是是非非。根据不断解密的材料作者总结道：法捷耶夫不是冷酷无情的文学官僚，而是富有同情心和关心作家的人。就对《青年近卫军》的种种否定言论和攻击，作者认为，该作品是以历史事实为依据的，忠实反映和热情歌颂英雄事迹的小说将会永远留传人间。《法捷耶夫的悲剧》[31]一文的作者具有同样的立场，通过具体分析两个版本的差异，作者看到：第一个版本代表了作家的思想，表达了其独立思考和敢说真话的品质，其特色是以悲感人，而第二个版本中出于"力图面面俱到、重在歌颂"的目的而完成的诸多删节、补充和修改，在一定程度上冲淡了小说的思想内涵和艺术感染力，但作者同时认为，出现这种状况是时代造成的悲剧。《是是非非萧洛霍夫》[32]驳斥了所谓作家"剽窃"、"抄袭"的言论，作者认为这些言论的炮制者追求的不是真理，而是新闻炒作的效果，是一种政治斗争的效果。自1998年起围绕《钢铁是怎样炼成的》所进行的讨论仍旧在继续[33]，但讨论者的态度中开始具有更多理性和平和的成分，重事实、重历史、重学理分析成为其共同的特点，因此陆肇明认为这种讨论是一种"对话"而非"争鸣"是贴切的，因为如文章所述：对话是一种交流与互补，目的不是说服和压倒对方，而是把对方的观点看成是对自己的发问，从而进一步反思自己的立场、观点和方法，弥补缺陷，深入研究，使其更能自圆其说。

研究者在对20世纪作家具体创作的思想特色和艺术特色的分析上取得了一些可喜的成就。顾蕴璞[34]具体分析了白银时代诗人运用判断句句式所造成的独特的艺术效果。通过对具体作品的分析作者指出，由叠用判断句的手法所架构的密集的意象组合或多重的意象叠加，是简单手法造就的复杂的时空交错，它使诗凭添意象的绘画美、情绪的旋律美和结构的建筑美，这种手法形成了强大的诗的张力、急促的情绪节奏和令人耳目一新的艺术感染力。金亚娜的文章[35]因其对高尔基宗教思想的深入全面的剖析而独树一帜，通过阐释高尔基成长的历史文化背景、各宗教教派的影响、宗教观的演变以及造神论的形成，作者认为，高尔基的宗教观就其本质来说是一种人类中心宗教宇宙观，这种宗教观体现了同时代俄国知识分子的宗教乌托邦，但与此同时，作家以其创作反映了新旧社会交替时代的俄罗斯人，尤其是知识分子的宗教探索历程，而且，他因其创作中民间宗教文化的丰厚底蕴而成为俄罗斯民众宗教自然力的发掘者和表现者，从这个意义上说，高尔基在俄罗斯宗教文化史上应当占据一席之地。汪介之[36]从比较文学的角度分析了属于不同流派的高尔基和别雷的交往以及他们在思想和创作上的一些共通之处，作者指出，通过揭示两位作家的文学联系、比较其创作中的相通之处，有助于更客观地认识现实主义与非现实主义文学的关系，进而更完整地把握20世纪前期俄罗斯文学的进程。作者的另一篇文章[37]也属于比较文学的范畴，通过回顾数位俄罗斯诗人与中国诗歌文化的直接接触，作者认为，与中国诗歌文化发生的密切联系丰富了诗人们的诗学思想和诗歌创作，并使之在中俄文化关系史上写下了崭新的篇章。张念的文章[38]以诗意的语言、通过对爱在茨维塔耶娃的生命中和创作中所具有的意义追溯了她作为人和诗人的心路历程。作者认为，诗人的诗歌是连续不断的精神密码，这密码不是按照因与果的线性关系而是根据上苍与尘世的垂直关系编排的，在这样的写作中诗人坚守着自己的信仰和尊严，寻找着精神救赎之路，至死不逾。杨怀玉的两篇文章[39]对创作内容和风格独特但却一直没有受到足够重视的作家普里什文的研究状况作了较为全面和系统的评价。根据已有的研究成果，作者对作家的创作特征作了归纳和总结，并对作家没有引起应有重视的原因进行了具体的分析。在作者看来，从文学史建设的立场出发重新研读普里什文，不仅是为了深入了解他以及他所发展的俄罗斯现代抒情哲理流派的艺术特质，同时对于把握其他流派作家的创作思想和艺术观念、进而把握俄罗斯文学的整体特征大有裨益。凌建侯的论文[40]较为全面和系统地概述了20世纪上半期俄罗斯侨民在哈尔滨的文学活动情况和文学创作特征。通过对具体作品的文本解读和特色分析，作者认为，哈尔滨俄侨文学在整个俄罗斯侨民文学中独树一帜，但遗憾的是，在其中构成一道独特风景线的民俗文学至今没有引起研究界的足够重视。但我们相信，2002年9月23日—25日在哈尔滨召开的“俄侨文学国际学术研讨会”应当会推动研究向前发展。刘涛[41]认为，由于《第一次基督的第二次降临》的作者对末世论怀着怀疑和否定的态度，所以会对《圣经·启示录》采取滑稽模仿的形式来加以解构，这一点与索洛维约夫的《关于敌基督的故事》存在着根本的不同，但不同时期的俄罗斯作家对世界末日问题的共同关注却形成一个“思想交叉点”，昭示的是俄罗斯思想与基督教无法割裂的密切联系。

祖国颂[42]以巴赫金学说中的时空理论和叙事学理论为指导，具体分析了《彼得堡》的艺术风格。作者认为，小说的三重时空层面突破了传统小说在意义指涉上的单一性和直白性，并在现实与历史以及不同时代的文学文本之间建立起了隐喻和象征关系；从叙述方式上说，小说具有“猜谜与象征相结合”、“幻想与自传相结合”的特色，虽然这增加了阅读难度，但同时也扩展了阅读空间。《〈静静的顿河〉的多重话语》[43]的作者同样以巴赫金的理论和叙事学理论为依托，认为小说本身存在着“真理”话语、“人性”话语、“乡土”话语，而每一种话语都与一定的文化精神和文学传统有关。作者认为，正是多重话语的存在决定了小说的复杂性。冯玉芝和薛兴国[44]从“两部巨著的诗学特征：双重时空”、“两个文学人物的性格特征：多余人的现代承续”和“两个巨人展现的完整世界：人的现实存在与心理存在”三个方面比较了《日瓦戈医生》和《静静的顿河》。作者指出，比较两部写作特点和审美效应不同的创作能够更清晰地说明文学史的面貌与特点，更有利于描绘文学传统的继承与创新。刘炜[45]具体分析了布宁的《乡村》，在总结出该小说具有“重氛围渲染、轻情节描写”的艺术特色的前提下，作者认为布宁小说主要表现的不再是“典型环境中的典型人物”，而是“典型人物中的典型环境”，这是对现实主义创作艺术的拓展。另一篇论述布宁创作的文章[46]与该文有异曲同工之妙，通过分析作家创作中体现出来的一些现代主义文学特征和表现手法，作者总结出其创作是有别于传统的现实主义文学的，而因此，“对传统创作方法继承与克服的结合、对新流派中优秀因素的吸收”使作家开辟出一条风格独特的新道路。

文学研究中的“反思”、“重读”和“总结”特性在2002年10月19日至22日于北京召开的以“20世纪世界文化语境下的俄罗斯文学”为主题的中俄美学者俄罗斯文学高级学术研讨会上得到了最鲜明的体现。通过学术报告、座谈和讨论的形式，三国学者就新的历史条件下俄罗斯文学的研究与教学等问题进行了广泛的交流，与会者形成的共识是：中国的俄罗斯文学研究要具备民族个性，不能盲目追随外国学者的研究思路，并且研究要走双向共进的路，不仅要研究“俄罗斯文学在中国”，也要使中国文学走进俄罗斯。此外，编写新的俄罗斯文学史是当务之急，而且编写态度应该客观，避免主观色彩。

（作者：北京大学副教授）

注：

①张冠华：《否定之后的思考——关于“苏联模式”文艺学几个范畴的探讨》，《文艺理论与批评》，2002年第2期。

②刘亚丁：《姓苏未必就姓马——与张冠华先生商榷》，《文艺理论与批评》，2002年第3期。

③王宁：《巴赫金之于“文化研究”的意义》，《俄罗斯文艺》，2002年第2期。

④季明举：《对话乌托邦——巴赫金“对话”视野中的思维方式革命》，《俄罗斯文艺》，2002年第3期。

⑤林精华：《从俄国文学到苏联文学的诗学转换》，《国外文学》，2002年第1期。

⑥周启超：《“解构”与“建构”，“开放”与“恪守”——苏联解体以来俄罗斯文论建设的基本表征》，《新疆大学学报》（社会科学版），2002年第4期。

⑦吴晓都：《美学家的回溯与前瞻——尤·鲍列夫访华侧记》，《外国文学动态》，2002年第5期。

⑧陈训明：《普希金关于文学民族性与人民性的论述》，《国外文学》，2002年第2期。

⑨任光宣：《反抗上帝只能把人变得残酷——普希金的宗教探索及其创作的〈圣经〉源头》，《欧美文学论丛·第二辑·欧美文学与宗教》，人民文学出版社，2002年版。

⑩查晓燕：《皇村：时间回廊·精神故国》，《欧美文学论丛·第一辑·经典作家作品研究》，人民文学出版社，2002年版。

⑪顾蕴璞：《试论莱蒙托夫诗的意象结构》，《国外文学》，2002年第3期。

⑫王立业：《“白银”诗人读屠格涅夫》，《俄罗斯文艺》，2002年第2期。

⑬刘洪波：《“误解的旋风”——俄国19世纪40—50年代对果戈理〈与友人书简选〉批评综述》，《国外文学》，2002年第2期。

⑭赵桂莲：《漂泊的灵魂——陀思妥耶夫斯基与俄罗斯传统文化》，北京大学出版社，2002年版。

⑮赵桂莲：《生命是爱——〈战争与和平〉》，云南人民出版社，2002年版；《对〈罪与罚〉的重新解读：法与恩惠的对立》，《欧美文学论丛·第一辑·经典作家作品研究》，人民文学出版社，2002年版；《快乐与压抑：托尔斯泰的迷惑与解脱》，《欧美文学论丛·第二辑·欧美文学与宗教》，人民文学出版社，2002年版。

⑯王志耕：《陀思妥耶夫斯基正教诗学中的人》，《国外文学》，2002年第3期。

⑰王志耕：《质询与皈依：陀思妥耶夫斯基的约伯》，《俄罗斯文艺》，2002年第3期。

⑱汪剑钊：《美将拯救世界——〈白痴〉与陀思妥耶夫斯基的末世论思想》，《外国文学评论》，2002年第1期。

⑲雷永生：《东方专制主义的人性辩白——陀思妥耶夫斯基的〈宗教大法官〉》，《博览群书》，2002年第10期。

⑳陈思红：《陀思妥耶夫斯基创作中的内心独白》，《国外文学》，2002年第3期。

㉑任光宣、刘涛：《20世纪90年代俄罗斯文坛概观》，《深圳大学学报》（人文社会科学版），2002年第2期。

㉒张捷：《正在走向联合的俄罗斯作家》，《外国文学动态》，2002年第3期。

㉓刘亚丁：《“轰动性”：俄罗斯文学的新标准——俄罗斯新潮文学蠡测》，《俄罗斯文艺》，2002年第3期。

㉔张建华：《文学研究中文化视角的突显——近年来俄国20世纪俄罗斯文学研究的新动向》，《外国文学动态》，2002年第1期。

㉕文力：《俄罗斯的文学史家成熟了?》，《文艺理论与批评》，2002年第3期。

㉖林精华：《民族主义诉求的意义与陷阱——关于新俄罗斯重构文学史问题的研究》，《外国文学评论》，2002年第3期。

㉗吴泽霖：《苏联回归文学的世纪末反思》，《国外文学》，2002年第1期。

㉘黎皓智：《历史的困扰与心灵的束缚——高尔基“不合时宜的思想”探源》，《俄罗斯文艺》，2002年第2期。

㉙张捷：《斯大林与高尔基》，《文艺理论与批评》，2002年第6期。

㉚张捷：《法捷耶夫的悲剧》，《文艺理论与批评》，2002年第1期；《关于苏联著名作家法捷耶夫的几个问题》，《俄罗斯文艺》，2002年第1期。

㉛李英男：《法捷耶夫的悲剧——〈青年近卫军〉两个版本的比较》，《俄罗斯文艺》，2002年第3期。

㉜李毓榛：《是是非非萧洛霍夫》，《欧美文学论丛·第一辑·经典作家作品研究》，人民文学出版社，2002年版。

㉝黎皓智：《寻访保尔的行踪》，《俄罗斯文艺》，2003年第1期；蒋岱：《保尔：多元文化阐释背后的历史动因——兼与余一中先生、黎皓智先生商榷》，《俄罗斯文艺》，2002年第3期；胡烨亮：《不要用意识形态代替文学讨论——致余一中先生的一封公开信（摘录）》，《俄罗斯文艺》，2002年第3期；陆肇

明：《〈钢铁〉讨论引发的思考》，《俄罗斯文艺》，2002 年第 2 期。

㉞顾蕴璞：《俄罗斯白银时代诗海拾贝——判断句叠用所释放的功能》，《外国文学评论》，2002 年第 2 期。

㉟金亚娜：《高尔基的人类中心宗教宇宙观》，《欧美文学论丛·第二辑·欧美文学与宗教》，人民文学出版社，2002 年版。

㊱汪介之：《高尔基与别雷：跨越流派的交往和沟通》，《外国文学评论》，2002 年第 4 期。

㊲汪介之：《阿赫玛托娃等诗人与中国诗歌文化》，《俄罗斯文艺》，2002 年第 3 期。

㊳张念：《不是女人，是魂灵——关于茨维塔耶娃》，《东方》，2002 年第 9 期。

㊴杨怀玉：《一份写给心灵的遗嘱——普里什文研究概论》，《国外文学》，2002 年第 1 期；《在隐没的城墙边——普里什文研究概述》，《郑州大学学报·哲学社会科学版》，2002 年第 2 期。

㊵凌建侯：《哈尔滨俄侨文学初探》，《国外文学》，2002 年第 2 期。

㊶刘涛：《世界末日降临了！——斯拉波夫斯基的〈第一次基督的第二次降临〉》，《欧美文学论丛·第二辑·欧美文学与宗教》，人民文学出版社，2002 年版。

㊷祖国颂：《试析〈彼得堡〉的叙事艺术》，《外国文学评论》，2002 年第 4 期。

㊸何云波、刘亚丁：《〈静静的顿河〉的多重话语》，《外国文学评论》，2002 年第 4 期。

㊹冯玉芝、薛兴国：《帕斯捷尔纳克与肖洛霍夫小说艺术比较》，《俄罗斯文艺》，2002 年第 1 期。

㊺刘炜：《现实主义创作艺术的拓展——重读布宁中篇小说〈乡村〉》，《俄罗斯文艺》，2002 年第 1 期。

㊻叶红：《蒲宁与现代主义》，《俄罗斯文艺》，2002 年第 3 期。

管 理 学

工商管理学

邓荣霖　徐风华

一、企业管理

(一) 企业理论、公司治理和企业改革

企业与市场的关系问题（即企业的本质）和企业所有权问题是企业理论的重点。在企业与市场的关系问题上，有的学者认为，交易费用的提出虽然打开了新古典企业的黑箱，但是由此来解释企业的性质，其结论与现实相悖。并认为企业与市场是分别建立在两种不同的但有紧密相关性的分工基础上的制度，因而，它们各自的性质及其相互关系源于一般分工与个别分工的性质及其相互关系——企业是要所有者为分享“合作剩余”而达成的合约，而市场则是商品所有者交换比较优势的制度安排。两者互补而不相互替代。这一观点可以解释现实中企业和市场的同步扩展①。在企业所有权问题上，有的学者认为企业理论所要研究的一个核心问题就是怎样分配企业剩余以更有利于企业的发展，更有利于公平分配。企业剩余的分配至少要考虑三个因素：在创造剩余中所作的贡献，即谁创造剩余谁就应当拥有剩余；负亏能力；贡献弹性②。或者认为企业控制权问题是现代企业制度建设的核心问题③。有的学者则撰文对近期国际学术界在合同和企业理论方面的研究动态做了比较详尽的介绍④。

在公司治理问题上，有的学者强调市场机制的作用。在运用科斯定理分析公司治理结构的实质之后认为与其法律赋予董事会、股东大会、经理层初始权利，不如帮助疏通控制权交易市场，因为控制权交易市场的建立本身就能使公司治理达到效率要求⑤。完善企业治理机制与促进市场竞争两者相辅相成，没有市场淘汰就产生不出完善的治理机制，没有治理机制的不断完善就没有充分的市场竞争。所以，既要完善市场竞争体系，打破垄断，又要引入与市场竞争相适应的治理机制⑥。有的学者认为国家独资公司内部治理是公司治理研究中的薄弱环节。并提出必须放松目前对国家独资公司的行政监管，引入竞争机制；在监事会中引入部分社会贤达人士和成功的民营企业家；在经营者选择上应将成功的民营企业家列为选择对象；在董事会中设职能董事和职工董事。这将是中国国家独资公司内部治理的改革方向[7]。在关注国有企业内部人控制的同时应该关注中国国有企业独特的外部人控制问题[8]。有的学者认为目前公司治理的改革已经成为一个国际性的趋势，尽管公司治理这个概念引起人们的注意只是最近一二十年的事情，但改革和完善公司治理的历史却已经持续了三百多年。公司治理改革的历史所呈现出的一个重要特点是，这种改革和完善经常是由危机和丑闻所推动的。并强调应该按照国际规范加强中国公司治理[9]。或试图引入并借鉴国外的（比如俄罗斯[10]、德国[11]和日本[12][13]等国的）公司治理的经验。需要指出的是，学者们认为公司治理改革本身就是企业改革的重要内容[14][15]，而且是企业改革的关键环节[16]。

关于企业改革，除了公司治理改革之外，学者们格外关注国有股减持、国有资本退出、原国有企业的股权多元化和外资进入原国有企业这一系列相关的问题。有的学者认为减持国有股份并重塑国有企业所有者主体是国企改革的关键所在。垄断式、寡头式、完全竞争式股权结构无论是从公司治理角度看，还是从经理人员监督与激励的角度看都没有效率。因此，应该建立一种竞争性的股权结构——即以机构投资者“补位”，以填补国有股退出后的空间，使之成为一种相互制衡、约束与激励对称的高效率的股权结构[17]。有的学者探讨了国有股减持为何先为各方看好，后来则遭遇挫折被迫停止的深层次原因，分析了关于国有股减持的主要流行理论（如国有股“一股独大”论和“全流通”论）存在哪些缺陷并导致同原设想相反的实践后果，即未能筹集到社会保障资金反而造成股市动荡。提出要借鉴美国股市和公司丑闻的教训，防止泡沫投机危害，促进股市稳定发展。并提出建立国有股流通基金的政策设想，主张应按经济规律促进国有股的适度流通，实现国有资本有进有出的国有资产结构优化机制[18]。就国有企业的退出范围，有的学者认为食品加工业等21个产业可以改为国有参股企业或非国有企业[19]。而有的则认为国有经济所占资源目前仍占全社会经营性资源的70%以上，不可能在短期内得以转轨。因此，需要在过渡时期建立一种有效的出资人——经营者制衡制度，使国有企业在国民经济中发挥应有的作用[20]。就国有独资企业的产权如何多元化问题，有的学者认为，公司形式包括有限责任公司、股份有限公司和上市公司三种基本形态。首先，公司形式的选择要做到多元化，其次，股权的种类要做到多元化，三是国有企业从改制形式上来说，能改为公司的尽量改为公司，但不要搞一刀切，四要解决企业集团的组建问题，五要解决经营者持股、技术人员持股和职工持股问题[21]。就外资并购控股国有企业的问题，有的学者指出其并购活动有以下特点：第一，加大控股并购力度，增资控股趋势非常明显；第二，外资进入的产业不断推进；第三，外资加强对上市公司的关注，通过各种渠道向上市公司渗透；第四，投资主体由港澳台的中小资本转变为国际著名的跨国公司；第五，投资的规模化、系统化程度加强，并从零散选择转向行业进攻；第六，跨国公司纷纷在中国设立研发中心和地区总部。应该谨防的并购中的负效应是：第一，地方政府各自为政，给予的政策过于优惠。第二，外方投资与并购在具体操作中存在的问题。第三，国企品牌被重组掉，自主开发能力下降，不利于企业发展。第四，影响企业规模扩张与国际化，对国内有些企业和相关产业的企业产生了挤出效应[22]。或认为要辩证看待跨国公司对国企的收购与兼并，既要坚持国有股减持的方向又要解决好国有股的定价问题[23]。就国企转让中国有资产的定价问题，有的学者认为资本定价取决于未来预期收益，并认为以账面资产价值为底线是一种可接受的定价标准。而且提出要先转让好的企业[24]。

2002年，学者们不仅发表了大量文章探讨中国企业改革中的问题，而且还出版专著系统分析和持续思考中国企业改革中的关键问题。其中中国人民大学出版社出版的《论公司》一书收集了邓荣霖在公司及现代企业制度理论研究方面的50篇文稿。作者建立了比较系统的公司理论体系并将它应用于我国以建立公司制为核心的国有企业改革。这个理论体系既体现在20世纪80年代中期作者系统提出的、并为我国其后的经济改革和经济发展的实践所证明的、有中国特色的社会主义公司理论体系的框架中，也体现在1992年以后作者发展和建立起来的关于现代企业制度的理论体系中。这个理论体系体现了作者“在特定的时代背景下做出的研究是富有远见和前瞻性的”[25]。在由金碚主笔的《国有企业根本改革论》一书中，作者们认为应该把国有企业最终定位为特殊企业，并针对不同产业的特点及其在国民经济中的地位提出了分类改革方案。从而“提出了国有企业根本性改革的理论逻辑和可行路径”[26]。

（二）企业管理创新和企业管理的发展趋势

基于我国企业管理水平的现状，有的学者认为：(1) 从我国企业整体管理水平的现状来看，进一步加强管理、提升管理现代化的水平仍然具有紧迫性。(2) 我国企业管理水平有所提高，主要体现在企业管理的基础工作得到了一定程度的改善，企业战略管理的思想与理论已经扎根于企业内部。(3) 企业的法人治理机制逐渐建立，但有待进一步完善。(4) 企业组织结构设计和组织创新方面还比较落后。(5) 现代管理理论、方法和手段已经在部分企业中得到运用，但总体水平还有待提升[27]。有的学者提出新时期需要在管理主体与管理客体相糅合的跨学科研究中发展企业管理学科。并认为创建组织管理学有重要意义，其意义在于：(1) 提高管理理论的解释力和普适度。(2) 提升管理研究的层面。(3) 开创管理研究的新视角和新方法。4 (4) 促进管理研究内容的充实和学科体系的发展完善[28]。有的学者认为，企业进化总是同其经营环境的巨大变化联系在一起的，企业就是在适应其经营环境的巨大变化中变革和成长的。当前，企业经营环境的巨大变化有以下特征：(1) 全球经济一体化。(2) 科学技术迅猛发展。(3) 信息技术日新月异。(4) 市场需求日益多样化。(5) 社会经济可持续发展的浪潮一浪高过一浪。(6) 知识日益成为企业生产要素中最重要的独立部分，成为企业致胜的法宝。而企业要在适应以上经营环境的巨大变化中实现可持续成长，需要不断强化“十化”建设：(1) 市场化。(2) 品牌化。(3) 多角化。(4) 集团化。(5) 国际化。(6) 联盟化。(7) 虚拟化。(8) 信息化。(9) 绿色化。(10) 知识化[29]。在由首都经贸大学、中国社会科学院工业经济研究所和中国企业管理研究会共同举办的“全国第二届管理研究与学科建设论坛”上，与会的专家也一致强调企业管理要与时俱进[30]。

（三）企业管理的热点问题

2002年，最受关注的莫过于企业的竞争力，其中大企业集团的核心竞争力更是备受关注。而对企业竞争力的关注又与对加入WTO以后企业经营环境的巨大变化的关注和对企业自身战略的重大调整的关注联系在一起。围绕企业的竞争力，一方面有关单位连续召开大型研讨会。7月20日—21日，在由中国社会科学院工业经济研究所等单位联合主办的“经济全球化与我国大企业发展战略学术研讨会”上，与会的专家、学者和企业家们充分探讨了经济全球化背景下，我国大企业的发展战略、成长模式与持续发展能力问题[31]。7月24日—26日，在由中国社会科学院工业经济研究所等联合举办的“加入WTO后的中国产业组织与国际竞争力”研讨会上，专家学者们一致认为：(1) 要直面加入WTO后的严峻挑战。(2) 要全方位创新，提高产业竞争力。(3) 要实现产业结构升级。(4) 要利用好自身优势和过渡期。(5) 要做小（专业化）与做大（规模化）结合。(6) 要处理好垄断、竞争、合作的关系[32]。另一方面学者们就与之相关的WTO、战略、技术、组织和体制等方面的问题撰文展开了详尽讨论。有的学者认为，加入WTO后，必须加快培养具有国际竞争力的企业。当前，影响我国企业竞争力的问题包括体制和机制、技术创新、企业管理、产业组织和市场环境等方面的问题。要从企业自身出发，从分析存在的问题入手；要通过优化产业组织，通过创造有效率的市场环境提升竞争力[33]。为了应对“入世”以后的激烈竞争，必须发展大公司和大企业集团。从目前情况看，中国的大公司和大企业集团的核心竞争力还很弱，在技术创新能力、适应市场能力和赢利能力等方面都与发达国家的大企业存在很大差距。必须从体制、机制、技术创新、增加人力资本、改善外部环境等方面多做工作，促进大公司和大企业集团的核心竞争力的提高[34]。国家经贸委课题组则研究了如何培育具有国际竞争力的大企业的问题[35]。把企业竞争力分为规模竞争力、市场开拓竞争力、管理竞争力、学习与创新竞争力和政治与环境竞争力，并在竞争力的指标体系上做了更详尽的划分[36]。就战略与能力的关系，有的学者指出，培养和发展企业的核心能力是与企业的发展战略紧密联系在一起的[37]。就技术与企业竞争力的关系，有的学者认为，企业必须评估自己的总体技术能力，权衡其中各个技术层面的优势与劣势，排定其技术竞争的优先级，并将这些策略落实在生产或服务的各个层面，才有可能立于不败之地[38]。就组织与企业竞争力的关系，有的学者认为组织创新是提升企业竞争力的基本手段。因为通过组织创新所建立的科学合理、刚柔相济的分工协作体系，能够大幅度提高企业生产力水平；通过组织创新去发展和完善企业间的组织联系，能够实现资源整合，优势互补，创造新的、强大的竞争力；通过适时的组织创新，能够使企业的组织结构适应变化了的环境与条件，为企业战略提供强有力的组织保证。组织创新的目的是全面系统地解决企业组织结构与运行以及企业间组织联系方面所存在的问题，使之适应企业发展的需要。组织创新的内容包括企业组织的职能结构、管理体制（组织体制）、机构设置、横向协调、以流程为中心的管理规范、运行机制和跨企业协调的变革、创新等七个方面[39]。就体制与企业竞争力的关系，有的学者提出，国有企业是市场经济的补充，它可以通过直接和间接途径塑造产业竞争力，国有企业甚至是经济全球化背景下发展中国家增强产业竞争力的主要手段。国有企业对竞争性产业、垄断性产业、战略性资源产业和战略性高新技术产业竞争力的影响各不一样。单一的市场机制不足以支撑主导产业的竞争力，国有企业有利于增强主导产业的核心竞争力，所以私有化应该是有限度的[40]。就我国企业竞争力所处的阶段，有的学者判断，我国企业已经经历了基于战略核心能力和组织核心能力的竞争，它们分别是企业成长和盈利的重要源泉。下一步我国企业将进入基于技术核心能力的竞争阶段[41]。

受到关注的还有人力资源管理和企业信息化等方面的问题。有的学者认为，人力资源管理不能再沿用传统的部门式专业人事管理模式，而必须探索适合企业自身特点的人力资源管理模式。并提出针对中小企业的特点，在企业建立起一个由决策层、人力资源部门与一线经理三方既分工负责又相互协调的三维立体模式[42]。有的学者认为，目前国内企业人力资源管理制度建设的关键是技术与管理融合。并提出了当前需要解决的核心人力资源技术问题和与之相关的管理问题，以及二者的一体化和同步化建议[43]。另外还有一些学者把人力资源管理与经营管理者激励与约束问题联系在一起进行研究。

关于企业信息化的问题，经贸委在有关文件中指出，第一，要充分认识企业管理信息化的重要意义。第二，要明确企业管理信息化的指导思想和工作目标。第三，要切实做好企业管理信息化的基础性工作。并在文件中提出了实施企业管理信息化系统的基本要求和推进企业管理信息化的30条政策措施[44]。经贸委还考察了发达国家企业信息化的情况，以对我国企业管理信息化工作提供参考[45]。学者们也进行了相关研究。

二、会计与财务管理

会计与财务管理的研究集中在会计制度改革、会计理论发展、会计信息的真实性（含注册会计师、审计师行业管理）以及公司理财和绩效评价等方面。有的学者认为，企业财务管理体制是规定企业财务关系的制度，包括投资者对企业的财务管理体制和企业内部的财务管理体制。国有企业的投资者——国家对国有企业的财务管理体制改革一直是国有企业改革的重点和难点之一。并提出，第一，要明确国家作为投资者与国有企业的关系，并在此基础上明确国家对国有企业实施财务管理的内容。第二，要确定国有企业财务管理的依据。第三，要选择国家对国有企业实施财务管理的具体形式[46]。财政部会计司提出，当前我国会计改革需要关注的问题有：(1)《企业会计制度》的实施面过窄，除股份有限公司外，国有企业尚未执行。(2) 股份有限公司虽已执行《企业会计制度》，但实施尚未到位。(3) 会计人员整体素质还不能完全适应会计改革的要求。近期将采取的措施有：(1) 推动新会计制度的全面实施。(2) 进一步完善我国的会计标准。(3) 强化会计监督，确保新会计标准的贯彻实施。(4) 加大培训力度，全面提高会计人员素质[47]。有的学者提出，中国会计准则建设与国际会计协调的关系问题一直是中国会计界一个非常重要的话题。这绝不应当仅仅看作是中国会计的特有现象。也不是21世纪初会计的特有现象，而是整个世界范围内会计发展潮流在中国的具体表现。所以应改革和完善会计教育，进一步推动中国会计国际化进程[48]。有的学者认为知识经济引起的理财观念和方法的变革有四个方面：(1) 对财务管理内容的影响和变革：①企业资源结构的变化；②企业资产、资本类别的变化。(2) 对财务管理目标的影响和变革：①相关者利益最大化；②更加重视社会责任。(3) 对企业筹资、投资和分配活动的影响和变革：①筹资功能扩大，效率提高；②投资的重点由有形资产变为无形资产；③收益分配模式发生巨大变化。(4) 网络财务成为新的财务管理手段[49]。在会计理论方面，针对以资产和权益这两维作为基本的对象要素建立起来的、采用相关的复式记账法的现行通用的会计系统的问题，有的学者提出建立以“行为”作为第三维的、并以三维簿记及其相应的三式记账法为基础的三维会计系统。其新的会计等式是：“资产＝行为＝权益”。三维会计的假设条件是：(1) 行为是价值变动的主要源泉，是企业资产、权益变动的原因；(2) 关于价值的行为属性的信息是有用的；(3) 行为可以用适当的方法确认和计量。三维会计能提供有关劳动者劳动效率的新的信息、劳动者权益的新的信息、行为对企业资产个别成本和价值的作用与责任的新的信息以及企业发展潜力的新的信息。三维会计的实行将给相关领域如人力资源会计、生产管理、作业成本分析和责任会计等提供巨大的支持[50]。就会计诚信和注册会计师、审计师行业管理问题，有的学者认为，在中国诚信已经成为严重的社会问题。会计假账非常普遍，会计信息严重失真。中国证券市场连续不断的深原野、琼民源、鄂猴王、郑百文、银广夏和黎明股份等事件，对证券市场和投资者造成巨大伤害，同时也给注册会计师行业招致灾难。而会计诚信品质的内在要求是：(1) 正直客观立场。(2) 公正平等意识。(3) 独立自主人格。(4) 笃信虔敬态度。(5) 会计执业判断与责任能力。(6) 廉洁奉公作风。会计诚信品质的特点是：(1) 会计诚信品质是客观存在的会计诚信行为的综合表现。(2) 会计诚信品质是一种自觉的会计诚信习惯或习性。(3) 会计诚信品质具有稳定特征和倾向。会计诚信品质的形成和发展途径是：(1) 提高会计诚信认识。(2) 培养会计诚信感情。(3) 锻炼会计诚信意志。(4) 树立会计诚信信念。(5) 养成会计诚信习惯[51]。财务报告的审计目的是解决信息不对称，而只有诚信审计才能防范信息不对称。因此要多管齐下建设中国注册会计师的诚信环境：(1) 完善公司治理结构。(2) 加大违规处罚力度。(3) 对事务所进行二次改制，使之进一步上档次、上规模[52]。就轰动一时的安然事件，有的学者认为，安然事件不仅使人们质疑资本市场运作的各个方面，而且促使人们关注并思考财务报告、审计准则、监管方式以及大型公司治理等问题。从国内情况看，必须：(1) 全面培养注册会计师的专业素质。(2) 采取切实措施大力提高注册会计师的独立性。(3) 加快制定特殊事项的会计准则。(4) 健全对会计准则和会计制度的解释机制。(5) 进一步完善信息披露的规范体系。(6) 明确监管机构的职责和权限。(7) 重视事前预警[53]。有关企业业绩评价以及激励问题的讨论也很激烈。财政部等四部委联合发布的新的企业绩效评价体系有如下特点：(1) 以投入产出分析为核心内容。(2) 按照多目标规划原理开展多因素评价。(3) 定量评价与定性分析相结合。(4) 采用分层递进修正的评价方法。(5) 运用统一发布的行业动态评价标准。该评价体系从出资人角度出发，通过综合评价指标的设置，引导企业将短期收益与长远发展结合起来[54]。有的学者认为，对企业内部业绩评价与激励要明确业绩评价的不同层次，从企业目标出发设计业绩评价指标体系。依据绩效评价结果与目标实现情况制定报酬计划[55]。就财务管理与企业治理的关系，有的学者认为，全面预算管理是公司治理的重要内容，应该把《公司法》《公司章程》这两个治理契约与企业所处的具体环境结合起来[56]。财务控制是一种管理机制，是企业法人治理结构的体现，要与之相一致[57]。

三、技术经济及管理

技术经济及管理研究的重点是技术创新（含研究开发管理和产品创新）。有的学者探讨了技术创新对产业价值链的影响机制，认为不同类型技术创新的影响机理存在差异性。系统性创新在改变产业基础技术体系框架的同时，也使得原有产业价值链的价值传递体系发生震荡与变化，并通过相关产品概念、服务方式、商业模式与组织结构的变革，突破产业界限与价值链的原有结构，推动和完成产业价值链重组[58]。高新技术项目投资在获得预期高收益的同时也伴随着高风险，因而投资者最为关注如何避免高风险。有的学者用层次分析法和聚类分析法相结合的形式确定权重，以主观概率来描述风险，用模糊数学工具对高新技术项目投资风险进行综合评价[59]。有的学者认为，技术创新能力是技术能力的组成部分，技术创新能力与吸收能力和生产能力之间存在一定的关系。企业提高技术能力最终应以提高技术创新能力为本。企业技术创新能力是企业技术能力的核心。技术创新能力可分为产品创新能力和工艺创新能力，也可以分为辨别市场机会能力、研究开发能力、生产能力和营销能力。技术创新能力还可以分为创新资源投入能力、创新管理能力、创新倾向、研究开发能力、制造能力和营销能力等六个能力要素。在此基础上，可以构造出评价指标体系，以促进其发育[60]。有的学者在对专有技术价值主要影响因素分析的基础上，运用层次分析法给出专有技术价值评估指标体系，并利用模糊数学理论建立专有技术转让过程中综合因素的模糊综合评估模型[61]。有的学者提出，企业技术创新能力与企业出口能力的加强有较强的一致性，二者之间密不可分。但核心创新能力的单独作用并不能促进出口能力的持续增长，而辅助创新能力则使企业获取持续国际竞争力成为可能[62]。除了技术创新之外，企业能力评价、项目管理以及投入占用产出方法的应用等方面也受到了较多的关注。

（作者：邓荣霖，中国人民大学教授；
徐风华，中国人民大学博士研究生）

注：

①黄桂田、李正全：《企业与市场：相关关系及其性质——一个基于回归古典的解析框架》，《经济研究》，2002 年第 1 期。

②钟朋荣：《中国企业归谁所有——如何分配企业的剩余索取权和剩余控制权》，《时代工商》，2002 年第 3 期。

③秦志华：《企业控制权归谁所有》，《经济理论与经济管理》，2002年第5期。

④杨其静：《合同与企业理论前沿综述》，《经济研究》，2002年第1期。

⑤ 杨如彦、王珠林、刘孝红：《公司治理结构与控制权市场的分析》，《经济导刊》，2002年第1期。

⑥ 高尚全：《在市场竞争中推进公司治理改革》，《中国经济时报》，2002年6月8日。

⑦ 高明华：《论国家独资公司内部治理的改革》，《中外管理导报》，2002年第3期。

⑧ 禹来：《国有企业的外部人控制问题》，《管理世界》，2002年第2期。

⑨ 张春霖：《公司治理改革的国际趋势》，《世界经济与政治》，2002年第5期。

⑩ 张聪明：《俄罗斯的公司治理》，《东欧中亚研究》，2002年第2期。

⑪瞿强、普瑞格：《德国的公司治理结构》，《财贸经济》，2002年第4期。

⑫⑭方晓霞：《日本企业治理的变革及其制度背景》，《经济管理·新管理》，2002年第10期。

⑬⑮张双才、马洪涛：《日本公司治理结构的特征及其近期变化》，《日本问题研究》，2002年第1期。

⑯陈清泰：《公司治理：解开中国国企改革的关键一环》，《经济社会体制比较》，2002年第4期。

⑰王斌、袁琳：《论竞争性股权结构与机构投资者在企业改革中的角色——从“所有者缺位”到“机构投资者补位”》，《北京工商大学学报》（社科版），2002年第1期。

⑱杨斌：《从停止国有股减持到理论反思》，《中国工业经济》，2002年第10期。

⑲吕政：《对深化国有企业改革的再认识》，《中国工业经济》，2002年第10期。

⑳周天勇：《国有企业出资人制度的原由和框架》，《中国工业经济》，2002年第11期。

㉑邓荣霖：《国有独资企业产权如何多元化》，《经济与管理研究》，2002年第2期。

㉒臧跃茹：《外资控股并购国企的应对之策》，《经济参考报》，2002年2月20日；国家计委宏观经济研究院课题组（持笔人：臧跃茹）：《外资控股并购国有企业问题研究》，《管理世界》，2002年第6期。

㉓王红茹：《“入世后”如何继续推进国企改革——访中国社会科学院工业经济研究所所长吕政》，《中国经济快讯》，2002年第33期。

㉔樊纲：《论国有资产的退与进》，《21世纪经济报道》，2002年5月13日。

㉕吕政：《〈论公司〉评介》，《中国工业经济》，2002年第7期。

㉖周叔莲：《国有企业根本改革论》（书评），《中国工业经济》，2002年第4期。

㉗黄群慧、徐炜：《对我国企业管理现状的若干判断》，《经济管理》，2002年第1期。

㉘王凤彬、陈莉平：《学科研究与企业管理科学的发展——组织理论角度的探讨》，《管理世界》，2002年第7期。

㉙李占祥：《新世纪企业成长的基本途径》，《经营与管理》，2002年第3期。

㉚申士：《企业管理要与时俱进》，《北京经济瞭望》，2002年第8期。

㉛姜忠辉：《经济全球化与中国大企业发展战略学术研讨会综述》，《中国工业经济》，2002年第9期。

㉜何昀：《加入WTO后的中国产业组织与国际竞争力研讨会综述》，《中国工业经济》，2002年第11期。

㉝周叔莲、谢智勇：《加入WTO和我国企业竞争力的提升》，《中国社会科学院研究生院学报》，2002年第5期。

㉞陈佳贵：《培育和发展具有核心竞争力的大公司和大企业集团》，《中国工业经济》，2002年第2期。

㉟白津夫：《中国企业聚焦国际竞争力——培育具有国际竞争力的大企业问卷调查结果分析》，《理论前沿》，2002年第2期。

㊱王淼：《中国企业国际竞争力究竟几何——国家经贸委经济研究中心开始对我国大型企业国际竞争力进行评价》，《中国改革报》，2002年6月10日。

㊲贾春峰：《企业发展战略研究中的8个深层次问题》，《中外科技信息》，2002年第1期。

㊳来惠民：《技术优先级与企业竞争力》，《经济管理》，2002年第7期。

㊴郑明身：《企业组织创新与竞争力》，《经济管理》，2002年第11期。

㊵李曦辉：《国有企业对产业竞争力的影响》，《中国工业经济》，2002年第11期。

㊶王毅：《我国企业核心能力实证研究》，《管理科学学报》，2002年第2期。

㊷郑海航、吴冬梅：《中小企业人力资源管理三维立体模式》，《中国工业经济》，2002年第2期。

㊸林泽炎：《技术与管理融合——目前国内企业人力资源管理制度建设的关键》，《中国人力资源开发》，2002年第4期。

㊹国家经贸委：《关于大力推进企业管理信息化的指导意见》，《中国财经报》，2002年4月4日。

㊺国家经贸委信息中心：《日本企业的信息化》，《经济导刊》，2002年第6期。

㊻傅磊：《企业财务管理体制改革的设想》，《财政监察》，2002年第1期。

㊼财政部会计司：《当前我国的企业会计改革需要关注和解决的几个问题》，《财务与会计》，2002年第2期。

㊽陈毓圭：《认真研究和解决中国会计国际化进程中面临的问题》，《财快通讯》，2002年第1期。

㊾王庆成：《知识经济时代财务管理的变革》，《江苏财会》，2002年第6期。

㊿阎达五、徐国君：《三维会计的提出与基本问题构想》（上下），《财务与会计》，2002年第1、2期。

(51)国家会计学院《会计诚信教育》课题组：《关于会计诚信品质的构想》，《财政监察》，2002年第6期。

(52)王化成、蒋顺才：《信息不对称与注册会计师的诚信建设》，《中国注册会计师》，2002年第8期。

(53)张为国、陆德明：《评“安然事件”对会计的影响》，《财经论丛》，2002年第3期。

(54)陆庆平：《关于深入开展企业绩效评价工作的几个问题》，《财务与会计》，2002年第9期。

(55)朱小平、刘爽：《企业内部业绩评价及激励制度若干问题思考》，《浙江财税与会计》，2002年第8期。

(56)潘爱香、景东丽：《如何解读全面预算管理》，《财务与会计》，2002年第8期。

(57)董丽红：《谈谈企业集团的财务控制》，《财务与会计》，2002年第8期。

(58)方新、余江：《系统性技术创新与产业价值链重构》，《数量经济技术经济研究》，2002年第7期。

(59)毛荐其、霍保世、杨海山：《高新技术项目投资的风险评价》，《数量经济技术经济研究》，2002年第8期。

(60)马胜杰：《企业技术创新能力及其评价指标体系》，《数量经济技术经济研究》，2002年第12期。

(61)沈永清、王冬梅：《专有技术转让价值的模糊评价模型》，《数量经济技术经济研究》，2002年第12期。

(62)官建成、马宁：《我国工业企业技术创新能力与出口行为研究》，《数量经济技术经济研究》，2002年第2期。

行政管理学

宋世明　孙彩红

2002年，北京地区的行政管理学研究继续保持良好的发展态势。党的十六大的召开，使得我们对继续转变政府职能和深入推进体制改革的必要性认识得更为深刻。本年度研究的主要特点有：引进国外的学术成果，特别突出的是翻译了一大批经典著作和学术新论。学术交流活动比较活跃。虽然能够紧扣现实问题，但是研究领域比较分散，这也与行政管理学本身的实践性较强有关。研究领域也有新的拓展，表现在对政府具体管理问题的探究方面。

一、主要研究成果与学术活动

1．主要著作

2002年出版的行政学教材有：李贵鲜主编《公共行政概论》（人民出版社）；张康之著《公共行政学》（经济科学出版社）；徐仁璋著《公共行政学》（中国财政经济出版社）；曲昭仲著《行政管理教程》（经济科学出版社）；郭子娟主编《教育行政管理概论》（东北林业大学出版社）；刘丽霞主编《公共管理学》（中国财政经济出版社）。

行政学方面的专著有：佟德富《公共与行政管理研究》（民族出版社）；周玉华《环境行政法》（东北林业大学出版社）；刘光起《A管理模式》（企业管理出版社）；王雅莉《市政管理学》（中国财政经济出版社）；张曙《社会工作行政》（社会科学文献出版社）；中国行政管理学会《新中国行政管理简史》（人民出版社）；顾佳敏《电子政务与网上工商》（机械工业出版社）；唐兴霖《公共行政组织原理》（中山大学出版社）；张梦中《探索中的中国公共管理》（中山大学出版社）。

翻译的著作主要有：（美）詹姆斯·W·费斯勒《行政过程的政治：公共行政学新论》（中国人民大学出版社）；（美）尼古拉斯·亨利《公共行政学》

（华夏出版社）；（美）格伦·布鲁姆《有效的公共关系》（华夏出版社）；（美）托马斯·R·戴伊《自上而下的政策制定》（中国人民大学出版社）；（美）伊莱亚森《全球环境下的政治进程和技术变革：政府与电信改革》（国家行政学院出版社）；（美）戴维·奥斯本《摒弃官僚制：政府再造的五项战略》（中国人民大学出版社）；（美）马克·G·波波维奇《创建高绩效政府组织》（中国人民大学出版社）；（美）卡尔·帕顿《公共政策分析和规划的初步方法》（华夏出版社）；（美）莱斯特·M·萨拉蒙《全球公民社会：非营利部门视界》（社会科学文献出版社）；（美）威廉·N·邓恩《公共政策分析导论》（中国人民大学出版社）；尼古拉斯·亨利《公共行政与公共事务》（中国人民大学出版社）；（美）帕特里夏·基利《公共部门标杆管理》（中国人民大学出版社）；（美）拉塞尔·M·林登《无缝隙政府：公共部门再造指南》（中国人民大学出版社）；E.S.萨瓦斯《民营化与公私部门的伙伴关系》（中国人民大学出版社）；（美）海尔·G·瑞尼《理解和管理公共组织》（清华大学出版社）；（美）罗伯特·丹哈特《公共组织理论教程》（华夏出版社）；（美）朱莉·费希尔《NGO与第三世界的政治发展》（社会科学文献出版社）；（加）加里斯·摩根《驾驭变革的浪潮：开发动荡时代的管理潜能》（中国人民大学出版社）；（美）麦克尔·巴泽雷《突破官僚制：政府管理的新远景》（中国人民大学出版社）；（美）琼·E·派恩斯《公共和非营利性组织的人力资源管理》（清华大学出版社）。

2．主要学术研讨活动

在过去的一年里，我国行政学界的学术活动和研讨会，不仅有国内的研讨，而且还有国际性的研讨活动。这些都对政府行政管理的理论与实践的发展起到了重要的作用。其中最为主要的活动如下：

（1）为了加深对WTO与中国政府发展问题的研究，5月25日，北京市政治学行政学学会与中国人民大学行政学研究所，联合举办了“WTO与中国政府管理”学术研讨会。

与会者的主要观点认为，“入世”对中国政府产生深刻的影响，从中国政府管理嬗变的前提来看，必须处理好几个重要的问题：政府应对“入世”目标和限度的问题，政府应对入世的努力方向。还必须强化对政府管理嬗变的理论支持，要明确近期政府管理嬗变的重点：重视政府职能的改革，重视公务员的培训，重视公共政策的适应性问题，等等。

（2）6月16日—17日，由中国行政管理学会、中国人民大学、美国公共行政学会、美国罗格斯大学联合主办，中国人民大学公共管理学院承办的“首届中美公共管理国际学术研讨会——公共管理与治道变革”在北京召开。此次研讨会是中国和美国两国行政学会合作举办的历史上规模最大、层次最高的公共管理国际学术研讨会，在国内外公共管理领域受到了广泛的关注。这次研讨会也是中国行政管理学会与外国行政管理学界一次很好的合作。研讨的主要领域包括：政府治道变革的基本理论和基本方法；西方政府的治道变革实践；中国政府的治道变革实践；中国政府治道变革的基本目标和主要内容。另外还涉及一些关于政府公共服务改革的问题。这些都有助于中国政府治道变革的进程的顺利发展。其成果对中国政府实施行政改革会有积极的推动，对改进行政管理工作，提高行政效率会有所帮助。

（3）5月16日—18日，北京大学政府管理学院、北京大学政治发展与政府管理研究所在北京大学联合举行了“‘入世’与政府应对”学术研讨会。主题包括两个：一是入世后，中国政府如何应对全球化带来的机遇和挑战；二是如何进一步建设政治学基地，使其为推动具有中国特色的社会主义政治学发展服务。与会的学者围绕着“‘入世’与政府应对”主题，畅所欲言、各抒己见，为入世后政府发展出谋划策。

7月17日—18日，由北京大学政府管理学院、北京大学政治发展与政府管理研究所与台湾中山大学联合举办的“海峡两岸地方政府与企业”学术研讨会在北京举行。以“地方政府的选制、选举”、“地方化与全球化”、“地方政治的研究途径”、“地方政府的产业、经济及财政”以及“地方政府的组织、领导及政策”为议题，进行了深入的学术研讨。这样的学术研讨会对于推动海峡两岸的学术研究、促进相互理解与交流起着十分重要的作用。在中国“入世”和全球化的大背景下，两岸学者以“地方政府与企业”为题进行学术研讨，不仅具有深远的理论意义，而且具有重大的现实意义。

（4）10月16日—17日，中国行政管理学会在北京召开政风建设研讨会。主题是贯彻落实“三个代表”的重要思想和十五届六中全会决议精神，加强政风建设，努力建设廉洁、勤政、务实、高效的政府机关，更好地为人民服务。中国行政管理学会会长作了主题为《按照“三个代表”的要求加强政风建设》的主旨报告。

从讨论政风的概念、表现以及政风建设的意义开始，指出当前加强政风建设的指导思想和核心问题，以及目前政风建设中存在的突出问题。有针对性地提出了加强政风建设的要求和制度措施，主要包括：政风建设必须吸收广大人民群众的参与，建立参与型行政；全方位提高公务员素质，改革和完善现有的干部人事制度；通过转变政府职能，弱化、合理化公共权力，建立权力制约机制；改进工作制度，推广政风评议制度；扩大窗口服务；将政风建设与依法行政结合起来。

（5）12月18日，应清华大学中国公共管理学院公共政策论坛系列讲座的邀请，第三世界网络主任 Martin Khor，联合国贸易与发展会议全球化与发展战略司司长 Yilmaz Akyuz，东非共同体副总干事、坦桑尼亚驻 WTO 前大使、WTO 总理事会主席（1999），Ali Mchumo，印度驻 WTO 前大使，联合国贸易与发展会议贸易司前司长，Bhagirath Lal Das 等一行6人在清华大学作了题为《WTO与发展中国家：挑战与对策》的专题报告。各位专家结合自身经验，以大量详实的例证，具体分析了在WTO体制下发展中国家所面临的挑战和应当采取的对策。对如何改善 WTO 体系议题进行了评价并提出了建议。总结了发展中国家在进行贸易和发展本国经济的过程中所取得的经验和教训，提出WTO的新议题和“新回合”。对中国加入 WTO 给予了高度评价，表达了第三世界国家希望中国在WTO组织中发挥积极作用的愿望。这些专题对加深了解 WTO 对发展中国家的影响和中国在 WTO 中所起作用富有启发意义。

二、主要研究问题的基本观点

随着中国政治体制改革的深入和经济社会的转型，再加上“入世”一年多逐步与国际接轨，政府管理改革也在步步推进。尤其是围绕着党的十六大的召开，对行政管理体制改革的认识更加深入，在实践方面也不断创新，这些都在本年的行政学研究领域有所反映。总的看来，2002 年行政学研究的主要问题有如下几个大的方面：政府行政权力及制约和行政公开问题；行政审批制度改革的继续研究；政府管制及改革方面的问题；行政管理理论和实践创新的探讨；公务员制度方面的进一步研究；对国外相关问题的关注和探讨等。下面就相关问题的基本观点做一综述。

1. 行政权力与行政公开

行政权力可以说是一切行政现象的基础，行政管理活动，不管是领导、决策，还是执行和控制、协调等方面，都离不开行政权力的行使。所以行政权力是行政学领域的一个不可缺少的研究对象。在2002年，对其研究成为了重点，尤其是对行政权力的监督和制约的问题。

一种观点是从自律与他律的角度对政府权力的制约进行了分析。国家行政权力的任务是满足社会对公共事务的需求，而要高效地和高质量地满足这一需求，各级行政权力自身便应该是高质量的。那么，如何保持行政权力的高质量，就要靠行政权力自身的管理和外部的制约，也就是自律与他律。自律是一种建立在自觉基础上的自我约束行为，所以行政文化、行政伦理的建设是行政权力自律的重要内容；还要建立自律机制；以及需要掌握行政权力的人进行自我修养。他律问题就是行政权力的外部监督和制约，分为几个不同的层次：来自行政机构系统内部上级或其他有关行政机构的监督和制约；来自系统外部的其他权力的监督和制约；来自广大人民群众和市民社会的监督和制约；来自国外的各种力量的监督和制约①。另一种观点是从遏制职权的利益化方面分析的。部门职权利益化是我国行政管理体制弊端的突出表现，是中国建立公共行政体制的最大障碍。针对弊端形成的制度性根源，提出了遏制部门职权利益化的制度设计：提高部门“三定”决策的科学化民主化程度，力争作到“职权法定”，杜绝“职权自定”；加强对行政立法行为的监督，有效遏制“部门职权利益化”的发展；加强公共财政制度建设，阻隔“部门职权利益化”的渠道；决策与执行合理分开，中断部门利益实现的链条②。第三种观点是从政治权力对于政策过程的影响的角度进行分析的。考察人类社会的发展可以发现，在公共政策制定中，政治权力和科学分析的作用是不可相互替代的，二者之间是一种对立统一的关系。但是，从世界的复杂性和人类的长远利益考虑，科学分析和人类理性应成为公共政策制定的主导。公共政策制定应加强科学分析，使政治权力的运用以科学分析为基础，使科学分析或人类理智真正成为政治权力运用的基础③。还有观点认为，权力寻租源于寻租活动，它是在权力对资源扭曲性配置的前提下的一种权力行为的买卖活动。要遏制这一活动，有人提出应该采取的措施：权力制衡，资源配置的市场化，增强决策透明度等④。

要使政府的行政权力受到监督和制约，又与行政公开密不可分，因为行政不公开就缺少对行政权力制约和监督的事实证据和前提。一种意见认为，“没有行政公开的监督是不可能的，所以遏制行政权力腐败必须依靠行政公开制度”[5]。行政公开具有督政防腐的功能，主要表现为实现公民的监督政权和新闻舆论报道作用的发挥。这是法制社会的必然要求，是社会主义市场经济体制顺利建设和发展的必然要求，是现代社会行政民主化的内在要求。既然对行政权力的监督和制约离不开行政公开，就需要进一步完善我国的行政公开制度。其中一些对策建议是：转变观念，变权威行政为服务行政；加强行政公开制度化法制化建设；建立和加强灵活方便的行政公开程序；发挥因特网在行政公开中的作用；将行政公开与公民的言论自由结合起来[6]。

另一种意见认为，政府权力的限制要受到其他公共权力的制约，要受公民、社会团体、新闻舆论的监督，这些都离不开行政公开，所以行政权力和行政公开密切相联。“要深化行政改革，规范行政权力的运行，保证坚持行政权力的法定原则。其中在完善行政权力运行机制方面，从法律的角度着手，包括：完善行政组织法；加强行政程序立法，这是规范和控制行政权力运行的主要途径。”[7]通过设置合理的行政程序，可以确保公民对行政的广泛参与，保障行政的公正、公开、透明，保障行政权力运行的理性和高效。并要注重各种行政组织制度和行政程序制度的建设，在民主参与、科学论证的基础上建立一套合理的行政权力运行机制。

2. 行政审批制度改革

从2001年我国加入世贸组织以来，行政审批改革成为行政体制改革的突破口和关键内容，并且对于如何改革行政审批制度，促进政府职能的真正转变，专家学者从不同的角度进行了研究。行政审批制度改革，是对传统行政管理体制的一次革命。在2002年，这一问题继续是行政学领域研究的重点内容，这与我国行政体制改革的实践也是紧密相连的。在前一年研究的基础上，对其进一步研究并提出了一些新的观点。

对行政审批制度改革的一种观点认为，要合理界定行政审批的范围：行政审批不应规定人们做什么，而只应规定人们不准做什么，并通过监管来发现确定什么是不能做的，亦即划定不能做或禁止做的范围，从而才会从根本上减少行政审批[8]。第二种观点是从法律角度分析了行政审批制度的改革。针对行政审批制度的缺陷，在法律制度层面上应对行政审批权、行政审批事项和行政审批过程加以法律控制。转变和更新立法观念，包括树立与WTO规则相一致和法律关系各主体地位平等的立法观念。行政审批权要严格采取法律保留原则，行政审批权的赋予，审批事项的范围、条件，审批主体的资格及其法律责任等重要事项，都应由法律做出统一的规定，地方性法规和规章不能设定审批。严格规范行政审批机关的自由裁量权，以列举的方式严格限定审批的事项，防范滥设事项，明确规定审批机关的违法审批责任。从过程角度而言，控制行政审批权主要是建立审批权运用公开、透明、及时和符合严格程序的法律制度[9]。

至于如何进一步实现行政审批制度创新，一种观点认为，行政审批制度改革必须涉及现行行政体制如何从传统的准动员模式向民主法治型模式转变这一深层问题。要解决这些问题，根本的是建立制度完备的责任型政府管理体制，强化缺失的政府责任，强化缺失的政府监督机制；应该从权力源头上最大限度地控制行政权的惟我独尊；强化政府的政治责任，建立政府官员承担与职权相应的政治责任制度；进一步强化对行政权力的监督机制，大力增强监督的独立性、公开性和民主参与程度等[10]。第二种观点是从经济学的角度分析了行政审批制度的缺陷，提出要立足于制度创新进行改革：把市场能够做的事交给市场，政府要做的是市场本身做不了和做不好的事，行政审批作为政府管理经济的一种方式，在市场经济条件下确有存在的必要，但只能是一种辅助的方式，并要限制在一定的范围内，要有明确的针对性，不能过多过滥。变事前审批为事后监督，从降低企业成本、提高政府信誉的角度讲，更应提倡“监督检查”而非“限制审批”；在投融资领域要用登记备案制替代行政审批制，会大大提高中国经济发展的速度和效益；公开市场操作，建立租金消散制度，引进拍卖机制、招投标机制和监督制约机制等[11]。

对取消的行政审批如何防止反弹，就需要探讨后续监督的问题。取消一些审批事项之后，仍然存在着一些问题；已取消和拟取消的行政审批事项缺乏后续监督，有些已形成管理工作上的“真空”。所以要创新管理体制加强后续监督：创新管理理念，正确处理“减”与“管”的关系；本着实事求是的原则，处理好精简比例要求与保留必要审批权的关系；创新管理方式，建立对取消审批事项的后续监管机制；坚持分类区分的原则、市场优先原则、成本效益原则、取消不合理的行政审批事项，充分发挥市场、企业和社会中介组织的作用[12]。

对于行政审批制度改革的又一个进展是重视了具体审批事项的改革，从对行政审批制度改革的一般理论概括转向了具体审批问题的研究以及操作性的对策探讨。主要体现在对价格审批的制度改革，价格审批制度存在的诸多问题，已经严重阻碍了我国社会经济的发展。在坚持正确的价格行政审批目标和原则的前提下，如何做好具体的审批呢？有一种观点认为价格行政审批制度改革的重点工作是："建立政府定价及时调整制度，对一些市场变化相对稳定的商品或服务，可以建立定期调价制度，对市场变化比较频繁的商品或服务，要提高调整价格的时效性，及时反映市场供求变化；建立价格管理数据库；适时推进国家机关收费立法，提高审批收费的科学性、透明度；健全价格监测体系，建立价格监测分析和成本调查制度，及时了解市场价格和成本变化情况，做好价格趋势分析和预测，正确把握宏观调控方向和调控力度，为政府宏观经济决策提供依据。"[13]

3. 政府管制（规制）的研究

政府管制成为2002年的研究重点，主要是针对在转型社会经济中如何处理好政府与市场、政府与企业的关系展开研究。对此问题涉及较多，其中包括政府管制的理论分析和前提；目标与政策选择；自然垄断产业与政府管制体制改革；电力企业、电信行业、高新技术产业、住房产业与政府管制；商业领域政府管制方式的变革；政府管制与公共物品的提供效率的研究；制度变迁与政府管制的限度；等等。其中行政学领域在这方面的研究涉及下面几个问题。

对于政府管制改革有这样几种观点。一种观点，认为中国的管制改革要综合考虑几点：要将规制改革作为转变政府职能的主要任务；依法推进规制改革，行政程序法、信息自由法和其他相关法律是政府进行规制改革的基本法律依据；规制改革由专门机构统一负责，持续推行；制定规制改革计划；重视对规制成本和收益的审查；加强被规制者的参与；加强对规制的司法审查[14]。另一种关于管制改革的观点认为，不对政府管制进行彻底改革就不能使政府发挥有效治理的作用。管制改革要坚持合理性原则、独立性原则、公正性原则、高效性原则、职权法定原则。在管制的领域和手段方面要合理，行政管制机构要公正性、独立性、中立性地执法，管制权力要明确划分，建立相应的管制制度等[15]。

对于微观规制和宏观调控的关系进行分析。在世贸规则的导向下，理顺宏观调控和微观规制的关系，纠正重宏观调控轻微观规制或以宏观调控代替微观规制的倾向，集中和加强中央政府宏观调控、强化地方政府微观规制，建立既能保持中央政府权威，又能发挥地方政府积极性的高效运转的政府纵向管理体系，有利于政府充分发挥宏观调控和微观规制政策的互补性，纠正市场失灵，有效保护国内产业，建立全国统一市场经济秩序，促进经济社会稳定发展[16]。

运用政府管制的一般理论分析具体领域的管制改革，也有一些研究。其中比较有代表性的研究如下。第一种分析是，运用政府管制动态性的观点，阐述了中国电信管制改革的实质是寻求市场结构与政府管制的对称与平衡。只有在这种均衡的管制结构中，政府的公共利益目标才能够实现。市场结构与政府管制过程的双动态的变动过程中容易出现管制的错位，使得政府管制很难奏效，产生所谓的管制失灵。矫正管制错位的过程是管制结构动态均衡的过程，即从非均衡的管制结构变迁到一个新的对称均衡的管制结构[17]。第二种分析是，有学者指出在支线航空经营方面政府的作用还是不可缺少的，政府规制是解决支线航空困境的出路。政府是支线航空经营环境的创造者，政府规制的目的在于创造一个公平、公正、合理、有序的运输市场环境，合理配置资源，促进支线航空的健康发展。行业主管部门的主要职责是提供有利于支线航空发展的政策和管制环境，在航线准入、运力投入、机场建设、机队配置等方面，本着合理配置资源，减少盲目竞争、促进支线航空发展的原则，制定规制方案和措施[18]。

对于国外政府管制的研究，主要是对国外管制改革的实践做法进行借鉴。由于各国所处的历史文化条件和经济发展水平不同，存在问题的表现形式也不同，因而政府管制的做法存在着国别差异。其中之一是以美国、英国、日本为重点，对三国在不同制度背景、文化传统下产生的政府规制行为进行国别差异的比较研究。进而阐发了对我国政府微观规制建设的启示，包括：政府必须从自己的国情出发（从体制、文化传统、经济发展程度等方面），选择本国的微观规制重点，构建相应的体系；微观规制的立足点应尽早转向维护市场经济秩序上来；应选择和建立适合国情的运转高效的规制机构，这既是各国政府规制改革的核心问题，也是中国政府面临的现实问题之一[19]。第二是对美国政府管制成本和收益的实证研究。对美国在市场经济中的管制作了实证考察，尤其是通过管制成本和收益分析，得出这样一个结论，管制在治理市场失灵的同时，也产生了很高的管制成本。要选择使用激励性措施来增加管制的灵活性；建立严格的监管制度，从管制范围看，政府管制要集中在银行、证券、基金、保险和社会中介等服务部门，以保证经济秩序、经济安全和社会稳定[20]。

4. 政府职能转变与行政管理创新

转变政府职能自从成为行政管理体制改革的重心之后，一直是行政学研究的重点问题。尤其我国已加入世贸组织，国内又面临着经济社会全面转型，政治体制改革需要进一步深化，这些都要求对政府职能转变的理论和实践进一步探索。

如何继续完成转变我国政府职能的任务，包括这样几个重要的方面："根据市场经济发展要求，进一步明确政府职能定位；按权责一致的原则，继续理顺政府部门职能分工；坚决依法行政，从严治政；改革和简化行政审批制度；加强政府管理的信息化建设。"[21]但是研究过程中存在的问题，在某种程度上影响了职能转变的进展。其中代表性的观点认为，我国政府职能研究中的一个缺陷，就是侧重从量的层面研究如何减少职能，而忽视了从质的层面对政府职能变革进行深入的研究，这是我国政府职能研究难以深入的原因。据此，提出了政府职能的服务型建设：完善适应市场需求与世贸组织规则接轨的法规体系，办事的公开化与一视同仁；建立一套贸易执法的复议机制与救济机制等[22]。不仅中央政府需要适时转变职能，地方政府也必须进行政府职能的转变和重新定位。有一种建议从六个方面探讨了新形势下加快地方政府职能转变的问题。进一步解放思想，转变观念，变全能政府为有限政府；明确地方政府的职能定位；科学规范地方政府行为，作好"退位"、"补位"、"正位"工作；加快行政审批制度改革；提高政策法规的透明度；建立现代市场监管制度[23]。

从政府职能转变的原则性和指导性概括到实现具体领域的政府职能转变，其中涉及政府在农业发展、城市管理和科技管理等方面职能作用的探讨。

政府在发展农业领域的职能转变，与我国全面发展过程中处于关键地位的"三农问题"的解决是相联系的。一种意见是，地方政府在推动农业产业化发展中的职能定位，应该是突出政策、协调、调整、检查、监督等服务职能。今后完善地方政府职能的主要方向是：按照市场经济规律，引导农业产业化经营的发展；为产业化发展提供宽松的环境；建立多元化的投资机制；积极促进科技成果向农业产业化经营的转化；积极推进农业专业合作和行业协会的发展[24]。另一种意见认为，现行的农业宏观管理体制和农业科技发展基本不能适应新形势的要求。解决此问题，政府在其中的职能是：加大改革力度进行体制创新，建立一体化的新型农业产业宏观管理体系；建立与社会主义市场经济体制相适应的、与国际惯例接轨的新型农业科技管理体制和运行机制，制定和实施有力的产业技术发展政策；强化对农业和农业科技的投入，制定和实施大幅度增加农业科技投入的投资政策；调整农业发展战略和思路，制定一系列创新的产业发展政策[25]。

对政府在城市行政管理过程中的职能和角色的研究方面有几种观点。一种观点认为，现代城市的内部结构和外部环境日趋复杂，因而城市的管理工作也越来越复杂。美国在城市政府行政管理和城市公共事务管理方面采用的一些具体有效的管理理念和经验是值得北京借鉴和学习的，如强化管理意识，时时处处进行科学管理，运用成功的企业管理理念和方法，规则清晰、责任明确、注重公众监督，重视管理人员培训和工作绩效考核，注意应用现代信息管理技术[26]。第二种观点认为城乡结合部管理问题一直是困扰城市政府的一大难题。要冲破管理制度的桎梏，以户籍制度改革为契机，统筹兼顾，建立城乡一体、政府行政管理与社区自治管理良性互动的属地化管理模式[27]。

关于科技管理领域的政府职能，一种观点认为，从制度创新的视角给政府在发展高新技术产业中的职能定位。制定科技产业政策；信息披露，加强服务意识，建立市场信息定期发布制度；完善市场，积极发挥政府作用[28]。另有观点认为改革政府宏观管理体制成为深化科技体制改革的关键。在科技管理中政府应强化宏观管理者的职能，主要有四个方面：通过立法维护科学技术活动的正常秩序；利用各种经济手段引导科技发展方向及社会资源配置；采用多种措施鼓励创新；提高全民族的科学文化素质，创造有利于科技发展的社会环境，建立有层次有分工的科技队伍和多样化的研发机构[29]。

对于行政管理理论创新方面的研究不断出现，这与转变政府职能的要求也是相联系的。第一种研究观点是，从公共行政典则规范的角度谈政府制度创新的理论问题。通过阐述重新确立典则规范对现阶段中国政府创新的决定性意义以及行政典则规范更新替代的相关因素，指出了中国政府主要的新公共行政典则规范包括几方面：提供制度保障，政府的基本行政职能，依法行政，政府的行政行为准则；民主行政：政府的行政理念基础；有效性，政府的主要绩效考量标准[30]。第二种观点是从一种新视角分析了行政管理理论研究的方向性问题，促进本学科向着重研究本国深层次问题的方向转变。发展适合中国国情的公共管理，最重要的基础工作是全面认识我国政府所面对的公共问题并深刻地认识其特殊性。并对公共管理科学化作了思考，提出了七个层次的内容论证[31]。第三种行政管理创新的对策是，提出行政管理智能化的发展方向。随着知识经济时代的到来，行政管理已面临着从技能行政到智能行政的深刻转变。智能行政带来的组织结构扁平化有助于政府加快行政组织结构改革的步伐；带来的行政权力分散化有助于实现政治民主化；带来的决策科学化、透明化有助于建立多重规则以规范政府行为；智能行政是真正意义上的人本主义行政[32]。与此相联系，有学者却从另一种角度提出政府在知识经济和信息技术发展的冲击下所进行的革命性变革，即向虚拟政府的变革。“从现实政府走向虚拟政府是人类历史上的政府大变革。这是不以人们意志为转移的客观规律，世界各国政府或迟或早必然实现这种变革。”[33]

在行政管理实践方面的创新，主要是深圳政府试行的“行政三分制”。十六大报告中指出：“按照精简、统一、效能的原则和决策、执行、监督相协调的要求，继续推进政府机构改革。”在这一思想的指导下，中央编制办公室选定深圳为试点，即将推出深化公共行政管理体制试点改革方案，事实上拉开了新一轮行政改革和政府管理创新的序幕。高层的“试验”意图，深圳自身的危机意识，共同催生本次改革；政府部门一分为三，机构进行全面洗牌和重新设计，试图彻底根除部门利益；又是十六大后“借鉴人类政治文明成果”的第一步，分权和制衡思想凸显其中，专家认为它将改变权力运作的传统规则[34]。“行政三分制”的主要内容，是将行政管理职能分为决策、执行、监督三部分，在相对分离的基础上，三者相辅相成、相互制约、相互协调。决策、执行、监督分开之后，“事实上改变了权力运作的传统规则”，“以权力来制约权力”，才可能最大程度地维护公众利益，实现公共目标。深圳“行政三分制”改革构想的另一个显著特征，是着力强化了政府权力的公共服务性质。当前政治体制改革的一个重要方面是转变政府职能，深圳推行“行政三分制”改革，就是要重新定位政府的职能，使政府从“全知全能”转变为“有限责任”，从权威命令转变为科学决策，从人治管理转变为依法行政，从“传统部门利益型政府”转变为“现代公共服务型政府”[35]。

5．完善公务员制度与制定公务员法

出台《公务员法》是十六大之后政治体制改革的一项重要任务，是完善公务员制度的法律保障。制定公务员法必须立足于中国国情，在总结1993年以来实施《国家公务员暂行条例》经验教训的基础上，吸收10多年来干部人事制度改革成果，同时又不能脱离国际化的公务员制度改革的大趋势，通过公务员立法去巩固别国已经在淡化甚至抛弃的东西。为此，有学者立足20余年来中西方人事制度改革比较的大背景，提出通过《公务员法》完善公务员制度的基本思路。

一是以结果换取权限下放，稳步改革人事管理体制。西方多数国家普遍下放公务员管理权限，以增加地方与部门人才资源开发的积极性、主动性与灵活性。我国现实的公务员管理体制既存在管理权限过于集中的弊端，又面临公务员管理机关权威不够的难题。下级必须以满意的结果，来换取上级政府的权力下放，这是调整政府纵向间公务员管理权限比较稳妥的思路。

二是兼顾品位分类的合理因素，增加职位分类的内涵，创新公务员分类管理制度。长期以来我国的干部制度实行的是以品位分类为特征的制度。1993年以来公务员制度实施的职位分类，如领导职务与非领导职务的区分，仍然具有品位分类的色彩，品位观念在人们头脑中至今依然根深蒂固。因此，现实的选择是兼顾品位分类的合理因素，以增加职位分类的内涵为导向，在公务员分类管理方面有所突破，有所创新。目前，不可能也没有必要一揽子构建包括职类、职组、职系、职级、职等在内的职位分类复杂系统。我国现行公务员制度的一个突出问题是，公务员内部没有按照职位性质和特点进行分类，所有的公务员都适应一套职务系列，实行一种管理方法。因此，划分职位类别是我国公务员分类管理的突破口。在此基础上，根据职位性质和特点分别设立公务员职务系列，明确职务层次，增加级别设置，重新规范职务层次与级别的对应关系，从而确立我国公务员分类管理的基本框架。参照西方职位分类的经验，适应加入WTO之后政府管理面临的新形势，新设立行政执法类职位、专业技术类职位，有重大的现实意义。

三是完善常任制与聘任制相结合的制度，慎重探索公务员任用制度。20世纪80年代以来，西方公务员制度借鉴现代企业对从业人员进行合同管理的经验，越来越多地采用聘任制公务员，出现了一种淡化职业化，强调专业化的发展趋向。西方国家广泛采用聘任制公务员主要有三种考虑：一是与部分政府工作的阶段性与周期性相适应，增加政府部门对人力资源的弹性管理。二是增加公务员的危机感和责任感，激活公务员队伍。三是通过市场化的价格而不是普通公务员的福利待遇来吸引专业性较强的专门人才，如国际金融管理、信息技术管理、外经贸管理等。现阶段我国也需要增加对公务员的弹性管理、增强公务员队伍活力、吸引专门人才。因此，“保持行政职位和行政岗位的公共性、开放性和流动性，留出一定比例的高级职位实行聘用合同制，定期聘任专家学者或者企业经理任职”，是有现实意义的。但在扩大聘任制公务员范围这个问题上，我们应格外慎重。职务常任毕竟是公务员制度的本职特征之一。如果说西方国家现在这个阶段可以淡化职业化，强调专业化，而实施公务员制度毕竟只有10年时间的我国，没有公务员的职业化，就没有专业化。职业化是专业化的前提。应强调委任制是我国公务员最基本的任用制度，聘任制只处于辅助性、从属性的地位。因此，在公务员立法中只为聘任制开启一道门缝就足够了，不宜将聘任制抬高到与委任制平分秋色的地位。特别应明确，高度专业化的职位与高度社会通用职位是聘任制重点。

四是完善公务员职务和职级相结合的制度，创新激励保障制度。1993年《国家公务员暂行条例》规定了公务员职务与级别的对应关系。共分为12个职务层次与15个级别，职务层次与级别之间有一定的交叉对应关系，体现了不能升职务可以升级别的初衷。但“依职定级”的色彩仍然很重，级别晋升主要是依靠职务晋升。级别太少，只有15级，不利于发挥级别的激励功能。

创新的基本思路是，逐步走出一条职务晋升与级别晋升的“双梯制”。现行制度下的级别主要是确立工资的一个重要依据。可将级别管理功能拓展为：级别首先是衡量不同类别、不同职级公务员贡献的一个标尺，是对不同类别职务进行利益平衡比较的统一“坐标系”。其次，突出级别晋升作为公务员职业发展阶梯的功能。这样，“职务晋升”与“级别晋升”的“双梯制”制度设计思路，会逐步清晰起来。最后，级别是确立公务员工资及相关福利待遇的重要依据。

6. 对国外具体问题的研究

对于国外政府管理的问题，有的是介绍性的，有的是通过理论分析找出对中国有启示的，有的是直接对国外考察从而对实践经验进行借鉴的。下面分别简述。

单纯介绍或探究国外的政府管理领域的问题。一种方式是翻译国外学者的文章，也算是对国外具体问题进行探讨的前提和基础。比如对英国公民参与问题的文章进行了翻译。分别从地方政府的视角和公民本身的视角来分析，扩大公民参与是英国工党政府现代化议程的中心内容。通过对各地方政府的调查，提供了关于地方政府中公民参与的性质和范围的最新报告；进而具体分析了扩大公民参与的有利与不利因素，公民参与的弊端等问题，说明了地方政府发展民主行政，对民主复兴进程的回应[36]。另一种方式是通过历史资料做的考察。例如，对近代普鲁士官员的选拔和培训制度的考察。这一制度产生于18世纪，发展于19世纪。从最早的见习生制度到层层考试制度的引入和完善，这套制度顺应着历史发展的客观要求。考试内容是依据国家政策的需要来调整的，最初是财政学，后来是法律学，反映了普鲁士近代法治国家的发展和政府行政手段的变化。官员的选拔制度在很大程度上打通了社会流通渠道，体现了资本主义社会公正和自由竞争的原则，也促成了官僚独立地位的增强。但另一方面，该制度中的某些保守因素，比如社会、政治、经济标准等，在选拔官员时也继续发挥着作用。这些研究对我国的官员和公务员的选拔制度是有一定的参考意义的[37]。

由对外国行政管理理论和经验研究引发的启示。其中有观点指出英国行政机构改革对中国有益的启示：政府机构改革的目标要明确且始终如一；政府机构改革要有充分的理论准备；要依法操作，避免因政府权力易手而造成改革的中断或倒退；把政府机构改革作为突破口，全面推动政府改革；机构改革要不间断地推进，不能一劳永逸[38]。

在实践方面对国外具体管理问题的考察和总结，并进一步提出值得借鉴的做法。其中2002年5月，国家环境保护总局环保行政管理体制考察团就环保机构及行政管理体制等问题对欧盟及经济合作与发展组织进行了考察。欧盟及经济合作与发展组织国家具有较为先进的环保行政管理体制，包括在环保机构设置、环保部门的职能和运行机制、管理手段、制定环境法规、参加国家综合决策和监督保证法律实施等方面，可以参考借鉴。

新加坡政府调控社会经济的做法，对于我国经济建设和科技园区的建设有重要借鉴意义。这些做法包括严格管制，创建清洁优美的环境；随机应变，不断优化经济结构；大力发展旅游业[39]。对日本的水资源管理体系，从法律、组织机构、规划、资金投入等几个方面进行了比较详细的介绍。在借鉴的基础上对我国水资源管理体系建设提出若干建议，强化以大江大河流域为单位的水资源管理；建立和完善对水源区的利益补偿机制；加快推行一元化的水资源管理体制[10]。荷兰环境法制建设的基本特点：环境立法体系完整，重视各项法律制度的协调，制定了一部综合性的《环境管理法》。德国的环境法制建设的基本特点：环境法制建设起步较早，环境立法完备，环境法的原则和制度在很大程度上影响了欧盟立法，并被越来越多的欧盟国家和世界上其他国家所采纳。对中国环境保护工作和环境法制建设的几点建议包括：大力发展循环经济，运用经济手段解决环境问题，完善环境法律体系[11]。美国城市管理实践对我国的启示：科学理解城市政府职能，深化城市管理体制改革，提高城市管理效率；建立有效机制，调动城市利益相关者积极参与城市管理；不断完善法律体系，严格执法，加强监督，实现依法治市；更新城市管理手段，提高城市管理效率和现代化水平[12]。

三、结束语

通过以上对2002年行政学研究方面的综述，可以看出：

总体上研究的问题比较多，涉及的领域和范围比较广，在具体问题的研究领域方面不断拓展。但是在有些问题上根本性的突破点还是不很多，给人的感觉是行政学的研究在某些问题上进行着重复性的研究，更高更深层次的研究较少。

在研究方法上，出现了一些从理论概括转向具体实践领域的操作层面的研究，而且也开始注重实证性考察的研究。但是从整体上看，几乎还是规范性研究占有相当大的比重，实证性的研究比较欠缺。另外，受到行政学科界限的限制，没有更多地进行跨学科的研究等。

至于对国外政府相关管理问题的研究，分析并指出了对我国的借鉴意义。但是还存在着比较笼统的现象，只是列举几条启示或意义，而没有深入具体地分析别国的制度、操作方法等产生的背景和动力机制以及在我国的可行性问题或存在的难点或者不适合的地方。

今后在行政管理体制方面的一些关键问题上应该加强研究。比如，十六大提出的重点问题之一就是进一步深化行政管理体制改革，但是对此问题的研究深度还不够，不足以指导具体的实践。

不过，总体来看，在加入世贸组织之后，在我国处于进一步开放的时代，学者还是与时俱进，研究一些关于深化我国行政管理改革和创新的重点、难点和热点问题，并且对国外相应问题进行了探究和翻译了不少国外的经典著作，以期对我国的行政发展作出应有的贡献。

（作者：宋世明，国家行政学院副教授；
孙彩红，北京大学博士研究生）

注：

①李景鹏：《关于政府权力的自律与他律》，《新视野》，2002年第1期。

②宋世明：《试论从“部门行政”向“公共行政”的转型》，《学术季刊》，2002年第4期。

③郎佩娟：《公共政策制定中的政治权力和科学分析》，《中国人民大学学报》，2002年第2期。

④肖顺发：《论权力寻租及其防治》，《湖湘论坛》，2002年第5期。

⑤彭兴业：《行政公开是遏制权力腐败的重要途径》，《前进》，2002年第11期。

⑥严俊：《建立和完善我国行政公开制度的对策探讨》，《江西行政学院学报》，2002年第4期。

⑦薛刚凌：《完善行政权力运行机制的思考》，《中国行政管理》，2002年第4期。

⑧迟树功：《对改革行政审批制度的探讨》，《发展论坛》，2002年第4期。

⑨方世荣：《我国行政审批制度改革的法律问题》，《党政干部论坛》，2002年第3期。

⑩徐湘林：《行政审批制度改革的体制制约与制度创新》，《国家行政学院学报》，2002年第6期。

⑪贾耀斌：《关于行政审批制度的经济学思考》，《统计与决策》，2003年第2期。

⑫北京市政府体改办课题组：《转变政府职能，创新管理体制，加强后续监督》，《首都经济杂志》，2003年第1期。

⑬崔华：《推行价格行政审批制度改革，进一步转变政府管理职能》，《改革与发展》，2002年第11期。

⑭杜钢建：《中国政府规制改革的方式和途径》，《江海学刊》，2002年第1期。

⑮余晖：《政府管制改革的方向》，《战略与管理》，2002年第5期。

⑯王健：《理顺宏观调控和微观规制的关系》，《国家行政学院学报》，2002年第5期。

⑰陈宏平：《市场结构与政府管制的对称与动态平衡》，《经济评论》，2002年第3期。

⑱耿淑香：《政府规制：打破支线航空经营困境的必由之路》，《中国民用航空》，2002年第5期。

⑲李郁芳：《政府微观规制行为的国别差异与启示》，《学术研究》，2002 年第 6 期。

⑳席涛：《美国政府管制成本与收益的实证分析》，《经济理论与经济管理》，2002 年第 11 期。

㉑徐鸿武：《我国进一步转变政府职能的主要任务》，《中国行政管理》，2002 年第 6 期。

㉒刘熙瑞：《加入 WTO 与服务型政府建设》，《国家行政学院学报》，2002 年第 1 期。

㉓魏后凯：《加入 WTO 后我国地方政府职能的转变》，《经济纵横》，2002 年第 8 期。

㉔方言：《农业产业化发展中的地方政府职能》，《农业经济问题》，2002 年第 12 期。

㉕戴小枫：《入世后我国农业科技发展战略调整与政府职能定位》，《科技导报》，2002 年第 12 期。

㉖张宝秀：《对北京城市管理的几点思考》，《北京联合大学学报》，2002 年第 1 期。

㉗冯晓英：《“二元社会”：必须破解的制度性难题》，《城市问题》，2002 年第 4 期。

㉘钟良：《北京科技产业化与政府的职能作用》，《北京机械工业学院学报》，2002 年第 1 期。

㉙方新：《关于政府管理科技事业的研究》，《科学研究》，2002 年第 4 期。

㉚张国庆：《公共行政典则规范更新替代与政府行政制度创新》，《复旦学报》，2002 年第 2 期。

㉛李习彬：《公共管理学科建设：中国化与科学化》，《中国行政管理》，2002 年第 10 期。

㉜高小平：《智能化：现代行政管理的方向》，《中国行政管理》，2002 年第 11 期。

㉝齐明山：《从现实政府走向虚拟政府的政府变革》，《新视野》，2002 年第 6 期。

㉞张立：《十六大报告震动深圳，“行政三分”再造政府》，《南方周末》，2002 年 12 月 19 日。

㉟潘洪其：《“行政三分制”是政治文明的进步》，《北京青年报》，2003 年 2 月 19 日。

㊱维维安·朗兹等：《英国公民参与的趋势》，《北京行政学院学报》，2002 年第 3、4 期。

㊲徐健：《近代普鲁士行政官员选拔与培训制度的形成和发展》，《北京大学学报》，2002 年第 2 期。

㊳刘炳香：《英国行政机构改革对中国的几点启示》，《天津行政学院学报》，2002 年第 1 期。

㊴常印怀：《政府的作用》，《审计理论与实践》，2002 年第 12 期。

㊵林家彬：《日本水资源管理体系考察及借鉴》，《水资源保护》，2002 年第 4 期。

㊶骆建华：《荷兰、德国的环境保护法制建设》，《世界环境》，2002 年第 1 期。

㊷北京市城市管理赴美考察团：《美国是如何管理城市的》，《城市问题》，2002 年第 1 期。

新闻传播学

新闻传播学

郭庆光　刘海龙

一、新闻学

今年新闻学领域的研究虽然没有形成重大的热点，但是学者们对许多当前的现实问题进行了反思，对当前新闻写作、编辑、职业道德方面存在的问题提出了自己的见解。

2002 年，中国政府全文公布了中国加入世界贸易组织（WTO）法律文件的正式文本。通过解读这些文件，一些学者认为中国新闻传播界遇到了前所未有的进一步改革开放、壮大发展、走向世界的机遇，也面临着严峻挑战。在未来，西方同行可能与我争夺新闻信息、媒介市场、广告、人才、资本等新闻传播资源，冲击现行新闻监管手段及法规政策，因此目前流行的新闻传播观念应作相应的改换和更新[①]。

随着我国自 20 世纪 90 年代初出现的周末报、星期刊，印刷媒介中的私人话语的日渐增多，电台媒介如午夜热线、心灵之约之类的广播节目以及电视谈话节目中，私人话语也频频出台，一些研究者认为，公众利益并不完全等于公众兴趣，应该努力让媒介话语主要回到关注公众问题的轨道上来，让媒介主要成为关注社会问题的人类理性讨论与争辩的空间，不要让媒介话语沦为个人欲望和情绪化的表达，也不应让娱乐、消遣功能飞速膨胀，让私人话语回到私人领域里，以使人类的精神生活获得相对独立的空间②。

针对“9·11”事件后，参加反恐报道的美国记者珀尔之死以及近年来以身殉职的记者人数激增，学者认为，在越战后的数次战争中，有些记者身着军装，手持武器向“敌人”开枪，记者的角色错位是危险产生的主要原因之一。军方实施的战时及军事新闻管制产生的压力也使记者定位变形。由于得不到足够的信息，记者只得依赖偏见的消息来源，造成冲突另一方不再相信记者是在进行客观报道，进而对记者动武，这是战地记者当前所面临的言论自由的困境③。

中西新闻的比较研究成果依然较多。通过分析美、俄、日、德主要报纸涉华报道，研究者发现，虽然上述国家均从自己的国家利益出发来报道和评价中国及其与中国的关系，但是不同的是，各国报道又明显地带有各自的特点和倾向性——美国的冷战思维，日本的防范心理，俄罗斯民族骨子里的大国沙文主义的傲慢态度④。而对布什访华期间新华社新华网与美联社新闻网的比较分析则发现，在报道内容、版面安排、标题特征及新闻插图等方面，美联社新闻网在报道布什访华活动时比较严重地背离了“客观性”这一基本新闻原则，有意“压制”了布什访华活动的积极面（如对于亚太地区的和平与稳定，对于美国的反恐斗争，对于中美经济、贸易与文化交流，等等）以及中国社会的积极面；在篇幅上并没有给不同的观点（如中国政府以及布什本人对中美关系的高度肯定）以同样程度或同样比例的重视，而是有意使用了大量“情绪化的”语言和图片⑤。通过比较中美报纸言论版，研究者发现，美国的言论版有几个突出的特点值得我们借鉴：(1)（动态的）往复性与参与性。(2) 言论版应该具有一种（静态的）结构性与生态性。(3) 言论版应该具有冲突性。言论版是社论政治化、政治生活化、社会宽松和开放条件下必然会出现的报纸现象。我国报纸言论版在20世纪末的出现，是中国社会成熟化、中国报纸成熟化的印证。然而，言论版的操作是报纸对意见信息的冲突性理解、宽容性接受的一种考验，这是与报纸从业人员新闻采访、写作素质不同的素质。我们现在已呈遍地开花之势的报纸言论版，也许还未准备好这种素质⑥。

与西方的新闻文体相比，中国和苏联的典型报道是非常具有特色的。有学者对此做了进一步研究。在典型报道起源问题上有两种意见，一种认为它是来自列宁的“典型宣传”和早期空想共产主义者的“典型示范”；另一种认为它是毛泽东的典型思想方法在新闻理论中的直接运用。研究结论认为，中国的典型报道自然和“空想社会主义”时期和列宁时期的典型报道不同，但其继承关系是明显的。从新闻价值方面看，多数“典型报道”达到了某种程度的重要性和反常性，但是这里的重要性和反常性是社会主义新闻学的标准，而不是西方的标准。所以，它是社会主义条件下的一种特定的新闻形式，它的实质是社会主义条件下的为无产阶级政治服务的新闻特写。作为正面报道最高表现形式的典型报道是社会主义政治的产物，在中国革命的各个历史过程中，这种特殊的报道形式起到了独特的作用。随着多元时代的到来，典型报道的优势逐渐让位于调查性报道、热点报道等。但是，只要社会主义和资本主义还存在，只要阶级和无产阶级专政还存在，只要理想主义还存在，只要正面报道还存在，典型报道就依然会存在⑦。

一些学者在对中国媒体“入世”报道的内容分析后发现，这些报道虽然产生了很大影响，在定位和风格上各有创新，但是也暴露出一些问题，如环境认知不够成熟和理性，对WTO组织和规则缺乏了解，把对中国的影响简单化等⑧。而对我国5家报纸国庆报道的实证研究发现，我国媒体对节庆资源的认识应该突破传统，策划组织应追求独创性，谋求节庆新闻资源的增值⑨。

二、传播学本身面临的问题

对于我国的传播学研究现状，今年有许多学者发表意见，认为目前总体情况不容乐观。其中比较大的一个问题是传媒研究与传媒实践的脱节。

针对此问题，一些意见认为，传媒研究的滞后性当然既来自于传媒研究理论资源的狭隘和单调，也来自于传媒研究专业化程度的不够，更来自于整个学术研究的人文氛围的严重弱化。传媒研究专业化的同时，我们也要强调传媒研究的人文尺度。

还有学者把目前传媒研究的问题总结为四点：借鉴西方理论的痕迹与对中国传媒实践把握的信心都显不足；传媒研究的理论超前和研究的理论支撑都不足；对实践总结与指导力度不足，电视传媒理论研究和实践的“跟班”角色太盛是显见的事实；批评的声音不够分量。

学者认为，这种现状的原因主要是缺乏科学意识、科学精神和科学实践。要解决这些矛盾，我们传播学术界和媒介实践界的“知”与“行”都需要完成从经验向科学的飞跃。还有些学者认为解决方法在于发展与推进介于纯理论研究和实务研究之间的中介层面的研究，对于建立传媒研究和传媒实践的良性互动的格局，具有重要的现实意义。另一些学者指出，应该倡导“建构式研究”，即理论走在实践的前面，进行目标、途径、手段等问题的结构性探讨，为实践的发展编制出理性发展的“蓝图”[10]。

除了这个问题以外，就我国传播学的整体研究情况来看，陈力丹认为，总体上还停留在引进、介绍的层次，缺乏原创性，发表的文章和申报的课题，内容重复率较高。需要在课题的选择方面加大研究的成分和创新性。目前研究中有一种较为普遍的现象，即将国外传播学的某个模式或理论简单搬过来，而对于该模式或理论提出的背景和适用范围了解不多，缺乏考察。关于网络传播的研究，赶时髦的现象严重，教材的内容抄来抄去，拼凑的感觉十分明显，各种宏观的公式的语言替代了严肃的学术研究，泡沫较多。对批判学派的研究要防止直接用于对我国传播现状的分析。对于“传播学本土化”的口号要慎重。不宜简单地将研究中国历史与现实中的传播观点，视为是传播学的“本土化”，而仿佛介绍西方的传播学观点就是“西化”。再则，也不宜将传播学本土化理解为庸俗的所谓“理论联系实际”[11]。

与大量对传播学研究危机的议论相比，比较踏实的研究与引进的成果确实较少，但也取得了一些成就。一些学者对我国的受众议程、媒介议程与真正实现关系的实证研究，发现了议程设置在我国的一些特殊表现[12]。而另一些学者则对西方的沉默螺旋理论提出质疑，认为沉默螺旋不仅不是普遍规律，而且在意识形态冲突的社会完全失效，代替沉默螺旋的则是舆论背反模式[13]。此外，还有一些学者提倡应该积极地引进传播政治经济学和国际传播研究[14]。但正如前面学者们所看到的，总的来说，无论从数量上还是质量上，成熟的研究成果并不多。

三、新闻学与传播学关系，及教育问题

2002年，美国著名新闻传播学者James Carey教授发表了《新闻教育错在哪里》，在我国也引起了巨大反响，我国学者对新闻学与传播学之间的关系，新闻教育中传播学课程的设置问题进行了比较激烈的讨论。

Carey认为，新闻学教育、职业伦理教育过多地倾向于政治和意识形态；新闻教育中缺乏新闻实践技能。而这些问题的主要原因在于，新闻学的学术来源本应该根植于人文科学和人文类的社会科学中，但由于其定位的尴尬，人文科学拒绝了它，于是转向了传播学，而后者以功利主义的眼光审视新闻，而不能深入研究其内涵。他指出，新闻学教育应该遵循下列原则：(1)新闻学和新闻教育不等同于或包含广告、传播、媒体研究、公共关系和广播。(2)新闻学作为独立的社会实践不能与传播或者媒体混淆。(3)新闻是民主的另一种表达，或者说，没有民主就没有新闻[15]。

郑保卫回应了Carey意见，进一步强调新闻学是一门独立的社会科学；新闻教育应当重在培养学生的专业和职业素养；不能把新闻简单地等同于传播和媒体；不能把新闻学同广告学、传播学、公共关系等相关学科相混淆[16]。

而吴廷俊则认为，传播学的导入，可弥补新闻学在学理上的缺陷。我国对传播学的引进特点：新闻研究和新闻业务发展的需要是引进传播学的动力[17]。宁树藩认为，新闻学在发展过程中，与广播电视分流，而传播则推动了新闻学的发展。对于传播与新闻学的关系，吴予敏认为传播学不一定以新闻学为根据；而李彬认为，新闻是传播学的基地，否则就会成为流寇。李良荣和童兵则认为这二者是相互促进的关系[18]。

Carey从传播学对新闻学的影响方面重申了新闻学教育中的伦理教育色彩，而郑贞铭则是从传播科技发展的角度得出了同样的结论。他认为，信息科技愈发达，新闻传播的重要性就愈显著，如果新闻记者的报导不实，数秒时间，就可以传播到全世界，在受众心理中产生一种先入为主的观念。因此，新闻教育出来的传播者或新闻记者，其最重要的目的，不是为了学习新闻的技巧，重要的是人格上的教育，在于如何使他们成为一个遵守新闻写作原则并重视新闻伦理道理的新闻记者[19]。

四、集团化经营

媒介经营管理依然是今年非常热门的话题，成果数量相当多，但大多集中在宏观的总结与预测上，期待着理论建设和操作上非常有效的论文在今后出现。

媒介集团化经营和媒介资本运营是研究者涉及较多的两个题目。大部分研究者认为，在WTO的背景下，中国的媒介集团要做大做强，组建跨媒体、跨地区、跨行业的媒介集团是必由之路[20]。就广电集团来说，要实现区域优化，必须打破行政区划限制，合理配置资源，方能达到一定程度的规模经济[21]。而在这一过程中，资本运营是一个必要条件，而其核心是产权问题[22]。

2002年10月底，媒介经济与传媒集团化发展学术研讨会在中国人民大学召开，来自海内外的专家们对这一问题进行了讨论。《人民日报》副主编梁衡认为，集团内部各成员间须以经济为纽带，而不可能以行政为纽带。但新闻传媒集团有别于纯经济企业集团，集团内部必须实现政治经济互补[23]。中华人民共和国新闻出版署出版物发行管理司司长刘波认为，目前中国报业的发展卡在了三个瓶颈口上：只生不死，盘活资源难；条块分割，做大规模难；法律滞后，自主经营难。解决上述问题首要的必须建立现代企业制度，要建立现代企业制度，必须明确报刊的属性，从根本上打破行业分割、部门分割、媒介分割、地区分割、资源侵害、市场分割的"吃不饱、饿不死"的局面，实施行业发展战略，打造航母[24]。而美国明尼苏达大学教授李金铨则从民族性与全球化的角度来看这个问题，他提醒，民族性是多元的，必须在各种意见、利益和观点之间对话沟通，创造性地与世界性对话。目前中国为了迎接国际资本挑战，一心一意组建媒介集团，以美国为标准答案。最让人担心的莫过于一窝蜂地搞集团化，结果既保留了"民族性"的封闭，又引进了"全球性"垄断资本的惟利是图[25]。

五、电视频道专业化经营

由于电视产业化近年来的改革步伐明显加快，将会有较大的动作，今年最集中的焦点是中国电视产业的经营问题，而其中专业化频道建设吸引了众多学者。

某些研究者认为，近两年实际是电视的低潮期，比起报纸、杂志的活跃，电视的改革相对滞后。最简单的硬指标是电视所占的广告份额在下降，而报纸、杂志广告节节上升，尤其是杂志，上升幅度最大。报业大战（包括杂志大战）远较电视竞争激烈。比起竞争，报纸杂志在产业层面的兼并重组多元经营更具有前瞻意义。而不管是中央电视台、省级电视台、城市台还是制作公司，均面临着许多严重的经营问题[26]。目前的省级广电集团此问题尤为明显，目前我国媒介市场化的过程是自上而下的，现行的媒介行业政策极大地制约了其市场扩张的能力和范围；而地方性的广播电视集团在行政体系限制下很难走出无法参与国际传媒竞争的困境。此外，广播电视集团化带来的经济权利的集中，在目前媒介制度环境中，有利于强化宣传管理，至于应对WTO之后海外大媒介集团的挑战，尚嫌不足[27]。地方卫视的粗放改革已经走到尽头，电视进入集约经营时代。在中国电视业市场化改革的进程中，像湖南电视先行一步的"先发优势"已经弱化，目前面临如何更新、调整自己的节目、栏目和风格，使自己的定位更加鲜明，从而在受众中更有竞争力的挑战[28]。

面对这种困境，频道专业化和资本经营成为相当部分学者提出的解决之路。有学者认为，所谓频道专业化，并不是通常所理解的窄播化，而是进一步的大众化和广播化[29]。在数字化转型过程中，电视台的角色应该向着平台运营商和内容集成商的角色转变[30]。研究者认为，我国的电视发展，经历了节目时代、栏目时代，将来的发展方向是频道时代，而要实现频道的专业化，必须依靠制播分离来解决[31]。针对目前中国的实际，制播分离可以带来许多有利的条件，如节目制作公司壮大发展、电视台管理和内容问题得到部分解决，但同时，制播分离也会带来一些弊端，比如说公司依附电视台，节目制作源的单一导致新的垄断[32]。在电视频道专业化的营销策略上，专业化频道营销的基础是频道定位，核心是品牌栏目，关键是整合营销[33]。

除了电视频道专业化经营问题以外，学者们还对电视产业与电信产业之间关系、西方商业电视的经营意识等问题进行了研究[34]。

六、新闻法制

在对新闻法制问题的研究中，记者在采访活动与舆论监督中遇到的困境引起了许多学者的注意。比如目前在新闻官司中，举证责任原则是"谁报道，谁举证"，而我国民事讼诉法中规定"谁主张，谁举证"，一些研究者认为，上述规定是"偷换概念"。由于新闻工作的特殊性和舆论监督的艰难性，为了公共利益，应该有一定程度的舆论宽容[35]。还有些学者主张，在新闻过失的认定中，应该遵循合理的原则，把记者还原到一般人的地位，对其报道要适当地宽容[36]。

2002年4月1日实行的《最高人民法院关于民事诉讼证据的若干规定》中提出，在民事诉讼中，有其他证据佐证并以合法手段取得的，无疑点的视听资料或者与视听资料核对无误的复印件，对方当事人提出异议但没有足以反驳的相反证据，人民法院应当确认其证明力；它同时规定，以侵害他人合法权益或违反法律禁止性规定的方法取得的证据，不能作为认定案件事实的依据。而与此形成对照的是1995年最高人民法院则规定：未经对方同意私自录制的谈话录音资料，不具有合法性，不能作为证据使用。有研究者认为，新的司法解释对原来的证据规定是一个非同寻常的突破，它在一定程度上使偷拍偷录有条件地合法化。只要不违反法律的一般禁止性规定、不侵害他人合法权益、不违反社会公共利益和社会公德，记者就可以在舆论监督中享有更大的自由[37]。另外的研究者认为，在隐性采访中，公民隐私权和言论自由发生冲突时，应以公共利益为衡量标准。如果公民的隐私涉及公共利益，就不纯粹是个人私事，而是社会公共事务的一部分。因此人们有权了解，新闻媒介有权予以报道，此时个人私事要让位于新闻自由，隐私权应做适当牺牲[38]。

针对新闻取材来源隐匿的法律问题，研究者认为，对于公众来说，他们享有知情权；对于权力机关来说，他们享有法定的职权，如国会的调查权，法院的公正审判权等等；对于相关当事人来说，他们享有隐私权、名誉权等等基本人权；对于消息提供者来说，他们享有隐私权和某些基于信赖关系的合约利益。对于新闻记者来说，除了新闻自由外，他难有别的具体权利的依据，对于新闻记者的防御权却没有明确的保障。因此确立新闻记者的这一权利已经是当务之急[39]。

随着舆论监督的深入，新闻报道与维护政府的形象不时出现冲突。一些研究者认为，批评性言论所引起的政府机构名誉问题，主要是一个公法性质的问题，可以考虑以公法方面的规定来代替在私法上赋予政府机构名誉权的做法。在法律上对针对政府机构的诽谤或侮辱性言辞的处理原则等同于对涉及公共秩序的一般性言论的处理原则，也就是要分清言论与行动之间的界限。就政府机构与公民之间的关系而言，政府机构无法通过强制性的法庭裁判威胁批评者，而通过公共论坛的解释却可以促进政府机构与广大公民之间的和平对话，增进彼此之间的真诚了解与相互沟通。同时，由于没有对批评性言论进行惩罚的威胁，公众会增强对政府的信任，政府的诚意也会得到认可，政府的威信最终会得到提高，公民与政府之间良好的信息关系会更加牢固。因此应当从制度上尽可能排除压制真实的障碍，鼓励那些了解政府机构不当行为的人畅所欲言[40]。

另外，由于美国在新闻法制建设方面走在前列，介绍美国有关表达自由方面的论文也有相当的数量，涉及美国言论自由与司法独立问题、关于言论自由的“明显和即刻的危险”规则、言论和行为的两分法等[41]。

七、新闻史

2002年6月17日，是《大公报》创刊一百周年诞辰，关于《大公报》的研究成为今年新闻史的一个热点。

针对过去对《大公报》的评价，研究者们指出，应该从历史上，公正地评价这一问题，摘掉大公报“小骂大帮忙”的帽子。《大公报》两边都骂，但骂国民党的更多，两边都帮，比如较早地报道了十月革命，第一次采访长征、发表共产党的言论[42]。

研究者认为，《大公报》作为我国历史上一份著名的文人报纸，一贯奉行“言论报国”的宗旨，在长期的办报历程中，逐步形成并巩固了个性鲜明的“敢言”传统。中国传统思想中的“公”、“诚”、“忠”、“勇”这四项品德修养构成了《大公报》“敢言”传统坚实的思想基础。这种思想基础的奠定是以该报的总体办报方针——“文人论政”为前提的，而这个“文人论政”方针的背后，还有其深厚的文化底蕴。《大公报》“敢言”传统的实质，归根到底，就是站在爱国主义立场上，秉持大公之心，以言论报国，代民众说话[43]。

当然，对《大公报》客观公正的评价仍然要依据历史事实，比如针对一些书籍中“红军根据1935年9月15日，天津《大公报》刊登了陕北军事战况新闻而做出转战陕北的战略决策，最后改写中国历史”的结论，研究者认为，这种论断是不符合历史事实的。通过对前人的回忆和当时交通邮政状况的分析，研究人员认定：对中央红军长征落脚点选择帮助最大的，一是《山西日报》；二是1935年7月底、8月初的《大公报》；三是其他国民党报纸及其传播物[44]。

针对目前新闻研究的现状，一些新闻史学家认为，当新媒体出现时，需要有人及时地研究其形态、特征和影响，“与时俱进”是时代的要求，但不能因此而忽视或抛弃对旧媒体的研究，研究者不能成为新媒体或时代的奴隶。报史研究容易掉入早有定论无可研究的“陷阱”。不能盲目地迷信前人的定论，要敢于质疑，“可疑之处”有时正是“诱惑”我们去研究的原因所在[45]。

八、传播全球化与通俗文化

全球化不仅是文化认同问题，而且是一个政治问题。这一直是近几年来的一个研究较多的题目。国家形象是全球传播中一个比较重要的方面，研究者认为，传播的过程就是在公众心目中“投影”国家形象的过程。借助大众传媒构建与国家本体相互支撑的国家形象，已成为当今国际事务的重要环节，也成为各国外交制胜的有效策略[46]。而针对西方对中国的偏见，研究者认为，他国形象的误读具有许多原因。其中既存在有意识的误读，也存在下意识的误读。由于西方的消费文化支配一切，所以为了迎合读者，媒介有意突出高冲突事件，缺乏对冲突前因后果的分析，模式化和简单化地处理事件[47]。

通俗文化和文化研究也是近几年来新闻传播学界关注比较多的话题。针对目前社会比较担忧的印刷和电子数字媒体冲突引发的人文危机，有学者认为，要客观地看待这个危机，因为新闻无法成为人文精神的主要承载者。此外，在感受这种"人文危机"时也存在错觉，它取决于观察者是前视地看这个问题还是后视地看这个问题，大众文化并不是不好，但需要平衡和多样化[48]。

一些研究者系统地整理了西方通俗文化研究的理论资源，比如对西方电视批评理论和通俗文化研究的理论梳理工作，为我国进一步研究这些问题提供了借鉴[49]。另一些研究者则对西方文化研究的一些方法进行了总结与引进，如民族志传播学的理论与方法、霍尔的编码解码模式、大众传播的符号学方法等[50]。

此外，还有一些研究者则对中国当下通俗文化实践进行了考察，话题涉及电视连续剧《笑傲江湖》引发的大众文化与正统文化的观念分歧等[51]。

九、网络传播

网络传播研究依然是2002年学者所关注的一个领域。与过去内容抽象，宏观概括的研究方式相比，今年网络传播选题方面更加具体和深入，针对一些个案的研究明显增多，从多个不同的侧面显示出我国网络传播的特点与现状。

方汉奇仔细考察了法轮功利用网络传播邪教教义的方法，认为在全世界所有的邪教组织中，法轮功堪称是利用互联网最多、最充分的第一大户。据他统计，目前法轮功已在25个国家和地区建立网站，使用13种语言文字；在美国46个州建立网站80个。事实表明，法轮功遍及海内外的这些网站，在为法轮功造声势、作宣传、宣扬所谓"法轮大法"，加强法轮功痴迷者之间的联系，协助法轮功总部和它的各级组织完成他们的行动计划，扩大他们的影响等方面，起到了十分重要的作用。他认为，美国右翼和反华势力的支持和纵容，是法轮功网站能够在短时期内迅速发展的重要原因[52]。

强国论坛是中文网络世界中影响最大的一个论坛，也是研究者涉足较多的一个典型。通过对强国论坛日常议题形成与衰变过程的个案研究，一些学者发现，BBS议题最初大多来自传统媒体的新闻报道、原始帖子、海外媒体或其他网络媒体，并在观点的冲突中形成；议题发生衰变的原因是因为新事态的发展，人们情绪的缓解，新议题的出现以及BBS上的群体传播缺乏交流的连贯性。此外，BBS议题的发展中有内在的趋同性，有试图控制舆论和逃避监管的现象。总的来看，BBS具有"社会安全阀"功能[53]。一些研究者通过对"强国论坛"9·11恐怖袭击后的24小时的研究，发现和人们原来感觉的相反，大多数中国网民对这一事件的态度并不是幸灾乐祸，从强国论坛上看，这样的人只占4%。此外从这一事件的讨论中也可以看出，强国论坛不是一个自由论坛，而是一个有决定权的主持人所主持的讨论会[54]。

通过考察新浪网"王志东事件"，研究者发现，网络新闻传播在一定的情况和条件下，可以独自设置不同于传统新闻媒体的新闻议程，报刊媒体与网络传播的紧密关联，主要因为国内网络传播目前还是以文字形式为主。研究还发现，是否有自己的"社评"，也许是区分一个"中性"网络平台和一个网络新闻媒体的标志。当一个网站在同一地址、同一平台上，既进行新闻传播活动，又进行其他商业交易活动时，网民和网站本身都面临如何处理诚信分裂的问题[55]。

另一些学者在对大陆互联网站外来文化信息传播状况进行实证研究中，比较了外国电影信息和外国文学在网上的传播，发现，网络在传播不同类型的文化信息与产品时，其作用的深度与广度是不相同的。针对目前所说的网上文化侵略问题，这个研究显示对于文化产品的传播，网络并不是惟一的渠道。实际上，中国的传统媒介特别是电视在文化信息传播方面所起的作用，从目前看，仍是高于网络的。网络所起的是一种推波助澜的作用。所以威胁并不完全来自于网络。如果要有效地防止外来的文化的不利影响，需要从更广阔的角度来认识，并且采取更为系统化的措施[56]。

此外，祝建华、何舟进行的"互联网在中国的扩散现状与前景：2000年京、穗、港比较研究"，通过大量的经验数据描述了互联网在中国的普及情况，标志着我国互联网研究的精确化与理论化。

我国的新闻网站建设也是学者所普遍关心的。一些学者认为，主流的新闻网站自身必须是品牌网站，因此它必须拥有新闻品牌，以及由此带来的足够的市场占有率和网民忠诚度。但是，新闻品牌是目前媒体网站以及传统媒体都缺乏的。品牌新闻具有权威性、大视野、触及大问题和焦点问题报道透明化，以及引导舆论主潮的特征。目前媒体网站的运营状况，在传播模式上，网络新闻传播是传统媒体宣传模式的实际延伸；管理模式上，媒体网站是以宣传为中心的管理模式的实际延伸，缺乏网络运营所必需的法律平台，不利于新闻品牌和主流新闻网站的产生[57]。一些研究者通过对人民网的稿源分析，发现目前在信息来源上，重复转载多，造成信息丢失严重，也影响了网站的特色[58]。

除了这些具体的研究外，也有一些学者对互联网的形而上方面进行思考。比如有学者认为，网络传播并不是人们所说的“第四媒介”，而是人类传播和精神世界的第二世界。第二世界虽然虚幻，但却有着第一世界无可比拟的、望尘莫及的优势[59]。

综观2002年的新闻传播学研究，热点问题多，结合中国新闻传播实际，深入具体，宏观与微观并重，理论与方法建设方面均有突破，既充满信心又具有紧迫感。这个趋势，将会延续到2003年。

（作者：郭庆光，中国人民大学教授；
刘海龙，中国人民大学讲师）

注：

①童兵：《一个新闻学者对中国加入WTO法律文件的解读》，《国际新闻界》，2002年第2期。

②徐丛青：《论“私人话语”适当回归私人领域》，《现代传播》，2002年第3期。

③陈绚：《亟待重塑“见证”形象——论新闻记者角色错位危机》，《国际新闻界》，2002年第4期。

④程曼丽：《美、俄、日、德主要报纸涉华报道分析》，《国际新闻界》，2002年第4期。

⑤孙有中：《布什访华——新华社新华网与美联社新闻网的比较分析》，《国际新闻界》，2002年第2期。

⑥马少华：《冲突与宽容的言论生态——中美报纸言论版的比较研究》，《国际新闻界》，2002年第3期。

⑦张威：《典型报道：渊源与命运》，《新闻与传播研究》，2002年第2期。

⑧李欣、彭金凤：《中国媒体入世报道研究》，《新闻大学》，2002年春季号。

⑨蔡雯、孟金霞：《国庆报道与节庆新闻资源开发——对我国5家报纸国庆报道的实证研究与思考》，《新闻大学》，2002年冬季号。

⑩《传媒研究如何面对传媒实践专题》，《现代传播》，2002年第1期。

⑪陈力丹：《关于传播学研究的几点意见》，《国际新闻界》，2002年第2期。

⑫李本乾、张国良：《受众议程、媒介议程与真正实现关系的实证研究》，《现代传播》，2002年第4期。

⑬刘建明：《受众行为的反沉默螺旋模式》，《现代传播》，2002年第2期。

⑭郭镇之：《传播政治经济学之我见》，《现代传播》，2002年第1期；刘笑盈、麻争旗：《关于深化国际传播学研究的思考》，《现代传播》，2002年第1期。

⑮James W. Carey（李昕译）：《新闻教育错在哪里》，《国际新闻界》，2002年第3期。

⑯郑保卫：《新闻≠传播≠媒体——对〈新闻教育错在哪里〉一文的思考与回应》，《国际新闻界》，2002年第5期。

⑰吴廷俊：《传播学的导入与中国新闻教育模式改革》，《新闻大学》，2002年春季号。

⑱《新闻大学》，2002年春季号。

⑲郑贞铭：《传播科技与新闻理念》，《国际新闻界》，2002年第1期。

⑳林如鹏：《跨媒体、跨地区、跨行业——中国媒介集团做大做强的必由之路》，《新闻大学》，2002年冬季号；尧风：《中国电视产业集团化的未来之路》，《现代传播》，2002年第3期。

㉑王慧：《广电集团区域优化战略前瞻》，《新闻大学》，2002年秋季号。

㉒林晖：《编营分离——媒介资本运营的前提》，《新闻大学》，2002年春季号；曾励：《WTO背景下中国广电产业化的另类思考》，《新闻大学》，2002年冬季号。

㉓梁衡：《对报业集团的几点新认识》，《国际新闻界》，2002年第6期。

㉔刘波：《做强中国报刊业的思考》，《国际新闻界》，2002年第6期。

㉕李金铨：《中国传媒的民族性与全球性》，《国际新闻界》，2002年第6期。

㉖刘春：《中国电视的“盛世危言”》，《现代传播》，2002年第1期。

㉗陆晔、夏宁：《WTO背景下中国广播电视业的市场重组：特征与矛盾——以省级广电集团为例》，《现代传播》，2002年第2期。

㉘罗霆：《湖南电视产业发展模式研究》，《现代传播》，2002年第3期。

㉙郭光华：《频道专业化的困境与探索——兼作

中央电视台与湖南电视台比较》，《新闻大学》，2002年秋季号。

㉚黄升民、周艳、宋红梅：《数字化时代：内容何以为王——解读中国广电之数字化转型过程》，《现代传播》，2002年第5期。

㉛王学成：《对频道专业化与制播分离的再思考》，《新闻大学》，2002年秋季号。

㉜姚远：《制播分离下的中国民营电视与中国电视业互动的利弊》，《新闻大学》，2002年冬季号。

㉝彭吉象：《试论电视专业化频道的营销策略》，《现代传播》，2002年第3期。

㉞陆地：《略论“两电”市场的双向不完全对称开放》，《现代传播》，2002年第3期；陆地：《西方商业电视的经营意识》，《国际新闻界》，2002年第1期。

㉟孙旭培、林爱珺：《规范举证责任，保障舆论监督——质疑“谁报道，谁举证”》，《新闻大学》，2002年夏季号。

㊱程德安：《记者不是超人——谈新闻过失的合理认定》，《新闻大学》，2002年夏季号。

㊲曾励：《试论隐性采访的法律定位——解读〈关于民事诉讼证据的若干规定〉》，《新闻与传播研究》，2002年第3期。

㊳吴凌凌：《公共利益是杆秤——论隐性采访中的公民隐私权和言论自由的利益权衡》，《新闻与传播研究》，2002年第3期。

㊴程宗璋：《论新闻取材来源隐匿的法律问题》，《新闻与传播研究》，2002年第3期。

㊵侯健：《舆论监督与政府机构的“名誉权”》，《新闻与传播研究》，2002年第3期。

㊶汪露：《美国的言论自由与司法独立》《新闻大学》，2002年夏季号；吴飞：《在思想与行为之间摆动的言论自由——从美国法院的“明显和即刻的危险”规则看美国的言论自由》，《新闻与传播研究》，2002年第3期；邵志择：《表达自由：言论与行为的两分法——从国旗案看美国最高法院的几个原则》，《新闻与传播研究》，2002年第1期。

㊷方汉奇：《为大公报辩诬——应该摘掉大公报“小骂大帮忙”的帽子》，《新闻大学》2002年秋季号；周葆华：《质疑新记〈大公报〉的“小骂大帮忙”》，《新闻与传播研究》，2002年第3期。

㊸吴廷俊、范龙：《〈大公报〉“敢言”传统的思想基础与文化底蕴》，《新闻与传播研究》，2002年第3期。

㊹尹韵公：《〈大公报〉与红军长征落脚点之研究》，《新闻与传播研究》，2002年第3期。

㊺卓南生：《新闻传播史研究的“诱惑”与“陷阱”——与中国青年谈治史的苦与乐》，《国际新闻界》，2002年第3期。

㊻刘小燕：《关于传媒塑造国家形象的思考》，《国际新闻界》，2002年第2期。

㊼罗以澄、夏倩芳：《他国形象误读：在多维视野中观察》，《新闻与传播研究》，2002年第4期。

㊽陈力丹：《谈谈印刷和电子数字媒体冲突引发的人文危机》，《新闻大学》，2002年秋季号。

㊾时统宇：《从法兰克福到伯明翰——电视批评理论的西方资源再析》，《现代传播》，2002年第4期；刘海龙：《从费斯克看通俗文化研究的转向》，《国际新闻界》，2002年第4期。

㊿蔡骐、常燕荣：《文化与传播——论民族志传播学的理论与方法》，《新闻与传播研究》，2002年第2期；明铭：《一个诠释性典范：霍尔模式》，《新闻与传播研究》，2002年第2期；丁和根：《论大众传播研究的符号学方法》，《新闻与传播研究》，2002年第3期。

51柳珊：《众声喧哗中的〈笑傲江湖〉——大众文化与正统文化的观念分歧》，《新闻大学》，2002年秋季号；沈浩：《观众研究中的心理学视角：从基模理论看〈大话西游〉的观众解读》，《新闻大学》，2002年冬季号；吴文虎《电视广告的社会文本解读》，《现代传播》，2002年第2期；张建珍：《影像现实：媒介时代的情境喜剧》，《新闻与传播研究》，2002年第2期。

52方汉奇：《法轮功与互联网》，《新闻与传播研究》，2002年第1期。

53陈彤旭、邓理峰：《BBS议题的形成与衰变——对人民网强国论坛的个案研究》，《新闻与传播研究》，2002年第1期。

54郭良：《“强国论坛”：9·11恐怖袭击后的24小时》，《新闻与传播研究》，2002年第4期。

55邓炘炘：《INTERNET对中国新闻传播的意义——以新浪网“王志东事件”为例》，《现代传播》，2002年第3期。

56彭兰：《关于大陆互联网站外来文化信息传播状况的实证研究》，《国际新闻界》，2002年第1期。

57罗以澄、夏倩芳：《我们离主流新闻网站还有多远?》，《现代传播》，2002年第2期。

58苏瑞：《信息的重复与缺失——对人民网的稿源分析》，《现代传播》，2002年第6期。

59张允若：《关于网络传播的一些理论思考》，《国际新闻界》，2002年第1期。

军 事 学

军 事 学

昝瑞礼

2002年是中国人民解放军建军七十五周年，是学习贯彻十六大精神的第一年，也是军事学与时俱进，不断创新和发展的一年。

一、主要学术活动和学术成果

主要的学术活动有：年初，召开了由总装备部主办，石家庄军械工程学院承办的“首届中国军事装备科学学术研讨会”；1月，国家交通战备办公室、总后军事交通运输部邀请军内外28名军事专家召开了“制交通权”理论研讨会；4月，总后召开了军事心理教育学术座谈会；5月，举办了首届以“创新与发展”为主题的中国空军科技论坛；5月中旬，全军后勤学术研究中心在北京召开了“加入世贸组织与军队后勤建设理论研讨会；6月19日，国防大学外训系召开了“‘9·11’事件后国际安全形势研讨会”；6月24日—26日，军事科学院、《中国军事科学》编辑部等单位联合主办的“中国先进军事文化理论研讨会”召开；9月初，由军事科学院《国防》杂志编辑部组织召开了“信息动员学术座谈会”；9月中旬，国防大学召开了“联合作战系列研究学术研讨会”；10月下旬，国防大学等单位举办了“创建国际军事学学术研讨会”等。

主要学术成果有：解放军出版社出版的《当代中国军事学资深学者学术精品丛书》；国防大学出版社出版的《中国军事学博士文库》（已出50本）；解放军出版社出版的《21世纪初我军后勤改革与效益》；由江苏人民出版社出版，郭汝隗和黄玉章主编，由萧克将军题写书名，李德生将军题词的《中国抗日战争正面战场作战记》；沈雪哉主编的《军制学》；高金钿主编的《国家安全论》；李殿仁主编的《文图并说中国人民解放军大事聚集》；尚金锁、吴子欣、陈立旭主编的《毛泽东军事思想与高技术条件下局部战争》；黄新著《论新军事革命与战略对策》；宫玉振著《中国战略文化解析》；马保安主编的《战略学理论学习指南》；孙秀德主持编写的《高技术条件下局部战争后勤保障丛书》；姚有志的《世纪论兵》等。关于江泽民国防和军队建设思想的研究成果丰硕，有中央文献出版社出版，彭小枫主编的《江泽民国防和军队建设思想学习纲要》；中共党史出版社出版，国防大学军队建设研究所集体完成的《江泽民国防和军队建设思想学习读本》等。

二、军事科学学术前沿问题研究

这一年，军事理论研究学术前沿问题的内容十分丰富，由于篇幅所限，仅介绍现代战争制权理论、世界军事革命问题、军事战略思想问题、恐怖主义问题、军事学热点问题五个方面。

（一）关于现代战争制权理论研究

随着现代战争制权理论研究的不断深入，军事学术界提出了各种新的制权理论，主要有以下一些观点：

1. 关于制权理论的基本问题。一种观点认为，现代战争条件下，以制海权、制空权与制电磁权为主要内在要素的“三权”是常规战争中作战双方争夺取的焦点，夺取了“三权”就意味着军事安全有了保证[①]。一种观点认为，新的制权思想不断提出，体现了军事理论研究的活跃性。但是，在制权概念表达上的不规范和各种制权在使用上的不同类现象，表明了制权理论研究还有待深入。例如，对于“三权”的表达，有时是“制海权、制空权与制电磁权”，有时又是“制海权、制空权与制信息权”。一种观点认为，随着科学技术的迅速发展，战争形态发生重大变革，“制信息权”、“制交通权”等新的作战制权思想不断涌现，这要求我们军事理论研究工作者从历史的角度揭示制权思想的产生与发展规律，从全局的高度对制权理论作新的审视，从发展的角度对制权理论体系进行梳理、整合和深化。一种观点认为，弄清作战制权理论的概念、特点及其相互联系，是认识和探讨新的制权思想的基本前提。20世纪初，美国海军战略家马汉提出了著名的“制海权”理论，成为制权理论的奠基人。以后，意大利军事家杜黑科学系统地论述了“制空权”理论，在世界军事学术史上具有划时代的意义，对现代军事理论也产生了深远影响。20世纪80年代，电子战登上战争的舞台，战争形态发生很大变化，“制电磁权”理论应运而生。随着战争实践的不断丰富，人们对制海权与制空权的认识也在不断深化，制权概念的表述也正趋于科学和完善。《中国人民解放军军语》（以下简称《军语》）认为，制空权是“作战中，在一定时间内对一定空域的控制权”；制海权是“作战中，在一定时间内对一定海域的控制权”；制电磁权是“作战中，在一定时空内对电磁频谱使用的控制权”。可见，若从一般意义上看，所谓“制权”，是指作战中，在一定时空内对某一维战场空间使用的控制权。关于制权理论的特点：一种观点认为，制权理论的特点主要有以下几个特点：一是制权与战场时空的对应性，二是制权时空的相对差异性，三是制权的相对独立性，四是制权的反复性②。

2.关于制交通权。作为一种新的制权思想，制交通权提出以后，在学术界引起了广泛的争鸣。一种观点认为，与制海权、制空权和制电磁权一样，制交通权是一种全新内容的制权论。一种观点认为，制交通权是一个新的制权思想，但与制海权、制空权和制电磁权不是同一个层次。一种观点认为，“制交通权是一个重大的战略问题，在国家安全和发展中具有十分重要的地位和作用。”“制交通权关系着战争的成败，是军事战略的重要组成部分。”一种观点认为，“制交通权关系着国家外部利益的实现，是国际战略的一个重要内容”③。关于制交通权理论提出的客观依据：一种观点认为，把制交通权理论上升到与其他“三权”并列的战争制权高度，至少有如下四点依据：一是战争的发展，力量的变化，使得交通在战争中的地位越来越重要，可以说，谁掌握了战争中的制交通权，谁就掌握了战争的制胜权。二是高技术战争活动的重心，主要体现在信息流和物质流的畅通上，而物质流的畅通需要有通畅的交通来保障。三是在现代战争中，对交通的控制与利用不仅仅是后勤保障，也往往是联合战役中的一个子战役，而且已经发展成为一种独立的甚至贯穿战争全程的作战样式。四是现代交通是一个涉及军队和地方、平时和战时、前方和后方诸多要素的大系统、“大交通”，需要从战略的和全局的高度来进行总体筹划和设计。因此，只有将制交通权提到战争制权的高度，才能更好地贯彻新时期军事战略方针，真正发挥人民战争威力，实现打赢目标。才能更好地指导军队和国防建设，真正走上“投入较少，效益较高”的军队建设路子。一种观点认为，制交通权有法理的根据。它符合维护国家利益的主权理论，如领土制交通权、领海制交通权、领空制交通权，都是一个国家必须维护的主权④。关于制交通权与制物流权的问题。一种观点认为，制交通权的本质是制物流权。作为一种理论概括，应该用最能反映本质属性的概念。如果在提法上用制交通权来代替制物流权，则可能产生狭义的理解。一种观点认为，用制交通权比制物流权恰当。一是从制权对象的特点上分析，物质流是抽象的，抽象的“流”是不可控的和不可使用的，而交通线是物理的、具体的，是可控制的和可用的，同时，“制交通权”比“制物流权”的针对性和可操作性更强。因此，用“制交通权”更恰当⑤。

3.关于“制空权”。一种观点认为，当前最流行的观点是掌握“主要作战方向、重要作战地区、关键作战时节制空权”。这种观点，是第二次世界大战以来形成的相对制空权思想的自然延续，已经不符合高技术局部战争的实际。一种观点认为，从“夺取主要作战方向、重要作战区、关键作战时节制空权”，转变为夺取战区“整体制空权”，这是未来作战在制空权观念与作战指导上的重要转变。一种观点认为，在未来作战中，不能设想在没有制空权的情况下夺取制信息权，也不能设想在没有制信息权的情况下夺取制空权。必须将二者有机地结合起来⑥。一种观点认为，制权概念融合升级成为大势，空、天失“缝”产生“制空天权”；网、电互补衍生“制网电权”。将“制空权”与“制天权”、“制电磁权”与“制网电权”高度融合，合为一体，较好地解决了以前使用单一制权概念表达时不够完整的矛盾，体现了大气空间与太空、电磁空间与网络空间的整体性⑦。一种观点认为，随着社会形态由工业化向信息化转变，人们看到，军事对抗的重心与重点正在由有形的地理空间向无形的信息空间拓展，制网络权将成为未来战争争夺的又一制高点⑧。

4.关于“制天权”。一种观点认为，制天权是指在一定时间内对一定空间区域的控制权。一种观点认为，未来高技术局部战争将首先从外层空间开始，夺取制天权将成为夺取制空权、制海权、制陆权的先决条件，成为空间作战的首要任务。一种观点认为，与制海权、制空权相比，制天权具有以下一些鲜明的特征：在控制对象上，不仅限于敌方所拥有的空间力量，还包括为敌所利用的第三方空间力量；在控制手段上，突出“软杀伤”手段的运用；在控制力量上，注重空间力量与其他作战力量联合使用；在控制阶段上，制海权、制空权的争夺通常仅限于战争期间。但制天权的争夺不仅贯穿于战争的全过程，而且渗透于整个和平时期⑨。

一种观点认为，空间控制（SPACE CONTROL）或制天权，既是一个军事战略层面的概念，也是空间军事战略理论中的一个核心概念，只有搞清其确切含义，才能更好地理解空间军事战略理论的其他问题。

5. 关于“制信息权”。一种观点认为，打现代战争，谁拥有信息优势，谁就比较容易掌握战争的主动权。制信息权是现代战争的制高点，没有制信息权，就谈不上制海权和制空权，更谈不上战争的胜利⑩。一种观点认为，与制海权、制空权相并列，用“制电磁权”比“制信息权”更恰当。第一，从制权类别看，一般讲，制权可以分为“复合性制权”和“单一性制权”两类。“单一性制权”指对单一一维战场空间的制权，“复合性制权”指对包含两维以上战场空间的制权。制电磁权是对电磁频谱这一战场空间的制权，属单一性制权。同样，制海权与制空权也属单一性制权。因而，“制电磁权”与“制海权”和“制空权”可并列使用。信息泛指事物运动的状态和方式。作战信息多种多样，信息的载体五花八门，这些信息分散于不同性质的战场空间，控制这些信息所使用的作战力量和作战方式各不相同。或者说，制信息权是对多维不同战场空间的制权，属于“复合性制权”，与制海权、制空权并列使用不够科学。制信息权作为一个复合性制权，包括制电磁权、制网络权等单一性制权，将制电磁权、制网络权与制海权、制空权并列使用更为规范。第二，从制权对象的特点看，一般而言，制权控制的对象应是物理的、具体的、可操作的。海域、空域、太空、电磁空间都是物理的、具体的，是可以控制和使用的。而信息不是物质，是抽象的、意识的东西，是不可操作的，信息的载体才是可控的。因此，“制信息权”似有不妥。当前，“制信息权”已是学术界常用的概念，但必须认识到，所谓制信息权，控制的是信息的载体，而不是抽象的信息。第三，从对军队建设和战争指导的针对性和可操作性看，电磁波是高技术战争中作战信息的主要载体，电磁信息是其中最重要的组成部分，电磁频谱的控制与使用是高技术条件下作战双方争夺的焦点和难点。高技术条件下的战争，控制了电磁频谱空间的使用权，也就抓住了作战信息的重点。高技术条件下，不论从作战指导上，还是从作战力量的建设上，制电磁权比制信息权的针对性和可操作性更强，因而更有意义。《军语》使用了“制电磁权”，而没有用“制信息权”去代替“制电磁权”有其道理，不能简单认为《军语》已过时。当然，这并不否定制信息权对军队建设及战争指导的重要意义，此处重在认识这一制权的特点。制信息权对军队建设的指导，将通过制电磁权、制网络权等作战制权具体体现出来⑪。

（二）关于世界军事革命问题

研究当代世界军事的发展，无法回避世界军事革命这个问题。什么是军事革命？世界军事史上到目前为止共发生了多少次军事革命？如何迎接新技术革命？军事学术界进行了深入探讨。

1. 何谓军事革命？一种观点认为，军事革命就是指当某些武器装备发生了质的飞跃时，可视为是一次军事革命。一种观点认为，不是任何新式武器都能引起军事上的革命。革命是一种根本性的变革，是事物由一种质态向另一种质态急剧的、飞跃式的转变。一种观点认为，军事革命就是指当军队体制编制作了某些调整时，可视为是一次军事革命。一种观点认为，从严格的意义上讲，军事革命是随着武器装备断代性发展，由此引起军队编制、作战方式与军事理论等的根本性变革，从而导致整个军事形态发生质的特殊社会活动。一种观点认为，军事革命是武装斗争手段在科学技术进步影响下所发生的一些根本性的、质的变化，这些变化彻底改变了武装力量的建设、训练，以及实施军事行动乃至整个战争的方法。一种观点认为，既然有科学技术革命、产业革命、政治革命、宗教革命以及其他各种各样的革命，为什么不可以有军事革命呢？军事的发展同世间其他事物的发展一样，既有量变，也会有质变、飞跃或突破。凡属重大的、根本的质变、飞跃或突破就是革命。一种观点认为，关于军事革命的定义，这个概念应当包括下述基本论点：第一，军事革命是科学技术的突飞猛进和随之而来的社会生产力的飞速发展引起的，因而归根结底取决于经济基础和物质生产水平。科学技术和生产力的发展对军事的影响，首先通过军队的技术装备而发挥作用。第二，与科学技术和生产力的大发展相联系的政治社会的大变革，特别是政治革命，对军事革命的产生和发展也给予深刻的影响。政治变革对军事的影响首先反映在战争性质、官兵成分和军事制度等方面。第三，军事革命必然触及整个军事领域的各个方面，包括武器装备、编制体制、人员素质、教育训练、作战方法以及军事理论等等。第四，军事革命在军事领域各个方面引起的变革，不只是量变，而且是根本性的质变。但这种质变并不意味着全盘否定原有的一切，而是否定那些已经过时的东西，继承和发展那些仍然有用的东西，同时勇敢地采纳前所未有的新事物，使军事领域的各个方面适应变化了的新情况。第五，现代军事革命，需要拥有大量掌握现代科学技术的人才，对人的因素的要求不是低了，而是更高了。第六，军事革命总是通过军事改革的形式逐步实现的。从宏观上看是一场革命，从微观上看则是一系列改革；从一个历史时期看是革命，从各个阶段看是改革；从战略上看是革命，从战役、战术上看是改革。第七，科技和经济发达的国家在军事革命中处于有利地位，但发展中国家也可以有所作为。一种观点认为，当前这场新军事革命，内涵十分丰富，主要包括军事技术革命、武器装备革命、军事理论革命、军事组织体制革命和军队建设思想革命[12]。

2．在漫长的世界军事史上，到底有多少次军事革命？学术界对这个问题至今仍是众说纷纭。我国学者的主要观点有：一种观点认为，近代以来，西方先后出现过 6 次对世界历史进程产生重大影响的军事革命。第一次军事革命出现于资本主义与封建主义交替之际的 16 世纪后半叶，第二次军事革命于 18 世纪后期至 19 世纪初在欧洲和北美出现，第三次军事革命、第四次军事革命、第五次军事革命发生在 19 世纪末到 20 世纪末，新一轮军事革命，就是目前美国等国家正在积极推进的第六次军事革命[13]。一种观点认为，世界军事史上迄今已经发生过 5 次革命。第一次军事革命（16 世纪、17 世纪）、第二次军事革命（18 世纪后期至 19 世纪初期）、第三次军事革命（19 世纪后半期至 20 世纪初期）、第四次军事革命（20 世纪初期至 20 世纪中叶）、第五次军事革命（第二次世界大战结束之后）[14]。一种观点认为，世界军事史上迄今已经发生过 4 次革命：第一次为金属化军事革命，其根本标志是金属兵器取代木石兵器，职业化军队正式建立并有了发展，主要进行阵势作战，朴素的军事理论诞生，最后形成了崭新的金属化军事形态。第二次为火药化军事革命，其主要标志是火药兵器逐渐成为主战兵器，出现了火枪兵、炮兵、工程兵等新兵种，线式与散兵作战先后成为主要作战方式，军事理论开始形成体系，最后取代金属化军事形态。第三次为机械化军事革命，其主要标志是火力、动力机械与电子技术等相结合，军队由陆军、海军、空军部队构成，合同作战方式与各种新军事理论问世，机械化军事形态取代火药化军事形态。第四次为当代的新军事革命，即智能化军事革命，其主要标志是智能性武器系统逐渐主宰战场，出现了知识密集型的智能化军队，主要采取一体化的联合作战方式，军事理论及其体系彻底革新[15]。

3．世界新军事革命的基本内容。对这个问题的看法不尽一致，其中具有代表性的观点是“七化论”。一是军队人员知识化。二是武器装备智能化。三是作战编成一体化。四是战场要素数字化。五是作战方式精确化。六是作战空间多维化。七是后勤保障集约化[16]。

4．新军事革命对未来军事领域的影响。一种观点认为，新军事革命对未来军事领域的影响主要有以下四点：一是世界各国战略调整的力度进一步加大；二是战略力量对比的不平衡性进一步加剧；三是军事手段的地位和作用进一步上升；四是发展中国家战略选择的难度进一步增大[17]。一种观点认为，新军事革命对未来军事领域的影响主要有以下三个方面：一是以知识高度集中为特征的知识军事时代已经到来；二是军事斗争的主体是信息化军队；三是未来军事对抗形态是可控性战争[18]。

5．怎样积极迎接新军事革命？具有代表性的看法是：抓住机遇，迎接挑战。一是解放思想，更新观念：要强化跨越式的观念；要强化科技主导的观念；要强化信息制胜的观念；要强化改革创新的观念；要强化不懈奋斗的观念。二是要大力培养人才。迎接新的军事革命的挑战关键在人才。没有一大批高素质的人才，就无法掌握新的武器装备，无法创造和运用新的战法，也不可能赢得未来战争的胜利。三是研究和应对世界新军事革命，必须在理论创新上下功夫。创新军事理论，重点是发展现代人民战争的战略战术[19]。

（三）关于军事战略思想问题

古今中外，无数的历史事实证明，战略指导对于事业的成败，战争的胜负，国家的存亡和民族的兴衰，具有重大意义。所以，这个问题备受军事理论工作者的极大关注。研究的主要成果有：

1．什么是大战略？国内学者对大战略的看法主要有：一种观点认为，大战略是政治集团、国家或国家联盟发展和运用综合国力以实现其政治目标的总体战略。一种观点认为，国家目标是指国家安全目标，而国家安全战略作为大战略则应该称之为

“狭义大战略”。一种观点认为，国家安全目标实质包括国家安全和国家的经济社会发展双重目标，并将二者有机地结合起来的这种大战略应为“广义大战略”⑳。

2. 关于世界军事安全及军事战略问题。2002年，世界军事安全形势在“9·11”恐怖事件之后出现了新的变化，各国加强了对新军事安全威胁的研究，并进行了相应的军事战略调整。我军理论工作者十分关注这一问题的研究，具有代表性的主要观点是：一种观点认为，2002年世界军事安全的主线是围绕反对恐怖主义全面展开的，由于传统安全与非传统安全问题纠缠在一起，使得军事安全的内涵得到进一步深化与拓展。各国一向以军事对抗以及由此引起的战争与冲突作为军事安全的主要威胁源，但未来的军事安全内涵远远超出传统的界定。一种观点认为，今后世界各国在关注国家外部传统军事威胁的同时，将会下大力气防范非主权国家性质的军事安全威胁，从而使传统的军事安全增添了新内涵。一种观点认为，世界各国军事战略态势发生重大变化，与以往相比，其中最突出的表现是美国推出的先发制人军事战略。一种观点认为，军事战略格局有很大改观，国际军事战略格局变化的最大特点是美国军事力量继续走强，世界军事力量差距的鸿沟进一步拉大。一种观点认为，2002年对世界军控具有强烈震撼作用的事件莫过于年初美国抛出的《核态势评估》和6月宣布退出具有维护全球战略平衡意义的《反弹道导弹条约》。一种观点认为，21世纪的国际战略形势和中国的周边安全环境将出现一大时代主题、两大主要矛盾、三大发展趋势和四大威胁因素的基本安全构架。一大时代主题是指和平与发展这两个相辅相成的大问题；两大主要矛盾是指霸权与反霸权、发达与不发达这两对难以调和的矛盾；三大发展趋势是指国际政治多极化、世界经济全球化、军事发展高科技化；四大威胁因素是指中国面临“台独”势力分裂的情绪倾向、某些西方大国对中国的“西化”和分化”图谋、中国周边某些国家的制华意图，“三股恶势力”对中国的破坏和渗透等威胁㉑。有专家认为，美国安全战略调整，必然对世界战略格局的走向产生更加深远的影响：一是国际关系“多边制衡”的局面将受到进一步冲击；二是大国关系更加复杂；三是“边缘地带”的极端倾向可能加剧；四是对中美两国关系产生不利影响㉒。

3. 关于中国现行防御战略的特点。有的学者将其归结为5个方面：(1) 中国军队一贯坚持自卫立场，决不主动挑起事端。但是，如果别国把战争强加给中国，中国军民必将奋起反击。台湾是中国领土不可分割的一部分，台湾问题完全属于中国的内政。中国主张并致力于和平解决台湾问题，但不承诺放弃使用武力。武力是迫不得已时对付外国干涉和制止“台湾独立”的最后手段，因而也是和平解决台湾问题的最后保证。在涉及中国主权的问题上，中国政府和人民是决不妥协的，也是不容谈判的。(2) 中国的核战略同样是纯防御性的。中国研制核武器是在面临现实核威胁的情况下被迫作出的选择，中国拥有少量核武器完全是为了自卫。中国单方面承担了其他核国家没有承担的义务，包括不首先使用核武器、不对无核国家和无核地区使用或威胁使用核武器。(3) 中国的防务开支多年来一直保持在很低的水平上。中国的国防开支以维持基本防御需要为限度，这符合中国的和平对外政策和以经济建设为中心的国内政策。(4) 中国致力于建设一支精干的、有战斗力的防卫力量，也就是建设一支具有一定现代化水平的防御型军队。中国军队现代化建设服从国家经济建设的全局利益，在有限的军费内加以安排，不谋求超出防御需要的军事力量。(5) 中国重视加强国际军事交往，共同维护世界和平。中国军队积极与世界上许多国家的军队发展友好关系，参与联合国维持和平的行动㉓。

4. 关于我国未来高技术局部战争战略指导的原则。对于这个问题的研究已经取得了新的进展，其中具有代表性的成果是李际均在《探讨战争指导规律完善战略理论体系》一文中提出的我国未来应对高技术局部战争的战略指导原则，共有10个方面。第一，你打你的，我打我的，力争完全主动。强调战略指导的自主地位，始终掌握战略行动与战略指导的主动权，决不被敌人牵着鼻子走，坚持以我为主，把战略指导的注意力始终放在充分发挥自己的优势上，放在对全局来说最重要、最有决定意义的问题或动作上。第二，充分发挥现代条件下人民战争的整体威力。现代条件下，人民战争仍然是我军战略指导的根基。人民战争作为一种战争组织形式，其作用大小与军事技术水平高低有联系但无必然的因果关系。在高技术条件下，人民战争威力将更多地表现为战争力量积聚和战争基础的培植，更多地表现为政治组织力、经济科技力、舆论文化力和必要的人力物力参战支前等战争力量的综合释放。第三，确定有限目的，不打则已，打则必胜。我国未来高技术条件下局部战争的目的制约着战争的规模、手段、时空和进程。战略指导必须与此相适应，确保战则必胜，力争以最小的代价实现战争目的。第四，以积极的战略外线反击作战达成战略防御目的。在坚持战略的防御性质的前提下，力求最大限度地发挥积极防御战略的主观能动性。力求先机制敌、主动迎敌、尽远击敌，最大限度地维护国家安全利益。第五，集中精兵利器，在关键时间和地点形成相对优势。这是在总体上处于劣势的情况下，在具有决定意义的时间和地点顿挫优势之敌的不二法门。第六，击节破网，连续作战，坚持将敌削弱以后再行积极的歼灭性打击。着眼于运用多种手段，破坏敌作战体系的完整性和作战行动的有序性，使敌丧失整体作战能力，加速敌之崩溃。第七，力争速决，准备持久。在战略上一般应力求速战速决，但在涉及国家根本利益的战略决战中，当受客观力量对比所限难以速决取胜时，则必须从思想上、物质上作好切实准备，将战争引向持久。以与敌人血战到底的气概，与敌长期较量，不获全胜，决不收兵。第八，处理好镇战、备战和应战的关系，积形造势，创造有利的战略态势。核心是审时度势，量敌用兵，遏制战争和打赢战争并重，力争形成未战而先胜的有利条件。第九，根据不同的情况，适时组织实施预防性作战、控制性作战和决定性作战。第十，打好军事政治仗，政治军事仗。军事服从政治，军事斗争与政治、经济等非军事领域的斗争密切结合，这是达成战争全胜目的的客观要求，也是实行全面人民战争的题中应有之义[24]。

5. 关于中国军事战略的划时代转变。中国是一个历史悠久的文明古国，也是一个饱经战乱的国家。伴随着社会的发展和战争形态的演进，中国军事战略经历了多次转变与调整，但真正具有划时代意义的军事战略转变，只是发生在中国共产党领导中国革命战争之后。近百年来，在中国社会的革命和变革过程中，其军事战略也实现了三次划时代的转变：第一次发生在20世纪初，中国共产党的军事战略产生，并形成了一系列独具特色的、驾驭中国革命战争克敌制胜的原理原则和战略战术。第二次发生在中华人民共和国成立之后，军事战略成为巩固国防、抵御侵略、保卫国家领土主权完整、维护国家利益和尊严的基本军事政策。第三次发生在进人新时期以后，随着世界形势的变化、国家战略重点的转移和军队建设指导思想的战略性转变，特别是世界新军事革命的兴起和发展，军事战略又发生了极其深刻的变化。第一，中国共产党军事战略的产生，使中国军事战略实现了革命性改造具有了鲜明的无产阶级政治内容。第二，新中国军事战略的制定，把军事战略提高到了国家的形态，开创了军事战略的新纪元。第三，新时期军事战略的确立，使中国军事战略进入了一个全新时代，走在了世界军事战略调整的前列[25]。一种观点认为，新中国成立以来，曾经四次调整和充实军事战略方针。第一次是在20世纪50年代，确立了作为国家军事战略的积极防御战略方针。第二次是在20世纪60年代，从提出“整军备战”到确立准备早打、大打、打核战争的战略方针。第三次是在20世纪80年代，从重新确定“积极防御”到准备应付可能的局部战争和军事冲突。第四次是在20世纪90年代，确立了以打赢现代技术特别是高技术条件下的局部战争为基点的新时期军事战略方针[26]。

(四) 关于恐怖主义的热点问题研究

恐怖主义是人类社会的公害，是当前国际社会面临的重大难题。正确认识恐怖主义，加强军事斗争中的反恐怖准备，也是当前各国军队共同关心的热点问题。

1. 关于什么是恐怖主义。“9·11”事件以后，反恐怖主义成为国际社会普遍关注的热点，也成为学术界研究的重点问题之一。当前，人们感到最难取得一致的是对恐怖主义这一概念的界定。对此，不仅国际上众说纷纭，而且国内的认识也很不统一。就国内而言，一种观点认为，1999年我国出版的《辞海》首次收进了“恐怖主义”词条，将其定义为“主要通过对无辜平民采取暴力手段以达到一定的政治和宗教目的的犯罪行为的总称”。还有一种观点认为，恐怖主义是指某一组织或团体在非战争情况下，为达到一定的政治目的，针对非军事人员、设施，系统运用制造爆炸、进行袭击、劫机绑架或伤害本国或外国公民等恐怖暴力手段。战争中交战一方对另一方非军事人员、设施采取恐怖暴力手段，也属于恐怖主义范畴[27]。

2. 现代恐怖主义的特征。综观近年来的恐怖活动，现代恐怖主义体现出以下几个特征：一是暴力性。通过所策划的暴力事件，将他们的主张和意图传达给一定的社会群体。二是不可预测性。有组织的恐怖活动具有一定的隐蔽性，因此是事先难以预测的。三是象征性。恐怖主义的袭击对象不完全是随意挑选的，而是体现着恐怖分子的某种意志或企图。四是政治性。恐怖主义具有政治目的，如反对某个政府的某项政策，或者迫使某个政府改变立场，或者为了制造某种混乱局面引起公众的注意等。

3. 恐怖主义对现代局部战争的影响。一是恐怖主义活动的全球性，必然导致区域和多边组织反恐合作。二是恐怖活动的突发性，加大了局部战争决策计划与协调的难度。三是恐怖活动的高诡秘性，对军事情报保障提出了更高的要求。四是恐怖活动的高度破坏性，使得心理战的地位更加突出。五是恐怖活动的非正规性，对传统的以制空权、制海权、制电磁权为主要内容的“三权”理论提出了挑战。六是恐怖活动的泛国际性，使战争联盟的重要性更加突出。七是恐怖活动的不确定性，大大增加了战争防护的复杂性[28]。

4. 恐怖活动对传统军事战略提出了挑战。第一，恐怖活动的高效费比，使得恐怖主义可能更频繁地用恐怖袭击替代军事行动。第二，恐怖主义与大规模杀伤性武器相结合，将导致“核恐怖主义”、“生化恐怖主义”的出现。第三，如果恐怖主义与高科技结合，针对网络进行游击式恐怖袭击，将有可能导致现代国家的政治、经济、军事活动陷于瘫痪。第四，由于恐怖主义投资小、效果强、破坏力大，且不受国际法和国际战争法规的制约，恐怖分子可能被利用作为一个政府或组织对另一个政府的工具，从而导致“雇佣恐怖分子”的出现[29]。

5. 如何加强反恐怖军事斗争准备？许多学者提出了自己的看法，其中具有代表性的观点是：(1) 尽快完善有关“反恐”的法律体系，(2) 建立和完善高效的危机应付和处理机制，(3) 要加强反恐怖情报保障，(4) 要加强反恐怖训练，(5) 要积极加强国际间反恐怖合作[30]。

（五）军事学理论热点问题研究

在军事理论研究中，一些基本理论问题常常成为人们关注的热点。在 2002 年中，主要有下列问题成为研究的热点：

1. 如何认识现代战争？目前，对现代战争概念存在以下一些看法。一种观点认为，战争是流血的暴力行为，没有双方的直接交战，没有伤亡和破坏，不能称为战争；不能将暴力手段与非暴力手段的结合运用，认作是现代战争的新情况、新内涵。一种观点认为，战争概念在高技术时代发生了质的变化，以往对战争和战争本质的认识反映不了信息化时代战争的特点。“信息时代，对‘战争是政治的继续，是使用暴力手段解决社会集团之间矛盾的一种最高的斗争形式’的战争本质提出了挑战。战争不仅仅是政治的继续，不仅仅是民族与民族、国家与国家、阶级与阶级、集团与集团之间斗争的最高形式，而且也成为非政治群体甚至个人谋取利益，显示其存在的一种手段。”一种观点认为，战争是社会集团之间的行动，这是衡量是不是战争的一个重要标志。如果离开了社会集团性来研究战争问题，就会把战争的含义弄得面目全非，划不清战争与其他矛盾斗争的界限。一种观点认为，在高技术迅速发展的今天，战争是社会集团为达到政治、经济目的，使用暴力与非暴力手段迫使敌方服从己方意志的军事对抗行为[31]。

2. 何谓信息化战争？我国军事学术界对信息化战争的认识尚不完全统一，主要表现在三个方面：一是称谓不一致，有的叫做“信息化战争”，有的称为“信息时代的战争”或“信息战争”。二是内涵不一致，有人认为应该把信息时代的基本战争形态定为信息化战争，有人认为“信息化战争”、“信息战争”和“高技术战争”大同小异。三是时间不一致，有的讲“信息化战争”已经来临，科索沃战争就是“信息化战争”，有的讲“信息化战争”的到来尚需时日，现在的战争只是高技术战争或“亚信息化战争”。

3. 信息化战争是否是对机械化战争的彻底否定？对这个问题，目前军事学术界看法不尽一致，主要有下列两种观点：一种观点认为，信息化战争不是对机械化战争的彻底否定。理由是：如果认为信息化战争是对机械化战争的彻底否定，就是无限扩大了信息化战争的功能，把信息化战争是与机械化战争割裂并对立起来。一种观点认为，信息化战争作为新的战争形态，必然成为旧的战争形态——机械化战争的彻底否定者。理由是：一是信息能成为信息化战争能量释放的主要方式，机械能已经融入到信息能的大能量系统中。二是争夺信息优势成为信息化战争主要作战目的，而深刻体现机械化战争特征的兵力兵器的数量优势已经不能体现作战目的。三是战场认识系统、信息处理系统和指挥控制系统这“三大系统”则成为信息化战争主要作战目标，而左右机械化战场的重要力量——有生力量和重兵集团已经成为信息化战争一般作战目标。四是制信息权成为信息化战争中战场争夺的“制高点”，而深刻体现机械化战争特征的制空权、制陆权、制海权等争夺，已经融入制信息权争夺体系中[32]。

4. 究竟是有什么武器打什么仗还是打什么仗用什么武器？一种观点认为：“现代战争条件下，不再是有什么武器打什么仗，而应该是打什么仗用什么武器。”其理由是：如果再按传统思路，立足于传统武器装备去打一场高技术战争，必定在战争中处于被动状态。因此，必须转换思路，按照未来战争的需要，研制与生产高新技术武器装备，以争取未来战争的主动权，增强胜利的可能性。另一种观点认为：这里涉及国防消费与国防生产的基本关系问题。到底是生产决定消费，即“有什么武器打什么仗”，还是消费决定生产，即“打什么仗用什么武器”。按照马克思主义关于生产与消费的一般原理，应该是生产决定消费，而不应该是消费反过来决定生产，因此，还是应该讲“有什么武器打什么仗”，而不应该讲“打什么仗用什么武器”。否则，就违背了马克思主义的基本原理。第三种观点认为：不应该简单地对争论双方的意见下一个确定的结论。“有什么武器打什么仗”，更多地强调的是国防生产对国防消费的决定作用，而“打什么仗用什么武器”，更多强调的是国防消费的牵引作用。二者讲的是不同层面的问题，所以，两个判断是并行不悖的。不能简单地肯定前者而否定后者，也不能简单地肯定后者而否定前者㉝。

5. 关于战争中人和武器的关系问题。一种观点认为，完整、准确地理解和把握“人”和“武器”的作用及其二者辩证关系，不但是一个唯物史观重大的理论问题，也是一个带有军事斗争实践的重大现实课题。一种观点认为，武器是战争的重要因素，但不是决定的因素，决定的因素是人不是物。这是马克思主义军事理论、毛泽东军事思想中一个极其重要的科学论断和命题。一种观点认为，在决定高技术战争胜负的因素中，虽然“人”是决定性的，与此相关的“知识”是主导性的，但决不能就此否定或忽视武器的重要作用和地位㉞。

6. 信息时代，陆军将何去何从？一种观点认为，信息时代，陆军将逐步退出历史舞台。于是陆军贬值论、发展空海军牺牲陆军利益论、大规模运动战过时论泛起。一种观点认为，在新的历史条件下，国家的安全环境对陆军发展建设提出了更高的要求，陆军不但不能退出战争的舞台，而且应更新和转变观念，加快机械化、信息化建设步伐，实现跨越式发展㉟。

三、当前军队建设值得关注的几个问题

1. 21 世纪初军队建设的发展趋势

从目前各国推出的有关军队建设的“构想”、“指针”、“计划”、“方案”来看，有这样四种趋势特别值得关注：一是谋求战斗力新飞跃，实现军队的“转型”，即由机械化军队向信息化军队迈进。二是抢占新的制高点，加强太空力量建设。展望未来，美、俄等军事大国的太空力量建设将朝着空天一体、攻防兼备、软硬结合的方向发展。三是适应军队任务的变化，致力于多能化建设。各国的军队今后的发展趋势，是执行单一任务的部队将减少，而能执行多种任务的“多能型”的部队将增加。四是由威慑走向实战，调整核力量的建设。这一变化的核心在于：核武器已经由威慑手段变为威慑与实战并举的手段；核力量的地位有所下降，但用于实战的可能性却大大增强。这四种趋势在一定程度上代表着 21 世纪初军队建设的方向。

2. 外国军队现行军事战略及发展趋势

国防大学外语教研室撰写，解放军出版社 2002 年 1 月出版了《外国军事战略丛书》。丛书共 5 本，分别是《美国军事战略发展与现状》《俄罗斯军事战略发展与现状》《日本军事战略发展与现状》《印度军事战略发展与现状》《北约军事战略发展与现状》。作者介绍了世界主要国家或军事集团军事战略的昨天、今天、明天，重点分析了这些国家或军事集团的现行军事战略及发展趋势。有的学者在分析 2002 年大国关系特点时认为，进入 2002 年以来，因反恐怖主义及美国全球战略调整而出现了“一超多强”格局，美国的主导地位更加突出，多强合作进一步增强。美国借反恐，正在推行一种新的帝国战略，世界各国均在进行战略调整。有专家认为，普京执政两年多来，俄军事战略发生了明显变化：确立了“国家利益至上，抵御西方军事威胁”的基本目标，制定了新的战略方针，调整了战略部署，强调军队现代化建设走均衡发展的道路㊱。

3. 新世纪的外国军事变革

有专家认为，新世纪的外国军事变革进一步加强，集中表现在以下几个方面：(1) 美国军事改革——打造新世纪的“战争机器”。在全球重新投子布势；谋求建立全球整体威慑；强化联合指挥作战能力；突出信息战、情报战与空间战能力。(2) 俄罗斯军事改革——重温军事“强国之梦”。实施建国以来最大一次裁军；按西方模式重建军事领导体制；按地区原则推广一体化联勤；军费增幅达近10年之最。(3) 英国防务改革——军事干涉“争先锋”。“防备外交”为海外军事干涉铺路；强化联合作战和海外部署能力；组建国防后勤部统筹三军联勤。(4) 日本防务“大变脸”——悄然显形“军国幽灵”。屡破“禁区”为其出兵海外“松绑”；强化海空战略进攻力量建设，“专守防卫”成一纸空文；改弦更张，兵役制度进一步架空《和平宪法》。(5) 法国军队改革强化兵力，加强信息化军队建设，着力发展自主太空技术㊲。

4. 世界军事热点问题

有专家认为，世界军事热点的发展走向主要表现在：战争热点分布分散化；战争热点类型多样化；战争热点规模小型化；消除战争热点的机制正在完善㊳。

（作者：訾瑞礼，国防大学研究员）

注：

①徐金才、查正晖：《恐怖主义对现代局部战争的影响》，《军事学术》，2002年第10期。

②王兴旺：《作战制权理论浅见》，《中国军事科学》，2002年第3期。

③蒋士良：《再论制交通权》，《中国军事科学》，2002年第5期。

④陈祖华、柳长立：《制交通权理论研讨会综述》，《中国军事科学》，2002年第1期。

⑤王兴旺：《作战制权理论浅见》，《中国军事科学》，2002年第3期。

⑥闵增富、田同顺：《树立"整体制空权"观念问题探析》，《国防大学学报》，2002年第3期。

⑦常名：《战场空间融合与"制权"概念升级》，《解放军报》，2002年10月29日。

⑧朱玉萍：《未来战争争夺的制高点——制网络权》，《解放军报》，2002年8月28日。

⑨徐伟：《试析制天权与空间作战》，《中国军事科学》，2002年第1期。

⑩刘精松：《读〈论制信息权〉有感》，《军事学术》，2002年第3期。

⑪王兴旺：《作战制权理论浅见》，《中国军事科学》，2002年第3期。

⑫王保存、童伯文：《关注世界新军事革命》，《军事学术》，2002年第1期。

⑬黄永义、张连松：《近代以来西方六次军事革命中的后期嬗变及思考》，《后勤学术》，2002年第6期。

⑭吴春秋：《论大战略和世界战争史》，解放军出版社2002年1月版。

⑮谭恩晋：《精心打造军事革命的哲学理念》，《军事学术》，2002年第1期。

⑯⑰⑲傅全有：《关于世界军事革命的几个问题》，《中国军事科学》，2002年第1期。

⑱张殿宏：《新军事革命的十年回顾与展望》，《国防大学学报》，2002年第7期。

⑳吴春秋：《论大战略和世界战争史》，解放军出版社，2002年版。

㉑中国现代国际关系研究所：《国际战略与安全形势评估》，时事出版社，2003年版。

㉒杨毅：《美国国家安全战略调整动向与中美关系》，《国防大学学报》，2002年第9期。

㉓李际均：《论战略》，解放军出版社，2002年版。

㉔李际均：《探讨战争指导规律完善战略理论体系》，《军事学术》，2002年第3期。

㉕马保安：《战略理论学习指南》，国防大学出版社，2002年版。

㉖黄迎旭：《中国积极防御战略方针的确立与调整》，《中国军事科学》，2002年第1期。

㉗赖铭传：《试论"恐怖主义"概念的界定》，《国防大学学报》，2002年第3期。

㉘㉙徐金才、查正晖：《恐怖主义对现代局部战争的影响》，《军事学术》，2002年第10期。

㉚邱衍汉：《做好我军反恐斗争的对策分析》，《军事学术》，2002年第10期。

㉛邓锋：《论战争概念的嬗变》，《国防大学学报》，2002年第10期。

㉜王辉：《信息战争必然要彻底否定机械化战争吗?》，《军事学术》，2002年第7期。

㉝于连坤：《中国国防经济运行与管理》，国防大学出版社，2002年版。

㉞杨春长、任振杰：《理性地认识高技术条件下人的因素》，《中国军事科学》，2002年第4期。

㉟杨雪雷、谭贺运：《迎接新军事变革，加快陆军的跨越式发展》，《中国军事科学》，2002年第4期。

㊱于淑杰：《普京执政后俄国军事战略调整》，《外国军事学术》，2002年第6期。

㊲章锐、王凯等：《新世纪：外国军事变革紧锣密鼓》，《解放军报》，2002年1月9日。

㊳袁峰、张峰：《世界未来军事热点》，《解放军报》，2002年1月9日。

·学术论文选摘·

正确认识社会科学的地位和作用

董京泉

江泽民同志在考察中国人民大学时，对哲学社会科学强调了“五个高度重视”，重申了2001年8月在北戴河会见国防科技和社会科学专家时作出的哲学社会科学与自然科学“四个同样重要”的科学论断，并提出“现在的关键在于落实”。贯彻落实江泽民同志重要讲话精神，一个关键性的环节是引导人们正确认识哲学社会科学的地位和作用。在此基础上，全党全社会才能更加自觉地关心社会科学，进而形成热情支持科学探索、理论创新的良好环境和氛围，加快推进中国先进文化的建设。

一

与以自然现象和自然规律为研究对象的自然科学不同，包括人文科学和管理科学在内的社会科学(一般称为哲学社会科学或人文社会科学)，以人和人类社会为研究对象，以揭示人的本质，帮助人们树立正确的世界观、人生观、价值观，探索掌握社会发展规律和社会管理规律为己任。因而它是指导人们认识世界、改造世界和完善自身的强大思想武器，是推动历史发展、社会进步和人类文明的巨大精神力量。

德国伟大诗人海涅说过：“思想走在行动之前，就像闪电出现在雷鸣之前一样。”人类整个文明史表明，社会科学是一切成功的革命和建设事业的先导。从历史上看，没有13至16世纪高举“人文主义”旗帜的文艺复兴运动，欧洲就不会走出神学统治的黑暗的中世纪而迎来新世纪的曙光；没有17至18世纪英法启蒙思想家的鸿篇巨制，就没有西方资产阶级革命的兴起和胜利。在中国，没有五四新文化运动和马克思列宁主义的传入，就没有中国共产党的诞生；没有毛泽东思想的形成和发展，就没有中国革命的胜利和社会主义制度的建立；没有邓小平理论的创立和“三个代表”重要思想的提出，就没有改革开放的新局面和社会主义现代化建设在新世纪的全面推进。就思想领域而言，没有以孔子为代表的儒家和以老子为代表的道家以及法家的思想学说，就没有中华民族之民族精神的铸就和民族凝聚力的增强；没有马克思列宁主义、毛泽东思想、邓小平理论和“三个代表”重要思想，就没有当代中国党魂、国魂和民魂的形成。毫无疑问，无论是马克思列宁主义、毛泽东思想还是邓小平理论和“三个代表”重要思想，都是社会科学领域优秀成果的集中体现。

新世纪，国内外形势发生了深刻变化，我国的改革进入攻坚阶段，发展处于关键时期，特别是加入世贸组织后，我国改革和建设的理论需求大为增强，探索规律，把握趋势，作全局性、战略性、前瞻性研究的必要性和紧迫性比以往任何时候都更为突出。新的实践，新的形势，呼唤着理论创新，迫切要求哲学社会科学不断为其提供新的理论支持。显而易见，哲学社会科学大有可为。

二

社会科学的主要内容和作用，可以概括为四个“道”，这就是：革命之道，治国之道，建设之道，修身之道。

革命之道。革命之道是关于被压迫民族、被压迫阶级和被压迫人民翻身求解放的学问。革命的中心问题是政权问题。一般而言，民族革命的目标是争取民族独立，拥有国家主权；资产阶级革命的目标是建立资产阶级专政的国家政权，为发展资本主义扫清道路；社会主义革命的目标是推翻资产阶级政权，建立无产阶级专政。在我国，毛泽东的《新民主主义论》等著作，深刻地揭示了反帝反封建的资产阶级民主革命只能由无产阶级领导，其结果是建立人民民主专政的国家政权，为社会主义基本制度的建立和社会主义事业的发展扫清道路的道理。

马克思主义关于民族解放斗争的理论，关于阶级斗争和无产阶级社会主义革命的理论，关于在世界范围内社会主义一定会取代资本主义的理论，以及资产阶级思想家和革命家关于资产阶级民主革命的学说，是革命之道的主要内容。

就世界范围而言，革命之道仍需研究。需要深入研究的重大课题是：人类社会发展规律；当代资本主义的基本特点和发展趋势；世界社会主义的现状及其前途命运；当代社会主义与当代资本主义的关系；20世纪社会主义革命和民族解放运动的经验教训；社会主义最终取代资本主义的条件、途径和方式；当代殖民主义的基本特点和民族真正独立解放的道路。

治国之道。治国之道是关于巩固国家政权，维护社会政治稳定的学问。治国的中心问题是国家政权的巩固问题。对于社会主义国家而言，共产党是执政党，执政党的治理和执政地位的巩固是治国的核心和关键。治国的基本目标是政权巩固，国家统一，民族团结，综合国力强大，人民安居乐业，社会政治稳定，国际关系良好。

马克思主义的政治学说，马克思主义关于无产阶级专政和社会主义民主的理论，关于国际政治和国际关系的理论，是社会主义国家治国之道的主要内容。此外，我国古代思想家提出的某些治国思想，如“以正治国”，“治大国若烹小鲜”，“天下为公”，“仁政”，“礼法并修”，“无为而治”，“休养生息”，“政在节财”，“大一统”，“师夷长技以制夷”，等等；西方资产阶级思想家提出的社会契约论，“天赋人权”论，权力制衡论，民主共和思想，自由主义的政治思想，等等，也属于治国之道需要研究的内容。

推进治国之道，当前需要深入研究以下重大课题：反对民族分裂，维护国家统一；坚持和完善人民民主专政；维护和巩固共产党的执政地位；依法治国与以德治国的关系；改革、发展、稳定的关系；国家意识形态一元化与社会文化多样性的关系；抵制西方敌对势力“西化”、“分化”政治图谋和反对恐怖主义；世界总体格局、发展大势与我国对外关系；反对霸权主义和强权政治，建立国际政治经济新秩序；等等。

建设之道。建设之道是关于推进国家各项事业全面发展的学问，对于我国现阶段而言，主要是关于全面推进有中国特色社会主义各项事业，建设社会主义现代化强国的思想和理论。国家建设的中心问题是经济建设问题。对于一个国家来说，发展应是全面发展，建设应是全面建设，因此，经济建设、政治建设、执政党建设、文化建设、国防和军队建设等缺一不可，而且应全面规划，协调发展。国家建设的目标是：经济发达，政治民主，文化昌盛，国防强大，民族凝聚力强，国际影响大。

要胜利推进各项建设事业，必须正确处理生产关系与生产力、上层建筑与经济基础的矛盾，理顺和健全各方面的体制和机制，因此必须实行改革。改革是社会基本制度的自我完善和发展，是国家建设的题中应有之义。现在的世界是开放的世界，中国的发展离不开世界，世界的发展也离不开中国，因此，对外开放也是推进各方面建设的必要条件。

马克思主义关于社会主义建设的理论，关于经济建设、政治建设、执政党建设、文化建设、精神文明建设、军队和国防建设等的理论，关于正确处理社会主义建设中若干重大关系的理论，关于各项建设事业协调发展的理论，关于社会主义条件下各方面改革和对外开放的理论；中国古代和近代思想家、政治家关于国家建设的思想；西方资产阶级思想家关于市场经济和国家宏观调控的思想，关于政权建设的思想，关于文化政治建设的思想，关于军队建设的思想，等等，是建设之道的主要内容。

全面推进我国社会主义现代化建设，当前需要深入研究以下重大课题：社会主义建设规律；“三个代表”与执政党建设规律；社会主义现代化建设的目标、阶段和道路；社会主义现代化建设中的若干重大关系；社会主义经济、政治、文化协调发展和社会全面进步；社会主义市场经济理论；社会主义经济体制转换与经济结构调整和制度建设；科教兴国战略、可持续发展战略和西部大开发战略及其相互关系；政治体制改革与民主化进程；党内民主与社会民主之关系；依法治国，建设社会主义法治国家；与时俱进，推进马克思主义理论的创新发展；以马克思主义为主导的社会主义先进文化建设与批判吸收中国传统文化和西方文化的关系。

修身之道。中国素称“礼仪之邦”，中华民族是最讲修身之道的民族。在中国古代，修身主要是指个人思想道德和性情方面的修养，即“修身养性”。而我们所说的修身之道是关于人的全面发展、各方面素质全面提高的学问。修身的核心问题是树立正确的世界观、人生观、价值观，解决理想、信念、道德方面的问题。修身的最高目标是使自己达到马克思说的“自由而全面的发展”。

马克思关于人的自由全面发展的思想，关于世界观、人生观、价值观的理论；毛泽东关于在改造客观世界的同时改造主观世界的思想，关于德、智、体全面发展的思想；邓小平关于培养“四有”新人的思想；江泽民关于“讲学习，讲政治，讲正气”和“政治强、业务精、作风正”的论述；以及以孔子为代表的儒家关于仁、义、礼、智、信，以及把修身作为“齐家、治国、平天下”的前提和基础的思想；现代西方学者提出的关于人的现代化的理论，关于人格的文化构造理论等等，是关于修身之道的主要内容。

推进修身之道，需要深入研究以下重大课题：马克思主义经典作家关于人的全面发展的思想；人的现代化与社会主义现代化建设；人的全面发展的要素及其相互关系；人的自由全面发展过程中个人与集体、国家和社会的关系；克服关于人的自由全面发展的思想障碍和体制、机制障碍；市场经济条件下公民思想道德建设；人格建设工程与教育、社会文化和社会管理的改革问题；中国传统文化和西方文化中关于修身的合理思想。

在四个“道”中，革命之道是前提，治国之道和建设之道是核心，修身之道是保证。无论革命也好，治国也好，建设也好，能否成功，成就大小，归根结底取决于人的素质；革命化、法治化、现代化，关键在于“化”人。不造就一批革命家，革命不会成功；不造就一批政治家，国家治理不好；没有大批建设人才，现代化难以实现。而且，革命、治国、建设都是为了人，没有人就没有社会，世界上的一切就谈不到它的意义和价值，因此，任何时候都要以人为本。

三

社会发展到今天，科学技术已经成为第一生产力（这里的科学主要是指自然科学），它在经济发展中的作用越来越大，与人们的生活愈来愈密切。但是，第一，自然科学要转化为现实生产力，必须通过社会科学给予文化的、社会的和道德的导引和规范，否则就会走偏方向，甚至危害社会。比如自然科学能够克隆人，通过基因重组能够制造出病毒和病菌，然而是否允许制造和批量生产，则不是自然科学可以解决的；自然科学借助一定的物质条件可以制作出美味佳肴和价值连城的工艺品，但这些东西可否享用，能否据为己有，也不是自然科学可以回答的。第二，任何自然科学的现实的存在和发展，都不能离开社会科学的整合和中介作用；自然科学要想解决社会问题，必须以社会科学为杠杆。第三，自然科学可以改善人们的衣、食、住、行，但不能创造富有理想、富有文化目标和价值意义的生活，不能体现马克思所讲的“属人性”，而后者正是人文社会科学的独特职能和价值所在。第四，自然科学可以创造物质生产力，社会科学则可以为解放和发展生产力、促进社会进步提供强大精神动力、智力支持、价值目标和政治保证。

总之，自然科学与社会科学各有自己的特点和优势，它们之间具有很强的互补性。列宁当年曾指出，存在着自然科学奔向社会科学的强大潮流，战斗的唯物主义应当与自然科学家结成联盟。我们现在可以说，存在着社会科学奔向自然科学的强大潮流，社会科学与自然科学应当结成服务于社会主义现代化建设的新的联盟。因为现在许多重大理论和实践问题的解决，需要集自然科学与社会科学多侧面、多层次的共同研究和联合攻关，自然科学与社会科学越来越呈现出一体化的趋势。

（作者：全国哲学社会科学规划办公室主任、中宣部理论局副局长）

（选自《光明日报》2002年6月4日）

人文与社会科学研究的几个问题

刘梦溪

一、人文科学与社会科学的分别

中国现代学术思想的一个标志，是重视对学术作现代学科的分类。传统学术的分类方法，是按经、史、子、集来分别，也就是通常所说的四部之学。晚清西方学术思想大规模传入，当时先进的学人开始对传统学术重新整合与分类。王国维觉醒得最早，他比同时代其他学人更重视学术分类。他曾说，“现在的世界是分类的世界”。五四前后学术界提倡整理国故，方法之一，就是对传统学术作现代的分类，也就是胡适所说的“文学的归文学，哲学的归哲学，史学的归史学”。但20世纪50年代以后，中国的人文与社会科学经历了曲折的过程，长时期学术分类变得模糊而不明晰。人们只知道自然科学与社会科学，人文科学几乎消匿了。当时存在的倾向是，用马克思主义的一般原理代替社会科学，所以经济学只讲《资本论》，政治学只讲《共产主义运动史》，社会学和人类学，则根本不存在了。

重新反思和检讨20世纪50年代以后的学科建设，问题之一是人文科学与社会科学不加区分，因此很多学科没有建立起来。近20年人文与社会科学的学科建设得到不同程度的重视，出版、研究和大学的学科分类逐渐明晰起来。然则人文与社会科学的分别到底在哪里?

一般地说，社会科学应包括经济学、政治学、法学、社会学、心理学等；人文科学包括语言学、文学、历史学、哲学、考古学、艺术史、艺术批评等。我这样讲，也许有利于综合大学的学科建设。因为在大学的学科设置问题上，艺术史和艺术批评是相当重要的，而过去却得不到重视。国外的大学，据我所知，是非常重视艺术史课程的。艺术史和艺术批评，可以补充并帮助人文从业人员的鉴赏力和同情性胸怀的形成。

有一种说法，认为科学（包括社会科学）是从多样性、特殊性走向统一性，而人文科学则必须凸现其独特性、意外性、复杂性。我不能否认这种说法有一定的道理，但不妨从另一个角度来看，即如果说人文科学与社会科学都是以人为中心，那么比较起来，人文科学更贴近人，甚至可以说是研究人本身的学科。语言是思维工具，文学是人的幻想，历史是人的记忆，哲学是人的思维成果。因此研究人文科学的从业人员应该是最富人文精神的群体。

二、专家之学与通人之学问题

学术二字，重点是学，学是根本。晚清学者如严复，把学看成是“体”，将术看做是“用”，也是强调学的重要。说一个人学问不好——不学无术，这是很严厉的批评。如果说有学无术，倒是褒义的说法。最不好的是不学有术，简直是恶评了。

世间的学问是不同的，所以有各自不同的学科，但学后面的理与道，又是相同或相通的。通人之学，不仅能明其学，而且能通其道。传统学问讲求通，认为通与不通是为学的大问题。不通，指的是理与道的不通，同时也指自划畛域、不能打通不同的学术领域，不能把各种学问融为一体。

通人之学与专家之学的分别，在于专家之学是就某一领域而言的，它不一定打通各界，达到通识通学；但通人之学必须打通古今，联结中外。上一个百年，许多第一流的大学者都有通人之学的气象，如严复、蔡元培、梁启超、章太炎、王国维、陈寅恪、赵元任等。所以，我认为20世纪的整体学问成就是很高的，是乾嘉以后的又一个高峰期。当然，现代学术的一个标志，是学科的分类越来越细密，不用说，这也是学术发展的需要，但代价则是通学之士越来越少了。而为学开始阶段的博取与专精问题，是日后走向通人之学和专家之学的起点。这是任何一个以学问为职志的人都会面临的问题。

三、借人讲话与借符号讲话问题

我是指学问的两种建构方式。当然学问的建构，有各种途径和方法，所谓借人讲话和借符号讲话，更多的是对人文学术写作方式的表述。哲学家，特别是那种纯哲学家，他们往往用符号讲话。对他们而言，最重要的是范畴、概念。西方这种学者比较多，因为西方有思辨的传统。中国学者纯用符号讲话的比较少，只有一些佛学经典，另外还有金岳霖，他的《知识论》《论道》，可以看做是用符号讲话的代表。

史学家一般借人讲话。因为历史是人物的活动，离开人物的活动，就无所谓历史。我个人大体上是借人讲话。我研究王国维、陈寅恪，研究现代学术人物，无法不借人讲话。现在学术界有一些青年学人也愿意借符号讲话，但是由于准备不足而往往流于空疏。很急于说一大堆话来建构自己的体系，实际上体系并不因之而建立起来。这样的空疏之学，与其借符号讲话，还不如借人来讲话。

四、古今中西问题

做人文与社会科学研究，不可避免地会遇到古今中西的问题。一般地说，我们需要做到知古知今，知中知西。高一点的要求，应该是博古通今，学贯中西，这比较难，只有一些大师级的人物才能达到。20世纪的一些大的学者，他们的学问确实达到了这个境界。我们初学做学问的人，我认为至少应该做到知古知今、知中知西。而且应该明白，古今中西并不是对立体，而是应该互相打通的文化区域。晚清时候，西潮汹涌，中国文化的传统价值受到冲击，把中西学问对立起来的现象非常普遍。

“中体西用”的说法，就是一种防范性的文化主张，出发点是为了调和中西、“防弊”，结果是把“中”、“西”对立起来。今天这种现象不应该再有了。如果没有西方文化作为参照系，对中国文化的界定就会失去水准的。同样，作为中国的学者，非常重要的是不忘记本民族的历史地位，也就是应该知道自己是从哪里来的。知道从哪里来，才知道到哪里去。也就是“数典”而不忘祖。另外在古今关系问题上，学问的当代性问题也非常重要。

五、人文写作的主客互动问题

社会科学研究要讲究客观性，甚至需要汰去情感。情感的介入有时可能会影响研究的客观性。乾嘉考据学有六个要素，其中有一个要素是“断情感”。研究中国学术史，我认为乾嘉学术中已经开始有现代学术思想的一些萌芽，就是指这方面而言的。人文科学虽然也讲究客观性，但研究者的主体性是非常突出的。即使是历史学这种客观的科学，在历史写作中史学家的角色也不容忽视。所以，陈寅恪的史学研究有“古典”、“今典”，我还提出有“近典”，他的主体参与非常明显。史学家的角色在历史著作中若隐若现，甚至非常突出，在这个问题上我还提出了一个概念——“历史的现在时”。三联书店重新出版《柳如是别传》，邀我作文介绍，在文章的结尾我写道：“天壤之间，有了《柳如是别传》这部书，活的史学，有生命的学术，历史的现在时，从此成为可能。”历史的现在时这个观点，我自己认为非常重要，它涉及人文写作中存在的主客互动问题。

六、人文从业人员的人文修养问题

首先遇到的是文史哲三科的分与合的问题。人文科学的基础学科还是文学、哲学和历史。学文学的需要走向历史和哲学。中国传统做学问的方法，有个一贯的说法，就是“出文入史”。要求学文学的人应该走入历史，认为只有走入历史，学问才能有成，否则单纯的文学是否能够成学，还是一个问题。就是说，只有“出文入史”才能成其为学。但我个人的经验似乎有一个发现。我是学文学出身的，后来确实进到了史学的领域，甚至有一段时间还颇有一点很轻文学。北京大学百年校庆的国际汉学会，我被分到历史组。有时与朱维铮先生通电话，我总是说在步他的后尘。但是在史与哲的领域逗留时间久了以后，慢慢发现，对文学还有一种不自觉的怀恋。不仅仅是怀恋，慢慢发现在史与哲的研究中有文学的参与，能使学问提升到一个新的境界。

现代性研究中有一个概念叫“情商”，与“智商”相对的一个概念。研究者说那些最高的天才不仅智商高，情商尤其高。文学修养，其实应该是一个人情商的催化剂。当你全身心进入史学与哲学的研究后，偶然会发现文学的添补和参与其作用有多大。所以一个人文从业人员，他不仅应该通史通哲，而且应该有很好的文学修养。哲学家如果没有文学的修养，将会是怎么样的一种缺陷，我觉得他起码不能成为一个好的哲学家。事实上我还没有看到一个伟大的哲学家而不具备好的文学修养。就连经济学家厉以宁先生，他的诗词写得也很好。

还有一个问题是“学与人”的问题，即做学问与做人的问题。这是个传统文化语境中的老问题。在西方不格外强调这个问题。西方学术界的普遍意识是，不认为做人与做学问有什么特殊的关系，因为学问已经从主体分离出去，是客观的呈现，学问就是学问。中国的学问则常常与人联系起来，倾向认为如果一个人的人格精神不那么好，他的学问也未必真做得好。因此主张可以从文章中看出一个人的人格气象。做大学问要有博大的胸怀、大的气象，然后有大儒、师儒之称。不仅讲究学问，还讲究学养。学养指学问的多方面的修养、多方面的准备，不仅仅是知识储备。这其中有一项指标是学术的味道，我们在不同的做学问的人的身上可以看出不同的味道。

七、论与史的问题

也就是材料和观点的问题。一般做学问、写论文，材料和观点结合得好，是初步的要求。因为只有把这两者结合好了，才能有说服力、自圆其说。过去有一个误区，就是一段时间强调“以论代史”，后来觉得不好，又提出“论从史出”。其实两种说法都有些简单化。20世纪中国现代学术发展中有另外一个派别，后来称为“史料学派”，以傅斯年为代表的原中央研究院历史语言研究所是此一学派的重镇。傅斯年特别重视史料的挖掘，把史料提到了第一位。他说什么叫学问？就是找材料，口号是“上穷碧落下黄泉，动手动脚找材料”。陈寅恪的基本方法，也是在史中求史识。总之用材料讲话。翦伯赞从前写过一篇文章，题目叫“反对放空炮”，同样是这个意思。我可能是受了傅斯年、陈寅恪他们的影响，我看前人的著作，很大程度上是看他们著作中涉及的材料，而不是寻求他们的观点。在材料与观点到底哪个更重要这个问题上，我想首先不能把两者分开，但我个人更喜欢前人著作中有价值的材料。

八、学术与思想问题

学术与思想是不能分开的。其实讲学术，很大程度上讲的就是学术思想。但前几年，也许包括现在，我们看到很多人的文章，甚至包括我们很尊敬的学者的文章，他们在提倡有思想的学术或者有学术的思想。当时我很诧异：为什么会有这样的提法？学术和思想能够分开吗？难道有没有思想的学术吗？乾嘉学者的研究，在一定程度上带有纯学术的特点，但他们的学术中没有思想吗？没有思想怎么能建构自己的学术呢？所以我认为，学术和思想是不能分开的。我的这个看法牵涉到中国学术界所谓的20世纪80年代和90年代的分别问题。有人说80年代重思想，90年代重学术。对此，本人不敢苟同。

我的看法是，20世纪80年代的学术界有不够扎实的倾向，由于学风不扎实，因此思想也就难以坚定。90年代以后学术界的风气比较扎实一点，因此有了一些不错的看得过去的著作，如是而已。不必发明一个公式，说80年代重思想、90年代重学术。那么岂不是说80年代的思想没有或者少学术，90年代的学术没有或者少思想，逻辑上也不容易讲通。

九、发明与发现问题

从事人文与社会科学的研究，写论文、出版著作，总应该有属于自己的、别人没有涉猎过、没有讲过的东西。这就是学术研究中的发明和发现问题。发现指材料的发现，如甲骨文字、敦煌遗书的发现，等等，这是20世纪的学术大发现。小一些的如不时出现的考古新发现，以及每个研究者对课题范围之内的具体材料的发现。前些时我探讨陈寅恪的家学渊源，有诸多材料说明陈寅恪的曾祖父陈琢如对王（阳明）学最为倾服，他的祖父陈宝箴也兼治“姚江”（王学）。那么陈三立呢？一次翻检《散原精舍文集》，突然在一篇陈三立写的墓志铭中，分明看到下列字样：“涉学派，三立意向阳明王氏，微不满朱子。”陈三立自己声明他倾向王学，再没有比这更可靠的证据了。这条材料，对研究义宁之学的渊源来说，应算做一个发现。

学术发明是指学理上的发明。钱大昕是清代的史学家，也是音韵学家。他在音韵学方面的一个重要贡献，是指出上古汉语没有轻唇音。这在学术上既是发现又是发明。钱钟书先生的《管锥编》，爬梳比较几百种中外典籍文献，他得出一个结论：“东海西海，心理攸同。南学北学，道术未裂。”这个结论，在学术上就是重要的发明。人文与社会科学研究的一个重要目标，就是企望在学术上有所发明和发现。一个人文与社会科学的从业人员，如果写了很多文章、著作，却没有一点发明和发现，这样的研究，其学术意义就大为降低了。但现在的文章、出版物很多，有发明、发现的却很少。

十、学术论文的文体规范问题

20世纪90年代以来，学术界开始重视学术规范问题并且有所倡导。

但是还非常不够，现在的学风又趋于浮躁，失范现象越来越严重。学术规范的一个最大的问题，是如何对待前人和他人的成果问题。很多论文和著作吸收了前人或他人的学术成果，而不注明出处。这在学术上是大不德。学术论文写作，即使是从前人或别人那里受到了启发，也应该申明。大学有责任在这个问题上立下风范，如果发现掠夺了别人的学术成果，这样的博士论文、硕士论文，应该不予通过。国外学术界非常重视这方面的规范。一篇正规的论文，别人的意见总是规规整整地写在那里，别人研究到何种程度，而自己提出了什么不同的问题，清清楚楚。我们的一些论文写作，可以说完全不管别人怎么讲。比如我所关注的陈寅恪研究，我看到不少文章都是在重复叙述，完全不顾哪个问题谁最先提出、谁最先发现的。当然也有另外的情况，例如注明出处，被认为是论文写作的规范的规范。因此有的学者提出，看一篇论文，不需要看文章本身，只要看后面的注释就可以知道文章的水平。结果现在有的文章，喜欢做大面积的注释，不该加注的也加注，徒增篇幅。

十一、学问有什么用

有一次，我在北大历史系给研究生讲课，那天天气特别冷，而且是在晚上，听我讲王国维和陈寅恪两个大学问家同时也是两个悲剧人物的故事。大家进入了学术人物与环境的特殊氛围，情绪显得低落。有个听讲者问：“学问有什么用？”我说：“我其实也觉得没什么用，首先解决不了你现在的情绪低落问题。这需要暖气和阳光一类的东西。”

社会科学，比如经济学、法学，用处是可以看得到的。人文科学如文学、哲学、历史学，它的用处在哪里？古人有“无用之学”和“有用之学”的说法，说“无用之用是为大用”。人文科学的作用，是眼睛不容易看到的。人文科学的作用不是现在时，而是将来时，它有潜移默化的作用。宋代大思想家、理学家、哲学家朱熹，认为读书可以变化气质，真是一语中的之言。如果很多人都有机会念书，就会形成集体的文化积淀，每个人都有人文方面的修养，这样的人群的气质就不同了。所以教育的普及非常重要。如果中国是一个实现了普及大学教育的社会，我们看到的就不是现在的中国人这个样子了。人文修养、读书，首先可以变化一个人的气质，然后蔚为大观，就可以慢慢转变社会的风气。

另外学术还是一种象征，一种文化精神的象征。我在过去文章中，讲过学术思想是一个民族的精神之光。王国维说一个国家有最高的学术，是国家最大的荣誉。而大学，就是拥有最高学术的学府。人文科学的作用，对个人来说是变化气质，对国家和社会而言，则是可以转移风气。

十二、声名与沉寂

学问做得好，文章发表得多，著作出版得多，必然会相应地产生一定的名气即知名度。但名气、知名度和学问本身并不是一回事。大学问家往往是沉寂的。没有一个大的学者，没有一个学术上有大的成绩的人，没有经历过学术上的沉寂时期。我找不到反证的例子。王国维的学问，在很大程度上得力于1912年与罗振玉一起到日本，住在京都的乡下，几乎用了六七年的时间，系统读罗振玉大云书库的藏书，这个时候他几乎与世隔绝。郭沫若在甲骨文、金文方面的成就，没有人否认，然而这得力于他1927年至1937年在日本的十年苦读。陈寅恪更不用说，他一生都在学问堆里，不求闻达，不求为世人所知。季羡林先生的学问，也是经常在极端的沉寂中做出的，他的最重要的译作、卷帙浩繁的《罗摩衍那》，是在十年动乱与浩劫之中翻译完成的，一边看传达室，一边在小纸条上翻译。李泽厚现在名气很大，其实他是一个喜欢独处、相当沉寂的人。他很少参加会议。他关于康德的书是在下放干校期间写成的。

而且人文与社会科学方面的著作，特别是那些学问深积的著作，并不一定很快得到人们的认识理解。所以古人有"藏之名山"的说法，把著书立说叫做"名山事业"。陈寅恪更是认定他的著作不会见容于当世，不止一次地说"后世相知或有缘"。对学人和学问的理解，不一定取决于研究领域的相近和相同，还有一个"学缘"的问题。总之声名和声望固然很好，但沉寂也是很美的。不为人所知也许比为人所知更有学问的力量。"老树著花无丑枝"，大学问家、大学者的声名，自然是美的。所以连学位都不要的陈寅恪，在给甘于寂寞的学者杨树达写的序中说："白发者国老之象征，浮名者儒宗所应具。"重要的，是要做到名实相符。

（作者：中国艺术研究院研究员）

（选自《新华文摘》2002年第10期）

评马克思主义哲学的"困境"

陈先达

哲学面临的困境并非我们国家所特有，而是一个世界性的问题。当今世界，即使是发达的资本主义国家，与科技的迅速发展和对科技的需求而言，哲学也是被冷落的。这反映了工业社会对物质需求的强化和对精神需求的弱化，是追求高消费的必然结果。

我们正处在现代化的过程中，发展生产力是我们最重要的任务，科学技术是第一生产力的思想已深入人心。在市场经济条件下择业的利益导向，就业的难易，待遇的高低，不可避免地会产生重理轻文、重科技轻人文的社会倾向。对西方发达资本主义国家来说，这种科技与人文的失衡和矛盾，虽然也带来了不少负面作用，但对资本主义世界而言只是一种危害，而对我们这种社会主义国家而言则是一种危险，它关系到我们把中国建设成为一个什么样的国家的问题，把我们的人民特别是青年培养成什么样的人的问题。江泽民同志2001年在北戴河发表的"八七"重要讲话中强调，哲学社会科学的研究能力和成果是国家综合国力的重要组成部分，是认识世界、改造世界的重要工具，哲学社会科学与自然科学技术同样重要。这是党中央对发展哲学社会科学具有战略性的重大决策。

一

我们的国家和社会有两种需要：一种是市场的需要，一种是国家的需要。它们是不可分的，但又不能简单等同。符合市场经济的需要，对我们国家的经济和其他事业的发展是至关重要的，因而符合市场经济的需要一般说来也会符合国家的需要。但这两者之间也会存在矛盾。例如，在我们的教育和文化事业中，完全以市场需要为尺度，肯定会自发地向自然科学技术学科倾斜，会使一些容易就业的热门专业爆满，而使哲学社会科学特别是文史哲学科成为冷门。从国家和民族的需要来看，哲学社会科学是不可缺少的。江泽民同志在“八七”讲话中强调的“两个重要”、“四个同样”，就是站在国家和民族发展的高度讲的，而不是站在市场需要的角度讲的。以哲学为例，从市场需要的角度说，可以说没有一个人会因为缺少哲学而感到生活不便。生括中如果没有理发店、百货店，没有医生，没有炊事员，那是不行的；没有科技人员，没有会计，生产无法进行，如此等等。总之，凡是直接与生产、与人们的生活密切相关的行业和学科，人们能直接感受到它的重要性和必要性，但任何一个人都不会因为没有哲学家而感到生活不便。然而，从深层次来说，一个民族有没有哲学是大不一样的。日本的哲学家中江兆民在《一年有半、续一年有半》中说：“哲学固然不一定有显著的功效可以让人看见或听见，也就是说，哲学对于顺差和逆差，银根的松紧，工商业的发展与否等，好像没有什么关系；然而国家没有哲学，恰像客厅没有字画一样，不免降低了这个国家的品格和地位。康德和笛卡儿实在是德法两国的荣耀，是两国客厅的字画，对于两国人民的品格和地位，自然不是没有关系的。这既是一个无足轻重的问题，而又不是一个无足轻重的问题。没有哲学的人民，不论做什么事情，都没有深沉和远大的抱负，而不免流于浅薄。”把哲学比为客厅中的字画当然不确切，但后面的话可圈可点，非常深刻。

中国共产党领导中国人民革命和建设 80 年的光辉历程证明，没有马克思主义与中国革命具体实践的结合，没有马克思主义哲学世界观和方法论的指导，中国革命和建设的成就是不可能取得的。从毛泽东的《中国社会各阶级分析》对中国阶级状况的历史唯物主义的分析，到《矛盾论》《实践论》对中国社会矛盾和革命实践经验的哲学升华，从邓小平坚持实践是检验真理的惟一标准，反对“两个凡是”，以解放思想和实事求是为旗帜的一系列关于建设有中国特色社会主义路线、方针、政策的出台，到江泽民“三个代表”学说的提出，都以无可辩驳的事实证明了它们对于当代中国建党建国的伟大实践价值和理论价值。

不仅对于国家、民族和共产党来说，哲学的作用是无可取代的，而且对于我们的人民特别是知识分子和我们的青年来说，人文素养特别是哲学素养同样是重要的。我们国家要避免和减轻人文和科技的矛盾带来的危害，要真正实现人的全面发展，提高人的素质，人文知识特别是哲学知识是不可缺少的。在市场经济条件下，在以物质利益导向为最高原则的条件下，在就业、工资悬殊的条件下，要使人们明白并痛切地感受到这一点是很不容易的，这需要国家政策的导向和必要的资助，以利于人文学科特别是哲学学科的发展。当然，随着人们生活水平的不断提高，对精神生活的追求将逐步超过对物质消费的追求，人文学科也会改变目前的状况，也许哲学会重新占有过去的位置和光荣，但这需要很长的过程。我们不能消极等待，而应该逐步改变目前科技与人文分离和人们过分向科技倾斜的观念，这对于我们全面建设社会主义是有利的。恩格斯说：“一个民族要想站在科学的最高峰，就一刻也不能没有理论思维。”尽管这句话耳熟能详，但在今天重温恩格斯这个教导别有深意。

严格说来，马克思主义哲学困境的说法并不确切，应该说是马克思主义哲学工作者的困境，马克思主义哲学产生至今，还没有任何哲学学派能取代马克思主义哲学的地位，也没有任何哲学家超出马克思。虽然马克思主义哲学一百多年来不断遭到批判甚至镇压，但它仍然是当今的显学。马克思主义哲学工作者的困境，固然包括哲学系学生的就业不如其他专业抢手，以及社会人士对哲学的反感，但这不是问题的本质，可以通过国家的政策调整以及生活水平的提高逐步得以解决。我说的困境是指我们的马克思主义哲学研究在当代究竟应该如何定位，即马克思主义哲学是什么？马克思主义哲学的功能是什么？马克思主义哲学的研究领域是什么？我们的许多争论都与此有关。

什么是马克思主义哲学？从本质上说，马克思主义哲学是无产阶级的世界观，而且是所有哲学中比较系统化、理论化的一种世界观。马克思主义经典作家曾一再申明这一点。世界观的科学性是很为一些人所诟病的。在某些人看来，科学这个术语似乎只能用于实证性的自然科学，而世界观属于哲学，无所谓科学不科学的问题，在这个价值领域只有看法、意见、观点，而无真假对错的问题。如果我们承认世界观是对世界的看法，承认世界的确是客观的实实在在的世界，而不是幻象、泡影、主观的表象、主体的依存系列，我们就得承认对这个世界的认识有真与不真的问题。如果根本不承认有个客观世界，当然不存在世界观，更谈不上世界观的真假对错。遗憾地说，这种不承认客观世界和世界观的真假问题，本身就是一种世界观，是不折不扣的唯心主义世界观。

当然，我们说马克思主义哲学是世界观，是就其本质属性说的，是就马克思主义哲学与它力图认识和改造的世界的关系说的。可是，马克思主义哲学的世界观与世界不是简单的反映与被反映的关系，因为世界是个未完成的不断地在人化过程中生成的客体。要科学地揭示世界的本质，必须认识人在世界（自然与社会）中的地位与作用，认识实践在创造现存世界中的作用，探索人类认识世界和改造世界的途径和方法。由于社会是现存世界的最重要的部分，人是社会的主体，因而对社会一般规律和人类解放问题的研究自然是马克思主义哲学世界观的题中应有之义。没有历史唯物主义对人的全面发展与人类解放的研究，马克思主义哲学世界观就是不完备、不彻底的，只能是旧唯物主义的翻版。

哲学就其本质来说是一种世界观，并非所有哲学都自觉地意识到了这一点或者承认这一点。事实上不少哲学学派以拒斥形而上学来反对哲学是世界观，它们或者专注于哲学某一问题的研究，或者强调意志、生命，或者专注语言，或者专注于人，等等，并非所有哲学都是理论化的世界观。哲学的表达方式多种多样，如诗化的、寓言的、格言式的、随笔式的，不少哲学家的思想是一种爆发性的灵感，并无系统，但无论怎样各具特点，只要它是哲学，或者以哲学方式来思考，它就可能或明或暗、或公开或隐蔽地对世界的存在表示自己的看法。现代西方哲学中的一些流派，否定世界的客观性，否定主客二分，以主客不分、心物合一的生活世界取代不依人的意志为转移的客观世界，以人的存在否定人存在于世界之中并有受客观世界支配的一面，这实际上是以当代的方式、以拒斥本体论来表现他们的唯心主义世界观。人生活于世界之中，人不能脱离人生活于其中的自然和社会，这就决定了任何哲学都不可能也无法绕开它所面对的世界，只不过它可以假装看不见，可以存而不论，可以以各种遁词来表现对世界的蔑视。这是一种隐性的世界观，它不直接研究世界而是突出世界的某一方面，但作为这种研究基本观点支撑的仍然是以对世界客观性的基本态度为前提。一般总是存在于特殊之中，只要世界不能被超越，它就不可能没有世界观，尽管它不一定系统化、理论化。由于总的世界观的制约，尽管西方当代哲学在某些方面取得了一定的成就，但背离唯物主义和非理性主义成为它们的“致命伤”。

马克思主义哲学的功能即马克思主义哲学应该管什么的问题。马克思主义哲学不是万能的，任何哲学都不是万能的。各种不同的哲学各有其能。有的强调哲学是安身立命之学；有的强调它的道德功能，看做人生境界的提升；有的强调哲学厘定概念的语言分析功能；有的强调哲学就是发扬人的主体性功能；等等。可以说不同的哲学由于其哲学的性质而对人具有不同的作用，不管这种作用是正面的还是负面的，或正中有负，或负中有正，反正不同的哲学，只要接受它、信仰它，就会对人发生不同的影响。不过，在马克思主义哲学产生之前或产生之后，还没有一种哲学像马克思主义哲学这样以认识世界和改造世界为目的，从而自觉地把自己的哲学锤炼成一种认识工具。有些人不承认马克思是哲学家，不承认马克思主义哲学是哲学，原因就在于他们头脑中的哲学只能是思辨的概念体系，只能是说一些高深莫测、晦涩难懂的名词术语，似乎哲学家只会在书房中创造体系。马克思主义哲学背弃了这种传统，它是作为无产阶级和人类解放的“头脑”而产生的，它不能沉湎于思辨而无视客观实际，不能只构造体系而无视现实问题，不能只停留在哲学自身而无视实践。没有无产阶级和人类对现存世界和社会改造的需要，就不会产生马克思主义哲学。恩格斯说过：“只有当工人阶级不是带着有色的法学眼镜，而是如实地观察事物的时候，它才能亲自彻底认清自己的生活状况。在这方面马克思的唯物史观帮助了工人阶级，他证明：人们的一切法律、政治、哲学、宗教等等观念归根结蒂都是从他们的经济生活条件、从他们的生产方式和产品交换方式中引导出来的。由此便产生了适合于无产阶级的生活条件和斗争条件的世界观；和工人无财产相适应的只能是他们头脑中无幻想。现在这个无产阶级的世界观正在全球环行。”

哲学不同于道德，它不是提供人的行为应该如何的规范；也不同于法律，制定人人必须遵守的具有强制性的行为条文。哲学是多种多样的，它从各种角度、各个方面提供智慧或意见，人们可以接受，也可以不接受。从这个意义上说，哲学信仰是属于个人的事。这种哲学观无疑具有一定的合理性。可是，如果不是把哲学单纯作为清谈的妙理，作为抚慰灵魂的良药，作为解脱人生烦恼和痛苦的麻醉剂，而是作为认识世界和改造世界的工具，那么就会有一些非如此不可的仿佛具有强制性的规定。众所周知，人对世界的认识和改造是一种非直接的有中介的行为，这种中介从实践的角度说是生产工具，包括从最简单的石器到当今最先进的自动化的生产工具；从认识的角度说是思维工具，这种思维工具虽然属于主体，但从它的内容来说必须与它所要认识和改造的对象相符合。从这个意义上说，要想获得对世界的正确认识和改造，思维就具有了某种强制性，这就是思维规律。辩证唯物主义和历史唯物主义作为科学的世界观和方法论的力量也正在于此，因为与迄今为止的其他哲学相比，它向我们提供了一种对世界认识和改造的具有原则性意义的理论和方法。

当我们说马克思主义哲学是世界观时，绝不是说它与提高人的思想境界、道德修养无关。马克思主义哲学当然不是旧有意义上的道德哲学、人生哲学，不是追求个人的安身立命之学，也不是指导人们如何闭门修养的学说，而是关于无产阶级和人类解放的学说。但是，马克思主义哲学世界观中包含自身的道德标准和价值判断。献身革命、为无产阶级和人类的利益不惜牺牲，是最高尚的道德；有利于最广大群众的根本利益，有利于社会进步和生产力的发展，是判断一个政党和个人行为的价值尺度。这些都可以说是马克思主义哲学世界观的应有之义。崇高的道德境界和对个人价值与社会价值关系的正确处理是革命者革命品质的重要组成部分，道德败坏、个人价值第一的“马克思主义哲学家”是对马克思主义的嘲弄。

马克思主义哲学研究的范围问题即我们可以做什么的问题。马克思主义哲学有范围，可马克思主义哲学工作者可以没有范围，可以把马克思主义哲学运用到任何领域。马克思和恩格斯当年没有研究哲学领域中的价值问题，但这不妨碍我们建立马克思主义的价值学；他们没有专门研究人生哲学问题，也并不妨碍我们建立马克思主义的人生哲学；其他如马克思主义的伦理学、文化学、政治学、环境哲学等，也是如此；也不妨碍我们接过当代西方哲学提出的问题，诸如语言问题、意志问题、人的问题、人的非理性因素问题，进行马克思主义的研究。总之，凡是实践和认识中提出的有价值的问题都可以从哲学的角度进行研究，这不是越位，但研究必须是运用马克思主义的世界观和方法论。那种认为马克思主义哲学中存在这个空白那个空白的论点，是把马克思主义哲学创立时的内容和马克思主义哲学的本质规定，与不同时代马克思主义哲学工作者的任务混为一谈。马克思主义哲学的范围是有限的，它是对自然、社会和人类思维本质的唯物辩证法的把握，它不可能无所不包，当然会有所谓空白，而且可以说每个时代都会有空白，否则，无需创造，无需发展。每个时代的马克思主义哲学家都可以根据自己时代提出的问题不断扩充研究范围和问题，或者叫填补空白。这是马克思主义哲学创造性的一种表现。这样来研究马克思主义哲学就不会千人一面，而是每个马克思主义哲学家既具有个性又具有真理性，同中有异，异中有同。

二

我们的马克思主义哲学原理和马克思主义哲学史的研究都有待提高。我们的原理研究领域有一些是国外争论已久的过时问题，我们的马克思主义哲学史的研究和编写还停留在按照原著顺序叙述的水平上。这在开始阶段是必要的、不可避免的，但是，发展到现在我们应该努力改变这种状况。事实上，无论在马克思主义原理还是马克思主义哲学史研究中都有很多空白，有很多工作要做。就马克思主义哲学的基本原理来说，几乎每一条原理都没有搞得很清楚，有必要进一步研究和探讨，如生产力和生产关系、经济基础和上层建筑的学说，是马克思主义的最基本的理论，为什么生产力决定生产关系、经济基础决定上层建筑？其根据是什么？是如何实现的？为什么说任何一种社会形态在它所能容纳的全部生产力发挥出来以前是不会灭亡的，而更高的生产关系在它的物质条件在旧社会的胞胎里成熟以前绝不会出现？这些原则如何解释当今社会的现实特别是落后国家的革命问题？如果我们对生产力与生产关系规律缺乏深入的理解，就会产生搞人民公社、搞“一大二公”是符合生产力决定生产关系的要求，现在发展私有经济、发展个体经济也是符合这个规律的悖论；对经济基础与上层建筑关系的理解如果流于表面，也不能解释为什么经济基础相同会出现不同的上层建筑、不同的文化，文化的多样性和民族性如何用经济基础和上层建筑的原理来进行解释等问题。再比如，在人民群众和个人的作用方面，斯大林逝世后最终苏联出现解体、由超级大国沦落为二流国家，铁托逝世后南斯拉夫的分裂和目前的困境，中国在 1976 年以后才有可能出现邓小平的改革，出现现在这种新的经济局面，对此，应如何正确估计个人的作用，估计伟大人物和人民群众的关系问题，仍然是个理论难题。至于如何阐明社会规律的客观性和主体选择的关系，如何具体解释恩格斯的历史“合力论”，问题仍然不少。在基本原理的研究方面领域宽广，可做的工作很多。在马克思主义哲学史的研究方面，应该深入地进行专题史的研究，对马克思恩格斯等一些经典作家关于某一理论问题的论述要进行系统的探索，而不能停留在重复原著的水平上。

马克思主义哲学和哲学史的研究必须立足现实，体现马克思主义与时俱进的理论品格。我们当前的马克思主义哲学的困境有一部分是源于我们对马克思主义哲学的本质和功能的偏颇理解上，我们自觉不自觉地按照西方哲学和中国哲学的方法和路子来研究马克思主义，过分重视纯学理的研究，忽视了对现实问题的研究；我们忘记了为什么会产生马克思主义哲学，忘记了为什么需要马克思主义哲学。在这一点上，我赞同美国哲学家赫舍尔的观点，他说："当代很多哲学之所以陷入困境，部分原因正是这种持续不断的概念化过程远远离开了那导致哲学得以产生的处境，以致他们的结论同最初的难题似乎毫无关系。"马克思主义哲学是无产阶级解放的"头脑"，是认识世界和改造世界的工具，立足现实，面对现实，以马克思主义哲学理论来分析当代的理论现实应该是马克思主义哲学工作者的重要任务。

在马克思主义哲学史的研究方面，我们也应该立足现实，但不是按照现实的需要重铸历史。马克思主义哲学史应该是一部信史，应该尽量地符合历史的本来面目。但是，我们着重研究什么问题，研究经典作家的哪一方面的思想，应该根据现实的需要。问题是当代的，但马克思和恩格斯的观点是其本人的、原有的。如果马克思主义经典作家的论述与当代现实不符或不完全符合，我们应该实事求是地予以评述。马克思主义哲学史不应该仅仅是一部真理的发展史，而且应该是自我完善的历史。马克思和恩格斯以及其他著名的马克思主义理论家不可能没有理论失误，在原理中这些失误可以略去，而在历史中必须论述。马克思主义哲学史的研究者不应当是哲学原理的单纯叙述者，同时也应该是研究者和评论者。我并不一般地反对回到马克思，如果我们真的对马克思的一段话或某一原理发生误解和错误，那回到马克思恩格斯原来的经典论述是应该的，但如果把回到马克思变成一个普遍口号，变为马克思主义原理和历史的研究方向，甚至变成按照自己的意图和需要来重构马克思、重新解释马克思，这就容易导致对历史的曲解。

马克思主义原理和马克思主义哲学史的研究应该具有世界眼光和感召力。所谓世界眼光，就是要考虑到当今世界出现的问题以及西方马克思主义和"马克思学"提出的难点和问题。完全脱离世界状况的关门研究，信息不通，眼光狭隘，就会变成庄子曾经批评的"拘于虚"的井底之蛙和"束于教"的教条主义者。所谓感召力，就是要充分表现出马克思主义哲学对当代世界问题、国内问题的关注，使人感到马克思主义哲学对当代人的实实在在生存困境的关怀。

学风和文风也是我们哲学面对的一个重要问题。哲学思考是严肃的甚至痛苦的事，它令思考者废寝忘食、不得安宁，这是智慧的痛苦。一个观点、一个思想的提出力求经过深思熟虑，不能张口就来，涉及马克思主义重大原则问题更应如此。康德这样的大家还说："我永远不会说出我没有思索过的东西。"马克思认为自己最好的东西对工人说来还不够好；恩格斯也说用唯物主义历史观分析一个历史问题要花多少年的时间。他们都强调了理论思考的严肃性和艰巨性。这些思想巨擘尚且如此，何况我辈。

从文风来看，我们的著作和文章要摆脱纯粹的思辨和大量使用连自己都不懂的语言，术语要有公共性、可理解性。哲学虽然要有个性，但绝不是只属于哲学家个人，不能只是哲学家个人的独白。哲学文章要尽可能生动些，要讲究文采，要使人爱读，而不是望而生厌。康德的哲学思辨能力堪称一流，可是他自己也提出哲学应该通俗，认为研究应该是高深的，而成果和表述应该是通俗的。他承认自己的著作晦涩难懂，但他并不炫耀这一点，相反认为是个缺点，在给朋友的信中多次讲到哲学通俗的问题。他说："缺乏通俗性是人们对我的著作所提出的一个公正的指责。因为事实上任何哲学著作都必须是能够通俗化的，否则，就有可能是在貌似高深的烟幕下，掩盖着连篇废话。"在我看来，马克思主义哲学工作者是大有可为的，绝不会困死在所谓困境中。当然，如果单纯追求经济效益，把哲学作为发财致富的手段，那另当别论，因为马克思主义哲学无论从它的创造者的意图和本质来看就不是一门谋生的技能，更不是为个人跻身富贵铺就的黄金路。如果所求者大，从强国教民、以求中国立足于世界先进文明民族之林，我认为哲学不是可有可无的。远的不说，只要看看从邓小平的"三个有利于"到江泽民的"三个代表"学说就可以明白。当然，任何一个哲学工作者个人都不可能有这种成就，但是谁也不能否认，长期的特别是从实践标准讨论以来马克思主义哲学工作者的积极探索，对于这种思想的形成和提高人们对这种思想的理解具有非常重要的作用。这也是江泽民同志在北戴河的

"八七"讲话中，强调哲学社会科学认识世界和改造世界的作用，强调科教兴国包括哲学社会科学在内的关键所在。

(作者：中国人民大学哲学系教授)

(选自《新华文摘》2002年第7期)

当代科学技术革命对辩证唯物主义的推进

赵光武

20世纪中叶以来，现代科学沿着辩证综合的方向取得了突飞猛进的发展，新科学技术革命的一个突出特征是，现代科学技术的发展呈现了既高度分化又高度综合，而以高度综合为主的一体化趋势，科学知识的综合性、整体化是科学技术发展的规律性。一系列边缘科学、交叉科学、横断科学的产生，和相应的一系列的新概念，如系统概念、信息概念、反馈概念；新方法，如系统方法、控制方法的出现，集中体现着综合性、整体化这一基本趋势、突出特征。

现仅以直接体现这些总体特征的有关重大科技成果为例，从基本表现上粗略地考察当代科学技术对马克思主义哲学的证实与发展。

表现之一，一般系统论对唯物辩证法的核心——矛盾学说的丰富与发展。

美籍奥地利理论生物学家贝塔朗菲创立的一般系统论，作为一门横断科学，是科学在自身发展中，在吸取历史上关于整体性观念的基础上，适应着科学技术辩证综合的客观需要，在一般科学方法论上从形而上学向辩证法的复归，在本质上是辩证的，与辩证法有不解之缘。其基本理论原则（如整体性原则、有序性原则、要素相互作用原则等）对矛盾学说起着充实与深化的作用，具体说：

其一，一般系统论的整体性原则扩充了矛盾学说关于如何规定矛盾群体性质的思想。

矛盾学说认为，在复杂的事物发展过程中，有许多矛盾存在，研究它的总体性质时，就应从分析同时存在的几个矛盾的相互关系入手，但还没有提出矛盾群体的概念。系统论告诉我们，任何事物都是一个系统，都是由若干要素组成的整体。所以，包含一个矛盾的绝对简单的事物是不存在的。事物矛盾的存在形式不是矛盾的个体，而是矛盾的群体，或者说是矛盾的体系。那么，矛盾群体的性质怎么规定呢？矛盾学说认为，在同时存在的几个矛盾的相互关系中，由于矛盾力量的不平衡性，因而存在着主要矛盾与次要矛盾的区别、主要矛盾方面与次要矛盾方面的区别，矛盾群体的性质主要由主要矛盾的主要方面来规定，而次要矛盾和次要矛盾方面虽有影响，但不起决定作用。

那么当矛盾群体中，不同矛盾、不同矛盾方面处于势均力敌，不分主次的情况时（哪怕这种情况是暂时的，是不平衡的特殊状态），矛盾群体的性质是由什么来规定的呢？一般系统论的整体性原则指出，系统中诸要素的结构联系，即不同矛盾、不同矛盾方面的协调发展，对矛盾群体性质起决定作用。这就进一步扩充了矛盾学说关于如何规定矛盾群体性质的思想。

其二，一般系统论的有序性原则，丰富了矛盾学说关于怎样分析矛盾特殊性的思想。

矛盾学说认为，分析矛盾的特殊性必须从发展角度入手，逐步深入地进行考察。首先要看到各种物质运动形式中的矛盾，都带有特殊性。进一步要看到每个物质运动形式的发展长途中每个过程的矛盾都带有特殊性。进一步再看到过程中的每一个阶段的矛盾都带有特殊性。当然，要把握过程和阶段的特殊性，还必须全面地分析过程和阶段中包含的各个矛盾和各个矛盾方面，以及它们的相互关系，抓住主要矛盾的主要方面，才能从矛盾的总体和矛盾的联结上掌握它的特殊性。这就是从运动的形式到过程，从过程到阶段，逐步分析，层层深入，着重从纵向的联系上分析矛盾特殊性的方法。

一般系统论的有序性原则进一步指出，作为系统的矛盾群体，除了在纵的方面，在时间的尺度上，它存在着运动形式、运动过程、运动阶段等等方面的特殊性之外，在横的方面也就是在空间的尺度上，还存在不同层次的区别，不同层次的矛盾又各有特殊性。因此，在分析矛盾特殊性时，就应两者兼顾，纵横结合。这就进一步丰富了分析矛盾特殊性的思想。

其三，一般系统论关于要素相互作用的原则，深化了矛盾学说关于矛盾双方相互依存与相互转化的思想。

矛盾学说认为，矛盾双方在斗争中，双方的力量对比没有发生根本改变之前，矛盾双方相互依存共处于一个统一体。矛盾运动就处于相对静止状态。当双方的力量对比发生了根本改变，矛盾双方就要发生相互转化，统一体就要破裂，矛盾运动就处于显著变动状态。

一般系统论关于要素的相互作用原则指出，任何系统的组成要素之间都存在着一种重要的相互作用，就是反馈作用。反馈就是控制中心的信息作用于被控制对象以后，对产生的结果再反馈回来，并对信息再输出发生影响，以进行自我调节。当要素之间是负反馈时，也就是反作用减弱控制过程时，要素之间变量，就能达到动态平衡，系统就能稳定存续。如果要素之间出现正反馈时，也就是反作用加强控制过程时，系统就不能稳定，就会发生震汤，或者引起爆炸性发展，以致超过系统存在的临界条件，这个系统就会解体、瓦解。一般系统论的这个原则对矛盾双方的依存和转化给了进一层的具体解释，使其得到了深化。

表现之二，信息论进一步论证了辩证唯物主义关于世界的物质统一性原理。

信息论的产生与发展使人们逐步认识到信息广泛地存在于人类社会、生物世界、物理世界以及它们的相互联系中，使人们发现了一个信息世界。所以有人提出：数字地球是21世纪认识地球的方式。建立“数字地球”就是把分散在地球各地的从各种不同渠道获取得到的数据，按地球的地理坐标组织起来，联结融合起来，构成一个完整的地球信息模型。这样既能体现有关地球的各种信息的内在有机联系，又便于按地球坐标进行检索和利用。总之，随着信息世界的发现，在人们面前相应地提出了这样一个问题：信息世界与物质世界的关系如何？换句话说，信息是否根源于物质世界、统一于物质世界？

以往科学与哲学的发展成果一再表明，世界上的一切事物、现象都是运动着的物质的具体形态、具体表现或具体属性，精神就是人脑这块复杂的物质的机能、属性；宇宙万物以物质为本体，而不是以实践为本体，更不是以精神为本体，世界的真正统一性在于它的物质性。

信息论的科学成果不但不否定这一结论，反而进一步论证了这一结论。信息论不是用把信息机械地等同于物质、等同于能量的办法来论证世界的物质统一性的，而是通过揭示信息的特殊本质来表明信息世界根源于物质世界、统一于物质世界的。

在这方面，美国数学家、控制论的创始人诺伯特·维纳在其《控制论》一书中的论述颇有代表性。他说：信息就是信息，不是物质也不是能量。不承认这一点的唯物论，在今天就不能存在下去。说信息不是物质，不是指信息可以脱离物质，不根源于物质，因为没有电磁波广播电台就不能传送信息，没有语言文字人们就不能交流思想，没有物质载体信息无处存身；而是指另一层含义，这就是信息具有不同于其他属性的特殊本质，信息以外的任何其他属性与其物质载体是统一的不可分割的，它就是载体的属性，是自己表现自己，即表现的是直接存在性，而信息所表征的恰恰不是它的载体的属性，而是通过载体表征他物的属性，物质载体本身不决定和改变信息所要表征的内容。这种属性的“职责”是表现他物，要把别的属性再现出来，即表现的是间接存在性。

比如，点烽火为号，烽火是载体，它传输的信息不是火的特性，也不是火燃烧所需要的能量，而是点火反映出来的敌兵来犯的消息；山雨欲来风满楼，风满楼是载体，它传输的信息不是风的特性也不是刮风所需的能量，而是风满楼反映出来的要下雨的信息；DNA是遗传信息的载体，它传输的不是DNA的结构性质，也不是DNA传输时所需要的能量，而是DNA经RNA的转录以后，反映出来的生物在生态结构方面的遗传特性；电磁波是天体信息的主要载体，它所传输的信息，不是电磁波本身的特性，也不是电磁波传输所需要的能量，而是不同电磁波反映出来的不同天体的特性。

说信息不是能量，也不是指信息可以脱离能量、不依赖能量，信息既然是一种运动形式，信息过程的实现就不能没有一定的能量；而是指另一层含义，这就是信息具有不同于其他运动形式的特殊本质，信息以外的任何其他运动形式都与一定种类的能有固定的对应联系，比如，无规则的实物粒子运动与热能相对应、电子运动与电能相联系、化学运动与化学能相匹配，而信息运动却没有与自己对应的特定的能，一般来说，它所需要的能，视其载体而定，能量的形式与大小对于信息的实质不起任何作用。

上述两个方面只是表明了信息作为一种属性、一种运动形式区别于其他属性、运动形式的特殊本质，即它是以再现它物的形式而存在的一种普遍的属性、一种特定的运动形式，是物质间接存在性的表征。

信息的特殊本质不但丝毫没有表明信息可以脱离物质、不根源于物质，反而从一个新的角度进一步表明了世界的物质统一性。这是因为，既然第一个信息都是它所表征的对象的再现，而所有信息的总体构成了整个宇宙的完整的“模型”，信息世界是原型世界的“投影”，根植于原型世界。因此，原型世界与它的影子世界实为一体，是客观世界的两大层次，世界的直接存在性、间接存在性都根源于它的物质性、统一于它的物质性。可见，信息论进一步否定了柏拉图的理念论、笛卡儿的二元论、黑格尔的绝对观念外化论，进一步论证了马克思主义哲学关于世界的物质统一性原理。

表现之三，人工智能对辩证唯物主义意识论与认识论的充实与深化。

人工智能是对人类智能而言的。而人类智能是指人们在认识、改造世界过程中，用脑力活动表现出来的智力。主要表现为：感知观察力、记忆力、逻辑判断力和语言表达力等综合性的心理能力，与此相对应的人工智能是指用机构和电子装置模拟和代替人的某些智能，也叫“机械智能”或“智能模拟”，也可以说是人的智能在机器中的再现。

人工智能发展主要有两条途径。

其一，利用电子技术成果，从脑结构方面模拟人脑的智能活动。即采用仿生学的方法（就是用模仿生物来制造先进技术设备的方法）用电子元件制成神经元模型和脑模型来模拟人的某些智能。比如，1957年美国康乃尔大学罗森布莱特教授等设计的“感知机”、1975年日本福岛设计的“认知机”（自组织多层神经网络）。这就是人工智能中的脑模型研究。这条途径取得了一些进展，但由于一方面生物学家、脑科学家目前对人脑的思维机制还远远没有搞清楚；另一方面，从结构上模拟人脑，需制造一个上千亿个神经元组成的自组织系统，这在目前的技术条件下也是难以做成的。因而人工智能的发展主要是沿着另一条途径进行的。

其二，第二条途径，以控制论、信息论为理论基础，采取黑箱的方法（把人脑当做一个打不开的黑匣子、不管其内部结构如何），根据所有系统共同的信息与控制规律用电子计算机从功能上（或叫行为上）模拟和代替人的某些智能，即功能模拟。有人把它叫做计算机应用前沿。计算机是实现功能模拟的技术手段、物质工具。这里讲的就是这条途径。

计算机之所以能模拟人的部分智能，从硬件来说，它有由五个与大脑功能相似的部件组成的电脑（基本部分）：（1）输入设备：模拟脑的感受器，接收信息；（2）存贮器：模拟人脑的记忆功能；（3）运算器：模拟人脑的计算、判断与选择功能；（4）控制器：模拟人脑的分析综合功能；（5）输出设备：模拟人脑的思维结果和对外界刺激的反应。其中存贮器、运算器、控制器为主要部分，叫主机。

人工智能作为对人脑智能的模拟，它的产出发展与辩证唯物主义意识论、认识论联系最直接最紧密。

首先，看看它对意识论的证实与发展，这集中表现在它对意识论的充实与深化上，具体说有几个方面。

第一，它进一步表明了意识是人脑的机能、物质的属性。

考察电脑对人脑某些智能活动的模拟，还能发现人脑起码包括以下四种与电脑相对应的功能，即感受、记忆、演绎、选择。当然，人脑的思维能力绝不限于以上四个方面。这只是说，目前人脑思维这四种基本功能已在电脑中得到了物化，可以用精确的物质手段来加以再现和验证。随着人工智能的发展，人脑思维功能的更多的方面还会得到物化，思维的奥妙还会得到更全面、更深刻的揭示。既然电脑逐步地在不同的范围内、不同的程度上，把人的思维模拟出来，再现出来，使思维物化。这就具体表明了意识并不是神秘不可捉摸的东西，不是寄居在肉体之中脱离人脑的灵魂，也不是人脑分泌出来的一种特殊的物质，而是人脑的机能。这就进一步充实了关于意识的本质的原理。

第二，它深化了意识对物质的反作用的原理。

人工智能是人类意识自我认识的产物，电脑的出现意味着人类意识已经发展到意识活动部分地从人脑这个原来惟一的意识器官中分出来，物化为机械的物理的运动，延长了意识器官。也可以说这是按照某种意识去思考人脑、并创造着人脑。可见，它是意识对人脑的一种巨大的反作用。意识与物质的相互作用包括两个不同层次的内容：其一，是浅层次的意识与外界客体的相互作用；其二，是深层次的脑内神经与意识的相互作用。电脑的出现是意识对人脑的巨大反作用的体现。这就从意识与人脑的相互作用的深层的关系上，进一步深化了意识对物质的反作用原理。

第三，它引起了意识论结构的变化，扩大了意识论的研究领域。

电脑作为人脑的延伸，在一定意义上说，它是一种新形态的意识的机器，它已进入意识器官的行列。它能够帮助人完成一部分意识活动，而且在某些功能上还优于人脑，突破了人类自然器官的许多限制，弥补和克服了人类思维的许多短处。如人脑处理信息和采取行动的速度慢，记忆和动作的准确性差，人的记忆会随着时间变迁逐步消失，记忆中的信息相互干扰，相似的事物往往会张冠李戴，造成判断的错误。因此，可以说，在现代科学认识活动中，没有人工智能，就不会有人类认识能力的突破性发展和认识范围的不断扩大。从这个意义上说，不仅电脑依赖于人，而且人也依赖于电脑。这就使得在意识论的结构上增加了对人工智能的探讨这个部分，并出现了人工智能与人脑功能的关系问题，以及研究这一关系的人机互补原理。这就扩大了意识论的研究领域。

第四，思维模拟突出了思维形式在思维活动中的作用，为意识论的研究突出了一个重要课题。

电脑只能“理解”信息的形式，模拟思维的形式，把问题的描述形式化，把求解问题的方式机械化。它实质上只是一架符号代换机，只是表现脱离思维内容的纯形式的方面。但是，正是通过这些形式化的作业活动，按照信号与意义之间严格的一一对应的关系，把一种形式的符号链输入进去，经过变换，又把另一种形式的符号链输送出来，不仅能成功地模拟人脑进行逻辑演算，而且能重新发现物理学定律。这就充分揭示了思维形式和思维规律在思维活动中的重要性，及其对思维内容的相对独立性。

思维形式和思维规律不是先验的头脑里固有的，是在实践的基础上形成的，是客观事物之间的相互联系在人脑中有条理的复写。它们一经形成就成了人们进行思维的工具，反过来为人们的思维活动服务。众所周知，人们只能借助于概念、范畴，运用逻辑规则，进行判断推理，才能反映事物之间的因果关系和客观必然性。思维是思维形式和内容的统一，没有思维，不仅思维成果无法保存，而且根本不能思维。

思维模拟的产生和发展，把思维形式在思维中的作用问题突出地呈现在我们面前，为意识论的研究突出了这个重要的课题。

其次，再谈人工智能对认识论的推进。

关于这方面问题学术界早有研讨，有的论者认为，人工智能产生以后，人不再是惟一的认识主体了，又出现了计算机这个新的“人工认识主体”或“人—机认识主体”。有的论者不同意这种见解，认为电子计算机毕竟是人的工具而不是人，它可以模拟人的某些思维，但其本身不能思维，不能成为认识主体。

笔者认为，人工智能对认识论的推进主要表现在以下两点：

第一，虽说电子计算机没有主观能动性，不能与作为认识主体的人相提并论。但是人工智能的出现却开始了从外部模拟人脑思维活动的进程。这一进程，与脑科学、神经生理学、心理学的发展相结合，就能进一步揭示人脑思维活动的“秘密”。因此，它的产生意味着人类的认识开始深入到认识主体的新阶段，也就相应地引起了认识论的深化。

第二，在认识过程中，在主体系统与客体系统之间存在着中介系统。在中介系统中又有物质工具系统与精神工具系统。电子计算机的出现意味着原有的各种作为延长感觉器官的物质工具，如望远镜、显微镜等以外，又增加了作为延伸思维器官的思维物质工具，这意味着引起了中介系统的变化，扩大了认识论的研究领域。

通过以上粗略考察，我们可以看出，这场方兴未艾的新科学技术革命中的许多重大科技成果和科学发现都在很大程度上证实和充实着辩证唯物主义世界观的若干基本观点，对辩证唯物主义的进一步丰富和发展起到了巨大的推动作用。它同时告诉我们，作为对自然、人类社会和思维发展最一般规律的正确反映、有着严密而完整的科学体系的马克思主义世界观，由于它时刻严格地以客观事实为依据，始终以开放的姿态面对实践、付诸实践，在实践中接受检验，不断地丰富和发展，因而没有也不可能过时。它正以其建立在实践基础之上的高度的科学性和彻底的革命性相统一的鲜明特色而始终充满生机与活力，保持着蓬勃的发展态势。

（作者单位：北京大学哲学系）

（选自《新华文摘》2002 年第 4 期）

经济学价值理论新解

——重新认识价值概念、价值源泉及价值实现条件

晏智杰

由于历史条件和认识的限制，最终建立于19世纪60年代的劳动价值论不可避免地带有两个明显的缺失，一是同发展市场经济条件下社会生产力的要求相脱节，二是同市场机制运行规律相脱节。说得更准确些，马克思主义经济学的劳动价值论本来也不以满足这种要求为己任；相反，以这种价值论为基础的传统经济学，对资本主义市场经济采取否定态度，也从不认为社会主义还应搞市场经济，所以，它同当今世界形成明显反差不足为怪，想在这种理论范畴内去寻求解决现实问题的答案，更是勉为其难。但国情的差异也不允许我们照搬古典经济学以外的其他西方经济学，包括它的价值理论。这种价值论虽有一定借鉴意义，但也包含应予剔除的非科学成分；更重要的是，西方经济学虽以支持商品生产和市场经济为特征，但其服务的对象和根基却是资本主义制度。建设社会主义市场经济的伟大实践，迫切要求经济学价值论有所创新，同时它也为这种创新提供了丰厚的土壤。

重新认识经济学的价值概念

"价值"这个概念，就其最一般的意义来说，应是指作为客体的外界物与作为主体的人的需要之间的关系。任何东西有无价值及其大小，总要以它是否以及在多大程度上能满足人们的某种需要或欲望为转移。马克思说过："'价值'这个普遍的概念是从人们对待满足他们需要的外界物的关系中产生的。"人们在自己的日常生产和生活实践中也是这样看待价值问题的。

商品价值同样应该是一个"关系"概念，即商品的效用同人的需要之间的"关系"。这样看待商品价值概念，是上述一般价值概念的具体化。在商品生产社会，每个人都是商品消费者，其中一部分人又是商品生产者。对于消费者来说，商品价值无非就是商品能否或在多大程度上满足他的需要，对于生产者来说，价值无非就是他花费成本生产出来的商品能否或在多大程度上给他带来效用（利润）。正是在后面这个层次意义上，恩格斯说："价值是生产费用对效用的关系。价值首先是用来解决某种物品是否应该生产的问题，即这种物品的效用是否能抵偿生产费用的问题。只有在这个问题解决以后才谈得上运用价值来交换的问题。如果两种物品的生产费用相等，那么效用就是决定它们的比较价值的决定性因素。"总之，商品是客体，人的需要是主体，商品价值就是这种客体与主体的关系。

在上述关系中，客体，即商品的使用价值，指的是商品的物理的、化学的、机械的或服务的属性，它们是价值关系的起源和前提，没有商品的使用价值或服务功能，人的需求无从得到满足，也就没有价值关系。主体，即人对商品的需要，是价值关系得以建立的动力和目的，没有人的需要，价值关系也无从谈起。商品和人的需求构成对立统一的一对矛盾，它们是互为条件、相互影响、相互决定的，可见，商品价值是一个有条件的相对的概念，而不是某种绝对的东西。

商品还有没有别的性质呢？自亚当·斯密到李嘉图，再到马克思，都认定商品不仅具有使用价值，而且具有交换价值。其实，商品的属性就是一个，即使用价值；所谓交换价值不过是使用价值的另一种表现形式而已。一个商品如能直接满足其所有者的需要，就可以说它对他具有使用价值；如果需要以之交换别人的商品才能满足自己的需要，则它对他具有交换价值，而对交换的对方却具有使用价值，否则不能成交。显然交换价值不过是使用价值的一种延伸，是交换双方实现自己商品使用价值的中介。交换价值作为商品交换的比例，绝不能离开使用价值而存在。诚然，使用价值和交换价值有时会发生分裂，好像交换价值是一种独立的存在，例如经济危机时所发生的那样，但正是在交换价值企图显示其独立性的时候，商品也就或者即将不成其为商品了。所以，商品就是使用价值，构成价值关系客体的就是这种属性。

马克思主义经济学出现之前，劳动价值论在西方古典经济学中得到了充分发展，而且在资本主义第一次产业革命前后上升为主流的价值论，支配西方经济学达一个世纪之久。这种价值论的一个明显特征，就是倾向于将商品的使用价值和交换价值截然分开，撇开使用价值，热衷于探讨交换价值的性

质及其源泉。这种做法在亚当·斯密的著作中表现得最为典型；在马克思称为英国古典政治经济学完成者的李嘉图的著作中得到进一步发展；马克思则将这条思路贯彻到底，固化和深化了古典派的价值论传统。他只承认商品的使用价值是价值的物质承担者，拒绝承认它是价值的源泉；他认为商品交换的基础在于其中包含某种共同物，这种共同物不会是使用价值，只能是抽象劳动。这样一来，商品价值就被看做是商品生产条件下人与人的关系，而且有其特定的实体。

显然，马克思对商品价值的定义，同他自己对“一般价值”理解的思路是不相同的，他在这里不是从客体与主体的关系看待商品价值，而将它看做是主体（商品生产者）之间的关系，而客体（商品）只被看做是价值的物质承担者。其实，商品不仅是价值的物质承担者，而且是构成价值关系本身的“一个方面”，离开这“一个方面”，价值关系就不能成立。诚然，人们同商品发生关系，不能不通过他们之间的交换，就是说不能离开人与人的关系，但是，这里人与人的关系不过是桥梁和中介，而不是起点和终点，因为交换的动力和目的还是在于满足人的经济需要，即实现人与物的关系。如果认为商品价值是人与人的关系，就是将处于第二位的关系提到了首位，而将第一位的关系从商品价值概念中排除掉了。我以为这是传统劳动价值论同发展生产力的要求不相适应的原因之一。

在将商品价值范畴转换成人与人关系的同时，这种“关系”又被转换为某种单一的“实体”，即一般的抽象劳动。其实，在商品生产条件下，人们之间关系的基础是多元的，除了人的劳动以外，还有生产资料，还有整个的自然界。不错，生产资料是人生产的，但离开自然界，不同自然界相结合，人是什么也创造不出来的。即使是人的劳动，也应该是指生产商品的各种具体的实在的劳动，而不是被剥离了各种具体形式的“抽象劳动”，抽象劳动只是思维中的一种抽象，在实际经济生活中是不可能单独存在的。至于将原始实物交换条件下得出的“抽象劳动”规定为一般价值的实体，更有以“特例”代替“通则”之嫌。这是马克思劳动价值论同发展市场经济的要求不相适应的另一个原因。

如果认定商品价值的本质是人的需求同商品之间的关系，是社会经济生活发展和运行中最根本和最普遍的矛盾，那么，以这种价值论为基础建立的经济学体系和政策体系，必然着眼于处理和协调人和自然的关系，着重研究生产力发展的规律和要求，并将人与人的关系置于发展生产力这个根本要求之下，或者要求在发展生产力的前提下看待和处理人与人的关系。反之，以人与人的关系来看待商品价值的本质，并以之为基础构建的经济学，必然着力于揭露商品生产中人与人的矛盾，为加强阶级斗争和推翻旧的社会制度提供理论根据。古典经济学劳动价值论就是这样，马克思劳动价值论也是如此。马克思这样做的理论前提是，认定资本主义社会的基本矛盾已将这种生产方式逼上了绝路，它即将寿终正寝；而在简单商品交换和生产中，已经包含了资本主义基本矛盾的萌芽，于是研究这种萌芽的价值论就成为马克思经济学的基础。

重新认识商品价值的源泉和创造力量

既然商品价值是商品（客体）和人的需要（主体）之间的关系，是一个“关系”范畴，而不是“实体”范畴，那么，商品的价值也就必然决定于该“关系”的双方，而不会是其中单独的一方，这是我们关于价值决定的基本看法。

价值是一个“关系”范畴，这种“关系”必然以某种实体同人的需要的关系表现出来。经济需要总要以某种商品来满足，而商品正是为了满足人的需要才被生产出来的。这样一来，商品的使用价值就是价值的表现形式，说某商品具有价值，无非就是说该商品具有能够满足人的需要的物理、化学、机械等性质。在我们看来，商品的这个使用价值属性正是其价值之所在。

既然这样，商品价值的源泉问题，也就是商品使用价值的源泉问题。对这个问题的回答应当是十分明确的：商品和社会财富由人类和自然界结合而成，它是人的劳动和生产资料结合的结果，它是劳动者利用生产工具加工原料创造出来的，它是人类从事生产活动的产物。

人的劳动和生产资料相结合之所以能使商品的价值得以形成和增加，就是因为它能生产出新的商品，并满足人的新需要（所谓“新”，既指新种类的需要，也指原有需要的重复），正是这样一种新商品和新需要的组合，才使商品价值得以形成和增加。这就是说，价值的形成和增值过程，既是人的劳动和生产资料相结合、生产出新使用价值的过程，又是生产出的商品同人的需要相结合的过程。商品的数量与日俱增且丰富多彩，人的需要的分层次且多变化，使商品价值的形成和增值呈现出异常复杂和不断变化的特点。

认为人的劳动与大自然、各种生产资料、科学技术和经验管理的结合，乃是商品价值的源泉和创造者，其实就是认为商品的价值是由各种生产要素创造的。我们曾经说过，生产要素价值论是对生产力发展的基本条件和动力的科学概括，它反映了社会生产力发展的基本趋势和要求。我们还指出过，随着社会进步和生产发展，人们对生产要素的认识是越来越加深了。这不仅表现在人们对生产要素的构成部分的认识在不断深化，从“两要素论”发展到今天“五要素论”，而且还表现在对各种生产要素的性质与作用的认识在不断深化。在这些崭新认识中，邓小平同志关于科学技术是第一生产力的精辟论断尤其闪耀出时代精神和科学真理的光辉；近些年来人们不断加深和提高了对以土地为代表的自然资源要素意义的认识，也是一个具有重大意义的进展。

科学技术作为生产要素的根本意义，在于它能不断加深对未知世界的状态和发展规律的认识，并不断地将原有的和新发展的知识转化成为现实的生产力，从而推动生产发展和社会进步。这种作用在历史上早已显现出来，但从未像在当今时代表现得那么突出和强烈。以土地为代表的一切自然资源是人类赖以生存和发展的前提，是人类从事生产和价值创造活动的基本要素。可是在人们的认识和社会实践中，存在着忽视其作用的倾向，自觉不自觉地把它们当成了价值创造中一个被动的可以任人宰割的对象，不知善待，滥施开发和掠夺。历史证明，只要尊重大自然，不断加深对自然规律的认识和有效利用，人类就能在价值的创造中发挥越来越大的作用。价值关系毕竟是因人而起的；满足人的需要的商品还要由人的劳动去制造；在迄今出现的各种生产要素中，经营管理和科学技术实际上是一般劳动要素的分化和升华，而土地和资本要素本身，除了土地原始的生产力和资本原始积累的生产力（其中只有一部分是劳动的产物）外，其新的生产力还要靠劳动不断地加以开发和增值。这就是说，在人的劳动具有能动性的意义上，在生产资料和其他要素是既定的条件下，又可以说劳动创造了商品价值，好比在一定意义上，可以说劳动创造了世界，甚至创造了人本身一样。

然而这是一种新的劳动价值论。第一，它所秉持的价值概念是一个相对概念，表示商品使用价值与人的需要的关系，而不是人与人的关系，更不是某种实体。第二，它坚持价值源泉的二元论，认为价值决定于商品与人的需要。前者决定于人的劳动与自然界、其他生产要素、生产资料的结合，后者决定于社会历史条件、经济发展水平、阶级关系、经济收入和风俗习惯。第三，在人的需要是价值关系主体、人的劳动具有能动性、劳动条件既定的前提下，又可以说价值是由劳动创造的。该劳动是实际存在的完整劳动，而不是所谓的“抽象劳动”；是指使用其他要素进行商品生产的各种生产性劳动和服务，而不仅是体力劳动，也不限于物质生产部门。可见，这种新劳动价值论和传统理论迥然不同，而和“天人合一”价值创造观及生产要素论却是一脉相通的：生产要素价值论是通则，劳动价值论只能是这通则中的特例，而且是一个伟大的特例。

在理清思路和若干基本论点的基础上，我们可以进而回答更具现实意义的一个问题了：在我国社会主义市场经济条件下，属于生产性劳动的应当是哪些行业、部门、职业和工作者？回答是：一切直接或间接从事生产满足社会需要的商品和提供服务的行业、部门和职业，都是生产性的，一切相关的工作者都是生产性劳动者。这不仅包括物质生产(第一和第二产业)，还包括为社会提供的各种服务(第三产业)；不仅包括工人、农民、知识分子，而且包括改革开放以来逐渐形成的那些新的社会阶层的各类人员，只要他们是通过诚实劳动和工作，通过合法经营，为发展社会主义社会的生产力和提高人民的生活作出了贡献。显然，这比传统劳动价值论所能容纳的范围宽广多了，并且更符合我国现阶段社会经济生活的实际。

传统劳动价值论排斥和否定资本的生产性，它是为反对资本提供理论基础的，而根据我们的新价值论，资本作为一种生产要素，对生产发展和创造商品价值具有不可或缺的重要意义。

如何对待企业经营管理阶层的性质和地位，是另一个容易引起争议的问题。企业经营管理阶层的出现是社会生产力和市场经济发展的必然要求和产物，在西方国家如此，在我国也不例外。

企业家阶层的性质取决于它为什么样的企业和企业主服务。在我国现阶段，无论是为国有企业服务，还是为外资和私营企业服务，他们都是生产性劳动，他们也应是社会主义事业的建设者。企业家的职能集中体现在科学合理地配置相关的各种经济资源，以最小的支出获得最大的收益。企业家能否实现这个目标，直接关系到企业的成败，并且对社会发生重大影响。作为一个合格的企业家应当具备很高的素质，他不仅应当懂技术，是内行，而且应当懂管理，善于组织和调动各方面的积极性；还必须具有高度的责任感，不仅对业主和股东负责，而且对全社会负责。企业家必须经过相当长时间的系统学习和培训，同时经受管理实践的磨炼，才能逐渐成熟起来。这需要付出相当高的成本，包括直接成本和机会成本。鉴于这一切，给予他们相应较高的报酬也就不可避免了。

略论实现商品价值的最佳体制条件

生产出来的商品只有被消费即满足了人的需要，它的价值才能得以实现。然而，生产者的商品能否被消费，首先就要看能否经过交换，从生产者转到消费者手中。于是商品经过交换（具备交换价值）就成为价值的实现形式或不可逾越的桥梁。过不去这个桥梁，必然前功尽弃。实现交换对商品生产来说是生命攸关的一件大事。

经济学价值理论的一个重要任务，就是解释商品价值实现的途径和条件，说明商品交换的基础或市场机制的基本原理。考虑到中外经济学的有关成果并对照我国的情况，我以为对商品价值的实现的体制条件已经可以提出一些基本论断。

第一，市场价格是商品价值的普遍和真实的表现形式和共同尺度。价值是商品使用价值满足人的需要的能力，而市场价格就是表现这种能力的工具和尺度。这是历史的选择，也是经济生活发展本身的需要。价格是价值的真实的普遍的形式，而传统劳动价值论的所谓价值，其实只是长期的稳定的价格而已。

第二，市场供给和需求的均衡是商品价格决定的一般基础。供求均衡是价值论或价格论的基本概念。传统劳动价值论不相信供求均衡能够决定价格，以为供求均衡必然是两种力量的抵消和其作用的消失。其实，均衡和非均衡是事物存在的两种形式，它们都是构成事物的矛盾双方发生作用的结果，不过形式不同而已。如果说均衡是双方力量的抵消和消失，从而说明它们不再起作用，那么也就否认了事物存在均衡状态的可能性，这显然是一种悖论。至于在供求关系之外寻求价格决定的原因，并且将它仅仅归结为生产商品的劳动量，未免以偏概全。此外，在说明价格决定时完全不顾及需求也是一个缺失。

第三，商品供给和需求两方面又分别受多种因素的影响和制约。就商品生产者之间的交换来说，决定商品价格的是生产成本加普通利润。生产成本则包括了他在生产中所花费的各种支出，普通利润则以当时市场认可的利润率为准。就商品生产者和消费者之间的交换来说，情况有些不同，但价格决定原理是一样的。这里发生的是生产者供给价格和消费者需求价格的均衡，也就是生产成本与效用的均衡。生产成本决定于生产中的各种支出，消费者需求则决定于其收入、价格、风俗习惯等因素。这些均衡涉及物质的和精神的各种成分，还会以当时当地的其他因素和条件为转移，绝非一个“社会必要劳动时间”所能概括得了的。

第四，自由竞争市场机制和国家有效宏观调节相结合，是实现商品价值的最佳体制环境和条件。这已为资本主义国家长期历史经验所证明，也为20多年来我国改革发展的成功经验所证明。只有这样做才既能充分发挥市场调节的优势，又能发挥社会主义国家固有的优势，同时避免和克服“市场失灵”和高度集中统一的弊端。经济快速、稳定和健康的发展，也就是商品价值的顺利实现。

（作者单位：北京大学经济学院）

（选自《新华文摘》2002年第3期）

新世纪需要什么样的管理人员

厉以宁

内容提要：新世纪的管理人员应当具有创造性，有独立分析、判断能力，同时一定要懂得制衡和效率的关系。制衡观的树立实际上反映了一个管理人员的社会责任感。

新世纪的管理人员不但要掌握新知识、新方法，而且更重要的是应当有广阔的视野。有了广阔的视野，才能审时度势，顺应客观规律，然后才能作出科学的决策。

新世纪的管理人员要严于自律，学会宽容；要懂得矛盾宜解不宜结，更不应激化，矛盾要靠疏导来缓解，和解就是双赢；同时，也只有严于自律和宽容待人，并了解效率的道德基础，才能同别人协作，才能在和谐的气氛中共同创造超常规效率。

我们已经进入了新的世纪。在新的世纪，我们遇到了一些以前不曾遇到过的问题。这些问题涉及许多学科，包括自然科学的各个学科、人文和社会科学的各个学科，而在人文和社会科学的各个学科中包括了管理学。管理，是由人来进行管理；管理的对象，有人，也有物，或者说，管理的对象是各种生产要素及其组合。大到管理一个国家，管理社会，小到管理一个企业、一个单位、一个社区，管理者都要考虑如何有效地组合生产要素并使效率不断提高。由于管理者是人，被管理的最重要的生产要素仍然是人，在各种生产要素的组合中起主要作用的同样是人，所以人是管理学中的核心问题。我们说，管理今后要以人为本，正是着眼于“管理者是人”和“被管理对象主要也是人”。管理学变化的结果将会怎样？现在还很难作出判断。我们至今还只能从变化的趋势上作一些推测，这就是：管理将会更加突出人的因素的作用，强调人际关系的协调，重视人同社会的适应。

新世纪是一个知识和创新的价值不断升值的时代。新时代的一个显著特征，是要不断地利用各种人才所推动的创新，来促进产业升级，促进经济增长，实现经济和社会的协调发展，使人们的生活质量不断提高。在这方面，肩负着人才培育重任的高等学校无疑起着十分重要的作用。高等学校究竟应该为经济和社会的发展输送什么样的人才，不仅事关高等学校自身的兴衰，而且还维系着一个经济体系的前途。毕业生的质量从来都是衡量高等学校办学效率的关键性指标。假定培养出来的人是不合格的，或者他们的知识很快就报废了，这样的人才培养绝对是资源的浪费。那么，在新时代，我们究竟要培养出什么样的人才呢？如何使培养出来的人才能正确处理人际关系、人同社会的适应呢？这正是大家关心的问题。

结合前面谈到的管理学的变化趋势，在这篇文章里，我想就新世纪需要什么样的管理人员谈些个人的看法。正如近年来我在北京大学光华管理学院MBA班上多次说过的，一个大学生、研究生，不管你是学什么的，原来属于哪个系、哪个专业的，为了顺应时代的要求，都必须学习管理学，必须懂得管理学。因为，不管你今后从事何种工作，你都离不开管理。即使是从事科技研究工作，让你管理一个实验室，能管好吗？你是学医的，难道你将来不可能担任某个医院的领导，或某个研究所的负责人吗？你在学校工作，也有可能当某一级的领导，从院系到校，那时，你能管理好吗？更不用说在企业工作，对一个企业的管理了。明白了这个道理，就会懂得，只有在教学内容、教学方法上继续进行改革、调整，21世纪的高等学校才能培养出时代需要的、合格的管理人员。

创造性·制衡观·责任感

高等学校应该培养出有创造性的人才、有创业精神的管理人员。现在报刊上经常提到“新经济”一词。什么是“新经济”？新经济就是建立在技术创新和资本市场基础上的一种经济。没有技术创新，就谈不到新经济；没有资本市场，同样也就没有新经济。在一段时期内，新经济和旧经济是并存的。当然，新旧总是相对而言，过若干年后，现在的新经济可能也会成为旧经济，但无论如何，每个时代都会有同时代相适应的新经济出现。没有创造性，不会有新经济。对新经济，我们应该采取一种理性的态度，而不要轻易地说它是泡沫，更不要称之为泡沫经济。在经济增长的过程中有点泡沫是不足为奇的，经过一段时间，泡沫就少了，但泡沫又会再来。经济始终在有泡沫、无泡沫，多泡沫、少泡沫中前进。对新经济，我们要学习，要观察，更要学会利用它。假定我们首先在心理上就排斥它，拒绝它，躲得远远的，认为这无非是些泡沫，实际上就拉大了我们自己跟世界发展水平的差距，也限制了我们自己的创造性。我们应该时时树立一种接受新事物的新观念。比如说，我们应当努力把握和了解新经济给社会带来的许多变化，诸如可以降低成本、减少中间环节、增加信息量，还可以充分利用资源、分散风险等等。今天，科学技术的发展速度，早已超过我们原先最大胆的想像。在这种情况下，又有谁敢小视今天的技术进步会给未来经济带来多大的变化？不树立这样的新观念，就培养不出有创造性的人才，我们的高等教育就不符合技术进步时代的要求。

任何时候，只要有市场竞争，那么市场竞争归根到底就是人才的竞争，尤其是有创造性人才的竞争。在知识经济时代，这个问题尤其突出。知识经济时代，经济增长要靠技术与经营管理力量的加强，加强技术与经营管理力量要靠人才，人才要靠学校培养出来。而从管理学的角度来讲，在知识经济时代，特别要重视非程序性决策人才的培养。

管理中的决策分两类，一类叫程序性决策，另一类叫非程序性决策。假定有规章制度可循，完全按规章制度来办事，做出决策并不难，规章怎么定的，就严格执行这个规章，这种决策叫程序性的决策。虽然可以对现行的规章提出修改意见，但仍然属于程序性决策范围。然而，有时遇到的很多情况是原来没有预计到的，情况在不断变化，必须在这种情况下做出决策，而又没有规章制度可沿用，这叫非程序性决策。知识经济时代，非程序性决策的比重可能加大，因为世界是变化的，国际竞争不断加剧，各种预料不到的变化随时可能出现，都需要当机立断，作出决策而没有前例可援。这样的决策就是有创造性的。这种能力不是从单纯的教科书里就能得到。靠什么呢？既要靠实践所积累起来的经验，还要靠个人的创造性。要知道，每一个科学技术人员、行政工作人员、工程师、医生、教师，都有可能独当一面，成为管理方面的负责人。管理本身既是科学，又是一门艺术。是科学，其中有许多规律可循；是一门艺术，很多地方要靠自己的创造性。管理人员要有清晰的思路，要深刻了解现实，还要有独立分析、判断能力。这正是知识经济时代管理人员应当具有的一种素质。

新世纪的管理人才一定要懂得制衡和效率的关系。我把这称做制衡观。让我先讲一个具体的例子。我曾经到过一个地方，那里正在开国有企业经验交流会。一个人在会上介绍他那个企业的经验，说他们厂之所以效率这么高，是因为董事长、总经理、党委书记一个人兼，决策果断，所以效率高。我听了一半就走了。这不是好经验。党委书记可以兼董事长，说是国家控股，但是不能再兼总经理。问题何在？因为需要有制衡机制。制衡，是为了防止最坏的情况出现。有了制衡机制，即使降低效率，无非是为了防止最坏情况出现而必须付出的代价。决策集中在一人，拍板快，大权独揽，但这是不行的，最坏的情况随时都可能发生。而最坏情况的发生正是最大的效率损失。

要知道，领导人的功过是不对称的。当事业走向成功的时候，应归功于领导集体，当事业走向失败的时候，第一把手负主要责任。原因何在？当事业成功的时候，第一把手起了重要作用，但他一定是跟领导层其他成员共同商量而作出决策的，共同负责，共同把事情搞好；而在事业走向失败的时候，很可能是第一把手独断专行，听不得不同意见，最后造成决策失误而失败了。最明显的例子是太平天国。当太平军从广西桂平金田村打到南京的时候，天王和东、南、西、北王以及翼王大家共同努力，靠集体的力量，太平军才挣得半壁江山。一路上，南王、西王死了。到了南京以后，天王听不得不同意见，排斥异己，刚愎自用，最后导致整个事业的失败。所以任何单位都应该记住，管理者都应该懂得，制衡是必要的。制衡即使付出降低效率的代价，也是必要的。在制衡过程中，难就难在谁来监督第一把手？设置什么机构来监督第一把手？更难的在于：即使建立了对第一把手的监督者，那么谁来监督那个负责监督第一把手的监督者？负责监督第一把手的人和机构是否起了监督作用了？还是敷衍一下或者根本就没有监督？所有这些，都是管理中的深层次问题。只有当制衡的思想深入到领导班子每个成员的时候，企事业单位的管理工作才能真正走上正轨。

制衡观的树立，实际上反映了一个管理人员的责任感。从责任感出发，每一个管理人员都应当欢迎建立制衡机制，这样可以使自己的工作做得更好。责任感的含义是广泛的，有社会责任感，对本单位的责任感，对家庭的责任感，受人之托的责任感等等。在某些场合，各种责任感是统一的，但在另一些场合，这种责任感和另一种责任感之间可能有矛盾。有矛盾是正常的，因为任何一个人在社会上都处于人际关系之中。一个人既是社会的一分子，又是团队的一分子、社区的一分子、工作单位的一分子、家庭的一分子。各种责任感都是由此产生的。因此，他不仅要对社会负责，也要对团队、对社区、对本工作单位和对家庭负责。当某些责任感之间有矛盾时，就需要权衡轻重；当两者不能兼顾的时候，就需要有所选择，顾全大局。作为新世纪的管理人员，时时刻刻要记住的是：始终要把社会责任感放在首位。把社会责任感放在首位，有可能与某些把本单位的利益放在首位的同事有冲突，甚至因此得罪了本单位的上上下下而在本单位陷入孤立状态。各种指责都可能朝你而来：什么“吃里扒外”啦，“沽名钓誉”啦，等等。这就需要有毅力，有信心，还要有耐心。周围的人迟早会了解你是正确的。

一个管理人员不要轻易地说自己的动机是好的，问心是无愧的。动机与效果应当统一，不能只问动机，不问效果。不久前中央电视台播放的电视剧《省委书记》中有这样一段：一个县里有一家工厂偷偷排放工业废水，造成下游环境污染，但受到地方保护，原因是这家工厂每年给县财政带来几百万元收入。事情曝光后，这个县的负责人说道：这几百万元对于一个穷县来说是多么重要啊，小学的校舍盖好了，失学儿童上学了，下岗工人就业了，而县领导自己一分钱的好处费也没有拿过。他说，自己的“动机”是好的，是“问心无愧”的。这种说法显然会迷惑人。能说这样的县领导对本单位没有责任感吗？不是好官吗？必须端正认识。因为他的行为造成了下游环境污染的后果，表明他缺少的正是社会责任感。不能因此而原谅他的失职。在电视剧中，他被处分了。“问心无愧”是老百姓的语言。一个普通人，临终前对自己的家人说，我这一辈子没干过坏事，没有欠人的钱未还，我问心无愧。普通人可以这么说。但一个管理人员，特别是高层管理人员是不能这么说的。要看效果，看社会和历史对你的政绩作出的评价。效果检验一切。

知识·方法·视野

为了适应新世纪对创新的更高要求，高等学校培养的人才应是能够不断从事创新的人。为了从事创新，他的知识面应该宽广，他的基础应该扎实。一个人大学毕业之后，短期内取得一些成就并不难，难就难在今后长期取得成就。为此，这就要求他们在校时基础一定要打好。高等学校的专业划分不能太细，因为专业太细不利于人才的成长。对毕业生所做的跟踪调查发现，学生的能力往往不是一毕业马上发挥出来的。但5年之后，10年之后，学生的潜力就发挥出来了，这就是所谓的“成长后劲”。基础越扎实，“成长后劲”越大。还必须认识到，任何一个专业的毕业生，并不单是这个系的老师培养出来的，而是全校的力量共同培养出来的，因为一个在校学生既可以从所在的系里学到自己的专业知识，还可以通过听各种讲座、辅修等形式，不断地充实和完善自己的知识结构。更重要的是，他在学校这个大环境中成长起来，氛围对他的熏陶、启迪，学习伙伴之间的相互影响、感染，对学生的成材起了难以忽视的作用。

为了使学校培养出来的各个专业的毕业生，包括管理专业的毕业生能够适应新的形势和新的市场环境，应当着重培养学生的创造能力。因此学校不是把学生锁定在很窄的专业上面，而应该培养“宽口径、厚基础”的人才，重在成长后劲，重在发展潜力。以一个班级来说，比如说，考分上了多少分就可以录取。一个班的新同学，最高分和最低分相差不大，所以进校时的差别也不是很大。但是到毕业的时候，差别就大了。有的人只晓得书本知识，而另外一些人在学校中从多方面吸取知识，从事多种实践等等，所以知识面很宽。毕业以后更大不一样了。创造力就反映在这里。要知道，教员给学生三个层次的东西：一个是低层次的，给你知识。因为教员比你年纪大一点，书读得比你多一点，你的知识少，教员给你知识。但传授知识属于低层次，因为教员本身的知识同样有限。第二个层次，给你方法。给你方法比给你知识更重要，给你方法等于给你一把钥匙，你有了这把钥匙就可以打开知识宝库的大门了，以后就可以自己去发展了。虽然学到方法比学到知识更重要，但还不够，还有第三个层次，应该给你一个广阔的视野。站得高，就看得远。既然学生的发展在于后劲，视野就必须开阔。我们看东西，不仅需要用显微镜，更需要有一个望远镜。有显微镜，虽然可以看得很细，但不够。比如你坐飞机，在飞得很高的时候，你可以看到田野的起伏，山峦的走势，河流的流向，大地的整个轮廓都在你的心中，你就跟别人不一样了，因为你站得高。所以好教员在教学生时，不仅给知识，给方法，更要给他一个广阔的视野。

对新世纪的管理人才来说，具有广阔的视野尤为必要。管理人员无论在哪个工作岗位上，都要对全局有所了解，对趋势有清醒的认识，否则很难把本职的管理工作做好。他们还应当懂得，每个工作岗位都有一定的职责范围。难道担任了高层领导就要什么都管？你做不到这一点，即使勉强做到了，也管不好。管理所依据的是明确的分工。只有分工明确，各司其职，每一个层次的管理者才能有所为，也才能使管理有条不紊，做好本职的管理工作。

不妨从中国历史上一件真事谈起。西汉时期，汉宣帝有一个丞相，名叫丙吉。有一天他到长安城外视察去了。出城不久，路边有人打架斗殴，把人打死了。人家看到丞相出巡，于是拦轿喊冤。丙吉吩咐绕道而行，不要管他。走了不远，丙吉看到一头牛在路边直喘气，于是下轿，围着这头牛转了好几圈，左看右看。于是人们都说这个丞相关心牛远远胜过对人的关心。丙吉说，我是丞相，路上有人打架斗殴把人打死了，自有地方官按律处理，我不能越权去过问。那么，看到牛喘气，为什么那么关心？丙吉说，我是丞相，丞相管的是天下大事，现在天气还不够热，这头牛就在喘气，我怀疑今年会有大瘟疫流行，预防瘟疫流行是丞相应该管的事情。这件事在历史上传为美谈。所以说，一个人担任什么职务，就应该知道哪些是我该管的事，哪些我不管，但自会有人管。假如我就管那个人，我就只看他尽职与否，而不是管那件事。这就是现代管理中的一个重要问题。缺少广阔视野的管理者，能这样看问题吗？能这样处理问题吗？

要了解趋势，实际上就是要懂得客观规律，顺应客观规律，而不做违背客观规律的事情。一个管理人员必须认识到，凡是去做违背客观规律的事情，没有不失败的。权力再大，也顶不住客观规律的作用。清朝纪晓岚写过一本《阅微草堂笔记》。这本书是讲鬼狐故事的，但也讲他到乌鲁木齐，在乌鲁木齐效力时的事情。他把当地的见闻写了下来，其中有两件事值得思考。一件事：新疆北部地区是产金的，当时关内很多流民去那儿采金。消息传到了清朝驻乌鲁木齐大臣那儿。有的谋士出主意，说不要紧，因为产金地区就一条路可以进去，派兵把守这条路，不准粮食往里运，里面的人没粮食吃，必然就会自己走出来。大臣一考虑，觉得对啊，听任这些人流到这里采金，那怎么行？干脆把他们从山谷里赶出来，于是就断绝粮道，派兵把守路口。这一来就不得了，成千上万的流民困在里面，粮食进不去，总不能饿死在山里吧，于是就翻山越岭跑出来了，跑出来就变成土匪。于是新疆北部就乱了。清朝政府又调兵打，经过好几年才把这股土匪消灭掉。军、费等支出比当初少收的税款多得多。这是违背客观规律的结果。其实，当时可以想出其他各种办法。比如说，只有一条路可以进去，可以设个关卡，粮食照样往里运，出来的人根据你采金多少，该交多少税交多少税，能收多少就多少，不就行了吗？或者，把流民组织起来，安顿下来，容许他们采金，但要照章纳税，地方经济不就发展起来了吗？所以干出违背客观规律的傻事，正是缺乏周密思考，缺乏远见的结果。纪晓岚还讲了另一件事。新疆有一年春耕时缺牛。没有牛，春耕就不好办了。又有人出主意了，说新疆人爱吃牛肉，只要出布告，禁止杀牛，这样牛就多了，牛多了，新疆的春耕问题就解决了。驻乌鲁木齐大臣听了谋士的话，出了布告。结果坏了，农民一看，不准杀牛，那我们养牛有什么用？于是就不养牛了，结果牛更缺了。后来没办法，只好取消禁令，牛才慢慢恢复繁殖。这再一次说明遵循客观规律的必要。

要学会审时度势。审时度势，意味着对客观情况有充分的了解。为什么有些管理者不审时度势而总是短视呢？一个重要的原因是视野太窄，只顾眼前，忽略了全局。可以举明朝最后一个皇帝崇祯为例。崇祯即位之时，明朝已岌岌可危，他想挽回大势已不可能。除了他刚愎自用、性格多疑而外，他还缺乏全局观念，不审时度势，毫无远见。在这种内外交困的危机时刻，他想多筹军费，应付山海关用兵，于是有官员投其所好，上奏折主张裁减驿站，以节省费用。这个意见正符合崇祯的心意，于是崇祯二年就下诏把全国大多数驿站裁掉了。但裁减下来的驿卒上万人怎么办？这些人身强力壮，又会骑马，这一下，他们就各奔前程了。李自成就是被裁减下来的驿卒，与伙伴们一起加入起义军。陕北的农民起义势力大增，局势从此不可收拾。十来年后，起义军攻进北京，崇祯上吊，明朝亡了。

这一历史事实告诉我们，作为决策者，尤其是高层决策者，一定要视野宽广，瞻前顾后，对全局要有清醒的认识；要认清客观规律，尊重客观规律，顺应客观规律，然后再作出决策。这样的决策才是科学的、合理的。这才是真正对社会负责。

我们可以再举当代的情况来说，关于知识和技术进步在经济增长中的作用问题，同样需要从客观上，从历史上来考察。如果只局限于从某个企业或某个部门的角度来考察，显然是不够的。这是因为，知识与技术进步不一定直接反映于本企业或本部门的发展上，更重要的是反映在客观环境的改善上。例如，交通运输条件因技术进步而大大改善后，火车、汽车、轮船、飞机的数量增加，速度加快，载货量或载客量增大，安全性提高，这就有利于每一个生产单位的产量的增长，从而有利于国内生产总值的增长。但这种情况在某个具体生产单位投入的变化方面并不是明显地反映出来的。又如，通讯手段、新闻传播手段的现代化，为每一个生产单位的产出的增加提供了良好的条件，这也是有利于国内生产总值增长的，各个生产单位由于利用先进通讯设施与新闻传播设施所取得的进展，不知道要比通讯手段、新闻传播手段的制造单位的效益大多少倍。再如，由于知识与技术进步，新药发明了，医疗条件改善了，社会患病率下降了，人民体质增强了，职工出勤率上升了，工作效率更高了，企业的产出将增加，但知识与技术进步对经济增长的这一重大作用是难以估量的。你能计算出自从青霉素发明和应用以来一共为社会减少了多大损失吗？你能估计到器官移植手术的成功将会使社会增加多大产值吗？一个管理人员，尤其是科技部门的决策人员，必须拓宽视野，站得高、看得远，才能面对技术进步的新形势。

自律·宽容·协作

新世纪的管理人员应当善于处理人际关系。善于处理人际关系，包括了严于自律，学会宽容。

关于这个问题可以从第三种调节说起。平时我们只听说过两种调节：一种调节是市场调节，另一种调节是政府调节。市场是一只无形的手，靠市场供求规律来调节；政府调节是一只有形的手，通过法律、法规、政策来配置资源。试问有没有第三种调节？有。从历史上看，市场的出现不过是几千年前的事，原始社会后期才出现了商品交换。政府调节的出现就更晚了。那就要问，人类社会已存在多久？少说有几万年了。在市场出现以前，在政府出现以前，既没有市场调节，又没有政府调节，在那漫长的岁月中，人类社会是靠什么力量来调节的？靠的是道德力量调节。再看，市场出现以后、政府出现以后，在某些边远的小村落里，在那些孤岛上，市场的力量是达不到的，政府的管辖是鞭长莫及的，但当地还有人们在生活，他们还在繁衍后代。这是什么力量在调节？是道德力量在调节。再进一步分析，市场出现以后、政府出现以后，社会经过了多少次大动乱：农民大起义、外族入侵、诸侯割据、军阀混战。中国古代有两句话："小乱居城。大乱居乡。"发生小动乱的时候，乡下人向城里跑，因为城里有兵把守；发生大动乱的时候，城里人往乡下跑，跑得越远越好，因为城市是兵家必争之地，断粮、断水、火攻、水攻，破城以后，屠城三日，大家都怕，跑得越远越好。大动乱的年代，市场失灵了，政府是瘫痪的，但人类社会延续下来了。这时候是靠什么力量来调节？靠的是道德力量。

可见，肯定存在着第三种调节，那就是道德调节。道德力量调节介于有形无形之间，"道是无形却有形，道是有形又无形"。我们说，企业文化建设、社区文化建设、校园文化建设都不是市场调节，也不是政府调节，而属于道德力量的调节。还有，自律也是道德调节。人人都要自律，国家公务员要自律，老师和学生要自律，企业工作者要自律。自律包括两个方面，一方面是自我约束，另一方面是自我激励。不能一讲自律只是自我约束。对自己的行为也要激励，以便走向预定的目标，所以要给自己不断打气，这样，才能充分体现道德力量的调节。在没有市场调节、政府调节的情况下，道德力量是惟一的调节。有了市场和政府调节后，道德力量的调节同样存在，而且时时刻刻都存在。有了道德力量调节，市场运行就更正常。有了道德力量调节，政府调节就更有效。道德力量调节无论从哪个角度看，都是非常重要的。

新世纪的管理人员，不懂得道德力量的作用是不对的，不严于自律是难以成长的。自律，既要自我约束，又要自我激励。自我约束，并不容易。一要拒绝诱惑，二要顶住压力。相比之下，对管理人员来说，顶住压力要比拒绝诱惑更难，因为压力通常是来自上面的。顶压力要冒风险。拒绝诱惑，总不会有什么风险吧，除非诱惑与压力双管齐下。但双管齐下时，仍以压力为主。

再谈宽容问题。不懂得宽容的高层管理者，是一个不了解人际关系的复杂性和调动人们积极性的必要性的领导。

不妨温习一下中国历史。中国古代洪水经常泛滥，所以治水在历朝历代都是重大的任务。治水留给中国文化的传统是疏导，疏导才能把水治好。大禹治水就是采取疏导方针，终于把水治好了。疏导意味着宽容。缓流总比急流宽，水流很急的地方很窄，缓流的地方很宽。中国历史上形成的这个传统，对社会进步的影响很大。

犹太人在中国历史上的遭遇很能说明问题。罗马灭掉犹太国以后，犹太人就在世界各地漂泊，他们在欧洲各个国家都居住过。犹太人每到一处都是紧紧抱成了团，为什么呢？因为他们信仰犹太教。在基督教的社会里，对犹太人是排斥的，把他们看成异教徒。犹太人受歧视，在欧洲不许做官，不许买地，不准做生意，基督徒不同他们通婚。看到犹太人做生意赚钱了，找个理由把财产没收了，驱逐出境，或者关进牢房，甚至杀了。越是这样，犹太人在欧洲每个地方越是抱成一团。一千多年前，犹太人分批来到中国。北京大学出版社出了一本书，是已故著名社会学家潘光旦教授写的，叫《中国境内犹太人的若干历史问题》。犹太人在唐宋时期大量来到中国，北宋时期居住在今天的河南省开封，遗迹保存下来了。但犹太人来到中国后，汉民族是个宽容的民族，不歧视他们，可以同他们通婚。犹太人可以读书，参加科举，做官，买地，经商。这样，历史上进入中国的犹太人融入汉民族中了，这是宽容造成的民族融合，也就是疏导的作用。宽容意味着和解。矛盾宜解不宜结，更不应激化。矛盾要靠疏导来缓解。一个管理人员，要学会处理人际关系，善于做疏导工作。

中国古代治水留给我们的精神遗产，一是疏导，二是协作。疏导，前面已经说了，现在再谈协作问题。治水需要协作，上游下游要协作，左岸右岸要协作。没有协作是无法把水治好的。协作同宽容往往联系在一起。不宽容，能有成功的协作吗？协作也意味着和解，把什么问题都弄得那么僵，能协作好吗？

现在流行一句话："商场就是战场。"这句话是不妥当的，至少是不全面的。商场与战场不同。在战争上，两军对垒，不是你吃掉我，就是我吃掉你。投降、收编，也是"吃掉"的一种方式。然而商场的情形就不一样。商场上固然有竞争，同时也有协作。他今天是你的竞争对手，说不定明天就是你的合作伙伴。竞争意味着双方共同创造一种新局面，这本身就有协作的成分。何况，商场中难道一定是你死我活的斗争，我非把你吃掉不可？不一定如此。和解就是双赢。各自后退一步，海阔天空。企业间达成谅解，是双赢。企业合并、重组，是双赢。企业共建协作网，也是双赢。路不是越走越窄，而是越走越宽广。新世纪的管理人员，在商场上，如果不懂得“和解就是双赢”的含义，什么都要搞成“一家独占”，结果必定付出的代价太大，得不偿失。有些“百年老店”，尽管历史悠久，但依然是“百年小店”，做不大。为什么？中国人在商界有两句名言，叫“和为贵”、“和气生财”。这两句名言都是对的，但很不够。因为“和为贵”是一般原则，是谈待人处事的原则。“和气生财”是商界熟悉的道理，指的是“顾客至上”。“百年老店”之所以一百年来规模不变，至今只不过是“百年小店”，可能也遵循了“和为贵”、“和气生财”，但企业仍做不大。从现代经济学的角度，一定要懂得“和解就是双赢”的道理。“百年老店”可能牢牢抱着“肥水不流外人田”的古训不放，产权封闭，不知道同别人合作，不懂得开放产权的好处，结果，店是老店，但仍是小店。怕什么“肥水流入外人田”？把饼做大了，大家都有好处，这就是双赢。不懂得“和解就是双赢”，把竞争对手永远看做是对手，饼怎么做大？

管理人员追求效率。一定要了解效率有两个基础，一个是效率的物质技术基础，一个是效率的道德基础。什么叫效率的物质技术基础？有多少先进的设备，有多少熟练劳动力，这就构成了效率的物质技术基础。但要认识到，仅仅有效率的物质技术基础，只能产生常规效率。有了效率的道德基础，就能产生超常规效率。超常规效率从哪里来的？超常规效率来自效率的道德基础。举三个例子：第一个例子，一个国家，当它遇到外来侵略的时候，比如抗日战争时期，为什么我们的国民有这么大的凝聚力、这么高的战斗热情、这么高的工作积极性？这个效率是从哪里产生的，来自效率的道德基础。第二个例子，一个社会，当它遇到特大自然灾害的时候，比如1998年发洪水的时候，那个时候国民为什么有那么大的凝聚力，发挥互助友爱的精神？家家晚上看新闻联播，都在关心长江水位又到多高了。解放军战士几十个小时在水下堵漏洞，这种效率是从哪里来的？来自效率的道德基础。第三个例子，一个移民社会为什么效率会那么高？比如说，今天广东、福建一带，住了很多客家人，客家人的祖先在河南，是历朝动乱时期南迁的：魏晋南北朝、隋唐五代、北宋南宋、明清动乱时期南迁。一个个家族迁移，到了南方，在蛮荒之地恶劣的自然环境中扎下根来。客家人在这里站住了，然后走向全世界。在福建龙岩市，有一万多座土楼保存下来，有方的，有圆的，有的土楼住好几百户，有时一个大家族在一个楼里住。家族的道德的凝聚力量在这里发挥了作用。我到那里去，他们请我题词，怎么写？想了一下，题了七个字：“人情道德一楼中。”因为它反映了道德力量的作用，这就使移民社会有超常规效率。

以上我谈到了自律、宽容和协作，谈到了“和解就是双赢”，谈到了效率的两个基础，它们全都涉及如何处理好个人和群体之间的关系问题。我想，新世纪的管理人员如果处理不好个人和群体的关系，那么无论怎样辛苦劳累，工作也是不会有大的起色的。

（作者：北京大学教授）

（选自《走向未来的人类文明：多学科的考察——第二届“北大论坛”论文集》，北京大学出版社，2003年7月版）

科学地认识转型过程中的就业问题

蔡 昉

在计划经济条件下，劳动力就业是国家经济发展长期、中期乃至短期计划的一项重要内容。在典型的计划体制过程中，国民经济综合平衡即人力、物力、财力的平衡被分解为财政、信贷、外汇、物资和劳动力六个方面的平衡。在短缺经济的条件下，这种综合平衡原则是不按“长线”进行平衡，丰富的劳动力不构成瓶颈，不是计划关注的中心。然而，企业使用劳动力的体制又是高度控制的：全民所有制单位新增职工指标由国家控制，具体分配和招工由地方政府负责；集体所有制单位新增职工指标由地方管理，报中央备案。在国民经济计划增加职工指标的范围内所招收的职工都属于固定工，即通常所说的“铁饭碗”。临时工或合同工是用工单位与劳动者之间以签订劳动合同，规定工作期限、工作条件和劳动报酬的方式所招收的，企业也必须编制计划。

在传统的计划经济体制下，公开的失业问题几乎不存在，就业问题由计划者即政府关心。所以，相关的研究也几乎没有开展起来。然而，农村剩余劳动力转移问题的重要性在20世纪80年代已经显现；劳动就业体制改革也于80年代后期开展起来；到了90年代中期以来，产业结构的调整和宏观经济不景气导致城市失业、下岗问题日渐突出；流动人口规模和流动范围的扩大，以及由此引发的一系列经济、社会问题也引起了社会的广泛关注。与此同时，经济学家的关注程度，却远远不及问题本身同样的重要程度。

从对于劳动就业问题的角度观察中国的学术研究，可以发现一些理论研究与现实需要不适应的倾向。更准确地说，学者们对一部分现实问题过分热心，而忽略了另一部分至少同样重要的现实问题。由于缺乏充足的理论准备，一旦着手对劳动问题进行探讨，往往陷入误区，研究的效果不尽如人意。本来，经济学就存在着重短期宏观经济周期问题，而轻中长期经济增长的不正常倾向。但在这种一窝蜂般对宏观经济的研究中，又严重地存在着重资本研究、轻劳动研究的倾向。不仅如此，在有限的非主流的对劳动力问题的研究中，又存在着重数量研究、轻质量研究的倾向。劳动力的载体是人，更确切地说是劳动适龄人口，具有数量和质量两种特征。劳动力的数量涉及供给与需求，劳动力的质量体现为人力资本因素。劳动力供给与需求的讨论固然是劳动经济学的经典话题，但越来越多的证据表明，人力资本对于就业和应对失业具有重要的影响。所以，过分关注数量问题而忽视质量问题的倾向是不恰当的。更进一步，在过分关注劳动力的数量研究中，又存在着重供给研究、轻需求研究的倾向。劳动力的供给涉及人口再生产和年龄结构，特别是劳动适龄人口在总人口中的比例。其实，这个比例在长期中是稳定的，政策很难改变什么。而劳动力的需求却与宏观经济景气、产业结构甚至发展战略密切相关。上述研究偏向很容易降低理论研究的政策含义，或干脆得出不正确的政策建议。本文把就业问题置于经济增长、体制转型和产业结构调整背景之下，揭示当前中国失业产生的原因和性质，并尝试指出治理政策的方向。

为什么不能承受高失业率?

一个被曼昆列于经济学十大原理之一的理论阐述是，“社会面临通货膨胀与失业之间的短期交替关系”，即“菲利普斯曲线”。“菲利普斯曲线”可以有两种表述方式。一种是观察价格变动与失业率之间的关系，由此发现价格上涨即提高的价格通货膨胀率通常伴随着失业率的下降。另一种是观察名义工资水平变动与失业率之间的关系，由此发现名义工资上升即提高的工资通货膨胀率通常伴随着失业率的下降。由于统计部门并不提供实际失业率的数字，在统计年鉴上可以找到的登记失业率只是实际失业率的一个部分，且变动极小。所以，我们不能很好地观察是否存在菲利普斯曲线。

然而，无论是否可以从统计数字中直接观察到，在经济增长率高的时期，潜在的工资通货膨胀压力和物价通货膨胀压力都存在，而我们却可以观察经济增长率和就业增长率之间的关系。

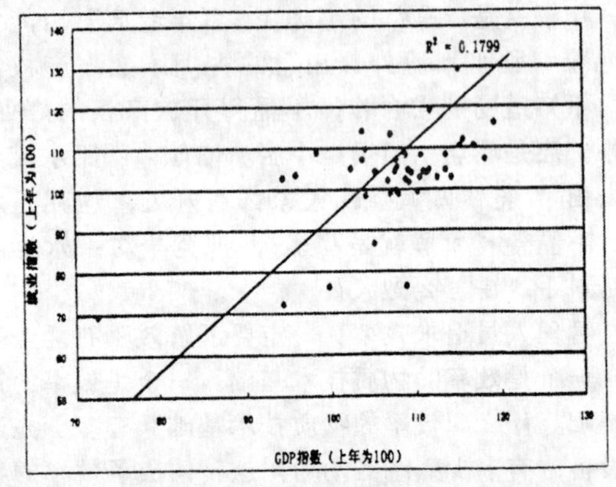

图1 经济增长对就业的推动效果

资料来源：国家统计局：《中国统计年鉴2001》

图1显示的是1953—2000年期间国内生产总值年度增长指数与就业增长指数之间的正相关关系，相关系数为0.42。这个关系表明，每逢经济高速增长，物价和名义工资都有潜在的上升趋势，与此同时就业也有扩大的趋势。可见，就某种速度而言，通货膨胀率与失业率之间的交替关系，在中国过去几十年的经济发展过程中也是存在的。所以，政府的宏观经济政策也同样遇到一个在通货膨胀率与失业率之间的两难取舍。

从中国经济增长的波动周期，不难看出通货膨胀或通货紧缩压力分别与就业扩张和失业压力有关。自1978年底的改革开放以来，中国经济平均每年的增长速度很快，1978—2000年期间，国内生产总值年平均增长速度达到9.5%。然而，这种快速增长是在周期性的波动中实现的。每逢高速增长的年份，年度的国内生产总值增长率可达15%。而一旦速度缓慢下来时，年度的增长率则只有4%。如果我们以若干年中增长率的一个最高点（或最低点）到另一个最高点（或最低点）的过程作为一个周期，从1978年底到20世纪末已经经历了4个这样的周期，平均每5年左右就有一个。

中国经济的波动性的特点在于经济反复出现过热，其发展速度与“瓶颈”形成相互制约的局面。改革如果不能在宏观政策环境、资源配置制度和微观经营机制之间取得配套，就会出现经济增长的波动。在过去的改革过程中，宏观政策环境的改革滞后于微观经营体制和资源配置制度的进展，形成体制不协调和增长不稳定的局面。改革微观经营机制以后，企业有了自己独立的利益，对产值增长和利润总额增长的追求十分强烈。在资金价格缺乏弹性的情形下，只要政府一放宽对信贷和投资的控制，每个企业都积极争取贷款以扩大生产，直到能源、交通、原材料等基础产业部门的供给不能满足要求，形成“瓶颈”。当经济过热而需以瓶颈制约增长速度时，通货膨胀通常相伴而生，阻碍正常的经济增长。在扭曲价格的宏观政策环境尚未改革成功的条件下，政府的调整措施通常是通过以下手段达到：①严格控制价格；②回收下放的管理权限；③加强信贷规模的控制；④抑制非国有经济的发展。从实施效果看，这类调整具有双刃剑的作用：一方面，由于严格控制投资规模和价格上涨趋势，可以将过热的经济增长速度冷却下来；另一方面，重新加强资源计划配置，价格改革停步，计划体制重新发挥调节作用，资源从效率高、符合比较优势的部分非国有部门流向效率低、不符合比较优势的某些国有部门。一旦经济陷入这种境地时，企业亏损加重、价格不能调节产品和要素的供求变化、资源配置缺乏效率、增长速度明显下降、财政收入拮据等就成为经济中更为突出的矛盾。于是，微观层次要求放权的呼声和实际努力越来越强烈，代表市场调节因素的非国有经济部门也加强竞争以争取资源，以微观经营机制和资源配置制度来放权让利的改革又再一次得到鼓励。

20世纪90年代中国经济实际上又经历过一次类似的调整。当时针对经济过热以及出现泡沫经济的问题，中央政府实行了一系列宏观控制措施，特别是适度从紧的货币政策以控制投资规模和增长速度，几年之后把通货膨胀率降到较低的水平，同时又保持了差强人意的经济增长速度，即实现了所谓“软着陆”。然而，在宏观调控和持续实行适度从紧货币政策的同时，中国经济从长期的短缺经济逐渐转变为买方市场。随着供应增加，高利润的投资机会不再俯拾即是。尽管政府的货币政策事实上已经向刺激投资的方向转变，甚至开始了一系列激活市场的财政政策，需求再没有像以往的周期一样迅速增长。但这并不意味着周期波动的结束，而是一种伴随着失业现象的新情况。

经济增长必然有波动，面对经济波动中通货膨胀和通货紧缩的交替出现，一个不可回避且被反复争论的问题就是，通货膨胀和失业哪个危害更大。通货膨胀通常造成实际收入和实际财富的任意再分配。那些收入增长速度低于物价指数上涨率的人群，在通货膨胀期间受损，而收入增长速度高于物价指数上涨率的人群则受益；债权人利益受损而债务人受益；个人和企业受损而政府受益。但是，在通货膨胀期间，经济增长率往往很高，工资水平攀升，政府税收也增加。政府和社会有能力实施再分配政策，调整社会各阶层的损益。与此相反，在失业率上升时期，经济增长率缓慢，收入增加速度降低甚至绝对下降，政府的财力也处于拮据状态。与通货膨胀时期相比，失业严重时期首先意味着经济活动中最重要的人力资源不能得到充分利用，减少了社会的总产出。在中国劳动力资源丰富的条件下，存在着劳动对资本进行要素替代的机会。例如，对就业增长因素进行的一项计量经济研究表明，工资每提高1%，通常会导致就业总量降低0.71%。这意味着企业对于生产要素的相对价格是敏感的。当社会中一部分人力资源没有得到利用时，可能的生产规模就未能达到。馅饼小了，再分配的难度也就大得多了。

高失业率直接影响的是个人和家庭。政府在这时也恰恰处于实施社会政策能力最弱的时候。如果普遍的高失业率持续较长的时期，失业者家庭的生活将受到严重的伤害，其子女受教育的机会都会受到影响。此外，长期的失业可能会把失业者从原来的社会交往圈子排斥出去，造成对自尊的伤害。无论是在发达的市场经济国家、发展中国家，还是转轨过程中的前计划经济国家，高失业率都会导致社会不安定和政治不稳定局面。

转型与就业问题

中国改革以前的经济增长模式是以重工业优先发展为目标，通过扭曲价格的宏观政策环境、高度集中的计划资源配置制度和缺乏自主权的微观经营体制而形成的。而改革以前，中国劳动利用、人力资本积累和就业结构模式是这种经济增长模式的一个组成部分和结果。这种计划经济模式把整个国民经济分为两大部类，即生产资本品的第一部类和生产消费品的第二部类，并且假设两个部类都具有固定的技术系数，即资本和劳动力在生产产品的过程中完全不能相互替代。由于假设劳动力具有无限供给弹性，则资本成为经济增长过程中惟一的限制要素。按照这个战略模式，把更多的资本投入到生产资本品的第一部类，从长期来看会增加消费、投资和总产出。由此引申出的政策含义是，通过提高第一部类的投资比例达到提高总投资增长率，可以突破低水平均衡陷阱，加快经济增长。

改革以前的中国经济增长模式，比较典型地遵循了上述模型。在推行重工业优先发展战略的情况下，生产要素不具有可替代性。也就是说，虽然当时劳动力是最丰富的生产要素，但整个发展却是排斥劳动就业而高度资本密集的。随着经济增长，产业结构也应该发生变化。而一般来讲，在经济结构转变过程中，有几个因素会影响产值结构和就业结构两个转换之间的对称性，或者说会造成就业结构转换滞后于产值结构的转换。一个重要因素是工业增长中使用过多的资金，使用较少的劳动力。发展工业在利用资源方面，本是可以有不同选择的。也就是说，通过选择不同的产业重点，选择不同的技术类型，甚至通过不同的产业布局，分别可以发展劳动力相对密集型的工业，或者资金相对密集型的工业。前者意味着一定量的工业产值，可以由较少的资金投入和较多的劳动力投入来取得。在1952—1980年期间，工业化投资严重地倾斜于重工业部门。由于重工业资本密集程度高，劳动吸纳能力较弱，因此推行重工业优先发展战略意味着牺牲掉大量的就业机会。据有关学者计算，改革以前每亿元投资，在轻工业部门可吸纳1.8万人就业，而在重工业部门只能吸纳6000人就业。设想如果在两个工业部门均衡投资，即两个部门投资相等，可能的就业情景就完全不一样了。一个模拟的情景表明，由于投资过于偏于重工业，减少了40%的就业机会（表1）。

表1　两种投资分布的就业情景比较（亿元，万人）

	实际投资（1）	假设投资（2）	实际就业（3）	假设就业（4）	增减就业（5）＝（4）－（3）
重工业	3742	2068	2245.2	1240.8	－1004.4
轻工业	394	2068	709.2	3722.4	3013.2
合计	4136	4136	2954.4	4963.2	2008.8

资料来源：根据冯兰瑞、赵履宽提供的数据计算。

阻碍产业结构和就业结构两个转换之间对称性的另一个因素是阻止劳动力就业的体制性障碍。这种体制性障碍可能是直接的，也可能通过某种间接的途径发挥作用。为维持重工业优先发展战略而形成的与整个计划经济体制相应的城乡劳动力配置制度和就业体制，首先要保障城镇劳动力的全面就业，其次是保持城镇职工的低工资水平，第三是抹平具有不同人力资本秉赋的职工之间的报酬，最后是实行城乡劳动力市场的分割。实行低工资高就业的政策需要两个条件与配合。其一，为了维持劳动力的正常再生产，要求实行包括农产品在内的基本生活用品的低物价政策。为了保证低价农产品的供给，政府相应地实行了农产品统购统销政策，以垄断农产品流通，同时实行人民公社体制，以阻止农村生产要素的自由流动。其二，为了保障职工及其家庭的基本生活，还要在货币工资之外辅之以生活必需的实物福利和社会性服务，如住房、医疗、教育、托幼等等作为职工工资的补充。这与全面就业一样，必须把受惠者的范围加以限制。因而，旨在阻断人口和劳动力资源在城乡之间自由流动的户籍制度便进而形成。

中国城市劳动就业制度改革具有标志性意义的事件是1987年开始的“搞活固定工制度”改革。这种改革第一次在国有企业固定工制度中引进了“劳动组合、择优上岗、合同化管理”等形式，虽然政府要求企业不得把下岗职工推向社会（即失业），但毕竟开始冲击了终身就业的体制，人们懂得了当企业出现冗员现象，或者职工表现不好时，是存在着失去工作的可能性的。到了20世纪90年代后期，尽管政府仍然努力保护城市职工就业，但“铁饭碗”被最终打破了。与此同时，农村劳动力开始向城市流动，寻求在包括国有企业在内的城市部门就业，也是发生于这个时期，并有日益加强的趋势。如果说在计划经济条件下，就业问题只是国家所关心的问题，对于个人来说并不需要操心或者说也无能为力的话，经济改革的重要内容之一就是劳动力市场的形成，劳动者不可避免地要被推到市场上去。那些处于失业、下岗状态的职工，已经直接面对市场；而仍然在职的职工，其实也面临着市场压力。在市场经济条件下，政府固然把就业创造置于其经济政策的中心地位，但如何应对市场的变化而调整自己的技能，努力在劳动力市场上立于不败之地，归根结底却是劳动者自己的事情。

经济增长、结构调整与就业

中国经济发展在改革前近30年有一些失败的教训，改革以来20余年取得了成功的经验，都表明选择正确的经济发展战略，对于经济增长表现至关重要。这种经济发展战略影响经济增长表现的因素之一，就是不同的发展战略会导致不同的资源利用效果。把一个经济中的经济资源调动到何种程度，或者说基本生产要素能否实现被充分利用，几乎就是这个经济的增长表现的最重要考核指标。作为最基本要素的劳动，被充分利用的含义，就是有劳动能力并愿意劳动的人们的充分就业。

1. 经济增长是就业增加的根本源泉。

一个高速增长的经济，通常必然带来就业的扩大和劳动力更充分利用。然而，不同的经济发展战略或经济增长模式，扩大就业的效果却不尽相同。传统的重工业优先发展战略，是一种不处于就业扩大的发展战略。与此相反，旨在发挥比较优势的发展战略，是最有利于充分利用一个国家或地区最丰富的资源的发展战略。在中国劳动力资源丰富，劳动力供给具有无限弹性的条件下，比较优势发展战略意味着劳动密集型产业的更快增长，因而可以创造尽可能多的就业机会。改革以来中国经济增长以及就业增长，非国有经济的扩大起了一定的作用。这种新生的就业形式，表现为在国有和集体经济部门之外的正规就业和各种非正规就业。2000年城镇国有部门和集体部门的职工人数分别是8102万和1499万，在城镇其他部门就业的有11673万人，在农村非农产业（主要是乡镇企业）就业的有16893万人。图2显示了改革开放以来中国非农就业的增长。

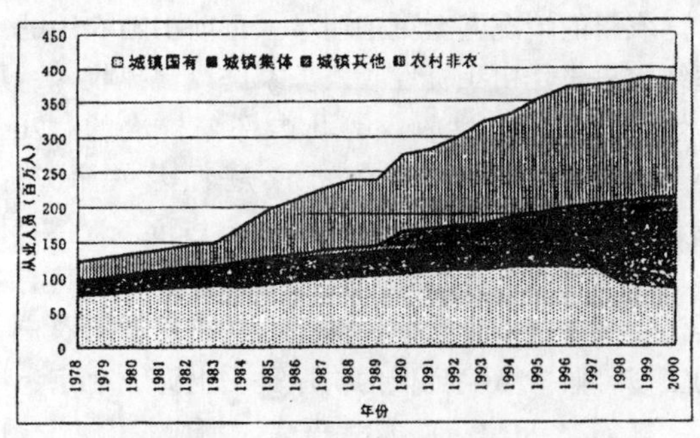

图2　改革开放以来中国就业增长与结构

资料来源：国家统计局：《中国统计年鉴2001》。

从图2我们还可以看到一个趋势，那就是自20世纪90年代后期开始，在城镇国有部门和集体部门的就业增长趋缓并绝对减少的同时，整体就业增长速度也有所放慢。由于通过就业而获得的工资性收入是城乡居民收入的重要组成部分，就业不充分带来的直接问题就是居民收入增长速度减慢。在收入增长速度减缓的情况下，即使收入绝对数量仍在增加，人们也会将增加的收入中较大的比例用于储蓄，而不是增加消费。假设商品出口需求状况不变（事实上也不容乐观），消费减少便表现为内需不足，反过来减弱了经济增长的推动力，宏观经济陷入恶性循环。

图3反映的是各地区城市工资水平与社会消费品零售总额之间的关系。我们把全国31个省、直辖市、自治区按照城市人均工资水平排序，依次为西藏、北京、广东、上海、浙江、山东、福建、湖南、云南、天津、重庆、江苏、新疆、广西、湖北、河北、四川、甘肃、江西、海南、贵州、安徽、青海、内蒙古、宁夏、辽宁、陕西、山西、吉林、河南、黑龙江。将这个排序作为横轴，对应的城市人均社会消费品零售总额作为纵轴，可以看到明显的相关关系。也就是说，较高的工资水平通常对应着较高的消费能力。所以图中两者之间表现出正相关关系，相关系数为0.58。由于西藏地区的商业化程度较低，城市的人均工资水平最高而人均社会消费品零售总额很小，将其作为一个异常值剔除后，计算的相关系数则提高到0.69。

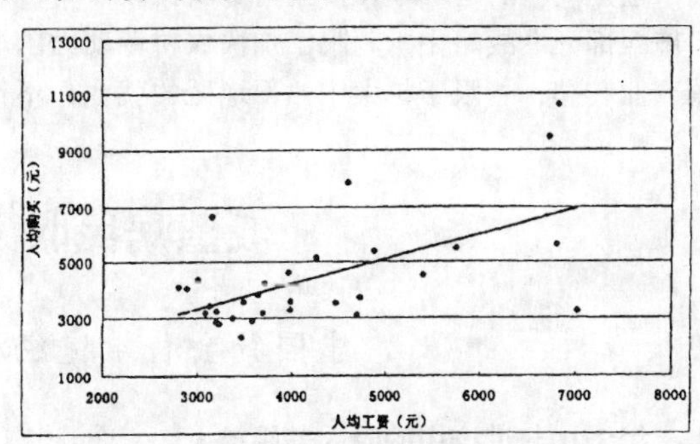

图3　城市工资收入与消费性购买

资料来源：国家统计局：《中国统计年鉴2001》。

农村的情况甚至更加明显。目前中国农民的家庭纯收入，是由工资性收入、家庭经营纯收入、财产性收入和转移性收入等几个部分构成的。2000年工资性收入占31.2%，家庭经营纯收入占63.3%，财产性收入和转移性收入占5.5%。我们选取工资性收入作为就业状况的标识，观察其与社会消费品零售总额之间的关系。从排序看，农户人均工资性收入从高到低的次序是：上海、北京、浙江、江苏、天津、广东、福建、河北、辽宁、山东、湖南、江西、山西、重庆、四川、安徽、湖北、宁夏、广西、河南、陕西、甘肃、吉林、黑龙江、青海、内蒙古、贵州、云南、西藏、海南、新疆。图4显示了工资收入与购买水平之间的正相关关系，计算得到的两者相关系数高达0.96。

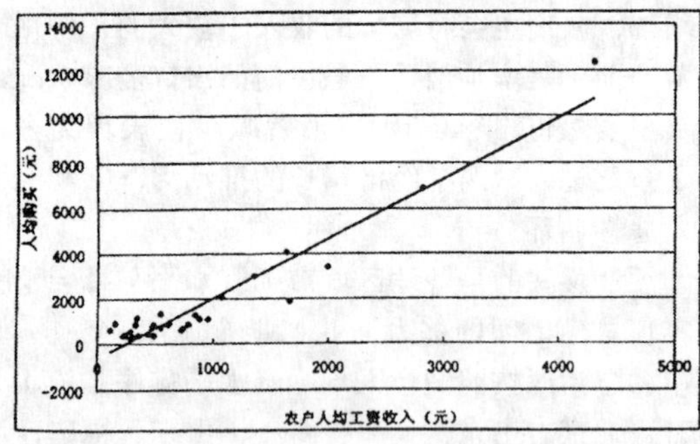

图4　农村工资收入与消费性购买

资料来源：国家统计局：《中国统计年鉴2001》。

根据上述观察，可以看到扩大就业从而增加居民收入对于扩大内需的重要性。这个论断还可以从不同收入组居民的消费倾向进一步证明。经济学的规律表明，工薪阶层或普通收入群体具有较强的消费倾向，而富裕阶层的人群储蓄倾向更强。也就是说，富人增加了收入，对于扩大内需的效果远远不如工薪阶层增加收入后的效果。把关于不同收入阶层具有不同的消费倾向的观点应用到不同地区之间，也是同样的道理。在促进增加农民收入时，在实施西部开发战略中，着眼于加快农村劳动力向非农产业转移，着眼于扩大中西部地区的就业，不仅有益于这些地区及其居民本身，对于整体宏观经济景气的恢复也有明显的效果。改革以来，居民收入差距和地区差距都扩大了，在富裕人口消费倾向低的情况下，由于投资乘数是1减去边际消费倾向的倒数，所以刺激宏观经济景气的货币政策和财政政策效果都因此而打了折扣。

2. 通过产业结构调整，增加就业途径。

产业结构调整意味着资源的重新组合，即各种生产要素分别离开原来的部门，在新的部门组合成新的生产能力。在这个过程中，一部分劳动者因原来所在企业或部门转产，需要转到其他的部门。由于不同的产业和工艺要求不同的技能，劳动者并不一定能够一下子适应新的就业岗位；由于转岗要求获取必要的信息，也需要有一个寻找岗位的过程，所以可能产生所谓结构性失业或摩擦性失业，那些受教育程度较低，人力资本调整有困难和获取信息能力差的下岗者，可能会在较长的时间里处于失业状态。然而，产业结构调整也可以创造就业。在资源可以自由流动的经济体系中，产业结构决定于资源比较优势，并随着它的变动而变动。与改革相关的产业结构调整，主要是使背离比较优势的产业结构得到矫正。根据赫克歇尔—俄林模型，如果一个国家劳动资源相对丰裕，该国的比较优势就在于劳动密集型产业。如果这个国家遵循比较优势，多发展轻工业，即以劳动密集型产业为主的产业，由于生产过程使用较多的廉价的劳动力，较少使用昂贵的资本，其产品因成本相对较低，因此具有竞争力，利润从而可转作为资本积累，使资本量日益扩大。要素相对稀缺性在要素价格结构上的准确反映，必然是市场竞争的结果，任何人为的干预和计划机制都做不到这一点。市场化改革所发挥的效应，正是更大限度地使中国经济的比较优势得到发挥，劳动力得到最充分的就业。

（作者单位：中国社科院人口所）

（选自《新华文摘》2002年第11期）

我国居民收入分配趋势与对策

中国社会科学院经济研究所收入分配课题组

经济增长过程中的收入差距扩大

改革开放以来，我国城乡居民收入高速增长，农村居民实际纯收入增长4.7倍，城市居民收入增长3.6倍，但差距逐渐拉大：城市居民可支配收入基尼系数从1978年的0.16上升到2000年的0.32；农村居民纯收入基尼系数从1978年的0.21上升到

2000年的0.35；城乡居民收入基尼系数从1995年的0.389上升到2000年的0.417。目前我国收入差距扩大的趋势已经趋缓，但在一段时间内，收入差距仍将继续扩大。

在城市，随着产业结构调整，特别是国有企业改革的力度加大，下岗失业问题成为拉开收入差距的最主要原因。城市收入差距的70%以上来自工资收入（不包括住房的机会租金估价），能否就业是影响城市家庭收入差距的根本因素，城市劳动者一旦失去工作，就会立刻跌入城市贫困的最高发人群。伴随着以市场为取向的改革不断深化，竞争压力日益增大，各种所有制的企业都会以效率—工资为基础制定分配政策。因此，"十五"期间，体制上的收入差距会缩小，分配差距问题仍直接表现在就业与失业、简单劳动与复杂劳动、要素收入与非要素收入、垄断和非规范收入与非垄断和规范收入之间的差别上。

从农村的情况看，尽管农村居民的收入差距拉大，但农村低收入者的收入得到了明显改善。当前农村收入差距拉大的主要原因是农民的工业部门收入造成的。1995年与1988年比，农民从工业部门获得的工资收入和从企业中获得的其他收入对收入差距的影响从18.3%上升到39.7%，成为第一位的因素，这是发展中国家在农村工业化过程中不可避免的。农村收入差距的背后是工业部门的就业权问题，因为缺少到工业部门就业的机会，收入就难以提高。农户从土地上获得的收入，越来越具有社会保障性质。

城乡收入差距问题更多地体现在地区发展不平衡上。1999年东部地区的城乡差距缩小了，平均为2.15倍；西部地区的城乡差距则非常大，平均为3.47倍。城乡问题突出地表现在区域发展的不平衡上，问题的关键在于农村城镇化和农村劳动力流动。

从总体上看，我国居民收入处在快速增长期内的"让一部分人先富起来"的过程中，富者富得快，低收入者的生活也不断得到改善，但两者的差距在扩大。现在的核心问题是，给低收入者提供更多的就业机会，使他们分享经济增长的成果，这样就不会出现两极分化。

收入差距背后的发展、体制和政策因素

人们往往用经济增长或发展来解释收入差距的扩大，特别是根据西蒙·库兹涅茨的倒U字形理论来解释发展中国家在经济起飞时期收入差距先扩大、而后随着工业化的推进而逐步缩小的过程。其结论是，收入差距的拉大和缩小可依靠市场的自发力量来完成。这种市场的力量集中表现在劳动者的就业权上，只要劳动者能就业，就能分享经济增长的成果，就可能缩小收入差距。我国正处在收入差距拉大的过程中，不仅面临着发展过程中的收入拉开，也面临着体制改革过程中的收入拉开，此外还有政策性因素导致的收入拉开问题。

发展方面的影响。发展过程中的大量因素促使收入差距拉开，虽然根据倒U字形曲线，很多因素具有自我收敛性，但从我国目前的情况看，收入差距仍处在扩大过程中。第一，劳动力市场具有两重性。一方面有技能的高素质劳动力非常稀缺，另一方面又是无限供给的缺乏技能的劳动力，因此在现代化进程中两者收入差距拉大是合理和必然的。教育和培训是改善劳动力供给结构和缩小收入差距的关键，但这需要一个很长的过程。第二，资本要素收入所占比重有加大趋势。在发展过程中，资金要素有一个逐步集中的过程，集中给能创造价值的企业家，应视为良性集中，因为这能带来更多的就业机会和经济增长；而向"寻租"者集中，就只有分配的含义，没有增长，这是应当给予打击的。资本要素的集中是不可避免的，收入差距必然随之拉大，在这方面税收的调节作用非常重要。第三，经济赶超过程中出现资本技术过密趋势。发展中国家特别是像中国这样的大国实行赶超是必然的，而赶超就要依靠国家集中资源进行倾斜配置，这就容易导致资本价格信号失灵，资本技术过密，从而加剧失业和城乡差距。因此，有必要校正要素价格，改变国家配置资源的方式。第四，发展过程中产生城乡差异和区域差异。我国的城乡差异具有突出的区域性特征，中西部地区城乡差异非常大，东部则呈明显缩小趋势，因此调整地区发展的不平衡是解决城乡差距的关键。

经济体制改革方面的影响。通过改革，打破"大锅饭"和"铁饭碗"，必然使收入差距扩大。如所有制结构调整，特别是国有部门的相对缩小，便拉大了收入差距。根据1995年的数据计算，国有部门职工收入的基尼系数为0.28，非国有部门员工收入的基尼系数为0.347，这意味着只要从国有部门获得收入的人数下降，就会加大收入差距。再如，随着市场竞争压力的加大，国有单位内部打破平均主义，收入决定模式逐步市场化，其收入差距将会拉大。但改革同时也会缩小收入差距。如用市场化的方法打破垄断，缩小收入差距；加大惩治腐败的力度，打击非法收入。特别需要指出的是，体制变革中的无序变化是现在而且也是未来收入差距扩大的重要原因，必须依法严格控制。

政策方面的影响。包括城市就业和农村劳动力转移的整体就业政策是政府最需要关注的宏观政策。我国的反贫困政策非常成功，它使我国没有出现俄罗斯等转型国家和拉美等地的发展中国家出现的严重两极分化，保持了在总体收入增长基础上的收入差别，让更多的人分享了经济增长成果。

缩小收入差距的经济发展战略选择

从当前变化的趋势看，靠市场的自发力量来缩小收入差距短期内难以见效，只有通过发展战略、体制和收入政策的调整，才能逐步扭转目前过快的收入差距扩大趋势。

把就业优先作为发展战略的重点。国际经验表明，“先发展、后分配”的模式在拉美国家的实践中是失败的，而强调劳动密集型的东亚模式可能更适合于我国。我国有大量的劳动力供给，劳动力价格在世界上具有竞争优势，因此应把就业优先作为今后发展战略的最重要选择，大力发展劳动密集型产业，特别是发展劳动密集型的中小企业。如果忽视中小企业的发展，就会导致严重的城镇失业问题，农村劳动力的转移也会受阻，导致农村经济停滞。这样，城市和农村的消费能力都会下降，导致工业和第三产业因消费需求的制约而停滞，进而导致更大规模的失业和贫困。这在发展转型的国家是有前车之鉴的。

促进劳动力要素的平等化。我国处在二元经济发展阶段，收入分配的不平等主要源自劳动力要素的不平等。因此，一要促进劳动力市场的机会平等，这需要反垄断和打破城乡分割，建立全国范围的劳动力市场，促进劳动力流动，通过流动使得报酬平均化，发挥市场力量对收入差距的收敛作用。二要促进劳动力自身素质的提高和身份的平等。这里主要强调的是应普及教育。只有提高人的基本素质，劳动者的平等才有初步基础。城乡户籍制度导致的身份不平等也应逐步消除。

建立以反贫困为基准的福利体制。我国城市原有的福利体制解体后，相应的福利保障制度还不健全，当出现大规模失业时，城市贫困问题就会显得非常严重。但建立健全福利体制是一项长期的任务，福利化不能太快，否则就会提高企业的用工成本，导致失业规模扩大，这对发展中国家是不利的。应以反贫困为基准，建立健全福利补偿制度。

建立与社会主义市场经济相配套的收入分配和再分配体系。一些发展中国家曾为了赶超，无视收入两极分化对经济持续增长的破坏性，经历了“有增长无发展”的过程，反而失去了发展的最好时期，这些经验教训值得认真吸取。我国作为发展中国家，在初次分配领域要强调市场配置资源的有效性，强调对价值创造的激励；在再分配领域要通过公共支出、税收和价格等综合手段进行调整，强调分配的相对平等，使人们在经济增长过程中有公平的参与机会，共享经济增长的成果，促进人的全面发展和经济的可持续增长。即在初次分配领域，坚持在公平基础上的以效率为主的分配原则；在再分配过程中，坚持效率基础上的以公平为主的分配原则。在现阶段，应该实行较为适度的收入再分配政策，其要义是收入再分配政策不应阻碍市场经济体制的建立，不应造成市场的扭曲，不应以牺牲效率为代价，不应影响社会经济发展的可持续性，不应违背绝大多数人认可的收入分配的基本原则。政府再分配政策的目标是保证经济的公平、公正和平等，包括人们参与市场权利的公平、竞争规则的公正和收入分配结果的相对平等。近期政府收入分配工作的重点应放在：反垄断，消除市场进入的歧视，给人们以公平参与市场的权利；反腐败，奠定公正的市场竞争规则；反贫困，防止收入两极分化，保证人们获得更多的发展机会。

（执笔：张　平）

（选自《新华文摘》2002 年第 10 期）

民营经济未必不能培育社会主义因素

吴　江

20 世纪 90 年代初苏联社会主义国家垮台，短时间内曾引发一场世界舆论风浪，有人甚至认为人类历史到此已宣告终结。但不久人们就平静了下来，并开始对社会主义现象进行冷静的分析。主要注意两方面的情况：一方面是 20 世纪出现的社会主义国家的情况，这些国家有的已经转型，有的则正在进行改革，开辟新的社会主义前途；另一方面是越来越多的人开始看到资本主义世界问题成堆，历史不是到资本主义社会就宣告终结了，相反，资本主义正在酝酿着新的变化，这种变化有人称之为“社会主义在资本主义体制内潜移默化”。这令人想起马克思所说的“资本主义胚胎中孕育着新社会因素”这句话来。这或许就是1999年英国BBC在全球互联网上以投票方式征询谁是人类纪元第二个千年的“千年第一思想家”时，马克思得票最多的重要原因。

应实事求是地看待“社会主义初级阶段”

可以说，第一次世界大战以后，社会主义在两种不同的历史条件下进行着试验：一种是在共产党取得政权但大都经济文化比较落后、封建专制遗留较多的国家里进行社会主义革命和社会主义建设，如苏联、中国等，这些国家一直称社会主义社会；一种是在资本主义国家里，那里的社会民主党、工党、社会党等利用执政的机会试行某种社会改革措施，获得程度不同的保障人民利益的社会效果，它们有的自称“福利”国家，有的也自称“民主社会主义社会”（如瑞典）。这是两种完全不同条件下的社会主义试验，这里暂不作评论，但一概指称为“试验”，我想大致是不错的。

凡试验就不免犯错误、走弯路，甚至遭大挫折，许多事情要从头做起。这里就需要有勇敢的自我批评、自我修正精神。中国社会主义自身改革所包含的深刻的内容和意义，我认为我们至今并没有阐述清楚。我们的国家毫无疑义是社会主义国家，因为它由以社会主义为直接目标的政党领导着、管理着，但我们的社会是否已是建成了的真正的合格的社会主义社会呢？我认为还不能这样说。记得毛泽东在20世纪50年代社会主义改造基本完成的时候说过这样一句话：我们“进入是进入了（按：指进入了社会主义范畴），但还没有建成”。鉴于我们以后长时期的瞎折腾，“破坏”甚于建设，因此，我以为，这句话今天仍然适用。为什么要给自己挂个空招牌呢？我们在改革中将我们的社会重新定位为“社会主义初级阶段”，这是实事求是的，这个“社会主义初级阶段”不仅原则上区别于书本上的所谓“共产主义社会第一阶段或初级阶段”（过去马克思主义宣传者所称的“共产主义初级阶段”或“社会主义初级阶段”，都是“共产主义社会第一阶段或初级阶段”的另一种说法），也区别于已经建成了的真正的社会主义社会。我们现时所定的“社会主义初级阶段”完全是一个新概念，乃是指在社会主义国家管理下为建成真正合格的社会主义社会作准备的阶段，即创造必要条件的阶段（尤其在经济发达程度和政治民主化方面）。按照我国现时的发展水平，这个准备阶段的时间将是很长的，目前尚难以确切估计。

培育足够的社会主义因素不应回避的问题

我国虽然是社会主义国家，但就整个国家状况来说，我们的经济文化发展水平和政治民主化程度还并没有摆脱落后和贫乏的状态，在这种状况下要为建成真正的社会主义社会创造条件，也就是从各个方面培育出足够的社会主义因素来，有一个重要的问题是决不能回避的，那就是在社会主义国家的管理和领导之下，正确处理社会主义和资本主义的关系，社会主义公有制经济和非公有制经济的关系。现在人人都在争说“邓小平理论”，但究竟什么是邓小平理论？则所说深浅不一，有的并未得其要领。简言之，邓小平理论就是社会主义的改革开放理论，这一理论的主要点之一，就在于提出并要求妥善处理社会主义和资本主义之间以及社会主义公有制经济成分和非公有制经济成分之间的关系问题。这是经济文化落后的社会主义国家为社会主义目标而奋斗的头等重要问题，至少在经济上是如此。

尽管对外开放、引进一切有利于发展我国社会生产力的资本主义的好办法（包括引进外国资本）、甚至如加入世贸参加经济全球化竞争这些问题都已经实行了，在国内也早已将“公有制经济为主体、多种所有制经济共同发展”作为我国社会主义初级阶段的基本经济制度（注意：这里称“经济制度”，而不是工作方针），并确认“非公有制经济是我国社会主义市场经济的重要组成部分”，但不论在观念上和实践上，仍存在着较大的障碍。这主要表现在对待非公有制经济、民营经济问题上。

我们所称民营经济即私营经济（因此本文内这两个词是通用的），属于非公有制经济范围。自从20世纪90年代确定上述基本经济制度以来，民营经济开始获得发展的空间（据国家工商局1999年提供的数字，当年全国私营企业就有120万家，另有个体户3120万家），并且很快迈向了国际化之路。在我国加入了世贸之后，民营经济的地位愈益重要。但是，长久看，民营经济开局不错，后发困难。据说，目前民营企业家们面临着三大困境：一是融资困难；二是政策歧视；三是观念障碍，即社会上很多人认为民营企业主就是剥削者，就是“资产阶级”，因此甚至成为公共管理部门的重点“盯防对象”。所谓民营企业家的困境，看来“观念障碍”是各种困境之源。因此我们在这里不能不着重谈一谈这个问题。

资本主义胚胎中孕育着新的社会因素

中国人曾普遍具有的"恐资病",是"左"倾顽症的产物。此顽症之可怕,在于它是用作为意识形态的马克思主义包装起来的。而且从20世纪50年代起在我们这里便进行消灭资本主义的行动(直到20世纪70年代末),并在人们思想上将资本主义"批倒批臭",还将稍有疑虑者扣上一顶"走资派"的帽子,甚至有因此而致人于死地者。这段历史已不堪回首。现在冷静下来我们不妨较真切地来看看马克思主义究竟是怎样看待剥削和资本主义的。

有两点毋庸置疑:马克思主义提出人类社会解放的理想目标是消灭阶级消灭剥削,包括资本主义剥削在内;其次,现代资本主义虽然遍于全球并仍有扩展生产的能力,但其非理性繁荣的病根已越来越明显,资本主义的历史合理性已经受到了削弱。但尽管如此,我们在找寻自己的发展道路并决定政策时仍不能脱离开科学的唯物主义历史观,根据这一史观,应当指出:第一,人类社会产生剥削、产生阶级,在生产力低下的情况下是一种不可避免的现象,有其历史的正当性和合理性(尽管从整个历史来说是暂时的)。第二,迄今为止人类社会经历的三种剥削制度——奴隶制度、封建制度、资本主义制度,一种比一种更进步、更文明,一种比一种更能促进社会生产力的发展,并且前一种为后一种创造了条件。恩格斯所说"没有奴隶制度,也就没有现代社会主义"这话,就是在这个意义上说的。第三,资本主义在创造巨大社会生产力和促进社会文明进步的能力方面,以及其自身机制具有惊人活力方面,都远远超过前两种剥削制度。马克思在1848年说"资产阶级在它不到一百年的阶级统治中所创造的生产力(包括文化科学技术在内——引者),比过去一切世代的全部生产力还要多,还要大"。此后近二百年的历史事实更加证明了这一点。马克思还说过:资本主义胚胎内将孕育出新社会因素来。现在发达的资本主义国家里正在实现着和发展着的下述措施,如对资本所得采取高额累进税制(以老牌资本主义国家英国为例,这个国家个人所得的最高税率为60%~80%,遗产税的累进税率也在15%~50%,被称为"抽肥补瘦"之法。这是中国驻英使馆前商务参赞于日先生在《旅英十年——重新认识资本主义》一文中告诉我们的),以及分配方面的一定的社会化,日益完善的社会生活保障制度和福利制度等,都证明资本主义胚胎内新社会因素的积累增长,这些因素的增长不可避免地将促使资本主义社会在量变的长过程中发生部分的质变直至最后发生根本的质变——即进入新的社会(这个社会不管你称它为"社会主义社会"也好,"民主社会主义社会"也好,"后资本主义社会"也好,或其他名称也好)。这种过程中的某些现象我们现在已经可以在某些发达国家看到。这就是我们前面所说的社会主义试验领域之一。而另一社会主义试验领域的事实却证明,在经济落后的封建或半封建社会的基础上是不可能直接进入真正的社会主义社会的。

民营经济的发展适应了创造社会主义因素的需要

再说剥削。剥削这种现象在我们目前的社会仍在一定范围内存在着,前面已说过,这有其一定的历史合理性。我们在20世纪50年代曾过急地消灭资本主义,结果此后不少地方又陆续涌现出了一批地下工厂。据党史专家龚育之考证,当时连毛泽东也说:"社会需要,地下工厂就发展,要使它合法化,可以雇工,可以开办私营大厂。"当然,这是一时即兴之言,当不得真。果然不久以后又大兴"割资本主义尾巴"之风,搞得国家民穷财窘。改革开放初始,私营小企业又纷纷涌现,雇工现象也公开化了。这次是极左派登场,他们认为"大事不好",剥削再度降临,资产阶级自由化已占了优势地位,因此发动了一场"清污运动"。这件事人们记忆犹新。如今私营企业已发展到了几百万户,其中还有一定数量的亿万富户。这样,中国这个社会主义国家存在着资本主义式剥削现象已是不容否认的事实了。这是好事还是祸事?是有利于社会主义还是不利于社会主义?其实,用唯物史观来看问题,同时吸取几十年的历史教训,事情十分清楚:贫穷中国的头等大事是发展社会生产力。贫瘠土壤上孕育不出社会主义因素来,只能孕育出平均主义来,而平均主义说到底只是贫穷的平均化。20世纪90年代以来,私人资本、私营企业,或者说程度不同地社会化了的私人资本、私营企业在我们这里蓬勃发展的动力究竟在哪里?一句话,在于社会发展的需要,创造社会主义因素的需要——"以公有制经济为主体、非公有制经济共同发展"的经济制度不过是为了适应这种客观的需要。马克思所说"资本主义胚胎内孕育新社会因素",乃是指的资本主义社会的资本主义。资本主义社会的资本主义尚且如此,难道在共产党领导着的社会主义国家管理下的民营经济就不能协助培育出新的社会主义因素来吗？当然，也要依靠管理得法，善于引导，不断完善税制（防止过度贫富差距），并尽可能采用现代企业经营管理制度，为发展高技术企业打下基础，并拓展与有关国际组织（国际商会、雇主组织等）的关系，为民营经济开拓走向世界的渠道。现在，包括发展民营经济在内的国家基本经济制度的优势已经显露出来。而在我国过去被计划经济体制歪曲了的公有制经济正在改革的情况下，民营经济还应当有足够发展的空间。据估算，现在公有制经济约吸收了三分之二的社会资本增加额，却只能创造出三分之一的新增产值，如果未来若干年内能为民营经济开放和让出更多的领域，则中国经济的增长速度当会加快。这无疑是有利于整个社会主义生产力的发展的。

社会主义条件下的民营经济的状况和民营企业主的社会地位

至于社会主义政权管理下的民营经济的状况和民营企业主的社会地位这两个重要问题，需要在这里特别说一说。

中国曾经有过三种资本主义：一种是旧社会的资本主义，一种是新民主主义下的资本主义（主要是旧社会保存下来的民族资本主义），再一种就是社会主义初级阶段处于社会主义政权管理之下的私人资本（当然这里加上“主义”也可以）。这三种资本主义及其剥削不论在性质上或社会功能上自然有所区别，这个问题要让我们的经济学家们去说明。现时社会主义政权管理下的私人资本，国家已经把它们定性为“社会主义市场经济的重要组成部分”，实际上把它看做是创造社会主义因素的渠道之一。从其经营机制看，也多少已是社会化了的私人资本。它固然也雇工经营，但其所雇者大都是小有产者，绝少有真正的“无产者”；工人对于自己所处的地位固然也会有些不满，但比起自己有幸获得就业机会这一点来，则尚在其次。同全国人民一样，现在工人所最感不满的并不是自己的处境，而是国家不断孳生的贪污腐败现象、少数领导人的特权享受现象、以及与自己切身有关的危害严重的偷税漏税现象等。

私营企业主的地位究竟如何。这个问题已日益受人关注，眼下争论也较多。“他们是纯粹的剥削者，是新资产阶级”——有人这样说。且慢！这个问题还需要慎重对待。我们应当记得，马克思是将资本家和前资本主义的剥削者（奴隶主、封建主）区别开来的。马克思曾指出：“同货币资本家相对来说，产业资本家是劳动者（按：指这种劳动也是加入价值的劳动），不过是作为资本家的劳动者，即作为对别人劳动的剥削者的劳动者。”（见《马克思恩格斯全集》第25卷，第435页，人民出版社1974年版）注意：马克思这里指的是资本主义社会里的资本家，社会主义国家里的私营企业主“作为对别人劳动的剥削者的劳动者”，他们自然又会有另一种历史特殊性，其“剥削”和“劳动”的关系又要权衡其周围有关条件进行分析。

我国现有私营企业主是何种状态，这几乎成了谜一样的问题。有人将它夸大，有人对它寄予“期待”。直至目前为止，我们得到了一个虽然时间略早却比较可靠的调查材料，这个材料公布于1998年10月17日的上海《文汇报》上，负责这项调查的是国家体制改革委员会办公室和经济体制改革与管理研究所。调查地点是浙江（代表中国东部）、河南（代表中国中部）、甘肃（代表中国西部）三省。调查结果颇引人注意。这里且抄录其调查要点如下：

“从被调查的私营企业主原先职业地位背景看：企事业单位干部和专业技术人员比例高达54.7%。‘其他’和‘无业人员’仅占1.8%。而从早期个体户长大成私营企业主的只有18.6%。其中，在公有制比例较高的杭州，私营企业主有一半来自于企业干部；在国有工业占绝对统治地位的甘肃白银市，私营企业主中有13.9%是专业技术人员。”显然，先富起来的个体户没有必然地成为世纪之交中国的私营企业主。

“在这次被调查的私营企业主中，共产党员的比例高达29%，共青团员占4.9%。1989年以前创办私营企业的仅占15.8%，1989年至1993年创办的占21.2%，而1993年以后下海当私营老板的达63%。”这个调查数据与国家工商局统计数据相吻合：全国私营企业中，1993年以后创办的占66.35%。显然，这与20世纪90年代中后期我国国有工业加大改革力度有关，相当一部分下岗待岗国企职工自谋出路当上了私营企业主。

“政府的政策和管理部门，是私营企业生存和发展的重要条件。在调查中问及‘私营企业利益是否被地方政府的经济策充分照顾到了’时，只有6.2%的人认为‘没有被照顾到’，而认为‘已经充分照顾到了’的占37.9%，认为‘照顾到了，但不充分，还要加强’的有55.9%。

“这些被调查的私营企业主对‘经济地位’、‘社会声望’、‘政治权利’的自我评价呈现由高到低序列。认为‘经济地位’高的占78.5%；‘社会声望'高的只有22.4%；而对'政治权利'高的认同只有5.6%。"显然，在物质和精神的两个领域呈现两极分化。"

这个调查材料向我们宣示的重要一点是：中国的私营企业主还是一个初生的、生长中的经营者群体，是经济的"新生代"。他们多数还是在低技术领域经营中小企业，除少数几个亿万富翁（他们在国际上也有名）外，每户平均资本仅为30多万元(人民币)，比国有小企业每户的平均资本还低；而且多数私营企业主的经营资历都很短。从种种情况看，在以公有制经济为主体的社会主义市场经济环境中，这样一个新的经营者群体，他们在未来的发展中能够成为社会主义市场经济中的一个私营企业主阶层，或者像现在有人所称呼的"中间阶级"，但不可能成为像过去资本主义意义上的那种独立的"资产阶级"，就是说，中国已不可能再出现新的"资产阶级"（当然，作为新的历史现象，尚需观察）。

在政治上有一个问题值得注意。根据上述调查，在所有私营企业主中，共产党员的比例已高达29%，另加5%的共青团员。此外，据1998年12月《人民日报》记者正式报道，第九届全国政治协商会议已有40多位私营企业主参加，他们多是有一定经济实力、热心社会公益事业、且知识层次较高的爱国守法人士。这里就将一个现实的问题提到了中国共产党的面前：依中国目前私营企业的地位及其社会作用而言，中国共产党是否允许那些能够接受中共纲领的私营企业主以个人身份入党？鉴于已经有大量党员自行加入私营企业队伍，并从社会主义实际发展需要出发，这是一个势必要解决的问题。

（选自《北京日报》2002年9月23日）

法的有效性与有效的法

郑永流

法的有效性是法学中的一个基本问题。对于当代中国而言，其意义更不一般。

何谓法的有效性

法的有效性，即对规范义务人的约束力，具有三种理解维度：社会学的、伦理学的、法律教义学的。

社会学的有效性，首先是指法被规范义务人自愿地实际遵守，而不论该义务人是否有意识地这么做，或者是习惯所为，甚至不知道有这个规范，这就是行为有效。社会学的法的有效性概念包括行为有效和制裁有效两个内容，这个概念强调的是法对社会生活发生的实际作用和影响，并不考虑规范内容本身是否公正，规范之间有无冲突，也不涉及规范义务人遵守规范和服从制裁的动机。此种有效属于实然有效。

由于规范常常是不同程度地被自愿遵守，或以不同的制裁方式来强迫实现的，因而，社会学上的法的有效性是可以用经验来测度的。

伦理学意义的有效性则从经验实然之维跃至应然之维。它强调的是规范内容的正确性，如果一个规范在道德上是公正的，那么，它就具有伦理学上的有效性，反之就是无效的。伦理学有效性概念在法学中应用的结果是，一方面使法狭义化，即只有那些良法善法才算是法，而恶法被排斥在外；另一方面使法广义化，即将道德纳入法的范畴，模糊了法与道德的界限。

第三种对有效性的理解是法律教义学的，又称法的逻辑有效性，它处在规则实然之维中。其视角是内在的、形式的，即一个规范，只要是由一个合法的权力机关，按照大家认可的制定程序创立出来，并且与整个法律体系和谐一致，那它就是有效的。

显然，这三种法的有效性，立场各异，社会学的有效性概念极好地反映出人们对具有调控社会功能的法的期待，伦理学的有效性概念使人们保持对法的批判与反思能力，而法的科学性，尤其是复杂社会的法的建构技术，则在法律教义学的有效性概念中显现。同时它们又相互补救，一起完善了法的有效性理论，但也由此衍生出大相径庭的法律观。

（一）社会学有效性视野下的法——民间法

在与法的类别的联系上，社会学的有效性概念，虽未直接指明它与什么法相连，但由于社会学的主要旨趣在于事物存在的实际状态，也即事实应然，所以，此一对有效性的理解与民间法联系更紧密一些。

关于民间法，学界尚无明确的说法，习惯上将之与活法、习惯法等而视之，也有许多人不加区别地以活法、习惯、风俗、习俗或惯例来指代民间法。一般说来，这并无什么大的不当。

如果略作概念性加工和补充，所谓民间法，意指一种存在于国家之外的社会中，自发或预设形成，由一定权力提供外在强制力来保证实施的行为规则。民间法的范围颇为宽泛，各类民间法调整的重心也有不同，就中国而言，它们包括：(1)家法族规。(2)乡规民约。(3)宗教规范。(4)秘密社会规范。(5)行业规章。(6)少数民族习惯法。

这些民间法多为长期自然演进生成，在此意义上，大体可以说，民间法就是习惯法。但各类民间法中都有一些人为建构的成分，特别是今天农村占乡规民约主体的村民自治章程，更像是国家法律和政策的实施细则，而与自发形成的习惯法相去甚远。是故，又不能将民间法完全视同为习惯法。

(二)伦理学有效性意义上的法——自然法

自然法在人们观念中，被认定为内容绝对正确，天然地具有伦理学的有效性。自然法虽是一个早已被西方普遍接受的概念，然而，其安身立命之处和内容却相当不确定。它先后置身于自然、神意和人的理性之中，其内容相应为万物的秩序或性质、正义、自由、公平、人权等。自然法不过是一套价值原则体系。

鉴于自然法的这种特性，人们遂常将它与道德互换使用。

古代中国文化没有创造出自然法这个概念，但是否也不存在自然法思想，学界争议颇大。在我看来，延续了两千多年的礼法、德刑孰轻孰重之争，与西方关于自然法与实证法或道德与法律关系的论辩，在思维方式上，无甚大的抵牾。为分析的便利，以西方的自然法指代古代中国的道德礼教和当代中国的道德并无不可。

(三)法律教义学有效性意义的法——国家法

国家法是由国家创设并提供外在强制力来保证实施的行为规则。其表现形式，一为制定法，一为判例法，一为经国家认可的民间法。除此，在当代中国，充分体现出国家主义，同样可被视作为国家法的“实施细则”的单位规章，或可列入其中。

制定法对形式合理情有独钟，首先是由于它依赖一个有形的权威主体，制定者必须具有形式合法性；其次，制定法需要有严格的立法程序和技术，以保证勿因内部的不和谐乃至冲突而损害其预设功能。因而，法律教义学有效性的概念遂更多地与制定法相连。

归纳各种法的有效性与不同类别的法的理论联系情况如下：

三种有效性与三种法的理论联系表

法的类别 / 联系点及程度 / 有效性内容	民间法（习惯法）	自然法（道德）	国家法（制定法判例法）
社会学：实际效果	VVV		
伦理学：内容正确		VVV	
法律教义学：形式合理			VVV

此表旨在从理论上建立不同类别的法与各种有效性的理论联系模型，因任何模型均建诸于纯粹的抽象之上，也就排斥了例外，但也有助于对二者的实际联系进行事实描述。建立此模型的目的，是为了给人们提供一种分析工具，去分析一些无效的法究竟失效于何处，进而有的放矢地进行补救。在今天这样一个以制定法为主的时代，特别要考虑到，如何尽量使制定法内容既正确，形式又合理，还能有实效。同理，在比较民间法与制定法的优劣时，要兼顾到它们各自的三维有效性，惟此，方能作出恰如其分的肯定或否定。

当代中国法在何种意义上失效

当代中国各类法而不是某一类法在总体上有效性不强，致使人们形成了普遍的“社会失范”之感觉，这虽是一共睹之事实，但似乎还缺少有力和系统的实在证明。在此，不妨借助上述模型，从实际效果、内容正确和形式合理三个维度，在经验层面上，对当代中国民间法、自然法和国家法究竟如何失效作一描述。

(一)民间法

民间法在目前被看好，最主要的两个原因，一是国家法的实际效果被经验证明不尽如人意，一是民间法与实际效果之间存在的逻辑联系。然而，就当代中国民间法的实际效果而言，经验与逻辑呈现出较大的不统一，并未满足人们的推定。也就是说，国家法的实际效果不佳并不意味着民间法必然具有实效。

在内容正确的维度上，既存的许多民间法规则脱胎并成长于旧有的生活关系，其正当性要么明显缺乏，要么因只反映特殊主义而与普遍主义冲突。前者在家法族规、行业规章和少数民族习惯法中至为突出。

因为这些规则或基于血缘，或基于业缘和地缘，体现和保护着身处这些小型社会中的成员的特别利益。而当代的乡规民约更是身陷其中，这是由于当代的乡规民约,一方面在原则上不能违悖国家法和国家政策,它们是普遍正义集中的规则反映,否则,乡规民约难以有公开的合法地位,以至一些成文的乡规民约几成国家法和国家政策的实施细则;另一方面,在规范性质上,乡规民约仍属小型社会规则,地缘性浓烈,如果它不顾及本社区成员的特别利益,便失去存在的意义。人们对此类民间法的非难及国家通过法律和政策对它们的干预,主要因其普遍正当性不足而发生。

由于民间法的各组成部分既有成文的,也有不成文的,这就不能笼而统之地从形式合理之维来评价民间法。

(二)自然法

自然法天然地比民间法更缺乏形式合理性。相反,它又天然地比其他任何法更具"内容正确性",如此看来,在根本上,当代中国的自然法即道德的内容正确性无需多言,尽管其内涵和外在体系尚不无改善之处,也还存在着种种价值冲突。反倒是它的实际有效性却更令人不安。

在当代中国这样一个基本价值及基本秩序有待重建的转型社会,确实存在道德严重失效之事实。

(三)国家法

近几年学界对国家法的疏远及至失望,直接源于国家法的实绩不佳。

当代中国国家法在正式意义上就是制定法,判例虽然在一些场合有实际约束力,但未取得为国家法认可的地位,也即在当代中国国家法中不存在判例法。所以,这里对国家法的形式合理性的分析,就集中在制定法上。随着立法需求的扩大和立法经验的增长,制定法的形式合理性越来越为人们重视,新近通过的"立法法"便是一例。如同内容基本正确一样,制定法也基本能满足形式合理的三种具体要求:主体合法、程序合法和效力有序。

本节之所以从三维角度对当代中国三种法的各种失效表现进行了较为具体的描述,意在对当代中国法的有效性作出恰如其分的全面评价,尤其是对国家法而言,不致因其实效不强而否认其大体的内容正确性和形式合理性,一些分析正是有失于此,如主流的看法是要进一步与国际标准接轨,其隐含的因果推论为,国家法的实效不强在于国家法向国际标准靠拢得不够,普遍性不足;近几年又有一些人看好民间法,其潜在的逻辑是,国家法缺乏特殊性,致使效果有失。这两种看似针锋相对的主张,同源于混淆了实际效果和内容正确两种相对独立的有效性,未能很好地揭示国家法的实效不强的真正原因,从而,其各自的"处方"并不对症。依据前文设定的有效性模型,当代中国法的有效性在实际经验层面上的情况如下:

三种有效性与三种法在当代中国的实际联系表

法的类别 / 联系点及程度 / 有效性内容	民间法(习惯法)	自然法(道德)	国家法(制定法 判例法)
社会学:实际效果	VV	V	V
伦理学:内容正确	V	VVV	VV
法律教义学:形式合理	V		VVV

对照前后两个联系表,显然不难发现,当代中国法的有效性在实际生活中并未完全按照理论的逻辑展开,其最不如人意之处在实际效果上,尽管人们可以依据本文的资料或其他事实,对这三种法的内容正确性和形式合理性作出自己的判断。

当代中国法实效有失的主要原因:权威的失落

显然,我们在此进入了一个最不具确定性的棘手的因果分析领域,它直接涉及公民为什么守法这一法学基本问题。

就当代中国而言,首先,不能把法的实效有失主要归于中国传统法律文化,无论怎样言说它,它在如何构建和维护秩序上,却自有行之有效的一套办法,也只是在此才显出与其他法律文化的分野。时下中国法之无为,原因在今人,而不能找到孔子或秦始皇那里。其次,因法律不具正当性或正当性不足而不服从法律,即"善良违法"或"非暴力抵抗",其道德上的合理性毋庸置疑。此种违法是以所违之法本身违背了更高的法为前提,正是基于此,才产生法律的正当性问题。但法律不公,并不必然导致不服从法律,因而,对法律的正当性的质疑,能否构成解释目前法律大失效力的主要理由,不无争辩之处。此一辨析同等适于对法律意识的作用的界定。

通过上面对几种流行观点的初步商榷可以看出,传统法律文化不是,至少不是主要的影响人们服从法律的直接原因。考虑当代中国的情况,权威的失落当是优先考虑的因素。任何一种法都有赖于权力的支撑。

但要使一种法能有效地运行,仅有权力不够,还需要这种权力是合法化的,这就是权威。所谓权威,在韦伯看来,"不等于权力,它是权力的特殊情况",其特殊性在于,"权威是一种被合法承认的权力"。也即,只有具备合法性的权力才构成权威。至于合法性的动机或来源无关宏旨,它可以是内心信仰,也可以是情绪,理性,及至外在的利害关系。

权威在中国的失落，在根本上源于中国正在进行的应激型现代化运动。

现代化产生不稳定或权威缺失的一般机理是：由于落后国家的经济水平较低，国家优先考虑的是经济增长，而经济的进一步增长有赖于与之相匹配的体制，以一方面满足通过社会动员被调动起来的人的期望值，另一方面去调整种种不公正的财富分配关系，但国家与社会在短期内又无法建立比较健全的体制。这样就一来使人们的期望受挫，二来引起人们对社会价值的怀疑和不满，大众交流媒介尤其是一些激进知识分子的主张对这种感觉的放大，加之政府的软弱和一些官员的腐败，政府便成了迁怒的对象，改革政治体制的要求高涨。然而，由于落后国家在政治上也处在发展阶段，缺乏恰当的有效手段去处理这些问题，政府在这种巨大的社会压力面前，或者停滞不前，或者倒退，因而激起民众更大的不满，暴力冲突或稍为温和一些的抗拒秩序的行为由此发端。

当然，在不同类型现代化的国家中，不稳定的程度有所不同，权威缺失的发生过程不同。在内生型国家，典型的是英国，现代性取代传统性的进程缓慢一些，社会过渡相对稳定一些，而在应激型国家如欧美，尤其是后发国家，这个阶段比较短暂，冲突不可避免激烈一些。

中国也属应激型国家，为实现现代化所需要的统一国家权力花费了 38 年时间(1911—1949)，在 1949 年至今的 50 多年间，统一的国家权力在民间的影响又经历了从高度动员—逐渐衰落—重建权威的几个阶段，分散的民间权力也发生了相应的变化。

相关的数据不无遗憾地验证了中国也未逃离“现代化产生不稳定或权威缺失”的铁律。因此，考察中国法之实效有失，必须联系中国正在进行现代化这个最大的实际，必须认识到现代化产生不稳定或权威缺失的一般机理。这虽不是本文的什么贡献，甚至有点老生常谈了，但如果此一解释能自如地对应今日之现象，这种旧说并不必然不如新论，有时倒正相反。

什么法可能是有效的法

无论法是如何被建构起来或怎样被发现，力图使它们行之有效，总是“立法者”的理想追求。

假如现代化这个约束条件也是不可更改的话，加上规则依赖这个硬前提，那么，在处于现代化进程中的当代中国，在所有规则都不怎样有效的条件下，什么样的法可能是相对有效的？是民间法，抑或是自然法，还是国家法？

从已经完成了现代化任务的国家的经验来看，除少数内生型国家外，其余多数应激型国家，由于内部的传统性与外部的现代性之间的兼容关系较弱，难以从社会内部产生推动现代化的强大动力，而是在外部的刺激或压力下，开始自己有组织的现代化长征，国家被寄予重望。

这一结果明显地与一些人所持的观点不符：即个人主义化日益加剧，生活方式趋向多极化，人们向往更多的自我参与，向往可以宏观把握的生活世界。对此，德国著名社会学家沃尔夫冈·查普夫(Wolfgang Zapf)的解释是：不断增长的个人主义化、私人化、对官僚主义的批评，与把某些特定的任务划归国家之间不存在矛盾，实际上，现代社会当中不断增长的个人主义化趋势，是和一个由国家保障的健全的保障系统联系在一起的。在政治上，这就意味着，在国有化和私人化之间的意识形态的对立已经成为过去，国家和私人相对抗的那种“零和观念”也应告别了，即国家在多大程度上后退，私人的创意和自我责任才能在多大程度上实现，这种想法已经被超越了。

遗憾的是，一些中国学人过于沉浸于这种“零和观念”之中，机械地认为国家退出的空间等于民间进驻的场地，对于国家和民间互动所产生的新领域重视不够，更要紧的是，夸大了民间力量创建规则秩序的范围和能力，殊不知国家放权让利不能自发地放出一种合理的秩序来，在处理全球化事务中，国家的功用更胜一筹。

而不断扩大的国家职能，在一个强调法治的现代社会，需要通过事先的立法(制定法)去实现。国家法的地位凸显出来，这不仅是一种逻辑的必然，也为经验所证明。中国近几年来的法律研究，对这三种法中的民间法宠爱有加，如前述，最主要的两个原因，一是国家法的实际效果被实践证明不尽如人意，一是民间法与实际效果之间存在的逻辑联系。但国家法无效并不必然意味着民间法就有效，民间法与实际效果之间存在的逻辑联系并不能替代它们之间的事实联系，这在前面已有所分析。

学界存在的重民间法抑国家法倾向有些本末倒置或矫枉过正。

无疑，这里强调国家法并不是要排斥民间法的存在和发展，国家及其法律不能包打天下，具有强烈亲和力、熟识性、运行成本低廉等优长的民间法应有自己的生存空间。

至于更多的是作为一种超现实主义理想的、以抽象原则表现的、具有公理性质的自然法的独立影响进一步衰落已成不可挽救之势。自然法和国家法的关系不再是一种纯粹的彼此外在、后者服从前者的关系,而是自然法越来越多地体现为国家法,国家法升至规则的中心地位,国家法的内容正确性也因此大大增强。

重申国家法在当代中国现代化进程中的中心地位,并不意味着国家法在实际上就必然那么十分有效,相反,在一个相当长的时期内,它仍会为实效短缺所不停地困扰,解决实效短缺的问题,取决于建立现代化所需要的权威的时间长短,取决于如何建立权威的方式,取决于对正式制度安排的改造,此当为我们着力之处,而不是因为国家法受到实效短缺的困扰,就怀疑起国家法的正当性和中心地位,进而去寻找替代物。

(作者:中国政法大学教授)

(选自《中国社会科学文摘》2002年第4期)

执政党治国方略的法治选择

谢邦宇

从十月革命后列宁始创社会主义法制的理论和实践,中经东欧和亚洲地区社会主义国家的苦寻探索,直至中国共产党的十五大明确提出“依法治国,建设社会主义法治国家”,才揭示了治国基本方略与社会主义基本目标之间的必然联系,最终作出执政党治国方略的法治选择,承担起人类社会由人治向法治根本转变的历史使命。在科学社会主义史上,这是对马克思主义国家观与法律观的一个新贡献。它是以苏联、东欧国家演变为资本主义,其他社会主义国家探索治国道路所付出的沉重代价换来的,因而对当代社会主义运动的复兴发展,以及对社会主义国家通过改革走上法治道路,都具有理论和直接实践的意义。

执政党的领导地位一经宪法确认便具有合法性,由此就产生一个与国家政权的关系问题,但国家宪法和法律并没有同时规定执政党与国家政权的活动范围和相互关系的一般规则,一开始就留下一个“边界失范”的空白,使二者的关系变得模糊不清。而在领导革命和建设的实践中,又把党领导一切变成了“高于一切”和“大于一切”,国家权力都高度集中在执政党手中,结果便把执政党的领导职能和国家的政府职能混同和等同起来,并由此推导出“党政不分”,甚至于执政党可以享有“超越国家法律之上”的特殊权力的结论。这样一来,执政党要不要受国家法律的约束?要不要在其领导人民制定的宪法和法律范围内活动?如此严肃重大的问题似乎便简单化了,因为在科学社会主义理论中找不到现成的答案,列宁虽有过一定实践但并没有找出解决问题的有效途径,于是服从党的“绝对领导”便成为解决执政党与国家政权关系的一个重要途径。

执政党在处理党和国家政权的关系上之所以会出现以上问题,究其原因,在很大程度上还是执政党对无产阶级专政学说作了片面的理解,不恰当也不切实际地强调了暴力专政的一面,因而没有把握住民主与法制这个精髓。新生的社会主义国家所制定的宪法主要是用来巩固革命胜利成果,明确规定执政党领导地位的,至于执政党应该通过何种合法方式来担负领导权,实际又应该怎样领导人民治理国家和管理社会,国家政权则无法依照宪法对执政党实行法律约束的保障。于是,“党政不分”不可避免,两种不同性质的职能被混同,大凡涉及法律方面的问题,本应由不同国家机构分别依法解决的,就只能在党的“统一领导”或“一元化领导”的名义下,由党的中央及地方各级党委“拍板定案”,至于这样做是否会影响国家权力机关和政府行政职能的正常发挥,是否会分散执政党统揽全局的注意力,这一切统统无关紧要。

马克思指出:“法律应该以社会为基础”,“应该是社会共同的、由一定物质生产方式所产生的利益和需要的表现,而不是单个的个人恣意横行。”然而,由于全国上下通行的以党代政,执政党的政策和国家的法律之间的正常关系也就必然遭到破坏。在相当长的时期内,社会主流观点是党的政策“大于”或“高于”国家的法律,政策可以“代替”法律,因此政策是法律的“灵魂”,法律不过是政策的具体化和条文化,不过是执政党的工具和手段。这样,党的政策与国家法律之间的法治界限就不见了,党的政策无需经过民主立法程序便可任意赋予国家法律的普遍效力,“以社会为基础”的法律便被以党的宗旨为出发点的政策所取代,社会主义法律的性质和作用也被抹煞,于是法律作为“肯定的、明确的、普遍的规范”便变成了可有可无的东西。这个错误实践给国家民主与法制建设造成的最大危害就在于，它否定了法治的权威，将执政党凌驾于国家法律和国家机构之上。如果执政党一旦出现路线和政策失误，就必然导致法律苍白无力，而法制荡然无存，在一些范围乃至全国必然会出现失范、无序状态，民主也就自然陵夷。以往“文革”等惨重的教训足以说明，执政党和国家政权的关系是不能混为一谈的，“党政不分”、“以党代政”的做法只能破坏国家政治生活的民主化、法律化，动摇社会主义的根本制度。

从苏联和东欧国家蜕变前的情况看，社会主义国家的统治模式虽然顺应历史潮流也含有法治选择的因素，但都没有解决现代社会中法律应具有的至高无上的地位问题，还不是一种依据法律进行治理的社会；反映于国家内部权力结构，理论上一切权力属于人民，人民是国家和社会的主人，但实际上政权机构如何组成，权力如何分配和制约，各种权力的运转和行使应遵循什么原则，社会各种力量通过何种途径和方式来参与国事，以及参政议政的效力又如何，这一切都直接掌握在执政党手中，也不具备现代法治赖以实现的国家向下型权力结构的要求。所以，社会主义国家的治理方式向着原有发展起点的反方向发展，最终走上了人治道路。这种结局的出现同社会主义基本制度没有必然联系，主要是和国家领导体制相关，而起决定性作用的原因，就是没有解决好权力与法律的关系。

治理国家必须以制度为依托，制度对采用何种方式治理国家具有决定性和稳定性的意义，但它需要以国家权力为中介，“有权支配”对执政党说来才是最要紧的。这个权力是人民依法确认和赋予的，权力的操作运行最终表现为执政党担负国家领导权，并具体化为国家对社会整体法律管理活动的体系。于是，如何处理权力与法律的关系，就成为衡量国家治理方式的不同类型的基础性依据。本来，国家政权和法律制度是社会控制体系的核心部分，都具有国家强制力的特征，它们对构成这个系统的道德、宗教、文化艺术和思想舆论等其他因素有着决定性的影响。但由于执政党实行的“人治”是以权力为轴心，又以行政等级秩序为纽带的，这就使得权力可以不受法律限制或凌驾于法律之上，权力行使主体也可以置身于法律之外，最终就变成了绝对权力和不确定的权力。这样，就大大地限制了国家结构功能和法治结构功能在法治国家中的应有效应，把人治变成了权力之治，个人之治。鉴于执政党治国历程中暴露出来的种种弊端，实在有必要经过反思和觉醒，并通过改革的途径重新对治国模式作出理性的选择和安排。走向法治其势必然，舍此是没有出路的。

实现权力法治化，是依法治国的关键。一般说来，限制国家权力主要包括这样一些内容，即依法设定取得行政权力的合法程序和必要条件，依法界定行使行政权力的合法行为模式，以及依法对行政主体超越权限、滥用权力或消极不履行法定职权的行为追究法律责任。当然，这不是实现权力法治化的全部内容，还需要相应建立和健全国家的权力制约机制。我们不采用资产阶级根据“以权力约束权力”的原则建立起来的“三权分立”制度，而是根据本国国情实行“议行合一”的制度，它的特色就在于建立社会直接制约的机制，重心放在保证国家权力机关对国家其他行政机关的决定和制约作用上面，最终是要达到社会控制国家的目的。可见，执政党这个思路是完全正确的，只是暂时在政治体制方面还存在较多的问题，还需作出长期的实际努力，人民才能真正依法保护自己“免受自己国家的侵犯”。为了充分展现社会主义制度优越于资本主义制度，其中重要的一点，就是必须坚持深化政治体制改革，依靠社会主义制度自身的力量实现自我完善，真正走上法治道路。

在依法治国的条件下，执政党领导方式的深刻变革，是建立法治新秩序的根本前提。传统政治体制的主要弊端是权力过分集中，党政不分，以党代政，造成党的组织权力化和行政化，把国家的治理方式变成了家长制统治和个人专断。而实行法治，恰恰是要克服政治体制的种种弊端，把执政党和国家政权两种不同性质的职能分开，正确处理好权与法的关系，使国家结构系统各个组成部分都能依法独立运行，从制度和法律上保证党的基本路线和基本方针的贯彻实施，保证党在治理国家的活动中充分发挥总揽全局、协调好各方的核心领导作用。有了这个根本前提，法治有望，社会主义就能立于不败之地。

必须看到，执政党领导方式的深刻变革，是治国方略法治选择的必然要求。不论人治或法治，各自都有与其相应的领导原理和领导方式，反映在合理分配和有效控制公共权力的问题上，国家权力结构的运行也截然不同，有“依人而治”和“依法而治”之别。执政党既然选择了法治，当然就有一个领导方式由人治向法治转变的问题，否则“陈旧的东西总是力图在新生的形式中得到恢复和巩固”，以往实行人治而形成的治国思想、行为模式和习惯观念就会继续发生作用，弄不好又要重新回到人治的道路去。其实，领导方式或治国思想的变革并非今日始，由封建主义人治到近代资产阶级法治，由近代法治向现代法治过渡，再由现代法治向着更高级的社会主义法治演变，这样的变革从未中断过，在整个人类进入法治社会之前也永远不会完结。如果说这个变革过程在具体时段上有什么不同，也只能说是在社会主义条件下执政党领导方式的变革更具有始创性，遇到的困难和需要付出的努力将会更多，尤其“旧中国留给我们的，封建专制传统比较多，民主法制传统很少”，这样的变革也将比以往更要深刻和伟大得多。

执政党领导方式的深刻变革，关键是领导观念的更新和变革。在认识论和实践的领域里，怎样探索建立适应社会主义市场经济需要和民主政治发展要求的法治上层建筑，对我们来说是一个全新的课题，思想观念意识的转变要比创设具体制度和法律文化设施更加艰巨复杂得多。法制是执政党担负国家领导的制度保证，法治是执政党实现治国方略的理论基础，不“转变思想观念，转变政府职能，改变工作方式”，就不可能实现人治到法治的“质的飞跃”。在执政党作出法治选择以前，领导方式的变革主要是围绕正确处理“人治和法治”的关系问题展开的，而现在情况起了变化，变革的重心已转移到“要法治，不要人治”上面来了。不言而喻，领导观念的变革至关紧要。社会主义法治意识的核心是执政党的领导意识，这就要求执政党必须具备反映人民当家作主的主体意识，必须具备正确的公民意识、民主意识和法治意识，而这一切不经过思想观念的深刻变革，是不能有效地把执政党领导与依法治国有机地结合起来的。

从本质上来说，由人治向法治转变是一个行为过程。在这个过程中，如同意识反映人的各种需要一样，执政党对法治的需要也应反映在领导者的意识之中。执政党只有将自身领导思想和领导方式的变革寓于整个行为过程，才能保持法治进程的良性循环，避免产生消极的效应反馈，具体设定和有效调控领导干部的法定职务资源，通过激励或限制手段，使领导意识得以导致合法需要、合法动机和合法行为，使党的法治意识同法治要求、职务行为、国家结构功能直接联系起来，并使这种联系转化为法治目标的顺应态势，具体表现为法治系统的自控作用。

我们正处在社会主义现代化建设的关键时期，社会主义法治进程已经启动，整个社会对法律资源分配系统和权利保护系统的期望值愈来愈高，国家对法律控制力量的需要也在不断进行调整，人民对依法治国、建设法治国家的要求日见迫切。在这种新情况面前，如何积极创造由人治走向法治的社会条件，加快实现执政党治国方略的步伐，已成为我国民主与法制生活中的一件大事，成为推进政治体制改革的一个具有重要意义的实际步骤。

加强法制领导，实现执政党领导行为法律化，这是从微观与宏观的结合上创造走向法治的社会条件，保证贯彻实施依法治国方略所绝对必需的。依法治国是执政党对其传统治国方式的否定，也是探索党在新时期治国方略作出的重大抉择。由于实行依法治国、建设法治国家是马克思主义在中国的最新实践，面临的新情况新问题自然层出不穷，诸如执政党和国家的法制决策怎样才能符合时代潮流的法治工程设计，新的法律机制应该具备什么样的结构观念，法律功能又如何成为一切法制活动的目标和判据，法律手段的本质特点和实际运用之间怎样才能保持一致，法律信息为什么是法制决策、法制管理和法制建设的可靠基础与必备条件，以及法治条件下的法制工作具有哪些新的特点和规律等等，所有这些都需要重新认识和探索，依靠原先领导法制工作的方式是解决不好的。这就需要适应依法治国的新形势，加强党的法制领导，并把它作为党的领导活动的一个新的内容贯穿于依法治国的全过程。应该说，法制领导是党政分开原则在法治实践中的具体体现，其表现形式是党对法治原则、法制工作方向、法制建设各个环节和重大决策的领导，以及向国家司法机关推荐主要领导干部，而它的本质要求则是适应现代法治的特点，遵循法制建设的客观规律，坚持以法的实现作为检验领导功能及其影响力大小的惟一标准。

依法治国是一个渐进过程。在这个过程中，我们党在实际上承担着继续反对封建主义人治传统和克服资产阶级法治局限性的双重使命，因此党的法制领导不是一般地追求领导水平和领导艺术的提高，而应该重点研究法治过程中的规律，特别是执政党领导行为法律化的规律，以及如何经过这种行为的中介作用把领导与法治结合起来，以满足治理国家的法需求和法行为合法性选择。至于如何加强法制领导，我们暂时还缺少足够的经验，但从法制建设和依法治国实际状况来看，从解决领导行为法律化入手应是确定无疑的。既然是法律化就应在“化”上下功夫，不能满足于一般决策和号召，不能停留在学习一点法律常识或法律知识的水平上，而应该把法律当作一门重要科学来学习，真正研究一些涉及立法、执法（含司法）、守法和法律监督各个方面的现实问题，深入到社会主义法制建设各个具体环节，把党的一般领导行为同法定职务行为分开，重点是切实解决领导职务行为的法律化、民主化和科学化的问题。

执政党作出治国方略的法治选择之后，如何把握机遇，迎接挑战，创造走向法治的社会条件，这是我们实际要做的一件大事。整个依法治国过程又是一个行为过程，其中“法”与“治”之间内在联系的切入点是领导行为，法行为和法治目标导向要以领导行为作中介，整个法运动过程就是执政党领导人民依法治国的行为过程。所以，依法治国与法制领导关系极大，实现执政党领导行为法律化是必然得出的结论。依法治国是在党的领导下实行法治，建立法治国家有理由获得党的领导活动（行为）法律化的支持，达到领导职务行为同依法治国的和谐一致。这是健全法律约束机制的需要，也是社会主义法治独具优势之所在。

（作者：中共中央党校教授）

（选自《中国社会科学文摘》2002年第4期）

从国际共运史看政党现代化

●高　放　□华　翊

党的十六大报告强调，创新是一个政党永葆生机的源泉。这不仅是总结我党80多年的奋斗史得出的深刻结论，也是反思国际共运史上一些政党之兴衰得出的结论。

现代政党政治的由来和特性

□政党已经成为现代化国家政治生活的中枢。当今世界五大洲共有194个国家，无党制国家已经寥寥无几，只限于一些教权统治传统极深的小国。在有党制国家，总有各种政党不断起落浮沉。凡是能促进社会协调稳定发展、造福最大多数人民大众的政党，就能赢得民心，上台执政，甚至连续执政，否则就要下台、衰落，甚至灭亡。据我所知，政党本是政治现代化的产物。

●现代政党政治首先形成于资本主义社会。它通常有两种产生方式。其一，在最先发展资本主义商品市场经济的国家，如英、法、美等国，新兴资产阶级起先是在资产阶级革命中形成不同的政派，进而通过革命斗争夺取政权，取得政权之后才在议会斗争中逐步组成正式的政党，再经由多党竞争，选民投票，实现轮流执政或联合执政，形成政党政治。其二，后发资本主义国家，如德、意、俄等国以及广大被压迫民族国家，则是在资产阶级革命和民族独立之前，先组成各类政党，由政党领导或推进革命斗争，到革命斗争取得胜利后才形成完全的政党政治。

□那么，现代政党政治都有哪些特性呢？它是如何区别于古代的家族政治或暗中拉帮结派的“朋党”政治呢？

●政党政治不论通过何种方式产生，依据长期实践经验，可以看出它具有以下主要特性。第一，公开性。任何政党都要把它制定的党纲、路线、方针、政策等政治主张公诸于世。政党还要公开它的组织章程、组织机构、领导成员和普通党员。第二，群众性。任何政党要想成为国内政治生活中有影响的政治组织，都要发展党员，扩大党的队伍，增强党的群众基础。同时要把党的各种政治主张公诸于众，争取广大群众的了解、认同和支持。总之，人心的向背是政党成败的关键。第三，轮替性。党的政纲要不断调整变化；党的领导人要有任期，要一届一届一任一任地更新，不能搞终身制。这样才能使党永葆生机与活力，不断增强战斗力、竞争力、领导力与执政力。

□在你所总结的现代政党政治中，还把竞争性、选择性归结为资本主义政党政治的特性。既符合客观实际，又很有新意。不过看来它们只是适合资本主义国家，对于社会主义国家就不适用。

●政党政治的这几个特性就是政党现代化的标志，也可以说是现代政党政治区别于古代家族政治或“朋党”政治的优越性所在，是现代人类政治文明的新成果。它比起古代家族政治或“朋党”政治那种暗箱操作、背地巧施阴谋诡计、搞宫廷倾轧、军事政变等要光明磊落得多，要高明文明得多。当然，资产阶级的政党政治仍然有其阴暗面和局限性。各种资产阶级政客和政治投机家善于利用政党政治，拉拢、愚弄、欺骗选民，以达到维护、巩固资产阶级统治的目的。无产阶级理应继承资产阶级政党现代化、政党政治的文明成果，又克服其弊病，在扬弃资本主义政党现代化、政党政治的基础上，创造出更高类型的社会主义政党现代化、社会主义政党政治。社会主义国家既有政党，又有政治，如果我们在理论上否认社会主义国家是政党政治，岂不是有悖常规常理？我们只能说，社会主义国家的政党政治具有区别于资本主义国家政党政治的新特点，绝不能说社会主义国家不是政党政治。

在国际共运史上，哪些政党现代化问题没有解决？

□俄国共产党是第一个通过政党现代化之路，采取武装斗争与政治斗争相结合的方式，公开争取到多数工农兵大众，联合多数革命民主党派，共同执掌了政权。这具有开创性的历史意义。可是后来列宁的思想和革命的实践又为何发生了变化呢？

●以列宁为首的布尔什维克党虽然在创建社会主义政党政治方面有理论创新和制度创新，但是有几个重要问题还需要列宁等人加以解决。可惜列宁晚年有的解决错了，有的没有解决好，有的他从来没有考虑到。这些很值得我们重新总结历史经验教训。

比如列宁考虑的一个重要问题是如何解决以党代政。十月革命胜利后，俄国在1918—1920年三年内战和外战（反对国内反革命叛乱和外国帝国主义武装入侵）期间，由于党刚刚夺取政权，政权机关还很不完善，为了加强党的领导，不得不由布尔什维克党直接发号施令，由党的机关和领导人直接处理该由政权机关管辖的事情，于是形成了以党代政、党政不分的政治体制。这是背离政党政治的常规的。1921年战争结束以后，列宁已经发现以党代政体制的弊病非改不可。他于1922年3月23日在写给中央全会的信中提出："必须十分明确地划分党（及其中央）和苏维埃政权的职责……党的任务则是对所有国家机关的工作进行总的领导，不是像目前那样进行过分频繁的、不正常的、往往是琐碎的干预。"既然要实现党政分开，又还要党对所有国家机关的工作进行总的领导，进行干预，只是要求不要过分频繁、琐碎地干预。这样党政岂不是难以分开吗？可见列宁只是提出了解决党政分开问题的总原则，并没有真正解决好这个大难题。

□以党代政、党政不分的问题之所以很难解决，原因出在哪里呢？

●这恐怕难有简单的答案。不过，由此便涉及列宁考虑的另一个问题——如何发扬党内民主：在缺少其他政党的制约和制衡的条件下，发扬党内民主，使苏共在执政中尽量减少失误。

政党本来是民主政治的产物，而且是民主政治的高级形式，既是政党就必须有党内民主。可以说政党都应该是民主政党，固然其民主的性质和程度有所区别。例如有资产阶级民主政党、无产阶级民主政党；党处于地下秘密斗争环境民主不免少些，党处于合法执政地位民主就要更充分。联系列宁思考而没有解决的问题，我们恰恰更加认识到邓小平曾经反复强调的党政分开的改革思想之重要，认识到十六大报告中关于"坚持和完善社会主义民主制度，加强社会主义法制建设，改革和完善党的领导方式"的论述之深刻。

□列宁想到和没有想到的以上这些大问题，在列宁之后是如何发展变化呢？

●列宁之后斯大林执政30年之久。斯大林不仅在消灭了社会革命党和孟什维克之后还要捕风捉影地清查各种反革命政党，而且进一步加强了以党代政、党政不分的体制，加强了他个人集权。

现代资产阶级和无产阶级都是现代工业社会商品市场经济竞争的产物，资产阶级和无产阶级都需要有自己的民主政治、政党政治，不能允许有人开倒车再搞个人专制。社会主义民主是比资本主义民主更高类型的民主。斯大林晚年搞的个人专制已严重背离社会主义民主制，把现代化的无产阶级政党变成专制政党，使社会主义政党政治的基本特性大受损害，甚至荡然无存。

共产党要站在时代最前列实现现代化

□从苏共兴亡的全过程可以看出，它同政党的现代化、同政党政治的特性是紧密相关的。请你谈一谈苏共的兴亡给我们提供的最基本的经验教训是什么。

●苏共是继马克思、恩格斯在1847年创建的共产主义者同盟之后，20世纪的第一个共产党，又是在20世纪第一个执政长达74年之久的最强大的共产党。20世纪有100多个国家的共产党都是按照苏共模式建立起来的。所以能否真正改革掉苏共的种种弊端，使共产党自身彻底现代化，这是涉及各国共产党命运和前途的头等重要大事，我们切不可等闲视之。我认为苏共兴亡的最基本经验教训，集中到一点，就是共产党要始终站在时代最前列，首先使共产党自身彻底现代化，这样才能领导社会主义现代化事业取得全面成功。

□从前面所讲可以看出，政党是政治现代化的产物，共产党本身也是政治现代化的产物。你为什么又提出共产党应该站在时代最前列实现自身彻底现代化的问题?

●这有两方面原因。第一，现代化是一个动态概念，是一个长达数百年时间的历史进程，其内容是不断创新、更新的；第二，苏联共产党从指导思想、基本路线到组织制度、工作作风，有好多是背离共产主义理论、背离政党现代化轨道的。

□怎样从世界现代化的历史进程来看共产党应该站在时代的最前列实现自身的彻底现代化呢?

●现代化至少应包括以下“化”的内容，即劳动社会化、国家工业化、生产机械化、经济市场化、政治民主化、社会法治化、乡村城市化、大众知识化等。其中政治民主化的核心内容就是由现代化的民主政党来领导国家政权。世界现代化经历了18世纪末的蒸汽化、19世纪末的电气化和20世纪末的信息化三次大浪潮。现代化的资产阶级政党形成于蒸汽化的年代，也就是资产阶级刚取得革命胜利不久的年代，如英国保守党建于1833年（其前身为1679年出现的托利党），它代表新贵族阶级；英国自由党建于1839年（其前身为1679年成立的辉格党），代表工业资产阶级。这两党都有自己独立的组织和政纲，较长期轮流执政。为了发扬党内民主，及时调整政策，这两党每年都举行一次年会，做出决策建议，供党的领袖参考，党的领袖掌握最高决策权与领导权。无产阶级要建立自己的政党来领导夺取政权的斗争，是从资产阶级那里学习来的。1847年马克思、恩格斯参与创建了第一个共产党——共产主义者同盟，它明确按照民主制原则建立，规定党代表大会为最高权力机关，由代表大会选举产生的中央委员会为执行机关。吸取英国资产阶级政党每年举行一次年会的民主制度，马克思、恩格斯参与起草的盟章明文规定每年8月举行党代表大会。到现代化的第二次浪潮即电气化阶段，资产阶级政党、小资产阶级政党和无产阶级政党几乎已遍布资本主义各国。1917年俄国十月社会主义革命胜利、俄共成为执政党后，在列宁领导的头六年，每年都举行一次党代表大会，充分发扬党内民主自由，进行民主决策并民主选举党的领导人。共产党设政治局也始于俄共（布），从1919年起党中央才设立三个机构，即政治局、组织局和书记处，分管政治、组织和日常工作。这体现了党的集体领导与分工负责。各国共产党大体上是模仿苏共模式建立的，这些是共产党现代化和现代化共产党的主要体现。到当代，迎来现代化的第三次浪潮，即信息化浪潮之后，整个世界的经济、政治、文化面貌和社会结构发生了史无前例的大变化，现代化已推进到空前未有的高水平、新阶段。共产党理应与时俱进，站在时代的最前列，自觉改革，进一步彻底现代化。信息化使脑力劳动者的比重日益增多，作用越来越大，传统体力劳动的蓝领工人日益减少，白领、灰领、金领、粉领、绿领（环保工作者）等五颜六色衣领的脑力劳动者越来越多。因此共产党应该转向大量吸收脑力劳动者入党，还要接纳中间阶级和私营企业主中的先进分子入党，以壮大党的队伍，主要依靠脑力劳动者为主力军去进行掌握政权和开展现代化建设。现代化的共产党要充分发扬党内民主，正如十六大报告中所指出，要健全民主制度，丰富民主形式，坚持和完善共产党领导的多党合作制度和政治协商制度。党的领导人要革命化、年轻化、知识化、专业化，要通过电视与网络定期同党员和群众对话并解答人民关心的各种问题……

□现代化的新发展，信息化社会的来临，的确给共产党的彻底现代化提出了一系列新问题。那么，从吸取苏共灭亡教训、克服苏共弊病这个角度，共产党应该怎样加快自身的改革呢?

●苏共是深受教条主义、封建专制主义、实用主义三害而亡党亡国亡制的。因此从党的指导思想到组织结构和思想作风都要进行改革，才能使共产党彻底现代化。共产党，顾名思义应该以共产主义科学为指导，关键是各国共产党要彻底现代化就要善于把共产主义科学同当今信息时代各国的实际相结合，来制定路线、方针、政策，探索各国通往社会主义共产主义的新路，而不要停留在蒸汽时代形成的马克思主义、电气时代出现的列宁主义之上，更不能教条式地照搬马克思主义、列宁主义。

□按照十六大报告关于“三个代表”重要思想的新阐述，不断加强和改进党的建设，必将不断推动中国共产党的现代化。

（高放　中国人民大学国际关系学院教授；
华翊　中国社会科学院副研究员）

（选自《北京日报》2002年11月18日）

中国社会分层结构的新变化

李　强

回顾改革以来中国社会的变化，意义最大、最为根本的变化，莫过于社会结构的变迁。社会结构变迁的核心是社会分层结构的变迁。社会分层的本质是关于人们之间的利益或资源占有的关系。而改革的本质也是关于人们利益关系的调整，因此，本文所分析的是在改革开放过程中，人们之间的利益关系发生了什么样的变化。

关于社会身份分层与经济分层

如果试图用一句话概括改革20余年来中国社会分层结构的最主要变化，那么，可以说，变化的基本特征是从以“社会身份指标”来区分社会地位，向以“非身份指标”来区分社会地位的方向转化。前者如户籍身份、单位身份、干部工人身份及干部级别身份；后者则是以经济作为分层的指标。

身份制度毕竟在我国奉行了几十年，其变迁也会遇到重重阻碍。在世纪之交，身份制的变迁也触发和激化了一些社会矛盾。目前，比较突出的是作为“社会惯性”运行的户籍体制与新的社会群体关系之间的矛盾。其表现突出反映在三个方面。

第一，城乡之间的经济差距更为扩大。改革以后，在20世纪80年代初期和中期，城乡经济差距曾经有所缩小，但到了80年代末期90年代初以后，差距又有复归的趋势。其中最主要的原因还是僵化的户籍体制，即由于农民虽然可以外出，但不能实现永久迁移，在市场激烈竞争的局面下，资本大量向利润率高的城市地区集中，农村日趋凋敝，而农村的永久居民——农民当然成为利益受损者。

第二，城市外来人口、流动人口，尤其是流动人口中的白领层、中上层提出了明确的权利要求。近来，流动人口中的白领层要求取消就业中的户籍限制的呼声甚高，流动人口中的企业主要求给予企业经营所在城市的正式户籍等等。对此，政府管理部门已经做出反应，公安部提出，允许各地根据当地情况进行户籍改革实验，石家庄、宁波等城市甚至推出全面放开准入标准的户籍改革。

第三，残存的户籍身份利益所引发的矛盾有所激化。与20年前相比，今日中国户籍身份的利益范围已大大收缩，但还有一些残存的领域。最为突出的就是各地区不一致的高考分数线和录取比率。2001年，这方面的利益冲突显得尤为激烈。在春季的全国人大、政协两会期间，高考分数线的户籍差异问题已经作为两会提案正式登场。在讨论中，不少人指出，高考录取分数线在各地区之间存在严重的不平等，一些省份比另一些省份分数线高出200分以上。一些人抨击高考录取中的“户籍优越”、“户籍特权”，认为中国教育最大的不公平就是高考分数线的户籍特权和户籍歧视。他们主张全国型大学的录取应采取“分数面前人人平等”的原则，主张给予不同户籍的人以一律平等的录取权利。我认为此种讨论会成为身份分层进一步解体的催化剂。

中国社会分层的一个重要特点是政治分层与经济分层的区分。中国改革开放以前是政治分层为主的社会，那时社会上人们经济不平等的程度较低，而政治不平等程度较高，甚至存在较严重的政治歧视。改革开放以后，政治不平等程度大大下降，而经济不平等程度却大大上升。因此，中国改革以来社会分层结构的变化并不简单的就是差距迅速拉大的过程，而是经济上的不平等取代了政治上的不平等。也可以说，政治分层差距的弥合，对于经济分层差距的拉大起到了一种补偿或平衡的作用。

从世界各国结构变迁的基本规律看，在身份分层解体，向经济分层演进的初期往往是社会矛盾激化的时期。我们遇到的尴尬处境在于，当打碎了阶级体系的时期，明明社会上已不存在经济意义上的阶级了，而我们却在社会政策上大搞所谓“阶级斗争”。当中国从身份分层向经济分层演变的时期，中国最需要的是一个稳定发展的时期，但这一时期却又是矛盾最易激化的时期。这就是中国在社会分层方面遇到的最大难题。

关于不同利益群体

近来，在中心群体与边缘群体的关系上，中心群体占有社会资源的特征显得愈来愈突出。无论是城市居民与农村居民比较，还是用大城市与小城镇比较、上级部门与下级部门比较，都会发现边缘群体与中心群体的差距日益扩大。这种现象与20世纪80年代形成强烈反差。20世纪80年代，曾经出现过下级部门比上级部门有钱、小城市聚财相对而言比大城市容易、农民比工人更有生财之道。现在则完全反过来，边缘群体利益严重受损。

我曾根据改革以来人们利益获得和受损的状况，将中国人分为四个利益群体或利益集团，即特殊获益者群体、普通获益者群体、利益相对受损群体和社会底层群体。

以中国加入WTO为例，可分析预测一下各群体利益格局的新变化。

首先，随着国际上一些大企业进入中国市场，在人才大战竞争中，会引起一部分高水平管理者和专业技术者的薪金水平脱颖而出，与国际薪金水平看齐，这样会进一步扩大少数特殊获益者群体与多数职工薪金的差距。

其次，正规劳动力市场与非正规劳动力市场的鸿沟会更为明显。WTO强调的是经营管理的国际标准，而按照国际标准，我国只有规模较大的企业才有能力向国际标准看齐，在诸如劳动条件等方面，大多数中小企业、乡镇企业都远远不具备基本条件。因此，我国的多数中小企业和乡镇企业只能作为非正规就业市场。所以，在工资待遇、福利保障等方面，正规劳动力市场与非正规劳动力市场的分化会更加突出。

再次，就业与失业指标会成为区分中下层群体与底层群体之间的分水岭。目前有迹象显示，我国由前一阶段以中老年人为主体的失业、下岗者队伍，其构成发生了变化。由于就业机会的相对短缺，中青年人的失业问题亦逐渐浮出水面。

最后，农村流入城市的流动人口进入底层群体的概率变得更高。在上述正规、非正规劳动力市场分化的情况下，流入城市的农民几乎全体被排斥在正规劳动力市场之外，而处于非正规劳动力市场的队伍里。即使在非正规劳动力市场的竞争中，他们也不占有优势，就业的激烈竞争，会造成城市中人数更多的居无定所、无正当职业的农民工。

关于社会中间层

我认为，迄今为止，中国社会结构仍然是以中间层严重欠缺为特征的，换言之，中国仍然是一种底层大、中间层小的“金字塔型”结构，而不是中间大的“纺锤形”结构。究其原因，主要有两方面：

第一，它与我国城乡二元分割的体制密切相关。由于社会上的多数人仍然是农民群体，如上所述，由于在市场竞争中，资本在利润率的驱动下，大量向城市集中，这样，不能够成为城市社区常住人口的农民，自然就不能分享资本聚集区域的各项优厚资源，而只能处在“金字塔”的下层。

第二，以往的研究曾证明，中国城市中的中间阶层处在一个新老交替、“青黄不接”的阶段。我认为，从相对的意义上看，改革开放以前，国营企业职工是当时中国社会的典型中间阶层，也有人称之为“公有制体制的受益者”。无论与当时占人口80%以上的农民相比，还是与城市中其他非国营企业的劳动群体相比，国营企业职工的经济地位、社会地位都占有明显优势。问题是，改革以来，尤其是到了20世纪90年代中期以后，国企职工队伍出现了明显的衰落。首先是产业结构的衰落，国企职工聚集的重工业、制造业是目前失业下岗的重灾区；其次是体制的衰落，国企的体制僵化，在市场经济中缺乏竞争力；最后是国企职工自身的不利条件，由于技术更新，他们原有的技术大多已经过时，而由于年龄原因，他们又很难学会新的技术。迄今为止，传统的中间层的国企职工成为城市失业、下岗、离岗、内退等等大军的主体。所以，传统的中间层大大缩小，而新的中间层力量还比较弱小。

有人提出中国大城市中正在出现一个新生的“新中间阶层”。这个阶层的基本持征是：年龄在25—30岁左右，一般都具有较高的学历，有新的专业知识，大多就职于三资企业、新兴行业，如金融、证券、信息、高新技术等领域，收入较高，在消费行为上有着很强的高消费倾向。新崛起的一代人实际上是一种标志，它不仅是产业结构变化的结果，而且是社会结构变化的产物。

但即使有了“新中间层”，中国社会仍然不会很快出现中间层为主体的“纺锤形”结构。这是因为，作为新生代的新中间阶层，还主要出现在中国的大城市里面，且该群体人数比例也不大，更何况在全国的比例就更是微乎其微了。此外，近来的数据显示，城市中数量不多的中间阶层也在产生分化，即中间阶层的上层与普通白领职员的分化，而真正能够进入上层白领层的人数是很少的。

所以，中国社会在今后的一段时间内，还不可能形成力量雄厚的中间阶层。中间阶层的长期短缺，使得“社会紧张”在一段时期内还难以消除。为此，我们只有积极培育形成社会中间阶层的社会条件。这些条件包括：完成具有中国特色城市化的任务，解决农业人口转向现代产业的最终变革；通过职业结构的调整使得以蓝领为主体的职业结构变为以白领为主体的职业结构，使得多数人成为职业身份上的中间层，从而避免了金字塔型的职业结构；通过普及高等教育使得多数人有可能在社会身份上进入中上层；通过严格的税收调节缓解贫富分化；建立能够覆盖社会多数人口的社会保障制度。

（作者：清华大学教授）

（选自《中国社会科学文摘》2002年第3期）

陈独秀民主政治思想的升华

陈铁健

1939年，因老病多难，不断搬迁，陈独秀约有十个月没有动笔为文。但是，他的思索并没有停顿，而是更加深邃了。

除国共两大政治势力夹击之外，陈独秀还不见容于中国托派极“左”小集团。早在1937年11月21日，陈独秀在南京狱中写给上海托派临委成员陈其昌的信中即明白宣告：“我在此所发表的言论，已向人广泛声明过，只是我一个人的意见，不代表任何人，我已不隶属任何党派，不受任何人的命令指使，自作主张自负责任，将来谁是朋友，现在完全不知道。我绝对不怕孤立。”陈独秀虽被摒除于政治中心之外，却没有与政治运动完全隔绝。孤悬江津乡间的陈独秀，以其清醒的政治头脑，密切关注国内形势，关注上海托派临委的动向，尤其关注“无产阶级专政”的苏联国内从1934年开始的持续多年对“反对派”的大清洗大屠杀暴行。苏联大批政要如季诺维也夫、加米涅夫、布哈林、李可夫以及原社会革命党人、孟什维克主义者、无政府主义者、立宪民主党人、民粹派分子等，都被肉体消灭。被杀人数，有说几十万人，有说数百万人，有说两千万人，究竟多少，至今是一个谜。1940年，逃亡国外的托洛茨基也被苏联秘密警察机关派人用利镐砍死。这样的历史惨剧，怎能不让陈独秀对于民主和专政问题进行思考并作出合理的解析呢？陈独秀郑重而严肃地说：“我根据苏俄二十年来的经验，深思熟虑了六七年，始决定了今天的意见。”所谓思虑了六七年，可上溯至1934—1935年间。那时身在南京监狱的陈独秀曾对难友濮清泉说，现在苏联实行无产阶级专政，我举双手赞成；但专政到人民，甚至专政到党内，难道是马克思、列宁始料所及吗？此无它，贱视民主之过也。又说，资产阶级政权是少数统治多数，他们能允许集会、结社、言论、出版自由，不怕垮台；而无产阶级政权是多数统治少数，竟怕这怕那，强调一党专政不允许言论自由，焉有是理？六七年后的1940年，苏联已与德国签订苏德条约，并出兵与德国瓜分波兰。陈独秀盛怒之下，写《告少年》诗，指斥斯大林为古代传说中的食人厉鬼伯强，“旁行越邻国，势若吞舟鲸。食人及其类，勋旧一朝烹。”从此不再承认苏联是工人国家。

陈独秀晚年思索的结晶，集中于1940年初至1942年5月他逝世前所写的、具有强烈反对“无产阶级专政”意识的十几篇文章和书信，被胡适称之为陈独秀的“最后见解”，广为流布。

在“最后见解”中，陈独秀对他往日曾经信仰的理论重新加以审视，作出新的判断。下面的对照表，集中反映了陈独秀新的专政民主观。

（甲）英、美及战败前法国的民主制	（乙）俄、德、意的法西斯
（一）议会选举由各党（政府反对党也在内）垄断其选区，而各党仍需发布竞选的政纲及演说，以迎合选民要求，因选民毕竟最后还有投票权。开会时有相当的讨论争辩。	（一）苏维埃或国会选举均由政府党指定。开会时只有举手，没有争辩。
（二）无法院命令不能捕人杀人。	（二）秘密政治警察可以任意捕人杀人。
（三）思想、言论、出版相当自由。	（三）思想、言论、出版绝对不自由。
（四）罢工本身非犯罪行为。	（四）绝对不许罢工，罢工即是犯罪。

陈独秀对民主和专政理论的阐释主要有以下几点：

（一）“民主主义是自从人类发生政治组织、以至政治消灭之间，各时代（希腊、罗马、近代以至将来）多数阶级的人民，反抗少数特权的旗帜。”近代资产阶级民主制“不尽为资产阶级所欢迎，而是几千万民众流血斗争了五六百年才实现的”。

（二）“‘无产阶级民主’不是一个空洞名词，其具体内容也和资产阶级民主同样要求一切公民都有集会、结社、言论、出版之自由。特别重要的是反对党派之自由。没有这些，议会或苏维埃同样一文不值。”“如果说无级民主与资级民主不同，那便是完全不了解民主之基本内容……无级和资级是一样的。”“只是实施范围有广狭而已。”

（三）“十月（革命）以来，轻率的把民主制和资产阶级统治一起推翻，所谓‘无产阶级民主’‘大众民主’只是一些无实际内容的空洞名词，一种抵制资产阶级民主的门面语而已。无产阶级取得政权后，有国有大工业、军队、警察、法院、苏维埃选举法，这些利器在手，足够镇压资产阶级的反革命，用不着拿独裁来代替民主，独裁制如一把利刃，今天用之杀别人，明天便会用之杀自己。列宁当时也曾经警觉到‘民主是对于官僚制的抗毒素’，而亦未曾认真采用民主制，如取消秘密政治警察，容许反对派公开存在，思想、出版、罢工、选举自由等，TL（指托洛茨基——引者）直至独裁这把利刃伤害到他自己，才想到党、工会和各级苏维埃要民主，要选举自由，然而太晚了！”

（四）“政治上民主主义和经济上的社会主义，是相成而非相反的东西。民主主义并非和资本主义及资产阶级是不可分离的。无产政党因反对资产阶级及资本主义，遂并民主主义而亦反对之，即令各国所谓‘无产阶级革命’出现了，而没有民主制做官僚制之消毒素，也只是世界上出现了一些史大林式的官僚政权，残暴、贪污、虚伪、欺骗、腐化、堕落，决不能创造甚么社会主义，所谓‘无产阶级独裁’，根本没有这样东西，即党的独裁，结果也只能是领袖独裁。任何独裁都和残暴、蒙蔽、欺骗、贪污、腐化的官僚政治是不能分离的。”

（五）“应该毫无成见的领悟苏俄二十余年来的教训，科学的而非宗教的重新估计布尔什维克的理论及其领袖之价值，不能一切归罪于史大林，例如无产阶级政权之下的民主制问题。”“如果说史大林的罪恶与无产阶级独裁制无关，即是说史大林的罪恶非由于十月（革命）以来苏联制度之违反了民主制之基本内容（这些违反民主的制度，都非创自史大林），而是由于史大林的个人心术特别坏，这完全是唯心派的见解。”“我们若不从制度上寻出缺点，得到教训，只是闭起眼睛反对史大林，将永远没有觉悟，一个史大林倒了，会有无数史大林在俄国及别国产生出来。在十月后的苏俄，明明是独裁制产生了史大林，而不是有了史大林才产生独裁制，如果认为资产阶级民主制已至其社会动力已经耗竭之时，不必为民主斗争，即等于说无产阶级政权不需要民主，这一观点将误尽天下后世！”

（六）“一班无知的布尔什维克党人，更加把独裁制抬到天上，把民主骂得比狗屎不如，这种荒谬的观点，随着十月革命的权威，征服了全世界，第一个采用这个观点的便是墨索里尼，第二个便是希特勒，首倡独裁制本土——苏联，更是变本加厉，无恶不作，从此崇拜独裁的徒子徒孙普遍了全世界……这三个反动堡垒，把现代变成了新的中世纪，他们企图把有思想的人类变成无思想的机器牛马，随着独裁者的鞭子转动，人类若无力推翻这三大反动堡垒，只有变成机器牛马的命运。”“今后的革命者若仍旧认为‘民主已经过时，无产阶级只有独裁，没有民主’，那只有听任格柏乌蹂躏全人类。”

陈独秀的傥论，可谓语惊四海，引起轩然大波。陈独秀曾说“绝对不说人云亦云豆腐白菜不痛不痒的话，我愿意说极正确的话，也愿意说极错误的话，绝不愿说不错又不对的话”。当时或后来的评论者，对于陈独秀的上述言论，或誉之为“极正确”，或毁之为“极错误”，都自有其道理。平心而论，除去不该毫无区别地把苏联与德、意法西斯相提并论之外，他的其他见解都是不容忽视的。这里，尤其应该注意陈独秀在根本理论上的变化，即他对当时号称世界革命指针的“列宁主义”中关于“无产阶级专政”理论的蔑视和否定。他说：“列（宁）托（洛茨基）之见解，在本国不合，在俄国及西欧又何尝正确？”列宁主义国家学说和无产阶级专政理论，究竟应该如何评价？

马克思的国家学说，空想成分较多，认为国家是无产阶级取得革命胜利后所承接下来的祸害，其存在时间极短，主要生产资料社会所有制实现后，国家便立刻消亡。恩格斯认为国家是阶级统治和镇压的工具，同时具有执行某种社会公共职能，即按照新的方式组织社会的职能。列宁的《国家与革命》一书片面强调国家只是阶级镇压的工具，实际上强调暴力，强调阶级之间你死我活的斗争，只有无产阶级对其他阶级的专政，而不承认有人民自由国家。列宁甚至认为无产阶级专政是不受任何法律限制，包括自己所定法律的限制。1918 年他在《无产阶级革命与叛徒考茨基》一文中说：“专政是直接凭借暴力而不受任何法律限制的政权。”又说：“无产阶级的革命专政是由无产阶级对资产阶级采取暴力手段来获得和维持的、不受任何法律限制的政权。”1920 年他在《关于专政问题的历史》一文中更说：“专政的科学概念无非是不受任何限制、绝对不受任何法律或规章拘束而直接凭借暴力的政权。”列宁在苏俄建国之初株守原马克思的国家学说，认为国家不过是即将废除的祸害，因此除了着重于实现布尔什维克党的领导作用外，很少顾及国家政治制度的建设，尤其将国家的民主法制建设排除于视野之外，以致一开始便在无产阶级专政的名义下，构建了以党治国、党政不分、以党代政的格局，将国家权力集中于党及其领导人之手。这就是陈独秀所说的“领袖独裁”。这种政治体制直接阻塞国家通向民主化、法制化的道路，阻塞人的自由发展的道路，也阻塞党自身民主化的道路。到了斯大林时代，列宁原来所谈的暴力镇压性质，这时候以不受任何法律约束的“无产阶级专政”名义，完全成为实行暴力恐怖统治的工具。第二次世界大战后建立的社会主义国家的某些领导人，往往利用“无产阶级专政”的名义，实行“议行合一”制，毫无权力制衡和监督机制，将国家行政权力集中于党中少数人乃至个别领导人之手，而且这种权力往往不受约束，重大国事在少数人圈子里决定，甚至由个人专断。这样，民主治党的原则固然无法保障，国家的最高权力机关则往往成为单纯的执行者，有职无权，有名无实。国家法律已无真正的独立性可言，更谈不上依法治国。在这种情况下，被陈独秀所谴责的“残暴、贪污、虚伪、欺骗、腐化、堕落的官僚政治”以及一切荒谬现象，便无法避免，也无法根除了。

陈独秀一生，觉悟于19世纪甲午中日战争，结束于或者说最后觉醒于20世纪中华民族抗日战争中。

陈独秀早年倡导民主科学，成为开一代风气的思想家。由康党、孙党而至共产党，身历辛亥、反袁、五四运动、国民革命，冲入政治斗争旋涡而不能自拔，复受制于共产国际，被逐出共产党。晚年重归“五四”，重拾自我，最后觉悟到民主政治原则的普适性，认定民主就是民主，既无新与旧之分、东与西之分，亦无“资”与“无”之分。马克思主义是一门大学问，辩证唯物史观是马克思主义思想体系的核心，陈独秀对民主政治的思索是他依据现实的体验和感悟，摒弃列宁国家学说之误，而未完全脱离辩证唯物史观的表现。这正是他晚年民主政治思想升华的基石之一。陈独秀这些见解，既是针对以苏俄为代表的国际共产主义运动，也是针对当时国民党的一党专政和领袖独裁以及一切反民主势力。后来刊布这些言论的胡适说它是“中国现代政治思想史上稀有重要文献”。说陈氏的这些“独立思想”，“实在是他大觉大悟的见解”。

（作者：中国社会科学院近代史所研究员）

（选自《中国社会科学文摘》2002年第4期）

共产国际与中国革命关系史研究之我见

杨奎松

研究共产国际和中国革命关系史，对中共党史研究的最大价值，严格说来还不在发掘出了怎样多的具体文献和对哪些具体史实作出了怎样不同于过去的解释。共产国际不过是莫斯科用来输出革命意识形态和维护自身利益的一种渠道、一个工具而已。只要了解到这种情况，把莫斯科在中国革命问题上的种种教条、武断，与后来苏联因教条僵化，不能与时俱进，在政治上日渐衰弱竟至一朝倾覆的历史，同中国因改革开放才避免了紧步苏联后尘的事实联系起来，就不难了解，尽管毛泽东1930年末已经取得领导地位，尽管共产国际1943年就已经解散，尽管中苏两党1960年以后更反目为仇，但这并不意味着中共就与共产国际和联共（布）党从此一刀两断。长期以来，人们习惯于充满民族自豪感地谈论毛泽东的“独立自主”。而中国革命在1949年的成功，也确实在相当大程度上得益于毛泽东坚持从中国实际出发，并敢于标新立异。然而，仅仅注意到这一点，或者把共产国际与中国革命关系史的研究，主要看成是对中国共产党人战胜教条主义、本本主义，坚持独立自主和民族利益的一种经验总结，却是不够的。因为深入研究共产国际和中国革命关系史，不仅可以看到中国革命成功背后莫斯科扶助和影响的重大作用，同样也可以看到中共历史上的种种问题以及后来的种种曲折背后，也都与俄国的党以及来自俄国的革命意识形态，有着千丝万缕的联系。

说中国革命成功很大程度上得益于莫斯科的帮助，只要举出一个最直观的事实就足够了。这就是中共的存在与发展，曾经在很长时间里是得益于来自莫斯科的财政援助的。关于这一点，我们可以以目前已知的早年中共从莫斯科获得的党的活动经费为例。1921年10月—1922年6月、1923年1—8月、1924年、1925年、1926年、1927年1—7月、1928年，党费总数分别为0.66万元、1.5万元、

3.5万元、约4万元、12万元、18万元、66万元。

以上只是党费一项，中共二大以后莫斯科即开始根据中共的发展及工作的需要，逐渐将党费与团费、工运费、农运费、兵运费、反帝费、济难费及特别费等区分开来，分别提供。仅以1927年为例，中共所得党费不过30万中国元左右，而这一年来自共产国际、赤色职工国际、少共国际、农民国际、济难国际和联共（布）党等，用于帮助中共的各种经费，总数就有百万元之多。该年度中共自筹经费却只有3000元左右。1927年莫斯科提供财政支持之多，主要是因为当年中共发展迅速，而突发事件不断，因此急需应付。如这一年为上海第二次工人武装起义运动海军即提供了3000元；为第三次工人武装起义提供了17 000元；为开办党校提供了开办费49 700元；为马日事变后复兴湖南农运提供了将近40 000元；为10月两湖地区秋收暴动提供了10 000元；为组织北方暴动提供了3000美元；为11月中共中央紧急会议提供了2000元；为12月广州起义前前后后提供了10万元。中国革命并非只要有了革命的要求和革命的精神就能成就一番事业，革命的每一步行动，包括办报、办学，甚至开会、出差，样样都要用钱。当陈独秀等人还做教授、编辑时，他们拿着每月一二百元的高薪，在过着较优裕生活的同时，还可以用余下来的钱办个同仁刊物，发发议论。等到他们组织起共产党，按照俄国党的方式，基本上都成了职业革命家之后，连养家的钱都要从莫斯科提供的党费中来支付了。其革命的规模、深度乃至于革命的自主性，当然会在相当程度上受到莫斯科的左右与束缚。

中共摆脱莫斯科巨大身影的笼罩，开始于其以城市为中心的革命全面失败。1927年广州起义失败后，中共就已全面转入地下。处于城市地下工作状态的共产党人，受共产国际的束缚自然更甚。1928年以后党用于应付临时事件的费用虽然逐渐减少，共产国际曾设想过削减中共党的费用，但事实上十分困难。直至1931年，中共中央从莫斯科那里每月仍旧必须要得到五六万元的经费才能维持党的正常活动。中共开始能够自筹相当部分活动经费，已经是1932年以后的事情了。这是因为中共从1931年以后根据共产国际的建议，逐渐将60%以上的干部和工人党员转入农村根据地和红军当中，将工作重心做了较大的转移。随着1933年初中共中央全部迁入苏区，城市工作更是大大收缩，对莫斯科的经费要求自然也随之大大减少。当然，这也并不意味着中共从此就不再需要莫斯科的经费援助了。根据零星的档案文献资料，中共因南方根据地军事作战失利辗转长征至西北之后，在极端困难的情况下向莫斯科求援，莫斯科当即承诺提供上百万美元的经费援助，部分款项并已在1936年底和1937年初寄送到中国，并被转送给中共。抗日战争开始后，莫斯科也曾数次提供经费援助，最多的一笔也是一次即达百万美元，其余各次多则几十万美元，少则几万美元。20世纪30年代中期以后的这些援助虽然已远不如过去固定提供经费那样对中共的生存发展具有几乎是决定性的重要意义，但对缓解中共一时的严重困难仍有重要帮助则是肯定的。

以往的中共党史研究，显然对来自莫斯科的这种援助缺乏应有的了解与估计。不少研究者的文章和著作，只看到20世纪30年代后期毛泽东政治上崛起的过程，看到毛泽东与莫斯科之间的矛盾与冲突，而看不到或者说不了解毛泽东的崛起是有条件的。据此来总结历史经验，说中国革命的成功根本上在于后来坚持了“独立自主”，无异于是对历史的生吞活剥。应该了解的是，对于二三十年代的中国革命来说，不管人们今天对当年的政策策略有着怎样的批评与争论，没有共产国际和联共（布）的帮助，恐怕连那样一种局面也难以得到，这是一个基本的事实。何况，这里所提到的帮助还远不止是财政援助这一个方面。深入考察两者的关系，特别是全面对比当年中共领导人与莫斯科之间存在的众多分歧与争论，可以清楚地看到，就总体而言，莫斯科在思想、政治、组织、军事、党务、财政，到干部培养、政策规定，乃至各种技术手段的传授和秘密工作的训练等各个方面提供帮助的意义，要明显大于他们主观教条和瞎指挥所带来的危害的意义。中共的成熟与成长，包括最终走向独立自主，是其在成功与失败的反复实践中，经验与理论知识不断丰富的客观结果。但是，这种成熟与成长不能不经历一个必要的过程。正如中共要想取得政治上的独立自主，必须首先在经济上创造出独立自主的条件一样，没有经济上的独立自主，政治上的独立自主只能是一种空谈和理想。根据中国革命的实践可以了解，只有当中共从城市转向农村，并且在农村中成功地创立了革命根据地，在经济上逐渐取得独立自主的条件之后，其政治上独立自主的时代才会逐渐地到来。毛泽东没有崛起于20世纪20年代，而是崛起于中共基本上可以自给自足——虽然一度还曾拿过国民政府的钱——的20世纪30年代末40年代初，是有重要的客观历史原因的。

既然中共是在共产国际和联共（布）的全面帮助和影响下成长起来的，那么，我们同样也不应该回避另外一个重要的事实。这就是，在中共的血管里流淌着的，多半是与联共（布）党一样的血液。毛泽东后来的“独立自主”，以及中苏之间的矛盾与冲突，都不能改变双方之间曾经血脉相连的这种亲缘关系。这不仅意味着中共与莫斯科之间的关系，并不因共产国际这一国际组织的存废而有多少实质性的改变；而且意味着成功地实现了独立自主之后，中共所经历的种种成功与挫折，其实也仍旧与联共（布）党的思想、观念及其相关经验有着复杂与微妙的联系。

说中共与莫斯科之间的关系，不因共产国际这一国际组织的存废而有多少实质性的改变，这应当容易理解。因为，几乎每一个深入研究过中共与莫斯科关系史的人都不难看出1945年抗战结束以后中共中央与莫斯科之间密切的互动关系；不难看出双方在战后中国东北前途问题上有过紧密配合；不难了解到中共军事上刚刚开始走向胜利，毛泽东就急于前往苏联就教于斯大林的种种资料；不难了解到1949年大势一定，毛泽东马上宣布“一边倒”，新政府迅速与苏联结为互助同盟关系的种种事实；更不难注意到20世纪50年代初的朝鲜战争，乃至越南战争，实际上是中国在前苏联在后，共同支持小党小国对以美国为首的西方世界的一种大胆宣战……

说中共以后的成功与挫折，仍旧与联共（布）党的思想、观念及其相关经验有联系，应当也不难理解。中共能够在战后不过短短的几年时间里，由小到大，由弱到强，一举战胜国民党，建立新中国，除了自身的政策策略运用得当以外，美苏交恶，冷战发生，中共顺利取得东北根据地并得到苏联在军事、技术以及经济建设方面的具体援助，也是重要原因之一。至于新中国建立以后，其在政治、经济政策及其行政机构设置等方面，一度全面借助于苏联模式，利用苏联经验，并且全面引进苏联的专家、顾问具体指导帮助，更是众所周知的事实。

但在这里更应当提到的，还是毛泽东等领导人在共产国际时代就已经接受的关于革命和建设的一整套思想观念。它们显然对中共后来的历史发展产生了重大的影响。一个典型的例子是，还在建国前夕，中共中央讨论并设想未来国家的革命与建设方案时，所依据的一个基本文献，就是共产国际时代俄国人在莫斯科帮助制定的中共六大决议案。毛泽东明确讲：六大决议案根本上是对的，“它根据对于当时形势的估计提出了中国革命的十大纲领，今天我们所做的基本上仍未超过这个纲领”。只是十条里当时没有提到没收官僚资本，没有提到联合中小资产阶级的问题罢了。

中共六大政治决议案中的一个基本思想，曾长期影响着中共的革命理念。这就是它所强调的中国革命的惟一前途，即“非资本主义的前途，亦就是社会主义的前途”的问题。毛泽东的新民主主义论，在很大程度上其实也是由这样一种政治理念派生出来的。因为，正是中共六大政治决议案一方面断定中国革命的现阶段只能是民主革命，同时又明确地向共产党人提出了争取中国革命“非资本主义前途”的历史任务。而它对何以必须严守革命的阶段性原则，何以必须尽快转向“非资本主义前途”的原因解说，根本上竟只是在于阶级斗争和力量对比的转换。

毛泽东们严格地遵守着革命阶段性的原则，他们这时并不认为自己在力量对比上已经占据了绝对的优势。然而，即使在这时，他们相信必须遵守革命阶段性的理由，实际上也已经不完全是力量对比的问题了。军事革命的巨大优势，使他们并不特别担心中国经济上个体的和私人的资本主义数量还很大这样一个问题。他们这时已经在断言新中国成立以后，社会主义因素的优势力量了。他们谈到所以要继续保持新民主主义方向的原因更多的只是两点，一是在全国政权以及整顿经济的问题上，自己还没有足够的经验，为此还需要下功夫抓住农民。二是俄国革命12年之后，即1929年才开始向社会主义全面过渡，到1936年才最终宣布建成社会主义，中国比俄国还落后，理论上过渡的时间自应比苏联长一些。这也就是为什么毛泽东会明确表示，同意刘少奇关于今后“中国内部的主要矛盾就是无产阶级和资产阶级之间的矛盾”的观点。很显然，毛泽东已经相信，建国后中国革命的中心问题将会很快地转到社会主义和资本主义两条道路的斗争上来。既然如此，合乎逻辑的结果只能是，随着政权稳固，经济恢复，国营和集体力量迅速发展，个体和私人资本的力量极大缩小，毛泽东马上就会重新记起六大决议案关于“只有阶级力量的对比能够决定”何时应当开始结束民主革命，全面向社会主义过渡的重要论断。他之迅速放弃不资不社的新民主主义，转而提出向社会主义过渡的总路线、总方针，不可避免。

对于毛泽东过早放弃新民主主义和过于强调阶

级关系以及力量对比的问题，自然不能仅仅从中共六大决议案的个别论断中去找原因。但今天的研究者理应看到，正如列宁当年批评共产国际染上了太多俄国色彩一样，所有曾经"孔步亦步，孔趋亦趋"地向俄国取经，并靠"走俄国人的路"取得胜利的共产党人，都难免会习惯于按照俄国式共产主义的经验和观念来认识问题。虽然对俄国革命经验的总结会有不同和差异，虽然以往在中国革命的策略问题上，毛泽东曾经远比俄国人更善于理论联系实际，但有谁能够否认，当力量对比的问题不再能够威胁共产党人之后，毛泽东与那些部分地丢掉了革命热情的俄国人比，反而还多了一些教条和僵化呢？毛泽东建国后对阶级与阶级斗争，包括在对革命和战争的问题的认识上，之所以会越来越接近于传统意义上的列宁主义或斯大林主义，而远离变动的世界形势和中国社会建设发展的现实需要，难道仅仅是毛泽东个人的经验使然吗？注意到中国几乎是世界上最后放弃斯大林主义印记的共产党国家之一，注意到一些中共党史著作在谈论国内以及党内斗争问题上，至今仍或多或少地带有的《联共(布)党史简明教程》影响的痕迹，我们理应更容易感觉到深入研究共产国际与中国革命关系史的重要性。

（作者：北京大学教授）

（选自《中国社会科学文摘》2002年第4期）

民族分裂主义与恐怖主义

郝时远

民族主义极端性的产物：民族分裂主义

民族主义有其古代原型，但是作为一种政治意识形态则是近代资产阶级革命的产物。19世纪中期以来，民族主义在世界范围产生了极其重要的影响，扮演了形形色色的政治角色。民族主义导致民族国家模式的出现，民族沙文主义导致帝国主义，极端民族主义导致法西斯主义，殖民地民族主义运动导致殖民主义体系的崩溃，民族分裂主义导致恐怖主义、战争冲突和国家裂变，等等。

民族分裂主义活动是指在一个主权独立、领土完整的国家内部，由于民族问题在内外因的作用下激化，进而造成通常表现为非主体民族或少数民族中某些极端势力要求建立独立国家的政治诉求、暴力活动乃至军事对抗行动。民族分裂主义的理论依据主要是民族自决原则，并以人权为由加以渲染，由此谋求合法的政治地位和国际社会（包括某些国际势力）的支持，以实现其独立建国或高度自治的政治目标。

需要严格区别的是，由于殖民主义统治的遗产尚未完全清除，继续受到殖民主义遗产影响的一些地区的民族解放运动不属于民族分裂主义范畴，例如巴勒斯坦的独立建国问题，新喀里多尼亚的独立建国运动之类。

民族分裂主义运动（或活动）不仅存在于发展中国家，也存在于发达国家，具有一定普遍性。存在于现代主权国家内部的民族分裂主义势力，基本上属于非主体民族或少数民族中的极端民族主义势力。由于非主体民族或少数民族在所在国中一般都属于所谓"弱势群体"，除在少数国家中表现为通过政治机制实现独立目标外，民族分裂主义势力基本上都是通过匿名的、地下的方式来制造事端，诉诸暴力破坏活动。因此，民族分裂主义采取极端性的方式和恐怖主义手段具有普遍性，其目的是造成社会恐慌、政治压力、舆论关注和国际干预，由此获得谈判身价，从而造成官方的让步。

当代世界民族分裂主义的主要类型

从活动方式和在不同国家与地区的情况来看，除加拿大魁北克那种公开政治运动型外，以暴力恐怖活动为特征的民族分裂主义组织可以划分为以下几种类型：

1. 军事对抗型。这种类型最具代表性的是斯里兰卡"泰米尔伊拉姆解放猛虎"领导的建立"泰米尔伊拉姆国"独立运动。类似的分裂势力还有菲律宾的"摩洛民族解放阵线"、俄罗斯的车臣分裂主义势力、英国的"爱尔兰共和军"及其分化出的"真共和军"。

2. 跨界统一型。这一类型主要指历史上同一民族在现实中分属于毗邻的不同国家，他们出于某些政治原因期望通过民族分裂主义武装活动来实现民族统一的独立建国或合并建国目标。这种类型的民族分裂主义势力具有跨国性影响与合作的特点，其分裂活动危及多国领土完整和影响地区安全。

这种类型最具代表性的是中东地区库尔德人建立“库尔德斯坦”的独立运动。库尔德人问题属于跨四国领土谋求民族统一和建立独立国家的运动，但是对于土耳其、伊朗、伊拉克和叙利亚来说就是封疆裂土的民族分裂主义运动。

类似“库尔德斯坦”这种跨国界的民族分裂主义活动，还包括巴尔干半岛的阿尔巴尼亚人问题。1912年第一次巴尔干战争使奥斯曼帝国的势力基本退出了欧洲，随之而来的是巴尔干各民族纷纷提出了建立“大民族国家”的计划，其中也包括“大阿尔巴尼亚”计划。这一计划在第二次世界大战意大利法西斯侵略阿尔巴尼亚后为了实现其在巴尔干半岛的战略利益而得到实践，即将几乎所有阿尔巴尼亚人聚居的地区统一为意大利占领的“大阿尔巴尼亚”，其中包括属于南斯拉夫的科索沃、马其顿西部地区等。1999年侵略南斯拉夫的战争之后，科索沃处于以北约为主的国际维和力量控制之下，而马其顿的阿尔巴尼亚族分裂主义势力仍未停止活动。

3. 互动分裂型。这种类型是指一个主权国家内部不同民族相互排拒、谋求各自独立建国的民族分裂主义，其重要特点是处于冲突状态的各民族都不是维护国家统一的力量，其争夺的对象主要是领土和各自建立独立国家的权力。需要注意的是，这种类型的民族分裂主义，冲突双方或多方的背后都有国际势力的支持。

前南斯拉夫波斯尼亚—黑塞哥维那（波黑）内战，是这方面的典型。20世纪90年代前南斯拉夫在多党民主制的风潮中走向解体，而民族分裂主义成为南斯拉夫联邦分崩离析的基本动力。波黑是一个三种宗教、两个民族和一个穆斯林群体构成的共和国。但是，从1990年波黑政治多元化演变造成的以民族和宗教信仰为基础的政党化，使这个国家陷入了旷日持久的内战。从1992年开始，到1995年底“代顿协议”签订，这场民族、宗教战争持续了四年之久。在这场战争中，塞尔维亚族、克罗地亚族和穆斯林为了彻底划清各自的界限而进行了极其残酷的殊死战斗，冲突三方为了领土完整和民族、宗教的统一进行了“种族清洗”，大规模驱赶和屠杀无辜平民，有组织集体强暴异族、异教妇女，形成了典型的民族仇杀战争恐怖活动。在整个波黑内战中，冲突三方的背后都有直接的或间接的国家支持力量。塞尔维亚族背后是南斯拉夫和俄罗斯、希腊这些东正教国家，克罗地亚族背后是克罗地亚共和国和德国等天主教国家，穆斯林背后则是伊斯兰世界和别有用心的美国等西方势力。

属于这一类型的还有塞浦路斯的希、土争端。

4. 暴力恐怖型。这种类型主要指以恐怖主义活动为主要手段谋求民族独立建国的民族分裂主义运动，其重要特点是未形成战争对抗态势而专事恐怖活动，从事这种活动的民族分裂主义组织属于典型的恐怖主义组织。

这种类型中最具典型性的是西班牙的“巴斯克祖国与自由”，即西班牙语简称的“埃塔”。巴斯克民族是欧洲最古老的民族之一。该民族的激进势力于1958年成立“埃塔”，展开了针对西班牙独裁统治的暴力恐怖活动。“埃塔”以法国南部巴斯克人地区为基地，形成了严密的组织体系和专业化的分工，专门以破坏、爆炸、暗杀等恐怖主义手段伸张其独立建国的主张。

与西班牙巴斯克问题相似的是法国的科西嘉问题。科西嘉岛是法国东南沿海的一个岛屿，1768年为法国占领。20世纪90年代中期以后，以谋求科西嘉独立为目的的政治和暴力组织形成了一系列地下武装组织。这些组织频繁制造爆炸、绑架、暗杀等恐怖主义事件。

上述分裂主义势力的暴力恐怖组织虽然都属于非法武装，但是由于它们与分裂主义政治势力的一体化或相结合，所以也具有公开化、半公开化的特点，并程度不同地获得了同政府谈判的对手资格。而在其他一些国家和地区中存在的民族分裂主义势力，则大都还处于政治组织非法性和暴力团伙地下化的阶段。但是，无论处于哪一种发展阶段的民族分裂主义势力，进行暴力恐怖活动都是其谋求政治目标合法化的必然手段。

民族主义分裂势力对民族国家的误读和民族自决权的滥用

殖民主义“分而治之”、“以夷制夷”的统治和帝国强权的干预是造成这些国家民族问题激化的历史原因，而承袭殖民主义、帝国主义政策处理国内民族问题则是引发民族分裂主义的现实原因。但是，民族问题具有普遍性、长期性、复杂性、重要性和国际性的特点。民族主义的情绪化、盲动性、传染性、煽动性等特性在外部力量的影响下极易引起极端民族主义政治目标的激进化和民族排拒的绝对化。这种极端民族主义是典型的利己主义，它以强调本民族利益的至上为特点，以完全的排他性为手段，以建立民族和领土相一致的独立国家为目的，从而导致对民族国家的误读和民族自决权的滥用。

英国学者霍布斯鲍曼指出："要使民族疆界与国界合而为一的理想，恐怕只有野蛮人才做得到，或者说，只有靠野蛮人的做法才可能付诸实现。"事实上靠野蛮人的方法也做不到。在美国等西方国家有关民族国家主权削弱、让渡和"人权高于主权"等论调的引导下，一些国家内部的民族分裂主义势力受到了极大鼓舞，他们在迎合和利用这些"新干涉主义"理论的同时，力求使其独立建国的政治诉求国际化，试图借助美国等西方势力的国际干涉来实现自己的政治目标。

造成民族问题国际化最有效的手段，一方面是通过流亡境外的民族分裂势力制造舆论以获取某些国际势力的支持，另一方面则是在国家内部制造骚乱、恐怖事件引起社会动荡以扩大影响和抬高身价。这种恐怖活动具有的双重作用还在于：在造成社会不安定的同时，也会引起所在国政府更加严厉的镇压和打击，从而引起国际社会、特别是美国等西方国家"同情弱者"的人权干涉行动。所以，民族分裂主义势力进行恐怖活动并不单纯是为了破坏，而且还为了扩大其处于弱势的国际影响。这种效应也成为恐怖主义活动日益加剧的重要原因之一。

恐怖主义势力不代表所依托的民族或宗教

当代各种类型的恐怖主义组织有一个共同的特征，即政治目标的极端性和实现途径的暴力化。所以，在对恐怖主义进行的各种界定中，极端性是普遍的特征，如"极右型"、"极左型"、"宗教极端型"等；在对数以百计的恐怖主义定义中基本要素出现频率的归类分析中，1981 年以前的 109 种定义中暴力要素出现的频率达 83.5%，1982 年以后的 50 种定义中暴力要素出现的频率为 92%。所以，极端与暴力是相伴相随的，这一点无论是国家恐怖主义还是民间恐怖主义概莫能外。

巴勒斯坦人谋求独立建国的政治组织不属于民族分裂主义组织。但是，巴勒斯坦人的政治组织中也包括专事恐怖主义活动的极端势力。而这种势力及其恐怖主义活动的实践不仅对实现巴勒斯坦人独立建国的政治目标无补，而且也造成巴勒斯坦民族解放运动内部的分裂。同时，巴勒斯坦极端势力的恐怖主义活动，也成为以色列及其支持国以打击国际恐怖主义为由而迟滞和阻止巴勒斯坦民族自决的口实。

美国国务院每年都公布世界范围的恐怖主义组织及其所支持的国家，但是其确定恐怖主义组织的标准却集中地体现着美国及其西方盟友的利益。一些国家中存在的与西方国家内部同样的民族分裂主义恐怖组织却未列入他们的"黑名单"，如南斯拉夫的"科索沃解放军"、俄罗斯的"车臣匪帮"等，一直没有出现在美国的恐怖主义"黑名单"上。"在美国，有时对颠覆性暴力行为大声谴责，有时却又拍手欢迎。"美国等西方国家对待恐怖主义组织及其活动所采取的双重标准，也是加剧一些国家民族分裂主义恐怖活动的重要国际因素。当然，美国这种以意识形态为底蕴的双重标准，在纵容和培植某些极端主义势力的同时，也使自己陷入了遭受恐怖主义袭击的灾祸之中。美国昔日为了对付苏联而扶持本·拉登，现在本·拉登却成为美国的头号敌人。

在当代世界的各种极端主义恐怖组织中，信仰伊斯兰教民族中的极端主义势力无论从数量、规模和破坏性影响来看，都是最突出的。因此，西方世界也制造出"伊斯兰威胁"等敌视舆论。但是，这种把一种宗教、一个民族视为敌对的观念，是造成有史以来人类社会宗教冲突、民族冲突、种族冲突的思想根源，是对解决人类社会种族歧视、民族矛盾、宗教冲突科学理论的反动。

现实中的国际恐怖主义势力已经成为一种非理性的社会畸形团体，只是以某种标志或信念加以包装而已。对于具有民族、宗教背景的这类组织或势力，可以称为民族、宗教极端主义势力，但是这种极端主义势力并不是相关民族、相关宗教的代表。这些组织利用某些民族、宗教矛盾和民众情绪进行暴力恐怖活动的目的，是为了维护其以极端性和残暴性建立的"权威地位"和左右民众的能力。他们通过暴力恐怖活动在造成对他族、他国的破坏和恐惧的同时，也造成了本民族、本教众对其的畏惧、服从和盲从。在这种态势下，他们所宣扬的民族主义、宗教信念对广大民众来说也就更具有不可背叛的强制性，塔利班的极端统治即是例证。所以，极端主义恐怖势力是一种充满极权专制统治欲望的集团。

阶级社会的种族、民族和宗教问题表现出的整体性对抗和冲突特点，是统治阶级转嫁阶级矛盾造成的结果，是分裂人类的有效手段，也是造成种族主义、极端民族主义和极端宗教主义的根源。在国际恐怖主义危及人类社会安全的形势下，如果将具有种族、民族和宗教背景的恐怖主义组织视为相关群体的代表，其结果只能扩大恐怖主义势力的群众基础，助长恐怖主义势力的嚣张气焰，从而掩盖恐怖主义势力反人类的极端性本质。

（作者：中国社会科学院民族研究所研究员）

（选自《中国社会科学文摘》2002 年第 3 期）

文化研究应以唯物史观为指导

黄楠森

文化是人类社会复杂的现象。文化研究应当以唯物史观为指导。一般认为，文化有广义与狭义之分，广义的文化包括人类社会中一切物质的和精神的活动及其产物；狭义的文化仅指精神活动及其产品，与经济、政治并列，这就意味着经济、政治不是文化。如果将经济、政治和文化三者并列，而三者又包括了人类社会的全部，那么，我们就不能把文化活动等同于全部社会活动。事实上理论界在使用文化概念时呈现出一种共同的趋势，即把文化理解为精神活动及其产品，而与经济、政治区别开来。在西方理论界，对文化概念的理解也出现这种共同的趋势，例如英国著名历史哲学家汤因比在其文明形态理论中提出人类社会表现为各种文明形态，而文明包括三个组成部分，即经济、政治和文化。美国学者亨廷顿的《文明的冲突》也把文化与经济、政治并列。江泽民同志运用经济、政治、文化这种一分为三的理论框架来论述建设有中国特色社会主义，不仅表明了这种理论框架的现实意义，而且有助于对文化概念的科学把握。显然，既然经济、政治、文化三者并列，我们就不能把经济、政治包括在文化之中。当然，三者并列不是三者互相隔绝，并列不排斥互相渗透。从严格的意义讲，文化应当专指精神活动及其产品。

文化在人类社会中的地位问题实际是人类社会的各个组成部分的关系问题，而由于经济、政治与文化是人类社会传播三个主要组成部分，因此，这个问题就主要成为经济、政治和文化的关系问题，说得更具体一点，即经济、政治和文化三者中哪一个是最根本的，起最后决定作用的。就文化在社会发展中的地位和作用而言，存在着两种截然相反的论点：文化史观认为文化是人类社会的最根本的起最终决定作用的东西，是它最后决定了一个国家、一个民族、一个地区的基本面貌，是它的不同类型区别了不同的国家、不同的民族、不同的地区；而唯物史观则认为是经济，而不是文化是人类社会的最终决定力量。

汤因比的历史观就是一种文化史观，他在其代表作《历史研究》中认为人类社会的单位不是国家，而是文明，文明包括三个组成部分，即经济、政治和文化，其中文化是文明的核心和精髓，而文化中最根本的是宗教。在他看来，人类社会史就其实质来讲就是文化史或宗教史。亨廷顿在《文明的冲突》中所持的历史观也是一种文化史观，他认为“文明是一种文化的实体”，“文明是人们的最高文化凝聚物”，这同汤因比的观点是一致的，认为“以文化和文明划分这些国家集团远比以政治经济制度或经济发展水平来进行划分有意义”。（参见《现代外国哲学社会科学文摘》1994 年第 4 期）我们可以如此概括文化史观或文明形态历史观的几个特点：一、划分世界不同地区的主要标准不是经济发展水平或经济政治制度，而是文明或作为文明的核心的文化；二、文化与经济、政治并列，并共同组成人类社会，属于人类社会的精神领域；三、文化在整个人类社会中起最后的决定作用，是人类社会中最根本的东西。

同文化史观相反，唯物史观认为人类社会的基础、根基是经济，政治是经济的产物；经济和政治又是文化的基础、根基，文化是经济和政治的产物，而经济、政治和文化又通过直接和间接的、简单和复杂的相互作用形成一个有机的立体网络，文化的作用是巨大的重要的不可缺少的，但决定整个社会面貌的最后的根基、推动整个社会前进的最后的动力是经济。总的来看，唯物史观认为：一、人类社会可以区分为经济、政治、文化；二、三者中最根本的或起最后决定作用的是经济，不是文化；三、划分世界各个地区、国家的主要标准是经济(包括生产发展水平和经济制度)，而不是文化。这后两点是与文化史观相反的。

江泽民同志始终鲜明地坚持用唯物史观分析文化问题，没有丝毫模糊唯物史观与文化史观的界限。他在党的十五大报告中指出：有中国特色社会主义的文化，是凝聚和激励全国各族人民的重要力量，是综合国力的重要标志。它渊源于中华民族五千年文明史，又植根于有中国特色社会主义的实践，具有鲜明的时代特点；它反映我国社会主义经济和政治的基本特征，又对经济和政治的发展起巨大促进作用。这就科学地规定了经济、政治、文化三者的关系：经济和政治是文化的根基，文化是经济和政治的反映。江泽民同志在“七一”讲话中指出：中国先进文化要“立足于建设有中国特色社会主义的实践”。这正是唯物史观在文化问题上的运用，因为建设有中国特色社会主义的实践主要是经济实践和政治实践，立足于实践也就是立足于经济和政治。显然，这种观点是与文化史观有原则区别的。

（作者：北京大学教授）

（选自《光明日报》2002年6月11日）

“全球化”中的文化自觉

袁　明

内容提要：本文对正在深刻影响人类生活的“全球化”现象提出了一个中国学者的观察角度与思考。首先，发达国家是当前“全球化”进程中的主要弄潮儿。今天我们看到的“全球化”，起源于文艺复兴、启蒙运动和工业革命以后的欧洲。它不但改变了欧洲，而且影响到整个人类的命运。当前，物质主义对人的价值观产生了深刻的影响。“单一思想”使多元并存的文化生态变得凋零。在对这些现象进行人文思考的时候，我们必须要多一点“文化自觉”。文化自觉要求我们有一种大历史眼光，看清“全球化”是一个没有止境的人类实践；文化自觉也要求我们对身处的时代多一点敏感，不去加入对简单化的盲目崇拜。文化自觉更要求21世纪的中国人追求“精神的高度”。追求“精神的高度”是一个哲学的命题，是人文社会科学领域的一个世纪猜想。

1988年春天，我在美国参加一个国际会议时，一位过去的学生来看我，告诉我他准备改专业了，要去读企业管理。理由是，世界变了，“欧洲的专利，由美国大公司组织生产，部件生产的分工在德国、意大利、墨西哥，甚至中国。”他说，“多么令人振奋，这是个相互依存的时代。”在20世纪80年代末90年代初，“相互依存”是一个很时髦的名词，对年轻人自然有很大的吸引力。仅仅数年之后，它又被一个更新的名词取代了。这就是90年代以来风靡世界的“全球化”（globalization），历史的脚步仿佛一下子加快了许多。

对许多人来说，“全球化”的确使生活的节奏加快，生活方式变得便利了。譬如国际互联网的出现，使中国人古而有之的“天涯若比邻”的梦想变成了现实。中国人是幸运的，因为20多年改革开放的伟大实践过程，恰恰与经济全球化这一世界潮流汇合，有的海外人士甚至将此称作“中国机会”。一位中国学者指出：“全球化对世界历史和中国历史进程的影响正在变得越来越深刻，这些年间国内和国际发生的各种重要事件，没有一件不与全球化相关。中国加入WTO，我们不可避免地将更深入地参与全球化过程。”①

与此同时，中国人对“全球化”的思考亦在深入。人们在享受经济全球化好处的同时也产生了许多困惑。“全球化?”“现代化?”“西方化?”“美国化?”这些都是人们脑海中挥之不去的沉重的问号。我想，这些问题将会伴随今后好几代中国人。因为在我看来，“全球化”与其说是一个概念，更不如说是一种实践，而人的实践是没有止境的。

我以为，无论是对待“全球化”还是实践“全球化”，要紧的是要多一点文化自觉。对这个问题，我想了很久。归结起来，就是对现代中国人来说，要想明白“全球化”这个大历史现象是怎么出现的，即它的来路，它的历史渊源。同时也应当尽量看清楚它已显现出来的一些特征，看到它们对社会发展、国家兴衰乃至人类生存所形成的冲击和挑战。“文化自觉”要求我们对时代有一种特殊的敏感。“文化自觉”是一个观察角度，一种处世心态，一种精神境界，最终应当是对人类文明的终极思考与关怀。

当然这都是一些大而又大的题目。我只能从自己这些年的实践和思考来提出一些管见，更多的还仅仅是提出问题。

谁在拨响“全球化”的主旋律？

一年一度的瑞士“达沃斯世界经济论坛年会”，是当前“全球化”实践的一个浓缩场景。哈佛大学教授亨廷顿描述道：“每年大约有一千名商人、银行家、政府官员、知识分子和记者从几十个国家聚集到瑞士达沃斯的世界经济论坛，这可以被称为达沃斯文化……达沃斯人实际控制了所有的国际机构，许多世界管理机构，以及大量的世界政治和军事职位，达沃斯文化因此极为重要。”[②]

我从1994年开始参加“达沃斯”论坛，至今已有8年了。刚开始在很大程度上是看热闹。受中国文化的影响，我相信“春江水暖鸭先知”。尽管每年1月的达沃斯都是冰天雪地，但是“世界经济论坛”的几百个分会场上讨论的却都是世界政治经济中的热点问题。

热闹看多了，逐渐也就看出了一些“门道”来。

首先，“达沃斯”真正走出欧洲，开始具有“全球”影响，是在苏联解体，“冷战”结束之后。这十多年来，“全球化”一直是它的主旋律，而不断奏响这一主旋律的是西方发达国家。在整体操作上，“达沃斯人”是很有文化自觉性的。从宏观议题如资本主义的全球化，到微观议题如克隆羊的诞生，人们不难看出其浓厚的西方主体色彩。这是一种自18世纪欧洲启蒙运动开始，以理性主义作为旗帜并持续了三百多年的运动，发展到了今天，就是技术至上，科学万能，物质主义。几者加在一起，就是今天我们所看到的“全球化”的核心部分。

在“达沃斯”这一被浓缩了的“全球化”的场景中，人们也能深深地感受到行为主体们的全球眼光和全球关注。如1998年比尔·盖茨在论坛全会上称“资本主义在全球的胜利”，2000年他又呼吁人们关注非洲的艾滋病问题。这都是从“全球化”的核心圈里表现出来的世界性。早在19世纪中叶，马克思、恩格斯在《共产党宣言》中，对这种世界性就有过十分精辟的描绘：“资产阶级，由于开拓了世界市场，使一切国家的生产和消费都成为世界性的了。……资产阶级，由于一切生产工具的迅速改进，由于交通的极其便利，把一切民族甚至是最野蛮的民族都卷入到文明中来了。……它迫使一切民族，——如果它们不想灭亡的话——采用资产阶级的生活方式。……正像它使乡村从属于城市一样，它使未开化的国家从属于文明的国家，使农民的民族从属于资产阶级的民族，使东方从属于西方。”[③]可以说，对一百多年来西方资产阶级在全世界的扩张并造成的“全球化”现象，还没有人预见得像马恩当年那样深刻和到位。科学的预见性本身就是一种文化的大自觉。它出现在欧洲，而没有出现在世界的别的任何地方。原因很简单，是欧洲，而不是世界的其他地方，开始了现代科学和工业大生产的实践，而这些伟大实践的启端，又可以再上溯到启蒙运动和文艺复兴，追溯到古希腊对自然宇宙的逻辑探问和思辨。陈乐民先生多次提醒我们要研究欧洲观念的发展史，“让精神的历史浮出水面”，我悟其用意，就是要将人类几大主要文明中的这一块西方文明的源头和脉络搞清楚，从而在看当代纷繁世事时，有一种“历史的纵深”。“千锤万击出深山”，今天我们看到的“全球化”，是在精神和物质的层面上不知经过多少“千锤万击”，才从世界历史深处走出来的。

对当前“全球化”中一些现象的人文思考

1.“物质的兴起”和人的价值观

上个世纪，由哈佛大学著名历史学家威廉·兰格主编的《现代欧洲的崛起》（*The Rise of Modern Europe*）中关于1871—1900年一卷的题目就叫“物质主义的一代”（*A Generation of Materialism*），由哥伦比亚大学教授海斯撰写。在结尾的一章中，他非常明确地提出来：“欧洲启蒙运动在17、18世纪仅仅是一场知识或是精神层面的运动，但到了19世纪后期，启蒙运动已发展到由大机器来生产商品，有了物质的重要内涵，而其过程是充满活力而非静止的。”[④]

这大概就是所谓的“精神变物质”。这是启蒙时代的思想家们所始料不及的。这个“变”变了近三百年。它不仅改变了欧洲，而且影响到整个人类的命运。遗憾的是，同时代的中国人对这种巨变几乎一无所知，更谈不上任何预见性了。

但是，由17、18世纪欧洲启蒙运动一路下来，现被称之为“全球化”时代的种种“物质第一”的特点，却是明明白白摆在今天的中国人面前了。譬如说，一切“价值”都要“看得见，摸得着”。在物质的时代，人们原有的价值观失去了重心。上个世纪的20年代，英国哲学家罗素到北京大学讲学时曾这样说：“在我看来，知识，艺术，人生乐趣，友谊或温情，本身就是有内在价值的事物。……至于人生的乐趣，是我们生活在工业文明时代，受到生活环境重压而失去的最重要、最普通的东西。”[⑤]在“物质第一”的价值观面前，“最重要、最普通”受到了最根本的挑战。又譬如说，人们普遍讲求效率，追求成功，其衡量尺度变得非常物质化和金钱化。从不少欧美的大学到今天许多中国大学的校园，时髦的口号多是号召青年如何成功，而不是教育青年如何做人。再譬如说，人们对物化偶像的崇拜远高于对人的精神高度的向往，而传播媒体的发达更加强化了上述过程。

我无意否定物质的重要。物质生活的丰富是历史的进步。无论在西方还是在东方，禁欲主义都是无法长久的，如德国思想家海涅所指出的，它只能使罪孽和伪善来到人世。当前的问题是，从物质的贫乏中摆脱出来以后，如何避免走到另外一个极端？

2．“单一思想”对自由的挑战

欧洲启蒙运动的先驱者们曾那么热情地讴歌自由和平等。伏尔泰讲：“我不赞同你的观点，但我誓死捍卫你表达观点的权利。”

但是，在目前“全球化”进程中，单一话语霸权的形成却在挑战早期欧洲启蒙思想家们的理想。苏联解体，通讯信息网络技术的迅速发展和美国“软力量”（Soft Power）的四处扩张，既像历史的巧合，又互为因果，使人类“在本该是最多样化的思想，意识形态，价值观领域中的统一或同一——统一到了西方代议制民主（政治），盎格鲁—萨克森式的自由资本主义（经济）和人权（价值观）的轨道中来。”⑥这种人为创造的“普遍性的标准，将进步、发展、富强、文明、先进、发达纳入一个单一的评价体系……人类于是进入了一个全球时代，多元并存的文化生态景观开始走向凋零”⑦。

这种单一话语霸权的出现，大概又是18世纪欧洲启蒙思想家们所始料不及的。这一全球化的现象所涉及的已远远超出学术领域，它已经影响到大众的生活。它不仅以语言（英语）的优势主导着人们的交流，而且还以主导的姿态挤压着人们的心灵。20世纪90年代人们的“精神生活是越来越粗鄙了，除了金钱和时尚，别的都没有兴趣，不读诗歌，不习惯沉思，稍微抽象一点的东西就看不明白，甚至迎面遇上了美妙的事物，他都毫无感觉——这样的精神和生活状态，在今天的社会中非常普遍”。⑧

女作家王安忆曾将中国20世纪50至60年代描写成“粗糙的年代”。那种粗糙是精神的，当然也是物质的。但90年代则不同，物质是极大地丰富了，精神反倒粗糙起来。这里必定有许多问题值得社会学者、文化学者们研究。但若要看今日单一话语霸权对人们思维习惯的影响，就是“对简单化的盲目崇拜”。任何事物都被归纳得黑白分明，任何概念都以非此即彼来界定，诸如“民主”与“非民主”，“西方”与“非西方”。在美国“9·11”以后，干脆就是为什么“他们”恨“我们”⑨？

在当前的国际政治中，这一简单化的思维模式给“全球化”进程造成了许多问题。德国著名学者米勒指出：“美国曾经拥有一大批杰出的国际问题分析专家，有时我们会对他们的独具慧眼拍案叫绝。然而我们也必须认识到，简单地将事物分为两类即‘我们’反对‘他们’的思想以及善与恶的较量等观点，却一直影响美国政界最核心的那一部分。”⑩按照米勒的分析，美国的决策者们需要依次向衣阿华州的农场主、怀俄明州的畜牧者、得克萨斯州的炼油工人和芝加哥的女秘书们解释清楚为什么他们所交的税款必须用于对外政策，这样艰难的说服解释工作实在太难了，只能通过粗略的简化才能迅速完成，那就是为大众树立起一个外部敌人。的确，对政治人物来说，靠这种以简单化的“树敌”方式来收拢人心的做法是最快捷简便有效的。但在国际政治的实践中，简单化的确是一种人类的不幸。

所以，这种单一话语霸权的出现不仅是一种思想现象，它也是一种国际政治现象。在人类历史上，政治霸权、军事霸权是屡见不鲜的，但是真正的全球性话语霸权则只能在今天的“全球化”中才能得以实现，因为它必须依靠政治、经济、军事、科学技术力量的综合。霸权必定以自我为中心，而自我为中心则一定是排他的。单一话语霸权的出现说明，造成这一话语霸权的行为者们已丧失了文化自觉。世界是多元的，文化更是多元的。“文明冲突”理论的始作俑者尽可以将其理论阐述得十分详尽，但若在根本思维方式上仍依托“我们与他们”这种简单模式，那么还是不能从根本上消除未来世界冲突的隐患。毕竟决策者们不会从某一种纯理论来制定政策，他们更多地还是依赖这些理论背后的习惯思维定势。

哈佛大学的杜维明教授曾坦言：“在18世纪，人们曾承认另类观点对自我认识有意义，而在整个19世纪和20世纪大部分时期内，人们却对于现代西方心态的任何挑战都不屑一顾。在21世纪，18世纪的开放性可能会比19和20世纪的排他性更适用于指导各种文明的对话。”⑪诚哉斯言。不过，这毕竟是书生议论。单一话语霸权一经形成，甚至已到了“对一切挑战都不屑一顾”的状态，它的走向就很难说了，至少在相当长的时期之内。更何况，现在还有各种力量在帮助强化这一趋势。这种话语霸权的强大惯性力量，会继续在“全球化”过程中所向披靡，无情地挑战人们的精神自由。看清这一点，我们所能做的，大约就是多保持一点“对简单化的盲目崇拜”的清醒，对自身的实践多几分体悟和敏感，而不是去加入对简单化的炒作。这的确是无奈之举，但比起盲目来，人在无奈之中多少还可以保留一点心灵的自由。

对今天40岁以上的中国人来讲，受“简单化”思想的折磨和摧残实在是有切肤之痛，其登峰造极之时就是“文革”。当然，现在风行世界的单一话语霸权在当时尚未完全形成。当时的中国人是生活在另一种中国式的话语霸权之中。其盲目程度，是比之今天还有过之而无不及的。“文革”对中国人来讲，是一块永远的伤疤。20世纪70年代末开始的思想解放运动，使人们从那种集体盲目和集体愚昧中摆脱出来。但毒素还未来得及完全剔除。人为什么会盲目服从某一种话语霸权？这是值得人们在痛定思痛时深思的。精神上的免疫力既重要，又难得。“文革”式的那种单调和空洞的口号毕竟很容易叫人厌烦，而披着“现代化”的斑斓外衣，有丰厚的物质作依托，以系统的理论为支柱的话语体系是会让人着迷的。我们是否需要这样问，在当前“全球化”的进程中，被人们首先感受到的西方话语体系是否真正反映了西方文化的全部，更为重要的是，它们是否代表了西方文化中的真正精华部分？

追求精神的高度

当前，对中国知识界的一个非常严峻的考验是，能不能在“全球化”中西方所形成的话语霸权面前，动用中国人的全部聪明才智，不急不躁，仔细识别辨分，将创造了伟大西方文明的精华部分借鉴过来，将西方人称之为“现代病”的糟粕部分拒之门外，将目前还困扰着西方乃至整个人类的问题逐一归纳，整理讨论，并且在这个过程中，对中国自身的历史和文化重新做出审视、反思和新的认定。

一百多年前，魏源编写了《海国图志》；林则徐成为“近代放眼看世界的第一人”；李鸿章称中国“面临数千年来未有之变局”；王韬激励同胞“天之聚数十西国于一中国，非以弱中国，正以强中国，以磨砺我中国英雄智奇之士”。凡此等等，都仅仅是近代中西遭遇的开始。现在，中国已加入了世界贸易组织，中西在思想精神层面的接触、交流乃至碰撞更是无法避免的。

世界历史证明，任何民族和国家，如果要真正发展强大并具有影响力，物质固然重要，同样重要的还要有“精神的高度”，而精神的高度的标志，是出思想家，出大思想家。尽管在真正的“全球化”到来之前，人们在沟通交流上存在着许多困难，但孔子、老子、柏拉图、亚里士多德这些名字，本身已成为沟通中西的桥梁。美国总统克林顿来北京大学讲话，亦要引用“欲穷千里目，更上一层楼”这一闪烁着中国古代思想光辉的名句。只要是经过大浪淘沙而延续下来的文明，在哲学层面上，都是应当能够“神交”的。因为不管哪一种文明，探究和追求的本源性问题都应当是一致的。人类文明从哪里来，向何处去，“全球化”的时代要求全球化的回答。

世界变了，而且是巨变。上个月我在纽约拜访基辛格时，这位一生从事国际事务研究与实践的美国战略人士说，“世界变了，美国的主要敌人不再是一个主权国家，而是一个全球非政府组织”。真可谓是“大敌无形”。他认为，自威斯特伐里亚以来的国际关系的内涵已经起了变化。

历史在继续。我们既要研究精神的历史，也要研究物质的历史，而且要亦中亦西地比较研究。不理解历史的复杂，恐怕对现实的复杂也会缺少敏感和理解。

没有一种文化和文明能在自我封闭的状态中永恒。应当说，尽管有西方话语霸权的存在，但中国文化的复兴面对的毕竟已是一个开放的环境。中国人看世界，看人生的坐标系变大了，这是积极的。比起已陷入自我为中心，从而又走上文化霸权之路而缺乏自我反思的西方主流文化来，中国文化、中华文明的发展碰上了极好的历史机遇，值得庆幸。

追求“精神的高度”，这是一个哲学的命题。“全球化”时代的中国人，能不能从自身文化和外来文化的滋养中走出新的高度来？如有的学者猜想的，21世纪的新智慧的产生可能将是许多人和许多学科的共同发展创造的结果，在强调学科联合的同时，各种学科可能会有一种哲学化的倾向。“哲学化”，就是再回到本源性，但应当是在更开阔的视野和更新的境界上。对此，我们还完全不熟悉。

需要有大历史眼光。宋健同志在他最近的一篇宏文中用几个数字勾勒出一个大世界观。“地球年龄46亿年，生命诞生于30亿年前，人猿分手约200万年，产业革命至今不到300年。”他说，“人类还太年轻，资历毕竟太短。”他还引用了毛泽东在1964年《贺新郎·读史》开始的几句：“人猿相揖别，只几个石头磨过，小儿时节。”[12]

在21世纪，中国人的精神高度在哪里？这真是人文社会科学领域的一个世纪猜想。

写于2002年国庆节

（作者：北京大学教授）

（选自《走向未来人类的文明：多学科的考察——第二届“北大论坛”论文集》，北京大学出版社，2003年7月版）

注：

①俞可平：《全球化：西方化还是中国化》，社会科学文献出版社，2002年，第25页。

②［美］塞缪尔·亨廷顿：《文明的冲突与世界秩序的重建》（中译本），新华出版社，1999年，第45页。

③马克思、恩格斯：《共产党宣言》，《马克思恩格斯全集》第4卷，人民出版社，1958年，第469～470页。

④Caflton Hayes：“*A Generation of Materialism*”，Happer & Brothers Publishers，1941，p.332.

⑤（英）罗素：《中国问题》，学林出版社，1996年，第3页。

⑥许振洲：《面临威胁的自由》，《国际政治研究》，2000年第1期。

⑦吴国盛：《现代化之忧思》，三联书店，1999年，第68页。

⑧王晓明：《90年代与新意识形态》，《中国大学学术演讲录》，广西师范大学出版社，2001年，第9页。

⑨“9·11”以后，美国《新闻周刊》发表专文，题为《为什么他们恨我们?》，作者为《新闻周刊》主编法里德·扎卡里亚。

⑩（德）哈拉尔德·米勒：《文明的共存》，新华出版社，2002年，第23页。

⑪杜维明：《多种现代化：东亚现代性涵义初步探讨》；塞缪尔·亨廷顿主编：《文化的重要作用》（中译本），新华出版社，2002年，第375页。

⑫宋健：《制造业与现代化》，《科学时报》，2002年9月23日。

多元与自主

——经济全球化趋势中的人类文化生态

袁行霈

内容提要：经济全球化深刻地影响着人类文化的进程，但不应当也不会导致民族文化特色的消亡。与经济全球化同时到来的，既不是单一的全球文化，也不是文明的冲突，而是文化多元的繁荣和文化的自主。一切有良知的学者，应担负起文化馈赠的任务，寻求不同文明的和平共处。我们欢迎伴随着经济全球化而来的、更加广泛和深刻的文化交往，同时认为中华文明应当更主动地走向世界。

一

人类文化从来都是多元的。那么，为什么还要讨论这个题目呢？因为在经济全球化的趋势中，文化多元受到了质疑和挑战，如何在全球范围内，保持文化的多元状态，促进多元文化共同繁荣，已成为一个现实的问题。与此相关，文化自主也是令人关注的话题。

经济全球化是20世纪重要的特征之一，也是21世纪世界的发展趋势。它必将深刻地影响人类文化的进程，各种文化将在更广的范围内和更深的层次上互相接触、互相影响、互相交融。一个民族的文化，如果不借鉴和吸收其他民族的文化，就会被抛在世界进程之外，很难得到发展，甚至还会逐渐萎缩。但是文化的交融，应建立在民族平等的基础之上，建立在文化自主的前提之下；文化的借鉴和吸收是一个相互的过程，绝不是某种文化凭借其现在看来强势的经济，去侵蚀和消融其他文化，从而建立全球性的单一文化。也就是说，经济的全球化不应当也不会导致民族文化特色的消亡。著名作家王蒙先生说：“在全球化的同时，有一种很强的要求，既是伴随着全球化的，又是矫正着全球化、抵抗着全球化的，它要求地域化，要求民族化，要求多样化。”[①]事实确实是这样，在经济全球化的过程中，文化既有求同的趋势，又有存异的要求。看不到求同的趋势，以故步自封的态度抵制文化的交流，是有害的。看不到存异的要求，以及在这种要求下的种种努力和效果，是不符合实际的。我想特别加以强调的是：假如世界上真的只剩下一种文化，无论走到哪里，看到的听到的感受到的，都是同样的东西，像有些人所形容的“好莱坞化”、“麦当劳化”，千人一面，万人一腔，那是很可悲的。假如失去了不同文化之间的交流和碰撞，人类的文化必将停滞下来，失去进一步发展的可能，而最终走向绝路。

关于这个问题还可以从以下两个角度进一步加以分析：

从文化的特质这个角度看，每个民族的文化都经过长期的积累，每个民族都生活在一定的文化传统之中，这是与生俱来的，无所不在的，渗透到血液之中的。文化，是一个民族的灵魂，是一个民族的精神家园，是一个民族显示自己存在的旗帜，是一个民族赖以区别于其他民族的标记。一个民族所建立的国家即使灭亡了，只要它的文化还存在，就有重建的希望；如果连文化也灭亡了，这个国家就将万劫不复。因此，要将世界上各个民族长期形成的、千差万别的文化变成一种同质的文化，要将他们对自己身份的认同感、文化的归属感，以及伴随这种认同感和归属感而来的文化尊严统统抹掉，将他们的精神家园踏平，是不可能的事情。

从文化构成的角度看，文化包括物质文化、政治文化和精神文化。在物质的层面，特别是科学技术，相互的交融比较容易实现。那些给人类带来方便和幸福的先进科技，容易在全球得到认同和推广。但是在政治和精神的层面，因为涉及政治理念、法律精神、宗教信仰、民族心理、道德观念、生活风俗、语言习惯等等，就必须尊重各自的选择，不能强加于人。能不能尊重别人，是衡量自身文明程度的一个重要标尺。当一种文化凭借其经济力量，强加于别人的时候，就失去了对别人的尊重。而不尊重别人的文化，必然逐渐丧失其进步性，最终跌入弱势的地位；或者因违背了文化本身的价值和意义，而走向反文化的地步。在这种情况下，还有什么能力让别的文化屈从于它呢？

那么，能不能根据经济基础和上层建筑之间关系的理论，来论证全球单一文化的必然性呢？我认为是不能的。经济基础是生产关系的总和，与不同的经济基础相适应的是奴隶社会、封建社会、资本主义社会等社会经济形态。而经济全球化并不是一种新的经济基础或社会经济形态，而只是随着高新科技，特别是信息技术的迅速发展，以及跨国公司的金融活动和贸易活动的迅速扩大，在世界范围内形成的经济活动的紧密联系。经济全球化既然不是一种经济基础，也就谈不到在此之上建立全球化的上层建筑，谈不到什么全球的单一文化。

然而不容忽视的是，西方特别是美国，在经济全球化的过程中处于强势的地位，他们借助财力雄厚的大众媒体，包括广播、电视、电影、报刊、CD、VCD、广告，以及新兴的互联网，对其他文化强力渗透。美国的爱德华·赫尔曼和罗伯特·麦克切斯尼合著的《全球媒体——全球资本主义的新传教士》这部书，对20世纪80、90年代全球媒体的状况做了统计和说明。他们指出：“控制全球媒体新系统的是30至40家大型跨国公司，而雄踞全球市场顶峰的是不到10家媒体公司，而且其中大多数集团公司都把基地设在美国。”“从1981年到1991年，好莱坞向全球出口翻了一番，从11亿美元增至22亿美元。”这两位作者援引了这样一种观点，即“美国和西方其他主要国家的媒体和文化制品”，“控制并过度影响着经济欠发达国家的媒体和文化，使之处于一种依赖关系状态”。他们使用“文化入侵”这个词，并且说：“主要的入侵决定了要走的道路，并且把有关国家带入了主要大国的利益轨道。”②由此可见，所谓全球同质的文化，只能是单一的西方文化，甚至是美国文化的一统天下。这绝不是人类明智的选择！人们已经觉悟到必须保持生物的多样性，也必将清醒地看到保持文化多样性的重要。保持文化的多样性，是一项影响人类前途的、具有战略性的历史使命。

二

接下来便出现了另一个问题，即多元的文化能不能和平共处呢？美国哈佛大学教授塞缪尔·亨廷顿在1993年发表的论文《文明的冲突?》，以及1996年出版的著作《文明的冲突与世界秩序的重建》中③，注意到多元文化的继续存在，这是符合实际的。但他认为，冷战之后世界新格局表现为七大文明或八大文明之间的冲突。他强调这是“文明”的冲突，是文明之间的“战争”，因而是一种更为深刻的危机。这里有三个问题值得注意：其一，多元是不是一定导致冲突？不一定！多元是否导致冲突，取决于彼此的态度。如果实行文化霸权主义，硬把自己的文明强加在别人身上，用自己的文明去统治其他文明、消灭其他文明，那就会导致文明的冲突，甚至是很激烈的冲突。如果采取互相尊重的态度，尊重别人自己的选择，那就能够保持不同文明的和平共处。其二，渲染文明的冲突，会掩盖现实的、每天都严重地威胁着第三世界的、表现在政治、经济、军事、外交等许多方面的霸权主义。其三，把冷战后世界格局的决定因素，说成是七大文明或八大文明之间的冲突，这背后仍然是冷战思维在作祟。再往深层看，他是担心西方文明在向世界渗透的过程中，受到其他文明的抵制。

我在北大百年校庆期间举办的汉学研究国际会议的开幕词中，提出“文化的馈赠”这种说法④，得到许多与会学者的赞同。所谓馈赠是双向的，你馈赠给我，我馈赠给你，双方完全平等。既把自己的好东西馈赠给别人，也乐意接受别人的馈赠。馈赠的态度是彼此尊重，尊重对方自己的选择，人家可以接受也可以不接受，决不强加于人。馈赠和接受的过程是取长补短、融会贯通，这是极富活力和魅力的文化创新活动。馈赠和接受的结果是多种文明互相交融、共同发展，以形成全球多元文化的高度繁荣。因为多元的文化各具本色，吸取外来文化的内容、多少和方式不同，交融之后出现的人类文化仍然是千姿百态，我们的世界仍然是异彩纷呈。

一切有良知的学者，在这个关系人类命运和前途的重大问题上，应率先采取尊重的态度，担负起馈赠的任务，并影响自己的政府千方百计地寻求不同文明的和平共处。中国的经济正在腾飞，中国的综合国力逐渐强大，但中国的腾飞和强大不会对别人构成威胁。我是从学者的角度说这句话的。根据我多年研究所得到的认识，中华文明本质上是一种和平的文明，中华文明有能力在外来威胁下保存自己，但没有兴趣威胁别人。在中国人看来，世上的不同事物是可以和平相处的，这叫作“和而不同”。推崇“和而不同”，是中华文明的一大特色。这样一种文明对于未来世界的稳定是不可缺少的。

三

在经济全球化的趋势中，中华文明的未来是我们十分关心的问题。

首先，我们要欢迎伴随着经济全球化而来的、更加广泛和深刻的文化交往，积极吸取人类文明的一切优秀成果。在古代，中华文明和域外异质文明的接触，无论是与西域文明的接触，还是与印度佛教文明的接触，都促进了中华文明的发展。例如，印度佛教对中华文明的影响表现在思想观念和生活习俗等等许多方面，而佛教与中华传统文化相融合便出现了禅宗，禅宗也成为中华文化的一个重要组成部分。关于这些，在这里不能展开论述，仅就佛教对中国文学的影响这个局部而言，至少表现为五点：（一）从此有了三世的观念和三界的观念，从而丰富了中国文学的想像世界，扩大了思维的时间和空间。（二）加强了中国文学的故事性。（三）促进了反切的产生和四声的发现。（四）扩大了汉语的词汇。（五）使文学观念更加多样化，例如真与空的观念、心性的观念、境界的观念、象和象外的观念等等，都与佛教有关⑤。过去，中华文明在与外来文明的接触中，既然能够吸取改造它们以丰富发展自己，今后必然能够做得更好。

其次，中华文明应当更主动地走向世界。我们现在对世界的了解虽然还很不够，但是世界对我们的了解更少、更肤浅。牛津大学教授雷蒙·道森在1967年出版的名著《中国变色龙——欧洲中国文明观之分析》一书中，详尽而具体地介绍了西方对中国的种种看法，并总结说：在西方人眼中，中国的形象似乎在两个极端间变化，或者是理想的王国，或者是停滞与落后的象征。中国时而被描绘为富裕的、先进的、聪明的、美好的、强大的和诚实的，时而被描绘为贫穷的、落后的、愚蠢的、丑陋的、脆弱的和狡诈的。⑥由此可见，西方对中国的认识与中国的实际有很大的距离。西方对待东方的态度，常常给人这样一种印象，即只有西方才拥有解释东方的权威。我并不想纠缠他们对包括中国在内的东方所持有的种种偏见，只是从中深切地感到，在经济全球化的过程中，中华文明具有广阔的空间，可以在世界上充分展示自己的真面目。随着经济的全球化，特别是中国经济的日益繁荣，世界更需要了解中国，中华文明也会得到更多的途径走向世界。经济全球化对中华文明来说，机遇大于挑战。我们应当清醒地认识这种形势，把握这个历史机遇，弘扬和培育民族精神，为人类文明的进步做出更大的贡献。与此同时，中国必能以高度的文明重塑自己在世界上的形象。我相信在不久的将来，全世界会以惊异和艳羡的目光，面对中华文明的再度辉煌。

第三，要坚持文化的自主。无论是引进世界文明的优秀成果，还是走向世界，都是我们自主的意识和行为。费孝通先生在《进入21世纪时的回顾与前瞻》这篇演讲的最后说：“我想特别强调一下争取文化的自决权问题。在人文重建的整个过程中，我们可以接受外国的方法甚至经验，但所走的路要由自己决定。”⑦回顾历史，西方近代文明从明朝末年逐渐传入中国，鸦片战争之后大量涌入，影响着中国百余年来的历史进程，但中华文明并没有失去自主的能力。到了今天，我们更有条件加强文化的自主性，自己决定自己的文化命运。

在经济全球化的趋势中，我们一方面要采取坚决的、切实的措施，努力保持中华文化的民族特色，另一方面也要看到民族特色是因比较而存在的，越是有比较就越能显示自己，因此要坚持和其他文化开展交流。还要看到文化的民族特色不是一成不变的，在与其他文化交流的过程中，有些因素会凸现出来，有些因素则会逐渐淡化乃至消失。应当创造条件促成适应时代发展的新的特色逐步形成。

总之，不同的文化需要互相补充，也可以互相补充，但并不互相依存，任何一种文化都不会以其他某种文化为自身存在的前提。相反地，文化的民族特色在很大程度上决定着它的价值。在当今世界上，孤立的民族文化是不可想像的，单一的全球文化也是不可想像的。与经济全球化同时到来的，既不是单一的全球文化，也不是文明的冲突，而是文化多元的繁荣，以及文化的自主。这种新的文化生态的出现和确立，是人类进化到更高阶段的一个重要标志。

2002年11月15日定稿

（作者：北京大学教授）

（选自《走向未来的人类文明：多学科的考察——第二届“北大论坛”论文集》，北京大学出版社，2003年7月版）

注：

① 王蒙：《全球化背景下的‘文化大国’构想》，中央文化管理干部学院编：《中国文化如何应对WTO》，文化艺术出版社，2002年，第38页。

② 见爱德华·赫尔曼和罗伯特·麦克切斯尼合著：《全球媒体：全球资本主义的新传教士》（*Global Media：The New Missionaries of Global Capitalism*），甄春亮等译，天津人民出版社，2001年，第1页、第38页、第190页。

③ 塞缪尔·亨廷顿（Samuel P. Huntington）：《文明的冲突与世界秩序的重建》（*The Clash of Civilizations and the Remaking of World Order*），周琪等译，新华出版社，1999年第2版。

④ 见北京大学中国传统文明研究中心编：《文化的馈赠——汉学研究国际会议论文集》，第1～3页，北京大学出版社，2000年。在这篇开幕词中，还阐述了中华文化精神的五个重要方面，即人文精神、崇尚群体利益、平衡与和谐、注重整体思维、自强不息与开放兼容。这都是中华文化可以馈赠给全人类的。

⑤ 参见袁行霈主编：《中国文学史》第2卷绪论，高等教育出版社，1999年，第18～19页。

⑥ Raymond Dawson：*The Chinese Chameleon：an Analysis of European Conceptions of Chinese Civilization*，(London：Oxford University Press, 1976) pp.1～8。此书有中文译本，《中国变色龙：对于欧洲中国文明观的分析》，常绍民、明毅译，时事出版社，1999年。

⑦ 费孝通在第七届“现代化与中国文化研讨会”上的演讲，见《北京大学社会学人类学研究所工作论文》，2001（008），第15页。

中国传统文化对当今“和平与发展”问题可有之贡献

汤一介

内容提要：文化冲突与文化共存的讨论正在世界范围内展开，是增强不同文化之间的相互理解与宽容而引向和平，还是因文化的隔绝和霸权而导致战争，将影响21世纪人类的命运。因此，人们应以一种新的视角来观察当前不同文化之间的关系，并建立一种新型的文化多元的新格局。当世界文化进入“新轴心时代”之际，中国传统文化如果希望解决人类面临的最重大的“和平与发展”问题，必须有一文化上的自觉。“9·11”事件以后美国统治集团的所作所为和世界范围内的恐怖主义正在威胁着世界的“和平”；刚刚在南非约翰内斯堡结束的联合国可持续发展世界首脑会议，说明“环境”问题已严重威胁人类的生存。这就是说，21世纪人类的生存和发展必须要实现“和平共处”，就是要解决好人与人之间的关系，扩而大之也就是要解决好民族与民族、国家与国家、地域与地域之间的关系。儒家的“仁学”和道家的“道论”思想可以为这方面提供某些积极的有价值的资源。人类要共同持续“发展”，就不仅要解决好人与人之间的关系，而且还要解决好人与自然之间的关系。儒家的“天人合一”和道家的“崇尚自然”的思维模式可以为解决这方面问题提供十分有意义的资源。

1993年夏季号美国《外交事务》（*Foreign Affairs*）发表了塞缪尔·亨廷顿的《文明的冲突?》一文，我于1994年撰写了《评亨廷顿〈文明的冲突?〉》（刊于《哲学研究》，1994年第3期），批评了以亨廷顿为代表的美国“霸权主义”，在此期间中外许多学者都对亨廷顿的理论从各个角度作出了批评。1996年，亨廷顿为了回答对他的批评，并补充和修正他的某些观点，出版了《文明的冲突与世界秩序的重建》。可以看出他的某些观点有所改变，例如在他为中文版写的《序言》中说：“在人类历史上，全球政治首次成了多极的和多文化的。”在《文明的共存》一节中，他说：“一些美国人在国内推行多元文化主义，一些美国人在国外推行普世主义，另一些美国人则两者都推行。美国国内的多元文化主义对美国和西方构成了威胁，在国外推行普世主义则对西方和世界构成了威胁。它们都否认西方文化的独特性。全球单一文化论者想把世界变成像美国一样。美国国内的多元文化论者则想把美国变成像世界一样。一个多元文化的美国是不可能的，因为非西方的美国便不成其为美国。多元化的世界则是不可避免的，因为建立全球帝国是不可能的。维护美国和西方需要重建西方认同，维护世界安全则需要接受全球的多元文化性。”虽然这段话也还有一些可商榷处，但他提出“维护世界安全则需要接受全球的多元文化性”，应该说是比较明智的考虑。为什么亨廷顿的观点有这样的变化，正是由于他感到在世界范围内西方（实际上是美国）的“霸权”地位受到挑战和威胁；在国内又受到“种族”等问题的困扰，因此提出了“世界秩序的重建”问题。在该书“西方的复兴”一节中，亨廷顿说：“西方与所有已经存在过的文明显然是不同的，因为它已经对公元1500年以来存在着的所有文明都产生了势不可挡的影响。它开创了在世界范围内展开的现代化和工业化的进程，其结果是，所有其他文明都一直试图在财富和现代化方面赶上西方。然而，西方的这些特点是否意味着，它作为一种文明的演进和变动根本不同于所有其他文明中普遍存在的模式？历史的证据和比较文明史学者的判断却表明并非如此。迄今为止，西方的发展与历史上诸文明共同的演进模式和动力并无重大不同。伊斯兰复兴运动和亚洲经济发展的势头表明，其他文明是生机勃勃的，而且至少潜在地对西方构成了威胁。一场涉及西方和其他文明核心国家的大战并不是不可避免的，而是有可能发生。西方始于20世纪初的逐渐而且无规律的衰落，可能持续几十年，甚至几百年。或者，西方可能经历一个复兴阶段，扭转它对世界事务影响力下降的局面，再次确立它作为其他文明追随和仿效的领袖的地位。”这段话一方面反映了亨廷顿感到西方领导世界的地位正在“逐渐而且无规律的衰落”，而那些向西方学习走上或正在走上“现代化”和“工业化”的国家已经“潜在地对西方构成了威胁”，这当然是他和西方某些学者、特别是政治领袖（如现任美国总统布什）不愿接受的。这里包含着亨廷顿和某些西方学者和政治家的一个不可解的情结：为什么那些伊斯兰复兴运动和亚洲兴起的国家走上了他们创造的“现代化”和“工业化”的道路，反而对他们构成了威胁？照他们看，这些兴起的国家应该在一切方面（政治的、文化的）跟着他们走，听命于他们才是“合理”的。另一方面，在亨廷顿内心真正希望的是西方文明的“复兴”，“再次确立它作为其他文明追随和仿效的领袖地位”。“9·11”以后美国布什政府的所作所为，可以说正在试图确立其作为其他文明的霸主的领导地位。这就不能不使我们对亨廷顿《文明的冲突与世界秩序和重建》一书中多次说到的“不会出现一个单一的普世文化”的真诚表示怀疑。而且虽然亨廷顿提到“西方和其他文明核心国家的大战并不是不可避免的”（他的这本书中多处都涉及此问题），但是他并没有为消除“文明的冲突”提出可行的文化上的解决方案，相反却对“发生战争的可能性”作了大量的渲染，并以此为美国实际推行的帝国霸权开脱。我的这篇论文《中国传统文化对当前“和平与发展”问题可有之贡献》，只是从另一角度来看中国传统文化中的某些儒、道思想（不是全部思想）也许对解决当今人类社会最为关注的“和平与发展”问题作出一些贡献，为缓和冲突、避免战争提供一些有意义的资源，为重建世界秩序找出一新的思考路径。这当然也可以说是对亨廷顿教授的《文明的冲突与世界秩序的重建》所要解决的当前人类社会所关注的重大问题的一种回应。

经济全球化对世界文化的发展将产生重大影响

经济全球化并不一定会消除不同国家、民族之间的冲突，在某些情况下还有可能加剧不同文化传统国家、民族之间的冲突，甚至战争。因此，关于文化冲突与文化共存的讨论正在世界范围内展开。是增强不同文化之间的相互理解和宽容而引向和平，还是因文化的隔离和霸权而导致战争，将影响21世纪人类的命运。自第二次世界大战结束之后，由于殖民体系的相继瓦解，文化上的“西方中心论”正受到严重的质疑，民族与民族、国家与国家、地域与地域之间文化上的交往越来越频繁，世界日益成为一个不可分割的整体。目前，世界文化的发展出现了两股不同方向的有害潮流：某些西方国家的理论家从维护自身利益或传统习惯出发，企图把反映他们继续统治世界的价值观加给其他国家和民族，仍然在坚持“西方中心论”；例如1993年美国哈佛大学教授亨廷顿提出“文明的冲突”理论以来，引起了广泛的讨论和批评，他的观点可以说是以美国为中心的一种文化上的“霸权主义”的集中表现。与此同时，某些取得独立或复兴的民族和国家，抱着珍视自身文化的情怀，形成一种返本寻根、固守本土文化，排斥外来文化的回归民族文化传统的部落主义，他们无视千百年来各民族之间的文化交往，要求返回（或保持）并发掘“未受外来影响的”、“以本土话语阐述的”原汁原味的“原教旨主义”。例如前阿富汗塔里班政权为排斥其他文化，甚至把巴米扬大佛炸毁。2001年“9·11”事件以后，这两种有害的潮流可以说正在严重地威胁着人类社会的生存与发展。如何使这两股相悖的潮流不致发展成大规模的对抗，并得以消解，实是当前必须引起重视的一大问题。在此情况下，我们必须既要反对文化上的霸权主义，又要反对文化上的部落主义。要反对文化上的霸权主义，必须是以承认和接受多元文化为前提，必须充分理解和尊重人类各种文明、各民族、各群体，甚至每个人的多样性和差异性；要反对文化上的部落主义，必须是以承认和接受多少世纪以来各民族之间的文化交往和互相影响是文化发展的里程碑为前提，批判排斥一切外来文化的狭隘心理。人们应以一种新的视角来观察当前不同文化之间的关系，并建立一种新型的文化多元的新格局。

人们预期着“新轴心时代”的到来

德国哲学家雅斯贝尔斯（Karl Jaspers，1883—1969）曾经提出“轴心时代”的观念。他认为，在公元前500年前后，在古希腊、以色列、印度和中国几乎同时出现了伟大的思想家，他们都对人类关切的问题提出了独到的看法。古希腊有苏格拉底、柏拉图，中国有老子、孔子，印度有释迦牟尼，以色列有犹太教的先知们，形成了不同的文化传统。这些文化传统经过两千多年的发展已经成为人类文化的主要精神财富，而且这些地域的不同文化，原来都是独立发展出来的，并没有互相影响。“人类一直靠轴心时代所产生的思考和创造的一切而生存，每一次新的飞跃都回顾这一时期，并被它重新燃起火焰。”[①]例如，欧洲的文艺复兴就是把目光投向其文化的源头古希腊，而使欧洲文明重新燃起新的光辉，而对世界产生重大影响。中国的宋明理学（新儒学）在印度佛教冲击后，再次回到先秦的孔孟，而把中国本土哲学提高到一个新水平。在某种意义上说，当今世界多种文化的发展很可能是对两千多年前的轴心时代的一次新的飞跃。那么，我们是否能说当今人类社会的文化正在或即将进入一个新的“轴心时代”呢？我认为，从种种迹象看也许可以说，人类文化正在或即将进入一个新的轴心时代[②]。第一，自二次世界大战以后，由于殖民体系的逐渐瓦解，原来的殖民地国家和受压迫民族有一个很迫切的任务，就是要从各方面确认自己的独立身份，而民族的独特文化，正是确认其独立身份的重要支柱。我们知道，二战后马来西亚为了强调民族的统一性，坚持以马来语为国语。以色列建国后决定将长期以来仅仅用于宗教仪式的希伯莱语重新恢复为常用语。“任何文化和文明的主要因素都是语言和宗教。”[③]一些东方国家的领导人和学者为了强调自身文化的特性，提出以群体为中心的“亚洲价值”，以区别西方的以个体（个人）为中心的所谓“世界价值”，等等。甚至亨廷顿也认识到“非西方文明一般正在重新肯定自己的文化价值”[④]。第二，由于经济全球化，科技一体化，信息网络的发展，把世界连成一片，各国、各民族文化的发展将不可能像公元前五六百年那个“轴心时代”是各自独立发展的，而是在矛盾、冲突和互相影响、互相吸收中发展。每种文化对自身文化的了解都会有局限性，“不识庐山真面目，只缘身在此山中”，如果从另外一个文化系统看，也就是说从“他者”看，也许会更全面地认识此种文化的特点。法国学者于连·法朗索瓦《为什么我们西方人研究哲学不能绕过中国》一文中说：“我们选择出发，也就是选择离开，以创造远景思维的空间。在一切异国情调远处，这样的迂回有条不紊。人们这样穿越中国也是为了更好地阅读希腊；尽管有认识上的断层，但由于遗传，我们与希腊有某种与生俱来的熟悉，所以了解它，也是为了发展它，我们不得不割断这种熟悉，构成一种外在观点。”[⑤]这种以“互为主观”、“互相参观”为核心，重视从“他者”反观自身文化的跨文化研究逐渐为广大中外学者所接受。从另外一种文化来了解自身文化，正是为了继承自己的传统文化，发展自己的传统文化。在这种情况下，如何保存其文化的特性，传承其文化的命脉，无疑是必须认真考虑的问题。我们知道，经济可以全球化，科技可以一体化，但文化是不可能单一化的。从人类社会发展到今天看，任何文化不受外来文化的影响是不可能的，也是不可取的；但是只有充分发挥其原有文化的内在精神，才可以更好地吸收外来文化以滋养本土文化。正如费孝通先生所说：“在和西方世界保持接触、积极交流的过程中，把我们的好东西变成世界性的好东西。首先是本土化，然后是全球化”[⑥]。这就是说，在吸收外来文化的时候，必须维护我们自身文化的根基。因此，21世纪影响人类社会文化的发展必将既是民族的，又是世界的。第三，就当前人类社会文化存在的现实情况看，已经形成了或正在形成全球意识观照下的文化多元化发展的新格局。我们可以看到，也许

21世纪将由四种大的文化系统来主导，即欧美文化、东亚文化、南亚文化、中东北非文化（伊斯兰文化），这四种文化不仅都有着很长的历史文化传统，而且每种文化所影响的人口都在10亿以上。当然也还有其他文化，也会影响21世纪人类社会发展的前途，例如拉丁美洲文化、非洲文化等，但就目前看，这些文化的影响远不及上述四种文化大[⑦]。人类社会如果希望走出当前混乱纷争的局面，特别要批判文化霸权主义和文化部落主义，在文化上不仅要面对这个新的轴心时代，而且必须不断推动在不同文化传统的国家与民族之间的对话，使每种文化都能自觉地参与解决当前人类社会所面临的共同问题。无疑上述四种文化对当今人类社会负有特别重大的责任。当前人类社会正处在一个重大的历史转折关头，每个民族、每个国家对自身文化特别是对当前人类文明有重大影响的欧美文化、东亚文化、南亚文化和伊斯兰文化都应作一历史的严肃、认真的反思，这对今后人类社会发展的前途无疑是十分必要的。对任何一个民族和国家说，特别是对有较长历史并对当今人类社会有着重大影响的民族和国家说，它的文化传统是已成的事实，是无法割断的，因为其文化传统已深入到这个民族和国家的千百万的人民心中，是这个民族或国家的精神支柱。我们回到“传统”，以“传统”为起点，并从“传统”中找寻力量、找寻支点，以推进我们文化的发展，来解决当前人类社会存在的问题，就这个意义上说，21世纪也许将由有着很长历史文化传统的欧美文化、东亚文化、南亚文化、伊斯兰文化等推动人类社会进入再次回顾2500年前那个轴心时代的一个“新的轴心时代”。

中国传统文化如果希望在解决人类面临的重大问题上发挥积极的作用，必须有文化上的自觉

所谓“文化的自觉”，是指生活在一定文化传统的人群对其自身文化的来历、形成过程的历史以及其特点和发展的趋势等等能作出认真的思考或反省。当然了解其他文化传统和对当前人类社会文化存在的问题有所认识也非常必要，也可以说是对人类“文化的自觉”。但是所谓“文化的自觉”必须是以各民族、各国家对自身文化的了解为前提、为基础。一个多世纪来，中国文化在西方文化的冲突下，几乎失去对自身文化的认同，一直徘徊在如何认识西方文化和如何认识中国文化之中。“全盘西化”和“本位文化”的论战不断。对这段历史的总结将为我们的“文化的自觉”提供极为宝贵的经验[⑧]。应该说，现在中华民族正是处在伟大民族复兴的前夜，因此，我们必须给中国传统文化一个恰当的定位，认真发掘我们古老文化的真谛所在，以便把我们优秀的文化贡献给当今人类社会；认真反省我们自身文化所存在的缺陷，以便我们更好地吸取其他国家和民族文化的精华，并在适应现代社会发展的总趋势下给中国传统文化以现代的诠释，这样我们的国家才能真正地走在世界文化发展的前列，与其他各种文化一起共同创造美好的新世界。

“文化的自觉”，如上所说包含着多方面的问题，但是其中最重要的应该是，看看我们的文化传统能否为解决当前人类社会存在的最重大的问题提供有积极意义的资源，以促进人类社会健康合理地发展。[⑨]我们都知道，中国文化是当今人类多元文化中的一元（而此“一元”中实又包含着多元），中国传统文化和其他国家和民族的文化一样，在历史上曾对人类社会发生过重大影响，它既有能为当今人类社会发展提供积极的有价值的资源，又有不适应（甚至阻碍）当今人类社会发展的消极的方面，我们不能认为中国传统文化是可以包治百病的万灵药方。因此，我们对待中国传统文化的态度应该是在充分理解其内在精神的同时，在和其他各种文化的交往中，取长补短，吸取营养，充实和更新自身，以适应当前人类社会发展的要求。人们常说当今人类社会所面临的最大问题是“和平与发展问题”。“9·11”事件以后美国的所作所为和世界范围内的恐怖主义正在威胁着世界的“和平”；刚刚结束在南非约翰内斯堡举行的联合国可持续发展世界首脑会议，说明“环境”问题已严重威胁着人类的生存。这就是说，在21世纪人类要生存和发展必须要实现“和平共处”，就是要解决好人与人的关系，扩而大之也就是要解决好民族与民族、国家与国家、地域与地域之间的关系。儒家的“仁学”和道家的“道论”思想可以为这方面提供某些积极的有价值的资源。人类要共同持续“发展”，就不仅要解决好人与人之间的关系，而且还要解决好人与自然之间的关系。儒家的“天人合一”和道家的“崇尚自然”的思维模式可以为解决这方面问题提供十分有意义的资源。

儒家的“仁学”为协调“人与人”（包括民族与民族、国家与国家、地域与地域）之间的关系提供有积极意义的资源

《郭店竹简·性自命出》中说：“道始于情。”这里的“道”说的是“人道”，即人与人的关系的原则，或者说社会关系的原则，它和“天道”不同，“天道”是指自然界的运行原则或宇宙的运行原则。

人与人的关系是从感情开始建立的，这正是孔子"仁学"的基本出发点。孔子的弟子樊迟问"仁"，孔子回答说："爱人。"这种"爱人"的思想从何而有呢？《中庸》引孔子的话说："仁者，人也，亲亲为大。""仁爱"的精神是人自身所具有的，而爱自己的亲人最根本。但是"仁"的精神不能只停止于此，《郭店竹简》中说："亲而笃之，爱也；爱父，其继之爱人，仁也。"非常爱自己的亲人，这只是爱，爱自己的父亲，再扩大到爱别人，这才叫作"仁"。"孝之放，爱天下之民"。对父母的孝顺要放大到爱天下的老百姓。这就是说，孔子的"仁学"是要由"亲亲"扩大到"仁民"，也就是说要"推己及人"，要做到"老吾老以及人之老"，"幼吾幼以及人之幼"，才叫作"仁"。做到"推己及人"并不容易，必须把"己所不欲，勿施于人"，"己欲立而立人，己欲达而达人"的"忠恕之道"作为"为仁"的准则。(朱熹《四书集注》："尽己之谓忠，推己之谓恕。")如果要把"仁"推广到整个社会，这就是孔子说的："克己复礼曰仁，一日克己复礼，天下归仁焉。为仁由己，其由人乎？"自古以来把"克己"和"复礼"解释为两个平行的方面，我认为这不是对"克己复礼"的好的解释。所谓"克己复礼曰仁"是说，只有在"克己"的基础上的"复礼"才叫作"仁"。费孝通先生对此也有一解释，他说："克己才能复礼，复礼是取得进入社会，成为一个社会人的必要条件。扬己和克己也许正是东西方文化的差别的一个关键。"⑩我认为这话是很有道理的。朱熹对"克己复礼曰仁"的解释说："克，胜也。己，谓身之私欲也。复，反也。礼者，天理之节文也。"这就是说，要克服自己的私欲，以便使之合乎礼仪制度规范。"仁"是人自身内在的品德("爱生于性")；"礼"是规范人的行为的外在的礼仪制度，它的作用是为了调节人与人之间的关系使之和谐相处，"礼之用，和为贵"。要人们遵守礼仪制度必须是自觉的，出乎内在的"爱人"之心，才符合"仁"的要求，所以孔子说："为仁由己，而由人乎？"对"仁"和"礼"的关系，孔子有非常明确的说法："人而不仁如礼何？人而不仁如乐何？"没有仁爱之心的礼乐那是虚伪的，是为了骗人的。所以孔子认为，有了追求"仁"的自觉要求，并把这种"仁爱之心"按照一定的规范实现于日常社会之中，这样社会就会和谐安宁了，"一日克己复礼，天下归仁焉"。这种把追求"仁"的要求作为基础的思想实践于实际生活中，就是《中庸》中说的"极高明而道中庸"。"极高明"要求我们追求哲学上的最高原则，即"仁"；"道中庸"要求我们按照一定的规则("中庸"：用中的意思，做到恰到好处，不偏不倚，不过也不及)把"仁"实现于日常生活中，而"极高明"和"道中庸"是不能分成两截的。这就是中国传统文化中的最高理想"内圣外王之道"。中国传统认为只有道德人格最高尚的人(内圣)才宜于做"王"，而道德人格最高尚的人不能只是"独善其身"，而必须兼利天下，所以《大学》中把"修身、齐家、治国、平天下"连成一个系列。我认为，孔子和儒家的这套思想，对于一个国家的"治国"者，对于现在世界上的那些发达国家(特别是美国)的统治集团不能说是没有意义的。"治国、平天下"应该行"仁政"，行"王道"，不应该行"霸道"。

如果说，孔子的"仁学"充分地讨论了"仁"与"人"的关系(或者说"人"与"人"的关系)，那么孟子进一步讨论了"人"与"天"的关系。在中国古代"天"这一概念非常复杂，最早商、周时代"天"有"上帝"的意思，像是有意志的"最高神"，到孔孟时代这种意思渐渐淡化，但"天"还带有目的性、能动性和有机性，但无论如何"天"包含着"自然界"的意思。孟子说："尽其心者，知其性也；知其性，则知天也。"发挥人的内在的恻隐之心等，就可以知道人性本善(向善)；知道人性本善，就可以知道"天"是生生不息的刚健的大流行，它有使人物生育长养的功能，《周易》中说："天行健，君子以自强不息。"朱熹说得更明白："仁者""在天地则盎然生物之心，在人则温然爱人利物之心，包四德而贯四端者也。""天心"(自然界的要求)本"仁"(生生不息的)，"人心"也不能不"仁"，"人心"和"天心"是贯通的，这就是说，儒家的这套"仁学"作为一种哲学说其实是一种道德形上学。故《中庸》中说："诚者，天之道；诚之者，人之道。""天道"(自然界)的运行规律是真实无妄的，本然如此的；因此"人道"也应该真实无妄，信实无欺，自觉地按照"天道"的要求行事。所以儒家认为，人不仅不应"欺人"，也不应该"欺天"。而现在的统治者，特别是像推行霸权主义的美国统治集团的领导者，不仅"欺人"，而且"欺天"，照中国传统思想的看法，这样的统治者不仅要受到人的惩罚，而且要受到"天谴"。

孔子的这套"仁学"理论虽然不能解决当今人类社会存在的"人与人之间关系"的全部问题，但它作为一种建立在道德形上学之上的"律己"的道德要求，作为调节人与人之间的一条准则，使“人与人之间”并扩而大之使“民族与民族之间”、“国家与国家之间”和谐相处无疑仍有一定的现实意义。

要使“人与人之间”和谐相处并不是一件容易的事，为此孔子提出：“君子和而不同，小人同而不和”的主张。他认为，以“和为贵”而行“忠恕之道”的有道德有学问的君子应该做到能在不同中求得和谐相处；而不讲道德没有学问的人往往强迫别人接受他的主张而不能和谐相处。这就是说，孔子把“和而不同”看成是在人与人之间存在着分歧时处理事情的一条原则。这一原则对于解决当今不同国家与民族之间的纷争应有非常积极的意义，特别是在不同国家与民族之间，因文化上的不同（例如宗教信仰不同，价值观念上的不同）而引起的矛盾、冲突，把“和而不同”作为解决纷争的原则应更有意义。

在中国历史上一向认为“和”与“同”是不同的两个概念，有所谓“和同之辨”。《左传·昭公二十年》记载：“公曰：唯据与我和夫？晏子对曰：据亦同也，焉得为和？公曰：和与同异乎？对曰：异。和如羹焉，水火醯醢盐梅以烹鱼肉，燀之以薪。宰夫和之，齐之以味，济其不及，以泄其过。君子食之，以平其心。君臣亦然。……今据不然，君所谓可，据亦曰可。君所谓否，据亦曰否。若以水济水，谁能食之？若琴瑟之专一，谁能听之？同之不可也如是。”（齐侯说：只有据跟我很和谐啊！晏子回答说：据也只不过和你相同而已，哪里说得上和谐呢！齐侯说：和（谐）和（相）同不一样吗？晏子回答说：不一样。和谐好像做羹汤一样，用水、火、醋、酱、盐、梅，来烹调鱼和肉，再用柴烧煮，厨子加工以调和，使味道适中，味道太浓就加水冲淡。君子食用这样的羹汤，内心平静。君臣之间也是这样。……现在据不是这样。国君认为对的，他也认为对；国君认为不对的，他也认为不对。这就像用水去调剂水，谁能吃它呢？如同琴瑟老弹一个声音，谁能听它呢？不应该同的道理就像这样。）《国语·郑语》：“夫和实生物，同则不继。以它平它谓之和，故能丰长而物生之；若以同裨同，尽乃弃矣。故先王以土与金、木、水、火杂，以成百物。”（实际上和谐才能生长万物，同一就不能发展。把不同的东西加以协调平衡叫作和谐，才能使万物丰盛发展而有所生长；如果把相同的东西相加，用尽之后就只能被抛弃。所以先王把土和金、木、水、火配合起来，作成千百种东西。）可见“和”与“同”是两个不同的概念。“以他平他”，是以相异和相关为前提，相异的事物相互协调并进，就能发展；“以同裨同”，则是以相同的事物叠加，其结果只能窒息生机。中国传统文化的最高理想是“万物并育而不相害，道并行而不相悖”。“万物并育”和“道并行”是“不同”；“不相害”、“不相悖”则是“和”。这种思想为多元文化共处提供了取之不尽的思想源泉。

不同的民族和国家应该可以通过文化的交往与对话，在对话（商谈）和讨论中取得某种“共识”，这是一个由“不同”到某种意义上的相互“认同”的过程。这种相互“认同”不是一方消灭一方，也不是一方“同化”一方，而是在两种不同文化中寻找交汇点，并在此基础上推动双方文化的发展，这正是“和”的作用。不同民族和不同国家之间由于地理的、历史的和某些偶然的原因，而形成了不同的文化传统，正因为有文化上的不同，人类文化才是丰富多彩的，而且才在人类历史的长河中形成了互补和互动的格局。文化上的不同可能引起冲突，甚至战争，但并不能认为“不同”就一定会引起冲突和战争。特别是在今天科学技术高度发展的情况下，如果发生大规模的战争也许人类将毁灭人类自身。因此，我们必须努力追求在不同文化之间通过对话，实现和谐相处。现在中西许多学者都认识到，通过对话沟通不同文化之间的相互理解的重要性。例如哈贝马斯提出“正义”和“团结”的观念。我认为，把它们作为处理不同民族文化之间关系的原则，是有意义的。哈贝马斯的“正义原则”可理解为，要保障每一种民族文化的独立自主，按照其民族的意愿发展的权利；“团结原则”可理解为，要求对其他民族文化有同情理解和加以尊重的义务。只有不断通过对话和交往等途径，总可以在不同民族文化之间形成互动中的良性循环。[11]不久前去世的德国哲学家伽达默尔提出，应把“理解”扩展到“广义对话”层面。正因为“理解”被提升到为“广义对话”，主体与对象（主观与客观或主与宾）才得以从不平等地位过渡到平等地位；反过来说，只有对话双方处于平等地位，对话才可能真正进行并顺利完成。可以说，伽达默尔所持的主体——对象平等意识和文化对话论，正是我们这个时代所需要的重要理念。这种理念，对我们今天如何正确而深入地理解中外文化关系、民族关系等等，具有重要的启示[12]。无论哈贝马斯的“正义”和“团结”原则，或者是伽达默尔的“广义对话论”都要以承认“和而不同”原则为前提，只有承认不同文化传统的民族和国家通过对话可以和谐相处，不同的文化传统的民族与国家才能获得平等的权利和义务，“广义对话”才能“真正进行并顺利完成”。因此儒家以“和为贵”为基础的“和而不同”原则应成为处理不同文化之间的一条基本原则。用“和而不同”原则处理不同文化传统国家与民族之间的关系，不仅对消除矛盾、冲突甚至战争有着正面的积极意义，而且也是推动各国家、各民族文化在交流中促使其发展的动力，所以罗素说：“不同文明之间的交流过去已经多次证明是人类文明发展的里程碑。”[13]

老子的“道论”思想是防止“人与人之间”矛盾冲突的智慧学说

如果说孔子是一位“仁者”，那么老子则是一位“智者”。老子《道德经》一书中，“道”是其基本概念。而“自然无为”是“道”的基本特性，王充《论衡·初禀》：“自然无为，天之道也。”今日人类社会之所以存在着种种纷争，无疑是由于贪婪地追求权力和金钱引起的。那些强国为了私利，扩张自己的势力，掠夺弱国的资源，实行强权政治，正是世界混乱无序的根源。某些掌握了权力的领导者(统治者)，利用手中的权力，进行权钱交易，贪污腐化，是使国家政治混乱，社会风气败坏的根源。老子提倡“自然无为”，就是说不要做（无为）违背老百姓自然之性的事，这样社会才会安宁，天下才会太平。因此，“自然无为”的基本内容是“少私”、“寡欲”。老子认为，治理国家主要应让老百姓安居乐业，休养生息，他说：“治大国若烹小鲜。”治理一个大的国家，就像烹调小鱼一样，不要老去折腾老百姓。汉初有所谓文景之治，行清净无为、与民休息的政策，生产发展了，社会安定了。老子说：“为无为，则无不治。”他还引古圣人的话说：“我无为而民自化，我好静而民自正，我无事而民自富，我无欲而民自朴。”（“统治者按无为的原则行事，那么老百姓就会自己教化自己：统治者能做到不折腾老百姓，那么老百姓就会自己走上正轨；统治者如能不多方压榨老百姓，那么老百姓就会自己富足起来；统治者如能没有私欲，那么老百姓自身也会要求朴素。”）如果我们给这段话以现代的诠释，那不仅对一个国家的内部安宁，而且对世界各国之间的“和平共处”无疑有着一定的价值。我们可以这样诠释这段话：在一个国家中，对老百姓干涉越多，社会越难安宁；在国与国之间对别国干涉越多，世界必然越加混乱。在一个国家中，统治者越要控制老百姓的言行，社会越难走上正轨；大国强国动不动用武力或武力相威胁，世界越是动荡不安和无序。在一个国家中，统治者没完没了地折腾老百姓，老百姓的生活就更加困难和穷苦；大国强国以帮助弱国小国为名而行掠夺之实，弱国小国越加贫穷。在一个国家中，统治者贪得无厌的欲望越大，贪污腐化必大盛行，社会风气就会奢华败坏；发达国家以越来越大的欲望争夺世界财富和统治权，世界就会成为一个无道德的恐怖世界。据此，我认为“无为”也许对一个国家内部统治者和世界各国的领袖们是一副清凉剂，是使人类社会能“自化”、“自正”、“自富”、“自朴”的较好的治世原则。在《道德经》中这类“无为而治”的思想处处可见，如说：圣人应该像“道”一样“生之，畜之，生而不有，为而不恃，长而不宰，是谓玄德”。让万物生长、繁殖；生养了万物而不据为己有；推动万物的发展而不以为自己尽了力；领导万物而不对它们宰制，这是最高深的德行。如说：“天之道，利而不害：圣人之道，为而不争。”“天道”只是对万物有利而不伤害什么；圣人的“道”（人道）施为而不和老百姓争夺。那么圣人如何做到“无为而治”呢？老子说：“圣人无常心，以百姓心为心。”圣人（理想的统治者）没有自己个人固定不变的意愿，而是以老百姓的意愿作为自己的意愿。这说明，老子比较懂得要使社会安定，必须“顺民情”，“顺民情”也就是要顺老百姓的自然之性，所以他说：圣人“以辅万物之自然而不敢为”。理想的统治者只是辅助万物实现其自己本性（自然之性）而不敢做什么违背万物自然之性的事。如果能这样，理想的统治者虽然处于统治（领导）地位，老百姓也不会感到有负担；走在前面，老百姓也不会感到对自己有什么妨碍，这样老百姓就会拥护他。“是以圣人，处上而民不重，处前而民不害，是以天下乐推而不厌。”老百姓之所以遭受饥荒，往往是由于统治者收税太重；老百姓之所以难以治理，往往是由于统治者干涉太多；老百姓之所以会用生命冒险，往往是由于统治者对老百姓搜刮得太厉害，所以不怕死。“民之饥，以其上食税之多；民之难治，以其上之有为；民之轻死，以其上求生之厚，是以轻死。”统治者要想把国家治理好，老百姓能安居乐业，就必须“少私寡欲”，不要去取得那些不应该属于你的东西，不要为满足自己的欲望而损害他人。因此，老子认为，罪过没有比诱人的贪欲更大的了，祸患没有比过于不知道满足更大的了，罪恶没有比过于贪得无厌更大的了，知道满足的人，永远是满足的。“罪莫大于可欲，祸莫大于不知足，咎莫大于欲得，故知足之知，恒足矣。”老子还说：“天之道，其犹张弓欤？高者抑之，下者举之，有余者损之，不足者补之。天之道，损有余而补不足。人之道则不然，损不足以奉有余。”“天道”（自然规律）不就是像张开弓射箭吗？高了就把它压低一点，低了就把它升高一点，有余的加以减少，不足的加以补充。“天道”的规律，减少有余的，用来补充不足的。“人之道”则不一样啊，往往要剥夺不足的，而用来供奉有余的。为什么今日世界人类社会处在一种十分混乱不安宁的状态？这完全是由人自身造成的，特别是由那些发达国家的领导者造成的，他们违背了“天道”，他们失去了“民心”，这样下去人类社会将会自己毁灭自己。在当今社会越来越重私欲，强国（特别是美国）越来越追求“损不足以奉有余”，老子这种思想，不能不说对我们今日社会江河日下的风气没有意义。当然，两千多年前的老子思想不可能解决今日社会存在的种种问题，但是他的智慧之光对我们应有重要的启示。我们应该做的事，就是如何把他的思想中的精华加以发掘，并给以现代的解释，使之有利于人们从古代的思想文化宝库中得到某些经验教训。

儒家的“天人合一”思想为解决“人”与“自然”的关系提供一有意义的思路

西方文化在近三五百年中曾经对人类社会的发展产生过巨大的影响，使人类社会有了长足的前进。但是，时至今日，我们已经看到由于人类对自然的无量开发和无情掠夺，造成了资源的浪费，臭氧层变薄，海洋毒化，环境污染，生态平衡的破坏等等，这种种可怕现象已经严重地威胁着人类自身生存的条件，1992年世界1575名科学家发表的一份《世界科学家对人类的警告》开头就说：“人类和自然正走上一条相互抵触的道路。”造成这种情况不能不说与西方哲学“天人二分”的思想没有关系。罗素在他的《西方哲学史》中说：“笛卡儿的哲学……他完成了或者说极近完成了由柏拉图开端而主要因为宗教上的理由经基督教哲学发表起来的精神、物质二元论……笛卡儿体系提出来精神界和物质界两个平行而彼此独立的世界，研究其中之一能够不牵涉另一个。”[14]这就是说，西方哲学曾长期把精神和物质看成是各自独立的，是互不相干的，因此其哲学是以“心”、“物”的“外在关系”立论，或者说其思维模式是“心”、“物”为独立二元的。然而中国哲学在思维模式上与之有着根本的不同，中国的儒家认为研究“天”（天道，自然界的规律）不能不牵涉“人”（“人道”，人类社会的规律）；研究“人”也不能不牵涉到“天”。早在先秦已经讨论到这个问题，《郭店竹简·语丛一》中说：“易，所以会天道人道者也”，《易经》这部书是讲会通天道和人道的所以然的道理的书。在对《易经》作哲学解释的《系辞传》中说：“易之为书，广大悉备，有天道焉，有地道焉，有人道焉”，《易》这部书，广大无所不包，它包含着“天地”（天）的道理，也包含“人”的道理。王夫之《周易外传》卷六谓：“三才之道，大全统乎一端，而一端领乎大全也。非达天人之际者，无以喻其深矣。”“道”是贯通“天道”、“地道”、“人道”的，“道一成而三才备”。“大全”者“道”也，由“道”可以统一三才的任何一个，而由三才之一也可以领会（统领三才的）“大全”。不懂得这一“天人关系”是无法了解《易》的深奥道理的。（“易之为书，广大悉备”，王夫之《周易外传》谓：“悉备者，大全统乎一端，而一端领乎大全也。”）此虽谓“三才”，实即可谓“天地”与“人”的关系。《说卦》：“昔者圣人之作易也，将以顺性命之理，是以立天之道，曰阴与阳；立地之道，曰刚与柔；立人之道，曰仁与义，兼三才而两之。”（古代的圣人作《易》，是为了顺乎“人性”和“天命”的道理，所以用阴和阳来说明“天道”，用刚和柔来说明“地道”，用仁和义来说明“人道”，把“天”、“地”、“人”统一起来看都是“乾”、“坤”。）宋儒张载注说：“三才两之，莫不有乾坤之道也。易一物而合三才，天（地）人一，阴阳其气，刚柔其形，仁义其性。”所谓“乾坤之道”即“易”之道，天、地、人三才两两相对相即都是《易》要说的道理。《易》是把天、地、人统一起来看的，故天人是一体的。在这里张载用的是“天人一”，这是有道理的，因为“天”可以包含“地”，所以《易经》讲的“三才”实际上是认为“人”和与人相对应的“天地”是统一的一体。这种“天人合一”的思维模式到宋朝的理学家就更加明确了，例如程颐说：“安有知人道而不知天道者乎？道，一也。岂人道自是一道，天道自是一道？”照儒家看，不能把“天”、“人”分成两截，更不能把“天”、“人”看成是一种外在的对立关系，不能研究其中一个而不牵涉另外一个。朱熹说：“天即人，人即天。人之始生，得之于天；既生此人，则天又在人矣。”天离不开人，人也离不开天。人之初产生虽然是得之于天，但是既生此“人”，则“天”全由人来彰现。如无人则如何体现“天”的活泼泼的气象，如何为“天地立心”。“为天地立心”就是“为生民立命”，不得分割为二。孔子说：“人能弘道，非道弘人。”只有人才可以使“天道”发扬光大，如果人不去实践“天道”，“天道”如何能使人完美高尚呢?《郭店竹简·语丛一》：“知天所为，知人所为，然后知道。知道然后知命。”知道了“天道”（自然运行的规律）和“人道”（社会运行的规律）然后知道“天”（自然界）和“人”（社会）发展的趋势。孔子说：“知天命。”“知天命”即是了解“天”的运行发展的趋势。因此，在中国传统哲学中，“天”（自然界）是有机的，连续性的，有生意的，生生不息的，与人为一体的。王夫之的《正蒙注·乾称上》中说：“抑考君子之道，自汉以后，皆涉猎故迹，而不知圣学为人道之本。然濂溪周子首为太极图说，以究天人合一之源，所以明人之生也，皆天命流行之实，而以其神化之精粹为性，乃为日用事物当然之理，无非阴阳变化之秩序，而不可违。”（我们考查学者的学说，从汉朝起，都只是抓到先秦学说的外在的现象，而不知道《易经》是“人道”的根本，只是到宋朝的周敦颐开始提出了《太极图说》，探讨了天人合一的道理，阐明了人之始生是“天道”变化产生的结果，在“天道”变化中把它的精粹部分给了人，使之成为“人性”，所以“人道”的日用事物当然之理，就是“天道”阴阳变化的秩序，“人道”和“天道”是统一的，这点是不能违背的。）王夫之这段话，可以说是对儒家“天人合一”思想，也是对《易经》的“所以会天道、人道者也”的很好的解释。“人道”本于“天道”（因为“人”是“天”的一部分），讨论“人道”不能离开“天道”，同样讨论“天道”也必须考虑到“人道”，这是因为“天人合一”的道理既是“人道”的“日用事物当然之理”，也是“天道”的“阴阳变化之秩序”。张载对《易》的解释说：“儒者则因明致诚，因诚至明，故天人合一，致学可以成圣，得天而未始遗人，《易》所谓不遗，不流，不过者也。”王夫之注说：“诚者，天之实理；明者，性之良能。性之良能出于天之实理，故交相致，而诚明合一。”所谓“不遗”是据《系辞》“与天地相似，故不遗”，意思是说《易》这部书包括了天地万物的道理而无遗漏；所谓“不流”是据《系辞》“旁行而不流”，韩康伯注谓：“应变旁通而不流淫”，意思是说，天地万物在变化中而有秩序；所谓“不过”是据《系辞》“知周乎万物，而道济天下，故不过”，意思是说，对万物普遍地施与而没有差错。王夫之对张载关于《易经》的解释，应该说能抓住要旨，他把儒家的“诚明合一”解释为“天人合一”应说很高明，因为“诚”是“天之实理”（自然界的实实在在的道理、规律），“明”是人性中最智慧的能力，“明”则可以成圣，而“圣学”为“人道”之本，故《易》“得天而未始遗人”，《易》讲“天道”，同时也是讲“人道”的。这说明《易》确乎是阐明“天人合一”的道理的经典。我们讨论“天人合一”这样一种思维模式，是要说明“人”和“自然”存在着一种内在的关系，我们必须把“人”和“自然”的关系统一起来考虑，不能只考虑一个方面，而不考虑另外一个方面。“天人合一”这一由《周易》所阐发的命题，无疑是儒家思想的重要基石。因此，我们说“天人合一”作为一种思维模式对今天解决“人”和“自然”的关系应该说有着正面的积极意义。我们对古代的思想的研究，并不是说古代的一些哲人的思想可以直接解决现代社会存在的问题，但是他们的思考方式和某些命题（思想观点）可以对我们有所启发，我们可以沿着他们思考的路子，针对今日社会存在的问题发展他们的思想，使之能对今日人类社会作出有意义的贡献。

道家“崇尚自然”的思想对当今保护“自然”有着十分重要的积极意义

1983年夏在加拿大蒙特利尔召开的第十七届哲学大会上，国际现象学会会长女哲学家田缅尼卡在会上发言说：“西方哲学常常在不知不觉中受惠于东方而不自觉，像莱布尼兹之重视普遍和谐观念就是一例。”她甚至认为，当前中国哲学比西方哲学幸运，没有走上西方哲学分崩离析的道路，当前西方至少有三点可以向东方学习：第一，崇尚自然；第二，体证生生；第三，德性实践⑮。“崇尚自然”是老子道家的思想。老子从对宇宙自身的和谐认识出发，提出“人法地，地法天，天法道，道法自然”的理论，它揭示着一种应遵循的规律：人应该效法地，地应该效法天，天应该效法“道”，“道”的特性是自然而然的，“道”以“自然”为法则，也就是说人归根结底应该效法“自然”，顺应“自然”，以“自然”为法则，所以老子说：“（圣人）以辅万物之自然而不敢为”，圣人只是辅助万物之自然之性（帮助万物实现其自然本性）而不敢做更多的事。为什么要效法“道”的自然而然呢?这是因为老子认为，“人为”和“自然”是相对的，人常常违背“自然”，破坏“道”的自然规律。人违背“自然”，人就会受到惩罚。老子说：“道之尊，德之贵，夫莫之命而常自然。”“道”之所以受到尊重，“德”（“道”所具有的本质，即“自然无为”）之所以受到珍视，就在于它对万物不命令他们做什么，只应顺其自然之性，因此人们这就更加不应该破坏“自然”了。人之所以不应破坏“自然”，是基于“道法自然”这一基本思想。比老子晚一点的道家哲学家庄子，他提出“太和万物”的命题，意思是说天地万物本来存在着最完满的和谐关系，因此人们应该“顺之以天理，行之以五德，应之以自然”⑯。人应该顺应天的规律，按照五德来规范自己的行为，以适应自然的要求。为此，《庄子》一书中特别强调人应顺应自然，如他说：“顺物之自然。”、“应物之自然。”最高明的统治者（圣人）应该是通情达理而顺应自然的。“圣也者，达于情而遂于命也。”《庄子·天运篇》中有一段话：“天有六极五常，帝王顺之则治，逆之则凶。九洛之事，治成德备，监照下土，天下载之，此谓上皇。”（“天有六合五行，帝王顺着它便能治理得好，违背天（理）便会发生混乱。[顺着天的自然之理]天下［九洛＝九州］的事情，就能功成德备，照临人间，天下拥戴，这就叫作最高的皇帝的治理。”）庄子认为，远古时代是人与自然和谐的时代，“古之人鲎……莫之为而常自然”。人不应作破坏“自然”的事，破坏了“自然”，人会受到惩罚。《庄子·应帝王》中有一个故事说：

南海之帝为儵，北海之帝为忽，中央之帝为浑沌。儵与忽时相遇于浑沌之地，浑沌待之甚善，儵与忽谋报浑沌之德，曰：人皆有七窍以视听食息，此独无有，尝试凿之。日凿一窍，七日浑沌死。

这可以说是两千多年前，庄子对人类发出的警告。看起来这个故事极端了一点，但其表达的思想无疑是非常深刻的。人类是自然的一部分，决不能对自然无量开发，把自然界破坏成一个死寂的东西，人如何生存？因此，当今人类社会应从老庄道家思想中吸取智慧。

“崇尚自然”实际上也是表达了一种“人”和“自然”的关系，从思维模式说它和“天人合一”有着共同点。就这点看，我们可以说“天人合一”、“崇尚自然”是中国传统文化的一种同一的思维模式。它表现了与西方把“人”和“自然”看成是对立的“外在关系”很不相同，它是以“人”和“自然”相即不离的“内在关系”立论的。

如果以儒家“仁学”为基础吸收道家的“自然无为”思想建构一种“以人为本”的系统理论，以“天人合一”容纳“崇尚自然”的观点，形成“人”和“自然”内在关系的思维模式，并给它们以现代的诠释，这无疑会对重建世界新秩序，解决当今“和平与发展”问题作出有意义的贡献。

对古代人的思想必须是“取其精华而弃其糟粕”，但“精华”与“糟粕”也不是很容易分辨的

过去曾有一时期我们把孔孟老庄思想都看成“糟粕”，现在我们从他们的思想中发现有不少仍对今日人类社会有积极意义的思想因素。这是由于当时我们的认识有偏差，这在人类思想史上往往也是不可避免的。但是在社会发展中，这种偏差总是会纠正过来的。现在我们已经不会那么简单、片面地看问题了。即使是古人思想中的“精华”部分也必须给以现代的诠释，使之适应现代社会生活的需要，做到“古为今用”。从历史上看，孔子《论语》的注释有三千余种，老子《道德经》也有三千余种，各朝各代的注释都有所不同，为什么？这就是受到社会变迁的影响所致，特别是哲学思想更是如此。我们可以举个例子来说明这个问题。自汉以来，由于儒家经典成为国家考试科目，因此有“章句之学”的兴起，故“训诂”、“音韵”、“文字”等遂成为注释经典不可少之训练。汉朝“章句之学”颇为繁琐，《汉书·儒林传》谓：“一经之说至百余万言。”儒师秦延君释《尧典》，十余万言；释“曰若稽古”四字，三万言。至魏晋，社会风气发生变化，“清谈”之风大盛，“通人恶烦，羞学章句”。如王弼之注《周易》、《老子》，郭象之注《庄子》，皆简明且有很高的哲理性，所以魏晋人注释经典多言简意赅，倡“得意忘言”、“辨名析理”的思辨式解释经典的新方法。这里我可举一个例子说明汉与魏晋学风之不同。《诗经》毛注“关关雎鸠，在河之洲”句谓：“关关，和声也；雎鸠，王雎也，鸟挚而有别。水中可居者曰洲”云云。而郭象注《庄子·逍遥游》第一句：“北冥有鱼，其名为鲲，鲲之大，不知其几千里也，化为鸟，其名曰鹏”，谓：“鹏鲲之实，吾所未详也”，并批评那种一字一句注解的章句之学为“生解”（生硬的解释）。他还说：“达观之士宜要其会归，而遗其所寄，不足事事曲与生说，自不害其弘旨，皆可略之。”因此，我们可以说，汉儒注经为“我注六经”，而魏晋人注经为“六经注我”。我们可以看到，各朝各代的哲学家注释经典大都是“六经注我”，这样才可以适应他们所处的时代要求。而且，古代的哲学家的哲学思想中不仅包含着不适应现代社会生活变迁之要求，实事求是的说都包含着某些错误思想，其实不仅古代哲学家如此，可以说任何哲学家和任何哲学体系都会包含着其哲学上的内在矛盾。罗素在他的

《西方哲学史》中说：

不能自圆其说的哲学决不会完全正确，但是自圆其说的哲学满可以全盘错误，最富有结果的各派哲学向来包含着显眼的自相矛盾，但正是为了这个缘故才部分正确。⑰

恩格斯在他的《〈反杜林论〉草稿片断》中也说：

在黑格尔以后，体系说不可再有了。十分明显，世界构成一个统一的体系，即有联系的整体。但是对这个体系的认识是以对整个自然界和历史的认识为前提的，而这一点是人们永远也达不到的，因而，谁要想建立体系，谁就得用自己的虚构来填补无数的空白，即是说，进行不合理的幻想，而成为一个观念论者。⑱

无论孔子的儒家学说和老子的道家学说都包含着不适应现代人类社会要求的内容，也存在其内在的自相矛盾处，并包含着若干错误。而我们要继承的、并给以现代诠释的主要是那些可以对我们今天仍然有价值的部分；而对他们学说中的错误思想，则应加以扬弃。

儒家的"仁学"和道家的"道论"可以说形成了一种互补的态式。儒家注重的是积极治世，要求用他们的道德理想来治国平天下，因此它对人的"心性"作了较为充分的讨论。道家注意的消极应世，要求人们以"顺应自然"、"少私寡欲"的超世理想来应世，因此，它对人在自然中应占有的地位作了较充分的讨论。从以上分析看，我们也许可以说儒家思想是一种建立在修德敬业基础上的人本主义，它可以对人们提高作为"人"的内在品德方面贡献于社会；道家思想是一种建立在减损欲望基础上的自然主义，它可以对人们顺应自然、回归人的自然本性方面贡献于社会。儒家的"仁论"和道家的"道论"以及他们的"天人合一"(与自然一体)的思维模式同样会对今日人类社会有重要的启发意义。这就是说，中国传统文化不仅可以在调整"人与人的关系"和"人与自然的关系"以及"世界秩序的重建"上都发挥不可忽视的作用，而就其哲学的思维方式上也会对21世纪的哲学发展有着重要的意义。但是，如果夸大儒家思想的意义，其人本主义将会走向泛道德主义；如果夸大道家思想的意义，其自然主义将会走向无所作为。同样，如果中国哲学家不认真吸取西方哲学重知识系统、重逻辑分析的精神，从西方哲学那个"他者"来反观自己的哲学问题，那么它就难以克服其一定程度上的直观性，也很难使它开拓出一个更高的新层面。因此，我们必须给儒家思想和道家思想在吸收其他国家和民族文化精华的基础上以适当的新解释，使之成为具有现代意义的哲学。但是，我们也应清醒地看到，中国传统文化只能对当今人类社会存在的某些问题起一定的作用，它不可能解决当今人类社会存在的一切问题。而且我们甚至可以说任何学说都有其局限性，都不可能解决人类社会存在的一切问题。中国文化要想在21世纪走在人类文化的前列，必须充分发挥其自身文化内在的活力，排除自身文化中过了时的、可以引向错误的方面，在和其他民族和国家的文化对话中，大力吸取其他各种文化的先进因素，使我们的文化"日日新，又日新"一一断适应现代社会的要求，在解决"和平与发展"问题和世界哲学发展的问题上作出贡献，迎接中华民族伟大的复兴，这才是中华民族真正的福祉。

2002年9月16日

(作者：北京大学教授)

(选自《走向未来的人类文明：多学科的考察——第二届"北大论坛"论文集》，北京大学出版社，2003年7月版)

注：

①雅斯贝尔斯：《历史的起源与目标》，魏楚雄等译，华夏出版社，1989年。

②参见《新轴心时代的中国文化定位》，《跨文化对话》第6辑，上海文化出版社，2001年。

③塞缪尔·亨廷顿：《文明的冲突与世界秩序的重建》，周琪等译，新华出版社，1999年。

④同上。

⑤《跨文化对话》第5辑，2001年1月。

⑥费孝通：《从反省到文化自觉和交流》，《费孝通文集》第14卷，群言出版社，1999年，第395页。

⑦塞缪尔·亨廷顿《文明的冲突与世界秩序的重建》中说："正如梅尔科在考察文献之后得出结论，人们至少在下述看法上存在着合理的共识：至少有十二个主要文明，其中七个文明已不复存在(美索不达米亚文明、埃及文明、克里特文明、古典文明、拜占庭文明、中美洲文明、安第斯文明)，五个仍然存在(中国文明、日本文明、印度文明、伊斯兰文明和西方文明)。

⑧参见《古今中西之争与中国现代文化的发展》，该文为1994年5月在台湾召开的"两岸文化思想与社会发展学术讨论会"上的发言稿；《五四运动与中西古今之争》收入《五四运动与20世纪的中国》(北京大学纪念五四运动80周年国际学术讨论会文集)，社会科学文献出版社，2000年。

⑨参见《读钱穆先生〈中国文化对人类未来可有之贡献〉》，《北京大学学报》，1995年第4期；《中国文化对21世纪人类文化可有之贡献》，《文艺研究》，1999年第3期。

⑩费孝通：《文化论中人与自然关系的再认识》，见《北京大学中国社会与发展研究中心、北京大学社会学系、北京大学社会学人类学研究所ISA工作论文》，2002年2月。

⑪参见乐黛云：《文化相对主义与比较文学》，《跨文化之桥》，北京大学出版社，2002年。

⑫参见潘德荣：《伽达默尔的哲学遗产》，香港《21世纪》，2002年4月号；于奇智：《哲人的人文化成》，香港《21世纪》，2002年8月号。

⑬罗素：《中西文化之比较》，《一个自由人的崇拜》，胡品清译，时代文艺出版社，1988年。

⑭罗素：《西方哲学史》下册，马元德译，商务印书馆，1988年，第91页。

⑮参见刘述先：《蒙特利尔世界哲学会纪行》，《文化与哲学的探索》，学生书局（台北），1986年。

⑯见《庄子·天运》。有的学者认为“顺之以天理，行之以五德，应之以自然”、“太和万物”等句“乃郭象注文羼入”。我认为，即使是郭象的注也是道家思想。

⑰罗素：《西方哲学史》下册，商务印书馆，1988年，第143页。

⑱见《反杜林论》，北京大学哲学编译资料室1961年9月编译。

高等教育质量保证机制：国外趋势和中国面临的战略选择

王一兵

自20世纪90年代中期以来，世界范围内兴起了一个高等教育质量保证的热潮。世界上现在已经有120多个国家和地区建立了质量保证机构。一些地区性政府、非政府组织，如欧盟、亚太经合会议、各地区大学协会等，都把高等教育质量问题纳入重要议事日程。了解和分析国际上这一趋势的背景、原因及其启示，对于高等教育数量高速发展，但合理、公正、透明、权威的质量保证机制尚未建立的中国来说，具有极其重要的借鉴意义。

高等教育质量保证热潮兴起的背景

过去10年中，全球范围内的高等教育质量保证热潮的兴起不是偶然的，影响、促进和推动这一进程的至少有下列因素：

1. 科学技术的快速发展加速了信息社会和知识社会的到来，对各个层次、各个行业的劳动力的素质提出了新的要求，对工业化时代形成的教育制度、学校课程内容、教学方法、培养目标、管理模式、质量标准等提出了严峻的挑战。它带来的结构性失业、对具备新素质的人才和劳动力的激烈竞争，不仅使决策者和学校的校长、教师重新思考学校的培养目标和质量标准，而且也使越来越多的普通劳动者感受到教育、教育质量的重要性。

2. 经济全球化进程一方面加剧了世界范围内的对知识劳动者的竞争和与之相适应的对他国学历、文凭和学位的认可、对他国高等教育及其质量的关注；另一方面，教育服务的提供、开拓世界高等教育市场的潜力本身，又将成为全球经济一体化进程的重要组成部分。质量，标准和实践得到国际上认可的质量，是进入这一市场的钥匙和取胜关键。

3. 信息、知识社会的快速到来和经济全球化进程的加速，使越来越多的发展中国家在基础教育尚未普及、财力尚难承受的条件下把高等教育大众化提上了日程。这些国家不得不依靠私立高等教育和远程教育的发展实现数量扩张，造成了教育界自身和家长、学生及社会各界对质量下降的担心。政府和学校都必须对此作出反应，制定质量标准，建立和健全质量保证机制。

4. 信息交流技术尤其是因特网的广泛应用，使现代教育体系、模式、内容、管理和国际合作正在发生革命性变化。远程教育因此如虎添翼；网上教育方兴未艾，超越时空、国界只是举手之劳；传统大学纷纷上网，双模式运行，以求开放、灵活。如何控制和保证迅速发展的远程和网上教育的质量，被视为一个新的领域。

建立合理、公正、透明和权威的高等教育质量保证机制

在此进程中，从发达国家的英国、澳大利亚、日本，到发展中国家的印度、印尼、马来西亚、泰国，无不把重点首先放在建立覆盖全国的高等教育质量保证机制上。这并非是因为他们有共同的行动计划，而是恰恰反映了高等教育质量保证的复杂性及其特殊的共同规律。

第一，高等教育质量保证的对象，不是定型、定格、定量的物质产品，而是人，是可塑性极大的年轻人，是成千上万来自不同背景，具有不同基础知识、能力、技能，已养成自己特点，并将去面对当前和未来快速变化的社会的人。因此，对学校教育质量、对学校“产品”质量的评价，是一个极其复杂的过程，必然要求众多方面，包括社会的参与。

第二，质量评价的重要对象是教师和教师的工作。大学教师是社会上最有知识的群体，是各个学科领域的专家。他们对来自外行，包括上级行政部门的评价不屑一顾，使他们信服并真正能在以后工作中加以改进的只能是由独立或中立的机构组织，并由同行来进行的公正、透明和权威的评价和评估。

第三，高等教育质量评估与保证的学术性、对学校周期性认可评估和对其各系科的质量评估的巨大的工作量，都是教育行政部门，即使是最庞大的教育行政部门也无法承担的。何况，负责上百所甚至上千所高等学校质量保证的往往只有几名官员。因此，建立一个合理、公正、透明和权威的全国性的质量保证机制，便成为当务之急，成为质量保证的保证。

国外高等教育质量保证机制的一些共同特点

美国高校的质量评估和认可有较长的历史及其特殊性，已为人们熟知。本文将主要选择过去10年中在高等教育质量评估方面做得较多、变化较大的英国、澳大利亚、日本、泰国、马来西亚、印尼和印度作为参照，综合分析国外的一些趋势，这七个国家各有特点，也有相当的代表性。第一类英、澳、日为发达国家。澳、日按OECD1998年新设标准已完成高等教育大众化目标，向普及化迈进。英国是大学象牙塔传统的故乡，又是在过去30年中在高校结构、拨款机制、质量评估等方面发生很大变化的国家，并对世界上很多国家尤其是英联邦国家产生了巨大影响。澳大利亚则在过去的20年中成功地进行了高等教育结构调整、大规模并校，并重新收取学费、尝试各种评估机制，这些都是其他西方发达国家，尤其是联邦制国家想为而不敢为或难为的事情。第二类国家为东盟的泰、马、印尼等新型发展中国家，这些国家的高等教育在过去10年中已先后进入大众化阶段，质量保证问题提上日程不久。印度为又一类，一个发展中大国，号称拥有世界上除美国以外的最庞大的高等教育体系。印度除了继承英国的象牙塔传统、至今仍变化不大的256所大学外，大学“挂靠”学院在过去的10年中成倍膨胀，现在已达10750所，引起社会各界人士对质量问题的严重关切。从管理体制看，这七个国家又可分为两类：泰、马、印尼、日等国大学虽然在形式上也是自治机构，但实际上是政府直接控制和管理大学。英、澳、印度则是国家通过特定缓冲机构来间接管理和控制学校。这些国家国情各异，高等教育发展的程度、水平、结构、传统及其管理各有自身的特点，但当人们考察它们在过去10年中建立的国家质量保证机制时，却发现有着惊人的相似之处。这些共同点包括：

1. 国家高等教育质量评估机构的独立、自治性质。这些机构无论是由国家专门立法建立（如马、泰、印尼、日），或由有关大学管理自治机构建立、衍生（如印度、英、澳），也不论经费上尤其是人头费是否由政府补贴或者部分董事会成员由政府直接任命，皆明文规定为独立、自治机构。即质量评估标准的制定、评估方式和评估结果的发表，皆不受政府的直接干预和控制。

2. 经费来源。评估活动费用，一般由被评估学校承担人头和办公费用，印度、印尼、泰、马、日皆由政府补助，英国则由所有高校分摊。

3. 领导和人员结构、素质。一般成立一个董事会或理事会作为决策机构，印度（高等学校）评价和认可理事会下还设立一个执委会，决定日常重大问题。决策机构成员一般为著名教育家、校长和少量工商界代表或社会名流。办事机构主要负责质量评估、评价和审计的规划、组织、资料收集、对有关人员进行培训、结果发布等事务。人员都较为精干，从几人（澳）到几十人（马）不等，但专业人员必须素质较高。这种决策机构、人员组成和素质，是保证质量保证机构的权威性的重要条件之一。

4. 质量评估、评价和学术审计过程、步骤。各国在这方面大同小异，基本指导思想则惊人地一致，即整个过程的最终目的是促使学校练好提高和保证质量的“内功”。无论是对整个学校工作进行评估，还是对某一专业、课程进行评估，一般第一步皆要求学校或有关系科提出自我评估报告，包括学校或学科本身质量保证的机制及运行状况；第二步是在同有关学校、系科协商后组织同行专家队伍，在研读学校或系科提交的报告的基础上，甚至还就评估指导思想、方法、指标体系及其运用等方面进行一定培训以后，赴实地考察、查核；第三步是准备评审报告，报告稿定稿前要呈送被评学校提出意见，合理者加以吸收，或者将学校保留意见附上；最后一步是正式公布评审报告，一些国家要求所有学校皆必须参加（英、澳、日、泰），一些则实行所谓自愿原则，或者在自愿名义下通过各种手段迫使学校接受评估（印度、马、印尼）。

5. 评估类型与周期。一般有两类，对整个学校的运行、管理、质量保证机制、成果、问题进行认可性评估和对某一专业、课程进行质量评估。评估周期和认可有效期一般为五年（澳、日、泰），也有三年（马、印尼）或六年（印度）。

6. 评估等级划分和结果使用。对新设课程、专业、学校的评估一般为认可性质的评估，评估结论如达到最起码质量标准者，将是行政部门批准这些课程开设、学校开办的基础（马、印尼）。对于现有学校运行和课程、专业质量的分层评估，印尼分为优秀、良好、满意三个等级，印度就七项评估内容经权重折算按100打分。75分以上为A，75～65分之间为B，65～55分为C，55～45分为D，45分以下为E，报告除分数等级外还要附上质量方面的评价。评审报告结果，尤其是对所评学校打分、分层，甚至排队的结果的公布，关系到被评学校的声誉和前途。对于行政决策部门来说，则是监控和促进高等教育质量提高、促进国家高等教育在数量和质量两方面平衡发展的一个重要杠杆，也是取得对某些学校、学科进行重点投资建设依据的重要途径之一。这可能是各国热衷于高等教育质量评估的根本目的之一。

虽因国情不同，各国高等教育质量保证机制中仍有众多差异，各具特色，但仍不妨发现其共同特征，即国家通过立法、拨款资助建立或扶持一个独立、自治的机构，由该机构以促进学校建立质量保证机制和自评为主要目的，制定标准、要求、计划，组织和培训同行专家对学校和专业、课程进行外部评估，利用评估报告和结果，保证和推动高等教育质量，为政府决策提供较为准确和科学的依据。这种机制既有利于增强人们对质量评价、评估和学术审计活动的客观、公正、公平、透明并具有一定权威性的信心，又使政府通过立法、拨款、批准和任命评估机构部分决策组成人员等方式保留自己的主导、监督、奖惩的作用，并摆脱了自己不可能承担也承担不好的一项战略任务。

中国面临的挑战和战略选择

中国终于在20世纪的最后一年走上了高等教育发展的快车道。这是中国经济持续高速发展的必然要求，也是中国在快速到来的信息、知识经济和经济全球化时代欲跻身于强国之林的必经之道。现在面临的挑战是，在数量大幅扩张的同时如果没有质量的保障和相应提高，它带来的问题最终将再次制约着数量的发展，从而也达不到数量扩张的根本目的，影响中国强国梦的实现。一千多所民办学校，正在扩张的远程和网上教育引起人们对其质量的关注。即使是进入“211工程”的学校和少数以建设世界一流大学为目标的学校，在建立按照其所在层次理应达到的质量保证和认可机制方面，也仍然面临着挑战。更重要的是，中国尚没有来得及参照国际“游戏规则”建立起一个合理、公正、公平、透明和权威的高等教育质量保证机制，作为质量保证的保证。为此本人提出如下建议：

1. 应当说，在高等教育质量评估的机制方面，中国尚未走出计划经济时代的基本框架，即仍然由政府主导并直接制定标准、规划和组织评估活动。一方面，高等教育体系变得越来越庞大，结构愈米愈复杂，数量高速扩张后提出的质量问题越来越多，与此同时，政府机构精简，具体管理质量问题的官员所剩无几，无法也无力承担起直接组织全国上千所公立学校和上千所私立学校的评审、认可工作。因此，改变这种被动状况的惟一出路在于转变其职能，把政府工作重点转移到建立一个合理、公正、公平、透明和权威的高等教育质量评估、认可机制上来，并通过立法、拨款、奖惩、参与独立评审机构决策、任命部分评审机构决策人员等手段，主导和影响评估进程。应当争取在三到五年时间内达成这一目标，完成这一转换。

2. 建立独立、自治的专门评估、认可机构。其独立、自治地位应通过立法或国务院行政命令的形式予以保证。它应当有权在有关法律指导下确定评估标准，有权选择和培训评估专家并建档，有权在系统评估后独立作出自己的结论，不受行政干扰。其决策机构理事会的组成、选择和任命，秘书处少量专业人员的素质要求和聘用，它的工作程序、规范、作风，都必须有利于人们对其合理、公正、公平、透明和权威树立信心。目前中国尚无真正独立的中介评估机构，一些专业性学会目前的状况恐难以承担起专业性评估的责任。应当允许专业性的中介评估机构的出现，经过国家评价、认可机构的认可，可在其指导下参与和完成特定的评估任务。应从实力较强的高等学校高教研究院所中，有合适人选的专业学会、社会团体中培养、衍生出一些专业评估机构，成为这一机构的组成部分。

3. 建立分层、多元的评估体系。中国的国情和近年来的发展和改革造成并促进了中国高等教育在投资主体、办学模式、体系结构、培养目标、质量标准等等方面，愈来愈向多元、多层次发展，任何单一的或一统的标准都不可能奏效。评估体系的建立，必须从这一现实出发。其方案可能有二，一是坚持建立一个全国统一的独立、自治的评估、认可机构，下设几个分委员会，针对不同学校群体组织评估、认可。二是针对不同学校群体建立的评估、认可机构，都可作为平行的独立、自治机构。笔者认为前者更易于协调，但分委员会应当有相对独立性。建议按以下5个学校群体来建立评价、认可分委员会。

(1) 五到十所接受国家巨额资助、以办成世界一流为目标的大学，应由国内和国外的专家，甚至以国外专家为主建立评估专家组进行评估。聘请国际知名专家进行评估是国际上名校的一个通常做法。也只有通过这种评估，才能真正找到自己在世界上的位置，明确具体的奋斗目标，同时，也将在这一过程中逐步得到认可。与其探讨众说纷纭的抽象的何谓世界一流大学并以此确定奋斗目标，不如从聘请国际知名专家评价开始，并参照名家评估，有针对性地提高办学水平和质量，更有利于人们确定和修正目标，增强办成世界一流大学的信心。也只有这样，才能使少数名校面临压力，使其他学校服气，纳税人也会对这种因名校而给的巨额投资觉得币有所值。

(2) 从投资力度、办学条件、水平和未来目标等角度衡量，部属院校和各省市进入“211工程”的高校应为评价和认可的第二类学校群体。这些学校或者是有相当实力和潜力的综合性大学或正向综合性大学发展，国家和地方政府都有相当大的投资，它们是中国高等教育的主干，应按这一特点确定评估目标、标准、规划和奖惩制度。在这些学校评价、认可的某些环节或领域，也可考虑吸收一定数量的外国行家参与。

(3) 中国几乎每个省都建立了一个比较完整的高等教育体系。这一层次学校的评价、认可，可由各省建立相应的独立、自治的评价、认可机构，在全国评价、认可机构指导下，对各类高校进行评价、认可；或者由几省联合建立的大区评价、认可机构进行。

(4) 全国46所电大和众多的网络学院，是中国开放、远程教育群体，在服务对象、教与学的模式、管理、技术依托与使用等方面，有其自身特点，应设立专门委员会，作为一个独立院校群体进行评估。

(5) 中国的私立高校发展迅速，目前达1200多所，是中国实现高等教育大众化的重要一翼，但面临着认可和信心危机，目前仅70多所获得认可。走出私立学校发展困境的重要措施之一是尽快建立私立高校评价、认可的专门机构，制定规划，引导私立学校建立自我质量保证机制，确定努力目标，分期分批对其进行达到最起码标准的认可评价。

4. 制定相应规划、政策、工作重点。中国拥有世界上真正仅次于美国的规模庞大、结构复杂、多元的高等教育体系，要建立国际认可并实现这一质量保证机制的有序转换，必须制定出建立健全这一机制的分步实施规划，根据不同学校群体，确定出不同工作重点，同时，对这一体系的分工，人员素质要求、招聘、培训，评估专家的条件、使用、待遇，评估收费，国家补助，评估结果发布、使用、奖惩等方面制定出明确的政策。

5. 校园评估文化的养成。没有人愿意被评估，被认为是掌握某门高深学问的大学教授、教师更是如此。评估无论在发达国家还是在发展中国家的大学里都是不受欢迎的事情。由于政府使用诸多杠杆和越来越大的社会压力迫使越来越多的学校不得不面对这一挑战，包括一些实行所谓自愿参与原则的国家，大势也是如此。总之，逐步养成学校、教师、管理人员重视自评，正确对待和配合校外同行进行评估的校园文化，是评价、认可工作得以顺利进行并达到预定目的的条件之一。

（作者单位：联合国教科文组织）

（选自《新华文摘》2002年第5期）

如何理解和把握人的全面发展

丰子义

要从历史观的高度来认识和把握人的全面发展

现在很多人都在谈论人的全面发展，但究竟什么是人的全面发展，语焉不详。有的强调人的各种能力、技能的发展，有的强调人的体力、智力的发展，有的强调人的思想素质、文化素质、心理素质等各种素质的发展，也有的强调人的知、情、意的发展，还有的强调人的衣、食、住、行等方面的发展等等。加强这些方面的研究无疑是必要的，注重一些实证的考察也是应该的，但仅停留于此又是不够的，因为衡量这些方面发展的标准是动态的、变化的，在不同时期、不同历史阶段，人的体力、智力、素质的发展以及衣食住行的发展水平和标准是不同的，今天的所谓“发展”到了明天可能就是不发展，今天所谓的“全面”到了明天可能就是不全面，所以很难加以严格的、精确的把握。那么，如何从总体上或一般意义上来看待人的全面发展呢？这就必然涉及哲学的把握方式。哲学研究人的发展，自然有它的恰当定位，这就是要从更高的或更为本质的层次上加以把握，提出一些带有规律性、方向性的理论说明，以引导人的全面发展。事实上，马克思正是从历史观的意义上来看待和说明人的全面发展问题的。马克思所讲的人的全面发展，固然也涉及人的方方面面的发展，但更主要的是从克服社会关系对人的限制，即从克服旧式分工和外在强制的角度来提出问题和考虑问题的。在马克思看来，人的自我异化与片面发展，其根源并不在于人自身或人的自然本性，而主要在于旧式的分工。只要分工是自发的而不是自愿的，那么人的活动对人来说就成为一种异己的力量；不是人驾驭着这种力量，而是这种力量强制和控制着人。正是由于这样的分工，人的社会活动被固定化，每个人的发展被限制在特殊的活动范围内，这个范围是强加于他的，他不能超出这个范围，“他是一个猎人、渔夫或牧人，或者是一个批判的批判者，只要他不想失去生活资料，他就始终应该是这样的人。”这样的分工显然是与私有制相结合的旧式分工。只要这种分工存在，人的片面发展就不可避免。只有在共产主义条件下，人们才不是被迫，而是按照自己的爱好、心愿、才能从事劳动，而且由于生产时间的缩短，人们有了更大的发展空间，即有时间和精力在任何部门内发展，培养和发挥自己的各种才能，从而实现其全面发展。所以，马克思主要是从如何取消外在强制与束缚来研究人的全面发展的，发展的标志就看受不受强制性的限制，是否给人以自主发展的社会空间与时间。这样的发展观显然是与历史观直接联系在一起的。

当然，这样看待人的全面发展，并不意味着轻视以至排斥对人的具体发展的研究，而旨在说明，应当把各种具体发展研究纳入历史观的视野之中，不能离开这种基本的理论把握来孤立地看待和研究各种具体的发展。马克思实际上就是这样看待和处理问题的。他不是一般地或抽象地谈论人的各种具体发展，而恰恰是在克服旧的社会关系的基础上来谈论人的能力、观念、品质等的发展，进而从现实的物质生产出发来考察人的全面发展。因为“在再生产的行为本身中，不但客观条件改变着……而且生产者也改变着，炼出新的品质，通过生产而发展和改造着自身，造成新的力量和新的观念，造成新的交往方式，新的需要和新的语言”。一句话，新人的出现与新的生产方式和劳动方式的确立是紧紧联系在一起的。

从历史观的高度来认识和把握人的全面发展，其意义在于研究人的发展时，不能仅仅停留于对各种具体发展方案的制定上，对各种具体发展蓝图的描绘上，而是应当重点考虑如何顺利推进人的全面发展，即在大力发展生产力的同时，如何促进生产关系的发展、交往关系的发展。需要指出的是，不能将这些关系的发展只看做是外在于人的发展的东西，或者只看做为人的发展的前提、条件，实际上，这些关系的发展本身就属于人的发展的内容，而且是人的发展的最基本的规定。离开了这些关系的发展，事实上无从谈及人的全面发展。所以，今天谈论人的全面发展，必须同体制改革、制度创新联系起来，同人的活动方式的变革联系起来，通过这些方面的努力来寻求人的全面发展。

要用全球化的眼光来看待人的全面发展

今天谈论人的全面发展，必须考虑所处的时代。我们现在所处的时代，一个基本特征就是正在走向全球化。要研究人的全面发展，不能具有全球化的眼光。

马克思就是用这种眼光来看待问题的。他在许多著述中，特别是在《德意志意识形态》和《共产党宣言》等著作中考察人的发展时，总是和“世界历史”紧紧联系在一起的。可以说，离开了他的“世界历史”思想，就很难深刻认识和把握其关于人的发展的理论。

按照马克思的观点，人的发展有赖于交往的普遍发展，这里所说的交往，主要是指世界历史性的交往，即“普遍交往”。

为什么人的发展有赖于普遍交往？从马克思的分析来看，主要的原因在于：

其一，只有普遍交往，才能扩大人的自由度和发展程度。人的自由度和发展程度不仅仅受社会关系制约，同时也受生产力发展水平的制约。从历史上看，孤立的民族性、地域性存在往往是和生产力的落后联系在一起的，生产力发展水平低下的国家、民族，一般是封闭、孤立的国家、民族。如果一个国家、民族长期游离于世界历史之外，没有建立普遍交往，那就无从实现“生产力的巨大增长和高度发展”。而“如果没有这种发展，那就只会有贫穷、极端贫困的普遍化；而在极端贫困的情况下，必须重新开始争取必需品的斗争，全部陈腐的东西又要死灰复燃”。可以想像，在普遍贫困的条件下，在各种陈腐的东西死灰复燃的情况下，还谈什么人的发展，谈什么新的因素的滋生与萌发。正因为如此，马克思讲：“人们每次都不是在他们关于人的理想所决定和所允许的范围之内，而是在现有的生产力所决定和所允许的范围之内取得自由。”

其二，只有普遍交往才能克服“狭隘地域性”个人的局限。狭隘地域性的生活方式必然造成狭隘地域性的个人。这样的个人由于失去广泛的交往与联系，因而视野受到限制，发展受到各种传统的束缚，其发展不是与现代文明相融，而是与愚昧、保守相伴，所以，这样的发展“会依然处于地方的、笼罩着迷信气氛的‘状态’”。要克服这样的局限，必须冲破地域性的限制，扩大交往，使“地域性的个人为世界历史性的、经验上普遍的个人所代替”，成为“世界历史性的、经验上普遍的个人”，才有可能成为全面发展的人。

其三，只有普遍交往，才能利用人类文明成果来发展自己。人的发展往往是通过文化的生产和消费来实现的。一方面，特定的文化成果是人们劳动创造的产物，这些产物凝结着前人的智慧和力量，因而对后人来说具有客观的存在形式，并成为文化发展和人的发展的前提与起点；另一方面，文化产品（包括物质产品与精神产品）也会在主体的活动中被消费，其结果是转化为主体的新的本质力量，进而在主体的对象性活动中被加以新的创造，获得新的存在形式，形成新的文化成果。人的发展就是在这种文化生产与消费的不断作用过程中进行的。在以往狭隘地域性的存在中，人们对全球文化生产和消费的利用是非常有限的，因而所获取的智慧和力量也是有限的，其发展的程度肯定不会是很高的。只有扩大普遍交往，才能广泛参与全球性的文化生产与消费，实现“文明共享”，“单个人才能摆脱种种民族局限和地域局限而同整个世界的生产(也同精神的生产）发生实际联系，才能获得利用全球的这种全面的生产（人们的创造）的能力”。

其四，只有普遍交往，才能造成人与人之间的全面依存关系，从而达到相互补充、相互促进。人的本质在其现实性上是社会关系的总和，人要全面发展，当然离不了对社会关系的利用和调整。历史上，人与人之间的全面依存关系主要出现过这样两大类型：一是建立在古代社会血缘关系基础上的人对人的全面依存关系即依赖关系；二是建立在近代社会以来商品经济充分发展基础上的各个国家、民族以及个人之间的全面依存关系。尽管这两种关系都是依存性的，但给人所带来的后果却是不一样的：前者将人完全束缚在血缘关系上，因而人的各种能力只能在狭窄的范围内和孤立的地点上来发展；后者虽然也是依存关系，但这种依存不是一种自然依存，而是以物为媒介的人的活动之间的依存，这样的依存，不仅使各个主体通过自己的产品满足了对方的需要，而且通过自己的产品丰富了对方的本质。正是近代以来由商品交换建立起来的世界性普遍交往，使人的社会关系得到了丰富和发展，同时也使人的素质、能力、才能得到了全面提高。

可以说，普遍交往是实现人的全面发展的必由之路。重视人的全面发展，就必须重视普遍交往。但是，世界历史下的普遍交往对人的发展并不完全是有利的，在特定历史条件下，人的社会联系越广、越复杂，人所受到的制约和支配也就越大。“单个人随着自己的活动扩大为世界历史性的活动，越来越受到对他们来说是异己的力量的支配……受到日益扩大的、归根结底表现为世界市场的力量的支配，这种情况在迄今为止的历史中当然也是经验的事实。”如在世界历史条件下所出现的世界市场、国际分工等，使人的发展越来越片面化、固定化，而且，由于受普遍分工制约的个人之间的共同活动是自发形成的，因而由此产生的社会力量对于个人来说就不是他们自身的联合力量，而是某种异己的力量。这一切，都对人的全面发展是不利的。但是，不能因此而否定世界历史对人的发展所起的重要作用。实际上，问题不在于承不承认这些力量的实际作用，而关键在于如何驾驭和利用这种异己的力量与关系。在马克思看来，要驾驭和利用这些复杂的关系，单独的个人是无能为力的，必须依靠共产主义革命。“各个人的全面的依存关系、他们的这种自然形成的世界历史性的共同活动的最初形式，由于这种共产主义革命而转化为对下述力量的控制和自觉的驾驭……”

马克思关于世界历史与人的发展关系的分析，对于我们今天认识和把握人的发展也是非常有益的。全球化的出现以及相伴而生的知识经济、信息社会的出现，对于人的发展的影响是重大而深远的。它为人的发展提供了更广阔的舞台、更难得的机遇：全球性的经济、科技、文化的发展，要求人们在各方面必须自我革命、自我超越，以适应现代化潮流；全球化的发展促使人们在生产、创造、发展以满足需求的过程中，逐渐形成全面的能力体系；全球化过程中所形成的竞争机制，迫使人们不得不开拓创新以求生存发展。所有这些，都有利于新人的塑造，有利于人的现代化。当然，全球化也会与人的发展产生重大冲突。资本、技术、金融等的全球快速流动，可能顷刻间使一些企业、商业破产，夺去工人的饭碗；新的国际分工可能使人的职业更加固定化、片面化；全球性不合理的国际经济政治新秩序使不少发展中国家的民众会处于更为艰难的境地；伴随经济全球化汹涌而至的西方文化，对于非西方国家的影响非常之大，它使人的精神世界、价值追求完全有可能被扭曲……面对全球化，我们不应该做简单的评判，而应该加以冷静的分析，力求把握好这把双刃剑，趋利避害。全球化作为一种历史潮流，这是不可逆转的，我们不能逆流而动，但是完全的被动顺应也是错误的，它会带来一系列苦果，因而又必须积极参与，有所作为，因势利导，为我所用。合理地参与和利用全球化，这就是今天人的发展所应采取的正确抉择。

从历史观与价值观的统一看待人的全面发展

谈到人的全面发展，免不了要涉及评价，这就有一个评价上的历史尺度与价值尺度的关系问题。

在马克思看来，从历史发展总的趋势看，这两种尺度是一致的。伴随社会生产力的发展，人也在向全面发展，生产力的不断提高，同时意味着人的逐步解放和发展。但是，在一定条件下观察人的现实发展状态，从历史尺度所得出的结论与从价值尺度所得出的结论又往往呈矛盾状态。这样，两种尺度实际上是包含着内在矛盾的统一，统一就是在不统一的过程中实现的。这种矛盾产生的根源，就在于人类社会生产发展过程之中。人类发展所遇到的种种灾难与不幸，均是因生产力有了一定的发展而又发展不够引起的，在一定的生产力发展阶段，人类的发展往往以牺牲多数的个人、甚至牺牲整个阶级为代价。

既然矛盾的根源就产生于现实的生产发展过程之中，那就要求我们在评价人的发展时，应当在坚持历史观与价值观相统一的原则基础上，注意把历史评价放在突出位置。也就是说，当历史评价与价值评价发生冲突时，历史评价应当是第一位的，价值评价则是第二位的。要不然，评价就会走向泛道德主义，这与唯物史观的基本立场是背道而驰的。

另外，还要看到，即便是价值评价本身，也有一个历史性的问题。因为同样一种价值观念和价值标准，在不同的历史时代、历史条件下具有不同的内涵。我们要坚持的东西在历史上究竟是何种内涵的价值观念和价值标准？而且，放到特定的历史条件下去看，这样的价值观念和价值标准究竟反映的是进步力量，还是没落腐朽的力量？这些都是具体的，而不是抽象的。因此，在价值评价上，也要坚持历史主义，不可抽象而论。就以关于人的全面发展问题讨论中谈论较多的异化问题来说，人们更多关注的是它的消极因素，而很少看到它在历史上的积极作用。其实，马克思也不是抽象地而是历史地看待和评价资本主义的异化现象的。马克思认为：“全面发展的个人——他们的社会关系作为他们自己的共同的关系，也是服从于他们自己的共同的控制的——不是自然的产物，而是历史的产物。要使这种个性成为可能，能力的发展就要达到一定的程度和全面性，这正是以建立在交换价值上的生产为前提的，这种生产才在产生出个人同自己和同别人的普遍异化的同时，也产生出个人关系和个人能力的普遍性和全面性。”在马克思看来，全面发展的个人并不是自然而然产生的，而是在资本主义社会普遍异化的基础上历史地形成的。异化作为发展个人能力以及个人关系的普遍性和全面性的不可跨越的阶梯，既有其消极作用，也有其进步的一面，对异化应做出合理的历史评价。

因此，在对待人的全面发展问题上，不能采用两极对立的思维方式。过分强调价值评价或者过分突出历史评价都是片面的。在当代中国，要特别谨防泛道德主义在实际评价中的干扰和影响。因为中国的传统文化向来是以政治、伦理为本位的，这种传统使得人们在评价中自觉不自觉地以道德评价为圭臬，轻视历史评价。如果固守这样的观念，那么任何社会变革与改革都可能被视为倒退，这对社会发展与人的发展是极为不利的。为此，在价值评价中，必须坚持与历史进步相一致的先进的价值观念与价值标准。

谈到社会进步与人的发展，还必须注意的一个问题是：应当正确处理人的发展与社会现代化的关系。不容否认，随着现代化的快速推进，一方面取得了社会进步，另一方面也出现了许多社会弊端，这就是在经济与科学技术发展的同时，造成了人文的失落、人性的压抑与扭曲等，致使人的发展片面化、畸形化。为此，众多学者开始了对现代化的反思。但是，反思也有一个方法论问题。反思的本意和目的是为了引导现代化建设更为健康、顺利地发展，以使其更符合人的全面发展，而不能从反思现代化走向否定现代化。西方后现代主义对现代化进程提出的问题是值得重视的，但由此所得出的抵制现代性和现代化的结论则是错误的。否定现代化，实际上就等于否定了人的全面发展，背离了人的全面发展的方向。“留恋那种原始的丰富，是可笑的，相信必须停留在那种完全空虚之中，也是可笑的。”不过，也应当看到，现代化建设从根本上有利于人的全面发展，但不会自然而然带来人的全面发展，正因如此，才要突出价值问题，突出精神文明问题，力求使社会与人协调发展。

（作者单位：北京大学哲学系）

（选自《新华文摘》2003年第2期）

关于国史研究的两个问题

李铁映

关于国史研究问题

世界上各个国家都写当代史，只不过撰写的方式不同而已。任何一个国家、民族，不研究自己的历史，不正确总结自己的经验教训，就不能够成功地走向未来。认识只有上升为理论，才能正确指导实践，少走弯路。党史、国史研究，是总结我们党和国家实践经验的最直接的方式。国史研究是一门特殊的历史学科，其特殊性就在于，它是一门政治性很强、意识形态性很强的学科。它和我们国家、民族的现实发展，和人民的利益紧密相关。它可以影响人们对国家的认识。古人讲，“灭其国必先去其史”。什么叫“去其史”呢？就是去其精神支柱。可见，历史学家手中的笔重千斤。我们讲要爱国，首先是指要人们爱这个国家的历史，否则，爱国就是一句空话。我们爱祖国、爱中华民族，我们国家和中华民族的历史源远流长，辉煌壮丽，博大精深，丰富多彩，令人感到自豪，使人产生自信。如果把我们国家的历史说成是一部黑暗的历史，又怎么能谈得上热爱祖国，热爱中华民族呢？

历史，在一定意义上讲，是一个国家的精神支柱，是一个民族凝聚力的基础。当历史被描写成黑暗史的时候，是不可能形成凝聚力，形成民族奋发向前、走向未来的动力的。戈尔巴乔夫上台后，提出要搞“公开性”，一批西方政治家和政府首脑，纷纷跑到莫斯科去吹捧他。他们当然不是去支持苏联的，而是去否定苏联的。一个国家、民族，如同一个人一样，都要在实践中，经过对正反两方面的经验总结，才会逐渐成熟起来、发展起来。人的历史是曲折的，一个国家、民族的历史也是曲折的。所谓“公开性”，无非是让外部的敌人、内部别有用心的人和一些糊涂虫，把自己历史中的一些曲折统统翻腾出来，痛快地骂上一顿，从而把整个历史涂抹成一片黑暗。软刀子也可以杀人。苏联解体、苏共下台，原因都出自内部，也就是说是他们自己倒下去的。

写历史要尊重事实，但写历史也有个历史观的问题。不同的历史观，会得出不同的甚至截然相反的历史结论。在殖民主义者笔下，一部贩卖黑奴的罪恶史变成了所谓的开发新大陆，侵略中国的鸦片战争史变成了自由贸易战争史，世界人民的民族解放运动变成了“非殖民化运动”。当年的殖民主义分子杀害美洲印第安人的历史，并没有得到充分研究。日本军国主义对中华民族和亚洲其他国家人民犯下的罪行，也没有得到应有的反省。为什么会出现两种史学观，两种历史的评判标准？不同的阶级，不同的国家，对历史的观点从来不同。唯物史观和唯心史观是两种根本对立的历史观。这些问题，很值得我们搞历史的人去思考。

历史从来都是统治阶级写的。统治阶级写历史，当然是为了维护本阶级的统治。不仅如此，统治阶级还要创造许多为自己服务的概念、范畴、话语。资产阶级史学家，是为资产阶级的利益而写历史。社会主义国家的史学家，则应为无产阶级、人民大众的解放和发展而写历史。不同的国家、民族，都是为着自己的国家和民族的兴旺发达而写历史。世上没有这样的历史学家，他写历史的目的，是要损害自己阶级的利益。哪有为使自己灭亡而写史的？所以，写历史的确有为谁而写、为谁服务的问题。

我来社科院这几年耳濡目染，学到不少东西。我感觉，对待学问有两个问题要搞清楚，一个叫“是什么”，一个叫“为什么”。对于历史学，我们也要首先问问，它要研究的对象是什么，是什么历史阶段，什么事情。然后再问，为什么是这个样子，我们可以从中总结出什么经验教训，以为今天借鉴。我最近看到一些历史书，使我想到一些问题。比如，我们搞夏、商、周断代工程，就是想通过科学研究，发掘历史上存在的事实，来丰富我们对中华民族的起源和历史过程的认识，把原来属于传说的东西，经过科学研究加以甄别、证实。但是，国外一些人不这样看，他们说我们是民族主义，是政府行为，搞了一个民族主义的工程。可见，他们首先把历史学看成政治，看成意识形态，而我们有些同志还没有他们这么敏感。

史学研究，尤其是当代史研究，今天已经成为一种意识形态武器，我把它叫做“软武器”。历史上从来没有像今天的西方世界这样，用现代科技手段，用现代经济力量，制造出这么多的“软武器”。他们制造“软武器”的目的，一方面是为了从精神上摧垮别的国家和民族，另一方面是为自己的行为寻找正当的理由。例如，美国反国际恐怖主义，打的是“代表全人类”进行“圣战”的旗号。谁授权它了？他们的这种做法，促使我对西方的价值观，对其思想意识、思想方法有了一些新的认识。我看西方的资产阶级文人政客是用尽了人间的好话，他们把好听的话语都拿来，像什么自由、民主、博爱、人权，他们拿过来，把它抽象化，加以彩色包装，然后为己所用。我们中国共产党人奋斗了80年，从新民主主义革命到社会主义革命、建设和改革开放，所追求的就是民族的解放和振兴，结果在他们的话语体系中反倒成了“民族主义”、“专制主义”；而他们以及追随他们的败类，倒成了“自由世界”的斗士，“民主阵营”的捍卫者；本来是我们为中国人民的解放、独立和幸福而奋斗，他们反倒打着“人权”的幌子来攻击我们。

我讲这些，是为了提醒我们的国史学者，在学术研究中，要充分认识到历史学的重要地位和作用。尤其是现在，我们正处在改革开放新的历史时期，要看到国际环境的复杂性。中国今天还处在被资本主义世界包围之中，他们任何时候都没有放弃过对我实施“西化”、分化图谋，没有放松过对我们的遏制。中国的社会主义建设有特殊的复杂性、特别的艰巨性、特有的长期性。我之所以在这三性前加上“特殊”、“特别”、“特有”，是因为在我们这么一个大国，有这么悠久的历史，处在这样一个国际环境中，千万不能忘乎所以，放松警惕。失去忧患意识，是很危险的。

今天，我们搞历史研究同样会面对一个现实，即在复杂的国际环境下，会不断从国外传来关于中国，尤其是关于上世纪以来我们党史和国史的种种说法，而且必然会涉及我们党和国家的意识形态，涉及我们的政权、制度、执政地位等政治内容。不把我们的党史、国史涂黑，那些别有用心的人是决不会善罢甘休的。不要只看到军事、经济上的斗争，从原子弹、氢弹到TMD、NMD，从军事包围到经济封锁，这些东西都打不倒中国。像苏联这样一个国家，“十月革命”时，十几个资本主义国家的包围、侵略，也没能扼杀它；在二战中，希特勒数百万的军队也没能战胜它。但是，就是这样一个铜墙铁壁的国家，一夜之间却自己瓦解了。我们研究国史，最核心的问题，就是要研究如何防止苏联的悲剧在我们国家重演。历史研究如果走错了方向，促使苏联的悲剧重演，我看就不是史学研究的问题了，而纯粹是政治阴谋，只不过是借一些历史学的名词作为装饰而已。搞乱一个国家的思想，是搞乱这个国家的最重要的“软武器”。

研究国史也会涉及我们怎么看待现实。大家都觉得现在问题很多，我看什么时候问题都不会少。旧的问题解决了，还会出现新的问题，还会有很多我们认识不到的问题。已经认识到的问题解决了，没有认识到的问题又出现了。要知道，解决问题的过程，也是产生问题的过程。一位老同志跟我说，当你认识到的时候，问题就很多；一旦你解决了，旧的问题就没有了，但新的问题又产生了。可以说，解决问题的时候，也是产生问题的时候，差别在于问题不同，而不是有没有问题。现在是新问题大量出现的时期，也是新事物、新办法大量出现的时期。改革开放已经20多年，以江泽民同志为核心的第三代中央领导集体主政也已经12年。这个历史时期，可以说是中国历史上最好的时期之一。尽管还有很多事情不尽如人意，还会有不少新问题，但是，我们毕竟解决了大量艰巨复杂的问题，也就积累了宝贵的历史经验。我们有了经验，也就提高了应对和处理复杂情况的能力。

研究历史，尤其是研究当代史，不可能离开今天去观察昨天。人们认识社会，总要受到两个局限性的制约，一个是阶级的局限性，一个是历史的局限性。所谓历史的局限性，就是指特定历史时期的经济、科技和社会发展水平对于人们认识能力的局限。正是由于这种局限性，才使得人们对历史的认识总是相对的，就是说，人们对人类社会发展规律的认识，总要随着历史的发展才能不断完善，进而推动历史研究不断深入，不断发展。在史学界经常有人讲，“一切历史都是当代史”。我认为，这个话有道理。否则，为什么同样的历史，数千年来要不断地写、反复地研究？比如，周、秦已经过去两千年了，我们今天还在研究先秦史，我看再过两千年还会有人研究。为什么？就是因为当代人需要通过研究那段历史，反映当代人对那段历史的看法，希望在反复研究中，为当代人走向未来提供一些有益的借鉴，纠正过去史书上的一些偏差、谬误或者不实。

关于史学研究的指导思想问题

有人说，我们现在史学研究不应该再坚持历史唯物主义，因为历史唯物主义也有很多局限。什么理论没有局限？要求理论没有局限，就等于把理论绝对化，当成教条，就不要发展了。但是，我们不能因为理论有局限，就否认理论的指导作用，就不再坚持它。我们坚持马克思主义，因为它是科学，是真理，因为它是与时俱进、不断发展的理论，而不是僵死的教条。什么理论都要发展，不管过去这个理论多么正确、曾经如何被充分证明过，随着时代的发展，它都要继续发展。历史唯物主义，把历史看作不以人的主观意志为转移的客观存在，这个基本观点是对的，是正确的。至于对一些历史事件的具体描写、个别结论，不同时期会有不同看法，但这不能成为不坚持历史唯物主义的理由。

还有人说我们现在应该坚持马克思主义的史学观，不一定再坚持唯物史观。有没有所谓离开唯物史观的马克思主义史学观呢？我看没有。今天的历史学从历史观来看，主要是两家：一家是资产阶级的历史观，即唯心主义的史学观；一家是马克思主义所体现的无产阶级的历史观，即唯物主义史学观。

中国的历史发展已经证明，中国只能搞社会主义，只能走社会主义道路。搞社会主义，具体的方法、模式可以是多种多样，但是走社会主义道路这样一个方向是中国人民的惟一选择。我们坚持社会主义方向，坚持社会主义道路，同时努力探索有中国特色社会主义。一切有利于中国发展，有利于中华民族振兴的，都是有中国特色社会主义所需要的。在这个历史过程中，我们只能坚持和发展马克思主义唯物史观的基本理论和基本观点，在这个思想的指导下探索中国的发展道路。而我们的国史研究要忠实记录、正确表述的，正是中国人民探索这条道路的奋斗史，因此，也必须坚持和发展马克思主义的唯物史观，用以指导国史研究。

国史工作者是中国人民、中华人民共和国历史探索的记录人、见证者，是实践的总结者。国史研究，就是为国立史、立传。对于一个国家、民族乃至一个人，最宝贵的就是自己的实践经验。只有善于总结经验的人，才会逐渐成熟。别人的经验，是别人对其历史存在的认识；自己的经验，是自己对其历史存在的认识。别人的经验反映的是别人的利益，自己的经验反映的是自己的利益。

江泽民同志提出“三个代表”的重要思想，要求我们代表中国先进社会生产力的发展要求，代表中国先进文化的前进方向，代表中国最广大人民的根本利益。先进性的本质是代表人民的根本利益；离开了人民的根本利益，就不具有先进性。只有反映人民的历史和现实要求，才能代表人民的根本利益。中华人民共和国是中国人民利益的最大保障和代表，写国史，就要真实反映亿万人民建设有中国特色社会主义的伟大实践，认真总结历史经验，努力探索有利于中国发展、有利于振兴中华民族的道路，写出中国人民的探索史、进步史和发展史。

以上所讲的，是我的几点粗浅看法，今天借这个机会和学者们交流，可能有偏颇，或者过分强调了某一个方面。我要强调的是，国史研究是非常重要的，是绝对不可忽视的。国史研究不仅是研究过去，也是为我们国家和民族的未来服务的。

（选自《新华文摘》2002年第8期）

20世纪的中国民俗学

钟敬文

斗转星移，转瞬间中国民俗学已经走过了近百年的风雨历程。在喜迎21世纪的今天，能有一套荟萃20世纪中国民俗学百年学术精华的丛书问世，已不仅仅是中国民俗学界的快事，同时也应视为中国学界的一件快事。因为中国民俗学本身就是由诸学科学者共同创建的，更何况经过近百年的发展，作为边缘学科的中国民俗学，已经与许多学科结下了不解之缘而成为整个中国学问的一个重要组成部分了。

通常，人们常以为中国民俗学的产生始于1919年五四运动前后，但实际上，近代的科学意义上的中国民俗学早在20世纪初就已经萌芽，当时的一些仁人志士在介绍国外民主思想的同时，也将西方民俗学理论介绍到了我国，只是当时的中国毕竟还处于三座大山的重压之下，这些胚芽还只能待机破土。

20世纪是个地覆天翻的世纪。就在短短的一二十年之后，民主与科学的思想就已经成为这一时期知识阶层的最强音。就在著名的五四运动爆发前的1918年，北京大学成立了近世歌谣征集处，1920年成立了歌谣研究会，1922年出版了《歌谣》周刊，有组织、有计划、有纲领、有行动的中国民俗学运动，由此拉开序幕。1926年前后，北方革命在北洋军阀的重压下陷入低谷，轰动一时的歌谣学运动也陷于停顿，而这时南方革命势力正在孕育之中。一些追求进步思想的知识分子纷纷南下广东，开始了中国民俗学的第二次创业。1930年前后，钟敬文、江绍原等人在杭州成立了民俗周刊社，为当时的中国民俗学运动带来一定影响。抗日战争爆发后，一些大学和研究机关被迫西迁，进入中国大西南的云贵川地区。他们从不同视角，对当地少数民族文化进行了卓有成效的研究，取得了不少成果。

在抗日时期的延安，出于改进学风的需要，毛泽东同志提出了文学艺术民族化主张，作为文学家创作源泉的民间文学艺术，受到了空前重视，这些成果对繁荣边区文艺创作，提供了丰富养分。

建国后，中国民俗学运动也进入了一个全新阶段。由于受苏联学术体系和陕甘宁边区学术传统的影响，这一时期的民俗学研究，主要集中在民间文学及民间艺术等几个方面，而民俗学的其他领域则被排斥在学术之外。学术议题也主要是围绕着民间文艺之社会地位、社会功能等问题展开的。

1966年“文化大革命”的爆发，使中国民俗学运动蒙受了灭顶之灾。打倒“四人帮”后，中国民俗学才迎来真正的春天。这一时期的民俗学研究是从总结历史，拨乱反正开始的。随着思想解放浪潮的高涨，人们的学术视野得到大幅拓展，学术焦点也从建国以来的单一的民间文学研究，开始向民俗大文化方向转化。搜集方面，全国性民间文学三套集成普查工作和少数民族史诗、叙事诗搜集工作均取得了令人瞩目的成绩。

纵观中国民俗学发展的百年历史，中国民俗学所走过的是一个非常艰难的历程。尽管从总体上说中国民俗学的发展具有明显的持续性特点，但实际上，由于战乱、政治等多方面原因，民俗学研究热点一直处于变化之中，因此，每次起步都往往需要从基础理论做起。

中国的民俗学是从民间文学研究开始的，即使现在，民间文学也仍占有相当比重。对民俗学进行整体关照的意识尽管很早就已出现，但真正形成风气还是在20世纪的80年代。这一时期文化热的兴起，客观上为民俗学的整体研究铺平了道路。

在中国民俗学发展的近百年中，直接参与到这一领域，并自始至终从事民俗学研究的人并不很多，更多的情况是来自不同学科的跨学科研究。由于学科不同，学术视角不同，人们的研究方法自然也呈现出明显的多元化倾向。

与许多20世纪初诞生的新学一样，中国民俗学自诞生之日起，便与国外民俗学理论结下了不解之缘。如众所周知的流传学派、社会学派、功能学派、精神分析学派等等，都程度不同地影响过我国。但总的来说，对中国影响最大的当属英国人类学派。除建国之初的前27年外，这一理论对中国民俗学的影响几乎从未间断。一方面，它在帮助人们认识民俗现象古老文化内涵的过程中确实发挥过重要作用，但另一方面，它的存在又确实使人们忽视了对民俗事项现实功能及演变规律的准确把握。

中国典籍丰富，又有考据传统，因此，考据便成了中国民俗学的一大特色。无论哪位学者，也无论他使用过怎样的方法，在他的著作中，几乎都会程度不同地留有考据学的身影，这就是独具特色的中国民俗学。

回首百年，中国民俗学在其发展过程中也确实存在许多问题，其中最大的问题之一，就是田野作业方面的欠缺。田野作业常被视为民俗学者的看家本领，这也是民俗学常被视为“现代学”的原因之一。中国民俗学自发端之初，似乎就很强调田野作业，如中国民俗学发展史上的第一个运动——歌谣学运动，便是从征集歌谣开始的。以后的歌谣研究会、中山大学民俗学会，以至今天的中国民俗学会，似乎都十分强调搜集。但事实上我们所做的还远远不够。

首先，从数量上看，与文本研究相比，我们的田野作业明显偏少。由于田野作业力度不够，人们只能从事文本方面的研究，而对文本之外的研究几乎很少涉足，其结果，自然直接影响到研究范围的拓展和人们对民俗事项的整体把握。

其次，从质量上看，虽然自中国民俗学产生之初，就已经注意到了比较科学的搜集方法，但由于搜集者多半是热心民俗但又缺少学术训练的民间人士，他们所关注的更多的是文本本身，而对相关语境则缺少起码关照，所以在搜集质量上便不能不打上许多折扣。

抗战爆发后，我国部分民俗工作者尽管在大西南进行过不少卓有成效的田野作业，但总的来说，田野作业并没有得到它应有的位置。这不但使我们凭空失去了许多宝贵的一手资料，同时也使我们的民俗学研究失去了一个非常重要的学术生长点而只能在文本之中徘徊。

积极吸收外国先进理论与方法，是我国民俗学研究的一个传统。但我们在学习国外理论时，生搬硬套也使我们吃了不少苦头。我以为，吸收国外理论，也应有所分析，有所鉴别，不应像一个光着屁股在海边赶海的孩子，不加区别地拣拾所有，而应从中国的具体国情出发，在吸收国外学术优长的同时，尽量回避其不足。学术的最高境界在于对自身文化的准确把握，而不是对国外理论的刻意模仿。这就要求我们具体问题具体分析，用踏实的调查，深入的分析，去实实在在地解决几个问题。实践是检验真理的惟一标准，这应该成为我们学术研究的永久指南。五四时期革命先驱们对“诗云子曰”派的批评，改革开放之初对“两个凡是”派的批评，对于我们今天的学术研究仍具指导意义。

20世纪是个充满动荡的世纪，也是个改地换天的世纪。经过百年努力，中国民俗学已经从一门名不见经传的小学，一举成为20世纪末中国人文学科中的一个重要的学术生长点。这进步，来自于包括港澳台学者在内的整个中国学界诸同仁的共同努力。

就在人们站在世纪之交喜迎新世纪到来的时候，苑利同志花数年时间编纂的这套《二十世纪中国民俗学经典》就要出版了。这套丛书收录了从1901年至2000年这一百年间中国民俗学研究成果中的主要篇目，它的出版，对于人们系统了解20世纪中国民俗学研究的主要成就，重新审视中国民俗学经历的百年历程，都会有相当的裨益。在丛书出版之际，特撰此文以为志。

（本文系作者为苑利著《二十世纪中国民俗学经典》所作序，有删节）

（作者生前任北京师范大学教授）

（选自《光明日报》2002年1月16日）

浮躁：学术创新的大敌

——四教授畅谈学风问题

李文海（中国人民大学）
张岂之（西北大学）
章开沅（华中师范大学）
龚书铎（北京师范大学）
危兆盖（主持人，光明日报社）

学风浮躁的表现

主持人：四位都是国内知名的史学专家，又曾出掌一方高校校职，对眼下愈演愈烈的学风问题感受颇深。今天就请几位围绕学风建设问题谈谈看法。

李文海：党的十五届六中全会着重讨论了加强党的作风建设问题，江泽民总书记特别强调了学风问题的重要性。确实，倡导优良学风，反对学术浮躁，已成为学术界一项十分紧迫的任务，因为学风浮躁极大地制约着学术的创新和学术的繁荣。

张岂之：对于当前学风的主要问题，有的提学术腐败，有的提学风浮躁。我以为，学风浮躁与学术腐败应有所区别，说“学风浮躁”更合适些。学风浮躁主要指治学不扎实，不实事求是，不认真研究，急功近利。这是学术界当前存在的主要问题。

章开沅：我很同意用“学风浮躁”这个提法，在学风问题上，浮躁是腐败的土壤，学风浮躁不等于学术腐败，但容易滋生腐败。我一贯认为，学风是世风的先导，学风败坏，则世风必然败坏。几千年的历史经验都证明了这一点，因此，对学术界的学风问题不可小视。

主持人：对于当前的浮躁学风，虽有目共睹，也时见批评，但似乎还没有人作系统诊断。根据各位的观察，浮躁的学风主要表现在哪些方面？

李文海：表现之一是泡沫学术太多。现在每年出版的专著、论文真可以说是汗牛充栋，但真正有学术价值的到底有多少，值得研究。有些所谓专著、论文，毫无学术价值可言，在资源上是一种浪费，在文化上则是垃圾，在学风上助长浮躁。表现之二是管理上的急功近利。学术是需要长期积累、潜心钻研，才能获得有分量的成果的。但有些管理者总希望立竿见影，具体表现就是片面强调量化管理。在当前的教学和科研活动中，“量”的管理几乎无孔不入，弄得人人摇头蹙额。如不少学校要求在读研究生必须发表多少篇论文方可取得学位论文答辩资格，教师晋升职称也主要看著作和论文的数量。面对这种规定，不但学生着急，教师、学校领导也很无奈，加之各校之间为了争排名，往往互相攀比，这就更是火上浇油，把量化管理中的“量”绝对化了。管理量化虽是必要的，但规定得太死，惟“量”是从，就走向了反面。

龚书铎：学风浮躁的另一个表现，就是对学术创新问题作错误的理解。学术要创新，不创新就会衰颓，就没有发展，但创新并不一定要全盘否定前人的学术成果。把以前若干代人取得的成果一概否定，以为自己的一孔之见即为高论，未免太轻率。学术是一代又一代积淀下来的，学术的发展也只能建立在已有的基础上，既不是炒冷饭，也不是推倒重来。创新必须建立在扎实研究的基础上，而不是随意地“标新立异”，不是无根据地做翻案文章，也不是用新词汇去重新包装一番。现在一些人所谓的创新，除了套用流行的新词汇外，从观点到内容都没有新东西，这不是创新，而是唬人。

学风浮躁的原因

主持人：“随风潜入夜，润物细无声”本是学术研究的常态，那么，是什么原因促成我们的学术界“浮躁”成“风”呢？

李文海：近几年学风浮躁问题之所以愈演愈烈，决非偶然。它既与学者个人的学术素养、学术品格有关，也与社会的环境、氛围有关，还与我们当前的人文心态和管理体制有关。我先谈点社会因素。对于当前的人文社会科学评估办法，学术界早就有不同的声音，很多人认为当前的评估办法在一定程度上助长了学风浮躁。现在的评估体系、评价标准，很多是从工程建设或者是从工科那里简单搬过来的，没有考虑到人文社会科学的特点和人文社会科学建设的客观规律。因此，我认为，对于酿成学风浮躁的社会因素要高度重视。

张岂之：学风浮躁的原因确实很复杂，我以为主要有五个方面。第一，人文社会科学评估体系存在明显缺陷。其表现，一是注重数量而不重质量，这就导致一些学人特别是中青年学人追求速度，而很难保持一种厚积薄发的治学心境。二是还没有找到一种公正、合理、科学的评估机制。三是学术界的商业炒作也给学术的健康发展带来危害。因此，如何建立一种适合我国人文社会科学实际的评估体系已非常迫切，需要学界共同研究。

章开沅：说起学术界的商业炒作，我认为跟出版、报刊等方面的刻意运作有很大关系。它们大有反客为主之势，学术研究往往被他们牵着鼻子走，从而使学术研究背离学术发展的本来理路，由此带来愈演愈烈的学风问题。

张岂之：第二，对学术规范的检查还不得力。学术界提学术规范已经有好几年了，学术界同仁也很注意与国际接轨，如写论文要有关键词、内容提要、注释标准等，但实际上，学术规范的主要之点即持之有据、重第一手资料的严谨学风被忽视了。现在有人直接从网上抄资料，不再核查原文。这种方法很容易出现失误。第三，对已经出台的一些旨在推动人文社会科学发展的措施、办法是否真正达到了目的检查不够。对此，教育主管部门迫切需要进行一次检查，合理的就继续坚持，不合理的就应予改进。

龚书铎：我认为，以所谓核心期刊衡量论文质量的评估办法就需要改进。实际上，任何一种刊物所发表的文章都有好坏优劣之分，现在却统一以刊论奖，很不合理，也不科学。有些师院、师专的学报也刊发了不少好文章，而所谓核心期刊的文章并不见得篇篇都是佳作。核心期刊之说，原是北大图书馆为收藏图书资料定的，是否科学本身即成问题；从现在的情况看，问题大得很。

张岂之：第四，学术道德本是治学的起码要求，但就目前情形而言，学术道德还没有成为学人的普遍自觉行为，一些学人的学术道德自律做得很不够。近年来屡屡揭出抄袭、侵权行为，说明道德沦落也是导致学风浮躁的重要原因。

章开沅：现在的一些年轻学人，包括一些青年学科带头人，大都是新时期成长起来的，在学术传承上不无缺陷。但有些人胆子大得很，什么都敢谈。譬如谈文化，口气比梁漱溟还大，其实他们对中国文化精髓的把握，还远远不如20世纪二三十年代那些学者。有的人甚至拉帮结伙，把江湖手法用到治学上来，影响很坏。

张岂之：第五，我们当前还缺少一个让人潜心研究的学术环境。这个问题非三言两语所能说清楚，这里姑举两例。其一，我们每年都必须有若干论文发表，否则就填不好各种"表"，显示不出研究成绩，因此，谁还能坚持"十年磨一剑"？五年磨一剑都不行。其二，教育行政管理机构每年都设有各种各样的"申请"，申请成功还要接受各种检查、评审，研究者自然要为此耗心费力，哪里还能坚持独立的学术研究？

章开沅：上面的政策出现误导时，如果下面都抵制，促其改正，还好办。问题是下面也有基础，不敢顶，甚至迎合。尤其是某些急功近利的人更欢迎，对这种追求数量的管理模式有兴趣。结果就是上有误导，中有好者，下面遭殃。譬如，现在的研究生答辩，就很难说是严格的答辩，往往是互相包涵，流于形式，真正去抠论文的已经很少。因为学生论文不能通过，导师也有麻烦，下一届或许就不能再招。

学风浮躁治理的对策

主持人：*我们探讨学风浮躁的原因、表现，最终目的是要净化学术环境，建设良好学风。请问几位对浮躁学风的治理有何高见？*

章开沅：浮躁而成为一种风气，可见其严重。要扭转这种风气，纯粹依靠呼吁学人加强道德自律恐怕还不够，进行综合治理才是最根本的途径，改进量化管理应是当前的急务。过去，老一辈管理者还承认自己是外行，并表示要转化成内行。现在情况不同了，有些管理者自认为是上级领导，出国比你多，学位比你高，把资深专家视为土包子，颐指气使。这种管理方式只能助长不良学风的蔓延，而无益于学术发展。在国外，一些大基金会对研究者的具体选题并不过问，研究的过程也不过问，很少派人检查，更没有什么指标体系，不像国内这样，没完没了地填各种表格，一年到头忙申报、评审、验收。管理的目的应该是实实在在地推动学术研究，促进教育发展，而不在于管理本身出多少新花样。此外，新闻媒体、学术刊物如能多开展一些学术批评，也将有力地遏制不良学风，促进学风的健康发展。

张岂之：我很赞成改进人文基础学科的评估办法。现在人们都很重视"量化"管理，这种办法看起来很科学，但就目前的实际情形看，值得探讨。就目前人文社会科学的各种量化管理办法而言，从具体内容到执行程序直至结果认定，需要改进的地方很多，教育主管部门应力求改进，不断完善，避免重蹈过去管理中机械主义、教条主义的覆辙。

龚书铎：我讲两点。其一，政府教育主管部门应审慎看待量化管理的预期效果，不能太乐观。现在有一个不妙的趋势是管理者把量化问题看得越来越重，这就很值得忧虑。譬如，现在的博士生在进行论文答辩时，有两张表，一张是评语，一张是评分。评委说评语好写，分数却很难评，希望淡化或取消评分。然而，管理者不这么看，他们认为量化管理是科学管理。但事实上，量化只是一个导向，惟量是从肯定不利于学术发展。潜下心来做学问，本是治学的常理，但现在如果有谁潜心坐冷板凳，不要说十年八年，一两年不见成果，就要出麻烦。因为你不能老当助教、讲师，总得评副教授、教授，没有上级要求的"量化"成果，光讲业务如何精，怎么评得上职称？这就逼着学人搞泡沫学术，年轻人动辄著述等身。因此，我们必须正视惟"量"是从所带来的严重后果。其二，看家书不能不读。现在有些年轻人不重视看原始资料，往往辗转抄袭，断章取义，这是很成问题的。毛泽东曾说，搞调查研究，要详细地占有资料，加以具体的分析，然后得出理论性的结论来。现在有些人把别人的东西拿来重新罗列一番，用什么时髦方法一套，就以为是创新，这是不行的。年轻人有时听不进这些，他们称坐冷板凳是"手工式"，而现在流行的是"社会化大生产"。

李文海：要使学术研究的发展保持健康的方向，就必须根除浮躁的学风。现在很多有良心负责任的学者都在思考这一问题。我以为，首先是要大力提倡学界同仁讲学术道德，提高学术队伍的道德素质。这就要求学者不断提高个人的品格、道德、素质和修养。其次是要调整社会心理。如何看待人文社会科学对现实的作用？有些可能会有直接的影响，有些则可能是对社会的长期作用，如人文科学对民族素质的作用就是长期的、潜移默化的。就此而言，社会要求人文社会科学发挥短期效应，要求人文社会科学像自然科学那样对人类社会生活发生立竿见影的效果是不可取的。再次就是要探索一套既符合学术发展规律又有中国特点的学术评估办法。我们不能照搬国外的那一套，也不能按照搞工程的办法来管理学术。即使有再大的困难，我们也要下决心改进当前流行的一套量化办法，否则，会为浮躁学风的蔓延推波助澜。譬如对在读博士生要求三年内发表三五篇论文，是很不切实际的，一年级要学外语，还有其他课程；二年级要写论文，三年级要准备论文答辩，还得联系工作；这任务已经不轻，现在还要在三年内完成三至五篇论文，其结果可想而知，只能是粗制滥造，甚至损害博士论文的学术水平。第四就是要加强学术评论。对好的学术成果，要大力推荐；对假冒伪劣的所谓专著、论文则要进行严肃的批评。没有批评，就没有发展。

(选自《新华文摘》2002 年第 5 期)

中国社会科学院 2001 年度科研工作报告

2001 年，是新世纪起步之年，也是我国第十个“五年计划”开始之年。在这一年里，中国社会科学院的广大科研人员坚持以马列主义、毛泽东思想、邓小平理论和“三个代表”重要思想为指导，认真学习贯彻江泽民同志“七一”、“八七”讲话和中共中央十五届六中全会精神，牢牢把握正确的政治方向、理论方向和科研方向，围绕党和国家面临的重大理论和实际问题，集中精力开展科学研究，科研工作取得明显进展；以重大课题为代表的课题立项工作，突出了集中力量开展全局性、战略性、前瞻性课题研究的特点；基础研究和应用研究平衡发展，取得一批具有良好社会效益与较高学术水平的科研成果；学科建设收效显著，学术活动蓬勃开展；科研管理体制改革稳步推进，为科研工作的发展与繁荣提供了切实保障。

课题立项情况

近年来，中国社会科学院密切关注和把握新世纪党和国家所面临的一系列重大问题，组织精干力量，积极开展全局性、战略性、前瞻性课题研究，努力探索和研究中国特色社会主义建设各个方面的发展规律，为 21 世纪中国经济社会的发展提供理论支持和对策建议。

1. 重大课题立项情况

重大课题是我院组织精干科研力量，发挥综合优势，积极开展全局性、战略性、前瞻性课题研究的主战场。经评审，2001 年度共确立 A 类重大课题 57 项，B 类重大课题 77 项。

在新确立的 57 项 A 类重大课题中，经济学科片承担 15 项，研究内容侧重于宏观经济改革、经济政策和宏观调控，国有经济体制改革与发展，农村可持续发展和增加农民收入，对外开放和国家经济安全，知识经济，新经济理论与发展研究等方面。它们是：王洛林的“加入 WTO 对我国经济社会的重大影响及制度性问题”，陈佳贵的“中国工业现代化问题研究”，齐建国的“知识（新）经济的基本理论、发展现状、趋势及我国发展战略选择研究”，左大培、杨春学的“新经济增长理论的发展和比较研究”，刘溶沧的“宏观经济管理体制和调控政策体系研究”，金周英的“长远发展战略的系统集成与国家经济安全”，王红领、韩朝华的“90 年代中国公有企业产权改革效果评价和前景分析”，沈志渔、罗仲伟的“21 世纪初的我国国有企业改革和发展研究”，赵英、李海舰的“中国扩大开放中的经济安全问题研究”，宋则的“‘十五’期间中国流通创新理论和政策研究”，蔡昉的“农村与增加农民收入”，张晓山的“农村发展与增加农民收入”，李成贵的“中国粮食流通体制改革研究”，战捷的“中国人口政策效应评价与调整思路”，齐兰兮的“中国近代企业史”等。此外，经济学科片还承担 B 类重大课题 15 项。

哲学学科片承担 A 类重大课题 7 项，研究内容侧重于社会发展的伦理建设，确立当代自然观与科学观，引导宗教与社会主义相适应等方面。它们是：金吾伦的“科技哲学与当代科技发展”，孙春晨的“经济伦理与社会发展”，章建刚的“艺术哲学与国民素质的全面提高”，李鹏程的“政治哲学研究”，冯今源的“坚持引导宗教与社会主义相适应的理论与实践”，吴云贵的“当代宗教极端主义研究”，何培忠的“改革开放以来的国外中国研究”等。此外，哲学学科片还承担 B 类重大课题 11 项。

史学学科片承担A类重大课题4项，研究内容体现了以基础理论为主，应用研究为辅的特点。它们是：陈祖武的“乾嘉学派研究”，王寄生的“中国国民党台湾时期史”，王巍的“中国古代文明起源与早期发展研究”，马大正的“当代新疆治理研究”等。此外，史学学科片还承担B类重大课题16项。

文学语言学科片承担A类重大课题5项，研究内容侧重于民族精神与文化建设等方面。它们是：刘扬忠、蒋寅的“古典文学与华夏民族精神的建构”，邓敏文的“少数民族口头文学丛编”，陆建德、黄梅的“现代化过程中的外国文学”，周启超、郭宏安的“跨文化的文学理论：比较诗学研究”，江蓝生、曹广顺的“断代汉语语法史研究”等。此外，文学语言学科片还承担B类重大课题2项。

政法社会学科片承担A类重大课题11项，研究内容侧重于社会保障，社会稳定，民族发展，以及政治学、法学、民族学的基础理论建设等方面。它们是：信春鹰的“全球化时代的国家主权问题研究”，白钢的“中国政治思想通史”，景天魁、唐钧的“当代中国市场经济体制条件下的社会保障与社会政策”，李培林的“当代中国社会人民内部矛盾问题研究”，单光鼐的“社会稳定与预警系统研究”，葛公尚、王建娥的“20世纪世界民族问题报告”，王希恩的“20世纪中国民族问题报告”，何星亮的“中国人类学民族学基础理论研究”，乌兰的“‘蒙古秘史’研究”，张西明的“美国政府与新闻媒体关系研究”，杨一凡、徐立志的“中国稀见法律文献的整理与研究”等。此外，政法社会学科片还承担B类重大课题18项。

国际学科片承担A类重大课题13项，研究内容侧重于全球化问题，苏联解体的历史教训，以及对象国研究等方面。它们是：王逸舟的“中国与国际组织关系研究”，王春法的“科技全球化与中国科技发展战略选择”，罗肇鸿的“跨国购并的新特点、发展趋势及我国对策”，李慎明的“苏联共产党与苏联解体的历史教训”，陆南泉的“苏联经济体制模式改革史论”，韩锋的“21世纪初亚洲东南部的国际环境及对我国的影响”，高增杰的“21世纪初期日本的国家发展战略”，潘琪昌、赵俊杰的“北约战略调整与欧盟共同防御及其对我国安全环境的影响”，赵常庆的“中亚五国与中国西部开发”，吴国平的“拉美经济改革经验及其教训——主要国家实例比较研究”，李智彪的“西亚非洲资源、市场与中国经济发展”，周琪的“意识形态与美国外交政策”，张盛发的“苏联通史”等。此外，国际学科片还承担B类重大课题15项。

2001年立项的A类重大课题还有：李铁映的“21世纪中国面临的重大理论和对策问题”，朱佳木的“无产阶级专政的历史经验研究”。

2．专门课题立项情况

2001年，我院为贯彻党的十五届六中全会的精神，组织科研骨干力量，围绕江泽民总书记在“七一”讲话和十五届六中全会中提出的一系列重大理论和实践课题，确立了“劳动和劳动价值理论研究”、“深化和发展马克思劳动价值论”、“知识经济下劳动价值论的深化”、“中国收入分配”、“邓小平理论与马克思主义”、“中国先进文化的前进方向”、“关于德治问题的考察”、“对当代中国文化的总体认识和创新发展的战略思考”、“深化对剩余价值理论的认识”、“全球化和时代问题研究”、“中国当前社会阶层结构研究”、“社会主义社会剩余价值的属性、生产与分配——以私营企业为例”和“党的先进性问题研究”等13项交办课题。由院领导分别负责有关课题的组织协调工作，以保障课题研究的顺利进行并取得高质量的研究成果。

我院还接受并完成了一批党中央、国务院领导同志交办的课题。一年来，由中央领导同志和我院及有关部委省市负责同志交办、委托的课题有56项。

此外，有45项课题申请获得国家社会科学基金课题立项，其中国家重点课题13项、一般课题27项、青年课题5项。“东北边疆历史与现状研究系列工程”和“苏联档案整理”2项重大课题得到国家财政专项资助。各研究所确立了一批所级研究课题。

主要科研成果

2001年，我院的广大科研人员树立精品意识，积极探索，潜心研究，推出了一批具有较高学术价值和一定社会效益的研究成果。

1．研究、阐发“三个代表”重要思想

全院干部职工自觉担负起哲学社会科学工作者的职责，将研究、阐发江泽民同志“三个代表”重要思想，作为首要的政治、理论任务来完成。院领导撰写了《以“三个代表”思想为指导，进一步繁荣和发展哲学社会科学》《开创马克思主义的新境界》《创新理论必须有创新的学风和文风》等重要文章。在全院范围内征选出的《“三个代表”重要思想与历史唯物主义》、《“三个代表”重要思想和马克思主义理论创新》和《中国新文艺与中国共产党》等3篇论文入选中共中央召开的纪念中国共产党成立80周年理论研讨会。《坚持最高纲领与最低纲领的统一》《150多年马克思主义发展史告诉我们什么》《20多年改革开放实践告诉我们什么》和《思想作风是党风建设的基础》等12篇文章被收入中宣部理论局编辑出版的《学习江泽民同志“七一”重要讲话理论文章选》中，其中一些作为重点文章在《光明日报》《经济日报》上发表，产生了良好的社会反响。此外，我院学者还承担了中央交办的“《共产党宣言》发表以来世界的主要变化”等重大课题，完成了《150年来世界科技、经济的发展与马克思主义的发展》等研究报告。

2. 研究、探讨深化改革与发展经济的新思路、新对策

经济体制改革是我院学者长期关注的问题，2001年成果主要有：金碚的《国有企业的历史地位和改革方向》，陈佳贵等的《国有企业经营者的激励与约束》，张卓元的《新世纪初期的中国经济体制改革》，张卓元、胡家勇的《论中国所有制改革》，郭克莎的《结构优化与经济发展》，何德旭的《中国金融创新与发展研究》等。西部开发对中国经济的发展有着重要意义，需要在理论上作出论证。这方面主要成果有：黄速建、魏后凯的《西部大开发与东西部地区发展》，陈栋生的《西部大开发与可持续发展》，王洛林、魏后凯的《我国西部开发的战略思路及发展前景》，田雪原的《西部开发重在人力资本积累》等。农村改革与农业发展是中国经济发展又一个关键问题。这方面主要成果有：张晓山的《关键是调整国民收入分配格局》，苑鹏的《农村市场化进程中的农民合作组织》，杜吟棠的《乡镇企业的历史地位、作用和经验教训》等。加入WTO对中国经济、社会发展将产生重大影响。这方面主要成果有：冯雷的《WTO与中国商业发展对策》，周叔莲、王振中的《加入WTO之后提高中国工业国际竞争力的对策》，孙大光的《关税配额与加入WTO后我国谷物进口管理》，鲁桐的《WTO与中国企业国际化》等。宏观经济研究与政策分析是我院学者的传统研究领域。这方面成果最具代表性的是按年度出版的“皮书”系列，其中经济蓝皮书已出第10本，农村绿皮书已出第9本，工业白皮书已出第6本，人口绿皮书已出第2本。

3. 探索中国社会全面发展的重大理论与实践问题

依法治国，建立社会主义法治国家是我国的一项基本国策，我院学者研究法治建设的新情况、新问题，推出了一批理论成果。主要有：郑成思等的《运用法律手段保障和促进信息网络的健康发展》，王叔文等的《市场经济与宪政建设》，陈泽宪等的《经济刑法新论》，叶自强的《民事诉讼制度的变革》等。选举制度是我国政治制度的重要组成部分，在本年度该项研究得到深入。这方面主要成果有：白钢等的《选举与治理——中国村民自治研究》，史为民等的《数据选举——人大代表选举统计研究》，白钢等的《公民政治参与——县乡人大代表选举》（电视教学片）等。社会学研究者对我国社会转型期的社会结构、社会保障等问题继续开展了深入的研究。这方面成果主要有：陆学艺等的《行仁庄——村落社会结构的发育与发展》，景天魁等的《基础整合的社会保障体系》，李培林等的《就业与制度变迁》，沈崇麟等的《城乡家庭——市场经济和非农化背景下的变迁》，陈午晴的《当代中国的单位变革与家庭建构》等。强烈的民族认同感是中国社会发展的重要因素，也是科学研究的重要对象。这方面主要成果有：卢勋等的《中华民族凝聚力的形成与发展》，刘正寅的《试论中华民族整体观念的形成与发展》等。新闻传播研究取得进展。这方面主要成果有：张西明的《新闻与法》，刘晓红等的《大众传播心理研究》等。

精神文明建设是社会主义现代化建设的重要组成部分，广大学者对此付出了心血。这方面主要成果有：余涌的《道德权利研究》，陈筠泉等的《科技革命与当代社会》，郑家栋的《断裂中的传统——信念与理性之间》，陈中立的《思维方式与社会发展》，许明等的《华夏审美风尚史》等。

4. 深化对中国社会主义现代化建设外部环境的考察和研究

世界经济与国际政治的发展，对我国社会主义现代化建设有着重要影响，我院学者继续推出了一批研究成果。主要有：王洛林等的《日本金融考察报告》，王春法的《“美国新经济”研究》，王缉思等的《当代美国丛书》，张蕴岭等的《亚洲现代化透视》，金熙德的《日本外交与中日关系——20世纪90年代新动向》，张树华的《过渡时期的俄罗斯社会》，周弘的《福利国家向何处去》，江时学等的《拉美与东亚发展模式比较研究》，刘月琴的《海湾地区国际关系理论》，张舒英的《全面估价日本经济》，滕藤等的《邓小平理论与世纪之交的中国国际战略》等。国际热点问题得到了学者们的普遍关注。这方面主要成果有：张蕴岭等的《对“9·11”

事件影响的预测》，世经政所课题组的《“9·11”事件对世界经济的影响》，李少军等的《恐怖主义与国际反恐怖斗争》，陶文钊的《“9·11”事件对美国内外政策的影响及我国对策》，金宜久等的《伊斯兰与国际热点》，吴云贵的《伊斯兰原教旨主义、宗教极端主义和国际恐怖主义》等。

5．加强基础理论建设

基础理论研究是应用研究与学科发展的基础。2001年度，各学科在基础理论研究方面均取得了具有一定学术水准的科研成果。马克思主义研究方面主要有：赵智奎的《邓小平理论的范畴体系》，吕微洲的《市场社会主义论》等。经济学方面主要有：钱津的《劳动价值论》，齐建国的《知识经济与管理》，汪同三的《经济模型集》等。哲学方面主要有：郭沂的《郭店竹简与先秦学术思想》，郑家栋的《冯友兰与中国马克思主义》等。史学方面主要有：李锦绣的《唐代财政史稿》，马大正等的《中国边疆经略史》，张海鹏等的《20世纪的中国·政坛风云卷》，虞和平的《中国现代化的进程》，万明的《中葡早期关系史》，端木美等的《法国现代化进程中的社会问题》等。考古学方面主要有：王吉怀的《蒙城尉迟寺》，徐殿魁的《偃师杏圆唐墓》，冯时的《中国天文考古学》等。文学方面主要有：杜书瀛等的《中国20世纪文艺学学术史》，杨义的《李杜诗学》，蒋寅的《王渔洋事迹征略》，张梦阳的《中国鲁迅学通史》，仁钦道尔吉的《蒙古英雄史诗源流》，陆建德的《破碎思想体系的残编——英美文学与思想史论稿》，董小英的《叙述学》等。语言学方面主要有：孟蓬生的《上古汉语同源词语语音关系研究》，白维国等的《现代汉语句典》等。政治学方面主要有：李铁映的《论民主》，白钢等的《中国政治制度史》等。社会学方面主要有：李培林等的《20世纪中国学术与社会》等。民族学方面主要有：方素梅等的《中国少数民族革命斗争史》，吴安其等的《汉藏语同源研究》等。宗教学方面主要有：高师宁的《新兴宗教初探》，卓新平等的《基督宗教研究》，金泽的《宗教人类学导论》等。

我院学术成果在社会各界赢得了良好声誉。《社会主义历史、理论与实践》《中国边疆经略史》《谁在制造谎言——评日本右翼的军国主义史观》等7项成果获得第八届“五个一工程”奖。《华夏审美风尚史》《甲骨学一百年》《就业与制度变迁》等10余项成果分别获得第五届国家图书奖或提名奖。此外，另有一批成果分别获得了省部级奖、学科专项奖等。

学科建设与学术活动

2001年是中国社会科学院“九五”期间确定的50个重点学科和重点扶持学科实施学科目标管理责任制5年期限的最后一年。经检查验收表明，通过5年时间的建设，50个实施目标管理责任制学科中的绝大多数，其学科基础得到了切实的加强，继续保持或进一步扩大了原有的学科优势；科研骨干队伍有所发展、扩大，后备人才也在不同程度上获得了充实；完成了一批能够体现学科建设整体水平、具有较高学术价值和重要影响的科研成果；部分学科存在的萎缩、下滑趋势，在一定程度上得到了缓解。总体上说，实施学科目标管理责任制对于加强我院学科建设起到了积极的有效的作用。

根据中国社会科学院和人文社会科学事业发展的需要，遵照优化结构、突出重点、促进创新的原则，在院“九五”期间学科调整和加强重点学科建设所取得的成果基础上，借鉴国内外学科建设的成功经验，按照我院“十五”规划的布置，我院将继续加强学科建设，逐步建设一批人文社会科学重点研究室。2001年，在充分调研的基础上，《中国社会科学院重点研究室建设方案》设计完成。该方案对重点研究室的定位和功能、管理体制、组织结构、经费投入与使用以及重点研究室的检查与评估等问题作了全面阐述与论证。考古所、语言所、民族所、数技经所、世经政所和文献信息中心等6个单位完成了重点研究室建设方案的个案设计。

2001年，中国社会科学院学术氛围浓厚，学术交流活动频繁开展。围绕重大理论和实际问题，我院举办了一系列重要学术活动，人员规模在50人以上的学术活动有125项。院学术委员会以“21世纪初中国面临的重大理论和对策问题”为主题，分别召开了经济、哲学、文学、历史、政法社会和国际问题等6个研讨会，邀请国内百余专家学者与会，提出并论证了100余项重大选题。此外，“史学工作会议”、“国际形势研讨会”、“‘三个代表’重要思想与历史唯物主义全国理论研讨会”、“劳动价值论学术研讨会”、“中国民营企业发展研讨会”、“人文奥运与北京文化建设”、“诺贝尔经济论坛”等学术活动均取得了良好效果。

许多研究所、研究中心、学会和学者个人在学术上表现活跃，积极参加国内外学术活动，社会参与程度明显加强，社会反映较好。我院主办的学术期刊不断提高学术水平和编校质量，改进装帧，出现了新的面貌。院属出版社在为科研服务、经营人文社会科学成果方面取得了较好的社会效益和经济效益。

科研体制建设

为适应近年来科研工作的发展变化，2001年我院在科研管理体制的改革方面，继续稳步推进。

建立实施重大课题制度是中国社会科学院科研管理体制改革的一项重要措施，有利于进一步优化科研资源配置，集中力量对具有全局性、前瞻性、战略性的重要理论问题和现实问题开展深入全面的研究。围绕加强和改进对重大课题的组织与管理，重大课题进展中的主要困难和问题以及现行重大课题制度亟需加以完善的环节和主要配套措施等问题，院有关部门开展了深入的调查，提出了完善的措施。2001年，根据新制定的《关于〈中国社会科学院重大课题管理办法〉的补充规定》，重大课题开始分设为A、B两类。新增设的B类重大课题是指研究规模较小、所需研究经费较少，研究所可以独立组织、承担的重大课题。A类重大课题选题计划由院制定；B类重大课题由研究所自行设计和组织，也可以从基础较好、较为成熟的所重点课题中遴选。B类重大课题的设立，使研究所获得了更大的科研自主权，增强了研究所在课题设计和经费使用方面的主动性和责任感。为进一步完善重大课题的经费管理，严格规范重大课题经费的申报和预算审核程序，院提出了新的经费管理措施，制定了《关于完善院重大课题经费管理的几项措施》（试行）。新措施进一步细化了预算内容，明确了经费的使用范围，使科研经费的预算与支出更加明确合理。

针对近年来科研工作发展变化的情况与特点，进一步深化我院的科研管理体制改革，为建立符合人文社会科学发展规律，有利于出成果出人才的现代科研院所新体制提供制度保障，2001年度还先后研究制定了一系列旨在强化制度建设，规范管理措施的全院性的规章制度。主要有：《中国社会科学院交办委托课题管理办法》、《中国社会科学院出版基金管理办法》（试行）、《中国社会科学院研究所优秀科研成果评奖办法》（试行）、《中国社会科学院非实体研究中心管理办法》、“院级课题结项公示制度”和“院属出版社图书出版质量检查制度”等。

（中国社会科学院办公厅提供）

·科研课题·

国家社会科学基金项目 2002 年度课题指南

说明

一、国家社科基金项目2002年度课题立项的指导思想是：以马列主义、毛泽东思想、邓小平理论为指导，坚持党的基本理论、基本路线和基本纲领，贯彻江泽民同志“七一”讲话和“三个代表”重要思想，落实党的十五大和三中、四中、五中、六中全会精神，解放思想，实事求是，与时俱进，推动理论创新，推动重大理论和实际问题研究，积极探索有中国特色社会主义经济、政治、文化的发展规律，加强基础研究和学科建设，注重新兴边缘交叉学科和跨学科综合研究，为党和政府决策服务，为两个文明建设服务，全面发展和繁荣哲学社会科学。

二、申报国家社科基金项目要充分反映本学科及相关学科领域研究新的进展，力求居于学科前沿，具有原创性或开拓性，避免低水平重复。要着眼于新的时代特点和国际局势，立足当代中国国情，坚持理论联系实际，注重研究我国改革开放和社会主义现代化建设中的全局性、战略性和前瞻性的重大课题。

三、2002年度的课题指南条目分为重点项目(指南中带※号的课题）和年度项目两大类。申报者可根据指南条目设计具体题目。申报重点项目的负责人须主持并完成过省、部级以上社科研究项目。

四、在基础研究领域，鼓励有较丰富前期研究成果者申报自选项目。自选项目的选题不受《课题指南》具体条目的限制，但必须符合课题立项的指导思想。自选项目的立项率将视申报情况确定。

五、本《课题指南》涵盖22个学科，申报者(包括自选项目申报者）应选择适合的学科专业进行申报。跨学科的课题,要以为主的学科进行申报。“公共管理学科”在“政治学其他学科(ZZE)”中申报,管理学的其他学科可选择相关学科进行申报。

六、论文、研究报告一般在一年内完成，除特殊项目外，专著必须在二至三年内完成。除重要的基础研究外，鼓励以论文和研究报告作为最终研究成果进行申报。最终研究成果必须符合学术规范，引用材料务必注明出处，并附主要参考文献目录。

七、教育学、艺术学、军事学三个单列学科的课题申报，分别由全国教育科学规划办公室、全国艺术科学规划办公室、全军哲学社会科学规划办公室组织受理。

马克思主义·科学社会主义

※1. 马克思主义与时俱进的理论品质

※2. 马克思主义中国化问题研究

※3. 江泽民“三个代表”重要思想研究

※4. 我国现阶段的阶级、阶层问题研究

※5. 人的全面发展研究

※6. 马克思主义发展史研究

※7. 和平与发展的时代主题与各国文明的多样性

8. 解放思想、实事求是思想路线研究

9. 马克思、恩格斯、列宁是如何对待自己的理论的

10. 毛泽东、邓小平结合中国实际创造性运用马克思主义的生动实践

11. 如何认识我国现阶段的剩余价值和剥削问题

12. 中国先进文化及其前进方向研究

13. 经济全球化、反全球化思潮与社会主义

14. 执政的共产党建设与社会主义的历史命运

15. 社会主义初级阶段研究

16. 新时期人民内部利益关系研究

17. 我国现阶段深化政治体制改革研究

18. 国外对马克思主义的新探索

19. 国外对社会主义的新探索

20. 外国共产党和社会党的新变化

党史·党建

※1. 坚持“三个代表”重要思想的历史经验与新世纪党的建设开拓创新研究

※2. 加强和改进党的作风建设研究

※3. 新时期中国共产党的领导方式和执政方式研究

※4. 中国共产党保持和发展先进性问题研究

※5. 党的阶级基础和群众基础研究

※6. 中国共产党领导的新民主主义和社会主义文化建设的历史经验研究

7. 党的民主集中制研究

8. 反腐败和党风廉政建设研究

9. 思想政治工作的新特点新方式新办法

10. 党的最低纲领和最高纲领的关系

11. 中国共产党历史上的重大事件和重要人物研究

12. 党风建设的历史经验研究

13. 中国共产党维护祖国统一、反对分裂主义的斗争及其历史经验研究

14. 中国共产党领导体制和组织机构的历史沿革及其经验研究

15. 中国共产党的国际战略与对外工作的历史考察

16. 选贤任能与党的干部政策和干部制度改革、干部工作机制建设研究

17. 对“一把手”监督问题研究

18. 关于反对党内错误倾向历史经验研究

哲学

※1. 江泽民“三个代表”重要思想与唯物史观

※2. 马克思主义哲学中国化的历史考察与前进方向

※3. 经济全球化下的民族文化

※4. 论社会主义建设规律

※5. 21世纪中国技术创新的生态化方向研究

6. 马克思主义哲学基本原理、经典著作和哲学思想研究

7. 当代哲学前沿有关问题

8. 社会科学的本质、功能和方法论研究

9. 中国哲学特别是近现代的人物、著作和学派的研究

10. 西方古代和现代哲学人物、著作和学派研究

11. 西方马克思主义哲学思潮、著作和人物研究

12. 伦理学重大现实问题与中外伦理学史方面研究（德治与法治的理论与实践、公民道德教育、公共管理伦理、行政伦理、市场道德规范、生命科学中的伦理问题、经济全球化中的道德问题，等等）

13. 马克思主义哲学与现时代问题研究

14. 当代逻辑问题研究

15. 美学基本理论、范畴、审美教育、中外美学思想研究

16. 当代科技哲学前沿问题和科技创新问题的哲学研究

17. 东方哲学的国别史、学派和著名哲学家的研究

经济理论

※1. 江泽民“三个代表”重要思想与当代中国的改革与发展

※2. 先进生产力的发展要求研究

※3. 马克思主义经济思想史

※4. 工业化、信息化与跨越式发展研究

※5. 新的历史条件下马克思劳动价值论的继承和发展研究

※6. 建立和规范社会主义统一市场秩序研究

※7. 农民收入问题研究

8. “十五”期间世界经济发展趋势及其对我国经济发展影响研究

9. 经济全球化理论研究

10. 入世后我国经济安全问题研究

11. 社会主义初级阶段所有制结构演变和发展趋势研究

12. 就业和再就业问题研究

13. 现阶段我国农村土地经营权流转制度改革研究

14. 加强我国企业竞争力研究

15. 我国垄断行业改革研究

16. 民营企业加快发展和积极引导与管理问题研究

17. 中小企业发展战略研究

18. 我国县乡财政问题研究

19. 中国西部地区水土资源开发和生态安全的历史与现状研究

20. 中国近代信用制度研究

21. 我国经济中介组织的发展及其规范化研究

22. 当代资本主义发展特点研究

23. 国际资本流动对世界经济体系的影响研究

24. 我国经济发展过程中的收入分配关系问题研究

25. 西方经济学最新发展研究

26. 经济全球化与马克思主义世界经济学的发展

应用经济

※1. 经济全球化和科技进步与经济结构调整和优化的互动关系及中国对策的研究

※2. 经济全球化背景下中国农业的发展模式研究

※3. 西部大开发中的环境保护、水资源管理和农业可持续发展研究

※4. 扩大内需的政策研究

※5. 中国外贸可持续发展研究

※6. 加入 WTO 与我国金融监管体系变革

※7. 在新形势下扩大利用外资和对外双边与单边技术经济合作的研究

※8. 社会主义市场经济条件下财政科技投入模式研究

9. 建立健全农村社会保障体系研究

10. 人力资本参与企业收益分配研究

11. 我国经济景气分析预测系统的研究与开发

12. 超大型公共工程项目评价的理论与方法

13. 垄断行业改革战略及政策研究

14. 启动民间投资问题研究

15. 2008 年奥运会对我国经济社会发展影响及相关政策措施研究

16. 国民经济和社会信息化与发展网络经济、电子商务研究

17. 我国中介组织改革与发展研究

18. 加入 WTO 与深化中国会计制度改革

19. 加入 WTO 与我国零售业发展对策研究

20. 农村经济、农民就业与土地政策研究

21. 农村城镇化问题研究

22. 我国高新科技园区建设的比较研究

23. 21 世纪初我国就业问题研究

24. 我国资本市场的结构优化与风险控制

25. 资本市场发展对中国货币政策改革影响的数量分析和对策研究

26. 加入 WTO 后我国财税政策研究

27. 中国 21 世纪扶贫战略研究

28. 中西部地区民营经济发展问题研究

29. 对重大经济和技术政策、发展规划和重大经济开发计划进行环境影响评价的研究

30. 中国企业集团规模、结构与效益关系研究

31. 国有企业管理体制的比较研究

32. 我国金融机构风险控制与治理结构改革研究

33. 生态经济与农业可持续发展研究

34. 人才战略的研究

35. 投融资体制改革问题的研究

36. 人口、资源、环境相互协调与经济、科技和社会可持续发展的研究

37. 区域经济合作

政治学

※1. 江泽民“三个代表”重要思想与执政党建设研究

※2. 依法治国与以德治国的理论与实践研究

※3. 反腐败斗争与民主监督机制建设问题研究

※4. 加强我国基层政权建设问题研究

※5. 加入世界贸易组织与我国政府管理模式的转变

6. 我国社会阶层的变化及其政治影响分析

7. 人民代表选举的监督研究

8. 经济全球化过程中的国家与社会关系研究

9.“一国两制”在港澳的成功实践与台湾和大陆统一问题研究

10. 互联网条件下国家安全问题研究

11. 社会主义市场经济发展过程中地区差异与政治整合问题研究

12. 新疆地区政治稳定机制研究

13.“绿色政治”理论研究

14. 反恐怖主义的政治学研究

15. 社会主义市场经济条件下政府规范运行和效率研究

16. 西部大开发与地方政府行为研究

17. 公共部门人力资源开发与管理研究

18. 我国行政区划改革研究

19. 政府信用研究

20. 政务公开研究

21. 电子政务与行政信息研究

22. 城市社区管理研究

23. 县级政府管理模式创新探讨

24. 恐怖主义与霸权主义的关系研究

社会学

※1. 社会主义现代化发展与先进文化的创新模式研究

※2. 世界社会发展模式研究的新趋势

※3. 加入WTO对我国社会的冲击和影响的整体分析

※4. 城市弱势群体的社会支持与社会工作模式研究

※5. 社会主义市场经济条件下的社会公平研究

※6. 流动人群的公共教育及其权利保障问题研究

7. 当前我国民众的社会心理与社会情绪的调查分析

8. 市场经济条件下我国社会的劳动关系研究

9. 当前社会变革过程中的户籍制度改革及其政策研究

10. 机关、事业单位改革中出现的NGO组织及其与政府关系问题研究

11. 西部开发过程中的民族教育和社会稳定问题研究

12. 村民自治和宗族关系问题研究

13. 农村干群互动过程中的信任关系研究

14. 农民文化素质与科技素质提高的社会学研究

15. 经济特区和沿海城市中外来务工者的婚姻和家庭问题研究

16. 组织建设与城市反贫困问题研究

17. 私营企业主阶层内部结构的未来发展问题研究

18. 体制转轨时期的越轨行为及社会控制问题研究

19. 农村劳动力流出地的土地承包制度问题的研究

20. 高新技术发展与代际差异问题研究

21. 经济全球化过程中的文化冲突问题研究

22. 国外社会学中的建构主义理论的形成和发展研究

法学

※1. 法治与法治国家研究

※2. “三个代表”重要思想与中国法学、中国法制建设研究

※3. 权力制约与反腐倡廉的理论和制度研究

※4. 宪法实施保障制度研究

※5. WTO规则及其实施机制研究

6. 人大监督法律制度研究

7. 21世纪初中国行政法发展问题研究

8. 财产所有权一体保护法律制度研究

9. 证券交易中民事责任问题研究

10. 21世纪初中国民法典制定问题研究

11. 反限制竞争法律制度研究

12. 金融法制建设研究

13. 科技创新法律环境研究

14. 绿色贸易壁垒法律问题及其对策研究

15. 国际恐怖主义犯罪的成因、特征、类型、活动规律及对策研究

16. 证券犯罪研究

17. 人权司法保障研究

18. 证人制度研究

19. 国际公约实施研究

20. 国际人权法研究

21. 亚洲法律研究

22. 生物多样化法律保护研究

23. 中西法律文化比较研究

国际问题研究

※1. 恐怖主义、国际反恐怖主义斗争及对我国国家安全的影响

※2. 全球化与反全球化问题研究

※3. 世界经济的周期理论研究

※4. 21世纪中国国际关系理论发展研究

※5. 传统霸权理论与美国的新霸权

6. 转型国家经济的比较研究

7. 国际贸易的可持续发展研究

8. 全球石油供应关系的变化与中国的对策

9. 东亚国家的城市化、环境、秩序与安全研

究

10. 布什政府关于美国对外战略的调整

11. 新中国外交理论与实践研究

12. 西方国际关系理论流派分析

13. 上海合作组织研究

14. 国际制度研究

15. 苏联兴亡的文化透视

16. 新世纪的世界战略环境与我国西部大开发

17. 互联网、信息技术对当前国际关系的作用与影响

中国历史

※1. 中华民族优良传统研究

※2. 中国社会经济形态演变进程研究

※3. 中国古代文明的起源和发展

※4. 中国近代殖民化研究

※5. 中国历史上西部开发与生态环境变迁研究

※6. 江汉平原经济开发与环境变迁的历史研究

7. 中国历史上德治与法治思想研究

8. 中国历代治理边疆思想研究

9. 从历史人类学视角对中国古代社会生活的研究

10. 中国古代民间宗教问题研究

11. 中国历史上长江的水利开发与水患防治

12. 口岸与古代中西关系

13. 20世纪出土文献与传世文献对比研究

14. 西北地区水资源环境的发展演变和开发利用

15. 中国社会转型时期的文化冲突

16. 中国的近代化与道德变迁

17. 中国近代企业制度研究

18. 台湾日据时期“皇民化运动”及其影响

世界历史

※1. 二战以来主要资本主义国家阶级和阶级关系的演变研究

※2. 冷战后的社会主义运动研究

3. 经济全球化的历史考察

4. 经济全球化与世界文化的多样性

5. 20世纪以来西方大国主要执政党执政经验和教训的个案研究

6. 当代资本主义政治思潮个案研究

7. 古代国家、民族、宗教的形成发展及其相互关系

8. 东南亚古国的社会经济和阶级结构研究

9. 俄罗斯民族的形成与发展

10. 日本对台湾的殖民统治研究

11. 印度独立以来主要政党社会基础及其内外政策的演变

12. 世界华商史研究

考古学

※1. 中国文明的起源和发展

※2. 中国古代聚落和城市的考古学研究

3. 中国旧石器时代向新石器时代过渡的研究

4. 中国新石器时代诸文化的考古学研究

5. 中国区域考古学研究

6. 中国重大考古发现研究报告

民族问题研究

※1. “三个代表”重要思想与当代中国民族理论发展研究

※2. 中亚民族史

※3. 西部大开发与少数民族地区城镇化研究

※4. 西部大开发与少数民族传统经济生产方式研究

※5. 西部大开发与文化多元化研究

6. 民族文化生态与经济协调发展

7. 社会转型期民族传统文化的继承与发展研究

8. 当代民间信仰的调查与研究

9. 游牧民族定居问题研究

10. 西部大开发中的新疆民族关系及政策调适研究

11. 加入WTO对我国少数民族地区经济社会发展的影响研究

12. 修改后的民族区域自治法及实施研究

13. 西部大开发与民族地区旅游业发展研究

14. 民族自决权与当代民族分裂主义理论研究

宗教学

※1. 宗教文化研究

(1) 对古代外来宗教（佛教、基督教、伊斯兰教、琐罗亚斯德教、犹太教等）在中国的传播史、中古道教及其思想和流派、民间宗教与中国传统基层社会组织等领域的研究；(2) 古代中国儒、佛、道三教对文化的影响及其相互关系的研究。

※2. 中国原始宗教研究

※3. 中国宗教与政治关系史

4. 宗教对话研究

5. 区域佛教研究

6. 现存藏传佛教典籍初步调查与整理的可行性方案研究

7. 伊斯兰教与社会现代化进程

8. 近代教案专题研究

9. 中国基督教的“本色化”神学建设问题

10. 台湾宗教专题研究

11. 美国宗教专题研究

中国文学

※1. 中国共产党三代领导人的文艺思想与马克思主义文艺理论的当代形态

※2. “三个代表”重要思想与我国社会主义文艺的方向

※3. 大众文化、文化产业的发展及其对策

※4. 我国当代各民族文学的民族特色及其对策

5. 毛泽东文艺思想的历史意义和当代意义

6. 文学与先进文化的前进方向

7. 文艺理论基本问题（如文艺中的主体与客体的关系、民族性与当代性的关系、理性与非理性的关系、语言艺术与影像艺术的关系等）

8. 比较文学中的跨学科研究（如文学与哲学、文学与历史学、文学与社会学、文学与文化学、文学与自然学等）

9. 中国历代重要作家作品、文学流派和文学社团（任选特定对象）

10. 我国历史上的重大社会变革与文学变迁的关系（重在探讨文学发展规律）

11. 我国古代各民族文学特征（比较研究）

12. 我国文学史上各文体的形成与演变

13. 新视角中的我国民族文学和民间文学

14. 当代儿童文学与儿童素质教育

15. 海外华文文学新探（新地域：如北美、西欧、大洋洲华文文学；新现象：如新移民文学、“草根文学”；新视角：如全球化与海外华文文学、中华文化与海外华文文学等）

16. 网络文学的迅猛发展及其对策

17. 中国新文学巨匠与现代文化建设

外国文学

※1. 国外马克思主义文论史（可作综合研究，也可按地区、按语种、按国别研究）

※2. 外国古代神话和史诗研究（可作综合研究，也可按地区和国别研究）

3. 20世纪90年代外国文学状况及其发展趋势

4. 外国文学的跨学科研究

5. 外国文学重要时期、重要思潮研究

6. 外国重要作家、批评家、理论家研究

7. 中外文学关系研究

8. 经济全球化与外国文学

语言学

※1. 西部地区语言文字应用问题的调查与研究

※2. 与现代汉语语料库的深加工有关的语言文字研究

3. 汉语作为第二语言的教学理论与教学法研究

4. 汉语语法化理论研究

5. 专书语言研究

6. 汉语方言史研究

7. 计算机辅助外语教学研究

8. 汉语与世界主要语种比较研究

新闻学与传播学

※1. 新闻传播事业与我国先进文化的前进方向

※2. 中国出版史

※3. 21世纪初我国大众传媒发展研究

4. 传播技术发展史研究

5. 新闻出版广播影视业改革研究

6. 互联网络新闻宣传研究

7. 东欧国家新闻传播的经验教训

8. 媒介经济在我国经济发展中的地位和作用

9. 新世纪新闻工作者的自律

10. 中外广告法比较研究

11. 新闻传播语言研究

图书·情报与文献学

※1. 21世纪图书馆学的人才培养

※2. 从传统图书馆到现代图书馆转型时期的图书馆工作研究

※3. 加入WTO后我国图书情报事业面临的机遇与挑战

※4. 图书情报事业在国家可持续发展战略中的作用

5. 信息战略研究

6. 社区图书馆功能及发展模式研究
7. 社科信息工作的当代取向
8. 面向用户的信息服务体系研究
9. 基于内容的标引与检索的创新研究
10. 知识管理与图书馆学的关系研究
11. 转型期的档案管理体制
12. 档案文化研究

人口学

※1. 第五次全国人口普查数据的开发与分析
※2.21 世纪中国人口的发展趋势及其对策
3. 人口管理法规体系研究
4. 社区在人口发展中的地位与作用研究
5. 西部开发与提高少数民族人口素质研究
6. 人口城镇化与城镇人口规模结构研究
7. 健康人口学研究
8. 市场经济与流动人口研究

统计学

※1. 国家现代化进程的统计测算方法
※2. 实际国内生产总值的估算方法
3. 重大社会经济问题的统计分析方法
4. 数据挖掘技术与方法
5. 复杂数据的统计诊断方法及其应用
6. 我国加入 WTO 后进出口贸易统计中的服务贸易统计、电子商务统计、外商直接投资统计等理论和方法问题研究
7. 我国政府统计改革中的新统计调查方法和数据处理技术研究
8. 地理信息系统在统计中的应用问题研究
9. 实施西部大开发战略中的统计问题研究

体育学

※1. 中国群众体育现状调查与研究
※2. 举办 2008 年奥运会与我国经济社会发展关系研究
3. 21 世纪奥林匹克运动发展研究
4. 体育在国民经济和社会发展中地位作用研究
5. 完善新时期体育"举国体制"的理论与实践研究
6. 构建面向大众的全民健身服务体系的理论与实践研究
7. 加快我国体育产业发展的理论与实践研究
8. 体育法律研究
9. 各类体育社团现状及加强管理问题研究
10. 中华人民共和国体育史专题研究

(全国哲学社会科学规划办公室供稿)

国家社会科学基金项目 2002 年度立项课题(北京地区)

一、马克思主义·科学社会主义

1. 重点项目

项目名称	负责人	工作单位	预期成果	完成时间
马克思主义与时俱进的理论品质	姜汉斌	国防大学	专著	2003.12.21
人的全面发展研究	韩庆祥	中共中央党校哲学教研部	专著　论文	2004.12.31

2. 一般项目

项目名称	负责人	工作单位	预期成果	完成时间
马克思主义发展史重大问题研究	庄福龄	中国人民大学马克思主义学院	专著	2005.12.31
毛泽东邓小平结合中国实际创造性运用马克思主义的生动实践	李　伟	中国社会科学院马列主义毛泽东思想研究所	专著	2005.06.30

续表

项目名称	负责人	工作单位	预期成果	完成时间
新时期人民内部利益关系研究	王伟光	中共中央党校	论文 专著	2002.12.31
我国深化社会主义政治体制改革若干重要问题研究	徐鸿武	国家行政学院政治学教研部	论文 研究报告	2003.12.30
党在社会主义初级阶段的基本政治纲领研究	李贺林	北京市社会科学院科学社会主义研究所	专著	2004.06.30
冷战后外国共产党和社会党新变化研究	许宝友	中共中央编译局世界社会主义研究所	专著 研究报告	2004.10.31
法国共产党新变化研究	胡振良	中共中央党校科社教研部	专著	2003.12.31
苏共与苏联衰亡	李慎明	中国社会科学院	专著 研究报告	2004.12.31
和平与发展的时代主题与各国文明的多样性	叶庆丰	中共中央党校科学社会主义教研部	专著 论文	2004.12.31

3. 青年项目

项目名称	负责人	工作单位	预期成果	完成时间
小康社会在社会主义初级阶段的历史地位研究	吕书正	中共中央党校党史教研部	专著 研究报告	2003.09.30

4. 自筹经费项目

项目名称	负责人	工作单位	预期成果	完成时间
国外执政的共产党与其他国家主要执政党执政经验教训的比较研究	蔡 武	中共中央对外联络部	研究报告	2004.07.01

二、党史·党建

1. 重点项目

项目名称	负责人	工作单位	预期成果	完成时间
中国共产党执政基础研究	蔡长水	中共中央党校党建教研部	专著	2005.12.30
党的阶级基础和群众基础研究	王庭大	中共中央组织部党建研究所	专著 研究报告	2005.06.30

2. 一般项目

项目名称	负责人	工作单位	预期成果	完成时间
中国共产党维护祖国统一、反对“台独”的斗争及其基本经验研究	李松林	首都师范大学政法学院	专著 论文	2004.10.01
毛泽东、邓小平、江泽民与中国先进文化	陈 晋	中共中央文献研究室第一编研部	专著 论文	2003.10.30
中国共产党与当代中国体制改革模式的合理选择	关海庭	北京大学政府管理学院	专著 研究报告	2002.12.31
“入世”对党风廉政建设提出的挑战及其对策研究	张彦玲	中共北京市委党校党史部	专著 研究报告	2004.05.31
转型时期党巩固社会主义意识形态的研究	蔡 霞	中共中央党校党建教研部	专著	2005.12.31

3. 青年项目

项目名称	负责人	工作单位	预期成果	完成时间
改革开放以来党的西藏政策与反分裂斗争研究	宋月红	中国社会科学院政治学所	专著 论文	2003.08.30
中国共产党对外工作的历史、理论与实践	周余云	中共中央对外联络部研究室	专著 研究报告	2004.06.30

三、哲学

1. 重点项目

项目名称	负责人	工作单位	预期成果	完成时间
马克思主义哲学体系的坚持、发展和创新研究	黄楠森	教育部高等学校社科发展研究中心	专著	2005.12.31
经济全球化下的民族文化—道家与传统文化的综合创新	胡孚琛	中国社会科学院哲学所	专著	2005.12.30
《柏拉图全集》的翻译与诠释	王晓朝	清华大学人文学院	译著 论文	2004.06.30

2. 一般项目

项目名称	负责人	工作单位	预期成果	完成时间
马克思文本研究的历史回顾与方法论反思	聂锦芳	北京大学哲学系	专著 论文	2004.12.16
当代文化生态的哲学思考	崔新建	北京师范大学哲学系	专著 论文	2005.10.31

续表

项目名称	负责人	工作单位	预期成果	完成时间
虚拟与人的实践方式革命：马克思主义哲学与数字化时代的思考	陈志良	中国人民大学哲学系	论文 专著	2004.12.31
对知识经济的历史观透视	叶险明	首都师范大学	专著	2004.06.30
孔孟之间的哲学——以出土文献为背景	郭 沂	中国社会科学院哲学所	专著	2005.06.30
张岱年与“综合创新”文化观	干春松	中国社会科学院哲学所	专著	2005.08.30
清华学派与20世纪中国哲学	胡伟希	清华大学	专著 论文	2003.08.30
20世纪中国易学专题研究	杨庆中	中国人民大学哲学系	专著	2005.07.01
韩国儒学史	李 平	中国社会科学院哲学所	专著	2004.12.30
西方哲学及其发展	叶秀山	中国社会科学院哲学所	专著 论文	2004.12.18
哈贝马斯伦理思想研究	艾四林	清华大学	专著 论文	2004.12.31
现代逻辑及其在哲学、语言学和人工智能等领域中的应用	李小五	中国社会科学院哲学所	专著	2005.10.31
哥德尔思想及其在数学、计算机和认知科学中的影响	刘晓力	北京师范大学哲学系	专著	2005.06.30
公民社会和公共生活伦理	廖申白	北京师范大学哲学系	专著 论文	2005.12.31
信用伦理的特性	王淑芹	首都师范大学政法学院	专著 研究报告	2004.06.30
中国遗传伦理学理论和应用研究	王延光	中国社会科学院哲学所	专著	2004.07.31
西部大开发中的技术转移与文化摩擦	张明国	北京化工大学科学技术与社会研究所	专著 研究报告	2004.12.30
当代哲学前沿有关问题——当代的女性主义哲学研究	肖 巍	清华大学	专著 论文	2005.08.30

3. 青年项目

项目名称	负责人	工作单位	预期成果	完成时间
马克思主义哲学当代形态的存在论基础	杨学功	中国社会科学院哲学所	专著	2004.07.01
邓小平战略思维研究	屠春友	中共中央党校哲学教研部	专著 论文	2002.12.31
考据学与清代哲学的方向	魏长宝	中国社会科学杂志社	专著	2004.10.31
完善中国的生命伦理学	丛亚丽	北京大学医学部	论文 研究报告	2003.07.01
公民日常行为的道德分析	李 萍	中国人民大学哲学系	研究报告 专著	2004.09.30

四、经济理论

1. 重点项目

项目名称	负责人	工作单位	预期成果	完成时间
农民收入问题研究——提高农民收入的农村公共产品供给研究	王国华	中央财经大学研究生部	论文　研究报告	2003.12.30
新的历史条件下马克思劳动价值论的继承和发展研究	卫兴华	中国人民大学经济学院	专著　论文	2003.12.31

2. 一般项目

项目名称	负责人	工作单位	预期成果	完成时间
就业与经济增长的关系及中国就业政策研究	胡鞍钢	清华大学公共管理学院	论文　研究报告	2003.05.31
现阶段我国农村土地经营权流转制度改革研究	刘秀生	北京工商大学	论文　研究报告	2003.06.30
我国经济发展过程中的收入分配关系问题研究	纪　宏	首都经济贸易大学统计学系	专著	2004.06.30
中国企业分配激励制度分类研究	王瑞璞	中共中央党校科研部	专著　研究报告	2002.12.30
马克思主义世界市场理论与当代经济全球化问题	栾文莲	中国社会科学院财贸经济研究所	专著　论文	2004.03.30
我国县乡财政问题研究	阎　坤	中国社会科学院财贸经济研究所	论文　研究报告	2003.06.30
经济结构调整与国防经济发展	王江琦	军事科学院	专著　论文	2003.12.14
中国利率市场化和资本项目下货币可兑换的研究	李庆云	北京大学经济学院	专著　论文	2003.12.28
加强我国企业竞争力研究	张金昌	中国社会科学院工业经济研究所	专著　论文	2004.06.30
我国中小企业发展战略研究	林汉川	对外经贸大学中小企业研究所	专著	2004.12.31
民国时期经济政策的延续与变异	徐建生	中国社会科学院经济研究所	专著	2003.12.31
国际资本流动对世界经济体系的影响研究	张碧琼	中央财经大学金融系	专著　研究报告	2004.07.01
经济全球化的实质及其运行机制研究	唐任伍	北京师范大学管理学院	专著　研究报告	2003.12.30
中国区域经济合作与冲突研究	张可云	中国人民大学区域经济与城市管理研究所	研究报告　专著	2004.12.31

3. 青年项目

项目名称	负责人	工作单位	预期成果	完成时间
全球化与本地化交互作用下的中国农村中小企业发展新战略	郑风田	中国人民大学农业经济系	专著　研究报告	2004.07.30
非对称信息下的金融中介理论	姚志勇	北京大学经济学院	专著　研究报告	2005.07.01

五、应用经济

1. 重点项目

项目名称	负责人	工作单位	预期成果	完成时间
政府赤字、实际利率与国民经济健康成长——扩大内需的政策研究	刘迎秋	中国社会科学院科研局	专著　研究报告	2005.01.30
我国收入分配体制研究	宋晓梧	国务院经济体制改革办公室	专著　研究报告	2005.12.31
经济全球化背景下中国东部地区农业发展模式研究	张　强	北京市城郊经济研究所	专著　研究报告	2004.03.31
西部大开发中的环境保护、水资源管理与农业可持续发展研究	李　周	中国社会科学院农村发展研究所	专著　研究报告	2004.06.30
建立和规范社会主义统一市场秩序研究	纪宝成	中国人民大学商学院	专著　研究报告	2004.12.31
加入WTO与我国税制改革走向	卢仁法	中国国际税收研究会	专著　研究报告	2003.10.31

2. 一般项目

项目名称	负责人	工作单位	预期成果	完成时间
扩大内需与经济结构调整的互动关系研究	赵长茂	中共中央党校研究生院	研究报告	2004.10.31
我国软件园（基地）的演进机制与发展模式比较研究	徐广懋	中国电子信息产业发展研究院	论文　研究报告	2003.07.30
面向可持续发展的区域技术创新生态系统研究	黄鲁成	北京工业大学经济管理学院	论文　研究报告	2003.08.02
区域经济合作——经济全球化背景下中国在亚太区域经济合作中的主导地位	叶静怡	北京大学经济学院	论文　研究报告	2003.06.28
会计制度与税收法规的协作问题研究——以加强税收监管为中心	戴德明	中国人民大学商学院会计系	专著　论文	2004.06.30
荒漠化和沙尘暴的综合防治模式及其验证	宋迎昌	中国社会科学院城市发展与环境研究中心	论文　研究报告	2003.05.30

续表

项目名称	负责人	工作单位	预期成果	完成时间
我国给水工业市场化改革战略及政策研究	陈吉宁	清华大学环境产业研究所	论文 研究报告	2003.05.30
城市贫困群体社会保障问题研究	何 平	劳动和社会保障部社会保险研究所	专著 研究报告	2003.06.30
中国可持续发展综合评价(1990—2001)——基于环境经济综合核算分析	雷 明	北京大学光华管理学院	研究报告 专著	2004.07.30
环境保护对我国外贸的影响与对策研究	杨昌举	中国人民大学环境学院	研究报告 专著	2003.10.31
国有企业目标责任制研究	杨晓维	北京师范大学经济学院	研究报告 论文	2002.12.31
我国中小企业信用评级体系研究	夏敏仁	对外经贸大学中小企业研究所	研究报告 专著	2003.12.31
经济全球化背景下我国农业安全问题研究	朱晓峰	中国农业科学院农业经济研究所	研究报告	2003.04.30
气候变化背景下黄土高原地区土地可持续利用模式研究——以安塞为例	毛留喜	中国气象局总体规划研究设计室	研究报告 专著	2004.07.01
农村工业化、市场化进程中农民合作组织研究	苑 鹏	中国社会科学院农村发展研究所	论文 研究报告	2004.05.31
中国肉类产品国际竞争力研究	乔 娟	中国农业大学	论文 研究报告	2003.06.30
中国转基因安全管理模式研究	宋 林	中国人民大学环境学院环境科学系	研究报告 论文	2003.12.01
市场经济条件下旅客票价制定及列车提速效益分析的研究	高自友	北方交通大学系统科学研究所	论文 电脑软件	2004.06.30
超大型公共工程项目评价理论方法与应用研究	邱菀华	北京航空航天大学经管学院	研究报告 论文	2003.08.31
对电子商务标准 EBXML 的研究	陈恭和	对外经贸大学	研究报告 论文	2003.08.15
未来中国不同环保税制的社会经济生态效果仿真研究	梁本凡	中国社会科学院城市发展与环境研究中心	研究报告 电脑软件	2004.07.31
扩大内需的财政政策选择	刘溶沧	中国社会科学院财贸经济研究所	研究报告	2003.07.31
国际税收竞争与我国税收优惠政策的选择	王裕康	中国国际税收研究会	研究报告	2002.10.31
中国财政风险的评估与预测	黄 涛	北京大学光华管理学院	研究报告 专著	2004.07.01
加入 WTO 后我国资本账户放松管制的风险与开放顺序的方案选择	陈雨露	中国人民大学财政金融学院	论文 研究报告	2003.12.31

续表

项目名称	负责人	工作单位	预期成果	完成时间
股票市场发展与货币政策改革的数量关系及对策研究	张 平	中国社会科学院经济研究所	论文 研究报告	2003.03.30
中国银行业国际竞争力研究	焦瑾璞	中国人民银行金融研究所体改处	研究报告	2002.12.30
中国股票市场风险溢价与股市监管	朱世武	清华大学经济管理学院	专著 论文	2004.03.01
我国金融产业组织研究	胡 坚	北京大学经济学院	专著 研究报告	2003.06.28
北京及其周边地区生态屏障工程投融资问题研究	杨德勇	北京工商大学经济学院	论文 研究报告	2003.12.30
制度变迁与我国保险公司的风险管理研究	孙祁祥	北京大学经济学院	专著	2005.07.01

3. 青年项目

项目名称	负责人	工作单位	预期成果	完成时间
亚洲地区金融合作的趋势和影响：数量分析和对策研究	王宏伟	中国社会科学院数量经济与技术经济研究所	研究报告	2003.06.30
中国企业跨国经营战略——国际比较与实证分析	范黎波	对外经贸大学国际工商管理学院	专著 论文	2004.08.31
农产品贸易自由化对中国农村贫困的影响	辛 贤	中国农业大学经济管理学院	研究报告 论文	2003.07.31
土地与农村养老保障	陈 功	北京大学人口研究所	研究报告 论文	2003.06.30
社会主义市场经济条件下财政科技投入模式研究	石耀东	国务院发展研究中心产业经济研究部	论文 研究报告	2003.02.28
应对巨灾事件的策略研究	栾存存	中国社会科学院经济研究所	论文 研究报告	2003.07.31

4. 自筹经费项目

项目名称	负责人	工作单位	预期成果	完成时间
博弈论应用与经济动态模拟研究	王文举	首都经济贸易大学信息学院	专著 论文	2004.12.30

六、统计学

1. 重点项目

项目名称	负责人	工作单位	预期成果	完成时间
中国实际国内生产总值的估算方法	朱之鑫	国家统计局	专著 研究报告	2005.12.31

2. 一般项目

项目名称	负责人	工作单位	预期成果	完成时间
中国金融业风险分析评价方法研究	易丹辉	中国人民大学统计学系	论文　研究报告	2003.12.30
中国现代化监测系统研究	文兼武	国家统计局统计科学研究所	专著　研究报告	2002.12.31

七、政治学

1. 重点项目

项目名称	负责人	工作单位	预期成果	完成时间
反腐败斗争与民主监督机制建设问题研究	李成言	北京大学政府管理学院	专著	2003.09.30
加入世界贸易组织与我国政府管理模式的转变	吴　江	国家行政学院公共管理教研部	专著　研究报告	2004.06.30

2. 一般项目

项目名称	负责人	工作单位	预期成果	完成时间
依法治国与以德治国的理论与实践	张桂琳	中国政法大学	专著　论文	2004.12.31
经济全球化过程中的国家与社会关系研究	唐士其	北京大学国际关系学院	专著	2004.07.01
新时期多党合作制的发展与祖国海峡两岸的统一	赵书刚	中共中央党校文史教研部	专著	2004.06.30
构建创新导向的政府管理模式——加入世界贸易组织与中国政府管理模式的转型研究	杨冠琼	北京师范大学管理学院	专著	2004.08.31
社会主义市场经济条件下政府规范运行和效率研究——在公安部门管理中推行全面质量管理	孙　娟	中国人民公安大学	专著　研究报告	2004.12.31
MPA 教育与中国公共部门人力资源开发创新体系研究	董克用	中国人民大学公共管理学院	研究报告　论文	2003.08.31
我国社会转型时期“群体性突发事件”对策研究	靳江好	中国行政管理学会	研究报告	2002.12.30
中国政务公开研究	吴定富	中国共产党中央纪律检查委员会	研究报告　论文	2002.12.31
中国政府电子政务的模式与应用	杨凤春	北京大学政府管理学院	研究报告	2003.07.31
华北农村民间组织的存在发展对现时期乡村治理的影响	张　鸣	中国人民大学国际关系学院	专著	2006.01.01

3.青年项目

项目名称	负责人	工作单位	预期成果	完成时间
农村税费改革与基层政权建设研究	马宝成	国家行政学院科研部	论文 研究报告	2003.11.30
社会主义市场经济条件下政府政策评估的方法体系与效率研究	负　杰	中国社会科学院政治学所	专著 论文	2004.06.30
入世后中国社会公共需求与政府公共供给关系研究	李军鹏	国家行政学院公共管理教研部	论文 研究报告	2003.05.30
中国入世以后政务公开的制度建设与治理成效研究——以公共决策听证制度为例	彭宗超	清华大学公共管理学院	专著 研究报告	2003.06.30

八、法　学

1.重点项目

项目名称	负责人	工作单位	预期成果	完成时间
法治与法治国家：当代中国社会变迁中的法律理论与实践	朱苏力	北京大学法学院	论文 专著	2005.12.31
全球化条件下的法治国家	朱景文	中国人民大学法学院	专著 译著	2005.07.01
权力制约与反腐倡廉的理论和制度研究	张　穹	最高人民检察院	专著	2004.08.30
WTO保障措施协议及我国相关立法研究	车丕照	清华大学法学院	专著 研究报告	2003.10.01

2.一般项目

项目名称	负责人	工作单位	预期成果	完成时间
中国近现代司法改革研究	朱　勇	中国政法大学法律系	专著 论文	2005.08.31
注册会计师民事法律责任研究	杨松堂	财政部中国注册会计师协会	专著 研究报告	2004.07.10
反限制竞争法律制度研究	盛杰民	北京大学法学院	专著	2004.10.31
知识产权与生物多样性法律保护	李明德	中国社会科学院法学研究所	论文 研究报告	2003.12.31
我国入世后企业面临的环境法新问题	周　珂	中国人民大学法学院	专著 论文	2003.06.12
证人制度研究	何家弘	中国人民大学法学院	专著 研究报告	2004.07.12
诚信政府研究	刘　莘	中国政法大学中国法制研究所	专著	2003.12.31
行政执法的数学模型及计算机辅助系统——以工商行政与税务行政处罚为例	应松年	国家行政学院法学教研部	专著 电脑软件	2003.12.31

续表

项目名称	负责人	工作单位	预期成果	完成时间
控制股东权利义务平衡论	朱慈蕴	清华大学法学院	论文 研究报告	2003.04.30
WTO—SPS协议实施机制及国际动物卫生法律制度比较研究	陈向前	农业部动物检疫所东方动物卫生法学研究所	论文 研究报告	2003.12.30
国际条约在国内的适用：基于国际人权公约及WTO的视角	朱晓青	中国社会科学院法学研究所	专著	2004.12.31
国际恐怖主义犯罪及其法律对策	赵秉志	中国人民大学法学院	专著 研究报告	2004.12.12

3. 青年项目

项目名称	负责人	工作单位	预期成果	完成时间
德国债法改革研究及其对中国民法典制定的影响	申卫星	北京大学法学院	论文 研究报告	2004.07.01
WTO法律框架内贸易与环境的关系研究	张若思	中国社会科学院法学研究所	研究报告 论文	2003.06.30

九、社会学

1. 重点项目

项目名称	负责人	工作单位	预期成果	完成时间
城市弱势群体的社会支持与社会工作模式研究	王思斌	北京大学社会学系	研究报告 专著	2005.05.01

2. 一般项目

项目名称	负责人	工作单位	预期成果	完成时间
当前中国城市反贫困工作中的组织创新问题研究	洪大用	中国人民大学社会学系	专著 论文	2004.07.01
农村干群互动关系过程中的信任关系研究	杨善华	北京大学社会学系	论文 研究报告	2003.07.01
私营企业主阶层内部结构的未来发展问题研究	戴建中	北京市社会科学院	论文 研究报告	2003.06.30
我国农村社会分化与农民负担政策研究	王春光	中国社会科学院社会学研究所	专著	2003.12.31
中国私营企业人力资本理论与实践研究	张厚义	中国社会科学院社会学研究所	专著 研究报告	2003.05.31
从单位制到社区制转型的过程分析	孙立平	清华大学	论文 研究报告	2003.12.31
社会转型加速期农村社会保障问题研究	李迎生	中国人民大学社会学系	专著	2004.07.07

十、人口学

1. 一般项目

项目名称	负责人	工作单位	预期成果	完成时间
人口城市化与就业结构产业结构研究	李嘉岩	北京市人口研究所	专著	2004.06.10
第五次全国人口普查数据的开发与分析	邬沧萍	中国人民大学人口研究所	专著 研究报告	2005.06.30
西部开发与少数民族素质研究	黄荣清	首都经济贸易大学人口经济研究所	论文 研究报告	2003.10.14
新疆维吾尔自治区四个人口较少民族人口素质研究	司　秀 葛丰交	中国社会科学院人口研究所	专著 研究报告	2003.06.30
健康人口学的理论和方法及其应用研究	郑晓瑛	北京大学人口研究所	专著	2004.12.31

2. 青年项目

项目名称	负责人	工作单位	预期成果	完成时间
我国农民卫生保障制度政策研究	王红漫	北京大学卫生政策管理研究中心	论文 研究报告	2004.01.02

十一、民族问题研究

1. 重点项目

项目名称	负责人	工作单位	预期成果	完成时间
西部大开发与西藏农牧区的稳定和发展	徐　平	中国藏学研究中心社会经济研究所	专著 研究报告	2004.12.31

2. 一般项目

项目名称	负责人	工作单位	预期成果	完成时间
汉藏文化交流史研究	喜饶尼玛	中央民族大学	专著 论文	2005.01.25
亚华人族群的形成与发展	曾少聪	中国社会科学院民族所	专著	2004.05.30

3. 青年项目

项目名称	负责人	工作单位	预期成果	完成时间
西南边地移民史	苍　铭	中央民族大学	专著	2004.09.01
俄罗斯民族国家的建立——理论与实践	杨艳丽	中国社会科学院民族所	专著 研究报告	2004.06.14

十二、国际问题研究

1. 一般项目

项目名称	负责人	工作单位	预期成果	完成时间
东欧及独联体国家经济转型的比较研究	纪　军	中共中央党校国际战略研究所	专著	2004.12.30

2. 青年项目

项目名称	负责人	工作单位	预期成果	完成时间
转轨国家的制度变迁方式比较研究	刘文革	中国青年政治学院经济管理系	专著	2004.07.01
西方国际政治思想史	于铁军	北京大学国际关系学院	专著　译著	2004.09.01
国际制度与美国霸权	门洪华	中共中央党校国际战略研究所	专著　研究报告	2003.05.01

十三、中国历史

1. 重点项目

项目名称	负责人	工作单位	预期成果	完成时间
商人外交与近代中国的殖民地化和反殖民地化	虞和平	中国社会科学院近代史研究所	专著　论文	2006.12.01

2. 一般项目

项目名称	负责人	工作单位	预期成果	完成时间
古代中国与希腊的史学比较研究	易　宁	北京师范大学史学研究所	专著	2004.06.30
清代州县行政和乡里制度研究	魏光奇	首都师范大学历史系	专著　论文	2005.06.30
秦汉魏晋简牍经济文书研究	蒋福亚	首都师范大学历史系	专著　论文	2005.07.30
山西汾涑流域文明起源与早期发展的历史地理研究	唐晓峰	北京大学　城市环境系	专著　论文	2005.07.01
石刻史料所见汉唐中西文化交流史	荣新江	北京大学中国古代史研究中心	论文　研究报告	2005.06.30
明清以来华北移民传说的历史人类学研究	赵世瑜	北京师范大学历史系	专著　论文	2005.09.30
近代新疆当局治理伊斯兰教依禅派问题之研究	潘向明	中国人民大学清史研究所	专著	2004.12.30

3. 青年项目

项目名称	负责人	工作单位	预期成果	完成时间
康雍乾时期舆图研究	孙 喆	中国人民大学清史研究所	专著	2003.12.31
清末中央和地方关系研究	马平安	中国社会科学院近代史研究所	研究报告 专著	2004.06.30

十四、世界历史

1. 重点项目

项目名称	负责人	工作单位	预期成果	完成时间
20世纪英国执政党及其执政经验教训分析和比较研究	吴必康	中国社科院世界历史所	专著 论文	2006.08.23
经济全球化和世界经济的多元性	于 沛	中国社科院世界史所	专著 研究报告	2006.12.30

2. 一般项目

项目名称	负责人	工作单位	预期成果	完成时间
独立以来印度社会的变动及其对印度政治的影响	王红生	北京大学历史学系	专著 研究报告	2004.12.31
冷战后的社会主义运动研究	于洪君	中共中央对外联络部	专著 研究报告	2003.07.01
20世纪英美保守主义政治思潮比较研究	王皖强	中国人民大学历史系	专著 论文	2004.07.31
战争与和平：两次世界大战的比较研究	徐 蓝	首都师范大学历史系	专著 论文	2005.06.30
科技、经济发展与环境问题的历史分析	梅雪芹	北京师范大学历史学系	专著 论文	2006.05.01

3. 青年项目

项目名称	负责人	工作单位	预期成果	完成时间
古代地中海地区民族和宗教关系的历史考察	刘 健	中国社会科学院世界历史研究所	专著	2004.07.31

十五、考古学

1. 重点项目

项目名称	负责人	工作单位	预期成果	完成时间
偃师商城	杜金鹏	中国社会科学院考古研究所	专著	2004.12.31

2.一般项目

项目名称	负责人	工作单位	预期成果	完成时间
大山前遗址发掘与半支箭河中游调查	朱延平	中国社会科学院考古研究所	专著　研究报告	2005.12.31

十六、宗教学

1.重点项目

项目名称	负责人	工作单位	预期成果	完成时间
中国原始宗教与原始文化	孟慧英	中国社会科学院民族所	专著	2006.12.31

2.一般项目

项目名称	负责人	工作单位	预期成果	完成时间
宗教人类学学说史	金　泽	中国社会科学院世界宗教研究所	专著	2004.10.30
罗马天主教在当代的革新	任延黎	中国社会科学院世界宗教研究所	专著	2004.10.30
伊斯兰教苏非主义研究	周燮藩	中国社会科学院世界宗教研究所	专著　论文	2004.12.30

3.青年项目

项目名称	负责人	工作单位	预期成果	完成时间
伊斯兰教与中国穆斯林社会现代化进程	丁　宏	中央民族大学	专著　研究报告	2004.06.30

十七、中国文学

1.重点项目

项目名称	负责人	工作单位	预期成果	完成时间
中国古代文学通论	傅璇琮 蒋　寅	中国社会科学院文学研究所	论文　专著	2004.12.31

2.一般项目

项目名称	负责人	工作单位	预期成果	完成时间
文学理论基本问题与后结构主义批判	金惠敏	中国社会科学院文学研究所文艺理论研究室	论文　专著	2005.08.31
新世纪中国文化产业的开拓与发展	金元浦	中国人民大学中国语言文学系	专著　研究报告	2005.12.30
中国当代文艺美学前沿问题研究	王岳川	北京大学中文系	论文　专著	2004.12.31
中国文艺思想史	张少康	北京大学中文系	论文　专著	2005.09.30
明清之际的文人社团和文学运动	叶君远	中国人民大学中国语言文学系	专著　论文	2004.12.04

续表

项目名称	负责人	工作单位	预期成果	完成时间
清代乱弹戏研究	路应昆	北京广播学院	专著	2005.12.30
中国当代文学（1949—1976）研究	李　杨	北京大学中文系	论文　专著	2004.06.20
国际文化竞争中的中国文化产业发展——加入WTO与提高我国文化竞争力问题	祁述裕	国家行政学院研究室	专著　研究报告	2003.12.30
中国阿尔泰语系诸民族神话比较研究	那木吉拉	中央民族大学	专著	2004.02.01
口传史诗文本研究	朝戈金	中国社会科学院少数民族文学研究所	专著	2003.12.30

十八、外国文学

1. 重点项目

项目名称	负责人	工作单位	预期成果	完成时间
20世纪马克思主义文论的国别研究	程正民	北京师范大学文艺学研究中心	专著	2005.12.31

2. 一般项目

项目名称	负责人	工作单位	预期成果	完成时间
民族主义的意义与悖论——关于20世纪90年代俄国文学发展的研究	林精华	首都师范大学文学院和外语学院	专著　译著	2005.07.30
亨利·詹姆斯与西方现代派文学	代显梅	北京邮电大学语言学院	专著	2005.05.30
西班牙“黄金世纪”文学研究	陈众议	中国社会科学院外国文学研究所	专著	2005.12.31

3. 青年项目

项目名称	负责人	工作单位	预期成果	完成时间
印度宗教文学	姜景奎	北京大学东方文学研究中心	专著	2004.12.30
从巴洛克到启蒙运动——德国近代戏剧的兴起	王　建	北京大学德语中心	专著　论文	2005.06.30

十九、语言学

1. 一般项目

项目名称	负责人	工作单位	预期成果	完成时间
贵州汉语方言调查研究	李　蓝	中国社会科学院语言研究所	专著　论文	2005.12.31

续表

项目名称	负责人	工作单位	预期成果	完成时间
对外汉语教学使用的现代汉语双音词属性库的创建	朱志萍	北京师范大学汉语文化学院	论文　电脑软件	2003.12.31
汉语句子的焦点结构和语义解释	袁毓林	北京大学中文系	论文　专著	2005.06.30
仡佬语群调查研究	李锦芳	中央民族大学	专著　电脑软件	2004.07.31

2. 青年项目

项目名称	负责人	工作单位	预期成果	完成时间
外国留学生汉语语音习得与教学研究	高立群	北语对外汉语研究中心	论文　研究报告	2004.12.31
宋金房山石经汉字整理与研究	王立军	北京师范大学中文系	专著	2004.06.30

二十、新闻学

1. 重点项目

项目名称	负责人	工作单位	预期成果	完成时间
21世纪初我国大众传媒发展研究	胡正荣	北京广播学院	研究报告　专著	2004.08.01
中国出版通史（八卷本）	余　敏	中国出版科学研究所	专著　研究报告	2003.12.30

2. 一般项目

项目名称	负责人	工作单位	预期成果	完成时间
我国新闻职业道德建设研究	李存厚	中华全国新闻工作者协会	专著　研究报告	2003.04.30
传播技术最新发展及其影响研究	匡文波	中国人民大学新闻学院	专著　论文	2004.07.01

3. 青年项目

项目名称	负责人	工作单位	预期成果	完成时间
中国国际新闻报道现状研究	刘小彪	中国国际广播电台新闻发稿中心	论文	2003.06.30

二十一、图书馆、情报与文献学

1. 重点项目

项目名称	负责人	工作单位	预期成果	完成时间
企业信息资源管理战略研究	霍国庆	中国科学院研究生院	专著　论文	2005.06.30

2. 一般项目

项目名称	负责人	工作单位	预期成果	完成时间
社区图书馆功能及发展模式研究	倪晓建	首都图书馆	论文　研究报告	2004.05.30

续表

项目名称	负责人	工作单位	预期成果	完成时间
联合型社区图书馆功能及发展模式研究	秦淑贞	北京市委党校图书馆	研究报告	2003.06.30
视音频信息的元数据与检索的创新研究	段明莲	北京大学信息管理系	论文 电脑软件	2004.02.28
信息可视化研究	靖培栋	北京师范大学管理学院	专著 论文	2004.12.30

3. 青年项目

项目名称	负责人	工作单位	预期成果	完成时间
从传统图书馆到数字图书馆的转型研究	聂 华	北京大学图书馆	研究报告 论文	2004.12.28
基于内容的多媒体信息标引与检索的创新研究	肖 明	北京师范大学信息技术与管理学系	专著 论文	2003.12.15
基于分布式的知识组织与管理机制研究	张成昱	清华大学图书馆系统部	研究报告 电脑软件	2003.05.31

4. 自筹经费项目

项目名称	负责人	工作单位	预期成果	完成时间
毒品犯罪情报查缉与国家安全	靳娟娟	中国人民武装警察部队学院边防系	研究报告 专著	2002.12.30

二十二、体育学

1. 重点项目

项目名称	负责人	工作单位	预期成果	完成时间
举办2008年奥运会与我国经济社会发展关系研究	陈 希	清华大学	论文 研究报告	2004.09.30
中国群众体育现状调查与研究	秦椿林	北京体育大学	研究报告 论文	2003.04.30

2. 一般项目

项目名称	负责人	工作单位	预期成果	完成时间
国外综合性体育社会团体组织的研究	林显鹏	国家体育总局体育信息中心	论文	2004.07.31
中国体育资本市场研究	廖 理	清华大学经济管理学院	论文 研究报告	2004.04.30
超常规发展潜优势项目，大力开发2004年、2008年奥运会金牌新的增长点	田麦久	北京体育大学	论文 研究报告	2003.04.30

3. 青年项目

项目名称	负责人	工作单位	预期成果	完成时间
我国体育产业价值链管理理论与实证研究	肖淑红	北京体育大学	专著　论文	2003.12.30
中国体育科研项目管理体系的研究	骆玉峰	国家体育总局体育科学研究所	专著　电脑软件	2003.07.31

（全国哲学社会科学规划办公室供稿）

教育部人文社会科学研究规划 2002 年度立项项目(北京地区)

序号	学校名称	姓名	项目类别	学科门类	课题名称
1	北京大学	陈占安等	专项研究任务项目	马克思主义	关于“两课”教育教学实效性研究的调查报告
2	北京广播学院	冯波等	专项研究任务项目	马克思主义	增强“马克思主义哲学原理”课实效性的几个关键问题研究
3	北京林业大学	陈丽鸿等	专项研究任务项目	马克思主义	“思想道德修养”课教育教学实效研究报告
4	北京师范大学	王章维等	专项研究任务项目	马克思主义	北京师范大学“两课”实效性调查报告
5	清华大学	陈　希	重大项目	马克思主义	中华民族复兴之路与马克思主义的中国化
6	清华大学	张再兴等	专项研究任务项目	马克思主义	关于“两课”教育教学实效性的调研报告
7	清华大学	吴倬等	专项研究任务项目	马克思主义	关于制约“两课”教育实效性的德育规律的研究报告
8	中国农业大学	李　明	一般项目	马克思主义	中国共产党三代领导集体与“三农”
9	中国人民大学	赵　汇	一般项目	马克思主义	当代资本主义新变化
10	中国人民大学	郝立新	重点项目	马克思主义	马克思主义理论创新与全面建设小康社会
11	中国人民大学	张雷生等	专项研究任务项目	马克思主义	中国人民大学“两课”教育教学实效性调查报告
12	中央民族大学	青　觉	一般项目	马克思主义	马克思主义民族观研究
13	北京大学	王宗昱	一般项目	哲学	早期全真教研究
14	北京大学	赵敦华	重点项目	哲学	中西道德哲学比较研究

续表

序号	学校名称	姓名	项目类别	学科门类	课题名称
15	北京科技大学	董成文	一般项目	哲学	中国国家创新体系研究
16	北京师范大学	李景林	一般项目	哲学	孔子后学思想研究
17	北京师范大学	刘晓力	一般项目	哲学	认知科学中的哲学问题
18	首都师范大学	程广云	一般项目	哲学	普世价值与当代中国文化的普世取向
19	首都师范大学	邹　华	专项研究任务项目	哲学	中国美学原点分析
20	中国人民大学	林　坚	一般项目	哲学	科技创新与文化创新的整合机制研究
21	中国人民大学	余俊伟	一般项目	哲学	弗协调道义逻辑的探索及道义逻辑史研究
22	中国人民大学	牛宏宝	一般项目	哲学	西方现代美学中的”语言转向”及其对中国美学发展的意义研究
23	中国人民大学	张晓辉	重大项目	哲学	社会科学研究发展战略研究
24	中国人民大学	郑水泉	重点项目	哲学	高校人文社会科学研究发展战略研究
25	北京大学	王志伟	一般项目	经济学	连续实行短期扩张性财政政策的长期累积效应
26	北京大学	吴侨玲	一般项目	经济学	我国企业如何应对欧盟的反倾销调查及拓展欧洲市场
27	北京大学	刘新立	一般项目	经济学	中国水灾风险管理的制度研究
28	北京大学	柏兰芝	重大项目	经济学	制度变迁地方治理结构和经济发展昆山和东莞的比较研究
29	北京大学	薛　旭	专项研究任务项目	经济学	入世后国家重点产业战略及重点保护与支持的国际比较研究
30	北京林业大学	林　震	专项研究任务项目	经济学	西部大开发中“退耕还林”政策的总体评估
31	北京师范大学	沈　越	一般项目	经济学	经济全球化对我国城市化进程的影响研究
32	北京师范大学	杨晓维	一般项目	经济学	中国企业的合约结构研究
33	北京师范大学	李晓西	重大项目	经济学	我国宏观调控政策的综合效力评估与优化组合
34	对外经济贸易大学	杨荣珍	一般项目	经济学	新型国际贸易壁垒及案例研究
35	对外经济贸易大学	林桂军	重点项目	经济学	经济全球化过程中的发展中国家一贸易、投资与市场发展研究

续表

序号	学校名称	姓名	项目类别	学科门类	课题名称
36	对外经济贸易大学	吴　军	专项研究任务项目	经济学	信用风险量化模型的构建和应用研究
37	对外经济贸易大学	李自杰	专项研究任务项目	经济学	博奕论在多边贸易体制中的应用
38	清华大学	蔡继明	重点项目	经济学	中国转型期所有制结构与平等—效率分析
39	首都经济贸易大学	董力为	专项研究任务项目	经济学	银行不良资产定价的理论与实践研究
40	首都师范大学	王德胜	重大项目	经济学	文化产业研究
41	中国地质大学	余瑞祥	重点项目	经济学	中国西部地区自然资源竞争力评估研究
42	中国农业大学	李秉龙	一般项目	经济学	中国主要农产品国际竞争力研究
43	中国农业大学	伍建平	专项研究任务项目	经济学	我国农业信息化发展模式研究
44	中国农业大学	朱俊峰	专项研究任务项目	经济学	中国饲粮的“南进北出”战略与东北亚区域经济合作研究
45	中国人民大学	王亚星	一般项目	经济学	抑制恶性出口竞争制度化模式的国际比较研究
46	中国人民大学	许光建	一般项目	经济学	市场开放条件下垄断行业成本和价格管理的理论与方法研究
47	中国人民大学	戴德明	一般项目	经济学	中国企业职工养老金的价值决定及其信息监管制度研究
48	中国人民大学	丰　雷	一般项目	经济学	中国房地产泡沫及预警系统研究
49	中国人民大学	龚明华	一般项目	经济学	入世后我国商业银行信用风险管理研究
50	中国人民大学	张　波	一般项目	经济学	随机寿险模型及其应用
51	中国人民大学	杨瑞龙	重大项目	经济学	民营企业的融资与治理问题研究
52	中国人民大学	张　杰	重大项目	经济学	中国农村金融体系的重建：制度安排与政策取向
53	中国人民大学	刘凤良	重点项目	经济学	经济可持续发展条件下的经济增长理论研究
54	中国人民大学	郑功成	重点项目	经济学	中国就业、收入分配与社会保障相关政策选择研究
55	中央财经大学	冯春安	一般项目	经济学	劳动价值理论研究
56	北京大学	金安平	一般项目	政治学	全面建设小康社会目标下中国地方政府教育决策和过程研究

续表

序号	学校名称	姓名	项目类别	学科门类	课题名称
57	北京大学	李成言	重点项目	政治学	中国教育系统廉政建设研究
58	北京师范大学	杨冠琼	专项研究任务项目	政治学	基于复杂性科学的公共管理模式研究
59	清华大学	李　彬	一般项目	政治学	军备控制的理论研究
60	中国人民大学	李庆四	一般项目	政治学	美国国会决策模式及其对美国外交政策的影响
61	中国人民大学	刘　晓	重点项目	政治学	中国思想传统与现代政治哲学的演进
62	中国政法大学	杨　阳	一般项目	政治学	中西政治文化传统比较研究
63	北京大学	王　磊	一般项目	法学	人大监督与司法独立
64	北京大学	刘守芬	一般项目	法学	技术制衡下的网络刑事法研究
65	北京大学	刘剑文	重点项目	法学	WTO与中国税收政策合法化问题研究
66	对外经济贸易大学	王　军	一般项目	法学	侵权法上严格责任比较研究
67	对外经济贸易大学	沈四宝	重点项目	法学	中国证券仲裁制度方案设计
68	对外经济贸易大学	梁清华	专项研究任务项目	法学	信息网络环境下的著作权和相关权保护
69	清华大学	李　旺	一般项目	法学	中国涉外民商事案件管辖权制度的冲突和整合
70	中国青年政治学院	李　力	一般项目	法学	甲骨文法律史料的整理与研究
71	中国人民大学	叶秋华	一般项目	法学	大陆法系研究
72	中国人民大学	莫于川	一般项目	法学	中国行政法的民主化发展趋势及其制度创新研究
73	中国人民大学	黄京平	重点项目	法学	社会信用的刑法保护
74	中国人民大学	姚　辉	重点项目	法学	民法总则基础理论研究
75	中国人民公安大学	王　铼	一般项目	法学	经济犯罪案件证据调查与运用
76	中国人民公安大学	田宏杰	重点项目	法学	“东突”问题成因及其抗制对策研究
77	中国政法大学	崔永东	一般项目	法学	新出简帛与中国古代法律史研究
78	中国政法大学	王　牧	一般项目	法学	犯罪学重大理论问题研究
79	中国政法大学	郭成伟	重点项目	法学	中国邪教犯罪、恐怖犯罪研究
80	中国政法大学	王成栋	重点项目	法学	责任政府研究

续表

序号	学校名称	姓名	项目类别	学科门类	课题名称
81	北京大学	高丙中	重大项目	社会学	社会转型过程中公民身份建构的人类学实证研究
82	北京大学	郭志刚	重点项目	社会学	西部劳动力市场与少数民族教育
83	北京广播学院	肖明	专项研究任务项目	社会学	大众媒介在创新扩散中的作用——中国城市实证研究
84	北京师范大学	萧放	一般项目	社会学	传统岁时与当代节日关联研究——民俗时间意识的传承与演变
85	清华大学	李强	重点项目	社会学	我国城市流动人口管理模式研究
86	中国人民大学	李迎生	一般项目	社会学	当前弱势群体社会支持的政策体系与实施模式研究
87	中国人民大学	郑杭生	重大项目	社会学	北方农村80年变迁——以定县调查为基础
88	中国人民公安大学	郭太生	重点项目	社会学	灾难性事故与事件应急处置研究
89	中央民族大学	杨筑慧	一般项目	社会学	当代西南少数民族女性迁移研究
90	北京科技大学	管西亮 宋莉	重点项目	教育学	新疆教育发展战略研究
91	北京师范大学	李春密	一般项目	教育学	中学生科学探究能力的发展研究
92	北京师范大学	曹坎荣	一般项目	教育学	教育部课题成果及人文社会科学获奖图书的开发与管理模式研究
93	北京师范大学	张东娇	一般项目	教育学	新学校观与创新教育体系——全面建设小康社会的学校发展
94	北京师范大学	沃建中	一般项目	教育学	中学教师教学策略的形成及影响因素研究
95	北京师范大学	樊秀萍	一般项目	教育学	研究生教育的国际化研究
96	北京师范大学	董奇	重大项目	教育学	基于脑科学、心理科学和信息技术整合的学生英语教育促进研究
97	北京师范大学	张斌贤	重大项目	教育学	教师教育体制创新的理论与实践探索
98	北京师范大学	徐金明	重点项目	教育学	教师道德评价体系研究
99	北京师范大学	李守福	重点项目	教育学	大学社会评价的比较研究
100	北京师范大学	文晓灵	专项研究任务项目	教育学	高等学校分配制度改革研究
101	教育科学研究所	朱小蔓	重大项目	教育学	中国教育热点问题研究
102	清华大学	蓝劲松	一般项目	教育学	大学发展战略之案例研究与比较分析

续表

序号	学校名称	姓名	项目类别	学科门类	课题名称
103	清华大学	王孙禹	专项研究任务项目	教育学	大学理念与大学发展关系研究
104	首都师范大学	王海燕	一般项目	教育学	中小学教师继续教育研究型培训模式的理论与实践
105	首都师范大学	傅树京	一般项目	教育学	建立我国教师资格认证制度的研究
106	中国地质大学	王　兴	一般项目	教育学	高效稳定与发展信息管理系统
107	中央教科所	詹万生	一般项目	教育学	加入 WTO 与德育创新研究
108	中央民族大学	吴明海	一般项目	教育学	可持续发展与西部民族地区环境教育

（教育部社科管理中心供稿）

教育部人文社会科学重点研究基地 2002 年度重大招标项目（在京高校）

序号	招标单位		中标人	中标人单位	学　科	项目名称
	所在高校	研究机构名称				
1	北京大学	邓小平理论研究中心	阎志民	北京大学	马克思主义	第三代领导集体对邓小平理论的丰富和发展
2	北京大学	邓小平理论研究中心	丰子义	北京大学	马克思主义	经济全球化与当代中国社会主义的发展
3	北京大学	外国哲学研究所	赵敦华 段德智	北京大学	哲学	西方哲学文献选编（中世纪卷）
4	北京大学	外国哲学研究所	魏常海	北京大学	哲学	日本哲学资料选编（古代近代部分）
5	北京大学	汉语语言学研究中心	王洪君	北京大学	语言学	基于大规模汉英对齐语料的语言研究与教学平台
6	北京大学	汉语语言学研究中心	朱庆之	北京大学	语言学	基于梵汉对勘材料的佛教汉语研究
7	北京大学	中国古代史研究中心	王小甫	北京大学	历史学	三至十四世纪中国历史的多元文化环境研究
8	北京大学	中国古代史研究中心	邓小南	北京大学	历史学	唐宋时期的社会流动与社会秩序研究
9	北京大学	中国古文献研究中心	安平秋 杨　忠	北京大学	历史学	日本宫内厅书陵部藏宋元版汉籍的复制与整理
10	北京大学	中国古文献研究中心	孙钦善 王　岚	北京大学	历史学	《全宋诗》补编（上编）

续表

序号	招标单位		中标人	中标人单位	学　科	项目名称
	所在高校	研究机构名称				
11	北京大学	中国考古学研究中心	王幼平	北京大学	考古学	中国北方旧石器时代中、晚期的过渡——以河南荥阳织机洞遗址为中心的研究
12	北京大学	中国考古学研究中心	刘　绪	北京大学	考古学	周原遗址的分期与布局研究
13	北京大学	政治发展与政府管理研究所	沈明明 杨　明	北京大学	政治学	转型时期农民法律意识和维权行为变化的实证分析
14	北京大学	政治发展与政府管理研究所	李景鹏 袁瑞军	北京大学	政治学	加入世贸组织后中国社会团体所面临的挑战与发展的实证研究
15	北京大学	中国社会与发展研究中心	张　静	北京大学	社会学	全球化背景下社会成员身份认同研究
16	北京大学	中国社会与发展研究中心	高丙中	北京大学	社会学	社团组织研究
17	北京大学	教育经济研究所	陈学飞	北京大学	教育学	转型期中国教育政策制定过程的理论研究与案例分析
18	北京大学	教育经济研究所	王善迈	北京师范大学	教育学	高等教育成本计量研究
19	北京大学	东方文学研究中心	薛克翘	北京大学	外国文学	印度中世纪宗教文学研究
20	北京大学	东方文学研究中心	葛维钧	北京大学	外国文学	古代东方赞美诗研究——以楔形文字赞美诗和印度赞颂文体为中心
21	北京大学	中国考古学研究中心	权奎山	北京大学	考古学	洪州窑遗址考古发掘报告
22	北京大学	教育经济研究所	魏　新	北京大学	教育学	义务教育财政转移支付
23	北京广播学院	广播电视研究中心	张　颂	北京广播学院	新闻学与传播学	广播电视播音主持艺术改革研究——语言传播中先进文化的导向与品位
24	北京广播学院	广播电视研究中心	高　鑫	北京广播学院	新闻学与传播学	经济全球化、文化本土化以及现代电视传媒
25	北京广播学院	广播电视研究中心	朱羽君	北京广播学院	新闻学与传播学	当前我国电视广播新闻改革研究

续表

序号	招标单位		中标人	中标人单位	学科	项目名称
	所在高校	研究机构名称				
26	北京师范大学	价值与文化研究中心	周桂钿	北京师范大学	哲学	中国传统价值观及东亚价值观研究
27	北京师范大学	价值与文化研究中心	廖申白	北京师范大学	哲学	公民道德建设与价值观教育研究
28	北京师范大学	民俗典籍文字研究中心	王　宁	北京师范大学	综合	明代碑刻及手写文献电子典藏及属性描述
29	北京师范大学	史学理论与史学史研究中心	刘北成	北京师范大学	历史学	17～19世纪中叶中西史学比较研究
30	北京师范大学	史学理论与史学史研究中心	吴怀祺	北京师范大学	历史学	中国古代史学思想研究
31	北京师范大学	民俗典籍文字研究中心	董晓萍	北京师范大学	综合	中国民俗文献史纲要
32	北京师范大学	比较教育研究中心	王晓辉	北京师范大学	教育学	教育信息化与网上教育的比较研究
33	北京师范大学	比较教育研究中心	项贤明	北京师范大学	教育学	我国比较教育的学科建设研究
34	北京师范大学	文艺学研究中心	王一川	北京师范大学	中国文学	现代文学中的汉语形象
35	北京师范大学	文艺学研究中心	陶东风	北京师范大学	中国文学	文化研究：中国当下文化状况及其对策研究
36	北京师范大学	发展心理研究所	黄希庭 陈　红	西南师范大学	心理学	儿童青少年健全人格的养成教育研究
37	北京师范大学	发展心理研究所	陈英和	北京师范大学	心理学	儿童认知策略的发展与促进研究
38	北京师范大学	史学理论与史学史研究中心	胡逢祥	华东师范大学	历史学	中国近代史学思潮研究
39	北京外国语大学	中国外语教育研究中心	顾曰国	北京外国语大学	语言学	网络技术在英语教育中的应用——理论与实践
40	北京外国语大学	中国外语教育研究中心	陈国华	北京外国语大学	语言学	基于英汉平行语料库的英语学习词典的研编
41	北京语言大学	对外汉语研究中心	张　博	北京语言大学	语言学	《汉语教学参考语法》研究
42	北京语言大学	对外汉语研究中心	张　博	北京语言大学	语言学	基于中介语语料库的汉语词汇专题研究

续表

序号	招标单位		中标人	中标人单位	学　科	项目名称
	所在高校	研究机构名称				
43	北京语言大学	对外汉语研究中心	宋　柔	北京语言大学	语言学	面向对外汉语教学的多媒体资源库及检索分析工具研究
44	对外经济贸易大学	世界贸易组织研究中心	张汉林 沈四宝	对外经济贸易大学	经济学	中国服务贸易发展与服务贸易立法
45	对外经济贸易大学	世界贸易组织研究中心	华晓红 桑百川	对外经济贸易大学	经济学	建立大陆与港澳台自由贸易区的政策研究
46	对外经济贸易大学	世界贸易组织研究中心	王林生	对外经济贸易大学	经济学	世贸组织与中国贸易理论及政策创新
47	对外经济贸易大学	世界贸易组织研究中心	王绍愚	对外经济贸易大学	经济学	入世与中国开放型经济政策及法律体系的完善和创新
48	清华大学	现代管理研究中心	陈　剑 陈国青	清华大学	管理学	企业信息化发展战略与实施策略研究
49	清华大学	现代管理研究中心	朱　岩 时　勘	清华大学	管理学	变革时期企业领导行为研究
50	清华大学	高校德育研究中心	王孙禺	清华大学	教育学	经济全球化与高校思想政治教育对策研究
51	清华大学	高校德育研究中心	刘美珣	清华大学	教育学	“两课”新体系与“两课”教师队伍建设研究
52	清华大学	高校德育研究中心	李润海	清华大学	教育学	高校学生马克思主义学术社团建设和引导研究
53	首都师范大学	中国诗歌研究中心	赵敏俐	首都师范大学	历史学	汉魏六朝乐府机构沿革与乐府诗关系研究
54	中国人民大学	伦理学与道德建设研究中心	许启贤	中国人民大学	哲学	中国当代公民道德研究
55	中国人民大学	伦理学与道德建设研究中心	冯　俊	中国人民大学	哲学	东西方公民道德研究
56	中国人民大学	佛教与宗教学理论研究所	张风雷	中国人民大学	宗教学	隋代三大师佛学思想综合研究
57	中国人民大学	佛教与宗教学理论研究所	何光沪 宣　方	中国人民大学	宗教学	佛教与宗教学理论译丛（第二期）
58	中国人民大学	清史研究所	李文海	中国人民大学	历史学	清代灾荒研究
59	中国人民大学	清史研究所	陈　桦	中国人民大学	历史学	康乾盛世研究

续表

序号	招标单位		中标人	中标人单位	学 科	项目名称
	所在高校	研究机构名称				
60	中国人民大学	财政金融政策研究中心	邱崇明	厦门大学	经济学	入世后我国货币政策的外部环境和现实选择
61	中国人民大学	财政金融政策研究中心	安体富	中国人民大学	经济学	中国税收负担与税收政策问题研究
62	中国人民大学	中国经济改革与发展研究院	贺耀敏	中国人民大学	经济学	中华人民共和国经济发展研究（新中国五十年经济发展）
63	中国人民大学	中国经济改革与发展研究院	林　岗	中国人民大学	经济学	我国“三元经济”发展模式研究
64	中国人民大学	民商事法律科学研究中心	王利明	中国人民大学	法学	民法典草案建议稿及立法理由书
65	中国人民大学	民商事法律科学研究中心	张新宝	中国人民大学	法学	侵权行为法研究
66	中国人民大学	刑事法律科学研究中心	卢建平	中国人民大学	法学	国际人权两公约与我国刑事法律的协调完善
67	中国人民大学	刑事法律科学研究中心	郑　定	中国人民大学	法学	中国近代刑事法律的改革及其启示
68	中国人民大学	人口与发展研究中心	梁　鸿	复旦大学	社会学	农村人口老龄化与养老问题研究
69	中国人民大学	人口与发展研究中心	乔晓春、段成荣	中国人民大学	社会学	中国现代化发展中人口迁移与流动研究
70	中国人民大学	社会学理论与方法研究中心	刘少杰	中国人民大学	社会学	国外社会学理论新趋势研究
71	中国人民大学	社会学理论与方法研究中心	江立华	华中师范大学	社会学	中国社会思想史与社会学思想史研究
72	中国人民大学	新闻与社会发展研究中心	郑保卫	中国人民大学	新闻学与传播学	中国新闻传播法制建设研究
73	中国人民大学	新闻与社会发展研究中心	涂光晋	中国人民大学	新闻学与传播学	中国新闻周刊研究
74	中国人民大学	应用统计科学研究中心	王琪延	中国人民大学	统计学	统计在社会科学中的应用研究——法律、政治、新闻、教育、文献计量、伦理学
75	中国人民大学	应用统计科学研究中心	倪加勋	中国人民大学	统计学	我国政府统计抽样调查制度的理论方法研究
76	中国人民大学	欧洲问题研究中心	时殷弘	中国人民大学	国际问题研究	欧盟东扩的国际政治经济影响

续表

序号	招标单位		中标人	中标人单位	学科	项目名称
	所在高校	研究机构名称				
77	中国人民大学	欧洲问题研究中心	方福前	中国人民大学	国际问题研究	欧元对欧洲及全球政治经济的意义
78	中国人民大学	新闻与社会发展研究中心	喻国明	中国人民大学	新闻学与传播学	十五时期中国社会舆情的调查与监测
79	中国政法大学	诉讼法研究中心	陈光中	中国政法大学	法学	加入《联合国公民权利与政治权利公约》对我国刑事诉讼的影响及对策研究
80	中国政法大学	诉讼法研究中心	张树义	中国政法大学	法学	入世与中国行政救济制度的完善
81	中央民族大学	中国少数民族研究中心	陈　理	中央民族大学	民族学	中国少数民族研究历史文化资源与旅游开发研究
82	中央民族大学	中国少数民族研究中心	戴庆厦 文日焕	中央民族大学	民族学	人口较少民族濒危语言及民间文学研究
83	中央民族大学	中国少数民族研究中心	包智明 乌兰图雅	中央民族大学	民族学	中国少数民族地区生态环境状况、问题、对策研究
84	中央音乐学院	音乐学研究所	张　前	中央音乐学院	艺术学	音乐心理学的基础理论与应用研究
85	中央音乐学院	音乐学研究所	高为杰	中国音乐学院	艺术学	20世纪80年代以来中国器乐创作研究

（教育部社科管理中心供稿）

北京市哲学社会科学"十五"规划2002年增补项目

2002年首批增补项目

序号	项目名称	负责人	单位	最终成果形式	完成时间	项目类别
1	加入WTO后北京现代服务业发展研究	朱晓青	中共北京市委党校	研究报告 专著	2004.06	
2	企业绿色经营：应对世贸的绿色壁垒研究	李静江	中共北京市委党校	专著	2003.06	
3	加入WTO后北京农业政策调整研究	杨秋玲	北京市农研中心	研究报告	2004.06	
4	2008年北京奥运会与北京租赁业发展前景研究	苗润生	中央财经大学	研究报告	2003.09	
5	加入WTO对北京高新技术产业的影响	吴国尉	北京工业大学	研究报告	2003.12	
6	奥运经济研究	陈　剑	北京市政府研究室	研究报告	2002.10	特别委托
7	北京市就业服务体系建设研究方案	唐　龙	北京市政府研究室	研究报告	2003.12	特别委托

续表

序号	项目名称	负责人	单　位	最终成果形式	完成时间	项目类别
8	人文奥运研究	冯惠玲	中国人民大学	研究报告	2003.06	特别委托
9	奥林匹克文化研究	孔繁敏	北京联合大学应用文理学院	专著	2004.12	
10	藏族文化在北京	张羽新	中国藏学出版社	专著	2004.10	
11	以汉字教育为切入点的婴幼儿全母语教育	徐德江	北京国际汉字研究会	教材及软件	2005.12	
12	宗教功能“两重性”在维护稳定大局中的表征、特质和对策研究	傅镇岳	北京社会主义学院	研究报告	2004.05	重点
13	“入世”对城市社会利益结构和收入分配的影响	冯　虹	北京联合大学	研究报告	2004.02	
14	北京奥运法治安全与北京经济发展关系研究	陈　勇	北京市政法管理干部学院	研究报告	2005.12	
15	北京市城乡结合部发展与制度创新研究	董克用	中国人民大学公共管理学院	研究报告	2002.12	特别委托
16	北京生态城市建设研究	邹　骥	中国人民大学环境学院	研究报告		
17	北京城市化发展进程中交通出行方式合理结构模式研究	吴海燕	北京建筑工程学院	研究报告　专著	2003.12	
18	供热收费体制对城市能源结构调整的作用	李　锐	北京建筑工程学院	研究报告	2003.10	
19	中国共产党文化建设的理论与实践研究	郑师渠	北京师范大学	多卷本专著		
20	北京社科志	高起祥	北京市社会科学院	专著	2003.10	重点
21	北京史地风物录	王灿炽	北京市社会科学院	专著	2005.12	
22	北京考古十年	齐　心	北京市文物研究所	专著	2003.12	重点
23	北京集邮史	马俊昌	国家邮政局文史中心	专著	2005.06	
24	北京市高等职业教育实践教学模式探索	梁绿琦	北京联合大学职业技术师范学院	研究报告	2004.06	

2002 年第二批增补项目

序号	项目名称	负责人	单　位	最终成果形式	完成时间	项目类别
1	北京宗教文化研究	佟　洵	北京联合大学	专著	2005.10	重点
2	实现北京住宅小康的政策研究	丁　芸	首都经贸大学	研究报告	2004.06	
3	“十六大”之后全面提升我国综合国力的战略与对策研究	孟庆国	清华大学	研究报告　专著	2005.03	
4	科学普及与首都先进文化建设研究	曾国屏	清华大学	专著	2005.10	

续表

序号	项目名称	负责人	单　位	最终成果形式	完成时间	项目类别
5	北京地区“刊型广告”现状与管理对策研究	李　频	北京印刷学院	研究报告	2004.09	
6	新世纪之初首都外事工作发展研究	张虹海	北京市政府外事办公室	研究报告	2003.05	
7	北京市贫困人口的社会救助研究	孙　莹	中国青年政治学院	研究报告	2004.11	重点
8	课程改革与管理创新	李观政	北京市教育委员会	研究报告	2005.12	重点
9	民间资本引入教育领域的政策与法律问题研究	刘复兴	北京师范大学	研究报告	2004.12	
10	用改革的精神推进北京市基层党组织建设研究	靳连芳	中共北京市委党校	专著	2004.07	
11	“三个代表”重要思想科学体系的理论框架研究	程天权	中国人民大学	专著	2004.12	重点
12	“三个代表”重要思想与我国现代化发展的新阶段	李贺林	北京市社科院	专著	2004.12	
13	反腐倡廉的价值取向——政治文明的建设	袁懋栓	北京市社科院	专著	2003.11	
14	中国政治体制改革的实践策略与发展模式研究	陈红太	中国政法大学	研究报告	2005.03	
15	加强公民道德建设　全面提高公民素质	马润海	东城区委宣传部	研究报告　专著	2004.06	重点
16	中国特色“法治民主”研究	张利华	清华大学	专著	2004.12	
17	德治与法治研究	怀效锋	全国政协法制局	专著	2005.04	重点
18	司法体制改革与完善诉讼程序的研究	王亚新	清华大学	专著	2004.12	
19	完善保护公民私人财产权利法律制度研究	焦洪昌	中国政法大学	专著	2003.11	
20	奥运投入与北京经济发展的投入产出分析	潘　璠	市统计局	研究报告	2003.12	重点
21	北京市中等收入群体消费状况与发展趋势研究	刁永祚	首都师范大学	研究报告　专著	2004.12	
22	加入 WTO 与劳动关系重建——可供北京选择的劳动政策	黄河涛	中国工运学院	专著	2005.10	重点
23	北京奥运服务体系质量管理研究	刘　宇	北京机械工业学院	研究报告	2004.12	
24	北京市灵活就业机制与弹性社会保险法律政策研究	杨燕绥	清华大学	研究报告	2003.12	重点
25	“十六大”以后北京市国有资产管理体制的重构	汤谷良	工商大学	研究报告	2004.06	
26	北京版权贸易现状与发展对策研究	张志林	北京印刷学院	研究报告　论文	2003.10	重点

（北京市哲学社会科学规划办公室供稿）

北京市 2002 年调查研究重点课题

2002 年首批增补项目

序号	题　目	主持人	责任人	研究单位
1	关于振兴北京现代制造业的研究	贾庆林	谭维克	市委研究室
2	关于进一步调整和完善中关村科技园区管理体制的研究报告	刘　淇	唐　龙	市政府研究室
3	北京奥运经济研究	刘　淇	唐　龙	市政府研究室
4	市十一届人大常委会五年工作研究报告	于均波	赵传民、魏永德	市人大办公厅、研究室
5	关于我市公民社会公德建设中教育与管理问题的调研报告	陈广文	徐天民	市政协教文卫体委
6	加入世贸组织对首都安全稳定工作的影响及对策	强　卫	慕　平	市委政法委
7	关于进一步加强和改进党政领导干部管理问题的研究报告	杜德印、赵家骐	孟秀勤	市委组织部
8	建设首都干部管理信息系统问题研究	杜德印	冯俊科	市委研究室
9	与时俱进，不断提高纪检监察工作水平	阳安江	刘经宇	市纪检委
10	北京市城建系统国有企业改革现状分析及对策	阳安江	张凤朝	市委城建工委
11	关于解决困难群体就业和生活困难问题研究	阳安江	张欣庆	市劳动和社会保障局
12	北京市职工队伍状况研究	阳安江	续伯聪	市总工会
13	关于北京市中介组织发展状况的调查报告	孟学农	高佐之	市体改办
14	北京市推进依法行政工作现状与近期发展目标	孟学农	王嘉彦	市政府法制办
15	关于在干部人事工作中落实群众知情权、参与权、选择权、监督权情况的调查报告	赵家骐	孟秀勤	市委组织部
16	关于北京市留学归国人员担任领导职务问题的调查报告	赵家骐	孟秀勤	市委组织部
17	举办奥运与北京教育发展研究报告	朱善璐	耿学超	市教工委、市教委
18	加强和改进北京市对外宣传工作的调查报告	蔡赴朝	熊九玲、王　惠	市委研究室、市外宣办
19	城市化进程对北京统一战线工作的影响及对策研究	尤兰田	周伯琦	市委统战部

续表

序号	题　　目	主持人	责任人	研究单位
20	转变观念　改革创新　努力适应入世后的首都治安工作新形势	吉　林	慕　平	市委政法委
21	加快高教园区建设促进北京高等教育事业发展的研究	林文漪	耿学超	市教工委、市教委
22	用高新技术提升北京服务业研究	林文漪	范伯元	市科委
23	振兴北京光机电一体化产业的研究报告	刘海燕	金生官	市经委
24	把握奥运机遇　培育工业名牌产品对策研究	刘海燕	金生官	市经委
25	市区重点区域规划研究报告	刘敬民	单霁翔、陈　刚	市规委
26	培育吸引外资综合竞争力　营造一流发展环境	张　茅	王铁鹏	市政府研究室
27	加快北京市行业协会发展研究	翟鸿祥	唐　龙	市政府研究室
28	中关村科技园区“三年大变样”调查报告	刘志华	唐　龙	市政府研究室
29	关于我市农户承包地使用权流转情况的调查报告	刘志华	唐　龙	市政府研究室
30	地方立法的几个重大问题	范远谋	张志坚	市人大法工委
31	关于北京市食品卫生安全的调研报告	张燕丽	蓝天柱	市人大文卫体委
32	关于“入世”后北京市专利工作的对策研究	张燕丽	林蒲生	市人大教科委
33	关于北京市养老保险情况的调研报告	索连生	叶立毅	市人大财经委
34	京郊农民专业合作经济组织的实践与探索	赵凤山	许仁发	市人大农村委
35	关于贯彻实施《北京市少数民族权益保障条例》促进少数民族乡村经济发展的调查报告	赵凤山	陈兴波	市人大民侨委
36	关于加快发展首都会展经济的调查报告	毕　群	潘　峰	市政协经科委
37	北京城市总体规划实施十年来人口及城市建设用地发展情况调研报告	万嗣铨	王跃荣	市政协城建委
38	关于北京市依法行政情况的调研报告	李荻生	聂胜利	市政协社法委
39	奥运经济与北京文化产业发展战略研究	蒋效愚		市委宣传部
40	关于加强新时期北京市政协工作的调查报告		谭维克、张平夫	市委研究室、市政协研究室
41	北京市依法治市工作的回顾与展望		王力丁	市委研究室
42	加快郊区农村富余劳动力转移问题研究		王力丁	市委研究室
43	加快首都文化发展的思路和对策		王力丁	市委研究室

续表

序号	题　　目	主持人	责任人	研究单位
44	京郊农民增收情况调查		冯俊科	市委研究室
45	2002 年北京社情民意调查报告		康庆强	市委研究室
46	北京市重点功能区发展研究		熊九玲	市委研究室
47	北京市住房二三级市场情况研究		唐　龙	市政府研究室
48	北京现代物流产业发展的现状 问题及对策研究		王铁鹏	市政府研究室
49	北京市职业介绍服务体系建设发展研究报告		王铁鹏	市政府研究室
50	关于加快首都金融业发展的研究报告		成燕红	市委金融工委 市委研究室
51	塑造健全合理投融资行为的基本思路和措施建议		沈宝昌	市计委
52	关于北京市农业结构调整的调研报告		李进山	市农委
53	2002 年北京市民社会公德状况调查		张慧光	市文明办

（中共北京市委研究室供稿）

各大专院校、科研单位承担省部级以上人文社会科学研究项目及部分院校校级文科项目

·北京大学·

2002 年国家社会科学基金项目立项名单

单　位	姓名	项　目　名　称	项目类别
法学院	朱苏力	法治与法治国家：当代中国社会变迁中的法律理论与实践	重点项目
法学院	盛杰民	反限制竞争法律制度研究	一般项目
法学院	申卫星	德国债法改革研究及其对中国民法典制定的影响	青年项目
光华管理学院	雷　明	中国可持续发展综合评价（1990—2001）——基于环境核算分析	一般项目
光华管理学院	黄　涛	中国财政风险的评估与预测	一般项目
国际关系学院	唐士其	经济全球化过程中的国家与社会关系研究	一般项目
国际关系学院	于铁军	西方国际政治思想史	青年项目
环境学院	唐晓峰	山西汾涑流域文明起源与早期发展的历史地理研究	一般类别
经济学院	李庆云	中国利率市场化和资本项目下货币可兑换的研究	一般项目

续表

单 位	姓名	项 目 名 称	项目类别
经济学院	叶静怡	区域经济合作——经济全球化背景下中国在亚太区域经济合作中的主导地位	一般项目
经济学院	胡 坚	我国金融产业组织研究	一般项目
经济学院	孙祁祥	制度变迁与我国保险公司的风险管理研究	一般项目
经济学院	姚志勇	非对称信息下的金融中介理论	青年项目
历史学系	王红生	独立以来印度社会的变动及其对印度政治的影响	一般项目
历史学系	荣新江	石刻史料所见汉唐中西文化交流史	一般项目
人口研究所	郑晓瑛	健康人口学的理论和方法及其应用研究	一般项目
人口研究所	陈 功	土地与农村养老保障	青年项目
社会学系	王思斌	城市弱势群体的社会支持与社会工作模式研究	重点项目
社会学系	杨善华	农村干群互动关系过程中的信任关系研究	一般项目
外国语学院	王 建	从巴洛克到启蒙运动——德国近代戏剧的兴起	青年项目
外国语学院	姜景奎	印度宗教文学	青年项目
信息管理系	聂 华	从传统图书馆到数字图书馆的转型研究	青年项目
信息管理系	段明莲	视音频信息的元数据与检索的创新研究	一般项目
医学部	王红漫	我国农民卫生保障制度政策研究	青年项目
医学部	丛亚丽	完善中国的生命伦理学	一般项目
哲学系	聂锦芳	马克思文本研究的历史回顾与方法论反思	一般项目
政府管理学院	杨凤春	中国政府电子政务的模式与应用	一般项目
政府管理学院	关海庭	中国共产党与当代中国体制改革模式的合理选择	一般项目
政府管理学院	李成言	反腐败斗争与民主监督机制建设问题研究	重点项目
中文系	张少康	中国文艺思想史	一般项目
中文系	王岳川	中国当代文艺美学前沿问题研究	一般项目
中文系	袁毓林	汉语句子的焦点结构和语义解释	一般项目
中文系	李 杨	中国当代文学（1949—1976）研究	一般项目

全国教育科学“十五”规划项目立项名单

单 位	姓名	项 目 名 称	项目类别
法学院	刘剑文	高等教育体制改革中的法律问题研究	教育部重点项目
教育学院	阎凤桥	转型时期中国民办高等学校组织特性实证研究	教育部重点项目
教育学院	陈向明	大学本科通识教育实践研究	教育部重点项目
教育学院	汪 琼	中外网上课程绩效评价及其影响因素比较研究	教育部重点项目
教育学院	马万华	大学教学改革过程中教师与学生角色转变的理论和实践研究	教育部重点项目

续表

单 位	姓名	项 目 名 称	项目类别
现代教育技术中心	李树芳	教育信息资源建设的颈瓶与对策	教育部重点项目（自筹）
社会学人类学所	钱民辉	西部大开发与教育发展研究——西部少数民族社区教育发展的区域差异及成因分析	教育部重点项目（自筹）
体育教研部	田敏月	以人为本 健康第一——北京大学体育与健康课程设计与实验研究	教育部重点项目（自筹）
艺术学系	彭吉象	普通高校美育课程体系研究	教育部重点项目（自筹）
教育学院	王　蓉	义务教育转换支付资金的使用与效益研究	教育部青年专项项目
教育学院	文东茅	制度变革与大学生就业行为研究	教育部青年专项项目
教育学院	李文利	中国居民对高等教育的需求与教育供给的关系	教育部青年专项项目（自筹）
教育学院	蒋　凯	改革开放以来中美高等教育交流研究	教育部青年专项项目（自筹）
教育学院	闵维方	中国高等教育规模扩展与劳动力市场的相互作用研究	国家重点项目
教育学院	魏　新	我国教育经费筹措和分配的公平与效率问题研究	国家重点项目
教育学院	高利明	信息技术在开放式、数字化学校教育系统建构中地位和作用的实验研究	国家一般项目
教育学院	陈学飞	信息社会高等教育变革国际比较研究	国家一般项目
教育学院	丁晓浩	中国二元经济背景下义务教育资源均衡化研究	国家一般项目
教育学院	刘云彬	大学教师与中国现代化的关系研究	国家青年基金项目

2002年度教育部批准立项项目名单

单 位	姓名	项 目 名 称	项目类别
社会学系	高丙中	社会转型过程中公民身份建构的人类学实证研究	重大项目
经济中心	柏兰芝	制度变迁地方治理结构和经济发展昆山——东莞的比较研究	重大项目
哲学系	赵敦华	中西道德哲学比较研究	重点项目
政府管理学院	李成言	中国教育系统廉政建设研究	重点项目
法学院	刘建文	WTO与中国税收政策合法化问题研究	重点项目
社会学系	郭志刚	西部劳动力市场与少数民族教育	重点项目
经济学院	薛　旭	入世后国家重点产业战略及重点保护与支持的国际比较研究	专项项目
马列学院	陈占安	关于两课教育教学实效性研究的调查报告	专项项目
法学院	刘守芬	技术制衡下的网络刑事法研究	一般项目

续表

单　位	姓名	项　目　名　称	项目类别
法学院	王　磊	人大监督与司法独立	一般项目
政府管理学院	金安平	全面建设小康社会目标下中国地方政府教育决策和过程	一般项目
经济学院	刘新立	中国水灾风险管理的制度研究	一般项目
经济学院	吴侨玲	我国企业如何应对欧盟的反倾销调查及拓展欧洲市场	一般项目
经济学院	王志伟	连续实行短期扩张性财政政策的长期累积效应	一般项目
哲学系	王宗昱	早期全真教研究	一般项目

北京市教育科学“十五”规划项目立项名单

单　位	姓名	项　目　名　称	项目类别
教育学院	闵维方	高等教育中的范围经济	重大项目
教育学院	刘云彬	北京市民办高校中的学生成长研究	重点项目
教育学院	田　玲	全球化背景下北京各类高校通识教育与专业教育关系研究	重点项目
教育学院	文东茅	高等学校的声誉与大学毕业生就业	重点项目
教育学院	阎凤桥	北京高校合并实证分析	重点项目
资产管理部	初育国	高校无形资产管理问题研究	重点项目
教育学院	郭建如	北京地区大学园管理模式与运行机制研究	青年专项
教育学院	吴筱萌	都市远距离教育模式研究	青年专项

2002年留学回国人员科研启动基金人选人名单

单　位	姓名	项　目　名　称
法学院	申卫星	德国现代担保制度与我国物权立法研究
经济研究中心	施建淮	金融创新与长期经济增长
人口所	蒋耒文	中国未来人口和家庭户变动与家庭能源消费
社会学系	刘继同	中国城市社区就业政策与服务实践模式的探索性研究
社会学系	方　文	社会行动者
体育教研室	董进霞	北京奥运会与我国妇女体育和妇女地位互动关系探索
外语学院	董　强	对罗兰·巴尔特批评理论的全面性研究
外语学院	刘　浩	宗教与20世纪俄罗斯侨民文学关系的研究
外语学院	彭　甄	当代俄语外来语与转型期的俄罗斯文化
中文系	董秀芳	汉语主要短语类型的结构与功能的历史演变

2002 年基地项目名单

项目名称	负责人	所在单位
第三代领导集体对邓小平理论的丰富和发展	阎志民	邓小平理论研究中心
经济全球化与当代中国社会主义的发展	丰子义	邓小平理论研究中心
古代东方赞美诗研究——以楔形文字赞美诗和印度赞颂文体	葛维钧	东方文学研究中心
印度中世纪宗教文学研究	薛克翘	东方文学研究中心
基于大规模汉英对齐语料的语言研究与教学平台	王洪君	汉语语言学研究中心
基于梵汉对勘材料的佛教汉语词汇研究	朱庆之	汉语语言学研究中心
转型期中国教育政策制定过程的理论研究与案例分析	陈学飞	教育经济研究所
高校教育成本计量研究（合作）	王善迈	教育经济研究所
西方哲学文献选编（中世纪卷）	赵敦华	外国哲学研究所
日本哲学资料选编（古代、近代部分）	魏常海	外国哲学研究所
加入世贸组织后中国社会团体所面临的挑战与发展实证研究	李景鹏	政治发展与政府管理研究所
转型时期农民法律意识和维权行为变化的实证研究	沈明明	政治发展与政府管理研究所
3 至 14 世纪中国历史的多元文化环境研究	王小甫	中国古代史研究中心
唐宋时期的社会流动与社会秩序研究	邓小南	中国古代史研究中心
日本宫内厅书陵部藏宋元版汉籍的复制与整理	安平秋	中国古文献研究中心
《全宋诗》补编（上编）	孙钦善	中国古文献研究中心
中国北方旧石器时代中、晚期过渡	王幼平	中国考古学研究中心
周原遗址的分期与布局研究	刘　绪	中国考古学研究中心
全球化背景下社会成员身份认同研究	张　静	中国社会与发展研究中心
社团组织研究：合法化过程及对于公民社会建设的意义	高丙中	中国社会与发展研究中心

（北京大学社科部供稿）

·中国人民大学·

2002 年度省部级以上课题立项情况表

项目名称	项目负责人	承担部门	项目来源	成果形式	预计完成时间
与时俱进与马克思主义哲学的繁荣之路	陈先达	人文学院	国家社会科学基金特别委托项目	专著　论文	2005.10.31
全球化条件下的法治国家	朱景文	法学院	国家社会科学基金重点项目	专著　译著	2005.07.01
新的历史条件下马克思劳动价值论的继承和发展研究	卫兴华	经济学院	国家社会科学基金重点项目	专著　论文	2003.12.31
建立和规范社会主义统一市场秩序研究	纪宝成	商学院	国家社会科学基金重点项目	专著　研报	2004.12.31

续表

项目名称	项目负责人	承担部门	项目来源	成果形式	预计完成时间
加入WTO后我国资本账户放松管制的风险与开放顺序的方案选择	陈雨露	财政金融学院	国家社会科学基金一般项目	论文 研报	2003.12.31
证人制度研究	何家弘	法学院	国家社会科学基金一般项目	专著 研报	2004.07.01
国际恐怖主义犯罪及其法律对策	赵秉志	法学院	国家社会科学基金一般项目	专著 研报	2004.12.31
我国入世后企业面临的环境法新问题	周 珂	法学院	国家社会科学基金一般项目	专著 论文	2003.06.30
MPA教育与中国公共部门人力资源开发创新体系研究	董克用	公共管理学院	国家社会科学基金一般项目	研报 论文	2003.08.31
华北农村民间组织的存在发展对现时期乡村治理的影响	张 鸣	国际关系学院	国家社会科学基金一般项目	专著	2006.01.01
环境保护对我国外贸的影响与对策研究	杨昌举	环境学院	国家社会科学基金一般项目	研报 专著	2003.10.31
中国转基因安全管理模式研究	宋 林	环境学院	国家社会科学基金一般项目	研报 论文	2003.12.01
20世纪英美保守主义政治思潮比较研究	王皖强	人文学院	国家社会科学基金一般项目	专著 论文	2004.07.31
马克思主义发展史重大问题研究	庄福龄	马克思主义学院	国家社会科学基金一般项目	专著	2005.12.31
近代新疆当局治理伊斯兰教依禅派问题之研究	潘向明	人文学院	国家社会科学基金一般项目	专著	2004.12.30
中国区域经济合作与冲突研究	张可云	公共管理学院	国家社会科学基金一般项目	研报	2004.12.30
第五次全国人口普查数据的开发与分析	邬沧萍	人口研究所	国家社会科学基金一般项目	专著 研报	2005.06.30
会计制度与税收法规的协作问题研究——以加强税收监管为中心	戴德明	商学院	国家社会科学基金一般项目	专著 论文	2004.06.30
当前中国城市反贫困工作中的组织创新问题研究	洪大用	社会学系	国家社会科学基金一般项目	专著 论文	2004.07.01
社会转型加速期农村社会保障问题研究	李迎生	社会学系	国家社会科学基金一般项目	专著	2004.07.01
中国金融业风险分析评价方法研究	易丹辉	统计学系	国家社会科学基金一般项目	论文 研报	2003.12.30

续表

项目名称	项目负责人	承担部门	项目来源	成果形式	预 计 完成时间
传播技术最新发展及其影响研究	匡文波	新闻学院	国家社会科学基金一般项目	专著 论文	2004.07.01
虚拟与人的实践方式革命：马克思主义哲学与数字化时代的思考	陈志良	人文学院	国家社会科学基金一般项目	专著 论文	2004.12.31
20世纪中国易学专题研究	杨庆中	人文学院	国家社会科学基金一般项目	专著	2005.07.01
新世纪中国文化产业的开拓与发展	金元浦	人文学院	国家社会科学基金一般项目	专著 研报	2005.12.30
明清之际的文人社团和文学运动	叶君远	人文学院	国家社会科学基金一般项目	专著 论文	2004.12.31
全球化与本地化交互作用下的中国农村中小企业发展新战略	郑风田	农业经济系	国家社会科学基金青年项目	专著 研报	2004.07.30
康雍乾时期舆图研究	孙 喆	人文学院	国家社会科学基金青年项目	专著	2003.12.31
公民日常行为的道德分析	李 萍	人文学院	国家社会科学基金青年项目	专著 研报	2004.09.30
区域非均衡发展中的财政支持系统与财政风险防范机制	陈秀山	公共管理学院	国家自然科学基金主任基金	专著 研报	2005
创新式民营企业管理制度与外部环境的实证研究	郭国庆	商学院	国家自然科学基金主任基金	专著 研报	2003
城市建设文件、档案信息的集成管理与集成服务研究	安小米	档案学院	国家自然科学基金自由申请项目	专著 研报	2005
面向分析的高性能数据库关键技术研究	陈 红	信息学院	国家自然科学基金自由申请项目	专著 研报	2005
中国奶业国际竞争力国家钻石模型的测度与分析	程漱兰	农业经济系	国家自然科学基金自由申请项目	专著 研报	2005
企业环境信息披露及其审计研究	耿建新	商学院	国家自然科学基金自由申请项目	专著 研报	2005
农户采纳绿色农业技术行为的实证研究	孔祥智	农业经济系	国家自然科学基金自由申请项目	专著 研报	2005
双层优化在管理中的应用	刘国山	商学院	国家自然科学基金自由申请项目	专著 研报	2005
WEB数据抽取与集成技术研究	孟小峰	信息学院	国家自然科学基金自由申请项目	专著 研报	2005
不同行业群中上市公司治理机制与绩效的相关性研究	徐二明	商学院	国家自然科学基金自由申请项目	专著 研报	2005

续表

项目名称	项目负责人	承担部门	项目来源	成果形式	预计完成时间
集约型物流与企业物流成本控制	宋　华	商学院	国家自然科学基金青年项目	专著　研报	2005
知识转移推进企业信息化的机制与模式研究	左美云	信息学院	国家自然科学基金青年项目	专著　研报	2005
中国现实教育法律纠纷问题研究	秦惠民	公共管理学院	全国教育科学规划基金重点项目	论文　调查报告	2005.04
我国创建世界一流商学院的研究	吕一林	商学院	全国教育科学规划基金重点项目	研报	2003.12
中国人文社会科学高等教育发展战略研究	纪宝成	商学院	全国教育科学规划基金重点项目	专著　研报	2004.12
高等学校教育竞争力研究	赵彦云	统计学系	全国教育科学规划基金重点项目	研报	2004.12
基于Internet分散式远程教学质量保证体系的建立	郝成义	网络教育学院	全国教育科学规划基金重点项目	论文	2003.12
人力资源开发的理论与方法	肖鸣政	劳动人事学院	全国教育科学规划基金规划项目	专著	2004.12
中国税收负担与税收政策问题研究	安体富	财政金融政策研究中心	教育部人文社会科学研究基地重大项目	专著	2005
入世后我国货币政策的外部环境和现实选择	邱崇明（厦门大学）	财政金融政策研究中心	教育部人文社会科学研究基地重大项目	专著	2005
佛教与宗教学理论译丛	何光沪	佛教与宗教学理论研究所	教育部人文社会科学研究基地重大项目	专著	2005
隋代三大师佛学思想综合研究	张风雷	佛教与宗教学理论研究所	教育部人文社会科学研究基地重大项目	专著	2005
中国当代公民道德研究	许启贤	伦理学与道德建设研究中心	教育部人文社会科学研究基地重大项目	专著	2005
东西方公民道德研究	冯　俊	伦理学与道德建设研究中心	教育部人文社会科学研究基地重大项目	专著	2005
民法典草案建议稿及立法理由书	王利明	民商事法律科学研究中心	教育部人文社会科学研究基地重大项目	专著	2005
侵权行为法研究	张新宝	民商事法律科学研究中心	教育部人文社会科学研究基地重大项目	专著	2005
欧盟东扩的国际政治经济影响	时殷弘	欧洲问题研究中心	教育部人文社会科学研究基地重大项目	专著	2005

续表

项目名称	项目负责人	承担部门	项目来源	成果形式	预计完成时间
欧元对欧洲及全球政治经济的意义	方福前	欧洲问题研究中心	教育部人文社会科学研究基地重大项目	专著	2005
康乾盛世研究	陈桦	人文学院	教育部人文社会科学研究基地重大项目	专著	2005
清代灾荒研究	李文海	人文学院	教育部人文社会科学研究基地重大项目	专著	2005
农村人口老龄化与养老问题研究	梁鸿（复旦大学）	人口与发展研究中心	教育部人文社会科学研究基地重大项目	专著	2005
中国现代化发展中人口迁移与流动研究	乔晓春 段成荣	人口与发展研究中心	教育部人文社会科学研究基地重大项目	专著	2005
国外社会学理论新趋势	刘少杰	社会学理论与方法研究中心	教育部人文社会科学研究基地重大项目	专著	2005
中国社会思想史与社会学思想史研究	江立华（华中师范大学）	社会学理论与方法研究中心	教育部人文社会科学研究基地重大项目	专著	2005
“十五”时期中国社会舆情的调查与检测	喻国明	新闻与社会发展研究中心	教育部人文社会科学研究基地重大项目	专著	2005
中国新闻周刊研究	涂光晋	新闻与社会发展研究中心	教育部人文社会科学研究基地重大项目	专著	2005
中国新闻传播法制建设研究	郑保卫	新闻与社会发展研究中心	教育部人文社会科学研究基地重大项目	专著	2005
国际人权两公约与我国刑事法律的协调完善	卢建平	刑事法律科学研究中心	教育部人文社会科学研究基地重大项目	专著	2005
中国近代刑事法律的改革及其启示	郑定	刑事法律科学研究中心	教育部人文社会科学研究基地重大项目	专著	2005
统计在社会科学中的应用研究——法律、政治、新闻、教育、文献计量、伦理学	王琪延	应用统计科学研究中心	教育部人文社会科学研究基地重大项目	专著	2005
我国政府统计抽样调查制度的理论方法研究	倪加勋	应用统计科学研究中心	教育部人文社会科学研究基地重大项目	专著	2005
中华人民共和国经济发展研究（新中国五十年经济发展）	贺耀敏	中国经济改革与发展研究院	教育部人文社会科学研究基地重大项目	专著	2005
我国“三元经济”发展模式研究	林岗	中国经济改革与发展研究院	教育部人文社会科学研究基地重大项目	专著	2005
中国农村金融体系的重建：制度安排与政策取向	张杰	财政金融学院	教育部人文社会科学研究基金规划重大项目	专著 研报	2005

续表

项目名称	项目负责人	承担部门	项目来源	成果形式	预计完成时间
民营企业的融资与治理问题研究	杨瑞龙	经济学院	教育部人文社会科学研究基金规划重大项目	专著 研报	2005
北方农村80年变迁——以定县调查为基础	郑杭生	社会学系	教育部人文社会科学研究基金规划重大项目	专著 研报	2005
社会信用的刑法保护	黄京平	法学院	教育部人文社会科学研究基金规划重点项目	专著	2005
民法总则基础理论研究	姚　辉	法学院	教育部人文社会科学研究基金规划重点项目	专著	2005
中国思想传统与现代政治哲学的演进	刘　晓	国际关系学院	教育部人文社会科学研究基金规划重点项目	专著	2005
经济可持续发展条件下的经济增长理论研究	刘凤良	经济学院	教育部人文社会科学研究基金规划重点项目	专著	2005
中国就业、收入分配与社会保障相关政策选择研究	郑功成	劳动人事学院	教育部人文社会科学研究基金规划重点项目	专著	2005
马克思主义理论创新与全面建设小康社会	郝立新	人文学院	教育部人文社会科学研究基金规划重点项目	专著	2005
高校人文社会科学研究发展战略研究	郑水泉	人文学院	教育部人文社会科学研究基金规划重点项目	专著	2005
入世后我国商业银行信用风险管理研究	龚明华	财政金融学院	教育部人文社会科学研究基金规划项目	专著	2005
科技创新与文化创新的整合机制研究	林　坚	中国人民大学出版社	教育部人文社会科学研究基金规划项目	专著	2005
大陆法系研究	叶秋华	法学院	教育部人文社会科学研究基金规划项目	专著	2005
中国行政法的民主化发展趋势及其制度创新研究	莫于川	法学院	教育部人文社会科学研究基金规划项目	专著	2005
美国国会决策模式及其对美国外交政策的影响	李庆四	国际关系学院	教育部人文社会科学研究基金规划项目	专著	2005
市场开放条件下垄断行业成本和价格管理的理论与方法	许光建	公共管理学院	教育部人文社会科学研究基金规划项目	专著	2005
当代资本主义新变化	赵　汇	马克思主义学院	教育部人文社会科学研究基金规划项目	专著	2005
抑制恶性出口竞争制度化模式的国际比较研究	王亚星	商学院	教育部人文社会科学研究基金规划项目	专著	2005
中国企业职工养老金的价值决定及其信息监管制度研究	戴德明	商学院	教育部人文社会科学研究基金规划项目	专著	2005

续表

项目名称	项目负责人	承担部门	项目来源	成果形式	预计完成时间
当前弱势群体社会支持的政策体系与实施模式研究	李迎生	社会学系	教育部人文社会科学研究基金规划项目	专著	2005
随机寿险模型及其应用	张波	统计学系	教育部人文社会科学研究基金规划项目	专著	2005
中国房地产泡沫及预警系统研究	丰雷	公共管理学院	教育部人文社会科学研究基金规划项目	专著	2005
弗协调道义逻辑的探索及道义逻辑史研究	余俊伟	人文学院	教育部人文社会科学研究基金规划项目	专著	2005
西方现代美学中的”语言转向”及其对中国美学发展的意义	牛宏宝	人文学院	教育部人文社会科学研究基金规划项目	专著	2005
思想理论教育的形成与发展	张雷声	马克思主义学院	教育部人文社会科学研究基金专项任务项目	专著	2005
张耒读者诗文全集校注	李逸安	中国语言文学系	高校古籍整理委员会	专著 研报	2003
《篆隶万象名义》核注意力	王贵元	中国语言文学系	高校古籍整理委员会	专著 研报	2003
发展中经济的金融制度研究	龚明华	财政金融学院	教育部留学归国人员科研启动基金项目	研究报告	2003
城乡结合部土地问题研究	吕萍	公共管理学院	教育部留学归国人员科研启动基金项目	研究报告	2003
唐宋官僚形态与政治体制研究	刘后滨	人文学院	教育部留学归国人员科研启动基金项目	研究报告	2003
中国（明朝）韩国（李朝）外交使节唱和诗文研究	詹杭伦	人文学院	教育部留学归国人员科研启动基金项目	研究报告	2003
基于 web service 的 web 数据库集成技术	孟小峰	信息学院	科技部 863 计划项目	研究报告等	2005
面向领域的数据分析与挖掘技术研究	陈红	信息学院	科技部 863 计划项目	研究报告等	2005
中国电子政务管理系统	许光建	公共管理学院	科技部	研究报告	2003
人文奥运研究	冯惠玲	档案学院	北京市哲学社会科学规划基金特别委托项目	研究报告	2003
北京市城乡结合部发展与制度创新研究	董克用	公共管理学院	北京市哲学社会科学规划基金特别委托项目	研究报告	2002
“三个代表”理论框架及思想体系研究	程天权	法学院	北京市哲学社会科学规划基金特别委托项目	研究报告	2003

续表

项目名称	项目负责人	承担部门	项目来源	成果形式	预 计 完成时间
北京生态城市建设研究	邹　骥	环境学院	北京市哲学社会科学规划基金项目	研究报告	2003
北京市社会养老保险研究	乔小春	人口研究所	北京市哲学社会科学规划基金项目	研究报告	2003
首都经济与第三产业的发展	陈秀山	公共管理学院	北京市哲学社会科学规划基金项目	研究报告	2003
北京市未来发展的情景设计方案	邹　骥	环境学院	北京市哲学社会科学规划基金项目	研究报告	2003
北京市18区县竞争力评价	赵彦云	统计学系	北京市哲学社会科学规划基金项目	研究报告	2003
随机流与实算子代数中的概率问题	张　波	统计学系	北京市自然科学基金项目	论文	2004
如何使学前儿童获取早期阅读经验的研究	任志红	幼儿园	北京市教育科学规划基金项目	论文	2004
高等学校法人及其自主权问题研究	申素平	教育科学研究所	北京市教育科学规划基金项目	论文	2004
全国万户低保家庭抽样	洪大用	社会学系	财政部	研究报告	2003
高新技术产品出口风险及对策研究	杨　志	经济学院	财政部	专著　研报	2003
德国公司治理机制研究	翟　强	财政金融学院	财政部	研究报告	2003
境外投资统计制度	高敏雪	统计学系	对外经济贸易合作部	研究报告	2003
上海市畜牧对环境的影响	程漱兰	农业经济系	国家环保总局	论文　研报	2003
农村养老保障制度研究	郑功成	劳动人事学院	国家计划生育委员会	研究报告	2003
中长期规划指标体系研究	武少俊	公共管理学院	国家计委	专著　研报	2003
刑事执行制度研究	韩玉胜	法学院	司法部	专著　研报	2003
中外司法体制研究	何空泓	法学院	司法部	专著　研报	2003
政府规划与行政许可	杨建设	法学院	司法部	专著　研报	2003
“三个代表”重要思想与政权建设	张希坡	法学院	司法部	专著　研报	2003
大型成套设备出口现状政策支持研究	王亚兰	商学院	外经贸部	研究报告	2003

续表

项目名称	项目负责人	承担部门	项目来源	成果形式	预 计 完成时间
中国啤酒产业竞争态势分析	韩冀东	商学院	新华通讯社	研究报告	2003
全国低保调查	洪大用	社会学系	民政部	研究报告	2003
农村卫生医疗保健	程漱兰	农业经济系	农业部	研究报告	2003
农业谈判国内支持	唐 忠	农业经济系	农业部	研究报告	2003
土地资源可持续利用创新研究	严金明	公共管理学院	国土资源部	研究报告	2003
土地整理效益评价	吕 萍	公共管理学院	国土资源部	研究报告	2003
县级土地利用规划规程	严金明	公共管理学院	国土资源部	研究报告	2003
我国地区经济布局问题与对象研究	姚永玲	公共管理学院	国家统计局	研究报告	2003

（中国人民大学科研处供稿）

·清华大学·

承担省部级以上社科研究课题

序号	项目名称	负责人	承担部门	项目来源	完成时间
1	国外大学通识教育发展与改革研究	李曼丽	人文学院	北京市教育科学规划课题	2003.12
2	高校科研道德制度化建设研究	王蒲生	人文学院	北京市教育科学规划课题	2003.07
3	我国高校后勤社会化改革的理论探索	王守军	财务处	北京市教育科学规划课题	2003.12
4	大学发展战略比较研究—以京沪港台为案例	王孙禺	人文学院	北京市教育科学规划课题	2004.02
5	学分制与大学教育理念关系的研究	王晓阳	教育研究所	北京市教育科学规划课题	2004.12
6	美国高校性别课程研究	肖 巍	人文学院	北京市教育科学规划课题	2004.09
7	基于分布式教育资源组织的网上大学生学术社区、建设的应用研究	张成昱	图书馆	北京市教育科学规划课题	2003.12
8	北京市高等教育国际化研究	赵 伟	研究生院	北京市教育科学规划课题	2003.12
9	WTO与北京科技计划体系研究	吴贵生	经济管理学院	北京市科学技术委员会	2002.10.30
10	哈贝马斯伦理思想研究	艾四林	人文学院	国家社会科学规划基金项目	2002.05～2003.04

续表

序号	项目名称	负责人	承担部门	项目来源	完成时间
11	WTO保障措施协议及我国相关立法研究	车丕照	法学院	国家社会科学规划基金项目	2002.05～2004.06
12	我国给水工业市场化改革战略及政策研究	陈吉宁	环境系	国家社会科学规划基金项目	2002.05～2003.04
13	举办2008年奥运会与我国经济社会发展关系研究	陈　希	体育部	国家社会科学规划基金项目	2002.05～2003.04
14	就业与经济增长的关系及中国就业政策研究	胡鞍钢	公共管理学院	国家社会科学规划基金项目	2002.05～2003.04
15	清华学派与20世纪中国哲学	胡伟希	人文学院	国家社会科学规划基金项目	2002.05～2003.04
16	中国体育资本市场研究	廖　理	经济管理学院	国家社会科学规划基金项目	2002.05～2003.04
17	中国入世以后政务公开的制度建设与治理成效研究—以公共决策听证制度为例	彭宗超	公共管理学院	国家社会科学规划基金项目	2002.01～2003.06
18	从单位制到社区制转型的过程分析	孙立平	人文学院	国家社会科学规划基金项目	2002.05～2003.04
19	《柏拉图全集》的翻译与诠释	王晓朝	人文学院	国家社会科学规划基金项目	2002.05～2003.04
20	当代哲学前沿有关问题——当代的女性主义哲学研究	肖　巍	人文学院	国家社会科学规划基金项目	2002.05～2003.04
21	基于分布式的知识组织与管理机制研究	张成昱	图书馆	国家社会科学规划基金项目	2002.05～2003.04
22	控制股东权利义务平衡论	朱慈蕴	法学院	国家社会科学规划基金项目	2002.05～2003.04
23	中国股票市场风险溢价与股市监管	朱世武	经济管理学院	国家社会科学规划基金项目	2002.05～2003.04
24	中国高校与国外企业科技合作中的知识产权保护问题的研究	王　兵	法学院	国家知识产权局	2002.08～2003.08
25	以管理会计为主导的中国集团公司管理系统	于增彪	经济管理学院	国家自然科学基金	2005.12.31
26	违约相关性度量与信用衍生工具定价研究	朱世武	经济管理学院	国家自然科学基金	2005.12.31
27	基于INTERNET管理信息系统研究	陈国青	经济管理学院	国家自然科学基金	2006.12.01
28	企业支持组织学习的有关人力资源管理方法研究	陈国权	经济管理学院	国家自然科学基金	2005.12.31

续表

序号	项目名称	负责人	承担部门	项目来源	完成时间
29	董事会特征、公司绩效与股东财富关系的理论与实证研究	陈小悦	经济管理学院	国家自然科学基金	2005.12.31
30	中国发展担保业的基础理论研究	邓晓梅	公共管理学院	国家自然科学基金	2002.01～2004.12
31	非营利机构在市场经济中的战略定位与管理体制改革	贾西津	公共管理学院	国家自然科学基金	2002.01～2004.12
32	全球背景下基于联接模型的经济互动与对策研究	潘文卿	经济管理学院	国家自然科学基金	2005.12.31
33	转型期中国政府危机决策中的协调机制研究及仿真分析	彭宗超	公共管理学院	国家自然科学基金	2002.01～2004.12
34	应用技术评价理论与方法研究	仝允桓	经济管理学院	国家自然科学基金	2006.12.30
35	全球化背景下贸易自由区的特征、功能与法律体系研究	武康平	经济管理学院	国家自然科学基金	2003.06.01
36	机电新产品概念开发方法研究	杨德林	经济管理学院	国家自然科学基金	2005.12.31
37	组织文化度量模型构建与应用研究	张　德	经济管理学院	国家自然科学基金	2005.12.31
38	上市公司融资行为及监管政策研究	朱武祥	经济管理学院	国家自然科学基金	2005.12.31
39	建筑行业企业技术中心建设与管理研究	吴贵生	经济管理学院	建设部	2002.12.31
40	海峡两岸教育互补性研究	寇廷耀	公共管理学院	教育部	2002.03～2002.09
41	台生祖国大陆就业趋势研究	寇廷耀	公共管理学院	教育部	2002.03～2002.09
42	中国转型期所有制结构与平等—效率分析	蔡继明	人文学院	教育部人文社会科学研究项目	2002.09～2004.09
43	企业信息化发展战略与实施策略研究	陈　剑	经济管理学院	教育部人文社会科学研究项目	2002.09～2004.09
44	中华民族复兴之路与马克思主义的中国化	陈　希	人文学院	教育部人文社会科学研究项目	2002.09～2004.09
45	大学发展战略之案例研究与比较分析	蓝劲松	人文学院	教育部人文社会科学研究项目	2002.09～2004.09
46	军备控制的理论研究	李　彬	人文学院	教育部人文社会科学研究项目	2002.09～2004.09

续表

序号	项目名称	负责人	承担部门	项目来源	完成时间
47	我国城市流动人口管理模式研究	李　强	人文学院	教育部人文社会科学研究项目	2002.09～2004.09
48	高校学生马克思主义学术社团建设和引导研究	李润海	人文学院	教育部人文社会科学研究项目	2002.09～2004.09
49	中国涉外民商事案件管辖权制度的冲突和整合	李　旺	法学院	教育部人文社会科学研究项目	2002.09～2004.09
50	“两课”新体系与“两课”教师队伍建设研究	刘美珣	人文学院	教育部人文社会科学研究项目	2002.09～2004.09
51	大学理念与大学发展关系研究	王孙禺	人文学院	教育部人文社会科学研究项目	2002.09～2004.09
52	经济全球化与高校思想政治教育对策研究	王孙禺	人文学院	教育部人文社会科学研究项目	2002.09～2004.09
53	关于制约“两课”教育实效性的德育规律的研究报告	吴　倬	人文学院	教育部人文社会科学研究项目	2002.09～2004.09
54	关于“两课”教育教学实效性的调研报告	张再兴	人文学院	教育部人文社会科学研究项目	2002.09～2004.09
55	变革时期企业领导行为研究	朱　岩	经济管理学院	教育部人文社会科学研究项目	2002.09～2004.09
56	上市公司审计委员会制度研究	谢德仁	经济管理学院	教育部优秀博士论文基金	2004.06.30
57	管理决策的软计算技术——中捷国际合作项目	陈国青	经济管理学院	科技部	2004.05.01
58	科技保密的实施问题研究	王　兵	法学院	科技部	2002.10～2003.10
59	我国东西部地区发展的实证考察与西部地区科技干部培训研究	吴贵生	经济管理学院	科技部	2003.12.31
60	科技计划有关重大问题研究——区域科技计划体系研究	吴贵生	经济管理学院	科技部	2002.12.31
61	构建中国企业技术创新新体系	程　源	经济管理学院	科技部政策法规与体制改革司	2002.12.30
62	市场经济条件下民间组织培育、发展和管理的公共政策研究	王　名	公共管理学院	民政部	2004
63	当代中国公共政策理论体系的研究	薛　澜	公共管理学院	青年科学基金	2002.01～2005.12
64	为新世纪培养高水平博士生的研究与实践	陈皓明	研究生院	全国教育科学规划课题	2004.12

续表

序号	项目名称	负责人	承担部门	项目来源	完成时间
65	我国教师健康的现状、标准及对策研究	樊富珉	人文学院	全国教育科学规划课题	2004
66	知识经济时代大学功能的延伸、实现途径暨我国大学衍生企业与大学科技园发展战略研究	范德清	公共管理学院	全国教育科学规划课题	2003.12
67	一流大学建设的理论与实践研究	顾秉林	教育研究所	全国教育科学规划课题	2004.12
68	中国高校校友资源的综合研究与开发	贺美英	校办	全国教育科学规划课题	2003.12
69	研究型大学战略管理研究	蓝劲松	人文学院	全国教育科学规划课题	2003.12
70	利他行为和理论与教育研究	林　泰	人文学院	全国教育科学规划课题	2003.12
71	音乐教育促进大学生综合素质发展的多维度研究及学生主体参与型综合艺术课程实验	刘　沛	人文学院	全国教育科学规划课题	2004.08
72	“系统设计方法论”课程研究是知识结构型、综合型、创造型人才素质教育的基础	柳冠中	美术学院	全国教育科学规划课题	2006.03
73	大学科技园创新体系的理论研究与实践	梅　萌	清华科技园	全国教育科学规划课题	2004
74	体育课运动心率的实时监测和视频数据叠落款	王培勇	体育部	全国教育科学规划课题	2004.12
75	高校科研伦理教育研究	王蒲生	人文学院	全国教育科学规划课题	2004.12
76	一流大学社会功能的个案比较研究	王晓阳	人文学院	全国教育科学规划课题	2004
77	我国大学体育学的研究与理论构造	颜天民	体育部	全国教育科学规划课题	2003.12
78	基于网络的跨地域协作探究学习研究	张建伟	电教中心	全国教育科学规划课题	2003.12
79	规模化培养条件下的研究生德育模式研究	张　毅	研究生院	全国教育科学规划课题	2004
80	中国商法学基本理论问题研究	王保树	法学院	司法部	2002.11～2005.11
81	民事诉讼责任分配研究	张卫平	法学院	司法部	2005
82	2002 年铁路旅客运输站、车服务的用户满意度测评	赵　平	经济管理学院	铁道部	2002.12.31
83	中国境外投资绩效指标体系研究	杨　炘	经济管理学院	外经贸部	2002.08.30

续表

序号	项目名称	负责人	承担部门	项目来源	完成时间
84	银行信息化管理与机制研究专题	陈　剑	经济管理学院	中国人民银行	2003.06.30

校级社科研究项目

序号	项目名称	负责人	承担部门	项目来源	完成时间
1	中国艺术设计教育现状分析及发展对策研究	包　林	美术学院	清华大学基础研究重点基金	2002.10～2004.10
2	审美文化与现代视觉艺术研究	陈池瑜	美术学院	清华大学基础研究重点基金	2002.10～2004.10
3	传媒经营与战略管理研究	崔保国	新闻与传播学院	清华大学基础研究重点基金	2002.10～2004.10
4	投融资机制对技术创新影响的理论与实证研究	韩廷春	公共管理学院	清华大学基础研究重点基金	2002.10～2004.10
5	媒介经济在国民经济体系中的作用	陆　地	新闻与传播学院	清华大学基础研究重点基金	2002.10～2004.10
6	跨文化交流能力与21世纪的人才培养	罗选民	人文学院	清华大学基础研究重点基金	2002.10～2004.10
7	展示设计与环境及资源的合理利用研究	史习平	美术学院	清华大学基础研究重点基金	2002.10～2004.10
8	我国社区建设模式的比较研究	孙立平	人文学院	清华大学基础研究重点基金	2002.10～2004.10
9	中外合资企业中的技术学习	谢　伟	经济管理学院	清华大学基础研究重点基金	2002.10～2004.10
10	清华大学与中国近代科学技术史综合研究	杨　舰	人文学院	清华大学基础研究重点基金	2002.10～2004.10
11	新经济条件下的政府与社会保障	杨燕绥	公共管理学院	清华大学基础研究重点基金	2002.10～2004.10
12	中国古代雕塑原生素材及图像研究	曾成钢	美术学院	清华大学基础研究重点基金	2002.10～2004.10
13	金融发展与经济增长：理论模型与政策分析	韩廷春	公共管理学院	清华骨干人才支持计划	2002.06～2003.12
14	一流大学研究	薛　澜	公共管理学院	校长基金	2002.12～2003.08

（清华大学文科建设处刘金梅供稿）

·北京师范大学·

2002年文科6部学术著作获北京市出版资助

姓名	著作名称	作者单位
朱汉国	华北农村的社会问题（1928—1937）	历史系
莎日娜	明清之际章回小说研究	文学院
于雪棠	《周易》与中国上古文学	文学院
李　由	公司制度论	经济学院
曾晓东	中小学教师管理的制度研究	教育学院
彭新武	造物的谱系——进化的衍生、流变及其问题	管理学院

青年教师人文社会科学研究基金2002年立项项目

项目名称	负责人	承担部门	成果形式	完成时间
WTO争端解决机制与国际经济制裁问题研究	李　毅	法政所	论文	2004.12
公共管理与公共政策科学的中国化	沈友军	法政所	论文	2004.06
女性话语风格研究	吴方敏	汉语文化学院	论文	2004.10
《银雀山汉墓竹简》字型研究	张　会	汉语文化学院	论文	2004.10
学生自我评价研究	王文静	基础教育课程研究中心	研究报告　论文	2005.04
课堂提问中的师生互动模式研究	宋振韶	基础教育课程研究中心	研究报告　论文	2004.04
学校·政府·市场——关于市场经济条件下公立高校收费政策的研究	楚红丽	教育学院	研究报告　论文	2004.09
全球化时代的公民教育研究	王　啸	教育学院	专著　论文	2005.03
基于校本案例研究的校长培训模式	向蓓莉	教育学院	研究报告　论文	2004.12
中国电子商务政策法律环境研究	赵秋雁	经济学院	论文	2004.12
中外会计和税收制度比较	饶　菁	经济学院	研究报告　论文	2004.12
网上购物站点界面设计对用户信息行为与态度影响的文化背景差异研究	李江予	经济学院	论文	2004.09
华北地区旧石器时代环境考古研究	杜水生	历史系	论文	2004.12
互动与嬗变：对3—6世纪墓葬文化区域性的考古学考察	李梅田	历史系	论文	2004.03
写实性水墨人物画研究	范治斌	艺术学院	论文　美术作品	2004.12
肖邦钢琴作品研究	丁　怡	艺术学院	论文　音乐会	2004.07
新时期中国电影产业发展研究	宋维才	艺术学院	专著　论文	2004.12
中国妇女与新闻事业（现代化）	宋素红	文学院	著作	2004.10
两汉经学与文学	于雪棠	文学院	专著	2004.12
唐代学士与文学	康　震	文学院	论文　专著	2005.03
改革开放后北京城市空间结构的演变	徐培玮	资源所	研究报告　论文	2004.12

2002 年度承担省部级以上人文社会科学研究项目

项目名称	项目类别	负责人	承担部门	项目来源
现代汉语语序研究及对外汉语教学语序问题探讨	省部级一般	丁崇明	汉语文化学院	国家对外汉语教学十五规划
汉语作为第二语言学习中的词素加工与构词意识研究	省部级一般	冯丽萍	汉语文化学院	国家对外汉语教学十五规划
面向海外儿童的汉语教学多媒体课件研究与开发	省部级一般	张和生	汉语文化学院	国家对外汉语教学十五规划
中韩跨文化交际研究	省部级一般	董　明	汉语文化学院	国家对外汉语教学十五规划
基础教育新课程学科培训者培训的理论与实践项目（初中化学）	省部级一般	王　磊	化学系	基础教育新课程学科培训者培训的理论与实践项目
基础教育新课程学科培训者培训的理论与实践项目（初中历史）	省部级一般	朱汉国	历史系	基础教育新课程学科培训者培训的理论与实践项目
智力残疾学生学校健康教育模式研究	省部级一般	王　雁	教育学院	教育部基础教育司特殊教育十五规划项目
三类特殊教育学校教育教学资源库的建设研究	省部级一般	童忠良	教育学院	教育部基础教育司特殊教育十五规划项目
盲校课程体系与盲校课程标准研究	省部级一般	钱志亮	教育学院	教育部基础教育司特殊教育十五规划项目
盲生生理、心理及教育相关问题的系列研究	省部级一般	刘艳虹	教育学院	教育部基础教育司特殊教育十五规划项目
弱智学生社会适应能力的评估研究	省部级一般	韦小满	教育学院	教育部基础教育司特殊教育十五规划项目
基础教育新课程学科培训者培训的理论与实践项目（初中地理）	省部级一般	王　民	资环学院	教育部师范司基础教育新课程学科培训者培训的理论与实践项目
计算机非主用汉字字库字形规范原则	省部级一般	王　宁	文学院	教育部语言文字信息管理司语言文字应用十五科研资助项目
汉字键盘输入语言文字规范评价原则	省部级一般	王　宁	文学院	教育部语言文字信息管理司语言文字应用十五科研资助项目
生态环境监督管理法律制度中外比较研究	省部级一般	杜　群	资源所	司法部法治建设与法学理论研究部级科研项目

（北京师范大学社会科学处马永梅供稿）

·对外经济贸易大学·

2002 年校级立项课题

序号	课题负责人	课　题　名　称	学科门类	成果形式
1	沈四宝	仲裁与调解相结合制度研究	法　学	研究或咨询报告
2	杨荣珍	入世后我国外贸管制地法律问题	法　学	研究或咨询报告
3	吴　军	中国西部金融资源地开发与有效配置	经济学	研究或咨询报告

续表

序号	课题负责人	课 题 名 称	学科门类	成果形式
4	刘 园	社保基金进入资本市场模式与投资组合分析	经济学	研究或咨询报告
5	孔淑红	网络经济学理论与应用	经济学	论 文
6	赵忠秀	中国与周边国家战略性经济合作研究——跨国油气项目国际合作	经济学	研究或咨询报告
7	史燕平	论融资租赁地宏观经济效应	经济学	专 著
8	张建平	关于产品生命周期与企业盈亏转折点先行指标的研究	经济学	专 著
9	李爱文	21世纪初期日本的产业结构调整	经济学	专 著
10	牛雄鹰	员工激励的“经济—心理模式”研究	管理学	专 著
11	席宁华	信息系统对供应链管理的战略支持研究	管理学	专 著
12	陈 进	新形势下外经贸企业的电子商务	管理学	研究或咨询报告
13	徐子健	消费者行为国际比较研究	管理学	专 著
14	车洪波	社会转型与制度文化变迁研究	管理学	专 著
15	郝旭光	中小企业发展战略研究	管理学	专 著
16	王智慧	全球化环境下的中国企业战略变革研究	管理学	专 著
17	王 强	有限生产过程中完全检验的最优设计及其应用	管理学	论 文
18	贾怀勤	我国服务贸易统计理论和方法问题研究	统计学	研究或咨询报告
19	蒋显璟	英国浪漫主义诗歌赏析	外国文学	编 著
20	魏啸飞	美国犹太文化演变	宗教学	专 著
21	朱 凯	拉丁美洲的文化环境及其与中国汉文化的对比研究	新闻学与传播学	专 著

（对外经济贸易大学科研处供稿）

·中央民族大学·

2002年度国家社科基金项目

序号	项 目 名 称	项目负责人	承担部门	成果形式	完成时间
1	伊斯兰教与中国穆斯林社会现代化进程	丁 宏	民族学系	专著	2004.06
2	西南边地移民史	苍 铭	历史系	专著	2004.02
3	中国阿尔泰语系诸民族神话比较研究	那木吉拉	蒙古语言文学系	专著	2004.02
4	仡佬语群调查研究	李锦芳	少数民族语言文学系	专著	2004.07
5	汉藏文化交流史研究	喜饶尼玛	藏学研究院	专著	2005.01

2002年度校级社科研究项目（57项）

序号	项目名称	项目负责人	承担部门	成果形式	完成时间
1	我党第三代领导集体的民族理论与实践	金炳镐	民族理论与政策教科部	专著	2005.06
2	当代国际上宗教矛看、民族矛盾与世界和平	乌小花	民族理论与政策教科部	专著	2005.06
3	民族政策法律化问题研究	彭　谦	民族理论与政策教科部	专著	2005.06
4	加入WTO后民族地区环境法制建设研究	乔世明	法学院	专著	2005.06
5	加入WTO后民族法制建设的若干问题	韩小兵	法学院	专著	2005.06
6	中国少数民族传统体育史	徐玉良	体育系	专著	2005.06
7	少数民族传统体育可持续发展研究	韦晓康	体育系	专著	2005.06
8	公共政策研究	荣仕星	校办	专著	2005.06
9	中国农村少数民族妇女权益的法律保障研究	郑玉顺	校办	专著	2005.06
10	中央民族大学学生思想政治教育内容体系与实施纲要研究	王　彦	校办	专著	2005.06
11	维吾尔语书面语言发展史研究	吐尔逊 阿尤甫	校办	专著	2005.06
12	楚辞与南方民族文学研究	黄凤显	校办	专著	2005.06
13	建设世界一流民族大学的理论与实践	任中夏	校办	专著	2005.06
14	民族地区区域经济一体化问题研究	梁积江	经济系	专著	2005.06
15	构建民族法学学科的可行性研究	宋才发	科研处	专著	2005.06
16	民国少数民族社会生活研究	徐永志	历史系	专著	2005.06
17	历史时期西北地区经济开发与生态环境的变迁	尚衍斌	历史系	专著	2005.06
18	唐朝对河北边地的经营与蕃族的互动	李鸿宾	历史系	专著	2005.06
19	清中后期八旗土地制度研究	赵令志	历史系	专著	2005.06
20	少数民族大学生 心理适应特点、问题与心理健康教育研究	韩国刚 赵一君	学生处	专著	2005.06
21	汉族、藏族、蒙古族宗教文化交流研究	孙悟湖	藏学系	专著	2005.06
22	藏文新闻学原理	扎　巴	藏学系	专著	2005.06
23	政府管理与市场运行	杨　聪	经济系	专著	2005.06
24	在探讨现代中国经济矛盾中坚持和发展唯物史观	刘永佶	经济系	专著	2005.06
25	民族干部培养与选拔机制	金京振	成人教育学院	专著	2005.06
26	琶杰、毛依罕研究	朝克图	博物馆	专著	2005.06
27	多元文化及语言背景下 的大学生英语学习特点与问题研究	何克勇	外语系	专著	2005.06
28	北京市牛街社区研究	胡振华	维哈柯语言文学系	专著	2005.06

续表

序号	项目名称	项目负责人	承担部门	成果形式	完成时间
29	现代哈萨克语虚词	张定京	维哈柯语言文学系	专著	2005.06
30	撒拉语结构	米娜瓦尔	维哈柯语言文学系	专著	2005.06
31	台湾南岛语民族文学概论	曾思奇	少数民族语言文学系	专著	2005.06
32	20世纪中国少数民族文学史	赵志忠	少数民族语言文学系	专著	2005.06
33	布依族宗教典籍语言研究	周国炎	少数民族语言文学系	专著	2005.06
34	朝鲜族古代文学发展史研究	李　岩	少数民族语言文学系	专著	2005.06
35	清朝民族政策研究	余梓东	宣传部	专著	2005.06
36	当前我国少数民族大学生心理特点与社会适应	孙玉兰	马列教科部	专著	2005.06
37	西部地区人力资源开发与管理研究	那　日	少数民族经济研究所	专著	2005.06
38	黄河上游甘肃和宁夏干旱和半干旱地区生态环境治理和寻求外资对策研究	王天津	少数民族经济研究所	专著	2005.06
39	西部大开发与民族利益协调	王文长	少数民族经济研究所	专著	2005.06
40	当代侗族的社会变迁	姚丽娟	民族学系	专著	2005.06
41	汉藏文化交流研究	苏发祥	民族学系	专著	2005.06
42	国外族群、种族及民族理论研究	施　琳	民族学系	专著	2005.06
43	李杜与文学传统	梁　森	中文系	专著	2005.06
44	近百年草原游牧文化的变迁和走向	邢　莉	中文系	专著	2005.06
45	中国少数民族音乐通史	赵　毅	音乐系	专著	2005.06
46	海峡两岸少数民族音乐教育比较研究	柯　琳	音乐系	专著	2005.06
47	蒙古语族语文文献概论	贺希格	蒙古语言文学系	专著	2005.06
48	中国阿尔泰语系诸民族神话比较研究	那木吉拉	蒙古语言文学系	专著	2005.06
49	蒙藏文化关系研究	乌力吉	蒙古语言文学系	专著	2005.06
50	民族教育理论与政策研究	滕　星	教育系	专著	2005.06
51	双语教育学通论	董　艳	教育系	专著	2005.06
52	少数民族教育立法的国际比较研究	吴明海	教育系	专著	2005.06
53	中国少数民族艺术教育研究	高润喜	美术系	专著	2005.06
54	中国少数民族预科教育研究	宋太成	预科部	专著	2005.06
55	宗教与社会主义相适应个案研究	游　斌	哲学系	专著	2005.06
56	历代中央政府民族宗教政策研究	刘成有	哲学系	专著	2005.06
57	制度创新与人的全面发展	邹吉忠	哲学系	专著	2005.06

（中央民族大学科研处供稿）

·中国政法大学·

一、国家社会科学基金项目

项目名称	负责人	承担部门	项目级别	成果形式	完成时间
少数民族法制通史	张晋藩	法律史学研究中心	一般项目	专著	2004.12
行政诉讼原理研究	刘善春	法学院	一般项目	专著	2003.12
农村法治建设研究	薛刚凌	法学院	一般项目	专著　研究报告	2003.12
历史上的孔子形象	林存光	人文学院	青年项目	专著	2003.12
证据法原理研究	高家伟	政治与公共管理学院	青年项目	专著　论文	2003.12
电子银行法律问题研究	周忠海	国际法学院	专项任务	专著　论文	2003.12
中国近现代司法改革研究	朱　勇	法学院	一般项目	专著	2005.12
依法治国与以德治国的理论与实践	张桂琳	政治与公共管理学院	一般项目	专著　论文	2004.12
诚信政府研究	刘　莘	法学院	一般项目	专著	2003.12

二、教育部人文社会科学研究项目

项目名称	负责人	承担部门	项目级别	成果形式	完成时间
中国古代官箴文化研究	郭成伟	科研处	教育部一般项目	专著	2004.12
中国民法近代化研究	朱　勇	法学院	教育部一般项目	专著　论文	2004.08
行政主体的理论与实践研究	薛刚凌	法学院	教育部一般项目	专著　研究报告	2004.12
证明责任与证明标准研究	刘金友	继续教育学院	教育部一般项目	专著	2004.06
中国区际民事诉讼法律冲突与对策	肖建华	诉讼法研究中心	教育部青年项目	专著	2003.12
行政程序立法研究	马怀德	法学院	教育部重点研究基地重大项目	立法建议稿	2003.12
民事执行立法与理论研究	杨荣新	诉讼法研究中心	教育部重点研究基地重大项目	立法建议稿　调研报告	2003.07
环境资源法实施机制比较研究	王灿发	民商经济法学院	教育部重点研究基地重大项目	专著　论文	2004.09

项目名称	负责人	承担部门	项目级别	成果形式	完成时间
中国民法法典化研究	张　生	法学院	教育部霍英东教育基金会项目	专著	2004.12
民事证据法律制度研究	肖建华	诉讼法研究中心	教育部霍英东教育基金会项目	专著	2004.12
外国行政程序法研究、中国行政程序法立法设想与论证	王万华	诉讼法研究中心	教育部专项基金项目	专著	2005.12
中国邪教犯罪、恐怖犯罪研究	郭成伟	科研处	教育部重点项目	专著	2005.12
责任政府研究	王成栋	科研处	教育部重点项目	专著	2005.12
犯罪学重大理论问题研究	王　牧	刑事司法学院	教育部一般项目	专著	2004.12
新出简帛与中国古代法律史研究	崔永东	法学院	教育部一般项目	专著	2005.12
中西政治文化传统比较研究	杨　阳	政治与公共管理学院	教育部一般项目	专著	2004.12
加入《联合国公民权利与政治权利公约》对我国刑事诉讼的影响及对策研究	陈光中	诉讼法研究中心	教育部重点研究基地重大项目	专著	2005.12
入世与中国行政救济制度的完善	张树义	诉讼法研究中心	教育部重点研究基地重大项目	专著	2005.12

三、北京市哲学社会科学“十五”规划项目

项目名称	负责人	承担部门	项目级别	成果形式	完成时间
北京环保法治研究	王灿发	民商经济法学院	重点项目	专著 研究报告	2004.12
黑社会性质犯罪基本问题研究	何秉松	刑事司法学院	一般项目	专著	2004.12
女性犯罪与罪犯改造	赖修桂	刑事司法学院	重点项目	专著	2003.06
中国法律制度近代化研究	朱　勇	法学院	一般项目	专著	2004.06
完善保护公民私人财产权利法律制度研究	焦洪昌	法学院	一般项目	专著	2004.12
中国政治体制改革的实践策略	陈红太	政治与公共管理学院	一般项目	专著	2004.12

四、司法部法治建设与法学理论研究项目

项目名称	负责人	承担部门	项目级别	成果形式	完成时间
法治与德治——形式法治观的局限与克服	王启富	法学院	重点项目	论文　研究报告	2004.10
大众传媒与司法公正	卞建林	研究生院	一般项目	专著	2003.12
正当程序问题研究	樊崇义	诉讼法研究中心	重点项目	专著	2005.06
我国证据制度的理论与实践问题	宋英辉	诉讼法研究中心	重点项目	专著	2005.05
法学方法论问题研究	舒国滢	法学院	重点项目	专著	2005.12
判决和裁决执行问题研究（专供刑事判决执行问题）	黄　娟 侯国云	继续教育学院	一般项目	专著　论文	2005.12
中国宪政司法化研究	李树忠	继续教育学院	一般项目	专著	2004.12
民事权利体系问题研究	李永军	民商经济法学院	一般项目	专著	2004.12
国有企业治理问题的法律问题研究	徐晓松	民商经济法学院	一般项目	专著	2004.12
中国近代公司治理结构问题研究	郭成伟	科研处	一般项目	专著	2004.12
司法权研究	程春明	科研处	一般项目	专著　论文	2005.10

五、留学回国人员科研启动基金项目

获得人	承担部门	基金来源	完成时间
杨素娟	民商经济法学院	教育部	2003

六、其他省部级项目

项目名称	负责人	承担部门	项目级别	成果形式	完成时间
首都高校人文社会科学系列课程设置与人文素质教育	解战原	校长办公室	全国高等教育科学“十五”规划重点项目	研究报告	2005.12
国家语言文字政策与司法实践研究	王　洁	法学院	国家语委“十五”规划项目	专著	2005.12
215专项课题	周忠海	国际法学院	国家海洋局专项任务	专著	2003.12

续表

项目名称	负责人	承担部门	项目级别	成果形式	完成时间
十五科技立法规划（实施对策研究）	徐　杰	民商经济法学院	科技部重点项目	专著	2005.12
对台湾当局以“中华民国”名义进行台独活动的法律对策	朱维究	政治与公共管理学院	中国法学会委托项目	专著	2003.12
两岸民商事“法律冲突”问题的性质及其解决办法	赵相林	国际法学院	国务院台办委托项目	专著	2003.12

七、校级科研项目

项目名称	负责人	承担部门	项目级别	成果形式	完成时间
物权行为理论研究	田士永	民商经济法学院	资助出版项目	专著	2003.12
宋代地方政府的司法职能研究	屈超立	政治与公共管理学院	资助出版项目	专著	2003.12
信息网络法	马秋枫	科学技术教学部	资助出版项目	专著	2003.12
枕碧楼藏书校点	古籍所	古籍所	资助出版项目	古籍整理作品	2003.12
美国刑事司法学概论	皮艺军	刑事司法学院	资助出版项目	专著	2003.12
系统法学导论	熊继宁	法学院	资助出版项目	专著	2003.12
中国司法制度史	张晋藩	法律史学研究中心	资助出版项目	专著	2003.12
民国时期的法律家与法律的近代变革	张　生	法学院	杰出青年教师基金项目	专著	2005.12
中国刑法判例研究	曲新久	刑事司法学院	杰出青年教师基金项目	专著	2005.12
市场经济的法律解释	李曙光	研究生院	杰出青年教师基金项目	专著	2005.12
国家赔偿问题研究	马怀德	法学院	杰出青年教师基金项目	专著	2005.12
调解制度在诉讼准备程序中的运用	肖建华	诉讼法研究中心	杰出青年教师基金项目	专著	2005.12
现代债法的基本理论研究	龙卫球	民商经济法学院	杰出青年教师基金项目	专著	2005.12
电子政务研究	高家伟	政治与公共管理学院	杰出青年教师基金项目	专著	2005.12

续表

项目名称	负责人	承担部门	项目级别	成果形式	完成时间
法典化下的民法体系研究	李永军	民商经济法学院	杰出青年教师基金项目	专著	2005.12
新出简帛与古代法律史研究	崔永东	法学院	杰出青年教师基金项目	专著	2005.12
中国行政程序法典之设计与论证	王万华	诉讼法研究中心	杰出青年教师基金项目	专著	2005.12

（中国政法大学科研处　杜学亮供稿）

·中央财经大学·

2002年度承担省部级以上社科研究项目

项目名称	项目负责人	承担部门	项目来源	成果形式	完成时间
我国产业结构政策研究	蒋　选	经管系	国家社科基金项目	研究报告、专著	2002.09
垄断资本全球化问题理论探讨	齐　兰	经济系	国家社科基金项目	论文	2003.10
收入运行论——理顺居民收入分配关系的问题研究	刘　扬	经管系	国家社科基金项目	研究报告	2003.06
公共支出效率评价体系研究	李俊生	财政系	国家社科基金项目	研究报告	2003.12
农民收入问题研究—提高农民收入的农村公共产品供给研究	王国华	税务系	国家社科基金项目	研究报告	2004.07
国际资本流动对世界经济体系的影响研究	张碧琼	金融系	国家社科基金项目	研究报告	2004.07
我国股市周期、政策周期与经济周期的互动关系研究	贺　强	金融系	国家自然科学基金项目	研究报告	2002.12
国有商业银行改革中的宏观管理问题研究	李　健	金融系	国家自然科学基金项目	研究报告	2003.10
北京市“十五”期间居民收入分配状况实证研究与理论分析	刘　扬	经管系	北京社科规划项目	研究报告	2003.10
传统企业实施电子商务过程中管理模式变革研究	孙宝文	信息系	北京社科规划项目	研究报告	2002.06
我国开放式基金问题研究	陈　灵	研究所	北京社科规划项目	专著	2003.01
WTO与北京地方法制建设	史树林	法律系	北京社科规划项目	专著	2003.06
加入WTO对首都金融业的影响及对策研究	李　健	金融系	北京社科规划项目	研究报告	2003.06

续表

项目名称	项目负责人	承担部门	项目来源	成果形式	完成时间
人文化趋势与首都文化建设	黄　河	研究所	北京社科规划项目	研究报告	2003.12
北京奥运会对租赁业的前景影响研究	苗润生	财政系	北京社科规划项目	研究报告	2003.09
普通高等学校本专科招生录取权研究	郭志成	人事处	北京教育科学规划项目	研究报告	2003.12
中国金融结构的理论与对策研究	李　健	金融系	教育部	研究报告	2004.12
金融自由化与金融稳定	张礼卿	金融系	教育部	研究报告	2004.12
消费启动与收入增长、分解机制	闻　潜	经管系	教育部	专著	2004.12
中国财政风险问题研究	侯荣华	经管系	教育部	研究报告	2004.12
社会保障基金筹集、管理和运作	姜维壮	财政系	教育部	研究报告	2004.12
全球化对我国市场结构的影响	齐　兰	经济系	教育部	研究报告	2004.12
信息产业核算理论和方法研究	李连友	经济系	教育部	研究报告	2004.12
宏观经济多部门动态模型的研制	潘省初	信息系	教育部	研究报告	2004.12
电子商务系统审计的研究	孙宝文	信息系	教育部	研究报告	2004.12
法论证理论研究	戚　渊	法律系	教育部	专著	2004.12
保险机构偿付能力评价体系研究	李晓林	保险系	教育部	研究报告	2004.12
21世纪全球化进程中的中国经济与金融发展研究	王广谦	金融系	教育部	专著	2004.12
中国经济发展阶段演进与金融发展的总量及结构分析	王广谦	金融系	教育部	专著	2003.12
劳动价值论	冯春安	经济系	教育部	论文	2003.12

2002年度校级社科研究项目

项目名称	项目负责人	承担部门	成果形式	完成时间
股票期权会计研究	王瑞华	会计系	研究报告	2004.07
大都市商业区综合环境评价与建设研究	戴学珍	投资系	研究报告	2003.07
我国社会保险基金投资运营的监管	刘　钧	保险系	研究报告	2004.07
中国中小企业融资问题研究	郭田勇	金融系	研究报告	2003.07
公司治理法律制度研究	甘功仁	法律系	研究报告	2004.07
中俄财政分权比较研究	童　伟	研究所	研究报告	2003.07
应用写作多媒体化研究	程　玥	中文系	研究报告	2003.07
高新技术企业价值评估研究	乔志敏	投资系	研究报告	2003.07
我国网上银行的现状与策略研究	王鲁滨	信息系	研究报告	2003.07

续表

项目名称	项目负责人	承担部门	成果形式	完成时间
金融改革与金融监管立法的互动关系	曾筱清	法律系	研究报告	2003.07
大学生情绪调试与抑郁的研究	韦彦凌	政教部	研究报告	2003.07
对外商务汉语课程及教材设计研究	莫林虎	中文系	研究报告	2003.07
中药固本五梅服胰汤治疗糖尿病	孙百忍	总务处	研究报告	2003.07
探索构建农村社会保险体系的模式	王文素	财政系	研究报告	2004.07
预算会计改革若干问题研究	王本哲	会计系	研究报告	2003.07
工业化进程中的后发优势	葛建新	经管系	研究报告	2003.07
国家经济安全透视：外商对华直接投资及其政府监管体系	崔新健	经管系	研究报告	2003.07
国际贸易电子商务价值链及应用模式研究	王天梅	信息系	研究报告	2003.07
城镇农民工生存状况及其社会保障问题	王玉玫	保险系	研究报告	2003.07
中国货币市场结构与效率研究	贾玉革	金融系	研究报告	2003.07
中国经济发展新阶段的城市化问题研究	苏雪串	经管系	研究报告	2003.07
当前形势下的税收政策取向	梁俊娇	税务系	研究报告	2003.07
数字图书馆与图书馆数字化建设	顾文佳	图书馆	研究报告	2003.07
试论如何提高大学生听力和口语运用能力	彭苏颖	外语部	研究报告	2003.07

（中央财经大学科研处供稿）

·北京语言大学·

承担省部级以上社科研究项目

项　目　名　称	负责人	项目来源
线性文法及其在智能信息处理中的应用	宋　柔	国家自然科学基金项目
面向百科辞典的知识提取技术	宋　柔	国家863计划项目
外国留学生汉语语音习得与教学研究	高立群	国家社会科学基金项目
汉语教学参考语法研究	张旺熹	教育部人文社科研究项目
基于中介语语料库的汉语词汇专题研究	张　博	教育部人文社科研究项目
面向对外汉语教学的多媒体资源库及检索分析工具研究	宋　柔	教育部人文社科研究项目

（北京语言大学科研处王峻岭供稿）

·北京广播学院·

2002年度承担省部级社科研究项目

项目名称	项目负责人	承担部门	项目来源	成果形式	完成时间
电影现象学	周月亮	影视艺术学院	广电总局高校人文社科项目	专著	2003.03

续表

项目名称	项目负责人	承担部门	项目来源	成果形式	完成时间
《孔子诗论》研究	姚小鸥	文学院	广电总局高校人文社科项目	系列论文	2003.02
中国戏剧的理论研究体系	刘丽文	文学院	广电总局高校人文社科项目	专著	2005.06
邓小平文论研究	赵晓光	文学院	广电总局高校人文社科项目	书稿	2003.12
多元文化语境中的电视剧批评	张育华	影视艺术学院	广电总局高校人文社科项目	专著	2004.02
中国电视短剧研究	吴素玲	影视艺术学院	广电总局高校人文社科项目	专著	2003.07
电视新闻频道研究	雷跃捷	新闻传播学院	广电总局高校人文社科项目	专著	2003.10
十四大以来《人民日报》评论研究	王武录	新闻传播学院	广电总局高校人文社科项目	专著	2005.12
电视栏目与当代受众人格发展的对应性研究	刘京林	新闻传播学院	广电总局高校人文社科项目	调研报告	2005.04
转型期中国广播媒体的产业运营	钟以谦	新闻传播学院	广电总局高校人文社科项目	系列论文	2003.03
对节目主持人心理素质的分析研究	余小梅	新闻传播学院	广电总局高校人文社科项目	著作	2003.03
高校品牌战略研究	刘春梅	宣传部	广电总局高校人文社科项目	系列论文	2003.12
新编领导哲学	冯宋彻	社科学院	广电总局高校人文社科项目	专著	2004.12
冷战后中国对外关系	何　兰	国际传播学院	广电总局高校人文社科项目	专著	2003.10
从美国发现频道节目看当代西方纪录片特点及发展趋势	陈　刚	电视学院	广电总局高校人文社科项目	书稿	2003.12
电视制景工艺学	叶建新	电视学院	广电总局高校人文社科项目	著作	2004.01
中国金牌电视栏目经营案例分析	毕根辉	影视艺术学院	广电总局高校人文社科项目	著作	2003.03
广电职工道德修养读本	高慧燃	社科学院	广电总局高校人文社科项目	著作	2004.12
高教研究方向与定位的研究	杨树雨	高教所	广电总局高校人文社科项目	研究报告	2003.06

续表

项目名称	项目负责人	承担部门	项目来源	成果形式	完成时间
国际战争中的大众传播	刘继南	院直机关	广电总局高校人文社科项目	著作	2003.05
经济转型期中的企业治理结构改革的研究	张　宏	媒体管理学院	广电总局高校人文社科项目	著作	2004.03
我国广电行业集团化改革中的法制建设研究	齐向梅	社科学院	广电总局高校人文社科项目	调研报告论文	2003.05
大学生素质教育建设与评估标准	田维义	党办	广电总局高校人文社科项目	专著	2004.06
大学生信息素养教育	林淑华	图书馆	广电总局高校人文社科项目	书稿	2004.03
中国当代音乐概览	曾田力	录音艺术学院	广电总局高校人文社科项目	专著	2004.06
网络政策与法规研究	王　军	新闻传播学院	广电总局高校人文社科项目	著作	2003.06
2008 年奥运会电视体育报道策略研究	任金州	院直机关	广电总局高校人文社科项目	调研报告	2004.12
系统经济效应研究“以媒体产业为例”	昝廷全	媒体管理学院	广电总局高校人文社科项目	专著	2004.06
广告效果预测决策方法研究	齐小华	新闻传播学院	广电总局高校人文社科项目	著作	2004.06
“广播节目播音主持培养通道”的方案与模式	马玉坤	播音主持艺术学院	广电总局高校人文社科项目	研究报告	2003.12
传媒语言语料库（一期工程）	侯　敏	播音主持艺术学院	广电总局高校人文社科项目	软件系统	2003.06
现代汉语语篇衔接方式研究	邢　欣	播音主持艺术学院	广电总局高校人文社科项目	著作	2004
电视新闻主持人才的培养	卢　静	播音主持艺术学院	广电总局高校人文社科项目	研究报告论文	2003.12
中国美学范畴研究	张　晶	文学院	广电总局高校人文社科项目	论文集	2003.12
传媒语言语料库	侯　敏	播音主持艺术学院	国家语委“十五”规划一般项目	电脑软件	2005.06
多民族多语地区汉语教学中的跨文化交际研究	邢　欣	播音主持艺术学院	国家语委“十五”规划一般项目	专著　研究报告	2004.12

续表

项目名称	项目负责人	承担部门	项目来源	成果形式	完成时间
新时期普通话推广方略研究	于根元	播音主持艺术学院	国家语委“十五”规划一般项目	专著	2004.09
新闻学类专业人才培养发展战略及主干课程教学基本要求研究	赵玉明	院直机关	教育部重点教改项目（人大何梓华）之子课题	分析报告 教改方案	2003.12
广播电视主持艺术改革研究——语言传播中先进文化的导向与品位	张　颂	广播电视研究中心	教育部人文社会科学重点研究基地重大项目	专著	2005.09
经济全球化、文化本土化与现代电视传媒	高　鑫	广播电视研究中心	教育部人文社会科学重点研究基地重大项目	专著	2005.09
当前我国广播电视新闻改革研究	朱羽君	电视学院	教育部人文社会科学重点研究基地重大项目	研究报告 专著	2003
大众媒介在创新扩散中的作用——中国城市实证研究	肖　明	新闻传播学院	教育部人文社科研究专项任务项目	系列论文 调研报告	2004.09
增强“马克思主义哲学原理”课实效性的几个关键问题	冯　波	社科学院	教育部人文社科研究专项任务项目	系列论文 调研报告	2004.09

2002 年度校级社科研究项目

项目名称	项目负责人	承担部门	成果形式	完成时间
盛宴仪式与乐感文化——春节联欢晚会审美文化研究	耿文婷	影视艺术学院	系列论文	2002.06
中国电视剧审美意识嬗变研究	王黑特	文学院	论文	2002.12
电视剧大众文化：转型时代的中国电视剧文化	隋　岩	文学院	论文	2003.03
中国媒介经营管理简史	李　煜	广电研究中心	专著	2003.07
当代大学生对新闻类播音主持优秀作品的审美取向调查	王宇红	播音主持艺术学院	论文	2003.12
电视文艺的审美特征之接受美学分析	韩骏伟	影视艺术学院	系列论文	2003.12～2003.03

续表

项目名称	项目负责人	承担部门	成果形式	完成时间
电影批评在中国	王宝民	影视艺术学院	专著	2003.03
强情节影视叙事研究	李胜利	文学院	论文	2003.07
中国电视游戏类节目研究	周　亭	广电研究中心	系列论文	2002.12
受众人格发展的审视及其对媒介传播能力的影响	张晓辉	新闻传播学院	研究报告	2003.04
大众媒介和中国农村社会发展的实证研究	尚大雷	新闻传播学院	论文	2003.05
中国电视法制节目基本状况调查	廖祥忠	电视学院	论文	2002.12
成人学生心理及成人教学规律研究	高　萍	继续教育学院	系列论文	2003.04
电视历史剧研究	王　昕	文学院	论文	2002.12
"媒介与战争"研究	赵雪波	国际传播学院	译著	2003.01
我国网络媒介的并购对外资利用政策的影响	张　锐	新闻传播学院	论文	2002.12～2003.03
电视专业频道经营模式研究	罗　霆	媒体管理学院	论文　研究报告	2003.03
美国电视商业新闻频道的传播特点和传播策略	王　宏	电视学院	系列论文	2003.06
基于受众研究的CCTV2时尚栏目改版策略	孙江华	媒体管理学院	论文	2003.01
电视新闻改革研究	秦瑜明	电视学院	研究报告	2002.12
电话调查中的抽样设计问题探讨	肖　明	新闻传播学院	论文	2002.12
"新闻与传播学专业"因特网学术资源导航	谷俊明	图书馆	研究报告导航站点	2002.12
从营销角度看电视媒体的经营	卜彦芳	媒体管理学院	论文	2002.12
影片读解	曹培鑫	电视学院	著作(部分,约3万)	2004.12
新闻资源类节目的传播形态与走向分析	曹晚红	电视学院	研究报告　论文	2002.04～2003.04
电视台成本管理个案研究	邢建毅	视听中心	研究报告	2003.04
WTO及高等教育产业化对高校课程改革的影响及对策	尤　秀	高教所	论文	2003.09

续表

项目名称	项目负责人	承担部门	成果形式	完成时间
网络传播中语言符号的变异	孟 伟	文学院	研究报告 论文	2003.05
中国拉弦乐器录音研究	王 珏	录音艺术学院	论文	2003.06
高校科研管理网络化研究	程爱晶	科研处	论文	2002.12
电视新闻国际化研究	佟雪娜	录音艺术学院	论文	2002.07
中国电视生产本土化建设下的制作与播出之关系	曾祥敏	电视学院	论文	2003.04
多媒体教学与传统教学的比较研究	杨 敏	国际传播学院	论文	2003.07
论纪录片解说词的创作	邵 岩	信息工程学院	论文	2003.11
21世纪的中国新闻与外交	唐 勇	新闻传播学院	论文	2003.06

（北京广播学院科研处供稿）

·首都师范大学·

1. 2002年度国家社科基金项目

项目名称	负责人	承担部门	成果形式	完成时间
先秦两汉文学通史论	赵敏俐	文学院	专著	2005.06
民族主义的意义与悖论——关于20世纪90年代俄国文学发展的研究	林精华	文学院	专著	2005.06
清代州县行政和乡里制度研究	魏光奇	历史系	专著	2005.06
秦汉魏晋简牍经济文书研究	蒋福亚	历史系	专著	2005.06
战争与和平：两次世界大战的比较研究	徐 蓝	历史系	专著	2005.06
信用伦理的特性	王淑芹	政法学院	专著	2004.06
中国共产党维护祖国统一、反对“台独”的斗争及其基本经验研究	李松林	“两课”教研部	专著	2004.01
对知识经济的历史观透视	叶险明	“两课”教研部	专著	2004.06

2. 全国教育科学“十五”规划项目

项目名称	负责人	承担部门	成果形式	完成时间
中国比较教育理论建设的研究	王长纯	教科院	专著	2005.12
基础教育美术课程标准的研制与实验	尹少纯	美术学院	课程标准教材	2003

续表

项目名称	负责人	承担部门	成果形式	完成时间
基础教育数学课程标准的研制与实验	王尚志	数学系	课程标准教材	2005
新课程远程培训模式研究	卢慕稚	物理系	论文　研究报告	2004
中国特色远程教育学科理论体系构建及教师与基础教育课程和信息技术整合的教改实验研究	丁兴富	现代教育技术系	专著	2005.01
科研型教师群体的构建及其特征分析	张景斌	教科院	论文　研究报告	2004
新课程推进过程中理念创新的深入研究	王海燕	教科院	论文　研究报告	2004
高等师范院校培养本科层次小学教师专业建设整体方案的研究与实践	王智秋	初教院	论文　研究报告	2004.12
青少年使用互联网与其心理发展的关系的实证研究	雷　雳	教科院	论文　研究报告	2004.12
初中阶段校本化课程开发与实施行动研究	徐玉珍	教科院	研究报告	2005.12
综合实践活动及其师资建设	陈树杰	教科院	专著	2005.12
传统美术教育资源的开发与中国当代美术教育改革研究	郑勤砚	美术学院	专著	2004.12
教师专业化和高师院校改革的实践研究	许祥源	校部	专著	2005.12
教师职前教育学科案例库建设与应用的实验研究	林培英	资环学院	专著　软件	2004.12
北京市流动儿童就学及心态状况研究	李雅儒	“两课”教研部	研究报告	2003.12
新时期高等院校教师职业道德及其教育研究	安云凤	政法学院	专著	2004.12

3.2002～2003年度教育部人文社会科学重点研究基地重大项目

项目名称	负责人	承担部门	成果形式	完成时间
汉魏六朝乐府机构沿革与乐府诗关系研究	赵敏俐	文学院	著作	2005

4.2002年度教育部人文社会科学研究项目

项目名称	负责人	承担部门	成果形式	完成时期
文化产业研究	王德胜	文学院	论文　专著	2005.12
普世价值与当代中国文化的普世取向	程广云	政法学院	专著	2005.12
建立我国教师资格任证制度的研究	傅树京	教科院	研究报告	2004.3
中小学教师继续教育研究型培训模式的理论与实践	王海燕	教科院	研究报告	2005.12
中国美学原点分析	邹　华	出版社	专著	2005.12

5.2002年度北京市教委人文社会科学研究计划项目

项目名称	负责人	承担部门	成果形式	完成时间
误读的意义与陷阱——中国现代文学对俄国文化接受问题的研究	林精华	文学院	著作系列论文	2004.03

续表

项目名称	负责人	承担部门	成果形式	完成时间
诗歌语体研究	邹立志	文学院	专著	2004.03
艺术与意识形态批判——西方马克思主义艺术本质观研究	黄应全	文学院	专著	2004.03
北京近代建筑文化研究	宋卫忠	历史系	专著	2004.03
当代社会信用伦理研究	王淑芹	政法学院	专著	2003.12
台湾教育本土化及青少年国家认同的影响	崔　萍	政法学院	论文　研究报告	2004.12
京台高科技与第三产业合作前景展望及对策研究	李红梅	政法学院	专著　论文	2004.04
市场经济与社会平等问题研究	靳海山	政法学院	专著	2003.12
中国传统法文化中的德治、法治及其当代启示	龙文懋	政法学院	专著　系列论文	2003.12
促进中小学学生学习动机的评价研究	方　平	教科院	调查　报告论文评价工具	2004.12
家庭亲子沟通及其与青少年心理发展的关系	王争艳	教科院	研究报告	2005.03
教育管理模式比较研究	孟繁华	教科院	论文　专著	2004.09
中外语句研究	李均洋	外院	专著　光盘	2004.04
小学教育专业教育实践的研究与试验	王万良	初教院	实验报告　论文	2004.03
清代汉藏工艺美术交流	吴明娣	美术学院	专著	2004.09
北京市青少年学生校外活动场所建设与管理研究	烟　青	学生处	研究报告	2003.12

6. 2002年北京市优秀人才专项经费资助项目

项目名称	负责人	承担单位	成果形式	完成时间
经学与中国古代文学观念的演变	杨乃乔	文学院	专著	2004.12
志怪小说研究	张庆民	文学院	专著	2005.01
诗人·革命者·精神界战士——论“七月”诗人的精神向度与人格魅力	孙晓雅	文学院	专著	2004.12
想像俄罗斯：关于俄国民族性研究	林精华	文学院	专著	2003
唐代民间信仰研究	王永平	历史系	专著	2005.12
教师教育管理模式研究	傅树京	教科院	专著	2004.12

7. 北京市教育科学“十五”规划项目（共11项）

项目名称	负责人	承担单位	成果形式	完成时间
北京市基础教育学校办学类型的理论与实践研究	谢维和	机关	论文　研究报告	2003.12
中学生自我调节学习发展模式的研究	方　平	教科院	论文　研究报告	2005.12
中美两国学校健康教育跨文化研究	王建平	教科院	专著　研究报告	2004.12
学习型组织与学校效能关系研究	孟繁华	教科院	专著	2004.12

续表

项目名称	负责人	承担单位	成果形式	完成时间
中小学教师专业生活研究	宁 虹	教科院	专著 研究报告	2004.12
促进教师成为研究者的校本的发展性评价行动研究	徐玉珍	教科院	专著 光盘	2005.05
校内欺负行为受害者的类型、心理特点及干预对策	雷 雳	教科院	研究报告 论文	2004.12
汉语词汇学习的脑机制研究	张 钦	教科院	研究报告 论文	2004.12
科学教育与人文精神融合的理科教学	续佩君	物理系	研究报告	2005.06
校本教育科研促进北京市基础教育学校发展的研究	蓝 维	政法学院	专著 论文	2005.01
中华传统美德运用于大学生德育理论与实践的深化与拓展研究	赵军华	政法学院	研究报告 论文	2004.12

8. 2002 年度校级研究项目

项目名称	负责人	承担单位	成果形式	完成时间
域外文化对中国通俗文学影响研究	侯 会	文学院	著作	2004.01
全球化语境下的中国留学生文学	王震亚	文学院	论文 专著	2003
中国诗学文化学	王 南	文学院	专著	2004.01
唐代翰林书待诏及其活动研究	王元军	书法所	论文	2004.01
三国战略枢纽研究	宋 杰	历史系	专著	2003.12
思想政治教育过程中教育对象的心理阻抗现象研究	杨芷英	政法学院	系列论文	2003.07
中国企业应如何面对入世	田玉梅	政法学院	系列论文	2003.12
江泽民“三个代表”重要思想对邓小平党建思想的发展	李东明	政法学院	系列论文	2003.12
现象学教育学探析	宁 虹	教科院	系列论文	2003.12
北京市基础教育阶段师生互动的社会学研究	康丽颖	教科院	专著	2003.12
20 世纪前期中国大学校园文化研究	李元华	教科院	系列论文	2003.12
广告效果评价体系研究	丁锦红	教科院	研究报告	2003.12
性健康教育辅修专业课堂教学与社会实践相结合的研究	张玫玫	教科院	研究报告	2004.02
以教育科研促进中学教师发展研究	杨朝晖	教科院	研究报告 论文	2003.12
“引导—探究性学习”的研究	董素静	教科院	研究报告	2003.09
发展性教学理论与实验研究	唐双辉	初教院	论文	2003.12
重构高师小学教育专业教育理论课程教学模式	欧群慧	初教院	论文	2003.06
小学语文教学案例研究	王 铭	初教院	论文 案例	2003.07
小学体育与健康课的研究	张雅俊	初教院	实施方案	2002.12
英语专业基础阶段教学手段与综合指标研究	封一函	外院	研究报告 论文	2002.12
“样态句法”的范畴化研究——中外语言对比	李均洋	外院	调查报告 论文	2004.01

续表

项目名称	负责人	承担单位	成果形式	完成时间
英语语料库在外语教学中的综合应用的研究	陈　洪	外院	语料库 实验报告	2003.12
日本语言文化系列教材开发研究	张立新	外院	教材	2002.12
俄语口语交际学	刘利民	外院	论文	2004.01
清代藏汉工艺美术交流	吴明娣	美术学院	专著	2002.06
水墨肖像艺术	王晓辉	美术学院	著作	2003
北京音乐史稿	孟维平	音乐系	专著	2003.12
外国音乐文献英语精读教程	雷　达	音乐系	教材	2004.03
写作与阅读互动分析研究	王　志	大英部	论文	2003.01
师范生口头表达能力培养研究	李彩英	青教所	系列论文	2004.12
北京市大学生体质状况的研究与分析	何永超	体研部	论文	2002.12
对外汉语教学过程质的研究	张若莹	国际文化学院	论文	2002.12
白居易闲适诗与闲适精神研究	檀作文	文学院	论文	2003.06
中国共产党三代领导集体的民族理论与实践研究	张红梅	文学院	论文	2004.01
法国大革命中宪制动荡的政治文化根源研究	王燕平	历史系	系列论文	2004.03
史学思潮与历史评价论争	邓京力	历史系	系列论文	2003.12
行政的发展与公法的变迁	李　昕	政法学院	系列论文	2002.12
民办高校学生管理及德育现状研究与分析	安铁岭	政法学院	系列论文	2003.01
汉语拼音与英语之间的干扰问题的研究	李文岩	初教院	论文	2003.07
六朝文体批评研究	贾奋然	文学院	论文	2003
中国电视的政治经济学研究	凌　燕	文学院	论文	2003
我国科技创新体系建立过程中科技人员工作压力的研究	田　宝	教科院	论文	2003
白居易不讳俗的文化意义	刘　航	初教院	论文	2003
汉语、西班牙语间跨文化交际问题	常福良	外院	专著　论文	2004
乾嘉士风与小说创作	詹　颂	国际文化学院	论文	2003

（首都师范大学科技处段蕾供稿）

·首都经济贸易大学·

承担省部级以上社科研究课题

项　目　名　称	项目负责人	项目来源	承担部门	成果形式	完成时间
我国经济发展过程中的收入分配关系问题研究	纪　宏	国家社会科学基金项目	统计学系	专著	2004.06.30
博弈论应用与经济动态模拟研究	王文举	国家社会科学基金项目	信息学院	专著　论文	2004.12.30

续表

项 目 名 称	项目负责人	项目来源	承担部门	成果形式	完成时间
西部开发与少数民族人口素质研究	黄荣清	国家社会科学基金项目	劳经学院	论文 研究报告	2003.10.30
金融国际化发展与金融教育规律性研究	贾墨月	全国教育科学“十五”规划课题	金融系	研究报告	2004.03.30
市场经济体制下信用法律机制的建立与完善	李晓安	司法部	法学系	专著	2005.10.30
中国北京奥运经济模型方法研究	廖明球	国家统计局	信息学院	研究报告	2003.12.30
北京市创业环境与创业政策研究	宋克勤	北京市人文社科研究项目	企业管理系	研究报告	2003.05.30
北京市保险问题博弈分析及动态模拟研究	王文举	北京市人文社科研究项目	信息学院	研究报告	2003.12.30
我国经济增长中的制度因素分析	陈荣荣	北京市人文社科研究项目	社科部	专著	2003.12.30
高新技术企业股权结构设计	张学平	北京市人文社科研究项目	企业管理系	研究报告	2003.12.30
清洁生产——21世纪企业可持续发展的生产管理模式	张仁侠 姜 亢	北京市人文社科研究项目	企业管理系	调研报告 查询软件	2003.12.30
残疾人就业与培训问题研究	张 琪	北京市人文社科研究项目	劳动学院	研究报告	2004.03.30
北京市流动儿童少年就学状况及对策研究	周 皓	北京市人文社科研究项目	劳动学院	研究报告	2003.03.30
职业伤害风险等级与工伤保险费率研究	郭晓宏	北京市人文社科研究项目	安工系	研究报告	2003.12.30
北京市商会法制建设研究	金晓晨	北京市人文社科研究项目	法学系	研究报告	2003.03.30
大城市的地域构造分析——以北京市为例	黄荣清	第二次全国基本单位普查办公室	劳经学院	研究报告	2002.12.30
物流服务业现状、结构及发展趋势研究	赵 艳	第二次全国基本单位普查办公室	经研所	研究报告	2002.12.30
就业问题及对策研究	刘 娟	第二次全国基本单位普查办公室	统计学系	研究报告	2002.12.30
我国城市服务业的比较研究	王 荣	第二次全国基本单位普查办公室	统计学系	研究报告	2002.12.30
普通高等学校招生监察工作研究	李致和	北京市教委、北京教科院委托	校纪委	调研报告	2003.06.30

续表

项　目　名　称	项目负责人	项目来源	承担部门	成果形式	完成时间
中外合作办学机构的财务管理制度	杨世忠	北京市教委、北京教科院委托	会计学院	研究报告 管理制度	2003.06.30
北京地区利用金融企业支持教育发展机制研究	王曼怡	北京市教委、北京教科院委托	金融系	研究报告	2003.06.30
高校贷款风险分析、评估与管理研究	杨庆英	北京市教委、北京教科院委托	会计学院	研究报告	2003.06.30
企业变革与职工工作意识	冯喜良	教育部留学回国人员启动基金	劳经学院	专著	2003.12.30
关于中国女性消费者购买决策行为的文化价值观动因分析和建模	张梦霞	教育部留学回国人员启动基金	企业管理系	专著	2003.12.30
20世纪90年代以来中国少数民族变化	黄荣清	全国人口普查办	劳经学院	研究报告	2003.03.30
维吾尔族与伊斯兰生育文化	黄荣清	国家计生委	劳经学院	研究报告	2002.12.30
东西方文化交汇与生育文化演进	齐明珠	国家计生委	劳经学院	研究报告	2002.12.30
藏传佛教与藏族生育文化	曾宪新	国家计生委	劳经学院	研究报告	2002.12.30
中国国际收支双顺差之迷与外部平衡目标选择	李　婧	北京市优秀人才专项培养经费资助项目	经济系	研究报告	2003.12
中国经济基础与上层建筑变革关系研究	陈荣荣	北京市优秀人才专项培养经费资助项目	人文学院	专著	2003.12
股份制改造的法律对策	王雨本	北京市优秀人才专项培养经费资助项目	法学系	专著	2003.5
企业并购的会计处理研究	董力为	北京市优秀人才专项培养经费资助项目	企业管理系	专著	2003.12

（首都经济贸易大学科研处供稿）

·北京工商大学·

2002 年度承担省部级以上人文社科研究项目

项　目　名　称	项目负责人	承担单位	项目来源	成果形式	完成时间
对外商以并购方式参与国有企业资产重组相关问题及政策的研究	廖运凤	经济学院	国家社科基金项目	研究报告　论文	2002.06
中国商业景气监测、预警的统计研究	李朝鲜	经济学院	国家社科基金项目	研究报告　论文	2003.01

续表

项　目　名　称	项目负责人	承担单位	项目来源	成果形式	完成时间
全球化时代我国企业国际化经营战略研究	刘文纲	商学院	国家社科基金项目	研究报告　论文	2002.12
中国农村合作制的理论和实践研究	庞　毅	经济学院	国家社科基金项目	研究报告　专著	2003.06
现阶段我国农村土地经营权流转制度改革研究	刘秀生	校办	国家社科基金项目	研究报告　论文	2003.06
北京周边地区生态屏障工程投资融资问题研究	杨德勇	经济学院	国家社科基金项目	研究报告　论文	2003.12
合同法研究—合同效力体系研究	李仁玉	法律学院	教育部	研究报告	2002.12
建立以出资人为中心的财务、会计、审计制度	谢志华	会计学院	教育部	专著	2004.10
内部会计控制规范—预算	王　斌	会计学院	财政部	研究报告	2003.06
企业改组/兼并与资产重组中的财务与会计问题研究	汤谷良	会计学院	财政部	研究报告	2003.06
农民经纪人在我国农业信息传播中的地位和作用	甘亚平	商学院	农业部	研究报告	2002.12
人类思维合理性研究	田　平	社科部	北京市社科基金	专著　论文	2004.10
北京市中小企业出口问题研究	李时民	经济学院	北京市社科基金	研究报告　论文	2004.12
十六大以后北京市国有资产管理体制重构	汤谷良	会计学院	北京市社科基金	研究报告　论文	2003.12
消费与可持续发展问题研究	耿丽萍	经济学院	北京市教委	专著	2004.04
北京高新技术企业境外直接投资研究	罗朝能	商学院	北京市教委	研究报告　著作	2003.12
企业内部会计控制系统	杨有红	会计学院	北京市教委	研究报告	2003.04
注册会计师审计的法律责任	谢志华	会计学院	北京市教委	研究报告	2003.09
计算机翻译原理理论研究	张　政	外语部	北京市教委	著作　论文	2003.12
中国保险税收制度研究	王绪瑾	经济学院	北京市教委	研究报告　著作	2002.03
中美高校创造性思维能力教育比较研究	田　平	社科部	北京市教委	研究报告　著作	2002.03
积极财政政策的风险研究	李友元 陈志楣	经济学院	北京市教委	研究报告　著作	2002.03
加入WTO与北京市外经贸优劣势变化研究	张晓堂	经济学院	北京市教委	研究报告	2002.12

续表

项目名称	项目负责人	承担单位	项目来源	成果形式	完成时间
通货膨胀和通货紧缩问题的综合研究	李　杰	经济学院	北京市教委	著作	2002.12
创新思维的理论及应用研究	陈　威	社科部	北京市教委	专著	2002.12
当前流通领域中的问题和对策研究	李书友	经济学院	北京市教委	研究报告	2002.12
买方市场下的工商关系研究	胡俞越	经济学院	北京市教委	研究报告	2002.11
物流配送系统关键标准研究	何明珂	商学院	中国标准研制中心	标准体系　标准规则	2002.12
高层次学科带头人培养	王守法	校办	北京市优秀人才专项经费资助	研究报告	2005.01
金融产业组织研究	杨德勇	经济学院	北京市青年骨干专项经费资助	研究报告	2003.10
现代商业创新思维研究	洪　涛	经济学院	北京市优秀人才专项经费资助	研究报告	2003.05

北京工商大学科研启动基金批准立项目录

序号	项目名称	项目负责人	承担部门	成果形式	完成时间
1	北京地区生态屏障工程投融资问题研究	杨德勇	经济学院	研究报告	2004.05
2	美的造物——艺术设计历史与理论论文集	高　丰	传播与艺术学院	专著　论文	2003.08
3	未来10年北京报纸受众研究	沈　毅	传播与艺术学院	论文	2003.10
4	提高机器翻译质量的理论研究	张　政	外语部	论文	2004.07

（北京工商大学科研处供稿）

·北京联合大学·

2002年度承担省部级以上社科研究项目

序号	项目名称	项目负责人	承担部门	项目来源	成果形式	完成时间
1	入世对城市社会利益结构和收入分配的影响	冯　虹	北京联合大学	北京市社科规划项目	研究报告	2004.02
2	北京市高等职业教育实践教学模式探讨	梁绿琦	北京联合大学师范学院	北京市社科规划项目	研究报告　著作　实验报告	2004.07
3	奥林匹克文化研究	孔繁敏	北京联合大学应用文理学院	北京市社科规划项目	论文　书稿	2004.12
4	北京地区大学生宗教与信仰问题研究	郭淑敏	北京联合大学应用文理学院	北京市社科规划项目	专著	2004.03
5	北京文化史	朱耀廷	北京联合大学应用文理学院	北京市社科规划项目	专著	2004.12

续表

序号	项目名称	项目负责人	承担部门	项目来源	成果形式	完成时间
6	北京城市功能空间分布优化研究	张景秋	北京联合大学应用文理学院	北京市社科规划项目	总报告	2003.07
7	中国小剧场戏剧研究	周传家	北京联合大学应用文理学院	北京市社科规划项目	论著 VCD 光盘脚本	2003.12
8	两岸加入 WTO 后京台经济科技合作前景分析对策研究	朱显龙	北京联合大学应用文理学院	北京市社科规划项目	调研报告	2002.10
9	北京城市形象系统（CIS）设计及其舆论导向	李兴国	北京联合大学应用文理学院	北京市社科规划项目	文集 专著	2003.05
10	图说北京城	张妙弟	北京联合大学	北京市社科规划项目	书稿	2005.12
11	高等职业教育质量保障体系研究	鲍 洁	北京联合大学	北京市社科规划项目	总课题报告	2003.10
12	国外中共党史研究	梁 怡	北京联合大学应用文理学院	国家社科基金项目	论文集 专著	2002.12
13	中国海外直接投资理论及战略研究	吴勤学	北京联合大学商务学院	国家社科基金项目	专著	2002.09

（北京联合大学科研处刘红供稿）

·中国农业大学·

2002 年度承担省部级以上社科研究课题

项目名称	项目负责人	承担部门	项目来源	成果形式	完成时间
北京郊区鲜活农产品竞争力研究	王秀清	经济管理学院	北京市社科基金	研究报告	在研
京郊农户融资行为实证研究	何广文	经济管理学院	北京市社科基金	研究报告	在研
北京市农业高新科技产业化及高新科技园区发展问题研究	林万龙	经济管理学院	北京市科委	研究报告	2002
北京市农业结构调整问题研究	谭向勇	经济管理学院	北京市科委	研究报告	2002
乡镇企业产权多元化后经济运作特点与对策研究	许惠渊	经济管理学院	北京市科委	研究报告	2002
农村发展科技战略研究	辛 贤	经济管理学院	国家“十五”科技攻关计划课题	研究报告	2002
我国工厂化农业发展战略与管理创新研究	田志宏	经济管理学院	国家“十五”科技攻关计划课题	研究报告	2002
我国工厂化农业发展战略与组织创新研究	乔 忠	经济管理学院	国家“十五”科技攻关计划课题	研究报告	2002
县域农村产业结构调整及农业资源增殖转化比较示范	张正河	经济管理学院	国家“十五”科技攻关计划课题	研究报告	在研

续表

项目名称	项目负责人	承担部门	项目来源	成果形式	完成时间
农产品贸易自由化对中国农村贫困的影响	辛贤	经济管理学院	国家社科基金项目	研究报告	在研
中国肉类产品国际竞争力研究	乔娟	经济管理学院	国家社科基金项目	研究报告	在研
大城市郊区生猪产业组织创新研究	卢凤君	经济管理学院	国家自然科学基金	研究报告	在研
金融机构经营机制转轨对农户融资的影响及政策研究	何广文 郭沛	经济管理学院	国家自然科学基金	研究报告	2002
农产品市场营销管理模式研究	安玉发	经济管理学院	国家自然科学基金	研究报告	在研
企业产品市场的不确定性分析与企业经营的优化策略研究	乔忠	经济管理学院	国家自然科学基金	研究报告	2002
我国农产品的合理关税水平与关税结构研究	田志宏	经济管理学院	国家自然科学基金	研究报告	2002
我国农业科研机构企业化转制的影响以及对策研究	辛贤	经济管理学院	国家自然科学基金	研究报告	在研
乡镇企业与小城镇互动机理及模式研究	米增渝	经济管理学院	国家自然科学基金	研究报告	在研
中国畜产品生产效率与贸易潜力研究	蒋乃华	经济管理学院	国家自然科学基金	研究报告	在研
主要农产品国内外市场相互协调及影响研究	武拉平	经济管理学院	国家自然科学基金	研究报告	在研
中国农产品对外贸易的增长机制及政策体系研究	田志宏	经济管理学院	霍英东科研基金	研究报告	在研
我国农业信息化模式研究	乔忠	经济管理学院	教育部博士点基金	研究报告	在研
我国主要农产品市场问题研究	谭向勇	经济管理学院	教育部博士点基金	研究报告	在研
各国农业保护政策的比较研究	王秀清	经济管理学院	教育部人文社科“十五”规划项目	研究报告	在研
农业产业组织的供应链管理模式研究	王卫华	经济管理学院	教育部人文社科“十五”规划项目	研究报告	在研
我国农业信息化发展模式研究	伍建平	经济管理学院	教育部人文社科“十五”规划项目	研究报告	在研
中国饲料粮的“南进北出”战略与东北亚区域经济合作	朱俊峰	经济管理学院	教育部人文社科“十五”规划项目	研究报告	在研

续表

项目名称	项目负责人	承担部门	项目来源	成果形式	完成时间
中国主要农产品国际竞争力研究	李秉龙	经济管理学院	教育部人文社科“十五”规划项目	研究报告	在研
加入WTO对我国农村贫困的影响及科技扶贫对策研究	辛　贤	经济管理学院	科技部软科学项目	研究报告	在研
北京地区节水灌溉技术模式与政策研究	谭向勇	经济管理学院	农业部948项目	研究报告	在研
运用“绿箱”政策支持农业科技与教育的研究	秦　富	经济管理学院	农业部948项目	研究报告	在研
WTO规则下国外农业政策比较研究	李秉龙	经济管理学院	农业部软科学	研究报告	2002
加入WTO对我国农业影响与对策研究	田志宏	经济管理学院	农业部软科学	研究报告	2002
美国、巴西、阿根廷大豆产业发展与政府政策	何秀荣	经济管理学院	农业部软科学	研究报告	2002
农民收入模型开发与预测（02108）	陈永福	经济管理学院	农业部软科学	研究报告	2002
关于我国农业知识化战略问题的研究	赵冬缓	人文与发展学院	国家社科基金项目	专题报告 综合报告	2002.08
我国村级债务形成与化解问题研究	赵冬缓	人文与发展学院	国家自然基金	研究报告	在研
畜禽品种资源保护的法规和标准	任大鹏	人文与发展学院	农业部重点专项	研究报告	在研
北京市农业结构调整中的法律问题	任大鹏	人文与发展学院	北京市社科基金	研究报告	在研
北京市现代化进程中城乡关系变化和调整研究	孙　津	人文与发展学院	北京市项目	研究报告	在研
民营创新中小企业发展环境研究	孙　津	人文与发展学院	北京市科委 北京市软科学	研究报告	2002.07 ～ 2003.07 已结项

（中国农业大学科技部供稿）

·北京林业大学·

2002年度承担省部级以上社科研究课题

项目名称	项目负责人	承担部门	项目来源	成果形式	完成时间
森林资源与环境核算研究	陈建成	经济管理学院	国家林业局	报告	2003
利用WTO绿箱政策研究	高　岚（子项目负责人）	经济管理学院	国家林业局	子项目报告	2003
生态工程系统管理模式	刘俊昌	经济管理学院	国家林业局	研究报告	2004

续表

项目名称	项目负责人	承担部门	项目来源	成果形式	完成时间
中国加入WTO后的林业对策研究	朱永杰	经济管理学院	国家林业局	研究报告	2003
森林资源资产会计核算办法研究	任恒祺	经济管理学院	国家林业局	研究报告	2004
中国湿地效益评价及补偿机制研究	温亚利	经济管理学院	国家林业局	研究报告	2004
西部大开发林业生态环境建设管理与政策研究	任恒祺	经济管理学院	国家林业局	研究报告和书	2003
森林培育过程质量管理体系的构建研究	金彦平（子项目负责人）	经济管理学院	国家林业局规划设计院	研究报告	2003
野生动物核算指标体系研究	刘俊昌	经济管理学院	国家林业局	研究报告	2004
肆立完备的森林生态评价指标体系框架研究	宋维明（负责人之一）	经济管理学院	国家林业局	研究报告	2003
林业财政投资效益研究	张彩红（主要参加人）	经济管理学院	国家林业局	研究报告	2003
中外野生动物保护管理政策比较研究	温亚利	经济管理学院	国家林业局	研究报告	2004
森林生物多样性价值评价技术及价值评价研究	张　颖	经济管理学院	教育部	研究报告	2003
资源与环境中的成本效益循环研究	朱永杰	经济管理学院	博士点基金	研究报告	2004
天然林保护地区生态环境与社会经济协调发展模式研究	刘俊昌	经济管理学院	博士点基金	研究报告	2004
环京津地区风沙治理对策研究	田治威	经济管理学院	国家计委	研究报告	2003
森林美学	赵绍鸿	人文学院	教育部	专著	1999～2004
网络伦理研究	严　耕	人文学院	教育部	专著	2002～2004
互联网的意识形态功能与对策研究	严　耕	人文学院	国家社科基金项目	专著	2001～2003

（北京林业大学科研处供稿）

·国家行政学院·

2002年度国家社科基金、自然科学基金立项课题

项目名称	项目负责人	承担部门	项目来源	成果形式	完成时间
加入世界贸易组织与我国政府管理模式的转变(重点项目)	吴 江	公共管理教研部	国家社科基金项目	专著	2004.06
入世后中国社会公共需求与政府公共供给关系研究(青年项目)	李军鹏	公共管理教研部	国家社科基金项目	研究报告	2003.05.30
农村税费改革与基层政权建设研究(青年项目)	马宝成	科研部	国家社科基金项目	研究报告	2003.11
我国现阶段深化社会主义政治体制改革若干重要问题研究(一般项目)	徐鸿武	政治学教研部	国家社科基金项目	研究报告	2003.12
行政执法的数学模型机计算机辅助系统——以工商行政与税务行政处罚为例(一般自选项目)	应松年	法学教研部	国家社科基金项目	专著 电脑软件	2003.12
国际文化竞争中的中国文化产业发展——加入WTO与提高我国文化竞争力问题(一般自选项目)	祁述裕	研究室	国家社科基金项目	专著 研究报告	2003.12
组织整合理论与管理组织三次设计理论研究(自由申请)	李习彬	公共管理教研部	国家自然科学基金	论文	2002.12

2002年度司法部法治建设与法学理论研究科研项目

项 目 名 称	项目负责人	承担部门	成果形式	完成时间
国家赔偿问题研究(重点项目)	杨小军	法学部	专著	2004.03

2002年度院级立项课题

项目名称	项目负责人	承担部门	成果形式	完成时间
社会主义政治文明与民主政治建设(重点项目)	许耀桐	政治学教研部	论文 著作	2004.12
政府文明建设研究(重点项目)	薄贵利	公共管理教研部	论文 研究报告	2004.10
项目管理在国际合作中的应用(一般项目)	陈伟兰 陆林祥	国际部	论文 教材	2004.12
“三个代表”重要思想与我国公共管理体制建设研究(一般项目)	刘熙瑞	公共管理教研部	论文 著作	2004.12
中央与地方关系法治化问题研究(一般项目)	任 进	法学教研部	著作 论文	2003.12
依法治国与政治文明建设研究(一般项目)	王宝明	法学教研部	专著 论文	2004.10
土地经营权流转与发展农村经济研究(一般项目)	丁德章	经济学教研部	论文 研究报告	2004.12

续表

项目名称	项目负责人	承担部门	成果形式	完成时间
我国行政文化创新研究（一般项目）	李树桥	综合教研部	论文　专著	2004.12
县（市）行政管理体制改革（一般项目）	智士才	科研部	论文　研究报告	2004.12
公务员培训方法研究	魏晓欣	教务部	专著　教材	2004.12
改革与完善我国行政决策机制研究（青年项目）	王满船	公共管理教研部	著作　论文	2004.12
中国公务员分类管理制度研究	宋世明	公共管理教研部	论文　专著	2004.10
全面建设小康社会和政府职能转变	李军鹏	公共管理教研部	论文	2004.12

（国家行政学院科研处供稿）

·中共北京市委党校　北京行政学院·

2002 年度承担省部级以上社科研究项目

项目名称	项目负责人	项目来源	成果形式	完成时间
联合型社区图书馆功能及发展模式研究	秦淑贞	国家社科基金项目	研究报告	2003.06
入世对党风廉政建设提出的挑战及其对策研究	张彦玲	国家社科基金项目	专著	2004.05
人口城市化与就业结构产业结构研究	李嘉岩	国家社科基金项目	专著	2004.06
企业绿色经营：应对世界贸易的绿色壁垒	李静江	北京市社科规划项目	专著	2003.10
用改革精神推进北京市基层党组织建设研究	靳连芳	北京市社科规划项目	专著	2004.07
加入 WTO 后北京现代服务业发展研究	朱晓青	北京市社科规划项目	专著　研究报告	2004.10

2002 年度校级科研项目

项目名称	项目负责人	承担部门	项目来源	成果形式	完成时间
新世纪党政领导干部素质模式及培训方法研究	张　勤	公共管理教研部、教务处、学员工作处	北京市科学技术委员会	研究报告　论文	2003.09
北京市人口变动趋势预测及管理对策	侯亚非	社会学教研部（北京市人口研究所）	北京市第五次人口普查领导小组办公室	研究报告	2002.10
首都现代化国际大都市进程中的城市社区党建功能定位和运行机制研究	刘道福	党建研究所	北京市社会科学界联合会	研究报告	2003.10
加强和改进党员教育工作的思路研究	薛　梅	党史党建教研部	北京市党建研究会	研究报告	2003.10
政府法制机构的行政执法监督在行政监督中的地位和作用	金国坤	法学教研部	北京市行政法制研究中心	研究报告	2003.03
北京市领导干部图书馆信息资源需求与利用调查研究	何晓莉	图书馆	中共北京市委党校	调研报告	2003.07

（中共北京市委党校　北京行政学院科研处供稿）

·中国工运学院·

承担2002年全国总工会研究项目

项目名称	项目负责人	成果形式	完成时间
我国当代工人阶级先进性特征及其表现	赵健杰	论文	2002.10
加入WTO：中国工会面临的挑战与应付	黄河涛	论文	2002.10
当前国有企业职工的内部分化及其利益关系	刘玉方	研究报告	2002.10
关于新形势下坚持和发展马克思主义劳动和劳动价值论问题的研究——对我国现阶段劳动者劳动的重新认识	信卫平	研究报告	2002.10

（中国工运学院科研处供稿）

·中国青年政治学院·

2002年度承担省部级以上科研项目

项目主持人	项目名称	项目来源	项目类别
刘文革	转轨国家的制度变迁方式比较研究	国家社科基金项目	青年项目
孙　莹	北京市贫困人口的社会救助研究	北京市社科规划项目	重点项目
马　铮	针对大学生的身心问题开展“运动处方”教学改革实验的研究	北京市教育科学规划办	重点项目
李　力	甲骨文法律史料研究	教育部	一般项目
陆玉林	马克思主义青年工作思想研究	共青团中央	重点项目
戚　鸣	关于“京城五报”对青年影响的比较研究	共青团中央	重点项目
周拥平	新形势下青年干部培训模式研究	共青团中央	重点项目
高　旺	农村青年在村民自治中的地位和作用	共青团中央	重点项目
王　文	青年非政府组织与联合国机制的关系	共青团中央	重点项目
卢德平	大众文化与青年价值观的变迁	共青团中央	一般项目
陈彤旭	网络虚拟社区与青年亚文化群体研究	共青团中央	一般项目
于　晶	未成年人的法律保护	共青团中央	一般项目

（中国青年政治学院科研处供稿）

·国务院发展研究中心·

2001～2002年度软科学研究课题

序号	课题名称	课题来源	研究领域	完成时间
1	金融改革与金融安全	中央政府下达	财政金融政策研究	2002
2	产业结构模型	中央政府下达	软科学理论与方法	2003
3	县域经济发展与农民增收研究	中央政府下达	农业和农村	2002
4	西部地区退耕还林研究	中央政府下达	西部开发战略研究	2003

续表

序号	课题名称	课题来源	研究领域	完成时间
5	加入世贸组织后农业和农村发展与改革	中央政府下达	农业和农村	2003
6	公共财政支持企业技术进步研究	中央政府下达	产业发展	2001
7	铁路体制改革方案	中央政府下达	经济体制改革	2002
8	中日韩经济合作研究	中央政府下达	其他	2002
9	中俄经贸合作研究	中央政府下达	其他	2002
10	中国保税区转型模式研究	中央政府下达	经济体制改革	2002
11	新世纪我国老少边穷地区开发的政策研究	中央政府下达	西部开发战略研究	2002
12	中国事业单位体制改革研究	中央政府下达	经济体制改革	2003
13	社会信用体系建设现状、发展建议	中央政府下达	经济全球化与 WTO	2002
14	规范经济鉴证类社会中介研究	中央政府下达	经济体制改革	2001
15	北京市服务业发展研究	地方政府下达	产业发展	2002
16	北京市增长潜力研究	地方政府下达	区域规划	2002
17	北京市结构调整与经济增长研究	地方政府下达	产业发展	2002
18	未来十五年西部经济增长前景分析	地方政府下达	西部开发战略研究	2003
19	烟草税制改革	横向委托	产业发展	2003
20	影响我国保险市场发展的若干因素分析	横向委托	财政金融政策研究	2002
21	发展中国家动员国内资源研究	横向委托	其他	2002
22	非政府组织研究	横向委托	其他	2002
23	中国城镇化发展战略研究	横向委托	科教兴国与国民经济社会发展重大问题	2002
24	中国农科教发展战略研究	横向委托	科教兴国战略	2002
25	现阶段农村经济结构调整研究	横向委托	农业和农村	2002
26	中国政府支农资金使用与管理体制	横向委托	农业和农村	2002
27	中国农村富余劳动力研究	横向委托	农业和农村	2001
28	入世背景下中国汽车产业发展研究	横向委托	产业发展	2002
29	电力体制改革方案	横向委托	经济体制改革	2001
30	邮政体制改革方案	横向委托	经济体制改革	2002
31	大企业实施走出去战略研究	横向委托	经济体制改革	2002
32	全球化与政府职能转变	横向委托	经济全球化与 WTO	2001
33	国外对我出口反倾销分析和对策研究	横向委托	经济体制改革	2001
34	外商投资企业资料分析	横向委托	其他	2002
35	加工贸易政策研究	横向委托	经济体制改革	2002

续表

序号	课题名称	课题来源	研究领域	完成时间
36	外商投资企业机电产品出口实证研究	横向委托	其他	2001
37	加入WTO后我国涉外经济管理体制改革研究	横向委托	经济体制改革	2001
38	2008年北京奥运会与市场经济	横向委托	区域和产业发展	2002
39	实行2008年北京绿色奥运环境对策	横向委托	可持续发展(人口、资源、环境)	2002
40	北京焦化厂转型规划和相关政策研究	横向委托	产业发展	2002
41	中国现代化物流发展研究	横向委托	产业发展	2002
42	欧盟中小企业在华投资发展研究	横向委托	其他	2001
43	电信、电视、卫星网络综合利用的融合研究	横向委托	经济体制改革	2001
44	加入WTO对我国电信资费政策影响	横向委托	经济体制改革	2001
45	关于债转股公司治理研究	横向委托	经济体制改革	2002
46	中小企业基本标准研究	横向委托	可行性研究	2002
47	农村土地制度问题研究	国际合作、国外资助	农业和农村	2001
48	中国非耕地制度研究	国际合作、国外资助	农业和农村	2002
49	中国农村经济结构变迁	国际合作、国外资助	农业和农村	2002
50	电力监管体制研究	国际合作、国外资助	经济体制改革	2001
51	科技信息建设	国际合作、国外资助	科教兴国战略	2002
52	知识产权保护环境与制度建设	国际合作、国外资助	经济全球化与WTO	2002
53	高新技术产业政策与实践	国际合作、国外资助	产业发展	2002
54	制造业发展政策研究	国际合作、国外资助	产业发展	2002
55	技术产权交易所政策研究	国际合作、国外资助	科教兴国战略	2002
56	中国机关事业单位养老金制度改革研究	国际合作、国外资助	社会保障体系	2002
57	METROBUS系统在中国城市运用研究	国际合作、国外资助	可行性研究	2002

(国务院发展研究中心科研处供稿)

·国家计委宏观经济研究院·

2002年度重点课题

序号	项目名称	承担单位	负责人	成果形式	完成时间
1	加入世界贸易组织后就业问题研究	经济所	杨宜勇	研究报告	2002
2	垄断性行业的政府管制问题研究	经济所	王学庆	研究报告	2002
3	“十五”计划实施情况中期评估的前期研究	产业所	马晓河	研究报告	2002
4	中国发展水平评价指标的研究	信息中心	周海春	研究报告	2002
5	国际经济形势跟踪、预测与对策研究	外经所	毕吉耀	研究报告	2002

续表

序号	项目名称	承担单位	负责人	成果形式	完成时间
6	国内经济形势跟踪、预测与对策研究	经济所	王小广	研究报告	2002
7	中国与东盟建立自由贸易区策略研究	外经所	叶辅靖	研究报告	2002
8	促进内地与香港建立更紧密经贸关系的研究	外经所	林大建	研究报告	2002
9	加入世界贸易组织后重要农产品供需平衡问题研究	产业所	王为农	研究报告	2002
10	加入 WTO 及“三通”对两岸海运与航空运输业的影响研究	运输所	董　焰 吴文化	研究报告	2002
11	西部可持续发展的能源战略	能源所	韩文科	研究报告	2002
12	资源型城市经济结构转型研究	国地所	王青云	研究报告	2002
13	我国加快发展第三产业的问题研究	产业所	任旺兵	研究报告	2002
14	企业债券研究	投资所	杨　萍	研究报告	2002

2002 年度承担国家软科学研究计划项目

序号	项目名称	承担单位	负责人	成果形式	完成时间
1	国家高新技术产业开发区“二次创业”战略研究	产业所	王昌林	研究报告	2002
2	我国资源型城市可持续发展研究	国地所	王青云　丁　刚	研究报告	2002

(国家计委宏观经济研究院科研管理部供稿)

·教育部高等学校社会科学发展研究中心·

2002 年度承担省部级以上社科研究项目

项目名称	项目负责人	承担部门	项目来源	成果形式	完成日期
苏联演变进程中的意识形态研究	曹长盛	社科中心	1998 年度国家社科基金委托项目	专著	2003
党的领导和民主监督研究	刘书林	社科中心	2000 年度国家社科基金一般项目	专著	2003
马克思主义哲学体系研究	黄楠森	社科中心	2002 年度国家社科基金重点项目	专著	2006
学校艺术教育	武兆令	社科中心	全国教育科学“十五”规划项目	专著	2005

(教育部高等学校社会科学发展研究中心供稿)

·北京市社会科学院·

2002 年立项的国家级、市级课题

课题题目	课题来源	课题负责人	最终成果形式	结项时间
私营企业阶层内部结构未来发展问题研究	国家社科基金项目	戴建中	研究报告	2003.06
党在社会主义初级阶段的基本政治纲领研究	国家社科基金项目	李贺林	专著	2004.06
北京社科志	北京市社科规划重点项目	高起祥	专著	2003.10
举办 2008 年奥运会与北京经济发展关系研究	北京市社科规划项目	金　汕	研究报告	2004.12

续表

课题题目	课题来源	课题负责人	最终成果形式	结项时间
北京史地风物录	北京市社科规划项目	王灿炽	专著	2005.12
“三个代表”思想与我国现代化发展的新阶段	北京市社科规划项目	李贺林	专著	2004.12
反腐倡廉的价值取向——政治文明的建设	北京市社科规划项目	袁懋栓	专著	2004.12

2002年立项院级课题

序号	课题名称	负责人	成果形式	结项时间
1	当代文化与当代设计美学的理论阐释	李建盛	专著	2002.12
2	传统与嬗变　北京新时期戏剧文学史	高音	专著	2004.12
3	迎奥运研究——非比赛场馆地区奥运商机认识利用问题研究	沈望舒	论文　研究报告	2002.12
4	奥林匹克与赛场文化环境	金汕	论文　研究报告	2002.12
5	清代北京学者学术成就及其交游考	刘仲华	论文　专著	2004.12
6	清代惩治民间秘密教门研究	郑永华	论文　专著	2004.12
7	来华外国人与清末民初的北京社会	窦坤	系列论文	2004.12
8	水资源及水环境变迁与北京城市发展的关系	吴文涛	论文　专著	2004.12
9	古希腊哲学人本主义研究	杜丽燕	论文　专著	2004.12
10	美国城市文化研究	谢芳	专著	2002.12
11	北京市流动人口子女受教育现状与发展趋势	韩嘉玲	研究报告	2003.12
12	新时期党的领导方式和执政方式研究	李贺林	系列论文	2003.12
13	农民问题国际比较研究	袁振龙	专著	2002.12
14	北京人口结构变化研究	黄序	研究报告	2002.12
15	北京市人口管理与户籍制度改革研究	冯晓英	研究报告	2002.12
16	提升小城市发展力研究	冯刚	研究报告	2004.12
17	古都风貌与城市现代化	王文元	论文　专著	2003.12
18	国外科技园规划、发展运作对北京科技园建设的启示	张暄	专著	2003.12
19	北京地区满文碑刻研究	江桥	系列论文	2003.12
20	首都现代化国际大都市研究	戚本超	系列论文	2003.12
21	枢垣春秋	赵志强	专著	2003.12
22	北京日据时期文学与文化的当代政治阐释	张泉	系列论文	2002.12
23	城市低收入群体中国企职工情况研究	柴英	调研报告	2002.12
24	通向2008年的北京形象	曹随	论文　专著	2005.12
25	公民道德建设的有关理论问题研究——出行文明与社会公德	李贺林	论文	2002.12

(北京市社科院科研处供稿)

·北京市经济与社会发展研究所·

2002 年度承担省部级社科研究项目

项目名称	项目负责人	课题来源	成果形式
21 世纪初北京市可持续发展政策取向研究	郑拴虎	北京市社科规划项目	论文
北京市农转非政策研究	张春华、刘秀如	北京市计委	论文
北京市信息技术产业链研究	郑拴虎、刘芳华	北京市社科规划项目	论文
北京光机电一体化产业链研究	郑拴虎、刘芳华	北京市社科规划项目	论文
北京市小城镇基础设施建设研究	郑拴虎、刘芳华	北京市政府	论文
北京市政府投资项目监管研究——稽查情况分析	张春华、刘秀如	北京市计委	论文
规划体系及其确定原则研究	张春华、郑拴虎	国家计委	论文
中国地区经济发展战略研究——北京篇	郑拴虎、邵志清	国家计委	论文

（北京市经济与社会发展研究所供稿）

·北京市农村经济研究中心·

2002 年承担省部级社科研究项目

项目名称	项目负责人	项目来源	成果形式	完成时间
经济全球化背景下中国东部地区农业发展模式研究	张　强	国家社科基金项目	专著　研究报告	2003.12
北京都市型农业产业化经营机制及制度创新研究	张　强	北京市自然科学基金	专著　研究报告	2004.12
加入 WTO 以后北京农业应对政策研究	杨秋玲	北京市社科规划项目	研究报告	2003.06

（北京市农村经济研究中心供稿）

·北京市档案局·

北京市列入国家档案局 2002 年度科技计划的项目

项目名称	项目编号	项目级别	负责人	工作单位	成果形式	完成时间
中国入世与档案工作对策研究	2002-R-01	省部级	马素萍	北京市档案局	研究报告	2003.07
北京市朝阳区文件保管期限表研究制订	2002-R-16	省部级	赵　晶	北京市朝阳区档案局	研究报告	2004.03
电子文件实时归档与“双套制”保管模式研究	2002-X-06	省部级	王　健	中国人民大学档案学院	研究报告	2004.09

（北京市档案局供稿）

·获奖成果·

北京市第七届哲学社会科学优秀成果奖
获奖成果目录及获一等奖成果简介

一、优秀成果奖目录

一等奖
（39 项　名次不分先后）

哲学·社会学 6 项

1. 二十世纪中国易学史　专著　申报者　杨庆中　中国人民大学　人民出版社
2. 转型中的城市基层社区组织
——北京市基层社区组织与社区发展研究　专著　申报者　雷洁琼　北京大学　北京大学出版社
3. *A Society without Fathers or Husbands: the Na of China*（无父无夫的社会——中国的纳人）　专著
申报者　蔡　华　北京大学　New York：Zone Books［美］
4. 人是什么　专著　申报者　夏甄陶　中国人民大学　商务印书馆
5. 税费改革、村民自治与强干弱支　研究报告
申报者　秦　晖　清华大学　《开放时代》，2001 年 9 月号总第 153 期
6. 抉择于真伪之间
——欧阳竟无佛学思想探微　专著　申报者　程恭让　首都师范大学　华东师范大学出版社

经济学 8 项

7. 经济改革与发展的产权制度解释　专著　申报者　刘　伟　北京大学　首都经济贸易大学出版社
8. “空账”与转轨成本
——中国养老保险体制改革的效应分析　论文
申报者　孙祁祥　北京大学　《经济研究》，2001 年第 5 期
9. 中国城镇就业研究及相关研究报告　专著　申报者　厉以宁　北京大学　中国计划出版社
10. 西方经济学　教材　申报者　高鸿业　中国人民大学　中国人民大学出版社
11. 诺斯与马克思：关于制度变迁道路理论的阐释　论文
申报者　林　岗　中国人民大学　《中国社会科学》，2001 年第 1 期
12. 世界经济新格局研究　专著　申报者　陶大镛　北京师范大学　北京师范大学出版社

13. 唐宋茶叶经济　专著　申报者　孙洪升　中央财经大学　社会科学文献出版社
14. 北京郊区城市化探索　专著　申报者　赵树枫　北京市农村经济研究中心　首都师范大学出版社

政治学 4 项

15. 种姓与印度教社会　专著　申报者　尚会鹏　北京大学　北京大学出版社
16. 当代国外社会思潮　专著　申报者　段忠桥　中国人民大学　中国人民大学出版社
17. 比较思想政治教育学　教材　申报者　王瑞荪　首都师范大学　高等教育出版社
18. 市场经济与党的优良传统　专著　申报者　姚　桓　中共北京市委党校　同心出版社

教育学 5 项

19. 知识转型与教育改革　专著　申报者　石中英　北京师范大学　教育科学出版社
20. 教育心理学　专著　申报者　冯忠良　北京师范大学　人民教育出版社
21. 认知心理学　专著　申报者　彭聃龄　北京师范大学　台湾东华书局
22. 论社区教育发展模式
——适应北京地区经济发展的社区化教育模式研究　专著
申报者　马叔平　北京教育科学研究院　高等教育出版社
23. 泛教育论
——广义教育学的初步探索　专著　申报者　项贤明　北京师范大学　山西教育出版社

法学 3 项

24. 中国古代法制丛钞（4 卷本）　专著　申报者　蒲　坚　北京大学　光明日报出版社
25. 比较法社会学的框架和方法
——法制化、本土化和全球化　专著　申报者　朱景文　中国人民大学　中国人民大学出版社
26. 刑事诉讼法实施问题与对策研究　专著
申报者　樊崇义　中国政法大学　中国人民公安大学出版社

历史学 4 项

27. 敦煌学十八讲　教材　申报者　荣新江　北京大学　北京大学出版社
28. 清史编年（12 册）　专著　申报者　李文海　中国人民大学　中国人民大学出版社
29. 近代藏事研究　专著　申报者　喜饶尼玛　中央民族大学　西藏人民出版社　上海书店出版社
30. 王世仁建筑历史理论文集　专著 申报者　王世仁　北京市古代建筑研究所　中国建筑工业出版社

语言文学·新闻学·艺术学 8 项

31. 文心雕龙研究史　专著　申报者　张少康　北京大学　北京大学出版社
32. 生成语法理论与汉语语法研究　专著　申报者　沈　阳　北京大学　黑龙江教育出版社
33. 面向中文信息处理的现代汉语短语结构规则研究　专著
申报者　詹卫东　北京大学　清华大学出版社
34. 历史的星空
——文艺复兴时期英国诗歌与西方传统宇宙论　专著
申报者　胡家峦　北京大学　北京大学出版社
35. 20 世纪中外文学交流史（上、下卷）　专著　申报者　李　岫　北京师范大学　河北教育出版社
36. 20 世纪中国文学研究（多卷本）　专著　申报者　张燕瑾　首都师范大学　北京出版社
37. 现代西方音乐哲学导论　教材　申报者　于润洋　中央音乐学院　湖南教育出版社
38. 欧洲文学史（1～3 卷）　编著　申报者　李赋宁　北京大学　商务印书馆

综合1项

39. 聚焦新生代
——第一次未成年人现状调查报告　专著
申报者　闫　成　中国共产主义青年团北京市委员会　北方交通大学出版社

二等奖
（153项　排名不分先后）

哲学·社会学22项

1. 从现象学到孔夫子　专著　申报者　张祥龙　北京大学　商务印书馆
2. 宗教社会学　教材　申报者　孙尚扬　北京大学　北京大学出版社
3. 科学创造方法论
——关于科学创造与创造力研究的方法论探讨　专著
申报者　傅世侠　北京大学　中国经济出版社
4. 中国人口规模与年龄结构矛盾分析　论文
申报者　翟振武　中国人民大学　《人口研究》，2001年第3期
5. 跨越“峡谷”
——马克思晚年思想与当代社会发展理论　专著　申报者　张云飞　中国人民大学　人民出版社
6. 正学与开新
——王船山哲学思想　专著　申报者　张立文　中国人民大学　人民出版社
7. 二十世纪中国的社会学本土化　专著　申报者　郑杭生　中国人民大学　党建读物出版社
8. 自然化的心灵　专著　申报者　田　平　北京工商大学　湖南教育出版社
9. 寻求普世伦理　专著　申报者　万俊人　清华大学　商务印书馆
10. 失业下岗问题对比研究　专著　申报者　李　强　清华大学　清华大学出版社
11. 西方哲学新论　专著　申报者　严春友　北京师范大学　中国社会科学出版社
12. 王安石学术思想研究　专著　申报者　李祥俊　北京师范大学　北京师范大学出版社
13. 中国传统政治哲学　专著　申报者　周桂钿　北京师范大学　河北人民出版社
14. 解读禁忌
——中国神话、传说和故事中的禁忌主题　专著　申报者　万建中　北京师范大学　商务印书馆
15. 中国民族概论　专著　申报者　宋蜀华　中央民族大学　中央民族大学出版社
16. 马克思的工业革命理论与现时代　专著　申报者　叶险明　首都师范大学　北京出版社
17. 心态·气象·意义
——人生境界分析　论文
申报者　陈战国　北京市社会科学院　《北京社会科学》，2001年第4期
18. 现阶段中国私营企业主研究　论文
申报者　戴建中　北京市社会科学院　《社会学研究》，2001年第5期
19. 北京市流动儿童义务教育状况调查报告　论文
申报者　韩嘉玲　北京市社会科学院　《青年研究》，2001年第8、9期
20. 历史认识的客观性问题研究　专著　申报者　袁吉富　中共北京市委党校　北京大学出版社
21. 人口质量与经济增长方式　专著　申报者　侯亚非　中共北京市委党校　中国经济出版社
22. 北京市社会舆情工作实践及其规律探讨　调研报告
申报者　徐和建　中共北京市委宣传部　《宣传通讯》，增刊2001年第47期

经济学 29 项

23. 洋务运动与中国早期现代化思想　专著　申报者　周建波　北京大学　山东人民出版社
24. 竞争价格的形成机制　论文　申报者　李绍荣　北京大学　《经济研究》，2000 年第 3 期
25. *Money, Social Status, and Capital Accumulation in a Cash - in - Advance Model*　论文
申报者　龚六堂　北京大学　2001 年 Journal of Money, Credit and Banking
26. 基于信息的双重危机模型及其在东亚危机中的应用　论文
申报者　施建淮　北京大学　《经济学》(季刊)，2001 年第 1 期
27. 中国经济改革发展报告
——反通货紧缩的政策选择　专著　申报者　黄泰岩　中国人民大学　中国财政经济出版社
28. 交易费用分析框架的政治经济学批判　专著　申报者　刘元春　中国人民大学　经济科学出版社
29. 国有企业治理结构创新的经济学分析　专著
申报者　杨瑞龙　中国人民大学　中国人民大学出版社
30. 区域经济政策
——理论基础与欧盟国家实践　专著　申报者　张可云　中国人民大学　中国轻工业出版社
31. 中国对外贸易发展中的竞争政策选择　论文
申报者　谷克鉴　中国人民大学　《中国社会科学》，2000 年第 3 期
32. 养老金改革：模式选择及其金融影响　专著
申报者　伊志宏　中国人民大学　中国财政经济出版社
33. 市场化进程中的中国财政运行机制　专著　申报者　高培勇　中国人民大学　中国人民大学出版社
34. 税收负担的经济分析　专著　申报者　钱　晟　中国人民大学　中国人民大学出版社
35. 中国资本市场:创新与可持续发展　专著　申报者　吴晓求　中国人民大学　中国人民大学出版社
36. 企业剩余索取权：分享安排与剩余计量　专著　申报者　谢德仁　清华大学　上海三联书店
37. 国际金融　教材　申报者　何　璋　北京师范大学　中国金融出版社
38. 政治经济学若干重大争论问题研究　专著　申报者　白暴力　北京师范大学　西北大学出版社
39. 世界经济大趋势研究
——21 世纪中国东亚与世界　专著　申报者　唐任伍　北京师范大学　北京师范大学出版社
40. 生态税收论　专著　申报者　计金标　中央财经大学　中国税务出版社
41. 强国之路
——经济全球化与中国的战略及政策选择　专著
申报者　张汉林　对外经济贸易大学　对外经济贸易大学出版社
42. 中国农业生态经济与可持续发展　专著
申报者　张淑焕　首都经济贸易大学　社会科学文献出版社
43. 公司治理结构运行与模式　专著　申报者　吴冬梅　首都经济贸易大学　经济管理出版社
44. 中国宏观经济分析方法与运行　专著　申报者　江晓薇　北京市社会科学院　中国经济出版社
45. 绿色 GDP
——国民经济核算体系改革大趋势　专著　申报者　王树林　中共北京市委党校　东方出版社
46. 利用外资与金融风险防范　专著　申报者　朱晓青　中共北京市委党校　华文出版社
47. 北京市海外直接投资战略研究　调研报告　申报者　程玉华　北京市对外经济贸易委员会　内部
48. 迈向新世纪的首都会展业　调研报告
申报者　王铁鹏　北京市政府研究室　《工作研究》，2001 年第 3 期
49. 加入 WTO 和京郊农产品出口问题研究　调研报告
申报者　孙进军　北京市政府研究室　《工作研究》，2001 年第 13～15 期
50. 中关村建设融资环境研究　调研报告　申报者　沈宝昌　北京市计委　内部
51. 中关村科技园区国际竞争力研究　调研报告
申报者　赵彦云　北京社科联　《中国特色社会主义研究》，2001 年第 2 期

政治学17项

52. 当代西欧工人阶级　专著　申报者　张世鹏　北京大学　北京大学出版社
53. 唯物史观通论　教材　申报者　林　泰　清华大学　高等教育出版社
54. 马克思主义政治经济学原理　教材　申报者　刘美珣　清华大学　北京出版社
55. 跳出政权兴亡周期率：我党三代领导集体的不懈奋斗和追求　论文
申报者　李润海　清华大学　《庆祝中国共产党成立80周年理论研讨会论文选》　学习出版社
56. 东亚联盟论研究　专著　申报者　史桂芳　首都师范大学　首都师范大学出版社
57. “三个代表”与党的建设　专著　申报者　贺金瑞　中央民族大学　民族出版社
58. 中国民族理论研究二十年（1978.12—1998.12）　专著
申报者　金炳镐　中央民族大学　中央民族大学出版社
59. 目击台海危机　专著　申报者　朱显龙　北京联合大学　九洲图书出版社
60. 中国传统文化学　专著　申报者　曹德本　清华大学　辽宁大学出版社
61. 论理论学习
——历史与现实的理性思考　专著　申报者　韩玉芳　中共北京市委党校　红旗出版社
62. 社会经济关系新变化中的知识分子与执政党建设　调研报告
申报者　刘道福　中共北京市委党校　《当代中国史研究》，2000年第1期
63. 经济全球化与有中国特色社会主义　专著
申报者　周春明　中共北京市委党校　中国人民大学出版社
64. 首都城市功能研究　专著　申报者　彭兴业　中共北京市委党校　北京大学出版社
65. 美中日俄对朝鲜半岛和平统一进程的态度及影响论文
申报者　马占稳　中共北京市委党校　《东疆学刊》，2001年第3期
66. 中国共产党北京历史大事记（1919—2000）　工具书
申报者　谢荫明　中共北京市委党史研究室　北京出版社
67. 历史性过渡
——北京区县“一化三改”历史纪略　专著
申报者　籍援朝　中共北京市委党史研究室　北京出版社
68. 解决“信心”与“信任”问题的若干思考　论文
申报者　史秋秋　北京市思想政治工作研究会　《北京日报》，2000年9月25日

教育学19项

69. “十五”期间国家贫困地区义务教育工程预研究
——我国义务教育经费的地区性差异研究　调研报告　申报者　王　蓉　北京大学　内部
70. 大学心理学　教材　申报者　张厚粲　北京师范大学　北京师范大学出版社
71. 国际教育新理念　专著　申报者　顾明远　北京师范大学　海南出版社
72. 现代教育知识论　专著　申报者　洪成文　北京师范大学　山西教育出版社
73. 智力落后教育通论　专著　申报者　肖　非　北京师范大学　华夏出版社
74. 中国独生子女大学生入学转折期中焦虑与抑郁特点的追踪研究　论文
申报者　陶　沙　北京师范大学　《华人心理学报》，2000年第1卷第1期
75. 家庭诸因素与初中生吸烟行为的关系　调研报告
申报者　方晓义　北京师范大学　《心理学报》，2001年第33卷第3期
76. 教育管理决策功能模型　论文　申报者　孟繁华　首都师范大学　《教育研究》，2001年第3期
77. 重新理解教育
——建设教师发展学校的思考　论文
申报者　宁　虹　首都师范大学　《教育研究》，2001年第11期

78. 不同方向视觉运动追踪的特性 论文
申报者 丁锦红 首都师范大学 《心理学报》，2001 年第 33 卷第 4 期
79. 校本课程开发：概念解读 论文
申报者 徐玉珍 首都师范大学 《课程·教材·教法》，2001 年第 4 期
80. 赛前情绪因素的结构、自陈评定及注意特征 专著
申报者 张力为 北京体育大学 北京体育大学出版社
81. 论社会经济条件变革下的中国体育改革 论文
申报者 任 海 北京体育大学 《天津体育学院学报》，2001 年第 16 卷第 3 期
82. 民族教育学通论 专著 申报者 哈经雄 中央民族大学 教育科学出版社
83. 教育学科与相关学科的“对话”
——从知识、科学、信仰和人的角度 专著 申报者 李政涛 北京教育学院 上海教育出版社
84. 教学的再创造
——中学政治学科教学创造的理论与实践 专著
申报者 袭普良 北京市朝阳区教委 同心出版社
85. 创造不是梦 普及读物 申报者 陶文中 北京市教育科学研究院 地质出版社
86. 推广实用技术促进农村变革的策略
——中国职业技术教育案例研究 调研报告
申报者 张铁道 北京市教育科学研究院 荷兰 kluwer Academic Publishers，2001 年第 2 卷第 3 期
87. 中国大学科技体制改革论 专著 申报者 吴 岩 北京市教育科学研究院 京华出版社

法学 11 项

88. 本体刑法学 专著 申报者 陈兴良 北京大学 商务印书馆
89. 司法改革研究 专著 申报者 王利明 中国人民大学 法律出版社
90. 非诉讼纠纷解决机制研究 专著 申报者 范 愉 中国人民大学 中国人民大学出版社
91. 侵权法论（上、下册） 专著 申报者 杨立新 中国人民大学 吉林人民出版社
92. 抽象性问题及其意义
——对刑法领域法治立场的初步考察 论文
申报者 周光权 清华大学 《中国社会科学》，2001 年第 2 期
93. 沉默权问题论纲
——关于沉默权与警察询问权的考察与反思 论文
申报者 崔 敏 中国人民公安大学 《公安大学学报》，2001 年第 6 期
94. 国际犯罪与责任 专著 申报者 马呈元 中国政法大学 中国政法大学出版社
95. 恐怖主义·邪教·黑社会 专著 申报者 何秉松 中国政法大学 群众出版社
96. 合伙法律制度研究 专著 申报者 马 强 北京市第二中级人民法院 人民法院出版社
97. 公务活动中犯罪界限的司法认定 专著 申报者 孙 力 北京市人民检察院 中国检察出版社
98. 依法行政的现实基础 专著 申报者 金国坤 中共北京市委党校 中国政法大学出版社

历史学 12 项

99. *Renewed Encounter*（张芝联讲演精选） 论文集 申报者 张芝联 北京大学 商务印书馆
100. 改革和革命
——俄国现代化研究 专著 申报者 刘祖熙 北京大学 北京大学出版社
101. 世界古代文明史研究导论 教材 申报者 刘家和 北京师范大学 高等教育出版社
102. 日本法西斯夺取政权之路 专著 申报者 杨宁一 北京师范大学 北京师范大学出版社
103. 先秦民俗史 专著 申报者 晁福林 北京师范大学 上海人民出版社
104. 新时期中国史学思潮 专著 申报者 邹兆辰 首都师范大学 当代中国出版社

105. 北京考古集成（1～15卷） 工具书 申报者 苏天钧 北京市社会科学院 北京出版社
106. 北京郊区村落发展史 专著 申报者 尹钧科 北京市社会科学院 北京大学出版社
107. 康熙《御制清文鉴》研究 专著 申报者 江 桥 北京市社会科学院 北京燕山出版社
108. 早期西方传教士与北京 专著 申报者 余三乐 中共北京市委党校 北京出版社
109. 通古斯族系兴起的“递进重构”模式 专著
申报者 高凯军 北京市文物局 北京出版社 文津出版社
110. 门头沟文物志 专著 申报者 张广林 北京市门头沟区文化委员会 北京燕山出版社

语言文学·新闻学·艺术学 32 项

111. 元代诗法校考 专著 申报者 张 健 北京大学 北京大学出版社
112. 文选版本研究 专著 申报者 傅 刚 北京大学 北京大学出版社
113. 中国镜像：90 年代文化研究 专著 申报者 王岳川 北京大学 中央编译出版社
114. 艺术的意蕴 教材 申报者 陈旭光 北京大学 中国人民大学出版社
115. 现代俄语模型句法学 专著 申报者 吴贻翼 北京大学 北京大学出版社
116. 欧阳修全集（1～6 册） 古籍整理著作 申报者 李逸安 中国人民大学 中华书局
117. 汉藏语言研究的理论和方法 专著 申报者 瞿霭堂 中国人民大学 中国藏学出版社
118. 海外华文传媒研究 专著 申报者 程曼丽 中国人民大学 新华出版社
119. 近代汉语语言研究 专著 申报者 张美兰 清华大学 天津教育出版社
120. 话语分析的英汉语比较研究 专著 申报者 罗选民 清华大学 湖南人民出版社
121. 手艺的思想 专著 申报者 杭 间 清华大学 山东画报出版社
122. 说文解字声训研究 专著 申报者 崔枢华 北京师范大学 北京师范大学出版社
123. 维纳斯的腰带
——创作美学 专著 申报者 童庆炳 北京师范大学 上海文艺出版社
124. 悲剧意识与悲剧精神 论文
申报者 王富仁 北京师范大学 《江苏社会科学》，2001 年第 2 期
125. 中国现代性体验的发生 专著 申报者 王一川 北京师范大学 北京师范大学出版社
126. 书法与中国文化 专著 申报者 欧阳中石 首都师范大学 人民出版社
127. 20 世纪后期的俄语学研究及发展趋势 专著
申报者 杜桂枝 首都师范大学 首都师范大学出版社
128. 雷神·龙神思想和信仰—中日语言文化的比较研究 专著
申报者 李均洋 首都师范大学 日本东京明石书店
129. 王学与中晚明士人心态 专著 申报者 左东岭 首都师范大学 人民文学出版社
130. 新闻报道新思路
——新闻报道认识论原理及应用 专著 申报者 陈作平 北京广播学院 中国广播电视出版社
131. 现代俄语口语溶和结构 专著 申报者 吴 君 对外经济贸易大学 外语教学与研究出版社
132. 二十世纪复调音乐 教材 申报者 于苏贤 中央音乐学院 人民音乐出版社
133. 表演艺术教程
——演员学习手册 教材 申报者 林洪桐 北京电影学院 北京广播学院出版社
134. 无声的言说
——舞蹈身体语言解读 专著 申报者 刘 建 北京舞蹈学院 民族出版社
135. 回鹘文《金光明经》 专著 申报者 吐尔逊·阿尤甫 中央民族大学 新疆人民出版社
136. 蒙古神话比较研究 专著 申报者 那木吉拉 中央民族大学 民族出版社
137. Isbukun 布农语构词法研究 专著
申报者 曾思奇 中央民族大学 （台湾）读册文化事业有限公司
138. 多视角美术赏析
——中西名作解读教程 教材 申报者 李润生 北京艺术设计学院 人民美术出版社

139. 中外音乐交流史　专著　申报者　冯文慈　中国音乐学院　湖南教育出版社
140. 中国美术史（上、下卷）　专著　申报者　李福顺　首都师范大学　辽宁美术出版社
141. 话语转型与价值重构
——世纪之交的北京文学　专著　申报者　吕智敏　北京市社会科学院　北京出版社
142. 北京戏剧通史（多卷本）　专著　申报者　秦华生　北京市艺术研究所　北京燕山出版社

综合 11 项

143. 中国图书出版印刷史论　专著　申报者　肖东发　北京大学　北京大学出版社
144. 有限政府的经济分析　专著　申报者　毛寿龙　中国人民大学　上海三联书店
145. 接近零不合格过程的质量控制　专著　申报者　孙　静　清华大学　清华大学出版社
146. 绿色核算　专著　申报者　张　颖　北京林业大学　中国环境科学出版社
147. 临终关怀学　专著　申报者　李义庭　首都医科大学　中国科学技术出版社
148. 企业财务状况质量分析理论研究　专著
申报者　张新民　对外经济贸易大学　对外经济贸易大学出版社
149. 教育经济学　教材　申报者　靳希斌　北京师范大学　人民教育出版社
150. 教育与收入分配　专著　申报者　赖德胜　北京师范大学　北京师范大学出版社
151. 西方教育经济学研究　专著　申报者　曲恒昌　北京师范大学　北京师范大学出版社
152. 软件能力成熟度模型 CMM 方法及其应用　专著
申报者　杨一平　首都经济贸易大学　人民邮电出版社
153. 党的十五大以来北京市干部理论学习情况　调研报告
申报者　陈之昌　中共北京市委宣传部　《宣传通讯》，2001 年第 42 期

（北京市社会科学界联合会供稿）

二、获一等奖成果简介

《二十世纪中国易学史》

中国人民大学　杨庆中著

人民出版社

2000 年 2 月出版　426 千字

该书是第一部系统探讨 20 世纪中国易学发展史的专著。作者以马克思主义唯物史观为指导，从大量第一手资料出发，比较了各家各派的研究方法和成就，揭示了它们之间批判、继承和创新的关系，全面系统地分析了 20 世纪中国易学研究的性质、特点和方法。

该书立足于 20 世纪中国学术思想的发展，讨论 20 世纪的易学研究，在学术界尚属首次，具有开拓性的意义。

杨庆中，男，河北藁城人，1964 年 1 月生。先后在河北大学、南开大学、北京青年政治学院、中国人民大学学习或工作。1995 年 6 月，在中国人民大学获哲学博士学位。现为中国人民大学哲学系副教授。研究方向为先秦哲学、传统易学、现代易学等。出版有《二十世纪中国易学史》、《周易与处世之道》、《算命透视》、《超越自我》（译著）等，发表论文 40 余篇。

（中国人民大学科研处供稿）

《转型中的城市基层社区组织——北京市基层社区组织与社区发展研究》

北京大学　雷洁琼主编

北京大学出版社

2001 年 5 月出版　360 千字

该书是在“北京市基层社区组织与社区发展”课题研究基础上形成的学术著作，是北京市社会科学规划“八五”重点课题。

该课题围绕社区组织、社区发展两个核心概念展开，定位于学术取向的应用研究，详细描述了北京市几个街道办事处、居民委员会的发展史，以及它们在不同时期的运行特征、面对的压力及解决问题的方式，为我国城市社会学研究提供了宝贵的基础资料。还提供了几个不同类型的居委会的详尽资

料，可作进一步分析，也可以用来同其他类似研究相比较。

它对城市基层社区组织的运行模式提出了新的理论概括，对街道办事处、居民委员会的具体工作进行了评价，并提出加强基层社区组织建设的建议。对我国当前正在蓬勃开展的城市社区建设尝试性地进行了理论分析，所提出的一系列理论观点在国内学术界具有开创性意义，提出了社区建设的逻辑、社区建设的理论模式和社区建设的时序模式。

雷洁琼，北京大学社会学系教授，曾任全国人大常务委员会副委员长，中国民主促进会中央委员会主席，中国社会学会副会长，名誉会长。主要研究领域：家庭社会学、婚姻与妇女问题、社会保障与社会服务等。

（北京大学社会科学部供稿）

《*A Society without Fathers or Husbands: the Na of China*（无父无夫的社会——中国的纳人）》

北京大学　蔡　华著

New York：Zone Books［美］

2000年7月第4版　400千字

纳人是中国的一个农业族群。他们至今过着无婚姻制度的生活。每户兄弟姐妹，同吃同住、同劳动，并共同抚育姐妹的子女。在乱伦禁忌的限制下，他们实行男至女方的两种夜访制度：暗访和明访。作者在数度长期田野调查和获得大量第一手资料基础上介绍了一个与众不同的民族，细致入微地叙述了一个社会怎样在既无丈夫又无父亲的情况下运行。同时，借助纳人的社会事实，将我们带入什么是婚姻和家庭的全新思考中，提出了支配人类生活的“社会血亲性禁忌定律”和“欲望原理”。

自从人类开始关注自身文化的多样性以来，第一次发现一个这样的社会，其结构与世界其他所有社会迥异。美国科学院院士格尔茨肯定该研究证伪了二战以来英法两个主流学派关于社会结构问题的理论；当代人类学之父列维一斯特劳斯称该著作为“对西方人类学的卓越贡献”。

蔡华，男，1954年2月出生，昆明人。在巴黎第十大学获人类学博士，现任北京大学社会学人类学研究所教授，该所人类学研究室主任。北京大学人类学与民俗研究中心主任。主要研究领域是社会结构、亲属制度比较研究、仪式研究、跨文化比较、中国少数民族研究。主要研究成果有论文《纳人亲属制度的结构与婚姻家庭悖论的终结》等。所摄制人类学纪录片《无父无夫》在巴黎国际民族志电影节上获法国文化部“玛黎约-吕斯鲍里”奖，1996年又在英国皇家人类学会举办的国际人类学电影节上获JVC奖。该片现已被欧美50所以上的大学购作教学使用。2002年获法兰西科学院颁发的“法语国家大奖”金奖。

（北京大学社会科学部供稿）

《人是什么》

中国人民大学　夏甄陶著

商务印书馆

2000年1月出版　240千字

本书站在马克思主义立场上回答了“人是什么”的问题，从人是“自然存在物”、“社会存在物”、“有意识的存在物”和“从事活动的存在物”等方面，系统地提示了人的本质和存在方式的丰富内涵。其特点在于，从马克思主义的实践观点出发，以人的关系、活动为主线，统一了关于人的自然、社会、意识等各个方面的界定，对人的本质作了实践唯物主义的系统论述。本书有力地回答了历史唯物主义是否是“人学空场”的问题，为建构马克思主义人学理论提供了坚实的理论基础。同时，它对于解决人的素质、人的发展等有关人各方面问题提供了理论指导，具有重要的实践意义。

夏甄陶，男，湖南省安化人，生于1931年4月1日。先后在武汉大学哲学系、北京大学哲学系、北京大学研究生班学习，曾在北京地质学院、中国科学院哲学社会科学部从事哲学教学工作。现为中国人民大学教授，博士生导师。兼任中国辩证唯物主义研究会副会长，中国人学学会副会长。主要从事马克思主义哲学，哲学认识论的教学与研究工作。主要专著有：《论荀子的哲学思想》、《关于目的的哲学》、《认识论引论》、《中国认识论思想史稿》、《人是什么》等。主编有《认识发生论》、《思维世界导论》等。

（中国人民大学科研处供稿）

《税费改革、村民自治与强干弱支》

清华大学　秦　晖著

《开放时代》，杂志

2001年9月号刊出　15千字

该研究结合历史经验与现实选择，提出“并税除费”并非治本之策，税费改革要吸取历史经验，避免陷入“黄宗羲定律”的陷阱。应以绝对额控制为主，财政上实行“量入为出”而避免“量出制入”。应结合乡村基层民主改革逐步建立城乡公民一视同仁的现代赋税制度，在技术上要考虑“百分率税则”的可行性问题，解决“倒累进”之弊。在财政政策上要超越单纯财政观点，通过改革来打破“强干弱支”与“诸侯经济”的不良循环。该研究在方法上体现了历史研究与现实对策研究、历史学、经济学与社会学研究的交叉。它对我国历史上传统的“并税式改革”规律的考察、对财政史上中央财政与地方财政的关系问题，对国家民主、社区民主与社区自治三者的关系，对税费改革的技术层面与理论层面之问题，都提出了独创性的观点。研究引起了国家领导人的重视与有关职能部门的注意，也体现了学术研究的实践意义。

秦晖，男，籍贯广西尤胜，1953年12月28日生。师从我国著名农民史专家赵俪生学习“土地制度与农民战争史”。获硕士学位后一直在高校任教。现任教清华大学，专事农民学研究，从农民史延伸到现实领域，关心农民与中国改革的未来。

（清华大学文科建设处刘金梅供稿）

《抉择于真伪之间——欧阳竟无佛学思想探微》

首都师范大学　程恭让著

华东师范大学出版社

2000年9月出版　250千字

该书是一部系统研究中国近代佛学史及近代思想史上著名佛学思想家欧阳竟无学术及思想的专著。

作者在该书中提出的“面向中国佛教思想创造自身”的解释模式，是迄今最好的中国佛教思想诠释模型，能够圆满地解决佛教思想与中国文化的内在关系、佛教思想在中国文化中的生长规律以及佛教思想加诸中国文化的影响等诸问题。总结了欧阳竟无对中国佛学的贡献。对欧阳佛教事业、佛教思想的评述意义十分重大，不但有助于纠正国际学界对欧阳乃至对近代中国佛教思想的一些错误看法，而且对重新整理中国近代思想史和学术史具有重要价值。作者吸收和消化中国近代佛学的研究成果，消解“佛教化”与“中国化”之间的紧张关系，在理论与实践两个层面，实现了中国佛教的重新整合。

（摘自《北京市第七届哲学社会科学优秀成果奖获奖成果简介》，周彦杰　整理）

程恭让，男，生于1967年，原籍安徽省青阳县。1987年于安徽芜湖师范专科学校中文系毕业；先后于南京大学、北京大学获哲学硕士、博士学位。现为首都师范大学政法学院东方文化研究所副研究员。

研究专长：中国近现代佛教哲学思想史；近现代中国哲学思想史；明代以后中国佛教史；梵、汉佛教文献对勘与比较研究等。发表论文20余篇。

（首都师范大学科技处段蕾供稿）

《经济改革与发展的产权制度解释》

北京大学　刘　伟著

首都经济贸易大学出版社

2001年12月出版　276千字

本书主要从产权制度，特别是企业产权制度变革的角度，考察我国经济体制改革进程中所遇到的矛盾；分析产权制度变化与经济发展相互间的内在联系；探讨产权制度变化与经济增长以及增长中的效率提升之间的相互关系；从经济发展方面印证并检讨我国改革中产权制度变化以及由此而发生的一系列经济制度变迁的历史性和正义性；同时，对各种企业产权制度变化方式以及相应理论进行了系统的比较研究，从经济思想史和经济史的变迁中，发现并阐释产权制度变化的历史动因，以及这种产权制度变化对于经济增长、经济发展所起到的根本性作用。还特别讨论了我国国有企业产权制度改革面临的历史特性，讨论了我国民营企业产权制度的历史特征，分析了企业产权制度的变化与市场体制的培育和市场秩序的完善之间的历史联系，并且力图通过经济发展的事实，实证地去说明我国经济制度深刻变革的历史进步性质。

刘伟，男，山东人，1957年1月出生。先后获得北京大学经济学学士、硕士、博士学位。现任北京大学经济学院院长，教授，博士生导师，兼任《经济科学》主编，中国市场经济研究会副会长，中国民营经济研究会副会长。主要从事社会主义经济理论教学、研究工作。围绕经济改革中的产权制度问题和经济发展中的产业结构问题，发表了大量学术论文，出版多部学术专著。曾两次获孙冶方经济学著作奖，两次获北京市哲学社会科学成果一等奖，获首届全国青年社会科学成果一等奖和国家科技进步（软）一等奖（集体）。

（北京大学社会科学部整理）

《“空账”与转轨成本——中国养老保险体制改革的效应分析》

北京大学 孙祁祥著

《经济研究》，2001年第5期 11千字

养老保险制度的改革是一个世界性的课题，中国也在试图建立一个新的养老保险体制。1997年，国务院颁布法规，确立了以社会统筹与个人账户相结合为标志的混合型养老保险体制。然而，几年的运作实践表明，个人账户只是一个名义账户，其中并没有资金，由此形成人们广泛关注的“空账”。更为严重的是，不仅个人账户是空的，而且近些年来，绝大多数省份社会统筹账户当年收不抵支。在高达24%的缴费率的情况下，为什么会出现这种情况？本文运用实证分析的方法进行研究，结果表明，退休人们的增长比例大大高于在职职工的增长比例、“体制偏向”、保费收缴率逐年降低、缴费基数过低是造成这一问题的直接原因，而更深层的原因，则在于当初在设计混合型养老保险体制时，没有采用有效的方式来处理转轨成本，而是期冀通过加大企业统筹费率的方式来逐步将其消化，由此造成今天这种以“高费率”起始、“低收入”终结的格局。由此可见，解决“空账”问题，必须从解决转轨成本入手。指出政府应当承担转轨成本并分析了理由、承担转轨成本的几种国际通用的方法及其在中国的可行性。

孙祁祥，女，山西人，1956年9月出生。1992年毕业于北京大学，获经济学博士学位。现任北京大学经济学院教授、副院长，兼风险管理与保险学系主任，博士生导师。兼任北京大学金融与证券研究中心副主任、国家体改研究所特约研究员、美国国际保险学会学术主持人、亚太风险与保险学会常务理事。在《经济研究》等学术刊物上发表论文80多篇，出版专著2部，合著10余部，获得过多项省部级以上的科研奖励。近期主要研究课题：中国保险业的发展与改革、国际保险市场的比较研究、保险资金运用、保险代理人的管理、金融一体化。

（北京大学社会科学部整理）

《中国城镇就业研究》

北京大学 厉以宁等主编

中国计划出版社

2001年10月出版 256千字

该书是北大光华管理学院承担的联合国计划开发署（UNDP）CPR96/504项目“宏观经济与城市就业的关系”部分的最终研究成果。

本项成果采用定性和定量分析相结合的方法，结合典型调查，建立了一个以时间序列数据为基础的中型宏观经济计量与投入产出相结合的模型。借助这一综合模型，在定量与定性分析的基础上，本项成果对中国宏观经济和就业的趋势以及宏观经济政策的效应提出一系列重要观点。其中包括：1997年全国城镇及国营单位显性隐性失业人员存量的推算；对导致当前严峻就业形势的主要因素的分析；“下岗分流、减员增效”政策正面与负面效应的影响力度和影响时期；1997—2005年期间进入城镇的农村剩余劳动力数量推算；宏观经济政策和高等教育扩大招生的影响力度等。从而为制定及调整相应政策提供了参考依据。

劳动和社会保障部在制定国家“十五”计划中人口、就业和社会保障的规划，以及在制定《中国妇女发展纲要》（2001—2010）劳动与社会保障部分的主要指标时，参考和借鉴了本项成果劳动力供给、劳动力需求和宏观经济政策分析的有关数据和预测结果。

厉以宁，江苏省仪征市人，1930年11月22日生。1955年在北京大学毕业后留校工作、任教至今。现为北京大学光华管理学院教授、院长、博士生导师，北京大学管理科学中心主任，兼中国民主同盟中央委员会副主席、中国国际交流协会副会长、国务院学位委员会经济学评议组成员、中日关系学史学会会长。厉以宁教授是我国最早提出股份制改革理论的学者之一。他提出的中国经济发展的非均衡理论，对中国经济发展产生很大影响。并在中国经济改革、教育经济学、环境经济学研究中作出重要贡献。在股份制、证券立法、教育投资、环境保护等领域有多种著作。已发表个人专著15本，文集10本，与他人合作著作14本。主要著作有：《非均衡的中国经济》、《宏观经济学的产生和发展》、《中国宏观经济的实证分析》、《股份制与现代市场经济》、《转型发展理论》等。专业特长为经济理论、教育经济学和环境经济学。1986年被评为

教育战线全国劳动模范；曾获中国经济改革“金三角奖”；孙冶方经济学奖；两次获国家教委科研成果一等奖；四次获北京市哲学社会科学科研成果一等奖；还获得环境与发展国际合作奖（个人最高奖），教育部第二届和第三届普通高校人文社会科学研究成果经济学一等奖和二等奖。

（北京大学社会科学部供稿）

《西方经济学》

中国人民大学　高鸿业主编

中国人民大学出版社

2000年4月第2版　934千字

该书以马克思主义为指针，系统介绍西方经济学的基本理论和基本方法，及时反映西方经济学发展的最新成果，并本着“洋为中用”的原则，结合中国国情对西方经济学的总体和具体内容进行分析与评论。与同类成果的主要不同点：（1）充分考虑了我国学员学习西方经济学的不同要求和需要；（2）较系统地介绍了西方经济学的基本内容；（3）除了介绍西方经济学说外，也对其进行了必要的分析和评论；（4）每章末尾均附有参考书目，以方便读者作进一步的研究和参考。并介绍了西方经济学的新发展和新动向。

高鸿业，男，江苏徐州人，1921年生。1956年获美国科罗拉多大学经济学博士学位，1957年至今在中国人民大学任教，为研究生讲授“西方经济学专题研究”、“西方经济学与中国”等课程。现为中国人民大学经济学院教授、博士生导师。主要研究领域为：西方经济学、中国经济体制改革和社会主义市场经济理论。1988年获北京市劳动模范，主要专著：《评萨缪尔森经济学》、《西方经济学》（教材）等，发表论文多篇。

（中国人民大学科研处供稿）

《诺斯与马克思：关于制度变迁道路理论的阐释》

中国人民大学　林　岗著

《中国社会科学》，2001年第1期　21千字

本文通过系统的比较分析，成功地回应了新制度经济学对马克思制度理论的挑战，指出以诺斯为代表的新制度经济学对社会结构长时段变迁的解释存在着许多致命的缺陷。诺斯的路径依赖理论无法处理各种社会结构相互作用的关系及其产生的利益冲突，它关于“制度报酬”“政治科斯定理”以及制度变迁中文化的作用的论述，都是不成立的。相反，马克思的制度变迁理论具有逻辑与历史的一致性。通过细化马克思的“生产力＝生产关系；经济基础＝上层建筑”分析模式，完全能够解决新制度经济学所面临的各种理论问题，因此，诺斯等新制度经济学对马克思制度理论的各种攻击是不成立的，从根本上讲，马克思制度理论具有新制度经济学难以匹敌的优越性。

林岗，男，1952年4月生于北京。经济学博士，现为中国人民大学副校长，经济学教授，博士生导师，国务院学位委员会理论经济学学科评议组成员，中国《资本论》研究会会长，北京市社会科学界联合会副主席。主要研究领域：所有制理论、经济增长理论、经济体制改革、经济学方法论等。代表性专著：《社会主义全民所有制研究——对一种经济关系和经济过程的分析》、《并存与竞争中的协调发展》、《市场化的国有企业制度》、《增长经济学》、《马克思主义与制度分析》；代表性论文：《产权分析的两种范式》、《诺斯与马克思：关于制度的起源和本质的两种解释的比较》等。

（中国人民大学科研处供稿）

《世界经济新格局研究》

北京师范大学　陶大镛主编

北京师范大学出版社

2001年7月出版　402千字

该书以马克思主义为指导，从实际出发，运用最新的第一手资料，详细而深入地考察世界经济格局的变迁；世界经济活动重心向环太平洋地区转移；新旧格局交替中的国际贸易、国际金融和国际投资；主要国家（集团）在新旧格局交替中的地位和作用。该书从世界经济新旧格局交替的角度，着重分析、研究了世界经济的运行规则和结构特征。该书不仅在理论研究上提出一些创新见解，同时也针对现实问题提出相应的对策建议，具有较高的学术价值和实际价值。

陶大镛，男，1918年3月12日出生，上海市人。1940年毕业于中央大学经济系。先后在中山大学、广西大学、交通大学、四川大学任教。曾在曼彻斯特大学和伦敦大学从事经济史的研究工作。1949年在香港任达德学院教授、《文汇报》经济周刊主编，后赴东北解放区。建国后，历任北京大

学、辅仁大学教授，《新建设》月刊主编。1954年以后任北京师范大学教授。

陶大镛教授长期从事教学和学术研究，著述甚多，在经济学领域的主要著作有：《战后东欧的经济改造》、《新民主国家论》、《人民经济论纲》、《世界经济讲话》、《世界经济与独占资本主义》、《战后的资本主义》、《什么是帝国主义》、《现代资本主义和社会主义的基本经济法则》、《现代资本主义经济研究》、《亨利·乔治经济思想述评》、《世界经济新格局研究》等。

（北京师范大学社会科学处马永梅供稿）

《唐宋茶叶经济》

中央财经大学　孙洪升著

社会科学文献出版社

2001年1月出版　286千字

该书采用了经济学的架构方法，对唐宋时期的茶业经济的各个方面进行了较为全面地探究。作者充分消化、借鉴了国内外的学术成果，严密把握住学术动态，从而使研究立足于学术前沿，展开全方位的探索。唐宋两朝史料繁多，作者下了很大的工夫，详尽占有，精心考证和整理，使得论据充分可靠。

该书对唐宋茶的生产、流通、消费各环节都进行了透彻的论述，同时对错综复杂的茶法进行了有机的梳理，最后考察了茶业对唐宋社会、经济与文化的影响，从而使该书新见迭出。

（摘自《北京市第七届哲学社会科学优秀成果奖获奖成果简介》，田绪永整理）

孙洪升，男，1969年10月生于山东省高密市。先后在山东聊城师范学院历史系读本科，在云南大学历史系攻读硕士学位。在该校师从李埏教授，获博士学位。后在北京师范大学历史系博士后流动站师从何兹全教授从事博士后研究。现为中央财经大学经济系副教授，任经济史教研室主任。主要从事中国经济史的研究，发表学术论文20余篇。

（自撰）

《北京郊区城市化探索》

北京市农村经济研究中心　赵树枫等主编

首都师范大学出版社

2001年9月出版　268千字

如何实现北京郊区城市化，是北京城市现代化面临的一个重大课题。本书采取城市问题专家与农村问题专家相结合，运用许多现代科学理念和方法，以建设现代化国际大都市的全局高度和城乡一体化的视角，历经多年深入调查研究，在掌握了大量第一手材料的基础上，从经济、社会、地理、历史、生态、制度等多方面，分析论证了北京郊区城市化的历史与现状，内涵与重点，目标与指标，道路与进程，近郊与远郊的不同特点，区域经济与产业基础，城镇体系的空间布局与功能定位，以及城市化中的社会转型、制度创新、可持续发展等一系列重要问题，系统地提出了很多独到见解，从理论上构造出具有北京特色的郊区城市化模式。

（摘自《北京市第七届哲学社会科学优秀成果奖获奖成果简介》，田绪永整理）

赵树枫，北京市农村经济研究中心研究员，北京市城郊经济研究会会长，中国城郊经济研究会副理事长。主持和参与研究的重大课题有：关于北京蔬菜流通体制的研究；关于都市农业的研究；关于大城市农村城市化和城乡一体化的研究；关于《中国农业全书·北京卷》的编撰等。主要论文和专著有：《京郊农业适度规模经营的实践与思考》、《努力探索具有中国特色的社会主义合作制道路》、《北京水产的市场化改革对我们的启示》、《都市农业的理论与实践——城市化与都市农业论文集》。

（自撰）

《种姓与印度教社会》

北京大学　尚会鹏著

北京大学出版社

2001年5月出版　340千字

该书对印度种姓制度的起源、概念、构造特点、变化、种姓与印度教、种姓与印度社会的现代化以及有关种姓和印度教社会的理论等作了全面、系统的研究。其主要学术特色是1．对印度种姓制度全面、立体的研究。理论与实践相结合，宏观研究与微观研究相结合，对种姓制度既有“横”的方面（种姓制度与印度政治、印度教、“贱民”制度、教派和民族冲突之关系等）的分析，也有“纵”的方面（各主要时代的种姓制度、种姓制度的变化以及未来等）的分析，立体呈现了种姓制度的全貌。2．文献材料与田野调查相结合。作者到印度农村（南印度泰米尔纳德邦Thanjur县的Kutool村）进行田野调查，在村落中居住，同村落中的高、低种姓以及贱民交谈，了解了种姓制度的现状，获得了今日印度农村种姓制度的鲜活材料。本书是国内第一部采用这种方法研究印度社会的著作。

北京大学历史系林承节教授说，这是一部“很有自己特色、很有深度和说服力”的著作。中国社会科学院亚太所薛克翘研究员认为该书有四大特色：资料丰富、亲自调查、观点新颖，论据扎实。

尚会鹏，男，1953年12月出生于河南省开封县。1978年毕业于上海外国语学院日语专业，1981年毕业于北京大学南亚研究所印度历史专业，获历史学硕士学位。现任北京大学国际关系学院教授、博士生导师，北京大学国际关系学院亚非研究所亚太研究室主任。研究领域和特长是印度社会与文化，比较社会文化研究。主要论著有：《中国人与日本人：社会集团、行为方式与文化心理的比较研究》、《印度文化史》、《一应俱全印度人》（合著）等著作以及论文多篇。

（北京大学社会科学部整理）

《当代国外社会思潮》

中国人民大学　段忠桥主编

中国人民大学出版社

2001年6月出版　302千字

这是一本为高校政治学相关专业的本科生、研究生编写的教材。它以马克思主义为指导，对20世纪70年代以来在西方发达资本主义国家有较大影响的九种社会思潮——未来主义、新自由主义、后现代主义、后殖民主义、分析的马克思主义、生态社会主义、女权社会主义、市场社会主义和“第三条道路”，做了系统的介绍，深入的分析和全面客观的评价。它的出版在一定程度上填补了我国政治学研究领域的空白。通过本教材的学习，学生可以全面了解当代资本主义的本质及其新变化，认清人类社会发展的基本趋势，坚定社会主义必然战胜资本主义的信念。

段忠桥，男，1951年9月1日出生，在中国人民大学获硕士学位，后在英国埃塞克斯大学获哲学博士学位，现任中国人民大学马克思主义学院教授、博士生导师。他的研究方向是历史唯物主义和当代国外社会思潮。主要著作有：《马克思的社会形态理论》（英文专著、在英国出版）、《马克思主义史教程》、《市场社会主义——社会主义者之间的争论》（译著）、《当代国外社会思潮》等。发表论文数十篇。

（中国人民大学科研处供稿）

《比较思想政治教育学》

首都师范大学　王瑞荪主编

高等教育出版社

2001年1月出版　380千字

本书的创新之处在于：

1. 提出比较思想政治教育学的研究对象是不同国家思想政治教育的普遍规律和特殊规律，这一特定的研究范围是构成这一学科的主体与核心。

2. 着力于比较思想政治教育学的学科建设，为其构建了一个新的框架。遵循由浅入深、由具体到抽象的过程，把全书设计为怎样研究、资料介绍、比较分析、概括提高四个环节。

3. 以往的同类研究一般停留在国别研究的层次，只是对不同国家思想政治教育情况进行介绍和罗列，并非实质意义上的比较。本书通过通观比较、专题比较、综合比较的方法，在介绍不同国家思想政治教育过去和现状的基础上，探索不同国家思想政治教育的共性方面和个性方面及其辩证关系。

王瑞荪，男，1930年1月31日出生，原籍湖南湘乡。1952年于湖南大学经济系毕业，1955年于中国人民大学政治经济学研究生毕业。先后在中国人民大学、首都师范大学、《经济学周报》等单位工作，历任经济学周报社副社长、总编辑；首都师范大学管理系主任、教授；北京市经济学总会副会长。研究专长：经济学、思想政治教育学。主要研究成果：《社会主义经济利益与经济运行》、《比较思想政治教育学》，论文多篇。

（首都师范大学科技处段蕾供稿）

《市场经济与党的优良传统》

中共北京市委党校　姚　桓等主编

同心出版社

2000年3月出版　295千字

该书是国家社会科学“九五”规划项目。中心内容是研究、探讨发展社会主义市场经济与继承和发扬党的优良传统的辩证统一关系，以及如何在社会主义市场经济条件下继承和发扬党的优良传统，推动和保证社会主义市场经济的健康发展。

该书对党的优良传统追本溯源，论述了党的优良传统的内容、特征、形成条件及其在历史上对夺取革命胜利所起的巨大作用。对党的优良传统在发展社会主义市场经济，尤其是实现经济转轨、社会转型过程中的重要作用做了深入地分析。还提出了在新的历史条件下继承发扬党的优良传统的新思路和一些具有可操作性的对策建议。

（摘自《北京市第七届哲学社会科学优秀成果奖获奖成果简介》，郑红霞整理）

姚桓，男，1948年9月生于北京，1982年毕业于首都师范大学政法系，同年起在北京市委党校从事党建教学、科研工作。1995年被评为北京市劳动模范，现任党史党建部主任、教授。兼任国家社会科学规划办党史党建学科评审组成员，独立和主持完成三个国家项目。三个北京市项目。发表著作、论文逾百万字。四次获北京市哲学社会科学优秀成果一等奖。

（自撰）

《知识转型与教育改革》

北京师范大学　石中英著

教育科学出版社

2001年5月出版　316千字

该书从“知识”、“知识型”、“知识转型”等重要概念入手，考察了由古至今的知识类型及其更迭，从纵横两个方面进行了多视角的考察和研究；通过对三次知识转型的分析，为研究人类知识的增长和教育思想的演化提供了较为坚实的理论基础；通过对现代知识的“客观性”、“普遍性”和“价值中立性”的批判分析，动摇了现代知识观中的“绝对化”和教育模式的“公式化”，对于知识创新与教育改革有着重要的指导作用；关于“缄默知识”(即“隐性知识”)和“本土知识”的讨论，使人们更多地去思考知识的多样性与传统文化的重要地位，思考一直困惑我们的教育与农村发展问题；关于自然知识、社会知识和人文知识的差异及其相互关系的研讨，不仅是对“知识统一性”传统信念的挑战，而且深化了国内学术界和教育领域当前有关人文精神和人文教育的大讨论，使得人文教育的重振有了一个值得重视的理论基础。

石中英，男，1967年生，安徽寿县人。北京师范大学教育学院教授、教育学系主任。主要研究领域为教育基本原理和教育哲学，主要著作有：《现代教育论》(合著)、《教育学的文化性格》、《教育学》(合著)、《知识转型与教育改革》、《教育哲学导论》等。

（北京师范大学社会科学处马永梅供稿）

《教育心理学》

北京师范大学　冯忠良等著

人民教育出版社

2000年12月出版　500千字

该书的显著特点是“独特而新颖”。提出了“学习动机的基本结构”、“学习迁移的整合机制”等理论上的新观点。全面系统地介绍了以学习动机和学习迁移为基础，以知识掌握、技能形成和社会规范接受为核心，以促进能力与品德发展为目的的教育心理学新体系。

在广泛研究国外相关成果的基础上，以自己的理论观点和科研成果为主体，系统介绍了学生三种学习的五个方面的学习规律，即学习动机规律、学习迁移规律、知识掌握规律、技能形成规律和规范接受规律。

冯忠良，男，汉，1929年生。现任北京师范大学心理学院教授，博士生导师，兼全国中小学心理健康教育专业委员会理事长。已发表关于教育心理学理论与方法、学习心理、智育心理、德育心理及改革教学体制等方面的专著与论文40余种，其科研成果曾十余次获全国教育科学优秀成果、全国人文社会科学优秀成果和北京市哲学社会科学优秀成果奖励。

（北京师范大学社科处马永梅供稿）

《认知心理学》

北京师范大学　彭聃龄等著

台湾东华书局

2000年3月出版　550千字

该书系统介绍了认知心理学的产生、演变、发展各个主要领域的研究成果、不同认知活动的理论模型以及相应的实验研究结果、认知心理学的应用等，具有很强的学术性、系统性、可读性和体例的规范性。该书系统总结了20世纪60年代至90年代国内外汉语认知研究的成果，内容涉及到语音知觉、汉字识别、词汇通达、语境与阅读理解、语言记忆、汉语信息加工的认知神经机制、汉语的计算机模拟等，围绕这些研究领域，讨论了当代语言认知研究的一系列前沿问题和当前国际学术界共同关心的一系列热点问题，充分体现了不同学科之间的交叉与合作，推动了汉语认知这一新领域的研究。

彭聃龄，男，1935年生。1958年毕业于北京师范大学教育系。现任北京师范大学心理学系教授，博士生导师、北京师范大学脑与认知科学中心主任。兼教育部高校理科心理学教学指导委员会副主任。主要研究方向为汉语认知与学习，包括汉字识别，汉语句子与课文理解，汉字的神经成像，汉字识别的计算机模拟等。曾经主持和参加国家重大基础课题（973课题）子课题、自然科学基金九五重大课题和教育部文科重点研究基地重大课题的研究。主编出版了《普通心理学》、《认知心理学》、《语言心理学》和《汉语认知研究》等著作和教材；《视觉心理学》和《西方现代心理学》等译著。发表论文80多篇。

（北京师范大学社科处马永梅供稿）

《论社区教育发展模式——适应北京地区经济发展的社区化教育模式研究》

北京教育科学研究院　马叔平等著

高等教育出版社

2001年2月出版　210千字

该书是北京市哲学社会科学基金“九五”规划重点课题和北京市教育科学“九五”规划重点课题《适应北京地区经济发展的社区化教育模式研究》的研究成果。该书重点从区域经济发展的角度出发，运用社会学的模式分析理论和方法，结合北京城市功能布局的变化，系统地分析了北京地区社区教育的目标、对象、内容、管理体制、资源配置等方面的问题，概括总结了各种不同条件下的社区教育发展模式，并对北京地区社区教育的未来发展提出了战略设想和对策分析。

（摘自《北京市第七届哲学社会科学优秀成果获奖成果简介》，郑建辉整理）

马叔平，1940年5月生，河北乐亭人。现任第十届北京市政协教文卫体委员会副主任，中国职教学会副会长，国家督学。1960年毕业于北京师范大学生物系。历任中学教师、校长，北京教育行政学院副院长，市成人教育局党组书记、局长，市教委副主任，市教科院院长、研究员。2000年被俄罗斯教育研究院20次主席团聘为俄罗斯教育研究院外籍院士。主要著作有：《建立终身教育体系——北京成人教育的实践研究》、《论社区教育发展模式》，《北京市职业教育改革与发展对策研究》获北京教育规划“九五”课题优秀成果一等奖。

（自撰）

《泛教育论——广义教育学的初步探索》

北京师范大学　项贤明著

山西教育出版社

2000年9月出版　380千字

作者从交往实践理论这一哲学基础出发，对教育活动中的主客体关系提出了新的解释模型，并以此为根据，以对教育现象史和教育认识史的考察结论为佐证，提出了一个全新的教育定义。进而又分别从教育活动、教育领域、教育时空和教育系统的角度，在广义的理论框架下，对人类教育现象进行了探索性的理论研究。在此基础上，作者就教育理论中一些重要的基本问题提出了自己独特的、富有原创性的见解，并对现代教育中种种弊端进行了十分深刻的批判。全书思路开阔，逻辑缜密，独辟蹊径，发人深省。

项贤明，男，1965年出生，安徽人。曾在基层教育委员会工作10年。1997年在南京师范大学获得教育学博士学位后，6月入北京师范大学教育学博士后流动站，师从顾明远教授从事比较教育研究工作。在国内外学术期刊发表专业论文59余篇，编写全国统编教材2部，出版学术专著2部。博士论文《泛教育论》获得2000年全国优秀博士学位论文奖。主要研究方向：教育学原理、比较教育。

（北京师范大学社会科学处马永梅供稿）

《中国古代法制丛钞》

北京大学　蒲　坚编著

光明日报出版社

2001年8月出版　2000千字

该书是一部中国古代法制史的专著，是作者40多年以来教学科研积累的资料和读书笔记。作者用近10年的时间，将其积累的资料进行挑选、整理、核对，去粗取精。经过挑选的资料，都是第一手资料，包括出土文物中的甲骨文、金文、简牍，历代文书档案和经、史、子、集中的法制资料，以及历代律令，然后作者结合自己的教学经验，将每一时期的法制资料，按照教材最新体系分为：概说、立法概况、法制形式、立法指导思想、行政立法、军事立法、刑事立法、经济立法、民事立法（包括行为能力、所有权、债、婚姻家庭、继承、司法制度（包括司法机关、诉讼立法）几部分。在每一部原始材料前面都作了简要的说明，以便读者更好地掌握和领会资料的内容和立法的宗旨等。

蒲坚，男，字固之，号宜水，谱名秉生。1927年3月1日生于河北玉田县虹桥镇。北京大学法学院教授。1954年中国人民大学法律系毕业后到北京大学法律系任教至今。兼中国政法大学法制史研究所和法律文献研究所研究员，中国人民大学法学院法制史专业博士点导师组成员，教育部中国人民大学文科文献信息中心学术咨询委员会副主任委员等。开设中国法制史、中国法律思想史、中国行政立法史、中国经济立法史、唐律研究以及中国法制史史料学等课程。

（北京大学社会科学部整理）

《比较法社会学的框架和方法——法制化、本土化和全球化》

中国人民大学　朱景文著

中国人民大学出版社

2001年4月出版　628千字

比较法社会学是比较法和法社会学相结合的产物，试图通过法制化、本土化和全球化三个不同视角，寻找不同法律制度之间关系的社会——法律基础。传统的比较法学的重点在各国法律制度的比较，但它往往不能解释造成不同法律制度异同的社会原因；而传统的法社会学的重点在于解释法律的社会基础和制约法律动作的社会环境，阐释法律受到社会制约的重要属性，但它的解释往往集中在一国的法律与社会关系的范围内，很少涉及国际法律上的社会领域。在全球化的大背景下，国内与国外、国际的法律与社会关系日益紧密地联系在一起，把它们作为一个整体，研究它的框架和方法，是比较法社会学的目的。

朱景文，男，1948年生，汉族，北京人，中共党员。中国人民大学法学院教授，博士生导师，中国人民大学法律与全球化研究中心主任，兼任中国法学会法理学研究会副会长、中国法学会比较法研究会副会长。在中国人民大学获法学硕士学位。其研究领域：法理学、法社会学、比较法学、法律与全球化研究。主要科研成果：《法的一般理论》（译著）、《比较法导论》、《现代西方法社会学》、《对西方法律传统的挑战——美国批判法律研究运动》（主编）、《法理学》（主编）、《比较法社会学的框架和方法——法制化、本土化和全球化》、《当代西方后现代法学》（主编）等。其中《法理学》获得2002年教育部普通高校优秀教材一等奖。

（中国人民大学科研处供稿）

《刑事诉讼法实施问题与对策研究》

中国政法大学　樊崇义主编

中国人民公安大学出版社

2001年9月出版　650千字

该书是作者主持的国家社科规划基金资助课题的最终成果。该书针对修改后的刑事诉讼法实施过程中所遇到的亟待解决的实务和理论问题，分66个专题进行了分门别类的深入研究，是一部较为系统地研究刑事诉讼法实施问题的学术著作。

该书通过对刑事诉讼法实施过程中出现的亟待解决的问题进行深入、系统的探讨，为更好地贯彻我国刑事庭审方式的改革，推动我国诉讼制度的民主化、科学化，铺垫了理论基石。本书以观念转变和制度创新为核心，提出了诸多新的理论观点和制度构想。

（摘自《北京市第七届哲学社会科学优秀成果奖获奖成果简介》，田绪永整理）

樊崇义，男，河南省内乡人，1940年11月生。1965年毕业于北京政法学院法律系，同年留校任教。现任中国政法大学教授、博士生导师，诉讼法学研究中心主任。兼任中国法学会诉讼法学会常务理事和秘书长、中纪委专家顾问、最高人民检察院专家咨询委员等。研究方向为刑事诉讼法学、证据法学等，主要著作有：《诉讼原理研究》、《刑事诉讼法实施的问题与对策研究》、《证据法学》、《刑事证据原理与应用》、《中华人民共和国刑事诉讼法修改建议稿和论证》等30多部，发表学术论文90多篇。

（自撰）

《敦煌学十八讲》

北京大学　荣新江著

北京大学出版社

2001 年 8 月　336 千字

这是第一本为高等院校的本科生和研究生所写的敦煌学教材。内容既有广度，也有深度。在敦煌学的定义、内涵、方法、学术史等理论层面，也做了深入系统的探讨。介绍了敦煌的历史及其在丝绸之路上的地位，敦煌藏经洞宝藏的发现和流散，各国敦煌学研究的回顾和展望，以及如何使用相关的工具书和文献，并介绍敦煌学研究及相关学科在海内外的最新研究成果。分类概述各类敦煌文献及其对相关学科研究的贡献，包括政治史、社会史、宗教史、科技史、考古和艺术史、民族史、中外关系史、语言文学等方面，兼有作者的心得。介绍敦煌写本外部特征、研究方法和真伪辨别，涉及有关写本纸张、装潢、形式、书体、字体、书写格式、题记、印记、年代、正背关系、缀合、断代等方面的研究结论。本书配有大量的经过精心挑选的随文图片。

荣新江，男，1960 年 3 月生，河北滦南人，北京大学历史系及中国古代史研究中心教授，主要从事隋唐史、中外关系史、敦煌学研究，主要著作有：《于阗史丛考》、《英国图书馆藏敦煌残卷目录》、《归义军史研究》、《海外敦煌吐鲁番文献知见录》、《鸣沙集》、《敦煌学十八讲》、《中古中国与外来文明》、《敦煌学新论》和中外文论文百余篇，主编《唐研究》。

（北京大学社会科学部整理）

《清史编年》

中国人民大学　李文海主编

中国人民大学出版社

2000 年 8 月出版　6000 余千字

该书是中国人民大学清史研究所历 20 年时间集体编写的一部多卷本著作，是为国家纂修大型《清史》所做的重要前期工作。它采用改进的编年体裁，记叙了自清军入关到清帝退位的共 268 年间中国历史上的所有重大史事。涉及到政治、经济、社会、文化诸多方面的问题，较为全面地展现了清王朝的盛衰过程。此书旁征博引，不仅汇集了大量的原始资料，且对以往清史研究的成果亦多加借鉴和吸收，所以基础性、系统性和可靠性是此书最重要的特色。此书在继承中国史学优秀传统的基础上，又对之进行了现代性的改造，体现了史学的现代追求，成为清史研究者重要资料参考书和工具书。

李文海，男，籍贯江苏省无锡市，1932 年 2 月出生。1952 年 9 月入中国人民大学历史研究班学习，后留校任教。先后任清史研究所所长、历史系主任、副教授、教授。人大副校长、党委书记，校长。兼任中国史学会副会长、中华人民共和国国史学会副会长、中国高教学会副会长、北京市高教学会会长。专业特长：中国近代社会史、灾荒史。主要著作：《世纪之交的晚清社会》《近代中国灾荒纪年》及《续编》《南窗谈往》《伟大的革命先行者孙中山》等。

（中国人民大学科研处供稿）

《近代藏事研究》

中央民族大学　喜饶尼玛著

西藏人民出版社

2000 年 7 月出版　300 千字

作者通过大量历史事实，从一个侧面揭示帝国主义侵略对西藏地方造成的严重危害及西藏独立论的本质，充分说明所谓“西藏独立”不过是近代以来帝国主义侵略我国领土西藏的产物，并对这一时期西藏的重大事件及人物作了较为公正客观的评述。

《中国藏学》发表了署名文章，称此书“勾勒出了近代西藏社会历史的主要轮廓，具有很高的学术价值与现实意义。……作为藏学研究领域的最新成果之一”，“可以说在一定程度上弥补了藏族历史研究、乃至中国近代史研究的一个空白”。

喜饶尼玛，男，1955 年生，四川省甘孜藏族自治州炉霍县人。先后任中央民族大学藏学研究所副所长，校科学研究处副处长、处长，中央民族大学副校长。2000 年被评为北京市先进工作者，2001 年被评为教育部普通高校科研管理先进个人，是新中国培养起来的藏族知识分子，长期从事西藏历史文化研究，学术造诣较高，多年来的研究成果，在藏学界影响较大。主要成果有《西藏历史地位辨》（合著）等多部著作，发表论文近百篇。

（中央民族大学科研处供稿）

《王世仁建筑历史理论文集》

北京市古代建筑研究所　王世仁著

中国建筑工业出版社

2001年7月出版　1036千字

本书是作者多年学术论文的汇集，由建筑历史、建筑理论、文物建筑保护和以科普及评论为主的杂论四部分组成，共收入论文45篇。

建筑历史的基本属性是社会科学，建筑历史研究的内容包括古建筑的工程技术，但更主要的是将建筑作为一种社会文化现象，探讨其生成、发展的过程和与社会文化的关系。

建筑理论部分的主要成就在建筑美学，作者是国内最早从哲学角度研究建筑审美的建筑史学家，这部分论文既有学术上的开创性，也有较大的理论价值。

文物建筑保护是作者近年来主要从事的工作，这部分论文重点在阐述保护的认识逻辑，而不是只讲保护对象的历史价值和保护的技术措施。文章中既有具体的保护技术理论，也有对保护观念的探索，知识视野相当开阔，具有较强的开创性。这部分论文在指导中国文物保护实践中产生了重要影响，也为高层决策所认同，在文物建筑保护的理论与实践方面有重要的贡献。

以科普及评论为主的杂论部分的许多观点，同样具有重要的学术价值。这部分内容具有较强的可读性。

（摘自《北京市第七届哲学社会科学优秀成果奖获奖成果简介》，舒敏整理）

王世仁，男，原籍山西省大同市，1934年2月出生。1955年毕业于清华大学建筑系，历任广西桂林市、承德市文物局工程师，中国社会科学院哲学所副研究员，北京市文物局副总工程师，北京市古代建筑研究所所长、研究员、国家一级注册建筑师。从事中国建筑史和美学研究及古建筑修复保护设计等。当选为俄罗斯建筑遗产科学院外籍院士。作为主要参加人其著作有《中国古代建筑史》（获建设部科技一等奖）、《承德古建筑》（获国家图书一等奖）、《司马台长城》（获北京市第三届社科优秀成果一等奖）、《建筑美学》，主编著作《宣南鸿雪图志》（获北京市第六届社科优秀成果特等奖），本人论文集《理性与浪漫的交织——中国建筑美学论集》《王世仁建筑历史理论文集》等。

（自撰）

《文心雕龙研究史》

北京大学　张少康等著

北京大学出版社

2001年9月出版　728千字

该书是“九五”国家社会科学基金年度项目。全面梳理了自《文心雕龙》问世以来1500年的研究历史，认真细致地总结了历代中外学者研究的成就、经验和缺失，具体指出了还没有解决和需要进一步解决的问题，提供了最为齐全的研究资料索引。

本书是目前有关《文心雕龙》研究的历史和现状的最为全面、系统、详细的著作，是目前最为详尽的《文心雕龙》研究资料索引，可以给研究者提供极大的方便。在努力收集翔实资料的基础上，以客观、公正、科学的态度，作出符合实际的论述，不带个人主观偏见，不考虑人际关系亲疏，以学术水平为惟一标准。全书还对《文心雕龙》作者刘勰的生平思想和《文心雕龙》的理论体系以及其中涉及到的一系列理论问题的研究状况，都分别作了综合性的概括分析。

张少康，男，1935年生，北京大学中文系教授，中国文心雕龙学会常务副会长。主要从事中国古代文学理论批评研究，主要著作有：《先秦诸子的文艺观》、《文赋集释》、《中国古代文学创作论》、《文心雕龙新探》、《古典文艺美学论稿》、《中国文学理论批评史》上下卷、《中国文学理论批评史教程》、《夕秀集》、《诗品》等专著10余部，发表论文数十篇。

（北京大学社会科学部整理）

《生成语法理论与汉语语法研究》

北京大学　沈　阳等著

黑龙江教育出版社

2001年7月出版　533千字

本书的研究是国家社科基金“九五”重点项目“现代汉语句法语义研究”和国家“973”重点基础研究发展规划项目子课题“现代汉语动词论旨结构系统研究”。

本书是国内较全面和系统运用生成语法理论研究汉语语法问题的专著，具有开创意义。涉及汉语句法和语义的许多重点和难点问题，从新的理论角度提出有独到见解的意见，具有理论价值。本书建立的形式化和可操作的规则都可能直接为计算机对汉语的句法和语义分析提供支持，具有应用价值。本书是国内和海外学者共同完成的成果，体现了多角度、多侧面和交叉型、互补型的取向，为语言研究的国际交流和合作研究探索了一条路子。

沈阳，男，上海市人，1955年12月生。1990年在华东师范大学获硕士学位，1993年在北京大学获博士学位，1996年至1997年在香港城市大学做博士后研究。1993年开始在北京大学中文系任教，1994年任副教授，2001年任教授。现为北京大学中文系教授、博士生导师，兼任北京大学汉语语言学研究中心研究员。主要专业领域是语言学理论、汉语句法学和语义学。主要著作有：《现代汉语空语类研究》、《配价理论与汉语语法研究》、《语言学概论》（合作）、《汉语和汉语研究十五讲》（合作）。在国内外重要学术刊物发表论文60余篇。研究成果曾获奖7项。

（北京大学社会科学部供稿）

《面向中文信息处理的现代汉语短语结构规则研究》

北京大学　詹卫东著

清华大学出版社

广西科学技术出版社

2000年7月出版　281千字

本书是一部面向计算机写的汉语语法书。研究工作跨现代汉语语法和中文信息处理两个领域。提出了一套相对完整的、可形式化描述汉语短语句法语义知识的范畴体系；建立了一个初具规模的、可为计算机分析现代汉语短语结构提供直接支持的规则库；并在此基础上深入讨论了计算机分析现代汉语的短语所面临的短语结构歧义问题。一方面，对推进中文信息处理技术的发展有直接的应用和参考价值；另一方面，也是以中文信息处理为背景的现代汉语语法研究的一个成功的范例。不仅注意到了以往面向人的研究不容易注意到的一些问题，而且也使得许多问题在一个形式系统的框架中得到了更明确、更规范的表述。

詹卫东，男，籍贯浙江衢州，1972年8月出生。1999年北京大学中文系博士研究生毕业，留系任教，2002年8月任北京大学中文系副教授。专业特长是现代汉语语法、计算语言学、机器翻译。

（北京大学社会科学部整理）

《历史的星空——文艺复兴时期英国诗歌与西方传统宇宙论》

北京大学　胡家峦著

北京大学出版社

2001年9月出版　282千字

本书从“亚里士多德—托勒密”宇宙论的角度研讨文艺复兴时期英国诗歌。主要内容包括三个部分：一、历史的星空，概述文艺复兴时期英国诗人心目中的宇宙图景，以及当时英国诗歌中广为采用的宇宙意象或象征，如圆形、宇宙之舞、存在之链、天体音乐、宇宙原动力、时间、数、作为小宇宙的人、天人对应等等。二、通过对上述常见的宇宙意象或象征在诗歌中的各种具体运用和表现的研究，探讨文艺复兴时期英国诗人心目中的宇宙观。三、根据文艺复兴时期英国诗人对宇宙的总体概念，阐述英国诗人所普遍遵循的某些重要的诗学原则，如诗人的摹仿和创造、宇宙的对应体系、诗人的小宇宙，以及寓教于乐的教育功用。本书提出与某些当代西方文论（如新批评派、读者反应批评）不同的观点，侧重探讨作品、宇宙和作者之间的关系，不仅把作品联系于它们所反映的宇宙，也把作品联系于作者的意图，并论证文艺复兴时期英国诗人的成功作品都是在主观上摹仿宇宙而在实践上也成功地摹仿了宇宙的作品。诸如斯宾塞、莎士比亚、多恩和弥尔顿等伟大的英国诗人都是天文学诗人。本书属于综合性研究范畴，涉及西方哲学、神学、伦理学和文学艺术等众多领域，为研究文艺复兴时期英国诗歌提供了一个独特的视角。

胡家峦，男，安徽合肥人，1938年4月出生。1962年毕业于北京外国语学院。曾在国际关系学院、河北师范大学任教。1981年获北京大学文学硕士学位。1987年赴美国明尼苏达大学访学。现任北京大学外国语学院院长、教授、博导，兼任中美比较文化研究会会长、英国文学学会副会长、中国英语教学研究会副会长。专业特长为文艺复兴时期英国文学。主要著作、译作有：《历史的星空》、《英语诗歌精品》、《斯宾塞诗选》、《现代主义》等。主编有《英美散文经典选》、《杰克·伦敦文集》、《简明英汉百科辞典》，发表论文数十篇。

（北京大学社会科学部整理）

《20 世纪中外文学交流史》

北京师范大学　李　岫主编

河北教育出版社

2001 年 11 月出版　790 千字

该书总结并描述了上个世纪一百年间中国与西方和东方文学交流的历史史实规律和特征，涉及文艺思潮、作家作品、文艺社团、期刊杂志，既有西学东渐，也有东方学的西播，勾勒了一副文学传播与交流的风云气象图。从中既可看到文学交流带来的发展与辉煌，也可看到封闭带来的滞后和障碍，对 21 世纪的文学发展，对社会主义的精神文明建设都带有极大的借鉴和启迪。论证充分、资料翔实，具有较高的学术价值和学术创新性。

李岫，女，1938 年 5 月 10 日生于济南，1962 年毕业于南开大学中文系，1965 年研究生毕业后留校任教，1979 年调北京师范大学中文系任教。1990 年至 1992 年任日本京都外国语大学教授，1992 年回国，现任北师大中文系教授、博士生导师，中国茅盾研究会副会长兼《茅盾研究》杂志常务副主编。

多年来，一直从事中国现代文学史，中外文学交流史的教学及研究。主要著作有《茅盾比较研究论稿》、作家传记等三部著作，主编《20 世纪中外文学交流史》、《中国三十年代文学发展史》，编辑、校勘、注释的出版物 20 余种。在国内外发表论文 50 多篇。

（北京师范大学社科处马永梅供稿）

《20 世纪中国文学研究》

首都师范大学　张燕瑾等主编

北京出版社

2001 年　6500 千字

该书全面系统、宏观立体地展现 20 世纪中国文学研究的学术发展史。有以下三个特点：

一、全方位地展示中国各阶段文学的研究在 20 世纪的演变和发展，从纷繁的文学研究现象中，理出其发展的基本线索，总结出其发展的总体性特征及经验教训。

二、以宏观审视与微观分析、客观描述与科学批评相结合的方法为基础，描述 20 世纪中国文学研究的发展脉络，科学地评述其是非功过。

三、在研究资料的采择上，以穷尽性占有为原则，附有图表，对所有论文分专题予以量化统计。翔实的资料与科学的论述相结合，使本书的资料性与学术性相统一。

本书为北京市哲学社会科学“九五”规划重点项目成果。

张燕瑾，男，1939 年 12 月出生，原籍河北省束鹿市。1964 年毕业于南开大学中文系。其后在北京函授学院任教；1972 年至今，在首都师范大学文学院任教。先后任副教授、教授、博士研究生导师。研究专长：中国古代文学，主要精力在戏曲、小说领域。主要研究成果：《西厢记浅说》、《中国戏剧史》、《中国戏曲史论集》、《中国俗文学史》、《西厢记》校注、《古本戏曲剧目提要》（副主编，获北京市第五届哲学社会科学优秀成果一等奖）、《中国古代小说专题》（教育部教材）、《中国古代戏曲专题》（教育部教材）等。

（首都师范大学科技处段蕾供稿）

《现代西方音乐哲学导论》

中央音乐学院　于润洋著

湖南教育出版社

2000 年　420 千字

该书是文化部全国艺术科学“八·五”国家社科基金资助的重点课题，是一部系统论述现代西方音乐哲学问题的学术专著。通过对西方音乐哲学思想发展的整体脉络和内涵的了解，在更高的层次上深化对整个西方音乐文化的认识。通过西方学术界对音乐本质问题的各种看法的清理和反思，使得我们能在一种审慎和批判的前提下，使这些有关的思想资料为我们所借鉴，从而使我们的音乐理论建设走向更高的层次，达到更高的水平。

于润洋，中央音乐学院教授，博士生导师，汉族，1932 年 7 月出生于沈阳市。先后在中央音乐学院和波兰华沙大学攻读作曲和音乐学。曾任中央音乐学院副院长、院长。国务院学位委员会艺术学科评议组成员、教育部人文社会科学研究咨询委员会委员。多年来主要从事西方音乐史、音乐美学两个学科的教学和科研工作。出版论文集《音乐美学史学论稿》、《音乐史论问题研究》，专著《现代西方音乐哲学导论》，译著《论音乐的特殊性》、《音乐美学新稿》，主编《西方音乐通史》等。

（自撰）

《欧洲文学史》

北京大学　李赋宁总主编
商务印书馆
2001年出版　2250千字

该书是全国哲学社会科学“八五”规划的重点项目，参编者集中了北京大学、中国社会科学院外文所、北京外国语大学，以及香港、台湾的教授、学者和我国旅欧、旅美学者，它代表了我国20世纪至21世纪初这个研究领域的最佳水平。这部文学史共分三卷四册（第三卷分为上下册），总共约200万字，篇幅浩瀚，兼有专著、教学参考资料、词典和百科全书等多种功能。新编《欧洲文学史》坚持以历史唯物主义为指导，做到了材料翔实、视角新颖，重点作品和作家分析比较深刻到位，并纠正了老《欧洲文学史》的许多偏差，具有较高的现代性、科学性、学术性和实用性。它的出版将大大便利全国各地的文学研究者、教师和学子，为今后我国这一领域的研究与国际接轨做出贡献。

李赋宁，男，陕西人，1917年3月生。1941年毕业于清华大学研究院。1948年获美国耶鲁大学硕士学位。历任清华大学外语系副教授，北京大学西语系、英语系教授、系主任，兼国务院学位委员会学科评议组成员、特约成员，全国高校外国文学学会副会长，中国莎士比亚学会副会长，中国外语教学研究会副会长等。通晓英、法、德、拉丁、希腊文和古英语等多门外语，专长研究英语语言文学、英语史、英国和欧洲文学史等。主要著作有：《英语史》、《李赋宁论英语学习和西方文学》、《漫谈英语学习》、《蜜与蜡：西方文学阅读心得》；主要译著代表作有：《约翰生〈莎士比亚戏剧集〉序》、《艾略特文学论文集》、《英国文学名篇选注》等；并在核心刊物上发表了有关西方语言文学及英语教学与研究的学术论文40多篇。

（北京大学社会科学部整理）

《聚焦新生代——第一次未成年人现状调查报告》

中国共产主义共青团北京市委员会　闫　成等著
北方交通大学出版社
2001年出版　666千字

此项调查是共青团北京市委员会、北京市未成年人保护委员会、中国科学院心理研究所等单位共同策划、实施完成的。对未成年人总体发展状况进行有计划的、大规模的、全面的和系统的调查研究，在北京市乃至全国还是第一次。是对本市未成年人发展的总体状况做出比较客观、相对准确的描述；同时构建和发展一套评估未成年人发展状况的测评工具，以便今后能够持续进行调查分析工作。这为教育管理和科研部门的研究工作提供了宝贵的基础资料，为深入的进一步研究积累了丰富的有价值的信息。是解读当代未成年人思想、观念、行为的一本手册，对目前青少年素质教育和心理健康教育工作具有重大的指导意义。

（摘自《北京市第七届哲学社会科学优秀成果奖获奖成果简介》，李淑琴整理）

闫成，男，1968年10月出生，1989年毕业于北方交通大学，现任共青团北京市委员会大学中专工作部部长，博士研究生。参加工作以来，一直在高校和团市委中学部、权益部、大学中专部从事青少年教育工作。主持参与了多项有关青少年教育课题的研究。

（自撰）

附：

北京市哲学社会科学优秀成果奖评选条例

中共北京市委宣传部、北京市教育委员会、北京市人事局
2002年4月5日发布（京宣发［2002］15号）

第一章　总　则

第一条　为推动北京市哲学社会科学研究，鼓励哲学社会科学工作者以马列主义、毛泽东思想和邓小平理论为指导，按照“三个代表”的要求，为首都和我国改革开放和社会主义现代化建设事业服务，根据市委、市政府《关于以中共北京市委、北京市人民政府名义表彰奖励工作的管理规定》（京发［1996］21号，以下简称《规定》），特制定本条例。

第二条　中共北京市委、北京市人民政府设立北京市哲学社会科学优秀成果奖，作为对全市哲学社会科学优秀成果的市一级奖励。

第三条　北京市哲学社会科学优秀成果评奖活动每两年举行一次。

第四条　根据《规定》要求，北京市哲学社会科学优秀成果评奖工作由中共北京市委宣传部、市教委、市人事局共同承办。

第二章　评选范围

第五条　凡哲学社会科学成果，符合下列条件之一的，均可参加评奖：

（一）北京市各哲学社会科学研究和教学单位（包括北京市与中央各部委双管单位）、学术团体、政策研究机构、实际工作部门的研究成果；

（二）中央、国家机关和军队系统在京单位研究北京历史和现状的研究成果；

（三）以北京市单位为主，有北京市以外单位参加的联合研究成果。

第六条　参加评选的哲学社会科学研究成果的形式，主要包括：专著、教材、工具书、普及读物、古籍整理作品、论文、调研报告。

第七条　凡已获得省部级以上单位哲学社会科学奖的研究成果（不包括民间奖励），一般不再参加评奖。

第三章　评奖类别和标准

第八条　北京市哲学社会科学优秀成果奖设：特等奖、一等奖、二等奖。每个主要学科各设一项特等奖，成果质量达不到奖励标准的学科可空缺。

第九条　获哲学社会科学优秀成果奖的研究成果，要具备以下条件：

（一）坚持以马列主义、毛泽东思想和邓小平理论为指导，认真贯彻“三个代表”的要求，坚持党的基本路线；

（二）在本研究领域有新的突破，有新观点、新论证、新方法；或对改革开放和社会主义现代化建设事业有较高应用价值。

第十条　获哲学社会科学特等奖的研究成果，除必须具备第九条规定的条件外，还必须具备下列条件之一：

（一）对本学科建设有重大贡献；

（二）对改革开放和社会主义现代化建设事业有重大应用价值。

第四章　组织领导和程序

第十一条　评奖工作由每届北京市哲学社会科学优秀成果评奖委员会负责。评奖委员会由中共北京市委宣传部会同各有关部门协商提名，报请市委批准后组成。

评奖委员会的职责是：

1．根据本条例规定，制定本届哲学社会科学优秀成果评奖工作实施细则；

2. 选聘本届评奖委员会各学科评选小组的领导成员，领导各学科评选小组的工作；

3. 审定、批准本届应获奖的哲学社会科学优秀成果，并公布获奖名单；

4. 决定本届评奖工作中的重大问题。

第十二条 评奖委员会下设若干学科评选小组。学科评选小组由本学科的专家、学者组成。学科评选小组的职责主要是评选本学科的优秀成果，报请评奖委员会最后审定批准。

第十三条 评奖工作采取作者申请、单位推荐、学科评选小组评选、评奖委员会审定的方式。

第十四条 评奖委员会及各学科评选小组在评选过程中，要坚持公正的原则、少数服从多数的原则和回避制度，通过民主协商，用无记名投票方式确定获奖成果。

第十五条 北京市社会科学界联合会承担评奖委员会办公室的职责，负责评奖的日常事务工作。

第五章　奖励办法和经费

第十六条 坚持精神鼓励为主、物质奖励为辅的原则，对获奖成果分别颁发市委、市政府统一制作的获奖证书，并给予适当的奖金。

第十七条 伪造材料、弄虚作假、骗取奖励的成果，由所在单位提出意见，经市委宣传部、北京市教育委员会会同北京市人事局审核后，报市委、市人民政府批准撤销其所获奖项，并及时收回获奖证书和奖金，停止作者享受有关待遇。

第十八条 评奖活动所需各项经费，由北京市社会科学界联合会编制预算，市财政拨款，专款专用。

第十九条 本办法实施中的具体问题由北京市哲学社会科学优秀成果评奖委员会负责解释。

第二十条 本条例自发布之日起施行。

2002 年 3 月 28 日

2002 年全国优秀博士论文（社会科学）北京地区作者论文简介

《美国世俗化的宗教与威廉·詹姆斯的彻底经验主义》

尚新建

本文试图从美国世俗化宗教的视角，透视威廉·詹姆斯的彻底经验主义，证明彻底经验主义是哲学史上的一次重大变革。它不仅破除了西方传统哲学的心物二元对立，为未来的哲学发展指引新的方向，而且建立了一种新的宗教哲学，为美国世俗化的宗教奠定坚实的理论基础。论文的一个基本出发点是，詹姆斯的哲学气质是宗教的，其主导线索是解决“科学时代的宗教如何可能”的问题。若要正确地把握詹姆斯的哲学思想，就必须从他的宗教观念入手，必须在美国独特的世俗化宗教的氛围里加以审视。詹姆斯哲学的核心，并非实用主义真理观，而是彻底经验主义。

（摘自国务院学位办公室“全国优秀博士论文评选”网上资料）

《中国资本外逃的经济分析：1982－1999》

田晓霞

本文旨在对中国的资本外逃进行合理的估算，客观评价其规模和发展态势，并对资本外逃的渠道、影响因素及其对中国经济的负面影响进行深入的分析和探讨，以求理清思路、找到问题，进而提出相应的政策建议。

（摘自国务院学位办公室“全国优秀博士论文评选”网上资料）

《孝与中国文化》

肖群忠

本文首次以文化学的综合视野对中国传统孝文化进行了全面而系统的研究，提出孝是中国文化中具有根源性、原发性、综合性的核心观念和首要文化精神，是中国文化的显著特色。对孝道的起源、历史演变及其规律进行了分析考察，全面而深刻的论述了孝在中国文化中的综合意蕴与广泛影响，阐发了孝道的根本精神、规范体系、孝道实践及其机制，对孝文化做出了历史反思与当代价值重估，分析了孝的历史地位，性质的两重性和对当代社会的亲子关系、社会养老、社会文明进步的意义和价值。

（中国人民大学科研处供稿）

《中国刑法现代化研究》

田宏杰

论文通过对中西刑法现代化起源之比较考察，指出：中国刑法现代化的目标就是要实现形式合理性与实质合理性相融合、社会保护与人权保障相统一的现代刑事法治。法治内涵的丰富性和多样性，决定了中国刑法的现代化应当是从精神气质、制度设计到实际运作的超越和变革。这种超越和变革，既是传统在现代的延续，又是现代对传统的扬弃；既是对外国现代刑法文明的甄别与吸纳，也是与国际刑法的相互融合与转化，还是对中国刑法本土资源的发掘和创造性转换；既需要政府的主导，同时也离不开民众的参与；既是实体刑法的现代化，更是程序刑法的一场革命。

（中国人民大学科研处供稿）

《新闻传播的策划与组织——宏观新闻编辑研究》

蔡雯

新闻传播的策划与组织是当代我国新闻传播领域中引起广泛重视和争议的前沿性课题，该文在综合运用新闻学、传播学、舆论学、系统科学、管理学、心理学和经营管理等多学科知识和理论的基础上，从理论探讨和实际操作两个层面对此进行了深入系统的研究，构建了较为完善的新闻传播策划的理论体系，并提出了具有可操作性的应用模式，同时对新闻实践中存在诸多现实难题进行了分析和阐述，提出富有建设性的建议。

（中国人民大学科研处供稿）

《邓小平理论与中共党史学》

王炳林

本课题主要论述这样几种关系：一是探讨在邓小平理论形成发展过程中总结党的历史经验所发挥的作用，包括邓小平在党史上的地位、作用，邓小平对历史经验的深刻总结和党史研究的贡献。二是考察邓小平是如何论述党史的。邓小平对党史上的许多重大问题、重要事件和人物，都有独到而深刻的论述，其所蕴涵的史学思想和思想方法，是邓小平理论的重要组成部分，也是中共党史学的重要内容，对党史学的发展有现实的指导意义。三是叙述中共党史学中研究邓小平理论的情况。研究党的指导思想形成和发展，是党史研究的重要内容，也是党史学功能的体现。四是着重讨论邓小平理论指导党史研究的若干问题。

（摘自国务院学位办公室“全国优秀博士论文评选”网上资料）

《投资组合优化与无套利分析》

李仲飞

本文围绕投资组合理论与无套利分析方法，开展了如下几个方面的研究：

1. 摩擦市场的最优投资组合选择问题。对存在交易费和税收摩擦以及资产不允许卖空的金融市场，建立了最优投资组合选择的一个双目标规划模型，拓广了 Markowitz 的均值-方差模型，使其更加接近于现实。从理论上系统地对该模型下的有效投资组合和有效前沿的性质进行了分析。

2. 资产定价与最优投资组合选择的极大极小方法。对于各资产的期望收益率不确切知道而只知道它们有一个排序并各自分布在一个区间里这一投资机构提出的实际问题，建立了选择最优投资组合的一个新的极大极小模型。3. 不允许卖空时不相关资产的最优投资组合选择问题。

4. 多阶段最优投资组合选择问题。

5. 摩擦市场的无套利分析。

6. 摩擦市场最优消费－投资组合选择的无套利分析。

7. 摩擦市场利率期限结构的无套利分析。

（摘自国务院学位办公室“全国优秀博士论文评选”资料）

《中国法制改革论纲：从西方现实主义法律运动谈起》

周汉华

本文论述了西方现实主义法律运动的基本发展

脉络，介绍了欧洲与美国现实主义法律思想的不同表现形式，区分了现实主义法律运动与法律现实主义两个不同的概念，分析了现实主义法律运动产生的社会、历史与人文根源，基本主张，时代影响以及对我国进行法制改革的借鉴意义。研究了构建社会主义法律体系中如何保持法律制度与社会之间的协调发展。提出了要实现变法模式与自发模式的结合，实现变法模式的民主化与科学化。还探讨了公、私法划分对于我们构建社会主义法律体系的指导意义。研究了行政权在法制改革中的地位以及对行政权的合理定位问题。提出了在行政权控制领域实现法律与社会有机统一，从类型化控制方式中摆脱出来的具体建议。研究了司法过程与社会发展的关系，提出司法制度必须满足独立、开放与能动三项要求才能使司法过程与社会发展保持同步。就处理好司法独立、开放与能动之间的关系，保持司法制度与社会发展之间的良性互动进行了全面、系统的探讨。研究了与开放的法律制度相适应的法律教育的基本特征，提出当代法律教育的基本目标是实现法律实践训练与法律理论学习的结合，法律知识教育与普通常识教育的结合。

（摘自国务院学位办公室“全国优秀博士论文评选”网上资料）

《联想启动效应及其脑机制研究》

杨炯炯

本研究采用认知实验、脑成像技术和多种神经心理学测验方法相结合的认知神经科学途径，对联想启动形成的认知机制和脑机制进行了系列探讨。结果表明，知觉表征系统单独并不能支持联想启动，联想启动是知觉表征系统与其他记忆系统共同参与的结果。联想启动与有意识回忆之间有一定的关系，正常被试在完成联想启动任务时会意识到学习与记忆的关系。内侧颞叶系统参与项目间联系的形成，与联想启动密切相关；额叶也是联想启动的脑基础之一，它通过语义加工、抑制无关信息、注意和策略运用等机制参与联想启动。

（摘自国务院学位办公室“全国优秀博士论文评选”资料）

各高校、科研单位获省部级以上人文社会科学研究成果奖

·北京大学·

一、获北京市第七届（2002）哲学社会科学优秀成果奖名单

单位	姓名	成果名称	获奖等级
社会学系	雷洁琼　王思斌	转型中的城市基层社区组织——北京市基层社区组织与社区发展研究	一等
社会学人类学研究所	蔡　华	A Society Without Fathers or Husbands	一等
经济学院	刘　伟	经济改革与发展的产权制度解释	一等
经济学院	孙祁祥	“空账”与转轨成本——中国养老保险体制改革的效应分析	一等
光华管理学院	厉以宁	中国城镇就业研究	一等
国际关系学院	尚会鹏	种姓与印度教社会	一等
法学院	蒲　坚	中国古代法制丛钞	一等

续表

单　位	姓　名	成　果　名　称	获奖等级
历史学系	荣新江	敦煌学十八讲	一等
中文系	张少康	文心雕龙研究史	一等
中文系	沈　阳	生成语法理论与汉语语法研究	一等
中文系	詹卫东	面向中文信息处理的现代汉语短语结构规则研究	一等
外国语学院	胡家峦	历史的星空——文艺复兴时期英国诗歌与西方传统宇宙论	一等
外国语学院	李赋宁	欧洲文学史（第1～3卷）	一等
哲学系	张祥龙	从现象学到孔夫子	二等
哲学系	孙尚扬	宗教社会学	二等
科社中心	傅世侠　罗玲玲	科学创造方法论——关于科学创造与创造力研究的方法论探讨	二等
经济学院	周建波	洋务运动与中国早期现代化思想	二等
经济学院	李绍荣	竞争价格的形成机制	二等
光华管理学院	龚六堂	Money, Social Status, and Capital Accumulation in a Cash-in-Advance Model	二等
中国经济研究中心	施建淮	基于信息的双重危机模型及其在东亚危机中的应用	二等
国际关系学院	张世鹏	当代西欧工人阶级	二等
教育学院	王　蓉	“十五”期间国家贫困地区义务教育工程预研究——我国义务教育经费的地区性差异研究	二等
法学院	陈兴良	本体刑法学	二等
历史学系	张芝联	Renewed Encounter（张芝联讲演精选）	二等
历史学系	刘祖熙	改革和革命——俄国现代化研究	二等
中文系	张　健	元代诗法校考	二等
中文系	傅　刚	文选版本研究	二等
中文系	王岳川	中国镜像：90年代文化研究	二等
艺术学系	陈旭光	艺术的意蕴	二等
外国语学院	吴贻翼	现代俄语模型句法学	二等
新闻与传播学院	肖东发	中国图书出版印刷史论	二等

（耿琴、倪润安　制表）

二、北京大学第八届人文社会科学优秀科研成果获奖名单

单　位	姓　名	成　果　名　称	成果形式	年龄	性别	职称	学科门类	获奖等级
中文系	曹文轩	20世纪末中国文学现象研究	著作	48	男	教授	中国文学	1
中文系	张少康等	文心雕龙研究史	著作	66	男	教授	中国文学	1

续表

单 位	姓 名	成 果 名 称	成果形式	年龄	性别	职称	学科门类	获奖等级
历史系	陈苏镇	汉代政治与《春秋》学	著作	47	男	副教授	历史学	1
哲学系	张学智	明代哲学史	专著	50	男	副教授	哲学	1
国际关系学院	朱 锋	弹道导弹防御计划与国际安全	著作	37	男	教授	国际关系	1
国际关系学院	尚会鹏	种姓与印度教社会	著作	48	男	教授	国际关系	1
光华管理学院	龚六堂	Money, Social Status, and Capital Accumulation in a Cash-in-Advance Model	论文	32	男	副教授	经济学	1
光华管理学院	厉以宁等	中国城镇就业研究	著作	72	男	教授	经济学	1
信息管理系	李国新	日本图书馆法律体系研究	专著	45	男	教授	管理学	1
社会学系	郭志刚	现行生育政策与未来家庭结构	论文	48	男	教授	人口学	1
社会学系	雷洁琼主编	转型中的城市基层社区组织	著作	90	女	教授	社会学	1
政府管理学院	袁 刚	隋炀帝传	专著	49	男	教授	政治学	1
政府管理学院	徐湘林	以政治稳定为基础的中国渐进政治改革	论文	47	男	副教授	政治学	1
外语学院	梁立基等	印度尼西亚语汉语大词典	工具书	74	男	教授	语言学	1
外语学院	李赋宁等	《欧洲文学史》(三卷本)	编著	85	男	教授	外国文学	1
外语学院	胡家峦	历史的星空——文艺复兴时期英国诗歌与西方传统宇宙论	专著	63	男	教授	外国文学	1
外语学院	任光宣	俄罗斯艺术史	专著	57	男	教授	艺术史	1
外语学院	孔远志	郑和下西洋与马来国家	专著	64	男	教授	文化史	1
外语学院	田德望	《神曲》(三卷本)	译著	91	男	教授	外国文学	1
外语学院	张鸿年等	伊朗史诗《列王纪全集》(六卷本)	译著	71	男	教授	外国文学	1
外语学院	刘安武等	泰戈尔全集	译著	71	男	教授	外国文学	1
马克思主义学院	刘志光	小康社会：社会主义从理想到现实的发展	论文	45	男	副教授	政治学	1
教育学院	陈学飞	公派出国留学效益分析	论文	53	男	教授	教育学	1
经济中心	林毅夫	中国的财政分权与经济增长	论文	50	男	教授	经济学	1
新闻传播学院	肖东发	中国图书出版印刷史论	专著	53	男	教授	传播学	2
中文系	于迎春	秦汉士史	著作	38	女	副教授	中国文学	2
中文系	孟 华	形象学研究要注重总体性与综合性	论文	57	女	教授	比较文学	2
中文系	朱庆之	佛教混合汉语初论	论文	45	男	教授	汉语研究	2
中文系	傅 刚	文选版本研究	著作	45	男	教授	中国文学	2
中文系	詹卫东	面向中文信息处理的现代汉语短语结构规则研究	著作	29	男	讲师	汉语研究	2

续表

单位	姓名	成果名称	成果形式	年龄	性别	职称	学科门类	获奖等级
历史系	王新生	政治体制与经济现代化——“日本模式”再探讨	著作	46	男	教授	历史学	2
历史系	邓小南	试论宋朝的“祖宗之法”：以北宋时期为中心	论文	51	女	教授	历史学	2
历史系	王立新	美国对华政策与中国民族主义运动(1904—1928)	著作	36	男	副教授	历史学	2
历史系	臧运祜	七七事变前的日本对华政策	著作	36	男	副教授	历史学	2
考古文博院	秦大树	磁州窑窑炉研究及北方地区瓷窑发展的相关问题	论文	45	男	副教授	考古	2
考古文博院	樊　力	豫西南地区新石器文化的发展序列及其与邻近地区的关系	论文	37	男	副教授	考古	2
哲学系	张祥龙	从现象学到孔夫子	专著	52	男	教授	哲学	2
哲学系	尚新建	美国世俗化的宗教与威廉·詹姆斯的彻底经验主义	专著	48	男	教授	哲学	2
哲学系	陈　来	明嘉靖时代王学知识人的会讲活动	论文	50	男	教授	哲学	2
国际关系学院	陈峰君	东亚与印度：亚洲两种现代化模式	著作	65	男	教授	国际关系	2
国际关系学院	林勋健	西方政党是如何执政的	著作	61	男	教授	国际关系	2
经济学院	周建波	洋务运动与中国早期现代化思想	专著	37	男	讲师	经济思想史	2
经济学院	萧　琛	论美国的“新经济”与“新周期”	论文	52	男	教授	国际经济与贸易	2
光华管理学院	贾春新	金融深化：理论与中国的经验	论文	35	男	副教授	金融学	2
光华管理学院	王明舰	中国通货膨胀问题研究：经济计量方法与应用	著作	37	男	副教授	经济学	2
法学院	蒲　坚	中国古代法制丛钞	专著	75	男	教授	法学	2
法学院	朱苏力	送法下乡	专著	46	男	教授	法学	2
法学院	陈兴良	本体刑法学	专著	45	男	教授	法学	2
法学院	刘剑文	WTO与中国外资税收优惠法律制度之改革	论文	42	男	教授	法学	2
法学院	储槐植	议论刑法现代化	论文	68	男	教授	法学	2
信息管理系	白化文	佛教图书分类法	编著	73	男	教授	管理学	2
社会学系	方　文	社会心理学的演化——一种学科制度视角	论文	36	男	副教授	社会学	2
政府管理学院	吴　丕	“腐败排行榜”与中国反腐败	论文	48	男	副教授	政治学	2
图书馆	谢琴芳	CALIS联机编目手册（上、下）	著作	56	女	研究员	图书馆学	2

续表

单位	姓名	成果名称	成果形式	年龄	性别	职称	学科门类	获奖等级
外语学院	史习成	蒙古国现代文学	专著	64	男	教授	外国文学	2
外语学院	段晴	敦煌新出土叙利亚文书释读报告（续篇）	论文	48	女	教授	宗教学	2
艺术学系	陈旭光	中西诗学的会通——20世纪中国现代主义诗学研究	专著	37	男	副教授	中国现代文学	2
经济中心	姚洋	自由、公正和制度变迁	论文集	37	男	教授	经济学	2
教育学院	高利明	对网络教学的一些体验与思考	论文	56	女	教授	教育学	2
教育学院	陈向明	教师如何做质的研究	著作	48	女	教授	教育学	2
人口所	陆杰华等	人口与市场因素对海洋渔业消费品影响的仿真分析	论文	41	男	教授	人口学	2
人口所	郑真真	对我国育龄妇女生育健康状况的分析	论文	47	女	副教授	人口学	2
心理学系	朱滢	自我记忆效应的实验研究	论文	63	男	教授	心理学	2
医学部	胡佩诚	健康心理学	译著	55	男	教授	心理学	2

（北京大学社科处耿琴供稿）

·中国人民大学·

一、获北京市第七届哲学社会科学优秀成果奖名单

序号	项目名称	项目负责人	颁奖单位	成果形式	获奖等级
1	二十世纪中国易学史	杨庆中	北京市政府	专著	一等奖
2	人是什么	夏甄陶	北京市政府	专著	一等奖
3	西方经济学	高鸿业	北京市政府	教材	一等奖
4	诺斯与马克思：关于制度变迁道路理论的阐释	林岗	北京市政府	论文	一等奖
5	当代国外社会思潮	段忠桥	北京市政府	专著	一等奖
6	比较法社会学的框架和方法	朱景文	北京市政府	专著	一等奖
7	清史编年（十二册）	李文海	北京市政府	专著	一等奖
8	中国人口规模与年龄结构矛盾分析	翟振武	北京市政府	论文	二等奖
9	跨越“峡谷”——马克思晚年思想与当代社会发展理论	张云飞	北京市政府	专著	二等奖
10	正学与开新——王船山哲学思想	张立文	北京市政府	专著	二等奖
11	二十世纪中国的社会学本土化	郑杭生 王万俊	北京市政府	专著	二等奖
12	中国经济改革发展报告——反通货紧缩的政策选择	黄泰岩	北京市政府	专著	二等奖
13	交易费用分析框架的政治经济学批判	刘元春	北京市政府	专著	二等奖
14	国有企业治理结构创新的经济学分析	杨瑞龙	北京市政府	专著	二等奖

续表

序号	项 目 名 称	项目负责人	颁奖单位	成果形式	获奖等级
15	区域经济政策——理论基础与欧盟国家实践	张可云	北京市政府	专著	二等奖
16	中国对外贸易发展中的竞争政策选择	谷克鉴	北京市政府	论文	二等奖
17	养老金改革：模式选择及其金融影响	伊志宏	北京市政府	专著	二等奖
18	市场化进程中的中国财政运行机制	高培勇	北京市政府	专著	二等奖
19	税收负担的经济分析	钱 晟	北京市政府	专著	二等奖
20	中国资本市场：创新与可持续发展	吴晓求	北京市政府	专著	二等奖
21	司法改革研究	王利明	北京市政府	专著	二等奖
22	非诉讼纠纷解决机制研究	范 愉	北京市政府	专著	二等奖
23	侵权法论（上、下册）	杨立新	北京市政府	专著	二等奖
24	欧阳修全集（第1～6册）	李逸安	北京市政府	古籍整理著作	二等奖
25	汉藏语言研究的理论和方法	瞿霭堂 劲 松	北京市政府	专著	二等奖
26	海外华文传媒研究	程曼丽	北京市政府	专著	二等奖
27	有限政府的经济分析	毛寿龙	北京市政府	专著	二等奖

二、获司法部法学教材与法学优秀科研成果奖目录（2002年）

序号	成 果 名 称	作 者	颁奖单位	成果形式	获奖等级
1	海峡两岸刑法总论比较研究	赵秉志主编	司法部	著作	一等奖
2	司法改革研究	王利明著	司法部	著作	一等奖
3	比较法社会学的框架和方法——法制化、本土化和全球化	朱景文著	司法部	著作	一等奖
4	新型经济犯罪研究	高铭暄主编	司法部	著作	二等奖
5	行政法	杨建顺译	司法部	译著	二等奖
6	民事诉讼法学原理	江 伟主编	司法部	教材	二等奖
7	婚姻家庭法（第二版）	杨大文主编 曹诗权副主编	司法部	教材	二等奖
8	刑罚价值论	谢望原著	司法部	著作	三等奖
9	新编证据法学	何家弘主编	司法部	教材	三等奖
10	中国律师学	陈卫东主编	司法部	教材	三等奖
11	非诉讼纠纷解决机制研究	范 愉著	司法部	著作	三等奖
12	国际私法	章尚锦主编	司法部	教材	三等奖
13	印度社会的法律改革	王云霞	司法部	论文	三等奖
14	劳动法	关怀主编	司法部	教材	三等奖

续表

序号	成 果 名 称	作 者	颁奖单位	成果形式	获奖等级
15	行政指导论纲——非权力行政方式及其法治问题研究	莫于川著	司法部	著作	优秀奖
16	关于完善个人所得税法若干重大问题的法律思考	朱大旗	司法部	论文	优秀奖

（中国人民大学科研处张玉洁供稿）

获一等奖成果简介

（中国人民大学科研处张玉洁供稿）

《海峡两岸刑法总论比较研究》

作者：中国人民大学　赵秉志

出版单位：中国人民大学出版社

该书是霍英东教育基金会第四届高等院校青年教师基金项目“海峡两岸刑法问题的比较研究”最终研究成果。

该书是迄今为止我国内地第一部全面、系统对大陆刑法与台湾刑法进行比较的专著，填补了我国内地刑法研究的一项空白；该书对两岸有关刑法规定的优劣进行了客观、公允、科学的评析，对有关刑法司法适用中存在的众多问题进行了全面的、多角度的、深入的探索，提出了许多科学、合理的观点或建议，有利于增强刑法适用的准确性、公正性和科学性；该书无论其研究内容还是研究方法，对于今后开展两岸刑法的比较研究乃至整个刑法理论的研究都具有重要的启发和参考作用。同时，该书对于今后两岸刑法理论界、刑事实务界开展学术交流与合作，也会具有相当的促进作用。

赵秉志，男，1956年生，河南南阳人。先后在郑州大学、中国人民大学获法学学士、硕士、博士学位。现任国家重点研究基地中国人民大学刑事法律科学研究中心主任、法学院副院长、教授、博士生导师，兼任中国法学会刑法学研究会会长、国际刑法学协会中国分会副主席等多种全国性学术职务。曾被中国法学会评定为首届“全国十名杰出青年法学家”，被人事部评选为跨世纪中青年学术带头人而纳入“百千万人才工程”；经教育部评选纳入“跨世纪优秀人才培养计划”。主要著作有：《犯罪主体论》、《犯罪未遂的理论与实践》、《刑法总论问题研究》、《刑法各论问题研究》、《刑法改革问题研究》、《外向型刑法问题研究》、《刑法基本理论专题研究》、《侵犯财产罪》等，主编著作百余部，发表论文400余篇。

《司法改革研究》

作者：中国人民大学　王利明

出版单位：法律出版社

该书是我国第一部从理论上系统阐述司法改革的著作。作者在深入总结、思考我国司法实践中一系列重大疑难问题的基础上，借鉴国外关于宪政、司法制度、程序制度、审判方式的最新资料，结合我国宪政制度的特色和实际情况，完成了本书。

在总论中，作者援引国内外最新资料，从详细论述司法权的性质、司法公正、司法独立、司法权威与司法民主等司法制度的基本理论入手，总结、提炼了我国司法改革应该追求的目标，为司法改革过程中一系列具体问题的解决奠定了扎实的理论基础。在分论中，结合我国司法改革的具体实践，重点讨论了法院的管理体制和设置的改革，审判方式改革的目标，证据制度和陪审制度的完善，建立法律职业制度，完善对法院的监督制度等司法改革中迫切需要解决的问题，提出了相关的解决措施。作者对这些问题的研究，都立足于我国的特殊国情，注重对我国现实中广泛存在的问题的系统化、体系化的解决。

王利明，男，1960年出生于湖北。中国人民大学法学院副院长，教育部重点研究基地——中国人民大学民商事法律科学研究中心主任，教授，博导。毕业于中国人民大学法学院，获法学硕士博士学位。研究方向为民法总论、物权法、合同法、侵权行为法。主要社会兼职包括：第十届全国人大代表，中国国际经济贸易仲裁委员会副主任等。主要科研成果包括：《民商法研究》、《司法改革研究》、《违约责任论》、《侵权行为法归责原则研究》、《物权法论》、《物权法研究》、《合同法研究》等专著。

主编《民法新论》、《民法》、《中国民法学理与案例研究》、《合同法新论》、《电子商务法》等。发表论文数百篇。

（中国人民大学科研处张玉洁供稿）

·北京师范大学·

获北京市第七届哲学社会科学优秀成果奖名单

成果名称	申请人	成果形式	获奖等级	出版单位	出版时间
泛教育论	项贤明	专著	一等奖	山西教育出版社	2000年
知识转型与教育改革	石中英	专著	一等奖	教育科学出版社	2001年
教育心理学	冯忠良	专著	一等奖	人民教育出版社	2000年
认知心理学	彭聃龄	专著	一等奖	台湾东华书局	2000年
世界经济新格局研究	陶大镛	专著	一等奖	北京师范大学出版社	2001年
20世纪中外文学交流史（上、下卷）	李　岫	专著	一等奖	河北教育出版社	2001年
中国独生子女大学生入学转折期中焦虑与抑郁特点的研究	陶　沙	论文	二等奖	《华人心理学报》	2000年　第1卷第1期
家庭诸因素与初中生吸烟行为的关系	方晓义	研究报告	二等奖	《心理学报》	2001年　第33卷第3期
现代教育知识论	洪成文	专著	二等奖	山西教育出版社	2001年
国际教育新理念	顾明远	专著	二等奖	海南出版社	2001年
智力落后教育通论	肖非	专著	二等奖	华夏出版社	2000年
大学生心理学	张厚粲	教材	二等奖	北京师范大学出版社	2000年
世界经济大趋势研究——21世纪中国东亚与世界	唐任伍	专著	二等奖	北京师范大学出版社	2001年
国际金融	何璋	教材	二等奖	中国金融出版社	2001年
政治经济学若干重大争论问题研究	白暴力	专著	二等奖	西北大学出版社	2000年
日本法西斯夺取政权之路	杨宁一	专著	二等奖	北京师范大学出版社	2000年
先秦民俗史	晁福林	专著	二等奖	上海人民出版社	2001年
世界古代文明史研究导论	刘家和	教材	二等奖	高等教育出版社	2001年
说文解字声训研究	崔枢华	专著	二等奖	北京师范大学出版社	2000年
维纳斯的腰带——创作美学	童庆炳	专著	二等奖	上海文艺出版社	2001年
悲剧意识与悲剧精神	王富仁	论文	二等奖	江苏社会科学杂志社	2001年　第2期
中国现代性体验的发生	王一川	专著	二等奖	北京师范大学出版社	2001年
西方哲学新论	严春友	专著	二等奖	中国社会科学出版社	2001年
王安石学术思想研究	李祥俊	专著	二等奖	北京师范大学出版社	2000年

续表

成 果 名 称	申请人	成果形式	获奖等级	出 版 单 位	出版时间
中国传统政治哲学	周桂钿	专著	二等奖	河北人民出版社	2001 年
解读禁忌——中国神话、传说和故事中的禁忌主题	万建中	专著	二等奖	商务印书馆	2001 年
教育经济学	靳希斌	教材	二等奖	人民教育出版社	2001 年
西方教育经济学研究	曲恒昌	专著	二等奖	北京师范大学出版社	2000 年
教育与收入分配	赖德胜	专著	二等奖	北京师范大学出版社	2001 年

（北京师范大学社科处马永梅供稿）

·清华大学·

一、获北京市第七届哲学社会科学优秀成果奖名单

序号	项 目 名 称	成果形式	作 者	获奖等级
1	税费改革，村民自治与强干弱支	研究报告	秦 晖	一等奖
2	寻求普世伦理	专著	万俊人	二等奖
3	失业下岗问题对比研究	专著	李强等	二等奖
4	企业剩余索取权：分享安排与剩余计量	专著	谢德仁	二等奖
5	唯物史观通论	教材	林 泰	二等奖
6	马克思主义政治经济学原理	教材	刘美珣	二等奖
7	跳出政权兴亡周期率：我党三代领导集体的不懈奋斗和追求	论文	李润海	二等奖
8	中国传统文化学	专著	曹德本	二等奖
9	抽象性问题及其意义——对刑法领域法治立场的初步考察	论文	周光权	二等奖
10	近代汉语语言研究	专著	张美兰	二等奖
11	话语分析的英汉语比较研究	专著	罗选民	二等奖
12	手艺的思想	专著	杭 间	二等奖
13	接近零不合格过程的质量控制	专著	孙 静	二等奖

二、获司法部法学教材与法学优秀科研成果奖

项 目 名 称	成果形式	作 者	获奖等级
合同法学	编著教材	崔建远	一等
金文简帛中的刑法思想	著作	崔永东	二等
单位刑事责任论	著作	黎 宏	三等

获一等奖成果简介

《合同法学》

清华大学　崔建远主编

法律出版社

该书系司法部“95”规划高等学校法学教材，说明和分析了合同法的概念、合同的分类、合同的订立、合同的效力等问题。它在合同法的本质，合同法的作用，无名合同的法律适用，债的担保与违约责任的关系，保证债务与诉讼时效，合同无效场合返还财产的性质和效力，合同条款、合同内容和合同权利义务三者之间的关系，合同解除与溯及力的关系等许多问题上都有创新点。被许多论文、专著、教材所引用。

崔建远，河北滦南县人，1956年5月生。在吉林大学获法学、学士、硕士学位，并任教于吉林大学法学院，现任清华大学法学院教授。专业特长为合同法、物权法，出版著作15部，代表性的有：《准物权研究》、《合同责任研究》；发表论文90余篇，代表性的有，《无权处分辨》、《土地上的权利论纲》等；获教育部优秀教师奖，第二届全国杰出中青年法学家称号等。

三、第四届全国外经贸研究成果奖

项目名称	成果形式	作者	获奖等级
对外承包工程对中国经济的影响及其扶植政策仿真研究	研究报告	杨　炘	三等奖
跨国公司在中国设立研发机构影响因素分析	研究报告	薛　澜	三等奖

（清华大学文科建设处供稿）

·对外经济贸易大学·

一、获北京市第七届哲学社会科学优秀成果奖

作者	成果名称	获奖等级
张汉林	强国之路——经济全球化与中国的战略及政策选择	著作二等奖
张新民	企业财务状况质量分析理论研究	著作二等奖
吴　军	现代俄语口语溶和结构	著作二等奖

二、司法部法学教材与法学优秀科研成果奖

成果名称	作者	获奖等级
WTO与农产品贸易争端	张汉林	科研成果二等奖

三、国家科学技术奖

成果名称	作者	获奖等级
企业管理者激励机制分析	刘园、李志群	科技进步奖一等奖

四、第四届全国外经贸研究成果奖

（对外贸易经济合作部颁发）

成果名称	作者	获奖等级
WTO与中小企业发展	林汉川	论著二等奖
2002年技术性贸易壁垒研究报告	夏友富	论著三等奖
外国直接投资与对外贸易的相互关系及其对工业化演进的影响	黄晓玲	论著三等奖

（对外贸易大学科研处供稿）

·中央民族大学·

一、司法部2002年度法学教材和法学科研优秀成果奖

项目名称	项目负责人	出版单位	成果形式	获奖等级
医疗纠纷与法律责任	乔世明	人民军医出版社	著作	三等奖

二、国家民委2002年民族工作调研报告成果奖

项目名称	项目负责人	成果形式	获奖等级
关于云南省红河州的田野调查与思考 ——探索“多形态”区域经济发展之路	施 琳	调研报告	优秀奖
凉山彝族地区性病艾滋病传播及防治工作现状	侯远高 王晓莉 木乃热哈	调研报告	优秀奖

三、北京市第七届哲学社会科学优秀科研成果奖

项目名称	项目负责人	出版单位	成果形式	获奖等级
近代藏事研究	喜饶尼玛	西藏人民出版社 上海书店出版社	著作	一等奖
中国民族概论	宋蜀华等	中央民族大学出版社	著作	二等奖
“三个代表”与党的建设	贺金瑞	民族出版社	著作	二等奖
中国民族理论研究二十年	金炳镐	中央民族大学出版社	著作	二等奖
民族教育学通论	哈经雄等	教育科学出版社	著作	二等奖
回鹘文〈金光明经〉研究	吐尔逊·阿尤甫等	新疆人民出版社	著作	二等奖
蒙古神话比较研究	那木吉拉	民族出版社	著作	二等奖
Ibukun布农语构词法研究	曾思奇	台湾读册文化出版社	著作	二等奖

（中央民族大学科研处供稿）

·中国政法大学·

一、2002年获司法部法学教材和法学优秀科研成果奖名单

成果名称	作者	获奖等级
刑事诉讼法学（修订二版）	陈光中　徐静村	一等奖
可转换公司债法论	时建中	一等奖
罗马继承法研究	费安玲	二等奖
刑法因果新论	侯国云	二等奖
诉讼证据规则研究	刘善春等	二等奖
新刑事诉讼法实施中的问题与对策研究	樊崇义	二等奖
票据法	刘心稳	三等奖
依法行政的理论与实践	田　瑶	三等奖
证据法学	卞建林	三等奖
刑事司法体制原理	张建伟	三等奖
民国初期民法的现代化	张　生	三等奖
民事执行原理研究	谭秋桂	优秀奖
重构我国民事诉讼审级制度的探讨	杨荣新	优秀奖

二、获北京市第七届哲学社会科学优秀成果奖名单

成果名称	作者	获关等级
刑事诉讼法实施问题与对策研究	樊崇义	一等奖
恐怖主义·邪教·黑社会	何秉松	二等奖
国际犯罪与责任	马呈元	二等奖

（中国政法大学科研处杜学亮供稿）

·首都师范大学·

获北京市第七届哲学社会科学优秀成果奖名单

成果名称	负责人	成果形式	获奖等级
比较思想政治教育学	王瑞荪	教　材	一等奖
欧阳竟无佛学思想探微	程恭让	专　著	一等奖
20世纪中国文学研究（多卷本）	张燕瑾	专　著	一等奖
新时期中国史学思潮	邹兆辰	专　著	二等奖
书法与中国文化	欧阳中石	专　著	二等奖
20世纪后期的俄语学研究及发展趋势	杜桂枝	专　著	二等奖
雷神·龙神思想和信仰—中日语言文化的比较研究	李均洋	专　著	二等奖

续表

成果名称	负责人	成果形式	获奖等级
王学与中晚明士人心态	左东岭	专　著	二等奖
中国美术史	李福顺	专　著	二等奖
教育管理决策功能模型	孟繁华	论　文	二等奖
重新理解教育—建设教师发展学校的思考	宁　虹	论　文	二等奖
不同方向视觉运动追踪的特性	丁锦红	论　文	二等奖
校本课程开发：概念解读	徐玉珍	论　文	二等奖
东亚联盟论研究	史桂芳	专　著	二等奖
马克思的工业革命理论与现时代	叶险明	专　著	二等奖

（首都师范大学科研处供稿）

·北京广播学院·

2002年获国家广播电影电视总局社科优秀成果奖及一等奖成果简介

成果名称	成果类别	完成人	获奖等级
"镜像"与现实——广告与中国社会消费文化的变迁以及有关现象与问题	论文	何　辉	一等
中国古典诗词中的审美回忆	论文	张　晶	一等
跨文化传播的全球化背景	论文	陈卫星	一等
叶石涛鼓吹"文学台独"的前前后后	论文	曾庆瑞	一等
"由人复天"、"艺与道合"及其他	论文	蒲震元	一等
增强我国煤炭企业竞争力的思考	论文	丁　钊	二等
有效传播论	论文	方毅华	二等
浅析网民的心理生活空间	论文	刘京林	二等
递系式的框架特点及各成分之间的相互制约	论文	邢　欣	二等
直面市场——中国纪录片当前境况描述	论文	何苏六	二等
因特网与日本广播	论文	张　彩	二等
略谈古"丝绸之路"的华夏文明传播	论文	哈艳秋	二等
《诗经·关睢》篇与《关睢序》	论文	姚小鸥	二等
电视传播的人文精神	论文	姜依文	二等
综合国力构成要素辨析	论文	赵雪波	二等
汉英双语播音初探	论文	赵　琳	二等
传播政治经济学代表人物	论文	郭镇之	二等
翻译·存在·文化·审美	论文	麻争旗	二等
试论我国互联网新闻从业人员的素质	论文	丰纯高	三等
双层反馈——电视谈话节目的特色和优势	论文	王　婷	三等

续表

成果名称	成果类别	完成人	获奖等级
电影创作与评论中的人物与空间关系	论文	卢　蓉	三等
至上王权对正常人性的异化——电影“荆轲刺秦王”中嬴政形象的意义	论文	刘丽文	三等
一种成功的检索策略——结构检索	论文	吴江文	三等
概念的情境性解析	论文	张启忠	三等
解放思想的障碍分析	论文	张　傅	三等
试论高校体育协会的功能与特点	论文	李立国	三等
和平：一个没有解决的时代课题	论文	杨　勉	三等
论如何建立多校园的效益型图书馆	论文	杨树雨	三等
一种现代生存理念——终身体育	论文	赵子健	三等
深入学习研究邓小平文艺论著 繁荣发展新世纪社会主义文艺	论文	赵晓光	三等
北京地名部分通名的儿化情况	论文	彭宗平	三等
关于传播学在中国发展的若干思考	论文	陈卫星	三等
古典文学（下）	课件	白岚玲	三等
中国现代文学史	课件	谢　筠	三等
广播新闻与电视新闻	教材	王振业	二等
网络新闻实务	教材	金梦玉	三等
国际传播与国家形象——国际关系的新视角	著作	刘继南	一等
政治游戏中的一张王牌	著作	何　兰	一等
世界电影理论思潮	著作	游　飞	一等
网络语言概说	著作	于根元	二等
中国电视与市场经济对话	著作	任金州	二等
会通精神——对中西美学思想的认识	著作	杜寒风	二等
新闻报道新思路——新闻报道认识原理及应用	著作	陈作平	二等
雅与俗的跨越——汉魏六朝及元代文学论集	著作	钟　涛	二等
电视传播的哲学	著作	丁海宴	三等
朗读技巧	著作	王宇红	三等
电视美术概论	著作	叶建新	三等
加入WTO对中国新闻传播业的影响及对策	著作	初广志	三等
艺术符号美学	著作	吴水平	三等
中外文学名著的影视改编	著作	张宗伟	三等
理性与艺术外交大师——周恩来	著作	李　宏	三等
精确新闻学	著作	肖　明	三等

续表

成果名称	成果类别	完成人	获奖等级
电视播音与主持艺术	著作	罗莉	三等
世界电影精品读解	著作	赵宁宇	三等
应试写作技巧指导与范文	著作	鲁津	三等
教育主动适应需求的机制研究	编著	吴远香	二等
传媒教育研究	编著	张玲	三等

获一等奖成果简介

《“镜像”与现实——广告与中国社会消费文化的变迁以及有关现象与问题》

作品类别：论文

作者：何辉

发表于《现代传播》，2001年第3期。

主要观点或主要内容：

本研究在大量的实证研究和内容分析基础之上，分析了“广告镜像”中的中国社会近十多年消费文化的变迁，揭示了“广告镜像功能”日益呈现出的想象化特征以及原因，阐述了“广告镜像”与现实互动中的“广告机器神效应”等广告社会问题。

本研究建立在大量的实证研究和内容分析基础之上，研究方法严谨科学，研究内容充分详实，是对我国近十年来社会文化和社会消费文化的发展演变的一个很好的分析总结。

何辉，男，籍贯浙江省，出生于1971年1月。毕业于北京广播学院新闻传播学院广告系，硕士研究生，现就职于北京广播学院广告学院。专业特长：广告策划、广告史方面的研究。编写教材《广告策划》，著有《从分析作品开始学做广告》等。

《中国古典诗词中的审美回忆》

作品类别：论文

作者：张晶

发表于《文学评论》，2001.5期。

本文首次在美学理论领域中提出“审美回忆”的命题，并在学理上阐述了“回忆”作为一个审美心理的范畴的内涵。文中列举了西方一些著名美学家、思想家对“回忆”在审美创造中的作用的有关论述，并作了理论上的建构。文章在理论上的创新点在于：一是将以往主要作为心理学研究对象的回忆，引入美学理论进行学理上的构建，使之作为一个审美心理范畴提出；二是首次揭示了“回忆”作为审美范畴的理论内涵；三是中西贯通，将“回忆”这个在西方得到更多重视的范畴，应用于中国古典诗词的审美分析，而且是结合了大量创作例证的。

张晶，男，籍贯，吉林省，出生于1955年9月。毕业于复旦大学中文系，博士，现就职于北京广播学院文学院，任副院长。专业特长：文学、文艺美学。发表论文多篇，著有《心灵的歌吟——宋代词人的情感世界》。

《跨文化传播的全球化背景》

作品类别：论文

作者：陈卫星

发表于《国际新闻界》，2001年第2期。

本文从传播学批判学派的基本思路出发，深刻阐释了跨文化传播中的全球化背景的动力性要素。首先，论证传播全球化的话语形成及其与新自由主义市场经济的关系，说明“传播全球化的实质是传播产品的全球化生产和营销”。其次，从市场经济的全球扩展推动了制度调整和文化互动的角度论述“不同的社会制度和文化观念本身决定了什么是跨文化传播的信息栅栏”。第三，从全球化传播资源不平等使用所产生的传播时空的变形质询传播生态的危机及其对发展中国家的危害。

陈卫星，男，籍贯四川省，出生于1957年1月。毕业于法国斯汤达大学，攻读传播与媒介专业，博士，现就职于北京广播学院国际传播学院。专业特长，传播学方面的研究。译著有《世界传播与文化霸权》，论文多篇。

《叶石涛鼓吹“文学台独”的前前后后》

作品类别：论文

作者：曾庆瑞

发表于《文艺报》，2001年9月4日。

本文是作者批判“文学台独”系列论文中具有代表性的力作。作者以相当大的篇幅、非常有力的事实论据，揭露了叶石涛作为“文学台独”的代表人物的真实面目。作者以文学评论为武器，为维护祖国统一作出了独特贡献。

本文在大陆台湾文学研究领域带不仅引领研究工作走出盲区，填补了空白，而且，打倒了“偶像”，动摇了以往的文学史著作体系，实际上对以往的台湾文学史著作推倒重来，开始了重写台湾文学史的工作。

曾庆瑞，男，籍贯湖北省，出生于1937年9月。毕业于北京大学中文系，现就职于北京广播学院影视艺术学院，教授，博士生导师。专业特长：文学、电视剧理论方面的研究。著作有《守望电视剧的精神家园》，编著《台湾新文学思潮史纲》；论文多篇。

《“由人复天”、“艺与道合”及其他》

作品类别：论文

作者：蒲震元

发表于《文艺研究》，2002年第1期。

本文探讨了中国传统艺术学潜体系中合天人、通道艺的文艺本体观，认为：中国传统艺术批评理论中“由人复天”、“艺与道合”的创作理念，其实质在于主张人通过艺术创作，在艺术境界（艺术幻想）中实现自身价值与大宇宙生命之美及其形上本体（“道”）的合一，或曰在审美理想中实现自身价值向大宇宙生命及其形上本体“道”回归。这一创作理念，与西方近代艺术创作中的“自我表现”理论不同，不是从主客对立的角度，无限或无条件夸大人的自我实现与超越能力，而是明确主张人在艺术创作活动中必须以宇宙生命及其本体“道”的生成发展规律为法，方能实现人生价值的真正超越。

蒲震元，男，籍贯湖南省，出生于1938年11月。毕业于中山大学文学系，现就职于北京广播学院文学院，教授，博士生导师。专业特长：文学、美学方面的研究。著有《中国艺术意境论》，发表论文多篇。

（北京广播学院科研处供稿）

·北京联合大学·

获省部级社科成果奖

项目负责人	项目名称	颁奖单位	成果形式	获奖等级
朱显龙	目击台海危机	北京市哲学社会科学优秀成果评奖委员会	专著	北京市第七届哲学社会科学优秀成果二等奖

（北京联合大学科研处刘红供稿）

·北京工商大学·

获省部级社科成果奖

项目名称	项目负责人	成果形式	获奖等级
自然化的心灵	田　平	专　著	北京市社科优秀成果二等奖

（北京工商大学科研处供稿）

·中国农业大学·

获省部级社科成果奖

项目名称	项目负责人	颁奖单位	成果形式	获奖等级
中国区域饲料粮和畜产品市场：生产、消费和区域间流通	辛　贤	全国商业联合会	研究报告	全国商业科学技术进步奖二等奖
数字化农业	谭　英	农业部和国家广播电影电视总局	研究报告	第八届全国农业电影电视“神农奖”科普类金奖

（中国农业大学科技处供稿）

·北京林业大学·

获省部级社科成果奖

题目	作者	颁奖单位	获奖等级	成果形式
《绿色核算》	张　颖	北京市第七届哲学社会科学优秀成果奖	二等奖	专著

（北京林业大学科研处供稿）

·国家行政学院·

获司法部2002年优秀成果奖

项目名称	项目负责人	颁奖单位	成果形式	获奖等级
外国行政程序法法律制度汇编	应松年	司法部	专　著	一等奖
比较行政程序法	应松年	司法部	专　著	一等奖
行政程序法立法研究	应松年	司法部	专　著	一等奖
社会变革中的依法行政	袁曙宏	司法部	专　著	三等奖
建设责任政府推进依法行政	研究室	司法部	论　文	三等奖

（国家行政学院供稿）

·中共北京市委党校　北京行政学院·

获省部级社科成果奖

主持人	参加者	成果名称	奖励名称	获奖等级	发奖单位
赵春福	曹晨辉、靳连芳等	中关村民营高新技术企业劳动和劳动关系问题调研报告	全国党校系统新形势下党的建设问题调研优秀成果奖	特等奖	中央党校
姚　桓	吴美华、何小利等	高校学生思想政治状况和加强、改进学校思想政治工作问题研究	全国党校系统新形势下党的建设问题调研优秀成果奖	二等奖	中央党校

（中共北京市委党校　北京行政学院科研处供稿）

·中国社会科学院·

中国社会科学院第四届优秀科研成果奖（2002年度）

一等奖

汇总日期：2002年7月23日

序号	成果名称	成果形式	主要完成人		发表单位	发表时间
			姓名	单位		
1	中国近代经济史1895—1927（上、中、下）	专著	汪敬虞（主编）	经济所	人民出版社	2000年
2	甲骨文合集释文（附来源表）	专著	胡厚宣　王宇信　杨升南等	历史所	中国社会科学出版社	1999年
3	张家坡西周墓地	专著	张长寿	考古所	中国大百科全书出版社	1999年
4	美国哲学史（共3卷）	专著	涂纪亮	哲学所	河北教育出版社	2000年
5	中国活字印刷术的发明和早期传播——西夏和回鹘活字印刷术研究	专著	史金波　雅森·吾守尔	民族所	社会科学文献出版社	2000年

二等奖

序号	成果名称	成果形式	主要完成人		发表单位	发表时间
			姓名	单位		
1	中国流动人口问题	专著	蔡　昉	人口所	河南人民出版社	2000年
2	体制转轨与产业发展：相关性、合意性以及对转轨理论的意义——对若干行业的实证研究	论文	江小涓	财贸所	《经济研究》	1999年第1期
3	中国经济前景分析——2000年春季报告	研究报告	刘国光　王洛林　李京文（主编）	数技经所	社会科学文献出版社	2000年
4	中国工业发展报告（2000）	研究报告	吕政（主编）	工经所	经济管理出版社	2000年
5	中国经济通史（先秦经济卷、秦汉经济卷、元代经济卷、明代经济卷）	专著	周自强　林甘泉　陈高华　王毓铨等	历史所	经济日报出版社	2000年
6	经史之学与文史之学	论文	胡宝国	历史所	《文史》	1999年第二辑
7	新中国成立初年英国关于中国联合国代表权问题的政策演变	论文	王建朗	近代史所	《中国社会科学》	2000年第3期

续表

序号	成果名称	成果形式	主要完成人		发表单位	发表时间
			姓名	单位		
8	从塾师、基督徒到王爷：洪仁玕	专著	夏春涛	近代史所	湖北教育出版社	1999年
9	英美新殖民主义	专著	张顺洪　孟庆龙　毕健康	世历所	社会科学文献出版社	1999年
10	师赵村与西山坪	专著	谢端琚	考古所	中国大百科全书出版社	1999年
11	胶东半岛贝丘遗址环境考古	专著	袁　靖	考古所	社会科学文献出版社	1999年
12	唐宋词流派史	专著	刘扬忠	文学所	福建人民出版社	1999年
13	魏晋文学史	专著	徐公持	文学所	人民文学出版社	1999年
14	意志与超越——叔本华美学思想研究	专著	金惠敏	文学所	中国社会科学出版社	1999年
15	口传史诗诗学：冉皮勒《江格尔》程式句法研究	专著	朝戈金	少文所	广西人民出版社	2000年
16	柏拉图诗学和艺术思想研究	专著	陈中梅	外文所	商务印书馆	1999年
17	不对称和标记论	专著	沈家煊	语言所	江西教育出版社	1999年
18	处所词的领格用法与结构助词“底”的由来	论文	江蓝生	院　部	《中国语文》	1999年第2期
19	自然语言逻辑研究	专著	邹崇理	哲学所	北京大学出版社	2000年
20	A strategy of Clinical Tolerance for the Prevention of HIV and AIDS in China（中国艾滋病预防的宽容策略）	论文	王延光	哲学所	The Journal of Medicine and Philosoph	Vol.25. No.1 2000年
21	唐五代禅宗史	专著	杨曾文	宗教所	中国社会科学出版社	1999年
22	宗教社会学	专著	戴康生　彭　耀（主编）	宗教所	社会科学文献出版社	2000年
23	较量——关于社会主义历史命运的战略沉思	专著	李崇富	马列所	当代中国出版社	2000年
24	中国物权法草案建议稿	专著	梁慧星等	法学所	社会科学文献出版社	2000年
25	民事证据研究	专著	叶自强	法学所	法律出版社	1999年
26	论西部大开发的法治保障	研究报告	法学所课题组	法学所	中共中央第十一次法制讲座	2000年
27	国有企业社会成本分析	专著	李培林等	社会学所	社会科学文献出版社	2000年
28	中华民族凝聚力的形成与发展	专著	卢　勋　杨保隆　罗贤佑　高文德等	民族所	民族出版社	2000年

续表

序号	成果名称	成果形式	主要完成人		发表单位	发表时间
			姓名	单位		
29	壮语方言研究	专著	张均如 梁 敏 欧阳觉亚 郑贻青 李旭练 谢建猷	民族所	四川民族出版社	1999 年
30	“西藏独立”是帝国主义侵略中国的产物	论文	伍昆明	民族所	《人民日报》（海外版）《CHINA DAILY》（中国日报）新华社英文电讯稿国际电台	1999 年
31	斯大林与冷战	专著	张盛发	东欧中亚所	中国社会科学出版社	2000 年
32	WTO 与中国企业国际化	专著	鲁 桐	世经政所	中共中央党校出版社	2000 年
33	未来可能的排放空间分配及相关国际谈判发展趋势的跟踪研究	研究报告	陈 迎	世经政所	送交国家计委气候协调办公室	2000 年
34	美国跨国公司的全球竞争	专著	陈宝森	美国所	中国社会科学出版社	1999 年
35	中美关系史（1949—1972）	专著	陶文钊	美国所	上海人民出版社	1999 年
36	多维视野中的非洲政治发展	专著	张宏明	西亚非所	社会科学文献出版社	1999 年
37	简明非洲百科全书	工具书	葛 佶	西亚非所	中国社会科学出版社	2000 年
38	简明西亚北非百科全书	工具书	赵国忠	西亚非所	中国社会科学出版社	2000 年

三等奖

序号	成果名称	成果形式	主要完成人		发表单位	发表时间
			姓名	单位		
1	经济转型与社会发展	专著	冒天启 朱 玲 罗德明等	经济所	湖北人民出版社	2000 年
2	中国经济通史（清代经济卷上、中、下）	专著	方 行 经君健 魏金玉（主编）	经济所	经济日报出版社	2000 年
3	1953—1957 中华人民共和国经济档案资料选编（共 9 卷）	资料整理	刘国光 王 刚 沈正乐（主编）	院部	中国物价出版社	1998—2000 年
4	晚清财政与咸丰朝通货膨胀	论文	张国辉	经济所	《近代史研究》	1999 年第 3 期
5	中国国有企业改革与发展研究	专著	陈佳贵 金 碚 黄速建（主编）	院 部	经济管理出版社	2000 年
6	21 世纪中西部工业发展战略	专著	魏后凯（主编）	工经所	河南人民出版社	2000 年
7	产业组织经济学	教材	金碚（主编）	工经所	经济管理出版社	1999 年

续表

序号	成果名称	成果形式	主要完成人		发表单位	发表时间
			姓名	单位		
8	中国工业化的进程、问题与出路	论文	郭克莎	工经所	《中国社会科学》	2000年第3期
9	控制权作为企业家的约束因素：理论分析及现实解释意义	论文	黄群慧	工经所	《经济研究》	2000年第1期
10	聚集中国农村财政：格局、机理与政策选择	专著	朱钢 张元红 张军等	农发所	山西经济出版社	2000年
11	中国农业政策——理论框架与应用分析	专著	李成贵	农发所	社会科学文献出版社	1999年
12	农村金融与发展	专著	何安耐 胡必亮（主编）	农发所	经济科学出版社	2000年
13	静悄悄的革命：中国农村土地制度变通问题研究（《大变革中的乡土中国：农村组织与制度变迁问题研究》之一）	研究报告	刘小京	农发所	社会科学文献出版社	1999年
14	中国经济科学前沿丛书：中国对外经贸理论前沿、中国财政理论前沿、中国金融理论前沿、中国商业理论前沿	专著	杨圣明 刘溶沧 赵志耘 李扬 王松奇 郭冬乐 宋则（主编）	财贸所	社会科学文献出版社	1999—2000年
15	货币政策与财政政策的配合：理论与实践	论文	李扬	财贸所	《财贸经济》	1999年第11期
16	扩大内需的财政——货币政策运用：经验、启示和进一步的对策探讨	研究报告	刘溶沧	财贸所	《财贸经济》	1999年第7期
17	国民经济信息化：发展趋势、重大矛盾与政策建议	内部报告	课题组	数技经所	上报“中央财经领导小组办公室”	2000年
18	政策性贷款的激励研究	论文	张昕竹	数技经所	《欧洲经济评论》	2000年第4期
19	关于投入产出模型的比较静态分析——兼评Woods定理之误	论文	曾力生	数技经所	《数量经济技术经济研究》	2000年第12期
20	影子工资率对农户劳动供给水平的影响——对贫困地区农户劳动力配置的经验研究	论文	都阳	人口所	《中国农村观察》	2000年第5期
21	伦理与生活——清代的婚姻关系	专著	郭松义	历史所	商务印书馆	2000年

续表

序号	成果名称	成果形式	主要完成人		发表单位	发表时间
			姓名	单位		
22	彝族史要（上、下）	专著	易谋远	历史所	社会科学文献出版社	2000年
23	洪承畴长沙幕府与西南战局	论文	杨海英	历史所	《燕京学报》	1999年第7期 2000年第8期
24	太平天国与咸同政局	论文	朱东安	近代史所	《近代史研究》	1999年第2期
25	章士钊《甲寅》时期自由主义政治思想评析	论文	邹小站	近代史所	《近代史研究》	2000年第1期
26	论清末彩票	论文	闵　杰	近代史所	《近代史研究》	2000年第4期
27	中葡关系史资料集	资料集	张海鹏	近代史所	四川人民出版社	1999年
28	中世纪晚期和近代早期欧洲的寡妇改嫁	论文	俞金尧	世历所	《历史研究》	2000年第5期
29	美国农业劳动力向城市转移的特点	论文	黄柯可	世历所	《世界历史》	2000年第3期
30	偃师二里头	专著	赵芝荃	考古所	中国大百科全书出版社	1999年
31	试论偃师商城小城的几个问题	论文	杜金鹏	考古所	《考古》	1999年第2期
32	汉长安城桂宫二号建筑遗址发掘简报	研究报告	西安汉城队	考古所	《考古》	1999年第1期 2000年第1期
33	陕西西安唐长安城圜丘遗址的发掘	研究报告	西安唐城队	考古所	《考古》	2000年第7期
34	五代十国的辖区设治与军事戍防	论文	林荣贵	边疆中心	《中国边疆史地研究》	1999年第4期
35	共和国文学50年	专著	杨匡汉　孟繁华（主编）	文学所	中国社会科学出版社	1999年
36	文学理论现代性问题	论文	钱中文	文学所	《文学评论》	1999年第2期
37	文化研究：后—后结构主义时代的来临	论文	陈晓明	文学所	《文化研究》	2000年创刊号
38	现代性论争中的民间文学	论文	吕　微	文学所	《文学评论》	2000年第2期

续表

序号	成果名称	成果形式	主要完成人		发表单位	发表时间
			姓名	单位		
39	乾嘉时期文艺学的格局	论文	钱竞	文学所	《文学评论》	1999年第3期
40	玛纳斯论	专著	郎樱	少文所	内蒙古大学出版社	1999年
41	书写材料与中印文学传统	论文	黄宝生	外文所	《外国文学评论》	1999年第3期
42	爱德华·萨伊德《东方主义》和后殖民主义	论文	陆建德	外文所	《国际文化思潮评论》	1999年
43	艳情诗与神学诗	译著	傅浩	外文所	中国对外翻译出版社	1999年
44	试论汉语动态助词的形成过程	论文	曹广顺	语言所	《东方语言学报》	1999年
45	词的意义、结构的意义与词典释义	论文	谭景春	语言所	《中国语文》	2000年第1期
46	维特根斯坦	专著	江怡	哲学所	湖南教育出版社	1999年
47	走进分析哲学	专著	王路	哲学所	三联书店	1999年
48	从仁的四个层面看普遍伦理的可能性	论文	蒙培元	哲学所	《中国哲学史》	2000年第4期
49	关于构建"中国创新体系(CIS)"的若干重要问题的报告	研究报告	李鹏程　张晓明　李河等	哲学所	呈送党中央、国务院	2000年
50	近现代伊斯兰教思潮与运动	专著	吴云贵　周燮藩	宗教所	社会科学文献出版社	2000年
51	20世纪90年代国际政治中的伊斯兰	研究报告	金宜久　吴云贵	宗教所	内部发行	2000年
52	京剧·跷和中国的性别关系(1902—1937)	专著	黄育馥	文献中心	三联书店	1998年
53	世贸组织的法律制度	专著	赵维田	法学所	吉林人民出版社	2000年
54	法治是什么?——渊源、规诫与价值	论文	夏勇	法学所	《中国社会科学》	1999年第4期
55	因特网上的犯罪及其遏制	论文	屈学武	法学所	《法学研究》	2000年第4期
56	物权法的基本范畴及主要制度反思	论文	孙宪忠	法学所	《中国法学》	1999年第5、6期
57	权利与正义——康德政治哲学研究	专著	李梅	政治学所	社会科学文献出版社	2000年
58	缺席与断裂	专著	渠敬东	社会学所	上海人民出版社	1999年
59	世纪之交的城乡家庭	专著	沈崇麟等	社会学所	中国社会科学出版社	1999年

续表

序号	成果名称	成果形式	主要完成人		发表单位	发表时间
			姓名	单位		
60	社会科学成果价值评估	专著	卜卫 刘晓红等	新闻所	社会科学文献出版社	1999年
61	世纪之交我国民族问题的基本态势及进一步促进民族团结研究	研究报告	王希恩 张世和 郑信哲 周竞红 孙懿	民族所	上报社科规划办	2000年
62	西夏唐卡中的双身图像的内容与年代分析	论文	谢继胜	民族所	《艺术史研究》	2000年 第二辑
63	资源与交换——中国单位组织中的依赖性结构	论文	李汉林等	社会学所	《社会学研究》	1999年 第4期
64	中俄战略伙伴关系及其美国因素	论文	李静杰	欧亚所	《东欧中亚研究》	2000年 第3期
65	俄罗斯经济转轨评析	论文	许新	欧亚所	《东欧中亚研究》	2000年 第4期
66	俄罗斯利益集团	专著	董晓阳	欧亚所	当代世界出版社	1999年
67	综合安全观及对我国安全的思考	论文	张蕴岭	亚太所	当代亚太	2000年 第1期
68	印度的发展及其对外战略	专著	孙士海	亚太所	中国社会科学出版社	2000年
69	国际经济规则与企业竞争方式的变化	论文	李向阳	世经政所	《国际经济评论》	2000年 第6期
70	干涉主义及相关理论问题	论文	李少军	世经政所	《世界经济与政治》	1999年 第10期
71	经济全球化与国家主权让渡和维护	论文	王金存	世经政所	《中国宏观经济研究》	2000年 第4期
72	日本新时期国家安全战略浅析	论文	张进山	日本所	《日本学刊》	2000年 第4期
73	美国强盛之道	论文	资中筠	美国所	《学术界》	2000年 第6期
74	“美国例外论”与美国的外交政策传统	论文	周琪	美国所	《中国社会科学》	2000年 第6期
75	非洲大湖地区国家关系演变探析	论文	吴增田	西亚非所	《西亚非洲》	1999年 第5期
76	坦桑联合过程及经验的研究	内部报告	温伯友等	西亚非所	内部发表	2000年
77	拉丁美洲的经济发展	专著	苏振兴	拉美所	经济管理出版社	2000年
78	伯克、卢梭与法国大革命	论文	陈志瑞	欧洲所	《史学月刊》	1997年 第5期
79	论欧洲联盟的社会政策	论文	田德文	欧洲所	《欧洲》	2000年 第4期

(中国社会科学院办公厅供稿)

·国家计委宏观经济研究院·

2002 年度所获国家计委优秀研究成果奖

成 果 名 称	主要完成单位	主要完成人	获奖等级
在市场体系建设中打破地方市场分割对策研究	经济研究所等	陈东琪等	二等奖
中国家用轿车发展战略研究	产业经济与技术经济研究所等	胡子祥等	二等奖
农村税费改革问题研究	产业经济与技术经济研究所等	马晓河等	三等奖
加入 WTO 后我国外贸和利用外资战略研究	对外经济研究所等	王永贵等	三等奖
对城镇居民收入差距的判断及逐步理顺收入分配的对策	社会发展研究所等	李爽等	三等奖
中国温室气体多方案排放情景	能源研究所等	姜克隽等	三等奖

（国家计委宏观经济研究院科研管理部供稿）

·北京市社会科学院·

获北京市第七届哲学社会科学优秀成果奖名单

题 目	第一作者	成果形式	出版社或发表刊物	获奖等级
心态、气象、意义——人生境界分析	陈占国	论文	《北京社会科学》第四期	二等奖
现阶段中国私营企业主研究	戴建中	论文	《社会学研究》	二等奖
北京市流动儿童义务教育状况调查报告	韩嘉玲	论文	《青年研究》	二等奖
中国宏观经济分析方法与运行	江晓薇	专著	中国经济出版社	二等奖
北京考古集成（1～15 卷）	苏天钧	专著	北京出版社	二等奖
康熙《御制清文鉴》研究	江桥	专著	北京燕山出版社	二等奖
话语转型与价值重构——世纪之交的北京文学	吕智敏	专著	北京出版社	二等奖
北京郊区村落发展史	尹钧科	专著	北京大学出版社	二等奖

（北京市社会科学院科研处供稿）

·中共北京市委党史研究室·

获省部级社科成果奖

项 目 名 称	项目负责人	成果形式	获奖等级
《中国共产党北京历史大事记》（1919—2000）	王修身 谢荫明	大事记	获北京市第七届哲学社会科学优秀成果二等奖
《历史性过渡——北京区县“一化三改”历史纪略》	王修身 谢荫明	专题汇编	获北京市第七届哲学社会科学优秀成果二等奖

（中共北京市委党史研究室段丽欣供稿）

·北京市档案局·

北京市获国家档案局优秀科研成果奖

项目名称	获奖单位	奖励等级	主要获奖人
地市级综合档案馆档案接收与鉴定工作研究	北京市朝阳区档案局	国家档案局档案科研优秀成果二等奖	王桂云、申玺朝、白英魁、张丽萍、韩素君、张连星、崔爱兰、穆春梅、胡永刚、刘来山、吴振泉、赵　军、陈冬梅、方学青、关志雪、关　捷

（北京市档案局供稿）

·学术活动·

马克思主义　科学社会主义

北京大学纪念邓小平“南方谈话”发表10周年理论研讨会　会议由北京大学邓小平理论研究中心主办，于1月17日在北京大学召开。中央党史研究室副主任石仲泉、教育部社政司副司长黄百炼及资深专家黄楠森、沙健孙、许志功、庄福龄等50余人出席。与会专家学者指出，“南方谈话”是对当代世界社会主义和我国社会主义建设得失成败经验教训的概括和总结。“南方谈话”在理论思维上的重大突破突出表现在以下几个方面：首先，在社会主义的价值观念上，邓小平提出了“三个有利于”的价值观，从根本上突破了姓“社”姓“资”的惟一价值标准论；其次，在社会主义观上，邓小平从根本上突破了支撑传统计划经济的苏联僵化模式的三个僵化公式，从而实现了社会主义观念上的根本创新。再次，在体制创新上，实现了四个重大转变。在体制目标上，从“以阶级斗争为纲”转向以现代化经济建设为中心；在经济结构上，从追求“一大二公三纯”的单一经济结构，走向社会主义公有制为主体、多种经济成分共同发展的多层次经济结构；在运行机制上，从传统计划经济转向有宏观控制的社会主义市场经济；在对外关系上，从封闭半封闭的禁锢阻塞状态，转向独立自主的全面开放状态。第四，“南方谈话”对社会主义精神文明建设作了新的思考，邓小平同志指出，改革开放前十年最大的失误在人的教育方面，老百姓反映最强烈的问题是官僚腐败，一手软一手硬的问题亟待克服，党的建设必须加强，为新时期党的建设理论的提出作了重要的理论铺垫。学者们强调指出，“南方谈话”既是邓小平理论体系形成的主要标志，也是江泽民“三个代表”重要思想的直接理论来源。

（北京大学社会科学部朱邦芳供稿）

首都理论界纪念邓小平“南方谈话”发表10周年座谈会　为纪念邓小平“南方谈话”发表10周年，进一步研究宣传邓小平理论，深入学习江泽民同志“三个代表”重要思想，1月18日，北京市邓小平理论研究会、北京市中共党史学会和中国人民大学党史系在中国人民大学联合召开理论研讨会。龚育之、石仲泉、张静如、彭明、郭德宏、王东、王顺生等理论界、党史界著名专家学者出席会议并发言。与会学者高度评价了邓小平“南方谈话”的历史地位及重大意义，指出，1992年邓小平的“南方谈话”，是邓小平理论形成与发展中重要的理论成果，是代表邓小平理论走向成熟的集大成之作。南方谈话对党的十一届三中全会以来特别是党的十三大以来，围绕改革开放姓“资”姓“社”、解放思想和加快发展、实践标准和生产力标准、计划经济与市场经济等问题展开了深入的思考和探讨，从理论上作出了创造性的概括和阐发，深刻地、鲜明地回答了长期困扰和束缚人们思想的许多重大认识问题、理论问题，进一步丰富、发展和完善了建设有中国特色社会主义理论，把改革开放和现代化建设推进到新阶段。深入学习邓小平的“南方谈话”，最主要的就是学习和领会“南方谈话”所蕴涵的理论创新精神和内容，深入理解和把握“南方谈话”所体现的理论创新的基本原则和思维方式，不断推进马克思主义的理论创新。与会专家学者充分肯定了10年来以江泽民同志为核心的第三代中央领导集体高举邓小平理论的伟大旗帜，不断丰富和发展邓小平理论，领导改革开放和现代化建设所取得的伟大成就。指出，从党的十四、十五大直到江泽民同志“七一”重要讲话，贯穿着与时俱进，理论创新，在新的实践中不断发展马克思主义的开拓创新的精神。“七一”讲话全面论述了“三个代表”重要思想的深刻内涵，提出了按照“三个代表”要求加强和改进党的建设，继续为实现党的基本路线所确定的历史任务而奋斗的目标，是新世纪新形势下加强党的建设和全面推进有中国特色社会主义建设事业的伟大纲领。“三个代表”重要思想是以江泽民同志为核心的第三代中央领导集体理论创新实践中所取得的最重要的成果，是对邓小平理论的继承和发展。与会同志认为，党的十四大报告、十五大报告和江泽民同志“七一”讲话这三个纲领性文献，是以江泽民为核心的党中央在实践中继承丰富和创造性的发展邓小平理论的重大成果和集中体现，是继邓小平“南方谈话”之后，以巨大的政治勇气面对时代和实践发展中出现的新情况，研究和解决新问题，提出和探索新结论的新的解放思想、实事求是的宣言书，是与时俱进，不断推动马克思主义理论创新的典范。

（李翠玲供稿）

中国社科院纪念邓小平“南方谈话”发表10周年研讨会　研讨会由中国社科院于2月6日在北京召开。石仲泉、冷溶、黄宏、徐崇温、刘奔、李崇富等专家学者出席。会议由中国社科院副院长、中国社科院邓小平理论研究中心主任李慎明主持。与会同志说，邓小平“南方谈话”极大地丰富了马列主义、毛泽东思想，江泽民同志“七一”讲话，又丰富发展了邓小平理论。在马克思主义中国化的历史上，在建设有中国特色社会主义伟大事业中，“南方谈话”和“七一”讲话，对于全党和全国人民的思想解放，对于中国改革开放和社会主义现代化建设事业，对于中华民族的伟大复兴，都具有十分重大的现实意义和极其深远的历史意义。

（参见《光明日报》2002年2月19日B1版）

面向21世纪的马克思主义研讨会　此次理论研讨会于4月20日由北京大学马克思主义学院、邓小平理论研究中心共同召开。关于保持马克思主义与时俱进的理论品质，坚持与发展马克思主义问题，与会者指出，马克思主义是我们立党立国之本。我们要正确理解马克思主义与时俱进的理论品质，就必须做到既坚持又发展。因此，要认真地研究哪些是需要坚持的，哪些是需要发展的，哪些是需要创新的。黄楠森教授在谈到马克思主义哲学的发展时认为，辩证唯物主义和历史唯物主义的基本观点必须坚持，但这不等于一定要坚持它的原来的体系。改革开放以来我们对马克思主义哲学的体系已经做了许多改进，但这个体系还是原来的体系，还没有解决马克思主义哲学的创新问题，还没有达到与时俱进的目的。同时，在提倡理论创新时不能另搞一套，不能把马克思主义哲学的辩证唯物主义和历史唯物主义抛弃。关于如何深入学习和研究“三个代表”重要思想，不断推进理论创新问题，与会同志认为，江泽民同志提出的“三个代表”重要思想与马列主义、毛泽东思想、邓小平理论一脉相承，是马列主义、毛泽东思想和邓小平理论在新形势下的继承和发展。因此，必须正确理解和把握“三个代表”重要思想的科学内涵。

（参见《光明日报》2002年4月30日B1版）

与时俱进，理论创新暨《理论前沿》创刊6周年理论研讨会　为深入研讨当前重大理论和实际问题，推动我国哲学社会科学理论创新和发展，迎接党的十六大胜利召开，本次理论研讨会于5月24日在中共中央党校召开。中央国家机关有关部门领导和在京著名专家学者70余人出席会议。与会同志认为，理论工作一定要深入推进“三个代表”重要思想的学习、研究和宣传，回答现实生活中提出的重大理论和实际问题。要深入研究总结党的十三届四中全会以来党和人民群众创造的丰富经验，在理论创新上有所作为，在开展马克思主义发展史和解放思想、实事求是思想路线教育上有所作为，在解放思想、统一思想上有所作为。专家们提出，当前要深入研究关系我国经济和社会发展全局的重大问题，如：加入世贸组织后各种机遇和挑战问题；共产党执政规律问题；新经济组织中党的建设问题；当代资本主义新变化的认识问题；加快农业和农村经济发展问题；深化国有企业改革和扩大就业问题；等等。与会同志高度评价了《理论前沿》创刊六年来，遵照胡锦涛同志在创刊《发刊词》中的指示要求，为繁荣学术理论研究和服务党校教学工作所取得的成绩。会议由中共中央党校《理论前沿》杂志社和《世纪潮》杂志社联合主办。中央党校副校长李君如、国务院发展研究中心副主任陈锡文和胡平、郑科扬、龚育之、刘海藩、侯树栋、乌杰、梁衡等出席会议并讲话。

（参见《光明日报》2002年6月4日B1版）

21世纪世界社会主义国际研讨会　研讨会由中国社会科学院世界社会主义研究中心和中央编译局等单位于10月22日在北京联合举办。中国社会科学院院长李铁映在给会议的贺信中指出，以马克思主义的诞生为标志的世界社会主义事业，已经跨越了两个世纪的历史行程。其间有两大成果：19世纪社会主义实现了从空想到科学的飞跃；20世纪社会主义实现了由理论到现实的飞跃。我们坚信21世纪的社会主义必将实现从挫折到成功的飞跃。进入21世纪，世界社会主义面临复杂发展的新局面。在这样的时刻，召开这样的国际学术会议，对21世纪世界社会主义实践的历史经验及理论成就进行深入总结，对21世纪社会主义的发展前景进行理论研究，是非常必要的，也是正当其时的。中国社会科学院副院长、中国社会科学院世界社会主义研究中心主任李慎明在大会上作了题为《社会主义的百年回顾与前景展望》的主题报告。与会专家学者围绕20世纪世界社会主义的历史经验、21世纪世界社会主义面临的机遇和挑战、当代资本主义新变化及其对世界社会主义的影响、21世纪与社会主义中国等课题进行了广泛和深入的研讨。

（参见《光明日报》2002年10月29日B1版）

党的十六大与马克思主义理论创新研讨会　11月22日，由北京大学邓小平理论研究中心、北京大学党委宣传部和北京大学社会科学部联合举办的本次研讨会于北京大学英杰交流中心隆重开幕。中共中央党史研究室、中共中央宣传部理论局、教育部社政司、中国社会科学院、中央文献研究室、北京市委宣传部、北京市委教育工委、清华大学、国防大学、中国人民大学、北京师范大学等单位的专家学者以及北京大学邓小平理论研究中心的研究员、北京大学各院系党委书记等80余人参加了研讨会。主要讨论了以下几个方面的问题：（一）关于“三个代表”重要思想和十六大的理论创新问题。（二）关于正确理解“小康社会”的问题。（三）“与时俱进”与党的思想路线问题。（四）“三个代表”重要思想与党建问题。（五）理论创新与实践创新的关系问题。（六）新型工业化与中国的现代化问题。（七）教育的定位和改革发展问题。（八）十六大精神和“三个代表”重要思想的“三进”问题。

（北京大学社会科学部朱邦芳供稿）

党的十六大的理论创新研讨会　研讨会由中央党校哲学教研部和《求是》杂志社文化编辑部联合，于11月23日在北京召开。来自学术理论界的专家学者就十六大报告所体现的与时俱进的理论创新精神进行了深入研讨。与会者一致认为，十六大报告进一步回答了什么是社会主义、怎样建设社会主义，建设什么样的党、怎样建设党这两大根本问题，是我们党新世纪的政治宣言和行动纲领。“三个代表”重要思想是对马克思列宁主义、毛泽东思想、邓小平理论的继承和发展，反映了当代世界和中国的发展变化对党和国家工作的新要求，是加强和改进党的建设、推进我国社会主义自我完善和发展的强大理论武器。有的专家学者认为，十六大报告提出了一系列新思想、新观点、新论断，有的是对已有命题的丰富和深化，有的是首次提出，体现了我们党对国内外经济社会发展变化的深刻认识，是理论创新的典范。

（参见《人民日报》2002年12月3日第9版）

哲学（含自然辩证法、逻辑学、伦理学、美学）

中国人学学会会员代表大会暨学术研讨会　此次会议于1月4日至5日在北京大学召开。人大常委会副委员长彭佩云、人学学会名誉会长黄楠森、教育部社政司司长靳诺、北大党委书记王德炳等领导及来自全国各地的人学领域的学者专家150多人出席会议。大会选举产生了理事会和执行机构、负责人，这标志中国人学学会正式成立。在大会开幕式上，彭佩云副委员长发言，指出了在思想政治领域开展人学研究的必要性。靳诺在讲话中强调，人学学会要发挥集体合作的优势，继续深入研究“三个代表”重要思想，为理论创新、党的决策论证等做出贡献。人学是一门新的综合性的基础学科，它以人的存在、人性和人的本质、人的活动和发展的一般规律以及人生价值、目的、动力等基本原则为研究对象。20世纪80年代，中国的马克思主义理论家关注并进入了这一研究领域。研讨会上学者们就如何学习贯彻“三个代表”重要思想、进一步推动人学研究进行了热烈的讨论。与会者一致拥护学会的宗旨，认为中国人学研究必须坚持马克思主义指导，坚持为人民服务，为建设有中国特色的社会主义事业服务。他们强调指出，中国人学研究应特别关注我国现代化建设新的发展阶段和有中国特色社会主义建设过程中提出的重大问题，同时也要着眼于世界潮流和文化发展前沿，广泛吸收和借鉴古今中外人学思想的精华；既要注重基础理论研究，又要加强应用研究和人学的普及工作；既要注重学科建设，又要在尊重人、关心人和塑造人等方面发挥重要的积极作用，尤其要在推进人的全面发展方面发挥重大作用。

（北京大学社会科学部朱邦芳供稿）

推进自然辩证法学科发展座谈会　座谈会由中国自然辩证法研究会于2月5日在北京召开。任继愈、何祚庥、朱伯崑等数十名学者出席座谈会。与会者认为，自然辩证法是马克思主义的自然哲学，其学科地位不能被取代。我国的自然辩证法研究，已有半个多世纪，但真正形成一定的规模并在大学中开设课程则是在改革开放以后。长期以来，由于在自然辩证法学科的地位、名称、研究对象和学科“范式”等诸多问题上存在争议，影响了这一学科的发展。在知识经济时代，能否对自然辩证法重新定名并不重要，重要的是能否并如何在新的时代形势下重新理解自然辩证法，赋予其新的含义；在其基础研究方面，对基本理论和学科发展进行认真的探讨与研究，建立起能够与其地位和性质相符合的具有中国特色的自然辩证法理论体系和科学体系；在应用方面，用自然独特的思维方式、视角和方法创新研究成果。但是，应防止在研究中出现有科学无哲学和有哲学无科学的现象，建立起有普遍性意义和探索性意义的解释模型，形成自己的研究规范。

(参见《光明日报》2002年2月26日B1版)

韩国实学思想研讨会 研讨会由中国社科院东方文化研究中心、首都师范大学出版社和中国实学研究会联合主办，于3月21日在北京召开。与会者说，韩国实学是朝鲜后期适用于地主阶级改革派和新兴市民需要，代表社会发展前进方向的社会思潮，是由当时的地主阶级改革派的自我反省、自我批判的革新思想和新兴市民阶层的近代启蒙意识汇合而成的。与会者认为，从现代的观点看，朝鲜古典实学作为韩国优秀传统文化的一部分，虽已成为历史的陈迹，但是，在韩国的历史上，它是最接近于近现代社会的思想形态，蕴涵着建构近现代思想体系的文化因子。它的元典精神仍深深地植根于现代韩国人的深层心理结构中，具有超时空的普遍意义。朝鲜实学所具有的“实事求是”的务实精神，“兴利除弊”的改革精神，追求真理的科学精神，“以民为本”的民本思想，以“诚”为基的“实心实学”精神，“近代指向”的启蒙意识，放眼世界的开放精神等，都是朝鲜文化的珍贵历史遗产。现代韩国人可以通过朝鲜实学去领悟它的元典精神，吸取它的哲学智慧，并根据时代要求，对它进行现代转换，寻找它的现代价值。实学精神必定会成为推动韩国完成“近代指向”与“近代克服”这一双重历史使命的精神原动力。

研讨会同时又是由葛荣晋主编、首都师范大学出版社出版的《韩国实学思想史》一书的首发式。该书是从中国人的视角，按照中国人的理论架构和治学方法而编写的一部有关朝鲜实学的学术专著。

(参见《光明日报》2002年6月26日B1版)

以德治国与中国社会发展理论研讨会 研讨会由中央党校哲学部、中央党校社会发展研究中心和深圳市新世纪文明研究会于4月6日在北京联合举办。徐惟诚、桂世镛、罗国杰、黄楠森、靳辉明、庞元正、刘大椿、李德顺、王伟、韩庆祥、徐景安等数十名专家学者就“以德治国”与“依法治国”、“以德治国”与科教兴国、“以德治国”与经济建设等问题，进行了深入研讨。徐惟诚在研讨会上说，社会发展很快，需要道德力量的支持。这就需要处理好四个方面的问题：一是充分认识“以德治国”的意义，注意解决人与社会、人与知识、人与货币、人与生命、人与社区、人与法律等关系。二是道德建设要抓重点，逐步推进，建立与中国特色社会主义相适应的道德体系，当前要特别关注诚信建设。这个问题不解决，经济发展影响很大。同时，还要关注过去理论研究较少的问题，如法人及其规律，以及与自然人的关系；网上道德；家庭美德功能的转变；弱势群体的思想道德引导等。三是要研究道德传递问题。目前流动人群大量增加，他们原有的社区道德意识不断淡化，而没有融入新的社区道德思想中，这就使得道德传递失常。四是重视老年人群的道德建设。针对社会上有人担心在依法治国过程中提“以德治国”会不会弱化依法治国问题，罗国杰认为，“以德治国”是在推进依法治国的同时强调以德治国，它是对依法治国方略的补充、发展和完善，二者是相辅相成的关系。

(参见《光明日报》2002年4月16日B1版)

唯物史观与社会科学研究研讨会 教育部社科中心与中国史学会、北京市历史学会联合，于4月18日召开了有历史学、哲学、经济学、法学、科学社会主义等多学科专家学者40余人参加的“唯物史观与社会科学研究”研讨会，围绕唯物史观的坚持与发展，坚持以唯物史观为指导繁荣哲学社会科学等问题展开深入研讨。会后在《高校理论战线》杂志发表了会议综述及一批论文。这次研讨会在学术界产生了较大影响。学者们认为，马克思主义是我们的立国之本。在新的历史时期，我们要坚持马克思主义的基本原理，同时要对马克思主义的某些基本结论进行发展。唯物史观与剩余价值学说是马克思主义的基本原理，在任何时候都要坚持。

唯物史观的基本内容是对生产力和生产关系、经济基础和上层建筑的相互关系的正确认识。生产力与生产关系、经济基础与上层建筑的矛盾推动着人类社会由低级向高级的发展。作为一个科学的理论体系，唯物史观是不可超越的。

（教育部高等学校社会科学发展研究中心田心铭、王炳权供稿）

德沃金法哲学思想国际研讨会 5月18日至19日，研讨会在清华大学法学院举行。美国、加拿大、日本、台湾和香港地区5名学者及国内40多名学者参加会议。会议就德沃金法哲学思想中的一些主要问题进行了深入讨论，其中包括：法律的整合性、法律原则的基础和作用、法律建设性解释理论、法律诠释与自由裁量权、法律与政治道德、法律与政治、法律与社会发展、权利理论等。会前，美国天普大学法学院教授凯尔瑞斯作了“美国言论自由的历史与现实”的演讲。会后，德沃会教授在清华大礼堂作题为“认真对待人权”的学术演讲。清华法学院、北京大学、政法大学等高校的学生1000多人前来聆听演讲。德沃金教授是美国人文社会科学学院院士和英国科学院院士，同时受聘于美国纽约大学法学院和英国牛津大学法学院。他是当代法理学界执牛耳者之一。

（清华大学文科建设处刘金梅供稿）

唯物史观与21世纪社会科学研讨会 为繁荣学术，加强理论研究，促进多学科的交流，由中国世界中世纪史协会、高校中青年马克思主义研究会、中央财经大学党委宣传部、中央财经大学邓小平理论研究会及中央财经大学社会经济发展研究所联袂举办的本次研讨会5月25至26日在北京举行。著名学者梁柱、田心铭、瞿林东、刘明翰、庞卓桓、吴恩远、赵家祥、张守民、郝立新等以及来自全国各地的历史学、哲学、经济学、新闻出版界的50余位学者参加了会议。与会学者围绕“唯物史观与21世纪社会科学”这一主题展开了热烈而深入的讨论。许多学者强调指出，一切思想体系都有自己的源和流，马克思主义的“源”就是唯物史观。马克思主义的整个思想体系是建筑在唯物史观这个基础之上的。唯物史观在社会科学发展的基础上产生，随着社会历史的发展而前进。作为我们认识世界、改造世界锐利的理论武器，唯物史观今天仍然保持其旺盛的生命力，不仅指导21世纪中国社会科学的前进方向，而且指导我们的改革实践。与会者一致认为，江泽民2001年8月7日和2002年4月28日两次关于发展我国哲学社会科学事业的讲话，非常重要。自然科学和社会科学二者犹如车之两轮、鸟之两翼，缺一不可。建国后我们走过的一些弯路（如“大跃进”、“文化大革命”等）主要是社会科学出了问题。与会者认为，繁荣社会科学，需要打破传统的学科、专业界限，各领域的学者应就当前人们普遍关注的热点问题——全球化、知识经济、现代化、改革实践、苏联解体等——通力合作，协作攻关；在唯物史观基本原理的指导下，结合具体的研究对象，吸收最新的积极成果，提出新的理论认识。当然，对于150多年前马克思、恩格斯对个别问题的表态或意见，我们同样不能采取“两个凡是”的态度，结合当前的实践加以补充与发展是我们社会科学工作者责无旁贷的义务。一些学者在发言中表示，我们应将唯物史观的精髓、民族传统的特色、现代意识和世界意识的气息三者结合起来，充满信心地走向世界。在此基础上，形成21世纪社会科学各个领域的中国学派。

（中央财经大学科研处供稿）

过程哲学与价值哲学国际学术研讨会 6月18日至20日，由北京师范大学价值与文化研究中心和美国过程研究中心（Center for Process Studies, USA）共同举办的“过程哲学与价值哲学；怀特海与中国”国际学术研讨会在北京师范大学举行。教育部副部长、北京师范大学价值与文化研究中心主任袁贵仁、北京师范大学校长钟秉林等出席会议并讲话。大会的主题是：探讨过程哲学与价值哲学的关系，怀特海的过程哲学与中国文化的关系，揭示有机的整体的世界观对新世纪价值和文化建设的魅力。本次会议围绕价值哲学和过程哲学领域的重大问题，研讨价值哲学和过程哲学与全球化、科学技术、教育、生态环境、经济社会可持续发展、企业管理等方面的关系，揭示价值哲学在过程哲学在当代社会发展中的实践意义；研讨价值哲学和管理哲学与马克思主义、后现代主义、消费主义等的关系，揭示价值哲学和过程哲学对新世纪价值和文化建设的意义等。此次研讨会是首届中外过程思想家与价值哲学家高层次的哲学对话，对于加强过程哲学和价值哲学领域的国际合作、推动过程哲学与价值哲学的发展具有重要意义。

（北京师范大学社会科学处马永梅供稿）

二宫尊德思想双边学术研讨会 为纪念中日邦交

正常化30周年，为推动和深化中日人文学者对中日思想文化关系以及东方文化价值的学术研究和交流，6月22日至23日，北京大学外国语学院日本文化研究所与日本报德博物馆在北京大学共同举办了二宫尊德思想双边学术研讨会。与会者共计86名。日方学者45人，来自京都大学、早稻田大学、报德博物馆等7所大学和研究单位。中方的41名学者分别来自北京大学、北京外国语大学、北京师范大学、中国社会科学院等10所大学和研究机构。中国对外文化交流协会常务副会长、中华日本学会会长刘德有、报德博物馆馆长草山昭等出席开幕式并致辞。二宫尊德是日本德川时代末期最著名的农民思想家，被树为近现代日本人传统道德的楷模，其基于神佛儒而建构的“报德思想”，融会了中日思想文化的精华，表现了东方文化价值伦理的本质特征。此次研讨会围绕二宫尊德思想的内涵、渊源、特质、其与中国文化的关系、与日本近代化的关系以及其在日本思想史上的作用和现代价值意义等问题展开了专题性学术讨论，填补了我国日本学研究的一个空白。会上发表论文20篇，不少研究成果比当前日本学者的研究有较大的突破，视角新颖，观点有创新，并提出一些挖掘东方文化价值的新课题。会议决定：(一) 出版会议论文集；(二) 筹备成立“国际二宫尊德研究学会”；(三) 两年后在日本举行第二届“二宫尊德思想国际学术研讨会”。

(北京大学社会科学部朱邦芳供稿)

冯定百年诞辰纪念会暨学术讨论会　9月27日，会议在北京大学交流中心隆重召开。中宣部、教育部、中共中央党校和北京大学等单位的有关领导和专家学者及冯定同志的亲友、《人民日报》等新闻媒体记者100余人出席了大会。冯定同志是我国著名的哲学家和教育家，1957年由毛泽东主席提名调到北京大学哲学系任教授，从事教学和培养青年教师和研究生的工作。在北大的27年间，担任过哲学系主任、校党委副书记、副校长、顾问等职。此外，冯定同志还历任全国政协第二、三、四届委员，第五届常委，中国科学院社会科学学部委员，《哲学研究》编委，全国伦理学会名誉会长，全国马克思主义哲学史研究会和全国辩证唯物主义研究会顾问，北京市哲学学会会长等职务。与会学者充分肯定了冯定同志在马克思主义哲学研究和发展方面做出的重大贡献，高度赞扬了他高尚的人格和情操。大家一致认为，此次召开冯定同志百年诞辰纪念会暨学术研讨会，缅怀冯定同志，正是要贯彻江泽民同志关于哲学社会科学的发展与创新的重要讲话精神，继承老一代哲学社会科学工作者的优良传统，努力推进我国新世纪哲学社会科学和教育事业的发展。

(北京大学社会科学部朱邦芳供稿)

世纪之交的哲学国际学术研讨会　研讨会由中国社会科学院哲学所和国际哲学团体联合会于10月8日在北京共同举办。在新世纪，全球哲学工作者该以怎样的“知”和“行”共同促进21世纪哲学事业的繁荣，从而促进人类的和平生活、文化繁荣和社会进步？这一话题成为与会哲学学者深入探讨的课题。中国社会科学院院长李铁映在会上发表了题为《把握时代　创新哲学》的学术讲演。他说，哲学既是文明的活的灵魂，更是时代精神的精华。社会需要哲学，时代需要哲学，尤其是急剧变化的时代更需要哲学。进入21世纪，世界和平、自由、平等、正义和价值观等构成人类文明之基础的基本观念遇到严重困难和挑战。这些需要世界各国哲学家发展哲学，创新哲学，为人类文明奠定新的基础。会上，国内外著名哲学家以及部分高校哲学学术机构与哲学院系的负责人，共同围绕“世纪之交的哲学”这一主题，探讨了21世纪哲学的前景和东西方哲学对话、交流、合作与融会的途径。

(参见《光明日报》2002年10月9日A2版)

人文素质与人的发展学术研讨会　研讨会由中国人学学会、首都师范大学哲学与文化研究所于11月2日在北京共同举办。会议就如何提高人文素质与促进人的全面发展问题，进行了研讨。与会者指出，人的素质是一个综合的整体性的概念，它不仅对我国现代化进程具有特殊的重要性，而且直接关系到我国可持续发展战略目标的实现。有学者认为，从人学的视角看，可持续发展就是人与自然，人与社会以及人们之间的和谐发展。只有提高国民人文素质，才能促进人的全面发展和社会的可持续发展。还有的学者对人文素质的内涵作了探讨，认为过去谈人的素质往往讲德、智、体、美、劳；除此之外，还应对应地讲才 (能力)、知 (知识)、心 (心理)、科 (科学素质)、文 (文化水平)。也就是说，人的素质分为三类：一是基础性的素质；二是动力性的素质；三是保证性的素质。还有学者认为，谈人的素质不能把科学与人文割裂开来，真正对科学技术有重大贡献者，其人文素质都很高，他们有强烈的国家意识和民族意识。来自学术界的黄楠森、王锐生等40余位专家学者出席了会议。

（参见《光明日报》2002年11月19日B1版）

科学技术中的哲学问题研讨会 11月9日至10日，由清华大学、北京师范大学、中国自然辩证法研究会共同主办的此次研讨会在清华大学召开。在开幕式上，清华大学校务委员会副主任、人文学院院长胡显章教授代表东道主首先致辞。清华大学蔡曙山教授主持了第一场报告。应邀参加会议的约翰·齐曼（John Ziman）教授作了“Believing in Science（依赖科学）”的专题报告，齐曼在报告中指出，要将科学哲学的方法论研究、科技社会学的规范问题研究与心理学的认知研究几方面结合起来，才能真正理解科学。吴彤教授在“20世纪后半叶中国自然科学哲学问题研究的历史、现状和若干问题的思考”的报告中，较全面地总结了中国20世纪50年代后的自然科学哲学问题研究的历史、现状，通过文献比较研究，对自然科学哲学问题是科学哲学研究主流的观点给予论证，为这次会议提供了一种研究视角，为各位了解国际科学哲学现状和中国自然科学哲学问题研究以及未来作了基础性的解读。刘晓力教授的“计算主义质疑”报告，则从认知科学等多个视角展示了计算主义和非计算主义各种纲领在计算机科学、脑科学和认知科学发展进程中的各种争论，对于计算的功能和局限做出了尽量客观的分析，对计算主义作出了基于“数学是算法不可穷尽性”立场的评价。孙小礼教授以“关于科学研究方法论的几点想法”为题，特别对研究中的方法论问题作了强调，认为方法论是进一步推动科学技术哲学研究的重要基础，并且强调了模型方法的作用。大会围绕科学技术的元理论问题：物理、生命与心智科学的哲学问题；技术哲学与科技伦理学；复杂性与系统科学中的哲学问题等四个主题，举行了20余场报告，并针对相关主题展开了分组讨论。中国自然辩证法研究会副秘书长刘啸霆教授在闭幕式上指出：这次会议是在新世纪中国自然辩证法世界举行的第一次“科学技术中的哲学问题”的全国性学术研讨会。

（清华大学文科建设处刘金梅供稿）

维特根斯坦和20世纪分析哲学国际学术研讨会 本次会议是教育部人文社会科学重点研究基地北京大学外国哲学研究所承担的重大项目“分析哲学：回顾与反省”的一项重要内容，10月11日至14日由北京大学外国哲学研究所主办。近40名海内外分析哲学学界的知名学者出席会议，其中有英国牛津大学的Timothy Williams Child教授、美国霍普金斯大学的Meredith Williams教授、美国芝加哥大学的Jason Bridges教授、美国纽约大学的Paul Boghossian教授、奥地利Graz大学的Rudolf Haller教授、以色列特拉维夫大学的Anat Biletzki教授、希腊美利坚学院的Foteini Zika教授、韩国Yonsei大学的Jungsoon Park教授、中国台湾“中央研究院”的方万全教授、中国香港浸会大学的Leo Trang教授、中国北京大学的陈启伟教授等。三十多名代表在会上宣读了论文，就维特根斯坦哲学的解释和评价以及维特根斯坦对20世纪分析哲学的影响进行了广泛深入的讨论和交流。“维特根斯坦对二十世纪哲学的贡献”、“遵循规则、意向性和认识相对主义”、“维特根斯坦的逻辑哲学论的形而上学”、“维特根斯坦的‘过去’的‘自我知识’”、“《哲学研究》的方法和元哲学”、“维特根斯坦——诗与文学”等论文见解独到，受到广泛好评。分析哲学是20世纪世界哲学中影响最大、持续时间最长、至今在世界各国仍方兴未艾的哲学思潮。本次国际学术研讨会对分析哲学以及中国哲学的发展具有重大的意义。

（北京大学社会科学部朱邦芳供稿）

孔子与当代国际学术研讨会 11月30日，中国人民大学孔子研究院成立庆典暨“孔子与当代”国际学术研讨会，在中国人民大学逸夫会议中心举行。国务院前副总理、国际儒学联合会会长、中华孔子基金会名誉会长谷牧，全国政协常委、全国政协科教文卫体育委员会副主任、民进中央副主席楚庄，教育部章新胜副部长，北京大学哲学系教授、中国人民大学孔子研究院学术委员会顾问张岱年，中国人民大学校长、孔子研究院名誉院长纪宝成，中国人民大学党委书记程天权，孔子后裔孔黛碧以及海内外专家学者300余人出席庆典仪式。中国人民大学副校长冯俊宣读中国人民大学关于成立孔子研究院和中国传统文化研究中心的决定。谷牧、章新胜为中国人民大学孔子研究院揭牌。楚庄、纪宝成为中国传统文化研究中心揭牌。楚庄、章新胜、纪宝成、张岱年、孔黛碧和中国人民大学孔子研究院院长张立文教授分别在成立庆典上致辞。成立庆典后，“孔子与当代”国际学术研讨会举行。汤一介、张岂之、成中英、汤恩佳等著名学者分别以“儒家思想对当今和平、发展问题可有之贡献”、

“今天看孔子儒学”、“六类儒家行动起来，努力弘扬孔子儒家思想”等为题，在大会做学术报告。并以“孔子与儒家思想”、“孔子学说与东亚文化”、“孔子学说与全球化”为主题，在各分会场开展研讨。

(中国人民大学科研处罗圣华供稿)

韩树英从教工作50周年学术研讨会　12月8日，中央党校常务副校长虞云耀、副校长王伟光、石泰峰，中国社会科学院学术委员会副主任汝信，北京大学教授黄楠森等和来自学术理论界的专家学者百余人聚会中央党校，研讨我国当代著名马克思主义哲学家、理论家、教育家韩树英的治学思想和学术贡献。与会者认为，他在几十年的学术研究和教学生涯中，孜孜以求，锲而不舍，为人师表，以坚定的马克思主义信念，严谨求真的作风，与时俱进、开拓创新的精神，致力于马克思主义哲学及其基本理论的研究，致力于毛泽东哲学思想研究，致力于邓小平理论及其哲学基础的研究，以及建设中国特色社会主义的诸多理论研究等，对马克思主义哲学的对象、实质、体系、结构和作用进行了开创性研究，表现出了宽广的理论视野和深厚的哲学造诣。

(参见《光明日报》2002年12月9日A2版)

纪念著名哲学家贺麟诞辰100周年　贺麟是我国著名的哲学家、翻译家，在唯物辩证法、西方哲学、中西文化交流等领域取得了重大成就。他对中国传统哲学和西方哲学都有深入的研究，组织与领导了西方哲学名著的翻译与研究，毕生致力于以西方哲学为借鉴，发展中国传统哲学，弘扬和光大中国传统文化。新中国成立后，他完成了从唯心主义者向唯物主义者的转变，开始应用马克思主义哲学的立场、观点和方法来研究西方哲学，对唯物辩证法的研究作出了很大贡献。为此，首都学术界于12月10日在中国社会科学院隆重纪念贺麟诞辰100周年。著名学者汝信、任继愈、张世英、黄楠森、汪子嵩等出席了纪念会。

(参见《人民日报》2002年12月11日第4版)

政治学(含思想政治工作、党建、统战)

全国党建研究会理论研讨会　1月17日至19日，全国党建研究会第三届第二次理事会暨理论研讨会在北京召开。会议根据党中央和全国组织部长会议关于党的建设的工作部署，提出了2002年研究会工作的设想，并围绕“认真落实‘三个代表’的要求，增强执政基础”课题，进行了深入的研讨。中共中央政治局常委、书记处书记胡锦涛和中共中央政治局候补委员、书记处书记、中组部部长曾庆红对会议分别作了批示和指示。会议认为，始终坚持“三个代表”重要思想是我们党的立党之本、执政之基、力量之源，是党在新的历史条件下全面加强自身建设的伟大纲领，也是执政党巩固政权、永葆青春活力的理论基石。适应新形势、实现新任务、迎接新挑战，要求我们党必须在思想理论上有新的突破、新的建树和新的创新。从事党建理论研究的同志，一定要认清形势发展的要求，坚定信心，抓住当前的大好时机，以高度的政治责任感和勇往直前的进取精神，积极投身于党建理论创新活动，务求有所作为，力争有较大作为。

(参见《人民日报》2002年1月20日第1版)

坚持和完善中国共产党领导的多党合作制度理论研讨会　1月21日至22日，由北京市统战理论研究会、中国人民大学国际关系学院、中国人民大学当代中国政党研究中心共同举办的“坚持和完善中国共产党领导的多党合作制度”理论研讨会在京召开。中国人民大学、北京大学、清华大学等在京高校，北京市委统战部、民主党派、人民团体等从事统一战线理论研究工作的专家学者和从事实际工作的有关负责人60余人参加了会议。北京市委统战部沈仁道部长、中央统战部朱维群副部长、中国人民大学党委书记程天权教授出席了会议，并发表了重要讲话。沈仁道指出，中国共产党80多年的历史就是一部统一战线史，当前国内外形势的发展给统一战线和多党合作带来深刻的影响，社会主义市场经济的建立和发展促进了人们的参与意识，对当代中国政党制度的发展提出了新要求。对多党合作的形式、渠道等问题进行研究，是实际工作者和理论研究工作者的重要课题。朱维群向大家介绍了2001年统一战线工作的基本情况和今年统一战线工作的基本思路。程天权则从历史与现实的结合上阐述了多党合作和政治协商制度的内在逻辑，提出要按照江泽民关于社会科学研究的讲话精神，发挥社会科学研究机构如中国人民大学的优势，研究社会发展过程中层出不穷的新问题。在新的历史条件下，不仅要研究我国的政治制度、政党制度、而且要比较研究外国的政治制度和政党制度，研究世界各国政党兴衰成败的经验教训，研究执政党的规律。

(中国人民大学科研处罗圣华供稿)

纪念延安整风60周年座谈会 座谈会由延安精神研究会于1月29日在人民大会堂举行。与会者说，延安整风是一次普遍的马克思主义教育运动和思想解放运动，它哺育了一代乃至几代中国共产党人，对于党的建设特别是党的思想作风建设具有不可估量的作用。重温延安整风的宝贵经验和毛泽东同志有关论述，对于我们深入学习贯彻江泽民同志"三个代表"重要思想，推进改革开放和有中国特色社会主义现代化建设，都具有重要的现实意义。参加过延安整风的老同志深有感受地说，我们党的理论联系实际的作风、密切联系群众的作风、艰苦奋斗的作风和勇于创新的作风，是延安整风的宝贵精神财富，在今天仍然闪耀着灿烂光芒。

（参见《光明日报》2002年2月5日B1版）

美国总统布什到清华大学演讲 2月22日，400多位清华师生和数十名中外记者在清华大学主楼前厅，听取布什总统的演讲。演讲开始前，毕业于清华大学水利系的中国国家副主席胡锦涛在校内与布什进行了简短会晤。布什发表演讲前，胡锦涛致辞对布什总统访华和到清华大学演讲表示欢迎。胡锦涛说，很高兴回到母校同清华大学的师生们一起欢迎来自大洋彼岸的贵宾——布什总统。布什总统的来访恰逢尼克松总统访华和中美上海公报发表30周年。中美两国都是伟大的国家，两国人民都是伟大的人民。国际形势的发展一再表明，中美两国在维护亚太和世界的和平与稳定，促进地区和全球经济的增长与繁荣，打击恐怖主义和其他跨国犯罪，以及解决环境恶化等全球性问题上，都负有重要的责任，拥有广泛的共同利益。中美友好合作符合两国人民的意愿，顺应历史发展的潮流。只要双方相互尊重，平等相待，求同存异，中美关系就能健康、稳定地向前发展。胡锦涛表示，青年是国家的希望，世界的未来，也是推动中美友好的生力军。希望两国青年加强交流，增进友谊，互相学习，共同致力于世界的和平、进步与发展。布什在演讲中首先回顾了中美关系的发展历程，指出30年前两国领导人的会见结束了双方几十年的隔绝，奠定了双方交往合作的基础。他说，与1975年我首次访华相比，中国发生了天翻地覆的变化，中国止在成为世界上最富活力、创造力的国家之一。中国正在崛起，美国欢迎中国强大、繁荣。布什还介绍了美国立法、司法和行政机构间的关系，并谈及了他本人对家庭、宗教信仰、移民、打击恐怖主义等问题的看法。布什希望进一步加强美中两国之间的教育、文化交流与合作，希望清华大学同美国院校扩大交流、合作。随后布什还回答了清华学生的提问。清华大学校长王大中主持了布什的演讲。

（清华大学文科建设处刘金梅供稿）

学习江泽民论延安精神座谈会 座谈会由中国延安精神研究会，于4月17日在北京举行。江泽民在陕西讲话中，对延安精神作了精辟的概括，号召全党要大力弘扬延安精神。有关部委的领导、老同志、理论工作者、首都高校师生等数十人与会，就延发精神的科学内涵、时代意义和如何加强党的建设等课题，进行了深入研讨。马文瑞、逄先知、有林、林谦、凌云、李忠杰、刘忠德、陈登才、罗忠敏等相继发言。与会同志认为，延安精神体现了我们党的马克思主义政党性质，是马克思主义与中国革命实践相结合的产物，是我们党的优良传统和宝贵财富。马文瑞在主题报告《为弘扬延安精神作出新贡献》中指出，江泽民同志关于弘扬延安精神的讲话，既深刻地总结了党的历史经验，又鲜明地体现了与时俱进的精神，是对我们党的思想建设、组织建设和作风建设提出的新要求，是对全党进行了社会主义现代化建设和西部大开发新的思想动员。逄先知说，江泽民同志对延安精神的内容概括，包括政治方向、思想路线、根本宗旨和创业精神四个方面，使我们对延安精神的本质有了更明确的认识，提高了坚持和发扬延安精神的自觉性。与会同志强调，延安精神在战争年代发挥了重要作用，在建设有中国特色社会主义伟大事业中，同样有强大的作用。它是新时期加强执政党建设的重要条件，也是实践"三个代表"重要思想的途径。

（参见《光明日报》2002年4月23日B1版）

21世纪政治、经济、管理前沿问题学术报告会

5月6日，中国政法大学为庆祝建校50周年举办了"21世纪政治、经济、管理前沿问题"学术报告会。报告会由政治与管理学院副院长孙选中教授主持，副校长解战原教授到会致辞。在本次研讨会上，北京大学赵宝煦教授，吉林大学王惠岩教授，天津师范大学徐大同教授发表了演讲。中国人民大学国际政治学院院长李景治教授，以及李义平教授、毛寿龙教授做了精彩的学术报告。李景治教授的报告介绍了高校目前国际政治学科的现状，并对政治与管理学院应如何进行国际政治学科建设提出了建议。李义平教授《中国当前的经济形势及走势分析》的报告讲了两个问题，一是简单回顾我国经济走过的历程，二是今后经济发展的对策。毛寿龙教授《制度分析与公共政策》的报告阐述了制度的定义，提出制度是大家共同遵守的办事规程和行动准则，制度是与政治、经济、文化等各方面联系在一起的，是一个体系。

（中国政法大学科研处供稿）

首都社科界学习江泽民“4·28”重要讲话座谈会　4月28日，江泽民总书记考察中国人民大学重要讲话发表之后，在首都哲学社会科学界引起热烈反响。5月8日，北京市社会科学界联合会邀请首都社科界60余位专家学者进行座谈，畅谈学习江泽民同志重要讲话的体会，共商首都哲学社会科学事业发展繁荣大计。与会者一致认为，这篇重要讲话是继2001年北戴河“八七重要讲话”后的又一次关于新世纪发展我国哲学社会科学事业的重要文献。这一重要讲话再一次重申了“四个同样重要”的科学论断，进一步深入论述了发展哲学社会科学的重要意义，并对哲学社会科学工作提出五点希望。这五点不仅是对哲学社会科学工作者的希望和要求，也是哲学社会科学领域必须坚持的五条重要原则。尤其是江泽民同志关于“是否体现了中国先进生产力的发展要求、中国先进文化的前进方向和中国最广大人民的根本利益，是衡量我国哲学社会科学性质、方向和水平的根本尺度。”这一重要论断，进一步深化了我们在哲学社会科学领域贯彻“三个代表”重要思想的认识。

专家们纷纷强调，学习讲话，落实是关键。一是要按照江泽民同志“三个代表”重要思想和五点要求，认认真真抓落实。要以“三个代表”重要思想为指导，围绕创新抓落实，围绕中心工作抓落实，围绕继承优秀传统、学习借鉴有益文化成果抓落实，围绕改进学风抓落实，围绕贯彻“三个代表”要求的自觉性、坚定性抓落实，围绕北京具体实际抓落实。要发挥首都优势，吸引凝聚力量；要不断加大投入，切实提供保障；要努力搞好服务，营造良好环境；要不断创新，健全工作机制；要重在建设，多出成果，多出人才，多出思路，积极为首都社会科学事业的繁荣和两个文明建设贡献力量。

在座谈会上，林泰、谢龙、闫志民、曹长盛、郑海杭、童庆炳、张静如等专家学者和有关部门负责人宋贵伦、张文啟、王新华、刘述礼等纷纷发言。会议由市社科联主席陶西平主持，市社科联党组书记张文啟就关于学习贯彻江泽民同志重要讲话精神作了具体的工作安排。

（北京市社科联王彦京供稿）

“人世”与政府应对学术研讨会　5月16日至18日，教育部普通高等学校人文社会科学重点研究基地—北京大学政治发展与政府管理研究所和北京大学政府管理学院联合召开了本次学术研讨会。来自北京大学、人民大学、清华大学、吉林大学、国家行政学院、中国政法大学、武汉大学、复旦大学、浙江大学、苏州大学、深圳大学、上海师范大学等高校的70余名学者与会。会议研讨的主要议题：（一）如何进一步加强政治学基地建设，更好地为我国的社会主义建设和政治体制改革服务。（二）面对加入WTO的新形势，中国政府怎样应对经济全球化带来的机遇和挑战。关于政治学基地的建设，会议认为：（1）要深入研究政治体制改革所涉及的若干重大问题，如选举问题、法治问题、德治问题、权力监督问题、基层自治问题、国家治理方式问题、政党执政方式问题等；（2）基地的学术研究要主动与政府决策进行沟通；（3）基地应思考如何推动全国政治学学科的发展；（4）要组织好中国政治学年鉴的编辑工作。围绕第二个议题，学者们着重研讨了以下问题：（1）中国加入WTO的利弊；（2）入世对传统政府管理体制的挑战，挑战的对象包括传统政府管理职能、传统政府决策体制、传统政府行为规范等；（3）入世与政府管理体制改革。一些学者提出，入世客观上要求实现中国政府管理的WTO化：政府管理思想与原则的WTO化、政府管理职能的WTO化、政府管理规则的WTO化、政府管理行为的WTO化和政府管理人才的WTO化；（4）入世与市民社会的发展。

（北京大学社会科学部朱邦芳供稿）

中国延安精神研究会等单位座谈纪念《在延安文艺座谈会上的讲话》发表60周年　座谈会由中国延安精神研究会、中国延安文艺学会等于5月20日在北京人民大会堂联合举办。马文瑞、袁宝华、刘忠德等出席并讲话。与会者有老红军、老同志、老文艺家和思想文化领域的中青年同志200余人。中国延安精神研究会会长马文瑞在讲话中说，《讲话》产生于延安精神形成时期，也是毛泽东思想达到成熟的时期。它不仅是马克思主义理论的经典著作，也是马克思主义世界观建设和建党学说的不朽文献。与会者回顾了《讲话》发表60年来革命文艺所走过的艰辛而辉煌的历程，畅谈了在新的历史条件下坚持和发展《讲话》精神的必要性和重要性。认为，在社会主义市场经济条件下，思想文化领域仍存在“为什么人”和“如何为”的问题，纪念《讲话》，就是要在新的历史条件下，按照“三个代表”的要求，坚持先进文化的前进方向，高举“为人民服务、为社会主义服务”的旗帜，坚定地走和广大人民群众相结合的道路，抵制腐败之风和各种歪风邪气的侵蚀，把社会主义精神文明推向新的高度。

(参见《光明日报》2002年5月28日B1版)

教育部举行学习“5·31”讲话座谈会 6月上旬，教育部邓小平理论研究中心邀请部分高校学者和党政干部举行了学习“5·31”讲话座谈会；参与筹备了由教育部于7月1日召开的教育界学习贯彻江泽民同志“5·31”重要讲话座谈会。与会学者认为，江泽民同志“5·31”讲话是深刻阐述“三个代表”重要思想的马克思主义光辉文献。学习这篇讲话，对于我们进一步从思想上、理论上做好迎接党的十六大、学习贯彻十六大精神工作，推进社会主义现代化建设和民族复兴大业，具有重要意义。学者们指出，只要坚定地贯彻、自觉地实践“三个代表”重要思想，学校的各项事业一定会顺利发展，我国的高等教育一定会为中华民族的伟大复兴做出历史性贡献。

(教育部高等学校社会科学发展研究中心田心铭、王炳权供稿)

中国人民大学举行学习“5·31”讲话座谈会 6月7日，中国人民大学召开座谈会认真学习讨论江泽民总书记“5·31”重要讲话。会议由校党委书记程天权主持，校党委副书记王新清、部分专家学者、有关部门负责人参加了座谈。与会者在学习讨论中一致认为，江总书记的“5·31”重要讲话对于“三个代表”重要思想做了全面而精辟的论述，既有严密的理论逻辑，又有很强的实践操作性；既明确了我们面临的历史任务和庄严使命，又提出了实现历史任务和庄严使命的具体要求和努力方向，对于加强和改善党的领导，始终保持党的先进性，推进我国新世纪、新阶段各项建设事业的持续、健康发展提供了强有力的理论指导和强大的精神动力，具有重要理论价值和巨大实践指导意义。大家纷纷表示，“七一”讲话、“4·28”讲话以及“5·31”讲话充分表明了江总书记对理论工作者的热切期盼和殷切期望，既对中国人民大学的理论工作提出了很高的要求，也提供了理论大发展的难得机遇，中国人民大学理所当然应该有所作为。程天权做了总结发言，他指出，江总书记的讲话对于更好地团结和动员全党高举邓小平理论伟大旗帜，全面贯彻“三个代表”要求，努力开创建设有中国特色社会主义事业新局面，对于我国教育事业的发展，对于中国人民大学的建设和发展都具有重要的指导意义。中国人民大学一定要结合学习贯彻落实江总书记在考察人民大学时作的“4·28”讲话精神，认真学习和深刻领会“5·31”重要讲话精神，统一思想，凝聚力量，与时俱进，开拓创新，加快建设以人文社会科学为主的世界知名的一流大学的历史进程，为新世纪我国哲学社会科学事业的发展繁荣，为中华民族的伟大复兴做出新的更大的贡献。

(中国人民大学罗圣华供稿)

中宣部召开学习“5·31”讲话座谈会 6月17日，中宣部在北京召开了学习江泽民总书记“5·31”重要讲话座谈会。邢贲思、王天玺、李慎明、杨春贵、吴树青、李文海、王家福、黄楠森、罗国杰、许志功、黄宏等专家学者在会上发言，大家一致认为，讲话站在党和国家发展全局的高度，科学分析了面临的新形势，深刻阐明了我们党执政兴国的新任务，创造性地提出了一系列新思想、新观点、新论断，进一步丰富了“三个代表”重要思想，进一步总结了建设有中国特色社会主义规律，为党的十六大胜利召开奠定了重要的思想理论基础。会议强调，理论界要自觉把思想统一到江总书记“七一”讲话和“5·31”讲话精神上来，深入研究干部群众关心的重大理论和实际问题，努力推出一批有深度、有分量、有说服力的理论成果。

(参见《人民日报》2002年6月18日第1版)

全军学习贯彻江泽民“三个代表”重要思想座谈会 座谈会由解放军总政治部委托国防大学邓小平理论研究中心具体组织，于6月18日至19日在北京召开。解放军总政治部主任于永波出席会议并讲话。总政宣传部、国防大学、马克思主义研究所的领导及来自全军的理论工作者百余人，围绕以“三个代表”重要思想为指导，推进军队现代化建设的主题，进行了深入研讨。与会者认为，“三个代表”重要思想总结了建设有中国特色社会主义的规律，高屋建瓴、内涵丰富、思想深刻，对于进一步统一全党思想，凝聚力量，更好地团结全党全军高举邓小平理论伟大旗帜，实现历史和时代赋予我们党的庄严使命，具有重大意义。与会者认为，深刻理解“三个代表”重要思想的科学内涵，关键在坚持与时俱进，核心在保持党的先进性，本质在坚持执政为民这一根本要求。与会者强调，全军要自觉把思想统一到江总书记“七一”讲话和“5·31”讲话精神上来，特别是军队理论工作者要深入研究广大官兵关心的重大理论和实际问题，努力推出一批有深度、有分量、有说服力的理论成果，以优异的成绩迎接党的十六大胜利召开。

（参见《光明日报》2002年6月25日B1版）

“三个代表”重要思想与社会主义理论创新学术论坛　由中国社会科学院青年人文社会科学研究中心主办的此次学术论坛，于6月21日举行。来自首都理论界的青年理论工作者一致认为，“三个代表”重要思想总结了我们党长期奋斗的经验和世界社会主义的实践，反映了当代世界和中国的发展变化对党和国家工作的新要求。它不仅是新世纪全面加强和改进党的建设的强大理论武器，而且是推进我国社会主义制度自我完善和发展的强大理论武器。对此，我们应当在认真学习江泽民同志关于“三个代表”重要思想的一系列重要论述的基础上，从总结国际共产主义运动兴衰成败的历史经验，尤其是从苏东剧变的惨痛教训的视角去理解；从马克思主义与时俱进的理论品质和发展创新的必然要求去理解；从中国共产党80多年奋斗历史经验的集中体现的高度去理解；从我们党发展的现状和党的建设取得的成就、存在的问题以及面临的挑战的高度去理解；从解答改革开放和社会主义现代化建设面临的新形势、新任务和新问题，开创建设有中国特色社会主义事业新局面的高度去理解；从以江泽民同志为核心的党中央第三代领导集体坚持和发展邓小平理论，开拓马克思主义理论发展新境界的高度去理解。

（参见《光明日报》2002年7月2日B1版）

“三个代表”重要思想与中国政治发展学术研讨会

由中央党校政法教研部、中国社科院政治学研究所、中国马克思主义研究基金会共同举办的此次研讨会，于6月21日在北京召开。与会专家学者围绕以“三个代表”为指导，建设社会主义政治文明的课题，进行了研讨。与会同志认为，在社会关系和社会结构随人类社会实践而积淀形成的政治文明，是反映特定社会的物质文明和精神文明建设的制度化、规范化水平的标志。一方面，政治文明建立在一定程度的物质文明和精神文明发展水平之上；另一方面，政治文明是社会的物质文明和精神文明提供制度和法制保障，使之更加健康稳定协调地向前发展。在我们国家，党的领导、人民民主、依法治国，是具有中国特色社会主义政治文明的三大支点和基本特征。这三个方面共同构成了当代中国政治文明主体结构。坚持中国共产党的领导，保证人民民主方向，实行人民民主，是体现社会主义政治文明的本质；推行依法治国，是保证党的领导和人民民主顺利实施的根本手段。与会者指出，社会主义民主反映了社会主义的本质特征。生产的社会化，必然要求经济和政治管理权力的民主化，社会主义的经济基础必然要求在上层建筑领域实行人民当家作主的政治制度。人民不仅要享有富裕、文明的物质文化生活，而且要求实现高度民主的社会政治生活，这也是我国社会主义现代化发展的必然趋势。

（参见《光明日报》2002年7月9日B1版）

学习江泽民“5·31”讲话学术研讨会　由中国中共党史学会、中共中央党校党史教研部、《学习时报》联合召开的“学习江泽民同志重要讲话，回顾党的十三届四中全会以来的成就与经验”学术研讨会，于6月23日在中央党校举行。与会的20余位专家学者联系党的历史，特别是党带领人民建设有中国特色社会主义事业的历史，深入领会“三个代表”重要思想的形成历史、科学内涵、根本要求和历史地位。与会者一致认为，江泽民同志“5·31”讲话关于贯彻“三个代表”要求“关键在坚持与时俱进，核心在保持党的先进性，本质在坚持执政为民”的科学论断非常重要，非常深刻。联系党的历史，特别是党领导人民建设社会主义的历史，可以加深对这一科学论断的认识，增强贯彻“三个代表”重要思想的自觉性和坚定性。

（参见《光明日报》2002年7月4日A4版）

学习实践“三个代表”理论研讨会　6月28日至30日，北京市邓小平理论研究中心、《中国特色社会主义研究》杂志社、北京市房山区委在京郊韩村河联合召开“学习实践三个代表，与时俱进开拓创新”理论研讨会，认真学习江泽民总书记“5·31”重要讲话，深入研讨重大理论和实际问题。北京、上海、广东、中共中央党校、教育部、国防大学、中国社会科学院七个全国邓小平理论研究基地和部分省市邓小平理论研究中心的负责人、首都理论界专家学者、北京市各区县理论宣传部门负责人近百人参加了会议。与会者认为，江泽民总书记的“5·31”讲话，深刻阐明了我们党执政兴国的新形势，创造性地提出了一系列新思想、新观点、新论断，进一步丰富了“三个代表”重要思想，科学地总结了建设有中国特色社会主义规律，为党的十六大胜利召开奠定了重要的思想理论基础。认真学习贯彻江泽民同志“七一”讲话和“5·31”讲话，用讲话精神统一思想和行动，是当前广大理论工作者义不容辞的责任。与会者认为，开创建设有中国特色社会主义事业的新局面，必须高举邓小平理论伟大旗帜，全面贯彻“三个代表”要求。关键是坚持与时俱进，核心是保持党的先进性。本质是执政为民。坚持解放思想、实事求是的思想路线，弘扬与时俱进的精神，这是我们党在长期执政条件下保持先进性和创造力的决定性因素。与会者认为，贯彻“三个代表”的要求，要重实际、见实效。理论来自实践又指导实践。在我们党80多年的奋斗生涯中，伴随着理论的伟大创新，革命、建设和改革的实践不断焕然一新，之所以如此，就在于我们党坚持把理论成果贯穿于伟大的社会实践。这既是一条宝贵经验，也是一项重要原则。研讨会上，李忠杰、侯树栋、徐崇温等学者做了大会发言。会议期间，与会代表还参观了房山区农村实践“三个代表”先进单位韩村河、金鸡台和城关镇。

（李翠玲供稿）

“中国根”推动祖国和平统一进程高层论坛 以“文化寻根、加强两岸交流推动和平统一进程”为议题的论坛，于6月30日在北京钓鱼台国宾馆举行。来自国务院台办、全国侨联、中共中央统战部、台港澳地区等有关方面代表出席了会议。此次论坛政治顾问、著名教育艺术家刘吉在会上讲话指出：中国民族文化是全球华人的根。全球中国人只有团结一致，两岸才能统一，中华民族才能强盛。与会者指出，用文化为华人寻根，激发炎黄子孙同根同族，血脉相连的爱国情怀，必将对中国和平统一起到推动作用。

（参见《光明日报》2002年7月1日A4版）

转型中的中国政治与政治学发展国际学术研讨会

7月15日至16日，由中国人民大学国际关系学院、中山大学政治与公共事务管理学院和美国中国政治研究学会联合主办的此次国际学术研讨会在中国人民大学逸夫会议中心举行。来自国内近50家高教科研机构和出版机构的学者以及北美和欧洲各国的学者共170多人参加了会议。开幕式上，中国人民大学副校长冯俊博士、中山大学政治与公共事务管理学院副院长任剑涛博士和中国政治研究学会（美国）会长钟扬博士分别致辞。会议期间，与会的专家学者按照研讨论题，分为10个小组展开了热烈的讨论。这些论题包括：治理的理论与实践（英文），中国政治的历史维度（中文），中国政治文化（英文），变迁中的当代中国政治（中文），基层治理（中文），中国政治思想史（中文），“9·11”以后国际局势与大国关系（英文），中国对外政策（英文），政治学的发展趋势（中文）。来自不同国家和地区的学者在会上就他们共同感兴趣的话题提出了许多新颖的观点，形成了高质量的学术成果。与会的学者在这次会议上总计提交了近百篇中英文学术论文，这些论文已经作为会议成果结集出版。本次研讨会的主题为“转型中的中国政治与政治学发展”。围绕这一主题，会议集中探讨了中国政治的现实焦点问题和走向，从政治学的视野重新审视了当代中国发生的重大历史事件和历史上的重要思想观念，从国际、国内两个角度考察了当前中国与世界的重要政治、经济关系，也以实际的事例阐述了政治学在当代中国的建构模式和发展趋势。这次研讨会探讨的问题广泛涉及到了影响当前中国政治发展的各种重要问题，充分展现了当前国际、国内中国问题研究在这些题域中的主流学术观点，是一次难得的国际学术交流盛会，对提升中国政治学的研究水平，扩大中国政治学在国际上的影响具有非常积极的意义。

（中国人民大学科研处罗圣华供稿）

北京社科理论界学习江泽民“7·16”讲话座谈会

7月17日，北京市委宣传部、市社会科学院、市社科联、市社科规划办等单位联合召开座谈会，认真学习江总书记在考察中国社会科学院时发表的重要讲话。市委常委、宣传部长蔡赴朝出席会议并讲话。

会上，市社科院院长朱明德、市社科联党组书记张文啟、市社科规划办主任王新华、中国社科院研究员徐崇温、中国人民大学教授温乐群、市社科院研究员李贺林等先后发言。大家一致认为，江总书记的重要讲话，充分体现了以江泽民同志为核心的党的第三代领导集体对哲学社会科学的高度重视，使哲学社会科学工作者备受鼓舞，必将极大地促进哲学社会科学事业的发展。

与会代表指出，哲学社会科学只有发扬创新精神，才能面对新世纪国际国内的新形势、新发展和新实践，不断拓展哲学社会科学研究领域，形成新思想、新观点、新方法，把科学研究推上一个新的水平和新的境界。哲学社会科学界必须继续发扬开拓创新精神，不断积极进取，为我国经济发展和社会进步提供强大的精神动力和智力支持。

与会代表表示，一定要认真学习、深刻理解、全面贯彻江总书记的重要讲话精神，以繁荣学术、服务首都为己任，更多地关注新世纪首都现代化建设，为北京经济和社会发展积极、主动地献计献策。

（参见《北京日报》2002年7月18日第1版）

中国人民大学学习江泽民“7·16”讲话座谈会 7月16日，江泽民总书记考察中国社会科学院并发表重要讲话。7月20日上午，中国人民大学党委宣传部组织部分教师座谈学习江总书记“7·16讲话”，纪宝成校长出席了会议并发言，马俊杰副校长主持座谈会。纪宝成指出，从2001年8月至今，在不到一年的时间内，江总书记三次就哲学社会科学问题发表重要讲话，三次讲话都强调了各级党委和政府要重视哲学社会科学建设，而且突出程度逐步加深，这表明目前在我国干部群众中，对哲学社会科学的认识依然存在偏差，提高认识、加强领导是发展繁荣我国哲学社会科学的当务之急。他希望通过六个方面的明显变化来加强和改善党和国家对哲学社会科学事业的领导：第一，关心哲学社会科学发展的社会环境和社会氛围应有明显变化；第二，对哲学社会科学教育和研究的投入应有明显变化；第三，对重大理论问题研究的重视应有明显变化；第四，对哲学社会科学高等教育、学科建设的支持应有明显变化；第五，在重视哲学社会科学工作者的成果和作用方面应有明显变化；第六，在任用好哲学社会科学人才并充分发挥他们的作用方面应有明显变化。

与会者认为，江总书记的三次讲话，从重视发展哲学社会科学，到怎样发展哲学社会科学，再到发展什么样的哲学社会科学，越来越系统，越来越强调落实。广大学者应当坚持“二为”方向和“双百”方针，坚持优良品格和严谨学风，努力进行知识创新和理论创新，努力创造出无愧于时代和人民的一流哲学社会科学学术成果。作为以人文社会科学为主的高校，中国人民大学应当坚持以马克思主义和江总书记“三个代表”重要思想为指导，牢牢抓住“与时俱进”的精神实质，为新时期马克思主义完整理论形态和体系的建立做出贡献。

（中国人民大学科研处罗圣华供稿）

中宣部召开学习“7·16”讲话座谈会 座谈会于7月23日在北京召开，学习座谈江泽民同志“5·31”重要讲话和7月16日在中国社会科学院重要讲话。座谈会上，发言人和题目分别是：中共中央宣传部常务副部长刘云山：“认真学习贯彻‘5·31’重要讲话，大力繁荣发展哲学社会科学”；中共中央编译局局长韦建桦：“用‘三个代表’要求统领哲学社会科学工作”；中国人民大学校长纪宝成：“以‘三个代表’为指导，深入回答重大理论问题”；《人民日报》副总编辑张研农：“贯彻‘三个代表’要求，弘扬与时俱进精神”；中共中央文献研究室副主任冷溶：“哲学社会科学工作者的光荣使命”；中共中央党史研究室副主任石仲泉：“‘三个代表’同马列主义、毛泽东思想、邓小平理论一脉相承”；国防大学原副校长侯树栋：“牢牢把握哲学社会科学研究的正确方向”；中国社会科学院原副院长汝信：“坚持‘三个代表’，推动哲学社会科学理论创新”；中共中央党校校委委员、科研部主任李忠杰：“充分认识哲学社会科学的地位和作用”；《求是》杂志副总编辑张晓林：“按照‘三个代表’要求加强哲学社会科学队伍建设”；全国社科规划办公室主任董京泉：“搞好社科规划工作，促进多出精品力作”。

（参见《人民日报》2002年7月24日第1、6版）

“三个代表”重要思想与党建理论和实践创新研讨会 研讨会由全国党建研究会于7月26日至27日在北京召开。参加研讨会的有来自部分省区市党委组织部门、党校、党建研究会（学会）的理论工作者和实际工作者，以及全国党建研究会的部分同志。与会者认为，近年来，我们党围绕保持党的先进性加强自身建设，取得了明显的成效，呈现出许多特点。突出表现在：始终用发展着的马克思主义武装全党，不断推动理论创新；紧密联系全面贯彻党的基本路线建设党，不断增强全党的政治坚定性和战斗力；在实践中完善和深化对新时期党的建设总目标要求的认识，以改革的精神全面实施党的建设新的伟大工程；始终把密切党群关系作为执政党建设的核心问题来抓，根据改革开放的新情况、新变化，努力增强党的阶级基础和扩大党的群众基础。与会者强调，以江泽民同志为核心的党中央在带领全党进行党的建设和社会主义现代化建设实践中，不断推进马克思主义中国化，用一系列新观点、新论断、新概括，为马列主义、毛泽东思想、邓小平理论增添了新的内容，注入了新的活力，作出了宝贵的贡献。“三个代表”重要思想就是这一理论创新所取得的最新、最重要的成果标志，使我们党对执政条件下加强和改进自身建设规律的认识达到了一个新的水平。

（参见《人民日报》2002年7月31日第6版）

中国国情与政府创新国际学术研讨会　为祝贺赵宝煦教授从教55周年暨80华诞，北京大学国际关系学院、北京大学政府管理学院和北京大学中国国情研究中心联合于8月21日至23日在青岛北京大学国际学术中心举办了中国国情与政府创新国际学术会议。出席会议的有来自美国、欧洲、日本、韩国、中国内地、台湾、香港的政治学专家学者约60人。青岛市委书记兼市长杜世成出席会议、致欢迎辞并做关于青岛市政府改革创新的报告。会议围绕着宏观理论、政策研究、政府创新三个主题分组展开了热烈的讨论。在宏观理论组，学者们就政治学研究的方法论进行了反思，有的学者提出，政治学应向社会学领域的学者学习，将研究从宏观深入到微观层面。学者们还对马克思主义国家学说的再创新进行了展望。在讨论到政府创新的出发点和起点时，学者们强调指出，任何形式和内容的创新都不得脱离现阶段的基本国情——社会主义初级阶段。在政府创新组，学者们首先就“政府创新”一词的含义做了探讨和解释，并在此基础上对政府创新的主题、政府创新的环境和途径以及政府创新的评价体制等问题提出了自己的见解。在政策研究组，与会者就一些具体的政策性问题进行了讨论，如社区问题、“三农”问题、行政审批制度的改革问题和政府信息公开问题等。

（北京大学社会科学部朱邦芳供稿）

学习江泽民在北师大建校100周年庆祝大会上的讲话座谈会　9月12日，中国人民大学召开有关部处负责人和知名专家学者座谈会，认真学习江泽民总书记在北京师范大学建校100周年庆祝大会上的讲话。与会同志一致认为，江总书记的讲话内涵丰富，思想深刻，通篇贯穿了“三个代表”的重要思想和解放思想、实事求是、与时俱进、不断创新的理论品质，是今后指导我国教育事业发展的纲领性文件。讲话发表于北师大百年华诞和我国第18个教师节来临之际，这充分体现了党和国家推进“科教兴国”战略的决心以及对教育工作的高度重视、对广大教育工作者的深切关怀和殷切希望。与会同志认为，江总书记在讲话中不仅充分肯定了教育在我国社会主义现代化建设中的基础地位和全局性、战略性意义，而且从“三个代表”重要思想出发，提出了教育创新的重要观点，首次将教育创新提高到与理论创新、制度创新、科技创新同等重要的地位，并且深入细致地论述了教育创新的具体途径。大家表示，应当按照江总书记所提出的“志存高远、爱国敬业，为人师表、教书育人、严谨笃学、与时俱进”的要求，用师德建设和教学改革的优异成绩来报答党和国家的关怀和希望，为我国教育事业再上新台阶而不懈努力。与会同志还联系中国人民大学实际就学习贯彻江总书记讲话精神进行了深入讨论。大家一致认为，近年来中国人民大学取得的长足进步，正是各方面坚持创新的结果，作为一所以人文科学和社会科学为主的大学，中国人民大学应当抓住当前前所未有的发展机遇，加大人文社会科学创新力度，迎接时代的呼唤和挑战，在人文社会科学创新方面率先垂范，勇作表率。

（中国人民大学科研处罗圣华供稿）

首都理论界举行学习《江泽民论有中国特色社会主义》座谈会　9月19日，市委宣传部、市邓小平理论研究中心、市社科联共同举办学习《江泽民论有中国特色社会主义》（专题摘编）座谈会。市委副主记龙新民出席会议并讲话。

龙新民说，《江泽民论有中国特色社会主义》（专题摘编）一书，集中反映了江泽民同志运用马克思主义基本原理，科学分析国际国内形势的重大变化，深刻总结我们党和人民在改革开放和现代化建设中取得的丰富经验，正确回答建设有中国特色社会主义实践中迫切需要解决的重大问题，提出并阐明的新思想、新观点、新论断，形成了我们党在建设有中国特色社会主义的新的实践中的新的理论成果。

首都社科理论界的专家学者侯树栋、徐崇温、闫志民、许耀桐、马仲良等先后在会上发言。大家一致认为，《江泽民论有中国特色社会主义》（专题摘编）的出版是我国政治生活和理论工作中的一件大事，是在新的历史条件下对马列主义、毛泽东思想、邓小平理论的运用和发展，为人们深入学习建设有中国特色社会主义理论和“三个代表”重要思想提供了一部重要教材，必将对人们领会“三个代表”重要思想，推动我国建设有中国特色社会主义的伟大事业产生重大影响。对于我国在新世纪全面建设小康社会，加快推进社会主义现代化，在建设有中国特色社会主义道路上实现中华民族的伟大复兴，具有十分重要的指导意义。

（参见《北京日报》2002 年 9 月 20 日第 1 版）

社会主义政治文明建设学术研讨会　为深入贯彻党的十六大精神，11 月 10 日，中国政法大学举行了这次学术研讨会。研讨会由副校长张桂琳教授主持，40 余位从事法学、哲学、政治学等领域研究的专家学者在研讨会上对江泽民主席在“十六大”报告中所提出的政治文明建设问题，从哲学、政治学、法哲学、宪法学、行政法学、民商法学等各个角度，围绕价值理念和制度建设两方面进行了深入广泛的学术探讨，进一步明确了法学教育和法学研究的使命和任务，希望为搞好政治文明建设提供理论支持。

与会代表提出，“政治”是一个含义广泛的概念，事关社会公共权力的方方面面；“文明”，当其与野蛮相对应时，指一种公正公平的行为，当其与文化相对应时，意味着智慧和进步。与会学者追溯了人类文明的发展历程，认为政治文明概念由江泽民总书记在“5·31”讲话中较早提出，这是在提出了物质文明、精神文明之后的又一次理论上的创造性发展。人类文明中，物质文明是基础、精神文明是保证，但政治文明是关键。“三个文明”回答了“三个代表”提出的问题，即中国共产党代表了先进生产力所要求的物质利益的均衡分配，代表了广大人民要求的公平与和平，是先进文化的继承者和发展者。政治文明是指民主与平等的发展程度。它包括生产关系、政治制度、组织体制、民主、法制及管理。其主要由三方面内容构成，包括积极推进政治体制改革，不断完善社会主义的民主制度；加强社会主义法制，依法治国；不断改革和完善执政党的领导方式和执政方式。政治文明的提出是对中华民族已有的文明成就的正确总结，对现代化建设和改革及法治建设具有重要价值，还体现着中华民族对国际政治事务的积极作为与领导态度，而人民民主制度是中共三代领导集体对人类政治文明的伟大贡献。学者们还就政治文明的结构，实质，背景，功能，意义，政治文明与民主、法治建设及在治党治国中的地位和作用等各方面对十六大报告中政治文明建设问题进行了详尽全面深入的研讨。

（中国政法大学科研处供稿）

政风建设研讨会　中国行政管理学会于 10 月 16 日至 17 日在北京召开政风建设研讨会暨中国行政管理学会 2002 年年会。国际行政学会副主席徐颂陶、中国行政学会会长郭济及来自全国各地政府部门和行政学界的专家学者近 200 人出席了会议。与会同志指出，加强政风建设，必须把中央关于作风建设的总体要求与现阶段政风建设的任务结合起来，以“廉洁、勤政、务实、高效”为目标，标本兼治，从严治政。一要廉洁从政。廉洁从政是对政府机关及公务员的起码要求。保持廉洁从政的基本途径是坚持标本兼治、注重从源头上预防和解决腐败问题。各级政府机关应当继续进行廉洁从政的思想教育工作，严格执行廉洁从政的各项规定。二要勤政为民。勤政为民是对政府工作人员的一项基本要求。重要的是通过思想教育，使机关工作人员牢记全心全意为人民服务的宗旨，增强公仆意识、服务意识、责任意识和群众观念，形成忠于职守、勤政为民的优良作风。三要求真务实。要形成务实作风，需要从多方面入手，如进一步转变政府职能，改进领导方式和工作方法，完善工作制度等。四要办事高效。政府的工作效率和效能始终是行政管理的核心问题，也是加强政风建设所要达到的一个主要目标。在信息化浪潮席卷全球的今天，加快电子政务建设，应当成为政府机关实现作风转变、提高工作效率的一条重要途径。

（参见《光明日报》2002 年 10 月 22 日 B1 版）

深化行政管理体制改革理论研讨会　为深入学习和贯彻十六大精神，继续推进行政管理体制改革，11 月 21 日，国家行政学院举办了“学习贯彻十六大精神，深化行政管理体制改革”理论研讨会，中央、国务院有关部门和有关地方政府的负责同志，国家行政学院和部分地方行政学院的负责同志，国家行政学院和北京大学等高等院校的专家学者共 150 余人参加了研讨会。与会人员一致认为，深化行政管理体制改革必须以“三个代表”重要思想为指导，坚持正确的改革方向。第十六届中央委员、国家行政学院党委书记、常务副院长陈福今指出，深化行政管理体制改革，既是我国经济体制改革与政治体制改革的结合点，也是我国各项改革的关节点。与会专家指出，党的十六大确定了要在本世纪头 20 年集中力量全面建设小康社会的奋斗目标。深化行政管理体制改革，必须为全面建设小康社会的奋斗目标服务，必须与社会主义市场经济体制相适应。在改革的过程中，一是要正确处理改革、发展与稳定的关系；二是要正确处理世界各国公共管理的共性与中国公共管理的个性之间的关系，正确处理全国行政管理体制改革的普遍性要求与不同地区的特殊性要求之间的关系；三是要正确处理行政管理体制改革的最终成果与阶段性成果之间的关系。与会专家认为，深化行政管理体制改革的关键是要进一步转变政府职能，将其真正转到经济调节、市场监管、社会管理和公共服务上来，逐步实现从“全能政府”向“有限政府”转变，从“管制政府”向“服务政府”转变，从“权力政府”向“责任政府”转变。当前，转变政府职能，要注重解决好以下几个问题：一是要依法规范中央和地方的职能和权限，正确处理中央垂直管理部门和地方政府的关系；二是要健全政府的宏观经济调控、收入分配和社会保障职能，加强社会管理职能，增强经济与社会可持续发展的协调职能；三是要区分和规范政府作为公共管理者和资产所有者的两种职能，推进政企分开，继续完善现代企业制度，改革国有资产管理体制；四是要按照政事分开的原则，加快事业单位体制改革步伐。与会专家指出，深化行政管理体制改革必须继续推进政府机构改革，做到机构改革与政府职能转变同步进行。要按照十六大报告提出的精简、统一、效能的原则和决策、执行、监督相协调的要求，继续推进政府机构改革，并注意处理好以下几个关系：一是机构改革与政府职能转变之间的关系。二是机构改革与不同层级政府的功能定位之间的关系。三是机构改革与政府部门设置之间的关系。并指出深化行政管理体制改革必须坚持依法治国的基本方略，实行依法治国和以德治国相结合。此外，与会专家还就坚持党的领导、人民当家作主与依法治国的有机统一、深化干部人事制度改革、推行电子政务、改革行政执法体制、推进行政文化创新等问题进行了热烈的讨论。

（国家行政学院科研处供稿）

学习研究宣传十六大精神座谈会　座谈会由中国中共党史学会、中央党史研究室科研部、《中共党史研究》杂志社于11月21日联合举办。会议围绕中共十六大的历史地位、党的十三届四中全会以来13年的历史总结、“三个代表”重要思想的核心与本质、政治文明建设与小康社会建设、十六大精神与党史研究等问题展开讨论。龚育之、李传华、陈威、杨胜群、石仲泉、王顺生等著名党史专家近20人参加了座谈会。

（参见《光明日报》2002年11月22日A3版）

首都理论界学习贯彻十六大精神座谈会　11月24日，中共北京市委宣传部、北京市社会科学界联合会、北京市邓小平理论研究中心举行座谈会，学习十六大精神，研讨重大理论和实际问题。首都60余位专家学者出席会议。会议由市社科联党组书记、邓小平理论研究中心常务副主任张文啟主持。中央党史研究室副主任石仲泉、中国社会科学院研究员徐崇温、北京大学教授黄楠森、吴树青、曹长盛、闫志民、清华大学教授林泰、中国人民大学教授郑杭生、国家行政学院教授徐鸿武、首都经贸大学教授郑海航等专家学者分别针对“三个代表”重要思想的意义、全面建设小康社会的纲领、理论创新的重要性、社会主义政治文明建设以及执政党建设等问题发言。大家一致认为，全面贯彻“三个代表”重要思想是十六大的灵魂。党的十六大把“三个代表”写在党的旗帜上，这是马克思主义执政党理论的伟大创新。而实践基础上的理论创新是社会发展和变革的先导，只有不断开拓创新，才能不断引导社会向前发展。当前社会发展的目标就是全面建设小康社会，加快推进社会主义现代化，必须正确认识理解“全面小康”的内涵，紧紧抓住可以大有作为的战略机遇期，促进社会主义物质文明、政治文明、精神文明全面发展。要把发展作为党执政兴国的第一要务，提高党的领导水平和执政水平，加强拒腐防变、抵御风险的能力，领导人民向全面小康社会迈进。市委宣传部副部长宋贵伦、市社科联主席陶西平也分别讲话指出，首都理论工作者要在学习贯彻十六大精神工作中走在前列，不断在推动理论创新、繁荣学术、服务首都方面作出新的更大的贡献。

（北京市邓小平理论研究中心办公室供稿）

中国延安精神研究会学习十六大精神座谈会　座谈会于11月29日在北京人民大会堂举行。李力安、李伟、于明涛、逄先知、白介夫、方强、杨蕴玉、王云、有林等数十名老同志和有关部门负责同志出席会议。会议由副会长杨波主持。与会同志一致认为，党的十六大是一次承前启后，继往开来的大会。江泽民同志所作的报告，是一篇马克思主义纲领性文献，是我们党在新世纪新阶段的政治宣言，是全面建设小康社会，加快推进社会主义现代化的行动指南。马文瑞会长在发言中说，十六大报告科学总结了十三届四中全会以来的基本经验，进一步强调了贯彻“三个代表”重要思想的根本要求，对建设中国特色社会主义经济、政治、文化和党的建设等各项工作作出了全面部署，是我们继续前进的行动纲领。

(参见《光明日报》2002年12月3日B1版)

社会主义政治文明理论研讨会　12月10日，由北京社会主义学院召开了“发展社会主义民主政治，建设社会主义政治文明”理论研讨会。研讨会由北京社会主义学院院长傅镇岳主持。市委常委、统战部部长尤兰田出席会议并讲话。首都理论界专家学者就深入学习贯彻中共十六大精神，围绕我国在新的发展阶段，“发展社会主义民主政治，建设社会主义政治文明”这一重大主题，着重探讨了社会主义政治文明的产生、发展、内涵及其特征，如何把坚持党的领导、人民当家作主和依法治国有机统一起来，以及怎样推进社会主义民主政治发展，建设中国特色的社会主义政治文明等重要理论问题。

(参见《北京日报》2002年12月11日第2版)

政府管理与创新系列研讨会　12月21日，由清华大学公共管理学院组织召开的“政府管理与创新系列讨论会”首次会议，即“学习十六大精神暨政府管理与创新讨论会”在清华大学近春楼会议室召开。本次讨论会的主旨是结合学习十六大关于深化政治体制改革和政府体制改革的精神，侧重于中国政府管理的改革与实践进行讨论。与会代表分别就加入WTO后政府面临的挑战、理论经济社会职能转型、政府治理、行政审批制度改革、电子政务、政府体制改革的深化等话题进行了热烈的发言和讨论。参加会议的有政府部门代表、从事政府管理研究的学者以及企业代表三方人员共50余人。国务院发展研究中心副主任兼清华大学公共管理学院院长陈清泰，原国务院政策研究室副主任、中咨公司党组书记、清华大学公共管理学院顾问李德水等参加了会议。

(清华大学文科建设处刘金梅供稿)

发展社会主义民主政治研讨会　12月21日至22日，北京市人民政协理论与实践研究会与北京市政协学习委员会共同举办了“学习贯彻党的十六大精神，发展社会主义民主政治研讨会”。参加此次会议的，有全国政协研究室的负责同志，有中央社会主义学院和北京社会主义学院和有关高校的专家学者，有本市各民主党派和区县政协的负责同志，还有研究会的名誉理事、理事和部分特邀委员等。市政协主席、研究会会长陈广文；市政协副主席黄以云；研究会副会长孙聿、张平夫、王毅、夏潮出席了会议。围绕着此次研讨会的主题，民建市委副主委、研究会常务理事曾广宇，全国政协研究室副主任、研究会名誉理事陈慧丰，中央社会主义学院教授、研究会理事郑宪，中国人民大学统战部部长、研究会常务理事周淑真，市政协城建与环保委员会主任、研究会名誉理事陆道治，民盟市委顾问、市政协提案委员会副主任章立源，北京社会主义学院副院长、研究会名誉理事陈剑和崇文区政协副主席、研究会理事王文竹等八位同志作了发言。大会发言之后，陈广文就学习十六大报告关于发展社会主义民主政治的论述谈了两点意见：一、中共十六大关于发展社会主义民主政治、建设社会主义政治文明的论述，其重大而深远的意义在于进一步丰富并发展了社会主义民主政治理论和社会主义现代化建设理论，在实践上具有重要的指导意义。二、发展社会主义民主政治、建设社会主义政治文明，人民政协肩负着重要使命。因此，首先要牢牢把握发展社会主义民主政治的根本；第二要牢牢把握团结民主两大主题；第三是要从发展社会主义民主政治的角度认识并创造性地履行政协三项主要职能。

(北京市人民政协理论与实践研究会秘书处康军供稿)

经济学

WTO与两岸经贸关系研讨会　研讨会于1月8日由《两岸关系》杂志社和香港《海峡》杂志社在北京共同举办。来自海峡两岸及香港的十余位专家学者出席了研讨会。海峡两岸关系研究中心主任唐树备致词，他指出，两岸之间的经贸事务，是中国的内部事务。希望台湾当局去除“泛政治化”考虑，遵循WTO规范，放宽台商投资大陆限制，使两岸获得更大经济发展机遇。他强调，从台湾加入WTO的名称和次序上，已经很清楚地表明，台湾只是作为一个单独关税领域加入WTO的。因此，两岸双方相继加入WTO后，两岸经贸关系仍属中国主体与其单独关税区之间的关系。两岸之间的经贸事务，仍是中国的内部事务，应由两岸协商解决。

(参见《人民日报》(海外版)
2002年1月9日第5版)

第六届中国资本市场论坛 1月19日，以“中国金融大趋势——开放与国际化、银证合作”为主题的第六届（2002年度）中国资本市场论坛，在北京长城饭店举行。本届论坛由中国人民大学金融与证券研究所，联合中国银河证券有限责任公司、中国民生银行、《中国证券报》社、野村证券株式会社、泰阳证券有限责任公司、新疆金新信托股份有限公司等单位共同主办。中国人民大学、中国金融学会、中国银行业协会、中国证券业协会等为本次论坛顾问单位。政府部门、高等院校、科研机构的专家、学者、负责人以及各商业银行、资产管理公司、证券公司、基金管理公司、外国金融机构驻华代表、上市公司代表、新闻单位代表共计500余人参加了此次论坛。

论坛开幕式由中国银河证券有限责任公司总裁朱利主持。《中国证券报》社社长兼总编辑陈乃进致开幕辞；主办单位董文标、刘郎致欢迎辞；中国人民大学党委书记程天权代表顾问单位在开幕式上致辞；中国金融学会名誉会长、中国人民大学前校长黄达教授在开幕式上讲话；中国人民银行副行长吴晓灵，国务院专题办副主任、中国工商银行行长姜建清，中国证监会副秘书长汪建熙，野村证券株式会社亚太本部长竹内大介分别讲话。中国人民大学金融与证券研究所所长吴晓求做题为“中国金融大趋势：银证合作”的主题报告；中国银河证券有限责任公司副总裁以“中国金融大趋势：开放与国际化”为题做主题发言。论坛围绕大会主题，先后就“开放与国际化：竞争、合作、发展”，“银证合作：创新、互动、变革”，“中国商业银行：业务创新、核心竞争力”和“中国资本市场：潜在危机、未来发展”四个模块，展开了热烈的讨论。

（中国人民大学科研处罗圣华供稿）

第二届企业管理研究与学科建设论坛 由中国企业管理研究会、中国社会科学院工业经济研究所、首都经济贸易大学联合主办的本次论坛于1月19日至20日在首都经济贸易大学召开。全国人大常委会副委员长、国家自然科学基金会管理科学部主任成思危，国务院发展研究中心常务副主任陈清泰，北京市教委副主任张国华，首都经济贸易大学校长张理泉、副校长郑海航，全国MBA学位委员会主任、清华大学经济管理学院院长赵纯均，西安交通大学副校长席酉民，中国社会科学院工业经济研究所所长吕政，中国企业管理研究会理事长黄速建以及来自全国26所重点院校的管理学院院长和博士生导师参加了论坛。与会专家学者就管理的属性、中国加入WTO之后企业面临的新环境、企业管理的发展趋势和企业管理前沿问题、企业管理制度建设、管理教育与学科建设、管理师资队伍建设、管理人才培养等问题进行了广泛、深入的研讨。与会专家们认为，随着经济全球化特别是中国加入WTO，随着以信息技术为先导的新一轮科技革命的展开，使企业管理面临全新的环境和严峻的挑战，这就要求企业经营管理人员建立新的管理理念、制定新的发展战略，提高企业的适应能力和创新能力。作为承担着培养人才重要使命的高等院校，必须认清国际竞争的形势，认清我国在培养人才方面与发达国家之间的差距，与时俱进，加快学科建设和学科调整步伐，改革教学体制和方法，努力提高师资队伍的水平，发挥自身优势，形成各自特色，培养高素质专门人才，应对新的挑战。与会专家们呼吁，政府在高等教育方面也应当转变观念，转变工作方式，该统则统，该放要放，鼓励高等院校开展合作竞争，合理调配资源，发挥各大学的积极性和创造性，以适应入世后我国现代化建设对人才新的需求。

（首都经济贸易大学工商管理学院供稿）

日元走势学术研讨会 由中华日本学会召开的此次研讨会，于2月6日在北京召开。研讨会围绕近来日元及日本经济走势、日元贬值对我国的影响以及我国应采取的对策等问题展开了讨论。关于日元贬值对我国的影响，有的学者认为影响不会很大，这是因为在外汇储备方面，我国的外汇储备的主要币种是美元；在出口方面，对日贸易并非全部用日元结算，同时中日贸易结构存在差异，有直接竞争关系的产品并不多；在进口及国内产业方面，日元贬值使我国直接从日本进口的货物变得便宜，所以日元贬值对我国总体经济的影响有限。有的学者则认为，日元贬值对我国的影响较大，其影响主要体现在对美国、东亚的出口压力增大，同时对中国产业结构有影响，阻滞日本产业向中国转移，因此，日元贬值对我国间接、长期的影响更大一些。对于日元贬值，有的学者建议：首先，我国要坚持内需主导型的发展战略，适当调低对出口的依赖程度；其次，维持国内经济稳定和健全国内经济体制；第三，提升我国的产业结构和贸易结构，提高产品质量和科技含量，增强国际竞争力；第四，在贸易地区结构上，我国的出口市场过于集中在美日德韩等少数国家和地区，有必要进一步实行多元化战略，分散国际市场的风险；第五，开发和普及降低汇率风险的金融技术，如远期外汇、期权、期货、汇率调期交易等，为外贸和经济的稳定发展创造条件。

(参见《新华文摘》2002年第五期，第195页)

关于中国财税改革报告会 3月13日，中央财经大学财政系举行报告会，邀请浙江省财政厅厅长兼地税局局长翁礼华作了"关于中国财税改革"的报告。报告会参加的有校党委书记李保仁、著名学者姜维壮等。翁礼华结合浙江省财税改革成功的经验，深刻揭示了中国财税改革存在的种种弊端及解决这些问题的关键步骤。

(中央财经大学科研处供稿)

"中银论坛"国际金融高层研讨会 由中国银行举办，以经济全球化与银行业未来为中心议题的国际金融研讨会，于3月16日在北京举行。国务院副总理温家宝出席会议并作主旨演讲。他指出，我国加入世贸组织后，国有商业银行既面临新的发展机遇，也面临着严峻的挑战。因此，深化国有商业银行改革，加快建立现代金融企业制度，把国有商业银行办成真正的企业银行，是摆在面前的一项紧迫任务。他指出，国有商业银行改革的目标，就是要按照"产权清晰，权责明确、政企分开、管理科学"的要求，把国有商业银行改造成治理结构完善，运行机制健全，经营目标明确，财务状况良好，具有较强国际竞争力的现代金融企业。研讨会旨在探讨国际银行业如何把握经济全球化所带来的机遇，应对新的挑战。国务院各部委领导，各大企业的高层领导人，以及专家、学者共千余人出席了论坛。

(参见《光明日报》2002年3月17日A3版)

中国环境经济与管理高级研讨会 研讨会于3月23日在北京大学光华管理学院举行。与会的经济学家、环保专家和全国人大、国务院有关部门的负责人提出，在依靠行政手段和法律手段促进环境保护工作的同时，应逐步采取自然资源定价、计算环境成本、开征环境税等经济手段，以降低能源消耗，减少污染物排放，推动可持续发展战略的实施。与会代表就将自然资源纳入国民经济核算、进行环境税改革、中国环境损害成本估算、环境保护与缓解贫困等问题进行了深入研讨，并达成广泛共识。

(参见《人民日报》2002年3月24日第2版)

中国发展高层论坛 由国务院发展研究中心举办的"中国发展高层论坛"2002年年会，于3月24日至25日在北京召开。中共中央政治局委员、国务院副总理温家宝在开幕式上致辞说，中国经济的发展和繁荣，将为世界各国提供广阔的市场和合作机遇。在未来5年里，中国货物市场的开放将为贸易伙伴提供至少1.5万亿美元的市场机会。服务贸易市场的进一步开放，将为各国的投资者提供新的发展领域。中国是守信用、重承诺的国家。此次论坛的主题是"作为WTO成员的中国"，并深入探讨六个专题，分别是："消除地方保护，确保法制统一，促进国内市场一体化"、"财政政策的调整和完善宏观调控机制"、"中国资本市场的开放与体制改革"、"大型国有企业的治理结构与政府对国有企业的管理"、"对外贸易和外商投资政策的调整"、"农产品市场的开放和农业结构的调整"。百余名来自企业、学术界和政府代表与会。

(参见《人民日报》(海外版)
2002年3月25日第4版)

深化东亚地区金融改革国际学术研讨会 由北京大学中国经济研究中心与澳大利亚国立大学澳日研究中心联合举办的本次研讨会于3月24日至25日在北京大学召开。参会者中有我国的知名学者、相关政府机构官员及来自美国、日本、澳大利亚和印度尼西亚等国的学者和政府官员，计50余人。会议就如何深化东亚地区的金融改革、区域合作、金融合作、中国金融改革等问题进行了深入的探讨。澳大利亚中央银行前副行长Stephen Grenville发表了论文"东亚合作对话"。中国人民银行研究局局长谢平作了题为"中国资本账户可兑换以及金融改革"的发言。来自美国加州大学Santa Cruz分校的Menzie D. Chinn博士在会上宣读了论文"有效实际汇率的测量"。澳大利亚国立大学教授发言的题目是"亚洲国家的汇率制度"。国际货币基金组织官员Charles Adams和Romuald Semblat以"亚洲汇率制度选择及其政策含义"为题作了讲演。美国南加州大学Robert Dekle教授发表了论文"出口价格的汇率传导"。以上论文受到与会者的极大关注和普遍好评。本次会议的成功召开将对东亚及我国金融改革的深化起到良好的促进作用。

(北京大学社会科学部朱邦芳供稿)

加入WTO后中国经济政策的调整国际研讨会 国务院发展研究中心和经济合作与发展组织

(OECD) 3月26日在北京召开此次国际研讨会，就“加入WTO后中国经济政策的调整”进行专题讨论。经济合作与发展组织（简称“经合组织”）是研究世界经济与各国经济政策的国际组织，它最重要的作用是为各国政府提供一个探讨、发展和完善经济及社会政策的场所。经合组织的研究，从中国加入WTO、未来实现贸易与投资自由化并最终融入世界经济主流的背景出发，对中国20多年来经济改革的进程和所取得的成就进行了客观的评价，对今后10年内中国经济及其关键部门面临的政策挑战进行了深入探讨，结合经合组织长期的政策研究积累和从其转型经济成员国总结的经验，从改善资源利用、强化市场运作机制和提高政府支持经济发展的能力三个方面，提出了一些引人深思、有重要参考价值的政策建议。此次研讨会上，经合组织秘书长约翰斯顿先生亲率10余位经合组织的经济学家来京，向中国政府及各有关部门、学术机构及企业介绍他们的研究成果，并与中国官员、学者及专家进行了深入的讨论。在此次国际研讨会上，国务院发展研究中心在已有研究成果的基础上，就加入WTO后中国经济发展的总体战略以及关键领域的发展与改革提供了多篇研究报告及背景资料，为中方与经合组织专家之间的交流和深入讨论提供了对话的基础。

（参见《光明日报》2002年4月2日B2版）

中韩经济研讨会　研讨会由《人民日报》社与韩国《朝鲜日报》社共同主办，于3月27日至28日在北京人民大会堂举行。中韩两国经济界、新闻界等各界人士350余人出席了研讨会。本次会议的主题是：中国加入WTO与中韩经济合作。研讨会的主要议题为：(1) 中韩经济合作经验和展望；(2) 韩国克服金融危机和经济重新稳定发展的经验；(3) 韩国加入WTO后解决贸易摩擦的作法；(4) 韩国企业成长战略；(5) 建立中韩自由贸易区的前景等。中国国务院总理朱镕基在发来的贺词中说，在经济全球化深入发展，科技进步日新月异，全球经济面临新挑战的形势下，两国经济界和新闻界人士聚集一堂，就中国加入世贸组织及中韩经济合作等问题深入探讨，交换意见，对加深相互了解，促进两国经贸关系，把两国业已建立的合作伙伴关系推向全面发展的新阶段具有重要意义。

（参见《人民日报》（海外版）2002年3月18日第1版，3月28日第1版）

中国社区林业工作小组论坛　中国农业大学人文与发展学院发起成立的“中国社区林业（社会管理与地方参与）工作小组与论坛”项目于3月开始启动。项目的主要活动包括成立小组和论坛、加强中央和地方的对话、资助小型案例研究、资助参加相关的学术会议、举行小型的研讨会、出版项目成果等。项目执行以来，论坛举办了六次有关社区林业的研讨会，对社区林业的热点问题、社区林业的发展以及政策背景进行了深刻的讨论和交流，引起了我国林业部门的高度重视。论坛的成员已经开展了有关退耕还林、天保工程、林业政策、社区林业等方面的9项研究。目前已经有包括中国农业大学、中国林科院、中国社科院、国家林业局、北京林业大学、国家林业局林业经济发展研究中心、北京大学、中国科学院和世界自然基金会等十多个机构的30余名学者、专家参加到论坛中来。国家有关部门的官员和决策人员多次参加论坛活动，并表示要在今后的政策制定过程中充分考虑论坛提出的建议和意见，并希望论坛能够扩大规模，吸引更多的机构和政府部门加入进来。

（中国农业大学人文与发展学院左停供稿）

“走近经济学”大型系列讲座　中央财经大学经济系与学生处联袂举办的“走近经济学”大型系列讲座，邀请一批国内外著名专家和学者，针对当前经济学界的一些热点理论问题，到校进行学术交流。4月17日，国家统计局副局长贺铿教授作了题为“世界经济形势与中国经济问题探讨”的第一场报告。贺铿教授对现阶段的国际经济形势进行了简要分析，对中国的经济形势、存在问题和解决途径等进行了概括、分析和探讨，并对中国经济与世界经济的相关性问题进行了实证分析。4月18日，国务院市场经济研究所所长张军扩研究员作了“中国经济的结构矛盾与改革对策”的学术报告。张军扩研究员介绍了国务院发展研究中心对中国经济增长中长期趋势和背景分析的研究结论，认为我国经济增长率下降趋势的深层原因是供给方面的结构矛盾，增长的基点是扩大内需，从农村消费、城市消费、投资需求三个方面分析需求不足的结构性原因，提出了通过改革和调整促进增长的具体思路和对策。

（中央财经大学科研处供稿）

国宏论坛——从战略上解决就业问题　论坛由国家计委经济研究所主办，于4月18日在国宏大厦举行。国家计委宏观经济研究院到刘福垣副院长作了“从战略上解决就业问题”的专题演讲。演讲分三个部分：第一部分着重从理论上分析了就业问题产生的一般根源，指出，失业在一定范围内不仅是不可避免的、正常的，而且是经济结构调整以及经济发展所需要的；如果市场不扩大，失业率必然上升；市场经济必然产生失业，这是一条规律即必然失业律。第二部分从现实出发分析我国就业问题产生的宏观政策方面的原因，指出在我国当前的社会经济条件下，必然失业律的作用越来越大；由于一些战略关系没有处理好，使经济结构失衡，造成剩余和失业、产品积压和消费不足并存日益严重的局面。主要表现在以下几个方面：重增长模式转换，转生产方式转变；重物质资本积累，轻人力资本投入；重城市建设，轻人口城市化；重初次分配，轻再分配，社会保障缺位；重安抚，轻激励，劳动力市场发育滞后；重保护，轻转化，使小农生产方式凝固化等等。第三部分提出了当前解决就业问题的具体对策：首先应当把就业作为发展运行首要的调控目标；其次，要加大再分配力度，完善社会保障，以消费带动就业；第三，要建立政府廉租房制度，从根本上解决城市居民消费问题；第四，调整教育投资结构，重视普及中等教育对于启动内需和扩大再就业的特殊意义。

（参见《光明日报》2002年4月23日B2版）

2002年中国企业高峰会 由世界经济论坛和中国企业联合会共同举办的此次高峰研讨会，于4月18日在北京开幕。为期3天的会议主题是“中国：启动一个新的变革时代”，中外企业家、政界人士和专家学者近600人出席了大会。整个会议的议题围绕的都是中国的经济社会发展，尤其是加入世贸组织之后中国经济发展的前景等问题。会议的主题是：“中国经济展望：克服全球经济衰退”。与会者还就“资本市场：授权调控者，教育投资者”、“中国能源行业：发展和放开的重点是什么”、“中国互联网及电子商务的未来”、“媒体：变化有多大”、“关注中国健康问题”、“金融服务业：体制改革将会是什么样的”、“竞争与合作：中外合作的新情况”展开了讨论。

（参见《北京日报》2002年4月19日第6版）

马克思主义经济学与21世纪研讨会 4月22日，由中国《资本论》研究会、中国人民大学经济学院和中国社会科学院经济研究所联合主办的此次研讨会在中国人民大学逸夫会议中心举行。中国人民大学校长纪宝成教授、副校长林岗教授、冯惠玲教授、冯俊教授出席了大会，纪宝成作了讲话，林岗致开幕辞。我国老一辈著名经济学吴树青、宋涛、刘诗白，中青年经济学家顾海良、洪银兴、林岗，日本著名马克思主义经济学家伊藤成，英国经济学家本·法因以及国内外高等院校、科研机构的百余名经济学者参加了此次会议。会议集中讨论了劳动和劳动价值理论、新经济、经济全球化及社会主义市场经济等国内外关注的热点和重点问题。国内外几十位经济学家分别在大会和分组会议上发言。与会专家表示，当代世界经济的发展验证了马克思主义经济学在21世纪仍将具有强大的生命力，马克思主义经济学是与时俱进的科学，中国社会主义市场经济制度的建立和发展，将有助于丰富和发展马克思主义经济学的基本理论，中国经济学界在发展马克思主义经济学理论方面肩负着特殊的历史使命。

（中国人民大学科研处罗圣华供稿）

中国（2002）会展旅游发展研讨会 由《旅游学刊》编辑部发起召开的此次研讨会于5月14日至16日在北京召开。与会专家学者指出，我国的会展旅游业正以每年20%的速度快速发展，据不完全统计，近10年来，中国通过展览实现外贸出口成交额已达340多亿美元，内贸交易也达到120亿元人民币。但也存在巨大差距和诸多问题：会展数量有限，展览档次、规模不够；会展本身缺乏特色，品牌展会薄弱；缺乏足够的重视和市场运作机制；会议会展设施不足，设备落后等。对此，与会者提出了相应的对策措施：打破把会展视为铺张浪费或腐败的陈旧观念，加强引导；建立统一的会议会展管理机构；找准定位，进行会议旅游业总体规划；实行由会议会展公司主办的市场化运作机制；完善设施建设，提供配套保障；制订全国性的展览管理法律条例和相关政策；注重专业人才的管理和培训，提高会展的组织水平和质量等。据国际会议协会（ICCA）统计，全球年机票销售的50%由会议代表购买。

（参见《光明日报》2002年5月20日B2版）

中国印度经贸论坛 由《光明日报》社、印度驻华使馆、中国贸促会、印度工商联共同主办的此次论坛，于5月15日在北京举行。来自中印两国政府部门、工商界、政策研究机构的50余位高层人士与会。会上就中印经贸合作的现状、发展合作的有利条件、存在商机的主要领域等问题进行了阐述和讨论。与会人士指出，中印贸易额最近十年增长很快，由1991年的2.64亿美元增至2001年的36亿美元，增长了16倍。但这一数字与两国互为邻邦的地理优势和巨大市场相比是很不相称的。造成这一情况的主要原因，一是两国工业发展水平相近，出口中劳动密集型产品均占很大比例；二是两国企业对对方市场情况了解甚少。从另一角度看，也说明中印之间发展经贸合作的潜力十分巨大，与会者并分析了发展中印贸易关系的有利条件。印度驻华大使梅农在会上指出，本次论坛将有助于推动两国经贸关系的发展。

（参见《光明日报》2002年5月16日A3版）

第二届中国金融论坛　由西南财经大学中国金融研究中心发起，并与中国金融教育基金会、《金融时报》社等单位联合主办的此次金融理论与实践结合的高层次的学术论坛，于5月15日在北京举行。来自政府部门、国内外金融机构、高等学校、科研院所近200名代表出席了会议。本次论坛的主题是："世界经济格局的变化与中国金融的发展和创新"。论坛密切跟踪国内外金融学科发展前沿，紧密联系中国金融改革与发展中的重大理论和实践问题，指出的理论研究与信息交流平台，旨在集合全国金融研究的优势力量，开展有前沿价值和创新意识的研究。会议就以下问题展开了讨论：

一、在世界货币体系出现重大变化的背景下，人民币怎样实现国际化。从较长期来看，人民币能否和如何成为世界货币？有无必要和可能构筑亚洲的货币体系联盟？能否实现内地、香港、澳门的人民币货币区？从短期来看，中国经济强势增长支撑下的人民币汇率稳定显然有利于人民币的国际化。二、在世界经济、金融格局一体化的趋势下，一国经济的稳定和发展与世界经济有着更为紧密的联系，相互依赖的程度更高的，同时，金融危机的传染性更强。在中国加入WTO，实现金融国际化的进程中，如何建立有效的金融风险预警体系、反危机体系。三、面对来自国外金融机构的强力竞争，中国金融机构如何认清自身的比较优势，提高金融企业的核心竞争力？四、中国金融市场的热点问题。如货币市场与资本市场的相互关系，如何发展我国的货币市场；资本市场中股权融资与债权融资的相互关系，如何发展我国的债权市场；金融现货市场与期货市场之间的关系，如何发展我国金融期货市场等。

（参见《光明日报》2002年5月21日B2版）

消费者研究学会2002年亚太国际会议　会议由北京大学光华管理学院市场营销系与香港科技大学商学院联合举办，于5月16日至18日在北京中国大饭店召开。来自中国、美国、加拿大、法国等26个国家和地区、89个学校和科研机构的近140位代表参加了会议。会议收到论文157篇，入选112篇。会议共设"消费者教育、信息和满意度"、"集团购买、传播和改革创新"、"品牌理论分析"、"消费者的自我感知和自我控制"、"文化内涵"、"购买者互动和形象传播"、"选择测试和偏好测量对得出消费选择参数的影响"、"广告效果"、"新老消费者"、"在线消费行为的决定性因素"、"产品感知、偏好和认知"、"经济心理学"、"透过态度暗示预见消费行为"、"交叉文化调查"、"大众化营销"、"影响消费者选择的负面因素"、"质量、健康和安全问题"、"新兴亚太消费群体的价值：消量、传统和创新"、"信息处理"、"因特网和信息技术"、"行为决定论"、"沟通、说服力和品牌价值及其忠诚度"和"态度和意图"等二十几个专题。会议反映了消费者研究的最新动态和成果，产生了良好的国际影响，一些国外学者表达了与我们开展合作或来华讲学的意愿。

（北京大学社会科学部朱邦芳供稿）

中国投资论坛　"2002中国投资论坛"于5月15日至17日在北京举行。此次论坛由法国里昂证券与经济日报·环境财富共同主办，来自近20个国家的350位机构投资者和数十名国内著名企业的负责人参加了本次论坛。论坛的主题是"推动中国经济，迎接WTO挑战"，与会者就中国加入WTO后所面临的机遇与挑战，以及中国经济发展等论题展开讨论。此外，经济的重组，以及在重组过程中如何使投资者及经济管理部门共同获利也是此次论坛的重要话题。

（参见《光明日报》2002年5月16日A4版）

"关注民生：就业、收入分配与社会保障"论坛　5月18日，由中国人民大学劳动人事学院承办的"中国人文社会科学论坛2002"这一分论坛在中国人民大学逸夫会议中心多功能厅举行。论坛以关注民生为主题，围绕着劳动就业、收入分配与社会保障三个专题展开了深入研讨。清华大学国情研究中心主任胡鞍钢教授和著名人口与就业专家、中国社会科学院人口与劳动经济研究所所长蔡昉研究员分别以“结构变革的创造性摧毁——中国城镇的失业与下岗问题”、“市场如何配置劳动力资源——城乡劳动力市场的形成与发育”为题，对中国的失业下岗问题、城乡劳动力市场的形成与发育问题作了精彩的演讲；劳动人事学院院长、著名劳动经济学家曾湘泉教授和中国社会科学院经济研究所原所长赵人伟研究员分别以“收入分配差距过大还是平均主义”、“中国收入分配改革的来龙去脉”为题，对我国收入分配现状及收入分配体制改革过程做出了科学的回答与权威概括；中国社会科学院欧洲研究所所长周弘研究员和劳动人事学院郑功成教授分别以“社会保障制度改革中的标准化工程——对号入座的理论意义”、“从慈悲到正义之路——社会保障的发展”为题，先后对世界社会保障的改革动态和整个社会保障制度的发展进程作了准确的阐述与理性的思辨。来自国际劳工组织、劳动保障部、全国总工会、国务院法制局、中央财经大学、中国工运学院、中国青年政治学院、首都经贸大学、石油大学等众多单位的160多名听众与会。

（中国人民大学科研处罗圣华供稿）

重建诚信论坛　5月18日，由中国人民大学财政金融学院承办的“中国人文社会科学论坛2002”分论坛在中国人民大学逸夫会议中心报告厅召开，论坛以“重建诚信”为主题。论坛采取谈话讨论的形式，由中国人民大学财政金融学院院长陈雨露教授主持，北京大学光华管理学院副院长张维迎教授、中央电视台著名新闻评论员敬一丹女士、中国人民大学校长助理高培勇教授和中国人民大学社会学系郑也夫教授共聚一堂，就诚信在现代社会的重要性、诚信缺失的主要原因以及如何重建诚信等问题各抒己见，进行了热烈的交流和探讨。张维迎教授从产权角度分析了信用缺失的现象，他指出，无恒产者无恒心，例如，企业信誉的建立是一个长期受益的工程，企业领导关心的是自己在任期间的经营业绩，自然对诚信问题十分淡然。于是才有三角债和银行呆坏账的出现。因此改革产权制度是重建社会信用的根本途径。此外，完善的管理体制与道德文化的重构都是诚信社会的元素。敬女士认为，之所以失信行为如此猖獗，与我们所处的这个特殊时期是分不开的，经济的转轨带给我们一个充满变化的社会，社会成员原有的价值观和道德观更重要的是道德这个软约束机制的构建。重建信用是一个长期的话题，一蹴而就是不可能的。高培勇教授从“诚信纳税月”说起，从政府行为角度探讨了诚信问题。众所周知，偷、漏税行为在中国企业中十分普遍，尤其在企业发展初期更为严重。但是，随着经济的发展，越来越多的企业发现，要想获取更大的发展，诚信不容忽视。形象地说，信用就好比是通行证，不讲诚信的企业在发达的市场经济社会中举步维艰。但是，从根本上说，重建诚信关键在于政府信用的建议。只有政府做到“以德用税”，企业才可以“以德纳税”。郑也夫教授从社会学角度剖析了信用问题。他认为信用缺失不是市场经济“惹的祸”，只不过在计划经济时期，经济主体的活动范围十分狭窄，自主权很小，因此“失信”行为没能表现出来而已。郑教授还从少年足球赛舞弊以及职称评定、学位答辩松懈等现象着手，说明要重建诚信，关键要有一套完整的信用记录。任何一个主体出于维护个人声誉角度的考虑，必然会做到诚实守信。

（中国人民大学科研处罗圣华供稿）

中央财经大学举办部长论坛　5月21日，部长论坛由中共中央委员、中国人民银行行长、中央财经大学校友戴相龙在该校学术报告厅做了“关于中国金融改革发展若干重大问题”的报告。报告会由校长王柯敬主持、部分校领导、老师和学生参加了报告会。戴行长的报告以如何实现邓小平同志提出的“金融是现代经济的核心”这一问题展开，就怎样构造和完善我国金融体系、怎样发展多层次的金融市场来提高宏观调控水平、对外开放机制等问题阐述了自己的认识和思考，并结合此问题向该校师生提出了希望，希望广大校友们能够紧紧抓住金融体制改革这一重大问题多做研究，为我国金融改革做出贡献。最后，戴行长认真回答了师生们的提问。

（中央财经大学科研处供稿）

全球金融学会第九届年会　全球金融学会是全球金融学术界人士发起、组建的国际学术组织，总部设在美国。该学会自成立以来，已先后在洛杉矶、夏威夷、墨西哥城、伊斯坦布尔、蒙特利尔等城市举办了8届年会。本次年会是第一次在亚洲举办。会议由北京大学光华管理学院主办，于5月27日至28日在北京大学召开。参会代表300余人，分别来自20多个国家和地区的100多所国内外著名高校，如哈佛大学商学院、宾州大学沃顿商学院、哥伦比亚大学、康奈尔大学、剑桥大学、伦敦大学、伦敦商学院、北京大学、清华大学、香港科技大学等。不少国内外金融实业界的代表也应邀出席。本次会议是历届年会中规模最大的一次。5月27日上午举行了主题大会。北京大学校长许智宏院士、全球金融学会执行主席M. 沙罗西教授、北京大学光华管理学院院长厉以宁教授、人大常委会副委员长、国家自然基金管理科学部主任成思危教授、美国佛罗里达大学金融系讲座教授Jay Ritter博士、中国工商银行副行长李礼辉博士、深圳证券交易所总经理张育军博士作了主题发言。在以后的一天半时间里，代表们分别在10个分会场参加了讨论。讨论的主要议题包括以下当前金融界关心的前沿热点问题：加入WTO的中国金融业、公司结构治理、民营化、行为金融、金融创新与金融工程、金融风险管理、跨国投资与兼并、资产管理、新兴资本市场、资本市场与金融机构的公共政策和监管、价值评估与资产定价、创业投资、全球金融危机、跨国财务管理等。大会组委会共收到论文392篇。入选220篇。大会评选出6篇英文优秀论文和6篇中文优秀论文。北京大学周春生教授(及其合作者)、刘力教授（及其学生王震）各有一篇论文被评为全球金融学会第九届年会优秀论文。

（北京大学社会科学部朱邦芳供稿）

第24届亚洲经济研讨会 由北京大学经济学院、美国亚洲经济研究委员会和中国改革论坛等单位联合主办的“第24届亚洲经济国际研讨会”于5月27日至29日在北京大学英杰交流中心举行。来自美国、澳大利亚、日本、韩国、新加坡、印度尼西亚等国以及中国大陆、香港和台湾地区的经济学家和政府机构代表200多人出席了会议。会议的主题为：“新时代亚洲经济合作：中国的地位与影响”。围绕主题，诺贝尔经济学奖得主蒙代尔教授、美国经济学会前名誉主席詹森教授、我国著名经济学家刘国光教授、萧灼基教授作了精彩的讲演。在分组会上，专家学者就国际贸易与投资、金融市场和金融机构、亚太地区的经济合作、区域经济一体化和国际经济一体化以及中国经济改革等问题展开了热烈的讨论。通过讨论，与会者对亚洲各国在经济全球化进程中所面临的机遇和挑战，尤其是中国的经济转轨在这一过程中所扮演的角色及其未来的发展方向有了更深入的认识。与会代表普遍认为，中国加入WTO以后，必然成为经济全球化的积极参与者和推动者，中国的未来发展对于世界经济走势具有重要的影响。会议共收到国内外学术论文近200篇。其中的优秀论文将由北京大学出版社结集出版。

（北京大学社会科学部朱邦芳供稿）

中国家族企业发展论坛 由北学大学MBA联合会和北京视野咨询中心联合主办的“中国家族企业发展论坛暨《管理千千结》首发式”，于6月12日在北京举行。经济学家钟朋荣和宁波方太厨具有限公司董事长茅理翔分别在会上就中国民营企业发展的相关问题作了主题发言。来自北京大学、清华大学、中国人民大学、中央财经大学等10多所高校经济管理院系的负责人及在读大学生、研究生200余人参加了会议。《管理千千结》是中国民营企业家茅理翔先生继《飞翔的管理》等三部著述之后新推出的又一力作。他是田野上崛起的企业家，他凭着“地摊精神”，把一家民营企业做到每年为国家创造税收数千万的规模。钟朋荣教授在企业考察时读到该书手稿时，对其中多篇文章作了点评。通读全书，读者可以感受到一个民营企业家创业的酸甜苦辣，可以解读家族制企业克敌制胜的奥秘，可以破译子承父业的难题，可以领略中国民营企业的独特魅力。

（参见《光明日报》2002年6月18日B2版）

卫兴华教授从教50周年学术研讨会 6月23日，中国人民大学经济学院在逸夫会议中心举办了这次学术研讨会。中国人民大学校长纪宝成、副校长林岗以及宋涛、刘海藩、杜厚文、刘克崮、倪小庭、李连仲、洪银兴、魏杰、杨瑞龙等专家学者以及经济学院近百名校友和师生参加了研讨会。卫兴华教授是我国著名的马克思主义经济学家。从教50年来，他潜心研究马克思主义基本理论和社会主义经济理论，发表各类论文及文章近600篇，出版著作40余部，总计近千万字，获国家级和省部级奖20余项。在政治经济学基本理论、《资本论》研究、社会主义经济理论、经济体制改革理论、经济增长和发展理论等多个方面均有重要建树。他培养的学生遍布全国，许多人在重要的岗位上做出不俗的成绩。会议由中国人民大学经济学院院长杨瑞龙教授主持，他高度评价了卫兴华教授对中国人民大学经济学发展做出的杰出贡献，希望借此次会议树立一个理论研究的楷模、倡导一种尊师重教的学风。会上，大家对卫兴华教授的学术成就，以及独立思考、严谨治学、不断创新的学风给予了高度评价。

（中国人民大学科研处罗圣华供稿）

首都经济贸易大学CBD研究中心成立大会暨学术研讨会　研讨会于6月27日在首都经济贸易大学举行，校长张理泉教授向大会致辞说：北京作为首都，是国内、国际商务活动的主要舞台。随着北京城市的发展，商务中心区（CBD）这一城市功能的聚集区的设计、规划、建设逐步成为首都都市发展的热点。北京商务中心区将成为城市现代化的象征，城市的经济、科技、文化等在此高度集中，首都经贸大学地处CBD，将以首都经济贸易大学为纽带，广泛整合高校、科研机构、新闻单位和企事业单位等社会资源，为北京商务中心区的建设，为朝阳区的社会经济发展服务。会上，首都经济贸易大学商务管理系主任蒋三庚博士做了名为“加快北京商务中心区建设的研究”的学术报告。在报告中，蒋博士在三个方面分析了北京CBD。他首先分析了国外的CBD发展的三种主要模式，纽约模式、巴黎模式和东京模式。通过分析找出了北京CBD发展的立足点，如发展会展业、发展办公室经济、整合区域旅游资源和培育人才培训市场等；其次分析了北京CBD的投资环境，提出在对CBD进行区域建设时，应该注意投资硬环境和投资软环境的建设，同时还要注意营造入驻商务区独特的风格与氛围；最后提出北京要建成国家级商务中心区，必须从硬件与软件建设上符合当今国际CBD的发展趋势，而新CBD归根到底是人才，北京CBD最需要的是高级商务人才，如国际项目管理人才、金融投资分析师、企业管理博士和各种综合性人才。中国社会科学院张卓元教授、周叔莲教授都做了重要学术发言。国务院发展研究中心岳颂东教授做了题为：“关于北京CBD开发的基本思考”学术报告。北京市政府政策研究室王铁鹏主任介绍了北京CBD的定位，并介绍了在北京CBD的建设中，北京市对北京特色建筑的保护措施等情况。北京市CBD管委会的刘兴苍同志介绍了CBD规划的审批情况。中国城市发展研究会朱铁致教授提出了对CBD发展的几点重要看法。北京市贸促会储祥银副会长在发言中指出，在北京CBD建设中，要调动各方面的积极性，要有一个大北京的概念，要利用中央和地方各大专院校形成一种综合优势。北京市社科规划办公室王新华主任、国家计委投资所张汉亚教授、北京市社科院经济所赵弘副所长、中国国际民间组织合作促进会黄浩明秘书长也在会上做了发言。

（首都经济贸易大学商务管理系供稿）

王传纶教授80华诞学术研讨会　6月29日，由中国人民大学财政金融学院举办了这一学术研讨会。许毅、王亘坚、赵海宽、姜维壮等我国财政金融领域的老一辈学者，中国人民大学校长纪宝成、副校长林岗出席会议。国家税务总局、中国人民银行、财政部、中国社会科学院、中央财经大学、对外经济贸易大学、中国银行、中国民生银行、中国国际金融公司、中国证监会等部门和机构的代表参加了会议。纪校长代表学校对王传纶教授80华诞表示热烈祝贺和衷心祝福，并对王传纶教授从教50余年的卓越成就予以高度评价。与会学者代表回顾了早年与王传纶教授共同工作和学习的经历以及几十年来的深厚友情。与会嘉宾还就当前的财政金融形势、财政金融学研究和学科建设等方面展开了热烈讨论。

（中国人民大学科研外罗圣华供稿）

21中日政企学合作发展北京论坛　由《人民日报》社和日本新兴高新技术企业协会共同主办的“21世纪中日政企学合作发展北京论坛”于7月4日在北京人民大会堂举行。日本前首相森喜朗亲自率领日本政界、经济界和学术界高层人士等百余人与会，与中国同行对21世纪中日高新技术交流与合作进行了认真的探讨。全国人大常委会副委员长王光英在论坛上说，2002年是中日邦交正常化30周年，日本已成为中国最大的贸易伙伴，中日合作潜力巨大，我们应该珍惜来之不易的中日友好合作关系。会上，国家发展计划委员会副主任王春正、清华大学常务副校长何建坤、中国科学院——清华大学国情研究中心主任胡鞍钢等分别作了题为“为政企学合作创造良好宏观环境”、“中国研究型大学的技术转移”、“中国崛起对日本是巨大机会”的报告。来自中日双方的官员、经济界人士以及企业界代表共300余人出席了论坛。

（参见《人民日报》2002年7月5日第1版，
7月11日第7版）

海峡两岸地方政府与企业学术研讨会　会议于7月17日至18日在北京达园宾馆召开，由北京大学政府管理学院和台湾中山大学政治学研究所联合举办。来自北京大学、中国人民大学、南开大学、浙江大学、华中师范大学、中国政法大学、苏州大学、深圳大学、国家行政学院、中国行政管理学会、北京市委党校和来自台湾中山大学、中正大学、东海大学、东吴大学、成功大学、铭传大学等近20所高校和学术团体的50余位学者参加了研讨会。与会者围绕“地方政府的选制与选举”、“地方化与全球化”、“地方政府的研究途径”、“地方政府的产业、经济及财政”、“地方政府的组织、领导及政策”等五个专题进行了为期两天的研讨。学者们关注较多的问题如下：中国乡镇选制改革的经验和教训，全球化给中华民族带来的挑战和机遇，近20年来西方主要工业化民主国家相继出现的地方化趋势，入世对县城经济发展和行政行为的挑战，中国地方市场发展的全球化与本地化战略思想，中国城市社区建设及其制度创新，地方政府的公共性，地方的政企关系等等。本次会议不仅加深了海峡两岸学术界的交流与合作，推动了两岸地方政府与政治理论研究的深入开展，而且为入世后中国地方政府进行政治体制改革、优化政府职能、转变政府行为、提高行政效率提供了大量可行的政策性建议。

（北京大学社会科学部朱邦芳供稿）

中美劳动关系与人力资源管理专业建设研讨会 7月23日至26日，由国际劳工组织北京局资助、中国人民大学劳动人事学院主办的这次研讨会隆重召开。会议由劳动人事学院院长曾湘泉和副院长孙健敏先后主持，冯俊副校长和国际劳工组织北京局首席技术顾问王林女士在开幕式上致辞。来自国家机关、高等学校、全国企业的代表共40多人参加了研讨会。会议特邀美国康奈尔大学劳动关系学院副院长、国际著名的劳动经济学家Robert S. Smith教授和著名的劳动关系与人力资源管理专家Sarosh Kuruvilla教授，重点介绍了康奈尔大学劳动关系与人力资源管理专业设置、课程体系及研究方法。两位教授详细阐述了康奈尔大学劳动关系学院的历史并就“当代劳动经济学的发展历史及前景”、“20世纪产业与劳动关系体系的变化”、“组织行为学的发展、研究领域及教育现状”、“人力资源管理的发展、研究现状及教学”、“全球化对劳动关系及人力资源管理的影响”做了四场专题演讲。劳动人事学院彭剑峰教授和常凯教授分别就“中国人力资源开发和管理的理论与实践”和“关于建立和发展中国产业与劳动关系专业的设想”做了专题演讲，并且介绍了我国劳动经济学、产业与劳动关系、人力资源管理教学的发展现状及研究。与会代表就产业与劳动关系、劳动经济学、人力资源管理三个学科的发展历史、教学与研究现状等展开了热烈的讨论，从培养目的的确立、课程设置、教学方法、学科发展，到研究思路、研究专题、东西方的文化差异等，大家各抒己见，畅所欲言。来自大学的代表介绍了各自学校的课程设置和学生培养的经验，来自企业的代表则从用人单位的角度对劳动关系和人力资源管理专业人才的培养目标、模式等提出了建议和要求。

（中国人民大学科研处罗圣华供稿）

新世纪两岸经济合作机制研讨会 由民建中央主办的此次研讨会，于7月25日至26日在北京举行。全国人大常委会副委员长、民建中央主席成思危、海峡两岸关系研究中心主任唐树备出席会议并讲话。在为期两天的会议中，来自海峡两岸的专家、学者，围绕“加入世贸组织后两岸经贸合作前景与对策”、“加强两岸投资合作的前景与对策”、“两岸金融合作前景和规避风险的对策”等几个主题进行广泛深入的研讨。

（参见《人民日报》2002年7月26日第4版）

中日韩WTO与农业发展国际学术研讨会 8月5日至6日，由中国人民大学农业经济系主办的此次研讨会在中国人民大学逸夫会议中心举行。来自中日韩三国大学、研究机构和政府部门的学者、专家和政府官员参加了此次研讨会。农业经济系主任唐忠教授主持开幕式。中国人民大学副校长袁卫教授代表中国人民大学致欢迎辞，日方代表、东京农工大学前校长尾井功教授，韩方代表、联合国粮农组织（FAO）驻菲律宾首席代表、韩国农林部政策局前局长李相茂博士分别代表日本和韩国致辞。22位专家在研讨会上做学术报告。与会代表的报告和讨论涉及到农产品贸易、农业多功能性、农业补贴、农产品贸易争端与绿色壁垒、公平贸易和自由贸易、下一轮WTO农业谈判、农业组织产业化经营与专业合作社的发展、新的国际化规则、东北亚地区粮食安全问题、入世半年来中国农业所面临的形势分析、中国政府对策、中日韩三国间农产品贸易和与区外的贸易、如何改革WTO现有农业规则、“蓝箱”“黄箱”及“绿箱”政策中与农民收入相关的政策、中日蔬菜等贸易战、整合三国农业资源、中国农户增收、如何面对欧美这些粮食生产大国的挑战等。

（中国人民大学科研处罗圣华供稿）

首届中华儒商国际论坛 论坛于8月9日在北京人民大会堂开幕。在开幕式上，全国政协副主席、全国工商联主席经叔平讲话指出，儒商就是能够义利兼顾的商人。也就是说，办好一个企业，既要讲求经济效益，同时也要讲求社会效益；既要遵纪守法，又要诚信守诺。他希望世界各国的华商发扬中华民族的优秀传统，相互交流、取长补短，与时俱进，开拓创新，争取打造出一大批21世纪的中国新儒商。论坛贯彻“以德治国”与“依法治国”相结合的重要思想，对当前我国经济建设中的信用问题进行了多角度、多层次的讨论。论坛并发出倡议：创建信用经济，造就一代儒商，肩负起实现中华民族伟大复兴的时代重任。论坛由中国孔子基金会、国际儒商学会、中华炎黄文化研究会、经济日报新闻发展中心共同举办。

（参见《光明日报》2002年8月10日A3版）

2002年世界金融界华人论坛　由国务院侨务办公室、对外贸易经济合作部、中国人民银行、国务院发展研究中心、中国证券监督管理委员会、中国保险监督管理委员会联合举办的本次研讨会，于9月3日至4日在北京举行。中共中央政治局委员、国务院副总理钱其琛、全国政协副主席罗豪才在开幕式前会见了参与论坛的全体代表。论坛以“加入世界贸易组织后中国金融业的改革与开放”为主题，邀请了百余名海内外金融领域的实业家和专家、学者等，采用“小规模、高层次、重实效”的论坛形式，从多角度分析和探讨加入世贸组织后中国金融业的发展前景，以及中国金融业如何学习和借鉴国外先进管理经验，加速金融领域的改革与开放，更好地应对加入世贸组织的挑战和考验。

（参见《人民日报》2002年9月4日第4版）

新时期经济学科建设研讨会　9月5日，由北京师范大学主办，北师大社会科学处、经济学院、经济与资源管理研究所共同承办的此次研讨会在北师大英东学术报告厅举行，原国务院政策研究室主任桂世镛、中央政策研究室副主任郑新立、国务院发展研究中心副主任陈锡文，以及张卓元、赵人伟、李晓西、刘伟、李子柰、杨瑞龙、邹东涛等数十位首都经济学界知名学者汇聚一堂，就如何做新时期的经济学学科建设等有关问题进行了广泛交流和研讨。与会者提出，经济学科的建设要高度注重掌握我国的基本国情和发展阶段。研讨会上，有学者还就经济数量分析等学科建设提出了诸多建议，并认为这可能是21世纪初经济学科新的生长点。与会学者还强调，要正确处理经济学研究的热点和冷点的关系，经济研究工作者要有一颗平常心。研讨会上，北师大校长钟秉林教授到会讲话，副校长史培军、经济学院院长李翀、管理学院院长唐任伍、社会科学处处长赖德胜等领导、教师与学生200余人出席了研讨会。

（北京师范大学社会科学处马永梅供稿）

中德土地整理与农村发展研讨会　研讨会于10月8日在北京举行。来自国土资源部、教育部、农业部、国务院发展研究中心、国务院体改办小城镇发展中心、中国社会科学院和德国汉斯·赛德尔基金会的官员、专家以及土地整理与村庄革新项目区的农民代表共90余人参加了研讨会。德国汉斯·赛德尔基金会近20年来先后援助中国13个项目，1989年援助山东青州南张村开展的土地整理与村庄革新项目，对中国农村开展土地整理与革新进行了有益探索。通过土地整理和教育培训，开发利用废地29公顷，先后办了多家企业，农民年均纯收入从1989年的1950元增加到2001年的4600元，全球获得农业技术证书、会计职称等共达280人，并吸引了许多高校毕业生来村创业。

（参见《人民日报》（海外版）
2002年10月9日第4版）

首届中俄高级经济论坛　10月8日至9日，由中国人民大学经济学院与俄罗斯圣彼得堡国立财经大学联合主办的论坛，在中国人民大学逸夫会议中心召开。来自圣彼得堡国立财经大学、北京大学、清华大学、北京外国语大学、复旦大学、南开大学、东北财经大学和中国人民大学的学者，以及中国社会科学院、俄罗斯科学院、中国国务院发展研究中心等研究机构的专家，俄罗斯驻华使馆、中国对外经济贸易部、外交部、俄罗斯政府科技部、圣彼得堡市政府的官员，中国长城公司、中国精密机械进出口公司等企业界人士、工商界代表60余人及中国人民大学师生出席会议。论坛开幕式由中国人民大学冯俊副校长主持，党委书记程天权代表学校致欢迎辞。俄罗斯圣彼得堡国立财经大学校长塔拉谢维奇·列昂尼德·斯捷潘诺维奇，中国东欧中亚学会会长、前驻华大使李凤林教授，俄罗斯驻华大使罗高寿、国务院侨务办公室张伟超副主任、中国对外经济贸易合作部企业司司长卫东、中国社科院东欧中亚研究所李静杰所长以及中国精密机械进出口总公司张新侠总裁分别在会议上致辞。这届论坛包括主题演讲、中俄企业家论坛、中俄经济专家高级论坛。共有8个主要议题：中国经济现状及发展趋势；中国加入WTO与中俄经济合作；中国西部开发的战略、进展与问题；中俄经贸关系发展中存在的问题以及对发展两国经济合作的建议；俄罗斯经济现状及发展趋势；俄罗斯参与经济全球化的构想、进展与问题；俄罗斯希望外国在哪些领域投资以及对发展中俄经济合作的建议；中国公司如何进入俄罗斯市场以及相关政策的介绍等。

（中国人民大学科研处罗圣华供稿）

“经济全球化：美国与东亚”国际学术会议 此次会议于10月15日由北京大学国际关系学院举办。来自美国、俄罗斯、日本、韩国的外国与会者17人。美国方面由华盛顿著名思想库尔鲁金斯学会会长塔尔博特（克林顿政府时期担任副国务卿）、副会长斯坦博格（克林顿时期任白宫国家安全副助理）率团出席。中方参加者除北京大学国际关系学院中青年教师20人外，还有中国人民解放军副总参谋长熊光楷上将、中国国际问题研究所所长宋明江大使、全国政协外事委员会副主任张毅君大使、中国社会科学院美国研究所所长王辑思研究员以及来自北京主要国际问题研究机构、复旦大学、中国人民大学、清华大学等高校的专家学者10余人。会议讨论的几个关键问题是：（一）如何界定现代恐怖主义，如何认识现代恐怖主义产生的根源；（二）如何看待联合国的作用，“单边主义”的国内政治背景和它的危害；（三）如何分析当前美国经济走向以及它对全球经济的影响；（四）如何分析“9·11”后的东亚地区安全形势；（五）中美关系。美方与会者的主要观点如下：（一）目前布什政府搞的“单边主义”太喜欢动用军事力量，单边色彩太浓，对今后的国际关系会有负面影响，也不符合美国的利益；（二）美国经济对世界有影响，也有依赖。目前，中国经济的发展对美国经济复苏有积极的影响；（三）东南亚已成为国际恐怖主义的又一重要活动地区，美国需和中国及其他国家合作，打击这一地区的恐怖活动；（四）江泽民主席这次对美国的访问很重要。一个稳定的中美关系有利于地区和世界的稳定和发展。会议期间，钱其琛副总理、教育部陈至立部长、外交部李肇星副部长等接见了美方主要学者代表，并与他们进行了坦率友好的交流。

（北京大学社会科学部朱邦芳供稿）

中国城市经济学会学科专业建设委员会第三次会议 会议于10月14日至16日在北京召开。此次会议由首都经济贸易大学城市经济系承办。出席本次会议的学者有中国城市经济学会学科建设委员会会长饶会林教授、南开大学城市与区域研究所所长郭鸿懋教授（副会长）、原中国社科院副院长龙永枢教授（副会长）、四川省社科院院长林凌研究员、建设部专家李梦白教授、国务院发展中心原副主任邓建勋研究员等来自全国12个省市的52位城市经济学会代表和专家，以及首都经济贸易大学的郑海航副校长，城市经济系张跃庆教授、丁芸教授、李树琮教授等，首都经济贸易大学城市经济系的教师和在校研究生旁听了会议。会议的主题是城市经营与管理。大会共收到论文54篇和专著2本。会上，专家们首先提出了城市经营与管理是加快我国城市化进程的重大现实问题；其次认为，为了解决我国城市化过程中实际存在的管理不到位和粗放经营的问题，加强我国城市管理和城市经营显得十分迫切和必要。与会同志就城市经营管理的相关问题进行了热烈的讨论，提出我国经济发展迫切需要一个造城运动，中国城市发展进入了一个新的阶段，城市经营管理的科学、效益与可持续发展成为突出的问题，城市经营管理的研究是有极大前景的。天津城市建设学院、江苏城市发展研究院目前正在实践探索的创建中国城市大学的努力与尝试，更使与会者感受到了我国城市经济学专业的发展机遇。

（首都经济贸易大学城市经济系供稿）

中国青年农经学者年会 年会于10月11日至13日在北京中国农业大学召开。本届年会由中国农业经济学会主办，中国农业大学经济管理学院承办，会议主题是“WTO与中国农业和农村发展”。本届年会共收到论文近300篇。150余名代表、京内外学者和学子共计1000人参加了年会。本届年会高层论坛邀请了中国农经学会会长、国务院政策研究室原副主任杨雍哲讲话；国务院发展研究中心副主任陈锡文做农村政策报告；国家计委农经司司长杜鹰、中国农经学会秘书长、农业部农研中心主任柯炳生教授、国家计委经贸司司长毕井泉、农业部计划司司长薛亮、中国社会科学院人口所所长蔡昉研究员、农业部政策法规司副司长张红宇、中国科学院农业政策研究中心主任黄季焜研究员、南京农业大学经贸学院院长钟甫宁教授、中国农业科学院农业经济研究所所长钱克明研究员、中国农业大学经济管理学院田维明教授、中国社会科学院人口所副所长张车伟研究员、扬州大学商学院院长蒋乃华教授、中国农业大学经济管理学院安希伋教授、中国农业大学经济管理学院陈永福博士等专家做学术报告。中国农经学会副会长、中国农业大学副校长谭向勇教授，中国农业大学经济管理学院院长秦富教授、中国农业大学经济管理学院何秀荣教授、中国农业大学经济管理学院副院长王秀清教授共同主持了本届年会的高层论坛。中国农业大学党委书记瞿振元致辞。

（中国农业大学经济管理学院辛贤供稿）

加入 WTO 对中国劳动关系的影响研讨会　由英国英中协会（GBCC）、英国 Sussex 大学发展研究所（IDS）、中华全国总工会国际部、中国工运学院联合举办的中英“加入 WTO 对中国劳动关系的影响”研讨会于 10 月 15 日至 16 日在北京举行。中华全国总工会国际部章国贤副部长出席研讨会，中国工运学院院长张秋俭教授出席开幕式并致辞。英国英中协会（GBCC）副主任 Calum Macleod 先生和英国 Sussex 大学发展研究所（IDS）研究员 Jude Howell 博士，也在开幕式上致辞，并参加了整个研讨活动。研讨会就加入 WTO 对中国劳动关系的影响、加入 WTO：劳动关系重建与工会战略调整、注重研究企业劳动关系的新变化、国际劳工标准与经济全球化、“企业行为准则”及其实施效应、中国工会在国家与劳工之间的角色、中国企业劳动关系的现状及其问题分析等问题进行了讨论。

（中国工运学院科研处供稿）

金融、技术与社会学术研讨会　由北京大学中国社会与发展研究中心（教育部人文社会科学重点研究基地）和台湾东海大学社会学系联合主办的此次会议，于 10 月 17 日至 18 日在北京达园宾馆召开。来自海峡两岸的专家学者和实业界人士 20 余人与会。金融、全球资本市场与个人生计的关系问题是本次会议的主要议题。在 17 日上午的开幕式上，北京大学、中国社会与发展研究中心主任刘世定和台湾东海大学社会学系主任陈介玄作重要发言。刘教授指出，搭建实业界和社会学学界之间的交流平台是很重要的，它有利于推进学术界关注重要的社会问题，实业界也可从中得到理论的滋润。陈教授强调，金融社会的影响已经日渐深远，社会学的实践能力要在关注金融这样一些比较重要的经济现象中表现出来。研讨会分 12 个专题进行。其中实业界人士的发言有中国银行国际控股有限公司首席经济学家曹征远的“中国金融体制改革的历史、现状与趋势”、四维集团公司董事长王延的“集团公司的资本运作——银行货币押运专业化中政策、法律和金融工具的应用”、深圳证券交易所陈文权主任的“证券交易所的组织与运作”、北京中盛联华投资管理有限公司董事长王苏波的“中国农村金融问题”等。学者发言的题目有“社会保障基金与资本市场”、“长寿人口之形成与金融社会学的兴起”、“专业伦理作为台湾金融社会研究的重要议题”、“台湾企业公司治理特性分析”、“台湾金融市场特质的社会学分析”等。

（北京大学社会科学部朱邦芳供稿）

海峡两岸和港澳经贸合作研讨会　第一届海峡两岸和香港、澳门经贸合作研讨会于 10 月 18 日在北京召开。会议由中华全国工商业联合会和台湾工商企业联合会、香港中华厂商联合会、澳门中华总商会共同举办，来自两岸和香港特区、澳门特区的工商界人士百余人与会。全国政协副主席、中华全国工商业联合会主席经叔平在会上致辞说，香港享有国际自由港和国际金融、航运中心地位，台湾拥有资金、技术等方面的优势，澳门与欧洲、美洲保持着特殊的关系，内地拥有巨大的市场潜力、廉价的劳动力成本，形成了良好的互补优势，这些都是相互合作的基础。不论从国际经济形势，还是自身和彼此的需要来看，只有更紧密地合作，才能实现共同发展，共同繁荣。研讨会的主题是海峡两岸和香港、澳门经济贸易发展如何协调一致地去共同面对加入世界贸易组织后的机遇和挑战。

（参见《人民日报》2002 年 10 月 19 日第 4 版）

全国区域经济学科发展研讨会　10 月 19 日至 20 日，研讨会在中国人民大学召开。来自北京大学、复旦大学、武汉大学、浙江大学、南开大学、兰州大学等 30 多所大学的学科点负责人和学术带头人参加了这次大会。中国人民大学党委副书记马俊杰出席开幕式并致欢迎辞。国务院学位委员会办公室文理处副处长黄宝印到会并讲话。区域经济是目前我国国内发展迅速的一个学科，到目前为止，已经形成了 50 多个博士、硕士学科点，这些学科点遍布全国近 30 个省市自治区的百所高校。为加强全国区域经济学各学科点之间的联系，共同促进区域经济学学科在我国的发展，中国人民大学区域经济与城市管理研究所主办，南开大学城市与区域经济研究所、兰州大学区域经济研究所协办了这次研讨会。这是该学科在今年年初被评为全国重点学科之后召开的第一个学术带头人共商学科发展的聚会，它在我国区域经济学科发展进程中具有重要的标志性意义。研讨会上，与会者重点介绍了全国各学科点的基本情况，相互交流教学科研经验，共同展望区域经济学未来的发展趋势，探讨区域经济学学科发展以及在我国地区发展中的应用规律。通过研讨，与会者对区域经济学在我国的发展前途充满信心，并达成了进一步与国际接轨和努力为国家开发建设服务的学科发展的共识。会议决定成立"区域经济学学科点联席会"，并将联络处设在中国人民大学，联席会总召集人为中国人民大学区域经济与城市管理研究所教授陈秀山。

（中国人民大学科研处罗圣华供稿）

全面预算管理高级论坛 应财政部企业司要求，北京工商大学会计学院于10月19日在北京香格里拉饭店举办本次高级论坛。到会有100多人。主要邀请国内全面预算管理有特色的大中型企业、上市公司高层管理人员（特指公司董事长、总经理（总裁）、财务副总、财务总监、总会计师、财务部部长）、政府相关主管机构的人士，云集北京面对面交流全面预算管理实践的操作与技巧、成功经验、问题与困惑。会议讨论的议题：①中国公司全面预算管理的模式、编制起点；②全面预算的编制程序与运作技巧；③全面预算管理的组织保障与技术保障；④全面预算控制的刚性与弹性把握；⑤预算调整与预算预警管理制度；⑥全面预算管理与公司治理、公司战略、资金集中管理的衔接；⑦集团母子公司预算管理的梳理；⑧全面预算管理与ERP、会计信息系统；⑨全面预算管理与业绩管理、KPI的挂钩。

（北京工商大学科研处武瑞芳供稿）

新自由主义与拉美经济研讨会 教育部社科中心"西方经济学与我国经济体制改革"课题组与"理论经济学研究"课题组于10月30日至31日召开了"新自由主义与拉美经济"研讨会。与会者围绕新自由主义的实质、以美国为首的西方发达国家推行新自由主义的工具和手段、新自由主义理论和政策给广大发展中国家带来的影响等问题展开了讨论。与会学者认为，导致阿根廷危机的根本原因是实施新自由主义经济发展战略，突如其来的贸易自由化损害了阿根廷的经济发展，其实行的金融和资本自由化政策，完全开放金融和资本市场，导致了其金融体系风险能力很脆弱。与会者指出，在我们的改革开放过程中，要避免新自由主义的理论和政策负面作用，使我们的改革开放和现代化大业顺利发展。

（教育部高等学校社会科学发展研究中心田心铭、王炳权供稿）

成功企业及数量化管理论坛 11月2日至3日，中国人民大学统计学系与国家教委应用统计科学研究中心、中国人民大学调查技术研究所、中国人民大学数据挖掘中心及台湾中华资料采矿协会（CDMS）共同举办的"成功企业数据挖掘暨数量化管理论坛（2002）"在中国人民大学召开。论坛的目的是为了提高国内企业数据分析与数据量化管理水平，加深海内外学者、技术供应与国内企业的交流与合作。论坛吸引了国内大型企业和国际知名IT产品供应商积极参与。国内外著名公司、企业，高等院校和科研机构，其中有美国统软华联商厦股份有限公司、SPSS北京办事处、新疆证券有限责任公司参加了此次论坛。国际著名学者台湾中央研究院赵民德教授、台湾辅仁大学资讯系谢邦昌教授、中国人民大学应用统计科学研究中心赵彦云教授以及中国人民大学统计学系的专家学者在论坛上做了专题报告。与会各界对数据挖掘技术在企业数量化管理方面的成功应用，以及如何利用数据挖掘和现代统计调查技术提升企业竞争能力方面进行了广泛而深入的讨论。

（中国人民大学科研处罗圣华供稿）

北京林业大学首届绿色论坛 11月10日，由北京林业大学研究生会主办，野生动物保护协会、中国绿色时报社、北京地球村环境文化中心、北京林业大学学生科技协会协办的此次论坛在北京林业大学东配楼大报告厅举行。其宗旨是"弘扬绿色文化、传播绿色文明、携手绿色行动"。主题是"绿色生态伦理"。野生动物保护协会秘书长陈润生，中国绿色时报主编汤升享，北京地球村环境文化中心创办人和负责人廖晓义，水土保持学科专家王礼先等出席了会议。本次绿色论坛引起大家对整个绿色生态伦理的深刻思考。随着人类对人和自然关系认识的深化，人们不断用政策、国策以及法律等手段，来调整人和自然的关系，企图求得人和自然的和谐发展。但是，仅用上述手段还是不够的，还必须构建一种生态伦理学，帮助人们全面地、科学地认识和处理人和自然的关系，使人类在征服自然的活动中走向理性阶段，受到理性的约束和道德的约束，在改造自然的活动中自觉地处理好人和自然的关系，走可持续发展道路。因此，建构生态伦理学是人类对人和自然关系认识深化的必然结果，是走可持续发展道路的客观要求，是一切国家永续发展的必然选择。生态环境伦理道德的建构，标志着人类道德的进步和完善，是新时代人类处理环境和生态问题的新视角、新思想、是人类道德的新境界。生态环境伦理以尊重和保持生态环境为宗旨，以未来人类继续发展为着眼点。生态环境伦理强调人的自觉和自律，强调人与自然环境的相互依存、相互促进、共存共融。这种生态文明同以往的农业文明和工业文明具有共同点，那就是在改造自然中发展社会生产力，不断提高人类的物质文化生活水平。但它们之间又有明显的不同，即生态伦理突出强调在改造自然中要保持自然的生态平衡，要尊重和保护环境，不能急功近利，吃祖宗饭，断子孙路，不能以牺牲环境为代价取得经济的暂时发展。但是，生态伦理也不是主张人在自然面前无能为力，消极无力，不是叫人们“存天理、灭人欲”，少吃少喝少消费，而是让人们在认识和掌握自然规律的基础上，在爱护环境和保持生态平衡的前提下，能动地改造自然，使自然更好地为人类服务。本次绿色论坛达成的共识是：一个不以绿色经济立国的国家是难以实现可持续发展的；一个不以绿色经济为主导的城市其发展是没有出路的；一个不以绿色理论为企业精神的经济实体是没有生命力的；一个不以绿色观念为现代意识的人，其人生观是不健全的。

（北京林业大学张力供稿）

劳动关系与企业社会责任国际研讨会 11月25日至26日，由中国人民大学劳动人事学院主办、中国人力资源开发协会劳动关系专业委员会和中国企业家协会协办、美国福特基金会赞助的“全球化背景下劳动关系与企业社会责任国际研讨会”在中国人民大学举行。来自美国、英国、加拿大、澳大利亚、泰国和中国等地以及联合国的劳工问题专家学者，政府有关部门领导、跨国公司和国内企业代表、社会责任和生产守则的制定机构代表、工会组织及其他非政府组织代表齐聚一堂，共同探讨企业的社会责任问题。中央电视台、香港凤凰卫视台、《人民日报》、《中国青年报》等媒体的记者参加了会议。中国人民大学冯俊副校长出席大会并致辞。在为期两天的研讨会上，与会者就企业的社会责任对中国企业的影响，特别是对劳工关系的影响发表了自己的意见和看法，对于如何在中国推进这一运动来促进国内劳工关系的协调与稳定，并进而促进整个经济社会的平衡发展等问题进行了比较研究，提出了相关对策。

（中国人民大学科研处罗圣华供稿）

海外融资研讨会 研讨会由中国国际商会调解中心、中国政法大学破产法与企业重组研究中心、日本国东京证券交易所、日本国安德森·毛利律师事务所及日本 KPMG 等单位联合主办，于12月7日在北京钓鱼台国宾馆举行。本次研讨会围绕海外融资对加强中国企业核心竞争力的重要意义、中外融资体系的比较、海外融资的方法和途径、海外融资的法律问题（如海外上市公开募集有关规定）、保护投资者利益五个专题进行广泛的探讨。来自中央企业工委、国家经贸委、中国证监会、国务院发展研究中心、日本国东京证券交易所、日中投资促进机构的代表以及著名经济学家、著名法学家等参加了此次研讨会。

（参见《人民日报》（海外版）
2002年12月7日第5版）

中国企业年金市场论坛 论坛于12月7日在清华紫光大厦国际会议中心举行，该论坛由清华大学公共管理学院社会政策研究所主办，中国平安保险公司等协办，是社会政策研究所“社会政策法律论坛”的系列论坛之一，即“中国企业年金之路”的第二次全国性大型论坛。参加这次企业年金论坛有来自清华大学、中国社会保险学会、中国人民大学的专家，国家劳动和社会保障部、财政部、中国人民银行、中国证监会的政府官员，和保险业、银行业、信托业、基金管理业、证券业以及企业界的人士共聚一堂，就中国企业年金市场的发展进行了热烈的探讨。此次论坛分为企业年金市场、企业年金制度、企业年金账户管理、企业年金监管四个专题。杨燕绥博士作为此次大会的主要组织者，在“企业年金市场”的专题中做了“论企业年金市场”的主题发言。每一个专题均有大会讨论时间，通过讨论，使得来自各类金融机构的与会者，进一步明确了企业年金的地位、内容和发展规律，以及企业年金市场的基本条件和监管问题。大家一致认识到，各类金融机构应当充分发挥各自的优势，打造质优价廉的企业年金产品，是培育中国企业年金市场必要条件。这些理论和实际问题的解决，将对推动我国企业年金制度的发展具有深远的意义。

(清华大学文科建设处刘金梅供稿)

北京工商大学经济学院学术报告会 该学院先后举办了6次学术报告会:

(1) 11月4日,中信证券有限公司证券分析师张国强先生应经济学院之邀作了“宏观经济形势与证券市场发展走势”的报告,他根据其实际工作经验就我国证券投资(主要是股票投资)分析的方方面面进行了深入浅出的讲解,到会的研究生和本科生有200多人。

(2) 12月11日,中国期货业协会副会长常清博士应邀做了“中国期货市场发展前景展望”的讲演,有300多师生参加了该次活动。

(3) 12月16日,经济学院邀请国内著名期货专家、东银期货公司副总经理刘仲元来该校作了“风风雨雨话股指”专题讲座,就大家关注的股指期货的酝酿、争论的焦点等问题作了分析,到会学生100余人。

(4) 12月18日,北京大学经济研究中心著名经济学家平新乔教授应邀来该校向广大同学介绍了行为经济学和实验经济学前沿研究领域和国外研究最新进展,详细解答同学们的提问。到会学生约300多人,并积极参加讨论。

(5) 12月23日,经济学院邀请华融资产管理公司投资银行部经理许欣先生给研究生专门就股票发行与承销(IPO)等问题探讨有关学术问题。会上,报告人还与到会学生探讨了我国目前资产重组的环境、任务、方法、流程等,拉近了大家与经济现实的距离。

(北京工商大学科研处武瑞芳供稿)

首届高校博士生论坛 12月12日,由中国人民大学研究生会主办,北京大学、北京师范大学、中国社会科学院研究生院和中央党校研究生会协办的此次论坛在中国人民大学举行。本次论坛的主题为“经济全球化背景下企业的创新与发展”。以“文化精英,学术报国”为宗旨,意在加强校际学术交流,推进学科建设,提高学术品位,鼓励学术创新,整合高校及科研院所博士生群体的理论及实践资源,充分发挥北京高校及科研院所的智力和人才优势,发挥“思想库”与“智囊团”的作用,为中国人文社会科学事业的发展和社会主义市场经济的繁荣做出应有的贡献。林岗副校长代表学校对论坛的举行表示祝贺。万通集团董事局主席冯仑在论坛上演讲,与在座师生共同分享成功经验,概括为正确的价值观、毅力、有梦想。著名经济学家卫兴华教授为大家展望新世纪中国经济发展的美好前景,勉励博士生们要选准自己在经济社会中的位置,要有雄心斗志,但不骄傲自满;要有理想,有抱负,有追求,但不浮躁,不浮夸;要有勇气,有超越的精神,但要建立在真知灼见的基础上;要求真求实,把经济学作为一门学科来对待,而不是当作获取私人利益的手段。入选的论文主题紧扣社会现实,涉及企业理论与企业实践的诸多领域,专家分别对他们进行点评,肯定了他们的论文具有较高的学术探讨价值和较强的现实针对性。

(中国人民大学科研处罗圣华供稿)

全面建设小康社会经济理论研讨会 12月14日,由北京市经济学总会主办、北京师范大学承办的此次理论研讨会在北京师范大学举行。来自北京大学、北京师范大学、中国人民大学、清华大学、中国社会科学院等单位的专家学者,以及相关学会的人员,围绕新世纪如何认真学习和全面贯彻十六大精神,全面建设小康社会,开创中国特色社会主义事业新局面,展开了认真而热烈的讨论。

(北京师范大学社会科学处马永梅供稿)

经济建设和经济体制改革研讨会 12月15日,由中央党校经济学部和《经济日报》理论部共同主办的“学习十大精神,加快经济建设和经济体制改革”理论研讨会在北京召开。中央党校常务副校长虞云耀、副校长王伟光及首都理论界和实际工作部门的近百名学者出席了研讨会。与会者认为,十六大报告从中国的国情出发,全面分析了正在发生深刻变化的国际政治经济局势,深入研究和把握了当今世界发展的大格局、大趋势,不仅鲜明地回答了在新世纪新阶段党带领全国各族人民举什么旗、走什么路、实现什么目标等重大问题,而且围绕全面建设小康社会和加快推进社会主义现代化的宏伟目标,提出了一系列切实可行、富有创新的战略举措,是一个求真务实、与时俱进、开拓创新的报告。与会者还就党的十六大报告所提出的全面建设小康社会的战略目标和实现措施、新型工业化道路与可持续发展、完善基本经济制度与加快非公有制经济发展等议题进行了广泛而深入的交流和研讨。

(参见《光明日报》2002年12月24日B2版)

2002国际人力资本论坛 由中国改革与发展论

坛委员会、联合国全球契约中心及中国社科院经济所联合主办的本次论坛，于12月15日至17日在北京举行。来自联合国和国际人力资源机构、跨国集团的300余名官员和人力资本专家，就经济全球化背景下的人力资本开发与管理及人力资本领域的国际交流与合作进行对话和讨论。与会者围绕企业发展与人力资本管理、培训咨询与人力资本开发、教育国际化与人力资本发展等主题进行交流探讨。与会者包括国际劳工组织培训司、国际人事管理协会、世界人力资源管理协会、全球商业领袖论坛的负责人以及一些跨国公司的总裁或人力资源总监。中国社科院、国务院发展研究中心、国家计委、教育部、人事部、国家开发银行、北京大学、清华大学等单位的专家、学者与会。

（参见《人民日报》2002年12月16日第4版）

“WTO与发展中国家：挑战与对策”专题报告

12月18日，应清华大学公共管理学院公共政策论坛系列讲座的邀请，第三世界网络主任 Martin Khor，联合国贸易与发展会议全球化与发展战略司司长 Yilmaz Akyuz，东非共同体副总干事、坦桑尼亚驻WTO前大使、WTO总理事会主席（1999）Ali Mchumo，印度驻WTO前大使，联合国贸易与发展会议贸易司前司长，Bhagirath Lal Das 等一行6人，在建筑学院绿色报告厅作了题为《WTO与发展中国家：挑战与对策》的专题报告。各位专家结合自身经验，以大量详实的例证，具体分析了在WTO体制下发展中国家所面临的挑战和应当采取的对策；对如何改善WTO体系的议题进行了评价并提出了建议；总结了发展中国家在进行贸易和发展本国经济的过程中所取得的经验和教训；提出WTO的新议题和“新回合”；对中国加入WTO给予了高度评价，表达了第三世界国家希望中国在WTO组织中发挥积极作用的愿望。演讲结束后，专家们就WTO的一些具体问题同与会者深入交换了看法，提出了许多有价值的见解，对加深了解WTO对发展中国家的影响和中国在WTO中所起作用富有启发意义。

（清华大学文科建设处刘金梅供稿）

社会学（含人口学）

全球化条件下两岸三地劳工与社会保障研讨会

1月5日至6日，由中国人民大学劳动人事学院与香港城市大学当代中国研究中心共同举办的本次研讨会在中国人民大学逸夫会议中心举行。来自国家劳动和社会保障部、民政部、国务院体改办、国家计委、国务院发展研究中心等中央部门和台湾、香港及大陆27所大学及中国社会科学院、中国劳动保障科学研究院、（台湾）中国社会保险学会、香港社会保障学会等学术机构的80多位劳工与社会保障专家参加了研讨会，全国总工会等多个在京单位亦派出代表列席了研讨会。国家劳动和社会保障部副部长、中华全国总工会副主席王东进，中共中央党校副校长及校学术委员会主任刘海藩，国务院体制改革办公室秘书长宋晓梧，教育部社政司副司长黄百炼，中国人民大学纪宝成校长等出席了研讨会开幕式。开幕式由中国人民大学劳动人事学院副院长郑功成教授主持。此次研讨会共收到学术论文70多篇，提交会议交流的论文60篇，其中来自台、港学者的论文13篇。会议围绕着全球化与劳工政策、全球化与社会保障、两岸三地现行社会保障制度的检讨等主题，先后召开了五次大会和六场次分组报告会。与会专家围绕着全球化条件下的劳资关系、社会保障、劳动就业等主题展开了深入研讨，并产生了许多值得关注的新思想、新观点。与会专家一致认为，经济全球化既为发展中国家参与全球化进程并分享世界发展的共同成果提供了机遇，也直接放大了一些经济风险与社会风险，尤其是劳工关系正在发生着新的变化，劳资关系和社会保障问题正在成为所有参与全球化进程的国家或地区必须重点考虑的问题。对中国内地而言，在促进经济发展的同时维护劳工权益，采取有效政策来缓解失业问题并尽快健全新型社会保障制度，已经成为政府面临的重要且迫切的任务。

（中国人民大学科研处罗圣华供稿）

知识分子在社会发展中的作用国际研讨会 会议由北京大学中国国情研究中心和香港中国研究基金会联合举办，于1月25日至27日在北京大学召开。出席会议的中外学者约50余人，宣读论文20余篇。会议比较全面地分析了中国知识分子的现状，论证了知识分子的社会责任和自我净化问题，追述了中国古代知识分子对社会的贡献及其历史命运，剖析了在经济全球化时期知识分子的角色转换问题以及知识分子与政治体制改革的关系。与会学者达成共识：在中央“科教兴国”的大力号召下，在中国知识分子面前，展现着大有作为的灿烂前景。为了中华民族的振兴，为了中国社会主义现代化事业的快速前进，中国知识分子应努力净化自己的灵魂，克服自身陋习，敢讲真话，多干实事，坚持不懈地承担起“理论创新、体制创新、科技创新”的历史任务。要发挥引导社会前进的作用，要做有独立人格的思想家、批判家。

（北京大学社会科学部朱邦芳供稿）

21世纪生命科学的发展趋势学术讲座 2月28日，中国科学院院士、中科院植物研究所匡廷云教授来到首都师范大学生物系，为师生作了题为“21世纪生命科学的发展趋势”的学术讲座。匡教授从生命科学在当今社会、经济和知识创新中的重要作用、20世纪生命科学的巨大成就及最具影响的三大科学计划，到21世纪的发展趋势，深入浅出、图文并茂、形象生动地展示了生命科学的未来前景，使师生们受益匪浅。

（首都师范大学科技处段蕾供稿）

女性创业与世界经济论坛 由中国妇女儿童事业发展中心和联合国妇女发展基金会（北京）共同主办的此次研讨会，于3月20日在北京举行。全国人大常委会副委员长何鲁丽出席了会议。论坛的主题是：“新经济·新女性·新起点·新使命”，目的在于揭示新世纪妇女发展与社会经济发展的内在互动关系，以经济学的视角阐发女性创业对于全面发展和推动妇女解放进程的作用及意义，挖掘女性创业所蕴含的精神内涵，总结女性创业的宝贵经验，以便更广泛地促进社会各界妇女更深入地融入当今的经济建设发展中。在会上，中外女企业家代表就女性创业面临的全球经济环境及如何采取应对措施，如何将女性创业群体的企业行为置于全球经济演变的背景下来审视，以战略性的眼光调整企业运作方式，解决阻碍创业成长的瓶颈，更快地形成国际市场主流力量等课题，进行了多方位、多层次的分析和探讨。

（参见《人民日报》2002年3月21日第6版）

预防冲突与建设和平国际研讨会 5月22日至23日，由联合国和平大学和清华大学法学院环境、资源与能源法研究中心共同主办的此次研讨会在清华大学召开。联合国秘书长特别顾问、联合国和平大学校务委员会主席Strong先生、清华大学钱易院士、倪维斗院士和北京大学的唐孝炎院士等著名环境、能源专家以及来自亚太地区20多个国家和地区的50余位中外学者参加了本次会议。清华大学校务委员会副主任贺美英教授出席开幕式并代表学校致欢迎词。她指出，随着亚太各国经济的迅速发展，因环境污染、自然资源利用以及文化、种族、宗教差异等造成的冲突日趋严重。探讨有关冲突的根源和对策，最大程度地预防冲突发生，维护世界和平显得至关重要和极为紧迫。联合国和平大学发起和主持了旨在预防冲突和建设和平文化的国际合作项目，吸收亚太地区多个国家的大学和研究机构参与其中，从而加强在教学、研究、信息等方面的交流与合作，意义非常重大。她还强调，清华大学在创建世界一流大学的过程中，高度重视有关环境、自然资源、文化、宗教等学科的研究和教学工作，与包括联合国环境规划署、开发计划署在内的多家国际机构以及大学和研究机构建立了良好的交流与合作关系。为充分发挥清华大学在环境、资源、能源与法学领域的综合优势，该校于2000年底成立了清华大学环境、资源与能源法研究中心。目前该中心在有关政策与法律的研究方面已经取得了良好的进展。

（清华大学文科建设处刘金梅供稿）

当代中国社会分化与政策选择学术研讨会 5月26日至27日，由中国人民大学社会学理论与方法研究中心与华中师范大学社会学系联合举办了本次学术研讨会。来自中国社科院、江苏省社科院、湖北省社科院及北京大学、清华大学、中国人民大学、南京大学、南开大学、中山大学等兄弟院校的专家学者共70多人出席了会议。会议由中国人民大学社会学理论与方法研究中心主任郑杭生教授主持。国家计委社会发展司司长李守信、华中师范大学校长谷士文教授、湖北省委宣传部副部长李以章教授以及中国社会学会会长陆学艺研究员、湖北省社会学会会长刘中荣教授等到会并致辞。会议期间，学者们就“全球化与中国社会分化”、“当代中国的区域分化与均衡发展”、“当代中国的阶层分化与贫富差距”、“当代中国的组织分化与价值观念分化”、“当代中国的社会整合与社会政策”等主题展开了热烈的讨论。

（中国人民大学科研处罗圣华供稿）

当代中国劳动、分配、阶级、阶层问题研讨会 6月9日，由中国辩证唯物主义学会、中共中央党校哲学教研部、中共北京市委党校联合举办的此次研讨会在中共北京市委党校召开。中央党校副校长王伟光、中共中央统战部副部长胡德平出席会议，中央党校哲学教研部主任庞元正、北京市委党校副校长赵春福主持了研讨会。来自北京大学、中国人民大学、中国社会科学院、中央党校、北京市委党校等高校和科研机构的30余位专家、学者与会，《人民日报》、《光明日报》、《社会科学辑刊》和《新视野》等报刊的有关同志参加了会议。与会的十余位学者分别从哲学、经济学、社会学的角度，就当代中国的劳动、分配、阶级、阶层问题作了专题发言。研讨会主要探讨了以下几个问题：第一，研究社会主义社会劳动和劳动价值理论的原则。与会者一致认为，要按照“三个代表”的要求，与时俱进，深化对社会主义社会劳动和劳动价值理论的研究和认识。既要坚持马克思主义劳动价值理论的基本原则，又要看到当今世界和中国的新变化。充分估计这些变化对我们党执政提出的严峻挑战和崭新课题。要使党和国家的事业不停顿，首先理论上不能停顿。在这个问题上，否认马克思主义的科学性，是错误的、有害的；教条式地对待马克思主义，也是错误的、有害的。第二，如何准确把握马克思主义的劳动价值理论。有的同志认为，我们党在改革开放以来的理论创新中，对社会主义的认识，对市场经济、所有制和分配问题的认识都有新的成果，现在研究劳动价值理论需要把这些问题联系起来，继续深化认识；还提出了研究劳动价值理论的方法论原则，指出了当前研究中在相关问题上的认识误区。有的同志提出，要破除离开生产力的发展抽象谈论马克思主义的历史唯心主义观念。要密切结合生产力的发展，来探讨劳动和劳动价值理论、剩余价值理论、阶级和阶层问题。第三，一些同志分别就我国当前一些特殊社会阶层的状况，如何看待社会主义初级阶段的经济关系，怎样正确处理各社会群体利益关系等问题，提出了自己的看法和意见。第四，有的同志指出，今后对劳动价值理论的研究应该加强学科间的沟通和协作，目前存在的问题是理论性的研究过于宏观，实证性的研究有待进一步对材料进行整合，只有宏观研究与微观研究相衔接，才能形成清晰和完整的认识。

（中共北京市委党校王志捷供稿）

纪念马寅初诞辰120周年报告会　报告会由中国人口学会、北京大学、浙江省计划生育委员会等单位于6月13日联合举办，以纪念著名经济学家、教育家、人口学家马寅初所倡导的坚持真理、严谨治学的精神。他于1957年公开发表了著名的《新人口论》，正确估量了当时人口的发展状况，阐述了控制人口数量和提高人口质量的论点。此后，在围绕“新人口论”展开的大辩论中，“新人口论”被污称为“马尔萨斯在中国的翻版”。马寅初在极其艰难的处境中，始终坚持真理，毫不动摇，公开声明：“我对我的理论有相当的把握，不能不坚持，学术的尊严不能不维护。”他实事求是、无私无畏、坚持真理的精神，成为人口学界乃至整个社会科学界的宝贵精神财富。马寅初先生“新人口论”中的预言完全被十几年、二十几年后的事实证实。1978年12月党的十一届三中全会之后终于得到公正评价。

（参见《光明日报》2002年6月14日A2版）

中国——加拿大技术人才迁移与流动国际研讨会

6月14日，由中国人民大学人口与发展研究中心同加拿大亚太基金会、大城市移民和一体化研究所共同举办的这一学术研讨会在中国人民大学逸夫会议中心第一会议室举行。中国人民大学党委书记程天权出席论坛开幕式并致辞。中国人民大学人口与发展研究中心主任翟振武主持大会。在中国加入WTO以及多哈部长级会议达成发起新一轮服务贸易谈判协议的背景下，“自然人”流动的障碍问题对中、加两国的贸易和技术人才流动政策的影响越来越突出，而中、加两国之间对人才流动的需求正在不断增长。来自中国和加拿大的资深研究者和政策制定者围绕着“在加入世界贸易组织谈判过程中，中加共同关心的问题”、“自然人的流动”、“技术人员临时性流动的障碍”等问题进行深入的探讨。通过本次研讨会，寻找中加技术人才流动的途径，研讨共有的双边移民政策问题。

（中国人民大学科研处罗圣华供稿）

中国民间组织发展研讨会　由中国国际民间组织合作促进会举办的此次研讨会，于7月17日在北京举行。中外民间组织、基金会、研究所以及国际组织的代表近90人出席了此次研讨会。这次研讨会就民间组织支持系统、国外民间组织的经验、中国民间组织面临的机遇与挑战等主题，特别是目前比较受关注的中国民间组织法律框架、民间组织自律等问题进行了探讨。中国国际民间组织合作促进会的黄浩明说，目前公益事业的法制和政策环境将有改善的可能和空间，政府机构的改革、企业结构的调整都为公益事业提供了新的发展空间。随着国有企业现代化制度的逐步建立，国企的一部分社会职能将转向非营利机构，这将有利于从事公共事业的机构进一步发展。

（参见《人民日报》（海外版）
2002年7月18日第4版）

创建学习型公共组织座谈会 为响应江泽民同志提出的“推动教育体系的创新，逐步形成适应终身学习需要的学习型社会”的号召，促进学习型政府和学习型公共组织在我国的创建与推广，在全国范围内加强以提升公务员专业素质为宗旨的在职培训工作，中国行政管理学会于9月25日在北京举行了此次座谈会。座谈会围绕如何将个人和集体的学习行为纳入组织化、规范化、制度化的轨道，使之成为各级公共组织的基本任务之一进行了研讨，并就国家机关干部培训经验与对策，创建科学有效的干部培训模式等问题进行了交流。与会者指出，在我国加入WTO的新形势下，广大公务员的现有知识结构与快速发展的社会环境之间出现了落差，强化干部专业素质，为各级公务员系统地充实公共管理知识势在必行。与会者认为，形势的发展需要各级政府进一步转变职能，对各级公务员和公共组织的管理人员进行有针对性的公共管理理论与实务培训，使他们精通国家政策法规，熟悉国际通行规则，掌握现代公共管理专业知识，这不仅对于提高行政管理水平和效率，建立适应社会主义市场经济要求的行政管理体制有着积极意义，同时也是各级行政管理人员增强能力的重要途径。

（参见《光明日报》2002年10月8日B1版）

首届学习型组织国际论坛 9月26日至28日，由中国人民大学发起并由中国工业经济联合会、中华全国工商业联合会、中国市长协会和中国人民大学共同主办的此次论坛在北京召开。论坛的主题是“21世纪变革·创新·发展”。全国人大常委会副委员长王光英、全国政协副主席经叔平为大会发来贺信。全国人大常委会副委员长铁木尔·达瓦买提、北京市副市长林文漪、乌鲁木齐市市长雪克莱提·扎克尔、中国企业家协会副理事长潘承烈、中国工业经济联合会会长林宗棠和副会长杜金陵、中华全国工商业联合会副主席保育钧、中国市长协会副会长陶斯亮等出席论坛并讲话。学习型组织理论的积极倡导者、被美国《商业周刊》称为“过去100年中对商业战略影响最大的4位人士”之一的世界管理大师、麻省理工学院彼得·圣吉博士参加了论坛，并做了题为“第五项修炼——10年来学习型组织发展历程”的主题演讲。惠普、英特尔、海尔、联想等国内外知名企业以及国际学习型组织协会等机构代表在论坛上发言。

（中国人民大学科研处罗圣华供稿）

中日民间交流的未来双边学术研讨会 为纪念中日邦交正常化30周年，北京大学日本研究中心和日本经济新闻社于9月30日在北京大学举办了“中日民间交流的未来——以经济和文化为中心”学术研讨会，旨在从经济和文化两个方面深入探讨中日民间交流的作用、意义和前景。与会各界代表300余人。北京大学校务委员会主任闵维方、日本经济新闻社社长鹤田卓彦分别致辞。北京大学光华管理学院院长厉以宁教授、日本资生堂社长池田守男先生、中华日本学会会长刘德有先生、日本文化交流协会常务理事、日本著名电影演员栗原小卷女士分别作了主题报告。本次会议共收到论文30余篇。与会者分别就经济界的中日民间交流的情况以及面临的问题和文化方面的中日民间交流的历史、现状与未来两个课题作了研讨。大会总结了两国邦交正常化之前民间交流在促进两国关系中所起的重要作用、经验教训以及相应的历史地位，探讨了两国邦交正常化后民间交流的变化以及存在的问题，展望了民间交流在未来两国关系中应有的状态。与会者达成共识，在发展政府间关系的同时，推动民间交流的迅速发展，构筑两国友好合作的关系，将对亚洲地区乃至世界的和平与稳定具有积极的意义。

（北京大学社会科学部朱邦芳供稿）

21世纪中国北京社区建设王府井国际研讨会 由北京市社会科学院和北京市东城区委、区政府共同召开的本次研讨会于10月9日至10日在北京天伦王朝饭店隆重举行。副市长翟鸿祥、市委组织部副部长孟秀勤、市委宣传部副部长宋贵伦、市委研究室副主任赵津芳、市民政局局长刘宝成、民政部基层政权建设和社区建设司副司长戚锦芳、北京市社会科学院院长朱明德、副院长马仲良及东城区委书记赵久合、区长陈平等出席了会议。研讨会是在民政部评选出全国社区建设示范城区之后，在全国率先举行的国际性社区建设研讨会。东城区副区长毛桂芬在大会上介绍了东城区社区建设的经验和体会。北京市社会科学院马仲良、于燕燕、缪青作了大会发言。在为期两天研讨中，来自全国12省市社区建设示范区代表，北京市城7区代表，以及6位来自美国、加拿大、日本等国的外国专家学者，围绕“人本、环境、创新”的主题，就以人为本、社区体制机制创新、社区人居环境建设、社区公共服务机制、社会服务组织的培育、社区资源整合等社区建设的理论与实践问题进行了深入研讨和广泛交流。

(高尔强供稿)

亚洲议员人口与发展论坛 论坛于10月17日至18日在北京举行。此次论坛的主题是“21世纪人口与可持续发展”，会议就人口与可持续发展、艾滋病问题、性别伙伴关系、人口发展与良政领域中议员的观点作用等议题展开讨论。会上中国代表团团长、全国人大常委会副委员长彭佩云在致辞中说，这些年来，中国全国人大常委会已经相继制定了环境保护法、土地管理法、水法、森林法、矿产资源法、母婴保健法等一系列法律，为促进人口与经济、社会、资源、环境协调发展和可持续发展提供了法律保障。2001年通过的人口与计划生育法的颁发和实施，对于稳定计划生育政策，维护公民合法权益，实现人口与经济、社会、资源、环境协调发展和可持续发展，将产生重大而深远的影响。

(参见《光明日报》2002年10月18日A3版)

两岸三地变革中的就业环境与社会保障研讨会 12月7日至8日，由中国人民大学劳动人事学院与香港城市大学当代中国研究中心、台湾政治大学劳工研究所联合主办的本次研讨会在中国人民大学举行。来自大陆、台湾、香港、澳门及日本的专家、学者100余人及首都各界代表共200多人参加了这次高层次的研讨会。劳动和社会保障部副部长张小建、中国社会保险学会会长王建伦、中国人民大学党委书记程天权等出席开幕式并致辞。劳动人事学院副院长郑功成主持会议。中国人民大学党委副书记马俊杰也出席了开幕式。这次会议共征集到学术论文110多篇，确定参与大会交流的论文90篇。在为期两天的会议中，与会专家通过五次大会、四场次分组会议，围绕变革中的就业环境、变革中的劳动关系与劳动政策、变革中的社会保险、发展中的福利与慈善公益事业四大主题进行了深入研讨。与会专家一致认为，就业与社会保障问题不仅是民生问题，也是国家发展进程中的重大问题；我们正处于一个变革时代，经济全球化和经济改革及由此带来的全新的就业环境、劳动关系，必然要求劳动政策做出相应的反应；而随着收入分配格局的变化与各种社会问题的客观存在，社会保障制度的健全事实上已经成为国家持续、健康发展必要且重要的条件。与会专家还集中探讨了两岸三地现阶段就业背景变动的特点及走向、劳动关系的新特点、劳动政策的新走势，并对社会保障制度的改革与发展进行广泛的交流与探讨。

(中国人民大学科研处罗圣华供稿)

首届中国社会保障论坛 12月9日，由中国人民大学劳动人事学院与中国社会保障杂志社联合举办的此次论坛在中国人民大学逸夫会议中心举行。来自国家劳动保障部、国家发展计划委员会、财政部、民政部、国务院发展研究中心、中国社会科学院、中国社会保险学会、中国人口福利基金会、(台湾)中国社会保险学会、香港社会保障学会、澳门社会保障学会等中央部门、重要社团和人大、北大、清华、南开、浙大、武大、中大及香港大学、香港城市大学、台湾大学、台湾政治大学等40多所知名院校的专家和代表300多人参加了论坛。国务院发展研究中心党组书记兼副主任陈清泰，国家劳动和社会保障部副部长刘永富，全国政协常委及提案委员范宝俊，中国社会保险学会会长王建伦和中国人民大学校长纪宝成、党委副书记马俊杰等出席了论坛开幕式。开幕式后，陈清泰以建立健全社会保障制度是社会主义市场经济体制建设的紧迫任务为题，范宝俊以慈善公益事业是中国特色社会保障体系的有机组成部分为题，王建伦以对中国社会保障体系建设和社会保险制度改革的基本认识及思考为题，国家发展计划委员会宏观研究院副院长刘福垣研究员以建立全新的社会保障体制为题，劳动保障部社会保险管理中心副主任张寿琪以全球化背景下中国社会保险的回顾、挑战与对策为题，中国人民大学劳动人事学院教授郑功成以中国社会保障政策选择与未来发展为题，分别发表了演讲，并接受了听众的提问。

(中国人民大学科研处罗圣华供稿)

中国人才流动四方谈研讨会 12月17日，由中国人民大学劳动人事学院与《中国青年报》联合举办的此次研讨会在中国青年报社举行。IBM、NEC、惠普、三井物产、富士通等著名跨国公司和中国工商银行总行、联想集团、大唐电信等国内知名企业的人力资源总监和经理、中央电视台、《人民日报》、新华社等国内20多家媒体记者，以及中国人民大学劳动人事学院40位在读研究生参加了研讨会。研讨会由中国人民大学劳动人事学院彭剑锋教授主持。《中国青年报》总编李学谦出席研讨会并致辞，中国人民大学劳动人事学院院长曾湘泉，中国人事科学研究院副院长王通讯，中国人才交流协会副会长、北京市人才服务中心主任韩光耀等出席研讨会并发言。与会者对目前企业人才流动的特征、存在的问题，外企与国企人力资源管理的比较等问题进行了深入的探讨。有关人士认为，当前的人才流动已出现新的特征，中国的人才市场已融入到全球的人才市场，这次活动中对于人才流动问题的认识具有积极意义，这将引发新的更为广泛的社会讨论，对人才流动制度和政策的制定提供更为全面的依据，其中提出的建议将有利于促进中国人才流动的合理和规范，实现中国人力资源的合理和高效配置。

（中国人民大学科研处罗圣华供稿）

法学

法律信息建设与图书馆服务座谈会　1月11日，由清华大学法学院图书馆主办的此次座谈会在清华大学明理楼会议室兴举行。来自国务院法制办公室、国家图书馆参考部、北京大学法学院图书馆、中国政法大学图书馆、社科院法学研究所图书馆等单位的13人出席了座谈会，与会者围绕“法律信息建设与图书馆服务”的相关议题进行了热烈的讨论。会间，大家还参观了清华法律图书馆。座谈会由清华法律图书馆副馆长于丽英主持，法学院副院长、法律图书馆馆长王晨光介绍了法律图书馆的建设情况，特别从图书馆管理者和使用者的角度，提出了建设真正的法律图书馆——法律实验室对法学教育、法学研究和法律实践的重要意义，强调要从“专业”的角度重视法律图书馆各项工作和整体建设。国务院法制办公室信息中心主任江道琪介绍了“德国、意大利法律信息网上发布情况”，还介绍了“中国法律信息网络系统”的建设项目，指出电子立法和因特网对政府信息公开及法律信息建设具有重要影响。国家图书馆信息中心程真做了“中国政府出版物研究”的报告，汇报了该课题的研究成果；中国社科院法学研究所图书馆田建设结合自己的调查工作，重点谈了“对我国规范性法文件出版现状的认识”；中国法学会研究部资料处耿谦做了“国内网上法律资源的利用问题初探”等专题报告。

（清华大学文科建设处刘金梅供稿）

“美国法律文库”翻译研讨会　由美国驻华使馆新闻文化处和中国政法大学主办的“美国法律文库”暨法律翻译与法律变迁研讨会于1月15日在北京召开。来自中美双方30余所知名法学院、出版机构及中国社会科学院等单位的专家学者120余人参加了大会。美国驻华使馆公使衔参赞李柏思先生、中国政法大学校长徐显明教授在开幕式上致辞，中国政法大学终身教授、“美国法律文库”编委会主任江平就“美国法律文库”翻译项目的背景、意义以及进展情况作了发言。“美国法律文库”是江泽民主席在1997年10月访美期间与克林顿总统达成的“中美元首法法计划”项目之一，旨在翻译出版能够体现美国法律教育基本模式以及法学理论研究最高水平的法学教科书和法学专著，以期对中国的法律教育和法制建设有所推动。“美国法律文库”计划翻译200余种美国法律图书，截至2002年1月，该项目已有4本译著出版。

（参见《人民日报》（海外版）
2002年1月16日第4版）

WTO与法律服务全球化研讨会　由北京德恒律师事务所和《法律服务时报》主办的本次研讨会，于1月18日在北京举行。中外法学专家、司法界和经济界的资深人士及律师界的代表200余人出席了研讨会。会上，就中国“入世”后，政府管理职能的转变、法律服务模式的转型、服务标准的提高、律师事务所管理的科学化与国际化、中国律师界在加入WTO后具体的操作方法等问题进行了深入探讨与交流。与会者认为，WTO不仅是一个国际组织，还是一个法律制度和法律体系，法律服务全球化是中国加入WTO后迎来的新潮流与必然趋势。

（参见《人民日报》（海外版）
2002年1月19日第4版）

法学创新理论研讨会　1月22日，中国法学会在北京召开常务理事扩大会，共同研讨理论创新问题。全国政协副主席、中国法学会会长任建新作了题为“坚持理论创新，为繁荣法学研究，推进依法治国而努力奋斗”的讲话。他指出，创新是法学研究的生命，只有与时俱进、坚持理论创新，法学研究才能繁荣和发展，才能为社会主义民主法制建设提供理论支持。坚持理论创新，就必须坚持以邓小平理论和“三个代表”重要思想为指导，运用马克思主义基本原理、立场、观点、方法去观察、分析、研究和处理问题，不断发展和完善有中国特色的社会主义法学；就必须坚持解放思想、实事求是的思想路线，深入实际，调查研究，结合我国社会主义民主法制建设的进程和立法、司法、执法、普法以及法学教育、法制宣传的实践，着眼于对新情况的了解掌握，对新问题的分析研究，对新经验的归纳总结，不断进行新的理论探索和理论概括。

(参见《人民日报》2002年1月24日第6版)

转型国家的反腐败国际会议 4月11日至12日，由清华大学公共管理学院、卡内基国际和平基金会、世界银行和国际私营企业研究中心共同主办的“经济改革与良治：转型国家的反腐败”国际会议（International Conference on Economic Reform and Good Govermance: Fighting Corruption in Transition Economies）在清华大学学研大厦举行。转型国家的腐败问题是目前国际关注的焦点。腐败不仅已经成为我国最大的社会污染，造成了巨大的经济损失，也成为当前我国所面临的最大的政治挑战之一，严重影响了我国未来的发展潜力，已引起了政府领导人的高度重视。中国最高人民法院副院长、大法官刘家琛，中国监察学会会长彭吉龙，清华大学校务委员会副主任贺美英教授，中纪委派驻国家科技部纪检组组长吴忠泽，中纪委派驻国家建设部纪检组组长姚兵，中纪委派驻国家信息产业部纪检组组长李雪莹以及世界银行治理问题专家 Daniel Kaufmann 博士、Joel Hellman 博士、国际私营企业研究中心董事会主席 John Bohn 博士等100多名代表出席了本次会议。

(清华大学文科建设处刘金梅供稿)

当代国际刑法与国际犯罪问题学术研讨会 4月26日，由国家重点研究基地中国人民大学刑事法律科学研究中心与香港大学法律学院合办的这次学术研讨会在香港大学隆重举行。来自内地10个法律院校、科研机构、中央和地方司法机关的专家学者，以及香港大学、香港城市大学、香港法律机构、律师界的专家学者共计60余人参加了此次研讨会。会议收到学术论文20余篇。根据论文的内容，研讨会分国际刑法的理论与原则、国际刑事管辖权、恐怖主义犯罪及其惩治的国际合作和其他国际犯罪及其惩治四个单元进行了专题发言和研讨。与会专家学者就国际刑法渊源的法定性及其与国际刑法的关系；个人国际刑事责任；国际刑法与国际人权法；国际刑事管辖权及其冲突的解决；外国被判刑人移管的问题；国际刑事法院及其规约；越境刑事证据的移交和质证；恐怖主义犯罪的概念、特征、成因及惩治；劫持航空器罪及其惩治；腐败犯罪；酷刑罪；洗钱罪等问题展开了深入的研讨。此次研讨会顺应当前国际社会惩治与防范国际犯罪的现实需要，有力地促进了我国内地和香港地区对国际刑法与国际犯罪问题的研究，具有重要意义。

(中国人民大学科研处罗圣华供稿)

区际刑事司法协助法律研讨会 4月29日至30日，由国家重点研究基地中国人民大学刑事法律科学研究中心与澳门检察律政协会联合举办的此次研讨会在澳门召开。研讨会由中国人民大学刑事法律科学研究中心主任赵秉志教授和澳门检察律政协会会长、澳门特区检察院检察长何超明先生共同主持，我国四地有关专家学者和澳门有关方面嘉宾约200人出席。随着香港特别行政区和澳门特别行政区的相继建立，“一国两制三法系四法域”的格局在我国已经基本形成。建构科学、合理并且具有可操作性的中国区际刑事司法互助制度，已经成为中国四地立法机关、司法实务部门以及理论界共同关注的焦点。与会的刑事法学专家学者围绕中国区际刑事司法协助的原则性问题、区际刑事司法协助的概念和原则、中国不同区域间的法律冲突问题、区际刑事司法协助中的刑事管辖权问题、我国区际刑事司法协助的内容范围及有关具体制度、我国区际合作打击跨境犯罪的问题、我国区际刑事司法协助的协议签订及其实施问题等有关区际刑事司法协助的诸多法律问题进行了热烈的研讨，提出了不少有建设性的合理化的意见。

(中国人民大学科研处罗圣华供稿)

中国传统国情与法律近代化途径学术研讨会 5月6日，在中国政法大学校庆50周年期间，由中国政法大学法律史研究所、科研处、法律系主办的此次学术研讨会在该校图书馆学术报告厅召开。参加会议的有香港大学法学院院长陈弘毅先生；韩国昌原大学前校长朴南先生；台湾台北市议会议员魏忆龙先生、台湾中央研究院助理研究员邱澎生先生；美国律师包恒先生；北京大学蒲坚教授、首都师范大学邱远猷教授、中南财经政法大学法律史研究所所长范忠信等中外学者，以及法律史所全体人员，与会者约100人。研讨会开幕式由刘广安教授主持，朱勇副校长到会作了讲话。研讨会共分4场，第一场由南京大学法学院教授张中秋担任主持人，中南财经政法大学法律史研究所范忠信教授作了题目为：“中国法律现代化的三条道路”的演讲；台湾中央研究院助理研究员邱澎生作了题目为：“法律之治：明清讼师与幕友对法秩序的作用”的演讲。第二场由中南财经政法大学法学院教授陈景良担任主持人，林乾教授作了题为：“明中叶以来江南对法律的近代性诉求”的演讲；顾元博士作了题为：“中国衡平司法的传统及其现代意义”的演讲。第三场由中国人民大学法学院教授郑定担任主持人，香港大学法学院院长陈弘毅教授作了题为：“对古代法家传统的现代反思”的演讲；西北政法大学法律系教授王健作了题为：“翻译与中国法律近代化”的演讲。第四场由西南政法大学《现代法学》编辑部的王人博教授担任主持人，美国律师包恒先生作了题为：“Civil Law in the Qing（清）Dynasty：the Role of Contracts”的演讲；张生博士作了题为：“民初大理院推事与民法近代化”的演讲。在每场演讲结束后，均安排了自由发言。此研讨会共提交13篇论文。

（中国政法大学科研处供稿）

WTO与中国法制建设国际研讨会 5月6日，中国政法大学国际经济法系为庆祝校庆50周年，在北京银龙苑宾馆召开了国际研讨会。参加会议的有国内外20余名专家教授及国际经济法系全体教师、部分在校的博士研究生、硕士研究生、本科生。会议由国际经济法系主任王传丽教授致开幕词，徐显明校长到会作了讲话。会议分别由国际经济法副主任马呈元教授和国际经济法副主任宣增益教授主持。会上发言人和题目分别是，最高人民法院副院长万鄂湘：“入世与中国的司法改革”；外经贸部条法司司长张玉卿：“WTO与中国法制建设”；厦门大学法学院教授中国国际经济法学会会长陈安教授：“中国入世后海峡两岸经贸问题政治化之防治”；中国人民大学法学院教授、博士生导师、联合国教科文组织版权与邻接权教席主持人郭寿康教授：“WTO与知识产权国际化的新发展”；中国社会科学院法学研究所研究员赵维田教授：“入世要面对的几个法律问题”；复旦大学法学院国际法研究中心主任张乃根教授：“论中国利用WTO争端解决机制的对策”。中国政法大学国际经济法系主任王传丽教授：“WTO协议与司法审查”；韩国高丽大学WTO研究中心主任朴鲁馨Nohyoung PARK教授：“前六年（1995—2000）世贸组织争端解决的数据分析（WTO Dispute Settlements for the First 6 Years：Statistical Analysis < 1995—2000 >）”；香港大学法学院副院长张宪初教授：“中港更紧密经贸关系安排初探”；中国国际经济贸易仲裁委员会秘书长王生长：“中国入世后的仲裁法”；韩国世界经济研究所教授安德根Dukgun Ahn：“韩国在世界贸易体系中解决争端的经验（Korean Experience of the Dispute Settlement in the World Trading System）”；德国汉堡大学教授Rolf Stober：“联合国和WTO作为全球经济法原则的运行工具（United Nations and WTO as Vehicles to Global Principles of Economic Law）”中国政法大学梁淑英教授：“论条约在中国的适用和中国的实践”。隆安律师事务所律师徐家力等也在会上发言。

（中国政法大学科研处供稿）

走向21世纪的行政法与行政法学研讨会 5月6日，为庆祝中国政法大学建校50周年，中国政法大学在北邮科技大厦召开了本次研讨会。研讨会由该校中国法制研究所主办。我国行政法学界著名专家学者、历届行政法专业毕业及在校的博士生、硕士生共100余人参加了会议。研讨会围绕20世纪中国行政法学研究状况、中国行政法研究的宏观背景、行政法学研究的未来课题、行政法学研究的自身定位及学科建设四项议题，进行了广泛而深入的探讨，并取得了许多共识。1. 20世纪我国行政法治建设与行政法学研究取得的成就。与会者一致认为，改革开放20年以来，我国行政法治建设取得了令人瞩目的进展，《行政诉讼法》、《国家赔偿法》、《行政处罚法》、《行政复议法》和《立法法》等为代表的一系列法律的颁布，极大地推动了中国推进依法行政，建设社会主义法治国家的进程。2. 行政法研究的宏观背景。学者们从宪政，国家等宏观角度进行了探讨并预测了入世对行政法的影响。3. 行政法学研究的未来课题。在建立社会主义法治国家的大前提下，国家行政学院法学部主任、中国政法大学博士生导师应松年教授预测七方面问题将是21世纪需要更为深入探索的课题，包括：行政法哲学；行政法制与世贸组织规则的接轨；行政组织与行政主体的理论研究；同时关注准政府组织在社会管理中的作用；在行政执法方面，行政许可、行政强制、行政裁决、行政合同成为需紧迫研究的课题，而综合执法问题需要学者们的理论响应；争取在下一个五年中拿出一部行政程序法典的立法草案；行政诉讼方面，关键是要适应WTO规则要求，建立起“公正、独立”的裁决机构和机制；随着市场经济的建立，通过法律途径，建立国有资产管理的最佳法律制度。4. 行政法学研究的自身定位及学科建设。作为一门部门法学科，行政法学有着自身独特的作用并随“依法行政”观念的深入而发挥着日渐重要的影响，如何在21世纪推动行政法长足发展，廓清其与其他学科的关系，学者们各抒己见。

（中国政法大学科研处供稿）

比较法学与法制建设座谈会 值中国政法大学建校50周年以及中国政法大学比较法研究所建所、《比较法研究》杂志创刊15周年之际，5月6日，中国政法大学比较法研究所主持召开了本次座谈会。出席座谈会的国内外学者共30余人。国内学者有江平、罗豪才、沈宗灵、潘汉典、贺卫方、朱苏力、邵建东、张新宝、范瑜、王振民等，以及比较法研究所的成员；国外学者有意大利罗马大学的斯奇巴尼教授、日本中央大学的真田芳宪教授、永井和之教授等。会议由比较法所所长及《比较法研究》主编米健教授主持。在座谈会上，江平教授首先指出了比较法学发展中的两个具有争议性的问题：第一是有无法律全球化的问题。第二是法律现代化问题。之后30多位中外学者就这两个问题、中国政法大学比较法研究所及《比较法研究》杂志在法学界的发展与影响、比较法学对中国法制建设和发展的深刻影响、我国加入世界贸易组织后比较法学应该和可能发挥的作用及比较法学的发展趋向等问题进行了自由的对话交流。中国政法大学副校长张桂琳、中国法学会法学部主任方向、副会长孙琬钟到会并致辞。

（中国政法大学科研处供稿）

犯罪学学科建设座谈会 5月6日，为庆祝中国政法大学建校50周年，由中国政法大学法社会学与青少年犯罪研究所主办的这次座谈会在北京举行。与会代表来自中国政法大学、北京大学、清华大学、人民大学和中国人民公安大学等单位，共40余人。代表们就我国犯罪学学科定位等问题进行充分而热烈的讨论。1. 关于犯罪学的学科定位问题。(1) 把犯罪学列为刑法学下属学科，在学科序列上是非科学的。首先，犯罪学与刑法学之间在学科属性上有着巨大的差别。其次，两者之间还有研究方法和研究对象的差别。当然犯罪学与刑法学有着密切联系，犯罪学在我国之所以成为刑法学下的一个研究方向，并不是其实际地位的正确反映，而是我国的政治背景和意识形态使然。(2) 犯罪学应当处于一级学科的地位，即与法学、哲学、自然科学等相并列，为一级学科。第一，任何一门学科的地位都是由其任务决定的；第二，犯罪学是由一系列的学科的群集构成的，如犯罪心理学、犯罪人类学、犯罪社会学，等等。这一大批子学科构成的学科群之规模，足以使犯罪学有资格成为一门一级学科。(3) 当前犯罪学界应当努力使犯罪学成为一门什么定位的学科，在这个问题上学者们产生一些分歧：一部分学者赞成犯罪学在现阶段应当致力于成为一门二级学科，归属于法学之下；也有学者对将犯罪学归属到法学之中持不同意见。还有的学者认为在当前情形下，犯罪学列入法学还是进社会学，关键看哪门学科愿意接纳，能够尽早成立二级学科。2. 关于学科的建设问题。与会学者提出了以下建议：(1) 加强理论建设；(2) 加强机构建设；(3) 加强犯罪学的影响。

（中国政法大学科研处供稿）

刑事证据法国际研讨会 5月6日至7日，由中国政法大学刑事法律研究中心和诉讼法学研究中心共同主办的“刑事证据法国际研讨会”在北京举行。来自英国、美国、法国、德国、瑞典、加拿大、日本、俄罗斯等8个国家以及港、澳、台地区的专家、学者，就世界范围内刑事证据立法改革与完善的趋势以及各该国家和地区在相关制度上的具体作法，与中国内地的同行进行了广泛而深入的交流与探讨。本次研讨会上与会专家学者就以下7个问题进行了分析和研讨：第一，刑事证据立法及其改革动向。第二，非法证据排除规则。第三，证据展示。第四，证明标准。第五，证人出庭作证及证人拒绝作证权。第六，鉴定制度。第七，科技证据。

（中国政法大学科研处供稿）

中德银行和资本市场法律研讨会 5月6日至7日，为庆祝中国政法大学建校50周年，由中国政法大学和德国科隆大学主办的此次研讨会在北京国宾酒店召开。来自中国和德国的学术界和金融界的近60位专家学者参加了会议。中国政法大学经济法系主任王卫国教授主持了开幕式，中国政法大学副校长朱勇教授和德国科隆大学霍恩教授分别致开幕词。研讨会就以下6个专题进行了讨论。1.WTO与中国金融法。2. 银行和金融机构监管。3. 金融资产与银行破产。4. 资本市场的规制、监管和投资者的保护。5. 资本市场中的证券。6. 机构投资者。机构投资者对于完善上市公司法人治理结构，发挥着不可替代的作用。

（中国政法大学科研处供稿）

中日民商法研讨会 5月7日，为庆祝中国政法大学建校50周年，由中国政法大学日本法研究中心主办的“中日民商法研讨会”在北京国宾酒店举行。中国政法大学校长徐显明、日本大使馆公使宫家邦彦先生、日本贸易振兴会北京办事处江NBA73先生、国际基金交流会北京事务所所长三崎先生、日本学士院院士星野英一先生、一桥大学名誉教授崛口亘先生等十多名专家学者出席了研讨会。中国政法大学日本法研究中心主任王书江教授主持了会议。校长徐显明教授在研讨会开始前致辞。他表示中国目前没有统一的民法典，谨希望本次研讨会能对中国民法典的出台产生积极影响。之后，与会的专家学者就民商立法、司法、实务、教研等问题发表了各自的看法。研讨会结束后，中国政法大学日本法研究中心向星野英一、崛口亘等17位专家颁发了日本法研究中心研究员证书。最后由星野英一教授和崛口亘教授为日本法研究中心揭牌。

（中国政法大学科研处供稿）

法律文化与法学教育论坛 5月7日，为庆祝中国政法大学建校50周年，中国政法大学在昌平校区礼堂举行了法律文化与法学教育国际论坛。江平教授和来自澳大利亚迪肯大学商法学院院长菲利普·克拉克担任了此次论坛的主席。来自中国、美国、意大利、英国、德国等7个国家的法学教授分别从本国法律文化的特征出发分别作了发言。张晋藩教授以《独树一帜的中国法文化》为题，从5个方面阐述了中华法文化的特色与历史传统，他认为“礼”和法的相互渗透与结合构成中国古代法律文化的核心；以宗教家族主义为本位的伦理法是中国古代法律文化的基本构成因素；自然和谐与“天人合一”思想是中国古代法律文化的基本精神；此外，中国古代法律文化还具有综合性和包容性，民族性和世界性，早熟性和保守性的特征。会议主席江平教授总结说，法律文化确实是多样化的，即使在同一个集体中也是各不相同的，世界也因如此多样化才能放出异彩。最后，校长徐显明教授在发言中说，文化的含义非常广阔，文化不仅仅是通过人类思维产生出来的文明，它更是一种稳定的生活方式。我们的观念、对法律所持态度和所坚持的原则，是构成法律文化的主流。稳定的法律生活方式才是真正现实中的文化。他还提到法律文化的比较是相当困难的事情，只有具备相当高的文化修养才能做到这一点，这是建立在了解事实判断的基础上的；还要探讨不同文化背后所隐藏的东西。世界文化有三个主流：(1)人道主义文化的意大利的文艺复兴、罗马法的复兴、宗教文化为特点对应着一种文明——精神文明；(2)科学文化的英国开始以形成世界潮流构成一个国家的物质文明状态；(3)权利文化是以拿破仑法典为起点，要求我们在立法上的特点应以公民权利为基础。法律文化是承载制度文化的载体，法律的价值是法律文化的灵魂和精神。法学教育国际论坛由方流芳教授与美国印第安纳大学法学院教授兼美国律师协会法学教育终身顾问詹姆斯·怀特教授主持。美国培普戴茵大学法学院院长理查森·林恩教授以“21世纪的美国法学教育”为题介绍了美国法学教育未来80年里将面临的一系列挑战。牛津大学法学院主席迈克·史本森教授介绍了在英格兰和威尔士做律师的三条途径，并总结出自己的一条经验：不管一个法学教育体系如何组织，它必须为有效地、持续地反映法律提供机会。香港大学法学院院长陈弘毅教授简单介绍了香港法律教育的历史发展及现今存在的问题。他认为历史使香港处于西方法律体系与发展中的中国法律体系的交接点上，香港的法学教育自然在促进中国内地法律界与香港法律界的理解交流与合作中起着独特的作用。论坛最后，王卫国教授以“法学教育要贴近法律职业”为题作了发言，他指出法学教育的任务概括地说就是要培养有正义精神、理性思维和专业技能的法律职业者，因此法学教育要贴近法律职业。

（中国政法大学科研处供稿）

中日司法改革研讨会 6月8日，由中国人民大学法学院和日本律师协会联合举办的此次研讨会在中国人民大学贤进楼国际会议厅隆重开幕。最高人民法院、最高人民检察院、司法部、公安部等有关部门的专家和北大、清华、政法大学、社科院等单位的学者，国内著名律师事务所的代表以及日本的学者、律师界代表参加了研讨会。中国人民大学党委书记程天权、党委副书记王新清出席研讨会并讲话。教育部高等学校法学教学指导委员会主任、中国人民大学法学院院长曾宪义教授、日本国际法律家协会副会长石川元也先生、司法部法规教育司刘一杰司长，及日本律师协会代表在开幕式上致辞。司法部司法考试司司长杜国兴做的“中国国家统一司法考试制度”报告，拉开了“司法的现状和改革”主题论坛的帷幕。在为期两天的论坛上，中日法学家从司法现状出发，探讨司法改革的方向和途径。他们就司法考试、司法现状与改革、司法公正与司法独立、法律职业人员培养与国民参与司法、司法效率等问题进行了探讨。

(中国人民大学科研处罗圣华供稿)

世贸组织与法律服务国际研讨会　研讨会由司法部和中华全国律师协会于9月18日至20日在北京共同举办。国务委员罗干在开幕式上致词说，为切实履行作为世贸组织成员应尽的义务和中国所做的承诺，按照法制统一、公开透明和非歧视原则，中国将抓紧建立既符合世贸组织规则，又符合中国国情的涉外经济法律法规体系，不断完善社会主义市场经济法律体系，进一步强化对世贸组织有关知识和规则的学习、宣传与培训；坚持依法行政，切实转变政府职能，实现政府决策的法治化；积极推进司法改革，提高司法效率，维护司法公正。本次会的主题是探讨世贸组织框架下中外法律服务交流与合作。会议期间，与会代表围绕世贸组织与法律现代化、服务贸易与法律服务业、世贸组织与法律服务的国际化、世贸组织与知识产权保护、法律援助制度的完善、世贸组织与高层次涉外法律人才的培养等议题展开研讨。来自中国、英国、法国、南非、日本、泰国等国家和地区的政府、国际组织、中外律师事务所的代表和专家学者等400余人出席了研讨会。

(参见《人民日报》2002年9月19日第1版)

中国政法大学科研发展论坛　9月28日至29日，以“求上乘精品，问大道学术”为主题的本次论坛在北京市监察局昌平教育基地隆重举行。该校领导及专家学者共180余人参加了论坛。在开幕式上，张桂琳副校长作了题为“慎独格物，卓越创新——开创中国政法大学科研工作新局面”的主题报告，应邀嘉宾全国哲学社会科学规划办公室董京泉主任、教育部社政司黄百炼副司长、司法部法规教育司刘一杰司长、北京市哲学社会科学规划办公室王新华主任、北京市教育委员会科研处孙善学处长分别作了发言。本次“科研发展论坛”，是中国政法大学经过校部机关改革和人事制度改革以及院系调整之后召开的一次重要的会议，是该校新班子上任以来进行的各项改革向纵深发展的一个重要标志，是实现“法大要振兴，科研要先行”理念的动员大会。在论坛最后，徐显明校长在总结发言中指出，针对该校的科研现状，第一类的学术研究，或具有一种特征性的研究，应当是原创性的学术研究；第二类的学术研究，是一种具有显示度的研究；第三类的学术研究，是能够对我们的教学有触动作用，或者转化成为我们教学内容的研究；第四类的学术研究，是对我们的现实性的研究；第五类的学术研究，是能够对我们的学科起到支撑作用的研究。

(中国政法大学科研处供稿)

2002年北京国际知识产权论坛　由北京市知识产权局等单位联合举办，论坛于10月16日至17日在北京市政协会议厅举行。来自首都、全国各地知识产权界、科研机构、企业的专家学者同来自美国、英国、德国、日本知识产权界的权威人士120多人出席这次论坛。在开幕式上，国家知识产权局副局长田力普出席，北京市副市长林文漪在致辞中说，本次论坛是中国加入世贸组织后，在北京召开的一次及时的高规格知识产权国际研讨会。北京对于如何有效推进知识产权的创新、利用和保护，将知识产权进一步融入现代化城市的发展战略，如何发挥知识产权制度在鼓励和保护创新方面的独特作用,提高科技创新能力和综合竞争力,需要进一步研究和探索,需要不断加强国际间的知识产权交流与合作,使知识产权工作更好地为首都经济建设服务。

世界知识产权组织总干事特别顾问居尔根·斯密特·德维尔曼、美国B.S.K.B律师事务所的詹姆士·司莱特律师、英国W·P汤普森律师事务所尼古拉斯·曼利律师、日本福田近藤法律事务所近藤惠嗣律师、德国冯·克莱斯勒赛尔丁·沃勒专门律师所冈瑟赛尔丁律师和我国国家知识产权局国际合作司司长乔德喜、国家版权局副局长沈仁干、北京市高级人民法院知识产权庭副庭长程永顺、北京海关副关长唐麒麟、中关村园区管委会的赵慕兰等在论坛上发表了演讲。就中国专利法、商标法、版权法的修改和我国知识产权保护的新发展，欧洲专利申请和知识产权制度的发展，企业知识产权保护及其管理制度，美国软件和商业专利的申请和审批等问题进行了研讨。

出席这次论坛的北京市知识产权局局长刘东威在接受记者采访时说，举办此次论坛旨在从知识产权的开发、利用、保护三个方面学习和借鉴世界先进经验，学习国际规则及领先技术，有针对性地加强自主知识产权核心技术的研发，逐步与国际接轨。北京作为首都，既有自己的优势，也有不足之处，今后的主要方向一是要加强立法，二是进一步健全激励机制，三是完善服务体系。

(华宣供稿)

法律与社会国际学术研讨会 10月11日至13日，由美国福特基金会赞助、中国人民大学社会学理论与方法研究中心和中国人民大学社会学系联合举办的此次研讨会在中国人民大学逸夫会议中心举行。来自中国社会科学院、江苏省社科院、中央党校及北京大学、中国人民大学、中国政法大学、吉林大学、山东大学、华东政法学院等兄弟院校的专家学者共30多人出席了会议。会议由中国人民大学社会学理论与方法研究中心主任郑杭生教授主持。中国人民大学副校长冯惠玲教授、福特基金会北京办事处官员刘晓缇等到会并致辞。会议期间，学者们就"法社会学的理论与方法"、"中国法社会学的实证研究"、"比较法社会学"等主题展开了热烈的讨论。中国的法社会学正处在起步阶段，本次研讨会邀请到了美国麻省理工学院著名法社会学家sibey教授等4名外国学者。

（中国人民大学科研处罗圣华供稿）

中国民法典论坛 从2002年11月开始，中国政法大学民商经济法学院在北京昌平校区连续举办了4场规模宏大的"中国民法典论坛·2002—2003"。论坛邀请的嘉宾包括民法典著名起草专家、最高立法机关民法典起草工作机构负责人、全国各地著名民商法学家以及首都各法律新闻媒体记者，听众人数8000多人。第一场于11月8日举行，论题为"中国民法典的立法思路和立法体例"。第二场于11月19日举行，论题为"中国民法典制定中的重大问题"。第三场于11月26日举行，论题为"物权法、知识产权法与中国民法典"。第四场于12月5日举行，论题为"中国亲属法的现在与未来"。本次论坛只是第一阶段，2003年还将举办"民法典中青年法学家论坛"。

（中国政法大学科研处供稿）

中国财经法律论坛 12月7日，以"财经监管与财经法制建设"为主题的首届"中国财经法律论坛"在中央财经大学专家宾馆报告厅召开。来自校内外的专家学者近200人参加了主论坛。该校党委书记李保仁教授、校长王柯敬教授、副校长王广谦教授、姚遂教授出席了会议，王柯敬校长致辞。全国人大常委会法制工作委员会副主任卞耀武、财政部会计司司长刘玉廷、国家税务总局征管司司长王文彦、中国人民银行管理司副司长黄毅分别在主论坛上作了题为"中国财税金融立法的回顾与前瞻"、"会计制度与会计立法"、"税收征管体系与纳税服务"、"金融分业与混业中的法律问题"的主题演讲。题为"金融改革与上市公司治理"和"财政立法与财税监管"的两个分论坛分别在主教学楼报告厅和专家宾馆报告厅同时举行。我国法律界与经济界众多知名专家、学者共聚一堂，从不同的学科领域和观察视角诊治当前我国财经领域亟待解决的问题，充分表达了法律学科与经济学科交叉结合、理论研究与实务操作融会贯通的论坛主题。

（中央财经大学科研处供稿）

大法官讲坛首场演讲 12月8日，"大法官讲坛"开幕式和首场演讲在中国人民大学逸夫会议中心一层报告厅举行。中国首席大法官、最高人民法院院长肖扬出席大会，并以"法院、法官与司法改革"为题做了演讲。讲坛由中国人民大学法学院院长曾宪义主持，中国人民大学纪宝成校长致辞。演讲包括法院与法官的职能和作用、关于人民法院司法改革的情况、关于推进司法改革的几点思考三方面内容。

肖扬院长说，为适应计划经济体制向市场经济体制的转变，适应民主政治建设的要求和人民对法治的需要，各级人民法院采取了一系列改革措施，取得了良好的效果。在改革过程中，最高人民法院始终发挥了组织、协调和指导作用。肖扬认为，现行法院制度还存在三方面的问题：司法权力地方化、审判活动行政化、法官职业大众化。司法体制改革必须在坚持四项基本原则、人民代表大会制度、社会主义法治原则、国家法制统一原则的前提下积极、稳妥、慎重地推进。根据十六大报告和人民法院的改革实践与改革规划，人民法院的司法改革要从八个方面积极推进：一、改革法院体制。二、改革法院的人财物管理体制。三、建立、健全独立审判保障制度。四、改革和完善法院的司法行政管理和审判管理制度。五、完善诉讼程序制度，改革审判工作机制。六、改革执行体制和执行工作机制，解决"执行难"问题。七、加强对司法工作的监督机制。八、贯彻落实《法官法》，完善法官制度，建设一支高素质的职业化法官队伍。

（中国人民大学科研处罗圣华供稿）

劳动争议调解与仲裁国际研讨会 首都经济贸易大学劳动经济学院与美国密执安大学于12月9日至17日在北京温特莱酒店联合举办国际研讨会暨高级培训班。研讨会开幕式由首都经济贸易大学劳动经济学院院长杨河清博士主持，首都经济贸易大学副校长郑海航博士、中国劳动和社会保障部国际劳工与信息研究所所长刘燕斌研究员、美国密执安大学刘金云博士先后致辞。与会者主要有来自中国人力资源杂志社、中国劳动保障报社、中国社会保障杂志社、中国人民大学、中国工运学院、全国总工会法律部、广东妇女干部学校、北京市劳动局仲裁处、北京市各区县劳动仲裁委员会、北京物资学院、山东经济学院等部门和高校的专业人士60余人。本次研讨会分4个单元由美国密执安大学的5位专家学者主讲，即：法学院教授 Whitmore Gray 先生主讲的题目是“文化传统与法律文化差异在劳动争议处理制度中的体现”；各国劳动争议仲裁制度比较劳动与产业关系研究所主任、教授 Lawrence S Root 先生主讲的题目是“美国劳动规则、劳动标准与工会”；法学院教授 Laurence D Connor 先生主讲的题目是“美国劳动争议处理程序”；政治学系教授 Mary E Gallaghernv 女士主讲的题目是“1994年以来的中国劳动争议仲裁研究”；社会科学研究院研究员刘金云先生主讲的题目是“美国劳动争议处理制度综述”。此次研讨会上，大家围绕中国劳动争议仲裁的现状和发展、美国工会的发展及上述诸问题进行了热烈的讨论。

(首都经济贸易大学劳动经济学院供稿)

民族学　宗教学

春季民族经济学与西部大开发座谈会　座谈会于3月14日在京召开。国家民委牟本理副主任、全国政协常委、民族与宗教委员会副主任黄璜、中央民族大学校长荣仕星等领导同志及从事民族经济学研究的70余人到会。牟本理副主任围绕着新形势需要加强民族经济研究、西部大开发与民族经济的关系、民族经济学的发展等方面的问题作了发言。他提出了新形势下应加强民族经济研究的课题，如民族地区如何实现跨越式发展、民族地区如何调整产业结构、民族地区如何适应加入WTO和经济全球化、信息化的挑战等，以及民族经济学科如何继往开来、与时俱进，指出了民族经济要在创新中发展，在开拓中深化。他还强调各地区和各学科之间要加强交流，拓宽研究范围，加强学科建设，培养科研队伍及新的学科带头人，使民族经济学再上一个台阶。

这次座谈会从一定的历史高度，实事求是地总结了民族经济学的过去，展望了民族经济学的未来，对目前经济学、民族经济学中的一些热点问题如劳动价值论问题进行了深入的讨论，对民族经济学的学科建设和发展创新提出了新的思路。

(中央民族大学科研处孙英善、陈海如供稿)

全国蒙古学学术研讨会　由中央民族大学蒙古语言文学系组织的“中央民族大学蒙古语言文学专业成立50周年纪念大会暨全国蒙古学学术研讨会”5月31日在该校中主楼500人教室隆重举行。

来自八省区的历届系友、专家学者和本系师生共350余人参加了庆典活动。39位专家学者在会上递交并宣读了论文，论文内容涉及了蒙古族语言、文学、历史、文献、民俗等诸多方面的问题研究。系主任王满特嘎在大会上回顾并总结了蒙古语言文学专业50年发展历程和教学科研工作的基本经验，并提出了今后的工作任务和努力方向。系友代表、在校生代表、退休干部代表和博士生导师满都呼教授等在大会上作了发言，他们从不同角度关注着蒙语专业所面临的机遇和挑战，同时也对蒙语专业未来发展的前景给予了极大期望。

国家民委原副主任洛布桑，该校副校长金雅声、郭卫平，中国少数民族语言文学学院院长文日焕以及各地兄弟院校、系的领导和在京各有关单位的领导等应邀出席庆典大会并表示祝贺。金雅声副校长代表学校致贺词。大会由蒙语系党总支书记胡格吉夫主持。

(中央民族大学科研处孙英善、陈海如供稿)

青年民族理论学会第二届学术研讨会　12月18日，中央民族大学青年民族理论学会第二届学术研讨会暨成立两周年大会在中主楼第一会议室召开。校党委常委、副校长黄凤显出席会议，民族理论教科部主任金炳镐教授、党委宣传部部长余梓东、副部长田宁等与民族理论教科部全体学生参加了此次研讨会。此次研讨会的主题是：深刻领会十六大精神，加强马克思主义民族观和党的民族政策的教育。研讨会共收到学生提交的论文23篇。15位学生代表分别从政治、经济、文化、教育等角度阐述了在十六大召开之后的新形势下，如何加强民族理论的建设和发展，促进民族地区的繁荣等工作，强调民族理论的发展必须与时俱进，开拓创新；必须适应“全面建设小康社会”的奋斗目标；必须为实现各民族的平等、团结、共同繁荣提供理论基础。

黄凤显副校长在讲话中对青年民族理论学会自成立以来，带动全校各族同学积极思考和探索一系列理论问题，自觉增强理论修养的做法给予了充分肯定。他希望青年学生认真学习十六大报告，领会十六大精神。在学习中注意理论联系实际，发扬理论创新的精神，争取出成果、出方法、出学风、出人才。

（中央民族大学科研处孙英善、陈海如供稿）

城市科学

大北京城市空间发展规划报告会 3月28日，中国科学院院士、中国工程院院士、清华大学教授吴良镛在北京市委党校为在校培训的北京市领导干部作了题为“大北京城市空间发展规划”的报告。该报告会由北京市委组织部、北京市科协和北京市委党校联合举办。报告的内容是吴良镛院士承担的国家重点学科项目，研究的主要内容和设想是提出以北京、天津“双核”为主轴，以唐山、保定为两翼，根据需要与可能，疏解大城市功能，调整产业布局，发展中等城市，增加城市密度，构建大北京地区组合城市，实现大北京地区的土地整体利用，综合平衡与总体管理。明确划定保护地区或限制发展地区，进行区域生态环境建设和流域综合治理，保护缺水地带的农田和林地，发展生态绿地，改善地表覆盖状态；京津两大枢纽进行分工与协作，实现区域交通运输网从“单中心放射式”向“双中心网络式”的转变；采取“交通轴+葡萄串+生态绿地”的发展模式，将交通轴、“葡萄串”式的城镇走廊融入区域生态环境中，塑造区域人居环境的新形态。吴院士认为，对北京城市发展的思考不能离开全球发展的背景。发展世界城市是全球化时代世界主要国家或地区获取更大发展空间的战略选择。在促进国家或地区间交往等方面，世界城市相互直接沟通，具有更大的灵活性和发展空间。北京作为历史名城和现代化国际大都市，应进一步明确作为世界城市的地位，为发展成为21世纪的世界城市地区之一，为参与世界政治活动、文化生活、国际交往以及获取国家竞争优势等方面奠定必要的基础。目前，北京在空间上不能适应发展世界城市的需要。一方面，核心地区功能布置过密。空间爆炸，城市设施与环境标准达不到世界城市水平；另一方面，城市发展局限在行政界限范围内，国际、国内的综合竞争力有限。并且，随着人民生活水平的提高和经济的快速增长，城市发展占用的土地将进一步呈现不可避免的扩张趋势，对人居环境的质量也将提出更高的要求。要解决这些问题，实现可持续发展，只有在更大的区域尺度——城市地区——考虑产业、人口与资源的配置，才能消除城市在某个地域中的过度集中。同时，区域整体发展也是未来把北京建设成为世界城市的一个基本战略。

对于大北京城市空间发展规划的具体设想，吴院士提出“葡萄串”发展优于“摊大饼”，让北京“有机疏散”的观点。他认为当前核心城市空间发展仍处在膨胀、无序蔓延之中，即所谓“摊大饼”，环形加放射的道路系统不能满足城市的大规模扩展。建议“大北京”建设中利用磁悬浮列车连接京津唐，沿交通轴布置“葡萄串”式的城市走廊。并且可以根据实际需要，确定葡萄珠的大小和内容，并为未来的发展留有余地。将交通轴、“葡萄串”式的城镇走廊融入区域生态环境中。城镇走廊之间要有充足的绿地、阳光和新鲜空气，保证生态健全，创造有机的人居环境体系，从城市美化走向区域美化，在良好的生态环境基础上塑造区域人居环境的新形态。

（中共北京市委党校科研处供稿）

第十三届北京·东京城市问题学术讨论会 研讨会由北京日报报业集团、北京市对外文化交流协会和日本东京新闻·中日新闻社共同主办，于5月22日在北京国际会议中心举行。此次会议的主题是“经济全球化时代的人才培养”。北京·东京城市问题学术讨论会始于1989年，当时是为纪念北京、东京结为友好城市10周年而举办的，此后每年一届，轮流在北京和东京举行。在经济全球化的时代，怎样培养人才、留住人才、交流人才，成为摆在北京和东京两座国际大都市面前的现实问题。在讨论会上，针对高等教育国际化、如何培养肩负两国交流任务的人才、当前形势下的北京人才培养、丰田公司的人才培养现状、日本人才培养全球化的现状、中国人才培养的现状和加入世贸组织后面临的挑战等问题作了主题发言的有北京大学校长许智宏、日本早稻田大学校长奥岛孝康、北京市人事局局长辛铁梁、东京都城市规划局局长木内征司、中国人才交流协会副会长韩光耀、日本丰田汽车常务董事木下光男、中关村国际孵化器有限公司总经理钱志兵、日本THE—R社长奥谷礼子等中日两国有关著名专家学者和政府官员。

（参见《北京日报》2002年5月23日第5版）

“北京2008——人文奥运”论坛 7月9日，由中国人民大学人文奥运研究中心和北京奥组委新闻宣传部共同举办的人文奥运论坛在中国人民大学逸夫会议中心举行。中国人民大学党委书记程天权出席论坛并致辞。中国人民大学人文奥运研究中心主任、副校长冯惠玲宣读了《人文奥运行动倡议》。该倡议提出了人文奥运行动的宗旨、目标、口号和具体实施方法，囊括了宣传人文奥运精神、开展人文体育活动、促进中外文化交流、提高市民文明素质、改善北京人文环境等多个方面。奥组委新闻宣传部副部长张海峰介绍了北京2008年的奥运规划。与会学者从不同角度探讨了“人文奥运。”的内涵以及如何在奥运会筹备、组织过程中体现这一理念。论坛上，作为首家专门培训人文奥运志愿者的机构——中国人民大学人文奥运志愿者培训中心正式挂牌，正式开通“中国人民大学人文奥运网站”。

（中国人民大学科研处罗圣华供稿）

北京古都风貌与时代气息研讨会　8月23日至25日，由北京市社会科学院与市委城建工委联合举办的本次研讨会在北京腾达大厦举行，来自北京38个单位的领导、专家学者150余人参加了研讨会。保存古典建筑传统，虽然有保存建筑的物质形态问题，但更重要的还是保存民族的文化传统，保存自己的历史，这是世界各国面临的普遍问题。北京是古都，她同样面临着如何在现代化的进程中保护古都文化遗产的问题。这次研讨会，试图“在限制与反限制的斗争中”找出一个比较清晰和理智的思路，弄清楚“古都风貌是什么？古都风貌有什么？古都风貌保什么”，避免在古城保护方面付出沉重代价，实现江泽民同志提出的“即要保护古都风貌，又要体现现代精神”的要求。

（高尔强供稿）

彭真与首都的革命和建设研讨会　9月23日，中共北京市委党史研究室、北京地方党史研究会召开彭真与首都的革命和建设座谈会，首都大专院校、党校、党史部门的专家学者数十人参加了座谈。与会同志对彭真领导首都革命与建设17年中的光辉业绩和重要思想进行了深入的学习和阐发，充分表达了对老一辈无产阶级革命家、首都革命和建设的奠基者彭真同志的敬仰和缅怀之情。会议讨论的内容集中在以下几个方面：关于坚持实事求是、群众路线；关于发展生产、发展工业的思想和实践；关于彭真的党建思想和对党的工作的要求；关于彭真的史学思想。会议就过去从未探讨过的彭真的史学思想做了阐发。有学者认为，彭真同志关于北京党史工作的两次谈话包含着非常深刻的史学思想。他的史学观点可以概括为：1. 关于用什么样的思想研究和指导历史？彭真明确地说要用唯物主义而不是唯心主义历史观研究党史。2. 研究中共党史的目的是为现代化建设服务。3. 研究党史的前提和基础在于准确地掌握史料。4. 要进行科学的历史分期。5. 要注意区别后人对历史的分析和历史本身的事实。6. 研究中共党史应以当代党史为研究重点。大家认为，彭真同志的许多思想不仅具有深刻的历史意义，而且具有很强的现实意义，他对我们工作的要求、他的城市建设规划思想、他的发展生产力的思想以及他的党建思想，时至今日仍然是我们建设新北京的行动指南。

（中共北京市委党史研究室科研处段丽欣供稿）

《彭真在北京》出版座谈会　9月，由中共北京市委党史研究室编辑、中央文献出版社出版的《彭真在北京》纪念文集出版，全书45万字，分为业绩篇、研究篇、风范篇，收入论文、专题文章和回忆录共66篇，其中大部分是第一次公开发表，分别从不同侧面追思了彭真的光辉业绩。10月10日，市委党史研究室召开《彭真在北京》出版座谈会，全国人大常委会副委员长彭珮云、市委副书记杜德印、北京市的部分老领导、彭真的亲属、北京市党史界专家学者代表，以及市委各部委办、区县、重点厂矿企业、高等院校代表和作者代表出席了座谈会。彭珮云回忆了在彭真领导下工作的经历。她说，今天我们纪念彭真的最好办法就是“以可能达到的最高标准要求我们的工作”，在各自的岗位上无私奉献，在社会主义的伟大建设事业中取得更加辉煌的成就。北京师范大学教授张静如、市委宣传部副部长宋贵伦、彭真的女儿傅彦先后发言。大家回顾了彭真在北京工作17年的丰功伟绩和他的品格、风范，深切缅怀了这位伟大的无产阶级革命家、政治家、杰出的国务活动家、坚定的马克思列宁主义者、首都社会主义革命和建设的主要奠基者。杜德印在讲话中说，我们缅怀彭真，要像他那样坚持理论联系实际，坚持实事求是，与时俱进，不断追求真理，修正错误。牢固树立首都意识、首善意识和首创意识。加快首都经济、城市和社会现代化的进程，加强民主法制建设，发展首都民主政治和政治文明，巩固发展首都安定团结的政治局面。

（中共北京市委党史研究室科研处段丽欣供稿）

历史学（含党史、中外史、考古）

纪念“一·二八”淞沪抗战70周年座谈会　座谈会由民革中央与中国人民抗日战争纪念馆共同举

办，于1月23日在北京召开。全国人大常委会副委员长、民革中央主席何鲁丽出席会议并讲话。她指出，“一·二八”淞沪抗战是中国近现代史上中华民族英勇抗击帝国主义侵略的重要一役，“一·二八”抗日将士的英勇事迹和爱国热情必将流芳千古。她说，我们应继承和发扬“一·二八”抗日将士光荣的爱国传统，更加紧密地团结在中共中央周围，奋发努力，开拓进取，以战胜一切艰难险阻的英雄气概不断夺取社会主义现代化建设的新胜利，共同创造祖国统一与民族复兴的美好明天。与会人员回顾了70年前那场悲壮惨烈，同仇敌忾、抵御日本侵略的战役，颂扬了驻守淞沪的第十九路军广大爱国将士们奋勇抗击日军入侵，用鲜血和生命捍卫民族尊严的英雄壮举。

（参见《人民日报》2002年1月24日第6版）

祝贺张守常教授执教60周年暨80华诞座谈会

1月29日，北京师范大学历史系主办的此次座谈会在英东学术会堂举行。何兹全、宁可、苏双碧、欧阳中石、郭毅生、谢承仁、龚书铎、刘家和等老一辈知名学者纷纷忆起与张教授同学、同事或共同从事学术研究活动的若干片断，对张教授甘坐冷板凳的治学精神、研究教学法和中国近代史取得的突出成绩及任劳任怨、与世无争的高尚人品称誉有加。郑师渠、史革新、朱汉国、夏春涛等史学界中年骨干和张教授的部分学生李志英等谈起张教授几十年来与中国共产党风雨同舟，到现在仍然活跃在大学本科教学的讲坛及令人倾倒的讲课口才、循循善诱的指教方法等等，也充满着敬佩仰慕之情。张守常教授1922年1月出生于山东高唐，1940年就读于北京山东中学和北京大学。张教授求学时即兼教职，毕业后一直从事教育事业。1953年调入北师大历史系，至今仍活跃在师大讲坛上，先后从事历史教学法、中国近代史的教学与研究，为北京师大近代史学科的建设作出了重要贡献。张教授教书育人，成绩卓著，是国内著名的近代史专家之一。主要代表作有《太平天国北伐史》《中国近世谣谚》《拂晓集》等。

（北京师范大学社会科学处马永梅供稿）

中共党史学科建设研讨会　3月18日至19日，由中国人民大学中共党史系发起主办的全国第一届中共党史党建博士点研讨会在中国人民大学召开，全国党史党建6个博士点的代表在中国人民大学贤进楼聚会，研究探讨中共党史、党建学科建设和发展问题。与会专家学者指出，党的十一届三中全会以后乃至整个20世纪80年代，中共党史、党建研究及学科建设出现了空前繁荣的局面。但是进入90年代以来，中共党史的学科建设、科学研究、人才培养都遇到了新的问题。一是在联系现实研究中共党史的过程中，发生学科界限淡化的现象，影响了对党的自身活动的深入研究；二是党史研究呈现纪念史学的特点，而且围绕纪念日的党史出版物并非都是精品；三是由于高校马克思主义理论课不设中共党史和革命史课程，在党史党建的6个博士点、34个硕士点中，多数博士生和硕士生的指导教师，主要精力投放到讲授“毛泽东思想概论”、“邓小平理论”课程方面，加之出于就业的考虑，博士生、硕士生的学位论文选题转向研究现实问题，导师自身研究党史或指导研究生研究党史的越来越少；四是学位论文选题越来越难，党史上的重大事件、重要人物的档案尚未解密，某些有新意的研究成果很难分开出版；五是本科生、硕士生生源缩减，党史专业的生存出现了问题；六是对中共党史学科的性质和定位不准确，影响了学科的建设和发展。专家学者指出，必须采取措施，推动党史学科的建设和发展前进一步，促进中共党史党建研究更加繁荣。与会专家学者还就拓宽中共党史的研究领域，成立中共党史党建学科建设专业委员会、建立中共党史党建基金，发挥重点学科的作用，编写硕士生中共党史党建教材，包括编写党史党建通俗读物丛书，举办党史党建论坛，推出优秀党史著作等问题进行了深入的讨论。

（中国人民大学科研处罗圣华供稿）

《中华农器图谱》座谈会　座谈会由中国农业出版社、中国农业博物馆、中国农机学会和《光明日报》理论部联合于3月20日在京召开。会上有关考古、历史、农学、农机方面的专家学者对农业部主持完成的该部《图谱》的学术价值和现实意义给予了充分肯定。会上发言的学者及题目有：国家文物局局长张文彬的“农器是古代文明发展水平的重要标志”、中国历史博物馆研究员王宏钧的“从农器发展看社会进步”、首都师范大学历史系教授宁可的“从传统社会特征看中国农器发展”、中国社科院考古所所长刘庆柱的“农业考古与古代文明研究”、中国农业大学教授曾德超、刘清水的“中华古代农器的成就和启示”、江西社科院研究员陈文华的“正确评价古代传统农机具”、《中华农器图谱》主编宋树友的“集体智慧的结晶、共同努力的成果”、中国农业大学副教授孙学权的“中华农器史研究的新贡献”。专家学者还一致认为，该书的出版对于学术界深化农业史、农器史研究，开拓农机事业新局面，增强农业现代化的信心都具有重要的意义。

（参见《光明日报》2002年4月2日B3版）

当代史学思潮与史学批评学术研讨会 研讨会由中国社科院青年人文社会科学研究中心于4月18日在北京举办。来自中国社科院历史研究所和世界史研究所、北京大学、清华大学、北京师范大学、武汉大学、南开大学的青年学者与会，共同探讨后现代理论对史学研究的影响、中国人文社会科学的国际化与本土化等问题。中国社科院青年人文社会科学研究中心的成立，目的是加快培养人文社科方面的人才，不断推出具有重大理论价值和实践意义的研究成果。为加强该院青年学者与其他高校和科研机构的学术交流，该中心定期举办青年论坛，选取重大意义的课题进行研讨，特别强调多学科的特点。此次研讨会就是青年论坛计划的一个组成部分。

（参见《光明日报》2002年4月20日A3版）

纪念“五一反扫荡”60周年座谈会 座谈会于4月25日在中国人民军事博物馆举行，以缅怀中国人民抗日战争史上那一段悲壮的岁月。1942年5月1日起，5万侵华日军对我冀中抗日根据地进行了为期两个月的野蛮凶残的大扫荡。面对日军暴行，冀中军民开始了艰苦的反扫荡斗争。会上，许多老战士忆述了当年他们运用地道战、村落战、地雷战、游击战与日寇浴血奋战的往事。有的老同志说：“我们这些‘五一大扫荡’中幸存下来的人，忘不了那些为国捐躯的先烈和为抗战胜利作出了巨大贡献的冀中人民。同时，我们更要警惕日本极右势力企图篡改侵略历史，复活军国主义的图谋。”

（参见《人民日报》2002年4月27日第4版）

“温故知新——面向中国考古学的未来”国际学术研讨会 会议由北京大学考古文博学院、北京大学中国考古学研究中心及北京大学古代文明研究中心共同举办，于5月2日至3日在北京大学隆重召开。包括来自日本、韩国等国外学者在内的150余名代表出席了会议。开幕式上，北京大学考古文博学院副院长赵辉作了主题演讲“考古学与历史学的重建”，就考古学科性质定位或价值取向的问题发表了见解。会议收到论文80余篇，分别在“理论、方法与回顾”、“石器时代考古”、“夏商周考古”、“秦汉——宋元考古”和“博物馆学与文物保护”五个分会上宣读。闭幕式上北京大学严文明教授作总结发言，概括了本次会议的三个特点：一是论文题材广泛，研究内容传统与创新兼顾，反映了中国考古学正在走向全面的发展与繁荣。二是紧扣考古学性质，对重大历史问题作了广泛而深入的研究。三是注重了理论和方法论的探讨，这是一个向着建设考古学的“中国学派”努力的很好动向。本次会议是北京大学考古学系成立50周年的庆祝活动之一。会议取得了预期效果，向中外学术界展示了北京大学在考古学界的影响力和号召力。

（北京大学社学科学部朱邦芳供稿）

中日韩古代法律文献比较研讨会 在中国政法大学校庆50周年之际，中国政法大学古籍整理研究所在北京友谊宾馆召开了此次研讨会。参加研讨会的有日本皇学馆大学校长大庭修NB13F、史料编纂研究所所长岛原泰雄；韩国东国大学法学院教授孙晟、庆北大学校史学科教授尹在硕；北京大学教授蒲坚、文物研究所研究员李均铭、法学研究所研究员马小红等中外学者及古籍所全体科研人员共30人，提交论文5篇。中国政法大学张桂琳副校长到会讲话，徐世虹所长主持了研讨会。

在研讨会上，日本皇学馆大学校长大庭修NB13F作了“关于张家山247号墓出土的津关令”的演讲，就中国汉代律令中“令文的结构”、“令的时期”、“关于令的编号”发表了自己的观点。中国学者认为中日两国因国界的不同，在中国古代法律研究方法上存在着差异，此次研讨会正是中外学者交流的极好机会，不仅是对中国古代法律的深入研究，也是两国之间在研究方法上的相互借鉴。

韩国学者尹在硕目前正在中国社会科学院研究学习，他的论文题目是“古代韩中法制交流线——‘以犯禁八条’为中心”。他指出：韩中两国地理上紧密相连，自古以来在政治、社会、经济、文化等各个方面一直保持着非常密切的关系，以古朝鲜为首的韩半岛以汉字为基础吸收中国的先进文化，其中也包括法制的传入。其就乐浪朝鲜施行了中国古代“犯禁八条”为例，提出了关于“犯禁八条”的制定时期和制定者的问题。其认为战国后期到秦末汉初，众多中国人陆续流亡于古朝鲜，他们携带着货币等中国先进文化产品，“犯禁八条”就是随着韩半岛初期历史变化而逐渐形成的。中国学者对该见解产生了浓厚的兴趣，争相提问，共同探讨。尹在硕表示：有关“犯禁八条”，韩国的历史记载和出土资料甚少，今后还有待中国学者进一步发掘和证实。

日本学者荆木美行是第3次来中国政法大学古籍所进行交流，此行发表的论文是“以篇目为中心的日唐律令研究”，阐述了中国古代律令中“养老令”对日本修订养老令的影响及异同。

（中国政法大学科研处供稿）

首都纪念七七事变65周年座谈会　在七七事变65周年之际，民革北京市委与中国人民抗日战争纪念馆于7月2日在北京共同举办了“弘扬爱国主义、振奋民族精神”专题座谈会。与会者回顾了65年前中国军队在卢沟桥英勇抗击入侵日军的战斗。并指出，七七事变揭开了中华民族全面抗战的序幕，唤醒了中华民族“自立自强”精神。历史不能忘记，落后就要挨打。在当今的国际形势下，只有强我中华才能从根本上提高我国的国际地位，使中华民族屹立于世界民族之林。中国人民永不会忘记抗日战争中所表现的民族精神和爱国热情，中国今天的发展和建设所需要的正是这种爱国情怀，只有继承和发扬革命传统，不断发扬爱国主义精神，全面贯彻“三个代表”重要思想，努力实现祖国统一大业，才能真正强我中华。

（参见《北京日报》2002年7月3日第7版）

纪念七七事变65周年暨《罪证》出版座谈会　由中央文献出版社和人民日报社新闻信息中心联合举办此次座谈会，于7月7日在北京人民大会堂举行。与会人士一致认为，“前事不忘，后世之师”，纪念七七事变，目的是不忘屈辱历史，致力振兴中华。与会人士认为，65年前的今天，卢沟桥事变爆发，日本军国主义发动了全面的侵华战争。在中国共产党的领导下，经过全中国人民和全世界华夏儿女艰苦卓绝的8年抗战，中国人民终于取得抗日战争的伟大胜利。抗日战争作为世界反法西斯战争的重要组成部分，已经载入人类历史发展的史册，成为正义战胜邪恶的光辉篇章。由中央文献出版社编辑出版的大型文献性画册《罪证——日军镜头里的侵华记录》，收寻了400余幅图片。这些照片真实地记录了侵华日军在中国土地上狂轰滥炸、奸淫、砍杀，抢掠甚而数千次使用毒气等多方面的罪证。这些当年为炫耀战功而拍摄的照片，如今都成为侵华日军所犯罪行的历史写照和确凿证据，同时也成为批驳日本极少数右翼分子歪曲、篡改历史的有力证据。

（参见《人民日报》（海外版）2002年7月8日第1版）

国际八旗学术研讨会　北京市社会科学院与沈阳故宫博物院、北京满学会联合主办的首届“国际八旗学术研讨会”，于7月28日至30日在京召开。市社科院院长朱明德出席开幕式并致辞。国内外从事清史、满学研究的专家学者30余人出席会议。八旗制度的建立和发展，对满（女真）族社会的发展起了十分重要的作用，对中国社会的发展产生了巨大影响。因此，研究八旗制度已成为古今中外清史和满学研究的重要内容之一。本次会议研讨的内容，包括如下八个方面：一、关于八旗制度。八旗制度涉及清初八旗排序的演变及其原因、八旗制度中的“族”与汉族宗族的区别、八旗都统的职能与作用及其满汉名称的变化、八旗兵制的动员之制及其研究价值、京师八旗都统衙署建置及现状、康熙《御制清文鉴》对研究八旗的价值等。二、关于满洲八旗。满洲八旗涉及八旗满洲旗分佐领下尼堪的姓氏、户口数及其政治信念、文化习俗、心理意识等方面的转变；满洲旗人叩拜礼制及其演变过程；八旗满洲萨满祭祀及相关典章制度的嬗变过程等。三、关于蒙古八旗。蒙古八旗指清前期蒙古旗分佐领的类型、数量，及编设佐领的缘由和效果；乾隆时期翻译科举政策对蒙古旗人的影响，及蒙古旗人官僚的兴起；蒙古正黄旗人富俊的语言研究和传世之作，及其对今天满蒙语研究的参考价值。四、关于汉军八旗。它包括汉军八旗的建立及其意义、包衣汉姓与汉军的异同、清初的旧汉人与清皇室的关系、汉军旗人督抚与康熙朝治政、辽东移民中的汉军旗人及其政治经济实力在辽东的影响等。五、关于驻防八旗。讨论了乌鲁木齐满营的建立及其重要意义。六、关于游牧八旗。游牧八旗涉及察哈尔八旗的设立及其职官、刑罚和宗教制度，隶属关系的演变与地位等；同治元年赐与察哈尔护军校额尔德尼朝克图父母的诰命及其价值等。七、关于八旗经济。涉及“八旗生计”产生的主要因素与清政府解决“八旗生计”的主要措施及其效果、北京旗人（包括八旗宗室、满洲蒙古汉军旗人、内务府和王公府属包衣佐领下人施舍土地及其影响等。八、关于八旗文教事业。它包括嘉道时期八旗教育的衰落及其对当时和后来清朝政局的不利影响，八旗文学及研究八旗文学的重大意义等。

（高尔强供稿）

七七事变学术研讨会　研讨会于8月14日在北京召开。中国抗日战争史学会名誉会长、中央文献研究室副主任、中国史学会会长金冲及说："中国的抗日战争不仅是一场中华民族自身谋求独立和解放的战争，更是世界反法西斯战争中不容忽视的重要组成部分，在20世纪人类历史上应该得到公正的评价。"他又说，中国在8年的长期抗战中，牵制并消灭了日本军国势力的大量兵力，削弱了它的经济实力，对欧洲和太平洋其他地区的反法西斯战争做出了巨大贡献。然而，很久以来，国际上一些关于"二战"的辉煌巨著中，写到中国抗日战争的篇幅很少，对它的历史作用更是缺少恰当评价。这是不公平的，也是不符合历史事实的。可喜的是，随着中国国际地位的日益提高，人们开始关注中国。美国哈佛大学东亚研究中心特地举办以"战时中国"为主题的系列国际学术讨论会，使许许多多来自不同国家的学者开始重视"二战"中的中国，开始研究中国对世界反法西斯战争胜利所做的突出贡献，这是国际史学界的一大新动向。金冲及以大量翔实的数字和史料说明了中国抗日战争对世界反法西斯战争胜利所起的作用。他说，这不是我们中国人自已在夸大其词，一向对中国存在偏见的英国前首相丘吉尔和美国前总统罗斯福，都曾站在盟国最高领导人的位置，以战略全局的高度出发，来看待和评价中国抗日战争在整个世界反法西斯战争中的地位和作用。

8月15日是日本无条件投降纪念日，来自全国各地的80余位抗战史学者，汇聚卢沟桥畔的抗日战争纪念馆，以他们在抗战史研究领域中的成果，纪念日本无条件投降57周年。金冲及对参加研讨会的国内抗战史研究学者说，在世界史学界开始关注中国抗战的历史地位与作用这一重大问题的时候，我们国内学者更应积极主动地做好这方面的研究工作，让世界各国人民更全面地认识中国、了解中国。

（参见《人民日报》2002年8月15日第4版）

中华民国史学术讨论会　作为中国近现代史研究的重要一环，中华民国史近来颇受海内外史学界的关注，正在成为中国史学研究一门热门的年轻学科。8月21日至23日，来自海内外民国史研究专家、学者在北京举行"中华民国史（1912—1949）国际学术讨论会"。研讨会是由中国社会科学院近代史研究所、澳门中西创新学院、美国黄兴基金会联合主办的。中国社会科学院院长李铁映向会议发来贺信，信中说，从1912年到1949年的中华民国时期，虽然仅38年，但它却是近代中国历史上的一个重要阶段。所以，民国历史研究，是中国历史研究，尤其是近现代中国历史研究上的重要环节。研究中国近现代史，特别是研究中华民国史，对于总结历史经验，认识历史发展规律，认清中华民族的前进方向，实现中华民族的伟大复兴，极有意义。

（参见《人民日报》2002年8月22日第4版）

海峡两岸西藏历史学术研讨会　由中国藏学研究中心举办的此次研讨会，于9月1日在北京举行。本次会议主要是为探讨西藏历史上的一些重大问题，以及如何编写多卷本《西藏通史》而召开的。《西藏通史》试图全面展示西藏和平解放以来，特别是改革开放以后，学术界在西藏历史研究领域的成果，体现西藏历史研究的最新水平，是西藏文化建设方面的一项重大工程。

（参见《人民日报》2002年9月2日第4版）

金春明教授从教50周年暨《自选文集》出版座谈会　在中央党校金春明教授执教50年之际，金春明《自选文集》也由四川人民出版社出版。9月18日，由中央党校马克思主义研究所、四川人民出版社共同主办的此次座谈会在北京举行。李君如、石仲泉、陈道华、彭明、张静如等专家学者出席了座谈会。与会者认为，金春明教授带着强烈的责任感和对党的浓厚感情，克服重重困难，在国内开辟了"文化大革命"史研究的学术领地，他的学术成就已使其成为当代中国最为著名的"文革"史专家之一。与会同志称赞他治学严谨、求真务实、为人正派，是令人敬重的学者。

（参见《光明日报》2002年9月24日B1版）

《文史资料存稿选编》首发式暨赠书仪式　此次活动于9月20日在全国政协礼堂举行。这部《选编》是在李瑞环同志的倡导下，由全国政协与地方政协文史委员会通力合作，经过4年的努力，从库存的近3亿字文史资料中选编而成的。全书共26卷，3445万字，是一部大型史料图书，所收文稿系当事人或见证人提供的亲历、亲见、亲闻的记载，内容涉及清末到新中国成立前中国社会的方方面面。全国政协文史资料委员会主任朱作霖介绍了《选编》编辑出版情况。上海市政协副主席朱达人、中国人民大学教授王汝丰、中国国家图书馆馆长任继愈，分别代表协作单位、特约编审和受赠单位发了言。他们认为，《选编》在我国近代史文史资料编辑工作中，是一项创记录的宏大文化工程，是一部内容丰富、研究价值很高的文史资料集成，对于充分发挥文史资料在“存史、资政、团结、育人”方面的积极作用，对于广大读者获得“鉴往知来”的教益，具有重大的意义。李瑞环在讲话中说，政协文史资料具有不可替代的价值和作用，是中国近现代历史研究不可多得的重要素材，是我国当代历史文化宝库中一笔珍贵的财富。

（参见《人民日报》2002年9月21日第1版）

第二届国史学术年会 年会由当代中国研究所于9月23日在北京举办。中国社会科学院副院长兼当代中国研究所所长朱佳木在开幕词中说，国史研究要深入拓展，必须按照“三个代表”要求，进一步解决好国史学科指导思想、研究重点和是非判断等重要的学科理论问题。国史是通史，它与党史的新中国成立后部分在研究角度、研究重点、研究范围上有很多不同。但是，中国共产党是中华人民共和国的执政党，是领导中国人民建设中国特色社会主义事业的核心力量，党史的新中国成立后部分与国史不仅密不可分，而且是国史的决定性因素和核心内容。他还指出，国史工作者要通过对历史的研究，不断探寻中华人民共和国的发展规律和中国人民的根本利益之所在，从而更好地为党和国家的工作大局服务，为咨政育人服务，为建设中国特色社会主义的事业服务。本届学术年会的论文内容广泛，涉及共和国政治、经济、外交、军事、文化、社会等各个领域，在一定程度上反映了近年国史研究的新进展。

（参见《光明日报》2002年9月24日A2版）

《中国共产党历史》第一卷出版座谈会 由中共中央党史研究室举办的这一座谈会于10月18日在北京召开。座谈会上，中宣部副部长雒树刚、中组部部务委员欧阳淞、中央文献研究室常务副主任金冲及、中央党校副校长李君如、中国社会科学院副院长朱佳木、军事科学院军史部副部长肖裕声、中共党史学会会长龚育之先后发言。与会的专家学者一致认为，“党史一卷”站在时代的高度，深刻论述了中国共产党创立的历史必然性，充分论述了中国共产党的先进性，正确总结了党在新民主主义革命时期的历史经验，深刻揭示出中国革命的发展规律，体现出很强的科学性、理论性。新书充分吸收和利用了新的史料和新的研究成果，对原上卷的内容作了许多重要的修改、充实和增补，对一些难点、热点问题和党史上的若干重大问题，作出的表述和评价也更为恰当，体现了实事求是、与时俱进的精神。

（参见《人民日报》2002年10月19日第4版）

新中国史学的成就与未来学术研讨会 10月27日至28日，北京师范大学在英东学术会堂召开“新中国史学的成就与未来”学术研讨会，来自全国高校及中国社会科学院的专家学者80余人参加了会议。历史系何兹全教授，中央民族大学王钟翰教授，北京大学田余庆教授、张传玺教授，中国史学会会长金冲及教授，中国人民大学王思治教授等先后在大会上发言。与会专家探讨了自新中国成立以来中国历史学取得的成就，总结和反思了历史学发展过程中的经验教训，展望了21世纪中国历史学大发展前景。研讨中，涉及了历史学的诸多领域，多层次、多视角地总结了新中国50多年来历史学的成就和不足、经验和教训。与会专家基本同意把新中国成立以来的历史学发展分为三个阶段，即“文革”前17年、“文革”10年及改革开放以来。与会专家一致认为，50多年来，尽管历史学的发展也遭受过严重挫折，但从全局看，成就还是巨大的，无论在成果数量、史料整理和出版方面，还是在学科建设、人才培养问题上，抑或在研究的广度和深度、新的史学理论和方法的运用等方面，所取得的成就都是20世纪前半期不能比拟的。

（北京师范大学社会科学处马永梅供稿）

古代中外关系史国际学术研讨会 此次会议于11月15日至16日在北京大学中国古代史研究中心举行，由教育部人文社会科学重点研究基地——北京大学中国古代史研究中心主办。来自美国、英国、法国、日本及中国内地、香港和台湾的60多位专家学者与会。本次会议的主题——“古代中外关系史：新史料的调查、整理与研究”是中心承担的第一批重大项目之一，其着眼点在于通过对20世纪海内外新出土、新发现的文物、文献的搜集整理，为海内外的研究建立基础史料的数据库，为古代中外关系史的研究提供新的研究视角和资料支持。本次会议正是在该项目的支持下召开的。提交给大会的部分论文为该项目的阶段性成果。开幕式上中国社会科学院边疆研究中心主任马大正研究员作题为“历史档案在中外关系史、边疆民族史中的价值”的主题报告。开幕式后，分七个分主题进行讨论。它们是：（一）图像·文本·碑铭：新发现与新解读；（二）手稿·游记·著作：明清来华传教士研究；（三）简牍与文物：考古新发现与研究；（四）天文、地志与舆图：多角度的新观察；（五）舶来品与外来文化：新问题与新探索；（六）域外遗珍：海外史料的调查与研究；（七）周边文物与地文史料：新旧资料的互证。

（北京大学社会科学部朱邦芳供稿）

郭沫若诞辰110周年纪念大会 由中国社会科学院、中国科学院、中国文联、中国对外友协和国家文物局联合举办的郭沫若诞辰110周年纪念大会和第二届郭沫若中国历史学奖颁奖会，于11月20日在北京召开。会上，李铁映在提交的书面的发言中对郭沫若为中国进步文化的发展所做的贡献进行了论述：一是充分肯定郭沫若追求革新的创造者姿态；二是赞扬他在新文化与旧文化、外来文化与传统文化的碰撞中，吞吐中外学说，吸吮科学甘乳，填写世界文化的白页，成为中华民族新文化的一代巨人。在大会上，还为第二届郭沫若历史学奖举行了颁奖仪式。本届评奖对象为1993—2002年出版的中国历史研究领域，包括通史、断代史、专史、考古学、古文字学和古人类学方面的优秀学术专著。

（参见《光明日报》2002年11月21日A3版）

北京市地方志编委会召开四届二次会议 会议于11月29日召开。段柄仁、翟鸿祥、黄承祥等领导参加了会议。经过两年努力，本市已经出版志书45部，此外完成终审及正在印刷的29部，完成初稿的有65部，还编辑了大量的、多方面的市情、地情、行业发展、单位历史及现状等资料丛书，累计有2亿5千多万字。会议还审议了《北京市地方志工作规划纲要》，纲要中指出，要在确保质量的前提下，抓紧完成第一轮修志的进度，到2003年底基本完成《北京志》各分志和各区县志的编纂任务；第一轮地方志编纂任务基本完成后，要适时启动第二轮修志工作。有关领导指出，地方志是对国情、市情的全面调查，是社会主义时期浩大的文化建设工程，是建设先进文化的基础性工作，我们一定要充分认识到修志的重要性。第一轮志书要抓紧抓好，涌现一批无愧于时代的名志。做好各种准备，启动新一轮修志工作，各单位要按照《纲要》要求认真落实。志书是十分宝贵的信息资源，各级领导机关和领导同志要自觉主动读志、用志，使志书为决策服务，为提高各级干部的思想水平、工作水平服务，为进行爱祖国、爱首都的教育和提高全民素质服务。

（参见《北京日报》2002年11月30日第1版）

《朱谦之文集》出版座谈会 朱谦之是我国当代著名历史学家、哲学家和东方学家、宗教学家。他在教学研究工作中所涉及的领域十分广泛，成果遍及历史、哲学、文学、音乐、戏剧、考古、政治、经济、宗教和中外交通文化关系等各个学科，有些成果在我国属于开拓性、领先性的研究。为纪念朱谦之先生的学术贡献，在他逝世30周年之际，中国社会科学院世界宗教研究所和福建教育出版社，于12月2日在北京联合举行《朱谦之文集》首发式暨出版座谈会。会上，与会者对朱谦之的学术功业和治学风范给予高度评价。朱谦之生前好友、同事、学生及亲属30余人出席了座谈会。

（参见《人民日报》2002年12月3日第4版）

教育学　心理学

高校文化素质教育与外国文学学术座谈会 座谈会由中国社会科学院外国文学研究所、《外国文学评论》编辑部、深圳大学教务处、中国社会科学院中外人文思想研究中心于2月1日在北京联合举办。在京多所高等院校和中国社会科学院的专家参加了座谈会。座谈会讨论的主要问题是：第一，素质教育的概念及其沿革。与会者认为，素质教育问题蕴藏着非常丰富的人文精神。我国的文化传统历来倡导德才兼备，而且是将德育放在首要的位置，这说明我们进行素质教育有深厚的人文基础。并指出，在世纪之交，在专业主义盛行、人文精神低迷、人文科学衰微的严峻形势下，大力倡导素质教育，其意义确乎深远。素质教育说到底也就是对人的思想品质和文化精神的培养。第二，素质教育与外国文学。与会者指出，研读外国文学，不仅可以使我们了解外国人对世界的诠释，扩大学生的视野，也可以使学生提高文化品位，从中体悟到新的思维方式。人文素质与外国文学并不是互不相干，而是水乳交融，它对人的素质的培养能起到春风化雨的作用。第三，与会者也表达了与此相关问题的一种忧虑。一些人认为，过分强调教育“产业化”是不恰当的，教育“产业化”的提法在实践上将造成社会人文素质的迅速退化。

（参见《光明日报》2002年2月6日B2版）

变革时代的大学教育系列论坛　3月23日，由高等教育科学研究所周作宇教授主持的本次系列论坛在北京师范大学出版社二楼会议室举行。教育部、中央教科所、中国教育报、北京大学高教所、北京师范大学教育学院高等教育科学研究所、北京师范大学出版社以及一些在京高校的与高等教育领域相关的十几名专家学者参加了这次论坛。本次论坛讨论的主题是“大学的理想”，学者们针对新形势下大学的理想展开了热烈的讨论。这是一次跨院校、跨学科的小型公共领域的研讨，有利于推动高等教育理论和实践的发展。各位学者均感到受益颇多。

（北京师范大学社会科学处马永梅供稿）

民办高等教育论坛　由中青择校俱乐部与新浪网、择校网、厦门大学民办高等教育研究中心联合举办的此次论坛，于4月1日在北京召开。据调查，目前在我国有12所民办高校的在校生超过万人。西安翻译学院、西安外事学院、西安欧亚学院、西京大学、西安思源学院、黄河科技学院、湖南涉外学院、广东白云职业技术学院、江西渝州科技职业学院和江西大宇学院等10所民办高校参加了此次“中国十大万人民办高校联合展暨民办高等教育论坛”。论坛会上，厦门大学民办高教研究中心顾问潘懋元教授和中心主任邬大光教授就民办高等教育问题分别作了报告，提出了民办教育在发展过程中遇到的问题和解决办法。

（参见《人民日报》（海外版）2002年4月9日第1版）

入世后高等教育面临的挑战和对策报告会　4月3日，教育部章新胜副部长应中央财经大学邀请，在该校学术报告厅为师生作了关于“入世后我国高等教育所面临的挑战与对策”的报告。报告就入世对高等教育的承诺、入世对高等教育的影响以及应对入世的思考等问题进行了系统深入的介绍。章新胜认为，加入WTO，为高等教育提供了发展的机遇，有利于扩大教育总供给，引进先进的办学经验，促进国际交流，促进继续教育、远程教育的发展，但同时又给高等教育带来新的挑战。面对挑战，我们应该转换思想观念，树立适度超前发展意识，深入研究掌握WTO规则，改革教育体制和人才培养模式，加强对外交流合作，大力发展新兴幼稚学科，转变政府职能。目前，亚洲还没有一所世界一流的财经院校，章新胜希望财经大学能够抓住发展机遇，积极探索，向世界一流财经大学迈进。

（中央财经大学科研处供稿）

“校长培训与学校发展规划”项目实施方案研讨会

研讨会于4月8日在北京举行，由教育部小学校长培训中心、北师大教育管理学院主办，联合国儿童基金会项目官员、“国际计划组织”和“救助儿童组织”等国际组织专家、中国西部地区项目代表共60余人参加了研讨会。与会专家们指出，一所学校办得如何，关键在校长。而在西部地区的教育中，校长更起着举足轻重的作用，要提高西部教育水平，首先要提高校长们的水平。因此，校长培训工作应该先行一步，这是教育发展的客观要求。专家们认为，联合国儿童基金会与我国合作的这个项目，对西部校长们实施实效性、针对性的培训，着眼于提高校长的管理素质，尤其是制定学校发展规划的能力，对推动西部教育发展，提高西部教育质量积极的意义。据介绍，周期5年的“校长培训与学校发展规划”项目覆盖了我国西部12个省市区的50个国家级贫困县。项目在2001年启动后，已经顺利完成了对项目覆盖地区的11000名校长、12000名教师、300名教育官员和85个相关机构的调查，摸清了这些地区校长培训的基本状况、培训需求和急需解决的问题，为今后4年儿童基金会援助西部贫困地区校长培训奠定了基础，也为我国政府制定有关政策提供了依据。

（参见《光明日报》2002年4月9日A2版）

高等教育专题漫谈会　4月12日，由全国高等学校教学研究中心主办的首次“高等教育专题漫谈会”在北京师范大学举行。教育部、清华大学、北京大学、北京航空航天大学、中央财经大学、东南大学、高等教育出版社以及北京师范大学等单位的专家学者约30余人参加了会议。大会就现代大学文化内涵及其精神实质、全球化背景下中国大学文化建设的任务及大学科学教育与人文教育等议题进行了探讨。王济生同志就大学传承文化、创新文化、研究文化、融合文化的功能进行了全面的阐述。北京大学王义遒教授强调，大学为社会服务的同时，更应担负起引导社会、建设国家的重任。为及时了解高等教育研究动态，活跃学术气氛，交流研究心得，推进高教改革实践，全国高教研究中心拟不定期举行以部分在京高校教育教学管理人员、专家为主的高等教育专题漫谈会。

（北京师范大学社会科学处马永梅供稿）

中国教育发展战略学术报告会　4月23日，中国教育发展战略研究会第五次理事会暨学术报告会在北京召开。来自全国的专家学者和教育领导管理干部近百人，共同研讨了21世纪初中国教育发展战略的有关重大问题，交流“九五”期间中国教育发展战略研究的重大成果。该研究会自1984年成立以来，目前已成为教育界有较大影响的学术组织。曾组织和参与多项国家重大的课题研究，其中很多成果受到中央和教育部领导的重视并转化为教育决策，为促进我国宏观教育决策的科学化和研究水平的提高作出了积极的贡献。

（参见《光明日报》2002年5月10日C2版）

中国的经济转型与高等教育改革讲座　4月28日，北京大学党委书记闵维方教授在北京师范大学英东楼演讲厅做了题为“中国的经济转型与高等教育改革”的报告。闵维方教授从中国渐进式的经济转型带来了高等教育运行机制的转轨，引发了高等教育的改革，以及高等教育管理体制改革、课程与教学改革、财政体制改革、人事制度改革、大学的国际合作与WTO等9个方面进行了分析，受到与会500余名师生的热烈欢迎。闵维方教授是北京师范大学教育系毕业生。本次讲座是图书馆专家讲座“百年校庆校友系列”之一。

（北京师范大学社会科学处马永梅供稿）

法治与法学教育国际研讨会　为庆祝中国政法大学建校50周年，“中国政法大学建校50周年庆典暨法治与法学教育国际研讨会”于5月5日至6日在北京隆重举行。开幕式由中国政法大学党委书记石亚军教授主持，姜春云副委员长、陈至立部长先后发表了讲话，徐显明校长作了题为《继往开来，携手共进，再创辉煌》的主题报告。本次会议共收到论文224篇。在两天的研讨中，来自英国牛津大学、德国科隆大学、德国马普研究所、美国印第安纳大学以及中国社科院法学研究所、北京大学、吉林大学、司法部、中国政法大学等共计50余所大学、科研机构的专家学者1500余人，分别围绕法学教育与法治两个主题进行了广泛而深入的研讨。与会学者指出，经济全球化使法学教育全球化成为国家发展的必要，而国际互联网络等信息技术的发展又使法学教育的全球化成为可能。法律教育的全球化已成为不可阻挡的大趋势。关于法学教育改革的内容、模式及途径，与会学者一致指出，在经济全球化及信息时代来临这样的大历史背景中，传统的教育方式是没有生命力的，法学教育的方式必须突破传统模式的束缚。香港大学法学院胡惠生副教授、牛津大学的史本森教授、德国的法兰克福大学的科尔教授、司法部法学教育司的霍宪丹司长的发言和提交的论文从不同角度提出了相应的改革对策与设想。关于法治问题的讨论主要集中在以下四个问题上：（1）法治的基本问题。（2）中国法治的道路选择问题。（3）宪政、宪法与法治之间的关系。（4）法治与政府之间的关系。

（中国政法大学科研处供稿）

全国百名重点中学校长论坛　5月8至10日，由中国人民大学学生处和中国人民大学附属中学共同举办的“全国百名重点中学校长论坛”在中国人民大学举行。论坛开幕式由中国人民大学副校长林岗主持。教育部部长助理李连宁、中国人民大学校长纪宝成、中国人民大学党委副书记张建明、教育部财务司司长杨周复、教育部高等教育司司长张尧学、教育部师范司司长马立等出席论坛开幕式。李连宁、纪宝成、张建明分别在开幕式上讲话。全国近百名重点中学校长参加了本次论坛，论坛以“共同探讨我国基础教育改革，研究基础教育与我国高等教育、特别是人文社会科学发展繁荣的互动关系”为主题，通过高等教育与基础教育的对话，加强基础教育工作者对人文社会科学的认识。在3天的会议中，教育部学生司司长瞿振元做了有关高招改革方向的报告，基础教育司副司长朱幕菊做了课程改革的专场报告。中国人民大学附属中学、北京四中、上海中学、上海延安中学、广东实验中学、华南师大附中和成都七中等中学校长围绕加强落实人文社会科学教育分别发表了自己的观点和见解。

（中国人民大学科研处罗圣华供稿）

基础教育新课程培训资源建设研讨会　5月15日至16日，教育部师范教育司在首都师范大学召开了基础教育新课程培训资源建设研讨会。出席会议的人员有参加“资源包”研制的9所师范院校有关单位的负责人、来自国家课程改革实验区的领导和教师、主持或参加新课程标准制定的专家等。师范司马立司长出席会议并在会上作了发言。新一轮基础教育课程改革即将在全国普遍展开，义务教育阶段20余个学科的新课程标准将于2002年秋季开始在全国500多个实验区的上千个中小学试行。教育改革成败的关键在教师。按照教育部的部署，由这些骨干培训者对各省（市、区）内参加教改实验的教师进行不同级别的培训。为了给骨干培训者提供丰富实用的培训资料，师范司决定9所师范院校分别编写研制各个学科的培训“资源包”，要求做到培训资源文字、音像、网络相结合。这次研讨会是落实“资源包”建设的一次重要会议。会上各院校介绍了资源建设的进展情况；就“资源包”研制的意义、服务对象、内容涵盖、规模、形式、资料来源、筛选、印刷制作、发行、经费等诸问题进行了热烈的讨论。马立司长的发言，对下一步的资源建设工作提出了明确而具体的要求。

（首都师范大学科技处段蕾供稿）

高校案例教学研讨会　由全国MBA教育指导委员会和北京大学企业管理案例研究中心主办的“中国企业管理案例库组建工程”项目结题暨高校案例教学研讨会于5月18日在北京召开。管理学界知名学者曹凤岐、赵纯均、张维迎、于立、吴世农、何志毅及MBA教育专家、企业界代表数十人参加了研讨。“中国企业管理案例库组建工程”是国家教育部人文社会科学研究“九五”规划重大科研项目，该项目于1998年1月由国家教育部批准立项，以北京大学为总牵头单位，厉以宁教授为项目总负责人，曹凤岐教授为项目执行负责人，联合全国40多所高校和企业界共同实施。4年来，该项目取得了丰硕成果。一是出版了中国企业管理案例库丛书；二是建起了包括A、B、C三个子库的案例数据库和视听资料库；三是带起了一批案例编写和教学队伍；四是建立了案例库网络查询系统；五是与国内外院校和企业进行富有成效的案例交流与合作。在此次研讨会上，专家学者对该项目取得如此可喜的成绩给予了充分肯定。与会者还就当前我国MBA案例教学的现状、发展前景和存在的问题进行了探讨，并对如何激发教师们的参与意识，调动教师们写案例教案利用案例的积极性，以及在今后中国企业管理案例库建设中如何进一步加强校际间的合作等问题提出了许多富有创见的建议。

（参见《光明日报》2002年5月21日B2版）

西部大开发与民办高教研讨会　以“西部大开发与民办高教暨西译丁祖诒民办教育理念”为题的研讨会，由光明日报社于5月18日在北京人民大会堂召开。西部大开发是面向新世纪党和政府作出的重大战略决策。民办高等教育在西部大开发中如何发挥作用，民办高等教育在当前面临着怎样的机遇和挑战，如何从各方面支持民办高等教育健康发展，全国各地的与会专家学者就这些问题交流了看法。与会者对以西安翻译学院为代表的民办高等教育和它的创建者丁祖诒的民办教育理念给予高度评价，认为当前我国民办高等教育发展势头良好，尤其是在西部的陕西省，以西安翻译学院为代表的民办高校已成规模，为西部提供了急需的智力支持和人才资源，解决了数十万高考落榜生的上学和就业问题，并为当地经济发展作出了极大的贡献。西译的创建者丁祖诒经过多年探索，走出了一条民办高校发展的成功之路，其办学模式和办学理念对全国民办教育事业具有一定的借鉴意义。西译的“外语+专业+现代化技能”的复合型人才培养模式、“全封闭管理与开放创新教育并重”的教育理念以及“取之于学、用之于学”的民办教育办学思路，受到了社会的广泛关注。专家们还认为，当前民办高等教育的发展也面临诸多问题，特别是民办教育的属性不清，民办教育投资环境有待改善、民办教育如何提升质量及可持续发展等等。并呼吁，社会要给民办高等教育一个宽松的环境，合理保护民办教育投资者的利益和民办教育就学者的利益，在制定相关法规政策时要从长远利益出发，充分考虑民办教育参与各方的合理权利。这样，我国的民办高教将迎来更为美好的明天。

（参见《光明日报》2002年5月19日第1版）

第三届全国基础教育论坛　此次论坛于5月30日至31日在北京举行。论坛的主题是“促进基础教育均衡发展”。“基础教育均衡发展”这个新的教育学术论点、新的提法，已引起教育界广泛关注，并且研究的空气正在不断升温。本次论坛就基础教育均衡发展的内涵；促进基础教育均衡发展的战略；促进基础教育均衡发展的政策措施等三个层面开展了讨论。出席论坛的专家、学者对长期以来困扰人们的应试教育问题、择校生问题、薄弱校问题等非均衡发展的现象做了历史的、现实的成因分析，并就如何推动“均衡发展”提出了对策选择。这次论坛由教育部基础教育司、师范司、国家教育督导团办公室、中国教育学会、国家教育发展研究中心等部门联合主办。

（参见《光明日报》2002年6月6日B3版）

2002亚洲管理教育论坛　6月8日至9日，由中国人民大学商学院主办的本次论坛，在中国人民大学逸夫会议中心举行。中国大陆和香港地区的知名企业家、大学校长、著名商学院院长，35位来自美国、澳大利亚、英国、泰国的学者教授，47位国内专家学者，部分港澳台学者，围绕“管理教育与知识经济”这一主题，探讨知识经济对企业管理、管理教育产生的影响。本届论坛由学者论坛、企业家论坛和管理学院院长论坛三部分组成。在学者论坛上，中国人民大学商学院院长徐二明教授、美国Adelphi大学黄志民教授等做了主题报告，与会学者就管理课程的设计与创新、管理科学研究方法、互联网教学、商业伦理等共同关注的问题分9组进行了专题研讨。在企业家论坛上，摩托罗拉（中国）有限公司董事长赖炳荣、深圳证券交易所总经理张育军、香港合生创展集团有限公司总裁谢世东等企业界代表与专家学者就知识经济时代企业管理出现的新问题和新方法进行了广泛而深入的交流。在管理学院院长论坛上，香港城市大学管理学院院长陈乃九教授、北京大学光华管理学院常务副院长张维迎教授、清华大学经管学院常务副院长陈国青教授、中国社科院工业经济研究所所长吕政教授、上海财经大学副校长夏健明教授等就中国的管理教育在21世纪特别是加入WTO以后如何发展、中国的EMBA对管理教育的影响等问题进行了深入的交流与探讨。

（中国人民大学科研处罗圣华供稿）

延安精神进校园研讨会　由中国延安精神研究会召开的这次研讨会于6月16日至17日在北京举行。中国延安精神研究会会长马文瑞、中央党校副校长李君如及慕丰韵、有林、黎原、沙健孙、郑幼枚等老同志和来自团中央、教育部、北京市教工委、9省市延安精神研究会、9所大学、5所中学、1所小学的有关方面负责人、学术理论界的专家学者60余人与会，就如何贯彻落实“三个代表”重要思想，弘扬延安精神培育一代新人问题，进行了广泛深入的研讨。与会同志从理论高度结合各自的实际，畅谈学习体会，交流情况，介绍经验，研究措施。马文瑞说，“延安精神进校园、进课堂”是一个十分重要的课题。马克思主义政党只有赢得青年，才能赢得未来。与会同志认为，开展“延安精神进校园”活动，引导青年树立正确的世界观、人生观、价值观有积极的作用，是学校贯彻落实“三个代表”重要思想的有效措施之一。

（参见《光明日报》2002年6月25日B1版）

全国高校党委书记论坛　6月26日至28日，北京师范大学迎百年校庆系列活动之一——全国高校党委书记论坛在北京师范大学隆重开幕。本次论坛以“‘三个代表’重要思想与高校软环境建设”为主题，共同探讨新时期我国高校在党建、思想政治、学风教风、校园文化等软环境建设上所面临的挑战和应对举措。教育部副部长袁贵仁、中共北京市委副书记龙新民、中组部党政外事局局长张常韧、中宣部理论局局长张国祚、教育部社政司司长靳诺、教育部社科中心主任田心铭、教育部人事司副司长李志军、北京市委教育工委副书记夏强等出席了开幕式。校党委书记陈文博致欢迎辞，党委副书记、副校长郑师渠主持了开幕式。此次论坛开创性地提出了新形势下高校软环境建设的问题，对于加强高校软环境建设，交流国内重点高校在软环境方面的成果，不断提升校园软环境建设水平等方面具有十分重要的意义。各高校党委书记围绕“三个代表”与高校软环境建设、高校党建工作、高校文化建设、高校思想政治现状等内容，结合各高校党委在软环境建设中的最新研究成果以及在软环境建设中的经验总结向大会提交了论文，并针对当前我国高校思想政治工作、师德建设、学生培养、校园文化建设等一系列软环境建设问题提出了富有建设性的创见。

（北京师范大学社会科学处马永梅供稿）

知识管理教育学术研讨会　6月30日，由中国人民大学档案学院主办的此次学术研讨会在中国人民大学召开。中国人民大学冯惠玲副校长出席会议并致辞。来自国家档案局、中国科学院文献情报中心、北京大学、武汉大学、南京大学、南开大学以及中国人民大学档案学院、公共管理学院等单位的20名代表参加了研讨。与会学者就知识管理人才培养目标、课程体系建设等议题进行了探讨。与会代表一致认为，知识管理是适应知识经济发展而出现的新的管理理念、模式和方法，随着全球一体化进程的加快和我国加入WTO，社会对于知识管理人才的需求越来越迫切，高校应该适应社会需求，积极培养知识管理人才，服务于国家经济建设。

（中国人民大学科研处罗圣华供稿）

第三届汉字书法教育国际会议　由全国书法教育协会、中国国家对外汉语教学办和北京师范大学联合举办的第三届汉字书法教育国际会议，于7月在北京师范大学艺术与传媒学院举行，来自美国、日本、韩国和台湾、香港地区及北京大学、北京师范大学、西安交通大学、山东大学、吉林大学、首都师范大学、聊城大学、华东政法大学、三峡大学、西安工业学院等20多所大学，故宫博物院、沈阳故宫博物院、文物出版社等单位的书法教育专家80余名代表参加了会议。会议的主题为“书法教育与现代教育的融合”。与会代表就“汉字书法教育的多元化与国际化”、“汉字书法教育的社会文化价值”、“汉字书法教育与汉语教学”、“书法教育的历史、现状及未来发展”、“21世纪中国书法教育展望”、“中国书法教育体系的设想与构建”等议题进行了热烈讨论。首都师范大学书法文化研究所所长、博士生导师欧阳中石教授、中国书法家协会驻会副主席张飙等应邀参加大会。

（北京师范大学社会科学处马永梅供稿）

中外大学校长论坛　由教育部主办的此次论坛，于7月22日在京郊怀柔开幕。来自教育部直属高校、国防科工委、中科院所属有关高校的82位现任校长参加了论坛。论坛同时邀请了哈佛大学、牛津大学、斯坦福大学、东京大学等世界著名大学的16位校长和部分专家，就世界高等教育改革与发展和高校办学经验做了专题性演讲。有关专家称，这是我国高等教育界规模最大、人数最多、层次最高的中外大学校长的聚会，也是教育界应对国际竞争和挑战、适应经济社会发展新要求的一项重要举措。教育部部长陈至立出席开幕式并致辞。陈至立说，现代的大学必须有现代的管理，一流的大学必须有一流的管理，大学校长责任重大。时代要求大学校长要具有战略思维和长远眼光，国际视野和前沿意识，善于进行科学的定位和制定长远发展战略，善于协调大学与社会的关系，善于动员和配置各种资源。在高等教育方面，中国正在经历着自她诞生以来最为深刻的变革，面临着历史上最好的发展机遇，中国高等教育必须进一步加快改革发展步伐，为增强我国经济的国际竞争力作出应有贡献。她希望此次论坛能够对当前高等学校发展中大家所普遍关心的问题进行深入研讨，尤其希望通过对大学校长如何领导和管理好大学这一主题的研讨，促进我国大学领导者拓展国际视野，提高战略思维和领导管理水平，增强创新意识和能力，促进国际合作的交流。论坛涉及的主要内容是：高水平大学领导和管理的成功要素；新世纪大学发展目标与发展战略；现代大学的管理体制、运行机制与组织构架；人才培养模式、师资队伍建设、教学质量的保障；大学的资源开发与配置等议题。

（参见《人民日报》2002年7月23日第2版）

中国人力资源教学与实践研究会第三届年会暨学术研讨会　研讨会于7月21日至23日在北京房山区韩村河会议中心举行。会议由首都经济贸易大学劳动经济学院主办，来自全国各地60多所高等院校和政府有关部门、企业、事业单位的代表100多人出席了会议。《中国人力资源开发》杂志社、《人口与经济》编辑部、《计算机世界》报社、《中国劳动保障报》等新闻媒体也派代表参加了会议。在开幕式上，中国人力资源开发研究会会长兼秘书长潘金云教授、北京市人事局副局长左小玲女士、首都经济贸易大学副校长曲德森教授、国务院体改办秘书长宋晓梧先生以及中国劳动学会会长夏积智先生（书面）分别向大会致辞。会议采取了主会场与分会场相结合的研讨方式，分别围绕“WTO与人力资源开发、人力资源战”；“学生培养、教学模式、教学方法与手段”；“薪酬管理、工资观念、效率工资”；“中介与咨询、劳工关系、心理契约管理”；“人才开发、员工培训、绩效管理”；“妇女与老年人人力资源管理、员工素质测评”等方面的实践与研究展开了充分的交流与研讨。中国人民大学公共管理学院院长董克用博士、首都经济贸易大学劳动经济学院院长杨河清博士、南开大学人力资源系主任崔勋博士分别主持了大会的开幕式和闭幕式。

（首都经济贸易大学劳动经济学院供稿）

中国社会工作教学研讨会　为适应高校社会工作教育的迅速发展，中国社会工作教学研讨会于7月22日在北京举行。会议由高等学校社会学科指导委员会和中国社会工作教育协会主办，中国青年政治学院承办。来自全国20多所高校的60多名教师参加了会议。会议的主要内容是交流经验、研讨教学改革问题、制定社会工作本科专业主干课程教学代表，讨论教材编写事宜。中国社会工作教育协会将与高等教育出版社合作，推出系列社会工作专业本科教材，已经列入方案的有《社会工作导论》、《个案工作》、《团队工作》、《社区工作》、《社会行政与管理》、《社会福利理论》、《社会保障》等。

（中国青年政治学院科研处供稿）

首届科学家教育家企业家论坛　为贯彻《人才规划纲要》，推进人才强国战略实施，由中国管理科学研究院和中国未来研究会主办的“首届中国科学家、教育家、企业家论坛——中国实施人才强国战略峰会”，于8月10日在人民大会堂举行。与会者认为，目前我国实施人才强国战略必须树立全面的人才观：既要重视培养自然科学人才，又要重视培养哲学社会科学人才；既要重视国内人才，又要积极吸纳海外人才；既要重点培养造就优秀企业家队伍，又要努力培养高素质、职业化的企业经营管理者；既要重视人才队伍科学文化素质的培养，又要重视思想道德素质的提高；既要为人才队伍提供良好的物质工作环境，又要营造人尽其才、人才辈出、不拘一格使用人才的社会环境。

（参见《人民日报》2002年8月11日第2版）

国际教育学院院长论坛　9月7日至8日，为庆祝北京师范大学建校100周年，由北京师范大学教育学院主办的国际教育学院院长论坛在友谊宾馆召开。此次论坛是北京师范大学百年校庆的一项重要活动内容。来自五大洲21个国家和地区的31位大学教育学院院长出席了会议。本次会议就大学教育学院的发展和教师教育的进展等内容进行了广泛深入的研讨，并签署了“国际教育学院院长论坛北京宣言”。

（北京师范大学社会科学处马永梅供稿）

世界知名大学校长论坛　9月7日，为庆祝北京师范大学建校100周年，由北京师范大学发起的世界知名大学校长论坛举行。教育部副部长章新胜出席论坛并致开幕词，他指出，此次大学校长论坛正值我国加入世界贸易组织、改革开放进入新阶段的第一年，我国大学也迎来了改革、发展和对外合作的新阶段。中外大学校长们齐聚金秋的北京，探讨共同关心的课题，对交流最新的思想与实践探索成果、预测和分析高等教育及教师培养的趋势、解决关系高等教育发展的重大课题，将起到积极的推动作用，也必将进一步加强中国高等教育和各国大学校长、专家学者的交流与合作。北京师范大学校长钟秉林、副校长董奇、史培军以及来自德国、法国、美国、日本等10多个国家和地区的40余所大学的校长和代表100余人出席了论坛开幕式。

（北京师范大学社会科学处马永梅供稿）

21世纪中国成人高等教育论坛　9月7日至9日，由中国成人教育协会、北京高校成人高教研究会、中国人民大学成人高等教育学院、中国人民大学网络学院四单位联合主办的本次论坛在中国人民大学召开。来自中国大陆、台湾、香港、澳门近百名专家、学者参加了此次论坛。论坛共收到论文42篇，内容涉及中外成人高等教育比较、中国成人教育和继续教育、终身学习和终身教育理论与实践、中国成人高等教育的历史、现状、发展趋势和规律、中国成人高等教育的结构性调整、成人教育的学习群体、社会转型与成人高等教育、成人高等教育学分割管理、成人高等教育质量量化考评办法以及港澳台成人高等教育研究等。中国成人教育协会副会长董明传研究员就成人教育谈了五个方面的问题，认为成人教育在教育体系中仍有独立的功能，是实现“人的全面发展”、“社会全面进步”、实现可持续发展战略的重要环节，不发展中国成人教育将影响到中国青年的前途和命运。与会专家学者就学历教育与学科教育、职业教育与成人教育、成人教育与全日制教育、传统教育与现代媒体教育、“精英教育”与“大众普及教育”、大学教育与大学后继续教育、学位与学历等等问题进行了深入广泛的讨论。

（中国人民大学科研处罗圣华供稿）

世界学前教育组织（OMEP）亚太地区常务理事国会　9月14日至17日，由世界学前教育组织亚太地区委员会、世界学前教育组织中国委员会、中国学前教育研究会联合主办、北京师范大学教育学院承办的这一会议在北京友谊宾馆召开。会议的主题为“为儿童生活得更美好而携手合作”。出席会议的有世界学前教育组织副主席，亚太地区委员会主席，该组织各国或地区委员会的主席和副主席等，及其他与会代表约20人。OMEP中国委员会现任主席、北京师范大学教育学院教授庞丽娟主持会议，并作OMEP中国委员会的工作报告。

（北京师范大学社会科学处马永梅供稿）

第十届全国学科教育学学术研讨会　9月23日至25日，首都师范大学主办的本次学术研讨会在该校实验楼报告厅举行。会议以新世纪学科教育的发展为主题，围绕学科教育的发展与基础教育课程改革、学科教育的发展与教师专业化发展、学科教育的发展与教育信息化等问题进行了学术研讨。教育部师范司领导、校领导、教科院领导及来自全国18个省、市、自治区的31所高等师范院校和2所中学的121名专家、学者一起参加了本届会议。大会共收到学术论文92篇。校党委书记谢维和教授和副校长刘新成教授在会上论述了学科教育学的发展历程及其在理论和实践的研究方面取得的成果。教育部师范司马立司长就推进教师教育创新，开创

“十五”教师教育新局面的主题作了报告。

（首都师范大学科技处段蕾供稿）

中韩地方行政院校年度论坛 为了加强对地方政府管理理论与实践方面的研究，促进国际学术界的交流与合作，北京行政学院、上海行政学院、吉林行政学院和韩国地方行政研究院决定共同举办本次年度国际论坛，自2002年始每年举办一次。首届年度论坛由北京行政学院承办，于9月24日至28日在北京行政学院举行，来自两国四校的数十名专家学者出席了会议。会议共收到论文31篇，有18位学者在大会上做了学术报告。会议期间，学者们还赴京郊密云参观了城市建设，并就“经营城市”问题举行了座谈会。年会的主题是“服务·透明·综合竞争力——新世纪地方政府改革与创新”。与会专家学者围绕这一主题，从多方面展开学术交流。会上交流与讨论的问题，归纳为以下几个方面：一、政府职能转变与服务型政府构建；二、建设现代化法治城市与法治政府；三、城市经营、治理可持续发展。

（北京行政学院高寿仙供稿）

中美教育合作研讨会 9月25日，由中国人民大学教育科学研究所、联合国教科文组织北京市协会、泰跃国际教育投资有限公司、美国教育基金会共同举办的“2002年国际教育合作周”，在中国国际科技会展中心拉开序幕。中国人民大学教育科学研究所所长秦惠民教授主持开幕式。全国人大常委会副委员长蒋正华，中国人民大学校长、本届国际教育合作周组委会主任委员纪宝成教授，北京市联合国教科文组织协会主席兰宏生，美国驻华使馆代表、美国教育交流中心主任 Darrell Jenks，美国教育基金会理事长夏友平博士等为开幕式剪彩。蒋正华副委员长在开幕式上致辞。本届国际教育合作周分为三个阶段：9月25日至27日的开幕式和“中美教育合作研讨会”为第一阶段；9月27日下午“中美教育合作洽谈会”为第二阶段；9月28日至30日的“国际教育展”为第三阶段。

纪宝成在“中美教育合作研讨会”上发表学术演讲。在演讲中，他对如何建设世界一流大学、加强大学发展的国际交流与合作、重视和发展人文社会科学教育、研究和理顺高等学校与政府的关系、高等教育应区分精英教育和大众教育等重要问题发表了自己的见解。中国教育学会会长、北京师范大学顾明远教授，美国教育部部长高级顾问 Susan Sclafani 博士，美国驻华使馆首任文化处主任、富布莱特项目委员会原任主席 John C. Thomson 博士，国家教育部师范司副司长、华东师大袁振国教授，首都师范大学党委书记谢维和教授，全国学位与研究生教育发展中心常务副主任、清华大学王战军教授，北京市联合国教科文组织协会主席兰宏生，国家教育部国际合作司司长助理关键，美国教育测试服务中心（ETS）业务发展部主任 Susan Chyn 女士，中国人民大学网络教育学院常务副院长顾宗连研究员以及美国大学理事会、美国哈佛大学、哥伦比亚大学、乔治华盛顿大学、加州伯克利大学等中美两国的专家学者二十几人分别在研讨会上发表演讲。

（中国人民大学科研处罗圣华供稿）

两岸远程开放教育研讨会 由中央电大主办的此次研讨会，于10月13日至14日在北京举行。这次研讨会的主题是“远程教育课程资源建设与利用”。中央电大副校长孙缘怡博士、台湾空中大学校长黄深勋教授、香港公开大学校长谭尚谓教授、澳门国际公开大学行政委员会主席黄景强博士、北京大学的高利明教授和北京师范大学的黄荣怀博士分别就远程教育资源建设、创新转型、课程质量保证、华人圈远距学习实践、教师教育信息化以及网络课程认证等问题做了高水平的专题演讲。另有一部分学者宣读了论文。

（参见《光明日报》2002年10月17日B1版）

世界比较教育论坛 10月14日至16日，世界比较教育论坛在北京师范大学英东楼学术会堂举行。此次论坛的主题是：“全球化与教育改革”。五大洲共26个国家和地区约160位代表参加了大会。大会由教育部人文社会科学重点研究基地——比较教育研究中心主任、国际与比较教育研究所所长李守福教授主持，教育部社政司副司长黄百炼、北京师范大学副校长董奇、世界比较教育学会会长安妮教授为大会致欢迎词。中国教育学会会长顾明远教授等作了大会发言。参加大会的各国代表对此次论坛评价极高，认为它对今后全球化背景下各国的教育改革起到了积极的促进与指导作用。

（北京师范大学社会科学处马永梅供稿）

变革社会中的教育与教育学高级研修班 10月28日至30日 北京师范大学教育学系“教育学原理”国家重点学科受教育部人事司的委托在英东学

术会堂成功举办了“变革社会中的教育与教育学”高级研修班。研修班由北京师范大学学术带头人劳凯声教授主持，邀请全国7所高等学校、科研院所的14位知名教授、学者发表演讲，正式学员和旁听的青年教师、访问学者、研究生达800人次。会议围绕着“学校、政府与市场”、“教育的全球化与本土化”、“多元文化视野中的教育改革”、“网络时代的学校变革”、“中国教育学传统与创新”等关系到当前我国教育改革的重大理论与实践问题进行了广泛、深入的探讨。

（北京师范大学社会科学处马永梅供稿）

第二届北大论坛　为学习贯彻党的十六大精神，推进人文社会科学的繁荣和发展，北京大学循例于11月16日举办了第二届北大论坛。开坛仪式及主论坛演讲在北大百周年纪念讲堂隆重举行。来自北京和外地高校及科研机构的专家学者及北京大学各院系的师生代表近2000人出席了论坛。论坛邀请了教育部副部长袁贵仁、中国人民大学校长纪宝成、北京师范大学校长钟秉林等嘉宾致辞。纪宝成校长就人类文明发展和走向研究的三个要求发表了看法。他提出，首先要认清人类文明的多样性和和谐性，重视文明的特色；其次要具有问题的眼光，以问题研究为中心；第三，要加强多学科的交叉融合。钟秉林校长则着重谈了大学在创建人类文明中的使命，以及如何贯彻江泽民同志提出的教育创新思想。袁贵仁副部长做了题为“创新人文社会科学　培育中华民族精神”的演讲。本次论坛的主题是：“走向未来的人类文明——多学科的考察”。北京大学校长许智宏在致辞中对大会主题的确定给予了充分的肯定。致辞结束后，北大著名学者袁明、袁行霈、厉以宁和汤一介分别作了题为“‘全球化’中的文化自觉”、“多元与自立——经济全球化趋势中的人类文化生态”、“新世纪需要什么样的管理人员”和“中国传统文化对当今‘和平与发展’问题可有之贡献”的精彩演讲。下午开设了两个与主论坛相呼应的分论坛。人文学科分论坛的主题是：“世界格局中的中华文明——过去与未来”，社会学科分论坛的主题是：“社会科学的人文底蕴”。十余名学者在分论坛上作了主题发言并与与会者进行了探讨。

（北京大学社会科学部朱邦芳供稿）

第二届全国企业战略管理教育论坛　11月22日至23日，受全国MBA教育指导委员会委托，中国人民大学商学院主办的本届论坛在中国人民大学举行。来自清华大学、北京大学、复旦大学、西安交通大学、厦门大学和中国人民大学等全国50余所大学的从事MBA战略管理课程教学的70多名专家学者以及中国人民大学研究生院、科研处、商学院有关负责人参加了本次论坛。中国人民大学林岗副校长出席开幕式并致辞。中国企业联合会副理事长潘承烈、国家环保总局政策研究中心主任夏光、中国环境科学研究院副院长夏青、联合国开发计划署中国水务督查专家高中、“中国21世纪议程”管理中心研究处处长黄晶、香港中文大学工商管理学院教授吕源、香港华燊燃气股份有限公司总裁沈家燊分别发表了演讲。从事企业战略管理教学软件开发的麦格劳——希尔公司代表向与会者介绍和演示了企业战略管理教学软件，引起了与会者的浓厚兴趣。

（中国人民大学科研处罗圣华供稿）

教育资源配置的公平与效率研讨会　由北京大学教育学院教育经济研究所和联合国儿童基金会联合主办的此次研讨会，于11月28日在北京举行。来自海内外的教育理论界、教育行政部门及相关国际组织的专家学者与会。研讨会的主要议题为：我国教育财政体制中的公平与效率问题；中小学布局调整的政策与实践；“税费改革”对农村义务教育的影响；建立农村义务教育财政保障机制；建立规范的义务教育转移支付制度；高校收费政策分析；高校学生资助体系。

（参见《光明日报》2002年11月29日A2版）

新课程改革与学校管理校长论坛　由教育部小学校长培训中心、教育部北京师范大学基础教育课程研究中心、北京师范大学教育管理学院共同举办的此次论坛于11月在北京师范大学隆重举行。来自全国各地的近500名专家、学者和校长汇聚一堂，共同探讨新课程背景下学校管理创新以及学校管理如何为新课程的实施提供适宜的环境，就新课程与学校教育思想领导、新课程与学校组织、制度及文化变革、新课程与学校教学管理、新课程与教育评价改革、新课程与学生服务体系建构等7个方面的议题展开深入研讨。与会专家、校长认为，课程改革对学校的影响是深刻的，校长必须立足新课程改革，把课程改革视为学校管理创新的增长点，通过学校管理创新来推动课程改革的健康发展。课程改革必须主动站在学校管理和发展的角度，寻求最佳的实施环境。教育部有关领导也到大会做了报告。

（北京师范大学社会科学处马永梅供稿）

第一届全国人工智能教育学术研讨会　由中国人工智能学会教育工作委员会主办、首都师范大学信息工程学院承办的此次学术研讨会，与中国人工智能学会基础专业委员会主办、北京航空航天大学软件开发环境国家重点实验室承办的第一届全国人工智能基础会议联合，于12月14日至15日在北京举行。

这一学术研讨会是我国人工智能教育界的一次盛会，全国30余所高校50余名从事人工智能教育、科研工作者参加了会议。中国人工智能学会副理事长、西北工业大学何华灿教授作大会主题报告，对人工智能学科的总貌、人工智能基础理论研究与学科教育的重要性等进行了论述。5位代表作特邀报告，包括：倪光南院士的“Linux在中国的发展”；李未院士的“知识发现的逻辑基础”；涂序彦教授的“生活系统广义模型与广义人工生命系统”；钟义信教授的“21世纪的科学创新和创新方法论”和何华灿教授的“泛集合和泛逻辑学的关系”。会上，代表们就人工智能教育进行了专题研讨和分组讨论，几位专家分别就人工智能学科建设、课程设置、教学要求等作了主题发言。首都师范大学信息工程学院向到会代表介绍和演示了他们为中国人工智能学会教育工作委员所建的网站。这一网站的建立，为我国人工智能教育提供了一个交流的平台。会议提出倡议，在我国建立“智能科学与技术”学科。

（首都师范大学科技处段蕾供稿）

清华大学文科科研表彰暨发展研讨会　12月18日，研讨会在蒙民伟楼举行。大会对该校2000～2001年度文科科研方面取得的重要成果进行了表彰和奖励。参加会议的有获奖教师及各学院的教师代表，会议由文科建设处蔡曙山处长主持。胡东成副校长宣读了该校文科科研表彰奖励名单。校文科工作领导小组组长、文科工作委员会主任贺美英作了“坚持先进文化前进方向，努力开创我校文科发展新局面”的主题报告，总结了“九五”以来该校文科取得的成绩和积累的宝贵经验。文科取得的成绩主要表现在：（一）按照综合性大学的格局，基本完成文科学科布局；（二）学术研究取得喜人成绩，校文科教师承担的各类科研基金项目数显著增加，文科科研成果的数量和质量均有明显提高；（三）重点学科和重点研究基地建设有所建树，该校文科现有4个国家重点学科，建成2个教育部重点研究基地和1个国家体育总局研究基地；（四）明确发展目标，理顺管理体制，提高科研水平，文科管理逐渐规范化和科学化。人文学院李学勤教授、经管学院宋逢明教授、美术学院包林教授作为教师代表分别在大会上做了发言。党委书记陈希在大会上做了总结发言。他指出，学校在战略上十分重视文科的发展，要建一流的大学，就要走我们自己的路，要有我们独特的思路，但又要得到这个领域专家的认可。我们的特殊之路就是一条精兵之路。还要处理好当前与长远的关系。发展是硬道理，如何使发展走高质量、可持续之路是一个重要问题。陈希要求，文科建设目标要明确，思路要清晰。从学校来讲，要创造更好的条件，遵循文科发展的独特规律，尽量为文科发展创造良好条件，但是这也是一个逐步发展完善的过程。

（清华大学文科建设处刘金梅供稿）

海峡两岸特殊教育研讨会　12月19日至21日，由北京师范大学特殊教育研究中心、教育学院特殊教育系主办，中国人才研究会超常人才专业委员会协办的“2002海峡两岸特殊教育研讨会”在北京师范大学英东楼学术会堂隆重举行。来自大陆、台湾、香港、澳门约150多位代表参加了本次研讨会。国家人事部原副部长、中国人才研究会会长徐颂陶，教育部发展研究中心副主任周满生，北京师范大学副校长郑师渠，台湾特殊教育研究会理事长周台杰，北京师范大学教育学院院长张斌贤，澳门大学教育学院院长苏肖好等出席了开幕式并致辞。会议期间代表们就共同关心的特殊教育政策与发展战略、特殊教育课程改革、特殊教育技术的发展、特殊儿童的职业教育、特殊儿童的早期干预、天才教育、教师教育等内容进行了研讨。此次研讨会的召开不仅促进了两岸特殊教育学者间的交流，并达成共识——加强两岸特殊教育的合作研究，同时也让我们看到了大陆与台湾特殊教育发展的各自特色，并相互取长补短，共同推进特殊教育事业的发展。

（北京师范大学社会科学处马永梅供稿）

清华大学文科发展专题研讨会　研讨会于12月26日举行。清华大学文科各学院60余名教师代表参加了这次会议，会上研讨了该校文科发展的目标和思路，并对如何制定该校文科发展规划，特别是

"985"二期文科规划的问题进行了讨论。会议由文科处处长蔡曙山主持，校领导贺美英、胡东成、龚克和胡显章出席了会议。人文学院万俊人教授、经管学院李子奈教授、法学院王兵教授、美术学院李砚祖教授、公共管理学院薛澜教授、新闻与传播学院尹鸿教授结合各自学院或学科，就清华文科建设问题发表了各自看法。重点谈到文科建设过程中不同于理科的方面，建议关注文科建设和文科人才管理机制的特殊性；在进入机制、评价机制上要严格而不失灵活；同时，不仅要注意人才的引进问题，也要注意学校内部自身力量的整合；加强文科基础学科建设，重视和国际交流，既要"送出去"，又要"请进来"。

（清华大学文科建设处刘金梅供稿）

世界一流大学与人文社会科学学术报告会暨座谈会

12月30日，在中国人民大学举行了此次学术报告会暨座谈会。美国加州大学伯克利分校经济系教授、中国人民大学客座教授钱颖一博士在中国人民大学做了题为"世界一流大学与人文社会科学"的报告，并同与会代表座谈。中国人民大学纪宝成校长、程天权书记、袁卫副校长、牛维麟副校长、张建明副书记、冯惠玲副校长、冯俊副校长、马俊杰副书记、王新清副书记、陈一兵副校长，中国人民大学各院系、机关各部处主重负责人参加会议。会议由袁卫主持。报告会上，钱颖一介绍了国外一流大学的院系设置情况，并就其共性和特性作了分析，同时，提出了国内教育改革发展中值得思考的一些问题。随后，钱颖一同与会人员就大家关心的许多问题进行了座谈。

（中国人民大学科研处罗圣华供高）

语言文学

中国古代文体与文学国际学术研讨会　4月14日，由中国人民大学中文系古代文学教研室承办的"中国人民大学复印报刊资料《中国古代近代文学研究》专家咨询会议暨中国古代文体研究学术研讨会"在中国人民大学逸夫会议中心的多功能厅召开。来自香港、台湾、韩国及中国内地各个地区古代文学领域的专家、学者70余人济济一堂，就"中国古代文体与文学"与"人大报刊复印资料《中国古代、近代文学研究》"展开了热烈讨论和学术交流。中国人民大学校长纪宝成教授到会，并发表了热情洋溢的讲话。中文系古代文学教研室主任叶君远教授对"中国古代文体与文学"的议题做了说明。与会代表还分成三组，就中国古代文体演变及其在古代文学研究中的地位进行了热烈的讨论。来自各高等院校、科研所及学术刊物的代表们从不同层次、不同方面探讨文体研究的重要性，认为探讨文体应注意文体的多源性，应将研究的视角伸到文学以外，而要扩大对文体的理解就必须扩大对文学观念的理解。专家、学者还就诗歌、小说、文论进行了具体探讨。

（中国人民大学科研处罗圣华供稿）

李瑛诗歌创作60年研讨会　李瑛是我国当代著名诗人，他从20世纪40年代即开始诗歌创作，一直持续到今天，已经出版48部诗集，现在依然饱含激情，笔耕不辍。4月20日，来自北京、天津、河北等地的文学界人士100余人，在首都师范大学参加了此次研讨会。与会者对李瑛60年来的诗歌创作进行了认真的学术分析，认为李瑛可称为我国当代创作期最长、创作数量最多的诗人之一。他的诗歌呈现出大视野和大胸襟，永远与人民同在，同时，又能用精致委婉的诗歌审美手段加以表达。研讨会是由中国当代文学研究会、解放军文艺出版社和首都师范大学中国诗歌研究中心联合举办的。

（参见《光明日报》2002年4月21日A3版）

中国诗歌与音乐关系学术研讨会　4月20日至22日，首都师范大学中国诗歌研究中心和《文艺研究》编辑部联合在北京主办"中国诗歌与音乐关系"学术研讨会。本次会议的目的在于探讨诗歌和音乐的关系，开辟诗歌研究的新途径。文学界和音乐学界的学者共40多人参加了本次会议，提交论文20余篇。会议架起了音乐学界和文学界双方学者之间的沟通桥梁，拓宽了人们的视野，使人们对诗歌本质的认识达到了一个新境界，开辟了诗歌和音乐研究的新途径。这对于改变以往诗歌研究、尤其是古代诗歌研究中重文轻乐的倾向，将会有重要作用。

（首都师范大学科技处段蕾供稿）

文学界座谈纪念《在延安文艺座谈会上的讲话》发表60周年　座谈会于5月17日在北京召开。与会者认为，毛泽东在《讲话》中的许多重要观点和论述，至今对我们仍有着深刻而现实的指导意义。与会者畅谈了60年来在毛泽东文艺思想、邓小平文艺理论和江泽民同志有关文艺工作的重要论述精神指引下，我国文学领域所发生的深刻变化。特别是改革开放以来，广大文艺工作者坚持文艺为人民服务、为社会主义服务的方向，坚持以优秀的作品鼓舞人，涌现出一大批受群众欢迎的精品力作和德艺双馨的文学新人。中国作家协会副主席、党组书记金炳华说，《讲话》是中国共产党领导文艺事业的第一部经典性理论文献。通过纪念和学习《讲话》，我们要进一步领会毛泽东阐明的进步文艺、革命文艺所要坚持的正确的创作方向、规律与要求，深刻理解我们党始终代表中国先进生产力的发展要求，代表中国先进文化的前进方向，代表中国最广大人民群众的根本利益这一重要思想。

（参见《光明日报》2002年5月18日A2版）

中国社科院有关单位座谈纪念《在延安文艺座谈会上的讲话》发表60周年　5月17日，由中国社会科学院邓小平理论研究中心和文学研究所共同举办了此次研讨会。出席会议的有老延安文艺工作者、著名诗人、作家和文艺理论家，还有从事马克思主义理论、哲学、政治学研究的专家学者。中国社科院副院长李慎明在讲话中说：60年前毛泽东同志在延安文艺座谈会上的讲话，把马克思主义的文艺理论与中国革命的具体实际相结合，科学地解答了文艺工作者的立场问题、态度问题、工作对象问题、工作问题和学习问题，以及文艺运动的发展方向和根本原则。深入学习和领会毛泽东同志的精神，要同邓小平、江泽民同志的文艺理论，特别是江泽民同志“三个代表”重要思想结合起来。

（参见《光明日报》2002年5月28日B1版）

外国语言学及应用语言学国际研讨会　5月17日至18日，首都师范大学外国语学院在田家炳外语教育书院举办了此次国际研讨会。来自英国、法国、西班牙、俄罗斯、日本等国和北京大学、清华大学、南京大学、武汉大学等单位的120多名国内外专家学者出席了会议。中国对外文化交流协会常务副会长、著名翻译家刘德有，中国社科院语言研究所所长沈家煊，北京市民讲英语活动组委会首席专家 Simon Buckland，日本广岛大学教授佐藤利行，北京外国语大学教授彭广陆，中国社科院语言研究所法国专家葛妮女士，首师大外国语学院李均洋教授等7位专家做了大会发言。研讨会共收到论文139篇。英、法、日、俄、德、西6个语种的专家学者就“中外语言对比比较研究”、“应用语言学”、“翻译理论和实践研究”、“现代外语教育技术研究”等4个研究方向进行了深入的讨论。

（首都师范大学科技处段蕾供稿）

现代语言学理论与中国少数民族语言研讨会　由中央民族大学中国少数民族语言文学学院和香港中文大学现代语言及文化系联合主办的本次研讨会，5月22日至24日在京召开。开幕式由香港中文大学顾阳教授主持，中央民族大学副校长陈理、吐尔逊·阿尤甫参加了开幕式。出席会议的有来自全国各地研究所及各大学从事语言学研究的学者、教师70余人。提交会议的论文内容广泛，涉及到语言学的方方面面。许多论文涉及语言学理论的前沿，反映了现代语言学理论研究与我国语言研究相结合的新进展。会议的召开，必将对我国少数民族语言研究起到有力的推动作用。

（中央民族大学科研处孙英善、陈海如供稿）

国际汉语教学学术研讨会　为加强国际间汉语教学及理论研究的交流，为庆祝北京师范大学汉语文化学院与美国普林斯顿大学东亚系共同举办的汉语暑期班开办10周年暨庆祝北京师范大学建校100周年，北京师范大学汉语文化学院与普林斯顿大学东亚系6月15日、16日在北京师范大学召开“国际汉语教学学术研讨会”。来自美国哈佛大学、普林斯顿大学等美国十多所大学，中国台湾大学、台湾清华大学以及内地北京大学、北京师范大学、北京语言文化大学等大学的60余位学者参加会议。国家汉办领导姜明宝莅临大会并发表了讲话。共有53篇论文在会上宣读。

（北京师范大学社会科学处马永梅供稿）

近代汉语语法史研究国际研讨会　会议由教育部人文社会科学重点研究基地北京大学汉语语言学研究中心主办，于7月20日至22日在北京大学举行。本次会议的任务是对中心所承担的2000年度重大项目“近代汉语语法研究”的子课题“近代汉语语法史”的阶段性成果《近代汉语语法史研究》的书稿进行讨论。除课题组成员外，应邀出席会议的专家有：美国康奈尔大学梅祖麟教授、斯坦福大学孙朝奋教授、加州大学圣他·芭芭拉大学遇笑容教授、法国高等社会科学院贝罗贝教授、法国第七大学徐丹教授、中国台湾中研院语言研究所魏培泉研究员、香港科技大学张敏教授、中国社科院沈家煊研究员、刘丹青研究员、中山大学唐钰明教授、复旦大学孙锡信教授、华中科技大学李崇兴教授、清华大学张美兰教授、北京大学王洪君教授、袁毓林教授。中国社科院副院长江蓝生也参加了讨论。

与会专家首先对书稿的框架和体例进行了讨论，然后对书稿逐章提出具体意见和建议。专家们一致认为，书稿全面系统地总结了国内外近代汉语语法史研究的成果，对近代汉语语法史研究方面的各个重要问题把握得相当准确，论述相当深入，有较高的学术水平；修改出版后，一定能对近代汉语语法史的研究起较大的推动作用。

（北京大学社会科学部朱邦芳供稿）

中文教学发展国际研讨会　由国家对外汉语领导小组办公室和北京语言文化大学联合举办的“2002年中文教学发展国际研讨会”于7月22日在北京召开。来自美国、英国、德国、法国、意大利、日本、韩国等15个国家34所高校的专家、学者参加了研讨会。与会者就国内外汉语教学的现状与发展、汉语教师的培训与培养、汉语教材的使用与编写、汉语教学新手段的运用等议题进行了集中探讨。会上，许多学者的发言受到了与会者的高度评价，认为提交的一些论文涉及了中文教学的许多关键方面，总结了各国在中文教学方面的经验，就所遇到的困难和问题进行了有益的探讨。

（参见《光明日报》2002年7月25日B2版）

启功先生从教70周年学术座谈会　7月26日，一批专家学者聚会北京师范大学，以俭朴的学术座谈会的形式，祝贺启功先生90寿辰暨从教70周年。正在国外访问的全国人大常委会副委员长许嘉璐打来电话，对启功先生90华诞表示祝贺。教育部部长陈至立、中央统战部常务副部长刘延东等有关方面负责人也以不同方式表示祝贺。教育部副部长袁贵仁、国家文物局局长张文彬、北师大党委书记陈文博等出席座谈会并讲话。启功先生谦称自己“是一个不学无术的人”，然而与会者对他的学术成就、道德品质给予了高度评价。大家指出，启功先生是我国当代著名的教育家、学者、诗人、书画家，长期以来为我国的教育和学术事业作出了卓越的贡献，在海内外享有盛誉。启功先生在诸多领域都卓有成就，他的诗、书、画堪称三绝，受到广大读者欢迎与好评。他对古书画和碑帖的鉴定极为专精，为国家整理、保存了大量古文物精品。启功先生不仅学问渊博，教学有方，而且几十年不亏操守，为人正直，高尚的道德为人景仰，其高尚的学术风范和精深的学术造诣为广大知识分子树立了楷模。启功先生曾为北师大拟定并题写校训“学为人师，行为世范”，他本人就是这一校训的忠实实践者。

（北京师范大学社会科学处马永梅供稿）

中国古代诗学思想与现代诗研讨会　8月4日，由《文学评论》编辑部和首都师范大学中国诗歌研究中心联合举办的本次研讨会在首都师范大学召开。会上，部分海内外学者针对中国新诗的尴尬处境、新诗与传统的关系、如何沟通古代诗学理论与新诗创作、如何解决古典诗学与现代主义诗学的复杂关系等问题阐述了自己的观点。会议围绕“在反传统的基础上如何创造性地传承和发展汉语诗歌传统，如何表现创作主体的个性、复杂的情感、历史感和现实的责任感以及变幻莫测的时代和多元的文化语境”等议题进行了深入的探讨。

（首都师范大学科技处段蕾供稿）

国际阿尔泰学术研讨会　由中央民族大学阿尔泰学研究中心和朝鲜语言文学系及日本经济法科大学亚洲研究所共同举办的“国际阿尔泰学研讨会”8月17日在京举行。来自日本、韩国、朝鲜、英国、荷兰、意大利、土耳其、哈萨克斯坦、吉尔吉斯斯坦、蒙古、中国11个国家的学者50多人参加了本次研讨会。

本次研讨会的目的是，交流世界各国研究阿尔泰诸语言及相关语言研究的成果，了解各国阿尔泰诸语言研究的现状，为今后在这方面的共同研究与合作打好基础。

与会的各国学者就阿尔泰诸语言比较研究、阿尔泰诸语言内部方言比较研究、阿尔泰诸语言及相关语言比较研究、阿尔泰语言理论研究的最新成果等主要议题进行了深入的研究和讨论。

（参见《人民》（海外版）2002年8月21日第2版）

第二届国际马来语研讨会　会议于10月8日至15日由北京大学外国语学院东语系印尼马来语教研室、马来西亚国家语文出版局和马来西亚苏丹伊利思师范大学在北京市永安宾馆联合举办。与会者约200人。国外来宾来自马来西亚、新加坡、韩国、日本、俄罗斯、英国、泰国、菲律宾、澳大利亚等国。中方代表主要来自北京大学、北京外国语大学、洛阳解放军外国语学院和中国国际广播电台等单位。马来西亚国家语文局、马来西亚驻华大使馆都派代表出席大会。大会共收到67篇论文。论文主要涉及以下9个学术专题：（一）马来语的形成与发展，马来语发展史的历史分期；（二）马来语和印度尼西亚语的异同以及形成原因；（三）马来语言文学作品最新著作的评价问题；（四）马来语言文学作品里所反映的东南亚多元文化社会；（五）从马来语的演变看马来社会意识的变迁，马来西亚社会的本土文化在全球化时代与西方文化对话过程中出现的问题以及最新发展趋势；（六）古代中国和古代马来西亚的文化交流；（七）古代马来西亚国家历史文献资料研究；（八）外国人学习马来语的难点和问题；（九）马来语和印尼语能否统一为一种东盟的通用语。

（北京大学社会科学部朱邦芳供稿）

纪念西班牙诗人阿尔贝蒂与塞尔努达百年诞辰暨学术研讨会 会议由北京大学外国语学院西班牙语系、北京大学西班牙语研究中心举办，于10月14日至18日在北京大学召开。10月14日上午举行了纪念大会，隆重纪念西班牙20世纪的重要诗人、“二七年一代”的重要成员拉菲尔·阿尔贝蒂和路易斯·塞尔努达。北京大学校务委员会副主任赵存生，中国作家协会书记处书记、彝族诗人狄马加，西班牙公使爱德华多·阿斯纳尔，西班牙著名诗人路易斯·加西亚·蒙特罗，中国诗人王家新等人的发言赢得了包括古巴、委内瑞拉、墨西哥、厄瓜多尔等国的外交官、记者与留学生在内的150余名听众的热烈掌声。10月14日下午，研讨会正式开始，约40名学者宣读论文，参加讨论。研讨的议题有：（一）阿尔贝蒂与塞尔努达的生平与作品研究；（二）阿尔贝蒂、塞尔努达与“二七年一代”；（三）阿尔贝蒂与塞尔努达在流亡中；（四）阿尔贝蒂与塞尔努达在中国；（五）如何加强中国与西班牙的文化交流。参加研讨会的国外来宾有来自西班牙穆尔西亚大学的迪耶斯·德·雷本卡教授、著名文学家阿尔穆德纳·格兰德斯、来自格拉纳达大学的安赫拉·奥拉亚教授、墨西哥驻华使馆文化参赞、作家贝尔梅赫先生等。中国代表分别来自北京大学、北京外国语大学、南京大学、上海外国语大学。

（北京大学社会科学部朱邦芳供稿）

当代文学与文化研究中心讨论会 10月19日至20日，国内外当代文学研究的著名学者会聚清华，讨论以清华为基地建立“当代文学与文化研究中心”问题。在开幕式上，胡东成副校长发表了讲话。清华大学当代文学研究有悠久的传统，自从引进汪晖、孟悦、格非等著名学者和作家以来，研究力量显著增强。在这次会议成立的“清华大学当代文学与文化研究学术委员会”中，受聘担任委员的除本校的汪晖、孟悦和格非教授外，还有北大、复旦、南大的教授洪子诚、陈思和、丁帆、王晓明；美国、香港地区的著名学者刘禾、岳刚、黄子平；在海内外享有盛誉的著名作家韩少功及著名批评家、媒体负责人李陀、蔡翔等。这样的组合有利于打破大学的院墙，面向社会和世界；有利于实现大学与媒体的互动；有利于学者的研究与作家的创作实践相结合。与会学者认为，当代文学的发展重心正在转移。20世纪现当代文学的发展重心是以报刊为中心的创作、批评团体，21世纪发展的重心正在转移到大学。对于这一重大变化，大学缺乏足够的精神准备，对于所应承担的社会责任缺乏认识。从欧美等发达国家看，主要的当代文学研究和批评的学者都是以大学为阵地的，甚至精英作家的多数也出自大学教师。大家认为，这次清华出面担当当代文学研究的组织工作，是一种负责任的自觉行动，各方面应该积极支持。从清华的地位与实力看，也有可能作出较大的贡献。与会学者热烈讨论当前文学批评发展的态势与问题，其中讨论最多的是学风浮华和批评腐败的问题。大家认为，清华当代文学研究学术委员会应该树起一面旗帜，力倡严谨学风，抵制批评腐败，真正为文学的发展作些实事。会议还就中心的建立、刊物的筹办、国际学术会议的举行提出许多良好的建议。

（清华大学文科建设处刘金梅供稿）

“语言中的陌生性——文学、哲学、心理分析”国际学术研讨会 研讨会于11月7日至9日在北京大学召开，由北京大学法国文化中心主办，北京大学比较文学与比较文化研究所、北京大学外国语学院法语系、北京大学欧美文学研究中心协办。来自中国、法国、加拿大、瑞士、日本等国的学者27人参加了本次研讨会。会议以“语言中的陌生性”为中心议题，意在采用跨学科的方法，深入研究包括翻译在内的东西方文化交流所遇到的问题和困境，并对研究所利用的理论与方法论进行反思。会议以法语为工作语言，中外学者从各自的研究领域出发，对“语言中的陌生性”这一问题发表了看法。法国学者关注的重点之一是法语自身的“陌生性”。其中一部分研究是在语言哲学层面上进行的，如“现世经验及其语言转译”等，有的学者则讨论了文体的文学中的功能和意义。另一部分法国学者的研究涉及法国文学内部的“陌生性”，即对自身文学传统的反思。非法国学者的思考更多的涉及了语言转换及以语言为载体的形象、隐语在不同文学、文化中的类比层面，注重阐发的是东西方语言、文学及文艺理论传统之间的互为“陌生性”问题。本次会议是“中法政府间教育合作项目”的组成部分。本次会议不仅进一步巩固了北京大学与法国高校之间交流合作的已有成果，有助于在对等的基础上高质量地完成该教育合作项目，并且也加强和扩大了国内学界与法国高等院校的学术交流。

（北京大学社会科学部朱邦芳供稿）

世纪之交的北京文学研讨会　11月23日，北京市文艺学会与北京社科院文学所在卧佛寺饭店联合召开了此次学术研讨会。来自北京市文联、中国人民大学、北京出版社、文艺报、北京社科联和北京社科院的专家学者20余人参加了讨论。北京市文艺学会副会长、北京社科院文学所所长张泉研究员主持会议。与会者指出，20世纪后20年至本世纪初，是中国社会、政治、经济、文化发生剧变的重要历史转折期，文学的文化语境呈现出前所未有的复杂性和多维性。生长于这一语境中的北京文学在创作理念、文化选择、艺术模式、话语形态等方面开始形成了一个多元的世界。回眸世纪之交多姿多彩的北京文学，关注它的风貌特征与走向轨迹，无疑是文学研究与理论批评，特别是北京地域文学研究领域的重要课题之一。与会的专家学者对当代北京文学、文学批评的现状和演变的发展脉络、历史变革中的北京文学、北京文学的界定、北京文学的特征、人文科学的边缘化等问题进行了讨论。

（舒敏供稿）

比较文学视野中的东方文学研讨会　会议由教育部普通高等学校人文社会科学重点研究基地北京大学东方文学研究中心主办，“东方国别文学比较研究”课题组具体承办，11月27日至28日在北京大学召开。中国外国文学学会会长、中国社会科学院外文所所长黄宝生研究员、东方文学研究会会长、北京师范大学中文系何乃英教授，北京大学外国语学院副院长任光宣教授，中国比较文学学会秘书长、北京大学比较文学与比较文化研究所副所长陈跃红副教授作为嘉宾发表了讲话。他们对东方文学与比较文学的“联姻”表示出强烈的兴趣，认为这对国内从事东方文学研究的学者来说是机遇也是挑战，希望这次研讨会能借助比较文学的理论和方法深化对东方文学的研究，同时也通过对东方文学的观照扩大比较文学的研究领域。与会代表共61人，分别来自北京、天津、河南、河北、山东、江苏、浙江、福建、广东、广西、湖南、湖北、重庆等地的23所高校和科研机构。代表们围绕着“阿拉伯文学与中国文学”、“《罗摩衍那》在东南亚的流传与变异”、“日本现代文学与中国文学”、“印度文学与中国文学”等四个议题探讨了东方文学的各种问题。

（北京大学社会科学部朱邦芳供稿）

沈从文百年诞辰纪念会　由中国历史博物馆主办的这一座谈会于12月25日召开。在我国现代小说家、散文家和历史文物专家沈从文先生百年诞辰之际，中国历史博物馆馆长朱凤瀚以及在京学者、专家和沈从文生前好友40余人参加座谈会并发言，回顾他严谨治学、淡泊名利的坎坷一生。沈从文这位著述等身的少数民族作家和学者，用细腻和优美的笔触抒写湘西的风土人情，达到了很高的艺术境界并受到国内外的关注。新中国成立后，他在历史博物馆工作了30余年，成为一名学识渊博的历史文物专家，在许多研究领域取得丰硕的科研成果。特别是他秉承周恩来总理的指导，完成的《中国古代服饰研究》，填补了中国物质文化史中一项重要的空白，成为世纪经典之作，并促成了当今古代服饰文化研究的高潮。

（参见《光明日报》2002年12月26日A2版）

文化艺术

地域文化与跨文化交流学术研讨会　1月12日至13日，北京广播学院广播电视研究中心主办召开了此次学术研讨会，来自国内高校和相关研究机构的20余位学者参加了会议并且发表了主题演讲。本次研讨会的核心学科领域是地域文化研究与国际关系、国际文化交流。研讨会尝试把对中国本土文化和各地多姿多彩的地区文化的关注和考察，与我国的周边关系和国际文化交流联系起来，进行跨学科的探讨和研究。学者们一致认为，中国各个不同地区的文化，决定了它们各自特有的地域风采。随着国际文化交流日益深入，地域文化焕发出新的活力，也经受着时代的挑战。地域文化既是吸引海外友人和投资者的重要因素，也需要在新的形势下不断地自我调整和与时更新。地域文化在推动地方发展的过程中究竟扮演着什么样的角色，这是需要认真对待的。当中国的沿海、沿边甚至内陆地区的经济和发展，越来越紧密地与国际交流，特别是与周边国家的交流交往相联系时，地域文化对中国局部地区乃至整体发展的作用不容忽视。就此而言，地域文化与周边国家关系是本次研讨活动的关注重点之一。在全球文化日趋多元化的今天，“文化搭台”成为扩大对外交流和开放的热情的流行语。跨文化传播研究日益重要，它为认识自身和认识外部世界提供了重要的参照。跨文化研究与地域文化的结合，产生两个层面的研究议题：一是国内不同地域文化之间的跨文化交流研究；一是某一地域文化与国际文化交流的互动关系。跨文化交流问题目前正越来越多地受到研究者的重视与关注，在全球化大背景下，不同文化彼此之间的借鉴和学习，是所有国家或地区成长发展和必经之路。

（北京广播学院科研处供稿）

文化遗产保护与经营研讨会 由中国社会科学院环境保护与发展研究中心主办、美国福特基金会资助的此次研讨会，于3月22日、23日在北京举行。国家文物局局长张文彬在开幕式上发言指出，目前，我国遗产保护形势严峻，当前国内一些地方将文物遗产进行承包经营，捆绑上市，对遗产文物形成潜在的威胁。他强调，任何形式的文物承包都有损于文物保护，应当引起我们的注意。联合国教科文组织驻华项目官员木卡拉在发言中说：中国的遗产不仅丰富而且具有多样性，加入世界遗产公约就意味着必须承担保护遗产的责任，以使这些遗产留传后世。我们决不能以发展和经营为借口，做有损于遗产的事情。他强调，遗产的经营要基于遗产的保护，而遗产的保护远远重要于遗产的经营。谢辰生、苏东海、徐嵩龄、樊锦诗等中国专家及墨西哥驻华使馆官员等近30人在会上就文化遗产科学、遗址与名城保护、博物馆学、文化遗产与旅游、文化遗产与经营等论题做了发言并展开讨论。

（参见《光明日报》2002年3月27日B1版）

新锐之光 BBI-CILECT 国际动画教育研讨会 4月3日至5日，由北京广播学院与国际电影电视高校联合会（CILECT）共同主办的此次研讨会在北京广播学院视听中心演播室隆重举行。来自中国、美国、韩国、日本、澳大利亚、新加坡等国家和地区的近百位动画界专家学者出席了大会。荣获国际动画终身奖的动画大师 Bordo Dovnikovic 先生，世界动画电影协会秘书长 Vesna 女士，美国 PDI/梦工厂总裁 Richard Chuang 先生，EA 高级 CG artist 赵盾先生，日本东京大学教授河口洋一郎先生等分别在会上发言。世界各国的国际动画专家与中国动画教育机构和动画制作公司等200余人欢聚一堂，就动画教育的现实问题与未来发展趋势进行了热烈的探讨。教育部高教司司长刘凤泰，全国政协委员、全国青联副主席、北京广播学院教育协作理事会理事长李扬，中国动画学会常务副会长兼秘书长张松林，国际电影电视高校联合会项目主席麦容·埃默瑞等出席了开幕式。在为期两天的会议里，代表们就“文化背景对创作灵感和创作方向的影响、计算机动画教育方针和策略、传统动画教育及未来走向”等议题展开了热烈研讨。

（北京广播学院科研处供稿）

国际关系与文化传播国际学术研讨会 4月13日至14日，由北京广播学院广播电视研究中心主办的此次国际学术研讨会在北京广播学院视听中心举行。在两天的研讨会中，来自加拿大、澳大利亚、美国、韩国、比利时、芬兰、日本、台湾、香港、澳门等10多个国家和地区的著名学者以及中国内地学者围绕会议主题作了精彩演讲和深入探讨。本次研讨会的八个主题分别是“国际化与国际传播”、“国际传播与经济、产业”、“国际关系与国际新闻”、“国际影视交流”、“全球化与冲突、竞争”、“国际传播与文化交流”、“文化与传播”和“全球传播与中华文化”等。这些都是近年来在国内刚刚兴起的研究领域。此次邀请到的国际著名学者包括《传播政治经济学》的作者文森特·莫斯考，《数字资本主义》的作者丹·席勒，在六七十年代曾领导了国际新闻传播新秩序运动的芬兰学者卡尔·诺丁斯顿，澳大利亚著名学者约翰·辛克莱尔，著名俄罗斯传播研究专家约翰·唐宁及其他国际知名学者。研讨会给中国与外国、学界与业界、媒体与市场提供了一次宝贵的对话机会，学术报告促进了国际关系和文化传播的有益交流。

（北京广播学院科研处供稿）

《永乐大典》编纂600周年国际研讨会 研讨会于4月17日在北京举行。中国国家图书馆馆长任继愈在会上呼吁，希望世界各地的藏书机构能够拿出散存于世的《永乐大典》的劫余残卷，提供拍照、再版之用，使这 世界文化遗产早日重现于世。《永乐大典》是明成祖朱棣于永乐元年（1403年）命太子少师姚广孝和翰林学士解缙主持，3000多文臣于永乐六年即公元1408年修成的大型类书，共辑录图书8000多种，上自先秦下迄明初，涵盖天文地理、人事名物。整部典籍22877卷，装成

11095巨册，是中国古代最为成熟、最为杰出的百科全书。由于卷帙浩繁，这部巨著从未刊刻过，仅在嘉靖年间重新抄录过一部。明亡之后，《永乐大典》的正本杳无踪迹。嘉靖的副本又屡遭劫难。20世纪初，八国联军入侵北京，侵略者对《永乐大典》大肆抢掠，《永乐大典》副本残册只剩400册左右，约800卷，不足原书的4%，而且散落在世界8个国家和地区的30多家收藏单位。来自中国及美国、英国、法国、日本等国的90多位专家参加了研讨会。全国政协副主席罗豪才、著名红学家冯其庸、教育部全国高校古籍整理委员会主任安平秋、中国建筑研究院研究员付熹年、美国国会图书馆中文部主任王冀等出席了开幕式。

（参见《人民日报》2002年4月18日第4版）

纪念国务院公布历史文化名城20周年座谈会

座谈会由人民日报海外版和华夏（中国）名城网于4月18日在北京联合举办。与会人士高度评价了20年前党中央、国务院作出的保护历史文化名城的重大英明决策，回顾了20年来名城保护事业走过的非凡历程。与会专家在充分肯定20年来名城保护成就的同时，严肃批评了那些破坏历史文化名城的行为，并就加强名城保护提出了积极的建议。与会人士的发言题目如下：国家名城委主任、两院院士周干峙：名城保护不可松懈；国家名城委副主任郑孝燮：开发新区，保护古城；国家名城委副主任、中国文物学会会长罗哲文：伟大的决策，辉煌的成果；中国建筑史学会会长、联合国教科文组织顾问杨鸿勋：文物保护十分重要；全国政协委员、中国社会科学院研究员叶廷芳：提倡现代建筑与古典建筑对话；中国古都学会会长朱士光：重视名城史地研究；北京大学中国古代史研究中心主任李孝聪：加强立法和规划。一些著名学者和历史文化名城的代表30人参加了座谈会。会上还发出了保护历史文化名城的“倡议书”。

（参见《人民日报》（海外版）
2002年5月7日第8版）

《续修四库全书》出版座谈会　　在大批专家学者倾心竭力遴选编辑和各界人士鼎力协助下，国家重点出版工程《续修四库全书》全部1800册的编纂出版工作历时8年终告完成。全国政协主席李瑞环在5月9日的出版座谈会上，特此称之为“功在当代，泽及后世”的盛举。《续修四库全书》作为迄今为止我国最大型丛书《四库全书》的续编，补选之书目主要是被《四库全书》遗漏、摒弃、禁毁，或列入“存目”而确有学术价值的图书，以及《四库全书》虽收录但版本残劣，有善本足可替代的书籍；续选书目尽可能选收了乾隆中期以后至辛亥革命以前，各学术门类和流派的代表性著作等。《续修四库全书》共收书5213种，比《四库全书》增加了51%。《续修四库全书》工作委员会主任宋木文及著名学者任继愈、戴逸、杨义等在会上发言，侯仁之作了书面发言。座谈会由新闻出版总署署长石宗源主持，有关部门负责人及学术界、出版界知名人士200余人参加了会议。

（参见《人民日报》（海外版）
2002年5月10日第1版）

毛泽东文艺思想与中国现代著名文艺家学术研讨会

5月11日，为了纪念毛泽东《在延安文艺座谈会上的讲话》发表60周年，由中国解放军文学研究会、中国延安文艺学会中国人民大学中文系等8个文艺学术团体和单位联合举办的此次研讨会在中国人民大学召开。原最高人民法院院长郑天翔，原中国人民大学校长、现中国延安文艺学会名誉会长袁宝华，中国解放区文学研究会会长、著名作家魏巍，晋察冀文艺研究会副会长、著名戏剧家胡可等到会。杨柘、黎辛、王夫棠、古立高、马莹伯、郑伯农、徐非光、张学新、董大中、鲁煤、杨桂欣、李丽等70多位北京和外省市的作家、评论家、专家、教授出席会议。魏巍做重要讲话。中国解放区文学研究会副会长、中国人民大学中文系余飘教授主持研讨会。与会学者做了一系列专题发言，通过研究丁玲、赵树理、贺敬之、刘白羽、臧克家、何其芳、魏巍、欧阳山、草明等著名文艺家的光辉成就，具体地说明毛泽东文艺思想推动中国文艺产生了划时代的变革的伟大功绩，充分地论证《在延安文艺座谈会上的讲话》对马克思主义文艺理论和革命文艺事业的发展作出的卓越贡献，达到坚持、运用和发展毛泽东文艺思想，弘扬当代先进文化，进一步繁荣社会主义文艺事业的目的。

（中国人民大学科研处罗圣华供稿）

国际影视和新媒体论坛　　5月13日，2002年国际影视和新媒体论坛在北京广播学院开幕。此次论坛邀请到美国著名电影历史学家和电影活动家、加州大学洛杉矶分校（UCLA）戏剧、电影和电视学院院长罗伯特·罗森（Robert Rosen）教授，互动电影研究的先驱、美国南加州大学（USC）电影研究系主任玛莎·金德（Marsha Kinder）教授等4名美国影视理论方面的专家作专题演讲。4名专家举办讲座8次，内容涉及数字时代的电影叙事、互动电影、环球电影网校、电视节目的制片管理等。国内一些高校的影视传播专业、电视台、中国电影研究中心等单位派人参加这一活动。国际影视和新闻媒体论坛的前身是20世纪80年代在著名电影史学家程季华先生主持下，由中国电影家协会主办的“暑期国际电影讲习班”。这个讲习班将当时欧美国家的电影理论介绍到中国，推动了中国电影理论的建设。同时，前来讲学的外国电影专家把中国电影特别是第五代的作品介绍到国外，对扩大中国电影在世界的影响发挥了积极作用。进入21世纪以后，数字信息技术给电影产业带来革命性影响；从制作手段、传播方式到艺术观念，都将面临根本性变化。电影和电视在材料上差异将完全取消，影视合流是中国媒介产业化的大势所趋。加入WTO后，中国影视产业面临巨大的竞争压力。开阔眼界，了解世界最新的影视动态成为中国影视界的迫切需要。北京广播学院重开国际电影讲习班，并适时地更名为国际影视和新媒体论坛，必将成为中国影视理论研究的新亮点。

（北京广播学院科研处供稿）

北京文化界纪念《在延安文艺座谈会上的讲话》发表60周年座谈会　在毛泽东《在延安文艺座谈会上的讲话》发表60周年之际，5月16日，北京文学艺术界、社会科学界、教育界、广播影视界、新闻出版界的80多位专家、学者、艺术家集聚一堂，座谈毛泽东《在延安文艺座谈会上的讲话》。他们结合各自的经历和感受，结合当代文化的发展现状，畅谈了《讲话》的历史意义和现实意义，座谈艺术家的社会职责与使命、艺术教育、新人培养等问题。市委副书记龙新民在会上作了发言，市委常委、宣传部长蒋效愚主持座谈会。龙新民说，毛泽东《在延安文艺座谈会上的讲话》是一篇光辉的马克思主义文艺理论著作，《讲话》阐述的基本理论、基本精神，确立了文艺要为以工农兵为主体的广大人民群众服务的方向，不仅为中国文艺的发展指明了前进的道路，也对当代文艺工作的繁荣发展发挥着重要的指导作用。60年来，《讲话》的精神始终贯穿了党的文艺路线、方针和政策之中，随着时代的变化，并经党的三代领导人的不断阐释，进一步得到丰富、发展和创新。与会者指出，在《讲话》精神和党的文艺方针指引下，首都一代又一代的文艺工作者，坚持“二为”方向和“双百”方针，紧跟时代步伐，投身伟大实践，创作了一大批受到广大群众喜爱的文艺作品，充分体现了广大文艺工作者弘扬《讲话》精神，大力建设先进文化的不懈追求，展示出首都文艺工作队伍的才华和实力。事实证明，首都广大文学艺术工作者与党同心同德，与人民血肉相连，是一支政治素质好、艺术水平高、有战斗力的队伍，是一支完全可以信赖的队伍。

与会者表示，我们文艺工作者一定要深入学习马列主义、毛泽东思想和邓小平理论，全面贯彻江总书记“三个代表”重要思想，牢牢把握首都文艺工作的前进方向；努力深入群众，深人生活，积极投身改革开放和现代化建设的伟大实践；努力多出精品，多出人才，创造一流的工作成绩，为满足人民群众不断增长的精神文化需求，为中国先进文化的建设，为首都文艺事业的繁荣，做出新的更大的贡献。会上，作家管桦，北京市文化局局长张和平，北京大学中文系教授董学文，北京人民艺术剧院著名导演苏民，中国音乐学院院长金铁霖，北京电视艺术中心主任郑晓龙，北京市河北梆子剧团著名演员刘玉玲，中国电影文学会代会长、著名编剧王兴东等做了精彩发言。

（舒敏供稿）

人类口头和非物质遗产抢救与保护国际学术研讨会

2001年5月18日，联合国教科文组织公布了世界首批“人类口头和非物质遗产代表作”名单，标志着对“人类口头和非物质遗产”的抢救和保护已在世界范围内引起高度重视。中国昆曲名列首批“代表作”榜首。2002年12月8日至11日，中国艺术研究院在北京国际会议中心举办了这一国际学术研讨会。文化部、国家民委领导，联合国教科文组织官员及顾问，中国、美国、德国、法国、日本、韩国、荷兰、伊朗、奥地利、瓦努阿图等国及港澳台地区的专家学者，还有部分省、市、自治区文化厅的负责人约130人出席了会议。提交大会的论文计65篇。会议就“抢救和保护人类口头和非物质遗产对现代文明和文化发展的意义”、“如何建立抢救与保护的有效机制”、“如何提高民众对无形文化遗产的保护意识”等议题进行了研讨，并交流了各国抢救和保护工作的经验。

（参见《人民日报》（海外版）
2002年12月24日第7版）

中国电视纪录片 20 年论坛暨作品回顾展　5 月 27 日至 31 日，来自全国著名高校、学术机构、国内外电视媒体和制作公司的纪录片研究学者、资深导演、投资者近 160 人齐聚北京广播学院，参加了中国纪录片史上的空前盛会：中国电视纪录片 20 年论坛。本次论坛是由北京广播学院电视学院、中央电视台新闻中心评论部、中国广播电视学会纪录片研究委员会、北京电影学院导演系等四家单位联合举办，旨在对 1980 年至 2000 年的中国电视纪录片发展历程进行一次完整的成果总结和理论思考，通过广泛深入的对话与沟通，共同面对和解决中国纪录片界现存的多种问题，把握新世纪的发展契机。中央电视台社教中心主任高峰、北京广播学院教授朱羽君、中央电视台新闻评论部副主任陈虻、北京广播学院副教授何苏六分别就中国电视纪录片 20 年回顾、电视纪录片视听语言的演变、中国纪录片的栏目化、多元的创作争鸣、纪录的使命、电视纪录片的市场化与国际化作了主题发言。与论坛同期举办的纪录片作品回顾展（1980—2000）体现了纪录片的专业性和普及性的结合。论坛是中国纪录片史上迄今为止规模最大、最具总结性和前瞻性、影响最为深远的一次盛会。

（北京广播学院科研处供稿）

《格萨尔》千年纪念大会　被誉为“世界史诗之王”的藏族英雄史诗《格萨尔》，已经在古老的青藏高原传诵千年。7 月 18 日，中国社科院、国家民委、文化部、国家广电总局、中国文联等联合举行了《格萨尔》千年纪念大会。《格萨尔》是目前世界上最长的史诗，约有百余部 50 万行，记录了藏族英雄格萨尔一生的业绩和功勋。早在 1000 年前，青藏高原上就开始传唱雄狮大王格萨尔征战四方、降服妖魔、除暴安良的神奇故事，并流传于中国藏族、蒙古族、土族、纳西族等地区。2001 年 10 月，联合国教科文组织第 31 届大会上，《格萨尔》千年纪念被列入“会员国 2002—2003 周年纪念名单”。李铁映在纪念大会上做了《文化的创新与创新的文化》主题发言。北京各民族格萨尔研究者和学术界、文化界人士以及部分外国驻华使节等参加了纪念大会。

（参见《人民日报》（海外版）
2002 年 7 月 19 日第 1 版）

江泽民“文化纽带”重要论述研讨会　研讨会由“华夏文化纽带工程”组委会、中国社科院马列所、《人民日报》海外版、《求是》杂志评论部、中共济宁市委和《光明日报》理论部于 8 月 20 日在北京共同举办。来自中宣部、中央政策研究室、中央党校、中国社会科学院、北京大学等单位的 30 余名专家学者，围绕江泽民“三个代表”重要思想与“文化纽带”论述的关系、“文化纽带”思想的内涵和意义、中华文化在维系民族团结和祖国统一历史进程中的地位和作用等专题，进行了研讨。中共中央政治局委员、中共山东省委书记吴官正认为，江泽民关于“文化纽带”的论述与“三个代表”重要思想是完全贯通的。“文化纽带”实质是指文化的凝聚力，而文化的凝聚力，必须具备先进性质，反映先进生产力的发展要求和最广大人民群众的根本利益。全国人大常委会副委员长许嘉璐指出，海内外华人同宗同文，增强中华民族文化凝聚力，必须贯彻江泽民“三个代表”重要思想和关于“文化纽带”的重要论述。全国政协副主席罗豪才强调，江泽民关于“文化纽带”的重要论述，深刻分析了中华文化与祖国统一的关系，是当前发展两岸关系、促进祖国统一的重要指导思想。全国政协副主席王文元在发言中分析了江泽民“文化纽带”重要论述的时代背景、内涵和意义。江泽民同志于 1995 年在对台关系八项主张和 1997 年在美国哈佛大学演讲中提出“文化纽带”论述后，学习研究江泽民同志“文化纽带”重要论述，已成为我国文化工作中的一个热点。近年来，“华夏文化纽带工程”开展了多项重大社会活动，在海内外引起较大影响。

（参见《光明日报》2002 年 8 月 21 日第 1 版）

茶马古道与丽江古城历史文化研讨会　由中国社会科学院民族研究所、北京大学世界文化遗产研究中心、丽江大研镇等单位共同主办的此次研讨会，于 8 月 22 日在北京召开。费孝通、任继愈等著名学者就丽江大研古城在连接滇、州、藏茶马古道中的重要作用进行了研讨。茶马古道是指存在于中国西南地区，以马帮为主要交通工具的民间国际商贸通道，是中国西部民族、经济、文化交流的走廊。茶马古道源于古代西南边疆的茶马互市，兴于唐宋、盛于明清，在“二战”中后期曾达到辉煌。专家们指出，世界文化遗产丽江大研古城地处滇、川、藏交通要冲，与茶马古道息息相关，茶马古道的繁荣造就了丽江古城的辉煌。丽江古城和茶马古道集中了中国最好的自然景观和人文景观，开发茶马古道对开发大西北、开发滇川藏大旅游圈、开发“三家并流”国际自然生态保护区等目标具有现实和深远意义。

（参见《光明日报》8月23日A2版）

中关村企业文化研讨会 9月13日，研讨会在北京翠宫饭店举行。会议由北京市社科院企业文化研究中心和中关村科技园管理委员会企业党委联合举办，旨在总结中关村企业文化建设的经验，加强中关村企业间的相互学习与交流。微软、联想、用友、时代、和利时等十余家中关村国内外著名企业代表到会，并分别介绍了本企业的企业文化建设情况。中国企业文化研究会副理事长孟凡驰、王成荣，清华大学人文学院科技经济研究所教授高亮华、北京理工大学教授赵瑾璐、北京市社科院经济所副所长赵弘、《知识经济》杂志主编刘韧等学术界10多位专家、学者作了发言，并对中关村企业文化的特点、发展规律进行理论分析，对中关村企业文化建设的方向提出了建议。

（高尔强供稿）

中国民族文化、地域文化研讨会 9月24日至26日，北京市社会科学院首都文化发展研究中心在北京八大处虎峰山庄举行此次研讨会。会议研讨的内容是：(1) 中华文化起源的多元一体态势分析；(2) 各民族文化和地域文化兴衰缘由及复兴的探讨；(3) 各民族文化和地域文化间的互动对其发展的影响；(4) 在世界文化背景下，对我国民族文化和地域文化遗存的价值判断；(5) 对我国民族文化和地域文化资源保护与开发的策略。会上，夏商周断代工程首席科学家李学勤，北京大学考古文博学院教授叶朗，中央民族大学历史系教授陈连开，中国社科院少数民族文学研究所研究员刘亚虎，北京社科院研究员高起祥、钱光培等60多名专家学者发言。市委常委、宣传部长蔡赴朝，副部长宋贵伦看望了参加研讨的专家学者。院长朱明德出席会议并致闭幕辞。与会同志认为：随着文化在世界发展中的战略地位的提升，一个国家和民族的文化的自觉就越来越显重要，越来越显紧迫。不知道自己文化的由来，不知道自己文化的价值，没有发挥自己文化的优势的自觉，没有保卫自己文化的自觉，在今天的世界上，轻者会丧失发展的机遇，重者则会陷国家和民族于十分不利的地位。

（高尔强供稿）

翻译出版界纪念姜椿芳诞辰90周年 姜椿芳是我国著名翻译家和编辑出版家。早在抗日战争期间，他就曾先后在哈尔滨和上海担任多家刊物、报纸的负责人，坚持利用传媒向沦陷区人民传播反法西斯的正义之声。新中国成立后，他出任中央编译局副局长，为各无产阶级领袖全集的翻译出版做了大量工作。1978年，他出任《中国大百科全书》总编委会副主任和中国大百科全书出版社总编辑，为我国第一部百科全书的出版呕心沥血。为此，10月11日，数十位翻译、出版界知名学者在北京举行座谈会，以纪念“中国现代百科全书之父”姜椿芳先生诞辰90周年。在座谈会上，与会专家对姜椿芳先生的为人态度、治学精神和学术成就给予了高度评价。

（参见《光明日报》2002年10月12日A2版）

面向21世纪的中国人文科学研讨会 10月18日，“中国人民大学人文学院成立大会暨面向21世纪的中国人文科学研讨会”举行。出席成立大会的有中国人民大学校长纪宝成，中国人民大学原校长李文海，西北大学原校长张岂文，教育部社政司副司长黄百炼，中国人民大学副校长冯俊、党委副书记王新清，南开大学常务副校长陈洪，云南大学党委副书记武建国等。大会由中国人民大学人文学院党委书记焦国成主持。纪宝成、黄百炼等在大会上作了讲话。冯俊和王新清分别宣读了学校关于人文学院成立和人文学院领导班子任命的决定。中国人民大学人文学院院长陈桦，来宾代表、国务院学科评议组成员、湖南师范大学教授唐凯麟，教师代表、中国人民大学孔子研究院院长、人文学院哲学系教授张立文及学生代表赵萍等在大会上先后发言。清华大学、北京大学等几十所兄弟院校的人文学院或相关院系向大会发来贺信、贺电。参加成立大会的还有全国人文学科领域的专家学者以及中国人民大学部分院系负责人、人文学院全体教职员工、学生代表等共计400余人。成立大会结束后，“面向21世纪人文科学研讨会”随即开幕。来自全国各地的数十名人文科学专家学者参加了研讨会。

（中国人民大学科研处罗圣华供稿）

东方文化与人权发展国际研讨会 “东方文化与人权发展”国际研讨会于10月29日在北京召开。研讨会由中国人权研究会和中国人权发展基金会共同主办。中国人权研究会名誉会长朱穆之在会上说，人权是全世界人民的共同要求，但各国、各民族对人权的认识和实践各不相同，这自然会引起某些误解和矛盾。正确的解决办法是相互沟通，增进理解，相互借鉴，取长补短。中国在人权问题上要对话不要对抗的一贯主张就明显地透露着儒家学说对现实生活的积极影响。与会者包括中、美、俄、澳、中国香港和澳门等26个国家和地区的70余位学者、专家和人权官员。

(参见《光明日报》2002年10月30日B4版)

北京学研究所第四次学术研讨会 由北京联合大学北京学研究所主办的“北京学第四次学术研讨会”于11月22日在北京联合大学召开。会议主题是：(1) 北京学基础理论研究；(2) 北京城市经营与发展。来自国内外高校、科研院所等38个单位的270余人参加了会议。韩国汉城学研究所所长洪大炯、北京联合大学校长兼北京学研究所所长张妙弟教授、三峡文化研究中心主任胡绍华等国内外专家在会上做了学术报告。研讨会共收到学术交流论文46篇。此次大会主题突出，第一次设立了专家论述，研讨会收到的论文在学术研究的深度上有了进一步的发展，“双百”方针得到了深刻地体现。在以学术性、创新性、实践性为原则进行评审后，审定的论文登载于《北京联合大学学报》2003年第1期《北京学研究专辑(四)》专栏。

(北京联合大学科研处供稿)

纪念阳翰笙诞辰100周年座谈会 座谈会由中国文联和文化部主办，于12月5日在北京举行，全国人大常委会委员长李鹏出席座谈会并讲话。他说，阳翰笙同志是我国革命文艺运动的先驱，是新中国电影的缔造者之一。他既是革命家，又是成果卓著的文艺家。他从20世纪20年代起就投身中国的革命运动和进步文艺活动。他先后参与了“创造社”的活动和“左联”的创建，为我国进步文艺和进步电影的创业作出巨大的努力。新中国成立后，他长期担任文艺界领导工作，为我国的文化事业发展殚精竭虑，呕心沥血。在几十年的革命文艺生涯中，他留下了300多万字的各类作品，其中包括社会科学论著。

(参见《光明日报》2002年12月6日第1版)

北京国际科教电影电视展评研讨会 12月8日至11日，由中国科学技术协会主办，中国科技部、广电总局、中国科学院协办，中国科教影视协会、北京广播学院、武汉电视台承办的此次研讨会在北京召开。大会由中国著名科学家朱光亚担任名誉主席，周光召任主席。研讨会对2000年以来全世界范围的科教影视节目进行评奖，评委由国际科技影视界著名专家、学者组成，北京广播学院朱羽君教授作为评委之一。大会收到21个主要国家的80多个影视机构的230多部作品参加评比。参加的单位有BBC、NHK、DISCOVERY、ABC、英国公开大学、新西兰自然历史公司等世界著名科教影视机构，中国的北京科教电影制片厂、中央电视台、中国教育电视台等单位的作品也参加了评比。研讨会对科普影视的理论和实践问题进行了学术研讨，来自法国、美国、德国、日本、新西兰、中国的10名专家学者作了大会主题演讲。北京广播学院的何苏六副教授作了题为《科学思维与艺术表现》的主题演讲。北京国际科教电影电视展评研讨会，虽然才举办两届，却已经为国际同行认可，并逐渐成为有世界影响的科教影视节目的盛会。

(北京广播学院科研处供稿)

文学艺术学科发展研讨会 由《文艺研究》杂志社主办的这一研讨会于12月12日在北京举行。来自全国高校和研究机构的50余位专家学者出席了研讨会。会议就在新的历史条件下，文学艺术研究领域理论创新问题、文学艺术学科制度与评价体系的现状和前景问题，以及人文社科理论刊物如何与高校合作发展等问题进行了研讨。与会学者认为，我国的文学艺术研究在20世纪最后几十年里取得了重要进步，中国传统文学艺术研究领域不断拓宽，论题不断深化，国外新思潮新理论被大量译介，经典文化的研究也日益深入，中外文学艺术比较研究格局已初步成型，切近时代精神和社会现实的新问题不断出现，而解决这些问题的理论也成为人们关注的焦点。然而，我们的研究工作离社会发展的需要还有相当大的距离，我们的创新不能为创新而创新，它应该建立能够有效的解释和规范我国独特的文学艺术经验的理论和对理论创新有促进作用的制度。

(参见《光明日报》2002年12月18日B2版)

建设中国特色社会主义先进文化座谈会 由中国艺术研究院马克思主义理论研究所和文化艺术出版社举办的“学习贯彻十六大报告，建设中国特色社会主义先进文化”座谈会于2002年12月20日在北京召开。在京各高校和社会科学研究院所的40余位学者应邀到会。与会者围绕“与时俱进：马克思主义与先进文化”、“发展先进文化与弘扬民族精神”、“全面建设小康社会与文化建设的战略意义”

三个中心议题展开讨论。与会者普遍认为，在党的十六大报告中，发展先进文化被置于空前重要的地位，这对整个国家民族的未来走向具有极其深远的意义。社会主义先进文化的核心和基础，是马克思列宁主义及其中国特色的理论概括；先进文化的基本标准和着眼点，是有利于社会的全面进步，人的全面而自由发展。为此，理论工作者要以十六大报告和“三个代表”重要思想为指导，积极面对实践，针对当前和今后一段时期具有重要意义的理论问题，扎扎实实地展开工作。

（参见《光明日报》2003年1月1日A3版）

中华再造善本编纂出版座谈会 座谈会于12月19日在北京举行。国务院副总理李岚清在座谈会上强调，中国古代文化典籍中的善本，是中华民族优秀文化的集中体现，是前人为我们留下的宝贵精神财富。对这些古籍善本进行妥善保护、开发和利用，保证中华文化薪火相传、生生不息、不断发扬光大，是我们党和政府以及文化工作者义不容辞的责任。我国五千年的文明史，曾创造了辉煌浩瀚的文化典籍，也成为中华民族历史的见证。据调查，全国现在仅公共图书馆系统收藏的古籍就达2750万册，其中善本250万册，传世稀少。但是，在这些珍善本古籍中，有许多因收藏年代久远亟须抢救。为此，文化部、财政部决定实施中华再造善本工程。目前，由一些著名专家学者组成的编纂出版委员会，已经对再造善本的目录进行了初选，并出版了首批书籍。这项工程最终将主要选出唐宋以来1300余种兼具文物价值和学术研究价值的古籍善本仿真影印，以满足国内外图书馆补充入藏善本的需要，并为学术界提供丰富的宝贵文献资料。座谈会上，中华再造善本编纂出版委员会主任委员李致忠、国家图书馆馆长任继愈、中国艺术研究院研究员冯其庸、文化部部长孙家正、财政部副部长金立群分别介绍了中华再造善本工程情况或对编纂出版工作发表意见。全国政协副主席罗豪才以及有关部门的负责同志和启功等各界专家学者出席了会议。

（参见《人民日报》（海外版）
2002年12月20日第1版）

推进企业文化建设研讨会 12月26日，北京市企业文化建设协会召开“学习贯彻党的十六大精神，推进企业文化建设”研讨会，以此纪念协会成立10周年。市委副书记、市企业文化建设协会会长龙新民和市企业文化建设协会名誉会长王大明出席会议并讲话。市委常委、宣传部长、市企业文化建设协会第一副会长蔡赴朝主持了会议。全国企业文化建设协会领导及首都理论界专家学者、企业界负责人100多人参加了研讨会。与会者紧紧围绕学习贯彻十六大精神，积极推进北京企业文化建设进行了深入研讨。大家一致认为，全面建设小康社会，必须大力发展社会主义文化，建设社会主义精神文明。要深刻认识并充分发挥企业文化建设在企业发展中的作用，一定要坚持解放思想，实事求是，与时俱进，不断创新，认真总结经验，积极推进企业文化建设理论创新和实践创新，积极推进首都经济发展，为全面建设小康社会，首都率先基本实现现代化和建设“新北京、新奥运”而服务。

龙新民强调，要认真学习贯彻十六大精神，充分认识企业文化建设的重要作用，用“三个代表”重要思想统领企业文化建设。要坚持企业文化建设中的正确方向和基本原则，大力加强企业文化建设和思想政治工作。着眼企业的全面发展和职工素质的全面提高。要进一步加强企业文化建设的理论创新和实践创新，积极探索企业文化建设的新思路、新经验，不断提高全市企业文化建设的水平，把广大干部群众的积极性、主动性、创造性引导到首都率先基本实现现代化的宏伟事业上来，聚精会神搞建设，一心一意谋发展。

清华大学、中国社会科学院、中共北京市委党校、北京市财贸干部管理学院等单位的专家学者作了专题发言。联想集团、西友集团、同仁堂集团、北京双鹤药业、北京医药股份有限公司、北京城建集团、北汽福田公司、北京优龙集团、北京金之源服饰有限公司等单位作了经验介绍。

（参见《北京日报》2002年12月27日第1版）

中国电视剧传播学术研讨会 2002中国传播论坛——中国电视剧传播学术研讨会于12月28日至29日在北京广播学院国际交流中心举行。本次研讨会由北京广播学院广播电视研究中心和中国电视艺术委员会《中国电视》杂志社联合主办，出席开幕式的有中宣部、文化部、教育部、广电总局、中国文联、中国电视艺术家协会、中国广播电视协会及北京广播学院的领导。在两天的研讨会中，来自有关部门和国内各高校、电台、电视台、电视剧制作经营公司的嘉宾围绕会议主题作了精彩演讲。研讨会分为三个部分：“电视剧与先进文化、民族精神”专场，演讲者分别来自决策核心、理论阵营与实践前线，他们围绕“先进文化和民族精神”展开高屋建瓴的探讨，同时探讨了电视剧的未来发展方向；“电视剧本体、艺术创作与审美”专场中，来自北京、上海、南京、武汉、山东等地高校和电视剧制作部门的研究者对电视剧艺术的本体特征、创作手法和审美境界等问题各抒己见；我国加入WTO后使得本土文化的创作与传播面临挑战，其中也包括电视剧的传播；“电视剧传播与全球化”专场以此作为主题，演讲者们讨论了国外电视剧如何引进，国产电视剧又如何创新，在全球竞争的背景下电视剧经营者怎样适应市场勇于改革等问题。

（北京广播学院科研处供稿）

北京林业大学人文素质论坛　在素质教育快速发展的今天，人文素质已成为社会发展和高等教育发展的迫切要求。从3月至12月，人文素质论坛共组织讲座25次，邀请到了包括中国工程院院士关君蔚、王涛，校党委副书记、副校长吕焕卿，外交部法律顾问、中国国际法学会会长王厚立，原北京师范大学党委书记周之良等在内的25位知名专家学者做客人文素质论坛。从《男女有别——漫谈女性心理》、《中国文化和中国人的性格》到《公关策划·策划·策划大师》、《危机公关管理》，从《法律信仰与民族国家》、《法律职业化的困境与出路》到《论需要》、《个人素质与社会的需要》，从《奋斗人生》到《高品质的沟通》，从《沙漠化贫困与可持续发展》到《“三个代表”与成材报告会》，这些讲座涉及法学、物业管理、心理等专业，从哲学、社会学各个方面谈起，关注社会热点，关注同学生活，全方位陶冶师生人文素质。在近一年的时间里，人文素质论坛逐渐拥有了150人左右的固定观众，其中有同学，也有老师，有本校的，也有校外的。此项活动极大地丰富了学校的人文氛围，在一定程度上弥补了学校人文气息的缺憾，同时，对学校也起到了极大的宣传作用。主讲人通过人文素质论坛而对林业大学有了很深的印象，参与此项活动的观众也从中有了很深的了解。

（北京林业大学张力供稿）

管理学（含人才学、信息学）

第一届中国校园网发展论坛　由《光明日报》和中国计算机学会联合发起的此次论坛，于1月16日在北京人民大会堂开幕。为期3天的论坛重点研讨校园网建设规划、技术、标准、评价体系、人才培养、网络文明建设、技术设备供应等方面的问题。论坛设一个主论坛和四个分论坛。分论坛的主题分别是：校园网与教育信息化、校园网技术与标准、校园网管理与网络文明、校园网与互联网。

（参见《光明日报》2002年1月17日A3版）

首届基础教育信息化校长高级研讨班　1月21日至26日，来自北京市近百所中小学的校长齐聚首都师范大学，参加由北京市高等学校师资培训中心和首都师大现代教育技术中心举办的基础教育信息化校长高级研讨班。他们在6天的学习与实践中，通过专题报告、理论授课、上机实践、校长论坛等形式，亲身体会并积极研讨中小学教育信息化的发展与前景。

这次高级研讨班是为了配合北京市中小学“校校通”网络工程，加快实现首都基础教育信息化及信息技术教育的开展而举办的。通过培训，提高基础教育师资运用现代教育技术实施素质教育的能力和水平，促进广大教师主动、有效地投身基础教育改革。

首都师大特聘教授张景中院士、丁兴富教授、南京师大祝智庭教授等知名专家学者前来授课。教育部基教司和北京市教委的领导参加了研讨班的开幕式。

（首都师范大学科技处段蕾供稿）

中欧信息社会合作论坛　由中国科技部、信息产业部与欧盟委员会联合举办的“2002中欧信息社会合作论坛”于4月16日开幕。在开幕式上，科技部部长徐冠华说，加快国民经济信息化进程，已成为推动中国现代化建设全局的战略举措，而提高信息技术研究开发水平则成为中国科技发展的重中之重。为期5天的论坛，其主题涵盖电子政务、信息安全、软件、电子商务、信息社会城市市民运用、数字奥运等各个方面。1100多位来自政府、信息产业公司、大学、科研院所和非政府机构的代表参加论坛。这是迄今为止中欧之间最大规模的信息社会合作活动。

（参见《人民日报》2002年4月17日第6版）

高等教育信息化国际研讨会　本次会议是在教育部高教司支持下召开的国内首次高等教育信息化国际研讨会，于5月6日至8日由北京大学教育学院举办。近百位中外学者与会。考虑到对于高等教育的改革与发展而言，高等教育信息化既是难得的机遇，又是前所未有的挑战，本次会议的主题被确定为机遇与挑战。会议为与会者提供了美国、日本高等教育信息化的宏观的调查报告，香港大学和密歇根大学的具体做法，如网上教学经历、评价学生学习效果的方法等，从多个层面讨论了教育信息化过程中的问题。通过讨论，与会者在以下几个方面取得共识：（一）对高等教育信息化带来的教育模式的创新、评价体系的变化、管理制度的改革和教育结构的调整要始终保持清醒的认识。在建设信息基础设施的同时，要加强对高等教育信息化问题的研究。（二）要重视高等教育信息化建设的本地化特征，要经过自己的不断探索，找到适合我国国情的高等教育信息化的新路。（三）在高等教育信息化建设的过程中，必须不间断的保持和加强国际间的合作与交流。

（北京大学社会科学部朱邦芳供稿）

第二届中日企业人力资源开发与管理国际研讨会

5月11日至12日，由中国人民大学劳动人事学院主办的此次国际研讨会在中国人民大学举行。来自日本和中国学术界、企业界的代表，与中国人民大学劳动人事学院专家一起，就企业人才培训专题进行了深入的研讨。通过人才培训，提升人力资本，构造公司核心竞争力，是中国企业步入知识经济时代，应对 WTO 挑战所面临的现实而紧迫问题。战后，日本企业加大教育培训投入，形成有别于欧美企业的人才培训模式，经济得到了快速发展，培训与技术一道，成为日本企业参与全球竞争的核心竞争力。中国企业迫切希望了解、借鉴日本企业人力资源开发与管理方面的经验。与会代表围绕两国企业人力资源管理所面临的困境、人才开发体系以及“体验式”学习方法、员工职业生涯开发等进行了广泛深入的讨论。日方专家就日本企业的培训体系的搭建、企业领导能力的培养、以“现场主义”为理念的分层次、分职能的管理培训制度等，引起了中国企业界代表的浓厚兴趣。与会代表认为，2000年首届研讨会上，重点讨论了日本企业人力资源管理体系的建立与运营，此次会议进一步就人才培训的专题进行了研讨，这将有利于改进中国企业人才培训工作，提升中国企业人力资源管理队伍素质。

（中国人民大学科研处罗圣华供稿）

公共管理高级培训班 5月12日至9月29日，由国务院发展研究中心、清华大学公共管理学院和美国哈佛大学肯尼迪政府学院三方合办的第一期公共管理高级培训班举行，在清华大学和美国哈佛大学进行了两阶段的培训。本期培训的重点是地方司局级（地市级）干部。根据他们的特点，本次培训分三阶段进行。第一阶段（5月12日至6月22日）为清华大学培训阶段，其间清华大学公共管理学院负责三周系统的课程教学，哈佛大学派教员负责其余三周的教学，国务院发展研究中心领导则承担每周六的政策讲座。第二阶段（6月23日至8月21日）为学员的学习和撰写案例阶段，学员各自回本单位边工作边调查，并撰写一份案例作为论文。第三阶段（8月23日至9月28日）为哈佛大学培训阶段，学员用三周半的时间上课，10天的时间到纽约市、华盛顿特区和密执安州大激流市进行实地考察。除了这种分阶段进行的方式，此次培训采用了案例教学、系统讲授和讲座相结合的教学方法，并把国内与国际培训相结合，都取得了很好的效果。通过这三个阶段的学习，学员们普遍反映，开阔了视野，增强了战略思维和分析问题的能力，更加坚定了走中国的改革开放道路的决心。中国官员在培训中的表现，受到了哈佛大学教职员的广泛好评。首期公共管理高级培训班是探索中外合作培训干部的一次成功尝试。

（清华大学文科建设处刘金梅供稿）

第二届公共政策与管理国际研讨会 5月14日至16日，由清华大学公共管理学院、哈佛大学肯尼迪政府学院和希拉丘斯大学马克斯维尔公民与公共事务学院共同主办了本次国际研讨会。中国正处于体制转轨和经济全球化的重要的历史时期，在过去一个历史时期，中国各级政府的职能转变取得了不同程度的进展，但存在的问题仍是多方面和错综复杂的。政府自身的改革仍然落后于经济体制转轨的过程；政府职能转变的力度还小于机构改革的力度，在政府与企业、政府与市场、政府与社会自主治理等的关系上，还有一些深层次的矛盾没有很好的解决。这次研讨会，旨在通过专家和学者的讨论和各种研究成果的交流，借鉴和学习国际经验，积极推进中国公共管理理论与实践的发展，为下一步中国公共管理水平的提升提供有益的政策建议。来自国内外近500名代表参加了分别召开的6个主题会议：公共管理和 MPA 教育、公共治理与政府创新、公民社会与 NGO、就业与社会保障、国际关系与国家战略、国际经济合作与反倾销。在这6个主题会议上，代表们就相关主题进行了深入的讨论，大家通过对许多重大的理论和实践问题的研讨，产生了一系列重要的观点。出席5月14日开幕式的有全国人大常委会副委员长蒋正华、中国人民大学校长纪宝成、国家开发银行副行长王益、联合国经社理事会首席经济学家赖尚龙等领导和贵宾。公共管理学院陈清泰院长、哈佛大学肯尼迪政府学院托尼赛奇教授和加拿大驻华大使柯杰先生，分别围绕政府改革、公共服务和公民社会等主题做了基调发言。

（清华大学文科建设处刘金梅供稿）

2002年数字图书馆国际论坛　由信息产业部、教育部、光明日报社等12个单位共同主办的此次论坛，于5月23日至25日在北京举行。数字图书馆国际论坛是由中国发起的非政府、非营利的国际性行业组织。本次论坛组委会主席周光召在致开幕词中说，进入21世纪后，数字图书馆已成为评价一个国家信息基础设施水平的重要标志，也成为当今世界各国高科技竞争的焦点之一。数字图书馆的出现，引发了一场全球范围内的文化媒介迁移运动，促使许多国家把本国文化遗产大规模转化成数字形态。数字图书馆也为中华文化在数字化形态下再现辉煌提供了一次历史机遇。来自世界各国的数百名代表就数字图书馆的总体设计、技术应用、相关法律及市场运营等内容进行全面交流，并着重剖析中国数字图书馆工程的试点工作，深入探讨中文信息化等热门问题。

（参见《光明日报》2002年5月24日第1版）

首届中美公共管理国际学术研讨会　6月16日，由中国行政管理学会和美国公共行政学会联合举办、中国人民大学公共管理学院承办的首届中美公共管理国际学术研讨会在中国人民大学举行。全国人大常委会副委员长蒋正华致信祝贺，国务院副秘书长徐绍史、中国行政管理学会会长郭济、国际行政科学学会副主席徐颂陶、中国人民大学校长纪宝成、中国政法大学党委书记石亚军出席开幕式并致辞。美国行政学会前会长霍哲、国际公共管理大师尼古拉斯·亨利、欧文·休斯、特里·库珀等近200名国内外资深专家和知名学者参加了本次大会。研讨会的主题为“公共管理与治道变革”，着重从公共行政的角度，探索世界各国，尤其是中国在改革开放中所面临的政府绩效评估、公共组织与人力资源、电子政务、危机管理等方面的理论和实践问题。会议还就政府职能的转变、政府行为的法制化、政府决策的民主化和科学化、政府信息公开化等问题展开了研讨。会议期间，中国人民大学公共管理学院联合学校出版社举办了“公共管理前沿问题系列讲座”。此前，中国人民大学出版社出版了国内第一套系统、全面引进的《公共行政与公共管理经典译丛》。

（中国人民大学科研处罗圣华供稿）

数字档案馆专题研讨会　6月18日，由中国人民大学档案学院举办的“数字时代的信息库——数字档案馆专题研讨会”在中国人民大学召开。档案学院系主任赵国俊教授主持大会，中国人民大学副校长、档案学院院长冯惠玲教授致开幕词。来自国家档案局、国家图书馆、北京市档案局、深圳市档案馆等实际部门的代表以及中国人民大学、浙江大学、南京政治学院上海分院等高校的代表，还有来自软件开发单位的代表近40人参加了本次研讨会。大会的主要议题是：数字档案馆的构建战略，数字档案馆与数字图书馆比较研究，数字档案馆数据库建设，数字档案馆技术支持，数字档案馆建设案例分析。研讨会共分两个板块。第一个板块是专题研讨，宣读了两篇主报告和两篇辅助报告，由档案学院院长助理王健副教授主持。主报告是中国人民大学档案学院教师于丽娟的“数字档案馆及其技术框架”和中国数字图书馆工程建设专家顾问委员会成员、全国文化信息资源共享工程专家咨询委员会主任委员孙承鉴研究馆员的“数字图书馆建设的现状与启示”；辅助报告是南京政治学院上海分院信息管理系张正强教授提交的“数字档案馆关键技术研究——建立我国自主知识产权的‘电子文件结构定义’（DTD）”和吉林省白城市档案局副局长李学广的“综合档案馆档案数字化问题的探讨”。第二个板块是案例分析与软件演示，主要以深圳市数字档案馆建设如典型案例，三个软件公司参与演示环节，由档案学院副教授王英纬博士主持。北京世纪科怡软件开发有限公司做了“深圳市数字档案馆应用系统功能模块”的演示，超星公司、北京天大天财智能卡系统有限公司的代表也分别为大家做了题为“对图像扫描的全文检索技术及实例”和“电子文档数字签名工具”的软件演示。

（中国人民大学科研处罗圣华供稿）

法律电子资源获取与利用讲习班　讲习班于7月1日至4日在清华大学法学楼举办。来自北京大学、清华大学、中国人民大学、吉林大学、中山大学、武汉大学等大学法学院的图书馆员，中国政法大学、华东政法大学、西北政法大学、西南政法大学、中南财经政法大学、国家检察官学院的图书馆员，社科院法学所、国务院法制办、中国法学会图书馆或资料室及国家图书馆参考部等30多个单位的近40位图书馆馆员参加了第一周的培训；清华大学法学院的60多名师生在第二周（8日至12日）接受培训。

主持培训的专家分别是美国纽约大学法学院图书馆馆长、著名法律图书馆专家 Kathleen Price 教授、纽约大学图书馆的 Radu D. POPA 先生和 Joan Liu（刘丽君）女士及澳大利亚墨尔本大学法律信息中心主任 Nicki Mclaurin Smith 女士。此外，美国 Westlaw 公司的 Min Chan, Esq.（陈敏）女士、美国 LexisNexis 公司的中国区业务经理 Kelvin Zhang（张凌文）先生及北京大学法制信息中心主任赵晓海先生、主任助理赵伊江先生分别做了几个法律数据库演示。培训内容主要是法律电子信息作用的获取与利用，具体包括中国法资源、美国法资源、英联邦法资源、外国法和国际法资源，涵盖了世界主要国家及国际组织，如中国、美国、英国、澳大利亚、加拿大、联合国、欧盟、WTO等等。专家不仅介绍了相关法律制度、法律资源的特点和查询方法，还通过实例检索具体指导学员实际操作，分析网上资源及数据库的特点，掌握检索技巧，迅速有效地获得所需信息。图书馆员及法学院学生通过讲习班的训练，了解典型法律数据库及网络资源的特点，掌握主要的检索策略，提高了对法律信息特别是电子信息资源的检索能力，及时有效地获取自己所需要的专业信息，使每个人在法律学习和科学研究中受益。

（清华大学文科建设处刘金梅供稿）

数字图书馆研讨会　研讨会由文化部主办，于7月9日在北京举行。来自中国、美国、英国、法国等12个国家和地区的数字图书馆领域、信息服务领域，图书馆及相关领域的专家学者出席了会议。此次研讨会是我国在数字图书馆领域首次举办的大规模、高水准的国际性研讨会。中国数字图书馆工程建设专家顾问委员会首席专家胡启恒、美国西蒙斯学院陈刘钦智教授和英国图书馆及信息网络办公室主任伊丽莎白·莱昂等专家就各国数字图书馆的发展状况及相关技术作了大会发言。这次研讨会将推进我国数字化公众信息服务与技术建设的步伐，加强国际间数字图书馆领域的合作与交流，博采世界各国先进技术，为数字图书馆专家学者提供一个相互交流的平台，从而确保“中国数字图书馆工程”等国家信息化建设项目有一个较高的起点，并带动与之相关的高新技术产业的发展。

（参见《光明日报》2002年7月10日A2版）

WTO背景下的中国传播业未来发展研讨会　研讨会由中国人民大学新闻学院、新闻与社会发展研究中心、国际传播协会（JCA）于7月22日在中国人民大学联合举办。举办此次研讨会，旨在为国内传播学者提供一个交流平台，探讨入世后的中国传播业如何更好地发展，给中国的传媒界以新的启示。会上，中外学者就中国入世后的传媒发展，如当前中国传媒投资机会、面临的改革压力、跨文化传播、电信改革、国际版权法、电影盗版与经销、中美传播的比较等问题进行了探讨与研究。

（参见《光明日报》2002年7月23日A2版）

微软教育论坛　以“搭建教育交流平台，共筑软件人才长城”为主题的第三届微软教育论坛，于8月2日在北京举行。此次论坛旨在为亚太地区的高校提供一个国际化的教育交流平台，结合教育部提出的以“培养多层次、实用型软件人才”为目的的示范性软件学院的建设目标，广泛探讨和交流软件人才的培养方法，研讨如何进一步完善计算机课程体系建设和共建教学平台。此次论坛是微软亚洲研究院与教育部签订“长城计划”后的第一次大型教育研讨活动。根据这项计划，将从人才培养、学术交流、课题研究、教师培训、教材编写等各方面，与高校及教育部有关机构开展广泛和有效的合作，并促进中国软件教育的改革。300余位来自中国及亚洲其他地区优秀高校的院长、系主任及教授出席了会议，围绕IT人才培养、课程建设、软件学院建设等主题进行了探讨。

（参见《光明日报》2002年8月3日A2版）

第三届Web时代信息管理国际会议　8月11日至13日，由中国人民大学、清华大学主办，中国计算机学会数据库专委会协办的第三届网络时代信息管理国际会议（WAIM’2002）在北京友谊宾馆召开。本次会议的目的是汇集网络时代信息管理领域的最新研究成果和实践经验，探讨今后所面临的关键性挑战问题和研究方向。来自21个国家和地区的100余名代表参加了此次为期3天的大会。日本东京大学教授、本次大会主席 Masaru Kitsuregawa 教授主持开幕式，本次大会名誉主席北京航空航天大学校长李未院士致开幕词，中国人民大学副校长冯俊教授、清华大学副校长龚克教授、国家自然基金委员会信息科学部常务副主任刘志勇研究员到会并致欢迎辞。中国计算机学会数据库专委会主任、人大信息学院院长王珊教授，WAIM执行委员会主席陆宏均教授，WAIM2002大会主席、清华大学计算机系主任周立柱教授等参加了开幕式。会议包含了两个大会辅导报告、两个特邀报告和10个学术分组讨论。8月11日，美国贝尔实验室Minos Garofalakis博士做了辅导报告，荷兰Tilburg大学的Jian Yang教授做了大会辅导报告。本次会议收到论文共计169篇，经过程序委员会认真审议，录用26篇长文和14篇短文。录用率为24%，其中长文录用率为15%，达到国际最高等级的论文录用水平。论文内容广泛，覆盖XML和互联网、时空数据、多维数据、数据挖掘、学习工作流和电子服务、生物信息学、视图、联机分析处理、查询优化和更新等研究领域，基本上反映了当今国际上在这些领域中的研究水平。

（中国人民大学科研处罗圣华供稿）

全球化与信息化发展国际会议　由中国国际文化交流中心主办的此次研讨会，于8月26日至27日在北京举行。信息安全立法在我国仍处于起步阶段，还没有形成一个具备适用性、完整性、系统性的法律体系。这是全国人大常委会副委员长蒋正华在此次会议发言中指出的。他说，我国的信息法制建设已经有了良好的开端，但新的法律体系的形成，一方面要依赖我国信息化进程的深化，另一方面要依赖对信息化和信息安全的深刻认识以及技术、法学意义上的超前研究。此次为期两天的会议，研讨的内容包括“网络管理与安全、“电子政务与商务”和“信息社会与传播”。来自15个国家和地区的150余位政府和企业代表出席了这次会议。

（参见《光明日报》2002年8月27日C4版）

第三届中日人力资源开发与管理国际研讨会　9月28日至29日，由中国人民大学劳动人事学院、日本神户制钢人力资源开发株式会社和北京丰通经济咨询有限责任公司联合举办的本届国际研讨会在中国人民大学举行。研讨会由中国人民大学劳动人事学院院长曾湘泉教授主持，日本神户制钢人力资源开发株式会社增田和朗社长，做了题为“日本企业的目标管理与人事考核”的主题报告。劳动人事学院的部分专家、教授与来自联想集团、清华同方人工环境有限公司、北大方正集团、巨能实业有限公司、普天首信集团、丰通经济咨询有限责任公司、SMC（中国）有限公司、北京迪桑特有限公司、第一制药（中国）有限公司等国内著名企业和日本在华投资企业的人力资源总监30多名代表一起，围绕“目标管理与考核”这个主题，就我国人力资源开发与管理教学和实践中的困境，进行了重点而深入的研讨。曾湘泉在此次国际研讨会的闭幕式上指出：日本企业在二战后吸收、借鉴美国的管理理论和实践，结合本国实际情况，创造性地形成了独具特色的人力资源管理模式，成为日本企业参与全球竞争的核心竞争力，此次中日人力资源开发与管理国际研讨会的举办，将更加有利于我国学术界和企业界博采众家之长，形成多元化的学术氛围，并将有力地推动中国式的人力资源开发与管理模式的研究和在企业中的运用。

（中国人民大学科研处罗圣华供稿）

“数字图书馆时代：现状与发展趋势”国际学术研讨会　为纪念北京大学图书馆建馆100周年，北京大学图书馆于10月23日至25日在北京大学召开了本次会议。参会正式代表85人，分别来自美国、英国、日本和中国内地、香港及台湾。他们大都是世界著名图书馆的馆长。另有北京市40多个高校和公共图书馆的馆长也出席了会议。40多个代表提交了论文。大会选择了其中的28篇，集成大会论文集出版。大会共有6个主要议题，分别为：数字时代的图书馆管理，数字资源建设及其相关技术，知识管理体系及其相关技术，数字时代的图书馆读者服务，人力资源建设，数字图书馆实践——应用系统与案例研究。参会代表就以下几点达成共识：（一）图书馆正经历有史以来最大的变化。（二）数字图书馆建设10年来取得了巨大的进展。（三）数字图书馆不是遥不可及的，也不是一蹴而就的。（四）数字图书馆的建设没有固定的模式，不同的图书馆应该根据本馆的实际情况选择自己的发展道路。但是，建设图书馆应该加强合作，注重共享，以节省资源，达到事半功倍的效果。（五）图书馆今后的变化可能会更大。图书馆员需要有开放的心态，不断学习，主动地适应变化。

（北京大学社会科学部朱邦芳提稿）

电子政务研讨会　研讨会由北京工业大学电子政务技术研究院举办，于10月25日在北京召开。电子政务是利用现代信息技术和网络技术，有效地实现行政、服务及内部管理等功能，是政府和公众之间有机服务系统的集合。它对政府转变职能、传递政令、反腐倡廉、节约开支、沟通上下、信息集散都具有重要意义。我国的电子政务建设经历办公自动化、政府上网工程等取得一定的成绩，但还没有完全实现电子政务。专家指出，加入世贸组织对我国发展电子政务提出了十分紧迫的要求。由于政府是信息资源的最大拥有者和应用者，使电子政务成为国民经济和社会信息化的中心环节，电子政务的实现将有力地促进国民经济和社会信息化的进程。但是，电子政务关系国家安全和政府工作的正常运转，应认真研究防范措施，确保电子政务的可靠运行。

（参见《光明日报》2002年11月19日B1版）

媒介经济与传媒集团化发展研讨会　10月26日至27日，在中国人民大学建校65周年和《北京日报》创刊50周年之际，由中国人民大学新闻学院和中国人民大学新闻与社会发展研究中心主办，北京日报报业集团协办的这次学术研讨会在中国人民大学举行。来自国内外60多所高校新闻院系、科研单位和媒体机构的150多名专家、学者和业内人士参加了此次研讨会。全国报协书记处书记赵连宏向研讨会发来贺信。新华社副社长何东君、《人民日报》社副总编辑梁衡、北京日报社副社长徐文珍、中国人民大学副校长冯惠玲等出席会议。国家广播电影电视总局办公厅主任、中国广播电影电视集团秘书长朱虹，新闻出版总署出版物发行管理司司长刘波，《工人日报》副总编辑孙德宏，《北京日报》副总编兼《北京晨报》总编辑何宁等做专题演讲。

（中国人民大学科研处罗圣华供稿）

2002北京互联网发展论坛　论坛由北京市政府新闻办公室和北京市信息化办公室联合主办，于12月2日开幕。全国政协副主席孙孚凌、北京市委副书记龙新民出席开幕式，国务院新闻办副主任蔡明照、刘鹤，北京市副市长刘志华在开幕式上致词。刘志华在致词中说，北京作为2008年奥运会的承办城市，已经把“数字北京”建设提到战略性的发展地位，信息产业已成为北京市第一大支柱产业。“数字北京”建设将按照十六大关于本世纪头20年“基本实现工业化，大力推进信息化，加快建设现代化，保持国民经济持续快速健康发展，不断提高人民生活水平”的要求，通过大力发展信息产业，应用信息技术，改造和提升传统产业，发展以知识经济为内涵的首都经济，加速推进首都经济的发展和城市现代化建设的进程，从而增强城市竞争力，提高人民的生活质量。本次论坛旨在深入贯彻十六大精神，加强信息网络化的国际交流与合作，扩大信息技术和网络技术的应用与发展，以此来贯彻“三个代表”重要思想和十六大关于信息化建设的重要指示，早日实现“数字北京”的宏伟蓝图。参加论坛的有关政府部门领导、国内外知名IT企业、互联网专家学者等围绕电子政务、网络与信息安全、网络经济现状和展望、通讯、奥运等议题进行了广泛的研讨和交流。

（参见《北京日报》2002年12月3日第1版）

综合（含新闻、国际关系、其他）

欧洲形势年会　由中国欧洲学会和中国社会科学院欧洲研究所联合举办的“2001—2002年度欧洲形势年会”于1月17日在北京举行。年会是中国欧洲问题研究者对每年欧洲形势进行研讨和学术交流的重要论坛。来自北京地区欧洲问题和国际问题研究机构、高等院校、中央政府有关部门和中央媒体的专家学者近百人出席了本届年会。欧盟驻华大使安高寿和欧盟下任轮值主席比利时驻华大使马立克也应邀到会，并就欧洲一体化进程的最新发展及欧元正式流通等问题发表了演讲。中国社科院欧洲所所长周弘教授、中国欧洲学会会长裘元伦教授、中国社科院欧元课题组杨伟国博士，分别就欧洲形势、欧盟改革和欧元流通等问题作了主题报告。

（参见《光明日报》2002年1月18日B4版）

经济全球化与中国人文社会科学的繁荣与发展论坛

3月28日，由中国人民大学马克思主义学院举办的此次论坛在中国人民大学举行。此次论坛是马克思主义学院第22期博士生论坛。论坛由中国人民大学党委组织部部长徐志宏教授主持，中国人民大学党委书记、博士生导师程天权教授出席了论坛，并做了重要的学术报告。马克思主义学院的博士生和硕士生参加了本期论坛。论坛就全球化和人文社会科学内涵的界定、经济全球化给中国人文社会科学带来的机遇和挑战、如何应对全球化等问题进行了广泛而深入的讨论。与会学者认为，分析经济全球化与中国人文社会科学繁荣与发展的关系，必须首先对全球化和人文社会科学的有关概念进行界定。全球化的概念纷纭，但经济全球化是核心，其他的只是经济全球化的副产品。人文社会科学分为人文科学和社会科学两部分，它们是科学而不是学科。人文社会科学理论的创新对社会进步有着巨大的推动作用，无数事实说明，人类社会在自然科学领域的重大突破常常是以人文社会科学的进步为先导。与会学者对如何看待经济全球化问题展开了激烈争论。有学者指出，一些人误以为经济全球化就是资本主义化，就是美国化，就是可口可乐化，因此必须看到经济全球化的负面作用。有学者从如何实现“两个必然”的角度理解经济全球化，认为随着经济的全球化，资本主义经济得到快速发展而变得更加强大，这就为社会主义取代资本主义、进而实现共产主义创造了条件。也有的人认为，经济全球化对中国人文社会科学的发展既有机遇也有挑战。经济全球化是一个充满矛盾的过程，它为中国人文社会科学的发展提供了绝好的机遇，也对中国人文社会科学的发展提出了严重挑战。与会学者探讨了在经济全球化的背景下繁荣和发展人文社会科学的问题。认为首先要对西方的文化价值观进行反思，破除经济至上观念、技术崇拜观念、等级观念和追求世俗的观念，确立以人为本和公正合理的观念，树立理想和信念；其次是应建立人文社会科学方面权威的评价机构和科学的评价体系；同时还要解决中国人文社会科学内部机制不健全的问题，加强制度建设；最后要改变重理轻文的局面，加大资金投入力度，实现自然科学和人文社会科学的平衡发展。

（中国人民大学科研处罗圣华供稿）

全球化时代的美国和中国报告会　4月9日，美国贸易代表罗伯特·佐立克先生在中央财经大学作了题为“全球化时代的美国和中国”的报告，报告会由校长王柯敬教授主持。校领导和师生200多人与会。

佐立克先生早年毕业于哈佛大学法学院，现任美国贸易代表、内阁成员、总统贸易政策顾问。佐立克先生就美国的地区贸易政策、经济全球化背景下的中美贸易关系、中国入世给中美两国及世界其他国家和地区经济发展带来的巨大机遇和挑战阐述了自己的看法，随后，佐立克先生回答了该校师生提出的关于201钢铁关税、布什最近讲话中涉及到台湾提法、外国银行进入中国市场后的前景等问题。

（中央财经大学科研处供稿）

全国行业报自律与改革发展研讨会　研讨会由中国记协主办、中华新闻报承办，于4月18日在北京举行。与会者就“新环境下如何加强报业自律”、“正确处理报业自律和报业改革发展的关系”、“行业报在激烈竞争中的发展思路和对策”等问题进行了研讨并达成共识：新闻工作者要加强社会责任感、使命感，作为党和人民的舆论喉舌，新闻媒体要起到代表先进文化发展方向、倡导诚信良好社会风气的表率作用；自律应以改革为基础，在改革中加强自律，二者相辅相成；力避片面追求经济效益和“轰动效应”而进行的抄袭、炒作与编造等不良经营方式。行业报的改革要立足本行业，并面对社会和市场，办出自己的特色。行业报要对本行业加强舆论监督。

（参见《光明日报》2002年4月19日A2版）

21世纪新闻教育峰会　由香港大学新闻与传媒研究中心、清华大学国际传播研究中心和汕头大学新闻信息传播系联合主办的本次峰会于4月23日在北京举行。来自美国的密苏里大学、斯坦福大学、密西根大学，中国的香港大学、清华大学、北京大学、人民大学、复旦大学、南京大学等中外名校的新闻院（系）负责人，以及中国部分新闻媒体的负责人，就当今全球化时代，怎样培养具有有国际水平的新闻人才，大学在新闻教育中扮演怎样的角色，怎样构建东西方新闻教育的桥梁等问题，进行了热烈讨论。教育部副部长韦钰应邀作了题为“中国高等教育改革：任务与展望”的演讲。会上，与会专家、学者指出，加入世贸组织后，中国的新闻传播事业面临新的机遇与挑战。中国政府近年大力投资传媒和信息产业基础建设，硬件直追发达国家，但新闻事业仍然缺乏高素质人才，这种状况造成了中国在国际上的声音微弱。在全球化时代，中国亟须国际水准的新闻传播学院和新闻传媒人才，后者应当熟练掌握1门以上流利的外语，有较高的新闻敏感和新闻报道水平，能够在国际一流的各类新闻媒体、外交部门、媒介管理部门从事与媒介相关的新闻传播实践工作。

（参见《人民日报》（海外版）
2002年4月24日第1版）

中亚地区安全与大国关系国际学术研讨会　4月24日至25日，由中国人民大学国际关系学院和欧洲问题研究中心共同主办的本次研讨会在北京友谊宾馆举行，来自中、美、英、俄、日、韩、丹麦、哈萨克斯坦、乌兹别克斯坦等国的80多位专家学者围绕当前中亚地区的安全与大国关系问题进行了学术探讨。中国人民大学校长纪宝成出席会议并致辞。与会专家学者就“上海合作组织与中亚安全机制”、“中亚地区的宗教、民族及能源问题”和“大国对中亚格局的影响”三个主题展开讨论。专家们普遍认为，“9·11”事件后，上海合作组织在中亚地区的影响将逐渐增大，并有可能成为牵制美国在中亚地区力量的重要国际组织。专家们指出，阿富汗战争后，由于美国势力的介入，这一地区原有的政治格局被打破，加上俄罗斯整体经济实力的弱化和国力的不济，其必然要让渡出一部分固有的势力范围，这样，美俄两个大国之间的争夺就成为影响中亚地区国家安全的重要因素。同时，中亚地区伊斯兰国家的原教旨主义运动也对这一地区的安全产生重大影响，它们试图占有一定的势力范围，这必然会滋生地区的不稳定感和不安全感。中亚地区蕴藏的大量石油资源，在苏联解体后成为大国之间争夺的对象，从而造成该地区国家内部的分裂，形成对地区安全的潜在隐患。与会专家学者纷纷指出，中国现行的西部大开发战略要求维护中亚地区的安全，良好的周边环境可以给西部大开发工程提供丰富的资源和广阔的市场，促进这一战略的顺利进行。

（中国人民大学科研处罗圣华供稿）

北京社科界首次参加科技周活动 由北京市人民政府主办，以“科技走进生活”为主题的2002年北京科技周于5月13日至20日举办。这是1995年以来举办的第8届北京科技周。北京市社科联首次应邀参加北京科技周，并组织了一系列社会科学普及活动，引起了社会各界包括众多新闻媒体的关注，成为2002年北京科技周的一大亮点。因此也获得了由北京科技周组委会办公室颁发的最佳活动奖奖杯；在“最佳活动奖组织单位名单”中，北京市社会科学界联合会榜上有名。自然科学和社会科学两界首次携手，共同承担科学普及任务，实现了北京市科普工作的“双轮并行”。为此，北京市社科联进行了精心的筹划和组织。

一是参加“高峰讲坛”。科技周期间，市社科联邀请著名学者龚育之、张岂之等作为社会科学界的代表参加“科技周高峰讲坛”，他们分别以《社会科学与大众生活》《当今世界科技与人文》为题做了电视访谈节目和精彩的学术演讲。二是推荐4场社会科学讲座参加科技周“百场科技报告团”。包括：曹平《成功的家教培育成功的孩子》、洪昭光《中老年健康之路》、宋广林《关于膳食营养及科学补钙》、尹志刚《转型期的社会关系》。这4场讲座都受到广泛欢迎和好评。三是于5月19日在颐和园文昌院举办《颐和园历史与文化》讲座。北京市园林局老专家、原颐和园总工程师耿刘同研究员从颐和园营建的历史、主要景区建筑及文化内涵、中华皇家园林文化、颐和园申报世界文化遗产过程及评价等四个方面作了精彩的讲演。讲座之后，主讲人还回答了听众的提问。与会者考察了耶律楚材墓和出土文物，参观了文昌院文物展览。四是为科技周推荐《百部社会科学科普图书书目》，并在科技周期间进行科普图书展销活动。这次由社科联推荐的社会科学图书书目包括公民道德建设学习辅导、WTO系列、城市社区问题、社会保障问题和社会科学与科学技术热点等百种，并被布置在科技周主会场之一的首都图书馆广场橱窗内，成为特色一景。此外，还向读者发放宣传资料和图书书目介绍千余份。五是为《北京科技周特刊》推荐社科普及文章，如《北京城的南北中轴线》《后门桥与通惠河》等7篇。

（市社科联王彦京供稿）

中国人文社会科学论坛2002 5月18日，由中国人民大学举办的此次论坛在中国人民大学逸夫会议中心召开。我国人文社会科学界的俊彦会聚一堂，围绕“与时俱进的中国人文社会科学”这一主题，共商发展和繁荣哲学社会科学的大计。全国人大常委会副委员长成思危，中共中央宣传部副部长雒树刚，中国社会科学院副院长朱佳木，教育部党组成员田淑兰，北京大学副校长、中科院院士韩启德等出席论坛开幕式并发表讲话。纪宝成校长致开幕辞，冯惠玲副校长主持论坛开幕式。成思危教授做了题为“探索社会复杂性”的精彩演讲，程天权做了题为“实践‘三个代表’重要思想，发展繁荣哲学社会科学”的演讲，中国工程院院士、中国社会科学院学术委员李京文教授，中国人民大学哲学系陈先达教授，香港岭南大学校长陈坤耀教授，中国人民大学法学院副院长王利明教授分别以“经济学也要与时俱进迎接挑战”、“哲学繁荣之路”、“新经济与资讯科技年代的人文社会科学”、“中国人格权的发展与保护”为题发表了演讲。分论坛围绕“全球化语境中的文化论争”、“重建诚信”、“9·11后的世界”、“关注民生”等人文社会科学研究的一些热点问题展开。

（中国人民大学科研处罗圣华供稿）

东北亚发展的回顾与展望国际学术研讨会 会议由北京大学东亚研究所、东亚学研究中心与香港珠海书院共同举办，于5月18日至19日在北京达园宾馆召开。与会学者58名，分别来自美国、日本、韩国及中国的大陆、香港和台湾。其中有的代表美国中央华盛顿大学，有的来自东京大学、早稻田大学，韩国学者主要来自高丽大学、檀国大学、东国大学。中国方面的学者来自台湾大学、政治大学、香港珠海书院、香港大学、北京大学、中国社科院、辽宁大学、东北师范大学、延边大学等高等院校和科研机构。会议的主要议题如下：（一）世界历史发展进程与东北亚区域化的轨迹；（二）经济全球化与东北亚区域化；（三）东北亚区域合作的现状与模式；（四）中日韩三国关系与东北亚区域化；（五）东北亚集体安全机制与和平发展；（六）近代历史认识问题与中日韩三国关系；（七）东北亚国际格局的变化与大国关系的调整；（八）东北亚区域合作与发展前景展望。会议共收到论文40余篇。讨论的问题以现状为主，兼及历史问题。对东北亚区域作整体研究和考察的论文比较集中，达11篇，涉及会议议题中的诸多方面，如“东北亚经济区域化缘何举步维艰——有关美国因素的分析”、“环境问题与东北亚区域合作”、“东北亚研究的对象与方法之初考”、“美国的亚太政策与东北亚的战略安全环境”等。

（北京大学社会科学部朱邦芳供稿）

北京市第十二届“灵山杯”优秀报告（党课）评选揭晓 6月，由市委宣传部、市委讲师团组织的北京市第十二届“灵山杯”优秀报告（党课）评选揭晓。在参评的145件作品中共有90件作品获奖，即61件优秀报告和29件优秀党课。其中由18名市委领导、专家组成的北京市学习江总书记“七一”重要讲话宣讲团获特别奖，外交部新闻司原司长朱邦造所作《当前国际形势及中国对外政策》的报告、中国社会科学院哲学所教授李德顺讲的《在发展社会主义市场经济条件下，如何坚定共产党员的理想信念》党课，分别获优秀报告、优秀党课一等奖。由专家、学者和宣传部门负责人组成的评委认真评选，特别注意了参评的党政领导的宣讲报告，在获奖90件作品中、其中有31名党政领导干部获奖，这是历届评选中前所未有的，在基层党政干部中引起较大反响。

（中共北京市委讲师团供稿）

法律图书馆事业发展国际论坛 论坛于7月5日在清华大学法学院报告厅举办。来自北京大学、清华大学、中国人民大学、吉林大学、中山大学、武汉大学等大学法学院的图书馆代表，中国政法大学、华东政法大学、西北政法大学、西南政法大学、中南财经政法大学、国家检察官学院图书馆的代表，社科院法学所、国务院法制办、中国法学会图书馆或资料室的代表及国家图书馆参考部等30多个单位的54位图书馆馆员参加；同时还邀请了美国纽约大学法学院图书馆馆长、著名法学专家Kathleen Price 教授，纽约大学图书馆 Radu D. Popa先生、Joan Liu女士以及澳大利亚墨尔本大学法律信息中心主任 Nicki Mclaurin - Smith 女士参加；美国 Westlaw公司的 Min Chan, Esq. （陈敏）女士，Lexis Nexis 公司的中国区业务经理 Kelvin Zhang（张凌文）先生及北京大学中国法制信息中心主任赵晓海先生也参加了研讨会。论坛包括三个主题发言：清华大学法律图书馆于丽英的“中国法律图书馆发展现状调查报告”；Kathleen Price 教授的“21世纪法律图书馆员的作用：中美法律图书馆合作伙伴”；Nicki女士的“专业图书馆协会的作用：以澳大利亚法律图书馆协会为例”。与会者共同探讨法律图书馆事业发展中的共同话题，如在网络与信息环境下的今天，图书馆事业的发展更面临着机遇与挑战，如何发挥图书馆员的作用；馆际合作的模式与意义；专业图书馆协会组织的作用等等。会上还倡议筹建中国的法律图书馆协会，以团结国内法律图书馆员力量，切实加强相互间的交流与合作。

（清华大学文科建设处刘金梅供稿）

第九届全球学习大会 7月17日，由北京师范大学和澳大利亚皇家墨尔本理工学院联合主办的此次大会在北京开幕。“全球学习大会”是国际教育学界以学习为主题的高层次国际性学术论坛，大会在中国举办还属首次。来自美国、英国、澳大利亚、马来西亚、南非等国家的440多名国际问题专家和国内200多位学者共同出席此次为期4天的大会。会议期间，各国学者将围绕“跨文化：从国内到国际”、“为未来而学习”、“数字时代的读与写”和“为社会变迁和个体发展的教育”等四个专题展开交流。作为东道主，北师大校长钟秉林教授指出：学习是人类文明发展进步的动力，也是教育的核心问题。在当前的信息时代，全球化、知识的迅猛积累、技术进步和社会变迁都使得“学习”这个课题比历史上任何一个历史阶段都具有极为重要的意义。中国拥有世界上最多的学习人口，中国的教师队伍也最为庞大，学习问题就更加需要引起高度的重视，以改进和提升受教育者的学习质量和效率。教育部原副部长韦钰、中国教育学会会长顾明远出席了开幕式，并作主题发言。

（北京师范大学社会科学处马永梅供稿）

“美国对华政策：今天与明天”学术研讨会 由中国人民大学国际关系学院美国研究中心主办的此次学术研讨会于7月17日召开。来自英国卫报集团、印地安那大学、威斯康星大学、艾克德学院、夏威夷亚太安全研究所、宾夕法尼亚大学、戴蒙学院、汉米尔顿学院、加州大学东亚研究中心、大峡谷州立大学、查尔斯顿学院、佛蒙特大学和日本国际大学等国外大学及研究机构的学者和美国驻华使馆官员25人；来自中国社会科学院、外交部国际问题研究所、中共中央党校、北京大学、清华大学、国防大学、现代国际关系研究所、北京师范大学、首都师范大学、北京外国语大学以及中国人民大学的专家教授40余人，以及部分国内新闻记者出席了此次研讨会。会议主要探讨了小布什政府上台以来特别是“9·11”恐怖袭击发生以后，美国的内政外交以及对华政策变化等。会议主要议题为：(1) 布什政府上台以来的中美关系；(2) 美国政府对台政策新变化；(3) 中美关系发展趋势：未来展望。

（中国人民大学科研处罗圣华供稿）

海峡两岸何日章先生图书馆学学术思想研讨会 7月28日至31日，北京师范大学、西北师范大学、兰州大学、台湾政治大学4校图书馆联合主办的本次研讨会在北京师范大学举行。来自祖国大陆和台湾的40余位图书馆学界的学者出席了研讨会，纪念我国图书馆学的先驱何日章先生。何日章先生早年毕业于北京高等师范学校，先后担任河南省立图书馆、北平师范大学图书馆、西北联合大学图书馆、西北师范学院图书馆和台湾政治大学图书馆馆长职务。他早在1934年，就在吸收中外图书分类方法优点的基础上，编制出“中国图书丨进制分类法”，成为当时很具影响的图书分类法，在当时的多所大学图书馆使用，至今仍被台湾政治大学、台湾辅仁大学、台湾师范大学图书馆等机构采用，促进了我国图书馆学和图书馆管理的现代化步伐。参加研讨会的学者和何日章先生的后人就何先生生平事迹、“中国图书十进制分类法”对我国图书馆事业的贡献、何日章先生图书馆管理思想和图书馆现代化管理与现代资讯学等问题展开了研讨。

（北京师范大学社会科学处马永梅供稿）

全球化、区域化与东亚国际学术研讨会 8月21日至22日，由北京大学东亚学研究中心和日本大阪经济法科大学亚洲研究所联合主办、北京大学亚太研究院协办的“全球化、区域化与东亚”国际学术研讨会在北京大学举行。来自中国、日本、美国、俄罗斯、韩国、蒙古、越南、老挝、缅甸、泰国、印度尼西亚、马来西亚、菲律宾等13个国家的百余名专家、学者参加了此次盛会。全国政协副主席罗豪才、日本大阪经济法科大学副学长吴清达等出席了开幕式。会议的主题是：在全球化不断发展、演变的今天，东亚各国如何在发展自身经济的同时加强区域合作，达到共同发展。在开幕式上，4位学者围绕主题做了基调报告。报告人和他们的题目分别是美国政府罗伯逊研究荣誉教授罗伯特·斯卡拉皮诺的“亚太区域主义与美国政策”、北京大学中国经济研究中心主任林毅夫教授的“中国的发展和亚洲的未来”、京都大学东南亚研究所副所长阿部茂行教授的“日本走向何方？——从与中国及东南亚的贸易与投资关系的视角看日本的发展前景”、韩国银行货币政策委员会金泰东先生的“从韩国的视角看东亚经济合作”。俄罗斯科学院东方研究所所长雷巴科夫等13位学者作了主题报告。与会学者围绕报告展开热烈讨论。他们探讨了区域合作及地区经济发展的前景，阐述了全球化可能对本地区各国经济发展带来的负面影响，认为发展经济应该趋利避害，充分利用全球化所带来的积极因素。会上成立了东亚区域发展的理论研究组织——东亚研究国际论坛。论坛为今后加强各国专家、学者间的交流与合作研究提供了便利的平台。

（北京大学社会科学部朱邦芳供稿）

东亚合作国际研讨会 研讨会由中国社会科学院主办，于8月22日在北京举行。会上，外交部副部长王毅出席研讨会并发表了主题演讲。他说，东亚是当今世界经济增长速度最快、最具发展潜力的地区之一。东亚人口占世界的近1/3，GDP占世界的1/4，外贸总额占世界的1/5以上，外汇储备近1万亿美元。东亚区域合作目前呈现出蓬勃发展之势，正日益成为推动各国和地区经济持续、稳定发展的新的动力。王毅阐述了中国对东亚合作的展望。他说，应当看到，东亚地区多样性突出，各国社会制度、历史文化、宗教信仰存在很大差异，域内外国家关系错综复杂。应根据本地区的特点，开辟出一条符合东亚实际、切实可行的合作之路。来自中国、日本、韩国、新加坡、马来西亚等13个国家研究地区和国际问题的专家学者围绕东亚合作的进展及未来方向等问题进行了探讨。

（参见《人民日报》2002年8月23日第3版）

人文社会科学发展与改革经验报告会 8月25日，美国加州理工大学人文社会科学院历史学家李中清教授应邀在清华大学理学院报告厅介绍加州理工大学人文社会科学发展与改革的经验。清华大学文科各学院教师和研究生数十人参加了报告会。加州理工大学的人文社会科学有两个不同的方向和发展战略。社会科学从一开始就决定以领域为主，而且以交叉的领域为主，摒弃传统的经济学、政治学、人类学等学科。先选一个比较有希望的领域，然后聘人、培养人，这就决定了要按照社会科学具体的研究方法来聘人。研究方法一般分两派，一派是以博弈论为主，一派是以实验为主。人文科学则不以研究课题为主，历史、文学、哲学这些传统学科都保留。由于教师太少，各自为政，彼此的协同作用不好，形不成特点，虽然本人出名，而学校不出名。因此，2001年开始体制改革，将人文科学分成两个大的学科领域：一个是科学的历史和哲学，一个是科学学。如果历史、哲学比较偏向自然科学，将来就会消除学科的边界，历史家、哲学家、科学家一起做研究，20年之后的成绩完全会超过社会科学家。改革的第二个方向是把历史家和文学家合在一起，研究项目以社会史为主。规定参加项目的所有人都必须做档案研究，看具体材料，不能完全脱离社会，要把文化学和实际的历史结合在一起。促进这些学科往两个方向发展，一个是历史家、文学家往计量分析、往社会科学的方向发展，叫社会科学的历史、社会科学的文学，这方向发展已经比较成熟；另外一个方向目前还不太成熟，但值得学校培养，即多做一些定性和定量的人文科学的交叉研究。李中清教授认为，清华大学有一些地方和加州理工大学很相似：第一，清华要提高人文社会科学；第二，还没有确定重视哪些领域；第三，还没有决定未来发展是以系为主，还是以课题为主。加州理工大学的经验有很多方面值得清华大学借鉴。

（清华大学文科建设处刘金梅供稿）

2002·北京社会科学普及周活动 普及周活动于9月17日开幕至23日结束。本次科普周活动坚持以“科学·文明·社会”为主题，以“弘扬科学精神，传播科学思想，倡导科学方法，普及科学知识”为宗旨，认真贯彻落实江总书记关于繁荣发展哲学社会科学和重视加强科学普及工作的一系列指示精神。科普周活动共分三个部分：一是举行开幕式暨专家学者研讨会。中共北京市委宣传部副部长宋贵伦、社科联常务务副主席、党组书记张文啟、中国人民大学副校长冯惠玲教授、首都师范大学副校长刘新成教授等领导和多位专家学者在开幕式上发表了主题鲜明的演讲。北京大学程郁缀教授所作的“让灿烂的中华文明在亿万群众中发扬光大”的主题演讲，揭示了社科普及周活动的宗旨。二是举办专题讲座。分别在国家图书馆、国家图书馆分馆、首都图书馆、北京群众文化艺术馆等10个受众相对比较密集的场所组织了52场讲座。三是开展现场社科咨询活动。有25个学会于9月22日（星期日）在西单图书大厦开设了咨询点，由专家学者为市民释疑解惑，向群众发放宣传辅导材料数千份。整个科普周活动期间的直接受众逾万人。本次科普周活动有五个突出的亮点。一是新闻宣传配合紧密。二是讲座选题广泛，定位好，质量高，辅助手段新颖多样。52场讲座的内容涉及政治、经济、历史、法制、伦理、教育，及民俗、宗教、戏剧、美学、旅游、语言文学、传统文化、医学保健、心理健康等社会科学和人文素养等方面，其中还涉及世界遗产、人文奥运、园林建筑、收藏与鉴赏等。三是普及范围广。不仅在国家图书馆、国家图书馆分馆、首都图书馆、北京群众文化艺术馆等场所举办了讲座，还把讲座开设到社区，让渴求社会科学知识的人群吸收到了人文精神的营养。四是倡导“人文奥运”的理念。在开幕式暨专家学者研讨会上，中国人民大学副校长冯惠玲教授指出：奥运的本质是文化，竞技只是载体。奥运会不仅是一次竞技活动，更是中西文化交融的过程，更应是中国献给世界的一笔宝贵财富。五是开办了面向外国留学生、外企人员的专题讲座。天坛公园副园长姚安研究员在“天坛的人文历史价值”的讲座中，通过多媒体展示和翻译的配合，把天坛所蕴含的“天人合一”的哲学理念及其在中国历史上的价值，表述得淋漓尽致，特别是世界遗产委员会对天坛的世界遗产价值所作的评价，让来自美国、日本、韩国、俄罗斯等国和港澳地区的学子感受到了中华文明的博大精深。

（北京市社科联郑建辉供稿）

抗日战争遗留问题与中美日关系研讨会　由美国日本侵华研究学会、北京大学历史系联合举办的“抗日战争遗留问题与中美日关系暨在美兴建日军侵华浩劫纪念馆”研讨会于9月29日在北京大学举行。出席会议的有香港抗日战争史维护会、旅日华侨、留日学生代表以及中国内地学者、社会活动人士共50余人。美国知名历史学家吴天威教授也应邀出席。与会发言者认为，二战结束已半个多世纪，中日建交也已满30周年，但尚存许多遗留问题，如战时日本的细菌战问题、强征中国劳工问题和强征慰安妇性奴隶问题等。这些问题都影响着中日两国以及亚太地区关系的进一步改善。对战争责任认识这一大是大非问题，日本政府应作深刻反省。一些学者指出，日本右翼势力不断为侵略战争翻案，新军国主义日益活跃，中国、亚洲各国以及美国人民对此要保持高度的警惕。我们要为中日两大民族真正的和平友好做出不懈的努力。吴天威教授等4人向会议报告了关于在美国建立日本侵华浩劫纪念馆的倡议与准备工作。与会者充分肯定了这一倡议的积极意义，对已经取得的成绩表示赞赏，希望国内外各界人士都来关注、推进这项工作。

（北京大学社会科学部朱邦芳供稿）

中国——越南双边研讨会　10月28日，迎接中国人民大学建校65周年校庆活动内容之一的“中国·越南加入WTO与财政金融政策的调整双边研讨会”在中国人民大学举行。中国人民大学冯俊杰副校长会见了以越南财政研究院院长武文化博士为团长的15位代表。中国人民大学国际交流处处长赵锡军教授和财金学院院长陈雨露、书记孙红培、副院长钱晟及院长助理瞿强博士等陪同会见并参加研讨会。钱晟和越南财政研究院副院长泰伯瑾副教授分别主持了研讨会。中国人民大学安体富教授、朱青教授、张杰教授和季冬生副教授在研讨会上进行了主题发言。部分教师到会并和与会学者进行交流。中国人民大学财政金融学院与越南财政研究院的双边学术交流活动至今已经成功举办了4届。第五届双边研讨会拟于2003年11月在河内举行。

（中国人民大学科研处罗圣华供稿）

发展繁荣人文社会科学高层论坛　10月30日至31日，由中国人民大学主办的本次高层论坛在中国人民大学举行。教育部副部长袁贵仁、中宣部副秘书长兼理论局局长陈俊宏、全国社科规划办副主任余志远、教育部社政司司长靳诺、副司长黄百炼、北京大学党委书记闵维方、清华大学党委书记陈希、南京大学校长蒋树声、中山大学校长黄达人、武汉大学党委书记顾海良、南开大学校长侯自新、厦门大学党委书记王豪杰、吉林大学校长刘中树、山东大学校长展涛、华东师范大学党委书记张济顺、浙江大学副校长胡建淼、四川大学副校长杨继瑞和中国人民大学领导纪宝成、程天权、冯惠玲、马俊杰出席论坛。这次论坛的主题是中国高校人文社会科学教育、研究的改革与发展；议题包括大学在发展繁荣人文社会科学中的使命和进一步加强高校人文社会科学教育与研究的对策两个方面。与会者就如何进一步理解江泽民同志关于发展繁荣哲学社会科学的三次讲话精神、如何制定一系列制度、政策和措施落实江泽民同志关于“四个同样重要”的重要思想、我国人文社会科学发展中存在的问题与不足、如何为人文社会科学的发展与繁荣创造良好的学术环境、高校领导班子在促进人文社会科学的教学与研究中的职责、人文社会科学人才的培养以及人文社会科学如何更好地服务于社会等问题进行了深入的讨论，并提出了许多建设性的观点和意见。

（中国人民大学科研处罗圣华供稿）

中国生态旅游论坛　由中国社会科学院主办，国家旅游局指导，中国社会科学院旅游研究中心承办的本次论坛，于11月25日至27日在北京国宾饭店举行。这一论坛是为了落实联合国2002年“国际旅游生态年”的决定而举办的。来自北京、湖南、浙江等地研究经济及旅游、环保、生态、水利等方面的近百位专家学者与会。与会者认真总结了海外和我国近年来生态旅游发展中的经验与教训，针对目前我国生态旅游的发展状况，进行了广泛的讨论，并为更好地推动我国生态旅游的健康发展出谋划策。本次论坛还通过了《关于中国生态旅游发展的倡议书》。该倡议书号召全国有识之士行动起来，努力宣传生态环境保护的重大意义，以实际行动来保护我们赖以生存的生态环境。

（参见《人民日报》（海外版）
2002年11月29日第6版）

2002年人文奥运研讨会　由北京联合大学北京学研究所和民盟北京市委文化委员会联合主办的本

次研讨会，于11月27日在北京市政协会议中心召开。来自北京市和中央的46个单位的120余位专家学者参加了会议，蒋效愚等奥组委和国家体育总局领导出席了开幕式。北京市人大常委会副主任、民盟北京市委主委王维城和北京联合大学校长张妙弟分别致词。研讨会共收到交流论文45篇，北京教育考试院副院长章家祥、著名作家梁晓声和联大文理学院院长孔繁敏等21位同志，在研讨会上作了演讲和发言。与会者就运动员伤残保障、北京的环境保护和环境建设、北京文化名城的保护与开发、城市的经营与发展、突出奥运会的中国特色与北京特色等问题进行了广泛深入的研讨，对办好2008年人文奥运提出了许多很有价值的建议和设想，受到了北京市和国家体育总局的高度重视。

（北京联合大学科研处供稿）

中国农民参与式技术发展研讨会　由中国农业大学农村发展学院主办的此次研讨会于11月28日至29日在中国科技会堂举行。来自北京、吉林、内蒙古、陕西、山西、宁夏、贵州、云南、重庆、江西、安徽、广西、海南等省市自治区的科研院所、大学、农业部和国家林业局等政府部门、非政府组织，以及包括日本协力发展银行（JBIC）、英国行动援助机构（Action Aid）、香港乐施会（Oxfam Hong Kong）等在内的国际组织的代表60余人与会。此次会议是在中国农民参与式研究网络、中国社区林业工作小组与论坛的倡议下举办的。大会开幕式上，中国农业大学农村发展学院李小云、农业部农业推广中心杨普云、北京大学蔡满堂致开幕辞，并就农民参与式技术发展的意义以及对研讨会需要探讨的相关问题提出了意见。会议采取大会发言、问答、总结评论与小组讨论相结合的形式。讨论中涉及的主要问题包括：对参与式方法论的反思；对参与式制度化、主流化的探讨；外部干预下农民技术发展的动力；技术发展中不同利益相关者的作用和相互关系；乡土知识研究的目的以及两个知识体系之间的关系；技术发展和研究项目中性别问题的研究等。与会人员针对这些问题在政策制定过程，管理和决策体系，以及实践操作等层面的表现进行了交流。同时，会议提出了需要进一步思考和深入研究的问题：政府、企业、非政府组织以及农民自身在农民参与式技术发展及农村发展中的角色及其相互关系。

（中国农业大学人文与发展学院赵冬缓供稿）

2002·学术前沿论坛　论坛由北京市社会科学界联合会和北京师范大学联合主办，于12月14日上午在北京师范大学英东学术会堂隆重开幕，到22日结束，共历时4天。本届学术前沿论坛的主题是：“小康社会：创新与发展”，由开幕式暨主论坛和14个分论坛组成。在12月14日的开幕式暨主论坛上，教育部副部长袁贵仁，中共北京市委常委、宣传部长蔡赴朝，北京师范大学校长钟秉林，北京市社会科学界联合会主席陶西平，北京大学党委书记闵维方，中国人民大学校长纪宝成分别致词，对论坛的成功举办表示祝贺。北京市社科联党组书记、常务副主席张文啟，北京师范大学党委书记陈文博分别主持了会议。本届论坛围绕十六大关于“全面建设小康社会，开创社会主义新局面”的精神，以推进理论创新，繁荣发展哲学社会科学为宗旨。在主论坛上，6位专家学者分别作了演讲：北京师范大学教授何兹全作了题为“释小康社会”的演讲，国家统计局副局长贺铿教授作了题为“全国建设小康社会是邓小平理论的发展”的演讲，北京师范大学教授、中国科学院院士王梓坤作了题为“大学精神”的演讲，福特基金会驻中国首席代表华安德（Andrew Watson）先生作了题为“社会科学与社会经济发展”的演讲，北京师范大学教授顾明远作了题为“全民学习奔小康”的演讲，清华大学教授李强作了题为“社会分层与小康社会”的演讲。北京市经济学总会、北京市社会学学会、北京市教育学会、北京市文艺学会、北京市社会心理学会等15个学会分别围绕本学科的学术前沿问题和热点问题进行了14场分论坛研讨，承办分论坛的学会和主题是：北京市社会学学会：当前中国社会结构的新变化；北京市人口学会：人口与现代化；北京市经济学总会：全面建设小康社会；北京市教育学会：基础教育的均衡发展；北京市文艺学会：文化研究——文学理论的挑战与机遇；北京市国际共运史学会：当前国际政治与社会主义创新；北京市逻辑学会：逻辑学的创新与发展先进文化；北京市社会心理学会：应激与心理健康；北京伦理学会：中国与世界：21世纪伦理学主题；北京市语言学会、北京市世界语协会：新千年的语言学问题。本届论坛的直接参与人数多达1700余人，共有94位专家学者作了主题发言。主论坛名家荟萃，分论坛不仅参与的专家学者众多，而且涉及的学科领域广泛。

（舒敏供稿）

北京市第七届哲学社会科学优秀成果评奖活动　北京市第七届哲学社会科学优秀成果评奖活动自4月开始启动，到11月结束，历时7个月。此次评奖严格按照《北京市哲学社会科学优秀成果奖评选条例》和《北京市第七届哲学社会科学优秀成果奖评选工作实施细则》的要求，严肃认真地进行申报、推荐和初评工作。教委、社科研究、党干校及党史、党政群四个系统共接受178个单位申报的914项成果。经系统评奖委员会评审，评选出候选项目237项（候选项目占申报总数的25.9%）。通过评奖委员会学科组68位专家审读、评奖委员会学科评选组评选会议以及市评奖委员会会议，经市评奖委员会审定和批准，有192项成果获奖。其中特等奖空缺，一等奖39项，二等奖153项。获奖成果名单已于10月16日分别在北京千龙新闻网和北京市社科联网站上进行了一个月的公示。经过公示，192项成果正式获得北京市第七届哲学社会科学优秀成果奖。本次获奖的优秀成果有如下几个特点：第一，获奖成果质量较高。获奖成果中具有正高级职称的作者共129位，占获奖作者总数的67.2%。其中，占一等奖获奖作者总数的87.1%。一些资深的老专家学者的成果质量高、社会反响大。在整个获奖成果中，不乏一批在基础理论和学科建设方面有较大影响的优秀成果。这些都充分显示了北京在哲学社会科学基础研究领域的优势。第二，应用理论和决策研究进一步加强。获奖成果中有相当多的研究成果，重点研究我国改革开放和现代化建设中的重大理论和现实问题，在这一方面取得了十分可喜的进步。初步统计，紧密联系我国改革开放和现代化建设实际以及研究北京问题的优秀成果共79项，其中研究北京问题的18项，占获奖总数的18%。第三，从获奖成果申报者看，中青年学者已经成为哲学社会科学研究的中间力量。获奖成果申报者中45岁以下中青年学者共72人，占获奖总数的37.5%，这一比例较之以往各届都有了较大的提高。中青年学者的研究成果，涉猎广泛，视野开阔，勇于创新。

（李淑琴供稿）

中国国际战略学会年会　中国国际战略学会于12月24日在北京举行2002年年会。100余名长期在外交战线与军队工作的老外交家、老将军以及从事国际战略和经济、科技等问题研究的专家学者参加了年会。中国人民解放军副总参谋长、中国国际战略学会会长熊光楷在年会上作了“用十六大精神加深对当前国际形势的认识”的报告。他在报告中分析了当前的国际形势，并从“正确认识战略机遇与忧患意识的关系”、“正确认识反恐与反霸的关系”和“正确认识经济全球化与发展模式多样化”三个方面论述了如何根据十六大精神加深对当前国际形势的认识。中国国际战略学会成立于1979年，是研究国际战略问题的全国性民间学术团体，并已同世界上50多个国家的100余个国际问题研究机构建立了学术交流关系。

（参见《人民日报》2002年12月25日第3版）

现代化进程中的青年与青年工作研讨会　12月28日，北京市青年研究会第六届理事会第一次全体会议暨现代化进程中的青年与青年工作研讨会召开。市委副书记、北京市青年研究会名誉会长强卫出席会议并讲话。

强卫在讲话中充分肯定了北京市青年研究会第五届理事会的工作。他指出，北京市青年研究会成立20年来，走过了一条不平坦的道路，取得了可喜成绩，积累了宝贵经验，为促进首都文明建设，推动北京青年工作和共青团工作，促进北京青年健康成长做出了贡献。研究会在开展理论研究的过程中发扬严谨的治学精神，形成了优良的学术品格。特别是第五届理事会在重要的历史时期，继承研究会的优良传统，不断适应新形势，积极开拓创新，取得了很大的进展。北京市青年研究会成立于1982年，是由团市委主办的群众性学术团体，主要由与青年问题研究和青年工作有关的中青年专家学者组成。多年来，该研究会结合首都文明建设和青年一代成长成才开展理论研究工作，推出了一批有影响的理论成果，是首都影响较大的青年理论研究组织。

（参见《北京日报》2002年12月29日第1版）

市委讲师团组织近200场理论学习报告会　中共北京市委讲师团高举邓小平理论伟大旗帜，全面贯彻落实“三个代表”重要思想，以迎接、学习、宣传、贯彻党的十六大精神为主线，坚持以口头宣传的形式唱响主旋律，加大理论宣传力度，2002年全年共组织报告会、系列讲座194场，其中同有关部门共同组织全市十六大精神宣讲报告会120多场，专题辅导报告50场，老干部政治理论电视讲座20场。为基层单位联系安排报告会600余场，受众75万余人次，为广大干部群众的理论学习营造良好氛围发挥了作用。在近两百场的报告中，十六大中央宣讲团成员、北京市宣讲团成员林兆木、金冲及同志的宣讲报告，分别在中央电视台新闻联播节目中播出，其报告也曾多次在北京新闻媒体播出。

(中共北京市委讲师团供稿)

北京市学习十六大精神宣讲团完成集中宣讲任务

中共北京市委宣传部同北京市邓小平理论研究中心、中共北京市委干部理论教育讲师团共同组织北京市学习十六大精神宣讲团，从11月28日起至12月底，分别到各区县、市委各工委、企事业各单位、高等院校80多个单位进行集中宣讲十六大精神报告共120多场。

宣讲团由著名专家学者26人组成，经过精心组织和集体备课，按照中央“宣讲提纲”的统一要求，向广大干部群众原原本本宣讲十六大精神。中央宣讲团成员中央文献研究室副主任金冲及在市委外经贸委宣讲的“学习十六大精神辅导报告”、中央宣讲团成员、国家计委宏观经济研究院原常务副院长林兆木为本市老干部宣讲的“十六大精神辅导报告”分别在中央电视台新闻联播节目中播出，引起强烈反响。每个宣讲团成员平均宣讲5场。市委宣传部副部长宋贵伦、中央党史研究室副主任石仲泉、中央党校叶笃初教授、中国社科院徐崇温研究员、中央社会主义学院副院长甄小英、市委党校刘道福教授等宣讲场次达8场以上。

宣讲团紧紧围绕十六大报告的十个方面和新党章的十一个方面，力求四个“充分说清楚”，紧密联系我国改革开放和现代化建设的实际，紧密联系新形势下党的建设的实际，紧密联系广大党员干部的思想实际，原原本本宣讲十六大精神，突出重点，讲出亮点，使大家对十六大深远的历史意义和重大的现实意义有了更为全面的认识，对全面建设小康社会的奋斗目标及党的各项战略部署有了更加深刻的理解。宣讲报告在市属新闻媒体多次进行了报道。

宣讲报告对于深入学习、正确领会、全面把握十六大精神，努力把思想更好地统一到十六大精神上来，从而进一步增强坚持党的基本理论、基本路线、基本纲领、基本经验的自觉性和坚定性，增强坚持和实践“三个代表”重要思想的自觉性和坚定性，推动全市各项工作再上新台阶具有很强的指导作用。

(中共北京市委讲师团供稿)

市委讲师团为全市老干部组织电视理论讲座20讲

中共北京市委组织部、市老干局与市委讲师团2002年度为全市老干部举办政治理论电视讲座20讲。

每场讲座的确立，经过认真调查，根据广大离退休老干部的需求，就其所关心的时事政治和热门话题，邀请著名专家、学者宣讲，解疑释惑。先后就“学习贯彻十六大精神”、“全面贯彻落实三个代表重要思想”、“与时俱进、理论创新”、“北京经济形势发展”、“公民道德建设”、“医疗体制改革”、“老年人的健康心态”、“新世纪科技发展”等20个专题，安排电视讲座。讲座在北京电视台教育3台27频道每周四上午10时播出。老干部以党支部为单位组织收看，讲座受到了广大离退休老同志的普遍欢迎。

(中共北京市委讲师团供稿)

中国社会科学院2001年主要学术活动

“21世纪中国社会发展”——中国社会学会2001年年会　中国社会学会6月6日至9日在山东济南召开中国社会学会2001年学术年会。年会的主题为“21世纪中国社会发展”。来自全国科研机构、大专院校、国家机关的180余位教授、副教授、学会理事参加了会议，会议收到学术论文190多篇，内容涉及全球化问题、城乡关系研究、城市化、社区建设研究、社会保障研究等。

会议采取大会学术报告与小组专题讨论相结合的方式进行，着重研讨了经济全球化与21世纪中国社会发展、21世纪中国社会结构变迁、21世纪中国城乡关系、加人WTO后中国经济与社会协调发展、中国的城市化与社区建设、中国的社会保障体系建设、高新技术创新与社会发展等专题。

1. 全球化与21世纪中国社会发展

关于全球化对当代中国社会发展的影响。有学者认为，全球化既是一个经济范畴，又是一个社会范畴。它包括全球经济一体化、全球文化整合化、全球政治协同化、全球生态共生化和全球人类认同化。全球经济一体化是促进当代中国经济发展的强大动力；全球文化整合化能提高中国文化的发展活力与水平；全球政治协同化对于当代中国政治发展将会产生不可忽视的影响；全球生态共生化能增强中国的环保能力和民众的生态意识；全球人类认同化则有助于塑造当代中国人的现代品格。

关于21世纪中国社会发展的基本走向。发展是当代全球性主题，更是21世纪中国社会的主题。

有学者认为，从全球化进程的视角看，“有中国特色的社会主义理论”从本质上说也是一种发展理论，是一种关于中国这样一个尚不发达的大国如何走向现代化并融入全球化进程的理论。与会学者们认为，在新全球化时代，中国的发展将是在全球后现代氛围中实现现代化的过程。这一过程既不同于传统工业文明意义上的现代化，也不同于西方发达国家的“后工业文明”意义上的“后现代化”，而是一种“新现代化”，即是以知识化、信息化和后工业文明为主导原则来重建、实现现代化的过程。

关于全球化与中国的文化建设。有学者认为，全球化问题的关键在于，一方面采用高新科技不断提高人们的生活水平，另一方面是努力寻找一种制衡“唯向外求理”的消费文化的方法，即通过思想教育培养国民的内在生活与内在精神，从而增强民德和民智。而国民“内在精神”的培养需要依赖他们自己已有的由历史积淀过程酝酿出来的传统，因为这种民间文化是不容易从外国文化或某种抽象的学院理论那里得到的。该学者认为，新儒学把关于儒家历史现象的研究变成当代中国实践的机会，从而以思想与教育去培养中国人的内在生活价值，这一思路对于中国在全球化进程中进行文化建设具有极其重要的意义。

关于全球文化与民族意识。有学者指出，与经济全球化发展趋势日渐明显相反，民族和种族意识在世界许多地方不是减弱，而是不断增强，即使这是以牺牲经济理性为代价的。民族主义者更愿意鼓吹的是自治、兄弟般的联合和有特色的认同，而不是经济利益、理性和国家权力。该学者认为，拥有悠久和丰富文化传统的中国，在过去一个半世纪中，一直被强烈的民族主义意识所引导，尽管这种民族主义意识经常被其他各种思想流派所掩盖或隐藏。现在来看，无论是延续与接纳传统，还是塑造现代的中国精神，这种民族主义意识的重要性在面对21世纪的全球化趋势时已变得愈加明显。

2. 21世纪中国社会结构的变迁

关于城市农民工与转型期的中国社会结构。有学者认为，改革开放以来，大量的农村剩余劳动力持续不断地来到城市寻求经济机会。现在，城市农民工已经构成一个相对独立的社会结构单元，中国社会也已成为区别于传统二元结构的三元分治的社会结构类型。新世纪的城市农民工问题主要表现为两个方面：一是他们和我国宏观社会体制结构的矛盾，即他们的转移作为一种既有的社会现象还没有得到现有社会管理制度的确认。对于中国的农民工不仅仅是给予他们一个市民待遇，即城市户口的问题。二是他们的微观生存安全问题，即城市农民工作为一个相对独立的社会主体，在社会生活中经常遇到种种的权益损失，缺少稳定的安全感。这是一个亟待认真解决的问题。

关于私营企业主阶层的分析。近年来，私营经济及私营企业主阶层的出现和发展，已经成为我国经济社会结构变化调整中引人注目的事物。有学者指出，私营企业主作为私营资本人格化的体现，在不断追求物质利益的过程中，其思想意识和行为方式具有以下特点：第一，私营企业主作为私营经济利益的代表，他们在经济实力增强后会积极寻求保护其合法利益的政治后盾。随着市场主体意识的增强，他们也必然会寻求反映其政治愿望的民主渠道和参与公众事务的社会舞台。第二，私营企业主阶层社会政治经济利益的多成、表达与实现，不仅源于体制改革和经济市场化所带来的巨大推动，而且还在于私营经济所处的二元社会结构作用的结果。第三，私营企业主在寻求各种发展中所编织的关系网，是一种典型的个体中心网络。它具有网络成员的趋同性低，异质性强，根据需要和利益大小决定网络的构成、规模和紧密程度等特点。

关于新社会组织的建设与管理。新社会组织是指在社会转型期兴起的有别于政府组织和经济组织的社会中介组织，它包括社会团体、民办非企业单位和自发性活动群体三个组成部分。我国的新社会组织已经开始步入了规范化、法制化的建设轨道。为加强对新社会组织的建设与管理，促进其在我国未来社会转型过程中发挥更大作用，有学者提出了以下两点建议：第一，政府应对结社自由予以准确的定位，并施以科学的管理。如果政府管理定位得当，管理方法科学，政府宏观调控和新社会组织的中介纽带作用都将得到充分发挥，两者也将会协调发展。第二，必须建立起一套自上而下与自下而上相结合的监督机制。自上而下的监督机制包括构筑完备的法律框架和政策体系；自下而上的监督机制则包括建立舆论监督机制、行业约束机制以及服务对象监督机制等。

关于未来中国农村社会结构的变迁。有学者认为，在“新经济”背景下，中国农村社会结构的转型不再是单纯的由传统的农业社会向现代工业社会转变，而应是一种“双重转型”，即把现代化和后现代化两大发展过程浓缩起来，合二为一，不但实现由传统的农业社会向现代工业社会转变，还要实现由工业社会向“新经济”社会转变。与之相适应的是，“双重转型”将会带来“双重任务”，即中国农村社会结构转型的推进，一方面要继续完成农业工业化的任务；另一方面又要迎接“新经济”浪潮的挑战。这一过程将是极其复杂和艰难的。还有学者指出，由经济的市场化到政治的民主化，再到社会主体的多元化，今后中国农村社会结构的转型还是应该走农民民主自治的道路，农村社会结构的最终整合还是要靠农民代表和政府官员的相互配合进行管理来实现。

关于在21世纪如何培养健康合理的中国社会阶层结构。有学者提出如下政策建议：调整分配政策，缩小收入差距；消除体制障碍，实现自由流动；发展市场经济，增加就业机会；加快城镇建设，减少农民数量；面向全体公民，促进教育公正；建立社会保障，保护弱势群体；推进民主进程，遏制腐败蔓延。

3．21世纪中国的城乡关系

关于我国户籍制度的改革与创新。有学者认为，我国户籍制度的变迁主要取决于国家意识形态和政府对权利的理解。为使户籍制度适应21世纪我国社会发展的需要，今后应着重做好以下几方面工作：第一，转换户籍的管理功能，即要逐渐削弱其控制人口流动和执行分配依据的功能，增强其传递人口信息和证明民事关系的功能。第二，逐步取消城乡户口划分，完善居民身份证制度。第三，逐步将各种特权和利益分配从户籍身份中剥离开。第四，改革户籍管理体制，适应现代开放性社会发展的需要。第五，完善对户籍管理的立法工作，加强依法行政和规范执法。

关于我国农村的城镇化建设。有学者认为，当前我国农村城镇化过程中出现的种种矛盾，其实质是传统农业社会以行政管理为中心的旧有“村镇模式”与现代社会以经济效益为中心的新型“城市模式”的矛盾，是现有区划体制的眼前利益与整体社会发展的长远利益的矛盾。为使这两种体制进行有效交替，促进乡镇工业化和城乡区域经济沿着市场经济轨道健康、协调发展，应实行“疏导、调整、巩固、提高”的政策导向。即：第一，在规划城镇布局时，应以区域经济地理优势为标准，确立一批重点发展的中心城镇，同时停止执行缺乏发展前景的城镇规划，坚决刹住小城镇遍地布点扩张的势头。第二，小城镇的规划和建设应以遵循市场经济的发展规律为主要着眼点，既不能以现有的行政区划设立边界，更不宜用行政力量去干预小城镇的建设。第三，小城镇基础设施建设资金的投人应坚持地方财政和城乡投资者“两条腿走路”的方针。

关于“城中村”问题的研究。在城市化异常迅速的我国沿海发达地区，“城中村”是一个久已存在的现象，只是近年来其问题的严重性才逐渐被人们所意识到。有学者指出，时下的“城中村”是传统体制性因素与现实的政策、管理性因素相互作用的结果。“城中村”问题的症结主要表现在以下四个方面：第一，城乡二元土地制度是造成“城中村”问题的根本原因。具有前瞻性、适应城市化发展要求的土地政策与制度安排对合理解决“城中村”问题至关重要。第二，村落共同体的利益性内聚是形成“城中村”问题的关键。“城中村”在先行与快速的非农化中积聚了厚实的集体财富，而集体财富的使用、分配与增值又不断强化着村民对村落共同体的依赖与向心力。第三，非正式经济的存在与发展是“城中村”赖以“兴盛”的体制外因素。非正式经济是指那些除国家工商税务许可之外的所有经济成分，其中包括相当数量的灰色、黑色经济成分。可以说，不了解“城中村”的非正式经济就难以全面理解“城中村”的形成秘诀。第四，村落历史的认同性是“城中村”形成的历史文化因素。无论是“城中村”信任结构的村庄化格局还是村庄的单位化趋向，都是现实社会变迁背景下对村落历史文化认同的一种折射。

关于现代城市的可持续发展问题。有学者指出，现代城市的发展质量包括四方面的内涵：以合理的产业结构和各产业的深度发展为基础，具有高效益的物质、能量转换方式；具有高效率的流转系统，为物流、信息流、价值流等的畅通创造条件；能提供高质量的绿色生态环境和高效、安全、健康的公共文化环境；具备高文明素质的人文环境系统。学者们认为，要不断提高我国各类城市的发展质量，实现现代城市的可持续发展，必须妥善处理好以下几方面的关系，即当前工作与长远发展的关系；改革、发展与稳定的关系；城市建设重点突破与城市管理全面推进的关系；城市政府管理机构与社区基层组织的关系；城市空间扩展与土地节约合理使用的关系等。

4．21世纪中国的城市化与社区建设

关于社区发展的原则。有学者认为，我国21世纪的社区发展应遵循以下五条原则：第一，全面、协调的原则，即社区的经济与非经济方面的发展应保持一种和谐适度的关系。第二，以人为本的原则，即社区的建设应以人为中心，以体现人的价值为出发点。第三，可持续发展的原则，即社区的建设与发展不能只顾眼前利益，而要有长远眼光。第四，大众参与的原则，即社区居民都能自觉自愿地参加社区的各种活动，它是社区发展的内在动力，也是实现“以人为本”发展原则的内在要求。第五，自力更生的原则，即社区的发展应当倾向于主要依靠自身力量，减少对外部的依赖。

关于社区建设对我国城市化的影响。有学者认为，这种影响主要表现在三个方面：第一，社区建设的原则与城市化的发展理念是一致的，即均体现以人为本，以提高人的生活质量为根本目标。因此，鼓励社区间开展适当的发展竞争，可以充分开发和利用好社区的各种资源，有利于促进城市社区功能的优化。第二，社区组织的改革对城市化的意义在于，社区居民无需在严格的政府或社会组织的约束下参与社区活动，而是从社区居民的共同利益出发，自觉自愿积极主动地参与社区建设，这有助于增强社区居民的认同感，提高社区的凝聚力，调动社区居民共建文明社区的积极性，从而提高社区居民的物质文化生活质量。第三，社区建设能比较有效地消除各种城市社会病，起到城市分化、社区整合的效果，从而推动我国城市化的健康发展。

关于转型期城市社区变迁的特征。有学者认为其有以下八个方面的表现：第一，出现了不同的新的阶层和利益群体；第二，职业结构变化较大，以第三和第四产业（即信息产业）为居民就业的转移方向；第三，社区非正式组织增多，社团性特点增强；第四，文化价值观变化较大，文化指导思想是一元的，但主导文化价值观则呈多元性；第五，城市社区变迁在时效上具有长期性，在影响范围上具有广泛性，在作用功能上具有深刻性；第六，城市社区的区域要素呈模糊化趋势；第七，社区居民的生活方式变化较大，消费行为呈多元化、开放性的提升特色；第八，城市社区的变迁具有政策导向性。

关于我国中小城市社区建设的重点。学者们主要提出了以下几点建议：第一，要加强以中小城市为中心的社区建设理论的研究，以利于做到有的放矢，扬长避短，提高中小城市社区建设的效益。第二，要深化社区管理体制改革。中小城市的社区管理要正确处理好行政与自治的关系，实现由农村架构向城市化管理方式转变，同时要努力建设一支年轻化、知识化和专业化的高素质的社区管理队伍。第三，要因地制宜，做好中小城市社区建设的规划工作。中小城市的社区建设规划应当立足于本地实际，妥善处理好个性和共性的关系，要充分利用现有资源，扬长避短，做出自己的特色来。第四，要有步骤地推进中小城市社区的文化建设。中小城市社区的文化建设应当与目前城市的经济体制改革相配套，与城市社会治安综合治理相促进，与城市精神文明建设相配合，着眼于城市社区居民素质的全面提高，即努力培养和造就与现代社会发展相适应的现代人。第五，要大力发展城市社区服务，不断满足社区居民的物质文化生活需要。

5. 21世纪我国的社会保障制度建设

关于完善我国社会保障制度的基本原则。第一，基本生存原则，即社会保障的内容主要是满足社会贫困群体的基本物质生活需要。第二，独立性原则。这种独立性不是指社会保障独立于社会之外，而是指社会保障应有相对独立的管理、运作机制。第三，激励原则。社会保障本身不是目的，而是促进社会进一步发展的手段。它是事关公平的，更是事关效率的。第四，规范安全原则，即社会保障制度的建设、社会保障基金的运作和管理等都要严谨、有序，要有宏观的思路、科学的依据和明确的法律规范。第五，灵活调适原则。完善的社会保障体系应该既有刚性，同时又能适时适事而变，灵活调整。第六，多元化原则。其中包括资金来源的多元化、保障主体的多元化、保障种类和层次的多元化等。

关于完善我国社会保障制度的新思路。学者们提出了五点建议：第一，要理顺现有管理体制，建立统一的社会保障管理协调机构。第二，要健全社会保障制度的内容，扩大社会保障的覆盖面。第三，要加大改革力度，多渠道筹集社会保障资金。第四，要改革传统的救济方式，因地制宜地选择城乡社会保障模式。第五，要加强法制建设，尽快出台《社会保障法》。

关于建立健全我国农村社会保障体系的构想。学者们提出了如下建议：第一，尽快实现我国包括农村社会保障在内的社会保障立法。第二，尽快明确建立我国农村社会保障的管理系统与管理体制。第三，在广大农村加强建立健全农村社会保障体系的意义和作用的宣传教育及相关知识的普及。第四，建立健全科学的农村社会保障保险金的收缴、运作和监管机制。第五，应确保信誉，按承诺与有关规定保证社会保障保险金的按时足额发放。第六，尽快建立健全农村社会保险的管理机制与基层机构，尽快发挥其功能。第七，尽快在广大农村建立起商业性社会保险机构与网络，使其与政府所办的社会保障机构相辅相成，共同推动农村社会保障事业的发展。第八，在广大农村仍应大力提倡中华民族养老敬老的传统美德。第九，要立足实际，因地制宜，使我国农村社会保障体系逐步得到健全、发展与完善。

关于民族贫困地区社会保障模式的构建。学者们提出，在民族贫困地区构建多元化的社会保障体系，主要应包括以下几个层次：第一，最低生活保障制度，即要为收入难以维持基本生活的少数民族农牧民贫困群体建立起最低的生活保障线。第二，自然灾害的社会救济制度。要建立各级政府救灾救济责任包干制，科学划分各级自然灾害的救济线，确定遭受自然灾害的程度，并建立自然灾害救济经费储备基金制。第三，合作医疗保险制度。民族贫困地区农牧民群体应与农村各级经济组织共同筹资，在医疗上实行互助互济。第四，社会养老保险制度。民族贫困地区的社会养老还是应该走以家庭养老为主，社会统筹和个人账户相结合的道路。

关于子女养老社会保险金制度。为解决我国养老保险中养老资金的不足和经常拖欠发放等问题，有学者提出了建立“子女养老社会保险金制度”的政策建议。这一制度的内涵是，就业子女按每月工资3%出资存入父母在银行设立的养老保险金账户，这笔资金的所有权归父母，父母可在离、退休后凭有关证明随时取用。不取用时，这笔资金由国家社会保障管理部门统一调剂救急，专款专用于解决社会保障中的各种养老保险难题。该学者认为，实施这一制度可使目前的基本养老保险金由国家、用人单位、职工个人负担的三个组成部分增加到四个部分，这样不仅使子女养老规范化、社会化、货币化和制度化，更重要的是能筹集和使用更多的社会性养老保险资金，有利于更好地解决养老保险这一社会保障难题。

此外，与会专家们还就高新技术创新与中国社会发展、社会控制与反腐败、21世纪中国婚姻家庭的发展趋势等问题展开了研讨。

会议由专家组成优秀学术论文评审小组，对收到的学术论文进行评审，有37篇论文获奖，其中荣誉奖3篇，一等奖15篇，二等奖19篇。

西部开发与资本市场国际研讨会 2001年6月18日至6月20日，中国社会科学院数量经济与技术经济研究所与重庆西部开发办公室联合召开“重庆·西部开发与资本市场”国际研讨会。参加这次会议共有150余名专家学者和资本界人士，共收到论文近30篇，共有55人次发言。中国社科院副院长王洛林、重庆市委书记贺国强、市长包叙定参加了会议。会议研讨的内容主要从西部开发与投资；融资方式比较；利用外资与西部开发；中小企业与风险投资；区域资本市场发展的国际经验比较等五个方面进行了深人的讨论。

1．西部开发，投资是关键

西部开发战略实施一年多的实践证明，没有大量资金的投入，西部开发难以取得实质性进展。尽管各种因素对西部开发都是很重要的，但没有大量投资为载体，其他要素都难以发挥作用。为了加速西部地区经济社会的发展，代表们认为，要积极利用多种融资形式，广泛筹集资金。既要培育西部地区内部的资金来源，也要包括促进外部资金向西部的流入。

2．融资方式比较

代表们分析了中国财政、信贷、证券三种融资方式的发展历史，面临的问题和今后发展趋势。根据目前中国投融资体制的特点，代表们把中国目前的融资方式归结为两大渠道。一是财政投资和银行中长期贷款；二是市场化融资。市场化融资包括货币市场融资和证券市场融资。有的代表认为，“在国有银行真正完成商业化改革之前，很难说中国存在中长期信贷市场”。因此，必须加快商业银行的企业化改革，以加快中长期贷款市场的发展。代表们认为，在中国目前的形势下，不论是在全国还是在西部，财政融资都发挥着基础性的重要作用。特别是在中国继续实行积极的财政政策的形势下，财政融资发挥更加基础的作用。有的代表特别指出，在西部融资中，必须将财政融资与信贷融资有机的结合起来。关于市场融资，代表们认为，可以分为短期货币市场融资和长期资本市场融资。西部融资应以长期的资本市场融资为主。来自证券系统的专家分析了中国目前证券市场，特别是股票市场的发展状况，指出未来驱动股票市场的三大基本要素以及未来发展趋势。业内人士的观点表明，中国证券市场正在迅速崛起，并将进一步规范，从而成为融资的重要渠道。保险资金来源稳定、规模巨大可靠。根据国外的经验，它应该成为股市中的主要机构投资主体之一，这既是股市发展的需要，也是保险资金经营增值的需要。

3．利用外资与西部开发

西部地区的学者充分认识到，目前西部地区吸引外资存在一些软环境障碍。与资本流动性、安全性和获利性考虑相对比，西部地区的引资障碍主要表现为五个方面，即渠道不畅，流动性差；基础措施落后，效率低；软环境，尤其是制度、政策、观念等方面的制约比较大；人力资源素质不高，资源优势下降；资本市场发育滞后。只有消除上述障碍，才能加快引资步伐。代表们认为，西部地区必须在人力资本与物质资本方面实现平衡发展。中国整体上对人力资本的投资不足。根本原因是没有形成一个劳动力自由定价的市场机制，使得人力资本投资回报率偏低。

4．中小企业与风险投资

各国的经验都表明，中小企业无论是在解决就业，还是促进经济增长方面都占有十分重要的地位。专家们认为，发展中小企业是西部开发的主要途径之一。对西部中小企业发展的调查表明，西部中小企业发展面临的最大困难是资金短缺和软环境制约。尤其是资金短缺占被调查企业总数的75%，主要发生在企业的扩张期。对于发展中小企业，代表们提出了很多很好的建议。例如，优先建立中小企业信息系统；完善治理结构；组建中小企业投资公司，尤其是风险资本投资公司，为中小企业，尤其是创新型中小企业提供资金支持；发展担保机构，引导信贷资金；发展场外交易，鼓励大企业和企业集团收购中小企业；鼓励股本投资，等等。

5．区域资本市场发展的国际经验比较

来自国外的专家学者介绍了不少重要的国际经验。给我们的启示是，资本市场只有在更广大范围内具有流动性，才会有规模效益，因此，欧洲才会组建一体化的资本市场。国际经验还表明，发展公共支出和吸引私人资本是相辅相成的。缩小地区差距必须依靠政府和民间的合力。

中国司法改革的回顾与前瞻学术研讨会 2001年8月13日至14日，中国社会科学院法学研究所公法研究中心主办的“中国司法改革的回顾与前瞻”学术研讨会在京召开。中国内地的法律实务界人士、法学专家学者，与来自日本、美国、荷兰等国家和我国台湾、香港地区的专家学者，以及美国福特基金会项目官员，共60多人参加了会议。研讨会围绕“中国司法改革的过去和未来”这一主题，就“中国司法改革的总体评价”、“域外的司法改革及其经验”、“影响司法改革的因素”、“审判和检察制度改革”、“司法独立与法官”、“司法改革与人权”共6个议题进行了深入讨论。

1．中国司法改革的总体评价

（1）我国司法改革的客观发展轨迹。对我国司法改革客观发展轨迹的认识，比较一致的看法是，现阶段的司法改革起始于20世纪90年代中期，是我国20年改革开放的逻辑结果，是在我国经济体制由计划向市场转轨、我国民主政治有序发展的过程中，法律制度改革或者说法律发展的必然产物。(2)我国司法改革的成就与问题。最高人民检察院法律政策研究室主任戴玉忠认为，司法改革已经取得一定成绩，但是，从总体上说，司法改革仍然“有点乱”，存在的问题很多，部门割据、自行其是，缺乏统一协调，是当前最大的问题。由于我国的司法改革才刚刚开始，国家缺乏司法改革的总体纲要或者宏观上的规范性文件，对司法改革的指导方针并不明确，加大了司法改革顺利进行的成本。

2．影响司法改革的因素

（1）法律教育和司法统一考试。司法部教育司副司长霍宪丹就法律教育改革和司法统一考试制度的实施作了简明扼要的介绍和分析。关于司法统一考试、法律教育和司法改革三者之间的关系，霍宪丹指出，国家统一司法考试是法律人才教育培养体系的重要组成部分和关键环节，法律的学科教育、统一的司法考试与法官职业培训和终身化的法律继续教育体系必将成为法律职业与法律教育之间的桥梁。该制度的建立必将从制度上加强法律教育与法律职业的联系，必将影响法律教育的教学内容、教学方法和法律人才培养模式。(2)法官素质的提高和法官培训、法官遴选制度。中南财经政法大学李汉昌教授就司法改革和法官素质、法官培训的关联问题发表了自己的看法。李汉昌教授认为，从文化、专业、业务素质来说，我国法官现状可以用两句话来概括：数量庞大、素质不高。就目前的法官队伍而言，要使其整体素质有较大提高，只有两种方式：一是进行人事制度改革，二是在此基础上，落实法官法第26条规定，制度化地对在职法官进行理论培训和业务培训。(3)法学研究对司法改革的影响。北京大学法学院贺卫方教授的发言侧重于法学研究与司法改革的关系问题，认为过去的法学研究并未能有效地推进我国的司法改革。一般而言，理论思考是制度变革的动力之一。考虑到我国的法律发展是移植型的，知识传播能推进相关制度的发展。四川中维律师事务所主任顾培东的发言集中于揭示当前法学研究的弊端，并带有极强的反思性。他指出，现在的法学研究停留在宏观价值之设想的层面上，对于现实制度改革来说效果并不理想，缺乏制度设计、操作方面的研究。

3．审判和检察制度改革

（1）审判和检查制度改革的进展。最高人民法院刑事庭庭长张军介绍了我国法院改革的情况。近几年来已经进行的法院改革涉及到审判工作的各个方面，在此基础上，最高人民法院 2001 年又确定了五个方面的改革重点。但是，如果以克服司法腐败、追求司法的廉洁公正这一改革目标作为参照点，目前的改革举措在效果上仍然与这一目标有较大距离，改变这种状况的出路在于维护中央权力的统一，法制统一，司法独立。(2) 刑事司法改革。四川大学法学院左卫民教授主要从刑诉立法的角度探讨了司法改革所存在的问题。他认为，未来的刑诉立法应该着重处理好整体性和单一性、国际化与本土化、国情对刑诉改革的推进性和局限性、改革的渐进性和演进性等几种关系。法学研究所王敏远编审认为，我国刑事司法改革的中心议题应是公正问题，并且应以被告人的权利为核心问题。法学研究所熊秋红教授则明确提出，我国刑事司法制度改革中最为关键的，是要构筑以保障人权为核心的改革目标体系。(3) 民事司法改革。中南大学法学院王艳林教授针对大民事审判格局，从中国市场经济发展的角度提出了其质疑的论证。王艳林教授认为，大民事审判格局由于撤销经济审判庭而将上述领域的经济纠纷置于审判的盲区，造成司法救济的缺位，是不符合经济发展趋势的法治化要求的。(4) 审判改革与纠纷化解机制。北京大学何兵博士以“纠纷的化解与审判”为题的发言，从司法的功能出发将审判与其他解纷机制同时置于考察的视野，为司法改革提供了另一种思考的进路。何兵博士认为，社会转型的实质在于利益的重分与规则的重建，与此相伴生的层出不穷的纠纷不可能也不必要都由审判的方式去解决，司法改革过程中有必要充分考虑纠纷的民间化解、行政调解和庭前化解的运用。

4. 司法独立与法官

香港中文大学於兴中教授的发言侧重于法治化社会中“法官的适当位置”，认为中国司法改革的一个重要问题是过渡性社会的法官和法院，也就是从官吏与工具如何走向中立的最终权威人物和最终权威机构问题。法学研究所吴玉章教授的发言论证了这样一个命题：司法独立与法律推理的技术成熟程度有一种正相关的关系。

5. 司法改革与人权

法学研究所夏勇教授阐述了从人权角度切入我国司法改革问题的价值和意义。第一，司法之要旨在于正义，司法改革之根本目标也在于充分实现正义。而现代法治下的正义，乃是法律的正义、权利的正义，正义的要求皆使用现代权利语言来表述，正义的实现皆通过权利规设来保障。第二，自清末法律改革、民国法制初创、社会主义法制建立、“文革法制”出现至改革开放后法制恢复和发展的宏观历史背景看，中国司法一直不断改动，其主流或基本趋势，乃是不断引入并依靠现代权利语言和原则，并强化对公民权利的保护。舍弃或抑制权利要素，司法方面的变动便难以称作“司法改革”，甚至会构成司法的毁弃或倒退。第三，观察改革开放以来市场经济体制的引人、建设法治国家方略的确立和相应的社会政治背景，随着权利意识的强化、权利知识的普及以及利益关系的复杂化，公众对司法的要求已经不再是对“阶级专政工具”的要求，也不是单纯的打击犯罪、维护秩序的要求，而是实实在在的个体权利要求。第四，中国于 1997、1998 年先后签署国际人权两公约，又于不久前批准加入《经济、社会、文化权利国际公约》，批准加入《公民权利和政治权利国际公约》也在积极准备当中。保障人权已经成为国际法意义上的国家义务，司法是履行这一国家义务的主要方式。尤其是《公民权利和政治权利国际公约》本身对司法制度提出了“硬性要求”，并要求成员国承担“立即实施”的义务。第五，当前司法改革面临的困境，有许多已经触及现代司法体制和原则的核心问题，为司法改革逐步注入人权和公民权利因素，有助于早日走出某些困境。

最后，学者们还就第六个议题“中国司法改革的拓展”进行了讨论，交流了意见。

中国民营企业发展研讨会　2001 年 10 月 27 日至 28 日，由中国社会科学院工业经济研究所、浙江省瑞安市人民政府和温州华峰工业集团在温州瑞安市联合举办了“中国民营企业发展”研讨会。中国社会科学院及国家有关部委的负责人，温州市、瑞安市的主要领导和理论界、企业界的代表约 120 余人出席了研讨会。本次研讨的主要议题是：中国民营企业的发展现状及特点，新世纪、新的经济发展环境下中国民营企业发展、调整和改革的思路与对策，温州民营企业发展面临的问题即“温州模式”的创新以及华峰工业集团发展战略。中国社会科学院副院长王洛林在研讨会开幕式上发表了“深化改革，锐意创新，与时俱进”的重要讲话。温州市市长钱兴中和瑞安市市委书记、市长钱建民在研讨会上分别介绍了温州地区、瑞安市经济的发展概况，“温州模式”及民营企业的新发展，引起了与会人员的浓厚兴趣并进行了广泛热烈地讨论。

1. 关于民营经济的发展环境

与会代表认为，目前我国民营企业的发展有着良好的国际环境和国内环境。中国的民营企业和民营企业家要抓住这个机遇。民营企业要想长远发展，必须紧盯市场，正确评估自己的实力，确立企业的发展目标。

2. 关于温州模式既要继承也要提高

与会学者指出，温州是以小家庭、小企业、小商品、小市场为基础，以市场为导向、与市场天然交融的经济。随着计划经济向市场经济转变进程的推进，市场准入上的更加开放，温州模式如鱼得水，具有十分广阔的发展前景。同时，各地民营经济的快速发展，使温州模式的先发优势得到削弱，市场经济体制的建立，尤其加入WTO后，需要更加规范的企业运作，温州模式在这一方面还有欠缺；产业升级问题也是温州企业面临的问题。温州模式需要在三个方面下功夫：一是要调整和提高产品结构，在传统产品中注入高新技术，根据市场需要生产出具有高新技术含量的新产品；二是创新企业制度，温州企业要从家族企业管理向现代企业靠拢；温州企业要学会资本经营，在资本积累一定程度后，资本经营对企业发展作用很大。

3. 关于民营企业的制度创新

与会人士发言中指出，随着民营企业的发展，企业产权关系模糊、技术落后、管理混乱的家族式企业弊端逐渐显露，如经营者选择面窄，企业增资难；个人意志行使企业管理使企业管理制度扭曲；家长式一言堂，容易出现企业决策失误；企业产权看似清晰，实际内部产权往往不明晰。这些都制约了民营企业的健康发展。民营企业要健康发展，就要结合企业自身资产提高、企业规模扩大的状况，实现从家族企业向现代企业转变。当然民营企业家族型向现代型转变，并不是股权上的全部转化，而是在人才、经营权、管理权等方面的分散。

4. 关于民营企业的资本经营

与会代表指出，随着企业经营的发展，企业规模不断扩大，资本积累到一定程度时，资本经营对企业发展作用很大。民营企业家要学会资本操作，民营企业家大多是实业家，要在实业上运作资本，而不要盲目在金融上搞资本经营。民营企业家要冷静的对待资本市场，要想好融资后去干什么，有没有新的利润来源；企业上市就要变成公众的公司，经营管理、财务能不能接受公开化的考验；而且融资后还要承担还本付息、搞不好企业自己也有被炒鱿鱼的风险。

5. 关于民营企业的发展战略

与会代表认为，民营企业要实现质的提高，必须实现自身变革。具有一定规模效益的民营家族制企业逐步要向现代公司制度转变，实现资本社会化，管理专业化和公司治理结构规范化，提高民营企业竞争力。所谓企业竞争力，从经济学的角度看，就是企业用最低的成本生产出同类产品，然后在市场上以“物美价廉”取胜。民营企业在准备技术升级，调整传统产业时头脑要清醒，并不是最好的技术就能赚钱，技术升级、调整产品结构一定要符合自己的实际情况；并不是传统产业就赚不到钱，劳动密集型的产业在今后相当长的时期内，仍将是我国的优势产业。因此，民营企业要继续发展有比较优势的劳动密集型产业，特别要在专业化上狠下工夫。

6. 民营企业发展亟待解决的一些问题

与会学者、企业界代表也谈到了当前民营企业发展所面临的一些突出问题，如民营企业还得不到平等产业、行业的“准人”待遇；针对民营企业融资难的问题，有人提出三个质问：是风险问题，还是所有制问题？是民营企业信用低，还是金融服务水平低？是小额贷款没有规模经济，还是我国银行体系不合理？民营企业家文化素质低也制约着民营企业的产业升级和产品注入高新技术等问题。民营企业的经理市场，现在不是缺乏有头脑的经理人，而是缺乏可信赖的职业经理人，因为有些职业经理人拿到了核心技术就走人。一些民营企业家担心，私人财产还得不到法律的充分保护，因此，呼吁尽快建立和加强这种法律保障。地方政府管理部门对民营企业服务还存在戒备心理，对民营企业出现“有利争着管，无利没人管”的现象。

中国政治学会第五次代表大会　2001年12月4日至9日，由中国政治学会主办、温州市人大常委会承办的中国政治学会第五次代表大会暨“加强和改进党的作风建设”学术研讨会在温州市召开。会议按照中国政治学会章程顺利完成换届工作，大家一致推举中共中央政治局委员、中国社会科学院院长李铁映同志为名誉会长；推选中国社会科学院党组副书记、副院长李慎明同志为会长，王一程、王邦佐、王浦劬、王乐夫、刘德厚、张永桃、张桂琳为副会长，杨海蛟为秘书长。大会以马列主义、毛泽东思想、邓小平理论和江泽民“三个代表”重要思想为指导，围绕“加强和改进党的作风建设”这一主题，进行了热烈的讨论。与会者提出的主要观点如下：

1．关于加强和改进党的作风建设的重要性和紧迫性

与会者认为，在今天新的历史条件下强调党的作风建设，有着特殊的现实意义。我国已进入全面建设小康社会，加快推进社会主义现代化的新的发展阶段，我们党已经从一个领导人民为夺取全国政权而奋斗的党，成为一个领导人民掌握全国政权并长期执政的党，已经从一个在受到外部封锁的状态下领导国家建设的党，成为在全面改革开放条件下领导国家建设的党。这个具有根本意义的变化，给党的建设带来了新的活力，也提出了新的挑战和考验。首先是世界格局大变革、大调整的挑战和考验。当今世界经济全球化加速发展，政治多极化不可逆转，文化多元化方兴未艾，现代科技革命突飞猛进，迫切要求我们党真正按照现代化大生产规律和在经济全球化趋势中趋利避害的要求，领导社会主义现代化建设。其次是社会主义市场经济的挑战和考验。如何把社会主义与市场经济有机地结合起来，真正创造出社会主义市场经济这一崭新的经济制度和经济形态？如何运用现代市场经济规律搞活国有企业，增强公有制的生机和活力？如何把现代市场机制追求经济效率的优势与社会主义制度维护社会公平的优势结合起来？这些历史性课题迫切要求全党进一步解放思想、实事求是，努力探索社会主义市场经济发展的客观规律，改进党的领导方式和执政方式。第三是经济社会多样化的挑战和考验。随着市场经济的发展和经济社会转型的深入，我国社会生活发生了广泛而深刻的变化，突出表现为社会经济成分、组织形式、利益结构、就业方式的多样化以及各种思想文化相互激荡。在这种条件下，党怎样才能实现“三个代表”？这不仅需要按照“三个代表”的要求加强党的思想理论建设和组织制度建设，而且要按照“三个代表”的要求改进党的作风建设。

大家普遍认为，十一届三中全会以来，我们党正确的路线、方针、政策的实施，增强了党对人民群众的巨大感召力、吸引力和凝聚力，然而在党的作风建设方面存在不少问题，已到了非下功夫、下力气抓不可，非抓出成效不可的地步。

2．关于党的作风建设的主要任务

与会学者认为，党的作风建设不是一般意义上的作风建设，而是广泛涉及党的思想理论建设、组织建设、制度建设、政权建设乃至领导水平、执政能力、管理方法等方面存在的作风问题，也就是从作风建设切入，全面推进党的建设新的伟大工程。完成这一工程不可能“毕其功于一役”，必须树立持久作战的思想，同时又要在一个时期内，抓住一些突出问题、重点问题，集中加以解决，使局面为之改观。中共十一届六中全会通过的《中共中央关于加强和改进党的作风建设的决定》中提出的“八个坚持、八个反对”，全面覆盖了党的思想作风、学风、工作作风、领导作风和干部生活作风。有的学者认为，加强改进党的作风建设必须把思想作风建设摆在首位。这是对中国共产党加强和改进党的思想作风建设 80 多年经验的科学总结，同时也是对在新世纪加强和改进党的作风建设提出的新要求。

学者们认为，党的作风建设的核心问题是要保持党同人民群众的血肉联系。群众路线是我们党的根本工作路线，也是党的生命线。有的学者从 20 世纪 80 年代末 90 年代初东欧剧变、苏联解体、一些长期执政的共产党相继下台的沉痛教训，说明加强党同群众建立血肉联系的重要性。有些学者还重点剖析了当前影响群众路线贯彻落实的突出问题——形式主义和官僚主义。有的学者认为，为了实现立党为公，执政为民，实现党的作风建设的根本目的，必须依靠教育和制度，注重从源头上预防和解决腐败问题。要加强党内监督、法律监督、群众监督和舆论监督，充分发挥民主党派的监督作用，大力推动党风廉政建设。

有的与会者还很有现实针对性地提出，党的领导干部的生活作风也是加强和改进党的作风建设的重要内容，大家对党员干部的奢侈享乐之风滋长的态势十分担忧、憎恶。

3．关于如何加强和改进党的作风建设

许多学者强调党的作风建设制度化是治本之举，这是总结历史和现实经验教训得出的结论。制度问题不解决，思想作风问题也解决不了。因为制度具有普遍性和强制性、稳定性和连续性，还具有明确性和具体性、根本性和全局性。从党的制度建设和党的作风建设之间的关系来看，党的制度建设应融于党的作风建设之中，对其发挥支撑和保证作用。只有形成科学、合理的制度，才会为制定正确的政治路线和及时地纠正错误提供有力的保证，才能保证党的路线和各项方针、政策得到迅速、有力的贯彻执行，才能有效地防止和遏制各种腐败现象和不正之风。党的作风建设制度化，应当着重建立和健全党内组织制度、工作制度、干部制度、监督

制度和理论学习制度。

有的学者专门论述了在新的形势下加强和改进党的作风建设，必须更加自觉地坚持民主集中制，要更好地发扬党内民主，反对独断专行和软弱涣散，推动和促进党的作风建设。持这种观点的同志还提出，应进一步完善党的代表大会制度；党的委员会工作制度，主要是集体领导制度；党内监督制度；党的生活会制度；民主评议党员制度；保证党员民主权利的具体制度等。

有的学者从政治学的专业特点出发，认为改进党的作风建设，要将党的建设与政治体制改革有机地结合在一起，在加强、改进和完善这个总题目下深化对党的领导方式和执政方式、党政关系、党内民主与社会民主、党的监督制度以及政治监督、人事制度改革、党的纪律检查体制等重大的、迫切问题的研究。

转型中的中国劳动力市场国际研讨会 中国社会科学院人口研究所和人力资源研究中心于 2001 年 12 月 16 日至 17 日在北京香山饭店召开了本次国际研讨会。来自美国、加拿大、澳大利亚、英国、日本、中国和香港特别行政区，以及世界银行、国际货币基金组织等国际组织的专家、学者 60 余人参加了会议。与会者分别基于自己的研究对转型中的中国劳动力市场的各个方面展开了研讨。

1. 形成的共识

(1) 关于人力资本的重要性的认识。从宏观角度来看，人力资本的合理回报是对人力资本进行投资的激励信号，扭曲人力资本回报将会从根本上削弱社会、家庭对人力资本进行投资的积极性，并最终影响到宏观经济增长的可持续性。(2) 对经济转轨过程中劳动力城乡迁移和流动过程、特征及影响的认识。随着农村劳动力数量的不断增长，从农村向城市人口迁移的压力不断加大。不断增加的人口迁移压力在中国经济结构进行调整的今天，使劳动力流动、工作寻找、工作转换和工资决定等具有了和以往不同的特点与规律。

2. 探讨的问题

(1) 劳动力市场分割与迁移障碍问题。从长远来看，建立起一个劳动力可以自由流动的规范的劳动力市场是中国经济能够持续增长的重要基础。因此，一个开放的劳动力市场会有助于农户的风险应对和稳定农民的收入。鉴于中国今后就业机会的扩大将依赖于第三产业，加快城市化的进程无疑会有助于缩小城乡差别、提高农村地区的收入和扩大内需。(2) 劳动力市场发育中的不平等问题。如工资差距的拉大是否意味着以牺牲公平换取了效率呢？有的学者研究发现，一部分的工资差距扩大也许具有改进效率的作用。如对教育和职业技能回报的增加等。但因性别、所有制类型和地理位置不同所造成的工资差距扩大不仅不会有助于效率的改进，而且还会造成效率的损失。面对上述效率损失，促成一个全面发育的城市劳动力市场显然是问题的答案所在。

3. 面临的挑战

转型中中国劳动力市场面临以下两个挑战：一是劳动统计制度不完善和缺乏对劳动力市场基本事实的把握。许多方面仍然缺乏相应的统计指标。例如，农民工进城的就业情况、城镇非正规部门和非全日制的就业情况、失业人口的进一步分类等等。同时，即使已有的统计指标也存在着某些统计数据失真的现象，从而造成对劳动力市场的监控缺乏基本的事实依据。如失业率的统计就是如此。二是劳动力市场的迅速变化无论对于研究者还是对于政策制定者都提出了更高的要求。转型中，中国劳动力市场的最大特点就是其不断发生的新变化、不断出现的新问题和新情况。鉴于此，对时刻变化着的劳动力市场进行调查，从而取得一些勾画劳动力面貌的微观数据显得非常迫切。目前一些学术机构和政府部门已经注意到中国劳动力市场所面临的上述挑战，并开始为深入了解劳动力市场变化进行有益的尝试。

4. 今后的研究方向

通过此次研讨会，专家学者们认识到，过去的研究理论和方法对于人们正确理解中国劳动力市场的本质特征，弄清楚劳动力市场的作用和机理，发挥了重要作用。然而，过去的研究对具有较强政策性含义并能直接服务于劳动力市场改革的问题重视不够。可以说，一定程度的社会保障是劳动力市场发挥资源配置作用的基本保证。与不断发育的劳动力市场相适应，一些相应的保障制度如失业保险制度和城镇最低生活保障制度等正在逐步完善并取得了明显的进展。所有这些都为劳动力市场的改革和稳定提供了重要条件。然而，对于上述各项福利变化对于劳动供给与需求的影响等问题的研究相当缺乏。鉴于这些问题对劳动力市场改革乃至经济体制改革的重要意义，加强对这些问题的研究显然是今后应努力的方向。

中国古代文明的起源及早期发展国际学术研讨会 2001年8月1日至3日，由考古研究所和历史研究所负责的中国社会科学院古代文明研究中心举办的此次国际学术研讨会在北京隆重召开。中共中央政治局委员、中国社会科学院院长李铁映发来贺信，国家文物局局长张文彬在开幕式上讲话。他指出，中国文明起源问题主要应依靠考古学来解决，应当加强考古学理论方法的探索，加强田野基础工作，同时欢迎各相关学科特别是自然科学学者与人文科学相结合，协同攻关。中国社会科学院组建古代文明研究中心，是多学科合作研究文明起源问题的很好的形式，中心目前仅国外客座研究人员、顾问、学术委员即达近百人，充分展示了中国文明的恒久魅力。李学勤、刘东生、李伯谦及日本学者秋山进午等在开幕式上做学术报告。出席大会开幕式的还有国家文物局副局长张柏，中国社会科学院科研局局长黄浩涛、考古所所长刘庆柱、历史所所长陈祖武，多位中科院院士及中外专家120多人。会议的议题主要集中在几个方面。第一是文明起源的理论和相关概念。其中对文明、文明化、文明社会、国家，以及阶级、等级、酋邦、王权等进行的讨论最多，并产生了两种意见。一种意见强调要首先解决理论问题，并认为如果对概念的理解不一致就不会有关于文明和文明起源的共同标准。相反的意见认为文明起源研究不能从理论和概念出发，而应从考古材料出发进行个案研究。第二是中国古代文明的特点和发展模式。对这样一个议题虽然有多种不同认识，但龙山文化在中国文明的起源和发展过程中的重要地位得到了普遍的认同。同时，根据黄河流域、长江流域和中国其他地区的考古材料，大家也认识到在中国不同的区域，文明形成的道路是不同的。第三是文明的标准。随着学科的发展，衡量文明的标准应当更肯定。在各种标准中，城市、冶金术、文字、礼仪与宗教以及农业，仍然被认为是最重要的。第四是从考古遗存中分析判断文明化程度的方法。在这里，聚落考古被认为是最基本的。另外，建立史前考古学的时空框架、通过殷商文明认识史前文明、对能反映文明起源的考古材料加以量化，以及对世界上不同的文明进行比较等方法，也都被认为是有效的。但目前在利用考古材料证实国家的出现和意识形态的变化等方面，这些方法还有局限性。对于今后的文明起源研究，与会代表认为加强考古学与其他学科的结合是十分必要的，这包括考古学同自然科学和历史学的结合，以及中国史同外国史的结合。今后研究的重点与方向，应是从大遗址和大墓地中寻找线索，同时相应地建立一套能够回答什么是中国文明和中国文明有什么特点的理论。鉴于考古学今后的发展方向之一是科学性，所以在研究文明起源时还应当科学地设立课题，并在做好基础工作的前提下实现真正意义上的综合研究。

网络经济与企业治理研讨会 2001年12月27日，蒋一苇企业改革与发展学术基金、中国企业管理研究会和中国社会科学院网络经济研究中心在北京共同举办蒋一苇企业改革与发展学术基金第二届评奖颁奖会暨“网络经济与企业治理”研讨会。经济学界学者和企业家代表80余人出席了会议。本届基金奖共授予优秀著作5部，优秀论文7篇和创新企业家5人。基金评奖委员会委员为各获奖人员颁发了获奖证书和奖金。随后，围绕“网络经济与公司治理”这一主题，与会学者们进行了热烈的讨论。

1. 关于完善网络经济条件下的“游戏规则”

全球信息化，特别是互联网革命，为国际交流和资源流动提供了一种新的方式，为政府、企业和市场之间的联系提供了一个全新的网络渠道。政府、企业和市场三者的作用不是彼此排斥的，而是相互补充的，它们之间的创造性协同与整合是最优的选择。其中，市场的基础性作用是开展有效的竞争来提高效率，企业的主体作用是在依靠信息知识进行创新的基础上提供有竞争力的商品和服务，政府的管理作用是通过政策法规进行必要的规制和有效的调控。三者的精诚合作，实现完善的经济整合，共同提升整体经济的素质和竞争力，显得尤其重要。网络是经济系统进行整合的重要工具。依靠网络来实现经济整合并对经济行为进行治理，是通向成功之路。加入WTO以后，我国政府的职能必须有更大程度的转变，企业的运行将更为迫切地需要与国际接轨——既要搞好微观的企业治理，又要搞好宏观的国民经济治理，这就需要建立、完善网络经济条件下的“游戏规则”。

2. 关于企业治理结构

我国国有企业按建立现代企业制度的要求完成了公司制改造，但完善的公司治理结构却迟迟未建立，原因在于企业制度本身还有些问题没有解决。完善公司治理，需要从企业制度创新上下功夫。目前，我国企业制度亟待解决两个问题：一是落实有限责任。二是进一步推进股权多元化、分散化、法人化。网络经济正改变着经济主体的行为准则，其存在和发展，势必改变公司治理的内容。一是企业的所有权更替可能更为频繁，这是对企业治理初始目标的检验；二是企业的发展不得不更着重于长期而不是短期的发展，这种局面将迫使企业的所有者更加注重劳动分工、制度权利和权力分散，而不是集中，这是对企业治理初始目标的延伸。三是网络经济促使公司组织形态发生变化，进一步带来公司治理目标和核心内涵的转变，如目标将从追求单个企业的科学决策变为多个企业的协作创新。总之，网络经济下公司治理系统目标的实现，有赖于建立利害相关者平等、积极、有效参与的共同治理机制，建立公司开放式的决策体系。

3. 关于网络经济的作用

当今世界已经出现了以信息技术应用为分水岭的两极分化格局。以网络技术为代表的信息技术的突飞猛进，及其对国家基础设施建设、产业技术装备、企业运行方式和产业资源配置的重大影响，使现代工业化发展越来越依赖于高新技术的驱动。网络泡沫的破灭，并不是说网络经济就是虚无缥缈的东西，恰恰证明网络经济本身不是脱离甚至超越现实经济的独立“经济”，网络经济不仅不能离开实体经济，而且一定要扎根于实体经济。生产力变革的最终实现，取决于网络经济与实体经济能否进一步整合。只有当网络经济创造的生产力可以使传统经济的创新能力获得更大的提升，“新”经济与“传统”经济的矛盾才有可能消除。要充分认识和把握网络经济对社会资源利用和配置方式的影响，以及对现代公司整个运行规则产生的冲击。网络经济条件下，企业的组织结构与治理机制已经在发生变化，这要求我们有足够的敏感性，结合国情进行深入的研究与实践。

4. 关于知识管理

知识管理强调的是一种以知识为重要资源，以知识的获取、处理、共享、利用和创新为基本内容，以增强企业核心竞争力为根本目标的管理模式。当前我国高技术企业的知识管理普遍存在着以下问题：科技人员积极性没有得到充分的发挥；对于科技人员的创新管理不够；获取与整合企业外部科技资源的能力不强；企业内部员工的知识共享不充分；科技人员的绩效考核和薪酬制度不合理，个人与企业内郡知识产权界定不清；市场营销人员的知识管理乏力；客户管理薄弱；企业自有知识产权管理乏力；企业的组织管理对知识管理的适应力差；企业高层领导的素质、认识和能力不尽如人意。加入WTO后，我国高技术企业如何适应知识管理的需要，还将变得更为突出和迫切。

5. 关于信息资源共享与信息产权

在信息时代的网络经济条件下，信息作为一种基础性、战略性资源，其重要性日益为人们所认识和重视。明确信息产权的概念具有重大的战略意义和实践意义。在操作层面上，界定信息产权既有较大难度又非常迫切，仅从企业治理的角度看，至少需要关注这样一些方面：一是网络经济条件下信息产权引发企业行为、组织方式和治理机制的深刻变革；二是在建立现代企业制度、深化企业改革中要重视信息产权因素的影响，研究和设计充分考虑信息产权作用的治理结构的优化模式；三是通过设立信息公开法、建立信息披露制度、合理配置和管理信息资源，逐步明确信息的所有权和共享原则等。

（中国社会科学院办公厅供稿）

·机 构·

中国民航管理干部学院

一、学院概况

中国民航管理干部学院成立于1982年7月10日，原名中国民航干部学校，1984年8月，更名为中国民航管理干部学院，是中国民航总局惟一的一所直属成人院校。学院以学历教育为基础，以短期培训为重点，承担着成人继续教育以及培养民航高中级管理人才、后备干部的重要任务。

学院现有职工228人，专职教师103人，其中具有高级职称的教师占教师总数的31%，博士、硕士占46%，另聘用国内外客座教授78人，形成了一支有较强教学、科研、咨询能力的师资队伍，在中国民航企事业经济改革和科教兴业的进程中发挥着重要的作用。

学院坚持“面向民航、服务民航”的办学思想，根据民航企业改革发展的需要，运用国内外先进的教育培训理念和方法，不断开发新的培训项目和课程。学院设有经济管理系、工程管理系、社会科学系、外语系4个系，先后开设了民航运输管理专业、财务会计管理专业、财经管理专业、工商管理专业、空港地面服务专业、市场营销专业、机场管理专业、适航与维修管理专业、信息管理专业、安全检查管理专业、民航英语专业、乘务英语专业、国际经济法律专业、旅游管理专业、民航服务专业、涉外文秘专业等16个专业，同时实行多层次、多渠道、多形式的办学模式。其中“民航运输管理”专业被评为北京市成人高校特色专业。

学院坚持走联合办学的道路，先后与中央党校、中国人民大学、北京航空航天大学、北方交通大学等院校联合开办研究生班，设有工商管理、国民经济管理、管理工程、民航运输经济、经济管理等专业，为民航培养了大批高层次人才。

学院积极探索国际化办学途径，分别与日航、加航、瑞航、加拿大国际民航管理培训学院、美国普惠公司、英国罗·罗公司、ATC、FAA、波音公司，以及澳大利亚、德国、法国、荷兰、意大利等企业或院校、政府部门开展合作，培训师资和管理人员。“国际化、现代人”的培训为学员提供了接触世界的机会，带动了学院整体办学水平的提高。

学院坚持科研工作与教育培训并重，设有科研处和14个科研、咨询机构，不断探索现代科学技术与民航实际的结合，积极开拓科研领域，为民航事业进行宏观决策，为企业解决改革发展中的实际问题，提供了重要的理论依据和技术支持，产生了广泛的影响。

二、教研机构

经济管理系

该系设有民航运输管理专业、财务会计管理专业、财经管理专业、工商管理专业、空港地面服务专业和市场营销专业等6个专业，其中“民航运输管理”专业被评为北京市成人高校特色专业。主要开设高等数学、经济学、市场营销学、财务管理、人力资源管理、会计学原理、会计电算化、审计学、民航旅客运输、民航货物运输、IATA业务规则、航空公司运营管理、航空市场预测等课程。同时，还开设有国际、国内客货运销售代理人培训班、BSP培训班、管理技能培训班、会计电算化培训班、航空公司运营管理培训班、航空公司市场营销培训班、民航事业单位会计制度培训班及现代企业现金流量表培训班等短期培训班。

负责人：耿淑香　联系电话：64720670

工程管理系

该系设有机场管理专业、适航与维修管理专业、信息管理专业、安全检查管理专业等4个专业，主要课程有：可靠性理论基础、离散数学、技术经济学、民航用机场管理概论、机场运营与经营管理、适航管理、机务维修工程管理、投资项目管理、电子商务、机场布局与规划、管理信息系统以及相关的计算机实用软件、网络技术、程序设计及数据库原理等课程。同时，还开设管航管理、机务维修工程管理、投资项目管理、计算机实用软件、计算机网络技术应用、电子商务、机场运行管理、机场布局与规划、机场经营管理等各级各类培训班。

负责人：高洪江 联系电话：64728969

外语系

该系设有民航英语专业、乘务英语专业，主要开设精读、泛读、听力、口语、笔译、民航专业英语、应用文写作、航空法、计算机应用等课程。同时还举办公共初级、中级英语，“民航英语工程”中的运输、签派、机务、适航、乘务、飞行英语，出国人员英语，公务员英语，公安人员英语，饭店服务人员英语，北京市迎奥运英语及日语基础，商务日语和初、中级日语等短期培训班。

负责人：孙燕平 联系电话：64728965

社会科学系

该系设国际经济法律专业、旅游管理专业、民航服务专业、涉外文秘专业等4个专业，主要开设企业战略、人力资源开发与管理、人才学、服务心理学、公共关系学、航空法、领导科学、中西文化比较、机关事务管理、应用文写作、社会学与调查方法、商业关系等课程。同时，还举办秘书资格证书、航空法、物业管理、人力资源管理、商业关系等各类培训班。

负责人：李飞龙 联系电话：64728967

发展战略与产业政策研究所

该所主要研究方向为民航行业发展战略及产业政策研究，民航企业发展战略研究，战略管理理论研究，战略制定的程序及方法研究。研究人员均承担过多项民航总局或民航企业的有关发展战略的研究课题，具有相当的研究能力。

负责人：孙晓梅 电话：64728795

航空运输市场研究所

该所主要为民航管理部门和企业提供民航市场调查和研究方面的咨询服务，主要研究方向有航空运输市场调查与研究，包括中国民航旅客、货物市场特征调查研究，国际民航旅客、货物市场特征调查研究，具体地区、航线旅客、货物运输市场特征调查研究。该所运用建立的民航旅客运输市场数据库为政府和航空公司提供各种所需的分析报告，各种运输方式的市场状况对比研究，运输经济预测技术研究及应用开发，为航线开辟、机型选择等航空公司的决策提供市场分析咨询服务，同时进行航空公司运营和竞争模型研究及应用，中国民航运输销售代理人的市场调查及市场规范对策等研究。

负责人：田静 电话：64721188－6580

机场管理研究所

该所主要研究方向为机场发展战略规划编研，机场使用手册编研，机场规划与扩建项目咨询，空中交通管理研究，机场机构与人员优化，机场各类规章制度的编研，机场商业化研究，机场管理方面的各种培训等。

负责人：谭惠卓 电话：64721188－6596

民航企业改革研究所

该所主要研究方向为中国民航国际航线发展规划，民航体制改革，宏观行业管理政策及方法，企业战略计划制定、实施、监控及评估，航空公司国际竞争力，企业知识管理，企业的组织机构设置和人力资源管理，企业运营管理和流程再造，企业规范化管理，企业文化建设，企业基础管理等。

负责人：耿淑香 电话：64720670

规范化管理与形象设计研究中心

该中心以1994年《深圳机场规范化管理手册》的审核修改为起点，进行智体联合，推进企业发展的管理研究和咨询业务。先后承担了20多个民航企事业单位管理课题，指导企业导入CI，实施规范化管理，研究制定发展战略，为推动企业管理的科学化、规范化、法制化作出了积极的贡献。主要业务范围：企业CI导入工程，民航企业战略研究与制定，民航企业规范化管理手册编制的指导、咨询和审核，《质量手册》编写指导、咨询和修改，转型期民航企业职工心态问卷调查，民航企业组织结构设计和管理流程设计，民航企业成本控制和经济效益研究等。

负责人：宋德杰 电话：64721188－6593

航空法研究中心

该中心以国际法和民商法为基础，以研究航空法为重点，紧密结合民用航空的业务实际，从法学、经济学、管理学等多个层面追踪考察、研究新情况、新问题，组织有关航空法律、航空政策和民航发展战略等方面的课题研究。主要研究方向有航空运输管理体制，包括WTO及国际航空运输多边体制、航空运输双边体制、航空运输市场规则及反不正当竞争法，航空公司联盟及反垄断法等；航空运输合同及航空承运人的责任制度；航空器买卖、租赁以及航空产品责任；制度航空安全法律制度；《公司法》及民航现代企业制度；民航行政管理法律制度等。

负责人：刘伟民 电话：64721188－6594

飞行标准研究室

该室利用系统理论，结合飞行专家的经验和管理实践，研究有关飞行标准方面的资源、航空法律和规章、运行合格审定、监察员资格和培训、强制执法、体系结构、监督、指导材料、记录和文件管理、技术文件等内容。主要研究方向有运行管理的组织和结构以及人力资源等问题；安全管理信息系统的建立；运用系统最优化理论研究安全管理活动的各种可行方案，确定优化方案、制定最优决策；研究中国民航的运行法规体系的完善性，与国际民航组织附件6和附件8等国际条约的要求的符合性；分析和研究中国民航安全管理系统中的问题，建立安全管理案例库。同时，还组织“航空公司运行合格审定”和“维修管理”、“适航管理”等方面的培训工作。

负责人：吕新明　电话：64728969

民航财务管理研究所

民航财务管理研究所为民航各企事业单位提供财务管理方面的研究和咨询服务。主要研究方向有企业资本运营，企业资产重组，股份制过程中的有关财务问题研究，企业债务重整，企业财务状况分析，企业成本管理，企业财务管理指标体系。

负责人：杨迎阅　电话：64721188－6587

人力资源管理研究所

该所主要研究方向为人员选拔与招聘，人员素质测评，企事业单位人力资源规划及系统设计，人员考核系统设计，工资制度设计，工作说明书的制作，工作研究，人的因素研究，企事业单位定岗定员，企业定额定员标准，人类工效学应用研究，组织设计和工作设计等。

负责人：满运起　电话：64721188－6591

圣德（S&D）项目管理研究所

该所主要研究方向有航空业务量预测，投资项目的经济评价，投资项目可行性研究及立项决策，投资项目风险管理，投资项目的投保策略，投资项目的投资、质量和进度控制，民航企业的风险管理，现代管理方法在民航企业的应用，项目管理软件开发及应用，网络计划技术应用，投资项目的环境评价，项目的后评价等。

负责人：阎植林　电话：64720683

信息技术应用研究所

该所是中国民航管理干部学院为适应中国民航对IT产业发展的需要，充分发挥产学研一体化的优势在学院计算机教研室和信息实验室的基础上于1999年成立的。主要研究方向有系统集成，管理信息系统开发，Internet/Intranet，技术工程信息采集、加工、发布、咨询服务，多媒体监控、自动报警系统，综合信息工程（IC卡、磁卡、条形码系统开发及应用），软硬件技术培训，电子商务等。

负责人：郑文军　电话：64728969

民航企业调查与员工心理测评中心

该中心为民航企业提供企业调查与员工心理测评及咨询方面的服务。主要研究方向有对民航企业的现状进行全方位诊断，为民航企业的员工提供心理咨询，为民航企业的人员招聘、选拔、调配提供心理学依据。

负责人：卢小英　电话：64728967

继续教育研究所

该所通过继续教育研究，为民航管理干部学院不断提高干部教育和培训质量服务，为民航教育事业的改革和发展服务。主要研究方向为从教育思想、教育模式、教育内容、教育方法等几方面对干部教育进行深入探讨和研究，从而为民航管理干部学院的专业设置、教学计划、教学大纲、教学方法和手段的改进提供依据，为学历教育和短期培训的课程开发提供支持，以达到提高教学质量的目的；同时，根据民航总局的要求，进行教育布局和规划、教育评估、教育改革的研究，为宏观管理服务。

负责人：赵宝龄　电话：64720683

物流发展研究中心

该中心拥有中国民航软科学教学科研基地的重要项目——物流实验室，具备运输物流管理、管理工程、信息管理、工商管理等相关国内外教育背景，近年来，先后承接了民航总局和民航企事业单位的多项现代物流科研课题，如“中国民航货运适应全球供应链发展的战略研究”、“民航传统运输企业向专业化物流企业转型研究”等，并不定期开办具有鲜明民航特色的现代物流培训班。该中心与民航物流实践部门和其他高校物流科研院所保持长期良好的合作关系。

联系人：于爱慧、王静芳

电话：64720670 64721188－658

学院地址：北京市朝阳区花家地东路3号

邮政编码：100102

联系电话：64720632

（中国民航管理干部学院办公室胡晓建供稿）

北京广播电视大学

一、学校概况

北京广播电视大学于1960年建校，是全国创建最早的电视大学之一。由北京市副市长、著名历史学家吴晗兼任第一任校长。当时学校设有数学、物理、化学、中文、英语5个系及预科。至1966年7月，学校共培养专科毕业生6000余人，单科结业36000余人次。“文革”期间学校被迫停办。

1978年，邓小平同志批准创办全国广播电视大学，1979年，北京电大随之复校。1997年，北京市广播电视中等专业学校并入北京电大。

复校后，北京电大校长先后由著名成人教育专家、原北京市政协副主席、全国政协常委关世雄和原北京市副市长胡昭广同志兼任。现任校长由北京市人大常委会副主任、原北京市副市长林文漪同志兼任。学校现任党委书记卢松明，常务副校长张岱霞。

北京电大是一所运用广播、电视、计算机网络、文字教材和视听教材等多种媒体进行远程教育的开放大学，是北京市直属的独立设置的成人高等学校。

北京电大上与中央广播电视大学，下与所属分校（工作站），形成统筹规划、分级办学、分级管理、分工协作的远程教育系统。学校在全市各区县、各系统及部分中央在京单位设有50多个分校（工作站），形成了覆盖全市、布局合理的远程开放教育网络。

学校的主要任务是：利用现代远程教育优势，举办多层次、多形式的学历教育，为北京市率先实现高等教育普及化服务；大力开展岗位培训等非学历教育，为北京市各类从业人员更新知识和掌握新的技能提供教育服务；利用电大教育资源，建设社会化的现代远程教育公共服务体系，为高等学校及国内外其他教育机构开展远程教育提供学习支持服务。学校的培养目标是：培养适应首都经济建设、社会发展需要的德、智、体、美全面发展的各类应用型专门人才。

1999年，北京电大参加教育部批准的“中央电大人才培养模式改革和开放教育试点”项目研究，实施现代远程教育工程，发展基于计算机网络的现代远程教育。

在办学中，北京电大主动适应社会发展需求，探索新型人才培养模式，形成了本科、大专、中专多种层次，成人统招、高职、开放教育等多种形式的办学格局。复校20多年来，先后开设各类专业90多个，为北京市培养专、本科毕业生10.8万人，电视中专毕业生12万人，非学历培训50多万人次。目前有本、专科在校生3.7万人，中专在校生5千人。

开设的主要专业有：

开放教育本科　金融学、法学、英语、汉语言文学、数学与应用数学、计算机科学与技术、机械设计、土木工程、工商管理、会计学、小学教育等。

开放教育专科　金融、小学教育、行政管理、计算机应用、水利水电工程、护理学、会计学、英语、法学、工商管理、现代文员、园艺学、药学、广告、电子商务等。

成人教育招生专科　文史类专业：财务会计、法律、国际经济贸易、现代秘书与办公自动化、应用中文等专业；外语类专业：英语专业；艺术类专业：广告艺术设计、文化艺术事业管理、舞台灯光与音响、现代远程教育节目制作等。

高等职业教育　会计、物业管理、计算机应用与维护等。

中专教育　会计、计算机应用、物业管理、法律事务、建筑施工组织与管理、电脑美术、金融、服装设计与工艺、商务英语、文秘、市政工程管理、汽车运用与维修、机电技术应用等。

北京电大教学设施先进，已建成宽带城域校园网、远程教育信息传输和教学平台、多媒体教学资源库，拥有功能完备的卫星电视和VBI、IP接收系统、计算机网络系统、多媒体教学系统，以及双向视频教学系统，课程教学资源丰富，学习支持服务系统完善。同时，还拥有设备先进的基础实验室和专业实验室、多媒体教室、网络教室、视听阅览室，并在一些政府机关和企业建立了稳定的校外实践基地。

北京电大大力推进教学现代化，综合运用广播电视、文字教材、音像教材、VCD光盘、CAI课件、VBI/IP课件、VOD点播、网上动态教学资源等多种媒体进行教学，为学生提供网上教学、双向视频教学、面授辅导、E－mail答疑，BBS讨论、电话咨询等多种形式的教学辅导。

在1997年至1999年全国省级电大教学评估中，北京电大被教育部和中央电大评为“全国广播电视大学教学先进学校”；1999年，被北京市教委评为“北京市成人高等学校示范校”；2002年，北京电大通过了教育部评估专家组对“人才培养模式改革和开放教育试点”项目的中期评估。

二、教研机构

现代远程教育研究所（科研处）

北京电大现代远程教育研究所，设有远程教育理论研究室和现代教育技术研究室（网络中心）。

远程教育理论研究室负责组织开展学校远程开放教育的发展战略、远程教学和教育技术应用方面的研究；负责教育科研理论的培训和学术交流活动；拟定学校科研规划，负责科研课题的立项、经费、检查等过程管理；制定多种媒体教学资源的建设规划和负责对立项项目的管理；负责学术委员会、远距离教育研究会的组织联络；负责《北京电大学报》编委会工作。

现代教育技术研究室（网络中心）负责校园网、VBI/IP系统、双向视频系统和远程多媒体教学系统的建设、运行、管理及技术支持。充分利用国家现代远程教育工程所提供的计算机网络和卫星宽带多媒体传输平台，积极建设数字化、多媒体、交互式的网络学习环境，形成多元化的教育网络。

主任：唐荔　联系电话：62113683

文法教学部

北京电大文法教学部负责所属科类实施性教学计划和课程教学文件的研究和制订；负责课程资源的建设和选编（含自开课命题、作业编制等）、专业子网站建设与更新、教学文档资料的建设与管理；组织落实对教学过程各个环节的指导、检查、评估；负责研究教学内容、教学方法和教学模式的改革，提高教学质量和服务质量；开展有关学科、专业的教学科研工作；负责对各办学单位教师的指导，以及课程教学管理和实践环节组织实施工作；承担开放教育学院的课程教学等。

开设专业有开放教育本科法学、汉语言文学、小学教育等专业、开放教育专科小学教育、行政管理、法学、现代文员、广告等专业。

文法教学部下设公共管理教研室、法律教研室、汉语言文学教研室；

主任：杨欣　联系电话：62113685

理工教学部

北京电大理工教学部负责所属科类实施性教学计划和课程教学文件的研究和制订；负责课程资源的建设和选编（含自开课命题、作业编制等）、专业子网站建设与更新、教学文档资料的建设与管理；组织落实对教学过程各个环节的指导、检查、评估；负责研究教学内容、教学方法和教学模式的改革，提高教学质量和服务质量；开展有关学科、专业的教学科研工作；负责对各办学单位教师的指导，以及课程教学管理和实践环节组织实施工作；承担开放教育学院的课程教学。

设置专业有：开放教育本科：英语、数学与应用数学、计算机科学与技术、机械设计、土木工程等专业；开放教育专科：计算机应用、水利水电工程、护理学、英语、园艺学、药学等专业。

理工教学部下设基础课教研室、英语教研室、计算机教研室

主任：郑丽娟　联系电话：62123684

开放教育学院

北京电大开放教育学院是北京电大直属的办学单位，设有办公室、学生部、教务部、实验中心、图书馆等。

学院主要举办本科、专科等学历教育，开设理工、文法、经济、英语等多个专业，现有在校生3000多人。主要开设专业有：开放教育本科：汉语言文学、金融学、小学教育、计算机科学与技术、英语、法学、工商管理、会计学（非会统方向）、行政管理等；开放教育专科：金融（货币银行）、电子信息技术、英语、会计学、法学、工商管理（市场营销）、计算机应用、软件开发与应用（信息系统）、行政管理等；成人统招生类（专科）专业：英语、法律、财会、应用中文、市场营销、计算机应用、现代远程教育节目制作等。

经过多年的办学实践，学院已经形成了一套完整、严谨的教学管理模式，以先进的模式为广大学生提供各种良好的教学支持服务，为北京市培养了大批合格人才。

院长：蒋泽生　联系电话：66117615

教学媒体制作中心

北京电大教学媒体制作中心负责北京电大音像和电子媒体教学资源的编辑制作；负责我校在北京电视台教育频道播出节目的技术审核与业务联系；负责直录课堂课程的录制与播出；负责为学员及其他需求提供复制服务，以及对外多媒体编辑制作服务。

北京电大教学媒体中心制作的节目多次在国内外的教育电视节目大赛中获奖。目前中心有260平方米的大演播室一个，100平方米的小演播室一个及100平方米的直录教室一个。260平方米的大演播室配有4讯道的节目录制系统，直录教室配有计算机、大屏幕投影、DVD播放器等先进设备，并可现场录制，制成VHS录像带或光盘。在后期制作中，拥有非线编辑系统和3套Betacom对编机，

能制作符合电视台播出技术标准的电视节目。中心还配备 VHS 录像带复制设备。

主任：魏秋生　联系电话：66117641

继续教育学院（继续教育处）

北京电大继续教育学院负责学校非学历教育发展规划的制定与实施；负责学校非学历教育项目的开发、管理及办学；负责校内非学历教育的管理及指导；负责老年电视大学的课程设计及日常管理。设有办公室、项目部、老年电大等科室。

北京老年电视大学于 1996 年底由北京市教委正式批准成立，是北京广播电视大学的二级学院。通过现代化远程教育手段，开设了保健类、文化修养类、科普知识类、计算机基础技能培训类等课程，服务老年特殊群体，丰富了老年人的文化生活。

继续教育学院开展国际财务与会计证书、计算机等级考试、NIT 计算机模块、政工职称计算机考试、保险代理人等社会考试的培训项目，各类培训达 50 余万人次。

院长：潘乃新　联系电话：66117630

对外交流中心

北京电大自建校以来，积极开展与国外远程教育机构的交流与合作，广泛参与国际成人教育领域论坛与研讨。作为亚洲开放大学协会（AAOU）的会员之一，北京电大目前已经与香港公开大学、台湾空中大学及香港明爱成人高等服务等远程教育机构建立了永久合作关系，并且正积极拓展多种合作办学项目。我校的对外汉语教学中心是接收国外及港澳学生学习汉语及中国文化的专门机构，具备经验丰富的教师及先进的教学设施。

对外交流中心设有办公室、对外汉语教学中心等科室，负责学校对外交流合作规划的拟定和实施；负责学校对国外境外合作办学项目的开发、管理和联络；负责日常外事管理及接待工作；负责对外开展友好合作与交流互访事务；负责对外汉语教学中心工作。

主任：奚其智　联系电话：62111939

财经教学部

教学部负责所属科类实施性教学计划和课程教学文件的研究和制订；负责课程资源的建设和选编（含自开课命题、作业编制等）、专业子网站建设与更新、教学文档资料的建设与管理；组织落实对教学过程各个环节的指导、检查、评估；负责研究教学内容、教学方法和教学模式的改革，提高教学质量和服务质量；开展有关学科、专业的教学科研工作；负责对各办学单位教师的指导，以及课程教学管理和实践环节组织实施工作；承担开放教育学院的课程教学。

开设专业有：

开放教育本科　金融学、工商管理、会计学

开放教育专科　金融、会计学、工商管理、电子商务等专业。

财经教学部下设经济管理教研室、会计统计教研室、金融贸易教研室。

主任：张海　联系电话：62148324

学校地址：北京市西城区西直门内小后仓甲 36 号

邮政编码：100035

联系电话：62148292

（北京广播电视大学办公室供稿）

北京市政法管理干部学院

一、学校概况

北京市政法管理干部学院是 1982 年经北京市人民政府批准成立的市属高等法律院校。学院本着“立足政法，服务政法，面向社会”的办学宗旨，担负着为首都司法、执法各部门及社会培养合格的应用型、技能型、复合型法律人才的任务。建院以来已为公安局、检察院、法院、司法局、安全局、党政机关、企事业单位培养各种层次的法律专门人才万余名。

学院占地面积近 650 亩，建筑面积 10 万余平方米，拥有综合办公楼、教学楼、模拟法庭、图书馆、计算机教室、语音教室、多媒体教室、电子阅览室等教学设施，以及男女生独立宿舍楼。目前，5000 多平方米的体能训练中心正在建设中。具备招收全日制脱产住宿生的优越条件。

学院目前设有法律、司法文秘、律师事务、金融法律实务、行政执法、罪犯矫治（狱政管理）、国际商务法律、国际贸易法律、商务英语、房地产法律服务、计算机应用、计算机网络技术、计算机网络安全等 10 多个专业。学院现有各类在校生 5000 余人，教职工 380 余人，其中专职教师近 200 人，有相当数量的博士、硕士。高级职称占教师总数的 25% 以上。同时，聘请国内外著名教授、专家和学者 80 余名担任兼职教授、特聘研究员。

学院有较强的科研实力，在首次申报的北京市哲学社会科学“十五”规划课题和司法部的课题工作中，5 项课题都获得批准。近年来，取得各类科研成果 700 多项，获得省部级和各级学会奖励的优秀成果共有30项;《北京市政法管理干部学院学报》面向国内外公开发行。2002年5月,受市委政法委委托,学院与市一中院合作,开发了"首都政法网"。

1997年,北京市委政法委党校挂牌于学院,创建了首都政法系统人才培训体系,5年来为政法系统培养领导干部和业务骨干3000余人。

北京市法律中高层次紧缺人才培训中心成立以来,积极开拓办学新渠道,探索与国外大学联合办学方式,成功开办了与澳大利亚悉尼科技大学、美国大西洋凯波社区学院的教育合作项目,并开通了澳大利亚、德国、美国等8个境外培训渠道,每年组织10余个政法系统培训团,200余人到境外培训。

目前,学院正在申报转型为北京政法职业学院。在新的世纪,学院将秉承"团结、诚正、笃实、创新"的校训,构建北京政法职业学院、北京市委政法委党校、北京市法律中高层次紧缺人才培训中心、监狱干警培训中心"四位一体"的办学模式,为推进首都民主法制建设贡献力量。

学院党委书记　段桂青

院　长　张景荪

副院长　杜石平

副院长　王菊生

副院长　陈　勇

学院纪委书记　马荣辉

二、教研机构

教务处

教务处是学院教学管理职能部门,主要负责制定全院规范性教学文件和日常教学管理,包括教学计划、教学大纲、教学进度、教学检查、教学评估、教学调度、教学设备、教材供应、教学档案、学籍档案等;负责教师队伍建设、教学制度建设、专业建设、课程建设、大纲建设、教材建设、教研室建设、教学实习实训基地建设;负责处内人事、财务、会务等事项。

科研处

科研处是在院长领导下,负责全院科学研究、学术交流、《学报》和学术委员会及北京市法律中高层次紧缺人才培训中心应用法学研究所的日常组织管理工作的机构。

法律系

法律系是学院教学部门,主要负责全院法律学科日常教学、科研,以及系内教师的管理工作。

人文系

人文系是学院教学部门,主要负责全院人文学科日常教学、科研,以及系内教师的管理工作。

计算机系

计算机系是学院教学部门,主要负责全院计算机学科日常教学、科研,以及系内教师的管理工作。同时承担首都政法网的日常维护,校园网的建设,办公用机的维修等工作。

中专部

中专部是学院在西城的教学分部,主要负责部分走读学生、部分大专班的教学和日常管理工作。师资、教学大纲由学院统一管理。

办公室

办公室在院长的领导下,负责综合协调、文秘、保密、外事、内外联系、信息传递等工作,起着枢纽和参谋的作用,是学院的综合办事机构,并承担着北京市法律中高层次紧缺人才培训中心的教学、管理、科研等工作。

单位地址:北京市朝阳区杨闸

邮政编码:100024

联系电话:65754999/65797788-6210

传真:65754999

电子邮箱(E-mail):Bjzhfgy@sina.com

网址:http://www.bjzhfgy.com

(北京市政法管理干部学院办公室供稿)

北京财贸职业学院
(北京市财贸管理干部学院)

一、学院概况

北京财贸职业学院(北京市财贸管理干部学院)建于1958年,是经北京市政府批准、国家教育部备案的市属普通高等院校,共培养高层次应用型人才10多万人,被国家教育部、北京市政府、市教委授予优秀校、示范校的称号,被首都商界誉为"经理的摇篮"。

学院设有工商管理系、财会系、金融系、信息系、广告系、政法系、外语系、旅游系、物流系、形象设计系,以及研究所、技能鉴定中心、国际教育部等系部。学院本科教育设有工商管理、金融学、会计学3个专业;专科教育有工商管理、金融、会计、经济信息管理、商场经营管理(连锁经营)、旅游管理(旅游英语,酒店管理,导游)、国际商务、电子商务、物流管理、财政与税收(税务代理)、外贸英语、商务英语、形象设计、形象设计(模特表演)、广告艺术设计、广告策划与制作、网络广告艺术、展示艺术设计等20余个专业。学院在办学指导思想上坚持理念创新，贯彻“抓管理、创品牌、树形象”的战略方针，精心构建以职业能力为核心的“重基础、强能力、高素质”的应用型人才模式；坚持落实以“教书育人”为中心的教书育人、管理育人、环境育人、服务育人的特色管理，教学质量在同行业中保持领先地位。

学院师资队伍中70%的教师具有博士、硕士学位；有教授、副教授80余人；享受国务院特殊津贴专家、北京市跨世纪优秀人才10余人。

学院拥有东四校区、通州校区、涿州校区，占地面积442.3亩。东四校区位于市中心黄金地段，通州校区交通便利，涿州校区校园优美（2003年暂不招生）。学院有数字化语音教室、电教室、计算机房、美术教室、会计模拟室、形象设计实操教室以及国家级标准的体育场、馆设施，拥有一流的学习环境。

学院与政府机构、企业和中介组织有密切的联系，拥有百余家固定的就业渠道，高职毕业生中15%可推荐到其他普通本科院校升本，也可报考我院工商管理、金融学、会计学专升本专业；愿意就业的学生可得到不低于2次的就业推荐机会；有条件的学生还可到与我院合作的海外高校深造。

学院党委、行政工作负责人：王茹芹

二、教研机构

商业研究中心

该中心专职从事流通理论与实践研究，并承担学院科研管理和服务功能。近年来，研究中心在对流通规律深入研究的基础上，充分发挥理论研究优势，承担了多项政府委托的重要商业规划性项目，以及商业企业的发展战略研究、投资可行性分析研究等项目，形成了自身的品牌优势。

商业研究中心现共有8人，其中研究生学历5人，本科学历2人，平均年龄33岁。同时聘请15名兼职研究人员。拥有流通理论、商业规划、企业战略、企业文化、市场研究、金融及财会等专业研究力量。主任王成荣教授是中国商业经济学会理事、中国企业文化研究会副会长，是流通理论和企业文化专家，著有《中国名牌论》等多部专著。

行政负责人：王成荣

联系电话：65230718

教务处

学院教育教学实行院系两级管理，教务处负责北京东四、通州、河北涿州三个校区教育教学的总体实施和控制，主要包括教务管理、教学研究、学籍管理、教学计划管理等。

行政负责人：李宇红

联系电话：65592250

学院地址：北京市东城区东四礼士胡同41号

邮政编码：100010

联系电话：65231127

（北京财贸职业学院办公室供稿）

中国人民解放军军事科学院

一、学院概况

中国人民解放军军事科学院是中央军委直接领导下的军事科学研究机关，是全军军事科学研究中心，是计划协调全军军事科学研究工作的机构，是军委、总部从理论高度指导国防建设与军队建设的助手。1958年3月15日，军事科学院在北京成立。

为了系统地研究马克思列宁主义军事理论和毛泽东军事思想，总结中国人民解放军的建军与作战经验，探索现代条件下武装力量建设和人民战争规律，为中国的国防现代化建设和反侵略战争服务，自1955年起，中央军委多次召开会议，讨论酝酿成立军事科学研究的专门机构。

1956年9月，由叶剑英元帅建议，中央军委决定建立军事科学院。10月31日，叶剑英元帅主持拟订了《军事科学院组织机构与建院方案》。同年12月3日，中央军委批准成立以叶剑英元帅为主任的军事科学院筹备委员会，负责军事科学院的筹建工作。

1957年4月，中央军委决定军事科学院以军委训练总监部军事科学条令部为基础组建，尽快展开工作。10月24日，中华人民共和国国防部发布命令，为“中国人民解放军军事科学院”命名。11月4日，国防部奉国务院总理周恩来命令，任命叶剑英元帅为军事科学院院长兼政治委员。军事科学院成立44年来，受到了党、国家和军队领导的高度重视和亲切关怀。毛泽东主席听取过叶剑英院长的工作汇报，周恩来、刘少奇、朱德、彭德怀等老一辈无产阶级革命家先后视察过军事科学院。1978年春天，军事科学院建院20周年时，邓小平与叶剑英、徐向前、聂荣臻等领导同志，专程来军事科学院视察。邓小平同志强调要“继承毛泽东军事思想，研究现代条件下人民战争，发展我国军事科学”，后来还欣然题写了“中国人民解放军军事科学院”院名。党的第三代领导集体倍加关怀和重视军事科学研究，中央军委主席江泽民曾先后三次视察军事科学院，并为军事科学院题词：“坚持马列主义、毛泽东思想，发展无产阶级军事科学，为国防建设和未来反侵略战争服务。”2001 年 12 月 8 日，江泽民主席、胡锦涛副主席等军委领导在中南海怀仁堂亲切接见了军事科学院第五次党代会的全体代表，进一步强调：加强国防和军队现代化建设，必须不断繁荣和发展我国的军事科学。

军事科学院建院以来，中共中央、中央军委先后选调了一批功勋卓著、富有作战经验和治军经验、在我军有重要影响的高级将领，担任院的领导职务。他们当中有著名的军事家叶剑英元帅和粟裕大将、王树声大将。

军事科学院历任院领导（以任职先后为序）有：

院长：叶剑英、宋时轮、郑文翰、蒋顺学、赵南起、徐惠滋、刘精松、王祖训、葛振峰。

政治委员：叶剑英（兼）、粟裕、王树声、王新亭、廖汉生、刘志坚、萧华、袁升平、梁必业、王诚汉、杨永斌、张序三、张工。

副院长：彭绍辉、杨至成、闫揆要、贺光华、高体乾、郭化若、王蕴瑞、张翼翔、高锐、邓华、舒同、谭知耕、刘震、王必成、张献奎、徐芳春、姜思毅、糜振玉、谭旌樵、宋文中、李际均、马凤桐、戴始芳、李运之。

副政治委员：钟期光、向仲华、彭富九、韩双亭、相纬、李硕、张超、王茂润、康成无、冯延龄。

院顾问：陈漫远、王智涛、叶楚平、余光文、吉合、石一宸。

军事科学院现任院长张定发，政治委员温宗仁；现任副院长：徐根初、田书根、葛东升；现任副政治委员：冯永生、程宝山。

二、科研机构

1958 年 1 月，国防部批准军事科学院的组织规程和组织系统，对军事科学院的性质、任务、科研工作方针、组织编制及基本成员称谓均做出了具体规定，进一步明确：军事科学院直属中央军委和国防部领导，是全军军事科学研究的计划指导机关和学术研究机关；军事科学院的任务是以马克思列宁主义和毛泽东军事思想为指导，广泛利用现代科学技术成就，从我国、我军主要作战对象的具体实际情况出发，针对今后战争的需要，有计划、有步骤地完成军事科研工作任务。同时，确定军事科学院编制为：学术秘书处、外国军队研究室、政治委员办公室、院务部、计划指导部、战史研究部、战争理论研究部、战役研究部、战术研究部。

1959 年 3 月，为了加强对外国军事的研究，经中央军委批准，外国军队研究室升级为外军研究部。同年 4 月，军事科学院成立院办公室，将计划指导部的职责、编制并归院办公室。政治委员办公室改称院政治部。同年 12 月，为了增强人民解放军高中级干部对现代军事技术知识的了解和掌握，中央军委批准军事科学院筹建军事技术研究馆（后改为军事技术直观教研馆）。

1960 年 1 月，国防部批准军事科学院机构设置调整为：秘书处、政治部、院务部、组织计划部、战争理论研究部、战役研究部、战史研究部、战术研究部、外军研究部等部门。

1969 年 11 月，军事科学院撤销院务部、军事技术直观教研馆，增设学术保障处和管理处。1972 年 9 月，将学术保障处、管理处编入院办公室。1973 年 10 月，军事科学院增设政治工作研究处。1976 年 5 月，军事科学院增设顾问组和《军事学术》杂志社。

1978 年 4 月，为加强军队建设与国防建设研究，根据中央军委的批复，军事科学院增设军制研究部。1979 年 11 月 23 日，军制研究部正式成立。同年 10 月 25 日，为使军事科学研究适应现代技术发展的需要，总参谋部批准军事科学院增设作战运筹分析研究室，主要任务是应用运筹学和电子计算机等手段，研究现代战争的组织指挥和作战行动等问题。

1981 年 1 月，根据总参谋部的编制方案，军事科学院办公室更名为计划指导部。同年 3 月，成立《中国大百科全书·军事卷》编审室筹备组，组织全军编纂《中国大百科全书·军事卷》。1983 年 5 月，《中国大百科全书·军事卷》编审室（正军级）纳入军事科学院编制。1982 年 5 月，经总政治部和国家出版局批准，军事科学院成立军事科学出版社。

1986 年 7 月，计划指导部调整为计划组织部，战争理论研究部调整为战略研究部；战术研究部调整为战役战术研究部，战史研究部调整为军事历史研究部，作战运筹分析研究室调整为军事运筹分析研究所，政治工作研究室调整为军队政治工作研究所，原计划指导部的军事辩证法研究室调整为毛泽东军事思想研究所，原计划指导部秘书处调整为院办公室。1988 年 4 月，《中国军事百科全书》编审室改称军事百科研究部。1993 年 4 月，原隶属计划指导部的研究生办公室改称研究生部，正式列编直属院。毛泽东军事思想研究所归入战略研究部建制。1994年4月，计划组织部改称科研指导部，院办公室归入科研指导部建制，军队政治工作研究所划归总政治部建制。2002年9月，重新成立军队政治工作研究所，纳入军制研究部编制。

军事科学院现辖有科研指导部、政治部、院务部、战略研究部、战役战术研究部、军制研究部、军事历史研究部、外国军事研究部、军事百科研究部、军事运筹分析研究所、军事学术杂志社、军事科学出版社、军事图书资料馆和研究生部等单位。

军事科学院经过多年的探索与实践，全院科研机构、学科设置逐步健全。目前，已建立起比较完整的学科体系，包括：14个一级学科、74个二级学科。现有科研人员400余名，其中博士、硕士占40%以上，研究员、副研究员近200名，国家有突出贡献的中青年专家、享受政府特殊津贴和全军专业技术重大贡献奖获得者60余人；在各个学科先后涌现出了一批有较高知名度的专家、学者。为培养高层次、高素质军事科研人才，经总部批准，军事科学院于1988年开始招收培养研究生，并成为全军首批军事学博士学位授予单位。现有博士学位授予点6个、硕士学位授予点8个，并设有军事学博士后科研流动站，先后与军内多所院校开展联合办学，并创办了研究生军事实践基地。

三、学术团体

中国军事科学学会。中国军事科学学会于1991年1月成立，历任会长有：军事科学院原院长蒋顺学中将、军事科学院原院长全国政协副主席赵南起上将、军事科学院原院长王祖训上将。中央军委副主席刘华清上将曾任名誉会长。中国军事科学学会于2002年4月至5月以通讯形式召开了第二届理事会第二次会议。会议一致同意军事科学院院长葛振峰同志接替王祖训同志兼任中国军事科学学会会长。学会现任副会长为军事科学副院长徐根初中将（常务副会长）、军事科学院副院长糜振玉中将、国防大学副校长张兴业中将。聘请李景、华楠、刘明璞、怀国模、陈明山、林虎、李来柱、邹玉琪、宋清渭、张志坚、蒋顺学、徐惠滋、刘精松、张序三、王厚卿、侯树栋、巴忠谈等军队老同志为学会特约高级研究员，26位军队知名专家学者担任学会高级研究员。军事科学院科研指导部部长钱海皓少将为学会现任秘书长。遵照中央军委指示，军事科学院已初步形成了开放型研究格局，通过出国考察、客座研究和接待来访等多种方式，先后同50多个国家的军事学术团体和专家学者开展了学术交流。

单位地址：北京市海淀区中国人民解放军军事科学院

邮政编码：100091

（国防大学邓小平理论研究中心昝瑞礼供稿）

教育部语言文字应用研究所

语言文字应用研究所（以下简称语用所）经国务院批准于1984年9月25日成立。

语用所成立之初由国家语言文字工作委员会和中国社会科学院双重领导，1988年以后由国家语委领导，1998年国家语委并入教育部，语用所随之成为教育部的直属研究所。2001年4月，根据中编办对教育部所属部分事业单位调整更名的批复，国家语委普通话培训测试中心和《语言文字应用》杂志编辑部并入语用所，组成新的语用所，编制50人，现在编人员38人。

语用所科研管理工作由所科研教育处负责。

截止到2002年11月，科研人员中正高职称5人，副高职称11人，博士3人，在读博士3人。

历任所长：

1984年9月14日—1990年5月9日　所长陈原，副所长陈章太

1990年5月9日—1991年3月29日　所长陈章太，副所长于根元（后离职）、佟乐泉、季恒全（接任）

1991年3月29日—1993年3月9日　所长曹先擢，副所长季恒全、佟乐泉

1993年3月9日—1995年1月　所长仲哲明，副所长季恒全、佟乐泉

1995年1月—2001年4月5日　所长许嘉璐，副所长佟乐泉、于根元

2001年4月5日—今　所长李宇明，副所长姚喜双、韩其洲、靳光瑾

主要科研任务（含单位的主要科研方向、研究特色）：

语用所面向教育部和国家语委的中心工作，面向现代语言文字生活的需要，面向应用语言学的学科建设，研究语言文字应用的实际问题和理论问题，研究语言文字的规范化和标准化，研究语言政策和语言规划；开展国家通用语言文字培训、测试及有关的组织规划、教学与科研工作，指导各地的培训与测试工作；为社会各界提供有关语言文字的评测与咨询服务；进行有关语言文字的网络建设和现代化的信息服务；语用所在中国社会科学院研究

生院设有语言文字应用系，并与北京广播学院联合设立应用语言学博士点，培养研究生和其他相关人才。

单位地址：北京市东城区朝阳门内南小街51号

邮政编码：100010

单位电话（办公室）：65592909

传真：65592909

电子信箱：wangm@mail.china-language.gov.cn

网址：http://www.china-language.gov.cn/

（教育部语言文字应用研究所王敏供稿）

中国出版科学研究所

中国出版科学研究所是新闻出版总署直属的专门从事出版科学研究的事业单位，成立于1985年3月（原名中国出版发行科学研究所，1989年改为现名）。现有基础理论研究室、应用理论研究室、国际出版研究室、出版经济研究室4个研究室，《出版发行研究》、《出版参考》、《传媒》3个杂志社和作为专业图书出版机构的中国书籍出版社，1个出版专业资料信息中心。全所职工81人，高级专业人员33人，中级专业人员22人。建所以来，中国出版科学研究所紧紧围绕新闻出版总署（国家出版局）党组的中心工作及出版工作的实际需要，开展出版科学研究工作。

近20年以来，中国出版科研工作发展大体可以分为三个阶段：第一阶段（1985年—1989年），主要编撰有关编辑、出版、发行科学的学术性资料书、工具书。第二阶段（1990年—1996年），随着出版科研资料的积累和出版科研队伍的成长，研究所除了继续编撰出版类资料书、工具书、教材外，开始进入出版理论研究的阶段。第三阶段（1997年至今），以出版科研的“两个服务”，即为出版管理服务，为出版生产服务为中心，树立服务意识和市场意识，从出版管理和出版生产的实际出发，开展多种形式的科研活动，推动科研成果的转让与应用，以此来实现科研成果的社会价值和经济价值，并谋求研究所自身的发展。

多年来，中国出版科学研究所通过聘请所学术委员、特邀研究员、外籍特约研究员，开展学术交流和学术研究工作，建立出版科研人才数据库，召开全国出版理论研讨会等形式，培养、壮大了出版科研队伍，推动了出版科研活动。到1998年底，在出版科研人才数据库中，比较稳定的、具有相当水平的所外出版科研人员已达800多人。

现任领导：党委书记、主持工作副所长余敏

单位地址：北京市丰台区太平桥西里38号楼

邮政编码：100073

联系电话：63489806

（中国出版科学研究所供稿）

中共北京市东城区委党校

中共北京市东城区委党校创建于1958年6月，因“文化大革命”曾于1966年停办，1977年3月恢复。1994年兼办东城区行政学院，1997年又兼办东城区社会主义学院和东城区干部法律培训中心，实行“四块牌子，一套机构”的管理体制。学校实行校务委员会集体领导下的校长负责制。现任常务副校长赵贵平。下设马列主义基础、经济管理、行政管理、法学、科学文化教研室；设培训处、科研处、图书资料室等教学辅助部门；行政后勤部门设办公室、总务处，全校共10个处室。校园占地8100平方米，1997年改扩建工程竣工后建筑面积达11300平方米。有教室11个、学术报告厅1个、电化教室、计算机房、语音教室各1个。有学员专用学习室、讨论室，可供200名学员同时在校学习及餐宿。图书馆藏书4.3万册，常年订阅报刊、杂志200余种。

学校地址：北京市东城区干面胡同10号

邮政编码：100010

联系电话：65248452、65258768（传真）

中共北京市西城区委党校

中共北京市西城区委党校是中共北京市西城区委领导下培训领导干部和理论骨干的学校，党校与西城区行政学校合署办公。学校现任常务副校长李增池。设有办公室、政法教研室、经管教研室、教务处、学历教育处、科研处、图书资料室、总务处8个部门和未来教育培训学校。校园占地面3000平米，建筑面积5422平米，使用面积4067平米。建有大小教室7个、学习室22间、讨论室5个、礼堂1个、计算机室2个。藏书3万余册。

学校地址：北京市西内冠英园西区6号楼

邮政编码：100035

联系电话：66182732

中共北京市朝阳区委党校

中共北京市朝阳区委党校建于1959年6月。“文化大革命”期间“改为毛泽东思想学习班”，

1973年恢复党校。学校占地面积5000平方米，建筑面积5000平方米。图书馆藏书3万册，资料60多种。学校实行党委领导下的校长负责制，区委副书记兼任党校校长。现任常务副校长蒋自伟。学校设办公室、马列基础理论教研室、管理教研室、党史党建教研室、图书资料室、科研处、培训处、行政处、劳动服务公司等9个处室。1992年至今，共举办各种干部进修、培训班50期，轮训干部4160人。还承担了区属街、乡、局、处、公司等基层党校的部分授课任务。1984年开始举办成人教育学历班，已培养大、中专毕业生1892名。目前开设行管、经管、法律3个专业，在校本、专科学员1689名。1998年、1999年与中央党校共同举办哲学研究生两个班，共有学员近百名。

学校地址：北京市朝阳区静安庄一区4号

邮政编码：100028

联系电话：64651199

中共北京市宣武区委党校

中共北京市宣武区委党校成立于1958年6月18日。1958年10月定址于宣武区广安门内大街318号。1966年5月“文化大革命”开始后停办。1978年4月正式复校。1989年7月迁入宣武区南菜园49号。1978年，建立党委。1996年11月，由党委改为校委，实行校长负责制，机关建立党总支。现任常务副校长陶佑。学校共设办公室、教研室、教务处、函授培训处、图书资料室、总务处、联合办学办公室7个处室。学校占地面积2800平方米，建筑面积5849平方米，除教室外，配有大小会议室、计算机房、图书资料室及食堂浴室等设施。教学容量可达600人次。馆藏图书4万余册，各类报刊杂志30余种。同时拥有计算机50台及两套完整的闭路电视教学系统。

学校地址：北京市宣武区南菜园49号

邮政编码：100054

联系电话：63541428

中共北京市崇文区委党校

中共北京市崇文区委党校建立于1959年6月，1966年至1968年停办，1969年至1977年改名为崇文区毛泽东思想学习班。1977年7月，恢复崇文区委党校。现为中专体制，与崇文区行政管理学校是两块牌子，一套人马。现任常务副校长周晓沪。学校下设5个处室，分别是办公室、干部培训处、教学科研处、教务管理处和后勤管理处。校园面积1920平方米，校舍建筑面积2519平方米。1996年党校建成计算机教室、多功能厅，图书资料室共藏书2万余册。

学校地址：北京市崇文区天坛内东里2号

邮政编码：100061

联系电话：67021584、67024327

中共北京市丰台区委党校

中共北京市丰台区委党校成立于1958年6月25日。学校实行校委会制，现任常务副校长陈志忠。学校共设6个处室。党办负责全校的党务工作。行政办公室负责学校的财务、劳资、人事、安全保卫、老干部等行政管理工作。教务处负责主体班次的教学管理工作。教研室负责教学科研工作。学历办公室负责学历教育管理工作。总务处负责全校的后勤保障工作。党校兼办行政学校和社会主义学院，是北京市委党校成人教育学院的分院之一。现占地23亩，建筑面积由建校初期的平房2600平方米，发展到现在的12508平方米，有2幢教学楼、1幢学员楼、有一个能容纳500人的礼堂，全校教室可容纳学员1000人。建立了完整的闭路电视教学系统。图书资料室现藏书2万余册。

学校地址：北京市丰台区程庄路67号

邮政编码：100071

联系电话：63822986

中共北京市海淀区委党校

1959年7月正式成立，1966年6月至1977年3月，因“文化大革命”党校停办。1977年3月，海淀区“五七”干校改为中共北京市海淀区委党校。学校实行校委制，现任常务副校长宁克明。机构设置有办公室、机关党委、教务处、培训部、教研部、图书资料中心、后勤保障部和财务室。占地面积13650平方米，建筑面积7832平方米。1994年10月，迁入东北旺路32号，校园面积30亩，建筑面积14800平方米，使用面积10000平方米。现有计算机、摄像机、录像机等全套电教设备。图书馆藏书5万多册。

学校地址：北京市海淀区东北旺路32号

邮政编码：100094

联系电话：62986061

中共北京市石景山区委党校

中共北京市石景山区委党校1973年5月组建，当时称为北京市石景山区革命委员会毛泽东思想学习班。1976年启用现名，1991年区政府发文行使区行政干部学校职能，即“一套机构两块牌子”。现为中等专业学校体制。学校实行党委领导下的校长负责制，现任常务副校长徐淑兰。设有办公室、教研室、教务处、总务处、图书资料室等机构。学校占地面积8500平方米。现有校舍面积5000平方米，可同时容纳1000多名学员上课，80名学员住宿。藏书2.4万册。

学校地址：北京市石景山区八角北路九号

邮政编码：100043

联系电话：68870925、68870931（传真）

中共北京市门头沟区委党校

中共北京市门头沟区委党校于1959年9月成立。其前身是“基层党员干部训练班”。“文革”期间，先后易名为“毛泽东思想学习班”、“一〇四干校”和“五七干校”，至1972年，区委批准撤销原“五七”干校，恢复中共北京市门头沟区委党校。学校实行党委领导下的校长负责制，现任常务副校长陈世杰。与行政学院分院实行两块牌子一套人马，行政后勤合一办公的体制。分设办公室、教研室、教务处、总务处、培训处等处室。建有占地面积有5000平方米的教学楼，其中有可容纳300人的综合报告厅及各类教室17个。有以马列主义理论书籍为主的各类藏书2万余册的图书室；有各类理论专刊及学报杂志达150多种的资料室。

学校地址：北京市门头沟区新桥大街54号

邮政编码：102300

联系电话：69842635

中共北京市房山区委党校

中共北京市房山区委党校，原为1958年4月建立的中共房山县委党校，“文革”期间停办。1972年为毛泽东思想学习班，1976年复校。1987年初，房山县、燕山区撤并建立房山区，原房山县委党校遂改为房山区委党校。党校为中专体制。党校和区行政学校实行一套班子、两块牌子。现任常务副校长刘天福。学校设有办公室、教研室、教务处、培训处、后勤处等5个处室。占地46亩，建筑面积6800平方米，使用面积5100平方米。有大、中、小教室10个（可同时容纳学员1200人）及计算机和电教设备。图书馆藏书1.3万册。

学校地址：北京市房山区兴房大街70号

邮政编码：102400

联系电话：89303019、89303909（传真）

中共北京市通州区委党校

中共北京市通州区委党校始建于1959年1月，“文化大革命”期间停办，1974年7月复校。1995年12月，经原县委批准兼办通县行政学校，1997年10月更为通州区行政学校。学校实行党委制，现任常务副校长李括。内设机构4个处室，即教研室、教务处、党委办公室、总务处。主要功能是轮训和培训区属局级领导干部及其后备干部、基层党支部书记和政工理论干部；搞好国家公务员任职资格和岗位培训；举办党政干部大专、本科学历班。校园占地面积9900平方米，建筑面积6382平方米，使用面积5000平方米，可容纳学员800人。电化教学设备齐全。校图书馆藏书1万余册。

学校地址：通州区玉带路143号

邮政编码：101100

联系电话：69552485

中共北京市顺义区委党校

中共顺义区委党校创建于1955年4月，初期为党训班，1956年7月正式建立顺义县委党校，后4次迁址，才固定于中山西街。曾因“文革”停办，1974年3月恢复。1998年12月，顺义撤县改区，党校改称为顺义区委党校。1991年7月，校党组改建党委。1996年9月成立顺义县行政学校（现为顺义区行政学校）。现任常务副校长贺英海。学校主要承担顺义区党政干部及公务员的培训任务。设有教务科、团训科、总务科、办公室等科室。党校占地总面积9417平方米，建筑面积6375平方米，使用面积4793平方米，共有大、中、小教室14个，可同时容纳1000余人上课，300人住宿就餐。为适应教学需要，还配备了闭路电视、计算机房。图书馆藏书达2万余册。

学校地址：北京市顺义县城中山西街

邮政编码：101300

联系电话：69444915

中共北京市昌平区委党校

中共昌平区委党校建于1959年7月，校址在昌平镇东街，1962年5月撤销。1972年7月在长陵成立县委干部学习班，1976年8月改建和恢复党校。1985年5月校址迁至昌平镇。校园面积13340平方米，有图书阅览室、多功能厅、计算机房、大小餐厅、台球室等设施。建筑面积7312平方米，使用面积5497平方米。教学楼可供250名学员住宿，大小教室（礼堂）可供890人同时听课。有图书11000册。领导体制为党委领导下的校长分工负责制。现任常务副校长王玉敏。设有教研室、教务处、培训处、办公室、行管处、财会室6个科室。学校以培训、轮训全县乡、镇、部、委、办、局（公司）副职领导干部及以下党员干部为主要任务，兼办成人学历教育，设有北京市委党校成人教育学院昌平党校分院。

学校地址：北京市昌平区城区镇东环路

邮政编码：102200

联系电话：89741308

中共北京市大兴区委党校

中共大兴县委党校创建于1954年，“文化大革命”期间曾经停办，1976年10月又正式恢复中共大兴县委党校名称。1994年，大兴县委党校迁址建校于大兴县兴丰北大街东侧。学校实行中专体制，实行校党委领导下的常务副校长负责制。现任常务副校长鲍广会。设科室4个：党办和校办合一的办公室、教务处、教研室和总务处。1995年，大兴县行政学校成立，与县委党校合署办公，自此，县委党校一套人马、两块牌子、承担三项任务（即干部培训、公务员培训和学历教育）的格局形成。现占地面积5554.5平方米，校舍建筑面积6430平方米，使用面积5800平方米。大中小教室10个，可同时容纳1000人上课。1995年，安装了闭路电视，1996年装备了计算机室，有多媒体教室2个。现有图书18000余册，各种杂志及学术刊物几百种，资料10000余册。

学校地址：大兴卫星城兴丰北大街

邮政编码：102600

联系电话：69249681

中共北京市怀柔区委党校

中共怀柔区委党校始建于1956年12月，1959年被撤消，1961年恢复，1966年再次被撤消，1977年12月重新恢复党校。1990年，校址由西大荒迁至县城迎宾北路30号，原城关乡政府所在地。学校实行校务委员会领导体制，现任常务副校长胡文云。下设4个科室，即办公室、教研室、教务处、总务科。自1993年5月起，兼办行政学校，与党校为一个机构，两块牌子。校园占地面积5932平方米，建筑面积4350平方米，使用面积3853平方米，可容纳学员1500人。学校配备有机房和电教设备。图书馆藏书12000余册。

学校地址：北京市怀柔县城迎宾路

邮政编码：101400

联系电话：69644600

中共北京市密云县委党校

中共密云县委党校创建于1956年12月。1994年9月兼办密云县行政学校，两块牌子，一套机构，是密云县党、政、企事业单位各类干部的培训基地。学校实行党委领导下的常务副校长负责制，现任常务副校长梁英。下设两室三科，即办公室、教研室、教务科、总务科、学员管理科。校园占地33300平方米，现有校舍建筑面积9634平方米，其中有新建教办大楼5800平方米，内设26个50到140座位的教室，计算机房，电教设备室、语言室、多功能厅，闭路电视等。藏书20000余册。

学校地址：北京市密云县城河西

邮政编码：101500

联系电话：69043473

中共北京市平谷区委党校

中共平谷县委党校于1956年建校，文革期间停办，1976年粉碎“四人帮”后恢复办学。1990年，由峪口镇迁至县城，现址位于平谷镇建设西街7号。学校实行党委领导下的校长负责制，现任常务副校长马东坡。设有政办室、教研室、教务科和行政科。政办室兼培训部，教研室兼中专部，教务科负责大专、本科教学及管理工作，行政科负责全校的总务后勤工作。现已形成了县委党校、北京市委党校成人教育学院平谷分院、北京行政学院平谷分院、平谷县委党校干部中专部“四位一体”的办学格局。学校占地总面积10230平方米，建筑面积10300平方米。拥有各类教室25个，可容纳400人的礼堂1个，可同时容纳2500人上课，有语音教室1个，计算机教室1个，图书室7间，藏书近20000册。

学校地址：北京市平谷建设西街7号

邮政编码：101200

联系电话：69962558

中共北京市延庆县委党校

中共延庆县委党校1955年12月建立，现分南北两校，占地面积78.8亩，建筑面积16700平方米，使用面积13000平方米，可容纳学员3000人，586计算机142台，计算机房和多媒体网络实验室各一个，多媒体语音室2个，外语教学发射机1

台，各教室都配有闭路电视，图书6万册，每年订报刊244种。1984年在党校基础上创办了北京科大分校，1995年成立了延庆行政学院，现延庆党校为三块牌子、一套编制，实行党委领导下的校长负责制，现任常务副校长高玉明。下设办公室、教务处、教研室、学生处、总务处，承担延庆县党员干部、公务员及京郊专业人才的培训任务。

学校地址：北京市延庆县城庆园街1号

邮政编码：102100

联系电话：69103148

中共北京市委农工委党校

中共北京市委农工委党校于1992年6月成立，与市农业管理干部学院同属一个党委，两块牌子，一套机构。主要任务是对郊区和农口乡（镇）处级以上领导干部和后备干部进行马列主义基本理论教育。重点学习马克思主义哲学和邓小平理论，学习社会主义市场经济理论和相关业务知识。党校教育实行以短期为主的多种培训形式，同时完成市委交给的其他培训任务。现任常务副校长卜月仲。现有校园面积4.8万平方米，建筑面积3.4万平方米。建有教学楼、培训楼、办公楼、学员宿舍楼、食堂楼、教工家属宿舍楼，基础设施配套。拥有计算机房3个（150台），语音室、实验室各2个及完备的电教系统设施。馆藏图书7.5万册。目前可容纳1200余名学员同时上课、住宿与就餐。设有政治、经济、行政管理、企业管理、国际贸易、财政金融、会计、法律、计算机及语文、数学和英语等几十个专业。

学校地址：北京市海淀区香山普安店29号

邮政编码：100093

联系电话：82595047

中共北京市委工业工委党校

1991年6月，经北京市委批准，以经济管理干部学院为基础建立北京市工业工委党校，实行一套机构、两块牌子的体制。现任常务副校长裴销才。学校占地面积126亩，建筑面积6.5万平方米，可同期容纳学员数1600人。拥有计算机200台，图书资料12万余册。主要有工商管理、财会金融、经济贸易、信息管理、外国语言类等10余个专业设置。

学校地址：北京市朝阳区花家地街19号

邮政编码：100102

联系电话：64361870、64361872

北京教育党校

北京教育党校成立于1992年8月，与北京普教系统党建研究会为二位一体的结构，下设办公室、党建研究室和党建研究会秘书处，受北京市委教育工委和北京教育学院党委双重领导。2001年，北京教育学院内部机构改革后，原北京教育党校和北京市普教干部培训中心合属办公，受北京市委教育工委和北京教育学院双重领导，现任常务副校长倪益琛。学校主要承担原教育党校的理论培训、理论研究和理论宣传三大任务和北京市普职成教干训工作的统筹规划、协调服务、业务指导和督导检查的任务。学校占地面积81.4亩，建筑面积9万平方米。同期可容纳学员1.6万人。图书馆藏书55万册。

学校地址：北京市西城区德胜门外黄寺大街什坊街2号

邮政编码：100011

联系电话：82089244

中共北京市委市直机关工委党校

中共北京市委市直机关工委党校成立于1991年6月。现任常务副校长宋兆华。学校占地面积15亩，建筑面积13561平方米，教学行政用房面积7961平方米，学员宿舍面积5600平方米。可同期容纳学员400人。图书馆藏书2万册。主要培训班次有处级干部理论进修班、入党积极分子培训班、公务员副处任职培训班、公务员初任培训班、公务员公共行政管理研修班。

学校地址：北京市朝阳区安外惠新北里10号

邮政编码：100029

联系电话：64956801

中共北京市委商贸工委党校

中共北京市委商贸工委党校成立于1991年9月。现任常务副校长王茹芹。与北京市财贸管理干部学院同属一个党委，两块牌子，一套机构。主要任务是对北京市商贸系统的处级以上领导干部和后备干部进行马列主义基本理论教育。重点学习马克思主义哲学和邓小平理论，学习社会主义市场经济理论和相关业务知识。党校教育实行以短期为主的多种培训形式，同时完成市委交给的其他培训任务。学校占地面积4百余亩，建筑面积1万余平方米，可同期容纳学员6千余人。图书馆藏书24万册。

学校地址：北京市东城区东四南大街礼士胡同41号

邮政编码：100010

联系电话：65261603

中共北京市委政法委党校

中共北京市委政法委党校于1997年1月经市编制办公室批准正式成立，由市委政法委直接领导，其具体办学机构设于北京市政法管理干部学院。主要任务是培训北京市政法系统所属公安局、检察院、法院、国家安全局、司法局（内含监狱管理局和劳教局两个二级局）及民政局处职以上干部和中青年后备干部。党校由校务委员会领导，其成员由各部门领导兼职组成。校长由市委政法委副书记段桂青兼任，副校长由北京市政法管理干部学院院长张景荪兼任。现有专、兼职教授和专家近百人。党校办班分为主体班和委托班两种类型。主体班次有局职领导干部读书班、处职领导干部进修班、中青年领导干部培训班、党务领导干部培训班和政法委综治办干部培训班5种类型。委托班又分两种，一是由我市政法委所属各系统临时委托举办的培训班，二是受有关单位及兄弟省市委托举办的各类培训班。学校占地面积150亩，建筑面积5.4万平方米。同期可容纳学员2600人。图书馆藏书8万余册。

学校地址：北京市朝阳区杨闸

邮政编码：100024

联系电话：65750424

（中共北京市委党校科研处供稿）

已刊机构补充介绍

北京大学

政府管理学院

北京大学政府管理学院成立于2001年12月，全国政协副主席、著名行政法专家罗豪才教授担任院长。学院以培养党政部门、企事业单位、高等院校和科研机构的管理、教学与科研人才为宗旨，以推动当代中国政府和公共管理现代化为目标。下设政治学系、行政管理系、公共政策系、公共经济系、城市与区域管理系等5个系；政府管理与公共政策实证研究中心、MPA教育中心两个教学研究中心和一个国家人文社科重点研究基地。设有政治学与行政管理专业（本科）；政治学理论、中外政治制度、中共党史、行政管理、区域经济学5个硕士点以及一个公共管理硕士学位授予点（MPA）；政治学理论、行政管理学、区域经济学3个博士点以及一个区域经济学的博士后流动站。

目前学院有专职教师34人，教授14人（博士生导师8人），具有博士学位的21名，其中国内培养博士13名，归国博士8名。

学院积极开展科学研究，曾承担了6项“七五”、“八五”国家社科基金重点项目，17项国家社科基金年度项目和部级科研项目，数项部委课题以及一批国家教委教材建设项目。

我院培养出了一大批中高层次的政治和政府管理人才和高素质的学术人才，毕业本科生中有近1/2的学生被直接推荐或考入国内外相关院校继续攻读研究生，毕业的硕士、博士中，有一大批在党政机关、社会公共组织、企事业单位、教学科研机构工作，他们在各自的岗位上做出了骄人的成绩。北京大学政府管理学院正在成为培养高素质政府与公共管理人才的摇篮。

（王康宁整理）

考古文博学院

北京大学考古文博学院历史悠久，1922年北京大学就成立了考古研究室，1952年在历史系中设立了考古专业，1983年考古系成立，1998年北京大学考古学系与国家文物局签署合作办学协议，将北京大学考古学系扩办为北京大学考古文博院（中国文物博物馆学院）。2002年，更名为北京大学考古文博学院。

本科教育主要设专业4个：考古学专业、博物馆学专业、文物保护专业、古代建筑专业。

研究生（博士生）培养方向12个：旧石器时代考古、新石器商周考古、汉至唐考古、宋元明考古、古文字研究、佛教考古、陶瓷考古、中西亚考古、中国古代文物研究、博物馆学研究、文物保护科学、科技考古。

考古文博学院下设考古学及博物馆学系、文物保存科学技术系；同时有1个陶瓷研究所，1个科技考古与文物保护实验室，依托于学院还有两个中心：“中国考古学研究中心”、“北京大学古代文明研究中心”。其中，考古学系下属5个教研室：旧石器考古、新石器考古、汉至唐考古、博物馆、田野考古；文物保存科学技术系下属3个教研室：文物保护、古建专业、科技考古研究。此外，考古文博学院还没有1个办公室，1个资料室。

学院院长：高崇文教授

（王康宁整理）

北京大学对外汉语教育学院

北京大学是新中国从事对外汉语教学时间最早、历史最长的学校之一。1952年，新中国第一个对外汉语教学机构“清华大学东欧交换生中国语文专修班”经院系调整转入北京大学，更名为“北京大学外国留学生中国语文专修班”，协调管理各系留学生工作。1961年，“北京大学外国留学生中国语文专修班”与“北京大学外国语学院非洲留学生办公室”合并，成立了“外国留学生办公室”，负责北京大学的对外汉语教学事务。1964年，北京语言学院成立后，留在北大的少数教师在留学生办公室下属成立了“公共汉语教研组”，负责已入系留学生的汉语补习工作。1984年，北大在全国高校率先成立“对外汉语教学中心”，主要从事外国留学生非学历汉语教育，两年后开始招收对外汉语教学方向的硕士研究生，成为全国首批培养对外汉语教学硕士研究生的单位。2002年6月29日，北京大学以“对外汉语教学中心”为基础，成立“对外汉语教育学院”，北京大学的对外汉语教学事业又翻开了新的一页。

对外汉语教育学院是专门从事对外汉语教学和对外汉语科研工作的教学科研实体。教学方面，学院当前主要从事外国留学生的非学历语言教育、预科教育、专门目的教学和对外汉语教学方向的硕士研究生教育。形成了规模大、层次多并和多所国际名牌大学教育接轨的教学特点。学院已经建设成比较完备的、具有对外汉语教学特色的研究生培养计划和课程体系，把人才培养和学科建设紧密结合起来，实现了研究生培养和学科建设同步推进的目标，培养了一批中青年学术带头人。科研方面，学院目前已经形成了8个研究领域：(1) 基于对外汉语教学的汉语本体研究；(2) 第二语言教学理论研究；(3) 第二语言学习理论研究；(4) 对外汉语教材编写研究；(5) 语言测试研究；(6) 外国人汉字学习与教学研究；(7) 汉外语言文化对比研究；(8) 现代教学技术应用与研究。围绕着这8个研究领域，形成了不同的学术梯队，推动着学院科研工作的开展。

学院下设4个教研室，1个信息资料中心，1个对外汉语教学研究所，1个院行政办公室。4个教研室是：汉语精读教研室、汉语视听说教研室、汉语选修课教研室和预科教育教研室，它们共同组织和落实学院的全部教学工作。信息资料中心主要负责收集整理学院和对外汉语教学的各项信息资料。对外汉语教学研究所是一个虚体，主要负责科研课题、学术刊物、学术会议等科研事务。学院办公室主要负责学院的日常行政事务。

学院现有在职教师50余人，具有高级职称的占教师总数的40%；具有硕、博学位的占教师总数的78%；取得国家对外汉语教师资格证书的占教师总数的74%。师资力量较为雄厚。

现任院长：何芳川教授　常务副院长：李晓琪教授

（王康宁整理）

（北京大学社科部供稿）

中国人民大学

人文学院

中国人民大学人文学院成立于2002年6月，下设哲学系、宗教学系、中国语言文学系、历史系、清史研究所。学院师资力量雄厚，拥有一批享誉国内外的著名专家学者，现有教师169人，其中教授82人，副教授56人，60.4%的教师具有博士学位。学院已具备以培养文史哲高层人才为主的教育体系，在校生中研究生与本科生的比例为1.5:1。

学院现有硕士学位学科点21个，博士学位学科点15个，一级学科学位授予点2个，国家级重点学科4个，博士后流动站3个，教育部文科人才培养与科学研究基地3个。在科学研究方面，学院有伦理学与道德建设研究中心、佛教与宗教学理论研究所以及清史研究所等3个教育部人文社会科学重点研究基地，承担着“哲学理论与当代社会发展”、“中国历史与传统文化”等2个国家“211”工程“十五”重点项目。学院还有孔子研究院、人文奥运研究中心等2个校级研究机构，其他各类研究所16个。目前，人文学院与美国、英国、法国、德国、日本、俄罗斯、韩国、香港、台湾、澳门等20多个国家和地区的著名学者、高等学校及学术团体建立了广泛和长期的学术交流与合作。

院长：陈桦

联系电话：62511017

孔子研究院

为弘扬中华优秀传统文化，大力张显孔子思想学说，加强学校人文学科建设，促进学校人文学科与国内外学术界、文化界、教育界的广泛交流与合作，中国人民大学于2002年11月成立了孔子研究院。研究院的建院宗旨是：继承优秀传统文化，弘扬孔子思想精华，提高国民人文素质，建设人类美好未来。

孔子研究院为直属中国人民大学领导的研究机构，校内以人文学院为依托，按校内科学研究基地模式运作和管理。研究院的组织机构由理事机构、学术咨询机构和行政机构三部分组成。理事机构包括中国人民大学孔子研究基金会和中国人民大学孔子研究海外基金会（香港）。基金理事会的职能是筹集社会资金，负责管理中国人民大学孔子研究基金。基金会理事长由中国人民大学校长纪宝成担任。学术咨询机构为中国人民大学孔子研究院学术委员会，其职能是决定研究院的学术定位与发展战略，评议审查科研项目与科研成果。行政机构实行院长负责制，下设研究交流部、教学培训部、市场推广部和办公室。中国人民大学校长纪宝成担任孔子研究院名誉院长，著名学者张立文担任院长兼学术委员会主席，著名学者方立天、中国人民大学副校长冯俊、人文学院院长陈桦担任副院长。

中国人民大学孔子研究院立足于高起点、高水准、高规格的发展战略。拟创办学刊、设立研究专题、出版儒家学术典籍、举办系列学术会议和学术讲座、设立国学研究奖、设立奖学金和助学金、创建研究网站、在大学生中进行中国传统文化知识的讲习活动，力求通过多层次、多渠道开展学术研究和学术推广活动。

院长：张立文

联系电话：62513561

E－mail：ruc-confucius@163.com

网址：http：//confucian.ruc.edu.cn

人文奥运研究中心

中国人民大学人文奥运研究中心于2000年10月成立，是学校直属的专门研究“人文奥运”课题的相关理论与实践问题的相对独立的学术研究机构，是人文奥运相关人才的培养培训基地，是通过宣传、交流、咨询、策划、培训、实践等活动形式促进人文奥运实践的文化中介机构。中心的运作按照教育部重点科学研究基地的模式运行。中国人民大学副校长冯惠玲任中心主任，金元浦任执行主任，徐兆仁、葛晨虹、肖群忠任副主任。

中心设学术研究部、咨询策划部、宣传联络部、国际交流部、社会培训部、青年工作部。中心设置学术委员会。中心坚持多学科交叉渗透、强强联合、开放式管理，并与校内有关院系、教育部重点研究基地保持密切合作关系。

中心的主要任务与目标是组织并完成人文奥运的重大科研项目，推动我国人文奥运研究的整体水平；培养培训奥运行动相关人员如奥运官员、志愿者及其他服务人员，提升奥运人员的素质；通过文化、道德、礼仪等内容的培训，提高国民与北京市民的文明素质；通过举办全国或国际学术会议，交流人文奥运的研究成果，宣传人文奥运理念，推动人文奥运实践；加强图书资料建设与人文奥运网站建设，努力使本中心成为人文奥运研究的全国学术交流和资料信息中心；通过主动承揽奥组委和其他政府部门的委托研究课题，开展调研与合作研究，向有关部门提供人文奥运的参考咨询服务；提出若干人文奥运建设项目的创意，成为政府与市场、社会的智力与文化中介；积极开展人文奥运的宣传、服务等实践活动。

主任：冯惠玲

联系电话：62511149

“三个代表”重要思想研究中心

中国人民大学“‘三个代表’重要思想研究中心”成立于2002年11月29日。中心设主任1名、副主任3名、秘书长1名、副秘书长2名。主要任务是组织、协调全校力量，按照“三个代表”重要思想的要求进行理论研究，探讨全局性、前瞻性、战略性重大理论和实践问题；协调、组织全校从事马克思主义和中国特色社会主义教学与研究特别是从事“两课”教学与研究的力量，开展邓小平理论、“三个代表”重要思想教学、科研的规划；承担国家、教育部、北京市及社会其他方面提出的重大课题的研究和攻关，并开展与校外同类研究机构的联系、交流与合作。中心按照教育部重点科学研究基地的模式运行。中国人民大学党委书记程天权任中心主任，马俊杰、沈云锁、王顺生任副主任。

研究中心依托科学社会主义与国际共产主义运动、中共党史（含党的学说与党的建设）、马克思主义理论与思想政治教育3个硕士和博士学位点。其中，中共党史学位点，是我国第一批硕士和博士学位授予点，1986年和2002年两次被评为全国重点学科；马克思主义理论与思想政治教育也在2002年被评为全国重点学科。中心着重开展基础研究，重点开展“三个代表”重要思想与马克思主义理论创新、全面建设小康社会的理论与实践、执政党建设的理论与实践3个方向的研究。

主任：程天权

联系电话：62511288

更正：2002年鉴718页：马克思主义学院院长“沈云所”应为“沈云锁”

（中国人民大学科研处供稿）

清华大学

新闻与传播学院

2002年4月21日，清华大学在原有传播系的基础上，整合校内外和国内外多方资源，组建了清华大学新闻与传播学院，并聘请我国新闻与传播界资深人士范敬宜教授担任新闻与传播学院首任院长。

根据传媒发展的趋势和国内外新闻传播学科的现状，学院确立以国际传播、影视传播、新媒体传播和媒介经营与管理为主要学科方向，建设具有学术特色、适应时代发展的新闻与传播学科。学院建设了新闻与传播综合实验室，可以进行数字图像设计、视听制作、媒介效果调查、新媒体研究、摄影、电子采编、网络新闻研究等方面的实验。

学院设立4个研究中心，为学术研究搭建综合性、研究型、开放式的科研平台：国际传播研究中心（主任李希光教授）、影视传播研究中心（主任尹鸿教授）、新闻媒体传播研究中心（主任熊澄宇教授）、媒介经营与管理研究中心（筹）（主任孙宝寅教授）。

（清华大学文科建设处刘金梅供稿）

北京师范大学

教育学院

北京师范大学教育学院于2001年9月11日正式成立，现有教职员工102人，教学科研人员76人，其中教授23人，副教授37人。在职教师中，获得博士学位的人数为33人，占43%。现有本科生485人，硕士研究生197人，博士研究生96人，高级访问学者19人，继续教育学员2500多人。

教育学院设置以下教学科研机构：教育学系、课程与教学系（同时使用教育科学研究所的名称）、教育经济与管理系、学前教育系、特殊教育系（同时使用特殊教育研究中心的名称）、国际与比较教育研究所、教育法与教育政策研究所、教育历史与文化研究所。高等教育研究所目前正筹备中。

教育学原理、课程与教学论、教育史、比较教育学、学前教育学、教育经济与管理专业具有博士点；高等教育学、成人教育学、职业技术教育学、特殊教育学专业有硕士点。

教育学院建设和发展的总体目标是：继承传统、开拓创新、团结合作，经过3至5年的艰苦努力，成为中国教育理论、技术和观念创新的重要园地，成为教育学术交流和高级人才培养的中心，成为中国教育决策和改革的思想库，成为国内领先、国际著名的教育学术机构，为北师大早日成为国内一流、国际知名的大学作出突出贡献，为教育科学研究和中国社会主义教育事业的改革与发展，作出重要贡献。

院长：张斌贤

联系电话：62206099

心理学院

2001年11月22日，北京师范大学心理学院正式成立，下设心理学系、脑与认知科学研究所、发展心理研究所、教育心理与心理健康研究所、心理测量与评价研究所、人力资源开发与管理心理研究所。现有教职工67人，博士后9人，其中教授18人，副教授15人，讲师15人。现有本科生240人，硕士研究生200人，博士研究生80人，各类继续教育学员600人。

心理学院拥有雄厚的教学和科研力量：在教学与人才培养方面，心理学专业是“国家理科基础科学研究与教学人才培养基地”，建立了北京市级的“心理学基础实验教学中心”，拥有心理学博士后流动站、心理学一级学科博士学位授权点，有基础心理学、发展与教育心理学和应用心理学3个博士点。在科研和学术发展方面，我院的发展心理研究所是“全国人文社会科学重点研究基地”，“发展与教育心理学”是全国高等学校重点学科，“认知科学与学习”教育部重点实验室、教育部“脑科学与认知科学网上合作研究中心”、“应用实验心理”北京市重点实验室等也以我院为学术依托。同时，还利用北京师范大学“211工程”的建设经费，建立了“学习与教学心理实验室”、“早期心理发展实验室”和“心理测量与评价实验室”等校级重点实验室。

院长：车宏生

联系电话：62208187

艺术与传媒学院

2002年7月6日，北京师范大学艺术与传媒学院正式成立，下设影视艺术、音乐、美术与书法、舞蹈4个系，数字媒体、科学与艺术、艺术教育3个研究所和戏剧影视研究中心、中国书法研究中心、公共艺术教育中心、影视制作创作中心。其前身是艺术系，创办于1915年，具有近90年的悠久历史。现有专任教师40名，专兼职教授28名，副教授12名。

艺术与传媒学院在发展过程中形成了注重培养文化水准高、理论视野开阔和专业技巧精通、能适应社会主义艺术事业、知识结构全面合理的复合型艺术人才的特点。现有影视、音乐、美术、舞蹈4个本科专业；电影学、广播电视艺术学、音乐学、美术学4个硕士点和1个电影学博士点；其中，影视学科为北京市重点学科。目前全院有本科生281人，硕士生107人，博士生23人、博士后2人。

院长：黄会林

联系电话：62206886

法律系

北京师范大学法律系成立于2002年7月，其前身是哲学系法学专业，始建于1995年。到目前为止，已招收法学专业本科毕业生5届，前3届学生已按期毕业。

法律系注重教师队伍建设和教学科研水平的全面提高，有一批在全国有一定影响和知名度的专家学者。在专任教师队伍、法学图书资料、人才培养、教学管理、教学效果等法学本科教育核心的指标方面均达到教育部高等教育司《关于高等学校法学本科专业评估指标体系》的优秀标准。目前，法律系正全力以赴引进高素质人才，全面整合北京师范大学有关学科，构建法学各主干学科的学术带头人，以期形成在全国法学界有重要影响的、群星璀璨的法学教学科研群体。法律系特别重视与司法实际部门的密切联系，通过向司法实际部门提供理论研究基地、与其合作研究项目等方式，畅通法学理论研究与司法实践需要的交融渠道，提升北京师范大学法学在司法决策、运作部门的知名度。法律系坚持开放型的办学模式，加强与国内外著名高校的广泛交流与合作，力求构建有特色、研究型的，世界知名的高水平法律系。

系主任：张小虎

联系电话：62205232

教育部小学校长培训中心

教育部小学校长培训中心是为落实科教兴国战略、全面推进素质教育、加强小学校长队伍建设，于2000年5月经教育部批准，以北京师范大学教育管理学院为依托，在“教育部华北教育管理干部培训中心”现有建制基础上成立的，现隶属于教育部，是教育部直属和重点建设的两个校长培训中心之一。

教育部小学校长培训中心暨北京师范大学教育管理学院作为国家级校长培训基地，面向全国承担多类型、高层次、示范性的教育管理干部培训任务。同时作为北京师范大学的教学、科研实体，承担着博士生、硕士生、教育硕士专业学位研究生以及访问学者的教学与培养任务。中心的“教育经济与管理”学科于2002年被确定为北京市重点学科，并得到北京市的资助。

中心既是全国示范性的小学校长培训中心，也是全国小学校长培训的研究中心。中心有完备的现代化培训设施和专业化图书资料室。

中心主任：郑师渠

联系电话：62208089

北京文化发展研究院

由北京市与北京师范大学共同建立、旨在为首都文化发展服务的研究开发机构——北京文化发展研究院于2002年12月在北京师范大学成立，由当时的全国人大常委会副委员长许嘉璐担任名誉院长，北京市委副书记龙新民任院长。研究院是根据《教育部北京市人民政府关于重点建设北京师范大学的协议》设立的，由北京师范大学管理。研究院下设5个研究所：北京文化发展战略研究所、首都精神文明建设研究所、北京文化产业发展研究所、北京人文奥运研究所、北京历史文化研究所。研究院将主要致力于首都文化建设和文化创新研究，如调查研究北京市民文明素养、北京文化资源与文化产业发展、人文北京与人文奥运的关系以及北京的历史文化等。近期，研究院将组织实施《北京人文素质的调查与研究》《北京文化资源的现状调查及其开发研究》《北京文化产业及其发展》《人文北京与人文奥运研究》等课题，力争把研究院建成北京市精神文明建设的研究中心、北京文化发展状况的调查与信息资料中心、北京文化产业发展的咨询服务中心、人文北京研究中心，以及北京及大都市文化研究的人才培养和国际交流中心。

（北京师范大学社会科学处马永梅供稿）

中国政法大学
（2002年调整以后）

2002年9月，中国政法大学根据教育部将中国政法大学建设成为多科性、研究型、开放性、特色鲜明的世界知名大学的发展战略与发展目标，对我校教学科研机构进行了重新调整。经过调整，保留了原有的诉讼法研究中心、法律古籍整理研究所、比较法研究所，撤销了原有的中国法制研究所，将法社会学与青少年犯罪研究所归并到新成立的刑事司法学院，新成立了中美法学院、人权与人道主义法研究所、法学教育与评估研究中心；重新调整了原先的院系资源，组建成新的教学科研单位。现在，中国政法大学的二级教学科研单位，共包括10个学院：法学院、民商经济法学院、国际法学院、刑事司法学院、政治与公共管理学院、商学院、人文学院、外国语学院、继续教育学院、国际教育学院；1个重点研究基地：诉讼法研究中心；5个研究机构：法律史研究中心、比较法研究所、法律古籍整理研究所、人权与人道主义法研究所、法学教育与评估研究中心；2个教学部：体育教学部、科学技术教学部。其中，继续教育学院由原先的成人教育学院、法律史学研究中心由原先的中国法律史研究所、科学技术教学部由原先的基础部改建而成，诉讼法研究中心、法律古籍整理研究所、比较法研究所没有变化。国际教育学院为对外培训机构，不是实体教学科研机构。以上机构，在本年鉴2001年卷中已作了部分介绍，这里只介绍重新调整过的和新成立的二级教学科研单位。

研究生院

研究生院是是迄今为止我国惟一一所以法学教育为主的研究生院，成立于1983年5月5日。本院现有法律史、诉讼法学、民商法学、经济法学、国际法学5个博士学位授予点，硕士学位授予点13个，覆盖的专业有法学理论、法律史、宪法学与行政法学、刑法学、民商法学、诉讼法学、经济法学、环境与资源保护法学、国际法学、政治学理论、逻辑学、政治经济学、法律硕士等。其中法律史、诉讼法学为国家重点学科，民商法学、国际法学、刑法学、政治学理论为省部级重点学科。

本院现有博士生导师45名，硕士生导师130余名，开设课程200多门。截至2002年9月，研究生院共招收和培养各类研究生6190人。其中，招收博士学位研究生409人（含港澳台学生71人，外国留学生14人）；硕士学位研究生3198人（含港澳台学生34人，外国留学生29人）；在职攻读法律硕士专业学位学生440人；研究生班学生282人；各专业同步进修人员1316人；接受同等学力人员申请博士学位11人；申请硕士学位540人。2003年，共有在校研究生2152人。20年来，研究生院已为国家培养了4000余名毕业生。

现任院长：朱勇

联系电话：62229807

法学院

法学院于2002年9月在原法律系基础上成立，下设法理学、宪法学、行政法学、法律史、法律语言6个研究所。学院拥有一批理论功底扎实、教学经验丰富且在法学界有一定影响的老中青学者。学院现有教师65人，其中教授22人，副教授25人，讲师8人。中青年教师均具有硕士学位，博士及在读博士占师资比例的36%。学院现有研究生导师34名，其中硕士生导师26人，博士生导师8人。

法学院现有本科生、研究生及双学士共计3971人，研究生双学士与本科生的比例为1∶2，本科生现设有1个专业，硕士研究生设有4个专业，博士生设有2个专业。法学院（法律系）成立以来，共培养本科生4700人，研究生500余人。

现任院长：马怀德

联系电话（传真）：89710048

电子信箱：faxueyuan@vip.163.com

民商经济法学院

民商经济法学院是2002年9月由原经济法系、法律系民商法教研室和民事诉讼法教研室、环境法研究所和原社会工程学院的相应学科的教师、科研人员组成。截至2002年底，该院有在编职工124人，其中专职教师104人。该院的经济法专业在全国高校中最早设立，民商法学科是司法部和北京市的重点学科。学院现设民法、商法、经济法、民事诉讼法、环境资源法5个研究所和知识产权法、财税金融法、劳动与社会保障法3个教研室以及院办公室、教学科研办公室、研究生办公室和学生工作办公室等4个行政办公室。学院现有本科生近2000人；研究生专业设有3个博士点、4个硕士点，在读研究生近500人。

现任院长：王卫国

联系电话：69745577－4546

电子信箱：wgwang@public.bta.net.cn

国际法学院

前身为国际经济法系，建立于1989年，2002年组建成立国际法学院。学院现设有国际公法研究所、国际私法研究所、国际经济法研究所，另设有国际法研究中心、国际经济法研究中心和WTO法律研究中心。学院招收法学专业本科生和国际法专业研究生。国际法专业硕士研究生包括国际公法、国际私法和国际经济法3个方向，博士研究生除以上3个方向外，还包括海洋法方向。学院国际法学科为北京市重点学科。学院现开设的课程包括国际公法、国际私法、国际经济法概论、国际贸易法、国际投资法、国际技术贸易法、海商法、国际金融法、国际税法、WTO专题、英语案例分析、海洋法、国际人权法、国际法精典著作与案例等。近3年来国际法学院的教师发表著作及教材70余部，论文120余篇。

现任院长：王传丽

联系电话：62229553

Email：wangchuanli@hotmail.com

刑事司法学院

刑事司法学院是2002年随学校院系调整建立，由原法律系的部分教研室、原社会工程学院和社会学与青少年犯罪研究所合并而成。学院现设有5所3室8个教学科研单位，即刑法学研究所、刑事诉讼法研究所、侦查学研究所、犯罪学研究所、犯罪心理学研究所、青少年犯罪教研室、社会学教研室、社会工作教研室。此外还设有侦查学实验室和犯罪心理学实验室等。学院现有法学、侦查学和社会学3个本科专业，刑法学、诉讼法2个硕士点专业，博士点有诉讼法学专业的刑事诉讼法学、刑事政策学、证据学、诉讼心理学4个研究方向。

学院现有专职教师62名，其中教授26名，博士生导师5名，副教授17名，硕士生导师25名。2002年度，学院教师共出版专著、教材44部，在各类刊物发表论文67篇，其中曲新久教授的《刑法的精神与范畴》获教育部第三届高校人文社科优秀成果二等奖。学院现有各类在册学生719人。其中博士生72人，硕士生304人，本科生343人。

现任院长：王牧

电 话：69745577－4975

传真：69746771

E－mail：lij2008@263.net

政治与公共管理学院

前身为政治系，创办于1985年。后根据学科发展情况，曾先后改为政治与管理学系、政治与管理学院。2002年学校院系调整后，改为现名。学院现设有政治学与行政学、国际政治、行政管理、公共事业管理4个本科专业。其中，政治学为部级重点学科，行政管理为校级重点学科。已有政治学理论硕士点，并准备申报博士点。学院现设有政治学研究所、国际政治教研室、行政管理教研室、公共事业管理教研室。师资队伍中，教授11人，副教授13人，讲师8人，其中，博士和在读博士14人。“九五”以来，学院教师主持或参加的省部级以上科研项目20余项，出版专著、教材135部，公开发表学术论文435篇。其中，3项获得了国家级奖励，11项获得了省部级奖励。

现任院长：朱维究

联系电话：69745577－4587　4946

商　学　院

前身为政治与管理学院的工商管理专业。2002年7月院系调整后，成立了商学院。商学院现设工商管理和经济学2个系，设经济学研究所、工商管理教研室和国际商务教研室。学院有教师31人，其中教授5名，副教授11人。学院现有工商管理、经济学和国际商务3个本科专业，以及政治经济学硕士点。目前在校本科生474人，经济学硕士生11人。目前，学院教师除了完成本院2个本科专业、1个硕士专业的课程之外，还承担着全校博士、硕士、本科和大专等各层次的政治经济学课程以及相关学院经济学及经济管理学等课程。多年来，学院教师以教学带动科研，以科研促进教学，取得丰硕成果。目前，学院正在积极申请企业管理、国际贸易专业硕士点，同时大力引进高层次专业人才，扩充师资队伍，提升教学科研水平，本着“协作、竞争、创新、求佳”的发展方针，力求办好商学院。

现任常务副院长：孙选中

联系电话：69745577－4620

E－mail：zhengfashangxueyuan@hotmail.com

人文学院

人文学院是2002年学校院系调整后新组建的一个学院，由哲学系、新闻系、当代马克思主义理论教研中心三大部分组成，下设哲学、新闻、中文、传统文化、艺术、思想政治6个教研室和1个逻辑学研究所。学院现设哲学、新闻学、汉语言文学、逻辑学专业4个专业，其中，前3个专业招收本科专业，逻辑学专业招收研究生。全院现有（包括校级领导中双肩挑）教师共65人，其中教授15名，副教授19名，有博士学位的教师9名，有硕士学位的教师26名，具有较强的师资力量和科研能力。学院由具有博士、硕士学位的中青年教授担纲领导。学院现有在读逻辑学研究生9人，新设立的专业2003年在全国各地首招本科生64名。

现任副院长：刘斌

联系电话：69745577－4320

传真：69745577－4220

外国语学院

前身是1994年9月成立的外语系。2002年经学校院系调整正式成立外国语学院。其培养目标是把学生培养为有扎实的英语基本功、具有一定法律、经济基本知识的“厚基础、宽口径、高素质”高级英语人才，以适应涉外经济法律人才的需求。学院现设英语专业本科，从2001年起实行双学位连读制。学院正积极申报法律英语语言学硕士点、博士点。学院现有教职员工77人，专任教师67人，其中教授5人、副教授20人、讲师28人、助教13人。建院（系）以来，全院教师发表高质量的学术论文100余篇，并编写了法律英语教材、法律俄语教材数部，多名教师一直承担由司法部主办的中英文双语季刊《中国法律》（China Law）的译审工作。学院作为北京市高教学会大学俄语教学研究会会长单位，主持召开俄语教学研讨会并编辑出版了《北京市大学俄语教学论文集》，对推动和提高北京市大学俄语教学起到了积极的作用。

现任副院长：李立

联系电话：69745577转4977—62228890

电子邮箱：fadalili@sina.com

体育教学部

体育教学部成立于1994年，下设体育、群体2个教研室，1个体育法研究中心，主要承担全校本科生的公共体育课程以及全校群体活动、课外体育活动、体育竞赛的组织与辅导。教学部现有专任教师26人，其中，副教授11人，讲师8人。2人具有硕士学位，9人具有体育教育与法学双学士学位。多年来，体育教学部在承担教学任务的同时，积极进行科研活动，以科研促教学，取得了很大成绩。

现任主任：王小平

联系电话：69721274　69745577转4655

人权与人道主义法研究所

人权与人道主义法研究所于2002年6月由学校批准成立，于2003年1月正式开始组建。研究所是学校直接管理的跨学科、跨专业的专职研究机构，负责从事人权法与人道主义法的研究、教学、培训、资料建设、立法咨询、法律援助等方面的工作。研究所现有专职研究人员编制5名，行政秘书编制1名。目前开展的工作主要是为研究生讲授国际人权法课程，编写出版国际人权法教材，进行大学教师和研究人员的人权法培训和建设人权资料中心。研究所现已与挪威、瑞典、丹麦、英国等国的人权研究机构以及欧盟委员会驻京代表处在人权法教学、研究和机构发展等方面建立了较为密切的合作关系。

现任副所长：班文战

法学教育与评估中心

法学教育与评估中心是以法学教育基础理论和法学教育评估为研究对象的专职研究机构，于2002年9月由学校批准成立。该中心服务于建设社会主义法制国家的总任务和中国法学教育改革发展的总目标，以中国政法大学法学教育改革为己任，关注我国法学教育改革的新动向和开展法学教育评估体系及标准的研究，对法学教育改革中的基础性和前瞻性问题进行探索。中心承担法学教育理论、法学教育评估及相关课题研究。中心引进教育学理念和教育方法，推进中国政法大学法学教育学科建设和改革，为其法学教育决策科学化、管理民主化提供理论依据和决策意见。

中美法学院

中美法学院（School of American and Comparative Law）成立于2002年11月。学院以美国法和基于美国法的比较法为其教学和研究重点，将在中国政法大学的统一计划内招收、培养本科生和研究生，并对学校其他相关院系的研究生进行相关授课。学院的教学人员将由来访的美国教授、专家，在京的部分美国专家，以及受过正规美国法律教育、学有专精的中国教授组成，以较灵活的方式开设有关课程。学院计划在2004年开始正式招生。在正式招生前的一段时期（即2003年秋季至2004年春季），学院将以开设美国法系列讲座、对中国政法大学现有本科生和研究生进行授课，以及对中国政法大学中青年教师进行英语法律教学培训为其主要任务。在教授美国法的同时，学院也将通过其教员的科研活动以及应邀向有关部门提供的咨询意见，协助满足国内法学界、立法界、司法界、法律实务界等对美国法的实质需求。

现任院长：许传玺

联系地址：北京海淀区西土城路25号

邮政编码：100088

电子信箱：chsu@post.harvard.edu.

学校地址：北京昌平区府学路中国政法大学

邮政编码：102249

北京海淀区西土城路25号中国政法大学

邮政编码：100088

办公地址：昌平校区办公楼A段501、502、504　学院路校区联合楼238

（中国政法大学科研处供稿）

北京广播学院

2002年，北京广播学院以中国矿业大学北京校区东校园整体并入本校为契机，在充分论证的基础上，制订了学科重组和院系布局调整的方案，并很快付诸实施。新成立了文学院、理学院、社科学院、计算机与软件学院、广告学院、媒体管理学院、影视艺术学院和计算中心。

文学院

下设现代汉语教研室、现代文学教研室、古代汉语教研室、文艺理论外国文学教研室、古典文学教研室、对外汉语教学中心。

硕士点：中国古代文学专业、汉语言文字学专业。

主要行政负责人：院长苗棣

联系电话：65783302

理学院

下设应用数学系、光电学系和工程技术基础部。

主要行政负责人：院长李鉴增

联系电话：65779463

社科学院

下设法政系、社科部、体育部、辅修部。

主要行政负责人：院长高慧燃

联系电话：65779707

计算机与软件学院

下设计算机系和软件工程系，共有教职工19人。现有计算机科学与技术本科专业，以及软件工程专业方向。

博士点：通信与信息系统

硕士点：信号与信息处理

主要行政负责人：院长吕锐

联系电话：65783323

广告学院

其前身为北京广播学院广告学系。北京广播学院广告学系创办于1988年，下设广告学专业、艺术设计专业和公共传播专业。1993年招收了国内第一批广告学硕士生，2000年开始招收博士生。作为国内最早设立的广告学专业之一，经过10余年的发展，已建成国内实力最雄厚、思想活跃、富有创新精神的师资队伍。同时还建设了广告图文创意实验室、影视广告制作实验室、电话调查系统、美国Adobe授权培训中心、IMI市场信息研究所、IAI国际广告研究所等国内一流的实验室，实验室总投资超过600万元。每年出版《IMI消费行为与生活形态年鉴》《IAI中国广告作品年鉴》等。

博士点：新闻传播学广告学专业

硕士点：新闻传播学广告学专业

主要行政负责人：院长黄升民

联系电话：65783239

媒体管理学院

致力于广播、电视管理、媒体经济管理等综合性人才的培养和科学研究。学院由原北京广播学院管理科学系与中国矿业大学北京东校区经济系合并而成。目前设有管理科学与工程系、公共管理系、经济管理系、传媒经济研究所、网络经济研究所、中国系统经济学研究中心。

博士点：新闻传播学传媒经济学专业

硕士点：管理科学与工程专业

主要行政负责人：院长昝廷全

联系电话：65783088

影视艺术学院

下设导演表演系、文艺系、文学系、摄影系、美术系。设有广播文艺研究所、影视艺术研究所、数字视听艺术研究所等三个研究所。影视艺术学院的专业主要涵盖广播电视艺术学、电影学、音乐学、美术学等学科，共设有表演、导演、戏剧影视美术设计、摄影、网络艺术、文艺编导、广播电视文学等10多个大学本科专业以及表演、文艺节目制作、摄像等高职专业。

博士点：广播电视艺术学、电影学

硕士点：广播电视艺术学、戏剧戏曲学、电影学

主要行政负责人：院长李兴国

联系电话：65779261

计算中心

计算中心于2002年11月1日正式投入试运行。计算中心位于南校区中心，建筑面积为5000多平方米，其中机房面积为3000多平方米，全部可供700多名学生同时上机。中心设备先进，功能完善，并且拥有千兆主干，百兆到桌面高速网络系统，为大家提供一个整洁、舒适、温馨的上机环境。计算中心分上下两层，共有6个机房。楼下共设有4个学生机房，可容纳300～350台计算机；此外，还配有教研室、多功能厅、会议室及其他服务设施等。楼上设有办公室、资料室以及2个学生机房，可容纳约400台计算机；目前计算中心在千兆主干、百兆到桌面的网络设施基础上，将为教学和第二课堂提供有力保障。计算中心将逐步实现网上答疑，课件点播以及无纸化考试等，以此全面推动网络化教学，深化计算机基础教育改革。

随着计算中心的发展，中心将以校园网为依托构建一个计算机基础教育的综合网络服务平台，建

设成为学生提供一流的教学服务，一流的信息服务的信息教育中心。

硕士点：管理科学与工程、通信与信息系统

主要行政负责人：刘立新

联系电话：65783328

高等教育研究所

成立于2002年，前身是1987年成立的高等教育研究室。下设传媒教育研究室、院校发展研究室。机构建立之初的主要任务是进行教育过程中实践问题的研究。“八五”期间，学院对高教研究的发展给予了进一步的重视，研究力度开始加大。“九五”期间，学院的高教研究工作开始步入较快的发展阶段，高等教育学科建设被列入了学院重点学科建设规划，学术队伍得到充实，进行了教学工作，完成了一批科研项目，取得了质量较高的研究成果。作为大学内设的高等教育研究机构，研究所积极为学院的教学、科研、管理等工作，发挥参谋和咨询作用。

主要行政负责人：杨树雨

联系电话：65779350

亚洲传媒中心

北京广播学院亚洲传媒研究中心成立于2002年6月，是北京广播学院与韩国高等教育财团合作组建的学术研究机构。中心重点支持相关研究的优秀课题、学术会议、学者交流和成果出版。中心主要对亚洲国家和地区传媒想象分析及传媒与政治、经济、文化、教育和国际关系等方面进行研究。

主要行政负责人：丁俊杰

联系电话：65779366

重要人事变动：现任校党委书记郑和平

单位地址：北京市朝阳区定福庄东街1号

邮政编码：100024

联系电话：65779290

电子信箱：chengaijing@bbi.edu.cn

单位网址：http：//www.bbi.edu.cn

（北京广播学院科研处供稿）

首都师范大学

“两课”教研部

2002年9月，学校为加强“两课”教学，决定“两课”教研部单独建制。“两课”教研部设有马克思主义哲学、马克思主义政治经济学、邓小平理论、毛泽东思想概论、德育等5个教研室，承担着全校本、专科及硕士、博士研究生的公共政治课和8门本科生选修课，并与政法学院共同拥有马克思主义原理和马克思主义理论与思想政治教育2个硕士学位授权点，承担着18门硕士研究生专业课程。“两课”教研部一直是教育部“两课”改革联系单位，北京“两课”改革试点单位。2002年12月，“两课”教研部顺利通过北京市教委和北京市教育工委“两课”专家组的评估，荣获“北京高校马克思主义理论课与思想品德课重点建设示范单位”称号。

“两课”教研部教学与科研并重，主要研究方向为马克思主义理论与思想政治教育。目前承担有“中国共产党维护祖国统一、反对‘台独’的斗争及其基本经验研究”和“对知识经济的历史观透视”两项国家社科基金课题和多项省部级课题。

“两课”教研部主任：李松林教授

联系电话：68902680　68902692

（首都师范大学科技处段蕾供稿）

首都经济贸易大学

理财学研究所

首都经济贸易大学理财学研究所于2002年3月成立，主要行政负责人为首都经济贸易大学会计学院理财学博士后汪平教授。

鉴于我国财务理论研究活动的不规范、研究水平的低下，理财学研究所主要关注于对现代财务理论系统地整理和阐发，探讨财务理论规范的研究方法和交流方式，为以后财务理论研究的规范化发展奠定基础。创建理财学研究所的宗旨在于：以严谨而规范的现代财务理论研究方法，开展财务理论问题的深入探讨，促进我国理财学研究活动的健康发展；在财务理论研究的基础上，对我国企业财务管理实践进行分析，为现代的、理性的、先进的理财活动的推行提供或创造理论支持，“擎财务理论之旗，扬财务实践之威”。为此，理财学研究所的主要任务包括：收集、整理重要的现代财务理论研究文献，尤其是美国公司理财学界的具有奠基意义的学术文献，为我国理财学研究的顺利进行提供严谨的、规范的学术积累；积极申报、承担相关的国家级科学研究课题；开展专门的财务理论研究；主要针对上市公司财务总监和高层次理财人员，开展高水平的财务管理培训活动；利用各种有效的途径，实现与国外理财学界的联络与合作。

为了促进两岸三地的理财学理论和实务方面的交流，繁荣和发展公司理财学，首都经济贸易大学理财学研究所还在会计学院的大力支持下，创办了

《理财者》杂志，并定于每年10月，主持召开具有年会性质的“财务理论与财务实践研讨会”，每年编辑出版一辑《财务理论与财务实践研究》，以此联合所有的理财学者，力争使财务理论研究纳入一个“连续性”极强的健康发展轨道。

办公电话：65976416

传　　真：65976416

（首都经济贸易大学理财学研究所供稿）

北京商务中心区研究中心

首都经济贸易大学于2002年6月27日正式挂牌成立北京商务中心区研究中心。北京市副市长张茅任研究中心顾问，首都经济贸易大学张理泉校长任研究中心主任，北京市CBD管理委员会主任邱水平、首都经济贸易大学副校长郑海航、校长助理王文举任研究中心副主任，商务管理系主任蒋三庚任秘书长，常务理事18人，兼职研究人员9人。

研究中心下设机构：研究室、咨询部、培训部、办公室。

研究中心的宗旨：以首都经济贸易大学为纽带，广泛整合北京地区高等院校、科研机构、政府部门、新闻单位和企事业单位等社会资源，把握首都经济发展脉搏，针对CBD建设与发展中的理论与实践问题进行研究，并提出具有科学价值和前瞻性与实用性的意见和建议，以推动CBD建设，为首都的社会经济发展服务。

主要任务：1. 整合校内外的研究力量，组建起一支研究CBD、为CBD提供各类专业服务的专家队伍；2. 承担政府部门、企业、事业单位委托的理论研究、应用开发课题和专题调研；3. 组织不同层次的学术讲座和专题研讨；4. 为企业提供有关商务、法律、财务、信息、房地产、环保、人力资源、企业管理、金融、保险等方面的咨询、服务；5. 企业策划、会展策划、形象设计（CI）；6. 承办各类经营管理人员及职工的专业知识、技能、外语培训，外籍人员的语言培训。

研究中心有兼职人员9人，其中正高职称4人，副高职称5人，具有博士学位的4人，享受政府津贴的学者1人。

联系电话：65976420

（首都经济贸易大学商务系供稿）

企业制度与企业家研究中心

首都经济贸易大学企业制度与企业家研究中心成立于2001年5月，是以企业制度和企业家为研究对象的研究机构，现有兼职研究人员6人，均为博士，其中正高职称2人，副高职称4人，享有政府津贴的专家2人。

中心主要任务：坚持理论研究和应用研究相结合，利用中心成员的人力资源，积极承担企业制度与企业家方面的科研课题研究工作，为有关政府部门制定相关政策和决策提供理论依据，为首都的经济建设服务；积极承接企业的委托项目，包括企业培训和管理咨询，为北京的各类企业提供支持和服务；组织与研究领域相关的讲座和培训，包括发布研究成果，介绍研究领域的前沿和动态，培训相关理论知识；积极组织调研，设立研究课题，主动去发现和解决首都经济建设和企业中存在的实际问题；培养企业制度与企业家研究方向的研究生，为社会输送人才。

中心的主要研究方向包括：企业制度，包括现代企业制度、公司制改造、公司治理结构、国有企业改革、国有资产管理体制、企业组织理论等；企业家理论与实践，包括企业家素质、企业家的激励与约束机制，企业家的成长、企业家队伍建设等；创业学，包括创业的作用、创业的环境和政策、创业机会和创业战略、企业成长与管理等。

中心主任：郑海航

联系电话：65976211

（宋克勤供稿）

公司研究中心

首都经济贸易大学公司研究中心成立于2002年，是直属于首都经济贸易大学的研究机构。

创办该中心的目的是整合首都经贸大学校内外的科研力量，把握国家经济改革与经济发展的脉搏，就一些重大的和前沿性的经济和管理理论问题进行研究，并提出带有科学价值和前瞻性与实用性的意见和建议，以推动我国经济和企业改革发展的进程。

该中心的主要任务是：整合校内外的科研力量，形成梯队组合，承担国家重大科研课题，不断推出具有国家级水平的重要科研成果；推动国内外大公司与首都经济贸易大学的合作；开展校际合作研究与管理咨询服务；为培养硕士、博士研究型提供基地；组织高层次学术讲座和学术讨论会、每1～2年举行一次全国性的大型论坛。该中心成立以来已成功组织过大型学术报告会，请海尔集团CEO张瑞敏来校作学术报告，并积极参与我国资本市场建设、国有资产监管体制等研究项目。

首都经济贸易大学公司研究中心实行理事会领导和主任负责制度。

首届中心主任刘纪鹏教授，副主任黄津孚教

授、安鸿章教授，学术秘书徐纬博士。

联系电话：65976471

（黄津孚供稿）

企业发展研究中心

首都经济贸易大学企业发展研究中心成立于2001年5月，是一个开放式的科研组织，挂靠工商管理学院管理。

该中心的主要任务是研究企业发展的有关理论，中国企业发展的战略、政策和策略，提供企业发展的咨询和培训服务，为我国企业的发展与改革实践服务。

该中心不设固定编制，研究人员由中心主任跨系跨院，也可以跨校聘任，研究工作依靠本校及社会协作完成，采用项目型组织管理。

第一届中心主任由黄津孚教授担任，目前有兼职研究人员14人，包括教授3人，副教授6人，具有博士学位的5人，在读博士3人。

中心成立以来，已经承担了北京市社科规划办和北京市教委的数个研究项目，如“企业发展潜力研究”“机遇管理研究”，取得了一批成果；中心已经为北京市牛建集团公司、俊安（天津）有限公司提供了管理咨询服务。

联系电话：65977811

秘　　书：肖俊雪

（黄津孚供稿）

信用管理与资信评估研究中心

该研究中心隶属首都经济贸易大学财政金融学院，于2000年5月8日成立。首都经济贸易大学财政金融学院院长贾墨月教授任研究中心主任。现有兼职研究人员12人，其中正高职称3人，副高职称5人，具有博士学位的3人。

研究中心下设机构：研究部、咨询部、培训部、市场部、办公室。

研究中心的宗旨：本中心的宗旨是“四以一建”，即以科研促教学，以实践提高教师水平，以研究活动扩大学校影响，以成果为社会服务；建设信用管理与资信评估专业教学实践固定基地。

主要任务：组织财政金融学院的研究力量，组建和培养一支有较高教学水平、科研水平与社会活动能力的师资队伍；联合校内外信用管理与资信评估领域的专家学者，为财政金融学院信用管理与资信评估专业教学与科研服务；承担政府部门、企事业单位、国外机构委托的专题项目、应用开发课题和专题调研；组织不同层次的学术研讨会、专题讲座、各层次的专项培训、各种形式的国内外学术交流活动；为金融机构、工商企业、个人提供有关商账追收、赊销管理、资信评估、企业资信调查、个人资信调查、消费者信用管理、企业信用管理等方面的咨询、服务；为社会各界提供与信用管理、资信评估有关的整体策划、操作设计。

（首都经济贸易大学信用管理与资信评估研究中心供稿）

人力资源管理研究中心

首都经济贸易大学人力资源管理研究中心于1999年9月在经济研究所的基础上正式成立。其重要任务是承接人力资源开发与管理的横、纵向课题研究，并组织专家为企事业单位提供人力资源管理方面的咨询服务。该中心现有正副高级研究人员4名，中级专职研究人员10名，下设企业人力资源管理系统研究室、人员素质测评研究室和国家职业标准研究室。

自1999年以来，已承担了国家及省部级以及大中型企业10多项纵向和横向人力资源开发与管理方面的专项课题研究，同时，还为首都及各省市多家公司提供专业咨询服务。涉及公司人力资源管理系统设计、中高级人才招聘与选拔、企业薪酬制度设计与变革、员工绩效管理方案设计、国家与行业定额标准的起草与审定、各类人员劳动定额定员标准的制定、企业人力资源管理人员的国家职业资格认证、企业人力资源制度与改革方案的起草、高等学校人力资源管理专业以及在职人员培训教材的编写、国家人力资源管理专业统一考试的题库建设等一系列活动。人力资源开发与管理各种各类科研课题的研究，以及专业咨询服务工作的开展，不但促进了“产、学、研”的有机结合，还带动了人力资源管理学科的发展，为国家和企业输送一大批中高级专业人才。

研究中心在国内具有很高的知名度，与各级政府和大中型企业保持着紧密的合作关系。

中心主任：安鸿章教授

联系电话：85995146　65976470

（安鸿章供稿）

人文学院

首都经济贸易大学人文学院是经学校批准，由原社科部、理论部、德育部和艺术教研室合并组建，于2002年12月25日正式成立，下设6个教学部：文史教学部、经济学教学部、哲学教学部、国际关系教学部、德育教学部、艺术教学部。院长李启英、党总支书记陈荣荣，副院长庞志平、石刚、李丽娜。

目前，人文学院主要承担全校政治理论、思想道德、艺术教育的教学和社会科学、文化艺术的研究任务。开设了经济学、西方经济学、逻辑学、哲学、世界政治与经济、邓小平理论概论、毛泽东思想概论、科学社会主义理论与实践、社会主义市场经济理论、自然辩证法、法学基础、社会心理学、人格心理学、心理咨询、思想政治教育、艺术教育等必修课程，同时开设了领导科学与决策、行为科学、管理学、民俗学、博弈论、旅游导论、传统文化、经济学说史、西方哲学流派评介、佛教哲学、当代世界格局与中国安全、近代人物传略、妇女史、留学生史、当代中国外交史等数十门选修课。很多课程受到学生的广泛欢迎。

人文学院属教学型办学单位，坚持“立足北京，服务北京”的办学宗旨，在今后几年，要重点创办国际关系、经济新闻、应用心理学、思想政治教育等特色突出、优势明显的专业和学科，培养面向首都经济与社会需要、富有创新精神和实践能力的应用型、复合型管理人才。

联系电话：65976454、65976455

（首都经济贸易大学人文学院供稿）

中国青年政治学院

（2000年《北京社会科学年鉴》刊出中国青年政治学院机构简介时，该院未提供二级机构，这期补充该院的二级机构。）

科研处

中国青年政治学院科研处是学院的科研管理部门和院学术委员会的工作机构。该处成立于1985年6月，现任处长吴鲁平。科研处现有编制9人，其中6人具有副高职称，1人具有博士学位。该处由办公室、青少年政策研究所、东方文化研究所和中国青年政治学院学报编辑部组成，主要工作职责为：负责制定全院科研工作发展计划和年度规划，制订有关学院科研管理的规章制度，落实和完成院学术委员会的各项工作；组织申报和管理各级科研项目，组织各类学术活动，组织各类科研成果评奖，组织“中国青年政治学院学术丛书”的审定和出版工作，管理科研经费，管理科研成果和科研档案，互通学术情报，编辑《科研信息》和科研成果目录等。

联系电话：88568003

科学与公共事务研究所

中国青年政治学院科学与公共事务研究所成立于1998年10月。李彬为第一任所长，肖峰为现任所长。研究所编制4人，有正教授1人，副教授3人，研究方向为：现代科技与社会的关系，中国的科技政策，中外科技发展模式的比较，科技事务的社会咨询。研究所与国内外学术界联系密切，李彬在任期间曾多次赴美国参加学术会议，肖峰于1999年—2000年赴英国爱丁堡技术研究中心进修访问，2002年9月与爱丁堡大学和中国社会科学院联合举办“中欧STS学术研讨会”，2002年10月与《中国社会科学》杂志联合举办“数字时代的哲学思考”学术研讨会。

联系电话：88567353

中国青少年发展与政策研究所

1999年经共青团中央批准成立，核定编制4人，所长周拥平。主要科研任务：青少年政策研究，青少年生存状况和群体意识研究，与青少年发展有关的其他应用性研究。完成省部级课题及纵向课题多项。

联系电话：88567375

大学生素质拓展研究中心

研究中心隶属中国青年政治学院，接受共青团中央领导，2002年10月成立，目前有专职编制2人，兼职若干人，主任李家华。研究中心以大学生为研究对象，以大学生素质拓展理论、计划、实务、及发展等相关问题为主要研究任务。研究内容包括调查分析、软件开发、网站建设以及维护管理。

联系电话：88567339

心理研究所

研究所前身是于1986年成立的中国青年政治学院心理学教研室，1997年扩展并更名为心理研究所，并挂靠在中国青年政治学院社会工作系，目前有专兼职研究人员8名，由田万生任所长。研究所以青年心理学、心理咨询为主要科研方向，“九五”期间，曾承担并完成全国教育科学课题和北京市教育科学课题两项，2001年开始，研究所增加了心理训练内容和方法方面的研究，目前仍承担着共青团中央课题“共青团干部心理训练的实验研究”。现在该课题已经拓展为针对不同群体、不同行业人员的心理训练研究。

联系电话：88567627

青少年工作系

青少年工作系是中国青年政治学院开办最早的一个专业教学部门，现有教授3人，副教授4人。系主任为陆玉林教授。青少年工作系1986年招收第一届本科生，有12届2000余名毕业生。自1990

年起开始招收思想政治教育专业的第二学士学位班，自1994年开始招收思想政治教育专业的续本科班。

该系设思想政治教育专业，培养德、智、体全面发展，具有较好的马列主义理论基础，擅长做青少年思想教育工作，能够在党政机关、学校、企事业单位从事思想政治工作、行政工作的应用型人才。

联系电话：88567625

法律系

中国青年政治学院法律系法学专业建于1993年3月，同年9月正式向全国招生。2002年增设第二学士学位法学专业，并面向全国招生。现任系主任为李力教授。

法律系现有专任教师20人，其中，教授3人，副教授11人，讲师3人，助教3人；获得法学博士学位者6人，获得法学硕士学位者11人。

在专业课程设置上，法律系开设了教育部规定的法学专业14门核心课程，同时开设了青少年法学、法学英语、中国法律思想史、西方法律思想史、外国法制史等选修课程。

法律系的系训为："老老实实做人，踏踏实实做学问。"

联系电话：88567632

经济管理系

经济管理系始建于1994年6月。当年9月招收了第一届国民经济管理专业本科生。1998年，经管系根据教育部关于本科专业设置重新调整的精神，将国民经济管理专业调整为经济学专业，并于1999年9月开始招收经济学专业本科生。

培养目标：本专业培养具备比较扎实的马克思主义经济学理论基础，熟悉现代西方经济学理论，比较熟练地掌握现代经济分析方法，知识面较宽，具有向经济学相关领域扩展渗透的能力，能在综合经济管理部门、政策研究部门、金融机构和企业从事经济分析、预测、规划和经济管理的高级专门人才。

胡文政教授任系主任。

联系电话：88567636

新闻与传播系

中国青年政治学院新闻与传播系成立于1996年，展江任系主任。该系从当年秋季开始招生，学制为四年本科。设有新闻学专业（从2002年起分为新闻传播方向和影视传播方向）。

新闻传播方向：

本方向培养具有适应新世纪大众传播需要、具备新闻传播专业素养与知识，能进入高校研究生院进一步深造，以及在新闻出版媒介和公关广告机构从事采访、写作、编辑、评论、策划、经营管理等业务的专门人才。

影视传播方向：

本方向培养具有适应新世纪大众传播需要、具备影视传播专业素养与知识，能进入高校研究生院进一步深造，以及在影视传媒、影视摄制单位从事采访、撰稿、编辑、策划等业务的影视传播专门人才。

该系与国内各新闻专业院校、新闻学术团体及新闻学术刊物有长期、稳定的联系。该系教师经常参加全国性的新闻学、传播学学术研讨会。有多位教师参与国家社会科学基金项目和其他课题的研究。

联系电话：88567640

社会工作与管理系

中国青年政治学院社会工作与管理系成立于1993年初，为当时祖国大陆第一个系级社会工作专业教育构。该系现有专业教师22名，其中教授4名，副教授8名，系主任史柏年。学制4年，大学本科。

社会工作专业以培训具有基本的社会工作理论和知识，较熟练的社会调查研究技能和社会工作能力，能在民政、劳动、社会保障和卫生部门及工会、青年、妇女等社会组织及其他社会福利、服务和公益团体等机构从事社会保障、社会政策研究、社会行政管理、社区发展与管理、社会服务、评估与操作等工作的高级专门人才。

劳动与社会保障专业以培养具备比较扎实的社会学、经济学、社会工作专业知识，掌握现代管理技术方法，能在政策研究部门、企事业单位、基层社区从事社会保障工作的高级专门人才。

联系电话：88567627

公共管理系

公共管理系于2002年10月成立，系副主任李秀峰主持工作。该系现有政治学与行政学专业。

本专业培养具有一定马克思主义理论素养和政治学、行政学方面的基本理论和专门知识，能在党政机关、新闻出版机构、企事业和社会团体等单位从事教学科研、行政管理等方面工作的政治学和行政学高级专门人才。

本专业学生主要学习政治学、行政学、管理学、经济学和法学等方面的基础理论和基本知识，受到政治学研究、行政管理、公共政策分析、社会调查与统计等方面的基本训练，掌握调查研究、分析判断和协调组织等方面的基本能力。

联系电话：88567652

社会科学部

社科部是我院负责马克思主义理论公共课的教学部门，1986年由原哲学、党史、科社、政经教研室合并而成。社科部现有专任教师14名，其中正教授4人，副教授9人；博士4人，硕士5人，研究生班毕业2人。

社科部为全院共开设14门课程，其中“马克思主义哲学原理”、“毛泽东思想概论”、“邓小平理论概论”、“当代世界经济与政治”、“普通逻辑”、“法律基础”等7门为必修课，其中4门课程采用了电化教学手段，已取得较好的效果。

电话：88567650

中国青年政治学院外语教学研究中心

中国青年政治学院外语教学研究中心现有教职工14人，其中教授1人，副教授5人，讲师6人，具有硕士以上学历的教师占教师总数的30%。主任张子宏。

外语教学研究中心是学院公共英语教学和研究部门，承担全院本科二学位和续本生的大学英语1～6级和部分专业英语的教学任务，并配合学院和各系搞好临时翻译工作。外语中心全体教师除了大力完成所承担的教学任务外，还积极参加科研活动和校内外各种学术活动。外语中心现在是北京市大学英语教学研究会理事单位。

外语教学研究中心全体教师坚持“以学生为本”的原则，采用“以学生为中心”的教学模式，师生互动，精讲多练。重视学生外语能力的培养，尤其是口语能力，把它作为外语教学的一个特色。

联系电话：88567835

中国青年政治学院分院

中国青年政治学院分院（以下简称分院）是团中央所属院中国青年政治学院下设的二级学院，1998年建立，现任院长：戈玲。分院通过积极开发利用社会资源精心组建了一支校内校外结合，以教授、副教授为主体的高水平的师资队伍，特聘了社会上一批著名的专家学者以及成绩卓著的企业家和实践经验丰富的领导干部作为客座教授，有效地保证了教育教学质量和人才培养目标的实现。

分院坚持学院党委统一领导下的分院领导班子负责制，建立符合教育改革总体要求的、相对独立的管理运行机制，以社会需求为导向，实行“产学结合”、与社会紧密联系的办学模式和行政分层目标管理的体制。

分院以高等职业教育为主，兼有多种专业技术证书培训功能，完全按照新的高等职业教育运作管理模式，采取面对市场、与社会密切结合的办学思路，实行相对独立的管理体制。从2000年开始，分院依据国家每年下达的统一招生计划，参加全国统一高考后的招生录取工作，从应届（往届）的高中毕业生和中等职业教育毕业生中招收高职生，开展正规的国家承认学历的高等职业教育。目前高职教育所开办的专业为6个，包括：计算机网络与软件应用专业（二年制），电子商务专业（二年制），旅游与酒店管理专业（二年制），工商管理专业（三年制），涉外会计专业（三年制）和金融与证券专业（三年制）。分院高等职业教育中的计算机专业与电子商务专业，是与北大青鸟APTECH计算机教育公司合作，选用国际先进的计算机教材、教学模式和教学方法，直接为IT业培养得到国际认证的高级软件开发和应用型人才及电子商务专业人才。

分院与北京其他高校合作，在工商管理、会计和法律等专业开辟了专续本的有效途径；对所有想继续留在本院升本学习的学生，也提供了通过校内统一考试，择优录取进入到思想政治教育专业本科学习的机会。

联系电话：68436041

中国青年政治学院继续教育学院

中国青年政治学院从20世纪80年代初开始从事成人高等学历教育工作。经团中央和国家教委批准备案，于1985年、1988年先后成立了夜大学、函授大学。1990年成立中国青年政治学院培训中心，面向社会开展各种形式的继续教育、计算机等级考试、成人高考文化补习及其他各种短期职业技能培训。1995年经中华全国青年联合会和北京市教委备案批准，成立中华全国青年联合会高等教育培训中心，专门从事高等教育自学考试助学工作。为进一步提高成人高等学历教育、自考助学及其他各种培训工作的质量，适应社会发展的需要，更好地为广大青年服务，2001年中国青年政治学院继续教育学院正式成立，全面负责学院夜大、函授、自考助学、高职自考助学、非学历教育和各种培训工作，现任院长：宋建国。

继续教育学院坚持正确的办学方向，主动适应社会主义市场经济的需要，形成了多类型、多层次、多形式、多渠道的办学体系，基本实现了与中青院本科教育互为补充，协调发展的办学格局。继续教育学院依托中国青年政治学院优良的办学条件和雄厚的办学实力，经过十几年的努力，已具有一定的规模并逐步形成了自己的办学特色。其中夜大、函授现开设本科（包括专升本）专业4个，专科专业8个；自考开设专科及本科（包括专升本）专业5个、自考高职专业5个。

联系电话：88567295

中央团校轮训部

中央团校轮训部，是中央团校承担全国在职团干部培训工作的主要职能部门。轮训部自1986年成立以来，在团中央和学校党委的领导下，为培训全国各级团干部作出了积极的贡献。中央团校轮训部下设：行政与保障部、教学与教务部、计划与管理部，分别负责行政后勤服务、教学计划及教学管理、培训计划和学员管理工作。近年来，为适应国家改革和社会发展，适应共青团事业发展和青年成长的需要，轮训部在继承发扬中央团校干部培训优良传统的基础上，努力顺应当前我国教育改革形势遵循人才培养和干部培训的规律，落实团中央《实施“团干部321培训计划”的方案》，积极开创团干部培训工作改革、发展的新路子，通过增加培训种类、扩大培训规模、拓宽办学渠道和提高办学层次，逐步建立起多层次、多类型、宽领域、大培训的团干部教育体系。

中央团校轮训部承担的团中央干部培训任务包括五种主要班次：研究班、岗训班、进修班、民族班、少工干部班。主要培养对象是共青团地、市委书记以上的干部，特大型、大一型企业的团委书记、3000人以上规模高校的团委书记、少数民族团干部和各地团校的教员。为配合全团每年重点工作并为全面提高团干部素质服务，中央团校制定计划的班次有：短训班、专题班等。从1995年开始，为进一步落实团中央书记处和校党委对干部培训改革的要求，积极开展团干部在职接受高等学历教育的工作，经多方联系、商谈，中央团校组织了以共青团干部为主要对象的在职研究生班：北京大学委托培养在职硕士研究生班和中央党校在职研究生班。同时，根据不同层次、不同行业领域中工作的团干部发展的需要，在与国家经贸委、国家行政学院，劳动与社会保障部等单位联系并得到支持的基础上，中央团校还陆续开办了工商管理培训班、公务员培训班、劳动与就业指导员培训班。中央团校每年培训各种不同类型的团干部2000余人。为适应不断扩大的团干部培训的需要，在山东长岛县建立了中央团校培训基地，以各地党校、各级团校为依托经常在改革开放的前沿和沿海地区不定期举办各种团干部培训班，均取得了良好的效果。

轮训部现任主任李庆祝。

联系电话：88567283

中国青年政治学院图书馆

中国青年政治学院图书馆的前身是中央团校图书馆，始建于1949年。1985年成立中国青年政治学院后，称中国青年政治学院图书馆，现任馆长：肖峰。图书馆新馆舍于1990年1月建成并正式投入使用，馆舍面积约4800平方米，共有三层主楼，五层书库。目前馆内设有普通阅览室、期刊阅览室、港台外文及中外文工具书阅览室、专业书阅览室、社工专业图书馆、教师阅览室、电子阅览室等7个阅览室，图书馆设有办公室、采编部、流通部、阅览部、技术部、参考咨询部及复印室、计算机房、会议室等，复印室全天为读者提供服务。

图书馆文献收藏以社会科学、人文科学为主，文献总量约40余万册。其中中外文图书约37万余册，中外文期刊合订本2万余册。参与外借的图书21万余册，阅览合订本报刊3000余册。馆内还有邓颖超赠书专藏近6000册。青少年资料为本馆特色文献，青少年文献收藏较为齐全。现已建成《青少年研究论文 题录数据库》，数据量达5万余条。

联系电话：88567353

（中国青年政治学院科研处供稿）

北京联合大学

民族与宗教研究所

民族与宗教研究所于2002年10月21日成立。佟洵教授为该研究所所长。研究所下设6个研究室：佛教研究室、道教研究室、伊斯兰教研究室、基督教研究室、天主教研究室和民族问题研究室。研究所的任务是以马克思主义的民族宗教理论为指导，研究宗教问题，普及宗教知识，宣传党的民族宗教政策，调研北京市的民族宗教状况。研究所聘请了38位顾问，68位特聘研究员。

重要人事变动：

现任北京联合大学党委书记为席文启。

（北京联合大学科研处供稿）

中国农业大学

中国农业大学现任领导

2002年4月任命瞿振元同志为党委书记

2002年4月任命陈章良同志为校长

新设科研（教研）机构

经济管理学院

2002年6月，由原经济管理学院和管理工程学院合并组建，更名为经济管理学院。下设农业经济系、国际贸易系、工商管理系、公共管理系、财政金融系。

人文与发展学院

人文与发展学院于2002年12月由人文社会科学学院和农村发展学院等院系（部）组建而成。下设发展管理系、国际农业系、社会学系、法律系、科技管理系、媒体传播系、外语系和社会科学部。

（中国农业大学科技处供稿）

中共北京市委党校　北京行政学院

2002年机构变动情况：

教务处

由原负责党员干部培训的教务处与负责公务员培训的教务部合并成立。现任负责人曹晨辉教授。负责主体班干部培训、教学、教务、学籍管理、学员需求调研与反馈、学校的教学改革与教学研究、任课教师的教学考核评估等工作，负责协调全校的教学活动、教学评估和教室调配等工作。

经济学教研部

由政治经济学教研部与经济管理学教研部合并成立。现任负责人王树林教授。承担主体班和各类学历班有关经济学专业的教学任务，承担与教学紧密联系的科研工作，硕士研究生培养，学科建设，教师的聘任、考核、奖惩、进修及年轻教师的培养等工作。

政治学教研部

由科学社会主义教研部与思想政治教研部合并成立。现任负责人韩玉芳教授。承担主体班和各类学历班有关政治学、科学社会主义、思想政治教育专业的教学任务，承担与教学紧密联系的科研工作，硕士研究生培养，学科建设，教师的聘任、考核、奖惩、进修及年轻教师的培养等工作。

党史党建教研部

由原党史教研部与党的建设教研部合并成立。现任负责人姚桓教授。承担主体班和各类学历班有关党史党建专业的教学任务，承担与教学紧密联系的科研工作，硕士研究生培养，学科建设，教师的聘任、考核、奖惩、进修及年轻教师的培养等工作。

公共管理教研部

由原行政管理教研部更名为公共管理教研部，现任负责人张勤教授。承担主体班和各类学历班有关公共管理专业的教学任务、承担与教学紧密联系的科研工作，硕士研究生培养，学科建设，教师的聘任、考核、奖惩、进修及年轻教师的培养等工作。

外语教研部

由语文教研部与外语教研部合并成立，加挂汉语教学中心的牌子。现任负责人汪消。承担主体班和各类学历班外语教学任务，汉语教学培训工作，承担与教学紧密联系的科研工作，学科建设，教师的聘任、考核、奖惩、进修、及年轻教师的培养等工作。

计算机网络中心

2002年成立。现任负责人尹润田。主要负责计算机教学，网络建设，网站建设与管理、维护、服务工作，多媒体教室维护，录音，摄像，计算机维修与服务等工作。

学员工作处

由党员干部进修部与国家公务员培训部合并成立，现任负责人马桂枝。负责主体班班级管理，学员支部建设，参与教学计划落实，组织学员开展社会考察调研，学员总结及结业鉴定，协助开展教学评估，组织协调，服务等工作。

（中共北京市委党校科研处供稿）

中共北京市委党史研究室

重要人事变动：

主任：谢荫明（2002年11月7日到任，之前空缺）

副主任：陈煦（2002年11月7日到任，原副主任徐达2002年9月调奥组委，原副主任黄景山11月调北京市测绘设计研究院）

单位地址：西城区车公庄大街6号

邮编：100044

电话：68315384

联系人：段丽欣

（中共北京市委党史研究室段丽欣供稿）

附：

已刊机构名录

	名　称	通讯地址	邮编	联系电话	网　址	
1	中国社会科学院	建国门内大街5号	100732	65137744	www.cass.net.cn	2000
2	中共中央党史研究室	海淀镇双桥东甲1号	100080	82615286		2000
3	全国哲学社会科学规划办公室	西单北大街西斜街36号	100032	66167649	www.npopss－cn.gov.cn	2000
4	中国革命博物馆	天安门广场东侧	100006	65129347		2000
5	中国历史博物馆	天安门广场东侧	100006	65128986	www.nmch.gov.cn	2000
6	北京市社会科学院	北四环中路33号	100101	64872504	www.bass.gov.cn	2000
7	中共北京市委党史研究室	车公庄大街6号	100044	68314363	www.bjdj.gov.cn/dszl/index.shtm	2000
8	北京市档案馆	蒲黄榆路42号	100078	65245876	www.bjma.org.cn	2000
9	北京教育科学研究院	西长安街7号	100031	66023930		2000
10	北京市哲学社会科学规划办公室	北四环中路33号	100101	64874533	www.bjpopss.gov.cn	2000
11	中共北京市委干部理论教育讲师团	北四环中路33号	100101	64873863	www.bjpopss.gov.cn/report	2000
12	北京市文物研究所	地安门西大街26号	100009	66175751		2000
13	北京社会心理研究所	宣武门西大街28号	100053	63601018	www.chinaminyi.com www.minyi.org.cn	2000
14	北京市经济与社会发展研究所	复兴门南大街丁2号	100031	66410807	www.fazhan.gov.cn	2000
15	北京市财政科学研究所	阜成路15号	100037	68416488		2000
16	北京市农村经济研究中心	裕民中路6号	100029	82078144		2000
17	北京市统计应用研究所	槐柏树街2号	100053	88011217	www.bjstats.gov.cn	2000
18	北京市艺术研究所	佟麟阁路36号	100031	66087975	www.chinaonly.org	2000
19	北京市社会科学理论著作出版基金办公室	北四环中路33号	100101	64879406 68324195	www.bjcbjj.gov.cn	2000
20	北京市哲学社会科学优秀成果评奖委员会办公室	北四环中路33号	100101	64870103		2000
21	中共中央党校邓小平理论研究中心	海淀区大有庄100号	100091	62805190		2000
22	中国社会科学院邓小平理论研究中心	建国门内大街5号	100732	65137744－5072	www.cass.net.cn	2000

续表

	名　称	通讯地址	邮编	联系电话	网　址	
23	教育部邓小平理论研究中心	中关村大街35号	100080	62514714		2000
24	中国人民解放军国防大学邓小平理论研究中心	红山口甲3号309楼	100091	66769201		2000
25	中共北京市委研究室	台基厂3号	100743	63088572		2001
26	北京市人民政府研究室	正义路2号	100744	65193008	www.beijing.gov.cn	2001
27	北京市人大常委会研究室	建国门内南大街6号	100022	65291517	www.bjrd.gov.cn	2001
28	政协北京市委员会研究室	建国门内大街13号	100005	65272233－524	www.bjzx.gov.cn	2001
29	北京大学	颐和园路5号	100871	62751440	www.pku.edu.cn	2000
30	清华大学	海淀区清华园	100084	62784603	www.tsinghua.edu.cn	2000
31	中国人民大学	中关村大街59号	100872	62511081	www.ruc.edu.cn	2000
32	北京师范大学	新街口外大街19号	100875	62206019	www.bnu.edu.cn	2000
33	首都师范大学	西三环北路105号	100037	68902822	www.cnu.edu.cn	2000
34	首都经济贸易大学	朝外红庙金台里2号	100026	65976357	www.cueb.edu.cn	2000
35	北方交通大学人文社会科学学院	西直门外上园村3号	100044	62257147		2000
36	中央财经大学	学院南路39号	100081	62288342	www.cufe.edu.cn	2001
37	中央民族大学	白石桥路27号	100081	68932420	www.cun.edu.cn	2001
38	中国政法大学	西土城路25号	100088	62229838	www.cupl.edu.cn	2001
39	中国人民公安大学	木樨地南里1号	100038	83903106	www.cppsu.edu.cn	2001
40	北京工商大学	阜成路33号	100037	68904311	www.btbu.edu.cn	2001
41	外交学院	展览路24号	100037	68323122	www.fac.edu.cn	2001
42	国际关系学院	坡上村12号	100091	62861388	www.guoguan.org	2001
43	北京外国语大学	西三环北路	100081	68916241	www.bfsu.edu.cn	2001
44	北京第二外国语学院	定福庄南里1号	100024	65778412	www.erwai.net	2001
45	北京语言文化大学	学院路15号	100083	82303073	www.blcu.edu.cn	2001
46	北京广播学院	定福庄东街1号	100024	65779480	www.bbi.edu.cn	2001
47	北京物资学院	通州区	101149	89534221	www.bmi.cdu.cn	2001
48	北京联合大学	北四环东路97号	100101	64930048	www.bjuu.edu.cn	2001
49	北京青年政治学院	花家地街4号	100102	64362082		2001
50	中央音乐学院	鲍家街43号	100031	66425730	www.ccom.edu.cn	2001
51	中国音乐学院	朝阳区丝竹园	100101	64887376		2001

续表

	名　　称	通讯地址	邮编	联系电话	网　址	
52	北京电影学院	西土城路4号	100088	82049512	www.bfa.edu.cn	2001
53	中央戏剧学院	东棉花胡同39号	100710	64013688		2001
54	中国农业大学	圆明园西路2号	100094	62893070	www.cau.edu.cn	2001
55	北京工业大学	朝阳区平乐园100号	100022	67391479	www.bjpu.edu.cn	2001
56	北方工业大学	石景山区西黄村	100041	68839518	www.ncut.edu.cn	2001
57	北京化工大学	北三环东路15号	100029	64435924	www.buct.edu.cn	2001
58	中国协和医科大学	东单三条5号	100005	65296484		2001
59	北京石油化工学院	大兴区黄村镇清源北路19号	102600	69241138	www.bipt.edu.cn	2001
60	北京印刷学院	大兴区兴华北路25号	102600	69243981	www.bigc.edu.cn	2001
61	华北电力大学（北京）	昌平区朱辛庄	102206	80798622		2001
62	北京邮电大学	西土城路10号	100876	62282102	www.bupt.edu.cn	2001
63	北京航空航天大学	学院路37号	100083	82316135		2001
64	北京科技大学	学院路30号	100083	62332007		2001
65	石油大学（北京）	清河小营	100085	62939139		2001
66	北京机械工业学院	清河小营	100085	62939139		2001
67	首都医科大学	右安门外西头条10号	100054	63051392		2001
68	北京中医药大学	北三环东路11号	100029	64286519		2001
69	北京建筑工程学院	展览馆路1号	100044	68322208		2001
70	北京信息工程学院	北四环中路35号	100101	64884710	www.biti.edu.cn	2001
71	首都体育学院	北三环西路11号	100088	82099031		2001
72	中国人民解放军国防大学	红山口甲3号	100091	66769114		2000
73	国家行政学院	厂洼街11号	100089	68427894		2001
74	中国工运学院	增光路45号	100037	88561833	www.clc.eda.cn	2000
75	中国青年政治学院	西三环北路25号	100089	68415154	www.cyu.edu.cn	2000
76	中共北京市委党校 北京行政学院	车公庄大街6号	100044	68007118		2000
77	国务院发展研究中心	朝内大街225号	100010	65230006	www.drc.gov.cn	2002
78	国家发展计划委员会宏观经济研究院	木樨地北里甲11号国宏大厦B座	100038	63908063	www.amr.gov.cn	2002
79	中国人事科学研究院	小营育慧里5号	100101	84635652		2002
80	中国劳动保障科学研究院	惠新西街17号	100029	64915566	www.calss.net.cn	2002
81	机械工业经济管理研究院	广安门外大街甲397号	100055	63490211	www.jgky.com	2002

续表

	名　称	通讯地址	邮编	联系电话	网　址	
82	教育部高等学校社会科学发展研究中心	中关村大街35号北科研楼	100080	62514703		2002
83	国家教育发展研究中心	西单大木仓胡同37号	100816	66020615		2002
84	中央教育科学研究所	北三环中路46号	100088	62011867		2002
85	司法部预防犯罪研究所	华严里中国地震局地质研究所行政楼	100029	62042251		2002
86	中国经济改革研究基金会国民经济研究所	木樨地北里甲11号510	100038	63906531		2002
87	中国科学院科技政策与管理科学研究所	中关村南四街甲1号	100080	62542614	www.casipm.ac.cn	2002
88	中国科学院自然科学史研究所	朝阳门内大街137号	100010	64043989	www.ihns.ac.cn	2002
89	中国农科院农业自然资源和农业区划研究所	中关村南大街12号	1000081	68919641		2002
90	中商商业经济研究中心	复兴门内大街45号	100801	66095364		2002
91	国家林业局发展研究中心	复兴门内大街45号	100801	66095364		2002
92	北京市经济与社会发展研究所	复兴门南大街丁2号	100031	66410227	www.fazhan.gov.cn	2002
93	北京市国际经济贸易研究所	麦子店街41号	100026	65924927		2002
94	首都社会经济发展研究所	宣武门西大街28号院7号门7层	100053	63602768		2002
95	北京科学学研究中心	陶然亭路55号	100054	63521420		2002
96	北京WTO事务研究咨询中心	麦子店街41号	100026	65925080		2002
97	北京市场经济研究所	西苑操场乙2号	100080	62641187		2002
98	北京思源社会科学研究中心	西直门北大街58号金晖嘉园9号楼206室	100088	82290089	www.caosy.com	2002
99	全国教育科学规划领导小组办公室	朝阳门北大街10号文化部教育科技司	100020	65551709		2002
100	中共中央党校	海淀区大有庄100号	100091	62805100		2002
101	国家图书馆	西城区文津街七号	100034	66126137		2002
102	首都图书馆	东三环南路88号	100021	67315746	www.clcn.cn.net	2002
103	对外经济贸易大学	和平街北口惠新东街10号	100029	64492321	www.uibe.edu.cn	2002
104	中央美术学院	花家地南街8号	100102	64771000	www.CAFA.com.cn	2002

续表

	名　　称	通讯地址	邮编	联系电话	网　址	
105	中央戏曲学院	丰台区万泉寺400号	100073	63446943	www.acto.org.cn	2002
106	中国地质大学	学院路29号	100083	82321783	www.cugb.edu.cn	2002
107	北京林业大学	清华东路35号	100083	62338347	www.bjfu.edu.cn	2002
108	北京农学院	昌平区朱辛庄北农路	102206	8079907		2002
109	北京服装学院	和平街北口	100029	64288244	www.bict.edu.cn	2002

·学术团体·

北京地区的部分全国性学术团体

中国少年儿童报刊工作者协会

中国少年儿童报刊工作者协会是中华人民共和国各民族的少年儿童报刊单位自愿结成的行业性、全国性、非赢利性的合法社会团体。1991年12月在北京成立，接受共青团中央和全国少先队工作委员会的领导，接受中华人民共和国民政部的监督管理。协会是全国性的国家一级协会，以新闻出版部门批准发行的、全国各地的少年儿童报刊为会员，现已有遍布中央和各省市自治区16个系统的会员单位210多家。协会常务理事会是协会的最高权力机构和决策机构，由各会员单位推荐其报刊负责人一名出任理事会理事。协会设会长一名，副会长数名。为便于开展活动，协会下设综合性报纸、综合性期刊、文学艺术性报刊、低幼报刊、学习辅导报刊、科普报刊、少数民族报刊和中学报刊等8个专业委员会。

宗旨：协会以团结全国少年儿童报刊工作者，加强联系协作，经常交流、探讨少年儿童报刊的业务发展和工作经验，关心、维护少年儿童报刊工作者的利益，促进少年儿童报刊事业的改革和发展。

主要业务：

1. 与国外和港澳台地区少年儿童报刊建立联系，交流经验，发展友好往来。

2. 编辑出版《中国少年文摘》杂志，出版协会《会刊》。

3. 组织评选少年儿童报刊上的好作品以及有关优秀论文和优秀报刊工作者。

4. 举办各种培训班、研讨会，进行业务交流和咨询服务工作。

会长：海　飞

秘书长：任新国

社团登记号：4045

地址：北京朝阳区左家庄北里5号楼

邮编：100028

电话：84519809

传真：84519808

联系人：任新国

中国青年报刊协会

中国青年报刊协会是全国青年报刊界自愿组成的全国性专业群众团体，接受中国共产主义青年团中央委员会的领导和中华人民共和国新闻出版署的业务指导。中国青年报刊协会的前身系中国青年报刊工作者协会，于1988年在北京成立，后于1992年1月正式改为中国青年报刊协会。协会目前拥有包括《中国青年报》、《中国青年》杂志在内的全国青年报刊会员计85家。协会的最高权力机构是全体会员大会，每3年召开一次。协会设报纸、期刊、经营管理和美术装帧4个工作委员会，开展日常工作。

宗旨：高举邓小平理论伟大旗帜，坚持党的基本路线，团结全国青年报刊工作者，加强青年报刊间的联系与协作，维护青年报刊及其工作者的合法权益，促进青年报刊事业的改革与发展。

主要任务：通过开展各种学术活动和出版会刊，组织会员交流办报办刊经验，探讨研究报刊改革中的新问题；通过举办各种培训班、组织业务交流等方式协助青年报刊培训专业人才；积极反映青年报刊的实际情况，为会员提供有关政策咨询，组织和参加全国性采访和评选活动；组织与国外及港澳台地区的友好交往和业务交流。

会长：彭　波

秘书长：刘可为

社团登记号：4046

地址：北京市前门东大街10号902室

邮编：100051
电话：85212092
传真：85212362
联系人：刘可为

中国青年实业发展促进会

中国青年实业发展促进会是全国性的、由青年组织所属经济实体和优秀青年经济工作者组成的群众组织。1994年在民政部登记注册。促进会以促进社会主义市场经济发展及青年事业的进步为宗旨，致力于社会主义市场经济理论的研究，指导青年组织所属经济实体坚持"为社会经济发展服务，为青少年健康成长服务，为共青团事业服务"的方向，提高经济实体的经济效益，培养具有现代经营管理素质的青年人才。目前，促进会已在国家和地方政府经济职能部门、各实业界人士中吸纳常务理事108人、理事139人、特邀理事66人、团体会员80个，并在全国接纳了一大批业绩显著的个人会员。

主要任务：开展经济洽谈、业务考察和国际经济交流，加强会员间的横向联系，为会员参与国内国际经济合作和竞争提供服务；开展经济理论研究和学术交流活动，引导和促进经济实体健康发展；开展各类学习培训，提高经济实体的经营管理水平；评选、表彰优秀企业、青年企业家和青年经济工作者；代表和维护会员的合法权益。

会长：曹东新
秘书长：王　剑
社团登记号：3632
地址：北京市前门东大街10号楼
邮编：100051
电话：85212273
传真：85212345
联系人：李　伟

中国青少年研究会

中国青少年研究会是经团中央书记处同意，国家民政部批准注册，由从事青少年研究和青年运动历史研究的科研人员以及社会各界热心青少年问题的专家、学者及有关人员自愿联合组成的专门从事青少年问题研究的全国性学术团体，是非营利性社会组织。研究会在原中国青年研究会和中国青运史学会合并的基础上，增加了少年儿童研究的职能，于1999年3月成立。中国青少年研究会的中文简称为"中国青研会"，英文译名为China Youth and Children Association，缩写为CYCRA。

宗旨：对中国改革开放和社会主义现代化进程中各族各界青少年发展、青少年问题和青少年工作，以及青年运动历史和少年儿童教育与工作的历史开展研究，交流上述各方面的研究成果，更好地为建设有中国特色社会主义服务，为团结和教育青少年的事业服务，为青少年的健康成长服务。

主要业务：

1. 联系、团结、凝聚全国青少年研究各学科领域的专家学者和广大实际工作者，制订研究规划，指导、协调和推动全国的青少年研究和青运史研究，举办各种形式的学术活动、业务培训活动和科研成果的评估活动。

2. 组织青少年问题的调查研究，承接国家有关青少年问题的科研任务，为团中央及党政有关部门制订青少年政策及工作决策提供信息和咨询服务，促进研究成果的应用。

3. 组织对有关历史资料的征集、整理和专题研究，开拓在史学领域中的青少年研究阵地，发展和完善青少年学科群。

4. 开展国际间的学术交流与合作，参加和举办国际学术活动。

5. 编辑出版《中国青年研究》《少年儿童研究》《青运史辑刊》等会刊。

会长：黄丹华
秘书长：孙云晓
社团登记号：4050
地址：北京市西三环北路25号
邮编：100089
电话：88420722
传真：68427587
联系人：鲍　楠

中国妇女研究会

中国妇女研究会于1999年12月成立。英文译名为Chinese Women's Research Society（英文缩写为CWRS）。中国妇女研究会是研究妇女理论和实践的全国性学术团体，是由从事妇女研究的科研人员以及社会各界热心妇女研究的专家、学者和有关人士自愿联合组成，是非营利性社会组织。

宗旨：坚持党的基本路线，坚持实事求是的科学态度，贯彻"双百"方针，发扬学术民主，从理论与实践的结合上研究妇女问题，探索和掌握中国妇女发展和妇女运动的规律，深化妇女理论研究，促进学科建设，推进男女平等，实现社会的可持续发展。

主要任务：

1. 以马列主义、毛泽东思想、邓小平理论为指导，着重研究和探讨改革开放和社会主义现代化新时期的重大妇女问题，举办中国妇女研究会年会，组织召开各种形式的研讨会、学术报告会，对科研成果进行评估和咨询服务，深入研究妇女解放与妇女发展的理论，逐步建立有中国特色的妇女理论体系。

2. 协调和组织全国的妇女研究力量，规划妇女研究工作，承接国家有关妇女研究的科研任务，引导妇女研究广泛深入地开展，为政府政策和妇女工作决策提供科学依据。

3. 沟通国内外妇女研究信息，参加和举办国际学术活动，促进妇女研究的中外合作与交流。

4. 建立中国妇女研究网络，创办会刊，扩大妇女理论宣传。

5. 加强妇女学学科建设，组织业务培训，促进科研成果的转化和应用，交流工作经验，培养妇女研究的后备力量。

会长：彭珮云

秘书长：李秋芳

社团登记号：4493

地址：北京市建国门内大街15号

邮编：100730

电话：65256630　65221133－2507

传真：65225396

联系人：董树颖

中国城市规划学会

中国城市规划学会的前身是中国建筑学会城市规划学术委员会，成立于1956年，系学术性的民间群众团体，“文革”期间曾中断，1978年恢复重建。1990年12月，组成了第一届中国城市规划学会，为中国建筑学会的二级学会，对外称中国城市规划学会。1990年12月，经建设部批准，民政部注册，中国城市规划学会正式成立。学会最高权力机构是全国会员代表大会。由全国会员代表大会选举产生的理事会，是全国会员代表大会的执行机构。全国会员代表大会并选举产生常务理事会，履行理事会的职责。学会办事机构为秘书处。为了更好地开展工作，学会下设12个工作委员会，分别履行各自工作职责。

宗旨：团结广大城市规划工作者，遵守宪法、法律和国家政策，遵守社会道德风尚，在“百花齐放、百家争鸣”方针指导下，积极开展学术交流活动，提高中国城市规划的理论与实践水平，为我国城市的建设和发展服务。

主要业务：

1. 开展学术交流活动，组织重点研究课题的探讨和调研。

2. 传播推广城市规划先进适用技术，宣传普及城市规划科学知识。

3. 参与国家和地方城市发展战略决策和重大建设项目的论证、咨询。

4. 接受委托进行科技项目的论证、科技成果的评议等技术服务工作。

5. 组织编辑出版学术刊物、专著和科普读物。

6. 开展继续教育，推动知识更新。

7. 开展国际学术交流，加强同国外学术团体和城市规划工作者的友好交往。

8. 举办为城市规划工作者服务的事业和活动，反映其意见和要求，维护其合法权益，举荐人才，表彰奖励先进工作者。

会长：吴良镛

秘书长：石　楠

社团登记号：4203

地址：北京三里河路9号（中国城市规划设计研究院内）

邮编：100037

电话：68335893

传真：68331123

联系人：黄晓丽

中国建设会计学会

中国建设会计学会成立于1986年4月，是经民政部批准登记，由建设部管理的具有法人资格的全国性行业学术团体。学会的最高权力机构是会员代表大会。理事会是会员代表大会的执行机构，在会员代表大会闭会期间行使代表大会的职权。由理事会选举产生的常务理事会，在理事会闭会期间，领导学会开展日常工作。学会设有7个专业学术委员会。有27个地区建设（建筑）会计学会，为学会团体会员。

宗旨：坚持以经济建设为中心，坚持改革开放，坚持四项基本原则，贯彻“百花齐放、百家争鸣”和理论联系实际的方针，开展建设系统会计学术研究，为社会主义现代化建设事业服务，为政府部门、行业、社会和广大会员服务。

主要任务：

1. 组织协调建设系统各行业的会计研究工作，实施学会的课题研究计划，促进会计科学的发展。

2. 提高财会人员的业务素质和会计工作水平，组织财会人员学习贯彻国家有关会计、财务和经济方面的方针、政策、法规、制度。

3. 组织开展会计学术交流，推广研究成果，办好学术刊物。

4. 开展调查研究，反映财会工作中存在的问题和会计人员的意见、建议和要求。

5. 发挥学会的人才优势，开展多种形式的咨询服务工作。

6. 开展国际会计学术交流活动。

会长：杨　慎

秘书长：邵松山

社团登记号：4212

地址：北京市西城区三里河路9号

邮编：100835

电话：68393963

传真：68393963

联系人：李京生

中国图书馆学会

中国图书馆学会是由全国图书馆工作者依法登记成立的全国性、学术性群众团体，是党和政府联系图书馆工作者的桥梁和纽带，是发展我国图书馆事业的重要社会力量。学会接受业务主管单位中国科学技术协会、社团登记管理机关国家民政部的业务指导和监督管理，挂靠国家图书馆，其办事机构行政上隶属国家图书馆。

宗旨：遵守宪法、法律、法规和国家政策，遵守社会道德风尚。认真贯彻执行发展文化教育和科学技术工作的基本方针，弘扬“尊重知识、尊重人才”的风尚，坚持“百花齐放、百家争鸣”的方针，倡导“献身、创新、求实、协作”的精神，坚持独立自主、民主办会的原则。

主要任务：

1. 开展国内外学术交流，加强同国际图书馆界的联系与合作，活跃学术思想，组织学术研究，编辑、出版、发行图书馆学书、刊资料，促进学科发展。

2. 为国家文化、教育、科技发展战略、政策和经济建设中的重大决策以及我国图书馆事业政策的制定提供咨询服务。

3. 介绍、推广和评定图书馆学科研成果。

4. 开展对会员和图书馆工作者的继续教育，普及图书馆学基础知识，传播推广先进技术，发现并举荐人才，表彰、奖励在学术活动中取得优秀成绩的会员和图书馆工作者。

5. 维护会员和图书馆工作者的合法权益，反映会员的意见和要求。

6. 举办为会员服务的事业和活动。

理事长：周和平

秘书长：汤更生

社团登记号：4082

地址：北京中关村南大街33号

邮编：100081

电话：88545283

传真：68417815

联系人：崔　彤

中国话剧艺术研究会

中国话剧艺术研究会是由全国从事话剧演出、创作、研究、教学、出版等单位和一些话剧艺术家、专家、学者于1985年自愿结成的学术性社会团体。研究会现有单位会员99个，个人会员952人，理事会理事153名，常设办事机构有办公室、学术部、组联部、编辑部、开发部。研究会成立十多年来，通过组织多种形式的活动，团结了全国话剧界的专家、学者、艺术家，为推动广大话剧工作者在学术上的交流与提高作出了不懈的努力，对促进社会主义精神文明建设和话剧艺术的振兴、繁荣、发展发挥了良好的作用。

宗旨：遵守国家宪法、法律、法规和政策，坚持马克思主义、毛泽东思想、邓小平理论，贯彻“为人民服务、为社会主义服务”的方向和“百花齐放、百家争鸣”的方针，以促进我国话剧艺术的繁荣发展和社会主义精神文明建设。

主要任务：在国家文化部、民政部的业务指导和监督管理下，组织会员进行话剧观摩和学术研讨；开展业务咨询服务；举办对外演出及学术交流等活动；承办“中国话剧金狮奖”评奖；编辑出版有关话剧信息和书刊。

会长：李默然

秘书长：王福麟

社团登记号：3814

地址：北京市东城区东单北极阁三条71号

邮编：100005

电话：65253664

传真：65143173

联系人：刘　勤

中国劳动学会

中国劳动学会成立于1982年1月，是我国专门从事劳动科学研究、咨询、宣传和信息交流的群众性学术团体，为非赢利性的国家一级社团法人，业务主管部门为中华人民共和国劳动和社会保障部。中国劳动学会现拥有48家省、市、自治区及部门团体会员单位，60余家企业团体会员单位。

学会设有核工、劳动科学教学等9家行业分会及劳动就业服务等7个专业委员会。学会下设秘书处、学术委员会和企业工作委员会等工作机构。学会最高权力机构为理事会，理事会有理事261人，常务理事111人。

宗旨：遵守宪法、法律、法规和国家政策，遵守社会道德风尚，以马克思列宁主义、毛泽东思想和邓小平理论为指导，以促进健全与社会主义市场经济体制相适应的劳动体制和提高劳动管理水平为目的，积极组织、协调、推动对劳动理论、政策、立法和实际问题的研究与咨询活动，大力发展对外劳动科学交流与合作，为我国改革开放和社会主义现代化建设服务。

主要任务：

1. 学习宣传马克思列宁主义、毛泽东思想和邓小平理论，学习宣传党和国家关于劳动工作的方针、政策和法律、法规。

2. 组织开展劳动科学研究；举办报告会、研讨会、讲座等学术活动；开展劳动科学研究成果的评审奖励和推广工作。

3. 组织开展与劳动业务相关的培训活动。

4. 组织劳动问题的社会调研；开展劳动问题的咨询服务。

5. 编辑会刊、图书，交流信息、资料。

6. 组织劳动领域的国际学术交流与合作。

会长：夏积智

秘书长：韩　兵

社团登记号：4207

地址：北京市朝阳区惠新西街17号

邮编：100029

电话：64941241

传真：64915634

网址：www.cals.net.cn

中华炎黄文化研究会

中华炎黄文化研究会是1990年8月经中华人民共和国文化部批准，在民政部注册登记的全国性社会团体，具有独立法人资格。研究会由热爱中华、热心研究和弘扬中华炎黄文化的专家、学者、社会活动家、企业家及各界人士组成。

宗旨：弘扬中华民族优秀文化，振奋民族精神，广泛联系和团结海内外炎黄子孙，为祖国的现代化建设和统一大业做贡献。

主要任务：

1. 开展弘扬中华优秀文化的学术活动，特别着重组织并推动关于中华文化面向21世纪的学术研究。

2. 收集、整理炎黄文化史料，编辑、出版有关中华优秀文化的书刊、音像制品和电子出版物，举办普及中华优秀文化知识的讲座。

3. 支持有关部门和地方进行历史文化遗迹的保护、整修。协助河南有关单位在郑州兴建炎黄二帝巨型塑像。

4. 广泛开展与海内外有关社会团体和人士的文化交流与合作。

5. 为社会各界弘扬中华民族优秀文化活动提供咨询服务。

会长：费孝通

法人代表：曲润海

秘书长：曲润海

社团登记号：4261

地址：北京市西城区文津街7号

邮编：100802

电话：66126313

传真：66174547

联系人：曹　祺

中国食文化研究会

中国食文化研究会于1993年10月经文化部批准、民政部注册登记成立。研究会由海内外热心中国食文化研究的社会活动家、食品和饮食专家学者、文化艺术工作者、食品和饮食企业家及有关团体代表组成，是全国性的非赢利性食文化研究学术组织，为社会团体法人。

宗旨：以邓小平理论为指导，贯彻“三个代表”重要思想，遵守国家法律、政策，团结国内热心于中国食文化研究的各界人士和一些国外专家学者，携手研究和弘扬中华民族优秀食文化，振兴民族精神，为促进有中国特色社会主义食文化和食品经济的健康发展，为提高我国各族人民健康水平和促进精神文明建设作贡献。

主要任务：

1. 组织海内外专家学者系统深入研究中国食文化的历史、现状和发展趋势。

2. 加强食文化学理论和食文化应用的研究，推动先进食文化的发展。

3. 编辑出版中国食文化图书与报刊，拍摄有关食文化的文艺作品、影视片、科普片，建立食文化网站，促进国内外交流。

4. 系统研究名特食品、地方风味食品、各种食品加工技艺等，积极引导饮食企业增加文化意识，参与市场竞争，文明生产，文明经商，文明服务，提高文化附加值，以取得最佳社会和经济效益。

5. 组织专家学者开展海内外食文化交流，食经济技术和人才信息交流，开展食文化论证及人才培训工作。

6. 举办实验性经济实体，引进海内外资金技术，为企业提供各种咨询服务。

会长：杜子端

秘书长：刘国恩

社团登记号：3826

地址：北京市西城区车公庄大街6号北京市委党校2号楼211号

邮编：100044

电话：68000117

传真：68001454

联系人：李文祥

中国医药教育协会

中国医药教育协会于1992年7月经国家民政部批准成立，是全国性群众组织。协会业务主管部门和挂靠单位现为国家药品监督管理局。协会下设高等药学院校（系）委员会、职业技术教育委员会、成人教育委员会3个专业委员会，现有团体会员107个。

宗旨：坚持马列主义、毛泽东思想、邓小平理论，坚持党的基本路线，全面贯彻执行党的教育、药品监督管理、医药卫生工作方针和国家的政策、法规，组织会员单位，共同发展医药教育事业，培养“四有”人才，提高医药从业人员素质，为医药行业的“两个文明”建设和实现医药现代化服务；遵守宪法、法律、法规和国家政策，遵守社会主义道德风尚。

主要任务：

1. 参与国家高等药学教育的规划、方针、政策的研究和讲座，接受国家教育部和其他政府有关部门委托的医药高等教育与培训的研究课题，组织国内外同等开展药学高等教育的学术交流。

2. 开展医药职业技术教育的学术交流、校际间协作、编制教学计划、教学大纲、教材等。

3. 为药品监督管理队伍和医药行业职工的岗位培训和继续教育提供咨询和服务，参与医药成人教育的教学活动，举办各类培训班，组织编写适用教材，开展国内外相关的协作与交流。

会长：王　远

秘书长：赵　葆

社团登记号：3813

地址：北京市西站南路16号

邮编：100073

电话：63409114

传真：63409114

联系人：徐建功

中国性学会

中国性学会（China Sexology Association，简称CSA）经卫生部批准于1994年5月在民政部注册成立。中国性学会是中国共产党领导下的性科学工作者的学术性群众团体。

宗旨：团结全国性科学工作者，借鉴国外优秀成果，发掘祖国性学遗产，研究发展性科学，促进性科学的普及，提高人民健康水平和生活质量，增进婚姻家庭幸福、社会安定团结，为繁荣社会主义科学文化，加强社会主义精神文明建设作出贡献。

主要任务：

1. 举办性学学术交流活动，组织重要学术课题的研讨。

2. 接受委托进行性学科技项目论证和科技成果鉴定，推广科学技术成果，为政府部门决策提供学术依据。

3. 举办性学各种专业培训班，提高会员及科技工作者的学术与业务水平，为我国培养性科学人才。

4. 普及性科学知识及性道德教育，进行科技开发，提供性科学技术咨询和技术服务，不断创造条件，有计划、有步骤地组织编辑出版有关性学的普及性和学术性的期刊、书籍及资料。

5. 发现、推荐、奖励优秀学术成果、学术论文和性学科普作品。

6. 开展国际性学学术交流活动，加强同国外性学学术团体和性学工作者的联系。

理事长：徐天民

秘书长：胡佩诚

社团登记号：1636

地址：北京市海淀区学院路38号北京大学医学部老公卫楼三层中厅

邮编：100083

电话：62091546

传真：62092494

联系人：刘砚平

中国档案学会

中国档案学会是全国档案工作者自愿结成的具有法人资格的全国性、学术性、公益性的社团团体。学会于1981年11月成立，下设档案学基础理论学术委员会、档案整理鉴定学术委员会、档案文献编纂学术委员会、档案保护技术委员会、影像技术委员会、档案自动化管理技术委员会及企业档案学术委员会共7个专业委员会，在全国31个省、自治区、直辖市和15个副省级市、计划单列市均有地方档案学会。学会现有团体会员82个，个人会员7938人。

宗旨：遵守宪法、法律、法规和国家政策，贯彻“百花齐放、百家争鸣”的方针，坚持民主办会的原则，充分发扬学术民主，坚持实事求是的科学态度和优良学风，团结和组织广大档案工作者，为中国档案事业现代化而奋斗。

主要任务：

1. 组织档案工作者开展各类档案学术交流会、座谈会和研讨会。

2. 出版档案学术论著，摄制专业录像片，扩大档案专业知识与技术成果的普及宣传。

3. 积极组织开展中外民间档案学术交流。

4. 组织档案干部继续教育讲习班。

5. 选评全国档案学优秀成果，开展档案技术咨询与服务。

理事长：沈正乐

秘书长：王信功

社团登记号：3970

地址：北京市西城区丰盛胡同21号

邮编：100032

电话：66175130

传真：66183636

联系人：贾铁炼

中国少数民族美术促进会

中国少数民族美术促进会成立于1994年3月，是由中华人民共和国文化部主管，经民政部审核注册的全国性专业社团法人。促进会成立9年来，举办了5次“民族百花奖”中国少数民族美术作品展览会，展出2500余幅各民族画家的作品。全国人大、国务院、全国政协布赫、司马义·艾买提、阿沛·阿旺晋美、万国权等有关领导多次出席开幕式并剪彩。一些获奖的少数民族画家已开始在首都，甚至在国家崭露头角。促进会还多次为各地会员主办展览，出版画册，并举办各种艺术交流活动。为了弘扬中华民族传统文化，促进会还与日本美术团体合作分别在北京、东京举办了多次书画交流展，把各民族画家的优秀作品推向国际市场。

宗旨：努力发展繁荣民族美术事业，增进民族团结友爱。致力于探索美术事业与市场经济相结合的优化模式，开展对外交流与合作，面向社会，服务社会，自筹资金，发展事业，出作品、出人才。

促进会的基本业务包括：艺术交流、专业展览、国际合作、业务培训等。

会长：崔永生

秘书长：沈刚纪

社团登记号：3825

地址：北京东城区钟楼湾临字9号

邮编：100009

电话：64000320

传真：64000320

联系人：沈刚纪

中国自然科学博物馆协会

中国自然科学博物馆协会于1980年成立，是由中国自然科学类博物馆及其工作人员自愿组织、依法登记成立的全国性、科普性、学术性社会团体，是中国科协近200个全国性一级学（协）会之一，是国际博协的团体会员。中国自然科学博物馆协会是促进和推动自然科学博物馆事业繁荣和发展的社会主要力量。协会下设11个专业和工作委员会，现有团体会员320个，个人会员1600余人。

宗旨：遵守宪法、法律、法规和国家政策，贯彻“百花齐放，百家争鸣”的方针，坚持民主办会的原则，充分发扬学术民主，坚持实事求是的科学态度和优良学风，团结和组织广大自然科学博物馆工作者，为中国的自然科学博物馆现代化而奋斗。

主要任务：

1. 举办有关自然科学博物馆的学术和科普活动。

2. 向有关部门提出发展自然科学博物馆事业的建议。

3. 对国家自然科学博物馆发展战略、政策或重大决策提供咨询。

4. 接受委托对自然科学博物馆的科技项目论证及科技成果鉴定。

5. 组织有关博物馆之间的各种合作。

6. 组织培训自然科学博物馆的各类人员。

7. 开展与自然科学博物馆业务有关的国际交流与合作。

8. 编辑出版会刊、会讯，以及相关信息资料、书刊与声像制品等。

9. 举办与本会宗旨相符的实体。

理事长：李象益

秘书长：艾春初

社团登记号：4087

地址：北京天桥南大街126号北京自然博物馆内
邮编：100050
电话：67053997
传真：67011408
联系人：韩兆宽

中国工商行政管理学会

中国工商行政管理学会（CSAIC）是在中国共产党领导下，根据我国工商行政管理职能，研究我国社会主义市场监督管理和行政执法理论与实践的全国性群众学术团体。学会接受国家工商行政管理总局、民政部的业务指导和监督管理。

指导思想和宗旨：以马列主义、毛泽东思想和邓小平理论为指导，坚持四项基本原则，遵守宪法、法律、法规和国家政策，遵守社会道德风尚，贯彻“百花齐放、百家争鸣”的方针，本着理论联系实际的原则，开展社会主义市场监督管理和行政执法等有关工商行政管理理论与实践问题的研究，提高工商行政管理工作水平，为把工商行政管理机关建设成有权威的市场监督和行政执法机关，为建立社会主义市场经济体制、实现社会主义现代化建设服务。

主要任务：

1. 开展有关我国社会主义市场监督和行政执法理论与实践的研究，促进有关工商行政管理学科理论体系的建设，并向领导部门提供决策依据和建议。

2. 组织各种形式的学术交流活动，召开有关工商行政管理的学术会议，并开展有关工商行政管理的国际学术交流活动。

3. 编辑出版会刊及有关工商行政管理的学术书刊、资料。

4. 指导、推动和协调各会员单位的业务活动。

5. 进行有关工商行政管理的理论、政策和法规的宣传、咨询、服务和培训等工作。

6. 组织开展工商行政管理学术研究成果的评比工作。

会长（法人代表）：韩新民
秘书长：徐长浩
社团登记号：4607
地址：北京市西城区三里河东路8号
邮编：100820
电话：68040491
传真：68040495
联系人：栾复武

中华民族文化促进会

中华民族文化促进会（简称文促会，英文名称 CHINESE CULTURE PROMOTION SOCIETY）创立于1992年2月，属全国性民间专业文化社团。文促会的会员为成就杰出的海内外文艺家、学者、文化事业家和赞助人，业务主管为中华人民共和国文化部，会址北京。文促会自创立以来，始终得到中国政府和社会各界的热情支持，江泽民、李鹏、朱镕基、胡锦涛等领导人均曾出席文促会活动或为其题词，中共中央宣传部、台湾海基会、美国通用汽车公司等国内外官方、民间机构和著名企业均曾热情支持并与文促会合作。

宗旨：促进会旨在联络海内外团体和个人，弘扬中华文化，促进国际文化交流。

主要任务：

1. 推动社会文化事业和国际交流，策划和实施享誉海内外的重大文化项目。

2. 组团出访或邀请国外文化团体和知名艺术家来华演出、展览，促进国际间文化交流，推动中华文化走向世界。

3. 加强两岸文化往来，促进祖国统一。

4. 通过编辑出版民族文化书刊、制作电视纪录片和举办各种民族文化节目，宣传中华民族文化，促进中华民族文化事业的发展。

法定代表人：高占祥
会长：高占祥
秘书长：王　石
社团登记号：4648
地址：北京市亚运村江园公寓Q－801
邮编：100101
电话：64992950
传真：84992121
联系人：孟　娜

中国计划生育协会

中国计划生育协会是经国务院批准、以动员群众自觉实行计划生育为目的的全国性群众组织。协会1980年5月成立于北京，是我国最大的群众组织之一。中国计划生育协会是我国计划生育事业中一支不可缺少的重要力量，是国际计划生育联合会的正式会员。协会的最高权力机构是全国会员代表大会，会员代表大会5年召开一次。会员代表大会期间，由全国理事会负责执行代表大会决议，领导协会的工作。全国理事会每年召开一次。在理事会休会期间，由常务理事会负责执行代表大会和理事会决议。常务理事会由会长或副会长召集。

宗旨：团结各族广大育龄群众和社会各界力量，在维护全国人民总体利益的同时，更多地表达和维护广大育龄群众的具体利益，通过传播信息、提供服务，提高广大育龄群众实行计划生育的觉悟和能力，促进我国人口与经济、社会的协调发展。

协会的主要职能是：带头，宣传，服务，监督，交流。其工作方针是：依靠群众、组织群众、实行群众性的自我教育、自我管理、自我服务。

会长：姜春云

秘书长：李保忠

社团登记号：4287

地址：北京市朝阳区樱花园西街胜古庄北里1号

邮编：100029

电话：84657972

联系人：朱宝贵

中国科学技术史学会

中国科学技术史学会是由科技史工作者组织起来的依法登记的学术性的社会团体，创立于1980年。它是中国科学技术协会的组成部分，也是国际科学史与科学哲学联合会科学史学会的团体会员。目前，学会有14个专业委员会，1100多名会员。学会与挂靠单位中国科学院自然科学史研究所荣获“2002年北京市先进科普工作集体”称号，并被科技部、团中央、少工委、中宣部、科学院授予首批“全国青少年走近科学科普教育基地”称号。

宗旨：团结广大科学技术史工作者，促进科学技术史及其相关学科研究的深入，不断拓宽科学技术史研究领域，繁荣和发展科学技术史事业，促进科学技术史人才的成长和提高，增进科学技术史及其相关学科人员的交流，普及科学技术史的知识。

法人代表：苏荣誉

理事长：席泽宗　路甬祥

秘书长：苏荣誉

社团登记号：4356

地址：北京市朝阳门内大街137号

邮编：100010

电话：64043288

传真：64017637

联系人：陆　岭

中国文物学会

中国文物学会成立于1984年6月，是由全国文物工作者、专家、学者、收藏家、相关文物机构，以及支持和关心热爱文物事业的各界人士自愿组成的非赢利性的全国社团组织。

宗旨：遵守宪法和国家颁布的各项法律、法规、政策，遵守社会职业道德规范，团结一切关心、热爱、支持国家文物事业的各界人士，宣传、贯彻、实施《文物保护法》，提高全民族的文物意识和文物保护意识，开展文物考古研究、文物保护研究、文物交流与市场研究，促进国家文物事业的健康发展，为弘扬民族文化和两个文明建设服务。

主要任务：

1. 宣传贯彻《文物保护法》，协助各级政府职能部门做好文物保护工作。

2. 进行海内外的文物交流，促进文物回流。

3. 开展有关文物的各种专题调查研究，向有关部门提供关于保护利用的意见和建议。

4. 开展文物学术研究交流活动。

5. 编辑、翻译出版文物资料、书刊，拍摄文物资料和影视宣传片，举办文物展览。

6. 协助有关单位开展文物的仿制、复制、咨询、鉴定等各项工作。

7. 举办文物知识、技能培训班，培训文物人才。

8. 团结海内外热心文物事业的人士，开展文物考察研究，特别加强与港澳台文物工作者的交流与合作。

9. 在政策、法律范围允许的条件下，参与文物密切相关的各类公益性实体活动。

会长：罗哲文

秘书长：张晓雨

社团登记号：4060

地址：北京市雍和宫大街戏楼胡同1号

邮编：100007

电话：84020901

传真：84020912

联系人：刘丽英

中国文化书院

中国文化书院是由我国已故著名学者梁漱溟先生、冯友兰先生与北京大学哲学系张岱年、季羡林、朱伯昆、汤一介、李中华、魏常海、王守常等几位教授共同发起，联合了北京大学、中国社会科学院、中国人民大学、北京师范大学、清华大学、北京师范大学等单位及台、港和海外的数十位著名教授、学者共同创建的一个民间的学术研究和教学团体，于1984年10月成立于北京。书院下设有绿色文化分院、跨文化研究院、影视传播研究院、企业文化研究院、中国文化书院杭州分院、京大学院等分支机构。书院是民间团体，所组织的各项活动都遵循百家争鸣的原则，学者们完全自由地根据其个人立场进行学术研讨和教学。

宗旨：通过对中国传统文化的研究和教学活动，继承和发扬中国的优秀文化遗产；通过对海外文化的介绍、研究以及国际学术交流活动，提高对中国传统文化的研究水平，并促进中国文化的现代化。

书院以培养从事研究中国传统文化、哲学、历史、文学等的中外青年学者为主要目标，使他们通过书院所组织的各种教学与研究活动，加深对中国文化的理解和内在的感受能力；同时，在熟悉中国文献的基础上，较为系统地掌握中国传统文化发展、演变的脉络及其精神内涵。

院长及法人代表：王守常

秘书长：张　军　苑天舒

社团登记号：4260

地址：北京大学农园内

邮编：100871

电话：62753125

传真：62757416

E-mail：shuyuan@iafcc.com

联系人：胡仲平

中国文物保护技术协会

中国文物保护技术协会于1980年12月在北京成立，是我国文物科技工作者的学术性群众团体，是中国科学技术协会的组成部分。协会现有文物保护技术、古建筑保护、石窟保护技术及释光与电子自旋共振测年技术等4个专业委员会。目前，协会正与教育部有机硅化合物及材料工程研究中心合作，在开拓文物保护新技术、新材料等方面进行了有益的尝试，此项合作将会使我国文物保护在技术研究方面迈上一个新台阶。

宗旨：促进文物科学学科的发展和推广，培养文物科技研究和技术人才。

主要任务：

1. 开展不同形式的学术交流活动，加强文物科技工作者之间的联系。

2. 加强自然科学与社会科学的结合，促进文物保护科学技术水平的提高，推广先进的文物保护科技成果，增进同其他国家文物机构和学者的友好联系与合作。

3. 对文物保护科技工作提出合理化建议，反映文物科技工作者的意见和呼声，开展科普宣传及咨询服务活动。

4. 加强协会组织建设，挖掘和培养文物保护科技人才，促进祖国文物保护事业的发展。

理事长：陆寿麟

秘书长：李化元

社团登记号：3142

地址：北京市东城区景山前街4号故宫博物院内

邮编：100009

电话：85117034

传真：65123119

联系人：柳振安

中国民俗摄影协会

中国民俗摄影协会成立于1993年12月，是具有独立法人资格的国家一级社会团体，现有会员2万余人。协会以“弘扬祖国民族文化，展现可爱的中华，加强人类交流和理解，促进世界和平与发展”为宗旨，以摄影为手段，发掘抢救、记录研究、整理保护已经和正在消逝的中华文化遗产，促进不同民族、文化之间的交流理解。

中国民俗摄影协会创办的国际民俗摄影“人类贡献奖”年赛，是世界上第一个以民俗文化为主题的摄影比赛，1998年至今共举办了3届，已有全世界1/3国家的摄影师参与。4500位摄影师用近6万幅图片，记录、保存了涉及世界各个角落的、丰富多彩的文化事像。“人类贡献奖”年赛大大地提高了中国在国际摄影文化界的地位，特别是第二、三届年赛赢得联合国教科文组织的合办，为中国争取世界文化大国的地位作出了贡献。

今后10年，协会除了常规的“人类贡献奖”年赛外，将着重开展“抢救性记录中国文化遗产行动”，为广大会员提供文化遗产的记录、保护理念和手段的培训，号召会员为完美地捍卫中华民族独有的文化精神，激发人民文化自尊、民族自豪的力量，提高中国的综合国力和竞争力，推动全国各地区精神文明的发展，而致力于中国境内的文化遗产，特别是无形文化遗产的普查、记录工作。

会长及法人代表：沈　澈

驻会副秘书长：曾昱晗

社团登记号：3849

地址：北京市海淀区文慧园14楼312号

邮编：100088

电话：62250403

联系人：周　侠

中国科普作家协会

中国科普作家协会成立于1979年，是以科普作家为主体，并由科普翻译家、评论家、编辑家、美术家、科技记者、科普影视编导以及热心科普创作的科技专家、企业家等组成的学术性群众团体。为了更好地开展工作，协会下设国防科普专业委员会等11个科普专业委员会。办公室和《科技与企业杂志》《青年科学向导杂志》是协会的常设办事机构。

宗旨：遵守国家的法律、法规和社会公德，团结组织科普作家等热心科普创作的人士，为促进社会主义的物质文明和精神文明建设，提高全民族的科学文化素质，繁荣科普创作，不断壮大我国的科普创作队伍，提高我国的科普创作水平服务。

主要任务：

1. 开展各种科普创作、科普评论、培训、学术交流和表彰奖励等活动，发现培养科普创作人才，组建和壮大科普创作队伍。

2. 围绕我国的“两个文明建设”和社会与时代发展的需要，有重点地组织编创各种科普精品，传播科学思想，弘扬科学精神，普及科技知识，传授科学方法，以增强全社会的科技意识。

3. 通过主办、合办或协办科普杂志，报纸科普专刊、专栏，广播、电视科普节目，科普画廊、科普展览等科普宣传阵地，为会员提供更多的发表科普作品的园地，繁荣科普创作。

4. 办好会讯，开展科普评论、评奖、征文和竞赛等活动，推动和指导科普创作，促进科普作品质量的提高。

5. 及时向党和政府反映科普作家的意见、要求和建议，争取党和政府对科普创作的支持和关心，并接受党和政府的委托，开展有关科普创作的调查研究和理论探讨。

6. 在维护全国人民总体利益的同时，代表科普创作界的具体利益，维护和支持科普作家的合法权益不受侵犯。

7. 根据会员从事科普创作和科普宣传出版的需要，为他们提供力所能及的服务。

8. 根据社会需求以及自愿和互利的原则，与国内的科技、教育、新闻出版等企事业单位和社会团体合作编创科普作品或开展科普宣传活动。

9. 与国外对口团体、对口单位及科学作家进行学术交流与业务合作。

理事长：张景中

秘书长兼法人代表：张秀智

社团登记号：4084

地址：北京市海淀区学院南路86号

邮编：100081

电话：62195493

传真：62195493

联系人：王文津

中国现场统计研究会

中国现场统计研究会是中国科协领导下的，由我国热心于数理统计和科学管理工作的专业科技工作者自愿组成的具有公益性、群众性的，依法在国家民政部登记成立的学术团体，具备法人社团资格。为了更好地开展工作，研究会下设9个办事工作委员会和13个分支机构，并在全国17个省、市成立了地方现场统计研究会。该研究会是中国科协的组成部分，是发展我国应用统计科技事业的一支重要力量。

宗旨：坚持以邓小平理论和党的基本路线为指导，团结和组织致力于数理统计、管理科学及相关学科的科技工作者，促进应用统计学科的发展，促进应用统计的普及和发展，促进应用统计人才的成长和提高，促进应用统计在工农业、医药卫生、科学技术及经济等领域和社会科学中的应用，为社会主义精神文明建设和物质文明建设服务。

主要任务：

1. 开展国内外应用统计学术交流，促进应用统计发展。

2. 举办应用统计和与其有关的各种类型的讲习班、讲座、经验交流会等。

3. 普及统计知识，传播统计思想和方法，推广应用统计技术。

4. 编辑、出版、发行应用统计期刊、书籍和相关的音像制品。

5. 举荐和培训应用统计人才。

6. 开展应用统计技术的继续教育、培训、咨询和认定工作。

7. 支持会员参与应用统计及软件开发研究，直接为国民经济建设服务。

8. 按章程宗旨，投资设立企业法人或设立非法人的经营机构等方式，依法开展有关经营活动。

9. 其他一切与统计学有关的业务活动。

理事长：杨振海

秘书长：张永光

社团登记号：3113

地址：北京市朝阳区平乐园100号北京工业大学第二实验楼2508室

邮编：100022

电话、传真：67392433

E-mail：e04@cast.org.cn

联系人：王丽华

中国石油化工劳动学会

中国石油化工劳动学会（简称中国石化劳动学会，英译名 CHINA SOCIETY FOR PETRO CHEMICAL LABOUR）1989 年由原中国石化总公司发起成立，经中华人民共和国民政部登记取得法人资格，为中国劳动学会团体会员。它是中国石油化工集团公司从事劳动科学研究、咨询、宣传和信息交流的全国性的、自愿结成的、非赢利性的群众性社会团体。

宗旨：以建设有中国特色社会主义理论和马克思主义劳动科学理论为指导，以促进中国石化集团公司建立与社会主义市场经济体制相适应的劳动体制和提高劳动管理水平为目的，开展劳动科学理论、政策和实际问题的研究与咨询活动，为发展石油石化工业服务。在实现学会宗旨的活动中，要遵守宪法、法律、法规和国家政策，按宪法确定的基本原则办事，不危害国家统一、安全和民族团结，不损害国家利益、社会公共利益以及其他组织和公民的合法利益，更不能违背社会道德风尚，同时不从事赢利性经营活动。

主要任务：

1. 学习、宣传马克思主义劳动科学理论，党和国家关于劳动工资工作的方针、政策和法律、法规。

2. 组织劳动科学的学术研究，召开学术讨论会、报告会，组织考察先进经验，交流劳动科学的研究成果。

3. 结合石油石化生产的特点，研究国有企业改革中不断出现的新情况、新问题，探索解决的途径和措施。

4. 举办各种类型的劳动工资专业岗位培训班，不断提高劳动工资队伍的理论素质和业务水平。

5. 组织编辑有关劳动工资工作的资料，开展信息交流。

6. 组织会员开展劳动工资的学术研讨，发表有关的研究成果，评选和推荐优秀的学术论文。

会长兼法定代表人：牟书令

社团登记号：4415

地址：北京市朝阳区惠新东街甲 6 号

邮编：100029

电话：64998260

传真：64998260

中国生产力学会

早在 20 世纪 60 年代，我国著名经济学家于光远、孙尚清就分别提出了创立生产力经济学和生产力组织学的建议。1980 年 11 月，他们联合国内研究生产力的著名学者，成立了中国生产力经济学研究会，经民政部批准于 1995 年 11 月改名为中国生产力学会（CAPS）。它是研究生产力问题并提供咨询服务的学术咨询团体。目前，学会共有团体会员 38 个，高级会员 700 余人，会员 11000 余人。为了便于开展工作，学会还组建了科学技术生产力专业委员会、网络经济专业委员会、企业发展专业委员会、企业托管专业委员会，开展了大量有成效的活动。

主要任务：

1. 研究社会生产力在国民经济管理系统、教育系统、科学技术系统、信息系统的组成要素、组合形式、关联结构和运动规律。

2. 在综合研究企业生产力、产业生产力、区域生产力、社会生产力和世界生产力的同时，顺应西部大开发和加入 WTO 的时代潮流，把握创新和可持续发展的时代主题，重点研究区域生产力和世界生产力。

3. 积极研究生产力的市场机制问题，为使科技成果和理论成果转化为生产力作出切实的贡献。

4. 组织进行生产力项目和课题的研究和评审工作，定期评选发展生产力杰出贡献奖和优秀生产力著作奖和论文奖。

5. 为企业发展生产力开展培训和咨询服务。

6. 定期召开生产力年会，且不定期地召开学术研讨会，并朝着技术展示与拍卖会、项目成果交流会、人才交流会等结合的方向迈进。

会长：王茂林

秘书长：陈胜昌

社团登记证号：3272

地址：北京市五棵松太平路甲 40 号 A 楼 318 室

邮编：100039

电话：68161384　68161398

传真：68131960

E-mail：capsm@263.net

联系人：向洪川

中国个体劳动者协会

1986 年 12 月，中国个体劳动者协会成立于北京，它是在中国共产党和人民政府领导下，由全国城乡个体工商业者组成的群众团体。目前，中国个协办事机构设立了办公室、组织联络部、宣传教育部、经营指导部、《光彩》杂志编辑部，并成立了光彩经济服务中心。中国个协现已发展成为会员人数众多、组织机构健全、社会作用显著、具有广泛的群众性和代表性的联合性社会团体。

宗旨：坚持四项基本原则，坚持改革开放方针，团结、教育、引导全国个体劳动者，守法经营，优质服务，促进个体经济健康发展，为建设社会主义物质文明和精神文明服务。

主要任务：对个体劳动者进行思想政治教育、法制教育和职业道德教育，开展文明经营、优质服务活动；维护个体劳动者的合法权益，反映个体劳动者的合理意见和要求；进行生产经营指导，提供信息服务，帮助解决生产经营中的问题；开展职业技能培训，协助做好技术职称评定工作；调研个体经济发展情况，提出政策和立法建议；协助做好管理工作，组织自我管理；兴办个体劳动者的福利事业，组织文化体育活动；开展国际交流与合作。

会长：甘国屏

秘书长：王鸿之

社团登记号：3824

地址：北京市西城区西直门内大街172号（总政招待所）3号楼5层

邮编：100035

电话：66517377

传真：66517377

中国心理学会

中国心理学会是中国心理学工作者依法组成的、公益性的学术性社会团体，是中国科学技术协会的组成部分。它创建于1921年，是我国现有的全国性学会中最早成立的学术组织之一。为了更好地开展工作，学会下设14个专业委员会及4个工作委员会，其包含各主要心理学的分支学科领域，现有会员近4000人。此外，中国心理学会还是国际心理科学联合会、国际心理测验学会、国际应用心理学会和亚非心理学会的团体会员。

宗旨：中国心理学会团结广大心理学工作者，开展学术活动，加强学术研究，以促进心理科学的繁荣和发展，为实现社会主义现代化作出贡献。

主要任务：开展国内外心理学学术交流活动；出版心理学书刊《心理学报》和《心理科学》；普及心理学知识；配合或协同有关部门研究、解决有关心理学的课题；接受委托、承担心理学项目的论证评估、科技成果及心理学仪器产品的鉴定、技术职务资格评审、心理学文献和标准的编审；举办各种心理学培训班、讲习班等，促进心理学人才的成长和提高。

理事长：张 侃

秘书长：杨玉芳

社团登记号：3012

地址：北京市德胜门外北沙滩中国科学院心理研究所内

邮编：100101

电话：64888946

传真：64855830

网址：www.cpsbeijing.org

E-mail：xuehui@psych.ac.cn

联系人：李 扬

中国生态学学会

中国生态学学会于1979年12月在昆明成立，是中国生态科学技术工作者和热爱生态学事业的社会各界人士自愿结合，依法成立的全国性、非赢利性的多学科、综合性学术团体。学会现挂靠在中国科学院生态环境研究中心，有会员6000多人及团体会员10余个。目前，学会下设14个专业委员会(其中1个学组)，4个工作委员会，并在全国30个省、市、自治区先后成立了地方生态学学会组织。

宗旨：团结广大生态科学技术工作者和热爱生态学事业的社会各界人士，认真贯彻党的基本路线和“百花齐放、百家争鸣”的方针，坚持民主办会的原则，充分发扬学术民主；提倡辩证唯物主义，坚持实事求是的科学态度和优良学风；遵守宪法、法律、法规和国家政策，弘扬社会主义道德风尚；倡导“献身、创新、求实、协作”的精神，繁荣生态科学事业，加速生态环境建设、提高全民生态意识，为实施国家可持续发展和科教兴国两大战略目标，建设社会主义物质文明和精神文明做出积极贡献。

主要任务：

1. 开展国内外学术交流，促进生态学的发展。

2. 普及生态科学知识，传播生态学思想，推广生态技术。

3. 编辑、出版、发行生态学科技书刊及相关的音像制品。

4. 组织全国生态学工作者参与国家生态环境建设以及政策、法律法规制定和科学决策工作。

5. 对国家经济建设中的重大决策进行科学论证和科技咨询，提出政策建议。

6. 促进民间国际科技合作。

7. 认定会员资格，开展对会员和科技人员的继续教育和培训工作。

8. 举办为会员服务的事业和活动。

9. 加强学会组织建设，发展壮大会员队伍。

理事长：李文华

秘书长：王如松

社团登记证号：3743

地址：北京市海淀区双清路18号

邮编：100085

电话：62849113

传真：62849101

E-mail：esc@mail.rcees.ac.cn

中国园艺学会

中国园艺学会是中国共产党领导下依法登记成立的、全国园艺科技工作者组成的具有公益性、学术性的社会团体，是党和政府联系园艺科技工作者的桥梁和纽带，是国家发展园艺科学技术事业的重要社会力量，是中国科协的组成部分。中国园艺学会创建于1929年春，1934年出版了第一期《中国园艺学会会报》，抗日战争时期学会活动基本停顿，抗战胜利后在南京复会。中华人民共和国成立后，于1951年8月开始筹备，1956年8月召开了中国园艺学会成立大会。学会目前下设4个专业委员会和7个工作小组，拥有会员6890人，团体会员38个，并对30个省、市（直辖市）、自治区的园艺学会有业务指导关系和组织关系。

宗旨：团结组织园艺科技工作者，促进园艺科学技术的繁荣发展、科技人才的培养提高，开展国内外学术交流、普及园艺科技知识，反映园艺科技工作者的意见，维护园艺科技工作者的合法权益，为广大园艺科技工作者服务。

学会的业务范围包括果树、蔬菜、西甜瓜和观赏植物的栽培、育种、种质资源、产品贮藏加工、生物技术应用及园艺产品流通和园林规划设计等。

《园艺学报》是由中国园艺学会主办，中国农科院蔬菜花卉研究所承办的学术刊物，是国内自然科学核心期刊，以反映我国园艺科学研究水平和最新成果为主，刊登果树、蔬菜、西甜瓜及观赏植物等方面未经发表的学术论文、研究报告、研究简报、专题文献综述以及经过省（直辖市）级以上品种审定委员会审定的新品种、学术活动信息、新书评价等。

理事长：朱德蔚

秘书长：屈冬玉

社团登记号：3145

地址：北京市海淀区中关村南大街12号中国农科院蔬菜花卉研究所内

邮编：100081

电话：68919528

传真：68919528

E-mail：yuanyixh@263.net

联系人：张　彦

中国科学学与科技政策研究会

中国科学学与科技政策研究会是中国从事科学学、科技政策和科技管理研究的科技工作者自愿结成，依法登记成立的全国性、非赢利性、学术性的社会团体。该会于1982年6月成立，1985年加入中国科学技术协会，目前在全国29个省、市、自治区均有科学学方面的研究会，共有会员11400余人。研究会挂靠中国科学院科技政策与管理科学研究所，下设11个专业委员会和7个工作委员会，其业务主管单位为中国科学技术协会，社团登记管理机关为民政部。

宗旨：在中国共产党领导下，坚持四项基本原则，坚持改革开放，团结组织本学科广大科技工作者，遵守宪法、法律、法规和国家政策，遵守社会道德风尚，促进本学科的繁荣和发展，促进本学科知识的普及和成果的推广，促进本学科人才的成长和提高，为实施科教兴国和可持续发展战略，为社会主义物质文明和精神文明建设，为加速实现中国社会主义现代化作出贡献。

主要任务：

1. 开展学术交流，活跃学术思想，提高学科水平。

2. 普及本学科知识，推广本学科成果；开展继续教育、技术培训和青少年科技活动。

3. 编译出版学术书刊和科普读物。

4. 开展国际学术交流，发展同国外有关学术团体和科技工作者的联系和友好交往。

5. 开展科学论证，提出政策建议，接受委托承担专题研究、咨询服务和人员培训等任务。

6. 向党和政府反映会员意见、建议和要求，维护会员的合法权益。

7. 发现并举荐人才。

8. 兴办符合本会宗旨的社会公益性事业。

理事长：邹祖烨

秘书长：杨湘平

社团登记号：4352

地址：北京市海淀区中关村南四街甲一号

邮编：100080

电话、传真：62542615

联系人：张蕴洁

中国医药会计学会

中国医药会计学会成立于1990年，是我国医药工商企业、事业单位财会物价工作者代表本单位自愿组织起来的研究医药会计、物价科学的全国性群众学术团体、非赢利性社会组织。

宗旨：遵守宪法、法律、法规和国家政策，遵守社会道德风尚，坚持以经济建设为中心，坚持改革开放，认真贯彻党的十一届三中全会以来的路线、方针、政策，理论联系实际，开展财会、物价科学研究活动，为建设具有中国特色的社会主义会计理论、方法体系、药品价格理论和价格体系，促进医药财会物价工作现代化，提高财会物价干部素质和企业经营管理水平，更好地为社会主义现代化建设服务。

主要任务：

1. 制订医药财会物价科学研究规划，组织全国医药行业和协调各团体会员积极从事科学研究活动。

2. 宣传贯彻党和国家有关会计、财会和物价等方面的方针、政策和法律、法规、制度，提供有关的意见和建议。

3. 总结工作经验，探讨财会物价工作的规律和发展方向；组织研究在新的历史条件下，工作中出现的新情况和新问题，从理论和实践上探讨解决的途径，推动深化财会物价改革，为财会物价工作服务于经济管理，提高经济效益提供理论指导。

4. 开展中西药品价格研究和组织中西药品、医疗器械的信息交流。

5. 开展多渠道、多层次、多形式的培训工作。

6. 开展财会物价咨询服务工作。

7. 编辑出版《医药财会》会刊和《全国医药价格信息资料》专刊。

8. 举办多种形式的报告会、研讨会，开展学术交流和工作经验的传播活动。

9. 加强与国内外有关学术团体的联系，开展医药财会价格学术交流和友好往来。

会长：石　峘

秘书长兼法人：赵显文

社团登记号：3804

地址：北京市西城区展览馆路8号

邮编：100044

电话：68318673　68357645

联系人：王贵昌　马瑞新

中国心理卫生协会

中国心理卫生协会是中国科协领导下的全国一级协会，由我国心理卫生学、心理学、医学、社会学、教育学界等科学工作者自愿组成，依法登记成立，是具有公益性、学术性、科普性的法人社会团体。它具有跨学科、跨行业的特点，是发展我国心理卫生科学技术事业和提高全民素质的重要社会力量。协会目前在全国26个省、自治区、直辖市成立了地方心理卫生协会，另在交通、铁道、煤炭、石油石化等行业成立了行业分会，并已建立了14个专业委员会。

宗旨：团结全国心理卫生学、心理学、医学、社会学、教育学界等科学工作者开展心理教育、科学研究、学术交流，为促进心理卫生科学技术的繁荣与发展，宣传普及心理卫生知识，培训儿童、青少年的健全人格，维护和提高人民心理健康水平和社会适应能力，提高道德水平，预防心理疾病，促进心理卫生科学技术的普及和推广，促进心理卫生，从而提高全民族的心理素质。

协会每年都组织学术活动，举办继续教育培训班、研讨班，并利用电视、报纸、广播等形式开展科普活动，并定期举办国际学术会议，为推动我国心理卫生事业进行了卓有成效的工作。

协会主办的学术期刊有《中国心理卫生杂志》、《中国临床心理学杂志》、《健康心理学杂志》，科普期刊有《心理与健康杂志》。这些刊物创办以来坚持科学技术普及读物为经济建设服务的原则，积极致力于增进信息交流和学术研究活动，普及科学知识，取得了明显的社会效益和经济效益，为推动我国心理卫生事业的发展，提高人民心理健康水平作出了卓有成效的贡献。

理事长：蔡焯基

秘书长：李占江

社团登记号：3202

地址：北京市德外安康胡同5号

邮编：100088

电话：82085385

传真：62359838

网址：www.camh.org.cn

E-mail：camh@camh.org.cn

联系人：陈学儒

中国医药报刊协会

中国医药报刊协会于1993年8月经国家民政部注册登记成立。协会分为报纸广播电视和期刊两个组以及首都医药工作者联谊会。会员单位包括全国医药行业的报刊、广播电视和出版单位160个。协会目前的业务主管单位是国务院国有资产管理委员会。

宗旨：团结全国医药新闻出版工作者，积极宣传政府的药品监督管理和行业管理方针政策，反映企业的呼声，维护企业的正当权益，充分发挥政府的参谋助手作用、企业和政府间的桥梁纽带作用，努力为医药事业的健康发展服务。

主要任务：

1. 配合国家医药局（现国家药监局）新闻出版业务主管部门，积极开展新闻宣传和药品管理法规宣传活动。

2. 举办新闻写作及摄影培训班和医药期刊学术研讨会，以及企业报刊经验交流会。

3. 举办医药企业及其产品评价、推介等活动，并组织中央各大新闻单位的记者深入企业采访，帮助企业解决一些实际问题。

4. 协助医药主管部门举办全国医药好新闻评选活动，发挥新闻舆论导向作用，增强医药新闻工作者的凝聚力。

5. 帮助会员单位的一些编辑人员解决专业技术职称问题。

6. 组织部分会员单位赴国外进行考察交流，提高会员的办报办刊水平。

会长：金同珍

常务副会长兼秘书长（法人代表）：董泰铎

社团登记号：4163

地址：北京市西城区北礼士路甲38号国家食品药品监督管理局内

邮编：100810

电话：68313344-1701

联系人：何秋荣　陈宪保

中国科教电影电视协会

中国科教电影电视协会是由全国从事科教影视工作的专业科技人员自愿组织，是依法登记的公益性、科技学术的法人社会团体，是发展我国科教电影电视事业的主要社会力量。协会筹建于1979年3月，1986年7月正式成立。第一届理事会名誉会长夏衍，理事长张清，秘书长孔祥瑾。协会现有团体会员43个、个人会员382人，与国家级科教类电影厂、省市级电视台科教频道和影视多媒体制作公司有密切联系。协会业务主管单位为中国科协。

宗旨：遵守国家宪法、法律和有关方针、政策，坚持民主办会原则，贯彻“双百”方针，发扬学术民主、坚持实事求是的科学态度和学风，倡导“献身、创新、求实、协作”的精神，维护民族团结，促进祖国统一，繁荣我国的科教影视创作事业，为社会主义精神文明和物质文明建设作贡献。

业务范围：

1. 组织科教电影、电视工作的学术理论研讨。

2. 组织科教电影、电视优秀作品的评比、观摩与交流。

3. 总结交流科教电影、电视的创作和技术创新的经验。

4. 举办多种形式的科教影视专业培训。

5. 举办科教影视的技术咨询、服务、开发和转让。

6. 承办社会和政府有关部门委托制作科教影视节目和组织相关活动。

7. 进行国外科教电影、电视工作研究和国际交流与友好往来。

8. 编辑出版会刊与业务书刊。

9. 投资举办与本会宗旨相符的经济实体。

理事长：沈　纪

秘书长：王临安

社团登记号：3554

地址：北京市海淀区学院南路86号中国科协综合业务楼617室

邮编：100081

电话：62186304 62103358

传真：62186304

中国科技新闻学会

中国科技新闻学会是由全国科技新闻传播工作者和单位自愿结成的、依法登记从事科技新闻传播学术活动的全国性社会团体法人。学会成立于1988年，现有团体会员40个，个人会员1000余人。学会业务主管单位为中国科协。学会的最高权力机构是全国会员代表大会。理事会是最高执行机构，日常工作由常务理事会处理。学会下设6个分支机构、6个工作机构和办公室。

宗旨：遵守国家法律、法规和社会公德。团结和组织全国科技新闻传播工作者实施科教兴国方略；开展国内外学术交流，探讨科技新闻传播的特点和规律；提高会员业务素质和工作能力，为创立和丰富中国科技新闻传播学，培养科技新闻传播专业人才，促进科技新闻传播事业发展，促进社会主义物质文明和精神文明建设服务。

理事长：焦洪波

秘书长：柴淑敏

社团登记号：3338

地址：北京市海淀区学院南路86号503室

邮编：100081

电话：62103365

传真：62184952

联系人：张　虹

中国国际书画艺术研究会

中国国际书画艺术研究会成立于1991年，是由文化部领导，经民政部批准登记注册，从事书画艺术研究、学术交流活动的，具有法人资格的全国性社会团体。研究会现有注册会员2000余人，其中著名书画家200余人。

宗旨：加强海内外书画艺术家、理论家、评论家和爱好者的合作与交流，开展对书画艺术的学术研究，弘扬书画艺术。

业务范围：举办国际书画艺术研讨、交流活动，通过对书画艺术的研讨，继承和弘扬中国书画艺术传统瑰宝，引进和吸收西方书画艺术精髓，促进东西方文化交流与融合，推动书画艺术的发展与繁荣；团结海内外各界人士，增强同各国人民之间的友谊；通过多种教育方式，普及书画艺术，培养海内外书画艺术人才；出版书画艺术刊物，编纂书画艺术书籍；对书画艺术品进行专业鉴定；为海内外各界提供优秀书画艺术作品。

会长：周　倜

秘书长：戴　琳

社团登记号：3838

地址：北京市东城区国子监15号

邮编：100007

电话：64061224

中国少数民族戏剧学会

中国少数民族戏剧学会是1984年由文化部批准，经民政部登记成立的专业学术性社会团体。学会始终坚持贯彻民族政策和文艺政策，团结全国广大少数民族戏剧工作者，以弘扬民族戏剧、繁荣和发展社会主义文化事业为宗旨。

学会受到上至中央领导和有关部门，下至全国各地少数民族戏剧家和少数民族地区的戏剧工作者们的重视和支持。学会致力于少数民族戏剧的理论研究和学术交流，做了大量工作：1985年以来设立了中国少数民族戏剧题材剧本奖，至今已评选过5届，该奖项已纳入国家级“孔雀奖”，在全国文艺界有广泛影响。此外，还设有学术性的学会奖，对优秀剧目、优秀戏剧家和出色剧团给予奖励。

会长：谭志湘

秘书长：金立勤

社团登记号：0265

地址：北京市中关村南大街21号中央民族歌舞团内

邮编：100081

电话：68471258

联系人：金立勤

中国运筹学会

中国运筹学会是由中国运筹学工作者发起，经中国科协批准，在民政部注册登记的全国性社会团体，是发展中国运筹学事业的一支重要社会力量。学会成立于1980年4月，自成立以来，积极组织广大运筹学工作者，广泛开展国内外学术交流活动。通过卓有成效的努力，中国运筹学界涌现出了一批又一批学术新人，运筹学本身在中国也发生了从无到有、从幼稚到成熟的变化。在注重自身发展的同时，学会也积极开展同国际运筹学界的交流与合作，主办了多次大型国际学术会议，并通过这些国际学术交流活动确定了中国运筹学会在整个国际运筹学界的地位。中国运筹学会现有专业委员会11个，团体会员30个，个人会员1000余人，集中了全国运筹学最优秀的科研人员。同时，中国运筹学会还主办《运筹学学报》和《运筹与管理》。

理事长：章祥荪

秘书长：方伟武

社团登记号：3116

地址：北京市中关村南四街甲1号中科院数学与系统学院

邮编：100080

电话：62541695

传真：62620394

联系人：刘德刚　胡　洁

中国人口学会

中国人口学会成立于1981年，是经国家计生委批准在民政部注册登记的全国性社会团体。学会拥有个人会员2000余名，团体会员200余个，集中了国内人口专家和从事人口与计划生育工作和相关专业有一定研究能力的实际工作者。学会由来自全国32个省、自治区、直辖市推荐的140名理事组成理事会。学会下设学术委员会、组织委员会和联络委员会等十几个分支机构，覆盖了人口科学的主要领域。

宗旨：本会严格遵守宪法、法律、法规和国家的相关政策，遵守社会道德风尚，以马列主义、毛泽东思想、邓小平理论为指导，坚持理论联系实际的原则，贯彻“百花齐放、百家争鸣”方针，发扬尊重科学，学术民主，团结协作，开拓创新的精神，根据国家人口与社会经济发展的需要开展各项活动，全心全意为人民服务。

业务范围：

1. 组织、指导推动会员研究人口理论、宣传人口政策和调研现实人口问题的活动。

2. 召开不同形式、规模与内容的人口科学及相关问题的学术讨论会和座谈会。

3. 开展人口事业发展需要的信息和咨询服务，兴办实体。

4. 举办国内国际间的学术交流、考察和培训。

5. 开展生殖健康等软科学和边缘学科研究，以及自然科学和社会科学间的交流与合作。

6. 评选优秀科研成果，推荐有关论著的出版与交流。

会长：彭佩云

秘书长：李宏规

社团登记号：4288

地址：北京市海淀区大慧寺12号

邮编：100081

电话：62179003

联系人：张敏才

中国健康教育协会

中国健康教育协会是卫生部主管，在民政部登记的全国各界健康教育工作者的全国性社会团体，成立于1984年。协会下设6个分支机构，团体会员近千个，个人会员10000余人，出版《中国健康教育》学术月刊和《中国健康教育协会通讯》季刊。协会2002年10月选举产生第三届理事会，

宗旨：贯彻实行“三个代表”重要思想，遵守宪法、法律、法规和国家政策，遵守社会道德风尚，坚持党和国家的卫生工作方针，团结全国各界健康教育工作者，发展我国健康教育与健康促进事业，为提高中华民族的卫生科学知识水平，建立健康行为和生活方式，增强健康素质，促进社会主义物质文明和精神文明建设而努力。

任务：

1. 组织会员向广大人民群众宣传普及卫生保健知识，广泛开展健康教育和健康促进工作。

2. 动员协调社会各界参与健康教育与健康促进。

3. 开展健康教育与健康促进学术活动。

4. 交流健康教育与健康促进工作经验。

5. 加强健康教育与健康促进政策研究，开展咨询服务。

6. 组织健康教育与健康促进科研协作和成果鉴定。

7. 培训健康教育与健康促进专业人员。

8. 编辑健康教育与健康促进会刊、书籍。

9. 开展健康教育与健康促进国际交流。

10. 承办上级及有关部门委托项目。

会长：殷大奎

秘书长：刘克玲

社团登记证号：4184

地址：北京市鼓楼西大街154号

邮编：100009

电话：64216652

传真：84049581

联系人：戴玉英　刘　立

（民政部民间组织服务中心供稿）

附：

已刊学术团体名录

	名　称	通讯地址	邮编	联系电话	刊期
1	北京市邓小平理论研究会	北四环中路33号	100101	64870404	2000
2	北京市哲学会	北四环中路33号	100101	64879408	2000
3	北京市经济学总会	北四环中路33号	100101	64871405	2000
4	北京市科学社会主义学会	北四环中路33号	100101	64878893	2000
5	北京市历史学会	北四环中路33号	100101	62207469	2000
6	北京市国际共运史学会	北四环中路33号	100101	62516090	2000
7	北京市中共党史学会	北四环中路33号	100101	62208317	2000

续表

	名称	通讯地址	邮编	联系电话	刊期
8	北京市文艺学会	北四环中路33号	100101	64870409	2000
9	北京市语言学会	北四环中路33号	100101	64870409	2000
10	北京市社会学学会	北四环中路33号	100101	68324795	2000
11	北京市人口学会	北四环中路33号	100101	62547988	2000
12	北京市世界语协会	北四环中路33号	100101	64878905	2000
13	北京市社会科学信息学会	北四环中路33号	100101	64870639	2000
14	北京市逻辑学会	中国人民大学逻辑教研室	100872	64879408	2000
15	北京市法学会	新街口外大街12号	100088	62376658	2000
16	北京市经济法研究会	前门东大街1号院409室	100006	65244561	2000
17	北京伦理学会	台基厂3号首都精神文明办公室	100743	65192860	2000
18	北京市政治学行政学学会	北京师范大学法政所	100875	62209851	2000
19	北京市领导科学研究会	车公庄大街6号党建所主楼	100044	68007078	2000
20	北京市党的建设研究会	车公庄大街6号党建所主楼	100044	68007099	2000
21	北京市统一战线理论研究会	台基厂3号111室	100743	63088111	2000
22	北京市纪检工作研究会	西三环南路9号	100073	63834503	2000
23	北京市监察学会	西三环南路9号	100073	63834503	2000
24	北京市检察官协会	石景山路12号675室	100039	68299666	2000
25	北京市计划学会	阜成门南大街2号天银大厦丁座1212号	100031	66410809	2000
26	北京农业经济学会	砖塔胡同56号	100810	68283578	2000
27	北京市物资流通协会	槐柏树街2号物资总公司	100053	63015377	2000
28	北京商业经济学会	东四南大街礼士胡同41号	100010	65230718	2000
29	北京房地产研究会	新开路胡同78号	100005	65126358	2000
30	北京市城市经济学会	二七剧场路5号	100045	68031065	2000
31	北京市合作经济学会	正义路市体改委	100744	65192844	2000
32	北京市劳动学会	槐柏树街2号市劳动局	100053	63179661	2000
33	北京市统计学会	槐柏树街2号市统计局	100053	63013922	2000
34	北京财政学会	阜成路15号市财政局	100037	68416475	2000
35	北京会计学会	丰台区玉林里45号	100054	68423835	2000
36	北京市预算会计研究会	丰台区玉林里45号	100054	63057404	2000
37	北京市税务学会	车公庄大街10号	100044	88371892	2000
38	北京市价格学会	东滨河路7号	100011	62044014	2000
39	北京审计学会	西便门内大街69号	100053	63187389	2000

续表

	名　称	通讯地址	邮编	联系电话	刊期
40	北京市金融学会	月坛南街79号	100045	68572164	2000
41	北京市投资学会	西客站南路18号市建行教育培训中心	100073	63486095	2000
42	北京市城市金融学会	北礼士路甲8号(邮政大厦4层)	100044	68312826	2000
43	北京市国际金融学会	丰台区樊家村首都经贸大西区	100071	65976363	2000
44	北京保险学会	朝外市场街20号中保大厦	100020	65035122	2000
45	北京市工商行政管理学会	丰台区莱户营东街乙360号	100054	63455993	2000
46	北京市商业企业管理协会	东城区魏家胡同20号	100007	64010352	2000
47	首都企业改革与发展研究会	首都经济贸易大学科研处	100026	65976357	2000
48	北京现代企业研究会	张自忠路3号灰一楼19号	100007	62511039	2000
49	北京市青年经济研究会	北四环中路33号图书馆	100101	64870639	2000
50	北京旅游学会	建外大街28号北旅大厦	100006	65250280	2000
51	北京史研究会	北四环中路33号社科规划办	100101	64870106	2000
52	北京满学会	北四环中路33号社科院	100101	64877642	2000
53	北京市中日文化交流史研究会	北京大学历史系一院105室	100871	67717694	2000
54	北京市中日关系史学会	北四环中路33号市社科院	100101	64870639	2000
55	北京外国问题研究会	西城区大帽胡同16号	100038	66182266	2000
56	北京城市科学研究会	南礼士路头条3号北楼三层	100045	68017755－3215	2000
57	北京市教育学会	西长安街7号2号楼	100031	66077249	2000
58	北京市高等教育学会	西长安街7号2号楼	100031	66077261	2000
59	北京市成人教育学会	北四环东路95号	100101	84624165	2000
60	北京市社会心理学会	北京师范大学社会心理学系	100875	62208187	2000
61	北京市民政学会	东四西大街36号	100010	65124422－8502	2000
62	北京市青年研究会	台基厂3号团市委	100743	65192927	2000
63	北京妇女问题理论研究会	台基厂3号市妇联	100743	65192646	2000
64	北京市家庭教育研究会	台基厂3号市妇联	100743	65192624	2000
65	北京市婚姻家庭研究会	台基厂3号市妇联	100743	65192643	2000
66	北京市老年学学会	鼓楼西大街75号三元牛奶公司招待所	100009	84033990	2000
67	北京市群众文化学会	宣内大街抄手胡同64号	100031	64060864	2000
68	北京市写作学会	灯市口西街5号3门401室	100006	66070252	2000
69	北京市杂文学会	建内大街20号考评办	100734	65298222	2000

续表

	名　称	通讯地址	邮编	联系电话	刊期
70	北京市图书馆学会	东三环南路88号首都图书馆内	100021	87316846	2000
71	北京市档案学会	贡院西街8号	100005	65257476	2000
72	北京市钱币学会	月坛南街79号	100045	68572328	2000
73	北京博物馆学会	府学胡同36号	100007	64001628	2000
74	北京市文物保护学会	府学胡同36号	100007	84025931	2000
75	北京考古学会	地安门西大街26号北京市文物研究所	100009	66175751	2000
76	北京市广播电视学会	建国门外大街14号	100022	65159075	2000
77	北京市新闻学会	建内大街20号北京日报社	100734	65298846	2000
78	北京市老新闻工作者协会	建内大街20号北京日报社	100734	65298846	2000
79	北京市书刊发行业协会	椿树园小区18号楼甲3－4号	100052	63105296	2000
80	北京市高等学校校报研究会	中央民族大学校刊编辑部	100081	68932420	2000
81	北京市翻译工作者协会	西三环北路19号北京外语学院	100081	68917521	2000
82	北京科技美学协会	中国人民大学汉语系	100872	62511015	2000
83	北京市速记协会	新开胡同西城教育学院内	100035	62211262	2000
84	北京国际汉字研究会	万寿路西街14号育英中学内	100036	68165861	2000
85	北京中华文化促进会	北四环中路33号	100101	64870467	2000
86	北京周易研究会	南线阁68号	100053	83162289	2000
87	北京市思想政治工作研究会	北京市劳动人民文化宫剧场院内	100006	65136086	2000
88	北京海关学会	光华路甲10号	100026	65396067	2000
89	北京市决策学学会	宣武门西大街大成广场西座7层	100053	63602768	2000
90	北京大钊学社	车公庄大街6号院研究生部	100044	68006501	2000
91	北京期货研究会	西三环航天桥金玉大厦21层	100037	64275967	2000
92	当代北京史研究会	北四环中路33号	100101	64872595	2000
93	北京中国抗日战争史研究会	卢沟桥城内街101号	100072	83895138	2000
94	北京市城郊经济研究会	北三环中路农研中心	100029	62372602	2000
95	北京市行政管理学会	德外西大街甲5号	100037	65244185（62218831）	2000
96	北京东巴文化艺术促进会	车公庄大街甲5号楼814号	100044	68351189	2000
97	北京市家政研究会	台基厂市妇联办公室	100743	65192626	2000
98	北京新四军暨华中抗日根据地研究会	阜成路46号318室	100036	88121770	2000
99	北京抗大光荣传统研究会	德外西三旗回龙观少林武术学校	100096	68523589	2000

续表

	名　称	通讯地址	邮编	联系电话	刊期
100	北京市中日民间文化艺术交流促进会	佟麟阁路永宁胡同10号	100031	66035474	2000
101	北京市国际税收研究会	朝阳区安苑东里3区1号楼	100029	88371747	2001
102	北京市人民政协理论与实践研究会	建国门内大街13号	100005	65262558	2001
103	首都经济研究会	丰台樊家村首都经贸大学经济研究所	100070	83952149	2001
104	北京价值工程学会	北京航空航天大学经管学院112房间	100083	82315575	2001
105	北京邓小平思想研究会	西安门大街22号	100017	63099527	2001
106	北京医药行业纪检工作研究会	白家庄西里5号	100020	65060625	2001
107	北京市警察学会	前门大街9号	100740	65261175	2001
108	北京地铁轻轨党建研究会	德外西大街甲5号	100088	68340568	2001
109	北京市煤炭供应企业职工思想 政治工作研究会	广内大街登莱胡同4号	100053	63515777	2001
110	北京市粮食经济学会	长椿街甲18号	100053	63174231	2001
111	北京市粮食财会研究会	长椿街甲18号	100053	63176495	2001
112	北京环境与发展研究会	中关村大街59号(实验楼)	100872	62513800 62513529	2001
113	北京副食品行业思想政治工作研究会	丰台区郑王坟140号	100071	63465378	2001
114	北京国际经济贸易学会	建国门外12号15层	100022	65681715	2001
115	北京市对外经济贸易会计学会	朝阳门大街190号	100010	65280245	2001
116	北京市社会保障预算财务研究会	白石桥村1号	100089	68461669	2001
117	北京商业企业文化建设协会	魏家胡同20号	100007	64010352	2001
118	北京市技术监督法研究会	育慧南路3号	100029	64951177－6104(6105)	2001
119	首都科研院所思想政治工作研究会	北京市化工研究院	100084	62571804	2001
120	北京市中外合资企业思想政治工作研究会	西郊八角村北京巴威公司院内	100043	68862244－7134	2001
121	北京保密研究会	骑河楼北巷甲6号	100006	65575536 65243828	2001
122	北京市监狱学会	里仁街4号	100054	63536633－2977(2316)	2001
123	北京市商业文化研究会	永外大街162号	100075	67223322－3415	2001
124	北京高校学生工作学会	平乐园100号北京工业大学学生处	100022	67392074	2001

续表

	名称	通讯地址	邮编	联系电话	刊期
125	北京知识产权研究会	南礼士路3号海通大厦B404层、B308层	100037	68037757	2001
126	北京自然辩证法研究会	永外西革新里98号	100077	76237754	2002
127	北京运筹学会	北京理工大学管理与经济学院	100081	68912070	2002
128	北京科学学研究会	永外革新里98号	100077	67237754	2002
129	北京统筹与管理科学学会	南礼士路3条1号213室	100045	68036101	2002
130	北京技术经济和管理现代化研究会	永外革新里98号	100077	67235034	2002
131	北京知识产权研究会	南礼士路3号海通大厦	100037	68037757	2002
132	北京创造学会	德外安翔北里11号	100101	64872356	2002
133	北京生产力学会	安外小关街53号中国化工信息中心	10029	64444068	2002
134	北京科技情报学会	西外南路19号	100044	68355751	2002
135	北京企业技术开发研究会	小营育慧里4号	100101	84864996	2002
136	北京城市规划学会	二七剧场路5号	100045	68045074	2002
137	北京生态学会	香山南辛村20号	100093	62542950	2002
138	北京环境科学学会	车公庄西路14号	100044	68717186	2002
139	北京减灾协会	紫竹院路44号市气象局	100089	68414488－6355	2002
140	北京园林学会	西外大街143号	100044	68314411－369	2002
141	北京继续教育协会	雅宝路7号5层	100020	65928344	2002
142	北京青年智力开发协会	台基厂大街3号	100743	65192824	2002
143	北京青少年科技教育协会	小营育慧里4号	100101	84634991	2002
144	北京幼儿科普协会	小营育慧里4号	100101	84630166	2002
145	北京科学技术普及创作协会	小营育慧里4号	100101	84644976	2002
146	北京民营科技实业家协会	体院西路甲2号	100084	62985116	2002
147	北京科技记者编辑协会	小营育慧里4号	100101	84630166	2002
148	北京科学技术期刊编辑学会	德外北沙滩1号中国农机院期刊社(16信箱)	100083	64883611	2002
149	北京科技声像工作者协会	小营育慧里4号	100101	84644976	2002
150	北京学会学研究会	小营育慧里4号	100101	84644977	2002
151	北京行为科学学会	红庙金台里2号(首都经济贸易大学科研处)	100026	65976357	2002
152	北京心理学会	北京大学哲学楼310室	100871	62754410	2002

续表

	名　称	通讯地址	邮编	联系电话	刊期
153	北京心理卫生协会	崇内大街2号北京同仁医院临床心理科	100730	66165546	2002
154	北京工艺美术学会	东土城路13号	100013	64220927	2002
155	北京科学美容研究会	块玉南街32号	100061	67113081	2002

·社科理论期刊·

国际政治研究

该刊是教育部主管、北京大学国际关系学院主办的学术季刊，于1980年3月创刊，原名《世界政治资料》，不定期。1984年改名为《政治研究》，并从1985年起正式确定为季刊。1989年，原北京大学国际政治系进行专业调整，本刊自总第31期起改称现名。

该刊以马克思主义、毛泽东思想、邓小平理论为指导，坚持四项基本原则，坚持“双百”方针，坚持与教学、科研紧密结合。所载论文从现实的角度出发，侧重理论与历史分析，坚持理论性、综合性和现实性相结合的特色。

主要栏目：邓小平国际战略思想、国际政治论坛、国际经济纵横、世界社会主义理论与实践、口述外交、国际组织与国际法、当代中国外交、政党政治、两岸关系、学科建设、理论研讨等。

主编：梁守德，副主编：方连庆、潘国华、王联

地址：北京大学校内法学楼三层5307、5313室，邮编：100871，电话：62755560（编辑部）、62751634（办公室），电子信箱：yuankan@pku.edu.cn，网址：http://www.sis.pku.edu.cn/International/index.htm

（王联供稿）

当代世界与社会主义

该刊创刊于1980年6月，当时名称为《国际共运史研究资料》，是不定期的丛刊，由中央编译局国际共运史研究室主办，只限国内发行。1987年起，《国际共运史研究资料》改名为《国际共运史研究》，国内外公开发行，由中央编译局国际共运史研究所主办。从1989年1月起，《国际共运史研究》与由中国国际共产主义运动史学会主办的《国际共产主义运动》合并，仍为《国际共运史研究》，由丛刊改为季刊，主办者为中央编译局国际共运史研究所和中国国际共产主义运动史学会。1994年1月起，《国际共运史研究》改名为《当代世界与社会主义》，由中共中央编译局世界社会主义研究所和中国国际共运史学会主办。双月刊。

办刊宗旨：追踪国内外最新理论动态，探讨世界社会主义现实命运，分析当代资本主义发展趋势，报道中国改革开放新理论、新政策、新举措、新成果。所载文章力求言之有物，论之有据，充满改革创新精神。

主要栏目：主题论坛、本期聚焦、马克思主义、国外社会主义、当代资本主义、中国特色社会主义、国际政治经济与国际关系、俄罗斯研究、探索与争鸣、旧史新论、外论选登、学术动态、书评、学术信息与资料等。

历任主编：李宗禹、高放、胡文建、陈林、王学东，现任主编：季正矩

地址：北京市西单西斜街36号，邮编：100032，电话：66509501、66509531，电子信箱：ddsj@vip.sina.com jizhengju@sohu.com

（王瑾供稿）

人民论坛

该刊是《人民日报》主管、《人民日报》理论部主办的时事政治理论月刊，1992年创刊。

该刊坚持党的基本理论、基本路线和基本方针，力求及时、准确阐述党中央精神，反映群众意愿，交流时代信息，展示思想理论成果。该刊坚持说真话、说实话，坚持“热点切入，深度分析”，以贴近实际、贴近生活，全心全意为人民服务为办刊宗旨。

主要栏目：重要言论、本刊特稿、发展论苑、热点透析、新闻观察、社会视点、百姓说话、公众人物、国际时评、传统与现代、人生感悟、读史札记和金台漫话人物（彩色专版）、风采（彩色专版）

等。

历任总编：孙永仁，现任总编：胡欣

地址：北京朝阳门外金台西路2号，邮编：100733，电话：65369878、65015164，网址：http：//www.peopledaily.com.cn

（陈华斌供稿）

人　权

该杂志创刊于2002年2月，由在联合国经社理事会享有咨商地位的中国人权研究会主办，是中国人权领域第一份公开出版发行的权威性刊物，是中国人权理论建设、普及教育和中外人权对话的重要园地。双月刊，汉、英两个文种。

办刊宗旨：讲述人权故事，探讨人权理论，开展人权对话，促进中国人权的进步和国际人权的健康发展。

主要栏目：权威论坛、新闻纵横、热点关注、人权报告、学术园地、法治天地、维权纪实、特别报道、环球观察、海外之声，以及调查与研究、观察与思考、史海钩沉、人权问答、人权短波、事实与数字和书评书讯等。

主编：董云虎

地址：北京市东城区东单北大街3号612室，邮编：100005，电话：65592387、85112195，传真：65592354、85112197，电子信箱：chinahrs@public.bta.net.cn

（谷盛开供稿）

外　交

《外交》（英文版）*Foreign Affairs Journal* 由中国人民外交学会主办，1985年创办，是我国惟一的一份以外交为主题的学术性英文季刊。

办刊宗旨：介绍我国外交政策和主张，研究外交理论与实践，介绍我国改革开放和发展情况，关注国际和地区形势，研讨世界和区域政治、经济、军事、安全等问题。

主要栏目：论文、评论、文献、简讯。

现任社长：邱胜云，现任主编：张志明

地址：北京市东城区南池子大街71号，邮编：100006，电话：65121095，传真：85113036，电子信箱：cpifa@public.bta.net.cn

（邵微露供稿）

党建研究

该刊由中共中央组织部主办，是研究党的建设问题的理论刊物，具有思想性、理论性、学术性和工作指导性。1989年3月创刊，月刊。

该刊以马列主义、毛泽东思想、邓小平理论和江泽民“三个代表”重要思想为指导，解放思想，实事求是，全面正确地宣传党的基本理论和基本路线，宣传马列主义、毛泽东思想关于党的建设的基本原理，特别是邓小平新时期执政党建设的思想和江泽民同志关于党的建设的论述，宣传各地各条战线党的建设的先进经验和优秀思想理论成果。

主要栏目：专论、理论探讨、工作研究、调查报告、基层党建、工作交流、党员论坛、先锋业绩、学科建设、学习参考、论文摘编、原理辑要、信息传真、报刊党建论文要目等。

历任主编：张德成、吕澄、张竹梧、李智勇、彭清华，现任主编：齐玉

地址：北京西单北大街110号，邮编：100815，电话：66099935，网址：http：//www.djyj.com.cn

（孙静供稿）

工运研究

该刊由中华全国总工会主管、中国工运研究所主办，是主要刊登工运理论政策研究方面成果的公开发行刊物。1980年创刊，后曾一度停刊，1990年复刊，正式创刊于2000年7月10日。

该刊以邓小平理论和党的基本路线为指导，按照“三个代表”重要思想的要求，坚持解放思想、实事求是、与时俱进的思想路线，研究和探索在社会主义市场经济条件下工人运动和工会工作遇到的新情况、新问题，提出新思路和新对策，探索工会工作新路子，以推动工人运动和工会工作的发展。

主要栏目：重要言论、理论研究、调查报告、研究动态、国外工运理论介绍等。

历任主编：张建国，现任主编：吕国泉

地址：北京市西城区复兴门外大街10号工会大楼，邮编：100865，电话：68592403、68592404、68592426，电子信箱：gyyj@acftu.org.cn

（张春旺供稿）

中国行政管理

该刊1985年6月创刊，由国务院办公厅主管，中国行政管理学会主办。月刊。

办刊宗旨：该刊是反映行政管理理论与实践发展的综合性学术期刊。集中反映国内外行政管理改

革成果和经验，探讨公共行政的理论和学术进展。

主要栏目：卷首文、本刊特稿、热点聚焦、调查与建议、CPA评论、学术论坛、他山之石、杂文、CPA资讯（含中南海传真、地方政府动态、学会信息、学界活动、研究动态、新书架、编读往来、来稿集粹）

历任社长、主编：高小平，现任社长、主编：鲍静

地址：北京中南海1745信箱，西安门大街22号，邮编：100017，电话：63099102、66066624，电子信箱：cpajcpas@sohu.com，网址：http://www.cpasonline.org.cn

（赵素荣供稿）

国外理论动态

该刊主管和主办单位为中央编译局。最初为不定期的内部资料，1992年9月改为非正式内部期刊，每月出版3期，1993年9月改为正式期刊，国内公开发行。1998年1月，由旬刊改为月刊。

办刊宗旨：反映国外关于马克思主义研究与社会主义研究的新动向、新观点，国外关于当代资本主义的政治、经济、文化研究的新情况、新思潮，报道国外对中国改革开放和中国特色社会主义的评述，为学习和研究国外理论提供信息平台和交流渠道。

历任主编：李兴耕、李其庆，现任社长：李其庆，现任主编：刘淑春

地址：北京市西单西斜街36号，邮编：100032，电话：66509322、66509215，电子信箱：cctbmlb@95777.com

（刘元琪供稿）

经济与管理研究

该刊由首都经济贸易大学主办，创刊于1980年，双月刊。

办刊宗旨：坚持理论密切结合实际，为现实的改革开放服务的指导思想，注重应用，关注热点，贴近生活。

主要栏目：财政金融、证券投资、工业经济、贸易经济、劳动经济、农业经济、区域经济，以及结合社会热点的企业经营与管理、社会保障、WTO研究、市县长论坛、企业家论坛等。

历任主编：刘德宽、郭道夫、冯成华、瞿宁武，现任主编：郑海航

地址：北京朝阳区红庙首都经济贸易大学内，邮编：1000026，电话（传真）：65976484，电子信箱：jjyglyj@cueb.edu.cn

（李瑞萍供稿）

经济社会体制比较

该刊由中共中央编译局主管，当代马克思主义研究所主办。1985年创刊，双月刊。

办刊宗旨：及时、前瞻介绍转轨经济理论，刊载深度研究中国改革热点问题和政策建议的论文，发表一系列制度经济学重要文献，为国内外高等院校、科研机构、各级政府部门和大中型企业提供参考。

主要栏目：经济理论前沿、制度比较、资本与市场、公司治理、社会体制改革、经济学家和企业家专访、改革论坛等。

社长：俞可平，主编：吴敬琏、荣敬本、赵人伟，执行主编：孙宽平，编辑部主任：曹荣湘

地址：北京市西城区西斜街36号，邮编：100032，电话与传真：66509517、66509518，电子信箱：jcess@public3.bta.net.cn

（曹荣湘供稿）

国际贸易问题

该杂志由对外经济贸易大学主办，国家教育部主管。1975年创刊，当时为季刊，内部发行。1980年公开发行，1983年改为双月刊，国内外公开发行，1988年改为月刊。

办刊宗旨：坚持以马克思主义理论指导研究国际经济贸易的理论问题和实际问题，为教学、科研服务，为实际工作服务。

主要栏目：经贸论坛、世贸组织与中国、国际金融、国际商务研究、国际投资与跨国经营、国际服务贸易、国际经济法、东亚经济合作、环境与贸易、台港澳等。

社长：陈准民，主编：徐子健，常务副主编：郑宝银

地址：北京市朝阳区惠新东街对外经济贸易大学17信箱学术刊物部，邮编：100029，电话：64493203

（李广悦供稿）

投资研究

该刊由中国建设银行和中国投资学会主办。创办于1982年，月刊。

办刊宗旨：刊载投资、金融基础理论和应用理

论的最新研究成果和学术观点；注重研究和探讨我国投资、银行、证券、金融市场、金融体制改革的理论与实践问题，以及经济领域的有关现实热点问题，介绍国外有代表性的理论观点和管理方面的经验。

主要栏目：投资论坛、金融论坛、经济论坛、商业银行、资本市场、结构治理等。

地址：北京市金融大街25号建设银行总行，邮编：100032，电话：67597844、67597841，电子信箱：I-research@china.com

（王丽达供稿）

现代商业银行导刊

该刊由中国建设银行主办，创办于1986年。前身是《中国投资管理》，1998年更名为现名。月刊。

办刊宗旨：宣传党和国家的金融方针、政策，反映我国银行业尤其是建设银行的改革发展中的新理念、新思路、新动向，开展金融理论和现代商业银行经营管理理论和业务研究，介绍基层行业的先进经验，起到沟通上下、联系内外的桥梁作用。

主要栏目：专稿、专访、行长论坛、金融论坛、风险管理、资产管理、公司业务、个人银行业务、中间业务、房地产信贷、市场营销、人力资源、稽核审计、财务会计、发展与借鉴、银行与法、金融现代风险等。

地址：北京市金融大街25号建设银行总行，邮编：100032，电话：67597847、67597841，电子信箱：MCB-hcrald@263.net

（王丽达供稿）

理财者

该刊由首都经济贸易大学会计学院主办。2002年6月创刊，双月刊。

办刊宗旨：致力于理财学理论研究和理财实务分析，是一个两岸三地理财人精心打造的平台，旨在成为大中华理财人士的良师益友和培育财务管理人才的一方水土。“擎财务理论之旗，扬财务实践之威”是该刊的追求。既注重理论的深入探讨，又注重与实务的紧密结合。

主要栏目：财务理论、理财实务、上市公司、专家访谈、行业标杆。

主编：杨世忠

地址：北京光华路东口6417信箱，邮编：100026，电话：65976416，电子信箱：licaizhe@163.com

（汪平供稿）

中国法学

该刊由中国法学会主办，1984年创刊。双月刊。

办刊宗旨：以马克思列宁主义、毛泽东思想和邓小平理论为指导，坚持“百花齐放、百家争鸣”和“古为今用、洋为中用”的方针，坚持理论联系实际、重在理论探讨的特色，结合我国民主法制建设的实践，发表有创见的法学学术论文。

主要栏目：立法研究、探讨与争鸣、专题论坛、各科专论、博士学位论文精粹、国外法制与法学、调查与研究、来稿摘登等。

历任主编、社长：张尚鷟、宋树涛、郭道晖，现任主编：周国均

地址：北京市西城区兵马司胡同63号，邮编：100034，电话：66139120、66137516（传），电子信箱：zgfxzzs@sina.com，网址：www.clol.com.cn

（李小明供稿）

法律适用

该刊由最高人民法院主管，国家法官学院主办。前身为1986年创刊的全国法院干部业余法律大学校刊《学习与辅导》，1993年更名为《法律适用》。月刊。

办刊宗旨：立足中国司法实践，突出法学理论研究与司法实务相结合的特色，研讨法学理论和司法实践中法律适用的热点、难点。

主要栏目：特别策划、法学论坛、法官说法、问题探讨、学术前沿、案例分析、新法新释、司法改革、每月新论、裁判文书评析、国外司法、法官培训等。

历任总编：祝铭山、曹建明，现任总编：万鄂湘

地址：北京市通州区天成桥甲1号，邮编：101100，电话：89533967、89533819、65299727，电子信箱：flsy@sina.com

（王亚静供稿）

中国教育学刊

该刊是由国家教育部主管、中国教育学会主办的综合性学术刊物。创刊于1980年，原名《中国教育学会通讯》（不定期出刊），1988年改为现名（双月刊），国内外公开发行，从2003年起改为月

刊。

办刊宗旨：以马列主义、毛泽东思想和邓小平理论为指导，坚持正确的办刊方向和舆论导向，贯彻“双百”方针，着力宣传党和国家的教育方针政策，注重理论联系实际，贴近广大基层教育工作者，围绕我国教育改革和发展中的重大理论问题和实际问题开展研究和交流，为教育改革和发展服务，为繁荣教育科学服务，为广大教育工作者服务。

主要栏目：教育基本理论、德育、素质教育的理论与实践、课程改革、心理健康教育、法制与教育、教学理论与实践、信息技术教育、学校管理、教育科研、教育教学评价、师资队伍建设、幼儿教育、比较教育、学术动态等。

历任主编：张健、梁为楫，现任主编：连瑞庆

地址：北京西单大木仓胡同35号，邮编：100816，电话：66097082，网址：http://zjyx.chinajournal.net.cn

（杨太清供稿）

中国高等教育

该刊是教育部所属的全国性高等教育指导性、综合性期刊。1965年创刊，原名《高教战线》，“文化大革命”中停刊，1982年复刊，1986年7月正式更名为《中国高等教育》。半月刊。

办刊宗旨：坚持正确舆论导向，与时俱进，在及时准确地宣传中央和教育部有关方针政策的同时，力求高起点、深层次地反映全国高等教育改革和发展的新思路、新举措，关注并引领高教热点、难点问题的求索，是全口径了解各个时期高教工作方针政策、理论探索及新思维、新经验的重要窗口。

主要栏目：特稿、高教时评、本期聚焦、党建与德育、校长论坛、教授进言、各抒己见、理论与实践、教改新视野、研究生与学位教育、民办高教视窗、高职高专教育、外国高教之窗等。

历任主编：李长征、杨曙望、张笛梅、刘仁镜，现任副总编（主持工作）：陈浩

地址：北京市海淀区文慧园北路10号，邮编：100088，电话：62243806，电子信箱：gdjy@cdu-mail.com.cn

（李石纯供稿）

教育艺术

该刊由首都师范大学主办，北京市教委主管。1989年6月获准办刊，1990年1月由季刊改为双月刊，1999年改为月刊。

办刊宗旨：宣传和弘扬教育艺术，探讨教育的最佳实效，为广大教育工作者提供具有理论超前性和实用性的成功教育案例及思路。探索培养全新人才的教育模式。

主要栏目：卷首语、教育艺术研究、钟鼓楼、校长治校、素质教育与教育艺术、美的寻觅、班主任手记、智慧论坛、社会与人生、心理咨询热线、自修大学、海外缤纷等。

历任主编：曲啸，社长：李燕杰，现任主编：郭海燕

地址：北京西三环北路105号首都师范大学主楼406－412，邮编：100037，电话：68902923、68902428，传真：68902923、68902427

（郭海燕供稿）

中国职业技术教育

该杂志由教育部主管，教育部职业技术教育中心研究所、中国职业技术教育学会、高等教育出版社联合主办。1993年6月创刊时为双月刊，1996年改为月刊，2002年改为半月刊，2003年改为旬刊。

办刊宗旨：面向全国，树立大局意识、改革创新意识和优质服务意识，为职业教育与成人教育的改革与发展服务。

主要栏目：职教要闻、专稿专访、综合改革、西部职教、德育天地、研究与探索、高等职教、行业企业论坛、海外职教、教学研究、教法与学法、现代教育技术、课程改革、教材建设、技能培训、职业指导、职业资格政策、风采人生、文摘集锦、职教信息等。

历任主编：陈德才，现任主编：余祖光，编辑部主任：董成仁

地址：北京西单大木仓胡同35号，邮编：100816，电话：66096432、66051753、66085006，电子信箱：cvte@public.bta.net.cn magazine@cvae.com.cn，网址：www.cvae.com.cn

（董成仁供稿）

心理发展与教育

该刊由国家教育部主管，北京师范大学主办。创刊于1985年，季刊。

该刊是发展心理学与教育心理学专业学术刊物，主要发表儿童青少年心理学和教育心理学领域

的研究报告与论文。

主要栏目：认知与社会性发展、教与学心理学、心理健康与教育、理论探讨与进展、研究方法与工具。

历任主编：朱智贤，现任主编：林崇德

地址：北京师范大学发展心理研究所，邮编：100875，电话：62207700，电子信箱：pdae@263.net

（刘桂珍供稿）

语言教学与研究

该刊由国家教育部主管，北京语言文化大学主办。创刊于1979年，为季刊。从2001年起，改为双月刊。

办刊宗旨：该刊主要发表汉语基础理论、对外汉语教学、语言与文化、语言习得等方面的研究成果。

历任主编：朱一之、施光亨、陈亚川，现任主编：曹志耘

地址：北京市海淀区学院路15号，邮编：100083，电话：82303575，电子信箱：xb@blcu.edu.cn

（王正刚供稿）

日语学习与研究

该刊由对外经济贸易大学主办，国家教育部主管。1979年创刊，原为双月刊，1991年改为季刊。

办刊宗旨：交流日本语言、文学、文化等方面的研究成果及教学经验。

主要栏目：综合论述、翻译论坛、教学与研究、汉日比较研究、文学赏析、对译读物、学习园地、信息专栏等。

社长：陈准民，总编：李爱文

地址：北京市朝阳区惠新东街对外经济贸易大学学术刊物部，邮编：100029，电话：64493203，传真：64493203

（李广悦供稿）

中国穆斯林

该刊是由国家宗教事务局主管、中国伊斯兰教协会主办的伊斯兰教综合性刊物。创刊于1957年，于1960年停刊，1981年9月汉文版复刊。现为双月刊，有汉文和维吾尔文两种文字版本。

办刊宗旨：协助人民政府宣传介绍党和国家的民族宗教政策，发扬伊斯兰教爱国爱教的优良传统，为广大穆斯林服务。

主要内容：宣传报道伊斯兰教与社会主义相适应和广大穆斯林在政治、经济、文化、教育和科技等领域为国家现代化建设作贡献的活动情况及模范先进人物事迹；介绍伊斯兰教经书典籍和国内外专家学者有关伊斯兰教义、教法、教史、教制的研究成果及著名学者、经师的思想学说；传播伊斯兰学术文化知识，发扬伊斯兰教的优良文化传统和道德传统；探讨穆斯林民族教育问题；介绍清真寺的历史沿革、建筑艺术风格和阿拉伯书法艺术；报道中国与阿拉伯—伊斯兰国家的友好往来，刊发宗教学术论文、散文、“卧尔兹”演讲稿、民主办教经验总结，以及有关穆斯林生活的诗歌、小说、传说、故事、寓言等。

历任主编：马寅、龚清志，现任主编：马忠杰

地址：北京宣武区南横西街103号，邮编：100053，电话（传真）：63531265，电子信箱：zgmsl@sohu.com

（马锐强供稿）

妇女研究论丛

该刊现由中华全国妇女联合会主管，中国妇女研究会和全国妇联妇女研究所联合主办。该刊1992年创刊，原为季刊，2000年7月改为双月刊，并成为中国妇女研究会会刊。

办刊宗旨：运用多学科的知识和方法，多层次、多角度探讨妇女运动和妇女发展中的重大理论问题和现实问题，推进妇女研究和妇女事业的发展。

主要栏目：理论探索与争鸣、观察与调查、热点问题讨论、两性对话、史学研究与反思、女性文化研究、国外妇女研究、妇运观察、研究动态与信息、学科建设、方法论研究、读书与思考。

历任主编：李静之、陶春芳、刘伯红，现任主编：李秋芳，执行主编：刘伯红

地址：北京市建国门内大街15号全国妇联，邮编：100730，电话：65221133－2812，传真：65258990，电子信箱：17656@263.net

（宓瑞新供稿）

保险研究

该刊创刊于1980年，由中国人寿保险公司和中国保险学会联合主办。1984年7月，改由中国保险学会和中国人民保险公司保险研究所联合主办。双月刊。1988年开始国内公开发行。1990年

起向国外发行。1996年改为中国保险学会会刊，1997年改为月刊。

办刊宗旨：以马列主义、毛泽东思想、邓小平理论为指导，根据国家经济发展战略思想和经济体制改革的要求，结合实际工作，积极研究探讨社会主义市场经济保险理论，以理论指导实践为目的。主要刊载基础理论和应用理论方面的文章，侧重应用理论，对实践有指导性。重视开展国际保险市场的理论研究与交流，为适应深化保险体制改革的新形势，为建立具有中国特色的社会主义市场经济保险理论体系而努力。

主要栏目：专论、论坛、专版、调研、实务、争鸣、窗口、讲座、书评、动态等。

历任主编：王永明、王友、张响贤，现任主编：胡文富

地址：北京西交民巷22号，邮编：100031，电话：66067053，电了信箱：bxyjbjb@163.com

(魏艳杰供稿)

文　史

该刊由中华书局主办。创刊于1962年，在“文化大革命”中停刊，此后长时期未正式出版。自2002年第3期起，该刊恢复作为正式期刊出版。季刊。

办刊宗旨：该刊以“崇尚实学，去绝浮言”为宗旨，刊载研究中国古代、近代哲学、历史、文学、语言文字的高水平论文。

主编：宋一夫

地址：北京丰台区太平桥西里38号中华书局，邮编：100073，电话：63397473，传真：63458226，电子信箱：wenshi@zhbc.com.cn

(于涛供稿)

汉字文化

该刊由北京国际汉字研究会主办。1989年1月创刊，季刊。

办刊宗旨：创刊初始，为了冲破片面的印欧语文理论僵化模式对我国语言文字科学和语文教学的束缚，建立具有中国特色的文字学、语言学、语文教学科学，提高民族文化素质以适应改革开放和两个文明建设的需要。

主要栏目：语言文字学术研究、汉语文教学研究、婴幼儿科学汉字教育、讨论与争鸣、书刊评介、读者中来、资料与信息、汉字与少数民族文字等。

社长兼主编：袁晓园

地址：北京海淀区万寿路西街14号，邮编：100036，电话：68161416、68165861，传真：68239104，电子信箱：webmaster@childchina.com

(马国凡供稿)

神州学人

该刊由教育部主管主办。1987年5月创刊，初为双月刊，1993年1月改为月刊。

办刊宗旨：加强对广大在外留学人员进行爱国主义教育，沟通信息，强化服务，并鼓励他们回国工作或以适当方式为国服务，为我国改革开放和社会主义现代化建设事业作贡献。

主要栏目：科教大观、社会扫描、文化视线、体育看台、神州览胜、中华民族、图解中国、热点透视、留学视点、海外传真、留学新闻、创业园巡礼、留学人物、长江学者、特别关注、讲述留学生自己的故事、驻外归来、学人论坛、留学文苑、留学生摄影作品选、政策点击、读者来信、招聘信息、学中文、生活锦囊等。

历任编辑部领导：葛守勤、黄宗煊、彭先初、高广温、何晋秋、李长发、李振平、张双鼓，现任总编：杨长春，副总编：许珑

地址：北京市海淀区文慧园北路10号中国教育报刊社，邮编：100088，电话：62257722—229，电子信箱：ayp@chisa.edu.cn

(焦江方供稿)

中国编辑

该刊由国家新闻出版署主管、中国编辑学会主办。2003年1月创刊，是中国编辑学会会刊，双月刊。

办刊宗旨：该刊以推动我国新闻出版事业的改革和繁荣，促进编辑学的研究及学科建设为办刊宗旨；以各类编辑人员、编辑学的教学与研究人员、编辑专业的学生及图书编写者为读者对象；举凡关于编辑工作的、与编辑工作有关的、编辑所关注的均列入视野；追求学术性、实用性、资料性和可读性的统一。

主要栏目：观象台、学术厅、报刊廊、养心坊、笔耕园、聚贤阁、瞭望塔、识史馆、温故斋、演练场、设计室、观景榭、回音壁等。

社长：刘杲，主编：王亚民，执行主编：邓子平

地址：河北石家庄市友谊北大街330号，邮

编：050061，电话：（0311）7735574、7705543、7765614，传真：（0311）7792584，电子信箱：zgbj@vip.sina.com

（汪雅瑛供稿）

中国农业大学学报（社会科学版）

该刊由中国农业大学主办。1984年创刊，季刊。

办刊宗旨：该刊立足于人文社会学科的学术探索，在学术上以求实、严谨、创新为刊发论文原则，尤其欢迎学术争鸣。

主要栏目："三农"论坛（内容包括农村经济和社会发展、农村环境与发展、农村城市化和小城镇建设等），滚动开设经济理论与应用、企业管理、政治和法学研究、社会学研究、文史哲研究、教育和语言文字研究等栏目。

历任主编：刘茂林、张铁森、李明，现任主编：李小云

地址：北京市海淀区清华东路17号，邮编：100083，电话（传真）：62336933，电子信箱：skxb@cau.edu.cn

（常英供稿）

首都经济贸易大学学报

该刊由首都经济贸易大学主办，北京市教委主管。1999年创刊，双月刊。

办刊宗旨：本刊是经济类综合性学术刊物，选题注重前瞻性与现实性相统一，研究方法重视规范分析与实证分析相结合，鼓励作者尤其青年学者在经济学领域深入研究多出成果。

主要栏目：理论探讨、中国经济研究、产业经济、企业经济、人力资源、资源管理、国际经济与国际贸易、财政金融、博士硕士论坛等。

主编：郑海航

地址：北京市朝外红庙首都经济贸易大学内，邮编：100026，电话：85995143，电子信箱：journal@cueb.edu.cn，网址：http://www.cued.edu.cn

（周斌供稿）

北京林业大学学报（社会科学版）

该刊由国家教育部主管，北京林业大学主办，于2002年正式出版发行。季刊。

办刊宗旨：以马列主义、毛泽东思想和邓小平理论为指导，坚持解放思想、实事求是的思想路线，宣传"三个代表"重要思想，贯彻理论与实际相结合的原则，奉行"双百"方针，广泛开展学术交流，促进社会科学的发展和社会主义精神文明建设。主要刊登哲学、经济、历史、文化、语言与艺术、新闻与出版、社会主义精神文明建设等方面的学术论文。

主要栏目：生态与文化、环境与艺术、林业经济理论与政策、一般经济理论与实践及其他社会科学研究。

现任主编：胡汉斌，副主编：颜帅、李明志

地址：北京市海淀区清华东路35号北京林业大学148信箱，邮编：100083，电话：62338090—804，电子信箱：wenjunli@bjfu.edu.cn

（李明志供稿）

北京市财贸管理干部学院学报

该刊主办单位为北京市财贸管理干部学院，主管单位为北京市商业委员会。1985年创刊，当时名为《北京市财贸管理干部学院院刊》（半年刊），1994年改名为《首都财贸》（季刊），1999年开始公开发行，改名为《北京市财贸管理干部学院学报》（季刊）。

办刊宗旨：为教学服务，为企业服务，为领导决策服务。

主要栏目：流通论坛、流通经济、金融证券、财税研究、企业战略、管理创新、教育研究、理论视点等。

历任主编：劳而逸、王茹芹，现任主编：王成荣

地址：北京市东城区东四南大街礼士胡同41号北京市财贸管理干部学院211室，邮编：100010，电话：65230718、65130390，网址：bjcaimao@263.net bjcaimao@sohu.com

（韩凝春供稿）

北京市经济管理干部学院学报

该刊由北京市经济管理干部学院主办。1986年创刊，最初名称为《经济管理与干部教育》，内部刊物。1999年改为《北京市经济管理干部学院学报》，国内外公开发行。

办刊宗旨：坚持以马列主义、毛泽东思想、邓小平理论为指导，坚持为社会主义经济建设、为教学科研服务。以介绍经济管理理论与实践、传播改革与发展信息、探讨教育理论与方法、交流国外学术情况为主要内容。

主要栏目：经济管理理论、企业经营与管理、金融与财会、法律研究、争鸣与探讨、社会焦点与热点、工商管理培训与管理案例、高职教育改革、教学研究与管理等。

历任社长、主编：李永涛，现任社长、主编：周景勤

地址：北京市朝阳区花家地街19号，邮编：100102，电话：64722233-2144，电子信箱：keyanchu 2144 @ hotmail.com，网址：http://www.bjiem.edu.cn

（叶广荃供稿）

中国经济体制改革年鉴

该刊由国家发展和改革委员会主编。创办于1989年，有中文版和英文版，1989年至2000年由改革出版社出版，2000年至2002年由中国财政经济出版社年鉴出版中心编辑出版。

办刊宗旨：该刊以经济体制改革为中心内容，由综合记述、动态分析、新政策、新法规、新经验、新观念、新的理论观点、新事物以及相关资料几大部分构成，综合反映上一年度中国经济体制改革的全面情况。它为各级领导、研究人员和社会各界人士全面了解中国改革情况，提供权威的信息。本年鉴作为对外交流和宣传的重要刊物，向世界各国首脑、各国际组织及驻华各使馆赠送，许多国家的政府研究机构、科研单位、国际知名大学及跨国企业集团订阅，并与世界各大媒体互换刊物。

主要栏目：文献法规篇、综合篇、企业篇、农村与小城镇篇、宏观篇、市场篇、社会保障篇、经验交流篇、企业展示篇和统计资料篇。

历任主编：高尚全、乌杰，现任主编：彭森，编辑部主任：安建军

地址：海淀区阜成路甲28号新知大厦912室，邮编：100036，电话：88190913，电子信箱：nianjian 912 @ sina.com，网址：http://www.cfeph.com.cn

（安建军供稿）

中国人口年鉴

该刊由中国社会科学院人口与劳动经济研究所主办。1985年创刊，2000年2月成立《中国人口年鉴》杂志社，每年以年刊形式出版。

办刊宗旨：以“三个代表”重要思想为办刊指导方针，客观真实准确地记载每年度中国人口与劳动力资源发展变化状况、学术研究与现实问题研究动态以及人口宏、微观活动。宣传党和国家对人口和开发劳动力资源的方针和政策，促进人口科学事业的进步与发展，为改革开放和经济建设、促进两个文明建设，稳定低生育水平和实现计划生育，保护生态环境两个国策服务。

主要栏目：重要文献、概况综述、专论、专辑、人口机构、报刊、大事记和人口统计数据以及与世界人口对比等。

历任社长兼主编：田雪原，现任社长兼主编：蔡昉

地址：北京建国门内大街5号1023室，邮编：100732，电话：65137744-5412，电子信箱：nianjian@population.cass.net.cn.

（宋黎明供稿）

中国经济特区开发区年鉴

该年鉴自1990年起连续出版，由国务院经济体制改革办公室主编。1990年至2000年由改革出版社出版，2000年至今由中国财政经济出版社出版。

办刊宗旨：年鉴由综合记述、动态信息、相关资料三大部分构成，反映上一年度重要情况，着重介绍特殊经济区域在我国经济建设中的示范经验，充分宣传它的辉煌成果，剖析它的辐射和带动作用，研讨它的发展模式和功能开发。它为各级政府决策者、研究人员和社会各界全面了解我国对外开放及经济特区、开发区、保税区、合作区等特殊经济区域的发展情况，提供权威的信息。

主要篇目：文献法规篇、专题研究篇、经济特区篇、国家级经济技术开发区篇、其他开发区篇、保税区篇、边境经济合作区篇、统计资料篇。

历任主编：何椿霖、胡平、葛洪升，现任主编：彭森，编辑部主任：安建军

地址：海淀区阜成路甲28号新知大厦912室，邮编：100036，电话：88190913，电子信箱：nianjian 912 @ sina.com，网址：http://www.cfeph.com.cn

（安建军供稿）

中国中西部地区开发年鉴

该年鉴由国家发展和改革委员会主编，创办于1990年，1990年至2000年由中国改革出版社出版，2000年以后由中国财政经济出版社年鉴出版中心出版。

办刊宗旨：年鉴以中西部地区开放、开发为中

心内容，由综合技术、动态信息、相关资料三大部分构成，综合反映上一年度重要情况，着重记录中西部地区开发的进展，展示中西部地区自身优势，介绍中西部地区的投资环境。为各级领导、研究人员和社会各界全面了解我国中西部地区开放、开发情况，提供权威的信息。

主要篇目：文献法规篇、综合篇、西部地区篇、中部地区篇、省会城市篇、民族自治洲篇、西部地区开发篇、专题研究篇、统计资料篇。

历任主编：刘江、陈耀邦，现任主编：刘江，编辑部主任：安建军

地址：海淀区阜成路甲28号新知大厦912室，邮编：100036，电话：88190913，电子信箱：nianjian 912@sina.com，网址：http：//www. cfeph. com. cn

（安建军供稿）

中国社会科学院部分理论期刊

财贸经济

该刊由中国社会科学院财贸经济研究所主办，1980年创刊。

该刊贯彻党的基本路线、以经济建设和经济改革为中心，坚持“双百”方针。发表财政、金融、内外贸易、旅游经济、城市经济、成本价格、服务、第三产业、审计、会计等部门的优秀科研成果和改革经验总结，探讨在经济改革和经济建设中出现的新情况、新问题，提出解决问题的新观点和新思路，为理论研究和部门管理服务。

该刊坚持基础理论研究与对策研究的紧密结合，逐渐形成了权威性、理论性、可读性、实践性的办刊特点。

主编：刘溶沧

电话：68034659，网址：见社科院首页 www. cass. net.cn 上相关链接

当代韩国

该刊由中国社会科学院韩国研究中心主办，由中国社会科学院文献信息中心《当代韩国》编辑部编辑。1993年创刊，季刊。

以介绍当代韩国的经济、文化、社会状况为主，并以适当篇幅介绍韩国的历史和传统，是兼顾学术性和知识性的综合性出版物。

主编：汝信

地址：北京建内大街5号，邮编：100732，电话：65126301，电子信箱：guowaisheke @ yahoo.com.cn，网址：go7.163.com/yanjiubu/newsite2/index. htm

当代亚太

该刊原名《亚太研究》，1992年创刊，月刊，由中国社会科学院亚洲太平洋研究所主办。

该刊主要反映亚太地区政治、经济、外交、安全、文化、社会等领域的最新研究成果。

主编：张蕴岭

地址：北京东城区张自忠路3号东院中国社会科学院亚洲太平洋研究所，邮编：100007，电话：64063921，传真：64063041，电子信箱：ddyt@isc.c ass.net.cn，网址：见社科院首页 www.cass.net.cn 上相关链接

当代语言学

该刊由中国社会科学院语言研究所主办，1980年创刊。它是由《国外语言学》易名而来，而《国外语言学》又是从《语言学资料》（系《中国语文》附属刊物）和《语言学动态》发展而成。几番易名反映了几代学人承前启后、继往开来的探索过程。

该刊一方面继续起着引进国外语言学的窗口作用，以便国内学人及时了解其发展动态，拓宽视野；另一方面为那些洋为中用、推陈出新、致力于理论和方法上作出新的探索的研究者提供一个交流切磋的论坛。

该刊设有专题研究、国外语言学最新动态综述、新书评介等栏目。还不定期开设专题讨论与争鸣、术语译评等栏目。

该刊根据国际学术期刊的惯例，采取匿名双审制，克学派门第之偏见，对文章言之成理有论有据者做到中正筛选，择优录用。

主编：沈家煊、顾曰国，地址：北京建内大街5号，邮编：100732，电话：65137744－5392，网址：http：//www.cass.net.cn/s18-yys/s18-yys.htm，电子信箱：ddedit@linguistics.cass.net.cn

第欧根尼

该刊系国际哲学与人文科学理事会会刊 *DIOGENES* 的中文选刊，由中国社会科学院文献信息中心主办，国际哲学人文科学理事会赞助，在联合国教科文组织支持下出版。

DIOGENES 以主张把人的研究作为出发点的

古希腊哲学家第欧根尼的名字命名，在世界人文科学领域属高层次的学术刊物。*DIOGENES* 刊登当前世界各国最新人文科学研究成果，反映人文最新学术动态和前沿课题。学术论文尤以跨学科性为特点，从不同的视角对某一课题展开多方位和多层次的探索。原版前主编为在国际人文和社会科学领域中具有很大影响力的当代五大人文学者之一J. 多尔梅松（Jean dpkl d'Ormesson）；现主编是P. 科斯塔（Paola Costa）。该刊目前以多种文字出版，其中包括法文（原版）、中文、英文、西班牙文、阿拉伯文、印地文。

《第欧根尼》中文版创刊于1985年，每年出版两期。中文版从法文版和英文版精选部分优秀论文全文译出，所选论文题材广泛，涉及的领域包括哲学、宗教、文学、历史、政治、人类学及语言学等传统人文科学学科及交叉学科。

主编：萧俊明

地址：北京建内大街5号，邮编：100732，电话：85195232，电子信箱：diocdicass @ yahoo.com.cn

东欧中亚市场研究

该刊由中国社会科学院东欧中亚研究所主办，1996年创刊，月刊

该刊主要报道俄罗斯、东欧、中亚27个国家和地区的对外经济政策、市场经济体制、市场行情、市场结构、涉外法规、投资环境和我国同这些国家之间的经贸关系内容。

主要栏目：市场调研、综合资料、政策法规、经济动态、经贸信息、商品价格、货币汇率、商务指南等。

主编：张森

地址：北京东城区张自忠路3号东院，邮编：100007，电话：64039131、64039120，电子信箱：liyq @ isc.cass.net.cn，网址：见社科院首页www.cass.net.cn上相关链接

东欧中亚研究

该刊原名《苏联东欧问题》，双月刊，于1981年创刊，由中国社会科学院东欧中亚研究所主办。该刊坚持高品位、高学术性，严格遵守"理论无禁区，宣传有纪律"的原则，刊用文稿强调理论性、应用性、独创性和资料的原生性。

该刊辟有专论、政治、经济、历史、理论探索、专访、人物志和学术动态等栏目，以反映俄罗斯、东欧、中亚国家政治、经济、外交、理论、历史、文化、军事、民族等各个领域的最新研究成果为主要任务。

主编：李静杰

地址：北京东城区张自忠路3号东院，邮编：100007，电话：64039131、64039120、64014008（FAX），电子信箱：changbin@isc.cass.net.cn，网址：见社科院首页www.cass.net.cn上相关链接

法学研究

该刊由中国社会科学院主管、中国社会科学院法学研究所主办，1954年创刊，双月刊。

该刊坚持学术性、理论性的办刊宗旨，注重学术品位，贯彻精品战略，坚持"双百"方针，重视基础理论的研究，力图反映我国法学研究的最新研究成果和最高学术水平，致力于建立、完善和更新我国法学各学科的理论体系。

该刊紧密结合我国法制建设和依法治国、建设社会主义法治国家的实践，组织刊发具有重大理论和实践意义的文章，并有针对性地组织高水平的学术研讨会。

主编：梁慧星

地址：北京东城区沙滩北街15号，邮编：100720，电话（传真）：64035471、84048781，电子信箱：zhgx@law.cass.net.cn，网址：见社科院首页www.cass.net.cn上相关链接

方　言

该刊由中国社会科学院语言研究所主办，是专门供专业的和业余的方言工作者发表论文、商讨问题、交流情况之用的学术刊物。1979年创办，季刊。

该刊刊载有关方言研究及其相关学科的各种文章，包括专题论文、调查报告、调查表格以及书评书目、资料介绍、情况报道等。

主编：张振兴

地址：北京建内大街5号，邮编：100732，电话：65137744－5390，电子信箱：liyq@isc.cass.net.cn，网址：见社科院首页www.cass.net.cn上相关链接

国际经济评论

该刊1996年创刊，双月刊，由中国社会科学院世界经济与政治所主办。

其特色为：立足中国、研究世界，把中国经济

纳入全球经济中考察；为中国经济长远而健康的发展，研究变动中的世界；打通了国际问题研究和中国问题研究的隔阂。其选题为：研究中国改革开放的国际经济环境，评述全球经济重大问题；中国学者对全球经济焦点问题的评论和观点；在国际和国内学术界引起广泛争鸣的问题；就国内外经济热点问题对国际著名经济家进行专访；就国内外经济改革发展的难点问题提供可资借鉴的国际经验。

主编：余永定

地址：北京建内大街5号，邮编：100732，电话：65137744－5773（编辑部）、65137744－5776（杂志社），电子信箱：limd@iwep.cass.net.cn，网址：http：//www.ier.com.cn

近代史研究

该刊由中国社会科学院近代史研究所主办。1979年创刊，双月刊。

该刊主要发表中国近代（1840年至1949年）政治、经济、社会、思想文化、军事、外交等领域的论文、专史，以及史学方法论等方面的研究成果。

该刊倡导实事求是的学风和严谨切实的文风，提倡学术问题的自由讨论，鼓励探索创新；除约请享有盛名的海内外专家学者撰稿外，特别注意鼓励和扶持在学术上富有开拓精神的年轻学者，发表他们的论作；策划和组织了许多涉及重要的理论方法和专题研究的讨论。

主要栏目：专题研究、人物研究、研究述评、书评、读史札记等。

主编：张海鹏

地址：北京王府井大街东厂胡同1号，邮编：100006，电话：65275944，电子信箱：jdsyj@history.cass.net.cn，网址：见社科院首页www.cass.net.cn上相关链接

经济管理

该刊由中国社会科学院主管，中国社会科学院工业经济研究所主办。1979年创刊，半月刊。

该刊积极宣传国家的经济方针和政策，努力反映部门、行业、地区和企业管理中的真知灼见。其主要内容有：国家有关政策及其出台背景研究、经济热点问题追踪评析、经济改革与发展研究、企业经营管理先进经验以及案例分析、管理学前沿探讨等。

主编：吕政

地址：北京月坛北小街2号，邮编：100836，电话：68039094（传真）68768091，网址：见社科院首页www.cass.net.cn上相关链接

经济学动态

该刊由中国社会科学院经济研究所主办。1960年创刊。月刊。它具有学术性、政策性、前瞻性、实用性、信息性、综合性的独特风格。

主要栏目与内容：经济科学新论、经济热点分析、宏观经济探讨、部门经济、地区经济、财政金融研究、会议综述、学术资料、经济体制改革、企业管理、调查与建议、中外学术交流、外国经济理论、海外经济学博览、世界经济、书刊评介等。

主编：王振中

地址：北京阜外月坛北小街2号，邮编：100836，电话：68034152，网址：见社科院首页www.cass.net.cn上相关链接

经济研究

该刊是1955年创办的全国性综合经济理论刊物，月刊，由中国社会科学院经济研究所主办。20世纪90年代初以来，刊物适应社会主义市场经济发展的要求和我国经济学理论发展的新形势，及时更新研究主题，不断采纳现代经济学新的研究方法，并在国内经济理论刊物中率先实行学术论文附注参考文献制度和部分论文的专家匿名审稿制度。

该刊忠实地为经济理论研究人员、各级经济决策者、实际工作部门、政策研究部门和理论宣传部门的广大干部、各高等院校和财经类中专学校师生、各类企业的负责人和一切有志于研讨经济理论的各级人士以及关注我国改革开放事业的各界朋友服务，是海外人士了解中国经济理论和经济运行动态的重要窗口。

主编：刘树成

地址：北京阜外月坛北小街2号，邮编：100836，电话：68034153，电子信箱：jjsjyi@economic.cass.net.cn，网址：见社科院首页www.cass.net.cn上相关链接

抗日战争研究

该刊1991年创刊，季刊，是由中国抗日战争史学会主办、中国社会科学院近代史研究所编辑的以中国抗日战争史为研究对象的学术期刊。刊物内容涉及抗日战争时期的政治、经济、军事、文化、外交、社会、人物以及日本侵华罪行、战后遗留问

题研究等。

主编：张海鹏

地址：北京王府井大街东厂胡同1号，邮编：100006，电话：65275931，电子信箱：kyzz@history.cass.net.cn，网址：见社科院首页 www. cass. net. cn 上相关链接

拉丁美洲研究

该刊1979年创刊，双月刊，是中国社会科学院拉丁美洲研究所主办的综合性学术研究刊物，也是目前我国惟一向国内外公开发行的研究拉美地区重大现实问题和基本情况的刊物，主要刊载有关拉美地区经济、政治、国际关系、文教、科技、民族、宗教、社会思潮等方面的学术论文。

主编：李明德

地址：北京东城区张自忠路3号东院（北京1104信箱），邮编：100007，电话：64039006、64039007，网址：见社科院首页 www. cass. net. cn 上相关链接

美国研究

该刊创刊于1987年，季刊，是中国社会科学院美国研究所和中华美国学会联合主办的学术性刊物，刊登中国学者研究美国社会各个方面的文章，包括美国政治、经济、外交、军事、科技、文化、历史、艺术，以及思潮等各个领域，反映中国的美国研究水平。

该刊设有专论、书评、文评、著述巡礼等栏目。

主编：王缉思

地址：北京东城区张自忠路3号东院，邮编：100007，电话：64000071、64000021（Fax），电子信箱：zhaomei@isc.cass.net.cn，网址：见社科院首页 www.cass.net.cn 上相关链接

民族文学研究

该刊1983年创刊，季刊，是中国社会科学院少数民族文学研究所主办的学术理论刊物。

办刊宗旨：以马列主义、毛泽东思想为指导，贯彻党的"双百"方针和民族政策，刊登有关我国各少数民族文学的各种专题论文、调查报告和重要文献资料等。

主要栏目：少数民族文学理论研究、历代少数民族作家及作品研究、当代少数民族作家及作品研究、少数民族民间文学研究、少数民族新人新作评介。

主编：包明德

地址：北京建内大街5号，邮编：100732，电话：65137744－5627，网址：见社科院首页 www. cass. net. cn 上相关链接

民族研究

该刊1958年创刊，双月刊，由中国社会科学院民族研究所主办。

该刊以马列主义、毛泽东思想、邓小平理论为指导，坚持"双百"方针，提倡学术上广开视野、勤勇探索、讨论争鸣、孜孜求新，为促进民族研究事业的深入发展、繁荣我国各民族科学文化、增强民族团结、加快民族地区经济建设步伐、实现国家现代化服务。

该刊主要刊登民族理论和民族政策、民族经济、民族学、民族教育、民族人口、民族法制、民族宗教、民族语言、民族历史，以及世界民族等各学科的学术成果，是从事民族研究、民族教学和民族工作，以及对民族问题有兴趣的同志、学人发表研究成果、开展学术研究的园地。

主编：郝时远

地址：北京海淀区白石桥路27号6号楼，邮编：100081，电话（传真）：68932934，电子信箱：mzyjbjb@nation.cass.net.cn，网址：见社科院首页 www.cass.net.cn 上相关链接

南亚研究

该刊1979年创刊，半年刊，为中国南亚学会和中国社会科学院亚洲太平洋研究所主办的研究南亚诸国政治、经济、宗教、哲学、文化、文学、艺术、民族、历史等问题的综合性学术刊物，以发表科研成果、促进学术交流、普及南亚知识为己任，以推进我国与南亚文化交流为宗旨。

主编：孙培钧

地址：北京东城区张自忠路5号，邮编：100007，电话：64063921、64039039，电子信箱：ddyt @ isc.cass.net.cn，网址：见社科院首页 www.cass.net.cn 上相关链接

青年研究

该刊1980年创刊，月刊，由原中国社会科学院青少年研究所主办，内部刊物；1984年机构调整后，由中国社会科学院社会学研究所主办，1993年公开出版发行。

该刊以青年为研究对象，探讨青年发展与社会变迁之间的互动关系，发表有价值的学术论文和调查报告。

主编：单光鼎

地址：北京建内大街5号，邮编：100732，电话：65137744－5565，网址：见社科院首页 www. cass. net. cn 上相关链接

日本学刊

该刊1985年创刊，是中华日本学会和中国社会科学院日本研究所共同主办的综合性学术双月刊。主要刊登我国日本研究者关于日本诸学科的优秀研究成果，包括日本政治、经济、外交、军事、科技、社会文化、语言文学、历史、哲学等。它是日本研究者进行学术交流的园地，是广大读者认识和了解日本的窗口。

主要栏目：专论、比较研究、探讨与争鸣、人物、书评、学术动态、访谈录、访日札记、短评、文摘。

主编：高增杰

地址：北京东城区张自忠路3号东院，邮编：100007，电话：64039045，电子信箱：kyzz@history.cass.net.cn，网址：见社科院首页 www. cass. net. cn 上相关链接

社会科学管理与评论

该刊前身为1986年创办的内刊《社会科学管理》，1999年改为现名，公开发行，目前为季刊，由中国社会科学院科研局主办。

该刊以探索社会科学学术发展规律和科研管理规律为宗旨。主要刊登社会科学方针政策、社会科学、学术前沿、学科发展、研究热点、重大成果、科研体制改革、社会科学家、国外社会科学发展等方面的理论探讨与学术评论文章。

主编：黄浩涛

地址：北京建内大街5号，邮编：100732，电话：65137744—5071或5079，电子信箱：bsmn@cass. net. cn，网址：见社科院首页 www. cass. net. cn 上相关链接

史学理论研究

该刊由中国社会科学院世界史所、历史所、近代史所主办。1992年创刊，季刊。

该刊是有关历史理论和方法论的专业性刊物，致力于介绍中国和世界的各种史学思潮和史学思想，探讨以往史学研究中的理论和方法论问题，探索史学的跨学科研究，介绍国外新的史学流派，刊登运用新理论和新方法所写的文章。

主编：于伟

地址：北京建内大街5号，邮编：100732，电话：65275904，网址：见社科院首页 www. cass. net. cn 上相关链接

世界经济年鉴

该刊创刊于1979年，由中国社会科学院世界经济与政治研究所主办，年刊。

该刊包括12个部分：(1) 世界经济综合性报告；(2) 国家和地区经济；(3) 世界工业；(4) 世界农业；(5) 世界贸易；(6) 国际金融；(7) 世界科技；(8) 世界旅游业；(9) 世界环境保护；(10) 世界经济活动分类纪要；(11) 中外工商企业；(12) 世界经济统计汇编。

该刊的资料来源主要采用联合国和世界银行有关机构的出版物、各国政府的有关经济报告和官方统计资料、各国报刊、年鉴等。

主编：谈世中

地址：北京建内大街5号，邮编：100732，电话：65137744转5770（传真），电子信箱：njbjb@iwep.cass.net.cn 或者 njbjb-1541@sohu.com，网址：见社科院首页 www.cass.net.cn 上相关链接

世界经济

该刊由中国社会科学院世界经济与政治研究所和中国世界经济学会共同主办。1978年创刊，月刊。

该刊坚持战略性、理论性、综合性、现实性的办刊宗旨，一方面重点发表全国有关专家撰写的反映国内学术水平、具有创新性和较高学术价值的高水平论文，促进中国世界经济理论的发展和学科建设；另一方面，针对改革开放和经济建设的需要，也有选择地刊登一些国外经济发展中可供借鉴的做法、经验教训和相应的政策建议，供有关机构研究和政论决策参考。同时，该刊还根据国际经济领域的新变化和新情况，及时反映社会各界关心的一些热点问题。

主编：余永定

地址：北京建内大街5号，邮编：100732，电话：65137744—5790，电子信箱：jwe@iwep.cass.net.cn，网址：见社科院首页 www.cass.net.cn 上相关链接

世界经济与政治

该刊系中国社会科学院世界经济与政治研究所主办。1979年创刊，月刊。

该刊致力于弘扬学术创新精神，提倡学术自由和平等，积极报道世界经济与国际政治研究的最新成果，促进学术交流。主要刊登把世界经济与国际政治结合起来研究的成果，特别是对全球整体性的变化与特点的分析，专题性问题的深度透视，宏观的、战略的扫描、多学科、跨学科的研讨，国际关系一般理论和方法的探讨，书评和学术信息等。

该刊以“理论性、战略性、综合性和现实性”为办刊方针，实行专家匿名审稿制度，发表反映国内一流研究水平、具有创新性和重大学术价值的论文。

主编：王逸中

地址：北京建内大街5号，邮编：100732，电话：85195784，电子信箱：sjzbjb@iwep. cass. net. cn，网址：http：//www. iwep. org.cn

世界历史

该刊由中国社会科学院世界历史研究所主办。创刊于1978年，双月刊。

该刊立足学术研究前沿，反映世界史最新研究成果，追求第一流学术质量，大力倡导百家争鸣，注重培养新人，采取各种措施从多方面扶持青年学者的成长，促进国内外学术交流，努力为繁荣我国的世界史学科作出应有的贡献。

该刊辟有专业论文、争鸣、书评、史家论坛、史学资料、研究综论、重要国际热点问题探源、学术报道等栏目。

主编：廖学盛

地址：北京王府井大街东厂胡同1号，邮编：100006，电话：65275907，网址：见社科院首页 www.cass.net.cn 上相关链接

世界文学

该刊1953年7月由中华全国文学工作者协会(中国作家协会前身）创办，现由中国社会科学院外国文学所主办，双月刊。

该刊除刊载外国文学优秀的作品外，还辟有文化交流、书评译坛纵横、外国文学翻译出版漫笔、编译者序跋、现代作家小传、外国文学翻译资料、世界文艺知识、创家逸事、中国作家谈外国文学、世界文坛新事、世界文艺知识、作家逸事、中国作家谈外国文学、世界文坛新事、世界文艺动态等多种栏目，并发表外国文学名著插图、美术作品和作家肖像。

主编：黄宝生

地址：北京建内大街5号，邮编：100732，电话：65137744－5605或5606，网址：见社科院首页 www. cass. net.cn 上相关链接

世界宗教文化

该刊由中国社会科学院《世界宗教研究》杂志所主办。1980年创刊，季刊。

办刊宗旨：该刊是一份面向普通大众和各种宗教信仰者的普及性、知识性宗教文化刊物。介绍各种宗教文化知识，评析各种宗教大事和热点，探讨宗教理论教义的发展，服务国家，服务社会，服务人生。

主要栏目：专稿、经验谈、当代宗教、人物风采、名作赏析、思想论坛、随感漫议、宗教与历史、书刊评论等。

主编：黄夏年

地址：北京建内大街5号，邮编：100732，电话：65137744－5479，网址：http：www. cass. net.cn/s13-zjs

世界宗教研究

该刊由中国社会科学院世界宗教研究所主办。1980年创刊，季刊。

该刊以学术性、理论性、科学性为宗旨，辟有佛教研究、道教研究、伊斯兰研究、民间宗教研究、宗教学研究、少数民族研究、儒教研究、当代宗教研究、海外论坛、学术资料、书刊评论等栏目。

主编：卓新平

地址：北京建内大街5号，邮编：100732，电话：65137744—5479，网址：见社科院首页 www.cass.net.cn 上相关链接

数量经济技术经济研究

该刊由中国社会科学院数量经济与技术经济研究所主办。1984年创刊，月刊。

该刊坚持理论联系实际，努力做到定性研究与定量分析相结合，及时地反映数量经济学与技术经济学两学科研究中新的理论方法、新的研究成果与动态，为我国经济体制改革和社会主义现代化建设服务。

该刊常设栏目：现实经济问题研究、理论与方法研究、应用研究、评介等。

主编：汪同三

电话：65137744—5717、5718，网址：见社科院首页 www.cass.net.cn 上相关链接

外国文学动态

该刊1955年创刊，当时为内部刊物，“文革”后改为公开发行。现由中国社科院外文所和译林出版社共同主办。双月刊。

该刊是集动态报道、深度分析、资料汇编等多种特点为一身的刊物，现辟有文学综述、作家介绍、文学奖项、作家访谈、文学快递、新书书廊等栏目，着重介绍各国的文学现门面、理论流派、文艺思潮、文学论争、作家近况、新著新作、文坛新人等内容。

主编：黄宝生

地址：北京建内大街5号，邮编：100732，电话：65137744—5605 或 5606，网址：见社科院首页 www.cass.net.cn 上相关链接

外国文学评论

该刊由中国社会科学院外国文学研究所主办。1987年创刊，季刊。

该刊以反映中国学者在外国文学研究方面的最新学术成果为宗旨，重点刊登关于外国古典和现当代重要作家作品的研究论文，关于中外文学关系、中外作家作品的比较方面的研究论文等。

主编：盛宁

地址：北京建内大街5号，邮编：100732，电话：65137744—5583，网址：见社科院首页 www.cass.net.cn 上相关链接

西亚非洲

该刊由中国社会科学院西亚非洲研究所主办。1980年创刊，双月刊。

该刊主要刊载有关中东、非洲地区政治、经济和国际关系等方面的学术论文，是党政军各涉外部门决策和研究人员、国内各大专院校和科研单位国际问题教学研究人员以及全国外经贸企业业务经理、市场调研人员的参考读物。

主要栏目：本刊专访、亚非论坛、商务指南、学术动态、人物志、外论选登、书刊评价、资料库。

主编：杨光

地址：北京市东城区张自忠路5号，邮编：100007，电话：64039170，电子信箱：iwaas@public.thnet.cn.net，网址：见社科院首页 www.cass.net.cn 上相关链接

新闻与传播研究

该刊由中国社会科学院新闻与传播研究所主办。1994年创刊，季刊。

该刊发表国内新闻学和传播学研究的最新成果，致力于对中国报纸、广播电视业和网络传播的宏观和政策研究，为党政媒介管理部门、媒介机构高层决策人员和科研教学人员提供有关中国媒介行业发展的全面而详尽的参考和咨询。它高度重视学科的理论发展，积极开展跨学科研究，与国际学术界保持密切联系，并遵循严格的学术规范。

主编：尹韵公

地址：北京朝外金台路2号，邮编：100026，电话：65940579，网址：见社科院首页 www.cass.net.cn 上相关链接

哲学动态

该刊由中国社会科学院哲学研究所主办。1978年创刊，月刊。

办刊宗旨：以马克思主义为指导，提倡大胆探索，开拓创新；贯彻“双百”方针，活跃学术讨论；坚持理论联系实际，推进哲学研究的开展和哲学问题的深入探讨，为繁荣哲学研究和建设有中国特色的社会主义服务。

所设栏目有人物专访、研究概况、思考与探讨、哲学与现实、哲学与文化、自然科学与哲学和现代西方哲学述评。

主编：干春松

地址：北京建内大街5号，邮编：100732，电话：65137744-5517，网址：见社科院首页 www. cass. net. cn 上相关链接

政治学研究

该刊由中国社会科学院政治学研究所主办。创办于1985年，季刊。

该刊主要反映深入阐述、探讨马克思主义政治学理论，研究我国改革开放和社会主义现代化建设进程中面对的新情况、新矛盾和新问题，论述中外历代政治思想、政治制度评析，当代世界各国政治学流派最新发展动态的研究成果。

主编：王一程

地址：北京东城区沙滩北街15号，邮编：100720，电话：64070102，电子信箱：zhzhxbjb@law.cass.net.cn，网址：见社科院首页www.cass.net.cn上相关链接

中国边疆史地研究

该刊由中国社会科学院中国边疆史地研究中心主办。1990年创刊，季刊。

办刊宗旨：该刊以马列主义、毛泽东思想、邓小平理论为指导，坚持“双百”方针，提倡不同学术观点之间的争鸣，为促进中国边疆地区的发展、中国边疆研究学科的发展服务。

主要栏目：边疆理论研究、边政研究、历代疆域、边疆开发、边疆民族、边务交涉、边疆地理、边界研究、海疆研究、周边地区研究、边疆研究史、新书评介、边疆考察、学术动态等栏目，并不定期设置笔谈专栏，刊登针对学科发展或学者们关注的重大问题进行探讨的成组稿件。举凡边疆理论、历代疆域、边疆民族、边疆开发、边疆外交、边疆政教、治边政策、边疆海岛、边疆人物、边疆考古、边疆历史地理、近代边界变迁等方面的学术论文均在本刊选稿范围之内。

主编：李大龙

地址：北京王府井大街东厂，邮编：100006，电话：65134986－210或206，网址：见社科院首页www.cass.net.cn上相关链接

中国城市年鉴

该刊由中国社会科学院主管、中国城市发展研究会主办。1985年创刊，年刊。

办刊宗旨：促进城市之间的信息交流和横向联系，更好地推动城市的改革、开放、建设和管理，为发展具有中国特色的社会主义现代化城市服务。

主要栏目：特载，城市重要文献法规选载，中国城市概况（中国城市社会经济综合及分类统计资料），城市综合问题和专题研究，城市领导专访，中国城市介绍，城市辖区、县、乡、镇选介，企业家和企、事业单位选介，国内报刊城市文章选载及国外有关城市资料。

主编：厉有为

地址：北京东四大街演乐胡同116号，邮编：100010，电话：65244982、65244975、65244975（传真），电子信箱：csnj6422@sina.com，网址：见社科院首页www.cass.net.cn上相关链接

中国地方志

该刊由《中国地方志》指导小组主办。1981年创刊，双月刊。

办刊宗旨：该刊以马列主义、毛泽东思想和邓小平理论指导新志编纂，传达和介绍中央及地方领导对修志作的指导性意见，开展方志理论研究，探讨方志各种专业问题，开展新旧志书评论，介绍修志经验，发表方志研究成果，并报道国内外同类书刊重要信息。

主要栏目：修志理论与实践、修志研讨、旧志整理与研究、求真辨误、国外地方史志研究、年鉴研究。

主编：周均美

地址：北京东城区东厂胡同1号，邮编：100006，电话：65275871，电子信箱：zdfz@china-journal.nct.cn，网址：见社科院首页www.cass.net.cn上相关链接

中国工业经济

该刊由中国社会科学院工业经济研究所主办。1984年创刊，月刊。

该刊对我国经济改革、发展与管理中出现的热点问题、难点问题、重点问题和前沿问题进行理论研究，提出对策；及时预测我国经济发展的动态走向，服务企业、服务市场、服务政府；引领当代学术思潮，推进传统学术理念更新。

该刊以工业经济和工商管理为主要内容，以产业及企业管理干部、经济理论工作者为主要对象。辟有形势与展望、经济体制改革、国民经济运行、产业分析、区域发展、对外经济、工商管理、公工管理、企业经营与管理、企业点评、企业家论坛等栏目。

主编：吕政

地址：北京阜外月坛北小街2号，邮编：100836，电话：68032678、68047499，网址：见社科院首页www.cass.net.cn上相关链接

中国农村观察

该刊由中国社会科学院农村发展所主办。1995年创刊，双月刊。

办刊宗旨：注重学术品位，注重学术观点的争鸣，注重针对农村改革与发展中的重大问题做深层次的探讨，注重反映该领域研究的前沿，注重文章的资料性，注重从不同角度反映中国农村的现状。

主要栏目：农村形势、乡镇企业、农民收入与消费、农村社会问题、农村组织制度、农业技术推广、农业增长方式、农村工业化、村民自治、妇女问题、家村金融等。

主编：张晓山

地址：北京建内大街5号，邮编：100732，电话：65137744－5649、5650，电子信箱：bianjibu@cscrdi.cass.net.cn，网址：见社科院首页www.cass.net.cn上相关链接

中国人口科学

该刊由中国社会科学院人口研究所主办。1987年创刊，双月刊。

该刊坚持贯彻“百花齐放、百家争鸣”的方针，坚持理论联系实际的办刊方向，及时反映人口领域及交叉学科的最新学术研究成果，为国家和政府决策部门提供理论信息和对策，是各界人士了解人口学发展的重要窗口。

其刊登的内容包括：人口理论与政策研究、人口统计、人力资本与劳动经济、国际人口比较、人口与生态环境、少数民族人口及计划生育理论与实践等。

主编：蔡昉

地址：北京建内大街5号，邮编：100732，电话：65137744－5419，电子信箱：zazhi@population.cass.net.cn，网址：见社科院首页www.cass.net.cn上相关链接

中国社会科学院研究生院学报

该刊1981年1月创刊，初名《学习与思考》，1985年易为现名，双月刊，由中国社会科学院科研局主管、中国社会科学院研究生院主办。

办刊宗旨：以发表在马克思主义指导下，探讨当代重大理论问题、现实问题的学术论文为主，同时也发表基础理论研究和弘扬祖国传统的学术论文。主要发表中国社会科学院博士、硕士研究生导师和博士、硕士研究生的学术论文，同时也刊发一些颇受海内外学术界关注、全国哲学社会科学工作者高度评价的力作。

主编：邹东涛

地址：北京建内大街5号，邮编：100732，电话：64362354，电子信箱：xuebao@graduate.cass.net.cn，网址：见社科院首页www.cass.net.cn上相关链接

中国与世界经济（英文刊）

英文刊 *China & Word Economy*（《中国与世界经济》）1993年创刊，2001年第5期之前原名为《世界经济与中国》。由中国社会科学院世界经济与政治研究所主办，双月刊。

该刊力图全面和客观地反映中国改革开放中存在的问题和取得的成果。所设栏目有：经济聚焦、专论、经济观察、WTO与中国、世界经济、争鸣、改革之窗、海外视点、专访，还将陆续推出企业、工商、跨国公司在中国等栏目。

主编：徐永定

地址：北京建内大街5号，邮编：100732，电话：65137744－5785，电子信箱：worldeac@iwep.cass.net.cn，网址：http://www.iwep.org.cn/wec/

中国语文

该刊由中国社会科学院语言研究所主办。1952年创刊，双月刊。

该刊以刊载汉语语言学研究的学术论文为主，兼及少数民族语言研究、语言政策、语言应用以及跨学科研究成果。以务实与创新相结合为办刊宗旨，倡导不同学术流派间的探讨与交流，微观研究与宏观研究并重。及时反映汉语语言学研究的高水平成果和前沿问题，并配合国家的语言文字法规建设工作。

历任主编：罗常培、林汉达、丁声树、吕叔汀，现任主编：侯精一

地址：北京建内大街5号，邮编：100732，电话：65137744－5391，网址：见社科院首页www.cass.net.cn上相关链接

中国哲学史

该刊由“中国哲学史学会”主办。1982年创刊，季刊。

该刊以现实的人文关怀为立场开发传统的精神资源；以现代的学术规范为依据，清理学术的历史。既重视学术传统叙述，也重视概念术语的辨析；既关注思想与历史的具体情景关系，更着眼它对于现时社会生活的意义；既彰显传统思潮对世界文明的独特贡献，也强调它必须更新以便走向世界。

主编：方立天、蒙培元

地址：北京建内大街5号，邮编：100732，电

话：65137744 - 5527，网址：见社科院首页 www.cass.net.cn 上相关链接

（中国社会科学院科研局期刊处供稿）

附：

已刊社科理论期刊名录

	名称	通讯地址	邮编	联系电话	网址	刊期
1	求是	沙滩北街2号	100727	64037005	www. qsjournal. com. cn	2001
2	中国社会科学	鼓楼西大街甲158号	100720	64076113		2001
3	中共党史研究	海淀镇双桥东甲1号	100080	82615330		2001
4	党的文献	西四北大街前毛家湾1号	100017	66135208		2001
5	百年潮	海淀镇双桥东甲1号	100080	82627630		2001
6	前线	朝阳区砖角楼南里甲21号	100013	64294736	www. qianxian. com	2001
7	中国特色社会主义研究	北四环中路33号	100101	64874539		2001
8	北京社会科学	北四环中路33号	100101	64870591		2001
9	马克思主义研究	建内大街5号13层	100732	65138265		2001
10	内部文稿	沙滩北街2号	100727	64037074		2001
11	国际论坛	西三环北路2号167信箱	100089	68916998		2001
12	新视野	车公庄大街6号	100044	68007097		2001
13	是与非	西三环南路9号	100073	63838864		2001
14	国际社会科学杂志(中文版)	鼓楼西大街甲158号	100720	64076113		2001
15	中国社会科学(英文版)	鼓楼西大街甲158号	100720	64076113		2001
16	中国社会科学文摘	鼓楼西大街甲158号	100720	64076113		2001
17	战略与管理	中关村南路33号	100081	68416354	www. dragonsource. com	2001
18	经济理论与经济管理	中关村大街31号	100080	62514768		2001
19	经济研究参考	西安门刘兰塑胡同8号	100034	66177948		2001
20	经济界	西苑操场乙2号	100080	62583631		2001
21	中国流通经济	北京物资学院	101149	89534241		2001
22	农业经济问题	中关村南大街12号	100081	68918705		2001
23	市场与人口分析	北京大学	100871	62751975		2001
24	首都经济	复兴门南大街丁2号	100031	66410806		2001
25	经济科学	北京大学法学楼4层	100871	62751488		2001
26	中国经济史研究	月坛北小街2号	100836	68035007		2001

续表

	名　　称	通讯地址	邮编	联系电话	网　址	刊期
27	中国社会导刊	东大桥斜街4号	100020	65915607		2001
28	人口研究	中关村大街59号	100872	62511320		2001
29	城市问题	北四环中路33号	100101	64870894		2001
30	国际新闻界	中关村大街59号	100872	62515130		2001
31	档案学通讯	张自忠路3号	100007	64035109		2001
32	北京档案	建内贡院西街8号	100005	65257476		2001
33	情报理论与实践	北京2413信箱10分箱	100089	68963306		2001
34	情报资料工作	张自忠路2号	100007	64057499		2001
35	法学家	中关村大街59号	100872	62512800		2001
36	法学杂志	白云观街北里6号	100045	63406753		2001
37	政法论坛	西土城路25号	100088	62229778		2001
38	行政法学研究	长春桥路6号	100089	68929072	www. chinajournal. net/xzfx. html	2001
39	比较法研究	西土城路25号	100088	62229728		2001
40	中外法学	北京大学法学楼5218室	100871	62751689		2001
41	犯罪与改造研究	祁家豁子9803信箱	100029	62367792－8407		2001
42	教学与研究	中关村大街59号	100872	62511680		2001
43	清华大学教育研究	清华大学文南楼423室	100084	62783326		2001
44	大学生	北四环中路33号	100101	64871010		2001
45	成人高教学刊	中关村大街59号	100872	62512816		2001
46	世界汉语教学	学院路15号	100083	82303680		2001
47	民族教育研究	中关村南大街27号	100081	68932447		2001
48	中央民族大学周报	中关村南大街27号	100081	68932420		2001
49	外语教学与研究	西三环北路2号	100089	68916466		2001
50	中国俄语教学	西三环北路2号	100089	68916599		2001
51	英语学习	西三环北路19号	100089	68917570		2001
52	俄语学习	西三环北路2号	100089	68916296		2001
53	德语学习	西三环北路2号	100089	68917574		2001
54	法语学习	西三环北路2号	100089	68916710		2001
55	中国文化研究	学院路15号	100083	82303701		2001
56	自然辩证法研究	学院南路86号	100081	62178877－3518	www. chinajournal. net/zrbz. html	2001

续表

	名　　称	通讯地址	邮编	联系电话	网　址	刊期
57	文献	中关村南大街33号	100081	88545562	www. nlc. gov. cn	2001
58	历史研究	鼓楼西大街甲158号	100720	64076113		2001
59	清史研究	中关村大街59号	100872	62511428		2001
60	中国藏学	北四环东路131号	100101	64937966		2001
61	文物	五四大街29号	100009	64015577－3327	www. wenwu. com	2001
62	旅游学刊	北四环东路99号	100101	64915713		2001
63	中国历史博物馆馆刊	中国历史博物馆	100006	65128321－506		2001
64	文学评论	建国门内大街5号	100732	65264557		2001
65	文艺研究	前海西街17号	100009	66182597	www. chinajournal. net. cn	2001
66	国外文学	北京大学化北楼116室	100871	62764994		2001
67	外国文学	西三环北路2号	100089	68916464		2001
68	北京大学学报(哲学社会科学版)	北京大学	100871	62751216	www. pku. edn. cn/academic/xbss	2001
69	清华大学学报(哲学社会科学版)	清华大学	100084	62783533		2001
70	中国人民大学学报	中关村大街31号	100080	62511499		2001
71	北京师范大学学报(人文社会科学版)	新街口外大街19号	100875	62207848	www. bnu. edu. cn/xuebao/wen/index. htm	2001
72	中央民族大学学报(社科版)	中关村南大街27号	100081	68932447		2001
73	北京理工大学学报(社会科学版)	中关村南大街5号	100081	68912326		2001
74	北京科技大学学报(社会科学版)	学院路30号	100083	62332532		2001
75	外交学院学报	展览路24号	100037	68323972		2001
76	中央财经大学学报	学院南路39号	100081	62288381	www. cufe. edu. cn	2001
77	现代传播——北京广播学院学报(社科版)	北京广播学院	100024	65777841		2001
78	首都师范大学学报(社会科学版)	西三环北路105号	100037	68902450	hudr. chinajournal. net. cn	2001
79	北京联合大学学报	北四环东路97号	100101	64951155－1515		2001

续表

	名　称	通讯地址	邮编	联系电话	网　址	刊期
80	北京第二外国语学院学报	定福庄1号	100024	65778385		2001
81	北京电影学院学报	西土城路4号	100088	82048899－366	www. bfa. . edu. cn	2001
82	大学图书馆学报	北京大学图书馆314室	100871	62759056	www. lib. pku. edu. cn/xuebao	2001
83	国家行政学院学报	国家行政学院	100089	68929341		2001
84	北京行政学院学报	车公庄大街6号	100044	68007412		2001
85	中国青年政治学院学报	西三环北路25号	100089	68414723		2001
86	国家检察官学院学报	香山南路111号	100041	68878131－3308	www. zjgx. china-journal. net. cn	2001
87	中华女子学院学报	朝阳区育慧东路1号	100101	64931155－3085		2001
88	中国新闻年鉴	金台西路2号9号楼	100026	65944421		2001
89	中国电影年鉴	北三环东路22号	100013	64272635		2001
90	中国人民大学书报资料中心期刊	张自忠路3号	100007	64015080	www. confucius. cn. net	2001
91	理论视野	中央党校3号楼2层	100091	62805975		2002
92	马克思主义与现实	西单西斜街36号	100032	66173568	www. cccpe. com	2002
93	当代世界	复兴路4号	100860	83908407		2002
94	哲学研究	建国门内大街5号	100732	65137744－5532		2002
95	世界哲学	建内大街5号哲学所	100732	65137744－5533		2002
96	党建	西长安街5号	100806	66064330		2002
97	团结	东皇城根南街84号	100006	65125886		2002
98	北京支部生活	西城区如意里小区甲1号	100035	62243737	www. bjzbsh. bjdj. gov. cn	2002
99	科学决策	中关村南大街12号154信箱	100081	68976255		2002
100	台湾研究	坡上村15号	100091	62883311－2307		2002
101	管理世界	大钟寺8号东楼三层	100086	62112235		2002
102	国有资产管理	阜成路甲28号新知大厦1609室	100036	88191609		2002
103	中国投资	百万庄子区38号	100037	68361092		2002

续表

	名　　称	通讯地址	邮编	联系电话	网　址	刊期
104	中国物价	木樨地国宏大厦 B 座 1213 室	100038	63908263		2002
105	中国能源	木樨地北里甲 11 号国宏大厦 B 座 1403 室	100038	63908476		2002
106	中国创业投资与高科技	木樨地北里甲 11 号国宏大厦 B 座 1717 室	100038	63908776		2002
107	综合运输	木樨地北里甲 11 号国宏大厦 B 座 1606 室	100038	63908656		2002
108	价格理论与实践	月坛北小街 2 号院 3 号楼 3248 室	100837	68029447	www. jgls. chinajournal. net. cn	2002
109	商业时代	复兴路 46 号	100039	88210118	www.ectime.com.cn	2002
110	审计研究	东四十条 24 号青蓝大厦 14 楼	100007	64066070		2002
111	会计研究	复兴门外三里河财政部内中国会计学会	100820	68528922		2002
112	中国高新技术企业	月坛南街 75 号国家统计局南楼 709 室	100826	68527575		2002
113	中国农村经济	建内大街 5 号	100732	65137744 －5649		2002
114	中国乡镇企业技术市场	朝阳区麦子店街(农业部北办公区 20 号楼)	100026	64195050		2002
115	人口与经济	首都经济贸易大学内	100026	65976473		2002
116	林业与社会	中国林科院科信所	100091	62889734		2002
117	邮电企业管理	朝阳区安苑路 11 号	100029	64962984	www. cnii. com. cn	2002
118	中国工会财会	西城区白云路 2 号	100045	68593280		2002
119	当代中国史研究	地安门西大街旌勇里 8 号	100009	66185192		2002
120	中国史研究	建内大街 5 号历史研究所	100732	65137744		2002
121	中国史研究动态	建内大街 5 号历史研究所	100732	65137744		2002
122	史学史研究	北京师范大学史学研究所	100875	62208084	www. sysj. chinajounal. net. cn	2002
123	历史档案	故宫西华门内	100031	63097399	www. lsda. chinajournal. net. cn	2002
124	军事历史	军事科学院	100091			2002
125	华侨华人历史研究	北新桥三条甲 1 号	100007	64018846		2002
126	考古	王府井大街 27 号	100710	65253665		2002
127	考古学报	王府井大街 27 号	100710	65253665		2002

续表

	名　　称	通讯地址	邮编	联系电话	网　址	刊期
128	北京党史	车公庄大街6号	100044	68007470	www. bjds. bjdj. gov. cn	2002
129	中国司法	三元桥霞光里11号	100016	64626109		2002
130	民主与法制	兵马司胡同63号	100034	66186232	www. mzyfz. com. cn	2002
131	环球法律评论	沙滩北街15号	100720	64022194	www. iolaw. com	2002
132	中国监察	皂君庙4号	100081	62113742		2002
133	人民检察	石景山区鲁谷西路5号	100040	68630108	www. jcrb. com. cn	2002
134	公安研究	木樨地南里甲1号	100038	83909371		2002
135	警察文摘	木樨地南里甲1号	100038	83903239		2002
136	现代世界警察	木樨地南里甲1号	100038	83902729		2002
137	知识产权	西土城路6号	100088	64882152		2002
138	高校理论战线	中关村大街35号北科研楼7层	100080	62514713		2002
139	中国高教研究	西单大木仓胡同35号	100816	66097289		2002
140	思想教育研究	北京科技大学	100083	62332831		2002
141	比较教育研究	北京师范大学国际与比较教育研究所	100875	62208310		2002
142	高等师范教育研究	北京师范大学	100875	62207942	www. gdsz. china-journal. net. cn	2002
143	公安教育	中国人民公安大学	100038	83903262		2002
144	继续教育	北京市6304信箱	102206	66366874	www. ceduchina. com	2002
145	科学与无神论	北京市1525信箱	100005	65262526		2002
146	大学英语	北京航空航天大学	100083	82316984		2002
147	中小学管理	德外什坊街2号	100011	62018316		2002
148	社会学研究	建国门内大街5号社会学研究所	100732	65122608	www. cass. net. cn/so9 - shx/shy/index. htm	2002
149	国外社会科学	建国门内大街5号	100732	65137749	www. go7. 163. com/yanjiubu	2002
150	中国妇运	建国门内大街15号	100730	65225340		2002
151	中国大学生就业	西三环北路27号北科大厦6层	100089	68419307	www. jiuye168. com	2002
152	世界民族	中关村南大街25号民族研究所	100081	68932802		2002

续表

	名　　称	通讯地址	邮编	联系电话	网　址	刊期
153	欧洲	建国门内大街5号	100732	65135017	www. cass. net. cn/s25 - ozs/s25 - ozs. htm	2002
154	民主与科学	安定门外大街55号	100011	64255640	www. rol. cn. net/democracy - science. htm	2002
155	文史知识	丰台区太平桥西里38号	100073	63458229	www. zhbc. com. cn	2002
156	文学遗产	建国门内大街5号	100732	65137744 - 5453	www. cass. net. cn	2002
157	编译参考	百万庄大街24号	100037	68995954		2002
158	民族语文	白石桥路27号	100081	68932381		2002
159	电影艺术	三环东路22号	100013	64219977 - 6290		2002
160	国家图书馆学刊	文津街7号	100034	66174391		2002
161	中央社会主义学院学报	万寿寺甲4号	100081	68706239		2002
162	公安大学学报(人文社科版)	木樨地南里甲1号	100038	83903269	www. gadx. china-journal. net. cn	2002
163	工会理论与实践——中国工运学院学报	增光路45号	100037	88561986		2002
164	北京工商大学学报(社会科学版)	阜成路33号	100037	68904532		2002
165	中国图书馆学报	中关村南大街33号	100081	88545141		2002
166	中国哲学年鉴	建国门内大街5号哲学所	100732	65137954		2002
167	中国法律年鉴	兵马司胡同63号	100034	66113851	www. clol. com. cn	2002
168	中国保险年鉴	阜成门内大街410号	100034	66012327		2002

·大 事 记·

2002 年

1 月

1日　法官法、检察官法、律师法、防沙治沙法、海域使用管理法等5部新制定或修改的法律开始施行。

同日　中国人民政治协商会议全国委员会在全国政协礼堂举行新年茶话会。中共中央总书记、国家主席、中央军委主席江泽民在茶话会上发表了重要讲话。他说，在新的一年里，全党和全国各族人民要坚持以邓小平理论和党的十五大精神为指导，进一步贯彻落实党的十五届五中、六中全会精神，按照“三个代表”要求，统一思想、坚定信心，沉着应对、趋利避害、转变作风、扎实工作，为完成今年改革和发展的各项任务而努力奋斗。

同日　新年第一天，国家税务总局公布：2001年全国税收收入共完成15157亿元（不包括关税和农业税），比上年增长19.7%，增收2496亿元，完成年计划的112.9%。税收总收入突破15000亿元，每个月的税收收入均超过1000亿元，国税系统收入首次突破万亿元。

4日　来自全国各地的人学领域的学者、专家齐聚北大，参加在这里举行的“中国人学学会会员代表大会暨学术研讨会”。人大常委会副委员长彭珮云、人学学会名誉会长黄楠森、北大党委书记王德炳、副校长何芳川、教育部社政司司长靳诺等领导出席会议并发了言。（北大赵毓荷）

同日　中国人学学会在北京正式成立。来自全国理论界的150余位专家学者参加了成立大会。与会者认为，中国的人学研究伴随着改革开放而走上了学术舞台，也伴随着改革开放的深入而不断发展，现在已成为学术界关注的一个热点。近些年来，中国人学研究取得了不少可喜的成果，有些成果对我国现代化建设与两个文明建设起到一定的促进作用，给党和政府的决策提供了科学依据。

5日　中国革命音乐的先驱、杰出的人民音乐家、中国音协名誉主席吕骥，因病在北京协和医院逝世，享年92岁。吕骥同志1909年出生于湖南湘潭，1931年加入“左联”，1935年加入中国共产党，1937年赴延安，参加“鲁艺”筹建工作，并担任音乐系主任及教务主任。1949年，吕骥当选为中华全国音乐工作者协会主席，其后，又连续3届当选中国音协主席，第四、五届中国音协名誉主席。

6-7日　中共中央农村工作会议在京召开。会议提出，当前和今后一个时期，要坚定不移地推进农业和农村经济结构的战略性调整，提高农业整体素质和效益，促进农民收入持续稳定增长。会议讨论了《中共中央、国务院关于做好2002年农业和农村工作的意见（讨论稿）》。中共中央政治局委员、书记处书记、国务院副总理温家宝在会议上作了题为《以增加农民收入为基本目标，大力推进农业和农村经济结构战略性调整》的报告。

7日　由建设部设立的“中国人居环境奖”和“中国人居环境范例奖”颁发。“北京市大气污染治理和环境综合整治”获“中国人居环境范例奖”。

17日　清华大学公共管理学院企业与政府研究所邀请英国税务总局局长Nicholas Montagu爵士在“清华公共管理国际论坛”就实现政府现代化的话题发表了精彩演讲。该论坛的主题是“从中国看世界，从世界看中国”，体现了立足于中国实际，积极借鉴世界先进经验的思想。（清华大学）

18日《今日中国》创刊50周年纪念会在北京人民大会堂举行。中共中央总书记、国家主席江泽民致贺信，中共中央政治局常委、全国政协主席李瑞环题词表示祝贺。《今日中国》于1952年1月创办，原名《中国建设》，创办者为孙中山夫人、国家名誉主席宋庆龄。经过半个世纪的发展，《今日中国》已发展成为我国目前惟一一本多文种的综合性月刊，拥有英文、法文、西班牙文、阿拉伯文、中文等5个语种的印刷版和包括德文在内的6个语种的网络版，读者遍及世界150多个国家和地区。

21日　《人民日报》发表评论员文章《加强党风建设的重要举措》。文章指出，党的十五届六中全会后，通过全党的努力，党的作风建设正在出现一个新的局面。《中共中央办公厅、国务院办公厅关于进一步精简会议和文件的意见》，抓住党风建设中干部群众反映比较强烈的一个突出问题，作出明确规定，提出具体要求。这是贯彻落实六中全会精神，加强和改进党的作风建设的重要举措。

23日　中国共产党中央纪律检查委员会第七次全体会议在北京举行。会议的主要任务是：高举邓小平理论伟大旗帜，坚持以江泽民同志在庆祝中国共产党成立80周年大会上的重要讲话和“三个代表”重要思想为指导，深入学习贯彻党的十五大、十五届六中全会精神以及中央经济工作会议精神，总结2001年党风廉政建设和反腐败工作，研究部署2002年党风廉政建设和反腐败任务，把反腐倡廉工作提高到一个新的水平。

24日　《北京日报》公布《北京市统计局2001年国民经济和社会发展统计公报》指出，2001年全市实现国内生产总值2817.6亿元，比上年增长11%。人均国内生产总值达到25300元，按当前汇率折算，达到3060美元，比上年增长10.2%。全市第一产业实现增加值93亿元，比上年增长4.5%；第二产业1063.7亿元，增长12.8%；第三产业1660.9亿元，增长10.2%。三次产业比重分别为3.3%、37.8%和58.9%。

26—27日　由清华大学公共管理学院台湾研究所主办的“两岸经济关系战略思考”研讨会在北京西郊宾馆召开。来自全国各台湾研究机构的专家、学者，相关政府部门以及清华大学人文学院、经管学院、信息学院的部分教授共60余人参加了此次研讨会。公管学院党委书记田芊教授代表学校致欢迎辞，台湾研究所所长刘震涛教授作主题发言，院党委副书记、战略研究所所长楚树龙教授也在研讨会上发言。(清华大学)

30日　中共中央总书记、国家主席、中央军委主席江泽民到北京市考察工作，看望企业和农村的干部群众。他强调，2002年是我们党和国家发展史上非常重要的一年，我们党将召开十六大。这对于我们继往开来，与时俱进，全面建设小康社会，加快推进社会主义现代化，具有重大而深远的意义。全党、全国上下必须认清国际国内形势变化带来的新机遇新挑战，保持奋发有为的精神、艰苦奋斗的作风、百折不挠的斗志，加紧做好各方面工作，以优异的成绩迎接党的十六大召开。

31日　国家禁毒委员会召开电视电话会议，总结2001年全国禁毒工作情况，专题部署了2002年全国禁毒严打整治专项斗争。

同日　国务院新闻办公室举行记者招待会，博鳌亚洲论坛代理秘书长张祥宣布，博鳌亚洲论坛首届年会将于2002年4月12日至13日在中国海南博鳌举行。中国国务院总理朱镕基届时将出席年会并作主旨发言。本届年会的主题是：“新世纪、新形势、新任务——亚洲经济的合作与发展。”年会将关注三个专题：区域合作系列，重点讨论亚洲区域内贸易投资自由化、便利化的前景、亚洲货币改革与合作等；行业发展系列，重点讨论国际金融、证券、制造业、信息、能源、传媒等领域的热点问题；国家经济系列，由国际权威人士对亚洲重点国家和地区进行市场分析和国际合作方面的预测。

同日　在中国妇女发展基金会第四届理事会第一次会议上，全国妇联名誉主席陈慕华被选为中国妇女发展基金会会长，全国政协副主席钱正英、全国妇联副主度顾秀莲等22位同志被推选为副会长。

同日　国务院公布的《电影管理条例》、《出版管理条例》、《音像制品管理条例》、《外资金融机构管理条例》、《外资保险公司管理条例》等5个新制定或修改的条例开始施行。这几个条例进一步明确我国电影、出版、音像文化市场以及金融、保险市场的准入条件和范围。

2月

1日　中共中央、国务院在北京人民大会堂隆重举行国家科学技术奖励大会。中共中央总书记、国家主席、中央军委主席江泽民出席并为获得2001年度国家最高科学技术奖的王选、黄昆发奖励证书和奖金。中共中央政治局常委、国务院总理朱镕基代表中共中央、国务院在大会上讲话。中共中央政治局常委、国务院副总理李岚清宣读了《国务院关于2001年度国家科学技术奖励的决定》。中共中央政治局常委、国家副主席胡锦涛主持大会，黄昆代表获奖者讲话。

2日　国家林业局局长周生贤在第六个世界湿地日纪念大会上宣布，我国又有14块湿地被国际组织批准列入国际重要湿地名录，至此，我国的国际重要湿地数量增加到21块，总面积达到303万公顷。

4日　中共中央政治局常务委员会召开会议。会议专门研究进一步安排好困难群众生产和生活的工作。江泽民主持会议并发表重要讲话，强调贯彻“三个代表”要求，最根本的是要不断实现好、发展好、维护好最广大人民群众的根本利益。这是我们党一切工作的出发点和落脚点，也是正确处理改革、发展、稳定关系的结合点。各级领导干部必须从巩固党的执政地位的高度出发，从促进经济和社会发展、维护社会稳定的大局出发，深怀爱民之心，恪守为民之责，善谋富民之策，多办利民之事，更好地为广大人民群众服务，更好地为最需帮助的困难群众服务。

同日　由中国银行主编的《领导干部国际金融知识读本》正式出版发行。中共中央总书记、国家主席江泽民为本书题写书名并作批语。江泽民总书记在批语中指出：“在经济全球化深入发展的条件下，为了适应我国加入世界贸易组织和扩大对外开放的新形势，各级领导干部都应该努力掌握必要的国际金融知识，以利提高我们参与国际市场竞争的能力，更好地服务于我国改革开放和社会主义现代化建设。”

同日　《中国加入世界贸易组织知识读本》系列丛书由人民出版社出版。中共中央总书记、国家主席江泽民为这套丛书题写书名。这套丛书由对外贸易经济合作部部长石广生主编，外经贸部组织编写，授权人民出版社出版，是对外贸易经济合作部指定的全国 WTO 知识培训教材。

5日　中共中央政治局常委、中央书记处书记、中华全国总工会主席尉健行在北京看望慰问已故全国劳动模范和先进工作者时传祥、张秉贵、孙维刚家属时指出，要推动全社会进一步形成学习劳模、关心劳模、爱护劳模的良好风尚，充分发挥劳动模范在改革开放和社会主义现代化建设中的骨干带头和先锋模范作用。

5—7日　中共中央、国务院在北京召开全国金融工作会议。这次全国金融工作会议的主要任务是，以邓小平理论和“三个代表”重要思想为指导，以加强金融监管、深化金融改革、防范金融风险、整顿金融秩序、改善金融服务为主题，全面总结 1997 年全国金融工作会议以来的金融工作，对今后一个时期的工作作出部署。

6日　中共北京市委党史研究室召开“北京市党史部门成立 20 周年”座谈会，全市党史工作系统的老领导、老同志及现职人员 100 多人参加了会议。全市党史部门自成立以来共出版图书 400 余册，撰写文章 4000 余篇，编辑刊物 500 多期。为配合北京市党史部门成立 20 周年，市委党史研究室编辑出版了《北京市党史工作 20 年》画册、《北京党史研究著述书目汇编》，分别以图片和文字的形式对全市党史部门 20 年的工作作了总结。（市委党史研究室）

8日　中共中央在中南海举行党外人士迎春座谈会。江泽民、李瑞环、胡锦涛等中共中央领导同志与各民主党派、全国工商联负责人和无党派代表人士欢聚一堂，畅叙友情，共商国是，喜迎新春。

同日　据《人民日报》载，2001 年体育彩票销量 149.34 亿元，返还群众奖金 74.67 亿元，中百万大奖者 817 个，其中 500 万大奖 354 个，筹集 44.8 亿元用于全民健身事业和其他社会保障事业，万元以上中奖者累积纳税 7.6 亿元。

9日　国务院副总理李岚清到中国政法大学视察工作，并给学校科研工作安排了 4 项任务，要求该校针对行政执法问题、法院执行难问题、黑哨问题、法轮功问题进行研究，提出专家意见。面对这一任务，学校领导高度重视，责成科研处专门组织有关专家在很短的时间内完成了《关于几个疑难法律问题的研究报告》，其中既有对策，又有论证。研究报告于 2 月 28 日送教育部并由教育部送交李岚清副总理及国家有关部门，受到极大的重视。（中国政法大学科研处）

11日　中共中央、国务院在北京人民大会堂举行 2002 年春节团拜会。党和国家领导人江泽民、李鹏、朱镕基、李瑞环、胡锦涛、尉健行、李岚清等同首都各界人士 450 多人欢聚一堂，辞旧迎新，共庆中国人民的传统节日。

21日　国家主席江泽民在人民大会堂与美国总统布什先后进行了小范围和大范围会议。双方就中美关系和重大的国际及地区问题深入地交换了意见，达成了广泛而重要的共识。江泽民说，30 年中美关系正反两方面的经验给人们的启示是：发展中美关系时，双方应着眼大局，立足长远；增进了解，发展互信；承认和尊重差异，寻求和扩大共同点；恪守中美三个联合公报。他说，站在新世纪的起点，中美双方应以史为鉴，面向未来，共同推动两国关系在今后的岁月里取得更大的发展。布什表示，美国政府期望在各个领域扩大和加强与中国的合作，这不仅对美中两国有利，对维护世界和平与促进合作都是十分重要的。布什重申，美方坚持一个中国的政策，遵守美中三个联合公报。这是美国政府的一贯立场。

21—25日 中共中央在中央党校举办省部级主要领导干部“国际形势与世贸组织专题研究班”。21日，在开班式上，中共中央政治局常委、书记处书记、中央党校校长胡锦涛在讲话中指出，中央决定举办这次研究班，是为了适应我国对处开放进入新阶段的新形势所采取的又一重要举措。在25日结业式上，中共中央总书记、国家主席、中央军委主席江泽民发表了重要讲话。

25日 50多名文学艺术界专家、学者、作家和有关部门领导云集中国现代文学馆，出席《特·赛音巴雅尔选集》出版座谈会。全国人大副委员长布赫出席出版座谈会并讲话；国务委员司马义·艾买提来电表示祝贺。国家民委副主任李晋有、《光明日报》原社长张常海、中央民族大学校长荣仕星等有关部门领导与会。中国作家协会党组副书记、中国文联、中国作协副主席丹增代表中国文联、中国作协发表了热情洋溢的讲话。（民大科研处）

28日 国务院在北京召开全国整顿和规范市场经济秩序电视电话会议，总结2001年整顿和规范市场经济秩序工作，明确2002年的主要任务和工作重点，对在全国范围内开展的集贸市场和加油站专项整治工作进行部署。中共中央政治局常委、国务院副总理、全国整顿和规范市场经济秩序领导小组组长李岚清主持会议并强调，要以“三个代表”重要思想为指导，以对人民高度负责的精神，发扬连续作战的作风，对不法行为继续加大打击力度，突出重点，标本兼治，努力争取整顿和规范市场经济秩序工作的更好成绩，迎接党的十六大胜利召开。

同日 中国首届MPA开学典礼在中国人民大学举行，全国人大常委会副委员长蒋正华出席典礼并讲话。国家人事部副部长、全国MPA教育指导委员会主任委员尹蔚民，国土资源部副部长李元，国家行政学院副院长唐铁汉，中国行政学会会长郭济，中国人民大学领导纪宝成、程天权、袁卫、牛维麟、张建明、冯惠玲、马俊杰及国家有关部门领导出席了典礼。全国共有24所高校开设MPA班。全国首届MPA班共录取3000多人。中国人民大学在24所高校中招生数量位居第一位。（人民大学）

同日 中共中央总书记、国家主席江泽民亲临中国人民大学考察工作。中共中央政治局常委、国务院副总理李岚清，中共中央政治局委员、北京市委书记贾庆林随同考察。随同江总书记考察的还有中共中央办公厅主任王刚，中共中央政策研究室主任滕文生，教育部部长陈至立等。江总书记先后参观了中国人民大学65年成就展、文史阅览室、电子阅览室，还同师生们亲切交谈，详细了解了学校的科研、教学和学生的学习情况。随后，在亲切热烈的气氛中，江总书记和人大师生代表进行座谈。纪宝成校长汇报了学校实践“三个代表”重要思想，创建以人文社会科学为主的世界知名的一流大学的工作情况。在听取了师生们的发言后，江总书记作了重要讲话，提出要将中国人民大学建设成为以人文社会科学为主的世界知名的一流大学。（人民大学）

3月

1日 中共中央政治局常委、书记处书记、中央党校校长胡锦涛今天在中央党校春季开学典礼上发表重要讲话指出，认真落实“三个代表”重要思想，始终站在时代前列，不断推进中国先进生产力和先进文化的发展，不断满足最广大人民群众日益增长的物质文化需求，团结和带领全国各族人民把建设有中国特色社会主义事业不断推向前进。这是我们党保持先进性的根本要求，既要贯彻和体现到党的建设的各个方面，又要贯彻和体现到我国社会主义现代化建设的各个领域。

同日 中国侨联在中国革命博物馆主办“20世纪的华侨华人”图片展。展览分5部分：华侨社会形成和发展；赤子情怀，休戚与共；从“落叶归根”到“落叶生根”；华侨华人对居住国和世界文明的贡献；四海为家，情系中华。

同日 中央社会主义学院2002年春季开学典礼在北京举行。全国政协副主席、中央统战部长王兆国，全国人大常委会副委员长、民革中央主席、中央社会主义学院院长何鲁丽出席开学典礼并讲话。

2日 北京市社科规划办公室文物局和门头沟区委区政府联合召开《门头沟文物志》出版座谈会。《门头沟文物志》系北京市哲学社会科学“九五”规划项目，由市社科规划办公室、市文物局资助，由北京燕山出版社出版。中共北京市委宣传部副部长宋贵伦、市社科规划办公室主任王新华、市文物局副局长舒晓峰、门头沟区委书记李建华等百余人出席会议。首都各大新闻媒体做了采访报导。（北京市社科规划办）

3日 中国人民政治协商会议第九届全国委员会第五次会议在人民大会堂开幕。全国政协主席李瑞环主持大会开幕，党和国家领导人江泽民、李鹏、朱镕基、胡锦涛、尉健行、李岚清出席大会并祝贺。全国政协副主席叶选平受常务委员会委托，在会上作了全国政协九届常委会工作报告，全国政协副主席罗豪才受常委会委托，向大会作全国政协九届常委会关于政协九届四次会议以来工作情况的报告。

5日　第九届全国人民代表大会第五次会议在人民大会堂开幕。李鹏委员长主持大会，党和国家领导人江泽民、朱镕基、李瑞环、胡锦涛、尉健行、李岚清出席大会，国务院总理朱镕基作政府工作报告。

6日　教育部社政司副司长黄百炼和科研处副处长田敬诚到清华大学参加“清华大学现代管理研究中心”（教育部人文社会科学重点研究基地）揭牌仪式。揭牌仪式前，教育部领导与校领导胡东成副校长、张再兴副书记和文科工作领导小组组长贺美英同志进行座谈，交流对我校建设世界一流大学和文科建设的意见和看法。文科建设处和经管学院负责同志参加了座谈会。座谈会后，在经管学院一楼大厅举行揭牌仪式。中心的部分研究人员、经管学院的部分师生代表和文科处全体成员参加了揭牌仪式。(清华大学)

12日　中央民族大学选拔的56个民族的学生，由中华青少年历史文化基金会组成的“2002年赴港、台历史文化教育考察交流团”，在北京饭店贵宾楼举行了报告会。大会由中华青少年历史文化教育基金执行委员会秘书长马辉棠主持，基金会执行主席伍淑清，政协领导、民委领导、两会代表等出席了报告会，中央民族大学党委书记王彦、校长荣仕星做了发言。交流团成员认为通过此次考察交流，促进了海峡两岸青少年之间的民族感情，更深入地了解了港、台的风土人情以及社会经济生活状况，拓宽了眼界。(民大科研处)

14日　2002年春季民族经济学与西部大开发座谈会在京召开。国家民委牟本理副主任、全国政协常委、民族与宗教委员会副主任黄璜、中央民族大学校长荣仕星等领导同志及从事民族经济学研究的70余人到会。座谈会从历史高度，实事求是地总结了民族经济学的过去，展望了民族经济的未来，对民族经济学的学科建设和发展创新提出了明确的新思路，对目前经济学、民族经济学中的一些热点问题如劳动价值论问题进行了深入的讨论，提出了建设性的意见和建议。(民大科研处)

16日　中国教育政策法规信息网（www. cnepl. net）正式开通。该网站是以北京师范大学国家级重点学科（教育学原理）、教育政策与法律研究所、虚拟教育研究中心以及全国教育政策与法律研究专业委员会为依托，经过两年多的积极准备而建成的全国第一个集服务、科研与教学为一体的教育政策法规类专业网络。(北师大马永梅)

16日　五卷本《邓拓全集》出版座谈会在中国现代文学馆举行。出席座谈会的80多人就邓拓的政论著作、新闻成就、诗题创作和历史研究等进行了评述。

18日　北京大学2001年度科技奖励大会在交流中心隆重举行。2001年度国家最高科学技术奖得主王选院士再获北大500万元重奖。同是国家最高科学技术奖获得者吴文俊院士和黄昆院士获得了北大“杰出校友”称号，这是北大历史上第一次授予校友荣誉称号。北大还对翟中和院士、涂传诒院士、濮祖荫教授、王诗宬教授等获国家自然科学二等奖的4个课题组，以及荣获“中国高校科学技术奖”、“北京市科学技术进步奖”一等奖和二等奖的个人进行了奖励（北大赵毓荷）

19日　台湾前“陆委会”副主委、“侨委会”主委、海基会副董事长兼秘书长焦仁和先生到清华大学公共管理学院台湾研究所参访，并与台湾研究所有关教师进行了座谈。双方就目前两岸经济关系的发展、如何为大陆台商提供法律服务以及台资企业上市的有关法律问题进行了探讨。焦仁和先生还对加入WTO后两岸如何进一步开展经济交流活动提出了建议。(清华大学)

21日　中共中央总书记、国家主席江泽民在人民大会堂会见了我国首批84位大法官、大检察官，并发表了重要讲话。他指出，新形势新任务，要求我们必须进一步加强司法工作，大力加强法官和检察官队伍建设，使这支队伍具备很高的思想政治素质和业务素质，讲学习、讲政治、讲正气，顾大局，守纪律，努力实践“三个代表”要求，谙熟法律，知识广博，刚正不阿，执法如山。建设起这样一支高素质的法官和检察官队伍，我国司法工作的水平就能不断得到提高。

23日　中共中央直属机关、中央国家机关各部委的近200名省部级领导干部来到北京中关村生命科学园区，栽下了侧柏、立柳、油松、国槐等800多株“奥运之树”，为首都“绿色奥运”又添一抹新绿。

24日　国务院发展研究中心举办的，以“作为WTO成员的中国”为主题的“中国发展高层论坛”2002年年会在北京钓鱼台开幕。中共中央政治局委员、国务院副总理温家宝出席开幕式并致辞。他指出："加入世界贸易组织，是中国进一步适应经济全球化趋势，加快现代化建设步伐的战略决策。这标志着中国对外开放进入新的阶段，也标志着中国经济体制改革进入新的阶段。我们面临着难得的发展机遇，同时面临着严峻的挑战。中国将把加入世界贸易组织作为新的起点，用好新机遇，迎接新挑战，以更加积极的姿态参与国际经济合作与竞争，加快经济改革和发展的步伐。"

26日　北京大学被评为"首都文明单位"。中共北京市委、北京市人民政府联合发出通知，决定授予北京大学生命科学学院潘文石教授等200名同志"首都精神文明建设奖"荣誉称号。决定指出，这些在"讲文明树新风，争做文明北京人"活动和群众性精神文明建设活动中涌现出来的先进人物和先进事迹，代表了积极向上的社会主流，体现了社会主义道德风尚。(北大赵毓荷)

27日　在中国社会科学院日前召开的网络信息化工作会议上获悉：相对于科技工作，一般人印象中的社科工作研究方式距离现代化要远很多。然而，中国社科院4年前启动的"网络信息化"工程让这种距离日趋缩短。由此，社会科学研究不再只凭一枝笔、一张纸这类手工方式进行，而是逐渐走向了现代化、信息化。据悉，今后中国社科院还将按照"一个工程，两个板块，三个层次"的目标，进一步推进网络信息系统的建设，内容包括：将数字图书馆作为一个工程项目完成；建设科研数字化和管理数字化两个板块；建设院级、所局级和个人三个层次的数据库。其中，院级数字化工程要实现国内和国际的直接联系，更快捷、更广泛地向世界传播我国社会科学研究的丰硕成果。

31日　人民日报社和国家税务总局联合主办的"新《税收征管法》颁布一周年暨诚信纳税、利国利民高层研讨会"在人民大会堂举行。全国人大常委会副委员长布赫、全国政协副主席张思卿、国家税务总局局长金人庆、《人民日报》总编辑王晨和有关部门负责人、财税界专家及纳税人代表等近百人参加了研讨会。

4月

1日　《最高人民法院关于民事诉讼证据若干问题的规定》开始施行。这是我国第一部关于诉讼证据问题的司法解释。该规定就民事诉讼证据问题中的举证责任、举证时限、法院调查收集证据的范围、证人出庭作证、非法证据等作出具体规定，并明确了民事诉讼的证明要求和证据标准，完善了法官依法独立审查判断证据的规则。

2～12日　市社科规划办公室组织法学、社会学、教育学学科组专家考察了北京市公安局强制戒毒中心，组织经济学科组专家考察了首都钢铁集团公司，组织历史、文学·艺术学科组专家考察了正在发掘中的金陵遗址。考察活动受到学科组专家学者好评，也受到被考察单位的支持和欢迎。(北京市社科规划办)

3日　北京市公安局在北京地区破获最大的伪造、贩卖假公章、假证件、假文凭案。北京警方共端掉伪造假证件、假印章的窝点5个，抓获涉案犯罪嫌疑人22名。警方同时还当场查获已制作完成，未来得及贩卖的党政军机关、大专院校、企业等各类假公章2400余枚，假居民身份证、假户口簿、假营业执照、假驾驶证、假房屋所有权证明等假国家公文、证件、文凭等6800多个，印章毛坯1万多枚。

5日《科学》杂志主编鲁宾斯坦等专程从美国前来北京，参加"《科学》杂志发表中国完成水稻基因组测序学术论文通报会"，并发表了热情洋溢的讲话，称水稻基因组框架图论文为这一领域"具有最重要意义的里程碑性的工作"，对"新世纪人类的健康与生存具有全球性的影响"，"改变了我们对植物学的研究"，并祝贺论文作者作出了"对科学与人类的里程碑性的贡献"。

同日　北京召开首届中国气候大会。中共中央政治局常委、全国人大常委会委员长李鹏给大会发来了贺信，对中国气候大会隆重召开表示热烈祝贺。李鹏在贺信中说，党和国家历来十分重视气候工作在经济和社会发展中的重要作用，关心气候事业。全体气候工作人员在气候研究、追踪国际气候的研究动态、保持生态和环境等方面都做出了很好成绩，为我国贯彻经济可持续发展的战略作出了积极贡献。

6日　党和国家领导人江泽民、朱镕基、李瑞环、胡锦涛、尉健行、李岚清等来到北京朝来森林公园，参加首都全民义务植树活动。他们挥锹铲土，提水浇灌，栽下一株株树苗，为北京实施"绿色奥运行动计划"再播新绿。江泽民强调："植树造林，绿化祖国，造福后代，我们要再接再厉，一代一代干下去。"

9日　中国出版集团成立大会在人民大会堂举行。中国出版集团是中共中央、国务院批准组建，由中宣部领导，国家新闻出版总署实施企业管理。中国出版集团成员包括人民出版社、人民文学出版社、商务印书馆、中华书局、中国大百科全书出版社、中国美术出版总社、人民音乐出版社、生活·读书·新知三联书店、东方出版中心、中国对外翻译出版公司和新华书店总店、中国出版对外贸易总公司、中国图书进出口（集团）总公司等13家大型企事业单位，现有员工5000多人，总资产约50亿元人民币，2001年销售收入约25亿元人民币。集团成立后，将在两到三年时间内完成内部资源整合、结构调整和业务重组，形成有效的资本积累和规模经营，力争早日建成主业突出、实力雄厚、管理科学、效益一流的大型出版集团。

10日　中共中央政治局候补委员、书记处书记、中组部部长曾庆红在全国干部培训教材编审指导委员会第四次会议上强调，加强干部培训教材建设，是培养复合型领导人才的迫切需要，是搞好干部教育培训的重要基础性工作，也是建设学习型政党、学习型社会的重要举措。当前和今后一个时期，要继续按照“三个代表”要求，认真贯彻落实中央下发的全国干部教育培训“十五”规划和全国干部教育培训工作会议精神，统筹规划，突出重点，提高质量，进一步加强干部培训教材建设，为做好干部教育和人才培养工作奠定坚实的基础。

12日　中共北京市委和北京市政府任命朱明德同志担任中共北京市社会科学院党组书记、北京市社会科学院院长；任命袁懋栓同志担任中共北京市社会科学院党组成员、北京市社会科学院副院长。免去高起祥同志中共北京市社会科学院党组书记、北京市社会科学院院长职务。（高尔强）

14日　美国华盛顿大学管乐团与中央民族大学民族管弦乐团共同举行了一台“中美青年友好音乐会”。美国华盛顿大学学生管乐团成立于1988年。该团的开场乐《天蝎星座》就博得了观众的热烈掌声，《美国之沙》等作品更是将音乐会推向了高潮。中央民族大学民族管弦乐团演奏了《喜讯到边寨》、《万马奔腾》等优秀民乐曲目，独具民族特色的音乐及精湛的演技也博得了美国友人的一片喝彩。（民大科研处）

15日　纪念谭震林同志诞辰100周年座谈会在人民大会堂举行。中共中央政治局常委、国家副主席、中央军委副主席胡锦涛出席座谈会并发表重要讲话。胡锦涛指出，在谭震林同志诞辰100周年之际，我们缅怀他的革命历史，追思他的卓越功勋，学习他的优秀品质，这对于大力弘扬老一辈无产阶级革命家的崇高精神，坚定不移地推进建设有中国特色社会主义伟大事业，是很有意义的。

16日　亚洲议会和平协会第三届年会在京开幕。江泽民致贺信，李鹏致欢迎辞，胡锦涛出席开幕式。本届年会的主题是“和平与发展”。各国与会代表将着重讨论三个议题：世界多极化与世界和平；经济全球化与发展中国家；加强国际合作，推动建立国际政治经济新秩序。大会还将通过《亚洲议会和平协会重庆宣言》。《宣言》是大会最重要的共同文件，是大会成果的集中体现。

29日　庆祝“五一”国际劳动节大会在北京人民大会堂隆重召开。中共中央政治局常委、书记处书记、中华全国总工会主席尉健行在会上发表重要讲话，强调要按照“三个代表”的要求，坚持全心全意依靠工人阶级的根本指导方针，越是在改革开放和发展社会主义市场经济的条件下，越要毫不动摇地贯彻落实党的这一根本指导方针，尊重工人阶级的主人翁地位和首创精神，充分发挥他们的主力军作用。

30日　中国社会科学院图书馆新馆举行开馆仪式，中共中央政治局委员、中国社会科学院院长李铁映为新馆揭幕。中国社会科学院图书馆新馆于1999年12月动工建设。新馆总面积1.8万平方米，藏书量为310万册，有400个阅览座位，拥有583个信息点。

5月

4日　在全国青年欢度青年节、纪念中国共产主义青年团成立80周年和“五四”运动83周年之际，中共中央总书记、国家主席、中央军委主席江泽民为全国青少年广泛开展的保护母亲河行动亲笔题词：“保护母亲河”，对全国广大团员青年寄予了殷切的希望。

5日　中国政法大学建校50周年庆典暨法治与法学教育国际研讨会开幕式在人民大会堂隆重举行。中共中央总书记、国家主席江泽民，中共中央政治局常委、全国人大常委会委员长李鹏分别题词祝贺。江泽民的题词是：“弘扬法治精神，培育法学新人。”李鹏的题词是：“培养优秀政法人才，建设社会主义法治国家。”

8日　北京市社会科学界联合会召开首都理论界学习江泽民考察人民大学重要讲话座谈会。与会专家学者认为，这一重要讲话再一次重申了“四个同样重要”的科学论断，进一步深入论述了发展哲学社会科学的重要意义。并认为，江泽民指出哲学社会科学主要是帮助人们解决人生观、世界观、价值观，解决理论认识和科学思维，解决对社会发展、社会管理规律的认识和运用的科学，这个定性是十分精辟的，哲学社会科学工作者在这方面负有重要的历史使命。

9日 国家外汇管理局公布了2001年中国国际收支平衡表，并宣布2001年我国国际收支经常项目、资本和金融项目继续保持双顺差，国际储备平稳增长，国际收支总体状况良好。2001年我国国际收支资本和金融项目顺差347.75亿美元，远远高于上年同期19.22亿美元的顺差规模。

9日 《人民日报》发表《高度重视、大力发展我国哲学社会科学事业》的评论员文章，指出："实践证明：哲学社会科学与自然科学同样重要，培养高水平的哲学社会科学家与培养高水平的自然科学家同样重要，提高全民族的哲学社会科学素质与提高全民族的自然科学素质同样重要，任用好哲学社会科学人才并充分发挥他们的作用与任用好自然科学人才并充分发挥他们的作用同样重要。

10日 2002年北京国际电视周在北京展览馆隆重开幕。全国人大常委会副委员长王光英，电视周组委会名誉主席、国家广电总局局长徐光春，电视周组委会名誉主席、北京市市长刘淇出席开幕式并为本次国际电视周剪彩。电视周组委会主席、国家广电总局副局长胡占凡，电视周组委会主席、北京市委副书记龙新民致辞。

14日 在北京大学办公楼礼堂，美国哈佛大学校长萨默斯做了精彩演讲。他提到当前全球化的浪潮中，大学教育所面临的严峻挑战和肩负的责任，并以哈佛大学的教育体制和育才模式为例，阐述了他对一流大学应具备的条件的看法。在随后举行的记者招待会上，萨默斯高度评价了北大学生所表现出来的思想性和独特的见解，并表示哈佛也将会逐步加强对中国的了解，增进与北京大学的交流与互动。(北大赵毓荷)

14日 中共中央文献研究室、中国文学艺术界联合会、中国作家协会为纪念毛泽东《在延安文艺座谈会上的讲话》发表60周年，在人民大会堂举行《毛泽东文艺论集》出版座谈会。《毛泽东文艺论集》由中共中央文献研究室编辑，中央文献出版社出版，汇集了毛泽东从1936年到1976年的文稿101篇，包括毛泽东在各个时期关于文艺问题和文艺工作的文章、讲话、批示、书信、题词，以及阅读古代文艺作品的批语等，部分文稿是第一次公开发表。

15日 中宣部、全国妇联、教育部、共青团中央、国家环保总局、国家广播影视总局联合成立的中国"小公民"道德建设计划领导小组召开新闻发布会，决定于5月25日至6月1日在全国各地开展庆"六一""我做合格'小公民'"活动宣传周。"六一"活动宣传周将围绕活动主题"我做合格'小公民'"——做小帮手、小标兵、小伙伴、小卫士、小主人开展道德建设系列大行动。全国31个省、自治区、直辖市的各部门和校外教育机构都将把开展"小公民"道德建设活动与"六一"各项活动紧密结合，社区和繁华地点将设立宣传点，围绕"小公民"道德建设开展社会宣传动员活动。

15～20日 由中国高等教育学会会长周远清发起、受教育部高等教育司委托、由中国高等教育学会和中国人民大学联合主办的"人文教育中的科学精神与科学方法"高级研讨班在中国人民大学举行。来自全国64所高校的92位代表参加了本次研讨班。

17日 中国人民大学举办当代中国研究中心成立仪式。该中心由中国人民大学与中国社会科学院当代中国研究所共同创办。社会科学院副院长朱佳木出席了成立仪式。纪宝成校长和朱佳木副院长共同为中心揭牌并分别致辞。(人民大学)

16日 经国务院批准，颇受社会关注的中国电信集团公司与中国网络通信集团公司经重组后正式宣布成立。中共中央政治局委员、国务院副总理吴邦国致信表示祝贺。吴邦国在信中说，党的十一届三中全会以来，我国电信业取得了令人瞩目的成就，对经济和社会的发展起到了有力的推动作用。他指出，组建中国电信集团公司和中国网络通信集团公司，是深化电信体制改革、进一步引入竞争机制、促进我国电信事业发展的一项重大举措，对于完善社会主义市场经济体制、推进国民经济和社会信息化具有深远意义。

17日 中共北京市第九次代表大会开幕。中共中央政治局委员、中共北京市委书记贾庆林在题为《全面贯彻"三个代表"重要思想，为首都率先基本实现现代化而努力奋斗》的报告中提出，首都要面对新世纪、开辟新境界，必须科学地认识和把握"时代特征"、"中国特色"和"首都特点"。在未来的5年中，北京要力争国民经济保持9%左右的年均递增速度，到2008年，人均GDP由2001年的3000多美元增加到6000美元，城乡居民收入年均实际增长6%，城镇居民人均住房使用面积达到20平方米，社会保障体系基本健全。

18日 "中国人文社会科学论坛2002"在中

国人民大学举行。全国人大副委员长成思危，中宣部副部长雒树刚，中国社会科学院副院长朱佳木，教育部党组成员、中纪委驻教育部纪检组组长田淑兰，北大常务副校长韩启德出席了开幕式。纪宝成致开幕辞，提出三点倡议。程天权作《实践“三个代表”重要思想，发展哲学社会科学》主题报告。冯惠玲副校长主持大会。（人民大学）

21日　2002年全国社会科学院院长联系会议在北京召开。中共中央政治局委员、中国社会科学院院长李铁映在2002年全国社会科学院院长联席会议开幕式上的讲话中指出，哲学社会科学界要认真学习江泽民总书记“三个代表”重要思想、“八七讲话”和“四二八讲话”精神，加快哲学社会科学改革发展。他说，江总书记在不到一年的时间内，两次就哲学社会科学发展发表重要讲话，充分体现了党中央对哲学社会科学发展的高度重视。总书记的讲话是对我国改革开放20年、新中国哲学社会科学发展50多年的经验总结，阐述了哲学社会科学发展的指导思想，开辟了哲学社会科学发展新阶段，对我国哲学社会科学界提出了新要求，也是向各级党组织发出的加强对哲学社会科学领导的重要号召。讲话提出的“四个同样重要”，充分肯定了社会科学、自然科学在认识、改造世界和中国现代化建设中具有同等重要的地位和作用。哲学社会科学的发展，关系到国家兴旺发达、民族前途命运。

26日　文化部和中央文献研究室在中国革命博物馆举办《毛泽东与文艺》大型展览。中共中央总书记、国家主席、中央军委主席江泽民参观展览并充分肯定了这个展览，称赞这个展览办得好，富有深刻的现实教育意义。他指出，60年前，毛泽东发表《在延安文艺座谈会上的讲话》，总结了新文化运动以来革命文艺发展的经验，指明了革命文艺的发展方向。在《讲话》精神指引下，我国文艺事业紧跟时代步伐，抒发人民心声，产生了一大批激奋人心的优秀作品。《讲话》发表以来的60年，是党的文艺队伍不断壮大的60年，是党的文艺理论不断发展的60年，是党的文艺事业不断繁荣的60年。

6月

2日　国家社科基金资助、全国教育科学“十五”规划国家重点课题《西部大开发与中国少数民族教育改革和发展研究》开题会议在中央民族大学主楼第一会议室隆重召开。教育部副部长赵沁平，国家民委副主任图道多吉，全国教育科学规划领导小组原副组长王明达，全国教育科学规划办主任阎立钦研究员，全国教育科学规划领导小组办公室副主任金宝成，教育部民教司司长夏铸，国家民委教育司副司长俸兰，中央民族大学校长荣仕星和近百名民族教育专家学者出席了开题会议。在会上，哈经雄教授作了总课题开题报告。（民大科研处）

同日　《领导干部宏观经济管理知识读本》共分12章，由国家发展计划委员会组织编写，曾培炎主编，人民出版社出版。中共中央总书记、国家主席江泽民为本书题写了书名并作重要批语。江泽民指出，从新世纪开始，我国进入了全面建设小康社会、加快推进社会主义现代化的新的发展阶段。在错综复杂的国内外形势下，要保持国民经济持续快速健康发展、提高我国经济的国际竞争力，必须在充分发挥市场配置资源基础性作用的同时，进一步加强和改善宏观调控。这是完善社会主义市场经济体制的内在要求。

6日　纪念中华书局90华诞大会在北京举行。布赫、许嘉璐、王文元等和中宣部、新闻出版总署、中国出版集团等有关部门负责人，以及专家学者、中华书局新老员工约800人参加了纪念大会。1912年，我国近代著名教育思想家和出版家陆费逵在上海创办了中华书局。中华书局奉行“开启民智”的宗旨，以编辑出版教科书为主，在传播科学文化知识、推行新式教育方面起了积极作用。

9日　庆祝北京戏曲艺术学校建校50周年演出在京举行。北京戏曲艺术学校原为私立艺培戏曲学校，是梅兰芳、郝寿臣、马连良等艺术前辈在1952年用义演筹来的钱款建成的。如今，该校已建成多学科、多门类的艺术教育体系，并成为全国重点艺术学校。中共中央政治局委员、中央书记处书记、中宣部部长丁关根，中共中央政治局委员、北京市委书记贾庆林观看演出并会见了著名京剧表演艺术家及戏校老教师代表。丁关根在会见时说，希望你们认真贯彻江泽民总书记关于“振兴京剧艺术，弘扬民族文化”，“德艺双馨，继往开来”的重要指示精神，传艺育人，辛勤耕耘，与时俱进，不断创新，多出优秀人才，多出优秀作品。

同日　中华民族团结进步协会在北京正式成立。原全国人大常委会副委员长费孝通任协会名誉会长，国家民委副主任江家福任协会副会长。协会将广泛动员海内外各界人士和团体，积极投入到西部大开发和兴边富民的行动中去，努力扶持人口较少的少数民族的发展，促进各民族的共同发展和共同繁荣；利用各种途径和形式，积极促进少数民族的思想道德素质和科学文化素质的不断提高；为加快少数民族和民族地区的发展提供智力支持；组织有关力量，对事关民族工作大局的重大理论和现实问题进行研究，及时提出对策建议，为做好新时期的民族工作建言献策。

10日　国家体育总局和中华全国体育总会在京举行座谈会，纪念毛泽东同志“发展体育运动，增强人民体质”题词发表50周年。中共中央政治局常委、国务院副总理李岚清出席会议并发表讲话强调，要深入领会毛泽东同志的题词精神，全面贯彻“三个代表”重要思想，与时俱进、开拓创新，大力发展体育事业，不断提高广大人民群众的身体素质，促进我国先进生产力和先进文化发展，满足人民群众日益增长的精神文化需求。

11日　《人民日报》公布中共中央办公厅、国务院办公厅关于印发《2002—2005年全国人才队伍建设规划纲要》的通知。《纲要》是我国第一个综合性的人才队伍建设规划，是今后几年全国人才工作的指导性文件。加强人才队伍建设，对于做好我国加入世界贸易组织后的各项应对工作，实现“十五”计划确定的宏伟目标，把建设有中国特色社会主义事业不断推向前进，具有十分重要的意义。

13日　国务院总理朱镕基在中央民族大学呈送的“国家民委、教育部和北京市人民政府签署重点共建中央民族大学协议”汇报文件上亲笔题词“谨表祝贺，敬祝成功”。(民大科研处)

15日　中央国家机关工委、文化部、中国社会科学院今天在国家图书馆文津街分馆联合举办第六期中央国家机关部级领导干部历史文化讲座，中国社会科学院历史研究所研究员、中国社会科学院古代文明研究中心主任李学勤，作题为“追寻中华文明的起源”的报告。来自中央国家机关有关部门的近百名部级领导干部和部分机关工作人员听取了今天的讲座。中共中央政治局委员、中国社会科学院院长李铁映出席讲座。作为“夏商周断代工程”首席科学家的李学勤从文明起源研究的重要意义、“夏商周断代工程”的缘起和成果、目前中华文明起源研究的现状等角度，阐释了源远流长的中华文明的起源问题。

同日　总参组织召开全军院校教学改革工作会议。傅全有总参谋长在会上强调，“三个代表”重要思想反映了当代世界和中国的发展变化对党和国家的新要求，也是全面加强军队和院校建设的根本指针。深化教学改革，提高教学质量，培养高素质新型军事人才，最根本、最重要的是全面贯彻“三个代表”的要求。会议讨论修改了《关于推进军队院校现代化教学，培养高素质军事人才的意见》和《院校教学工作条例》；紧紧围绕培养高素质新型军事人才这个主题，就深化教学改革的指导思想、基本原则和主要任务进行了讨论；12所院校在会上介绍了经验，14项现代化教学成果进行了现场演示。军队院校的学科专业建设取得重要突破，教学科研信息网络化平台已粗具规模，形成了一支结构合理、素质较高的教员队伍。(国防大学)

16日　原广播电视部部长、党组书记，中华全国新闻工作者协会名誉主席和中国广播电视学会名誉会长吴冷西同志，因病医治无效，在北京逝世，享年83岁。

18日　中央企业党建思想政治工作研究会在京举行成立大会。中共中央政治局委员、国务院副总理、中央企业工委书记吴邦国在贺信中指出，成立中央企业党建思想政治工作研究会，是加强中央企业党建思想政治工作的重要举措，是中央企业党建和思想政治工作战线的一件大事。他希望新成立的研究会高举邓小平理论伟大旗帜，以“三个代表”重要思想为指导，坚持解放思想、实事求是的思想路线，弘扬与时俱进的精神，牢牢把握保持党的先进性、坚持执政为民这个根本要求和发展是执政兴国第一要务的思想，不断增强贯彻“三个代表”要求的自觉性和坚定性。

19日　中共中央政治局常委、国务院总理、中央编委主任朱镕基，中共中央政治局常委、国家副主席、中央编委副主任胡锦涛下午在人民大会堂会见了出席全国编办主任会议暨全国机构编制系统先进集体和先进工作者表彰大会的代表。

同日　民革中央在人民大会堂举行王昆仑同志诞辰100周年纪念座谈会。中共中央政治局常委、全国政协主席李瑞环出席座谈会。王昆仑是我国忠诚的爱国民主战士、著名的政治活动家、中国国民党革命委员会的卓越领导人。他1922年参加国民党，曾参加北伐战争，积极投身民主革命。“四·一二”事变后，参加爱国民主斗争。1933年加入中国共产党，从事民主运动和统一战线工作。抗日战争时期，先后发起组织了中国民主革命同盟和三民主义同志联合会。1949年9月，他出席中国人民政治协商会议第一届全体会议。新中国成立后，历任政务院政务委员、北京市副市长、第五届民革中央副主席、第六届中央主席。他还是第一届全国政协常委，第三、四届全国政协委员，第五、六届全国政协副主席，第一、二、三、四届全国人大常委。

21日　在党中央、国务院的亲切关怀下，国家民委、教育部和北京市人民政府在京签署协议，重点共建中央民族大学。全国人大常委会副委员长布赫，国务委员、中央民族大学名誉校长司马义·艾买提，国务院副秘书长徐绍史出席了签字仪式国家民委主任李德洙、教育部部长陈至立、北京市副市长林文漪分别代表国家民委、教育部和北京市人民政府在共建协议上签字并发表讲话。签字仪式由国家民委副主任图道多吉主持。(民大科研处)

22日　在北京人民大会堂举行的首届“中国儿童慈善活动日”总结表彰大会上，北京大学被授予“公益明星学校”的光荣称号。全国人大副委员长、全国妇联主席彭珮云亲自颁奖，中共中央政治局候补委员、国务委员吴仪出席大会并讲话。“中国儿童慈善活动日”活动是由中国儿童少年基金会、中华慈善总会主办的一项社会公益事业，主要目的在于为贫困山区的儿童和城市生活困难的儿童筹资，以助其完成学业。在今年的“中国儿童慈善活动日”到来之前，中华慈善总会主办了“百所高校互动一日捐”活动，北大表现突出，以“捐献一日生活费、献出一片手足情”为口号，广泛动员了北京大学师生以及家属，踊跃参加了捐献活动。北京大学校办主任张彦出席大会并代表受表彰的高校发言。他向社会各界人士介绍了北大在“一日捐”活动中的情况及北大“爱心社”的“爱心万里行”等活动情况，北京大学各院系学生代表也出席了大会。大会同时还颁发了“公益明星单位”、“慈善大使”等集体奖和个人奖。(北大赵毓荷)

30日　郭沫若和齐白石两位大师的全身青铜雕像正式入驻中华世纪坛。经专家提名，报中宣部、国家文化部等确认后才最终确定的：管仲、老子、孔子、孙子、屈原、李冰、司马迁、张衡、蔡伦、王羲之、祖冲之、贾思勰、李白、杜甫、吴道子、司马光、毕昇、沈括、李清照、黄道婆、关汉卿、李时珍、朱载堉、徐霞客、曹雪芹、詹天佑、蔡元培、鲁迅、齐白石、马寅初、李四光、郭沫若、梅兰芳、徐悲鸿、茅盾、梁思成、林巧稚、冼星海、邓稼先、华罗庚等40尊中华名人青铜雕塑，将陆续安放在中华世纪坛三层环廊内。

7月

1日　《人民日报》发表《以贯彻“三个代表”的新成就迎接十六大——庆祝中国共产党成立八十一周年》的社论。社论指出：“在去年庆祝中国共产党成立八十周年大会上，江泽民同志发表了著名的‘七一’讲话。讲话系统总结了我们党八十年的光辉历程和基本经验，全面阐述了‘三个代表’重要思想的科学内涵，深刻回答了在新的历史条件下加强和改进党的建设需要解决的重大问题，进一步指明了党在新世纪的历史任务和奋斗目标。”社论指明：“今年5月31日，江泽民同志在中央党校省部级干部进修班毕业典礼上发表的重要讲话，进一步科学分析了当前我们面临的新形势、新任务和新挑战，全面阐述了贯彻‘三个代表’重要思想的根本要求，深刻回答了党和国家未来发展的一系列重大理论和实践问题。这篇讲话，为党的十六大作了重要的政治、思想和理论准备，对于更好地团结和动员全党为实现历史和时代赋予我们党的庄严使命而不懈奋斗，具有十分重大而深远的意义。”

2日　北京2008奥林匹克设计大会和北京2008奥运会会徽设计大赛在北京国际会议中心拉开帷幕。第29届奥运会组委会主席、北京市长刘淇在开幕式上首先致辞说，北京获得2008年奥运会举办权，为北京和中国赢得了向全世界展示自己的机会。我们将通过宏伟壮观的形象与景观设计，与世界分享北京2008年奥运会的魅力，传达“新北京、新奥运”和“绿色奥运、科技奥运、人文奥运”的举办理念，向全世界展示北京和中国的悠久历史、灿烂文化和生机勃勃的今天，以及创造这一切的充满自信与希望的人民。通过这一千载难逢的历史机遇，提升北京和中国的国际形象。

3日　外经贸部和中国人民银行联合召开了全国银贸协作电视电话会议。中共中央政治局候补委员、国务委员吴仪专门作出批示指出，当前世界经济发展的不确定因素很多，外经贸形势不容乐观。加入世贸组织后，我国外经贸和金融面临新的发展机遇，也面临巨大挑战。吴仪要求，在这种形势下，会议要认真总结近年来银贸协作的经验，研究采取切实有效的措施，在加强金融监管的同时，促进外经贸发展，努力提高我国外经贸企业和商业银行的国际竞争力。

4日　《人民日报》载，由中华全国总工会和中共中央文献研究室合作编辑的《毛泽东邓小平江泽民论工人阶级和工会工作》一书，近日由中央文献出版社出版。这本书收入毛泽东、邓小平、江泽民同志有关工人阶级和工会工作的重要论述共75篇。这些论述是从他们许多报告、讲话、谈话、文章、书信、批示和题词中选编出来的，有的论述是第一次公开发表。

同日　由人民日报社和日本新兴高新技术企业协会共同主办的“21世纪中日政企学合作发展北京论坛”在北京人民大会堂举行。全国人大常委会副委员长王光英、日本前首相森喜朗到会表示祝贺。王光英说，今年是中日邦交正常化30周年，日本已成为中国最大的贸易伙伴，中日合作潜力巨大，我们应该珍惜来之不易的中日友好合作关系。森喜朗说，我作为日本的政治家，要以日中邦交正常化30周年为契机，为日中两国进一步友好和相互理解而发挥作用。

5日　中共中央政治局委员、北京市委书记贾庆林到北京工商大学、首都师范大学调研时指出，当前，首都发展面临前所未有的机遇，按照“三个代表”的要求，实现首都率先基本实现现代化的战略目标，需要大批合格的、优秀的人才，北京高校要坚持正确的办学方向，面向国际高等教育和学术发展的最前沿，紧密结合首都政治、经济、文化、教育等各项事业发展的实际需要，不断创新，加快为首都培养各类人才的步伐。市委副书记龙新民、杜德印一同调研。

同日　全国法院队伍建设工作会议在北京召开，最高人民法院提出大力加强法官职业化建设。最高人民法院发布了《关于加强法官队伍职业化建设的若干意见》。

7日　首都学生、军人和各界群众300多人，在中国人民抗日战争纪念馆举行“七七事变”65周年纪念活动。有关部门领导、参加过抗日战争的老战士和抗日将领家属代表、部分内地和香港史学界专家及华侨代表出席了纪念活动。在纪念仪式上，中国人民抗日战争纪念馆馆长陈启刚说：“回首长达8年的艰苦卓绝的抗日战争，历史昭示了一个真理：中国共产党是中华民族复兴大业的坚强领导核心。”

9日　中国反邪教协会发表强烈谴责“法轮功”攻击我国鑫诺卫星新罪行的声明，指出：“境外‘法轮功’邪教组织利用非法电视信号干扰和破坏我广播电视节目正常播出和鑫诺卫星正常使用是严重违法活动。这是‘法轮功’邪教组织粗暴践踏有关国际公约和民用通信基本准则，危及公共安全，侵犯公众权益所犯下的又一新罪行。它再次暴露了‘法轮功’邪教组织反人类、反科学、反社会的邪教本质。”

11日　中共中央政治局委员、北京市委书记贾庆林在第十次北京市民政会议上强调，城乡居民最低生活保障是社会保障安全网中的最后一道防线，各级政府要站在全局和讲政治的高度，“上为中央分忧，下为群众解愁”，增强做好新形势下民政工作的自觉性，想群众之所想，急群众之所急，帮群众之所需，把党和政府的温暖送到千家万户。

同日　经中央军委批准，《中国军事百科全书》第二届编审委员会第二次会议在北京召开。会议着重研究部署新世纪我军军事百科编纂工作的任务，审议通过了《中国大百科全书·军事》第二版和《中国军事百科全书》第二版编纂工作的4个重要文件，审议批准《中国军事百科全书·增补》出版发行。编委会主任傅全有在会上强调指出，要认真贯彻江总书记“5·31”讲话精神，与时俱进，开拓创新，把“三个代表”的要求落实到军事百科工作的具体实践中去。(国防大学)

12日　由江泽民总书记亲笔题词的《百年奥运　中华圆梦》系列出版物首发式和纪念北京申办2008年奥运会成功一周年座谈会，昨天在人民大会堂举行。中共中央政治局委员、第29届奥运会工作领导小组副组长、中共北京市委书记贾庆林出席并在讲话中强调，要认真学习、全面贯彻江总书记重要讲话精神，用“三个代表”重要思想统领2008年奥运会的筹办工作；要以举办一届最出色的奥运会为目标，高标准、高水平、高质量地推进各项筹备工作；要对奥运会的筹办工作实行全程监督，保证筹办工作的廉洁和高效，不辜负全国人民的期望。

15日　《毛泽东邓小平江泽民论工人阶级和工会工作》出版座谈会在北京人民大会堂举行。中共中央政治局常委、中央书记处书记、中华全国总工会主席尉健行在讲话中强调，认真学习党的三代领导核心关于工人阶级和工会工作的重要思想，深刻领会其基本观点和精神实质，对于我们进一步认识20世纪中国共产党领导的我国工人运动和工会工作的发展历程，更好地把握21世纪的前进方向，更好地贯彻落实党的全心全意依靠工人阶级的根本指导方针和履行工会维护职工合法权益的基本职责，更好地保护、调动和发挥广大职工投身改革和建设的积极性、创造性，把建设有中国特色社会主义伟大事业不断推向前进，具有重大的现实意义和深远的历史意义。

19日　中国社科院、国家民委、文化部、国家广电总局、中国文联等联合举行《格萨尔》千年纪念大会。中共中央政治局委员、中国社科院院长李铁映在纪念大会上作了《文化的创新与创新的文化》主题发言。他说，我们纪念这一伟大诗篇，不仅要重温她深刻博大的思想内涵，分享她历久弥新的艺术魅力，更重要的是要思考一下如何看待中华民族传统文化，思考中华民族传统文化如何与时俱进、开拓创新。

20—21日　北京语言大学和国家对外汉语教学领导小组办公室联合举办的首届汉语教师研修国际学术研讨会在北京语言大学举行。国家对外汉语教学领导小组办公室师资处领导、北京语言大学副书记、副校长出席了开幕式。美国、俄罗斯、菲律宾、埃及等国家的汉语教师纷纷提交论文。北京语言大学、清华大学、北京师范大学等十余所高等院校的20多位专家学者和从事汉语教师培训工作的教师参加了本次研讨会。本届国际学术研讨会主要讨论新世纪的汉语教师研修工作，中心议题为："开拓新世纪的汉语教师研修工作，完善汉语教师的知识结构，提高汉语教师的基本素质。"（北京语言大学）

21日　中国人民大学召开座谈会，学习江泽民考察中国社会科学院重要讲话。校长纪宝成和参加座谈的专家学者表示，江泽民总书记的重要讲话是以对新世纪世界和平与发展、对中华民族伟大复兴负责的态度进行的战略构思，是促进我国哲学社会科学繁荣发展的理论和行动纲领，以哲学社会科学为主的中国人民大学一定要认真学习、积极贯彻江泽民总书记的重要讲话精神，创造出无愧于时代的学术精品，为有中国特色社会主义事业服务，为改革开放服务。

22～31日　北京语言大学和国家对外汉语教学领导小组办公室联合举办的2002年中文教学发展国际研讨会在北京语言大学举行。来自美国、英国、德国、法国、意大利、日本、韩国等15个国家34所高校的专家、学者参加了研讨会。与会者就国内外汉语教学的现状与发展、汉语教师的培训与培养、汉语教材的使用与编写、汉语教学新手段的运用等议题进行了集中探讨。许多学者的发言涉及了中文教学的许多关键方面，总结了各国在中文教学方面的经验，就所遇的困难和问题进行了有益的探讨，对汉语教学事业在21世纪的发展深有裨益。（北京语言大学）

24日　中共中央政治局常委、国务院副总理李岚清在中共中央政治局委员、北京市委书记贾庆林和市长刘淇的陪同下，到中关村科技园区考察了高新技术成果展示厅、生命科学园、永丰产业基地、软件园、清华大学科技园，察看了新扩建的圆明园东路以及清华大学、北京大学校园周边环境整治情况、中关村西区建设和中科院科学城改造工程进展情况，听取了中关村科技园区建设的汇报，并发表了讲话。

25日　李岚清到北京国际会议中心参观了奥林匹克公园和五棵松文化体育中心设计方案展，听取了奥组委有关工作情况的汇报。李岚清对北京奥组委的工作表示满意。他强调，各有关部门和单位要认真研究和借鉴其他国家举办奥运会的经验，精心规划、精心设计、明确职责、密切配合，扎实做好2008年奥运会的场馆建设和各项筹备工作。

26日　第五次全国民族教育工作会议在北京召开。中共中央政治局常委、国务院副总理李岚清与出席会议的代表座谈并发表讲话，他强调，要从贯彻落实江泽民同志"三个代表"重要思想的高度和促进经济与社会发展、巩固民族团结、维护国家统一的全局出发，充分认识发展民族教育事业的重大意义，大力推进民族教育事业的改革与发展，促进各民族团结进步与共同繁荣。

26～27日　全国党建研究会在北京召开"三个代表"与党建理论和实践创新研讨会，深入学习贯彻江泽民同志"三个代表"重要思想，以研究党的建设理论和实践创新的成果迎接党的十六大召开。参加研讨的有来自部分省、区、市党委组织部门、党校、党建研究会（学会）的理论工作者和实际工作者，以及全国党建研究会的部分同志。全国党建研究会会长张全景主持研讨会。参加研讨会的同志深入学习江泽民同志去年"七一"讲话和今年"5·31"讲话，以"三个代表"重要思想为指导，全面回顾党的十三届四中全会以来党的建设理论和实践的发展历程，展示以江泽民同志为核心的党中央带领全党推进党的建设新的伟大工程所取得的成绩，对实践经验进行理论思考，努力深化对新时期加强党的自身建设规律的认识。

28日　北京市第十一届运动会在丰台体育中心开幕。北京市委副书记、市长刘淇致开幕辞，国家体育总局局长袁伟民，市委副书记、市人大常委会主任于均波，市委副书记龙新民、强卫，市政协党组书记程世峨出席开幕式。该届运动会以弘扬"为北京展风采，为奥运出人才"为主题，为第十届全国运动会和2008年奥运会发现、选拔和培养优秀体育后备人才，将进一步促进各区、县发挥本地优势，形成一批拳头项目，抓好尖子，为北京市在今后三年和五年两大体育赛事上取得优异成绩打下坚实的基础。

31日 中华人民共和国国防部今天在人民大会堂举行盛大招待会，热烈庆祝“八一”建军节。江泽民、李鹏、朱镕基、李瑞环、胡锦涛、尉健行、李岚清等党和国家领导人出席招待会。中央军委副主席、国务委员兼国防部长迟浩田上将致祝酒辞。他说，党的十三届四中全会以来，江泽民同志把毛泽东军事思想和邓小平新时期军队建设思想与新的实践结合起来，对新形势下的军队建设作出了一系列重要的科学论述。中国人民解放军按照“政治合格、军事过硬、作风优良、纪律严明、保障有力”的总要求，紧紧围绕“打得赢”、“不变质”两大历史性课题，积极推进军事、政治、后勤和装备工作，部队的全面建设进入了新的历史阶段。全军官兵经受住了国际国内复杂形势和严峻斗争的考验，出色地完成了党和人民赋予的各项任务。

8月

1日 《人民日报》发表《党的绝对领导是永远不变的军魂——纪念中国人民解放军建军75周年》社论。社论提出：“牢固树立‘三个代表’重要思想在军队建设中的指导地位，坚持用‘三个代表’重要思想统领和指导军队的各项工作，这是人民军队履行‘打得赢’、‘不变质’历史使命的重要思想和理论保证，是推进科技强军、依法治军，走有中国特色的精兵之路的科学指南。政治上的坚定来自理论上的清醒，行动上的一致源于思想上的统一。开创军队建设的新局面，必须坚定自觉地用‘三个代表’重要思想统一全军官兵的思想，真正做到在理论上十分清醒，在政治上十分坚定，在行动上十分自觉。”

3日 全国人大外事委员会负责人就美国《2002财年补充拨款法》发表谈话指出，近日，美国会此前通过的《2002财年补充拨款法》被美国总统签署成法。该法案含有多项涉台内容，竟然将台湾与美国的北约、非北约盟国并列，将台军政人员视为美“盟国”人员，甚至要求授权美总统在台有关人员受到国际刑事法院拘留或关押时采取措施予以保护。美方不顾中国方面多次严正交涉，采取这一违背中美三个联合公报、利用台湾问题干涉中国内政的行径，对此，中方表示强烈愤慨和坚决反对。

6日 中国和平统一促进会与俄罗斯中国和平统一促进会在京举行“一个中国原则不容挑战”座谈会。全国政协副主席、中国和平统一促进会会长万国权，中国和平统一促进会部分常务理事、理事，以及以韩存礼为名誉团长的俄罗斯中国和平统一促进会访问团一行20余人出席。万国权指出，实现中国的和平统一是海内外炎黄子孙的共同心愿，两岸和平统一不仅符合两岸人民的利益，也符合中华民族的根本利益。截至目前，全球已有70多个国家和地区成立了110家中国和平统一促进会。今年海外华侨华人以反“独”促统为宗旨的“约翰内斯堡大会”、“悉尼大会”和“圣保罗大会”先后成功召开，海外华侨华人反“独”促统运动，可谓风起云涌，波澜壮阔。

同日 全国军事硕士专业学位教育指导委员会在京成立。中央军委委员、总参谋长傅全有在成立大会上讲话强调，要认真贯彻落实江泽民主席关于培养高素质新型军事人才的重要指示，开展军事硕士专业学位教育，造就善于组织训练、管理部队，能够驾驭现代化战争，精于指挥作战的高层次应用型军事指挥人才。

同日 中国国际问题研究所副所长、中国和平统一促进会理事苏格指出，陈水扁近日宣称海峡两岸“一边一国”，并鼓吹“公民投票”，这是他为落实“台独”主张而公开进行的一场政治赌博，但他误判了形势，打错了算盘，其结果必将会和李登辉提出的“两国论”一样遭到挫败。

10～20日 市社科规划办公室首次组织北京地区科研管理人员赴欧洲考察。考察团由市委宣传部副部长宋贵伦带队，市社科规划办公室、北京大学、中国人民大学、清华大学、中共北京市委党校、北京青年政治学院等单位科研管理负责人参加了考察。(京社科规划办)

16日 “中国高校教材图书网”(www. sino-book. com. cn)开通仪式在中国人民大学隆重举行。中宣部副秘书长、新闻出版广播影视业改革与发展办公室主任邬书林，教育部副部长袁贵仁，新闻出版总署副署长柳斌杰，人大党委书记程天权等相关部门的领导同志出席了网站开通仪式。教育部社政司司长靳诺同志主持开通仪式并致开幕词。

(人民大学)

26～31日 中国—联合国儿童基金会(CHI-NA-UNICEF)校长培训与学校发展规划项目培训材料开发专题会议在教育部小学校长培训中心暨北京师范大学教育管理学院所在地同春园宾馆召开。此次会议是编写西部中小学校的校长培训教材和实施培训非常重要的一步。会议将是确定培训材料的编写计划以及分工。来自内蒙古、广西、重庆、云南、青海、北京等6省（市）12个项目负责人和国家高级行政学院、教育部中小学校长培训中心的专家参加了会议。(北师大马永梅)

9月

6日　北京语言大学举行了建校40周年暨新中国对外汉语教学52周年的庆典活动。来自海内外的1500多位各界人士欢聚一堂，庆祝学校建立40周年和新中国对外汉语教育事业发展52周年。中共中央总书记、国家主席江泽民致信北京语言大学，向全体师生员工和海内外校友表示热烈的祝贺，并提出殷切期望。中共中央政治局常委、全国人大常委会委员长李鹏，中共中央政治局常委、国务院副总理李岚清也分别题词和致信表示祝贺。北京市委书记贾庆林、北京市市长刘淇也联合为学校发来了贺信。全国人大常委会副委员长王光英、许嘉璐和108位外国驻华使节等出席了庆典大会。教育部副部长章新胜，中共北京市委常委、教育工委书记朱善璐，北京语言大学党委书记王路江、校长曲德林和国内外大学、海内外校友、教师、学生代表分别讲话或发言。(北京语言大学)

7～9日　首届社会语言学国际学术研讨会(The First International Conference on Chinese Sociolinguistics)在北京语言大学举行。本次会议由北京语言大学、香港中文大学吴多泰中国语文研究中心联合主办，北京语言大学语言研究所承办。本次会议是在中国社会语言学学术活动停顿10年之后举行的，会议主题是中国社会语言学的理论建设与实证研究，会议得到了海内外社会语言学界的积级响应。参加会议的代表共约100人，分别来自美国、荷兰、日本、越南等国家和中国大陆、香港、澳门、台湾地区，其中正式代表约70人，列席代表约30人，海外代表占1/3。社会语言学创始人之一John J. Gumperz（约翰·甘柏兹）教授应邀参加了会议，香港中文大学吴多泰中国语文研究中心主任张双庆教授、教育部语言文字信息司司长李宇明教授、中国语言学学会会长侯精一教授、教育部语言文字应用研究所陈章太教授等众多知名学者参加了会议。(北京语言大学)

8日　北京师范大学建校100周年庆祝大会在人民大会堂举行。中共中央总书记、国家主席江泽民及其他党和国家领导人朱镕基、李瑞环、胡锦涛、尉健行、李岚清等出席。江泽民在讲话中首先代表党中央、国务院，向北京师范大学的全体师生员工和海内外校友，表示热烈的祝贺，向全国教师和广大教育工作者祝贺教师节。他指出，只有按照“三个代表”要求，大力推进教育创新，不断发展有中国特色社会主义教育事业，才能不断为我国经济和社会发展培养高素质的劳动者、建设者、管理者和领导者。

12日　中共中央、国务院在北京召开全国再就业工作会议。会议提出，扩大就业，促进再就业，关系改革发展稳定的大局，关系人民生活水平的提高，关系国家的长治久安，不仅是重大的经济问题，也是重大的政治问题。

12～13日　中共中央、国务院在京召开全国再就业工作会议。中共中央总书记、国家主席江泽民在会上作了重要讲话。他指出，扩大就业，促进再就业，关系改革发展稳定的大局，关系人民生活水平的提高，关系国家的长治久安，不仅是重大的经济问题，也是重大的政治问题。千方百计解决好群众的就业问题，就是为人民办实事，就是贯彻“三个代表”要求的重大实践。各级党委和政府一定要充分认识就业和再就业工作的极端重要性，把就业和再就业工作始终作为关系改革发展稳定的大事，务必抓紧抓实抓好。

16日　全国五届政协常委，中国科学院首批学部委员（院士），我国著名的化学家、教育家，杰出的爱国民主人士，北京大学原副校长傅鹰先生诞辰100周年纪念大会在北京大学举行。中共中央政治局常委、国务院副总理李岚清致函北京大学。李岚清在致函中说：“傅鹰先生是一位忠诚的爱国者。他在科学研究上勇于攀登、开拓创新；教学上锐意改革，坚持海人不倦地为学生上课。他拥护党的领导，以主人翁的态度向党进言献策，是党的真挚诤友。他刚正不阿，在逆境中仍坚持真理，与恶势力进行斗争。傅鹰先生的事迹感人至深，是我国爱国知识分子的榜样。希望北京大学师生以傅鹰先生为榜样，发扬‘勤奋、求实、开拓、创新’的精神，努力培养高素质创新人才，为把北京大学办成世界一流大学而努力奋斗。”

16日　中国社会科学院建院25周年庆祝大会在京举行。1977年，中国社会科学院在中国科学院哲学社会科学学部的基础上正式成立。经过几代哲学社会科学工作者的辛勤努力，中国社会科学院涌现出 不少饮誉海内外的学术大师，汇集了众多造诣精深的专家学者，推出了诸多颇具影响的精品力作。据不完全统计，建院以来，中国社科院共完成专著7045部，论文80715篇，研究报告12115份，此外还有大量的学术资料、译著、教材、学术工具书、古籍整理、理论宣传文章等其他形式的成果。中共中央政治局委员、中国社会科学院院长李铁映强调，中国社会科学院要以庆祝建院25周年为新契机，锐意进取，扎实工作，把中国社科院各项工作提上新台阶，真正办好中国社会科学院，为新世纪加快发展我国哲学社会科学作出更大的贡献。

19日　第四届全国优秀教育音像制品奖颁奖大会在京举行。《美的启蒙——青少年美育系列片》、《源远流长的中国教育》、《中国文化名著名家演讲系列片》、《红旗飘飘——中国共产党历史上的今天》等165种优秀教育音像制品获奖。

19日　《北京市历史文化名城保护规划》正式实施。这是北京有史以来最为完整的名城保护规划。北京是世界著名的历史文化名城，有5处世界文化遗产，60处国家级重点文物保护单位，以及其他文物和文化遗产共计3553处。《保护规划》分为文物保护单位的保护、历史文化区的保护和名城整体保护3个层次。

19～20日　北京市社科规划办公室召开“2002年北京市哲学社会科学规划工作年会”。年会主题是：深入学习贯彻江泽民同志对哲学社会科学三次讲话精神，研讨北京市哲学社会科学事业发展问题。出席年会的有市社科规划领导小组成员，学科组和顾问组专家，各大专院校、科研院所主管科研的领导以及科研处长和科研项目管理干部，总计200余人。在大会上，市社科规划办公室主任王新华作了《学习贯彻江总书记三次重要讲话精神，加强和改进北京市哲学社会科学规划工作》的报告。大会同时印发了《2002“十五”规划项目阶段成果选编》。全书100万字，共选编134项阶段成果。（北京市社科规划办）

20日《文史资料存稿选编》首发式暨赠书仪式在全国政协礼堂举行。中共中央政治局常委、全国政协主席李瑞环出席并讲话。全书26卷共3445万多字。李瑞环在讲话中指出，历史研究必须重视史实、重视史料。以史为鉴的史，是以事实作根据、以资料作基础的史。但是，对待事实态度、对于资料的取舍，人们往往会受到特定时代环境、特定价值观念的制约，自觉或不自觉地把一些真实、宝贵的资料当作不适宜、不相容的东西，加以排斥，予以埋没，从而造成了许多历史的缺憾。撰写政协文史资料的人士，大多已经故去。这些资料像许多文物一样无法再生。珍惜、保护并利用好这些资料，是当代历史研究和文化建设所必需，是我们对前人应尽的责任，也是对后人应尽的义务。他希望各级政协组织认真做好库存资料的保管工作，以备将来查阅整理。（中国新闻出版社）

23日　中央电视台和中央民族大学共同举办的《同一首歌》国庆特别节目“我和我的祖国”在中央民族大学体育场隆重举行。著名主持人赵忠祥、施翌、顾海滨和中央民族大学学生李娜、阿旺共同主持，著名歌唱家李谷一、德德玛、佟铁鑫等，歌星孙悦、叶蓓、臧天朔、曲比阿乌、苏有朋、费翔、巫启贤、高明骏等，著名乐队组合零点乐队、山鹰组合与该校56个民族的师生7千余人共同参与了此次大型演出。本次《同一首歌》大型演唱会以56个民族同唱一首歌，喜迎中华人民共和国成立53周年为主旋律，热情讴歌我国政治稳定、经济繁荣、民族团结的欣欣向荣的大好局面，展现了中央民族大学56个民族师生在党中央的领导和关怀下，齐心协力为创建世界一流民族大学而努力奋斗的精神风貌。《同一首歌》与中央民族大学此次的共同合作，为56个民族的师生迎接建国53周年和党的十六大的召开献上了一份礼物。（民大科研处）

29日　最高人民法院颁布《关于审理国际贸易行政案件若干问题的规定》。这是一部与WTO规则相关的审理国际贸易行政案件司法解释。此后又颁布《关于审理反倾销行政案件应用法律若干问题的规定》和《关于审理反补贴行政案件应用法律若干问题的规定》。这些司法解释的颁布，有利于推动中国涉及WTO行政案件司法审查制度的建设，将对我国行政审判的独立性、公信力、司法观念等产生全方位的深刻影响。

30日　中国和平统一促进会举行“2002年国庆招待会”。应邀来京参加国庆活动的来自五大洲、40多个国家的中国和平统一促进会会长和港澳台朋友与会。全国政协副主席、中国统促会会长万国权在招待会上致辞时对来宾表示热烈欢迎，对他们长期以来为促进中国和平统一所作的努力表示感谢。他指出，早日解决台湾问题，实现中国的完全统一，始终是包括台湾同胞在内的所有中华儿女的共同心愿。近年来，海外华侨华人“反独促统”运动蓬勃发展，在70多个国家和地区成立了110多家中国和平统一促进会，有力遏制了“台独”分裂势力，积极宣传“和平统一、一国两制”的方针政策，为推动中国和平统一发挥了巨大的作用。

10月

8～9日　中国社会科学院哲学所与国际哲学

团体联合会在北京共同召开的“世纪之交的哲学”国际学术研讨会，50多位中外知名哲学家与会。中共中央政治局委员、中国社会科学院院长李铁映出席研讨会开幕式。他在题为《把握时代，创新哲学》的学术讲演中指出，哲学既是“文明的活的灵魂”，更是“时代精神的精华”。每一个时代的哲学，都深刻地体现了它所处时代的精神。时代发展也一再呼唤马克思主义哲学的大发展，20世纪百年的中国历史发展表明，马克思主义哲学同中国具体实际相结合，不断地中国化，对中国人民精神境界的提升，对中国的社会变革和文明进步产生了巨大的推动作用。进入21世纪，马克思主义哲学要有新的更大的发展，这关系到中华民族的前途和命运。

9日　全国人大常委会法制工作委员会和司法部在人民大会堂共同举行《中华人民共和国法典》首发式。中共中央政治局常委、全国人大常委会委员长李鹏出席并讲话指出，我国已形成了以宪法为基础，以民事、刑事、经济、行政和诉讼等方面的基本法律为核心，以各种不同层级的法律、法规、规章为内容的法律框架，初步形成了有中国特色的社会主义法律体系。

15日　首届北京地区博士后“生命科学与人类进步论坛”在中国农业大学隆重召开。来自北京地区高等院校、科研院所和厂矿企业的150余名博士后代表参加了论坛。中国农业大学“973”首席科学家、特聘教授李宁与彭友良分别作了“克隆动物与转基因研究进展”和“诱导性抗菌性化合物在水稻抗瘟性作用的研究”的主题报告。（中国农业大学田肃肃）

16日　北京林业大学校庆50周年。该校成立于1952年，1985年改名为北京林业大学。学校已成为以林学、林业工程学、生物学为特色，理、工、文、管、经、法、艺术相结合的多科性全国重点大学。学校1997年进入“211工程”，2001年被列入教育部“面向21世纪教育振兴行动计划”。中共中央政治局常委、全国人大常委会委员长李鹏为北京林业大学50周年校庆题词致贺。题词是：“实施可持续发展战略，为再造秀美山川培育人才。”

19～27日　中共北京市委党史研究室组织区县党史部门的负责同志赴广西、越南进行了考察。这是市委党史研究室第一次组织党史部门的同志出国考察。期间，考察团与广西区委党史研究室等部门的同志就广西壮族自治区区情、广西区委党史研究室的情况、中越关系、中越边贸现状等问题开展了工作交流、座谈。考察团赴越南的河内、海防等城市，参观了著名的军事博物馆、巴亭广场、主席府、胡志明故居等地，考察了越南革新开放后的社会状况。

24～25日　中国联合国协会、中华全国妇女联合会、中国残疾人联合会、中国人权研究会、中国光彩事业促进会、中国女企业家协会、中国人民对外友好协会和北京语言大学等8家单位联合主办的“非政府组织与联合国”研讨会在北京语言大学召开。此次会议是近年来国内关于非政府组织参与联合国问题的首次专题研讨论，吸引了国内各非政府组织、社会团体，以及从事相关研究的专家和学者共约150余人参加。中国联合国协会会长、前联合国副秘书长金永健，外交部副部长王光亚，原中国常驻联合国代表李鹿野和秦华孙，中国联合国协会常务副会长陈平等出席开幕式。北语校领导王路江、曲德林、林国立应邀与会。（北京语言大学）

24日　清华大学艺术与科学研究中心名誉主任李政道和吴冠中先生来清华大学美术学院参观了由李政道先生倡议、清华大学艺术与研究中心承办的礼品设计展。中国轻工业联合会会长陈士能、参与组织奥运礼品设计展的中国工业经济联合会会长林宗棠、全国政协人口资源环境委员会副主任陈洲其等领导也参观了本次展览。本次设计展试图用现代科学的方法，植入传统的工艺品制作，数十家设计和生产单位的近800件作品参展。（清华大学）

25日　首都师范大学与日本广岛大学学术及教学交流协议签字仪式暨广岛大学北京研究中心挂牌揭幕仪式在该校外事楼举行。双方在共同培养博士生，共同开展学术研究，互相交流学术成果和图书资料，互派短、长期留学生等方面签订了协议，并在首都师大成立“广岛大学北京研究中心。”（首师科研处）

30～31　中国人民大学举行“发展繁荣人文社会科学高层论坛”。教育部副部长袁贵仁、中宣部副秘书长兼理论局局长陈俊宏、全国社科规划办副主任余志远、教育部社政司司长靳诺、副司长黄百炼和人大领导纪宝成、程天权、冯惠玲、马俊杰出席论坛。出席论坛的还有来自北京大学、清华大学、南京大学、浙江大学、武汉大学、中山大学、南开大学、吉林大学、厦门大学、山东大学、四川大学、华东师范大学第12所兄弟院校的主要领导。（人民大学）

同日　首都师范大学与北京市教科院、市社科院、市农林科学院、市测绘设计院等4所市属科研院所人才培养和科学研究合作的签约仪式在昌平九华山庄举行。市教委、市科委及其他市有关单位的领导出席了签约仪式。双方的合作是全方位的，包括：互聘教师；共同申报并建设相关学科的博、硕士授权点，共同培养博、硕士研究生，开拓适应北京地区发展的新兴专业培养方向，并开设相关课程；共同申报并承担研究课题，合作进行科技开发，为社会和市场服务等。(首师科研处)

11月

1日　最高人民法院《关于审理涉及人民调解协议的民事案件的若干规定》开始施行。《规定》明确规定：经人民调解委员会调解达成的、有民事权利义务内容，并由双方当事人签字或者盖章的调解协议，具有民事合同性质。当事人应当按照约定履行自己的义务，不得擅自变更或者解除调解协议。这是我国第一次以司法解释的形式将人民调解协议确定为具有民事合同性质的协议。

同日　中国人民大学建校65周年庆祝大会暨第四届吴玉章奖颁奖仪式在人大世纪馆隆重举行。中共中央政治局常委、全国人大常委会委员长、人大校友李鹏出席大会并发表重要讲话。中共中央原政治局常委宋平，中共中央政治局委员、中国社会科学院院长李铁映，全国人大常委会副委员长许嘉璐，最高人民法院院长、国家首席大法官、人大校友肖扬，原国家经委主任、人大老校长袁宝华，中共中央统战部常务副部长、人大校友刘延东，教育部部长陈至立，中共北京市委副书记强卫等领导出席大会并在主席台前排就座。国务委员兼国务院秘书长王忠禹对人大建校65周年表示祝贺，陈至立部长代表教育部致辞，北京市委副书记强卫宣读中共北京市委、市人民政府贺信，纪宝成校长发表热情洋溢的讲话。北京大学党委书记闵维方、维也纳大学常务副校长约翰·龙伦尼奇分别代表国内大学和国外大学致辞。人大党委书记程天权主持庆祝大会，副校长冯惠玲宣布第四届吴玉章奖获得者名单。(人民大学)

同日　中国人民大学召开庆祝建校65周年大会。中共中央政治局常委、全国人大常委会委员长李鹏出席庆祝大会暨吴玉章奖颁奖仪式。李鹏在讲话中强调，人文社会科学与自然科学是“车之两轮”、“鸟之双翼”。科学技术是第一生产力，人文科学、社会科学和管理科学也同样可以转化为生产力，在以经济建设为中心的今天，这一点非常重要。他说，在一定意义上说，管理就是改革，就是要调整和处理好生产力和生产关系之间的关系，这就要求实现管理的科学化。他要求中国人民大学发挥自身优势，在人文科学、社会科学和管理科学研究与人才培养方面做出新的努力和探索。

8日　中国共产党第十六次全国代表大会在北京开幕。这是我们党在新世纪召开的第一次代表大会，也是我们党在开始实施社会主义现代化建设第三步战略部署的新形势下召开的一次十分重要的代表大会。江泽民同志作了题为《全面建设小康社会，开创中国特色社会主义事业新局面》的报告。这次大会的主题是：高举邓小平理论伟大旗帜，全面贯彻“三个代表”重要思想，继往开来，与时俱进，全面建设小康社会，加快推进社会主义现代化，为开创中国特色社会主义事业新局面而奋斗。

15日　中国共产党第十六届中央委员会第一次全体会议在北京召开。全会选举了新一届中央政治局委员、候补委员，中央政治局常务委员会委员，中央委员会总书记；通过了中央书记处成员；决定了中央军事委员会组成人员；批准了中央纪律检查委员会第一次全体会议选举产生的书记、副书记和常务委员会委员人选。胡锦涛当选为中央委员会总书记。

25日　民盟中央在北京举行纪念李公朴先生诞辰100周年座谈会。中共中央政治局委员、全国政协副主席、中央统战部部长王兆国在会上讲话说，李公朴先生是一位伟大的爱国主义者，是中国知识分子的骄傲和楷模，也是中国共产党的挚友。李公朴先生爱祖国、爱人民的伟大精神，为追求真理、实现祖国富强勇于献身的高尚品德，永远值得我们学习并发扬光大。全国人大常委会副委员长丁石孙在座谈会上说，李公朴同志的一生，是坚持革命、顽强奋斗的一生，是献身中国文化、教育事业的一生。

28日　中共北京市委在中共北京市委党校会议室召开“北京市学习十六大精神宣讲团成立大会”。中央政治局委员、北京市委书记、市长刘淇同志参加，市委副书记龙新民到会并讲话，市委副书记杜德印、市委组织部长赵家琪等出席。宣讲团成员由中央宣讲团部分成员，中央单位、高校有关领导专家；市属有关单位负责人、专家学者，共26人组成。市委常委、宣传部长蔡赴朝任团长，市委宣传部副部长宋贵伦、市社科联党组书记张文啟、市委讲师团副团长隋喜文任副团长，市委宣传部助理巡视员、理论处处长陈之昌为秘书长。(市委讲师团)

30日　“中国人民大学孔子研究院成立庆典暨‘孔子与当代’国际学术研讨会”在中国人民大学逸夫会议中心隆重举行。全国人大常委会原副委员长谷牧，全国政协常委、民进中央副主席楚庄，教育部副部长章新胜，国学大师张岱年，孔子后裔孔黛碧小姐和人大校长纪宝成，党委书记程天权出席成立庆典并讲话。纪校长还向孔黛碧小姐等颁发了捐赠证书。冯俊副校长主持会议，孔子研究院院长张立文教授致辞。孔子研究院网站“孔子在线”（http：//confucian．ruc．edu．cn）同时开通。（人民大学）

12月

3日　国家主席江泽民和来访的俄罗斯总统普京共同出现在北京大学办公楼讲坛上。在热烈的掌声中，江泽民主席首先发表讲话。他说，普京总统选择到北京大学向大学生们发表演讲，说明他具有政治家的战略眼光，因为中俄睦邻友好，世界各国人民的友好，归根到底要由年轻一代来继承和发展。他强调：“中国的未来，俄罗斯的未来，世界的未来，都是属于年轻一代的。”江泽民说，最近10年来，中俄关系一直沿着健康向上的轨道发展。两国政治互信日益加深，各领域合作不断扩大，两国人民的传统友谊进一步发展，双方在国际事务中的协作和相互支持愈加有力。“善邻胜远亲。”中俄两国都有这句古话。中华民族历来崇尚与邻为善、以邻为伴。中俄合作有着得天独厚的优势，蕴藏着巨大的发展潜力。青年是祖国的未来，也是世界的希望。我希望我们弘扬中俄两国人民世代友好的精神，以自己蓬勃青春和聪明才智，为中俄睦邻友好和互利合作事业作出贡献。（北大赵毓荷）

3日　在北大讲坛上，中国国家主席江泽民和来访的俄罗斯总统普京回顾了10年来双边关系的发展进程，畅谈两国友好的美好未来，勉励年轻一代继承和发展中俄睦邻友好和互利合作事业，为世界和平与发展作出应有的贡献。

4日　首都各界在人民大会堂集会，隆重纪念《中华人民共和国宪法》公布施行20周年。中共中央总书记、国家副主席胡锦涛在大会上发表重要讲话，指出，在全国上下认真学习贯彻党的十六大精神的热潮中，我们隆重纪念宪法公布施行20周年，在全社会进一步树立宪法意识和宪法权威，切实保证宪法的贯彻实施，这对于推动全党和全国各族人民为全面建设小康社会，开创中国特色社会主义事业新局面而团结奋斗，具有十分重要的意义。

5日　中国文联和文化部在京举行座谈会，纪念优秀的马克思主义文艺战士、中国新文化运动的先驱者之一和文艺界卓越领导人阳翰笙诞辰100周年。阳翰笙一生留下了300多万字的各类作品，包括《草莽英雄》、《三人行》等8部话剧剧本，《北国江南》等18部电影文学剧本和大量小说、散文、杂文、诗词和社会科学论著。其中话剧《天国春秋》《草莽英雄》，电影《万家灯火》等作品，堪称中国话剧和电影史上的经典之作。全国人大常委会委员长李鹏出席座谈会并讲话。李鹏说，阳翰笙同志是我国革命文艺运动的先驱，是新中国电影的缔造者之一。在长期、艰苦的革命战争和国家建设历程中，他为革命的胜利、为党的文化事业付出了自己一生的心血和才华，作出了重大贡献，赢得了广大文艺工作者的尊敬和爱戴。

5日　中共北京党史研究室召开《北京党史》创刊20周年座谈会。党史学界的部分专家学者、有关期刊编辑部的领导40余人应邀参加了会议。《北京党史》创刊于1982年，最初刊名为《北京党史资料通讯》，先后更名为《北京党史通讯》《北京党史研究》《北京党史》。截止到2002年底，共出版137期。《北京党史》办刊20年，在历年期刊编校质量评比中均为一级，两度入选全国中文核心期刊，2001年荣获全国首届党史期刊优秀奖，培养和锻炼了编辑队伍，实现了出成果、出人才的工作目的。参加座谈会的同志踊跃发言，充分肯定了《北京党史》20年来的发展变化和取得的突出成绩，并对《北京党史》未来的发展寄予厚望。

8日　国务院副总理李岚清，中共中央政治局常委、国务院副总理温家宝，中共中央政治局常委黄菊，中共中央政治局常委吴官正，中共中央政治局常委李长春来到中国革命博物馆，兴致勃勃地参观了正在这里举办的“谱写现代化建设的新篇章——1998～2002年国债建设成果图片展”。

9日　国务院新闻办公室发表《2002年中国的国防》白皮书介绍中国的国防政策和近两年国防建设情况，再次用大量事实和数据说明，中国始终不渝地走和平发展的道路，奉行独立自主的和平外交政策，实行防御性的国防政策。白皮书全文约3万字，分为前言、安全形势、国防政策、武装力量、国防建设、军队建设、国际安全合作、军备控制与裁军等部分，是中国政府自1995年发表《中国的军备控制与裁军》白皮书以来，第四次发表有关国防的白皮书。白皮书说，推进现代化建设、完成祖国统一、维护世界和平与促进共同发展，是中国人民在新世纪的三大历史任务。发展中的中国需要一个和平的国际环境和良好的周边环境，中国的发展将对世界和平和人类进步事业作出更大贡献。

10日　中共中央总书记胡锦涛来到中国革命博物馆，参观了正在这里举办的“谱写现代化建设的新篇章——1998～2002年国债建设成果图片展”。中共中央政治局常委、国务院副总理吴邦国，中共中央政治局常委贾庆林，中共中央政治局常委、中央书记处书记曾庆红等也一同参观了展览。胡锦涛说，这个展览形象地展示了1998年以来国债建设取得的丰硕成果，看后令人高兴。它表明，中央为促进我国经济发展所采取的扩大内需的方针和一系列重大举措是符合我国国情、符合我国各族人民根本利益的，是卓有成效的。胡锦涛强调，扩大内需是我国经济发展的基本立足点和长期战略方针。面对新形势和新任务，我们必须继续坚持并不断完善这一方针，加强国债资金的管理，优化资金使用的结构，着力提高资金的使用效益。同时，要从实际出发，把扩大投资需求与扩大消费需求紧密结合起来，形成促进经济持续稳定增长的有效机制。

同日　中国科学技术信息研究所正式公布了2001年度中国科技论文统计结果。据统计，北京大学在2001年共有1209篇论文被SCIE（SCI扩展版）收录，比上年的1105篇增长9.4%，其中有923篇被SCI核心版收录，比上年的826篇增长11.7%，位居全国高校第二名。前四名分别为：清华大学（1427篇），北京大学（1209篇），南京大学（937篇），中国科技大学（880篇）。另外，北京大学国际论文被引用次数为2590次，位居全国第一；被引用论文篇数为1123篇，位居全国第二名；北京大学在国内期刊上共发表了3110篇论文，位于全国第四名；国内论文被引用次数为5723次，位于全国第一；有334篇论文被EI收录，位于全国第九名。（北大赵毓荷整理）

12日　中共中央政治局常务委员会召开会议，研究进一步解决好困难群众生产生活问题的工作。

同日　国家知识产权局在京召开了全国知识产权局长会议。国家知识产权局长王景川在会上作了题为《深入贯彻落实十六大精神，全面开创知识产权工作新局面》的专题报告。他指出，根据十六大精神，加强知识产权建设，实施知识产权战略特别是专利战略，推动我国拥有大批自主知识产权，促进形成和提高我国核心竞争能力，已经成为我国新阶段走新型工业化道路的战略要求，是十六大为我国知识产权战线提出的基本任务。

22日　首都各界人士在八宝山殡仪馆大礼堂，送别一代京剧表演艺术家袁世海先生。12月11日上午，袁先生突发疾病抢救无效，走完了自己87年的戏剧人生。江泽民、胡锦涛、李鹏、朱镕基、李岚清、吴邦国、温家宝、贾庆林、曾庆红、黄菊、吴官正、李长春、罗干、王乐泉、王兆国、刘淇、张立昌、俞正声、贺国强、王刚、张万年、钱其琛、万里、乔石、宋平、刘华清、尉健行、荣毅仁、薄一波、宋任穷、徐才厚、肖扬、李铁映等以不同形式向袁世海逝世表示哀悼，向家属表示慰问。李瑞环、刘云山、丁关根等到八宝山殡仪馆向袁世海遗体作最后告别。袁世海先生逝世后，中共中央政治局常委李长春专程到袁世海家中看望了家属，并转达了中共中央总书记胡锦涛同志的亲切问候。袁先生不仅爱戏剧艺术，更爱党、爱祖国和人民。他先后担任第四届全国人大代表，第五、六、七、八、九届全国政协委员，曾任中国京剧院副院长。

24日　我国有史以来第一幅标示法定省级陆地行政区域界线的地图——1∶400万《中华人民共和国行政区划图》经由民政部、国家测绘局联合编制问世，由中国地图出版社出版发行。《中华人民共和国行政区划图》长1640毫米、宽1184毫米，具有权威性、法定性、先进性，是作为比例尺等于或小于1∶400万地图上绘制省级陆地行政区域界线的标准和依据。

25日　在国务院台湾事务办公室召开的新闻发布会上，国台办发言人李维一说，2002年，两岸关系的基本格局和发展趋势没有改变，尽管由于众所周知的原因，两岸政治僵局没有打破，但两岸民间的交流交往继续保持良好发展势头。今年1至11月，两岸贸易额达到402.8亿美元，同比增长38%，大陆已取代美国成为台湾最大出口市场；台商投资项目、投资合同金额都有较大增长，来祖国大陆的台湾同胞达277.5万人次，两岸“三通”也出现了新的形势。

26日　“吴文藻文化人类学奖学金暨山森铁直杰出论文奖”颁奖仪式在中央民族大学北主楼民族学系会议室隆重举行。我国著名民族学家、中央民族大学终身教授宋蜀华先生，民族学系博士生导师白振声教授，民族学与社会学学院院长杨圣敏，民族学系党总支书记武小燕等出席了颁奖仪式。民族学系副主任戴成萍主持了颁奖仪式。吴文藻文化人类学奖学金是冰心先生遵照吴先生生前的遗嘱设

立的。1996年设立至今，已有近百人获得了此项奖学金。今年的“吴文藻文化人类学奖学金”共有11人获奖。（民大科研处）

27日　举世瞩目的南水北调工程开工典礼在北京人民大会堂和江苏省、山东省施工现场同时举行。国家主席江泽民为南水北调工程开工发来贺信。国务院总理朱镕基在北京人民大会堂主会场宣布工程正式开工，中共中央政治局常委、国务院副总理温家宝发表讲话。

27～28日　中华全国总工会十三届五次执委会议在京召开。会议认真传达学习了胡锦涛同志在与工青妇负责同志座谈时的重要讲话和中央书记处对工会工作的重要指示。中共中央政治局委员王兆国当选为中华全国总工会主席并发表重要讲话。尉健行出席会议，他感谢多年来广大工会干部对他的工作给予的热诚支持和帮助。

30日　中宣部、文化部、广电总局和中直机关事务管理局在中南海怀仁堂举行新年京剧晚会。党和国家领导人江泽民、胡锦涛、李岚清、吴邦国、贾庆林、曾庆红、黄菊、吴官正、李长春、罗干等，与首都近千名观众一起，兴致勃勃地观看了在这里共迎新年的到来。刘淇、刘云山、贺国强、王刚、何勇、王光英、彭珮云、成思危、蒋正华、肖扬、杨汝岱、张思卿、朱光亚、万国权、陈锦华、白立忱、经叔平、周铁农和张劲夫、彭冲、谷牧、李铁映、倪志福、陈慕华、张廷发以及中央和国家机关有关部门负责同志出席了晚会。演出结束后，江泽民、胡锦涛、李岚清、吴邦国、贾庆林、曾庆红、黄菊、吴官正、李长春、罗干等领导同志走上台去，与演员亲切握手并合影留念，祝贺演出成功。

同日　国家文物局、建设部和中国联合国教科文组织全国委员会联合主办大型展览《世界遗产在中国》，中国的28处世界遗产相聚中国革命博物馆展出。

31日　中国经济连续高速增长，全年国内生产总值首次突破10万亿元人民币，经济增长率达8%；进出口总额高达6200亿美元；实际利用外商直接投资超过500亿美元，跃居世界第一。

月底　据北京市社科规划办公室统计，2002年北京社科规划网站点击率突破10万人次；全年增补项目50项；全年对298项在研项目进行了检查，拨付科研经费399.6万元；《北京社科信息》扩版后，全年出刊12期，编发文章230多篇，刊登照片150余幅。（北京市社科规划办）

·附　录·

2002年北京地区人文社会科学博士论文目录

北京大学

学科	专业	题目	作者	导师
法学	法律史	日本明治时期民法典论争与我国清末礼法之争	丁明胜	武树臣
法学	法律史	俄罗斯新民法典研究	付　荣	王　哲
法学	法律史	先秦礼治研究	李晓明	武树臣
法学	法律史	凯尔森法律效力论研究	梁晓俭	王　哲
法学	法律史	司马迁法律思想发微	尚　琤	饶鑫贤
法学	法律史	近代中国民法学中的私权理论——词语考证、话语系统的转换、历史的和理论的分析	俞　江	李贵连
法学	法律史	张君劢的宪政思想研究	张振国	李贵连
法学	法律史	先秦“人法合治”、“混合法”理论的确立及其对后世的影响	庄伟燕	武树臣
法学	法学理论	高新科技园区立法研究	陈　俊	周旺生
法学	法学理论	国际贸易与环境保护——兼论中日贸易与环境保护之法律问题	李桦佩	赵震江
法学	法学理论	技术创新法律环境的研究	李辉凤	罗玉中
法学	法学理论	以利益平衡原则为视角的信息法研究	娄耀雄	罗玉中
法学	法学理论	农村普法与农民的法律实践	吕艳利	赵震江
法学	法学理论	送民主进村的遭遇——中国村民自治的几个问题	许志勇	朱苏力
法学	法学理论	私法精神与制度选择——大陆法私法古典模式的历史含义	易继明	罗玉中
法学	法学理论	立法决策基本理论研究	于兆波	周旺生
法学	国际法学(含:国际公法、国际私法、国际经济法)	论商业银行跨国经营监管的法律问题	蔡明进	杨紫烜
法学	国际法学(含:国际公法、国际私法、国际经济法)	论国际海洋划界中的等距离/特殊情况规则	高健军	龚刃韧

续表

学 科	专 业	题 目	作者	导师
法学	国际法学(含:国际公法、国际私法、国际经济法)	论国际法上的禁止使用武力问题——联合国宪章第二条第四项评释	黄 瑶	饶戈平
法学	国际法学(含:国际公法、国际私法、国际经济法)	论国际法的效力根据	李 毅	邵津
法学	国际法学(含:国际公法、国际私法、国际经济法)	战争罪的刑事责任问题研究	王新建	邵 津
法学	国际关系	国际关系中的主权与人权关系研究	罗艳华	刘金质
法学	国际政治学	九十年代美国学术界对华接触思想研究	陈森吉	方连庆
法学	国际政治学	全球化、国际结构与国家行为——对美国新霸权的结构主义分析	胡 雁	梁守德
法学	国际政治学	当代台湾政治文化转型探源	李振广	陈峰君
法学	国际政治学	八国集团与全球治理	乔卫兵	梁守德
法学	国际政治学	冷战后东北亚区域合作研究——以中、日、韩三国为中心	全家霖	方连庆
法学	国际政治学	需要与认同——理解大众文化传播的一种系统视野	孙英春	龚文庠
法学	国际政治学	冷战后发展中国家主权面临的冲击与挑战——人权、霸权角度的考察	谭宏庆	方连庆
法学	国际政治学	双重规制——冷战后美国的朝鲜半岛政策	王传剑	陈峰君
法学	国际政治学	东北亚地区环境合作的现状与方向——权力、利益和知识的互动作用研究	元东郁	陈峰君
法学	国际政治学	信息时代的地缘政治	张 妍	刘金质
法学	国际政治学	冷战后的核军备控制	周学海	刘金质
法学	环境法学	诉讼时效有关法律制度研究	李富莹	魏振瀛
法学	环境与资源保护法学	证券欺诈侵权损害赔偿研究	陈 洁	朱启超
法学	环境与资源保护法学	商标权私益扩张之研究	崔立红	郑胜利
法学	环境与资源保护法学	期前违约规则研究——兼论不安抗辩权	葛云松	魏振瀛
法学	环境与资源保护法学	论性自主权的法律保护	郭卫华	朱启超
法学	经济法学	论澳门经济法之形成与发展	何超明	盛杰民
法学	经济法学	高新技术产业中的不正当竞争法律问题研究	金朝武	盛杰民
法学	经济法学	中小企业扶持法律制度研究	李洪堂	杨紫烜
法学	经济法学	风险投资法律制度研究	连慧仪	杨紫烜
法学	经济法学	内地企业在港上市监管法律问题研究	刘长好	刘瑞复
法学	经济法学	社会保障法比较研究	刘 诚	贾俊玲
法学	经济法学	美国对中韩出口产品反倾销措施比较研究	罗胜福	盛杰民

续表

学 科	专 业	题 目	作者	导师
法学	经济法学	中国养老保险责任问题研究	彭高建	贾俊玲
法学	经济法学	社会保障法的基本理论问题研究	彭华彰	贾俊玲
法学	经济法学	风险投资法主体制度研究	丘远良	盛杰民
法学	经济法学	税收程序法研究	施正文	贾俊玲
法学	经济法学	中国国有企业产权问题的法学分析	王汉亮	杨紫烜
法学	经济法学	中国涉外民商事诉讼管辖权问题研究	奚晓明	杨紫烜
法学	经济法学	中国经济法学总论学术史研究	肖江平	杨紫烜
法学	经济法学	中小企业促进法律制度研究	谢冠斌	刘瑞复
法学	经济法学	公司多边治理法律问题研究	徐景和	刘瑞复
法学	经济法学	证券法律责任制度研究	徐 燕	杨紫烜
法学	经济法学	市场规制法律问题研究	于 雷	盛杰民
法学	经济法学	论行政性限制竞争——可竞争理论的应用分析	袁祝杰	盛杰民
法学	经济法学	劳动争议仲裁制度改革研究	郑尚元	贾俊玲
法学	科学社会主义与国际共产主义运动	中国乡镇企业发展与农村现代化研究	郭 峰	梁 柱
法学	科学社会主义与国际共产主义运动	世界现代化进程与毛泽东对中国现代化道路的探索	郭根山	沙健孙
法学	科学社会主义与国际共产主义运动	西部大开发中的非农化问题研究	郭永中	阎志民
法学	科学社会主义与国际共产主义运动	马克思和列宁的过渡时期理论研究	黄开华	智效和
法学	科学社会主义与国际共产主义运动	国有企业改革中的企业家制度创新研究	贾立政	阎志民
法学	科学社会主义与国际共产主义运动	战后美国工会运动研究	李会欣	林代昭
法学	科学社会主义与国际共产主义运动	总体保守化——冷战后日本政党格局的嬗变	吕耀东	林代昭
法学	科学社会主义与国际共产主义运动	中国当代救灾制度研究	孙绍骋	潘国华
法学	科学社会主义与国际共产主义运动	中国现代化模式研究	王立勇	潘国华
法学	科学社会主义与国际共产主义运动	毛泽东时代的国家与市场	王文章	薛汉伟
法学	科学社会主义与国际共产主义运动	邓小平社会全面发展理论与现实若干问题研究	王 勇	梁 柱
法学	科学社会主义与国际共产主义运动	政党制度与政治稳定——东南亚经验的研究	吴 辉	林勋健
法学	科学社会主义与国际共产主义运动	论欧洲社会保障制度改革与中国现代社会保障制度模式选择	许立群	曹长盛

续表

学 科	专 业	题 目	作者	导师
法学	科学社会主义与国际共产主义运动	相机突破——中国发展战略抉择	宇德海	薛汉伟
法学	科学社会主义与国际共产主义运动	战后西欧左翼政党联盟研究	张耀军	林勋健
法学	民商法学	文化及生物多样性保护与知识产权	崔国斌	郑胜利
法学	人口学	我国农村贫困人口社会医疗救助制度研究	方鹏骞	郑晓瑛
法学	人口学	中国老年人口省际迁移特征及动因研究	齐明珠	张纯元
法学	人类学	娘家与婆家	李 霞	周 星
法学	人类学	老年人与变迁中的乡村——一个川西农村中老年人的生活	杨晋涛	周 星
法学	人类学	“为人”与“懂事”——从社区研究看中国法治之“本土资源”	张百庆	周 星
法学	社会学	药费为什么这么高？——当前我国城市药品流通的社会学分析	包胜勇	马 戎
法学	社会学	乡村工业组织与成本核算的社会条件——白洋淀赵庄子村塑料行业个案研究	刘玉照	刘世定
法学	社会学	组织外形化：非协调约束下的组织运作——关于慈善组织与政府关系的个案研究	田 凯	郭崇德
法学	社会学	政策过程中的目标偏离——医疗保险制度变迁中的地方政府行为分析	许小鹏	郭崇德
法学	社会学	农村养老资源的制度性建构——沿海两地三村养老保障制度实证研究	杨 刚	郭崇德
法学	社会学	土地制度与公共仪式的变迁——禄村再研究	张宏明	费孝通
法学	社会学	组织理性和组织格局——组织社会学的理论基础发轫	赵孟营	王思斌
法学	社会学	城市家庭夫妻互动中的权力——一个关系/事件的视角	郑丹丹	卢淑华 杨善华
法学	宪法学与行政法学	行政奖励研究	傅红伟	姜明安
法学	宪法学与行政法学	非强制行政行为论纲	牛 凯	姜明安
法学	宪法学与行政法学	论公共行政与行政法学范式转换	石佑启	姜明安
法学	宪法学与行政法学	论经济行政法的制度结构——交易费用的视角	宋功德	罗豪才
法学	宪法学与行政法学	受教育权入宪研究	温 辉	肖蔚云
法学	宪法学与行政法学	20世纪末英国地方分权改革研究——英国具有联邦色彩的单一制实践	张海廷	肖蔚云
法学	宪法学与行政法学	行政法视野中的电子空间	张永伟	姜明安
法学	刑法学	论刑事法中的推定	邓子滨	陈兴良
法学	刑法学	行刑社会化论纲	冯卫国	储槐植
法学	刑法学	开放的犯罪构成要件理论研究	刘艳红	张 文
法学	刑法学	加重构成犯罪研究	卢宇蓉	陈兴良

续表

学 科	专 业	题 目	作者	导师
法学	刑法学	社会危害性理论及其刑法价值	秦秀春	杨春洗
法学	刑法学	法人刑事责任论	汪永乐	储槐植
法学	刑法学	俄罗斯有组织犯罪研究	王　杰	张　文
法学	刑法学	加拿大与中国经济诈欺犯罪比较研究	王文华	杨春洗
法学	刑法学	论犯罪被害人的法律地位和救助	许永强	张　文
法学	刑法学	行刑基本理论研究	佘　诤	刘守芬
法学	刑法学	法官刑罚裁量研究	张立宇	储槐植
法学	应用社会学	体制性吸纳与体制性排斥——农转工人员的再边缘化	张汝立	王思斌
法学	政治学理论	契约政府的契约规则——民主立宪的基础分析	胡叔宝	谢庆奎
法学	政治学理论	政务公开与政治发展	胡仙芝	李景鹏
法学	政治学理论	公民社会与公共官僚制——对西方社会的一种历时考察	林　震	宁　骚
法学	政治学理论	社会主义市场经济体制下政府市场的制度结合模式研究——以中国上市公司为例	权世振	谢庆奎
法学	政治学理论	非民主政治的经济学理论	沈友军	李景鹏
法学	政治学理论	先秦儒家的和平理念	汤大华	赵宝煦
法学	政治学理论	政府治理模式研究——以公共物品供给模式多元化为研究视角	唐　娟	谢庆奎
法学	政治学理论	中国当代选举制度的转型及选举程序研究	王振耀	谢庆奎
法学	政治学理论	社会团体与公共政策制定——全国妇联个案研究	徐家良	李景鹏
法学	政治学理论	经济全球化与政治发展——以政治合法性为视角	杨宏山	谢庆奎
法学	政治学理论	论公共管理的公共性及其实现途径——兼评国内外公共管理研究的现状	张庆东	陈庆云
法学	政治学理论	中国事业单位改革和管理体制创新研究	张雅林	李景鹏
工学	环境工程	黄河溃堤过程数学模型及其模拟技术研究	梁　林	倪晋仁
工学	环境科学	珠江三角洲大气挥发性有机物的组成特征及来源研究	王伯光	张远航
管理学	企业管理(含:财务管理、市场营销、人力资源管理)	先驱企业与后进入企业强弱转化分析	陈游芳	张国有
管理学	企业管理(含:财务管理、市场营销、人力资源管理)	从经济一体化到货币统一的战略性研究——亚洲货币统一可行性及模式构想	刘励勤	张国有
管理学	企业管理(含:财务管理、市场营销、人力资源管理)	跨国公司商务网络及其竞争与合作分析	王会东	张国有
管理学	企业管理(含:财务管理、市场营销、人力资源管理)	跨国并购中的文化排斥与融合	王　敏	张国有

续表

学 科	专 业	题 目	作者	导师
管理学	企业管理(含:财务管理、市场营销、人力资源管理)	上海证券交易所的流动性研究	杨 文	靳云汇
管理学	情报学	面向企业战略管理的竞争情报研究	陈 峰	梁战平
管理学	情报学	信息服务论	陈建龙	赖茂生
管理学	情报学	数字音乐信息组织与基于旋律的数字音频音乐信息自动分析技术研究	韩圣龙	赖茂生
管理学	情报学	知识管理对提升企业核心竞争力的应用研究	朱战备	赖茂生
管理学	图书馆学	提升组织学习能力的策略与方法研究	牛继舜	吴慰慈
管理学	图书馆学	21世纪初期澳门特别行政区图书馆事业发展规划之研究	王国强	吴慰慈
管理学	图书馆学	澳门特色文献资源研究与整体发展策略探讨	杨开荆	王锦贵
管理学	图书馆学	网络信息传播的自律机制研究	张久珍	吴慰慈
教育学	高等教育学	高等教育大众化与高等教育体制改革	刘海波	喻岳青
教育学	高等教育学	大学新生学习适应研究——对九名北京大学理科本科生的个案分析	杨艳玲	喻岳青
教育学	高等教育学	论科技发展对大学教学的影响——从历史到现实	赵国栋	喻岳青
教育学	基础心理学	中国人人格的词汇学研究与形容词评定量表的建立	崔 红	王登峰
教育学	基础心理学	联合概率模型的提出及其在记忆提取研究上的应用	樊春雷	朱 滢
教育学	教育经济与管理	大学组织结构及其对行为模式的影响	金顶兵	闵维方
教育学	教育经济与管理	论研究生教育成本补偿	孙也刚	闵维方
经济学	国民经济学	中国货币冲击影响不对称性的经济计量研究	冯春平	陈良焜
经济学	国民经济学	我国转轨经济中的企业信用短缺问题研究	耿洪洲	高程德
经济学	国民经济学	中国金融控股集团研究	郭武平	厉以宁
经济学	国民经济学	台湾加入WTO后对两岸经济发展的影响	黄玉如	高程德
经济学	国民经济学	中国外商直接投资绩效研究	李 骥	高尚全
经济学	国民经济学	用CGE模型分析征收硫税对中国经济的影响	宣晓伟	陈良焜
经济学	国民经济学	中国收入分配差异与经济增长——基于以区域、产业和制度创新为基础视角的分析	周文兴	胡健颖
经济学	金融学(含:保险学)	保险监管的成本收益分析——兼论建立中国有效的保险监管体系	高西有	孙祁祥
经济学	金融学(含:保险学)	外商直接投资和中国产业结构的变化及其影响	黄冠华	李庆云
经济学	金融学(含:保险学)	上市公司经理层股权激励机制研究	姜德增	曹凤岐
经济学	金融学(含:保险学)	中国资本市场制度变迁与制度创新研究	李 健	萧灼基
经济学	金融学(含:保险学)	论战后台湾汇率制度演变与经济发展	李玲瑶	李庆云
经济学	金融学(含:保险学)	中国投资基金制度创新研究	李清芬	萧灼基

续表

学 科	专 业	题 目	作者	导师
经济学	金融学(含:保险学)	银保融通的风险与风险管理——兼论中国银保融通战略	罗朝晖	孙祁祥
经济学	金融学(含:保险学)	中国住房抵押贷款制度创新研究	罗云兵	萧灼基
经济学	金融学(含:保险学)	我国利用国际直接投资的制度研究	苗 君	萧灼基
经济学	金融学(含:保险学)	中国ST公司股价行为、经营绩效与重组研究	王 震	刘 力 (美)陈超
经济学	金融学(含:保险学)	日元国际化研究——前景、影响和借鉴意义	曾 刚	胡 坚
经济学	金融学(含:保险学)	波动性、资本效率及股票价格指数与GDP关系——关于中国股票市场风险实证研究	赵明华	曹凤岐
经济学	金融学(含:保险学)	中国股票市场异常现象及资产定价研究	周琳杰	刘 力
经济学	经济思想史	改革开放以来中国银行制度建设思想研究	才婉茹	郑学益
经济学	经济思想史	中国社会主义市场经济理念形成期（1978—1992年）两种对立的劳动经济思想	黄华波	石世奇
经济学	区域经济学	加入WTO和中国经济格局演化	刘安国	杨开忠
经济学	区域经济学	基于人口移动和知识溢出的经济增长与集聚研究	谭成文	杨开忠
经济学	区域经济学	基于自组织理论的复杂空间格局演变模型研究	谭 遂	杨开忠
经济学	世界经济	企业融资与金融危机	陈国力	巫宁耕
经济学	世界经济	国际资本流动与国家经济安全问题研究	胡 婕	巫宁耕
经济学	世界经济	成熟市场经济服务产业结构模型比较研究——美国近50年经验数据实证检验	梁若冰	萧 琛
经济学	世界经济	美国“虚体经济周期”初探	戚自科	萧 琛
经济学	世界经济	对外贸易与地区发展——中国的经验	孙 俊	海 闻
经济学	世界经济	美国信息产品市场结构分析	王子健	萧 琛
经济学	世界经济	技术创新的决定因素与经济影响——兼论美国技术创新对经济增长的贡献度	王子君	萧 琛
经济学	世界经济	“行为金融”学说与90年代美国股市	周战强	萧 琛
经济学	西方经济学	所有权结构与公司治理研究	何亚东	刘文忻
经济学	西方经济学	关系型融资的理论研究	兰 莹	刘文忻
经济学	西方经济学	中国货币政策传导机制	王 召	易 纲
经济学	政治经济学	企业技术创新的制度环境研究——一种从激励角度的分析	陈 琳	徐雅民
经济学	政治经济学	产权制度结构和国企改革	丁茂战	徐雅民
经济学	政治经济学	转型时期中国证券投资基金的风险管理	冯 科	刘 伟
经济学	政治经济学	国有企业和国有商业银行的双重转轨——一个改革阶段的横截面分析	郭 盛	吴树青
经济学	政治经济学	企业控制权的性质与配置	胡晓阳	刘 伟
经济学	政治经济学	论国债投资在我国经济发展中的作用	江宣林	睢国余

续表

学科	专业	题目	作者	导师
经济学	政治经济学	我国资信评估业研究	鞠荣华	陈德华
经济学	政治经济学	中国电信业互联互通与接入定价的研究	李　虹	刘　伟
经济学	政治经济学	股票期权激励制度研究	李军	雎国余
经济学	政治经济学	转轨时期中国国有商业银行不良资产化解的路径分析	李　爽	徐雅民
经济学	政治经济学	转型期制度的强制性变迁与诱致性变迁——对中国企业制度变迁方式的一个分析	林　涛	刘　伟
经济学	政治经济学	论中国创业板市场的制度创新与风险防范	刘昌国	雎国余
经济学	政治经济学	中国对外直接投资研究	卢力平	陈德华
经济学	政治经济学	转型发展中行政区域经济的发展	鲁　勇	刘　伟
经济学	政治经济学	教育与经济增长	苗庆红	雎国余
经济学	政治经济学	经济体制变迁中的财政职能研究——一个财政压力视角的分析框架	秦春华	陈德华
经济学	政治经济学	中国粮食流通市场化研究	苏健勇	刘　伟
经济学	政治经济学	中国政府预算编制改革研究	王小龙	雎国余
经济学	政治经济学	体制转型中的中小企业——兼对天津市中小企业的实证分析	夏宝龙	吴树青
经济学	政治经济学	我国公共投资政策研究	许云霄	雎国余
经济学	政治经济学	金融创新、金融结构与经营体制变迁——当代国际金融业由分到合的原因研究与启示	张立洲	董辅礽
经济学	政治经济学	新经济理论与中国“新经济”发展道路研究	赵达薇	刘　伟
理学	地图学与地理信息系统	面向数字城市的空间信息 Web 服务互操作与共享平台——北京市信息资源网公众信息服务平台的设计与实现研究	林绍福	李　琦
理学	地图学与地理信息系统	基于 GIS 的西部地区土地整理生态区划与评价研究	罗　明	承继成 李　琦
理学	第四纪地质学	国家森林公园建设中的地貌学问题	陈　戈	夏正楷
理学	第四纪地质学	地貌旅游资源特征值与信息技术支持下的评价模型研究	崔　越	杨景春
理学	人文地理学	中国旅游景区治理模式研究	彭德成	杨开忠
理学	人文地理学	中国的世界遗产及其保护与发展研究	沈文权	谢凝高
理学	人文地理学	中国风景名胜区建筑与环境关系研究	宋　峰	谢凝高
理学	人文地理学	深圳特区城中村更新改造研究	王如渊	胡兆量
理学	人文地理学	竞争优势导向的中国农业产业化经营研究	王　滔	杨开忠
理学	人文地理学	区域营销理论与案例研究	韦文英	杨开忠
理学	人文地理学	基于多主体（multi-agent）的城市空间演化模拟研究	薛　领	杨开忠
理学	人文地理学	中国城市土地储备功能与模式研究	杨遴杰	董黎明

续表

学 科	专 业	题 目	作者	导师
理学	人文地理学	浙江产业群发展机理研究	朱华晟	王缉慈
理学	应用数学	金融保险中几个问题的研究	陈世平	胡德焜
理学	应用数学	金融资产收益的混合分析方法研究	张明恒	程乾生
理学	自然地理学	土地持续利用系统分析、评价与调控机制研究	戴尔阜	蔡运龙
理学	自然地理学	中国农业可持续发展——区域评价及可操作途径	傅泽强	蔡运龙
理学	自然地理学	旅游目的地可持续性研究——尺度、评价与管理	金波	蔡运龙
理学	自然地理学	湖南洞庭湖区土地利用变化、鸟类栖息地动态及水鸟若干越冬特征研究	赵淑清	方精云
历史学	考古学及博物馆学	商至西周铜器与玉器纹饰分期研究	蔡庆良	李伯谦
历史学	考古学及博物馆学	宗日遗存研究	陈洪海	严文明
历史学	考古学及博物馆学	越窑研究	金英美	宿 白 徐苹芳
历史学	考古学及博物馆学	晋系墓葬制度研究	宋玲平	李伯谦
历史学	考古学及博物馆学	广东博罗先秦陶瓷和江西洪州窑瓷的 INAA 和 XRF 研究	王建平	陈铁梅
历史学	考古学及博物馆学	长江中下游、闽广地区六朝墓葬的分区和分期	韦 正	宿 白 徐苹芳
历史学	考古学及博物馆学	海岱地区史前墓葬研究	魏 峻	严文明
历史学	历史地理学	晋商商贸活动扩展的历史地理研究	王尚义	于希贤
历史学	历史地理学	清代以来西辽河流域人地关系的演变过程	颜廷真	韩光辉
历史学	世界史	战后日本与台湾关系研究——1945 至 1972	陈奉林	宋成有
历史学	世界史	近世初期日本与华夷秩序研究	陈文寿	沈仁安
历史学	世界史	军人政权与拉美的现代化——对巴西的个案研究：20 世纪 60 至 80 年代	董经胜	林被甸
历史学	世界史	法国旧制度末年公众舆论研究	洪庆明	郭华榕
历史学	世界史	战后日本社会思潮研究	纪廷许	沈仁安
历史学	世界史	白银生产与安第斯地区印第安社会的变迁——1545 至 1810 年	刘 婷	林被甸
历史学	世界史	俄国封建晚期农村公社研究——17 世纪中叶至 1861 年	罗爱林	刘祖熙
历史学	世界史	论美国重建时期联邦制的变化	宋云伟	何顺果
历史学	世界史	英国封建社会市场研究——12 至 14 世纪的扩张时期	谢丰斋	马克垚
历史学	世界史	近代普鲁士官僚制度研究	徐 健	郭华榕
历史学	世界史	亚齐分离运动研究	张洁	梁志明
历史学	世界史	拿破仑与“新欧洲”的诞生——兼论拿破仑帝国与欧洲统一进程的关系	张士昌	高 毅

续表

学科	专业	题目	作者	导师
历史学	世界史	拉奥经济改革的历史考察	张淑兰	林承节
历史学	中国古代史	隋唐国家祭祀与民间社会关系研究	雷　闻	吴宗国
历史学	中国古代史	唐前期北衙禁军制度研究	蒙　曼	荣新江
历史学	中国古代史	汉代城市社会研究	张继海	岳庆平
历史学	中国近现代史	姚莹（1785—1853）研究——以学习生活、官场生涯为中心	李永玉	房德邻
历史学	中国近现代史	嘉道之际常州区域文化研究	徐立望	房德邻
文学	比较文学与世界文学	18世纪韩国游记文学中的中国形象——以三种“燕行录”为中心	（韩）全美子	孟　华
文学	比较文学与世界文学	中国现代文学中的基督教话语	吴允淑	乐黛云
文学	俄语语言文学	尼·瓦·果戈理《与友人书简选》研究	刘洪波	任光宣
文学	俄语语言文学	20世纪末俄罗斯启示录文学	刘　涛	任光宣
文学	俄语语言文学	俄国象征主义的音乐精神	王彦秋	任光宣
文学	俄语语言文学	现代俄语中的双成素无动词句	周海燕	吴贻翼
文学	法语语言文学	追寻永恒的回归——伊夫．戴里奥作品中的神话世界	陈燕萍	张冠尧
文学	汉语言文字学	支谦译经动作语义场及其演变研究	杜　翔	蒋绍愚
文学	汉语言文字学	《祖堂集》述补结构研究	林永泽	郭锡良
文学	汉语言文字学	《朱子语类》述补结构研究	刘子瑜	蒋绍愚
文学	汉语言文字学	粤北土话和湘南土话音韵比较研究	牟廷烈	王福堂
文学	汉语言文字学	《韩非子》主谓结构研究	邵永海	郭锡良
文学	汉语言文字学	现代汉语名词义位的组合分析研究	王　惠	符淮青
文学	日语语言文学	现代日语形容词谓语句的语用研究	李奇楠	罗　芃
文学	日语语言文学	现代日语省略现象研究——从认知语言学与语用学的角度	朱立霞	徐昌华
文学	文艺学	电子传媒影响下的艺术生产	鲁文忠	李思孝
文学	文艺学	海德格尔诗学的意义	任　昕	王岳川
文学	文艺学	阐释与意义——文本阐释中的意义问题	王　峰	李思孝
文学	文艺学	保罗·德曼——理论与批评	徐润拓	董学文
文学	文艺学	当代中国文论转型问题研究	杨俊蕾	李思孝
文学	文艺学	纪昀文学思想研究	杨子彦	陈熙中 张少康
文学	文艺学	中国40年代文学理论形态研究	张清民	董学文
文学	亚非语言文学	缅甸近代民族主义运动研究	张旭东	姚秉彦
文学	英语语言文学	非洲裔美国人20世纪梦寻	陈法春	陶　洁

续表

学科	专业	题目	作者	导师
文学	语言学及应用语言学	现代汉语语篇语义句法研究	王　静	徐通锵
文学	中国古代文学	文学性与新闻性的消长——早期《申报》文人研究：1872年至1905年	方迎九	夏晓虹
文学	中国古代文学	汉赋类别流变研究	蒋文燕	褚斌杰
文学	中国古代文学	陆机文学创作研究——从理、情、辞三要素来考察	李揆一	钱志熙
文学	中国古代文学	唐代非写实小说之类型研究	李鹏飞	葛晓音
文学	中国古代文学	朱彝尊文学思想研究	李瑞卿	张少康
文学	中国古代文学	包公题材说唱文学研究	刘岱旼	周强
文学	中国古代文学	汉晋女性观及文学中对女性的抒写	刘淑丽	钱志熙
文学	中国古代文学	桐城派的建立与乾嘉学派关系研究	王达敏	孙　静
文学	中国古代文学	庾信研究	徐宝余	袁行霈
文学	中国古代文学	《史记》学史	杨海峥	费振刚
文学	中国古代文学	《史记》对先秦史传文的继承与发展	张桂萍	褚斌杰
文学	中国古代文学	桐城派文学思想研究	赵建章	张少康
文学	中国古典文献学	战国题铭与工官制度	董　珊	李　零
文学	中国古典文献学	七十子考	胡兰江	李　零
文学	中国古典文献学	戴震治经方法考论	李红英	杨　忠
文学	中国古典文献学	《寒山诗》版本研究	李钟美	孙钦善
文学	中国古典文献学	关于先秦秦汉文献中人与自然关系问题的研究	刘希庆	孙钦善
文学	中国古典文献学	《春秋公羊疏》研究	田中千寿	孙钦善
文学	中国现当代文学	新诗诗论对传统的态度述析	邓程	洪子诚
文学	中国现当代文学	“90年代诗歌”研究	胡旭东	洪子诚
文学	中国现当代文学	“新诗集”与新诗的发生研究	姜　涛	温儒敏
文学	中国现当代文学	20世纪前半期中国文学中的疯狂主题	金彦河	陈平原
文学	中国现当代文学	50至70年代的文学“经典”重评——中国当代文学史研究的一个侧面	朴贞姬	洪子诚
文学	中国现当代文学	相遇他者——批评家眼中的西方文艺思潮	朴正元	曹文轩
文学	中国现当代文学	胡风研究	王丽丽	温儒敏 王岳川
文学	中国现当代文学	1920年代中后期北京的文人集团和舆论氛围——以《语丝》和《现代评论》为中心	颜　浩	陈平原
文学	中国现当代文学	1930年代北平“前线诗人”诗歌研究	张洁宇	孙玉石
文学	中国现当代文学	50—70年代中国小说模式研究	张晓峰	曹文轩
医学	流行病与卫生统计学	我国部分地区35～64岁人群叶酸营养状况研究	郝　玲	李　竹
哲学	科学技术哲学	生命和计算——人工生命的生命观研究	李建会	任定成

续表

学科	专业	题目	作者	导师
哲学	科学技术哲学	1978年以来中国基础研究政策及其争论研究	刘立	何祚庥
哲学	科学技术哲学	明末清初（1582—1687）的格物穷理之学	尚智丛	龚育之
哲学	马克思主义哲学	马克思理性批判思想探析	陈志刚	丰子义
哲学	马克思主义哲学	马克思的理论思维原创性及其机制问题论要	刘宏勋	赵光武
哲学	马克思主义哲学	社会科学中的客观性与科学性问题研究	那非丁	赵家祥
哲学	马克思主义哲学	全球化时代民族国家问题的哲学思考	唐昆雄	赵家祥
哲学	马克思主义哲学	马克思恩格斯宗教观形成与发展	王珍	王东
哲学	马克思主义哲学	可持续发展的哲学探讨——一种对人的存在的反思	魏波	李士坤
哲学	马克思主义哲学	战国策派—抗战语境里的文化反思	魏小奋	胡军
哲学	马克思主义哲学	论马克思人的发展思想	武锡申	陈志尚
哲学	马克思主义哲学	马克思现代性思想的当代解读	邢荣	丰子义
哲学	马克思主义哲学	卢卡奇晚年三大理论创新	袁一达	王东
哲学	马克思主义哲学	文化转型与价值重构——文化现代化与中国文化精神创造	张友谊	李士坤
哲学	美学	电影影像与诗歌意境的空间书写研究	朴炳元	叶朗
哲学	美学	中国山水画结构研究	邱章红	叶朗
哲学	美学	论禅境中的意象及其审美意蕴	翁向红	叶朗
哲学	外国哲学	梅洛－庞蒂的知觉理论研究	关群德	陈启伟
哲学	外国哲学	语义悖论的新探索	汪蔚	陈启伟
哲学	外国哲学	跨文化阅读的范例——《天主实义》与中国学统	张晓林	靳希平
哲学	中国哲学	苏轼书画艺术与佛教	陈中浙	楼宇烈
哲学	中国哲学	张载哲学思想研究——以天人关系为中心	黄棕源	楼宇烈
哲学	中国哲学	先秦儒家情思想初探	聂保平	许抗生
哲学	中国哲学	《列子》研究	权光镐	许抗生
哲学	中国哲学	张栻哲学思想研究	苏铉盛	陈来
哲学	中国哲学	明代医易学研究	杨维杰	朱伯崑
哲学	中国哲学	《黄帝内经》医学哲学思想研究	姚春鹏	李中华
哲学	中国哲学	栗谷思想研究	张敏	楼宇烈
哲学	中国哲学	吴筠道教学述	赵建功	许抗生

人民大学

学科	专业	题目	作者	导师
法学	法律史	当代中国环境法制的历史与现状	王　立	曾宪义
法学	法律史	法律移植与传统法律文化在近现代的变迁	肖光辉	郑　定
法学	法律史	论信托法律制度的源流	余　辉	曾宪义
法学	法律史	中国购并制度研究——关于中国古代兼并制度的反思	朱伟雄	曾宪义
法学	法学理论	法之美初探	邓少岭	吕世伦
法学	法学理论	我国立法的价值取向研究	何贝倍	孙国华
法学	法学理论	法律与社会权力	胡水君	朱景文
法学	法学理论	论毛泽东法律思想的变迁	李瑞强	吕世伦
法学	法学理论	论审判解释	刘青峰	孙国华
法学	法学理论	论我国立法的公众参与	佟吉清	朱景文
法学	法学理论	当代俄罗斯法治国家理论	张俊杰	孙国华
法学	经济法学	外资银行法律规制研究	曹　平	刘文华
法学	经济法学	证券欺诈禁止制度研究	胡晓珂	刘文华
法学	经济法学	公众参与环境影响评价制度研究	李艳芳	刘文华
法学	经济法学	人力资本出资问题研究	李友根	刘文华
法学	经济法学	中央银行与商业银行之间法律关系研究	马志毅	刘文华
法学	经济法学	联合限制竞争行为的法律规制研究	孟雁北	刘文华
法学	经济法学	公司治理社会效率论	石青凯	刘文华
法学	经济法学	产业结构法研究	张雪梅	刘文华
法学	科学社会主义与国际共产主义运动	全球化下发达资本主义国家和发展中国家的矛盾研究	胡志高	叶卫平
法学	科学社会主义与国际共产主义运动	经济全球化进程中我国文化建设面临的挑战与回应	李跃华	沈云锁
法学	科学社会主义与国际共产主义运动	人大代表选举监督研究	王金根	李景治
法学	科学社会主义与国际共产主义运动	中国经济转型中的国家权力	杨光斌	李景治
法学	科学社会主义与国际共产主义运动	20世纪社会主义实践与民族问题——社会主义国家处理民族问题的经验与教训	赵慧玲	沈云锁
法学	马克思主义理论与思想政治教育	新时期高校思想理论教育实效性研究	靳　诺	杨瑞森
法学	马克思主义理论与思想政治教育	市场经济与人的发展	马先辉	许启贤
法学	马克思主义理论与思想政治教育	西方女权主义平等观辨析	孟　鑫	段忠桥
法学	马克思主义理论与思想政治教育	道德内化论	邱　吉	许启贤

续表

学 科	专 业	题 目	作者	导师
法学	马克思主义理论与思想政治教育	“两个必然”与“两个决不会”辩证关系解读	沈雁昕	许征帆
法学	马克思主义理论与思想政治教育	直面21世纪高校“两课”教育的新实际——对新一代大学生进行马克思主义理论教育的要题、难题求解	王向明	许征帆
法学	马克思主义理论与思想政治教育	经济全球化的历史进程	苑秀丽	王 霁
法学	马克思主义理论与思想政治教育	经济全球化对有中国特色社会主义社会制度安全的挑战	翟文忠	许征帆
法学	马克思主义理论与思想政治教育	建国以来高等学校政治理论课的历史沿革及其发展规律研究	周华珍	段忠桥
法学	民商法学	医疗损害赔偿研究	艾尔肯·艾拜都拉	王利明
法学	民商法学	证明负担原理与法则研究	陈界融	王利明
法学	民商法学	商业表征权之研究	程玟玟	刘春田
法学	民商法学	论企业破产预防制度与担保权关系之调整	付翠英	赵中孚
法学	民商法学	论担保制度多元化发展	胡春雨	龙翼飞
法学	民商法学	权利质权制度研究	胡开忠	赵中孚
法学	民商法学	抵押证券法律制度研究	解志国	赵中孚
法学	民商法学	公司产权结构研究——国有公司产权清晰的法律机制分析	李建伟	王利明
法学	民商法学	电子商务立法研究	李适时	赵中孚
法学	民商法学	合同成立基本问题研究	刘俊臣	王利明
法学	民商法学	完善我国的财产继承法律制度	刘悦	龙翼飞
法学	民商法学	所有权保留制度研究——以分期付款买卖为中心	曲宗洪	龙翼飞
法学	民商法学	公司治理结构之研究	王文钦	王利明
法学	民商法学	目标公司小股东的法律保护——以要约收购为背景	吴高臣	杨大文
法学	民商法学	融资租赁民事法律问题研究	许宏涛	赵中孚
法学	民商法学	论侵害知识产权的民事责任——从知识产权特征出发的研究	阳 平	刘春田
法学	民商法学	论农地权——中国集体农地权利的形成与扩展	杨一介	龙翼飞
法学	民商法学	论离婚后扶养	张学军	杨大文
法学	人口学	农村人口收入保障与养老经济支持研究	宋 健	翟振武
法学	人口学	中国计划生育政策研究	姚宗桥	郭志刚 翟振武
法学	社会学	制度短缺与关系依附——转型期中国腐败问题研究	程 勇	李 强
法学	社会学	城市街道社区内国家与社会关系的研究	胡连奎	郑杭生

续表

学科	专业	题目	作者	导师
法学	社会学	中国城市社会分层模式的再生产与结构化——制度转型过程中城市社会分层模式变迁的分析	李路路	郑杭生
法学	社会学	中国社会主义市场经济与教育发展运营机制——教育改革与发展的政策取向研究	李守信	郑杭生
法学	社会学	妇女就业和社会转型——国有企业女工就业研究	李 霞	郑杭生
法学	社会学	行政与市场——改革以来中间阶层进入机制及变迁趋势的研究	吕新萍	李 强
法学	社会学	对我国企业人事工作者的价值观组织文化知觉和决策倾向的实证研究	石 伟	沙莲香
法学	社会学	集体行动难题与中国社会的转型——水资源领域及其他	陶传进	李 强
法学	社会学	“残留孤儿”的日本社会适应性研究——“血缘边际人”的根性特征	王 欢	沙莲香
法学	社会学	新型组织运作模式研究——对我国特许经营组织本土化问题的探讨	于显洋	李 强
法学	社会学	中国社会的转型和非营利组织的发展	章 谦	郑杭生
法学	诉讼法学	刑事诉讼行为研究	邓 云	程荣斌
法学	诉讼法学	论诉讼标的	段厚省	江 伟
法学	诉讼法学	裁判请求权研究——民事诉讼的宪法理念及其保障	刘 敏	江 伟
法学	诉讼法学	中意刑事诉讼证明制度比较研究	孙维萍	程荣斌
法学	诉讼法学	侦查讯问程序正当性研究	徐美君	陈卫东
法学	诉讼法学	刑事被害人问题研究——从诉讼角度的观察	杨正万	程荣斌
法学	诉讼法学	WTO 协议与中国民事司法制度的完善——兼论 WTO 协议在我国的适用	张 艳	江 伟
法学	宪法学与行政法学	香港特别行政区基本法解释问题研究	陈玉田	许崇德
法学	宪法学与行政法学	紧急状态研究	郭春明	许崇德
法学	宪法学与行政法学	我国地方人大监督权研究	刘嫣姝	许崇德
法学	宪法学与行政法学	宪法诉讼的民主价值	刘志刚	韩大元
法学	刑法学	交通肇事罪研究	李文峰	高铭暄
法学	刑法学	累犯制度比较研究	苏彩霞	赵秉志
法学	刑法学	未成年人犯罪刑事责任研究	王 锛	王作富
法学	刑法学	抢劫罪研究	谢 彤	姜 伟
法学	刑法学	刑法理性论	张智辉	高铭暄
法学	刑法学	侵犯工业产权犯罪研究	赵永红	王作富
法学	刑法学	自首制度研究	周加海	赵秉志
法学	刑法学	缓刑制度比较研究	左坚卫	赵秉志
法学	政治学理论	当代中国的中央与地方关系	(韩)金英勋	林茂生

续表

学科	专业	题目	作者	导师
法学	政治学理论	陈独秀民主思想	陈家刚	林茂生
法学	政治学理论	建国初期信访及信访权利问题分析	李秋学	林茂生
法学	政治学理论	翁文灏中国工业化思想研究	李学通	彭　明
法学	政治学理论	孙中山宪政思想研究	牛　彤	林茂生
法学	政治学理论	中华文明的文化结构和现代转型	王鸿生	彭　明
法学	政治学理论	转型时期的俄罗斯国家安全战略	王树春	杨炳章
法学	政治学理论	国家统一模式研究	王英津	黄嘉树
法学	政治学理论	道、历史与政治——作为观察近代中国秩序转型窗口的儒学今文经	张广生	程虎歗
法学	政治学理论	台湾“务实外交”研究	张立鹏	黄嘉树
法学	中共党史	中国和朝鲜半岛的政治协商过程比较研究——1945至1949	(韩)朴炯一	张同新
法学	中共党史	国民党地方实力派与第二次国共合作	高晓林	张同新
法学	中共党史	中国现代化与马克思主义中国化互动关系研究	李敬煊	罗正楷
法学	中共党史	“三反”运动研究	李　军	王顺生
法学	中共党史	重庆时期国民党组织机构运行机制研究	李　强	张同新
法学	中共党史	中苏论战研究	刘建萍	陈明显
法学	中共党史	当代中国社会主义改革的风险与对策研究	刘先春	王顺生
法学	中共党史	村民自治研究	刘　娅	陈明显
法学	中共党史	中共第三代领导集体现代化建设战略要点研究——兼论中共第三代领导集体对经济全球化的战略应对	汤　涛	罗正楷
法学	中共党史	中国共产党三代领导集体与马克思主义中国化研究	王海军	王顺生
法学	中共党史	论新时期中国转型代价	王丽萍	张同新
管理学	档案学	理念与模式——中国档案学论	胡鸿杰	王传宇
管理学	档案学	魂系历史主义——西方档案学两大支柱理论发展研究	黄霄羽	冯惠玲
管理学	档案学	中国档案学史论	李财富	王传宇
管理学	档案学	当代档案信息资源开发研究	李　欣	冯惠玲
管理学	档案学	文件纵横运动论	吴品才	王传宇
管理学	档案学	档案馆知识管理理论研究	伍振华	冯惠玲
管理学	档案学	档案利用活动中的法律问题研究	张世林	冯惠玲
管理学	档案学	信息资源宏观配置管理研究	周　毅	冯惠玲
管理学	会计学	基于泛会计概念下的成本计量研究	陈良华	阎金锷 王化成
管理学	会计学	WTO环境下商业银行会计问题研究	陈宇学	阎达五 耿建新

续表

学科	专业	题目	作者	导师
管理学	会计学	论企业集团财务控制	董丽红	阎金锷 王化成
管理学	会计学	企业预算管理理论研究	高　晨	阎达五
管理学	会计学	上市公司中期报告研究	郭　菁	戴德明
管理学	会计学	构建以业绩管理为核心的内部报告体系	凌　飞	阎达五
管理学	会计学	中国上市公司股权再融资问题研究	刘文鹏	阎达五 耿建新
管理学	会计学	房地产业会计若干特殊问题研究	柳　青	戴德明
管理学	会计学	沪市上市公司重组绩效实证研究	任庆和	阎金锷 王化成
管理学	会计学	证券化有关会计问题研究	宋廷锋	阎达五 戴德明
管理学	会计学	银行信用评估研究	吴卫东	阎达五 荆　新
管理学	会计学	中小企业会计管理问题研究	杨松令	阎达五 戴德明
管理学	会计学	网络环境下会计实时控制研究	张瑞君	阎达五
管理学	会计学	公司并购价值问题研究	朱南军	阎金锷 荆　新
管理学	农业经济管理学	世界经济一体化下环境与我国农产品国际贸易问题研究	陈　洁	严瑞珍
管理学	农业经济管理学	中国农村经济改革发展与农业剩余劳动力转移问题研究	金志勇	严瑞珍
管理学	农业经济管理学	北京市住宅业市场结构研究——垄断、竞争与管制	况伟大	周　诚
管理学	农业经济管理学	中国农村反贫困与政府干预	刘冬梅	严瑞珍
管理学	农业经济管理学	论新时期中国农村金融发展	田　丰	罗伟雄
管理学	农业经济管理学	河南省可持续发展战略中的林业对策研究	杨朝兴	罗伟雄
管理学	农业经济管理学	新时期中国奶业发展与政府行为研究	姚　莉	程漱兰
管理学	企业管理	信息时代我国大型企业信息化建设和组织创新研究	陈建萍	郑明身
管理学	企业管理	台湾中小企业竞争力提升研究	陈仁暐	徐二明
管理学	企业管理	Internet 行为的测量与分析	董　铭	陈　禹
管理学	企业管理	公司治理与公司绩效关联关系——中国上市公司的实证研究	段盛华	徐二明
管理学	企业管理	中韩两国高科技产业创新形态之研究	郭性喆	李宝山
管理学	企业管理	企业组织变革研究	焦叔斌	杨文士
管理学	企业管理	创新型企业文化的培育	李桂荣	邓荣霖
管理学	企业管理	CRM 与营销创新研究	李先国	郭国庆
管理学	企业管理	城镇居民住房消费研究	刘美霞	林增杰

续表

学科	专业	题目	作者	导师
管理学	企业管理	企业并购的整合研究	莫宇宏	李占祥
管理学	企业管理	房地产经纪业规范化管理研究	尚国琲	林增杰
管理学	企业管理	中国制造业企业跨国经营战略研究	司　岩	郑明身
管理学	企业管理	质量经济效用分析	汤　彬	杨文士
管理学	企业管理	企业创新导向管理模式研究	王　安	李宝山
管理学	企业管理	企业管理创新的系统分析	王建民	汪星明
管理学	企业管理	对公司并购的组织分析	吴京芳	邓荣霖
管理学	企业管理	公司治理经济学	吴艳辉	邓荣霖
管理学	企业管理	企业核心能力动态构建论	许　可	徐二明
管理学	企业管理	中国农村集体土地产权研究	叶剑平	林增杰
管理学	企业管理	电子商务与企业资源配置变革	袁建中	陈　禹
管理学	企业管理	城市土地资源可持续利用调控研究	张　锋	林增杰
管理学	企业管理	企业价值创造——战略与信息技术	张亚明	陈　禹
管理学	企业管理	基于企业管理信息系统的管理变革机制研究	张志军	汪星明
管理学	企业管理	营造国有企业人才成长的三维立体环境研究	周施恩	李宝山
管理学	土地资源管理学	香港房地产法律制度与政策研究	潘永祥	林增杰
管理学	行政管理学	公共行政中的公民参与研究	李图强	朱立言
管理学	行政管理学	我国证券系统腐败与治理研究	祁光华	朱立言
管理学	行政管理学	我国城市社区建设与社区组织研究	魏　娜	刘熙瑞
经济学	财政学	调节居民收入分配的财政制度安排	崔　军	高培勇
经济学	财政学	促进可持续发展的税收政策	龚辉文	安体富
经济学	财政学	中国证券市场信息经济分析	黄国龙	陈　共
经济学	财政学	促进经济长期增长的财政政策	黄　毅	郭庆旺
经济学	财政学	调节个人收入分配的税收政策研究	李本贵	安体富
经济学	财政学	政府融资经济分析	李建军	陈　共
经济学	财政学	金融开放问题研究——利益、风险与安全	梁春满	高培勇
经济学	财政学	中国税源管理研究	秦泮义	安体富
经济学	财政学	投资银行的经济分析——兼谈我国投资银行行业的发展	任淮秀	陈　共
经济学	财政学	公债管理政策研究	宋永明	高培勇
经济学	财政学	电子商务税收问题研究	王　君	安体富
经济学	财政学	中国商业银行发展与财税政策	王在清	安体富
经济学	财政学	中国转型经济中的商品课税及其优化	朱江涛	王传纶

续表

学科	专业	题目	作者	导师
经济学	产业经济学	中国开发区研究——入世后开发区微观体制设计	鲍　克	李　悦
经济学	产业经济学	台湾经济及海峡两岸经贸关系研究	蔡荣生	纪宝成
经济学	产业经济学	中国：商业现代化研究	陈国辉	纪宝成
经济学	产业经济学	我国先导型商品流通结构的建立与发展	郭国荣	李金轩
经济学	产业经济学	中国药品流通研究	郭　旭	李金轩
经济学	产业经济学	安全投资理论与实践研究	何孝贵	郎荣燊
经济学	产业经济学	外国直接投资对东道国产业国际竞争力的影响	洪　玫	郎荣燊
经济学	产业经济学	流通产业组织创新	金永生	黄国雄
经济学	产业经济学	分销通路论	李　飞	黄国雄
经济学	产业经济学	技术创新与创新体系的构建——企业与政府合作平台的实证研究	梁　胜	卢东斌
经济学	产业经济学	交易一般与交易方式演进	刘向东	纪宝成
经济学	产业经济学	房地产经济波动理论与实证分析	曲　波	谢经荣
经济学	产业经济学	企业失败论	王　强	黄国雄
经济学	产业经济学	中国政府采购制度研究	王亚星	黄国雄
经济学	产业经济学	网络营销模式创新研究	吴冠之	黄国雄
经济学	产业经济学	中国证券市场的宏观分析	邹雨露	郎荣燊
经济学	国民经济学	中国上市公司并购绩效的经济学研究	方　芳	胡乃武
经济学	国民经济学	区域产业结构调整与主导产业选择研究——以四川为例所作的实证分析	江世银	钟契夫
经济学	国民经济学	我国经济增长中的金融风险	李志刚	刘成瑞
经济学	国民经济学	中国区域经济增长差异性的实证研究	刘　强	刘起运
经济学	国民经济学	全面开放新阶段的中国产业结构调整	刘新民	刘成瑞
经济学	国民经济学	不对称信息、控制权与企业融资——兼论中国企业融资体制改革	马　永	胡乃武
经济学	国民经济学	促进经济增长的财政支出政策研究	吴松林	刘起运
经济学	国民经济学	中国国民经济素质研究	张连如	魏礼群
经济学	国民经济学	对我国积极财政政策的分析	赵立东	黄泰岩
经济学	国民经济学	中国地区发展差距问题研究	周志文	钟契夫
经济学	货币银行学	开放条件下的金融监管与行业发展问题研究	吴　清	周升业
经济学	金融学	货币流通速度变化及其决定机制分析	代　鹏	陶　湘
经济学	金融学	论货币统一理论与实践——兼论南北韩的货币统一	李昌英	朱毅峰
经济学	金融学	银行制度创新与全能银行发展	李　洁	周升业
经济学	金融学	开发性金融问题研究——理论、比较与实证分析	刘文生	周升业

续表

学科	专业	题目	作者	导师
经济学	金融学	技术推动下的金融深化	刘　震	朱毅峰
经济学	金融学	论融资租赁及其宏观经济效应——兼论中国融资租赁的发展	史燕平	周升业
经济学	金融学	国有商业银行治理机制研究	宋　玮	朱毅峰
经济学	金融学	上市公司资本经营论	王明富	吴晓求
经济学	金融学	新经济下的信用发展与我国信用体系再造	吴晶妹	朱毅峰
经济学	金融学	国有商业银行股份制改革研究	佘　智	陶　湘
经济学	金融学	机构投资者与公司治理	张　研	陶　湘
经济学	经济史	美国市场经济中政府干预发展演变研究	蔡　挺	高德步
经济学	经济史	主银行金融体系与主证券市场金融体系比较研究	陈　兵	高德步
经济学	经济史	跨国并购研究	肖　善	高德步
经济学	经济思想史	西方可持续发展理论与中国经济可持续发展的对策研究	车卉淳	高鸿业
经济学	经济思想史	论虚拟资本	刘怀洲	吴易风
经济学	经济思想史	制度主义中的凡勃伦－艾尔斯传统	张　林	吴易风
经济学	经济思想史	网络效应理论——信息通信技术产业的一个经济学分析框架	朱　彤	方福前
经济学	经济学	美元化与欧盟货币一体化——两种国际货币区域化道路对发展中国家金融安全的比较研究	于同申	高鸿业
经济学	劳动经济学	医院补偿机制研究	曹金彪	曾湘泉
经济学	劳动经济学	企业家：理论与应用——兼及转轨中的中国企业家	李余利	赵履宽
经济学	劳动经济学	性别人力资本理论与中国女性劳动就业	潘锦棠	赵履宽
经济学	区域经济学	西部开发的利用外资战略研究	窦　杰	张敦富
经济学	区域经济学	房地产市场运行模式与调控体系研究	段枚焱	张敦富
经济学	区域经济学	政府投资与区域经济发展——兼论政策性银行的地位和作用	胡建平	张敦富
经济学	区域经济学	面向区域经济持续发展的区域政策转型	李　娟	王海平 张敦富
经济学	区域经济学	中国工业区位演变规律研究	刘奇洪	王海平 张敦富
经济学	区域经济学	分工与区域经济发展——一个理论框架及其对中国转轨时期区域分工问题的研究	石碧华	陈秀山
经济学	区域经济学	南中国海周边国家及地区产业协作系统研究——兼论“中国－东盟自由贸易区”的产业协作模式	朱坚真	张敦富
经济学	人口、资源与环境经济学	跨境水资源管理制度初探	杜悦新	张象枢
经济学	人口、资源与环境经济学	中国电力工业环境无害化技术扩散研究	齐晓凡	张象枢

续表

学　科	专　业	题　目	作者	导师
经济学	人口、资源与环境经济学	中国西部扶贫开发与可持续发展研究	谭卫平	张象枢
经济学	人口、资源与环境经济学	排污权交易的环境政策效应研究——以电力行业 SO2 减排为例	吴　健	张象枢
经济学	人口、资源与环境经济学	区域粮食供求平衡与资源环境利用——以贵州省为例	尹昌斌	鲁明中
经济学	人口、资源与环境经济学	履行环境公约中技术引进的政策研究——以《蒙特利尔议定书》为例	张剑智	鲁明中
经济学	人口、资源与环境经济学	城市生活垃圾减量化环境经济政策研究	张　越	鲁明中
经济学	人口、资源与环境经济学	关于气候变化问题国际谈判的政治经济学分析	崔大鹏	张坤民
经济学	世界经济	跨国公司税收的经济学分析	常海龙	吴大琨 杜厚文
经济学	世界经济	经济全球化对中国企业的影响与对策	邱朝成	高成兴
经济学	世界经济	全球化背景下的俄罗斯经济	孙晓明	周新城
经济学	世界经济	企业兼并与收购研究	汪全银	吴大琨 杜厚文
经济学	世界经济	跨国并购的理论与实践	王海平	高成兴
经济学	世界经济	国有商业银行不良资产问题研究及国际比较	王　华	黄范章
经济学	世界经济	论机构投资者	王志强	杜厚文
经济学	世界经济	全球化进程中的资本账户开放与金融不稳定——基于发展中国家（地区）相关经验的研究	张礼卿	张　帆
经济学	世界史	1945 至 1955 年美国的“大西洋联盟政策”研究	许海云	李世安
经济学	统计学	环境保护宏观核算理论方法研究	高敏雪	赵彦云
经济学	统计学	中国股票市场的波动性分析方法研究	李宏纲	顾　岚
经济学	统计学	中国开放式基金风险管理研究	刘家平	易丹辉
经济学	统计学	中国地区间产业结构与产业竞争力研究	申小玲	赵彦云
经济学	统计学	中国寿险业偿付能力风险评价研究	王福新	易丹辉
经济学	统计学	数据挖掘的客户关系管理应用研究	薛　薇	顾　岚
经济学	统计学	行业竞争力研究	杨宏亮	赵彦云
经济学	统计学	中国城市国际竞争力理论及统计分析	叶礼奇	赵彦云
经济学	西方经济学	企业制度演进大纲——一个基于马克思主义范式的分析框架及其应用	郭冠清	杨德明 吴易风
经济学	西方经济学	微观经济计量学——模型及应用研究	卢　平	吴易风
经济学	政治经济学	中国铁路经济发展论要	方远明	顾海良
经济学	政治经济学	中国利率市场化研究	黄　萍	林　岗
经济学	政治经济学	规制变迁的制度经济学分析	李　雯	杨瑞龙

续表

学科	专业	题目	作者	导师
经济学	政治经济学	建立三元经济发展的模型框架	乔根平	黄泰岩
经济学	政治经济学	产业结构优化与升级研究	王　群	宋　涛
经济学	政治经济学	哈耶克经济自由主义理论与市场经济秩序	王生升	胡　钧
经济学	政治经济学	论信用均衡	许长青	胡　钧
经济学	政治经济学	产权不完备性研究及国有企业改革思路探讨	严　冰	顾海良
经济学	政治经济学	企业家的企业理论	杨其静	杨瑞龙
经济学	政治经济学	国有企业内外部关系改革研究	张存刚	胡　钧
经济学	政治经济学	新迁移经济学——对中国农村劳动力乡城转移及其中制度因素的解释	张锦峰	林　岗
经济学	政治经济学	通货紧缩时期财政政策工具对经济增长影响的实证分析	张　旺	黄泰岩
经济学	政治经济学	过渡经济学系统研究	张　新	顾海良
经济学	政治经济学	中国农村金融发展问题研究	张余文	林　岗
经济学	政治经济学	中国图书出版产业经济分析	周蔚华	顾海良
经济学	政治经济学	管制激励的合约分析	周耀东	韦　伟
经济学	政治经济学	我国科技园区建设的思路与对策	诸一军	黄泰岩
历史学	世界史	欧洲一体化进程中的超国家主义与政府间主义之争——1945—1972	贾文华	李世安
历史学	中国古代史	清朝北部边疆卡伦研究	宝音朝克图	成崇德
历史学	中国古代史	清初私家修史研究——以史家群体为研究对象	阚红柳	黄爱平
历史学	中国古代史	清代驿传体系研究	刘文鹏	郭成康
历史学	中国古代史	近代西藏社会的变革	罗　布	成崇德
历史学	中国古代史	明清秘密教门简论——明清时期秘密教门蔓延和屡禁不止原因研究	孟　超	秦宝琦
历史学	中国古代史	19世纪中期安徽圩寨研究	牛贯杰	张　研
历史学	中国古代史	康雍乾时期舆图的绘制与疆域形成研究	孙　喆	成崇德
历史学	中国近现代史	戊戌妇女运动的社会性别分析	韩　廉	杨东梁
历史学	中国近现代史	淮系集团与晚清政治——以李鸿章为中心的研究	翁　飞	戴　逸
历史学	中国近现代史	清末民初华北妇女地位的社会考察——1895至1921	杨剑利	陈　桦
历史学	中国近现代史	晚清义赈研究	朱　浒	李文海
文学	传播学	全球化背景下的对话——对一种新的传播理念的探讨	唐　凌	喻国明
文学	传播学	媒介市场评价指标体系研究——理论、方法和应用	赵彦华	喻国明
文学	文艺学	现实主义与现代主义的辩证法——从审美主客体的角度审视现实主义与现代主义的运演轨迹	杜　彩	陆贵山
文学	文艺学	文学的诗性本质与价值结构	高宏生	陈传才

续表

学科	专业	题目	作者	导师
文学	文艺学	论中外小说的审美特性	刘雪芹	陈传才
文学	文艺学	意义的生成——文学语言学阐释	吴 波	陈传才
文学	文艺学	解构论及其与西方文论的渊源关系	徐 珂	章安祺
文学	文艺学	柏拉图文艺思想的现代性诠释	许亚青	章安祺
文学	文艺学	20世纪美国文学与圣经传统的同构研究——威廉·福克纳与约翰·斯坦贝克小说的基督教视角	杨彩霞	章安祺
文学	文艺学	新历史主义与历史诗学	张 进	陆贵山
文学	新闻传播学	网络传播控制中的权力、冲突与控制——兼论美国网络传播控制模式	林 江	郑兴东
文学	新闻学	全球化背景下中美新闻文化比较论	高金萍	童 兵
文学	新闻学	“焦点现象”研究	胡黎明	童 兵
文学	新闻学	中国新闻政策体系研究	郎劲松	童 兵
文学	新闻学	香港一国两制下的新闻生态	刘澜昌	成 美
文学	新闻学	当代西方传媒集团经营管理战略透视	裴延辉	成 美
文学	新闻学	中国妇女报刊与女新闻工作者研究——1897至1949	宋素红	方汉奇
文学	新闻学	论互联网新闻传播的自由与控制	詹万里	童 兵
文学	新闻学	流亡者的报纸——《上海犹太纪事报》研究(1943.7—1944.3)	饶立华	方汉奇
哲学	科学技术哲学(自然辩证法)	新的农业科技革命与中国农业的未来	叶向东	刘大椿
哲学	科学技术哲学(自然辩证法)	当代军事技术转型论	曾华锋	刘大椿
哲学	伦理学	墨子伦理思想研究	贺更行	罗国杰
哲学	伦理学	经济秩序的伦理研究——邓小平经济伦理思想解读	李清栋	宋希仁
哲学	伦理学	从启蒙到革命——毛泽东早期伦理思想研究	王彩玲	宋希仁
哲学	逻辑学	科学解释的结构分析及还原性解释	郭 垒	赵总宽
哲学	逻辑学	佛家逻辑比较研究	黄志强	孙中原
哲学	逻辑学	语言、意义与真理——罗素逻辑哲学研究	张安民	孙中原
哲学	逻辑学	逻辑、语义与蒙太格语法	朱建平	孙中原
哲学	马克思主义哲学	后现代视域中的文化批判	毕芙蓉	夏甄陶
哲学	马克思主义哲学	意义与自由——一种人的超越性研究	高绍君	夏甄陶
哲学	马克思主义哲学	中国现代化的文化考察	郭镇海	夏甄陶
哲学	马克思主义哲学	论马克思社会发展理论的科学性	侯衍社	庄福龄
哲学	马克思主义哲学	评阿尔都塞对马克思的解读	黄继锋	庄福龄
哲学	马克思主义哲学	公众科技认识与科技接受的影响因素研究	兰毅辉	安启念

续表

学 科	专 业	题 目	作者	导师
哲学	马克思主义哲学	马克思历史决定论的当代阐释	李屹立	杨 耕
哲学	马克思主义哲学	网络时代人的发展	李志红	萧 前
哲学	马克思主义哲学	困境与出路——罗马俱乐部人类困境问题研究	毛百战	安启念
哲学	马克思主义哲学	感性与数字化时代的新感性	齐 鹏	陈志良
哲学	马克思主义哲学	毛泽东的价值观－人民主体论研究	谭继东	杨焕章
哲学	马克思主义哲学	表达与思维	吴汉民	郭 湛
哲学	马克思主义哲学	恩格斯晚年历史观研究	吴家华	马绍孟
哲学	马克思主义哲学	寻找回归之路——评卢卡奇的《关于社会存在的本体论》	杨建梓	陈先达
哲学	马克思主义哲学	回归经济的本质——文化视域中的经济与经济哲学	杨 悦	郭 湛
哲学	马克思主义哲学	理想与现实——邓小平的社会发展观	姚弘芹	杨焕章
哲学	马克思主义哲学	文化传播研究——历史、理论与现实	庄晓东	郭 湛
哲学	美学	紫禁城的美学与文化研究	蔡永海	张 法
哲学	外国哲学	卡西尔符号－文化哲学研究	李恩来	李毓章
哲学	外国哲学	后现代知识理论的困境及其伦理学出路	孟彦文	冯 俊
哲学	外国哲学	理解的实践——伽达默尔实践哲学研究	张能为	李毓章
哲学	中国哲学	阳明哲学的儒佛道三教和合体系及其精神	[韩]朴喆洪	张立文
哲学	中国哲学	道家心性论	罗安宪	张立文
哲学	中国哲学	从生命哲学看中国哲学——方东美哲学思想研究	孙小金	宋志明
哲学	中国哲学	杨简哲学思想研究	王心竹	张立文
哲学	宗教学	神学诠释学	杨慧林	方立天

清华大学

学 科	专 业	题 目	作者	导师
法学	马克思主义理论与思想政治教育	冷战后美国媒体的中国报道	乔 木	金德湘
法学	民商法学	论现代侵权法对应然私权的确认——从完善人权保障角度考察	白飞鹏	马俊驹
法学	民商法学	不动产物权冲突研究	陈 洪	马俊驹
法学	民商法学	股东权司法救济研究	冯仁强	章 程
法学	民商法学	论司法权	胡夏冰	章 程
法学	民商法学	股东平等论	林晓镍	马俊驹
法学	民商法学	公司治理中的机构投资者	苏虎超	王保树
法学	民商法学	论合同相对性原则的变化对债法内部结构的影响	薛文成	马俊驹

续表

学　科	专　业	题　目	作者	导师
工学	城市规划与设计	澳门城市可持续发展纲要研究	崔世平	赵炳时
工学	城市规划与设计	中韩历史文化名城空间结构的演进及历史景观保护的比较研究	姜泰昊	吴良镛
工学	城市规划与设计	全球化与城市重构——从全球视角探讨北京城市空间的发展	赵云伟	赵炳时
工学	核能科学与工程	核电工程项目风险管理研究	王晓辉	徐元辉
工学	计算机应用技术	基于归纳学习的汉语韵律结构分析	谌卫军	张　钹
工学	计算机应用技术	口语对话系统 EasyNav 的研究与实现	黄寅飞	吴文虎
工学	计算机应用技术	对话系统中的自然语言理解研究	燕鹏举	蔡莲红
工学	建筑历史与理论	清代北京宫廷宗教建筑研究	方晓风	郭黛姮
工学	建筑设计及其理论	以艺术经验为途径的城市空间认知研究	成　砚	胡绍学 (美)彼得·罗(Peter G. Rowe)
工学	控制理论与控制工程	面向经营过程的虚拟企业运作研究	勾红梅	任守榘
工学	控制理论与控制工程	虚拟企业创建	李　瑜	吴　澄
工学	控制理论与控制工程	基于工作流技术的生产调度、计划和经营过程优化研究	林慧苹	吴　澄
管理学	管理科学与工程	几类新型生产系统模型研究	龚其国	王永县
管理学	管理科学与工程	我国管理教育的范式变迁与模式选择	雷　曜	赵纯均
管理学	管理科学与工程	面向宏观经济预测的复杂系统问题集成建模方法研究	孙国卓	陈　剑
管理学	管理科学与工程	日本政府参与中小企业间接融资体系机制的分析	田　野	吴宗鑫
管理学	管理科学与工程	防洪减灾经济学研究	赵　勇	吴宗鑫
管理学	技术经济及管理学	产业共性技术供给体系研究	李纪珍	吴贵生
管理学	技术经济及管理学	企业家寻租理论研究	申小林	吴贵生
管理学	技术经济及管理学	企业一体化产品创新及管理研究	朱祖平	姜彦福
经济学	数量经济学	中国股票市场的信息传导机制	唐　俊	宋逢明
文学	艺术设计学	艺术设计教育中创造性思维培养的研究	黄　维	王家树
文学	艺术设计学	艺术与生命精神	乔　迁	刘巨德
文学	艺术设计学	中国古代山水画景物构成研究	王贵胜	奚静之
文学	艺术设计学	公共艺术的观念与取向	翁剑青	袁运甫
文学	艺术设计学	雕塑造型论	许正龙	奚静之
文学	艺术设计学	趋同性与多元化	易　晓	奚静之

北京师范大学

学 科	专 业	题 目	作者	导师
法学	民俗学（含：中国民间文学）	《史记》之民俗学研究	郭必恒	钟敬文 董晓萍
法学	民俗学（含：中国民间文学）	普罗普故事学思想研究［博士论文］：以《故事形态学》、《神奇故事的历史根源》、《俄罗斯故事论》为重点	贾　放	钟敬文 董晓萍
法学	民俗学（含：中国民间文学）	水利传说研究——以山陕旱作乡村社会水利传说为个案	庞建春	钟敬文 董晓萍
法学	民俗学（含：中国民间文学）	碧霞元君信仰与妙峰山香客村落活动的研究——以北京地区与涧沟村的香客活动为个案	王晓莉	钟敬文 董晓萍
法学	民俗学（含：中国民间文学）	西王母信仰的生成与早期演化研究	赵宗福	钟敬文 董晓萍
法学	民俗学（含：中国民间文学）	辽宁省中部乡村故事讲述人活动研究——以辽宁省辽中县徐家屯村为例	祝秀丽	钟敬文 董晓萍
法学	中共党史（含：党的学说与党的建设）	中国共产党与1949年—1957年中国社会之变迁	师吉金	张静如
法学	中共党史（含：党的学说与党的建设）	李大钊与中国现代学术	吴汉全	张静如
法学	中共党史（含：党的学说与党的建设）	论邓小平政治发展理论与中国政治发展	杨　帆	张静如
法学	中共党史（含：党的学说与党的建设）	大学德育整体优化研究	张立成	周之良
法学	中共党史（含：党的学说与党的建设）	中国共产党与中国农业发展道路	周志强	张静如
工学	环境科学	流域水环境管理理论与实践	彭盛华	赵俊琳 陈子坦
管理学	教育经济与管理学	教育制度和教育组织的经济学分析	曹淑江	王善迈
管理学	教育经济与管理学	全面教学质量管理研究	程凤春	顾明远
管理学	教育经济与管理学	中国公立高等学校收费制度改革研究——准公共产业部门、政府与市场的视角	楚红丽	靳希斌
管理学	教育经济与管理学	自组织管理原理与大学发展之道	黄永军	张　兴
管理学	教育经济与管理学	基础教育财政制度改革研究	李祥云	王善迈
管理学	教育经济与管理学	我国区域经济发展与高等教育管理体制创新	刘如赞	张　兴
管理学	教育经济与管理学	企业的产权观人力资本理论及应用研究	任建华	靳希斌
管理学	教育经济与管理学	基础教育阶段导致创造力缺失的主要因素分析	上官李力	张　兴
管理学	教育经济与管理学	中国农村家庭教育决策的实证分析——以甘肃省为基础的研究	孙志军	王善迈
管理学	教育经济与管理学	学校教育惩戒的合法性研究	王　辉	劳凯声
管理学	教育经济与管理学	美国与日本教育公平的理论与实践的比较研究——兼论学校选择制度	翁文艳	顾明远
管理学	教育经济与管理学	教育产业融资的理论与机制研究	张万朋	靳希斌
教育学	比较教育学	中日两国小学社会课的比较研究	郭雯霞	李守福

续表

学 科	专 业	题 目	作者	导师
教育学	比较教育学	大学理念研究——人才培养的视角	刘宝存	王英杰
教育学	比较教育学	教育技术学学科定位问题的研究	刘美凤	顾明远
教育学	比较教育学	美国公立教育治理之实践与理论研究——一个解科层的视角	卢海弘	李守福
教育学	比较教育学	中韩两国教师专业化比较研究	宋吉缮	顾明远
教育学	发展与教育心理学	教师职务绩效——结构及其影响因素研究	蔡永红	林崇德
教育学	发展与教育心理学	中学生问题行为的结构和群体特征分析	崔丽霞	郑日昌
教育学	发展与教育心理学	尊重平等教育与儿童心理发展	郝春东	陈会昌
教育学	发展与教育心理学	高中生物理实验操作能力的发展研究	李春密	林崇德
教育学	发展与教育心理学	汉语隐喻句的加工	刘 菁	张必隐
教育学	发展与教育心理学	资格考试题库度量系统的构建	欧东明	郑日昌
教育学	发展与教育心理学	小学4～6年级课堂提问的类型特点及其影响因素的研究	宋振韶	金盛华
教育学	发展与教育心理学	汉语句子理解加工中动词－论元结构关系的早期激活与作用	孙 娟	张必隐
教育学	发展与教育心理学	初中生写作能力及相关因素研究	孙素英	林崇德
教育学	发展与教育心理学	中学生问题行为发展的特点及其与危险因素、保护因素的关系	王成全	董 奇
教育学	发展与教育心理学	儿童特质认知的发展及其与失败后反应的关系	王美芳	陈会昌
教育学	发展与教育心理学	高校学生评价教师教学的影响因素研究	魏 红	申继亮
教育学	发展与教育心理学	教师专业发展——中小学教师培训需求研究	肖丽萍	林崇德
教育学	发展与教育心理学	当代中国大学生价值观及其与行为的关系研究	辛志勇	金盛华
教育学	发展与教育心理学	儿童在数学问题解决中图式与策略的获得	辛自强	林崇德 俞国良
教育学	发展与教育心理学	儿童同伴关系及对其学校适应的影响	杨渝川	郑日昌
教育学	发展与教育心理学	儿童早期数学认知能力的发展及其与家庭生态环境的关系	张 华	董 奇
教育学	发展与教育心理学	小学生数与形认知能力的发展研究	张 奇	林崇德
教育学	发展与教育心理学	大学生希望特质的评定与干预研究	张青芳	郑日昌
教育学	发展与教育心理学	小学教师课堂信息加工能力的研究	张学民	申继亮 林崇德
教育学	发展与教育心理学	小学生创造力发展及其影响因素研究	赵海	金盛华
教育学	发展与教育心理学	青少年吸烟行为发生发展预测模型的研究	周 勇	董 奇
教育学	高等教育学	汉语口语产生中信息的表征与加工——来自失语症患者的证据	韩在柱	舒 华
教育学	高等教育学	小学语文教材形声字表音情况统计分析及小学生形声字命名的自组织模型	邢红兵	舒 华

续表

学科	专业	题目	作者	导师
教育学	基础心理学	词汇结构在中外汉语学习者合成词加工中的作用	冯丽萍	彭聃龄
教育学	基础心理学	品牌资产——一个认知模型及其验证	黄合水	彭聃龄
教育学	基础心理学	情绪词加工的脑机制研究——内、外倾正常被试和抑郁症病人的加工特征及其生化基础	徐世勇	彭聃龄 金真
教育学	教育技术学	技能测评自动化理论与应用研究	许骏	何克抗
教育学	教育史	清末民国时期我国小学教师在职培训研究	冯卫斌	俞启定
教育学	教育史	来源·争论·特性——陆九渊教育思想三论	顾春	郭齐家
教育学	教育史	美国教师专业规范历史研究	郭志明	史静寰
教育学	教育史	清代书院与汉学的互动研究	王建梁	郭齐家
教育学	教育史	民族国家、政治现代化和教育世俗化——法国教育制度世俗化研究	郑崧	史静寰
教育学	课程与教学论	论发展性教学视野中的合作学习及其模型分析	高向斌	裴娣娜
教育学	课程与教学论	学校语文——文化研究范式下的重新解读	余昱	裴娣娜
教育学	课程与教学论	试论走向交往实践的主体性教育	张天宝	裴娣娜
教育学	课程与教学论	儿童文学——一种重要的课程资源	赵静	裴娣娜
教育学	学前教育学	幼儿同伴合作的发展特点与类型研究	陈琴	庞丽娟
教育学	学前教育学	幼儿教师教育观念中的儿童观研究	胡娟	庞丽娟
教育学	学前教育学	幼儿图画故事书阅读与发展研究	康长运	庞丽娟
教育学	学前教育学	近二十年幼儿语言教育的演进	刘心篠	陈帼眉
教育学	学前教育学	幼儿喜爱之幽默图画书的特质	周逸芬	陈帼眉
经济学	世界经济	新兴市场的资本超量汇集和逆转——一种经济解释	安佳	李翀
经济学	世界经济	国际分工论——跨国公司视角的分析	符正平	李翀
经济学	世界经济	对外直接投资与母国经济	刘长庚	杨国昌
经济学	世界经济	东亚崛起与危机的制度分析	马宏伟	杨国昌
经济学	世界经济	贸易与环境问题研究	曲如晓	杨国昌
经济学	世界经济	全球化进程中的就业变迁	张圣兵	唐任伍
经济学	世界经济	美国套期保值基金的研究	周建瓴	李翀
经济学	政治经济学	资产价格与货币政策	余明	李晓西
理学	系统理论	金融与经济共同演化的复杂性研究	王大辉	方福康
理学	自然地理学	大型企业集团安全建设与风险管理模式研究	孔建国	史培军
理学	自然地理学	土地利用/覆盖变化及其对生态安全的影响研究——以北方农牧交错带内蒙古扎鲁特旗为例	刘硕	史培军 康慕谊
理学	自然地理学	基于RS和GIS的我国大尺度沙质荒漠化现状评价方法研究	周晓东	朱启疆
历史学	史学理论及史学史	论抗战时期的延安史学	洪认清	吴怀祺

续表

学 科	专 业	题 目	作者	导师
历史学	史学理论及史学史	文化视野中的明清之际史学——以清初明遗民历史认识为中心的考察	李廷勇	陈其泰
历史学	史学理论及史学史	董仲舒与两汉史学思想研究	汪高鑫	吴怀祺
历史学	史学理论及史学史	十六国北朝史学研究	王志刚	陈其泰
历史学	史学理论及史学史	清代方略研究	姚继荣	瞿林东
历史学	世界史	从平视到蔑视——古希腊人蛮族观念的演变	焦雅君	郭小凌
历史学	中国古代史	明代王学研究——以本体-工夫理论为中心的历史考察	鲍世斌	周桂钿
历史学	中国古代史	孔孟荀“名分”思想研究	丁小丽	周桂钿
历史学	中国古代史	两晋南朝赠官研究	刘长旭	黎 虎
历史学	中国近现代史	晚清总督与近代文化——以东南及直隶总督为例	贾小叶	郑师渠
历史学	中国近现代史	商务印书馆与近代文化	史春风	郑师渠
历史学	中国近现代史	晚清社会风尚研究	孙燕京	龚书铎
历史学	中国近现代史	近代科学家与近代文化	阎 平	郑师渠
历史学	中国近现代史	《独立评论》与20世纪30年代的政治思潮	张太原	朱汉国
历史学	中国近现代史	民国初期尊孔思潮研究	张卫波	龚书铎
文学	比较文学与世界文学	左琴科小说艺术研究	李 莉	谭得伶
文学	电影学	影像中的都市平民——中国都市平民电影论	楚卫华	黄会林
文学	电影学	在商业与文化之间——好莱坞电影机制的形成及其演变	何建平	尹 鸿
文学	电影学	中国电视传播艺术研究	胡智锋	黄会林
文学	电影学	都市电影中的中国影像——当代中国都市电影研究	李宗禧	尹 鸿
文学	电影学	流变与前瞻——中国喜剧电影论纲	史博公	尹 鸿
文学	电影学	中国电影的美学阐释	史可扬	黄会林
文学	电影学	中国电影产业发展研究	宋维才	尹 鸿
文学	电影学	影像与身份认同——新加坡华语电影文化研究	吴开华	尹 鸿
文学	汉语言文字学	《龙龛手镜》异形字研究	邓福禄	李国英
文学	文艺学	梁宗岱与中国现代象征主义诗学	陈太胜	王一川
文学	文艺学	《沧浪诗话》的诗学研究	程小平	童庆炳
文学	文艺学	中国文化精神的审美建构——宗白华美学简论	胡继华	王一川
文学	文艺学	自由生命的创化——宗白华美学思想研究	刘 萱	童庆炳 王向峰
文学	文艺学	福柯的界线——主体、权力和生存美学	汪民安	罗 钢
文学	文艺学	百年新诗诗体建设研究	王 珂	童庆炳
文学	文艺学	经典再生产——金圣叹小说评点的文化透视	吴子林	童庆炳

续表

学科	专业	题目	作者	导师
文学	文艺学	无意识场景中的主体和语言——雅克·拉康的主体性理论初探	严泽胜	罗 钢
文学	文艺学	作为符号权力的文化——皮埃尔·布迪厄的文化社会学导论	张 怡	罗 钢
文学	文艺学	整合与颠覆:大众文化的辩证法——法兰克福学派的大众文化理论	赵 勇	童庆炳
文学	英语语言文学	体裁特征及其在体裁创作和识别过程中的作用——地学英文期刊论文摘要的个案研究	陈会军	周流溪
文学	英语语言文学	功能词的多元语义功能研究	高彦梅	胡壮麟
文学	英语语言文学	凯瑟琳·曼斯菲尔德作品中的矛盾身份	蒋 虹	赵太和
文学	英语语言文学	运作惯习类型及其整合分析模式——英语书面新闻系统新探	李美霞	周流溪
文学	英语语言文学	多维度语域变异分析	武姜生	周流溪
文学	英语语言文学	发出者意义与接收者理解意义的错配——交际中的误解研究	周利娟	周流溪
文学	中国古代文学	明清家庭小说研究	艾丽辉	张 俊
文学	中国古代文学	《红楼梦》东观阁本研究	曹立波	张 俊
文学	中国古代文学	宋元明清岳飞故事研究	李 琳	于天池
文学	中国古代文学	小说与阅读公众——明代通俗小说的传播与接受研究	蔺文锐	于天池
文学	中国古代文学	清代英雄传奇小说中的女性形象研究	刘相雨	张 俊
文学	中国古代文学	卓尔堪与《遗民诗》研究	潘承玉	张 俊
文学	中国现当代文学	中国现代作家的家族文化情结	曹书文	郭志刚
文学	中国现当代文学	老舍·满汉文化之桥	崔明芬	李 岫
文学	中国现当代文学	中国现代女作家的女性自我意识研究	崔银晶	朱金顺
文学	中国现当代文学	30年代中国现代文学的人道主义主题研究	高惠京	朱金顺
文学	中国现当代文学	中国现代文学大众化思潮研究	郭国昌	郭志刚
文学	中国现当代文学	五四婚恋小说研究	金炫垌	郭志刚
文学	中国现当代文学	走向世界——20世纪的中国留学生小说	李东芳	郭志刚
文学	中国现当代文学	《大公报》与中国现代文学	刘淑玲	郭志刚
文学	中国现当代文学	浅草－沉钟社研究	秦林芳	李 岫
文学	中国现当代文学	受日本唯美主义文学影响的中国唯美主义文学	山本周	王 富
文学	中国现当代文学	厨川白村与中国现代文学	山田芳明	李 岫
文学	中国现当代文学	牛汉诗论	孙晓娅	王富仁
文学	中国现当代文学	解放区小说的历史解读	王利丽	郭志刚
文学	中国现当代文学	过渡时期的杂志:1910—1920年的《小说月报》研究	谢晓霞	王富仁
哲学	马克思主义哲学	人学视野中的现代性	包俊洪	袁贵仁

续表

学科	专业	题目	作者	导师
哲学	马克思主义哲学	消费问题的哲学考察	胡金凤	韩 震
哲学	马克思主义哲学	自由与规范——对现代交往的人学考察	彭立群	韩 震
哲学	马克思主义哲学	科技与人性——科技文明的人学沉思	吴文新	袁贵仁

北京外国语大学

学科	专业	题目	作者	导师
文学	德语语言文学	德国对外文化政策	姜 锋	殷相生
文学	俄语语言文学	文化创新机制的研究——文化符号学视角的考察	李 肃	白春仁
文学	俄语语言文学	语气词在俄语口语中的地位和功能	王 永	王福祥
文学	俄语语言文学	俄语句子的语义结构及其句法体现	于 鑫	郭聿楷
文学	英语语言文学	最简方案框架下的广义左向合并理论研究	戴曼纯	刘润清
文学	英语语言文学	对抗记忆,解/重构神话,身份形成:对《中国佬》、《家乡》和《唐老亚》的研究	刘葵兰	吴 冰
文学	英语语言文学	乔治·爱略特三部小说中女性的反抗与沉默	龙 艳	张中载
文学	英语语言文学	同一与差异——论E·M·福斯特小说中文化身份的嬗变	陶家俊	张中载
文学	英语语言文学	特罗洛普:改革时代的稳健派——特罗洛普的政治系列小说及其政治观点研究	杨英军	钱 青

首都师范大学

学科	专业	题目	作者	导师
教育学	发展与教育心理学	员工心理契约的结构及相关因素研究	李 原	郭德俊
历史学	世界史	西欧中世纪后期的知识传播	程德林	刘新成
历史学	世界史	从罗斯福到艾森豪威尔——1940—1954年美国的越南政策	刘东明	徐 蓝
历史学	世界史	日本的军国民教育	赵亚夫	徐 蓝
历史学	中国古代史	西汉分封制度研究	董平均	杨生民 宋 杰
历史学	中国古代史	六朝民族政策与民族融合	方高峰	蒋福亚
历史学	中国古代史	北朝隋唐的屯田与均田	李宝通	蒋福亚
历史学	中国古代史	魏晋南朝寒人仕进研究	李琼英	蒋福亚 许福谦
历史学	中国古代史	论墨子思想结构的生成	钱永生	杨生民
历史学	中国古代史	自然环境变迁与北魏的兴衰——兼论十六国割据局面的出现	张 敏	阎守诚
文学	美术学	明遗民画家若干问题研究	傅阳华	李福顺

续表

学科	专业	题目	作者	导师
文学	美术学	论行书的形成与风格演变	何学森	欧阳中石
文学	美术学	绵延与积淀——中国书论中的美学思想研究	裹奎河	欧阳中石
文学	美术学	汉藏工艺美术交流研究	吴明娣	李福顺
文学	美术学	楚文字形体演变的现象与规律	张传旭	欧阳中石
文学	中国古代文学	清代北京剧坛花、雅之盛衰研究	范丽敏	张燕瑾
文学	中国古代文学	古代小说中公案因素的文化探析	吕小蓬	段启明

北京语言文化大学

学科	专业	题目	作者	导师
文学	语言学及应用语言学	多重特征核查及其句法影响	司富珍	方　力
文学	语言学及应用语言学	话语中汉语名词短语的形式与意义及相关问题	唐翠菊	赵金铭
文学	语言学及应用语言学	北京官话语音研究	张世方	曹志耘

中央民族大学

学科	专业	题目	作者	导师
法学	民族学	云南宁蒗县永宁乡纳西族(摩梭人)母系家庭幼儿传统养育文化研究	丁　湘	邵献书
法学	民族学	庙无寻处——华北村落的人类学研究	兰林友	林耀华 庄孔韶
法学	民族学	丽江纳西族文化的结构及其变迁	李　劼	宋蜀华
法学	民族学	有关中国少数民族地区共同体形式的发展战略和教育的研究	林珍喆	哈经雄 黄有福
法学	民族学	在本主的庇荫下——大理白族本主崇拜研究	刘　珩	邵献书
法学	民族学	满族习俗与宗教信仰研究	刘明新	赵　展
法学	民族学	试论云南大理的人口流动与白族家族文化变迁	王积超	邵献书
法学	民族学	龟兹佛教与区域文化变迁研究	吴　涛	白振声
法学	民族学	中国民族古钟象征文化的意义阐释	庾　华	祁庆富
法学	民族学	西北民族地区生态建设与农村经济发展研究	张定龙	白振声
法学	民族学	满族妇女生活与民俗文化研究	周　虹	赵　展
法学	民族学	旅游开发与文化变迁——以云南省丽江纳西族自治县纳西族文化为例	宗晓莲	祁庆富
法学	人类学	空间的故事——一个贫困社区发展规划项目的人类学考察	张有春	林耀华 庄孔韶
法学	中国少数民族经济	起飞——西部民族地区大开发的新思维	黄健英	施正一
法学	中国少数民族经济	圈城经济论——圈城经济在北京	吴世民	施正一
法学	中国少数民族经济	民族企业风险防范策略	谢作渺	施正一

续表

学科	专业	题目	作者	导师
历史学	专门史	明代西南土司制度研究	陈名杰	陈连开
历史学	专门史	秦汉历史地理与文化分区研究	雷虹霁	陈连开
历史学	专门史	土家族军事史研究	石亚洲	胡绍华
历史学	专门史	清朝民族政策研究	余梓东	王钟翰
历史学	专门史	清代钦差大臣研究	张晶晶	王钟翰 姚念慈
历史学	专门史	秦汉与匈奴关系史研究	珍珠· 埃尔道杜	陈连开
文学	中国少数民族语言文学(分语族)	清代蒙古族社会转型及语言教育	宝玉柱	戴庆厦
文学	中国少数民族语言文学(分语族)	土家语濒危现象研究	邓佑玲	戴庆厦
文学	中国少数民族语言文学(分语族)	花苗苗语动词的语义及结构特征研究	李云兵	戴庆厦
文学	中国少数民族语言文学(分语族)	汉柯(吉)语对比研究	苗冬霞	胡振华
文学	中国少数民族语言文学(分语族)	蒙古族箴言研究	萨仁高娃	满都呼
文学	中国少数民族语言文学(分语族)	汉藏语动词重叠研究	杨澈淑	戴庆厦
文学	中国少数民族语言文学(分语族)	回鹘文献语言的结构与特点	张铁山	张公瑾
文学	中国少数民族语言文学(分语族)	仡佬族母语生态研究	周国炎	张公瑾

外交学院

学科	专业	题目	作者	导师
法学	国际关系	论冷战后挑战主权的理论思潮——重新思考国家主权	卢凌宇	周启朋
法学	国际关系	冷战后美国发展国家导弹防御的动因研究	朱强国	周启朋

对外经贸大学

学科	专业	题目	作者	导师
法学	国际法学(含:国际公法、国际私法、国际经济法)	与贸易有关的环境措施和国际贸易规则的协调	边永民	沈达明
法学	国际法学(含:国际公法、国际私法、国际经济法)	中美世贸协议的法律问题	任颖明	沈四宝
法学	国际法学(含:国际公法、国际私法、国际经济法)	WTO 规则的法律经济分析与中国经济法理论创新	周林彬	沈四宝

续表

学　科	专　业	题　目	作者	导师
经济学	国际贸易学	论贸易政策与环境政策之间的关系	董　虹	王绍熙
经济学	国际贸易学	项目融资模式及法律问题研究	蒋先玲	薛荣久
经济学	国际贸易学	纵论国际贸易电子化——关于电子商务在国际贸易行业中的理论和应用问题分析	杨　兆	薛荣久
经济学	国际贸易学	关于产品生命周期和企业盈亏转折点先行指标的研究	张建平	王林生
经济学	国际贸易学	论金融衍生工具及在我国商业银行信贷风险管理中的应用	周天宇	王林生
经济学	金融学(含:保险学)	期权定价模型及其应用研究	门　明	王林生

中央财经大学

学　科	专　业	题　目	作者	导师
管理学	会计学	注册会计师非审计服务研究	林启云	孟　焰
管理学	会计学	会计政策选择理论问题研究	孟　辛	孟　焰
管理学	会计学	盈余管理研究与IPO定价	孙力干	李　爽
经济学	国民经济学	中国资本市场效率研究	曹红辉	侯荣华
经济学	国民经济学	中国融资制度变迁中的经济增长绩效	杜惠芬	王柯敬
经济学	国民经济学	财政收支改革研究	刘金云	侯荣华
经济学	国民经济学	社会保障资金运行与宏观调节	刘　钧	闻　潜
经济学	国民经济学	从“走出去”战略探索我国国际工程承包业投资	陆国俊	闻　潜
经济学	国民经济学	中国西部地区引进外资战略研究	苗月新	王巾英
经济学	国民经济学	公司价值与股票定价研究	孙国茂	王柯敬
经济学	国民经济学	企业并购的理论分析与现实考察	王云琪	侯荣华
经济学	国民经济学	社会保障基金运行的经济分析	杨晓波	侯荣华
经济学	国民经济学	促进产业结构调整的财政政策研究	苑广睿	侯荣华
经济学	国民经济学	我国货币政策传导机制研究	张志前	侯荣华
经济学	国民经济学	市场运行的结构分析	朱国晓	闻　潜
经济学	金融学(含:保险学)	论人民币国际化	姚克平	王广谦

北京广播学院

学科	专业	题目	作者	导师
文学	广播电视艺术学	春节联欢晚会的审美文化研究	耿文婷	张凤铸
文学	广播电视艺术学	纪录与诠释——电视艺术美学初探	贾秀清	高　鑫
文学	广播电视艺术学	中国纪实性电视剧艺术论	吴三军	张凤铸
文学	广播电视艺术学	电视虚构叙事论	周靖波	周华斌
文学	新闻学	新时期电视新闻改革研究	艾红红	赵玉明
文学	新闻学	中日广电集团发展研究	王　宇	曹　璐
文学	新闻学	中国电视新闻的营销策略	殷　乐	朱羽君

北京体育大学

学科	专业	题目	作者	导师
教育学	体育教育训练学	体育信息管理的理论构建及应用系统开发研究	董伦红	刘玉林
教育学	体育教育训练学	对职业篮球产权制度的研究——兼论中国职业篮球产权制度创新	杜丛新	刘玉林 陈树华
教育学	体育教育训练学	不同放松方法的心理训练对主观松弛感和自主生理反应的影响	李京诚	梁承谋
教育学	体育教育训练学	可持续发展理论原则与转型期我国足球后备人才培养的研究——中国足球学校与BTV三高足球俱乐部的剖析	梁　栋	钟秉枢
教育学	体育教育训练学	我国体育院校术科教师群体素质若干问题的研究	刘　兴	姚侠文
教育学	体育教育训练学	持拍隔网对抗项群男子单人项目基本单元竞技过程的研究	陶志翔	田麦久
教育学	体育教育训练学	手球运动情境中直觉决策的实验研究与运动直觉理论的初步建构	王　斌	梁承谋
教育学	体育教育训练学	三大球魅力的价值学研究——大学生作为评价主体的个案分析	于立贤	钟秉枢
教育学	体育教育训练学	我国高水平男子百米跑运动员体能训练理论体系的研究	袁运平	袁作生
教育学	体育教育训练学	青春发育突增期(高峰年龄)不同发育类型学生体质特征及健康促进	张瑛秋	邢文华
教育学	体育教育训练学	对我国体育产业立法的研究	赵　芳	孙民治
教育学	体育教育训练学	论体能主导类项群(田径、举重)运动员下肢蹬伸力量能力的同元异构特征	郑念军	田麦久
教育学	体育人文社会学	从终身体育思想审视我国学校体育的改革与发展	陈　琦	周登嵩 杨文轩
教育学	体育人文社会学	奥运会对举办城市经济的影响	董　杰	任　海
教育学	体育人文社会学	中小学体育教学中交往的研究	刘新民	周登嵩
教育学	体育人文社会学	社会资本与当代中国体育用品企业成长	易剑东	任　海

中央音乐学院

学科	专业	题目	作者	导师
文学	音乐学	探路者的求索——朱践耳交响曲创作研究	蔡乔中	杨儒怀
文学	音乐学	斋醮科仪　天师神韵——龙虎山天师道科仪音乐研究	傅利民	袁静芳
文学	音乐学	60年代以来台湾新音乐创作之研究	简巧珍	王毓和 张已任
文学	音乐学	韩国现代音乐对传统音乐的继承与发展——对三位韩国著名作家的作品分析	李爱莲	杜鸣心
文学	音乐学	中国洞箫音乐文化研究	李晋源	袁静芳
文学	音乐学	古琴美学与古琴命运的历史考察	苗建华	蔡仲德
文学	音乐学	周文中后期创作研究	唐永葆	杨儒怀
文学	音乐学	理夏德·施特劳斯的歌剧《莎乐美》的文化意义	殷　遐	黄晓和

中央美术学院

学科	专业	题目	作者	导师
文学	美术学	藏传佛教图像研究	李　翎	金维诺
文学	美术学	论两种世界观对中国画论的影响	韦　兵	王宏建
文学	美术学	沈周山水绘画之风格与题材之研究	吴刚毅	薛永年
文学	美术学	永恒的象征:天安门广场人民英雄纪念碑研究	殷双喜	邵大箴
文学	美术学	观念与艺术——论观念建构艺术的途径与方式	邹跃进	王宏建

中央戏剧学院

学科	专业	题目	作者	导师
文学	戏剧戏曲学	论音乐剧创作特征	廖向红	徐晓钟
文学	戏剧戏曲学	中国大陆导演教学现识研究:论“导演思维”的培养	廖杏娥	徐晓钟
文学	戏剧戏曲学	演员表演创造心理探索	刘立滨	张仁里
文学	戏剧戏曲学	观念的互动:一种把握东西方戏剧本质的文化视角	刘彦君	谭霈生
文学	戏剧戏曲学	萨特情境剧研究纲要	王　强	谭霈生
文学	戏剧戏曲学	关于戏剧本质之反思	许绿伦	谭霈生
文学	戏剧戏曲学	戏剧行动简论	张东钢	包黔明

北京航空航天大学

学科	专业	题目	作者	导师
管理学	管理科学与工程	证券组合投资的风险决策模型及其应用研究	刘善存	邱菀华
管理学	管理科学与工程	网络经济时代传统企业的电子商务转型	刘　洋	林　健
管理学	管理科学与工程	项目环境影响模糊评价理论与应用研究	马风才	张　群

续表

学 科	专 业	题 目	作者	导师
管理学	管理科学与工程	人民币汇率行为研究与外汇风险管理	马　杰	任若恩
管理学	管理科学与工程	风险环境下的拍卖决策模型及其应用研究	马　俊	邱菀华
管理学	管理科学与工程	基于企业技术创新能力的国际竞争力研究	马　宁	官建成
管理学	管理科学与工程	基于作业成本法的制造业企业竞争力研究	任　飏	陈良猷
管理学	管理科学与工程	管制制度理论及工商行政管理制度博弈研究	孙百昌	陈良猷
管理学	管理科学与工程	企业知识管理理论及支撑技术研究	杨新华	林　健
管理学	管理科学与工程	现代企业全过程作业管理理论方法及应用研究	张国刚	林　健
管理学	管理科学与工程	基于企业核心能力的国际竞争力研究	张华胜	陈良猷
管理学	管理科学与工程	报业流程再造的关键使能技术研究	朱友芹	夏国平

北京理工大学

学 科	专 业	题 目	作者	导师
工学	机械制造及其自动化	企业核心信息管理理论及实现方法的研究	王国鸿	宁汝新
管理学	管理科学与工程	面向企业流程再造的工作流管理研究	崔金红	甘仞初
管理学	管理科学与工程	知识经济环境下的管理激励与约束机制研究	李存金	侯光明
管理学	管理科学与工程	基于 Agent 的供应链配送渠道系统的建模与仿真	周　庆	甘仞初

北京邮电大学

学 科	专 业	题 目	作者	导师
工学	通信与信息系统	SDL 语言相关问题的研究	王　颖	艾　波
工学	通信与信息系统	网络管理质量研究	李冶文	陈俊亮 孟洛明
管理学	管理科学与工程	中国通信企业技术创新有效途径的研究	张　静	梁雄健

北方交通大学

学 科	专 业	题 目	作者	导师
工学	交通运输规划与管理	铁路编组站货车集结理论研究	李建文	胡思继
工学	交通运输规划与管理	城际客运交通行为理论研究	刘卫果	胡思继
工学	交通运输规划与管理	基于网状线路的京沪高速铁路列车运行图编制理论的研究	马建军	胡思继
工学	交通运输规划与管理	高质量组织高速铁路列车运行理论的研究	马　强	胡思继
工学	交通运输规划与管理	双层规划在交通运输问题中的若干应用——铁路旅客票价制定问题及O－D需求估计问题的优化模型及算法的研究	四兵锋	高自友

续表

学　科	专　业	题　目	作者	导师
工学	系统工程	交通运输结合部系统理论方法研究——运输物流链上的 MAS 组织协商分析	张秀媛	张国伍
管理学	管理科学与工程	中小企业社会化物流服务体系建设及中小企业物流管理研究	蒋　坚	张文杰
管理学	管理科学与工程	IT 企业组织设计的理论与应用研究	母连军	张文杰
管理学	管理科学与工程	基于信息技术制造业企业价值链增值过程研究	彭志忠	张文杰
管理学	管理科学与工程	企业集团多角化经营战略——基于核心竞争能力与经营资源剩余的研究	裘晓东	张文杰
管理学	管理科学与工程	供应链管理的支撑体系与运作模式研究	张成海	詹荷生
经济学	产业经济学	企业信息化理论与方法研究	关忠良	陈景艳
经济学	产业经济学	放松管制后的管制——以电信业为例的经济分析	黄海波	荣朝和
经济学	产业经济学	论航空公司战略联盟的经济动因	黎　群	荣朝和
经济学	产业经济学	基于报酬递增理论的产业集聚机制研究——以清河县羊绒产业为例	刘军国	荣朝和 王缉慈
经济学	产业经济学	中国企业融资制度内生性研究	田晓东	许庆斌 张秋生
经济学	产业经济学	运输发展中的制度研究	魏际刚	荣朝和
经济学	产业经济学	铁路投资与融资问题研究	肖　翔	幺培基
经济学	产业经济学	高技术产业项目评估理论与方法研究	易　山	幺培基
经济学	产业经济学	企业信息资源生态系统核心问题研究	袁京蓉	李学伟

北京科技大学

学　科	专　业	题　目	作者	导师
工学	采矿工程	矿山企业技术创新的测度理论与评价方法	高成亮	李仲学
工学	采矿工程	基于博弈论的矿业权评估理论与方法研究	耿书文	任天贵
工学	采矿工程	矿业开发中的融资决策理论与方法	孙　俊	李仲学
工学	车辆工程	虚拟企业网络规划设计和智能管理	才　力	丁予展
工学	控制理论与控制工程	基于 IIPP 的网站智能管理与主动服务	艾迪明	涂序彦
工学	控制理论与控制工程	基于 IIPP 的银行信贷风险预警方法研究与应用	彭　岩	涂序彦
工学	控制理论与控制工程	面向电子商务的智能管理信息系统	王　枞	涂序彦
工学	控制理论与控制工程	大规模信息网络智能管理方法和技术的研究及应用	庄力可	涂序彦
理学	科学技术史	陕西关中地区先周和西周早期铜器的技术分析与比较研究	杨军昌	韩汝玢

北京工业大学

学 科	专 业	题 目	作者	导师
工学	交通运输规划与管理	城市快速道路车辆跟驰理论研究	张智勇	任福田
工学	结构工程	北京城市可持续发展综合评价研究	张卫民	霍 达 宋 毅

北京林业大学

学 科	专 业	题 目	作者	导师
工学	城市规划与设计(含:风景园林规划与设计)	地形的利用与塑造初探	刘晓明	孟兆祯
工学	城市规划与设计(含:风景园林规划与设计)	园林规划设计生态因素的思考	周 曦	孟兆祯
工学	机械设计及理论	北京市绿色嗅觉环境质量评价研究	郑 华	李文彬 金幼菊
管理学	林业经济管理	山西林业发展战略研究	陈建成	翟中齐
管理学	林业经济管理	西部退耕还林(草)与生态经济协调发展研究	支 玲	任恒祺
农学	森林经理学	中国林业跨越式发展理论探讨	陈光清	郑小贤
农学	森林经理学	森林资源信息管理网络化的研究与实践	方陆明	陈谋询 寇文正 周国模
农学	森林培育学	山区林业可持续发展社区机制的研究——湖北鹤峰社区林业项目案例研究	胡延杰	李吉跃 施昆山 张大红
农学	水土保持与荒漠化防治	农田防护林生态作用特征与可持续经营模型	范志平	余新晓
农学	水土保持与荒漠化防治	黄河中游地区生态环境建设分区及配置模式研究——以陕西省为例	刘 霞	王礼先
农学	园林植物与观赏园艺	长江中下游地区景观恢复工程体系构建——以湘、鄂、赣、皖四省为例	沈守云	张启翔 何 平
农学	植物学	中国清代以来林政史研究	樊宝敏	董 源

中国地质大学

学 科	专 业	题 目	作者	导师
工学	矿产普查与勘探	中国矿产资源产业外向型发展战略研究	张秋艳	史清琪
工学	矿产普查与勘探	区域资源环境经济系统联合评价的理论与方法研究	张晓军	张 均
理学	矿物学、岩石学、矿床学	安全经济效益评价理论及模型研究	黄盛仁	陈庆寿
理学	矿物学、岩石学、矿床学	中油股份公司天然气开发趋势研究	王凤江	于兴河
理学	矿物学、岩石学、矿床学	矿产资源可持续力评价研究	余 敬	姚书振

中国矿业大学

学 科	专 业	题 目	作者	导师
工学	安全技术及工程	建筑火灾风险综合评价及对火灾保险费率影响的研究	杜红兵	周心权
管理学	管理科学与工程	矿产资源有偿使用制度架构及评估方法研究	晁 坤	陶树人
管理学	管理科学与工程	企业动态联盟模式的理论与实证研究	贾 平	陶学禹
管理学	管理科学与工程	中国电信业区域不平衡发展及其与区域经济关系研究	刘 宇	陶树人
管理学	管理科学与工程	山西产业结构调整的理论与应用研究	牛冲槐	陶树人
管理学	管理科学与工程	高新技术风险企业价值评估的理论与方法研究	孙继湖	王立杰
管理学	管理科学与工程	企业家报酬决定因素的系统研究	张正堂	陶学禹

中国农业大学

学 科	专 业	题 目	作者	导师
工学	农业电气化与自动化	基于GIS的农村电网规划方法的研究	汤红卫	郭喜庆
工学	农业机械化工程	区域水资源评价模型技术及其应用研究	郭洪宇	傅泽田 谢新民
工学	农业机械化工程	上市公司核心竞争力演化机制与提升策略研究	许 彪	傅泽田 卢凤君
工学	农业机械化工程	农业可持续发展与农业机械化	杨玉林	白人朴
工学	农业机械化工程	经济结构、经济增长与环境问题——一个CGE模型的分析	张越扶	邓乃扬
工学	农业机械化工程	乡镇企业发展规律经济与培育竞争优势研究	祝美群	白人朴
管理学	管理科学与工程	中国蔬菜产业的国际竞争力研究	刘 雪	傅泽田
管理学	管理科学与工程	农业资源可持续利用研究——农业资源承载力和可持续性评价	王海燕	傅泽田
管理学	管理科学与工程	中国税收宏观调控的数理分析与实证研究	王 伟	邓乃扬
管理学	农业经济管理学	WTO条件下中国商业银行国际竞争力问题的研究	丁德荣	谭向勇
管理学	农业经济管理学	城乡结合部土地市场与政策研究	刘燕萍	贺锡苹 王秀清
管理学	农业经济管理学	中国信贷资产证券化运行机制研究	罗 丹	赵冬缓
管理学	农业经济管理学	农产品贸易自由化进程中的非贸易关注问题	倪洪兴	田维明
管理学	农业经济管理学	中国主要肉类产品国际竞争力研究	乔 娟	谭向勇
管理学	农业经济管理学	我国西部开发中的资本流入机制与政策研究	孙长学	赵冬缓
管理学	农业经济管理学	中国金融资产管理公司不良资产重组模式研究	王景兰	赵冬缓
管理学	农业经济管理学	棉花价格形成研究——模型构建及模拟预测	王兆阳	谭向勇
管理学	农业经济管理学	中国农村资本流动研究	杨满沧	俞家宝
管理学	农业经济管理学	关于上市公司并购重组理论与绩效评价的探讨	臧日宏	赵冬缓
管理学	农业经济管理学	中国玉米市场分析	张春晖	谭向勇

续表

学科	专业	题目	作者	导师
管理学	农业经济管理学	中国粮食政策的演变与选择——理论框架与应用分析	张晓涛	何秀荣
理学	生态学	小浪底库区新安县土地资源优化配置及可持续利用研究	毛振宾	宇振荣
理学	生态学	区域经济生态系统形成与演替研究——以山东省寿光市为例	万　皓	吴文良
理学	生态学	中国玉米及相关产业可持续发展研究	夏　彤	吴文良
理学	生态学	阴山北麓农牧交错带风蚀荒漠化治理的保持耕作模式研究	赵　举	郑大玮 妥德宝
农学	草业科学	我国北方农牧交错带草地退化和荒漠化成因的研究	霍成君	韩建国 洪绂曾
农学	土壤学	区域可持续土地利用的系统分析与评价	刘彦琴	郝晋珉
农学	土壤学	县域农用地土地利用程度评估及应用研究	田彦军	郝晋珉
农学	土壤学	云南保山西庄河山地流域人与资源动态关系研究	许建初	石元春 李保国 严泰来
农学	土壤学	土地资源的资产管理及我国入世后的对策	朱道林	林　培
农学	作物栽培学与耕作学	黄土高原丘陵沟壑区土地持续利用方法研究——以陕西安塞县纸坊沟为例	常　欣	程　序 刘国彬
农学	作物栽培学与耕作学	中国粮食安全技术对策研究	刘景辉	王宏广 王树安 王志敏
农学	作物栽培学与耕作学	区域种植结构调整原理方法及决策支持系统开发应用	秦向阳	程　序 陈　阜
农学	作物栽培学与耕作学	中国耕作制度15年演变规律研究	吴永常	王宏广 唐华俊

中央党校

学　科	专业	题目	作者	导师
法学	国际政治学	WTO争端解决机制研究	梁　鹰	李忠杰
法学	国际政治学	日本政府开发援助与中日关系	林晓光	张中云
法学	国际政治学	国外执政党代表机制研究	沈远新	李忠杰
法学	国际政治学	能源与国际政治	王亚栋	李忠杰
法学	国际政治学	欧洲联盟国际行为能力研究：一种建构主义视角	张茂明	张中云
法学	科学社会主义	中国社会主义国家职能问题研究	黄宪起	江　流
法学	科学社会主义	社会主义市场经济条件下劳动和劳动价值理论问题研究	梁玉秋	龚育之
法学	科学社会主义	超越传统——中国现代化进程中的政治文化走向	刘学军	吴雄丞
法学	科学社会主义	村庄社会关联视角下的村民选举参与——四个村庄的比较研究	仝志辉	江　流

续表

学科	专业	题目	作者	导师
法学	科学社会主义	信息网络与有中国特色社会主义经济	曾祥正	汤有伦
法学	科学社会主义	社会主义信念建设的一般性和特殊性研究	张学森	赵　曜
法学	科学社会主义	社会主义法治国家的政治权力关系	钟爱军	周锡荣
法学	科学社会主义与国际共产主义运动	社会主义法治化初论	陈章乐	赵　曜
法学	科学社会主义与国际共产主义运动	论“一国两制”条件下中央与特别行政区政治体制的关系	田恒国	陈道华
法学	科学社会主义与国际共产主义运动	政治发展视野中的乡镇政权改革研究	王中汝	江　流
法学	中共党史(含:党的学说与党的建设)	中国共产党活动方式研究	高新民	蔡长水
法学	中共党史(含:党的学说与党的建设)	私营企业思想政治工作研究	胡林辉	张蔚萍
法学	中共党史(含:党的学说与党的建设)	“大跃进”时期“教育革命”研究	李庆刚	郭德宏
法学	中共党史(含:党的学说与党的建设)	转型期中国共产党执政方式研究	刘永艳	万福义
法学	中共党史(含:党的学说与党的建设)	执政条件下党的先进性问题研究	宋福范	卢先福
法学	中共党史(含:党的学说与党的建设)	社会主义市场经济条件下党的领导方式	王传涛	陈登才
法学	中共党史(含:党的学说与党的建设)	中国共产党干部队伍建设的历史考察与思考	王建华	朱乔森
法学	中共党史(含:党的学说与党的建设)	建设有中国特色党政关系的理论思考	王　磊	万福义
法学	中共党史(含:党的学说与党的建设)	毛泽东多党合作思想研究	姚植传	赵云献
法学	中共党史(含:党的学说与党的建设)	论20世纪共产党执政的历史经验和教训	张荣臣	万福义
法学	中共党史(含:党的学说与党的建设)	国有企业体制创新与党的领导方式研究	郑　权	陈登才
经济学	政治经济学	混合所有制研究——兼论社会主义市场经济的运行基础	曹　立	王　珏
经济学	政治经济学	国际金融危机论	陈江生	刘海藩
经济学	政治经济学	外商直接投资与中国区域经济发展	兰天山	张虎林
经济学	政治经济学	中国转型期的区域经济政策研究	李建华	孙钱章
经济学	政治经济学	投资基金与金融体制变革	罗松山	韩　康
经济学	政治经济学	论中国对外贸易的可持续发展	彭红斌	刘海藩
经济学	政治经济学	中国转轨型通货紧缩研究	亓长东	王瑞璞
经济学	政治经济学	市场导向下的中国农业发展研究	王　强	王瑞璞

续表

学　科	专　业	题　目	作者	导师
经济学	政治经济学	网络经济研究——网络对经济活动影响的规律性探析	吴君杨	张大军
经济学	政治经济学	中国贸易政策研究	伍先斌	刘炳瑛
经济学	政治经济学	网络经济若干理论问题研究	辛向前	鲁从明
经济学	政治经济学	信用制度下的票据市场研究	赵荣祥	鲁从明
哲学	马克思主义哲学	网络哲学引论——网络时代人类存在方式的变革	常晋芳	崔自铎
哲学	马克思主义哲学	文化交往规律论	桂　翔	许全兴
哲学	马克思主义哲学	治安社会化思想与模式	刘　波	周锡荣
哲学	马克思主义哲学	资本与生产力关系的哲学审视	刘君栩	王伟光
哲学	马克思主义哲学	人的建设论——一个理论框架以及关于当代中国人的若干问题的哲学注解	牛献忠	许全兴
哲学	马克思主义哲学	管理价值论——现代管理价值实现研究	史会学	宋惠昌
哲学	马克思主义哲学	知识生产力研究－当代社会变革的哲学揭示	孙向军	王伟光
哲学	马克思主义哲学	领导决策方法论	尤元文	杨春贵
哲学	马克思主义哲学	人的发展的历史形态及其当代意蕴——"人的依赖"·"物的依赖"·"能力依赖"	张　军	韩庆祥

中国社会科学院研究生院

学　科	专　业	题　目	作者	导师
法学	法学理论	法与实践理性	葛洪义	李步云 韩延龙
法学	法学理论	论权利冲突	葛明珍	信春鹰
法学	法学理论	国家审计法理研究	李季泽	刘　瀚
法学	法学理论	行政行为的司法审查	赵保庆	刘　瀚
法学	法学理论	论司法裁判中的事实问题	赵承寿	刘　瀚
法学	法学理论	作为人权的性权利——一种人类自由的视角	赵合俊	夏　勇
法学	法学理论	论人权的哲学基础——以生命权为例	赵雪纲	夏　勇
法学	国际法学(含:国际公法、国际私法、国际经济法)	中韩外国人直接投资法比较研究	梁孝玲	陶正华
法学	国际法学(含:国际公法、国际私法、国际经济法)	双边投资条约——中国的视角	杨卫东	陶正华
法学	国际政治学	俄罗斯军事改革研究	陈学惠	李静杰
法学	国际政治学	宗教与美国政治关系综论	何宗强	王缉思
法学	国际政治学	东南欧的稳定与新地区主义——冷战后地区冲突的起源和地区稳定机制的建立	李丹琳	张文武

续表

学科	专业	题目	作者	导师
法学	国际政治学	苏联解体后俄罗斯的西部安全环境与西部安全战略	柳丰华	郑　羽
法学	国际政治学	论欧洲融合——对民族特性与欧洲同一性关系的诠释	路文勇	顾俊礼
法学	国际政治学	俄罗斯能源外交——理论与实践	庞昌伟	郑　羽
法学	国际政治学	欧洲一体化进程中的移民政策研究	王　毅	顾俊礼
法学	国际政治学	地区主义理论的历史演进	肖欢容	王逸舟
法学	国际政治学	论墨西哥经济转型时期的政治变革	袁东振	徐世澄
法学	国际政治学	国际政治理论的社会学转向——建构主义解读国际政治	袁正清	王逸舟
法学	国际政治学	俄罗斯企业制度研究	张聪明	许　新
法学	国际政治学	新自由主义改革与民众主义执政党————论墨西哥革命制度党下台的社会基础根源	郑振成	曾昭耀
法学	经济法学	股份有限公司董事损害赔偿责任研究	曹顺明	王保树
法学	经济法学	风险投资法律制度研究	程　强	崔勤之
法学	经济法学	滥用与规制——反垄断法对企业滥用市场优势地位行为之规制	文学国	王保树
法学	科学社会主义与国际共产主义运动	社会主义发展动力的哲学思考	吕　静	靳辉明
法学	科学社会主义与国际共产主义运动	斯大林模式的是与非	沈宗武	靳辉明
法学	科学社会主义与国际共产主义运动	科技革命与中国现代化	王守泉	靳辉明
法学	科学社会主义与国际共产主义运动	经济全球化与21世纪中国特色社会主义	王永贵	靳辉明
法学	科学社会主义与国际共产主义运动	社会主义收入分配理论与社会主义初级阶段收入分配制度	赵万江	李崇富
法学	民商法学	互联网上的版权保护与限制	李祖明	郑成思
法学	民商法学	权利质权研究	钟　青	梁慧星
法学	民商法学(含:劳动法学、社会保障法学)	国际金融衍生交易法律问题研究	宁　敏	梁慧星
法学	民商法学(含:劳动法学、社会保障法学)	法律行为的民法构造——民法科学和立法技术的阐释	谢鸿飞	梁慧星
法学	民商法学(含:劳动法学、社会保障法学)	过错侵权责任制度研究	张民安	梁慧星
法学	民商法学(含:劳动法学、社会保障法学)	消费者保护法研究	张严方	梁慧星
法学	民商法学(含:劳动法学、社会保障法学)	版权集体管理及其立法研究	周　林	郑成思
法学	人口学	三峡工程与可持续发展	何燕生	蔡　昉
法学	人口学	人口与经济可持续发展	李　文	田雪原

续表

学科	专业	题目	作者	导师
法学	人口学	1930—1990:华北农村婚姻家庭变动研究——立足于社会变革背景下冀南地区的考察	王跃生	田雪原
法学	人口学	制度障碍下的乡城迁移	吴要武	蔡　昉
法学	人口学	企业家薪酬与企业绩效研究——基于人力资本特性的分析	赵　睿	蔡　昉
法学	社会学	攀援的绳索——社会网络与农民工城市生活世界的建构	曹子玮	李汉林
法学	社会学	创新证券市场监管制度研究	胡　滨	傅崇兰
法学	社会学	银行危机的社会学解释	乐宜仁	陆学艺
法学	社会学	网络组织的兴起——信息化与企业组织网络化关系研究	梁　栋	李培林
法学	社会学	实物换保障——完善城镇化机制的政策选择	卢海元	傅崇兰
法学	社会学	中国农村阶级阶层分化与税费制度改革	周批改	陆学艺
法学	宪法学与行政法学	违宪审查制度研究	林广华	白　钢
法学	宪法学与行政法学	论英国选举制度	聂　露	白　钢
法学	宪法学与行政法学	选举及其相关权利研究——美国选举个案分析	王雅琴	白　钢
管理学	技术经济及管理	技术创新与技术扩散的微观经济分析	李　鹏	李京文
管理学	技术经济及管理	资本市场的效率——理论与实证	李文军	钟学义
管理学	技术经济及管理	人力资本的经济学分析	莫志宏	李京文
管理学	技术经济及管理	技术发展多元驱动力研究	汪泽英	金周英
管理学	技术经济及管理	金融创新与高新技术中小企业的发展	许庆修	李京文
管理学	农业经济管理	旅游业对中国农村和农民的影响的研究	操建华	李　周
管理学	农业经济管理	转型时期我国农民养老问题探析	崔红志	张晓山
管理学	农业经济管理	中国农村金融组织的行为与制度环境——以农村合作基金会为例	李　静	刘文璞
管理学	农业经济管理	不完全产权的经济分析——应用于农村高息借贷的研究	陆　雷	张晓山
管理学	农业经济管理	中国农村金融发展问题研究	宋宏谋	韩　俊
管理学	农业经济管理	可再生自然资源的社区管理研究	张　三	李　周
管理学	企业管理(含:财务管理、市场营销、人力资源管理)	上市公司盈余管理研究——中美比较的视角	高　峰	黄速建
管理学	企业管理(含:财务管理、市场营销、人力资源管理)	股份公司股权结构研究	胡　洁	周绍朋

续表

学科	专业	题目	作者	导师
管理学	企业管理(含:财务管理、市场营销、人力资源管理)	核心竞争力动态管理研究	黄继刚	陈佳贵
管理学	企业管理(含:财务管理、市场营销、人力资源管理)	经理人员股票期权制效率研究	兰邦华	黄速建
管理学	企业管理(含:财务管理、市场营销、人力资源管理)	公司控制权转让的效率分析	朱筠笙	马　洪 黄速建
经济学	财政学(含:税收学)	公债的经济效应研究	刘　华	李茂生
经济学	财政学(含:税收学)	中国资本市场规范化研究	任志宏	李茂生
经济学	财政学(含:税收学)	教育投资与政府调控	徐清祥	刘溶沧
经济学	产业经济学	信用消费论	陈　忠	郭冬乐
经济学	产业经济学	发展中国家/地区对外直接投资——理论、经验与趋势	杜　玲	江小涓
经济学	产业经济学	国家实物储备调控机制分析	范　力	张卓元
经济学	产业经济学	奥运会影响研究——经济和旅游	付　磊	张广瑞
经济学	产业经济学	流动壁垒与企业的策略行为——对我国企业的实证分析	郭朝阳	金　碚
经济学	产业经济学	股票市场的分形特征和股票价格的 FIGARCH 模型研究	李建军	张卓元
经济学	产业经济学	国有企业与产业竞争力	李曦辉	金　碚
经济学	产业经济学	基金治理结构研究	欧明刚	陶　琲
经济学	产业经济学	创业板市场制度研究	涂春辉	陶　琲
经济学	产业经济学	高技术产业融资论	王宏峰	吕　政
经济学	产业经济学	中国工业行业技术创新和创新效率差异研究	王伟光	周叔莲
经济学	产业经济学	工业结构升级的制度分析	王云平	周叔莲
经济学	产业经济学	转型期的中国金融监管	吴　焰	白仲尧
经济学	产业经济学	私营部门介入中国旅游资源开发的理论探讨与实证分析	依绍华	张广瑞
经济学	产业经济学	商业银行零售业务研究	赵　萍	郭冬乐
经济学	产业经济学	中国工业化与城市化协调发展论	周维富	吕　政
经济学	国际贸易学	中小企业出口问题研究	李时民	裴长洪
经济学	国际贸易学	关于外商投资北京房地产的研究	刘志宇	王洛林
经济学	国民经济学	国防支出与经济发展	陈　渤	罗云毅
经济学	国民经济学	融资结构与财务(金融)危机	陈洪波	罗云毅
经济学	国民经济学	行为金融学分析与证券市场风险控制	郭怀英	刘福垣

续表

学 科	专 业	题 目	作者	导师
经济学	国民经济学	金融发展与经济增长——中国案例研究及国际比较	李广众	陈广汉
经济学	国民经济学	中国上市公司业绩操纵研究	刘　洪	张汉亚
经济学	国民经济学	收入再分配与调控消费需求	王朝阳	罗云毅
经济学	国民经济学	开放条件下的工业结构升级研究	王岳平	刘福垣
经济学	国民经济学	政府投资监督管理制度研究	吴　晖	张汉亚
经济学	金融学	金融自由化进程中的金融稳定——结构视角	卫　红	李茂生
经济学	金融学(含:保险学)	中国利率市场化研究——必要性、难点和条件分析	樊卫东	李　扬
经济学	金融学(含:保险学)	汇率稳定政策研究	余维彬	李　扬
经济学	金融学(含:保险学)	金融管制的确立及其变革	周　虎	李　扬
经济学	经济史	唐五代敦煌绿洲农业研究	苏金花	李根蟠
经济学	理论经济学	中国股票市场制度效率研究	阙紫康	邹东涛
经济学	世界经济	服务贸易发展史与自由化研究	范小新	戎殿新
经济学	世界经济	中国资本账户自由化与人民币汇率制度选择	李　婧	余永定
经济学	世界经济	金融体系中的开放式基金——美国共同基金研究	李　文	谈世中
经济学	世界经济	国际资本流动与拉美经济稳定	林　晶	苏振兴
经济学	世界经济	论经济增长与增长的社会代价——以泰国为案例分析	刘翔峰	张蕴岭
经济学	世界经济	金融深化、金融体制发展与经济增长——中韩对比研究	南守重	余永定
经济学	世界经济	欧洲联盟创新政策浅析	桑　倞	罗红波
经济学	世界经济	中国加入WTO后的汇率制度选择	孙学工	张蕴岭
经济学	世界经济	现代化赶超中的制度创新——历史考察与理论分析	尹朝安	戎殿新
经济学	世界经济	广义发展论——对发展经济学的宏观拓展	赵丽红	谈世中
经济学	数量经济学	企业绩效评估和效率分析	李双杰	郑玉歆
经济学	数量经济学	资本市场定价效率研究	吴忠群	郑玉歆
经济学	投资经济	养老金生产论	王虎峰	张汉亚
经济学	西方经济学	市场化的增长与波动效应	姚枝仲	樊　纲
经济学	政治经济学	转型期中的中国宏观调控体系研究——从韩国实践中得到的启示	(韩)姜贤求	陈东琪
经济学	政治经济学	中国转轨时期民间金融研究	王　革	于祖尧
经济学	政治经济学	货币政策中介目标研究	张俊伟	于祖尧
经济学	政治经济学	内生比较优势理论与中国对外贸易结构转换	张亚斌	陈东琪
历史学	考古学及博物馆学	隋唐长安城佛寺研究	龚国强	安家瑶
历史学	考古学及博物馆学	战国秦汉漆器研究	洪　石	刘庆柱
历史学	考古学及博物馆学	中国古代瓦当研究	申云艳	刘庆柱

续表

学科	专业	题目	作者	导师
历史学	考古学及博物馆学	中国东北地区青铜时代石棺墓遗存的考古学研究	郑大宁	张长寿
历史学	历史文献学（含：敦煌学、古文字学）	朱子早年思想研究	刘承相	李学勤
历史学	历史文献学（含：敦煌学、古文字学）	《淮南子·天文》研究——从数术史的角度	陶　磊	李学勤 席泽宗
历史学	历史文献学（含：敦煌学、古文字学）	春秋时期的纪年铜器铭文与《左传》的对照研究	王泽文	李学勤 席泽宗
历史学	世界史	当代埃及政治稳定问题研究——1971年至今	毕健康	杨灏城
历史学	世界史	车臣危机——历史根源与政治现实	侯艾君	吴恩远
历史学	中国古代史	徽州文书所见明清时代妇女的地位与权利	阿　风	周绍泉
历史学	中国古代史	晚清西北史地学研究	贾建飞	余太山
历史学	中国古代史	晚商地理论纲	林　欢	王宇信
历史学	中国古代史	清代地方基层组织研究	孙海泉	郭松义
历史学	中国古代史	北魏中央集权过程研究	张甫荣	张泽咸
历史学	中国古代史	王夫之的《四书》研究及其早期启蒙思想	章启辉	卢钟锋
历史学	中国近现代史	试论新中国社会主义政治制度的形成和发展——1949～1954年	崔正进	张海鹏
历史学	中国近现代史	20世纪30年代的北平城市管理	杜丽红	曾业英
历史学	中国近现代史	近代英国和中国新疆——1840至1911	许建英	马大正
历史学	中国近现代史	王照研究	周敏之	耿云志
历史学	专门史	阿帕克和卓麻扎研究	艾力江·艾沙	任一飞
历史学	专门史	中国西南民族地区市场的起源与历史形成	万　红	卢　勋
历史学	专门史	中华人民共和国民族关系史研究	周竞红	任一飞
文学	俄语语言文学	布尔加科夫小说的虚幻世界	王宏起	石南征
文学	汉语言文字学	现代汉语情态副词研究	崔诚恩	张国宪
文学	汉语言文字学	现代汉语定中“V双＋N双”结构研究	李晋霞	张国宪
文学	汉语言文字学	客家方言的语音研究	谢留文	张振兴
文学	文艺学	中诗英译——理论与实践	程玉梅	周发祥
文学	文艺学	文本研究	刘顺利	周发祥
文学	文艺学	《庄子》阐释之研究	孙红	周发祥
文学	新闻学	互联网精神交往形态分析	陈共德	周瑞金
文学	新闻学	网络言论传播引论	吕坤良	谢　宏
文学	新闻学	网络互动——意义诠释与规则探讨	孟　威	谢　宏 陈力丹
文学	英语语言文学	60年代研究	程　巍	赵一凡

续表

学科	专业	题目	作者	导师
文学	语言学及应用语言学	“这－”、“那－”的语用与话语功能研究	梁敬美	顾曰国
文学	语言学及应用语言学	问答:法庭话语互动研究	廖美珍	顾曰国
文学	中国古代文学	《三国志演义》诸葛亮形象生成史	(日)贯井正	邓绍基
文学	中国古代文学	金代词人群体研究	李艺	刘扬忠
文学	中国古代文学	建安七子述论	王鹏廷	徐公持
文学	中国古代文学	唐大和初至大中初的洛阳诗坛——以晚年白居易为中心	赵建梅	董乃斌
文学	中国古代文学	段成式的《酉阳杂俎》研究	郑瞀暻	董乃斌
文学	中国古代文学	明清易代与话本小说的变迁	朱海燕	石昌渝
文学	中国现当代文学	鲁迅《故事新编》神话系统研究	方准浩	林非
文学	中国现当代文学	《现代》研究	郭馨	刘纳
文学	中国现当代文学	20世纪20年代“革命文学”综论	王智慧	刘纳
文学	中国现当代文学	论七月派小说创作	叶启良	刘纳
哲学	科学技术哲学	儒家思想对中国传统数学的影响	代钦	林夏水
哲学	科学技术哲学	仿真与技术——鲍德里亚的技术哲学思想研究	孔明安	殷登祥
哲学	科学技术哲学	人类基因组计划暨基因技术发展的科学与哲学解析	林侠	刘吉 金吾伦
哲学	伦理学	寻找权威的道德基础——汉初德政思想研究	于树贵	陈瑛
哲学	马克思主义哲学	马克思主义哲学视野中的可持续发展	曹光章	陈中立
哲学	马克思主义哲学	经济分析的伦理基础——马克思对古典经济学的道德重塑	李建立	吴元梁
哲学	马克思主义哲学	市场经济伦理导论	孙春晨	吴元梁
哲学	马克思主义哲学	论人类实践形态的当代发展	赵剑英	李德顺
哲学	外国哲学	明清时期的中国伊斯兰哲学思想研究	刘一虹	徐远和
哲学	外国哲学	日本企业人研究	潘晨光	高增杰
哲学	中国哲学	《庄子》外杂篇研究	(韩)金德三	王葆玹
哲学	中国哲学	清代刘一明的道学思想	王永平	胡孚琛
哲学	中国哲学	程颢哲学研究	谢寒枫	蒙培元
哲学	中国哲学	《黄帝内经》的道与神	张超中	胡孚琛
哲学	中国哲学	竹简《文子》探微	张丰乾	王葆玹
哲学	宗教学	清代民间宗教研究——关于信仰、群体、修持及其与乡土社会的关系	梁景之	马西沙

中国科学院

学科	专业	题目	作者	导师
工学	环境科学	山岳型旅游景区生态环境评估方法与保护措施研究	孙道玮	俞穆清 陈田
工学	环境科学	江汉平原湿地生态脆弱性评估与环境承载力	王学雷	刘兴土
工学	环境科学	图们江流域水环境价值与社会经济耦合演进研究	谢忠岩	何岩 邓伟
工学	环境科学	河流洪泛区环境系统研究——以霍林河为例	翟金良	何岩 邓伟
管理学	图书馆学	公共非营利性图书情报机构管理——理论与应用研究	鞠文红	辛希孟
管理学	图书馆学	支撑中小企业的信息管理与咨询服务体系研究	冷伏海	辛希孟
管理学	图书馆学	个性化网络信息检索系统的研究与实现	李广建	徐引篪
管理学	图书馆学	Web信息服务中受控语言研究	毛军	徐引篪
管理学	图书馆学	网络商务信息资源管理的理论与实践研究	王进孝	孟广均
教育学	发展与教育心理学	儿童绘画图形符号与语言符号关系的发展研究	李甦	李文馥
教育学	发展与教育心理学	中学生亲子关系变化模式研究	唐洪	张梅林
教育学	发展与教育心理学	儿童对假装的认知	王桂琴	方格
教育学	发展与教育心理学	儿童解答加减文字题的基本心理过程	周新林	张梅林
教育学	基础心理学	聋人视空间认知与手语语言关系的系列研究	何大芳	方俊明
教育学	基础心理学	乳腺癌患者人格倾向及与其他心身变量的关系	刘艳	林文娟
教育学	基础心理学	汉语韵律知觉的研究	王蓓	杨玉芳
教育学	应用心理学	组织错误的表现与类型—核电与民航的研究	李永娟	王二平
教育学	应用心理学	言语交流对汽车驾驶行为的影响	孙向红	张侃
教育学	应用心理学	企业员工成就目标定向研究	王雁飞	方俐洛
教育学	应用心理学	国人对知识工作者的认知及人际运动特征研究	杨杰	方格
教育学	应用心理学	家族式企业高层管理者胜任特征模型及其影响作用的研究	仲理峰	时勘
理学	地图学与地理信息系统	数字省建设的理论与实践——以数字福建为例	王雷	池天河
理学	地图学与地理信息系统	珠江三角洲典型区景观生态研究——以珠海为例	吴志峰	陈述彭 周成虎
理学	地图学与地理信息系统	上海城市空间结构的演进——基于GIS的实证分析	曾杉	陈述彭
理学	人文地理学	区域工业化与城市化进程中的水资源保障研究	白永平	陆大道
理学	人文地理学	我国西北地区城镇发展与区域空间结构研究	曹忠祥	樊杰
理学	人文地理学	区域经济社会与资源环境协调发展研究——以长江三峡库区为例	冯仁国	毛汉英
理学	人文地理学	经济全球化趋势下中国区域经济空间结构演进研究	马丽	刘毅

续表

学 科	专 业	题 目	作者	导师
理学	人文地理学	北京城市老年休闲行为特征及其时空分异规律研究	孙 樱	毛汉英
理学	人文地理学	区域生态经济的理论、方法与实践——以贵州镇远县和河北新乐市为例	王书华	毛汉英
理学	人文地理学	干旱区绿洲系统生态-生产-生活承载力研究——以塔里木河下游尉犁绿洲系统为例	张传国	毛汉英 方创琳
理学	生态学	土地持续利用评价与规划方法及案例研究——以陕西省安塞县大南沟流域为例	陈利顶	傅伯杰
理学	生态学	中国生态资产评估与区划研究	黄兴文	陈百明
理学	生态学	自然资源流动的理论探讨与实证分析——以我国的森林资源流动为例	苏 筠	成升魁
理学	生态学	黄土高原生态脆弱区经济与环境互动机理研究——以定西地区为例	吴玉萍	董锁成
理学	生态学	中国西部地区退耕及其对粮食生产的影响	张蓬涛	成升魁 封志明
理学	生态学	科尔沁地区小尺度区域土地利用变化的人类活动驱动机制研究——以内蒙古尧勒甸子村为例	赵杰	赵士洞
理学	自然地理学	中国东部季风区坡地农林复合系统的区域差异及适宜性评价——以湖北三峡库区与冀西北张家口为例	戴尊国	黄秉维 蔡强国
理学	自然地理学	鲁西北地区土地资源和土地利用景观及其变化研究	李 茂	张洪业
理学	自然地理学	侵蚀条件下的黄土高原地区土地生产力研究	李忠武	蔡强国
理学	自然地理学	中国人口的适宜分布研究	王 强	刘燕华
理学	自然地理学	土地利用变化驱动力与食物安全研究——以黄淮海平原为例	吴绍洪	刘燕华
理学	自然地理学	黄河下游引黄灌区农业水资源高效利用研究——以高唐县为例	于静洁	刘昌明

中国农业科学院

学 科	专 业	题 目	作者	导师
管理学	农业经济管理	我国采用Bt抗虫棉的经济和健康影响	范存会	黄季焜
管理学	农业经济管理	荷兰、日本农产品国际贸易比较研究	李 刚	厉为民
管理学	农业经济管理	中国农业研究信息系统管理模式研究	李思经	梅方权
管理学	农业经济管理	中国农业科技数据库系统建设研究	孟宪学	梅方权
管理学	农业经济管理	我国油料作物生产的区域比较优势及效率分析	肖运来	梅方权
管理学	农业经济管理	中国畜牧业国际竞争力研究	余 鸣	冯海发
管理学	农业经济管理	农地制度及改革对土壤质量演变的影响	俞 海	黄季焜
管理学	农业经济管理	中国新时期农业可持续发展战略与对策研究	周应华	刘志澄

中国林业科学院

学科	专业	题目	作者	导师
理学	生态学	毛竹人工林持续立地生产力的研究	楼一平	盛炜彤
农学	森林培育	九龙山不同森林类型立地长期生产力研究	于宁楼	张万儒

财政部财政科学研究所

学科	专业	题目	作者	导师
管理学	会计学	论新中国会计制度的变迁	曹欲晓	王世定
管理学	会计学	新经济时代企业信息系统开发和应用策略	陈　翔	杨周南
管理学	会计学	公司治理的更迭机制研究	韩晓明	王世定
管理学	会计学	信息系统审计研究	吴沁红	杨周南
经济学	财政学(含:税收学)	预算管理创新与财政支出改革	陈秋华	贾　康
经济学	财政学(含:税收学)	虚拟经济论	付　强	陶增骥
经济学	财政学(含:税收学)	中西方国有企业经营管理比较研究	郭　平	叶振鹏
经济学	财政学(含:税收学)	社会主义公共财政框架设计	孔志锋	许　毅
经济学	财政学(含:税收学)	养老保障制度的国际比较	李晓莹	王朝才
经济学	财政学(含:税收学)	区域开发与资本市场	施青军	刘尚希
经济学	财政学(含:税收学)	中国融资租赁业发展研究	谭俊倪	何盛明
经济学	财政学(含:税收学)	中小企业融资研究	王　霖	于中一
经济学	财政学(含:税收学)	不动产课税论	谢群松	解学智
经济学	财政学(含:税收学)	我国上市公司的财务监督问题	殷丽海	黄菊波
经济学	财政学(含:税收学)	中国现行税制税收运行成本分析	于海峰	于中一
经济学	财政学(含:税收学)	论科技投入	郑振涛	陶增骥

中国人民银行金融研究所

学科	专业	题目	作者	导师
经济学	金融学	商业银行的边界:经济功能与制度成本	何自云	唐　旭
经济学	金融学	论货币供给内生的逻辑	孙伯银	赵海宽
经济学	金融学	资本流动形势下的国际收支管理——发展中国家的政策选择	王一萱	周小川
经济学	金融学	货币政策与资本市场	郑　薇	刘鸿儒

国防大学

学科	专业	题目	作者	导师
军事学	军队政治工作学	军队干部管理程序论	陈　耿	边树鹏
军事学	军队政治工作学	中国共产党治腐机制构建方略	郭大方	房忠贤

续表

学科	专业	题目	作者	导师
军事学	军队政治工作学	新型军事人才成长动力开发研究	吴东莞	沈国权
军事学	军队政治工作学	中美军队思想教育比较研究	吴志忠	岳忠强
军事学	军队政治工作学	印度军队军心凝聚研究	张　戈	郭　政
军事学	军事运筹学	定性与定量相结合危机预测与“台独”危机预测研究	扈新林	胡晓峰
军事学	军事运筹学	战略决策模拟环境的模拟引擎机制研究	黄教民	胡晓峰
军事学	军事战略学	现代局部战争结束问题研究	蔡华堂	全金富
军事学	军事战略学	美国因素对中国军事战略的影响	华留虎	范震江
军事学	军事战略学	大国竞争下的中亚战略格局研究	王桂芳	顾德欣
军事学	联合战役学	美军太平洋战区联合作战若干问题研究	黄继谦	黄　彬
军事学	联合战役学	战役谋略研究	李　麒	张兴业
军事学	联合战役学	登岛战役战法研究	朱永龙	展学习
军事学	作战指挥学	我军战役指挥艺术研究	狄东波	汪江淮
军事学	作战指挥学	炮兵作战指挥系统研究	刘云赋	刘树海
军事学	作战指挥学	战争形态的演变与制信息权	梅　军	闫宗广
军事学	作战指挥学	联合战役决策支持系统(JCDSS)总体设计研究	孙　正	刘桂芳
军事学	作战指挥学	首都防空联合战役防空兵作战指挥研究	王少文	董　福
军事学	作战指挥学	高技术局部战争海军装备保障研究	徐　军	万小元
军事学	作战指挥学	空间作战及其指挥研究	徐　伟	常显奇

军事科学院

学科	专业	题目	作者	导师
军事学	合同战术学	战斗指导规律研究	何明远	杨志远
军事学	合同战术学	战术计算若干问题研究	牛鹏飞	彭燕眉
军事学	军事历史	朝鲜战争与越南战争中的美国决策	邓红洲	支绍曾
军事学	军事思想	当代美国联盟战略研究	陈效卫	符成礼
军事学	军事思想	美国军队信息化建设研究	费肖俊	王保存
军事学	军事思想	战国均势体系研究	李亚平	吴如嵩
军事学	军事思想	毛泽东在台湾问题上对美斗争的战略思想	任振杰	袁德金
军事学	军事思想	冷战后俄罗斯军事战略思维研究	尚　伟	毕文波
军事学	军事思想	中国传统治边理念研究	孙建民	黄朴民
军事学	军事思想	新时期军事斗争准备的理性思考	张晓明	梁必骎
军事学	军事思想	冷战后国家安全观的变化	张学明	严高鸿
军事学	军事运筹学	通用作战模拟系统开发平台研究	曹晓东	郭嘉诚

续表

学 科	专 业	题 目	作者	导师
军事学	军事战略学	20世纪战略理论创新问题研究	高 鹏	姚有志
军事学	军事战略学	军事干涉与现代国际法	李 强	彭光谦
军事学	军事组织编制学	江泽民“走有中国特色精兵之路”思想研究	冷 冰	陈振阳

后勤指挥学院

学 科	专 业	题 目	作者	导师
军事学	军队管理学	军队后勤适应型战略研究	范 林	李祝文
军事学	军事后勤学	百年中国军事后勤理论发展研究	刘仁亮	宋学先
军事学	军事后勤学	后勤精确化动员研究	路 韬	程快乐
军事学	军事后勤学	21世纪初期中国军事物流发展战略研究	倪明仿	王宗喜
军事学	后方专业勤务	数字化条件下后勤建设研究	赵 燕	程快乐

北京地区普通高等学校2002年社会科学研究情况统计

北京地区普通高等学校科研统计(人文社会科学)数据说明

一、统计范围

按国家规定的审批程序批准的全日制普通高等学校的人文社会科学、综合、师范、体育类院校(包括大学、专门学院及高等专科学校),以及工农医本科院校。(见表一所列院校)

二、指标解释

1.“人文、社会科学活动人员”:指高等院校职工中,在本年内从事大专以上人文社会科学教学、研究与咨询工作以及直接为教学、研究与咨询工作服务的教师和其他技术职务人员、辅助人员,按年末实有人数统计。

2.“人文、社会科学研究与发展人员”:指在本年度内投入人文社会科学研究与发展的人力,全年从事人文社会科学研究工作累计1个月以上(全年按10个月计算)的本校职工和领取报酬的外籍或高校系统以外的专家和访问学者均包括在内。

研究与发展:指为了增进知识(人类的、文化的、社会的、经济的等等)、发现规律,解释、说明社会现象以及利用这些知识和规律去发展新的应用而进行的系统的创造性工作。

3.人文、社会科学研究课题:指列入学校上级主管部门、非上级主管部门和学校年度计划,以及虽未列入计划但通过签订协议、合同或计划任务书经学校社科管理部门确认并在当年开展活动的人文、社会科学各学科研究课题。

4.人文、社会科学研究成果:指本年度的人文、社会科学研究成果,包括立项和非立项研究成果。所有研究成果均由第一署名者单位(以成果的版权页为准)填报。

表一 北京地区普通高等学校科技统计(人文社科类)数据(2002年度)

序号	学校名称	人文社会科学活动人员	研究与发展人员		研究与发展经费(百元)			研究与发展课题				研究与发展成果						获奖成果	
			合计	折合全时人员	当年收入	其中政府拨款	当年内部支出	课题数	当年投入人数	当年投入经费(百元)	当年支出经费(百元)	出版著作	其中:专著	发表论文 合计	发表论文 其中:国外刊物发表	应用成果 提交有关部门	应用成果 鉴定成果	合计	其中:国家级、省部级
1	北京大学	1666	611	281	260285	142671	211694	750	281	260285	228256	376	198	2040	156	169	51	91	88
2	中国人民大学	1862	851	393	262740	122480	251831	760	401	220970	198500	688	241	2295	85	1631	100	36	36
3	清华大学	1125	406	196	524824	57954	344011	497	225	116145	87134	249	140	1362	142	342	7	21	21
4	北方交通大学	393	81	26	124160	77563	110079	113	21	59129	48303	28	14	256	1	11	139	0	0
5	北京工业大学	344	244	118	32465	25851	29741	128	194	19505	14070	16	8	181	0	0	0	1	0
6	北京航空航天大学	316	201	127	35775	16791	26152	85	270	35775	25325	32	15	425	16	0	0	0	0
7	北京理工大学	240	47	40	37881	18571	37674	49	37	20310	20103	4	1	181	1	184	0	0	0
8	北京科技大学	167	167	85	22970	22155	22900	18	69	3520	3450	30	23	90	0	0	0	0	0
9	北方工业大学	208	110	46	3881	2800	3448	91	92	3881	3448	26	18	82	1	1	0	0	0
10	北京化工大学	328	195	139	12896	2011	13393	44	42	12086	9669	18	9	211	0	0	0	0	0
11	北京工商大学	504	110	32	23202	20440	18595	45	24	9122	3427	211	37	340	4	200	4	1	1
12	北京服装学院	266	53	23	8900	3200	8660	15	19	8900	8660	8	3	35	0	0	0	0	0
13	北京邮电大学	191	140	101	2080	1370	512	15	47	1960	30	45	15	142	1	0	0	0	0
14	北京印刷学院	237	33	5	3654	1859	1994	34	34	2970	1310	13	9	148	0	0	0	0	0
15	北京建筑工程学院	90	11	3	1400	1280	1222	11	3	320	142	7	1	73	0	0	0	0	0
16	北京石油化工学院	250	16	7	1042	392	1785	3	7	1000	1785	6	1	163	0	0	0	0	0
17	北京电子科技学院	46	19	2	200	0	200	5	2	200	200	1	1	3	0	1	0	0	0
18	中国农业大学	311	121	52	97016	46155	77970	74	46	97016	82471	92	58	333	11	0	0	0	0

续表

序号	学校名称	人文社会科学活动人员	研究与发展人员		研究与发展经费(百元)			研究与发展课题				研究与发展成果						获奖成果	
			合计	折合全时人员	当年收入	其中政府拨款	当年内部支出	课题数	当年投入人数	当年投入经费(百元)	当年支出经费(百元)	出版著作	其中：专著	发表论文 合计	发表论文 其中:国外刊物发表	应用成果 提交有关部门	应用成果 鉴定成果	合计	其中：国家级、省部级
19	北京农学院	81	72	24	2440	1250	170	32	21	1840	170	12	0	81	0	0	0	0	0
20	北京林业大学	333	113	51	18272	8310	12525	55	55	13172	6318	42	9	107	0	0	0	0	0
21	中国协和医科大学	150	44	43	30926	29506	34199	20	41	6670	6673	7	0	100	0	0	0	0	0
22	首都医科大学	115	39	16	550	360	410	14	16	550	410	6	2	75	0	0	0	0	0
23	北京中医药大学	32	0	0	0	0	0	0	0	0	0	0	0	0	0	0	0	0	0
24	北京师范大学	802	344	214	341368	201540	215885	490	174	325526	205085	269	145	1742	47	163	4	33	33
25	首都师范大学	809	744	220	166902	154198	122032	272	210	31744	18642	147	68	876	6	3	4	19	19
26	首都体育学院	190	113	36	40470	18050	29323	77	15	19570	15423	28	12	162	2	98	37	0	0
27	北京外国语大学	478	10	4	2900	2900	2280	13	4	2300	1680	43	12	132	7	0	0	1	1
28	北京第二外语学院	590	369	89	41676	27756	41666	51	40	16170	14600	118	25	312	0	11	7	0	0
29	北京语言大学	795	56	15	53621	7350	52663	107	10	3090	333	44	15	165	3	3	0	0	0
30	北京广播学院	813	403	119	39199	32363	33015	358	104	17621	11438	66	34	367	8	14	12	51	51
31	中央财经大学	625	576	319	80903	75902	77472	102	77	9839	6408	91	22	341	0	259	1	2	2
32	对外经济贸易大学	833	175	143	63167	33237	65547	70	143	49090	49090	176	43	533	45	0	0	11	11
33	北京物资学院	274	59	21	36720	26074	34628	97	20	5216	3670	16	2	173	0	0	189	0	0
34	首都经济贸易大学	906	191	63	14978	8788	12988	81	47	14020	9708	114	34	694	3	60	2	3	3
35	外交学院	405	405	159	19290	17438	15121	41	50	15290	12805	22	13	172	1	3	0	0	0
36	中国人民公安大学	653	25	11	10620	8420	6153	90	11	10620	6153	114	37	270	1	242	3	2	2
37	国际关系学院	176	50	16	72470	71280	71380	11	15	1190	100	17	6	79	0	0	0	0	0

续表

序号	学校名称	人文社会科学活动人员	研究与发展人员		研究与发展经费(百元)			研究与发展课题				研究与发展成果						获奖成果	
			合计	折合全时人员	当年收入	其中政府拨款	当年内部支出	课题数	当年投入人数	当年投入经费(百元)	当年支出经费(百元)	出版著作	其中:专著	发表论文 合计	发表论文 其中:国外刊物发表	应用成果 提交有关部门	应用成果 鉴定成果	合计	其中:国家级、省部级
38	北京体育大学	323	38	24	74273	72883	34060	71	24	70550	30337	74	50	397	56	0	0	0	0
39	中央音乐学院	389	86	54	13010	12660	13794	26	60	8210	8994	13	2	58	1	0	0	2	2
40	中国音乐学院	257	14	5	10200	10200	2208	11	5	3300	583	5	0	60	2	0	0	0	0
41	中央美术学院	278	278	143	41543	31243	41043	11	21	10800	10300	80	50	252	2	0	0	0	0
42	中央戏剧学院	197	52	21	13990	3910	9378	0	21	10840	8780	10	5	26	1	12	0	0	0
43	中国戏曲学院	177	6	2	1212	1212	1112	6	2	900	800	6	3	18	0	0	0	0	0
44	北京电影学院	426	174	33	14069	5240	8094	35	47	5240	8094	40	37	146	1	0	0	1	1
45	北京舞蹈学院	234	22	9	11100	800	2250	46	9	10300	250	26	4	1	0	4	15	15	6
46	中央民族大学	809	510	128	62825	60645	49474	152	220	44320	36140	92	80	468	18	23	23	10	10
47	中国政法大学	974	140	104	57399	9740	41705	72	102	51889	6059	301	106	349	6	177	5	13	13
48	北京信息工程学院	161	0	0	0	0	0	0	0	0	0	4	2	16	0	0	0	0	0
49	北京机械工业学院	193	63	35	20057	11165	13520	37	49	17957	8152	36	2	80	0	0	1	0	0
50	北京联合大学	840	258	128	11241	10119	7020	77	65	8820	4339	69	17	270	0	250	3	2	2
51	石油大学	419	14	7	19460	3510	19568	33	21	18060	18168	37	9	299	2	0	12	0	0
52	中国青年政治学院	307	302	66	29808	23984	22221	56	26	22613	7108	47	16	297	10	0	0	6	6
53	北京青年政治学院	198	54	9	7584	5000	7224	30	9	400	804	1	1	12	0	13	0	0	0
合计		23786	9215	4007	2879614	1550576	2261989	5381	3548	1700811	1253897	4023	1655	17490	640	3874	619	321	308

表二　高校人文、社会科学活动人员情况表(一)

			总计		按职称划分							按最后学历划分					辅助人员	按最后学位划分	
				女性	小计	教授	副教授	讲师	助教	初级Ⅰ	初级Ⅱ	研究生	本科生	大专生	中专生	其他		博士	硕士
		编号	L01	L02	L03	L04	L05	L06	L07	L08	L09	L10	L11	L12	L13	L14	L15	L16	L17
合计		01	23786	12429	23035	3341	6920	9040	2568	793	373	10148	10090	2173	373	251	751	2866	6827
按现从事学科划分	管理学	02	3463	1762	3269	362	795	1396	332	200	184	1059	1441	622	72	75	194	313	720
	马克思主义	03	706	366	693	120	284	238	37	13	1	336	338	16	2	1	13	86	235
	哲学	04	507	170	495	146	202	121	18	7	1	334	154	7	0	0	12	180	142
	逻辑学	05	32	9	32	13	13	6	0	0	0	20	12	0	0	0	0	7	13
	宗教学	06	29	6	29	8	11	8	2	0	0	17	12	0	0	0	0	9	7
	语言学	07	4249	2935	4200	358	1278	1788	596	148	32	2016	2020	146	16	2	49	211	1703
	中国文学	08	698	322	698	158	257	230	31	22	0	417	267	11	1	2	0	164	234
	外国文学	09	551	331	549	126	162	159	60	42	0	352	193	3	0	1	2	105	239
	艺术学	10	2675	1093	2470	328	691	892	445	82	32	786	1276	259	88	61	205	110	661
	历史学	11	466	130	463	182	159	112	7	2	1	328	126	9	0	0	3	181	145
	考古学	12	79	16	79	37	17	23	1	0	1	41	30	7	1	0	0	19	20
	经济学	13	2566	1264	2518	494	912	906	120	73	13	1601	802	90	21	4	48	525	996
	政治学	14	504	182	498	116	182	158	34	8	0	340	145	11	1	1	6	140	187
	法学	15	1448	601	1434	351	476	476	86	31	14	949	430	53	1	1	14	318	597
	社会学	16	387	157	379	108	135	104	27	4	1	268	99	9	2	1	8	158	103
	民族学	17	78	39	78	16	24	38	0	0	0	46	30	2	0	0	0	10	36
	新闻学与传播学	18	382	182	380	74	114	140	42	10	0	228	129	17	1	5	2	65	161

续表

		总计		按职称划分							按最后学历划分					辅助人员	按最后学位划分	
			女性	小计	教授	副教授	讲师	助教	初级Ⅰ	初级Ⅱ	研究生	本科生	大专生	中专生	其他		博士	硕士
	编号	L01	L02	L03	L04	L05	L06	L07	L08	L09	L10	L11	L12	L13	L14	L15	L16	L17
按现从事学科划分 图书、情报、文献学	19	2246	1583	2104	90	421	1111	359	58	65	270	914	691	146	83	142	39	210
教育学	20	1016	557	994	122	285	434	96	33	24	329	535	117	7	6	22	111	188
统计学	21	250	139	245	43	64	118	14	4	2	113	99	26	4	3	5	37	55
心理学	22	216	124	213	28	39	119	26	1	0	134	61	15	2	1	3	53	52
体育学	23	1238	461	1215	61	399	463	235	55	2	164	977	62	8	4	23	25	123

高校人文、社会科学活动人员情况表(二)

		总计		按职称划分							按最后学历划分					辅助人员	按最后学位划分	
			女性	小计	教授	副教授	讲师	助教	初级Ⅰ	初级Ⅱ	研究生	本科生	大专生	中专生	其他		博士	硕士
	编号	L01	L02	L03	L04	L05	L06	L07	L08	L09	L10	L11	L12	L13	L14	L15	L16	L17
按年龄划分 61岁及以上	24	965	236	960	804	126	25	1	3	1	198	722	33	4	3	5	44	125
56～60岁	25	1388	497	1345	538	590	185	4	8	20	289	838	150	47	21	43	65	202
51～55岁	26	1991	975	1907	494	790	522	45	13	43	496	950	347	71	43	84	161	314
46～50岁	27	3589	1780	3409	740	1364	1038	130	29	108	1162	1448	635	97	67	180	494	617
41～45岁	28	3191	1571	3035	433	1356	995	143	31	77	1297	1179	431	63	65	156	477	742
36～40岁	29	4946	2659	4805	269	2113	2139	167	60	57	2538	1879	313	41	34	141	848	1570
31～35岁	30	4158	2480	4077	28	526	2872	500	108	43	2386	1450	191	38	12	81	582	1729
30岁及以下	31	3558	2231	3497	35	55	1264	1578	541	24	1782	1624	73	12	6	61	195	1528

表三　高校人文、社会科学研究与发展人员情况表

		合计			管理学			马克思主义			哲学			逻辑学			宗教学		
		全时人数	非全时人数	非全时折合全时人数	全时人数	非全时人数	非全时折合全时人数	全时人数	非全时人数	非全时折合全时人数	全时人数	非全时人数	非全时折合全时人数	全时人数	非全时人数	非全时折合全时人数	全时人数	非全时人数	非全时折合全时人数
	编号	L01	L02	L03	L04	L05	L06	L07	L08	L09	L10	L11	L12	L13	L14	L15	L16	L17	L18
合计	01	1375	7840	2632	225	1290	458	43	238	86	61	188	66	8	19	7	3	13	5
教授	02	425	1531	596	64	209	88	16	46	14	26	72	30	4	5	1	1	5	2
副教授	03	483	2588	941	80	362	144	14	98	40	24	75	27	3	5	3	2	4	1
讲师	04	369	2684	838	64	458	161	10	86	30	9	34	7	1	9	3	0	4	2
助教	05	74	684	174	8	117	28	2	8	2	2	6	2	0	0	0	0	0	0
初级 I	06	10	90	18	2	21	6	0	0	0	0	0	0	0	0	0	0	0	0
初级 II	07	7	85	21	4	50	11	1	0	0	0	1	0	0	0	0	0	0	0
辅助人员	08	7	178	44	3	73	20	0	0	0	0	0	0	0	0	0	0	0	0

续表 1

		语言学			中国文学			外国文学			艺术学			历史学			考古学		
		全时人数	非全时人数	非全时折合全时人数	全时人数	非全时人数	非全时折合全时人数	全时人数	非全时人数	非全时折合全时人数	全时人数	非全时人数	非全时折合全时人数	全时人数	非全时人数	非全时折合全时人数	全时人数	非全时人数	非全时折合全时人数
	编号	L19	L20	L21	L22	L23	L24	L25	L26	L27	L28	L29	L30	L31	L32	L33	L34	L35	L36
合　计	01	124	955	267	34	228	75	24	270	60	127	798	236	59	205	83	6	57	10
教授	02	24	109	41	16	74	29	10	48	16	35	151	59	25	73	32	5	33	6
副教授	03	47	323	87	12	77	28	12	75	21	38	256	79	14	81	34	1	14	2
讲师	04	30	417	108	6	68	16	2	79	13	41	255	68	19	47	16	0	9	2
助教	05	23	95	29	0	8	2	0	46	6	7	81	25	1	4	1	0	1	0
初级 I	06	0	2	0	0	1	0	0	22	4	1	5	0	0	0	0	0	0	0
初级 II	07	0	2	1	0	0	0	0	0	0	1	5	0	0	0	0	0	0	0
辅助人员	08	0	7	1	0	0	0	0	0	0	4	45	5	0	0	0	0	0	0

续表 2

		经济学			政治学			法学			社会学			民族学			新闻学与传播学		
		全时人数	非全时人数	非全时折合全时人数	全时人数	非全时人数	非全时折合全时人数	全时人数	非全时人数	非全时折合全时人数	全时人数	非全时人数	非全时折合全时人数	全时人数	非全时人数	非全时折合全时人数	全时人数	非全时人数	非全时折合全时人数
	编号	L37	L38	L39	L40	L41	L42	L43	L44	L45	L46	L47	L48	L49	L50	L51	L52	L53	L54
合计	01	294	1107	455	24	180	61	98	430	170	34	214	58	0	52	11	10	227	63
教授	02	62	256	117	11	49	20	50	99	40	14	65	17	0	12	2	3	60	23
副教授	03	109	420	176	11	69	25	30	152	69	15	84	27	0	18	4	5	74	22
讲师	04	108	336	138	2	41	12	14	141	53	4	45	11	0	22	5	2	79	17
助教	05	10	64	16	0	21	4	2	26	5	1	17	3	0	0	0	0	14	1
初级 I	06	5	16	2	0	0	0	2	5	1	0	2	0	0	0	0	0	0	0
初级 II	07	0	9	4	0	0	0	0	4	1	0	0	0	0	0	0	0	0	0
辅助人员	08	0	6	2	0	0	0	0	3	1	0	1	0	0	0	0	0	0	0

续表 3

		图书、情报、文献学			教育学			统计学			心理学			体育学					
		全时人数	非全时人数	非全时折合全时人数	全时人数	非全时人数	非全时折合全时人数	全时人数	非全时人数	非全时折合全时人数	全时人数	非全时人数	非全时折合全时人数	全时人数	非全时人数	非全时折合全时人数			
	编号	L55	L56	L57	L58	L59	L60	L61	L62	L63	L64	L65	L66	L67	L68	L69			
合计	01	58	432	135	67	347	136	27	96	26	24	74	26	25	420	138			
教授	02	8	24	2	21	67	30	12	23	7	11	15	7	7	36	13			
副教授	03	17	90	29	27	120	59	7	31	11	11	19	7	4	141	46			
讲师	04	18	193	64	16	131	43	8	34	8	2	38	12	13	158	49			
助教	05	14	67	20	3	23	3	0	8	0	0	2	0	1	76	27			
初级 I	06	0	9	4	0	3	0	0	0	0	0	0	0	0	4	1			
初级 II	07	1	11	3	0	3	1	0	0	0	0	0	0	0	0	0			
辅助人员	08	0	38	13	0	0	0	0	0	0	0	0	0	0	5	2			

表四　高校人文、社会科学研究与发展经费情况表

经费名称	编号	单位(百元)	经费名称	编号	单位(百元)
上年结转经费	01	765301.90	当年经费支出合计	19	2303686.33
当年经费收入合计	02	2879613.54	转拨给外单位经费	20	41697.56
政府资金投入	03	1550576.21	内部支出经费	21	2261988.77
科研事业费	04	1014273.37	科研人员费	22	698833.37
其中:科研项目经费	05	346572.00	业务费	23	975067.58
重点学科经费	06	144588.00	科研基建费	24	6630.00
科技活动人员工资	07	476560.37	仪器设备费	25	216150.72
科研基建费	08	0.00	其中:单价在1万元以上的设备费	26	122036.50
国家社科规划、基金项目经费	09	88144.57	图书资料费	27	236657.45
中央其他部门社科或其他专项经费	10	376632.77	管理费	28	53397.55
省、市、自治区社科专项经费	11	71525.50	其他支出	29	75252.10
其他经费来源	12	1329037.33		30	
企、事业单位委托项目经费	13	537285.57		31	
金融机构贷款	14	0.00		32	
自筹经费	15	145837.90		33	
国外资金	16	124921.62	当年结余经费	34	1341229.11
其他收入	17	520992.24	银行存款	35	1209098.39
其中:港澳台地区合作项目经费	18	36529.31	暂付款	36	132130.72

表五 高校人文、社会科学研究课题情况表(一)

学科门类		总数					基础研究					应用理论研究					应用研究				
		课题数(项)	当年投入人数(人年)	其中:研究生	当年拨入经费(百元)	当年支出经费(百元)	课题数	当年投入人数(人年)	其中:研究生	当年拨入经费(百元)	当年支出经费(百元)	课题数	当年投入人数(人年)	其中:研究生	当年拨入经费(百元)	当年支出经费(百元)	课题数	当年投入人数(人年)	其中:研究生	当年拨入经费(百元)	当年支出经费(百元)
	编号	L01	L02	L03	L04	L05	L06	L07	L08	L09	L10	L11	L12	L13	L14	L15	L16	L17	L18	L19	L20
合计	01	5381	3255	975	1673311	1253897	2248	1239	346	633996	469211	1186	762	258	262699	189751	1947	1254	371	776616	594935
管理学	02	932	639	234	412446	340535	233	110	32	44620	39806	194	173	70	63953	47525	505	356	132	303873	253204
马克思主义	03	106	94	29	14393	11872	58	38	6	9717	7458	18	21	10	3096	2483	30	35	13	1580	1931
哲学	04	171	91	12	30345	18704	126	58	8	20655	9174	30	12	1	630	1024	15	21	3	9060	8506
逻辑学	05	8	6	1	1540	1364	6	3	0	1440	1160	2	2	1	100	204	0	1	0	0	0
宗教学	06	28	19	9	11090	7606	21	13	9	9980	6270	2	1	0	530	876	5	5	0	580	460
语言学	07	352	157	41	31895	22356	222	102	28	20495	13906	49	22	9	4555	3135	81	33	4	6845	5315
中国文学	08	244	103	14	40094	31446	195	75	10	33177	28299	21	9	0	864	382	28	19	4	6053	2765
外国文学	09	102	28	6	21531	19054	94	21	5	21078	18815	0	2	0	0	0	8	5	1	453	239
艺术学	10	330	287	48	65583	55835	177	170	19	34590	26825	103	82	23	25465	24054	50	35	6	5528	4956
历史学	11	202	106	34	36624	23832	177	77	29	26692	15138	11	17	4	7352	6271	14	12	1	2580	2423
考古学	12	62	6	4	24051	24789	58	2	0	23811	24549	4	4	4	240	240	0	0	0	0	0
经济学	13	874	554	221	277287	230191	193	153	65	55797	47510	198	125	56	36177	25813	483	276	100	185313	156868
政治学	14	132	83	16	31739	28909	75	46	7	15461	14328	36	23	9	4877	4528	21	14	0	11401	10053
法学	15	338	289	42	131284	76290	156	104	9	83884	37977	107	91	21	15002	9196	75	94	12	32398	29117
社会学	16	308	126	32	83543	61614	58	16	6	28844	23723	76	32	3	16896	14879	174	78	23	37803	23012

续表

学科门类		总数					基础研究					应用理论研究					应用研究				
		课题数（项）	当年投入人数（人年）	其中：研究生	当年拨入经费（百元）	当年支出经费（百元）	课题数	当年投入人数（人年）	其中：研究生	当年拨入经费（百元）	当年支出经费（百元）	课题数	当年投入人数（人年）	其中：研究生	当年拨入经费（百元）	当年支出经费（百元）	课题数	当年投入人数（人年）	其中：研究生	当年拨入经费（百元）	当年支出经费（百元）
	编号	L01	L02	L03	L04	L05	L06	L07	L08	L09	L10	L11	L12	L13	L14	L15	L16	L17	L18	L19	L20
民族学	17	28	28	17	10591	7704	17	23	12	7341	4361	10	5	5	3250	3113	1	0	0	0	230
新闻学与传播学	18	172	72	7	33651	24284	38	15	4	11333	7026	76	25	0	10507	7362	58	32	3	11811	9896
图书、情报、文献学	19	98	86	14	18610	18412	35	41	7	11655	11453	24	6	0	1270	1627	39	39	7	5685	5332
教育学	20	518	270	114	228162	156666	222	126	68	147929	113653	124	52	19	21807	10179	172	92	27	58426	32834
统计学	21	92	105	51	24966	22362	13	14	11	4690	2977	16	25	21	5000	3357	63	66	19	15276	16028
心理学	22	93	38	14	50774	25373	45	23	8	17603	8261	11	4	0	3174	1154	37	11	6	29997	15958
体育学	23	191	68	15	93112	44699	29	9	3	3204	6542	74	29	2	37954	22349	88	30	10	51954	15808

高校人文、社会科学研究课题情况表(二)

学术交流类别		课题来源											
		合计	国家社科规划项目	教育部人文、社科规划项目	高校古籍整理研究项目	中央其他部门社科专门项目	省市自治区社科项目	国际合作研究项目	与港、澳、台合作研究项目	企事业单位委托项目	学校社科项目	外资项目	其他
	编号	L01	L02	L03	L04	L05	L06	L07	L08	L09	L10	L11	L12
课题数（项）	01	5381	544	1007	31	608	609	75	31	885	1229	27	335
当年投入人数（人年）	02	3255	446	518	6	396	468	34	18	598	632	7	132
其中：研究生	03	975	182	136	0	110	135	16	6	216	154	0	20
当年拨入经费（百元）	04	1673311	87627	208743	22876	338003	82001	122522	36762	489985	137203	31607	115982
当年支出经费（百元）	05	1253897	66685	135786	22103	255627	55646	83823	19753	401629	95732	28726	88387
当年新开课题数（项）	06	2407	171	310	6	280	218	33	14	642	581	16	136
当年完成课题数（项）	07	784	45	21	2	91	56	5	4	315	208	3	34

表六 高校人文、社会科学研究成果情况表(一)

学科门类		出版著作(部)					古籍整理(部)	译著(部)	发表译文(篇)	发表论文(篇)				获奖成果数(项)				成果应用	
		合计	专著		编著教材	工具书参考书				合计	国内学术刊物		国外学术刊物	合计	国家级奖	省部级奖	地市级奖	提交有关部门数	鉴定成果数
				被译成外文							国内外公开发行	国内公开发行							
	编号	L01	L02	L03	L04	L05	L06	L07	L08	L09	L10	L11	L12	L13	L14	L15	L16	L17	L18
合计	01	4023	1655	63	1924	444	24	438	410	17490	7487	9363	640	321	13	295	13	3874	619
管理学	02	598	230	15	328	40	1	98	9	2716	1070	1479	167	14	0	14	0	966	218
马克思主义	03	89	36	0	36	17	0	4	0	693	323	361	9	6	0	5	1	29	11
哲学	04	154	119	2	32	3	0	21	14	742	402	325	15	19	0	19	0	38	4
逻辑学	05	11	6	0	5	0	0	2	0	46	31	15	0	0	0	0	0	3	1
宗教学	06	9	6	0	1	2	0	2	0	50	21	18	11	1	0	1	0	7	3
语言学	07	622	97	4	350	175	0	51	77	1366	644	681	41	23	2	21	0	235	19
中国文学	08	187	103	1	73	11	6	4	2	990	393	564	33	20	0	20	0	52	1
外国文学	09	85	42	2	43	0	0	56	54	422	203	196	23	4	0	4	0	29	2
艺术学	10	319	180	0	124	15	1	14	38	1103	269	819	15	28	5	15	8	95	20
历史学	11	123	80	2	36	7	10	18	20	816	360	430	26	16	0	16	0	29	5
考古学	12	16	10	0	2	4	0	0	0	80	50	23	7	1	0	1	0	2	3
经济学	13	524	171	4	308	45	0	48	14	2464	1315	1078	71	41	2	39	0	910	111
政治学	14	140	88	2	43	9	0	12	10	524	231	280	13	11	1	10	0	67	8
法学	15	638	259	5	330	49	1	43	44	1644	619	994	31	35	0	35	0	555	25
社会学	16	76	45	3	29	2	0	19	4	574	276	269	29	20	0	20	0	186	60

续表

学科门类		出版著作(部)								发表论文(篇)				获奖成果数(项)				成果应用	
		合计	专著		编著教材	工具书参考书	古籍整理(部)	译著(部)	发表译文(篇)	合计	国内学术刊物		国外学术刊物	合计	国家级奖	省部级奖	地市级奖	提交有关部门数	鉴定成果数
				被译成外文							国内外公开发行	国内公开发行							
	编号	L01	L02	L03	L04	L05	L06	L07	L08	L09	L10	L11	L12	L13	L14	L15	L16	L17	L18
民族学	17	13	7	1	5	1	0	1	12	108	50	53	5	8	0	8	0	4	0
新闻与传播学	18	65	32	1	32	1	0	11	6	462	195	250	17	22	1	21	0	140	10
图书、情报、文献学	19	43	18	2	17	8	5	3	103	700	334	344	22	6	0	6	0	70	5
教育学	20	115	43	0	50	22	0	8	0	563	294	250	19	26	0	25	1	164	54
统计学	21	40	5	0	15	20	0	2	0	224	83	127	14	2	0	1	1	82	7
心理学	22	32	13	0	18	1	0	16	2	336	173	149	14	6	0	6	0	56	2
体育学	23	124	65	19	47	12	0	5	1	867	151	658	58	12	2	8	2	155	50

高校人文、社会科学研究成果情况表(二)

课题来源		出版著作(部)					古籍整理(部)	译著(部)	发表译文(篇)	发表论文(篇)				成果应用	
		合计	专著		编著教材	工具书参考书				合计	国内学术刊物		国外学术刊物	提交有关部门数	鉴定成果数
				被译成外文							国内外公开发行	国内公开发行			
	编号	L01	L02	L03	L04	L05	L06	L07	L08	L09	L10	L11	L12	L13	L14
合计	01	1414	701	47	596	117	12	112	180	6261	2720	3200	341	1639	309
国家社会科学规划、基金项目	02	123	84	1	31	8	0	10	5	672	334	302	36	118	14

续表

课题来源		出版著作(部)					古籍整理(部)	译著(部)	发表译文(篇)	发表论文(篇)				成果应用	
			专著		编著教材	工具书参考书				合计	国内学术刊物		国外学术刊物	提交有关部门数	鉴定成果数
				被译成外文							国内外公开发行	国内公开发行			
	编号	L01	L02	L03	L04	L05	L06	L07	L08	L09	L10	L11	L12	L13	L14
教育部人文社会科学研究项目	03	141	83	2	47	11	0	3	6	627	345	261	21	118	17
高校古籍整理研究项目	04	6	4	0	2	0	7	0	0	37	31	6	0	1	0
中央其他部门社科专门项目	05	210	127	28	61	22	1	2	8	576	322	239	15	161	30
省、市、自治区社科项目	06	114	70	2	37	7	0	5	5	642	258	365	19	121	33
国际合作项目	07	15	10	4	5	0	0	7	1	107	47	30	30	35	2
与港、澳、台合作研究项目	08	6	4	0	1	1	0	0	0	51	32	16	3	7	2
企事业单位委托项目	09	91	25	0	36	30	0	13	0	414	88	325	1	101	141
学校和基地社科研究项目	10	201	74	3	120	7	2	5	25	1104	405	627	72	106	30
外资项目	11	25	12	1	12	1	0	5	1	87	51	28	8	52	3
其他项目	12	482	208	6	244	30	2	62	129	1944	807	1001	136	819	37

表七　高校人文、社会科学学术交流情况表

学术交流类别		校办学术会议		学术会议		受聘讲学		社科考察		进修学习		合作研究		
		本校独办数	与外单位合办数	参加人次	提交论文（篇）	派出人次	来校人次	派出人次	来校人次	派出人次	来校人次	派出人次	来校人次	课题数（项）
	编号	L01	L02	L03	L04	L05	L06	L07	L08	L09	L10	L11	L12	L13
合计	01	539	586	16240	6748	2985	2414	3106	5534	1403	2533	1025	880	813
国际学术交流	02	131	395	5256	2022	703	1040	1154	3470	504	1577	431	354	189
国内学术交流	03	342	167	9924	4094	1940	1159	1592	1241	850	626	519	417	516
与港澳台地区学术交流	04	66	24	1060	632	342	215	360	823	49	330	75	109	108

（北京市教育委员会科学技术与研究生工作处供稿）

北京地区社科研究单位(部分)2002年社会科学研究情况统计

北京市社会科学院2002年科研队伍统计表

所别名称	编号	总计	性别		按职称划分				按最后学历划分					
			男	女	正高	副高	中级	初级	博士	硕士	本科	专科	中专	其他
文学所		10	6	4	1	5	4		1	2	4	3		
历史所		13	9	4	4	5	2	2	3	5	3	1		1
哲学所		8	4	4	3	5			1	3	3	1		
经济学		17	12	5	2	7	5	3	2	6	6	2		1
社会学所		13	8	5	2	7	4		2	2	6	2		1
城市所		9	6	3		5	3	1		2	6	1		
管理所		9	5	4	1	6	2			2	7			
满学所		6	4	2	2	1	3			1	4	1		
科社所		9	5	4	2	3	4			4	5			
外国所		8	4	4	1	6		1	1		7			
编辑部		9	2	7		4	1	4		3	3	1		2
图书馆		8	2	6			2	5	1		2	5		1
其他		13	7	6	2	2	9			2	7	3		1
合计		132	74	58	20	58	42	12	10	32	63	20		7
56—60岁		16	13	3	11	5			1	2	7	2		4
51—55岁		29	19	10	6	14	8	1		1	17	9		2
46—50岁		26	17	9	1	20	5		2	1	18	5		
41—45岁		25	10	15	2	13	6	4	1	6	14	3		1
36—40岁		13	5	8		6	4	3	4	4	4	1		
31—35岁		10	5	5			10		1	7	2			
30岁以下		13	5	8			9	4	1	11	1			

北京市社会科学院 2002 年科研成果统计表

项目 分类	文学所	历史所	哲学所	经济所	城市所	科社所	社会学所	管理所	外国所	城市所	其他	合计
专著	6	2		2				4	3	2		14
译著						2						
编著									1	1		5
论文	23	10	3	40	3	8	21	16	26	13	12	175
调研 报告	4					1	1	1		1		8
其他	1	2		2			2	4	6	4		21

（北京市社会科学院科研组织处供稿）

中共北京市委党校社会科学队伍统计表

学科门类	按职称划分					按最后学历划分					按最后学位划分	
	小计 L01	正高 L02	副高 L03	中级 L04	初级 L05	研究生 L06	本科生 L07	大专生 L08	中专生 L09	其他 L10	博士 L11	硕士 L12
合计	243	21	73	128	21	121	109	11	1	2	37	42
哲学	18	4	10	4	0	16	3	0	0	0	10	4
经济学	29	2	12	15	0	17	12	0	0	1	7	4
政治学	18	4	10	4	0	14	4	0	0	0	6	4
党史党建	26	6	14	6	0	13	15	0	0	0	4	3
公共管理	13	3	3	7	0	9	4	0	0	0	5	3
法学	12	0	5	7	0	9	1	0	0	0	0	7
社会学	10	2	2	6	0	10	0	0	0	0	4	4
中国文学	6	0	3	3	0	3	3	0	0	0	0	2
外国语言文学	6	0	1	5	0	4	2	0	0	0	0	2
历史学	2	0	2	0	0	2	0	0	0	0	0	1
计算机	18	0	5	10	3	5	9	2	0	1	1	4
图书、情报、文献学	29	0	2	20	5	5	21	1	1	0	0	1
其他学科	59	0	4	41	13	14	38	8	0	0	0	3

（中共北京市委党校科研处供稿）

中共北京市委党史研究室社会科学队伍统计表

副高职称(人)	中级职称(人)	研究生(人)	本科生(人)
4(女1人)	9(女5人)	8(女4人)	8(女5人)

中共北京市委党史研究室科研成果统计表

文集(册)	专题汇编(册)	人物(册)	资料(册)	论文(篇)
1	1	1	2	8

（中共北京市委党史研究室科研处供稿）

北京师范大学
管理学院

全国人大副委员长蒋正华、教育部副部长袁贵仁为管理学院揭牌挂牌

"入世与理论创新"研讨班在管理学院举办

管理学是一门独立的、自然科学与社会科学交叉融合的、实践性很强的学科。管理学院是北京师范大学实现综合性、开放式、有特色、国内一流、世界知名大学发展目标的重要组成部分，它担负着为国家经济和社会发展培养各类管理人才、发展管理科学、增强国际竞争力的重要任务。

管理学院正式挂牌于2001年7月，现有教职工45人，其中教授13人（博士生导师6人），副教授19人，讲师9人，教辅人员4人。教师中有博士学位的26人，拥有硕士、博士学位的占95%。院长为全国人大副委员长、著名的管理学专家、博士生导师蒋正华教授，常务副院长为博士生导师唐任伍教授。学院还聘请著名经济学家董辅礽、吴敬琏等为兼职教授。管理学院具有较强的教学科研实力，拥有一批在国内外有一定影响的学者，并承担着包括国家自然科学基金、国家社会科学基金等在内的各种科研项目10多项。

管理学院现有两个一级学科：公共管理学和系统科学，包含博士学位授权点7个：行政管理学、医疗卫生事业管理学、教育经济与管理学、社会保障学、国土资源管理学、系统理论、系统分析与集成；硕士学位专业8个：管理科学与工程、行政管理、社会保障、系统理论、系统分析与集成、图书馆学、情报学、系统工程；另有MPA专业硕士点。其中系统科学是国家211工程建设的重点学科。

学院现有本科专业3个：管理科学、信息管理与信息系统、人力资源管理。其中管理科学专业实行本硕连读。未来准备建设公共事业管理和行政管理专业。

管理学院是北京师范大学的二级学院，是人、财、物集中管理，资源集中配置的教学科研实体，下设管理科学与工程系、公共管理系、信息管理系、系统科学系、社会发展与公共政策研究所、非平衡系统研究所、中利宏观经济管理研究中心、中国企业家素质研究中心、反贫困理论与政策研究中心、院办公室等。另有系统分析、管理工程、社会政策信息等三个校级重点实验室。

管理学院作为学校新组建的一个学院，实行以院为实体，人、财、物等资源集中管理，统一配置资源的管理模式，统筹管理学科的规划和发展。系为教学单位，安排教学计划，承担教学科研任务；研究所和研究中心人员构成由各系教师兼任和校内外聘任，并按经费、课题、研究方向和个人的兴趣爱好进行组织和调整。

以学科为依托，以教学、科研为基础，以为国家经济和社会发展服务为方向，以教师为主体，以学生为核心，紧紧围绕着教书、育人、科研、服务这四个环节，全面推进学院各项工作的开展，力争通过3–5年的努力，在学校现有管理类专业的基础上，将管理学院建设成为具有8个以上本科专业、8–9个硕士专业、3–4个博士专业、60名左右教师、600名以上在校学生规模、教学科研水平较高、在国内管理类学科中有一定影响的学院。

学院地址：北京新街口外大街19号
北京师范大学科技楼B区8层
电话号码：010–62205543 010–62209147

外交学院

外交学院是外交部直属的惟一一所培养外交外事国际问题研究和涉外经济法律复合型人才的高等学校。经国务院学位委员会批准有权授予学士、硕士和博士三级学位。

外交学院创建于1955年，是由周恩来亲自倡议，经毛泽东批准成立的。周恩来总理向我国外交人员提出的“站稳立场，掌握政策，熟悉业务，严守纪律”的“十六字方针”是我院的校训。1961—1969年陈毅副总理兼外长兼任我院院长。现任院长为第九届全国政协委员，外交部原副部长杨福昌大使，党委书记为安永玉大使。

我院认真贯彻江泽民主席为我院所作的“立足祖国，放眼世界，面向未来，培养英才”的题词精神和钱其琛副总理向我院提出的“面向世界，面向未来，面向社会，面向实际”的办学方针，认真执行《中国教育改革和发展纲要》和《中华人民共和国高等教育法》，加大教学改革力度，改革办学模式和办学体制，拓宽专业方向，实行学分制调整课程设置，更新教学内容，加强德育课程，努力全面提高学生素质和教育质量及办学效益。

我院一向提倡理论联系实际、实事求是、刻苦严谨的学风，重视对学生的德育教育，特别是爱国主义、集体主义、社会主义和国情教育、组织纪律性教育以及国内国际形势教育。在教学上，既重视基础理论课教学，又重视基本技能的训练和能力的培养。既重视外语水平的提高，又重视汉语、外交业务和经济、法律等基本知识的掌握，培养政治与业务、外语与专业、理论与实践相结合的复合型人才。多年来，我院为国家培养和输送了大批合格的外交外事干部，他们活跃于中国外交外事的各个领域，为中国的外交外事事业作出了贡献，其中有200多人担任驻外大使职务。我院被誉为“外交官的摇篮”。

我院现设有外交学系、英语系、外语系、国际法系、国际经济系、研究生部、国际交流中心、成人教育学院及国际法研究所、国际关系研究所等教学、科研和对外交流部门。

近几年来，我院的师资力量进一步优化，图书资料日益丰富，教学设备不断更新。目前教授和副教授约占全院教师总数的47.7%，讲师约占43%。此外我院还聘请了多位我国资深高级外交官和国际问题专家任兼职教授，并聘有30多名相关专业的外国专家和教师。学院拥有较完备的教学设备，设有专门的电教中心、语言实验室、视听教室、同声翻译训练系统、电子阅览室、视听阅览室、卫星接受传送、计算机校园网等现代化电教设备。学院图书馆藏书37万册。学院环境幽雅，设施齐全，是中央国家机关文明单位和北京市教工委、教委命名的“文明校园”。

为了适应我国改革开放和外交、外事及涉外工作对各种人才的需要，我院采取“多规格、多层次、多形式”的办学体制，招收博士、硕士研究生，第二学士学位生、本科生。我院除了根据国家任务招

外交官的摇篮

收学生外，还举办非洲、拉美、亚非、欧亚、东盟等外国外交官培训班、在职干部外交业务进修班、两年制的外语进修班和外交干部英语提高班等。外交学院成人教育学院招收本、专科外语、法律专业学生。从2000年下半年起，我院受中组部、外交部委托，分期分批举办了公开选拔的高级外交官培训班。经过培训，学员们已陆续赴我驻外使领馆担任领导职务。

随着我国改革开放的不断深入，我院同国外院校的校际交流也日益扩大。目前我院同美国、英国、法国、俄罗斯、乌克兰、乌兹别克斯坦、加拿大、巴西、委内瑞拉、玻利维亚、古巴、厄瓜多尔、澳大利亚、日本、韩国、埃及、阿曼、蒙古等30多个国家的60多所大学或基金会建立了友好关系。通过交流、考察、讲学、进修等方式先后向许多国家派遣了访问学者、攻读博士或硕士学位的研究生以及进修的教师。

随着我国社会主义现代化建设事业的蓬勃发展和国际交往的迅速扩大，外交学院作为培养外交、外事和涉外人才的重要基地必将进一步发展。我们热忱欢迎有志从事外交、外事、国计问题研究和涉外经济、法律工作的广大青年报考我院。

北京广播学院社科学院

北京广播学院社科学院的前身为1959年建立的北京广播学院政治理论教研室。由于“文革”动乱，1966年，北京广播学院解散，到1973年在周恩来总理的关怀下复校，政治理论教研室逐渐发展为马列教学部，后又改名为社会科学部，主要承担全校的公共政治理论课教学任务。

1992年，由于有了思想政治专业的本科生的培养，社科部改为社科系，同时又开设了思想政治教育专升本专业。

1999年，北京广播学院根据高等教育事业的发展和素质教育的需要，把承担一些基础课、公共课的系部整合为素质教育院，下有社科部、体育部、辅修部三部。2000年，与北京广播学院相邻的中国矿业大学北京校区东校园并入北京广播学院，中国矿大东校区社科系与北广素质教育院进一步组合，成立北京广播学院社科学院，如今它已是北京广播学院人文社科教学、科研的重要基础学院。

目前，北京广播学院社科学院承担全校上至博士、硕士，下至本、专科各类层次的公共政治理论课及体育课教学研究工作。学院现有思想政治教育、法学两个本科专业面向全国招生，承担6科全校的学科基础选修课，并且面向全校开设第二专业的辅修课程以及心理咨询工作。

现任社科学院院长高慧燃研究员，党总支书记张傅副教授，副院长齐金贵助理研究员，副院长冯宋彻教授。下设两个系两个部，社科系主任冯宋彻教授(兼)，法律系主任李丹林副教授，体育部主任王大中副教授，辅修部主任刘惠讲师。全院现有教工86名，其中教授4名，研究员1名，副教授19名，讲师25名，助教16名；兼职博士生导师魏远征教授，硕士研究生导师3名；

北京广播学院社科学院院务会议
从左至右领导为：
李丹林 张傅 齐金贵 高慧燃 刘惠 冯宋彻 王大中

博士 3 名，硕士 26 名，在读博士 2 名，在读硕士 1 名。

北京广播学院社科学院以教育部颁发的教学基本要求为指导，开展有特色的教改活动。

在教学功能上，坚持以育人为中心，把学生的马克思主义世界观、人生观、价值观的教育，解决学生关注的热点、难点问题和“三个代表”重要思想的“三进”工作作为主要任务。把政治引导与健康、高尚人格培养相结合，把教育的归宿点落实到教学生做什么样的人和如何做人上。

在课程体系上，整合课程功能，将课程分为主干必修课与配套选修课及专题讲座三大块，明确各门课程的学科定位及其与育人教育的内在联系，确保各门课程鲜明的学科特色和较强的针对性。

在教学实施上，注意把握教学规律、内容体系和特殊要求，将案例教学法、互动教学法、模拟法庭等引入课堂教学，积极引导，让学生在激烈的思想碰撞中形成共识。鼓励教师制作电子教案，利用多媒体课件教学，增强了教学的生动性和趣味性。在课堂教学基础上，开设学生德育实践基地，开办心理咨询中心，为学生提供德育实践的机会和心理发展的帮助，形成课堂教学与课外实践辅导“二位一体”的模式，受到学生普遍欢迎。

在教学目标上，按照面对实际、解疑答惑的渐进式要求，力求较好解决教学实效问题。

在学科建设上，注意围绕教学搞调研，强化理论创新意识，增强教学针对性，改进教学中的薄弱环节。

北京广播学院社科学院教授风采

从左至右

冯宋彻教授　张晓峰教授　任素琴教授　李宏教授

首都师范大学

书记：谢维和

校长：许祥源

首都师范大学创建于1954年，是一所包括文、理、工、外语、艺术、教育等专业的综合性师范大学，是北京市重点投入建设、进入“211工程”的北京市属重点大学。

学校现有60个硕士点，26个博士点，2个一级学科博士学位授权点，4个博士后流动站，1个博士后项目，1个国家基础学科科学研究和人才培养基地，1个教育部体育与艺术人才培养基地，1个全国省属高校人文社会科学重点研究基地，6个市级重点学科，12个市级重点建设学科。

学校下设文学院、历史系、政法学院、音乐学院、美术学院、外国语学院、教育科学学院、数学系、物理系、化学系、生物系、资源环境与旅游学院、信息工程学院、教育技术系、初等教育学院、成人教育学院、国际文化学院等17个院系。学校开设了40个本科专业。各类在校生25219人。其中全日制本、专科学生9546人，研究生(包括硕士生和博士生)1095人，成人教育学生14214人，外国留学生364人。学校建校49年来，共培养合格师资约8.8万名，是为北京市基础教育输送合格师资和培养其他现代化建设所需人才的重要基地。

学校现有教职工2490人，在专任教师1162人中有教授167人，副教授469人。其中中科院、工程院院士5人，博士生导师75人，1人为国务院学位委员会学科评议组成员，4人为国家教育部学科教学指导委员会委员。教师中有博士205人，硕士394人，占教师总数的51.5%。学校既拥有一批在国内外有一定影响的专家、学者，又涌现出一批优秀的中青年学科带头人，其中国家杰出青年基金资助者1人，教育部跨世纪人才1人，教育部高校青年教师奖1人，教育部优秀青年教师资助计划4人，教育部高等学校骨干教师资助计划9人，教育部全国高等学校优秀骨干教师2人，北京市科技新星8人，北京市跨世纪人才38人，市级青年学科带头人22人，市级青年、骨干教师80人，校级跨世纪青年学科带头人44人。51名教师荣获曾宪梓高等师范院校教师奖、霍英东青年教师教学奖和科研奖。

学校设有20个研究所、16个研究中心，建有北京市大学科技园。1999年以来，学校获批各类科研项目431项，其中国家自然科学基金项目45项，国家社科基金项目30项，“863”课题12项，“973”课题6项，部委级项目338项。

获省部级以上奖励45项，科研总经费9532万元。编辑出版有《首都师范大学学报》(社会科学版和自然科学版)、《中学语文教学》《中学生数学》《高教研究》《教育艺术》等。

学校占地约1900亩，建筑总面积约59万平方米。学校教学、科研条件优良，连接7个校区近3000多台计算机的校园网已全面开通，拥有教学科研用仪器设备18557台件，各类实验室30个。校图书馆馆藏基础雄厚，收藏各类图书文献244万册(件)，其中印刷型文献228万册，是全国文献资料骨干馆之一。

学校积极开展国际文化交流活动，目前已同五大洲63所大学及教育机构建立了交流合作关系，是国家教育部批准的可以接受外国留学生和港、澳、台地区学生的院校之一。

学校历来重视党的建设和思想政治工作，近年来，先后被中组部、中宣部、教育部和北京市委、市政府评为全国和北京市“党的建设和思想政治工作先进高等学校”，并多次获“首都精神文明建设先进单位”、“北京市思想政治工作先进集体”、“文明校园”和“首都文明单位标兵”等荣誉称号。

新的世纪，首都师范大学将锐意创新，开拓进取，为把学校建设成为国内一流水平的综合性教学研究型师范大学而努力奋斗。

北京物资学院

院长：陈宏

北京物资学院始建于1980年，先后隶属于国家物资局、物资部、国内贸易部，1998年10月划归北京市管理。

经过20年坚持不懈的努力，学院师生高举马克思主义、毛泽东思想、邓小平理论伟大旗帜，全面贯彻党的教育方针，坚持社会主义办学方向，不断深化改革，全面推进素质教育，主动适应经济建设和社会发展的需要；坚持以教学为中心，走以内涵发展为主的道路，把学校建设成立足北京、面向全国招生的以本科教育为主，兼办留学生、研究生、专科生、高等职业技术教育和成人教育，以经济学科和管理学科为主、以物流管理专业为特色、多学科协调发展，培养德、智、体、美等全面发展的复合型、创新型经贸人才的普通高等学校。

学院位于北京市中心以东20公里处的全国闻名的古运河源头，地处京通快速路出口，交通便利。校内环境优美，空气清新，被北京市授予"花园式单位"和"文明校园"光荣称号。校园占地面积350亩，建筑面积15万余平方米，教学、科研和生活设施齐全，图书馆藏有国内外经济管理方面的专著、译著、工具书、教材、资料近32万册，订有中外期刊杂志900余种，拥有丰富的电子期刊和数字图书资源，并建有先进的电子阅览室。学院现已完成校园局域网一期工程，拥有北京市重点实验室—物流技术与系统实验室，并建有通过微波系统传送世界各证券期货交易部信息的证券期货模拟实验室，是学习和科研的良好场所。

学院现设有七系、四部、二院。七系为：经济系、工商管理系、会计系、管理科学与工程系、劳动人事系、物流系、外语系。四部为：基础课教学部、社会科学教学部、体育教学部、研究生部。二院为：高等职业技术学院和成人教育学院。设有12个本科专业，5个高职专业，4个硕士点，1个二学位点。12个本科专业是：经济学（另设有证券期货贸易方向）、国际经济与贸易、工商管理（另设有采购与供应管理方向）、市场营销、会计学（设有注册会计师方向、注册资产评估师方向）、财务管理、信息管理与信息系统（另设有计算机软件设计与应用方向）、人力资源管理、劳动和社会保障、物流管理、电子商务、英语（商贸方向）； 5个高职专业是：股票证券投资、电子商务、电算会计、物流管理、英语（商贸方向）；4个硕士点是：产业经济学、管理科学与工程、企业管理、劳动经济；1个二学位点是：物流管理。学院科研机构有流通经济研究所、物流研究中心和《中国流通经济》杂志社。

学院重视师资队伍建设，拥有教授、副教授108名。学院现有在校生6759人，其中本科生4726人，高职生288人，成教学生1604人，硕士研究生98人，外国留学生43人。

学院坚持抓科研促教学、为社会主义经济建设服务的方针，每年划拨专项经费支持科研工作，鼓励教师和科研人员进行科学研究，科研成果显著。学院主办杂志《中国流通经济》为国家经济类核心刊物；由我院教授主编的《中国流通经济》一书，被评为第10届"中国图书奖"；共出版专著、译著、教材近370多种，发表论文2500多篇。"八五"以来，共承担国家重点科研项目、863高科技项目及部委、省（市）级课题81项，有40项科研成果获省（市）、部级奖，有的已达到国际或国内先进水平；有两项

花园式单位

学院一景

学院图书馆

科研成果被列为国家新产品测试推广计划。由我院承担的“863”高科技项目“商品流通智能化综合管理及决策支持系统”位于国际先进行列。在国家星火计划奖等重大奖项中，我院都榜上有名。我院参与主办的《中国物流在线》已基本建成，并已与Internet网连接，在国内专业网中具有重要影响。学生在校学习期间获得多项专利发明和科研成果。

学院重视与国外教育、科研机构进行学术交流和友好往来，1988年与日本流通经济大学建立了长期友好校际交流关系，合作进行课题研究，互派留学生。1999年与澳大利亚皇家墨尔本理工学院签署校际合作意向书。2002年与英国龙比亚大学、加拿大温哥华理工学院签署了合作意向书。2003年与日本庆应义孰大学、韩国平泽大学开展合作，共同进行科研课题研究、派遣留学生等。与此同时，学院还与美国、加拿大、俄罗斯、澳大利亚、新加坡等20多个国家与地区的教育、科研机构建立了友好工作关系。

在新的历史时期，全院师生将以崭新的精神风貌，高举邓小平理论和“三个代表”重要思想的伟大旗帜，与时俱进，认真贯彻执行党的十六大精神，认真贯彻党的教育方针，不断深化教育教学改革，全面推进素质教育，为全面建设小康社会培养合格人才，为教育事业做出更大贡献。

物流实验室揭牌仪式

运动场地与运动会

北京林业大学人文社会科学学院

School of Humanities & Social Sciences

北京林业大学人文社会科学学院（简称"人文学院"），被认为是一个年轻的学院，但其历史却与北京林业大学一样悠长。1998年应学校建设多科性大学的发展要求，人文社会科学学院宣告成立，并在学校提供的良好发展空间下，进入快速发展时期。

目前，学院已形成了比较完备的教学科研体系，下设法学系、物业管理系、心理学系及经济学、哲学、革命史、德育、公共关系、文学艺术等6个教研室，还设有生态文化研究中心、北京林业大学公共关系培训中心、北京林业大学物业管理培训中心。

学院现有科学技术哲学、思想政治教育和管理科学与工程3个硕士点，有法学、工商管理（物业管理方向）、心理学3个本科专业，有物业管理高职和物业管理高职自考专业及物业管理专升本等。为提高学生的人文素质和综合能力，学院还开设了公共关系与市场营销及法学两个辅修专业。目前已有各类在校学生1000多人。

人文社会科学学院拥有一支素质较高、力量较强、知识结构较为合理的师资队伍。现有教职工46人，其中教师38人、教授5人、副教授15人。为适应学院发展和师资队伍建设的需要，还聘请了一些国内外知名学者、专家担任兼职教授。他们热爱教学工作，能结合学生的实际，坚持不懈地进行教学内容和方法的改革，在教书育人方面取得了一定的成绩，多次受到各级主管部门的奖励。1名教师被评为"全国优秀教师"，1名教师被评为全国首届百名"两课"优秀教师，3名教师获"宝钢优秀教师奖"，2名教师被评为北

京市“两课”学术带头人，多名教师获北京市优秀教学成果奖、市级优秀教师奖等。教师还结合教学工作积极开展人文社会科学的科学研究，并取得了丰硕成果：近10年来，共主编、参编专著、教材达70多部，在各类报刊杂志正式发表论文200余篇，其中有10多部著作、20多篇论文获得有关学术组织的优秀著作奖和优秀论文奖。有3名教师分别担任了有关学术研究会的副会长、秘书长、常务理事、理事等。

人文社会科学学院具有较好的教学环境和设备。拥有心理学实验室和现代化的模拟法庭，教师资料室、教师阅览室和学生阅览室，有中文图书资料20000余册，报刊杂志200余种，声像教学资料100余种，为师生进行教学、科研及学习提供了很大帮助。

为了适应21世纪科学和经济发展对人才知识、素质、能力的要求，为我国社会主义现代化培养更多的合格人才，学院将加大教学改革的力度，抓好师资队伍建设，全面提高教学质量，在巩固和完善原有学科建设的同时，创建新的人文社会科学学科，切实加强全校学生的人文素质教育，进一步扩大与社会各界的联系，拓宽办学的途径，不断开创新的局面。

中国地质大学

获奖证书

中国地质大学(北京)
铝合制品的商业投资开发创业团队：

荣获第三届“挑战杯”天堂硅谷中国大学生创业计划竞赛

银 奖

二〇〇二年十月

中国地质大学（北京）人文经管学院建立于1993年，当时称人文与社科部，1994年更名为人文与经管系，1998年改名为人文经管学院。为适应市场经济发展对人才的需求，经过国家“211工程”建设，目前学院已有管理科学与工程、产业经济学、人口资源环境经济学、马克思主义理论与思想政治教育、环境资源保护法学、高等教育学、会计学、企业管理、旅游管理、行政管理、应用心理学等11个硕士学位点，有工商管理、会计学、法学、市场营销、经济学、旅游管理、行政管理、信息管理与信息系统等8个本科专业和电子商务一个专科专业。已毕业研究生31人，本专科生1255人，现有在校生1749人，其中研究生104人，本科生1465人，专科生180人。

人文经管学院现有正式在册教职工80人，其中教授5人、副教授34人，另有兼职教授12人。设有两个研究所，7个教研室，1个咨询中心，2个实验室，1个资料阅览室：即资源环境研究所、地学哲学研究所；工商管理教研室、公共管理教研室、财务会计教研室、经济学教研室、法学教研室、马克思主义理论与思想政治教育教研室、文学艺术教研室；心理咨询中心；管理工程实验室、会计模拟实验室。

围绕学校“特色＋精品”的办学理念，提出了“学科上档次，教学上水平，科研上规模；以资源环境经济管理与法学为专业发展特色；加强党的建设和思想政治工作，加强教风学风建设，加强师资队伍建设”（“三上一特三加强”）的基本发展思路，教

人文管理学院

育质量大为提高，教研、教改氛围浓厚。目前，正在全校率先进行教师岗位聘任、学分制和双学位辅修专业改革试点，在本科学生中实行导师制，以扩大学生选择专业、课程、任课教师和学习时间的自由度和灵活性，为培养宽基础、复合型、创新型、开放型、综合能力强的高素质人才创造条件。

近年来，先后完成省部级、企业委托、校内教改科研项目29项，目前在研项目26项。2002年先后79人次参加国内外学术会议，提交论文20篇，年内出版教材、专著7部，在国内外重要刊物上发表论文48篇。

学院结合专业特点开展广泛的学术交流活动，经常组织各种讲座、参观，并与美国纽约州Alfred大学、美国德州A&M大学、美国伊利诺斯州Lincoln学院、英国普利茅斯Truro学院建立了学术交流和合作关系。其中和美国德州A&M大学—Commerce达成采取4+1方式合作培养本科生和研究生协议，并于2001年10月成功地开班、开课，2002年实现了双边学生、教师的学习与教学科研工作的互派交流，对提高学院教学质量、课程体系与国际接轨起了很好的作用。

学生工作实行“党政领导下的学工组组织实施的辅导员负责制和导师联系制”的工作体制。人文经管学院的学生在学校各项活动中是一支生力军，办有经济管理协会、心理中间站、大学生剪纸艺术协会、大学生法援社等学生社团和反映大学生生活的学生刊物《风采》。学生的校园文化生活丰富多彩，充分展示了学生的全面素质；在市、校级体育、英语、演讲、辩论竞赛中披金挂银，在学生科研活动中大展宏图。2002年，由5名学生主持、参与的项目中有2项获全国大学生“挑战杯”竞赛银奖，2003年获北京市大学生“挑战杯”竞赛一等奖1项、二等奖1项、三等奖1项、优秀奖1项并入围全国“挑战杯”决赛1项。近年，大学英语四级一次通过率均超过全国重点高校平均水平，名列学校前茅，考研率逐年上升。同学们勇于走向社会，投身社会实践，成为学校社会实践的先进集体。

人文经管学院在中国地质大学这个以理工科为优势的学校中具有明显的特色，在营造校园人文氛围、培育经管法人才等方面已经并将继续发挥越来越重要的作用。

北京交通大学
人文社会科学学院

北京交通大学（原北方交通大学）人文社会科学学院成立于1998年7月。学院下设法律系、外语系、社会科学部、大学英语部、体育部、语言文化研究所。有2个本科专业：英语、法学；4个硕士点：马克思主义理论与思想政治教育、马克思主义哲学、经济法学、外国语言学与应用语言学。学院现有教职工220余人，其中教授13人、副教授70余人，并聘请多名国内著名学者担任学院的兼职教授。

学院在成立之初即确立了“以教学改革为先导，以体制改革为动力，以队伍建设为突破”的工作思路，在全院倡导“热爱教学，崇尚学术，团结协作，开拓进取”的院风。全体师生员工经过5年多的奋发努力，使学院在教学、科研、育人等方面均取得了长足的发展。

学院在承担全校本、专科学生的外语、体育、思想品德和政治理论、文化素质教育系列课程；研究生的公共外语、政治理论课，以及外语、法律专业的学位课等教学任务的同时，积极进行学术研究。学院成立以来，共承担市部级以上科研及教改项目10余项，发表论文560余篇，其中在国家核心刊物上发表近80篇，出版专著10余部。

学院设有由香港薇阁文教基金会提供的“薇阁奖励基金”，用于奖励在教书育人工作中有突出贡献的青年教师和学习成绩优秀、有创新精神或家庭困难且成绩突出的研究生和本科生。

人文天下
教书育人

朝气蓬勃的北京石油化工学院

……人文社科学院

团结奋进的领导班子

右起：陈运辉副院长、赵树海院长、高秀云书记、曾卫兵副书记

作为北京石油化工学院的后起之秀，人文社科学院本着以人为本、综合发展、涵养性格的宗旨，倡导理性与人文精神之统一，为理工科为主的北京石油化工学院注入了新鲜的人文气息和社科精神。

人文社科学院现设有公共事业管理系（下设“环境经济管理方向”、“社区服务与社会工作”方向）、旅游系（下设“旅游管理”和“涉外导游和旅游文化”方向）两个系，哲学与政治学研究所、德育研究所两个研究所，以及文化艺术教育中心。

为了适应环境问题全球化以及我国对公共事业管理人才和环境管理人才的需要，为了满足旅游业发展及北京承办2008年“绿色奥运”、“人文奥运”对人才的需求，公共事业管理专业和旅游管理专业已成为人文社科学院的特色专业，以基本素质训练为出发点，以培养创新型复合型中高级管理人才为目标。这两个专业注重在交叉学科中培养学生研究与解决实际问题的能力。目前，这两个专业的在校学生已达600余人，在教学、实践等环节已初步形成适合本专业特点的模式与规模，并在实践中不断创新与完善。近几年来，人文社科学院在北京市设立数处实习基地，2002年，投资60万元建成了自己的专业模拟实验室。

作为德育教育主渠道和素质教育的灵魂，人文社科学院在“两课”教育上取得了实效，推出了以精品课建设为龙头、系列人文讲座、课外人文活动和社会实践相互配合的运作方案。

以培养为主，引进高层次人才为辅，人文社科学院形成了一套结构合理、竞争有序的人才培养机制。现有教学、科研和行政人员52人，其中教授6人、副教授9人，博士6人、硕士21人。这些教师具备扎实的学术功底和深厚的人文底蕴，他们不但治学严谨、思维活跃，在各自的研究领域内取得了一定的学术成就，而且率先垂范，育人为本，真正做到了学为人师，行为世范。其中赵树海教授在科学社会主义理论与实践、当代世界社会主义、行政管理学方面，刘希明教授在“两课”教育教学和心理及创新人格研究方面，李明伟教授在敦煌文化研究和文化艺术教育方面均有很深的造诣。在历次的评优工作中，人文社科学院脱颖而出，先后有多名教师获得教学优秀奖、校园名师和先进工作者等荣誉称号。

积极开展科学研究，以科研促教学。人文社科院在科研方面具备了较强的实力，形成了一支稳定的科研师资队伍，并取得了丰硕的成果。近年来，共主持和参与科研项目50余项，其中省部级以上课题30余项；出版教材专著70余部；公开发表学术论文300多篇，其中刊登在核心期刊上的论文80余篇。

以丰硕的成果为基础，以深厚而富于创新的师资为依托，在人文社科学院领导和全体教职工的不断努力下，年轻而富有朝气的人文社科学院正以昂扬的姿态、稳健的步伐阔步向前！

人文社科学院

在公民道德宣传活动月中积极开展“讲文明、除陋习、从我做起”的主题活动。

北京同仁堂是中药行业著名的老字号，创建于清康熙八年（1669年），在300多年的历史长河中，历代同仁堂人恪守"炮制虽繁必不敢省人工　品味虽贵必不敢减物力"的传统古训，树立"修合无人见　存心有天知"的自律意识，确保了同仁堂金字招牌的长盛不衰。自雍正元年（1721年），同仁堂正式供奉清皇宫御药房用药，历经八代皇帝，长达188年，这造就了同仁堂人在制药过程中兢兢业业、精益求精的严细精神，其产品以"配方独特、选料上乘、工艺精湛、疗效显著"而享誉海内外。

同仁堂品牌誉满海内外，作为中国第一个驰名商标，其品牌优势得天独厚。目前，同仁堂商标已经参加了马德里协约国和巴黎公约国的注册，受到国际组织的保护，同时，在世界50多个国家和地区办理了注册登记手续，并在台湾地区进行了第一个内地商标的注册。显而易见，同仁堂的著名商标和优秀品牌已经成为同仁堂集团不断发展的特有优势。

如今，中国北京同仁堂（集团）有限责任公司已经发展成为拥有境内外两个上市公司，海内外80多家分店，十几条符合国家GMP标准的生产线，总资产近50亿元的大型国有企业。近年来，同仁堂充分发挥品牌优势，在继承优良传统的基础上不断改革创新，推动了企业快速发展，各项主要经济指标均以20%左右的速度增长。2002年，各项指标再创历史最好水平，销售收入达到40亿元，实现利润超过2亿元，出口创汇1400多万美元，企业实现了良性循环。

2002年，同仁堂集团被国家工业经济联合会和名牌战略推进委员会推荐为最具冲击世界名牌的16家企业之一。面对世界经济一体化的新形势，同仁堂人决心抓住机遇、迎接挑战，继续弘扬同仁堂的优良传统，高举现代中药的大旗，为振兴中药事业做出贡献。

北京同仁堂药店夜景

同心出版社

同心出版社成立于1992年8月，是由中共北京市委宣传部主管、北京日报报业集团主办的一家综合性出版社。每年出书百余种，不少图书在国内各种评比中获奖。

具有媒体优势和出书范围广泛是同心出版社的两大特色，京报集团旗下的《北京日报》《北京晚报》《北京晨报》等媒体，在提供出版资源和新书宣传等方面都给予同心出版社强大的支持。本着“三贴近”原则，该社出版了一批颇受读者欢迎的在政治、经济、法律、文艺、教育等方面适合不同层次人群需要的图书，如《“三个代表”与执政党的建设》《升旗大典》《师德全书》《50位诺贝尔大师致中国青少年》《古城返照记》《文化名人忆母亲》《文化名人忆学生时代》《名家谈日记》《地球是我家》《绿色社区建设指南》《新世纪常用法律新编系列》《音乐、美术教程系列》《人生漫笔》系列丛书等。

该社2003年推出的《阻击“非典”》《白镜头》《北京抗击非典丛书》以及《人生中一定要读的几本书》《影响孩子一生的101个经典童话》等图书，社会反响强烈，两个效益俱佳。

社　长：刘霆昭
总编辑：齐　颖
副社长：徐华宇

地址：北京市朝阳区和平里西街 21 号

邮编：100013

电话：总编室 84274431　发行部 84279114

江泽民同志看望马文瑞同志。

中国延安精神研究会名誉会长彭真会见马文瑞（左三）、王甫（左四）、郁文（右三）、强晓初（右二）、李鉴（右一）等同志。

宋平同志（右）出席中国延安精神研究会成立十周年大会

座谈会会场

杨波（右）主持座谈会，于明涛（左）作总结发言。

1990年，革命战争年代曾在延安工作过的强晓初、杨植霖、王甫、郁文、黄钢等一批老同志动议，成立一个学术性群众团体，专事延安精神的研究工作。他们认为，延安时期是我们党从弱小走向胜利的时期，其成功经验是我们党的宝贵财富。我们这些曾在延安工作、生活过的老同志有责任做些研究工作，弘扬延安精神，为加强党的建设，巩固党的执政地位，建设有中国特色社会主义做新的贡献。此议得到彭真、马文瑞等同志的支持，中央党校同意作为主管单位。彭真同志应邀担任名誉会长，并题写了中国延安精神研究会会名、写了贺信。经民政部批准，1990年5月18日，中国延安精神研究会正式成立，马文瑞同志被选为会长。1994年，根据彭真同志的提议，经新闻出版署批准，创办了以"传播优良传统，讴歌中华文明，弘扬延安精神，锤炼四有新人"为宗旨的会刊《中华魂》杂志，江泽民同志题写了刊名。此前，江泽民同志还作了"延安精神永放光芒"的题词。现任会长为马文瑞同志，常务副会长是杨波、于明涛、逄先知、慕丰韵、有林；副会长有刘忠德、朱育理、杨伟光、沙健孙、李文海等12人；顾问有刘延东、强晓初、李力安、李东冶、李正亭、李跃文、方强、李伟、罗琼等26人。

精神研究会

彭真

中国延安精神研究会成立十多年来，在中央领导的关心和中央党校的指导下，老同志们不顾年高体弱，只讲奉献，不要报酬，围绕中央各个时期的中心任务，认真地做了一些有关延安精神的研究和宣传工作：先后组织有关方面的专家和学者编辑出版了38本论著，其中《延安精神永放光芒》系列丛书一套5册，经李岚清同志批示，被教育部列入全国中小学图书馆必备书目；与有关单位合作摄制了《走自己的道路》《延安情怀》两部电视片，已分别在中央电视台和天津市、陕西省、延安市电视台播出；编辑出版《中华魂》杂志101期、《通讯》180期；召开各种纪念会、座谈会、研讨会46次；组织“延安精神进校园”、“延安精神进企业”活动；还多次应邀组织老同志到学校、机关、企业宣讲党的优良传统。

中国延安精神研究会的工作受到多方面的支持和鼓励。2003年3月，曾庆红同志在中国延安精神研究会工作报告上批示：“中国延安精神研究会成立十三年来，积极主动而又卓有成效地为研究、宣传和弘扬延安精神作出了重要贡献。各有关地方与部门应继续关心与支持研究会的工作。”

2001年6月15日，宋平（左二）、邓力群（右一）全国人大常委会原副委员长陈慕华（左一）出席座谈会。

2000年10月13日，中央政治局原常务委员宋平（右二）、邓力群（右一）出席座谈会。

中共中央书记处原书记邓力群、中央组织部原部长张全景等同志出席座谈会。

前排从左至右：白治民、朱春和、罗琼、方强、黄火青、马文瑞、张秀山、张邦英、康永和。

2003年7月16日，召开《中华魂》创刊100期座谈会。

北京市国际金融学会

▲张六琥会长

北京市国际金融学会是由北京市金融、教育等领域中，有志于研究金融理论与实务的单位和专家组成的学术团体。该学会成立于1993年1月6日，由中国银行北京分行主办，与北京市人民银行、工商银行、建设银行、农业银行和首都经济贸易大学等大专院校和科研所等单位组成了首届常务理事会。从1997年6月20日起，学会改由首都经济贸易大学主办，并于2001年8月17日召开了第三届换届理事会议。理事会由北京市人民银行、各商业银行、外汇管理局、证券公司、各金融院校等单位选派的65名理事组成，现有会员380人。

学会会长：张六琥

副 会 长：刘春明、贾墨月、尹风兰、李芬

秘 书 长：王曼怡

该会的宗旨和主要工作任务是：

一、宗旨

遵守宪法、法律、法规和国家政策，遵守社会道德风尚。组织、推动和联络北京地区有关的科研、教学和从事金融业务的单位和人员，对国际金融理论、政策和实际问题进行研究和讨论，促进北京市国际金融理论、政策、教学研究水平和实务工作管理水平的提高，充分发挥学会联系面广、智力资源丰富的特点，贯彻和宣传中央实施的金融方针政策，为普及国际金融知识，发展和繁荣我国的金融事业，推动北京对外经贸工作服务。

二、任务：

1．组织宣传、普及国际金融方面的知识、理论及有关方针政策，举办各种形式的国际金融和外汇业务学术研讨会和学术交流会。

▲贾墨月副会长

2．组织调查和研究我国及北京地区在改革开放过程中，国际国内金融方面出现的新情况、新问题，探讨解决的途径；组织交流和总结国际金融、银行外汇的工作经验；研究探讨有关国际金融和外汇业务的发展战略。

3．研究国外金融形势和重大事件对我国金融、外经、外贸工作的影响，介绍国外有关国际金融、银行业务的管理经验。

4．结合业务部门工作需要组织研讨国际金融学科建设和教学体系，培养国际金融和外汇业务方面的人才。

学会2002年主要活动为：

一、国际金融学术报告会和理事联谊会1次。

二、举办银行国际贸易融资和信贷方式、信用证、保函、外币假钞鉴别等外汇业务的讲座和研讨会6次，邀请北京市各商业银行和外贸企业人员参加交流。

三、协助中国人民银行举办全国金融英语统考及组织金融英语考试教材辅导班。

学会通过上述活动，积极宣传国际、国内金融业务中的新产品、新做法，有力地促进了北京市金融、经济和对外贸易的发展，受到了广泛的好评。

▲王曼怡秘书长

学会通讯地址：北京市丰台区张家路口121号

（首都经贸大学金融系）

邮编：100070　　电话：（010）83952259

传真：（010）83951276

全国高校社科信息资料研究会

全国高校社科信息资料研究会，是高校社科信息资料工作者（含高校图书馆、理工农医高校院、系、所的信息资料人员）自愿组织的，在教育部指导下，经民政部注册登记的全国一级群众性学术团体。本团体前身为“全国高等学校政治理论情报资料工作研究会”，经教育部批准，于1989年10月在安徽省屯溪成立。1993年5月，经申请注册登记后，更名为“全国高校社科信息资料研究会”。

本团体在中国共产党领导下，拥护党的路线和各项方针、政策，遵守我国宪法、法律、法规和社会主义道德规范；旨在把高校社科信息资料工作者组织起来，深化改革，形成系统，加强联系，进行协作，提高为高校教学科研服务的能力；接受教育部、民政部的业务指导和监督管理。

本团体的地址：中国人民大学（北京市海淀区中关村大街59号）

本团体的最高权力机构是会员代表大会，4年召开一次。

本团体设有理事会、常务理事会和秘书处，秘书处设有理论部和事业发展部；

本团体第四届理事会理事56人，常务理事18人：朱卫（中国人民大学）、刘希明（中国人民大学）、朱志强（武汉大学）、甘月文（内蒙古师范大学）、黄炳坤（华南师范大学）、谢立军（女，清华大学）、陈公宏（首都医科大学）、李晶（女，辽宁大学）、尹保荣（女，贵州师范大学）、刘三进（河南财经学院）、刘铁贵（河北师范大学）、陈玉娥（女，西南师范大学）、张雪梅（女，南开大学）、罗时民（南昌大学）、侯孔发（安徽科技大学）、宋爱珍（女，山东中医药大学）、任剑波（广西民族学院）、张瑛（女，西北大学）

理事会会长：朱卫

理事会副会长：刘希明　朱志强　甘月文　黄炳坤　谢立军

全国高校社科信息资料研究会第四次会员代表大会合影 2002年8月于北戴河

北京统筹与管理科学学会

北京统筹与管理科学学会（以下简称"学会"）成立于1980年7月26日，是在华罗庚教授倡导下，由李庆华等同志创建的。目前是第五届理事会，理事长是北京城建集团总经理郁志桐，常务副理事长是北京建工集团副总经理田振郁，副理事长有：丛培经（北京建筑工程学院教授）、朱嬿（清华大学教授）、吴培庆（北京城乡建设集团总工程师）、张闽（北京市政建设集团副总经理）、张家明（北京住宅建设集团副总经理）、焦润明（中国建设一局集团副总经理）、蔡晨（中国科学院政策与管理科学研究所研究员）、鞠成立（北京梦龙科技集团公司董事长兼总工程师），秘书长：丛培经（兼）。学会挂靠北京建工集团。

学会是由北京市和在京有关部门、有关专业系统的企业以及从事教学、科研、管理和技术工作的人员自愿组成的，以北京六大建筑集团企业的成员为主，是经北京市社团主管部门核准、注册、登记的一级社会团体法人，受北京市科学技术协会领导。

学会成立后的前10年，业务范围以网络计划技术的研究和应用为主。目前，已经扩展到网络计划技术、项目管理、科学管理、技术经济、工程造价、相关计算机软件等多学科的研究、应用与推广，网络计划技术和项目管理是主学科。

学会的宗旨是：团结全体团体会员和个人会员，组织推进本会业务范围内各项事业研究、引进、推广、应用和交流，促进管理人员素质和管理水平的提高，为领导机关、企业单位、事业单位的管理和决策提供咨询服务，为我国社会主义市场经济发展和两个文明建设服务。

学会理事会下设学术委员会、项目管理委员会、组织委员会、咨询委员会、培训委员会5个分支机构，另设监事会和办公室。学会的团体会员包括80多个单位，有很强的学术实力，其中包括管理专家90多名，教授等学者30多名。学会与北京的企业单位、事业单位、科研单位、机关、大学、学会、协会以及国家一级学会和大型企业有着广泛的联系与合作。

学会成立23年来，按照学会的章程和宗旨，充分发挥在首都的地理优势和本身的专业人才优势，为国家、企业和首都建设做了大量工作。

（1）在科研和实践方面，参与编写了四项国家标准、一项行业标准，在工程网络计划技术、工程项目管理科学和科学管理的研究、引进、推广及应用方面，始终是一支先锋和主力团队。对工程网络计划和工程项自管理计算机管理软件的研制取得了许多成果，有多项拳头产品。

（2）在教育培训方面有大量成果。培训的内容包括：网络计划技术、招标投标、国际工程承包、项目管理、企业管理、建筑工程、项目经理、工程监理、工程造价管理、全面质量管理、价值工程、行为科学、建筑市场、企业战略管理等。培训人数达2万多人次。其中网络计划技术培训人数达1万多人次，项目经理培训达3000多人。授课教师全部是专家教授，培训获得了很好的信誉。

（3）学会主编或参编的著作有：《中国网络计划技术大全》《建筑工程招标与投标》《统筹法与施工计划管理》《工程网络计划技术》《工程网络计划技术规程教程》《施工项目管理》《建筑工程招标投标手册》《实用工程项目管理手册》《建筑施工企业管理实用手册》等等；最近参与编写的《中国工程项目管理知识体系》和《工程项目管理教程》，分别是国际（工程）项目管理专业资质（IPMP）认证培训用书和项目管理师（工程类）职业资格考试认证培训用书。

（4）学会10余次获得北京市科学技术协会的先进学会奖或表扬奖，获得过国家经贸委和中国科协联合颁发的"千厂千会优秀组织奖"。

学会具有雄厚的教学实力，目前正在培训的科目有：工程项目经理、工程项目经理继续教育、IPMP、国家项目管理师、造价工程师、工程承包与合同管理、工程项目管理、招标投标等等。

网址 www. btcxh. com
E-mail：btCxh@163.com
电话：(010)68036101

北京市国际税收研究会

北京市国际税收研究会隶属于北京市地方税务局，并接受中国国际税收研究会指导。

本会由国务院发展研究中心、中国人民大学、中央财经大学、首都经贸大学和北京市地方税务局共同发起，经北京市社团办批准，于2000年7月28日正式成立。

本会设置四部一处：理论调研部、宣传培训部、咨询发展部、对外联络部和秘书处。

本会现有团体会员单位70个，个人会员104名。团体会员吸纳了各级税务部门、科研院所、大专院校、中介组织以及有影响的大中型企业。

本会的宗旨：在马克思列宁主义、毛泽东思想、邓小平理论和“三个代表”重要思想指导下，贯彻理论联系实际、外为中用的原则，为税收工作服务，为首都经济建设服务，促进经济持续快速健康发展和社会进步。

本会的任务：组织学习、宣传、贯彻党的基本路线、方针、政策和国家有关涉外的税收、财政、经济政策和法规。联系和组织税务界、财政界、经济界、教育界、学术界开展国际税收理论、政策、制度、服务、管理问题的研究；宣传我国对外税收的方针政策，为首都发展国际经济交往服务；探索有中国特色社会主义税收基本理论，针对经济建设中涉外税收中出现的新情况、新问题，探索正确解决的意见，及时将探索的成果向有关决策部门推荐；开展有关税收社会服务工作，接受税收部门及有关部门、纳税单位、个人委托，开展国际税收宣传、咨询、人员培训、经济查证论证、财务管理、代理等业务活动；逐步开展国际间学术交流活动；组织评议税收学术研究成果，加强与有关学会的协作。

中国社会保障税（费）课题研讨会

地址：
北京市朝阳区安苑东里三区一号楼
电话：
010-64919270　　010-64910082

北京市城市金融学会

北京市城市金融学会是1993年经北京市民政局批准，由中国工商银行北京市分行主办的具有社团法人资格的群众性学术团体。同时，北京市城市金融学会还是中国城市金融学会和北京市金融学会的团体会员。

北京市城市金融学会的宗旨是：以马列主义、毛泽东思想和邓小平理论为指导，以经济建设为中心，坚持四项基本原则，坚持改革开放，坚持实事求是和理论联系实际，贯彻“百花齐放、百家争鸣”的方针，组织和推动城市金融理论与应用科学研究，促进北京市城市金融工作更好地为首都社会主义市场经济服务。

北京市城市金融学会的基本任务是：

(一)根据党和国家的经济金融政策，开展群众性城市金融应用理论研究和政策、制度、任务管理等方面的研究；组织、推动会员从事城市金融应用科学的研究和其他学术活动。

(二)针对北京市经济金融领域出现的新情况、新问题，组织开展各项调研活动，研究探索解决的途径和对策，为各级领导提供决策依据。

(三)积极开展学术交流活动，发展金融学术研究的横向联系，介绍国内外先进城市金融理论和管理经验。

(四)宣传城市金融工作的方针、政策，普及金融理论和银行业务知识，介绍金融工作动态和经验，介绍和研究国内外的城市金融理论和管理经验。

(五)组织优秀科研成果的评选和表彰活动。

北京市城市金融学会的业务范围主要包括：开展城市金融专业研究、学术交流、承办委托、专业培训、咨询服务、编辑专业刊物。

北京市城市金融学会自成立以来，遵照北京市社团办和中国城市金融学会的要求及学会章程的规定，按时进行了学会理事会、常务理事会、监事会、会长、副会长、秘书长的换届改选，建立并完善了各项规章制度。

为了大力推动群众性金融应用理论研究和调研活动，发现和培养一批青年理论研究骨干队伍，2001年，北京市城市金融学会协助中国工商银行北京市分行团委成立了“工行北京分行青年经济理论研究会”，挂靠在学会下面，并向北京市社团办办理了正式报批手续。青年经济理论研究会的成立，为工行北京分行群众性的金融应用理论研究活动更加规范化、制度化的发展，为分行金融科研力量的尽快形成奠定了良好的基础，其作用正在逐步显现出来。

作为中国城市金融学会的团体会员，北京市城市金融学会近年来完成了中国城市金融学会布置的各项课题调研任务和其他工作，如重点研究课题、对沿海城市外资银行动态的跟踪调查、专项总结报告等。北京市城市金融学会在中国城市金融学会和中国金融学会的历届优秀论文评选中均有获奖论文。如2001年的《我国中小企业融资问题探讨》获第五届中国城市金融学会全国优秀金融论文评选三等奖；2002年的《商业银行利率市场化的适应性分析》获第六届中国城市金融学会优秀论文二等奖，《加入世界贸易组织后商业银行健康运行所需要的金融法律体系研究》获第六届中国城市金融学会优秀论文优秀奖和中国金融学会第六届全国优秀金融论文二等奖。

积极开展理论研究，按时完成承担的各项课题任务是学会工作的首要职责。在这方面，北京市城市金融学会注意利用首都智力资源优势，注重研究、调研课题的实践性，取得了一定的效果，主要成果如下：

参与撰写《股份制法人产权制度创新与国有独资商业银行改革》。

作为课题组成员参与了《加入WT0对北京金融业的影响及对策研究》的课题研究工作，并承担了问卷调查的组织工作和其中第四章撰写任务。

与有关单位合作编写了《工程咨询业务常用法规手册》、《北京市工程咨询业务常用法规手册》。

参与编写了《资产评估业常用法规规范手册》。

参与了《咨询工程师知识手册》《工程咨询基本制度与管理》等内部培训教材的编撰工作。

与有关院校合作完成了《房地产开发企业资信等级评估指标体系研究》和《房地产开发企业贷款项目可行性评估方法研究》这两个实用性较强的课题。

与中国工商银行北京分行有关部门共同完成了《工商银行北京分行投资银行业务发展战略和工作思路》的课题研究任务。

北京博物馆学会

北京博物馆学会是北京地区博物馆界的群众性学术团体，挂靠北京市文物局，作为团体会员加入中国博物馆学会和中国自然科学博物馆协会，并加入北京市社会科学界联合会，为一级学会。

北京博物馆学会成立于1985年7月，至今已历三届。初创时得到北京市委和市政府的有力支持和指导。第一界理事会理事长为北京市副市长陆禹同志。学会现有团体会员97个，包括中央各部委所属博物馆、市区县博物馆、高校博物馆及企业、私人创办的博物馆；个人会员620名，包括博物馆界同仁及热心关爱博物馆事业的相关人士。

学会的宗旨：在中国共产党的领导下，以马列主义、毛泽东思想和邓小平理论为指导，团结、联络北京地区广大博物馆工作者及其同仁，促进北京地区博物馆事业的繁荣与发展，为首都的社会主义物质文明和精神文明建设做出贡献。

学会的主要任务：组织开展有关博物馆的学术研讨与交流活动；开展博物馆馆际之间的业务合作与交流；开展各类博物馆专业人员的业务培训；开展博物馆及博物馆学的研究、编辑和出版工作，为博物馆同仁提供各种业务咨询服务工作。开展多种形式的博物馆的社会宣传及普及活动。向有关领导部门提供发展博物馆事业的咨询和建议、反映博物馆工作者的需求、呼吁社会各界维护博物馆的权益等。

北京博物馆学会本着"办事实，见实效"的方针，积极联系广大博物馆同仁，努力开展多方面的业务活动。近年来先后编辑出版了四卷《北京博物馆年鉴》，三集《北京地区博物馆学术会论文集》及各种宣传博物馆的出版物；每年配合国际博物馆日、科学普及周开展丰富多彩的科普教育宣传活动。学会十分重视博物馆专业人员的培训工作，每年都多渠道的举办各种类型的业务培训并及时就博物馆发展举办报告会、座谈会，积极开展国内外博物馆界的学术交流活动。

学会的各项工作得到广大会员的积极支持和热情参与，受到有关领导及同仁和公众的肯定，先后两次获得北京市先进学会荣誉称号。

北京博物馆学会第三届理事会

代理事长：张春祥

常务副理事长兼秘书长：马希桂

下设：

学术研究专业委员会	主任：宋向光
陈列设计专业委员会	主任：周士琦
保管专业委员会	主任：崔学谙
社会教育与服务专业委员会	主任：齐吉祥

常设机构：秘书处

联系电话：010-64001628　传真：010-64001628

通信地址：北京东城区府学胡同36号

邮政编码：100007

北京抗大光荣传统研究会

光荣传统
流芳百世

庆祝中华人民共和国建国50周年演出照

北京抗大光荣传统研究会于1999年1月26日经北京市民政局批准注册正式成立。

研究会宗旨：在马克思列宁主义、毛泽东思想、邓小平理论和“三个代表”重要思想的指导下，贯彻党的基本路线，坚持四项基本原则，配合党的中心工作，有计划有组织地研究宣传抗大精神和优良传统，努力提高全民族思想道德品质，为社会主义“两个文明”建设服务。

研究会的基本任务：

（1）认真贯彻党的路线、方针、政策，积极配合党的中心工作，研究宣传抗大精神，协助有关部门和单位，建立爱国主义教育和光荣传统教育基地，对青少年一代进行爱国主义教育、革命人生观教育、革命历史传统教育、艰苦奋斗教育，关心青少年一代的健康成长，使抗大精神千秋万代永放光芒；

（2）认真回顾历史、交流经验和学术研究成果，有计划地把成果编印成书刊、编录成影视片和革命歌曲等，为子孙后代留下宝贵的文化遗产；

（3）结合重大节日，进行联谊活动和举办书画展览等，尽力为抗大老同志做好服务工作。

向澳门赠送书画

北京中国抗日战争史研究会

北京中国抗日战争史研究会是地方性的民间的非营利性的群众性学术团体，宗旨是团结本市从事抗日战争史研究的专家学者，遵照国家宪法、法律、法规和社会道德风尚，通过学术研究与交流活动，促进北京地区中国抗日战争史研究的深入和发展，为首都精神文明建设服务。本团体接受业务主管部门的领导，接受社会团体行政主管机关的监督、检查和管理。坚持民主集中制原则，按照核准登记的章程，走民主自律、自我发展、自成实体的道路。3年来，组织了多次针对北京地区及全国抗日战争史研究和学术交流活动，编辑、出版了多部学术研究成果。加强了与全国各地学术团体、个人及海外学术界的联系，建立起广泛的文化交流网络，利用重大纪念日组织学术报告会及学术研讨会，为加强和深化抗日战争史的研究提供保障和服务。

北京中国抗日战争史研究暨和平教育基金会

向基金会捐款

上海宝钢集团捐赠的流动宣传车

北京中国抗日战争史研究暨和平教育基金会于2000年由中国人民抗日战争纪念馆倡导发起成立。基金会是为联络国内外关心中国抗日战争史研究、中国人民抗日战争纪念馆发展、爱国主义教育及和平教育的个人和团体，推动上述事业发展提供支持和赞助的民间非营利性组织；是以促进中国抗日战争史的研究以及在国际上宣传和平、在国内特别是在青少年中加强爱国主义教育为主要任务，通过广纳资金达到资助抗战史研究的重要课题、学术交流与研讨、资助优秀抗日战争史研究成果及有关抗日战争普及教育书籍的翻译、编纂与出版工作。几年来，该基金会已受到社会各界及海内外爱好和平人士的广泛关注和大力支持。

地址：北京市丰台区宛平城内街101号

邮编：100072　电话：(010) 83895138　(010) 83892355-268　传真：(010) 83895138

北京农业工程学会

北京农业工程学会（BSAE）成立于1985年，是由从事农业工程事业的科技工作者和热心本学科工作的领导干部自愿结合联合发起成立，经市社会团体行政主管机关核准注册登记的社会团体法人，是全国性的非营利性社会团体，是北京科学技术协会的组成部分，其办事机构设在中国农业大学（东）。

宗旨（Objective）

坚持实事求是的科学态度，开展科学研究和学术活动，普及农业工程知识，提高农业工程学术水平，促进农业工程学科的繁荣和发展，为首都农业现代化做出贡献。

专业领域（Technical Fields）

1．灌溉理论技术与设备；
2．农业机械化与电气化；
3．畜牧工程；
4．农业建筑与环境工程；
5．植物环境工程；
6．农村能源与环境；
7．农副产品加工与贮藏；
8．土地利用工程。

学会会员（Member）

北京农业工程学会设置个人会员和团体会员，其中个人会员分设学生会员、普通会员和高级会员三种等级。

学术交流（Intercommunion）

北京农业工程学会主办的内部交流刊物为《北京农业工程学报》（季刊），设有北京农业工程学会网站（http://www.cauirri.net/sociaty/saaoc.htm），并定期举办国内外学术交流活动。

科普服务（Consulting Service）

科普工作是学会工作的重要支柱之一。我会一贯认真贯彻北京科协关于“学会是科普工作的主力军”的指示，根据“全国农业和农村经济发展第十个五年计划”中“把增加农民收入作为根本出发点”的要求，立足提高广大农村党员与基层干部的科技素质和能力，配合农业经济结构调整，发挥农业工程作为实用技术学科的优势，配合西部开发，坚持全面开展科技活动。

通迅地址：
北京市海淀区清华东路17号
中国农业大学（东）57号
邮编：100083
联系人：杨培岭
电话：010—62336388
网址：//www.cauirri.net/sociaty/saaoc.htm
E—mail：bsae@cauirri.net

北京医药行业协会

北京医药行业协会

北京医药行业协会成立于2001年4月25日，是以北京地区医药、医疗器械工商企业、科研、大专院校相关企业为会员，依照国家有关法律法规自愿组成的自律性、非营利性的社会团体。现有会员229个，覆盖了北京医药行业主要大、中型工商企业。协会由北京市经济委员会管理，挂靠北京市药品监督管理局。

协会宗旨

北京医药行业协会以企业为依托，以服务为根本宗旨。服务企业，代表企业利益，为企业排忧解难；服务行业，实现行业自律，维护行业权益；服务政府，做政府的参谋和助手，承担政府部门委托的行业管理任务。

协会的主要工作

- 开展行业调研，对行业相关经济政策和经济立法提出意见和建议。
- 参与行业发展规划的制定，以及重大技术改造项目、科研开发项目的前期认证。
- 进行行业统计，收集、分析、发布消息；组织专业人员职业培训及国内外新技术、新产品、新成果展示推广。
- 提供技术咨询、技术服务及技术成果、专利的推广和转让服务。开展国内外技术交流与合作。
- 宣传国家和北京市有关医药行业的方针、政策与法规，帮助企业按现代企业制度加强行业管理。

协会的理念

- 服务企业，服务行业，服务政府，是我们的职责，也是我们的追求。
- 企业的需要，企业家的困惑，行业的发展都是我们服务的课题。
- 对业内，我们是企业利益的协调员；对业外，我们是行业权益的代言人；对行业，我们是行业管理的组织者；对政府，我们是参谋和助手。
- 把协会办成行业信息中心、协调中心、管理中心、人才中心和预警中心。

北京国际汉字研究会

北京国际汉字研究会成立于1980年3月9日（原名为“汉字现代化研究会”）。研究会宗旨是研究汉字的科学性、易学性，探讨人类语言文字和语文教学的规律，为建立具有中国特色的文字学、语言学、语文教育科学，弘扬中华民族优秀传统文化，提高民族文化素质，推动人类语言文字理论和语文教学理论的发展、开发智慧潜能做贡献。

研究会有会员360人，第一届至第五届会长为袁晓园先生。

研究会创办了杂志《汉字文化》和报刊《婴幼儿科学汉字教育》，出版了“文字与文化丛书”（论文系列和专著系列）。

《汉字文化》杂志创刊于1989年。名誉社长安子介先生、社长兼主编袁晓园先生都是著名的语言文字学家、爱国人士。副社长兼副主编是语言文字学家和语文教育专家徐德江先生。为《汉字文化》创刊号题字题辞的有赵朴初、钱伟长、张友渔、商承祚、周祖谟等同志。参加创刊座谈会的有赵朴初、钱伟长、刘导生、张友渔、许嘉璐、何鲁丽、陈昊苏、周祖谟、裘锡圭、张寿康等同志。14年来，《汉字文化》在国内外已产生广泛的影响，被认为是中国改革开放的一个标志性刊物。它在国内外拥有一批上至政府官员、专家学者，下至各行业的关心祖国语言文字的读者。北京大学季羡林、胡双宝先生以及清华大学、复旦大学等著名院校学人都对《汉字文化》给予高度评价。《汉字文化》积极宣传国家语言文字的方针、政策，率先刊登《国家通用语言文字法》，三次被评为“中文核心期刊”。

《婴幼儿科学汉字教育》（原名《腾飞》）系全国发行的内部月报。自1993年5月创刊以来，一直宣传、介绍及交流婴幼儿科学汉字教育教学的有关信息。该报共6版。编辑的目的在于服务教师、家长和幼儿，服务教学和科研，宣传婴幼儿科学汉字教育理论方法。

研究会举办了多次国际性和全国性有关汉字汉语科学性和婴幼儿科学汉字教育学术研讨会。现在，全国已有万余所幼教机构和百余万婴幼儿参加了婴幼儿科学汉字教育——宇宝宝乐园。这不仅为创建跨越式发展的具有中国特色的21世纪幼教新模式奠定了坚实的基础，促使基础教育发生重大改变，同时，为推动语言文字基础理论和语文教学模式由西方人创建的第一阶段步入到由东方人创建的第二阶段做出了贡献。

袁晓园出身翰苑之家，工诗词，善书画，通晓英语、法语。曾留学法国，毕业于法国普鲁士大学经济系、巴黎政治学院外交系，并在巴黎大学研究语文学，后去美国在纽约市大学任教，继在联合国总部工作。同时集中精力研究我国语言文字。曾创制《汉字现代化方案》，此方案系把我国优良传统之形声字科学化规律化成为音义字，既可作文字，更可作注音，得到了周总理的高度欣赏与支持，并鼓励她到各大院校演讲遂获得三大院校名誉教授职称。在联合国工作实践中发现我国文字简短明确之优越性，非拉丁文所能比拟。1980年在北京成立“汉字现代化研究会”（现名：“北京国际汉字研究会”）。1985年放弃美籍，又先后创建了“北京国际书画研究会”、“晓园中医院”，捐建“国际友谊林”，组织美国小画家来京，与中国小画家共同作画，邀请台湾语文学界来京共商两岸书同文问题。热心事业、助人忘己的高尚情操，获得国内外专家学者、社会名流赵元任、黎锦熙、商承祚、王力、朱德熙、周有光、袁行霈等广泛赞赏，并受到广大青年推崇。

2003年1月18日，晓园艺术馆在南京举行开馆仪式。袁晓园先生及中国人民对外友协、江苏省有关领导出席了开馆仪式。发来贺信贺词的单位和各级领导有：全国政协办公厅、民革中央办公厅，何鲁丽、刘延东、王光英、彭珮云、雷洁琼、钱伟长、孙孚凌、迟浩田、孙家正、罗锋、周南、赵化勇、张道诚、王克斌、张文范、万伯翱等，欧阳中石先生为艺术馆写了贺辞。

袁晓园先生与徐德江先生在探讨问题

徐德江，1935年生，黑龙江省齐齐哈尔市人，1957年毕业于内蒙古师范学院。现任中国优生优育协会专家委员会委员、婴幼儿科学汉字教育工作委员会主任委员、北京国际汉字研究会常务副会长兼秘书长、《汉字文化》杂志社副社长兼副主编、北京未来婴幼儿教育研究中心名誉主任。曾先后被聘为江西师范大学兼职研究员、客座教授，天津教育科学研究院兼职研究员，新疆教育学院特邀研究员，《中国语言学大辞典》学术顾问，内蒙古语言学会顾问，加拿大《优雅》杂志荣誉顾问，加拿大《名人》杂志名誉顾问。学术专长：新语言文字理论、汉字汉语科学性、汉语文教学（特别是婴幼儿科学汉字教育）。1990年在钓鱼台国宾馆受到中共中央政治局常委李瑞环接见。1994年在韩国总统府受到韩国总统金泳三接见。曾先后应邀赴美国哈佛大学、加拿大多伦多大学、法国巴黎第七大学以及新加坡、韩国、泰国、香港、澳门、台湾等国家和地区作学术演讲和举行座谈。学术专著有《语言文字理论新探》（1986年光明日报出版社出版）、《当代语言文字理论的新构想》（1992年科学出版社出版）、《索绪尔语言理论新探》（1999年海潮出版社出版）、《婴幼儿科学汉字教育》（与冬雪合著，2000年中国华侨出版社出版）。《神奇的汉字》电视艺术系列片制片人。在《人民日报》《人民日报》（海外版）、《光明日报》《教育研究》《汉字文化》等全国著名报刊上发表了数十篇文章。主持创编的0至6岁“婴幼儿科学汉字教育”的理论、方法和系列教材经实验取得显著效果，在中央电视台“和爸爸妈妈一起看”的“名家咨询”、“走近科学”、“科学育儿”等节目中多次播放。自1995年末开始，《人民日报》（海外版）“学中文”专栏连载该系列教材，受到海内外读者的欢迎与称赞，现仍继续连载“丛书”部分。中央人民广播电台“科技大世界”节目自1999年9月5日开始在每周周日专播“婴幼儿科学汉字教育”——“字宝宝乐园”，连播3个月。

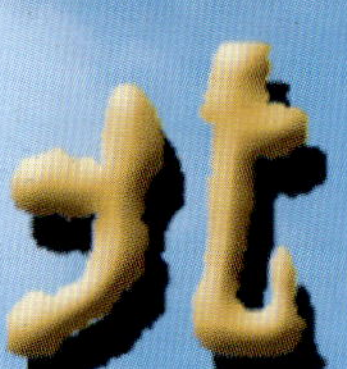

北京盛基

校长 荆跃

民办教育的投资理念的改变和真正意义的资本进入市场运作，是中国民办教育走出低谷，创造更辉煌未来的前提。把教育产业放入市场概念中分析，在经济规律中寻找出路，既是一个亟待解决的理论问题，也是一个重要的实践问题。

——荆跃

北京盛基艺术学校是一所经北京市教育委员会正式批准、国家承认学历的中等职业艺术学校。它位于石景山风景区，拥有一个十分优雅的绿色生态校园。占地30000平方米，建筑面积19000平方米。其中有14个排演厅，有能容纳600人的文化课教室和能容纳800人的具有300平方米舞台灯光的剧院，还有能容纳200多人的全网络多媒体阶梯教室、电子音乐教室和琴房。不仅如此，本校新建了宽带接入的数字图书馆，其中有80余部电脑可同时为学生和老师提供上网阅读、查寻服务和点播100部以上电影和音乐的影音资料库；创建了电视演播厅、小型模拟电视台、播音实验室、MD音乐制作室和具有影视配音功能的小型录音棚；尤其是还创建了能容纳50人上课的非线性编辑室。本校的教学、管理、后勤服务以及住宿和食堂等设施堪称一流，实现了正规的公寓式管理。重视英语教学是本校的特色之一，现已实行了双语教学，安排了相当数量的英语语言和专业课程。

目前有在校生600多人，教职工近200人。学校在已拥有先进的教学设备、设施的同时，还拥有一流的师资力量。建校以来，专业课教学一直由北京舞蹈学院、中央民族大学、中央戏剧学院、解放军艺术学院、中国歌舞团、中央民族歌舞团的知名专家教授授课。8年来，本校为社会输送了一大批具有专业水平的复合型优秀的艺术人才，得到了社会的广泛赞誉。2000-2002年度，中专毕业生高考升学率已从69%提高到80%。其中绝大多数学生已升入了北京舞蹈学院、中央戏剧学院、北京电影学院、中央民族大学、解放军艺术学院、中国戏曲学院、北京外国语大学、首都师范大学等高等学府。

国家五大网站（中国国情网、国家文化网、中国教育发展网、国家中西部网、中国演艺网）与本校密切合作。联合招收网络主持人专业的学生和网络设计人才，并采取定向委培的方式，为学生毕业后开拓了就业渠道。此外，还为本校与北京市歌舞团合作演出的《白蛇传》《蝶》剧组定向培养民族舞蹈和音乐剧专业人才。

自1999年起，本校与首都师范大学成教院合作，在本校区创立了首都师范大学成教院盛基教学区。2003年初，与北京崇文区工会所属文化宫艺术学校合作，成立了北京盛基艺术学校崇文教学区。

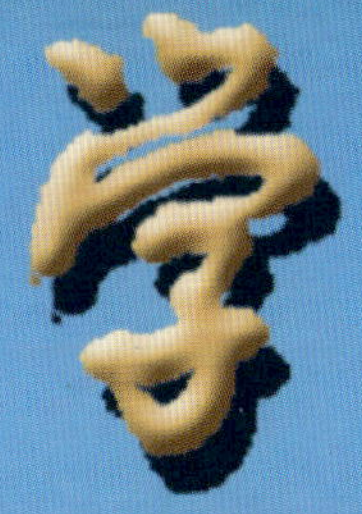

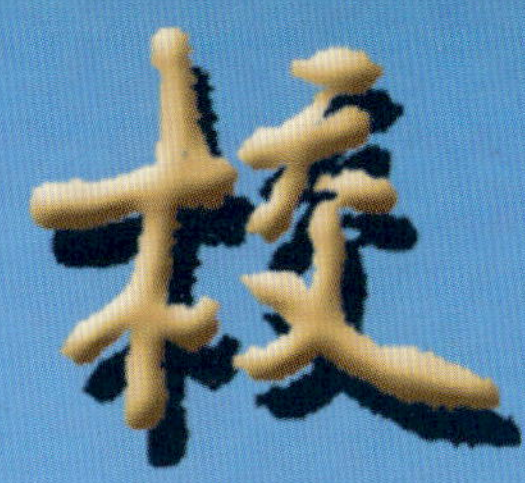

校务总监潘志涛，副校长洪培林、腾汝骏、陈铁锐，校长助理傅建增，邓鹏

著名表演艺术家、盛基艺术学校名誉校长田华祝贺学生演出成功

中国舞蹈家协会副主席、盛基艺术学校名誉校长李毓珊与舞蹈教育家易国刚观看学生汇报演出

董思蒙

北京盛基艺术学校98级毕业生，获第二届都市女孩风采大赛全国总冠军

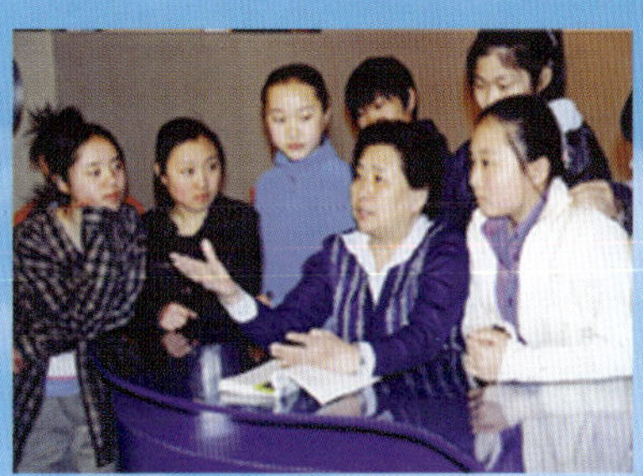

中央电视台著名主持人、学校播音与主持人专业主讲教师虹云正在辅导学生

中央电视台著名主持人、学校播音与主持人专业创办人陈铎和学生李天纵正在主持节目

地址：北京石景山区龙恩寺1号

邮编：100042

电话：51511855　传真：88903441

http://www.sj@edu.cn

首都园丁的奇葩

校长、党支部书记：胡春平

北京市宣武区右安门大街第二小学现有学生395人，13个教学班，在职人员56人，现有在岗教职工38人，设有自然、劳动、音乐、美术、武术等专业教室9个。

学校建于1959年4月，原为中国轻工业部子弟小学。自1994年以来，在胡春平校长领导下，学校以师德建设为根本，教育科研为途径，课堂教学为主渠道，特色教育为龙头，校外教育为补充，开展教育教学工作，取得了显著成绩。学校开展群体科研，走出一条科研育师、科研兴校之路。"九五"课题研究《综合运用学习科学研究成果指导小学生学习研究》获区二等奖。"十五"期间，学校又参与国家级课题一项；批准市级课题2项；区级课题3项准予立项。在校领导指导下，教师积极投入到教科研工作之中，科研水准不断提高，学校教学质量明显提高。

几年以来，在"全面发展、培养特长、办出特色、争创一流"的办学目标指导下，校园更加优美，教学设施逐年更新，学校特色引人注目，学生素质显著提高。学校曾4次被评为全国"心中有祖国，心中有他人"读书活动先进单位；5次被评为北京市读书活动先进单位以及全国古诗文诵读先进单位；还被评为北京市"红十字"先进单位，校容、校貌达标校等100多项集体奖和光荣称号。在各项竞赛活动中，学生800多人次获得全国、市、区各级个人奖，教师130余人次获国家、市、区级奖励。目前，学校在"读书"活动、"古诗文诵读"活动、"红十字"活动、"右二小吉尼斯纪录申报"活动、武术课和劳动课、科技课教学等方面取得了突出的成绩。中央电视台 、中国教育报、北京电视台等新闻媒体多次对学校有特色的教育活动进行了报道。

youanmendajiedierxiaoxue

——右安门大街第二小学

←重视学生自我保护意识与能力培养，各班设立安全班长

↑在抗击非典斗争中召开教师党员发展大会

↑改革考试方法，让学生利用身边资源解决教学问题

↑学生家长感谢学校对学生的关怀与教育，年年都有家长为学校送锦旗（这是在2003年度结业典礼上）

←利用节假日对教师进行计算机培训

北京石刻艺术博物馆

“北京石刻文化展”第三展厅陈列场景

东汉神道柱及墓阙构件

北魏太和造像

北京石刻艺术博物馆是一座以展示北京地区石刻文物为主的专题性博物馆。该馆位于北京市海淀区白石桥东北约500米处的原真觉寺（俗称“五塔寺”）旧址。寺建于明永乐年间（1403——1424），毁于清朝末年。寺内仅存金刚宝座（建成于明成化九年即公元1473年），1961年被国务院公布为第一批全国重点文物保护单位。

1987年，北京石刻艺术博物馆成立，正式对公众开放。该馆露天陈列，以精美的古塔为中心，展出历代石刻文物计500余件。1995年5月曾推出“人与石——石刻简史陈列”，展示了上起原始社会，下至明清的石刻文化发展史。该陈列在北京市好展览评比中荣获了二等奖。

2002年，石刻博物馆后罩楼复建工程是北京市对文物建设3.3亿投资工程之一。为配合这一工程，该馆对展览进行了全面改陈，服务设施进行重新设计、更换和调整。2002年10月，经过近两年的改陈、复建，石刻博物馆展现出一派生机，如今红墙灰瓦，掩映着古树古塔，宁静清幽别有一番古刹风味。新的陈列分室内“北京石刻文化展”、“真觉寺金刚宝座历史文化展”和露天石刻文物展两大部分。展示的数百件石刻展品，概括地向人们介绍了人类认识和利用石头以及石刻文化发生、发展的历史过程，较全面地反映了北京地区各主要历史时期的社会政治、文化、艺术、宗教、民俗等内容。

北京地区作为唐代以前的中国北方边陲重镇和辽金以来的国家都城，其石刻文化遗存分布面积广，数量众多，尤其是元、明、清三代的700年间，作为“京师”即皇朝都城的石刻文化遗存，一直被世人所关注，其内涵博大、形制壮伟、制作精美，居于全国同时代的最高水平。石刻博物馆作为北京地区惟一一座以石刻文物为主题的专题性博物馆，征集、收藏了许多石刻文物精品，其中有被誉为“北京第一古石刻"之称的东汉永元十七年(元兴元年,即公元105年)陵墓石构件——神道柱及墓阙构件,这是北京地区现存东汉时期有纪年,而且保存最完整的石刻遗存,也是迄今北京陵墓石刻中年代最早的;有珍贵的北魏太和造像,该造像是北京地区目前已知有明确纪年铭刻的时代最早的背屏式单体石造像;还有艺术水平较高的金、元石雕,雕镂精湛的清代石享堂,以及造型独特的纳兰性德夫人卢氏的墓志,另外还有《诒晋斋》《敬和堂》等法帖及名家书法刻石……这里用北京石刻的瑰宝,镌写了一部北京石刻文化史!

石刻博物馆作为北京市政府命名的"北京市青少年教育基地"、"北京市青少年校外活动先进单位",十分关注青少年爱国主义教育活动。从2000年开始,每年组织"爱北京爱博物馆"摄影、绘画、书法比赛,并先后推出"北京历史上的名人展"、"中国古塔"、"中国石窟寺"、"北京石雕"等系列巡展,取得了社会各界好评。

多年来,石刻馆借助馆藏,开展业务研究工作,并提出课题开发强调重点,研究工作注重成果。该馆的《北京地区基督教史迹研究》被列为市级课题;《新日下访碑录》《北京地区近现代名人、名碑研究》等项目被列为局级课题。同时编辑出版了《馆藏石刻目》《语石校注》《北京石刻撷英》及《明清书法美学研究》等书籍,为深入研究北京石刻文物提供了重要的资料。

21世纪是科技、信息高速发展的时代。石刻博物馆今后将努力从博物馆功能出发,有所创新,顺应时代的发展潮流,迅速准确认清社会的需求,以多种方式、全方位的满足于社会,服务于社会,使石刻博物馆的事业在新的世纪蓬勃发展。

北京石刻艺术博物馆露天展区陈列场景

金刚宝座塔身浮雕——香香鸟

真觉寺金刚宝座

中国科学技术馆

中国科技馆馆长

中国人民政治协商会议第十届全国委员会委员

王瑜生　博士

中国科学技术馆隶属中国科学技术协会，是我国国家综合性科技馆。它以弘扬科学精神、普及科学知识、传播科学思想和科学方法为宗旨，是实施“科教兴国”伟大战略、提高全民科学文化素养的大型社会科技教育基础设施。

全馆占地5.8公顷，现有建筑面积4.3万平方米，分A馆(常设展厅)、B馆(穹幕影厅)和C馆(儿童科学乐园)三个场馆。其中A馆展示的内容既有表现基础科学的原理和应用的展品，也有反映当今前沿科学和高新技术成就的展品，富有鲜明的时代特色和丰富的科技内涵。

除常设展览外，我馆还经常引进国外科普展览，举办免费专题科普展览和科普报告会，开展各种形式的培训教育和实验教育。近年来，我馆被评为“全国科普工作先进集体”、“首都文明单位标兵”、“首都文明旅游区”和“青年文明号”等。我们对广大观众的承诺是“优质服务，确保安全”。

经国务院批准，我馆即将在奥运公园内新建一个“主题突出、功能完善、形象完整”，并具有国际水平的国家科技馆。

李岚清副总理参观中国科技馆“魔力水车”

诺贝尔物理学奖获得者莱德曼博士参观中国科技馆，并与在场的青少年热烈交谈

馆址：北京北三环中路1号

电话：010-62371177

传真：010-62379378

网址：http://www.cstm.org

到达公交车辆：21、300、302、361、367、422、702、718、725、730、731、735、801、825、830、831、835、967、运通101、运通104

北京见义勇为权益保护处

中共北京市委副书记、首都见义勇为基金会名誉会长龙新民春节期间走访慰问见义勇为人员

北京市副市长刘志华接见“首都见义勇为好市民(荣誉市民)”、“首都见义勇为权益保护工作先进单位”代表

见义勇为权益保护工作在市委、市政府的领导下，依法贯彻落实对见义勇为人员奖励和保护措施。为进一步加大奖励和保护工作力度，市和区县民政局结合机构改革均确定了主管机构及专兼职人员。全市建立专项基金2300多万元。

市民政局与公安局、市人事局联合下发了《关于做好见义勇为确认取证工作的通知》和《关于首都见义勇为好市民表彰奖励暂行办法》，公布了相关电话，自觉接受广大市民的政策咨询和执法监督。市卫生系统开设了见义勇为负伤人员救治绿色通道，市教委出台了见义勇为荣誉人员高考录取的优惠政策；全市民政部门在连续两年组织“送温暖”活动的基础上，继续对近千名见义勇为荣誉人员进行走访慰问，累计发放慰问金、慰问品达100多万元。截至目前，全市依法确认见义勇为行为125人次；市政府表彰奖励“首都见义勇为好市民(荣誉市民)”27人，“首都见义勇为权益保护工作先进单位”18个。

我市依法成立了首都见义勇为基金会。经市委领导研究批准，市委副书记龙新民、市人大副主任索连生、北京市常务副市长翟鸿祥和原市长助理兼公安局局长张良基同志担任首都见义勇为基金会名誉会长。基金会的主要任务是辅助政府对见义勇为人员进行奖励、表彰和保护；募集、管理和使用本会基金。基金主要来源于公民、法人和其他组织的捐赠；海外华侨，香港、澳门特别行政区居民、台湾同胞以及外国友好团体和个人捐赠；政府资助等。基金会的成立，必将加大对见义勇为人员的保护力度，并通过开展经常性社会公益活动，大力倡导见义勇为精神，优化首都发展环境，进一步促进首都的物质文明、政治文明和精神文明建设。

中共北京市委副书记强卫、常务副市长翟鸿祥等领导接见受到表彰的全国见义勇为先进分子、先进单位和先进工作者代表

首都见义勇为基金会隆重召开第一届一次理事会暨成立大会

北京西站地区管委会

中共北京市委副书记龙新民到北京西站地区视察

北京西站地区成立于1996年，位于丰台、海淀、宣武三区交界，占地面积约1.3平方公里。它东起北蜂窝路东道牙以西，与宣武区毗邻；南起广莲路南道牙以北，与丰台区美丽的莲花池公园相依偎；西起莲花桥以东，与西三环紧紧相连；北至莲花池东路北道牙以南，与坐落在海淀区的中华世纪坛迎面相望。

西站地区是首都北京的西大门，是重要的交通枢纽和窗口地区之一。北京西站以其宏伟的建筑和现代化的设计理念及配套服务设施而居亚洲之首，每天迎送过往群众约10万人次，高峰时可达25万人次。

北京西站地区管理委员会伴随西站开通而成立，是市政府议事协调机构，相当于正局级事业单位，代行政府职能。主要职责是：负责管辖北京西站地区的综合管理工作；负责协调地区的治安、公安交通、工商行政管理等工作；负责地区商业、服务业、公共交通及铁路等单位服务质量监测检查工作。地区现有公安、税务、交通、城管等8个政府职能部门，金融机构、电信交流中心、邮件处理中心、交通运输、商业服务等20余家企业单位。站内有4个有形市场，经商户约500余户。地区商服楼共租住各类公司400余家，星

北京西站“036”先进群体

慰问抗击非典一线的医务人员

组织防控非典宣传日

级宾馆5家，其中京都信苑饭店为五星级宾馆。

北京西站地区管理委员会自成立以来，始终坚持“以确保铁路运营为中心，以规范（治安、交通、市容、环境卫生、经济）五个秩序为重点，以争创一流（一流设施、一流管理、一流服务），争创首善之区为目标，把推动地区两个文明建设协调发展作为总的指导思想”，认真履行职责，确保了西站地区社会稳定和经济发展。在实践中总结确立了以精神文明建设为龙头统领地区全面工作的具体工作思路，形成“协作奉献、务实求新、文明服务、争先创优”的地区精神。地区精神文明建设始终以“三个代表”重要思想为指导，本着代表先进文化的发展方向不断与时俱进地开展创建活动。以创办“文化广场”为载体，举办“五月鲜花”歌咏比赛、拔河比赛等丰富多彩的文体活动，积极弘扬民族和时代精神，创作出体现地区广大干部、职工精神风貌的《西站地区之歌》。文明单位创建活动蓬勃开展，目前地区有6个单位荣获“首都文明单位标兵”，10个单位荣获“首都文明单位”，17个单位荣获“地区文明单位”，并涌现出以“036”、“文明经商”、“文明大院”、“文明岗”等为代表的文明服务品牌。地区管委会在北京市迎国庆、迎“十六大”整治市容市貌纠正不文明行为工作中荣获先进组织奖。

为深入贯彻党的十六大精神和“三个代表”重要思想，不断优化发展环境，努力打造地区文明形象，促进地区社会稳定和经济发展，为2008年北京举办历史上最出色的一届奥运盛会做出应有的贡献，地区制定了《西站地区落实奥运战略五年工作计划》，明确提出了2003年争创“首都文明地区”的奋斗目标。

西站地区“机关杯”爬山比赛

西站地区文化广场演出

开展“文明经商”活动

北京基督教青年会

2001 年，蔡葵总干事（右二）代表我会赴平谷扶贫

一年一度的中小学生音乐赛事活动

我会总干事蔡葵先生拜访美国青年会总干事

参观美国青年会营地

全国政协副主席丁光训主教接见我会干事

成立于1909年的北京基督教青年会(YoungMen's Christian Association 缩写YMCA)，以其传播科学知识、文化知识和体育娱乐活动的新风貌，对文化古都北京产生了积极的社会影响，尤以对现代体育在中国的传播贡献卓著。

1980 年以来，北京 YMCA 发扬优良传统，本着基督精神服务社会、造福人群；根据社会需要面向大众，开设多种青年职业培训班、少儿文艺班；组织合唱团、口琴会、美术社、外语俱乐部、舞蹈俱乐部等会员活动；举办文化艺术、健康卫生等知识讲座，丰富了人们多层次的文化生活。

在我国改革开放的新时期，北京 YMCA 面对社会发展的新需求，拓宽服务领域，在支持贫困地区发展教育、医疗卫生事业和助残等社会公益事业中发挥了社会服务团体的功能与作用。

北京 YMCA 在与世界各个国家和地区青年会日益频繁的交往中，促进了各国人民之间的理解和友谊。

北京 YMCA 在新世纪将继续为职业教育、体育娱乐、社会弱势群体、社区生活等领域中的新需求提供高质量的服务。

北京 YMCA 历史之最

- 1913 年北京 YMCA 会所落成，并成为拥有北京最完善体育设施的场所
- 1913 年在北京 YMCA 地下室建成了北京最早的地球（保龄）球房
- 1915 年于北京 YMCA 体育馆举办了北京首次正式篮球比赛
- 1927 年北京 YMCA 礼堂首家放映有声电影
- 20 世纪 30 年代，张学良将军作为北京青年会名誉会长，一次交纳会员费 1000 块银元，为会员会费金额之最

北京天主教爱国会

傅铁山主教和第29届国际奥委会执行主席维尔布鲁根先生

傅铁山主教的“奥运情结”

石洪喜

2003年8月3日晚，北京天坛祈年殿前，在一片如潮的欢呼声中，第29届奥运会会徽诞生了。细心的人会注意到，就在中央政治局常委、全国人大委员长吴邦国与国际奥委会协调委员会主席维尔布鲁根将充满中国文化神韵的第29届奥运会会徽高高举起的时候，站在他们后面的傅铁山副委员长因激动而红光满面，有力地拍着手掌。

也就在同一天的上午10时，国际奥委会协调委员会主席维尔布鲁根在北京奥组委秘书长王伟的陪同下，来到天主教北京教区参与弥撒。进教堂之前，他径直来到主教府客厅的门前，与迎上前来的傅铁山主教亲切握手。傅主教热情地拉着这位久别重逢的老朋友的手进入客厅。维尔布鲁根先生关切地询问傅主教的身体情况，对主教经历非典后繁忙的工作压力表示理解和慰问。两人很快谈起北京2008年的奥运会准备工作，傅主教对他说：“我们非常清楚”，北京得到2008年奥运会的主办权，也有您的支持在里面，我相信你每次的祈祷中，有一份是为中国北京的。”听了这话，维尔布鲁根先生爽朗地笑起来，并幽默地说：“主教的话过去是不能见报纸的。”然后他对傅主教说：“您和您的教会在北京申办奥运会过程中所做出的贡献才是重要的。”

早在1991年的亚运会开幕式上，萨马兰奇曾对张百发副市长说：“我想请北京的神父为我做弥撒。”当时，在北京工人体育场举行的亚运会开幕式上，兴致勃勃地观看演出的国际奥委会主席萨马兰奇先生忽然想起了什么，他对坐在身边的北京市常务副市长张百发说：“副市长，我能不能请一位北京的神父来我驻地为我做一台弥撒？”他进一步解释说，他很想在北京期间能进教堂参与宗教礼仪，只是事务繁忙，一直未能如愿。他希望经过张副市长为他请一位北京的神父来他的驻地为他和全家主持一次弥撒礼仪。对这个请求，张副市长满口答应下来，并立即将电话打到了北京教区。

傅主教立即派遣孙尚恩神父前往北京饭店萨马兰奇先生的住所。才从会场回来的萨马兰奇先生见到傅主教派来的老神父，内心一阵惊喜，他马上招呼夫人及全家人参与神父主持的感恩弥撒。孙神父考虑到奥委会主席的实际情况，为他做了一台拉丁弥撒。这位国际奥委会的最高领导人，此时以一位热诚教友的身份，与家人恭恭敬敬地参与了全弥撒，领了圣体。宗教仪式后，神父向萨马兰奇先生赠送了一幅“最后晚餐”的艺术挂毯，萨马兰奇先生也向神父赠送了礼品，并委托神父送傅主教一份礼品，同时请神父转达他和全家对傅主教的问候和感谢。

这件事，成了一个纽带，建立了国际奥委会主席与傅主教和北京教区的友情。

傅主教在写给萨马兰奇的信中说：“北京天主教的神长教友以高度的热情支持北京申办奥运会。”

北京提出申办2000年奥运会之后，傅铁山主教以一位北京普通公民的身份，热情地支持北京争取获得奥运会主办权，同时他以一位天主教领导人在国际友人中的名望和影响，积极推动北京的申办工作。

在申办城市即将进入关键时期之时，傅主教给萨马兰奇先生写了一封热情洋溢的信，表达了北京及全国天主教神长教友对北京申办奥运所寄予的殷切期望，请主席先生接受12亿中国人民和400万天主教徒的良好心愿。时间不长，萨马兰奇先生给傅主教回了信。这是一封老朋友的回信，但也不失一位资深的国际奥委会高级官员的风范。

信中说：“亲爱的铁山主教，非常感谢您上月20日（注：指1992年9月20日）的来函，请您放心，我怀着极大的兴趣，注意到来函的内容。两年前的北京之行给我留下愉快的回忆，使我受到主人热情的款待。我期待着不久的将来再次访问北京。借此机会，对您支持奥林匹克运动，及将各国人民带入友谊与和平的宗旨，表示感谢。”一位奥委会最高领导人能够有这样的表示，已经非常可贵。我们不能期望一位宗教领袖和一位奥委会主席之间的私人交流会对北京申办奥运起到实质作用，但我们后来都看到了这位德高望重的奥委会主席对北京和中国及她的人民所怀的深厚情谊。

虽然北京以两票之差输给了悉尼，但是中国在世界的重要地位已经得到普遍的认同。中国人民对标志和平与友谊的奥林匹克精神的追求也日益强烈。傅主教与萨马兰奇先生的友谊一直保持下来，每到圣诞节，傅主教与萨马兰奇都要互致问候。2002年圣诞节前夕，傅主教又给萨马兰奇先生寄去了精美的圣诞卡，并送去亲笔问候，同时再次表达了对北京申办2008年奥运会的支持。

为了实现奥林匹克梦，在党中央和全国人民的支持下，北京以高度的自信和充分的准备，开始了2008年奥运会的申办行动。傅铁山主教和他的神长教友们也以志在必得的心态参与到这次申办活动中。

傅铁山主教再次致信萨马兰奇主席，以老朋友的身份再次明确地表达他和中国基督徒的良好愿望。萨马兰奇的回信中，对傅主教和广大中国基督徒的热爱奥林匹克的精神所给予的支持和赞赏，言词真诚，充满激情。

这个时候，傅铁山主教又与维尔布鲁根先生建立了良好的私人情谊。

2001年3月，国际奥委会委员、2008年奥运会申办城市评估团团长维尔布鲁根先生率团来京考察“申办”工作。谁都知道，这个时候，对于申办城市来说，已经进入了关键阶段。星期天，维尔布鲁根先生以一个虔诚的天主教徒身份，来到主教府宣武门南堂参与弥撒。他置身在有近千教友的圣堂里，当听到神父讲道和信友祷词中明确表达对北京申办奥运会的祈祷与祝福时，他的双眼充满着光彩。神父送圣体时，他虔敬地领了圣体。他从始至终，坚持了整整一台弥撒。出堂的时候，傅主教前来迎候他，使他感动不已。他紧紧地与傅主教拥抱，两人拉着手，边走边谈，俨然深交已久的老朋友。同时，维尔布鲁根还显示出一个普通教友对主教的敬重之情。维尔布鲁根向主教谈到神父和教友们的宗教热情，同时对他们表现出的支持北京申奥的愿望表示赞赏。临别时，维尔布鲁根真诚地问主教：“您还需要我做点什么？”傅主教微笑着对他说：“希望2008年你来北京的时候，我还在这里迎接你！”

这次与主教的会面，给维尔布鲁根先生留下了很深的印象。他后来对北京奥申委的官员说：“教会的大主教都如此支持申办工作，你们的工作做到家了。”

才离开中国没有几天，4月3日，维尔布鲁根给傅主教发来一封热情真挚的信：“尊敬的主教大人：伴随着国际奥委会考察团到北京考察，您给予我的盛情款待，我愿借这宝贵的机会向您表示真挚地感谢。这是多么令人激动的时刻，尤其是在神圣的感恩弥撒中，我深受感动。我非常喜欢您那庄严肃穆的主教座堂，同时我也真切地希望不久的将来和您一道在贵府再次朝拜天主。我渴望不久的将来再次拜会您。您主内的羔羊海因·维尔布鲁根。”

从这位奥委会官员回去后对北京的评价和在投票前对北京的评估报告中，人们有理由相信，他对北京的印象是极其深刻的。

傅铁山主教带领北京天主教会的神长教友开展了一系列活动支持北京申办工作，比如响应市政府的号召，举办奥运英语辅导班；请来南堂参与宗教生活的外国朋友义务教学，培训社会各界人才；开展为民服务日活动，宣传申奥工作。

在距投票表决日200天的时候，适逢主日（星期天），北京教区举行了“支持北京申奥求恩祈祷”活动。傅主教亲自主持了求恩大礼弥撒，亲自在支持北京申奥的大横幅上签名。这天的宣武门教堂如同节日一般，神父们、修生们、修女们和来自四面八方的教友们聚集在圣堂里，向天主表达了北京及所有中国基督徒支持申奥的立场，祈求天主赐予北京好运，助佑北京申奥成功。

2001年7月14日，一个令中华民族难以忘怀的日子，中国北京，以绝对优势票获得2008年奥运会主办权，多少代中国人的梦想终于成为现实。傅铁山主教和北京广大神长教友同全国人民一样，欢欣鼓舞。

在北京获得2008年奥运会主办权之后的一天，维尔布鲁根先生再次来到北京，再次来到北京天主教会拜会傅铁山主教，他对傅铁山主教说的第一句话是：“尊敬的主教，天主祝福了您和您的国家，也祝福了我。”听到这句话，傅主教欣慰地笑了。

修女在为社会公益活动捐款

北京基督教三自

▲ 于新粒牧师
北京基督教三自爱国运动委员会秘书长

independent创辉煌

基督教自1861年传入北京，尽管外国传教士用尽各种方法，但信耶稣的人仍很少。20世纪50年代初有文字记载的材料包括教会学校的学生共有基督徒4000人。在那个年代，基督教被人看做"洋教"，如现在的崇文门教堂，当年聚会人数不到300人，而有的教堂只有牧师一家人在聚会。而近50年来，北京的教会和北京的所有市民一样经受了不少的风风雨雨，由于中国的教会和人民风雨同舟、同甘共苦，使人民感受到中国基督徒成了他们中的一部分，被人民接纳了。北京的基督徒无论多么艰难，始终记住：坚持独立自主、爱国爱教、用三自原则办好教会，结果蒙了神的祝福，在人民中留下了佳美的脚踪，换来了今天教会的复兴。

《中国基督教在新中国建设中努力的途径》（即三自宣言）已经发表50周年了。这是中国基督徒在全国人民面前，在全世界一切爱好真理、正义、和平的人们面前表明的政治立场。

中华人民共和国的成立和《共同纲领》的颁布，给中国基督教人士指明了方向。中国的基督徒只有同全国人民一道，在中国共产党和政府的领导下，反对帝国主义，封建主义及官

▲ 美国前总统克林顿在崇文门堂参加礼拜

▲ 美国前总统布什到崇文门堂访问

▲ 美国布道家葛培理牧师多次访问北京教会并在崇文门堂布道

爱国运动委员会

僚资本主义，把自己的祖国建设成一个独立、民主、和平、统一和富强的新中国，才能有中国基督徒独立自主的教会事业。

50年来，北京基督教的同工同道，参加爱国主义教育和学习，认清了帝国主义的反动本质及其利用基督教的罪恶事实，用自己的实际行动，投身社会主义建设事业，以自治、自养、自传的方针，办好教会。特别是改革开放以来，北京基督教三自爱国运动委员会和北京基督教教务委员会团结同工同道，加强神学思想建设，在建设中国特色的社会主义道路上，为两个文明建设，为维护社会的安定团结，为祖国统一和世界和平，为荣神益人做出了美好见证。

▲ 美国前国务卿奥尔布赖特到缸瓦市堂访问

▲ 英国坎特伯雷大主教乔治·凯瑞博士和北京信徒在一起

▼ 缸瓦市堂庆祝圣诞